C000024462

ISBN 978-0-428-10134-3
PIBN 11245578

APPENDIX
AD SANCTI
LEONIS MAGNI
OPERA,

SEU VETUSTISSIMUS CODEX CANONUM ECCLESIASTICORUM,

& CONSTITUTORUM SANCTÆ SEDIS APOSTOLICÆ,

a Quesnello ejusdem Pontificis Operibus adjectus, nunc autem ad præstantissima MSS. Exemplaria recognitus, & in meliorem multo formam restitutus: cui alia subjiciuntur rarissima, vel inedita antiquissimi Juris Canonici documenta, & quinque Dissertationes Quesnelli in eumdem Canonum Codicem ad criticen revocatæ.

Præmittitur Tractatus de antiquis tum editis, tum ineditis Collectionibus & Collectoribus Canonum ad Gratianum usque.

CURANTIBUS

PETRO ET HIERONYMO

FRATRIBUS BALLERINIIS

PRESBYTERIS VERONENSIBUS.

TOMUS TERTIUS.

VENETIIS

ANNO MDCCLVII.

APUD SIMONEM OCCHI.

SUPERIORUM PERMISSU AC PRIVILEGIO.

SANCTI LEONIS MAGNI OPERA

AD SANCTI

LEONIS MAGNI

OPERA.

SEU VETUSTISSIMUS CODEX CANONUM ECCLESIASTICORUM, & CONSTITUTORUM SANCTÆ SEDIS APOSTOLICÆ,

a Quesnello eidem Pontificis Operibus adjectus, nunc autem ad præstantiora MSS. exemplaria recognitus, & in meliorem multo formam restitutus: cui alia subjiciuntur vetusta, vel inedita antiquissimi Juris Canonici documenta, & quinque Dissertationes Quesnelli in eumdem Canonum Codicem ad criticen revocatæ.

Accessere Tractatus de antiquis tum editis, tum ineditis Collectionibus & Collectoribus Canonum ad Gratianum usque.

CURANTIBUS

PETRO ET HIERONYMO

FRATRIBUS BALLERINIIS

PRESBYTERIS VERONENSIBUS.

TOMUS TERTIUS.

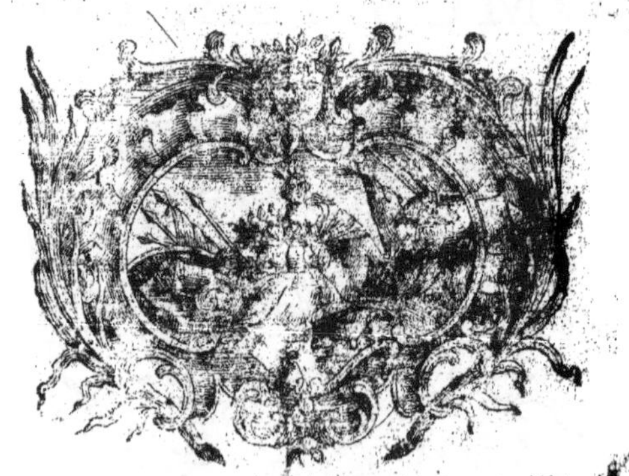

VENETIIS

Anno MDCCLVII.

APUD SIMONEM OCCHI.

SUPERIORUM PERMISSU AC PRIVILEGIO.

LECTORI.

CUR editioni operum S. Leonis Papæ Appendicis nomine adjiciamus hunc tomum, qui præſtantem & antiquiſſimam canonum collectionem aliaque vetuſti Juris canonici documenta continet, paucis exponendum eſt. Queſnellus in ſua editione idcirco S. Leonis operibus ſubjecit memoratam collectionem canonum, quia ipſam Romanæ Eccleſiæ codicem eſſe putavit, qui ſub Pontificibus Innocentio, Zoſimo, atque Leone uſui fuiſſet, & multa ab ipſomet Leone inſerta recepiſſet. Licet vero id omnino falſum hoc eodem tomo probaturi ſimus in Obſervationibus ad Diſſertationem ipſius Queſnelli duodecimam; nihilo tamen minus ne quid huic noſtræ editioni deeſſet, qua totam editionem Queſnellianam repetendam polliciti ſumus, idem canonum codex recudendus fuit. Hac autem in re cum ejus editio ipſum codicem non omnino integrum, nec identidem cum melioribus ac ſincerioribus lectionibus exhibuerit, quid in ipſo reſtituendo ac illuſtrando præſtiterimus, ex præfatione eidem præfixa, & multo magis ex adnotationibus ipſi ſubjectis palam fiet. Hac occaſione cum in MSS. codicibus & documentis vetuſtiſſimi Juris canonici laborandum fuerit, plura deteximus, quibus antiquum canonicum Jus illuſtrari poſſet. Hæc vero in publicum proferre utile & gratum futurum perſenſimus. Hinc priſcam canonum editionem Latinam, quæ cum in perrara bibliotheca Juris canonici, Gulielmi Voelli & Henrici Juſtelli opera prodierit, vix cognita eſt, ad codicum fidem exactam, integram, & emendatiorem addidimus. Alias præterea vetuſtiſſimas Græcorum canonum verſiones antea ineditas inſerere, & ſelecta quædam antiqui Juris canonici documenta nondum impreſſa, vel non ſatis vulgata ſubjicere conſtituimus.

Cum porro hiſce de cauſſis quamplura vetuſtarum collectionum tum editarum, tum ineditarum manuſcripta exemplaria evolverimus, e quibus antiquum Jus canonicum pendet; tractatum lucubrandum & præmittendum cenſuimus de antiquis tum editis, tum ineditis collectionibus & collectoribus canonum ad Gratianum uſque. Hic autem tractatus quam late pateat, & quam multa contineat ad canones illustrandos, vel restituendos, & ad vetus canonicum Jus cognoscendum utilia, ex ipso capitum indice, quem mox appendemus, satis perspicies. Ita hic tomus antiqui Juris canonici veluti corpus est, ac ex præmisso tractatu vetusti fontes ejusdem Juris patebunt.

Dissertationes tandem Quesnelli in laudatam collectionem canonum in fine addendæ, & notis ac observationibus ad crisim revocandæ fuerunt. Hæc præmonuisse sufficiat.

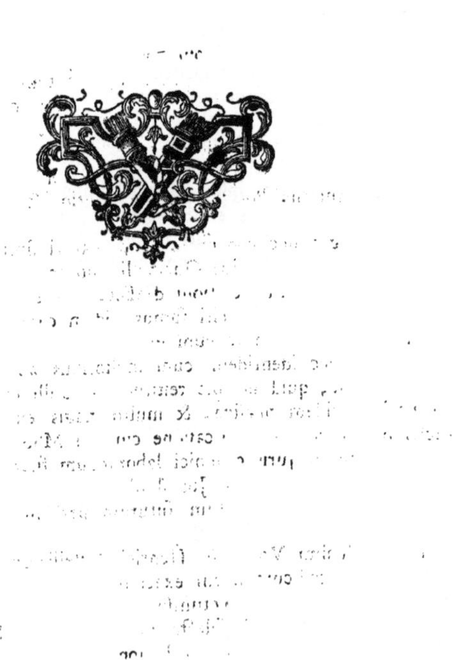

INDEX

INDEX
EORUM OMNIUM
QUÆ IN HOC VOLUMINE CONTINENTUR.

§. II. *Nec*

PARS TERTIA.

De collectionibus Dionysianis, & ceteris, quæ a Dionysio profecerunt.

PARS QUARTA.

De antiquis canonum Breviationibus, aliisque collectionibus Latinis in titulos & locos communes distributis ad Gratianum usque.

CODEX

CANONUM ECCLESIASTICORUM & CONSTITUTORUM SANCTÆ SEDIS APOSTOLICÆ.

Præ-

* *

CAP.

PAS-

PASCHASII QUESNELLI

DISSERTATIONES IN CODICEM CANONUM ECCLESIASTICORUM & CONSTITUTORUM SANCTÆ SEDIS APOSTOLICÆ

CUM ADNOTATIONIBUS ET OBSERVATIONIBUS CRITICIS IN EASDEM. 681.

non

FINIS.

DE ANTIQUIS
TUM EDITIS, TUM INEDITIS
COLLECTIONIBUS & COLLECTORIBUS
CANONUM
AD GRATIANUM USQUE
TRACTATUS
IN QUATUOR PARTES DISTRIBUTUS.

AD EMINENTISSIMUM FORTUNATUM TAMBURINUM S. R. E. CARDINALEM

PRÆFATIO.

Uantum ad veteris novique juris canonici scientiam conferant antiquæ canonum collectiones, quæ in manuscriptis exemplaribus continentur, norunt quicumque in jure canonico sunt apprime versati, ac Tu præsertim noris, CARDINALIS EMINENTISSIME, qui inter sacra studia, in quibus vitam totam maxima cum laude traduxisti, jure canonico potissimum delectaris. Probe nimirum intelligis, has collectiones illos esse fontes, ex quibus vetusta canonum & pontificiarum constitutionum documenta prodierunt. Intelligis præterea pluris esse æstimandum, quid diversæ, licet paucæ, collectiones ferant, quam quid plurima unius collectionis exempla. Si quis enim centum ex. gr. Dionysianæ collectionis vetustos codices reperiret & evolveret, is nulla alia monumenta canonica nancisceretur, nisi quæ Dionysius recepit; & in his ipsis (si librariorum excipiantur menda) miram fere lectionum consensionem deprehendens, nihil aliud disceret, nisi sic Dionysium legisse. Qui autem diversarum collectionum exempla consuluerit, alia atque alia identidem documenta inveniet; ac in documentis, quæ pluribus collectionibus communia sunt, diversas lectiones nactus, plurimum se juvari sentiet, tum ut tutius emendet amanuensium sphalmata, tum ut ex omnibus optimas lectiones secernat ac præferat.

Duæ tantum collectiones olim prodierunt, Dionysio-Hadriana, & Isidoriana. Cum ex hac postrema, quæ præter multa spuria, in ipsis sinceris documentis non paucas, ut suo loco dicemus, liberiores lectiones & arbitrarias emendationes receperat, pleraque antiqua canonum ac decretalium documenta a Merlino primum edita fuerint; ea subinde in editiones Conciliorum transierunt, ac proinde lectiones eorumdem documentorum minus exactæ latius obtinuere. Juvit non modicum editio collectionis Dionysio-Hadrianæ, quæ post Merlinum impressa fuit. At præter quam quod hæc editio purum Dionysium non exhibet, permagnique interest scire, quid vulgaverit Dionysius, quidque Dionysio superadditum fuerit; aliæ plures collectiones in manuscriptis codicibus exstant, quæ vel ipso Dionysio antiquiores sunt, vel aliam certe a Dionysio originem habent. Unam ex his produxit Quesnellus: quam nobis hoc tomo integriorem & emendatiorem recudentibus, quantum præsidii attulerint aliarum antiquarum collectionum, quas reperimus, manuscripta exemplaria, ex notationibus in eamdem collectionem palam fiet. Posteriorum etiam collectionum, quarum auctores aliqua ex Dionysio sumserunt, alia vero aliunde derivarunt, cognitio non inutilis erit. Immo earum quoque collectionum, quæ antiquiorum abbreviationes continent, vel decreta Romanorum Pontificum & Conciliorum canones in libros ac titulos distributos repræsentant, rationem describere, & originem, si fieri possit, detegere, quantum utilitatis afferat, peritus quisque perspiciet. Ex horum enim omnium complexu cognoscere licebit, quæ exordia, & quos progressus habuerit studium juris canonici; quid ex una collectione traductum fuerit in alias; quæ fuerint apocryphorum initia; quid interpolatum obrepserit, quid corruptum, quid mutilum; & quandonam documenta in antiquis collectionibus integra, in partes discindi, ac per materias distribui cœperint: quod usui magis commodum jamdiu receptum obtinuit.

Hinc etsi multum debemus iis, qui de vulgatis collectionibus differuere; plurimum tamen illis obstringimur, qui antiqua tabularia excutientes, veterum manuscriptarum collectionum notitiam aliquam nobis dederunt. Quamplurium ejusmodi codicum, qui in Cæsarea Vindebonensi bibliotheca abundant, descriptionem proferre meditabatur Petrus Lambecius, ut ipse testatur libro primo Commentariorum in eamdem bibliothecam cap. 8. pag. 932. Indicato enim pervetusto ejusdem bibliothecæ codice collectionis Hispanicæ, addit: *Multo autem prolixius & accuratius de eodem alias volente Deo acturus sum in peculiari Dissertatione de plus quam ducentis augustissimæ bibliothecæ Cæsareæ antiquis & bonæ notæ codicibus MSS. partim Græcis, partim Latinis, quorum ope & beneficio historia Conciliorum tam generalium quam provincialium non mediocriter potest locupletari*. Idipsum quoad Romana exemplaria in mentem venerat Emanueli Schelestratio Vaticanæ bibliothecæ Custodi, qui tertio *Antiquitatum* tomo edere volebat *Opus synodicon de canonibus Conciliorum, deque collectionibus canonum, & de Pontificum decretis*, in cujus appendice varias collectiones ex MSS. majori ex parte erutas se se prolaturum, in scheda post ejus mortem relicta & præfationi tomi secundi earumdem *Antiquitatum* inserta receperat. Omnium vero maxime hac in re laboravit Benedictini Ordinis decus P. Petrus Coustantius, cujus præfatio in tomum primum epistolarum Romanorum Pontificum locupletissimam priscarum manuscriptarum collectionum, quas reperire potuit, descriptionem exhibet.

Dum vero nos hoc eodem consilio ejusmodi collectionum exempla in bibliothecis delitescentia sollicitius inquireremus, vetustissimos codices nacti sumus, in quibus partim ignotæ collectiones fuerunt detectæ, partim vero peculiares notitiæ quantum ad collectiones jam vulgatas patuerunt. Hinc uberiorem de collectionibus canonum tum editis, tum ineditis Tractatum lucubrari posse perspeximus, qui huic tomo tertio præstantissimam collectionem aliaque veteris juris canonici documenta continenti non incongrue præfigeretur. Totus hic Tractatus dividetur in partes quatuor. Prima aget de Græco canonum Codice, & de quibusdam particulis, seu canonibus, qui in eo aliquam difficultatem facessunt. Secunda versabitur circa antiquiores collectiones Latinas, quæ vel Dionysio vetustiores sunt, vel a Dionysio non prodeunt: ubi inter cetera canonum Africanorum, qui pluribus difficultatibus involvuntur, exacta discussio atque distinctio exhibebitur. Tertia explicabit collectionem Dionysianam, & ceteras, quæ ex Dionysio aliqua documenta recepere, uti sunt Hadriana, Hispanica, & Isidoriana. Quarta differet de antiquis abbreviationibus canonum, aliisque collectionibus Latinis, quæ jus canonicum in libros ac titulos digesserunt.

Hac autem de re dum alter e nobis Romæ tecum aliqua diceret, CARDINALIS EMINENTISSIME, totumque consilium nostrum, quod tunc vix conceptum fuerat, Tibi aperiret; acriores addidisti stimulos ut perficeretur, eodemque reverso in patriam ipsi operi auxilium tuum, quod ubi opus esset pollicitus fueras, humanissime præstitisti. Hunc igitur qualemcumque Tractatum Tibi non ingratum futurum confidentes, ad Te dirigendum credidimus, ut præcellentis hac in re studii & favoris tui, nostrique erga Te grati animi atque observantiæ perenne testimonium præbeat.

DE

DE ANTIQUIS COLLECTIONIBUS & COLLECTORIBUS CANONUM.

PARS PRIMA.

DE GRÆCIS CANONUM COLLECTIONIBUS.

CAPUT PRIMUM.

De Græca canonum Apostolorum collectione omnium antiquissima. Quænam fuerit collectio Sabini Macedoniani Episcopi Heracleensis. Prima Græci codicis canonum expressa mentio in Concilio Calchedonensi. Codex canonum universæ Ecclesiæ a Christophoro Justello editus, non fuit vetus Græcorum codex, nec universæ Ecclesiæ. De Græca collectione Stephano Ephesiorum Episcopo tributa.

I. Tsi instituti nostri sit de Latinis potissimum antiquis canonum collectionibus agere; cum tamen Græcarum Synodorum vetustissimi canones Latinitate donati in collectiones Latinas traducti fuerint, de Græca eorumdem collectione, ex qua illos Latini interpretes deduxerunt, antea differendum est. Cum vero præter canones Conciliorum Græcorum ad Latinos pervenerint etiam illi canones, qui Apostolorum nomine circumferuntur; de horum collectione omnium antiquissima, de qua plures late differuerunt, non quæcumque dici possent, sed quæ omitti non debent, ne quid huic Tractatui deesse videatur, brevius perstringenda sunt. Certum est nullum corpus sine statis legibus regi atque consistere umquam posse. Hinc Apostolos regendæ Ecclesiæ certas regulas seu canones præfixisse dubitari nequit. Has autem regulas, quas illi verbo tradiderunt Ecclesiis, subinde scripto fuisse collectas, & *Canonum Apostolorum* titulo prænotatas satis credibile est. Neque propterea credimus, omnia quæ in ipsis canonibus continentur, Apostolis referenda. Solent quippe ejusmodi opera, ut scite animadvertit * P. Coustantius, licet variis incrementis augeantur, ejus nomen in epigraphe retinere, quo primum auctore cœpta vel constituta fuerunt. Cum vero quidam canones iisdem inserti errores præferant manifestos, qui traditis Apostolorum regulis adscribi nequeunt; plurimi ipsis facilem non præbuere consensum * Dionysio teste, ac in celebri decreto de libris recipiendis, vel non recipiendis inter apocrypha jure censiti fuere: unde in præfatione collectionis Hispanicæ scriptum fuit: *Canones autem, qui dicuntur Apostolorum, seu quia eosdem nec Sedes Apostolica recipit, nec Sancti Patres illis consensum præbuerunt, pro eo quod ab hæreticis sub nomine Apostolorum compositi dignoscuntur, quamvis in eis quædam inveniantur utilia, auctoritate tamen apostolica eorum gesta constat esse remota, & inter apocrypha deputata.* Quæ *utilia* sunt, Apostolis convenire queunt.

Canones ab Apostolis verbo traditi, & postea ab aliis collecti. Non omnes inter canones apostolicos relati, sunt Apostolorum.

** In præfat. ad tom. I. epist. Rom. Pontif. num. 51.*

** In epist. ad Stephanum.*

II. Mensis Hyperberetæi nomen, quod legitur canone 38., hos canones non a Græcis Europæis, nec ab Ægyptiis, qui mensibus alia nomina indiderant, sed ab Orientalibus, qui Syromacedonicis mensium nominibus utebantur, fuisse collectos & scriptos ostendit. Ante Nicænam vero Synodum hanc collectionem in iis Orientis regionibus compactam, in quibus rebaptizationis error obtinebat, non improbabiliter statuit Petrus de Marca libro tertio Concordiæ cap. 2. Ple-

Hæc collectio canonum Apost. in Oriente condita. Quando.

Pleraque sane, quæ in iisdem canonibus decernuntur, cum disciplina ecclesiastica secundi ac tertii sæculi congruunt: & nonnullas regulas, quæ ab Orientalibus quarti sæculi allegantur, in illis canonibus tantum invenire licebit.

De usu ejus apud Græcos. III. De antiquo usu horum canonum, seu hujus vetustissimæ collectionis apud Græcos nemo ambigit. Vide Petrum de Marca loco paullo ante memorato, & Guillelmum Beveregium in *Codice canonum Ecclesiæ primitivæ illustrato*. Quid apud Latinos. De usu autem apud Latinos ante Dionysium Exiguum quæstio vertitur. Sunt enim qui existimant, a Patribus Latinis, & a Romanis etiam Pontificibus Dionysio antiquioribus canones apostolicos passim allegari regularum ecclesiasticarum nomine, quo etiam ornantur ab eodem Dionysio. Id Quesnellus palam asseruit Dissert. XVI. §. *6*. At Latinis usui non fuerunt nisi * post versionem Dionysianam, quæ prima, immo unica interpretatio fuit. Anterioris certe versionis, qua illi canones a Latinis adhiberi potuerint, nullum uspiam indicium est. Quod si quædam regulæ ab antiquis Latinis Scriptoribus indicatæ cum apostolicis canonibus concordant, nihil refert. Non paucæ enim ejusmodi regulæ, antequam canonum Apostolorum titulo inscriptæ Græca lingua ederentur, ab ipsis Apostolis verbo traditæ fuerant, ac uti verbo traditæ ab antiquioribus Scriptoribus Latinis laudari potuerunt citius, quam Græci illi canones iisdem ante Dionysium ignoti. Præclare autem in hanc rem monuit Quesnellus nota 8. in epist. 10. *Quemadmodum*, inquit, *ipsi apostolici canones ex consuetudinibus regulisque ab Apostolis virisque apostolicis velut per manum traditis & acceptis conflati fuerant ab Orientalibus; ita certum est, complures regulas ecclesiasticas in Romana Ecclesia viguisse primis temporibus, non aliunde acceptas quam ex consuetudine antiqua & ex traditione Sanctorum Apostolorum Petri & Paulli. Has porro cum aliquibus canonibus apostolicis convenire quis miretur? cum una esset omnium Apostolorum fides, una plerumque disciplina ex unius Magistri schola descendens. Hinc factum est*, *ut* quædam constituta Pontificum ex ipsis canonibus assumta esse videantur, *ut loquitur Dionysius Exiguus in præfatione canonum*, *cum potius ex communis traditionis fonte tam constituta fluerent*, *quam canones apostolici*. Quod porro subdit, se non gravate fateri, S. Leonem in eadem epistola 10. unum canonem apostolicum respexisse, noluisse tamen apostolicos canones nuncupare, ne dubiis & nondum receptis canonibus auctoritas inde accederet; conjectura est omnino infirma, immo incredibilis, nisi probetur versionem aliquam exstitisse ante Dionysium, qua iidem canones noti essent Latinis: quod tamen nondum probatum est, nec, ut credimus, probari umquam poterit. Neque obtrudatur Gelasii decretum de libris recipiendis, vel non recipiendis, quod tametsi editum ante interpretationem Dionysii, canones tamen Apostolorum inter apocrypha referens, eos ipsi aliqua ratione cognitos adstruit. Nam primo Gelasius hos canones, etsi inter Latinos nondum vulgatos, ita accensere potuit apocryphis, uti in eumdem catalogum retulit alia quædam Græcorum opuscula, quæ nondum latine reddita fuerant. Dein satis probabile nobis est, hanc ejus decreti particulam de canonibus Apostolorum in plerisque atque potioribus Gelasiani decreti exemplaribus omissam, ad ea additamenta pertinere, quæ Hormisdam habent auctorem, uti conjiciemus part. 2. c. 11. §. 5. Ipsa quidem verba Dionysii in epist. ad Stephanum Episcopum Salonitanum, *quibus* (canonibus) *quia plurimi consensum non præbuere facilem*, *hoc ipsum vestram nolumus ignorare sanctitatem*, rem Latinis ignotam indicant: ac propterea quæ sequuntur, *quamvis postea quædam constituta Pontificum ex ipsis canonibus sumta esse videantur*, non de Romanis Pontificibus aut Latinis Episcopis, sed de Græcis intelligenda sunt, quorum constituta quædam *in pontificalibus*, ut ibidem ait, *conventibus* edita, cum apostolicis canonibus conveniunt.

*Vid. part. 2. cap. 10. §. 2. n. 12. & nostras Observ. in Dissert. 16. Quesnelli.

tom. 2. col. 1314.

Hæc collectio canon. Apost. distincta a collectione canonum synodalium. IV. Hæc Græca eorumdem canonum collectio distincta fuisse videtur a Codice canonum synodalium, qui postea lucubratus fuit: unde hi Græcarum Synodorum canones in quibusdam MSS. exemplaribus ea continua numerorum serie notabantur, quæ a Nicænis ordiebatur, eo quod Apostolorum canones, qui Nicænis præmittendi erant, ab iisdem exemplaribus abessent. Hinc etiam Dionysius Exiguus, qui Græco hujus generis Codice usus est, apostolicos canones

nones ex alio codice sumsit, cum eos latine redditos suæ versioni præfixit. Quinquaginta tantum apostolicos canones is in suo codice reperit, ac latinitate donavit. Verum in aliis Græcis exemplaribus, quæ adhibuerunt Joannes Scholasticus, & alii posteriores Græcarum collectionum auctores, octoginta quinque censebantur. Hunc autem auctiorem numerum perantiquum fuisse cognoscimus ex Concilio CP. anni 394., ubi * decernitur, *non licere in posterum nec a tribus quidem, nedum a duobus, eum, qui reus examinatur, deponi, sed majoris Synodi & provinciæ Episcoporum sententia, sicut apostolici definiere canones*: quæ definitio continetur in canone Apostolorum 74. Sed de hac primæva Græca collectione satis: de qua si quis plura desideret, conferat Beveregium loco laudato, ubi tribus libris de iisdem canonibus luculentissime disserit.

Numerus canonum Apostolorum.

* tom. 2. Concil. Venet. edit. col. 1380.

V. Plura dicenda sunt de alia collectione Græca, eorum scilicet canonum, qui a Synodis sanciti fuerunt. Hi enim potissimum in collectiones Latinas manarunt, præcipuamque portionem constituunt antiqui juris canonici. Primum Græcæ collectionis compilatorem Petrus Pithœus in Synopsi historica eorum, qui canones collegerunt, profert Sabinum Heracleæ in Thracia Episcopum, quem Socrates libro primo cap. 8. testatur composuisse *congestionem eorum, quæ per diversa Concilia Sacerdotum ex scripto prolata sunt*. At hic Macedonianæ sectæ Episcopus non canones catholicorum Conciliorum, sed ea documenta collegit, quæ suo ingenio placebant, Synodosque præsertim ab hæreticis habitas suæ collectioni inseruit: ac proinde hæc de ipso scribit idem Socrates lib. 2. c. 17. *Sabinus Macedonianæ sectæ Episcopus in collectione Synodorum*, seu melius, ut notavit Valesius, *gestorum synodalium* (nam pro τῶν συνόδων legendum credit συνοδικῶν, uti habetur lib. 3. c. 10. & 25. ac lib. 4. c. 12.) *epistolas Julii neutiquam intexuit; tametsi eam minime prætermiserit, quam Episcopi Antiochiæ collecti ad Julium scripsere. Verum Sabinus ita semper facere consuevit. Nam si quæ forte synodales epistolæ vocem* consubstantialis *aut reticent, aut omnino rejiciunt; eas studiose operi suo inserit; contrarias vero sciens & prudens silentio transilit*. Hinc uberius egit de Seleuciensi Concilio anni 359. ac de Synodis Macedonianis, de Antiochena anni 363. ac de aliis similibus, ut * idem Socrates prodidit. E contra Nicænis Patribus adeo detraxit, ut eos * veluti rudes ac illitteratos traduxerit. Hoc ergo Sabini opus inter codices sacrorum canonum, de quibus in præsentiarum agimus, computandum non est.

De collectione Sabini Episcopi Heracleæ.

* lib. 2. c. 15. & 39. lib. 3. c. 10. & 25.

* Idem lib. 1. c. 9.

VI. Quod ad Græcam itaque canonum collectionem, sunt qui existimant, ipsam jam inde a Concilii Ephesini tempore indicari ea Græca formula ἀκολουθία τῶν κανόνων *canonum consequentia*, quæ in eadem Synodo frequens legitur; eo quod in ejusmodi collectione omnes diversorum Conciliorum canones describerentur continuata & consequenti numerorum serie, quam Joannes Scholasticus τάξιν καὶ ἀκολουθίαν ἀριθμῶν *ordinem & consequentiam numerorum* in canonum codice exhibitum appellavit. Verum eam formulam in eodem Concilio Ephesino alia omnino significatione usurpari ostendemus cap. 6. num. 3. Certiora & manifesta hujus Græcæ collectionis testimonia præsto sunt ex Concilio Calchedonensi. In aliquot enim hujus actionibus non solum Codicis canonum expressa fit mentio, verum etiam ex hujusmodi Codice recitantur aliquot canones, & nonnulli etiam iis numeris distincti, qui continuatam numerorum seriem soli canonum collectioni congruentem demonstrant. Actione quarta: *Aetius Archidiaconus Constantinopolitanæ sanctæ & catholicæ Ecclesiæ dixit: Regula est hæc CUM ALIIS posita a Sanctis Patribus .... & ex Codice relegit hæc. De clericis & monachis, qui semetipsos a communione suspendunt. Si Presbyter aut Diaconus suum contemnens Episcopum* &c. *Omnes reverendissimi Episcopi clamaverunt: Hæc justa regula, hæc regula Patrum*. Est autem canon quintus Concilii Antiocheni. In actione de Caroso & Dorotheo designantur canonum numeri. *Sancta Synodus dixit: Sacri Patrum canones legantur, & commentariis inserantur*. Sumtoque libro Aetius *Archidiaconus & Primicerius magnæ Ecclesiæ legit. Canon* LXXXIII. *Si quis Episcopus* &c. *Canon LXXXIV. Si quis Presbyter aut Diaconus* &c. Sunt duo canones Antiocheni quartus & quintus, qui in Codice descripti post canones Nicænos XX. Ancyranos XXV. Neocæsarienses

Prima Græci codicis canonum mentio in Calchedonensi. Canones omnium Synodorum continua numerorum serie notati.

t. 4. Concil. Ven. ed. col. 1418. d. Ib. col. 1427. e

XIV.

XIV. & Gangrenses XX. ex continuata numerorum serie a Nicænis incepta erant canones LXXXIII. & LXXXIV. Similiter actione undecima duo alii canones Antiocheni XVI. & XVII. cum numeris XCV. & XCVI. propriis ejusdem Codicis recitantur. *Stephanus reverendissimus Episcopus Ephesi dixit: Supplico, ut canones relegantur .... Gloriosissimi judices dixerunt: Relegantur hi canones. Leontius reverendissimus Episcopus Magnesiæ ex Codice relegit. Regula XCV. Si quis Episcopus vacans* &c. ut in Antiocheno can. 16. Et mox: *Idem reverendissimus Leontius Episcopus ex eodem Codice legit. Regula XCVI. Si quis Episcopus ordinationem* &c. ut in Antiocheno can. 17. Notandum videtur, hos canones non appellari Antiochenos, sed Codicis numero tantum distingui, quod hunc Codicem, & hanc allegandi methodum jamdiu obtinentem & cunctis exploratam declarat. Sic etiam Episcopi provinciæ Pisidiæ in epistola synodica ad Leonem Augustum, quæ inserta est Codici encyclio, laudatum Antiochenum canonem quartum ex simili Codice numero LXXXIII. allegarunt. *Eos .... extraneos esse a Dei Ecclesia judicamus, secundum consequentiam regularem, nulla eis venia, nec spe restitutionis ullo modo remanente, sicut tertia & octogesima regula de talibus aperte decernit, cujus initium est: Si quis Episcopus a Synodo depositus* &c. Dionysius Exiguus paullo dissimilem Græcum Codicem canonum habuit, quem cum latinitate donavit, tum vero exactius descripsit in epistola ad Stephanum Salonitanum suæ versioni præfixa his verbis. *Regulas Nicænæ Synodi & deinceps omnium Conciliorum, sive quæ ante eam, sive quæ postmodum facta sunt, usque ad Synodum centum quinquaginta Pontificum, qui apud Constantinopolim convenerunt, sub ORDINE NUMERORUM, idest A PRIMO CAPITE USQUE AD CENTESIMUM SEXAGESIMUM QUINTUM, SICUT HABETUR IN GRÆCA AUCTORITATE digessimus*. Græcus itaque Codex, quem Dionysius interpretatus est, complectebatur canones Nicænos, Ancyranos, Neocæsarienses, Gangrenses, Antiochenos, Laodicenses, & Constantinopolitanos; atque omnes hos canones continuata numerorum serie signatos præferens, numerum producebat *usque ad centesimum sexagesimum quintum*. Hunc autem Codicem *paullo dissimilem* diximus ab eo, qui in Calchedonensi cum continuatione numerorum lectus fuit: numeri enim apud Dionysium uno decrescunt. Idem sane Dionysius in epistola prima paschali canonem primum Concilii Antiocheni juxta sui Codicis seriem sic allegavit. *In sanctis canonibus sub titulo LXXIX. qui primus est Antiocheni Concilii, his verbis invenitur expressum: Omnes qui ausi fuerint dissolvere* &c. Hic primus canon Antiochenus, qui in ipsius Dionysii codice erat LXXIX. ex computatione numerorum, quibus Antiocheni canones in Calchedonensi Concilio allegantur, in exemplo a Patribus Calchedonensibus adhibito canon erat octogesimus. Num vero omnes antiqui Græci codices hac continua numerorum serie notarentur, ut plerique existimant, discutiemus capite 6. n. 3. & seqq.

[Ib. col. 1610. d.] [tom. 4. Concil. Ven. ed. col. 1877. c]

Codex canonum universæ Ecclesiæ a Justello editus.

VII. Christophorus Justellus *Codicem canonum Ecclesiæ universæ*, quem Parisiis edidit anno 1610. eum veterem Græcum codicem esse prætulit, qui in Synodo Calchedonensi lectus fuit, quique apud universam tum orientalem, tum occidentalem Ecclesiam ante ipsum Calchedonense Concilium auctoritatem obtinuit. Continet hic Codex canones Synodorum Nicænæ, Ancyranæ, Neocæsariensis, Gangrensis, Antiochenæ, Laodicensis, Constantinopolitanæ, Ephesinæ, & Calchedonensis continua numerorum serie distributos usque ad numerum CCVII. Apposuit quidem ille canonibus hos numeros ita, ut numeris in Calchedonensi indicatis responderent. At nullum codicem antiquum habuit, qui hanc collectionem, uti ab ipso est edita, contineret. Græcum textum sumsit ex posteriorum Græcarum collectionum libris sive editis, sive manuscriptis: unde in ipso ejus titulo hæc leguntur: *Christophorus Justellus primum restituit; ex Græcis codicibus editis & MSS. collegit & emendavit.* Sed tota collectio, ac numerorum distributio nulli codici vetusto innixa, ab ejus ingenio compacta fuit. Id satis aperte fatetur in epistola ad Jacobum Leschaserium editioni præfixa, ubi postquam scripsit: *Omnibus, quas reperire potui, Græcis Latinisque editis & manu exaratis canonum collectionibus collatis & inter se comparatis, nullam inveni illa antiquiorem, cui jam inde*

Ex nullo veteri codice erutus. Quomodo concinnatus.

ab ini-

ab initio titulus fuit, Codex *seu* Corpus canonum, *quam Latinam ex Dionysii Exigui interpretatione etiamnum habemus*: addit se, ut hanc *pristinæ luci restitueret non solum Latinam, sed & Græcam, cogitasse primum Græcum textum ex editione Tilii producere, & ad MSS. codices emendare*. At cum deprehendisset hanc editionem Tilii continere multa, *quæ non erant in antiquiori Græca collectione, qua usus est Dionysius Exiguus*, eam tandem *hujus restitutionis rationem antea incompertam* se tenuisse affirmat, quam laudatus Leschaserius indicaverat in *Consultatione* anni 1607. cujus fragmentum idem Justellus inseruit. Ratio autem ab hoc indicata eo paucis refertur, ut in Codice describantur canones earum Synodorum, quas Dionysius in suo Græco codice reperit, & eodem ordine ita referantur, continuata nec interrupta numerorum serie, ut numeri in Calchedonensi designati iisdem canonibus plane congruant. Qui autem hanc methodum in suo Codice compingendo sequutus est, nullum profecto exemplum cum hac sua collectione invenit; sed tum editis, tum MSS. Græcis collectionibus in subsidium adscitis, eum, quem antiquum & primitivum universæ Ecclesiæ Codicem credidit, suo marte composuit atque emendavit. Hinc in notis solos codices Zonaræ & Balsamonis, ac Tilii editionem lectionum caussa laudavit.

VIII. Neque reponas, eumdem Justellum in præfatione scribere: *Stephani Episcopi Ephesini exstat canonum collectio nondum edita, quæ omnino convenit cum veteri Codice Ecclesiæ universæ, canonesque Conciliorum Nicæni, Ancyrani, Neocæsariensis, Gangrensis, Antiocheni, Laodicensis, & Constantinopolitani eadem serie & ordine exhibet, quibus ipse Ephesinos addidit*. Hic Stephanus Ephesiorum Episcopus ille esse creditur, qui pseudo-Ephesini Concilii & Calchedonensis tempore vixit. Huic ergo vetustissimo exemplo Justellianus Codex innititur. Cui argumento antequam respondemus, error detegendus est Gulielmi Voelli, & Henrici Justelli in præfatione ad Bibliothecam Juris canonici Parisiis impressam anno 1661. ubi de Codice Ecclesiæ universæ scribunt: *Collectus autem fuit paullo post Concilium Constantinopolitanum I. sub Theodosio Magno a Stephano quodam Ephesino Episcopo, ut præferebat olim vetus Palatinæ codex, quem vidit Justellus, ut refert Petrus de Marca Archiepiscopus Tolosanus*. Hic quidem Archiepiscopus lib. 3. Concordiæ c. 3. n. 4. affirmavit, veterum Conciliorum canones 165. *in unum corpus collectos Episcopi alicujus industria, FORTASSE Stephani Ephesini, ut præferebat vetus codex MS. in bibliotheca Palatina, quemadmodum accepi a viro fide dignissimo atque integerrimo:* & in margine *Christophorus Justellus* nominatur. Non absolute, sed suspicative loquitur, ut innuit particula *fortasse*; nec ejusmodi collectionem ad Theodosii Magni ætatem evehit. Christophori vero Justelli verba, quæ paullo ante recitavimus, cum manifestum Voelli ac Henrici Justelli errorem, tum vero hallucinationem aliquam Petri de Marca in intelligendo ac referendo ipsius Christophori testimonio apertissime adstruunt. Neque enim is Stephanum Ephesinum auctorem prodidit totius collectionis Theodosio Magno imperante; sed solam additionem canonum Ephesinorum, post Ephesinam utique Synodum, eidem attribuit; idque ipsum particula *forte* quasi incertus anterioribus verbis expressit. *Cui* antiquo codici, inquit, *postea adjecti sunt Concilii Ephesini III. œcumenici octo canones, FORTE a Stephano Ephesino, cujus exstat canonum collectio nondum edita* &c. ut supra prosequitur. Ubi autem exstaret hæc nondum impressa collectio, in prima editione anni 1610. non prodidit. At in secunda anni 1661. his ejus verbis præfationi insertis exprimitur: *Hæc vero in bibliotheca Palatina apud heredes Gelharti Ermenhorstii Hamburgi asservatur, a quibus huc usque nancisci non potuimus*. Si hunc codicem nancisci non potuit, eo proculdubio in editione usus non fuit. Cum ipsum codicem fortassis olim vidisset, eum subinde memoria repetenti idem suæ collectioni similis videri potuit. Ne quid vero dubitationis circa hunc Palatinum codicem supersit, Joannis Alberti Fabricii verba hic appendenda sunt ex tomo XI. Bibliothecæ Græcæ n. 10. pag. 26. *In bibliotheca Cæsarea aliquot reperiuntur canonum collectiones adhuc ineditæ, ut quam Lambecius III. pag. 66. memorat* Κανονικὴν σύνοψιν *Stephani Ephesii, quæ fuit quoque in Palatina cod. 33.... canonesque Apostolorum Conciliique*

De collectione Stephano Ephesino Episcopo perperam attributa.

Nicæni & Ancyrani complectitur. Vide Friderici Sylburgii catalogum manuscriptorum bibliothecæ Palatinæ pag. 14. *ubi Stephanus ille Ephesinus appellatur Episcopus.* Fridericus Sylburgius, qui catalogum edidit codicum Palatinorum, aliam in his collectionem non prætulit Stephani Ephesini nomine inscriptam, nisi quæ non integros Conciliorum canones, sed canonum synopsim continebat. Hæ canonum synopses posterioris ætatis fuere: & siquidem synopsi laudatæ canones Ephesini fuere adjecti, id (ut postea dicemus) serius multo post Calchedonensem Synodum factum fuit: ac propterea si Stephanus Ephesinus hujus collectionis, seu synopsis auctor credatur; non fuit ille Stephanus Episcopus, qui Calchedonensis Concilii ævo memoratur, sed alius posterior, qui in MS. bibliothecæ Cæsareæ Episcopi titulo caret.

Quæ fuerit collectio ejusdem Stephani, & quando digesta.

Codex a Justello impressus non est vetus Græcorum codex. Defectus ejus notati.

IX. Sed ut redeamus ad codicem canonum, quem Christophorus Justellus edidit, hunc non esse illam veterem collectionem in Calchedonensi allegatam, cujus codicem Dionysius Exiguus adhibuisse creditur, nonnulla argumenta plane demonstrant. Græcos quidem vetustiores canonum codices, ex quibus duæ antiquiores interpretationes Isidoriana & Prisca deductæ fuerunt, una cum Nicænis canonibus prætulisse etiam symbolum, nec non subscriptiones, seu catalogum Patrum Nicænorum, eædem versiones testantur. Præterea una cum canonibus Gangrensibus descriptam in illis MSS. fuisse epistolam ipsius Concilii, Antiochenos item relatos fuisse cum synodicis litteris & cum Episcoporum nominibus, & Constantinopolitanos non caruisse subscriptionibus Episcoporum, non solum ex laudatis versionibus, sed etiam ex ipso Græco textu liquet. Hæc autem omnia Justelli editio præterit. Etsi vero Dionysiana interpretatio his omnibus pariter caret; infirma tamen est hæc Justelliani Græci codicis defensio, qui dum *universæ Ecclesiæ codicem* præfert, ad Dionysii versionem exactus, ab illis vetustioribus Græcis codicibus abest, ex quibus antiquiores illæ versiones sumtæ fuerunt. Quid quod neque cum Dionysiana plane concordat? In interpretatione enim Dionysii non minus quam in Isidoriana & Prisca, ac in ipso Græco textu canonibus Ancyranis, Neocæsariensibus, atque Gangrensibus adnotationes quædam præmittuntur, quibus duæ priores Synodi anteriores Nicæna, tertia vero Synodus posterior traditur. Has in Justelliano Codice frustra requires.

Additamenta a veteri Græco codice aliena.

X. Hic porro alia addit, quæ in antiquo Græco codice non exstabant. Canonibus quatuor Synodi Constantinopolitanæ anni 381. Justellus tres alios adjecit. Hi utique non erant in veteri Græco codice, cum nec in Dionysiana, nec in aliis antiquis versionibus inveniantur. Certe canon septimus ad eamdem Constantinopolitanam Synodum nequaquam pertinet: unde nec apud Joannem Scholasticum, qui canones quintum & sextum licet additities recepit, hic septimus legitur. Serius multo hic conditus, nedum adjectus fuit. Quintus autem & sextus canones forte constituti fuerunt in alia Constantinopolitana Synodo subsequentis anni 382. Hac vero secunda Synodo ob idem nomen urbis & ob temporis propinquitatem cum priori confusa, facili hallucinatione alterius canones cum canonibus alterius confusi & copulati fuerunt. Ephesinos canones nulla versio præfert, sicut nec præferebat Græcus codex Dionysii Exigui. Neque hæc Synodus proprie simul condidit octo illos canones, quos Justelli editio exhibet; sed ex diversis ejus actionibus hinc & hinc excerpti fuere. Id posteriori tantum tempore factum fuit. Antiquior, quod sciamus, Græca collectio, in qua hi Ephesini canones cum ceteris recenserentur, erat in eo codice, quo post medium sextum sæculum Joannes Scholasticus usus est: & exinde illi in posteriores Græcas collectiones transierunt. Idem Justellus in notis ad hos canones pag. 91. posteriores fontes indicans, ex quibus eosdem hausit, ait: *Hi octo Concilii Ephesini canones exstant in codice Tilii, & in codicibus MSS. Balsamonis & Zonaræ, & in actis Concilii Ephesini tom.* I. *Concil. Œcum. Romæ edit. an.* 1608. *sex scilicet priores pag.* 499. *duo vero posteriores pag.* 492. & 497. Canonibus Calchedonensibus, qui in veteri Græco codice, & in ejusdem antiquis versionibus, ac etiam in Dionysiana sunt tantum XXVII. Justellus duos alios addidit, quos soli posteriores Græci codices recepere. Laudatus Joannes Scholasticus, etsi sæculo sexto vixit, solos XXVII. canones refert. Quis igitur hunc Justelli codicem, qui alia antiqui

codi-

codicis præterit, alia addit, pro veteri germano codice canonum habere potest?

XI. Multo autem minus inscribendus erat *Codex universæ Ecclesiæ*, ac si ante Concilium Calchedonense non tam apud Orientalem, quam apud Occidentalem Ecclesiam auctoritatem obtinuisset. Nullos alios canones Romana & Occidentalis Ecclesia per hæc tempora receperat nisi Nicænos & Nicænorum nomine Sardicenses, ut probabimus part. 2. c. 1. Quantum Antiochenos canones reprobaverit Innocentius I. epist. 7. ad Clerum Constantinopolitanum, quantum item Constantinopolitanis canonibus Græco codici insertis Leo Magnus restiterit, quos suo quoque ævo non receptos testatur S. Gregorius lib. 7. epist. 34. ad Eulogium, omnibus notum est. Quomodo igitur *universæ*, ac proinde etiam Occidentalis & Romanæ Ecclesiæ Codex affirmari poterat ille a Justello vulgatus, qui canones tunc repudiatos continet, & Sardicensibus ab ea potissimum susceptis caret? Frustra vero Justellus se se Leonis ipsius auctoritate fulciri studet, cum pag. 16. indicat ejus verba ex epist. 44. suo & Romanæ Synodi nomine scripta ad Imperatorem Theodosium, quibus petiit, ut is juberet generalem Synodum celebrari, quod post appellationem a Flaviano interpositam necessario postulari, *canonum*, inquit, *Nicææ habitorum decreta testantur .... quæ subter annexa sunt*: ubi *subter annexorum voce intelligi par est*, ait Justellus, *canones Conciliorum, qui a Nicæno ad Constantinopolitanum numerorum serie in unum collecti, in veteri codice canonum reperiuntur*. Fallitur, & adeo evidenter fallitur, ut Leo his verbis solos canones Sardicenses respiciat, qui in Justelliano codice desiderantur: unde Sardicensis canon de appellationibus decernens, huic quidem epistolæ in vulgato Græco subjicitur. Confer quæ in hanc rem diximus in Admonitione præmissa epistolæ 43. n. 8. tom. 1. pag. 898. & adnot. 18. in epist. 44. P. Coustantius, qui Justelliani codicis inscriptionem pariter rejicit in præfatione tom. 1. epist. Romanorum Pontificum num. 58. scribit: *Videtur ergo melius accuratiusque inscribi posse Justelliana collectio: Canonum codex, qualis in Ecclesia Græca medio sæculo VI. obtinebat*. Nimium adversario concessit. Etenim ex Joanne Scholastico, qui medio quidem sexto sæculo floruit, Sardicenses canones continebat Græcus codex, nec non canones Apostolorum, qui a Justelliano excluduntur: & e contra nondum in eum illati erant septimus canon Constantinopolitanus, & duo ultimi Calchedonenses, qui apud Justellum leguntur.

Neque fuit Codex universæ Ecclesiæ.

CAPUT II.

Antiquus canonum codex apud Græcos quinam initio fuerit, & quomodo subinde auctus.

I. CUm numeri quatuor Antiochenis canonibus adscripti in Codice canonum, qui lectus fuit in Concilio Calchedonensi, fere congruant cum numeris in suo Græco codice inventis a Dionysio Exiguo (*fere* scripsimus, eo quod numeri in Calchedonensi memorati Dionysianos unitate excedunt:) communis præsumptio invaluit, Græcum codicem canonum in ea Synodo adhibitum similem fuisse codici ejusdem Dionysii, in quo sub numeris, seu titulis 165. continebantur canones XX. Nicæni, XXIV. Ancyrani, XIV. Neocæsarienses, Gangrenses XX. Antiocheni XXV. Laodiceni LIX. & Constantinopolitani III. Hanc quoque fuisse putant primam Græcam canonum collectionem, quæ post Constantinopolitanum Concilium hoc ordine & numero canonum compacta fuerit. Id vero nobis non ita videtur certum, ut plerique existimant. Ut autem hac in re ad vetustissimum tempus pertinente lumen aliquod effulgeat, deficientibus Græcis hujus ævi exemplaribus, ad veteres interpretationes Latinas anteriores Dionysio, quæ ex antiquissimis Græcis canonum codicibus traductæ fuerunt, confugiendum est, nec non ad alias pervetustas collectiones Latinas, quæ ex interpretationibus Dionysiana anterioribus Græcarum Synodorum canones derivarunt.

Vulgata opinio.

Unde decidenda quæstio.

II. Duas autem horum canonum versiones habemus antiquiores Dionysio: Priscam, quam Justellus vulgavit, nos autem integriorem & emendatiorem hoc

Versiones Græcorum canonum vetustiores Dionysio.

tomo recudemus; & eam, quæ ab Isidoro recepta ex collectione Hispanica, Isidoriana vocari solet, non quod Isidorum habeat auctorem, sed quia cum Isidori collectione primum edita fuit. Prisca versio uti a Justello est typis impressa, hunc ordinem præfert. Canones exhibet Ancyranos XXIV. Neocæsarienses XIV. Nicænos XXI. quibus ex nostris codicibus addemus totidem Sardicenses apud Justellum mutilos, Gangrenses XX. Antiochenos XXIV. Calchedonenses XXVII. & quatuor Constantinopolitanos, adjecto fine numero alio canone Calchedonensi *de primatu Ecclesiæ Constantinopolitanæ*, qui conficiunt canones CLXV. seu (si computetur etiam canon Calchedonensis Constantinopolitanis subjectus) canones CLXVI. Isidoriana autem versio omnes canones, etiam Calchedonenses XXVII. profert, qui apud Dionysium leguntur. Antiquæ collectiones Latinæ, quas deinceps singillatim describemus, non ex una tantum versione Græcos canones receperunt, sed alios ex Isidoriana, alios ex Prisca.

Laodiceni canones olim in Græco Codice deerant. III. His præmissis duo potissimum in versione Prisca animadversionem merentur. Primo in ea desunt canones Laodiceni. Neque id peculiari defectui ejus codicis, quem Justellus invenit, tribuendum est. Desunt enim pariter in duabus vetustissimis collectionibus, quæ ex aliis antiquissimis manuscriptis Priscæ interpretationis aliquot alios Græcorum Conciliorum canones susceperunt, nimirum in collectione Vat. Reginæ 1997. & in alia, quæ exhibetur in duobus MSS. Lucano 88. & Colbertino 784. Auctor alius vetustissimæ collectionis contentæ in codicibus Barberino 2888. & Vaticano 1342. qui ex eadem Prisca versione profecit, cum in ea non reperisset canones Laodicenos, ipsos ex Isidoriana sumsit. Hæc manifestum nobis efficiunt, hos canones ab origine defuisse non minus in Prisca versione, quam in codice Græco, ex quo hujus versionis auctor Græcorum canonum Latinam interpretationem lucubravit; alias Laodicenos æque ac ceteros latinitate donasset. Laodiceni ergo canones Græcæ collectioni non statim ab initio inserti, sed posterius additi fuerunt.

Nec Constantinopolitani. Secundo canones Constantinopolitani in eadem Prisca versione post Calchedonenses recensentur: eodemque ordine describuntur in tribus aliis diversis & antiquissimis collectionibus manuscriptis paullo ante memoratis Vat. Reginæ 1997. Lucano-Colbertina, & Vat. Barberina, quæ horum Conciliorum canones ex Prisca versione recepere. Hoc ergo inverso ordine canones Constantinopolitani Calchedonensibus subjiciebantur etiam in eo Græco codice, quem ejusdem versionis auctor adhibuit. Constantinopolitani igitur Concilii canones, uti leguntur in Prisca, post Calchedonense adjecti fuere: idque adeo est evidens, ut inter canones ejusdem Synodi Constantinopolitanæ accenseatur etiam canon Calchedonensis *de primatu Ecclesiæ Constantinopolitanæ*, ac trium Legatorum Romani Pontificis subscriptiones iisdem canonibus subjiciantur, quæ non ad Constantinopolitanam, sed ad Calchedonensem Synodum pertinent, ut ex ipsius

v. infr. col. 555. Priscæ versionis editione huic tomo inserta palam fiet. Cuicumque autem hoc Constantinopolitanorum canonum additamentum tribuendum putes, sive auctori ipsius versionis, qui hos canones in sua Græca collectione non inveniens, aliunde traduxerit, sive ipsi Græcæ canonum collectioni, quam ille adhibuit (quod nobis probabilius est ex iis, quæ dicentur nota 5. in eosdem canones hujus versionis;) semper verum erit eos ab initio defuisse in collectione Græca: alias in nullo hujus collectionis exemplo defuissent, nec post Calchedonenses fuissent adjiciendi in quopiam MS. Græco, sive in Prisca versione. Hinc fortassis Lucentius Apostolicæ Sedis Legatus in Concilio Calchedonensi actione

tom. 4. Conc. V. ed. col. 1747. XVI. de Constantinopolitanis canonibus dixit: *In synodicis canonibus non habentur*: quia scilicet in vulgata collectione & codice canonum deerant. Primævus itaque Græcus codex canonum & Laodicenis canonibus, & Constantinopolitanis carebat. Id non modicum confirmat vetustissima Breviatio canonum, quæ invenitur in duobus MSS. Veronensi 59. & Lucano 88. Hujus enim auctor, qui ex diversis antiquioribus canonum codicibus excerpta quædam compendio exhibuit, num. 2. abbreviationem proferens canonum Græcorum, quos continuata numerorum serie distribuit in numeros XCI. post relatos canones Nicænos, Sardicenses, Ancyranos, Neocæsarienses, & Gangrenses in Antiochenis desinit. Nonne id indicio est, eum Latinum codicem, ex quo abbre-

abbreviationes ejusdem numeri secundi fuerunt excerptæ, a Græco canonum exemplo derivare, quod ultra Antiochenos canones haudquaquam progrediens, nec Laodicenos, nec Constantinopolitanos præferebat? Si autem in prima collectionis Græcæ origine defuere Laodiceni & Constantinopolitani canones; non fuit ergo hæc collectio ab initio, qualem Dionysius Exiguus in suo codice cum iisdem invenit, ac latine reddidit.

IV. Quod si in versione Isidoriana, quæ forsitan antiquior est interpretatione Prisca, tum Laodiceni, tum Constantinopolitani canones nunc leguntur; non tamen exinde sequitur eos semper in primo ejusdem versionis exemplo exstitisse. Suspicamur autem hoc exemplum ab origine utrisque caruisse, eosdemque canones posteriori additamento deputandos. Caruit enim olim profecto hæc versio canonibus Calchedonensibus, uti colligere licet ex Ferrando, qui cum Græcos canones ex Isidoriana versione in suum Breviarium retulit, ut suo loco ostendemus; Calchedonenses non alia de caussa præterivit, nisi quia in suo ejusdem versionis exemplo eos non invenit. Idipsum deprehenditur in perantiqua collectione Corbejensi, quæ iisdem canonibus Calchedonensibus caret; eo quod in codice versionis Isidorianæ, unde aliarum Synodorum Græcarum canones recepit, illos ejusdem collectionis auctor minime reperit. Eadem de caussa auctor collectionis Quesnellianæ hoc tomo recusæ, qui omnes alios Græcos canones ex Isidoriano fonte derivavit, solos Calchedonenses ex Prisca suscepit. Sicut ergo canones Calchedonenses Isidorianæ interpretationi postea adjecti fuerunt; ita & Laodicenos & Constantinopolitanos eidem aliquando posterius accessisse nobis credibile est. Aliud hujus rei non leve indicium suppetit ex antiqua collectione Latina, quæ in memoratis codd. Lucano & Colbertino legitur. Hujus enim auctor, qui priorum Conciliorum canones sumsit ex Isidoriana versione, Constantinopolitanos & Calchedonenses addidit ex Prisca, ea ut videtur de caussa, quia istos Isidorianæ versionis exemplum, quod adhibuit, nequaquam proferebat; Laodicenos autem plane omisit, quod hos nec in Prisca invenit, nec in suo Isidorianæ versionis exemplo.

V. Cum porro in hac Latina collectione codicum Lucani & Colbertini Antiocheni quoque canones referantur ex versione Prisca, non vero ex Isidoriana, ex qua quatuor anteriorum Synodorum canones descripti fuere; suspicio exoritur, Antiochenos etiam canones in exemplo primævo interpretationis Isidorianæ defuisse; ac propterea auctor laudatæ collectionis eos in suo Isidorianæ versionis exemplo non inveniens, ex Prisca describere coactus fuit. Id si probabile judicetur, dicendum erit, Græcam collectionem ab initio solos canones Nicænos, Ancyranos, Neocæsarienses, atque Gangrenses prætulisse, & ex hoc primo Græci Codicis exemplo primum Isidorianæ versionis auctorem eosdem tantummodo canones latinitate donasse, qui in memoratam collectionem Lucano-Colbertinam insimul transiere. Enimvero soli canones eorumdem quatuor Conciliorum peculiaribus chronicis adnotationibus in omnibus Latinis diversæ originis interpretationibus, & apud ipsum Joannem Scholasticum, ac in MSS. Græcis Tilii ita distinguuntur, ut Ancyrani & Neocæsarienses, licet post Nicænos descripti, Nicænis esse anteriores, Gangrenses vero iisdem Nicænis posteriores tradantur. Hæ autem peculiares adnotationes distinctum veterem harum Synodorum & canonum collectorem indicare videntur, qui si aliorum quoque Conciliorum canones collegisset, aliquam similem adnotationem non videtur fuisse omissurus. In hac autem sententia ceterarum Synodorum canones, qui post Gangrenses in codice Græco leguntur, posterius additi dicendi sunt. Id sane manifestius fiet, si Gangrenses canones inter annum 362. ac 370. editi fuerint; quod quidem multo probabilius esse probaturi sumus cap. 4. §. 1. Si enim primus Græcæ collectionis auctor Antiochenos canones collegisset cum ceteris; hos proculdubio uti anteriores, Gangrensibus præposuisset. Ea igitur sola de caussa illi istis inveniuntur postpositi, quia non a primo auctore descripti fuerunt in Codice canonum, sed posteriori additamento accesserunt.

Antiocheni quoque canones initio deerant.

Quid contineret primus codex Græcus Canonum.

VI. Hic autem conjecturam quoque proferre liceat de primo hujus collectionis auctore. Observamus tres Synodos Ancyranam, Neocæsariensem, atque Gangrensem ad diœcesim Ponticam pertinuisse. Galatia enim in qua Ancyra exstitit, non minus quam Pontus in quo Neocæsarea, & Paphlagonia in qua Gan-

Quo auctore primævus Codex conditus fuerit.

Gangres, diœcesi Ponti adscribitur non solum in Notitia a Scipione Maffejo edita, quæ sub Theodosio I. scripta fuit, verum etiam in Notitia dignitatum. Hinc Theodosii lex a Sozomeno allegata Helladio Episcopo Cæsareæ Ponti totam regionem tribuit a Bithynia ad Armeniam usque. Igitur probabile nobis est, primum Græci Codicis auctorem fuisse aliquem studiosum diœcesis Ponti, qui idcirco præter Nicænam generalem Synodum ubique celebrem ex Synodis particularibus solos canones trium celebriorum Conciliorum suæ diœcesis præsto habuit, atque in codicem retulit. Is autem cum generali Concilio Nicæno primum locum ob reverentiam tribuendum crediderit, ne hinc error chronologicus lectoribus fortassis subreperet, eas adnotationes ceteris præfixit, quibus Ancyranam & Neocæsariensem Synodos Nicæna anteriores, Gangrensem vero posteriorem esse quisque intelligeret. Ex hac porro primæva collectione cum plura exempla descripta fuissent (quorum unum primo Isidorianæ versionis auctori præ oculis fuisse suspicati sumus;) alius subinde forsitan ex diœcesi Orientis Antiochenos canones adjecit, quos etsi anteriores Gangrensibus, ne primævi Codicis ordinem perturbaret, vel ne totum Codicem transcriberet, post Gangrenses descripsit. Hi certe canones in Græco Codice canonum continebantur ante sæculum V. quippe qui ex eodem, ut videtur, Codice contra S. Joannem Chrysostomum objecti fuerunt ab ejus inimicis, sicuti & postea ab Orientalibus obtrusi sunt adversus S. Cyrillum. Inscriptio quidem erronea iisdem canonibus præfixa *in encæniis*, de qua dicemus cap. 4. §. 2. si in iis Græco codici inserendis apposita fuit, horum canonum additamentum serius factum indicat, cum hujus Synodi tempus, & occasio ignorari facile potuit. Confer quæ laudato capite differentur.

Additamenta quando.

VII. De canonibus Sardicensibus quid sentiendum sit quantum ad Græcam collectionem, explicabimus cap. *6*. Porro in aliquo Codice, qui Antiochenorum canonum additamentum receperat, canones Calchedonenses & Constantinopolitani adjecti fuerunt. Hujus generis fuit ille codex, ex quo Prisca versio sumta fuit. Aliis vero codicibus post Antiochenos ex ordine additi primum canones Laodiceni, dein Constantinopolitani: cujusmodi fuit Græcus codex, unde Dionysii Exigui interpretatio manavit; cui ipse Calchedonensium versionem aliunde subtexuit. In aliis autem MSS. exemplaribus & Laodiceni, & Constantinopolitani, & Calchedonenses canones subinde adnexi, quorum interpretatio Isidorianæ aliquando accessit. Sub medium sæculum VI. additi suo loco Ephesini canones in solis Græcis exemplis, qui numquam inserti fuerunt antiquis interpretationibus Latinis. Hi cum ceteris canonibus inventi sunt in Græcis codicibus, qui præsto fuerunt Joanni Scholastico, aliisque nonnullis ante ipsum, quorum collectiones in sexaginta titulos distributas, quæ desiderantur, in præfatione commemorat. Canones enim hisce collectionibus inserti, ex decem Synodis sumti dicuntur, inter quas sane comprehenditur Synodus Ephesina, cujus quidem canones idem Joannes suæ collectioni in quinquaginta titulos distinctæ inspersit. Canones Apostolorum quinquaginta tantum Dionysius in suo Græco codice reperisse videtur, cum totidem tantum suæ Latinæ versioni præmiserit. At in aliis Græcis exemplaribus a Joanne Scholastico laudatis amplior eorum numerus inventus fuit, nimirum usque ad LXXXV.

Alia additamenta Græci codicis.

VIII. Præterea Græco Codici accesserunt canones ex epistolis S. Basilii ad Amphilochium. Idem Joannes Scholasticus hujus rei testis est, quippe qui ordinem canonum in suo saltem codice exhibitum sic in præfatione describit.

ORDO CANONUM.

Sancti Domini discipuli & Apostoli octoginta quinque canones Clementis opera ediderunt. Post hos vero qui deinceps consequuti sunt, prout infra subjectum est.

Sanctorum CCCXVIII. Patrum Nicææ congregatorum, Consulatu Paullini & Juliani clarissimorum, anno ab Alexandro sexcentesimo sexto mensis Desii decimo nono, XIII. Kal. Julii canones XX.

Beatorum Patrum Ancyræ congregatorum canones XXV., qui quidem Nicænis

cænis canonibus tempore priores, propter auctoritatem vero, seu libertatem generalis Synodi posteriores sunt.

Sanctorum Patrum Neocæsareæ congregatorum canones XIV. Ipsa etiam Synodus Nicæna quidem prior fuit, Ancyrana vero posterior: honoris vero gratia Nicæna ipsis præposita est.

Patrum Sardicæ congregatorum post Nicænos Patres canones XXI.

Patrum Gangris congregatorum, a quibus expositi sunt, canones XX.

Patrum Laodiceæ Phrygiæ congregatorum, a quibus expositi sunt, canones LIX.

Patrum Constantinopoli congregatorum, a quibus expositi sunt, canones VI.

Patrum Ephesi congregatorum, a quibus expositi sunt, canones VII. In corpore vero operis tit. 1. allegat etiam octavum.

Patrum Calchedone congregatorum, a quibus expositi sunt, canones XXVII.

Exstant etiam S. Basilii canones numero LXVIII., qui scilicet in secunda ac tertia canonica ejusdem epistola continentur, uti ex canonibus ab ipso Joanne in sua collectione recitatis perspeximus. Hæc collectio olim ob erroneam inscriptionem codicis bibliothecæ regiæ Parisiensis Theodorito Episcopo Cyrensi tributa fuit. At ex tribus probæ notæ MSS. exemplaribus eam Christophorus Justellus suo auctori restituit: Joannis enim Scholastici, non autem Theodoriti nomen iidem codices præferunt, quibus addi possunt alii codices Cæsarei memorati a Lambecio lib. *6.* Comment. Biblioth. Cæsar. pag. 55. *56.* *61.*, & lib. 8. pag. 458. Hinc porro indicata Græcæ collectionis additamenta non ad Theodoriti, sed ad Joannis Scholastici ætatem pertinent. Jo. Scholastici collectio Theodorito perperam attributa.

IX. Aliæ deinde accessiones Græco Codici factæ fuerant tempore Concilii Trullani, in cujus canone secundo approbantur uti jam recepti in Codice canones Carthaginenses græce redditi ex collectione Dionysii Exigui, uti suo loco probabimus, ac præterea Concilium Constantinopolitanum anni 394. & canonicæ epistolæ Dionysii, Petri, Athanasii, Timothei, Theophili, ac Cyrilli Alexandrinorum Antistitum, item Gregorii Thaumaturgi, Basilii Cæsariensis, Gregorii Nyssæni, versus Gregorii Theologi, seu Nazianzeni, & Amphilochii Iconiensis, epistola Gennadii Constantinopolitani, & Synodus Carthaginensis S. Cypriani. Additi dein canones Conciliorum Trullani, & Nicæni II., & epistola Tharasii Constantinopolitani ad Hadrianum I. Romanum Pontificem. Joannes Tilius ex codice bibliothecæ Canonicorum S. Hilarii Pictaviensis memoratorum Conciliorum canones græce vulgavit Parisiis an. 1540. alterumque tomum edere cogitabat, quo Græcorum Patrum canonicæ epistolæ proferrentur. Hanc vero integram Græcam collectionem legere est in celebri Oxoniensi editione Guillielmi Beveregii anni 1672., cui præterea Zonaræ & Balsamonis Scholia inseruit. Inter MSS. Græca exemplaria, quæ custodiuntur in bibliotheca Monachorum S. Basilii de Urbe, duo signata num. 19. & 20. Græcam collectionem continent scriptam sæculo decimo: catalogus enim Episcoporum Byzantinorum, & Patriarcharum Constantinopolitanorum desinit in Triphone, qui, dum iidem codices scribebantur, extremum diem obiit eodem sæculo exeunte. In eadem vero collectione, quæ distinguitur in capitula XL., recentius Concilium est Nicænum II. Inter epistolas canonicas desunt Gregorii Theologi & Amphilochii versus, ac epistolæ Gennadii atque Tharasii. At canonibus Synodi Calchedonensis subduntur duæ epistolæ, una S. Flaviani ad Leonem, altera S. Leonis ad Flavianum, quæ in nostra editione sunt epistolæ *26.*, & 28. In MS. Cæsareo Vindebonensi Græcæ collectionis, quod memoratur a Lambecio lib. *6.* Comment. pag. 51. & lib. 8. pag. 431., eadem Leonis epistola 28. exhibetur. In alia MS. collectione eorumdem Monachorum S. Basilii distributa in titulos, seu capitula *26.*, post epistolam Gennadii Constantinopolitani ad Metropolitanos de simoniacis, additur alia ejusdem epistola ad Martyrium Episcopum Antiochenum de recipiendis hæreticis, quæ item legitur in uno MS. Græco bibliothecæ Cæsareæ. Hæc potiora & antiquiora additamenta recensenda visa sunt. Alia posteriora, quæ in aliis codicibus proferuntur, prætermittimus. Aliæ posteriores accessiones Græci Codicis.

CAPUT III.

De catalogis Patrum Nicænorum, Ancyranorum, Neocæsariensium, atque Gangrensium: num a primævo Græco Codice derivent.

§. I.

Catalogus Patrum Nicænorum Symbolo subjectus, non solum in primævo Græco Codice canonum inerat, verum etiam antiquior est ipsa collectione Græca. Provinciæ in eo designatæ sunt juxta civilem dispositionem, quæ Nicænæ Synodi tempore vigebat. Nonnullarum civilium provinciarum divisiones Concilio Nicæno posteriores probantur. Phrygia nondum divisa in duas tempore ipsius Synodi Sardicensis. S. Hilarii locus emendatus. Inscriptio Sardicensis Synodicæ apud Theodoritum vitiata. Constituitur tempus Synodi Laodicenæ.

I. DEscripto Græco canonum Codice nonnullas observationes, quæ in eo expendendo menti occurrerunt, nec inutiles visæ sunt, exponere libet. Primo dicendum est (1) de catalogo Patrum Nicænorum, qui apud quosdam posterioris ætatis opus, ac exiguæ auctoritatis habetur. Quatuor diversæ originis versiones hunc catalogum exhibent. Prisca, quam hoc tomo suppletam & emendatam dabimus: alia antiquior, quæ scilicet ab Isidoro recepta, Isidoriana vulgo appellatur: tertia antiquissima, quæ in codicibus collectionum Vat. Reginæ 1997. & Quesnellianæ hoc tomo recudendæ legitur: ac tandem illa, quæ in MSS. collectionis Hadrianæ inserta, a tribus præcedentibus omnino diversa est. Cum porro tres priores versiones diversæ e Græco fonte canones Græcos derivarint; hic quoque Nicænorum Patrum catalogus e Græco originem ducit. Ideo enim in his diversis versionibus, quarum nulla ab altera pendet, idem catalogus legitur, quia ab harum interpretationum auctoribus in Græco exemplari, seu in Græca collectione canonum una cum Nicænis canonibus inventus fuit. Hæc autem Græca origo potissimum elucescit ex quarta versione ejusdem catalogi, qui in MSS. collectionis Hadrianæ Nicænis canonibus Dionysianæ interpretationis adjectus fuit. In his enim codicibus (ut in Vallicellano A. 5.) quædam Græcæ voces efferuntur, quæ dum interpretem in iisdem latine reddendis minus peritum ostendunt, Græcam catalogi originem patefaciunt. Hujusmodi sunt *Alexandrias micreas* pro *Alexandriæ minoris*, & nomen provinciæ *Nesson* pro *Insularum*. Sicut autem Græca collectio, ex qua hujusmodi versiones derivatæ fuerunt, antiquissima est; ita hic catalogus vetustissimus, ac proinde ex germanis Græcis exemplis, non minus quam canones, profectus agnoscitur. Hinc alius pervetustus interpres canonum Nicænorum, cujus versionem ex MS. Capituli Veronensis hoc tomo edemus, etsi catalogum Episcoporum omittat, eum tamen in Græco, quod adhibuit, exemplo exstitisse prodit his verbis: *Quorum* (CCCXVIII. Episcoporum) *nomina cum provinciis & civitatibus in exemplaribus continentur*. Neque refert Dionysii versionem, uti in puris ejus codicibus continetur, hoc catalogo carere: caret enim etiam Symbolo, qui certe Nicænus est, aliisque præterea caret certis aliarum Synodorum particulis, quæ etsi abessent a Græco Dionysii exemplo, inventæ tamen in aliis MSS. Græcis ab aliis interpretibus latine redditæ fuerunt.

Catalogus Nicænorum Patrum a Græco proficiscitur. Probatur ex antiquis versionibus.

II. Hunc autem catalogum præter quatuor laudatas versiones alii quoque veteres Scriptores confirmant. Gelasium Cyzicenum, qui ante Dionysium historiam Nicænæ Synodi scripsit, catalogum Nicænorum Patrum illi plane similem, qui cum Prisca versione edetur, in suis Græcis exemplaribus reperisse manifestum est. Nam post adnotationem, quæ in eadem versione catalogo præfigitur,

Ex antiquis Scriptoribus.

(1) Hic catalogus cum MSS. diversarum versionum collatus bis hoc tomo invenietur, primum in collectione subjicienda cap. 1. col. 30. dein in editione Prisca col. 503.

figitur, Nicænos Patres recensens, primo loco nominat Osium & Romanos Presbyteros, uti primi in eadem aliisque omnibus memoratis versionibus describuntur: & dein ex reliquis Patribus præcipuos Episcopos cum sua cujusque provincia ita nominat, ut ipsum catalogum præ oculis habuisse perspiciatur. Hunc eumdem catalogum non obscure etiam indicat S. Hieronymus in dialogo contra Luciferianos scripto in Oriente sub annum 378. *Legamus*, inquit num. 20., *acta & NOMINA EPISCOPORUM* (est ipse titulus laudati catalogi in collectione hoc tomo edenda, nec non in aliis quibusdam exhibitus) *apud Nicæam; & hos, quos supra diximus fuisse receptos, subscripsisse homousion inter ceteros reperiemus*. Hic profecto innuit nostrum catalogum, in quo sane ii referuntur, quos ille ex *nominibus*, seu catalogo, *Episcoporum* a Nicæna Synodo receptos probaverat. Aliud testimonium maximi habendum addemus ex Socrate, qui lib. 1. Hist. c. 13. postquam dixit, utile futurum describere *NOMINA EPISCOPORUM*, *qui Nicææ convenerunt, & cujus quisque provinciæ & civitatis Episcopus fuerit*, incipit ab Osio & Romanis Presbyteris sic: *Osius Episcopus Cordubæ Hispaniæ ita credo, ut superius scriptum est. Vitto & Vincentius Presbyteri urbis Romæ*. Et prosequitur: *Ægypti Alexander Episcopus, magnæ Antiochiæ Eustathius, Hierosolymorum Macarius, Arpocratio Cynopoleos, & reliqui, quorum nomina in libro Athanasii Episcopi Alexandrini, qui Synodicus inscribitur, plenissime digesta sunt*. Nonnulla hic observanda. Primo titulus *Nomina Episcoporum*, & horum distributio in provincias, addito cuique suæ civitatis nomine, nostro catalogo prorsus conveniunt. Dein primæ duæ subscriptiones iisdem verbis in eodem catalogo reperiuntur. Post has inchoat Socrates a designatione provinciæ Ægypti, uti prima quidem in catalogo legitur. Quoad Episcoporum vero nomina præter tres præcipuarum Sedium Antistites Alexandrinum, Antiochenum, & Hierosolymitanum, quos ille honoris caussa suis nominibus laudandos credidit, ex aliis confuse indicatis illa formula *& reliqui*, solum Arpocrationem Episcopum Cynopoleos appellat. Cum vero Arpocration nec per se, nec ob præstantiam Sedis præcipuam ejusmodi mentionem exigeret; ea tantum de caussa nominatus dici potest, quod Socrates inter ceteros Episcopos unum aliquem nuncupaturus, eum primum in suo catalogo invenit, uti primus sane post Alexandrum Alexandrinum notatur in catalogo versionum Priscæ & Isidorianæ. Quod si in nulla versione laudati catalogi hic Arpocration dicitur Episcopus Cynopoleos, uti apud Socratem legitur; Cynopoleos vero, seu Cynensis, aut Cyni Episcopus in iisdem versionibus appellatur Adamantius, qui Arpocrationi immediate subjicitur: facilis lapsus Socratis detegitur, qui oculorum transcursu Arpocrationis civitatem ex subsequenti Episcopo sumsit. Qua observatione multo magis confirmatur, eum in Nicænorum Patrum descriptione usum fuisse catalogo omnino simili illis versionum Priscæ & Isidorianæ, in quibus post Alexandrum Arpocration, ut ibidem vocatur, Alphocratensis, & post hunc Adamantius Cynensis, idest Cynopoleos, similiter notabantur. Quod si eumdem catalogum cum iisdem Episcoporum, provinciarum, ac civitatum nominibus Socrates invenit apud Athanasium in libro *Synodico*, qui intercidit; quis hinc non perspiciat, quantum confirmetur catalogus tanti Episcopi, qui in Nicæno Concilio interfuerat, auctoritate probatus?

lib. 1. Hist. Conc. Nic. c. 27.

Infra col. 30.

Socratis locus notatus.

Catalogus apud S. Athanasium.

III. Episcoporum quidem, qui in Synodis sederunt, nomina colligere ac distribuere per provincias prisca illa ætate non insuetum patet etiam ex Concilio I. Arelatensi, ex quo habemus non subscriptiones ipsas, sed Episcoporum per provincias distributorum catalogum Nicæno plane similem, cujus antiquitatem luculenter vindicavimus in Observationibus ad Dissertationem quintam Quesnelli part. 2. c. 3. n. 14. tom. 2. pag. 1019. Simile quidpiam accidit etiam Concilio Calchedonensi, nisi quod non solum habemus catalogum Patrum ejusdem Concilii, qui per provincias similiter dividuntur, ut videre est in MSS. collectionis Hadrianæ, & exinde tom. 4. Conciliorum novissimæ editionis Venetæ col. 1710., verum etiam ipsas subscriptiones eorumdem Patrum habemus, quibuscum idem catalogus ex Græco originali sumtus maxime concinit. Sicut autem hi duo catalogi Patrum Arelatensium atque Calchedonensium ex ipsis documentis seu gestis Synodorum Arelatensis I. atque Calchedonensis excerpti noscuntur; ita pariter Nicænorum Patrum catalogus ex hujus Synodi monumentis, vel certe ex perspecta eorumdem Patrum notitia ab Athanasio, vel ab alio coævo auctore sumtus dici debet.

IV. Alia animadversio hujus catalogi antiquitatem auctoritatemque multo magis constituet. Observantes enim provincias, quæ in eo designantur, easdemque conferentes cum provinciis, quæ in Philippopolitanæ, seu Pseudosardicensis Synodicæ inscriptione leguntur, deprehendimus tum in eo catalogo, tum in hac inscriptione similem provinciarum dispositionem indicari, ita ut utrobique earum provinciarum nomina desint, quæ posteriori ævo institutæ fuerunt. Utrobique enim omittuntur ex. gr. Euphratesia, & Osroene; ac in Nicæno catalogo harum provinciarum Episcopi ei provinciæ adscribuntur, ad quas ante divisionem pertinebant: quod ipsum similiter legeremus in Pseudo-sardicensis subscriptionibus, si in his nominarentur provinciæ, quæ in Synodicæ inscriptione leguntur. Id quidem antiquam civilem dispositionem provinciarum respicere, quæ Nicæni Concilii tempore vigebat, palam fit ex Antiochena Synodo, quæ ex iisdem fere Patribus Nicænis constabat, & anno 332. habita fuit, uti probabimus capite sequenti §. 2. In hac Synodo convenerunt Episcopi ex omnibus provinciis Orientis, qui Antiochenæ Ecclesiæ suberant. Licet autem in ea interfuerint Episcopi, qui ex posteriori divisione ad Osroenem & Euphratesiam spectabant, in inscriptione tamen Græca Synodicæ inter provincias singillatim recensitas nec Osroena, nec Euphratesia legitur. Quid ita? Nempe quia nondum hæ provinciæ civili dispositione constitutæ & divisæ fuerant; sed altera in Mesopotamia, altera in Syria comprehendebatur. Sicut autem Nicænorum Patrum catalogus ob omissas has duas provincias Osroenæ & Euphratesiæ veterem divisionem Orientis Constantini ævo obstinentem refert; ita & in aliis provinciis eamdem dispositionem Nicæni Concilii tempori congruentem exhibet: quod antiquitatis ejus evidentissimum argumentum est.

Civilis provinciarum dispositio in catalogo congruit Nicæno tempori.

Osroene & Euphratesia post Nicænum institutæ. tom. 2. Conc. V. Ed. col. 583.

V. Quod si opponas inter provincias in Pseudo-sardicensis Synodicæ inscriptione nominatas censeri duplicem Phrygiam, & Hellespontum, quas tamen laudatus catalogus ignorat; duo reponemus. Primo ex dispositione provinciarum, quæ indicatur in posterioris ætatis documento, minus recte in suspicionem adducitur documentum anterioris temporis, in quo eadem dispositio non inveniatur. Cursu enim temporis, quarto præsertim sæculo, novæ provinciæ subinde disectæ, novaque dispositio inducta fuit. In ipsa epigraphe pseudo-synodicæ memoratæ non legitur provincia Osroene, tametsi eidem conciliabulo subscripserit *Bassus a Car*, idest Episcopus Caræ, quam Notitiæ in Osroene collocant. Hanc autem Osroenem jam divisam prodit *Expositio totius mundi & gentium* a Jacobo Gotofredo græce & latine edita, atque a Schelestratio recusa tom. 2. Antiquit. Eccles. pag. 625., quæ imperantibus Constantini filiis exarata fuit. Numquid propterea quispiam repudiabit certissimum Pseudo-sardicensis documentum, in quo Osroene omittitur; an vero hinc potius colliget, laudatam *Expositionem totius mundi* post hanc pseudo-Synodum fuisse lucubratam, ac Osroenem post hujus conciliabuli tempus disectam fuisse a Mesopotamia, quæ antea Osroenem in se continebat? Idipsum igitur dicendum de Hellesponto. Si hæc provincia ex epigraphe Pseudo-sardicensi tempore hujus conciliabuli jam divisa cognoscitur; ex nostro catalogo evincitur, eam in Asia fuisse comprehensam tempore Concilii Nicæni, ita ut ejus divisio ab Asia post Nicænam, & ante Pseudo-sardicensem Synodum adstruenda sit. Secundo quantum ad Phrygiam hæc quidem *duplex* nominatur in vulgata inscriptione Fidei ejusdem Synodi Pseudo-sardicensis apud S. Hilarium in libro de Synodis. At errorem in vulgato textu latere nobis certum est. In MS. enim antiquissimo Veronensis Capituli 55. eadem inscriptio, & fides eadem, quæ apud S. Hilarium legitur, ex alia vetustissima versione affertur, ac in ea unius tantum Phrygiæ nomen occurrit. Immo idem Hilarius in fragmento tertio, ubi totam ejusdem pseudo-synodi epistolam cum Fide, seu Fidei formula describit, in inscriptione ipsius Synodicæ unicam Phrygiam notat. Hinc ergo interpolatus agnoscitur textus libri *de Synodis*; cumque P. Coustantius in notis ad eumdem librum moneat, aliquot probæ notæ codices habere *Asiæ*, *Phrygiis* sine voce *duabus*; pro *Phrygiis* corrigendum est *Phrygia*. Unica

Osroene quando instituta.

Hellesponus quando.

tom. 2. edit. Veron. pag. 482.

Ibi. pag. 647.

Phrygia quando in duas divisa. Emendatur locus apud Theodoretum.

Unica sane Phrygia nominatur etiam in laudata *Expositione totius mundi*, quam post ipsum Concilium Sardicense lucubratam ostendimus: ex quo eamdem Phrygiam post hoc opusculum, & ante Synodum Constantinopolitanam anni 381. in qua duæ Phrygiæ leguntur, in duas divisam perspicimus. Ex his vero patet, errorem quoque irrepsisse in inscriptionem epistolæ veræ Synodi Sardicensis a Theodoreto insertæ libro 2. Hist. cap. *6.* ubi duæ Phrygiæ distinguuntur, cum una fuerit. Neque solum in duabus Phrygiis erratum est. Error enim adhuc inesset, si una tantum Phrygia eidem inscriptioni inserta fuisset. Immo aliquot etiam aliæ provinciæ Asia, Caria, Bythynia, Hellespontus, Pisidia, Cappadocia, Pontus, Cilicia, Pamphilia, Lydia, Insulæ Cyclades, & Galatia in ipsa inscriptione apud eumdem Theodoretum perperam censentur, quæ in laudato codice Veronensi jure omittuntur, sicut etiam desunt in epigraphe alterius Sardicensis epistolæ ad Ecclesiam Alexandrinam apud S. Athanasium Apologia 2. Jure, inquam, in eo codice omittuntur: harum enim provinciarum Episcopi una cum illis Phrygiæ non ad Sardicensem, sed ad Pseudo-sardicensem conventum pertinuerunt; & exinde fortassis in inscriptionem epistolæ Sardicensis apud Theodoretum irrepsere. Enimvero dum S. Athanasius initio Apologiæ 2. sex & triginta provincias nominat, quarum Episcopi sibi suffragati sunt in Conciliis Alexandrino, Romano, & Sardicensi, nullam ex memoratis provinciis ad Pseudo-sardicensem pertinentibus nominat.

VI. Si porro ex hactenus disputatis Nicænorum Patrum catalogus veterem illam provinciarum dispositionem præfert, quæ Nicæno tempore vigebat; quis eum ex ipsis ejus Synodi gestis, seu ex certis ejusdem notitiis accuratissime excerptum non agnoscat? Si enim posterius sine prisco aliquo documento fuisset digestus, posteriorum quoque temporum divisionem auctor fuisset sequutus, vel saltem eam vetustam dispositionem, quam non nosset, accurato non potuisset exprimere. Sicuti vero catalogus Patrum Synodi Constantinopolitanæ anni 381. in quo & Osroenes & duæ Phrygiæ, & Lycaonia, & Euphratesia, aliæque novæ provinciæ distinguuntur, eam provinciarum dispositionem, quæ tum obtinebat, repræsentans, vel eodem tempore lucubratus, vel ex ipsis eorumdem Patrum subscriptionibus, quibuscum concinit, expressus jure creditur; ita idipsum sentiendum est de catalogo Patrum Nicænorum, qui dispositionem provinciarum Nicæni Concilii ævo vigentem refert.

Tillem. not. 3. in Concil. Nicæn. Objecta proponuntur.

VII. Nunc quibusdam difficultatibus satisfaciendum, quæ Tillemontium moverunt. Harum præcipuæ ad duplex caput revocantur: 1. quia in nostro catalogo non recensentur CCCXVIII. Patres, quot Nicænos fuisse plures antiqui testes tradunt; ac in eo profecto desint aliquot Episcopi, qui ex aliis documentis Nicænæ Synodo certissime interfuerunt. 2. quia e contra nonnulli in eodem designantur, qui a Nicænis Patribus expungendi videntur. Addit duo alia leviora, nimirum Narcissum Neroniadis, & Narcissum Irenopolis veluti distinctos Ciliciæ Episcopos nominari, cum Neronias & Irenopolis una eademque civitas fuerit; & Ancyranum Episcopum in vulgatis appellari Pancratium, cum eum omnes Scriptores Marcellum vocent.

Solvuntur.

VIII. Hæc autem omnia ne antiquitati nostri catalogi jam satis probatæ aliquid præjudicii afferant, aliud in primis exemplum proponimus. De antiquitate & auctoritate subscriptionum Pseudosynodi Sardicensis, quæ a S. Hilario producuntur, nemo dubitare potest. Nihilo tamen minus eædem fere difficultates in iisdem ab ipso Tillemontio indicantur not. 52. in Athanasium. Quidam enim Episcopi ibidem certo omissi, uti plures apud eumdem Hilarium omissos videbimus in subscriptionibus veræ Synodi Sardicensis. Duo præterea Troadis Episcopi in illis recensiti sunt, cum nonnisi unam tantum Troadem omnes Geographi noverint. Calchedonensis Episcopus Thelaphius scribitur, cum appellaretur Maris. Si autem hæc efficere quidem possunt, ut hujusmodi subscriptiones non integras, & alicubi mendosas credamus; non vero ut earum antiquitatem, quam S. Hilarius satis tuetur, & originem ex ipsius Pseudosynodi actis negemus; cur difficultates non absimiles idem judicium non obtinebunt quantum ad catalogum Patrum Nicænorum, quem sub ipsum ejusdem Synodi tempus compactum ostendimus?

Subscriptiones Pseudo-sardic. vitiatæ.

IX. Quidam defectus scribarum oscitantiæ referendi sunt. Cum Narcissi urbs prius Neronias, dein Irenopolis vocaretur; facile fuit hoc postremum nomen posterius inductum margini affigere, & ex margine in textum induci, ita ut ex uno duplex Episcopus crederetur. Confer, quæ in hanc rem animadvertemus capite primo sequentis collectionis not. 59. col. 35. Pancratii, vel Pancarii nomen Ancyrano Episcopo tribuunt codices collectionum Vat. Reginæ 1998. & Quesnellianæ hoc tomo edendæ, qui ex uno fonte prodeunt. Corriguntur autem a ceteris versionum Priscæ & Isidorianæ ex alio fonte manantibus, in quibus Marcellus signatur. Vide not. 72. ibidem col. 37. Hic quoque in Pancratii lectione antiqui alicujus librarii lapsus, qui in alios codices transiit, manifestus est. Nihil in vetustis libris frequentius deprehenditur, ut ne idcirco de suppositione operis suspicio esse queat.

X. Minor Patrum numerus, & Patrum nonnullorum omissio facilius in catalogo Nicænorum, quam in subscriptionibus Sardicensium, aut Pseudosardicensium incidere potuerunt. Nicæni enim Patres CCCXVIII. etsi omnes subscripsisse symbolo probabilissimum nobis sit; cum tamen hic subscriptionum numerus nimium procederet, ex originali ejusdem symboli, qui singulas subscriptiones autographas continebat, plura exempla videntur excerpta cum duabus solis Osii & Legatorum Romanæ Ecclesiæ subscriptionibus, quæ post symbolum nobis conservatæ fuerunt. Ceterorum autem Episcoporum nomina brevitatis ergo prætermissa sunt. Horum tantum catalogum quispiam in ipsa Synodo, vel paullo post contexuit; qui autographum ipsius Synodi cum subscriptionibus CCCXVIII. præ oculis non habuit, nec omnes Patres ex ejusdem autographi subscriptionibus cognoscere potuit. Ita quidem etiam Eusebius, licet unus e Nicænis Patribus, horum tamen numerum CCCXVIII. exploratum non habuit, quippe in Constantini vita lib. 3. c. 8. eos fuisse tradit *supra ducentos & quinquaginta*. Similiter S. Eustathius Antiochenus, qui in Nicæna Synodo interfuit, in fragmento apud Theodoretum lib. 1. c. 8. ait: *Cum ob eas res maxima Synodus Nicæam convenisset, ducentis circiter ac septuaginta Episcopis in unum collectis; neque enim numerum certo referre possum ob ingentem conventus illius multitudinem: quippe cum nec in eo investigando curiosus fuerim*. Si plura exemplaria symboli cum omnibus & singulis subscriptionibus CCCXVIII. edita fuissent, hos Patres Nicænorum Episcoporum numerus non potuisset latere, nec in eo investigando laborandum fuisset. Quam

Catalogus quomodo conditus.

autem operam curiosiorem ponere noluit S. Eustathius, eam sibi sumsit catalogi auctor; qui cum eum contexuerit non ex subscriptionibus integris symboli, nec ex plenioribus Synodi actis, quæ scripta non fuisse post Valesium & Pagium satis probavit Joannes Albertus Fabricius tom. 11. Bibliothecæ Græcæ lib. 6. c. 4. pag. 356. sed ex recenti memoria rerum gestarum, ac ex aliis Synodi documentis, quæ non omnia semper nomina ita necessario exhiberent, ut in symboli subscriptionibus descripta fuisse credimus; nihil mirum, si aliquot Patrum nomina præterivit. Forte auctor aliquo Nicænæ Synodi documento usus est, cui pauciores subscripserant, quam symbolo, uti videmus accidisse in

Inf. col. 607.

Synodica Sardicensi ad Ecclesias Mareotidis hoc tomo impressa, quæ non omnes Episcopos subsignatos refert: quia, uti testatur Athanasius in epistola ad easdem Ecclesias, *non omnes scribere Episcopi occurrerunt*.

Ib. col. 610.

XI. Ex his autem purgato defectu numeri Episcoporum, difficilior esset defensio, si in catalogo quidam recenserentur, qui inter Nicænos Patres non extiterint. Duos Tillemontius notavit, Zenonem Tyrium, ac Theodorum Tarsensem. Zenonem Nicænæ Synodi tempore a Tyrio Episcopatu expungendum

Zeno Tyrius Episc. in Nicæno.

censet, ut Paullinum substituat. Sed Epiphanius hæresi 69. cap. 4. sex Episcopos recensens, ad quos S. Alexander Antistes Alexandrinus paullo ante Nicænam Synodum scripsit, inter hos Zenonem Tyrium nominat, quem solum non fuisse Episcopum inverisimillimum est: cum præsertim ex ipso contextu ea epistola ad Episcopos directa noscatur. Hic autem Zeno, licet post quinque Episcopos postremo loco nominetur, speciali tamen titulo ἀρχαῖος, idest *principalis*, commendatur, eo quod inter omnes præstaret: Episcopus enim Tyri erat protothronus, seu post Antiochenum primus Episcopus totius diœcesis Orientis. Sicut ergo alii quinque Episcopi ab eodem Epiphanio appellati, Nicænæ Synodo coævi, in nostro catalogo jure notantur; ita etiam *Zeno Tyrius*,

rius. Duo autem Paullini Tyrii si distinguantur, alter Zenone anterior, posterior alter, tota difficultas a Tillemontio ingesta in S. Eustathii vitam disiicietur. Quantum ad Theodorum Tarsensem, Suidæ, seu potius Philostorgii auctoritati nixus opponit idem Tillemontius, eum serius multo fuisse Episcopum ordinatum. Sed præterquam quod scriptore fulcitur in aliis nonnullis erranti, qui nostro catalogo certo certius posterior est; si Theodorus a Philostorgio memoratus serius fuit Episcopus Tarsi, alium antiquiorem Theodorum Nicæno Concilio coævum adstruere oporteret, ut vetustius nostri catalogi testimonium efflagitat. Monendum tamen est, hunc Theodorum Tarsensem omitti in eodem catalogo, qui Isidorianæ versioni subnectitur in antiquissimo MS. Capituli Veronensis 58. Addit Tillemontius Macedonium Mopsuestenum celebrem Eusebianorum fautorem, quem inter Nicænos nemo eorum recensuit, qui alios Nicænæ Synodi Patres Ario faventes nominarunt. Verum hoc argumentum mere negativum nihil conficere potest. Macedonius in Pseudo-sardicensi Synodica vocatus *Confessor a Mopso* antiquus Episcopus videtur, qui persecutionis tempore fidem confessus fuerat, & idcirco Nicænæ Synodo interesse potuit. Forte vero is in hac Synodo ad Eusebianorum partes nondum accesserat, vel ita remisse eis favit, ut inter celebres eorum principes nominandus non fuerit. Majorem difficultatem parit Secundus Ptolemaidis. Is enim una cum Theona Marmaricensi damnatus ac in exilium pulsus, eo quod symbolum subsignare noluit, haud accensendus fuit illis Patribus, qui symbolo subscripsere. At nostrum catalogum non ex subscriptionibus symboli, sed aliunde sumtum monuimus. Num titulus *NOMINA EPISCOPORUM*, qui eidem catalogo præfixus fuit, eorum qui Nicææ interfuerunt, an vero eorum, qui subscripserunt, nomina ex auctoris mente exhibeat, incertum est. Cum autem Secundus Ptolemaidis certe adfuerit Nicæno Concilio, in primo sensu catalogo inseri potuit. Quod si in eum catalogum, utpote duabus primis subscriptionibus subjectum, soli referendi erant, qui symbolum signaverant; Secundus Ptolemaidis ipsi insertus fuit hallucinatione aliqua simili ei, qua in gestis Synodi Calchedonensis inter Patres actionis 15. nec non in actione 16. a nobis edita recensetur Stephanus Ephesinus, qui in antecedenti actione 12. depositus, in posterioribus actionibus Patrum locum certissime non obtinuit. Alios lapsus in nominibus hujus Synodi animadvertimus in notis ad eamdem actionem 16. tom. I. not. 3. col. 1492. ac dein notis 4. 5. 6. & 7. Si autem in ipsa gesta Synodorum hujusmodi lapsus irrepere queunt; quis miretur, si Secundus Ptolemaidis nostro catalogo insertus fuit? Etsi ergo nonnulla menda, defectus nonnulli in hoc catalogo notari possint; nihil tamen ex his ad eam antiquitatem excludendam confert, quam superius demonstrasse nobis videmur, quamque aliæ similes difficultates non adimunt aliis catalogis, vel subscriptionibus Sardicensis, aut Pseudosardicensis Synodi, quæ apud S. Hilarium leguntur.

Theodorus Tarsensis.

Quid de Macedonio Mopsuest. Hilar. Fragm. 2.

Secundus Ptolemaidis.

XII. Quoniam vero Orientalium provinciarum dispositionem, quæ notatur in Nicænorum Patrum catalogo, hoc paragrapho vindicavimus, liceat ex constitutis quasi corollarium adjicere, quo Laodicenæ Synodi tempus magna apud eruditos controversia quæsitum certiori quam antea argumento constituatur. Hæc Synodus *apud Laodiciam Phrygiæ Pacatianæ* habita tum in Græco, tum in omnibus antiquis interpretationibus traditur. Cum vero in dispositione civili, quæ Sardicensis Synodi tempore vigebat, unica tantum Phrygia nominetur, ut antea probavimus; Phrygiæ Pacatianæ nomen, quod post ejusdem Phrygiæ divisionem in duas, idest in Salutarem & Pacatianam, inductum fuit, post Sardicense Concilium adstruendum est. Perperam igitur quidam Laodicenam Synodum Sardicensi anteriorem putarunt. Cum porro in Græcis exemplaribus, ac in versionibus Isidoriana & Dionysiana, Laodiceni canones ante Constantinopolitanos describantur, Synodum Laodicenam inter Sardicense & Constantinopolitanum Concilia, idest inter an. 347. ac 381. cui tempori maxime convenit, celebratam dubitare non licet.

Laodicena Synodus quando habita.

§. II.

§. II.

Catalogi Patrum Ancyranorum, ac Neocæsariensium, qui cum civitatum ac provinciarum nominibus in vulgatis Conciliorum exhibentur, a Græco canonum Codice alieni, & supposititii demonstrantur.

XIII. Episcoporum Nicænorum catalogum cum civitatum ac provinciarum nominibus digestum idcirco vindicavimus, quia & in Græco textu a primo Codicis auctore insertus fuit ex antiquiori aliquo exemplo sub tempus ejusdem Synodi exarato, & cum dispositione provinciarum ejusdem temporis concinit. Alia vero est ratio de Episcoporum catalogis, qui cum urbium ac provinciarum nominibus post canones Ancyranos, & Neocæsarienses * in vulgatis Conciliorum proferuntur. Hos enim nihili faciendos credimus, tum quia nec in originali Græco Codice inveniuntur, nec in versionibus antiquis, tum quia dispositionem civilem provinciarum, quæ cujusque Synodi tempore obtinebat, nequaquam referunt. Ex tribus antiquis interpretationibus Latinis duæ tantum Isidoriana & Prisca in canonibus Ancyranis sola Episcoporum & civitatum nomina ad nos transmisere, in Neocæsariensibus vero mera Episcoporum nomina. Dionysius in utrisque hæc ipsa nomina Episcoporum ignorat, ut ex duobus MSS. Vaticano 5845. & Vat. Palat. 577. purum Dionysium continentibus didicimus. Hadrianæ autem collectionis exemplaria, quæ Dionysianam versionem eorumdem canonum receperunt, huic versioni Episcoporum & civitatum nomina in Ancyranis, sola vero nomina Episcoporum in Neocæsariensibus addidere ex alia interpretatione, quæ nec cum Isidorianæ, nec cum Priscæ ordine concordat, (ut videre est tom. I. Conciliorum Venetæ edit. col. 1499. not. 1. & 1515. not. 1. ubi hæ duæ Episcoporum series Dionysio perperam tribuuntur. Igitur provinciarum designatio, quæ in vulgatis horum Synodorum catalogis legitur col. 1505. d & 1518. c, nulla autem versione antiqua, aut originali Græco fulcitur, posteriori additamento referenda est.

* tom. I. Ven. edit. col. 1505. & 1518.

XIV. Multo autem evidentius posteriorem suppositionem demonstrant ipsa provinciarum nomina. Hæc non eam dispositionem exprimunt, quæ earum Synodorum tempori congruebat, sed aliam, quæ postea inducta fuit. Non solum enim nominatur Phrygia Pacatiana, quam post Sardicensem Synodum institutam probavimus; sed præferuntur etiam Ciliciæ 1. & 2. Galatia 1. Cappadocia 1. quæ multo post divisæ fuerunt. Nihil luculentius ad posterius commentum adstruendum desiderari potest.

CAPUT IV.

De notationibus chronicis, quibus Ancyrani, & Neocæsarienses canones dicuntur anteriores Synodo Nicæna, Gangrenses vero posteriores: & de vera epocha canonum Antiochenorum, ac de Synodo in qua conditi fuerunt.

§. I.

Notationes chronicæ in collectionibus præfixæ canonibus Ancyranis, Neocæsariensibus, atque Gangrensibus a primævo Græco Codice dimanant. Expungitur sententia, qua Gangrensis Synodus Nicæna anterior traditur, ejusque tempus constituitur. Num anteriorum Synodorum canones lecti & confirmati fuerint in Nicæna.

I. Chronicæ notationes, quæ canonibus Ancyranis, Neocæsariensibus, atque Gangrensibus præfiguntur, apud nonnullos in suspicionem venerunt Gangrensis Concilii caussa. Etsi enim *Gangrenses regulæ post Nicænam Synodum expositæ* in notatione tradantur; hanc tamen notationem P. Coustantius posthabendam credidit cuidam præfatiunculæ, seu interlocutioni Osii descriptæ in vetustissimo MS. Corbejensi circa Vigilii tempus exarato, in qua iidem

Præfat. t. I. epist. Rom. Pontif. n. 61.

iidem canones non minus, quam Ancyrani & Neocæsarienses in Nicæna Synodo lecti & confirmati, ac proinde Nicænis anteriores dicuntur. Ibi enim post titulum, *Incipiunt constitutiones canonum Anquiritanorum*, hæc Osii interlocutio describitur. *Osius Episcopus dixit: Quoniam multa prætermissa* (forte *præmissa*) *sunt, quæ ad robur ecclesiasticum pertinent, quæ jam priori Synodo Anquiritana, Cæsariensi, Graniensi* (hoc est *Gangrensi*) *constituta sunt, & nunc præ manibus habentur, præcipiat beatitudo vestra, ut lectione pandantur, quo omnes acta modo innotescant* (seu *noscant*,) *quæ a prioribus nostris acta sunt, recitentur. Et recitata sunt.* Subjiciuntur autem canones Anquiritani, Cæsarienses, atque Gangrenses, ac tandem Nicæni: quod indicare putat idem P. Coustantius, præmissam interlocutionem Osii, licet titulo canonum Anquiritanorum subjectam, ad Nicænam Synodum pertinere, cujus Patres memorata anteriorum Synodorum decreta relegi & confirmari voluerint, antequam suos ipsi canones conderent. Hæc ergo sententia, quæ Gangrensem Synodum Nicæna anteriorem adstruit, huic uni interlocutioni Osii nititur, quam ille ex unico codice Corbejensi excerpsit. Osii interlocutio in MS. Corbejen. exhibita.

II. At hæc interlocutio nonnulla præfert manifestæ suppositionis indicia. Habemus aliquot diversas antiquissimas versiones canonum Nicænorum, quas in MSS. Vat. Reginæ 1997. & Capituli Veronensis 55. invenimus. Habemus præterea tres alias versiones omnium Græcorum canonum Isidorianam, Priscam, & Dionysianam, quæ ex Græcis vetustis exemplaribus traductæ fuerunt. Habemus etiam eorumdem canonum Græcos codices partim editos, partim ineditos. Nullibi autem ea interlocutio exhibetur. Adde quod Corbejensis codex Nicænos canones profert ex interpretatione Dionysii Exigui, uti explorate nos docuit versio canonis octavi Nicæni ab eodem Coustantio descripta in admonitione ad epist. 17. Innocentii pag. 826. Anquiritanos autem, Cæsarienses, & Gangrenses canones ex antiqua Isidoriana versione producit. Porro ea Osii interlocutio nec in Dionysiana interpretatione legitur, nec in Isidoriana, nec in ulla ex iis collectionibus, quæ ex alterutra versione eosdem canones derivarunt: immo in iisdem contraria prorsus adnotatio continetur, de qua mox dicemus. Hinc ergo ea interlocutio ab iisdem versionibus aliena, Corbejensi exemplo intrusa perspicitur. Accedit eam inseri post titulum, *Incipiunt constitutiones canonum Anquiritanorum*: perinde ac si non ad Nicænam, sed ad Anquiritanam Synodum spectet: ubi pro *Anquirit.* corrigendum esse *Nicæn.* P. Coustantius suspicatur ex hypothesi, quod hæc interlocutio ad Nicænum Concilium pertinere debeat, in quo Osius interfuit, non vero ad Anquiritanum, in quo non interfuit. At hic ipse inscriptionis error eam interlocutionem multo magis suspectam reddit, ipsamque hypothesim imbecilli admodum fundamento innixam ostendit. Stephanus Baluzius ante P. Coustantium hanc interlocutionem in eodem MS. Corbejensi nactus, nihil de Nicæno Concilio suspicatus est. Eam ad Eliberitanam Synodum pertinere censuit, in qua Osius adfuit: sed nulla pariter probabilitate hanc suam conjecturam constituit. Neque vero Coustantii sententiam vindicant verba Andreæ Rhodii in Concilio Florentino descripta act. 2. Ferrariæ habita, sed potius impugnant. *Ante primam Synodum* (generalem) inquit, *multæ aliæ Synodi celebratæ sunt, Antiochiæ adversus Paullum Samosatenum, Ancyræ contra eos, qui non suscipiebant accedentes ad fidem, quod Christum abnegassent per tormenta, & Neocæsareæ tertia, quas omnes Synodos recepit Synodus Nicæna*. Etsi enim hic valde recentior Episcopus, qui in re antiqua non est idoneus testis, crediderit Synodos Nicæna anteriores a Nicænis Patribus fuisse receptas: non tamen anteriorem tradidit Gangrensem, sed tres alias, quæ vere præcesserant. Suppositi-tia ostenditur. Vid. t. 1. Conc. Ven. edit. col. 987. not. 4. Baluzii opinio.

III. Hac igitur Osii interlocutione seposita, major fides habenda est notationi chronicæ, qua Gangrensis Synodus Nicæna posterior agnoscitur. Neque hæc adnotatio posterioris alicujus Latini librarii additamento tribuenda est. Cum enim hæc non minus, quam aliæ duæ canonibus Ancyranis atque Neocæsariensibus præfixæ, eodem sensu, licet aliis atque aliis verbis, latine reddita inveniatur in tribus antiquis diversæ originis interpretationibus, Isidoriana, Prisca, & Dionysiana; eam a primigenio Græco canonum codice proficisci, ac in ipso a tribus illis interpretibus fuisse inventam dubitari nequit. In Græcis qui- Notationes chronicæ a Græco fonte dimanant.

quidem qui supersunt codicibus canonum ea adnotatio adhuc legitur, quæ sane non e Latinis exemplaribus in Græcum traducta, sed ex antiquioribus Græcis MSS. sumta cognoscitur. Quis his omnibus & Latinis & Græcis exemplis præferendum existimet unum Corbejensem Latinum codicem, & interlocutionem Osii in eo descriptam, quæ aliquot suppositionis indiciis nutat? Neque vero collectionis Corbejensis antiquitatem cum P. Coustantio obtrudas. Cum enim in ea, ut paullo ante monuimus, Nicæni canones ex Dionysiana versione producantur; hæc Corbejensis collectio posterior est utique ipsa versione Dionysii, nedum Isidoriana, & Prisca, ac multo magis originali Codice Græco, ex quo ea adnotatio in easdem versiones manavit: nec ulla ratio esse potest, ob quam his omnibus anterioribus testibus eam notationem probantibus, Corbejensis posterior collectio anteferenda sit. Immo vero interlocutio Osii, quæ hac sola collectione fulcitur, ex tot anterioribus testibus, qui Gangrensem Synodum Nicæna posteriorem prodiderunt, supposititia evidentius cognoscitur, siquidem Gangrenses canones in Nicæna lectos & anteriores indigitat, ut P. Coustantius interpretatus est.

Gangrensis Synodus est posterior Sardicensi. Quis Eustathius in Gangrensi Synodica memoretur. Socr. l. 2. c. 43. Sozom. l. 3. c. 14.

IV. Quid quod eamdem notationem chronicam confirmant duo Græci Scriptores, Socrates & Sozomenus, Gangrensisque Synodi tempus non tam Nicæno, quam Sardicensi Concilio posterius esse satis declarant? Tota hæc quæstio ex ea pendet, quisnam fuerit Eustathius, qui in Synodica Gangrensibus canonibus præfixa & ad Armeniæ Episcopos scripta memoratur. Omnes antiqui Scriptores cum Socrate & Sozomeno conveniunt in statuendo Eustathio Episcopo Sebasteno, qui quidem in Armenia sub medium quartum sæculum vixit. Porro Sozomenus Eustathium excusare videtur, quasi non ipse, sed discipuli ejus, qui in partes abierant, fuerint earum hæresum assertores, quæ in ea Synodo condemnatæ sunt; Synodicæque contextus huic interpretationi favet, quatenus Eustathianos potissimum perstringit. Hos inter S. Epiphanius hæres. 75. nominat Aerium, ipsique sane plures ex his erroribus, qui in ea Synodica feriuntur, attribuit. Quodsi alios errores addit, de quibus in eadem Synodica ne verbum quidem; hi ab ipso Aerio posterius additi credi possunt. Vide in hanc rem plura in vita S. Basilii, quam PP. Benedictini præfixerunt tomo tertio Operum ejusdem cap. 5. n. 4. 5. & *6*. Illa vero oppositio, quæ ingeritur ex eo quod Eustathius in Synodica memoratus non appellatur Episcopus, minima est: cui profecto prævalet concordia errorum, qui in ea notantur, cum illis qui Eustathii Sebasteni discipulis ab Epiphanio adscribuntur.

Osius non interfuit Gangrensi. tom. 2. edit. V. col. 423.

V. Non levis autem hujus sententiæ confirmatio ex inscriptione seu nominibus Episcoporum Synodicæ præfixis colligi potest. Hæc inscriptio non solum in Græco, verum etiam in diversarum collectionum atque versionum exemplaribus Latinis, quæ Synodicam præferunt, primum locum tribuit Eusebio. In libello synodico, ubi de Gangrensi Concilio agitur, hæc leguntur: δίον, *Dium præsidem habuit*. Cum vero nullus hujus nominis Episcopus in laudata inscriptione uspiam notetur, quidam suspicati sunt legendum esse *Osium*, quem sane inter Gangrenses Patres in eadem inscriptione recensitos vulgati Conciliorum ex aliquo codice præferunt sic: *Osius Cordubensis*. At hujus Synodicæ Græcum textum habemus, ac duas præterea versiones Isidorianam & Priscam. Dionysius enim Synodicam omisit: in Hadriana vero collectione, quæ canones ex Dionysio recepit, Synodica ex interpretatione Isidoriana addita fuit. Porro Osii nomen non solum abest ab originali Græco, verum etiam ab antiquissimis & præstantioribus codicibus utriusque versionis Isidorianæ & Priscæ, immo etiam ab Hadrianis, quos conferre licuit: ex quibus Episcoporum nomina describuntur tom. 2. Conc. col. 428. a Confer not. *9*. in cap. 4. Codicis canonum, quem hoc tomo edemus col. 121. Etsi igitur in aliquo posteriori codice collectionis Isidorianæ, vel Hadrianæ, cujus mentio in vulgatis Conciliorum facta non fuit, Osii nomen legatur; nihil tamen dubitandum est, quin præter Græci textus & aliorum codicum Latinorum fidem cujuspiam librarii arbitrio insertum fuerit. Hujus quidem additamenti illud etiam indicium esse potest, quod cum alii Episcopi sine civitatis nomine in inscriptione proferantur, in solo Osio *Cordubensis* patronimicum nomen notetur. Cum ergo Osius inter Patres Gangrenses referendus non sit, in libello synodico non δίον, sed βίον mutile scri-

ſcriptum credimus pro Εὐσέβιον *Euſebium* : cujus ſane nomen cum & Græci , & Latini omnes catalogi , ſeu inſcriptiones omnes primum recenſeant, hunc Gangrenſis Synodi *præſidem* jure arbitramur. Hic autem non alius fuiſſe videtur niſi Euſebius Cæſareæ Cappadociæ Epiſcopus, qui cum ex ſuæ ſedis prærogativa in tota diœceſi Pontica, ac proinde in Paphlagonia & Armenia Primatum gereret, Gangrenſi Concilio ejuſdem diœceſis præfuit. Hujus autem ætas concinit cum Euſtathii Sebaſteni ac diſcipulorum ejus tempore : cumque idem Euſebius S. Baſilii Magni celebris prædeceſſor Cæſarienſem Sedem tenuerit ab an. 362. ad an. 370., intra hoc ſpatium Gangrenſem Synodum habitam fuiſſe non immerito colligimus. Ita quidem Socratis ac Sozomeni teſtimonia, Euſtathii & Euſebii tempus, libelli ſynodici, & inſcriptionis, ſeu catalogi Epiſcoporum ordo probe concordant, veriſſimaque evincitur ea chronica adnotatio, qua Gangrenſes canones poſt Nicænos conditi traduntur.

Euſebius Cæſarienſis in Gangrenſi præfuit.

Tempus Synodi Gangrenſis.

VI. Hæc ſententia qua Synodum Gangrenſem locavimus inter annum 362. & 370., recepta fuiſſet a pluribus, niſi obſtitiſſet ordo canonum Græci Codicis, in quo Gangrenſes Antiochenis præmittuntur. Hinc enim Antiocheno Concilio anteriores dicendi videntur, quod cum Euſebii Cæſarienſis in Cappadocia, & Euſtathii Sebaſteni ævo nequaquam concinit. Hæc autem objectio, quæ Tillemontium aliosque magni nominis viros maxime movit, facile diſſolvetur ex conſtitutis cap. 2. n. 5. ubi primigeniam Græcam collectionem in canonibus Gangrenſibus deſiiſſe, Antiochenos vero cum ceteris, intacto primævo Codicis ordine, poſteriori additamento Gangrenſibus fuiſſe ſubjectos conjecimus.

Cur canones Antiocheni in Græco Codice Gangrenſibus præpoſiti. Tillem. not. 27. & 28. in S. Baſil. tom. 9.

§ II.

Canonum Antiochenorum celebritas. Variæ ſententiæ de eorum auctoribus, ac tempore. Oſtenditur eos non pertinere, ut hactenus invaluit, ad Synodum Antiochenam ab Euſebianis hæreticis coactam in encæniis anno 341. ſed ad aliam anteriorem ex Nicænis fere Patribus celebratam anno 332. Catalogus Patrum ejuſdem Synodi in Conciliis vulgatus poſt Synodicam ſuppoſititius probatur. De numero Patrum, qui eoſdem canones edidere.

VII. ANtiochenorum canonum fons eſt Græca collectio, ex qua iidem latinitate donati triplici verſione Iſidoriana, Priſca, & Dionyſiana in Latinas collectiones tranſierunt. Cum Calchedonenſes Patres aliquot ex his canonibus allegarunt, Græco Canonum Codice uſi ſunt, qui continuam numerorum ſeriem præferebat, uti capite primo obſervavimus. Magnam porro ipſis canonibus celebritatem auctoritatemque conciliavit hæc generalis Synodus, quæ eoſdem canones veluti *Patrum regulas* habuit. Nam actione quarta recitato Antiocheno canone quinto, *Omnes reverendiſſimi Epiſcopi clamaverunt : Hæc juſta regula Patrum.* Joannes II. inter canones ad Cæſarium Arelatenſem directos quartum & decimum quintum Antiochenos deſcripſit. Zacharias Papa eoſdem canones *Beatorum Patrum ſanctiones* vocat in epiſt. 7. ad Pippinum. Nicolaus I. epiſt. 9. ad Michaelem Imperatorem *venerabiles Antiochenos & ſacros canones* appellat. Leo IV. in Romano Concilio eorumdem canonum honorificentiſſime meminit his verbis : *Quid aliud arbitrari aut proferre valemus, niſi ut Sancti Patres, qui in Antiocheno Concilio reſidentes, tertio capitulo promulgarunt, & inviolabiliter ſtatuerunt ?*

Antiochen. canonum celebritas unde.

tom. 9. Concil. V. ed. col. 1137.

VIII. Magni vero intereſt horum canonum auctores cognoſcere : male enim apud nonnullos audierunt. Quatuor hac in re ſententias invenimus. Prima eſt Cardinalis Bellarmini lib. 1. de Conciliis c. 6., ubi recenſitis quatuor Antiochenis Conciliis ait : *Quintum eſt catholicum provinciale Epiſcoporum triginta, cujus canones 25. habentur tomo 1. Conciliorum. Videtur fuiſſe tempore Joviniani & Liberii. Vide Sozomenum lib. 6. c. 4.* At Sozomenus hoc loco memorat Concilium Antiochiæ coactum anno 363. ſub Meletio, cui ſolum tribuit Synodicam ad Jovinianum circa fidem, nec ullius canonis ab eo editi meminit. Cum porro Epiſcopi eidem Synodicæ ſubſcripti ab Epiſcopis, qui canonibus Antiochenis ſubjiciuntur, diverſi ſint, quis non videat, eoſdem canones ad aliam Antiochenam Synodum pertinere?

De eorum canonum auctoribus ſententiæ.

Baronii. IX. Secunda sententia est Eminentissimi Baronii & aliorum quamplurium, qui eosdem canones conditos putant in Concilio Antiocheno ab Eusebianis adversus S. Athanasium habito anno 341. occasione dedicationis celeberrimæ Ecclesiæ Antiochenæ, quam Constantinus Magnus ædificare cœperat, & Constantius ejus filius absolverat. Hujus sententiæ duo fundamenta sunt. Primum est inscriptio *in encæniis*, seu *in dedicatione* eisdem canonibus præfixa in antiquis versionibus Dionysio-Hadriana, & Prisca, quæ indicio sunt, eamdem inscriptionem in Græco quoque Codice ab interpretibus olim inventam fuisse. Secundum est testimonium Palladii & aliorum defensorum S. Joannis Chrysostomi, cui cum objectus fuisset Antiochenus canon quartus, illi hunc canonem a quadraginta Arianis adversus S. Athanasium editum fuisse reposuerunt. Ariani autem, qui S. Anthanasium Antiochiæ condemnandum curarunt, pertinent ad Antiochenam Synodum in encæniis celebratam anno 341.

Schelestratii. X. Hæc vero Baronii sententia Schelestratio improbabilis visa est, quippe quod incredibile existimet, canones ab Arianis conditos, ab Ecclesia tum Græca, tum Latina fuisse receptos. Igitur in opere *de Antiocheno Concilio* Antuerpiæ impresso anno 1681. probare studet, viginti quinque canones esse quidem Antiocheni Concilii in encæniis coacti anno 341. at eos perperam Arianis tribui. Licet enim ibidem convenissent Ariani quadraginta, plures tamen catholicos Antistites iisdem canonibus auctoritatem dedisse contendit. Illum vero canonem, qui Joanni Chrysostomo objectus, quadraginta Arianis a Palladio tribuitur, diversum esse censet a canone quarto, qui non a quadraginta, sed a nonaginta quinque circiter Episcopis, ac plerisque ex iis catholicis in laudata Synodo una cum ceteris canonibus sancitus fuit. Hinc ipsa canonis Chrysostomo objecti verba, quæ Palladius recitat, a canone quarto Antiocheno discrepare contendit; ac idcirco eum canonem a Palladio descriptum, post Synodum in encæniis a solis Eusebianis conditum putat adversus S. Athanasium, quem post eam Synodum ab eisdem damnatum ostendere nititur. Qui vero rerum gestarum historiam diligentius scrutati sunt, sicut in pleniori illa Synodo occasione encæniorum coacta Eusebianos licet pauciores prævaluisse, & initio Synodi in Athanasii condemnationem alios etiam Episcopos pertraxisse certis testimoniis demonstrarunt; ita canonem S. Joanni Chrysostomo objectum, & contra S. Athanasium, uti traditur, editum, initio ejusdem Synodi a cunctis Patribus conditum, ac ipsum esse Antiochenum canonem quartum nihilum dubitant. Quod si verba hujus quarti canonis, & ejus, quem Palladius producit, non omnino conveniunt, quid refert, cum sensus utrobique idem sit? Neque enim Palladius canonem ipsum iisdem verbis recitavit, sed ejus compendium expressit in eum sensum, quem Joannis Chrysostomi circumstantiæ ferebant. Tota varietas est, quia apud Palladium leguntur verba *juste vel injuste*, quæ canon quartus non exhibet. At Chrysostomi hostes impacta eidem crimina probari non posse videntes, *non de alio crimine*, *sed hoc solum in judicium adduci oportere dicebant*, *nimirum quod post abdicationem absque Concilii sententia se ipse in episcopali sede collocaverat*. In id autem Antiochenum canonem quartum obtrudentes, qui id vetabat, perinde erat ac si dicerent, hunc canonem æque valere, sive quis *juste*, sive quis *injuste* depositus fuerit: huncque sensum rei suæ congruentem Palladius exposuit, ut objecti canonis vim, ac perversam interpretationem elideret. Certe hunc canonem Palladius non aliunde quam ex collectione Græca cognovit, ac ob inscriptionem *in encæniis*, quam suus Græcus ejusdem collectionis codex præferebat, eumdem Arianis attribuit, quos quidem in encæniis condemnasse S. Athanasium ex historia didicerat. Quare Socrates, qui ex Palladio ac ex aliis S. Joannis Chrysostomi defensoribus sumsit, quæ ad ejusdem Joannis caussam pertinent, non solum canonem quartum, sed omnes Antiochenos canones eidem Concilio in encæniis habito adscripsit.

Canon quartus Antiochenus S. Jo. Chrys. objectus.

Socrat. lib. 6. c. 16.

Tillemontii sententia. XI. Tillemontius vero etsi de hoc quarto canone nihil dubitet, quin ab Eusebianis conditus fuerit in Synodo anni 341. non pauca tamen, quæ in editione horum canonum leguntur, ei Concilio & eisdem Eusebianis non convenire animadvertit. Præmissa canonibus epistola tempus pacificum indicans, magnæ rerum perturbationi ab Arianis hoc tempore, & hac præsertim in Synodonodo excitatæ nequaquam congruit. Quidam etiam canones Eusebianis auctoribus tribui non posse videntur. Gregorii enim Alexandrini ordinatio in eodem Concilio peracta reprobatur canone 19. & Eusebii Nicomediensis translationes rejiciuntur canone 21. nec verosimile est ab Arianis sub Constantio prævalentibus Nicænam Synodum solemni honore laudatam fuisse canone primo, in quo etiam de Constantino adhuc vivente potius quam mortuo sermo est. Numerus quoque tam exiguus Episcoporum triginta præfixus vel subjectus canonibus non convenit cum illo multo majore Synodi anni 341. cum præsertim inter illos non inveniantur ea præcipua Eusebianorum capita, quæ in hac Synodo omnia gesserunt, desitque inter ipsos Flacillus, qui eo anno Antiochenam Ecclesiam regens abesse non debuit. Præterea Episcopi, qui canonum auctores fuerunt, coacti dicuntur ex provinciis diœcesis Orientis Antiocheno Episcopo subditis, cum Synodus habita in encæniis ex aliis etiam Ponti ac Thraciæ diœcesibus coaluerit. Hinc laudatus Tillemontius suspicatus est, duo Concilia Antiochena a collectore Græco in unum fuisse confusa, nimirum illud frequentissimum in encæniis habitum anno 341. cui attribuit canonem quartum in Athanasium Eusebianorum opera constitutum, & fortassis etiam duodecimum, quem adversus eumdem editum existimat: ac alterum ex provinciis Antiocheno Episcopo subjectis coactum ante annum 335. cui epistolam, subscriptiones, & reliquos canones adscribendos opinatur. Tillem. not. 26. in Arian. hist. Duo Antiochena Concilia confusa opinatur.

XII. Nobis hæc Tillemontii opinio, etsi probabilior ceteris videatur, non tamen plane satisfacit. Hanc enim Græci antiqui Collectoris confusionem improbabilem credimus. Duos nimirum canones quartum & duodecimum, qui ab Eusebianis in encæniis constituti creduntur, collector non intermiscuisset canonibus alterius Synodi, si a diversis Synodis editos ac distinctos nactus fuisset; sed in fine addidisset. Cum in unum juncti fuerunt Nicæni & Sardicenses canones; prius Nicæni, dein Sardicenses descripti fuere. Ita etiam cum in Græco codice canones Concilii Constantinopolitani anni 381. & alii duo alius Synodi copulati fuerunt, isti duo post illos subjecti inveniuntur. Vel igitur omnes Antiocheni canones Synodo anni 341. adscribendi sunt, si canon quartus, vel etiam duodecimus Eusebianos habuit auctores; vel omnes in anteriori Synodo sanciti fuerunt, nec nisi per hallucinationem & errorem quartus canon Concilio anni 341. Chrysostomi tempore adscriptus fuit. Quid porro? Nos observationes Tillemontii gravissimas judicantes, ac solicitius hac in re inquirentes, anterius Antiochenum Concilium inveniri posset, cui omnes canones convenirent; feliciter tandem deteximus hos prorsus convenire Antiochenæ Synodo anni 332. Refellitur. Vera sententia.

XIII. Cum nomina Episcoporum, quibus Antiocheni canones tribuuntur, hujus rei nobis indicio fuerint; de his nonnulla exactius præmittenda sunt. Græca collectio cum ad nos pervenerit ex Græcis codicibus circa Photii tempora exaratis, qui nonnulla antiquorum codicum prætermisere, Episcoporum nominibus caret, sed provincias tantum commemorat, ex quibus Episcopi convenerunt, his verbis. *Sancta & pacifica Synodus a Deo congregata in Antiochia ex provinciis Syriæ Cœles, Phœniciæ, Palæstinæ, Arabiæ, Mesopotamiæ, Ciliciæ, Isauriæ, iis, qui per provincias sunt, unanimibus sanctis Consacerdotibus in Domino salutem.* Nomina vero Episcoporum conservata nobis fuerunt in vetustissimis Latinis versionibus, quæ olim ex Græcis vetustioribus exemplis hos canones recepere. In versione Isidoriana triginta Episcopi recensentur; in versione autem Prisca duo tantum & viginti Episcoporum nomina designantur, quæ tamen cum Isidorianæ versionis nominibus conveniunt. Dionysii interpretatio nomina Episcoporum omittit, uti colligimus ex duobus MSS. purum Dionysium continentibus Vat. 5845. & Palat. 577. In MSS. vero collectionis Hadrianæ, quæ Dionysianam versionem recepit, Episcoporum nomine ex alio fonte adjecta fuere. In his autem Hadrianis codicibus septem primis Episcopis sua cuique provincia assignatur. Hæ vero provinciæ septem cum illis e Græco codice paullo ante memoratis concordant. Sic enim ibidem legitur. *Eusebius Palæstinensis, Theodotus Mesopotamiensis, Theodorus Isauriensis, Antiochus Phœnicensis, Agapius Arabiensis, Alphius Ciliciensis* (ita legendum ex codice Pithœano, quem Harduinus laudat: alias mendose *Viliciensis*, vel De catalogis Patrum Antiochenorum. Eorum vitia detecta.

sis, vel *Syriciensis*) *Narcissus Cœles Syriæ*. Reliqui porro Episcopi sine provinciarum nomine subjiciuntur. In vulgatis autem Conciliorum post epistolam synodicam canonibus Antiochenis præmissam Episcoporum catalogus sic describitur, ut quævis provincia cum suis Episcopis, & quivis Episcopus cum suæ urbis nomine efferatur.

tom. 2. Conc. V. ed. col. 585.

Provinciæ Palæstinæ

Eusebius Gadarensis

Provinciæ Phœniciæ

Anatolius Emisenus

Æneas Ptolemaidis &c.

Hanc catalogi methodum nulli, ut notavit Harduinus, codices exhibent. Hic itaque catalogus ab aliquo studioso posterius compactus fuit, qui Antiochenæ Synodi Patres ad septem Orientales provincias * in Isidorianæ versionis codicibus nominatas pertinere intelligens, conferensque cum catalogo Patrum Nicænorum (plerique enim utrobique convenerunt,) ex hoc catalogo urbes & provincias singulorum excerpsit atque descripsit: cumque duorum Episcoporum Patricii & Alexandri nomina inter Episcopos illarum septem provinciarum in Nicæno catalogo non invenerit, hos sine ulla urbis ac provinciæ designatione in finem rejecit, addito his Eustathio, quippe quem ab Eustathio Antiocheno jam deposito diversum esse persenserat. Hic porro studiosus vir dum Eusebium, qui in Palæstina fuit Episcopus Cæsariensis, *Gadarensem* effecit, e catalogo Nicænorum Patrum, qui exhibetur in codicibus Hadrianis, errorem ebibit. Duæ versiones Isidoriana & Prisca inter Episcopos Palæstinæ duos Sebastenos efferunt sic: *Marinus Sebastenus*, *Gajanus Sebastiæ*, ac dein prosequuntur: *Eusebius Cæsariensis*, *Sabinus Gadarensis*, *Longinus Ascalone* &c. In MSS. vero Hadrianis ne duo ejusdem Sebastis Episcopi referrentur, post Marinum Sebastenum urbium nomina a subsequenti Episcopo traducta fuerunt ad præcedentem sic: *Gajanus Cæsariensis*, *Eusebius Gadarensis*, *Sabinus Ascalone* &c. Hoc vero errore studiosi illius viri excepto, designatio urbium & provinciarum in ceteris Episcopis ex Nicæno catalogo deducta non improbabilis videri potest; cum plerique Antiocheni Patres fuerint etiam Nicæni. Hinc porro agnoscimus erroneum potius esse eum catalogum in Hadrianis exemplis descriptum, quo septem primis Episcopis sua cuique provincia assignatur. Primi enim tantum Episcopi *Eusebii Palæstinensis* provincia cum Nicæno catalogo congruit, ceterorum non item: ac propterea palam fit, septem provinciarum nomina, quæ in Græco textu & in versione Isidoriana separatim proferuntur, ita ut singula aliquos tantum Episcopos indeterminate respiciant, in MSS. Hadrianis librarii alicujus arbitrio assuta & accommodata fuisse septem primis Episcopis, nullo præmisso examine, num ipsis conveniret provincia, quæ cuique affixa fuit. In Græca origine, quam ex antiquis versionibus agnoscimus, sola nomina Episcoporum sine ulla provinciæ notatione expressa fuerunt; nec sicubi aliquid Episcoporum nominibus additur, solius provinciæ, sed civitatis præsertim nomen designari solet.

*Vide hunc tomum col. 424.

Vid. infra col. 32.

De Synodo Antioch. an. 332. in qua canones conditi. Euseb. De vita Constantini lib. 3. c. 62.

XIV. His notitiis præmissis anno 332. Antiochena sede vacante ante electionem Euphronii Synodus Antiochiæ coacta fuit, ut novum Antistitem crearet. In hanc rem soli Episcopi Antiochenæ diœcesis convenire debebant. Cum epistola Constantini ad Antiochenam Synodum hac de caussa congregatam inscribatur *Theodoto*, *Theodoro*, *Narcisso*, *Aetio*, *Alpheo*, *& reliquis Episcopis*, *qui sunt Antiochiæ*; hos præcipuos ejusdem Synodi Episcopos ex provinciis ejus diœcesis fuisse nihil est dubitandum. Alia porro peculiaris ejusdem Imperatoris epistola eamdem in rem scripta fuit ad Eusebium Cæsariensem, qui cum ex provincia Palæstinæ Antiocheno subjecta eodem accurrisset; deficiente Episcopo Antiocheno, primas in eodem Concilio partes pro sua celebritate gessisse cognoscitur. Separatim vero is a ceteris Episcopis ad Constantinum scripserat, eo quod omnium vota in ejus electione concurrissent, a qua ipse abhorrens, noluit suum nomen Synodicæ ceterorum epistolæ inscribere, qua ipsius confirmatio petebatur; sed aliis litteris ne hoc fieret enixe postulavit. Habes igitur in hac Antiochena Synodo præcipua Episcoporum nomina, qui ex provinciis Antiochenæ diœceseos anno 332. convenerant, nimirum Eusebii, Theodoti,

doti, Theodori, Narcissi, Aetii, & Alphei. In his autem sex nonne vides quinque eorum nomina, quos primo loco ex Hadrianis codicibus paullo ante retulimus? Unus Aetius, qui inter Nicænos Patres Lyddæ Episcopus in Palæstina traditur, in catalogo eorumdem codicum deest: qui tamen errore librariorum, vel auctoris Græcæ collectionis levissima mutatione perperam traductus videtur in *Enium*, al. *Ænium*, uti legitur in iisdem MSS. Hadrianis, pro quo auctor versionis Isidorianæ *Æneam* reddidit. Igitur nihil dubii esse debet, quin laudati canones in hac Antiochena Synodo anni 332. conditi fuerint, non vero in illa anni 341.

XV. Id autem ex eo maxime confirmatur, quia hac in sententia omnes a Tillemontio propositæ difficultates solvuntur, probeque omnia conciliantur. Pax, quam post gravissimum Antiochenæ Ecclesiæ dissidium Constantinus feliciter compositam in epistola ad populum Antiochenum gratulatur, mire congruit cum illis Antiochenæ Synodicæ verbis: *Sancta & pacifica Synodus* &c. *Gratia & veritas Jesu Christi Domini & Salvatoris nostri sanctam Antiochenam Ecclesiam visitans, & in unum connectens per concordiam & consensum pacatissimi spiritus* &c. Eusebius Cæsariensis, *cujus interventu pax inter Antiochenos facta fuit*, primas, uti monuimus, in eadem Synodo partes gessit; ac proinde primus tum in catalogo canonibus præfixo, tum in subscriptionibus apud omnes nominatur. Deest autem nomen Episcopi Antiocheni, quippe hæc Synodus habita fuit Antiochena Sede vacante. Cum porro idem Eusebius translationem, seu mutationem Sedis recusasset, canon 21. qui has translationes vetat, huic Synodo maxime congruit: cum præsertim Imperator has translationes ecclesiasticæ disciplinæ contrarias suis ad Synodum litteris declarans, id se cupere scripserit, ut ante electionem novi Præsulis *ea decernerentur, quæ Apostolorum traditioni consentiunt. His enim præstructis*, inquit, *vestra prudentia juxta Ecclesiæ regulam & apostolicam traditionem ita hanc electionem dirigere poterit, quemadmodum ecclesiasticæ disciplinæ ratio postulat*. Hinc præcisum tempus, quo in hac Synodo conditi fuerunt canones, manifestum est, nimirum post Imperatoris litteras & ante electionem Euphronii. Cum porro hic ab Episcopis suæ diœceseos fuerit ordinatus, canon decimus nonus nihil repugnat. Nicæna Synodus vivente Constantino maximo honore habita erat; ac propterea primus canon huic Synodo ac tempori optime congruit, Eusebio præsertim curante, qui constitutum Nicænum de Paschate in eo canone confirmatum eximiis laudibus extulit. Numerus Episcoporum triginta, & provinciæ septem solius Antiochenæ diœcesis tum in Græco textu, tum in versionibus Latinis recensitæ cum hac Synodo probe conveniunt, quæ cum alia pleniori Synodo anni 341. nulla ratione concordant. Quod si Theodorus, Jacobus, & Anatolius in catalogo Antiocheno descripti, essent, ut videntur, Theodorus Laodicenus, Jacobus Nisibenfis, & Anatolius Emissenus, qui in Nicæno catalogo inveniuntur; nova evidentior confirmatio accederet ad constituendam Synodum anni 332. & excludendam illam anni 341. Etenim anno 335. Laodicenam Sedem non tenebat amplius Theodorus, sed Georgius, qui in Synodo Tyri anni ejusdem sedit, ut liquet ex Athanasii Apologia secunda. S. Jacobus Nisibensis anno 649. epochæ Græcorum, idest æræ vulgaris anno 338. e vivis excesserat, ut in Edesseno Chronico notatur, nec non in alio Chronico Dionysii Patriarchæ Jacobitarum apud Josephum Simonium Assemanum tom. 1. Bibliothecæ Orientalis pag. 18. & 395. Anatolius tandem Emissenus in Concilio anni 341. interesse non potuit, cum initio ejusdem Concilii Eusebius Emissenæ Ecclesiæ Episcopus datus fuerit. In hac igitur tanta rerum omnium concordia cum sola Synodo anni 332. quis adhuc ambigere potest, num canones Antiocheni eidem Synodo adjudicandi sint?

Omnia conciliantur, quæ difficultatem movebant.

Euseb. l. 3. de vit. Constant. c. 60.

Ib. c. 59.

Ibi. c. 61.

Ibi. c. 18.

XVI. Neque vero scrupulum incutiat canon quartus, quem contra S. Athanasium in Arianorum Synodo anni 341. editum defensores S. Joannis Chrysostomi tradiderunt. Nam præter quam quod id negarunt Theophiliani ejusdem Chrysostomi hostes, qui eumdem canonem opposuerant; ipsius defensores in hoc errasse credimus, ac in eumdem errorem induxisse etiam alios tum veteres, tum recentiores. Omnia enim, quæ S. Athanasio ab Eusebianis objecta fuerunt crimina, exacte referuntur in epistola Julii Papæ, & in operibus ipsius S. Atha-

Num canon quartus Antioch. fuerit editus contra S. Athanasium.

S. Athanasii. In his autem nullum uspiam indicium est ejus criminis canone quarto perstricti, quod scilicet post depositionem sine ullo novo judicio in suam sedem redierit : cum tamen hoc maxime crimen ab illis opponendum fuerit, si contra Athanasium eum canonem edidissent. Id solum præsumserunt defensores S. Joannis Chrysostomi, eo quod hunc canonem eidem Sancto Episcopo a Theophilianis objectum inter Antiochenos nacti, solam cognoscerent Antiochenam Synodum in encæniis habitam anno 341. quam condemnasse S. Athanasium ex aliis documentis notissimum erat. Hinc etiam per errorem huic frequentiori ac pleniori Synodo adscripserunt minorem numerum Episcoporum quadraginta, ut ex Palladio audivimus, apud quem tamen pro τεσσαράκοντα *quadraginta* legendum est τριάκοντα *triginta*: totidem enim præferebat Græca collectio; uti ex versionibus antiquis Isidoriana & Hadriana colligere licet. Hunc nimirum Episcoporum numerum illi non ex ipsis actis Synodi anni 341. sed ex Græca collectione evidenter sumserunt. Si enim acta ejus Synodi consuluissent, & in iis reperissent canones; non triginta, vel quadraginta, sed XCV. circiter Episcopos in eo Concilio coactos didicissent. Eo igitur præjudicio, quo solam Synodum Antiochenam anni 341. cognoscebant, hos canones in Græca collectione inventos cum eodem triginta, seu quadraginta Episcoporum numero eidem Synodo tribuerunt. Immo hunc errorem ebibisse videntur ex ipsa inscriptione Græci Codicis; quæ in quibusdam exemplaribus eosdem canones constitutos præferebat Antiochiæ *in encæniis*. In quibusdam exemplaribus Græcis diximus, non autem in omnibus. Cum enim voces *in encæniis* pura Dionysio versio in antea memoratis codicibus exhibita prætereat, Græcum Dionysii exemplum iisdem caruisse manifestat. Ex his porro si Innocentius I. epist. 7. n. 3. Antiochenos canones hæreticis auctoribus tribuit; cum id non ex propria notitia, sed ex relatione defensorum Chrysostomi, quibus respondet, scripserit (solos quidem Nicænos canones Romanam Ecclesiam agnoscere ibidem fatetur;) nihil movere debet, sicut nec posteriorum scriptorum auctoritas, qui eamdem rem ex iisdem Chrysostomi defensoribus tradiderunt.

XVII. Interim si canon quartus contra S. Athanasium editus non credatur in Synodo anni 341. nihil per se continet, quod ecclesiasticæ disciplinæ non maxime congruat: unde nihil mirum; si ab Ecclesia tum Græca, tum Latina inter regulas Patrum relatus fuit cum ceteris canonibus Antiochenis, qui per se se similiter, perversa interpretatione seclusa, æquissimi sunt. Etsi enim canones secundus & quintus in Concilio anni 332. editi videantur contra eos catholicos, qui cum S. Eustathio Antiocheno aliquanto ante inique Arianorum arte deposito communicantes, eorum Episcoporum, qui illi subrogati fuerant, communionem recusabant; cum tamen iidem hæretici, Constantino imperante occulti, in eo deponendo non veram caussam, ob quam eum uti Nicænæ fidei acerrimum defensorem deponendum curarunt, sed fictitia crimina ea fallacia produxerint, quæ multos etiam non Arianos decepit; jure depositus credi potuit, justique proinde habiti fuerunt ii canones, qui contra Eustathianos successorum ejus communionem vitantes in hoc Concilio statuti sunt. Hoc autem dolo seposito, iidem canones adversus schisma editi adeo justi sunt, ut in assensum pertrahere potuerint etiam S. Jacobum Nisibensem & S. Paullum Neocæsariensem, si quidem hi sunt illi Jacobus & Paullus, qui in hujus Synodi catalogo recensentur. Nihil ergo dubii superest, quo minus omnes hi canones Antiochenæ Synodo anni 332. adjudicentur.

C A P U T V.

De Canonibus Sardicensibus. Hi duplici exemplo ab ipsa Synodo editi, græce, & latine. Horum exemplorum discrimen. Quid sentiendum de insignibus variantibus lectionibus exemplarium Latinorum, ob quas nonnulli diversas interpretationes Latinas præferri opinati sunt.

I. CUm Synodus Sardicensis in epistola ad Julium Papam apud S. Hilarium fragm. 1. n. 10. eorum meminit, *quæ acta sunt*, *quæ gesta*, *quæ constituta*, voce *constituta* canones ab eadem conditos indicari nemo ambigit.

bigit. At nonnullis dubium est, num iidem canones græce, an latine editi fuerint. Cum plerique Sardicenses Patres Græco sermone uterentur, pauciores Latino; canones græce potius, quam latine fuisse scriptos opinio invaluit. Hinc antequam ederetur Dionysii Exigui epistola ad Stephanum, credebatur a pluribus Latinum textum eorumdem canonum ab eodem vulgatum, esse versionem ex Græco: idque eo credibilius fiebat, quia Latinus item textus ab Isidoro receptus, alia interpretatio videbatur. Hæc sententia antiquis etiam temporibus obtinebat; in vetusto enim codice 55. Capituli Veronensis post descriptos canones Sardicenses ex Græco latine redditos, alia posteriori, sed antiqua manu subjiciuntur iidem canones uti a Dionysio editi fuerunt hoc titulo ipsis præfixo: *Item iidem canones secundum aliam translationem*. Editio quoque eorumdem canonum inserta versioni Priscæ, quam hoc tomo recudemus, ita a Dionysiana & Isidoriana lectione discrepat, ut non ex eodem originali Latino, sed ex diversa interpretatione tanta varietas profecta videatur. Cum porro observatum fuit, Dionysium in laudata epistola testari, se statuta Sardicensis Concilii & Africani dedisse, *quæ latine sunt edita;* sicut Africana statuta ab origine prodierunt latine; ita etiam Sardicensia latine ab ipsa Synodo edita fuisse cogitari cœpit.

II. Ne autem Græcus textus, quem habemus, interpretatio credatur ex originali Latino, Sardicenses canones duplici originali exemplo in ipso Concilio scriptos credere oportet, Græco nimirum pro Græcis Patribus, & pro Latinis Latino. Aliquot hujus Concilii epistolas habemus, quæ vel ad omnes Episcopos missæ, Græcos præsertim respiciebant, vel ad Græcas Ecclesias scriptæ fuerunt. Harum Græcus textus invenitur, vel interpretatio Latina ex Græco, propterea quod græce editæ sunt. At epistolam ad Julium Papam latine tantum habemus tum apud S. Hilarium, tum in aliquot collectionibus Latinis, quæ eam ab Hilario non videntur recepisse, cum in subscriptionibus aliquantulum discrepent. Nihilo tamen minus idem est in omnibus Latinus textus, eo quod tum Hilarius, tum earum collectionum auctores eam epistolam derivarunt ex eodem originali Latino, ex quo aliquot exemplaria olim vulgata fuerant. Sardicenses scilicet Patres, inter quos non pauci erant Latini, non græce, sed latine scribendum putarunt ad Julium Pontificem, qui Latina lingua utebatur. In ceteris Græcis Conciliis Ancyrano, Neocæsariensi, Nicæno, Gangrensi, Antiocheno, Laodiceno, & Constantinopolitano, ex quibus canones latine redditos suscepimus, vel nulli, vel paucissimi Latini Episcopi aderant: unde nil mirum, si iidem canones græce tantum exarati fuere. In Concilio autem Sardicensi etsi plures essent Græci, non pauci tamen Latini Patres convenerunt ex Italia, Gallia, Hispania, Africa, atque Pannoniis: septem enim & viginti saltem Episcopos ad has provincias pertinere ex catalogo Patrum Sardicensium paullo post subjiciendo palam fiet. Canones autem cum non pro solis Græcis, sed pro Latinis etiam fuissent constituti, &, nonnulli quidem in gratiam potissimum Latinorum; non tam græce pro Græcis, quam latine pro Latinis Patribus exarandi fuerant. Quod si generalis ejusdem Concilii Synodica ad Græcos non minus, quam ad Latinos missa non tam Græco, quam Latino sermone edita videtur, ut indicant formulæ Latini exempli apud Hilarium diversæ prorsus a Græco textu, quæ interpretationi non congruunt: quanto magis idipsum de canonibus judicandum est?

Duplex originale, Græcum, & Latinum.

Vid. t. 2. Concil. V. edit. col. 705. & 711.

III. Hujus duplicis originalis exempli canonum evidens argumentum præbent aliquot, nec exigua discrimina inter Græcum textum atque Latinum, ob quæ alter ab altero per translationem profectus dici nequit. In vulgato Græco tres canones desunt, qui leguntur in quovis textu Latino, uti sunt apud Isidorum canones X. XII. & XVIII.: & e contra duo canones absunt a quovis Latino textu, qui in Græco inveniuntur can. XVIII. & XIX. Quod si unus e tribus canonibus in vulgato Græco deficientibus, nimirum canon apud Isidorum XVIII., qui incipit *Januarius*, exstabat in eo Græco exemplo, ex quo sumta fuit antiquissima eorumdem canonum versio hoc tomo edenda, nobisque conservata in memorato MS. 55. Capituli Veronensis; nullibi tamen invenire licuit in Græco duos alios canones, qui sunt in Latino exemplo: sicut inter tot diversæ originis exemplaria textus Latini nullibi reperire licuit duos illos canones,

Discrimen eorum originalium.

Infr. col. 595.

quos

quos omnia Græca exemplaria constanter exhibent. Si alter textus alterius interpretatio fuisset; iidem procul dubio canones tum in Latino, tum in Græco legerentur, nec unus textus alios canones omitteret, alios adderet. Accedit ordo canonum in utroque textu plane diversus. Licet enim ordo canonum Græci textus in omnibus MSS. conveniat, sicut & ordo canonum Latini textus in Latinis diversæ originis collectionibus idem deprehenditur; ordo tamen canonum Græci textus ab ordine canonum textus Latini maxime discrepat: quod ab interpretatione alterius ex altero alienissimum est.

Discrimen sententiarum notatur. IV. Aliam apertiorem duplicis originalis Græci & Latini rationem proponemus. Duo canones in Græco *Metropolitani* mentionem ingerunt, quam in Latino frustra requires. Canon sextus Græcus ita latine redditur. *Si contigerit in una provincia, in qua sunt plurimi Episcopi, unum Episcopum conventui non interesse, & ille per quamdam negligentiam nolit convenire, & Episcoporum institutioni & electioni assentiri; congregata autem populi multitudo instet, ut fiat institutio Episcopi, qui ab eis postulatur; oportet illum prius, qui non adfuerit, Episcopum admoneri per litteras Exarchi provinciæ, nempe Episcopi Metropolitani, quod rogat populus sibi pastorem dari: & existimo recte habere, hunc quoque expectari, ut adsit. Si autem litteris rogatus non adfuerit, ac ne rescripserit quidem; populi voluntati satisfiat. Oportet autem ex vicina quoque provincia accersiri Episcopos ad Metropolitani Episcopi institutionem.* Antiquissima versio e Græco, quæ in laudato codice Veronensi legitur, pro *ad Metropolitani Episcopi institutionem* habet *ad ordinationem Episcoporum*, cujus versionis sensus contextui concinens (neque enim de Metropolitani, sed de ordinatione Episcopi a Metropolitano peragenda agitur) aliam meliorem, quam in vulgatis, Græci textus lectionem interpreti præ oculis fuisse significat. In Latino autem Dionysii textu hic idem canon num. 5. effertur sic. *Si contigerit in una provincia, in qua plurimi fuerint Episcopi, unum forte remanere Episcopum; ille vero per negligentiam noluerit ordinare Episcopum, & populi convenerint; Episcopi vicinæ provinciæ debent illum prius convenire Episcopum, qui in ea provincia moratur, & ostendere, quod populi petant sibi rectorem; & hoc justum esse, ut & ipsi veniant* (al. melius *ipse veniat*) *& cum ipso ordinent Episcopum. Quod si conventus litteris tacuerit, & dissimulaverit, nihilque rescripserit; satisfaciendum esse populis, ut veniant ex vicina provincia Episcopi, & ordinent Episcopum.* Quod in Græco tribuitur Primati, seu Metropolitano provinciæ, in Latino Dionysii textu, qui idem est in aliis collectionibus Latinis, alia prorsus sententia elatum Episcopis vicinæ provinciæ asseritur. Similiter canone XIV. Græci textus de Presbytero vel Diacono deposito legitur: *Qui ejicitur potestatem habeat confugiendi ad Episcopum Metropolis ejusdem provinciæ. Si autem Metropolitanus abest, ad finitimum concurrendi & rogandi, ut suum negotium accurate examinetur. Neque enim non sunt aures præbendæ iis, qui rogant. Ille quoque Episcopus, qui jure vel injuria eum expulit, æquo animo ferre debet, ut rei fiat examinatio, & vel ejus confirmetur sententia, vel corrigatur.* In Latino autem apud Dionysium canone XVII. *Habeat potestatem is, qui abjectus est, ut finitimos Episcopos interpellet, & caussa ejus audiatur, & diligentius tractetur: quia non oportet ei negari audientiam roganti: & ille Episcopus, qui aut juste, aut injuste eum abjecit, patienter ferat, ut negotium discutiatur, ut vel probetur sententia ejus a plurimis, vel emendetur.* In Græco negotium ac judicium committitur Metropolitano ejusdem provinciæ, vel, si absit, Metropolitano provinciæ finitimæ: in Latino autem vicinis Episcopis. Quid ita? Hæc, quæ pluribus difficultatem moverunt, facile intelligentur, si duo originalia canonum distinguas, alterum Græcum pro Græcis, alterum vero pro Latinis Latinum. Cum apud Græcos Metropolitani plures jamdiu obtinerent, Clericorum inferioris ordinis appellatio Metropolitis in Græco textu addicta fuit. Cum autem apud Latinos in Italia præsertim, in Galliis, & Hispaniis sub hoc tempus nondum Metropolitani ita essent uti apud Græcos instituti, quemadmodum ostendimus in Observationibus ad dissert. V. Quesnelli part. 2. c. 5. idcirco Clericorum appellationes non ad Metropolitas, sed ad vicinos Episcopos deferendas

tom. 2. col. 1031. & seqq.

das in Latino textu sancitum fuit : eademque de caussa quod in præcitato canone Græco Exarcho provinciæ seu Metropolitano tribuitur, in Latino vicinis Episcopis assertum vidimus. Hinc etiam patet necessitas quædam edendi hos canones tum Græco, tum Latino exemplo, ut scilicet diversæ Latinorum & Græcorum disciplinæ, atque ecclesiasticæ dispositioni accommodarentur. Neque vero ad Metropolitas apud Latinos quoque adstruendos opponas canonem nonum, qui commendatitias epistolas accipiendas decernit ab Episcopo, *qui est in majori civitate*, ut Græcus textus præfert, vel, ut habet Latinus textus Dionysii, *qui in Metropoli consistit*. Metropolim enim civilem, vel geographicam, non vero ecclesiasticam hic indicari credimus: unde in aliis Latinis exemplaribus MSS. Vat. Reginæ 1997., & Isid. legitur, *qui in maxima civitate, idest Metropoli, consistit:* ubi *maxima civitas* geographicam, seu civilem Metropolim explicat. Apud Africanos quidem Episcopus Metropolis civilis seu geographicæ per se se non erat Metropolitanus; & nihilominus in Synodo Hipponensi anni 393. dum Mauritani Sitifenses proprium Primatem petierunt, qui ex Afrorum more senior Episcopus erat, simul postularunt, ut si quæ à Carthaginensi Primate Episcopis Mauritanis nuntianda essent caussa disciplinæ, ad Sitifensem, idest ad Metropolis civilis aut geographicæ Episcopum scriberentur. Similiter statutum fuit in Concilio Milevitano anni 402., *ut matricula & archivus Numidiæ & apud primam Sedem esset, & in Metropoli, idest Constantinæ*. Quidni simile quidpiam statui poterat in Sardicensi, ut profecturis ad Comitatum commendatitiæ litteræ darentur ab Episcopo civilis aut geographicæ Metropolis, licet is apud Latinos non esset præditus jure metropolitico? Nondum enim institutis apud eos Episcopis Metropolitanis, commendatitias tradere præ aliis deferendum visum est Episcopo Metropolis, eo quod Metropoles eorumque Episcopi notiores ac celebriores essent, ut ne exinde Metropoles ecclesiasticæ ibidem apud Latinos institutæ inferantur, quas ex aliis documentis serius erectas alio loco probavimus, & hoc quidem tempore nondum inductas ex duobus laudatis canonibus Sardicensibus Latini exempli non modicum confirmari perspeximus. Interim vero horum canonum sententia diversimode proposita in Græco & in Latino textu, ut diversæ Latinorum ac Græcorum dispositioni aptaretur, diversum originale Græcum & Latinum mirifice comprobat. Eadem fortassis de caussa in Latino exemplo omissi fuerunt duo canones in Græco editi, propterea quod ad Thessalonicensem Ecclesiam pertinentes, nihil statuerent, quod ad Latinarum Ecclesiarum regulam conferre posset. V. tom 5. Concil. V. ed. col. 782. Cod. Eccl. Afric. c. 86.

V. Neque vero ad excludendum originale Latinum quempiam moveant illæ variantes lectiones, quæ in diversæ originis collectionibus Latinis ita incurrunt in oculos, ut aliam atque aliam eorumdem canonum formam ac veluti translationem exhibere nonnullis visæ sint. Nam præterquam quod & numerus & ordo, & aliquot etiam sententiæ a Græco nimium discrepantes versionis rationem nequaquam ferunt; exactius perpendentibus & conferentibus singula in exemplaribus Latinis, totam varietatem sitam esse in quibusdam vocibus hic illic dispersis, integras vero lineas & comata integra totidem verbis convenire patebit: quod cum in versionibus reipsa diversis non reperietur, primævum originale Latinum liberioribus amanuensium variantibus alicubi transformatum, sed in radice idem cognoscetur. Ne vero hæc tanta antiquorum amanuensium licentia, atque in textu ab origine Latino varietas tanta incredibilis videatur, simile plane indubitatum exemplum præsto est ex iis Africanis canonibus celebris Synodi Carthaginensis anni 419., quos Latinæ quidem originis Dionysius æque ac Sardicenses se protulisse affirmat, uti latine editi fuerant. Hujus enim Synodi canones, qui apud laudatum Dionysium sunt inter Africanos primi canones triginta tres, ex MSS. collectionibus Vat. Reginæ 1997., Vat. 1342., & Lucano-Colbertina hoc tomo edemus non solum alia divisione dispertitos in canones quadraginta, verum etiam cum insignibus variantibus lectionibus, quales in Sardicensibus invenimus. Quod si de eorum Latino originali ob ejusmodi variantes nemo dubitare potest; ita nec de Sardicensibus suspicandum eo nomine, quod similes variantes receperint, cum de utrisque eamdem Latinam originem Dionysius testetur. Qui porro Sardicensium canonum Latinum originale in Latinis collectionibus conservatum apertius cognoscere velit, duas interpreta-

Variantes Latinorum codicum unde. Sardicensium Latina exempla non sunt versio e Græco.

Infr. col. 635.

tiones eorumdem ex Græco conferat, alteram recentiorem in Conciliis impressam, alteram antiquam, quam e MS. Capituli Veronensis hoc tomo edemus: *Infr. col. 589.* & ingens cum rerum, & ordinis, tum verborum etiam discrimen perspiciens, Latinum diversarum collectionum textum in omnibus cohærentem non e Græco redditum, sed ab originali Latino profectum agnoscet.

CAPUT VI.

Num Sardicenses canones Græco canonum Codici inserti fuerint. Non omnes Græci Codices canonum fuere similes, nec in omnibus canones continua numerorum serie notati. De Sardicensium canonum auctoritate apud Græcos etiam Orientales.

I. SArdicenses canones non tam latine, quam græce ab origine editos, ita ut Græcus originalis eorum textus nobis a Græcis ipsis conservatus, & ordine & numero canonum, & nonnullis etiam sententiis Græcarum Ecclesiarum disciplinæ aptatis ab originali Latino diferat, ex disputatis capite præcedenti manifestum fit. Tota nunc controversia in eo versatur, num, & quando iidem canones græce scripti, relati fuerint in Græcum Synodorum & canonum Codicem, & num apud Græcos præsertim Orientales semper auctoritatem obtinuerint. *Christophori Justelli opinio.* Christophorus Justellus eosdem in Græco Codice serius descriptos, & ab antiquis Orientalibus haud receptos opinatus, excludendos censuit a primigenio Græco canonum Codice, quem *universæ Ecclesiæ Codicem* inscripsit, suoque (ut capite primo ostendimus) arbitrio compegit. Hujus sententiæ potissimum, seu verius unicum fundamentum elicitur ex Dionysio Exiguo. Continuata enim series titulorum, seu canonum CLXV., quos a Nicænis ad Constantinopolitanos usque canones in sua *Græca auctoritate*, seu Græco Codice canonum descriptos notavit, proprium intermedium locum Sardicensibus non relinquit. Hinc illos non e Græco transtulit, ut ceteros quos in eo codice reperit, sed latine, uti editi fuerant, adjecit. Id autem ne peculiare & proprium unius Dionysiani Græci codicis fuisse credatur; commune omnibus Græcis exemplaribus idem Justellus venditat in præfatione his verbis. *tom. 1. Biblioth. Jur. Canon. pag. 16.* *Unde apparet primitivæ Ecclesiæ Patres in illo veteri Codice canonum componendo, juxta quem de rebus sacris judicia habebantur, singula consequentia Concilia, certo ordine disposuisse, certaque & continua serie nec interrupta numerorum connexione canones illorum numerasse, ne quid huic Codici detrahi, aut addi posset: quem ideo Patres Ephesini & Calchedonenses aliique ecclesiastici Scriptores* τάξιν & ἀκολουθίαν τῶν κανόνων, ἀκολουθίαν ἐκκλησιαστικὴν, & ἀριθμῶν ἀκολουθίαν *seriem & consequentiam canonum, consequentiam ecclesiasticam, & consequentiam numerorum passim vocant.* Ita Græcum Codicem canonum jam ab ipsa ejus origine, qua Patrum & Ecclesiæ Græcæ auctoritate conditum putat, continuata numerorum serie & successione omnes canones signatos præfert, uti in Dionysiano exemplo inventi fuerunt, nec non in illo simili, quod Patribus Calchedonensibus usui fuit. Totus autem hic nisus eo tendit, ut Sardicenses canones ex hac numerorum serie a Græco Dionysii Codice expunctos, a primitivis & antiquis Ecclesiæ Græcæ exemplaribus excludat, sicque eos a veteri Græca Ecclesia non receptos, sed rejectos ostendat.

Refellitur. II. Hoc vero argumentum multis ex capitibus nutat. Primo falsum est illud, quod Justellus initio præsumit, Codicem primitivum Patrum Græcæque Ecclesiæ auctoritate fuisse conditum atque probatum. *Græcus codex Canonum non fuit publica auctoritate conditus.* Nos enim Græcam canonum collectionem privato studio compactam credimus, omnique auctoritate publica diutius caruisse. Id palam efficitur ex eo quod accidit in caussa S. Joannis Chrysostomi. Objectus ipsi fuit a suis hostibus Antiochenus canon quartus. Canones autem Antiochenæ Synodi relati jam erant in Codicem. Quid ad hæc Chrysostomus & suarum partium Episcopi? Eos canones non a catholicis, sed ab Arianis conditos nihil auctoritatis habere protestati sunt. Legatur Palladius, qui in dialogo de vita ejusdem Sancti, disputationem hac de re utrinque habitam refert. Decepti quidem illi fuerunt inscriptione illa *in encæniis*, quam iidem canones in Græco Codice præferebant, uti explicavimus cap. 4.

§. 2.

§. 2. At qui sic repudiarunt hos canones quamvis relatos in Codicem canonum, hunc sane Codicem a Græcæ Ecclesiæ Patribus conditum & approbatum ignorabant. Quem autem Codicem approbatum nescierunt Joannes Chrysostomus aliique Orientales Episcopi ejus partium, undenam is ante hoc tempus ab Ecclesia Græca approbatus constitui queat, non intelligimus.

III. Quod secundo Justellus affirmat, in primitivo Græco canonum Codice, ac exinde in ceteris antiquis Græcis exemplaribus canones omnium Synodorum continua numerorum serie fuisse signatos, uti erant *in Græca auctoritate*, seu exemplo Dionysii Exigui, in quo omnium canonum numerus perveniebat usque ad CLXV., non minus falsum arbitramur. Ratio, quam ille affert ex testimoniis Conciliorum Ephesini atque Calchedonensis ante ejus præfationem descriptis, inanissima est. Ludit & innititur Græcis vocibus τάξις & ἀκολουθία τῶν κανόνων, quas *seriem canonum*, & *canonum consequentiam* interpretatur, ut his formulis indicetur Codex, in quo canones consequenti numerorum serie descripti continerentur. At voces τάξις & ἀκολουθία nec *seriem*, nec *consequentiam numerorum* significant, sed ordinem, methodum, ac stylum, uti vocant, canonicum ab iis omnino sequendum, qui rite ex ecclesiasticarum regularum canonumque præscripto agere velint. Ita act. 1. Synodi Ephesinæ κατὰ τὴν τῶν κανόνων τάξιν *juxta canonum ordinem* (Justellus *seriem reddidit*) judicium instituendum decernitur. Alibi vero illegitima ac irregularia gesta contra S. Cyrillum & Memnonem ἔξω πάσης ἀκολουθίας ἐκκλησιαστικῆς καὶ κανόνων, *præter omnem ecclesiasticum ordinem & præter canones* acta dicuntur in relatione ejusdem Synodi ad Imperatorem: & iterum aliquanto post: παρὰ θεσμὸς, καὶ κανόνας, καὶ πᾶσαν ἀκολουθίαν ἐκκλησιαστικὴν, *contra leges & canones omnemque ecclesiasticum ordinem*: & rursum παρὰ πᾶσαν τὴν τῶν κανόνων ἀκολουθίαν, *contra omnem canonum ordinem*; & post pauca apertius in hanc sententiam additur: *Quamobrem cum & ipse* (Joannes Antiochenus) *& reliqui quoque, quos secum habet, adeo* ἀκανονίστως καὶ ἀτάκτως *illegitime inordinateque* καὶ ἔξω πάσης ἀκολουθίας ἐκκλησιαστικῆς *& præter omnem ordinem ecclesiasticum egerint*. Neque vero eædem voces alio sensu in Synodo Calchedonensi accipiuntur, uti multis, si opus esset, ejusdem Concilii testimoniis confirmare liceret.

Non omnes Græci codd. continua serie numerorum descripti.

tom. 3. Concil. V. ed. col. 1005. e

Ib. col. 1185. a

col. 1188. a

IV. Formula vero ἀριθμῶν ἀκολουθίαν *numerorum ordinem*, quam Justellus in descripto textu opposuit, in unico Joannis Scholastici testimonio legitur, quod inter alia idem Justellus recitavit pag. 8. Hic autem usus est ea formula alio prorsus sensu, qui Justello nihil favet. Non Codicis canonum, sed sui operis rationem redditurus ait: *Cum ea, quæ passim ab ipsis* (decem Synodis) *definita sunt pro temporibus, in unum colligere magno studio enixi fuerimus, eaque in titulos quinquaginta distribuerimus*; οὐ τάξιν τινὰ καὶ ἀκολουθίαν ἀριθμῶν, *non ordinem quemdam & seriem numerorum servavimus, primum, ut ita dicam, & secundum, & tertium, & quartum, & quintum deinceps canones conjungentes; sed similia similibus, quantum fieri potuit, copulantes, & par pari capiti connectentes* &c. Joannes nimirum in suo opere non simul Nicænos canones unum post alium, nec simul Ancyranos, aut alios aliarum Synodorum continua cujusque Synodi numerorum & canonum serie descripsit; sed in titulos quinquaginta canones diversorum Conciliorum, qui ad quemque titulum pertinent, hinc & hinc sumtos distribuit. Num vero in Codice, ex quo canones in suum opus transtulit, numerorum ordo & series continua esset a canonibus primi Concilii ad canones ultimi, nihil indicii est. Immo ex methodo, qua utitur in citandis cujusque Synodi canonibus numero distincto & proprio, ex. gr. *Antiocheni Concilii canon primus, secundus*, vel *tertius*, non vero canon LXXX., LXXXI., vel LXXXII., uti signati fuissent in Codice continuam numerorum & canonum seriem præferente, palam effici videtur, Joannem eum codicem canonum adhibuisse, qui hac continuata numerorum serie carebat.

Jo. Scholast. In præfat. pag. 500. tom. 2. Bibl. Juris can.

V. Hanc quidem continuam numerorum seriem a quibusdam Græcis exemplaribus apertius excludunt duæ versiones Prisca & Isidoriana. Hæ in Nicæna Synodo præter canones exhibent symbolum & catalogum Patrum, quæ duæ particulæ item leguntur in duabus aliis vetustis interpretationibus, quarum altera continetur in MS. Vat. Reginæ 1997., ex altera vero symbolum, & catalotalogus Patrum Hadrianæ collectioni inserta fuerunt. Græca igitur exemplaria, ex quibus hæ versiones sumtæ sunt, & symbolum & Patrum Nicænorum catalogum præseferebant. Certe cum Africani anno 419. petiissent ab Attico Episcopo Constantinopolitano notitiam canonum Nicænorum; is non tam canones, quam symbolum e suis Græcis exemplaribus latine redditos misit. Vide part. 2. cap. 2. n. 3. Eadem ratione Græca exemplaria, quibus auctores versionum Priscæ & Isidorianæ usi sunt, in Gangrensibus canonibus atque Antiochenis præter canones Synodicas etiam continebant, quarum quidem Græcus textus inventus & editus est. Hæc autem omnia cum desiderentur in pura versione Dionysii, uti ex duobus puris ejus MSS. Vat. 5845. & Vat. Palat. 577. colligere licuit; Græcum profecto Dionysii exemplum, quod a capite ad calcem accurate reddidit, iisdem carebat. Græci igitur codices canonum ab aliis memoratis antiquis interpretibus adhibiti a Dionysiano erant diversi, & ita diversi, ut eam numerorum seriem, qua præditus erat codex Dionysii, haudquaquam ferrent. Additiones enim saltem symboli in canonibus Nicænis, & Synodicarum in Gangrensibus atque Antiochenis cum auxissent numeros, aliam auctiorem numerorum computationem induxissent, quæ ad abjudicandam ab his codicibus numerorum seriem codicis Dionysiani, & ad sententiam publici codicis hac statuta numerorum serie notati refellendam sufficeret. Cum vero in iisdem versionibus hujus continuatæ numerorum notationis nullum indicium sit; probabilius credimus, Græcos codices, unde illæ profectæ sunt, numeris ejusmodi continua successione notatis caruisse.

VI. Neque idcirco negamus exstitisse codices aliquos canonum, qui hac numerorum serie notarentur. Immo probabile nobis est, eum, qui in Græcum Codicem hanc continuam numerorum seriem induxit, ut solos canones computaret, cetera, quæ non sunt canones, nimirum symbolum, subscriptiones, seu catalogum Patrum, & Synodicas præteriisse, uti in Græco Dionysii codice evenit. Id autem in rem nostram solum contendimus, non omnes Græcos canonum codices fuisse hujus generis, neque hanc numerorum seriem, quibus in codicibus inerat, publica auctoritate fuisse inductam, aut eos tantum canones ab Ecclesia Græca fuisse receptos, qui in ejusmodi codicibus numerorum serie distinctis continerentur. Canon quartus Antiochenus S. Joanni Chrysostomo objectus, apud Palladium nullo numero distinguitur. Idem canon sine ullo
t. 3. Concil. col. 1270. d. numero oppositus quoque fuit S. Cyrillo in epistola legatorum Pseudosynodi Ephesinæ ad Rufum. Socrates ex antiqua versione Epiphanii Scholastici in Historia Tripartita lib. 11. c. 8. citat regulam XVIII. Antiochenam numero canonum ipsius Synodi proprio (qui numerus XVIII. in vulgato Græco textu Socratis excidit;) cum ex codice, in quo inesset continua numerorum series, canon, seu regula XCVII. alleganda fuisset.

tom. 4. Conc. col. 1430. a b. VII. Textus, qui codicem cum numerorum serie indigitent, paucissimi sunt. In Calchedonensi actione de Caroso & Dorotheo duo canones Antiocheni recitantur ex codice cum numeris continuatæ successionis, & similiter duo actione XI. Episcopi etiam Pisidiæ in epistola ad Leonem Augustum inserta Codici encyclio, eadem ratione Antiochenum canonem afferunt ex regula LXXXIII. Præter hæc autem duo, vel tria testimonia anteriora Dionysio, nullum aliud invenire hactenus licuit, quod similem numerorum seriem indicet. In eodem Concilio Calchedonensi act. 4. canon Antiochenus quintus sine ulla Synodi, vel numeri indi-
Ib. col. 1418. d. catione ab Aetio Constantinopolitano ex codice lectus fuit. *Aetius Archidiaconus Constantinopolis sanctæ, & universalis Ecclesiæ dixit: Regula est hæc cum aliis posita a Sanctis Patribus, quam custodientes sanctissimi Patres Episcopi, docent & Clericos & Monachos, & omnes Christum colentes. Si autem inveniant aut resultantes, aut acquiescere non volentes, hac utuntur regula. Et ex Codice relegit hæc: De Clericis & Monachis, qui semetipsos a communione suspendunt. Si Presbyter aut Diaconus suum contemnens Episcopum* &c. Titulus peculiaris *De Clericis & Monachis* &c. in Aetii codice descriptus, qui in nulla antiqua, nec in Dionysiana versione, nec in Græco vulgato invenitur, diversum codicem manifestat, in quo nullus, ne peculiaris quidem numerus, canonibus appositus erat, & diversum etiam a Dionysiano, cui numerorum continua series inerat. In actione de Photio Tyri Atticus Nicopo-

lita-

litanus Episcopus canonem quartum Nicænum ex codice recitavit hoc titulo:
Trecentorum decem & octo Sanctorum Patrum, qui Nicææ convenerant, ca- Ib. col.
non quartus. Idem vero canon iterum recitatur act. 13. sine ullo titulo ex alio 1438.
codice, quem Eunomius Episcopus Nicomediensis exhibuit. *Gloriosissimi judi-* Ib. col.
ces dixerunt: Canones legantur. Veronicianus vir devotus magistrianus & 1634. d.
secretarius divini concistorii ex codice dato ab Eunomio reverendissimo Epi-
scopo legit capitulum sextum: Episcopum oportet quidem præcipue ab omnibus
Episcopis provincialibus ordinari &c. Notabile est discrimen allegandi hujus canonis, in actione de Photio nomine canonis κανὼν δ' *canon quartus*, in actione autem XIII. voce capituli κεφάλ. ς', ubi corrigendum δ' *capitulum quar-*
tum. Observamus præterea in illis testimoniis, quæ ex continuata numerorum
serie canones allegarunt, constanter præferri vocem κανών, uti videre est in
laudatis actione de Caroso & Dorotheo, & actione XIII. Codex ergo ab
Eunomio productus cum voce κεφάλ. diversus videtur ab iis, qui numerorum continuam
seriem continebant. Quod si lectio κεφάλ. ς' *capitulum sextum*, quæ
tum in MSS. Græcis, tum in antiqua versione Concilii Calchedonensis, &
in codicibus Rustici uniformiter exhibetur actione XIII. errori antiqui amanuensis deputanda non est, ut Baluzius indicavit; sed potius divisioni diversæ
canonum Nicænorum, quæ ita in aliquo Græco codice, ut in MSS. colle- Infr. col.
ctionis hoc tomo edendæ, eum canonem sextum efficeret (in codice Vat. Re- 50.
ginæ 1997. alia divisione septimus evadit:) nova hinc ratio suppeteret, ex
qua diversitas ejus codicis Eunomiani luculentius comprobaretur.

VIII. Aliud apertius testimonium Græci exempli ab eo diversi, ex quo ca- Duo vitia
nones cum numerorum serie allegati fuere, suppetit ex actione XVI. Id ante- textus act.
quam probetur, detegenda sunt duo vitia, quæ vulgatum textum inficiunt. 16. Calch. notanda.
In eadem actione post recitatum a Paschasino Nicænum canonem sextum * in * Vid. hoc
eam formam, quam Italici codices exhibebant, editiones Conciliorum Con- tomo col.
stantinum secretarium inducunt, qui eumdem sextum canonem Nicænum, & 51. not. 32.
alium Synodi Constantinopolitanæ legit ex Græco Aetii Archidiaconi codice.
Vehemens primum suspicio exoritur, hanc iteratam Nicæni sexti canonis recitationem intrusam esse; non solum quia hic canon Nicænus veluti ab Aetio
Constantinopolitano productus, in quæstione, de qua tunc agebatur, pro Constantinopolitana Sede nihil conferret, quin potius eidem adversaretur, solusque
canon Constantinopolitanæ Synodi in eamdem rem a Constantinopolitanis ingereretur; sed multo magis quia in antiqua versione, quæ pura conservatur in codice olim Joliano, nunc autem Capituli Parisiensis, hic repetitus canon sextus, ut notavit Baluzius, omittitur: unde a primo illo in- t. 4. Con-
terprete in suo Græco codice inventus non fuit. Forte vero cum lectio cil. col.
ejusdem canonis a Paschasino producti prioribus verbis differret aliquantu- 1749. not. aa.
lum a Græcorum codicum lectione; quidam Græcus studiosus horum codi-
cum lectionem olim descripsit in margine, ac ex margine deinceps irrepsit
in textum. Quæ insitio cum legatur in MSS. editionis Rustici, antiqua cognoscitur. Ipsa porro Rustici editio, licet hoc additamentum receperit, aliam
tamen Græci vulgati textus posteriorem corruptionem detegit. In hoc scilicet præter insertum Nicænum canonem aliis atque aliis verbis introducitur
canon Constantinopolitanus sic. Ὁ αὐτὸς σηκρητάριος ἀνέγνω ἀπὸ τῆ αὐτοῦ βιβλίου συνο- Ib. col.
δικὸν τῆς δευτέρας συνόδου. Τάδε ὥρισαν οἱ ἐν Κωνσταντινουπόλει χάριτι Θεοῦ συνελθόντες ἑκατὸν 1749. a
πεντήκοντα ἐπίσκοποι ἐκ διαφόρων ἐπαρχιῶν &c. *Idem secretarius relegit ex eodem co-*
dice. Synodicum secundæ Synodi. Hæc constituerunt CL. Episcopi, qui in
Constantinopolim Dei gratia convenerunt ex diversis provinciis &c. Prima illa verba *Idem secretarius relegit ex eodem codice*, quæ expuncto Nicæno canone superflua sunt, & in antiqua sane versione eumdem canonem ignorante
omittuntur, desunt etiam apud Rusticum; ac proinde is hæc in suis quoque
Græcis codicibus nequaquam reperit. Præterea idem Rusticus in sequentibus
antiquæ versionis lectionem retinens, non habet: *Synodicum secundæ Synodi*.
Synodi quidem *secundæ* appellatio Constantinopolitanæ tributa, ad posteriora
tempora pertinet, cum in Græcis canonum codicibus generalia Concilia a topicis separari, & post Nicænam Synodum Constantinopolitana collocari
cœpit.

IX. Sed

IX. Sed age jam in rem nostram sincerum textum, qui exclusa Nicæni canonis repetitione veram lectionem præfert, ex antiqua versione producamus.
t. 4. Conc. col. 1747. d *Constantinus vir devotus secretarius divini consistorii ex dato codice ab Aetio Constantinopolitanorum sanctissimæ Ecclesiæ recitavit. Synodicum primi Concilii sub Nectario Episcopo Constantinopolitano Episcoporum CL. Hæc constituerunt Episcopi, qui in Constantinopolim Dei gratia convenerunt ex diversis provinciis secundum evocationem religiosissimi Principis Theodosii sub Nectario Constantinopolitano Episcopo. Non recusari fidem, neque regulas trecentorum decem & octo Patrum, qui in Nicæa Bithyniæ convenerunt, sed maneat illa propria, & anathematizetur omnis hæresis* &c. ubi uno contextu recitantur Constantinopolitanæ Synodi canones duo, sive tres sine distinctione ulla canonum aut numerorum. Duo autem hic animadvertenda sunt. Primo notandus titulus canonibus Constantinopolitanis præfixus in ipso Græco Aetii codice: *Synodicum primi Concilii sub Nectario Episcopo* cum reliquis, quæ cum nec in textu Græco codicis canonum, nec in ullis versionibus legantur; collectionem diversam canonum indicant: idque eo magis, quia voces *primi Concilii* alterum saltem sub eodem Nectario in eodem canonum codice subjectum significant, nimirum vel illud anni 382. * ad quod pertinere videntur duo canones primo illi Concilio adjecti, vel aliud anni 394. cujus acta in aliquot MSS. Græcorum collectionibus leguntur. Secundo cum solus tertius canon, aut, ut alii dividunt, secundus de privilegio Sedis Constantinopolitanæ ad rem pertineret, hic solus recitandus fuerat, si in Aetii codice a primo, vel etiam secundo canone fuisset distinctus. Simul autem omnes hi canones uno contextu recitati fuerunt, quia Aetii codex ea canonum ac numerorum distinctione carebat, quæ non solum in MS. Græco Dionysii, sed in aliis etiam adhibitis ab auctoribus versionum Isidorianæ & Priscæ inventa fuit. Hic ergo Aetii codex Græcus diversus erat ab omnibus, quorum indicia ad nos pervenere. Quod si in ipsa Calchedonensi Synodo lecti fuerunt diversi generis codices, alii cum continuata numerorum serie, alii sine ejusmodi numeris, & alii etiam aliis auctiores; inanis proculdubio perspicitur Justelli hypothesis, qua solum codicem canonum continuam numerorum seriem exhibentem ab Ecclesiæ Patribus receptum, & in Calchedonensi lectum atque approbatum præsumit. Adde quod expressa canonum approbatio, quæ ab eadem Synodo edita est canone primo, non ad hunc vel illum, qui lectus fuit, canonum codicem restringitur, sed ad canones Patrum omnium & singularum antecedentium Synodorum extenditur. *Regulas*, inquit, *Sanctorum Patrum per singula nunc usque Concilia constitutas proprium robur obtinere decrevimus.*

* Vid. sup. c. 1. n. 10.

X. Nunc ut ad Sardicenses canones revertamur, num hi reipsa defuerint in eo codice, qui continuata numerorum serie in Calchedonensi Synodo lectus fuit, sicuti defuere in Græco codice Dionysii, certo pronuntiari nequit. Numeri enim, qui in eo Concilio allegati fuerunt, Antiochenos canones non prætergrediuntur. Quis autem affirmare queat, in eo codice post Antiochenos non fuisse descriptos canones Sardicenses, qui post Antiochenam Synodum conditi fuere? Immo cum Græcus codex canonum non totus simul initio conditus fuerit, sed sensim auctus non servato tempordm ordine, uti cap. 2. notavimus: eosdem canones saltem post Laodicenos aut Constantinopolitanos in laudato Calchedonensi codice non fuisse adjectos nemo affirmare poterit. Similitudo Græci codicis Dionysiani, qui numerorum serie distinctus, Sardicenses canones ignorabat, non convincit. Cum enim codex Græcus Dionysii uno numero in Antiochenis canonibus discrepet a numeris codicis, qui lectus fuit in Synodo Calchedonensi; idem codex ab hoc aliquantulum diversus agnoscitur. Sicut autem codex, ex quo ille latine transtulit canones Apostolorum quinquaginta, imperfectus erat (iidem enim canones jamdiu ante Dionysium recepti, erant multo plures, uti statuimus cap. 1. n. 4.) ita minus perfecto canonum synodalium exemplo uti potuit, ut ne omnes codices similem numerorum seriem præferentes, canonibus Sardicensibus caruisse dicendi sint.

Sardicenses non deerant in omnibus antiquis Græcis codd.

XI. Quod si etiam in ejusmodi codicibus hi canones prætermissi fuissent, num deerant etiam in omnibus aliis exemplaribus, quæ ea numerorum continua serie carerent? Certe in quibusdam saltem codicibus eorum frequentissi-

morum

morum Patrum Græcorum, qui ad Calchedonense Concilium convenerant ex Ecclesiis præsertim Illyrici, pro quibus aliqui Sardicenses canones constituti fuerant, eos fuisse descriptos negari non potest. Quid quod Sardicensis Synodus in illis comprehenditur, quarum regulæ canone primo Calchedonensi confirmatæ fuerunt? Patrum quidem Sardicensium fides laudatur in allocutione Concilii Calchedonensis ad Marcianum Augustum. *Illi quidem*, ait, *qui apud Sardicam contra reliquias Arii convenerunt, Orientalibus direxerunt sui constituta judicii*: quæ constituta paullo ante vocantur *decretum de fide*. Innuitur autem decretum fidei, quod legitur in fine Synodicæ Sardicensis apud Theodoretum lib. 2. Hist. Eccles. cap. 6. Hoc quidem decretum, seu hanc expositionem fidei addititiam esse, & laudatæ Synodicæ assutam jam omnes fatentur. At hæc additio ante Calchedonense obtinebat, & codicibus erat inserta, ex quibus jam antea præter Theodoretum Socrates libro 2. cap. 20. & Sozomenus lib. 3. cap. 12. eamdem fidei expositionem a Sardicensi Concilio editam allegarunt. Certe hoc additamentum Synodicæ, quo expositio Nicænæ fidei a Sardicensibus Patribus condita præfertur, jam conscriptum erat anno 362. & Sardicæ etiam propositum fuisse a nonnullis Patribus, sed ab aliis pluribus & a Synodo rejectum colligere licet ex Concilio Alexandrino anni ejusdem, ubi illa expositio fidei addititia in vulgata interpretatione ejusdem Synodi *tabellæ* nomine significatur. *Tabellam igitur*, inquiunt Alexandrini Concilii Patres, *quam nonnulli jactant, quasi ex Sardicensi Synodo de fide conscriptam, ne legi quidem semel aut proferri sinatis. Nihil enim tale Synodus definivit. Quamvis enim certi homines nonnulla, quasi quæ deessent Nicæno Concilio, adscribere vellent, idque acriter contenderent; sancta tamen Synodus, quæ Sardicæ convenit, indigne id tulit, decretoque sancivit, ne quid ulterius de fide scriberetur, & se se contentos esse Nicæna fide declaraverunt, ut cui nihil deesset, & quæ plena pietatis esset; neque edendam esse aliam professionem fidei, ne illa, quæ Nicææ scripta est, imperfecta crederetur; neve illis occasio hujusmodi suppeditaretur, qui sæpe numero volunt de fide definire & scribere*. Similiter a S. Eusebio Vercellensi in subscriptione ejusdem Synodi Alexandrinæ *exclusa* dicitur *tabella Sardicensis Concilii, ne ultra Nicænam fidem decretum aliquid existimetur*. Cum vero hæc tabella, seu expositio fidei hoc solo fine displiceret; nihil mirum, si exemplaria hujus additamenti propagata fuere, ac exinde eam expositionem a Sardicensi conditam posteriores crediderint. Patres itaque Calchedonenses, qui Sardicensem Synodum maxime probabant, laudatam Synodicam cum hac additilia expositione fidei ita in aliquo Græco codice habebant, ut illam habuerunt Socrates, Sozomenus, ac Theodoretus. Quinam vero essent ejusmodi codices, in quibus hæc Sardicensis Synodica cum laudato additamento legebatur, discimus ex pervetusto insigni codice §. 55. Capituli Veronensis majusculis litteris exarato, in quo ejusdem Synodicæ interpretationem invenimus. Hæc autem cum diversa sit a versione Epiphanii ex Theodoreto traducta ac Tripartitæ inserta lib. 4. c. 24. proficiscitur ab allo Græco antiquiori exemplo, in quo alia rarissima & præstantissima documenta ad Sardicensem Synodum pertinentia exhibebantur: hæc enim omnia latine reddita in eodem codice Veronensi continentur. Inter cetera autem documenta, quæ hoc uno codice nobis conservata isti tomo inferentur, ante memoratam Synodicam post titulum *Definitiones apud Sardicam* profertur epistola Osii atque Protogenis ad Julium Pontificem, quæ licet apocrypha habeatur, coæva tamen est supposititio additamento Synodicæ, cujus ratio in hac epistola exponitur. Forte Osius & Protogenes ex iis fuerunt, a quibus ea expositio fidei Synodo Sardicensi proposita fuit cum hac epistola; sed utraque ibidem rejecta, & eatenus inter apocrypha recensenda. Cum vero hæc epistola allegetur a Sozomeno lib. 3. c. 12. una cum Synodica ejusque additamento, utraque in ipsius Græco codice inventa fuit. Porro in laudato MS. Veronensi post prædictam Synodicam sine alio titulo subjiciuntur canones Sardicenses eodem ordine ac in vulgato Græco, sed ex diversæ originis Græco exemplo ignota hactenus versione traducti: inter eos enim canones unus exhibetur, qui etsi exstet in omnibus exemplaribus originalis Latini cum initio *Januarius*, in Græco tamen vulgato nequaquam legitur. Horum quidem, & aliorum,

tom. 4. Conc. col. 1766.

Additamentum in fine Synodicæ Sardic. ante Calchedon.

Quando & a quibus scriptum.

tom. 2. Conc. col. 944 a.

Ib. col. 949. c.

Vide infra part. 2. c. 9. Infr. col. 573. & seqq.

rum, quæ edemus, Sardicensium documentorum interpres Græcum exemplum habuit, quod hæc omnia continebat: hæcque fuisse collecta jamdiu ante Concilium Calchedonense Socrates, Sozomenus, & Theodoretus, qui ante eamdem Synodum scribentes, duo ex iis documentis retulere, fidem faciunt. Eo autem vetustior hæc collectio agnoscitur, quod tria alia sincera monumenta Sardicensia præferat, quæ cum aliunde non suppetant, sub ipsius Sardicensis tempus aut non multo post collecta videntur. Si autem ex aliquo hujus collectionis Græco codice expositionem fidei Sardicensis, vel etiam Osii ac Protogenis epistolam allegarunt non minus Socrates, Sozomenus, ac Theodoretus, quam Patres Concilii Calchedonensis, ut sane probabilissimum est; en igitur Græcum codicem ab his Patribus adhibitum, in quo Sardicenses quoque canones cum aliis documentis Sardicensibus jamdiu ante descripti fuerant.

XII. Alia porro argumenta suppetunt, quibus hi canones in Græcis codicibus exstitisse noscuntur. Auctor versionis Priscæ, qui Dionysio Exiguo præcessit, codicem Græcum invenit, in quo Sardicenses canones post Nicænos subjecti fuisse videntur. Quod si eos non e Græco interpretatus est, sed Latinum originale prætulit; idcirco factum est, quia Latinis interpretibus id usitatum erat, ubi invenirent originale Latinum, illud suis collectionibus inserere, & a labore versionis e Græco abstinere. Sic vetus interpres Concilii Calchedonensis originale Latinum epistolæ 28. Leonis ad Flavianum pro versione e Græco inseruit actioni secundæ: & similiter Epiphanius Scholasticus interpres Codicis encyclii, suæ translationi apposuit originale Latinum epistolæ 156. ejusdem Pontificis ad Leonem Augustum. Eadem igitur ratione si auctor versionis Priscæ ex originali Latino descripsit canones Sardicenses, non idcirco sequitur; eos in suo Græco codice non reperisse. Immo cum ipsos non in fine post Græcos canones addiderit, sed inter Græcarum Synodorum canones Nicænis subjecerit; eos hoc ordine in Græco codice nactum fuisse verisimillimum est. Alias si eis caruisset Græcum exemplum, quo utebatur, post interpretationem canonum Græcorum, quos in eo manuscripto reperit, Sardicenses canones ex Latino originali in fine adjecisset, ut fecit Dionysius Exiguus, vel in alium saltem locum chronologiæ ejusdem Synodi congruentem post Antiochenos transtulisset.

XIII. Exstitisse quidem olim Græca canonum exemplaria, in quibus Sardicenses statim post Nicænos locabantur, confirmatur ex *Ordine canonum*, quem Joannes Scholasticus in suo Græco codice nactus est. Eum ex ipso dedimus cap. 2. Christophorus Justellus, qui in Sardicenses canones non bene erat animatus, in præfatione ad synagogen canonum ejusdem Joannis Scholastici affirmat, eum *primum* addidisse Græco codici canones Sardicenses. Sed fallitur manifeste. Nam primo idem Joannes testatur, se non esse *primum*, qui synagogen canonum, in quibus sunt Sardicenses, conscripserit; sed alii ante eum eamdem operam susceperant, iique illam in sexaginta titulos digesserant ex iisdem decem Synodorum canonibus, ex quibus ipse suam restrinxit ad titulos quinquaginta, exceptis solis canonibus S. Basilii, quos ab illis omissos adjecit. *Cum*, inquit, *non ipsi soli, & PRIMI inter ceteros ad hoc faciendum incitati fuerimus; sed alios compererimus ea* (decem Synodorum statuta) *in titulos sexaginta divisisse, nec S. Basilii canones cum aliis conjunxisse* &c. Secundo nec Joannes, nec illi, qui ante eum in hoc opere laborarunt, fuere auctores Græcæ collectionis, sed ex collectione Græca, cujus exemplar præ oculis habebant, decem Synodorum canones in ea descriptos, *non servato ordine & serie canonum*, ad certa capita atque titulos revocarunt, illi in sexaginta, Joannes vero in quinquaginta. Inter has vero decem Synodos erat etiam Sardicensis, cujus quidem canones utrique in synagogen redegere. Fuerunt igitur Græcæ collectiones, quæ ante Joannem Scholasticum, immo & ante alios Joanne anteriores canones Sardicenses cum ceteris præferebant. *Ordo* quidem *canonum*, quem ex decem Synodis Joannes præmisit, cum Sardicenses collocet post Nicænos, & ante Gangrenses, ut in versione Prisca similiter deprehenditur, non est ordo chronologicus, ex quo Sardicenses post Antiochenos canones collocandi fuerant; sed solus ordo esse potest, qui in Joannis Græco codice inerat. Quæ animadversio si confirmat similem pariter Græcum codicem

Jo. Scholastici collectio.

tom. 2. Biblioth. Jur. can. vet. pag. 605.

Aliæ collectiones Græcæ anteriores.

præ-

præsto fuisse auctori interpretationis Priscæ, qui non alia de caussa hunc ordinem sequi potuit; luculentius evincetur, nedum ante Joannem Scholasticum, verum etiam jamdiu ante ipsum Dionysium Exiguum, cui Prisca versio præcessit, Sardicenses canones in aliquot Græcis exemplaribus exstitisse. Si Græca vetustiora exemplaria canonum ad nos pervenissent, idipsum evidentius possemus statuere. Ex solo autem defectu ejusmodi codicum vetustiorum negare apud antiquos Græcos auctoritatem horum canonum, quos certe ab ipsa Synodo pro Græcis græce editos vidimus, quorumque originale exemplar Græcum in collectionibus posteriorum Græcorum, quæ solæ supersunt, nobis conservatum fuit, plenum audaciæ est. Quod si desunt Græca exempla vetustiora Concilio Calchedonensi, supplent collectiones licet recentiores Eutychianorum, quæ antiquiorem Calchedonensi originem habent. Illi enim ab Ecclesia separati sæculo quinto, non receperunt ex antiquis canonibus nisi illos, qui ante eorum separationem erant in Græco Codice: ac propterea eorum collectiones sunt totidem testimonia ejus antiqui Græci Codicis, qui ante Eutychianam hæresim in Ecclesia Græca obtinebat auctoritatem. Hinc in iis collectionibus non sunt canones Calchedonenses. At cum ceteris inveniuntur Sardicenses, uti videre est apud * P. Echard, & * Jobum Ludolphum. Sardicenses igitur canones erant in Græco Codice, antequam illi ab Ecclesia desciscerent. * t. 2. de Script. Ord. Prædic. p. 193. * Ep. ad Hottingerum in hujus Bibloth. Orient. p. 325.

XIV. Horum certe canonum auctoritatem apud antiquiores Græcos etiam Orientis ex vetustissimo Orientali Concilio demonstrare possumus. Patres nimirum Synodi Constantinopolitanæ anni 382. in epistola ad Damasum aliosque Occidentales a Theodoreto descripta lib. 5. Hist. c. 9. Nicæni Concilii nomine Sardicensem canonem allegarunt his verbis: *De administratione autem singularum Ecclesiarum, cum vetus, uti nostis, lex obtinuit, tum Sanctorum Patrum in Concilio Nicæno decisio, ut videlicet singularum provinciarum Antistites una cum finitimis (modo ipsis ita visum fuerit) Episcopis ad Ecclesiarum commodum habeant ordinationes.* Est canon quintus Sardicensis, ut monuit P. Harduinus in hunc locum, & in notatione ad ipsum canonem Sardicensem. Et P. Coustantius tom. 1. epistolarum Romanorum Pontificum col. 566. not. c. *Nicæni Concilii*, inquit, *canone quarto sancitur*: Episcopum convenit maxime quidem ab omnibus qui sunt in provincia Episcopis ordinari: *sed de finitimis Episcopis, ubi placuerit, convocandis nihil in eo habetur. Sardicensis vero canon quintus, seu secundum Græcos sextus*, Quando quis debeat a vicinis provinciæ Episcopis ordinari, *explicat. Ad quem canonem si nunc respiciunt Orientales, dicendum erit, Sardicenses canones non modo in Occidente, sed & in Oriente pro Nicænis fuisse habitos; adde & in codice ab his Patribus adhibito Nicænis fuisse subjectos.* At de hac Nicænorum & Sardicensium conjunctione, ob quam hi pro Nicænis habiti fuerunt, plura dicentur part. 2. c. 1. Nunc satis sit animadvertere, hoc tam antiquum Orientalium testimonium certam fidem facere, Sardicenses canones a Græcis etiam Orientalibus fuisse receptos, & suis codicibus insertos; eorumque auctoritate Orientis Ecclesias fuisse directas; unde statim post recitata verba in eadem epistola subditur: *Ex cujus legis & decisionis præscripto scitote, tum alias quoque Ecclesias apud nos administrari, tum illustrissimarum Ecclesiarum Sacerdotes delectos.* Nihil illustrius & evidentius ad elidendum Justelli commentum desiderari potest. In hoc enim Concilio non convenerunt Græci Illyriciani ad Occidentalem Ecclesiam pertinentes, qui hoc nomine Sardicenses canones recepisse creduntur, sed Episcopi totius Orientis, iique fere omnes, qui in Synodo præcedentis anni 381. ibidem coiverant. Theodoretus nempe lib. 5. Hist. c. 8. post recensitos Episcopos Synodi præcedentis hæc de præsenti Synodo tradit: *Sequenti vero ætate cum PLERIQUE eorum ad eamdem urbem venissent: ecclesiastica enim negotia eos rursus illuc evocaverant* &c. Orientales ergo Episcopi hoc quoque vetusto tempore suas Ecclesias ex præscripto Sardicensium canonum administrabant, & ordinationes Sacerdotum peragebant, ordinationesque Nectarii Constantinopolitani, & Flaviani Antiocheni ad laudatæ Synodi normam *canonice* factas probarunt. Qui autem canones regendarum Ecclesiarum & ordinationum Episcoporum regulam Orientalibus præstabant, recepti utique ab ipsis & magna auctoritate habiti dici debent, sive tunc

Sardicensium auctoritas, & usus apud Græcos etiam antiquos.

inserti fuerint Græco Codici, sive non fuerint: canonum enim auctoritas ex ipsorum Conciliorum auctoritate pendebat, non autem ex Græco Codice, quem non publica, sed privata auctoritate conditum vidimus. Ex his autem illud obiter colligere licet, quam perperam nonnulli Sardicense Concilium, cujus canones pro Græcis græce editi, in plenissima Orientali Synodo, eodem quo Nicæni loco & nomine habiti sunt, Occidentale Concilium fuisse, eoque titulo inter œcumenica non referendum contendant.

CAPUT VII.

De Patrum Sardicensium subscriptionibus ac numero. Accuratus ipsorum catalogus ex certioribus monumentis contextus. Num Sardicensis Synodus fuerit œcumenica.

I. SIcuti tria vel quatuor Sardicensia documenta, quæ mox allegaturi sumus, subscriptiones aliquot Patrum exhibent; ita etiam canones Patrum subscriptionibus fuisse firmatos nihil ambigimus. At quæ subscriptiones ipsorum canonum erant propriæ, exciderunt: earumque loco in nonnullis manuscriptis, ac exinde in vulgatis Conciliorum libris, canonibus subjiciuntur illa Patrum Sardicensium nomina, quæ post epistolam Sardicensem ad Julium Papam subscripta apud Hilarium leguntur. In his vero ipsis subscriptionibus iidem MSS. & editi libri Vincentium Capuanum, Januarium Beneventanum, & Calepodium Neapolitanum Apostolicæ Sedis Legatos præferunt errore manifesto, qui apud Hilarium non invenitur: alii enim in Sardicensi legatione apostolica functi sunt. Cum canones Sardicenses in vetustioribus exemplaribus Latinis conjuncti essent cum Nicænis, ac pro Nicænis haberentur, uti probaturi sumus part. 2. c. 1. non Sardicensium, sed Nicænorum Patrum catalogus ipsis adnexus fuit, quemadmodum in pluribus antiquissimis codicibus eosdem canones copulantibus deprehendimus. Hinc subscriptiones Sardicensium Patrum, quos in originali fuisse signatos non videtur dubitandum, exciderunt. Cum porro hi canones Sardicenses separari cœperunt a Nicænis, in nonnullis codicibus sine ulla subscriptione descripti sunt: in aliis retenta fuit sola formula primæ subscriptionis Nicænæ, quam in puris Dionysianis exemplis ac in Justelliano notavimus: in aliis vero, ut subscriptiones Patrum Sardicensium iisdem canonibus vindicarentur, illæ quæ in Hilarii fragmentis appenduntur post ipsius Sardicensis Synodi epistolam ad Julium Pontificem, ex hac epistola traductæ fuerunt ad canones: ac propterea quædam MSS. collectiones Latinæ, his subscriptionibus descriptis post canones, eam epistolam sine subscriptionibus exhibent. Imperitus autem librarius cum inter subscriptiones Synodicæ non reperisset Legatorum Apostolicorum nomina; traducens easdem subscriptiones ad canones, tres laudatos Episcopos suburbicarios Apostolicæ Sedis Legatos suo arbitrio constituit. Verum hæ ipsæ subscriptiones, seu potius hæc Patrum Sardicensium nomina pauciora sunt, quam iidem Patres fuere. Hinc de numero istorum Patrum magna vertitur inter eruditos quæstio. In qua cum nos diligentiori studio, ac documentorum ex Veronensi codice edendorum præsidio aliquid certius afferre posse credamus, hac de re latius hoc loco disserere non ingratum lectoribus futurum confidimus.

Veræ subscriptiones exciderunt. Cur. Quid in MSS. & editis.

II. Sardicenses Patres tercentos circiter fuisse, ex S. Athanasio plures crediderunt. Is enim initio Apologiæ secundæ tercentos sibi suffragatos tradit; & dein post recitatam epistolam Synodi Sardicensis ducentorum & octoginta circiter Episcoporum, qui eidem subscripserunt, nomina subjicit. At in primo textu non solius Sardicensis Concilii Episcopos notavit, sed memoratis tribus Conciliis, Alexandrino, in quo interfuerunt centum Episcopi, Romano, in quo sederunt Episcopi quinquaginta, ac tandem Sardicensi, hæc subjicit: *Iis vero, quæ nostri gratia decreta fuerunt, suffragati sunt plusquam trecenti Episcopi ex provinciis*, quarum triginta sex nomina refert. His autem verbis Athanasium noluisse indicare Episcopos tercentos solius Sardicensis Concilii, sed complecti omnes, vel qui in tribus antea nominatis Conciliis sibi faverunt, vel qui etiam absentes Sardicensi decreto subscripsere, patet ex alio textu ejus-

Numerus PP. Sardicensium.

tu ejuſdem Apologiæ, in quo poſt recitatam Sardicenſem Synodicam, CCLXXXII. Epiſcoporum nomina relaturus, ſic præloquitur. *Hæc ita ſcriptis mandata ſacrum Sardicenſe Concilium ad eos, qui intereſſe non poterant, miſit: qui ipſi quoque ſuis ſuffragiis decreta Synodi approbarunt. Eorum autem, qui in Synodo ſubſcripſerunt, ceterorumque aliorum* (notanda hæc verba, quæ abſentes reſpiciunt) *iſta ſunt nomina.* Adde quod idem Athanaſius in Hiſtor. Arianorum ad Monachos de Epiſcopis, qui ad Sardicenſe Concilium initio convenerunt, hæc habet: *Conveniunt cum ex Oriente, tum ex Occidente in Sardica urbe Epiſcopi plus minus centum ſeptuaginta*: a quibus Euſebiani deinde ſeparati, pſeudoſynodum Philippopolitanam conflarunt. Hi Euſebiani Orientales, teſte Sabino apud Socratem, fuerunt LXXVI. in ſubſcriptionibus autem pſeudo-ſynodicæ Philippopolitanæ LXXIII. tantummodo recenſentur; adeo ut catholici, qui Sardicæ pro Athanaſio ſteterunt, & Sardicenſem Synodum habuere, ſoli XCIV. aut XCVII. circiter Epiſcopi fuiſſe dicendi ſint. Quinam vero hi fuerint, vel cujus civitatis ac provinciæ, conſtituere difficilius hactenus fuit. S. Hilarius in ſubſcriptionibus epiſtolæ Sardicenſis ad Julium Pontificem LIX. tantum Epiſcopos nominat, ubi plures omittit, quos interfuiſſe aliunde liquet. Nomina Patrum LIX. quæ in vulgatis Conciliorum & in MSS. collectionibus ſubjiciuntur canonibus Sardicenſibus, cum Hilario conveniunt. Unum tantum *Alexandrum ab Acia*, al. *ab Acha de Ceporiſma* (legendum *ab Achaja de Cypariſſa*) ſupra illos Epiſcopos ex Hilario editos nonnulli codices præferunt, uti ſunt ex. gr. Vat. 1342. & Vallic. A 5. ex quo conficiuntur Epiſcopi LX. In his vero non omnes comprehendi ſatis indicat clauſula poſt ultimum Epiſcopum in iiſdem codicibus adjecta: *Et ceteri ſubſcripſerunt.* Inter nomina autem Epiſcoporum CCLXXXII. quæ ab Athanaſio proferuntur, cum & abſentes, & præſentes ab eo memorati fuerint, Sardicenſium nomina cognoſcere non facile fuit.

tom. 1. Athan. pag. 352.

lib. 2. c. 16.

§. III. Noviſſime vero duo præſtantiſſima monumenta ad Sardicenſe Concilium pertinentia cum ſubſcriptionibus e MS. 55. Capituli Veronenſis a Marchione Maffejo edita ſunt, quæ hoc tomo cum aliis documentis illuſtrata prodibunt. Primum eſt epiſtola ipſius Synodi Sardicenſis ad Eccleſias Mareoticas, cui ſola Epiſcoporum nomina XXVI. aut XXVII. ſubſcripta leguntur. Alterum eſt epiſtola S. Athanaſii ad eaſdem Eccleſias, quam ſubſignarunt Epiſcopi LXI. quorum priores decem & octo ſola nomina appenderunt: ceteri vero civitatis, & quandoque etiam provinciæ nomen addidere. In priori epiſtola animadvertenda maxime eſt ſubſcriptio ultima: *Vincentius Epiſcopus incolumes vos in Domino opto dilectiſſimi fratres. Juſſus a fratribus meis & Coepiſcopis ſcripſi & ſubſcripſi pro ceteris.* Hinc nihil mirum, ſi pauci ſint, qui ſubſcribunt; cum non omnes per ſe ſubſcripſerint, ſed ut Vincentius *pro ceteris* ſubſcriberet, omnes mandarint. Hac de cauſſa S. Athanaſius in altera epiſtola, qua antecedentem Synodicam e Sardica in Mareotidem direxit, *Licet*, inquit, *non omnes ſcribere Epiſcopi occurrerunt; attamen ab omnibus ſcripta ſunt, & pro omnibus ſubſcripſerunt.* Si autem Vincentius, qui in fine ſubſcripſit *pro ceteris*, idem eſt, ac qui eodem Vincentii nomine per ſe ſe ante ſignatus legitur; hæ ſubſcriptiones erunt XXVI. Si vero ſit alius Vincentius, erunt XXVII. Has autem hujuſmodi documentorum ſubſcriptiones conferentes cum illis, quæ epiſtolæ Sardicenſi ad Julium ſubjiciuntur (idem eſt de ſimilibus nominibus, quæ ex hac epiſtola canonibus appenſa ſunt) deprehendimus nonnulla quidem Epiſcoporum nomina in laudatis documentorum ſubſcriptionibus deeſſe, quæ leguntur in ſubſcriptionibus epiſtolæ ad Julium; alia vero nomina in iiſdem exhiberi, quæ in ea ad Julium epiſtola deſiderantur: ex illis enim documentis ſupplentur ſubſcriptiones, ſeu Epiſcopi XXX. Quibus ſi addantur Epiſcopi LIX. ſubſcripti epiſtolæ ad Julium, Sardicenſes Patres elicimus LXXXIX.

Catalogus unde eruendus.

Infra col. 608.

Ibi col. 610.

Non omnes Epiſc. ſubſcripti.

Unus pro ceteris ſubſcripſit.

IV. Hoc autem Patrum numero invento, Athanaſii catalogum Epiſcoporum CCLXXXII. deſcriptum in Apologia ſecunda, conferentes cum laudatis Epiſcopis LXXXIX. cum omnia fere iſtorum nomina nacti ſimus inter eos Epiſcopos LXXVIII. qui ab Athanaſio primo loco ſeparatim a ceteris deſignantur; deteximus hos Epiſcopos LXXVIII. Sardicenſi Synodo interfuiſſe; ac propterea præmiſſo Oſii nomine,

Catalogi Athanaſiani notabilis diſtinctio.

mine, nulla distinctione provinciarum simul recensentur: ceteros vero, qui in provincias distributi ab eo subjiciuntur, illos esse, qui absentes Sardicense decretum approbarunt. Id sane respondet ordini, quo in recitato testimonio idem Athanasius scripsit, se producturum nomina, primo quidem *eorum, qui in Synodo subscripserunt*, & dein *ceterorum aliorum*, qui licet *interesse non poterant*, missa tamen ad eos Synodica, *ipsi quoque suis suffragiis decreta Synodi approbarunt*. Porro ex prima Episcoporum serie apud Athanasium accedunt sex alii Episcopi, qui nec ex subscriptionibus epistolæ ad Julium, nec ex duobus aliis monumentis suppetunt. Hi autem si addantur Episcopis LXXXIX. quos ex subscriptionibus novimus, fient Sardicenses Episcopi XCV. Alii porro duo Episcopi & ab Athanasio in prima serie, & in subscriptionibus omissi certo fuerunt, nimirum Euphratas Agrippinensis, & Gratus Carthaginensis, quos tamen ejusdem Synodi Patribus accensendos aliunde probabimus. Ita in catalogo, quem hic proferimus, describentur Episcopi Sardicenses XCVII. quod cum supputatione paullo ante ex Athanasio proposita Episcoporum circiter XCIV. aut XCVII. probe concordat.

Catalogus alphabeticus Patrum Sardicensium ex monumentis contextus & confirmatus.

I. *Adolius*. Hic tantum memoratur in S. Athanasii catalogo.

II. *Aetius a Macedonia de Thessalonica*. Aetii nomen tantum legitur in Athanasio, ac in Synodica ad Mareotidis Ecclesias. In subscriptionibus vero apud S. Hilarium, ac in Conciliis & provinciæ & civitatis nomina adduntur. Neque obest epistola pseudosynodi Sardicensis, verius Philippopolitanæ, in qua apud Labbeum Joannes Thessalonicensis Episcopus memoratur. Joannis enim nomen ex eadem epistola expungendum probat P. Coustantius tom. 2. Operum Hilarii editionis Veronensis col. *658.* not. *6.* Aetium quidem, & non Joannem fuisse Episcopum Thessalonicæ confirmatur etiam ex Sardicensi canone 20. Dionysii, in quo ipse de Thessalonicensi Metropoli loquitur.

III. *Alexander Gyparensis Achajæ*: ita in epistola Athanasii ad Ecclesias Mareoticas. Forte legendum *Cyparissensis*: Cyparissa enim in Achaja invenitur. Hic idem est ac ille, qui in quibusdam codicibus antea memoratis post canones additur sic: *Alexander ab Acia*, seu *ab Acha de Ceporisma*.

IV. *Alexander ab Achaja de Montemnis*: ita subscriptiones apud Hilarium. In vulgatis Conciliorum *de Moreniis*, in MS. Vat. 1342. *de Moromis*. Vallicel. A 5. civitatis nomen omittit.

V. *Alexander a Thessalia de Larissa*: sic Hilar. & edit. Concil. S. Athanasius duos tantum Alexandros nominat. Unus legitur in subscriptionibus Synodicæ ad Mareotes, & unus in subscriptionibus epistolæ S. Athanasii: num utrobique idem subscripserit, an duo diversi, ignoratur.

VI. *Alypius ab Achaja de Megara*. In omnibus subscriptionibus recensetur. Solum in Synodica dicitur *Alysius*. Alypius refertur ab Athanasio, & in canonibus interloquitur.

VII. *Amasitius Viminiacensis per Presbyterum Maximum*; in subscriptionibus epistolæ Athanasianæ, & in catalogo item Athanasii.

VIII. *Ammonius* in subscript. ejusdem epistolæ.

IX. *Anianus de Castulono*, vel *Castolona ab Spaniis*, apud Hilar. & in Concil. Inter subscriptiones epistolæ Athanasii perperam scribitur: *Ammianus de Castello Pannoniæ*. Aniani nomen est in catalogo Athanasii.

X. *Antigonus Pallenensis Macedoniæ*, corrige *Pellensis*: in epistola Athanasiana, & laudatur in Athanasii catalogo.

XI. *Appianus* in eadem epistola, ubi præter hunc describuntur etiam duo sequentes.

XII. *Aprianus de Petabione Pannoniæ*: ibidem, & in Athanasiano catalogo.

XIII. *Aprianus* alter in subscript. epistolæ Athanasii.

XIV. *Arius a Palæstina*, apud Hilar. in Concil. in Synodica ad Mareot. atque in Athanasii catalogo. Hic in epistola ad Solitarios vocat *Arium Petræ in Palæstina*.

XV.

XV. *Asclepius a Palæstina de Gaza*, apud Hilar. in Concil. in epist. Athanasii, ac in hujus catalogo.

XVI. *Asterius de Arabia:* ita in Concil. in Synodica, & apud Athanasium. In Hilario, ac in nonnullis codd. dicitur *Asturius*. Athanasius in epist. ad Solitarios vocat Episcopum *Petræ in Arabia*.

XVII. *Athanasius Alexandriæ Ægypti*: apud omnes.

XVIII. *Athenodorus ab Achaja de Blatea*, corrige *de Platea:* apud Hilarium. In Conciliis mendose *Athenodorus a Dacia de Blacena*. Iste memoratur in subscriptionibus Synodicæ, & epistolæ Athanasii, nec non in hujus catalogo.

XIX. *Bassus a Macedonia de Diocletianopoli*: apud Hilar. & in Conciliis. S. Athanasius in catalogo, & Synodica ad Mareot. laudant hunc Bassum. Memoratur etiam in Pseudo-synodica Sardicensi n. 20. Cum nulla inveniatur Diocletianopolis Macedoniæ, sed aliæ ejusdem nominis inveniantur in aliis provinciis, error inesse videtur in verbis *a Macedonia:* sicuti per errorem *a Macedonia* insertum est etiam subscriptioni Marcelli, qui fuit Episcopus Ancyræ in Galatia. Forte vero Bassus fuit Episcopus Diocletianopolis in Thracia.

XX. *Calepodius* a *Campania*, apud Hilarium. In Conciliis dicitur *Neapolitanus*. Hic Calepodius nominatur in Synodica ad Mareot. nec non in Athanasii catalogo.

XXI. *Calvus a Dacia Ripensi de Castro Martis:* apud Hilar. & in Conciliis. In subscriptionibus epistolæ Athanasianæ vocatur *Caloes Castromartis*.

XXII. *Caloes* alius in eadem epist. Athanasii. Forte est is, qui in catalogo Athanasiano *Galba* appellatur.

XXIII. *Castus de Spaniis de Cæsarea Augusta*: apud Hilar. in Concil. & in epist. atque catalogo Athanasii.

XXIV. *Cocras ab Achaja de Asapofebiis*: apud Hilar. & in Conciliis. In Achaja apud Hieroclem collocatur *Asopolis*, & apud Strabonem ac Ptolomeum *Asopus*. Num hæc urbs indicatur? Athanasius nominat *Socratem*. Num *Cocras* pro *Socrate* scriptum fuit?

XXV. *Cydonius Cydonensis Cretæ*: subscribit epistolæ Athanasii.

XXVI. *Diodorus ab Asia de Tenedos:* apud Hilar. & in Concil. Recensetur in Athanasii catalogo. In subscriptionibus epistolæ Athanasianæ perperam vocatur *Liodorus*.

XXVII. *Dionysius ab Achaja de Elida:* apud. Hilar. in Concil. & in Synodica. Refertur in Athanasii catalogo, ac in Pseudo-synodica Sardicensi n. 20. Elis Metropolis Ætoliæ est in Achaja.

XXVIII. *Dioscorus de Thracia*: in iisdem documentis.

XXIX. *Dometius ab Acaria Constantias*: sic corrupte in subscriptionibus epistolæ Athanasii. Num hic unus est e duobus Domitianis, quos Athanasianus catalogus præfert?

XXX. *Domitianus ab Spaniis de Asturica:* sic in Hilar., & Conciliis. Solum nomen est in subscriptionibus Synodicæ ad Mareot. sicut etiam in Athanasii catalogo.

XXXI. *Eliodorus*, vel *Heliodorus a Nicopoli:* apud Hilar. in Concil. & in Synodica, nec non in catalogo Athanasii.

XXXII. *Eucarpus Oponsius Achajæ* in epistola Athanasii, ac in ejus catalogo. Legendum *Opuntius* ex *Opunte* Achajæ urbe.

XXXIII. *Eucarpus* alter in eadem epistola.

XXXIV. *Eucissus Chisamensus* ibidem. Cissamus est urbs Cretæ, ex qua provincia alii Episcopi Sardicensi interfuerunt.

XXXV. *Eugenius de Hecleal Cychnis*: in eadem Athanasii epistola. Apud Hilarium *Evagrius a Macedonia de Heraclialineo*, & in Conciliis *de Heraclianopoli*. In Macedonia est Heraclea, & apud Hieroclem Heraclea Laoci.

XXXVI. *Eugenius* alter in subscriptionibus laudatæ epistolæ. Athanasius in catalogo unum Eugenium recenset.

XXXVII. *Eulogius* in eadem epistola, & in eodem catalogo.

XXXVIII. *Euterius a Pannoniis* in Conciliis. Apud Hilarium *Eutasius*.

XXXIX. *Euterius a Procia de Caindo*, vel *de Candos* apud Hilar. & in in Conciliis. Locus corruptus. Unus Euterius in Athanasiano catalogo legitur.

XL. *Eutychius de Mothona* in Athanasii epistola. *Tychius ab Asia* (lege *ab Achaja*) *de Methonis* in Conciliis scribitur. *Thitius ab Asia de Montonis* apud Hilarium. Hic Eutychius fuit Episcopus Methonensis in Achaja, & refertur in Athanasiano catalogo.

XLI. *Eutychius ab Achaja* alius a præcedenti recensetur apud Hilarium, & in Conciliis. In catalogo autem Athanasiano duo Eutychii memorantur.

XLII. *Florentius ab Spaniis de Emerita*: apud Hilar. & in Conciliis. Est in catalogo laudato. Corrupte in epist. Athanasii scribitur: *Florentius Meriæ Panoniæ* pro *Emeritæ Spaniæ*.

XLIII. *Fortunatianus ab Italia de Aquileja*: apud Hilar. & in Conciliis. In catalogo Athanasii dicitur *Fortunatus*.

XLIV. *Gaudentius ab Achaja* (corrige *a Dacia*) *de Naisso*: apud Hilar. & in Conciliis. In epistola Athanasii *Gaudentius Naisitanus*. Memoratur in catalogo Athanasiano, & in ipsis canonibus Sardicensibus.

XLV. *Gerontius a Macedonia de Brevi*: in Concil. & apud Hilarium. Solum nomen in tribus aliis documentis refertur.

XLVI. *Helianus de Tyrtanis*: in subscriptionibus epistolæ Athanasii. Hujus catalogus hunc eumdem Episcopum nominat.

XLVII. *Hermogenes de Syceono*, forte *de Sicyone* Achajæ: ibidem utrobique.

XLVIII. *Himenæus de Hypata Thessaliæ*. Nomen Episcopi verum præbent Hilar. Concil. & catalogus Athanasii. Urbis nomen exhibent subscriptiones epistolæ Athanasii, in quibus perperam pro *Himenæus* scriptum est *Hypeneris*. Male vero in Conciliis & apud Hilarium nomen urbis effertur *de Pearata*, vel *de Pharata*.

XLIX. *Januarius a Campania de Benevento*: apud Hilar. in Concil. & in epist. atque catalogo Athanasii.

L. *Joannes* in subscriptionibus Synodicæ.

LI. *Jonas a Macedonia de Particopoli*: apud Hilar. & in Concil. Habetur etiam in Synodica, atque in catalogo Athanasii.

LII. *Irenæus Syconeus*: in epist. Athanasii. Alias *Irenæus ab Achaja de Secoro* in Conciliis, & apud Hilarium, in quo solum male *Lerenius*. In MS. Vat. 1342. *de Scoro*, forte *de Scyro* Achajæ. Irenæum refert etiam catalogus Athanasii.

LIII. *Julianus de Theris Eptapoli* in subscriptionibus epistolæ Athanasianæ. Apud Hilarium *Julius ab Acacia de Thebe Eptapyleos*. In Conciliis *Julius ab Achaja de Thebesse*. Cod. Vat. 1342. *de Theepus*. Cod. Vallic. A 5. *de Teresse*. Hic Julianus relatus etiam in catalogo Athanasiano, fuit Episcopus in Achaja Thebarum in Græco dicta ἑπτάπυλοι propter septem portas, ut distinguatur a Thebis Thessaliæ, cujus Episcopus Moysius Sardicæ pariter interfuit.

LIV. *Julianus* alter subscripsit epistolæ Athanasii, in cujus catalogo duo Juliani recensentur.

LV. *Lucius a Thracia de Caynopoli*: apud Hilarium & in Conciliis. In aliis tribus documentis solum hujus nomen describitur. Conveniunt omnes corrigendum *de Hadrianopoli*, cum constet Hadrianopolim esse in Thracia, & Lucium Hadrianopolitanum fuisse in Concilio Sardicensi, uti testatur Socrates lib. 2. c. 20. & 23.

LVI. *Lucius ab Italia de Verona*: apud Hilarium, in Conciliis, & in epistola Athanasiana. S. Athanasius non solum in catalogo, sed etiam in Apologia prima eum semper Lucillum vocat: quo quidem nomine tria antiquiora documenta Veronensia appellant nostrum sextum Episcopum.

LVII. *Macedonius a Dardania de Ulpianis*: apud Hilar. & in Concil. Male in epist. Athanasiana *Lypianensis* pro *Ulpianensis*. Recensetur in Athanasii catalogo. Ulpiana apud Hieroclem inter Dardaniæ urbes ponitur.

LVIII. *Marcellus ab Ancyra Galatiæ*: apud Hilarium & in Conciliis, ubi perperam intrusa est alia provincia *a Macedonia*. In subscriptionibus epistolæ Atha-

Athanasii solum Marcelli nomen legitur. In catalogo Athanasii memoratur *Marcellianus*, qui si alius non est a Marcello Ancyrano, mendose *Marcellianus* dicitur.

LIX. *Marcus Sciscensis Saniæ* in epist. Athanasiana. Apud Hilarium vero *Marcus ab Asia de Fiscia*: in Conciliis *ab Asia de Scisia*. Corrige *a Savia de Siscia*. Marcum recenset Athanasii catalogus. Idem Athanasius initio Apologiæ II. inter provincias triginta sex, quarum Episcopi sibi suffragati fuerant, *Sisciam* refert. Cum vero provincia *Sisciæ* nulla fuerit, Siscia autem urbs ad Savum locata, ad provinciam Saviam pertineat; in Athanasii Apologiam manifestus error irrepsit, qui exinde ortus videtur, quod in subscriptione ejusdem Marci nomen urbis pro provinciæ nomine acceperit. Mendosus locus Apologiæ II. S. Athanasii.

LX. *Martyrius Naupactis*: in epist. Athanasii. Apud Hilarium & in Conciliis *Martyrius ab Achaja de Neapoli*, Vallicel. A 5. *de Neapot*: corrige *a Naupacto*; Naupactus enim fuit urbs Achajæ.

LXI. *Martyrius* alter in eadem epist. Athanasii; qui in catalogo unum Martyrium recolit.

LXII. *Maximus a Tuscia de Luca*: apud Hilar. in Conciliis, & in catalogo Athanasiano.

LXIII. *Maximus similiter per epistolas de Galliis*: sic in subscriptionibus epistolæ Athanasii, sed mendose; & cum Marchione Maffejo legendum videtur *Maximus*, sive *Maximinus Trevirensis Episcopus de Galliis*, quem Athanasii hostes exagitant in pseudosynodica Sardicensi. Hunc Athanasius quidem in catalogo non refert in prima serie, sed in secunda, ubi ii memorantur, qui absentes sibi patrocinati sunt. At istum in hac serie primo loco memorat, & jungit cum Verissimo Episcopo Lugdunensi, quem Sardicæ interfuisse videbimus.

LXIV. *Mosinius Heracleæ* inter Episcopos Cretæ subscriptus epistolæ Athanasianæ. Multæ fuerunt Heracleæ. *Heraclei* Cretensis meminerunt Strabo & Ptolemæus. In catalogo Athanasii *Musonius* vocatur.

LXV. *Moysius a Thessalia de Thebis*: apud Hilarium. In Conciliis vero *Moschus*: in Vat. 1342. *Moeslus*: in Vallic. A 5. *Moystus*. Videtur esse is, qui in catalogo Athanasiano *Musæus* appellatur.

LXVI. *Olympius de Eno Rodope* subscriptus epistolæ Athanasii. Nominatur in canonibus Sardicensibus. *Ænos*, vel *Ænus* urbs est in Thracia ex provincia Rodope. Ex hac autem subscriptione cognoscitur, quam vere suspicatus sit Tillemontius, Olympium in canonibus Sardicensibus memoratum esse illum Æni Episcopum, quem ab Eusebianis exagitatum Athanasius laudat in Apologia II.

LXVII. *Osius ab Spania Cordubensis*: in omnibus documentis.

LXVIII. *Palladius a Macedonia de Dui*: apud Hilarium, & in Conciliis: melius in MS. Vallicel. & in epistola Athanasiana *de Diu*. Dium enim est in Macedonia. Hunc Episcopum nominat catalogus Athanasii.

LXIX. *Paregorius a Dardania de Scupis*: apud Hilar. & in Conciliis. Inter subscriptiones epistolæ Athanasianæ male scribitur *Caspinus* pro *Scupinus*. Memoratur in Synodica, & in Athanasii catalogo.

LXX. *Patricius* }
LXXI. *Petrus* } Horum nomina tantum leguntur in eodem catalogo.
LXXII. *Philologius* }

LXXIII. *Plutarchus ab Achaja de Patras*: apud Hilar. & in Conciliis. Refertur in Synodica, & in laudato catalogo.

LXXIV. *Porphyrius a Macedonia de Philippis*: sic apud Hilar. & in Conciliis. Memoratur etiam in tribus aliis documentis.

LXXV. *Prætextatus ab Spaniis de Barcilona*: in Hilar. & Conciliis. Inter subscriptiones vero epistolæ Athanasianæ mendose legitur *Prætextatus de Narcidono Pann*. Nominatur quoque in Athanasii catalogo.

LXXVI. *Protasius ab Italia de Mediolano*: apud Hilar. in Conciliis, & epistola Athanasii, nec non in hujus catalogo.

LXXVII. *Protogenes a Dacia de Serdica*: apud Hilar. in Conciliis, & catalogo Athanasiano. Subscriptus est etiam Athanasii epistolæ.

LXXVIII.

LXXVIII. *Restitutus* subscriptus Synodicæ. Refertur in eodem catalogo.

LXXIX. *Sapritius* nominatur in laudato catalogo.

LXXX. *Severus a Calciso Thessaliæ:* subscripsit epistolæ Athanasii. Chalcis Eubœæ celebris urbs, tempore Concilii Sardicensis Thessaliæ attributa, postea Achajæ.

LXXXI. *Severus ab Italia de Ravenna*: apud Hilar. & in Conciliis. Unum Severum nominat catalogus Athanasianus, & unus quoque Synodicæ subscriptus legitur.

LXXXII. *Spudasius* relatus in solo Athanasii catalogo.

LXXXIII. *Sterconius ab Apulia de Canusio*: apud Hilar. & in Conciliis. In epistola Athanasii, ubi duæ subscriptiones in unam coaluerunt, omisso Episcopi nomine corrupte scribitur: *Sunosio Apuliæ* pro *Canusio*. Hic Episcopus in Athanasii catalogo recensetur.

LXXXIV. *Symphorus de Hierapythnis Cretæ* : subscripsit epistolæ Athanasii, & refertur in hujus catalogo.

LXXXV. *Tryphon ab Achaja de Marciarce* apud Hilarium. Vat. 1342. *de Macarcens*: in Conciliis *de Macarce*, al. *Marathonensis* : in subscriptionibus epistolæ Athanasii *Trypho de Magara*. Inter tot variantes corruptas difficile est constituere veram urbem hujus Tryphonis, quem Athanasianus etiam catalogus memorat. Megara magis placeret, nisi *Alypius ab Achaja de Megara* antea recensitus fuisset.

LXXXVI. *Valens a Dacia Ripensi Scythopolitanus*: sic in Conciliis. Vat. 1342. *de Sciopolitano:* Vallic. A 5 *de Sciopt.* Male apud Hilarium *ab Achaja Ripensi de Scio*. Hic Episcopus nominatur in Synodica, & Athanasii catalogo. Verum nomen urbis nequit constitui, cum pleræque Daciæ Ripensis urbes sint ignotæ.

LXXXVII. *Verissimus a Gallia de Lugduno* : apud Hilar. & in Conciliis. In epistola Athanasii mendose *Brosens Ludonensis Galliæ*. Ex his tribus testimoniis Verissimus in Sardicensi Concilio interfuit; & nihilominus ab Athanasio in prima catalogi serie omittitur, & initio secundæ describitur.

LXXXVIII. *Vincentius a Campania de Capua:* apud Hilar. & in Conciliis. Synodicæ subscribit *pro ceteris*: cumque in Athanasii catalogo unus Vincentius nominetur, incertum esse potest, num hic, qui in fine subscripsit *pro ceteris*, idem, an diversus sit ab eo, qui eodem Vincentii nomine eamdem Synodicam paullo ante subsignaverat.

LXXXIX. *Vitalis a Dacia Ripensi de Aquis*: apud Hilar. & in Conciliis. Locus *ad Aquas* in Dacia memoratur in Antonini Itinerario.

XC. *Vitalis Vertarensis Africæ* subscriptus epistolæ Athanasianæ. Duo Vitales recensentur in Athanasii catalogo, & unus inter subscriptiones Synodicæ.

XCI. *Ursatius ab Italia de Brixia* apud Hilar. in Concil. & in epistola Athanasii, nec non in hujus catalogo.

XCII. *Zosimus a Macedonia de Lignedo*: in Conciliis. Codex Vallic. A 5 *Zosimus a Dacia de Ligmedone*. Apud Hilarium vocatur *Dionysius ab Achaja de Lignedom*. Gelasius Papa epistolam scripsit ad Laurentium de Lignido, qui suberat Thessalonicensi Metropolitæ. Hic idem Zosimus in epistola Athanasii subscribitur sic: *Zosimus Lychnis Sunosio Apuliæ*. His ultimis verbis *Sunosio Apuliæ* Stercorii Episcopi subscriptio Zosimo perperam affìcta fuit. Urbs autem *Lychnis*, a Livio *Lychnidus*, λυχνίδος a Stephano vocatur. In Notitia Hieroclis corrupte *Aulinidos* dicitur, & ponitur in Epiro nova. Antoninus

tom. 4. Concil. col. 1929. Episcopus *Lychnidius* subscripsit epistolam Episcoporum novæ Epiri ad Leonem Augustum.

XCIII. *Zosimus Oreomargensis* subscripsit epistolam Athanasii. Corrige *Horreomargensis*. *Horrea Margi* in Antonini Itinerario inter Viminacium & Sardicam collocantur. Apud Hieroclem in Mysia prima cum Viminacio *Ortemarcus* ponitur, ubi corrigendum *Horreomargus*.

XCIV. *Zosimus* tertius ignoti loci Episcopus subscriptus legitur in eadem epistola Athanasii. Tres quidem Zosimi in Athanasiano catalogo recensentur.

XCV. Præter hos Synodo Sardicensi vice Julii Romani Pontificis adfuerunt ejus Legati, qui sic subscripserunt epistolam Athanasii ad Mareoticas Ecclesias: *Archi-*

Archidamus & Philoxenus Presbyteri, & Leo Diaconus de Roma incolumes vos optamus. In Athanasii autem catalogo statim post Osium ab Hispania Presbyteros tantum nominat his verbis: *Julius Romæ per Archidamum & Philoxenum Presbyteros*: omittit vero Leonem Diaconum: sed in textu Synodicæ Sardicensis ad Julium Papam apud S. Hilarium & duo Presbyteri, & Leo Diaconus Synodo præsentes memorantur.

Hæc ex quinque documentis nomina excerpsimus. Alia duo in iisdem omissa adjicienda sunt, nimirum Grati Carthaginensis, & Euphratæ Agrippinensis.

XCVI. Gratum Carthaginensem Episcopum interfuisse Concilio Sardicensi satis aperte colligitur ex Græco textu canonis septimi, & multo magis ex canone quinto Concilii Carthaginensis sub eodem Grato. Athanasius quidem hunc Gratum recenset in secunda serie inter Episcopos Africæ, qui solum absentes Sardicensia decreta approbarunt. At sicut idem Athanasius Verissimum Lugdunensem, qui ex ipsis subscriptionibus Sardicæ fuit, & Maximinum Trevirensem in prima serie omisit, ac in secunda iis Gallis, qui abfuerant, præposuit; ita etiam de Grato idipsum efficere potuit. Quod si hos tres Episcopos in secunda serie idcirco descripsit, quia in suas provincias reduces, iterum cum Episcopis earumdem provinciarum, qui non fuerant in Concilio, Sardicensia decreta approbarunt: in utraque serie ab eo collocari poterant, sicut eadem, ut videtur, de caussa Arius Palæstinus in utraque Athanasiani catalogi serie descriptus legitur, in prima, quippe Concilio interfuit, in secunda, quippe rursum laudata decreta cum aliis Episcopis Palæstinis probavit.

XCVII. Euphratas Agrippinensis a Concilio Sardicensi legatus una cum Vincentio Capuano in Orientem, una cum eodem ipsi Concilio procul dubio interfuit. Vide Athanasium Hist. Arian. ad Monachos.

Num Sardic. Synod. fuerit œcumenica. Argumenta negantium.

V. Cum plerique ex his Episcopis tum Latini, tum Græci ex provinciis Occidentalibus fuerint; non œcumenicum, sed Occidentale fuisse Sardicense Concilium non pauci existimant. Etsi enim fateantur, hujus Concilii indictionem eo consilio factam, ut generalis Synodus ex universis tum Orientis, tum Occidentis provinciis haberetur; cum tamen Orientales fere omnes Sardica recesserint, & aliud conciliabulum coegerint Philippopoli; Sardicensia decreta sine his Episcopis Orientalibus condita, Occidentalis Synodi decreta fuisse & habenda esse opinantur. Petrus de Marca, qui huic sententiæ calculos adjecit, S. Hilarii & Epiphanii testimonia obtrudit; quippe qui, ut ait, *Concilium illud Sardicense vocant Concilium Occidentalium*. Hinc etiam ipsi Romani & alii Latini Episcopi quatuor generalia Concilia tantopere inculcantes, Nicænum, Constantinopolitanum, Ephesinum, & Calchedonense, numquam vero Sardicense memorarunt.

lib. 7. Concord. c. 3. num. 5.

Refelluntur.

VI. Cum vero certum per omnes sit, hujus Concilii indictionem fuisse generalis Synodi; sicut nihil præjudicii creat, si omnibus Episcopis ad œcumenicam Synodum convocatis, plures ad ipsum non accedant; ita nihil obest, si ex iis, qui ad locum Synodi convenerunt, aliquot se subducant, si præsertim perverso & schismatico fine alio se conferant, ut altare contra altare erigant, atque schisma conficiant. Ii enim, qui in indicta Synodo cum summo Pontifice totius Ecclesiæ capite vel per se vel per Legatos præsente coeunt, atque decernunt; satis per se totam Ecclesiam & pastorum corpus repræsentant, ac tamquam œcumenicum Concilium decernunt, judicant, ac leges & regulas condunt: aliud autem Episcoporum corpus tamquam a Synodo totius Ecclesiæ legitime congregata & a capite se se separans, non pro legitima Synodo, sed pro conventiculo & conciliabulo habendum est: quod si detrahere posset auctoritati & juri legitimæ Synodi, esset in potestate hominum perfidorum Episcopos, si qui essent suarum partium, aliosque sollicitando & subducendo a ceterorum conventu, quamcumque generalem Synodum irritam reddere; schismaticoque conventiculo privilegium & jus tribueretur, quod in Ecclesia numquam obtinuit. Ita quidem etsi ab Ephesina Synodo prima se se separarunt quadraginta circiter Episcopi, & in his fere omnes Orientis; nihil tamen ea Synodus præjudicii passa est, quominus generalis haberetur. Idem igitur sentiendum de Sardicensi, cui Eusebianorum conciliabulum perverso & iniquo consilio Philippopolim traductum quicquam detrahere non potuit. Hinc quidem

Sardicense *magnum Concilium* vocatum fuit a S. Athanasio Apologia secunda; & *Synodus ex toto orbe coacta*, idest generalis, a Liberio Papa, apud eumdem Athanasium in Historia Arianorum ad Monachos n. 37. ejusque decreta olim a Romana Ecclesia & a pluribus Occidentalibus, nec non etiam, ut vidimus capite præcedenti, ab Orientis Episcopis Synodi Constantinopolitanæ anni 382. Nicænis addita, ac pro Nicænis allegata fuere: quod satis indicat, illud Concilium œcumenicum habitum fuisse æque ac Nicænum. Quod si posteriori ætate apud ipsos Romanos inter quatuor Concilia œcumenica relatum non fuit; id eam ob caussam evenit, sive quia in Nicæno Concilio Sardicense eidem adnexum complectebantur, sive potius quia Concilia recensentes, quæ tamquam Evangelia suscipienda erant, ea sola Concilia memoranda putarunt, quæ ut sartam tectam custodirent catholicam fidem, peculiarem aliquam hæresim condemnârunt. Ita quidem laudata est Nicæna Synodus, quæ Arii, Constantinopolitana, quæ Macedonii, Ephesina, quæ Nestorii, & Calchedonensis, quæ Eutychis errorem proscripsit. Sardicensis autem Synodus cum in Arii reliquias se se exerens, nullam distinctam hæresim protriverit, veluti Nicænæ appendix habita, distincte recensenda non fuit; ut ne tamen idcirco inter œcumenicas habita non fuisse credatur.

Cur Sardicensis non memorata fuerit una cum quatuor generalibus.

VII. Enimvero Justinianus Imperator, licet quatuor generalia Concilia multis in locis celebret; Sardicensem nihilominus *œcumenicam Synodum* in edicto fidei appellavit. Ea vero frequentior quatuor generalium Conciliorum commendatio posterioribus Græcis, qui in codicibus canonum generales Synodos a particularibus, seu topicis separare cœperunt, occasionem præbuisse videtur recensendi Sardicensem inter Synodos topicas, cum antiquiores Græci canonum codices ipsam statim post Nicænam collocarent, ut ex Joanne Scholastico antecedenti capite observavimus. Equidem uti œcumenica non solum pro Occidentalibus, sed pro Orientalibus etiam Ecclesiis statuit: & sicuti restitutio S. Athanasii Alexandrini, Marcelli Ancyrani, & Asclepii Gazensis ab eadem Synodo decreta, & exequutioni mandata, ad Orientis Ecclesias spectabat; ita etiam canones, quos quidem in Constantinopolitana Orientali Synodo anni 382. Nicænorum nomine laudatos vidimus, non minus Occidentales, quam Orientales respiciebant. Hinc in MSS. editionis Priscæ & collectionis Hadrianæ statim post ultimum canonem hæc clausula legislativam vim in totum orbem declarans legitur: *Omnis Synodus dixit: Universa, quæ constituta sunt, catholica Ecclesia in universo Orbe diffusa custodiet. Et subscripserunt* &c. Hilarii & Epiphanii testimonia, quæ opponit Petrus de Marca, nihil officiunt. Hilarius enim in libro adversus Constantium Augustum num. 25. scribens: *Damnas quoque & substantiæ nomen, quo te & Sardicensi Synodo & Sirmiensi pium esse Occidentalibus mentiebaris*; non de Sardicensi Concilio, sed de Pseudo-sardicensi loquitur, sicut & de Sirmiensi; quæ non Occidentalium, sed Orientalium conventicula fuerunt; idque unum significare voluit, Constantium harum Pseudo-synodorum exemplo damnans substantiæ nomen, pium se Occidentalibus prætulisse. S. Epiphanius vero hæres. 71. cap. 1. alio pariter sensu intelligendus est, qui Marcæ opinioni nihil favet. Sardicensem enim Synodum Occidentalem, vel Occidentalium vocat, ut eam secernat ab Orientali Eusebianorum conventu; quatenus illa Sardicæ in urbe Occidentis, hic vero Philippopoli in Oriente congregatus fuit. Quid quod S. Epiphanius hoc loco Sardicensem Synodum pro Sirmiensi, aut Mediolanensi accepisse videtur? uti Tillemontius conjicit not. 40. in Arian. Hist. tom. 6.

t.6.Concil. col. 393. b

Infr. col. 527.tom.2. Conc. col. 680.

VIII. Dubitant nonnulli, num in ipso Occidente Synodus Sardicensis œcumenica habita fuerit. Moventur ea Africanorum resistentia, qua Sardicensibus canonibus ex commonitorio Zosimi in Apiarii caussa productis se se opposuere. Qui vero hæc ingerunt, non solum dubitent oportet, num Sardicensis Synodus fuerit œcumenica, verum etiam num fuerit generalis totius Occidentis; de quo tamen ambigi nequit, adeout illi ipsi, qui huic Synodo sunt magis infensi, hanc generalem Occidentis Synodum fateantur. In quo autem versaretur Africanorum contentio, ut nihil exinde contra canonum Sardicensium auctoritatem elici queat, fuse explicavimus in Observationibus ad Dissertationem V. Quesnelli part. 1. c. 6. tom. 2. col. 958. & seqq.

DE

DE ANTIQUIS
COLLECTIONIBUS & COLLECTORIBUS
CANONUM.
PARS SECUNDA.
DE ANTIQUIORIBUS COLLECTIONIBUS LATINIS,

quæ vel ſunt anteriores Dionyſio Exiguo, vel ex fontibus Dionyſio anterioribus originem ducunt.

CAPUT PRIMUM.

De primæva canonum collectione apud Latinos præſertim Romanos, quæ ſolos Nicænos canones & Sardicenſes ſimul junctos complectebatur.

§. I.

Canones, qui olim apud Latinos præſertim Romanos auctoritatem habuere, ſoli fuerunt Nicæni & Sardicenſes. Expungitur ſententia, qua alii Græci canones Nicænorum nomine laudati, aut in Nicæna Synodo confirmati dicuntur.

I. ETſi omnium Græcarum Synodorum canones, qui in Græco Codice continebantur, olim redditi fuerint latine duabus antiquis verſionibus Iſidoriana & Priſca ante Dionyſianam pervulgatis, ut capite ſequenti dicetur; his tamen verſionibus privato ſtudio lucubratis & editis, ſoli Nicæni canones, & Sardicenſes Nicænis ſine ulla diſtinctione ſubjecti, eodemque Nicænorum nomine inſcripti, apud Latinos, præſertim Romanos, publicam auctoritatem habuerunt. Solos quidem canones Nicænos (quo titulo comprehendebantur, ut §. 3. oſtendemus, Sardicenſes) Romanam Eccleſiam recepiſſe, diſerte tradit Innocentius I. in epiſtola ad Theophilum Alexandrinum, ubi memoratis canonibus Nicænis addit: *Alium enim canonem Romana non admittit Eccleſia*. Et in alia epiſtola ad Clerum & populum Conſtantinopolitanum n. 3. *Quod autem ad canonum obſervationem attinet, SOLIS illis parendum eſſe dicimus, qui Nicææ definiti ſunt; quos SOLOS ſectari & agnoſcere debet Eccleſia catholica*. Idipſum autem verum fuiſſe in tota Eccleſia Latina vel ex eo cognoſcitur, quod nulli alii Græcarum Synodorum canones a Latinis ſcriptoribus allegati inveniuntur ante ſextum ſæculum niſi Nicæni, & Nicænorum nomine etiam Sardicenſes: impoſſibile autem videtur alios quoque canones fuiſſe receptos, nec ullum aliquando a quopiam fuiſſe laudatum.

Romana Eccleſia quos canones recipiebat.

Quos Eccleſia Occidentalis.

II. Non deſunt, qui exiſtimant, Nicænorum canonum nomine apud Innocentium I. omnes Græcarum Synodorum canones intelligi, propterea quod omnes in codicibus canonum poſt Nicænos deſcripti, a prima Nicænæ Synodi inſcriptione *Nicæni* appellari potuerint, uti S. Gregorius Turonenſis Concilii Gangrenſis canonem quartum decimum veluti Nicænum laudavit. *Ego*, inquit, *accedens ad Monaſterium canonum Nicænorum decreta relegi, in quibus continetur, quia ſi quæ reliquerit virum, & torum, in quo bene vixerit*,

Non omnes canones Græci Nicænorum nomine laudati.

lib. 9. c. 33.

spreverit &c. Sed hic peculiaris lapsus auctoris multo posterioris ævi traduci nequit ad Innocentium I. cum præsertim is non aliquem cujuspiam Synodi canonem allegarit, sed generalem propositionem constituerit, solos Nicænos canones a Romana Ecclesia recipi, solosque sectandos & agnoscendos ab Ecclesia catholica. Forte Gregorius Turonensis Gangrensem canonem sumsit ex aliqua posteriori collectione seu abbreviatione canonum, in qua diversorum Conciliorum decreta sine proprio intermedio titulo descripta erant, uti in cod. 59. Capituli Veronensis sub hac generali inscriptione initio præfixa: *Ex Concilio Nicæno, vel aliis Conciliis.*

Gregor. Turon. allegatio unde. Vide part. 4. c. 4. n. 11.

Anteriores canones Græci num lecti in Nicæna Synodo.

III. Alii aliam rationem ineuntes contendunt, idcirco aliarum Synodorum canones pro Nicænis habitos & laudatos ab Innocentio; quia in Nicæna Synodo confirmati fuerunt. Id manifestum esse ajunt de canonibus trium antiquiorum Synodorum Ancyranæ, Neocæsariensis, atque Gangrensis, quos in Nicæno Concilio lectos & confirmatos, ex interlocutione Osii antiquissimæ collectioni Corbejensi inserta collegit P. Coustantius in præfatione ad tom. 1. epistolarum Romanorum Pontificum pag. LXI. qui postea de recitatis Innocentii I. testimoniis loquens, subdit pag. LXVI. *Quid obstat quo minus Nicææ definiti dicantur canones, qui Nicææ lecti confirmatique, & in synodicis actis recensiti sunt? Quid caussæ est, cur Nicænos canones eosque solos sectari non censeatur is, qui eos sectatur unos, quos Nicæni Patres sua ipsorum approbatione fecere suos?* Interlocutionem vero Osii, cui hæc Coustantii sententia innititur, supposititiam nulliusque auctoritatis esse ostendimus part. 1. c. 4. §. 1. ubi etiam Gangrensem Synodum nedum Nicæno, sed Sardicensi etiam Concilio posteriorem probavimus. Romanam profecto Ecclesiam Ancyranos canones non recepisse vel ex eo manifestum est, quod nonnulla suæ disciplinæ contraria contineant. Neque vero hæc auctore Osio reformata & Occidentali disciplinæ accommodata præferantur. Etenim non omnes canones, qui Occidentali adversantur disciplinæ, inveniuntur correcti; ii vero, qui fuerunt emendati, ejusmodi sunt in solis collectionibus Corbejensi, & Quesnelliana hoc tomo impressa, quæ fuerunt, ut videbimus, Gallicanæ, non autem Romanæ: in aliis vero collectionibus Italicis, quæ Romanis usui esse potuerunt, sine ulla emendatione reperiuntur. Adde quod hæ emendationes non fuerunt inductæ in Græcum textum, qui in hanc sententiam lectus fuisset in Concilio Nicæno, sed in versionem antiquam Isidorianam, uti vocant, quæ in memoratis collectionibus Quesnelliana & Corbejensi recepta est. Cum vero alia antiquiora, & puriora ejusdem interpretationis exemplaria ejusmodi emendationibus careant; palam fit has emendationes posteriori tempore inductas, Osio tribui non posse. Nisi ergo aliis documentis, quæ nondum producta sunt, nec, ut credimus, umquam proferentur, demonstretur, aliquem vel Ancyranum, vel Neocæsariensem, vel Gangrensem canonem a summis Pontificibus, aliisque Latinis Patribus fuisse allegatum ante sæculum sextum; hos canones Nicænorum nomine ab Innocentio I. fuisse comprehensos, & apud Latinos auctoritatem obtinuisse persuaderi non poterit.

Romana Ecclesia non recepit canones Gangrenses.

§. II.

Nec Antiocheni, nec Constantinopolitani canones a Romana Ecclesia olim recepti. Constantinopolitana Synodus ejusque symbolum post Calchedonense Concilium a Latinis celebrata; nec tamen eadem Synodus habita fuit ut œcumenica nisi aliquanto post, nec canones ejus recepti usque ad S. Gregorium Magnum, sed solum symbolum ejus receptum. Ante Calchedonense hæc Synodus ab ipsis Græcis non fuit recensita inter Concilia œcumenica. Siricii ac Cælestini verba pro Græcorum canonum usu apud Latinos objecta explicantur. Eorum usus apud eosdem inductus sæculo VI.

De canonibus Antiochenis.

IV. MUlto autem minus comprehensi, & a Latinis recepti dici queunt Antiocheni canones atque Constantinopolitani. Etenim Antiochenos canones S. Joanni Chrysostomo a suis hostibus oppositos Innocentius I. rejecit,

cit, ac repudiandos contendit in laudata epistola ad Clerum & populum Constantinopolitanum. Quod si unus canon Antiochenus legitur in * Synodo Regensi anni 439. ex Hispanico codice Urgellensis Ecclesiæ adjectus a Stephano Baluzio; hunc posteriori additamento intrusum fuisse nihil ambigendum est. Primo enim in eo codice ille Antiochenus canon cum alio ignoto, teste eodem Baluzio, suffectus est in locum octavi canonis, qui licet proprius sit ejus Synodi, ut ex aliis MSS. Gallicanis liquet, ibi tamen omittitur. Secundo hoc additamentum ab eadem Synodo alienum multo clarius patebit, si considerentur codices, qui ipsam Synodum continent. Ipsam exhibent codices collectionis Hispanicæ, ex qua in Isidorianam transivit, ac plura diversarum collectionum Gallicanarum exemplaria. Codices collectionis Hispanicæ alii aliis auctiores sunt, ut explicabimus part. 3. c. 4. Urgellense exemplum ad Hispanicam auctiorem collectionem pertinet, qualem invenimus in MS. Cardinalis Passionei, & in alio Vat. Palat. 575. Observatis autem diversis MSS. libris collectionis Hispanicæ tum auctioribus, tum brevioribus, nec non Isidorianis; qui ex brevioribus Hispanicis exemplis proficiscuntur, perspeximus hos omnes in Regensi Concilio præferre tantum canones septem omisso octavo, qui veluti clausula non necessaria primo collectionis Hispanicæ auctori videri potuit; & omissis etiam Antiocheno alioque canone ignoto, qui cum in solo MS. Urgellensi legantur, satis ex hoc adititii dignoscuntur. Octavus vero canon ex solis Gallicanis diversæ originis collectionibus prodiit; quæ tamen æque ac Hispanica, & Isidoriana exempla duos illos canones in Urgellensi codice inventos ignorant. Cum porrò ubi agatur de Conciliis Galliæ, uti est Regense, collectiones Gallicanæ collectioni Hispanicæ & Isidorianæ præferendæ sint; si illarum auctoritate octavus canon ab eo Concilio abjudicari nequit, multo certius ab eo ablegandi sunt illi duo adititii canones, quos omnia tum Gallicana, tum Hispanica etiam auctiora (uno Urgellensi excepto) & Isidoriana exemplaria prætereunt.

* tom. 4. Concil. col. 537.

Duo canones adititii in Synodo Regensi.

V. Canones vero Constantinopolitani ante Calchedonense Latinis fuere ignoti: & adhuc post hoc Concilium, etsi in collectiones Latinas traducti, non tamen statim fuerunt recepti; adeo ut S. Gregorius suo quoque tempore scripserit in epist. 34. libri 7. *Romana Ecclesia eosdem canones vel gesta Synodi illius* (Constantinopolitanæ) *hactenus non habet, nec accepit: in hoc autem eamdem Synodum accepit, quod est per eam contra Macedonium definitum*, nimirum Constantinopolitanum symbolum. Hic autem cum nonnulli, ac inter ceteros Quesnellus not. 4. in epist. 106. propugnent, Constantinopolitanam Synodum *semper inter primarias & œcumenicas fuisse enumeratam etiam a Pontificibus Romanis*, aliqua addere oportet, quibus tota hæc res exploratior fiet. Certe Romana Synodus anni 385. sub Felice III. in epistola ad orthodoxos Constantinopoli & in Bithynia consistentes, œcumenicas Synodos recensens, tres tantum Nicænam, Ephesinam, & Calchedonensem memoravit; de Constantinopolitana vero ne verbum quidem. *Et ut caritas vestra*, inquit, *possit agnoscere, venerandas Synodos Nicænam, & Ephesinam priorem, atque Calchedonensem contra Nestorium & Eutychetem impiissimum nos tenere* &c. Vide tom. 5. Concil. Venetæ editionis col. 248. Quesnellus loco laudato opponit Gelasii decretum de libris recipiendis, vel non recipiendis, & Gregorii epistolam 24. nunc 25. libri 1. in quibus eadem Synodus cum aliis tribus œcumenicis æquali honore censetur. At genuinum decretum Gelasii Constantinopolitana Synodo caret, sicut etiam expers est illis verbis, *& si qua sunt Concilia* &c. uti ex antiquioribus ac pluribus quoque MSS. exemplaribus probaturi sumus c. 11. §. 5. ac propterea hoc ipsum decretum contrariam sententiam potius statuit, nimirum eam Synodum nondum Gelasii ævo inter œcumenicas a Romana Ecclesia fuisse receptam neque quoad symbolum fidei, de quo uno in vulgato Gelasiani decreti additamento sermo est. Quod si S. Gregorius in epistola memorata eamdem Synodum inter œcumenicas refert; cum eo tantum nomine referat, quia in ea *Eunomii & Macedonii error convincitur*; unam definitionem fidei respicit, non vero canones, quos epist. 34. lib. 7. a Romana Ecclesia *hactenus* non receptos tradidit. Quod porro eidem Concilio ob definitionem & symbolum fidei œcumenici locum tribuit, quem Gelasii ævo

De canonibus Constantinopolitanis.

Quesnelli opinio tom. 2. col. 1489.

Rejicitur.

non

Symbolum CP. quatenus a Latinis receptum. non obtinebat; id post Gelasii ætatem inductum evincitur. Olim quidem Constantinopolitanum symbolum una cum tomo, quo Orientales anno 378. vel 379. in Antiochena Synodo Romani Concilii definitioni adversus Macedonianos editæ subscripserant, ad Damasum missum fuit anno 382. ut liquet ex Synodica alterius Constantinopolitani Concilii hoc anno celebrati ad eumdem Pontificem ac ceteros Romanæ Synodi Patres directa, quæ apud Theodoretum legitur lib. 5. c. 9. Etsi vero tum illud symbolum, tum tomus Antiochenæ Synodi cum Romana antecedenti definitione concordes inventi, ab Occidentalibus fuerint approbati; non tamen idcirco pro œcumenico habitum dicendum est Constantinopolitanum Concilium anni 381. in quo ipsum symbolum conditum fuit; sicut nec Antiochenum, quod tomum emisit. Neque refert, quod eadem Synodus Constantinopolitana *œcumenica* vocetur in laudatis synodicis litteris. Hæc enim, quam S. Leo epist. 106. c. 5. *paucorum Episcoporum conscriptionem* appellat, non alio sensu *œcumenica* vocari potuit, nisi eo quo Concilium ex tota Africa congregatum *plenarium*, seu *universale* appellare Augustino ceterisque Africanis solemne fuit, ut scite animadvertit P. Coustantius in epistolam 13. inter illas Damasi not. 6. col. 566. Solum cum idem Constantinopolitanum symbolum in Calchedonensi fuerit insertum, summisque laudibus comprobatum; Romana Ecclesia, dum uti vere œcumenicum recepit Concilium Calchedonense, idem symbolum quasi ejus portionem actis insertam pariter recepit.

Synodus CP. a Græcis ante Calchedonensem non recensita inter œcumenicas. VI. Quid quod satis probabile nobis est, hoc Constantinopolitanum Concilium apud ipsos Græcos in Synodo Calchedonensi celebrari cœpisse, cum adversus Eutychianam hæresim, & pro prærogativa Constantinopolitanæ Sedis multum conferret. Solius enim Nicæni, nuspiam vero Constantinopolitani Concilii mentio ante Calchedonense occurrit sive in Ephesina Synodo, sive apud alios Græcos Patres. Immo in Concilio generali Ephesi habito ita Nicænum symbolum laudatum fuit a Patribus, ut nullam aliam fidem proferri voluerint. tom. 3. Conc. col. 1219. *Statuit Sancta Synodus alteram fidem nemini licere proferre, aut conscribere, aut componere præter definitam a sanctis Patribus, qui in Nicæa cum sancto Spiritu congregati fuerunt.* Et actione prima solum Nicænum symbolum, non autem Constantinopolitanum recitatum fuit: solum vero in Calchedonensi utrumque insertum legitur. Ephesinæ igitur Synodi tempore non ita erat celebre Concilium Constantinopolitanum, uti postea in Calchedonensi accidit; nec inter generalia videtur relatum: alias solum Nicænum symbolum expresso decreto non fuisset approbatum rejectis ceteris, quæcumque præter Nicænum proferrentur. Adde quod in pseudosynodo Ephesina Eutychis professio legitur, in qua relate ad Nicænum Concilium generale *primum* illud Ephesi habitum, *secundum Concilium* generale appellatur. tom. 4. Concil. col. 923. *Sicut tradiderunt*, inquit, *nobis fidem sancti Patres in Nicæa convenientes*, quam ἐν Ἐφέσῳ ἐν τῇ δευτέρᾳ συνόδῳ *Ephesi in secunda Synodo sancti Patres roboraverunt*. Constantinopolitanam igitur Synodum pro generali *secunda* non habuit. Ipsi quidem hæretico in Calchedonensi vitio datum fuit, quod Constantinopolitanum symbolum & synodum non reciperet; numquam tamen in eo reprehensus, quod secundum locum inter generales Synodos Ephesinæ tribuerit: Ib. col. 912. 914. nec si Constantinopolitana tunc a Græcis habita universim fuisset inter œcumenicas, Eutychiani ei se se opponere ausi fuissent. Ne vero Eutychianorum proprium credatur, Constantinopolitanum Concilium inter generalia haudquaquam referre, audiatur Eusebius Dorylæensis Eutychis accusator, qui in Constantinopolitana Synodo anni 448. adversus eumdem hæreticum congregata, solius Nicæni & Ephesini Concilii mentionem faciens, affirmavit, se *permanentem in fide sanctorum* Ib. col. 931. *Patrum CCCXVIII. in Nicæa congregatorum & omnibus, quæ in Ephesiorum a sancta & magna Synodo acta sunt.* Similiter Patres ejusdem Synodi Ib. 935. e 966. & 967. a. c. d. &c. Constantinopolitanæ anni 448. act. 2. generales Synodos laudaturi, solas Nicænam & Ephesinam memorarunt. Quæ indicio sunt Constantinopolitanum Concilium anni 381. etsi maxime contra Eutychem pugnaret, æqualis auctoritatis habitum non fuisse, nec inter generalia ad hoc usque tempus fuisse recensitum. Ex his ergo hoc Concilium solum post Calchedonense apud ipsos Græcos celebrari ac inter generalia cœpisse referri non est improbabile.

VII.

VII. Quod si id verum est de Græcis, nihil mirum, si Latini idem Concilium Constantinopolitanum adhuc post Calchedonense œcumenicis non accensuerint, nec ejus symbolum probarint uti symbolum Concilii œcumenici, nisi quatenus in generali Concilio Calchedonensi lectum & approbatum fuit. Hinc quidem Gelasio in decreto de libris satis fuit Calchedonense Concilium inter generalia referre, neque ut distinctam Synodum œcumenicam referendam putavit Constantinopolitanam, cujus symbolum ex solo Calchedonensi Concilio vim generalis decreti obtinuerat. At cum postea compositis turbis, quæ Acacii caussa fuerant excitatæ, Orientales Episcopi ad unitatem redeuntes, professiones fidei ediderint, in quibus Synodus Constantinopolitana ob damnatum errorem Macedonii cum aliis tribus œcumenicis Synodis distincte recensebatur; tum Romani quoque Pontifices eamdem Synodum distincte commemorare cœperunt inter œcumenicas; & exinde Vigilius, Pelagius, & S. Gregorius quatuor œcumenica Concilia laudare, & inter hæc Constantinopolitanum ob definitionem ac symbolum fidei. Quid de Latinis.

VIII. Quod porro de hoc symbolo dictum est, transferri non debet ad ejusdem Synodi canones, quos nondum receptos idem S. Gregorius testatur. Neque pro eorumdem canonum receptione quidquam probat, quod a Baluzio producitur in Additionibus ad librum 5. Concordiæ Petri de Marca c. 21. n. 14. Macedonii nimirum & Eunomii nomina, quæ ab ipso S. Gregorio in commendanda Synodo Constantinopolitana commemorantur, non referuntur, inquit, ex Symbolo, sed ex canonibus; ac propterea si eorum hæreticorum nomina Romani hauserunt ex canonibus, hos non minus quam symbolum ipsis cognitos & probatos colligere licet. At hæreticorum catalogo, qui canonibus Constantinopolitanis inseritur, Romanos Pontifices nihil auctoritati tribuisse, ex eodem Gregorio manifestum est. Eudoxium enim & Eudoxianos, licet in iisdem canonibus reprobatos, se ignorare scripsit epist. 34. ad Eulogium lib. 7. quia nihil de illis invenit neque apud Philastrium, neque apud Augustinum, neque apud alios Patres: canones vero Constantinopolitanæ Synodi ejusque gesta Romana Sedes nondum receperat; quibus idcirco non fidens, ab Eulogio petiit, *ut si quis apud Græcos probatorum Patrum de eo* (Eudoxio) *sermonem fecit*, per litteras significaret. Cum vero is rescribens, Sanctorum Basilii, Gregorii, & Epiphanii adversus eum testimonia produxisset; sanctus Pontifex horum notissimorum Patrum auctoritate sibi satisfactum fuisse respondit epist. 30. lib. 8. Macedonium autem & Eunomium hæreticos Romani ex Augustino, ac præsertim ex confessione fidei a Damaso ad Paullinum missa cognoverant: & exinde, non autem ex canonibus Constantinopolitanis eorum nomina suis epistolis inseruere. Ex laudata porro Gregorii epistola 34. libri 7. illud præterea liquet, exstitisse quidem hoc tempore apud Romanos exemplaria canonum Constantinopolitanorum, quos sane ille legerat, cum scripsit: *Et canones quidem Constantinopolitani Concilii Eudoxianos damnant:* at Romanam Ecclesiam nihil auctoritatis iisdem tribuisse: quo sensu subdidit: *Romana autem Ecclesia eosdem canones vel gesta Synodi illius hactenus non habet, nec accepit.* Erant nimirum noti ex collectionibus & versionibus Latinis, quarum plura exemplaria erant vulgata; at hæ collectiones atque versiones non erant codex publicus, eædemque privato studio digestæ & editæ, nullam Romanæ Ecclesiæ approbationem receperant. Canones CP. a Romana Eccl. non recepti. tametsi essent cogniti.

IX. Neque vero ad adstruendum apud antiquam Ecclesiam Latinam Codicem publicum usuque receptum, qui plurium Synodorum canones contineret, quidquam conferunt quædam Siricii ac Cælestini testimonia, ubi tradunt, nemini licere canones ignorare. Etenim Siricii verba, quæ obtruduntur ex epistola ad Himerium: *Canonum venerabilium statuta nemini Sacerdotum ignorare sit liberum*: æquum sensum ferunt, si intelligantur de solis canonibus Nicænis Sardicenses comprehendentibus; quos quidem solos Romanam Ecclesiam recepisse Innocentius I. disertissime tradidit. Cælestinus vero dum in epistola ad Episcopos Apuliæ & Siciliæ scripsit: *Nulli Sacerdotum suos licet canones ignorare, nec quicquam facere, quod possit Patrum regulis obviare*: canonum nomine aliquanto latius comprehendit etiam decreta Pontificum, quæ præter Nicænos & Sardicenses canones maximam auctoritatem obtinebant. Neque novum Nullus fuit olim publicus Codex canonum.

vum est, canonum appellatione non solum canones Conciliorum, sed epistolas etiam Pontificum Romanorum comprehendi. Joannes II. in epistola ad Cæsarium Arelatensem scribens: *Quæ vero de his canones præcipiunt, subter adjecimus*: solos utique *canones* nominat; & nihilominus in subjectis testimoniis non solos Conciliorum canones, verum etiam capitulum subdit ex epistola Siricii ad Himerium, quam canonum vocabulo comprehensam agnoscimus. Sed quid ex Joanne II. probationem quærimus, si idem Cælestinus in ipsa epistola, quæ objicitur, decretalia Pontificum nomine canonum se potissimum respexisse manifestat? Postquam enim præcepit, *Nulli Sacerdotum suos liceat canones ignorare*, rationem statim subdit, quæ ad decretalia expresse refertur. *Quæ enim*, inquit, *a nobis res digne servabitur, si DECRETALIUM norma constitutorum pro aliquorum libito .... frangatur?* Et post nonnulla ignorationem perstringens addit: *Ita nihil, quæ frequentius sunt decreta, proficiunt, ut hoc, quasi numquam DE HAC PARTE* (idest a Romana Sede) *scriptum fuerit, ignoretur*. Et iterum aliquanto post: *Qui JURIS NOSTRI, idest CANONUM gubernacula custodimus*: ubi *jus nostrum*, seu pontificium, *canones* vocat; ac proinde mox explicans, quinam sint hi canones, monet, *ne quis laicum ad ordinem Clericatus admittat, & sinat fieri, unde .... sibi caussas generet, quibus reus CONSTITUTIS DECRETALIBUS FIAT*. Nemo igitur ex Siricio, vel Cælestino, cum canonum ignorantiam reprobant, publicum Codicem canonum cogitet, qui alios canones præter Nicænos & Sardicenses in Latina, ac præsertim Romana Ecclesia eo tempore receptos & approbatos contineret.

Canonum nomine olim comprehensæ etiam decretales.

X. Alii quidem canones Græcarum Synodorum, tametsi Latinis traditi essent versionibus, antiqua Isidoriana & Prisca; serius tamen ab iisdem allegari cœperunt, nimirum sæculo VI. Proferunt nonnulli Synodum sextam sub Symmacho, in qua idem Pontifex ita loquens inducitur: *Unde & in canonibus in Gangrensi Ecclesia apostolica auctoritate conditis .... scriptum habetur*: & duos canones septimum & octavum ejusdem Synodi recitat ex versione Dionysii. Mirum vero maxime accidit, doctissimos homines non detexisse, eam sextam Synodum sub Symmacho suppositițiam esse, & ab Isidoro Mercatore nono sæculo confictam; ex qua propterea nihil in rem præsentem auctoritatis elici potest. Vide quæ hac de re differemus part. 3. c. 6. n. 7. Confirmatur etiam ex eo falsitas, quod ii canones apostolica auctoritate non solum recepti, sed etiam conditi dicantur, cum in Gangrensi Synodo nemo resedisset, qui apostolica auctoritate fungeretur. Quodsi in nonnullis posterioris ævi codicibus inter Gangrenses Patres inseritur Osius, qui Romanæ Sedis legatione potitus creditur; id errori tribuendum ostendimus part. 1. c. 4. §. 1. Etsi vero Isidorus hanc erroneam additionem in confingendis laudatis verbis respicere potuit; nihil tamen ponderis ad usum Græcorum canonum apud Latinos initio sexti sæculi adstruendum ex hoc fictitio Concilio deduci potest. Antiquius vero & evidens testimonium, quod nobis occurrit, de eorumdem canonum usu apud Latinos est illud Synodi Epaunensis anni 517. cum canone 31. pœnitentiam homicidis decernendam statuit, *quam Ancyritani canones decreverunt*. Joannes II. Papa anno 534. in titulis subjectis epistolæ ad Cæsarium duos canones apostolicos, unum Neocæsariensem (quem in vulgatis supplendum probabimus cap. 10. §. 2. n. 12.) & duos Antiochenos descripsit ex interpretatione Dionysii. Neque omittendum est, licet non omnino evidens, Concilium Aurelianense I. anni 510. in cujus canone 15. *antiquorum canonum statuta* servanda præcipiuntur, *ut omnia in Episcopi potestate consistant*: quod ad duos ultimos canones Antiochenos referendum videtur. Forte hæc in Græcos canones observantia & usus apud Latinos sensim inducti sunt ex versione canonum Concilii Calchedonensis, cujus primus canon statuit: *Regulas Sanctorum Patrum per singula nunc usque Concilia constitutas proprium robur obtinere decrevimus*: vel etiam ex integris ejusdem Synodi gestis eodem sexto sæculo latinitate donatis, in quibus Antiocheni canones præter Nicænos ex Græco canonum Codice allegati inveniuntur.

Græcarum Synodorum canones a Latinis allegari cœperunt sæculo VI.

tom. 5. Concil. col. 511.

§. III.

§. III.

De conjunctione canonum Nicænorum & Sardicensium, qua hi postremi sine proprio Sardicensium nomine Nicænis subjecti, pro Nicænis habebantur. Diversæ originis collectiones Latinæ hanc eorumdem canonum conjunctionem atque appellationem apud Latinos pervulgatam probant. Hinc omnis doli ac fraudis expertes cognoscuntur Romani Pontifices, qui Sardicenses canones Nicænorum nomine allegarunt. Similis canonum utriusque Synodi unio fuisse videtur in aliquo prisco Græcorum codice.

XI. SArdicenses canones, qui in Latinorum usum latine editi, a Latina ac præsertim Romana Ecclesia recepti fuerunt, Nicænorum nomine olim fuisse comprehensos multa testimonia convincunt. Hinc quidem in aliquot Romanorum Pontificum documentis nonnulli canones inculcantur uti Nicæni, qui tamen non in Nicænis, sed in Sardicensibus reperiuntur. Celebres sunt duo canones Sardicenses in Zosimi Commonitorio Nicænæ Synodo tributi his verbis: *Verba canonum in pleniorem firmitatem huic commonitorio inseruimus. Ita enim dixerunt fratres in Concilio Nicæno, cum de Episcoporum appellatione decernerent. Placuit autem ut si Episcopus accusatus fuerit* &c. uti in can. 7. Sardicensi. Et postea: *De appellatione autem Clericorum, idest minoris loci, est ipsius Synodi certa responsio: de qua re, quid acturi sitis credidimus inserendum, quod taliter dictum est: Osius Episcopus dixit: Quod me adhuc movet* &c. ut in Sardicensi canone 17. Similiter S. Leo epist. 44. c. 3. *Quam autem post appellationem interpositam* (a Flaviano) *hoc necessarie postuletur, canonum Nicææ habitorum decreta testantur, quæ a totius mundi sunt Sacerdotibus constituta, quæque subter annexa sunt*. Respicit canones Sardicenses de appellationibus, uti pluribus observavimus in admonitione præmissa epistolæ 43. n. 8. Neque alia ratione, dum Galla Placidia epist. 56. inter Leoninas ad Imperatorem Theodosium de Legatis Romani Pontificis ad Concilium directis scribit: *Qui secundum definitiones Nicæni Concilii consueti sunt:* indicare videtur canonem septimum Sardicensem, ubi de Legatis Pontificis agitur, qui ejus auctoritate in Conciliis utantur. Ante hos vero tamquam Nicæni laudati fuerunt canones Sardicenses in canonibus Synodi Romanorum ad Gallos, quos alii Innocentio I.; alii vero cum P. Coustantio Siricio Pontifici tribuunt. Ibi enim hæc leguntur c. 5. n. 13. *Nicænum Concilium* (lege *in Nicæno Concilio*) *divino Spiritu annuente, dum fidei confessio fuisset jure firmata, etiam apostolicas traditiones Episcopi in unum congregati ad omnium notitiam pervenire voluerunt, definientes inter cetera, neque abscisum Clericum fieri, quoniam abscisus, & mollis non introibunt in sanctuarium Dei. Deinde post baptismi gratiam, post indulgentiam peccatorum, cum quis sæculi militia fuerit gloriatus, vel illum, qui purpura & fascibus fuerit delectatus, ad Sacerdotium aliqua irruptione minime admitti jusserunt. Meritis enim & observationibus legis ad istiusmodi dignitatis culmen accedunt, non Simonis pecunia, vel gratia quis poterit pervenire, aut favore populari*. Primum membrum, quo excisi arcentur a Clero, invenitur in Nicæno canone primo. Alterum vero, quo cavetur, ne quis a militia, vel foro ad Sacerdotium *irruptione aliqua* admittatur (quibus similia Siricius Nicæno Concilio adscribit in epist. 6. apud P. Coustantium n. 3.) Sardicensi canoni congruit, ipso fatente Coustantio, qui hanc notationem subjecit: *Si illic aliqua irruptio id est quod præpropera festinatio, non dubitamus hic recenseri Sardicensem canonem* 13., *quem & in Morbacensis Monasterii veteri codice Nicænum inscriptum observavimus. In hoc quippe canone, qui Græcis decimus est, legimus:* „ Si forte aut dives, aut Scholasticus de foro, aut ex administratione Episcopus fuerit postulatus, ut non prius ordinetur, nisi .... „ per longum tempus examinata sit vita, & merita fuerint comprobata. “ *Simoniacæ labis corruptionem pariter notat idem Sardicense Concilium canone secundo, ubi ait:* „ Cum manifestum sit potuisse paucos pretio & mercede „ corrumpi .... ut clamarent in Ecclesia, & ipsum petere viderentur Episcopum.

Canones Sardic. laudati ut Nicæni

tom. 2. Conc. col. 1253. c.

Ib. col. 1256. e

tom. 1. col. 898.

Coust. t. 1. Ep. Rom. Pont. col. 695. 696.

Eadem col. 695. not. c

„ pum. " Cum porro in eisdem canonibus Synodi Romanorum n. *16.* ab iisdem Nicænis Patribus interdictum dicatur, ne Episcopi de Ecclesia ad Ecclesiam transeant, hac pœna transgressoribus constituta: *Talem Episcopum .... Episcopatu privari jusserunt*; hic quoque Sardicensem canonem primum significari notavit idem Coustantius: *nam licet Nicæno canone* 15. *caveatur, ne quis Episcopus de civitate in civitatem transeat; nequaquam tamen jubet eadem Synodus, ut translatus Episcopatu privetur, sed ut* propriæ Ecclesiæ restituatur, in qua ordinatus est. *At* nec laicam communionem habeat qui talis est, *canon Sardicensis præcipit*. Subdit deinde in eadem notatione simili modo hunc canonem Sardicensem Nicæni nomine indicatum videri etiam a S. Hieronymo epist. 83. ad Oceanum, ubi scribit: *Hoc in Nicæna Synodo a Patribus est decretum, ne de alia in aliam Ecclesiam Episcopus transferatur, ne virginalis pauperculæ societate contempta, ditioris adulteræ quærat amplexus*. Id certe concinit cum illis laudati Sardicensis canonis verbis: *Cum nullus in hac re inventus sit Episcopus, qui de majori civitate ad minorem transeat*. Innocentius I. in epist. 3. ad Synodum Toletanam n. *9. regulas Nicænas* in ordinationibus servandas recensens, ea decreta subnectit, quæ partim in Nicænis, partim in Sardicensibus canonibus reperiuntur: & in epist. 7. ad Clerum & populum Constantinopolitanum num. 2. reprehensurus adversarios S. Joannis Chrysostomi, qui ei a sua sede pulso & ad Synodum appellanti alium Episcopum substituerunt; id numquam gestum dicit a Patribus, *sed potius prohibitum*, quod unum canonem quartum Sardicensem respicere potest, ubi sancitum fuit, *ut alter Episcopus in ejus cathedra post appellationem ejus, qui videtur esse depositus, omnino non ordinetur, nisi caussa fuerit in judicio Episcopi Romani determinata*. Licet vero hoc loco Nicænos Patres aut canones non appellet; cum tamen in eadem epistola *solos Nicænos* sectandos testetur, hunc profecto Sardicensem canonem pro Nicæno habuit.

Ib. col. 697. not. a

Ib. col. 799. XII. Non ignoramus nobis hac in re adversari P. Coustantium, qui dum not. *6.* in laudatam Innocentii epistolam 7. Quesnellum impugnat scribentem, Sardicenses canones ab eodem Pontifice *habitos pro Nicænis, eorumque nomine decoratos ac vestitos*, duo statuit. I. Innocentium in iisdem litteris Sardicensia gesta, quæ Antiochenos canones condemnarunt, laudasse proprio Sardicensis Synodi nomine; ac propterea *Sardicenses canones*, inquit, *ut a Nicænis distinctos, non ut pro Nicænis habitos, eorumque nomine vestitos ab eo receptos esse, non minus manifestum est*. II. Eo tantum sensu eumdem Pontificem solos Nicænos canones sectandos præcepisse, *non ut rejiciantur, aut spernantur qui cum illis consentiant, sed ii qui dissentiant*: perinde ac si alii etiam præter Sardicenses, qui Nicænis non contrairent, canones ab Innocentio recepti fuerint; ac solummodo ob eorum cum Nicænis concordiam solos Nicænos receptos tradiderit. Utrobique vero vir doctissimus hallucinatur. Ad primum quod attinet, cum Innocentius Sardicensia gesta, quæ Antiochenos canones reprobasse credebantur, laudavit sub proprio Sardicensium nomine; respexit Sardicensem Synodicam ad Julium Pontificem, qua restituti traduntur S. Athanasius aliique Episcopi ab Eusebianis condemnati, contra quos Antiocheni quidam canones ab iisdem constituti ferebantur, uti explicavimus part. 1. c. 4. §. 2. Quod autem valet de synodica epistola proprio Sardicensis Synodi nomine missa ad Julium, & numquam Nicænæ Synodi vocabulo inscripta; non æque valet de canonibus Sardicensibus, quos quidem non proprio ejusdem Synodi, sed Nicænorum nomine ab aliis Pontificibus & ab ipso etiam Innocentio epist. 3. ad Toletanum Concilium allegatos vidimus, eodemque nomine in vetustissimis exemplaribus inscriptos post pauca probaturi sumus. Quantum ad alterum, ipsa Innocentii formula: *Solis illis* (canonibus) *parendum esse diximus, qui Nicææ definiti sunt*; & alia similis in epist. ad Theophilum: *Alium canonem* (præter Nicænum) *Romana non admittit Ecclesia*: ita solos Nicænos canones respiciunt, ut quamquam commode comprehendant alios Nicæni Concilii nomine inscriptos, ad alios tamen alio proprio nomine nuncupatos, etsi concinentes cum Nicænis, non nisi per summam vim, & contra obvium verborum sensum distorqueri possint. Nisi antea probetur, Innocentium alios quospiam canones allegasse, & laudasse nomine proprio, quod

Innocentii I. locus explicatus.

quod nondum probatum est; hæc interpretatio & extensio nimis violenta persuaderi nemini poterit: ac propterea concludendum erit, Innocentium, cum Sardicenses canones adhibuit, eos non minus quam Zosimum & Leonem Nicænorum nomine fuisse complexum, ac pro Nicænis vere habuisse, uti sane *Nicænis regulis* laudatis in epistola ad Synodum Toletanam eosdem comprehendit. Hinc idem P. Coustantius not. K in epist. 5. Damasi confessus fuerat: *Sardicenses canones pro Nicænis Innocentius habebat*. Ib. col. 510.

XIII. Hæc ratio allegandi canones Sardicenses nomine Nicænorum apud nonnullos in fraudis suspicionem venit, ac si Romani Pontifices Sardicensibus canonibus, qui Romanæ Sedis prærogativam in appellationibus diserte asserunt, venerabili apud omnes Nicænæ Synodi nomine auctoritatem quærerent. Ejusmodi criminationem animosius struxerunt Centuriatores adversus Zosimum, quasi *per immane scelus & impietatem ac furiosam ambitionem* eosdem canones pro Nicænis venditaverit in caussa Apiarii: *in qua nefaria decretorum Nicænorum adulteratione*, inquiunt, *pervicaciter perstiterit Bonifacius, ac pertinaciter perseveraverit Cælestinus, licet Africanam Synodum veriora exemplaria Nicænorum canonum Constantinopoli & Alexandria accepisse, ac sceleratam fraudem falsatorum canonum detectam esse probe sciret*. Hanc vero fraudis suspicionem nonnulli avertendam curarunt ea conjectura, quod forte Sardicenses canones ab iisdem fere Patribus conditi duce Osio, qui Nicænos constituerant, in codicibus, quibus Romani Pontifices utebantur, tamquam Nicænorum appendix ita subjecti essent Nicænis, & cum Nicænis juncti sine distinctione ulla, ut pro Nicænis vere haberentur. Ita Cardinales. Bellarminus lib. 2. de Rom. Pontif. c. 25. & Baronius ad an. 347., & alii. Hanc quidem excusationem satis æquam censuit Petrus de Marca, si quo codice probari posset: unde scripsit lib. 7. Concordiæ c. 16. n. 1. *Nostri id ex eo profectum ajunt, quod ea tempestate canones Nicæni & Sardicenses in eodem volumine descripti essent nullo discrimine adhibito sub titulo canonum Nicænorum. Probabilis quidem conjectura, si vetusti codicis auctoritate niteretur, qui nondum emersit e tenebris*. Ad hæc in margine notavit Baluzius: *Hic adnotandum est tum Marcæ ignotum fuisse codicem Christophori Justelli, cum hic liber septimus scriptus est*. Respicit his verbis Baluzius ea, quæ Petrus de Marca postea scripsit in Dissert. 2. de veteribus collectionibus canonum, Opusculis ejus inserta, ubi de vetustissima Christophori Justelli MS. collectione canonum cap. 1. n. 3. ait: *In ea collectione hoc erat lemma*: Canones Nicæni. *Deinde sequebatur series quadraginta canonum numeris suis distinctorum; quorum priores viginti erant veri & genuini canones Nicænæ Synodi; reliqui autem viginti continebant canones unum & viginti Concilii Sardicensis, duobus capitibus in unum compactis, nulla interim mentione facta hujus Concilii Sardicensis. Non dubitandum, quin statim post editionem adjecti fuerint canones illi Sardicenses priori collectioni* (Nicænorum) *consequentibus numeris sub antiquo titulo*. Et post pauca n. 4. addit: *Quare Innocentius, Zosimus, & Leo alieni sunt ab omni dolo in proferendis canonibus Sardicensibus, ac si ad Nicænam Synodum pertinerent, cum auctoritate scriniorum suorum & veteris collectionis freti essent*.

Romani Pontifices a fraude vindicantur.

XIV. Neque vero desunt alii plures & pervetusti, ac diversarum quidem collectionum atque regionum codices, qui dum eamdem Sardicensium cum Nicænis conjunctionem inscriptionemque in Occidente latius pervulgatam probant; tum vero eorumdem Romanorum Pontificum bonam fidem multo evidentius demonstrant. Olim Alanus Copus in primo dialogo adversus Novatores edito an. 1573. codicem Attrebatensem allegavit, in quo canones XLVII. Nicæni recensebantur, duorumque canonum XXX. & XXXIV. titulos protulit, ex quibus Sardicenses Nicænis additi cognosci poterant. Sed ita obscure hac de re loquutus est, ut nemo id quod vere erat animadverterit. Primus, qui hujusmodi collectionem detexit & produxit in lucem, fuit Paschasius Quesnellus, qui Sardicenses canones cum Nicænis copulatos in duobus MSS. Thuaneo & Oxoniensi invenit, atque præfixos antiquissimæ collectioni, quam Romanæ Ecclesiæ Codicem credidit. Alia subinde non tam ejusdem, quam aliarum collectionum exemplaria detecta sunt, in quibus utrique canones conti-

Codices, qui canones Sardicenses cum Nicænis jungunt.

nua numerorum serie copulati, Nicænorum titulum præferunt. Ad collectionem a Quesnello editam & a nobis hoc tomo recusam pertinent præter Thuaneum exemplar & Oxoniense alia duo Bellovacensia, & Pithœanum laudata a Petro Pithœo in synopsi historica de collectoribus canonum, Attrebatense S. Vedasti ab Alano Copo adhibitum, Ubertinum memoratum a P. Coustantio, & duo bibliothecæ Cæsareæ Vindebonensis XXXIX. & XLI. quæ nobis usui fuerunt. Idem P. Coustantius not. d in epistolam 15. Zosimi pervetustum alius collectionis codicem memorat olim Fossatensem, nunc autem Colbertinum, in quo iidem Sardicenses canones cum Nicænis juncti, Nicænorum nomine inscribuntur. In præfatione vero num. 77. pag. LXXI. laudat aliam collectionem contentam in alio vetustissimo Colbertino MS. codice 1868. *qui Sardicenses habet canones tum ea notatos inscriptione* Canon Nicænus (*adjecit deinde antiquarius secundis curis* sive Sardicensis) qui in Græco non habetur, *tum ea clausula terminatos:* Expliciunt Statuta Nicæni fidei Metropolitani Bytiniæ Paullino & Juliano Consul. (*hoc est anno* 325.) XIII. Kal. Jul. Hunc autem codicem Gallicanæ Ecclesiæ usui fuisse testatur.

XV. Tres alias præstantissimas collectiones invenimus, quæ in eamdem rationem utriusque Synodi canones tamquam Nicænos præferunt. Prima est in MS. Vat. Reginæ 1997. Hæc collectio, quam omnium vetustissimam ac Italicam esse cap. 4. ostendemus, Nicænis canonibus, quos ex antiquissima & hactenus ignota atque hoc tomo edenda Latina interpretatione exhibet, Sardicenses subjicit sine distinctione ulla; ac utrosque distribuit in capita 46. omisso in Nicænis canone de non flectendo genu diebus dominicis atque paschalibus. Hic autem titulus præfigitur: *Incipit capitula Nicæni Concilii:* post canonem vero quadragesimum sextum, qui est ultimus Sardicensis, hæc clausula legitur: *Explicit decreta Concilii:* & mox subduntur subscriptiones, & catalogus Patrum Nicænorum. Altera collectio exstat in MS. Veronensis Capituli 58. Versionem Græcorum canonum Isidorianam continet. Nicænos canones ejusdem versionis cum Sardicensibus jungit sub titulo: *Incipiunt canones Ecclesiæ, seu Statuta Concilii Nicæni*. Sardicensibus autem, qui sine ulla distinctione Nicænis subjiciuntur, hæc clausula additur: *Finiunt decreta Concilii Nicæni*. Dein Nicænum symbolum cum Patrum Nicænorum catalogo describitur. Tertia collectio invenitur in MS. codice Palat. 574. quem deteximus omnino similem MS. Morbacensi laudato a P. Coustantio in præfatione ad epist. Rom. Pontif. n. 77. Continet puram Gallicanam canonum collectionem: nam præter Nicænos & Sardicenses canones copulatos & aliquot apostolicas constitutiones solæ Synodi Gallicanæ in iisdem MSS. descriptæ sunt. Canones Nicænos exhibet ex abbreviatione Rufini, deinde integrum Sardicensem canonem 13. cum hac inscriptione, quæ eum ex antiquiori collectione excerptum indicat, ubi Sardicenses Nicænis subjecti, pro Nicænis habebantur: *Incipit capitulum de suprascriptis canonibus, idest Nicænis CCCXVIII. Episcoporum. Osius Episcopus dixit: Et hoc necessarium arbitror, ut diligentissime tractetis, si forte aut dives, aut scholasticus de foro*, & cetera ejusdem canonis verba. Confer etiam, quæ notabimus in alium codicem 59. Capituli Veronensis part. 4. c. 4. n. 11.

Eadem unio ex aliis posterioribus collectionibus confirmata.

XVI. In MS. Sangermanensi, quem P. Coustantius loco indicato commemorat, exstat compilatio ex Conciliorum, Romanorum Pontificum, Patrumque decretis conflata, & apud Hibernos composita, in qua cum Sardicenses canones Nicænorum nomen constanter ferant, ex aliqua collectione apud Hibernos usitata proficiscitur, quæ Nicænos & Sardicenses canones conjungebat. Jacobus Petit post Theodori Cantuariensis Pœnitentiale edidit partem non exiguam collectionis Herovallianæ, de qua dicemus plura part. 4. c. 7. In hac autem, quæ Gallicana est sæculo VIII. lucubrata, Sardicenses canones nomine Nicænorum laudantur. Codex ergo vetustior, ex quo eosdem canones hic compilator exscripsit, eamdem inscriptionem Sardicensibus præfigebat. Aliquot præterea adnotationes in nonnullis collectionibus inveniuntur, quæ Sardicenses canones veluti Nicænos indicant. P. Harduinus Dionysianæ, uti appellat, collectionis codicem memorat annorum amplius 800. existentem in bibliotheca Collegii Parisiensis Societatis Jesu, qui Sardicensibus canonibus hanc epigraphem

appo-

apponit: *Canon Nicænus seu Sardicensis, qui in Græco non habetur*. Est omnino eadem ac in cod. Colbertino 1868. quem ex P. Coustantio paullo ante laudavimus. Alium item codicem ille allegat collectionis Isidorianæ in eadem bibliotheca Societatis Jesu custoditum, in quo iisdem canonibus hic titulus est: *Incipiunt tituli Concilii Nicæni numero XX. Episcoporum, qui in Græco non habentur, sed in Latino esse inveniuntur tantummodo*. Qui ejusmodi titulum Sardicensibus præfixere, hos profecto canones Nicæno Concilio idcirco tribuerunt, quia eos in aliis antiquioribus exemplis Nicænis canonibus subjectos, eodemque Nicænorum nomine inscriptos reperere. In tabula Conciliorum præmissa laudato codici Herrovalliano apud Petit pag. 265. legitur: *Canones Nicæni Episcoporum XX. Hic canon apud Græcos non habetur, & a quibusdam Sardicensis vocatur*. Hoc titulo ejus tabulæ & collectionis Herrovallianæ auctor canones Sardicenses *Nicænos* vocat, ut etiam in ipsa collectione inscripsit, eo quia in codicibus canonum Gallicanis, quibus utebatur, eos cum Nicænis junctos, & eodem nomine prænotatos videns, Nicænos vere esse credidit. Cum autem in aliis codicibus Græcarum Synodorum versionem exhibentibus, cujusmodi erant codices Dionysii, eos separatos a Nicænis, Sardicensium titulo prænotari deprehendisset, ipsos *apud Græcos*, idest in versionibus Nicænorum ex Græco, *non haberi*, & *a quibusdam Sardicenses vocari* affirmavit. tom. 2. Concil. col. 671. not. 1. Ibi col. 679. not. 1.

XVII. Dionysii editio a Justello vulgata post canones Sardicenses hanc subscriptionis formulam appendit: *Subscripserunt autem omnes Episcopi sic. Ego ille Episcopus illius civitatis & provinciæ illius ITA CREDO, sicut scriptum est supra*. Similis formula legitur etiam in editione Conciliorum tom. 2. col. 680. Neque vero credatur, hæc formula, quæ deest in MSS. collectionis Dionysio-Hadrianæ, apposita non fuisse ab eodem Dionysio. Nam totidem verbis describitur in duobus MSS. codicibus, qui puram Dionysii collectionem repræsentant, nimirum in Vat. 5845. & in Vat. Palat. 577. qui postremus, ut dicetur part. 3. c. 1. primum Dionysii fetum quantum ad solam canonum collectionem refert. In MSS. autem collectionis Dionysio-Hadrianæ idcirco ea formula a Dionysio apposita sublata fuit, quia subscriptiones Sardicensium Patrum ex alio fonte sumtæ, substitutæ fuerunt, quæ Dionysio tribui non debent, ut patebit ex dictis part. 1. c. 7. n. 1. Porro ea formula, *Ego ille Episcopus illius civitatis, & provinciæ illius*, hominem indicat, qui post Sardicenses canones Episcopos cum urbium & provinciarum nominibus descriptos reperit, ut in subscriptionibus & catalogo Patrum Nicænorum contingit: & ne omnium nomina cogeretur exscribere, unam generalem subscriptionis formulam compegit. Verbum autem *credo* eidem formulæ insertum, Nicænorum canonum, qui symbolum additum habent, proprium est; nec solis Sardicensibus, qui nihil de fide statuunt, competere potest, nisi quatenus subjiciantur, & adnectantur canonibus symboloque Nicæno, ut in MS. Vat. Reginæ 1997. videre licuit, in quo Sardicensibus cum Nicænis canonibus & symbolo simul conjunctis, subscriptiones & catalogus Patrum Nicænorum post ultimum canonem Sardicensem sic proponuntur: *Osius Episcopus civitatis Cordubensis SIC CREDO. Victor & Vincentius Presbyteri urbis Romæ pro venerabili viro Papa Episcopo nostro subscripsimus. ITA CREDENTES SICUT SUPRA SCRIPTUM EST*, &c. Dionysius itaque ejus formulæ adnotator, qui Sardicenses canones non ex Græco reddidit, sed ex Latinis exemplaribus Romæ vulgatis inseruit, aliquo exemplo usus est, in quo vel Sardicenses cum Nicænis juncti, subscriptiones Nicænorum proprias recipiebant, vel, si separati erant a Nicænis, ut videtur probabilius, jamdiu excerpti fuerant ab antiquiori aliquo codice, in quo cum iisdem Nicænis Romano more copulabantur. Comprobata ex Codice Dionysii.

XVIII. Auctor quoque carminum, quæ huic paragrapho ex codice 55. Capituli Veronensis subjiciemus, aliquod simile exemplar perspexisse videtur. Hic enim auctor, dum Nicænam Synodum sub *Julio* Pontifice habitam scripsit, cum ejusmodi sententiam sumere non potuerit ex Sozomeno non latine reddito, ex quo eam receperunt Beda atque Freculphus; non alia de caussa id per se se scripsisse intelligi potest, nisi quia in aliquo canonum codice una cum Nicænis copulatos & Nicænorum nomine inscriptos invenit Sardicenses, Beda de Tempor. tom. 2. p. 116.

in qui-

Freculph. Chron. c. ult. tom. 14. Bibl. PP. tom. 2. Concil. col. 714. e Breviar. n. 214.

in quibus Julius Papa nominatur. Idem argumentum non urgemus ex Sozomeno, quippe quod mendosa unius Græcæ vocis lectione ejus textum corruptum Romani Conciliorum editores non improbabiliter judicant. Neque prætermittenda est peculiaris animadversio in Ferrandum Diaconum. Is in Breviario ultimum canonem Nicænum de non flectendo genu uti primum Sardicensem allegat; primum vero Sardicensem uti secundum, secundum uti tertium, & sic deinceps. Quid ita? Nonne palam indicatur, canones Nicænos & Sardicenses in aliquo vetusto codice, qui fortassis versionem Isidorianam continebat, (Isidoriana enim versione Ferrandus usus est) colligatos fuisse: qui cum postea vel ab ipso Ferrando, vel ab alio aliquo separati fuere, per errorem ultimus Nicænus canon Sardicensibus attributus fuit? Hæc itaque Ferrandi erronea divisio vetustiorem eorumdem canonum conjunctionem confirmat.

Quam pervulgata olim unio Sardicensium cum Nicænis.

XIX. Hæc tam diversa diversarum collectionum regionumque exemplaria Sardicensium canonum unionem cum Nicænis apud Latinos & antiquam, & longe lateque pervulgatam probant; ita ut solius Romanæ Ecclesiæ propria non fuerit. Nulla ex his versionibus canonum Nicænorum, quibus Sardicenses adnexos reperimus, illa est, quam antiqui Romani Pontifices adhibuere, uti capite sequenti palam fiet: ac propterea vera collectio Romana, quæ Nicænos & Sardicenses canones pari ratione copulabat, ad nos non pervenit: omnesque laudatæ collectiones, quæ Nicænos & Sardicenses canones jungunt, ad alias Ecclesias Latinas pertinent. Codex Vat. Reginæ 1997. spectavit ad Ecclesiam Theatinam. Codex Capituli Veron. 58. qui Isidorianam versionem Nicænorum cum Sardicensibus jungit, hanc conjunctionem receptam probat in quibusdam saltem locis, in quibus Isidoriana versio recepta fuerat. Immo hoc vetustissimum exemplum indicare videtur, Isidorianam versionem vetustiori tempore Sardicenses unitos recepisse cum subscriptionibus & catalogo Patrum Nicænorum, & posteriori tantum tempore, cum Sardicenses ab ea versione separati fuere, pro subscriptionibus Nicænis eas Patrum Sardicensium subscriptiones fuisse suppositas ex Sardicensi Synodica ad Julium, quæ in vulgato Isidoriano textu leguntur. Collectio Quesnelliana, quæ Nicænorum canonum versionem in radice Isidorianam, at cum divisione laudati codicis Vat. Reginæ, & cum fere omnibus ejus titulis, nec non cum eadem lectione Nicæni canonis de primatu Romanæ Ecclesiæ repræsentat, in Galliis lucubrata fuit, ut suo loco probabimus: ac proinde ipsius collectionis auctor Nicænos canones cum Sardicensibus junctos in Gallicanis codicibus nactus est. Codex quidem Vat. Palat. 574. & similis Morbacensis ad Gallicanam Ecclesiam spectabant, nec non collectiones Fossatensis, & Herouvalliana, ex quibus eamdem unionem confirmavimus. Idem apud Hibernos receptum probat collectio, quam in Sangermanensi codice Coustantius laudavit. Si antiqui aliarum Ecclesiarum superessent codices, idipsum, ut opinamur, de aliis quoque Latinis Ecclesiis pateret. Interim vero tot antiqua testimonia cum conjunctionem laudatorum canonum antiquissimam, & apud Latinos fere ubique receptam declarant; tum vero ab omni fraudis suspicione eximunt antiquos Romanos Pontifices, cum ex MSS. in Latina Ecclesia pervulgatis Sardicenses canones uti Nicænos allegarunt.

Quidam etiam vetusti Græci codices eamdem unionem præferebant.

XX. Quid quod aliquos etiam Græcos codices apud ipsam Orientalem Ecclesiam exstitisse, qui Sardicenses pari modo tamquam Nicænos præferrent, satis colligere licet ex eo testimonio Synodi Constantinopolitanæ anni 382. quod parte I. cap. *6.* n. 14. recitavimus, & P. Harduini, atque P. Coustantii verbis exposuimus. Confer quæ ibidem scripsimus: neque enim semel dicta repetere vacat. Hoc certe Orientalium exemplum & ad antiquitatem conjunctionis eorumdem canonum declarandam, & ad vindicandam Romanorum Pontificum consuetudinem, omnemque doli suspicionem removendam non minimum confert. Addemus hic aliud ex Theodoro Prodromo seniore, qui Photio anterior, ac inter Græcos canonum interpretes omnium antiquissimus, a Niceta Paphlagone, ab Aristeno, Balsamone, Harmenopulo, Blastare, Nicephoro Blemida, aliisque Græcis summis laudibus commendatur. Confer, si libet, Fabricium Biblioth. Græcæ tom. XI. lib. *6.* c. I. n. *16.* Hujus Theodori opus ineditum περὶ ἑρμηνείας *de interpretatione canonum* ante nongentos annos scriptum evolvit, ac ex eodem fusiora testimonia identidem recitat Nicolaus Comnenus

Papa-

Papadopolus in Prænotionibus myſtagogicis, ac de eodem teſtatur in reſponſ. 6. §. 6. n. 14. pag. 364. *Prodromus Sardicenſes canones ſub Nicæni titulo recenſet, quaſi una & eadem ſit Synodus Nicæna & Sardicenſis*. Quæ verba indicare videntur, Theodorum Prodromum Sardicenſes canones uti Nicænos retuliſſe, quemadmodum Conſtantinopolitani Concilii Patres olim fecerunt. Quod ſi ita eſt, exſtabat ergo inter Græcos Theodori quoque tempore, ideſt ante Photii ſchiſma, codex aliquis Græcus, in quo Sardicenſes canones Nicænis adnexi, Nicænorum titulo prænotabantur, ut in pluribus Latinis codicibus deprehendimus.

XXI. Mirum nonnullis videtur, quod poſt illud diſſidium inter Zoſimum & Africanos, quo detegi debuit Sardicenſes canones non eſſe Nicænos, S. Leo adhuc eoſdem Nicænorum titulo allegarit & ingeſſerit in epiſt. 44. ad Theodoſium Auguſtum cap. ultimo. At Africani id tantum eviciſſe videntur, canones allegatos in commonitorio Zoſimi non fuiſſe inventos inter Nicænos in iis exemplaribus Latinis ac Græcis, quæ in Africa, Alexandriæ, Antiochiæ, & Conſtantinopoli hac occaſione fuerunt conſulta, immo nec in ulla alia Patrum Synodo; cum aliarum quoque Synodorum codices contuliſſent, ut iidem in epiſtola ad Cæleſtinum ſcripſere. Sicut autem in excludendis iiſdem canonibus etiam ab omni alia Synodo, quæ vel Sardicenſis vocaretur, Africanos penuria codicum laboraſſe, vel minus diligentes fuiſſe in ſynodicis codicibus evolvendis manifeſtum eſt; ita nil mirum eſſe debet, ſi Romani antiquis ſuæ aliarumque Eccleſiarum exemplaribus fulti, quibus iidem canones uti Nicæni præferebantur, ab inolita conſuetudine allegandi eoſdem canones tamquam Nicænos haud recedendum putarunt. Hinc cum S. Leonis ævo antiqua formula & conſuetudo tot codicibus probata obtineret; eamdem citra ullam falſi ſuſpicionem adhibuit ad eum Imperatorem ſcribens, quem ementita allegatione cum non levi periculo fallere non intererat. Adeo vero bona fides Latinorum hujus & anterioris ætatis in allegandis canonibus Sardicenſibus nomine Nicænorum nobis videtur explorata, ut exiſtimemus, eos tunc ignoraſſe omnino eoſdem canones conditos fuiſſe in Sardicenſi Concilio, ac in Nicæno conſtitutos credidiſſe. Cum enim ab Africanis tam gravis mota eſſet de iiſdem canonibus quæſtio adverſus Romanos, qui in negotio Apiarii eos uti Nicænos attulerant; ſi aliquo ex codice cognoviſſent, ipſos in Sardicenſi fuiſſe ſancitos, facilis ratio patuiſſet componendi ejus diſſidii, docendo Africanos verum Concilium, quod ipſos canones conſtituerat. Nec dubitari poterat, Africanos rejecturos hoc Concilium, cui majores ſui auctoritatem adjecerant; cum præſertim ſe ſe paratos indicaſſent ad eoſdem canones recipiendos, ſi quo in Concilio catholicorum Patrum conditos repperiſſent. Vide hac de re Obſervationes in Diſſert. V. Queſnelli part. 1. c. 6. n. 20. tom. 2. col. 955. Ea igitur de cauſſa hanc viam ſatis obviam Romani Pontifices non inierunt, quia ejuſmodi canones ſolo Nicænorum nomine ex MSS. exemplaribus cognitos, in Sardicenſi editos plane ignorabant.

Objectum ex Africanis dilutum.

XXII. Nunc in eos verſus, quos huic paragrapho ſubjiciendos recepimus, pauca præmittenda ſunt. Ii nobis conſervati in antiquiſſimo MS. Veron. 55. ſpeciem quamdam exhibent nuncupatoriæ epiſtolæ, qua liber fortaſſis alicujus antiquæ collectionis canonum Dalmatiano Cæſari ab auctore anonymo oblatus fuit. Cum caracter horum verſuum ſit diverſus a caractere totius codicis; hæc nuncupatoria ad collectionem hujus codicis non pertinet, ſed ex alio ignoto exemplo huc traducta fuit. Marchio Scipio Maffejus, qui quatuor primos verſus tantummodo edidit in Appendice Hiſtoriæ Theologicæ pag. 77. cenſuit Dalmatianum Cæſarem eſſe Dalmatium alterius Dalmatii filium, & Conſtantini nepotem, qui anno 335. Cæſar fuit renuntiatus. Sed cum in verſibus ſubſequentibus Calchedonenſis Synodus memoretur; alius valde poſterior Cæſar quærendus eſt. Nullum vero *Dalmatianum* appellatum nacti, id ſolum ſuſpicamur, hoc nomine intelligi Julium Nepotem Imperatorem, qui fortaſſis Dalmatianus dictus fuit, quia natione Dalmata, anno 475. Ravenna excedens, in Dalmatiam ſe ſe recepit, ibidemque obiit anno 480. Hujus quidem ætas poſt Calchedonenſe Concilium congruit. Alii hujus circiter temporis Cæſares, qui mox penitus deſiere, nihil habent, quod cum Dalmatiani appellatione conveniat.

niat. De posteriori autem ætate cogitandum non est, cum auctor tres solas œcumenicas Synodos Nicænam, Ephesinam, & Calchedonensem laudet, quæ sæculo V. a Latinis erant receptæ, ut liquet ex iis, quæ fusius statuimus paragrapho præcedenti. En modo ipsos versus, qui licet valde inconcinni ac rudes, quædam tamen utilia continent.

Dalmatiane jugi Cæsar, quem terra triumpho
Excolit imperium cuncta tremendo tuum,
Auribus hunc audi sacris oculisque beatis,
Aspice gestantem pessima facta librum.
Hoc tibi sit votum, laus perpes, sacra potestas,
Ecclesiæ sanctæ jura tenendo sacra.
Ipsius Augusto sulcando vomere sulcos
Constantinus eris major in imperio.
Ast ubi, vel quando Synodos complectere sacras
Malebant, proprio hoc erat in libitu.
Tempora præteritis retro defluxa diebus
Testantur, divos has peregisse solos.
Ad quas Papa suos currebat & ipse Romanus
Transmiserat quorum jussa tenendo sacra.
Hoc Nicæna canit, quæ Constantinus in ipsa
Effulsit, divus Papa simul Julius.
Arius hic cecidit tanto librante magistro:
A qua sancta caput traxit amore fides.
Calchedona sequens hanc, Marcianus & auctor
Testatur, feriens Eutychiana labra.
Non tacet hoc divo fulgens Ephesena trophæo
Theodosii, calcans dogmata Nestorii.
..... *Romana dehinc hoc pandunt jura per orbem*
Legibus extensa prorsus utrisque sacra.
..... *Cuncta canunt Synodi per dogmata sacræ*
Condecet illarum vos retinere ritum.
Non minor Augustus, minor est tibi neque potestas,
Nec tibi dissimilis imperialis apex.
Bis sena nec absunt vobis librata talenta,
Velle sit, aut posse alterius proprium.
Sentiat inde Dei gaudens plebs incrementum,
Polleat & vestro tempore sancta fides.
His valitura bonis vestro libramine Cæsar,
Sæcula perpetuum dent tibi cuncta melos.

§. IV.

Num Romanorum Pontificum decretales epistolæ in unum codicem una cum canonibus Nicænis & Sardicensibus relatæ & editæ fuerint.

XXIII. Codicem publica auctoritate antiquissimis temporibus vulgatum, qui præter Nicænos & Sardicenses canones Romanorum quoque Pontificum decreta contineret, Quesnellus contendit Dissert. 12. c. 2. Id autem probaturus Leonis verba recitat ex epist. 4. ad Episcopos Campaniæ, Piceni, & Tusciæ c. 5. quos observare jubet non tam Innocentii, quam aliorum omnium prædecessorum decreta. *Ne quid vero sit*, inquit S. Pontifex, *quod prætermissum a nobis forte credatur, omnia decretalia constituta tam beatæ recordationis Innocentii, quam omnium decessorum nostrorum, quæ de ecclesiasticis ordinibus & canonum promulgata sunt disciplinis, ita a vestra dilectione custodiri debere mandamus, ut si quis in illa commiserit, veniam sibi deinceps noverit denegari.* Tum Quesnellus addit: *Cum hæc scribebat Leo, convertebat mentis oculum in ea Innocentii decreta, quæ habentur in epistola ad Victricium Rothomagensem & alteram ad Macedones Episcopos, quibus*

Nullus fuit codex publicus cum decretalibus Pontificum.

tom. 1. col. 616.

quibus reprobatur bigamorum ordinatio. At quomodo ejusmodi decretalia constituta in remotiores Gallianum partes & in Macedoniam missa Italis ita nota esse potuerunt, ut iis promulgata dicerentur, iisdemque tenerentur obsequi, nisi publico ac recepto Codici haberentur inserta? Hac ratione cum omnia *decretalia constituta*, tam Innocentii, quam *omnium decessorum* Leo servanda præcipiat; Codex adstruendus esset, qui hæc *omnia* contineret: cujusmodi nullus fuit. Neque enim ille Codex, quem idem Quesnellus edidit, & Romanæ Ecclesiæ Codicem venditavit, *omnia* complectitur, sed plurimis & celebrioribus pontificiis decretis caret, ut alibi dicetur.

Quomodo sine codice publico decretalia essent promulgata.

XXIV. Satis autem *promulgata* dici potuerunt *omnia* Innocentii & prædecessorum decretalia, eo quod ad aliquarum licet provinciarum Episcopos primum directa, subinde tamen * aliis atque aliis Episcopis communicata, ac toto orbe dispersa fuere. Cum nimirum Pontifices ad quempiam Episcopum decreta mittebant, quæ omnibus usui esse vellent; solebant præcipere, ut eadem aliis atque aliis per litteras communicarentur. Hinc Siricius cum regularum librum direxit ad Himerium Tarraconensem, eidem mandavit, ut non solum ad Episcopos suæ provinciæ, *sed etiam*, inquit, *ad universos Carthaginenses & Bæticos, Lusitanos atque Gallicios, vel etiam qui vicinis tibi collimitant hinc inde provinciis, hæc, quæ a nobis sunt salubri ordinatione disposita, sub litterarum tuarum prosequutione mittantur*. Similiter Zosimus in epistola ad Esychium Salonitanum: *Ne quid meritis*, inquit, *dilectionis tuæ derogaremus, ad te potissimum scripta direximus, quæ in omnium fratrum & coepiscoporum nostrorum facies ire notitiam, non tantum eorum, qui in ea provincia sunt, sed etiam qui vicinis dilectionis tuæ provinciis adjunguntur*. Plura sunt Leonis testimonia, quibus similia præscribit. Inter cetera epist. 159. ad Nicetam Aquilejensem cap. 7. *Hanc autem epistolam nostram*, ait, *quam ad consultationem tuæ fraternitatis emisimus, ad omnes fratres & comprovinciales tuos Episcopos facies pervenire, ut in omnium observantia data prosit auctoritas*. Hac ratione de plerisque decretalibus Apostolicæ Sedis epistolis factum fuisse credimus, quod de Siricii litteris tradidit Innocentius in epistola ad Exuperium Tolosanum Episcopum num. 4. *Forma illa ecclesiasticæ vitæ pariter & disciplinæ ab Episcopo Siricio per provincias commeavit*. Hinc etiam illud evenit, ut quædam pontificiæ epistolæ quibusdam Episcopis, vel provinciis initio traditæ, communicatæ deinceps aliis aliarum provinciarum Episcopis, & ita in omnes provincias missæ, illud additamentum epigraphis in quibusdam manuscriptis receperint, *& universas provincias*. Ita epistola quarta Leonis inscripta legitur, non solum *omnibus Episcopis per Campaniam, Picenum, & Tusciam*, quibus initio data fuisse videtur, verum etiam *& universas provincias constitutis*. Epistola quoque Siricii in Teleptensi, seu verius Zellensi Synodo lecta, ad solos Episcopos suburbicarios primum videtur directa; at sensim in aliarum provinciarum ac Episcoporum notitiam deducta, ad ipsos Africanos transivit ea inscriptione substituta, quæ in collectione hoc tomo edita legitur cap. 62. *Dilectissimis fratribus & coepiscopis per Africam Siricius*. Vide quæ in eamdem epistolam adnotabimus. Idem est de epistola Gelasii ad Episcopos per Lucaniam, Brutios, & Siciliam, quæ in eadem collectione, & in aliis antiquis inscribitur: *Dilectissimis fratribus universis Episcopis Gelasius*. Nonne hæc promulgatio per provincias sufficit? Nihil ergo cogitandum est de collectione, quæ præter Nicænos ac Sardicenses canones simul copulatos omnes etiam pontificias constitutiones contineret, auctoritateque Romanæ Sedis edita, easdem constitutiones promulgaret. Has quidem Romani Pontifices cum aliquando allegarunt, non e Codice aliquo publico, cujus nulla occurrit uspiam mentio, sed ex apostolicis scriniis eduxere, vel ad eorumdem scriniorum fidem provocarunt, uti P. Coustantius late probat in præfatione ad tom. 1. epist. Romanorum Pontificum n. 44. Stet igitur nullum Codicem decretalium olim a Romana Ecclesia evulgatum fuisse, nec eo fuisse opus, ut eædem promulgarentur, & apud Ecclesias auctoritatem obtinerent.

* Confer not. 11. infra in Dissert. XII.

CAPUT II.

De antiquis versionibus canonum Synodorum Græcarum ante Dionysianam lucubratis.

§. I.

Versiones peculiares Latinæ canonum Nicænorum ab Ecclesiis Latinis olim adhibitæ, & distinctæ ab interpretationibus universi Græci Codicis canonum. Quæ particulæ Nicæni Concilii supersint ex antiqua versione apud Romanam & Africanam Ecclesiam recepta. Integra canonum ejusdem Concilii versio in MS. Vaticano Reginæ nobis conservata. Abbreviationes eorumdem canonum lucubratæ a Rufino, & a Gallicanis usurpatæ.

I. DIutius in Ecclesia Latina soli Nicæni & Sardicenses canones auctoritatem obtinuerunt, ut capite antecedenti ostendimus. Cum vero Sardicensium originale Latinum in eadem Ecclesia esset vulgatum; Nicænorum tantum canonum interpretatio statim ab initio necessaria fuit. Peculiares igitur eorumdem versiones, quæ apud Latinos fuerunt receptæ, antea commemorandæ sunt; ac dein de iis antiquis interpretationibus fusius agendum erit, quæ una cum aliis ceterarum Synodorum Græcis canonibus Nicænos latinitate donarunt.

Antiqua Nicænorum versio a Romana Ecclesia recepta.

II. Romana quidem Ecclesia, quæ Nicænam Synodum ejusque constitutiones summa semper observantia prosequuta est, eorumdem canonum versionem antiquissimam habuit. Hæc vero ad nos non pervenit. Quæ enim Quesnellianæ collectioni inserta est, Romanam non esse probabimus in Observationibus ad Dissert. XII. Quesnelli cap. 1. n. 2. Initio autem suspicabamur, eam interpretationem canonum Nicænorum, quæ cum Sardicensibus jungitur, & a nobis hoc tomo proferetur ex MS. Vat. Reginæ 1997. olim Ecclesiæ Theatinæ, illam esse, quæ a Romana Ecclesia recepta, exinde ad aliarum quoque vicinarum Ecclesiarum usum transierit. At duas habemus Nicænæ Synodi particulas

Ejus particulæ, quæ supersunt.

ex ea antiquissima versione, quam Romana Ecclesia adhibuit, nimirum Symbolum, quod legitur apud S. Leonem insertum epistolæ 165. & canonem de Catharis, qui ab Innocentio I. recitatur in epistola ad Rufum & alios Macedones c. 5. n. 10. Utrumque vero a versione laudati codicis Vat. Reginæ apertissime discrepat. Adde quod Felix III. in epist. 7. ad Episcopos per diversas provincias constitutos, dum tres Nicænos canones in rem suam refert, eorum verba ex Romana, ut credibile est, interpretatione sumta, a versione memorati codicis absunt quam longissime. Hæc inter cetera ex canone 11. profert: *Si tamen eos ex corde pœniteat, tribus annis inter audientes sint, septem vero annis subjaceant inter pœnitentes manibus Sacerdotum, duobus autem oblationes modis omnibus non sinantur offerre, sed tantummodo popularibus* (al. *sæcularibus*) *in oratione socientur.* Hic canon in versione Vat. Reginæ alia divisione legitur can. 18. & aliis atque aliis verbis ita profertur, ut aliam interpretationem manifestet.

Eadem versio pluribus communis.

*Hilar. t.2. Edit. Veron. col. 510.& 643. t.4 Bibl. PP. edit. Lugd. col. 233 in fine. *t 2 Conc. col.1260.b. * tom. 3. Conc. col. 448. a*

III. Nicænum symbolum ex eadem versione Romæ recepta, quæ apud Leonem legitur, invenimus etiam apud S. Hilarium in libro de Synodis num. 84. & in Fragmento secundo; apud Luciferum Calaritanum in libro *de non parcendo in Deum delinquentibus*, nec non apud Africanos in Breviario Hipponensi inserto collectioni hoc tomo edendæ cap. 2. col. 88. & in Concilio Carthaginensi anni 419. uti patet ex *Codice Ecclesiæ Africanæ & ex collectionibus Hispanica atque Isidoriana * in Concilio Carthaginensi VI. In Synodo Carthaginensi anni 525. hæc eadem symboli versio exhibetur tom. 5. Conciliorum col. 778. sed perperam, ex mendosa utique lectione codicis, traditur hæc illa esse, quam in Africam *transmisit Atticus Episcopus Ecclesiæ Constantinopolitanæ per Innocentium Presbyterum*. Hæc enim versio inserta fuit canonibus anterioris conventus Hipponensis anni 393. & repetita in Synodo Carthaginensi anni 397. ac tandem in alia item Carthaginensi anni 419. antequam ad Atad Atticum Constantinopolitanum Innocentius Presbyter, seu potius Marcellus Subdiaconus ab Africanis legatus mitteretur. Alia quidem est interpretatio symboli Attici litteris subjecta in Codice Ecclesiæ Africanæ can. 137. hæcque a Constantinopolitanis interpretibus lucubrata una cum versione canonum Nicænorum, quæ in collectionibus Hispanica & Isidoriana conservatur, ab Attico in Africam missa fuit. Ea porro versio Nicæni symboli apud Romanam Ecclesiam recepta pluribus antiquis communis, indicio esse videtur eamdem pariter ipsis fuisse Nicænorum quoque canonum interpretationem, Africanis præsertim, apud quos exstabant *exemplaria fidei & statuta Nicænæ Synodi, quæ ad nostrum Concilium* (inquiunt Patres Carthaginensis Synodi anni 419.) *per beatæ recordationis .... Cæcilianum Episcopum allata sunt*. Ita non levis suspicio exoritur, non minus in symbolo, quam in canonibus Nicænis eamdem fuisse antiquam versionem Romanam & Africanam, quam scilicet æque ex Nicæno Concilio & pontificii legati Romam, & Cæcilianus in Africam detulerint.

tom. 2. Conc. col. 1364. — tom. 3. Conc. col. 447. — Quam antiqua fuerit.

IV. Huic conjecturæ obesse videtur Ferrandus Carthaginensis Ecclesiæ Diaconus. Is enim, qui in ceteris Græcis canonibus Isidorianam interpretationem adhibuit, in solis Nicænis eam deseruisse videtur, ut antiquam versionem eorumdem canonum in Africanis codicibus conservatam ac in Africa celebrem sequeretur. Idem vero Ferrandus in Breviatione Nicænum canonem de Catharis ita proponit, ut versionem prodat a Romana diversam, quam Innocentius I. adhibuit. Hic enim Pontifex in epist. ad Rufum & Macedones n. 13. eum canonem sic recitat: *De his, qui nominant se ipsos Catharos, idest mundos, & aliquando veniunt ad catholicam Ecclesiam, placuit sanctæ & magnæ Synodo, ut accepta manus impositione sic maneant in Clero*. Apud Ferrandum vero ex Africana versione idem canon sic effertur num. 172. *Ut hi, qui nominantur Cathari, accedentes ad Ecclesiam, si ordinati sunt, sic maneant in Clero*. Hæc quidem Ferrandi non sunt ipsa versionis verba, sed ejus compendium. At versionis dissimilitudinem satis indicat sensus, qui cum apud Innocentium manus impositionem significet, apud Ferrandum ordinationem antea acceptam declarat. Etsi ergo interpretatio symboli Nicæni apud Romanos & Africanos erat eadem; non idem tamen de canonibus judicandum videri potest. Verum cum in Africanis canonum codicibus non una esset antiqua illa interpretatio canonum Nicænorum, quam Cæcilianus attulit, sed post Synodum Carthaginensem anni 419. inserta fuerit alia versio Philonis & Evaristi, quæ petentibus ejusdem Synodi Patribus ab Attico Episcopo Constantinopolitano in Africam missa fuit: hac versione Ferrandus usus credi potest, cum & hujus abbreviatio, & ea versio canonem de Catharis in eamdem sententiam referant. Sic enim eadem Philonis & Evaristi versio: *Si quando venerint ad catholicam Ecclesiam Cathari, placuit sanctæ & magnæ Synodo, EOS ORDINATOS sic manere in Clero*: uti Ferrandus *si ordinati sunt*. Soluta igitur difficultate, quæ ex Ferrando obtrudi poterat, jam redit præsumtio, antiquam versionem Nicæni Concilii a Cæciliano allatam in Africam, sicut in symbolo, ita & in canonibus eamdem fuisse cum illa, quam jam ab initio Romana Ecclesia suscepit.

V. Quantum ad hanc antiquam versionem Romanam præter symbolum, & canonem de Catharis Bonifacius I. in epistola ad Hilarium Narbonensem alterius canonis Nicæni verba se se recitare profitetur. *Nulli*, inquit, *videtur incognita Synodi constitutio Nicænæ, quæ ita præcipit, ut eadem proprie verba ponamus. Per unamquamque provinciam jus Metropolitanos singulos habere debere, nec cuiquam duas esse subjectas*. At inter Nicænos canones nec in Græco, nec in ulla versione aut ipsa verba, quæ a Bonifacio describuntur, aut prope eadem reperire licebit. Immo apud antiquos Pontifices nullam fuisse interpretationem, quæ id a Nicænis Patribus præceptum traderet, satis probasse credimus in Observationibus ad Dissert. V. Quesnelli part. 2. c. 6. n. 6. ubi quid hac in re conjici possit explicavimus. Aliud veteris Romanæ versionis fragmentum videri potest canon sextus Nicænus, quem Paschasinus Apostolicæ Sedis legatus recitavit actione XVI. Concilii Calchedonensis. Hic autem canon non solum peculiare illud initium habet, *Quod Ecclesia Romana semper habuit primatum*, & solius Ægypti, non autem Lybiæ ac Pentapolis

tom. 2. col. 1043.

meminit; verum etiam duos canones sextum & septimum in unum junctos complectitur. Num vero hunc canonem ex codice Romanæ, an ex suæ potius Lylibetanæ Ecclesiæ legerit Paschasinus, qui non ex urbe Roma, sed ex sua Sede ad Concilium perrexit, ex contextu non liquet. Si autem verum judicetur, quod antea conjecimus, eamdem fuisse antiquam versionem Romanæ Ecclesiæ ac Africanæ; cum hic idem sextus canon ex interpretatione antiqua ab
tom. 5. Afris recepta insertus in Synodo Carthaginensi anni 525. discrepet a versione,
Concil. col. quam Paschasinus in Calchedonensi protulit; hæc Paschasini versio Romana
780. credi & affirmari nequit: ac propterea ex codice forte Lylibetano eum canonem recitavit. Initium quidem illud *Quod Romana Ecclesia semper habuit primatum*, eadem ratione invenitur in MS. Vat. Reginæ 1997. ad Theatinam Ecclesiam olim pertinente, non minus quam in codicibus collectionis Quesnellianæ ac in aliis etiam aliarum collectionum, quas memorabimus not. 32. in caput 1. Codicis canonum hoc tomo edendi. Unius vero Ægypti mentio, omissis Lybia atque Pentapoli, ita in laudato MS. Vat. Reginæ, uti apud Paschasinum præfertur: quod aliis indicatis collectionibus nequaquam congruit. At si primam canonis partem excipias, verba a Paschasino recitata in reliquis a versione laudati codicis discrepant, uti & numerus canonis, qui apud Paschasinum sextus, in eo autem codice undecimus est: ac proinde eadem omnino credi nequit utriusque codicis versio.

VI. Ex hactenus disputatis palam factum est, quænam particulæ, vel reliquiæ canonum Nicænorum supersint ex antiqua versione Romana, vel Africana. Nunc de integris & vetustioribus eorumdem canonum interpretationibus pauca delibanda. Primum locum exigit illa in laudato codice Vat. Reginæ contenta, cui Sardicenses canones continua numerorum serie subnectuntur. Hæc siquidem cum & verbis, & divisione canonum ab omnibus aliis cognitis & vetustis interpretationibus differat, nihil dubitandum videtur, quin ad antiquiora multo tempora ejus origo referenda sit. Cumque hæc inserta fuerit in antiquissimam collectionem Italicam, quæ ad Theatinam Ecclesiam suburbicariam spectabat, Italica dici potest. Hanc hactenus ineditam proferemus in lucem hoc tomo post versionem Priscam: ibique plura de eadem dicentur.

VII. Alia posterior aliquanto eorumdem canonum interpretatio a Philone & Evaristo Constantinopolitanis lucubrata, quam Africani Episcopi ab Attico Constantinopolitano acceperant, nobis conservata fuit quantum ad symbolum apud Dionysium can. 137. Codicis Africani; quantum vero ad canones in collectione Hispanica & exinde in Isidoriana, ut antea monuimus. Symbolum vero una cum canonibus hujus versionis invenimus tantum in MS. Vat. Palatino 577.

VIII. Antiquam quoque, & ignotam eorumdem canonum versionem nacti sumus in MS. codice 55. Capituli Veronensis majusculis litteris exarato, qui ineditam pariter interpretationem præbuit canonum Sardicensium ex originali Græco auctiori quam quod editum est, nec non aliam canonum Calchedonensium. Cum hæ versiones publica luce dignæ visæ sint, huic tomo inserentur.

Abbreviationes Nicænorum canonum a Rufino digestæ, a Gallicanis usurpatæ. IX. Peculiarem mentionem efflagitat quædam Gallicanæ Ecclesiæ praxis, qua pro Nicænis canonibus nonnumquam usurpavit abbreviationes eorumdem canonum a Rufino exhibitas lib. 10. Historiæ Ecclesiasticæ. Id perspicuum fit ex Concilio, uti appellant, Arelatensi II. nec non ex iis canonum excerptis, quæ in caussa Contumeliosi Regensis a Cæsario Arelatensi collecta fuere, ut recte animadvertit Quesnellus Differt. XVI. huic tomo inserenda num. 15. Duo etiam codices Morbacensis & Vat. Palat. 754. qui puram & perantiquam collectionem Gallicanam continent, eosdem Nicænos canones ex Rufino sumtos & cum Sardicensibus copulatos præferunt. Cum vero in Concilio Gallicano Valentino anni 374. canone tertio Nicæna constituta allegentur, quo tempore nondum Rufini abbreviationes prodierant, alia apud Gallos Nicænorum canonum antiquior versio exstabat; quæ cujusmodi fuerit, ex ejusdem Concilii verbis colligi nequit.

§. II.

§. II.

De versione totius Græci Codicis canonum, quæ Isidoriana vocari solet.

X. DE antiquis interpretationibus Latinis canonum omnium Synodorum, quæ in Græcis codicibus continebantur, dicturi, illud præmonendum putamus, has privato studio & usui fuisse lucubratas. Nullæ ex iis ante sextum sæculum ab aliqua Latina Ecclesia receptæ nisi forte in Nicænis, quos solos ex Græcis canonibus apud Latinas Ecclesias diutius auctoritatem obtinuisse ostendimus. *Forte* vero scripsimus; quia cum Nicænorum canonum versiones peculiares usui essent, ut paragrapho antecedenti explicavimus; num aliqua ex memorandis versionibus ante sæculum VI. digestis, in Nicænis canonibus a quapiam Latina Ecclesia fuerit usurpata, deficientibus documentis incertum est.

XI. Versiones antiquæ totius Græci Codicis canonum sunt tres, Isidoriana, Prisca, & Dionysiana. De duabus prioribus, quæ ante sæculum VI. exaratæ fuerunt, nunc dicendum est: de tertia agemus part. 3. c. 1. ubi Dionysii Exigui collectio explicabitur. Incipiamus ab Isidoriana, quæ Prisca antiquior videtur. Vulgata fuit ex collectione Isidori, a quo nomen accepit: Isidorus autem ex antiquiori collectione Hispanica ipsam transcripsit. Neque vero qui Hispanicam collectionem digessit, ejus versionis auctor credatur. Anterior enim est multo, ut ex dicendis patebit, Latine redditos exhibet canones Nicænos, Anquiritanos, Neocæsarienses, Gangrenses, quibus Latinum originale Sardicensium in MSS. collectionum Hispanicæ & Isidorianæ subjicitur, Antiochenos, Laodicenos, Constantinopolitanos, & Calchedonenses. *Tres antiquæ versiones canonum. De ea, quæ vulgo Isidoriana vocatur.*

XII. Hactenus soli codices laudatarum collectionum cum hac versione cogniti fuere. Nos vero unum antiquissimum invenimus in bibliotheca Capituli Veronensis signatum num. 58, qui ad neutram illam collectionem pertinet, exhibetque etiam vetustiorem collectionem lucubratam sub medium sæculum VI. Hic ipse codex Hispanica collectione fortassis antiquior, puram Isidorianam (hoc enim notiori & pervulgato nomine distinctionis caussa utemur) versionem continet: sed cum mutilus in fine sit, ultimum, quod superest, folium desinit in Laodiceno canone 16. In hac autem pura Isidoriana versione, cujus sinceriores lectiones dedimus in notis ad Codicem canonum, duo præsertim animadversionem merentur: I. Sardicenses canones cum Nicænis conjungi: II. omnium Synodorum canones etsi satis distinctos, & titulis & numeris carere; quæ remotioris antiquitatis indicia sunt.

XIII. Hæc Græcorum canonum interpretatio adeo antiqua est, ut dubium esse possit, num tota simul compacta fuerit, an vero initio priorum tantum Græcarum Synodorum canones, qui * primo in Græcum Codicem videntur relati, latine redditi fuerint; ac dein aucta aliis aliarum Synodorum canonibus Græca collectione, alii interpretes eidem versioni alios subinde canones latinitate donatos addiderint. Huic dubitationi caussam præbuit inter ceteras vetus collectio Lucano-Colbertina, de qua agemus cap. 6. Cum enim hæc solos canones Nicænos, Anquiritanos, Neocæsarienses, atque Gangrenses ex versione Isidoriana suppeditet, ceteros vero referat ex Prisca; collector eos tantum canones in suo Isidoriano codice reperisse videtur, eo quod hi tantum a primo interprete fuerint in Latinam linguam traducti. Hæc per conjecturam, quæ quanti sit, aliis dijudicandum relinquimus. Certe vero cum in eadem collectione Laodiceni canones non referantur, hi profecto a collectionis auctore inventi non fuerunt nec in Isidorianæ, nec in Priscæ versionis codicibus, quos ille adhibuit. Sicut autem in Prisca hactenus desiderantur, quia nec a primo hujus auctore traducti fuerunt, nec postea eidem accessere; ita nunc in Isidoriana non desunt, quia (licet initio abfuerint) eidem posterioribus curis additi sunt. Cum Ferrandus Diaconus, quem Isidoriana versione usum videbimus, Calchedonenses canones prætereat; ejus codex Isidorianus ipsis utique caruit. Similem codicem habuisse videtur auctor collectionis Quesnellianæ, qui cum omnes aliarum Græcarum Synodorum canones ex Isidoriana versione receperit, *De ejus versionis antiquitate.* ** Vid. part. 1. c. 2.*

perit, solos Calchedonenses in eadem non nactus, ex Prisca descripsit. Hi ergo canones sicut posterius accesserunt Græco corpori canonum, ita etiam versioni Isidorianæ, quæ Græcum Codicem ante Synodum Calchedonensem Latinis dederat, postea subjecti fuerunt.

XIV. Hanc interpretationem in Hispania receptam manifeste demonstrat collectio Hispanica, quæ ex eadem versione Græcorum Conciliorum canones præfert. Cum Patres Toletanæ Synodi anni 400. *constituta Concilii Nicæni perpetuo servanda* in præfatione statuerunt, ex eadem forte versione Nicæni canones eo quoque tempore erant apud ipsos vulgati. Eadem versio quantum ad Nicænos canones videtur recepta etiam in Galliis sæculo V. uti colligere licet ex Concilio Regensi anni 439. can. 3. Cum enim erga Armentarium in Ebredunensi Ecclesia male ordinatum eam indulgentiam servandam decernat, quam *Nicænum Concilium statuit .... idest, ut cuicumque de fratribus tale aliquid caritatis consilia dictaverint, liceat ei unam parochiarum suarum Ecclesiam cedere; in qua aut Chorepiscopi nomine, ut idem canon loquitur, aut peregrina, ut ajunt, communione foveatur*: voces *parochiæ* & *Chorepiscopi* simul in sola Isidoriana versione invenientur canone Nicæno octavo, vel can. 14. collectionis hoc tomo edendæ, quæ Isidorianam versionem recepit. Hæc quoque collectio, quam in Galliis digestam probabimus, usum ejusdem interpretationis apud Gallos confirmat, non minus quam collectio manuscripti Corbejensis, quæ pariter Gallicana est. In Concilio Epaonensi anni 517. can. 31. de pœnitentia homicidarum jubetur observari, *quod Ancyritani canones decreverunt*. Hoc primum documentum est, quo alii Græci canones præter Nicænos in Concilio Gallicano allegantur. Vox autem *Ancyritani* Isidorianæ versionis propria est: Prisca enim *Ancyrenses*, Dionysius *Ancyranos* vocat. Synodus Valentina anni 374. can. 3. Nicænum Concilium laudat, indicatque ejus canonem XI. Hoc tempore abbreviationes Rufini nondum erant scriptæ, immo nec Prisca versio. Cum vero Isidoriana interpretatio in Galliis vulgata in sua prima origine ad anteriora tempora pertineat, ut superius conjecimus; ex hac fortassis Valentinæ Synodi Patres Nicænos canones receperunt: nisi quis credibilius existimet, eam vetustiorem versionem apud Gallos, quæ apud Romanos, & Africanos, obtinuisse, ex qua quidem paullo ante S. Hilarius Pictaviensis symbolum Nicænum excerpserat. Eamdem Isidorianam interpretationem ex Hispaniis fortassis transisse in Africam, ibidemque sæculo VI. viguisse ex Ferrando Diacono manifestum est. Is enim Nicænis canonibus exceptis, ceteros Græcos canones ex Isidoriana in compendium redegit. Vide part. 4. c. 1. In Italia quoque hanc versionem alicubi vulgatam probant vetustissimæ collectiones in Italia lucubratæ, & custoditæ in codicibus Veronensis Capituli 55. & 58., Lucano 88. simili Colbertino 784., Barberino 2888., & Vat. 1342. In omnes enim has collectiones ex versione Isidoriana non pauca traducta fuere. Concludamus hunc paragraphum cum Martino Bracarensi. Is in præfatione ad collectionem canonum Orientalium duo vitia in canonibus antea latine redditis notat, nimirum *& ea quæ per translatores obscurius dicta sunt, & ea quæ per scriptores sunt immutata*. Isidorianam versionem, quæ in Hispania vigebat, præcipue videtur respicere; in qua nonnulla obscurius reddita ipsi visa sunt, alia vero a librariis alicubi mutata, vel addita in MSS. collectionis Hispanicæ, ac multo liberius in exemplaribus collectionis Quesnellianæ huic tomo insertæ deprehendimus ex collatione aliorum codicum, qui puriorem Isidorianam continent. Nos horum exemplarium lectiones subjiciemus in notis ad Codicem canonum, ac ex his tum patebunt mutationes inductæ, tum purus Isidorianæ versionis textus restitui poterit.

tom. 2. Concil. col. 1471. a

tom. 4. Concil. col. 534. d.

tom. 5. Conc. col. 715. e

tom. 2. Conc. col. 1068.

§. III.

§. III.

De alia versione, quæ Prisca appellatur.

XV. PRisca Græcorum canonum interpretatio Latina ea solet appellari, quæ in venerandæ antiquitatis MS. codice, litteris majusculis & quadratis scripto, apud Christophorum Justellum olim custodita, ac typis parata, ab Henrico ejus filio, & Gullielmo Voello tomo I. Bibliothecæ Juris canonici veteris inserta Lutetiæ Parisiorum prodiit anno 1671. Alium Vaticanum codicem Justelliano plane similem laudasse Jacobum Sirmondum iidem editores in præfatione generali affirmant. Hæc autem ejus verba proferunt ex Censura Anonymi de regionibus & Ecclesiis suburbicariis. *Tantum abest, ut* suburbicarii *vocem hoc loco respuam, ut nova tibi auctoritate confirmaturus sim antiquissimæ Nicænorum canonum editionis in bibliotheca Vaticana, ubi sextum hunc Nicænum canonem hoc titulo & exordio conceptum memini: De primatu Ecclesiæ Romanæ & aliarum civitatum Episcopis. Antiqui moris est, ut Episcopus urbis Romæ habeat primatum, ut suburbicaria loca, & omnem provinciam suam sollicitudine gubernet. Qui canon* (subdunt laudati editores) *cum iisdem plane verbis conceptus habeatur in Codice Justelli, alterum alteri esse quam simillimum evidenter ostendit.* Addunt aliud testimonium Petri de Marca, qui libro 3. de Concordia cap. 4. n. 6. utrumque codicem Justellianum, & *Vaticanum a viris eruditis laudatum* eamdem versionem continentem commemorat. Nos autem cum omnes Vaticanos codices, qui ad collectiones canonum pertinent, sollicitius expenderimus; nullum MS. exemplum Justelliano plane simile, quod puram versionem Priscam in unum corpus collectam præferret, reperire potuimus. Solum nacti sumus codicem Vat. 1342., cui similis est alius bibliothecæ Barberinæ 2888., in quo Nicæni canones ex eadem Prisca interpretatione cum lectione a Sirmondo descripta exhibentur: & hunc codicem a Sirmondo, & ex Sirmondo a Petro de Marca laudatum nihil ambigimus. Alium porro codicem Vat. Reginæ 1997. invenimus, in quo solis Nicænis canonibus exceptis ac ex peculiari antiquissima versione productis, ceteri Græci canones ex Prisca proferuntur, adeo ut ex utroque codice totam Priscam versionem in bibliotheca Vaticana nancisci, & utiliter conferre licuerit. Codices hujus versionis.

XVI. Hujus versionis Justelliana editio manca & imperfecta est, eamque laudatorum codicum præsidio suppletam atque perfectam hoc tomo recudendam credidimus. Caussam autem, cur mutila & imperfecta fuerit Justelli editio, cognoscere non modicum interest. Rem narrat Stephanus Baluzius in præfatione ad Opuscula Petri de Marca edita Parisiis anno 1681. a num. 10. ad 13. his verbis. *Cum viri clarissimi Gullelmus Voellus & Henricus Justellus Christophori filius, prior Theologus Parisiensis, alter Calviniani dogmatis sectator, constituissent in unum corpus colligere varios codices canonum ecclesiasticorum olim a Christophoro editorum, & illis addere etiam aliquos nondum editos, in primis vero quamdam collectionem Latinam, quam habebant in vetustissimo codice MS. Christophori Justelli; & Marca tum Tolosæ habitans intellexisset, eam editionem maturari, ratus id quod res erat, suppressum fortassis iri canones Sardicenses (quos, cum statim sequerentur post Nicænos, Christophorus adhuc juventa callidus cultro resecuerat, & ad calcem libri rejecerat) ea de re scripsit ad virum superillustrem Petrum Seguierium Galliarum Cancellarium, orans eum, ut publicatione horum librorum supersederetur, donec ipse Lutetiæ esset. Eo cum Marca pervenisset nono Kalendas Octobris an. 1660. ac typographus urgeret emissionem operis jam perfecti, Voellus & Justellus non aliter id a Cancellario obtinere potuerunt, quam si Marcæ rationem redderent operæ suæ. Igitur non ita multo post ad eum venerunt, & cum illis qui nuper mortuus est Ludovicus Henricus Fayus Espesseus Abbas S. Petri Viennensis, in cujus ædibus habitabat Voellus. Primo res acta est magna contentione, Voello & Justello frendentibus & contendentibus, duo vetera folia membranacea, quæ ad calcem codicis rejecta erant, in qui-* Editio Justelli imperfecta. Cur.

in quibus continebantur aliqua fragmenta canonum Sardicensium, non pertinere ad hunc codicem, præsertim cum folia quinque defieri manifestum esset post canones Nicænos, & illic duo tantum reperirentur. Sedata tandem illa perturbatione, cum constitisset, hæc duo folia ejusdem magnitudinis esse cum ceteris, ejusdem antiquitatis, ejusdem marginis, ejusdem scripturæ, ac numeratis & collatis cum editione Biniana anni 1638. lineis, & ut ita dicam vocabulis, quibus opus erat ad supplenda hæc quinque folia, quæ deerant, ex subscriptionibus Synodi Nicænæ & ex canonibus Sardicensibus, luce clarius patuisset, duo illa folia reliqua ex quinque recisis reponi debere consequenter post Concilium Nicænum, præsertim cum Marca fidem faceret ita sibi olim dictum a Christophoro, qui fassus fuerat, se adhuc juvenem illa resecuisse impetu potius quam ratione; inter eos convenit, ut hæc fragmenta ederentur, & ut sequens præfatio, quam Marca sua manu scripsit, in fronte voluminis poneretur.

„ Monendus est Lector, amanuensis oscitantia, ex cujus apographo ad fidem „ MS. codicis expresso editio isthæc confecta est, accidisse, ut canones Sar- „ dicensis Concilii suo loco, idest post canones Nicænos, positi non fuerint. „ Quod editoribus curam imposuit recensendæ editionis, & iterum cum MS. „ conferendæ, attentis, ut omissionem illam restituerent, adjectis hic in fron- „ te collectionis canonibus Sardicensibus, qui supersunt in eo codice, ubi post „ subscriptiones Nicæni Concilii, & ante canones Gangrenses folia quædam „ desunt, quæ vetustate perierunt: duo tamen supersunt, incipiuntque a ca- „ none Sardicensi XIV. una cum sequentibus usque ad XIX. quos bona fide „ hic repræsentare editores voluerunt.

Aliter tamen evenit. Nam cum evasissent ex ea tempestate, aliam viam Marca inscio inierunt componendæ hujus controversiæ, & fragmenta illa canonum Sardicensium reposuerunt post Nicænos, addita præfatione, qua testarentur, id se ratione potius fecisse, quam ullo indicio aut necessitate ex veteri libro petita. Monuerunt ergo maximam partem canonum Sardicensium cum postrema parte subscriptionum Concilii Nicæni injuria temporum periisse. Mox addunt. „ Quæ tamen supersunt Concilii Sardicensis fragmenta, post „ Nicænam Synodum collocavimus. Auctorem namque hujusce editionis non „ dignitatem Conciliorum, sed ordinem temporis sequutum fuisse in sua colle- „ ctione verosimile est. “ *Rem totam referunt ad verisimilitudinem, cum tamen eis & dictum & ostensum sit, ea folia, in quibus postrema pars subscriptionum Concilii Nicæni, & nonnulli canones Sardicenses continebantur, posita olim fuisse post Synodum Nicænam in codice manuscripto, indeque avulsa a Christophoro adhuc juvene, ne Catholici ex eo libro vetustissimo præscriberent adversus hæreticos pro dignitate & auctoritate horum canonum. Dicere debuerant juxta pacta & conventa, canones illos locis suis prætermissos fuisse, & nunc reponi. Ne quis vero putare possit, me totam hanc historiam gratis comminisci, & nullum illius vestigium exstare, primum scire omnes volo, me huic omni concertationi & examini interfuisse, penes me habere præfatiunculam supra descriptam, & Marcam istius rei mentionem fecisse in litteris, quas tum per aliam occasionem dedit ad Alexandrum Papam VII. & ad Lucam Holstenium. Describam autem ejus verba ex ea, quæ est ad Alexandrum.* „ Justellus pater, Calvinianæ quoque hæreseos sectator „ codicem canonum Ecclesiæ universæ olim publicaverat, omissis de industria „ Sardicensis Concilii canonibus Romani Pontificis potestatem diserte asseren- „ tibus, ac si judicio Ecclesiæ universæ a corpore canonum rescissi essent. Ea- „ dem fraude filius canonum collectionem Latinam e codice vetustissimo his „ nongentis annis non scripto (*leg.* conscripto) ante meum in hanc Pa- „ risiensem civitatem adventum prælo submiserat. Statim comperto ab „ ea abesse Sardicenses canones, quos sciebam a Justello patre ex ipso „ codice resectos quidem, sed ad ejusdem voluminis calcem folia rejecta, „ non destiti quoad tam regiæ potestatis comminationibus, quam huma- „ nissimis precibus post canones Nicænos juxta fidem MS. codicis Sardicensi- „ bus in editione locus suus restitueretur, ne hac diligentia prætermissa trium- „ pharent hæretici spretam non solum a Græcis, sed etiam a Latinis, &

„ præ-

„ præcipue ab Ecclesia Gallicana canonum illorum auctoritatem. " Hactenus ex Baluzio.

XVII. Continebat olim Justellianus codex, si editoribus credendum sit, *canones Conciliorum Ancyrani, Neocæsariensis, Nicæni, Sardicensis, Gangrensis, Antiocheni, Laodiceni, Constantinopolitani I. & Calchedonensis*. Sed *Synodi Laodicenæ integros canones, & maximam partem Sardicensium cum postrema parte subscriptionum Concilii Nicæni injuria temporum periisse* affirmant in præfatiuncula ad lectorem. Qua de caussa vere interciderit maxima pars Sardicensium cum postrema parte subscriptionum Nicænarum, ex Baluzio intelleximus. Laodicenos vero canones in codice Græco Priscæ versionis auctori defuisse, nec eos Prisca interpretatione latinitate donatos, nobis exploratum est. Cum enim omnium ceterarum Synodorum Græcarum canones ex Prisca versione in aliquot Latinis collectionibus reperimus; solos Laodicenos ejusdem versionis in nulla collectione potuimus invenire, sed vel ex Isidoriana insertos, vel prorsus omissos deprehendimus. Hoc postremum peculiari animadversione dignum est in MS. codice Vat. Reginæ 1997. qui etsi præter Nicænos canones solam ac totam in ceteris editionem Priscam receperit, Laodicenis nihilominus caret. In Justelliano autem codice quinque tantum folia, quæ Nicænarum subscriptionum partem, & Sardicenses canones tantummodo continebant, resecta notavit Baluzius. Laodicenos eidem codici olim insertos eo solo præjudicio affirmarunt editores, quia illos in Græco Codice canonum, ac in omnibus ejusdem Codicis exemplaribus semper exstitisse crediderunt continuata illa numerorum serie comprehensos, quam cuique ejusmodi codici communem putarunt. Nos autem cum part. 1. c. 2. n. 3. hoc præjudicium sustulimus, tum vero Laodicenis canonibus Græcum Codicem aliquando caruisse ostendimus. Nullus quidem Justelliani codicis defectus notatur post canones Antiochenos, quibus Laodiceni subjecti fuissent, si eos Priscæ auctor latine reddidisset.

(tom. 1. Bibl. Jur. Can. pag. 276.)

(Laodiceni canones ex Prisca versione cur desint.)

XVIII. Canones Constantinopolitani in eodem codice post Calchedonenses describuntur, iisdemque canon adnectitur de primatu Sedis Constantinopolitanæ, qui ad Calchedonensem Synodum pertinet. *Id potius hallucinationi, vel incogitantiæ amanuensis, qui codicem exscripsit, quam auctoris errori vel imperitiæ tribuendum* editores tradidere. Sed nec amanuensi, nec auctori versionis id adjudicandum est. Veram caussam eam credimus, quod in eo Græco codice, quem interpres adhibuit, canones Constantinopolitani post Calchedonenses additi fuerant, iisdemque propterea canon Calchedonensis pro Constantinopolitana sede constitutus accesserat. Confer quæ in hanc rem observavimus part. 1. c. 2. n. 3. & notam 5 in canones Constantinopolitanos ejusdem versionis, quæ hoc tomo integra edetur.

XIX. Hæc versio Prisca post Calchedonense Concilium lucubrata dicenda est, si quidem omnes Græci canones etiam Calchedonenses ab eodem auctore latine redditi sunt ex Græco Codice, qui Calchedonensium & Constantinopolitanorum additamentum receperat. Certe vero priorum Synodorum canones traducti fuerunt eo tempore, quo institutis jam aliquot ecclesiasticis Metropolibus in Italia sub finem sæculi IV. peculiaris veluti provincia Romani Antistitis uti Metropolitani intra suburbicaria loca concludebatur. Id enim probat versio canonis sexti Nicæni, quam paullo ante ex Sirmondo recitavimus. Hinc etiam hæc versio ab aliquo Italo, aut Italicæ disciplinæ perito condita fuit. Idipsum confirmant Italicæ collectiones, in quibus passim recepta legitur, uti sunt quæ exstant in codicibus MSS. Vat. Reginæ 1997. Vat. 1342. Lucano 88. & Colbertino 784. In Gallias vero aliquem hujus versionis codicem delatum suadet collectio Quesnelliana, quam Gallicanam probabimus: Calchedonenses enim canones ex interpretatione Prisca decerpti fuere.

(Quando, & ubi hæc versio lucubrata.)

XX. Hanc versionem, quæ satis obscura & involuta est, indicare videtur Dionysius Exiguus, cum in epistola ad Stephanum Episcopum Salonitanum scripsit, Laurentium Romanum, ut videtur, Presbyterum *confusione PRISCÆ TRANSLATIONIS offensum*, sibi ad novam versionem adornandam stimulos addidisse. Enimvero Italus Presbyter de ea interpretatione conquestus est, quæ in Italia vigebat. Priscam autem ibidem viguisse multo magis quam Isidoria-

(Hanc Dionysius indicare videtur.)

nam, ex laudatis Italicis collectionibus discimus. Neque moveat nomen *Priscæ*, quod Dionysii tempore competere non potuisse videtur interpretationi, quæ post Calchedonense Concilium lucubrata fuerat. Notum est enim veteres *priscum* identidem vocasse, quod annos circiter quinquaginta excederet; & nonnumquam etiam hanc vocem usurpasse de re, quæ non multo ante evenisset. Quemadmodum apud Festum *priscæ Latinæ coloniæ* appellatæ sunt anteriores coloniæ, ut distinguerentur a novis; ita *Priscam* Dionysius potuit vocare anteriorem versionem, ut a sua nova ipsam distingueret.

CAPUT III.

De canonibus Ecclesiæ Africanæ, qui in omnes fere collectiones Latinas, antiquas fuerunt inserti, & de vetustis eorum codicibus.

§. I.

Necessitas disserendi de canonibus Africanis. Recensentur codices & collectiones, in quibus Africani canones continentur. De antiquitate collectionis Synodorum Africæ, quæ in collectionibus Hispanica & Isidoriana recepta est. Duo codices canonum Africanorum producti in Synodo Carthaginensi anni 525. De canonibus Synodorum Carthaginensium sub Grato & Genethlio, qui in uno ex iisdem codicibus continebantur.

Afrorum canonum celebritas.

I. PRæter Græcarum Synodorum canones e Græco Codice latine redditos, & in Latinas collectiones traductos, in easdem fere inserti inveniuntur canones Ecclesiæ Africanæ: iique adeo celebres fuere, ut e Latinis codicibus græce translati, in Græcas etiam collectiones transierint. Cum vero apud Africanos anteriorum Synodorum canones in Synodis posterioribus repeterentur, ac insererentur gestis; frequenter etiam sine præcedentium Synodorum mentione iidem canones repeterentur, qui antea fuerant constituti: iidem in diversis Conciliis reperiuntur, & nunc uni, nunc alii Synodo adjudicantur; adeo ut sæpius non facile discerni possit, qua in Synodo hic vel ille canon conditus fuerit. Accedit diversa Synodorum divisio, seu inscriptio in collectionibus diversis notata, canonumque numerus ejusdem Synodi alicubi minor, alibi major. Nunc certi canones omissi, nunc alii certe additititii. Hinc vero magna in Africanis Conciliis canonum commixtio, perturbatio, & incertitudo exoritur; pluresque difficultates & controversiæ exinde excitatæ sunt, quæ eruditos in varias sententias deduxere. Exemplo esse possunt inter alia multa, quæ circa Breviarium Hipponense disputarunt ex una parte Schelestratius, ut ipsum suppositionis accusaret, ex alia Quesnellus ut defenderet. Non solum enim ille, qui falsam sententiam tutatus est, sed hic etiam qui veram propugnavit, in plures errores incurrit, canonumque Hipponensium, Breviarii, ac Synodi Carthaginensis III. notitiam dum evolvere studuit, maxime involvit. Ut autem in tanta caligine aliquid lucis afferretur, nos post P. Harduinum, qui de Africanis canonibus bene meritus est, aliquid tentavimus in Historia Donatistarum part. 2. c. 10. Nunc vero post consulta plura Latinarum collectionum exemplaria, & post diligentius examen ac studium circa easdem collectiones aliquid novi afferre posse credimus, unde exactior & plenior Africanorum canonum & Conciliorum notitia proferatur.

Difficultates in iisdem canonibus.

t. 4. Operum Card. Norisii.

Codex canon. Eccl. Afric. quid sit.

II. Postquam Christophorus Justellus Africanorum canonum collectionem græce & latine edidit cum titulo *Codex Canonum Ecclesiæ Africanæ*, opinio apud multos invaluit, eam continere omnes omnino canones, qui ab Africanis Patribus conditi, veteri Africanæ Ecclesiæ usui fuere. Sed ea nullos alios canones vere complectitur, nisi quos Dionysius Exiguus excerpsit ex Synodo Carthaginensi anni 419., cujus unius gesta præ oculis habuit. Etsi vero in iisdem gestis descripti essent canones, qui tum in ipsa Synodo conditi, tum in anterioribus Aurelii Conciliis fuerant constituti; Dionysius tamen non tota hæc gesta, nec omnes singulorum Conciliorum canones dedit eo ordine ac numero, quo in memorata gesta fuerant inserti: sed cum iidem canones in ple-

risque

risque Synodis essent repetiti, eum modum, qui repetitioni vitandæ aptior ipsi visus est, instituit; adeo ut ipsius lucubratio earum Synodorum, quæ ante annum 419. sub Aurelio fuerunt celebratæ, integram omnino descriptionem non præbeat: quod plenius patebit ex dicendis §. 8. cum de Synodo Carthaginensi anni 419. ex proposito differemus.

III. Alia Africanorum Synodorum collectio præter Dionysianam exstat in MSS. codicibus collectionum Hispanicæ & Isidorianæ. Octo in ea Synodi describuntur. Carthaginensis I. Est Synodus sub Grato. Carthaginensis II. Est Synodus sub Genethlio. Carthaginensis III. Est Synodus anni 397. sub Aurelio, ad cujus tempora sequentes quoque Synodi referuntur, nimirum Carthaginensis IV. anni 398., Carthaginensis V. anni 401., Carthaginensis VI. anni 419. septimo Kalendas Junias Carthaginensis VII. ejusdem anni tertio Kal. Junias, & Milevitana anni 402. In his vero nonnulla, quæ erant distinguenda, perperam conjuncta, & confusa, quædam omissa, & aliqua etiam aliunde inserta, atque Africanis affica deinceps videbimus. Neque id auctori collectionis Hispanicæ, & multo minus Isidoro tribuendum est. Vetustior enim collectione Hispanica fuit hæc Africanarum Synodorum collectio. Id exploratum fit ex Concilio Turonensi II. anni 567., quod collectionem Hispanicam antecessit. In hoc siquidem can. 20. legitur. *Cum etiam id in antiquis Milevitanis canonibus fuerit statutum. Item placuit, ut quicumque Episcoporum necessitate periclitantis pudicitiæ virginalis, cum vel petitor potens, vel raptor aliquis formidatur* &c. Sunt verba canonis 26., qui in laudata collectione Synodorum Africæ Milevitano Concilio perperam tribuitur, cum vere sit canon Concilii Carthaginensis anni 418., ut patebit ex dicendis §. 7. Jamdiu ergo ante collectionem Hispanicam compacta fuerat ea Africanarum Synodorum collectio, quæ canones Concilii Carthaginensis anni 418. Milevitanæ Synodo affixit: ac proinde auctor collectionis Hispanicæ eam non digessit, sed antea digestam & pervulgatam in suum corpus traduxit.

Collectio Afric. canon inserta Hispanicæ, & Isid. tom. 2. Conc. col. 745. Ib. col. 1389. Ib. col. 1397. Ib. col. 1433. Ib. 1453. tom. 3. col. 441. Ib. col. 459. Ib. col. 379. Ea collectio est vetustior Hispanica. tom. 6. Concil. col. 541.

IV. Aliæ porro collectiones Hispanica & Dionysiana antiquiores nonnulla Africana documenta receperunt. Collectio contenta in MSS. Vat. 1342. & Barberino 2888. præstant Concilium Carthaginense sub Genethlio. Breviarium Hipponense refertur in iisdem codicibus, ac præterea in MS. 55. Capituli Veronensis, in cod. Corbejensi, & in exemplis collectionis Quesnellianæ. Collectiones Vat. Reginæ 1997. Vat. 1342. Barb. 2888. & Lucano-Colbertina exhibent Synodum Carthaginensem anni 419. distinctam in canones quadraginta, quam inter documenta Juris canonici veteris hoc tomo edituri sumus. Duæ collectiones Corbejensis & Quesnelliana dant Synodum Carthaginensem anni 418. adversus Pelagianos.

V. Neque prætermittendus est Ferrandus Carthaginensis Ecclesiæ Diaconus, qui in Breviatione Africanos præsertim canones compendio exhibuit, Africanisque antiquissimis exemplaribus usus est. Cum vero is Concilia Carthaginensia sine ulla distinctione alleget, non ita facile erit discernere, cuinam Concilio ex pluribus ejusdem loci hic vel ille canon tribuendus sit. His tamen omnibus sollicitiori studio collatis atque perpensis speramus fore, ut distinctiorem Africanorum Conciliorum canonumque notitiam proferre possimus.

VI. Huic vero operi facem præferent duo Africani codices canonum, qui in Concilio Carthaginensi anni 525. sub Bonifacio ex ipso Carthaginensis Ecclesiæ scrinio producti, integram veterum Africanorum canonum collectionem in duos tomos distributam continebant. Unus ille est, ex quo lecti fuerunt aliquot canones Nicæni & unus Synodi Carthaginensis sub Grato; alter, qui appellatur *Liber canonum temporibus Aurelii*. Primus præter Nicænos comprehendisse videtur canones Synodorum Africanarum anteriorum Aurelio: alter vero canones Synodorum, quæ sub eodem Aurelio coactæ in laudato Bonifacii Concilio usque ad vigesimam recensentur. Ut a primo antiquiorum canonum codice exordiamur, Nicænum Concilium ex ea vetustissima interpretatione, quam Cæcilianus in Africam attulerat, apud Africanos receptum, ac relatum in codicem animadvertimus capite præcedenti §. 1. Ibi etiam solius Nicæni symboli, & sexti canonis versionem ex eadem interpretatione superesse indicavimus, erroremque deteximus, cum in Synodo Bonifacii versioni ab At-

tom. 5. Concil. col. 778. Duo antiqui codices Africani.

tico Constantinopolitano transmissæ tributa fuit ea Symboli Nicæni translatio, quæ ad antiquam Africanam interpretationem pertinet.

Synodus Carthag. sub Grato.

VII. Ex Conciliis Africanis anterioribus Aurelio solos canones sub Grato & Genethlio Carthaginensibus Episcopis conditos, & in Latinas collectiones traductos recepimus. Synodus Carthaginensis Grati cum canonibus 14. primum edita fuit ex collectione Isidori, qui ex Hispanica illam transcripsit. Utrobique inscribitur: *Concilium Carthaginense I.* Dein vero emendatius recusa est a P. Labbeo ex codice Vaticano, cujus exemplar Holstenii manu scriptum a P. Possino accepit. Ferrandus in Breviatione hos canones fere allegat expresso Grati nomine sic: *Concil. Carthag. sub S. Grato.* At duobus in locis Grati nomen omittit, idest num. 119., *Concil. Carthag. tit.* 8. & num. 183. *Concil. Carthag. tit.* 2. qui canones his numeris designati, cum numeris canonum solius Synodi sub Grato concurrunt; nisi quis forte malit credere, his locis indicari aliam Synodum Carthaginensem ex iis quæ desiderantur, in qua iidem canones repetiti, sub iisdem numeris recenserentur. Ex hac Grati Synodo canon 11. integer recitatur in Concilio Bonifacii anni 525. Cum S. Augustinus ineunte anno 402. epistola 65. ad Xantippum scribat num. 2. *Sex Episcopis caussam Presbyteri terminari Concilio statutum est*, voci *Concilio* hanc notationem Benedictini editores in margine affixerunt: *Carthaginensi sub Grato an.* 348. *seu* 349. *can.* 11. At S. Augustinum Concilium Grati adhuc ignorasse, dum anno 406. Cresconium Donatistam impugnavit, liquet ex libro 3. contra eumdem n. 38. & lib. 4. n. 52. Hinc enim solam Sardicensem Pseudosynodum, quæ ad Donatum litteras dedit, eum cognovisse manifestum est: Sardicense vero legitimum Concilium, in quo Gratus interfuit, satis didicisset ex canone quinto Synodi Carthaginensis sub eodem Grato, si hæc ipsi nota fuisset; & hac distinctione legitimæ Synodi Sardicensis ab hæretica, quæ ad Donatum scripserat, Donatistas manifestius ac fortius reviciss et. Probabilius igitur credimus, hunc sanctum Doctorem in laudata epistola 65. indicasse aliud posterius Concilium Carthaginense sub Genethlio, in quo eadem constitutio can. 10. repetita fuit. Cognita porro erat hæc Grati Synodus anno 419. cum in Synodo Carthaginensi hujus anni, cui S. Augustinus adfuit, can. 5. Aurelius Episcopus ea statuat, quæ ex duobus canonibus 10. & 13. Concilii sub Grato totidem verbis expressa leguntur.

Locus Augusti. explicatus.

Synodus Carth. sub Genethlio.

VIII. Synodus altera Carthaginensis sub Genethlio anni 390. ex iisdem fontibus in lucem prodiit, ex quibus illa sub Grato. Continet canones 13. & in collectionibus Hispanica atque Isidoriana vocatur *Concilium Carthaginense II.* Ex mendoso autem Isidoriano codice ita multa menda in prima editione contraxerat, ut a nonnullis cum Justello veluti supposititia traducta fuerit. Iis autem mendis posteriori editione ex Vaticano codice sublatis, de ejusdem germanitate nemo potest ambigere. Ferrandus, qui hujus canones identidem allegat, ipsius αὐθεντίαν confirmat. Expressum Concilii Carthaginensis nomen *sub S. Genethlio* appellat numeris 24. 55. 96. & 194. Cum vero num. 55. & 96. *titulo* 8. designet canonem Genethlii in editis decimum, & num. 24. *titulo* 9. indicet canonem in editis undecimum; perspicuum fit, in Ferrandi codice quatuor ejusdem Synodi canones coaluisse in duos. Cum porro num. 194. alleget *titulum sextum*, qui vulgato sexto canoni respondet; ea canonum unio ante sextum canonem non contigit, sed canon septimus cum sexto, & nonus cum octavo in eodem codice copulati fuisse dicendi sunt: ita ut canones sextus & septimus in unum conjuncti, canonem sextum constituerent, octavus vero & nonus canonem septimum. Hinc sane cum idem Ferrandus num. 90. & 101. suppresso licet Genethlii nomine, laudat *Concil. Carth. tit.* 7. indicari credimus duos canones ejusdem Genethlii octavum & nonum, qui apud Ferrandum conjuncti, erant canon septimus. Cum porro idem Ferrandus num. 16. agens de præcepta Episcopis, Presbyteris, ac Diaconibus continentia, laudat *Concil. Carth. tit.* 1. quod in nulla Carthaginensi Synodo canone primo decernitur; error irrepsit in numerum, indicarique arbitramur canonem secundum Concilii sub Genethlio, in quo ejusmodi præceptum continetur.

Ferrandi allegationes explicatæ.

Priores canones 33 Synodi Carthag. anni 419. unde derivati.

IX. In Synodo Carthaginensi anni 419. post Nicænæ Synodi lectionem canones XXXIII. juxta divisionem Dionysii constituti fuerunt. Inter priores tredecim,

decim, primo & quarto exceptis, reliqui undecim ex Concilio Genethlii sumti sunt. Retinent fere eadem verba; sola nomina Episcoporum interloquentium & proponentium mutantur, ita ut Genethlio substituatur Aurelius, & similiter aliis viventibus sub Genethlio alii Episcopi sufficiantur, qui aderant in Concilio anni 419. Duo tantum nomina Numidii Massulitani & Felicis utrobique leguntur. Num hi ab anno 390. quo habita fuit Synodus sub Genethlio, ad annum 419. vitam produxerunt? In collectionibus Hispanica & Isidori ita hæc Genethlii Synodus profertur, ut nomina quædam præferat eorum Episcoporum, qui pertinent ad Synodum anni 419. Hinc orta erat potior dubitandi ratio de suppositione hujus Synodi. Sicut autem alii defectus, quos in iisdem collectionibus quantum ad Africanos canones deinceps notabimus, aliunde emendandi erunt; ita errores in hac Synodo ex Vaticano exemplo jure correcti sunt.

§. II.

De Synodis Africanis sub Aurelio Episcopo Carthaginensi celebratis, quæ in alio codice producto in Synodo anni 525. erant descriptæ. Earum catalogus. De Concilio Hipponensi anni 393. ac de duobus Carthaginensibus I. & II. sub Aurelio.

I. NUnc ad alterum codicem accedamus, qui in Bonifacii Synodo vocatur *Liber canonum temporibus S. Aurelii*. Hujus Concilia III. VI. VII. IX. X. XI. XVI. XIX. & XX. in eadem Synodo memorantur. Omnium series hic primum attexenda. Prima Aurelii Synodus est celebris Hipponensis anni 393. At cum in laudato Bonifacii Concilio, ubi duo Hipponenses integri canones recitantur, ea non dicatur prima Aurelii Synodus, uti ceteræ suo cujusque numero designantur *ex Concilio III. VI.* &c. hoc Hipponense Concilium inter viginti non videtur fuisse comprehensum. Aliæ quidem posteriores Aurelii Synodi præter Hipponensem inveniuntur, quæ numeris in Bonifacii Concilio indicatis respondent. Dionysii Exigui collectio nobis subsidio fuit, cum eas Synodos recenseat, quæ in Concilio Carthaginensi anni 419. *temporibus Aurelii Carthaginensis Episcopi* recitatæ fuerunt. Eas igitur, quæ post Hipponensem Synodum ibidem memorantur, chronologico ordine hic subjicimus. (tom. 5. Conc. col. 780. — tom. 2. Conc. col. 1277. c.)

I. Carthaginensis anni 394. VI. vel XVI. Kal. Julias. Ibid. d.

II. Carthaginensis anni 397. VI. Kal. Julias. Ib. col. 1296. a

III. Carthaginensis, ejusdem anni 397. V. Kal. Septembris. In Bonifacii Synodo anni 525. bis vocatur *Concilium III.* tom. 5. Concil. col. 779. & 781. Ante hanc Synodum tertiam sub Aurelio eodem anno alia quidem præcessit Carthagine habita Idibus Augusti, in qua Mizonius cum aliquot Byzacenis Episcopis Aurelio præsente Hipponensium canonum Breviarium conscribendum curavit. Ita hæc Synodus Iduum Augustarum sub Aurelio tertia haberi deberet. Sed cum ea, quæ ibidem gesta sunt, repetita & inserta fuerint initio actorum plenioris Synodi paullo post coactæ V. Kalendas Septembris; ipsumque Breviarium canonum Hipponensium ex hisce actis ab Africanis antiquis allegari soleat: hac, ut credimus, de caussa factum est, ut illa anteriori hujus anni Synodo prætermissa, hæc posterior tertiæ Synodi nomen obtinuerit in codice, qui in Bonifacii Concilio lectus fuit. Ib. col. 1277. e

IV. Carthaginensis anni 399. V. Kal. Majas. Ib. col. 1296. b.

V. Carthaginensis anni 401. XVI. Kal. Julias. Ib. d.

VI. Carthaginensis ejusdem anni Idibus Septembris. *Sextum Concilium* item appellatur in Synodo Bonifacii tom. 5. col. 779. e & 780. e Ib. col. 1304. b.

VII. Milevitanum Concilium anni 402. VI. Kal. Septembris. *Septimum* dicitur in eadem Bonifacii Synodo. Ib. col. 780. b. Ib. col. 1313. c

VIII. Carthaginense anni 403. VIII. Kal. Septembris. Ib. col. 1317. d

IX. Carthaginense anni 404. XVI. Kal. Julias. Concinit Synodus Bonifacii, in qua *nonum* Aurelii Concilium inscribitur. Ib. col. 781. a. Ib. col. 1324. b.

X. Carthaginense anni 405. X. Kal. Septembris. *Decimum* quoque vocatur in Synodo Bonifacii, Ib. col. 780. b. Ib. 1328. b.

XI.

Ib. e. XI. Carthaginense anni 407. Idibus Junii. Est pariter *undecimum* apud Bonifacium loco laudato.

Ib. 1336. e XII. Carthaginense anni 408. XVI. Kal. Julias.

Ib. 1337. a XIII. Carthaginense aliud anni ejusdem III. Idus Octobris.

Ib. b. XIV. Carthaginense anni 409. XVII. Kal. Julias.

Ib. b. c. XV. Carthaginense anni 410. XVIII. Kal. Julias.

Ib. c. XVI. Carthaginense anni 418. Kal. Maji. *Sextum decimum* vocatur in Bonifacii Synodo: tom. 5. col. 780. c.

Ib. col. 1352. b. Ib. 1349. c. XVII. Carthaginensis anni 419. actiones duæ, altera VIII. Kal. Junias, altera vero III. Kal. ejusdem mensis: quæ duæ actiones in collectionibus Hispanica & Isidoriana proferuntur veluti duo Concilia distincta. In his Dionysius desinit.

XVIII. Carthaginense anni 421. Idibus Junii. Hanc Synodum e MS. Capituli Veronensis eduximus, ac inter documenta Juris canonici veteris hoc tomo prodibit. Neque hoc dici potest Concilium XIX. in Bonifacii Synodo laudatum: nam canon, qui in hac Synodo excerptus dicitur ex Concilio XIX. in hoc nostro Concilio non legitur. Præterea hoc Concilium habitum dicitur, cum *instituta Concilii solemnitas per biennium cessaret*, nimirum post ultimam Synodum anni 419. quæ ex Bonifacii serie est Concilium XVII.

XIX. & XX. Concilia quænam fuerint, non est exploratum: neque enim collectiones ullæ aliam Africanam Synodum sub Aurelio ad nos transmisere. In sæpe laudata Bonifacii Synodo unus tantum canon recitatur ex Concilio XIX. quem pariter allegat Ferrandus in Breviatione num. 84. *Concil. Carth. tit.* 3. & alius ex Concilio XX. Tempus vero horum Conciliorum certum non est. Solum conjici potest, Concilium XX. illud idem fuisse, quod inter annum 425. & 426. ad Cælestinum litteras dedit; cum in eo canone, quem Synodus Bonifacii huic Concilio tribuit, non minus quam in iisdem litteris sermo sit de appellationibus ad transmarina. Concilium autem XIX. post annum 421. & ante annum 425. collocandum videtur.

De tempore Concil. XIX. & XX.

Plures Synodi sub Aurelio desunt.

II. Neque vero omnes Africanæ Synodi coactæ sub Aurelio, qui Carthaginensem Sedem tenuit ab anno circiter 392. ad annum usque 429. hoc viginti Synodorum numero comprehenduntur. In Concilio Hipponensi anni 393. canon editus fuit, quo singulis annis Concilium plenarium nunc in una, nunc in alia provincia congregaretur, ad quod omnes provinciæ, quæ primas sedes habebant, ex Conciliis suis legatos dirigerent. Anno quidem 394. provinciæ Proconsularis Synodus Carthagine celebrata VI. vel XVI. Kal. Julias memoratur, ex qua Episcopi ejusdem provinciæ legati directi sunt ad Concilium Adrumetinum, quod in illis viginti non recensetur. Hæc methodus observata usque ad annum 407. quo plenariam Synodum, non annis singulis, sed cum caussa communis exigeret, indicendam decretum fuit. Vide Cod. Afric. c. 55. Ita præter provinciales Synodos quindecim plenariæ usque ad annum 407. coactæ fuere. Ex his autem plures desiderantur; quæ idcirco fortassis omissæ fuere, quia præter quasdam communes caussas, quæ in iisdem terminabantur, repetitis tantum & confirmatis antecedentibus decretis præsertim Hipponensibus anni 393. nullum peculiarem canonem condiderunt.

Cod. Eccl. Afr. t. 2. Conc. col. 1277. d

III. Ferrandus aliam Synodum Hipponiregiensem laudat distinguendam ab Hipponensi anni 393., eamque celebratam anno 427. ex P. Harduini codicibus probabimus §. IX. Alias quoque peculiares Synodos provinciæ Byzacenæ, nimirum Zellensem, Suffetulensem, Thusdritanam, Macrianensem, Septimunicensem, Thenitanam, & Maracanensem, seu Maradianensem allegat idem Ferrandus, quas vivente Aurelio celebratas conjiciemus eodem paragrapho nono. Solius Concilii Zellensis, quod alias Teleptense, seu Telense dicitur, fragmentum superest, quod in collectione hoc tomo impressa legitur cap. *62.*

Concil. Hippon. anni 393.

IV. Nunc in canones earum Synodorum, quas sub Aurelio coactas recensuimus, exactius inquirendum est. Omnium celeberrimum est Concilium Hipponense anni 393., cujus canones abbreviati, in aliis Synodis plerumque repetiti fuere. Hinc frequens ejusdem Synodi mentio. Integra vero hujus gesta, & canones integri desiderantur. Exceptis enim duobus canonibus integre descriptis & conservatis in Synodo Carthaginensi anni 525. sub Bonifacio, qui in

Bre-

Breviario divisi fuerunt in tres 3. 6. & 7., sola ceterorum abbreviatio superest, quæ cum fuerit inserta in Synodum Carthaginensem anni 397. ex iis, quæ de hac Synodo fusius dicentur, quot & quinam fuerint Hipponenses canones palam fiet.

V. Synodo Carthaginensi I. anni 394. VI. vel XVI. Kalendas Julias, ex qua Legati ad Adrumetinum Concilium directi fuerunt, nulli canones tribuuntur. Vide Codicem Eccl. Afric. tom. 2. Concil. Ven. edit. col. 1277. d. Conc. Carth. an. 394.

VI. Ex II. Synodo Carthaginensi anni 397. Kal. Julias hic unus canon a Dionysio Exiguo profertur in eodem Codice Ecclesiæ Africanæ col. 1296. b. *Placuit, ut nullus Episcoporum naviget sine formata Primatis*. Repetitio est canonis Hipponensis, qui in Breviario legitur can. 27. Ferrandus num. 64. canonem, qui repetens aliud decretum Hipponense, appellationem ab electis judicibus prohibet, adscribit *Concilio Carthag. tit.* 3. *item Concil. Carthag. tit.* 15., ubi corrigendum *tit.* 19. Cum autem hac secunda allegatione indicetur Concilium Carthaginense anni 397. habitum V. Kal. Septembris, quod *tit.* 19. hunc canonem exhibet; priori allegatione anterior utique Synodus Carthaginensis innuitur. Cum vero idem canon non inveniatur inter canones Synodorum Carthaginensium sub Grato ac Genethlio constitutos, qui omnes supersunt; rectius huic Concilio secundo Aurelii celebrato eodem an. 397. Kalendis Julii adjudicandus videtur quam Carthaginensi I. quippe Dionysius nullos canones primo Concilio tribuit, ex secundo vero non omnia decreta retulit, sed ad ejus gesta lectores remisit: *Gesta*, inquiens, *in authenticis qui quæret, inveniet*. Concil. Carth. an. 397. Kal. Jul. a Dionysio Exiguo.

§. III.

Restituitur Synodus Carthaginensis anni CCCXCVII. tertia sub Aurelio habita V. Kalendas Septembris, in qua Breviarium canonum Hipponensium lectum, confirmatum, & gestis insertum fuit. Quantum Africani Romanæ Sedis auctoritati detulerint. Subscriptiones Episcoporum laudatæ Synodi ex optimo codice erutæ.

I. HOc Concilium Carthaginense III. sub Aurelio & Hipponenses canones in Breviarium contractos, & alios canones in ipso Concilio editos complectitur. Duo hujus Synodi fontes suppetunt, collectio Isidoriana, quæ ex Hispanica hanc Synodum derivavit, & Codex Ecclesiæ Africanæ, qui ex Dionysio Exiguo proficiscitur: sed in utrisque canones & numero, & ordine discrepant, ac Hipponenses abbreviati a Carthaginensibus nulla certa nota discernuntur. Adde quod in ambobus quædam desiderantur, quæ ejus Synodi gestis certe erant inserta. Hinc hujus Synodi restitutio maxime necessaria. Tria in hanc restitutionem subsidio erunt. I. Breviarium Hipponense, quod in collectione canonum hoc tomo edenda ad MSS. codices aliarum etiam collectionum exactum reperietur cap. 2. Ex hoc enim quot & qui fuerint canones Hipponenses palam fiet. II. Ferrandus. Hic cum omnes fere canones hujus Concilii Carthaginensis tertii suo cujusque numero designet, tum Hipponensium, tum Carthaginensium ordinem suppeditabit. Qua in re diligentiori quidem collatione & animadversione uti opus fuit, ut inter quamplurimos canones ab eo allegatos hac generali formula *Conc. Carthag.* ii discernerentur, qui ad Synodum Carthaginensem tertiam anni 397., vel ad alia ejusdem loci Concilia pertinent. III. Synodus Bonifacii anni 525., ubi ex *Libro canonum temporibus S. Aurelii Concilio tertio* tituli canonum XXIII. eo ordine proferuntur, qui cum Ferrando plane concurrit. Quam concordiam & conciliationem cum ex restitutione Concilii Carthaginensis III. mox subjicienda manifestam fecerimus; evanescent plures difficultates a non paucis ingestæ, qui hæc documenta non satis apte intelligentes, non modo Hipponense Breviarium suspectum reddidere, verum etiam de dignoscendis canonibus Concilii Carthaginensis III. spem abjecerunt. Ex dicendis autem patebit, in hac Synodo lectum primo loco & insertum fuisse Breviarium, quod paullo ante a Byzacenis Carthagine conditum fuerat; dein vero alios canones fuisse constitutos: ita tamen ut tum canones Breviarii lecti & inserti, tum alii postea conditi eidem Synodo Carthaginensi Synodi restituendæ necessitas.

III.

III. continua numerorum serie adscripti fuerint. En ipsam canonum seriem, ex qua hujus Concilii restitutio pendet.

Series canonum Concilii Carthag. anni 397.

I. *Cæsario & Attico VV. CC. Conss. V. Kal. Septembris* &c. ut in Cod. Eccles. Afric. ante canonem 34. tom. 2. Conc. Ven. edit. col. 1277. e, usque ad verba *singula a vestra caritate considerentur*. Hæc præfatio in collectionibus Hisp. & Isid. omissa fuit, cum hoc Concilium Carthaginense III. producitur; ejusque præfationis loco a collectore inserta hæc verba: *Constituta sunt hæc quæ in præsenti Concilio definita sunt*. Cur hunc & sequentes tres numeros quatuor primis titulis, seu capitulis Concilii Carthaginensis III. assignarimus, ex Ferrandi computatione, quæ incipit a *tit. V.* intelliges.

II. Post laudatam præfationem afferendus est titulus Synodi, in qua Breviarium canonum Hipponensium conditum fuerat. *Synodus Carthaginensis sub die Iduum Augustarum Consulatu Cæsarii & Attici*. Hunc titulum eruimus ex MS. 59. Capituli Veronensis, a quo alii codices modicum discrepant. Vide not. 1. in cap. 2. Codicis edendi col. 85. Mox litteræ Aurelii & Mizonii Breviario præmissæ subjiciendæ sunt. *Dilectissimis fratribus & Coepiscopis diversarum provinciarum* &c. uti eodem capite col. 87. Nonnulli has litteras ex Byzacena Synodo, non autem Carthagine datas putantes, Aurelii nomen expungendum, easque ad Byzacenos, qui Synodo non interfuerant, non vero ad Episcopos in Concilio plenario Carthaginensi III. ex aliis Africanis provinciis congregandos scriptas opinantur. At hanc Synodum Carthagine celebratam Idibus Augusti an. 397. a Mizonio aliisque Episcopis Byzacenis non solum testatur titulus ex diversis codicibus excerptus, verum etiam idem Aurelius in præfatione a Dionysio conservata illis verbis: *Cum Sacerdotum nostrorum epistola Byzacenorum fuisset recitata, vel quid mecum* (utique Carthagine) *iidem, qui tempus & diem Concilii prævenerunt, tractassent* &c. Dies Concilio plenario præstituta a Synodo Hipponensi anni 393. erat X. Kal. Septembris ex Cod. Afric. c. 73. Hunc autem diem prævenientes Mizonius & aliquot Episcopi Byzaceni, profecti Carthaginem, ubi Synodus plenaria habenda erat, Idibus Augusti una cum Aurelio (*mecum* enim inquit) tractantes, Breviarium scripsere, & litteras, quibus ejusdem Breviarii ratio redditur. Hinc jure epistolæ Byzacenorum Aurelius etiam inscribitur, & eidem Breviario in omnibus MSS. codicibus subsignatus legitur. Sicut autem Breviarium *ad hunc cœtum*, idest ad plenariam Synodum, *corrogátum* idem Aurelius loco citato tradit; ita etiam litteræ, quæ Breviarii ad eumdem cœtum corrogandi caussa scriptæ fuerunt. Confer quæ hac de re plenius disseruimus in Historia Donatistarum. part. 2. c. 9. tom. 4. Operum Cardinalis Norisii col. 425. & Admonitionem in c. 2. Collectionis hoc tomo edendæ col. 79. Dein hasce litteras excipit titulus Breviarii: *Statuta Concilii Hipponiensis breviata* &c. infra hoc tomo col. 88.

III. *Nicæni Concilii professio, & fides recitata & confirmata est, quæ ita se habet. Credimus* &c. Ibidem. Hoc symbolum Nicænum non esse a Breviario expungendum, ut non nemini visum est, probat interlocutio Honorati & Urbani relata in Cod. Afric. c. 47. qua post insertum Breviarium dixere: *De fide enim Nicæni tractatus audivimus, verum & de sacrificiis inhibendis post prandium* &c. quæ ad idem Breviarium in hoc Concilio Carthaginensi lectum referuntur.

IV. *Placuit etiam propter errorem* &c. ut in Breviario ibidem col. 89. ubi monendum est, sequentes pariter canones usque ad can. XLVII. sumendos esse potius ex Breviario, quam ex Codice Eccles. Afric. vel ex MSS. codd. collectionum Hisp. & Isid. apud quos nonnulli canones repetiti in Synodo anni 419. alia verba aliasque lectiones in eadem Synodo receperunt. In Isid. hic canon est c. 1. In Cod. Afr. omittitur, sed citatur uti canon Breviarii ab Epigonio in eodem Cod. Afr. c. 34. Integer ex Concilio Hipponensi exhibetur in Synodo Carthaginensi sub Bonifacio anni 525. tom. 5. Concil. col. 781.

V. *Cresconius Villaregiensis Episcopus* &c. uti in Breviario col. 89. Primam partem de Cresconio ad Breviarium spectare manifestum est ex laudata interlocutione Honorati & Urbani in Cod. Afric. c. 48. ubi testantur, se *audisse* con-

confirmata, quæ contra Cresconium Villaregiensem statuta fuerant. Postremam vero partem Ferrandus num. 24. allegat sic: *Concil. Carth. tit.* 5. Hic autem *titulus quintus* laudatus a Ferrando, quatuor alios in ejus codice canones præcessisse significat. Hæc secunda pars in Isid. legitur can. 20. sed cum additamento, quod in Breviario non apparet.

VI. *Primatem proprium* &c. ut in Breviario col. 89. Ferrandus n. 82. *Conc. Carth. tit.* 6. Hic canon cum sequenti integer recitatur in Synodo Bonifacii ex Concilio Hipponensi t. 5. Concil. col. 782. In cod. Afr. can. 17. a Patribus Synodi Carthaginensis anni 419. adoptatus, aliis verbis exprimitur.

VII. *Ceteri etiam primæ Sedis* &c. ut in Breviario eadem col. 89. Ferrandus n. 83. *Concil. Carth. tit.* 7.

VIII. *Ut lectores populum non salutent*. Ex serie Ferrandi hæc prima pars canonis primi in Breviario nostræ editionis col. 90. constituit *titulum* 8. distinctum a secunda parte, quæ apud ipsum est *tit.* 9. Similiter idem primus canon nostræ editionis in duos canones distinguitur in codice 55. Capituli Veronensis. In Isid. c. 4. hæc prima pars postponitur secundæ, uti etiam postponitur in cod. Afric. c. 16. Confer dicenda canone sequenti, qui secundam partem distinctam exhibet.

IX. *Ut ante XXV. ætatis annos* &c. ut in nostra Breviarii editione c. 1. col. 90. Ferrandus num. 121. *Concil. Carth. tit.* 9. Hic canon in Synodo Bonifacii anni 525. citatur *ex Concilio tertio* §. 1. Isidorus cap. 4. & Codex Afr. c. 16. hunc canonem referunt, sed mutilum, desunt enim illa, *ut primum Scripturis divinis* &c. usque ad finem. Id autem ea de caussa accidisse videtur, quia tum Dionysius Exiguus, ex quo sumtus fuit vulgatus Codex Ecclesiæ Africanæ, tum antiquus auctor collectionis Synodorum Africanarum ab Isidoro susceptæ hunc canonem cum præcedenti conjunctum exscripserunt, non ex Breviario, quod in omnibus nostris codicibus eumdem canonem cum iisdem verbis exhibet, nec ex vero Concilio Carthaginensi anni 397., cui integrum Breviarium insertum fuit; sed ex Concilio Carthaginensi anni 419., in quo idem canon inter priores canones 33. sine laudatis verbis legitur. Alia quidem ex hac eadem Synodo apud Isidorum Carthaginensi III. perperam attributa deinceps videbimus.

X. *Ut ordinatis Episcopis* &c. ut in Breviario c. 2. col. 90. In Concilio Bonifacii laudatur §. 2. Apud Isid. est c. 3. In Cod. Afr. c. 18.

XI. *Ut etiam per solemnissimos paschales dies* &c. ut in Breviario c. 3. col. 91. Apud Ferrandum num. 226. *tit.* 11. In Concilio Bonifacii §. 3. Isid. c. 5.

XII. *Ut corporibus defunctorum* &c. ut in Breviario c. 4. col. 91. usque ad illa *nec edere*. Ferrandus num. 227. *tit.* 12. Etsi vero in editione Breviarii hic canon copuletur cum sequenti; utrumque nihilominus dividendum in restituendo Concilio Carthaginensi anni 397. idcirco credimus, quia non solum distincti proferuntur apud Ferrandum, verum etiam in Synodo Bonifacii, quæ hos duos canones distinctos ex Carthaginensi III. allegavit, unum §. 4. alterum §. 5. Codex Barberinus 2888. in ipso Breviario exhibendo hos canones dividit. Isid. c. 6. & Cod. Afr. c. 18. utrosque in unum conjunctos præbent.

XIII. *Deinde cavendum est* &c. In editione Breviarii est secunda pars canonis quarti col. 91. Ex serie autem numerorum ex Ferrandi codice erat *tit.* 13. Apud Bonifacium describitur §. 5. apud Isid. c. 6. In Cod. Afr. aliis verbis affertur circa medium can. 18., quo Synodus Carthaginensis anni 419. tres vel potius quatuor canones Breviarii Hipponensis copulatos adoptans, quædam etiam verba immutavit.

XIV. *Ut propter caussas* &c. ut in Breviario c. 5. col. 91. Ex serie vero titulorum apud Ferrandum erat in suo codice *tit.* 14. Apud Isid. c. 2. In Cod. Afric. prima pars cum aliqua mutatione verborum legitur can. 18. secunda can. 14.

XV. *Ut quisquis Episcoporum* &c. ut in Breviario c. 6. col. 92. Ferrandus num. 58. *Concil. Carth. tit.* 15. Isid. c. 7. & Cod. Afric. c. 19. ex hoc & sequenti canone unum compingunt. Uterque præterea lectiones quasdam habet a Concilio Carthaginensi anni 419. immutatas, quibus palam fit hunc canonem ab auctore collectionis Africanarum Synodorum in Isidorum traductæ

 sum-

sumtum fuisse ex Concilio anni 419., ad quod pertinent priores canones 33. in Codice Africano descripti; non vero fuisse excerptum ex Breviario Hipponensi, aut ex Concilio Carthaginensi anni 397., ubi duo canones distinguuntur, nec Aurelii nomen canoni præmittitur, sicut & omnes alii ejusdem Concilii canones nullo Episcopo proponente exhibentur. In vulgato autem Isid. lectiones quædam ex Breviario insertæ fuere: at monente P. Harduino codices concinunt cum lectionibus Concilii anni 419.

XVI. *Si autem nec ad Concilium* &c. ut in Breviario c. 7. col. 93. Ex serie Ferrandi in ejus codice erat *tit.* 16. Quantum ad Isid. & Cod. Afr. recole quæ in canonem præcedentem animadvertimus.

XVII. *Si autem Presbyteri* &c. in Breviario c. 8. col. 93. Ferrandus num. 51. *tit.* 17. Isid. c. 8. Cod. Afr. cum aliqua exigua varietate lectionis c. 20.

XVIII. *Sane quisquis Episcoporum* &c. ut in Breviario c. 9. col. 94. Apud Ferrandum num. 67. est *tit.* 18. In Synodo Bonifacii anni 525. *Ex Concilio III. Aurelii* §. 6. Isid. c. 9. In Cod. Afr. c. 15. omittitur ultima periodus, & duo canones sequentes junguntur.

XIX. *Hoc etiam placuit* &c. in Breviario c. 10. col. 94. Ferrandus num. 62. *tit.* 19. primam partem laudat: numero autem 64. allegat secundam, ubi *tit.* 19. corrigendum est pro *tit.* 15. In Isid. est c. 10. in Cod. Afr. c. 15.

XX. *Quod filii Episcoporum* &c. ut in Breviario c. 11. col. 94. Apud Ferrandum num. 40. est *tit.* 20. Cod. Afr. c. 15. & Isid. c. 11. eamdem sententiam partim iisdem, partim aliis verbis efferunt: iidemque inter se se aliquot verbis discrepant.

XXI. *Ut gentilibus, vel etiam hæreticis* &c. ut in Breviario c. 12. col. 95. Apud Ferrandum num. 39. est *tit.* 21. In Synodo Bonifacii legitur §. 7. in Isid. c. 12. Codex vero Afr. c. 21. aliis atque aliis verbis exprimit.

XXII. *Ut Episcopi vel Clerici filios suos* &c. c. 13. Breviarii col. 95. Apud Ferrandum num. 41. *tit.* 22. Isid. c. 14. Cod. Afr. c. 35.

XXIII. *Ut Episcopi vel Clerici in eos* &c. in Breviario c. 14. col. 95. Apud Ferrandum num. 33. *tit.* 23. Laudatur in Synodo Bonifacii §. 8. Isid. c. 13. (ut in MSS. legitur) & Cod. Afr. c. 22. aliam lectionem præferunt propriam Synodi anni 419.

XXIV. *Ut Episcopi, Presbyteri, & Diaconi non sint conductores* &c. c. 15. Breviarii col. 95. In Synodo Bonifacii legitur §. 9. Apud Ferrandum num. 70. *tit.* 24. Isid. c. 15. & Cod. Afr. c. 16. aliam lectionem Synodi anni 419. peculiarem repræsentant.

XXV. *Ut cum omnibus omnino Clericis* &c. ut in Breviario c. 16. Ferrandus num. 122. citat hunc canonem *Conc. Carth.* sed titulus omittitur, qui supplendus est *tit.* 25. Apud Isid. est c. 17.

XXVI. *Ut Episcopi, Presbyteri, & Diaconi non ordinentur* &c. in Breviario c. 17. col. 95. In Ferrando num. 15. *Conc. Carth. tit.* 3. ubi error irrepsit in numerum, ut patet vel ex Synodo Bonifacii, in qua hic canon post præcedentes recitatur §. 10. Corrigendum est autem in Ferrando ex reliquorum numerorum serie *tit.* 26. In Isid. habetur c. 18. in Cod. Afr. c. 36.

XXVII. *Ut lectores usque ad annos pubertatis* &c. c. 18. Breviarii col. 95. Apud Ferrandum num. 129. *tit.* 27., ubi tamen hic canon ita aliis verbis proponitur, sicut in Isid. c. 18., & in Cod. Afr. c. 16.

XXVIII. *Ut Clericum alienum* &c. c. 19. Breviarii col. 96. Apud Ferrandum num. 27. *tit.* 28. Isid. c. 21.

XXIX. *Ut nullus ordinetur* &c. in Breviario c. 20. col. 96. Ferrandus num. 232. *tit.* 29. Isid. c. 22. Legitur in Synodo Bonifacii §. 11.

XXX. *Ut nemo in precibus* &c. c. 21. Breviarii col. 96. Apud Ferrandum num. 219. *Conc. Carth. tit.* 31., ubi ex ejus serie corrigendum *tit.* 30., cum præsertim etiam in Synodo Bonifacii afferatur §. 12. post canonem præcedentem, eidemque subjiciantur ut distincti duo canones sequentes, quorum ultimus apud Ferrandum signatur *tit.* 32. In Isid. est c. 23.

XXXI. *Ut nullus Clericorum amplius* &c. c. 22. Breviarii col. 96. Apud Ferrandum deest; sed legitur in Synodo Bonifacii §. 13. In Isid. est c. 16. partim eadem, partim diversa lectione. In Cod. Afr. c. 16. aliis omnino verbis.

XXXII.

XXXII. *Ut in sacramentis* &c. Breviarii c. 23. col. 96. Apud Ferrandum num. 213. *tit.* 32. Laudatur in Synodo Bonifacii §. 14. Idem est in Cod. Afr. c. 37. Isidorus autem c. 24. alia prӕterit, alia ob hujusmodi omissionem diversis verbis effert.

XXXIII. *Ut Clerici, vel continentes* &c. in Breviario c. 24. col. 96. Apud Ferrandum num. 132. *tit.* 33. Cod. Afr. c. 38. Isid. c. 25.

XXXIV. *Ut primӕ Sedis Episcopus* &c. Breviarii c. 25. col. 97. Ferrandus num. 81. *tit.* 34. Legitur in Synodo Bonifacii §. 15. Cod. Afr. c. 39. Isid. c. 26.

XXXV. *Ut Clerici edendi* &c. c. 26. Breviarii col. 97. Apud Ferrandum num. 134. *tit.* 35. In Isid. c. 27. Cod. Afr. c. 40.

XXXVI. *Ut Episcopi non proficiscantur* &c. c. 27. Breviarii col. 97. Ferrandus num. 86. *tit.* 36. In MSS. Isid. c. 28., & in Cod. Afr. c. 23. deest postremum membrum.

XXXVII. *Sacramenta altaris* &c. c. 28. Breviarii. Ex Ferrandi serie est *tit.* 37. Exstat in Synodo Bonifacii §. 16. in Isid. c. 29. & in Cod. Afr. c. 41. Hic canon uti Hipponensis Breviarii laudatur ab Honorato & Urbano Episcopis c. 47. Codicis Afr.

XXXVIII. *Ut nulli Episcopi, vel Clerici* &c. c. 29. Breviarii col. 97. Apud Ferrandum num. 71. *tit.* 38. Isid. c. 30. Cod. Afr. c. 42.

XXXIX. *Ut pœnitentibus* &c. c. 30. Breviarii, Ferrandus num. 49. *tit.* 39. Cod. Afr. c. 43. Isidorus vero dividit in duos canones 31. & 32.

XL. *Ut virgines sacrӕ* &c. c. 31. Breviarii col. 98. Apud Ferrandum num. 48. *tit.* 40. Isid. c. 33. Cod. Afr. c. 44.

XLI. *Ut ӕgrotantes, si pro se respondere* &c. in Breviario c. 32. col. 98. Apud Ferrandum num. 202. *tit.* 41. Exstat in Synodo Bonifacii §. 17. in Isid. c. 34. & in Cod. Afr. c. 45.

XLII. *Ut scenicis* &c. c. 33. Breviarii. Ferrandus num. 170. *tit.* 42. Isid. c. 35. In Cod. Afr. additur prӕcedenti c. 45.

XLIII. *Ut Presbyter inconsulto* &c. c. 34. Breviarii col. 98. Apud Ferrandum num. 91. *tit.* 43. Legitur in Synodo Bonifacii §. 18. & in Isid. c. 36.

XLIV. *Ut Clerici in aliena* &c. c. 35. Breviarii. In Ferrando num. 135. *tit.* 44. Est in Synodo Bonifacii §. 19. in Isid. c. 37.

XLV. *Ut prӕter Scripturas* &c. in Breviario c. 36. usque ad verba *Ecclesia consulatur*. Apud Ferrandum num. 228. *tit.* 45. Cod. Afr. c. 24., ubi pro tempore, quo repetitus fuit hic canon in Concilio anni 419., Bonifacii Papӕ nomen cum aliis verbis in fine inseritur. In Breviario hic canon cum sequenti copulatur c. 36. uti etiam in Synodo Bonifacii §. 20. In Isid. c. 47. uterque canon similiter jungitur, sed ita ut ex Synodo anni 419. exscriptus fuerit, concinatque omnino cum can. 24. Codicis Africani. Ferrandum in divisione sequuti sumus, quia partitionem & ordinem omnium canonum tertii Concilii sub Aurelio ex ipso tantum elicere licuit.

XLVI. *Liceat etiam legi passiones Martyrum* &c. ut in fine can. 36. Breviarii col. 100. Ferrandus num. 229. *tit.* 46. Cod. Afr. c. 46. In Synodo Bonifacii §. 20. & in Isid. c. 4. in fine.

XLVII. *Placuit etiam, ut quoniam* &c. c. 37. Breviarii col. 101., & post ultima verba *transmarina Ecclesia consulatur*, hӕc addantur: *De Donatistis placuit, ut consulamus* &c. ut in Cod. Afr. c. 47. usque ad illa verba *ne promoveantur sacri altaris ministri*: ac dein subscriptiones apponantur: *Aurelius Episcopus Ecclesiӕ Carthaginensis his placitis a nobis omnibus confirmatis* &c. cum reliquis in fine Breviarii subjectis col. 104.

Duo canones de Donatistis huic Synodo asserti.

Cum unicum canonem 47. Breviarii ultimum subsequens Ferrandi series inserendum concedat, duos, qui de Donatistis statuunt, ad unum canonem 47. pertinuisse nihil ambigimus. Unus sumtus ex can. 37. Breviarii de Clericis Donatistarum certa quadam restrictione in suo gradu recipiendis loquitur; alter productus ex can. 47. Codicis Africani statuit de Donatistarum infantibus in Clerum admittendis: ac in utroque transmarinam Ecclesiam consulendam decernitur. In Historia Donatistarum part. 2. c. 9. alteram partem de infantibus recipientes, priorem de Clericis sumtam ex editione Breviarii in suppositionis suspi-

tom. 4. Operum Card. Norisii pag. 429.

suspicionem adduximus. Sola tunc Quesnelliana collectio canonum nobis nota erat, ex qua Breviarium prodierat: cumque hæc duos alios canones 38. & 39. Breviario addititios perperam susceperit; nihil mirum, si etiam canon 37. eidem aliunde accessisse crederetur. At duas alias diversæ originis, & vetustissimas collectiones MSS. nacti sumus, quæ Breviarium cum eodem canone de Clericis pariter exhibent, alteram in MS. Barb. 2888., alteram in cod. 55. Capituli Veronensis: quæ postrema id peculiare habet, quod alios duos canones 38. & 39. uti certe addititios ignorat. Ex hac igitur trium collectionum antiquissimarum concordia hunc canonem de Clericis a Breviario haud expungendum cognovimus, nisi quid omnino efficax cogeret. Expendentes itaque exactius, quæ nos olim perurgebant, nihil cogere deprehendimus. Illa ejusdem canonis verba, *Præcedentibus Conciliis statutum est, ne quis Donatistarum cum honore suo recipiatur a nobis*, præcipuam difficultatem movebant: tum quod nullum ejusmodi interdictum in anterioribus Africæ Synodis, quarum memoria superest, invenitur; tum præsertim quod contraria potius disci-
tom. 3. Concil. col. 158. d. plinæ *ab ipsius separationis exordio* in Africa viguit, uti traditur in Collatione Carthaginensi primæ diei num. 16. At re melius perpensa, *statutum* illud, seu interdictum ad transmarinum Concilium referri credimus, cui Africani ut obsequerentur, idem interdictum in suis quoque Synodis repetiisse videntur. Id ne gratis credatur assertum, res plenius explicanda est; cum præcipue ex dicendis patefaciendum sit, quantum Africani Romanæ Ecclesiæ auctoritati detulerint.

Consuetudo quidem Africanæ Ecclesiæ *ab ipsius separationis exordio* hæc fuerat, ut Clerici Donatistarum ad unitatem redeuntes, in suo gradu recipe-
Duo interdicta transmarina. rentur. At supervenit interdictum memoratum transmarini Concilii, quod aperte asseritur in Synodo Carthaginensi anni 401. Iduum Septembris can. 68. Cod. Africani his verbis: *In transmarino Concilio statutum est, ut ordinati in parte Donati, si ad Catholicam correcti transire voluerint, non suscipiantur in suis honoribus*. Aliud quoque interdictum transmarinæ Synodi, in qua una cum Romano Mediolanensis etiam Antistes interfuit, indicatur in alio Concilio Carthaginensi ejusdem anni 401. XVI. Kal. Julias, ne infantes Donatistarum ad Ecclesiam reduces, ad ordines promoverentur. Ibi enim decreta fuit legatio ad Papam Anastasium, & ad Venerium Mediolanensem, ut in eo interdicto ob inopiam Clericorum & necessitatem Ecclesiæ ad eosdem infantes ordinandos dispensatio peteretur, *quia ab his Sedibus hoc fuerat prohi-*
Quantum Afri iisdem paruerint. *bitum*. Vide Cod. Afric. c. 57. ejusque procemium. His autem interdictis adeo paruerunt Episcopi Africani, ut, cum rari essent catholici ordinandi, summa esset Clericorum inopia, multæque Ecclesiæ essent desertæ, nec unus quidem Diaconus alicubi reperiretur, uti fusius in laudato procemio traditur. In hac autem Ecclesiarum necessitate illa quidem transmarina interdicta partim abroganda, partim restringenda Africani Patres censuere. At auctoritatem transmarinæ Ecclesiæ reveriti, nihil contra per se absolute statuere, nec ab interdictis, licet urgeret necessitas, saltem facto recedere, ac pristinam consuetudinem revocare; sed quidquid expedire videbatur, canone quidem exponendum, non tamen constituendum, aut exequendum putarunt, nisi prius transmarina Ecclesia consuleretur. Id primum (quod sciamus) expressum fuit in Synodo Hipponensi anno 393. tum in Synodi Carthaginensis anni 397. nostro canone 47. qui ex Hipponensi excerptus fuit. Iterum vero repetitum in alio Concilio Carthaginensi anni 401. XVI. Kal. Julias can. 57. Codicis Africani, ac tandem in alia ejusdem anni Synodo Idibus Septembris can. 68. Cod. Afr. in quo cum Romani *maxime* Pontificis consensus ac veluti dispensatio petenda
Quantum Romanæ Sedi deferrent. decernitur, hujus potissimum Sedis auctoritas in transmarino Concilio apud Afros valuisse cognoscitur. Hæc toties decreta transmarinæ, seu Romanæ Ecclesiæ consultatio, laudatorum interdictorum ad hoc usque tempus observantiam declarat; cum præsertim in postrema Synodo Iduum Septembris anni 401. Patres testentur, se eam dispensationem quærere propter Ecclesiæ pacem & utilitatem; *non ut Concilium, quod in transmarinis partibus de hac re factum est, dissolvatur*. Qui vel in maxima necessitate & penuria Clericorum nihil per se voluerunt mitius interpretari & constituere, ne interdictum transmarinum

num dissolverent, nisi prius Romanum Pontificem consulerent, & dispensationem obtinerent; quantam hujus Sedis auctoritati obedientiam & observantiam tribuerent, nemo non videt. Ideo vero tamdiu dilata res fuit, quia licet decretum de consulenda transmarina Ecclesia latum fuerit anno 393. & in Breviario repetitum anno 397. nondum tamen exequutioni mandatum fuerat anno 401. Itaque hoc anno in Synodo XVI. Kal. Julias ne consultatio amplius differretur, legatio ad transmarinam Ecclesiam destinata est, qua Africani Episcopi de solis infantibus consuluerunt. Tum in alia Synodo anni ejusdem Idibus Septembris de Clericis Donatistarum recipiendis per litteras intercessere. Ex hac autem historia non tam soluta est proposita objectio, qua hic canon 47. de Clericis Donatistis loquens a Breviario excludendus videbatur; sed potius confirmatum maxime restat, Africanos Patres de hac re, quæ a transmarina Ecclesia interdicta fuerat, fuisse sollicitos, ac statuisse consulendum Ecclesiam transmarinam; licet exequutio in annum 401. dilata fuerit.

Restat altera difficultas ex Dionysio Exiguo, seu ex can. 47. Codicis Africani, in quo post antecedentem Breviarii canonem 46. de passionibus Martyrum, omisso canone de Donatistarum Clericis, de solis ipsorum infantibus Siricium & Simplicianum consulendos decernitur. Idipsum etiam legitur in collectione Isidori can. 48. ac præterea in Synodo anni 401. can. 57. Codicis Africani hic canon de parvulis superiori Concilio editus traditur. Hunc autem fuisse postremum canonem Breviarii Hipponensis patet ex iis, quæ statim subjiciuntur tam in Codice Africano, quam apud Isidorum: *Quibus insertis Honoratus & Urbanus legati provinciæ Mauritaniæ Sitifensis dixerunt ... De fide enim Nicæni tractatus audivimus.* Hic Breviarium Hipponense lectum ac gestis *insertum* palam innuitur; ac propterea canon de parvulis, qui præcedit verba *quibus insertis*, pertinet ad Breviarium, quod gestis insertum fuit. Hinc quidem idem canon nullo Episcopo proponente describitur, uti nullo pariter proponente Episcopo recensiti fuerunt etiam reliqui ejusdem Breviarii canones: cum e contra omnes canones post ejusdem lectionem conditi in ipsa Synodo Carthaginensi anni 397. aliquo Episcopo interloquente ac proponente efferantur.

Hæc vero facile concilianda cognovimus, si nec canon de Clericis, nec alter de infantibus excludantur a Breviario; sed ex utroque unus canon conficiatur. Primo scilicet de Clericis actum fuit, ita tamen ut, antequam id absolute firmaretur, transmarina Ecclesia consulenda esset. Cum vero hoc obtinere videretur difficilius, de solis infantibus Siricium & Simplicianum consulere interim placuit. Similiter quidem, licet Aurelius in Synodo Carthaginensi anni 401. can. 57. Codicis Afric. proposita catholicorum Clericorum penuria, Donatistas Clericos *cum plebibus atque honoribus suis* recipiendos percuperet, & hoc transmarinorum Episcoporum considerationi dimittendum censuerit; hac tamen consultatione in aliud tempus dilata, eos interim de parvulis *tantum* consulendos putavit. *Quamquam*, inquit, *nonnulli ejusdem sectæ Clerici cum plebibus atque honoribus suis ad nos transire desiderent, qui amore honoris aut persuadent ad vitam, aut retinent ad salutem. Sed hoc majori fratrum supradictorum* (Episcopi Romani atque Mediolanensis) *considerationi dimittendum censeo, ut prudentiori suo consilio nostræ suggestionis sermonem cum perpenderint, quid de hac re eis placeat, nos informare dignentur. TANTUM DE HIS QUI INFANTES BAPTIZATI SUNT, satagimus, ut nostræ, si placet, in iisdem ordinandis CONSENTIANT voluntati.* Vides hic utrumque decretum de Clericis & de infantibus Donatistis simili ratione efferri, & ita copulari, ut in nostro canone conjungenda putamus? Unum movere potest, utrumque nostri canonis decretum in nullo codice copulari, sed alterum deesse in tribus laudatis collectionibus, quæ Breviarium separatim continent; in Dionysio vero, seu Codice Africano, & in Isidoro alterum desiderari. Verum Dionysium & Isidori collectionem alios Breviarii canones omisisse jam vidimus. Cur vero altera nostri canonis pars, quæ hisce testibus probatur spectare ad Breviarium, in omnibus hujus Breviarii codicibus desit, ignoramus. Ex his vero omnibus canon 47. Synodi Carthaginensis anni 397. ex duabus partibus constat, nimirum ex can. 37. Breviarii, & ex can. 47. Codicis Africani.

tom. 2. Conc. col. 1297. e

cani. Huic autem integro canoni Breviarii Hipponensis ultimo subscriptiones ipsius Breviarii idcirco subjiciendas duximus, quia totum Breviarium cum iisdem subscriptionibus Synodo laudatæ fuisse insertum verosimillimum est. Ita quodnam sit verum & integrum Breviarium Hipponense, & quinam sint celebres canones Concilii Hipponensis anni 393. palam constitutum est. In vulgata editione Breviarii, & in quibusdam codicibus duo alii canones in fine adjiciuntur, sed perperam; cum primus canon addititius spectet ad Synodum Carthaginensem anni 397. conflatusque sit ex duobus ejusdem Synodi canonibus 49. & 50. mox indicandis; alter vero sit canon Concilii Carthaginensis habiti Idibus Septembris anno 401. ac propterea hi canones jure omittuntur in optimo MS. 55. Capituli Veronensis. Nunc indicandi restant canones in ipsa plenaria Synodo anni 397. conditi, qui Episcopis interloquentibus propositi, ab Hipponensibus in Breviario contractis facile distinguuntur.

XLVIII. *Quibus insertis Honoratus & Urbanus Episcopi legati provinciæ Mauritaniæ Sitifensis dixerunt: Jamdudum cum apud sanctitatem vestram* &c. ut in Cod. Afric. c. 47. paullo ante medium tom. 2. Concil. Ven. edit. col. 1284. d. cum quo jungendus est uno contextu etiam canon 48. *Illud autem suggerimus* &c. usque ad finem. Ibi col. 1285. Horum Episcoporum Sitifensium *legatio* sicuti in antecedenti conventu Carthagine habito die X. Kal. Septembris statim post Breviarium lecta fuisse traditur can. 1. seu in præfatione Aurelii, quæ in Cod. Africano præmittitur canoni 34. ita etiam in hac quasi altera ejusdem Concilii actione habita V. Kalendas ejusdem mensis, in qua gesta prioris conventus repetita fuere, Breviarii lectioni recte subjicitur. Canonem vero 48. Codicis Africani, quo eadem Honorati, & Urbani interloquutio continuatur, idcirco jungimus cum postrema parte canonis 47. quia priorem partem hujus canonis de infantibus Donatistis agentem usque ad interlocutionem Sitifensis ad canonem 47. hujus Synodi pertinere ostendimus. Ferrandus num. 175. hunc canonem allegat sic. *Conc. Carth. tit.* 48. In Isid. est c. 38.

XLIX. *Honoratus & Urbanus Episcopi dixerunt: Et illud nobis mandatum est* &c. ut in c. 49. Cod. Afric. col. 1285. c. Apud Ferrandum num. 4. *tit.* 49. Isid. c. 39.

L. *Sed & illud est statuendum* &c. ut in Cod. Afric. c. 50. col. 1288. a Apud Ferrandum num. 5. *tit.* 50. Isid. c. 40.

LI. *Honoratus & Urbanus Episcopi dixerunt: Quoniam de commonitorio nostro* &c. ut in Cod. Afr. c. 51. cum quo copulandus est canon 52. ejusdem Codicis, quippe quos in unum junctos Ferrandus in suo exemplari invenit: nam caput 53. Codicis Africani num. 13. allegat *tit.* 52. hujus autem canonis 51. primam partem num. 231. citat *tit.* 5. ubi corrigendum *tit.* 51. Hæc prima pars tantum legitur in Isid. c. 41.

LII. *Epigonius Episcopus dixit: In hoc Breviario* &c. uti in Cod. Afric. c. 34. col. 1280. d cum quo jungendus est can. 53. ejusdem Codicis Africani col. 1289. a *Epigonius Episcopus dixit: Multis Conciliis hoc statutum a cœtu sacerdotali est* &c. usque ad finem. Episcoporum Sitifensium legatione antecedentibus canonibus exacta, Epigonius suam sententiam proposuit. Hujus prior interloquutio, qua Breviarium lectum præsumitur, in Codice Africano extra proprium, ut videtur, locum refertur can. 34. antequam Breviarii canones recenseantur. Olim quidem credebamus hanc interloquutionem recte a Dionysio potuisse subdi post præfationem Aurelii in eodem Cod. Afr. descriptam ante can. 34. Sed cum hæc Aurelii præfatio Breviarii lectionem mandet, verisimilius est hanc lectionem statim fuisse subsequutam, & Epigonium post lectum Breviarium ea verba protulisse, cum exacta jam Sitifensium legatione, quæ ex dictis primo loco proposita fuit, eidem Epigonio loquendi locus patuit: præcipue quod idem Epigonius nihil in Breviario emendandum, vel addendum censuit, nisi *ut dies sancti Paschæ tempore Concilii innotescat*: quod idcirco expressum videtur, quia id a Sitifensibus antecedenti canone 51. petitum & ab Aurelio concessum fuerat. Duplicem autem Epigonii interloquutionem jungimus, quia canon 53. Codicis Afric. in quo secunda ejus interloquutio exhibetur, laudatur a Ferrando num. 13. *tit.* 52. In Isidoro deest prima interlo-

quutio

quutio Epigonii; secunda vero in duos canones dividitur c. 42. & 43. Postrema pars alterius interloquutionis allegatur in Synodo Bonifacii §. 21.

LIII. *Epigonius Episcopus dixit: In multis Conciliis hoc statutum est, etiam nunc hoc confirmandum* &c. uti can. 54. Codicis Afric. col. 1292. a. Apud Ferrandum num. 27. *tit.* 53. Isid. c. 44. In Synodo Bonifacii §. 22.

LIV. *Aurelius Episcopus dixit: Sermonem meum admittite.* &c. ut in Cod. Afric. c. 55. & 56. qui hic copulandi sunt. Sequimur enim Ferrandum, qui num. 230. primum canonem 55. Codicis Afric. citat *tit.* 54. & num. 13. ac 14. alterum canonem 56. item laudat *tit.* 54. Isidorus tres canones conficit, ac inter se disjungit c. 45. 46. & 55. In Synodo Bonifacii prima pars integra exhibetur tom. 5. Concil. col. 781. altera vero compendio indicatur col. 779. §. 23.

Hic est ultimus canon Concilii Carthaginensis III. anni 397. post quem adjiciendæ sunt Episcoporum, qui eidem Concilio III. interfuerunt, subscriptiones. Una tantum Aurelii subscriptio legitur in Cod. Afric. c. 56. col. 1296. a; duas alias Epigonii & Augustini addit Isidorus, ubi ceteri Episcopi notantur hac formula: *Similiter & omnes Episcopi quadraginta quatuor numero subscripserunt.* Alii codices habent *quadraginta septem*, vel *quadraginta octo*. Difficultatem nonnulli movent ex subscriptione Augustini, qui Numidiæ Episcopus huic Synodo non adfuisse videtur: cum Numidæ diutius differentes ad Concilium accedere, expectati non fuerint, ut liquet ex Aurelii præfatione descripta ante can. 34. Codicis Africani, nec non ex can. 47. At de solis legatis Numidiæ aliquandiu expectatis hisce in locis sermo est. Augustinus autem ad Synodum venisse dicendus est, etsi legatione suæ provinciæ non fungeretur, quemadmodum ad Synodum Carthaginensem anni 403. idem Augustinus cum Alypio & Possidio accessit, licet Numidiæ legati nondum pervenissent. Vide præfationem ejusdem Concilii tom. 2. Conc. col. 1320. d. Augustinum vero inter ceteros convenisse in Concilio Carthaginensi III. non solum probant tres vulgatæ subscriptiones, quæ ex codd. collectionum Hispanicæ & Isidori prodierunt; verum etiam confirmat diversæ originis codex Vat. Palat. 574. ex quo uberiores subscriptiones Concilio restituto subjiciendas appendimus.

tom 2. Conc. col. 1410. e.

Subscriptiones ex codice productæ.

Aurelius Episcopus Ecclesiæ Carthaginensis huic decreto consensi, & relecto subscripsi: & ceteri Episcopi subscripserunt; idest, Victor Episcopus, Felix Episcopus, Numidius Episcopus, Epigonius Episcopus, Honoratus Episcopus, Donatus Episcopus, Elesius Episcopus, Reginus Episcopus, Palatinus Episcopus, Honoratus Episcopus, Victorianus Episcopus, Posthumianus Episcopus, Victor Episcopus, Bonifacius Episcopus, Felix Episcopus, Restitutianus Episcopus, Bonifacius Episcopus, Donatus Episcopus, Ferox Episcopus, Antonius Episcopus, Basilius Episcopus, Restitutus Episcopus, Paschasius Episcopus, Victor Episcopus, Augustinus Episcopus, & reliqui Episcopi numero XLIII.

In editione Isidoriana præter defectus antea indicatos canon alius 49. perperam additur, quippe qui pertinet ad Concilium Carthaginense anni 419. & refertur in Cod. Afric. c. 32. Auctor nimirum collectionis ab Isidoro receptæ etsi inter Synodos Carthaginenses recenseat Concilium anni 419. ipsumque dividat in duo; noluit tamen describere priores ejus canones 33. ea forte de caussa, quia in aliis anterioribus Synodis, quas produxit, eos fere omnes contineri perspexerat quinque ultimis canonibus exceptis, ex quibus solum canonem 32. non negligendum ratus, Synodo anni 397. adjiciendum putavit.

§. IV.

§. IV.

De Synodo Carthaginensi anni 398. VI. Iduum Novembris edita ex collectione Isidori. Statutorum, quæ in ea continentur, antiquitas atque celebritas ex aliis MSS. collectionibus comprobata. In aliis codicibus inscribuntur Statuta Ecclesiæ antiqua, *in aliis* Statuta antiqua Orientis. *Diversus statutorum ordo a vulgato in plerisque MSS. notatur. Non pertinent ad ullam Synodum Africanam. Sunt collectio, seu abbreviatio antiquorum canonum partim Orientalium, partim Occidentalium. Formulæ in ordinatione Officialium Ecclesiæ in fine adjectæ.*

tom. 1. Biblioth. Jur. Canon. p. 317.

Variæ sententiæ de hac Synodo.

I. POst Synodum Carthaginensem anni 397. dicendum est de canonibus 104. qui ex Isidoriana collectione vulgati, adscribuntur *Concilio Carthaginensi Africæ IV.* anni 398. Christophorus Justellus in præfatione ad Codicem Ecclesiæ Africanæ hocce Concilium, cujus nullum indicium est in eadem Africanorum canonum collectione, fictitium ac plane repudiandum contendit, nec fidem ullam adhibendam iis canonibus 104. qui sine auctoritate laudato Concilio adscribuntur. Hujus exemplum plures sequuti, vel rejecerunt prorsus hoc Concilium cum canonibus ei attributis, vel dubitationes & difficultates non exiguas sparserunt. Alii vero ejusdem Synodi, quæ non tam Isidoriana, quam Hispanica collectione probatur, vindicias suscepere. Emanuel Schelestratius in dissert. 3. de Ecclesia Africana priores canones de ritu ordinationum agentes in Synodo Carthaginensi anni 398. constitutos non ambigit, eo quod vulgata præfatio habeat: *Placuit .... in eadem sancta Synodo constituere ea, quæ ad ordines ecclesiasticos canonicis sunt necessaria disciplinis:* & in alio codice primo canoni hic titulus præfigatur: *Præfatio capitulorum de sacris ordinationum ritibus.* At ceteros canones non in ea Synodo conditos, sed ab aliquo privato partim ex Orientalibus, partim ex Occidentalibus canonibus studiose congestos & assutos existimat. Tillemontius art. 123. & not. 29. in Augustini vitam hanc Synodum aliqua ratione defendere, ac objectas difficultates disjicere studet. Ad hujus Synodi canones potius, quam ad canones Synodi anni præcedentis 397. referenda opinatur Aurelii verba, quæ leguntur in procemio Concilii an. 402. præmisso canoni 86. Codicis Africani.

Collectionum MSS. discrimen in iisdem canonibus efferendis.

II. In hac controversia ut dicamus quid probabilius nobis videtur, aliquot observationes circa MSS. libros in quibus illi canones inveniuntur, præmittendæ sunt. Non soli codices collectionum Isidorianæ & Hispanicæ, quæ in Africanis Synodis eamdem habent originem, sed alia atque alia aliarum collectionum & regionum exemplaria eosdem canones exhibent, sed diversa ratione. In MSS. collectionum Hisp. & Isid. ii canones præferuntur cum titulo: *Concilium Carthaginense Africæ IV. ab Episcopis numero CCXIV. Augusto Honorio IV. & Eutychiano Consulibus*, idest an. 398. Alia collectio contenta in duobus MSS. Veron. 59. & Lucano 88. quam ante Hispanicam ex alio antiquiori fonte derivatam ostendemus part. 4. c. 4. eosdem canones describit *Ex Synodo Carthaginis Africæ Honorio XII. & Theodosio VIII. Coss.* idest an. 418. Codex Vat. Palat. 574. similis Morbacensi, qui collectionem repræsentat pure Gallicanam compactam ante medium sæculum sextum, hunc duplicem titulum præfigit: *Synodus Africana Episcoporum ducentorum quatuordecim. Statuta Ecclesiæ antiqua.* Vetustissima collectio Corbejensis pariter Gallicana, codex bibliothecæ Collegii Parisiensis Soc. Jesu laudatus (1) a P. Harduino, codex Colbertinus 3368. (2) a P. Coustantio allegatus, exemplaria MSS. Gemblacense & Gandavense S. Bavonis, quæ vidit (3) P. Crabbus, aliaque Gallicana, quæ absque nomine indicantur (4) a P. Sirmondo, hanc tantummodo inscriptionem exhibent: *Statuta Ecclesiæ antiqua.* Codices Barberinus 2888. & Vat. 1342. unius collectionis Italicæ; Vat. 5845. Vallicel. A 5 cum aliis alterius collectionis, & Vat. 1343. collectionis diversæ, omnes Italici, inscribunt: *Statuta antiqua Orientis.* (5) Atto Episcopus Vercellensis in epistola ad Ambrosium Sacerdotem Mediolanensem ex Italicis MSS. *Statuta antiqua Orientalium* appellat. Vides in his multas collectiones Hispanicas, Gallicanas, Italicas,

(1) tom. 2. Conc. col. 1433. not. 1.
(2) In præfat. tom. 1. epist. Rom. Pontif. n. 102.
(3) tom. 2. Conc. col. 1435. e 1441. c. & 1446. d.
(4) tom. 5. Conc. col. 14. b.

licas, omnesque antiquas, quæ etsi eosdem canones contineant, diversa tamen ratione dissentiunt.

(5) tom. I. Spicil. Acher. pag. 438.

III. Duplex autem discrimen præcipue observandum est. I. Non omnes codices *Concilium Carthaginense* inscribunt. Italicæ collectiones, *Statuta antiqua Orientis*: Gallicanæ, *Statuta Ecclesiæ antiqua*. Codices collectionum Hisp. & Isid. quæ Africanam Synodum præferunt, unius ejusdemque originis sunt. Quod si codices Vat. Palatinus & Veronensis eumdem titulum confirmantes diversam originem habent; codex Veron. Synodum Carthaginensem assignat, non anno 398. cui illam affigunt MSS. Hisp. & Isid. sed anno 418. Palatinus vero titulo Concilii Carthaginensis, quod chronica notatione caret, alium titulum addit, *Statuta Ecclesiæ antiqua*, qui priori titulo videtur repugnare: neque enim canones, qui in aliqua Synodo conduntur, *Statuta antiqua* appellari queunt. II. Vulgatus canonum ordo, qui ex Hispanica & Isidori collectionibus proficiscitur, diversus omnino est ab ordine, quem omnes alii codices & collectiones exhibent. Labbeus e Barberino MS. 2888. numeros diversi ordinis in sua editione notavit, sed qui facile fugiunt, nec satis instruere queunt. Hinc eosdem canones ex ordine ejusdem & aliorum nostrorum codicum hoc tomo recudendos censuimus; ac ex eorumdem collatione cum editis palam fiet, ordinem, qui tot diversis collectionibus probatur, & præfertur etiam in his ipsis MSS. codd. Veron. & Palat. qui Synodum Carthaginensem in titulo inscribunt, originarium esse: eum vero, qui ex collectionibus Hisp. & Isid. antea editus fuit, inductum fuisse ab auctore collectionis Synodorum Africanarum in ipsis receptæ, ut canones aptiori methodo disponeret, & ad certa capita pertinentes, ab origine separatos, atque huc illuc dispersos uniret. Hinc porro cognoscetur, canones de ordinatione officialium Ecclesiæ, qui in vulgatis initio proponuntur, spectare ad finem, immo distingui a ceteris hoc titulo ipsis præfixo: *Recapitulatio ordinationum officialium Ecclesiæ*: ubi *recapitulatio* idem videtur ac *caput*; unde in MS. Herouvalliano habetur: *Caput ordinationis ministrorum officialium Ecclesiæ*.

Diversitas inscriptionis. Ordinis discrimen. Inf. col. 653. Qui ordo verior. Recapitulatio quid.

IV. Nunc ut statuamus quid verisimilius credimus; tot in primis codices, ac tot antiquissimæ diversæ originis diversarumque regionum collectiones, quæ laudatos canones diversa licet inscriptione prænotatos continent, inter quas duæ Palatina & Corbejensis sub medium sextum sæculum digestæ fuerunt; eorum antiquitatem celebritatemque demonstrant. Ipsa collectio Hispanica, quæ hos canones sub Concilii Carthaginensis IV. nomine præfert, eamdem antiquitatem confirmat. Africanorum enim canonum collectionem, quæ in Hispanicam transivit, antiquiorem esse Turonensi Synodo II. celebrata an. 567. probavimus §. 1. n. 3. Addemus & aliud non leve. In ea collectione canonum quæ Concilii Arelatensis II. nomine circumfertur, dum can. 49. *secundum statuta seniorum* præcipitur, ut excommunicati vitentur non solum a Clericis, verum etiam a laicis; nostra *Statuta* indicari videntur. Etsi enim in aliis canonibus Clericis interdictum inveniatur communicare cum excommunicatis; laicis tamen id non legimus vetitum nisi in nostris *Statutis* can. 40. Cum porro ea collectio Arelatensis II. nomine donata, sub S. Cæsario compacta fuerit, ut probabimus cap. 10. §. 2. n. 19. nostra igitur Statuta sexto sæculo antiquiora & in auctoritatem allegata noscuntur. Hinc quidquid sit de titulis, seu inscriptionibus diversis, iidem canones pro spuriis ac nullius momenti haberi non possunt.

Antiquitas canonum probatur.

V. Tota difficultas circa auctorem versatur, num scilicet ea Statuta Concilio Carthaginensi adjudicanda sint. In hac vero inscriptione, quam plerique & vetustiores codices ac collectiones ignorant, falsitatem inesse multis argumentis nobis evidentissimum est. Illud in primis gravissimum, hujus Synodi, quæ si Africana, ob Patrum numerum canonumque copiam atque præstantiam omnium celeberrima fuisset; nullum reperiri indicium nec apud Dionysium Exiguum, nec apud Ferrandum, neque in Concilio Carthaginensi sub Bonifacio anni 525. cum hæc vel maxime inter Africanas memoranda fuerit. Dionysius quidem dum Synodos recensuit sub Aurelio celebratas usque ad an. 419. etsi aliquot canones alicujus Synodi præterire potuit, vel etiam Synodos, quæ peculiares canones non condiderunt; non tamen Concilium plenarium, quod

Abjudicantur a Concilio Africano.

tot canones in aliis Conciliis frustra quæsitos, constituit. Multo minus hæc Synodus fugere potuisset Ferrandum, qui alias etiam peculiares & provinciales Synodos Africæ aliunde incognitas allegavit. In Synodo autem Bonifacii dum plures canones referuntur ex Conciliis sub Aurelio celebrioribus, Concilia III. VI. VII. usque ad vigesimum his numeris canonibusque distinguuntur, qui cum congruant numero & ordini Synodorum, quas Dionysius refert, huic Concilio Carthaginensi anni 398. locum non relinquunt. Negativum quidem est hoc argumentum; sed tale, ut, si probe intelligatur, hac in re luculentissimam & manifestam probationem suppeditet.

VI. Sed age, jam positiva & efficacia producamus. Ipsum proœmium, quod in vulgatis ex collectionibus Isidoriana & Hispanica exhibetur, a stilo & formulis ceterarum Synodorum Africæ maxime abhorret. Consulatus in Africanam rationem non *Augusto Honorio IV.*, sed *gloriosissimo Imperatore Honorio Augusto IV.*, *&* *Eutychiano Coss.* efferendus fuerat. Additur *in secretario* tantum, cum in ceteris sinceris Conciliis addatur semper basilicæ nomen: *in secretario basilicæ Fausti*, vel *Restitutæ* &c. Annus præsertim 398. laudato consulatu designatus primo canoni repugnat. In professione enim fidei ab Episcopo exigenda adversus hæreses id inter cetera ab eodem petendum traditur, *si in baptismo omnia peccata, idest tam illud originale contractum, quam illa, quæ voluntarie admissa sunt, dimittantur.* Id Pelagianam hæresim aperte impetit, quæ tamen in Africa non innotuit nisi anno 411. Neque credibile est ante hujus erroris notitiam adeo expressam professionem exactam fuisse de dogmate, quod ante Pelagianos a nemine in dubium vocabatur, nec in anterioribus fidei formulis ea inserta invenietur. Adde quod in subscriptionibus, quæ apud Isidorum leguntur, refertur *Donatianus Talabricensis* (corrige *Teleptensis*) *primæ sedis:* qui cum anno 398. non esset *senior*, nec *primæ sedis* Episcopus erat. Præterea illæ subscriptiones eædem sunt, ac quæ ab eodem Isidoro subnectuntur Concilio Milevitano, reipsa autem pertinent ad Concilium Carthaginense anni 418., ad quod etiam spectant Patres CCXIV. quibus ea Statuta adjudicantur. Hinc minus male in codice Veronensi 59. notantur consules anni 418. Duas vero hujus anni Synodos, *Africanam* & *plenariam* contra Pelagianos coactas ostendemus in Observationibus ad Dissert. XIII. Quesnelli, ubi etiam numerum Patrum CCXIV. a Prospero indicatum ad Africanam Synodum referendum probabimus. Plura in utraque Synodo contra Pelagianos gesta. Canones vero solum editi in plenaria, qui a Dionysio late proferuntur a can. 108. usque ad can. 127. nec tamen in his unum ex Statutis invenies. Accedit quod in primo horum statutorum non solum Pelagiana, verum etiam Nestorii ac Eutychis hæreses palam impetuntur, quæ multo post exortæ fuerunt. Ut vero alia omittamus, quæ in aliis Statutis cum Africana ejus ætatis disciplina minime concordant, illud profecto peremptorium videtur, quod primo capite in Episcoporum ordinatione *Metropolitani* auctoritas vel præsentia requiritur. *Metropolitani* nomen non invenietur in Synodis Africanis, quibus *primæ Sedis Episcopus*, vel *Primas*, vel *Senex* nomina erant usitata. Suspicatur Tillemontius *Metropolitani* vocabulum ab Isidoro fuisse insertum, ut suæ regionis disciplinæ & locutioni se se accommodaret. At frustra: neque enim sola exemplaria collectionis Isidorianæ *Metropolitani* vocem præferunt, sed ceteræ omnes collectiones, & codices omnes, qui aliam originem habent. Qui consensus omnium codicum cum *Metropolitani* vocem ipsi canonis auctori, vel auctoribus referendam declarat; tum vero hujusmodi Statuta iis in locis condita ostendit, ubi Metropolitanorum titulus auctoritasque vigebat.

Canon additiius expungendus. tom. 2. Concil. col. 1446. a

VII. Hisce statutis, quæ in MSS. Hisp. & Isid. sunt 104., ex Urgellensi codice auctioris collectionis Hispanicæ unus canon a Baluzio additus est. Hic autem si genuinus per se credatur, certe ad Africanam aliquam Synodum pertinet, ut patet vel ex illis verbis: *Placuit omnibus Patribus per provinciam Carthaginis consistentibus*. Nihil vero id movere debet, ut cetera quoque statuta Africano Concilio tribuantur. Cum enim idem canon in uno MS. Urgellensi inventus, desit non solum in codicibus aliarum collectionum Gallicanis atque Italicis, verum etiam in aliis Hispanicis, & in omnibus Isidorianis; ac præac praeterea formam a ceteris Statutis plane diversam praeferat; addititius agnoscitur: nec profecto difficultates ex procemio & primo capite expositas abstergere potest. Adde quod cum ex recitatis verbis ad Synodum videatur referri solius provinciae Proconsularis, cujus caput erat Carthago (nisi quis potius provinciam Carthaginensem Hispaniae intelligendam existimet) male profecto affictus fuit *universali Concilio* Episcoporum CCXIV., cui ex duabus aliis provinciis Donatianus Teleptensis Byzacenae Primas, & Augustinus Episcopus Hipponensis Numidiae in eodem Urgellensi codice subscripti exhibentur.

VIII. Ex his porro expuncta epigraphe Concilii Africani, aliae duae inscriptiones considerandae supersunt, *Statuta Ecclesiae antiqua*, & *Statuta antiqua Orientis*. Hae vero formulae nihil novi ab aliqua Synodo conditum in iisdem statutis contineri, sed antiqua decreta privato studio a quopiam collecta innuunt. Atto Episcopus Vercellensis saeculo X. cum in codice MS. Additionum Dionysii, qui adhuc servatur in bibliotheca Capituli cathedralis ejusdem Ecclesiae, haec Statuta reperisset una cum *epistola canonica*, quam pariter huic tomo inter documenta Juris canonici veteris inseremus, in litteris ad Ambrosium Sacerdotem Mediolanensem de utrorumque tempore & de auctore quaesivit. *Sinceram caritatem vestram*, inquit, *humiliter exposcimus de* epistola, *quae in canonibus reperitur*, *quae etiam* Canonica *dicitur*, *cujus capitula XI. esse noscuntur*, *quae nobis utilissima esse videntur*, *quorum initium:* „ Primum „ omnium fidem catholicam omnes Presbyteri & Diaconi seu Subdiaconi me„ moriter teneant &c. " *sive de* Statutis antiquis Orientalium, *quorum capitula centum dinumerantur*. *Ex quibus primum apud nos in omni Episcoporum consecratione perquiritur*, *cujus initium est:* Qui Episcopus esse debet, necesse est ut antea examinetur &c. *ut de his omnibus nos certificare dignemini*, *quo tempore*, *vel loco constituta*, *sub quo Principe*, *vel a quibus Patribus*, *quomodo habenda*, *vel si penitus recipienda*, *vel in aliquo refutanda dijudicentur*. Tempus Statutorum ex dictis facile colligi potest, nimirum paullo post haeresim Eutychianam, quum in procemio professio catholici dogmatis eidem contraria exigatur, & ante subsequens saeculum VI., quo jam celebria erant haec Statuta, & in collectiones transierant. Ignotus vero horum Statutorum collector non pauca ex Synodis Orientalium compendio sumsit. Hoc forte primum ejus consilium fuit, & exinde titulus *Statuta antiqua Orientis* initio praefixus. Cum porro alia ex canonibus etiam Synodorum Occidentalium, ac ex quibusdam antiquis formulis, seu ritibus Latinis accesserint; titulus *Statuta Ecclesiae antiqua* substitutus videtur. Nonnulla ex canonibus Africanis excerpta deprehenduntur, ex quibus fortassis Synodi Africanae, seu Concilii Carthaginensis inscriptio manavit. Capitula in fine adjecta de ordinationibus officialium Ecclesiae, in omnibus antiquissimis collectionibus descripta, ritus hodierni antiquitatem probant. Haec vero cum non compendio, sed totidem verbis exposita sint, uti leguntur in Gelasii Sacramentario, distincto titulo proponuntur. Plura, si vacabit, adnotabimus in ipsa Statuta, cum hoc tomo juxta fidem & ordinem vetustissimorum codicum proferentur.

[Margin: Nostra sententia exponitur. — Infra col. 669. — tom. 1. Spicil. d'Acher. pag. 439. — Tempus designatur. — Unde statuta sumta. — Sacr. Gelas. lib. 1. c. 95. Infr. col. 629. n. 3.]

IX. Unum tandem observare libet. Cum in eo primaevo Statutorum ordine, quem exhibebimus, ipsa Statuta praemittantur capitulis de ordinatione officialium Ecclesiae, subjiciantur autem procemio, in quo praerogativae ejus, qui Episcopus ordinandus est, referuntur, & subjiciantur quidem post verba de Episcopo ordinando *his Patrum definitionibus acquiescat*; eadem Statuta eo consilio ab auctore videntur collecta, ut totam, vel fere totam ecclesiasticam disciplinam Episcopis ordinandis compendio proponeret, quam vel ipsi in se custodirent, vel in alio quolibet Ecclesiae gradu observandam curarent.

[Margin: Finis statutorum colligendorum quis.]

§. V.

De Concilio Carthaginensi anni 399., & de duobus aliis anni 401., quæ sunt Concilia IV. V. & VI. sub Aurelio. Alterum Concilium anni 401. restituitur.

I. DE Concilio Carthaginensi anni 399. V. Kal. Majas, quod ex Dionysii serie quartum est sub Aurelio, id tantum memoriæ prodidit laudatus Dionysius post canonem 56. Codicis Africani, legationem fuisse destinatam ad Imperatorem, ut pro confugientibus ad Ecclesiam legem impetrarent, ne quis eos auderet abstrahere. (t. 2. Concil. col. 1296. b.)

II. Duo Concilia Carthaginensia V. & VI. sub eodem Aurelio distinguuntur a Dionysio, alterum celebratum XVI. vel XVII. Kal. Julias a canone 57. ad can. 65. Codicis Africani, alterum Idibus Septembris a can. 66. ad can. 85. In editione Isidori utrumque conjungitur cum inscriptione *Concilium Carthaginense V.* in cujus procemio vulgato cum deesset Consulis notatio, cujus anni esset, ignorabatur. (Ib. col. 1454.) Dies porro apud vulgatum Isidorum notatus *VI. Kal. Junii* ab utraque die in Dionysio signata discrepans, aliud Concilium indicabat. At suppleta & emendata ex MSS. post Harduinum chronica notatione sic: *Post consulatum Flavii Stiliconis V. C. die XVI. al. XVII. Kal. Julias;* primum Concilium anni 401. palam innuitur. Inter canones quindecim, quos eadem Isidori editio huic Concilio adsignat, duo tantum priores pertinent ad primum Concilium diei XVI. aut XVII. Kal. Julii anni 401. respondentque canonibus 59. & 62. Codicis Africani. Qua in re illud maxime animadvertendum est, hos canones apud Isidorum efferri hac formula can. 1. *Statuendum est*, & can. 2. *Et illud statuendum*: cum apud Dionysium alia prorsus ratione legatur can. 59. Codicis Afr. *Petendum etiam* (ab Imperatoribus) *ut statuere dignentur;* & can. 62. *Et illud petendum, ut statuere dignentur.* (Ibi col. 1300. b. col. 1301. b.) Ceteri vero canones XIII. editionis Isidorianæ sunt secundi Concilii eodem anno celebrati Idibus Septembris. Ita Isidori editio septem canones primi Concilii prætermittit: nam apud Dionysium, seu in Codice Afric. novem ipsius canones recensentur, adeo ut hoc Concilium in hoc Codice integrum videri possit. Ferrandus dum num. 193. allegat *Conc. Carth. tit. 1.*, prioris Synodi canonem primum exprimit, qui in Cod. Afr. legitur can. 57. Nullum ille alium hujus Synodi canonem laudat.

III. Dionysius alterius Concilii habiti Idibus Septembris canones viginti recitat. (Synodi VI. sub Aurelio restitutio necessaria.) Etsi vero hoc quoque Concilium apud ipsum integrum videri queat, cum defectuosum sit apud Isidorum, qui, ut monuimus, tredecim tantum hujus Synodi canones refert; aliquis tamen defectus in Dionysio quoque detegitur, eo quod repetitionis vitandæ caussa duos canones omisit, quos inter priores canones 33. Synodi anni 419. antea descripserat. Id evidens fiet ex Ferrandi serie, & ex Concilio Carthaginensi sub Bonifacio: ac proinde hujus Synodi VI. sub Aurelio, quæ nec in Dionysio, nec in Isidoro integra reperitur, restitutio necessaria est.

IV. Ferrandus num. 189. hujus Synodi canonem in Dionysio tertium (can. 68. Cod. Afric.) ex suo codice secundum vocat: *Conc. Carth. tit. 2.* (Ex Ferrando profertur.) Hinc duo priores canones apud Dionysium, in codice Ferrandi primum constituebant: cumque uterque respiciat Donatistas, qui ad unitatem redirent, non male in unum copulatus erat. Igitur præmissa hujus Synodi introductione, quæ apud Dionysium legitur ante can. 66. Codicis Africani, & incipit: *Vincentio & Fravita VV. CC. Coss.* &c. (tom. 2. Conc. col. 1304. b.) primus canon est can. 66. & 67., quos in unum conjungendos diximus. Secundus canon est can. 68. ejusdem Codicis Afric. quem Ferrandus num. 189. citat *tit.* 2. Tertius est can. 69. Hi tres priores canones in Isidoro desiderantur. Quartus canon est can. 70., qui apud Isidorum habetur can. 3. ejus Concilii Carthaginensis, quod quintum inscribit. Canon quintus a Dionysio omissus (quippe qui similem canonem retulerat inter illos Synodi 419. can. 26. Codicis Afric.) supplendus est ex Isidoro canone quarto. Id colligimus ex Synodo Bonifacii anni 525. In hac *ex Concilio*

lio sexto sub Aurelio novem canones indicantur: duo priores sic: *Ut res Ecclesiæ nemo vendat*: & *Ne relicta principali cathedra ad Diœcesim se conferat, vel diu in propriis demoretur*. Hic autem secundus canon apud Ferrandum num. 17. citatur *tit. 6.* Canon ergo, qui in Bonifacii codice præcedebat, & respondet canoni apud Isidorum quarto, in Ferrandi codice erat *tit. 5.* Hic quidem canon ex Ferrandi serie quintus huic Synodo tribuitur etiam in codice MS. Collegii Parisiensis Soc. Jesu, qui continet Epitomen canonum. Huic enim canoni, notante P. Harduino, Consules præfiguntur sic: *Vincentio & Fravita VV. CC. Coss. sub die Idus Septembris Carthagine in secretario basilicæ S. Restitutæ, ubi Anastasii Episcopi Romani litteræ contra Donatistas lectæ sunt. Et ad locum: Placuit etiam, ut rem Ecclesiæ* &c. Sunt caracteres sexti Concilii, & canon ille est, qui ex serie Ferrandi quintus, legitur in Isidoro can. 4. apud Dionysium vero inter hujus Concilii VI. canones deest. Heic autem ejus codicis Parisiensis præstantia animadvertenda est. Cum enim chronicam notationem simul & canonem istum auctor hujus epitomis derivare nequiverit nec a Dionysio, qui in hac Synodo ipsum canonem præterit, nec ab Isidoro, qui ea notatione chronica caret, nec ab alia nobis cognita collectione, quæ cum hac Synodo nondum inventa est: ex ipso Africano fonte ebibisse cognoscitur. Quod multo magis confirmatur, si consideres, in hoc codice allegari duos canones Synodi Hipponensis anni 427., quos ex solo Ferrando cognovimus, ut palam fiet ex §. 9. n. 4. Auctor ergo hujus epitomis codicem Africanorum canonum Ferrandiano similem præ oculis habuisse videtur. tom. 3. Conc. col 779. e Codex Paris. Soc. Jesu ejusque præstantia. tom. 2. Conc. col. 1273. not. 10.

V. Ut autem revertamur ad ordinem canonum sexti Concilii, canon sextus apud Isid. c. 5. & apud Dionysium in Cod. Afr. recensetur c. 71. *Rursus placuit, ut nemini* &c. Hic canon, ut paullo ante monuimus, tum a Ferrando, tum a Bonifacio laudatur. Septimus a Ferrando indicatus num. 203. his notis, *Concil. Carth. tit. 7.*, & in Synodo Bonifacii §. 3. *ex Concilio sexto*, describitur a Dionysio c. 72. Cod. Afr. & ab Isid. c. 6. Male adjectus est in vulgatis Breviarii Hipponensis canone ultimo. Octavus est apud Dionysium c. 73. & apud Isid. c. 7. Nonus, qui in Cod. Afr. Dionysii est c. 74., in Isid. c. 8., citatur a Ferrando num. 22. *tit. 9.* & a Synodo Bonifacii in duos dividitur §. 4. & 5. In hujus canonis editione pro *intercessor* scribendum erit *interventor*, quam lectionem tum Ferrandus, tum Synodus Bonifacii approbant. Canon decimus recitatus in Cod. Afric. c. 75. & in Isid. c. 9., ex sequentium serie apud Ferrandum erat in ipsius codice *tit. 10.* Undecimum laudat idem Ferrandus num. 75. *tit. 11.* Legitur apud Dionysium c. 76. Codicis Africani, & apud Isid. c. 10. Duodecimus citatus a Ferrando num. 118. *tit. 12.*, deest in Dionysio, qui illum retulerat inter canones Synodi anni 419. can. 27. Cod. Afr. Exstat vero apud Isidorum c. 11. ultimaque ejus pars *ex Concilio sexto* allegatur in Synodo Bonifacii §. 6. Duo alii canones a Dionysio relati c. 77. & 78. Codicis Africani, nec a Ferrando, nec in Synodo Bonifacii indicantur, nec in Isidoro leguntur. Cum vero in Dionysii codice inventi fuerint inter hujus Synodi canones, excludi nequeunt: ac propterea vel in Ferrandi MS. codice, ex quo horum canonum seriem colligimus, fuerunt omissi, eo quod particulares caussas Cresconii Villaregiensis & Ecclesiæ Hipponensium Diaretorum respicerent, vel quia cum undecimo, aut duodecimo, aut decimo tertio canone conjuncti unum conficiebant. In restituenda vero hac Synodo si Ferrandi series ac numeri retinendi credantur, iidem duo canones cum uno ex his tribus canonibus copulandi erunt; alias canonum numerus his duobus erit augendus. Ib. col. 1308. c

VI. Canon decimus tertius citatus a Ferrando num. 136. *tit. 13.*, est in Cod. Afr. c. 79., apud Isid. c. 12. Laudatur a S. Augustino in epist. 65. scripta ineunte anno 402. n. 2. Decimus quartus a Ferrando laudatus num. 28. *tit. 14.*, habetur c. 80. Codicis Afr. & in Isid. c. 13. Quintus decimus apud Ferrandum num. 32. *tit. 15.*, & in Synodo Bonifacii §. 7. est in Cod. Afr. c. 81. in Isidoro vero desideratur. Canon decimus sextus legitur tantummodo apud Dionysium c. 82. Cod. Afr. Decimus septimus tum in Dionysio invenitur, c. 83. Cod. Afr. tum in Isid. c. 14. Ferrandus num. 171. eum laudat *tit. 17.*, & Synodus Bonifacii §. 8. Decimus octavus in Dionysio habetur c. 84.

Cod.

Cod. Afr. & in Isid. c. 15. Decimus nonus & ultimus, cujus prima pars in Synodo Bonifacii separatim describitur tom. 5. Concil. col. 780. e, integer recitatur a Dionysio c. 85. Cod. Afric. eique subscriptiones Episcoporum subjiciuntur: deest autem in collectione Isid. Ita restituta est Synodus Carthaginensis VI. sub Aurelio celebrata anno 401. Idibus Septembris.

§. VI.

Milevitana Synodus anni 402. apud Isidorum ex plurium Synodorum canonibus compacta. Sincera & integra apud Dionysium legitur. De aliis Synodis sub Aurelio ab octava ad decimam quintam.

Quæ Synodus Milevitana apud Isid. tom. 3. Conc. col. 780.

I. Synodum Milevitanam anni 402., quam Concilium Carthaginense Bonifacii appellat *septimam* sub Aurelio, & Isidori collectio, & Dionysius Exiguus præferunt. Isidori vero collectio etsi in procemio consulatum designat anni 402., tres solos tamen hujus Synodi canones exhibet. Cum autem nullas alias posteriores Synodos Africanas producat nisi eam, quæ anno 419. habita fuit, quamque licet unam, in duas distinguit, nimirum in Carthaginensem VI. & VII.; canones ceterarum Synodorum, quæ celebratæ fuerunt inter annos 402. & 419., Milevitano Concilio insertos præfert: ac propterea hoc Concilium apud Isidorum, & similiter in collectione Hispanica, ex qua Isidorus Africanas Synodos sumsit, verius est collectio canonum quatuor Synodorum, Milevitanæ anni 402., ac trium Carthaginensium ann. 405. 407. & 418. quos canones inferius suæ cuique Synodo assignabimus. Huic autem collectioni ut aptaretur præfatio Synodi Milevitanæ anni 402. quædam a collectore in ejusdem præfationis fine adjecta fuerunt, quæ ad nullam Synodum Africanam spectant. Cum porro in hoc præfationis additamento memorentur Pelagiani, & primi etiam canones adversus eosdem hæreticos statuant; in chronicam notationem anni 402. errorem irrepsisse antiqui Conciliorum editores arbitrantes, Milevitanæ Synodi nomine decepti, putarunt hanc esse aliam Synodum Milevitanam anni 416., ex qua Numidiæ Patres ad Innocentium I. de Pelagianis scripsere. Verum canones adversus Pelagianos inserti, editi fuere non in Synodo Milevitana provinciali Numidiæ, sed in Carthaginensi plenaria anni 418.

Quæ apud Dionysium. tom. 2. Conc. col. 1313. c

II. Vera & integra Milevitana Synodus anni 402. apud Dionysium legitur, exstatque in vulgato Codice Ecclesiæ Africanæ, qui ex Dionysio sumtus est. Canonum ordinem hic apponimus, qualem Ferrandus & Synodus Bonifacii in suis Africanis canonum codicibus repererunt. Ferrandus num. 78. *Concil. Milevit. tit.* 2. laudat canonem 86. Codicis Africani; & num. 10. *Concil. Milevit. tit.* 4. respicit canonem 89. ejusdem Codicis Afr. Præfatio igitur hujus Synodi, quæ in Codice Afr. præmittitur canoni 86. in Ferrandi codice erat *tit.* 1. & canon 86. erat *tit.* 2. Ita etiam in Synodo Bonifacii *ex Concilio septimo* hi duo canones distinguuntur, ita ut in ejus quoque codice præfatio locum primi canonis obtinuerit. Si porro canon 89. Codicis Africani apud Ferrandum erat *tit.* 4. duo canones 87. & 88. ejusdem Codicis Africani in unum canonem juncti, conficiebant *tit.* 3. Tandem canon 90. Cod. Afr. hujus Synodi ultimus in laudato Ferrandi exemplo erat *tit.* 5. Tres tantum canones juxta Ferrandi titulos 2. 4. & 5. apud Isidorum habentur can. 13. 14. & 15.

tom. 5. Conc. col. 780. b.

Synod. Carth. an. 403. tom. 2. Concil. col. 1317. d.

III. Octava Synodus sub Aurelio est Carthaginensis anni 403. In caussa Donatistarum tota versatur. A solo Dionysio conservata fuit. Legitur in Cod. Afric. ejus procemium cum duobus tantum canonibus in ea editis, qui ibidem describuntur c. 91. & 92.

Synod. an. 404. Ib. col. 1321. b. tom. 5. Conc. col. 781. a * Vid. Cod. Afric.

IV. Synodus nona est Carthaginensis anni 404. Eamdem Donatistarum controversiam respicit. Exstat in eodem Codice Africano c. 93. Laudari videtur in Synodo Bonifacii productis quibusdam verbis *ex Concilio nono*. Cum vero idem sensus proferatur etiam in Concilio Carthaginensi undecimo anni 407. verba autem in Synodo Bonifacii producta * verbis hujus Concilii plane conveniant, non vero illis Concilii noni; in Bonifacii Synodo errorem irrepsisse in voin vocem *nono* satis credibile est. Forte numerales litteræ *XI.* initio scriptæ librarii oscitantia in *IX.* transiere. c. 106. in fine. tom. 2.

V. Decima Synodus Carthaginensis anni 405. solo compendio a Dionysio digesta fuit c. 94. Codicis Africani. *Quoniam*, inquit, *magis ea*, *quæ in tempore necessaria fuerunt*, *quam aliqua generalia*, *constituta sunt*. Unus canon ad disciplinam pertinens laudatur in Synodo Bonifacii *ex Concilio decimo*, qui in Dionysii breviatione penultimo loco indicatur: *Ut Episcopi ad transmarina pergere non facile debeant*. Cum ex Dionysiano compendio liqueat, per hoc tempus Donatistas ad unitatem cœpisse redire, & in hanc rem aliquid ab eadem Synodo fuisse constitutum; huic adjudicandum suspicamur eum canonem, quem Ferrandus indicat num. 50. *Conc. Carth. tit.* 2. cuique respondet canon 23. in Isidori collectione Milevitano Concilio perperam attributus, qui ad aliquam Africanam Synodum pertinet anteriorem anno 419. Cum post imperiales leges latas mensibus Februario & Martio anni 405. Donatistæ ad Ecclesiæ gremium passim reverterentur; probabilius quidem videtur, in hac Synodo habita X. Kal. Septembris conditum fuisse hunc canonem, quo Donatistarum pœnitentium receptioni consulebatur. Dionysius cum alios canones quandoque omiserit; nihil mirum, si in abbreviatione hujus Synodi hunc canonem præterivit. Unum porro monendum est, in laudato Isidori canone 23. *hæreticos* generatim appellari, ubi in breviatione Ferrandi *Donatistæ* nominantur. Hanc lectionis mutationem auctori ejus collectionis, quam Isidorus recepit, tribuendam patebit ex simili mutatione, quam in alios canones Synodi anni 407. numero sequenti adnotabimus. col. 1386 d. Synod. an. 405. tom. 2. Conc. col. 1328 b.

VI. Synodus undecima Carthaginensis anni 407. Idibus Junii apud Dionysium integra est a can. 95. Codicis Africani ad can. 106. Ferrandus prima parte numeri 144. canonem hujus Synodi in Codice Afric. descriptum c. 95. compendio exhibet: quæ prima pars cum non legatur in Concilio Antiocheno ibidem allegato, ad quod pertinet pars secunda; Concilii Carthaginensis titulique notationem vel auctoris, vel librariorum potius oscitantia omissam supplere necesse est sic: *Concil. Carth. tit.* 1. Idem Ferrandus num. 13. dum allegat *Concil. Carthag. in basilica tit.* 5. respicit proculdubio canonem 98. Codicis Africani, qui in ejus codice erat laudatæ Synodi *tit.* 5. Verba enim, quibus ad institutionem novi Episcopatus Concilii plenarii & Primatis auctoritatem requirit, in hoc tantum Concilio & canone indicato reperire licebit. Duos alios hujus Synodi canones memorat idem Ferrandus num. 163. *tit.* 7. qui in Codice Afr. est c. 102. & num. 43. *tit.* 9. qui in eodem Cod. Afr. est c. 104. Ex serie numerorum Ferrandi, apud quem canon 98. Codicis Afric. est *tit.* 5. & canon 102. est *tit.* 7. duo canones 100. & 101. laudati Codicis Afric. vel in Ferrandi exemplis fuerunt omissi, eo quod ad particulares caussas spectarent, vel cum antecedenti aut subsequenti copulabantur. Simile quidpiam contigisse vidimus etiam in Synodo anni 401. Idibus Septembris. Concilium Bonifacii tres hujus Synodi canones, nimirum c. 103. 104. & 105. Codicis Africani, eodem ordine laudat *ex Concilio undecimo*. Postremam quoque partem canonis 106. totidem verbis recitat, tametsi in vulgatis errore aliquo tribuatur *Concilio nono*. Confer quæ diximus paullo ante num. 4. In Isidori collectione novem canones Milevitanæ Synodo tributi ad hoc Concilium pertinent; sed ordine perturbato, ac diversa partitione efferuntur. Nam canon 95. Codicis Afric. inter Milevitanos affertur apud Isidorum c. 9. In canone 16. Isidori comprehenditur secunda pars canonis 96. & totus canon 97. Codicis Africani. Canon 102. hujus Codicis exhibetur in Isid. c. 17. & canon 103. ita legitur apud Isidorum c. 12. ut explicatior sententia sit. Canon 104. est in Isid. c. 19. canon vero 105. recitatur c. 18. Tandem canon 106. partitur apud Isidorum in tres canones 10. 11. & 20. sed ita ut canone 20. præferatur prima pars canonis 106. canone 11. altera, ultima vero canone 10. In canone undecimo Isidori *adversus hæreticos* scriptum legitur, cum in can. 106. Codicis Africani habeatur *adversus Donatistas*. Hinc auctor collectionis ab Isidoro receptæ aliquid ex ingenio mutasse, aut explicasse cognoscitur. Synod. Carth. anni 407. t. 2. Conc. col. 1328. e. tom. 3. Conc. col. 383. b.

VII. Synodo Carthaginensi anni 408. XVI. Kal. Julias, ac alteri ejusdem anni III. Idus Octobris, quæ ex ceterarum serie sunt Synodi XII. ac XIII. Duæ Synodi Carth. anni 408.

sub

tom. 2. Conc. col. 1336. e 1337. a. sub Aurelio, duæ tantum legationes ad Imperatorem adſcribuntur a Dionyſio poſt canonem 106. Codicis Africani.

Synod. an. 409. VIII. In Codice Afric. c. 107. memoratur Synodus Carthaginenſis XIV. anni 409. XVI. Kal. Julias, quæ Dionyſio teſte non plenaria, ſed provincia-
Ib. 1337. b. lis fuit. Unus canon ibidem recitatur, quem laudat Ferrandus num. 52. his verbis: *Ut autem unus Epiſcopus cognitionem ſibi non vindicet, hoc in alio*
Ferrandus in Conciliis provincialibus numerum canonis omittit. *Concilio Carthaginenſi actum eſt*. Ubi cum tituli numerum præter morem ſuum nequaquam præferat; id ea de cauſſa videtur contigiſſe, quia hoc Carthaginenſe Concilium non plenarium, ſed provinciale fuit. Similiter quoque nullum titulum ac numerum ſignat in allegandis aliquot Synodis provinciæ Byzacenæ, quas identidem laudat. Hic ergo canon apud Ferrandum recte adſcribendus eſt Synodo anni 409.

Synod. an. 410. IX. Meram legationem ad Imperatorem in Synodo XV. Carthaginenſi anni 410. decreta refertur a Dionyſio Exiguo poſt canonem 107. Codicis Africani.

§. [illegible]VII.

De Synodo Carthaginenſi XVI. anni 416. Vindicatur ejus canon editus contra illam Pelagianorum ſententiam, qua parvulis abſque baptiſmo decedentibus tribuebant ſalutis & quietis locum extra regnum cælorum.

I. SYnodus XVI. Carthaginenſis Kalendis Maji anni 418. contra Pelagianam hæreſim potiſſimum coacta celebris eſt. Etſi vero aliquot ipſius canones ad eamdem hæreſim ſpectant; plures tamen, eccleſiaſticam diſciplinam re-
tom. 2. Conc. col. 1337. c. ſpiciunt. Dionyſius canones viginti eidem aſſignat a c. 108. Codicis Afric. uſque ad c. 127. in quibus præter ejuſdem Dionyſii morem præfatio primo canoni adſcribitur. Ferrandus quatuor ex his canonibus laudat. In Breviatione enim num. 190. allegat *tit.* 10. qui reſpondet canoni 117. Codicis Africani. Præterea num. 191. citat *tit.* 11. qui in Cod. Afric. eſt c. 118. Cum porro num. 25. laudet *tit.* 12. qui in eodem Cod. Afric. eſt canon 120. duos canones ejuſdem Codicis 118. & 119. de eadem re agentes in unum copulatos inveniſſe intelligitur. Hæc duorum canonum unio in Ferrandi codice confirmatur etiam ex num. 30. ubi notat *tit.* 18. qui in Cod. Afric. relatus canone 126. ex Dionyſiana computatione eſt canon 19. In Synodo Bonifacii canones 108. & 127. Codicis Africani, ſeu præfatio & canon ultimus hujus Concilii, integri recitantur tom. 5. Concil. col. 777. ac dein compendio affertur canon 125. *ex Concilio ſextodecimo*.

II. Octo priores hujus Concilii canones ad Pelagianos pertinentes nec in Ferrando, nec in Synodo Bonifacii indicantur. Uno autem canone auctiores ſeparatim editi & inſerti inveniuntur in collectione vetuſtiſſima canonum hoc tomo edenda cap. 13. cum hoc titulo: *Concilium plenarium apud Carthaginem habitum contra Pelagium & Cæleſtium*. Peculiaris præfatio, quæ in hac collectione legitur, ex actis hujus Synodi excerpta dignoſcitur. Difficultatem ingerit canon de parvulis ſine baptiſmo morientibus, qui in eadem collectione tertius cenſetur. Hunc non pauci in ſuſpicionem adducunt, eo quod deeſt tum in Iſidoro, tum in Dionyſio, qui ceteros omnes canones contra Pelagianos editos exhibent. Illud præterea majoris momenti accedit, quod in Capitulis
Vid. tom. 2. col. 722. de gratia Cæleſtini epiſtolæ ſubjectis, quorum auctor S. Proſper probabilius videtur, dum tria hujus Synodi capitula contra Pelagianos allegantur, *tertium capitulum* vocatur, quod quartum eſſe deberet, ſi capitulum contra naturalem beatitudinem parvulorum ſine baptiſmate decedentium in ejuſdem Synodi exemplo locum habuiſſet. Qui vero hunc canonem vindicant, animadvertunt, auctorem laudatæ vetuſtiſſimæ collectionis cum a cap. 6. uſque ad cap. 20. perrara documenta ediderit ad Pelagianorum cauſſam ſpectantia, antiquiorem horum documentorum collectionem reperiſſe, quæ Pelagianæ controverſiæ tempore compacta videtur. Hæc autem antiquitas quantum auctoritatis controverſo canoni conciliet, nemo non videt. Accedit quod non unus auctor collectionis eden-

edendæ invenit exemplum hujus Synodi cum laudato canone, verum etiam Photius: quippe qui codice 53. suæ Bibliothecæ aliud simile exemplum ejusdem Synodi laudans, eumdem canonem tertio loco pariter refert. *Lectus liber*, inquit, *seu Synodus adversus Pelagium & Cælestium Carthagine in magna Ecclesia Fausti* &c. productisque caracteribus Synodi anni 418. subdit: *Damnat hæc Synodus eos, qui asserunt Adamum mortalem esse conditum, non autem prævaricationis caussa morte multatum*. Est primus canon. Sequitur: *Similiter & eos, qui recens natos infantes baptismo minime indigere dicerent, quod illos peccato originis ex Adamo non putarent obnoxios*. Est canon secundus. Tertium vero designans addit: *Eos quoque, qui affirmarent medio quodam loco, paradisum inter & inferos, non baptizatos infantes beate vivere*. Dein *sex alia capita* subnexa testatur in Pelagianos, ita ut exemplum, quod habuit hujus Synodi, novem capitula seu canones complecteretur, æque ac in exemplo laudatæ collectioni inserto legitur. Adde quod Photius leges imperiales ibidem postea commemorat, quæ in eadem collectione pariter inveniuntur, adeo ut eamdem antiquiorem documentorum collectionem ad Pelagianam caussam pertinentem præ oculis habuisse noscatur. Duo ergo distincta hujus Synodi & ceterorum documentorum ad Pelagianos spectantium exempla, quorum alterum græce redditum lectum est a Photio, alterum vero Latinum auctori nostræ collectionis præsto fuit, omnem fraudis suspicionem eliminant. Non modicum præterea vindiciarum pondus colligere licet ex Ferrando, qui sane codicibus Africanis usus, maximam auctoritatem conciliat. Etsi enim e re ejus non fuerit allegare canones adversus Pelagianos; cum tamen num. 190. *titulum* 10. adscribat ei canoni, qui capitulis contra Pelagianam hæresim editis primus subjicitur; non octo, sed novem canones ad eam hæresim pertinentes in suo codice præcessisse cognoscimus. Is quidem aliquando præfationes loco primi tituli recensuit. At id non accidit umquam, nisi cum præfationes aliquam interloquutionem, aut aliquod decretum continent. Cum vero procemium brevissimum hujus Synodi solam notationem loci temporisque exhibeat, primi tituli vel canonis locum habere non potuit. Ferrandi itaque codex Africanus inter novem canones ad Pelagianos pertinentes illum etiam de parvulis sine baptismo decedentibus præferebat, non minus quam duo memorata exemplaria. Hæc autem tria testimonia sane pluris esse videntur, quam ea argumenta, quæ pro omissione ejusdem canonis objecta aliquot exceptiones patiuntur.

III. Non multum laborandum est ob collectionem Isidori, quæ integram hanc Synodum non edidit, ejusque canones, non tamen omnes, Milevitanis accensuit. Quantum ad Dionysium, cum is numquam præfationes Synodorum Africæ, etsi prolixis interloquutionibus propositas, inter canones numeris distinctos computaverit, ut pluribus animadvertit Quesnellus Differt. XIII. §. XXXI. n. 5. in vulgatis vero numerus canonis affigatur uni brevissimo procemio hujus Synodi, quod nihil canone dignum continet; suspicio non levis exoritur, canonem de quo agimus, jam ab initio locum habuisse in ejus collectione, ac subinde fuisse expunctum, vel excidisse, cujus vacuus numerus ut impleretur, procemio affixus fuit. Auctori vero Capitulorum de gratia illud reponi potest, in ejus codice canonem tertium ob materiei necessitudinem a secundo non fuisse distinctum. Confer alias conjectationes apud Quesnellum loco laudato.

IV. Illud saltem nemo inficiari poterit, diversa fuisse olim hujus Synodi exemplaria: alia nimirum cum hoc canone, uti sane fuerunt illa duo, quæ Photius, & auctor collectionis huic tomo insertæ adhibuerunt; alia vero eodem caruisse, quæ, si ita malis, Dionysio, & auctori Capitulorum de gratia præsto fuere. In hac autem hypothesi illud unum dubitari potest, utrum alteris laudatus canon fuerit intrusus, an vero ab alteris exciderit. Inter hæc præter animadversa ex Africano Ferrandi codice, Augustinus litem videtur dirimere. Is lib. 2. de origine animæ c. 11. scribit: *Novellos hæreticos Pelagianos justissime Conciliorum catholicorum & Sedis Apostolicæ damnavit auctoritas, eo quod ausi fuerint non baptizatis parvulis dare quietis & salutis locum etiam præter regnum cælorum*. Etsi in aliis antecedentibus Synodis proscripta fuit Pelagianorum doctrina, qua parvulis non baptizatis *vitam æter-*

nam afferebant ; ea tamen sententia, qua locus salutis & quietis iisdem tribuebatur extra regnum cælorum, in nullo alio *Concilio catholicorum* expresse proscripta invenitur nisi in Concilio plenario Kalendarum Maji anni 418. & fortassis etiam eam proscribendam iidem Patres Zosimo suggesserunt in antecedenti Concilio Africano: idque cum ab eodem Pontifice in Tractoria fuerit approbatum, Augustinus præter *Conciliorum catholicorum*, *Sedis* etiam *Apostolicæ* condemnationem laudavit. Sed hac de re satis.

V. Isidori collectio sexdecim canones hujus Concilii inter Milevitanos retulit. Nam a c. 1. usque ad c. 8. exhibet canonem 109. Codicis Africani & sequentes usque ad can. 116. Dein c. 21. & 22. refert canones 120. & 125. ejusdem Codicis. Canone 24. jungit duos canones 121. & 122. & canone 25. alios duos ipsius Codicis canones 123. & 124. Tandem canonibus 26. & 27. describit canones 126. & 127. Omittit autem præter canonem de parvulis sine baptismate decedentibus tres canones laudati Codicis Africani 117. 118. & 119. qui Donatistarum caussam respiciunt. Introductio, quam præfigit, licet Consules designet anni 402. indicat tamen numerum Episcoporum CCXIV. qui competit Synodo Africanæ anni 418. Subscriptiones quoque trium Episcoporum, in quibus *Donatianus Teleptensis primæ Sedis* secundo loco nominatur, ad Synodum plenariam ejusdem anni 418. pertinent, cum Donatianus solum per hæc tempora ad provinciæ Byzacenæ primatum pervenerit. Aurelius quidem & Donatianus inscripti inveniuntur in procemio hujus Synodi, quæ refertur in collectione hoc tomo subjicienda, nec non apud Photium in Bibliotheca Cod. 53. *Donatianique senis* nomen inseritur canoni ultimo, qui est c. 127. in Codice Africano.

tom. 2. Conc. col. 1349. b.

§. VIII.

De celeberrima Synodo Carthaginensi XVII. anni 419. in qua anteriora Concilia lecta & inserta fuere. Isidorianæ & Dionysianæ collectionum defectus. Duæ hujus Synodi actiones, & quid in unaquaque actum sit. De gestis post hanc Synodum ob exemplaria canonum Nicænorum, & de exemplo versionis ab Attico Constantinopolitano missæ in Africam. Authentica ejus subscriptio e MSS. educta.

I. DEcimaseptima Synodus sub Aurelio est illa Carthaginensis omnium frequentissima anni 419. in qua Patres CCXVII. ac tres Apostolicæ Sedis Legati Faustinus Episcopus Potentinus, & Philippus atque Asellus Romanæ Ecclesiæ Presbyteri interfuerunt. Hujus cogendæ occasio fuit Apiarii Siccensis Presbyteri caussa, ob quam Commonitorium Zosimi Papæ a Legatis productum fuit. At præter quæstionem ex hujus Commonitorii lectione agitatam, aliquot canones in hac Synodo editi, & præcedentium etiam Conciliorum statuta repetita, confirmata, ac gestis inserta fuerunt, adeo ut pleraque istorum ex solis hujus Synodi gestis ad nos pervenerint. Duo diversæ originis fontes vulgo cogniti hanc Synodum exhibent: Dionysius, seu vulgatus Codex canonum Ecclesiæ Africanæ, qui e Dionysii collectione sumtus fuit ; & antiqua collectio Synodorum Africæ, quæ ab Hispanicæ collectionis auctore, & dein ab Isidoro suscepta, ac ex hujus collectione impressa, Isidori nomine circumfertur. Nos alium fontem nacti sumus in tribus pervetustis collectionibus Italicis, quarum una exstat in MS. Vat. Reginæ 1997. altera in codd. Lucano 88. & Colbertino 784. tertia in MSS. Vat. 1342. & Barberino 2888. Hæ collectiones tres, primos hujus Synodi canones triginta tres, uti leguntur in Codice Africano, eodem modo dividunt in quadraginta, paresque variantes a vulgatis diversas suppeditant: quæ duo peculiaria discrimina aliam hujus Synodi originem adstruunt. Christophorus Justellus in notis ad Codicem Ecclesiæ Africanæ duo alia MSS. exemplaria commemorat, Thuaneum & Bochardianum, quæ etsi non describit, ex indiciis tamen, quæ producit, ad alteram ex laudatis Italicis collectionibus pertinere noscuntur. Immo codex, qui tunc erat Thuaneus, nunc est Colbertinus 784. Hujus Synodi implexa notitia est, eo quod duo priores fontes plurimum differant. Isidori collectio, quæ duas ejusdem

dem Synodi actiones in duo Concilia dividit, nimirum in Carthaginense VI. ac VII. non solum pauciora quam Dionysius præfert; verum etiam ea ipsa quæ præfert, alio ordine aliaque ratione nonnumquam producit. Plures hinc atque hinc quæstiones exortæ, quæ maximam studiosis viris difficultatem facessunt. Nos, qui ex antea disputatis anteriorum Synodorum canones constituimus, ac præterea in laudatis Italicis collectionibus tertium fontem invenimus, aliquid afferemus, quo hujus quoque Synodi notitia exploratior fiet.

II. Itaque post diem Synodo præstitutam, dum exspectabantur aliquot provinciarum legati, quædam interim actitata & præparata fuerunt. Forte tunc terminata est Apiarii caussa, de qua Africani Zosimo jam defuncto, ad Bonifacium ejus successorem scripsere. Restabat controversia de canonibus Sardicensibus, qui in Zosimi Commonitorio Nicænorum nomine fuerant allegati. Cum porro omnes convenissent, prima actio habita fuit VIII. Kal. Junias in secretario Basilicæ Fausti. Initio Aurelius ut Nicæni Concilii & prædecessorum suorum statuta legerentur postulavit. Id autem cum Concilium approbasset, *Daniel notarius recitavit: Nicæni Concilii fidei professio, vel statuta, ita se* tom. 2.
habent. Legit autem Nicænum symbolum & canones: statimque subditur: Conc. col.
Et cum diceret. Laudatæ Italicæ collectiones aliam originem præseferentes ali- 1253. a.
quanto melius habent: *Et cum recitaret*. Antiquus vero Africanorum canonum collector apud Isidorum: *Et cum legisset*. Hæ formulæ licet videantur tom. 3.
diferre, reipsa non discrepant. Nam *& cum diceret*, vel *recitaret*, idem est col. 443. d
ac *& cum legisset*, vel *recitasset*, ut ex aliis sequentibus ejusdem Synodi formulis quisque perspiciet. Sic enim post recitatum canonem ex Commonitorio Zosimi additur: *Et cum recitaret* (pro *recitasset*) *Alypius Episcopus .... dixit*. Et similiter post pauca recitato alio canone subditur: *Cumque recitaretur, Augustinus Episcopus .... dixit*. Hinc porro Nicænum Concilium hoc loco recitatum liquet. Mox Faustinus Apostolicæ Sedis Legatus ex Zosimi Commonitorio Nicænorum titulo inscriptos produxit duos canones Sardicenses, qui inter Nicænos ex Africanorum codice recitatos lecti non fuerant. Itaque (1) disputatio de Nicænis canonibus excitata est, quæ aliquot interloquutionibus exponitur. Tum vero Aurelius Nicænum Concilium ex his exemplaribus, quæ Cæcilianus in Africam attulerat, iterum recitari, & prædecessorum suorum etiam statuta, nec non quæ etiam *nunc*, idest in anteriori *communi tractatu* tom. 2.
disposita fuerant, legi ac gestis inseri jussit: ex quibus intelligimus canones col. 1257. d
XXXIII. inferius commemorandos ante hanc actionem ab Episcopis *communi tractatu* præparatos fuisse.

III. Dionysius & Isidori collectio statim subdunt: *Daniel notarius Nicæni* Ib. col.
Concilii professionem fidei, vel ejus statuta recitavit in Concilio Africano. 1260. a & t. 3.
Dein transcripto solo Nicæno symbolo ex antiqua versione Africana, Dionysius hanc notationem profert: *Statuta quoque Nicæni Concilii in XX. capi-* col. 447. d. t. 2. col.
tulis similiter recitata sunt, sicut in superioribus inveniuntur adscripta. 1260. c
Deinde quæ in Conciliis Africanis promulgata sunt, actis præsentibus inserta noscuntur. Et mox triginta tres primos canones subjicit. Hæc notatio apud Isidorum non legitur, sicut nec canones triginta tres, qua de re postea redibit sermo. Eadem notatio deest etiam in MS. Vat. Palat. 577. qui primum Dionysianæ collectionis fetum exhibet, ut explicabimus part. 3. c. 1. §. 3. & similiter deest in aliis MSS. Italicis collectionibus, quæ hanc primam actionem continent. Omnes hi collectores diversi præ oculis habuerunt integra hujus Synodi gesta, in quibus cum Nicæno symbolo omnes ejusdem canones ex versione antiqua Africana hoc secundo loco erant inserti, ut Aurelius & ceteri Patres præceperant. At transcriptionem eorum declinantes, notationes diversas, quæ eodem recidunt, ex suo cujusque arbitrio apposuerunt, quæ non actorum ipsius Synodi, sed collectorum verba sunt. Melior vero videtur ea adnotatio descripta in vetustissima omnium collectione MS. Vat. Reginæ 1997. quæ paragraphum *Daniel notarius* his verbis exprimit: *Daniel notarius recitavit. Nicæni Concilii fidei professio, vel ejus statuta ita se habent, ut superius le-*

(1) De hac quæstione vide Observationes in Differt. V. Quesnelli part. 1. c. 6. n. 20. & seqq. tom. II. pag. 957.

ctum est tit. XXI. (ubi titulo primo symbolum computatur) *& ordine recitavit. Et cum recitaret, Aurelius Episcopus dixit: Hæc ita apud nos haben-*
Ib. col. 1260. d. *tur exemplaria statutorum, quæ tunc Patres nostri de Concilio Nicæno secum detulerunt* &c. qui est canon hujus plenariæ Synodi primus. Hæc notatio indicat, repetitam fuisse lectionem Concilii Nicæni, quod antea lectum fuerat, ac post iteratam ejusmodi lectionem statim Aurelium sua interloquutione canones inchoasse. Ceterum notatio Dionysii, qua adduntur inserta, *quæ in Conciliis Africanis promulgata sunt*, nihil repugnat. Id enim unum significat, plerosque canones triginta tres mox subjectos ex anterioribus Conciliis sumtos ac repetitos fuisse. Interloquutio quidem Aurelii canone primo exposita, statutorum Nicænorum lectionem immediate præcessisse demonstrat, ut patet ex illis: *Hæc ita apud nos habentur exemplaria* &c. unde congruentius & clarius in memorato cod. Vat. Reginæ, Dionysiana notatione omissa, legitur: *Et ordine recitavit* (Nicæna statuta;) *& cum recitaret, Aurelius Episcopus dixit: Hæc ita apud nos* &c.

IV. Aurelius præter Nicæna statuta petierat, ut recitarentur, actisque in-
Ibidem. col.1257.d. sererentur *& quæ hic salubriter a nostris decessoribus .... vel quæ nunc a nobis ordinata sunt*, eo scilicet *communi tractatu*, qui ante hanc actionem ha-
Duo canonum genera distinguenda. bitus fuerat. Duo hic canonum genera nominantur, alii prædecessorum Aurelii, qui repetendi & confirmandi erant, alii hujus Concilii proprii, qui in anteriori tractatu parati fuerant. Hi porro in triginta tribus prioribus canonibus apud Dionysium continentur. Nam canon quintus, licet aliquibus verbis ab Aurelio propositus, ex duobus canonibus 10. & 13. Synodi Carthaginensis sub Grato compactus agnoscitur. Canones vero 2. 3. 4. & 6. usque ad 13. sumti sunt ex Synodo sub Genethlio, ubi tamen sola Episcoporum proponentium nomina fere mutantur. Porro canones a 14. usque ad 24. ex ipsius Aurelii Concilio anni 397. aliis quandoque verbis mutatis, derivati fuerunt. Canones tres sequentes eadem ratione excerpti ex Concilio anni 401. Canon 28. repetitus ex Concilio anni 418. cum parvo additamento in fine, de quo
tom. 2. pag. 965. plenius diximus in Observationibus ad Dissertat. V. Quesnelli part. 1. c. 6. n.27. Quinque ultimi canones cum in nulla anteriori cognita Synodo reperiantur, ii sunt hujus Synodi proprii, qui *nunc*, idest in hac ipsa Synodo, *communi tractatu* constituti fuerunt.

tom. 3. Conc. col. 443. V. Isidori collectio hanc primam actionem referens sub titulo *Concilii Carthaginensis* VI. solas interloquutiones Patrum canonibus præmissas describit, ac in decem capitula distribuit. His autem tria alia capitula adjicit, ut ex editione Merlini ac ex nostris MSS. didicimus. Nam cap. 11. describitur Africanorum epistola ad Bonifacium; cap. 12. referuntur duæ epistolæ Attici Constantinopolitani & Cyrilli Alexandrini ad Africanos cum Nicænis canonibus, quos latine redditos a Philone & Evaristo Atticus in Africam miserat: & cap. 13. Africanorum litteræ leguntur ad Cælestinum Pontificem. Hæc vero tria capitula, etsi ad primam actionem reipsa non pertineant, idcirco tamen antecedentibus capitulis primæ actionis propriis subnexa fuerunt, quia controversiæ in ipsa actione discussæ de canonibus Sardicensibus, seu Nicænis prosequutionem designant.

VI. Cum porro hæc Isidori collectio omittat laudatos canones triginta tres, iidemque etiam desint in Concilio Africano, quod separatim a Dionysii col-
Ibid. col. 498. lectione editum, omnia Africana Concilia sub Aurelio continere videtur; iidem canones apud nonnullos in suspicionem venerunt. At auctorem collectionis ab Isidoro receptæ hos canones habuisse, & adhibuisse ex antea discussis manifestum est. Nam Concilio Carthaginensi II. sub Genethlio plures canones ex hac Synodo anni 419. adeo evidenter inseruit, ut Aurelii, Alypii, aliorumque Episcoporum nomina hujus Synodi propria retinuerit, quæ a germana Genethlii Synodo absunt. Similiter in Concilio Carthaginensi III. anni 397. aliquot canones retulit, non cum lectionibus ejusdem Concilii propriis, sed cum illis, quas invenit in Synodo anni 419. quemadmodum patet inter cetera ex canone 47. de Scripturis canonicis. Vide supra §. 3. n. XLV. Tandem canonem 31. hujus Synodi proprium descripsit inter canones Concilii anni 397. c. 49. Ipsa igitur Isidori collectio hos canones recipit; & solum a Synodo anni 419.

per-

perperam separatos aliorsum distraxit. Vulgatum vero Concilium Africanum cum non aliud sit quam segmentum ex collectione Dionysii; contra ipsam Dionysii integram collectionem nihil movere potest. Qua in re observandum est, Dionysium quidem omnes Africanos canones una continuata numerorum serie descripsisse usque ad can. 138. Hanc seriem probat purus Dionysianus codex Vat. 5845. eamdemque confirmat etiam Græca translatio ex eodem Dionysio, quæ *Codex canonum Ecclesiæ Africanæ* vulgo appellatur. At in posterioribus codicibus, qui Hadrianæ collectionis nomine donantur, iidem Africani canones in duplicem numerorum seriem dispertiti inveniuntur. Prima series recenset canones triginta tres, posterior ceteros 105. Cresconius, qui unam Dionysii collectionem adhibuit, hanc bipartitam numerorum seriem in suo quoque codice reperit: ex quo ea divisio Hadriano anterior perspicitur. Qui vero ediderunt vulgatum Concilium Africanum, priori serie omissa, secundam tantum exhibuere ex editione Moguntina anni 1525. in qua Dionysio-Hadriana collectio minus accurate, & alicubi etiam quantum ad hanc secundam seriem perturbate impressa fuit. Hinc igitur nihil præjudicii creari potest canonibus triginta tribus, quos idem Cresconius distincte allegat. Hos quoque præter Dionysium luculentissime vindicant tres memoratæ antiquissimæ collectiones Italicæ, quæ cum ex diversa eorumdem canonum divisione in canones quadraginta, ac ex melioribus lectionibus diversam & præstantiorem originem præferant, eosdem canones inter documenta Juris canonici veteris ex ipsis collectionibus imprimendos censuimus. Sed age jam Synodi descriptionem prosequamur. Vulgatum Concil. Africanum quid sit.

VII. Post constitutos canones XXXIII. recitata fuerunt gesta & canones anteriorum Conciliorum sub Aurelio, quæ scilicet celebrata fuerant ab anno 393. ad annum 418. Hæc omnia actis erant inserta. At Dionysius dum alios canones suo loco omisit, quia alibi erant repetiti; alios etiamsi nullibi ab eo productos, inconsiderate præterivit, ut colligere est ex iis, quæ de singularum Synodorum canonibus antea notavimus. Quædam præterea non iisdem verbis retulit, quibus in hujus Synodi gestis erant descripta; sed compendio ea referens, lectores ad ipsa gesta remisit.

VIII. Secunda actio habita III. Kal. Junias in secretario Basilicæ Restitutæ apud Dionysium incipit post canonem 127. Codicis Africani. Sex canones continet. Hos Isidori collectio adjudicat Concilio Carthaginensi VII. cumque ex duobus canonibus quintum & sextum, seu 132. & 133. Codicis Afric. unum conficiat, hujus Concilii canones apud ipsum Isidorum sunt quinque. Ferrandus, qui primæ actionis canones nullibi laudat, non negligit istos actionis secundæ. Hos propriis numeris ita designat, ac si in suo codice hæc actio separata Synodus esset. Procemium hujus actionis loco primi tituli, seu canonis in ejus codice recensitum liquet ex ipsius Breviatione num. 195. ubi *tit.* 2. canonem primum designat, qui in Cod. Afr. habetur c. 128. num. 196. *tit.* 3. citat secundum canonem in eodem Cod. Afric. descriptum c. 129. & similiter num. 197. *titulus* 4. respondet canoni 130. Cod. Afric. Dum vero num. 73. allegat *titulo* 2. canonem 132. Codicis Africani, error ex præmissa ceterorum serie in numero 2. manifestus est, ac emendandum *tit.* 6. tom. 2. Conc. col. 1319. c. tom. 3. col. 459.

IX. Addit Dionysius canone 134. Codicis Africani epistolam Africanorum Patrum ad Bonifacium, quæ altero post secundam actionem die exarata fuit. Cum porro hac in epistola iidem Patres de sinceris Nicænorum canonum exemplaribus inquirendis egerint, in hanc vero rem Innocentium Presbyterum ad Cyrillum Alexandrinum, & Marcellum Subdiaconum ad Atticum Constantinopolitanum direxerint; Dionysius c. 135. & 136. subjicit istorum Episcoporum litteras, quibus ad Africanos Nicænorum canonum exempla ex suæ cujusque Ecclesiæ scriniis educta & latine reddita per eosdem legatos transmisere. Hæc exemplaria VI. Kal. Decembris ejusdem anni 419. ad laudatum Bonifacium missa fuere. Sola versio a Philone & Evaristo Constantinopolitanis lucubrata superest. In primo Dionysii fœtu, quem nacti sumus in MS. Vat. Palat. 577. & Nicænum symbolum & canones hujus versionis describuntur. At idem Dionysius secundis curis, quæ in MS. Vat. 5845. & in vulgato Codice Ecclesiæ Africanæ exhibentur, prætermissis canonibus solum Nicænum sym- tom. 2. Conc. col. 1356. b. Ib. col. 1361. b. e

Ib. col. 1364. b. tom. 3. col. 449. b. Ib. col. 448. a symbolum ejusdem interpretationis præbuit c. 137. Apud Isidorum vero leguntur soli canones, quos in Concilio Carthaginensi, uti appellat; sexto post Attici epistolam retulit: professio enim fidei Nicænæ, quam paullo ante ibidem dedit, non hujus versionis est, sed antiquæ Africanæ, de qua vide quæ diximus cap. 2. §. 1.

X. Tres antiquissimæ Italicæ collectiones, quas antea memoravimus, post Africanorum litteras ad Bonifacium pro laudatis Attici & Cyrilli epistolis ad Africanos hanc notationem præferunt. *Incipit epistola Attici Episcopi Ecclesiæ Constantinopolitanæ ad Bonifacium urbis Romæ Episcopum data cum exemplariis Nicæni Concilii de Græco in Latino translatis a beatissimis Cyrillo & Attico Episcopis Alexandrinæ & Constantinopolitanæ Ecclesiæ, & directis per Innocentium Presbyterum suum & Asellum* (lege *Marcellum*) *Subdiaconum Ecclesiæ Carthaginensis, ut superius recitatum est. Fides Nicæni Concilii tum titulis XX. Epistula vero ita continetur. Atticus Episcopus Ecclesiæ Constantinopolitanæ sancto fratri Bonifacio urbis Romæ Episcopo salutem. Edidi canones sanctorum Patrum olographa manu, & subscriptos a me. Amen.* Dein formatarum scribendarum formula subjungitur, quæ cap. 63. collectionis hoc tomo subjiciendæ describitur. Atticus non ad Bonifacium, sed ad Africanos scripsit. Cum vero hi a Cyrillo & Attico Nicæna exemplaria *sub adstipulatione litterarum suarum* postularint; ne falsam omnino credamus hanc notationem, quæ cum in tot vetustissimis collectionibus legatur, antiquiorem profecto originem adstruit; suspicamur ea Attici verba, quæ Nicænis canonibus immediate subnexa traduntur, *Edidi canones sanctorum Patrum olographa manu & subscriptos a me*, formulam quamdam fuisse ab ipso Attico canonibus subjectam, ut αὐθεντίαν exempli eorumdem canonum ad Africanos transmissi firmaret: cui quispiam antiquus collector epistolæ formam indidit. In MSS. Additionum Dionysii (quæ a Baronio *Cresconiana* collectio appellantur,) nec non in ipsa pervetusta collectione, quæ in MSS. Barberino 2888., & Vat. 1342. hæc Attici verba post Synodum Carthaginensem anni 419. in epistolæ formam exhibet, ut mox vidimus, eadem verba post Nicænos canones alia ratione interloquutionem præferente referuntur sic: *Factum est apud Nicæam Metropolim Bythiniæ a die XIV. Kal. Julias, quod tenuit usque in diem VIII. Kal. Septembris, Paullino & Juliano Coss. qui est apud Græcos XIX. dies mensis eorum Desii secundus Alexandri anno* (lege *secundum Alexandri annos*) *DCXXXVI. Et alia manu. Atticus Episcopus Ecclesiæ Constantinopolitanæ dixit: Edidi canones sanctorum Patrum olographa manu a me subscriptos. Amen.* Dein formata subsequitur, quæ in edenda collectione profertur cap. 63. In hac autem diversa forma, qua Attici verba per interloquutionem producuntur, si deleas verbum *dixit*, autographa ejusdem subscriptio exhibebitur, qua Nicænos canones abs se transmissos firmavit. *Atticus Episcopus Ecclesiæ Constantinopolitanæ edidi canones sanctorum Patrum olographa manu, a me subscriptos. Amen.* Similiter quidem in MS. cod. 55. Capituli Veronensis Aurelii subscriptio subjecta Breviario canonum Hipponensium per interloquutionem proponitur sic. *Aurelius Episcopus Carthaginensium dixit: His placitis a nobis confirmatis .... subscripsi, & ceteri similiter*: ubi *dixit* perperam intrusum fuit. Voces autem *olographa manu*, quas Atticus adhibuit, antiqua sunt formula, qua aliquid propria manu scriptum, vel subscriptum authenticumque significat. S. Hilarius Fragmento II. *Exemplum epistolæ*, inquit, *quam post renuntiationem Orientalium, Athanasium reum non esse in urbe Roma OLOGRAPHA MANU Valens perscripsit, & Ursatius subscripsit.* Antiquus auctor commentarii in epist. ad Galatas inter S. Ambrosii opera cap. 6. *Ubi enim OLOGRAPHA MANUS est, falsum dici non potest.* Julius Papa I. contra Arianos in epistola ad Orientales apud S. Athanasium memorat Ischyræ χεῖρα ὁλόγραφον αὐθεντικὴν *scriptum ipsius manu authenticum.* Subscriptio igitur Attici originalis illis ejus verbis exprimitur, cui subjecta fuit formata, de qua plura dicentur in cap. 63. collectionis edendæ; ubi etiam videbimus post ipsam formatam appositam fuisse clausulam *Expliciunt canones*, quæ verba confirmant, tum Attici subscriptionem, tum formatam versioni canonum Nicænorum ab eodem Attico ad Africanos missæ fuisse subjectas, ut ejusdem versionis

[Margin notes: tom. 2. Conc. col. 1269. a — Olographa quid. — tom. 2. col. 636. edit. Veron. — Athan. Apolog. 2.]

αὐθεν-

αὐθεντίαν probarent. Cum vero hujus versionis exemplar hac, ut videtur, Attici subscriptione & formata munitum, ad Bonifacium missum fuerit ab Africanis per Innocentium Presbyterum & Marcellum Subdiaconum una cum litteris ejusdem Attici & S. Cyrilli; antiquus laudatæ adnotationis auctor omissis Attici & Cyrilli litteris, & indicatis tantum canonibus, ex Attici subscriptione epistolam proprio arbitrio conflavit, cui præfixit rubricam, in qua titulum in MSS. Africanis ante veras Attici & Cyrilli epistolas exhibitum suæ epistolæ aptaturus, multa erronee traduxit. Verus autem titulus in collectionibus Hispanica & Isidoriana his verbis exprimitur. *Incipiunt rescripta ad Concilium Africanum Cyrilli Alexandrini Episcopi* (codex Scorialensis optime addit *& Attici Constantinopolitani Episcopi*) *ubi authentica Concilii Nicæni translata de Græco per Innocentium Presbyterum transmiserunt, quæ etiam epistolæ cum eodem Concilio Nicæno per memoratum Presbyterum Innocentium & Marcellum Subdiaconum Ecclesiæ Carthaginensis S. Bonifacio Episcopo Ecclesiæ Romanæ sub die VI. Kal. Decembris sunt directæ*. Eadem etiam Dionysius refert c. 135. Codicis Africani. Sicuti hunc titulum proculdubio in MSS. hujus Synodi invenit vetus ille auctor, qui eum in memorata adnotatione suo modo transversum egit; ita illam subscriptionem Attici, cui epistolæ formam perperam indidit, in iisdem codicibus reperisse dubitari non potest. tom. 2. Conc. col. 1362. not. 2. Ib. col. 1361. a.

XI. Post epistolas Cyrilli & Attici, ac post Nicænum symbolum laudatæ versionis Philonis & Evaristi Dionysius can. 138. Codicis Africani retulit aliam Africanorum epistolam ad Cælestinum, quippe quæ ad eamdem controversiam in Synodo anni 419. agitatam pertinet. Eadem de caussa hæc pariter epistola addita legitur apud Isidorum in fine Concilii Carthaginensis VI. Cum vero hæ litteræ ad aliam posteriorem, seu, ut videbimus, vigesimam Synodum spectent, de ea paragrapho sequenti redibit sermo. Ib. col. 1364. c

§. IX.

De Synodis Carthaginensibus XVIII. XIX. & XX. sub Aurelio. De Synodo Hipponiregiensi anni 427. Aliæ Synodi provinciæ Byzacenæ laudatæ a Ferrando. Integer Codex canonum Africanæ Ecclesiæ quid continere deberet. Observationes in vulgatum Codicem canonum Ecclesiæ Africanæ.

I. Decima octava Synodus Carthaginensis sub Aurelio anno 421. celebrata est Idibus Junii. Hanc invenimus in uno MS. 55. Capituli Veronensis, ex quo inter documenta Juris canonici veteris prodibit. Ex procemio discimus, *necessitate* aliqua, quæ cujusmodi fuerit non explicatur, *Concilii solemnitatem per biennium cessasse*; & statuta præcedentium Conciliorum fuisse relecta, *præsentis Concilii paginis inserenda*. Hinc quoque mos confirmatur Africanæ Ecclesiæ repetendi anteriora decreta. In manuscripto autem nullum ex anterioribus decretis insertum exhibetur. Solum subjiciuntur canones decem in eadem Synodo constituti, qui tamen ex Synodo præcedentis anni 419. repetiti fuere, excepto solo quarto canone, qui hujus Synodi proprius videtur. Confer adnotationes, quas eidem Synodo subjiciemus. Infra col. 649.

II. Decimam nonam Synodum sub Aurelio laudat Concilium Carthaginense anni 525. ejusque canonem recitat. Ferrandus eumdem canonem allegat num. 34. *tit.* 3. Nullam aliam hujus Synodi notitiam habemus. Quantum ad tempus, ea collocanda videtur post annum 421. quo Synodus XVIII. habita fuit, & ante annum 425. quo Synodus XX. celebrata est. Ferrandus num. 47. canonem recolit præcipientem, ut Episcopi rem Ecclesiæ sine Primatis consilio non vendant, citatque *Concil. Carthag. tit.* 5. *Concil. Hippon. tit.* 9. Cum hic canon non inveniatur inter Hipponenses anni 393. ac titulo nono Hipponensis Breviarii alius canon recenseatur; ultima allegatione indicatur, ut paullo post adnotabimus, Concilium Hipponense anni 427. Anterior vero allegatio *Concil. Carthag. tit.* 5. indicans anterius Concilium Carthaginense, congrueret quidem Concilio XVIII. in quo idem sane canon *Primatis* expresso nomine legitur. Sed cum Ferrandus citet *tit.* 5. in Synodo autem XVIII. hic canon producatur *tit.* 9. nisi librariorum error in numero 5. lateat, alia Carthaginensis Synodus tom. 5. Conc. col. 781.

dus innuitur, qua idem canon *titulo* 5. repetitus fuit. Is ergo Synodo Carthaginensi XIX. vel XX. adscribendus est. Idem Ferrandus num. 53. alium canonem afferens, quo constitutum fuit, *ut nullus Episcopus, vel Presbyter, vel Diaconus excommunicatus communicet*, laudat *Concil. Carth. tit.* 8. vel, ut Corbejensis codex habet, *tit.* 9. Hic canon legitur quidem in Conciliis Carthaginensibus XVII. anni 419. & XVIII. anni 421. at non *tit.* 8. vel 9. sed in altero *tit.* 29. in altero vero *tit.* 1. Igitur *tit.* 8. vel 9. repetitus credi debet in alterutra Synodo XIX. vel XX. ex quarum altera illum Ferrandus allegarit.

Ib. col. 780. III. Synodi Carthaginensis vigesimæ unum canonem compendio recitat Concilium sub Bonifacio: *Ut nullus ad transmarina audeat appellare*. Dum Ferrandus num. 143. alium canonem, *Ut bis in anno per singulas provincias Concilia fiant*, citat *Concil. Carth. tit.* 3. hanc Synodum XX. respicere credimus. Hoc enim decretum in Synodis anterioribus usque ad decimam octavam omnino non exstat. Synodo vero XIX. alius canon ab eodem Ferrando assignatur num. 84. *titulo tertio*. Sola ergo Synodus XX. quæ desideratur, hunc canonem *tit.* 3. recipere potuit. Cum porro ex canone, quem abbreviatum retulit Synodus Bonifacii, in hoc Concilio XX. actum fuerit de appellationibus ad transmarina; satis verisimile est, ab eodem Concilio scriptam fuisse etiam epistolam ad Cælestinum Papam, in qua de appellatione quidem ad transmarina disputatio est: ac propterea hæc vigesima Synodus Carthaginensis habita fuit anno 425. vel 426. quo eam epistolam ad Cælestinum missam erudıti ostendunt. Vide inter ceteros P. Coustantium tom. 1. Epistolarum Rom. Pontif. col. 1058. not. 6.

Epistola Afric. ad Cælestinum a quo Concil. scripta.

Syn. Hippon. an. 427. IV. Ferrandus numeris 34. 35. 38. 47. 54. 95. & 198. aliquot titulos seu canones Synodo Hipponiregiensi tribuit, qui non leguntur inter canones Concilii Hipponensis anni 393. nec in istorum Breviario. Alia igitur Synodus Hipponensis, quæ deest, admittenda est. Hanc posteriorem fuisse anno 421. idem Ferrandus satis indicat, cum num. 47. prius citet *Concil. Carth. tit.* 5. qui titulus (ut vidimus n. 2.) competit Concilio XIX. habito post annum 421. dein vero subjiciat *Concil. Hippon. tit.* 9. quod ex ipso ordine posterius esse debet Concilio Carthaginensi XIX. Enimvero P. Harduinus duos codices memorat, alterum Petri Pithœi, alterum Collegii Parisiensis Societatis Jesu; qui postremus codex epitomen canonum continens, maximi faciendus est, cum nec ex Dionysio, nec ex alia nobis cognita collectione, sed ex iisdem Africanis fontibus, ex quibus Ferrandus, notitias Synodorum Africæ receperit, ut patet ex adnotatis §. 5. n. 4. In his autem duobus codicibus Hipponense Concilium innuitur celebratum anno 427. Sic enim ibidem legitur: *Pierio & Ardabore Coss. VIII. Kal. Octobris. in basilica Leontina, placuit universo Concilio* &c. ubi Hipponensis basilica, quæ appellabatur *Leontina*, designatur. Cum autem anno 427. quo Pierius & Ardabures consulatum gerebant, adhuc in vivis esset Aurelius; hæc profecto Synodus inter celebratas sub Aurelio referri debet, quæ *vigesima prima* inscribi posse videtur. Duo hujus Synodi canones a Ferrando allegati num. 54. & 198. ex laudatis codicibus ab Harduino indicantur, eosque repetitos monet ex Concilio Carthaginensi anni 419. can. 29. & 30. Codicis Africani. Nos vero omnes ejusdem Synodi canones, a Ferrando laudatos, reperimus in alio Concilio Carthaginensi, anni 421. quod hoc tomo prodibit in lucem. Nam canon a Ferrando allegatus num. 54. *tit.* 3. qui etiam in Harduini codicibus Concilio Hipponensi tribuitur, in Synodo anni 421. est canon primus. Duo canones a Ferrando assignantur *tit.* 5. alter num. 34. alter num. 198. Error in numerum alterius irrepsit. Credimus vero in num. 198. corrigendum *tit.* 4. canon enim hoc numero indicatus congrue subsequitur canonem præcedentem signatum *tit.* 3. cui sane subjicitur, tum in Codice Africano c. 30. tum in Synodo anni 421. canone secundo. Porro *titulus quintus* apud Ferrandum allegatus, num. 34. est in sola Synodo anni 421. canone quarto. Alius canon, quem Hipponiregiensi Synodo adjudicat Ferrandus num. 35. *tit.* 8. habetur in Codice Africano c. 32. & in Concilio anni 421. canone quinto. Canonem nonum Hipponiregiensem, qui in Cod. Afric. legitur, c. 33. in tres numeros partitur Ferrandus num. 95. ubi primam partem laudat, num. 47. ubi

tom. 2. Conc. col. 1275. not. 4.

Ibid. not. 4. & 5.

Infr. col. 649.

47. ubi secundam, & num. 38. ubi partem tertiam exprimit. Hic canon in Synodo anni 421. duos canones 9. & 10. conficit: ubi animadvertendum est, particulam illam a Ferrando indicatam num. 47. *Ut Episcopi rem Ecclesiæ sine Primatis consilio non vendant*, in Concilio anni 419. c. 33. Codicis Africani his verbis efferri: *Episcopis non licet vendere prædia Ecclesiæ ignorante Concilio vel Presbyteris suis*, in quibus *Primatis* nomen non apparet. Hoc vero nomen in repetendo eodem canone anno 421. vocibus *Presbyteris suis* substitutum fuit, ut ex Concilio hujus anni a nobis edendo patebit c. 9. Idem decretum similiter renovatum fuit in alia Synodo Carthaginensi XIX. vel XX. *tit.* 5. ac in Hipponiregiensi *tit.* 9. utramque enim Synodum Ferrandus laudat eodem numero 47.

V. Idem Ferrandus octo alias Synodos allegat provinciæ Byzacenæ, Suffetulensem num. 2. Thusdritanam num. 76. & 77. Juncensem num. 26. Macrianensem num. 11. & 23. Septimunicensem num. 11. 56. 76. 139. 212. & 215. Thenitanam num. 61. 76. & 194. Marazanensem, seu Maradianensem num. 44. 76. 127. & 220. & Zellensem vel Tiellensem num. 3. 4. 6. 16. 65. 68. 130. 138. 174. & 218. Provinciales Synodi omnes videntur. Id sane de Marazanensi evidens est. Hujus enim canon num. 220. allegatus unam Byzacenam provinciam respicit. Illud peculiari observatione dignum est, Ferrandum in his Synodis indicandis numerum titulorum seu canonum numquam designasse. Id autem ipsi in more fuisse videtur, quoties Africanæ Synodi non plenariæ, sed provinciales essent, uti animadvertimus accidisse etiam Synodo provinciali Carthaginensi anni 409. Quæ animadversio plane confirmat, ceteras Synodos Africanas etiam Milevitanam & Hipponiregiensem anni 427. quas cum titulorum numeris Ferrandus laudat, plenarias fuisse. Hæc autem Concilia Byzacena repetunt identidem eumdem canonem more Africano, ut præsertim liquet ex Ferrandi numero 76. ubi idem decretum quatuor Synodis Byzacenis tribuitur. Cum ab eodem Ferrando allegatur Synodus Zellensis, vel Tiellensis, quæ ab aliis Tellensis, seu Teleptensis vocatur, fere additur *ex Siricii epistola*; eo quod canones spectent ad duas epistolas hujus Pontificis, quæ in eadem Synodo lectæ, ac gestis insertæ fuerunt. Hujus Concilii Zellensis pars nobis conservata in collectionibus Gallicanis, unam tantum Siricii epistolam exhibet. Quæ vero præterea Ferrandus ex eadem Synodo, vel ex altera Siricii epistola commemorat, recensebimus in Observationibus ad Quesnelli Dissertationem XV. de Synodo Teleptensi. Ex præfatione huic Synodo præfixa ipsius tempus liquet, nimirum annus 418. Num vero ad idem circiter tempus aliæ memoratæ Synodi Byzacenæ pertineant, an vero, ut alii opinantur, ad posteriorem ætatem referendæ sint; cum nihil ex ipsis supersit nisi quidam canones a Ferrando memorati, quos diligenter collegit Baluzius, definiri nequit. Cum post Vandalorum irruptionem Africa nimium vexata fuerit; tanta Byzacenarum Synodorum frequentia, quæ pacificum tempus efflagitat, ævo anteriori tribuenda videtur. Quod si adhuc sub Vandalis Synodus Carthaginensis anni 525. celebrata fuit; præfatio ejusdem Synodi satis indicat, *antiquam* rediisse Conciliorum *consuetudinem reparata libertate*, quam Hilderico referunt Victor Tunonensis in Chronico, & auctor vitæ S. Fulgentii cap. 28. In eadem præfatione quidam Episcopus, cujus nomen desideratur, Bonifacium Antistitem Carthaginensem his verbis alloquitur: *Imple quæsumus diligenter ministerii tui partes, ut Ecclesiæ Africanæ generalis utilitas sanctorumque canonum vigor iterum reflorescat: & quod beatissimæ memoriæ Aurelius hujus urbis Antistes instituit, tua nunc beatitudo restituat. Te enim Dominus ei constituit successorem honoris, libertatis, & pacis.* Hæc profecto innuunt, jam inde ab Aurelii morte cogendarum Synodorum facultatem desiisse; ac propterea laudatæ Synodi Byzacenæ Aurelii tempore celebratæ videntur. Synodum quidem Thusdritanam ante Zellensem anni 418. coactam fuisse indicant illa Vincentii & Fortunatiani in procemio Synodi Zellensis: *Etiam cum Thusdrum fuissemus, sicut mecum recolit memorialis auditio vestra, & epistolas sanctæ memoriæ Siricii Sedis Apostolicæ Episcopi dederamus recitandas* &c. quæ Concilium Thusdri paullo ante celebratum significant. Mirum videri potest, tot Byzacenæ provinciæ Synodos a Ferrando laudari, nihil vero eum indicare de Con-

Concilia provinciæ Byzacenæ.

Conc. Milev. an. 402. & Hippon. an. 427. fuerunt plenariæ.

Tempus Synodi Zellensis.

t. 3. Concil. col. 461.

tom. 5. Conc. col. 773. a 774. b. col. 773. c

Aliæ Synodi Byzacenæ sub Aurelio celebratæ.

Conciliis, quæ in aliis Africæ provinciis, ac præsertim in Numidia Augustini, Alypii, ac Possidii zelo coacta fuisse dubitare non licet. Id autem eo referendum credimus, quia in perturbationibus Vandalicis, quibus tota Africa depopulata fuit, perierunt, vel fuerunt dispersi synodici ceterarum provinciarum codices, soliusque Byzacenæ provinciæ Synodi in Ferrandi manus venere.

Integer Codex can. Afric. qui.

VI. Ex hactenus disputatis patet, quinam canones, & quæ Concilia continerentur in Codice, seu in his codicibus canonum Ecclesiæ Africanæ, qui sexto sæculo Ferrando Carthaginensis Ecclesiæ Diacono, ac in Synodo Bonifacii anni 525. usui fuere. Præter duplicem versionem Synodi Nicænæ, aliam nimirum antiquissimam a Cæciliano, aliam recentiorem ab Attico Constantinopolitano acceptam, complectebantur etiam Synodos Grati atque Genethlii, integrum Concilium Hipponense anni 393. ex quo duo integri canones in Bonifacii Synodo recitantur; præterea viginti alias Synodos sub Aurelio, aliam Hipponensem anni 427. & nonnullas etiam provinciæ Byzacenæ. Integer Codex canonum Ecclesiæ Africanæ has omnes Synodos complecti deberet. Quæ

Quid Dionysius Exiguus.

ex Africanis canonibus dedit Dionysius Exiguus, sumta fuerunt ex Synodo XVII. sub Aurelio celebrata anno 419. in qua anteriores ipsius Synodi cum suis gestis repetitæ & insertæ fuere a Concilio Hipponensi anni 393. usque ad XVI. anni 418. At præterquam quod omissa fuerunt Concilia anteriora Aurelio, posteriora vero nondum celebrata referri non poterant; Dionysius in recensendis iis ipsis Synodis, quæ gestis Concilii anni 419. erant insertæ, etsi plurima descripsit integra; repetitionem tamen canonum Africanis familiarem vitaturus, aliquot canones semel propositos, alibi ubi erant repetiti, præterivit: alios quandoque inconsiderate transiliit: quædam compendio retulit: in aliis ad gesta lectores remisit: ut ex antea adnotatis manifestum est, fuseque etiam animadvertit P. Coustantius in præfatione ad tom. I. Epistolarum Romanorum Pontificum pag. XCIV. & seqq. Hoc vero Dionysii opus græce redditum fuit, & in Græcas collectiones traductum aliquanto ante Synodum Trullanam habitam anno 692. quæ c. 2. inter Græci Codicis canones Carthaginenses recenset.

De editione Justelliana.

VII. Hæc autem idcirco notanda censuimus, ut palam fiat, quam perperam huic Græcæ Africanorum canonum interpretationi Christophorus Justellus generalem titulum præfixerit: *Codex canonum Ecclesiæ Africanæ*; cum ne omnia quidem gesta inserta Concilio Carthaginensi anni 419. exacte contineat. Ille quidem Græcam versionem ex collectione Græca canonum a Tilio edita excerpsit, ac ex codicibus Regio & Palatino variantes lectiones adjecit, uti testatur in notis pag. 418. Textum vero Latinum sumsit ex ipsa collectione Dionysii, quæ in codice Nicolai Fabri continebatur, variantesque addidit ex duobus aliis MSS. Thuaneo & Bochardiano, qui primos canones triginta tres Synodi Carthaginensis anni 419. in quadraginta titulos distributos exhibebant. Titulum vero *Codex canonum Ecclesiæ Africanæ* nec Græca versio, nec isti aut ulli alii Latini codices præferebant. Nam in collectione Græca hæc inscriptio legitur: Κανόνες τῶν ἐν Καρθαγένῃ συνελθόντων διακοσίων δέκα καὶ ἑπτὰ ἁγίων καὶ μακαρίων πατέρων: *Canones ducentorum & XVII. sanctorum & beatorum Patrum, qui Carthagine congregati sunt*. In Latino vero Dionysii textu apud ipsum Justellum: *Synodus apud Carthaginem Africanorum, quæ constituit canones CXXXVIII.* Idem Dionysius in epistola nuncupatoria ad Stephanum Episcopum Salonitanum, non *Codicem canonum*, sed *Statuta Concilii Africani* se daturum recepit. Hæc ad illustrandos canones & Concilia Africæ uberius disputanda fuere.

CAP.

CAPUT IV.

De collectione canonum vetustissima omnium detecta in MS. Vaticano Reginæ 1997. De Synodis sub Symmacho celebratis. Tempus figitur Synodi Palmaris. Duæ epistolæ formatæ ex eodem codice editæ.

I. NUnc disputaturi de collectionibus, quæ vel sunt antiquiores collectione Dionysii, vel ex fontibus a Dionysio diversis prodeunt, illud præmonemus, nonnullas quidem Dionysii particulas in quibusdam collectionibus hac secunda parte afferendis inveniri. Cum vero totus ipsarum collectionum, & documentorum quæ in eis continentur, complexus ex aliis non Dionysianis fontibus dimanet; eas Dionysii particulas non ab auctoribus earumdem collectionum inditas, sed posteriori manu plerumque insertas putamus. Posteriores enim librarii vetustum codicem exscribentes, aliqua ex arbitrio quandoque mutare, addere, ac inserere non dubitarunt, quæ collectori tribuenda non sunt. Additamentorum quidem indicia in nostris collectionibus non desunt. Alia enim initio, alia sub finem affixa inveniuntur. Quædam etiam lectiones in versionibus Græcorum canonum ex Dionysiana sumtæ, intrusæ sunt interpretationi ex. gr. Priscæ, quam collectionis auctor ab initio descripserat. Collectionum origo non ex his insertis & addititiis particulis, sed ex documentorum ratione, ordine, atque complexu dijudicanda est: nec dubitare licebit, quin collectiones, quæ ex ipso complexu cum Dionysiana non conveniunt, aliam a Dionysio originem habeant. Hujus quidem diversæ originis in collectionibus hac secunda parte recensendis aperta argumenta suppetunt. Versiones Græcorum canonum a Dionysiana discrepant. Non pauca documenta in eisdem leguntur, quæ in Dionysio desiderantur. Ea ipsa, quæ Dionysianæ collectioni communia sunt, non solum in illis alio ordine, alia divisione, aliisque titulis atque adnotationibus; verum etiam aliis, & nonnumquam melioribus lectionibus proferuntur. Quædam particulæ a Dionysio omissæ nobis in iisdem conservatæ fuerunt: aliaque non pauca in ipsarum descriptione a nobis indicabuntur, quæ non tam earum collectionum discrimen a Dionysiana, quam præstantiam commendabunt. Has porro collectiones in duas classes distinguimus. Aliæ enim generales sunt, canonesque Conciliorum ac decretales Romanorum Pontificum simul complectuntur; aliæ vero solas decretales ad certam fere caussam pertinentes exhibent. *Vetustiorum collectionum origo a Dionysio diversa. Quædam intrusa notantur.*

II. Inter primi generis collectiones omnium vetustissimam deteximus in MS. Vat. Reginæ 1997. recentiora enim ipsius documenta sunt tres Synodi sub Symmacho. Cum porro post primam Synodum ejusdem Pontificis celebratam anno 499. subjiciatur catalogus Romanorum Præsulum; in eadem Synodo desiisse videtur primæva collectio: eaque fortassis digesta fuit, antequam haberentur duæ aliæ ejusdem Pontificis Synodi, quæ præfixo Romanorum Antistitum catalogo desinente in Hormisda Symmachi successore, posteriori additamento accessere. Codex quadratæ fere est formæ, ac singulæ paginæ in duas columnas distinctæ. Caracter est antiquus celer, quem Langobardicum vulgo appellant. Quædam additamenta idem codex subinde recepit, quorum alia pauca expressa sunt eodem antiquo caractere, alia vero recentiori, sed veteri, ut ex sequentibus constabit. Hujus collectionis præstantiam ipsa monumenta demonstrant. In primæva enim collectione nihil supposititium deprehenditur. Quædam præterea aliunde ignota documenta in hac una collectione conservata fuere. Synodi Græcæ sunt ex Prisca versione. Sola Nicæna interpretationem præfert peculiarem, quam inter ineditas versiones hoc tomo edemus. Sardicenses canones cum Nicænis continua numerorum serie copulantur, ac Nicænorum nomine inscripti exhibentur. Alia peculiaria suo loco notabuntur. Italicam vero esse hanc collectionem ex eo colligimus, quia jam inde a decimo sæculo hic codex, qui postea transiit in bibliothecam S. Silvestri de Nonantula, pertinuit ad Ecclesiam Theatinam, ut indicat epistola formata Theatini Episcopi, quam recen- *Tempus collectionis in titulo laudatæ. Ejus præstantia. Infr. col. 567. Condita in Italia.*

recentiori caractere in prima pagina codicis descriptam, in fine hujus capitis appendemus.

III. Initium hujus collectionis sumitur a canonibus Ancyrensibus, Neocæsariensibus, Gangrensibus, & Antiochenis versionis Priscæ, quibus singulis tabula capitulorum præmittitur. Nihil deesse initio palam fit ex eo, quod primævus caracter inchoet pag. 1. tergo hoc titulo: *In nomine Domini. Incipit tituli canonum Ancyrensium*. Hac præstantissima collectione utiliter usi sumus in edenda versione Prisca. Post canones Antiochenos describuntur *Responsa & constitutiones, quæ aput Carthaginem acta sunt*. Est Synodus Carthaginensis
Infr. col. 635. anni 419. habita VIII. Kal. Junias distincta in canones XL., quos dabimus inter documenta Juris canonici veteris n. 1. Subduntur Africanorum litteræ ad Bonifacium cum hac epigraphe: *Incipit epistula ab omne Concilium suprascriptum a Bonifacio urbis Romæ Episcopo* (leg. *ab omni Concilio suprascripto ad Bonifacium urbis Romæ Episcopum*) *rescripta, & cum gestis, quæ ibidem aput Carthaginem confecta, per Faustinum Episcopum & Philippum*
tom. 2. Conc. col. 1356. c. *& Asellum Presbyterum directa*. Incipit autem epistola *Quoniam Domino placuit* &c. uti legitur in Codice Africano c. 134. Sequitur *Epistula Attici Episcopi Ecclesiæ Constantinopolitanæ ad Bonifacium* &c. cum formatarum formula, de quibus plura diximus cap. 3. §. 8. n. 9. Tum epistola Aurelii & aliorum Afrorum ad Cælestinum: *Optaremus, siquidem admodum*
Ib. col. 1364. e *sanctitas tua de adventu Apiarii* &c. Vide Cod. Afric. cap. 138. Subjiciuntur canones Calchedonenses, & dein Constantinopolitani ex Prisca versione, de quibus confer editionem nostram ejusdem versionis. Canones Conciliorum claudunt Nicæni & Sardicenses cum Nicænis juncti, eodemque Nicænorum titulo inscripti; qui omnes dividuntur in canones 46. Interpretatio Nicænorum non est, ut in ceteris Græcis canonibus, Prisca, sed alia vetustissima
Infr. 565. hactenus ignota, quam ex hoc codice post Priscam edemus. Vide admonitionem eidem præfixam, ubi quæ in ea versione sunt maxime observanda adnotabimus. Cum noster collector præter Nicænos, quos ex peculiari antiquissima, &, ut videtur, Italica interpretatione recepit, in aliis Græcis canonibus Prisca versione usus sit; Laodicenos canones idcirco omisit, quia eos in eadem versione nequaquam invenit. Lege supra cap. 2. §. 3. n. 17.

IV. Quantum ad constituta Romanorum Pontificum, quæ canonibus subnectuntur, primo describitur epistola Siricii *ad Hierium* Tarraconensem, quæ in collectione hoc tomo impressa profertur cap. 29. Tum epistola Leonis ad Rusticum Narbonensem cum hujus inquisitionibus, quæ apud Dionysium desiderantur. Est in nostra editione epistola 167. Alia ejusdem Pontificis ad Africanos editionis decurtatæ, nobis epist. 12. tom. 1. col. 669. Alia ad Flavianum nobis epist. 28. Item *ad Torribium* epist. 15. Item ad Siculos epist. 16. Item ad Nicetam epist. 159. Dein Innocentii I. epistola *ad Victorium* Rothomagensem, in nostra collectione cap. 24. Cælestini ad Episcopos per Viennensem & Narbonensem provincias constitutos, ibidem cap. 35. *Statuta S. Gelasii Episcopi ad Episcopos per universas provincias constitutos*, ibidem cap. 58. *Gesta de nomine Acacii*. Incipiunt: *In caussa fidei christianæ, cui ab exordio sui numquam defuisse probantur inimici* &c. Est plenior historia, quam ex Virdunensi codice edidit Sirmondus, & ex eo legitur tom. 5. Conciliorum Vene-
Infr. col. 307. tæ editionis col. 173. brevior autem invenitur in nostra collectione cap. 43. in quod vide adnot. 1. Inseritur epistola Hieronymi ad Evangelum Presbyterum. *Legimus in Esaia* &c. uti habetur tom. 1. Operum S. Hieronymi editionis Veron. epist. 146. al. 85. Subduntur epistolæ Innocentii ad Exsuperium Tolosanum Episcopum in nostra collectione cap. 21. ejusdem ad Rufum & ceteros Episcopos Macedones, ibidem cap. 22. Zosimi ad Esichium Episcopum Salonitanum, ibidem cap. 32. Cælestini ad Episcopos Apuliæ & Calabriæ, ibi cap. 36. Bonifacii ad Honorium Augustum, *Ecclesiæ meæ, cui Deus noster* &c. uti tom. 3. Concil. col. 434. Rescriptum Honorii ad eumdem Pontificem, *Scripta beatitudinis tuæ* &c. ibidem col. 436. Glycerii Imperatoris lex Novellis addenda, & edictum Himelconis Præfecti Prætorio contra simoniacos, quæ publici juris faciemus inter documenta Juris canonici veteris num. 6.
Infr. col. 677. epistola Leonis Papæ ad Episcopum Aquilejensem, nobis epist. 1. ejusdem *ad*

Septi-

Septimum Episcopum, in nostra editione epist. 2. Concilium I. Romanum sub Symmacho anni 499. Incipit: *Post consulatum Paullini V. C. sub die Kalendarum Martias in basilica B. Petri Apostoli*. Præmittuntur Episcoporum nomina, & cetera sequuntur cum ipso Joannis Diaconi libello ad Symmachum, ut ex MS. quondam Nicolai Fabri, nunc autem Colbertino 1863. vulgavit Baluzius. Vide t. 5. Concil. col. 446. & seqq. Hic desinere videtur primigenia collectio.

V. Subditur catalogus Romanorum Pontificum usque ad Hormisdam, cui assignantur *anni VIIII. dies XVIII.* Hinc post Hormisdæ mortem sequentia additamenta accessere. *Constitutum Symmachi de rebus Ecclesiæ conservandis*, Est alia Synodus anni 502. quæ exstat eodem tom. 5 col. 471. *Præcepta* (leg. *præceptio*) *Regis III. missa ad Synodum*. Incipit: *Præceptio, quæ missa est per Germanum & Carosum Episcopos* &c. *data VI. Idus Augusti Rufio Magno Fausto Avieno V. C. Cos.* ibidem col. 463. ubi tamen vulgati titulum cum numeralibus notis III. omittunt. *Preces* (leg. *præceptio*) *Regis IIII. missa ad Synodum. Fl. Theodoricus Rex universis Episcopis ad Synodum convocatis* &c. *data VI. Kal. Septembris Rufio Avieno Fausto V. C. Cos.* non *Rufino*, ut in vulgatis Conciliorum perperam legitur, ibidem col. 464. Præceptiones III. & IV. duas alias anteriores præsumunt, quæ ideo fortassis fuerunt prætermissæ, quia illæ tantum, quæ ad sequentem celebrem Synodum pertinent, cum ejusdem Synodi gestis inventæ fuerunt. *Relatio Episcoporum ad Regem. Agimus Deo gratias* &c. ibidem col. 465. *Præceptio regia. Theodoricus Rex universis Episcopis ad Synodum convocatis. Decuerat quidem* &c. data *sub die Kal. Octobris*. Ibi col. 466. In vulgatis ex laudato MS. Colbertino 1863. subditur: *Synodo ecclesiastico vir spectabilis anagnosticus Regis. Primum salutandi Episcopi* &c. ac in fine, *aut ipsi vindicent, aut quos deputemus, legibus exequantur culpas*: notaturque locus valde corruptus. Correctionem vero indicat noster codex, qui sic habet: *Reg. Ind. Ecl. qs Agnostic. Regis. Primum salutandi Episcopi* &c. ac in fine: *aut ipsi vindicent, aut nos deputemus, qui legibus exsequantur culpas*. Primæ voces tituli abbreviatæ *Reg. Ind.* denotant *regium indiculum*, idest instructionem a Rege datam: sic enim & instructio data legatis ab Hormisda *indiculus vocatur* eodem tom. 5. Conciliorum col. 612. Aliud exemplum vide ibi col. 655. Reliqua ejusdem tituli alii peritiores interpretentur. Hæc omnia documenta, quæ ex unico MS. Colbertino eodem ordine edita sunt, aliis in locis ex nostro codice emendari poterunt. Postea sequuntur *Constitutiones Episcoporum in Synodo Romæ ex præcepto Theodorici. Rufio Magno Fausto Avieno Cos. X. Kal. Novembris Synodus apud urbem Romam* &c. ibidem col. 457. Hic consulatus, qui ipsam Synodum assignat anno 501. in dubium vocari nequit. Non solum enim legitur in plerisque MSS. exemplaribus collectionis Hadrianæ, in omnibus Isidorianis, & in laudato Colbertino, verum etiam in Vat. 5845. inter Additiones Dionysii, & in nostra collectione Vat. Reginæ omnium antiquissima, & Symmacho fere coæva, quæ præ ceteris auctoritatem maximam facit. Adde quod idem consulatus notatur & confirmatur etiam in duabus memoratis Theodorici præceptionibus, quæ eodem anno scriptæ ad eamdem Synodum referuntur.

Indiculum pro instructione.

Synodus Palmaris sub Symmacho habita anno 501.

VI. P. Antonius Pagius ad annum 503. n. 2. & seqq. hanc consularem notam addititiam esse, & ab aliquo imperito intrusam existimat. Id quidem potuisse accidere in uno documento, & in manuscriptis unius collectionis nemo inficias ibit. At in tribus documentis, & in collectionibus diversæ originis, iisque vetustissimis idipsum contigisse, omnesque harum collectionum auctores in idem assumentum conspirasse plane est incredibile. Synodum cum hoc consulatu præferunt codices quatuor, seu potius quinque diversæ originis collectionum, quas paullo ante indicavimus. Duæ autem præceptiones Theodorici, quæ ipsam Synodum respiciunt, eumdem consulatum exhibent in duabus MSS. collectionibus, in quibus hactenus inventæ sunt, nimirum in hac nostra Vat. Reginæ, & in alia laudati codicis Colbertini. Deest quidem hic consulatus in codice Sangermanensi collectionis Hadrianæ, quem Pagius opponit, & similiter in Vallicellano A. 5. inter documenta ejusdem collectionis. At Isidorus, qui vetustiori exemplo Hadriano usus est, in eo consulatum invenit: ac præterea

Idem annus constituitur, & ab objectis vindicatur.

terea codex Vat. 5845., qui Synodos sub Symmacho inter additamenta Dionysiana repræsentat, antequam collectioni Hadrianæ insererentur, eumdem consulatum præfert; atque ex his palam fit, defectum ipsius consulatus in aliquibus Hadrianis codicibus omissioni esse deputandum. Tanta ergo tot codicum & collectionum concordia in eo consulatu notando de anno ejusdem Synodi dubitare non sinit. Pagius loco laudato ingerit codices, in quibus hæc Synodus *Palmaris* appellata, *quarta* vocatur, & ordine postponitur Synodo celebratæ anno 502. At vox *quarta* in quibusdam tantum codicibus signata, in nostro Vaticano Reginæ, in Vat. 5845. nec non in aliis etiam Hadrianis nequaquam apparet. Certe codices, qui genuinas Synodos sub Symmacho exhibent, tres tantum referunt, nulli quatuor. Quod si quis duas veluti actiones eodem anno 501. jussu Regis habitas ante actionem Synodi Palmaris, in quibus nihil concludi potuit, quarum altera celebrata fuit (1) in Basilica Julii (2) post festivitatem paschalem, altera (3) in Basilica Sessoriana (4) sub initium Septembris, pro duabus distinctis Synodis habendas existimet, uti sane quæ celebrata fuit in Basilica Sessoriana (5) *secunda Synodus* vocatur in relatione Episcoporum ad Regem; tum actio tertia, seu Synodus Palmaris coacta X. Kal. Novembris, *tertia* Synodus anni 501. appellari poterit, & relate ad anteriorem Synodum anni 499. potuit inscribi *Synodus quarta*. Ordo vero licet in plerisque MSS. hanc Synodum postremo loco exhibeat, in Vaticano tamen cod. 5845. diversus est. Nam eadem Synodus primo loco ibidem describitur. In aliis vero codicibus duæ Synodi annorum 499. & 502. idcirco huic Concilio præmitti potuere, quia in his collectionibus canonum præferendæ ac simul jungendæ visæ sunt Synodi, quæ disciplinæ canones statuunt: tum vero illa adjicienda, quæ ad Symmachi absolutionem spectat, licet intermedio tempore celebrata fuerit. Obtrudit Pagius Theodori Lectoris testimonium ex libro 2. Historiæ, ubi hæc leguntur: *Cum vero hujusmodi perturbatio trium annorum* (non vero, ut in vulgata versione, *per tres continuos annos*) *in urbe Roma perseverasset* (post ordinationem S. Symmachi atque Laurentii) *Theodoricus Afer, qui tum Romæ regnabat, quamvis secta esset Arianus, collecta tamen Synodo, Symmacho quidem Episcopatum Urbis confirmavit, Laurentium vero cujusdam urbis, quæ Nuceria dicitur, Episcopum constituit. Laurentius tamen haudquaquam quievit; sed Episcopatum urbis Romæ adhuc ambire non destitit. Quam ob caussam eum deponi & in exilium mitti curavit Symmachus; atque hoc modo seditio consopita est*. Idem autem Pagius in hypothesi quatuor Synodorum sub Symmacho, hoc textu indicari putat Synodum secundam anni 500., quæ perierit, quæque confirmato Episcopatu Symmachi Laurentium Nucerinæ Ecclesiæ præfecerit. Palmarem vero Synodum, uti putat quartam, affigit anno 503., quo post triennium secundum schisma adversus Symmachum conflatum existimat. Rejecta autem ea secunda Synodo, cujus nullum uspiam indicium est, Theodori locus accipi debet de Synodo Palmari habita, ut vidimus, anno 501., qua Symmachus Romanus Episcopus confirmatus fuit. Ejusdem vero Theodori Græci scriptoris hallucinationi tribuendum est, cum sub idem tempus Laurentium Nucerinæ Ecclesiæ Episcopum constitutum tradit. Id enim factum fuisse statim post judicium Theodorici Regis initio anni 499. satis aperte tradit Anastasius Bibliothecarius, qui post descriptum Theodorici judicium, quo *factus est Præsul Symmachus*, addit: *EODEM TEMPORE Papa Symmachus congregavit Synodum, & constituit Laurentium in Nucerina civitate Episcopum intuitu misericordiæ*. Apertius vero idipsum statuit Anonymus ipsius Laurentii fautor, cujus fragmentum edidit Franciscus Blanchinius, & dein exactius recusit P. Joseph fratris ejus filius in Enarratione Pseudo-Athanasiana pag. 104., ex quo coævo scriptore licet Symmacho Pontifici infenso tota hæc quæstio dirimi potest. Inde enim discimus, Symmachum & Laurentium post Anastasii II. mortem fuisse or-

Num ea sit Synodus quarta.

Quando Laurentius constitutus Episcopus Nucerinus.

(1) tom. 5. Conc. Ven. edit. col. 458. c.
(2) Vide Anonymum postea laudandum apud P. Blanchinium pag. 105.
(3) tom. 5. Conc. col. 459. b.
(4) Hæc Synodus indicta Kalendis Septembris: ibidem col. 463. c.
(5) Ibidem col. 465. c.

se ordinatos, ortoque hac de caussa schismate, utrumque ad Theodoricum perexisse, cujus judicio Symmachus Episcopatum obtinuit, & *Laurentius ad gubernandam Ecclesiam Nucerinam Campaniæ civitatem .... dirigitur*. Quod si id in Synodo factum fuit, ut tradit Anastasius; ipsi Synodo Kalendarum Martii anni 499. tribuendum est. Sequitur porro Anonymus narrans alterum schisma, quod *post aliquot annos* renovatum fuit. In hoc multa Symmacho objecta refert, ob quæ Theodorici præceptionibus nova Synodo coacta, idem Pontifex confirmatus fuit. Hæc conveniunt Palmari Synodo anni 501. Addit porro non conquievisse fautores Laurentii (quos quidem ipsam Synodum Palmarem impugnasse opusculo inscripto *Adversus Synodum absolutionis incongruæ*, ex Ennodii apologetico manifestum est;) Laurentio autem Romam ingresso schisma *per annos circiter quatuor* perseverasse, quod tandem præcipiente Rege, & Laurentio in prædia Patricii Festi concedente (*in exilium* inquit Theodorus) prorsus extinctum fuit. Vides quam probe omnia conveniant, ut ne opus sit Concilia multiplicare, & consulatum Rufii Magni Fausti Avieni in tam multis vetustissimis collectionibus exhibitum, veluti suppostititium & intrusum traducere, Palmaremque Synodum detrudere ab anno 501. ad annum 503. Unum monere restat, nobis esse incredibile, eum *Cælium Laurentium Archipresbyterum tituli sanctæ Praxedis*, qui subscripsit Synodo anni 499. esse ipsum Laurentium Presbyterum, qui adversus Symmachum Episcopus fuerat consecratus. Hæc pro enucleanda controversia non modicum implexa & pro vindicando nostro codice, qui eum consulatum præfert, fusius dicenda fuere. Nunc autem descriptionem ejusdem codicis prosequamur.

Novum schisma Laurentii contra Symmachum.

tom. 5. Concil. col. 480. b.

VII. Post laudata documenta sub Symmacho sequitur: *Incipit fides Nicæna*. Est opusculum ineditum aliquot paginarum, quod exscribendum curavimus, inter anecdota aliquando, si Deo placuerit, evulgaturi. Antiquus caracter codicis concluditur quibusdam statutis S. Silvestro Papæ adscriptis. *Incipit capitulum editum a Silvestro Papa, dum resedisset in Synodo cum Constantino Augusto, & simul cum eis residentibus CLXXVIII. Episcopis, & cum eis CCLXX. Presbyteris, & Diaconis XL.* &c. *Placuit ut nullus laicus audeat Clerico crimen ingerere nisi sub idoneos testes*; & alia pauca statuta apocrypha, sed antiqua, quæ huic collectioni sincera documenta continenti posteriori manu olim in fine adjecta, & a nostro librario uno caractere descripta arbitramur.

VIII. Recentiori autem scriptura adduntur hæc. Epistola Gregorii Papæ ad Secundinum inclusum. *Dilectionis tuæ litteras suscepi* &c. Alia epistola Isidori ad Massonem Episcopum. *Veniente ad nos famulo vestro viro religioso Nicetio* &c. Dein *Ordo de sacris ordinibus benedicendis*. *Hæc a singulis gradibus observanda sunt tempora* &c. Sunt præfationes & formulæ pro singulis ordinibus. Tandem alio minutiori caractere leguntur preces, seu litaniæ scriptæ nono sæculo vivente Ludovico II. & Angelberga ejus conjuge. Hæc enim inter cetera ibidem leguntur. *Exaudi Christe*. ℟. *Domino nostro Hludovico a Deo coronato, magno & pacifico Imperatori vita & victoria*. Et post nonnulla: *Exaudi Christe*. ℟. *Angelbergæ Imperatrici salus & vita*. Cum idem Ludovicus II. in Italia regnaret, hæc collectio confirmatur Italica. Nunc duas epistolas formatas in prima codicis pagina recentiori caractere descriptas exhibemus, quarum altera cum data sit ab Episcopo Ecclesiæ Theatinæ, codicem ad eamdem Ecclesiam pertinuisse significat. Vide quæ de hujusmodi formatis, quarum norma Nicæno Concilio tribuitur, animadvertemus adnot. 1. in cap. 63. collectionis edendæ.

Infr. col. 451.

Epistola formata.

IN NOM. ΠΑΤΡΗΣ ET ΦΙΛΙΗ

ET CFC CKH. „ Domino sanctissimo atque venerantissimo & a nobis summa cum dilectione nominando Ill. Episcopo illa provincia fratri in Christo „ Domino. Ego Ill. Episcopus servus Christi sanctæ ill. Ecclesiæ humilis Episcopus vester confrater ac devotus orator paciferam transitoriæ vitæ atque futuræ

„ turæ in Domino salutem. Cognoscat denique almitas vestra, quia iste Cle„ ricus nomine ill. noster tonsuratus petiit nostræ humilitatis dimissoriam, sive „ formatam, ut a vobis ad sacrum ordinem promoveatur. Propterea nos ejus „ precibus inclinati, secundum statuta sanctorum Patrum Nicæni Concilii „ hanc dimissoriam, sive, ut diximus, formatam vestræ fraternitati atque san„ ctitati emittimus, ut eum ad Sacerdotii onus consecrare non dubitetis, & „ nobis remittatis. Et ut verius credatis ac cognoscatis, litteris Græcis cum „ earum numero subter eam jussimus juxta præfatum Concilium roborari. Be„ ne vale in Domino dilectissime & amantissime frater. ΠΟCΑ LXXX. LXX. „ CCI. ΠΑΜΟΛΛΩ Indict. XV. q Θ. XCVIIII. AMHN. I. XLVIII. L.

Alia.

„ Π. Τ. Α. Celerimo (*forte* celeberrimo) vati fratrique sanctissimo & prom„ pto in sapientia cum omni honore recolenda, & decorato in omnibus, in „ Domino fideli, & valde doctissimo, seu ab omnibus orthodoxis multiplici „ scientiæ .... gratia decorato ..... dilecto in Christo Joanni M. speculator „ sanctæ Sedis Ecclesiæ Theatinæ Episcopus ...... Nos de ill. sanctæ Sedis „ Ecclesiæ ill. Episcopus in Domino Jesu Christo optamus vobis magnam sa„ lutem atque honorem hic & in ævum. Propter incommoditatem, quod iter „ arreptus sum partibus Beneventi, sicut Domina Imperatrix per suos apices „ innotuit, ut in ejus servitio allaturi simus, quibus jam semper in molestia „ corporis diutius fatigamur, ad Clericos nostræ diœceseos sacris ordinibus sub„ limandos insufficientes arbitramur. Idcirco præsentibus nostræ mediocritatis „ apicibus exoramus, hunc præsentem Clericum nostrum Luponem ad gradum „ Levitarum promoveri, & ad vestram specialiter fraternitatem dirigimus. Et „ ut hoc certius probabiliusque credatur, Græca huic elementa paginæ secun„ dum statuta sanctæ ac magnæ Synodi Nicænæ inseri præcipimus, videlicet „ Patris & Filii & Spiritus Sancti. Primas litteras ΠΟCΑ, quæ LXXX. LXX. „ CC. & primum significant numeros. Petri quoque Apostolorum Principis „ prima littera Π, quæ LXXX. significat. Nostræ quoque mediocritatis pri„ mam litteram M, sublimitatis vestræ secundam O; ejus qui accipit ter„ tiam Π; civitatis nostræ quartam ... & Indict. præsentis anni istius XV. „ Est autem nomen ejus Luponem Clericum futurus Levita. Addidimus etiam „ XCVIIII. q Θ. Per hæc Græca elementa adnotantur. AMHN.

In hac secunda formata, quæ luxatissima & mendosissima est, quasdam voces punctis indicatas omisimus, eo quod sensum non redderent. Alia pauca tute emendavimus, uti *M. speculator* pro eo quod scriptum est *inspeculator*. Episcopi enim nomen, quod hoc loco signatur, incipit a littera M, ut sub finem ipsius formatæ traditur; facilique amanuensium oscitantia *in* pro *m* nonnumquam scribitur. Catalogus Episcoporum Ecclesiæ Theatinæ apud Ughellum cum sit imperfectus, hujus Episcopi nomen a littera M incipientem non suggerit. Cum vero memoretur Imperatrix, quæ in Beneventi partibus versabatur, noteturque indictio XV., indicari videtur sive Adelais Ottonis I. uxor, sive Theophania conjux Ottonis II. quæ aliquoties in iisdem partibus extitere. Etsi enim Angilberga Ludovici II. uxor ibidem fuerit; indictio tamen XV. ipsi non congruit. Hinc ergo ille Theatinus Episcopus *M*. sub Ottonis I. vel II. imperio vixit, ac Theatinorum Episcoporum catalogo adjiciendus est.

CAPUT V.

De collectione in pervetusto MS. Corbejensi descripta.

I. HAnc collectionem descriptam in venerandæ antiquitatis MS. codice Corbejensi XXVI., qui asservatur in bibliotheca S. Germani a Pratis Patrum Benedictinorum Parisiensium, subjicimus collectioni Vaticano-regiæ, quam præcedenti capite explicavimus. Utraque nimirum certum antiquitatis testem præfert catalogum Romanorum Pontificum, quem si collectio Vaticano-regia concludit in Hormisda, Corbejensis producit ad Vigilium usque. Hujus collectionis

ctionis pluribus in locis meminit P. Sirmondus, qui eadem identidem usus est. P. Mabillonius in celebri opere de Re diplomatica pag. 356. caracteris specimen dedit, ex quo discimus, codicem uncialibus, uti vocant, litteris sine ullo vocum intervallo exaratum, præter notationes aliquot celeri caractere expressas. Pleniorem vero hujus notitiam nobis exhibuit P. Montfauconius in Bibliotheca bibliothecarum tom. 2. pag. 1124. ac præsertim P. Coustantius in præfatione ad tomum 1. Epistolarum Romanorum Pontificum num. *61.* & sequentibus. Cum ipsum codicem non licuerit inspicere; quæ ex his scriptoribus cognoscere potuimus, hic appendemus.

II. Post *Provinciale*, seu provinciarum divisionem, cujus Montfauconius meminit, in fronte ipsius collectionis hæc librarii adnotatio legitur. *Qui legis ora pro me; & cave ne his regulis contraeas, & sententiam istius severitatis, vel censuræ incurras.* Subditur titulus canonum Anquiritanorum, cui subjicitur ea interloquutio Osii, quam dedimus part. 1. cap. 4. §. 1. ubi eam supposititiam ostendimus. Post ejusmodi interloquutionem sequuntur canones Anquiritani, Neocæsarienses, seu, ut ibidem vocantur, Cæsarienses, atque Gangrenses ex interpretatione antiqua, quam Isidorianam appellant. Inter canonem vero Gangrensem 20. & 21. sive ejusdem Synodi clausulam plura inseruntur manifesto librarii vitio interposita, nimirum epistolæ Innocentii ad Decentium, Zosimi ad Hesychium, item Innocentii ad Victricium, ad Exsuperium, & ad Macedones, Cælestini ad Episcopos per Viennensem & Narbonensem provincias una, & alia ad Episcopos per Apuliam & Calabriam constitutos, Leonis quinque ad diversos Episcopos, de quibus diximus in præfatione ad ejusdem epistolas tom. 1. §. 3. pag. 513. Adduntur preces Episcoporum ad Imperatores Valentinianum, Theodosium, & Arcadium: tum Breve statutorum ad Africam pertinentium, seu Breviarium canonum Concilii Hipponensis, quod in collectione hoc tomo edenda legitur cap. 2. ac Concilium Telense anni 418. quod ibidem invenies cap. *62.* Ad hujus calcem rejicitur Synodi Gangrensis conclusio.

III. Dein Synodi Nicænæ canones describuntur, in quibus illud maxime notandum est, P. Coustantium in admonitione ad epist. 17. Innocentii num. 4. col. *826.* scribere: *Concinit & Corbejensis codex medio sexto sæculo* (hoc tempus Corbejensem collectionem, de qua loquimur, palam designat) *exaratus, in quo Nicænus canon ita refertur.* „ De his qui se cognominant Catharos, „ idest mundos, si aliquando venerint ad Ecclesiam catholicam, placuit san- „ cto & magno Concilio, ut impositionem manus accipientes, sic in Clero „ permaneant. “ Est versio Dionysii Exigui; ac propterea Nicænos canones ex ea sumtos agnoscimus, non autem ex Isidoriana, ex qua ceteri Græcarum Synodorum canones recepti fuere. Subduntur nomina Episcoporum, qui Nicææ convenerunt. Hunc Episcoporum catalogum excipiunt canones Synodorum Antiochenæ, Laodicenæ, Constantinopolitanæ, Carthaginensis anni 418. Valentinæ anni 374. & Taurinensis. His subnectuntur epistolæ Innocentii ad Tolosanam (seu Toletanam) Synodum, Leonis ad Episcopos Viennenses nobis epist. 10. & Hilari ad Leontium. Inseruntur præterea canones Conciliorum Arelatensis & Epaunensis: mox epistolæ Innocentii ad Rufum & Eusebium ceterosque Macedones, Symmachi ad Cæsarium Arelatensem, Damasi ad Paullinum Antiochenum, Augustini alloquutio ad Competentes. Sequuntur nomina Episcoporum, qui sub Marino convenerunt in Synodo Arelatensi, Paullini litteræ ad Faustum, definitio Synodi Calchedonensis, Flaviani ad Leonem Papam epistola, & hujus rescriptum, nobis epist. 22. & 28.

IV. Alia deinde subjiciuntur ejusdem generis documenta, & Synodorum plerumque Gallicanarum canones, quarum exploratam notitiam & ordinem, quo in codice recensentur, nemo prodidit. Solum P. Sirmondus in præfatione ad Concilia Galliæ notavit, decem Gallicanas Synodos in hac collectione exhiberi, quarum postrema est Aurelianensis V. anni 549. *Unde obscurum non est,* inquit Coustantius, *collectionem illam studiosi cujusdam, qui in Galliis degebat, opus esse. Cui homini, ut videtur, non in animo fuit peculiarem aliquem exscribere canonum codicem, sed ea colligere, quotquot invenire posset id genus scripta, quæ ad disciplinæ regulas pertinerent.* Inter hæc documenta ceta celebris est Fulgentii Ferrandi Breviatio canonum, quæ in hoc solo exemplo, ac in alio Trecensi hactenus inventa est. Unum porro additamentum memoratur a Montfauconio, quod (teste Sirmondo loco laudato) alio recentiori caractere distinguitur, nimirum Concilium Parisiense IV. anni 573. Istud autem documentum Gallicanum Vigilii ævo posterius hanc collectionem in Galliis auctam & Gallicanam confirmat.

CAPUT VI.

De collectione, quæ continetur in duobus MSS. Lucano 88., & Colbertino 784.

I. HÆc collectio, quam P. Coustantius in edendis epistolis Romanorum Pontificum, & P. Mansius in Supplemento Conciliorum adhibuerunt, nobis quoque in recudendo Codice canonum ac Prisca editione utilis fuit. Colbertinus codex, quem consuluit P. Coustantius, ab eodem describitur in sæpe laudata præfatione ad easdem epistolas tom. 1. pag. LXXIX. Codicem vero bibliothecæ Capituli Lucani quam accuratissime exposuit idem P. Mansius in *Commentario de celebri codice Sæculi Caroli Magni scripto*, quod insertum legitur tom. XLV. Opusculorum P. Calogerà pag. 76. Hic codex multa complectitur opera, quæ in aliis MSS. separata inveniuntur. Hujus vero loci est solam collectionem canonum & decretalium considerare, quæ separatim in memorato MS. Colbertino invenitur. In hac uterque codex convenit, si ordinem nonnullorum documentorum excipias, qui in Lucano alicubi perperam mutatus fuit. Antiquitatem ipsius collectionis patefaciunt documenta, in quibus nihil occurrit, aut indicatur, quod Gelasio recentius sit; nisi excipienda existimes quatuor monumenta apocrypha inferius recensenda; quæ sub Symmacho conficta cum P. Coustantio credantur. Italicam vero hujus collectionis originem non improbabiliter suspicatus est idem P. Coustantius pag. LXXXVII. Ea enim documenta supposititia in Italia conficta, inserta inveniuntur in aliis Italicis collectionibus, vel in iis externis, quæ ex Italicis collectionibus profecere, ut dein explicabimus.

Collectionis antiquitas.

Est Italica.

II. Incipit hæc collectio a Nicænis canonibus versionis, uti vocant, Isidorianæ cum Episcoporum catalogo in provincias distincto. His autem canonibus præmittitur præfatio quædam versibus digesta: *Concilium sanctum* &c. ac adnotatio historica: *Cum convenisset sanctum & magnum Concilium* &c. uti easdem invenimus in aliis collectionibus, ac edemus in versione Prisca. Notat P. Mansius, in codice Lucano post canonem de diaconissis, & ante canonem de omittenda genuflexione diebus dominicis atque paschalibus, hanc additionem legi: *Igitur Episcopi cum de his omnibus, prout divinarum rerum reverentia poscebat, decrevissent, sed & de observatione Paschæ antiquum canonem, per quem nulla de reliquo varietas oriretur, Ecclesiis tradidissent, omnibus rite dispositis, Ecclesiarum pax & fides in Orientis atque Occidentis partibus una eademque servata est. Hæc de ecclesiastica historia necessario credimus inserenda.* Hoc additamentum, quod mentionem facit decreti Nicæni de Paschate, Rufini verbis expressum ex libro secundo Hist. c. 6. in aliis quoque codicibus, præsertim collectionum Hispanicæ & Isidorianæ, invenitur in fine versionis canonum Nicænorum Philonis & Evaristi, ut videre est tom. 3. Concil. Ven. edit. col. 454. not. 1. & 2. In nostra autem collectione subnectitur canoni de diaconissis, quia eidem canoni subjicitur a Rufino, qui ultimum canonem de genuflexione prætermittit.

Inf. col. 494. 495.

III. Sequuntur canones Synodorum Anquiritanæ, Neocæsariensis, atque Gangrensis ex eadem Isidoriana interpretatione. Tum describuntur canones Concilii Carthaginensis anni 419. distincti in titulos XL. eodem plane modo, & cum iisdem Africanis documentis, quæ in collectione Vat. Reginæ recensuimus cap. 4. n. 3. Succedunt canones Calchedonenses & Constantinopolitani non ex Isidoriana, sed ex Prisca versione. Unum peculiare animadvertimus in MS. Lucano, in duobus nimirum canonibus Calchedonensibus pro Prisca versione, cum obscurior videretur, Dionysianam substitui. Confer adnotationes nostras

30.

30. & 33. in cap. 25. ejus collectionis, quam hoc tomo edemus, ubi canones Calchedonenses ex interpretatione Prisca inserti leguntur. Aliud notabile in primis in canonibus Constantinopolitanis observandum est, ipsis scilicet accenseri canonem *de Primatu sanctæ Constantinopolitanæ Ecclesiæ*, qui non ad Constantinopolitanam, sed ad Calchedonensem Synodum pertinet. Quod autem in hanc rem affirmat P. Coustantius num. 96. id in nulla alia collectione inveniri, non subsistit. Id enim proprium versionis Priscæ deprehendimus tum in codice Justelliano, ex quo Prisca edita fuit, tum in duabus aliis collectionibus, quæ æque ac præsens collectio hos canones ex Prisca interpretatione derivarunt, uti sunt collectio MS. Vat. Reginæ 1997., & alia in duobus codicibus Vat. 1342. ac Barb. 2888. Id autem qua ratione contigerit, explicavimus part. 1. cap. 2. num. 3. & adnot. 5. in Constantinopolitanos canones ejusdem Priscæ versionis.

IV. Postea referuntur canones Sardicenses, uti eos in Prisca editione vulgabimus: tum Antiocheni ex versione Prisca. Dein quatuor documenta inseruntur, quæ apocrypha esse nemo nunc ambigit. I. Silvestri Papæ constitutum cum titulo: *Canonem constitutum, gradus vel religio qualiter custodiatur, a Silvestro Episcopo urbis Romæ Domino Constantino Augusto*. Incipit: *Eodem tempore* &c. uti apud P. Coustantium in Appendice tom. 1. Epistolarum Rom. Pontif. col. 43. & apud Labbeum tom. 1. Concil. edit. Venet. col. 1579. II. Gesta Liberii Papæ, quorum initium est: *Anno regni Constantini Regis* &c. uti in eadem Appendice col. 89. III. *Gesta de Xisti purgatione, & Plychronii Jerosolymitani Episcopi accusatione* &c. ibidem col. 117. & tom. 4. Concil. col. 507. & 515. IV. Concilium Sinvessanum de Marcellino Papa, quod laudatis gestis sine ullo titulo subjicitur, hoc initio: *Diocletiano & Maximiano Augustis cum multi in vita sua* &c. in laudata Appendice col. 29. & apud Labbeum tom. 1. col. 957. Hæc quatuor documenta non multo post Symmachi ævum ab imperito architecto compacta, ut Palmarem Synodum multis censuris notatam defenderet, Coustantius existimat. Vide citatam præfationem num. 99. Codicis Colbertini ordinem exhibuimus. In MS. autem Lucano, ordo aliquantulum perturbatus librarii, ut videtur, oscitantia deprehenditur, ita tamen ut ipse codex eadem contineat. Hæc enim documenta apocrypha post Calchedonense Concilium inserta sunt. His vero subduntur Sardicensis Concilii canones cum Synodica ad Papam Julium, quæ in Colbertino exemplo una cum aliis libellis fidei paullo ante finem describitur. Postea *canones Antiochensium in dedicatione*, & Constantinopolitani. Dein codex redit ad ordinem, qui in Colbertino æqualis est.

V. Proferuntur utrobique epistolæ Siricii ad Hierium, seu Himerium Episcopum Tarraconensem, Bonifacii ad Honorium Augustum, quæ incipit *Ecclesiæ meæ*, cum ejusdem Imperatoris rescripto, Zosimi ad Esicium, seu Esichium, Cælestini Episcopis per Viennensem & Narbonensem provincias constitutis, item Episcopis Apuliæ & Calabriæ, Innocentii ad Victorium Rothomagensem, alia ad Exsuperium Tolosanum, & alia ad Rufum & ceteros Episcopos Macedones, quas in collectione Vat. Reginæ c. 4. indicavimus, & in collectione hoc tomo edenda invenies. Ex Leonis epistolis quatuor in hac collectione leguntur, prima ad Rusticum Narbonensem cum ejusdem inquisitionibus, secunda ad Africanos editionis decurtatæ, tertia ad Aquilejensem Episcopum, & quarta ad Septimum Altinatem, quas videsis tom. 1. nostræ editionis col. 1416. 669. 589. & 594. Hoc loco in MS. Colbertino inseritur fidei adversus Eutychen definitio, quam codex Lucanus antea exhibuit. Præfigitur hæc inscriptio: *Synodus Episcopalis Calchedonensis habitus a quingentis & viginti Episcopis contra Eutychen*; & in fine: *Explicit Synodum mundanum, idest universale apud Calchedona*. Sumta est ex ea versione antiqua, quæ exhibetur in collectione edenda cap. 25. cujus initium est: *Venerabilis totius mundi conventus* &c. Huic definitioni, teste Coustantio, subjecta legitur in eodem codice Colbertino ea Athanasiani symboli pars, quæ catholicam de incarnatione Verbi doctrinam exponit, præmissa adnotatiuncula minio descripta: *Hoc inveni Treveris in uno libro scriptum sic incipiente: Domini nostri Jesu Christi, & reliqua, Domini nostri Jesu Christi fideliter credat*. Deinde

Infra col. 217.

nigro attramento hæc: *Est ergo fides recta* &c. usque ad symboli finem, quæ in novissima Athanasii editione prodierunt. Hæc adnotatio & symboli pars hujus collectionis propriæ non sunt: in exemplo enim Lucano non leguntur. Solum ostendunt codicem Colbertinum in Galliis scriptum fuisse, quo hæc Italica collectio jam pervenerat.

VI. In utroque codice legitur Nicænum symbolum, & pars epistolæ Damasi ad Paullinum cum hoc titulo: *Incipit de Nicæna Synodo scriptura Damasi ad Paullinum Antiochenæ urbis Episcopum. Credimus in unum* &c. ex versione antiqua usque ad postrema anathematismi verba, *eos anathematizat catholica & apostolica Ecclesia*. Tum eodem orationis contextu additur confessio fidei a Damaso ad Paullinum missa: *Post hoc Nicænum Concilium, quod in urbe Roma Concilium congregatum est a catholicis Episcopis, addiderunt de Spiritu Sancto* &c. ut in collectione edenda cap. 55. col. 400. Ex quibus ipsum symbolum Nicænum huic confessioni fidei in ipsa Damasi epistola insertum agnoscimus. Vide in idem caput adnot. 11. Tum sequitur *Incipit expositio fidei: Credimus* &c. ut in eadem collectione cap. 39. Postea *Incipit de fide catholica. Nos Patrem & Filium & Spiritum Sanctum confitemur* &c. ibidem cap. 37. Dein in MS. Colbertino *Epistola Synodi Sardicensis ad Julium urbis Romæ Episcopum*, quæ in Lucano canonibus Sardicensibus subjecta fuit. Tandem in utroque codice *Incipiunt statuta S. Gelasii Papæ. Gelasius Episcopus universis Episcopis per unamquamque provinciam constitutis*. In vulgatis Conciliorum inscribitur *ad Episcopos per Lucaniam, Brutios, & Siciliam constitutos*. Initium est: *Necessaria rerum* &c. ut in edenda collectione cap. 58. His statutis in MS. Colbertino inseritur ejusdem Gelasii *decretale* de libris recipiendis vel non recipiendis, quod melius in codice Lucano ab eisdem statutis sejungitur. Huic decretali peculiaris & brevis prologus præfigitur, qui in vulgatis Labbei non apparet: *Ad discutiendas* &c. uti legere est apud P. Mansium tom. 1. Supplementi Conciliorum col. 357. Continet brevissimam ejusdem decreti formam, de qua dicemus cap. 11. §. 5. Inter ea vero statuta & hoc decretum idem codex Lucanus aliud Gelasii constitutum exhibet. *Incipiunt constituta S. Gelasii Papæ, quæ Episcopi in ordinatione sua accipiunt. Papa ill. clero & ordini* &c. uti tom. 5. Concil. col. 383. ubi verba *atque medio vespere sabbati* ex eodem codice corrigenda sunt *atque medianæ* (idest dominicæ quartæ quadragesimæ) *vespere sabbati*. Post *decretale* autem Gelasii in solo codice Lucano duo alia additamenta leguntur. *Incipiunt dicta Gelasii Papæ. Cathecumini latine* &c. Edita sunt a P. Mansio loco allegato. *Incipiunt capitula S. Augustini in urbe Roma missa. Si quis rectum in omnibus* &c. Sunt capitula a Labbeo vulgata ex MS. S. Maximini Trevirensis in Appendice Concilii Arausicani II. tom. 5. Concil. col. 818.

CAPUT VII.

De alia collectione, quæ conservatur in MSS. Barberino 2888. & Vat. 1342.

I. EXactiorem hujus collectionis descriptionem proferre possumus, quia ipsos codices, in quibus continetur, consulere licuit. Codex Barberinæ bibliothecæ signatus num. 2888. est formæ quadratæ, litteris partim majusculis, partim celeribus exaratus. Olim pertinuit, ut videtur, ad Monasterium S. Salvatoris de Monte Amiato in agro Clusino Etruriæ: In vacua enim ipsius codicis pagella 133. posterior antiqua manus transcripsit relationem consecrationis Ecclesiæ ejusdem Monasterii anni 1036. qualem ex originali integro ipsius Monasterii documento Ughellus edidit in Episcopis Clusinis. *Ex integro* documento diximus; nam in nostro exemplo desideratur catalogus reliquiarum, quæ in singulis altaribus conditæ fuerunt. Forte hic codex unus fuit ex illis, quibus Theobaldus Episcopus Clusinus sub Ludovico Pio, idest paullo post initium sæculi IX. ditavit monasterium Amiatinum, ut idem Ughellus tradit.

t. 3. Ital. sacr. col. 623.

Ib. col. 392.

II. Vaticanus codex 1342. qui a Montfauconio *elegantissimus & antiquissimus* vocatur, unus ex his esse creditur, qui ad veterem bibliothecam Lateranen-

Bibl. bibl. p. 131.

ranensem spectabat. Ex hoc quidem, aut ex alio plane simili Cardinalis Deusdedit sæculo XI. Græcarum præsertim Synodorum canones excerpsisse videbimus part. 4. c. 14. Litteris majoris & minoris formæ scriptus est. Eamdem collectionem quam Barberinus continet, sed minus perfectam: aliquot enim paginæ tum initio, tum in corpore desunt, earumque loco aliæ recentioris, sed vetusti caracteris substitutæ fuerunt, quæ nonnulla documenta ex collectione Dionysio-Hadriana excerpta præferunt. Ejusmodi sunt pag. 39. Constitutio Papæ Hilari data *Basilisco & Hermenerico Coss. XVI. Kal. Decembris*: pag. 42. tria Concilia sub Symmacho: pag. 51. epistola Anastasii Papæ ad Anastasium Augustum &c. Collectionem, quæ in hoc codice continetur, *Cresconianam* a Cardinali Baronio appellari nonnulli prodiderunt, eo quod documenta, quæ ille ex *Cresconiana collectione* se edidisse scripsit, in eodem codice descripta inveniantur. Sed falluntur. Nihil enim ex Crescônio hic codex exhibet, unde hæc collectio *Cresconiana* appellari potuerit. Hoc autem nomine ille nuncupavit codicem Vallicellanum A 5, in quo Cresconii Breviarium præmittitur; subjicitur autem collectio Hadriana cum Additionibus Dionysianis, ex quibus Baronius vulgavit ea documenta, quorum pleraque, ut videbimus part. 3. c. 3. e nostra hac collectione in easdem Additiones Dionysianas traducta fuerant. Hujus quoque collectionis, sicut & præcedentis, documenta desinunt in Gelasio, nihilque habet ex Dionysio, nisi quædam additamenta excipias, de quibus dicemus. Hinc hujus antiquitas satis aperte colligi potest. Certe cum auctor Dionysianam collectionem non viderit, ex fontibus a Dionysio diversis ipsoque anterioribus profecit.

Hic codex non est ea collectio, quæ a Baronio Cresconiana vocatur.

III. Hæc collectio initio præfert tabulam titulorum XC. Cum in prioribus paginis manuscripti Vaticani caractere celeri & recentiori describantur additiții canones Calchedonenses, Gangrenses, & Neocæsarienses, titulorum tabula totius collectionis occurrit pag. 10. cui præfiguntur hæc verba: *In nomine Domini nostri Jesu Christi. Incipiunt constituta, quæ trecentum decem & octo Patres constituerunt*. Tituli autem XC. in tabula indicati, sic efferuntur.

I. *Canones Apostolorum*.

II. *Canones Nicæni*. In corpore autem statim post tabulam profertur sine auctoris nomine epistola Dionysii Exigui ad Stephanum hoc titulo: *Incipit præfatio canonum Apostolorum*. Dein subduntur canones quinquaginta ex versione ejusdem Dionysii. Hi vero canones Apostolorum cum epistola memorata perperam noscuntur inserti: laudata enim inscriptio tabulæ præfixa satis aperte innuit, hanc collectionem exordium sumsisse a canonibus Nicænis, qui non e Dionysio, sed ex vetustiore Prisca interpretatione exhibentur, sicut & ceteri Græcarum Synodorum canones vel ex Prisca, vel ex Isidoriana versione, nulli ex Dionysiana derivati sunt. Ex codice Vaticano 1342. hujus collectionis Sirmondus edidit Nicænum canonem *de primatu Ecclesiæ Romanæ* versionis Priscæ, quam in Nicænis canonibus nullus alius codex Vaticanus exhibet.

III. *Incipit quemadmodum formata fieri debet*. In corpore autem habetur: *Factum apud Nicæam Metropolim Bythiniæ a die XIIII. Kal. Julias* &c. cum epistola formata, uti latius diximus cap. 3. §. 8. num. 9. Hæc adnotatio *Factum apud Nicæam* &c. cum eadem formula formatarum ex hoc fonte repetita fuit in Additionibus Dionysianis, illamque Baronius edidit ex codice Vallicellano A 5 easdem Additiones continente, quem Cresconianam collectionem vocare consuevit.

IV. *Epistola directa ad Synodum Romæ*. Est epistola apocrypha Synodi Nicænæ ad S. Silvestrum Pontificem.

V. *Epistola Silvestri Episcopi ad Synodum*. Est responsio item apocrypha ad eamdem Synodum Nicænam. Hæ duæ epistolæ leguntur tom. 2. Concil. Venetæ editionis col. 79. & 80. ac in Appendice tom. 1. Epistol. Rom. Pontif. col. 52. & 54. editionis P. Coustantii, qui optime probat, harum auctorem illum ipsum videri, qui sub Symmachi ævum Sinvessanam Synodum aliaque inconcinna documenta confinxit, quæ in antecedenti collectione Lucano-Colbertina invenimus, & in hac pariter descripta paullo post videbimus.

VI. *Canones Silvestri Papæ*. Hoc titulo non solum exhibetur illud suppositistititium documentum, quod cum viginti canonibus in antecedenti collectione profertur hoc titulo: *Canonem constitutum .... a Silvestro Episcopo*; verum etiam additur aliud item apocryphum constitutum ejusdem Pontificis cum canonibus sex, quod legitur apud P. Coustantium in memorata Appendice col. 55., ac tom 2. Concil, col. 417.

VII. Canones Ancyrani, VIII. Neocæsarienses, IX. Gangrenses, omnes ex antiqua versione quæ Isidoriana appellatur.

X. XI. XII. & XIII. Canones Concilii Carthaginensis anni 419. distincti in quadraginta cum iisdem Africanis documentis, quemadmodum leguntur in duabus collectionibus Vat. Reginæ, & Lucano-Colbertina.

XIV. *Item Concilium Carthaginense tit.* 40. Hoc est aliud Concilium Carthagine habitum Idibus Augusti an. 397. in quo Breviarium canonum Hipponensium conditum fuit; ac propterea hoc numero ipsum Breviarium describitur, quod in collectione edenda exhibebitur cap. 2.

XV. *Epistola Concilii Carthaginensis ad Innocentium Papam Urbis*. Legitur in eadem collectione cap. 6.

XVI. *Rescriptum S. Papæ Innocentii ad Aurelium Episcopum*, ibidem cap. 7.

XVII. *Concilium universale Calcedone habitum a sexcentis XXX. Episcopis*. Primo describitur definitio fidei, dein subjiciuntur canones XXVII. ex Prisca versione, quemadmodum in laudata collectione exhibentur cap. 25.

XVIII. *Canones Constantinopolitani tit.* 5. ex eadem interpretatione Prisca.

XIX. *Canones Sardicenses tit.* 21. uti ipsos inseremus Priscæ editioni.

XX. *Canones Antiocheni* ejusdem Priscæ interpretationis tit. 25. Animadvertendum hoc loco est, auctorem hujus collectionis ex versione Prisca hausisse canones Nicænos, Calchedonenses, Constantinopolitanos, & Antiochenos: ex Isidoriana vero Ancyranos, Neocæsarienses, Gangrenses, &c. paullo post Laodicenos.

XXI. *Excerpta Antistitum, quæ recitata sunt contra Nestorium in Synodo Ephesiorum tit.* 19.

XXII. *Nestorii blasphemiarum capitula, & Cyrillo Alexandrino Episcopo contradicente capitula* 12. Hi duo numeri, qui ex hac collectione transierunt in Additiones Dionysianas, ea complectuntur ad Ephesinam Synodum pertinentia, quorum pleraque Baluzius edidit e duobus MSS. Vaticano Palat. 234. & Bellovacensi sub titulo: *Actio sexta Concilii Ephesini*. Vide tom. 4. Concil. edit. Ven. col. 197. Cum porro iidem codices contineant opuscula Marii Mercatoris, qui tempore ejusdem Concilii floruit; ea ab eodem latine reddita idem Baluzius existimat. Nonnulla vero, cum in nostra collectione & in Additionibus Dionysii a vulgatis discrepent, hic diligenter notanda sunt. Epigraphes numeri XXI. peculiaris est. *Incipit excerpta Antistitum, quæ recitata sunt contra Nestorium in Synodo Ephesiorum*. Sequitur tabula titulorum 19. I. *De statutis Nicæni Concilii observandis*. II. *De Incarnatione Domini nostri Jesu Christi*. III. *De nativitate Christi adversus Arianos*. IV. *De homine Christo perfecto*. V. *De Incarnatione Domini ad Clerum Alexandrinum*. VI. *De nativitate Christi, & comparatione figuli*. VII. *De beneficiis Domini & Salvatoris*. VIII. *De humanitate corporis Christi*. IX. *De eo quod Deus homo sit factus*. X. *De omnibus creaturis, quod Dominum comprehendere nesciunt*. XI. *De Christo induto formam servi*. XII. *De nativitate Christi*. XIII. *De auro, & thure, & myrra*. XIV. *De virginitate Mariæ, & Christi passione & resurrectione*. XV. *De libello Karisii Presbyteri & aliorum Presbyterorum, qui a Nestorio decepti fuerant*. XVI. *De symbolo Nestorianorum*. XVII. *De anathematizantibus Nestorium, & omnem hæresem Tessarescedecaritarum, & eos, qui non celebrant sanctum Pascha, & Catharoes*. XVIII. *De responsis perversis Nestorii*. XIX. *De prædicantibus præter fidem Nicænam in omnibus abjiciendis*. Post hanc tabulam proœmium est hujusmodi. *Post consulatum DD. NN. Fl. Theodosii XIII. & Fl. Valentiniani III. PP. Augg. XI. Kal. Augusti, qui dies est secundum Ægyptios Epiphii XXVIII. jussu Augustissimorum, piissimorumque Principum Synodus congregata est in Ephesiorum Metropoli, & sedentibus cunctis in episcopio reverentissimi & religiosissimi Episcopi Memnonis sanctissimis & Deo* dile-

Versio antiqua actionis VI. Calched. auctore Mario Mercatore. Lectiones notabiles ex MSS.

dilectissimis Episcopis Cyrillo Alexandriæ, agente etiam vicem sanctissimi & religiosissimi Episcopi Romanæ Ecclesiæ Cælestini, & Juvenale Hierosolymorum, & Memnone Ephesiorum, & Flaviano Philipporum, agente etiam vicem Rufi sanctissimi Thessalonicensis Episcopi, & universis una cum Philippo Presbytero Apostolicæ Sedis Romanæ Ecclesiæ Legato. Hoc prooemium caret eo Episcoporum catalogo, qui inseritur in editione Baluzii, nec non in actione prima Concilii Calchedonensis, ubi actio sexta Ephesinæ Synodi lecta fuit. tom. 4. Conc. col. 1133.
In MS. autem Vat. 5845. inter Additiones Dionysii hoc idem prooemium legitur, uti in hac collectione. Solum post nomen *Cælestini*, & ante Juvenalem inseritur *& Arcadio Episcopo Legato, & Projecto Episcopo & Legato, Juvenali* &c. quæ duorum Episcoporum Apostolicæ Sedis vicem gerentium nomina melius præmittuntur Juvenali & ceteris, quam in MSS. Baluzii ad finem catalogi rejiciuntur, quod ab aliis quoque Ephesinis actionibus abhorret.

Post laudatum prooemium subditur: *Hique cum consedissent, Petrus Presbyter Alexandriæ, & Dionysius Primicerius notariorum dixerunt*. Sic pariter legitur in duobus aliis codicibus antiquissimis, uno Justelliano, altero Collegii Parisiensis Societatis Jesu, qui memorantur tom. 3. Concil. col. 1200. At MSS. Additionum Dionysii, nec non codices Baluzii melius omittunt vocem *Dionysius*, & habent ut cetera Ephesina gesta: *Petrus Presbyter Alexandriæ & Primicerius notariorum dixit*. Sequitur Petri interloquutio. *Sancta & ingens Synodus vestra omnem adhibens providentiam* &c. uti apud Baluzium tom. 4. Concil. col. 198. d usque ad illa col. 206. b. *& in remissionem mortuorum, & vitam æternam*. Variant aliquanto in nostris codicibus sequentia: *Ego Karisius obtuli libellum sicut superius scriptum, anathematizans Nestorium & ejus sequaces manu mea subscripsi*. Et dein omissa Nestoriani Symboli anteriori parte, quæ apud Baluzium legitur, postrema pars tantum hoc initio subjicitur: *Nos vero catholici unum dicimus Filium & Dominum Jesum Christum* &c. a col. 207. b. usque ad illa columnæ 212. b. *Hanc manum ei commodavit Fl. Palladius, quod præsens litteras nesciret*. Hæc omnia in XIX. titulos distributa comprehenduntur numero XXI.

Numero autem XXII. *Incipiunt Nestorii blasphemiarum capitula, quibus epistolis ad se missis a sanctis Cælestino Romanæ urbis, & Cyrillo Alexandrino Episcopis contradixit, & disputatione brevissima resolvendo duodecim capitula fidei, quæ ad se missa fuerant, refellit. Nunc Episcopi Cyrilli priora posuimus, quæ Romana Ecclesia approbavit, & posteriora Nestorii ex Græco in Latinum versa. Cyrillus dixit: Si quis non confitetur* &c. *Nestorius respondit: Si quis eum, qui est Emanuel* &c. ac ita deinceps producuntur duodecim celebres Cyrilli anathematismi adversus Nestorium cum sua cujusque responsione seu blasphemia Nestorii. Hi anathematismi hac forma, qua sua cuique responsio subditur, non exstant in Conciliis. Immo anathematismis Cyrilli editis tum græce, tum latine ex fontibus diversis, responsiones, seu blasphemiæ Nestorii ex hac tantum versione, quæ in præsenti collectione & in Additionibus Dionysianis conservata est, separatim prodierunt tom. 3. Concil. col. 971. Post hos anathematismos cum responsionibus descriptos, qui ad actionem VI. Ephesinam minime pertinentes, hic inserti fuerunt, codices hujus collectionis cum illis Additionum Dionysii prosequuntur sic: *His igitur recitatis decrevit sancta Synodus* &c. uti tom. 4. Concil. col. 212. b. Est decretum Concilii Ephesini, quod ibidem post recitatum pseudosymbolum Nestorianum rectius subjicitur. Sed e contra male in eadem editione huic decreto subnectuntur multa testimonia ex Nestorii operibus excerpta, ac tandem sine ulla idonea transitione Ephesinorum Patrum subscriptiones afferuntur. Melius autem in nostris codicibus post ultima memorati decreti verba, *si vero laicus sit, & eum fore anathema, sicut superius dictum est*, congrue additur: *Et subscripserunt. Cyrillus Episcopus Alexandriæ subscripsi*; & reliquæ subscriptiones recensentur, ut in laudata editione col. 216. e usque ad finem cum eadem clausula: *Expliciunt Episcoporum nomina, qui interfuerunt Synodo contra Nestorium numero CXCIII.* Hæc præcipue notanda visa sunt. Ceterum in textu non paucæ variantes lectiones occurrunt, quæ edituris hæc documenta utilia esse poterunt. Pleræque antiquæ canonum collectiones Latinæ nihil ex Ephesino Concilio proferunt. Collectiones Hispanica & Isidoriana, nonnullique codices Hadriani ejusdem Concilii titulo exhibent duas Cyrilli epistolas ad Nestorium, quæ ipsam Synodum præcessere. In hac autem collectione, ac exinde in Additionibus Dionysianis sexta actio ejusdem Synodi potior, hac forma, quam descripsimus, recepta fuit.

XXIII. *Epistola Imperialis ad Aurelium Carthaginensem Episcopum*. Est lex Honorii contra Pelagianos, quæ in collectione hoc tomo edenda producetur cap. 16.

XXIV. *Epistola Aurelii Episcopi ad omnes Episcopos per Byzacenam provinciam constitutos*. Est ibidem cap. 17.

XXV. *Excerpta de gestis habitis contra Pelagium hæreticum*. Ibidem cap. 18.

XXVI. *Sacra epistola Constantini* (lege *Constantii*) *Imperatoris, Valentiniani Augusti junioris* (supple *Patris*) *de exiliando Cælestio hæretico Pelagiano*. Ibi cap. 19.

XXVII. *Statuta antiqua Orientis tit.* 102. Hæc prodibunt inter documenta Juris canonici veteris num. 3. infra col. 653.

XXVIII. *Epistola decretalis ad Anastasium Episcopum Thessalonicensem*. Est Leonis epist. 14. quæ extra proprium locum collocatur tum in hac tabula, tum in corpore. Hoc enim numero describenda erat epistola Siricii ad universos Episcopos missa, perperam exhibita num. XXXVIII. cui S. Ambrosius aliique Episcopi respondent epistola sequenti.

XXIX. *Rescriptum Episcoporum atque fratrum*. Est epistola S. Ambrosii aliorumque Episcoporum ad Siricium, quæ in collectione edenda legitur cap. 31.

XXX. *Epistola Canonica, quam debent adimplere Presbyteri, Diaconi, Subdiaconi*. Edetur inter documenta Juris canonici num. 4. infra col. 669.

XXXI. *Concilium Laodicense* versionis Isidorianæ.

XXXII. *Concilium Carthaginense*. Est illud habitum sub Genethlio anno 390. Holstenius ex MS. Vat. 1342. hujus collectionis hoc Concilium antea vitiatum suæ integritati restituit, ac ex eodem insertum est tom. 2. Concil. col. 1243.

XXXIII. *Epistola B. Clementis urbis Episcopi ad Jacobum fratrem Domini Hierosolymitanum*. Est quidem supposititia, sed antiquitus apud Græcos conficta, & a Rufino latinitate donata. Inserta est etiam vetustæ collectioni edendæ cap. 64.

XXXIV. *Præcepta S. Petri de sacramentis conservandis*. Inter documenta proferentur num. 5. de quibus confer admonitionem iisdem documentis præfixam num. 5. infra col. 631.

XXXV. Gesta de Liberio apocrypha, de quibus in præcedenti capite num. 4.

XXXVI. *Confessio fidei catholicæ, quam Papa Damasus misit ad Paullinum Antiochenum Episcopum.*

XXXVII. *Dilectissimo Fratri Paullino Damasus*. Hæc duo documenta leguntur in collectione edenda cap. 55. ubi solum Damasi epistola confessioni fidei præmittitur. Confer adnotationem primam in laudatum caput 55. in qua illud observabimus, Cælestinum Papam in suo codice legisse prius confessionem fidei, deinde epistolam Damasi, ut in hac nostra collectione describuntur. In fine hujus epistolæ additur: *Confessio Presbyterorum seu Diaconorum Ecclesiæ CP.* Incipit: *Ego ille CP. Ecclesiæ Diaconus, vel Presbyter* &c. ut in fine memorati capitis 55. infra col. 405. Confer ibidem not. 35.

XXXVIII. *Epistola Papæ Siricii per universos Episcopos missa*, quæ in collectione edenda invenietur cap. 30.

XXXIX. *Epistola Siricii Papæ Himerio Episcopo Tarraconensi*. Ibidem cap. 29.

XL. *Innocentius Episcopus Urbis Exsuperio Episcopo Tolosano*. Ibi cap. 21.

XLI. *Item ejusdem ad Macedones Episcopos*. Ibi cap. 22.

XLII. *Innocentius Victricio Episcopo Rothomagensi*. Ibidem cap. 24.

XLIII.

XLIII. *Epistola Innocentii Papæ ad Decentium Episcopum Egubinum*. Ibi cap. 23.

XLIV. *Epistola Zosimi Papæ Esycio Episcopo Solitano*, lege *Salonitano*. Ib. cap. 32.

XLV. *Supplicatio Papæ Bonifacii* ad Honorium, quæ incipit *Ecclesiæ meæ*, & rescriptum Honorii ad Bonifacium. Exstant tom. 3. Concil. col. 434. & 436.

XLVI. *Epistola Cælestini Papæ universis Episcopis*, Habetur in collectione edenda cap. 36.

XLVII. *Item Cælestini Papæ Ecclesiæ Romanæ data ad Synodum in Epheso constitutam*. Edita est tom. 3. Concil. col. 1143., & tom. 4. col. 88. nec non apud P. Coustantium tom. 1. Epist. Rom. Pont. col. 1155.

XLVIII. *Item alia epistola Cælestini Papæ ad Nestorium*: tom. 3. Concil. col. 903., & apud Coustantium col. 1114.

XLIX. *Item alia epistola ejusdem exhortatoria ad Constantinopolitanum Clerum & plebem missa*: eodem tom. 3. col. 914. & apud Coustantium col. 1131. Hæc tria documenta ex collectione Cresconiana, idest ex MSS. Additionum Dionysii, primum impressa fuerunt a Romanis editoribus Epistolarum Romanorum Pontificum, & deinde in Annalibus recusa a Cardinali Baronio. Ex hac autem nostra collectione in Additiones Dionysianas, ut videbimus, traducta fuerunt. Inveniuntur etiam in MSS. antiquæ versionis Synodi Ephesinæ, quibus Baluzius & Coustantius usi sunt.

L. *Cælestinus Episcopus universis Episcopis per Viennensem provinciam constitutis*. Exstat in collectione edenda cap. 35.

LI. *Accusatio Systi Papæ*.

LII. *De Polycronio Hierosolymitano Episcopo*.

LIII. *Dejectio Marcellini Papæ*. Hæc tria documenta suppostitia leguntur etiam in collectione præcedenti Lucano-Colbertina, in qua duo priora in unum copulantur. Vide quæ ibidem diximus num. 4.

LIV. Epistola Leonis Papæ ad Rusticum. LV. Rustici inquisitiones & Leonis responsa: in nostra editione epist. 167.

LVI. Leonis epistolæ Siculis, nostræ editionis epist. 16. LVII. Aquilejensi Episcopo. Ib. epist. 1. LVIII. Africanis epist. 12. editionis decurtatæ. LIX. Nicetæ Aquilejensi epist. 159. LX. Dioscoro Alexandrino epist. 9. LXI. Juvenali Hierosolymitano epist. 139. LXII. Leoni Augusto epist. 145. LXIII. Maximo Antiocheno epist. 119. Additur in corpore epist. 80. ad Anatolium Constantinopolitanum, quæ in tabula omissa fuit. LXIV. Flaviano Constantinopolitano epist. 23. LXV. Flaviani epist. 22. ad Leonem. LXVI. Leonis ad Eutychetem epist. 20. LXVII. ad Flavianum Constantinopolitanum epist. 28. LXVIII. ad Leonem Augustum epist. 165.

LXIX. *Exempla gestorum, ubi in Constantinopolitana Synodo Eutyches hæreticus damnatus est*.

LXX. *Subscriptiones Flaviani Episcopi, seu universorum Episcoporum, qui in hujusmodi Concilio consederunt*: Quæ his duobus numeris proponuntur, exstant in collectione edenda cap. 42.

LXXI. *Interfectio Proterii Episcopi Alexandrini*. Sub hoc titulo profertur historica narratio, quæ edetur in laudata collectione cap. 43. infra col. 308.

LXXII. *Epistola Simplicii Episcopi ad Acacium*. Ibidem cap. 44.

LXXIII. *Exemplum epistolæ, quam misit Acacius ad Simplicium Episcopum*. Ib. cap. 45.

LXXIV. *Felicis Papæ ad Zenonem Augustum*. Exstat tom. 5. Concil. col. 147.

In tabula codicum hujus collectionis tres numeri producuntur sic. LXXV. *Item ejusdem Felicis Papæ ad Acacium Episcopum*. LXXVI. *Exemplum epistolæ, quam misit Acacius ad Simplicianum Episcopum*. LXXVII. *Incipit exemplum epistolarum beatissimi Papæ Felicis urbis Romæ*. Cum autem his numeris nihil correspondeat in corpore ipsius collectionis; palam fit, hanc esse erroneam repetitionem duorum numerorum præcedentium, & numeri sequentis.

LXXVIII. *Item ejusdem Felicis ad Acacium Episcopum*: tom. 5. Concil. col. 143.

LXXIX. *Item Imperator Zenon* (*lege ad Imperatorem Zenonem*) *ad libellum Episcopi Joannis Ecclesiæ Alexandrinæ*. Est epistola ejusdem Pontificis, quæ legitur ibidem col. 218.

LXXX. *Item epistola Felicis Episcopi ad Acacium supradictum*. Ibi col. 217. Documenta exhibita his numeris LXXIV. LXXVIII. LXXIX. & LXXX. ex hac collectione in Additiones Dionysianas traducta, ex iisdem Additionibus impressa fuere.

LXXXI. *Item ejusdem Papæ ad Acacium alia*. Legitur in collectione edenda cap. 46. LXXXII. usque ad LXXXIX. Testimonia Patrum, quæ omissa superius num. LXVIII. subjecta invenientur Leonis epistolæ 165. ad Leonem Augustum tom. 1. col. 1383., ubi vide nostram adnotationem primam, & aliam 88. col. 1400.

XC. *Item fides catholicæ Romanæ Ecclesiæ*. Est libellus fidei in collectione subjicienda descriptus cap. 39. in quem vide adnot. 1.

Utriusque codicis Vaticani & Barberini tabula desinit in hoc numero seu titulo XC. in quo ipsam primævam collectionem desiisse cognoscimus. At in fine collectionis utriusque codicis post eumdem titulum XC. antiquo caractere proferuntur *Instituta S. Gelasii Episcopi*, quæ sunt in collectione edenda cap. 58. Alia porro adduntur in Barberino MS. alia in Vaticano. In Barberino pag. 293. tergo: *Constituta S. Gelasii Papæ, quæ Episcopi in ordinatione sua recipiunt. Papa Ill. Clero & plebi consistenti in civitate Ill. dilectissimis filiis in Domino salutem. Probabilibus desideriis* &c. uti habetur tom. 5. Concil. col. 383. Dein recentiori caractere: *Epistola Gregorii Papæ ad Castorium Ariminensem Episcopum*, quæ legitur lib. 2. Registri S. Gregorii epist. 41. Item Gregorii epistola ad Vitalianum religiosum Abbatem de Benevento. Aliquot fragmenta Gelasii Papæ. Dictum Feliciani Episcopi Ruspensis, quod exstat tom. 5. Concil. col. 931. ac tria dicta Karoli Imperatoris, quæ in Capitularibus inveniuntur.

In MS. autem Vaticano hæc posteriori caractere subnectuntur. Decreta S. Gregorii ad Clerum in basilica S. Petri Apostoli. Est Concilium S. Gregorii I. tom. 6. Concil. col. 915. Alia decreta Gregorii II. in Synodo Romana anni 721. tom. 8. Concil. col. 185. Concilium Eugenii Papæ editum ab Holstenio in Collectione Romana, & exinde tom. 9. Concil. col. 1117. Tandem post nonnulla fragmenta ex Synodis Carthaginensibus, exhibetur Concilium Leonis IV. ab eodem Holstenio impressum, ac recusum eodem tom. 9. col. 1127.

CAPUT VIII.

De collectione a Quesnello edita, & hoc tomo recusa. De alia collectione Colbertina 3368.

I. PRiorem collectionem, quam post Quesnellum hoc tomo integram & emendatiorem exhibebimus, non fuisse Codicem canonum publica Romanæ Sedis auctoritate digestum aut editum, & Romanæ Ecclesiæ usu receptum sub Innocentio, Zosimo, & Leone Pontificibus, sed esse collectionem a privato homine in Galliis concinnatam, late probabimus in Observationibus, quæ Dissertationi duodecimæ ejusdem Quesnelli subjicientur. Antiquitatem porro ipsius collectionis atque præstantiam exposuimus in præfatione, quæ eidem collectioni præfigetur. Nonnulla in hujus commendationem accumulavit Quesnellus in generali suæ editionis præfatione §. 6. quæ huc expendenda reservavimus. *Exhibet*, inquit, *antiquam illam canonum Orientalium versionem, quæ in usu fuit per plures Ecclesias Occidentales ante Dionysianam. Hanc quidem ex parte habemus in Isidoriana collectione; sed nec hanc illam antiquam esse confidentius quis pronuntiare ausus esset; antequam id ex ejus collatione cum nostra appareret; nec sincera omnino habetur apud Isidorum, sed mendis, interpolationibus, aliisque corruptelis vitiata*. Ejus versionis antiquitas ex aliis etiam vetustissimis collectionibus, quæ eamdem interpretationem præferunt, confirmatur: atque ex his tutius dignosci, & corrigi possunt menda, quæ apud Isidorum occurrunt: lectiones enim collectionis a Quesnello vullo, vulgatæ non semper meliores sunt, cum præsertim quædam e liberiori collectoris licentia prodeant, ut suis locis observabimus. Sequitur Quesnellus: *Præterea antiqua Romanæ Ecclesiæ disciplina ex ista versione innotescit, dum aliquos canones Orientales ab ea rejectos docet, alios mutatos, suoque accommodatos usui: quod ex Dionysii versione obscurum manet, quippe qui canones ad fidem Græci textus transtulit, non habita ratione receptæ ab Ecclesia Romana disciplinæ*. Et post pauca: *Romanæ Africanæque disciplinæ nexum notiorem facit*: ac deinde: *Ope hujus codicis dignoscitur, quæ quove tempore Orientales Synodi in usum receptæ fuerint in Ecclesia Romana; quo Antiocheni canones, Constantinopolitani, Africani, & si qui alii in controversiam vocantur*. Hæc tria ei præjudicio innituntur, quo hunc Romanæ Ecclesiæ Codicem perperam credidit. Vide de his plura in Observationibus ad Dissert. XII. Addit autem verissime: *Mitto quod antiquas primasque habet versiones opusculorum Sanctorum aliquot Patrum, qui sæculi quinti initio celebres fuere, & Pontificum Romanorum Conciliorumque usu consecratæ: quod plures fidei libellos qua editos, qua non antehac editos continet: quod aliqua Africanorum decreta in editis prætermissa redintegrat*. Quod porro addit, *Epistolas aliquot Romanorum Pontificum aliaque monumenta egregie interpolata sinceritati suæ restituit*, ob non paucas optimas lectiones ope hujus collectionis restitutas verissimum est. Quodsi respicit Gelasii epistolam ad Dardanos, quæ in editis Conciliorum prolixior, brevior autem in hac collectione invenitur, interpolationis notam in vulgatis abstergemus cap. 11. §. 4. ubi duplicem ejus epistolæ formam ipso Gelasio auctore editam demonstrabimus. Subdit: *Non ea solum exhibet, quæ ad disciplinam ecclesiasticam pertinent, sed etiam quicquid fere pro fidei caussa actum scriptumque est vel ab Apostolica Sede, vel ab aliis Episcopis per illa tempora; id codex comprehendit: in quo præstat & Dionysiano, & ceteris canonum constitutorumque codicibus, qui nihil de rebus fidei attingunt, si Capitula de gratia & libero arbitrio Cælestini epistolæ annexa excipias, quæ apud Dionysium habentur, & desiderantur in nostro, & Gangrenses anathematismos*. Dum ceteros canonum constitutorumque codices *nihil de rebus fidei attingere* prodidit, non satis bene perpendit editionem Isidori, & multo minus alias antiquissimas manuscriptas collectiones, in quibus paria decreta circa fidem invenimus. Illam tandem maxime extollit Sardicensium & Nicænorum canonum conjunctionem, qua omnes in hac collectione Nicænorum titulo inscripti, ab omni dolo ac fraude vindicant summos Pontifices, cum Sardicenses veluti Nicænos allegarunt. Etsi vero hæc eadem conjunctio in aliis quoque antiquis collectionibus, quas cap. 1. §. 3. memoravimus, inveniatur; cum tamen hæ antea essent ignotæ, istud vindiciarum genus ex editione hujus collectionis in publicum prodiit.

II. Nunc quædam peculiaria animadvertenda supersunt circa fontes, ex quibus collectionis auctor potissimum profecit. Nicænos canones cum Sardicensibus junctos ex antiqua sane interpretatione, quam Isidorianam vocant, derivavit. At simul præ oculis habuit aliud eorumdem canonum exemplum simile illi, quod continetur in MS. Vat. Reginæ 1997. Ex hoc enim tria sumsit, divisionem, ac fere titulos canonum, integrum canonem sextum, & catalogum Patrum, ut ex adnotationibus patebit. Hinc etiam præterivit canonem ultimum Nicænum de omittenda genuflexione diebus dominicis atque paschalibus, qui in Isidoriana versione descriptus, in laudato exemplo Vaticano regio desideratur. In aliis Græcis canonibus, quos ex eadem antiqua interpretatione recepit, nimirum in Ancyranis, Neocæsariensibus, Gangrensibus, Antiochenis, Laodicenis, atque Constantinopolitanis liberiorem interpretandi rationem præfert, qua quidam canones aliis verbis additis, vel mutatis a pura antiqua Isidoriana versione discrepant. Soli canones Calchedonenses non ex Isidoriana versione, sed ex ea quæ Prisca appellatur, descripti fuere. Peculiarem Africanorum canonum fontem nactus est collector, ex quo derivavit non solum Breviarium Hipponense, quod restituendæ plenariæ Synodo Carthaginensi anni 397. necessarium fuit, verum etiam Mizonii & aliorum Byzacenorum epistolam, quæ in nulla alia collectione hactenus inventa est. Collectionem præterea reperit singularem documentorum ad Pelagianam caussam pertinentium, cujus Græcam versionem Photius retulit Cod. 53. Hinc conservata nobis fuerunt quædam documenta, quæ alias periissent; ac præterea in canonibus contra hæresim Pelagianam Carthagine editis anno 418. unum decretum in aliis collectionibus omissum, restitutum accepimus. Confer adnotationes ipsi collectioni subjectas, in quibus alia plura deteximus.

III. Pauca hic subnectimus de alia collectione, quæ exstat in vetusto exemplo Colbertino 3368. De hoc differit P. Coustantius in præfatione ad tom. 1. epistolarum Romanorum Pontificum pag. LXXXVII. & seqq. Idem codex duas partes, seu verius duas collectiones complectitur, quæ duabus titulorum tabulis seu indicibus distinguuntur. Hic de sola prima parte, seu collectione, quæ ex Quesnelliana non pauca recepit, agemus, de altera dicturi cap. 10. §. 5. ubi sermo erit de Gallicanis collectionibus, ad quas hæc altera propius accedit. Igitur prima collectio, si tabulam respicias, quæ primævi fetus indicium est, constat ex capitulis 57. cetera enim, quæ in eadem tabula non indicantur, posterioribus additamentis accensenda sunt. In tabula primum indicantur omnia capitula collectionis Lucano-Colbertinæ. Adduntur Leonis epistolæ septem. Dein ex collectione Quesnelliana, quam edituri sumus, excerpta fuerunt capitula 6. 13. & 42. usque ad 50. idest Carthaginensis Concilii litteræ ad Innocentium, plenarium Concilium celebratum Carthagine anno 418. contra Pelagium atque Cælestium, gesta Constantinopolitanæ Synodi quibus a Flaviano Eutyches damnatus fuit, gesta de nomine Acacii, epistolæ Simplicii ad Acacium, & Acacii ad Simplicium, Felicis Papæ ad Acacium, Gelasii tomus de anathematis vinculo, ejusdem commonitorium ad Faustum, epistola ad Anastasium Imperatorem, & alia de damnatione Acacii. Accedunt præterea aliæ tres Leonis epistolæ, & litteræ S. Clementis ad Jacobum de Domini sacramentis. In corpore vero suo loco non afferuntur duo postrema capita 56. & 57. quæ indicantur in tabula, idest epistola Leonis ad Imperatorem, & alia S. Clementis ad Jacobum; sed ea in sequentibus documentis postea adjectis interserta fuerunt.

IV. Documenta autem adjecta, quæ non enuntiantur in præmissa tabula, sunt aliæ tres Leonis epistolæ cum particula seu clausula aliarum litterarum ejusdem Pontificis; item omnia monumenta in caussa Pelagianorum, quæ in collectione edenda referuntur a cap. 6. ad cap. 20. dum in præmissa tabula duo tantum indicantur, sextum, & decimum tertium. Hæc excipiunt alia sex capitula sumta ex eadem collectione c. 30. 31. & 52. usque ad 55. Accedit ex eadem Concilium Telense, & regula formatarum. Ex collectione vero Colbertino-Lucana additur decretum Gelasii de libris. In fine tandem describitur *Constitutum Domni Constantini Imperatoris* in gratiam Romanæ Ecclesiæ signatum *Roma sub die III. Kal. April. Domno nostro Flavio Constantino Augusto quarto & Gallicano viris clarissimis Consulibus*. Hæc colligere licuit ex P. Coustantio. Si codicem potuissemus expendere, hanc collectionem distinctius descripsissemus. Id unum vero certum perspicimus, duos fuisse hujus collectionis fontes, nimirum collectionem Lucano-Colbertinam, quæ tota in hanc traducta fuit, & aliam hoc tomo edendam, in qua cetera inveniuntur documenta, quæ in Colbertino-Lucana desiderantur. Unum supposititium Constantini constitutum, in fine descriptum, quod in neutra hac collectione legitur, recentiori additamento referendum videtur.

CAPUT IX.

De collectione, quæ continetur in MS. 55. Capituli Cathedralis Ecclesiæ Veronensis. De Synodo Antiochiæ celebrata circa an. 379. Tomus Occidentalium in ea productus & subscriptus detegitur. Præstantia hujus collectionis ex versione antiquissima & documentis in ea conservatis.

I. HIc codex membranaceus est quadratæ formæ, ac majusculis litteris scriptus, qui caracteres antiquitatem ejus satis indigitant. In eo duo diversi codices in unum copulati nunc inveniuntur, quorum primus initio caret, secun-

secundus autem integer est. Diversitatem horum codicum evidenter demonstrant paginæ, quæ in primo constant ex lineis 29. in altero autem viginti septem lineas constanter exhibent. Primus codex capite diminutus continet partem titulorum Concilii Carthaginensis anni 419. qui incipiunt a titulo 49. & progrediuntur usque ad tit. 108. Tum eodem numero servato proferuntur ipsi canones, qui inchoant a commemoratione Concilii Hipponensis anni 393. *De Concilio, quod Hypponiregio factum est. Gloriosissimo Imperatore Theodosio Aug. III. & Habundantio V C. Conf. octavas Idus Octobris* &c. uti apud Dionysium. Quod si apud hunc * in vulgatis ex Hadriana collectione excerptis sunt tantum canones 105. nihil moveat: in nostro enim codice numeri idcirco augentur, quia tres numeri iis locis affiguntur, qui in iisdem vulgatis numero carent. Africanorum epistola, quæ signatur num. 108. non affertur integra, sed usque ad illa verba: *vel multis aliis impedimentis adduci non potuerunt*; & nihilominus hæc clausula appenditur: *Expliciunt canones diversorum Conciliorum Africanæ provinciæ numerum centum octo.* Tum sequuntur duo folia olim vacua, in quibus posteriori manu ac diverso antiquo caractere quædam descripta fuerunt. In his sunt versus ad Dalmatianum, quos edidimus cap. 1. §. 3. in fine.

* tom. 3. Conc. col. 501.

II. Postea incipit codex secundus integer, cujus quaterniones alphabeticis litteris A B C signati sunt. Hic peculiarem collectionem complectitur, quæ exactius describenda est.

I. Legitur ignota hactenus versio Nicænorum canonum, quam hoc tomo proferemus in lucem. Tituli & in hoc & in ceteris documentis scripti sunt litteris majusculis rubeis & crassioribus; textus vero majusculis nigris & minoribus.

Infr. col. 581.

II. Concilium Neocæsariense ex versione Isidoriana, cujus lectionibus usi sumus in emendando capite quarto collectionis subjiciendæ.

III. *Exempli Synodi habitæ Romæ Episcoporum XCIII. ex rescripto Imperiali. Damasus Valerianus* &c. *Episcopis Catholicis per Orientem constitutis in Domino salutem. Confidimus quidem sanctitatem vestram* &c. Est epistola Synodica Damasi atque aliorum Episcoporum Italiæ & Galliæ ab Holstenio primum vulgata, ac dein inserta tom. 2. Concil. Venetæ edit. col. 1043. cui aliquot decretorum particulæ, ac tandem subscriptiones Episcoporum Synodi Antiochenæ subjiciuntur cum clausula: *Explicit Synodus Romana & Antiochensis.* Cum vero epistola, quæ in hoc documento primo loco præfertur, ad Illyricianos data fuerit, ut illam quidem Illyricianis inscriptam recitant Theodoretus lib. 2. cap. 22. & Sozomenus lib. 6. cap. 27. inscriptionem ad Orientales in Holsteniano codice inventam Henricus Valesius in notis ad Sozomenum erroris notavit. At noster codex eamdem inscriptionem satis vindicat: nihilque vetat (ut animadvertit P. Coustantius in admonitione ad epistolam tertiam Damasi n. 3. pag. 479.) *quominus cum ad Episcopos Illyrici fuisset scripta, ejus exemplum postea etiam ad Orientales transmissum sit.* Immo cum in calce ipsius epistolæ dicatur tum in Holsteniano, tum in nostro codice: *Ego Sabinus Diaconus Mediolanensis legatus de authentico dedi*; palam fit, non ipsum authenticum originale Orientalibus fuisse traditum, sed cum hoc in Illyrico relictum esset, ejus exemplum inducto Orientalium titulo in Orientem a Sabino fuisse perlatum. Enimvero apud S. Basilium exstat epistola 69. Orientalium XXXII. Episcoporum nominibus signata, & Sabino Diacono tradita, ut Italiæ & Galliæ Episcopis redderetur, in cujus calce eosdem Italos & Gallos eorumque Synodicam laudant & approbant. Cum porro Sabinus in Orientem perexerit anno 372. particulæ autem decretorum, quæ in nostro & Holstenii codicibus memoratæ Synodicæ subnectuntur, ad posterius tempus, quo Apollinaris errores in eisdem perstricti jam prodierant, manifestissime spectent; hinc epistolam cum iisdem decretis perperam copulatam, ac propterea alteram ab alteris separandam credidit P. Coustantius loco laudato num. 4. Nihil vero oberit, si credamus, hoc documento exhiberi Antiochenæ Synodi gesta, quibus scilicet Orientales, ut suam fidem Occidentalibus probarent, in Synodo Antiochiæ celebrata subscripserunt tum Romanæ Synodicæ antea jam missæ in Orientem, tum particulis illis decretorum, quæ quidem in utroque codi-

Synodus Antiochena an. 379. quid egerit.

codice sine ulla divisione Synodicæ adjiciuntur. Ex epist. 321. S. Basilii discimus Dorotheum, cum esset Romæ ab Orientalibus missus anno 377. audisse Meletium Antiochenum & Eusebium Samosatenum Ariana hæresi fuisse notatos. Hac forte de caussa Concilium Romæ habitum fuit, & decreta, vel laudatæ decretorum particulæ in Orientem missæ; quibus acceptis Antiochena subinde Synodus coacta circa annum 379. cujus meminisse videtur S. Gregorius Nyssenus in litteris ad Olympium de vita S. Macrinæ; ac in ea, ut omnis Arianæ hæreseos suspicio amoveretur, memorati Episcopi Meletius & Eusebius cum aliis ejusdem Synodi Patribus Damasi epistolam cum decretis illis jungentes, omnia suis subscriptionibus firmarunt. Huc respexisse videntur Patres Concilii Constantinopolitani, cum canone apud Græcos quinto, edito, ut putamus, in Synodo anni 382. statuerunt: *De tomo Occidentalium etiam eos suscipimus, qui Antiochiæ unam Patris, & Filii, & Spiritus Sancti Deitatem confitentur*: ubi *tomus Occidentalium* congruit illi Damasi Synodicæ & decretis simul junctis, quibus illi Episcopi *Antiochiæ* subscribentes, *unam Patris, & Filii, & Spiritus Sancti Deitatem* in iisdem declaratam confessi sunt. Hoc idem documentum iidem profecto Constantinopolitani Patres indicarunt, cum in epistola ad Damasum & alios Episcopos Occidentis scripsere: *Qua de re si quid amplius desideratis, satis vobis fiet, si TOMUM* (græce τόμον) *Antiochiæ a Synodo, quæ illic celebrata est, conditum .... legere dignemini*. Quem in laudato canone *tomum Occidentalium* appellarunt, quia tum ea epistola Damasi, tum illa decreta ab Occidente missa fuerunt; hic non male *tomum Antiochiæ a Synodo conditum* vocant, quippe quod hæc Synodus eamdem Damasi Synodicam antea acceptam cum memoratis decretis copulavit, atque subscripsit. Hujus autem documenti ex unico codice hactenus impressi aliquot loca ope nostri manuscripti supplere vel corrigere placet. In primo fragmento decreti, quod legitur tom. 2. Concil. col. 1046. b, post verba, *Spiritus divinus qui fecit me*, addenda sunt hæc: *non enim separandus est Divinitate, qui in operatione* &c. Et post nonnulla ibidem litt. c corrigendum: *aut prævaricationibus* (melius vulgati *prævaricatoribus*) *ea impertiatur facile communio, ut reliquis peccandi incentiva tribuantur*. In tertio fragmento col. 1047. a post voces *aut sensu corrupto* addendum est, *coæternæ essentiæ Trinitatem credentes*. Monendum tandem est, ita in nostro codice, ut in vulgato Holstenii, affirmari, subscripsisse Episcopos CXLVI. quod ea de caussa monemus, quia in Harduini notatione scribitur: *In codice Vaticano dicuntur esse subscriptiones CLXIII.* ubi corrigendum CLIII. Qui vero ad P. Harduinum id scripsit, septem Episcoporum subscriptiones, quæ integræ in hoc documento exhibentur, computavit una cum aliis CXLVI. quæ brevitatis caussa ab antiquario omissæ hac formula indicantur: *Similiter & alii CXLVI. Orientales Episcopi subscripserunt, quorum subscriptio in authenticum hodie in archivis Romanæ Ecclesiæ tenetur*.

tom. 2. Concil. col. 1126. e.

IV. Canones Gangrenses. V. Laodiceni. VI. Constantinopolitani. VII. Anquiritani, omnes ex Isidoriana versione.

VIII. Canones Calchedonenses ex interpretatione a vulgatis & notis diversa, quam huic tomo inseremus infra col. 617.

IX. Epistola ad Ecclesiam Alexandrinam. Est epistola Patrum Nicænorum versionis hactenus ineditæ, quam pariter dabimus col. 587.

X. Hæc adnotatio subjicitur, quæ ad Sardicensem Synodum pertinet. *Tunc temporis ingerebantur molestiæ Imperatoribus Synodum convocare, ut insidiarentur Paullo Episcopo Constantinopolitano per suggestionem Eusebii, Acacii, Theodori, Valentis, Stephani, & sociorum ipsorum: & congregata est Synodus consulatu Constantini & Constantini aput Sardicam. Explicit. Deo gratias. Amen.* Hæc adnotatio est erronea quantum ad Eusebium: Eusebius enim Nicomediensis ante Sardicense Concilium obierat. Consulatus porro *Constantini & Constantini* vitio laborat: scribendum enim fuerat *Constantii IV. & Constantis III.* Concinit tamen hæc consularis nota cum iis, quæ in hoc eodem codice traduntur de S. Athanasii gestis, ubi hic Sanctus Episcopus, qui statim post Sardicensem Synodum Sedem suam repetiit, rediisse dicitur *Consulibus Constantino IV. & Constante III.* ubi simili errore scriptum est *Constantino*

tino pro *Constantio*. Isthæc adnotatio e Græco reddita est, uti alia ad Sardicensem Synodum pertinentia. Num vero hi errores Græco auctori, an Latino interpreti, vel amanuensi tribuendi sint, non est hujus loci sollicitius inquirere.

XI. Abrupta serie documentorum Sardicensium, quæ postea proferentur, inferuntur canones apostolici ex versione Dionysii Exigui.

XII. Item Antiocheni ex eadem interpretatione.

XIII. Sequuntur documenta Sardicensia. *Incip. canon Sardicens. Sancta Synodus congregata est Sardicæ ex diversis provinciis* &c. Est formula fidei Pseudosynodi Sardicensis cum eodem initio, quo apud S. Hilarium legitur in libro de Synodis tom. 2. col. 482. edit. Veron. sed ex alia ignota versione, quam hoc tomo exhibebimus col. *615*.

XIV. Interferitur brevis cyclus paschalis.

XV. Tum hic titulus legitur. *Definitiones apud Sardicam*. *Dilectissimo fratri Julio* &c. Est interpretatio epistolæ Osii & Protogenis ad Julium Papam, cujus Sozomenus meminit lib. 3. c. 12. Hæc pariter antea inedita in hac editione prodibit col. *597*. Vide quæ supra diximus part. 1. c. *6*. n. 11.

XVI. Inedita versio Synodicæ Sardicensis cum additamento expositionis fidei, quod refertur a Theodoreto lib. 2. c. *6*. Hanc quoque versionem producemus in lucem col. *598*.

XVII. Dein sine novo titulo subjiciuntur canones Sardicenses non ex originali Latino, sed ex Græco latine redditi antiqua interpretatione, & cum uno canone ultra illos, qui in Græco textu leguntur. Hanc pariter interpretationem dabimus col. *589*.

XVIII. Inferitur porro alio caractere eorumdem canonum quasi *alia translatio* exemplum Latinum, quod Dionysius Exiguus recepit. Postea eadem antiquiori manu continuat series documentorum Sardicensium.

XIX. Epistola Athanasii ad Presbyteros & Diaconos Ecclesiæ sanctæ apud Alexandriam & Parembolam, a Marchione Maffejo edita in Appendice Historiæ Theologicæ pag. *261*. eademque hoc tomo recudetur col. *611*.

XX. Alia epistola Synodi Sardicensis ad Presbyteros & Diaconos Mareoticæ. Vulgata est in eadem Appendice, pag. 258. & a nobis pariter repetetur col. *607*.

XXI. Athanasii epistola ad eosdem, quam plures Sardicenses Patres suis subscriptionibus firmarunt. Ibidem edita pag. 259. & iterum hoc tomo recudenda col. *609*.

XXII. Sine ullo titulo subduntur quædam gesta S. Athanasii apud Maffejum eodem loco edita pag. *265*. quæ, dum in fine proferunt Athanasii successores, ac in Theophilo desinunt, tempus indicare videntur, quo scripta fuere. Nullum documentum fortassis prodiit, in quo chronologici caracteres frequentius occurrant. Brevi contextu consulatus viginti designantur; & cum gesta potiora referuntur, mensis etiam ac dies notatur. Alexandrinorum, seu Ægyptiorum mensium nomina Græcum originale in ipsa Alexandrina urbe, seu in Ægypto conditum ostendunt. Nihil præclarius haberi posset, nisi manifesti errores hic illic detegerentur, ob quos hoc documentum alias insigne apud nonnullos eruditos male audivit. Cum vero in his gestis quædam dicantur omissa, haud credimus errores Græco eorumdem gestorum scriptori, qui Theophilo Alexandrino videtur fuisse coævus, posse adscribi, sed partim Græco collectori horum documentorum, qui minus exacte alicubi ex fusioribus gestis excerpsit, partim Latino interpreti, partim etiam imperitiæ, seu oscitantiæ amanuensis. Plerique errores in numeris & nominibus siti sunt, in quibus quam facile sit errare, nemo peritus ignorat. Alii accidere potuerunt ob saltus in codicibus non infrequentes, qui sensum abrumpunt, vel aliorsum distrahunt: alii ob alias hallucinationes collectoribus, interpretibus, & librariis minus peritis, vel indiligentibus familiares. Hi autem errores etsi evincunt, huic documento tam perverse vitiato non semper, nec prorsus esse fidendum, ubi præsertim alia certiora testimonia refragantur; nihil tamen officiunt, quo minus credamus, hæc gesta ab origine a Græco Ægyptio auctore fuisse scripta sub Theo- De gestis Athanasii.

philo,

philo, cujus originale si ad nos pervenisset, vel exacta ipsius versio, tot vitia aut menda haudquaquam invenirentur.

XXIII. Post hæc hic titulus legitur. *Item Symbolus sanctæ Synodi Sardici*. Mox vero subjiciuntur abrenuntiationes in baptismo adhibitæ, ac symbolum Constantinopolitanum ignotæ versionis.

XXIV. *Epistola Constantini de Synodo Nicæna. Constantinus Pius catholicæ orthodoxorum Ecclesiæ per Alexandriam. Gaudete fratres dilectissimi. Perfecte gratiam accepimus a divina providentia* &c. Est inedita versio ejus epistolæ, quæ profertur a Socrate lib. 1. cap. 9. & a Gelasio Cyziceno lib. 2. c. 36.

XXV. Lex Constantini contra Arium interpretationis ineditæ. *Victor Constantinus Magnus Pius Episcopis per qua loca & populis. Malivolus & impius Arius imitatus diabolum juste meretur* &c. Vide hanc epistolam apud Socratem & Gelasium Cyzicenum locis laudatis.

XXVI. Epistolæ duæ, altera quatuor sanctorum Episcoporum tum confessorum, & postea martyrum Ægypti ad Meletium subjecto historico quodam fragmento, altera S. Petri Alexandrini Episcopi & martyris: quæ ad Meletiani schismatis initia pertinent. Hæc pretiosa documenta ex hoc codice edita sunt a laudato March. Maffejo in Appendice memorata pag. 254. & 255.

XXVII. Codicem claudit *Definitio dogmatum ecclesiasticorum Gennadii Presbyteri Massiliensis*. Hic titulus rubro caractere prima manu scriptus. At superducta linea, alia recentiori manu & caractere nigro pro *Gennadii Presbyteri Massiliensis* in superiori intervallo scriptum fuit *Beatissimi Augustini Episcopi*, quia hoc opusculum in aliis codicibus Augustino perperam inscribitur, & idcirco editum est in Appendice operum ejusdem tom. 8. col. 78.

III. Hæc autem adnotatio alternis lineis nigris & rubeis & majusculis litteris scripta in ultima pagina legitur. *Hec de mendosis exemplaribus transtuli tandem, & quædam quidem qua ....on ut voluit ; tamen potuit* (supple & corrige *quamvis non ut volui, tamen ut potui*) *recorrexit. Quedam autem tacito pretermisi, re ....* (f. *reliqua*) *Domini arbitrio derelinquens. Qui legis, ore ...... catore* (leg. *ora pro me peccatore*) *sit d n apeas red..... ilimus omnium dia .... Theodosius indignus .... conus fecit*. Hæc postrema verba sic supplenda: *humillimus omnium Diaconorum Theodosius indignus Diaconus fecit*. Verba *de mendosis exemplaribus transtuli*, Theodosium merum exscriptorem, non vero ejus versionis, quæ in ipso tantum codice invenitur, auctorem innuunt. Equidem idem Theodosius, qui Latinæ linguæ imperitissimus ex hac ipsa adnotatione cognoscitur, Græcæ adeo ignarus fuit, ut in exscribendo canone 17. Ancyrano Isidorianæ versionis Græca verba sensui intelligendo necessaria omiserit, quæ in aliis MSS. & in vulgatis ejusdem versionis leguntur. Fuit vero auctor præsentis collectionis, in qua compingenda aliquot codicibus usus est. Peculiaris codex ille fuit, qui documenta Græca inedita Latinæ interpretationis continebat. Hujus autem interpretationis antiquus auctor Græcum exemplum adhibuit, quod cum pleraque documenta Alexandrinæ Ecclesiæ peculiaria contineret, ipsumque Nicænum Concilium a notatione incipiat de seditione facta sub Alexandro Episcopo Alexandrino, quæ in aliis Græcis exemplis non legitur; in eadem Ecclesia saltem ab origine scriptum videtur post Synodum Calchedonensem: quippe quæ est recentius documentum nova versione latinitate donatum. Theodosius vero documenta hujus ineditæ versionis pro suo ingenio separavit, aliaque aliunde documenta ipsis interseruit, nunc ex Isidoriana interpretatione, nunc ex Dionysio, nunc aliis ex fontibus, ex quibus tertium maxime insigne, & vigesimum sextum monumentum derivavit. In eodem porro exemplo, quod ineditam versionem exhibebat, sola erant ex Conciliis Nicænum, Sardicense, & Calchedonense: si enim aliarum Synodorum Græcarum canones prætulisset, omnes ab eodem interprete fuissent latinitate donati, nec Theodosius ceteros canones ex Isidoriana aut Dionysiana versione derivasset. Certe vero Græcum exemplum quantum ad documenta Sardicensia illis videtur simile, quibus usi sunt Socrates, Sozomenus, Theodoretus, ac Patres Calchedonenses, uti latius ostendimus part. 1. c. 6. n. 11. adeo ut quantum ad ea documenta non fuerit Alexandrinæ Ecclesiæ proprium, sed

plura

plura ejusmodi exemplaria latius propagata in ipso Oriente ac in tota Græcia in laudatorum Scriptorum & Patrum manus facile pervenerint. Vide quæ de ipsis documentis dicentur in Admonitione ipsis præmittenda col. 378.

C A P U T X.

De Collectionibus Gallicanis.

§. I.

Vetusti codices canonum apud Gallicanos plures, privato studio conditi, nullus publica auctoritate digestus & editus. De celebrioribus hujusmodi codicibus, ac præsertim de Vat. Palat. 574.

I. GAllicanam Ecclesiam non caruisse codicibus canonum, quibus Episcopi in ea regenda uterentur, indubium est. Codicem aliquem publica auctoritate editum Quesnellus videtur exigere, ut canones promulgati sint. Hanc vero ejus sententiam refellemus adnot. 11. in Dissertationem XII. c. 2. Nullo quidem certo aut probabili argumento hactenus probatum est, aliquem ejusmodi codicem apud Gallos olim publica auctoritate fuisse digestum, editum, aut approbatum. Cum allegati fuerunt canones, aut constitutiones Romanorum Pontificum a Synodis aut Episcopis Gallicanis, licet excerpti fuerint ex aliquo codice; non tamen ipse codex publicus, aut publica auctoritate editus dici debet: neque constitutiones aut canones allegati, ex ipso codice auctoritatem accipiebant, sed ex iis Conciliis vel Pontificibus, a quibus editi fuerant. Confer cap. 1. §. 4. Plures collectiones olim in Galliis digestæ inveniuntur. Si quis codex fuisset publicus, quid oportuisset tot collectiones conscribere? Saltem harum collectionum auctores cavisent, ne ullum documentum publici codicis prætermitterent. In una autem collectione plura desunt, quæ leguntur in alia. Adde quod in quibusdam codicibus, ut mox dicemus, Nicæni canones leguntur ex abbreviatione Rufini, in aliis, quos Sirmondus laudat, ex versione Dionysii, vel ex alia antiquiori, quæ Isidoriana vocatur. Num Gallicana Ecclesia diversos codices publice edidit? Hæc affirmari facile poterunt, probari non poterunt. Codices quibusdam Ecclesiis particulares fuisse patet inter ceteras ex collectione Ecclesiæ Arelatensis, quam explicabimus cap. 13. Numquid omnes publica auctoritate exarati & editi credi debent? Sed quid moramur pluribus? P. Sirmondus, qui in edendis Synodis Gallicanis plurimum laboravit, plurimosque codices Gallicanos in tota Gallia diligenter evolvit, ex hac ipsa varietate collectionum omnem de codice publico, qui uniformis esse debuisset, suspicionem adimit. *Synodorum illos* (Gallos) *suarum*, inquit in præfatione ad Concilia Galliæ, *canonumque nullum certum corpus, nullam statam collectionem habuisse, docet varietas ipsa exemplarium. Quot enim codices antiqui, totidem fere sunt diversæ collectiones. Aliæ in aliis plerumque Synodi, vel plures numero, vel pauciores: raro eædem, aut paucæ in omnibus cernuntur*. Notat quod in rem suam erat, codicum antiquissimorum discrimen in Conciliis Galliarum. Discrimen etiam in versionibus canonum Græcorum notaverat paullo ante. Par varietas in aliis canonicis documentis ac in constitutionibus Romanorum Pontificum designari potuisset. Adde & perturbatum ordinem, quem in nonnullis collectionibus animadvertit. Hæc sane cum non congruant codici publica auctoritate vulgato, has omnes collectiones privato studio in Galliis digestas ostendunt.

II. Præter collectiones Corbejensem, Quesnellianam, & unam Colbertinam, quas in Galliis compactas recensuimus cap. 5. & 8., plures aliæ a Gallis Scriptoribus memorantur, Fossatensis, Tiliana, Pithœana, Aniciensis, Lugdunensis, Remensis &c. quæ cum editioni Synodorum Galliæ usui fuerint, peculiares Galliarum fuisse noscuntur. Sed harum distincta notitia ab iis, qui ejusmodi codices adhibuerunt, data non fuit. De Fossatensi id tantum accepimus, Nicænos in ea canones ex Isidoriana, uti appellant, interpretatione cum Sardicensibus jungi; ac præterea tredecim Gallicanas Synodos nullo ordine cum non

Collectio Fossatensis. Coust. præfat. t. 1. Epist. R. P.

Sirmond. præfat. in Conc. Gall. Coust. in ead. præfat. non paucis apostolicis constitutionibus exhiberi. Num etiam aliarum Synodorum Græciæ canones præferat, latet. Solum cum P. Coustantius manuscriptas Gallicanas collectiones distincte recensens, quæ Græcos canones continent, Corbejensem, Quesnellianam, & Colbertinam describat; Fossatensem autem, quam in editione epistolarum Romanorum Pontificum frequenter allegat, prætermittat; id nobis indicio est, eam iisdem Græcarum Synodorum canonibus carere, & merum esse codicem, qui præter Nicænos & Sardicenses canones Nicænorum nomine inscriptos, solas Gallicanas Synodos & constitutiones apostolicas exhibeat. Quod si P. Sirmondus in præfatione ad Concilia Galliæ inter Gallicanos codices, qui Isidorianam antiquam versionem præferunt, recenset etiam Fossatensem; id ob Nicænos canones affirmare potuit. Plura de hoc aut aliis Gallicanis codicibus distinctius proferre iis relinquimus, quibus ipsos codices expendere licebit.

III. Etsi vero nobis desint plura id genus MSS. exemplaria, quæ in Gallicanis bibliothecis custodiuntur; satis tamen notitiæ ad cognoscendas antiquas collectiones proprias Ecclesiarum Galliæ hic proferre possumus ex duobus Gallicanis codicibus, quos in Vaticana bibliotheca invenimus. Primus est codex Vaticano-Palatinus 574. quem similem esse deteximus codici Morbacensi ante annos nongentos exarato, cujus mentionem faciunt P. Martene tom. 4. Anecdot. pag. 58. & P. Coustantius tom. 1. epistolarum Romanorum Pontificum pag. LXXI. & alibi. Hoc Palatinum exemplum in ultimo folio dicitur *Codex S. Nazarii in Laurissa*. Hinc intelligimus pertinuisse ad celebre Monasterium Laurisshemiense S. Nazarii in diœcesi Wormatiensi, quod Chrodegandus Metensis Episcopus construxit sub medium sæculum VIII. Hujus codicis præstantiam satis commendat celeberrima Synodus Carthaginensis anni 525. quæ ex ipso prodiit. Vetustissimum semper vocat Holstenius, antiquitatemque ipsa codicis forma, & characterum figuræ comprobant. Integra documenta plerumque non exhibet, sed tantummodo excerpta, & nonnumquam abbreviata: quæ tamen cum e vetustiore Gallicana collectione integris monumentis instructa fuerint desumta; quid hæc contineret, idem codex manifestissime indicat. Duæ partes in hoc codice distinguendæ: altera eorum, quæ cum in præmissa capitulorum tabula designentur, ad primigeniam collectionem referenda sunt: altera eorum, quæ præter capitula indicata in tabula, posteriori additamento accessere. Alius codex olim Gallicanus est Vaticanus signatus num. 3827. de quo inferius plura. Nunc collectio in laudato MS. Vat. Palatino contenta describenda est.

§. II.

Explicatur, notationibusque illustratur collectio MS. Vat. Palat. 574. Canones Nicæni ex abbreviatione Rufini a Gallicanis recepti. Sardicenses Nicænorum nomine inscripti, & cum Nicænis nunc abbreviatis, nunc integris apud eosdem Gallicanos conjuncti. Canon Neocæsariensis inter titulos a Joanne II. missos ad Cæsarium Arelatensem ex eodem codice in vulgatis supplendus. Synodus Arelatensis II. videtur potius antiqua collectio canonum, quam Synodus; ejusque tempus figitur.

TItulus hic, seu præfatiuncula in codicis fronte præfigitur: *In nomine Domini nostri Jesu Christi incipit canon Nicæna de sacris canonibus breviatis studio, ut quod opus est celerius possit inveniri. Aliqua capitula, quæ præsenti tempore necessaria minime videbantur, omisimus. Totum tamen in hoc libellum transtulimus, quicquid opportunum ac necessarium omnibus Ecclesiis noveramus*. Sequitur tabula capitulorum XXXII. quæ totius collectionis documenta indicant.

I. *Synodus Nicæna CCCXVIII. Episcoporum*. Soli canones sexdecim proferuntur ex abbreviatione Rufini; ac postea canon 13. Sardicensis sub Nicæni titulo sic describitur: *Incipit capitulum de suprascriptis canonibus, idest Nicænis CCCXVIII. Episcoporum. Osius Episcopus dixit: Et hoc necessarium arbitror, ut diligentissime tractetis* &c. Idipsum legi in MS. Morbacensi diœcesis

cesis Basilcensis testatur P. Coustantius in laudata præfatione pag. LXXI. Duo hoc loco maximi momenti notanda sunt. Primo abbreviationes Rufini apud Gallos usitatas fuisse, ut Quesnellus Differt. XVI. aliique nonnulli observarunt. Id palam fit ex duobus aliis Gallicanis documentis. I. ex titulis in caussa Contumeliosi à Cæsario Arelatensi excerptis, qui subjiciuntur epistolæ 6. Joannis II. ad eumdem Cæsarium, ubi canon 9. Nicænus a Rufino abbreviatus describitur. II. ex Concilio secundo Arelatensi, quod verius collectionem canonum esse paullo post ostendemus, ubi aliquot canones ex eadem Rufiniana abbreviatione compacti exhibentur. Ignotum vero esset, undenam hæc apud Gallos consuetudo prodierit. Ex nostro autem codice discimus, fuisse olim Gallicanas collectiones canonum, quæ Nicænos sic abbreviatos ex Rufino receperant: ac propterea ejus integræ collectionis, ex qua hæc excerpta traducta fuerunt, antiquitas apud Gallos cognoscitur. Eadem consuetudo posteriori etiam tempore obtinuit. Nam collectio Herouvalliana, quam octavo sæculo in Galliis compactam videbimus, abbreviationes Rufini ex antiquiori Gallicano canonum codice exscriptas exhibet. Secundo Gallicanam collectionem Fossatensem, quæ Nicænos canones integros ex Isidoriana versione continet, Sardicenses cum iisdem copulatos, ac Nicænorum titulo inscriptos prætulisse monuimus § 1. n. 2. Utrosque vero eadem ratione junctos & inscriptos fuisse etiam in alia Gallicana collectione, quæ Nicænos ex Rufiniana abbreviatione receperat, noster codex & Morbacensis testantur. Hæc duplex collectionum Gallicanarum ratio, in quibus canones Sardicenses cum Nicænis vel integris, vel abbreviatis conjunguntur, eosdem canones ab ipsa Gallicana Ecclesia pro Nicænis habitos demonstrat. Quodsi abbreviationes Rufini loco Nicænorum canonum in solis Gallicanis collectionibus & codicibus canonum fuerunt receptæ; Gallicana utique Ecclesia cum eas abbreviationes recepit, Sardicenses canones eisdem adjecisse videtur; eo quod vetustiori ætate aliorum codicum testimonio jungerentur cum Nicænis, & pro Nicænis haberentur.

Abbreviationes Rufini canonum Nicæn. apud Gallos.

Part. 4. c. 7.

Canones Nicæn. apud Gallos juncti cum Sardicensibus.

II. *Synodus Arelatensis sexcentorum Episcoporum. Domino sanctissimo fratri Silvestro cœtus Episcoporum sexcentorum, qui adunati fuerunt in oppido Arelatensi, quid decreverimus communi consilio, caritati tuæ significavimus.* Subduntur canones XX. Est Synodus Arelatensis I. anni 314. Eamdem epigraphen præbuit ex simili codice Morbacensi P. Coustantius col. 341. not. a.

III. *Auctoritas Innocente Papæ ad Exoperium Tolosanum Episcopum.* Et in corpore ipsius collectionis: *Incipit auctoritatis, vel canonis urbicani, Innocentio Exsuperio Episcopo Tolosano. Ad locum de supradicta auctoritate, quid de his observare debeat* &c. Abbreviatur caput primum ejusdem epistolæ.

Canones urbicani.

IV. *Item auctoritas Innocente Papæ.* Et in corpore: *De supradicta auctoritate.* Duo alia ejusdem epistolæ capitula compendio exhibentur. Hic quoque duo animadversionem merentur. Primo Romanorum Pontificum constitutiones *auctoritates* appellantur. Id Gallicanis usitatum ostendunt tum preces ad S. Leonem missæ, quas dedimus tom. 1. epist. 65. ubi cap. 2. Zosimi litteræ pro sede Arelatensi *auctoritates* dicuntur; tum Cæsarius Arelatensis, qui Joannis II. epistolam ad se scriptam in caussa Contumeliosi Episcopi bis *auctoritatem* vocat; tum Concilium Agathense, quod can. 9. *Siricii Episcopi auctoritatem* ejus epistolam ad Himerium appellat. Secundo titulus *canonis urbicani* concordat cum alio codice Parisiensi Collegii Societatis Jesu, ubi laudatæ Innocentii epistolæ hæc inscriptio præfigitur Harduino teste tom. 3. Concil. col. 13. not. 1. *Incipiunt canones urbetani. Innocentius Exsuperio Episcopo Tolosano.*

Auctoritates a Gallis dictæ constitutiones apostolicæ. tom. 5. Concil. col. 902. b. 903. d.

V. *Auctoritas Zosimi Papæ ad Isicium Tolosanum Episcopum*, melius in corpore *Salonitanum. Exigit dilectio tua* &c. Duo priora capita ejusdem epistolæ recitantur.

VI. *Auctoritas Cælestini Papæ.* Profertur in corpore fere tota epistola ad Episcopos per Apuliam atque Calabriam usque ad verba *congruentem regulis vindicemus.* Dein, sine ulla distinctione ac titulo eodem contextu subjicitur fragmentum ex cap. 3. epistolæ ejusdem Pontificis ad Episcopos provinciæ Narbonensis atque Viennensis: *Debet enim antea esse discipulus* &c. nec non aliud fragmentum ex cap. 6.

VII. *Auctoritas decretalis S. Siricii Papæ*. In corpore autem affertur fragmentum ex epistola *ad Emerium* cap. 5. & 6. Tum aliud fragmentum ejusdem epistolæ additur cum titulo : *Item ad locum de ipsa Synodo*. *Plurimos enim Sacerdotes Christi* &c. uti habetur cap. 7. Et dein alia aliorum capitum excerpta. Notanda verba *de ipsa Synodo*, quæ hanc epistolam e Romana Synodo scriptam innuunt. Ita etiam Siricii epistola Zellensi Synodo subjecta in Concilio scripta traditur : *Data Romæ in Concilio Episcoporum LXXX.* Similiter epistola sive ejusdem Siricii, sive Innocentii, quæ *canones Synodi Romanorum* in Conciliorum editionibus inscribitur, hunc titulum habet in codice Fossatensi : *Incipiunt capitula Synodi Romanorum*. *Epistola Synodi*. Et post tabulam sex capitulorum subditur : *Canones Romanorum*.

Epistolæ Pontificum R. fere editæ in Synodo.

Coust. t. 1. Epist. Rom. Pont. col. 685. not. a.

VIII. *Item auctoritas Innocente Papæ*. Fragmenta ex cap. 16. epistolæ ad Victricium.

IX. *Auctoritas S. Damasi ad Paullinum*. Unicum breve fragmentum exprimitur: *Eos quoque, qui de suis Ecclesiis ad alteram Ecclesiam* &c. Vide hunc tomum col. 402. not. 18.

X. *S. Augustini ad Competentes*. In corpore *Tractatus* vocatur. Incipit : *Audite carissimi membra Christi & matris Ecclesiæ filii* &c. ut in sermone 392. Augustini c. 2. usque ad illa sub finem ejusdem capitis, *quarum finis ad interitum ducit*. In vulgatis & in plerisque MSS. lectionariis hic sermo inscribitur *ad conjugatos*. Patres Benedictini notant, in aliquibus codicibus incipere æque ac in nostro codice a verbis: *Audite carissimi*. Unus locus vulgatorum defectuosus sic ex eodem codice supplendus : *Quod dico fidelibus & competentibus, & pœnitentibus, audiant catechumeni*.

Sermo S. Aug. supplendus.

XI. *Auctoritas S. Symmachi Papæ ad Cæsarium Episcopum*. *Hortatur nos æquitas* &c. Est integra epistola quinta ad Cæsarium tom. 5. Concil. col. 424.

XII. *Tituli infrascripti a S. Papa Joanne de Sede Apostolica sunt directi*. Indicantur tituli, sive canones a Joanne II. subjecti suæ epistolæ ad Cæsarium Arelatensem, quæ legitur tom. 5. Concil. col. 902. Noster vero abbreviator ipsam epistolam omisit. Solum ex titulis, seu canonibus a Joanne Papa ad Cæsarium missis præterivit primum ex epistola Siricii ad Himerium, ceteros sic exhibuit: *Ex canonibus Apostolorum XXV. Quod Episcopus, aut Presbyter, aut Diaconus si pro criminibus damnati fuerint, minime communione priventur*. Est titulus canonis 25. Apostolorum ex versione Dionysiana, qui in vulgatis Conciliorum inter titulos a Joanne missos desideratur. Tum ipse canon ejusdem versionis subjicitur. Dein additur alius titulus cum canone 29. Apostolorum. Postea sequitur: *Ex canonibus Neocæsariensis XCV.* Titulus: *De Presbyteris, qui fornicati sunt*. Canon vero sic : *Presbyter si fornicatus fuerit, aut adulterium perpetraverit* &c. ut in Neocæsariensi can. 1. interpretationis Dionysii. Hic canon Neocæsariensis in vulgatis titulis laudatæ epistolæ subjectis omissus, ex nostro codice supplendus est. Notandus præterea numerus canonis XCV., qui huic primo canoni Neocæsariensi præfigitur. Indicat enim Dionysianum codicem, ex quo Joannes Papa II. hunc canonem exscripsit, continuam numerorum seriem prætulisse, ita ut numerus primus inciperet a canonibus Apostolorum quinquaginta, post quos additis continua numerorum serie Nicænis canonibus viginti, & Ancyranis viginti quatuor, primus canon Neocæsariensis est XCV. Cum vero Dionysius in epistola ad Stephanum aliam numerorum seriem indicet, quæ *a primo capite usque ad centesimum sexagesimum quintum* progrediebatur, hæc non a canonibus Apostolorum, sed a Nicænis inchoabat. Ita canon primus Neocæsariensis signandus erat XLV. facilique librarii lapsu pro XLV. scriptum fuisse videtur XCV. Quocumque vero modo id accipiatur, palam fit aliqua Dionysii vetustiora exemplaria eam numerorum seriem custodisse, quam in codicibus Dionysianis, vel Hadrianis, qui ad nos pervenerunt, frustra requirimus. Dein proferuntur duo canones Antiocheni, qui tamen non continua numerorum serie notantur, sed cum proprio ipsorum canonum numero, nimirum *Ex canonibus Antiochenis capitulo IV.* & postea *Ex canonibus suprascriptis capitulo XV.* cum iisdem titulis & canonibus Dionysianæ versionis, qui in vulgatis leguntur. Num Dionysianus codex,

Joan. II. PP. utitur codice Dionysii.

In titulis epistolæ Jo. II. quædam supplenda.

Codex Dionysii cum numerorum serie a canonibus Apost. inchoans.

codex, quem Joannes Papa II. adhibuit, præter seriem continuam numerorum proprios etiam cujusque Synodi numeros exhibebat?

XIII. *Synodus Africana Episcoporum CCXIV. Statuta Ecclesiæ antiqua. Qui Episcopus ordinandus est, antea examinetur* &c. uti in Statutis antiquis inter documenta Juris canonici veteris hoc tomo edendis. Dividuntur in cap. 95. paucis sub finem omissis. Synodus Africana Episcoporum CCXIV. indicat Synodum Carthaginensem anni 418. in qua totidem Episcopi interfuerunt, cui quidem eadem Statuta adscribuntur in MS. Veron. 59. de quo agemus part. 4. c. 4. Vide quæ de hisce Statutis, & de hac inscriptione fusius disseruimus supra cap. 3. §. 4.

XIV. *Statuta Synodi apud Ecclesiam Valentinam sub die IV. Idus Julias Gratiano IV. & Equitio Conss.* Tres soli hujus Synodi canones proferuntur. Chronica notatio erronea *Gratiano IV.* similiter inventa fuit ab Harduino in duobus MSS. Collegii Parisiensis Soc. Jesu tom. 2. Conc. Ven. edit. col. 1068. not. 2. Legendum *Gratiano III.*

XV. *Synodus Forojuliensis. Quamvis ea benedictus frater noster Concordius* &c. ut ex simili codice Morbacensi P. Martene edidit tamquam ineditum documentum tom. 4. Thesauri Anecdotorum, & exinde tom. 4. Concil. col. 2073. Inscriptio mendosa est. Etenim est epistola præcedentis Synodi Valentinæ ad Clerum & plebem Forojuliensem edita tom. 2. Concil. col. 1069.

XVI. *Synodus Rejensis. Cum in voluntate Domini apud Rejensem Ecclesiam convenissemus* &c. ut in vulgatis tom. 4. Concil. col. 533. usque ad ultima verba *animositate quæsissent*, sine eo additamento, quod ex MS. Urgellensi Baluzius edidit. Vide supra cap. 1. §. 2. n. 4. Sequuntur subscriptiones ejusdem Concilii cum eadem chronica notatione, quæ in editis legitur.

XVII. *Synodus Arausica*. Viginti canones tantum excerpti ex Concilio Arausicano I. In fine autem hæc notatio habetur: *sub die VI. Idus Nov. Ciro* (supple *Cos.*) *in Ecclesia Justianensi*. Synodus Justianensis vocatur in titulis subjectis epistolæ Joannis II. ad Cæsarium a *Justiano* vico territorii Arausicani, in cujus Ecclesia hoc Concilium celebratum fuit. Synodus Justianensis.

XVIII. *Synodus Vasensis sub die Id. Novembris Dioscoro V. C.* supple *Cos.* Sex canones proferuntur.

XIX. *Synodus Arelatensis* cum canonibus 31. In vulgatis Conciliorum post Sirmondum tom. 5. col. 1. effertur cum canonibus 56. Hæc Synodus pluribus ex capitibus difficultatem facessit. Canonum numerus & ordo in codicibus mirifice discrepat. Exemplaria vetustæ collectionis Hispanicæ & exinde etiam Isidorianæ priores tantum XXV. canones exhibent, uti observavimus in duobus MSS. pure Hispanicis uno Vat. Palat. 575. altero Cardinalis Passionei, in alio Hispanico originis Gallicanæ Vat. 1341. in Vat. Isidoriano 630. & in Vat. 1338. in quod nonnulla ex Hispanica collectione traducta fuerunt. Collectiones vero manuscriptæ Gallicanæ Corbejensis, Lugdunensis, Fossatensis, & Tiliana, exclusis tribus vulgatis canonibus 10. 11. & 12., reliquis 22. undecim adjiciunt, nimirum 46. vulgatum & ceteros usque ad 56., & sic præferunt canones 33. Codex Collegii Parisiensis Societatis Jesu ab Harduino laudatus tom. 5. Concil. col. 5. not. γ habet canones 36. nimirum priores 25., & undecim ultimos. Vulgati Conciliorum post Merlinum & ante Sirmondum habent canones 37. videlicet priores 25. & duodecim ultimos a can. 45. usque ad 56. Tandem Sirmondus e MS. Remensi edidit canones 56. insertis post canonem 25. viginti canonibus, ante quos in eodem codice hic novus titulus intexitur: *Capitula de Synodo, quæ in territorio Arausico celebrata est.* Synodus Arelat. II. Canonum numerus, & ordo diversus.

Porro hi omnes canones præter morem aliarum Synodorum Galliæ partim sunt e Nicænis expressi, & nonnumquam ex abbreviationibus Rufini, partim sunt ex Concilio Arelatensi I. partim ex Vasensi, partim ex Arausicano I., aliisque ejusmodi Synodis, ut P. Sirmondus in notis animadvertit. Nulli quidem canones, exceptis perpaucis Arausicanis, totidem verbis ex iisdem Synodis inveniuntur exscripti. At sententiæ plane conveniunt. Immo præter easdem sententias quædam peculiaria vocabula in Nicænis, abbreviationes Rufini auctori præ oculis fuisse manifestant. Cum vero in iisdem Nicænis Rufinianas abbreviationes præferentibus nonnullæ particulæ interserantur, quæ in Rufino non repe- Unde iidem canones excerpti.

reperiuntur; præter hujus abbreviationes aliam eorumdem canonum versionem scriptori usui fuisse apertissime liquet. Hæc varietas codicum quantum ad numerum & ordinem canonum, hos omnes non uno tempore scriptos manifestat; sed alias atque alias accessiones recepisse. Primum exemplum illud esse videri potest, quod pauciores canones 25. in collectione Hispanica descriptos exhibet. At vetustiores Gallicanæ collectiones, quæ in Synodis Galliarum sinceriores & majoris auctoritatis esse deberent, tres ex iisdem 25. canonibus ignorant; & horum loco alios undecim subjiciunt. Nihil dubium esse potest de additamento viginti canonum, qui ex unico MS. Remensi adjecti fuerunt hoc novo titulo præfixo: *Capitula de Synodo, quæ in territorio Arausico celebrata est*. Diversa quidem verba, quibus sententiæ plurium canonum exprimuntur, non merum exscriptorem canonum e diversis Synodis, sed scriptorem indicant, qui diversorum Conciliorum canones suis verbis exposuit. Num vero id in Synodo Arelatensi gestum fuerit, nec ne, vehementer ambigimus. Probabilius autem credimus istiusmodi opus nulli Gallicanæ Synodo convenire, sed collectionem esse privatam, cui accessiones aliquot factæ fuerint. Hinc nec præfatio, seu introductio Synodorum propria in hoc documento invenitur, nec chronica nota, nec idonea clausula, nec subscriptiones ullæ. Nullam aliam Synodum Gallicanam his omnibus expertem invenire licebit. Episcoporum catalogus, qui in quibusdam MSS. codicibus ab Hispana collectione proficiscentibus post epigraphen, & titulos canonum hujus Synodi, seu collectionis subjicitur, perperam huc traductus, eidem epigraphi fuerat præmittendus, ac subnectendus Arelatensi primæ Synodo, quæ in iisdem MSS. immediate præcedit: ad hanc enim eum catalogum pertinere manifestum est. Hujus autem collectionis, quæ Arelatensis secundæ Synodi nomine inscribitur, auctorem fuisse aliquem Arelatensem, aut Arelatensis sedis studiosum prodit canon XVIII., in quo ejusdem sedis prærogativa constituitur. Tempus posterius est Vasensi Synodo anni 442. quæ canone 47. nominatur: anterius vero Concilio Arelatensi III. anni 524. cui in plerisque MSS. collectionibus hi canones Arelatensis secundi nomine præmittuntur. Sub S. Cæsario autem hanc collectionem digestam indicat canon quartus, ubi habetur: *Nullus Diaconus, vel Presbyter, vel Episcopus AD CELLARII SECRETUM intromittat puellam, vel ingenuam, vel ancillam*. Verba *ad cellarii secretum* peculiarem formulam exhibent, quæ similiter usurpatur in Concilio Agathensi anni 506. eodem Cæsario præside can. II. *Ancillas, vel libertas A CELLARIO, vel A SECRETO ministerio, & ab eadem mansione, in qua Clericus manet, placuit removeri*. Quis ex hac non tam sententiæ, quam peculiaris formulæ concordia idem circiter tempus non suspicetur?

(Videtur collectio privata potius quam Synodus. — A quo condita. — Quando.)

XX. *Auctoritas S. Bonifacii Papæ, per quam infrascripta Synodus* (idest Arausicana II.) *confirmata est*. In tabula præmittitur hujus epistolæ titulus titulo ipsius Synodi, uti ipsa epistola in aliis MSS. collectionibus Gallicanis Fossatensi, Laudunensi, & Hardyensi eidem Synodo præponitur cum hac antiqui collectoris Galli adnotatione: *Et quamvis Synodus Arausica prius sit facta quam auctoritas ista; tamen pro reverentia Sedis Apostolicæ hoc mihi justum visum est, ut prius Domini Papæ auctoritas scriberetur*. Vide Sirmondi & Labbei notas tom. 5. Conc. col. 814. e & 815. a. In corpore vero nostri codicis eadem epistola Synodo subjicitur. Incipit autem: *Per filium nostrum Armenium* &c. uti ibidem legitur col. 830. ubi ejusdem præstantissimi codicis lectiones ex Holstenio in margine describuntur. Eadem notatio chronica ibidem signatur, ac in aliis MSS. Sirmondi: *VIII. Kal. Febr. Lampadio & Oreste V. C. Conss.*

(Synodi Gallicanæ auctoritate apostolica confirmatæ. Quanti fecerint Galli auctoritatem apostolicam.)

XXI. *Synodus Arausicana de gratia & libero arbitrio. Cum in dedicatione basilicæ* &c. uti tom. 5. Conc. col. 808.

XXII. *Synodus Agatensis*. Est Synodus anni 506. quæ profertur ibidem col. 521. Soli canones 27. abbreviati leguntur.

XXIII. *Synodus Aurelianensis* anni 511. quæ integra edita est ibidem col. 543. in nostro autem codice exhibentur tantum abbreviati canones 22.

XXIV. *Synodus Epaonensis* anni 517. quæ eodem tomo legitur col. 712. cum canonibus 40. canones autem 31. in nostro codice excerpti sunt.

XXV.

XXV. *Synodus Arelatensis* anni 524. Incipit: *Cum in voluntate Dei* &c. Ibidem col. 763. Profertur subscriptio Cæsarii, in qua inserta est data *VII.* (non VIII.) *Idus Julii Opilione Conf.* Aliorum quoque Episcoporum subscriptiones subjiciuntur.

XXVI. *Synodus Carpentoractensis* anni 527. Omittitur prima periodus, & incipit: *Carpentoracte convenientes hujusmodi ad nos querela pervenerat* &c. cum subscriptionibus Episcoporum, uti tom. 5. Conc. col. 805.

XXVII. *Synodus Vasensis* anni 529. cum primi tantum canonis excerpto.

XXVIII. *De constituto synodali Apostolicæ Sedis, ut nullus Episcopus res Ecclesiæ vendere præsumat*. Affertur in corpore solus canon quartus Concilii Romani sub Symmacho anni 502. *His ergo perpensis* &c. uti habetur ibidem col. 475. Post laudatum canonem in solo corpore additur: *Incipit præceptum, immo lex a gloriosissimo Rege Theodorico*, quæ ex nostro codice edita fuit ab Holstenio, & exinde tom. 5. Conc. col. 539.

XXIX. *Tituli contra Manichæos*. In corpore autem sic: *Incipiunt capitula S. Augustini, quæ debeant publica voce relegere* &c. Afferuntur capitula 21. cum subscriptione Prosperi *sub die XIII. Kal. Decembris Olibrio juniore V.C. Conf.* quemadmodum ex duobus aliis MSS. Gallicanis impressa sunt ibidem col. 800.

XXX. *Synodus Arverna* anni 535. distincta in canones 17.

XXXI. *Synodus Aurelianensis* anni 538. cum canonibus 36. Unus enim vulgatus in duos, alius in tres dividitur. In prima subscriptione habetur: *Quarto post Consulatum* (supplendum *Paullini*) *junioris Indictione secunda* sine notatione annorum regni Childeberti, ut alii codices & vulgati præferunt. *Indictionem secundam* similiter notat etiam exemplum Lugdunense laudatum a P. Sirmondo. Error creditur, propterea quod alii codices signent *diem Nonarum mensis tertii*, quo anno 538. decurrebat indictio prima. At nec noster codex, nec Lugdunensis diem aut mensem indicant. tom. 5. Conc. col. 1333. not. 12.

XXXII. *Aurelianensis Synodus* anni 541. Est integra, uti habetur tom. 5. Conc. col. 1363.

In his capitulis XXXII. tabula desinit, quæ primæ collectionis indicium est. Sequentia vero, licet in codice eodem caractere subdantur, posteriora additamenta sunt, quorum in præmissa tabula nulla fit mentio: unde nulla etiam numerorum continuatione in corpore describuntur. Hinc prima collectio ab origine facta fuit ante medium sæculum VI. nimirum post Synodum Aurelianensem IV. anni 541. & ante Aurelianensem V. anni 549. quæ in additamentis refertur. Cum porro Gallicanæ collectiones Corbejensis & Fossatensis, quæ omnium antiquissimæ creduntur, Aurelianense quintum Concilium prima manu comprehendant, uti testatur P. Sirmondus in præfatione ad Concilia Galliæ; manifestum fit, collectionem primigeniam, ex qua noster codex excerptus fuit, paullo vetustiorem fuisse, cum Aurelianense V. ignoret, ac inter posteriores additiones receperit. Tempus collectionis Vat. Palat.

§. III.

Additamenta ejusdem codicis recensentur.

C*Onstitutio Apostolicæ Sedis. Silvester Episcopus universis Episcopis per Gallias & septem provincias. Placuit Apostolicæ Sedi, ut si quis ex quolibet ecclesiastico gradu* &c. ut in epist. 5. Zosimi toto capite primo, nisi quod pro *Metropolitani Arelatensis* habetur *Metropolitani Austodunensis*, & pro *Patroclo* substitutum est *Retitio*, quemadmodum ex nostro MS. notatur tomo 3. Concil. col. 409. Idem etiam habet similis codex Morbacensis teste P. Coustantio in Appendice tomi I. epist. Rom. Pontif. col. 35. Supposititia inscriptio & interpolatio, quibus privilegium Zosimi pro sede Arelatensi ad Augustodunensem traductum fuit, ac Silvestro Papæ perperam attributum. Hæc eadem Zosimi epistola simili impostura Silvestro inscripta, ad Viennensem Ecclesiam in MS. Floriacensi traducitur, ut videre est apud laudatum P. Coustantium loco allegato col. 37. Zosimi epistola pro Arelat. sede Silvestro supposita & interpolata.

Zosi-

Zosimus universis in Viennensi & Narbonensi & septem provinciis Episcopis constitutis: Præcipuum, sicuti semper habuit Metropolitanus Episcopus Arelatensium civitatis &c. uti capite 2. & 3. laudatæ epistolæ Zosimi. Sincera est hæc epistola, sed diminuta primo capite, quod epistolæ antecedenti Silvestro suppositæ attributum fuit.

Avitus Episcopus Victori Episcopo de basilicis hæreticorum non recipiendis. Petisti, immo potius præcepisti &c. ut in epist. *6.* Aviti editionis Sirmondi.

Canones Aurelianenses facti indictione XIII. Ad divinam gratiam referendum est &c. Est integra Synodus quinta Aurelianensis anni 549. cum canonibus 24. & subscriptionibus, uti habetur tom. 5. Concil. col. 1375. Hæc omnia similiter præfert etiam codex Morbacensis. In nostro autem codice adduntur sequentia.

Epistola Dionysii Exigui ad Stephanum cum peculiaribus lectionibus, quarum notitiam exhibebimus part. 3. c. 1. §. 3. Subnectuntur autem ex ejus versione soli canones Apostolorum.

Anno secundo gloriosissimi Regis Kilderici Nonas Februarias Carthagine in secretario basilicæ S. Martyris Agilei. Cum Bonifacius Episcopus &c. Est Synodus Carthaginensis anni 525. quæ rebus pluribus, ac præsertim ordinandis & illustrandis canonibus Africanis maxime utilis, ex hoc solo codice Holstenii opera prodiit; & recusa est tom. 5. Concil. col. 772. usque ad 792. Fine caret hæc Synodus, ac desinit in documentis ad libertatem monasteriorum pertinentibus: ex quo conjicere licet, hanc Synodum olim exscriptam fuisse ab aliquo Monacho, ut Monasteriorum libertatem tueretur. Vulgata erat eadem Synodus in Gallicanis codicibus, eodemque consilio in tribus Gallicanis monumentis allegata sub medium septimum sæculum, I. in vita S. Baboleni ad an. *647.* II. in privilegio Monasterii S. Dionysii Parisiensis anno *658.* III. in alio privilegio Monasterii Corbejensis an. *664.* Vide eumdem tomum Conciliorum col. 771. Dividitur hæc Synodus in duas actiones. Actioni autem secundæ perperam inseruntur duo, nimirum *Actio XV. Synodi Calchedonensis* cum titulis & canonibus 27. ejusdem Synodi ex versione Dionysii.

[Margin: Syn. Carth. an. 525. ex hoc unico MS. edita. — At in aliis antiquis documentis laudata.]

Item ex Concilio Carthaginensi sub Dno Aurelio Episcopo. Proferuntur autem brevia excerpta ex canonibus Concilii Carthaginensis anni 397. cum amplioribus subscriptionibus, quas dedimus cap. 3. §. 3.

Dein sequitur. *Incipit fides catholica B. Athanasii Episcopi. Quicumque vult salvus esse* &c. ut in symbolo Athanasiano.

De incestis. Homo si incestum commiserit, de istis caussis &c. Finis *pro caussa sua commiserit*, ut in vulgatis Conciliorum tom. 8. col. 409. & in Capitularibus Regum Francorum tom. 1. edit. Baluzii col. 177. ubi hoc decretum in canones decem distinguitur. P. Martene in Thesauro Anecdotorum tom. 4. pag. 58. hujus decreti fragmentum ex MS. Morbacensi edidit usque ad verba *ut ceteri emendentur*. In vulgatis Conciliorum hujus documenti canones tribuuntur Concilio, vel Capitulari Metensi, & in margine notatur col. 410. priores canones tres in uno MS. Vat. Palatino adscribi Synodo Compendiensi, ceteros autem Concilio Vernensi anni 753. At in hoc nostro Palatino, sicut etiam in Morbacensi aliisque MSS. a Sirmondo & a Baluzio laudatis nec Synodi, seu Capitularis locus, nec tempus designatur. Baluzius vero tom. 2. col. 1030. ad verba *Capitulare Metense* notat locum incertum, tempus vero affigit anno *756.*

Sequuntur Augustini Anglorum Episcopi interrogationes duæ, & S. Gregorii Papæ responsiones, quæ leguntur lib. 11. Registri editionis Maurinæ epist. *64.* interrogat. 3. & 11.

Breviarium Ecclesiastici ordinis. Incipit. *Qualiter in Cœnobiis fideliter Domino servientes tam juxta auctoritatem catholicæ atque apostolicæ Romanæ Ecclesiæ, quam & juxta dispositionem regulæ S. Benedicti Missarum solemniis* &c. Est ordo monasticus.

Cum recentius documentum hujus Appendicis sit Capitulare anni *756.* hæc additamenta in sæculum VIII. referenda videntur.

§. IV.

§. IV.

De collectione Gallicana contenta in MS. Vat. 3827. Versus ex hoc codice editi in funere Lotharii I.

Altera Gallicana collectio, quam in bibliotheca Vaticana vidimus, exstat in MS. Vat. 3827. Codex est formæ quadratæ scriptus ante annos circiter octingentos. Pertinuit ad Ecclesiam Bellovacensem, ut liquet ex notatiuncula subjecta paginæ 92. *S. Petri Bellovacensis est liber iste*. Eo autem libentius hunc codicem describimus, quia præter nonnullas Gallicanas Synodos in antecedenti codice comprehensas posteriorum Synodorum Galliæ seriem prosequitur. In hoc manuscripto Synodi integræ, non autem excerpta continentur. Incipit a Synodo Carpentoratensi anni 527. Dein profert Arausicanam anni 529. Regensem anni 439. Aurelianensem I. anni 511. Aurelianensem III. anni 538. Aurelianensem IV. anni 541. Aurelianensem V. anni 549. & Aurelianensem II. anni 533. quas in præcedenti codice memoravimus. Hoc eodem perturbato ordine quinque Aurelianenses Synodi describuntur etiam in vetustissimo Colbertino exemplo, de quo paragrapho sequenti.

Postea sequitur Concilium Veneticum habitum circa annum 465. quod editum invenies tom. 5. Concil. col. 79. Vasense II. anni 529. & Epaonense anni 517.

Turonense I. anni 461. tom. 5. Conc. col. 73.

Turonense II. anni 567. tom. 6. col. 533.

Matisconense I. anni 581. ibidem col. 657.

Matisconense II. an. 585. ib. col. 671.

Concilium Telenense per tractatus S. Siricii Episcopi Papæ Urbis Romæ per Africam. Est Concilium Zellense, alias dictum Teleptense provinciæ Byzacenæ, quod videsis hoc tomo col. 446. Hoc idem Concilium inter easdem Gallicanas Synodos & cum iisdem lectionibus insertum præfert Colbertina collectio, quam sequenti paragrapho explicabimus.

Concilium Parisiacum, quod celebratum creditur circa annum 557. tom. 6. Concil. col. 491.

Aliud Parisiacum anni 555. ib. col. 487.

Autisiodorense anni 578. ibidem col. 641.

Cabilonense anni 650. tom. 7. Conc. col. 395.

Synodus Verno in palatio facta an. 755. tom. 8. Conc. col. 415.

Suessionensis anni 744. ibidem col. 290.

Epistola Paullini Aquilejensis ad Carolum Regem, & Synodus Forojuliensis, cui idem Paullinus interfuit, anni 791. vel 796. tom. 9. Concil. col. 31.

Hadriani Papæ epistola ad eumdem Carolum de imaginibus. tom. 8. Conc. col. 1553.

Theodulphi Aurelianensis Capitulare a Baronio typis datum, & recusum tom. 9. Concil. col. 183.

Concilium Parisiense anni 829. ibidem col. 702.

Leonis IV. epistola ad Prudentium Episcopum Tricassinum, & alia ad Britannos Episcopos, quæ ambæ ex hoc MS. impressæ sunt, & ibidem leguntur col. 1025. & seqq.

Concilium Tullense apud Saponarias anni 859. ex hoc codice vulgatum a Sirmondo tom. 3. Conciliorum Galliæ, & exinde insertum tom. 10. Conciliorum P. Labbei editionis Venetæ col. 113.

Hic desinunt Gallicana documenta. Subjiciuntur autem in eodem codice sexdecim epistolæ Nicolai I. Summi Pontificis, quæ in editis sunt priores sexdecim ejusdem Nicolai tom. 9. Concil. a col. 1289. usque ad col. 1407. Adduntur ejusdem Pontificis responsa ad consulta Bulgarorum, quæ exstant eodem tomo col. 1534.

In fine caractere antiquo describuntur hi versus scripti in funere Lotharii I. Imperatoris, qui paullo post Leonem IV. Pontificem obiit an. 855.

Cæsar tantus eras, quantus & Orbis.
At nunc in modico clauderis antro,
Post te quisque sciat serviturum,
Et quod nulla mori gloria tollat,
Florens imperii gloria quondam
Desolata suo Cæsare marcet.
Hanc ultra speciem non habitura,
Quam tecum moriens occuluisti.
O quanto premitur Roma dolore
Præclaris subito Patribus orba!
Infirmata prius morte Leonis,
Nunc, Auguste, tuo funere languet
Leges a senibus patribus actas,
Quas elapsa diu raserat ætas,
Omnes ut fuerant ipse reformans,
Romanis studuit reddere caussis,
Tu longinqua satis regna locosque,
Quos nullus potuit flectere Cæsar,
Romanos onerans viribus arcus
Ad civile decus excoluisti,
Quæ te non doluit, Cæsar, obiisse,
Vel quæ non timuit patria vivum?
Sed quæ te timuit patria vivum,
Hæc te nunc doluit, Cæsar, obiisse.
Nam sic lenis eras jam superatis
Et sic vi domitis gentibus asper,
Ut qui non doluit, jure timeret,
Et qui non timuit, jure doleret.
Luge Roma tuum nomen in umbris,
Et defuncta duo lumina luge.
Arcus frange tuos, sicque triumphum
De te Roma tuis hostibus aufer.

Ceteri versus desiderantur.

§. V.

De alia Gallicana collectione, quæ exstat in MS. Colbertino 3368.

HUnc codicem duas partes, seu potius collectiones complecti monuimus cap. 8. ibique primam descripsimus. Nunc restat altera, quam Gallicanas præsertim Synodos continentem huc reservavimus. Hujus notitiam debemus P. Coustantio in præfatione ad tom. 1. epistolarum Romanorum Pontificum n. 102. Præcedit tabula, quæ subsequentium Synodorum nomina, & canonum titulos recenset. Initio referuntur Gallicanæ Synodi hoc ordine: Arelatenses prima, quarta, & secunda, Carpentoratensis, Arausicanæ secunda & prima, Taurinensis, Regensis, Aurelianenses prima, tertia, quarta, quinta, & secunda, Epaonensis, Turonensis I. Matisconenses I. & II. Concilium Telenense, Parisiense tertium, Autisiodorense I. & Cabilonense I. quod postremum Concilium habitum fuit anno 650. Hæc Gallicanarum Synodorum collectio multum concordat cum præcedenti Vat. 3827. uti superiori paragrapho animadvertimus; ac proinde ex iisdem Gallicanis fontibus utraque dimanat. Solum hæc ab illa in eo discrepat, quod Colbertinus codex præfert initio tres Synodos Arelatenses, Arausicanam I. & Taurinensem, quæ desunt in laudato codice Vaticano: contra vero Vaticanus codex quatuor Concilia exhibet, Veneticum, Vasense II. Turonense II. & Parisiense II. & alia quædam posteriora documenta addita post Concilium Cabilonense, quæ omnia in MS. Colbertino non inveniunrur.

In hoc autem post Gallicana monumenta adjiciuntur Synodi Hispanicæ, Eliberitana, Tarraconensis, Gerundensis, Cæsaraugustana, Ilerdensis, Toletana

I. Va-

I. Valentina, Toletana II. III. IV. V. VI. & VII. seu VIII. (notatur enim celebrata *XVII. Kal. Jan. æra DCXCI.* ideſt die *16.* Decembris (anni *653.*) Bracarenſis I. & II. Dein *Sententiæ, quæ in veteribus exemplaribus Conciliorum non habentur, ſed a quibuſdam in ipſis inſertæ ſunt*. Hæ autem ſunt canones 23. quos Agathenſibus adjectos legimus in vulgatis a can. 48. uſque ad 70. tom. 5. Concil. Ven. edit. col. *529*.

Sequuntur Martini Bracarenſis Capitula. Tandem *Eccleſiæ antiquæ Statuta*, quæ hoc tomo edentur. In his tabula deſinit. At in corpore ipſius collectionis ſubduntur tres aliæ Synodi Toletanæ XI. XII. & XIII. Item fragmenta quædam ex Theodori Pœnitentiali, ex S. Gregorii Magni ſcriptis, & ex epiſtola Gregorii III. ad Bonifacium decerpta. Synodi Hiſpanæ ex aliquo codice Hiſpano exſcripta fuerunt. *Statuta* autem *Eccleſiæ antiqua* titulus eſt, quem in ſolis Gallicanis collectionibus invenimus: cumque hæc ſtatuta hoc titulo & ordine inferius edendo non legantur in MSS. Hiſpanis, additamentum ſunt, quod ex alio Gallicano fonte derivat. Hinc ejuſmodi collectionem in Galliis exaratam dubitare non licet. Et ſiquidem non computentur additamenta, quæ præter documenta in tabula indicata poſterius acceſſere, hæc collectio ab origine lucubrata cognoſcitur ſeptimo ſæculo: recentior enim eſt Synodus Toletana VIII. anni *653*.

CAPUT XI.

De collectionibus pertinentibus ad cauſſas Neſtorii, Eutychis, ac præſertim Acacii.

§. I.

De duabus collectionibus ad Neſtorii, & aliis duabus ad Eutychis cauſſam pertinentibus. Primæva Epheſina collectio e MS. Veronenſi deſcripta & ſuppleta.

I. IN Neſtorii cauſſa duæ collectiones potiſſimum celebrantur. Prima eſt illa, quæ cum antiqua verſione Epheſini Concilii plura documenta ante & poſt geſta ejuſdem Synodi exhibet. Baluzius in ea edenda conſilium ceperat inſiſtendi antiquiſſimo exemplari Bellovacenſi; eo quod ipſi (1) conſtitiſſet, ſimili plane exemplo uſum fuiſſe Concilium V. melius dixiſſet, antiquum interpretem Concilii V. Cum vero idem codex eſſet valde mutilus & imperfectus; coactus fuit ſequi alios duos, qui ſani & integri erant, licet a Bellovacenſi & in documentorum numero atque ordine, & in ipſis lectionibus nonnumquam diſſentirent. Aliqua etiam, quæ deerant, aliunde ſupplere debuit. Ejus editionem videſis tom. 4. Concil. Venetæ editionis col. 1. & ſeqq. in qua cum alia hinc & hinc decerpta fuerint, primigeniæ collectionis forma non exhibetur. Nos unum vetuſtiſſimum codicem Bellovacenſi plane ſimilem, ſed integrum nacti ſumus in MS. *56*. Capituli Veronenſis, ex quo plura emendari & ſuppleri poterunt. Titulum ac tabulam capitum, quæ primævam hanc collectionem, & documentorum numerum atque ordinem exhibet, hic appendimus. Epigraphes hæc eſt. *Synodus Epheſena cum epiſtulis ſuis. In hoc corpore continentur.*

I. *Cæleſtini Papæ epiſtola prima ad Cyrillum Epiſcopum Alexandrinum ante collectionem Synodi in Epheſo contra Neſtorium. Triſtitiæ noſtræ* &c. tom. 4. Concil. col. 38.

II. *Ejuſdem Cæleſtini Papæ ante Synodum ad Neſtorium Epiſcopum CP. Aliquantis diebus* &c. Ibidem.

III. *Epiſtola Neſtorii ad Cæleſtinum. Fraterna nobis* &c. Ibidem.

IV. *Epiſtola ſecunda Neſtorii ad Cæleſtinum. Sæpe ſcripſi* &c. Ibidem.

V. Cæleſtini ad Conſtantinopolitanos. *Ad eos* &c. Ibidem.

VI. Ejuſdem ad Joannem, Juvenalem, Rufum &c. *Optaremus* &c. Ibidem col. 40.

(1) Baluz. in præfat. ad verſionem Conc. V. inſerta t. 4. Concil. Ven. edit. pag. 1.

VII. Cælestini ad Synodum Ephesinam. *Spiritus Sancti testatur præsentiam* &c. Ibidem col. 88.

VIII. Commonitorium Papæ Cælestini Episcopis & Presbyteris euntibus in Orientem. *Cum Deo nostro* &c. Tom. 3. Concil. col. 560.

IX. Ejusdem epistola ad Theodosium Augustum de colligenda Synodo. *Sufficiat licet* &c. Tom. 4. col. 90.

X. Ejusdem ad Cyrillum Alexandrinum. *Intelligo sententiam* &c. Ibidem.

XI. *Exemplaria gestorum, quæ acta sunt in sancto Synodo Ephesena Metropoli de recta fide. Post Consulatum* &c. cum data *XI. Kal. Augustarum*, uti allegatur in Concilio Calchedonensi actione 1. non vero *X. Kal. Julias*, uti in vulgato habetur tom. 4. Conc. col. 51.

XII. Theodosii Imperatoris epistola ad Cyrillum Alexandrinum. *Imperatores Cæsares Theodosius* &c. Ibidem col. 53. usque ad illa col. 58. d *consequens est & hæc* (Cyrilli epistola) *legi: & lecta est*: ac desunt *& posita in præcedentibus*: nam ipsa Cyrilli epistola in nostro codice hoc loco inserta legitur, ut ex sequenti numero patebit.

XIII. *Incipit epistola S. Cyrilli ad Nestorium prima. Viri modesti* &c. Ibi col. 15. additurque in nostro codice adnotatio: *Istam primam epistolam* &c. quam Baluzius ex MS. Bellovacensi subjecit col. 16.

XIV. *Altera epistola ad eumdem. Obloquuntur quidam* &c. Ibidem col. 19. Lectiones præfert noster codex, quæ leguntur in Concilio Calchedonensi, in quinta Synodo, ac in MS. Bellovacensi. Postea sequuntur gesta Ephesina, quibus hæ duæ epistolæ erant insertæ: *Et postquam lecta est epistola* &c. uti col. 58. d usque ad illa col. 60. c. *quæ in Nicæa a SS. Patribus exposita sunt*.

XV. Nestorii ad Cyrillum. *Injurias quidem* &c. ipsis actis suo loco inserta. Exstat eodem tom. 4. col. 23. Sequuntur porro interloquutiones: *Et postquam lecta est epistola* &c. ibi col. 60. d. usque ad interloquutionem Juvenalis col. 62. d. post quam sequens epistola lecta fuit.

XVI. Cælestini ad Nestorium. *Aliquantis* &c. Ibidem col. 37. Subjiciuntur interloquutiones Petri & Flaviani col. 62. d. & 63. a. post quas sequens epistola inserta.

XVII. Cyrilli ad Nestorium. *Salvatore nostro dicente* &c. Ibi col. 27. Sequuntur interloquutiones, & alia, quæ ibidem leguntur a col. 63. a. usque ad col. 76. c.

XVIII. Epistola Capreoli Carthaginensis ad Synodum. *Orabam* &c. eadem col. 76. c. Dein sequitur usque ad illa col. 78. c. *ab episcopali dignitate & omni conventu sacerdotali*. Postea ceteris omissis subditur in codice: *Petrus Presbyter Alexandriæ & Primicerius notariorum dixit: Charisius quidam nomine Presbyter & dispensator sanctæ Ecclesiæ Philadelphiæ* &c. cum lectionibus MS. Bellovacensis; ibidem col. 122. d. usque ad ipsius Charisii subscriptionem col. 124. d.

XIX. *Exemplum expositionis symboli transformati. Quisquis vel nunc* &c. col. 125. usque ad verba *fore anathema, sicut supra dictum est*: col. 128. c. post quæ omissis ceteris, quæ perperam hoc loco in vulgatis intrusa sunt, statim subduntur subscriptiones Cyrilli & ceterorum Patrum a col. 129. usque ad col. 134. c.

XX. *Acta excommunicationis Episcopi Joannis Antiocheni, & Episcoporum, qui cum eo fuerunt. Post Consulatum Dominorum* &c. Ibidem col. 94. d. usque ad ea col. 104. c. *agnoscant quæ consequuta sunt*; & loco subscriptionum legitur ut in MS. Bellovacensi: *Et subscripsit Synodus per Episcopos centum nonaginta octo*.

XXI. *Relatio S. Synodi* &c. ut in laudato codice Bellovacensi ibidem col. 111. a. usque ad col. 113. b. cum eadem clausula; *Et subscripsit Synodus per Episcopos centum nonaginta octo*.

XXII. *Exemplar epistolæ scriptæ a S. Synodo ad Archiepiscopum Romanum Cælestinum, significans omnia quæ gesta sunt in ipsa Ephesina Synodo* &c. Ibidem col. 159.

XXIII. *Cælestini ad Theodosium juniorem. Caussis suis* &c. Tom. 3. Concil. col. 1591.

XXIV. *Ejusdem ad Maximianum CP. Vidimus & amplexi sumus* &c. Ibi col. 1593.

XXV. Ejusdem Clero & plebi consistentibus Constantinopoli. *Exultatio matris* &c. Ibidem col. 1594.

XXVI. Ejusdem ad Synodum Ephesinam. *Tandem malorum fine* &c. Ibi col. 1588.

XXVII. *Exemplar sacræ epistolæ per Aristolaum Tribunum & Notarium ad Joannem Episcopum Antiochiæ de pace & adunatione Ecclesiarum. Intentio nostra* &c. ex versione, quæ luxata edita est ex MS. Bellovacensi tom. 4. Conc. col. 176. sed ex nostro codice duas lacunas supplemus sic. Prima lacuna col. 177. lin. 1. *animadvertimus omnibus ad nos concurrentibus tam sanctissimo Episcopo gloriosæ hujus urbis, & omnibus qui inventi sunt hic reverentissimis Episcopis, & universo eorum Clero ad bene pridem adunita acerba passione incedente, quæ devulsa sunt, rectæ fidei membra coaptare; quatenus vos & reverentissimum & sanctissimum Episcopum Alexandrinorum Cyrillum convenientes, invicem deponatis inter vos factam difficultatem & ambiguitatem, promittentibus his quos prædiximus, reverendissimis viris, quod, si subscripseris in depositione Nestorii, & ejus anathematizaveris doctrinam, nulla residebit altercationis occasio; sed statim sanctissimus Episcopus Cyrillus, & tua reverentia, & qui cum ea sunt, & sanctissimus ...... gloriosæ Romæ Episcopus Cælestinus, & omnes, qui ubique sunt rectæ fidei Sacerdotes, tuæ reverentiæ communicabunt* &c. Secunda lacuna ibidem litt. d. *nulla ex episcopalibus constitutionibus, aut depositionibus, aut ex quacumque ordinatione novitas assumatur: sed si quid interea fieri contigit, hoc in quiete manens, imperturbatum catholicæ Ecclesiæ custodiat statum. Sufficiunt enim qui sunt religiosi Clerici, donec perfecta adunitio consequatur ad divina ministeria peragenda. Habere* (leg. *Habe*) *a nobis hæc; & non ambigimus, quod omni robore & omni virtute sinceram & immutabilem videns nostram intentionem, & dignam christiana constantia, pariter acturus & ipse, nullum laborem aut fatigationem, nec injuriæ contemtum, nec oblivionem iræ suscipere recusabis: quatenus ea, quæ a nostra pietate caussa rectæ fidei & sanctarum Ecclesiarum unitatis præcepta sunt, termino tradas. Si autem (quod non credimus) hanc nostram sententiam & secretam voluntatem contemnere propria quadam intentione, aut instantia humanæ passionis conatus fueris, & alia, quæ a nobis jussa sunt, neglexeris; tibi imputabis, quia alacritatem circa continentiam Dei Ecclesiarum tua sanctitas aspernata dignas vicissitudines recipiet.*

XXVIII. *Epistola Joannis Episcopi Antiochiæ ad Cyrillum de pace. Ante hoc* &c. uti ibidem col. 180. ex eodem codice Bellovacensi, cujus lacunas ex nostro codice supplemus. Eadem col. 180. litt. d. *Pro ampliori autem cautela hoc fecimus, quia non poteramus convenientes, quæ decreta fuerant a piissimis nostris Imperatoribus coram ad effectum perducere, demandavimus ei, ut vice nostra & pro nobis & pro persona nostra disponeret quidem quæ pertinent ad pacem, quod præcipuum est. Intimaret autem reverentiæ tuæ expositionem, quæ a nobis consonanter facta est, de humanatione Dei nostri Jesu Christi, quam direximus reverentiæ tuæ per prædictum religiosum virum, quæ est hæc. De Dei autem genitrice Virgine, quemadmodum & sapimus & dicimus, & de modo humanationis unigeniti Filii Dei, necessarie, non additamenti caussa, sed ad satisfactionem proprie desuper tam de divinis Scripturis, quam de traditione Sanctorum Patrum adsumentes habuimus, breviter dicimus, nihil omnino addentes fidei Sanctorum Patrum, quæ in Nicæa exposita est. Sicut enim jam diximus, ad omnem sufficit & pietatis cognitionem & omnem hæreticæ perfidiæ abdicationem. Dicimus autem non præsumentes illicita, sed confessionem propriæ infirmitatis; excludentes eos qui exsurgere volunt contra ea, quæ ultra hominem disceptamus. Confitemur igitur Dominum nostrum Jesum Christum Filium Dei unigenitum, Deum perfectum, & hominem perfectum* &c. Dein col. 181. litt. c. *Consentimus autem & ordinationi sanctissimi & reverentissimi Episcopi Maximiani Constantinopolitanæ sanctæ Dei Ecclesiæ, & omnibus communicamus, qui*

per

per universum orbem terrarum sunt Deo amabiles Episcopi, quanti sunt qui rectam & impollutam habent & custodiunt fidem. Et subscriptio: Salvus pro nobis orans permaneas, Domine Deo amantissime & sanctissime, & omnium carissime Frater.

XXIX. Epistola S. Cyrilli ad Joannem Antiochenum. *Exultent cæli* &c. Ibidem col. 181.

XXX. Epistola S. Xysti Episcopi Cyrillo Alexandrino post pacem factam inter Cyrillum & Joannem. *Magna sumus lætitia* &c. Exstat tom. 3. Conc. col. *1689.*

XXXI. Xystus Joanni Antiocheno. *Si ecclesiastici corporis* &c. Ibidem col. *1695.* Tandem hæc clausula apponitur: *Explicit sancta Synodus Ephesena cum epistolis ad se pertinentibus.*

Alia vero posteriori manu in fine ejusdem codicis legitur Concilium Lateranense sub Stephano III. quod a P. Josepho Blanchinio diligenter transcriptum V. C. Cajetanus Cennius novissime edidit, & P. Dominicus Mansius recusit tom. I. Supplementi Conciliorum col. *641.*

II. Altera collectio est illa, quæ a P. Christiano Lupo vulgata fuit e duobus MSS. Cassinensibus. Est versio plurium documentorum ad Nestorii caussam pertinentium, cujus auctor sub Justiniani imperium scripsit, & se se trium Capitulorum defensorem prodidit. Baluzius eam recusurus doluit, Patrem Lupum *ne admonuisse quidem quem titulum habeat illa collectio in libris Cassinensibus, qui ordo illic custoditus sit, quid a se omissum, quid mutatum. Permulta enim ab eo omissa ac mutata fuisse satis intelligent eruditi lectores.* Sed cum nihil per amicos, & per litteras potuisset obtinere; eam collectionem ex Lupo exscribere compulsus fuit; solumque titulum conjectura ductus præfixit: *Synodicon adversus Tragœdiam Irenæi.* Vide tom. 4. Concil. col. 235. & seqq. Aliud vero ejusdem collectionis exemplar indicatum nobis fuit in MS. Vat. 1319., ex quo alii, quibus vacabit, proficere poterunt. In eo hæc inscriptio legitur: *In nomine Domini nostri Jesu Christi. Incipit translatio primi Ephesini Concilii contra prava dogmata Nestorii almæ Constantinopolis Ecclesiæ. Lege feliciter.*

III. Duæ item collectiones ad Eutychis caussam spectant, de quibus, cum satis sint pervulgatæ, pauca indicare sufficiet. Una est collectio Calchedonensis editionis Rustici, quæ pluribus documentis ante & post gesta instruitur, & a Baluzio exacte descripta est tom. 4. Concil. Ven. edit. col. 1980. & seqq. Confer quæ de Græca hujus collectionis origine ac tempore, nec non de ratione, qua eadem latine compacta fuit, pluribus disseruimus in præfatione ad Epistolas S. Leonis §. 18. tom. 1. pag. 537. Vide pariter quæ de Rustici editione atque codicibus animadvertimus tom. 2. in adnotatione subjecta col. 1518. & 1519. Peculiarem autem & omnium vetustiorem collectiunculam quorumdam documentorum ad Eutychianam caussam spectantium, quam reperimus in unico MS. Vat. 1322. descripsimus in Observationibus ad Dissert. IX. Quesnelli eodem tom. 2. col. 1218. & seqq.

IV. Alia porro collectio ad eamdem caussam pertinens est *Codex encyclius* continens plures epistolas synodicas ad Leonem Augustum, quibus doctrina Concilii Calchedonensis contra Eutychianos vindicata fuit. Hujus collectionis ordo a Baluzio exhibetur tom. 5. Conciliorum col. 33. & seqq. Sed de his satis.

§. II.

De collectionibus in caussa Acaciana. Descriptio duorum codicum Virdunensis & Veronensis.

I. PLura dicenda sunt de peculiaribus collectionibus ad Acacii caussam spectantibus, quæ cum magnam varietatem recipiunt, tum vero non satis exploratæ sunt. Eas collectiones, quæ aliquot ejusdem caussæ documenta aliis item collectionibus inserta continent, jam recensuimus, vel deinceps suo loco memorabimus. Nunc duæ, quæ monumenta solummodo in eadem caussa recepere, præcipuam mentionem requirunt. Primo referendus est Virdunensis codex.

codex. Ex hoc P. Sirmondus plura documenta antea inedita typis dedit.

I. *Edictum sententiæ Felicis Papæ propter Acacii Episcopi damnationem*, quod subjectum reperit *Breviculo historiæ Eutychianistarum*, seu, ut codicum inscriptio præfert, *Gesta de nomine Acacii*. Exstat tom. 5. Concil. Ven. edit. col. 177.

II. Felicis Papæ epistola in vulgatis nona ad Zenonem Augustum. Ibidem.

III. Ejusdem epist. 10. ad Clerum & plebem Constantinopolitanam. Ib. col. 178.

IV. Ejusdem epist. 11. ad Rufinum & Thalasium, ceterosque Monachos circa Constantinopolim & Bithyniam constitutos. Ib. col. 179.

V. Ejusdem epist. 12. ad Zenonem Imperatorem. Ib. col. 208.

VI. Ejusdem epist. 13. ad Flavitam Constantinopolitanum Episcopum, quam licet codex tribuat Gelasio, Sirmondus tamen Felici adscribendam putavit. Ib. col. 210.

VII. Ejusdem epist. 14. ad Thalasium Archimandritam. Ib. col. 213.

VIII. Ejusdem epist. 15. ad Vetranionem Episcopum. Ibidem.

IX. Fragmentum epistolæ ejusdem Pontificis ad Andream Episcopum Thessalonicensem. Ib. col. 216.

X. Gelasii tractatus acephalus, qui inter hujus Pontificis epistolas describitur num. 14. Ibidem col. 338.

Alia antea impressa, idem codex continet, in quorum editione identidem allegatur. Sed cum eorum seriem, quæ in eo codice exhibetur, nec Sirmondus, nec alius quispiam prodiderit, plura de eo dicere nequimus.

II. Codex Veronensis Capituli signatus num. 46. qui Acacianorum documentorum præstantissimam collectionem continet, est formæ quadratæ. Caracteris specimen dedit P. Joseph Blanchinius tomo 4. Operum Sirmondi editionis Venetæ post paginam 579. Initio una tantum pagina caret, quæ catalogum Pontificum præferebat usque ad Anastasium II. Altera pagina, quæ nunc prima est, eumdem catalogum prosequitur ad Vigilium usque. Hujus fragmentum editum est a V. C. Francisco Blanchinio tom. 3. Anastasii pag. 209. a Muratorio tom. 3. Rerum Italicarum, & emendatius a P. Josepho Blanchinio in Enarrat. Pseudo-athanasiana in symbolum pag. 104. Hinc autem codicis ætas, videlicet paullo post Vigilii mortem, colligere licet. Huic Pontificum catalogo libri S. Hieronymi, & Gennadii de Viris illustribus una numerorum serie subjiciuntur. Tandem hæc Acaciana monumenta proferuntur.

I. *Narrationis ordo de pravitate Dioscori Alexandrini*. Est in collectione hoc tomo impressa cap. 43.

II. *Dilectissimo fratri Achacio Simplicius*. Est in eadem collectione cap. 44.

III. *Exemplum epistolæ, quem* (l. *quam*) *misit Achacius ad S. memoriæ Simplicium Papam Romanæ urbis, ubi damnatum retulit Petrum Alexandrinum*. Ibidem cap. 45.

IV. *Felix Episcopus sanctæ Ecclesiæ catholicæ V. R. Achacio*. Ibi cap. 46.

V. *Thomus de anathematis vinculo Papæ Gelasii*. Ibi cap. 47.

VI. *S. Gelasii commonitorium Fausto Magistro fungenti legationis officium Constantinopolim*. Ibi cap. 48.

VII. *Epistola S. Gelasii Episcopi ad Anastasium Imperatorem*. Et in fine: *Explicit Papæ Gelasii ad Anastasium Principem*, Ibi cap. 49.

VIII. *Incipit rationis reddendæ Achacium a Sede Apostolica competenter fuisse damnatum. Dilectissimis fratribus universis Episcopis per Dardaniam constitutis Gelasius*. Hæc autem clausula in fine additur: *Expl. rationis reddendæ Achacium a Sede Apostolica competenter fuisse damnatum, nec posse quemquam sine discrimine animæ suæ ejus communionis participem effici*. Ibi cap. 50.

IX. *Inc. de eadem ratione reddenda ad Episcopos Orientis*. Ibi cap. 51.

X. *Exemplar rationis reddendæ B. Gelasii Papæ de evitanda communione Achacii missa ad Orientales Episcopos*. Et in fine: *Explicit B. Gelasii de evitanda communione Achacii*. Hic prolixus tractatus ex hoc unico codice editus

tus est a Marchione Maffejo sub nomine Felicis III. tom. 5. Concil. Ven. edit. col. 185. ac eodem tempore cum titulo Gelasii a Josepho Blanchinio tom. 4. Operum Sirmondi Venetæ edit. pag. 553. ac tandem repetitus in Appendice Historiæ Theologicæ laudati Marchionis Maffeji pag. 220. editionis Tridentinæ.

XI. *Inc. epistola S. Gelasii ad Ephimium* (lege *Euphemium*) *Constantinopolitanum. Dilectissimo fratri Euphimio Gelasius*. Edita fuerat a Merlino ex MS. Additionum Isidori. Est ejusdem Pontificis epistola prima tom. 5. Conc. Ven. edit. col. 284.

XII. *Epistola Papæ Gelasii ad Succonium Episcopum Afrum apud Constantinopolim constitutum, qui persecutionem Arrianorum de Africa fugiens Constantinopolim, improvide communicando, in prævaricationem Calchedonensis Synodi arguitur corruisse, ut corrigat*. Ex hoc eodem codice primum prodiit curante Francisco Blanchinio tom. 3. Anastasii col. 50. dein recusa a March. Maffejo tom. 5. Concil. col. 205. & a Josepho Blanchinio tom. 4. Sirmondi col. 572. ac tandem in Appendice Hist. Theolog. pag. 234.

XIII. *Incipit epistola B. Papæ Gelasii ad Natalem Abbatem. Dilectissimo filio Natali Abbati Gelasius Episcopus*. Prodiit ex eodem pariter codice in eisdem editionibus post præcedentem. Codicis antiqua manus in hac epistola desinit.

Quatuor documenta in hac collectione sunt, quæ in MSS. collectionis hoc tomo edendæ desiderantur. Inter hæc autem tria in uno codice Veronensi nobis conservata fuerunt.

§. III.

De integra collectione omnium, quæ hactenus prodierunt, documentorum in caussa Acacii. Quædam spuria notantur, & a Græco conficta ostenduntur ante Synodum quintam. Duæ epistolæ perperam inscriptæ. De tribus fragmentis a Baluzio editis.

I. SI quis omnium, quæ ad Acacianam caussam spectant, integram collectionem vellet compingere; decem & septem monumenta sub Simplicio præmittenda essent, nimirum ab epist. 4. ejusdem Pontificis usque ad 19. Tum sub Felice III. documenta duodecim, nimirum epistolæ prima, secunda, sexta ipsius Felicis, atque decima usque ad decimam quintam. Præterea libellus citationis ad Acacium per Vitalem & Misenum transmissus, qui legitur tom. 5. Conc. col. 217. Item alius libellus a Felice Papa decreto Concilii ad Leonem Imperatorem transmissus. Ibidem col. 218. Hi vero libelli in MSS. duarum collectionum Barberinæ 2888. ac Additionum Dionysii, unde editi fuerunt, sic inscribuntur: *Item epistola Felicis Papæ ad Acacium supradictum Constantinopolitanæ urbis Episcopum. Item ad Imperatorem Zenonem ad libellum Episcopi Joannis Ecclesiæ Alexandrinæ*. Mox subjicienda epistola Synodi Romanæ ad Presbyteros & Archimandritas Constantinopolis & Bithyniæ. Ibidem col. 247. In Appendice autem addendæ erunt, si libeat, undecim aliæ epistolæ, quas supposititias probabimus, nimirum epistolæ tertia & quarta Felicis III. ad Petrum Antiochenum, ac quinta ad Zenonem Imperatorem. Tum epistola Quintiani Episcopi Asculani ad Petrum Antiochenum. Ibi col. 219. Alia Justini Episcopi Siciliæ ad eumdem. Ib. col. 225. Alia Flaviani, sive Flacciani Episcopi Rhodopensis ad eumdem. Ibi col. 227. Item Acacii Episcopi CP. ad eumdem Petrum: col. 230. Antheonis Episcopi Arsinoes ad eumdem col. 233. Fausti, seu Faustini Episcopi Apolloniadis ad eumdem col. 235. Pamphili Episcopi Abydorum ad eumdem col. 239. & Asclepiadis Episcopi Tralliani ad eumdem col. 241. Post hæc describenda erunt quindecim documenta sub Gelasio, videlicet epistola ejusdem prima in editione Conciliorum Veneta tom. 5. secunda, tertia, quarta, octava, undecima, decimatertia, decima quarta, decima quinta, tomus de anathematis vinculo, alia epistola ex schedis P. Hieronymi Vignerii. Ibidem col. 384. Tria documenta ex codice Veronensi post Felicis III. epistolas ibidem edita col. 185. & 205.

& 205. quæ licet in codice Gelasio adscribantur, primum tamen & secundum Felici adjudicata fuerunt : ac tandem Synodus Romana, in qua Misenus absolvitur. Ibidem col. 397. Nec prætermittenda erit epistola Anastasii II. ad Anastasium Augustum, ibi col. 406. addendusque libellus Apocrysariorum Alexandrinorum apud Constantinopolim degentium traditus Legatis Romanæ Sedis col. 412. Postea jungendæ duæ epistolæ sexta & octava Symmachi, & alia epistola Orientalium ad Symmachum col. 433. Collectionem claudent plures epistolæ Hormisdæ, quibus pax conciliata fuit, cum aliis documentis præmissis vel insertis inter ejusdem Pontificis epistolas, quæ incipiunt ab epistola Anastasii ad Hormisdam col. 561. & prosequuntur usque ad relationem Epiphanii Constantinopolitani ad Hormisdam col. 685.

Undecim documenta apocrypha.

II. Inter epistolas sub Felice III. undecim veluti supposititias in appendicem rejiciendas monuimus. Decem ex his, quas antea recensuimus, græce & latine editas habemus : illa enim Flaviani seu Flacciani latine tantum prodiit. Latinus textus etiam epistolarum Felicis III. originalis non est, sed versio antiqua ex Græco. Duplex autem versio distinguenda. Alia enim a Merlino impressa eum Græcum textum pro originali habuit, qui a Binio & Frontone Ducæo inventus in MSS. exemplaribus, quæ Constantinopolitanam Synodum sub Menna continebant, typis datus fuit anno 1618. Hæc versio antiqua, sed valde barbara, Flaviani seu Flacciani epistola caret, sicut in Græco etiam vulgato inventa non fuit. Legitur vero hæc epistola ex alia vetustiore interpretatione, quam exhibent codices collectionis Avellanæ. Hæc autem tres ex iisdem epistolis præterit, duas Felicis Papæ, tertiam & quintam, nec non illam Acacii. Post versionem vero epistolæ quartæ Felicis ad Petrum Antiochenum hæc notatio in eadem collectione subjicitur, quæ versionem ex Græco confirmat. *Quia cum aliorum litteris ad eumdem Petrum directis in Græco volumine invenimus de Latino translatas, quas nunc iterum de Græco in Latinum necessitate compulsi transferentes descripsimus propter hæreticorum insidias, & supradictis epistolis ejusdem Papæ connectimus.* Hanc notationem profecto vidit ac respexit Anastasius, cum in epistola præmissa Collectaneis scripsit : *Unde notandum, quod nonnulla, quæ latine fuerunt edita, Latinitas funditus mole oblivionis obruta deplorasset, nisi ex Græcorum post fonte librorum hæc hausta sitibundo pectore resumsisset ; sicut epistolam B. Papæ Felicis in Petrum sententiam proferentem Antiochenum damnationis.* Ipse ergo vetustissimus auctor collectionis Avellanæ inter tot rarissimas Romanorum Pontificum epistolas, quas e Romanis, ut videtur, scriniis hausit paullo post Vigilium Papam, hanc Felicis III. epistolam quartam latine scriptam invenire non potuit : eamque cum ceteris memoratis ad Petrum Fullonem Antiochenum scriptis e Græco derivare compulsus fuit. Hoc non leve suppositionis indicium est.

Duæ antiquæ versiones.

Suppositio documentorum probatur.

III. Has quidem omnes epistolas supposititias esse luculenter probavit Henricus Valesius cap. 4. Dissertationis de Petro Antiocheno & de Synodis adversus eum congregatis. Evidens imposturæ argumentum quantum ad tres epistolas Felici III. attributas illud est, quod cum is anno 484. communione & episcopali gradu privasset Acacium ; fieri non potuit, ut in litteris postea scriptis tertia & quinta ipsum vocaret *Dei amantissimum* ac *religiosissimum Antistitem*, & epist. 4. velut legitimum Constantinopolitanæ Sedis Episcopum præferret. Frustra vero hanc rationem elidere nititur P. Antonius Pagius ad annum 478. n. 4. ubi pro Felice III. Simplicium substituit. Nam præter quam quod Felicis nomen constanter exhibent tum Græcus textus, tum utraque Latina antiqua versio ; ipsæ ad Petrum Fullonem epistolæ in litteris Quintiani & Justini non Simplicio, sed Felici tribuuntur. *Multis Episcopis præmonentibus*, inquit Quintianus, *maxime sanctissimo Archiepiscopo Felice* : quibus verbis epistola tertia Felicis jam scripta innuitur. Et Justinus : *Ne qui nobis præest, Felix, sententiam secundum canones contra te ferat* : ubi epistola Felicis quarta jam jam scribenda indicatur, cui quidem epistolæ Felicis nomen præfixum legit etiam Cyrillus Scythopolitanus in S. Sabæ Vita num. 32. cum eumdem Petrum *a Felice Papa perculsum* tradit propter additamentum trisagii, de quo omnes hæ supposititiæ epistolæ disserunt. Adde quod neque Simplicius cum Petro Fullone communicavit umquam, eidemque, cum Antiochenam Sedem, se Pontifice, secundo invasit, maxime obstitit, ut ne ad ipsum amicas litteras dederit. Alia plura vide apud P. Michaelem Lequien Dissert. 4. Damascenica: qui jure etiam conjecit, omnes has epistolas græce compactas fuisse ab aliquo Monacho Accemeta, cum ante quintam Synodum effervescebat controversia circa propositionem *Unus de Trinitate passus*, quam cum Accemetæ impugnarent acerrime, his litteris additamentum trisagii reprobantibus se se munire fategerunt. Græcum quidem, non vero Latinum harum litterarum auctorem fuisse, nonnulla confirmant. Primo in epist. 3. Felici Papæ tributa commemoratur illa hominum sponsio, qua *sancti baptismatis tempore promiserunt credere IN UNUM DEUM omnipotentem... IN UNUM DOMINUM JESUM CHRISTUM* &c. Hæc Nicænum utique symbolum indicant, quod etsi Græci in baptismate recitarent; hic tamen ritus Latinis adeo erat ignotus, ut S. Leo olim ex Latinorum ritu crediderit, apostolicum symbolum *per totum mundum omnium regenerandorum voce depromi*. Vide epist. 28. ad Flavianum cap. 1. Nonne hinc Græcus auctor Græci ritus peritus proditur? Porro in epistola quinta Felicis ad Zenonem Augustum legitur: *Eustathiique Confessoris ac præsidentis* προέδρου *trecentorum decem & octo Patrum, qui in Nicæa convenerunt*. Quis Romanum Pontificem Eustathio Antiocheno præsidendi in generali Synodo prærogativam tribuisse existimet? Quintiano, qui Asculanus, seu Latinus Episcopus præfertur, haudquaquam congruunt illa, quæ, cum Græcis vocibus *Eutychis* & *Atychis*, earumque Græcis significationibus innituntur, Græcum scriptorem referunt. Cyrillus porro Scythopolitanus S. Sabæ discipulus, quem Felicis litteras commemorasse vidimus, harum suppositionem Synodo quintæ anteriorem satis declarat: quod idcirco monuimus, ne cui mirum sit, si epistola quarta Felicis ab eodem Cyrillo laudata in manus venerit auctoris collectionis Avellanæ; qui paullo post Concilium V. eam cum aliis ad eamdem caussam pertinentibus latinitate donavit, suæque præstantissimæ collectioni inseruit.

[Margin: Ea documenta a Græco conficta. — tom. 5. Concil. col. 158. e — Ibidem col. 166. a — Ib. col. 224. a b. — Conficta ante Synodum V.]

IV. De epistolis perperam inscriptis pauca. Epistola quarta Simplicii ex MSS. laudatæ collectionis Avellanæ ad Zenonem Augustum data præfertur, ex codice autem Virdunensi ad Basiliscum. Hanc secundam inscriptionem veram esse late probarunt P. Antonius Pagius ad annum 466. num. 11. ac Tillemontius not. 2. in vitam Acacii. Epistola 13. Felicis ad Flavitam CP. in codice Virdunensi, ex quo edita fuit, Gelasio perperam adscribitur, uti manifeste probavit P. Sirmondus, qui idcirco Felicem pro Gelasio substituit. Tria fragmenta epistolæ Anastasii II. ad Ursicinum ex duobus MSS. Bellovacensi & Corbejensi vulgavit Baluzius. Hic Ursicinus Dardaniæ, aut alicujus Illyricianæ provinciæ Episcopus fuisse videtur: ejus enim meminit Gelasius in epist. 3. ad Dardanos inquiens: *His igitur incitati per fratrem & Coepiscopum nostrum Ursicinum præsentia dirigere scripta curavimus*. Eadem vero tria fragmenta inserta leguntur epistolæ secundæ ejusdem Pontificis ad Laurentium de Lignido: in qua tamen secundum fragmentum præcedit, tum duo alia sequuntur primum & tertium. Cum vero Lignidum urbs locata in Macedoniæ finibus, seu in Epiro nova ad Illyricum pertineat; eam Gelasii epistolam encyclicam credimus ad Illyricianos directam, quæ proinde tum ad Ursicinum, tum ad Laurentium de Lignido pervenerit: ac proinde tria illa fragmenta Anastasio II. perperam inscripta sunt.

[Margin: tom. 5. Concil. col. 411. — Tria fragmenta Anastasio II. perperam tributa, Gelasio asseruntur.]

§. IV.

De epistolis, additamentis, & tractatibus Gelasianis, qui in dubium a nonnullis vocantur.

I. NOn pauca dicenda sunt de iis documentis in Acaciana caussa editis, quæ licet sincera sint, in suspicionem tamen a nonnullis adducuntur. Nihil opus est divagari contra Dupinium, qui singulari confidentia ausus est veluti spurias traducere tres epistolas, unam Felicis III. ad Acacium, quæ in vulgatis Conciliorum inscribitur *libellus citationis* &c. alteram ejusdem Pontificis

[Margin: tom. 5. Conc. col. 217.]

Ib. col. 218.

Ib. col. 247.

ficis ad Zenonem Imperatorem, quæ ibidem edita est cum titulo *libellus* &c. ac tandem epistolam ad universos Presbyteros & Archimandritas Constantinopoli & in Bithynia consistentes, quæ scripta fuit ex Romana Synodo anni 485. adversus Acacium: simulque hanc Synodum supposititiam declarat. Duo enim priora documenta satis superque vindicant duæ antiquæ collectiones, in quibus continentur, nimirum collectio Vaticano-Barberina, & Additiones Dionysii: tertium vero tuetur præstantissima collectio Avellana. Dupinii autem cavillationes luculenter disjicit P. Bernardus de Rubeis in Dissertatione *de una sententia damnationis in Acacium* §. 12. & 19. Nihil pariter laboramus circa epistolam Gelasii ad Succonium e MS. Veronensi typis edita, quæ si ab eo scripta dicatur, antequam Episcopi Afri ab exilio revocarentur, nihil oberit, quin eidem Pontifici, ut codex præfert, adjudicetur. Gelasius enim ad Pontificatum promotus fuit anno 492. illi vero fuerunt revocati mense Augusto anni 494.

Longior epist. Gelasii ad Dardanos interpolationis accusata.

II. Gelasii epistola ad Dardanos, quæ brevior describitur in codicibus collectionis hoc tomo edendæ cap. 50. sicut & in MS. Veronensi, & apud Isidorum, in quem ex laudata collectione traducta fuit, in recentioribus editionibus Conciliorum non exigua additamenta recepit. Hæc additamenta interpolationis accusavit Quesnellus ea notatione, quam laudato capiti 50. ab ipso subjectam hic inserimus. *Gelasii non esse dimidiam illam paginam, & superiores, quibus alias editiones ista ampliores esse antea monuimus, vehementer suspicor. Ad hanc quod attinet, nihil aliud habet quam varia exempla Pontificum, qui sæculares Principes christiana libertate vel adierunt ipsi, vel litteris adhortati sunt, quæ facile addita sunt aliena manu. Deinde quod ait S. Ambrosium Theodosio communionem suspendisse, recentioris stili esse mihi videtur. Quod a Leone Papa asserit Theodosium Ephesino latrocinio excedentem libere esse correptum, falsissimum est. Quod denique se ipsum ait Odoacri iniqua præcipienti non paruisse, cum temporum ratione conciliari non potest; Odoacer enim anno 490. hoc est biennio antequam Gelasius Papa Sedem Apostolicam teneret, a Theodorico ita devictus est, & ad mortem usque Ravennæ inclusus, ut Gelasio Papæ nihil vel iusti, vel injusti præcipere potuerit*. Hanc eamdem opinionem suscipiens Marchio Maffejus in Supplemento Acaciano, aliam objectionem adjecit ex iis addititiis verbis: *Ecce nuper Honorico Regi Vandalicæ nationis vir magnus & egregius Sacerdos Eugenius Carthaginensis Episcopus, multique cum eo catholici Sacerdotes constanter restiterunt sævienti ..... hodieque persequutoribus resistere non omittunt*. Cum epistola ad Dardanos signetur anno 495. haud videt Vir clarissimus, quomodo *nuper* contigisse dici potuerit, quod ante annos saltem XI. evenerat (Hunericus enim anno 484. e vivis excessit:) nec ei anno 495. competere posse existimat, *hodieque resistere non omittunt*, cum præcedenti anno 494. Guntamundus Hunerici successor Episcopos ab exilio revocasset. Cum porro multa ex iis, quæ inseruntur ad defensionem sententiæ in Acacium, concinant cum alio tractatu, seu epistola e MS. Veronensi ab eodem vulgata, ac Felici tributa; hæc ex Felicis litteris sumta, ac Gelasii epistolæ intrusa suspicatur.

Vindicatur.

III. Hæc quoque nos olim movebant, quamdiu hujus auctioris epistolæ fontem ignoravimus. At Romæ inspicere & expendere licuit codices præstantissimæ collectionis Avellanæ, ex quibus ea edita fuit. Ipsius collectionis antiquitas, & multo magis ea rarissima & sincera documenta, quæ auctor collegit, quæque a nemine vocantur in dubium, hanc quoque auctiorem epistolam ex sincero fonte haustam satis defendunt. Antiquius vero testimonium accedit ex Facundo Hermianensi, qui ante hanc collectionem eamdem epistolam ex auctiori exemplo allegavit, lib. 5. c. 4. *Gelasius*, inquit, *scribens universis Episcopis per Dardaniam constitutis .... sic dicit: Sit clara urbs illa potestate præsentis imperii*: & prosequitur longum textum describens additamenti, quod in vulgatis Conciliorum legitur tomo 5. col. 333. b. c. Ante collectionem igitur Avellanam hæc epistola cum additamentis prodierat.

Duo ejusdem epistolæ exempla alterum altero auctius.

IV. Neque novum est unius ejusdemque epistolæ duo exempla aliquando reperiri, quorum alterum secunda ipsius auctoris manu additamenta receperit. Vide quæ diximus in admonitione ad Leonis epistolam 12. num. 10. & 14.

Hoc vero auctius exemplum cum & clausulam, & chronicam notam præferat, ad ipsos Dardanos missum videtur: alterum vero brevius primum fuisse, quod Gelasius prioribus curis paraverat, non tamen perfecerat. Auctoris quidem manus in epistola perficienda satis aperte detegitur, cum quædam loca aliis verbis reformata in auctiori epistola deprehendantur, alia nunc paucis, nunc pluribus aucta, alia etiam omissa, aliterve expressa, cum additamentis insertis prioris exempli verba non congruerent: quod præsertim observavimus not. 14. 33. & 35. in cap. 50. collectionis edendæ. Interpolatores tanta circumspectione ac libertate uti non solent.

Respondetur objectis. V. Quæ autem objiciuntur, non tanti sunt, ut interpolationem a Gelasio alienam evincant. Quod Quesnellus recentioris stili notat formulam *communionem suspendit*, levissimum est. Miramur porro *falsissimum* traduci, a Leone Papa Theodosium juniorem latrocinio Ephesino patrocinantem *libere fuisse correptum*; cum correctio modesta quidem, sed libera palam elucescat in ejus ad eumdem Theodosium epistolis, quibus se se Ephesino latrocinio apertissime opponens, ipsum Imperatorem ab ejus pseudo-Synodi patrocinio removere studuit. Difficilius videtur, quod de Odoacre Gelasius scribit: *Nos quoque Odoacri barbaro hæretico regnum Italiæ tunc tenenti, cum aliqua non facienda præciperet, Deo præstante nullatenus paruisse manifestum est*. Pronomen *nos* de pontificia dignitate accipi potuit, quæ in omnibus Romanis Pontificibus una eademque est. Vide admonitionem in epist. 1. S. Leonis num. 25. Ita cum Bonifacius I. in epist. 15. ad Rufum ait: *Theodosius Nectarii ordinationem, propterea quia in NOSTRA notione non esset, habere non existimans firmitatem, missis e latere suo aulicis cum Episcopis, formatam huic a Sede Romana dirigi regulariter depoposcit, quæ ejus Sacerdotium roboraret:* voces *in nostra notione*, quæ ad prædecessorem Damasum referuntur, non de se, at de apostolica dignitate sibi & Damaso communi accepit. Similiter Leo II. in epistola ad Episcopos Hispanos scribens: *De diversis autem Conciliis huic sanctæ Apostolicæ Sedi, cujus ministerio fungimur, subjacentibus Archiepiscopi sunt A NOBIS destinati*, ut sextæ Synodo œcumenicæ interessent; qui tamen a prædecessore suo Agathone destinati fuerant: pronomen *Nobis* pro Apostolica Sede, *cujus ministerio fungebatur*, perspicue sumsit. Ut autem aliis aliorum Pontificum exemplis omissis ad Gelasium accedamus, cum is in epistola ad Orientales inserta cap. 51. collectionis edendæ num. 2. ait: *Nec apud NOS Petro ullatenus absoluto, quem damnasse NOS novimus*: & n. 12. *Queruntur A NOBIS Acacium fuisse damnatum* (quæ sub Felice III. contigerant:) pronomina *nos* & *nobis* pro apostolica & pontificia dignitate certissime accepit: neque enim ipse, sed Felix III. utrumque damnaverat. Quod si quis hac de caussa dubitandum putet, num hæc quoque epistola Gelasii sit; aliud exemplum afferri potest ex commonitorio ad Faustum, quod cum decessorem Felicem memoret, Gelasii esse nemo dubitare potest. In hoc vero cap. 4. legitur: *Illud autem nimis est impudens, quod Acacium veniam postulasse confingunt, & NOS exstitisse difficiles*: ac mox de Andromaco, quem Felix in Orientem direxerat, ait: *A NOBIS abundanter instructus est, ut cohortaretur Acacium deposita obstinatione resipiscere* &c. Has periodos interpolationi tribuere imbecillimum est. Aliud exemplum exploratius proferemus ex alio tractatu, seu epistola ad Orientales e Veronensi codice edita, quæ licet Gelasii nomen in MS. præferat, Felici tamen in vulgatis Conciliorum adscripta fuit. In rem vero præsentem animadvertenda sunt hæc verba, quæ Orientalium objectionem exprimunt: *Sed & tunc, inquit*, (leg. *inquis*) *Acacius TECUM communicabat, quando Timotheus hæreticus, vel iste Petrus sub tyranno Basilisco Alexandrinam tenebat Ecclesiam*. Respondet Pontifex: *Vere dicis, sed is tunc Acacius minime communicabat, & in MEA communione durabat*. Voces *Tecum* & *Mea* non ad scribentis personam, sed ad Apostolicam Sedem & pontificiam dignitatem apertissime referuntur. Sive enim Gelasius, sive Felix hujus epistolæ auctor credatur; hæc quæ de Timotheo Æluro, ac Petro Mongo narrantur, Simplicii tempora respiciunt. Felix nimirum Simplicio successit anno 483. Basiliscus occupato imperio anno 476. eodem anno Timotheum in Alexandrina Sede locavit, qui pulso Basilisco anno 477. exinde in exilium eje-

Marginal notes: Pronomen *nos* de Pontificia Sede sumtum. — tom. 7. Conc. col. 1456. c.

ejectus fuit, ibidemque veneno interiit. Hoc dejecto Petrus Mongus eamdem sedem invasit: sed is quoque paullo post exturbatus fuit ab Imperatore Zenone, Timotheusque Solofaciolus Episcopus catholicus restitutus: qua de re ad Simplicium Pontificem Acacius scripsit anno 478. Solofaciolo vita functo anno 481., subrogatus fuit á catholicis Joannes Talaja. Tum Acacius cum Zenone Augusto egit, ut Petrum Mongum revocaret: quod inter Romanam Ecclesiam & Acacium magni dissidii origo fuit. His præmissis palam fit, voces *Tecum*, & *Mea*, nimirum Acacium *sub tyranno Basilisco*, idest inter annum 476. & 477. TECVM *communicasse*, & *in* MEA *communione durasse*, quæ unius Simplicii ætati conveniunt, nedum ad Gelasii, sed nec ad Felicis personam posse referri. Quòd si nihilominus hæc epistola Simplicio tribui nequit; ea utique verba non de persona hujus, vel illius Pontificis, sed de dignitate omnibus communi sumta fuisse manifestum est. Cum porro vox TECVM hoc sensu ab Orientalibus usurpata sit in litteris sub Felice, vel Gelasio scriptis; nihil mirum si Gelasius eorumdem Orientalium objectis respondens simili ratione sibi utendum credidit, ut voces NOS & MEA de pontificia dignitate in eorum sensum acciperet.

VI. Cum vero in additamentis epistolæ ad Dardanos, de quibus nunc agimus, Gelasius quædam gesta commemoret prædecessorum suorum Leonis, Hilari, Simplicii, atque Felicis propria; voces *nos quoque* ad Odoacris tempus relatæ, aliquid ipsius Gelasii peculiare videntur innuere. Quamvis Odoacer ante Gelasii Pontificatum Ravennæ obsidionem passus fuerit; nondum tamen victus, nec omnes ejus copiæ superatæ: nec ante ejus mortem, quæ incidit in annum 493. Theodoricum intra Italiam proprie dictam Romæque regnum obtinuisse probatur. Fieri ergo potuit ut Gelasio ad Pontificatum evecto ineunte anno 492. Odoacris ministri, quibus Roma suberat, aliquod præceptum ejus urgerent, cui ille obstiterit. Forte etiam de præcepto sermo est, quod non solum Pontificem, sed Romanum quoque Clerum respiceret, cuique Gelasius ipse ante Pontificatum inter digniores Clericos parere noluerit.

VII. Illud porro, quod *nuper* contigisse traditur, ita rem, quæ ante annos undecim evenerat, indicare potest; sicut in alia Gelasii epistola ad Anastasium cap. 7. illa verba *Nestorio nuper ejecto* factum exprimunt, quod acciderat ante annos sexaginta. Illa vero *hodieque* (idest anno 495.) *persequutoribus resistere non omittunt*, non de Hunerico, sed de Arianis Episcopis accipienda sunt, quos *persequutorum* appellatione designatos, & apud Guntamundum potentes, adversus catholicos Episcopos ex exilio revocatos plura tentasse dubitare non licet. Procopius quidem de Bello Vandalico cap. 8. persequutionem sub Guntamundo haud omnino conquievisse tradit. Nihil ergo superest, ex quo hæc Gelasianæ epistolæ additamenta, antiquissimæ collectionis Avellanæ, ac Facundi Hermianensis auctoritate probata, in suppositionis aut interpolationis suspicionem vocentur.

VIII. Integra hac epistola ad Dardanos in tuto posita, facilius erit de reliquis judicium promere. Cum in eadem epistola cap. 10. Gelasius spondeat, fore ut *eadem latius*, *si Dominus concesserit facultatem*, *studeamus exponere*; ampliorem de eadem caussa tractatum pollicetur. Hunc tractatum esse credimus illum, qui cap. 51. collectionis huic tomo inserendæ statim post eam epistolam subjicitur. Quodsi non ita prolixus est, ut vox *latius* significare videtur; animadvertendum est acephalum esse, adeo ut plura initio desiderentur. Forte etiam Gelasius eum nec perfecit, nec edidit; sed ut in schedis ejus inventus fuit, prodiit in lucem. Tria alia opuscula acephala Gelasio inscripta in vetustissimis MSS. exemplaribus reperta fuere, quæ majorem difficultatem faciessunt. I. Tomus de anathematis vinculo, qui in edenda collectione exhibebitur cap. 47. II. Exemplar rationis reddendæ B. Gelasii Papæ de evitanda communione Acacii ad Orientales Episcopos; quod e Veronensi codice editum fuit. III. Fragmentum longum ejusdem Gelasii a Sirmondo erutum e MS. Virdunensi. Tomum de anathematis vinculo in dubium revocat Tillemontius art. 6. in Euphemii CP. vita. Negari quidem nequit, quin hoc opusculum præter abruptum initium quædam contineat, quæ neque cum titulo de anathematis vinculo, neque cum reliqua oratione cohærere videntur. Capite primo & secun-

Tomus Gelaſ. de anathematis vinculo defenditur.

secundo de decretis Calchedonensibus agitur, quæ vel omnia probanda, vel si ex parte repudianda sint, ex toto firma esse non posse dicebantur. Tum capite 3. ad thema de excommunicationis vinculo sine ullo apto nexu, & sine idonea introductione transitur: In fine autem sexti capitis verba *quod Sedes Apostolica* &c. ad argumentum primi & secundi capitis redeunt, eaque hoc loco perperam inserta sunt. Quæ enim in sequentibus capitibus subjiciuntur, ad propositum de anathematis vinculo pertinent. Si vero animadvertatur, hoc opusculum imperfectum esse; facile erit intelligere, cur de omnibus ratio afferri non possit. Conjicere tamen licebit. Cum in antiquissimis collectionibus atque codicibus, qui a Gelasii ævo modicum distant, idem opusculum huic Pontifici adscribatur, eidemque tum materies, tum sententiæ, ac stilus conveniant; jure dubitari nequit, quin ex schedis ejus sumtum fuerit. Forte vero cum in iisdem schedis non esset perfectum, sed prima manu paratum, &, ut fit in primis fetibus, aliquot separatis foliis scriptum, nec omnino compactum atque connexum; collector non omnes partes nactus est, easque quas invenit, minus apte disposuit. Duo prima capita eatenus ad anathematis vinculum pertinere possunt, si Orientales opposuisse credantur, ita a Pontifice solvi posse anathema in Acacium ex Synodi Calchedonensis decreto editum, sicut canon ejusdem Synodi de Constantinopolitanæ Sedis prærogativis a Romanis Pontificibus solutus fuerat. Huic objectioni respondet Gelasius, aliam rationem esse de decreto fidei Calchedone edito, quod Scripturæ ac traditioni consonum Romana Sedes confirmavit, ac inconcussum robur obtinuit; aliam vero de canone, quem multis ex capitibus infirmum eadem Sedes rejecit. Sententia autem in Acacium cum decretum fidei respiciat, solvi non posse contendit, nisi error ob quem lata fuit, deseratur. Si non intercidisset opusculi initium, hæc, ut credimus, manifestius paterent. Ea porro, quæ leguntur in fine capitis sexti, *Quod Sedes Apostolica non consensit* &c. extra proprium locum inserta, capiti secundo adnectenda videntur. Tum vero illa capitis tertii, *Peccatori homini mors illata est* &c. aliquo nexu indigent, ut cum præcedentibus ac subsequentibus connectantur, ac transitus fiat ad sententiam in Acacium latam, ac præfixam errori, qui in Calchedonensi Synodo damnatus fuerat. Hinc ergo opusculum quidem imperfectum, & a collectore minus apte dispositum, non vero idcirco Gelasio adimendum est.

Gelasii opusculum e MS. Veron. ejusdem vindicatur. IX. Aliud opusculum e Veronensi codice editum cum Acacium, Petrum Mongum, ac Zenonem Imperatorem adhuc vivos præferat, Felici quidem tertio potius quam Gelasio adjudicandum videtur, uti March. Maffejo ac P. Bernardo de Rubeis placuit. At non solum codex Veronensis post Vigilii obitum scriptus illud Gelasio asserit, verum etiam Nicolaus I. in epist. 42. ad Archiepiscopos & Episcopos Galliæ, initium recitans ejusdem vulgatio pusculi cum titulo *ad Episcopos Orientales*, Cardinalis Deusdedit part. I. S. Anselmus lib. 4. c. 27. & Gratianus caus. XVI. q. 3. c. 9. Similiter Ivo part. 14. c. 8. aliud ejusdem opusculi testimonium recitans, quod legitur tom. 5. Concil. col. 200. b, ipsum opusculum Gelasio adscribit hac epigraphe: *Gelasius Episcopis Orientalibus de communione Acacii vitanda*. Idem testimonium Gelasio inscriptum Gratianus repetit caus. XI. q. 3. c. 46. ex quibus alios pariter codices Gelasium auctorem prætulisse manifestum est. Accedunt præterea MSS. alterius collectionis sæculo VIII. digestæ, quam nos Additiones Dionysianas vocamus. In his enim fragmentum hujus opusculi profertur cum titulo *Ex epistola B. Papæ Gelasii ad Orientales de vitanda communione Acacii, ubi datur intelligi, nullum esse vinculum insolubile nisi circa illos, qui in errore persistunt*. Incipit autem fragmentum: *Nos non in Acacium ideo sententiam tulimus* &c. uti habetur tom. 5. Concil. col. 195. a. Stilus quoque & sententiæ cum iis congruunt, quæ in Gelasii epistola ad Dardanos, & in tomo de anathematis vinculo continentur. Objectæ autem difficultates conciliari queunt, si dicatur Gelasius lucubrasse hoc opusculum, ut refelleret libellum Orientalium Felicis tempore exaratum, dum Acacius, Petrus Mongus, & Zeno Imperator in vivis erant; ipsi autem libello ita respondendum putasse; perinde ac si hæc responsio illis viventibus digesta fuisset. Cum in hoc opusculo brevius & aptius explicentur illa sententiæ in Acacium latæ *numquamque anathematis vinculis*

exuen-

exuendus, quæ fusius & implexius exponuntur in tractatu imperfecto Gelasii de anathematis vinculo, cumque eadem Scripturæ testimonia, eædem sententiæ in eamdem rem utrobique afferantur; si tractatus de anathematis vinculo Gelasio asserendus est, hoc quoque opusculum eidem est vindicandum, ne tantopere & confuse laborasse credatur Gelasius in re, quam Felix pressius & clarius antea definivisset. Duo autem hæc documenta Felici III. adscribere sine ullius codicis, aut antiqui testis auctoritate, ut adimantur Gelasio, cui & codices & testes antiqui utrumque attribuunt, nimiæ confidentiæ est. Credimus vero Gelasium non publicasse eum tractatum, quem imperfectum reliquit; huic autem posteriori opusculo ex eodem tractatu pleraque inseruisse, ut laudata sententiæ verba explicaret. Sed cum hoc opusculum nunc acephalum, olim vero perfectum edendum esset, uti sane ad Orientales missum traditur; in ea re brevius & clarius digerenda studium ac diligentiam adhibuit, uti adhibuisset proculdubio in eo tractatu, si ipsum perficiendum & vulgandum putasset.

X. Ad opusculum e Virdunensi codice impressum quod pertinet, fatendum videtur cum Tillemontio loco laudato, quædam continere, quæ privatum hominem potius, quam Romanum Pontificem decent; uti sunt illa: *Non est quidem nostræ humilitatis de totius orbis dissensione ferre sententiam; est tamen nostrum de propria salute esse sollicitos.* Illa porro, *Optamus qualiacumque & quantacumque super nos importaverit inimicus, tolerare discrimina in sæculo præsenti*: & illa pariter in fine: *Me enim credo, spero, confido in Christo, quod ab ejus caritate nec tribulatio, nec angustia, nec gladius, nec persequutio, nec vita, nec mors umquam poterit separare. Incumbat persequutio, sæviant leges: militi Christi gloriosius est mori, quam vinci; fraudari præsentium commodis melius, quam carere futuris*: hæc, inquam, hominem exhibent, qui in Oriente violentiæ suberat; non vero Romanum, qui sub Theodorico tutus, ab Imperatore Orientis nihil metueret. Aliunde hoc opusculum, seu verius fragmentum opusculi, non versionem e Græco, sed Latinum originale manifestissime præsefert. Quid igitur? Si Gelasii nomen in codice erat præfixum, quod non ita clare a Sirmondo traditur; vel si inter Gelasii opera inventum, ac ex ejus schedis ab origine sumtum fuit; illud verisimile est, quod Tillemontius conjecit, idem opusculum scriptum quidem fuisse a Gelasio, a cujus stilo non abhorret; at non suo, sed eorum Orientalium nomine, qui in Oriente vexabantur, ut eos a profana communione alienos in proposito confirmaret.

Item aliud editum e MS. Virdunensi.

§. V.

Decretum de libris recipiendis vel non recipiendis num & quatenus Gelasio tribuendum. Triplex ejusdem decreti forma proponitur, codicumque varietas notatur. Idem decretum alicubi divisum in duo. Codices qui Damaso, vel Gelasio, vel Hormisdæ decretum adscribunt. Quid cuique asserendum videatur.

I. QUoniam de Gelasii opusculis, quæ in Acacii caussa aliquot collectiones proferunt, hoc capite disseruimus; appendicis cujusdam loco nonnulla addere liceat de celebri illo decreto de libris recipiendis vel non recipiendis, quod in pluribus collectionibus alia atque alia ratione atque inscriptione propositum, non exiguam controversiam apud eruditos excitavit. De hac controversia non pauca quidem scripsimus lib. 2. Observationum in Cardinalis Norisii opera cap. 12. At cum in evolvendis multis codicibus & collectionibus plura de eodem decreto invenerimus, quæ ad rem apertius explicandam maxime conferent, in eodem argumento iterum versari non inutile futurum confidimus. Hoc decretum in diversis collectionibus aliter atque aliter producitur. Triplicem decreti formam nacti sumus. Auctius hoc decretum Damaso Papæ inscriptum reperimus in codice Casanatensi D. IV. 23. sæculi circiter undecimi, qui excerpta continet ex canonibus Conciliorum & constitutis Romanorum Pontificum. Sic enim ibidem pag. 46. *Incipit Concilium urbis Romæ sub Damaso Papa de explicatione fidei*. Initio profertur decretum de Spiritu Sancto, quod

Prima decreti forma auctior decretum Damaso tribuens.

quod alii quoque codices, ut postea dicemus, Damaso adjudicant. *Dictum est prius agendum de Spiritu septiformi, qui in Christo requiescit*, & reliqua, uti ex Holstenio edita sunt tom. 2. Conc. Ven. edit. col. 1047. e; nisi quod loco verborum *multiformis autem nominum Christi dispensatio est*, hic codex habet: *Item de multiformi dispensatione nominum Christi*. Post ultima autem hujus decreti verba, *& annuntiabit vobis*, in eodem MS. canon sacrarum Scripturarum additur sic. *Item dictum est. Nunc vero de Scripturis divinis agendum est, quid universalis catholica recipiat Ecclesia, & quid vitare debeat. Incipit ordo veteris Testamenti*. Ac descriptis veteris Testamenti libris adduntur libri Testamenti novi, ut in vulgato Gelasiano tom. 5. Conc. col. 385. a. Sequitur porro: *Item dictum est. Post has omnes propheticas & evangelicas atque apostolicas, quas superius depromsimus Scripturas, quibus Ecclesia catholica per gratiam Dei fundata est* &c. ubi post breve trium præcipuarum sedium Romanæ, Alexandrinæ, atque Antiochenæ encomium generales Synodi recensentur cum decreto de libris recipiendis vel non recipiendis, ut in eodem Gelasiano decreto col. 386. & seqq. Solum inter Synodos omittuntur illa, quæ in vulgato leguntur: *Sanctam Synodum Constantinopolitanam mediante Theodosio seniore Augusto, in qua Macedonius hæreticus debitam damnationem excepit*: nec non illa post mentionem Synodi Calchedonensis subjecta: *Sed & si qua sunt Concilia a SS. Patribus hactenus instituta, post horum* (Conciliorum generalium) *auctoritatem & custodienda & recipienda & decernimus & mandamus*. Hanc eamdem decreti formam Damaso item attributam exhibet etiam antiquum exemplar regium teste P. Coustantio in Monito ad Damasi epist. 5. num. 5. col. 503. Codex 61. Capituli Veronensis sæculi IX. vel X. in quo abbreviatio canonum, Halitgarii libri, & alia nonnulla describuntur, eam solam partem hujus decreti Damaso item inscripti e fusiori decreto excerptam præfert, quæ incipit a verbis: *Post has omnes propheticas & evangelicas, atque apostolicas Scripturas* &c. ubi vox demonstrativa *has* canonem Scripturarum in integro decreto, ex quo hæc pars sumta fuit, præcessisse demonstrat. Reliqua sunt eadem ac in laudato MS. Casanatensi usque ad finem, omissis pariter illis, quæ in eodem codice Casanatensi prætermissa notavimus. Hic autem titulus ibidem exhibetur: *De Concilio in urbe Romana sub Damaso Papa edito*: & in fine: *Explicit Concilium sub Damaso Papa*.

Secunda brevior Gelasio adscribit.

II. Altera decreti forma aliquanto brevior est illa in Conciliis vulgata loco citato, quæ cum eam partem ad Spiritum Sanctum pertinentem ab Holstenio editam ignorat, tum vero idem decretum Gelasio asserit. Incipit a canone Scripturarum. Inter Synodos approbatas duas particulas recipit, alteram de Constantinopolitana Synodo, alteram de recipiendis aliis SS. Patrum Synodis, quæ in ampliori forma antea descripta haudquaquam leguntur. Hanc formam vulgatam reperire licuit tantummodo in posteriorum collectionum exemplaribus, videlicet in MS. Vat. Palatino 584. qui collectionem sequioris ætatis in libros duodecim distributam complectitur, nec non apud Burchardum lib. 3. a cap. 117. ad cap. 121. In nullo autem codice chronicam notam, quæ in vulgatis titulo affigitur, nancisci potuimus. Hincmarus Remensis codice usus est, qui hanc eamdem formam referebat, hac una exceptione, quod canones Apostolorum non adjungebat apocryphis. Sic enim ille in Opusculo capitulorum 55. ad Hincmarum Laudunensem cap. 24. *Sed & B. Gelasius in catalogo, qui libri ab Ecclesia catholica recipiantur, descripto, authenticis Scripturis, & Nicænæ, Constantinopolitanæ, ac Ephesinæ, Calchedonensis quoque Synodi, & aliis Conciliis a SS. Patribus institutis, & orthodoxorum Opusculis atque decretalibus epistolis Apostolicæ Sedis Pontificum, alisque scripturis discrete commemoratis, de his Apostolorum canonibus penitus tacuit; sed nec inter apocrypha eos misit*. Confer etiam ejusdem opusculi caput 25. In MSS. additionum Isidori, uti sunt Vat. 1340. & Venetus S. Marci 169. sub nomine item Gelasii eadem vulgatorum forma habetur cum duplici discrimine. Nam deest Concilium Constantinopolitanum; canones vero Apostolorum inter apocrypha non recensentur. Animadversionem etiam meretur duplex titulus, alter præfixus catalogo Scripturarum: *Ordo de sacris libris digestus a Gelasio Papa cum LXX. Epi-*

LXX. Episcopis; alter ante decretum de aliis libris: *Incipiunt decreta Gelasii Papæ. Decretum cum LXX. Episcopis habitum de apocryphis scriptis*. Idem invenitur in codice, quem Merlinus in editione adhibuit. Exemplum Vat. 1339. qui collectionem canonum profert in quinque libros distinctam, lib. 4. capite ultimo describit sub Gelasii nomine idem decretum vulgatum, sed in priori parte de libris recipiendis duas particulas Synodi CP. & aliorum Conciliorum præterit, in altera vero parte de apocryphis canones Apostolorum nequaquam refert. Hæc eadem secunda forma e vetusto MS. Florentino S. Marci impressa est a P. Josepho Blanchinio tom. 4. Anastasii pag. LXI. eaque ibidem etiam Gelasio Papæ tribuitur. Cum vero auctor Historiæ Litterariæ Italicæ tom. 7. ejusdem codicis descriptionem afferens, pag. 529. epigraphen præbeat, qua illud decretum non Gelasio, sed Damaso adscribitur; amicum Conventus Florentini S. Marci per litteras interrogavimus, qui rescripsit, primo quidem hanc inscriptionem legi: *Incipit Concilium urbis Romæ sub Damaso Papa de exemplaribus fidei, & de recipiendis & non recipiendis libris*: qui titulus totum decretum juxta primam formam comprehendit: subjicitur vero immediate ea sola decreti pars, quæ de Spiritu Sancto agit: *Prius agendum est de Spiritu Sancto*, cum reliquis usque ad illa *& annuntiabit vobis*, quemadmodum ab Holstenio editum est. Dein alius titulus sequitur a Blanchinio editus: *Incipit decretum de abjiciendis & recipiendis libris, quod scriptum est a Gelasio Papa cum LXX. eruditissimis viris Episcopis in Sede Apostolica in urbe Roma*: & subnectitur canon Scripturarum cum reliquis juxta secundam formam, quæ hic quoque omittit duas memoratas particulas de CP. Synodo, & de aliis Patrum Conciliis: at canones Apostolorum apocryphis adnumerat. Cod. Florent. dividit in duo decreta.

III. Tertia forma omnium brevissima catalogum Scripturarum ignorat, præmissisque elogiis de tribus Sedibus, atque de Synodis, decretum exhibet de libris recipiendis vel non recipiendis. Huic tertiæ formæ Gelasius inscribitur. Ita in MS. Vat. 3832. sæculi circiter XII. *Incipiunt decreta de recipiendis & non recipiendis libris, quæ scripta sunt a Gelasio Papa cum LXX. eruditissimis viris Episcopis in Sede Apostolica urbis Romæ. Post propheticas & evangelicas* &c. ut in vulgato, nisi quod Concilium CP. non inseritur, ut in editis, post Nicænum, sed post Calchedonense his verbis: *Constantinopolitanum quoque Concilium, in quo Eunomii & Macedonii error convincitur*; & statim subditur particula de ceteris Conciliis: *Et si qua sunt Concilia a SS. Patribus constituta, post horum quatuor auctoritatem & custodienda & recipienda decrevimus*. Canones vero Apostolorum inter apocrypha nequaquam referuntur. In vetustioribus autem exemplis, quæ hanc breviorem formam continent, non solum omittuntur hi canones, verum etiam duæ illæ particulæ, quæ ad CP. Synodum & ad alia Concilia pertinent. Ejusmodi est codex Vat. 630. puræ Isidorianæ collectionis, ex quo palam fit vulgatum decretum, quod aliquot additamenta recepit, ab Isidoro non proficisci. Idem est in aliis codicibus, qui e puro Isidoro hoc decretum derivarunt. Alii quoque Isidoro antiquiores idipsum præferunt. Justus Fontaninius in Appendice de Antiquitatibus Hortæ pag. 317. hanc eamdem prorsus formam edidit ex antiquissimo ac præstantissimo codice Vat. Palat. 493. qui Missale Gallicanum vetus a Ven. Cardinali Thomasio vulgatum nobis conservavit. Hæc autem ibidem inscriptio legitur: *Incipit decretalem Sancti Gelasii Papæ. Post propheticas* &c. Idipsum invenitur in pervetusta collectione MS. Lucano-Colbertina, ex qua P. Mansius hoc decretum impressit tom. I. Supplementi Conciliorum col. 357. cum titulo: *Incipit decretale ab urbe Roma editum de recipiendis, sive non recipiendis libris factum Synodum sub Gelasio Papa urbis Romæ cum septuaginta Episcopis*. Tertia forma brevissima Gelasio item inscribitur.

IV. Antiqua collectio Additionum Dionysii præcipuam animadversionem efflagitat. Auctius enim decretum, quod n. 1. exposuimus, partitur in duo, eaque aliis interjectis documentis ac titulis separatim producens, unum Damaso, alterum Gelasio vindicat. Primo post epistolam, quam Damasus ad Paullinum direxit, decretum de Spiritu Sancto ac de Scripturis, ejusdem Damasi nomine describitur hoc titulo: *Concilium urbis Romæ sub Damaso de explanatione fidei*. Idem decretum divisum in duo. Unum Damaso tributum.

dei. Dictum est, prius agendum est de Spiritu septiformi &c. uti Holstenius hoc decretum impressit *ex vetustissima canonum collectione bibliothecæ Vaticanæ*, idest ex Vat. MS. 5845. qui Dionysii Additamenta recepit. Post ultima autem verba ab Holstenio edita *annuntiabit vobis*, eodem numero additur: *Item dictum est. Nunc vero de Scripturis divinis agendum est, quid universalis catholica recipit Ecclesia, & quid vitari debeat*: ac subjecto Scripturarum catalogo, uti supra n. 1. notavimus, eodem numero subjicitur: *Item dictum est: Post has omnes propheticas, & evangelicas, & apostolicas quas superius depromsimus Scripturas* &c. usque ad ea verba vulgati decreti
t. 5. Conc. col. 387. a Gelasiani *primum nomen Christianorum novellæ gentis exortum est*: quibus trium præcipuarum Sedium mentio concluditur. Hoc ultimum fragmentum Eminentissimus Baronius ex alio MS. Vat. 1353. ac ex Vallicellano A 5. hujus collectionis, quam ipse Cresconianam appellavit, publici juris fecerat ad an. 382. num. 19. Cum porro hocce fragmentum Damaso inscriptum in laudatis verbis desinat, careatque reliquis, quæ ad generales Synodos pertinent; falsa hypothesi laborant, qui hoc decretum a Damaso expungendum tradunt, propterea quod in eo Ephesina & Calchedonensis Synodi, Cælestini & Leonis Papæ, Eutychetis ac Nestorii nomina Damaso posteriora memorentur. Hac eadem falsa hypothesi, quod hoc decretum *adjunctum* habeat generalium Synodorum indicem, P. Coustantius col. 601. miratus est, quo pacto idem Annalium parens vir oculatissimus, titulo, cujus falsitas est tam manifesta, decipi tam facile potuerit. Hæc autem pars de Synodis, quæ ea nomina Damaso posteriora exprimit, in iisdem MSS. exemplaribus post aliquot interpositos ti-

Aliud inscriptum Gelasio.

tulos inchoat aliud decretum de libris recipiendis vel non recipiendis, quod Gelasio asseritur hac epigraphe: *Incipit decretalis de recipiendis & non recipiendis libris, qui scriptus est a Gelasio Papa cum LXX. viris eruditissimis Episcopis in Sede Apostolica urbis Romæ. Post propheticas & evangelicas* &c. cum reliquis de generalibus Synodis, de libris recipiendis, & de apocryphis, uti in tertia forma ante laudata: ubi est observandum, non scribi quemadmodum in antecedenti decreto Damasi nomine inscripto, *Post has omnes propheticas & evangelicas*, quia Scripturarum catalogus hic præmissus non fuit. In his præterea exemplis desunt particulæ de CP. Synodo, & de ceteris Patrum Conciliis; canones vero Apostolorum inter apocrypha referuntur. Hoc decretum Atto Vercellensis inseruit Capitulari cap. 100. nihilque dubii est, quin ipsum exscripserit ex vetustissimo MS. Capituli Vercellensis Ecclesiæ, in quo Additiones Dionysianæ continentur.

Qui codices Hormisdæ decretum tribuant.

V. Tandem commemorandi sunt codices auctioris collectionis Hispanicæ, qui soli hoc decretum Hormisdæ tribuunt. In tabula titulorum codicis Vat. 1341. collectionis Hispanæ num. 102. habetur: *Decreta Romanæ Sedis de recipiendis & non recipiendis*: qui titulus tabulæ ultimus cum non inter Gelasii, sed post S. Gregorii titulos subjiciatur, addititius agnoscitur. Enimvero hoc decretum licet indicatum in tabula, in corpore ipsius codicis, qui certe non est mutilus, nuspiam invenimus. Immo tabula ejusdem collectionis, quam ex aliis codicibus profert P. Coustantius in præfatione ad tom. 1. Epistolarum Rom. Pontif. pag. CIX. hujus decreti titulum ignorat. Porro in codice Vat. 4587. quo Jo. Baptista Perezius notitiam dedit manuscriptorum auctioris collectionis Hispanicæ, tabulam ex iisdem exhibuit, in qua num. 103. hic titulus legitur: *Decreta Romanæ Sedis de recipiendis & non recipiendis libris ab Hormisda Papa edita*. Hanc vero notationem affixit: *Sic in omnibus MSS. licet in impressis & a Gratiano Gelasio tribuantur*. Baluzius in notis ad epist. 132. Lupi Ferrariensis ad Carolum Calvum, & ad dialogos Antonii Augustini de emendatione Gratiani pag. 444. Urgellensis Hispanicæ Ecclesiæ exemplar commemorat, in quo idem decretum Hormisdæ tribuitur. Hoc decretum eidem Pontifici inscriptum ex MS. Jurensi vulgavit P. Franciscus Chifletius in notis ad Vigilium Tapsensem pag. 149. cum hac inscriptione: *Incipit decretale in urbe Roma ab Hormisda Papa editum*. Et in fine: *Explicit decretale editum ab Hormisda Papa urbis Romanæ*. P. Harduinus idem decretum Hormisdæ adscriptum reperit in alio simili codice collegii Parisiensis Soc. Jesu, ex quo solam clausulam produxit tom. 5. Concil. Ven. edit. col. 391. not. 1. Hi duo codi-

codices profecti videntur, ex MSS. libris Hispanicis, qui soli hoc decretum Hormisdæ inscriptum inter additamenta auctioris collectionis Hispanicæ receperunt. Hoc autem decretum, ut ex Jurensi codice a Chiffletio impressum fuit, secundam formam superius explicatam & cum vulgato Gelasiano prorsus concinnentem repræsentat. Nam & duas particulas ad CP. aliasque Synodos pertinentes exhibet, & Apostolorum canones apocryphis interserit. Num vero ceteri codices Hispanici idipsum habeant, aliis, quibus hujusmodi librorum copia est, conferendum relinquimus.

VI. In tanta varietate codicum quid vel certum, vel probabilius nobis videatur, exponendum est. Certum in primis esse debet, primam decreti formam Damaso in Casanatensi codice adscriptam, ipsi tribui non posse, saltem pro ea parte, quæ de libris recipiendis vel non recipiendis statuit; cum præter Synodos Ephesinam & Calchedonensem inter eosdem libros recenseantur plures auctorum, qui multo post Damasum floruere. Num vero ejus sit ea pars, quæ de Spiritu Sancto, de Scripturis canonicis, ac de tribus Sedibus agit, uti hæc sola ipsi adscribitur in MSS. Additionum Dionysii, non levis est quæstio. Prima quidem particula, quæ de Spiritu Sancto differit, eidem competere potest. Equidem idem Damasus adversus Macedonii errores Spiritus Sancti Divinitatem constituit. Hac de re duo fragmenta supersunt, quæ Holstenius subjecta invenit epistolæ Romanæ Synodi sub Damaso ad Orientales cum titulo singulis fragmentis præfixo, *Item ex parte decreti*, quæque nos similiter nacti sumus in vetustissimo MS. 55. Capituli Veronensis. Vide supra cap. 9. n. 3. Forte igitur ejusdem decreti pars est etiam hæc particula Damaso inscripta, qua de eodem Spiritu Sancto decernitur. Hanc quidem *Gelasio restituendam esse, & ad illam Synodum Romanam, in qua iste Papa decretum de libris edidit, pertinere, prævio in hoc ipsum Gelasii decretum monito*, se *demonstraturum* pollicitus est tom. I. Epistolarum Rom. Pont. pag. 495. Tomus vero secundus, cui hoc monitum cum Gelasii epistolis inserendum erat, nondum prodiit. Cum vero quotquot codices hactenus nancisci potuimus hanc decreti particulam Damaso, nullus autem Gelasio adscribat, nullaque peculiaris ratio, quod sciamus, Gelasio Pontifici fuerit, ob quam de Spiritu Sancto decerneret, quemadmodum Damaso fuit; haud intelligimus, quibus argumentis, vel documentis illud *demonstrare* potuerit.

Prima forma Damaso non competit.

Quid eidem tribuendum.

VII. Dubitari potest de catalogo Scripturarum, qui decreto de Spiritu Sancto in laudatis codicibus Damasum præferentibus (excepto Florentino S. Marci, qui solam particulam de Spiritu Sancto eidem adjudicat) subjicitur. Ne autem Damasum hujus catalogi credamus auctorem, illa plane evincunt, quæ procemii loco ei catalogo in iisdem MSS. præmittuntur. *Item dictum est. Nunc vero de Scripturis divinis agendum est, quid universalis catholica recipiat Ecclesia, & QUID VITARE DEBEAT*. Hæc postrema verba evidenter indicant decretum de libris non recipiendis, seu de apocryphis, quod Scripturarum catalogo erat subjiciendum: hæcque præfatiuncula unum eumdemque tum catalogi Scripturarum, tum decreti de apocryphis auctorem esse significat. Sicut autem decretum de apocryphis Damaso, ut vidimus, adscribi nequit; ita nec Scripturarum catalogus, neque hæc præfatiuncula, quæ tum catalogum, tum decretum præsumit. Hinc porro tria consequuntur. I. in MSS. Additionum Dionysii mutilum & imperfectum esse illud caput, quo post laudatum procemium catalogus Scripturarum subjicitur sine decreto de apocryphis. II. eumdem catalogum ibidem cum eo procemio addititium esse antecedenti decreto de Spiritu Sancto; si hoc ad Damasum pertinere probabilius credatur; rectiusque hoc unicum decretum Damaso inscriptum exhiberi in MS. Florentino S. Marci. III. additititiam in iisdem codicibus multo magis esse, ac Damaso perperam attributam eam partem catalogo Scripturarum subnexam, quæ de tribus præcipuis Sedibus Romana, Alexandrina, & Antiochena paucis differit: eam siquidem Gelasio certissime referendam mox videbimus.

Scripturarum catalogus a Damaso abjudicatur.

VIII. De Gelasio itaque ut statuamus, decretum de libris ipsi & Patribus Synodi, quam hac de caussa habuit, non autem Hormisdæ esse asserendum dubitare non licet. Explorate enim Hormisda hoc decretum a Patribus jam antea conditum indicat in epist. 70. ad Possessorem. Scribens enim de operibus

Decretum de libris Damaso asseritur.

Fausti Regensis, quæ in eo decreto rejiciuntur, *neque illum recipi* affirmat, *neque quemquam, quos in auctoritate Patrum non recipit examen catholicæ fidei:* ubi *auctoritas Patrum* decretum de apocryphis innuit. Et post nonnulla idem decretum apertius respiciens ait: *Non improvide veneranda Patrum sapientia fideli potestati quæ essent catholica dogmata definiit; certa librorum etiam veterum in auctoritatem recipienda Sancto Spiritu instruente præfigens.* His utique decretum non abs se, sed a prædecessoribus suis in aliqua Patrum Synodo constitutum significat. Cum porro Damaso ex dictis tribui nequeat, reliquum est ut Gelasio vindicetur, cui sane ipsum pleræque collectiones & codices asserunt. Hinc eidem Gelasio adjudicanda est etiam commemoratio de præcipuis Sedibus, quæ initio decreti de libris brevi perstringitur.

IX. Solum ambigi potest, num secunda hujus decreti forma, quæ catalogum Scripturarum præmittit, an vero tertia tantum, quæ eodem catalogo caret, Gelasio adscribenda sit. Vetustiores quidem codices & collectiones hanc tertiam præferunt. Inter has collectionis Lucano-Colbertinæ origo a Gelasio non multum distat. Collectio Additionum Dionysii, quæ sæculo VIII. compacta fuit, ex antiquioribus collectionibus dimanat. Codex Vat. Palat. 493. originis Gallicanæ summam antiquitatem præsefert. Ipse Isidorus Mercator, qui ineunte sæculo IX. suam collectionem digessit, non aliud Gelasii exemplum reperit. Cum his codicibus & collectionibus comparandi non videntur illi, qui secundam decreti formam, idest Scripturarum etiam catalogum Gelasio inscribunt: inter quos unus Collegii Parisiensis ab Harduino laudatus tom. 5. Concil. col. 385. dum hanc epigraphen exhibet: *Notitia sacrarum Scripturarum, seu librorum canonicorum cum descriptione, vel adnotatione Gelasii Papæ*, solam *adnotationem* (decretum de libris intelligit) a Gelasio scriptam significare videtur. Alia quoque collectio Additionum Isidori, quæ catalogum Scripturarum Gelasio inscriptum præferunt, hunc ab eodem quibusdam indiciis abjudicant. Hujus enim collectionis codices post descriptum uno capitulo catalogum Scripturarum cum titulo, *Ordo veteris Testamenti .... digestus a Gelasio Papa cum LXX. Episcopis*, non statim eodem capitulo subjiciunt decretum de libris cum initio, quod præmissum catalogum respicit: *Post HAS OMNES propheticas, & evangelicas, atque apostolicas Scripturas*, uti habetur in ceteris libris, qui ex utraque parte unum decretum conficiunt; sed in alio capitulo hanc epigraphen præfigunt. *Incipiunt decreta Gelasii Papæ. Decretum cum LXX. Episcopis habitum de apocryphis scripturis*, cui hoc initium est: *Post propheticas & evangelicas* &c. Notetur verbum *Incipiunt*; & initium *Post propheticas*, uti in exemplis, quæ canonicas Scripturas non præmiserunt. Difficultas, quæ ad abjudicandum a Gelasio ipsum decretum de libris ex chronica notatione pendet, nimirum ex consulatu Asterii atque Præsidii anni 494. quo anno posteriores sunt quidam libri in eodem decreto recensiti. Hanc autem consularem notam cum in nulla collectione, in codice nullo nacti simus, perperam affixam nihil ambigimus: ac propterea jure P. Coustantius (teste P. Mopinot in epistola edita anno 1724.) quinto loco probandum sibi proposuerat, *expungendam, quæ tot hactenus rixis locum dedit, chronologicam notam, utpote nulla satis firma auctoritate nixam, immo temere ex alia Gelasii epistola advectam.*

Num Scripturarum catalogus Gelasio adjudicandus.

X. Quid porro dicendum sit de MSS. libris collectionis Hispanicæ, qui hoc decretum Hormisdæ asserunt, paucis indicabimus. Hoc decretum non ad primævam collectionem Hispanicam, sed ad auctiorem, & ad posteriora ejusdem additamenta pertinet, ut superius monuimus. Cum porro sincera sint, quæ huic collectioni auctiori addita fuere; hoc decretum Hispanorum caussa repetitum fuisse ab Hormisda, & in Hispanias missum, conjiciendum videtur. Hinc in solis MSS. libris Hispanicis, vel qui ab Hispanicis aliqua sumserunt, Hormisdæ nomen huic decreto præfigitur. Forte etiam hic Pontifex catalogum Scripturarum præmisit, siquidem in Gelasiano decreto defuisse credatur. Cum porro duæ sæpius memoratæ particulæ de Synodo Constantinopolitana, & de aliis Patrum Conciliis non legantur in pluribus ac vetustioribus diversarum collectionum MSS. decreti Gelasiani antea laudatis, easdem particulas in quibusdam inferioris notæ exemplaribus Gelasiano decreto insertas putamus. Addita-

Quid tribuendum Hormisdæ.

ditamentum quidem elucescit in MS. Vat. 3832. Mentio enim Constantinopolitanæ Synodi ibidem extra proprium locum post Calchedonensem intrusa fuit, ac mox alia particula addita de ceteris Synodis, uti suo loco adnotavimus. Hæc porro additamenta in Hormisdæ decreto suo loco apte collocata, eumdem Pontificem fortassis habent auctorem: ac ex ejus decreto quidam postea eadem adjecere vel extra proprium locum, vel suo loco in exscribendo decreto Gelasii. Cum scilicet Hormisda Pontifice pax cum Orientalibus composita fuisset; hi autem Constantinopolitanam Synodum inter generalia Concilia referrent in professionibus fidei, quas ad eumdem Hormisdam direxere, ut patet ex relatione Epiphanii Episcopi CP. tom. 5. Concil. col. *666.* forte idem Pontifex eam Synodum quantum ad symbolum atque definitionem fidei inter generalia primus adjecit, ac exinde sub Vigilio, Pelagio, atque Gregorio quatuor œcumenicarum Synodorum mentio apud Latinos audiri cœpit. Quantum ad symbolum diximus atque definitionem fidei, qua *Macedonius hæreticus debitam damnationem accepit*: id enim unum in additamento decreti præfertur, ut ne opus sit hoc idem transferre ad canones ejusdem Synodi, quos nondum suo ævo a Romana Ecclesia receptos S. Gregorius testatur lib. 7. epist. 34. Confer quæ scripsimus cap. 1. §. 2. Quantum ad alterum vero additamentum, *Sed & si qua sunt Concilia a SS. Patribus hactenus instituta* &c. observandum est nullam certam ac peculiarem Synodum quasi in Codice canonum a Romana Ecclesia receptam his verbis indicari, sed conditionate & confuse approbari Concilia, *si qua sunt a Sanctis Patribus instituta*. Id forte in gratiam Hispanorum ab Hormisda additum fuit, ne Hispanica Concilia, aut Africana, aut alia, quæ apud ipsos robur habebant, reprobare videretur. Licet autem hoc decretum, ut initio monuimus, in primæva collectione Hispanica non fuerit; exstitisse tamen ejus exemplaria apud eosdem Hispanos, cum hæc primæva collectio condita fuit, colligere licet ex præfatione, quam auctor ejusdem collectionis præfixit, ac S. Isidorus Hispalensis in libris Originum fere totam descripsit. In hac enim auctor post memoratas quatuor Synodos, alia catholicorum Patrum Concilia ita recipienda tradit, ut idem decretum præ oculis habuisse, ac eadem fere verba exscripsisse videatur. Particula quoque de canonibus Apostolorum, qua plerique & præstantiores codices Gelasianum decretum continentes carent, nulli autem carent, qui Hormisdam exhibent, inter additamenta hujus Pontificis accensenda videri potest. Cum enim ante versionem Dionysii iidem canones Latinis non essent cogniti, forte solum post Gelasii decretum a Dionysio latinitate donati, & apud Latinos editi, ab Hormisda apocryphis accensiti fuerunt: & hac de caussa auctor laudatæ collectionis Hispanicæ, qui omnia documenta Dionysii præter Conciliorum canones aliunde haustos in suum codicem transtulit, solos apostolicos canones ex solo Dionysio ipsi cognitos præterivit, quia *auctoritate apostolica*, seu Hormisdæ decreto, inter apocrypha relatos invenit, ut in fine memoratæ præfationis non obscure significat. Enimvero si a Gelasio Papa iidem canones inter apocrypha fuissent rejecti; Dionysius, qui post eumdem Pontificem Romæ suam collectionem adornavit, vel non commisisset, ut quos idem Pontifex inter apocrypha rejecerat, suo codici præmitteret; vel saltem, dum in præfatione hanc admonitionem inserendam credidit, *quibus quia plurimi consensum non præbuere facilem, hoc ipsum vestram noluimus ignorare sanctitatem*, multo magis notasset, eos a Gelasio, quem in epistola ad Julianum Presbyterum summis laudibus commendat, inter apocrypha fuisse censitos. Post editum ergo Dionysii codicem Hormisda ejus verbis edoctus, quod plurimi inter ipsos Græcos iisdem canonibus non assentirentur, eos apocryphis adjiciendos putavit. Ex his vero Gelasio Papæ asserenda videtur ea tantum tertia decreti forma, quæ in vetustioribus MSS. collectionibus præterit duas particulas de CP. Concilio, & de aliis Patrum Synodis; canonesque Apostolorum inter apocrypha nequaquam refert.

CAPUT XII.

De MS. collectione Avellana. Duæ antea ineditæ epistolæ Hormisdæ, & quædam fragmenta ex hac collectione producta.

Collectionis præstantia. Præfat. in t. I. epistol. R. P. n. 166.

I. ACcuratiorem descriptionem requirit hæc maxime insignis, nec satis nota collectio, ex qua una plura pontificia, & præstantissima ecclesiastica documenta prodiere. Hinc enim, ut notavit P. Coustantius, vulgata fuerunt de Bonifacii I. electione, deque schismate Ursini monimenta complura. Hinc de Pelagii, Cælestiique caussa singulares quædam Innocentii ac Zosimi litteræ, Paullini Diaconi adversus Cælestium libellus, epistolæ quinque S. Leonis post ejectum e Sede Alexandrina Timotheum Ælurum in eamque evectum Timotheum Solofaciolum datæ. Hinc etiam plures Simplicii & Felicis, ac bene multæ, quas de componendo Acacii schismate Hormisda vel dedit ipse, vel ab aliis accepit: itemque Joannis I. Agapeti, ac Vigilii nonnullæ: quæ scripta omnia quanti sint, norunt qui bonas litteras callent. Brevius, omnia documenta sunt CCXLVI. Inter hæc autem ducentis & amplius careremus, si ab hac collectione nobis conservata non fuissent. Ea vero ipsa, quæ aliunde edita sunt, vel edi potuissent, partim in hac collectione additamenta præferunt genuina & insignia, quæ in ceteris MSS. libris non inveniuntur; partim vero non reperiuntur in libris olim vulgatis, sed in nonnullis rarissimis exemplaribus, quæ vel posteriora sunt, vel collectori nostro ignota fuerunt. Id enim consilium ipsi propositum fuisse videtur, ut ea describeret, quæ in aliis sibi cognitis collectionibus nequaquam invenit. Nullum hujus collectionis documentum, quod Latinam originem habeat, apocryphum est. Octo tantummodo epistolæ ad Petrum Fullonem supposititiæ e Græco redditæ inseruntur, quas ab aliquo scriptore Græco confictas ante Synodum V. præcedenti capite ostendimus §. 3.

II. Documenta in hac collectione non ita chronologice disposita sunt, uti fecere Dionysius, & auctor collectionis Hispanicæ. Ordo perturbatus, quo vetustiora non pauca postponuntur recentioribus, & unius ejusdemque Pontificis epistolæ hinc & hinc disjunctæ inveniuntur, palam facit collectorem descripsisse documenta, pro ut illa in manus ejus venerunt: quod aliarum quoque antiquiorum collectionum auctoribus commune est. Perspicuum vero fit, eumdem collectorem optimis fontibus usum. Documenta præsertim Hormisdæ, aut ad Hormisdam pertinentia, quæ plurima sunt, e Romanis scriniis educta videri possunt. Hinc forte post ipsius Pontificis epistolam ad Synodum CP. hæc notatio legitur: *Gesta in caussa Abundantii Episcopi Trajanopolitani in scrinio habemus*. Cum enim hæc notatio nihil commune habeat nec cum præcedenti, nec cum subsequenti epistola Hormisdæ, in quibus de Abundantio nihil agitur, a collectore apposita videtur, ut indicaret, se in scriniis Romanis ea gesta reperisse, quæ tamen suæ collectioni inserenda non credidit. Recentiores hujus collectionis litteræ sunt Vigilii: ac idcirco eadem collectio sub medium sæculum sextum lucubrata dicenda est.

Plura ex Romanis scriniis. — Tempus collectionis.

III. Hujus præstantissimæ collectionis MSS. codices aliquot sunt in Italia, extra quam nulli, quod sciamus, inveniuntur. Quare Italica collectio dicenda est, & Romæ quidem digesta, si præsertim e Romanis scriniis collector Hormisdæ saltem epistolas hausit. Quatuor exemplaria invenimus in bibliotheca Vaticana. Duo vetustiora signantur num. 3787. & 4961. duo vero alia horum apographa notantur num. 3786. & 4903. Alia duo item recentia Romæ exstant, unum in bibliotheca Angelica PP. Eremitanorum S. Augustini, quod distinguitur his notis 5. III. 9. alterum in Corsiniana num. 817. Duo quoque deprehendimus in bibliotheca Veneta S. Marci num. 171. & 172. quorum unum jubente Cardinali Bessarione Romæ descriptum fuit anno 1469. & forte ex Vat. MS. 3787. sæculi XII. cum alius codex 4961. ut mox patebit, multo post Bessarionem Romam allatus, in Vaticanam bibliothecam transierit. Cum vero omnium celeberrimus & antiquissimus sit iste codex Vat. 4961. qui olim fuit Monasterii S. Crucis Fontis Avellanæ; hinc hujusmodi collectionem, ut ab

Codices ejusdem. — Cur hæc collectio vocetur Avellana.

ab aliis proprio aliquo nomine discerneretur, Avellanam appellavimus. In ultima nimirum pagina ejusdem codicis hæc notatio legitur: *Iste liber est Monasterii S. Crucis Fontis Avellane Eugubine diœcesis. Hunc librum adquisivit Domn. Damianus S.* ✠. Hinc codicem acquisitum agnoscimus a S. Petro Damiano, sanctitate vitæ & scriptis celebri, qui monasticam vitam in eo Monasterio iniit, & sub medium circiter sæculum XI. eidem præfuit. Quare codicis ætas septingentorum saltem annorum certissima fit. Idem postea codex ex Avellano Monasterio in manus venit Cardinalis Marcelli Cervini Eugubini Episcopi, qui postea fuit summus Pontifex Marcellus II. Id colligimus ex notatiuncula, quæ ipsius manu scripta est in pagina secunda ejusdem codicis, in quam notationem ibidem minutiori charactere hæc adnotata fuerunt: *Illa verba fuerunt addita a Marcello II. cum esset adhuc Presbyter Cardinalis Romanus*. Dein idem codex pertinuit ad Cardinalem Sirletum, ex cujus MSS. emptus, in bibliothecam Vaticanam tandem pervenit, uti nos admonuit hæc nota paginæ primæ: *Emtum ex libris Cardinalis Sirleti*. Eminentissimus Baronius ad an. 417. num. 16. editurus documentum XLVIII. cum Sirleti codicem laudat, hunc laudat, qui nondum in Vaticanam transierat. In ceteris vero dum allegat codicem Vaticanum, exemplum Vat. 3787. allegare videtur.

IV. Nunc series ac ordo documentorum exacte proponendus, ut hujus collectionis notitia hactenus obscura, omnibus explorata sit. Cum documenta antea inedita vulgata fuerint partim ab editoribus Romanis epistolarum Romanorum Pontificum an. 1591. partim a P. Sirmondo suis operibus inserta, partim a Cardinali Baronio in Annalibus Ecclesiasticis, unum vero, quod adhuc edendum videbatur, novissime prodierit studio Petri Francisci Fogginii (duo tantum breviora, quæ omnium diligentiam fugerunt, suo loco inferius proferentur) modo unam, modo aliam editionem laudabimus. Cum vero pleraque traducta fuerint in Conciliorum editiones; novissimam Venetam, quæ magis est obvia, frequentius indicaturi sumus. In laudato codice Vat. 4961. post præmissam tabulam capitum tituli loco hæc leguntur: *In hoc codice continentur epistolæ CCXLIII*, corrige *CCXLVI*.

I. *Gesta inter Liberium & Felicem Episcopos, & quædam epistola Schismaticorum. Temporibus Constantini* &c. Tom. I. Sirmondi novissimæ edit. Venetæ pag. 133. Hoc & sequens documentum invenitur etiam in duobus aliis MSS. libris Colbertino & Remigiano, quos editores Operum Sirmondi laudant. Num autem Sirmondus ex his codicibus, an ex aliquo præsentis collectionis, quem Romæ viderit, eadem impresserit, incertum est.

II. *Marcellini & Faustini Presbyterorum preces oblatæ Valentiniano & Theodosio, Deprecamur* &c. Ibidem pag. 137.

III. *Valentiniani, Theodosii, & Arcadii Impp. epistola ad Salustium Præfectum Urbis de constructione basilicæ S. Pauli. Desiderantibus nobis* &c. apud Baronium ad an. 386. n. 30.

IV. *Epistola eorumdem gratulatoria de ordinatione Siricii Papæ ad Pinianum Præfectum Urbis. Habe, Piniane carissime*, &c. Idem Baron. an. 385. num. 6.

V. *Epistola eorumdem, ubi Ursinus & qui cum eo sunt, ab exilio relaxantur ad Prætextatum Pr. Urbis. Habe, Prætextate carissime*, &c. Idem an. 368. n. 4.

VI. *Valentinianus, Valens, & Gratianus Prætextato, ubi redditur basilica Siciniani. Dissensiones auctore* &c. Ibidem n. 2.

VII. *Idem eidem de expellendis sociis Ursini extra Romam. Ea nobis est innata* &c. Ibi n. 3.

VIII. *Idem Olibrio Prætori. Tu quidem, sicut proxime* &c. Idem an. 369. n. 3. In MS. Vat. 4961. huic epistolæ præfigitur titulus *de rebaptizatoribus*, quem melius cum MSS. Venetis & Vat. 3787. ad numerum XIII. transtulimus. Similiter titulus etiam numeri sequentis cum eisdem codicibus transferendus fuit ad num. XIV.

IX. *Idem Aginario Vicario. Omnem his dissensionibus* &c. Ibi num. 4.

X. *Idem Olibrio Pr. Cum nihil possit esse jucundius* &c. Ibi n. 5.

XI.

XI. *Ampelio Pr. Jure mansuetudinis nostræ* &c. Baron. ad an. 371. n. 1.

XII. *Maximino Vicario urbis Romæ. Est istud divinitus institutum* &c. ibi n. 3.

XIII. *De rebaptizatoribus. Gratianus & Valentinianus Aquilino Vicario. Ordinariorum sententiam judicum* &c. Baron. an. 381. n. 2. & tom. 2. Conc. col. 1190.

XIV. *De gestis inter Bonifacium & Eulalium, quando utrique Episcopatum Romanæ urbis pervaserunt ambitu contentionis. Exemplum relationis Symmachi Pr. Urbis ad Honorium. Quæcumque in urbe Roma geruntur* &c. Baron. an. 418. n. 79.

XV. *Sacræ litteræ in ea caussa ad Symmachum. Gestis omnibus recensitis* &c. Idem an. 419. n. 2.

XVI. *Relatio alia Symmachi ad Imperatorem. Ubi primum sacer sermo* &c. Ibidem n. 5.

XVII. *Preces Presbyterorum pro Bonifacio ad Honorium & Theodosium. Post abscessum S. Zosimi Papæ* &c. Ibi n. 8.

XVIII. *Rescriptum sacrum pro Presbyteris ad Symmachum. Post relationem sublimitatis tuæ* &c. Ibi n. 11.

XIX. *Alia relatio Symmachi. Cum vir clarissimus Aphtonius* &c. Ibi num. 12.

XX. *Exemplum sacrarum litterarum ad Synodum. Omnia quidem clementia nostra* &c. Ibi n. 14. Sequitur hæc notatio: *Hæc Synodus inter se dissentiens, præsentem caussam terminare non potuit: unde venerabilis Imperator Honorius ad majus Concilium hoc credidit negotium deferendum: & interim propter dies qui imminebant sanctæ Paschæ utrosque, Bonifacium scilicet & Eulalium, ab urbe ista abscedere, & Spolitanum Episcopum Achileum nomine sacra jussit mysteria celebrare, Symmacho Præfecto Urbi hoc idem suis scriptis insinuans.* Hanc notationem dedit etiam Baronius an. 419. n. 15., ubi pro *ad majus Concilium* legit *ad Majas Kalendas*. Sed nostram lectionem confirmat edictum ad populum, de quo infra num. XXIV.

XXI. *Sacra ad Symmachum, ubi Imperator Bonifacium & Eulalium ab Urbe jussit discedere, & interim Spoletinum Episcopum sacra mysteria celebrare.* Hunc titulum, qui ob præmissam notationem omissus fuit in corpore hujus collectionis, ex tabula ipsi collectioni præmissa recepimus. Incipit autem hæc epistola: *Magnarum deliberationum* &c. Baron. an. 419. n. 15.

XXII. *Exemplum sacrarum litterarum ad Achileum, Quoniam de Romano sacerdotio* &c. Ibidem n. 16.

XXIII. *Principis oratio ad Senatum. Scimus Patres conspicui* &c. Ibidem num. 17.

XXIV. *Ejusdem Principis edictum ad populum. Fidei curam, Quirites optimi* &c. Ibi n. 18.

XXV. *Ejusdem Principis epistola ad Paullinum Episcopum Nolanum. Tam fuit apud nos certa sententia* &c. Ibi n. 20.

XXVI. *Item ejusdem Principis ad Episcopos Afros. Serenitas nostra cum in omnibus caussis* &c. Ibidem n. 21.

XXVII. *Principis ejusdem epistola ad Aurelium Carthaginensem Episcopum de eadem re. Aliam quidem videndæ venerationis tuæ caussam* &c. Ibi n. 22.

XXVIII. *Ejusdem epistola ad Augustinum, Alypium, Evodium, Donatianum, Silvanum, Novatum, & Deutherium uniformis, Pervenisse ad venerationem tuam* &c. Ibidem n. 23. *Deutherium* cum nostris codicibus scripsimus, cum quibus concordat etiam Collatio Carthaginensis anni 411., ubi nominatur Deutherius Episcopus Cæsariensis in Mauritania.

XXIX. *Relatio Symmachi ad Constantium. Quæcumque subito* &c. Idem Baron. an. 419. n. 26.

XXX. *Epistola Constantii Comitis ad Symmachum. Ut certa possimus* &c. Ibi n. 29.

XXXI. *Exempla sacrarum litterarum ad Symmachum. Cum ad sanandum* &c. Ibi n. 30.

XXXII. *Epistola Symmachi ad Constantium. Ubi primum* &c. Ibi n. 32.

XXXIII.

XXXIII. *Exemplum sacrarum litterarum Symmacho. Moderatione praecipua* &c. Ibi n. 33.

XXXIV. *Relatio Symmachi de ingressu Bonifacii. Quaecumque Deo aucto-re* &c. Ibi n. 84.

XXXV. *Sacrae litterae ad Largum Proconsulem Africae. Inter omnes curas* &c. Ibidem n. 36.

XXXVI. *Largi Proconsulis ad Aurilium Carthaginensem. De merito Sa. cerdotis* &c. Ibi n. 37.

XXXVII. *Sacrae ad Bonifacium, quibus statuitur, ut deinceps si duo per ambitum certarint de Episcopatu Romano, nullus eorum sit Sacerdos; sed il-lum solum in Sede Apostolica permansurum, quem ex numero Clericorum no-va ordinatione divinum judicium, & universitatis consensus elegerit. Scri-pta Beatitudinis tuae* &c. Ibidem n. 41. Hæc vero sacra una cum ipsius Bo-nifacii litteris ad Imperatorem, quibus isthæc constitutio petita fuit, in aliis quoque collectionibus invenitur.

XXXVIII. *Honorii epistola ad Arcadium de persona S. Joannis Episcopi CP. Quamvis super imaginem* &c. Baron. an. 404. n. 80.

XXXIX. *Maximi tyranni ad Valentinianum juniorem contra Arrianos & Manichaeos. Nisi clementiae nostrae* &c. tom. 2. Concil. col. 1228.

XL. *Victor Magnus Maximus Siricio parenti. Accepimus litteras tuas* &c. Ibidem col. 1227.

XLI. *Innocentii epistola ad Aurelium, Alypium, Augustinum* &c. *Frater-nitatis vestrae litteras* &c. Exstat in collectione hoc tomo edenda cap. 11. & olim ex Isidoro edita.

XLII. *Innocentius Hieronymo Presbytero. Numquam boni aliquid* &c. tom. 3. Conc. col. 75.

XLIII. *Idem Joanni fratri. Direptiones, caedes, incendia* &c. Ibidem.

XLIV. *Idem Aurelio. Piissimum etiam* &c. Ibi col. 76.

XLV. *Zosimus Aurelio & ceteris Afris in defensionem Caelestii. Magnum pondus* &c. Ibi col. 401.

XLVI. *Idem Zosimus Aurelio & ceteris. Posteaquam a nobis Caelestius* &c. Ibi col. 803.

XLVII. *Libellus Paullini Diaconi adversus Caelestium Zosimo Episcopo da-tus. Beatitudinis tuae justitiam* &c. Ibi col. 429.

XLVIII. *Epistola Augustini ad suprascripta rescribentis per Albinum Aco-lytum & Firmum Presbyterum ad Xystum Presbyterum. Ex quo Hipponem* &c. Ex aliis codicibus inter Augustini epistolas impressa est epist. 191. al. 104.

XLIX. *Eusebii epistola ad Cyrillum Episcopum. In Christo gratias egi* &c. Baron. an. 417. n. 15.

L. *Zosimus Aurelio & ceteris in Concilio Carthaginensi. Quamvis Patrum traditio* &c. tom. 3. Concil. col. 416.

LI. Leo Leoni Augusto. Est epist. 169. tom. 1. nostræ editionis col. 1431.

LII. Idem Gennadio CP. Ibidem epist. 170. col. 1433.

LIII. Idem Timotheo Episcopo Alexandrino. Ibi epist. 171. col. 1435.

LIV. Idem Presbyteris & Diaconibus Alexandrinis. Ibidem epist. 172. col. 1436.

LV. Idem Theophilo & aliis Episcopis Ægyptiis. Ibidem epist. 173. col. 1437.

LVI. Simplicii Papæ ad Zenonem Augustum. *Cuperem quidem* &c. tom. 5. Conc. col. 96. ubi notatur, hanc epistolam inveniri etiam in MS. Virdu-nensi Basilisco inscriptam. Vide caput præcedens §. 3. n. 4.

LVII. Ejusdem ad Acacium. *Cum filii nostri* &c. Ibidem col. 101.

LVIII. Ad eumdem alia. *Quantum Presbyterorum* &c. Ibi col. 99.

LIX. Ad Constantinopolitanos. *Per filium nostrum laudabilem virum Epi-phanium* &c. Ibidem col. 101.

LX. Ad Zenonem Augustum. *Inter opera* &c. Ibi col. 103.

LXI. Ad Acacium. *Quam sit efficax* &c. Ibi col. 105.

LXII. Ad Zenonem Augustum. *Per Petrum virum spectabilem* &c. Ib. col. 106.

LXIII. Ad Acacium. *Quantos & quam uberes* &c. Ibidem col. 107.

LXIV. Ad Zenonem Augustum. *Proxime quidem cum ad Urbem* &c. Ib. col. 108.

LXV. Ad Acacium. *Proxime quidem dilectioni tuæ* &c. Ibidem.

LXVI. Ad Zenonem Aug. *De Ecclesia Antiochena* &c. Ibi col. 109.

LXVII. *Ad Acacium, ordinato ab eo Calendione Antiocheno Episcopo, Clementissimi Principis litteris* &c. Ibi col. 110.

LXVIII. Ad eumdem. *Miramur pariter* &c. Ibi col. 113.

LXIX. Ad eumdem. *Antiocheni exordium Sacerdotis* &c. Ib. col. 112.

LXX. *Synodus Romæ apud S. Petrum Constantinopolitanis & Bithyniæ constitutis. Olim nobis atque ab initio* &c. Ibi col. 247.

LXXI. Felicis Papæ ad Petrum Antiochenum. *Quoniam pestiferis doctrinis* &c. Post hanc epistolam, hæc notatio apponitur. *Explicit epistola Papæ Felicis ad Petrum Antiochenum damnans eum: quæ epistola ante damnationem Acacii, quantum ejus textus indicat, comperitur scripta. Sed quia cum aliorum litteris ad eumdem Petrum directis in Græco volumine invenimus de Latino translatas, quas nunc iterum de Græco in Latinum necessitate compulsi transferentes descripsimus propter hæreticorum insidias, & supradictis epistolis ejusdem Papæ connectimus*. Hanc notationem vidit Anastasius, uti monuimus capite præcedenti §. 3. n. 2. ubi hasce litteras cum septem sequentibus olim a Græco scriptore confictas ostendimus. In editione Conciliorum ipse Græcus textus septem epistolarum prodiit tom. 5. (ubi tamen alia versio sex epistolarum impressa est) col. 159. 219. 226. 234. 235. 239. & 241. Ex nostræ autem collectionis interpretatione hæc tantum epistola Felicis legitur tomo 1. Epistolarum Romanorum Pontificum editionis Romanæ an. 1591.

LXXII. Quintiani Episcopi Asculani ad Petrum Antiochenum. *Multifarie multisque modis* &c. tom. 5. Conc. col. 219.

LXXIII. Justini Episcopi Siciliæ ad eumdem Petrum Antiochenum. *Oportet armari militem, adversus hostem* &c. Alia versio est ibidem col. 226.

LXXIV. Antheonis Episcopi Arsenoe ad eumdem. *Valde contestatus sum super te* &c. Ibidem ex alia versione col. 234.

LXXV. Faustini Episcopi Apolloniadis ad eumdem. *Quoniam permissum est pulsari priores postremis* &c. Alia translatio ibidem col. 235. ubi *Fausti* pro *Faustini* scribitur.

LXXVI. Pamphili Episcopi Accidorum (in vulg. *Abydorum*) ad eumdem. *Multa contritio meorum, dilectissime, filiorum* &c. Ibidem ex alia interpretatione col. 239.

LXXVII. Flactiani (al. in textu manuscriptorum Venetorum, *Falcini*, in vulgatis *Flaviani*, vel *Flacciani*) Episcopi Rodope ad eumdem Petrum. *Venatores bestiarum iracundia non terrentur* &c. Hujus epistolæ Græcus textus desideratur: & sola hæc nostræ collectionis versio post Baronium edita fuit tom. 5. Concil. col. 227.

LXXVIII. *Asclepiadis Episcopi Citralensis* (in vulgatis *Tralliani*) *ad eumdem. Ecce, carissime, repletus est mundus scandalo expositionis tuæ* &c. Ibidem ex alia versione col. 241. Hactenus epistolæ supposititiæ latine redditæ ex Græco textu, qui ante nostrum collectorem confictus fuerat.

LXXIX. *Gelasius Dardaniæ Episcopis, sicut etiam cunctis fratribus per Dalmatias destinata est. Ubi primum respirare fas est* &c. tom. 5. Conc. col. 292.

LXXX. Dardani Episcopi ad Gelasium. *Saluberrima Apostolatus vestri præcepta* &c. Ibi col. 291.

LXXXI. Gelasius Laurentio de Lignido. *In prolixitate epistolæ* &c. Ibidem col. 289.

LXXXII. Agapitus Justiniano Augusto. *Gratulamur, venerabilis Imperator, quod tanto* &c. Ibi col. 937.

LXXXIII. Vigilius Justiniano. *Inter innumeras sollicitudines* &c. Ibi col. 1317.

LXXXIV. Joannes Episcopus Justiniano Augusto. *Inter claras sapientiæ* &c. Ib. col. 890. Exstat etiam in Codice Justinianeo L. 8. de Summa Trinitate.

LXXXV. *Reparatus & ceteri CCXVII. Episcopi apud Justinianam Carthaginem*

ginem in Concilio ad Joannem Papam. *Optimam consuetudinem* &c. Ibidem col. 900.

LXXXVI. Agapitus Reparato & ceteris Afris. *Jamdudum quidem fratres amantissimi* &c. Ibi col. 939.

LXXXVII. Idem Reparato Carthaginensi. *Fraternitatis tuæ litteris* &c. Ib. col. 940.

LXXXVIII. Idem Justiniano Aug. *Licet de Sacerdotii mei primitiis* &c. Ibi col. 941.

LXXXIX. Libellus Justiniani Imperatoris, quem dedit Agapito Constantinopoli. *In nomine Domini* &c. *Prima salus est rectæ fidei regulam custodire* &c. Ibi col. 947. ubi ex nostris codd. corrigenda est chronica nota, sic. *Dat. XVII. Kalendarum Aprilium P. C.* (idest post Consulatum) *Belisarii V. C.*

XC. *Libellus Mennæ Presbyteri, ac Xenodochi, qui factus est Episcopus Constantinopolitanus sub die III. Idus Martias iterum post Consulatum Paullini junioris V. C. Prima salus est rectæ fidei* &c. ut in præcedenti tom. 5. col. 947. usque ad verba; *quæ ab ea statuta sunt prædicamus*. Clauditur subscriptione ipsius Mennæ: *Mennas misericordia Dei Presbyter & Xenodochus suscipio* &c.

XCI. Agapitus Justiniano. *Gratulamur, venerabilis Imperator* &c. Huic epistolæ editæ tom. 5 Conc. col. 937. inserta est epistola Justiniani ad Agapetum incipiens: *Ante tempus* &c. quæ legitur ibidem col. 936. cuique insertæ sunt aliæ litteræ ejusdem Imperatoris ad Joannem Papam, quarum initium: *Reddentes honorem*, ut in eadem col. 936. His autem insertis prosequitur prior Justiniani epistola ad Agapitum: *quamobrem petimus*, uti eodem tomo col. 937. in fine: ac tandem concluditur Agapiti epistola: *Huic igitur, ut prædictum est* &c. ibi col. 938. Chronicæ notæ duarum epistolarum Agapiti ad Justinianum, & Justiniani ad Agapitum, quæ in iisdem vulgatis erant vitiatæ, post Cardinalem Norisium ex Vaticano codice hujus collectionis emendatæ fuerunt a P. Antonio Pagio, uti in Veneta Conciliorum editione notatur eadem col. 938. num. 2. & 3.

XCII. Vigilius Justiniano. *Litteras clementiæ vestræ* &c. Ibidem col. 1295.

XCIII. Vigilius Mennæ. *Licet universa* &c. Ibi col. 1298.

XCIV. Gelasius Picenis Episcopis contra hæresim Pelagianam. *Barbaricis hactenus* &c. Ibi col. 301.

XCV. Idem ad Dardanos: *Valde mirati sumus* &c. Ibidem col. 324. Hæc epistola auctior est, quam in aliis collectionibus: hæcque additamenta secundis ipsius Gelasii curis tribuenda probavimus capite præcedenti §. 4.

XCVI. Idem Honorio Episcopo. *Miramur dilectionem tuam* &c. Ibi col. 300.

XCVII. Ejusdem Gelasii dicta adversus Pelagianam hæresim. Incipit: *De Pelagianis quidem sensibus* &c. Ibidem col. 365.

XCVIII Idem Honorio Episcopo. *Licet inter varias temporum difficultates* &c. Ibi col. 298.

XCIX. *Incipit in caussa fidei christianæ, cui ab exordio sui numquam defuisse probantur inimici* &c. Est illud opusculum, quod tomo 5. Conciliorum col. 173. vulgatum est cum titulo: *Breviculus historiæ Eutychianistarum*. Ex hac nostra collectione primo impressum ante S. Leonis epistolas in editione Romana Epistolarum Romanorum Pontificum anni 1591. tom. 1. pag. 142. Tum vero Sirmondus velut ineditum ex alia collectione edidit, ac ex ipso Conciliis insertum. Verum in hoc Sirmondi exemplo deest ultima periodus, & fragmentum epistolæ Felicis III. quæ ex sola nostra collectione, & exinde in laudata editione Romana leguntur. Hoc opusculum scilicet triplici forma vulgatum, duo additamenta ab ipso auctore recepisse conjecimus adnot. 1. in cap. 43. collectionis hoc tomo edendæ col. 308. Auctorem vero esse ipsum Gelasium, inter cujus epistolas refertur, probabiliter statuisse videmur not. 4. in Observationes Quesnelli ad epist. 28. S. Leonis tom. 2. col. 1414. Nunc ultimam illam periodum & fragmentum litterarum Felicis III. quæ in vulgatis Conciliorum desunt, hic appendenda credimus. Itaque post ultima editorum verba *ad Antiochenam misit Ecclesiam*, hæc addenda sunt: *Postquam Joannes supervenit Episcopus, quem Romana suscepit Ecclesia, S. Papa Fe-*

 lix

lix legationem, ut dictum est, sicut oportuit, ordinavit, quæ apud prædictos omnes quidquid est hostilitatis experta est. Nam detrusa in custodiam, perditis chartis, cum grandi vix remeavit opprobrio, Episcopatum Petri, ad quem expellendum missa fuerat, firmatum reportans, quem Romana anathematizaret Ecclesia. Ita Felix Papa Episcopis per Ægyptum, Thebaidem,
Fragmentum epist. Felicis III. *Lybiam, & Pentapolim constitutis post alia: Petrus vero, qui se ab Ecclesiæ unitate sub beatæ recordationis Proterio separavit, & in mortem ipsius parricidæ Timotheo se ad persequendos junxit orthodoxos, nulla tanti nominis aut honoris permittimus societate lætari, quanto in creatoribus propriis non dissimilibus ipso sui exordio caducum, quod se æstimat, reperitur. Est ergo præfatus cunctis anathema, nec ab Ecclesia catholica credatur umquam recipi, qui post coercitionem sæpissime* (editores Romani *cohortationem sæpissimam*) *& per tot annorum spatia in perversitate propria perseverans, locum satisfactionis amisit.*

C. *Incipit ejusdem Papæ Gelasii adversus Andromachum Senatorem & ceteros Romanos, qui Lupercalia secundum morem pristinum colenda constituebant. Sedent quidam in domibus suis* &c. tom. 5. Concil. col. 359.

CI. Gelasii Dardanis & per Illyricum. *Audientes orthodoxam* &c. Ibidem col. 322.

CII. *Libellus, quem dederunt Apocrysarii Alexandrinæ Ecclesiæ Legatis ab urbe Roma Constantinopolim destinatis. Gloriosissimo atque excellentissimo Pa-*
Libellus a Dionysio latine redditus. *tricio Festo* &c. Ibidem col. 412. Post hunc libellum Anastasio Pontifice scriptum hæc notatio majusculis litteris exarata legitur in cod. Vat. 4961. pag. 63. *Dionysius Exiguus Romæ de Græco converti*. Binius laudato tomo 5. col. 403. not. a hanc notationem perperam refert ad sequens documentum, quod cum scriptum fuerit latine, a Dionysio e Græco vertendum non fuit.

CIII. *Exemplar gestorum de absolutione Miseni. Flavio Viatore V. C. sub III. Idus Majarum in basilica B. Petri. Residente in Synodo venerabili viro Papa Gelasio* &c. Ibi col. 397. Ex hac collectione hæc Synodus primo vulgata ab editoribus Romanis Epistolarum Romanorum Pontificum, tum vero a Card. Baronio ad an. 395. n. 6. cum emendationibus ex MS. Virdunensi, cujus lectiones a P. Frontone Ducæo acceperat.

CIV. *Symmachi universis per Illyrium & Dardaniam* &c. *Quod plane fieri* &c. Ibi col. 431.

CV. Dorotheus Hormisdæ. *Ait quodam loco* &c. Ibidem col. 563.

CVI. Hormisda Dorotheo. *Ubi caritatis interest* &c. Ibi col. 564.

CVII. Anastasius Imperator Hormisdæ. *Beatitudi vestræ non putamus ignotum* &c. Ibi col. 561.

CVIII. Hormisda Anastasio. *Gratias supernæ virtuti* &c. Ibi col. 562.

CIX. Anastasius Hormisdæ. *Omnibus negotiis* &c. Ibidem col. 565.

CX. Hormisda Anastasio. *Bene clementia vestra* &c. Ibidem.

CXI. Anastasius Hormisdæ. *Omnia, quæ benignitas* &c. Ibi col. 573.

CXII. Hormisda Anastasio. *Sollicitari animum tuum* &c. Ibi col. 574.

CXIII. Anastasius Senatui urbis Romæ. *Si vos liberique vestri valetis* &c. Ibi col. 575.

CXIV. Rescriptum Senatus ad eumdem. *Si prima semper est* &c. Ibi col. 576.

CXV. Hormisda Anastasio. *Bene atque utiliter* &c. Ibi col. 570.

CXVI. *Indiculus, qui datus est Ennodio & Fortunato Episcopis* &c. *Cum Dei adjutorio* &c. Ibidem col. 566.

CXVII. *Item capitula singularum caussarum, ut S. Synodus Calchedonensis* &c. Ibi col. 569.

CXVIII. *Exemplum relationis Joannis Episcopi Nicopolitani per Rufinum Diaconum ejusdem. Domino meo* &c. Ibi col. 577.

CXIX. Hormisda Joanni. *Gavisi sumus* &c. Ib. col. 578.

CXX. Synodus veteris Epiri, Joannes & alii Episcopi Hormisdæ. *Si dignis præmiis* &c. Ibi col. 579.

CXXI. Responsio Hormisdæ ad hanc Synodum. *Benedictus Deus* &c. Ibi col. 580.

CXXII.

CXXII. Hormisda Joanni Nicopolitano. *Litterarum quas direxistis* &c. Ibi col. 582.

CXXIII. Indiculus per Pullionem Subdiaconum. *Cum Dei adjutorio* &c. Ibi col. 583.

CXXIV. Hormisda eidem Joanni & Synodo. *Optaremus dilectissimi* &c. Ibi col. 595.

CXXV. Eidem Joanni. *Remeante Pullione* &c. Ibidem.

CXXVI. Sacra Anastasii Augusti Hormisdæ. *Gratias omnipotenti Deo* &c. Ibi col. 572.

CXXVII. Hormisda Anastasio. *Dudum Legatis* &c. Ibidem col. 586.

CXXVIII. Eidem alia. *Dum sapientiæ vestræ* &c. col. 594.

CXXIX. Timotheo CP. *Non mirabitur* &c. Ib. col. 588.

CXXX. Hormisda Episcopis Orientis. *Etsi admonitionis meæ* &c. Ib. col. 589.

CXXXI. Idem Episcopis orthodoxis. *Est quidem fidelium* &c. Ib. col. 590.

CXXXII. Possessori Episcopo. *Optimam vestræ caritatis* &c. Ib. col. 592.

CXXXIII. Constantinopolitanis. *Si is qui calicem* &c. Ibidem.

CXXXIV. Dorotheo Thessalonicensi. *Joannes frater & Coepiscopus meus* &c. Ib. col. 596.

CXXXV. Ennodio & Peregrino. *Postquam profecta est* &c. Ib. col. 593.

CXXXVI. Eisdem. *In nomine Patris, & Filii, & Spiritus Sancti, intercedentibus* &c. Ib. col. 594.

CXXXVII. Exemplum relationis Aviti Episcopi Galli ad Hormisdam. *Dum religionis statui* &c. Ib. col. 583.

CXXXVIII. Hormisda Avito & ceteris Episcopis Viennensis provinciæ. *Qui de his, quæ ad disciplinam* &c. Ib. col. 584.

CXXXIX. Anastasius Hormisdæ. *Etsi magnum aliquid* &c. Ibi col. 597.

CXL. *Exemplum relationis minimorum Archimandritarum & ceterorum Monachorum secundæ Syriæ sanctissimo & beatissimo universæ orbis terræ Patriarchæ Hormisdæ continenti Sedem Principis Apostolorum Petri* &c. Ibi col. 598.

CXLI. Responsio Hormisdæ. *Lectis litteris dilectionis vestræ* &c. Ibi col. 692. & una cum versione Græca col. 1113. Solum initium hujus epistolæ exstat in Hadriana collectione.

CXLII. Justinus Imperator Hormisdæ. *Dei beneficia* &c. Ibidem col. 606.

CXLIII. Hormisda Justino. *Venerabilis regni vestri primitiis* &c. Ibidem.

CXLIV. Justinus Hormisdæ. *Joannes vir beatissimus hujus regiæ urbis Antistes* &c. Ibi col. 607.

CXLV. Hormisda Justino. *Sumtum de imperii vestri ortu* &c. Ibidem.

CXLVI. Hormisda Joanni CP. *Spiritale gaudium* &c. Ibi col. 609.

CXLVII. Exemplum relationis Joannis Episcopi CP. ad Hormisdam. *Saluto vestram Sanctitatem* &c. Ibi col. 608.

CXLVIII. Exemplum epistolæ Justiniani. *Desiderabile tempus* &c. col. 610.

CXLIX. Hormisda Justiniano. *Litterarum vestrarum serie* &c. Ibi col. 612.

CL. Hormisda Justino Aug. *In tantum pro gratia Divinitatis* &c. Ib. col. 614.

CLI. Idem Joanni CP. *Reddidimus quidem* &c. Ibidem col. 616.

CLII. Idem eidem. *Ea quæ caritas tua* &c. col. 617.

CLIII. Idem Celeri & Patricio a pari. *Quamvis pro loci nostri consideratione* &c. Ibi col. 619.

CLIV. Idem Præfecto Prætorio Thessalonicensi, & ceteris illustribus a pari. *Licet pro caussa ecclesiastica* &c. Ibidem.

CLV. Hormisda Justiniano. *Magnitudinis vestræ litteras* &c. Ibi col. 618.

CLVI. Theodosio Archidiacono CP. & ceteris catholicis a pari. *Gratias misericordiæ divinæ* &c. Ibidem.

CLVII. Idem Epiphaniæ Augustæ. *Ecclesiarum pax* &c. Ibi col. 615.

CLVIII. Anastasiæ & Palmatiæ a pari. *Bonæ voluntatis judicium* &c. Ibi col. 619.

CLIX. *Indiculus quem acceperunt legati nostri qui supra. Cum Deo propitio* &c. Ibi col. 612.

CLX.

CLX. Exemplum libelli Joannis CP. ad Hormisdam. *Redditis mihi litteris* &c. Ibi col. 621. Est etiam in collectione Hispanica.

CLXI. Justinus Aug. Hormisdæ. *Scias effectus* &c. Ibi col. 626. & in eadem collectione.

CLXII. Relatio Joannis CP. Hormisdæ. *Quando Deus propria* &c. Ibidem.

CLXIII. Exemplum epistolæ Justiniani Comitis ad Hormisdam. *Venerandæ Sanctitatis vestræ.* Ibi col. 627.

CLXIV. Pompeji ad Hormisdam. *Sanctis Beatitudinis vestræ* &c. Ibi col. 628.

CLXV. Julianæ Aniciæ ad eumdem. *Precibus vestræ Beatitudinis* &c. Ibidem.

CLXVI. Anastasiæ ad Hormisdam. *Divini muneris illuxisse* &c. Ibidem.

CLXVII. Theodoriti Episcopi Litanidensis (melius in vulg. *Lignidensis*) ad Hormisdam. *Meæ quidem exiguitatis* &c. tom. 5. Conc. col. 629.

CLXVIII. Suggestio Dioscori Diaconi per Pullionem Subdiaconum: *Ineffabilis Dei omnipotentis* &c. Ibi col. 624.

CLXIX. Hormisda Justino Augusto. *Lectis clementiæ vestræ paginis* &c. Ibi col. 630.

CLXX. Idem Joanni CP. *Consideranti mihi* &c. Ibi col. 632.

CLXXI. Germano & Joanni Episcopis. *De his, quæ acta caritatis vestræ relatio* &c. Ibi col. 636.

CLXXII. Joanni Episcopo & Dioscoro Diacono. *Reperimus Thomatem & Nicostratum* &c. Ibi col. 638.

CLXXIII. Ad Thomam & Nicostratum. *Animum nostrum pro negotio vestro* &c. Ibidem.

CLXXIV. Alia cui prænotatur *Deest inscriptio*, incipit autem: *De laboris tui, quem* &c. Ibi col. 637. litt. A.

CLXXV. Hormisda Pompejo. *Ita devotionis nostræ animum* &c. Ibi col. 634.

CLXXVI. Dioscoro Diacono. *De laboris tui quidem, quem Dei omnipotentis juvamine* &c. Ibi col. 637. litt. D.

CLXXVII. Justiniano. *Benedicimus ineffabile* &c. Ibi col. 633.

Epist. Hormisdæ inedita. CLXXVIII. Alia Hormisdæ, quam nullibi editam nacti, hic describimus. *Hormisda. Cum necesse fuerit scripta Domino filio nostro clementissimo Principi destinari; amplitudinem vestram silentio præterire nequimus. Et ideo salutationis honorificentiam præloquentes, eos, qui in rem destinati sunt, commendamus, postulantes, ut Domino nostro auctore sub vestra dispositione celeriter ut* (leg. *ad*) *destinata perveniant, ut sacratissimus & religiosissimus Imperator meritorum suorum gloriam possit sine dilatione cognoscere.*

CLXXIX. *Grato inl. Hormisda. Contristavit nos* &c. tom. 5. Conc. col. 634.

CLXXX. Hormisda Julianæ Aniciæ. *Litteris amplitudinis vestræ* &c. Ibidem.

CLXXXI. Anastasiæ. *Postquam Deus noster* &c. Ibidem.

CLXXXII. Justinus Aug. Hormisdæ. *Quanto flagramus studio* &c. Ibi col. 653.

CLXXXIII. Exemplar relationis Episcopi CP. ad Hormisdam. *Quemadmodum puro corde* &c. Ibidem.

CLXXXIV. Alia ejusdem relatio. *Quantam alacritatem* &c. Ibi col. 676.

CLXXXV. Alia ejusdem item ad Hormisdam. *Paullinus vestræ Sedis defensor* &c. Ibi col. 677.

CLXXXVI. Suggestio Germani Episcopi, Felicis & Dioscori Diaconorum, & Blandi Presbyteri. *Reverenda vestri Apostolatus alloquia* &c. Ibi col. 654.

CLXXXVII. Indiculus, qui directus est a Joanne Episcopo, vel ab Epiphanio Presbytero de Thessalonica. *Si pro peccatis nostris* &c. Ibi col. 655.

CLXXXVIII. Justinianus Hormisdæ. *Propitia Divinitate* &c. col. 649.

CLXXXIX. Alia Justiniani. *Ut plenissima fidei* &c. Ibi col. 650.

CXC.

CXC. Hormisda Justiniano illustri. *Eulogio V. C. filio nostro* &c. Ibi col. *651*.

CXCI. Eidem. *Ita magnificentiæ nostræ* &c. Ibidem.

CXCII. Justiniani epistola. *Per fratrem Proemtoris quidquid est cautius* &c. Ibi col. *650*.

CXCIII. Justinus Aug. Hormisdæ. *Summa quidem habenda* &c. Ibi col. *659*.

CXCIV. Justinus Hormisdæ. *Cum in animo nobis sit* &c. Ibi col. *658*.

CXCV. Euphimia Hormisdæ. *Beatitudinis tuæ litteras* &c. Ibi col. *659*.

CXCVI. Relatio Epiphanii CP. ad Hormisdam. *Deus qui in alto habitat* &c. tom. 5. Conc. col. *666*.

CXCVII. Justiniani illustris epistola. *Domino nostro Jesu Christo favente* &c. Ibi col. *667*.

CXCVIII. Celeris illustris ad Hormisdam. *Maxima nobis gratulationis caussa* &c. Ibi col. *660*.

CXCIX. Julianæ Aniciæ ad Hormisdam. *Quæ prima sunt* &c. Ibidem.

CC. Justinus Aug. ad eumdem. *Cum beatissimum Germanum* &c. Ibi col. *670*.

CCI. *Exemplum epistolæ Justiniani Cons.* (in vulg. *Viri clarissimi.*) *Quanta reverentia* &c. Ibi col. *677*.

CCII. Hormisda Justino Aug. *Benedicta Trinitas Deus noster* &c. Ibi col. *671*.

CCIII. Eidem. *Gloriosis clementiæ vestræ laboribus* &c. Ibi col. *639*.

CCIV. Euphemiæ Aug. *Orare nos* &c. Ibidem.

CCV. Epiphanio CP. *Oportuerat quidem* &c. Ibi col. *665*.

CCVI. Eidem. *Diu nos nuntiata* &c. Ibidem.

CCVII. Hormisda Justiniano Ill. *Quod celsitudo vestra* &c. Ibi col. *679*.

CCVIII. Eidem. *Studium vestrum* &c. Ibi col. *640*.

CCIX. Relatio Dorothei Episcopi Thessalonicensis ad Hormisdam. *Propositi nostri* &c. Ibi col. *670*.

CCX. Hormisda Dorotheo. *Considerantes tuæ fraternitatis Ecclesiam* &c. Ibi col. *671*.

CCXI. Eliæ, Thomæ, & Nicostrato Episcopis. *Quanto mens nostra* &c. Ibi col. *641*.

CCXII. Germano illustrissimo. *Excubantibus vobis* &c. Ibidem.

CCXIII. Hanc nondum editam integram damus. *Justinus Augustus Hormisdæ. Illustrem virum Episcopum R. grato suscepimus animo, non pro honore tantum qui debetur Sacerdotibus, verum etiam pro affectu vestræ sanctitudinis. Nam quicumque tuo comprobatus judicio fuerit, est apud nos etiam judicatus probatissimus. De opera tamen & favore, qui sacrosanctis inferendus est Ecclesiis, tunc demum opportunius statuetur, cum legati, quos nuper ad Regem magnificum Trasamundum destinasse noscimus, reversi propitia Divinitate responsum nobis detulerint. Vestra autem beatitudo supernum nobis præsidium indefessis orationibus postulare dignetur. Data XV. Kal. Decembris Constantinopoli Domino Justino perpetuo Augusto.* (supple *Cos.* idest anno 519.) *Accepta XI. Kal. Junii. Rusticio Cos.* idest an. 520. Alia epist. Hormisdæ inedita. Justini Aug. legatio ad Trasamundum.

CCXIV. Suggestio Germani & Joannis Episcoporum, Felicis & Dioscori Diaconorum, & Blandi Presbyteri. *In civitate Aulonitana* &c. tom. 5. Concil. col. *620*.

CCXV. Item suggestio quorum supra. *In alia epistola* &c. Ibi col. *621*.

CCXVI. Exemplum relationis Andreæ Episcopi Prævalitani ad Hormisdam. *Commendans me* &c. Ibidem.

CCXVII. Suggestio Dioscori Diaconi. *Verum est nulla esse gaudia* &c. Ibi col. *646*.

CCXVIII. Item suggestio Germani & aliorum quorum supra. *Cum Dei misericordia* &c. Ibi col. *647*.

CCXIX. Item suggestio quorum supra. *Filius vester magnificus vir* &c. Ibi col. *648*.

CCXX.

CCXX. Hormiſda Germano & aliis quorum ſupra. *Opinionum diverſitas* &c. Ibi col. 629.

CCXXI. Iiſdem. *Animus noſter* &c. Ibi col. 630.

CCXXII. Iiſdem. *Neceſſe eſt* &c. Ibidem.

CCXXIII. Suggeſtio Dioſcori Diaconi. *Erat optabile* &c. Ibi col. 656.

CCXXIV. Item ſuggeſtio Germani & aliorum quorum ſupra. *Non miramur* &c. Ibi col. 623.

CCXXV. Suggeſtio Dioſcori Diaconi. *Per Eulogium V. C. litteras* &c. Ibi col. 651.

CCXXVI. Suggeſtio Germani & aliorum quorum ſupra. *Magna miſericordia Dei eſt* &c. col. 642.

CCXXVII. Hormiſda Germano & aliis quibus ſupra. *Cum nos eccleſiaſticæ proſperitatis gaudia* &c. Ibi col. 641.

CCXXVIII. Eiſdem. *Graviter nos* &c. col. 644.

CCXXIX. Eiſdem. *Ita nos incolumitatis* &c. col. 661.

CCXXX. Iiſdem. *Animos noſtros* &c. Ibidem.

CCXXXI. Exemplum relationis Poſſeſſoris Epiſcopi Afri ad Hormiſdam. *Decet & expedit* &c. Ibidem.

CCXXXII. Hormiſda Poſſeſſori. *Sicut rationi congruit* &c. Ibi col. 662.

CCXXXIII. Juſtinus Hormiſdæ. *Quo fuimus ſemper* &c. Ibi col. 672. Eſt etiam in collectione Hadriana.

CCXXXIV. Exemplum precum Hieroſolymitanorum, Antiochenſium, & ſecundæ Syriæ Clericorum, Abbatum &c. ad Juſtinum. *Haurite aquam cum lætitia* &c. Ibi col. 673. Exſtat etiam in eadem Hadriana.

CCXXXV. Relatio Epiphanii Epiſcopi CP. ad Hormiſdam. *Quantam habuimus alacritatem* &c. Ibi col. 668.

CCXXXVI. Relatio Synodi CP. de ordinatione Epiphanii ad Hormiſdam. *Innumerabilem & inveſtigatam* &c. Ibi col. 656.

CCXXXVII. Juſtiniani epiſtola ad Hormiſdam. *Quantam venerationem* &c. col. 678.

CCXXXVIII. Hormiſda Juſtino Aug. *Inter ea, quæ ad unitatem* &c. Ibi col. 682. Eſt etiam in collectione Hadriana, nec non in Hiſpanica.

CCXXXIX. Hormiſda Epiphanio CP. *Multo gaudio ſum repletus* &c. Ibi col. 685. Exſtat etiam in collectione Hiſpanica.

CCXL. Hormiſda Juſtino. *Scio quidem* &c. col. 680.

CCXLI. Hormiſda Epiphanio CP. *Benedicimus Dominum* &c. col. 676.

CCXLII. Idem Synodo CP. *Fratrem & Coepiſcopum noſtrum Epiphanium* &c. col. 675. Poſtea hæc notatio legitur. *Geſta in cauſſa Abundantii Epiſcopi Trajanopolitani in ſcrinio habemus.*

CCXLIII. Juſtinus Aug. Hormiſdæ Papæ. *Ut quod in Paullo* &c. tom. 5. Conc. col. 685.

CCXLIV. Exemplar relationis Epiphanii Epiſcopi CP. ad Hormiſdam. *Frequentiores quidem* &c. Ibidem.

CCXLV. *Exemplum epiſtolæ Juſtiniani V. Ill. Diligenter Apoſtolatus veſter cognoſcit* &c. Ibi col. 679.

CCXLVI. Epiphanius Diodoro Epiſcopo. *Gratiam præſtans potius, quam ſumens* &c. Eſt antiqua verſio, ſed in fine mutila, libri S. Epiphanii de duodecim gemmis Rationalis Summi Sacerdotis Hebræorum, noviſſime edita & illuſtrata a Petro Franciſco Fogginio Romæ an. 1743. In hoc opuſculo collectio deſinit, omneſque codices etiam Veneti illud æque mutilum exhibentes, in iiſdem verbis deſinunt.

CA-

CAPUT XIII.

De collectionibus Thessalonicensi & Arelatensi.

I. ETsi instituti nostri non sit eas collectiones explicare, quæ non generales, sed propriæ fuerunt alicujus Ecclesiæ; duæ tamen inter has ita sunt celebres, & ita multa vetusta ac sincera, atque præstantissima aliunde fere incognita documenta suppeditarunt, ut omitti non possint. Prima est collectio Ecclesiæ Thessalonicensis, quæ gestis Romanæ Synodi anni 531. sub Bonifacio II. tota inserta fuit. Continet plures Romanorum præcipue Antistitum epistolas, quibus Apostolicæ Sedis in Illyrico vices Thessalonicensi Episcopo commissæ, vel confirmatæ fuerunt. Huic collectioni occasionem dedit caussa Stephani Episcopi Larisseni & Metropolitæ Thessaliæ in eodem Illyrico, qui depositus ab Epiphanio CP. aliisque Episcopis cum eo considentibus, Romam confugit; ubi coacta Romana Synodo, Theodosius Episcopus Echiniensis ab eo missus, ut incompetens Epiphanii judicium probaret, Romanos Pontifices *specialiter gubernationi suæ Illyrici* (ac proinde etiam Thessaliæ) *Ecclesias vindicasse*, pluribus documentis in medium productis ostendit. Cum vero idem Theodosius institisset, ut ea legerentur, & iisdem fides conciliaretur ex scrinio apostolico; Bonifacius Pontifex jussit: *Prolatæ epistolæ recitentur, & scriptorum fides in Sedis Apostolicæ requiratur scrinio*: quod ad earum authenticitatem commendandam maxime confert. Epistolæ autem sex & viginti ejusdem Synodi gestis inveniuntur insertæ hoc ordine, duæ Damasi, una Siricii, duæ Innocentii, quinque Bonifacii I. una Imperatoris Honorii ad Theodosium Augustum, hujus rescriptum ad eumdem Honorium, Cælestini una, quatuor Xysti III. una Marciani Imperatoris ad Leonem Papam, tres hujus Pontificis, dein una Anatolii CP. ad eumdem, & quatuor aliæ ejusdem Leonis, ut videre est tom. 5. Concil. Ven. edit. col. 843. & seqq. Hactenus codex Barberinus 3386. ex quo hæc insignis collectio, seu hæc Romana Synodus tam pretiosa documenta actis inserta præferens a Luca Holstenio edita fuit. Etsi vero hic Barberinus codex recentior sit; ipsius tamen Holstenii cura diligenter exscriptus fuit ex duobus antiquioribus Vaticanis tunc signatis num. 5751. fol. 55. & 6339. fol. 12. qui in prima Barberini exempli pagina ejusdem Holstenii manu indicantur. Alterum ex his Leo Allatius antea adhibuerat, cum in *Concordia Ecclesiæ Orientalis cum Occidentali* pag. 1370. & 1371. aliquot earum epistolarum fragmenta, quæ aliunde non suppetunt, ex Vaticano vetustissimo exemplo recitavit. Quantalibet autem diligentia usi simus, nullum ex iisdem codicibus inter Vaticanos reperire potuimus; ac propterea solum Barberinum codicem in Leoninis epistolis conferre licuit. Pluribus quidem erroribus scatet, quos Holstenius in editione emendavit; & lacunis etiam aliquot inficitur, quas ille apte supplevit. Sed Vaticanum quoque exemplum, ex quo Barberinus codex exscriptus fuit, æque luxatum atque mendosum Leo Allatius testatur: & Barberini quidem codicis menda ex mendis exempli Vaticani proficisci nonnullis certis indiciis deteximus. Vide præfationem ad Epistolas S. Leonis §. XVII. tom. I. pag. 535.

Occasio collectionis Thessalonicensis.

tom. 5. Concil. col. 843.

II. Porro in his MSS. ea Romana Synodus integra inventa non est, & desinit in epistola perperam inscripta Leonis nomine ad Anastasium Thessalonicensem, quam ex contextu & consulari nota Holstenius jure restituit Bonifacio I. ad Rufum Episcopum Thessalonicæ. Hinc cum ipsa documentorum Thessalonicensium collectio, quæ gestis ejusdem Synodi erat inserta, post laudatam epistolam abrumpatur (uti ostendunt etiam hæc verba ipsi epistolæ subjecta, *Item recitata est*, quæ aliam epistolam subsequentem & in MSS. deficientem palam indigitant:) quot alia documenta ad eamdem collectionem pertinentia deinceps sequerentur, incertum est. Plura quidem intercidisse innuunt non obscure Nicolai I. verba in epist. 2. ad Michaelem Imperatorem: *Vicem*, inquit, *quam nostra Sedes per Episcopos vestris in partibus constitutos habuit, videlicet Thessalonicensem*;* *qui Romanæ Sedis vicem per Epirum veterem, Epirumque novam atque Illyricum, Macedoniam, Thessaliam,* *Acha-*

Hæc collectio in fine mutila.

tom. 9. Conc. col. 1296.

* locus mendosus vel luxatus.

Achajam, Daciam Ripensem, Daciamque Mediterraneam, Mœsiam, Dardaniam, Prævalim, B. Petro Apostolorum Principi contradicere nullus præsumat; quæ antecessorum nostrorum temporibus, scilicet Damasi, Siricii, Innocentii, Bonifacii, Cælestini, Xysti, Leonis, Hilari, Simplicii, Felicis, atque Hormisdæ sanctorum Pontificum sacris dispositionibus augebatur. Quorum denique institutiones ab eis illis in partibus destinatas per nostros missos, ut rei veritatem cognoscere queatis, vestræ Augustali potentiæ dirigere curavimus. In memoratis Synodi Romanæ gestis, quæ supersunt, nobis conservata fuerunt documenta a Damaso ad Leonem usque, ita tamen ut ignoremus, num alia aliqua etiam Leonis subjicerentur, quæ desint. Certe autem desiderantur epistolæ Hilari, Simplicii, Felicis, atque Hormisdæ, quas ante Bonifacii II. Synodum scriptas iisdem proculdubio gestis insertas fuisse dubitare non licet. Cum Leo Allatius in laudato opere *Concordia* pag. 1371. ex Vaticano, quo usus est exemplo, quædam verba recitet litterarum Leonis ad Anastasium Thessalonicensem, quæ in vulgatis Leoninis non inveniuntur; nemo suspicetur, hoc esse fragmentum epistolæ Leonis, quam Vaticanus codex præferret, Barberini vero apographi librarius omiserit. Ea enim verba reipsa sunt memoratæ epistolæ Bonifacii ad Rufum, quæ in Vaticano codice Leoni ad Anastasium æque perperam inscripta erat, ac in Barberino inscribitur.

Documenta ejusdem collectionis ab antiquis laudata. III. Laudatum Nicolai I. testimonium, si nihil aliunde præsto esset, satis esse deberet, ne quis tam rara documenta, quæ ex Barberino codice sunt impressa, antiquis ignota fuisse suspicetur. Alia vero non desunt testimonia ipso Nicolao vetustiora. Nam epistolam Anatolii ad Leonem, quæ ex hac sola collectione prodiit, laudat Gelasius in epistola ad Dardanos, uti ostendimus not. 9. in epist. 132. Eamdem quoque allegat etiam Facundus Hermianensis lib. 5. Hadrianus I. totum exordium epistolæ Bonifacii, quæ incipit *Institutio*, ac ex eadem collectione tantum edita fuit, transcripsit in epist. 97. Codicis Carolini editionis Gretseri pag. 322. Adde quod nonnullæ epistolæ hujus collectionis in aliis probæ notæ codicibus inventæ sunt. Ita ex novem ejusdem collectionis epistolis sub Leone tres ante editionem Holstenii ex aliis MSS. editæ fuerant. Nos unam præterea reperimus in præstantissimo codice Ratisponensi, & Quesnellus in Grimanico: epistolam vero 100. Marciani ad S. Leonem Arnoldus græce scriptam in Bodlejano exemplo nactus est, nos in Vat. Græco 1455. Confer præfationem in Leonis epistolas loco citato. Cum autem hæc omnia sinceritatem documentorum hujus collectionis etiam atque etiam confirment; audax nimium a quibusque judicabitur Quesnelli censura, qua epistolam Bonifacii I. ad Episcopos Thessaliæ ex hac collectione vulgatam in notatione ad caput 1. collectionis hoc tomo edendæ suppositionis aut interpolationis accusavit. Vide nostram adnot. 32. in laudatum caput primum col. 51. ubi Quesnelli verba referentur, & perstringentur.

Collectio Arelatensis. IV. Altera collectio est Arelatensis Ecclesiæ, ea documenta complectens, quibus ejusdem Ecclesiæ privilegia ac jura probantur. Hanc collectionem præ oculis habuisse videntur Patres Synodi Francofordiensis anni 794. cum eas pontificias epistolas recitatas tradunt, quæ in eadem collectione continentur, & nonnullæ nonnisi in ea hactenus inveniri potuerunt. Inquiunt enim can. 8. *De altercatione Ursionis Viennensis Episcopi, & advocato Elifanti Arelatensis Episcopi lectæ sunt epistolæ B. Gregorii, Zosimi, Leonis, & Symmachi, quæ definierunt eo quod Viennensis Ecclesia quatuor suffraganeas habere sedes deberet, quibus illa quinta præemineret; & Arelatensis Ecclesia novem suffraganeas habere deberet, quibus ipsa præemineret.* (tom. 9. Conc. col. 103.) Certe tres Leonis epistolæ, quæ in nostra editione sunt 40. 42. & 66. hac una collectione opitulante ad nos pervenerunt. Idem est de epistolis Zosimi aliisque nonnullis. Quæ vero in aliis quoque collectionibus inventæ sunt, uti Gregorii litteræ ad Virgilium Arelatensem, quæ exstant in Regesto ejusdem Pontificis, ceteris fidem concilient; cum præsertim posteriores antecedentium faciant mentionem; & aliæ aliis testimonium præstent.

Codices ejus collectionis. V. Hujus collectionis laudantur tres antiqui codices, duo in Colbertina bibliotheca, unus in Regia, isque sæculo nono exaratus traditur a P. Coustantio in præfatione ad tom. 1. epistolarum Rom. Pontif. num. 165. Nos recen-

tio-

tiorem quidem Romæ vidimus in bibliotheca Vallicellana ſignatum G. *99.* qui tamen ex vetuſto MS. tunc Arelatenſis Eccleſiæ, poſtea Colbertinæ accurate exſcriptus, a Nicolao Fabro miſſus fuit ad Cardinalem Baronium. Ne quid vero hallucinationis obrepat, duo hujus collectionis exemplaria Colbertina diſtinguenda ſunt, quorum alterum diſtinctionis gratia P. Couſtantius Arelatenſem, alterum Colbertinum appellat in Monito ad epiſt. 1. Zoſimi col. *933.* Ibi autem indicat, apographum Vallicellanum miſſum ad Baronium, ſumtum fuiſſe ex MS. Colbertino Arelatenſi: ſed ex altero Colbertino exſcriptum pluribus indiciis deteximus. Non ſolum enim aliquot lectiones Vallicellani a lectionibus MS. Arelatenſis diſcrepant, uti colligere licet ex not. *6.* in Leonis epiſt. *66.* tom. 1. col. *998.* verum etiam Vallicellanus aliquot documentis caret, quæ in MS. Arelatenſi inveniuntur, ut ex dicendis palam fiet. Codex Regius *3989.* duobus Colbertinis antiquior, teſte eodem Couſtantio documenta profert ad Pelagium uſque. Quo autem perveniat Colbertinus Arelatenſis ſignatus num. *1951.* ignoramus. Ex indiciis a P. Couſtantio productis certum videtur eum progredi ſaltem uſque ad S. Gregorium Magnum. Vallicellanus vero codex ex altero Colbertino deſcriptus locupletior eſt, quippe qui nonnulla monumenta poſteriora recepit. Quæ autem in hoc exhibentur, ſunt hæc.

I. Zoſimi epiſtola ad Epiſcopos per Gallias & ſeptem provincias conſtitutos. Exſtat tom. 3. Concil. Ven. edit. epiſt. 5. col. *409.*

II. Ejuſdem Aurelio & Epiſcopis Africæ, Epiſcopis Galliarum & ſeptem provinciarum, & Epiſcopis Hiſpaniæ a pari. Ibidem epiſt. *6.* col. 411.

III. Ejuſdem Epiſcopis Viennenſis & Narbonenſis ſecundæ. Ibidem epiſt. 7. co. 413.

IV. Ejuſdem Hilario Narbonenſi. Ibidem epiſt. 8. col. 414.

V. Ejuſdem Patroclo Arelatenſi. Ibidem epiſt. *9.* col. 415.

VI. Ejuſdem ad eumdem. Ibidem epiſt. 11. col. 417. a

VII. Ejuſdem Clero & ordini & plebi conſtitutis Maſſiliæ. Ibi epiſt. 12.

VIII. Leonis Conſtantio aliiſque Epiſcopis Galliarum. In noſtra editione eſt epiſt. 4.

IX. Ravennio Arelatenſi. Ibi epiſt. 42.

X. Preces Epiſcoporum Galliæ ad Leonem. Ibi epiſt. *65.*

XI. Reſcriptum Leonis. Ibi epiſt. *66.*

XII. Præceptum Hilari Papæ de Eccleſia Dienſi, ubi Epiſcopus indebite a Viennenſi Epiſcopo ordinatus eſt. Epiſt. 11. ejuſdem Pontificis tom. 5. Concil. col. *69.*

XIII. Gelaſii Æonio Arelatenſi. Eſt epiſt. 12. Gelaſii ibidem col. 324.

XIV. Symmachi eidem Æonio. Eſt epiſt. 1. hujus Pontificis ibidem col. 421.

XV. Ejuſdem ad Epiſcopos Galliarum. Epiſt. *9.* ibi col. 438.

XVI. Ejuſdem Cæſario Arelatenſi. Epiſt. 5. ibi col. 424. Hæc epiſtola exſtat etiam in collectionibus Hiſp. & Iſid. ac aliis nonnullis.

XVII. Hormiſdæ ad Cæſarium. Epiſt. 30. ibidem col. *610.*

XVIII. Joannis II. ad Epiſcopos Galliæ. Epiſt. 4. ibi col. *899.*

XIX. Ejuſdem Presbyteris, Diaconibus, & cuncto Clero Eccleſiæ, in qua fuit Contumelioſus Epiſcopus. Epiſt. 5. ibi col. *900.*

XX. Agapiti Cæſario. Epiſt. *6.* ibi col. 945.

XXI. Ejuſdem eidem. Epiſt. 7. col. *946.*

XXII. Vigilii ad eumdem Cæſarium. Epiſt. 3. ibi col. 1294.

XXIII. Ejuſdem Auxanio Arelatenſi. Epiſt. *6.* ibidem col. 1299.

XXIV. Ejuſdem ad eumdem. Epiſt. 7. col. 1300.

XXV. Alia ejuſdem ad eumdem. Epiſt. 8. col. 1301.

XXVI. Ejuſdem ad Epiſcopos Galliæ. Epiſt. *9.* col. 1302.

XXVII. Ejuſdem ad eoſdem. Epiſt. 11. col. 1306.

XXVIII. Ejuſdem ad Aurelianum Arelatenſem. Epiſt. 10. col. 1305.

XXIX. Ejuſdem ad eumdem. Epiſt. 13. col. 1308. Exſtat etiam in collatione 7. Synodi V.

XXX. Pelagii I. Sapaudo Arelatenſi. Epiſt. 8. tom. *6.* Concil. col. 472.

XXXI. Ejusdem eidem. Epist. 9. col. 473.
XXXII. Ejusdem Childeberto Regi. Epist. 10. ibidem.
XXXIII. Ejusdem Sapaudo. Epist. 11. col. 476.
XXXIV. Ejusdem eidem. Epist. 12. ibidem.
XXXV. Ejusdem Childeberto Regi. Epist. 13. col. 477.
XXXVI. Ejusdem eidem Regi. Epist. 14. col. 478.
XXXVII. Ejusdem Sapaudo. Epist. 15. ibidem.
XXXVIII. Ejusdem Childeberto Regi, cui annexa fides Papæ Pelagii, Epist. 16. col. 479.
XXXIX. Ejusdem ad Episcopos Tusciæ Annonariæ. Epist. 6. col. 470.
XL. Ejusdem ad universum populum Dei. Epist. 7. col. 471. Hæ tres epistolæ ad Arelatensem Ecclesiam non spectant. Cum vero omnes de eodem fidei argumento agant, de quo sermo est in præcedenti epist. 15. ad Sapaudum Arelatensem; collector has quoque illi subnectendas putavit.
XLI. Manasse Remensi Gregorius. Hæc epistola præmissa Gregorii Magni litteris non est ipsius, sed Gregorii VII. legiturque in hujus Regesto lib. 6. epist. 2. data XI. Kal. Septembris anni 1077. Inserta autem fuit in hac collectione, quia S. Gregorii ac aliorum vetustiorum Pontificum epistolas pro Sede Arelatensi scriptas commemorat.
XLII. S. Gregorii *sententiæ ad Augustinum Episcopum Angliæ*. Est fragmentum epistolæ ejusdem Pontificis ad interrogationem nonam S. Augustini, in quo Arelatensis Metropolita laudatur.
XLIII. Ejusdem Virgilio Arelatensi. Epist. 53. lib. 5. editionis Maurinæ.
XLIV. Ejusdem Episcopis Galliarum. Ibidem epist. 54.
XLV. Ejusdem Childeberto Regi. Ibidem epist. 55.
XLVI. Nicolai I. epistola ad Rotlandum Archiepiscopum Arelatensem. Incipit: *Susceptis sanctitudinis tuæ epistolis* &c. Vide tom. 9. Concil. col. 1510. c

Subjiciuntur Synodi Arelatenses I. II. & III. ex Isidori collectione, vel Hispanica excerptæ, ac postea fragmentum Concilii Taurinensis usque ad canonem secundum, in quo de controversia agitur inter Ecclesias Viennensem atque Arelatensem. Mox adduntur juramenta ab Episcopis præstita Ecclesiæ Arelatensi, dum Anno, Pontius, & Raimbaldus hanc sedem tenerent, Anno quidem ab an. 981. usque ad an. 994. Pontius Annonis successor usque ad annum 1030. Raimbaldus vero ab an. 1031. usque ad an. 1065. Hinc ejusmodi juramenta data fuerunt sub finem sæculi X. & sæculo XI. quo hæc additamenta una cum memorata Gregorii VII. epistola huic collectioni inserta noscuntur. Etsi vero quædam ex iisdem juramentis sparsim edita sint; hic tamen singula, ut in nostro codice describuntur, appendere rebus pluribus utile futurum confidimus.

Juramenta Episcoporum præstata Sedi Arelat.

Ego Pontius S. Mariæ Aquensis Sedis nunc ordinandus Episcopus debitam subjectionem & reverentiam & obedientiam a SS. Patribus constitutam secundum præcepta canonum S. Sedi Arelatensis Ecclesiæ, rectoribusque ejus in præsentia Domni Archiepiscopi Raimbaldi perpetuo exhibiturum promitto, & super sanctum altare propria manu firmo.

Ego frater Rostagnus S. Aquensis Ecclesiæ ordinandus Episcopus debitum &c. ut supra.

Ego Stephanus Vendacensis Ecclesiæ vocatus Episcopus promitto coram Deo & Sanctis ejus omnem subjectionem & obedientiam canonicam & fidelitatem Ecclesiæ S. Stephani Sedis Arelatensis, ubi corpus B. Trophimi Confessoris quiescit, & Annoni præsenti Archiepiscopo & successoribus ejus, si eum supervixero.

Ego Arnulphus Vinciensis Ecclesiæ vocatus Episcopus &c. ut in præcedenti. Solum pro *Annoni præsenti Archiepiscopo* habet *Pontioni præsenti Archiepiscopo*.

Ego Bertrandus S. Sedis Ecclesiæ Forojuliensis nunc ordinandus Episcopus &c. ut supra in juramento Pontii Aquensis.

Ego Bertrandus Regensis Ecclesiæ Episcopus vocatus profiteor me deinceps sub

sub ditione Arelatensis Metropolitæ consistere, & ejus jussionibus obtemperare.

Ego Agelricus Sanctæ Regensis Ecclesiæ nunc ordinandus Episcopus &c. ut in juramento Pontii Aquensis.

Ego Adilricus Arausicensis Ecclesiæ vocatus Episcopus &c. ut in juramento Stephani Vendacensis.

Ego Adilricus Arausicensis & Tricastrinensis vocatus Episcopus &c. ut in juramento ejusdem Stephani. Solum pro *Annoni* habet *Raimbaldo*.

Ego Petrus Ecclesiæ Avenione vocatus Episcopus profiteor me &c. ut in juramento Bertrandi Regensis.

Ego Benedictus Avenionensis Ecclesiæ vocatus Episcopus juro coram Deo, & Sanctis ejus omnem subjectionem & obedientiam canonicam & fidelitatem Ecclesiæ S. Stephani Sedis Arelatensis, ubi corpus almi Trophimi Apostoli quiescit, & Raimbaldo præsenti Archiepiscopo & successoribus ejus, si eum super vixero.

Duo documenta in Vallicellano apographo & in exemplo Colbertino desiderantur, quæ in aliis duobus ejusdem collectionis Arelatensis codicibus inventa fuerunt. I. *Factum* (seu edictum) *ad virum inlustrem Agricolam Præfectum Galliarum Augustorum Honorii & Theodosii*, editum apud P. Coustantium tom. I. Epist. Rom. Pontif. col. 977. quod exstat in MSS. Colb. Arelatensi 1951. & Regio 3989. II. *Synodi Arelatensis epistola ad Silvestrum Papam*, quæ in uno MS. Colb. Arelatensi 1951. conservata, legitur apud laudatum Coustantium col. 345. Vide ejus Monitum col. 341. in fine.

DE

DE ANTIQUIS COLLECTIONIBUS & COLLECTORIBUS CANONUM.

PARS TERTIA:

DE COLLECTIONIBUS DIONYSIANA & ceteris, quæ a Dionysio profecerunt.

CAPUT PRIMUM.

De collectione Dionysii Exigui.

§. I.

Cassiodorii testimonium de Dionysio. Collectionis Dionysianæ partes duæ, earumque descriptio. De continuata numerorum serie in canonibus Græcis. Justelli editio duo additamenta a Dionysio aliena in secunda parte recepit. Puri Dionysii codices rari, & cum Hadrianeis non confundendi.

I. Quis esset Dionysius Exiguus, quantaque ejus esset in Græcis Latinisque litteris peritia, ac in studio totius sacræ eruditionis celebritas, satis exposuit Cassiodorius, qui eo familiariter usus, post ejusdem mortem, circa annum 556. hoc insigne de eo testimonium inseruit libro de divinis lectionibus cap. 23. *Generat etiam hodieque Catholica Ecclesia viros illustres probabilium dogmatum decore fulgentes. Fuit enim nostris temporibus & Dionysius Monachus, Scytha natione, sed moribus omnino Romanus, in utraque lingua valde doctissimus, reddens actionibus suis quam in libris Domini legerat æquitatem: qui Scripturas divinas tanta curiositate discusserat, atque intellexerat, ut undecumque interrogatus fuisset, paratum haberet competens sine aliqua dilatione responsum: qui mecum Dialecticam legit, & in exemplo gloriosi magisterii plurimos annos vitam suam Domino præstante transegit. Pudet me de consorte dicere, quod in me nequeo reperire. Fuit enim in illo cum sapientia magna simplicitas, cum doctrina humilitas, cum facundia loquendi parcitas: ut in nullo se vel extremis famulis anteferret, cum dignus esset Regum sine dubitatione colloquiis. Interveniat pro nobis, qui nobiscum orare consueverat, ut cujus hic sumus oratione suffulti, ejus possimus nunc meritis adjuvari. Qui petitus a Stephano Episcopo Salonitano, ex Græcis exemplaribus canones ecclesiasticos moribus suis, ut erat planus atque disertus, magnæ eloquentiæ luce composuit, quos hodie usu celeberrimo Ecclesia Romana complectitur. Hos etiam oportet vos assidue legere, ne videamini tam salutares ecclesiasticas regulas culpabiliter ignorare. Alia quoque multa ex Græco transtulit in Latinum, quæ utilitati possunt Ecclesiæ convenire. Qui tanta latinitatis & græcitatis peritia fungebatur, ut quoscumque libros Græcos in manibus acciperet, latine sine offensione transcurreret; iterumque Latinos Attico sermone legeret, ut crederes hoc esse conscriptum, quod os ejus inoffensa velocitate fundebat. Longum est de illo viro cuncta retexere:* & prosequitur alia de ejus virtutibus disserens.

II. Celeberrimum in rem nostram Dionysii opus est collectio canonum & constitutionum Sedis Apostolicæ, quæ ab auctoris nomine Dionysiana vocatur. Hæc

Hæc distinguitur in partes duas: quarum altera Synodorum canones, altera Romanorum Pontificum epistolas complectitur. Non uno, sed distincto tempore separatim digestæ & editæ; ac propterea distinctis nuncupatoriis litteris in puris Dionysianis exemplaribus discernuntur. Primo collectioni canonum operam dedit. Cum nimirum Romam accessisset post Gelasii mortem, quem se *præsentia corporali non vidisse testatur*, ibidemque plura dedisset suæ peritiæ in Græcis ac Latinis litteris argumenta; Laurentius *confusione priscæ translationis offensus*, *assidua & familiari cohortatione* ab eo flagitavit, ut Græcarum Synodorum canones accuratiore & nitidiore interpretatione latine redderet. *Priscam translationem*, quæ Laurentium offenderat, illam esse, quam hoc tomo edituri sumus, alibi probabilius conjecimus. Laurentius porro, quem *fratrem nostrum* Dionysius appellat, forte fuit aliquis Romanæ Ecclesiæ Presbyter, quo nomine duo subscripti inveniuntur Concilio Romano sub Symmacho an. 499. Ingestum autem a Laurentio laborem non suscepit Dionysius, nisi postquam Stephani Episcopi Salonitani preces accessissent, uti partim ex epistola ad ipsum Stephanum, partim ex Cassiodorii testimonio colligimus. Duæ collectionis Partes, separatim editæ. Prima pars collectio canonum in epist. ad Julianum. part. 2. c. 2. n. 19.

III. In principio itaque *canones qui dicuntur Apostolorum, de Græco*, inquit in epistola ad Stephanum, *transtulimus*, *quibus quia plurimi consensum non præbuere facilem*, *hoc ipsum vestram noluimus ignorare sanctitatem. Deinde regulas Nicænæ Synodi, & deinceps omnium Conciliorum, sive quæ ante eam, sive quæ postmodum facta sunt, usque ad Synodum CL. Pontificum, qui apud Constantinopolim convenerunt sub ordine numerorum, idest a primo capite usque ad centesimum sexagesimum quintum, sicut habetur in Græca auctoritate, digessimus*. *Græca auctoritas* Græcum, quo utebatur, Codicem indicat. In hoc series numerorum ita continuata erat, ut in eo codice fuit, qui in nonnullis Synodi Calchedonensis actionibus Antiochenos canones eadem fere numerorum serie notatos præferebat. Confer quæ in hanc rem observavimus part. 1. cap. 6. Idem vero Græcus Dionysii codex solos continebat Nicænos canones XX. Ancyranos XXIV. Neocæsarienses XIV. Gangrenses XX. Antiochenos XXV. Laodicenos LIX. & Constantinopolitanos III., qui canones CLXV. conficiunt. Cum autem in eo codice deessent canones Calchedonenses XXVII., eos ex alio Græco exemplo Dionysius latinitate donatos adjecit, qui Græcarum Synodorum statuta claudebant. Tum vero ex Latinis exemplis subtexuit statuta Sardicensis Concilii, atque Africani, *quæ latine sunt edita*. Sardicenses siquidem canones, quos duplici originali exemplo tum græce, tum latine editos probavimus part. 1. cap. 5., non reddidit ex Græco, sed ex Latino originali exemplo æque ac Africanos sumsit. Vide quæ de hoc peculiari Sardicensium exemplo adnotavimus part. 2. c. 1. num. 17. Concludit porro Dionysius epistolam nuncupatoriam hac monitione: *Universarum vero definitionum titulos post hanc præfationem strictius ordinantes, ea quæ in singulis sparsim sunt promulgata Conciliis, sub uno aspectu locavimus, ut ad inquisitionem cujusque rei compendium aliquod attulisse videamur*. Indicat titulos canonum exactius lucubratos, & in præmissa tabula descriptos, quos postea sub cujusque canoni iterum præfixit. Hinc ergo primæ partis series hæc est. Præfationis locum obtinet epistola ad Stephanum. Tum sequitur tabula titulorum. Dein canones Apostolorum L. Postea sub una numerorum serie Nicæni, Ancyrani, Neocæsarienses, Gangrenses, Antiocheni, Laodiceni, & Constantinopolitani. Deinde Calchedonenses, quos omnes nova versione e Græco latine transtulit. His subjecti ex originali Latino Sardicenses XXI. ac tandem Africani distincti in numeros CXXXVIII. Priores scilicet numeri XXXIII. sunt canones Concilii Carthaginensis anni 419. In quo cum postea lecta & inserta fuerint decreta præcedentium Synodorum Africæ sub Aurelio; hæc a num. XXXIV. perveniunt usque ad num. CXXVII. Tum sequuntur sex alii canones ejusdem Concilii anni 419. a num. CXXVIII. usque ad CXXXIII. Dein epistola ejusdem Synodi ad Bonifacium Pontificem, alia Cyrilli Alexandrini ad Africanos, alia Attici CP. ad eosdem cum symbolo Nicæno, & postremo epistola posterioris Synodi Africanæ ad Cælestinum: quæ omnia inchoant a num. CXXXIV. ac desinunt in num. CXXXVIII. Eam porro continuatam numerorum seriem, quam in Græcis canonibus se expressisse te- Descriptio primæ Partis. Continua numerorum series. Ordo primæ partis. Continua numerorum series in MSS. non invenitur. se testatus est, nulli codices exhibent; & ne illi quidem, quos puros Dionysianos inferius memorabimus. Neque eam seriem præferebat ille codex, quo Cresconius usus est. Fuisse tamen initio aliquos codices cum hujusmodi serie, patet ex titulis subjectis epistolæ Joannis II. ad Cæsarium Arelatensem, in quibus ex Dionysio canon Neocæsariensis juxta eam numerorum seriem describitur. Vide quæ in hanc rem ex MS. Vat. Palat. 574. adnotavimus part. 2. c. 10. §. 2. n. XII. Cum porro in iisdem titulis Joannis II. duo alii canones Antiocheni, non juxta seriem memoratam, sed propriis numeris allegentur; perspicuum fit, Dionysianum ejusdem Pontificis exemplum duplici numerorum ordine fuisse distinctum, nimirum tum ea continua serie, quæ ex Græco a Dionysio recepta fuit, tum peculiari canonum cujusque Synodi numero, quem si non a Dionysio, certe a quibusdam librariis olim appositum ex hac ipsa Joannis II. epistola suspicatus est P. Coustantius in præfatione ad tom. 1. Epist. Rom. Pont. num. 109., ubi præterea non improbabiliter conjecit, idcirco in codicibus, qui ad nos pervenere, nuspiam inveniri eam continuam numerorum seriem, quia *librarii deinde consequuti, omissis Dionysii numeris, alios retinuere utpote magis vulgares, magisque ad distinctionem rerum accommodatos.* Ea vero numerorum series, qua in Bibliotheca Juris Canonici, Voello & Justello curantibus, Dionysii editio prodiit, non ex aliquo puriori Dionysii codice, qualem non fuisse Justellianum ex defectibus ejusdem editionis a puro Dionysiano codice alienis inferius patebit, sed ex ipsa Dionysii epistola, qua eamdem seriem a se custoditam testatur, originem ducit.

Fuit in MS. Joannis II.

Secunda pars collectio decretalium. IV. Hæc prima Dionysianæ collectionis pars cum omnium plausu, ac præsertim Juliani tituli S. Anastasiæ Presbyteri fuisset excepta; hic ipsi Dionysio auctor fuit, ut Apostolicæ quoque Sedis constituta, quæ ad ecclesiasticam disciplinam pertinent, pari studio colligeret. Citius morem illi gerens, *ea* (inquit in epistola ad eumdem Julianum) *qua valui cura diligentiaque collegi, & in quemdam redigens ordinem, titulis distinxi compositis: ita dumtaxat ut singulorum Pontificum quotquot a me præcepta reperta sunt, sub una numerorum serie terminarem, omnesque titulos huic præfationi subnecterem, eo modo quo dudum de Græco sermone Patrum transferens canones ordinaram.* In hac parte una numerorum series in singulorum Pontificum decretis, non autem in toto corpore a primo Pontifice ad ultimum, visitur. Chronologicum vero Pontificum ordinem, qui in aliis anterioribus collectionibus perturbatus invenitur, Dionysius exacte sequutus est. Præmittitur epistola ad Julianum, quæ præfationis vicem gerit. Sequitur tabula titulorum.

Descriptio ejusdem partis. Tum profertur epistola Siricii ad Himerium Tarraconensem in XV. numeros distincta, quæ in vulgatis Conciliorum tom. 2. est epist. 1.

Subduntur Innocentii epistolæ XXII., quæ dispertiuntur in numeros LVII. nimirum.

I. Ad Decentium Eugubinum unde priores num. VIII. Est tom. 3. Concil. epist. 1.

II. Ad Victricium Rothomagensem, ex qua sequentes numeri XII. Est epist. 2.

III. Ad Exsuperium Tolosanum aliis numeris VII. a vigesimoprimo ad vigesimumseptimum. Est epist. 3.

IV. Ad Felicem Nucerinum, secta in numeros V. a XXVIII. ad XXXII. Est epist. 4.

V. Ad Maximum & Severum Episcopos per Brutios sub unico numero XXXIII. Est epist. 15.

VI. Ad Agapitum, Macedonium, & Marianum Episcopos Apuliæ unico numero XXXIV. Est epist. 6.

VII. Ad Rufum, Gerontium, & alios Macedones item unico numero XXXV. Est epist. 7.

VIII. Ad Florentium Tiburtinensem numero XXXVI. Est epist. 8.

IX. Ad Probum numero XXXVII. Est epist. 9.

X. Ad Aurelium & Augustinum num. XXXVIII. Est epist. 10.

XI. Ad Julianum num. XXXIX. Est epist. 13.

XII. Ad Aurelium num. XL. Est epist. 11.

XIII. Ad Bonifacium Presbyterum num. XLI. Est epist. 14.

XIV.

XIV. Ad Alexandrum Antiochenum num. XLII. Est epist. 15.
XV. Ad Maximianum Episcopum num. XLIII. Est epist. 16.
XVI. Item ad Alexandrum Antiochenum num. XLIV. Est epist. 17.
XVII. Item ad eumdem tribus num. XLV. XLVI. & XLVII. Est epist. 18.
XVIII. Ad Acacium Episcopum Berœensem num. XLVIII. Est epist. 19.
XIX. Ad Laurentium Seniensem num. XLIX. Est epist. 20.
XX. Ad Marcianum Episcopum Naissitanum num. L. Est epist. 21.
XXI. Ad Rufum, Eusebium, & ceteros Episcopos Macedones reliquis septem numeris a LI. ad LVII. Est epist. 22.

Zosimi epistola ad Hesychium Salonitanum in tres numeros distributa. Est in editione Conciliorum hujus Pontificis epist. 1.

Bonifacii I. Papæ decreta quatuor numeris comprehensa, quorum I. est epistola ejusdem ad Honorium Augustum, II. est rescriptum Honorii, III. epistola ejusdem Pontificis ad Patroclum, Remigium, aliosque Episcopos Gallicanos, IV. alia epistola ad Hilarium Narbonensem. Sunt in Conciliis epistolæ 1. 2. & 3. & rescriptum Honorii post epist. 1.

Cælestini tres epistolæ distributæ in numeros XXII.

I. Epistola ad Venerium, Marinum, & ceteros Galliarum Episcopos, additis præteritorum Sedis Apostolicæ Episcoporum auctoritatibus de gratia Dei & libero voluntatis arbitrio. Dividitur in numeros XIII. Est in Conciliis epist. 1.

II. Ad Episcopos per Viennensem & Narbonensem provincias constitutos a num. XIV. ad XIX. Est epist. 2.

III. Ad Episcopos per Apuliam & Calabriam reliquis tribus numeris XX. XXI. & XXII. Est epist. 3.

Leonis epistolæ septem distinctæ in numeros XLVIII.

I. Ad Episcopos Campaniæ &c. numeris quinque. Est in nostra editione epist. 4.

II. Ad Italos unico numero VI. Est epist. 7.
III. Ad Siculos a num. VII. ad XIII. Est epist. 15.
IV. Ad Januarium Aquilejensem num. XIV. Est epist. 18.
V. Ad Rusticum Narbonensem a num. XV. ad XXX. Est epist. 167.
VI. Ad Anastasium Thessalonicensem a num. XXXI. ad XLI. Est epist. 14.
VII. Ad Nicetam Aquilejensem a num. XLII. ad XLVIII.

Gelasii decreta de constitutis ecclesiasticis in numeros XXVIII. Exstant in collectione hoc tomo edita cap. 58.

Tandem epistola Anastasii II. ad Anastasium Augustum in numeros octo divisa. Est tom. 5. Conciliorum epist. 1.

Justelli editio duo addit a Dion. aliena.

V. Hæc puræ Dionysianæ collectionis integra descriptio est. Nemo autem opponat Christophori Justelli editionem a Gulielmo Voello, & Henrico Justello ejus filio insertam Bibliothecæ Juris canonici tomo primo, in qua inter recensita secundæ partis documenta duo alia præferuntur: nimirum decretis Zosimi adnectitur ejusdem epistola ad Presbyteros Legatos Ravennæ, quæ quartum numerum conficit; decretis autem Leonis subditur epistola ejusdem ad Africanos, quæ numerum adjicit quadragesimum nonum. Has enim duas epistolas codices puri Dionysii ignorant, quales hactenus inventi sunt duo, Regius Parisiensis 3887. & Vaticanus 5845. Ceteri, qui easdem epistolas referunt, uti a Justello prodierunt corpori ipsius collectionis insertæ, non puri Dionysiani codices sunt, sed Hadrianei, qui hæc & alia præter Dionysium additamenta recepere, uti capite sequenti pluribus explicabimus. Quod si in tabula titulorum præmissa codici Vaticano 5845. earumdem epistolarum tituli referuntur; cum ipsæ epistolæ desint in corpore collectionis, & solum post ipsum collectionis corpus una cum ceteris additamentis separatim in eodem codice describantur; iidem tituli in ipsam tabulam perperam irrepsisse noscuntur. Enimvero in eadem tabula initio titulorum Leonis habetur: *Incipiunt tituli decretorum Papæ Leonis num. XLVIII.*, non vero XLIX., ac propterea titulus XLIX. ipsi tabulæ in fine titulorum Leonis adjectus perspicitur. Adde quod tituli memoratarum epistolarum Zosimi ac Leonis ab aliis titulis Dionysianis maxime abhorrent, uti Quesnellus animadvertit in notis ad epist. 12. ejusdem Pontificis tom. 2. col. 1338. Adde quod iidem duo tituli in codice Regio non solum in corpore, sed etiam in titulorum tabula non leguntur, uti colligere licet ex P. Coustantio, qui not. c in epist. 14. Zosimi col. 969. *Neque eam*, inquit, *etiam genuinum Dionysianæ collectionis exemplum regium aut in generali titulorum indice memorat, nec in ipso operis corpore exhibet*. Accedit tandem hasce duas epistolas nec allegari in collectione Cresconii, nec in Hispanica, in quibus cum omnia Dionysianæ collectionis documenta recepta fuerint, hæ quoque epistolæ fuissent in ipsis descriptæ, si eas Cresconius & Hispanicæ collectionis auctor in suo cujusque Dionysiano codice nacti fuissent. Hinc porro a Justelliana editione, ut purum referat Dionysii codicem, hæ duæ epistolæ tum in tabula titulorum, tum in corpore canonum præcidendæ sunt, ac inter alia ejusdem additamenta rejiciendæ. Hic autem addemus delenda quoque esse in epigraphe Antiochenorum canonum verba *in encæniis*, quæ a puris Dionysii codicibus abesse animadvertimus part. 1. cap. 4. §. 2. ubi duos codices puri Dionysii, quos inspicere licuit, laudavimus, Vat. 5845. qui totam Dionysii collectionem continet, & Vat. Palat. 577. qui solos Conciliorum canones exhibet. Descriptionem prioris codicis, qui præter integrum Dionysium, qualem hactenus explicavimus, plura additamenta complectitur, dabimus capite tertio, ubi de Dionysianis additionibus erit sermo. De altero autem MS. Vat. Palat. 577. pluribus agemus hoc ipso capite §. 3.

§. II.

De Dionysianæ collectionis præstantia. Num Dionysius primus collegerit decretales Romanorum Pontificum. Animadversiones in eamdem collectionem. Quantum hæc propagata fuerit. De tempore quo condita fuit.

Præstantia coll. Dion.

VI. Dubitari non potest, quin Dionysii collectio ceteris antiquioribus & distinctione canonum a decretis Pontificum, & perspicuitate versionis canonum Græcorum, & documentorum ordine, & titulis aptioribus non modicum præstet, nec non ipsa omnium decretorum sinceritate, quæ nihil apocryphum recepit, exceptis canonibus apostolicis, quos tamen Dionysius non sine peculiari admonitione a ceteris genuinis canonibus distinguendos putavit. Neque vero dicendum est cum nonnullis, Dionysium primum fuisse, qui Apostolicæ Sedis decreta collegerit. Fuit quidem ille primus, qui ea tomo separato a canonibus Conciliorum sejunxit ordinatimque recensuit; cum in anterioribus collectionibus una cum Synodorum decretis, vel inter se confuse permiscerentur, uti cernere est in collectionibus, quas antecedenti parte descripsimus. Qui vero hac Dionysiani codicis distinctione utuntur, perinde ac si ante Dionysium soli canones, non vero apostolica constituta auctoritatem obtinerent, nimium falluntur. Etsi enim verum esset (quod non concedimus) vetustiores Dionysio codices, qui ad nos non pervenere, solos canones Græcorum Conciliorum latine redditos prætulisse, quid inde? Cum hi privati essent codices, nullus autem publicus, ut alibi ostendimus; cumque inter canones Græcarum Synodorum soli Nicæni cum Sardicensibus olim essent apud Latinos recepti, quemadmodum probavimus part. 2. cap. 1. nihil ex his codicibus ad auctoritatem adstruendam vel adimendam decretis Romanorum Præsulum elici potest. Apostolicis certe constitutionibus satis per se manebat auctoritas, sive eæ essent privatis illis codicibus insertæ, sive non essent. Perspicua sunt testimonia Cælestini I. in epistola ad Episcopos Apuliæ & Calabriæ, nec non Leonis epist. 4. ad Episcopos Campaniæ, in quibus non canonum tantum, verum etiam decretalium auctoritas commendatur. Auctor vitæ S. Hilarii Arelatensis cap. 16. accusatum tradit Cælidonium Episcopum, ac si viduam olim duxisset uxorem, *quod Apostolicæ Sedis auctoritas, & canonum prohibent statuta*: ubi perspicitur & canones, & apostolicas constitutiones apud Gallicanos viguisse. Confer ea, quæ animadvertemus not. 11. in caput 4. Dissertationis XII. Quesnelli huic tomo inserendæ col. 697. Ex epistola ipsa Dionysii decretalium collectioni præmissa manifestum fit, eum idcirco a Juliano fuisse excitatum ad colligenda præter canones, Apostolicæ Sedis decreta, quia non soli cano-

Ante Dion. non soli canones, sed etiam decretales auctoritatem habebant.

canones, ſed hæc etiam decreta ad eccleſiaſticam diſciplinam regendam pertinebant. Id enim ſatis indicant hæc ejuſdem epiſtolæ verba: *Sanctitatis veſtræ piis excitatus ſtudiis, quibus nihil prorſus eorum, quæ ad eccleſiaſticam diſciplinam pertinent, omittit inquirere, præteritorum Sedis Apoſtolicæ Præſulum conſtituta, qua valui cura diligentiaque collegi*. Hinc & canones & hæc decreta ſimul in aliis anterioribus collectionibus deſcripta. Cum vero Dionyſius priori parte ſolos canones dediſſet, Juliani ſuaſionibus, ne quid diſciplinæ eccleſiaſticæ ſtudioſis deeſſet, apoſtolicas quoque epiſtolas altera parte collegit & edidit.

VII. Etſi vero hæc collectio Dionyſii ceteras antecellit; non tamen uſquequaque perfecta eſt. Prima pars, quæ ad canones Conciliorum pertinet, aliquot defectibus laborat. In Nicænis enim ſymbolum & catalogus Epiſcoporum deſiderantur. Subſcriptiones quoque, ſeu nomina Epiſcoporum deſunt in canonibus Ancyranis, Neocæſarienſibus, Gangrenſibus, Antiochenis, & Conſtantinopolitanis; nec non duæ Synodicæ Gangrenſis & Antiocheni Concilii: quæ omnia ex aliis vetuſtis collectionibus ſuppetunt. Id unum Dionyſio excuſationi eſſe poteſt, Græcum codicem, quo ille uſus eſt, his omnibus caruiſſe. Canones Africanos ſumſit ex codice, qui continebat integra geſta Synodi Carthaginenſis anni 419. Huic autem cum omnes anteriores Synodi ſub Aurelio inſertæ fuerint, plura in eo erant, quam quæ Dionyſius tranſcripſit. Is enim brevitati conſulens, in referendis quibuſdam Conciliis nonnulla ſe omiſiſſe teſtatur, quæ Africanorum more in aliqua ſive anteriori, ſive poſteriori Synodo repetita deprehendit: & in aliis nonnullis compendio uti maluit, quam ipſa verba aut geſta deſcribere: & dum ita ſe gereret, quoſdam etiam canones non repetitos inadvertenter tranſcurrit, quos ex aliis fontibus expiſcari opus fuit. Vide quæ in hanc rem obſervavimus part. 2. cap. 3. Quantum ad decretales epiſtolas Romanorum Pontificum nonnullis perſuaſum eſt, Dionyſium, qui Romæ collectionem lucubravit, eas quas collegit ex apoſtolicis ſcriniis eduxiſſe. Id autem omnino improbabile, immo etiam falſum credimus. Multa in eo deſiderantur pontificia conſtituta celeberrima, quæ in aliis vetuſtioribus collectionibus paſſim leguntur: dediſſet autem præter hæc alia multo plura, ſi apoſtolica ſcrinia conſuluiſſet. Nonne vel in ſolo Leone plures maximi momenti epiſtolæ ad diſciplinam pertinentes ab eo omiſſæ fuerunt, nimirum epiſt. 1. ad Aquilejenſem Epiſcopum, nona ad Dioſcorum, decima ad Viennenſes, duodecima ad Africanos, decima quinta ad Turribium, decima nona ad Dorum Beneventanum, CVIII. ad Theodorum Forojulienſem, CXIX. ad Maximum Antiochenum, CLXVI. ad Neonem Ravennatem, & CLXVIII. ad Epiſcopos Campaniæ? Quid quod in epiſt. CLXVII. ad Ruſticum Narbonenſem, quam deſcripſit, ob titulos cuique capiti ab eo præfixos prætermiſſæ fuerunt ipſius Ruſtici inquiſitiones, quæ ad probe intelligenda Leonis reſponſa neceſſariæ ſunt? Vide præfationem ad Leonis epiſtolas num. 13. tom. 1. col. 517. Lectiones tandem Dionyſii non ſemper meliores eſſe, in edendis Leonis epiſtolis & Codice canonum evidenter deprehendimus: unde aliarum collectionum textum identidem præferendum putavimus. Hinc licet Dionyſius in epiſtola ad Julianum omnem, qua valuit, in colligendis apoſtolicis epiſtolis curam ac diligentiam ſe adhibuiſſe ſignificet; aliarum tamen vetuſtiorum collectionum, quæ multa ab eo omiſſa præferunt, notitiam ipſi defuiſſe manifeſtum eſt. Idem in præfatione ad verſionem epiſtolæ S. Cyrilli ad Neſtorium, ſe primum ejus interpretem, qui eam epiſtolam Latinis dederit, indicat his verbis: *Opportunum prorſus hoc tempore exiſtimans, quo tanti Doctoris apoſtolica fides Græcis jamdudum bene comperta, ſed IGNORATA LATINIS HACTENUS innoteſcat*. Duæ autem erant anteriores verſiones, una Marii Mercatoris, alia inſerta interpretationi antiquæ Synodi Epheſinæ, quas Dionyſius ignoraſſe dicendus eſt. Videant igitur quam leve ſit illud nonnullorum argumentum, quo ex ſilentio, vel prætermiſſione Dionyſii in dubium vocare non dubitant quædam pontificia documenta, quæ aliis ex fontibus in lucem producta, niſi quid gravius aliunde opponatur, ſatis in tuto ſunt.

Omiſſiones in Dion. notatæ.

Num Dion. decretales e ſcriniis apoſtolicis ſumſerit.

tom. 3. Concil. col. 959. d.

VIII. Illæ autem præclaræ collectionis Dionyſianæ dotes, quas paullo ante recenſuimus, adeo perſtrinxerunt & rapuerunt oculos omnium, ut ſtatim a cun-

Celebritas, & propagatio collectionis Dion.

ctis passim exquiri ejus exemplaria, ac ipsa in Urbe mox in usum induci cœperint, præsertim ob versionem Græcorum canonum, quæ Priscam translationem inconcinnam, prius ibidem cognitam, antiquavit. Hinc paucorum annorum spatio ita passim adhibebatur, ut sub medium sæculum VI. Cassiodorius scripserit: *Quos* (Græcos canones a Dionysio latinitate donatos) *hodie usu celeberrimo Ecclesia Romana complectitur*. De solo usu loquitur, qui ei collectioni nullam auctoritatem publicam vindicavit, nec eam publicum Romanæ Ecclesiæ Codicem reddidit. Hunc quidem Romanæ Ecclesiæ usum demonstrant inter ceteros duo ejusdem sæculi Pontifices Joannes II. atque Vigilius. In titulis canonum, quos Joannes II. ad Cæsarium Arelatensem direxit, duo canones apostolici, unus Neocæsariensis, ac duo Antiocheni ex Dionysii interpretatione, atque cum iisdem Dionysianis titulis descripti fuerunt, uti ex MS. Vat. Palat. 574. probavimus part. 2. c. 10. §. 2. num. XII. Vigilius Papa in damnationis sententia adversus Rusticum & Sebastianum, quæ inserta legitur collationi VII. Concilii quinti tom. 6. Concil. edit. Ven. col. 187. c. recitat canonem 29. Synodi Carthaginensis cum eo titulo, qui Dionysianæ collectionis proprius est. Hæc de ea Dionysii parte, quæ Conciliorum canones exhibet. Unum vero quantum ad decretales exemplum nacti sumus laudati Joannis II. qui in memoratis canonum titulis ad Cæsarium Arelatensem directis textum retulit epistolæ Siricii ad Himerium cum titulo: *Ex epistola Siricii Papæ urbis Romæ Himerio Episcopo Tarraconensi inter cetera ad locum capitulo VII.* Cum divisio epistolarum decretalium in capitula non sit propria originalium, sed collectionum; in collectionibus autem alia atque alia divisio inveniatur; relatus textus a Joanne II. ex eadem Dionysiana collectione, ex qua ceteri canones, sumtus videtur: in ea enim capitulo quidem septimo descriptus legitur. Hoc autem exemplum Romanorum Pontificum singulare. Alii enim Pontifices apostolicas constitutiones ex Romanis scriniis allegare solebant; nec præter Joannem II. ex Dionysio eas quisquam retulisse deprehenditur, nisi post sæculum VII. uti mox videbimus. E Romana autem Urbe exempla hujus collectionis citius in alias regiones divulgata. Auctor collectionis Hispanicæ ex ea omnes apostolicas constitutiones cum iisdem Dionysii titulis recepit. In Africa Cresconius ex solo Dionysio suam collectionem in locos communes distributam digessit. Apud ipsos Græcos cum deesset notitia canonum Africanorum sub Aurelio; ex Dionysio iidem canones græce redditi sunt ante Synodum Trullanam, in qua ex Græca versione ipsi canones Græco codici jam inserti laudantur c. 2. In Galliis quoque & Britanniis eamdem collectionem vulgatam ante Caroli Magni ætatem probabimus in Observationibus ad Dissert. XVI. Quesnelli cap. 1. Adeo vero hæc Dionysiana collectio & canonum præsertim Græcorum versio omnibus placuit, ut nonnumquam amanuenses in exscribendis aliis collectionibus alias interpretationes alicubi ad Dionysianam exegerint. In MS. Lucano 88. ubi canones Calchedonenses describuntur ex versione Prisca, canones sextus & septimus ex Dionysiana emendantur; & canonis XVI. postremum membrum e Dionysio sumitur. Similiter in MS. Vat. 1342. qui eamdem interpretationem Priscam in iisdem canonibus exhibet, canon XVIII. totus Dionysianus est. Codex Barb. 2888. canones Neocæsarienses & Gangrenses versionis Isidorianæ cum Dionysianis lectionibus alicubi præfert: & codex Thuaneus Colbertinus 932. in canonibus Calchedonensibus translationis Priscæ aliquot particulas ex Dionysio sumtas recepit canone decimo. Similia in aliis codicibus & collectionibus observare licebit. Ex his autem patet, qua licentia usi sint quidam librarii, ut ne facile tribuendæ sint antiquo interpreti quædam lectiones, quæ a plerisque MSS. discrepantes, ex quorumdam amanuensium arbitrio originem ducunt. Celebrior tandem hæc Dionysii collectio evasit, postquam paucis quibusdam additamentis aucta, ab Hadriano Pontifice in Gallicanarum Ecclesiarum usum Carolo Magno tradita fuit. Tunc enim fere ubique passim recepta, *Codex canonum* vocari cœpit.

Usus ejusdem apud Romanos.

Decretales a Pontif. ex scriniis apostolicis allegatæ.

tom. 7. Concil. col. 1346.

Amanuensium licentia in lectionibus notata.

Dion. collect. celebrior post Hadrianum I.

Tempus, quo condita fuit.

IX. Superest, ut nonnulla dicamus de tempore quo Dionysius hanc collectionem digessit. Is in epistola paschali prima ad Petronium scripta anno 525. Antiochenum canonem recitat: *In sanctis canonibus sub titulo LXXIX. qui primus est Antiocheni Concilii, his verbis invenitur expressum: Omnes, qui ausi*

ausi fuerint &c. Hic canon sumtus est ex versionis Dionysianæ codice. Ex hoc eodem codice Capitula de gratia & libero arbitrio Cælestini litteris subjecta allegarunt Petrus Diaconus & ceteri Monachi Scythæ in epistola, quam ad Episcopos Africanos in Sardinia exules Romæ scripserant an. 520. uti probavimus in Observationibus ad Dissert. III. Quesnelli tom. 2. col. 719. Ante hoc ergo tempus ea collectio edita fuerat. Porro Dionysius, qui Gelasium non vidit, cum Anastasio II. Pontifice Romam accesserit; sub hoc, ut videtur, latine reddidit eum libellum Apocrysariorum Alexandrinæ Ecclesiæ eidem Anastasio offerendum, cui hæc notatio in MS. Vat. 4961. collectionis Avellanæ subjicitur: *Dionysius Exiguus Romæ de Græco converti*. Vide part. 2. cap. 12. num. CII. Forte etiam idem Dionysius auctor quoque fuit Latinæ versionis aliquot aliorum Græcæ originis documentorum; quæ eidem collectioni inserta, ad Hormisdæ Pontificatum pertinent. Quesnellus Dissert. XVI. num. 13. Dionysii collectionem lucubratam contendit post Synodum Agathensem anni 506. Unum tantummodo satis probabiliter adstruit, secundam partem collectionis epistolarum Romanorum Pontificum compactam non fuisse vivente Anastasio II. Cum enim, inquit, non nisi *præteritorum Sedis Apostolicæ Præsulum constituta*, ut ipse scribit Dionysius, hoc est eorum qui jam vivere desierant, collegerit, & tamen Anastasii II. epistolam referat; consequens est ut non ante 16. diem Novembris anni 498. quo obiit Anastasius, opus istud inchoaverit. Igitur hanc partem secundam digessit vel sub Symmacho, vel sub Hormisda. Quod si Ennodius in Apologia pro Concilio Romano anni 501. quæ non multo post scripta fuit, dum adversariis opponit Carthaginense Concilium, *quod Apostolicæ Sedis per Faustinum Episcopum, qui tunc ab ea missus interfuit, approbavit auctoritas*; licet more suo liberius verba recitet canonum 129. 130. & 131. Dionysii tamen collectionem præ oculis habuisse credatur: jam certum fieret, priorem saltem partem ad canones pertinentem sub Symmacho vulgatam fuisse, & forte etiam sub Anastasio II. Cumque pars altera epistolarum desinat in Anastasio, & nihil habeat ex Symmacho; eam sub Symmacho compactam probabilius credimus, cum præsertim Julianus Presbyter tituli S. Anastasiæ, quo petente hanc partem composuit, subscriptus inveniatur Synodo Romanæ anni 499. sub eodem Pontifice.

tom. 5. Concil. col. 483. d 484. c

§. III.

Descriptio codicis Vat. Palatini 577. qui solam primam partem Dionysianæ collectionis, seu potius primum ejus fetum continet. Discrimen ejusdem non exiguum ab ea, quam Dionysius secundis curis digessit.

X. Codex Vat. Palat. 577. maxime insignis, & notus quantum ad Gallicana documenta, quæ ex eodem vel edita, vel emendata fuere; at quantum ad primam partem collectionis Dionysianæ in eo contentam ignotus. Est formæ quadratæ, ex quo cum nonnulla exscripsisset Lucas Holstenius, ex ejus schedis quædam ad P. Labbeum misit P. Possinus: hocque ex iisdem schedis de eo codice testimonium dedit idem Labbeus tom. 8. Conciliorum col. 269. in margine Concilii Germanici anni 742. *Hujus Concilii & sequentis Liptinensis canones habentur descripti in vetustissimo codice Palatino bibliothecæ Vaticanæ antiquo caractere Francico exarato, unde nonnulla adnotavit Holstenius.* Gallicanum quidem codicem demonstrant documenta, quæ partim initio describuntur ante collectionem Dionysii, partim vero ipsi subjiciuntur. Initio legitur laudatum Concilium Germanicum, & dein canones Liptinenses. Tum proferuntur *Nomina Episcoporum, qui missi sunt a Romana Urbe ad prædicandum in Galliam*. Quæ autem subduntur nomina, eadem sunt ac illa, quæ apud Gregorium Turonensem recensentur. Dein sequitur: *Nomina Episcoporum seu Abbatum, qui apud Villam publicam Attiniacum* &c. uti ex hoc codice edita sunt tom. 8. Concil. col. 861. Est Synodus anni 765. Postea habetur: *Abrenuntiatio diaboli operumque ejus & superstitionum*: quæ lingua Theotisca veteri postea descripta ex hoc eodem codice prodiit laudato tomo col. 278. ubi per errorem numerus codicis notatur 542. Deinde: *Ex Clemente*

Documenta Gallicana ex eo edita.

ad Jacobum præcepta S. Petri, quæ hoc tomo inter antiqui Juris canonici documenta edidimus. Hæc collectioni Dionysianæ præmittuntur. In fine autem alio caractere habetur hoc documentum: *Sufficerent quidem priscorum Patrum regulæ* &c. Est Concilium Vernense sub Pippino celebratum anno 755. cui ex nostro codice variantes additæ sunt in margine tomi 8. Concil. col. 417. Hæc autem omnia documenta cum codicem Gallicanum probant, tum vero ante Caroli Magni ætatem exaratum demonstrant: adeo ut Dionysii collectionem ante Carolum Magnum in Gallias delatam hic quoque codex confirmet.

Prima pars collectionis Dion. XI. Sola vero prima Dionysianæ collectionis pars in eo continetur, quæ pag. 11. incipit cum ipsius Dionysii epistola hic omnino inserenda, cum non uno nomine a vulgata discrepet. Primum enim non Stephano, sed Petronio Episcopo inscribitur. Dein vero brevior est multo, & non exiguam varietatem in fine exhibet.

Epist. Dion. diversa a vulgata. *Domino venerando mihi patri Petronio Episcopo Dionysius Exiguus in Domino salutem.*

Quamvis carissimus frater noster Laurentius assidua & familiari cohortatione parvitatem nostram regulas ecclesiasticas de Græco transferre pepulerit, imperitia, credo, priscæ translationis offensus; nihilominus tamen ingestum laborem tuæ beatitudinis consideratione suscepi, cui Christus omnipotens Deus, solita populis pietate prospiciens, summi Sacerdotii contulit dignitatem. Ut inter plurima virtutis ornamenta, quibus Ecclesiam Domini morum sanctitate condecoras, etiam sacratissima jura, pontificalibus per Dei gratiam digesta conventibus, intemerata conservans, perfecto regimine Clerum plebemque moderetis: nullatenus nostri sæculi more contentus, quo pronius desideramus recta nosse quam facere; sed divino junctus auxilio, quæ fieri præcipis, ante perficias, ut efficacissimo fidelibus prosis exemplo. Magna est siquidem jubentis auctoritas, eadem primitus jussa complentis, quatenus inconvulsa ecclesiastici ordinis disciplina servata, ad capessendam perennem beatitudinem & præviis cuncti illustrentur officiis, & spiritualibus populi locupletentur augmentis. Incolumem beatitudinem vestram & orantem pro nobis gratia divina custodiat. Explicit prologus.

Desunt hac in epistola illa omnia, quibus Dionysius suæ collectionis methodum & documentorum seriem describit. Hæc eadem brevior epistola cum iisdem lectionibus & clausula legitur etiam in alio vetusto MS. codice Vat. Palat. 574. qui pariter Gallicanus est. Solum in hoc omittitur inscriptio Dionysii ad Petronium, ejusque loco habetur titulus a librario præfixus: *Præfatio Dionysii Exigui ad Stephanum.*

Descriptio collectionis. XII. Alia porro in ipsa canonum collectione tum quantum ad numerum, tum quantum ad ordinem canonum a ceteris puri Dionysii codicibus discrepant. Tabula capitulorum duplex distinguitur. Prima exhibet capitula canonum Apostolorum, cui ipsi canones subjiciuntur. Altera est generalis ceterorum Conciliorum; sed non exiguum in aliquot titulis verborum discrimen ab aliorum codicum textu. Sequuntur canones Nicæni, Ancyrani, & Neocæsarienses, quibus postremis hæc notatio apponitur: *Et hi canones post eos quidem probantur esse, qui apud Ancyram* (perperam additur *& Cæsaream*) *constituti sunt; sed Nicænis regulis anteriores existunt.* Tum Gangrenses cum hac notatione: *Hæ Gangrenses regulæ post Nicænam Synodum probantur expositæ.* Dein Antiocheni, Laodiceni, & Constantinopolitani. His non subduntur canones Calchedonenses, ut in aliis MSS. Dionysii, sed Sardicenses, qui sunt XX. non XXI.: omittitur enim canon quartus incipiens *Gaudentius*, & pars præcedentis, qui definit in verbis *sancti Petri memoriam honoremus*. Hinc quintus canon aliorum codicum in hoc MS. quartus efficitur, & similiter ceteri uno numero deficiunt. Hic vero quarti canonis defectus, & mutilatio tertii ex aliquo librariorum saltu fortassis originem ducunt. Hi autem omnes canones lectiones præferunt, quæ in puris Dionysianis codicibus deprehenduntur, nec illa additamenta recipiunt, quæ in Hadrianeis MSS. accessere. Sequuntur acta Concilii Carthaginensis anni 419. canonibus præmissa, uti in aliis MSS. Dionysii, & in vulgatis leguntur usque ad illa *de hoc in sequenti tractabimus*. Dein subditur: *Daniel notarius Nicæni Concilii professionem fidei,*

vel

vel ejus ſtatuta recitavit in Concilio Africano: quæ nos cum reſcriptis Epiſcoporum Alexandrini & Conſtantinopolitani conſcripſimus. Omiſſis autem ceteris, quæ ſunt in vulgato, ſequuntur tantum priores ejuſdem Concilii canones XXXIII. qui etſi in præmiſſa tabula ſint pariter XXXIII. in corpore tamen ob diverſam diviſionem ſunt XXXV. ac deſinunt in verbis, *nec Presbytero rem tituli ſui uſurpare*. Omittuntur porro omnia, quæ ex aliis Synodis lecta fuerunt in eodem Concilio, nec non canones ſecundæ actionis, ideſt omnia poſt canonem XXXIII. vulgatum uſque ad canonem CXXXIII. Sequitur autem: *Aurelius Epiſcopus dixit: Juxta ſtatuta totius Concilii* &c. cum ſubſcriptionibus Patrum, ut in vulgato poſt canonem CXXXIII. Dein epiſtola ipſius Concilii ad Bonifacium. Poſtea epiſtolæ Cyrilli & Attici ad Africanos. Tum ſubditur profeſſio fidei Nicænæ cum canonibus item Nicænis, quibus hic titulus præponitur: *Incipiunt conſtituta Patrum in magna & ſancta Synodo apud Nicæam civitatem Bithyniæ, quæ de Græco tranſlata ſunt a Philone Evares ad Conſtantinopolitanos:* lege *Evariſto Conſtantinopolitano*, vel, ut alii malunt, *& Evariſto Conſtantinopolitanis*. Cum in MSS. & vulgatis Dionyſii ſolum ſymbolum ex hac verſione proferatur; loco hujus tituli & canonum, qui omittuntur, quædam notatio ſubſtituitur, qua ipſa omiſſio indicatur. Nicænos canones excipit epiſtola Africanorum ad Cæleſtinum Papam. Tandem concluditur cum canonibus Calchedonenſibus, quos Dionyſius latine reddidit; finiſque indicatur his verbis: *Deo gratias, fiat, fiat*,

V. Juſtelli edit. ſeu tom. 2. Concil. col. 1260. a

Ibi col. 1352. e

XIII. Hoc tantum hujus partis diſcrimen a puris Dionyſii codicibus, & a vulgatis hunc primum ejuſdem fetum fuiſſe dubitare non ſinit. Ordo, quo ille canones ſui Græci codicis primum latine redditos dedit, dein Sardicenſes & Africanos ex originali Latino, ac tandem verſionem Calchedonenſium, chronologicam ſeriem Dionyſium ſibi initio propoſuiſſe indicare videtur. Secundis autem curis Calchedonenſes canones ceteris Græcis Synodis ſubnectendos credidit. In canonibus vero Africanis præter geſta primæ actionis Concilii Carthaginenſis anni 419. ſolos initio exhibuit canones XXXIII. nulla mentione facta ceterarum Synodorum, quæ in eodem Concilio recitatæ & inſertæ fuerant. Cumque deſcribendam conſtituiſſet integram verſionem ſymboli & canonum Nicænorum, quam Philo & Evariſtus lucubraverant; hinc in notatione trigintatribus canonibus præmiſſa, poſt verba *Daniel notarius Nicæni Concilii profeſſionem fidei, vel ejus ſtatuta recitavit in Concilio Africano*, hæc adjecit: *quæ nos cum reſcriptis Epiſcoporum Alexandrini & Conſtantinopolitani conſcripſimus*. Hæc additio prætermiſſa fuit curis ſecundis, quibus mutato conſilio canones ejuſdem verſionis præterivit. Hac autem in re illud ſuſpicamur, Dionyſio primum ob oculos fuiſſe codicem ejuſdem Synodi Africanæ, in quo ſola geſta primæ actionis cum canonibus XXXIII. & ſola reſcripta Epiſcoporum cum integra verſione Philonis & Evariſti continerentur. Simili quidem codice uſi videntur alii collectores, qui ea geſta & canones eoſdem XXXIII. alia diviſione diſectos in canones XL. nec non Epiſcoporum reſcripta exhibuerunt. Confer admonitionem in Documenta infra col. 629. n. 1. Dum vero Dionyſius ſecundis curis ſuam collectionem adornavit, alium codicem nactus videtur, in quo integrum illud Concilium anni 419. comprehendebatur: cumque recitatos, & inſertos in eo aliarum Africæ Synodorum canones exſcribendos duxerit, verſionem laudatam canonum Nicænorum ſuppreſſit, aliaſque notationes ſubſtituit, quæ primo fetui non congruebant. Hinc in epiſtola ad Stephanum ea adjecit, quæ ſecundis curis conveniunt. Illa vero brevior primi fetus epiſtola Petronio inſcripta indicare poteſt eum Petronium Epiſcopum, cui Dionyſius unam ex Paſchalibus dedit anno 525. Cum autem eadem brevior epiſtola in alio cod. Vat. Palat. 574. Stephano data dicatur; de errore aliquo librarii in Petronii nomine ſuſpicandum videtur.

Eſt primus Dionyſii fetus.

CAPUT II.

De collectione, quam Hadrianus Papa I. Carolo Magno tradidit.

Hæc collectio quando data.

I. HAdriana vocari solet collectio, quam Hadrianus I. Pontifex Carolo Magno Francorum Regi Romæ tradidit. Cum is Hadriano I. Pontifice ter in Urbem venerit, nimirum, ut notavit Sirmondus, anno 774. cum Papiam obsideret; iterum anno 781. cum ejus filii Pippinus Langobardiæ, & Ludovicus Aquitaniæ Reges ab eodem Pontifice inuncti fuerunt; ac tandem anno 787. cum inde Capuam quoque ac Beneventum adversus Grimoaldum Ducem profectus est: hunc Codicem ad primam professionem potius pertinere jure conjecit P. Coustantius ex his epistolæ Codici præfixæ verbis, quibus Carolum Hadrianus alloquitur: *Illæsus cum tuis victor manebis*, *nempe per ipsos* (Petrum & Paullum) *qui aditum petunt urbis Papiæ te ingredi victorem*, *nefa perfidi Regis calcabis Desiderii colla*. Hæc autem collectio Dionysianam cum aliquot additamentis complectitur; ita ut ob hæc additamenta a Dionysiana discrepet. Neque vero Hadrianus I. hujus collectionis auctor credatur, ac si ipse ea additamenta Dionysianæ collectioni inseruerit. Zacharias enim Pontifex in epistola ad Pippinum & Episcopos atque Abbates regni Francorum scripta anno 745. canones aliquot recitat *ex Concilio Africano*, alios vero *ex Concilio Carthaginensi*: quæ Africanorum canonum distinctio & inscriptio Hadrianæ collectionis, ut videbimus, propria est. Etsi priores canones XXXIII. a posterioribus numeris centum distinguat Cresconius ex aliquo codice Dionysiano, in quem ea numerorum distinctio induci cœperat; omnes tamen Carthaginensi Concilio inscriptos præfert; adeo ut Concilio Africano posteriores centum canones adscribere solius Hadrianæ collectionis sit proprium, quam proinde sub Zacharia Pontifice inductam manifeste cognoscimus. Additamenta porro documentorum, quæ in hac collectione suo loco Dionysianis inserta leguntur, jamdiu ante Hadrianum & Zachariam Dionysianæ collectioni duplici tempore fuisse subjecta liquet ex MS. Vat. 5845. de quo dicemus paullo post. Quandonam vero hæc additamenta, quorum recentiora ad Gregorium II. pertinent, juxta chronologicum ordinem suo loco inserta fuerint, inopia documentorum ignoratur.

Hadrianus I. non est ejus auctor.

Distinctio collectionis Hadrian. a Dion. ex additamentis. Quæ additamenta in prima parte canonum.

II. Cum Hadrianæ collectionis a Dionysiana discrimen ex additamentis potissimum pendeat, de his singillatim & distincte agendum. Sola documentorum additamenta alii animadverterunt, quæ ad secundam collectionis partem, seu ad Romanorum Pontificum epistolas spectant. Verum alias additiones non leves etiam in prima parte canonum deprehendimus, de quibus in primis dicendum est. In Nicæno Concilio additum fuit symbolum cum notatione temporis, nec non catalogus Episcoporum peculiaris versionis, de qua diximus part. I. c. 3. §. I. Ancyrani & Neocæsarienses canones nomina Episcoporum exhibent. In Gangrensibus legitur synodica epistola ad Armenos ex interpretatione, uti vocant, Isidoriana cum nominibus Episcoporum. Antiocheni receperunt in titulo additionem vocum *in encæniis*; ac in puris hujus collectionis exemplaribus sola Episcoporum nomina addita præferunt ratione peculiari, de qua confer part. I. c. 4. §. 2. Synodica autem ejusdem Concilii in Wendelstini & Pithœi editionibus descripta ex Isidoriana interpretatione accessit. In Constantinopolitanis adjecti sunt symbolum & Episcoporum catalogus: in Calchedonensibus definitio fidei cum catalogo Episcoporum, quem eumdem esse animadvertimus, qui ex vetustissimo Maffejano codice a Sirmondo exscriptus, & a Labbeo editus fuit tom. 4. Concil. Ven. edit. col. 1710. & seqq. Sardicenses clausulam habent a Dionysiana diversam: *Omnis Synodus dixit. Universa quæ constituta sunt*, *catholica Ecclesia in universo orbe diffusa custodiet*: catalogumque Episcoporum præterea recipiunt, qui ex antiquiore Italica collectione Barb. 2888. vel alia simili transcriptus fuit. Canones Africani apud Dionysium continua numerorum serie distributi in numeros CXXXVIII. hoc uno titulo inscribuntur: *Synodus apud Carthaginem Africanorum*, *quæ constituit canones CXXXVIII.* In Hadriana vero collectione duplicem seriem profe-

proferunt cum duplici inſcriptione. Priores enim canones XXXIII. hanc epigraphen exhibent: *Incipiunt canones Carthaginenſis Concilii*: & concluduntur hac clauſula: *Expliciunt canones Concilii Carthaginenſis*. Dein alii canones CV. nova numerorum ſerie deſcribuntur cum hac inſcriptione: *Incipiunt canones Conciliorum diverſorum Africanæ provinciæ numero CV.* eiſdemque hæc clauſula apponitur: *Explicit Africani Concilii*. Aliud hujus partis diſcrimen addemus, quod loco præfationis Dionyſii ad Stephanum Salonitanum in primævo exemplo Hadriani ſubſtituta fuit alia ipſius Pontificis præfatio ad Carolum Magnum verſibus digeſta, quorum primæ litteræ hanc inſcriptionem referunt: *Domino Eccel. filio Carulo Hadrianus Papa*. Hæc præfatio nobis conſervata fuit a vetuſtiſſimo MS. exemplo Sangermanenſi, quod ipſo Carolo imperante ſcriptum fuit anno 805. e ceteris vero, quos vidimus, ejuſdem collectionis codicibus excidit. Quod ſi in quibuſdam ejuſmodi MSS. libris Dionyſii epiſtola ad Stephanum exhibetur; hos ab illis vetuſtioribus exemplaribus exſcriptos, quæ hanc collectionem ante Hadrianum, uti conjecimus, digeſtam continebant, ſuſpicari licet: neque enim veri Hadrianei codices eam epiſtolam Dionyſii, ſed aliam Hadriani præfationem recipiebant. tom. 8. Conc. col. 583.

III. Additiones partis ſecundæ, quæ Apoſtolicæ Sedis conſtituta continet, antequam eidem collectioni infererentur, appendicis loco ſubjectæ erant puræ collectioni Dionyſii. Id didicimus ex antiquiſſimo codice Vat. 5845. qui purum Dionyſium continet. Poſt deſcriptam enim Dionyſii collectionem eodem caractere appendix ſubjicitur, in qua chronologico ordine neglecto, prius referuntur tria Concilia ſub Symmacho, unum anni 501. alterum anni 502. ac tertio loco illud anni 499. Dein tituli ſex decretorum Hilari Papæ, duo Simplicii, & unum Felicis: ac poſt titulos ipſa iſtorum decreta recitantur. Tum deſcribitur Leonis epiſtola ad Epiſcopos Mauros cum titulo: *In cauſſa Lupicini Epiſcopi. Leo univerſis Epiſcopis per Cæſarienſem Mauritaniam conſtitutis*. Ipſa autem epiſtola caret tribus capitibus VI. VII. & VIII. quæ in integra ejuſdem epiſtolæ editione exhibuimus: de qua forma vide quæ latius diſſeruimus in admonitione ad epiſt. 12. tom. 1. col. 645. n. 3. Poſtea ſubjicitur *epiſtola Zoſimi ad Presbyteros Ravennæ directa. Zoſimi commonitorium Presbyteris & Diaconibus, qui Ravennæ ſunt. Ex relatione* &c. Hæ duæ epiſtolæ inter additamenta Dionyſiana recenſendæ, in *Bibliotheca Juris Canonici* perperam inſerta fuerunt collectioni Dionyſii. Tandem poſt hæc omnia in eodem codice quaſi nova appendix ſubditur cum tabula capitum LXXIX. ac totidem documenta poſt tabulam deſcribuntur, quorum quinque priora in rem noſtram hæc ſunt. Additamenta partis ſecundæ.

I. *Juſtinus Auguſtus Hormiſdæ. Quo fuimus ſemper* &c. Exſtat hæc epiſtola tom. 5. col. 672.

II. *Exemplar precum a Clericis & Monachis Antiochenis, Hieroſolymitanis* &c. *ad Juſtinum. Haurite aquam cum lætitia* &c. Ibi col. 473.

III. *Hormiſda Juſtino. Inter ea, quæ ad unitatem* &c. Ibi col. 682.

IV. *Hormiſda Presbyteris, Diaconibus, & Archimandritis ſecundæ Syriæ. Lectis litteris* &c. quæ epiſtola ibidem maxima ſui parte truncata, vix initium retinet, ac deſinit in verbis tom. 5. Concil. col. 1114. a. *laboreſque conſiderans Propheta*.

V. *Incipit conſtituta Papæ Gregorii junioris. In nomine Domini* &c. Eſt Concilium anni 721. tom. 8. Conc. col. 185.

Priora illa documenta, quæ præcedunt tabulam capitulorum LXXIX. paullo poſt Symmachi mortem Dionyſiano codici adjecta, poſteriora vero, ſeu quinque iſta capita Gregorii II. ævo, aut paullo poſt acceſſiſſe conjecimus in memorata admonitione ad epiſt. 12. S. Leonis num. 11. Hæc autem omnia, nimirum tum illa priora, tum hæc quinque documenta, nec plura nec pauciora Hadrianæ collectioni ſuo loco in chronologicam ſeriem inſerta leguntur. Adeo vero ex aliquo codice ſimili prædicto Vaticano 5845. ſumta & inſerta fuere, ut non ſolum eoſdem titulos, lectiones eaſdem laudati codicis in Hadrianis exemplaribus exhibeant, verum etiam epiſtola Leonis ad Mauros indicatis tribus capitibus careat, & epiſtola Hormiſdæ ad ſecundæ Syriæ Presbyteros, Diaconos, & Archimandritas ſimiliter detruncata, ſolum initium retineat. Cur porro alia quoque capita, quæ in eo MS. Vaticano post illa quinque describuntur, Hadrianæ collectioni adjecta non fuerint; nulla alia ratio probabilis nobis videtur, nisi quia eadem Dionysianæ collectionis appendici postea accessere. Ea autem documenta Hadrianæ collectioni hoc ordine inseruntur. Epistolæ Zosimi ad Hesychium subditur alia ad Presbyteros Ravennæ num. IV. In fine autem epistolarum Leonis, num. XLIX. refertur hujus epistola ad Mauros. Dein adduntur sex decreta Hilari Papæ, nimirum Concilium ejusdem anni 465. cum duabus epistolis ipsius Pontificis in eo lectis: duo decreta Simplicii, seu duæ ejusdem epistolæ, altera ad Joannem Ravennatem, altera ad Florentium, Equitium, & Severum: unum Felicis, seu Concilium ejusdem anni 487. Tum Concilium sub Symmacho anni 499. aliud anni 502. ac aliud anni 501. Tandem quinque alia documenta, quæ superius indicavimus, quatuor sub Hormisda, & unum sub Gregorio juniore.

tom. 5. Concil. col. 85. Ib. col. 95. 96. Ib. col. 275. col. 441. 471. & 457.

Hæc collectio quantæ auctoritatis.

IV. Quo ex tempore hæc collectio ab Hadriano Papa Carolo Magno tradita fuit, apostolicam quamdam auctoritatem obtinuit, & *Codex canonum* passim appellari cœpit. Hinc inductas subinde supposititias Isidori epistolas, rejiciendas duxerunt nonnulli, *quia in Codice canonum non habentur adscriptæ*, ut palam fit ex epistola 42. Nicolai I. num. 5. Hoc autem nomine *Codicis canonum* intelligi Hadrianam collectionem patet ex Hincmaro Remensi, qui Isidorianas merces repudians, affirmat eis solis canonibus utendum, *quos Apostolica Sedes .... & omnis catholica Ecclesia CANONES appellant, quique in nostris*, inquit, *codicibus, quos ab Apostolica Sede majores nostri acceperunt sequendos*, continentur. Ex quibus palam est, ut notavit P. Coustantius, eum, quem Hadrianum Codicem vocamus, ab Hincmaro Gallicanisque Antistitibus *Codicem canonum* nuncupatum fuisse, idque ex usu & consuetudine sermonis apud Romanos & Gallos recepti.

Præfat. t. 1. Epist. R. P. num. 131.

Codices Hadriani.

V. Frequentes sunt hujus collectionis MSS. codices, qui Dionysiani vulgo creduntur. Multos Romæ inspeximus, inter quos antiquiores & memoratu digni sunt Vat. 4969. Vat. Palat. 578. Vat. Reginæ 1021. & 1043. Vallicellani duo A. 5 & XVIII. In his codex Vat. Reginæ 1021. initio peculiarem indicem, seu potius Breviarium ineditum præfert eorum, quæ in eadem collectione continentur. Exstitisse autem nonnullos codices, qui Hadrianam collectionem duobus aliis additamentis auctiorem exhiberent, liquet ex Codice canonum, quem Leo IV. in epistola ad Britannos describit & approbat his verbis, a Gratiano recitatis dist. 20. c. 1. *De libellis & commentariis aliorum non convenit aliquem judicare, & sanctorum Conciliorum canones relinquere, vel decretalium regulas, id est, quæ habentur apud nos simul cum canonibus. Quibus autem in omnibus ecclesiasticis utimur judiciis, sunt canones Apostolorum, Nicænorum, Ancyranorum, Neocæsariensium, Gangrensium, Antiochensium, Laodicensium, Constantinopolitanorum, Ephesinorum, Calchedonensium, Sardicensium, Africanensium, Carthaginensium, & cum illis regulæ Præsulum Romanorum Silvestri, Siricii, Innocentii, Zosimi, Cælestini, Leonis, Gelasii, Hilari, Symmachi, Hormisdæ, Simplicii, & Gregorii junioris. Isti omnino sunt & per quos judicant Episcopi, & per quos Episcopi simul judicantur & Clerici*. Ex hac descriptione manifestum fit, hujus Pontificis ætate Romano Codici, qui Hadrianam collectionem præferebat, duo additamenta jam accessisse. Unum in Conciliis, nimirum canones Ephesinos, quo nomine duæ Cyrilli epistolæ ad Nestorium cum duodecim anathematismis significantur; hucque traductæ fuerunt ex collectione Hispanica, in qua similiter Ephesini Concilii titulo inscriptæ, eamdem versionem præferunt. Alterum additamentum in decretalibus, videlicet Silvestri Concilium apocryphum, quod ex antiquioribus collectionibus in Hadrianam irrepsisse discimus etiam ex *Adnotatione de decretalibus Apostolicorum*, quæ legitur in MS. Vat. 3833. præmissa collectioni Cardinalis Deusdedit, & in duobus codicibus vetustioris collectionis Sorbonico-Mutinensis, ex qua illam *Adnotationem* edidit Franciscus Salmon in Gallico opere inscripto *Traitè de l' ètud des Conciles* pag. 258. editionis Lipsiensis anni 1726. Hæc enim *Adnotatio* Hadrianæ collectionis seriem proferens, quæ cum Leonis IV. Codice omnino concinit, ante Siricii decreta Concilium S. Silvestri commemorat.

Duo additamenta, quæ collectioni Hadrianæ subinde accessere.

VI.

VI. Nunc exemplum Vat. 1337. prætermittendum non est, eo quod licet Hadrianum sit, quædam tamen peculiaria in prima canonum parte contineat. Hic præcipue codex Romanis Correctoribus usui fuit in editione Gratiani, qui eum *Codicem canonum* nominant. Id elicitur ex notatione *c* in cap. 8. dist. XIX. ubi quoddam caput epistolæ Anastasii II. ad Anastasium Augustum haberi testantur *in Codice Canonum fol.* 156. hoc autem folio memorati Vaticani manuscripti eadem sane Anastasii epistola describitur. In hoc autem codice omittuntur canones apostolici: quatuor vero generalium Conciliorum canones præmittuntur ceteris hoc ordine, Nicæni, Constantinopolitani, Ephesini, & Calchedonenses. Nicæno symbolo subjicitur sine ullo titulo: *Post Concilium Nicænum. in urbe Roma Concilium congregatum est* &c. ut in collectione hoc tomo edenda cap. 55. in quod vide not. 1. col. 396. & not. 11. col. 400. Ephesini Concilii nomine proferuntur duæ Cyrilli epistolæ ad Nestorium, ut in Leonis IV. codice numero præcedenti observavimus. Post canones Calchedonenses sequuntur Ancyrani, Neocæsarienses, Gangrenses, Antiocheni, Laodiceni, Carthaginenses XXXIII. Sardicenses, & reliqui Africani CV. In secunda parte, quæ Pontificum constituta complectitur, nihil hic codex discrepat a puris Hadrianis. Post hanc vero partem describitur brevis adnotatio de sex Synodis generalibus, & alia pauca subnectuntur. Tandem recentiori caractere, sed vetusto sæculi circiter XI. duæ adnotationes leguntur, quæ ad canones Latinos Sardicenses & Africanos primæ parti insertos pertinent. Aliquid simile occurrit quidem in Epitome, uti appellant, Hadrianea impressa tom. 8. Conciliorum col. 574. sed cum in nostro codice eæ adnotationes uberiores sint, hic appendendæ videntur. Prima de canonibus Concilii Carthaginensis anni 419. — *Peculiaris MS. Vat. 1337.*

Sunt etiam regulæ ecclesiasticæ, quæ in Africanis regionibus frequentissimo synodali Concilio conscriptæ sunt; quæ quoniam multipliciter & diversis modis (idest aliter apud Dionysium & in MSS. Hadrianis, aliter in collectione Hispanica & Isidoriana, ac in aliis codicibus) *inveniuntur; si ad manus cujuscumque catholicorum venerint, salva & incolumi fide catholica, quæ apud Nicæam Bithyniæ a CCCXVIII. Patribus exposita est, & postea iterum in urbe Roma de Spiritu Sancto ab Episcopis catholicis salubriter adjectum est; si quid in his rationabiliter reperit, quod tamen a sancta atque catholica Ecclesia Romana non discrepet, sequi debet.* — *Adnotatio de canonibus Carth. an. 419.*

Secunda adnotatio de canonibus Sardicensibus his verbis exprimitur.

Præterea sunt aliæ XL. regulæ, quæ per Osium Episcopum Cordubensem currunt, quæ titulantur tamquam XX. Episcoporum apud Sardicam, quæ tamen non apud Græcos, sed apud Latinos magis inveniuntur. (Hujus adnotationis auctor Græcarum collectionum ignarus, quæ Sardicenses canones continebant, hæc idcirco scripsit, quia in solis Latinis collectionibus versatus, ac præsertim in Dionysiana, cum ex Dionysii epistola ad Stephanum didicisset, Sardicenses canones ab eo adjectos fuisse ex originali Latino, eos apud Græcos defuisse perperam credidit.) *Sed quoniam Osii præfati mentio facta est, necessarie omnibus catholicis intimandum est, hunc eumdem apud Nicæam Bithyniæ inter sanctissimos CCCXVIII. Patres fuisse honorabilem, atque ab Apostolica Sede cum Vincentio & Victore Presbyteris destinatum: quique in Hispaniis usque ad tempus Constantii Principis in corpore mansit. Nam memoratus Constantius* (*sicut vir eruditissimus Sulpicius Severus in Chronicis suis refert, quique diligenti cura complectens, nostræ memoriæ dereliquit*) *apud Ariminum Italiæ numerosam utriusque orbis Synodum episcopalem collegit, & adversus fidem catholicam, vel CCCXVIII. Patrum definitionem Arii cupiens venena revolvere, Ecclesiam Dei tyrannica usurpatione turbavit. Denique coacti vel metu Principis, vel Tauri præsentia, cui exequutio taliter fuerat delegata, ut si major pars Concilii in Arianorum perfidiam consentiret, ipse consulatus insignia mereretur, pene omnes, qui ibidem fuerunt Episcopi, subscripserunt. Sed postea iterum, divino inspirante præsidio, quamplurimi agentes pœnitentiam, datis quoque libellis ad sanctam Ecclesiam catholicam, de qua plus necessitate quam voluntate discesserant, redierunt. Unde & in æternum ab omnibus catholicis Ariminensi Concilio recte dicitur* — *Alia de canonibus Sardic.* — *De Osio Cordubensi.*

anathema: quod si quis dicere neglexerit, catholicus non est. Hunc ergo Osium, sicut (1) prædictus Sulpicius refert, in longa Synodi disceptatione, quoniam, ut supra memoratum est, adhuc Constantii temporibus erat in corpore, placuit missa episcopali legatione debere perquiri, utrum in sancta & venerabili Nicæna congregatione, in qua præsens fuerat, omousion, sicut nos catholici recte confitemur, idest unius cum Patre substantiæ Filium, an certe, sicut Ariani contendunt, omoeusion, quod est similis cum Patre substantiæ Filium, quod omousion CCCXVIII. Patres nostri confiteri decrevissent. Qui sive per longam ætatem desipiens, sive certe per adsentationem Principis hujusmodi responsum dedisse perhibetur: utramque partem recte intendere, sive omousion, sive omoeusion. Cujus sententia quoniam stulte prolata est, ab omnibus catholicis, etiam ab Arianis, uno ore irrisa, atque refutata est. Denique in civitate Corduba, in qua Episcopatum tenuit, post hanc consultationem, sive responsum nomen ejus inter catholicos Episcopos antecessores, vel decessores ejus minime recitatur.

Sunt hæ regulæ, quæ per supradictum Osium & XX. Episcopos currunt, salva & incolumi fide catholica, quæ apud eamdem Nicæam Bithyniæ a CCCXVIII. Patribus exposita est, & post iterum in urbe Roma &c. ut in prima adnotatione. Subduntur autem viginti canones Sardicenses abbreviati, & rursum iidem fuse descripti.

Editiones hujus collect. — VII. Hadrianæ collectionis editionem primus dedit Joannes Wendelstinus Moguntiæ an. 1525. cum hac inscriptione: *Canones Apostolorum, veterum Conciliorum constitutiones, decreta Pontificum antiquiora, de primatu Romanæ Ecclesiæ ex tribus vetustissimis exemplaribus transcripta.* Duo ex iisdem codicibus omnino æquales puri erant Hadrianei; ex tertio autem tria Wendelstinus adjecit, quæ Hadrianea non sunt. I. Duas memoratas S. Cyrilli epistolas ad Nestorium nomine Concilii Ephesini. II. Adnotationem peculiarem Sardicensibus canonibus præmissam, quam antea ex MS. Vat. 1337. exhibuimus. III. Tractatum de primatu Romanæ Ecclesiæ, qui recusus est tom. I. Conciliorum col. 65. Alteram editionem curavit Franciscus Pithœus Parisiis anno 1609. cui hunc titulum præfixit; *Codex canonum vetus Ecclesiæ Romanæ.* Est repetitio primæ editionis Moguntinæ cum tribus aliis additamentis, nimirum Breviationis Ferrandi, Breviarii Cresconiani, & epistolæ Dionysii ad Stephanum. Tertia editio multo præstantior, novis ejusdem Pithœi curis adornata, post ipsius mortem producta fuit hoc titulo: *Codex canonum vetus Ecclesiæ Romanæ a Francisco Pithœo ad veteres MSS. codices restitutus, & notis illustratus.* Parisiis an. 1687. fol. Præter additamenta autem anterioris editionis alia opuscula hujus Appendicem augent.

VIII. Hoc caput concludemus brevi animadversione in illam epitomem canonum, quæ edita Ingolstadii tom. 6. antiquarum lectionum, & dein in Conciliorum editiones traducta fuit, atque Hadriano attributa. Scite nimirum notavit Sirmondus: *Atqui Carolo constat oblatam fuisse non epitomem, sed integram collectionem tum canonum, ex quibus epitome illa deinceps conflata est, tum decretorum etiam Pontificum a Siricio ad Gregorium juniorem.* (tom. 8. col. 565. tom. 2. Concil. Gall. pag. 117.)

CAPUT III.

De collectione Additionum Dionysii.

I. ADditiones Dionysii appellamus documenta, quæ Dionysianæ collectioni accesserunt. Duo ejusmodi additionum genera in MS. puri Dionysii Vat. 5845. probe distinguuntur. Primo enim post epistolam Anastasii II., in qua Dionysiana collectio desinit, veluti appendix proferuntur tres Synodi

sub

(1) Sulpicius lib. 2. Historiæ Sacræ hæc tantum de Osio prodidit: *Osium quoque ab Hispania in eamdem perfidiam* (Arianorum) *concessisse opinio fuit: quod eo mirum atque incredibile videtur, quia omni fere ætatis suæ tempore constantissimus nostrarum partium, & Nicæna Synodus auctore illo confecta habebatur: nisi fatiscente ævo (etenim major centenario fuit) ut S. Hilarius in epistolis refert, deliraverit.* Vide notam P. Hieronymi de Prato in hunc Sulpicii locum tom. 2. edit. Veron. Operum ejusdem Sulpicii pag. 218.

sub Symmacho, decreta Hilari Papæ sex, Simplicii duo, & unum Felicis, epistola Leonis ad Mauros, & alia Zosimi ad Presbyteros Ravennæ. Tum vero sequitur tabula capitulorum LXXIX. quibus totidem documenta subnectuntur. Quinque priora ex his documentis antecedenti capite indicavimus: hæc enim una cum illis Anastasii II. epistolæ subjectis in Hadrianam collectionem transierunt, ut ibidem fusius ostendimus. Nunc de ceteris documentis LXXIV. dicendum, quæ cum non legantur in collectione Hadriani, Additionum Dionysianarum nomine distinguenda credidimus.

Quæ vocentur Additiones Dion.

II. Hæ Additiones præter puri Dionysii codicem Vaticanum 5845. ex quo eas Dionysianas appellavimus, a nobis inventæ sunt etiam subnexæ ipsi collectioni Hadrianæ in tribus codicibus, nimirum in Vallicellano A 5, in Vat. 1353. qui ex antiquiori Bergomate exscriptus anno 1441. Petro Barbo Cardinali, postea Paullo II. Pontifici oblatus fuit; ac tandem in uno perantiquo Vercellensis Capituli, quem Attoni Episcopo sub medium sæculum X. usui fuisse deprehendimus. Hi omnes Italici codices hanc Additionum collectionem Italicam adstruunt. Hinc Italicum fuisse credimus etiam codicem puri Dionysii Vat. 5845. Hic *codex Longobardicus vetustissimus* ab Holstenio vocatur apud Labbeum tom. 5. Concil. col. 792. A. cum eo caractere scriptus sit, qui Longobardicus appellari solet. Initio mutilus partem Breviarii Cresconiani Dionysio præmittit incipientem a cap. 245. Postea iterum quædam folia desunt, & ipsa tabula titulorum primæ partis Dionysianæ a tit. *16.* Nicænorum initium sumit. Ob hunc autem foliorum defectum una cum titulis 15. deest etiam epistola Dionysii ad Stephanum, quam ita primæ parti fuisse præfixam credimus, uti parti secundæ præmittitur ejusdem epistola ad Julianum. Canones Conciliorum non eam continuam numerorum seriem præferunt, quam Dionysius ex Græco codice se se recepisse testatur; sed solos numeros cujusque Concilii proprios exhibent. In Africanis tantum series numerorum CXXXVIII. custoditur, non vero ea divisio, quam Hadriani codices induxerunt. Præter Additiones Dionysianas, quæ aliis MSS. sunt communes, tria in fine adduntur, quorum unum Caroli Magni tempore codicis ipsius ætatem indicare videtur. Serius hic codex in bibliothecam Vaticanam pervenit: nam hæc notatio in infima ora primæ paginæ legitur: *Sanctissimo Domino nostro Paullo V. D. Constantinus Abbas Cajetanus D. D. An. Domini 1619. mense Octobri.*

In Italia collectæ.

De cod. Vat. 5845.

III. Plura dicenda de codice Vallicellano A 5. cui alii duo Vercellensis, & Vat. 1353. sunt plane similes. Hunc codicem membranaceum folii maximi duabus columnis distinctum sæculo IX. Nicolao I. superstite scriptum indicat catalogus Romanorum Pontificum, qui ad ejus usque Pontificatum perductus, ipsius nomen primigenio caractere exaratum exhibet; anni vero, menses, ac dies Pontificatus ejusdem posteriori manu additi atque notati perspiciuntur. Ipsum catalogum amicus noster V. C. Comes Joseph Garampius inseruit eruditæ Dissertationi *De nummo argenteo Benedicti III.* pag. *161.* Idem catalogus descriptus quoque legitur in MS. Vat. 1353. unde illum edidere Emanuel Schelestratius in *Antiquit. Eccles. illustr.* tom. 1. pag. *626.* & Franciscus Blanchinius in prolegomenis ad tomum secundum Anastasii Opusculo VI. pag. XVIII. qui tamen præter Nicolaum I. desinit in Hadriano II. & Joanne VIII. Hi vero duo posteriores Pontifices in exemplo Bergomate, ex quo idem Vaticanus codex transcriptus fuit, addirecti noscuntur: annorum enim, mensium, ac dierum notis carent, qui in ipso Nicolao I. signantur. Vallicellanus liber præmissum habet indicem Eminentissimi Baronii manu exaratum, qui hanc collectionem ipsi usui fuisse demonstrat. Antiquus caracter incipit a tabula capitum CXLI. quæ cum sit initio detruncata, inchoat a num. XXXIV. Sequitur caractere majusculo antiquo & rubro inscriptio Breviarii Cresconiani, tum duodecim sacræ imagines librum manu tenentes, dein præfatio Cresconii ad Liberinum de Concordia canonum, quam excipiunt Breviarii Cresconiani capitula CCC. Hoc autem loco animadvertendum est, istum codicem Vallicellanum a Breviario Cresconii incipientem, eum esse, quem *Collectionem Cresconianam* laudatus Card. Baronius vocavit. Id certo nobis innotuit ex numeris paginarum ab eodem Annalium parente notatis, qui cum hujus codicis paginis omnino conveniunt. Eodem titulo *Collectionis Cresconianæ* Romani editores epistola-

De MS. Vallicel. A. 5.

Collectio Cresconiana apud Card. Baronium quæ?

stolarum Romanorum Pontificum allegarunt similem codicem Vat. 1353. Hac autem notitia cum careret P. Coustantius, qui de hac collectione Cresconiana amicos Romæ degentes consuluit, nec tamen idonea exinde recepit responsa, variis difficultatibus implicitus fuit, ut videre est inter cetera in præfatione ejusdem ad tom. 1. epistolarum Romanorum Pontificum num. 125. & 127. Post Breviarium Cresconii in MS. Vallicellano describitur memoratus catalogus Romanorum Præsulum. Dein subjicitur tabula canonum, Conciliorum & decretorum Romanorum Pontificum, quam sequuntur ipsi canones, atque decreta cum iisdem additamentis, quæ in Hadriana collectione continentur, iisdemque suo loco insertis, ut in eadem collectione. Post hæc adduntur alia capitula LXXIV., quæ hujus collectionis peculiaria, Additionum Dionysianarum nomine distinximus. Hæc autem capitula LXXIV. continua numerorum serie ita cum præcedentibus connectuntur, ut priora illa Hadrianæ collectionis documenta distributa sint in numeros LXVIII. hæ vero Additiones LXXIV. incipiant a num. LXIX. & desinant in num. CXLI.

IV. Cum in MS. Vat. 5845. eædem Additiones separatim subjiciantur Dionysio, junctæque cum quinque aliis capitulis in Hadrianam collectionem traductis conficiant capita LXXIX. incipiunt a num. VI. Ne quid vero confusionis pariatur, has Additiones describemus præmissis numeris codicis Vallicellani, qui perfectior est (duo enim capitula in Vaticano deesse suo loco dicemus:) ita tamen ut numeros ipsius Vaticani exempli adnotare non omittamus. Observavimus autem harum Additionum auctorem præ oculis habuisse collectionem Vaticano-Barberinam, de qua diximus part. 2. c. 7. & S. Hilarii Fragmenta, seu integrum Hilarii opus, ex quo Fragmenta excerpta fuere. Sex enim earum Additionum capitula in iisdem Fragmentis inveniuntur. Quæcumque porro in collectione Vaticano-Barberina describuntur, in has Additiones collector traduxit, iis tantum exceptis, quæ jam in anterioribus capitulis Hadrianæ collectionis continentur. Alia vero novem capitula ex alio ignoto fonte recepit.

Fontes unde additiones excerptæ.

V. En modo ordinem earumdem Additionum cum numeris, qui præferuntur in laudato MS. Vallicellano A. 5.

LXIX. In cod. Vat. Dionysii 5845. est num. *6. Præcepta S. Petri de sacramentis conservandis*. In collect. Vat. Barberina habentur num. 34 proferentur autem hoc tomo inter documenta Juris canonici veteris num. 5. col. 674.

LXX. In Vat. Dion. num. 7. *Statuta antiqua Orientis*.

LXXI In Vat. Dion. n. 8. *Recapitulatio ordinationum officialium Ecclesiæ*. Hi duo numeri in unum junguntur in collect. Vat. Barberina n. 27. Edentur inter laudata documenta num. 3. col. 653.

LXXII. In Vat. Dion. n. 9. *Epistola canonica, quæ debeant Presbyteri, Diaconi, & Subdiaconi*. Est in coll. Vat. Barb. n. 30. Hæc pariter invenietur in documentis n. 4. col. 669.

LXXIII. In Vat. Dion. n. 10. *Depositio Marcellini Papæ*. Exstat in Vat. Barb. n. 53.

LXXIV. In Vat. Dion. n. 11. *Incipit quemadmodum Formata fieri debeat. Factum apud Nicæam Metropolim Bithyniæ* &c. uti in coll. Vat. Barb. n. 3. quo lectores remittimus.

LXXV. In Vat. Dion. n. 12. *Epistola directa a Synodo Romæ*, lege *Romam*. Est epistola supposititia Synodi Nicænæ ad Silvestrum Papam, quæ in coll. Vat. Barb. exhibetur n. 4.

LXXVI. In Vat. Dion. n. 13. *Epistola Silvestri ad Synodum*. Est pariter supposititia, de qua confer coll. Vat. Barb. n. 5.

LXXVII. In Vat. Dion. n. 14. *Canones S. Silvestri Episcopi*. Sunt tria documenta apocrypha. Primum & tertium apud P. Coustantium & Labbeum vulgata, illa sunt, de quibus diximus in eadem coll. Vat. Barberina n. *6*. Secundum vero, quod eodem refertur, licet omnium maxime suppositionem præferat, cum tamen a memoratis viris inventum non fuerit, aliorumque suppositionem magis magisque confirmet, hic appendimus. Menda ipsius partim impostori, partim librario tribuenda, corrigat quicumque valet.

Incipit epistola Silvestri Episcopi ad Concilium Nicænum directa per Abundan-

dantium Presbyterum, *&* *Abundium Diaconum Consulatu Paullini & Juliani XII. Kal. Octobris*.

Beatissimis fratribus sanctis & Coepiscopis, vel Compresbyteris, qui congregati sunt in Nicæno Concilio, Silvester Episcopus Præsul apostolicæ & catholicæ urbis Romæ in Domino salutem.

Gloriosissimus atque piissimus filius noster Constantinus Augustus cum constitutionibus sanctimonii vestri auribus suis intimata cognosceret, una nobis Domino nostro Jesu Christo jubente cum affectu suscipimus, & fidem rectam atque declaratam universo orbi pandit introitum. Hoc sciret (f. *scilicet*) *caritati vestræ credidimus intimandum, Concilium a nobis congregatum in diœcesi nostra contra Victorinum Episcopum & Hippolytum Diaconum, qui claruerunt Manichæorum consortio, & Jobianum, & Calixtum, qui in sua extollentia dicebant, non Pascha venire die suo, nec mense, sed X. Kal. Maji custodiri. Quos damnatos & ejectos extra Ecclesiam, & excommunicatos omnis mundus cognoscat. Qui in Concilio Sedis Apostolicæ cognitione vulgata polluti sensibus suis non recte nosse tacuerunt: & scelesta perpetrare compunctionum innocentum execranda pollutione damnatos. Et quia in secessione funesta ipsi sibi morte prœventi, ultimo die ausi sunt pollutionem Sacerdotii sua ordinatione relinquere, quod infirmari ab hominibus sanctis & Consacerdotibus nostra prædicatione & apostolicis doctrinis præcipimus damnari, contra Photinum, & Sabellium maxime, & Arium anathemate percussus* (f. *percussos*, vel *percussum*) *quasi vestro ore confirmantes damnamus; & quidquid in Concilio Nicæno civitatis Bithyniæ constituistis, pro veritis* (f. *universalis*) *Ecclesiæ moderatione pari forma custodimus: libra ponderatione censetis. Data VI. Kal. Jan. Et alia manu. Dominus noster Jesus Christus vos conservare dignetur sancti & Coepiscopi fratres*.

LXXVIII. In Vat. Dion. desideratur. *Regulæ Concilii Nicæni XX. Episcoporum, quæ in Græco non habentur, sed in Latino inveniuntur ita. Sunt etiam regulæ ecclesiasticæ, quæ in Africanis regionibus* &c. uti ex MS. Vat. 1337. integrum hoc capitulum dedimus antecedenti cap. 2. n. *6*.

LXXIX. Hoc quoque capitulum in Vat. Dion. deest. *Lex lata Constantini Augusti de Arii damnatione atque omni scriptura ab eo igni tradenda. Imperator Constantinus Augustus Episcopis & plebibus. Arius, qui malignos & impios imitatus est* &c. Est inedita antiqua versio ejus legis, quæ in vulgatis & græce habetur & latine tum apud Socratem lib. 1. c. 9. tum apud Gelasium Cyzicenum lib. 2. c. 36. Exstat & alia vetus interpretatio apud Epiphanium Scholasticum in Hist. Tripart. lib. 2. c. 15.

LXXX. In Dion. Vat. n. 15. *Gesta de Liberio*. Sunt in coll. Vat. Barb. n. 35. edita vero in Appendice tom. 1. Epist. R. Pontificum P. Coustantii col. 89.

LXXXI. In Vat. Dion. n. 16. *Epistola Liberii Episcopi uniformis, antequam exiliaretur. Confessoribus scripsit, idest Eusebio & Dionysio & Lucifero in exilio constitutis. Quamvis sub imagine* &c. uti apud S. Hilar. Fragm. VI. n. 1. & 2.

LXXXII. In Vat. Dion. n. 17. *Item Liberius, antequam ad exilium iret, dixit Vincentio* (melius apud Hilar. *de Vincentio*) *Capuensi ad Helianum Spolitanum. Nolo te factum Vincentii* &c. ut apud eumdem Hilarium in eodem Fragm. VI. n. 3. & 4.

LXXXIII. In Vat. Dion. n. 18. *Ejusdem scripta ad Orientales Episcopos. Dilectissimis fratribus & Coepiscopis Orientalibus Liberius salutem. Pro deifico timore* &c. Ibidem n. 5. 6. & 7.

LXXXIV. In Vat. Dion. n. 19. *Item Liberius de exilio scribit Ursatio, Valenti, & Germinio. Quia scio vos filios pacis esse* &c. In eodem Fragm. n. 10.

LXXXV. In Vat. Dion. n. 20. *Item de exilio Vincentio Liberius. Non doceo, sed moneo* &c. Ibidem n. 10.

In MS. Vat. Dion. n. 21. inseritur: *Exemplar epistolæ Sardicensis Synodi ad Julium urbis Romæ Episcopum. Quod semper credidimus* &c. uti apud Hilarium Fragm. II. n. 9. ac tom. 2. Concil. col. 690. In codice autem Vallicellano deest hoc loco, & solus titulus sine ipsa epistola profertur n. 102. ut inferius notabitur.

LXXXVI.

LXXXVI. In Vat. Dion. n. 22. *Confessio fidei catholicæ, quam Papa Damasus scripsit ad Paullinum Antiochenum Episcopum. Post Concilium Nicænum, quod in urbe Roma* &c. Exstat in coll. Vat. Barb. n. 36. nec non in coll. hoc tomo edenda cap. 55. in quod vide not. 1. infra col. 396.

LXXXVII. In Vat. Dion. n. 23. *Explanatio B. Hieronymi Presbyteri ad Damasum Papam de tribus hypostasibus. Cum vetusto Oriens inter se populorum furore* &c. Est epist. 15. S. Hieronymi edit. Veron. & apud Coustantium tom. 1. Epist. Rom. Pont. col. 545.

LXXXVIII. In Vat. Dion. n. 24. *Rescriptum Damasi Papæ ad petitum Hieronymi ad Paullinum. Dilecto fratri Paullino Damasus*. Incipit autem: *Et per ipsum filium meum Vitalem* &c. Habetur in coll. Vat. Barb. n. 37. & in coll. huic tomo inserta cap. 55.

LXXXIX. In Vat. Dion. n. 25. *Concilium urbis Romæ sub Damaso Papa de explanatione fidei. Dictum est prius: Agendum est de Spiritu septiformi* &c. uti ex Holstenio legitur tom. 2. Concil. Ven. edit. col. 1047. e. Post ultima autem verba ab Holstenio edita *annuntiabit vobis*, in hac collectione canon Scripturarum additur sic. *Item dictum est: Nunc vero de Scripturis divinis agendum est, quid universalis catholica recipit Ecclesia, & quid vitare debeat. Incipit ordo veteris Testamenti*, ac post libros Testamenti veteris subjiciuntur etiam libri Testamenti novi, ut in vulgato decreto Gelasiano tom. 5. Conc. col. 385. Additur porro: *Item dictum est. Post has omnes propheticas, & evangelicas, atque apostolicas, quas superius depromsimus Scripturas* &c. usque ad ea verba laudati decreti Gelasiani *primum nomen Christianorum novellæ gentis exortum est*: quibus verbis trium præcipuarum Sedium mentio concluditur. Hoc ultimum fragmentum ex codice Baronius edidit ad an. 382. n. 19. Confer quæ de his fragmentis fuse disseruimus part. 2. c. 11. §. 5.

XC. In Vat. Dion. n. 26. *Epistola Papæ Siricii per universos Episcopos missa. Optarem semper* &c. Exstat in coll. Vat. Barb. n. 38. ac in coll. huic tomo inserta cap. 30.

XCI. In Vat. Dion. n. 27. *Rescriptum Episcoporum. Recognovimus* &c. Legitur in coll. Vat. Barb. n. 29. & in collectione subjicienda c. 31.

XCII. In Vat. Dion. n. 28. *Epistola Concilii Carthaginensis ad Innocentium. Cum ex more* &c. Est in Vat. Barb. n. 15. & in coll. edenda c. 6.

XCIII. In Vat. Dion. n. 29. *Rescriptio S. Papæ Innocentii. In requirendis Dei rebus* &c. Habetur in Vat. Barb. n. 16. in coll. edenda c. 7.

XCIV. In Vat. Dion. n. 30. *Epistola Imperialis ad Aurelium Carthaginensem Episcopum. Dudum quidem* &c. ut in Vat. Barb. n. 23. & in edenda coll. cap. 16.

XCV. In Vat. Dion. n. 31. *Epistola Aurelii Episcopi ad omnes Episcopos per Byzacenam & Arduzitanam provincias constitutos de damnatione Pelagii atque Cælestii. Super Cælestii & Pelagii damnatione* &c. uti in Vat. Barb. n. 24.

XCVI. In Vat. Dion. n. 32. *Capitula excerpta de gestis habitis contra Pelagium hæreticum, & alia de libellis ejus, quæ in Palæstina Synodo sibi objecta, ipse damnare compulsus est. Quod ab Jerusalem* &c. ut in Vat. Barb. n. 25.

XCVII. In Vat. Dion. n. 33. *Epistola Cælestini Papæ Ecclesiæ Romanæ data ad Synodum in Epheso constitutam. Spiritus Sancti testatur præsentia* &c.

XCVIII. In Vat. Dion. n. 34. *Item alia epistola Cælestini Papæ ad Nestorium. Aliquantis diebus* &c.

XCIX. In Vat. Dion. n. 35. *Epistola exhortatoria ejusdem S. Episcopi Cælestini Constantinopolim Clero & plebibus missa. Ad eos mihi* &c. Hæ tres epistolæ Cælestini Editores Romani epistolarum Romanorum Pontificum ex hac collectione, quam Cresconianam vocant, typis dederunt; ac exinde in Conciliis editæ tom. 3. col. 1143. 903. & 914. Vide coll. Vat. Barb. num. 47. 48. & 49.

C. In Vat. Dion. n. 36. *Excerpta Antistitum, quæ recitata sunt contra Nestorium in Synodo Ephesiorum. Post Consulatum D. D. N. N. Theodosii XIII.* &c. Vide quæ de hoc atque sequenti capitibus diximus in num. 21. & 22. collectionis Vat. Barb. part. 2. c. 7.

CI.

CI. In Vat. Dion. n. 37. *Nestorii blasphemiarum capitula, quibus epistolis ad se missis a S. Cælestino Romanæ urbis, & Cyrillo Episcopis contradicit, & disputatione brevissima resolvendo duodecim capitula fidei, quæ ad se missa fuerant, repellit. Nunc Episcopi Cyrilli* &c.

CII. *Exemplar epistolæ Sardicensis ad Julium urbis Romæ Episcopum.* In MS. Vallic. solus hic titulus habetur; ipsa autem epistola in Vat. Dion. profertur num. 21. ut superius monuimus post num. LXXXIV.

CIII. In Vat. Dion. n. 38. *Accusatio Xysti Papæ*,

CIV. In Vat. Dion. n. 39. *De Polycronio*. Hæc duo apocrypha documenta leguntur in coll. Vat. Barb. num. 51. & 52.

CV. In Vat. Dion. n. 40. Sancti Leonis ad Dioscorum nostræ editionis epist. 9.

CVI. In Vat. Dion. n. 41. Ejusdem ad Turribium epist. 15.

CVII. In Vat. Dion. n. 42. Alia ad Januarium epist. 18.

CVIII. In Vat. Dion. n. 43. Ejusdem ad Septimum epist. 2.

CIX. In Vat. Dion. n. 44. Ejusdem ad Theodorum epist. 108.

CX. In Vat. Dion. n. 45. Alia ad Siculos epist. 17.

CXI. In Vat. Dion. n. 46. Ejusdem ad Eutychen epist. 20.

CXII. In Vat. Dion. n. 47. *Exempla gestorum, ubi in CP. Synodo a S. Flaviano Confessore Eutyches hæreticus auditus atque damnatus est. Congregata rursus sancta & magna Synodo* &c. uti in coll. Vat. Barb. n. 69. & 70.

CXIII. In Vat. Dion. n. 48. Epistola Leonis ad Flavianum nostræ editionis epist. 23.

CXIV. In Vat. Dion. n. 49. Flaviani ad Leonem in nostra edit. epist. 22.

CXV. In Vat. Dion. n. 50. Leonis ad Flavianum epist. 28.

CXVI. In Vat. Dion. n. 51. Ejusdem ad Juvenalem epist. 139.

CXVII. In Vat. Dion. n. 52. Alia ad Maximum epist. 119.

CXVIII. In Vat. Dion. n. 53. Alia ad Anatolium epist. 80.

CXIX. In Vat. Dion. n. 54. Alia ad Leonem Augustum epist. 145.

CXX. In Vat. Dion. n. 55. Ad eumdem Augustum epist. 165.

CXXI. In Vat. Dion. n. 56. *Incipiunt capitula quæ directa sunt in Synodo CCCXVIII. Patrum cum epistola Papæ Leonis ad Leonem Augustum.* Sunt testimonia Patrum subjecta laudatæ Leonis epistolæ 165. Confer ibidem not. 1. t. 1. col. 1383.

CXXII. In Vat. Dion. n. 57 *Item fides S. Hilarii Pictaviensis. Nos enim insistentes* &c.

CXXIII. In Vat. Dion. n. 58. *Item fides S. Augustini. Credimus in Patrem* &c. Hæc duo testimonia additicia dedimus tom. 1. not. 88. col. 1400.

CXXIV. In Vat. Dion. n. 59. *Incipit fides catholicæ Ecclesiæ Romanæ. Credimus in unum Deum Patrem* &c. Est in coll. Vat. Barb. n. 90.

CXXV. In Vat. Dion. n. 60. *Confessio Presbyterorum, seu Diaconorum Ecclesiæ CP. Ego ille CP. Ecclesiæ Diaconus, vel Presbyter* &c. ut in eadem coll. Vat. Barb. n. 37.

CXXVI. In Vat. Dion. n. 61. Epistola Simplicii ad Acacium. *Cogitationum ferias* &c. ut in coll. Vat. Barb. n. 72.

CXXVII. In Vat. Dion. n. 62. *Exemplum epistolæ, quam misit Acacius ad Simplicium, ubi damnatum retulit Petrum Alexandrinum. Sollicitudinem omnium Ecclesiarum* &c. ut in coll. Vat. Barb. n. 73.

CXXVIII. In Vat. Dion. 63. *Exemplum epistolarum beatissimi Papæ Felicis urbis Romæ ad Zenonem Augustum per Vitalem & Misenum Episcopos. Decebat profecto* &c. ut in coll. Vat. Barb. n. 74.

CXXIX. In Vat. Dion. 64. *Item ejusdem Felicis ad Acacium Episcopum per Vitalem & Misenum Episcopos. Postquam sanctæ memoriæ* &c. Ibi n. 78.

CXXX. In Vat. Dion. n. 65. *Item ad Imperatorem Zenonem ad libellum Episcopi Joannis Ecclesiæ Alexandrinæ. Cum sibi redditam pacem* &c. ut in Vat. Barb. n. 79.

CXXXI. In Vat. Dion. 66. *Item exemplum Felicis Episcopi ad Acacium supra-*

supradictum CP. urbis Episcopum. Episcopali diligentia commonente &c. ut in eadem collectione n. 80.

CXXXII. In Vat. Dion. n. *67. Item ejusdem Papæ ad Acacium alia. Cunctarum transgressionum* &c. ut in coll. Vat. Barb. n. 81.

CXXXIII. In Vat. Dion. *68. Incipit decretalis de recipiendis & non recipiendis libris, qui scriptus est a Gelasio Papa cum LXX. viris eruditissimis Episcopis in Sede Apostolica urbis Romæ. Post propheticas & evangelicas* &c. Vide quæ de hac decreti Gelasiani forma diximus part. 2. c. 11. §. 5. n. 4.

CXXXIV. In Vat. Dion. n. *69.* & *70. Incipit sententia Papæ Gelasii, quod Sedes Apostolica omnium ligata dissolvere possit, ad Episcopos per Dardaniam. Nec plane tacemus* &c. Est fragmentum epistolæ ad Dardanos, quod in collectione hoc tomo edenda invenies cap. 50. n. 4. col. 351.

CXXXV. In Vat. Dion. n. 71. *Ex epistola B. Papæ Gelasii ad Orientales de vitanda communione Acacii, ubi datur intelligi, nullum esse vinculum nisi circa illos, qui in errore persistunt. Nos non in Acacium ideo sententiam tulimus* &c. Hoc quoque est fragmentum amplioris tractatus e MS. Veronensi editi a March. Maffejo tom. 5. Concil. edit. Venetæ col. 195. a.

CXXXVI. In Vat. Dion. n. 72. *Constituta S. Gelasii Papæ, quæ Episcopi in ordinatione sua accipiunt. Papa ill. Clero, ordini, plebi consistentibus in civitate illa. Probabilibus desideriis* &c. Addita est hæc epistola in MS. Barb. 2888. post ultimum ipsius collectionis cap. *90.* Vide tom. 5. Concil. col. 383.

CXXXVII. In Vat. Dion. n. 73. *Decretum S. Gregorii Papæ. Regnante in perpetuum D. N. Jesu Christo temporibus piissimi ac serenissimi D. Mauritii* &c. Hoc quoque additamentum est laudatæ collectionis in solo MS. Vat. 1342. Vide t. *6.* Conc. col. *915.*

CXXXVIII. In Vallicellano hic numerus per saltum omittitur. Documenta vero cum Vat. Dion. concurrunt.

CXXXIX. In Vat. Dion. 74. *Gregorius Sereno Episcopo Massiliensi pro imaginibus*. Est epistola 13. S. Gregorii lib. 11. Regesti novissimæ editionis Maurinæ.

CXL. In Vat. Dion. n. 75. *Synodus Zachariæ Papæ urbis Romæ.* Est Concilium Romanum an. 743. tom. 8. Concil. col. 283.

CXLI. In Vat. Dion. n. *76. Incipit liber S. Augustini de ecclesiasticis regulis* distinctus in cap. 55. Est liber Gennadii perperam Augustino adscriptus, editus autem in Appendice Augustiniana tom. 8. col. 78.

Hic definit collectio in MS. Vallic. A. 5. cui additus est quaternio alius codicis, ubi habetur fragmentum Concilii Romani sub Joanne IX. una cum canonibus Concilii Ravennatis. Incipit: *Lectum est quoddam indiculum* &c. uti ex hoc codice edidit P. Mabillonius tom. 1. Musei Italici pag. *86.* & ex Mabillonio legitur tom. 11. Concil. col. *699.* Concilium Ravennas in vulgatis habitum traditur an. *904.* At tum hoc Concilium, tum illud Romanum celebrata fuisse an. *898.* P. Antonius Pagius probe constituit.

Tres alii numeri, seu tria capitula continua serie subduntur in MS. Vat. Dion. 5845.

Num. 77. *Incipit præfatio, quæ habetur de symbolo fidei in Secretario B. Petri Apostoli inter Domnum Leonem sanctissimum & coangelicum Papam urbis Romæ, & Bernarium atque Jesse Episcopos, seu Adalardum Abbatem missos Domni Karoli per indictionem secundam.* Vide tom. *9.* Concil. col. 278.

Num. 78. *Epistola S. Augustini ad Auxilium Episcopum pro caussa injustæ excommunicationis. Vir spectabilis filius noster Comes Classianus* &c. Est epist. 250. cui in MS. subjiciuntur alia ejusdem Augustini testimonia de excommunicatione injusta. Hæc epistola cum iisdem testimoniis addita legitur etiam in fine antiquissimi codicis *60.* Capituli Veronensis post collectionem Cresconii.

Num. *79. Regulare definitionum B. Papæ Gregorii majoris*. Præcedit tabula titulorum 24. sed in corpore tituli progreditur usque ad 32. Est collectio per loca communia ex sententiis epistolarum S. Gregorii, quæ incipit pag. 30*6*, & prosequitur usque ad pag. 327.

In fine codicis recentiori manu describitur breve fragmentum Synodi Carthathaginensis sub Bonifacio, quod ex Holstenio impressum legitur tom. 5. Concil. col. 792. A.

CAPUT IV.

De collectione Hispanica.

§. I.

Præcipui auctores qui de hac collectione egerunt. Quomodo compacta. De ejusdem codicibus.

I. Aliquot perantiquas, nunc autem deperditas collectiones ab ea diversas, quæ vocari solet Hispanica, apud Hispanos olim exstitisse patebit ex dicendis part. 4. c. 4. ubi de abbreviatione vetustissima canonum, quæ continetur in MS. 59. Capituli Veronensis erit sermo. Idem etiam comprobant duæ Synodi antiquiores collectione Hispanica, in quibus canonum codices producti & lecti traduntur. In Bracarensi I. anni 563. habetur: *Relecti ex codice coram Concilio tam generalium Synodorum canones, quam localium:* & in Hispalensi II. anni 619. c. 2. *Prolatis canonibus synodalia decreta perlecta sunt.* Nunc vero de collectione Hispanica, cujus aliquot supersunt MSS. exemplaria, dicendum. Hæc post Dionysianam est ceteris ordinatior & locupletior. Primus, qui hujus collectionis brevem quidem, sed satis distinctam notitiam præbuit, fuit Antonius Augustinus Archiepiscopus Tarraconensis in opusculo *de quibusdam veteribus canonum collectoribus* cap. 17. Non pauca de eadem prodidit Petrus de Marca in Opusculis, ubi tamen ejus originem & usum minus cognitos habuit. Stephanus Baluzius, aliique post ipsum ejusdem collectionis exempla adhibuere: at de iisdem ita pauca indicarunt, ut ex ipsis fere nihil distinctum elici possit. Cum vero Antonii Augustini opera rarissima, & a plerisque inobservata sint; hæc præclara collectio minus nota fuit, antequam P. Coustantius in præfatione ad tomum 1. Epistolarum Romanorum Pontificum de eadem latius dissereret §. X. a num. 132. usque ad 152. Etsi vero hic accuratam ejus descriptionem dedit; cum tamen plures codices invenire & conferre nobis licuerit, aliquid amplius, quo hæc collectio plenius illustretur, nos proferre posse confidimus. *Codices canonum antiquiores apud Hispanos.*

II. Hæc æque ac Dionysiana divisa est in partes duas, quarum altera Conciliorum canones, altera Romanorum Pontificum epistolas exhibet. In secunda parte collector ex Dionysio profecit: omnes enim, quas in ipso epistolas reperit, cum iisdem titulis ex eodem descripsit, ac suæ collectioni inseruit. Alias vero pontificias epistolas, quas alibi invenit, suis locis in eamdem Dionysii rationem cum titulis abs se conditis addidit. At quantum ad canones, qui in prima parte continentur, nihil a Dionysio accepit. Cum enim quantum ad Græcos canones obtineret in Hispaniis alia antiquior versio, quæ ex hac collectione ab Isidoro Mercatore suscepta, & ex Isidori codicibus edita, Isidoriana vocari solet; noluit novam Dionysianam translationem tametsi meliorem & castigatiorem recipere, metuens ne Hispanis antiquæ illi versioni assuetis hac novitate offensionem pareret. Usum quidem inolitum veteris ejus versionis apud Ecclesias Hispanicas satis probat Concilium Toletanum III. anni 589. in quo tres ejusdem versionis particulæ referuntur. Simili de caussa dicendus est noluisse canones Africanos, etsi apud Dionysium accuratius descriptos, ex eodem mutuari: quia nimirum ita in Hispanis regionibus invalescebat alia peculiaris canonum Africanorum collectio, quæ ex Hispaniis in Gallias videtur transisse, & idcirco laudatur in Concilio Turonensi II. anni 567. uti probavimus part. 2. c. 3. §. 2. n. 4. qua ex re etiam collegimus, errores aliquot, quos in recensione Africanorum canonum hujus collectionis eodem paragrapho diligenter notavimus, non collectori Hispanico, sed antiquiori ejusdem Africanæ collectionis auctori esse adscribendos. Id autem saltem in Græcis canonibus beneficii præstitit collector Hispanicus, quod in Dionysii methodum decretis singulis titulos addidit, quos in antiqua versione initio defuisse ex MS. 58. Capituli Veronensis manifestum est. Neque vero solos canones Conciliorum Græciæ & Africæ, qui tantum leguntur apud Dionysium, Hispanicus collector protulit; *Divisio ejusdem. Unde collector documenta sumsit.* *Versio Isid. apud Hispanos recepta.*

Gallicanæ Synodi apud Hispanos quanti fierent.

sed Gallicanos & Hispanicos adjecit. Magna apud Hispanos fuit Gallicanarum Synodorum auctoritas. Hinc vulgatæ erant apud ipsos ejusmodi Synodi, *quarum sæpe verbis & sententiis, etiam ubi eos non nominant, canones suos instituunt, & sæpe etiam non dissimulanter & nominatim earum sibi exemplum & auctoritatem sequendam proponunt*, uti observavit Sirmondus in præfatione ad Concilia Galliæ, & indicatis testimoniis confirmat. His ergo pervulgatis Gallicanarum Synodorum exemplis Hispanicus collector suum codicem locupletavit. Duos errores apud eumdem in Concilio Toletano I. deteximus tom. 2. col. 1379. ac 1380. not. 5: quorum alterum quatenus collectori obrepserit, congruentiori ratione explicabimus in Observationibus ad Dissert. XIV. Quesnelli §. 2. n. 3. Alium errorem in eo Episcoporum catalogo, qui perperam attributus est Concilio Arelatensi II. cum ad Arelatense I. pertineat, indicavimus in Observationibus ad Dissert. V. Quesnelli tom. 2. col. 1018. & 1019. not. 14. Concilia autem Hispanica ex codicibus Ecclesiarum Hispaniæ colligere perfacile fuit.

Codices hujus collectionis.

III. Antequam vero ipsam collectionem describamus, codicum, ex quibus ejus descriptio pendet, brevis notitia præmittenda est. In Italia rara sunt hujus collectionis exempla. Unum reperimus in bibliotheca Vaticana signatum num. 1341. quod ex Heduensi, seu Augustodunensi Gallicana Ecclesia traductum manifestat hæc professio Theotardi Abbatis S. Martini, quæ paullo post initium recentiori charactere scripta legitur. *Ego Theotardus S. Martini cœnobii nunc ordinandus Abbas subjectionem & reverentiam a SS. Patribus constitutam, & obedientiam secundum præceptum S. Benedicti S. Dei Heduensis Ecclesiæ in præsentia D. Episcopi Aganonis* (qui floruit sub medium sæculum XI.) *perpetuo me exhibituram promitto, & propria manu firmo.* Et deinde: *Istud legat super altare.* Duos alios codices videre licuit, alterum Vat. Palat. 575. confusum & mutilum, qui quondam pertinuit ad cœnobium S. Martini Moguntiæ, alterum in bibliotheca Eminentissimi Card. Passionei, qui pariter mutilus sæculo X. & fortassis etiam IX. scriptus videtur. Omnium vero præstantissimum & vetustissimum exemplum, quod in Leonis epistolis conferendum curavimus, est Cæsareum Vindebonense signatum num. XLI: quod Lambecius lib. 2. Comment. Biblioth. Cæsar. c. 8. pag. 932. n. 281. appellat *volumen membranaceum admirandæ vetustatis in folio, totum antiquis litteris Gotticis, sive Toletanis anno DCCXXXVI. exaratum*. Plura sunt ejusmodi manuscripta in Galliis & in Hispania. Joannes Baptista Perezius inter multa Hispanica quatuor præsertim describit, Lucense, Hispalense, Alveldense, & S. Æmiliani, de quibus inferius plura. Garsias Loaisa in præfatione ad Concilia Hispaniæ duos alios Toletanos codices laudat; Vigilanum autem vocat eum, qui Alveldensis a Perezio appellatur, eo quod a Vigila Presbytero scriptus fuerit: Quem vero Hispalensem nominat, ex notatione anni 962. ac ex documentis in eo contentis eumdem esse cognovimus ac illum, quem Perezius *S. Æmiliani* codicem nuncupavit. Petrus de Marca & Stephanus Baluzius MSS. libros Rivipullenses duos, & Urgellensem memorant, nec non Colbertinos, & Lugdunensem, qui cum iisdem Hispanicis exemplis conveniunt. P. Coustantius laudat Hispanicum exemplum Gerundense, & quatuor Gallicana, Laudunense, Noviomense, Bellovacense, & Suessionense. Indicat etiam Coislinianum, atque unum Colbertinum, quæ ad hujus collectionis codices Hispanicæ magis, quam Gallicanæ originis videntur accedere: de quorum discrimine §. 5. dicetur.

Agano Episc. Heduensis. *Theotardi Abb. professio.*

§. XII.

De primigenia hujus collectionis editione. Tabula eorum, quæ in ea continebantur. Epistola Innocentii I. ad Aurelium a nota suppositionis Isidorianæ eximitur.

Primigeniæ collectionis nulli codices supersunt. Un-

IV. CUm inter tot codices alii aliis locupletiores sunt; tum vero nullus primigeniæ collectionis exemplum posterioribus additamentis expers repræsentat. Primigenia autem collectio ex indice seu tabula capitulorum colligi solet, ita ut si quæ capitula præter eamdem tabulam in corpore inveniantur

tur descripta, ea posteriori additamento accessisse noscantur. Quod si inter tabulas diversorum codicum ejusdem collectionis aliæ pauciora, aliæ plura capitula præferant; tabula quæ ex paucioribus capitulis constat, primigeniæ collectionis indicium exhibet. Inter memoratos autem codices collectionis Hispanicæ pauciora capitula leguntur in tabula codicum Vindebonensis, Hispalensis Perezii, Rivipullensium, Vat. 1341. aliorumque Gallicanorum, qui etsi aliqua capita corpori habeant inserta, nullam tamen additionem in præmissa capitulorum tabula receperunt, ut quibusdam aliis Hispanicis exemplaribus accidit. Hinc illorum intacti indices, seu tabulæ ad primigeniam hujus collectionis editionem pertinere jure creduntur. Primam igitur ipsius collectionis editionem in primis descripturi, harum breviorum tabularum indicio utemur: de additamentis autem, quæ postea accessere, deinceps dicetur. De colligatur quænam fuerit.

V. Primæ partis tabula in XLV. capitula distinguitur. Præfationem hujus partis integram præmittimus.

Canones generalium Conciliorum a temporibus Constantini cœperunt. In præcedentibus namque annis, persecutione fervente, docendarum plebium minime dabatur facultas. Inde Christianitas in diversas hæreses scissa est: quia non erat licentia Episcopis in unum convenire, nisi tempore supradicti Imperatoris. Ipse enim dedit facultatem Christianis libere congregari. Sub hoc etiam SS. Patres in Concilio Nicæno de omni orbe terrarum convenientes, juxta fidem evangelicam & apostolicam secundum post Apostolos symbolum tradiderunt. Quatuor autem principalia esse Concilia, ex quibus plenissimam fidei doctrinam tenet Ecclesia tam de Patris & Filii & Spiritus Sancti Divinitate, quam de prædicti Filii & Salvatoris nostri incarnatione. Prior earum Nicæna Synodus est CCCXVIII. Episcoporum Constantino Augusto imperante peracta, in qua Arianæ perfidiæ blasphemia condemnata, quia inæqualitatem (al. de inæqualitate) Sanctæ Trinitatis idem Arius asserebat. Ita consubstantialem Deo Patri Deum Filium eadem sancta Synodus per symbolum definivit. Secunda est CL. Patrum sub Theodosio seniore Constantinopolim congregata, quæ Macedonium, Sanctum Spiritum Deum esse negantem, condemnans, consubstantialem Patri & Filio eumdem Paraclitum demonstravit: quam tota Græcia & Latinitas in Ecclesiis prædicat. Tertia Synodus Ephesina CC. Episcoporum sub juniore Theodosio Augusto edita, quæ Nestorium duas personas in Christo asserentem justo anathemate condemnavit, ostendens manere in duabus naturis unam Domini Jesu Christi personam. Quarta est Synodus Calchedonensis DCXXX. Sacerdotum sub Marciano Principe habita, in qua Eutychen CP. Abbatem, Verbi Dei & carnis unam naturam pronuntiantem, & ejus defensorem Dioscorum quondam Alexandrinum Episcopum, & ipsum rursum Nestorium cum reliquis hæreticis una Patrum sententia prædamnavit, prædicans eadem Synodus Christum Deum sic natum de Virgine, ut unam personam & divinæ & humanæ confiteamur naturæ. Hæ sunt, ut prædiximus, quatuor principales & venerabiles Synodi totam fidem catholicam complectentes. Sed & si qua sunt Concilia, quæ SS. Patres Spiritu Dei pleni sanxerunt, post istorum quatuor auctoritatem omni manent stabilita vigore, quorum etiam gesta in hoc corpore condita continentur. In principio autem hujus voluminis Nicænam Synodum constituimus pro auctoritate ejusdem magni Concilii. Deinceps diversorum Conciliorum Græcorum ac Latinorum, sive quæ antea, sive quæ postmodum facta sunt, sub ordine numerorum ac temporum capitulis suis distincta sub hujus voluminis adspectu locavimus. Subjicientes etiam decreta Præsulum Romanorum, in quibus pro culmine Sedis Apostolicæ non impar Conciliorum exstat auctoritas: quatenus ecclesiastici ordinis disciplina in unum a nobis coacta atque digesta, & sancti Præsules paternis constringantur (al. instituantur) regulis, & obedientes Ecclesiæ ministri vel populi spiritualibus imbuantur exemplis. Canones autem, qui dicuntur Apostolorum, seu quia eosdem nec Sedes Apostolica recipit, nec Sancti Patres illis consensum præbuerunt, pro eo quod ab hæreticis sub nomine Apostolorum compositi dignoscuntur, quamvis in eis quædam inveniantur utilia, auctoritate tamen canonica atque apostolica eorum gesta constat esse remota, & inter apocrypha deputata. Præfat. primæ partis. Nota testimonium Hispan. de auctoritate Rom. Pontif.

Post

Post hæc subditur: *Canon autem græce, latine regula nuncupatur. Regula autem dicta* &c. ut apud Gratianum dist. III. c. 1. & 2. & post illa in fine capitis secundi *pravumque corrigat*, sequitur: *Synodum autem ex Græco interpretari* &c. uti apud eumdem Gratianum dist. XV. c. 1. in fine. Post ultima autem verba *a societate multorum in unum*, subditur: *Explicit præfatio.*

Tabula porro capitulorum hujus primæ partis hæc est.

INCIPIUNT CAPITULA CONCILIORUM GRÆCIÆ.

I. *Canones Nicæni Concilii CCCXVIII. Episcoporum.* In corpore post canones, symbolum, & catalogum Episcoporum Nicænorum antiquæ versionis, seu, uti vocant, Isidorianæ, a collectore addita fuit *Fides S. Gregorii Majoris*, cujus initium *Unus Deus principium*. Est autem vetusta interpretatio *fidei* scriptæ a S. Gregorio Neocæsariensi, quæ post Græcum textum edita est tom. 1. Concil. col. 863.

II. *Canones Anchyritani Concilii XII. Episcoporum.*

III. *Canones Neocæsariensis Concilii XIX. Episcoporum.*

IV. *Canones Gangrensis Concilii XIV.* (al. XV.) *Episcoporum.*

V. *Canones Sardicensis Concilii.*

VI. *Canones Antiocheni Concilii XXXI. Episcoporum.*

VII. *Canones Laodiciæ Frygiæ.*

VIII. *Canones Constantinopolitani Concilii CL. Episcoporum.*

IX. *Synodus Ephesina I. CC. Episcoporum.* In corpore hoc titulo proferuntur duæ celebres epistolæ S. Cyrilli ad Nestorium ante Ephesinum Concilium scriptæ, at in eo lectæ atque insertæ, quarum altera duodecim anathematismis clauditur. Adnotatio collectoris Hispanici his litteris præmissa in observatione P. Labbei exhibetur tom. 3. Concil. col. 959. prima autem epistola col. 960. e. quæ cum sit versionis a Dionysio Exiguo separatim vulgatæ, hanc ex ipso sumtam liquet. Altera vero epistola, seu potius fragmentum epistolæ incipiens a verbis: *Ait igitur sancta & magna Synodus: Ipsum qui est ex Deo Pater naturaliter natus* &c. sumtum est ex vetustiori interpretatione, ex qua S. Leo longum testimonium iisdem verbis inchoans subjecit epist. 165. tom. 1. nostræ editionis col. 1397. & hoc tomo col. 291. Hæc est antiquior collectio, in qua hæ duæ Cyrilli epistolæ Concilii Ephesini nomine inscribuntur. Id tamen vetustius esse collectione Hispanica liquet ex MS. cod. 59. Capituli Veronensis, qui excerpta continet antiquiorum exemplarium Hispaniensium, in quibus eodem Ephesini Concilii titulo illæ epistolæ inter Concilia Græciæ describebantur. Vide quæ adnotabimus part. 4. c. 4.

Duæ epist. Cyrilli Concilii Ephesini titulo insertæ.

X. *Synodus Calchedonensis Concilii DCXXX. Episcoporum.* In corpore præter canones additur versio actionis VI. ex qua alloquutio Imperatoris Marciani, & definitio fidei producuntur, uti tom. 4. Concil. col. 2051. d. Subduntur etiam subscriptiones Patrum, ac tres imperiales leges, I. *universis populis*, quæ incipit: *Tandem aliquando*, & legitur etiam in collectione hoc tomo edita cap. 26. II. ad Palladium Præf. Prætorio, cujus initium: *Divinæ semper potentiæ*. Vide tom. 4. Concil. col. 1811. not. e. III. ad eumdem Palladium inchoans: *Licet jam sacratissimam constitutionem* &c. uti in nostra collectione cap. 28.

XI. *Epistola formata Attici CP. Episcopi.* Est ea, quæ in nostra collectione invenietur cap. 63. Vide not. 1. col. 451.

CONCILIA AFRICÆ.

XII. *Synodus Carthaginis Africæ I.* Est Concilium sub Grato editum t. 2. Conc. col. 745. de quo vide part. 2. c. 3. §. 1. n. 7.

XIII. *Synodus Carthaginis Africæ II.* Est Concilium sub Genethlio eodem t. 2. Conc. col. 1389. Vide ibidem n. 8.

XIV. *Synodus Carthaginis Africæ III.* 48. *Episcoporum.* Est Concilium sub Aurelio anni 397. eodem t. 2. col. 1397. Vide ibidem §. 3. n. 1.

XV. *Synodus Carthaginis Africæ IV.* 210. *Episcoporum*: eodem t. 2. col. 1433.

1433. Hoc titulo proferuntur *Statuta antiqua*. Confer quæ diximus eadem part. 2. cap. 3. §. 4.

XVI. *Synodus Carthaginis Africæ V.* 33. *Episcoporum*: tom. 2. Conc. col. 1453. Vide part. 2. c. 3. §. 5. n. 2.

XVII. *Synodus Carthaginis Africæ VI.* 217. *Episcoporum*: tom. 3. Concil. col. 441. Confer eamdem part. 2. c. 3. §. 8. n. 4.

XVIII. *Synodus Carthaginis Africæ VII.* 19. *Episcoporum*: tom. 3. Conc. col. 459. Consule laudatum c. 3. §. 8. n. 7.

XIX. *Synodus Africæ in Milevitana urbe habita* 214. *Episcoporum*: tom. 3. Conc. col. 379. Vide part. 2. c. 3. §. 6.

CONCILIA GALLIÆ.

XX. *Concilium Arelatense I.*

XXI. *Concilium Arelatense II.* 113. *Episcoporum*. Duo in hoc notanda, I. post tabulam capitulorum describi Episcoporum catalogum, qui ad Arelatense I. pertinet: & numerum quoque Episcoporum 113. in titulo notatum ad idem Arelatense I. referendum esse, uti colligimus ex pervetusto MS. 54. Novariensis Ecclesiæ, in quo Arelatensi I. hic titulus præmittitur: *Incipit Concilium Arelatense tempore Marini actum a CXXIII. Episcopis, qui & Papæ Silvestro scripserunt*. II. viginti quinque tantum canones exhiberi, non vero 37. uti in vulgatis Conciliorum ante Sirmondum, nec 56. uti Sirmondus edidit. Vide part. 2. c. 10. §. 2. n. XIX.

XXII. *Concilium Arelatense III.* 14. *Episcoporum*.

XXIII. *Concilium Valentinum* 20. *Episcoporum*.

XXIV. *Concilium Taurinantium*.

XXV. *Concilium Regiense* 13. *Episcoporum*.

XXVI. *Concilium Arausicum* 16. *Episcoporum*.

XXVII. *Concilium Vasense*.

XXVIII. *Concilium Agathense* 25. *Episcoporum*.

XXIX. *Concilium Aurelianense* 20. *Episcoporum*.

CONCILIA SPANIÆ.

XXX. *Concilium Eliberinum* 18. *Episcoporum*.

XXXI. *Concilium Tarraconense* 10. *Episcoporum*.

XXXII. *Concilium Gerundense* 7. *Episcoporum*.

XXXIII. *Concilium Cæsaraugustanum* 12. *Episcoporum*.

XXXIV. *Concilium Ilerdense* 9. *Episcoporum*.

XXXV. *Concilium Valentinum* 6. *Episcoporum*.

XXXVI. *Synodus I. Toletana* 18. *Episcoporum*.

XXXVII. *Synodus II. Toletana* 9. *Episcoporum*.

XXXVIII. *Synodus III. Toletana* 62. *Episcoporum*.

XXXIX. *Synodus IV. Toletana* 46. *Episcoporum*.

XL. *Synodus Bracarensis I.* 9. (al. 8.) *Episcoporum*.

XLI. *Synodus Bracarensis II.* 12. *Episcoporum æra DCX.*

XLII. *Capitula ex Orientalium Patrum Synodis a Martino Episcopo Galliciæ ordinata atque collecta*.

XLIII. *Synodus Spalensis I.* 8. *Episcoporum*.

XLIV. *Synodus Spalensis II.* 8. *Episcoporum*.

XLV. *Sententiæ, quæ in veteribus exemplaribus Conciliorum non habentur, sed a quibusdam insertæ sunt*. Hæ autem sententiæ sunt canones 23. in vulgatis subjecti Concilio Agathensi a can. 48. usque ad 70. Quo loco monendum est has sententias omitti in corpore codicum Vindebonensis, Vaticani 1341. & aliorum similium, licet in præmissa tabula capitulorum notentur num. XLV. quo ex defectu capitula hujus primæ partis esse deberent solum XLIV. Cum vero eædem sententiæ in iisdem MSS. subnectantur canonibus Agathensibus 47. forte ne superflue repeterentur capitulo XLV. in corpore omissæ fuerunt. At cum in tabula, primigeniæ collectionis indice, hæ sententiæ affigantur

tur eidem capitulo XLV. nihil ambigimus, quin in primigeniis exemplis ita hoc loco fuerint descriptæ, uti eas separatim descriptas invenimus in MS. auctioris collectionis Hispanicæ Cardinalis Passionei, nec non in MS. Vat. 4587. Joannis Baptistæ Perezii, qui notat eas legi in fine omnium Conciliorum in codice Lucensi: ac ex aliis item Hispanicis codicibus ipsas post Concilium Toletanum XVII. typis dedit Garsias Loaisa, ac ex ipso recusæ sunt tom. 8. Conciliorum edit. Venetæ col. 91. Confer quæ de canonum Agathensium numero dicemus part. 4. c. 4. n. XXI.

Post præmissam primæ partis tabulam ipsa documenta subjiciuntur.

VI. Tum profertur tabula partis secundæ cum capitulis CII. in quam hæc brevior præfatio legitur.

Præfatio partis secundæ. *Hactenus digestis Conciliis SS. Patrum, sequentur decreta Præsulum Romanorum. Præfata Sedis Apostolicæ Præsulum constituta, quæ ad fidei regulam, vel ad ecclesiasticam pertinent disciplinam, in hoc libro diligenti cura collecta sunt: ita ut singulorum Pontificum, quot quot decreta a nobis reperta sunt, sub uniuscujusque epistolæ seriem propriis titulis prænotarentur eo modo, quo superius priscorum Patrum canones nostro studio ordinati sunt: quatenus lectoris industria facilius intelligere possit, dum capitulis propriis distincta intendit.*

DECRETA QUORUMDAM PRÆSULUM ROMANORUM

ad fidei regulam & disciplinam ecclesiasticam constituta.

I. *Epistola Papæ Damasi ad Paullinum Antiochenum Episcopum.*

II. *Confessio fidei* ejusdem Papæ ad eumdem *Paullinum*. Hæc duo capitula sunt in collectione hoc tomo impressa cap. 55.

III. *Epistola Siricii Papæ ad Himerium Episcopum Tarraconensem*. Est in editione Conciliorum epist. 1. ejusdem Pontificis.

IV. *Ejusdem Siricii per diversos Episcopos missa*. Ibi ep. 3.

V. *Ejusdem Siricii per diversos Episcopos directa*: epist. 2.

VI. *Epistola Innocentii Papæ ad Decentium Episcopum Eugubinum*. In Conciliorum editione est Innocentii epist. 1.

VII. *Cujus supra ad Victoricum Rothomagensem*: ep. 2.

VIII. *Cujus supra ad Exsuperium Tolosanum Episcopum*: ep. 3.

IX. *Cujus supra ad Felicem Episcopum*: ep. 4.

X. *Ad Maximum, & Severum Episcopos*: ep. 5.

XI. *Ad Agapitum, Macedonium, & Marinum Episcopos*: ep. 6.

XII. *Ad Rufum & ceteros per Macedoniam constitutos*: ep. 7.

XIII. *Ad Florentinum Tiburtinensem Episcopum*: ep. 8.

XIV. *Ad Probum*: ep. 9.

XV. *Ad Aurelium & Augustinum Africanos Episcopos*: ep. 10.

XVI. *Ad Aurelium Carthaginensem*: ep. 11.

XVII. *Ad eumdem*: ep. 12.

XVIII. *Ad Julianam nobilem exhortatoria*: ep. 13.

XIX. *Ad Bonifacium Presbyterum*: ep. 14.

XX. *Ad Alexandrum Antiochenum Episcopum*: ep. 15.

XXI. *Ad Maximianum Episcopum*: ep. 16.

XXII. *Ad Alexandrum Antiochenum*: ep. 17.

XXIII. *Ad eumdem*: ep. 18.

XXIV. *Ad Acacium Berœæ Episcopum*: ep. 19.

XXV. *Ad Laurentium Seniensem Episcopum*: ep. 20.

Supplenda esset in hac tabula alia epistola Innocentii ad Marcianum Naissitanum Episcopum, quæ in corpore omnium codicum hujus collectionis legitur, & in Conciliis est epist. 21. At cum index eorumdem codicum illam non notet, satis sit id monuisse, ut ne numeros ceterarum epistolarum immutare cogamur.

XXVI. *Ad Rufum, Eusebium, ceterosque Episcopos*: ep. 22.

XXVII. *Ad universos Toletanos Episcopos*: ep. 23.

XXVIII.

XXVIII. *Epistola Zosimi ad Hesychium Episcopum Salonitanum*. In edit. Concil. epist. 1. ejusdem Pontificis.

XXIX. *Ejusdem Papæ ad Clerum Ravennensem*: ep. 2.

XXX. *Epistola Bonifacii Papæ, ad Honorium Augustum*: in Conciliis ep. 1.

XXXI. *Rescriptum Honorii ad eumdem Bonifacium*: ibidem post prædictam epistolam.

XXXII. *Item epistola Bonifacii ad Episcopos Galliæ*: ep. 2.

XXXIII. *Ejusdem Papæ ad Hilarium Narbonensem Episcopum*: ep. 3.

XXXIV. *Epistola Cælestini Papæ ad Episcopos per Gallias constitutos*. In Conciliorum editione ep. 1.

XXXV. *Cujus supra ad Episcopos per Viennensem & Narbonensem provinciam constitutos*: ep. 2.

XXXVI. *Cujus supra ad Episcopos per Apuliam & Calabriam constitutos*: epist. 3.

XXXVII. *Epistola Leonis Papæ ad Eutycem Presbyterum*: in nostra editione epist. 20.

XXXVIII. *Cujus supra ad Flavianum CP. Episcopum*: ep. 23.

XXXIX. *Rescriptum Flaviani ad supradictum Leonem Papam*: ep. 22.

XL. *Leonis rescriptum ad supradictum Flavianum*: ep. 28.

XLI. *Epistola Petri Episcopi Ravennensium ad Eutycem Presbyterum*: epist. 25.

XLII. *Epistola Leonis ad Ephesinam Synodum*: ep. 33.

XLIII. *Cujus supra ad Theodosium Augustum*: ep. 44.

XLIV. *Cujus supra ad Pulcheriam Augustam*: epist. 45.

XLV. *Cujus supra item ad Pulcheriam Augustam*: ep. 60.

XLVI. *Ad Martinum & Faustum, Presbyteros*: ep. 61.

XLVII. *Ad Theodosium Augustum*: ep. 69.

XLVIII. *Ad Pulcheriam Augustam*: ep. 70.

XLX. *Ad Faustum, Martinum, Petrum, Manetem, & ceteros*: ep. 71.

L. *Ad Pulcheriam Augustam*: ep. 79.

LI. *Ad Anatolium CP. Episcopum*: ep. 80.

LII. *Ad Marcianum Imperatorem*: ep. 82.

LIII. *Ad eumdem Marcianum Augustum*: ep. 83.

LIV. *Ad Anatolium Episcopum*: ep. 85.

LV. *Ad Marcianum Augustum*: ep. 90.

LVI. *Ad Synodum Calchedonensem*: ep. 93.

LVII. *Ad Marcianum Imperatorem*: ep. 104.

LVIII. *Ad Anatolium CP. Episcopum*: ep. 106.

LIX. *Ad Marcianum Augustum*: ep. 115.

LX. *Ad eumdem Marcianum Augustum*: ep. 130.

LXI. *Ad eumdem Marcianum*: ep. 134.

LXII. *Ad Leonem Imperatorem, subjunctis testimoniis per rescripta de libris Patrum*: ep. 165.

LXIII. *Ad Turibium Asturicensem Episcopum*: ep. 15.

LXIV. *Ad universos Episcopos per Italiam provinciam constitutos*: ep. 7.

LXV. *Ad Episcopos per Siciliam constitutos*: ep. 16.

LXVI. *Ad Episcopos per Campaniam, Samnium, & Picenum constitutos*: epist. 4.

LXVII. *Ad Januarium Aquilegensem Episcopum*: ep. 18.

LXVIII. *Ad Rusticum Narbonensem Episcopum*: ep. 167.

LXIX. *Ad Anastasium Thessalonicensem Episcopum*: ep. 14.

LXX. *Ad Nicetam Aquilegensem Episcopum*: ep. 159.

LXXI. *Ad Africanos Episcopos*: ep. 12. editionis decurtatæ.

LXXII. *Ad Theodorum Forojuliensem Episcopum*: ep. 108.

LXXIII. *Ad Leonem Ravennensem Episcopum*: ep. 166.

LXXIV. *Ad Dioscorum Alexandrinum Episcopum*: ep. 9.

LXXV. *Ad Episcopos per Campaniam, Samnium, & Picenum constitutos*: ep. 168.

LXXVI. *Hilari Papæ synodale decretum*: in edit. Conciliorum epist. 1.

LXXVII. *Cujus supra ad Ascanium , & ad universos Tarraconensis provinciæ Episcopos :* ep. 2.

LXXVIII. *Cujus supra ad eumdem Ascanium Tarraconensem Episcopum :* ep. 3.

LXXIX. *Epistola Simplicii Papæ ad Zenonem Spalensem Episcopum :* in Conciliis ep. 1.

LXXX. *Acacii CP. Episcopi ad prædictum Simplicium Romanæ urbis Episcopum ;* ibidem post epist. 8. Simplicii .

LXXXI. *Epistola Felicis Papæ ad Episcopos per Siciliam*. Est Felicis III. epist 7.

LXXXII. *Cujus supra ad Acacium CP. Episcopum :* ep. *6*.

LXXXIII. *Ad Zenonem Spalensem Episcopum ;* ep. 8.

LXXXIV. *Decreta Gelasii Papæ generalia :* in edit. Concil. ep. 7.

LXXXV. *Ad Sicilienses Episcopos :* ep. 10.

LXXXVI. *Epistola Anastasii Papæ ad Anastasium Imperatorem directa*. Est epist. 1. Anastasii II.

LXXXVII. *Epistola Symmachi Papæ ad Cæsarium :* in edit. Concil. ep. 5.

LXXXVIII. *Epistola Hormisdæ Papæ ad Justinum Augustum :* ibidem ep. 79. ejusdem Pontificis.

LXXXIX. *Sacra Justini Imperatoris ad Hormisdam Papam :* ibi post. ep. 40.

XC. *Epistola* (seu *libellus*) *Joannis CP. ad Hormisdam Papam directa :* post eamdem ep. 40. tom. 5. edit. Ven. col. *621*.

XCI. *Hormisda Papa ad Joannem Episcopum Illicitanæ* (al. *Milicitanæ*) *Ecclesiæ ;* ep. 24.

XCII. *Item Hormisdæ Papæ ad eumdem Joannem Episcopum :* ep. *64*.

XCIII. *Ad Episcopos per Spaniam constitutos :* ep. 25.

XCIV. *Item Hormisdæ Papæ ad eosdem Spaniæ Episcopos subjunctis exemplaribus libelli Joannis CP. Episcopi :* ep. 51.

XCV. *Item Hormisdæ Papæ ad Salustium Spalensem Episcopum :* ep. *26*.

XCVI. *Ad Epiphanium Episcopum CP.* epist. 80.

XCVII. *Item Hormisdæ Papæ ad universos provinciæ Bœticæ Episcopos :* epist. *65*.

XCVIII. *Vigilii Papæ ad Profuturum Episcopum :* in edit. Concil epist. 2.

XCIX. *Epistola Gregorii Papæ ad Leandrum Spalensem Episcopum :* in editione Maurina lib. 1. Regesti ep. 43.

C. *Cujus supra ad eumdem Leandrum :* lib. 5. ep. 49.

CI. *Cujus supra ad prædictum Antistitem :* lib. *9*. ep. 121.

CII. *Cujus supra ad Recaredum Regem Gotthorum :* ibidem ep. 122.

Notandum est, hanc tabulam capitulorum partis secundæ in MSS. ex quibus illam vulgavit P. Coustantius, sicut etiam in alio simili codice Vat. 1341. duplici vitio laborare. Nam num. XVII. post duas epistolas Innocentii ad Aurelium per saltum transilit aliam ejusdem Pontificis ad eumdem Episcopum, quæ in corpore eorumdem codicum legitur. Hanc epistolam, quæ in editione Conciliorum est duodecima, laudatus P. Coustantius in notitia epistolarum Innocentii num. 41. col. *932*. refert inter suppositas ab Isidoro Mercatore. At eam reperiri in sincera collectione Hispanica , quæ anterior est Isidoro , & nullum spurium documentum continet , nobis certissimum est . Non solum enim exstat in codicibus ejus collectionis originis Gallicanæ , quos pauca quædam supposititia ex Isidoro recepisse monebimus num. *16*. verum etiam in exemplaribus originis Hispanicæ , quæ hanc collectionem sine ullo spurio Isidoriano additamento repræsentant , qualia sunt MS. Vindebonense , & alia , quæ Joannes Baptista Perezius adhibuit , ac ex iis quidem illam in tabula ejusdem collectionis descripsit num. XVII. uti didicimus ex cod. Vat. 4587. Id vel maxime confirmat antiqua abbreviatio collectionis Hispanicæ edita a Cardinali de Aguirre , quæ e genuinis exemplis originis Hispanicæ excerpta fuit . In ea enim eadem epistola allegatur lib. 1. tit. 34. his verbis : *Ut nullus contra ordinem canonum efficiatur Episcopus . Epistola Innocentii ex integro 16.* sed corrigendum 17. nam epistola ad Julianam nobilem , quæ post ipsam ad Aurelium subjicitur, in eadem abbreviatione lib. 10. tit. *6*. notatur num. 18. Est autem ille ipsemet titulus epistolæ XII. ad Aurelium . Adde quod similiter laudatur in alia antiquiore

Innocent. I. ep. 12. a suppositionis nota eximitur.

Vide part. 4. c. 5.

quiore abbreviatione contenta in MS. 59. Capituli Veronensis, quam ex codicibus Hispanica collectione vetustioribus excerptam videbimus part. 4. cap. 4. Hæc enim ibidem leguntur: *Item Innocentii ad Aurelium Episcopum. Facile non imponatur manus. Episcopus ex laico non ordinetur:* quæ sententiæ in ea sola ad Aurelium epistola 12. continentur. Neque ad suppositionis suspicionem moveat mendosa consularis nota in vulgatis sic expressa: *Julio quarto & Palladio viris clarissimis Consulibus*: corrigenda enim est: *Junio Quarto Palladio V. C. Consule*, qui fuit Consul Occidentalis anni 416. E contra vero idem P. Coustantius in sua tabula inter Leonis epistolas ad Marcianum unam addit, quæ in collectione deest: nam a num. LVIII. ad LXI. quatuor ejusdem Pontificis ad Marcianum epistolas refert, cum in corpore sint tantum tres, & prætermittit unam ad Anatolium affigendam numero LVIII. Quos errores nos in præmissa tabula emendantes, numeros capitulorum ad seriem epistolarum, quæ in collectione leguntur, revocavimus. Hæc interim documenta nec plura, nec pauciora in primigenia collectione fuere descripta. **Consulatus emendatus.**

§. III.

De tempore, loco, & auctore ejusdem collectionis.

VII. Cum recentius descriptæ primigeniæ collectionis Hispanicæ documentum sit Concilium Toletanum IV. celebratum anno 633. hæc collectio post hunc annum digesta perspicitur. Cum porro præfatio primæ partis fere tota inveniatur in libro VI. Originum S. Isidori Hispalensis cap. 16. dubium esse potest, num præfationis auctor ex S. Isidoro sumserit, an potius S. Isidorus ex præfatione ita profecerit, sicut idem ex aliis auctoribus, tacitis identidem nominibus, alia atque alia derivare consuevit. Hoc autem posterius omnino dicendum suadent illa præfationis æque ac Isidoriani excerpti verba: *Quorum (Conciliorum) etiam gesta in hoc opere continentur*. Hæc enim, ut post Antonium Augustinum recte animadvertit P. Coustantius, congruunt quidem præfationi collectionis gestis Conciliorum præmissæ, non vero Originum libris, qui nulla Synodorum gesta repræsentant: ac propterea certum esse debet, S. Isidorum illud præfationis fragmentum traduxisse in suos Originum libros, & dum illud exscriberet, ea quoque verba, quæ in Originum opere erant omittenda, inadvertenter recepisse. Hæc ergo præfatio cum annexa collectione lucubrata fuit ante aliquanto, quam S. Isidorus libros Originum scriberet. Porro Originum, seu Etymologiarum libros postremum S. Isidori opus fuisse, quod moriens imperfectum reliquit, S. Braulio in Prænotatione ad eosdem libros testatur. Ille autem obiit anno 636. Hinc collectionis tempus clare deducitur, nimirum inter annum 633. quo habita fuit Synodus IV. Toletana, & annum 636. **Tempus, quo collectio digesta.**

VIII. Hanc autem collectionem, ex cujus præfatione S. Isidorus Hispalensis Episcopus memoratum fragmentum decerpsit, in Hispaniis lucubratam fuisse dubitare non licet. Vetustiores quidem hujus collectionis codices, qui ad originem magis accedunt, Hispani sunt, & antiquo caractere Gotthico Hispanorum proprio scripti. Æræ notatio Hispanorum peculiaris, quæ in pluribus etiam non Hispanis documentis post consulares notas signatur, Hispanicam originem palam declarat. Quid dicendum de Synodis Hispanis, quibus hæc collectio abundat? Quid de decretalibus Romanorum Pontificum epistolis in eadem exhibitis, quæ ad Hispanos datæ fuere? Qua in re omittenda non est præclara animadversio P. Coustantii in præfatione tom. 1. epistolar. Roman. Pontif. n. 147. *Quod autem e veteribus hisce litteris nullam omisit, quam ad Hispanos datam norimus, id sane vel ipso etiam tacente, Hispanum illum fuisse docet. Primus omnium in lucem edidit epistolas Hilari ad Ascanium Tarraconensem, Simplicii & Felicis ad Zenonem Hispalensem, Hormisdæ duas ad Joannem Illicitanum, ejusdem Papæ unam ad Salustium Hispalensem, alteram ad Episcopos Bœticæ, alias itidem duas ad Episcopos Hispaniæ cum Joannis CP. libello missas; Vigilii denique ad Profuturum Bracarensem. An non & Hispanum se prodit, cum .... e Gregorii litteris, quas fere* **In Hispaniis lucubrata.**

innumeras habemus, quatuor demum exhibet, tres videlicet ad Leandrum Hispalensem, unam ad Gotthorum Regem Recaredum, relictis aliis, utpote ad Hispanos non datis? Illa tandem præfationis, ubi traditur symboli Constantinopolitani fides *a tota Græcia, & Latinitate in ECCLESIIS prædicari*, palam faciunt ejus præfationis & collectionis subnexæ auctorem Hispanum esse, qui quod Toletana Synodus III. *per omnes ECCLESIAS Hispaniæ* fieri jusserat canone primo, id apud eas sua ætate jam receptum videns, omnibus Latinis Ecclesiis æque usitatum credidit. Certe cum ejusmodi usus non nisi serius a ceteris Occidentalibus admissus fuerit, quemadmodum idem P. Coustantius probavit num. 139. nemo nisi Hispanus eam sententiam præfationi inserere potuit. Ex his autem corruit opinio Petri de Marca, qui in Opusculis pag. 201. hanc collectionem post Calchedonense Leonis auctoritate editam & Occidentalibus Ecclesiis communem putavit.

De Auctore Hispano conjectura.

IX. Nunc de Hispano auctore conjicere liceat. Nonnullos in Hispania hunc codicem canonum attribuisse S. Isidoro Hispalensi testatur Antonius Augustinus in *Judicio ac censura de quibusdam veteribus canonum ecclesiasticorum collectoribus*. Duo autem hac in re difficultatem facessere queunt. I. quod S. Braulio in prænotatione ad libros Originum, & S. Ildefonsus de Viris illustribus cap. 9. qui catalogum operum S. Isidori contexunt, nullam hujus collectionis mentionem faciunt. II. quod cum in libros Originum traducta fuerit pars non exigua præfationis eidem collectioni præfixæ, incredibile sit S. Isidorum, qui ex aliis Scriptoribus non pauca excerpsit, ex sua quoque præfatione quædam transcripsisse. Cum vero S. Isidori ætati maxime conveniant recentiora ejusdem collectionis documenta, nimirum Synodus Hispalensis II. anni *619.* ac Toletana IV. anni *633.* quibus ipse præfuit; non incongrue ejus auctor jamdiu creditus est idem S. Isidorus, ut ex Gratiano colligitur, qui fragmentum præfationis in primam partem proprium ejusdem collectionis Isidoro tribuit dist. 16. c. 1. Certe vero si non ipse Isidorus, alius saltem jussu ejusdem collectionem concinnasse videtur; & hac de caussa accidit ut Pseudoisidorus, qui hanc collectionem in suam traduxit, usurpaverit Isidori nomen, præfationique suæ titulum affixerit *S. Isidori Episcopi*, eo quod eam collectionem vel a S. Isidoro Episcopo Hispalensi, vel ejus consilio digestam fama tradiderat. Fuisse quidem antiquiores codices canonum, eosque lectos in anterioribus Hispanis Conciliis liquet ex §. 1. n. 1. Cum porro nonnulla in ipsis deessent, & forte etiam quæ in eisdem continebantur, non omnino essent ordinata, sed confusa; veteres codices recognoscendi & augendi ac in meliorem formam redigendi consilium S. Isidoro in mentem venit: cui fortassis occasionem & stimulum præbuit canon quartus Concilii Toletani IV. in quo ea generalis Conciliorum celebrandorum regula præscripta fuit, ut *omnibus in suis locis in silentio considentibus, Diaconus alba indutus, codicem canonum in medio proferens, capitula de Conciliis agendis pronuntiet.*

§. IV.

De additamentis, quæ primigeniæ collectioni Hispanicæ subinde accesserunt. Vindicantur documenta in auctiore collectione Hispanica subjecta Concilio CP. II. alias generali sexto.

Primæ additiones quæ.

X. His de primigenia Hispanica collectione perscriptis, additamenta, quæ eidem deinceps fuerunt inserta, explicanda sunt. Antiquiores additiones leguntur in vetustissimo codice Vindebonensi XL. aliisque similibus. Hi post Bracarensis primæ Synodi initium, quæ in præmissa tabula notatur num. XL. inserunt sine ullo numero ac extra locum proprium novem Synodos Toletanas, nimirum quintam & ceteras usque ad decimam tertiam anni *683.* ac postea repetunt Bracarensem I. & integram afferunt; & post Martini Bracarensis capitula addunt aliam Synodum Bracarensem anni *675.* & reliqua subjiciunt, quæ in laudata tabula primævæ collectionis indicantur. Cum ejusmodi codices, qui Toletanas Synodos diligentiori cura collectas receperunt, recentiorem præferant Toletanam XIII. anni *683.* careant autem Toletana XIV. cele-

celebrata anno sequenti *684.* exploratum videtur, hæc additamenta in primo ejusmodi additionum exemplo accessisse paullo post ipsam Synodum Toletanam XIII. antequam decima quarta haberetur. **Quando insertæ.**

XI. Novas additiones deinde suscepit hæc collectio, quas exhibent codices, quos Antonius Augustinus præ oculis habuit, exemplum Lucense quod Perezius laudat, codex Urgellensis Ecclesiæ, aliique nonnulli, ita tamen ut in his Synodi omnes cujusque urbis simul ex ordine, continua numerorum serie describantur. In Græcis enim Conciliis post Constantinopolitanum I. additur Constantinopolitanum II. æra 720. cum quinque epistolis ad ipsum pertinentibus, videlicet una Leonis II. ad Episcopos Hispanos, alia ejusdem ad Quiricum, tertia ejusdem ad Simplicium Comitem, quarta Benedicti Presbyteri post Leonem electi ad Petrum notarium regionarium, & quinta prædicti Leonis II. ad Ervigium Regem. In Gallicanis Synodo Vasensi I. subjicitur Vasensis II. anni *529.* & post Aurelianensem I. describitur altera anni 533. nec non quinque alia Gallicana documenta, idest Concilium Epaunense anni 517. Carpentoratense anni 527. Arvernense I. anni 535. ejusdem Arvernensis epistola ad Theodebertum Regem, & Arvernense II. anni *549.* quod tamen cum eamdem præfationem, eosdemque canones habeat ac Aurelianense V. recte monuit Perezius potius dicendum esse quintum Aurelianense. In Hispanicis post Toletanum IV. subduntur ordinatim propriis item numeris distincta, tredecim alia ejusdem urbis Concilia a V. ad XVII. quod coactum fuit anno *694.* & post duas Synodos Hispalenses additur Emeritensis anni *666.* nec omittuntur *Sententiæ quæ in veteribus exemplaribus Conciliorum non habentur*: adeo ut capitula hujus partis in his codicibus sint LXVIII. quorum seriem videsis part. 4. c. 5. n. 3. Cum his MSS. concinunt cod. Vat. Palat. 575. etsi imperfectus sit & ordine perturbatus, exemplum MS. Cardinalis Passionei, quod tamen cum sit mutilum, caret Conciliis Græciæ & Africæ, ac in Gallicanis post duo Vasensia & Agathense deficit. Hi quoque codices Synodo Toletanæ II. subnectunt duas epistolas Montani Episcopi Toletani, unam ad fratres & filios territorii Palentini, alteram ad Turribium: & Synodo Toletanæ III. adjiciunt homiliam S. Leandri Episcopi ob conversionem gentis post constitutos canones habitam, & alia nonnulla. In secunda vero parte post S. Gregorii epistolas, quæ primigeniam collectionem claudunt, num. CIII. adduntur *Decreta Romanæ Sedis de recipiendis & non recipiendis libris ab Hormisda Papa edita*. Est decretum de apocryphis, quod in vulgatis Conciliorum Gelasio tribuitur, de quo vide part. 2. c. 11. §. 5. **Aliæ additiones.**

XII. Hæc auctior collectio, cujus recentius documentum est Synodus Toletana XVII. anni *694.* usui fuit auctori ejus Breviationis, seu indicis canonum collectionis Hispanicæ, de quo plura dicemus parte 4. c. 5. Numeri enim capitulorum, quibus documenta ejusdem collectionis ibidem allegantur, cum iis numeris plane congruunt, qui in hac auctiori collectione inveniuntur. Hæc est illud *Corpus canonum*, quod Alexander III. *authenticum* appellavit, ut patet ex his verbis Innocentii III. in epist. 121. ad Petrum Compostellanum lib. 2. *Emeritense vero Concilium authenticum esse multis rationibus adstruebat: tum quia cum aliis Conciliis continetur in libro, qui Corpus canonum appellatur, quem Alexander Papa per interloquutionem authenticum appellavit: tum quia* &c. Concilium Emeritense in memorata tantum auctiori collectione describitur. Omnia quidem ejus documenta sincera sunt, & nothis quibusque eadem collectio est expers. Difficultatem quispiam ingeret ex Constantinopolitano II. quod, ut ibidem profertur, nonnulli post magnum Baronium in suspicionem adduxerunt ob eas præsertim epistolas, quæ ipsi subjectæ leguntur. Constantinopolitana Synodus, quæ in hac collectione inscribitur *secunda*, est Concilium sextum generale Constantinopoli contra Monothelitas celebratum: secundum autem Constantinopolitanum dicitur ex ordine ipsius collectionis, in qua Constantinopolitano I. statim subjicitur; vel etiam quia Synodus V. Hispanis erat ignota; ac propterea in Concilio Toletano XIV. hæc Synodus CP. (sexta generalis) post Calchedonensem recipienda & Codici ex ordine inserenda decernitur. Non omnia ejusdem Synodi gesta ad Hispanos missa, sed definitio fidei, acclamationes Episcoporum, quæ & *prosphoneticus* dicun- **Breviatio vetus hujus collectionis auctioris. Eadem Corpus canonum authenticum appellata. Syn. CP. II. & epistolæ ei adnexæ vindicantur. t. 7. Concil. col. 1491. c.**

dicuntur, & edictum fidei ab Imperatore directum tantummodo transmissa fuerunt. Neque enim initio cuncta gesta, sed præcipua capita (idipsum Calchedonensi pariter accidisse vidimus tom. 2. col. 1218.) latine reddita, & in Hispanias directa, ut Leo II. in epistola ad Hispanos Episcopos tradit. Ex hac autem epistola, non vero ex interpretatione totius Synodi, se *omnem ordinem gestorum, gestaque ordinum* cognovisse iidem Episcopi in laudato Toletano Concilio pronuntiant. Sola vero definitio, quæ ad actionem XVII. sextæ generalis Synodi pertinet, Codici canonum auctiori inserta fuit. Quod si huic CP. Concilio habito an. *680.* & *681.* in eodem Codice affigitur æra *720.* quæ respondet anno *682.* id errori collectoris tribuendum, qui ex transmissa ejusdem Concilii definitione notis chronicis experte verum annum colligere nequaquam potuit. Opponunt in Leonis II. litteris tradi Concilium celebratum indictione IX. cum tamen acta novissimarum actionum XVII. & XVIII. indictionem X. præferant. Verum etsi apud Græcos mense Septembris anni *681.* inchoaret indictio X. Leo tamen uti voluit nona indictione, quæ apud Romanos adhuc decurrebat. Neque moveat in epistola ejusdem Pontificis ad Regem Ervigium (quam Benedicti epistolæ in codicibus subjectam, Loaisa eidem Benedicto tribuendam præter nostrorum codicum fidem perperam credidit) scribi, Imperatorem de congreganda Synodo dedisse litteras ad Agathonem, cum ad Domnum dederit. Cum enim eædem litteræ ad Domnum scriptæ, post ejus mortem Romam allatæ, Agathoni ejus successori traditæ fuerint; Leo has ad Agathonem directas scribere potuit. Nihil igitur grave opponitur, quominus hæc documenta septimi sæculi ad Hispanos data, & ab Hispanis huic vetustissimæ Hispanicæ collectioni sub finem ejusdem septimi sæculi, aut sub octavi initium adjecta sincera credantur: adeo ut hoc canonum corpus his aliisque additamentis auctum Alexander III. *authenticum* jure affirmaverit.

De MS. S. Æmiliani, ejusque additionibus.

XIII. Codex S. Æmiliani, cujus Perezius meminit, alia peculiaria documenta in Hispaniensibus Conciliis præbuit, nimirum Cæsaraugustanum II. anni *592.* & III. anni *691.* Barcinonensia duo, unum circa annum 540. alterum anni *599.* Oscense anni *598.* Egarense anni *614.* duo Toletana a decem & septem jam memoratis distincta, unum anni XII. Recaredi Regis, idest anni *597.* aliud sub Gundemaro anni *610.* & legem Regis Chintillæ, quæ Toletanam V. Synodum confirmavit, ac Synodum Narbonensem anni *589.* quæ idcirco inter Hispanica Concilia inserta fuit, quia tunc provincia Narbonensis I. Gotthis Principibus in Hispania regnantibus suberat, & una erat ex sex provinciis Hispaniæ, ac Narbonensis Metropolita cum suis suffraganeis, Hispanis Conciliis intererat ac subscribebat. Stephanus Baluzius in præfatione ad novam Conciliorum collectionem num. 13. scribit: *Joannes Baptista Perezius suspicionem facit de falsitate duorum Conciliorum Toletanorum, ejus nimirum, quod sub Gundemaro Rege celebratum dicitur, & alterius, quod sub Recaredo, ut patet ex secunda præfatione ejus ad Concilia Romam missa.* At Perezii verba nullam falsitatis suspicionem injiciunt. Solum ea proprio numero & loco una cum ceteris nequaquam notata admiratur, & cur id acciderit, conjicere studet. *Illud porro* (inquit in laudata præfatione secunda edita in Apparatu I. Conciliorum editionis Venetæ col. 50.) *mihi magis est dubium, cur hoc Concilium sub Gundemaro, & alterum Toletanum anno XII. Recaredi, hic etiam a nobis descriptum, non sint relata in numerum Toletanorum, cum ex ordine temporum quartum & quintum inscribi debuissent: qui numerus sequentibus Conciliis constanter tribui solet. Neque vero additum nostra ætate numerum Conciliis Toletanis affirmare quispiam potest; cum Gotthos eodem numero usos ex cap. 9. Concilii XIII. Toletani discamus, ubi quod nobis est duodecimum, plane etiam vocatur duodecimum. Neque rursus ignorata fuisse hæc duo Concilia a posterioribus Gotthis in tam recenti memoria fit verisimile. Itaque mihi nondum caussa liquet, nisi forte horum duorum brevitas & exiguitas impedivit, quominus in majorum Conciliorum numerum referrentur.*

Duæ Syn. Toletanæ vindicatæ.

His autem documentis laudati codicis S. Æmiliani fidem adjicit alia multo vetustior collectio, seu abbreviatio antiquioris collectionis in MS. Veronensi contenta, de qua dicemus part. 4. c. 4. ubi ex Conciliis memoratis quatuor recensentur, nimirum Cæsaraugustanum II. Barcinonense I. Oscense, & Narbonense.

nense. Similiter Cæsaraugustanum II. inventum fuit in alio MS. codice Alveldensi, quem Vigila Presbyter scripsit; & Toletanum sub Gundemaro Rege repertum fuit etiam tum in eodem cod. Alveldensi, tum in alio Soriensi, uti Perezius in secunda præfatione testatur. Addemus tandem in eodem exemplo S. Æmiliani inveniri epistolam Turribii postea Asturicensis Episcopi ad Idacium & Ceponium, abjurationem hæresis Priscillianæ factam ab Episcopis Dictinio & Sympofio, & Concilii Toletani I. sententiam de communione quibusdam Episcopis reddenda, vel neganda. Hæc documenta, quæ Ambrosius Moreles ex eodem S. Æmiliani codice ediderat, a Baluzio aliisque in dubium vocata, defendimus tom. 1. col. 1475. & plenius tom. 2. col. 1376. & seqq.

§. V.

Notabilis distinctio codicum originis Hispanicæ & originis Gallicanæ.

XIII. DUas species codicum hujus collectionis distinguere permagni interest, quorum alii sunt Hispanicæ originis, alii Gallicanæ. Hispanicæ originis appellamus codices, qui in Hispania frequentiores, vel ex Hispania in alias regiones traducti puram repræsentant collectionem Hispanicam. Sunt autem quidam alii codices, qui etsi eamdem collectionem contineant, duobus tamen ab ea, quam puri illi codices exhibent, non minimum discrepant, nimirum tum ob non paucas lectiones ex ingenio emendatas, quæ a vera lectione maxime absunt, tum ob quædam addititia capita, vel etiam integra documenta, quæ in puris ejusdem collectionis exemplaribus non inveniuntur. Hos autem codices Gallicanæ originis idcirco vocamus, quia omnes, quos hujus generis esse deprehendimus, in Galliis frequentiores sunt, & qui alibi exstant, e Galliis provenerunt; adeo ut horum origo Galliis tribuenda videatur. Tales sunt codex Vat. 1341. quem ad Augustodunensem Ecclesiam pertinuisse vidimus, ac tres Gallicani memorati a P. Coustantio, Laudunensis, Bellovacensis, & Noviomensis, quos cum laudato Vaticano omnino concordare, ex iis quæ idem Coustantius notavit, plane perspeximus. Hi vero codices nec primigeniam breviorem, nec illam auctiorem collectionem Hispanicam continent, quam num. 11. explicavimus, sed illam, quæ additamenta præfert recensita num. 10. qualem in Vindebonensi originis Hispanicæ invenimus.

Codd. Hispanæ originis qui. *Qui originis Gallicanæ.*

XIV. Quantum ad arbitrarias emendationes, quibus codices Gallicanæ originis ab exemplaribus originis Hispanicæ potissimum differunt, dum nos in paranda editione epistolarum S. Leonis conferendos curavimus tum codicem Vindebonensem originis Hispanicæ, tum Vaticanum 1341. originis Gallicanæ, deteximus in Vindebonensi plures lectiones erroneas esse atque corruptas, quæ in laudato Vaticano emendatæ, idoneum sensum reddunt. Nisi quid nobis aliunde præsto fuisset, has ita emendatas germanas esse S. Leonis lectiones credidissemus. At cum earumdem epistolarum alia diversarum & vetustiorum etiam collectionum exempla nobis suppeterent, quæ veras Leoninas lectiones concorditer conservarunt; cognovimus ad has frequentius accedere ipsas erroneas lectiones codicis Vindebonensis originis Hispanicæ, multum autem abesse ab iisdem emendationes, quæ in Vaticano exemplo proferuntur. Hinc manifestum fit, aliquem antiquum Gallicanum studiosum virum, qui collectionem Hispanicam ex codice originis Hispanæ ita mendoso, uti est Vindebonensis, exscribendam susceperat, erroneas illas lectiones liberiori licentia correxisse ex ingenio, novasque illas lectiones ab omnibus aliis codicibus discrepantes induxisse. Plura hic possemus afferre Leonina ejusmodi exempla: sed cum ea suis locis notarimus tomo primo, quæ simul indicantur in ejusdem tomi indice col. 1539. verbo *Collectio Hispanica*; eo lectores remittimus. Qua autem libertate usus est studiosus ille vir in Leonis epistolis, usum quoque fuisse in ceteris documentis, quæ in MSS. originis Hispanicæ Vindebonensi similibus frequentia menda præferunt, nihil est dubitandum. Id perspicuum fit ex editione Conciliorum Severini Binii, in qua Hispanica Concilia duplici editione producuntur, nimirum ex editione antea vulgata, & ex editione Garsiæ Loaisæ. Vulgata editio ex Isidoro dimanat, qui e codicibus Gallicanæ originis Hispanicam colle-

Emendationes arbitrariæ in MSS. originis Gallicanæ.

collectionem in suam derivavit. Loaisæ vero editio ad codices Hispanicæ originis exacta fuit. Insignis lectionum varietas, quæ in vulgata illa editione perspicitur, ad arbitrarias correctiones referenda est veteris ejus antiquarii, qui mendosum Hispanicum exemplum describens, marte suo emendandum credidit. Loaisæ vero contigit puriora & emendatiora Hispanica exemplaria invenire; ex quibus ejus editio iis mendis caret, quæ in Vindebonensi aliisque similibus occurrunt. Exemplum autem, quod adhibuit primus ille Gallicanus librarius, qui collectionem Hispanicam emendavit, vel ipsum (1) Vindebonense fuit, vel aliud simile Vindebonensi, cujus frequentiora sphalmata tot arbitrariis emendationibus occasionem dedere. Has vero emendationes liberiores a studioso viro in aliquem codicem ante Isidorianæ collectionis editionem fuisse inductas duo nobis indicio sunt. I. quia ipsas receptas invenimus in collectione Herovalliana, quam Isidoriana anteriorem videbimus part. 4. c. 7. II. quia ipse Isidorus dum Hispanicam collectionem in suam transtulit, documenta ejusdem cum iisdem emendationibus descripsit.

XV. Hac porro in re illud animadvertere libet, Isidoro Mercatori tribui corrupisse epigraphen epistolæ Vigilii Papæ ad Profuturum, quæ apud ipsum & in memoratis Gallicanis exemplis collectionis Hispanicæ *Eutherio* inscribitur, etsi in præmissa eorumdem codicum tabula *ad Profuturum* data dicatur. Verum lectionem *Eutherio* induxit ille antiquior librarius, qui erroneas lectiones codicis Hispanicæ originis emendavit. In Vindebonensi enim hic mendosus titulus in corpore legitur: *Epistula Vigilii Papæ ad Futurum Episcopum*; & in epigraphe: *Dilectissimo fratri Futuro Vigilius*. Pro voce autem *Futuro*, quæ insuetum nomen referebat, *Euturo* legere, & *Eutherio* corrigere facile fuit. Isidorus ergo cum codicem exscripserit originis Gallicanæ, *Profuturi* nomen non mutavit, sed lectionem, quam in eodem codice emendatam invenit, in suam collectionem traduxit.

Additamenta in MSS. originis Gallicanæ. Ex Isid. sumpta.

XVI. Rursum vero post Isidorum in eamdem collectionem Hispanicam originis Gallicanæ manus immissæ sunt. Nam præter lectiones ex arbitrio emendatas, quas Isidoriana collectione anteriores vidimus, laudati codices quædam additamenta receperunt partim sincera, partim apocrypha, quæ ex collectione Isidori sumta dignoscuntur. Primo ante præfationem non solum præmittuntur annotationes de Synodis, libellus provinciarum, & notitia Galliarum, quæ item in Isidoro præcedunt; sed etiam describitur *Ordo de celebrando Concilio*, quem Isidorus suo codici se inseruisse in præfatione testatur. Dein post tabulam primæ partis intrusi sunt canones apostolici, quos collectionis Hispanicæ auctor in præfatione uti apocryphos rejecit. In codice Vat. 1341. iidem canones indicantur initio præmissæ tabulæ, sed sine numero (nam numerus capitulorum a Nicænis canonibus incipit:) quod eosdem canones in hisce codicibus additititios confirmat. Additi autem videntur ex MSS. Isidori Mercatoris, qui ipsos canones cum ceteris documentis collectionis Hispanicæ primus conjunxit. In secunda autem parte, quæ inchoat a duabus epistolis Damasi, alteri hujus Pontificis epistolæ ex spuriis Isidori mercibus intermixtæ sunt epistolæ tres, una Stephani Archiepiscopi & trium Conciliorum ad Damasum Papam, alia Damasi ad eumdem Stephanum & ad Concilia Africæ, tertia ejusdem ad Episcopos Numidiæ: & hæ quidem epistolæ iisdem Damasi genuinis litteris in partes dissectis ita sunt intermixtæ, ut in Isidoriana collectione cap. 6. §. 5. distinctius notabimus. Mirum porro accidit, eum, qui has tres epistolas spurias in Damaso addidit, ab aliis pluribus, quæ in sequentibus Pontificibus ex eodem Isidori fonte suppetebant, abstinuisse. Solum in litteris Vigilii ad Profuturum ex Isidoro adtexuit duo capitula sextum & septimum, quæ in puris Hispanicis codicibus desunt. Tandem ex genuinis unum in fine subjecit præter fidem tabulæ omniumque codicum originis Hispanicæ, Gregorii scilicet junioris decretum, seu Concilium Romanum cum XVII. anathematismis & subscriptionibus Episcoporum, quod ex eodem Isidoro sumtum videtur. His autem paucis partim suppositititiis, partim genuinis additamentis exceptis, laudati codices ori-

Quædam apocrypha.

(1) Hinc sicut in Vindebonensi, ita etiam in laudatis codicibus originis Gallicanæ Bracarensi I. Concilio vix incepto & statim abrupto assuuntur novem Concilia Toletana a V. ad XIII. ac dein iterum Bracarense I. sed integrum subjicitur.

originis Gallicanæ eam in ceteris collectionis Hispanicæ auctiorem formam exhibent, quæ in MS. Vindebonensi originis Hispanæ novem Toletana Concilia, & Bracarense anni 675. primigeniæ collectioni addita recipit. Hinc librarius primi ejus exempli, ex quo memorati quatuor codices originis Gallicanæ, idest Vat. 1341. Laudunensis, Bellovacensis, & Noviomensis proficiscuntur, duo præ oculis habuit exemplaria, unum collectionis Hispanicæ liberius emendatæ, ex quo ipsam perinde emendatam descripsit, alterum Isidori, ex quo illa additamenta decerpsit. Quod si e tribus epistolis S. Gregorii Magni ad Leandrum, quæ in præmissa tabula indicantur, duas tantum exhibent laudati codices originis Gallicanæ (secundam enim ignorant;) id vel saltui tribuendum est primi ejus librarii, ex quo ejusmodi codices prodeunt, vel certe ille librarius codicem Hispanicæ originis adhibuit, in quo similis saltus amanuensis oscitantia inciderat. Hic autem defectus codicum Gallicanæ originis memoria retinendus est ob ea, quæ de Isidoro dicturi sumus cap. 6.

Omittitur una epist. S. Gregorii.

XVII. Unum vero hic animadvertendum credimus. Si omnes codices collectionis Hispanicæ originis Gallicanæ ejusdem rationis essent, ac Vaticanus 1341. & alii tres recensiti & allegati a P. Coustantio, ita ut præter emendationes liberiores indicata quoque additamenta ex Isidoro excerpta omnes exhiberent, nec unum hisce additamentis expertem, solisque emendationibus liberioribus distinctum liceret reperire (quod illis inquirendum relinquimus, qui in Galliis plura ejusmodi exemplaria invenire & conferre queunt;) tunc vehemens suspicio ingereretur, ipsum fortassis Isidorum Mercatorem, quem Gallicanum fuisse videbimus, eorumdem exemplarium Gallicanæ originis fuisse auctorem, qui scilicet codicem Hispanæ originis exscribens, suo arbitrio emendavit simul, & indicatis tum sinceris, tum suppositis additionibus auxit, antequam digereret suam collectionem pluribus imposturis refertam, cui ipsam Hispanicam collectionem abs se se jam emendatam inseruit. Qua tamen in re caute deliberandum erit; si præsertim quædam collectiones Isidoriana anteriores, uti est Herovalliana, ex codicibus Hispanicis Gallicanæ originis aliquot quidem emendationes arbitrarias, nihil autem ex recensitis additamentis receperint.

§. VI.

De his, qui ex codicibus collectionis Hispanicæ documenta ediderunt, vel emendarunt, ac præsertim de Joanne Baptista Perezio.

XVIII. PRima editio documentorum collectionis Hispanicæ est illa Merlini, quæ cum ex Isidori codice prodeat, eadem documenta ab Isidoro recepta exhibet cum lectionibus codicum originis Gallicanæ, quibus Isidorus usus est. Hinc lectiones hujus editionis, quæ in vulgatis Conciliorum repetita fuit, suspectæ esse debent, eo quod liberiores emendationes num. 14. indicatas contineant. Ad distinguendas ac restituendas germanas lectiones collectionis Hispanicæ, opus esset conferre codices, qui Hispanicam originem præferunt. Primus, qui hac in re perutilem operam posuit, est Joannes Baptista Perezius. Gregorius XIII. cum in editionem ac emendationem librorum Gratiani vetera exemplaria canonum & decretalium describenda vel conferenda undique conquireret, intelligens in Hispania præstantissimos hujus generis codices inveniri, Gaspari Quirogæ tunc Episcopo Conchensi, postea Archiepiscopo Toletano & Cardinali id negotii dedit, ut eosdem codices quantum ad Concilia præcipue Hispanica cum vulgatis conferendos, & inedita ex iisdem transcribenda curaret. Is vero hanc curam commisit viro doctissimo familiari suo Joanni Baptistæ Perezio, qui postea fuit Canonicus & a bibliotheca Ecclesiæ Toletanæ, ac dein Episcopus Segobricensis. Hic autem ob temporis angustias uno MS. Lucensi usus, qui omnium antiquissimus & locupletissimus videbatur, & interdum duobus aliis, quingenta loca insignia in laudatis Conciliis emendavit, ac sex ineditas Synodos, & fragmenta item in aliis multa descripsit, nec non abbreviationem seu indicem canonum collectionis Hispanicæ, de quo dicemus part. 4. c. 5. Hæc omnia anno 1575. ad Pontificem missa fuere scripta in libro,

De Jo. Bapt. Perezio ac duobus ejus operibus.

bro, qui est inter MSS. Vaticana num. 4887. Ex hoc MS. Quirogæ epistolam ad Gregorium XIII. Perezii præfationem, & aliam peculiarem ejusdem Perezii notationem, quæ rebus pluribus utiles futuræ sunt, in calce hujus capitis subjiciemus. Cum hoc primum opus Romano Antistiti placuisset, & Perezius ob hunc egregium laborem munificentissime remuneratus, ad alia, quæ pollicitus fuerat, impendenda fuisset impulsus; anno sequenti 1576. alias Synodos Hispanas nondum impressas ex codice potissimum S. Æmiliani transcripsit, & chronologiam Conciliorum Hispaniæ a Cardinali de Aguirre postea typis impressam exactissime digessit in altero libro, ex quo alia tum Quirogæ epistola ad Pontificem, tum Perezii præfatio ad lectorem editæ invenientur post Stephani Baluzii præfationem ad *Novam Conciliorum editionem*, ac exinde in Apparatu I. ad Concilia Labbeana editionis Venetæ col. 48. & 49. Aliud horum duorum librorum exemplum idem Perezius miserat etiam ad Antonium Augustinum tunc Episcopum Ilerdensem, & electum Tarraconensem, uti discimus ex duabus ejusdem Augustini epistolis ad ipsum Perezium, quæ a Cardinali de Aguirre editæ sunt tomo 4. Conciliorum Hispaniæ pag. 650. & 651. Romanæ editionis anni 1692. Hi libri deinde transierunt in bibliothecam nobilissimi Gasparis Mendozæ Ibannez Marchionis Mondexarensis & Tendillæ Comitis, qui eosdem postea communicavit Stephano Baluzio, dein vero dono dedit laudato Cardinali de Aguirre.

t. 1. Concil. Hisp. pag. 13.

XIX. His præclaris Perezii laboribus usi sunt Romani correctores Gratiani, cum plura loca auctoritate codicis Lucensis emendarunt. Cardinalis Baronius & ex eo Binius Narbonensem Synodum anni 589. ediderunt, uti in secundo Perezii tomo ex S. Æmiliani codice descripta fuerat. Anno 1593. Garsias Loaisa Ordinis Prædicatorum tum Philippi III. Hispaniarum Regis præceptor, postea vero Archiepiscopus Toletanus in Hispaniensium Conciliorum editione eosdem fere codices, quos Perezius, adhibuit. Sunt qui suspicantur, Loaisam ex Perezii libris profecisse. At eum non vidisse hos libros, quædam indicia nobis satis aperte manifestant. Si enim illos evolvisset, haud affirmasset in præfatione Lucensem codicem fuisse descriptum ac missum Romam, cum Perezius non totum eum codicem, sed solas variantes, & quæ erant inedita Conciliorum Hispaniæ in suis libris Romam missis expresserit. Præterea ex quatuor præcipuis codicibus, quos Perezius laudat, tres tantum Loaisa agnovit, & in his Hispalensem vocat, quem rectius S. Æmiliani appellasset, si Perezium legisset. Alias animadversiones prætermittimus, cum hæ duæ Loaisam a plagii nota satis purgent. Quod si in multis hujus editio cum Perezii libris convenit, nihil mirum, quippe iisdem codicibus Hispanicis uterque usus est. Hinc autem sola Concilia Hispaniæ ad codices Hispanæ originis emendata, vel edita dici possunt. Reliqua vero sunt alia tum Græciæ, tum Africæ, tum Galliarum Concilia, quæ ex Isidoro, seu ex codicibus originis Gallicanæ vulgata, lectionibus exemplarium Hispanicæ originis carent: ac præterea eamdem opem expectant pleraque decretalia Pontificum, quæ in secunda collectionis Hispanicæ parte continentur. Nos in Leonis epistolis hanc diligentiam adhibuimus. Alii germanas lectiones tum in ceteris Conciliis, tum in epistolis Pontificum ex aliis optimæ notæ collectionibus & exemplaribus edidere. At quæ sint lectiones codicum originis Hispanicæ, ex quibus patefiat sincerus textus ejusdem collectionis, in plerisque adhuc desideratur.

De Garsia Loaisa.

XX. Nunc ex MS. Vat. 4887. appendenda sunt quæ antea recepimus.

Gasparis Quirogæ Episcopi Conchensis epistola ad Gregorium XIII.

„ Sanctissimo Domino nostro Gregorio XIII. Pontifici Maximo Gaspar „ Quiroga Episcopus Conchen. post humillima pedum oscula S. P. D.

„ Cum multa quotidie beneficia a Vestræ Sanctitatis sollicitudine Ecclesia „ catholica accipiat, quæ Vestræ Beatitudinis nomen immortalitati consecra- „ bunt; tum nihil, ut puto, erit apud omnem posteritatem illustrius, quam „ quod Juris canonici fontes, hoc est Gratiani collectionem & Romanorum „ Pontificum epistolas repurgandas curet. Cum enim eorum librorum aucto- „ ritate omnis pene ecclesiasticæ gubernationis disciplina nitatur; cum nulli

„ magis

„ magis libri omnium manibus terantur, nulli frequentius in scholis citentur; non sine magno nostro pudore audiebamus, infinitis mendis esse refertissimos; quæ vel ex rudis ætatis vitio, vel impressorum negligentia contraxerant. Quanta porro sollicitudine eorum librorum emendationem Vestra Sanctitas faciendam curet, satis magno testimonio illa sunt, quod doctissimorum hominum Congregationem, ad hoc ipsum Romæ institutam habet; quod exemplaria vetera undique conquirat, vel illorum exempla descripta ad se perferri jubeat. Cum vero audisset exstare in Hispania aliquot vetustos Conciliorum codices in S. Laurentii bibliotheca, quam Philippus Rex Catholicus non minori studio, quam Ptolomeus ille Philadelphus, omni librorum genere in dies magis magisque instruit; illico mihi Vestra Sanctitas Brevi Apostolico de ea re misso mandavit, ut ex iis codicibus librum quemdam canonum exscribendum, & Concilia cum impressis conferenda curarem, ad Vestramque Beatitudinem mitterem. Quod statim est a me pro mea erga Vestram Sanctitatem Sedemque Apostolicam observantia fieri cœptum, & jam tandem Deo juvante ad finem perductum. In quo propter summas meas occupationes magna ex parte usus sum opera domestici ministri mei Joannis Baptistæ Perezii juvenis docti, & in hoc genere litterarum valde exercitati: qui (ni fallor) suam in hoc opere fidem & diligentiam egregie præstitit. Nunc Sanctitatem Vestram supplex oro, & hanc meam in se observantiam, summumque obsequendi studium benigne accipiat; & quæcumque a me præstari posse viderit, mihi frequenter pro suo jure imperet. Deus Opt. Max. Beatitudinem Vestram Ecclesiæ suæ quam diutissime incolumem conservet.

„ Madriti XV. Kal. Aprilis MDLXXV.

Joannis Baptistæ Perezii Præfatio in tomum I. Collationum, quas in laudato MS. Vat. 4887. descriptas Romam misit.

„ Descriptor harum Collationum Lectori.

„ Reverendissimus Dominus meus Gaspar Quiroga Episcopus Conchensis, Generalis per Hispaniam Inquisitor, jussus a SS. Domino Nostro Gregorio XIII. collationes Conciliorum Hispaniensium faciendas curare, me inter ceteros suos ministros elegit, cui id opus committeret. Quod munus etsi scio me non satis pro dignitate implesse; sed fidem tamen & diligentiam in eo meam, quisquis hæc legeris, non omnino improbabis. Ut vero quæ hoc volumine contineantur, vel a me præstita sint, cognoscas; necesse est me hoc loco paucis præfari. Quantum utilitatis afferant vetusti codices manu scripti ad puros fontes omnium disciplinarum retinendos, frustra nunc persequar, cum id tam multi castigationum libri a viris doctis nostræ ætatis in lucem editi, cum magno litterarum fructu persuaserint. Neque vero ejus laboris summas utilitates diffitebuntur, nisi qui vel ita fuerint cæci, ut non videant semper in deterius abire posteriora, quæque ab uno exemplari sæpe descripta, vel ita excordes, ut nihilo plus ament lucem, quam tenebras; nihil interesse putent, affirmetur ne aliquid, an negetur. Quæ diligentia si in restituendo Cicerone, Galeno, sive Aristotele laudatur; multo quidem laudabilius in ecclesiasticos libros conferetur, & Conciliorum atque Romanorum Pontificum canonicas sanctiones, quarum summa est post Scripturæ sacræ libros auctoritas. Multi quidem per Hispaniam sunt Conciliorum codices vetustissimi, omnes litteris Gotthicis descripti, qui magnum in primis adjumentum afferre possent ad hanc Conciliorum emendationem. Nam præter quatuor codices veteres, qui in bibliotheca Regia S. Laurentii studio Regis Catholici Philippi constructa asservantur (de quibus ante Concilium Eliberitanum dicam) & duos in Ecclesia Toletana, multi præterea alii in antiquis Ecclesiis adhuc exstant, ut in Ovetensi & Urgellensi, atque in Monasteriis S. Facundi, S. Zoili, S. Petri Montensis, Oniæ, & aliis fortasse, quæ mihi nondum cognita sunt. Quos omnes codices si quis consuleret, mirabile est quantum lucis Conciliis afferretur. Ego quidem in his Conciliorum collationibus uno fere Lucensi codice usus sum, tum quod ad festi-

„ nationem urgebat, tum quod hic codex antiquissimus & copiosissimus Domi-
„ no meo Episcopo est visus. Quamquam & interdum alios duos adhibui, sed
„ id quidem paucis locis, ut in ipsis castigationibus testor. Quod si ex uno
„ libro quingenta loca insignia in Conciliis Hispaniensibus emendavi; quid fu-
„ turum quis putet, si reliquos adhibuissem codices, si non modo Hispanien-
„ sia Concilia, sed Græca, Africana, & Gallica contulissem? Jam vero si ex
„ hoc codice sex addidi Concilia nondum impressa, nempe quinque posteriora
„ Toletana, & unum Emeritense, & fragmenta item in aliis multa; quænam
„ fieret accessio, si ex codice S. Æmiliani addidissem quæ in eo sunt, tria
„ Toletana, unum sub Gundemaro, alterum anno duodecimo Recaredi, aliud
„ vero anno primo Chintillæ; & Cæsaraugustana item secundum & tertium,
„ Barcinonensia duo, Oscense, & Egarense, omnia hæc Hispaniensia? Mitto
„ enim illa Hispaniæ excidio posteriora, sed antiqua tamen, Compostellanum,
„ Legionense, Vallisoletanum, Cojancense, & multa ejusmodi, quæ apud nos
„ habemus. Sed de his omnibus alteri & tempori & volumini reservatis, nunc
„ de hoc nostro volumine, quod est in manibus, agamus, in quo hæc a no-
„ bis sunt descripta. In primis librum, cui titulus est *Excerpta canonum*
„ (hoc enim nomen singulæ paginæ præferebant) ex codice Lucensi transcri-
„ psimus: quamquam & is in aliis vetustis Conciliorum codicibus legitur, ut
Vid.part.4. „ in Vigilano & Ovetensi. Id opus collectio quædam est, sive index canonum
cap. 5. „ omnium, qui in Conciliis vel epistolis Romanorum Pontificum ad ea usque
„ tempora continebantur: digestus non quidem ordine alphabetico, sed per lo-
„ cos communes distributis rerum generibus, de cujus auctore nihil, quod
„ sciam, hactenus constat. Certe antiquior est Burchardo, Ivone, & Gratia-
„ no, qui Jus canonicum in locos communes digesserunt. Non vero esse hoc
„ Isidori vel illud argumento est, quod hic Concilia Toletana ad duodecimum
„ usque passim citentur; cum constet Isidorum ante sextum Toletanum obiis-
„ se. At mihi quidem si ex conjecturis loqui fas est, illud potius Juliano Ar-
„ chiepiscopo Toletano tribuendum videtur, qui illis temporibus floruit, &
„ quatuor Conciliis Toletanis præfuit magna doctrinæ celebritate. Quod in-
„ dicant ejus tria opera jam hactenus typis mandata, nempe Prognostica,
„ Contra Judæos, & Antikimena, præter alia, quæ ab ejus successore Felice
„ enumerantur: qui etiam prodit hunc versibus lusisse, ut vel ex eo suspica-
„ ri liceat, ab eodem conscripta ea carmina, quæ aliquibus libris hujus ope-
„ ris præponuntur. Nam quod illa inapia & boatu tantum contexta sint, id
„ vitium rudi illi ætati condonandum merito videatur. In eo libro admonen-
„ dus est lector, quod passim ibi scribitur *a cap. XX.* aut *XXX.* hoc signifi-
„ care, illud nempe Concilium, cujus pars aliqua tum citatur, esse a capite,
„ vel ab initio Conciliorum vigesimum, aut trigesimum in ordine eorum, quæ
„ in Lucensi codice continebantur: & eodem modo in Pontificum epistolis,
„ quas ex ordine quoque enumerat. Id quod ex indice Conciliorum & epi-
„ stolarum pontificiarum intelliges, quem mox ipsi operi præponemus. Se-
„ quuntur Concilia Hispaniensia, quæ ex codice Lucensi cum impressis anni
„ 1567. contulimus. In his brevitatis caussa aliquibus notis usi sumus, ut his
„ L. H. A. Æ. de quibus ante Concilium Eliberitanum mox dicemus. Quam-
„ quam vero omnia loca, quibus impressa a manuscriptis distabant, observa-
„ verimus; ea tamen solum, quæ plane & omnino in impressis emendari de-
„ bere judicabamus, asterisco in margine notavimus, ut festinus lector cetera
„ si vellet præteriret. Nam illud mirari nemo debet, quod non modo loca
„ melius in MSS. habentia descripserimus, sed ea etiam, quæ plane in his de-
„ pravata esse videbamus. Quis enim neget, multis locis mendosos quoque es-
„ se manuscriptos, & veram lectionem ex multis inter se collatis eruendam?
„ Nos tamen in eo summam fidem adhibere maluimus, & in partem peccare
„ tutiorem: quod usu edocti speremus non defuturos, qui vel in depravata
„ scriptura plerumque vestigia alicujus veræ lectionis pervestigando reperiant.
„ Itaque & in ceteris Conciliis Toletanis & Emeritensi, quæ integra hinc
„ descripsimus, relicta in ipso contextu sæpe depravata (ut erat in ipso codi-
„ ce) scriptura, adhibito tantum veræ interpunctionis labore (quæ nulla omni-
„ no in codice erat) conjecturas nostras in margine adscripsimus; & fortasse
„ mul-

„ multis locis desperatissimis medicinam fecimus. Reliquum illud est, ut si „ quid in nostra sententia exponenda alicubi peccatum sit, id totum corre- „ ctioni catholicæ Romanæ Ecclesiæ (quod obsequentissimo facimus animo) „ subdamus.

Ejusdem Perezii adnotatio ante variantes Concilii Eliberitani, ubi agit de quatuor insignioribus codicibus collectionis Hispanicæ.

Inter aliquot egregias adnotationes, quas Perezius in memorato Vaticano codice scripsit, illam præcipue hic subnectimus, qua codicum notas L. H. A. Æ. se se explicaturum in antecedenti præfatione spopondit. Cum nota L. codicem Lucensem, H. Hispalensem, A. Alveldensem, & Æ. S. Æmiliani exemplum indicet, de singulis hæc habet.

„ Quatuor hi codices sunt in membranis manu scripti litteris Gothicis, ser- „ vanturque in Monasterio D. Laurentii Regii apud Escurialium, quod nu- „ per exstruxit Philippus II. Rex Hispaniarum Catholicus.

„ Lucensis est allatus ex Ecclesia Lucensi. Non habet annum, quo scriptus „ sit; sed certe ante sexcentos, vel septingentos annos. In eo sunt præter im- „ pressa hæc Concilia, quæ nondum prodierunt, Emeritense, & quinque To- „ letana (1) a decimo tertio ad decimum septimum.

„ Hispalensis cœpit ita a nostris appellari, quod ex conjecturis credatur scri- „ ptus Hispali. Fuit Martini Ajalæ Archiepiscopi Valentini, scriptus æra „ *949.* ut in eo dicitur, idest anno Christi *911.* In hoc sunt Concilia, quæ „ vulgo habentur etiam in veteribus impressionibus, sub recepta illa in omni- „ bus MSS. divisione, ab * Isidoro, ut puto, primum usurpata, nempe in „ Orientalia, Africana, Gallica, & Hispaniensia. In hoc autem codice, quod „ quidem non exstet, tantum est decimum tertium Toletanum.

* S. Isidorum Episcopum Hispalensem intelligit.

„ Alveldensis fuit scriptus a Vigila Presbytero in Monasterio S. Martini de „ Alvelda æra 1014. ut in eo dicitur, idest anno Christi *976.* In hoc præter „ impressa sunt Toletanum XV. & XVI. & Cæsaraugustanum II.

„ S. Æmiliani codex allatus ex Monasterio S. Æmiliani de la Cogolla pro- „ pe Najaram, scriptus anno Domini *962.* ut ibi dicitur. Est vero omnium „ locupletissimus. Nam præter communia habet hæc nondum impressa, Cæ- „ saraugustanum II. & III. Barcinonensia duo, Oscense, Egarense, Toleta- „ num sub Gundemaro, alterum Toletanum anno duodecimo Recaredi, & „ item aliud Toletanum anno primo Chintillæ.

Alia porro, quæ in hoc eodem MS. legebantur nondum impressa, quæque ad Priscillianistarum caussam pertinent, non solum indicat in alia notatione, ex qua excerptum dedimus tom. II. col. 1376. verum etiam in eodem tomo descripsit.

C A P U T V.

De collectione Hadriano-Hispanica, quæ exstat in MS. Vaticano 1338.

I. CUm auctor vetustæ collectionis a Luca d'Acheri editæ, & Rabanus Maurus, de quibus parte quarta erit sermo, Græcarum Synodorum canones, & Africanos, constitutionesque apostolicas cum iisdem titulis ac numeris Hadrianæ collectionis recitent; ac præterea inter Conciliorum canones non paucos afferant Africanos, Gallicos, & Hispanienses, qui non in Hadriana, sed in Hispanica collectione continentur; eos vel utraque illa collectione usos liquet, vel saltem alia, quæ Hadrianæ collectioni memoratos canones collectionis Hispanicæ insertos præferret. Id postremum quidem nobis probabilius creditur. Si enim illi integram & separatam collectionem Hispanicam adhibuissent; non solos canones Conciliorum in ea inventos, sed decretales etiam ejusdem, quæ in Hadriana desunt, aliquando saltem allegassent. Ne vero id somnio

(1) Concilium Toletanum XIII. ex editione Merlini, Perezii tempore erat ita mutilum, ut nondum editum dici potuerit.

mnio simile videatur, codicem Vat. 1338. nacti sumus, in quo ejusmodi collectio Hadriano-Hispanica exhibetur.

II. Est codex pergamenus in folio, qui sæculo XI. vel XII. scriptus singulas paginas duabus columnis distinctas repræsentat. Præcedit tabula primæ partis, quæ Conciliorum canones respicit. Quadruplex Conciliorum divisio ex collectione Hispanica sumitur. Primum enim referuntur capitula Conciliorum Græciæ, dein Africæ, postea Galliæ, tandem Hispaniæ. Tabulam hæc adnotatio excipit: *Iste codex est scriptus de illo authentico, quem Dominus Hadrianus Apostolicus dedit gloriosissimo Carolo Regi Francorum & Longobardorum & Patricio Romanorum.*

In prima serie, quæ ad Concilia Græciæ pertinet, non solum proferuntur canones Synodorum Græcarum interpretationis Dionysianæ, verum etiam Latini canones Africani, quos Dionysius produxit, ita ut totam primam partem Hadrianæ collectionis hæc prima series contineat, paucis insertis præsertim ex Hispanica, ut ex sequenti ordine patebit. Dividitur hæc prima series in duodecim capita.

I. Canones Apostolici num. 50.

II. Nicæni num. 20. quibus præmittuntur notatio chronica, & symbolum, subjicitur autem catalogus Episcoporum, ut in Hadriana vidimus. Illud autem peculiare est, quod post symbolum Nicænum, & ante canones sine ullo titulo adjicitur: *Post Concilium Nicænum in urbe Roma Concilium congregatum est a catholicis Episcopis, & addiderunt de Spiritu Sancto* &c. quod in alio MS. Vat. 1337. collectionis Hadrianæ similiter insertum vidimus cap. 2. num. 6.

III. Ancyrani canones num. 24.

IV. Ephesini Concilii nomine ex Hispanica collectione insertæ duæ epistolæ S. Cyrilli ad Nestorium.

V. Canones Neocæsarienses num. 14.

VI. Gangrenses num. 20. cum epistola ad Episcopos Armeniæ, & catalogo Episcoporum, ut in Hadriana.

VII. Antiocheni num. 25. cum Episcoporum nominibus ex Hadriana descriptis.

VIII. Laodiceni num. 59.

IX. Constantinopolitani num. 3. cum symbolo & subscriptionibus.

X. Calchedonenses num. 27. cum definitione fidei & Episcoporum catalogo.

XI. Sardicenses num. 21. cum eadem clausula, quam in Hadrianis MSS. notavimus.

XII. Tandem Carthaginenses canones in duas partes divisi; quod Hadrianæ collectionis proprium animadvertimus. Primum enim afferuntur canones 33. cum præmissis Dionysianis in Hadriana pariter receptis; ultimum vero canonem 33. subscriptiones excipiunt. Tum inseritur ex Hispanica collectione *Formata Attici CP.* Postea adduntur ceteri canones 105. ex diversis Conciliis Africæ, qui primam partem collectionis Hadrianæ concludunt.

III. Quæ porro afferuntur sub titulo Conciliorum Africæ, Galliæ, & Hispaniæ, prorsus excerpta fuere ex illa collectione Hispanica, quæ Toletanas Synodos ad decimam tertiam usque, & Bracarensem anni *675.* recepit. Africani autem canones etsi sub titulo Conciliorum Græciæ ex Hadriana antea descripti fuerint; cum tamen in collectione Hispanica alia divisione, ac numero proferantur, hic sub titulo Conciliorum Africæ ex eadem Hispanica eadem ratione exhibentur. Vide quæ notavimus capite præcedenti num. 10. ac ex his omnium Synodorum tum Africæ, tum Galliæ, tum Hispaniæ seriem hoc loco receptam cognosces. Has vero Synodos non ex Isidoriana, sed ex Hispanica collectione fuisse descriptas, lectiones explorate docuerunt. Unum præcipuum & evidens exemplum proferre sufficiet. Omnes codices Isidoriani, quos attente inspeximus, in Hispalensi secunda Synodo canonem septimum interpolatum præferunt. Intrusam enim habent bis vocem *Chorepiscopos*, & in Interpolatio in MSS. Isid. fine ejusdem canonis additititum pannum exhibent: *quæ omnia eis a Sede Apostolica prohibita esse noscuntur.* Id autem respicit supposititiam pseudoisidorianam

nam epistolam Damasi ad Episcopos Numidiæ. Hæ vero interpolationes in Hispanicæ collectionis MSS. libris desunt, ut palam fit ex editione Loaisæ, quæ ex puris Hispanicis exemplaribus sumta fuit: qua de re vide tom. 2. hujus editionis col. 1270. & ibidem nostram notam 5. Cum porro hæ interpolationes non inveniantur in præsenti collectione Vat. 1338. hanc ex Hispanicis, non vero ex Isidorianis codicibus canones Conciliorum Africæ, Galliæ, & Hispaniæ recepisse manifestum est.

IV. In secunda parte, quæ apostolicas constitutiones continet, hæ ex sola Hadriana collectione transcriptæ fuerunt. Cum vero codex in fine sit mutilus, definit in Leonis epistola ad Anastasium Thessalonicensem.

CAPUT VI.

De collectione Isidori Mercatoris.

§. I.

De spuriis hujus collectionis documentis. Quam sero impostura detecta. Num Nicolaus I. ejusmodi collectionem approbarit. Potiora suppositionis argumenta proponuntur.

I. COllectio Isidori Mercatoris præcedentium locupletior eo præsertim titulo distinguitur, quod pluribus suppositititiis documentis referta est. Vetustissimorum Romanorum Pontificum a S. Clemente ad S. Silvestrum usque, quorum nulla exstant decreta, plures epistolas præfert: aliisque Pontificibus usque ad Gregorium Magnum aliquas item imponit; ac genuinis interserit. Mirum est tam insignem imposturam, quæ non sensim, nec per partes, sed uno in libro tota simul prodiit, non statim fuisse detectam. Aliquid suspicionis suboluisse creditur Hincmaro Remensi aliisque Gallicanis Episcopis, qui ad Nicolaum I. scripserunt. Verum hi nullam falsitatis dubitationem in animum induxisse videntur; sed eo tantum nomine ipsis epistolis auctoritatem adimendam putarunt, *quia*, inquiebant, *in codice canonum non haberentur adscriptæ*: nimirum quia non erant in collectione Hadriana, quam hoc tempore Ecclesiarum usu receptam, *Codicem canonum* appellabant. Jure autem Nicolaus ad eosdem rescribens hanc solam rationem nihili faciendam credidit, cum non omnes Romanorum Pontificum sincerissimæ ceteroquin constitutiones, sed admodum paucæ in ea collectione legantur; iidemque Gallicani Episcopi, *ubi suæ intentioni hæc* (priorum Pontificum decretalia) *suffragari conspiciunt*, *illis indifferenter utantur*. Cum vero illi easdem decretales epistolas, etsi in canonum codice non descriptas, ac minus acceptas traderent, non tamen spurias, sed genuinas haberent, adeo ut ipsis, cum libebat, uterentur; idem Pontifex, qui illas ex sola Gallicanorum relatione cognoverat, nihil de impostura suspicatus, (quamdiu nihil aliunde affulgeret) repudiare non potuit; nec ejus verba, quibus eas quodammodo videtur approbasse, ei præsumtioni subnixa, quam Gallicani Episcopi ingesserant, pro vera ac legitima approbatione accipi queunt, quæ sine ipsarum epistolarum, quibus carebat, lectione præstari non poterat. Illis autem Nicolaum caruisse evidens ex eo fit, quod in suis epistolis, ubi eas allegandi multiplex fuit occasio, alia documenta sollicitius exquisita laudet, quæ in canonum codice non inveniuntur; & laudet etiam quædam apocrypha, quæ olim conficta atque vulgata in antiquiores collectiones irrepserant, uti sunt Synodus S. Silvestri, alia Sinvessana, gesta de purgatione Xysti III. & de Polycronio: numquam vero pseudoisidorianis decretalibus usus sit. Has sane Leoni IV. immediato ejus prædecessori cognitas non fuisse patet ex ejus epistola ad Britannos, in qua decretalia in codice canonum contenta recensens, a Silvestro exorditur, & cetera Hadrianæ collectionis ita commemorat, ut si quid negotii incurrat, quod illis dirimi nequeat, ad Sanctorum Patrum Hieronymi, Augustini &c. scripta confugiendum tradat; nec de aliis vulgatis decretalibus indicium præbeat.

Nicolaus I. epist. 42. ad Episc. Gall.

Ibidem.

II. Plures quidem imposturæ caracteres in his decretalibus, aliisque Isidorianis

nis mercibus continentur, quæ ad earum falsitatem in ipso ortu detegendam attentos & peritos homines facile inducerent. At ea erat illorum temporum & sequiorum conditio, ut pauci essent, qui puram remotioris antiquitatis haberent notitiam, & sanioris critices usum facere vellent, aut possent. Primus, qui earum suppositionem præsensit & indicavit, fuit Cardinalis de Cusa in opere *Concordantia catholica* lib. 3. c. 2. Wiclefus enim, qui ante ipsum effutivit: *Decretales epistolæ sunt apocryphæ, & seducunt a Christi fide, & Clerici sunt stulti, qui student eas:* non solas decretales ab Isidoro confictas in suspicionem adducere, sed omnium decretalium auctoritatem evertere nitebatur. Post Cusanum vero sensim alii plures excitati, adeo multa & firma ad suppositionem probandam attulerunt in medium, ut nemo jam de imposturis ejusmodi jure possit ambigere.

III. Nonnulla imposturæ argumenta satis sit hic delibare. Non leve est illud, quod ex ipsa præfatione proditur. Hæc in titulo inscribitur Sancto Isidoro Episcopo, quem quidem Episcopum etiam declarat illa ipsa formula præfationi inserta, qua Episcopos *fratres nostros* appellat. Hispanum vero præferunt illa ejusdem præfationis verba: *In principio vero voluminis hujus qualiter Concilium APUD NOS celebretur, posuimus*: subditur autem post præfationem *ordo celebrandi Concilii* sumtus ex Synodo Toletana IV. c. 4. Quis autem alius *Isidorus* Hispanus, & *Episcopus*, & *Sanctus* nisi celebris ille S. Isidorus Episcopus Hispalensis, cui quidem eamdem collectionem vix editam, idest nono sæculo, ex eadem utique præfatione vulgo fuisse adscriptam satis cognoscitur ex Hincmari Remensis epist. 7. c. 12. Quæ autem major impostura, quam S. Isidoro Hispalensi Episcopo collectionem tribuere octo Toletana Concilia continentem a V. ad XIII. & unum Bracarense, quæ post ipsius mortem celebrata fuerunt; & eodem anachronismo in ipsa præfatione mentionem facere Concilii VI. œcumenici, quod S. Isidoro vivente nondum habitum fuerat? Quid quod in epistolis, quæ affiguntur priscis trium priorum sæculorum Pontificibus, plura sacræ Scripturæ testimonia leguntur ex versione S. Hieronymi, quæ posterius edita fuit? Quid quod pleræque consulares notæ iisdem epistolis appensæ vel Consules referunt, qui in fastis consularibus numquam fuerunt, vel si inveniuntur in fastis, cum Pontificis epistolæ auctoris ætate nequaquam concordant? Adde magistratuum conficta nomina, *archiflaminum*, *primorum flaminum* &c. & voces *Primatuum*, *Archiepiscoporum*, *Apocrysariorum*, quæ ab ætate ac usu veterum illorum Pontificum omnino aliena quisque vel leviter in antiqua historia & disciplina ecclesiastica versatus, facile intelliget. Adde quod nullum priscorum morum indicium, plurima autem posterioris disciplinæ in iisdem litteris continentur. Alia non pauca argumenta alii uberius notarunt, quæ referre nec vacat, nec opus est.

S. Isidoro Episc. Hispal. afficta.

IV. Duo tantum omittenda non credimus, quæ licet seorsim aliquam responsionem possint recipere, simul tamen juncta evidentem imposturæ demonstrationem præ se ferunt. Primo aliæ ex his epistolis datæ traduntur ad omnes Episcopos, aliæ ad orthodoxos omnes, ad omnes Ecclesias, ad Episcopos Italiæ, Galliæ, Hispaniæ, Africæ, Germaniæ &c. Plura ergo earum exemplaria per orbem disseminata esse debuerunt. Qui autem fieri potuit, ut e tot epistolis toto orbe divulgatis ne una quidem ante nonum sæculum a quopiam inventa & laudata fuerit? Secundo eædem epistolæ posteriorum quarti, quinti, sexti, septimi, & octavi etiam sæculi auctorum non sententias solum, sed voces, & integras identidem periodos satis prolixas & multas exscriptas exhibent, uti accurate post Blondellum P. Philippus Labbeus in margine earumdem epistolarum notavit. Primo argumento responderi potest, eas epistolas usque ad nonum sæculum latuisse, & idcirco a nemine fuisse laudatas. Secundo autem non nemo respondit, eos posteriores auctores, qui indicatas sententias iisdem verbis præferunt, eas ex ipsis epistolis ad verbum exscripsisse. Neutra vero responsio probabilis est: immo altera cum altera pugnat. Si enim epistolæ statim post earum ortum usque ad nonum sæculum ita delituissent, ut nemo idcirco eas allegare potuerit; posterioribus ergo scriptoribus non patuerunt, ut ex iisdem possent periodos exscribere. Quod si ex ipsis periodi integræ a pluribus multo & temporis & locorum intervallo dissitis fuerunt exceptæ; in tene-

tenebris ergo diutius fuisse sepultæ dici nequeunt. Alterutrum malis, semper impostura convincitur, ac ex ipso responsionum conflictu magis multo elucescit. Si enim plures antiqui scriptores ex ipsis epistolis sumsissent sententias, verba, atque periodos; notæ igitur fuissent, & frequenti usu tritæ, rebusque pluribus utiles, ita ut laudari possent a multis, & ab iis præsertim, qui ex ipsis profecissent: inter quos sane summi Pontifices, & Synodi, & Patres, qui easdem verba, & easdem periodos præferunt, ita has vetustissimorum Pontificum epistolas allegassent, uti alias aliorum, quæ genuinæ sunt, laudasse inveniuntur. Si vero inter tam multos nono sæculo anteriores viros & sanctissimos, & doctrina celebres, qui easdem sententias iisdem verbis in suis operibus afferunt, ne unus quidem inventus est, qui illarum mentionem fecerit, quia ex ipsis re ipsa nihil sumserunt; sententiæ ergo & periodi pares, quæ in epistolis quoque inveniuntur, ex iisdem proculdubio Scriptoribus derivatæ fuerunt ab epistolarum artifice; quod spuriam earum originem clare demonstrat. Hinc etiam a nullo alio auctore ante nonum sæculum fuerunt laudatæ, non quia latuerunt, aut earum allegandarum materies & occasio non esset; sed quia nondum natus erat, qui easdem confingeret: alias sicut illas post hoc tempus, quo suppositæ & vulgatæ fuerunt, passim laudatas, & in collectiones etiam non pauca ex iisdem traducta reperimus; ita idipsum antiquis etiam temporibus factum deprehenderemus, si a priscis illis Pontificibus, quibus affictæ sunt, vere scriptæ & editæ fuissent.

§. II.

Alia documenta sincera eidem collectioni inserta, quibus e fontibus hausta fuerint. Quanti intersit hos fontes detegere ad ea discernenda, quæ Pseudoisidorus confinxit. Quædam sincera documenta ab eodem interpolata. Duæ ultimæ Synodi Symmacho attributæ, & Capitula Hadriano I. asserta, quæ genuina a multis creduntur, ab eodem Pseudoisidoro supposita demonstrantur.

V. NEque vero ex solis documentis spuriis abs se consarcinatis Pseudoisidorus suam collectionem condidit. Plura scilicet sincerissima, & aliunde nota monumenta falsis intermiscuit. Fontes autem, e quibus hæc sincera documenta derivavit, detegendi sunt: id enim non modicum juverit ad ea ipsa secernenda, quæ ille e suo cerebro commentus est. Præcipuus fons est collectio Hispanica, quam totam suæ collectioni inseruit. Cumque vulgata esset opinio S. Isidorum Hispalensem fuisse auctorem collectionis Hispanicæ, hinc Isidori nomen, quod omnibus venerationi erat, libenter arripuit, & præfationi inscripsit. Illam vero collectionem Hispanicam sumsit, non quæ primitus prodiit, ac ultra Toletanam IV. Synodum non progrediebatur, sed illam paulo auctiorem, quæ novem Toletanas Synodos, & Bracarensem anni 675. receperat. Neque iis hujus collectionis exemplaribus usus est, quæ Hispanicam originem habent, sed illis quæ sunt originis Gallicanæ, uti pluribus statuemus num. 14. Alter fons est collectio Hadriana, ex qua a Pseudoisidoro excerpta fuerunt nonnulla, quæ in Hispana collectione desunt. Fons tertius est vetus collectio a Quesnello edita, & à nobis hoc tomo recusa. Non pauca enim documenta, quæ sunt in Isidoriana collectione, nec leguntur in Hadriana, nec in Hispanica, ex eo fonte eodem quandoque ordine derivata fuere. Alia pauca auctor delibavit ex Historia Tripartita, aliisque ex fontibus, quos in catalogo inferius suo cujusque loco indicabimus.

Collect. Hisp. traducta in Isid.

VI. Adeo vero utile est hos fontes cognovisse, ut quæcumque in his non invenientur, ea a Pseudoisidoro supposita certissime dicenda sint. Quod si quæ documenta per se genuina in illis fontibus breviora sint, apud Pseudoisidorum vero auctiora; quidquid additamenti accessit, quod in illis fontibus non reperiatur, id ejusdem impostoris opera suppositum affirmare licebit. Ita supposititia sunt duo postrema capitula sextum & septimum epistolæ Vigilii ad Profuturum, quæ absunt a sinceris Hispanicæ collectionis codicibus, in Isidoriana autem collectione leguntur. Immo cum in hac eadem collectione auctiora pa-

Quædam genuina interpolata.

Item & quædam antiqua apocrypha. riter sint quædam vetusta documenta ceteroquin apocrypha, quæ in aliquibus antiquioribus collectionibus recepta, sed breviora sunt; horum quoque additamenta ipsi impostori adscribenda. Sic nemo jam dubitare potest, quin ab hoc supposita fuerint aliquot fusiora capitula duarum epistolarum S. Clementis ad Jacobum, quæ olim apud Græcos confictæ, & a Rufino latine redditæ, in nonnullas veteres collectiones irrepsere, sed in his breviores sunt multo, apud Pseudoisidorum autem tantummodo cum illis additamentis inveniuntur auctiores. Neque omittenda hoc loco est ea brevis interpolatio, qua in sincera Synodo Hispalensi II. canoni septimo nonnulla inseruit, de quibus diximus capite præcedenti num. 3. Hic porro animadverte, quæsumus, impostoris indolem, qui adeo ad fingendum erat propensus, ut ne ipsis quidem sive sinceris, sive apocryphis documentis parceret, in quibus sua commenta ex collatione vetustiorum codicum detegi facile poterant. Quanto ergo audentius is confingeret integras epistolas, quæ nullam antiquiorum exemplarium collationem, qua fraus detegeretur, metuebant?

VII. Ea porro generali regula, quam proposuimus, deteguntur apocryphæ duæ Synodi, quinta, uti appellant, & sexta sub Symmacho, nec non Capitula Hadriano Papæ in vulgatis, & in plerisque MSS. attributa, quæ in sola Isidoriana collectione reperiuntur. Mirum nobis accidit, plerosque etiam acerrimos ceteroquin criticos, qui singula ejusdem collectionis documenta ad calculos revocarunt, de duabus memoratis Synodis, atque Capitulis nihil dubii movisse. Immo Blondellus, qui omnium maxime Isidoriana figmenta perstrinxit, adeo de illis nihil dubitavit, ut inter ea vetustiora monumenta, ex quibus Pseudoisidorus apocryphas epistolas conflavit, laudatas Synodos atque Hadriani Capitula identidem referat, perinde ac si hæc genuina ac vetustiora sint, nec ipsum Pseudoisidorum habeant auctorem. Et primo quantum ad duas Synodos

Duæ Synodi sub Symmacho apocryphæ. sub Symmacho, non solum Hadriana collectio istas ignorat, verum etiam vetustissima omnium contenta in MS. Vaticano Reginæ 1997. quæ paullo post ejusdem Pontificis ætatem omnes genuinas ipsius Synodos, & documenta cetera ad easdem pertinentia accuratissime protulit. Quod si tres Synodi tantum ibidem afferuntur, non quatuor; quartam sinceram in eo codice omissam nemo suspicetur; quatuor enim Synodorum opinio ex quadam notula dimanat, quæ in antiquioribus & præstantioribus codicibus abest, uti animadvertimus part. 2. c. 4. n. 5. Præterea si tres, quæ tantum editæ sunt sinceræ Synodi, conferantur cum duabus in solo Isidoro descriptis; manifestum introductionis, stili, ac totius orationis discrimen quisque deprehendet: quod diversum auctorem satis demonstrat. Adde quod in sexta, quam vocant, Synodo Gangren-

Vid. part. 2. c. 1. n. 10. ses canones *apostolica auctoritate conditi* dicuntur; quod falsissimum est. Referuntur autem duo ejusmodi canones ex interpretatione Dionysii, cum tamen Romani Pontifices per id tempus præter Nicænos & Sardicenses nullos Græcarum Synodorum canones recepissent. Vide part. 2. c. 1. Accedit tandem quod in Synodo, uti appellant, quinta legantur quædam decreta, quæ ab antecessoribus suis constituta idem Symmachus pronuntiat: *Est enim*, inquit, *a multis antecessoribus nostris synodaliter decretum atque firmatum*. Producuntur autem decreta, quæ totidem verbis recitantur in pseudoepistolis Zephirini, Stephani, Eusebii, & Julii. Idem ergo & istarum epistolarum, & ejus Synodi fabricator agnoscitur. Symmachus enim laudare non poterat epistolas, quæ tanto post confictæ fuerunt. Neque vero cuipiam incredibile videatur, Pseudoisidorum in ea Synodo compingenda ex epistolis abs se confictis verba exscripsisse, ac Pontificum, quibus eas affixit, auctoritatem allegasse. Id enim usitatum ipsi fuit, in epistolis, quas posterioribus Pontificibus attribuit, ex litteris fictitiis antecessorum nomine inscriptis decreta iisdem quandoque verbis repetere, eorumdemque decessorum auctoritatem ingerere. His argumentis suppositione ejusmodi Synodorum detecta, nihil erit ambigendum, quin subscriptiones ipsis pseudosynodis appensæ, & partim ex sinceris Symmachi Conciliis, partim ex Calchedonensi sumtæ (quæ imposturam maxime declarant,) ex eodem impostore provenerint.

t. 8. Concil. Ven. edit. col. 597. VIII. Nunc de Capitulis, quæ Hadriano Papæ I. in vulgatis inscribuntur. Vidimus in bibliotheca Vaticana codicem signatum num. 631. in quo ea Capitula

pitula non Hadriano Pontifici, sed Ingelramno, seu Angilranno Metensi adscripta sunt. *Incipiunt Capitula collecta ex diversis Conciliis, seu decretis Romanorum Pontificum ab Angilranno Metensi Episcopo & Adriano Papæ oblata*. Eamdem plane inscriptionem præfert alius codex bibliothecæ S. Victoris Parisiensis, uti testatur Baluzius in præfatione ad libros Antonii Augustini de emendatione Gratiani: qui dein in notis ad eosdem libros pag. 492. aliud MS. exemplum laudat monasterii Lætiensis, ubi similis epigraphes his verbis exprimitur: *Liber Capitulorum ex diversis Conciliis, sive decretis Romanorum Pontificum collectorum ab Anilramno Metensi Episcopo*. At plerique & præstantiores codices Vat. 630. 1340. 1344. 3791. &c. vulgatam lectionem tuentur: *Ex Græcis & Latinis canonibus, & Synodis Romanis, atque decretis Præsulum, ac Principum Romanorum hæc Capitula sparsim collecta, & Agilramno Mediomatricæ urbis Episcopo Romæ a B. Papa Adriano tradita sub die XIII. Kalendarum Octobrium, Indictione IX. quando pro sui negotii caussa agebatur*. Quem titulum omnino præferendum demonstrat Hincmarus Remensis Pseudoisidoro suppar, qui similiter in suo codice legit. Scribit enim in opusculo contra Hincmarum Laudunensem cap. 24. *De sententiis vero, quæ dicuntur ex Græcis & Latinis canonibus atque decretis Præsulum & Ducum Romanorum collectæ ab Adriano Papa, & Engelramno Metensium Episcopo datæ, quando pro sui negotii caussa agebatur* &c. Ipsa plenior inscriptio, qua Capitulorum tempus & occasio notatur, & non ex solis decretis Pontificum, atque canonibus Conciliorum, sed ex Principum etiam Romanorum legibus Capitula collecta traduntur, verior agnoscitur: ac propterea ambigendum non est, quin hæc Capitulorum collectio Hadriano adscripta fuerit. Porro Hadrianus Papa nullam aliam collectionem suo nomine ornavit nisi eam, quæ Carolo Magno ab ipso tradita *Hadriana* vocatur. Hinc Leo IV. in epistola ad Episcopos Britanniæ ecclesiasticos canones referens, eos præsertim, *per quos & Episcopi judicant, & Episcopi judicantur*, canones in Hadriana contentos recenset; de istis autem Capitulis Hadriano attributis (quæ cum nihil fere aliud exhibeant quam quæ ad Episcoporum judicia pertinent, maxime commemoranda fuerant) ne verbum quidem. Quædam præterea in ipsis Capitulis insunt, quæ Romanus Pontifex nequaquam proposuisset; ut illud c. 6. quo appellationum caussæ ad Constantinopolitanam, & non potius ad Apostolicam Sedem deferendæ traduntur; nec non illud c. 49. ex lib. 10. Codicis Theodosiani tit. 10. n. 2. seu ex Breviario Aniani sumtum: *Delatoris aut lingua capuletur, aut convicto caput amputetur*: quod quam a lenitate ecclesiastica sit alienum, nemo est qui non videat. Angilramnus quoque Metensis Episcopus, qui *vir mitissimus & pietate præcipuus* a coævo auctore Paullo Diacono vocatur lib. 4. de gestis Longobardorum c. 6. ab hac sanctione collectioni canonum inserenda quam maxime abhorruisset. Illud addemus ad pleniorem imposturæ probationem, quod Pontificum decreta, ex quibus præsertim ea Capitula dicuntur collecta, non alia fere sunt nisi decretales apocryphæ Isidorianæ, in quibus eædem sententiæ, & eadem identidem verba recitantur, ut ex Antonii Augustini notis in eadem Capitula colligere licet. Quem earum epistolarum & Capitulorum consensum quicumque perpenderit, eumdem tum illarum, tum istorum architectum facile perspiciet. Hujus argumenti vim plerique hactenus non perceperunt, eo quod crediderint pseudoepistolarum auctorem ex Capitulis, uti videbantur, sinceris profecisse. At nos e contra Capitula post pseudoepistolas condita, & ubi cum ipsis pseudoepistolis totidem sententiis aut verbis conveniunt, ex iisdem derivata manifestissimum facere possumus. Plura in id afferri queunt. Unum autem maxime evidens brevitatis gratia sufficiet. Idem prolixum Synodi Romanæ decretum, quod in Capitulis legitur c. 5. totidem verbis continetur etiam in epistola supposititia Felicis I. ad Episcopos Galliæ. Hoc vero decretum ex hac epistola traductum in Capitula, non autem ex Capitulis in eam epistolam transisse ex eo liquet, quia Romana Synodus, cui idem decretum in Capitulis tribuitur, alia vere non est nisi supposititia Synodus sub eodem Felice I. descripta in eadem epistola, quæ ipsius Synodi relationem continet. Id manifestum fit ex his ejusdem epistolæ verbis: *Nos vero (ait Pseudo-Felix) ad supplementum vestrum fratres & Coepiscopos*

Capitula Hadriano I. affícta, & supposititia.

t. 1. Concil. col. 924.

pos nostros vocavimus amplius quam septuaginta, cum quibus hæc quæ subter habentur inserta, regulariter tractanda decrevimus. Vestris enim epistolis in omnium audientia perlectis, quæ multas, ut nostis, querimonias & oppressiones in se continebant vestras, decretisque quæ sunt de accusationibus Episcoporum, Sancta Synodus dixit: Hæc sunt quæ deinceps propter malorum hominum insidias &c. Quo decreto relato Pseudo-Felix Synodi habitæ relationem concludens ait: *Hæc, fratres, ad vestram & omnium Coepiscoporum opem in Synodo unanimiter sunt decreta, ut si forte aliqui stultorum vos accusare* &c. Itaque hæc Romana Synodus ejusque decretum in Capitulis recitatum aliunde peti non potuit quam ex hac Felicis I. pseudoepistola, ex qua tantum in lucem prodiit. Si vero auctor Capitulorum ex hac pseudoepistola idem decretum hausit, posteriora ergo sunt illa Capitula iisdem litteris, & similiter posteriora sunt ceteris decretalibus apocryphis, ex quibus alia bene multa loca similiter decerpta fuerunt. Non igitur Hadriano I. immo nec Angilramno Metensi Episcopo eadem Capitula adscribi possunt, quorum ætate sicut nondum illæ pseudodecretales, ita nec Capitula exinde derivata prodierant. Hinc nemo assentiri poterit Stephano Baluzio, qui in laudata præfatione ad Antonii Augustini libros de emendatione Gratiani ea Capitula Angilramno Metensi tribuens scripsit: *Ea ex novitiis veterum Pontificum epistolis ut plurimum collegit, & Adriano obtulit, ut suæ caussæ præsidium quæreret*. Eorum artifex ille idem Pseudoisidorus est, qui ipsas epistolas finxit; ac proinde in sola ejus collectione inveniuntur. Enimvero in codice Vat. 630. omnium vetustissimo inveniuntur quidem in appendice collectionis Isidorianæ, eo quod ea ex documentis apocryphis in primo collectionis fetu contentis expressa, posterioribus Pseudoisidori curis condita fuerint, & veluti appendix in prioribus exemplis accesserint, ut ex adnotandis §. 5. patebit. In primo quidem fetu, quem usque ad Sanctum Gregorium se perduxisse idem impostor in præfatione testatur; hæc Capitula Hadriano I. attributa locum habere non poterant; ac propterea posterius tantum conficta & addita confirmantur.

IX. Illud autem ad impostoris indolem apertius dignoscendam hoc loco animadvertendum credimus, nimirum eum in exscribendo ex pseudoepistola Felicis eo Synodi Romanæ decreto, quod paullo ante memoravimus, nonnulla ejusdem decreti verba licentius immutasse. Cum enim in pseudoepistola legatur, *Tempore congruo, idest autumnali, vel æstivo Concilium regulariter convocare debebunt*; in Capitulis scripsit c. 5. *Tempore a canonibus præfixo Nicænis Concilium canonice convocare debebunt*. Viderat impostor Nicænam Synodum allegari non posse in epistola & Synodo Felicis I. qui Nicænum Concilium præcessit. Cum vero hoc decretum ei Synodo tributum hac in particula, quæ Concilia congreganda præscribit, reipsa sumserit ex Concilio Nicæno; hoc Concilium in Capitulis adscriptis Hadriano, qui postea floruit, indicare non timuit. Sic duplicem imposturam prodit, unam cum Romanæ Synodo affixit, quod Nicænæ convenit; alteram cum allatum ex ea Romana pseudosynodo decretum, mutatis nonnullis interpolavit.

§. III.

Quo fine Pseudoisidorus tot documenta spuria supposuerit. Num his documentis supposititiis disciplina ecclesiastica immutata sit.

X. QUo autem spiritu, quo consilio Pseudoisidorus tot documenta confinxerit, omittendum non est. Non desunt, qui eum amplificandæ, vel defendendæ auctoritatis Romanorum Pontificum studio ductum ad ea procudenda excitatum fuisse arbitrentur. At falluntur manifeste. Licet enim in iis Apostolicæ Sedis amplitudo & auctoritas pluribus commendetur; non tamen hic impostoris scopus fuit, nec eadem Sedes, cujus privilegia & jura quam plurimis sinceris & vetustis documentis nituntur, illis apocryphis indigebat, ut Cardinalis Baronius ad annum 865. n. 8. notavit. Pseudoisidori autem consilium longe aliud fuisse ex ipsa collectionis præfatione satis dignoscitur. Postquam enim indicavit documenta, quæ suæ collectioni erant inserenda, hanc

eorum

eorum colligendorum rationem subjicit: *Quatenus ecclesiastici ordinis disciplina, in unum a nobis coacta atque digesta & sancti Præsules paternis instituantur regulis, & obedientes Ecclesiæ ministri, vel populi spiritualibus imbuantur exemplis, & non malorum hominum pravitatibus decipiantur. Multi enim pravitate & cupiditate depressi, ACCUSANTES SACERDOTES OPPRESSERUNT.* Et multis prosequitur in eos acriter invehens, qui Episcopos accusare audent, *ut se per illos excusent, vel eorum bonis ditentur*: ac plura ejusmodi judiciorum incommoda referens, illud urget, non posse cogi Episcopos ad dicendam caussam, si fuerint accusati, & rebus suis exspoliati, aut gradu dejecti, & a sede pulsi, nisi prius fuerint restituti: additque nonnulla de accusatoribus & accusationibus rejiciendis: quibus omnibus palam significat, se ea potissimum mente collectionem confecisse, ut Episcopis, qui accusabantur, prospiceret. Id quidem in apocryphis, quæ conflavit, documentis multo clarius elucet. Eamdem enim semper de accusatis Episcopis curam ac sollicitudinem præfert; cumque Apostolicæ Sedis auctoritatem prædicat, eo semper omnia refert, ut Episcopi accusationibus impetiti & condemnati, si se gravatos sentiant, ad illam confugiant, quæ Synodorum sententias retractare, & si justum putaverit, irritas reddere potest. Idem quoque consilium maxime perspicitur in Capitulis Hadriano tributis, quæ ex apocryphis præsertim epistolis decerpta, apocryphorum documentorum velut compendium & compilatio vocari queunt. Pleraque enim illorum Capitulorum eo spectant, ut ne Episcopi accusari a quibuslibet possint, nec, si accusentur, accusatoribus facile deferatur, sed ex multis caussis tum accusatores repellere, tum judices liceat recusare; ut Synodorum retractentur judicia, & alia ejusdem generis in apocryphis similiter ingesta; ex quibus si omnia ad Episcoporum, qui accusantur, exspoliantur, deponuntur, patrocinium, defensionem, atque præsidium conlata & conficta creduntur, nemo jure possit revincere.

XI. Non pauci de Pseudoisidoro severius conqueruntur, perinde ac si ejus imposturis disciplina vetus abolita, & nova fuerit introducta; adeo ut hinc desertos antiquos canones, fractos disciplinæ nervos, perturbata Episcoporum & provincialium Conciliorum jura, sublatas judiciorum leges, aliaque rei ecclesiasticæ damna illata fuerint. Hæc autem novæ & immutatæ disciplinæ reprehensio quam minus æqua sit, quisque facile intelliget, si duo animadvertat; nimirum pleraque pseudoepistolarum Isidori excerpta esse ex sententiis Sanctorum Patrum, ex sinceris constitutionibus Romanorum Pontificum post Siricium, ex canonibus Conciliorum, ac ex Romanis legibus: quæ sane novi juris, novæque disciplinæ non sunt: cetera vero eam disciplinam plerumque exhibere, quæ vel jamdiu inoleverat, vel jam ante aliquanto induci cœperat. Impostura autem in eo sita est, quod Pseudoisidorus eas sententias iis auctoribus imposuerit, quorum non sunt; & posterioris ævi disciplinam antiquioribus Pontificibus affixerit, quasi prioribus Ecclesiæ sæculis æque viguisset. Ceterum quod de novæ disciplinæ introductione ingeritur, stultus quidem plane fuisset impostor, si sperasset suam collectionem acceptum iri ab hominibus quæ novam omnino disciplinam a sui quoque sæculi moribus & consuetudinibus abhorrentem contineret. Quod si quæcumque contra consuetudinem ingeruntur, etiamsi bona & utilia sint, ipsa novitate perturbare solent; multo magis de iis timendum est, quibus disciplinam per se optimam & sanctioribus fultam legibus, longoque usu ab omnibus receptam quispiam evertere & immutare contenderet. Nulli autem tumultus, clamores nulli auditi sunt ob inductas decretales apocryphas, nisi in ea parte, quæ ad Episcoporum caussas & judicia pertinet: de quibus aliqua apud Hincmarum leguntur, & in epistolis Nicolai I. At in his ipsis caussis atque judiciis quod in pseudoepistolis ac Synodis Isiderianis traditur, non erat omnino novum. Nonne caussæ majores, quæ circa accusationes Episcoporum versantur, certis antiquorum Pontificum decretis Apostolicæ Sedi reservatæ, sine ejus assensu definiri non poterant? Vide inter cetera Leonis epistolas *6.* 13. & 14. & Gregorii IV. epistolam primam ad universos Episcopos. Nonne Episcoporum appellationes ad eamdem sedem antiquis canonibus & consuetudini, ac primatus etiam juri innixas probavimus in Observationibus ad Dissert. V. Quesnelli part. 1. c. 5. *6.* & 7.? Ne omnes promiscue admittantur

ad

ad accusandum Episcopum, cautum fuerat in canonibus Codicis Africani 128. 129. 130. & 131. nec non etiam canone sexto Concilii CP. quem ex Græco codice Nicolaus I. laudat epistola octava. Episcopos ejectos & suis rebus exspoliatos non cogendos ad judicium, nisi prius in suum gradum restituantur, & omnia eisdem ablata redintegrentur, colligitur ex Codice Ecclesiæ Africanæ c. 87. Hæc & alia ejusdem generis, quæ novæ disciplinæ a pseudoisidorianis decretalibus inductæ tribuuntur, legere licebit in epistolis 8. 9. & 38. Nicolai I. qui tamen ea non ex illis apocryphis, quibus carebat, sed ex antiquioribus documentis confirmat: quemadmodum ante ipsum fecerat etiam Gregorius IV. in epist. 1. ad universos Episcopos, in qua Venilonis Episcopi judicium sibi reservat. Fieri quidem potuit, ut hæc disciplina, antiquis licet juribus ac decretis constituta, non multum, seu rarius obtinuerit in quibusdam locis, quæ aliis consuetudinibus & canonibus uterentur. Fieri etiam potuit, ut eadem disciplina in favorem proborum ad fraudes præcavendas instituta, a quibusdam traheretur in abusum, & malorum impunitati serviret. Pseudoisidori vero consilium ab hac improbitate alienum, non aliud fuisse nisi ut Episcopis injuste oppressis subveniret, ex ejus præfatione intelleximus. Forte etiam in ea Galliarum parte, in qua est Moguntia, ubi hæ Pseudoisidori merces, ut mox dicemus, fabricatæ fuerunt, disciplina in ipsis proposita jamdiu ante invaluerat S. Bonifacii Episcopi Moguntini opera, qui apostolica legatione functus, quantum apostolicæ auctoritati deferret, eamdemque observantiam in ea loca inducere studuerit, ex ejus epistolis liquet. Vide inter ceteras ejus epistolam 105. ad Cudberthum Archiepiscopum Cantuariensem, in qua aliquot præcipua disciplinæ capita ab eodem sancto Martyre & Germaniarum Apostolo iis in regionibus instituta, ac in pseudoepistolis Isidorianis postea repetita exhibentur. Idem quoque spiritus in successores ejus Lullum, Riculfum, Autgarium transiit, ut ex aliis monumentis constat. Quod si Pseudoisidorianæ decretales eam disciplinam præferunt, quæ & antiquioribus decretis atque canonibus fulciebatur, & jamdiu ante saltem iis in regionibus vigebat, ubi pseudoisidorus illas condidit; num æqua sit illa reprehensio, qua novæ disciplinæ introductio ipsis decretalibus attribuitur, quisque intelliget. Negari tamen non posse videtur, quin eadem disciplina latius propagata magis multo inoleverit, postquam eædem decretales editæ & divulgatæ fuerunt, ac mox in quibusdam Conciliis laudatæ, atque subinde insertæ in collectiones Reginonis, Burcardi, & aliorum, quæ ob suam brevitatem ac methodum magno usui fuere.

§. IV.

De auctore & tempore ejusdem collectionis.

XII. Isidori nomen præfationi ab impostore fuisse inscriptum eo consilio, ut S. Isidoro Hispalensi Episcopo opus tribueretur, innuimus num. 3. ubi etiam probavimus hanc collectionem eidem Sancto adscribi non posse. Plerique eam adjudicant Riculfo Episcopo Moguntino, quem collectionem, uti putabatur Isidori Hispalensis, ex Hispania allatam Moguntiæ edidisse, & in vicinas Galliarum regiones evulgasse Hincmarus Remensis tradidit in opusculo contra Hincmarum Laudunensem cap. 24. *Si vero ideo talia*, inquit, *quæ tibi visa sunt, de præfatis sententiis* (Angilramni) *ac sæpe memoratis epistolis detruncando, & præposterando, atque disordinando collegisti, quia forte putasti neminem alium easdem sententias, vel ipsas epistolas præter te habere, & idcirco talia libere te existimasti posse colligere; res mira est, cum de ipsis sententiis plena sit ista terra, sicut & de libro collectarum epistolarum ab Isidoro, quem de Hispania allatum Riculfus Moguntinus Episcopus in hujusmodi, sicut & in Capitulis regiis studiosus, obtinuit, & istas regiones ex illo repleri fecit*. Cum vero Riculfus Moguntinus, qui Lullo successit anno 786. vel 787. e vivis excesserit anno 814. in collectione autem Isidoriana epistolæ quædam contineantur, ex. gr. Urbani I. & Joannis III. quibus ab impostore insertæ fuerunt ad verbum aliquot sententiæ Concilii Parisiensis celebrati

Riculfo Moguntino tribui nequit.

brati anno 829. hasce imposturas (1) Riculfo attribui non posse liquet. Hincmarus vero excusandus est, quippe quem hæc bona fide sumsisse credimus ex Benedicto Levita. Is enim in præfatione ad tres libros Capitularium V. VI. & VII. ab ipso digestos & editos circa annum 845. scripserat: *Hæc vero Capitula, quæ in subsequentibus tribus libellis coadunare studuimus, in diversis locis, & in diversis schedulis, sicut in diversis Synodis ac placitis generalibus edita erant, sparsim invenimus, & maxime in sanctæ Mogontiacensis Metropolis Ecclesiæ scrinio a Riculfo ejusdem sanctæ sedis Metropolitano recondita, & demum ab Autcario secundo ejus successore atque consanguineo inventa reperimus, quæ in hoc opusculo tenore suprascripto inserere maluimus*. Inter Capitula vero ab hoc inserta libris laudatis nonnulla occurrunt ex epistolis apocryphis priscorum Pontificum, quædam ex pseudo-synodis Symmachi, & fere omnia Capitula ad Angilramnum Hadriano Papæ afficta: quæ tamen sine ullo auctoris nomine recitantur. Neque vero hæc Benedictum Levitam sumsisse existimes ex aliquo Capitulari Regum Francorum, ex quo item eadem Pseudoisidorus excerpens, priscis illis Pontificibus, Synodis Symmachi, ac Hadriano I. attribuerit. Si enim ea decreta in sinceris Capitularibus fuissent constituta; inventa sane fuissent, si non omnia, saltem aliqua ejusmodi Capitularia, in quibus illa legerentur. Sic quidem cum Ansegisus ex veris Capitularibus suos libros quatuor compegerit; studiosi homines eadem Capitularia nacti sunt, in quibus fere omnia Ansegisi capitula continentur, nec non illa, quæ ab Ansegiso prætermissa idem Benedictus Levita ex veris Capitularibus in suis libris adjecit. Quid vero caussæ est, cur ne unum quidem capitulum ex apocryphis illis documentis in ullo antiquiori Capitulari reperitur; nisi quia ea Benedictus non ex veris Capitularibus, sed ex pseudoisidorianis mercibus, in quibus dumtaxat inveniuntur, derivavit? Hæc ergo pseudoisidorianæ collectionis capitula inter illa esse videntur, quæ in Moguntinæ Ecclesiæ scrinio a Riculfo recondita tradidit. Cum porro hæc collectio ab ipso Benedicto tribuatur, seu saltem involvatur cum ætate Riculfi, quem obiisse jam vidimus antequam ea conderetur & ederetur; non alia de caussa id videtur fecisse, nisi ut iisdem documentis auctoritatem crearet, & imposturæ, quæ ipsi ignota non esset, suspicionem removeret. Hinc cum ejusmodi imposturis ipse primus, aut fere primus usus sit, & Levita fuerit Ecclesiæ Moguntinæ, ex qua ea collectio prodiit; nonnulli suspicantur cum Blondello, ipsum fortassis earumdem imposturarum fuisse architectum.

XIII. Hoc certe tempore collectio condita, & in Germania quidem, quæ in Galliis veteri dispositione censita, Francorum Regibus suberat, non vero in Hispania; ac proinde aliquem Germano-Francum habet auctorem. Cum recentius documentum, ex quo impostor integras sententias in apocryphis compingendis decerpsit, sit Concilium Parisiense anni 829. ante hunc annum editio ejusdem collectionis collocari nequit. Porro Concilium Aquisgranense anni 836. cap. 2. n. 8. decernens, ut per singulos annos sanctum oleum in cœna Domini *juxta traditionem apostolicam ac statuta decretalium, in quo de eadem re præcipitur*, ab Episcopis conficiatur; secundam Fabiani pseudo-epistolam indicare creditur. Hinc ea editio post annum 829. & ante annum 836. statuenda videtur. Mirum vero est, Rabanum, qui paullo post annum 841. Otgario, seu Autcario Moguntino Episcopo Pœnitentiale nuncupavit, nihil ex apocryphis Isidorianis produxisse. Num id fecerit, quia ipsis nihil fidebat; an vero quia nondum prodiissent, ita ut Aquisgranensis Concilii decretum ad Fabiani pseudo-epistolam perperam referatur, alii judicent. Quod si hoc secundum probabilius judicetur, & multo magis si cum Blondello credatur impostor quasdam formulas & phrases excerpsisse ex epistola Jonæ Aurelianensis ad Carolum Calvum, qui regnum obtinuit anno 839. Isidoriana collectio vulgata dicenda esset circa tempus, quo Benedictus Levita libros Capitularium edidit, nimi-

Auctor Germano-Francus.

Tempus collectionis.

(1) Riculfum aliquid novi attulisse Blondellus colligit ex libro 7. Capitularium c. 205. nunc 281. ubi ille in Wormatiensi conventu Gregorii Papæ epistolam attulisse traditur, cujus nulla nec ante, nec post memoria exstitit. Verum hæc non supposititia, sed sincera est epistola Gregorii II. ad Bonifacium Moguntinum, quæ legitur tom. 8. Concil. Venetæ editionis col. 178.

nimirum circa annum 845. unde prima apocryphorum expressa mentio legitur in epistola Caroli Calvi ad Episcopos in conventu Carisiaco scripta anno 857.

De collect. Remedii Curiensis. t. 2. Rer. Alaman. part. 2. p. 134. edit. 1730.

Neque vero moveat collectio Remedio Curiensi attributa, & a Goldasto edita cum hac epigraphe: *Alamannicæ Ecclesiæ veteris canones ex Pontificum epistolis excerpti a Remedio Curiensi Episcopo jussu Karoli Magni Regis Francorum & Alamannorum*. Hic Rex cum obierit anno 814. Goldastus ipsam collectionem conditam putat circa annum 813. Amplior erat hæc collectio, eique additamenta accesserunt Notingi Constantiensis Episcopi, qui vita functus est anno 934. At hæ Notingi additiones cum non exigua parte canonum a Remedio collectorum ex suo codice excisa atque sublata idem Goldastus tradit. Capita ab eodem edita, quæ supersunt, sunt tantum quadraginta novem; eaque ex ordine exhibent excerpta ex solis pseudo-epistolis priscorum Pontificum a S. Clemente ad S. Urbanum usque. Hæc vero ipsa excerpta, quæ auctor ex Pseudoisidori collectione post Carolum Magnum, ut vidimus, compacta derivavit, palam faciunt, errorem esse in titulo, vel in explicatione tituli *Karoli Magni*, & Remedium, qui horum excerptorum auctor traditur, ad posteriorem ætatem referri oportere. Forte pro *Carolo Magno* intelligendus est *Carolus Crassus*, qui ita *Carolus Magnus* fuerit nuncupatus, uti *Lodovicus Magnus* dictus invenitur Imperator Ludovicus II. Carolus nimirum Crassus vulgata jam Pseudoisidori collectione primo Alemannorum Rex fuit, & postea imperium obtinuit.

Auctor non fuit Hispanus.

XIV. Pseudoisidorum vero non fuisse Hispanum, sed Germano-Francum multa convincunt. Ex Moguntia quidem collectionem prodiisse, & per Gallias disseminata fuisse exemplaria Hincmaro teste accepimus: qui licet in eo falsus sit, quod præsumens auctorem S. Isidorum Hispalensem, eam ex Hispania allatam tradidit; in eo tamen quod e Moguntia eadem collectio vulgata fuerit, conlato Benedicti Levitæ testimonio maxime confirmatur. Hac de caussa, qui apocrypha illa nono sæculo primum laudarunt, Germano-Galli sunt, nulli autem Hispani, aut aliarum regionum Scriptores. Hispanos quidem hanc collectionem diutius ignorasse, vel non suscepisse colligere licet ex epist. 121. Innocentii III. lib. 2. Hinc enim discimus, eos in quadam caussa Alexandro III. obtulisse suum codicem canonum, in quo cum aliis Conciliis describebatur Emeritense. Hoc autem Concilium cum aliis non in Isidoriana collectione, sed in auctiori Hispanica describitur: ac proinde corpus canonum per id quoque tempus apud Hispanos receptum erat collectio Hispanica. Vetustiores codices Isidoriani sunt Germano-Franci, adeo ut ii quoque, qui in alias regiones traducti nonum sæculum attingunt, e Galliis provenerint, ut de duobus Vaticanis nono sæculo scriptis paragrapho sequenti patebit. Adde quod in pseudo-epistolis plures Germano-Francorum idiotismi inveniuntur, eademque stili barbaries, quæ in aliis ejusdem ætatis Scriptoribus Gallicanis & Germanis deprehenditur: idiotismi autem Hispanorum proprii, qui in Etherio & Eulogio notari queunt, nulli. Evidentius est illud, quia impostor non pauca transcripsit ex epistolis S. Bonifacii Episcopi Moguntini, & ex litteris Cangith Abbatissæ ad eumdem Bonifacium, quæ non in Hispania, sed Moguntiæ, & in Germania, ubi illi versati sunt, inveniri potuerunt. Accedit tandem argumentum omnium, ut nobis quidem videtur, gravissimum. Dum impostor Hispanicam collectionem suæ inseruit, non usus est codicibus Hispanæ originis, sed illis originis Gallicanæ. Id nobis innotuit in conferendis epistolis S. Leonis. Duos enim codices collectionis Hispanicæ adhibuimus, Vindebonensem 41. originis Hispanæ, ac Vaticanum 1341. Gallicanæ originis. Insignem horum codicum varietatem in lectionibus jam notavimus cap. 4. n. 13. ita ut in Vindebonensi corruptæ quidem sint, sed ad veram lectionem ipsi errores accedant; in Vaticano autem manifestæ sint emendationes arbitrariæ, quæ a germano textu recedunt. Huic autem Vaticano codici, qui ex Gallia in bibliothecam Vaticanam pervenit, similes plane in lectionibus seu emendationibus agnovimus tres alios codices Gallicanos laudatos a P. Coustantio, ex quibus ejusmodi codices in Galliis inventi ac disseminati, a studioso aliquo Gallicano antiquario Hispanicum corruptum codicem olim exscribente & emendante provenire nemo dubitare potest. Vide quæ in hanc rem adnotavimus loco laudato. Porro eas-

dem

dem Leonis epistolas contulimus cum editione Merlini, quæ e MS. Isidoriano prodiit, nec non cum aliis codicibus Isidorianis, ac præsertim cum Vat. 630. qui inter Isidorianos omnium vetustissimus & Pseudo-isidoro suppar puriorem ejus collectionem continet. Horum autem lectiones cum plurimum absunt a lectionibus Vindebonensis exempli originis Hispanæ; tum easdem omnino lectiones & emendationes repræsentant, quæ sunt in codice Vat. 1341. originis Gallicanæ; idque adeo evidenter patuit, ut conferentibus codicem Isidorianum Vat. 630. cum Hispanico Vat. 1341. in eisdem Leoninis epistolis, alter ex altero ad verbum exscriptus visus sit. Nihil ergo dubitandum est, quin Pseudo-isidorus in inferendis suæ collectioni documentis collectionis Hispanicæ codicem adhibuerit non Hispanæ originis, sed Gallicanæ. Quid ita? nisi quia in Galliis, ubi erant hujusmodi codices, non autem in Hispania suam collectionem digessit. Quis ergo post tot ac tam manifesta indicia de auctore Gallicano, seu Germano-Franco adhuc ambigendum putet?

Collect. Isid. præfert lectiones collectionis Hispanæ originis Gallicanæ.

§. V.

De codicibus Isidorianis. Ordo & catalogus documentorum hujus collectionis sumtus ex antiquissimo omnium MS. Vat. 630. Spuria, sincera, & interpolata accurate discernuntur.

XV. CUm MSS. codices Isidorianæ collectionis in bibliothecis frequentiores sunt; tum vero plerique ita inter se discrepant, ut quid contineret primitiva collectio, plures dubitent. Multi enim codices solas decretales epistolas præferunt, carent vero canonibus Conciliorum, quos tamen Pseudo-isidorum suæ collectioni inseruisse ex ejus præfatione liquet. In his alii plures, alii pauciores epistolas continent, alii etiam ordine ipsarum nonnumquam discrepant. Qui autem canones cum epistolis exhibent, non semper conveniunt. Quidam enim auctiores sunt in epistolis, quas vel Isidorianis inserunt, vel in fine adjiciunt. Nobis tredecim exemplaria invenire licuit, e quibus quinque Conciliorum canonibus expertes tum numero, tum ordine epistolarum plerumque dissentiunt. Hujusmodi sunt codices Vat. 629. 3788. 3791. 4873. & Vallicellanus D. 38. Codices autem cum epistolis atque canonibus, e quibus ne unum quidem reperire contigit P. Coustantio, nobis hi octo præsto fuere, Vat. 630. 631. & 1340. Vat. Ottobonianus 93. Casanatensis A II. 14. Florentinus PP. Prædicatorum S. Marci 182. Patavinus 100. Canonicorum Lateranensium S. Joannis in Viridario, & Venetus bibliothecæ Ducalis S. Marci in duos tomos divisus, quorum alter signatur n. 168. alter 169. Ex his tamen nonnulli mutili, aliquibus epistolis initio, vel in fine carent.

Codices Isid. quantum discrepent.

Præfat. t. I. epist. R. P. n. 155.

XVI. Ut in tanta manuscriptorum varietate discerni tute possit, quænam vere fuerit Pseudo-isidori collectio, seu quæ documenta in primævo ejus fetu indita fuerint, lucem præferent hæc præfationis ejus verba, quibus suæ collectionis imaginem ac documentorum summam atque ordinem exprimit. *In principio vero*, inquit, *voluminis hujus, qualiter Concilium apud nos celebretur, posuimus, ut qui nostrum ordinem sequi voluerint, sciant qualiter hoc agere debeant. Qui autem hoc agere melius elegerint, faciant quod justo canonicoque atque sapientissimo consilio judicaverint. Denique propter eorum auctoritatem ceteris Conciliis præposuimus canones, qui dicuntur Apostolorum, licet a quibusdam apocryphi dicantur, quoniam plures eos recipiunt, & sancti Patres eorum sententias synodali auctoritate roboraverunt, & inter canonicas posuerunt constitutiones. Deinde quarumdam epistolarum decreta Apostolicorum interseruimus, id est Clementis, Anacleti, Evaristi, & ceterorum Apostolicorum, quas potuimus hactenus reperire epistolas, usque ad Silvestrum Papam. Postmodum vero Nicænam Synodum constituimus propter auctoritatem ejusdem magni Concilii. Deinceps diversa Concilia Græcorum & Latinorum, sive quæ antea, seu quæ postmodum facta sunt, sub ordine numerorum ac temporum capitulis suis distincta, sub hujus voluminis aspectu locavimus: subjicientes etiam reliqua decreta Præsulum Romanorum usque ad S. Gregorium, & quasdam epistolas ipsius, in quibus pro culmine Sedis Apo-*

Quæ vera Isid. collectio.

Qui puri codices.

stolicæ non impar Conciliorum exstat auctoritas. Illi igitur codices, qui primo post præfationem exhibent ordinem celebrandi Concilii, dein canones proferunt Apostolorum, postea epistolas Apostolicorum, seu priscorum Pontificum a S. Clemente ad S. Silvestrum, deinde Nicænum cum ceteris Græcorum & Latinorum Conciliis, ac tandem epistolas alias consequentium Pontificum usque ad S. Gregorium; hi, inquam, codices veram & integram Isidorianam collectionem continere dicendi sunt. Tales autem omnino esse deprehendimus duos codices Vat. 630. & 631. qui sunt plane integri. Tres autem Vat. Ottobon. 93. Florentinus S. Marci, & Casanatensis, licet tum decretales epistolas, tum Conciliorum canones præferant; cum tamen mutili sint, integræ collectionis notitiam præstare non possunt. Alius autem Vat. 1340. ac duo Veneti S. Marci plura documenta addunt post S. Gregorium, quæ cum Pseudo-isidoro attribui non possint, ad additamenta referenda sunt, de quibus capite sequenti erit sermo. Codicem Patavinum 100. S. Joannis in Viridario etsi integrum, at posterioris ætatis, diligenter evolvere per tempus non licuit. Itaque ex illis duobus integris & puris Isidori codicibus Vat. 630. & 631. quos diligentius expendimus, totius collectionis Isidorianæ descriptionem subjiciemus: de aliis autem aliqua addemus postea. Inter hos autem duos Vaticanos integros codices in serie & ordine præcipue sequemur codicem 630. Is enim præferendus omnino est omnibus, quippe qui non solum est Gallicanus, idest ejus regionis, in qua hæc collectio concinnata fuit; verum etiam uti antiquissimus omnium laudatur a Montfauconio, & Cardinali de Aguirre. Gallicanum duo probant: I. notatio recentiori caractere initio scripta: *Hic liber spectat ad usum Joannis Episcopi Attrebatensis*: II. epistola Luitardi Venciensis ad Wenilonem Rothomagensem. Antiquissimum vero & ipsi Pseudoisidoro supparem declarat catalogus Romanorum Pontificum, qui in Leone IV. Benedicto III. & Nicolao I. desinit; ex quo hic codex sub Nicolao I. exaratus agnoscitur, idest inter annum 858. & 867. quo quidem tempore documenta hujus collectionis ab Hincmaro & aliis Gallis Episcopis allegari cœperunt. Hinc idem codex unum e primis ejusdem collectionis exemplaribus habendus: quod ipsum etiam atque etiam confirmant duæ appendiculæ quorumdam documentorum, quæ cum posterioribus curis Pseudoisidorus addidisset, in hoc primigeniæ collectionis exemplo adjectæ sunt in fine; cum in aliis codicibus suo loco insertæ inveniantur. Huic ergo codici in constituenda ac describenda eadem collectione quantum præ ceteris sit deferendum, nemo non videt.

De MS. Vat. 630. puro Isidoriano, & omnium vetustissimo.

Quæ in eo MS. præmissa sunt collectioni Isid.

XVII. Ante collectionem præter catalogum Romanorum Pontificum, quem in Nicolao I. desinere monuimus, affertur adnotatio de quatuor Conciliis generalibus. Hæc legitur apud Gratianum dist. 15. c. 1. ac ex S. Isidoro Hispalensi lib. 6. Originum c. 16. sumta est. Dein sequitur adnotatio de sex Conciliis, uti apud eumdem Gratianum dist. 16. c. 10. tum alia adnotatio de aliis Conciliis uno & viginti, quorum octo priora sunt Ancyranum, Neocæsariense, Gangrense, Sardicense, Antiochenum, Laodicenum, Carthaginense, & Africanum, quæ Hadrianæ collectionis seriem referunt: cetera vero tredecim sunt Gallicana, nullum Hispanicum: quod hanc adnotationem in Galliis conditam indicat. Eadem apud Gratianum exstat dist. 16. c. 11. ubi tamen tria alia Gallicana Concilia adduntur, quæ idcirco complent numerum XXIV. Tum in codice post mentionem Concilii Maticensis propositam numero XXI. subjiciuntur alii octo numeri a XXII. usque ad XXIX. qui tamen vacui relinquuntur. Sequuntur porro alii decem & octo numeri a XXX. ad XLVII. in quibus indicantur Concilia Hispanica, & reliqua, quæ in tabula Conciliorum dein recolenda iisdem numeris referuntur. Subjicitur Notitia provinciarum, quam Andreas Scotus, Petrus Bertius, & Emanuel Schelestratius publici juris fecerunt; ac postea Notitia Galliarum, quæ a pluribus vulgata est. Hæ omnes adnotationes atque Notitiæ non solum exstant similiter in MS. Vat. 631. aliisque exemplis, quæ Isidorianam integram collectionem continent, verum etiam in codice Vat. 1341. collectionis Hispanicæ, originis Gallicanæ, ita ut dubitandum non sit, quin vel ex aliquo ejusmodi exemplo collectionis Hispanicæ traductæ fuerint in manuscripta Isidori, vel ex MSS. Isidorianis in eos codices collectionis Hispanicæ transierint. Hæc autem omnia, quæ præcedunt,

dunt, & non pertinent ad collectionem Isidori, claudit memorata epistola Luitardi Episcopi Venciensis ad Wenilonem Rothomagensem scripta an. 868. quæ solius manuscripti Vat. 630. propria, ex eodem edita est tom. 10. Conciliorum edit. Ven. col. 1403.

XVIII. Post hæc collectio Isidoriana exorditur a præfatione hoc titulo: *Incipit præfatio S. Isidori Episcopi. Isidorus Mercator servus Christi lectori conservo suo & parenti in Domino fidei salutem. Compellor a multis* &c. Edita est ex codice Vat. 630. a Cardinali de Aguirre. Vide tomum 1. Concil. pag. 4. Merlinus omittit *Mercator*, & pro *fidei* habet *fideli*. Vulgati Conciliorum pro *Mercator* substituunt *peccator*, quod nulli nostri codices præferunt. *Mercator* quoque legitur in codice Parisiensi, quem vidit Harduinus, nec non apud Ivonem in decreto; & solum in hujus margine *peccator*. Descriptio collectionis Isid.

Præfationi subjicitur epistola supposititia Aurelii ad Damasum, cujus initium est: *Gloriam Apostolicæ Sedis*, nec non apocrypha Damasi responsio, *Scripta sanctitatis tuæ* &c. quas videsis tom. 2. Concil. col. 1011. & 1012. In MS. Vat. 631. hæ describuntur ante præfationem, sed perperam; nam Hincmarus Remensis in opusculo adversus Hincmarum Laudunensem c. 24. Damasi responsionem ad Aurelium laudans, *quam*, inquit, Isidorus *suæ præfationi supposuit, & collectioni præposuit*.

Postea sequitur *Ordo de celebrando Concilio*. *Hora diei prima* &c. uti tom. 1. Concil. a col. 8. usque ad col. 12. Hunc quidem ordinem, qui sumtus est ex Concilio Toletano IV. initio collectionis præmittendum auctor in præfatione receperat.

Dein affertur tabula Conciliorum cum titulis 47. quorum primi 45. illi sunt, quos in Hispanica exhibuimus c. 4. n. 5. alii autem duo sunt hi: XLVI. *Decreta quorumdam Præsulum Romanorum ad fidei regulam, & disciplinam ecclesiasticam constituta*. XLVII. *Synodus Toletana LXVIII. Episcoporum*. Hæc eadem tabula cum iisdem titulis 47. exstat etiam in codice Casanatensi A. II. nec non in Vat. 1341. continente collectionem Hispanicam originis Gallicanæ; ac propterea ex alterutro fonte in alterum irrepsit. Certe duo tituli 46. & 47. qui nec cum Hispanicæ, nec cum Isidorianæ collectionis corpore concordant, additicii noscuntur. Error quidem inest in titulo 46. qui non exprimit ullum Concilium, sed est ille ipse titulus in Hispanica collectione præfixus parti secundæ, quæ decretales Sedis Apostolicæ continet.

Subduntur aliæ duæ epistolæ supposititiæ, altera S. Hieronymi ad Damasum, cujus initium: *Gloriam sanctitatis tuæ* &c. altera Damasi ad Hieronymum, quæ incipit: *Gaudet Ecclesia tuo fonte* &c. Editæ sunt ab Henschenio, Schelestratio, & aliis: novissime autem insertæ sunt Appendici operum S. Hieronymi tom. 11. editionis Veronensis pag. 275. Cum hæ inveniantur etiam in quibusdam MSS. Pontificalis Romani Damaso inscripti, quod Pseudoisidorus adhibuit, num harum suppositio ipsum Pseudoisidorum, an alium antiquiorem habeat auctorem, ex quo ipse illas receperit, definire non licet.

Mox ex collectione Hadriana describuntur quinquaginta canones Apostolorum versionis Dionysianæ.

Tum sequuntur epistolæ priscorum Pontificum a S. Clemente ad Melchiadem usque, omnes supposititiæ, & omnes a Pseudoisidoro confictæ, duabus tantummodo S. Clementis exceptis, quas tamen ille interpolavit. En ipsarum seriem, quas in editis Conciliorum invenire licebit. Epistolæ priscorum Pontificum supposititiæ.

Epistolæ quinque S. Clementis, duæ ad Jacobum, tertia ad omnes Episcopos, Presbyteros &c. quarta ad Julium & Julianum, quinta ad Hierosolymis habitantes cum Jacobo Episcopo. Duæ primæ jam a Græco aliquo confictæ fuerunt, & a Rufino latinitate donatæ, in vetustiores collectiones tum Italicas, tum Gallicanas transierant. Solum epistola secunda in collectionibus Italicis inscribitur: *Præcepta S. Petri*: quo titulo illam ex iisdem collectionibus hoc tomo edemus inter documenta Juris canonici veteris: at in Gallicanis codicibus ab Harduino & Coustantio indicatis inscribitur: *Epistola præceptorum S. Clementis Papæ missa Jacobo Fratri Domini*, vel *Epistola S. Clementis Romani ad Jacobum de sacramentis Ecclesiæ*. Has duas epistolas Pseudoisidorus ex Gallicanis collectionibus excerpsit, unde in secunda *epistolæ* inscriptionem retinuit. Tres vero alias epi-

Duæ epist. S. Clementis spuriæ ab Isid. interpolatæ. stolas ipse supposuit. Illis autem duabus spuriis epistolis, quas aliunde accepit, novas imposturas addidit, cum eas prolixis interpolationibus auxit. Has interpolationes quisque dignoscet, si easdem epistolas ex Isidoriana collectione in Conciliis editas conferat cum illis multo brevioribus, quæ ex versione Rufiniana, & ex antiquioribus collectionibus hoc ipso tomo proferuntur, prima in collectione subjicienda cap. 64. col. 454. altera inter documenta paullo ante laudata num. 5. col. 674.

S. Anacleti epistolæ tres, prima ad omnes Orientales, secunda ad Episcopos Italiæ, tertia ad Episcopos omnes.

S. Evaristi duæ, una ad Africanos Episcopos, altera ad Ægyptios.

S. Alexandri I. epistolæ tres, prior ad omnes Orthodoxos, aliæ duæ ad Episcopos omnes.

S. Xysti I. epistolæ duæ, prima ad omnes Christianos, altera ad omnes Episcopos.

S. Thelesphori una ad omnes Christianos.

S. Hygini epistolæ duæ, una ad omnes Christianos, altera ad Athenienses.

S. Pii I. item duæ, prima ad omnes Christianos, ad Italos altera.

S. Anitii (pro Aniceti) una ad Episcopos Galliæ.

S. Soteris duæ, prior ad Campaniæ, secunda ad Italiæ Episcopos.

S. Eleutherii una ad Galliæ provincias.

S. Victoris I. epistolæ duæ, una ad Theophilum Episcopum Alexandrinum, alia ad Africanos.

S. Zephirini duæ, prima ad Siciliæ, altera ad Ægypti Episcopos.

S. Callisti I. duæ, una ad Benedictum Episcopum, alia ad Episcopos Gallos.

S. Urbani I. una ad omnes Christianos.

S. Pontiani duæ, prior ad Felicem Succribonum, altera ad Christianos omnes.

S. Anteri una ad Episcopos provinciarum Bœticæ & Toletanæ.

S. Fabiani tres, prima ad omnes Episcopos, secunda ad Orientales, tertia ad Hilarium Episcopum.

S. Cornelii duæ, una ad omnes Episcopos, ad Rusticum Episcopum altera.

S. Lucii I. una ad Episcopos Galliæ & Hispaniæ.

S. Stephani I. duæ, prior ad Hilarium Episcopum, secunda ad Episcopos omnes.

S. Xysti II. duæ, prior ad Gratum Episcopum, secunda ad Episcopos Hispaniæ.

S. Dionysii duæ, una ad Urbanum Præfectum, altera ad Severum Episcopum.

S. Felicis I. epistolæ tres, prima ad Paternum Episcopum, secunda ad Episcopos Galliæ, tertia ad Benignum Episcopum.

S. Eutychiani duæ, prior ad Bœticæ, secunda ad Siciliæ Episcopos.

S. Gaii una ad Felicem Episcopum.

S. Marcellini duæ, ad Salomonem Episcopum una, altera ad Episcopos Orientis.

S. Marcelli duæ, prima ad Episcopos Antiochenæ provinciæ, secunda ad Maxentium tyrannum.

S. Eusebii tres, prior ad Galliæ, altera ad Ægypti, tertia ad Tusciæ & Campaniæ Episcopos.

S. Melchiadis una ad Episcopos Hispaniæ.

In hac prima parte, quæ ad priscos Pontifices pertinet a S. Clemente usque ad Melchiadem inclusive, seu exclusive usque ad S. Silvestrum, Pseudoisidorus quinquaginta novem epistolas finxit, & duas S. Clementi olim affictas retulit, ac interpolavit.

XIX. Sequitur ea pars, quæ Concilia exhibet. Præmittitur opusculum inscriptum *de primitiva Ecclesia & Synodo Nicæna*. Hoc opusculum cum subjiciatur litteris Melchiadis, ejusdem Pontificis nomine inscriptum a Gratiano aliisque allegatur. Sed in codicibus nomine caret. Est autem veluti prooemium ipsius Pseudoisidori in constitutionem sequentem. Incipit: *Nemo, qui divinas Scripturas legit* &c. uti tom. 1. Concil. Ven. edit. col. 1562.

Subjicitur *Constitutio Constantini ad Silvestrum. In nomine* &c. *Ea quæ Salvator & Redemptor noster* &c. Ibidem col. 1564. Apocryphum est hoc documencumentum. Quidam istud Pseudoisidoro tribuunt. Balsamon quædam Græca ejus fragmenta recitat. Integrum autem documentum græce scriptum invenit P. Possinus in Vaticanis codicibus Græcis *614.* fol. *76.* *789.* fol. 185. *973.* fol. *39.* & *1416.* fol. 127. uti P. Labbeus notavit. Hinc non improbabiliter suspicati sunt Baronius & Binius, hoc constitutum a Græcis fuisse confictum, & postea latine redditum, atque a Pseudoisidoro exceptum. Illud quidem legitur latine in collectione Gallicana, quam primo loco exhibet vetustus codex Colbertinus 3368. Vide quæ diximus part. 2. c. 8. n. 3. Etsi vero hoc documentum ibidem addititium videatur; cum tamen eadem collectio Colbertina sit Pseudoisidoro antiquior, nec quidquam Isidorianum receperit; ipsum ex hac, vel ex alia fortassis vetustiore Gallicana collectione hoc monumentum ebibisse satis credibile est.

Sequitur: *Quo tempore Nicænum Concilium habitum sit. Canones generalium Conciliorum a temporibus Constantini cœperunt*, &c. ac desinit in verbis *secundum post Apostolos symbolum tradiderunt*. Est initium præfationis collectionis Hispanicæ, quam integram dedimus cap. 4. n. 5.

Incipit epistola, vel præfatio Nicæni Concilii. Beatissimo Silvestro in urbe Roma Apostolicæ Sedis Antistite &c. Est præfatio a Pseudoisidoro sumta ex collectione hoc tomo edita. Vide col. 22.

Canones Concil. ex Hispanica sumti.

Postea describuntur canones Conciliorum Græciæ, Nicæni, Ancyrani, Neocæsariensis, Gangrensis, Sardicensis, Antiocheni, Laodiceni, Constantinopolitani, Ephesini, & Calchedonensis, ac Formata Attici. Item canones octo Conciliorum Africæ, septem Carthaginensium, & Milevitani. Dein canones Conciliorum Galliæ, trium Arelatensium, Valentini, Tauritani, Regensis, Arausicani, Vasensis, Agathensis, Aurelianensis. Tandem canones Conciliorum Hispaniæ, Eliberitani, Tarraconensis, Gerumdensis, Cæsaraugustani, Ilerdensis, Valentini, Toletanorum I. II. III. & IV. initium Bracarensis I. quo interrupto inseruntur aliæ novem Synodi Toletanæ a V. ad XIII. quæ ultima apud Merlinum in fine mutila, in Vat. *630.* aliisque Isidorianis integra legitur. Postea iterum subditur Synodus Bracarensis I. sed integra; & mox Bracarensis II. Dein Capitula Martini Bracarensis, & Concilium Bracarense anni *675.* ac tandem duæ Synodi Hispalenses. Hæc omnia Pseudoisidorus sumsit ex auctiori collectione Hispanica originis Gallicanæ, qualis est in MS. Vat. 1341. cum eadem repetitione Bracarensis I. & cum iisdem lectionibus liberius emendatis, uti antea monuimus. Solum in Nicæno post symbolum omittitur Episcoporum catalogus, qui in eodem codice collectionis Hispanicæ legitur.

Epistolæ Pontificum a S. Silvestro partim spuriæ, partim sinceræ, aut interpolatæ.

XX. Tertia pars sequitur, quæ epistolas profert ceterorum Præsulum Romanorum a S. Silvestro ad S. Gregorium usque. Eadem præfatio his præmittitur, *Hactenus digestis Conciliis* &c. quam in Hispanica attulimus cap. 4. n. *6.*

Primum autem documentum, quod producitur, suppostitium est. *Incipiunt excerpta quædam ex synodalibus gestis S. Silvestri Papæ. Temporibus S. Silvestri Papæ, & Constantini piissimi Augusti factum est magnum Concilium in Nicæa* &c. uti tom. 1. Concil. a col. 1575. usque ad verba columnæ 1578. *designatus sit chirographus*. Cum vero in editione Conciliorum his excerptis subjiciantur ipsa synodalia gesta S. Silvestri cum titulo: *Canon*, sive *Constitutum Silvestri*, ex quibus hæc excerpta Pseudoisidorus decerpsit; hæc quoque gesta, quæ æque supposititia sunt, in Isidoriana collectione intexta ibidem traduntur. Verum licet in aliquo codice Isidoriano legantur; absunt tamen a nostro codice & ceteris, quos consuluimus. Inanem quidem laborem ille assumsisset concinnando excerpta ex iisdem gestis, si ipsamet gesta suæ collectioni inserenda putasset. Hæc tantum excerpta in suo quoque codice inventa memorat Hincmarus Remensis in sæpe laudato opusculo contra Hincmarum Laudunensem c. 24. ubi etiam gesta ejusmodi veluti apocrypha rejicit. Cum porro ea sub Symmachi ætatem una cum aliis documentis apocryphis concinnata, inserta fuerint quibusdam collectionibus Italicis, ac in Gallias etiam transierint, uti leguntur in vetusto MS. Colbertino 784. de quo confer part. 2. c. *6.* n. 4. & 5. Pseudoisidorus ex aliquo ejusmodi Gallicano exemplo hæc excerpta deduxisse dicendus est. Ceterum præ oculis habuisse etiam Pontificale Romanum Damasi nomine inscriptum, cujus auctor eadem S. Silvestri synodalia gesta gestà compendio exhibet, nihil dubii est. Quædam enim particulæ excerptorum Pseudoisidori cum Pontificalis abbreviatione magis, quam cum ipsis gestis conveniunt.

Epistola supposititia Athanasii & ceterorum Ægyptiorum ad Marcum Papam, qua petunt exemplum canonum Nicænorum; & rescriptum Marci ad eosdem item supposititium. Vide t. 2. Conc. col. 488. & 490.

Fides in sacro Romano tractata Concilio a beatissimo Julio Papa & reliquis veræ fidei Episcopis. *In nomine Domini Dei & Salvatoris* &c. Ibi col. 549. Hæc quoque est pseudoisidoriana impostura.

Ejusdem Julii Papæ epistola ad Orientales pro S. Athanasio. *Decuerat vos, fratres, alios ecclesiasticis instruere disciplinis* &c. Ibi col. 497. Est apocrypha.

Responsio Orientalium pariter apocrypha. *Licet circa omnes* &c. Ibi col. 502.

Rescriptum Julii ad eosdem Orientales. *Decuerat vos adversus Sanctam Romanam & Apostolicam Ecclesiam* &c. Ibi col. 506. Apocryphum.

Athanasii & Ægyptiorum Synodica ad Liberium Papam apocrypha. *Vestræ beatissimæ paternitatis jura* &c. Eodem tom. 2. Concil. col. 817.

Liberii rescriptum ad eosdem item supposititium. *Olim & ab initio* &c. Ibi col. 819.

Athanasii & Ægyptiorum ad Felicem Papam epistola apocrypha. *Vestro sancto suggerimus Apostolatui* &c. Ibi col. 993.

Felicis responsio. *Sacram vestram Synodicam* &c. ibi col. 999. Alia ejusdem ad eosdem. *Gratia vobis* &c. col. 1005. Utraque supposititia.

Liberii epistola ad universos Episcopos. *Nihil est quod stare* &c. Ibi col. 815. Apocrypha.

Damasus Paullino. *Per filium meum Vitalem* &c. Ibi col. 1014. Hæc sincera Damasi epistola sumta est ex collectione Hispanica.

Postea Pseudoisidorus alteram genuinam ejusdem Damasi epistolam ad eumdem Paullinum ex Hispanica collectione sumtam, quæ *Confessio fidei ad eumdem Paullinum* alias inscribitur, in tres partes discecuit, iisdemque tres apocryphas epistolas interseruit, tabula sex capitulorum præmissa, cui eæ partes tres genuinæ epistolæ, ac tres epistolæ supposititiæ post tabulam subjectæ respondent hoc modo.

I. Ejusdem Damasi ad Paullinum. *Post Nicænum Concilium aliud in urbe Romana postea congregatum est* &c. uti tom. 2. Concil. col. 1061. usque ad illa, *si quis de Patre & Filio bene senserit, de Spiritu Sancto autem non recte habuerit, hæreticus est*. Est prima pars laudatæ epistolæ, seu confessionis fidei ad Paullinum, nisi quod omittitur hoc loco decretum adversus eos, qui de Ecclesiis suis ad alias migrant: quod infra subjicitur tit. *6*.

II. Epistola Stephani ac trium Conciliorum Africæ ad Damasum. *Notum vestræ facimus Beatitudini* &c. Ibi col. 1018. Est supposititia.

III. Quod omnes hæretici de Filio Dei & Spiritu Sancto male sentientes in perfidia Judæorum & gentilium inveniuntur. *Quod si quis patiatur Deum Patrem, & Deum Filium, & Spiritum Sanctum Deos dici* &c. Est postrema pars laudatæ genuinæ epistolæ ad Paullinum. Ibi col. 1063. B. Sed post ultima verba *sine dubio credamus*, in cod. Isid. adduntur alia nonnulla, quæ in puris Hispanicæ collectionis exemplaribus non leguntur.

V. Epistola Damasi ad Prosperum Numidiæ & alios Afros. *Licet, fratres carissimi, nobis sint nota* &c. Ibi col. 1025. Apocrypha.

VI. De Sacerdotibus, qui de Ecclesiis suis ad alias migrant. *Eos autem Sacerdotes, qui de Ecclesiis ad Ecclesias* &c. Ibi col. 1062. C usque ad verba *quiescat in Domino*. Est decretum memoratæ genuinæ epistolæ Damasi ad Paullinum, quod antea omissum fuerat.

Epistola synodica Damasi ad Illyrios Episcopos. *Credimus sanctam fidem vestram* &c. Sumta est ex versione Epiphanii in historia tripartita lib. 5. c. 29. cui Pseudoisidorus addidit chronicam notam spuriam, *Dat. XVII. Kal. Nov. Siricio & Ardabure VV. CC. Consulibus*. Vide tom. 2. Concil. col. 1031.

Damasi epistola apocrypha ad Episcopos Italiæ. *Optaveram dilectissimi* &c. Ibi col. 1033.

Siricii epistolæ tres, omnes sinceræ ex collectione Hispanica, una ad Himerium,

rium, altera ad diversos contra Jovinianum, tertia ad Orthodoxos per diversas provincias. Ibi col. 1212. 1218. & 1223.

Anastasii duæ suppositititiæ, prior ad Germaniæ & Burgundiæ Episcopos, secunda ad Nerianum nobilissimum virum. Ibi col. 1428. & 1430.

Innocentii epistolæ tres & viginti, omnes sinceræ ex Hispanica collectione excerptæ, quæ leguntur tom. 3. Conciliorum ab epist. 1. ejusdem Pontificis usque ad 23. col. 13. & seqq.

Carthaginensis Concilii epistola ad Innocentium, & rescriptum Innocentii. Dein epistola Concilii Milevitani ad eumdem Pontificem cum hujus rescripto. Item epistola familiaris quinque Episcoporum Africæ ad ipsum Innocentium, & hujus responsio. Tandem epistola familiaris Innocentii ad Aurelium. Hæ septem epistolæ leguntur in collectione Gallicana hoc tomo impressa, ex qua Pseudoisidorus illas hausit. Vide infra a col. 128. ad 164.

Zosimi epistolæ duæ ex collectione Hispanica decerptæ, una ad Esychium, altera ad clerum Ravennensem. Exstant in epistolis Zosimi t. 3. Concil. ep. 1. & 2.

Bonifacii Papæ epistola ad Honorium Augustum cum hujus responsione; & alia ejusdem Pontificis ad Episcopos Galliæ. Sunt sinceræ, ex Hispanica collectione sumtæ. Exstant eodem tom. 3. Concil. inter Bonifacii epistolas.

Cælestini epistolæ tres, item ex Hispanica, una ad Venerium & alios Episcopos Gallos, altera ad Episcopos per Viennensem & Narbonensem provinciam constitutos, tertia ad Episcopos Apuliæ. In Conciliis sunt epist. 1. 2. & 3. hujus Pontificis.

Xysti III. una apocrypha ad Episcopos Orientales. Est tom. 4. Concil. epist. 3.

Ex collectione Hispanica postea subduntur eodem plane ordine epistolæ novem & triginta S. Leonis, & aliorum, quas in descriptione collectionis Hispanicæ recensuimus cap. 4. n. 6.

Hilari Papæ tria documenta ex eadem collectione Hispanica, idest synodale decretum, & duæ epistolæ ad Ascanium Tarraconensem. Sunt in Conciliis epist. 1. 2. & 3.

Simplicii Papæ epistola ad Zenonem Spalensem, & Acacii epistola ad Simplicium ex eadem collectione. Prior est in Conciliis epist. 1. ejusdem Pontificis, altera est post epist. 8.

Felicis II. (apud Pseudoisidorum III.) epistolæ tres ex eadem Hispanica, una ad Siculos, altera ad Acacium, tertia ad Zenonem Spalensem. In Conciliis epist. 7. 6. & 8.

Decretum Gelasii Papæ de libris recipiendis vel non recipiendis, quod incipit: *Post propheticas & evangelicas Scripturas* &c. uti tomo 5. Concil. col. 386. Hoc decretum sincerum exscriptum fuit ex aliqua vetustiore collectione, seu codice Gallicano, cujusmodi sunt Colbertinus 784. de quo diximus part. 2. c. 6. & alius Colbert. 3368. de quo ibidem cap. 8.

Aliud ejusdem decretum generale, quod alias inscribitur: *Epistola ad Episcopos Lucaniæ & Siciliæ*. Item alia ejusdem epistola ad Sicilienses. Hæc duo ex Hispanica collectione excerpta, leguntur tom. 5. Concil. epist. 7. & 10.

Ejusdem Gelasii epistolæ quatuor, prior Fausto Magistro, secunda Anastasio Imperatori, tertia Dardaniæ Episcopis, quarta ad Orientales. Hæ sumtæ ex Gallicana collectione hoc tomo impressa cap. 48. 49. 50. & 51.

Anastasii Papæ epistola ad Anastasium Augustum ex collectione Hispanica. Exstat tom. 5. Concil. epist. 1. inter illas ejusdem Pontificis.

Symmachi Papæ epistola ad Cæsarium Arelatensem, item ex Hispanica. Ibi epist. 5. inter Symmachi epistolas.

Subjiciuntur tria genuina Concilia sub eodem Symmacho ex Hadriana collectione, quæ tom. 5. Concil. inscribuntur Synodus I. III. & IV. In plerisque codicibus Isidorianis inseruntur hoc loco duæ aliæ Synodi sub eodem Pontifice, quas fictitias probavimus, nec non alia sincera sumta ex Ennodio. Verum hæc in MS. Vat. 630. in finem collectionis rejiciuntur, de quibus inferius redibit sermo.

Hormisdæ epistolæ octo, & duæ ad Hormisdam eodem ordine, quo eas designavimus in collectione Hispanica, ex qua Pseudoisidorus eas derivavit.

Joan-

Joannis I. Papæ epistolæ duæ, una ad Zachariam Archiepiscopum, alia ad Episcopos Italos. Sunt supposititiæ.

Felicis III. (apud Pseudoisidorum IV.) aliæ duæ epistolæ item supposititiæ, prima ad omnes Episcopos, altera ad Sabinam.

Bonifacii II. epistola ad Eulalium apocrypha.

Joannis II. apocrypha epistola ad Valerium. Episcopum.

Agapeti I. epistola ad Antemium Episcopum CP. item apocrypha.

Amatoris Episcopi epistola ad Silverium Papam, & hujus responsio: ambæ supposititiæ.

Vigilii epistola sincera ad Profuturum, sumta ex collectione Hispanica; sed apud Pseudoisidorum inscribitur ad Euterium ob mendosam lectionem, de qua videsis cap. 4. n. 15. Huic porro epistolæ ille ex suo duo capita addidit sextum & septimum.

Pelagii I. epistola ad Vigilium Episcopum, in Vat. 631. ad Julium, supposititia.

Joannis III. Papæ decreta ad Germanos & Gallos, item supposititia.

Benedicti. Papæ apocrypha epistola ad David Episcopum.

Pelagii II. epistolæ tres, una ad Episcopos Synodi CP. secunda ad Benignum Archiepiscopum, tertia ad universos Episcopos præsertim Campaniæ & Italiæ, omnes apocryphæ.

S. Gregorii Magni epistolæ sex. Tres priores genuinæ ex collectione Hispanica sumtæ, prima & secunda ad Leandrum Episcopum Hispalensem, tertia vero ad Recaredum Regem, quæ leguntur lib. 1. Registri epist. 43. editionis Maurinæ, & lib. 9. epist. 121. & 122. Postea subjiciuntur tres aliæ ejusdem Gregorii epistolæ, quæ vel ex Registro ipsius, vel ex aliis collectionibus Gallicanis sumi potuerunt: una ad Secundinum, quæ exstat lib. 9. epist. 52. sed apud Pseudoisidorum longo additamento interpolata est, quod tamen ab alio antiquiori impostore confictum videbimus part. 4. c. 8. altera ad Teoctistam Patriciam, quæ habetur lib. 11. epist. 45. tertia ad Augustinum, quæ exhibet hujus interrogationes & Gregorii responsa, uti leguntur eodem lib. 11. epist. 64.

Synodus sub eodem Gregorio Magno cum sex canonibus usque ad verba *subire appetit servitutem*, uti habetur tom. 6. Concil. col. 1310.

Primæva collectio Isid. quæ. Decreta Papæ Gregorii junioris. Est Synodus Romana impressa tom. 8. Concil. col. 185. In hac Synodo primæva Pseudoisidori collectio desinit. Porro in MS. Vat. 630. ex quo hujus collectionis descriptionem expressimus, folium album sequitur, quod confirmat eamdem collectionem in laudata Synodo desiisse, adeo ut quæ post idem folium in eodem codice subjiciuntur, posteriori additamento accensenda sint.

Additamenta ejusdem secundis Isidori curis. Subduntur autem eodem caractere totius codicis sequentia documenta, quæ ad Symmachi Papæ caussam pertinent.

Libellus apologeticus Ennodii pro Synodo Palmari Romana, & pro Symmacho. Vide tom. 5. Concil. col. 479.

Synodus V. & VI. sub eodem Symmacho, quas n. 7. supposititias probavimus. Exstant ibidem col. 501. & 509.

Ennodii epistolæ duæ Symmacho attributæ, una ad Laurentium Mediolanensem, quæ incipit: *Prodit religiosæ motum conscientiæ*. In Ennodii operibus legitur, sed cum titulo: *Dictio tertia Ennodii data Stephano V. S. Vicario dicenda Maximo Episcopo:* altera ad Liberium Patricium, quæ apud eumdem Ennodium est epist. 1. libri 5.

Cum porro hæc documenta, præsertim Synodi duæ supposititiæ, Pseudoisidoro tribuantur, & in aliis collectionis Isidorianæ exemplaribus post tres sinceras Symmachi Synodos inveniantur inserta; hæc posterioribus Pseudoisidori curis accessisse videntur: & idcirco descripta in fine laudati codicis Vat. 630. qui in antecedentibus foliis primigeniam collectionem his documentis expertem continet.

Post hujusmodi additamenta in eodem codice iterum pagina alba & vacua relinquitur; ac dein sequentia eodem caractere adjiciuntur.

Capitula Hadriano Papæ adscripta, & Angilramno Episcopo Mediomatriciæ tradita. Sunt capita 52. quorum ultimo alia capita 19. immediate adnectuntur.

Hæc.

Hæc, quæ edita sunt tom. 8. Concil. col. 599. suppositiția, & ab impostore post primum fetum digesta demonstravimus n. 8.

Disputatio Constantii Imperatoris & Liberii Romani Pontificis. *Constantius Imperator dixit* &c. ut in Hist. Tripartita lib. 5. c. 17.

Nonnullæ sanctiones sparsim collectæ ex actionibus Concilii Calchedonensis, quas in aliis quoque collectionibus invenimus.

De mutatione Episcoporum ex lib. 12. Hist. Tripartitæ cap. 8. & 11.

Item ex epistola Pelagii Papæ. *Quod non debeat Episcopus de civitate ad civitatem transire.*

Hic est codicis finis. Capitula Hadriano I. afficta, in aliis Isidorianis codicibus, qui pseudosynodos Symmachi suo loco inserunt, subduntur post Gregorii junioris decreta, & ad Isidori collectionem (in qua tantum inventa sunt, nec non in iis, quæ ex Isidoriana proveniunt) pertinere creduntur. Certe ipsorum Capitulorum suppositio Pseudoisidori indolem refert, & ex suppositițiis quidem epistolis ab eo conditis eadem fuisse excerpta observavimus, adeo ut idem omnium artifex perspiciatur. Cum vero Pseudoisidorus in præfatione scripserit, se *subjecturum decreta Præsulum Romanorum*, non ad Hadrianum usque, sed usque *ad S. Gregorium*; ea Capitula ad primigenium ejus fetum non pertinuisse dicenda sunt, sed postea ab eodem fuisse conficta; ac propterea jure in nostro codice separatim inter additamenta referuntur.

XXI. Codex Vat. 631. qui quondam fuit Cardinalis Petri Episcopi Rothomagensis, sæculo XII. scriptus, omnia continet quæ sunt in Vat. 630. exceptis duabus postremis additionibus *de mutatione Episcoporum*, & *ex epistola Pelagii Papæ*. Solum ordo alicubi mutatur: & cum ea, quæ ad Symmachum pertinent additamenta, suo loco descripta sunt post tres sinceras ejusdem Pontificis Synodos; tum vero Hadriani Capitula cum reliquis post Gregorii junioris decreta sine ullo additamenti indicio subjiciuntur. Illud vero hujus codicis peculiare est, quod post Isidorianam collectionem addit totam collectionem Hadrianam, & versionem Concilii VI. sub Agathone Pontifice. De MS. Vat. 631.

§. VI.

De quibusdam MSS. codicibus, qui Isidorianam collectionem non omnino puram, aut integram continent. Quædam epistolæ apocryphæ Pseudoisidoro perperam attributæ.

XXII. QUænam sit pura & integra Isidoriana collectio, hactenus explicavimus. Nunc de quibusdam codicibus agendum, qui eam cum additamentis ab ipsa alienis, vel etiam non omnino integram præferunt. Primo occurrit codex Vat. Ottobonianus 93. membranaceus in folio, qui antiquissimo caractere minutiori scriptus, & in duas columnas distinctus, noni vel decimi sæculi ætatem exhibet. Gallicanum olim fuisse manifestat pergamena ad muniendum codicem in fine adnexa, quæ actum continet Gallicani Episcopi Parisiensis, & Thomæ de Corcellis sacræ paginæ professoris, & Ecclesiæ Parisiensis Decani sub Pio II. Pontifice. Idem codex initio epistolas priscorum Pontificum, dein canones Conciliorum, postea subsequentium Sedis Apostolicæ Antistitum decreta, idest ipsam Isidorianam collectionem repræsentat. Sed cum initio, & fine careat, eamdem collectionem non omnino integram præstat. Hunc vero defectum supplent duo alii codices, Casanatensis PP. Prædicatorum Minervæ signatus A. 11. 14. & Vat. 3791. ille enim omnino integer priscorum Pontificum epistolas, & canones Conciliorum complectitur, iste vero subsequentium decreta Pontificum ad finem usque; & ita hi codices cum laudato MS. Vat. Ottoboniano in sua cujusque parte conveniunt, ut is in duas veluti partes disectus, duobus illis codicibus comprehendatur, ac quid in ipso sive initio, sive in fine desit, ex iisdem suppleri tute possit. De MS. Vat. Ottob. 93. Duo alii codd.

XXIII. P. Coustantius similes Isidorianos codices vidit, qui solum canonibus Conciliorum carebant. Monet enim duplicem indicem capitulorum in iisdem fuisse præmissum, unum initio ante epistolas priscorum Pontificum, qui & Conciliorum canones quantumvis in iis codicibus omissos designat, alium ante epi- Præfat. ad Epist. Rom. Pontif. n. 155.

stolas posteriorum Pontificum. Hos autem indices in memoratis tantummodo exemplis nacti sumus: primum quidem in Casanatensi (nam Vat. Ottob. initio mutilus est.) secundum vero in Vat. Ottob. & in alio Vat. 3791. Praeterea ille in suis codicibus quasdam pseudoepistolas reperit Damaso, Hieronymo, & Leoni affictas, quas solum laudatis nostris codicibus simul insertas reperire licuit: ac proinde illos P. Coustantii nostris plane similes multo certius agnovimus. Is porro easdem pseudoepistolas aeque ac ceteras supposititias Pseudoisidoro attribuit, eo quod eos solos Isidorianos codices nactus, puram Isidorianam collectionem in ipsis contineri credidit. Nos vero, quibus contigit manuscriptum Vat. 630. omnium antiquissimum & integrum, aliosque similes puram Isidorianam collectionem praeseferentes inspicere; horum comparatione memorata exemplaria eamdem collectionem non omnino puram continere perspeximus.

In prima parte sunt puri Isid. XXIV. Quantum ad primam partem, quae priscorum Pontificum epistolas, & canones Conciliorum comprehendit, illi quidem codices cum eadem ejusdem partis documenta eodem ordine praeferant, quem in Vat. 630. notavimus, puri Isidoriani dici queunt. Solum haec pars, ut ex Casanatensi integro didicimus, incipit a praefatione Isidori omissis adnotationibus atque Notitiis, quae in Vat. 630. praefationi praeeunt, in codicibus autem, de quibus agimus, post finem secundae partis rejiciuntur, uti deteximus ex MS. Vat. 3791. Postea sequitur index capitum LXXVII. qui etsi deest in puris Isidori exemplis, documentis tamen Isidorianis plane respondet. Priores numeri XXX. assignantur totidem Pontificibus a S. Clemente usque ad Melchiadem, quorum epistolae in eadem parte describuntur: ceteri numeri XLVII. sunt illi, qui ad Concilia pertinent in totidem numeros distributa, ut alibi vidimus.

Discrimen in parte altera. XXV. In altera vero parte, quae posteriorum Pontificum epistolas respicit, non leve est istorum codicum a puris Isidorianis discrimen. Indicem capitulorum huic parti praemissum, qui in iisdem tantum MSS. inventus est, Isidoro quidem adscribi non posse duo suadent. I. quia pauciores epistolas recenset, quam in Isidoriana collectione contineantur. E septem ex. gr. Gelasii epistolis duas tantum, & e quatuor documentis Symmachi unum solummodo indicat. Praeterea tabula manuscripti Casanatensis desinit in Anastasio, illa vero codicis Vat. Ottoboniani concluditur in Hormisda; cum Isidoriana collectio ipso auctore testante ad Gregorium usque perveniat. II. quia idem epistolarum ordo, qui in eo indice visitur, nec cum ordine aliorum codicum Isidori concordat, nec cum illo ipsius codicis Vat. Ottoboniani, aut alterius Vat. 3791. In ipso autem corpore horum codicum epistolae non solum non respondent praemisso indici, verum etiam a collectione Isidoriana dissentiunt, & ex hoc praesertim discrimine hanc esse veram Isidori collectionem opinari non possumus. In primis ordo epistolarum ex. gr. S. Leonis Isidorianus non est. Pseudoisidorus enim Leonis epistolas XXXIX. ex Hispanica collectione in suam transtulit eo plane ordine, quo in Hispanica describuntur, uti probant codices Vat. 630. 631. & alii. Hinc eumdem pariter ordinem retinuit auctor ejus auctioris collectionis Isidorianae, quam describemus capite sequenti. Licet enim is plura additamenta inseruerit, epistolas tamen ex Isidoro exscriptas eodem ordine retulit, quem in Isidorianis codicibus nactus est. At in MSS. de quibus in praesentiarum est sermo, alius omnino Leonis epistolarum ordo inducitur, eademque ordinis perturbatio est etiam in litteris Innocentii & aliorum. Deinde in Damaso num. 15. & 22. bis affertur confessio fidei, quam ille ad Paullinum misit, cujus initium est: *Post Nicaenum Concilium*. Semel tantum in puris Isidorianis exemplis legitur. Praeterea in Leone epistola ad Africanos ea forma auctiori exhibetur, qua editioni Hadrianae quaedam capitula subnectuntur in ea editione omissa, cum Isidorus ex Hispanica aliam formam decurtatam dederit. Vide nostram admonitionem in ipsam epist. 12. Adde tandem quod adjiciuntur aliquot epistolae partim sincerae, partim spuriae, quae in puris Isidorianis MSS. desunt. Ita in epistolis Damasi interseruntur tres, quarum duae sunt apocryphae,
t. 2. Concil. col. 1017. una ejusdem ad Hieronymum, quae incipit: *Cum multa corpora librorum*; altera rescriptum Hieronymi incipiens: *Supplex legi epistolas Apostolatus vestri*;
Ibidem. tertia autem Damasi sine titulo, cujus initium: *Cum Apostolicae Sedi reverentiam*

tiam debitam: quæ eſt genuina ex Græco latine reddita ab Epiphanio Scholaſtico Hiſtoriæ Tripartitæ inſerta lib. *9.* c. 15. ubi ad Orientales miſſa tradi-tur. In Leonis epiſtolis additiţiæ ſunt decem & octo; & in his epiſtola 28. ad Flavianum ex diverſis fontibus bis deſcribitur, nec deeſt epiſtola apocrypha a nobis in Appendicem tomi primi rejecta *de privilegio Chorepiſcoporum ſeu Presbyterorum ad univerſos Germaniæ & Galliæ Eccleſiarum Epiſcopos*, quam tamen anterius confictam diſcimus ex litteris Joannis III. ab ipſo Pſeudoiſidoro ſuppoſitis, in quibus eadem Leonis epiſtola allegatur. Præterea poſt S. Gregorii litteras adduntur *Epiſtolarum verba de diverſis locis excerpta*, nimirum ex variis S. Gregorii Magni epiſtolis: & poſt Capitula Hadriani tria appenduntur: I. *Epiſtola Papæ Spalenſis Epiſcopi* (ideſt S. Iſidori Hiſpalenſis) *ad Laudefridum Cordubenſem*, quam ex MS. Hiſpanico edidit Loaiſa, ac ex Loaiſa refertur tom. 7. Concil. col. 434. II. *Alia Iſidori ad Maſonem Epiſcopum de reſtauratione Sacerdotum*, quæ ſuppoſititia creditur a Joanne Morino lib. 4. de pœnitentia c. 15. n. *6.* III. *Catalogus de nominibus hæreticorum, qui unitatem Eccleſiæ turbaverunt*. Incipit: *Quidam etiam hæretici* &c. uti apud Gratianum cauſ. XXIV. q. 3. c. *39.* Sumtus eſt ex lib. 8. Etymologiarum S. Iſidori Hiſpalenſis c. 5. Hæc poſtrema additamenta, quæ ob codicem in fine mutilum abſunt a Vat. Ottob. *93.* nobis innotuerunt ex MS. Vat. *3791.* in quo hæc ſecunda pars integra conſervatur. Hoc tam multiplex ejuſmodi codicum diſcrimen a ceteris antiquioribus & purioribus Iſidorianis exemplis nonne puram Iſidori collectionem in illis non reperiri demonſtrat? Neque vero quiſpiam ſuſpicetur, documenta additiţia, præſertim illa tria apocrypha quæ memoravimus, poſterioribus Pſeudoiſidori curis acceſſiſſe. Id enim ſatis evincit præcipue codex Vat. *630.* in quo cum poſteriora ejuſdem Pſeudoiſidori additamenta duplici appendice in fine deſcripta inveniantur, dubitare non licet, quin ea quoque additiţia laudatorum codicum documenta ibidem cum ceteris ſubnexa fuiſſent, ſi eodem Pſeudoiſidoro auctore acceſſiſſent. Hinc etiam Pſeudoiſidoro minus recte adſcribuntur ſuppoſititiæ epiſtolæ tres, una Damaſi ad Hieronymum, alia Hieronymi ad Damaſum, & alia Leonis ad Epiſcopos Germaniarum, atque Galliarum; quæ a puris Iſidorianis codicibus abſunt, & ſolum in iis inveniuntur, qui pluribus nominibus a pura Iſidoriana collectione diſtant, & aliquot additamenta aliunde recepere. Non ſolus Pſeudoiſidorus fuit apocryphorum fabricator, ſed alii plures ejuſdem indolis inventi ſunt. Ut autem omittamus quaſdam vetuſtiores impoſturas, epiſtola Deuſdedit Papæ ad Gordianum Hiſpalenſem Epiſcopum cum aliis tribus, quæ in eà allegantur, Julii, Innocentii, & Cæleſtini ad Epiſcopos Iſauriæ, Epheſiorum, & Hieroſolymæ, ſuppoſitionem manifeſtam prodit; nec tamen in ullo Iſidori codice inventa, huic artifici tribui poteſt. Idem eſt de quibuſdam aliis commentitiis ſcriptis, de quibus in Additionibus Iſidorianis dicetur capite ſequenti.

Quædam apocrypha non ſunt Iſidori Mercatoris.

XXVI. Codex Florentinus S. Marci ſignatus num. 182. qui ſæculo circiter XII. ſcriptus, & epiſtolas, & canones continet, in poſtrema parte a pura Iſidoriana collectione aliquantulum diſcrepat. Nam poſt Innocentii epiſtolas addit legem Imperatoris Conſtantii ad Voluſianum, & ipſius Voluſiani edictum in cauſſa Pelagianorum, quæ in collectione canonum hoc tomo edenda leguntur cap. *19.* & 20. Dein in Leone præter ordinem ab Iſidorianis codicibus diverſum nonnullas epiſtolas præfert, quæ in iiſdem codicibus deſunt; & epiſtolam 12. ad Africanos Mauros non decurtatam, ut illi, ſed integram & exacte deſcriptam exhibet, qualem in nulla alia collectione invenire licuit. Vide præfationem in Leonis epiſtolas §. XIV. ubi quatuor & viginti epiſtolas, quæ in eo codice deſcribuntur, recenſuimus. Cum autem epiſtola XXIV. ob codicem mutilum fine careat, num aliæ Leonis epiſtolæ ſequerentur, & num in ceteris Pontificibus aliquid aliud ab Iſidori collectione diverſum infereretur, ignoramus.

De MS. Florentino Iſid.

XXVII. Plura dicenda eſſent de MS. cod. Vat. 1340. & de duobus ſimilibus Venetis S. Marci *168.* & *169.* qui in poſtrema item parte Iſidorianæ collectionis plurima documenta partim inſerta, partim in fine addita continent. Sed cum hæc latius pateant, de his ſeparatim agendum erit capite ſequenti.

XXVIII. Codex Vat. *629.* ſæculi XII. in folio ante Iſidorianam collectionem quædam præmittit S. Iſidori Hiſpalenſis opuſcula, & Eccleſiaſticam Rufini Hi-

De MS. Vat. 629.

ni Historiam. Sequitur Pseudoisidori præfatio. Dein index capitulorum cum hoc titulo: *Incipit breviarium canonum Apostolorum & primorum a S. Clemente usque ad S. Damasum Apostolicorum sequens ordinem suum, quorum etiam gesta in hoc opere condita continentur subjecta capitulis suis*. Inquit autem *usque ad Damasum*, quia post canones Apostolorum epistolæ omnes Isidorianæ collectionis a S. Clemente ad Damasum usque continua serie describuntur, omissis intermediis canonibus Conciliorum, nec non tractatu de primitiva Ecclesia, & Synodo Nicæna. In reliquis autem Pontificibus librarius defatigatus multa omisit, pauca vero adjecit. Nam unam tantum Siricii epistolam dedit ad Himerium, unam spuriam Anastasii ad Germaniæ & Burgundiæ Episcopos, unam Innocentii ad Decentium, unam Zosimi ad Hesychium, Bonifacii epistolam ad Honorium Augustum & hujus rescriptum, unam Cælestini ad Episcopos Galliæ, quæ incipit *Apostolici verba præcepti*, unam apocrypham Xysti III. ad Orientales, Leonis tres tantum ad Rusticum, ad Anastasium, & ad Nicetam, unam Hilari ad Ascanium Tarraconensem, quæ in Conciliis est ipsius Pontificis epist. 2. omnes ex Isidoro excerptas. Duas addidit Simplicii, quæ in Isidoro desunt, unam ad Joannem Episcopum Ravennatem, alteram ad Florentium, Equitium, & Severum Episcopos, quæ in Conciliis sunt ejusdem Pontificis epist. 2. & 3. ac ex Hadriana collectione excerptæ videntur. Mox ex eadem collectione subduntur *Felicis decreta in Synodo, Flavio Boetio V. C. Consule* &c. uti tom. 5. Concil. col. 275. Apud Isidorum sola epistola eidem Synodo inserta & Siculis inscripta legitur. Postea vero ex Isidoro profertur alia tantum ejusdem Felicis epistola sexta ad Acacium, una Gelasii ad Episcopos Lucaniæ, primum Symmachi Concilium, una tantum Hormisdæ epist. 25. ad Episcopos Hispanos, una supposititia Joannis I. ad Zachariam Archiepiscopum, ac tandem una Felicis III. al. IV. ad Episcopos diversarum provinciarum, quæ apud Isidorum integra, hic procemio diminuta legitur; incipit enim ab ultima ejusdem procemii periodo: *Scripta sanctitatis vestræ, quæ ad Sedem Apostolicam* &c. Præterea singulis Pontificibus ante cujusque epistolas suum elogium præmittitur ex Pontificali Romano, quod Anastasio Bibliothecario tribuitur: & licet post laudatum Felicem nullæ subsequentium Pontificum constitutiones in eodem codice describantur; elogia tamen omnium afferuntur ad Hadrianum usque. Succedunt Capitula decem Gregorii VII. quorum initium: *Quicumque militum, vel cujuscumque ordinis, vel professionis persona prædia ecclesiastica* &c. ut in Concilio Romano celebrato an. 1078. Dein ordo de discretione pœnitentium, quem Gregorius Papa constituit. *Ponunt canones peccantibus de quibusdam peccatis tres annos in pœnitentia, unum ex his in pane & aqua, de quibusdam quinque annos* &c. Finis est, *vitam consequi possimus sempiternam*. Hunc ordinem hactenus nullibi invenimus. Ultimum documentum est Synodus Urbani II. Papæ Placentiæ habita an. 1095. quæ exstat tom. 10. Concil. col. 824.

De MS. Vallicellano Isid. XXIX. Codex Vallicellanus D. 38. sæculi circiter decimi, canonibus Conciliorum omissis, Isidorianæ collectionis epistolas continet a S. Clemente ad Damasum usque, ut in præcedenti codice. Præter Pseudoisidori præfationem habet etiam opusculum de primitiva Ecclesia. Subjicit Nicolai I. epistolas in caussa Rothadi Episcopi Svessionensis, quæ in editione Conciliorum leguntur. Codicem claudit epistola Vitaliani Papæ ed Paullum Archiepiscopum Cretensem, quæ in Conciliis est ejusdem Pontificis epist. 1.

Duo alii MSS. Vatt. XXX. Duo codices Vatt. 3788. sæculi XI. & 4873. ævi recentioris, easdem epistolas Isidorianas præferunt a S. Clemente usque ad Damasum. Postea quædam subnectunt ex S. Gregorio Magno, quæ in Isidoro non inveniuntur. Duo codices Isidoriani, qui Patavii in bibliotheca S. Joannis in Viridario continentur notati numeris 100. & 159., alia atque alia ab Isidoro aliena receperunt, quæ non vacavit in adversaria referre: nec dubitamus, quin alii codices alibi sint, aliquot omissionibus, vel additamentis diversi. Ex diligenti autem, quam §. 5. dedimus puræ Isidorianæ collectionis, descriptione, quid Isidorianum, quid additititium, vel omissum sit, quisque facile intelliget.

CAPUT VII.

De Additionibus Isidorianæ collectionis a Merlino editæ, quæ continentur in MS. Vat. 1340. ac in aliis duobus bibliothecæ Venetæ S. Marci.

De edit. Merlini.

I. PRima Isidorianæ collectionis editio a subsequentibus Conciliorum editoribus recepta, Jacobi Merlini opera Parisiis prodiit an. 1523. quæ iterum repetita fuit Coloniæ an. 1530. & iterum Parisiis an. 1535. Verum hæc in postrema parte, quæ canones Conciliorum subsequitur, pluribus additamentis plerumque genuinis aucta est, quibus pura Isidoriana collectio caret. Hæc autem addititia documenta non a Merlino inserta fuerunt, sed ante ipsum a studioso aliquo hinc inde diligenter collecta, atque descripta invenimus in MS. Vat. 1340. cujus simile exemplum eum in editione præ oculis habuisse deprehendimus. Cum vero idem Merlinus aliquot documenta prætermiserit, & ob defectum, uti credimus, sui exempli ipsam collectionem perduxerit usque ad Zachariam; plura vero laudatus codex contineat, quæ ad Remense usque Concilium anni 1148. sub Eugenio III. perveniunt; hinc ejusmodi Additionum notitiam ex eodem codice hic distincte proferre necessarium ducimus. Aliquot exemplaria MSS. plane similia reperiri in Galliis, quorum unum Herovallianum Quesnellus laudat, alterum Remense S. Remigii tum idem Quesnellus, tum P. Coustantius commemorant, ex aliquot certis indiciis agnovimus. Aliud in duas partes distinctum nacti sumus in bibliotheca Ducali Veneta S. Marci, quarum prima pars in Cælestini litteris desinens, exstat in MS. signato num. 168. altera vero, quæ a Xysti III. epistolis incipiens, & progrediens usque ad laudatam Synodum Remensem, plura & potiora additamenta complectitur, describitur in MS. 169. Hæ porro additiones discerni non possent, nisi accurata præcessisset integræ & puræ Isidorianæ collectionis descriptio, quam ex puris Pseudoisidori codicibus præcedenti capite §. 5. exhibuimus. Hinc enim perspectis quæ Pseudoisidorus in sua collectione vel prioribus curis posuit, vel posterioribus addidit, cetera quæ præterea in hoc vel illo codice inveniuntur descripta, alienis additamentis jure sunt deputanda. Ex qua distinctione Additionum a puris Isidorianæ collectionis documentis id utilitatis sequetur, quod quisque perspiciet, quam perperam nonnulli Pseudoisidoro tribuerint nonnulla, quæ non ad ipsum, sed ad memoratas aliorum Additiones pertinent.

De MS. Vat. 1340.

II. Codex itaque Vat. 1340. ex quo præsertim ejusmodi Additionum descriptionem eruemus, est pergamenus in folio sæculi XII. nam in fine legitur catalogus duplex Romanorum Pontificum, quorum alter brevem ipsorum notitiam præferens definit in Eugenio III. & Hadriano IV. alter vero in Clemente III. qui obiit an. 1191. Initio ante Pseudoisidori præfationem ea omnia præmittuntur, quæ adnotavimus in describendo codice Vat. 630. exceptis catalogo Romanorum Præsulum, & Notitia provinciarum, quæ in finem codicis rejiciuntur. Post præfationem eadem omnino sequuntur usque ad Siricium, quæ in eodem MS. Vaticano 630. recensuimus. Post Siricii autem epistolas tres duo inseruntur: I. Concilium Telense cum ejusdem Pontificis epistola ad Africanos: II. epistola Ambrosii, Sabini, Bassiani &c. ad Siricium, quæ in collectione hoc tomo impressa invenientur cap. 31. & 62. Cetera usque ad Leonem ut in eodem codice Vat. Solum post epistolas Cælestini I. hæc clausula notatur: *Explicit prima pars canonum*: quæ quidem tota exhibetur in MS. Veneto S. Marci 168. Dein secunda pars, quæ in codice Vat. 1340. postea sequitur, & continetur in alio codice Veneto 169. præmittit tabulam capitulorum cum titulo: *Incipiunt capitula sequentis operis*. Inchoat vero a litteris Xysti III.

Duo codd. Veneti, & Partes duæ distinctæ.

III. In Leonis autem epistolis, quæ Xysto III. subnectuntur, Additionum auctor peculiari diligentia usus est: Cum enim apud Isidorum sint tantum epistolæ XXXIX. ille alias sexaginta adjecit, quas indicavimus in præfatione ad epistolas S. Leonis §. 13. tom. 1. pag. 350. In his est Leonis pseudoepistola de Chorepiscopis. Cum vero Additionum collector dedisset Leonis epistolam 12. ad Africanos ex editione decurtata, quam apud Isidorum reperit; memoratæ

ratæ

ratæ pseudoepistolæ de Chorepiscopis sine ullo titulo ex collectione Hadriana subjecit ea capitula earumdem litterarum ad Africanos, quæ in decurtata editione desiderantur. Inter Leoninas epistolas inseruit alienas epistolas duas. Una est epistola Leonis, Victorii, & Eustochii ad Episcopos inter tertiam provinciam constitutos, quam Leoni Bituricensi, aliisque Gallicanis Episcopis restitutam in Appendice epistolarum S. Leonis dedimus tom. 1. pag. 1471. Hanc quidem, perinde ac si esset S. Leonis Papæ *cum Synodo Romæ* scripta, bis laudavit Hincmarus Remensis, primo in quaternione ad Carolum Regem Opusc. I. tom. 10. Concil. edit. Venetæ col. 1253. ac iterum initio Opusculi II. ibidem col. 1268. Nihil ergo mirum, si noster collector pari hallucinatione eam ejusdem Pontificis litteris accensuit. Altera est epistola S. Cyrilli ad Nestorium ex ea antiqua versione, quæ profertur in collectione hoc tomo edita cap. 66. Merlinus in his epistolis non solum ordinem nostrorum codicum alicubi mutavit; verum etiam tres epistolas omisit, unam Petri Ravennatis ad Eutychen, quæ in ipso Isidoro legitur, alteram Ceretii, Salonii, & Verani ad S. Leonem, tertiam S. Cyrilli ad Nestorium.

IV. Post Leonis epistolas in utroque nostro codice Vaticano & Veneto afferuntur sequentia a Merlino pariter omissa.

I. Breviarium caussæ Nestorianorum in capita 24. distinctum, quod Liberatus digessit.

II. Joannis CP. epistola ad Theodorum Mopsuestenum, quæ incipit: *Si esset quidem venire possibile* &c.

III. Gregorii Nazianzeni ad eumdem. *Tempus mihi est illud Scripturæ dicere* &c.

IV. Alia ad Theodorum. *Dilectionis indiciis delectamur* &c.

V. Pars epistolæ ejusdem Gregorii ad eumdem. *Qui assumsit David* &c.

VI. Alia ejusdem ad eumdem. *Habuit quidem & apud nos livor* &c.

VII. Isidori Pelusiotæ ad Cyrillum. *Terrent me divinarum Scripturarum exempla* &c.

VIII. Alia ad eumdem. *Compassio quidem non acute videt* &c.

IX. Alia. *Multa quidem testimonia* &c.

X. Alia. *Oportet admirabilis inconvertibilem semper esse* &c. Hæ quatuor epistolæ S. Isidori Pelusiotæ sunt epist. 370. 310. 323. & 324. Hæc autem novem documenta indicata a n. II. ad X. sumta fuerunt ex antiqua versione lucubrata tempore celebris controversiæ de tribus Capitulis; iisdemque ipsorum Capitulorum defensores usi sunt, ut colligere licet præsertim ex libris Facundi Hermianensis.

XI. Defensio fidei facta a Cyrillo. *Invicta pariter veritate defendimus omousion* &c.

XII. B. Cyrilli & testimonia SS. Patrum. *Certum est tamquam aliud in alio habitam divinam naturam in humanitate* &c. Incipiunt testimonia diversorum. S. Cyrilli ex libro 22. Thesauri. *Non enim unam esse naturalem operationem* &c. aliaque adduntur ex SS. Athanasio, & Gregorio Nysseno, ex Gelasii epistola ad Dardanos, & ex Theodoreto.

XIII. S. Quintiani Episcopi Asculani ad Petrum Antiochenum. *Omnis itaque qui dicit naturam Dei* &c. Sunt anathematismi 21. ejus supposititiæ epistolæ subjecti. Vide tom. 5. Concil. col. 223. & notam Severini Binii. Confer etiam quæ de hoc aliisque quinque ejusdem generis documentis apocryphis diximus part. 2. c. 11. §. 3. Hanc pseudoepistolam in Gallicanis MSS. Bellovacensi & Victorino Harduinus invenit.

XIV. Athanasii epistola ad Epictitium (lege Epictetum) & alia Cyrilli ad Joannem Antiochenum ex versione, quam in collectione hoc tomo edenda reperies cap. 52. & 53.

XV. Libellus Augustini contra omnes hæreses. *Credimus in unum verum Deum* &c. Editus est in Appendice tomi 8. Operum S. Augustini col. 78.

V. Redit collectio ad Isidorianam, & post tria documenta Hilari Papæ ex Isidoro descripta, quæ Merlinus etiam dedit, cum eodem Merlino addit epistolam ejusdem Pontificis ad Leontium, Veranum, & Victurium, ac duas Ascanii & aliorum Episcoporum provinciæ Tarraconensis ad ipsum Pontificem, quas

quas videsis tom. 5. Concil. in Hilaro epist. 4. 1. & 2. Dein inter epistolas Simplicii ex Isidoro exscriptas in nostris codicibus, & apud Merlinum tres aliæ ejusdem Pontificis inferuntur, una ad Joannem Ravennatem, altera ad Florentium, Equitium, & Severum, quæ ex collectione Hadriana excerptæ fuerunt, ac tertia ad Acacium, quam codex canonum hoc tomo edendus profert cap. 44. Porro in Isidoro, sicut & in collectione Hispanica unica producitur epistola Felicis III. ad Siculos. In nostris autem MSS. & apud Merlinum ex Hadriana collectione describitur integra Synodus Romana ejusdem Pontificis, in qua recitata fuit eadem epistola inscripta non *Siculis*, sed *Episcopis per diversas provincias constitutis*. Porro præter Gelasii epistolas in Isidoro inventas additur *tomus de anathematis vinculo* ex laudato Codice canonum sumtus c. 47. Subjicitur quoque ipsius epist. 1. ad Euphemium CP. Decretum Gelasii de libris, quod apud Isidorum ante ipsius epistolas profertur, non solum rejicitur in finem, verum etiam eidem præmittitur Ordo veteris & novi Testamenti, ejusdem Pontificis nomine inscriptus, qui apud Isidorum non legitur: & in ipso decreto post mentionem Synodi Calchedonensis additur periodus: *Et si qua sunt Concilia* &c. quæ in Isidoro deest.

VI. Sequuntur, ut apud Isidorum, omnia documenta Anastasii & Symmachi cum hujus quoque Synodis apocryphis, & cum ceteris documentis ex Ennodio transcriptis, nec non epistolæ Hormisdæ. His autem subnectuntur alia duo documenta sumta ex collectione Hadriana. I. Justini Augusti epistola ad eumdem Hormisdam, cujus initium est: *Quo fuimus semper*. II. Exemplar precum ad Justinum a Hierosolymitanis & Antiochenis, & secundæ Syriæ Clericis missum, quod incipit: *Haurite aquam cum lætitia*. Nihil præter Isidori collectionem producitur in subsequentibus Pontificibus a Joanne I. ad Silverium usque, cujus litteræ ad Vigilium his verbis incipientes, *Multis te transgressionibus irretitum*, a Merlino editæ, cum in his auctioribus codicibus, non autem in puris Isidorianis inveniantur, Pseudoisidori imposturis perperam accensentur. Has porro litteras in codicibus nostris subsequitur liber S. Prosperi contra Cassianum, quem Merlinus præterivit. A Vigilio ad S. Gregorium Magnum usque omnia cum Isidoro consentiunt. Post Synodum vero ejusdem S. Gregorii appenduntur duæ epistolæ, una Felicis Siciliæ Episcopi ad eumdem, altera rescriptum Pontificis, quæ in editione PP. Benedictinorum S. Mauri sunt epist. 16. & 17. libri 14. Hinc porro quam male hæ epistolæ a nonnullis suppositionis accusatæ, quæ in puris Isidorianis MSS. desunt, Pseudoisidori figmentis adscribantur, nemo non videt. Si vero supposititiæ sint, nostris additionibus antiquior est hæc impostura, quippe alterius fragmentum retulerunt Joannes Diaconus in vita S. Gregorii lib. 2. c. 3. & Hincmarus Remensis epist. 37. & 59. nec non in tractatu de divortio Lotharii & Teuthbergæ interrog. 5. & quæst. 7. ac interrog. 12. ante finem.

Aliæ litteræ Pseudoisidoro non adscribendæ.

Nec duæ aliæ epistolæ.

VII. Decretis Gregorii junioris, in quibus Isidoriana collectio desinit, nostri codices cum Merlino sequentes additiones subnectunt. Quatuor epistolas Vitaliani Papæ, unam ad Paullum Cretensem, alteram ad Vaanum cubicularium, tertiam ad laudatum Paullum Cretensem, & quartam ad Gregorium Syracusanum, quæ in editione Conciliorum sunt ejusdem Pontificis epist. 1. 2. 3. & 4. Item Martini I. epistolam ad Amandum Episcopum Trajectensem, quæ legitur tom. 7. Concil. col. 391. Sequuntur aliquot documenta, quæ spectant ad S. Bonifacium Episcopum Moguntinum. Professio scilicet & juramentum ejusdem præstitum Gregorio II. quod exstat tom. 8. Concil. col. 167. Ipsius Gregorii epistola prima ad eumdem Bonifacium; item epist. 3. ad universos Episcopos &c. dein epist. 4. ad Clerum & populum Thuringiæ: epist. 5. ad Optimates Thuringorum: epist. 7. ad Saxones: epist. 8. ad Bonifacium, nec non alia ad eumdem, quæ in vulgatis est epist. 1. Gregorii III. Porro sub nomine Gregorii junioris affertur epist. 2. ejusdem Gregorii III. ad omnes Episcopos, Presbyteros, & Abbates: item epist. 3. ad Optimates & populum provinciarum Germaniæ: epist. 4. ad Episcopos Bajoariæ & Alamanniæ: item alia ad Bonifacium, quæ est epist. 13. Gregorii II. Dein epist. 7. Gregorii III. ad Bonifacium. Tum epistola Bonifacii ad Zachariam Papam, quæ est in Conciliis tom. 8. col. 227. Item epistola 2. Zachariæ ad Witum Episcopum Barbaranæ, quæ in Conciliis inscribitur Burchardo Episcopo Wirciburgensi. Vide ibidem observationem Pagii. Item ejusdem epist. 11. ad Ruginfridum & alios Episcopos Gallos atque Germanos. Item ejusdem Pontificis ad Bonifacium epistolæ tres, idest 9. 12. & 1. Hucusque etiam Merlinus, quem deinceps codex suus deseruit. At in nostris exemplaribus subjiciuntur duæ epistolæ Bonifacii ad Stephanum II. Papam, quarum prima edita est tom. 8. Concil. col. 403. altera vero inter Opera seu epistolas ipsius S. Bonifacii est epist. 97. Dein epistola Danielis omnibus Regibus, Ducibus &c. ibidem epist. 33. Tum epistola Caroli Majorisdomus Episcopis, Ducibus &c. tom. 8. Concil. col. 175. Postea Concilium anni 742. quod in vulgatis Germanicum appellatur, ibidem col. 269. Item alia Synodus ad Kalendas Martias in loco, qui dicitur Liptinas: ibi col. 273. Tum Bonifacii Moguntini epist. 19. ad Ethobaldum Regem Merciorum: ac tandem alia ejusdem epist. 20. Buggani Abbatissæ.

VIII. Descriptis postea ex Isidori collectione Capitulis Angilramno traditis ab Hadriano I. Pontifice, nec non excerptis ex actionibus Concilii Calchedonensis una cum altercatione inter Liberium & Constantium, hæc documenta adjiciuntur. Duæ epistolæ Innocentii II. una ad Samsonem Remensem & Ervicum Senonensem cum suffraganeis, alia ad Bernardum Abbatem Clarevallensem insertæ in Concilio Senonensi anni 1140. tom. 12. Conciliorum col. 1531. Concilium Remense anni 1148. sub Eugenio III. Ibidem col. 1652. Clauditur collectio cum Notitia provinciarum, quæ in aliis quoque Isidorianis MSS. describitur. In fine adduntur vitæ breviores & catalogus Romanorum Pontificum, de quibus n. 2. diximus.

IX. Cum post documenta ad S. Bonifacium Moguntinum pertinentia nullum trium sæculorum subsequentium ibidem suppetat usque ad Innocentium II. & Concilium Remense; suspicio non levis exoritur, hæc postrema documenta sæculi XII. additiones esse recentiores; collectorem vero ceterorum additamentorum vetustiorem aliquem studiosum virum fuisse, qui in epistolis & Conciliis ad S. Bonifacium spectantibus desiit. Quidquid autem hac in re credatur, hanc certe collectionem in Galliis digestam ostendunt additamenta documentorum, quæ vel Gallicana sunt, vel ex antiquioribus Gallicanis collectionibus excerpta fuerunt. Quæ ad S. Bonifacium Moguntinum pertinent, epistola Leonis Bituricensis, Victorii Cenomanensis, & Eustochii Turonensis ad Episcopos inter tertiam provinciam constitutos, Concilium Remense, & alia ejusdem generis ita Galliarum propria sunt, ut non nisi a Gallicano tam facile inveniri & colligi potuerint. Concilium Telense in solis Gallicanis collectionibus inventum est. Multa collector sumsit ex Codice canonum a nobis recudendo, quem non Romanum, sed Gallicanum esse Codicem ostendemus in Observationibus ad Quesnelli Dissertationem XII. Ceteræ additiones in aliis Gallicanis collectionibus reperiuntur, vel in Hadriana, quæ ad Carolum Magnum missa, in Galliis disseminata erat. Harum Additionum præstantia vel ex eo perspicitur, quod multa contineant, quibus careremus, nisi exinde prodiissent. Vide inter cetera quæ de Leonis epistolis in hanc rem animadvertimus tom. 1. pag. 529. n. 26. Documenta fere omnia harum Additionum sincera: quæ autem pauca sunt apocrypha, vetustiorem originem habent, ac propterea in aliis antiquioribus MSS. inventa fuere. Harum quidem Additionum collector, qui tam pretiosa monumenta summa diligentia expilcatus est, non eam fingendi indolem præsefert, qua alia multo plura, ut Pseudoisidorus fecit, commentitia ingessisset.

Additionum collectio est Gallicana.

Præstantia harum Additionum.

CAPUT VIII.

De codice Cantabrigensi, quem Fabricius & Larroquanus laudant. De duobus MSS. Vatt. 1343. & 1344. Epistola S. Gregorii Magni, qua Augustini interrogationibus respondet, cum proœmio nondum impresso, & forma a vulgatis diversa ex iisdem MSS. producitur.

I. MErlinum puram Isidorianam collectionem non edidisse, sed illam, quæ est multis additionibus auctior, ex hactenus disputatis liquet. Hinc puram Isidori collectionem separatim edi, recenserique ad sinceriorum manuscriſcriptorum codicum fidem plures eruditi viri peroptarunt. At videndum eſt, ne pro ſinceris Iſidorianis exemplis illa habeantur, quæ a MSS. Vatt. 630. & 631. ex quibus illam deſcripſimus capite ſexto, diſſentiant. Joannes Albertus Fabricius tomo XI. Bibliothecæ Græcæ lib. 6. c. 1. pag. 17. idem eruditorum deſiderium proponens, inter præſtantiora Iſidorianæ collectionis exemplaria, ad quæ ea editio exigenda eſſet, refert codicem Cantabrigenſem, qui ſæculo XI. emptus fuerat a Lanfranco Archiepiſcopo Cantuarienſi, & eximie laudatur a Matthæo Larroquano in epiſtola, quam a Baſnagio Bellovalio editam, idem Fabricius recudendam putavit. Notat autem Larroquanus, in eodem codice deeſſe præfationem & ordinem celebrandæ Synodi, tres tantum exhiberi S. Clementis epiſtolas, ceteras vero plerumque multum differre a vulgatis, quæ ſunt identidem tertia, vel media etiam parte auctiores, quam in eo codice. Ordinem præterea diverſum commemorat, quem in alio recentiori MS. Cantabrigenſi non tam a vulgatis, quam a codice Lanfranci diſſimilem affirmat. Primo Carthaginenſi Concilio præmiſſam teſtatur epiſtolam Aurelii & Mizonii ad Synodum Carthaginenſem, quæ in Merlino non legitur. Ex his autem idem Larroquanus puram Iſidori collectionem non in editione Merlini, ſed in hoc codice contineri credidit. Auctiora autem documenta apud Merlinum librariis tribuit, qui in illis exſcribendis addiderint quæ ipſis placuiſſent. Cum vero nos codicem Vat. 630. Pſeudoiſidori ætati ſupparem nacti ſimus, quocum alii item Iſidoriani tum antiqui, tum recentiores concinunt; nihil dubium eſt, quin hi memorato Cantabrigenſi exemplo anteferendi ſint. Hoc quidem exemplum ab integra Iſidoriana collectione alienum ſatis demonſtrat ipſe defectus tum præfationis, tum ordinis celebrandi Concilii, quæ duo præter laudatos vetuſtiores codices Hincmarus quoque Pſeudoiſidori ævo proximus ex primitivis hujus exemplaribus laudat. Cetera vero ejuſdem codicis a Larroquano notata, quæ cum vetuſtioribus & ſincerioribus codicibus non conveniunt, eo referenda ſunt, quia non puram & perfectam collectionem Iſidori, ſed imperfectam & mixtam continet, in qua ſcilicet peculiari librarii arbitrio alia per ſaltum omiſſa, alia decurtata, alia aliunde addita fuerunt. Inter hæc addititia referri debet Aurelii & Mizonii epiſtola, quæ cum in ſola antiqua collectione a Queſnello edita, & a nobis hoc tomo repetenda inveniatur, ejus codicis librarium ipſam exinde addidiſſe manifeſtum eſt. Aliquot alios Iſidorianæ collectionis codices deſcripſimus capite ſexto num. 28. & ſequentibus, qui cum alia omittant, alia addant præter ſinceriorum & vetuſtiorum Iſidori exemplarium fidem, ſi quis ſe puram & integram ejus collectionem in ipſis nactum arbitraretur, nimium aberraret. Aliquot præterea alios codices in bibliotheca Vaticana invenimus, in quibus quædam tantum documenta librariorum arbitrio ex Iſidoro excerpta, & una cum aliis aliarum collectionum documentis tranſcripta leguntur. In his quoque Iſidorianam collectionem agnoſcere nemo poterit, ſed merum excerptum ex pluribus. Duas ex his hoc capite paucis explicabimus. *Codex Cantabrig.*

II. Una exſtat in MS. codice Vat. 1343. ſæculi circiter X. qui ad Eccleſiam Ticinenſem olim pertinuit, ut ex duobus documentis initio & in fine deſcriptis agnoſcitur. Tres hujus codicis præcipui fuerunt fontes, nimirum collectiones Hadriana, Additionum Dionyſii, & Iſidoriana. Primum ex Hadriana ſumti ſunt canones Conciliorum a Nicænis ad Africanos uſque. Hadrianæ autem collectionis uſum demonſtrat non ſolum diſtinctio canonum XXXIII. Carthaginenſium a ceteris Africanis, verum etiam indicium ſubſcriptionum, ſeu catalogi Epiſcoporum Nicænorum, qui in Hadriana, non autem in puro Dionyſio appenditur. Non omnes vero canones cujuſque Synodi deſcribuntur, ſed nonnulli identidem omiſſi per ſaltum. Ex Conſtantinopolitano Concilio ſolum ſymbolum exhibetur. In decretis Pontificum ex eadem collectione excerptis multo plura eodem ſaltu prætermiſſa fuerunt. Immo ex Bonifacii decretis nihil affertur: nihil item ex Hilaro, Simplicio, Felice, Symmacho, & Gregorio juniore. *Collect. Vat. 1343.*

III. Porro ex Additionibus Dionyſianis proferuntur *Præcepta S. Petri de conſervandis ſacramentis*, quæ in iiſdem Additionibus recenſentur n. 69. *Statuta antiqua Orientis*, ibidem n. 70. & 71. & *Epiſtola canonica* n. 72. Inſeritur ex alio ignoto fonte *Decretum Silveſtri Papæ*, cujus initium: *Si quis Epiſcopus nulla eccleſiaſticæ rationis neceſſitate*, quod in Capitulis Martini

Bracarensis est caput 14. Redeunt documenta ex Additionibus Dionysianis: S. Leonis epistola ad Theodorum Forojuliensem, ibidem n. 109. ejusdem epistola ad Siculos n. 110. alia ad Eutychen n. 111. exempla gestorum, ubi in CP. Synodo a Flaviano Episcopo Eutyches hæreticus auditus & condemnatus est n. 112. Sententia Papæ Gelasii, quod Sedes Apostolica omnium ligata dissolvere possit, ad Episcopos per Dardaniam. Item ex epistola ad eosdem, quod Sedes Apostolica facultatem habet sine Synodo & absolvendi & damnandi: quæ duæ particulæ in Additionibus habentur num. 134. Gelasii epistola ad Orientales de vitanda communione Acacii n. 135. Constituta S. Gelasii Papæ n. 136. Constituta Gregorii Papæ n. 137. Additur epistola ejusdem Gregorii ad Augustinum, quem in Saxoniam direxit atque Britanniam, cum initio, quod in vulgatis desideratur, & cum forma a vulgatis diversa, quam in fine hujus capitis dabimus. Sequitur fragmentum epistolæ Hieronymi ad Evangellum: *Nam Alexandriæ* &c. Exstat in editione Veronensi operum ejusdem S. Doctoris tom. 1. col. 1076.

IV. Postea ex Isidoriana collectione aliquot apocryphæ priscorum Pontificum epistolæ, sive earum fragmenta subjiciuntur usque ad Damasum. Tum Nicolai epistolæ in caussa Rothadi. In his librarius præ oculis habuisse videtur Isidorianum codicem similem Vallicellano D. 38. de quo diximus c. 6. n. 29.

V. Dein affertur epistola Leonis ad Dioscorum, quæ cum sequentibus ex aliis collectionibus derivata fuere. Postea epistola S. Gregorii ad Serenum Episcopum Massiliensem, Zachariæ Papæ Synodus, & liber Gennadii de ecclesiasticis regulis, Augustini nomine inscriptus: quæ tria eodem ordine leguntur in Additionibus Dionysianis n. 139. 140. & 141. Deinde fragmentum epistolæ S. Gregorii ad Januarium Episcopum Calaritanum, ac duæ epistolæ Innocentii I. una ad Marcianum Episcopum Naissitanum, alia ad Rufum & ceteros Episcopos Macedoniæ, quæ incipit: *Magna me gratulatio*. Item Hormisdæ ad Episcopos per universas provincias de lapsis: *Ecce manifestissime constat* &c. uti legitur in fine titulorum, qui subjecti sunt epistolæ sextæ Joannis II. ad Cæsarium Arelatensem tom. 5. Concil. col. 903. Hoc fragmentum Hormisdæ nomine perperam inscriptum recitatur a Gratiano dist. 50. c. 29. & ab aliis etiam antiquioribus. Vide quæ dicemus part. 4. c. 7. §. 2. n. 7. Epistola S. Gregorii ad Etherium Episcopum Lugdunensem, quæ in editione Maurina est epist. 106. lib. 9. Tandem *dicta Zachariæ Papæ: Quod nullus cum sanguine debeat copulari* &c. In fine codicis transcripta fuit epistola formata Papiensis Episcopi ad Archiepiscopum Mediolanensem, cujus initium hic proferimus. *In nomine Patris* Π, *&* *Filii* Φ, *&* *Spiritus Sancti* C. *A. sacratissimo sanctæ Mediolanensis Ecclesiæ Archipræsuli A. divino respectu Papiensis Episcopatus Pontifex debitæ venerationis devotum in Christo famulatum. Solertia vestra nulla ambiguitate teneatur, quia parati quotidie simus obsequi vobis in omnibus, quæ possibilitas subministrat & ecclesiastica censura monendo confirmat. Concedimus ergo vestræ Ecclesiæ Ill. quem petistis vestri Episcopatus ministrum, ita ut ea lege Episcopatui vestro subdatur, qua Episcopatui nostro subdebatur: sicque vobis eum liceat summovere, velut si vestræ Ecclesiæ tonsuram haberet. Hac denique concessione, quam sacri canones formatam appellant*, &c. Sub finem notat indictionem *præsentis anni nonam*. Plures sunt Archiepiscopi Mediolanenses, qui incipiunt a littera A, & cum indictione nona concurrunt. Tabulæ vero vulgatæ Episcoporum Papiensium pluribus lacunis laborant. Qui alia documenta Ticinensia hujus temporis præsto habent, invenient fortassis Episcopum Papiensem incipientem a littera A, ex quo aliquid certius elicere licebit.

(Epist. formata Episcopi Papiensis.)

VI. Codex Vat. 1344. pergamenus in folio sæculi XII. partem amplioris collectionis præfert inchoantem a numero CXXXII. qui indicat, aliam partem, quæ desideratur, numeros seu capitula CXXXI. fuisse complexam. Hæc autem pars totam Isidorianam collectionem exhibet a Silverio usque ad S. Gregorium, Hadriani I. Capitula, & excerptiones ex Concilio Calchedonensi. Plura vero addit aliunde recepta, & hic illic intermixta, quæ hoc loco notanda sunt. Illud autem præmittendum est, quod cum in religando codice confusa fuerint folia, ordo in pluribus est perturbatus; ita ut postposita sint

(Collect. Vat. 1344)

quæ præcedere debuissent, alia vero quæ conjungenda erant, separentur. Ne quid vero alicubi ex arbitrio videamur inducere, ordinem codicis sequemur. Simplicii Papæ documentis, quæ ad Acacii caussam pertinent, initio codicis præmittitur *Narrationis ordo de pravitate Dioscori Alexandrini*, qui in collectione hoc tomo edenda legitur cap. 43. Tres porro inseruntur epistolæ Simplicii, quæ in puro Isidoro desunt, una ad Zenonem Augustum, altera ad Joannem Ravennatem, tertia ad Florentium, Equitium, & Severum, quæ in Conciliis sunt ejusdem Pontificis epist. 8. 2. & 3. Felicis epistolæ ad Siculos præfigitur initium Synodi Romanæ sub eodem Pontifice, cui eadem epistola inserta erat. In Silverio additur ejusdem epistola ad Vigilium, quæ in Additionibus Isidorianis continetur. Quatuor in S. Gregorio adjiciuntur: nimirum ejus epistola ad Augustinum cum procemio in fine hujus capitis subjiciendo, & alia ad Etherium Episcopum Lugdunensem, quas in præcedenti quoque codice descriptas vidimus: item alia ad Brunichildem Reginam, quæ in editione Maurina est epist. 109. libri 9. ac tandem plura excerpta ex epistolis ejusdem Pontificis. Accedit Synodica Martini Papæ I. contra Theodorum & Cyrum. Afferuntur vero canones XX. sumti ex Concilio Lateranensi ejusdem Martini, qui leguntur tom. 7. Conciliorum col. 358. & seqq. Post Capitula Hadriani ad Angilramnum hic titulus subjicitur: *De Monachorum Monasteriorumque libertate*. Tum producitur epistola S. Gregorii ad omnes Episcopos, uti tomo 6. Concil. col. 1341. cum subscriptionibus, quæ ex Vaticano codice ibidem proferuntur col. 1343. D. Aliæ vero subscriptiones in eodem tomo subduntur ex MS. Flaviniacensi. Cum in primis subscriptionibus ex hoc nostro, uti credimus, codice a Cardinali Baronio excerptis notetur dies Nonarum Aprilium & indictio IV. hæc Synodica Gregorii Magni affigitur anno 601. At mirum nobis accidit, neminem observasse, eas subscriptiones huic Gregorii Synodicæ perperam assutas fuisse ex subscriptionibus Episcoporum viginti alterius Synodi Gregorii II. anni 721. Veræ autem subscriptiones Episcoporum ætati S. Gregorii I. congruentes sunt illæ, quas codex Flaviniacensis suppeditavit: ex quibus tamen certus annus colligi nequit. Post hæc alia subtexuntur aliarum epistolarum ejusdem S. Gregorii Magni fragmenta, quæ de Monachis & Monasteriis agunt. Dein sequuntur Nicolai I. epistolæ in caussa Rothadi Episcopi Svessionensis, quas in aliis quoque collectionibus reperimus. Tum Vitaliani Papæ epist. 1. 2. 3. & 4. duæ S. Isidori Hispalensis, ad Laudefredum Cordubensem una, altera ad Masonium: Justini Augusti epistola ad Hormisdam, & exemplar precum ad eumdem Justinum, quæ ex Hadriana collectione sumta videntur. *Capitula sancti quinti Concilii Constantinopoli celebrati sub Justiniano*. Sunt canones 13. ejusdem Concilii qui in Lateranensi Synodo Martini I. recitati & inserti fuerunt. Vide tom. 7. Concil. col. 254. Aliquot fragmenta ex Concilio VI. œcumenico cum hoc titulo: *Quæ sequuntur, ex CP. sexta Synodo sumta sunt*. Nonnulla excerpta ex S. Ambrosio, ex sacra Scriptura, ex SS. Hieronymo, Augustino, aliisque Patribus, & duo ex pseudoepistolis Fabiani atque Clementis. Dein ex collectione Hispanica auctiori præter Concilium Nicænum, & CP. sub Theodosio æra 419. transcripta fuit etiam *alia Synodus CLXIII. Episcoporum temporibus Constantini æra* 720. cum adnexis epistolis Leonis II. ad Hispanos, ad Quiricum, ad Simplicium Comitem, & Benedicti Presbyteri ad Petrum Notarium regionarium, & alia memorati Leonis II. ad Ervigium Regem: quæ hac eadem forma atque ordine in sola collectione Hispana auctiori inveniuntur. Vide cap. 4. n. 11. Tum Ephesina Synodus, atque Calchedonensis, formata Attici CP. & Concilium Carthaginense I. sub Grato, ut in eadem collectione exhibentur. Cetera Concilia desunt, & in laudato Carthaginensi codex deficit. Non dubitamus, quin in aliis bibliothecis aliæ similes collectiones inveniantur, in quibus documenta hinc inde ex antiquioribus excerpta nunc integra, nunc mutila a studiosis viris descripta fuerint. Verum hæ duæ, quas hoc capite explicavimus, ad liberiorem & vagam ceterarum formam cognoscendam sufficient.

Synodica Gregorii an. 601. non recte affixa. Quæ sint veræ ejus subscriptiones.

VII. Concludemus cum Gregorii Magni epistola ad Augustinum, quam nos hic appendendam recepimus.

ADMONITIO

in epistolam sequentem.

lib. 11. epist. 64. edit. Maurinæ.

HUjus epistolæ duplex est in vulgatis forma. Una, quæ legitur in editione operum S. Gregorii, undecim interrogationes Augustini totidemque Gregorii responsa continet; ac præterea post nonum responsum obsecrationem Augustini, & concessionem Gregorii subjicit. Altera, quæ a Beda inserta est lib. 1. Hist. Anglorum c. 27. primam & secundam responsionem jungit omissa interrogatione secunda; & suppressa quoque septima interrogatione sextam ac septimam responsionem copulat, Augustinique obsecrationem & Gregorii concessionem ignorat. In codice autem Vat. 1343. tertiam formam nacti sumus: nam & prœmium epistolæ præfert, quod omnes vulgati libri desiderant, & ipsum epistolæ corpus alia omnino ratione & ordine exhibet. Neque vero de prœmio dubitari posse videtur. Non solum enim idem prœmium in duobus aliis MSS. invenimus, nimirum in Vat. 1344. & in Patavino 159. Canonicorum Lateranensium S. Joannis in Viridario; verum etiam quæ in eo indicantur de Laurentio Presbytero & Petro Monacho concinunt cum iis, quibus Beda loco laudato narrat, Augustinum misisse eos Romam, qui quæstiones aliquot proposuerunt S. Pontifici, & reponsiones ejusdem retulere. *Itaque vir Dei Augustinus*, inquit, ... *reversus in Britanniam misit continuo Romam Laurentium Presbyterum & Petrum Monachum, qui B. Pontifici Gregorio gentem Anglorum fidem Christi excepisse, ac se Episcopum factum esse referrent, simul & de eis, quæ necessaria videbantur, quæstionibus responsa recepit, quæ etiam huic historiæ nostræ commodum duximus indere.* Podagra etiam, quæ in eodem exordio memoratur, concinit cum aliis ipsius Gregorii testimoniis, quibus podagræ doloribus pluries, & plures menses se laborasse prodidit. Vide lib. 9. ep. 52. & 124. lib. 10. ep. 36. lib. 11. ep. 30. & alibi. Non leve porro est discrimen ipsius epistolæ in memorato codice Vat. 1343. Cum enim in vulgatis, & in duobus aliis laudatis codicibus omnia efferantur per interrogationes Augustini, & responsiones Gregorii; in eo MS. quæstiones ab Augustino propositæ ipsius epistolæ contextui inseruntur hac formula: *Primo capitulo requisisti* &c. Hæc verior ejusdem epistolæ forma fuisse videtur, ex qua interrogationes vulgatæ a Beda fortassis excerptæ fuerunt. In aliis quidem plerisque ejusmodi litterarum exemplis interrogationes non absimiliter expressæ inveniuntur. Præterea primum capitulum primam & secundam responsionem complectitur: secundum continet responsionem tertiam: tertium quartam: quartum decimam: quintum undecimam: & sextum quintam. Ceteræ quatuor responsiones sexta, septima, octava, & nona una cum obsecratione Augustini, & concessione Gregorii desunt. Cum vero desiderentur etiam in eodem codice clausula, & chronica nota, quæ in integris Gregorii epistolis apud Bedam leguntur; hoc exemplum in fine mutilum suspicamur, ita ut nihil hinc elici queat, ex quo ea, quæ in hoc codice desunt, a S. Gregorio abjudicanda credantur. Quidquid vero id est, en modo ipsam epistolam, uti in laudato codice exhibetur.

„ Item Gregorius ad Augustinum Episcopum, quem in Saxoniam direxerat „ & in Britanniam. (1)

„ Per dilectissimos filios meos Laurentium Presbyterum & Petrum Mona„ chum fraternitatis tuæ scripta suscepi, in quibus a me de multis capitulis „ requirere curasti. Sed quia prædicti filii mei podagræ me invenerunt dolori„ bus afflictum; & cum urgerent citius dimitti, ita relaxati sunt, ut in ea„ dem me dolorum afflictione relinquerent: singulis quibusque capitulis, ut de„ bui, latius respondere non valui.

„ Primo etenim capitulo requisisti, ut liber unus transmitti debuisset, in „ quo

(1) Codex Vat. 1344. & Patavinus 159. S. Joannis in Viridario addunt inscriptionem, quæ cum ceteris aliarum litterarum Gregorii a Beda recitatis plane concordat. *Reverentissimo Fratri Augustino Episcopo Gregorius servus servorum Dei.*

„ quo contineri possit, qualiter Episcopus cum suis Clericis converfetur, vel „ de his, quæ fidelium oblationibus accedunt altario, quantæ debeant fieri „ portiones: & qualiter agere in Ecclesia Episcopus debeat. Et sacra Scriptu- „ ra testatur, quam bene &c. “ uti lib. 11. editionis Maurinæ epist. *64*. ad finem usque primæ responsionis col. 1151. *erant illis omnia communia:* post quæ in codice jungitur secunda responsio, uti apud Bedam etiam copulatur sic: *Si qui vero sunt Clerici extra sacros ordines* &c. usque ad ejusdem responsionis finem.

„ Secundo quoque capite requiris, * quia cum una sit fides, sunt Ecclesia- „ rum diversæ consuetudines, & aliter consuetudo Missarum in sancta Romana „ Ecclesia, atque aliter in Galliarum Ecclesiis tenetur: atque addit fraternitas „ tua Romanæ Ecclesiæ consuetudinem, in qua se meminit nutritam, quam „ valde amabilem habet. Sed mihi placet ut sive in Romana &c. “ ut in vulgata responsione quarta col. 1152.

* *quia* pro *cur*.

„ Tertio quoque capite requiris, quid pati debeat, si quis aliquid de Eccle- „ sia furto abstulerit. Sed hoc tua fraternitas ex persona pensare potest &c. “ ut in vulgata responsione quarta.

„ Quarto quoque capitulo requisisti, si prægnans mulier debeat baptizari, „ aut postquam genuerit, post quantum temporis possit Ecclesiam introire, aut „ etiam baptizari, aut ne morte præoccupetur quod genuerit, post quot dies „ hoc liceat sacri baptismatis sacramenta percipere, aut post quantum tempo- „ ris huic vir suus possit in carnali copulatione conjungi, aut si menstrua „ consuetudine teneatur, an in Ecclesiam intrare ei liceat, aut sacræ commu- „ nionis sacramenta percipere; aut vir suæ conjugi permixtus, priusquam la- „ vetur aqua, si Ecclesiam possit intrare, vel etiam ad ministerium sanctæ „ communionis accedere. Quæ omnia a rudi Anglorum gente fraternitatem tuam „ arbitror requisitam, cui jam te responsum dedisse non ambigo. Sed id quod „ ipse dicere & sentire potuisti &c. “ ut in vulgata responsione decima col. 1157.

„ Quinto quoque capite requisisti, si post illusionem, quæ per somnium so- „ let accidere, vel corpus Domini quislibet accipere valeat, vel, si Sacerdos „ sit, audeat sacra ministeria celebrare. Et quidem hunc Testamenti veteris „ lex, sicut superiori capite diximus, pollutum dicit &c. “ ut in vulgata responsione undecima col. 1161.

„ Sexto quoque capite requisisti, si debent duo germani fratres singulas so- „ rores accipere, quæ sunt ab illa longa progenie generatæ. Sed hoc fieri mo- „ dis omnibus licet; nec quicquam in sacris eloquiis invenitur, quod huic ca- „ pitulo contradixisse videatur.

In his codex Vat. 1343. desinit. Duo vero alii codices Vat. 1344. & Patavinus 159. post procemium novem Augustini interrogationes, & totidem S. Gregorii responsa omnino uti apud Bedam subjiciunt.

M. XI, 64 = E-H XI, 56a

DE ANTIQUIS COLLECTIONIBUS & COLLECTORIBUS CANONUM.

PARS QUARTA.

DE ANTIQUIS CANONUM BREVIATIONIBUS,

aliisque collectionibus Latinis in titulos & locos communes distributis ad Gratianum usque.

CAPUT PRIMUM.

De Breviatione canonum Ferrandi Diaconi Carthaginensis. Plures obscuræ allegationes explicatæ, aliæ suppletæ, vel emendatæ, quæ novæ editioni utiles erunt.

I. Explicatis collectionibus, quæ integra vel fere integra canonica documenta exhibent; nunc de iis collectionibus agendum, quæ canonum abbreviationes, vel eosdem canones in titulos & loca communia distributos repræsentant. Inter Breviationes primum locum obtinet illa Fulgentii Ferrandi Carthaginensis Ecclesiæ Diaconi. Hic Justini ac Justiniani temporibus floruit. In Chronico enim Victoris Tunonensis claruisse dicitur anno sexto post Consulatum Basilii, idest anno 547. Magistro usus est S. Fulgentio Ruspensi Episcopo, ut ex scriptis ejus liquet. Facundus Hermianensis libro 4. pro defensione trium Capitulorum cap. 3. Ferrandum *laudabilis virum memoriæ* appellans, vita jam functum significat. Scripsit autem eos libros Facundus anno 551. uti ex Victoris Chronico colligitur: ac proinde Ferrandus ante hunc annum e vivis excesserat. Cresconius in præfatione suæ collectionis eum *reverendissimum Carthaginis Ecclesiæ Diaconum*, & *virum sapientissimum* vocat. Scripta ejus, quæ tomo nono Bibliothecæ Patrum inserta sunt, commemorare non est necesse. De sola *Breviatione canonum*, quæ nostri instituti est, non pauca dicenda sunt.

Quis Ferrandus, & quando floruerit.

II. Duo tantum hujus Breviationis codices hactenus inventi sunt, Trecensis, & Corbejensis. Franciscus Pithœus ex Trecensis Ecclesiæ codice primum edidit Parisiis an. 1588. Dein Petrus Franciscus Chiffletius Soc. Jesu in editione Divionensi anni 1649. MS. Corbejensi usus, nonnulla loca emendavit, notisque illustravit. Ex his autem duabus editionibus idem opusculum pluries recusum, insertumque tomo I. Bibliothecæ canonicæ pag. 418. nec non tomo IX. Bibliothecæ Patrum, & alibi.

De ejus Breviatione, & hujus codicibus.

III. In allegandis Nicænis canonibus Ferrandus Philonis & Evaristi versionem, quæ in Africanis codicibus canonum descripta erat, sequutus videtur, uti animadvertimus part. 2. c. 2. §. 1. n. 4. Nicænorum canonum seu titulorum, quos laudat, numeri cum ceteris quoque versionibus concinunt usque ad canonem sextum, quocum canonem septimum jungit: septimum enim titulum num. 172. eum appellat, qui in vulgatis est canon 8. Canones vulgati 9. & 10. apud ipsum num. 87. in unum copulati sunt *tit.* 8. Canonem in editis undecimum num. 146. *titulo* 9. designat. Tres canones 12. 13. & 14. nullibi allegat. Cum vero num. 18. canonem decimum quintum vulgatum tribuat *tit.* 11. tres omissi canones in Ferrandi codice partim conjungebantur cum nono, partim autem decimum titulum conficiebant. Canon in vulgatis 16. apud Ferran-

In Nicænis canonibus qua versione usus. Vid. t. 3. Concil. col. 449.

randum num. 27. est *tit.* 12. canon vero 17. num. 123. per errorem vocatur *tit.* 14. cum ex laudata serie esse debeat *titulus* 13. Enimvero num. 106. *titulus* 14. adsignatur vulgato canoni 18. & num. 173. *titulus* 15. canoni 19. adscribitur. Postremus canon Nicænus 20. Sardicensis primus vocatur num. 214. de quo dicemus postea. Duo hic observanda. Primo non solum partitio, sed ordo etiam canonum ab Isidoriana versione discrepat. Nam canon de Diaconibus, qui *titulo* 14. designatur, post canonem de fœneratoribus, in Isidoriana ante aliquot canones præmittitur. Hinc ergo Ferrandum versionem ab Isidoriana diversam in hisce canonibus fuisse secutum confirmatur. Secundo cum versionem Philonis & Evaristi a Ferrando adhibitam conjecimus, ne moveat partitio vulgata in viginti canones: ejus enim codex in contractiorem titulorum numerum eamdem versionem exhibere potuit, ut alii quoque aliarum Synodorum canones, licet iidem sint, varias partitiones in diversis exemplaribus recipiunt.

IV. In ceteris Græcarum Synodorum canonibus Ferrandus eam interpretationem præ oculis habuit, quæ Isidoriana vocari solet. Etenim præter nomina *Anquiritani* & *Novacæsariensis* Conciliorum solius Isidorianæ interpretationis propria, dum num. 149. Concilii Anquiritani titulum 17. allegat, verba *inter energumenos erunt*, ex sola Isidoriana versione proficiscuntur. Similiter num. 180. Concilii Antiocheni *tit.* 8. laudans, voces *Vicarii Episcoporum* cum eadem versione concordant: & num. 144. totidem Isidorianæ versionis verba ex can. 16. repetuntur. Plura indicia suppetunt in canonibus Laodicenis. Cum enim num. 115. citat *Concil. Laodic. tit.* 5. voces *usuras & lucra, idest sescupla* Isidorianæ versionis sunt. Canon 11. laudatus num. 221. canon 15. designatus num. 131. canon 17. indicatus num. 225. item canones 25. & 27. allegati num. 142. & 216. qui in vulgatis sunt canones 26. & 28. vel totidem omnino verbis transcripti deprehenduntur ex eadem versione, vel peculiares ipsius voces præferunt, ut conferenti patebit. Idem est de canonibus 35. & 47. citatis num. 185. & 200. qui in vulgato Isidoro sunt can. 37. & 47. Cum hæc exempla sufficiant, cetera ejusdem generis brevitati consulentes prætermittimus. De canonum vero cujusque Synodi numeris, quibus nonnumquam duo vulgati Isidorianæ interpretationis canones apud Ferrandum in unum coeunt, nihil attinet dicere: etenim quinam juncti sint, ex collatione quisque nullo negotio intelliget. De canonibus Sardicensibus, qui ex originali Latino cum Isidorianis lectionibus a Ferrando allegantur, illud unum notatu dignum est, canonem ultimum Nicænum de omittenda genuflexione diebus dominicis atque paschalibus num. 214. laudari uti *Concilii Sardicensis tit.* 1. ac aliis in numeris canonem primum hujus Concilii citari *tit.* 2. secundum *tit.* 3. & sic deinceps ceteri canones Sardicenses uno numero augentur. Id autem ea de caussa proficiscitur, uti part. 2. c. 1. n. 18. indicavimus, quia iidem canones olim juncti erant cum Nicænis etiam versionis Isidorianæ, cum qua quidem utrosque copulatos reperimus in vetustissimo codice 58. Capituli Veronensis: dein vero in separandis utrisque quidam minus accurate incepit a postremo canone Nicæno, eumque Sardicensibus veluti primum attribuit.

In aliis Græc. canon. usus versione Isid.

Notatio peculiaris in canon. Sardic.

Vide part. 2. c. 1. n. 15.

V. De Africanis canonibus, qui a Ferrando frequentius allegantur, plura dicenda sunt. Cum enim aliquot Concilia eodem in loco, ex. gr. Carthagine, celebrata fuerint; Ferrandus vero in ipsorum Conciliorum canonibus laudandis generali formula *Concil. Carthag.* uti soleat; ad quod Concilium Carthaginense hic, vel ille canon pertineat, ignoratur. Alicubi etiam titulorum seu canonum numerus vel desideratur, vel mendosus est. Cum vero in distinguendis iisdem Synodis ac numeris titulorum supplendis, vel emendandis non modicum laborarimus; utile futurum credimus, si hoc loco omissis illis Ferrandi allegationibus, quæ per se claræ sunt, seriem Ferrandianæ Breviationis sequentes, citationes obscuras explicemus, canonesque cujus Synodi fuerint aperiamus.

Num. 4. Breviationis Ferrandi laudatur *Concil. universal. Carthag. tit.* 49. Est Synodus anni 397. ipse autem canon legitur in Codice Eccles. Afric. c. 49. qui codex editus invenietur tom. 2. Conciliorum edit. Ven. col. 1252. & seqq.

N. 5.

N. 5. *Concil. Carthag. tit.* 50. Est eadem Synodus anni 397. can. 50. Codicis Africani.

N. 9. *Concil. Carth. tit.* 10. Est eadem Synodus. Canon autem legitur c. 18. Codicis Afr.

N. 13. *Conc. Carth. tit.* 52. *Item* 54. *Concil. Carthag. in basilica tit.* 5. Primum est idem Concilium anni 397. c. 34. & 56. Codicis Africani. Secundum autem est aliud Concilium anni 407. c. 98. Codicis Afr.

N. 14. *Concil. Carthag. tit.* 54. Est Synodus anni 397. c. 56. Codicis Afr.

N. 15. *Concil. Carth. tit.* 3. ubi corrigendum *tit.* 26. Est Synodus anni 397. c. 36. Cod. Afric.

N. 16. *Concil. Carthag. tit.* 1. Indicari credimus Concilium sub Genethlio anni 390. c. 2. ac propterea corrigendum in Ferrando *tit.* 2. pro *tit.* 1. Hic quidem canon repetitus legitur in Concilio Carthaginensi anni 419. c. 3. Codicis Africani.

N. 17. *Concil. Carthag. tit.* 6. Est Synodus anni 401. Idibus Septembris c. 71. Codicis Afr.

N. 22. *Concil. Carth. tit.* 9. Est canon ejusdem Synodi anni 401. c. 74. Codicis Afr.

N. 24. *Item Concil. Carthag. tit.* 5. Hic titulus spectat ad Synodum anni 397. Legitur autem ipse canon integer in Breviario Concilii Hipponensis anni 393. quod in Synodo Carthaginensi anni 397. repetitum & insertum fuit. Vide Breviarium in collectione hoc tomo impressa col. 89. & confer quæ in hanc rem notavimus part. 2. c. 3. §. 3. in quintum canonem Synodi anni 397.

N. 25. *Concil. Carth. tit.* 12. Est Concilium anni 418. c. 120. Codicis Afric. ubi licet sit canon 13. in codice tamen Ferrandi hunc canonem cum duodecimo fuisse conjunctum ostendimus part. 2. c. 3. §. 7. n. 1.

N. 27. *Concil. Carth. tit.* 28. *Item* 53. Est Synodus anni 397. Titulus, seu canon 28. in Codice Africano omissus, continetur in Breviario Hipponensi c. 19. Titulus vero 53. habetur in Cod. Afr. c. 54.

N. 28. *Concil. Carth. tit.* 14. Pertinet ad Concilium anni 401. c. 80. Cod. Afr.

N. 30. *Concil. Carth. tit.* 18. Est Synodus anni 418. c. 126. Codicis Afric.

N. 32. *Concil. Carth. tit.* 15. Est Synodus anni 401. Idibus Septembris c. 81. Cod. Afr.

N. 33. *Concil. Carthag. tit.* 23. Spectat ad Concilium anni 397. c. 14. Breviarii Hipponensis.

N. 34. *Concil. Hipponiregiensi tit.* 5. Est Synodus anni 427. quæ desideratur. Hic autem canon repetitus est ex anteriori Concilio Carthaginensi anni 421. quod hoc tomo typis dabimus, ubi legitur c. 4. Vide quæ disseruimus part. 2. c. 3. §. 9. n. 4. Vid. col. 649.

N. 35. *Concil. Hipponiregiensi tit.* 8. Laudatur eadem Synodus anni 427. Hic autem canon legitur in Codice Afric. c. 32. nec non in Concilio Carthaginensi anni 421. c. 5.

N. 38. *Concil. Hipponiregiensi tit.* 9. Eadem Synodus allegatur, & canon describitur c. 10. Concilii Carthaginensis anni 421. hoc tomo col. 653.

N. 39. *Concil. Carthag. tit.* 21. Indicatur Synodus anni 397. c. 12. Breviarii Hipponensis.

N. 40. *Concil. Carthag. tit.* 20. Eadem Synodus est; canon autem legitur in Breviario Hipponensi c. 11.

N. 41. *Concil. Carth. tit.* 22. Est ejusdem Synodi in Cod. Afr. c. 35. & in Breviario Hipponensi c. 13.

N. 43. *Concil. Carth. tit.* 9. Laudatur Synodus anni 407. c. 104. Codicis Afr.

N. 46. *Concil. Carth. tit.* 36. Spectat ad Synodum anni 397. c. 27. Breviarii Hipponensis.

N. 47. *Concil. Carth. tit.* 5. *Concil. Hippon. tit.* 9. Prima est Synodus XIX. vel XX. sub Aurelio, quæ desiderantur. Vide part. 2. c. 3. §. 9. n. 2. Secunda est Synodus anni 427. quæ pariter deest. Legitur vero hic canon in Concilio Carthaginensi anni 421. c. 9. hoc tomo col. 652.

N. 48. *Concil. Carthag. tit.* 40. Est Synodus anni 397. c. 31. Breviarii Hipponensis, & in Cod. Afr. c. 44.

N. 49.

N. 49. *Concil. Carthag. tit.* 49. Est canon ejusdem Synodi, qui legitur c. 30. Breviarii Hipponensis, & 43. Codicis Afr.

N. 50. *Concil. Carthag. tit.* 2. Videtur esse Synodus anni 405. uti conjecimus part. 2. c. 3. §. 6. n. 5. Canon vero in Isidori collectione Milevitano Concilio perperam tributus, legitur c. 23.

N. 51. *Concil. Carthag. tit.* 17. Innuitur Synodus anni 397. Canon vero est in Breviario Hipponensi c. 8.

N. 52. *Hoc in alio Concilio Carthaginensi actum est:* Hic Ferrandus nec titulum, nec numerum designat, eo quod hoc loco indicatur Synodus anni 409. quæ non plenaria, sed provincialis fuit: ille enim in Conciliis provincialibus titulum ac numerum præterire consuevit, uti animadvertimus part. 2. c. 3. §. 9. n. 5. Hic autem canon refertur in Cod. Afr. c. 107.

N. 53. *Concil. Carth. tit.* 8. & in MS. Corbejensi *tit.* 9. Legitur in Synodo anni 419. c. 29. Codicis Afr. & in altera anni 421. c. 1. hoc tomo col. 650. Sub titulo autem 8. vel 9. spectat ad alterutram posteriorem Synodum XIX. vel XX. sub Aurelio, quæ interciderunt, uti probavimus part. 2. c. 3. §. 9. n. 2.

N. 54. *Concil. Hipponiregien. tit.* 3. Est canon Synodi anni 427. cui quidem tribuitur etiam in duobus codicibus a P. Harduino laudatis tom. 2. Concil. col. 1275. not. 4. Legitur in Cod. Afr. c. 29.

N. 58. *Concil. Carthag. tit.* 15. Est Synodus anni 397. canonque exhibetur c. 6. Breviarii Hipponensis.

N. 62. *Concil. Carthag. tit.* 19. Indicatur eadem Synodus. Canon refertur in Breviario Hippon. c. 10.

N. 64. *Conc. Carth. tit.* 3. *Item Concil. Carth. tit.* 15. Hac postrema allegatione corrigendum *tit.* 19. Priori loco indicari videtur Synodus anni 397. VI. Kal. Julias, secundo autem loco alia ejusdem anni Synodus V. Kal. Septembris. Confer part. 2. c. 3. §. 2. n. 7. Hic canon ante constitutus in Synodo Hipponensi anni 393. legitur in Breviario Hippon. c. 10.

N. 67. *Concil. Carth. tit.* 18. Est Synodus anni 397. Canon autem recitatur in Breviario laudato c. 9.

N. 70. *Concil. Carth. tit.* 24. Eadem Synodus allegatur. Canon describitur in eodem Breviario c. 15.

N. 71. *Conc. Carthag. tit.* 38. Est ejusdem Synodi canon, in Breviario Hippon. c. 29. & in Cod. Afr. c. 42.

N. 73. *Concil. Carth. tit.* 2. corrige *tit.* 6. Est canon actionis secundæ Concilii Carthaginensis anni 419. qui in Cod. Afr. legitur c. 132. Confer part. 2. c. 3. §. 8. n. 7.

N. 75. *Concil. Carth. tit.* 11. Est Concilium anni 401. Idibus Septembris. Canon refertur c. 76. Codicis Afr.

N. 81. *Concil. Carthag. tit.* 34. Laudatur Concilium anni 397. Canon est in Breviario Hippon. c. 25. & in Cod. Afr. c. 39.

N. 82. *Concil. Carth. tit.* 6. Indicatur idem Concilium. Legitur vero hic canon in præmissis Breviarii Hipponensis eidem Concilio insertis, uti suo loco adnotavimus part. 2. c. 3. §. 3.

N. 83. *Concil. Carth. tit.* 7. Idem Concilium anni 397. hic pariter innuitur. Verba canonis in iisdem Breviarii præmissis describuntur.

N. 84. *Concil. Carthag. tit.* 3. Est Synodus XIX. sub Aurelio; cui hunc canonem adjudicat Concilium Carthaginense anni 525. tom. 5. Conciliorum col. 781.

N. 90. *Concil. Carthag. tit.* 7. Est Concilium sub Genethlio anni 390. c. 9. Cum in codice Ferrandi ex quatuor canonibus duo conflati essent, titulus 9. in eodem codice erat *tit.* 7. Vide quæ adnotavimus part. 2. c. 3. §. 1. n. 4.

N. 91. *Concil. Carthag. tit.* 43. Spectat ad Synodum anni 397. c. 34. Breviarii Hipponensis.

N. 95. *Concil. Hipponiregiensi tit.* 9. Est Synodus anni 427. Canon profertur in Cod. Afr. c. 33. & in Synodo Carthaginensi anni 421. c. 9. hoc tomo col. 652.

N. 101. *Concil. Carthag. tit.* 7. Sunt duo canones 8. & 9. Concilii anni

390. sub Genethlio, qui in Ferrandi codice in unum copulati canonem septimum conflaverant. Vide notata num. 90.

N. 118. *Concil. Carthag. tit.* 12. Pertinet ad Synodum anni 401. Idibus Septembris. Legitur hic canon apud Isidorum in Concilio Carthaginensi V. c. 11. repetitus autem fuit in Synodo anni 419. c. 27. Codicis Africani.

N. 119. *Concil. Carthag. tit.* 8. Est Concilium sub Grato c. 8.

N. 121. *Concil. Carthag. tit.* 9. Est Synodus anni 397. Canon refertur in Breviario Hippon. c. 1.

N. 122. *Concil. universal. Carthag.* Supplendum *tit.* 25. Est canon ejusdem Synodi, qui in Breviario Hippon. legitur c. 16.

N. 129. *Concil. Carthag. tit.* 27. Idem Concilium; in Breviario autem canon describitur c. 18.

N. 132. *Concil. Carthag. tit.* 33. Idem Concilium; canon vero in Breviario Hippon. c. 24. in Cod. Afr. c. 38.

N. 134. *Concil. Carth. tit.* 35. Est canon ejusdem Concilii in Breviario Hippon. c. 26. in Cod. Afr. c. 40.

N. 135. *Concil. Carthag. tit.* 44. Ejusdem Concilii canon in Breviario c. 35.

N. 136. *Concil. Carthag. tit.* 13. Spectat ad Synodum anni 401. Idibus Septembris. Est in Codice Afr. c. 79.

N. 143. *Concil. Carthag. tit.* 3. Laudari videtur Synodus XX. sub Aurelio, uti probavimus part. 2. c. 3. §. 9. n. 3.

N. 144. *Ut Concilium universale non fiat, nisi caussa communis, idest totius Africæ, coegerit.* Hic canon ad Synodum Africanam manifeste pertinet. Allegatio autem Synodi, quæ desideratur, supplenda est sic: *Concil. Carthag. tit.* 1. Hic enim canon primus est inter canones Concilii Carthaginensis anni 407. c. 95. Codicis Africani.

N. 163. *Concil. Carth. tit.* 7. Est eadem Synodus 407. c. 102. Codicis Afr.

N. 170. *Conc. Carth. tit.* 42. Est canon Synodi anni 397. c. 33. Breviarii Hippon. & c. 45. Cod. Afr.

N. 171. *Conc. Carth. tit.* 17. Spectat ad Synodum anni 401. Id. Septembris c. 83. Cod. Afr.

N. 175. *Conc. Carth. tit.* 48. Indicatur Synodus anni 397. c. 48. Cod. Afr.

N. 183. *Conc. Carth. tit.* 2. Est Synodus sub Grato c. 2.

N. 189. *Conc. Carth. tit.* 2. Pertinet ad Concilium anni 401. Id. Septembris c. 68. Codicis Afr.

N. 190. *Conc. Carth. tit.* 10. Allegatur Synodus anni 418. c. 117. Cod. Afr.

N. 191. *Conc. Carth. tit.* 11. Idem Concilium c. 118. Cod. Afr.

N. 193. *Conc. Carth. tit.* 1. Est Synodus anni 401. XVI. aut XVII. Kal. Julias c. 57. Codicis Afr.

N. 195. *Conc. Carth. tit.* 2. Est canon actionis secundæ Concilii anni 419. c. 128. Cod. Afr.

N. 196. *Conc. Carth. tit.* 3. Ex eadem actione c. 129. Cod. Afr.

N. 197. *Concil. Carth. tit.* 4. Ex eadem actione c. 130. Cod. Afr.

N. 198. *Conc. Hipponiregiensi tit.* 5. ubi corrigendum est *tit.* 4. Est Synodus Hipponensis anni 427. Vide quæ notavimus part. 2. c. 3. §. 9. n. 4. Repetitus est hic canon ex anteriori Synodo Carthaginensi anni 421. in qua legitur c. 2. hoc tomo col. 650. & profertur etiam in Cod. Afr. c. 30. inter canones primæ actionis Synodi anni 419.

N. 202. *Conc. Carth. tit.* 41. Est Synodus anni 397. Habetur vero hic canon in Breviario Hipponensi c. 32. & in Cod. Afr. c. 45.

N. 203. *Conc. Carth. tit.* 7. Pertinet ad Synodum anni 401. Id. Septembris. Legitur hic canon in Codice Afr. c. 72.

N. 213. *Conc. Carth. tit.* 32. Est Concilium anni 397. c. 23. Breviarii Hippon. & c. 37. Codicis Afr.

N. 219. *Concil. Carth. tit.* 31. (ubi corrigendum *tit.* 30.). *Item Conc. Carth. tit.* 7. Primum est Concilium anni 397. c. 21. Breviarii Hipponensis. Alterum est Concilium anni 407. c. 103. Codicis Afr.

N. 226. *Conc. Carth. tit.* 11. Innuitur Synodus anni 397. c. 3. Breviarii Hippon.

N. 227.

N. 227. *Concil. Carth. tit.* 12. Eadem Synodus anni 397. c. 4. Breviarii laudati.

N. 228. *Conc. Carth. tit.* 45. Est canon ejusdem Synodi in Breviario Hippon. c. 36.

N. 229. *Conc. Carth. tit.* 46. Ex eadem Synodo eodem c. 36. Breviarii, & c. 46. Codicis Afr.

N. 230. *Conc. Carth. tit.* 54. Idem Concilium c. 55. Codicis Afr.

N. 231. *Conc. Carth. tit.* 5. Est Synodus anni 401. Id. Septembris. Legitur hic canon in Cod. Afr. c. 73.

N. 232. *Concil. Carth. tit.* 29. Est Concilium anni 397. c. 20. Breviarii Hipponensis.

Ex his Ferrandus præter codicem Græcorum canonum versionis Isidorianæ, in quo Calchedonenses, numquam ab eo allegati, videntur defuisse, codices Afrorum canonum præsto habuit, in quibus continebantur duo Concilia Grati & Genethlii, & Synodi omnes sub Aurelio usque ad Hipponensem anni 427. Mirum vero ne fit, eum numquam memorasse Synodum Hipponensem sub eodem Aurelio celebratam anno 393. nec canones primæ actionis Concilii Carthaginensis anni 419. Satius enim ipsi visum est referre canones ejus Synodi Hipponensis ex Concilio Carthaginensi anni 397. in quod eorum Breviarium insertum fuit. Canones vero tres ac triginta primæ actionis Concilii Carthaginensis anni 419. partim ex anterioribus, partim ex posterioribus Synodis retulit, in quibus vel conditi, vel repetiti fuerant. Peculiarem præterea codicem canonum provinciæ Byzacenæ adhibuit, ex quo plures Synodos ejusdem provinciæ laudat. Vide quæ in hanc rem notavimus part. 2. c. 3. §. 9. n. 5. ubi etiam nonnulla attigimus de I. Synodo Zellensi, & de duabus Siricii epistolis eidem Synodo insertis, quas ille identidem allegat.

Codices, quibus Ferrandus usus est.

Cur quosdam canones sub Aurelio numquam retulerit.

CAPUT II.

De Collectione, seu Capitulis S. Martini Episcopi Bracarensis.

I. POst Breviationem Ferrandi memoranda est collectio Capitulorum S. Martini Episcopi Bracarensis, qui eodem sæculo floruit. Hunc in Pannonia ortum testatur S. Gregorius Turonensis in Historia Francorum lib. 5. c. 38. ac propterea erravit Garsias Loaisa, qui eum Græcum credidit. Ex Pannonia vero ad visitanda loca sancta in Orientem migrans, Græcas litteras & optimas scientias ibidem excoluit; tantumque in iisdem profecit, ut doctissimis quibusque sui temporis nihil cederet. Ex Oriente in Galliciam trajecit, ibique ab Arriana impietate conversis Svevorum populis regulam fidei ac religionis præcepta constituit, Ecclesias informavit, & Monasteria condidit, uti S. Isidorus Hispalensis memoriæ prodidit. Monasterium Dumiense construxisse traditur in Concilio Toletano X. c. 3. cujus etiam primus Abbas fuit. *Monasterii Dumiensis Episcopus* vocatur ab eodem S. Isidoro in Historia Gotthorum, qui episcopalis honor, Martini ejusdem meritis, Dumiensi Ecclesiæ primum tributus, in aliquot ejus successores transivit. Hinc non male eum, qui in Concilio Bracarensi I. anni 563. seu, ut putat Loaisa, anni 561. subscriptus legitur *Martinus Episcopus*, nostrum Martinum Episcopum Dumiensem nonnulli interpretati sunt. Enimvero cum in Concilio Bracarensi II. idem Martinus decreta primi Bracarensis a se jam antea firmata pronuntiet, tunc autem Bracarensem sedem teneret Lucretius; non alio profecto nomine ille in eodem Concilio I. ea decreta firmare potuit nisi uti Episcopus Dumiensis. Huic autem tempori, quo erat Episcopus Dumiensis, adscribenda videtur ea Latina versio, cujus meminit Sigebertus de Script. Eccles. c. 117. *Martinus Episcopus transtulit per manum Paschasii Diaconi interrogationes & responsiones plurimas Sanctorum Ægyptiorum Patrum in Dumiensi Monasterio*. Hæc versio in Appendice ad vitas Patrum typis Plantinianis anni 1628. edita fuit. Monet autem Rosvveydus solius Martini nomen præferri in duobus codicibus, inter quos vetus liber S. Floriani scriptus sæculo IX. hanc epigraphen exhibet: *Interrogationes & responsiones Ægyptiorum Patrum, quas de Græco in Latinum transtulit*

De Vir. illustr. c. 22. al. 35.

Martinus primo Episc. Dumiensis.

tulit Martinus Episcopus in Monasterio Dumiensi. Paschasii autem versio referri potest ad aliud non absimile opus in eadem editione impressum libro septimo, quod Paschasio quidem interpreti in MSS. tribuitur. Ad Bracarensem porro sedem Martinus promotus, præfuit Bracarensi II. ann. 572. cui subscripsit: *Martinus Bracarensis metropolitanæ Ecclesiæ Episcopus.* Illa vero S. Gregorii Turonensis, quibus sacerdotio ejus tribuit annos plus minus XXX. non solum Episcopatum Bracarensem, sed & Dumiensem respiciunt.

Postea Bracarensis.

De Martini Capitulis.

II. Inter ejus opera ad nostrum institutum pertinet ea LXXXIV. canonum seu Capitulorum collectio in duas partes distincta, quarum prior exponit quæ ad Episcopos & universum Clerum pertinent, altera vero res ad laicos spectantes complectitur. Hanc collectionem ille ex canonibus præsertim Græcis & latine redditis digessit. Hujus compingendæ caussam in præmissa epistola his verbis exposuit. *Canones in partibus Orientis ab antiquis Patribus constituti, Græco prius sermone constituti sunt; postea autem succedenti tempore in Latinam linguam translati sunt. Et quia difficile est, ut simplicius aliquid ex alia lingua transferatur in alteram; simulque & illud accidit, ut in tantis temporibus scriptores aut non intelligentes, aut dormitantes multa prætermittant; & propterea in ipsis canonibus aliqua simplicioribus videantur obscura: ideo visum est, ut cum omni diligentia & ea quæ per translatores obscurius dicta sunt, & ea quæ per scriptores sunt immutata, simplicius & emendatius restaurarem.* Latina Græcorum canonum versio, quæ in Hispania vigebat, quæque idcirco traducta fuit in collectionem Hispanicam; illa est quæ ab Isidoro postea recepta, Isidoriana appellari solet. In hac itaque versione quædam obscurius reddita Martino visa sunt. Aliqua vero in eadem a librariis aut minus intelligentibus, vel dormitantibus immutata, aut omissa in aliquibus exemplaribus reperit; sicuti nos in eadem versione, quæ in codice canonum mox edendo continetur, nonnullas sententias liberius traductas atque mutatas, aliquas vero breviores particulas prætermissas in notationibus indicabimus.

Num & quatenus ex Græco Capitula expresserit.

III. Paschasius Quesnellus Dissert. 12. n. 10. existimat, Martinum ex antiqua canonum translatione in Codice canonum abs se edito contenta, non autem ex Græco suam collectionem concinasse; eosque hallucinatos affirmat, qui eum novæ translationis canonum auctorem prædicant. Ea quæ affert, ut probet Martinum usum fuisse laudato Codice canonum, refellemus in Observationibus ad eamdem Dissert. 12. cap. 2. n. 10. E Græco autem codice, non autem ex ulla antiqua versione suam collectionem digessisse non solum indicant recitata ejus verba, quibus Græcum textum cum vulgatis versionibus se contulisse demonstrat; verum etiam ex ipsis ejusdem Capitulis liquet, quæ cum nulla Latina interpretatione conveniunt. Verum tamen est, Martinum novam Græcarum Synodorum versionem lucubrandam sibi non proposuisse, sed nova quadam faciliori methodo novam & brevem collectionem voluisse condere ex iis capitulis, quæ Clericis & Laicis utiliora videbantur: *Hoc simul observans*, inquit, *ut illa quæ ad Episcopos, vel universum Clerum pertinent, una in parte conscripta sint; similiter & quæ ad laicos pertinent, simul sint adunata, ut de quo capitulo scire aliquis voluerit, possit celerius invenire.* Ut autem hac in re lectorum intelligentiæ & utilitati prospiceret, canones quidem Græcarum Synodorum in ipso Græco fonte potissimum expendit; sed eos, quos utiles & excerpendos credidit, non semper latine interpretatus est. Plerosque enim ita retulit, ut quædam quæ simplicioribus videbantur obscura, explicarit latius, quædam omiserit, quædam etiam inseruerit, prout suorum disciplinæ utilius putavit; & ob hanc, ut credimus, libertatem, undenam hoc vel illud capitulum sumtum fuerit, numquam adscripsit. Eodem consilio canonem decimum, alias nonum Synodi Ancyranæ, quem præ oculis habuit cap. 39. emendans, Occidentali disciplinæ accommodavit. Cum enim eo canone Diaconis, qui in ordinatione protestati fuerint, velle se uxorem ducere, & nihilominus ordinationem acceperint, si postea matrimonio jungantur, in ministerio permanere permittatur; Martinus hos post hujusmodi protestationem ordinari vetat. Cum nullum capitulum proferatur, quod cum Calchedonensibus canonibus ulla ratione conveniat; Martinus Græco codice usus videtur, qui iisdem canonibus carebat.

IV.

IV. Licet præfationem legentibus omnia ex Orientalibus Synodis excerpta videri possint; nonnulla tamen ex Latinis quoque fontibus hausta fuerunt. Certum siquidem est, quædam iisdem fere verbis sumta ex Concilio Toletano I. nonnulla etiam, sed rarius, ex Bracarensi I. & ex Africanis derivata videntur. Non pauca vero, quæ in nullis nec Græcis, nec Latinis canonibus, qui Martino antiquiores sint, hactenus invenire licuit, ipsi Martino tribuenda arbitramur. In editione quidem inserta Bibliothecæ Juris canonici Gulielmi Voelli, & Henrici Justelli singulis Martini capitulis ii canones Conciliorum e regione adnotantur, ex quibus tamquam ex fontibus ea capitula depromta creduntur. Utilis & commendanda hæc diligentia, quam Joanni Doujatio laudati editores referunt. At canones Nicænus 8. & Laodicenus 39. ita minimum congruunt cum capitulis 36. & 73. quibus affiguntur, ut illos Martinus in his capitulis animo obvolvisse haud facile credi possit. Eadem, immo multo major est ratio de Concilio Turonensi II. cujus canon 22. alias 23. una cum Laodiceno canone apponitur laudato capitulo 73. & de Agathensi, cujus canon 64. adscribitur capitulo item 64. Nam præterquam quod indicati canones cum iisdem capitulis minus conveniunt, incredibile est has Synodos Gallicanas præ oculis fuisse S. Martino, qui ex Gallicanis Conciliis nihil excerpsisse deprehenditur. Adde quod Synodus Turonensis II. sub idem circiter tempus celebrata, quo Martinus Capitula condidit, cum posteriori collectioni Hispanicæ etiam auctiori non inveniatur inserta, Hispanis fuisse videtur ignota. Cur porro capitulo 68. apponatur canon cujusdam Concilii ex Capitularium lib. 6. num. 198. non intelligimus. Non solum enim idem canon cum eo Martini capitulo non concinit; verum etiam nullum ibidem Concilium Martino anterius allegatur, ex quo idem capitulum excerpi potuerit. Pejus autem multo nonnulli hac notatione decepti affirmarunt, Martinum canones sumsisse *etiam ex Capitularibus*, quæ multo post ejus ætatem digesta fuerunt. Simili de caussa non arridet allegatio Arelatensis III. can. 5. ex num. 194. ejusdem libri Capitularium affixa capitulo 69. cum præsertim in canonibus Arelatensis III. nihil tale inveniatur. Quæ vero cum Ivone Carnotensi afferuntur ex Conciliis Carthaginensi & Bracarensi ad capitula 65. 74. & 75. nihil aliud sunt nisi ipsa horum Martini capitulorum verba, quæ in nullo Carthaginensi, aut Bracarensi Concilio reperire licebit. Forte Ivo Concilium Bracarense appellavit ipsa Martini Capitula, quæ apud quosdam Concilii Bracarensis nomine donantur. Hi ergo canones cum ceteris, quos paullo ante indicavimus, eidem Martino referendi videntur. Nonnulli canones apostolicos perperam adscribi putant capitulis 26. & 27. cum præsertim illos Martino ignotos arbitrentur, immo etiam nondum conditos, dum idem in Oriente versaretur. Hos vero multo antiquiores ostendimus part. 1. c. 1. Certe Dionysius Exiguus, qui ante S. Martinum suam collectionem lucubravit, eosdem e Græco latine reddiderat. Num vero ex adscriptis canonibus apostolicis Martinus aliquid sumserit, & more suo latius exposuerit, an vero hæc quoque capitula 26. & 27. inter ea recensenda sint, quorum ipse auctor exstitit, definire non audemus.

Non omnia Capitula ex Græcis excerpta.

V. Hanc Capitulorum collectionem Martinus direxit ad Nitigisium & universum Concilium Lucense. Hic Nitigisius cum suis suffraganeis interfuit Concilio Bracarensi II. cui Martinus præfuit. Eadem Capitula in hoc Concilio lecta & confirmata creduntur. At quod ibidem lectum & confirmatum traditur, non sunt hæc Capitula, sed gesta Bracarensis I. ut ex interloquutione ipsius Martini manifestum est. Hæc Capitula nobis conservata fuerunt a collectione Hispanica, ex qua in Isidorianam transierunt. Edita sunt primum ex codice Isidoriano, quem Merlinus adhibuit: dein vero illa recusit Loaisa ad fidem codicum puræ collectionis Hispanicæ. Justellus & Voellus utriusque editionis lectiones & manuscriptorum variantes notarunt, quam diligentissime in Appendice tomi 1. Bibliothecæ Juris canonici. In perampla collectione canonum manuscripta Collegii Parisiensis Societatis Jesu hæc Capitula inscribuntur *Concilium Martini Papæ*, ut P. Harduinus notavit. Hinc nihil mirum, si illa apud posteriores quosdam collectores canonum nonnumquam allegentur *ex decretis*, seu *ex Concilio Martini Papæ*. Hoc errore ducti nonnulli, eadem Capitula a S. Martino I. Summo Pontifice in Concilio Romano sancita putantes,

tantes, eidem Pontifici tribuerunt eam disciplinæ relaxationem, qua in iisdem Capitulis permittitur ut bigami in minoribus ordinum gradibus permaneant; & proinde etiam contendebant, vi eorumdem Capitulorum, quæ Martino Pontifici asserebantur, hoc quoque tempore Episcopum cum bigamo posse ad minores ordines dispensare. Quam opinionem falso fundamento innixam Sixtus V. tandem explosit, ut videre licet apud Fagnanum in Commentario ad caput secundum *de bigamis*.

CAPUT III.

De Breviario & Collectione Cresconii.

Duo Cresconii opera.

I. Cresconii, seu, ut alii malunt, Crisconii Episcopi Africani duo opera memorantur, alterum *Concordia canonum*, alterum poema *de bellis Lybicis*. Utrumque hoc opus designatum vidimus in MS. Vallicellano XVIII. pag. 136. ubi describitur tabula eorum, quæ in eodem codice continentur. In primo autem ejusdem tabulæ numero hæc leguntur. *Concordia canonum a Cresconio Africano Episcopo digesta sub capitulis trecentis. Iste nimirum Cresconius bella & victorias, quas Johannes Patricius apud Africam de Saracenis gessit, exametris versibus descripsit sub libris....* Primum opus tantum superest; secundum vero, quod hactenus in desiderio est, cum inscriptione quidem *de bellis Lybicis*, continebatur in MS. Monasterii montis Cassini inter codices, quos Desiderius Abbas, postea Romanus Pontifex Victor III. bibliothecæ ejusdem Monasterii addidisse traditur a coævo auctore Leone Ostiensi in Chronico Cassinensi lib. 3. c. 63. Id autem utilitatis notitia hujus operis attulit, quod Cresconii ætas exinde cognoscitur. Cum enim memorati Joannis Patricii victoria tum ab Anastasio Bibliothecario in Ecclesiastica Historia, tum a Cedreno affigatur anno tertio Leontii Imperatoris, idest anno Christi 697. Cresconius, qui eam versibus descripsit, hoc tempore floruit.

Poema de bellis Lybicis.

De Concordia canonum.

II. Nunc de altero opere, quod *Concordia canonum* inscribitur. Hæc, quam petente Liberino Episcopo concinnavit, totam Dionysii collectionem in trecentos titulos distributam ita continet, ut non integra Concilia, nec integras Romanorum Pontificum epistolas, uti apud Dionysium leguntur, continua serie exhibeat; sed omnia Conciliorum Pontificumque decreta, quæ in unam materiam conferunt, hinc inde excerpta simul colligat, & certis titulis subjiciat. Cum vero hoc opus non totum simul, sed per partes editum fuerit; non satis perspectum est. Anno 1588. curante Francisco Pithœo una cum Breviatione Ferrandi edita fuit ea tantum ejusdem Cresconiani operis portio, quæ post præfationem ipsius Cresconii ad Liberinum non integros canones, aut decreta integra exhibet; sed sola canonum & decretorum capitula cuique titulo congruentia, ut in Breviatione Ferrandi observavimus, leviter indicat, hac inscriptione editioni præfixa: *Crisconii Episcopi Africani Breviarium canonicum. Hic habetur Concordia canonum Conciliorum infrascriptorum & Præsulum Romanorum, idest canonum Apostolorum, Nicænorum, Ancyranorum, Novæcæsariensium, Gangrensium, Antiochensium, Laodicensium, Calchedonensium, Sardicensium, Carthaginensium: item Præsulum Siricii, Innocentii, Zosimi, Cælestini, Leonis, & Gelasii.* Prima hujus inscriptionis verba *Crisconii Episcopi Africani Breviarium canonicum*, in nullo codice invenimus; sed in omnibus titulus incipit a verbis, *Hic habetur Concordia* &c. Non incongrue vero *Breviarium* appellata est ea prima pars, quæ non opus integrum *Concordiæ*, sed ejus compendium tantummodo exhibet. Hoc idem Breviarium Cresconianum postea recusum a multis, tomo 1. Bibliothecæ Juris canonici una cum Breviatione Ferrandi insertum fuit pag. 456. Cum porro eodem tomo ad umbilicum perducto, Gulielmus Voellus & Henricus Justellus laudatæ Bibliothecæ editores ipsum opus *Concordiæ canonum* e MS. bibliothecæ Claromontanæ Soc. Jesu accepissent, in quo integri canones in titulos distributi describebantur; eam veluti *opus alterum*, & a Breviario distinctum separatim in Appendice ejusdem tomi impresserunt pag. XXXIII. cum hac epigraphe: *Crisconii Episcopi Africani liber canonum, in quo integros ipsos Concilio-*

Breviarium Cresconii.

Editio Concordiæ canonum, seu libri canonum.

ciliorum canones & Pontificum decreta eo ordine, quo in Breviario allegantur, descripsit.

III. Hæc editionis ratio plures eruditos, qui codices integri operis non potuerunt inspicere, in diversas sententias distraxit. Alii enim Breviarium & librum canonum duo Crescònii opera existimant. Alii malunt, Cresconium tantum scripsisse posterius opus, in quo canones integri recensentur; Breviarium vero decerptum suspicantur ab alio, cui Cresconii opus nimis prolixum videbatur, quive nudam notitiam canonum memoriæ juvandæ caussa præstare voluit. P. Coustantius primo anceps fuit, num præter Breviarium Cresconius etiam librum canonum condidisset. Rem hanc dijudicaturus ad celebriorum codicum fidem, Romam ad sodales & amicos suos scripsit, ut Vallicellanos, & Vaticanos codices a Cardinali Baronio laudatos excuterent. His autem rescribentibus nullum utrobique codicem exstare, nisi qui merum Breviarium contineret, solum Breviarium à Crescònio concinnatum tandem censuit. Quantum vero ad fusiorem librum canonum conjecit, *studiosum aliquem repertum esse, qui Breviarium Canonicum sic tamquam osseam compagem carne sua vestierit, hoc est, qui delineatam a Crescònio Concordiæ formam sequutus, pro summariis canonum totos ipsos canones descripserit, servato primo rerum ordine ac numero titulorum.* Qua in sententia confirmatus fuit ex ipso codice Claromontano, ex quo idem liber canonum editus fuerat: quippe in hoc post Breviarium, cui Cresconii præfatio præmittitur, sequitur species quædam veluti præfationis libro canonum præfixæ; quam ipsorummet etiam editorum judicio *Cresconii non esse multa persuadent*. Ipse autem liber canonum, qui statim subjicitur, nec in prima fronte, nec alibi uspiam Cresconii nomen præfert. — *Variæ sententiæ.* — *Præfat. t. 1. Epist. Rom. Pont. n. 125. & 126.*

IV. Nobis vero, quibus feliciter obtigit plura Cresconiani operis exempla invenire & expendere, rem hanc certius constituere licebit. Quatuor quidem codices nacti sumus, in quibus solum, uti appellant, Breviarium sine prolixiori libro canonum legitur, nimirum Vat. 1353. & 5845. Vallicel. A 5. & Vercellensem, qui omnes Dionysianam, seu Dionysio-Hadrianam collectionem una cum Additionibus Dionysianis complectuntur. In his Breviarium Cresconianum præmittitur ipsi collectioni Dionysii, ex qua excerptum fuit. Deest autem in iisdem liber canonum, quia cum mox ipsa subjiciatur Dionysii collectio, quæ integra documenta eodem Breviario indicata continet, ille liber, in quo eadem documenta alia methodo in titulos distributa repetuntur, superfluus visus est. Quisquis enim ex numeris titulorum in Breviario notatis, qui Dionysianæ collectioni plane respondent, ipsos canones & decreta Pontificum in eadem collectione reperire facile potest. Hos tantum codices inspexerunt illi sodales & amici P. Coustantii, qui solum Breviarium in Vaticanis & Vallicellanis forulis inveniri ad eum rescripserunt: simileque MS. exemplum Francisco Pithœo occurrisse dicendum est, cum merum Breviarium edidit. Cum vero horum codicum scopus non fuerit, Cresconianum opus integrum exhibere, sed eam partem ex Crescònio decerpere, quæ Dionysianæ collectioni utilis videbatur; nihil ex his codicibus colligi potest, ut solum Breviarium Crescònio asseratur; si præsertim alii omnes codices, qui sine Dionysiana collectione Cresconium præferunt, numquam solum Breviarium, sed semper tum Breviarium, tum prolixiorem canonum librum exhibeant. — *Utrumque Cresconio vindicatur.*

V. Sex autem ejusmodi manuscripta exemplaria invenimus, nimirum Veronense 60. Vat. Palat. 579. Vat. Reginæ 849. Vat. 1347. & 5748. ac Vallicellanum XVIII. Inter hæc omnium vetustissimum, & ætati Cresconii proximum est exemplum Veronensis Capituli signatum numero 60. quod sæculo octavo exaratum creditur: paullo autem posterior est codex Vat. Palat. 579. In his omnibus Breviarium cum libro canonum ita conjungitur, ut utrumque ejusdem Cresconii opus esse liqueat; & Breviarium quidem esse perspiciatur veluti index, seu tabula capitulorum prolixioris operis, seu libri canonum, qui sine ea intermedia præfatione in Claromontanum codicem perperam intrusa statim subjicitur. Hinc quod in editis vocatur *Breviarium*, proprius in codicibus *Capitula* inscribitur tum initio, tum in fine. Initio quidem post Cresconii præfationem ad Liberinum (ut in ipsa quoque Pithœana editione legitur) his verbis: *Deinceps succedunt Capitula*: & in fine: *Expliciunt Capitula*, vel — *Codices integrum opus Cresconii continentes.*

expli-

Explicit Capitulare canonum. Hoc autem *Capitulorum* nomen indicem sequentis operis innuere solet, ut ex quibusdam aliis collectionibus discimus. Cresconius scilicet imitari voluit Dionysium, ex quo suam collectionem excerpsit. Sicut enim is suæ collectioni indicem seu tabulam præmisit inscriptam *Tituli canonum*; ita Cresconius *capitulorum* indicem præfixit. Hæc igitur Capitula, seu hoc Breviarium Cresconii nomine in omnibus tum primi, tum alterius generis codicibus prænotatum nemo ab eodem abjudicare potest.

VI. Prolixior autem liber, qui eadem capitula in tot & tam vetustis codicibus statim subsequitur, in ipsa præfatione Cresconii ita eidem adscribitur, ut de auctore dubitare non liceat. Narrat siquidem se a Liberino Episcopo excitatum, *ut cuncta canonica constituta, quæ ab ipsis exordiis militiæ christianæ tam sancti Apostoli, quam apostolici viri per successiones temporum protulere, colligeret in unum, eorumque CONCORDIAM faciens, ac TITULORUM PRÆNOTATIONEM interponens, ea dilucidius declararet*. Notabilis est distinctio *Concordiæ*, quæ ipsum canonum librum innuit, & *titulorum prænotationis*, quæ Breviario seu Capitulis congruit. Hunc autem laborem declinare studens Cresconius, *proposuerat hoc canonum Breviarium a viro reverentissimo Ferrando Carthaginensis Ecclesiæ Diacono jam fuisse digestum, & debere eum nostræ eruditioni sufficere*. Hoc autem Ferrandi opus, quod indicat solos canonum titulos, non autem ipsos proponit canones, indoctis, quorum est maxima multitudo, non sufficere Liberinus reposuit, *dum eos* (Ferrandus) *ad inquisitionem earum rerum præmisit, quæ nec ab omnibus reperiuntur, nec repertæ sine fastidio perleguntur. Nulli siquidem dubium est, quam molestissime perferat lector, dum avidius cujusque rei cognitionem expectat, & ad librum præmittitur, quem aut forte non legit, aut ubi reperiat non novit*. Liberinus ergo non merum Breviarium Ferrandiano simile, quod solos canonum titulos prænotaret, sed ipsos canones integros describendos expetiit, quod prolixius opus requirit. Huic autem petitioni Cresconius se cessisse affirmans, *necessarium duxi*, inquit, *cuncta ecclesiastica, ut dictum est, constituta, quæ ad nostram notitiam pervenerunt, in hoc opere sub titulorum serie prænotare, & ea condiscere valentibus & volentibus dubitationis ambagem auferre, ut eorum plena instructio non ex difficultate scriptoris, sed ex desidia jam dependeat lectoris*. Verba *sub titulorum serie prænotare* præmissum Breviarium significant, in quo ad Ferrandi exemplum canonum tituli seu capitula *prænotantur: plena* autem *instructio*, qua *condiscere valentibus & volentibus dubitationis ambages auferatur*, ad prolixius opus refertur, ex quo quidem fiet, ut plena canonum instructio si cui deerit, *non ex difficultate scriptoris*, qui longiorum canonum transcriptionem declinarit, *sed ex desidia jam dependeat lectoris*. Utrumque igitur Cresconio adjudicandum est; opus, seu potius utraque pars est unius ejusdemque operis, quod *Concordia canonum* inscribitur.

Editio Concordiæ quomodo curanda sit. VII. Integra hujus operis editio ad fidem eorum codicum, qui illud integrum continent, sic exigenda erit. Primo hæc præfigatur inscriptio: *Hic habetur Concordia canonum Conciliorum infrascriptorum* &c. uti jam dedimus num. 2. Sequetur præfatio seu epistola Cresconii ad Liberinum cum epigraphe: *Incipit præfatio Cresconii de Concordia canonum ad Liberinum*. Tum describetur Breviarium cum titulo: *Deinceps succedunt capitula*, uti cum vulgato habet codex Vat. Palat. 579. vel *Incipiunt capitula*, quemadmodum in codice Veronensi legitur: & in fine Breviarii *Expliciunt capitula*, vel ut in aliis MSS. observavimus: *Explicuerunt capitula de Concordia canonum*. Dein subjicietur ipse liber canonum, qui tum in codice Claromontano, tum in laudato Palatino hanc epigraphen præfert, *Incipit liber canonum*; in Vallicellano autem MS. XVIII. *Item Concordia canonum*. Omissis autem illis, quæ in Appendice tomi 1. Bibliothecæ Juris canonici pag. XXXIII. leguntur, *Qui Episcopus ordinandus est* &c. in MS. Claromontanum intrusa, & sumta ex canone primo vulgati Concilii Carthaginensis IV. incipiendus erit Cresconii liber a num. 1. *De ordinatione Episcopi. In canonibus Apostolorum* &c. ut in eadem Appendice pag. XXXIV. & sequentibus cum clausula in fine: *Explicit Concordia canonum*, addit codex Vat. Palatinus, *scripta a Cresconio ad B. Libe-*

Liberinum Pontificem. Quantum ad numerum capitulorum retinenda est vulgata divisio in capitula tercenta, quæ plerisque & vetustioribus codicibus comprobatur. Quod si duo codices Vat. 1347. & Vat. Palat. 579. dividunt in capitula CCCI. alius autem codex Helmstadiensis laudatus a Fabricio dividit in capitula CCCIII. id ex eo accidit, quia unum aut alterum capitulum partiuntur in duo; sicut e contra in MS. Vat. Reginæ 849. præferuntur capitula CCXCVII. quippe nonnulla in unum cogunt. Hæc pura & integra est Cresconii collectio.

VIII. Hoc autem loco non est omittendum, ab Eminentissimo Baronio, & ab editoribus Romanis Epistolarum Romanorum Pontificum, & ex iis a Binio, aliisque sæpius laudari *collectionem Cresconianam*, quæ in MS. Vallicellano & in alio Vaticano continetur. Cum vero exinde allegata, vel excerpta fuerint quædam documenta, quæ nec in Cresconio, nec apud Dionysium leguntur; non minima difficultas plures incessit. Ex laudatis autem codicibus deteximus, *Cresconianæ collectionis* nomine indicatos fuisse codices Vallicellanum A. 5. & Vat. 1353. qui a præfatione & Breviario Cresconii exordiuntur. Cumque Breviario subjiciatur collectio Dionysio-Hadriana cum pluribus aliis documentis, quæ inter Additiones Dionysianas retulimus atque descripsimus part. 3. c. 3. hæc omnia incaute eodem collectionis Cresconianæ nomine allegata fuerunt. Cum nondum certa esset ætas Cresconii, nec integrum ejus opus ex aliis MSS. cognosceretur; facile fuit eidem Cresconio, cujus præfatio initio describitur, tribuere totam collectionem in laudatis codicibus comprehensam; tametsi pleraque ejusdem documenta in Breviario nuspiam indicentur, & nonnulla etiam reipsa Cresconii ætate posteriora sint.

Collectio Cresconiana laudata a Baron. & aliis quid sit.

IX. Alius quoque nonnullorum error ex Cresconiano opere detegitur, eorum scilicet, qui olim putarunt, Burchardum Vormatiensem Episcopum, & Ivonem Episcopum Carnotensem primos fuisse, qui in suis collectionibus Synodos & epistolas Romanorum Pontificum non ediderint integras servato temporum ordine, ut antiqui fecerant, sed sectas in partes & in titulos distributas. Nec mirum esse debet, viros ceteroquin doctissimos ita sensisse; cum nondum prodiisset ulla collectio illis Episcopis vetustior, in qua eadem methodus deprehenderetur. Primum vero hujus methodi exemplum inter scriptores Latinos ex Cresconio suppetit. Solum hic ex unius Dionysianæ collectionis documentis decreta excerpsit. Alii vero postea ex aliis quoque fontibus plura sumentes, in libros & titulos diviserunt; ac præterea addiderunt sententias sanctorum Patrum, & nonnumquam etiam testimonia ex legibus Principum, ut patebit ex dicendis de quibusdam collectionibus & collectoribus, qui Burchardo & Ivone anteriores sunt.

Crescon. primus inter Latinos collectionem in titulos distribuit.

CAPUT IV.

De abbreviatione canonum, quæ continetur in MS. 59. Capituli Veronensis, & alio 88. Capituli Ecclesiæ Lucanæ.

I. Codex Veronensis membranaceus, pluribus temporum vicissitudinibus squallens, est quadratæ minoris formæ, majusculis quidem litteris, sed ita inconcinnis atque distortis exaratus, ut perdifficilis lectu sit. Ad octavum sæculum pertinere videtur. Abbreviationem canonum atque constitutionum Sedis Apostolicæ continet in duas veluti partes distinctam, quarum una canones Conciliorum, altera apostolicas constitutiones compendio exhibet. Auctor valde imperitus, nonnumquam eorumdem canonum atque constitutionum sententias non recte assequutus, perperam exposuit; adeo ut ex ejus breviationibus nihil ad explicandos vel emendandos originales textus elici possit. Quandoque non omnia alicujus Synodi, aut constitutionis decreta, sed quæ libuit summatim repræsentat. Duos etiam canones identidem in unum conjungens, numerum canonum minuit, tametsi nullum canonem reipsa prætereat. Aliquando vero, sed rarius, eumdem canonem aliis verbis abbreviatum incaute repetit. Accedunt imperitissimi librarii menda & barbaries, quæ ex ejus notatione in fine codicis apposita satis elucescet: unde totus codex multo magis vitiatus fuit.

Judicium de codice & abbreviatione.

fuit. Cum nihilominus ex codicibus & collectionibus canonum multo vetustioribus hæc perantiqua abbreviatio sumta fuerit; quædam remotioris antiquitatis indicia retinet, & non pauca valde utilia nobis suppeditat, ex quibus hæc abbreviatio non minimi habenda est. P. Joannes Dominicus Mansius hanc eamdem abbreviationem reperit in alio vetustissimo codice Capituli cathedralis Ecclesiæ Lucanæ, cujus notitiam dedit in *Commentario de celebri codice sæculo Caroli Magni scripto*, ut videre est tom. 45. Opusculorum P. Angeli Mariæ Calogerà pag. 114. Frequenter etiam ejusdem abbreviationis mentionem facit tom. 1. & 2. Supplementi ad Concilia P. Labbei, in quibus quasdam particulas ex eadem abbreviatione typis impressit. Etsi vero Marchio Scipio Maffejus ante P. Mansium de hac eadem abbreviatione in MS. Veronensi contenta nonnulla disseruerit in Notitia codicum Capitularium, quæ inserta est Appendici Historiæ Theologicæ pag. 78. accuratiorem tamen ejus descriptionem cum opportunis observationibus hoc loco producere non modicum juverit.

Descriptio abbreviationis. II. Hic titulus in nostro Veronensi codice legitur. *Incipiunt capitula sanctorum omnium Conciliorum, quæ a beatis Patribus statuta sunt, sive epistolarum decretalium, quæ a Pontificibus, sive apostolicis viris decreta sunt, breviter collecta atque conscripta.* Sequitur tabula seu index capitulorum primæ partis, quæ Conciliorum canones respicit.

I. *Excerpta Conciliorum a S. Domino Martino Episcopo Gallicia.* In corpore operis hic titulus melius exponitur sic: *Excerptæ de canonibus sententiæ tantum ex libro Bracarense Martini Episcopi Galliciæ de diversis Conciliis.* Afferuntur autem compendio canones 84. quot quidem ejusdem Martini capitula in vulgatis referuntur.

II. *Capitula Nicæni Concilii, & Sardicensis Concilii, ubi Osius fuit, quomodo testantur CCXIV. Episcopi Africani Concilii.* Melius in corpore (hac notatione præmissa *De libro Complutensi*) scribitur: *Ex Concilio Nicæno, vel aliis Conciliis.* Proferuntur autem abbreviati canones 91. sine ulla mentione Synodi, ad quam quisque pertineat. Conferendæ fuerunt horum sententiæ cum vulgatis, ut cujus essent Concilii detegeremus. Primi canones 17. sunt Nicæni. Sequentes 21. usque ad 38. sunt Sardicenses. Canon vero 39. est ultimus Nicænus de omittenda genuflexione diebus dominicis atque paschalibus. Tum a num. 40. ad 55. sunt canones Ancyrani. Dein Neocæsarienses cum aliis Ancyranis permiscentur usque ad numerum 72. Subduntur Gangrenses a num. 73. usque ad 83. & cum Antiochenis concluditur a num. 84. ad 91. usque.

Tria notabilia. Tria hic animadversionem merentur. Primo in ea collectione antiquiori, ex qua hi canones 91. compendio fuerunt excerpti, deerant, ut videtur, non solum Constantinopolitani & Calchedonenses, verum etiam Laodiceni, ex quibus ne unum quidem abbreviator exposuit. Secundo cum relati canones notatione sui cujusque Concilii careant; in titulo autem, qui in corpore iisdem præfigitur, solius Nicæni expressa mentio fiat; lectori minus attento hinc occasio esse potuit allegandi veluti Nicænos canones etiam sequentes, qui Nicæni non sunt. Aliqua simili collectione usus forte fuit S. Gregorius Turonensis, dum Gangrensem canonem Nicæni nomine laudavit. Tertio cum Sardicenses canones Nicænis subjectos ultimus Nicænus canon concludat; non leve indicium suppetit, auctorem hujusmodi abbreviationis eos exscripsisse ex codice, in quo cum Nicænis copulati, & Nicænis inserti Nicænorum nomine inscribebantur. Quod si in epigraphe tabulæ, quæ initio codicis præmittitur, non tam Nicæni quam Sardicenses canones memorantur; id abbreviationis auctore fieri potuit, qui utrosque canones in aliis MSS. distinctos invenit.

III. *Capitula Nicæni Concilii data ab Innocentio Papa.* In titulo autem corpori inserto: *De epistola Innocentii Papæ ex Concilio Nicæno.* Sunt Nicæni canones 22. ex abbreviatione Rufini, quam pro ipsis canonibus in Gallicanis codicibus receptam, & a Gallicanis nonnumquam usurpatam vidimus part. 2. c. 10. §. 2. Innocentio autem Pontifici hæc capitula abbreviator ea de caussa fortassis attribuit, quia laudatæ breviationes Rufinianæ in suo codice Innocentii litteris subjiciebantur. P. Mansius hæc capitula ex Lucano codice edidit tom. 1. Supplementi Conciliorum pag. 277.

IV. *Ex Concilio Arelatensi.* Sunt canones 20. Arelatensis I. anni 314.

V. *Ex*

V. *Ex Concilio Ankiritano* c. 18.

VI. *Ex Concilio Novæ Cæsariæ* c. 12.

VII. *Ex Concilio Gangrense* c. 19.

VIII. *Ex Concilio Laodiciæ Phrygiæ* c. 53.

IX. *Ex Concilio Constantinopolitano* c. 5.

X. *Ex Concilio Epheseno* c. 12. quæ sunt duodecim anathematismata ex epistola S. Cyrilli ad Nestorium.

XI. *Ex Concilio Calchedonense* c. 27.

XII. *Ex Concilio Antiocheno* c. 24.

Hi omnes canones Conciliorum Græciæ etsi abbreviati, interpretationem, uti vocant, Isidorianam satis indigitant. Auctor ergo hujus abbreviationis vetustiorem codicem reperit, qui hæc omnia Concilia Græciæ ex eadem versione in unum corpus collecta complectebatur; & inter hæc epistola S. Cyrilli ad Nestorium Ephesini Concilii nomine erat inscripta, uti in Hispanica & Isidoriana collectionibus postea recepta fuit. Cyrilli Epist. ad Nestorium Concilii Ephes. titulo inscripta.

XIII. *Ex Concilio Valentino sub die IV. Idus Julias Gratiano & Equitio Coss.* an. 374. can. 4.

XIV. *Ex Concilio Regense sub die XIV. Kal. Decembris Theodosio Aug. XVII. Festo V. C. Coss.* an. 439. c. 6.

XV. *Ex Concilio Arausico VI. Idus Novembris* an. 441. c. 27.

XVI. *Ex Concilio Vasense sub die Id. Nov. Dioscoro Consulibus*, omisso altero Consule anni 442. c. 8.

XVII. *Ex Concilio Aurelianense* an. 511. c. 27.

XVIII. *Ex Concilio Arelatense*, quod vocari solet *secundum*, c. 36.

XIX. *Ex Synodo Carthaginis Africæ Honorio XII. & Theodosio VIII. Coss.* c. 103. Est illa collectio, quæ in aliis MSS. *Statutorum antiquorum* nomine inscripta hoc tomo edetur inter documenta Juris canonici veteris num. 3. Vide part. 2. c. 3. §. 4. ubi de diversis eorumdem Statutorum inscriptionibus disseruimus.

XX. *Ex Synodo Carthaginis sub die Iduum Augustarum Consulatu Cerani*, lege *Cæsarii*, nimirum an. 397. c. 71. quæ capita 71. ex MS. Lucano edita sunt a P. Mansio tom. 1. Supplem. Concil. pag. 255. Est Breviarium Hipponense eadem chronica notatione signatum & imprimendum capite 2. collectionis huic tomo inserendæ. Canones quidem hujus Breviarii sunt multo pauciores. At sicut in laudata collectione duos Africanos canones addititios susceperunt; ita in hac breviatione multo plures ex Carthaginensi III. aliisque Africanis Synodis adjecti fuere.

XXI. *Ex Concilio Agathensi sub die Id. Septembris XXII. Domini nostri Alarici Regis Messala V. C. Consule*, idest an. 506. Proferuntur autem canones 46. qui duobus canonibus in unum coeuntibus, comprehendunt vulgatos ejusdem Concilii canones 47. quot in antiquis quidem exemplaribus Gallicanis eidem Gallicanæ Synodo tribuuntur. Desunt vero ceteri viginti canones in vulgatis ante clausulam inserti ex codicibus collectionum Hispanicæ & Isidorianæ, qui ex illorum vetustiorum Gallicanorum codicum fide addititii jure creduntur. De numero canonum Agathensium.

XXII. *Ex Concilio Arelatense* an. 524. c. 2.

XXIII. *Ex Synodo Tarraconense* an. 516. c. 11. Tam in præmissa tabula, quam in corpore codicis omittuntur numeri XXIV. & XXV.

XXVI. *Ex Concilio Gerundense* an. 517. c. 9.

XXVII. *Ex Concilio Toletano Thiudi*, sic *Thiudi* tum in tabula, tum in corpore. Est Concilium Toletanum II. anni 531. cum canonibus 3. Hoc quidem anno 531. Theudes Rex Amalrico successit mense Decembri; Synodus vero Toletana II. habita fuit mense Majo: ac proinde alii codices recte signant Amalrici Regis annum quintum. Thiudi Rex.

XXVIII. *Ex Synodo Hilerdense* an. 524. seu melius 546. ut ex MSS. codicibus Hispanicis, qui non Theodorici, sed Theudis Regis annum XV. notant, eruditi probarunt. Vide Pagium ad an. 546. n. 10. & 11. Referuntur autem canones 15.

XXIX. *Ex Concilio Vallense*. Est Valentinum Hispanicum anni 546. c. 5. Sequitur hæc notatiuncula. *Ex lebro Agabrinse*, lege *ex libro Agabrense*.

In MS. Lucano mutile legitur: *Ex libro gabrense*, ubi littera *A* librario excidit.

XXX. *Ex Concilio Eliberitano* c. 69.

XXXI. *Ex Synodo Toletano æra CCCCXXXVIII.* an. 400. can. 23.

XXXII. *Ex Concilio Bracarense* an. 563. c. 22.

XXXIII. *Item senodo Bracarense* an. 572. c. 10.

XXXIV. *Ex Concilio Toletano*. Est tertium Toletanum an. 589. cum canonibus 23.

XXXV. *Ex Concilio Cæsaraugustano* c. 7. Est Cæsaraugustanum I. quod creditur celebratum an. 381.

Concilii Arvernensis canones sunt potius Aurelianensis V.

XXXVI. *Ex Concilio Arvernense Franciæ* an. 549. c. 22. In vulgatis Conciliorum tom. 5. edit. Ven. col. 1389. proferuntur tantum canones 16. ex Fuxensi codice, ex quo hanc Synodum Arvernensis nomine inscriptam Sirmondus edidit. At cum hujus Synodi præfatio ex Urgellensi MS. addita non Arvernensem, sed Aurelianensem urbem præferat; canones autem iidem sint ac illi Aurelianensis V. est potius Concilium Aurelianense V. quod quidem in iisdem vulgatis col. 1377. & in MSS. Gallicanis, unde editum fuit, exhibet canones 24. Hinc Fuxensis codex non tam præfatione, quam numero canonum deficit. Noster vero abbreviator codicem adhibuit, in quo canonum numerus ita erat integer, ut in MSS. exemplis amplioris collectionis Hispanicæ, idest Urgellensi Petri de Marca, & Lucensi, quod Perezius laudat. Arvernensis autem Concilii nomen pro Aurelianensi in solis MSS. Hispanis inventum, eum codicem, ex quo hæc abbreviatio deducta fuit, Hispanicum fuisse confirmat.

XXXVII. *Ex Concilio Cæsaraugustano* anni 592. c. 1.

XXXVIII. *Ex Synodo Taurinatium X. Kal. Octobris* circa annum 401. c. 1.

XXXIX. *Ex Concilio Narbonense* anni 589. c. 15.

XL. *Ex Synodo Teleptense* an. 418. c. 6. In codice Lucano mutile *leptense*.

XLI. *Ex Concilio Barcinonense* circa an. 540. c. 10.

XLII. *Ex Synodo Oscense* an. 598. c. 1.

XLIII. *Ex Concilio Urbico sub Hilaro Papa* an. 465. c. 5.

Mox sub numero XLIV. ponitur titulus secundæ partis. *Item Capitolatio epistolarum decretalium, sententiæ tantum*; ac postea alia numerorum series inchoat.

I. *Ex epistola B. Clementis ad Jacobum.* c. 4.

II. *Ex præceptione cujus supra.* c. 5. Hæc duo documenta S. Clementi afficta ex Rufini versione vulgata fuerant; ac proinde antiquis Latinis collectionibus inserta inveniuntur. Vide not. 1. in cap. 64. collectionis hoc tomo subjiciendæ col. 454. in qua primum documentum legitur; & confer etiam præfationem in documenta Juris canonici veteris num. 5. col. 631. in quibus alterum documentum profertur col. 674.

III. *Ex epistola Siricii Papæ ad Eumerium Episcopum* c. 5.

IV. *Ex epistola Innocentii Papæ ad Exuperium Episcopum* c. 5.

V. *Ex epistola Innocentii ad universos Episcopos in Tolos.* idest Toletani Concilii c. 4.

VI. *Item Innocentii ad Vectorium* (idest Victricium) *Episcopum* c. 7.

VII. *Item Innocentii ad Episcopos*, supple Macedoniæ. Est in edit. Concil. epist. 22. c. 1.

VIII. *Item Innocentii ad Decentium* c. 8.

IX. *Item Innocentii ad Aurelium Episcopum* epist. 12. in vulgatis Conciliorum.

X. *Ex epistola Zosimi Papæ ad Hesichium Episcopum.*

XI. *Ex epistola Bonifacii ad Elarum Episcopum.* Est epist. ad Hilarium Narbonensem.

XII. *Ex epistola Cælestini Papæ ad Viennenses Episcopos*, in Conciliorum editione epist. 11.

XIII. *Item Cælestini Papæ ad Episcopos per Apuliam & Calabriam constitutos*. Ibi epist. 3.

XIV. *Ex epistola Papæ Leonis ad Anastasium Episcopum Thessalonicensem*, in nostra editione epist. 14.

XV.

XV. *Item ejusdem Papæ ad Africanos Episcopos*. Ibi epist. 12.

XVI. *Item ejusdem ad Rusticum Narbonensem*. Ibi ep. 167.

XVII. *Item ejusdem Papæ ad Siculos Episcopos*. Ibi ep. 16.

XVIII. *Item ejusdem Papæ ad Nicetam Episcopum*. Ibi ep. 159.

XIX. *Item ejusdem Leonis ad universos Episcopos*. Est epist. 4. ad Episcopos Campaniæ &c.

XX. *Ejusdem Leonis ad Theodorum Episcopum* epist. 108.

XXI. *Ejusdem Leonis ad Leonem Episcopum*. Est epist. 166. ad Neonem Ravennatem.

XXII. *Ejusdem Leonis per Campaniam Samnium Episcopis*. Est epist. 168.

XXIII. *Leo Dioscoro* epist. 9.

XXIV. *Leo Episcopus Turibio Episcopo* epist. 15. quæ in corpore codicis abbreviata legitur, at in præmissa tabula desideratur.

XXV. *Epistola Gelasii Papæ per Lucaniam Episcopis* c. 18.

XXVI. *Ex epistola ejusdem Papæ ad Sicilienses*.

XXVII. *Ex epistola Felicis Papæ ad Sicilienses Episcopos*. Est epist. 7. Felicis III.

XXVIII. *Ex epistola Vigilii Papæ ad Profuturum Episcopum Bracarensem*.

XXIX. *Ex epistola Felicis Papæ ad Sicilienses Episcopos*. Collatis iis quæ sub hoc titulo afferuntur, ex numeris ac sententiis abbreviatis deteximus indicari librum *de ecclesiasticis dogmatibus* editum in Appendice tomi 8. operum S. Augustini pag. 78. Hic liber est etiam in nonnullis MSS. collectionibus canonum, nunc Augustini nomine inscriptus, nunc Gennadii, qui verus est ejusdem operis auctor, nunc vero sine ullo auctoris nomine. Forte noster abbreviator idcirco Felicem Papam eidem præfixit, quia hoc opusculum in aliqua collectione reperit post epistolam Felicis ad Episcopos Siculos.

XXX. *Ex epistola Siricii Papæ ad Eumerium*. Afferuntur octo sententiæ hujus epistolæ, quæ diversæ sunt ab iis, quas ex eadem epistola abbreviator protulit num. 111.

XXXI. *Ex epistola Leonis Papæ ad Balconium*. Est epistola deperdita, ex qua tamen abbreviator nullam sententiam compendio exhibuit, tametsi ejus titulum tum in tabula, tum in corpore afferat. Vide Dissert. de epistolis S. Leonis deperditis tom. 1. col. 1444. n. 19.

XXXII. *Ex epistola Geronimi ad Patroclum Episcopum de gradibus Clericorum*. Exponuntur autem gradus septem. Hæc epistola inscripta *ad Rusticum* legitur in Appendice tomi XI. Operum S. Hieronymi pag. 114. edit. Veron. Hanc S. Hieronymo affictam plures colligunt, non solum ex stili discrimine, verum etiam ex ætate Rustici, qui post S. Hieronymi mortem Episcopatum gessit. Putant autem eam scriptam multo post S. Isidorum Hispalensem, ex cujus libro 7. de Originibus cap. 12. & seq. excerptam credunt. Difficultatem vero ex Rustico Episcopo oppositam adimit noster codex, dum eam epistolam præfert scriptam non ad Rusticum, ut in vulgatis, sed ad Patroclum, qui Hieronymi ætate Arelatensi Ecclesiæ præfuit. Quantum ad S. Isidorum, cum inter omnes constet, ipsi solemne fuisse plura, quæ ad suum institutum conferrent, tacitis auctorum nominibus in Originum libros traducere; quidni credibile sit, laudatos septem Clericorum gradus ex hac epistola descripsisse? Quod si stilus a Hieronymiano alienus judicetur, id saltem ex nostræ abbreviationis auctore, qui codices S. Isidoro antiquiores, ut videbimus, adhibuit, colligere licet, hanc epistolam S. Isidoro anteriorem esse, ex qua is eosdem gradus deduxerit. *De epist. Hieron. tributa.*

In hac epistola desinit antiqua Abbreviatio. Additur porro eodem caractere, sed sine numero fragmentum ex decreto Gregorii junioris adversus illicita conjugia, quod pertinet ad Synodum Romanam anni 721. ac tandem hæc imperiti amanuensis notatio legitur. *Deo gratias. Qui lege, ore pro me peccatore: sic habeat Deo adjuture*.

Codex Lucanus caret memorato Gregorii junioris fragmento, quod idcirco in MS. Veronensi addititium confirmatur. At alia habet additamenta, ex. gr. epistolam Leonis III. ad Alcuinum memoratis Hieronymi litteris præmissam, quæ cum in Veronensi MS. ceteroquin integro desit, perperam intrusa & a primigenia ejusmodi collectione aliena cognoscitur.

III.

Collectiones vetustiores ab abbreviatore adhibitæ.

III. De vetustate codicum & collectionum, ex quibus hanc abbreviationem auctor derivavit, nonnulla dicenda supersunt. Ea collectio, ex qua ille num. 11. Græcarum Synodorum canones digessit in cap. 91. canonibus Laodicenis & CP. carebat; quod remotæ antiquitatis indicium est. In subsequentibus numeris refert Concilia Græciæ, Africæ, Galliarum, & Hispaniæ, quemadmodum etiam describuntur in collectione Hispanica. At ex aliis vetustioribus fontibus ebibisse evidentissimum est. Neque enim præfert duo Concilia Hispalensia, neque Toletanum IV. quæ in primæva collectione Hispaniensi inveniuntur. E contra quædam Concilia exhibet, quæ in eadem primigenia collectione Hispana desiderantur, nimirum Arvernense, seu potius Aurelianense V. quod Hispanæ collectioni postea additum fuit, & quatuor alias rarissimas Synodos, Cæsaraugustanam II. Narbonensem, Oscensem, & Barcinonensem, quæ ex singulari codice S. Æmiliani editæ sunt. Inter omnes autem Synodos, quas abbreviator profert, recentior est Oscensis anni 598. anterior aliquanto collectione Hispanica, in qua proferuntur duæ posteriores Synodi Hispalensis II. anni 619. & Toletana IV. anni 633. Codicibus igitur non solum diversis ab Hispanica, verum etiam antiquioribus abbreviator usus est. Trium tantum meminit, *Ex libro Bracarensi*, *ex libro Complutensi*, & *ex libro Agabrensi*, quæ urbes ad Hispaniam pertinent. Bracara archiepiscopalis adhuc sedes celebris est. Complutum erat olim urbs episcopalis in provincia Carthaginensi, quæ Toletano Metropolitæ suberat. Agabra vero item episcopalis in provincia Bœtica Metropoli Hispalensi parebat, cujus mentionem videsis in Concilio Hispalensi II. cap. 1. 5. & 8. atque in Notitiis Hispanicis a Loaisa vulgatis tom. 6. Concil. edit. Ven. col. 558. & seqq. Hi ergo codices Hispani collectiones videntur anteriores illa, quæ vocatur Hispanica. Nobis quidem hoc quoque tempore innotuit fragmentum pervetusti codicis Capituli Novariensis, qui antiquioris Hispanicæ collectionis indicia præfert.

Eadem Hispanienses.

Quædam etiam Gallicanæ.

IV. Neque vero solos Hispanienses, sed Gallicanos etiam codices abbreviator adhibuisse videtur. Id colligere licet ex Synodis, quas allegat, Africanis. Tria tantum Africana Concilia laudat. Primo num. 19. affert statuta antiqua Africanæ Synodo anni 418. attributa hoc titulo: *Ex Synodo Carthaginis Africæ Honorio XII. & Theodosio VIII. Consulibus*. Hæc autem statuta non sumsit ex eo fonte, ex quo illa dimanarunt in collectionem Hispanicam, tum quia in hac iisdem statutis prænotantur Consules anni 398. tum etiam quia ordo statutorum in ipsa maxime discrepat. Ordinem autem nostri codicis cum eodem titulo Africanæ Synodi anni 418. invenimus in MS. Vat. Palat. 574. qui Gallicanam vetustissimam collectionem continet. Vide part. 2. c. 10. §. 2. num. 13. Secundo num. 20. producitur Breviarium Hipponense *ex Synodo Carthaginis sub die Id. Augustarum consulatu Cerani*, legendum *Cæsarii*, quod non in Hispanicis, sed in Gallicanis collectionibus suppetit. Tertio num. 40. compendio exhibetur Concilium Teleptense, quod in solis Gallicanis collectionibus hactenus inventum est. Ad hæc accedit Nicænos canones num. 3. produci ex breviationibus Rufinianis: quod apud solos Gallicanos aliquando usitatum scimus. Confer part. 2. c. 10. §. 2. num. 1. Neque omittendum est in epistolis Romanorum Pontificum duo documenta referri num. 1. & 2. S. Clementi attributa, quæ in Hispanica collectione desunt: cumque ambo reperiuntur in collectionibus Gallicanis, tum vero in his solis alterum inscribitur *præceptiones*, aut *præcepta S. Clementis*, ut in nostro codice. Vide part. 3. c. 6. §. 5. & notam 1. in documentum v. hoc tomo col. 673. Auctor igitur hujus breviationis, qui Hispanicam collectionem non vidit, sive Hispanus fuerit, sive Gallicanus, tum Hispanos, tum Gallicanos codices Hispanica collectione anteriores adhibuit.

CAP.

CAPUT V.

De abbreviatione collectionis Hispanicæ edita a Cardinali de Aguirre.

I. INsignis est antiqua abbreviatio in locos communes distributa, eorum scilicet, quæ in auctiori collectione Hispanica continentur. Hoc pretiosum documentum in MS. Lucensi Hispanico invenit Joannes Baptista Perezius, Romamque misit ad Gregorium XIII. una cum aliis documentis accurate descriptum in libro, qui est inter codices Vaticanos num. 4887. Aliud hujus libri exemplum pervenit in manus Cardinalis de Aguirre, qui idem monumentum exinde Romæ an. 1693. evulgavit initio tomi III. Conciliorum Hispaniæ hac inscriptione præfixa: *Index sacrorum canonum & Conciliorum, quibus Ecclesia præsertim Hispanica regebatur ab ineunte sexto sæculo usque ad initium octavi, nunc primum editus e MS. antiquo excellentissimi Marchionis Mondexarensis, quod olim fuit Cl. V. Joannis Perez Canonici & Bibliothecarii Ecclesiæ Toletanæ, ac postea Episcopi Segobricensis.* Novissime vero hoc idem opus egregie illustratum ex eodem Aguirrio mutuatus, an. 1739. Romæ recusit Cajetanus Cennius cum titulo: *Codex veterum canonum Ecclesiæ Hispanæ.* Hæc abbreviatio Jo. Bapt. Perez debetur. Editiones ejusdem.

II. Perezius præter codicem Lucensem duo alia MSS. exemplaria commemorat, in quibus idem documentum describitur, Vigilanum & Ovetense. P. Coustantius duo alia recenset in bibliothecis duabus, Colbertina & Coisliniana. Hi autem omnes codices spectant ad auctiorem collectionem Hispanicam, quam descripsimus part. 3. c. 4. §. 3. n. 11. Hæc nimirum breviatio non primævæ tantum collectionis Hispanicæ documenta, sed illa quoque nonnumquam allegat, quæ inter additamenta ejusdem amplioris collectionis inserta inveniuntur; eaque omnia iis allegat numeris, qui non primævæ collectioni, sed ampliori respondent. Sic ex. gr. Concilium Eliberitanum, quod in primæva collectione exstat capite 30. in hac breviatione allegatur capite 38. quod ampliori collectioni congruit, in qua octo aliæ Synodi anterius insertæ capitum numeros auxerant. Similiter Synodus Bracarensis I. quæ in prima collectione notatur capite 40. in libro 2. ejusdem breviationis tit. 20. citatur *a capite 61.* Laudantur etiam cum numeris amplioris collectionis Synodi, quæ in primæva collectione desunt; & in his non solum Toletanæ V. VI. VII. VIII. IX. X. & XII. quæ in prioribus additionibus accesserant, sed etiam lib. 5. tit. 13. laudatur Toletana XVI. *a capite 59.* quæ posterioribus accessionibus addita fuit. Cum Synodus Toletana XVI. allegetur *a* capite 59. collectionis Hispanicæ; Bracarensis vero I. *a capite 61.* palam fit inter utramque capite 60. in eadem collectione fuisse descriptam Synodum Toletanam XVII. licet in ea breviatione nuspiam laudetur, uti alia non pauca auctor similiter prætervivit. Adde quod lib. 9. tit. 9. citatur *homilia Toletani Concilii III. a Leandro edita in laudem Ecclesiæ ob conversionem Gothicæ gentis*, quæ uberioribus additamentis accessit. Sumta ex auctiori collectione Hispanica.

III. Id ut evidentius pateat, simulque ut perspiciatur series & ordo documentorum ejus amplioris collectionis, quæ cum hujus numeris in breviatione allegantur, integram tabulam hoc loco describimus. In hac autem quæ capita cursivo, uti vocant, caractere exhibentur, illa sunt, quæ in abbreviatione eodem numero laudantur: quæ vero efferuntur caractere rotundo, illa sunt, quæ etsi in breviatione numquam citentur, ei tamen numero seu capiti, cui affiguntur, in ipsa collectione respondent. Solam porro tabulam primæ partis producimus, quippe quod secunda pars nullis documentis aucta, eadem est in ampliori, ac in primigenia collectione. Ordo documentorum.

CAPITULA CONCILIORUM GRÆCIÆ.

I. *Concilium Nicænum.* II. *Ancyritanum.* III. *Neocæsariense.* IV. *Gangrense.* V. *Sardicense.* VI. *Antiochenum.* VII. *Laodicenum.* VIII. *Constantinopolitanum I.* IX. Constantinopolitanum II. X. *Ephesinum.* XI. *Calchedonense.* XII. *Epistola formata Attici CP.*

CON-

Concilia Africæ.

XIII. *Carthaginense I.* XIV. *Carthaginense II.* XV. *Carthaginense III.* XVI. *Carthaginense IV.* XVII. *Carthaginense V.* XVIII. *Carthaginense VI.* XIX. *Carthaginense VII.* XX. *Africanum Milevitanum*. In breviatione aliquando vocatur *Carthaginense VIII.*

Concilia Galliæ.

XXI. *Arelatense I.* XXII. *Arelatense II.* XXIII. *Arelatense III.* XXIV. *Valentinum*. XXV. *Tauritanum*, ideſt Taurinenſe. XXVI. *Regienſe*. XXVII *Arauſicanum*. XXVIII. *Vaſenſe I.* XXIX. Vaſenſe II. XXX. *Agathenſe*. XXXI. *Aurelianenſe I.* XXXII. Aurelianenſe II. XXXIII. Epaunenſe. XXXIV. Carpentoratenſe. XXXV. Arvernenſe. XXXVI. Arvernenſis Concilii epiſtola. XXXVII. Arvernenſe aliud.

Concilia Hispaniæ.

XXXVIII. *Eliberitanum*. XXXIX. *Tarraconenſe*. XL. *Gerundenſe*. XLI. *Cæſarauguſtanum*. XLII. *Ilerdenſe*. XLIII. *Valetanum*, ideſt Valentinum. XLIV. *Toletanum I.* XLV. *Toletanum II.* XLVI. *Toletanum III.* XLVII. *Toletanum IV.* XLVIII. *Toletanum V.* XLIX. *Toletanum VI.* L. *Toletanum VII.* LI. *Toletanum VIII.* LII. *Toletanum IX.* LIII. *Toletanum X.* LIV. Toletanum XI. LV. *Toletanum XII.* LVI. Toletanum XIII. LVII. Toletanum XIV. LVIII. Toletanum XV. LIX. *Toletanum XVI.* LX. Toletanum XVII. LXI. *Bracarenſe I.* LXII. *Bracarenſe II.* LXIII. *Bracarenſe III.* ſeu *excerpta Martini Bracarenſis*. LXIV. Bracarenſe aliud anni 675. LXV. *Hiſpalenſe I.* LXVI. *Hiſpalenſe II.* LXVII. Emeritenſe. LXVIII. Sententiæ, quæ in veteribus exemplaribus non habentur, ſed a quibuſdam inſertæ ſunt.

IV. Opus, ſeu breviatio, de qua loquimur, per locos communes ac materias digeſta, diſpertitur in libros decem, quorum ſinguli plures in titulos dividuntur. Cum vero ea jam vulgata ſit, librorum inſcriptionem cum titulorum numeris hic exhibere ſufficiet. Epigraphes totius voluminis Lucenſis, quod non tam hanc abbreviationem, quam Hiſpanicam collectionem auctiorem complectitur, eſt ejuſmodi. *In nomine Domini noſtri Jeſu Chriſti. Incipit liber canonum ſanctorum Patrum generaliter:* quæ epigraphes totum volumen videtur reſpicere, non vero ſolam breviatiorem, quæ Perezio teſte in ſingulis paginis prænotatur: *Excerpta canonum.*

Liber I. *De inſtitutionibus Clericorum*. Dividitur in titulos 60.

Lib. II. *De inſtitutionibus Monaſteriorum & Monachorum atque ordinibus pœnitentium*. In tit. 23.

Lib. III. *De inſtitutionibus judiciorum & gubernaculis rerum*. In tit. 44.

Lib. IV. *De inſtitutionibus officiorum & ordine baptizandi*. In tit. 40.

Lib. V. *De diverſitate nuptiarum & ſcelere flagitiorum*. In tit. 18.

Lib. VI. *De generalibus regulis Clericorum, ceterorumque Chriſtianorum, & regimine principali*. In tit. 6.

Lib. VII. *De honeſtate & negotiis Principum*. In tit. 11.

Lib. VIII. *De Deo, & de iis quæ ſunt credenda de illo*. In tit. 9.

Lib. IX. *De abdicatione hæreticorum*. In tit. 9.

Lib. X. *De idololatria & cultoribus ejus, ac de ſcripturis pacis, & muneribus miſſis*. In tit. 7.

De auctore hujus breviationis. V. Cajetanus Cennius cum hoc opus S. Iſidoro Hiſpalenſi adjudicandum putet, addititios eſſe cenſet titulos, quibus additamenta collectionis Hiſpanicæ eodem S. Iſidoro poſteriora allegantur. Id autem plane incredibile nobis videtur. Non enim pauci tantum tituli in hoc vel illo libro deſcripti, ſed integer fere liber ſeptimus addititius dici deberet, quippe qui fere totus Toletanas Synodos S. Iſidoro poſteriores laudat. Præterea ſi hæc primæva abbreviatio a S. Iſi-

S. Isidoro lucubrata ad primigeniam collectionem Hispanicam multo breviorem pertineret, & non potius ad ampliorem; cur in solis MSS. exemplis amplioris collectionis inventa fuisset, nuspiam vero brevior in tot aliis codicibus, qui eamdem collectionem pluribus additamentis expertem repræsentant? Quid quod numeri capitulorum, qui in hac breviatione non cum primævæ, sed cum auctioris collectionis numeris plane concinunt, satis demonstrant, breviationis auctorem eos non ex primigenia, sed ex ampliori collectione sumsisse? Alias dicendum esset, posteriorem auctorem, cui additamenta quædam attribuenda credantur, horum additamentorum gratia, quæ pauciora sunt, ceteros omnes primævæ abbreviationis numeros immutasse, & ad amplioris collectionis seriem exegisse: quod sine evidenti argumento ne suspicari quidem licet. Adde tandem versus ab ipsius abbreviationis auctore concinnatos, quos a Cardinali de Aguirre omissos ex Perezio subjiciemus. Hi autem tam inficeti, insulsi, barbari, & a metri poetici legibus alieni sunt, ut S. Isidoro Hispalensi tribui non possint: & eos quidem licet per se se negligendos eo consilio subjiciemus, ut S. Isidoro quam indigni sint, quisque perspiciat. Laudatus Cardinalis eos idcirco neglexit, quia ipsos ab auctore breviationis alienos, & cujuspiam poetastri βαρβαρωτάτου commentum perperam insertum credidit. At gratis ita opinatus est, ipsosque versus ad breviationem referri ita est evidens, ut procemii cujusdam loco sint, & in quoddam compendium videantur redigere quidquid in ipsis libris continetur. Eumdem quidem & versuum & compendii auctorem produnt inter cetera illa sub finem primi generalis procemii:

Sicque novum corpus primævis artubus implens
Ingeniis brevia formem compendia tardis.

Hinc Antonius Augustinus, qui hos versus ab auctore breviationis lucubratos non dubitavit, in *Judicio de quibusdam veteribus canonum ecclesiasticorum collectoribus* cap. 17. jure scripsit: *Indices vidi, qui eidem Isidoro* (Episcopo Hispalensi) *adscriberent; sed vehementer falluntur: nam ipse se scriptor prodit his carminibus ineptis usus, quæ detegunt, eum adolescentem fuisse tum primum manum ferulæ subtrahentem.*

VI. Joannes Baptista Perezius in præfatione tomi primi, quam dedimus part. 3. c. 4. §. 6. Juliano Archiepiscopo Toletano hanc breviationem tribuendam conjecit, *qui illis temporibus*, inquit, *floruit*, & a Felice ejus successore versibus lusisse traditur: *ut vel ex eo suspicari liceat, ab eodem conscripta ea carmina, quæ aliquibus libris hujus operis præponuntur. Nam quod illa inania & boatu tantum contenta sint, id vitium rudi illi ætati condonandum merito videtur.* Verum ille Toletana Concilia usque ad duodecimum in breviatione passim laudata cogitavit, nec animadvertit semel citari etiam Toletanum XVI. & ex numerorum serie cognosci, in collectione, qua usus est abbreviator, fuisse quoque descriptum Toletanum XVII. ut superius observavimus. Etsi vero Julianus præfuit quatuor Synodis Toletanis a duodecima usque ad decimam quintam; duæ tamen sequentes XVI. & XVII. post ejus mortem celebratæ fuerunt: ac propterea breviationis & carminum auctor constitui debet post annum 694. quo decima septima Synodus Toletana habita fuit, nimirum sub finem sæculi septimi, vel initio octavi. Forte ille, quicumque fuit, qui collectioni Hispanicæ plura documenta reformatis capitulorum numeris addidit, ipsius quoque abbreviationis auctor fuit: unde hæc abbreviatio auctioribus collectionis ejusdem codicibus præfixa legitur. Tempus breviationis.

VII. En tandem carmina, quæ prioribus quinque tantummodo libris prænotata & a Perezio descripta invenimus in MS. Vat. 4887. Ante primum librum, immo ante ipsam primi libri epigraphen quasi procemium totius abbreviationis hi versus leguntur cum titulo:

Incipit versificatio. Interrogatio.

Celsa terribilis codex qui sede
Locaris, quia tu es vitalis ordo;
Quod inest tibi nomen?
Celer ter dicas Sanctorum regna voce,

Qui sunt hi, quibus hoc titulo censere,
Totius orbis jus, imperia juveris.
Tu quem tot valida procerum sententia format,
Quid statuere vales, tibi quæve potentia substat?
O tenuem tenere nutantem corde clientem!
Me celebrem fama totum correxit in orbem.
Et te cur latebra fovet hic miserante vetusta?
Ad me, si vis me nosse, convertere totus,
Arcanisque tuis promtus me inlabere totum.
Ausculta jam quid possunt mea promere signa,
Et si posse subest tibi, sic agnosce secreta;
Felix quæ veritas teneatur, nuntio terris.
Terrigenus felix mitto dans loquere terras.
Stans in sublime erectorum deprimo colla,
Ardua dum culpis jubeo disponere jura.
Excelsa sistens elevatus præferor arce,
Dum subjecta premo valide tota ordine sacro.
Me decet eximie narrantem concio verax,
Dum bene cuncta simul mox in erebo ante tacescunt,
Cuncta tremunt, pono dum cunctis jussa tremoris.
Me valida metuunt, mihi magna parere jubentur.
Schisma perit, error resilit, fallacia non est,
Obscænus fugit, impurus ruit, impius extra est,
Gula cadit, ebrius nec erit, & pompa recedit.
Dæmonibus jubeo, rerum auctor non erit alter:
Non curvare caput saxis, non ponere thura,
Nec creatura dabit operi creatoris honores.
Ordine compono cuncta, seco ordine cuncta,
Ordinibus ponens facio tota ordine pulchra.
Dico fidem sacram, tribuo mysteria sacra.
Altare, templum, vestis, vas, sedis, honorque,
Chrisma, caro, sanguisque sacer, baptista, sacrorum
Janitor, acolytus, lector, psaltesque canorus,
Exorcista potens actu, minorque levitis,
Voce levita valens, præsul & Presbyter: alma
Virgo, jugum nuptæ, cælebs, verboque reclinis:
Quæque fidem nomenque Dei censetur habere,
Ordinibus discreta meis celeberrima constat:
Et .... & formam de limite servant.
Cumque suis plena possint subsistere caussis,
Sunt tamen ordinata meis hæc omnia jussis.
Me, rogo, me sine ipse modo narrare quod opto,
Si fas adtribuis, mihi dentur jura loquendi.
Dicito quæque vales, & firma pectore vota.
Postquam te nosse valui, & cognoscere quivi,
Ac sublime tuum posse mihi nosse dedisti,
Appeto plane satis tua mecum volvere jussa,
Et si scire Deus dederit, scrutare profunda.
Sicque per orbem verborum vitæ semina sparsum.
Sinibus aggregare meis, ut acumine mentis
Te aggressus stringam distentum corpore multo.
Dispersaque trahens nec jam commenta sub uno,
Quo dum judicium quæret sententia discors,
Quidquid velle libet, totum concordia præstet.
Sicque novum corpus primævis artubus implens,
Ingeniis brevia formem compendia tardis.
Magna libet, perge celer, otia nulla retardent.
Esto Deus mecum, per me hæc dispersa reducens,
Ut facias in me digna compendia multis.

Post

Post epigraphen, seu titulum libri secundi hi versus describuntur.

Postquam sanctifico missos de cespite flores
Magnopere sacros distinximus ordine campos;
Quo nunc ire jubes, aut quo me tramite mittis?
Est bene quod præfixa tenent loca sacra ministri.
At nunc virgineam solers dispone cohortem,
Adstringe viduam, pœnitens det corde dolorem,
Ne lasciviens suis redeat in montibus illa,
Quæ adhuc deliciis pollens est mortua vivens.
Nisu toto, si Dominus vult, ibimus illuc,
Quo nos magna jubet oris sententia vestri.

Sequitur tabula titulorum libri ejusdem, postea hi versus adduntur.

Compixi turmam celebratus lumine fulvam,
Quæve sibi debent ordine cuncta dedi.
Sistit præclare solidatus virginis ordo,
Atque decus ejus permanet inde sacrum.
Rexpexi dignis pœnitentem fletibus omnem,
Curvavit viduam legibus ipse sacris.
Est ne placens itinere viatoris cruce subactum
Condigno quæ sunt pondere dicta manent.
Hæc ad fines te mittat intentio constans,
Et posteris cœptum fingeris hospes opus.

Post titulum tertii libri hi versus leguntur.

Jussis postquam nostra tuis se lingua subegit,
Ac dicto citius famulatum mente paravit,
In qua cursivagum mittamus parte viantem,
Aut commotum librabimus orbe regressum?
Enixo series usque nunc proruit orsu.
Ex hoc incipe juridicos disponere motus.
Os, guttur, linguam, labium accusantis obunca:
Falsum non toleres indemnem vivere testem.
Judicium judex addiscat promere justum,
Nec nimium juris vertat in parte favoris.
Quisquis enim torquet leges, torquetur ad ignes,
Et parva magnus pensabit facta reatus.

Sequitur tabula titulorum libri tertii, ac postea hi versus subjiciuntur.

Complevi præcepta sacris implexa loquelis,
Asportans quicquid præcipis ipse tibi.
Putasne recto labuntur crura viatu,
Aut non alterno fallimur inde pede?
Directe jugulus mentem consilit iniquam,
Justitiæ telo callida cuncta secans.
Pulchre est infausto punitus crimine mendax,
Ne falso staret quod veritate perit.
Veridico cuncta congressa est orbita gressu:
Perge vigens, error nullus in antra latet.

Post titulum libri quarti.

Ecce jugi motu placendi munera portans
Totum quod statuis implevi mente reclini.
Amodo quæ nostris sternetur semita plantis?
Aut committemus alacres per plana recursus?
Hactenus excerpto verborum lingua cucurrit
Ordine, nunc compone choros reboantibus hymnis.
Doce delicti sordes baptismate tolli.
Distingue templis altaria, carmina, thura.
Complere tua concurram cito jussa citatus,
Imperiaque animis sacra portabo superbis.

Sequitur tabula titulorum ejusdem quarti libri, post quam hic unicus versus legitur, ceteri desunt.

Altaris aram, ritus, & cantica templi.

Post titulum quinti libri.

Quicquid promulgasse tui fuit inclite jussi,
Certatim tibi totum manus operosa remisit.
Et jam baptisma, choros, cantusque libravi.
Post hæc pande viam, qua noverit ipse viator.
Ex hinc dispone generosi seminis ortum.
Nupta virum teneat, vir nuptam linquere cesset.
Nascatur proles communi velle peracto.
Stent nuptus opera communi velle negato.
Nobilis hoc utraque regat sic vita parentes,
Ut teneat ambos post mortem vita perennis.

Sequitur titulorum tabula, nec alii versus vel hic, vel in aliis libris inventi fuerunt.

CAPUT VI.

De vetustioribus collectionibus canonum pœnitentialium a Theodoro, Beda, & Egberto lucubratis. Vulgatus liber de remediis peccatorum Bedæ adscriptus, Egberto asseritur. Egberti opus de sacerdotali jure, ejusque fragmenta. Excerptiones canonum ex hoc opere Hucario Levitæ vindicandæ. Pœnitentiale in quatuor libros distinctum ab Egberto abjudicatur. De collectione canonum libro quarto comprehensa, ex qua Reginonem profecisse detegitur.

Pœnitentialia unde.

I. CUm canonum usus frequentior esset in regendis pœnitentibus, canonum & Pontificum decreta ac dicta Patrum, quæ in eum finem conferrent, in unum colligi cœperunt. Hinc libri pœnitentiales ex canonum, Pontificum, ac Patrum sententiis compacti: quorum quidam ita distincte eorum sanctiones in unum collectas referunt, ut inter collectiones canonum jure censeri queant. Vetustiores & celebriores libri pœnitentiales præter Romanum, quem Halitgarius e Romanis scriniis dedit, sunt illi Theodori Episcopi Cantuariensis, Bedæ Presbyteri, & Egberti Episcopi Eboracensis, quorum potissimum meminit Gregorius III. seu quicumque sit auctor *Excerpti ex Patrum dictis canonumque sententiis de diversis criminibus & remediis eorum*. Theodori Cantuariensis anno 690. defuncti Pœnitentiale editum Parisiis a Jacobo Petit ex duobus MSS. Thuaneis, integrum non est: ac propterea idem Petit non pauca ejus Pœnitentialis fragmenta, quæ ex aliis auctoribus sedulo collegit, adjicere coactus fuit. Cum vero multa alio ordine, & aliis quandoque verbis repetita inveniantur in Capitulis Theodori ex MS. Corbejensi editis a Luca Acherio; vehemens suspicio est, tum in hoc codice, tum in duobus illis Thuaneis aliisque ejusdem generis manuscriptis non contineri ipsum Pœnitentiale Theodori, aut ejus fragmentum; sed a diversis studiosis viris in iis codicibus collecta fuisse hinc & hinc Theodori Capitula, quæ in posterioribus Pœnitentialibus ex Theodoro allegata fuere. Enimvero in capitulis, quæ ex Thuaneis MSS. & ex Corbejensi vulgata fuere, allegatur ipse Theodorus: quod germano ipsius exemplo convenire nequit. Sic enim cap. 12. apud Petit pag. 11. e MSS. Thuaneis: *Ergo unam licentiam dedit Theodorus*; & c. 21. apud Acherium pag. 487. e MS. Corbejensi: *Pœnitentes secundum canones non debent communicare ante consummationem pœnitentiæ. Theodorus dicit: Nos autem pro misericordia* &c. Henricus Spelmannus tom. 1. Conciliorum Britanniæ tradit, se in celebri bibliotheca S. Benedicti Cantabrigensi reperisse prolixiorem librum pœnitentialem Theodori, ex quo titulos capitum tantummodo edidit. Sunt autem tituli 78. quos Jacobus Petit recusit tom. 1. pag. 85. Cum vero ipsum opus nobis præsto non sit, num hoc quoque Pœnitentiale Theodorum habeat auctorem, definire non licet. Certe ultimus titulus his verbis expressus, *Augustinus Aurelianensis Episcopus dixit*, qui eodem modo repetitur in excerptionibus Egberto tributis, Theodoro adscribi non posse videtur. Textus enim, qui in iisdem excerptionibus Augustino Aureliensi asseritur, ex tribus partibus con-

tom. 8. Concil. col. 209.

Theodori Pœnitentiale vulgatum quid sit.

constat, quarum prior Cælestini Papæ, altera Leonis I. tertia Aurelii Augustini Hipponensis verba refert.

De Pœnitentiali Bedæ.

II. Bedæ Pœnitentiale a multis laudatur. Is Theodori Pœnitentiale auxisse creditur. Hoc saltem Pœnitentiale in suum fere transtulit: unde Regino lib. 1. c. 297. textum recitat *ex Theodori Archiepiscopi, vel Bedæ Presbyteri Pœnitentiali*; lib. 2. c. 246. alium textum refert *ex Pœnitentiali Theodori Episcopi, & Bedæ Presbyteri*: quia iidem Theodori textus in Pœnitentiali Bedæ recepti fuerunt. Hoc ipsum Pœnitentiale Bedæ non multo post alienis additamentis auctum testatur Egbertus, quem videbimus auctorem esse ejus testimonii, quod a Burchardo profertur capite octavo libri XIX. *In Pœnitentiali Bedæ*, inquit, *plura inveniuntur utilia, plura autem inveniuntur ab aliis inserta, quæ nec canonibus, nec aliis Pœnitentialibus conveniunt*. Hoc autem Pœnitentiale Bedæ ad nos neque purum, neque auctum pervenit. Ipsi quidem tribuitur liber *de remediis peccatorum*, qui etiam *Pœnitentiale* appellari solet. Sed hujus auctorem Egbertum Eboracensem credimus. Bedæ sane non posse adscribi palam fit ex c. 1. ejusdem operis, in quo ter Beda laudatur. Integrum hoc caput profert Burchardus lib. 19. c. 8. ubi hæc inter alia leguntur de Pœnitentiali libro, *qui & secundum canonum auctoritatem, & juxta sententias trium Pœnitentialium Theodori Episcopi, & Romanorum Pontificum, & Bedæ ordinetur. Sed in Pœnitentiali Bedæ* &c. ut supra. Et paullo post: *Hæc omnia de canonibus, & de sanctorum Patrum sententiis, & de Hieronymo, de Augustino, Gregorio, Theodoro, Beda, & ex Pœnitentiali Romano vera collegimus*. Qui hunc librum *de remediis peccatorum* affixerunt Bedæ, verba Bedæ nomen præferentia ex hoc textu expunxisse videntur, ne forte hinc suspectus esset idem libellus, in quo Beda Bedam allegaret. Sed omnis suspicio evanescet, si a Beda idem liber abjudicetur, & suo auctori asseratur. Verum autem auctorem satis prodit inscriptio, quæ in ipsis MSS. & vulgatis codicibus capitulo primo præfigitur: *Excerptum de canonibus catholicorum Patrum, vel Pœnitentiæ* (forte *Pœnitentialium*) *ad remedium animarum, Domni Agberti Archiepiscopi*. Egbertum Eboracensem intellige. Idem confirmat Rhabanus Maurus Archiepiscopus Moguntinus, qui paullo post Egbertum floruit. In epistola enim ad Heribaldum c. 18. de perjurio agens, hæc habet: *Item Ecbertus Anglorum Episcopus diffinit ita dicens: Qui juramentum in Ecclesia fecerit, aut in Evangelio, sive in reliquiis Sanctorum, septem annos pœniteat* &c. ut in cap. 9. libri *de remediis peccatorum*. Hic igitur vetustus Scriptor Ecbertum, seu Egbertum ejus libri auctorem maxime comprobat. Quod si alii Rhabano posteriores collectores canonum, ut Regino, Burchardus &c. aliquot hujus libelli testimonia nunc Pœnitentiali Romano, nunc Theodoro, nunc Bedæ adjudicant; id ea de caussa contigit, quia sicut posteriores Pœnitentialium auctores ex antiquioribus pleraque derivarunt, ita etiam Egbertus (uti in textu, quem sincerum, nec mutilatum ex Burchardo recitavimus, innuitur) ex tribus Pœnitentialibus Theodori, Romano, & Bedæ plura decerpsit. Id tandem multo magis confirmat codex Vat. Palat. 485. qui idem opus Egberto inscriptum & additititiis expertem præfert. Discrepat enim non modicum a vulgato libro *de remediis peccatorum* tum in ordine, tum in substantia ac numero capitum, cum alia vulgatis breviora sint, alia vero omnino desint, ut vel ex sequenti capitum indice palam fiet.

Lib. de remediis peccat. Bedæ tributum cujus sit.

Egberto afferitur. tom. 8. Concil. col. 359.

Qualis edendus ex MS. Vat. Palat.

Incipiunt capitula de canonibus Patrum.

I. *De præfatione*. II. *De capitalibus culpis*. III. *De cupiditate ceterisque flagitiis*. IV. *De clericorum pœnitentia*. V. *de juramento*. VI. *De machina mulierum*. VII. *De auguriis & divinationibus*. VIII. *De minutis peccatis*. IX. *De furto*. X. *De ebrietate*. XI. *De Eucharistia*. XII. *De diversis caussis*. XIII. *Qui non potest implere quod in Pœnitentiale scriptum est*.

Dein hic titulus legitur cum auctoris nomine. *Incipit liber Pœnitentialis sumtus de canonibus Patrum catholicorum ad remedium animarum, Domni Egberti Archiepiscopi*. Præfatio vulgata, cui in aliis MSS. & editis Bedæ nomen præfixum, vulgatæ opinioni caussam dedit, & capita 2. 3. 4. & 15. quæ vel

ex

ex ipsa contextus lectione intrusa deteguntur, in eodem codice desunt: præfationisque locum obtinet caput primum vulgatum incipiens *Institutio illa sancta*, quod non mutilatum legitur apud Burchardum lib. 19. c. 8. Quantum ad variantes, quæ in singulis capitulis occurrunt, hoc unum monemus octavum caput codicis maxime discrepare a sexto vulgato, cui titulus est *de minoribus peccatis*. Hic autem libellus Egberti *de remediis peccatorum* pars est amplioris operis, de quo paullo post redibit sermo.

Pars est operis amplioris Egberti.

Collectio canonum pœnitentialium sub Greg. II.

III. Tomo 4. Anecdotorum P.P. Martene & Durandi col. 31. collectio antiqua canonum pœnitentialium exhibetur, quam P. Dominicus Mansius tomo 1. Supplementi Conciliorum Bedæ tribuendam existimat. Non assentimur. Plura enim decreta ibidem desunt, quæ Bedæ Pœnitentiali erant inserta. Vide inter cetera, quæ ex Beda allegat Burchardus lib. 19. c. 29. 84. 102. & 146. Hæc autem canonum brevis collectio tempore Gregorii II. lucubrata fuit, uti probat titulus col. 37. *Item ex decreto Papæ Gregorii minoris, qui NUNC Romanam gerit matrem Ecclesiam*. In Galliis potius quam in Anglia compactam conjiciemus in Observationibus ad dissert. XVI. Quesnelli §. 1. n. 4. Unius Nicæni canonis sensum profert, non verba, quæ idcirco cum nulla interpretatione concordant. Alii pauci canones Synodorum Græcarum vel ex Isidoriana, vel ex Dionysiana versione recitantur. Nulli canones Hispani, sed soli Gallicani, & Hibernenses, statuta Ecclesiæ antiqua, & unus canon *ex Concilio Hipponeregio de pœnitentibus*, qui est canon 30. Breviarii Hipponensis, & insertus legitur Concilio Carthaginensi anni 397. apud Dionysium c. 43. Ex Romanis Pontificibus laudantur Innocentius, Cælestinus, Leo, Gregorius magnus, & Gregorius minor: ex Patribus Basilius, Augustinus, Cassianus, atque Isidorus: ac inter Pœnitentialia illud unius Theodori expresso ipsius nomine allegatur.

Infr. col. 97.

col. 335. & seqq.

Excerptiones Egberto inscriptæ cujus sint.

V. Oper. S. Patric. edit. Londin. 1656.

IV. Egberti Eboracensis nomine duo opera memorantur ab Henrico Spelmanno tom. 1. Conciliorum Britanniæ, ac ex iis nonnulla edidit, quæ a P. Labbeo suscepta, & tomo 8. Venetæ editionis Conciliorum inserta leguntur. Primum opus inscribitur: *Excerptiones Ecberti Eboracensis Archiepiscopi e dictis & canonibus sanctorum Patrum concinnatæ & ad ecclesiasticæ politiæ institutionem conducentes*. Hæ vero excerptiones licet ex ampliori opere ipsius Egberti sumtæ sint; non tamen Egbertum, sed Hucarium habent auctorem. Id satis explorate nos docuit Anglicanus scriptor Jacobus Waræus in MSS. Britanniæ versatissimus, qui in adnotationibus ad Synodum S. Patricii agens de canone 25. ejusdem Synodi scribit: *Canon XXV. de thoro fratris defuncti habetur etiam in excerptis MSS. e Jure Sacerdotali Ecberti Archiepiscopi Eboracensis per Hucarium levitam sub titulo* &c. Canon autem, quem ibidem Waræus laudat, in excerptionibus a Spelmanno vulgatis legitur num. 128. *Item Synodus de thoro fratris defuncti*, qui est canon 25. Synodi secundæ S. Patricii tom. 4. Concil. col. 760. Cum porro Waræus has excerptiones non ex editione Spelmanni, sed ex MSS. alleget; vidit ergo manuscripta Britannica, quæ Hucarium harum excerptionum auctorem præferebant. Hinc etiam Baleus has, ut credimus, excerptiones indicat, cum Ecberti constitutiones ab Hucario levita redactas asserit in compendium. Spelmannus vero fortassis deceptus fuit marginali notatione codicis Cottoniani. In catalogo enim manuscriptorum Britanniæ tom. 2. pag. 47. de codice Cottoniano Nero A. 1. hæc leguntur. *In margine: Excerptiones D. Egberthi Archiepiscopi Eboraci civitatis de Sacerdotali Jure*. Verum hic quoque verum Egberti opus cum excerptionibus Hucarii perperam confusum. Utrumque cum Waræo distinguendum. Opus Egberti inscriptum erat *de Sacerdotali Jure*. Ex hoc autem Hucarius levita quædam excerpsit, quæ in vulgatis excerptionibus continentur.

Egberti opus *de Sacerdotali Jure*. Quæ ejus particulæ tantum editæ.

V. Egberti prolixum opus *De Sacerdotali Jure* integrum nondum in lucem prodiit. Quædam tantum ejus particulæ editæ sunt. Librum *de remediis peccatorum*, quem Egberto antea vindicavimus, uti in MS. Vat. Palatino continetur, ejusdem operis particulam credimus. Alia quoque ejusdem operis pars videri potest Pœnitentiale Egberti, quod e Romano MS. Sanctæ Crucis in Hierusalem vulgavit Joannes Morinus in Appendice librorum de Pœnitentia, cui titulus: *Excerptum de canonibus catholicorum Patrum, vel Pœnitentiæ*

ad

ad remedium animarum, *Domini Egberti Archiepiscopi Eboracæ civitatis*. Verum hic titulus non congruit corpori ipsius opusculi, in quo nihil ex canonibus profertur, sed describuntur rituales preces & ordo in reconciliatione pœnitentium. Cum vero hisce precibus & ordini præmissa sint duo capita sumta ex cap. 1. & 5. vulgati libri *de remediis peccatorum*, quæ in cod. Vat. Palatino sunt cap. 1. & 2. libri ejusdem eo titulo inscripti; idem titulus non ad corpus opusculi a Morino editi, sed ad librum pertinet *de remediis peccatorum*, ex quo illa duo capitula statim post titulum descripta fuerunt. Sola ergo duo ista capitula ad Egberti opus pertinent. Excerptiones porro ab Hucario digestæ ad opus *de Sacerdotali Jure* certius spectant: unde in Oxoniensi codice inseruntur cum hac epigraphe: *Hæc sunt JURA SACERDOTUM, quæ tenere debent*, ut in margine Conciliorum notatur. Deficiente integro Egberti opere, de excerptis ex eo capitulis dicendum superest. Excerptiones tantum 21. in codice Oxoniensi a Spelmanno inventæ: ceteras autem usque ad 145. adjecit ex alio codice, qui tamen luxatus & mutilus erat. David autem Wilkius tom. 1. Conciliorum magnæ Britanniæ novissimæ editionis Londinensis an. 1737. ex codice Cottoniano, quem Spelmannus memorat, non tamen adhibuit, easdem excerptiones supplevit ad numerum usque 163. Nihil (si unum aut alterum excipias) in his excerptionibus invenitur posterius Gregorio juniori: quod Egberti ætati apprime convenit, quippe qui ad Eboracensem sedem evectus circa annum 734. eamdem tenuit annis triginta & amplius. Unum, quod difficultatem movere potest, est canon septimus, in quo oratio præcipitur *pro vita & imperio Domini Imperatoris, & filiorum ac filiarum salute*. In Synodo Cuthberti Archiepiscopi Cantuariensis Egberto coævi c. 30. perscripta legitur oratio *pro Regibus ac Ducibus, totiusque populi Christiani incolumitate*. Imperator & filii ac filiæ Imperatoris huic Egberti ævo non conveniunt præsertim in Britannia, quæ propriis Regibus parebat. Alterum, quod majorem difficultatem facessit, est canon 131. ad verbum exscriptus ex cap. 38. libri secundi Vitæ S. Gregorii, cujus auctor Joannes Diaconus Egberto posterior fuit. Hinc nonnulla canonibus ex Egberto excerptis aliunde inserta noscuntur. Adde nonnullos errores, qui sane eidem Egberto tribui non posse videntur. In præfatione excerptionibus præmissa errore aliquo tria testimonia in unum coeunt, unum ex Cælestino, alterum ex Leone, tertium ex Aurelio Augustino, eaque Augustino Aureliensi adscribuntur. Hæc autem tria optime distinguuntur in opere, quod Egberto perperam assertum mox ostendemus. Distinguuntur, inquam, lib. 4. c. 232. 233. & 234. & suo cujusque auctori asseruntur. Alia nonnulla tum in canonum titulis, tum in ipsis canonibus confusa & vitiata occurrunt. Num. 39. *Canonis Africanensis* nomine affertur quoddam decretum, quod inter capitula Pœnitentialis Theodori recitatur apud Acherium cap. 21. insertis vocibus: *Theodorus dicit*. Num. 68. allegatur uti Agathensis canon, qui inter Agathenses non legitur. Ita quidem laudatur etiam a Reginone lib. 2. c. 271. & a Burchardo lib. 11. c. 64. Melius vero in collectione, de qua mox dicturi sumus, lib. 4. c. 127. vindicatur S. Ferreolo. Cum vero in hac collectione numero præcedenti 126. afferatur canon ex Concilio Agathensi; si quidpiam simile fuit etiam in Ecberti opere, ex quo excerptiones sumtæ sunt, facile potuit evenire, ut excerptoris hallucinatione præcedentis canonis titulus ad sequentem transferretur: quemadmodum Ivoni accidit, qui in epist. 80. ad Guilelmum Fiscanensem ex Burchardi libro 3. c. 11. simili errore canonem epistolæ Hygini allegavit *ex Concilio Meldensi capitulo quinto*, hac epigraphe traducta ex præcedenti capite decimo ejusdem libri Burchardiani. Præterea num. 139. excerptionum, Vigilii decretum recitatur, quod posteriores ex Burchardo Hygino Papæ tribuunt: at nec in supposititiis Hygini litteris legitur, nec in Vigilii epistola ad Profuturum eodem modo ac sensu profertur. Notatione dignæ sunt etiam quædam allegationes inusitatæ. Num. 53. sub titulo *Canon Sanctorum*, producitur canon 23. Carthaginensis III. collectionis Isidorianæ seu potius Hispanicæ. Num. 94. *Canonum Romanorum & Francorum* nomine appellari videntur leges civiles Imperatorum Romanorum ac Regum Francorum, quibus delictorum pœna, & delinquentium coercitio præscribitur. Ceterum ex n. 30. harum excerptionum, quas ex amplio-

Excerptiones ex opere Egberti editæ.

Quædam ipsis inserta. Aliquot vitia notata Egberto non tribuenda.

pliori Ecberti opere maxima ſaltem ex parte Hucarius ſumſit, exploratum fit in Anglia exſtitiſſe abbreviationes Rufinianæ canonum Nicænorum. Dionyſiana pariter verſio detegitur in num. 31. 33. 43. & 59. Laudantur canones Hibernenſes, & Synodus S. Patricii, regulæ Fructuoſi, Aureliani, & Iſidori, ac nonnulli canones Synodorum Galliæ, inter quos ſunt Epaunenſes, qui nec in primigenia collectione Hiſpanica, nec in primis ejus additamentis leguntur.

VI. Alterum opus, quod Spelmannus Ecberto adjudicat, eſt Pœnitentiale, ex quo aliquot canones excerptos edidit hac inſcriptione: *Ex ejuſdem Egberti Pœnitentialis libro ſecundo in publica bibliotheca Oxonienſi ſub titulo: Ab hinc diverſa ex diverſis exceſſibus judicia.* Deſcriptis autem exinde tantummodo canonibus 35. hæc idem Spelmannus notavit tom. 1. Concil. Britanniæ pag. 278. *Huc uſque canones in ſecundo libro Pœnitentiali prope finem; habenturque in libro quarto multi alii ex epiſtolis dictiſque Patrum, decretis Paparum, & diverſorum Conciliorum ſanctionibus, quadraginta duo ejuſdem libri folia occupantes in Oxonienſi MS.* Hunc codicem ipſe non vidit: monuit enim pag. 275. ſe eos canones ex ſecundo libro excerptos *aliorum oculis & induſtria* accepiſſe; additque illud Pœnitentiale in eodem codice *quatuor libros integros complecti*. Nobis autem contigit hoc opus in quatuor libros diſtinctum reperire in MS. Vat. 1352. in cujus quidem libro ſecundo illi canones 35. a Spelmanno editi continentur, & libro quarto laudata fuſior canonum collectio exhibetur, quam ſeparatim deſcriptam nacti ſumus in alio cod. Vat. 1347. In nullo autem ex his duobus codicibus Egberti nomen legitur. Immo ex præfationibus, quas Spelmannus non vidit, palam fit hoc opus a privato aliquo auctore fuiſſe ſcriptum præcepto alicujus ſive Abbatis, ſive Epiſcopi, quemadmodum colligere licet inter cetera ex his verbis procemii in librum quartum. *Magnopere popoſciſti, ac præcepiſti, cariſſime Rector, ut ad corrigendos vel inſtruendos tuorum mores ſubditorum, quædam ex divinis conſtitutionibus* &c. Hæc Egberto Archiepiſcopo non congruunt. Certe hoc non eſt opus ejuſdem *de Sacerdotali Jure*, quod ipſius Pœnitentiale vocari poteſt. Quædam enim capitula in eiſdem libris non leguntur, quæ in excerptionibus ex Egberti opere ſumtis proſtant: ſicut nec legitur illud caput, quod ex Egberto Rhabanus allegat. Adde quod in eiſdem excerptionibus laudatur canon Synodi Agathenſis, qui in libro quarto hujus operis cap. 127. ſuo auctori Ferreolo aſſeritur. Spelmannum igitur, qui codicem Oxonienſem non evolvit, ex eo deceptum credimus, quod in eodem MS. his libris nullo Egberti nomine ſignatis præmiſſa eſſent excerptionum capitula 21. quæ etſi Egberti titulo carebant, cum tamen ea Egbertum habere auctorem, alius ſaltem Cottonianus, quem n. 4. memoravimus, codex (licet erronee) præferret; eumdem Egbertum ejus quoque operis in quatuor libros diſtincti, quod laudatis capitulis ſubjiciebatur, auctorem credidit. Tres priores libri ex Patrum fere ſententiis compacti ſunt, in quibus frequenter Proſperi nomine laudantur libri de Vita contemplativa, uti apud Scriptores octavi & noni ſæculi mos erat. Quartus vero liber canonum collectionem complectitur diſtinctam in titulos ſeu capita 381. Nullum teſtimonium occurrit recentius Gregorio II. & Beda, qui ante medium octavum ſæculum vita functi ſunt. Nihil apocryphum recitatur. In teſtimoniis deſcribendis fere exactus eſt auctor: aliquando tamen (ut alii ejuſdem temporis) liberiori calamo, ſeu compendio uſus deprehenditur. Pœnitentialia Romanum & Bedæ laudantur, nec non regulæ monaſticæ S. Benedicti, & Sanctorum Patrum Baſilii, Aureliani, Cæſarii, Fructuoſi, Ferreoli, Iſidori, atque Columbani, & aliorum ſimilium. Dionyſii collectio uſui fuit, ex qua præcipue Græcarum Synodorum, ac Africani canones ſumti fuere. Hiſpanicam vero collectionem in canonibus Africanis collector aliquando ſequutus eſt, ex qua Carthaginenſi Concilio tribuit canones, qui in ea collectione perperam aſſeruntur Carthaginenſi IV. Nihil refert ex canonibus Synodorum Hiſpaniæ, quod in eadem collectione Hiſpanica non inveniatur. Ex Gallicanis canonibus præter Hiſpanicam aliud exemplum præ oculis habuit: laudat enim Synodos Turonicam, Veneticam, Epaunenſem, & aliquot Aurelianenſes, quæ in Hiſpanica deſiderantur. Ex collectione etiam hoc tomo edenda profeciſſe videtur.

tom. 8. Concil. Ven. edit. col. 350.

Pœnitentiale in quatuor libros diſtinctum.

Non eſt Egberti.

Sup. n. 2.

Ete-

Etenim canonem Calchedonensem refert c. 213. ex interpretatione Prisca; & c. 238. canonem Nicænum, c. 247. Antiochenum, c. 312. Laodicenum ex antiqua versione cum lectionibus, quæ in supradicta tantum collectione inveniuntur. Illud porro maxime animadvertendum est, Reginonem usum fuisse quarto libro hujus operis: plurimos enim canones eodem sæpe ordine, ac iisdem titulis ex ipso manifestissime exscripsit. Perutilis fuit diligentissima Reginonis editio, quam curavit Stephanus Baluzius; quippe ex hac maxime illustrantur collectiones Burchardi & Ivonis, qui ex Reginone ebiberunt. Quanto autem magis utilis futura erit editio laudati operis, ex quo Regino quamplurima derivavit? Hanc vero editionem fere paratam, si Deus concesserit, aliquando daturi sumus.

Regino ex hac collectione non pauca recepit.

CAPUT VII.

De tribus vetustis collectionibus, quæ canones in locos communes distribuunt.

§. I.

De collectione Hibernensi.

I. METhodum distribuendorum canonum in titulos & locos communes præferunt vetustæ collectiones Hibernensis, Herovalliana, Andegavensis, Divionensis, Pithœana, & aliæ ejusmodi, quæ a P. Sirmondo, a Jacobo Petit, & ab aliis laudatæ, cum nullis fœdatæ sint Pseudoisidori imposturis, & nihil habeant posterius sæculo VIII. circa hoc tempus & ante Isidorianam collectionem lucubratæ videntur. De Hibernensi in primis dicamus. Ex hac P. Lucas Acherius, Corbejensi codice usus, primum edidit canones Hibernenses; & dein ex MS. Bigotiano P. Edmundus Martene adjecit alios canones Hibernenses, qui vel Acherii diligentiam fugerunt, vel (quod probabilius est) in ipsius codice deerant. Hæc vetus compilatio ex Conciliorum Romanorumque Præsulum Patrumque decretis fere abbreviatis conflata, constat ex libris 65. quorum singuli in plura capitula dividuntur. Collectoris nomen indicare videtur librarius in fine antiquissimi codicis Corbejensis his verbis: *Arbedoc Clericus ipse has collectiones conscripsi laciniosæ conscriptionis Haelhucar Abbate dispensante, quæ de sanctis Scripturis, vel divinis fontibus hic in hoc codice glomeratæ sunt: sive etiam decreta, quæ sancti Patres & Synodi in diversis gentibus, vel linguis construxerunt.* Acherius in monito conjicit Hucarium levitam, qui excerptiones ex Egberto digessit, fortassis esse eum, qui Hael Hucar appellatur. At *Haelhucar* unum nomen conflare videtur, & præterea *Abbas* dicitur. Ipse Corbejensis codex, Mabillonio teste de Re diplomatica pag. CCCLX. octavo sæculo scriptus, collectionis & collectoris antiquitatem demonstrat. Hanc certe apud Hibernos compositam probant tum S. Patricii ac Gildæ Sapientis dicta, tum Hibernensis Synodi, quæ fere *Sancta Synodus*, vel simpliciter *Synodus* appellatur, decreta. Hæc collectio, inquit Acherius, *docet & constituit quæ spectant ad ordinationes sacras, ad ministrorum Ecclesiæ diversa munia, ad administrandorum sacramentorum modum, ad ecclesiasticam disciplinam probe observandam, & ad laicos christianis moribus religiose imbuendos; denique remedia adhibenda pœnitentiasque lapsis imponendas præscribit.* In hac canonum Nicænorum nomine constanter afferuntur Sardicenses, uti fidem facit P. Coustantius in præfatione ad tom. 1. Epistolarum Romanorum Pontificum num. 77. pag. LXXII. Ex paucis autem, quæ Acherius protulit, perspicitur, Africanos & Gallicanos canones iis libris fuisse insertos, ac Dionysii collectionem in Hibernia usu receptam: Gangrenses enim canones ex Dionysiana interpretatione afferuntur, ut patet ex lib. 43. c. 2. ubi canon 10. Dionysianus ad verbum describitur. Modum vero liberiorem in canonibus compendio efferendis, qui per hæc tempora inolevit, & in aliis ejusmodi collectionibus invaluit, auctor exponit in prologo. *Synodorum*, inquit, *exemplariorum innumerositatem conspiciens .... brevem planamque ac conso-*

t. 1. Spicil. nov. edit. pag. 492.

t. 4. Anecdot. p. 2.

nam de ingenti silva scriptorum in unius voluminis textum expositionem digessi, plura addens, plura minuens, plura eodem tramite degens (leg. *digerens*,) *plura sensu ad sensum neglecto verborum tramite asserens*.

Nota libertatem collectoris.

II. Hæc jam scripseramus, cum recolentibus nostras adnotationes in MS. Vallicellanum XVIII. sæculi decimi, quod diversas collectiones continet, suspicio incidit numero III. eamdem Hibernensem collectionem exhiberi. Nec suspicio inanis fuit. Nam P. Franciscus a Puteo Congregationis Oratorii Romæ Presbyter, quem pro sua humanitate nostris studiis cooperatorem experti sumus, rogatus titulorum indicem ac certa quædam ejusdem opusculi capita ex eo codice descripta transmisit, ac ex iis omnia cum laudata collectione convenire deteximus. Solum tituli ibidem appellantur, qui apud Acherium vocantur libri. Discrimen aliquod est etiam in divisione, cujus caussa in Vallicellano exemplo tituli sunt *68*. qui in codice Corbejensi sunt libri *65*. Ita ex. gr. liber tertius manuscripti Corbejensis apud Acherium inscriptus *de Diacono* Subdiaconos complectitur. Melius autem in Vallicellano dividitur in duos titulos tertium & quartum, quorum alter *de Diacono*, alter *de Subdiacono* inscribitur. E contra in Vallicellano deest titulus *de regionibus census*, qui in Corbejensi est liber *46*. Nunc inscriptionem ipsius collectionis, ut in Vallicellano legitur, appendimus cum indice titulorum & numero capitum, ex quibus consensum cum Hibernensi collectione ab Acherio edita quisque exploratius agnoscet.

Incipit gratissima canonum collatio, quæ Scripturarum testimoniis & Sanctorum dictis roborata legentem lætificat; ubi si quidpiam discordare videtur, illud ex eis eligendum est, quod majoris auctoritatis esse decernitur.

Sequitur *Præfatio in eamdem collationem. Synodicorum exemplarium innumerositatem conspiciens* &c. uti apud Acherium tom. 1. Spicil. pag. 492. ubi minus recte *Synodorum exemplariorum*. Tum pauca de quatuor Synodis ex S. Isidori libro Originum, vel ex præfatione collectionis Hispanicæ. Mox *Item præfatio Dionysii ad Stephanum de diversis Synodis*. Pro Dionysii autem præfatione collector excerpsit solos titulos & numerum canonum, quos in Dionysiano codice reperit. Solam partem Dionysii, quæ canones complectitur, præ oculis habuisse videtur, ac ex ea Carthaginenses canones continua numerorum serie, ut in Vaticano puri Dionysii exemplo, descriptos indicat numerus eorumdem canonum CXXXVIII. qui numerus non Hadrianis, sed puris Dionysii codicibus convenit. Sic enim legitur: *Regulæ apud Carthaginem Africæ centum XXVIII.* corrige *centum XXXVIII.* Subditur canon vigesimus Antiochenus ex versione Dionysii. Tum hæc tabula titulorum describitur, quibus singulis numerum capitum ex corpore excerptum adjiciendum putavimus.

I. *De Episcopo* c. 24. II. *De Presbytero* c. 30. III. *De Diacono* c. 10. IV. *De Subdiacono* c. 4. V. *De lectore* c. 4. VI. *De exorcista* c. 2. VII. *De ostiario* c. 3. VIII. *De recapitulatione septem graduum* c. 1. IX. *De acolyto & psalmista* c. 2. X. *De Clerico* c. 10. XI. *De Christiano* c. 6. XII. *De peccante sub gradu* c. 6. XIII. *De lege* c. 4. XIV. *De jejunio* c. 27. XV. *De eleemosyna* c. 10. XVI. *De oratione* c. 12. XVII. *De cura pro mortuis* c. 9. XVIII. *De testimonio & testibus & testamento* c. 19. XIX. *De oblationibus* c. 20. XX. *De jure sepulturæ* c. 13. XXI. *De ordine inquisitionis caussarum* c. 1. XXII. *De provincia* c. 6. XXIII. *De judicio* c. 43. XXIV. *De veritate* c. 11. XXV. *De dominatu & subjectione* c. 5. XXVI. *De regno* c. 28. XXVII. *De sorte* c. 5. XXVIII. *De sceleribus & vindicta eorum* c. 33. XXIX. *De civitate refugii* c. 18. XXX. *De futuro*, leg. *furto* c. 12. XXXI. *De commendatis* c. 10. XXXII. *De patribus & filiis* c. 22. XXXIII. *De parentibus & eorum heredibus*, & *de pietate parentum heredes in hereditate in perpetuum conservante* c. 16. XXXIV. *De debitis & pignoribus & usuris* c. 15. XXXV. *De fidejussoribus & ratis & stipulationibus* c. 8. XXXVI. *De juramento* c. 15. XXXVII. *De jubeleo* c. 15. XXXVIII. *De principatu* c. 43. XXXIX. *De docto-*

doctoribus c. 22. XL. *De Monachis* c. 19. XLI. *De excommunicatione* c. 17. XLII. *De commendationibus mortuorum* c. 13. XLIII. *De Ecclesia & mundialibus* c. 32. XLIV. *De tribu* c. 10. XLV. *De locis* c. 32. XLVI. *De quæstionibus mulierum* c. 22. XLVII. *De ratione matrimonii* c. 42. XLVIII. *De pœnitentia* c. 33. XLIX. *De martyribus* c. 22. L. *De somniis* c. 2. LI. *De tonsura* c. 9. LII. *De bestiis*. LIII. *De carnibus edendis* c. 16. LIV. *De vera innocentia* c. 5. LV. *De infantibus* c. 5. LVI. *De hospitalitate* c. 4. LVII. *De hæreticis* c. 5. LVIII. *De substantiis hominum* c. 4. LIX. *De ducatu barbarorum* c. 6. LX. *De conviviis* c. 8. LXI. *De maledictionibus & benedictionibus* c. 8. LXII. *De proximis placendis* c. 6. LXIII. *De silentio & elevatione vocis* c. 4. LXIV. *De artificio* c. 3. LXV. *De auguriis* c. 7. LXVI. *De anima* c. 9. LXVII. *De contrariis caussis* c. 7. LXVIII. *De variis caussis* c. 25.

§. II.

De collectione Herovalliana.

I. Codex Herovallianus septingentorum annorum esse traditur a P. Coustantio tom. 1. Epistolarum Rom. Pont. col. 709. Fuit Antonii de Heroval, dein Jacobi Petiti, ac demum hujus testamento in bibliothecam Sangermanensem PP. Benedictinorum Congregationis S. Mauri transivit. Laudatus Jacobus Petitus plura ex hac collectione edidit tom. 1. post Pœnitentiale Theodori pag. 102. & seqq. Eamdem collectionem antea laudavit Joannes Morinus in Appendice librorum de Pœnitentia. Divisa est, inquit Petitus, in 92. titulos. *Conciliorum canones, Pontificum decreta, & Patrum sententiæ, ex quibus compilata est, omnia sunt antiqua.* Nonnulla maxime animadvertenda in hac collectione occurrunt.

II. Præmittitur index Synodorum, quæ in ipsa collectione allegantur. Præter Synodos Græcorum & Africæ, ac præter canones Romanorum, reliquæ sunt viginti & amplius Synodi Gallicanæ usque ad Augustodunensem S. Leodgarii Episcopi, ex Hispanis vero soli canones Toletani allegantur. Hic Gallicanorum Conciliorum numerus collectionem in Galliis lucubratam declarat. *Hæc collectio est Gallicana.*

III. Hujus collectionis auctor non ex uno, sed ex pluribus codicibus collectionibusque profecit. Hinc Nicæni canones ex. gr. nunc proferuntur ex abbreviatione Rufini, quam in aliquot Gallicanis antiquissimis collectionibus receptam vidimus part. 2. c. 10. §. 2. nunc ex antiqua versione, quam Isidorianam vocant, quæque in aliis MSS. Gallicanis legitur. Mirum vero accidit, eumdem canonem sextum Nicænum eodem titulo sexto primum pag. 120. referri ex interpretatione, quæ ad Isidorianam accedit, dein pag. 122. iterum produci ex Rufiniana abbreviatione. Dionysiana quoque translatio collectori usui fuit, quidquid contra Petitus contendat; ac propterea in Observationibus ad Dissert. XVI. Quesnelli hinc non exiguum argumentum sumemus, quo confirmetur Dionysii codicem ante Hadriani I. & Caroli Magni tempora in Gallias pervenisse. Septem canones Calchedonenses pag. 127. 192. 196. 197. 249. & 261. relati, Dionysii versionem perspicue exhibent. Eamdem quoque præferunt unus canon Nicænus pag. 163. unus item Ancyranus pag. 245. alius Antiochenus pag. 132. & duo Laodiceni pag. 122. & 208. Canones Apostolorum ex sola Dionysii interpretatione apud Latinos vulgati sunt, adeo ut in ipsa tabula ab auctore præmissa hæc de iisdem scribantur: *Canones Apostolorum, quos Dionysius Episcopus* (corrige *Exiguus*) *de Græco in Latinum transtulit rogante Stephano Episcopo*. Quatuor quidem ejusmodi canones pag. 182. 201. 205. & 211. eam versionem repræsentant. Quod si alii canones Apostolorum ab ea discrepant, id non alii interpretationi, cujus nullum uspiam indicium est, referendum credimus, sed alicui codici vel collectioni, in qua iidem canones ex Dionysio sumti, liberius expressi fuerint. Id comprobatur ex Gregorio Turonensi lib. 5. Hist. c. 19. *Ipse vero* (Rex Chilpericus), inquit, *discessit transmittens librum canonum, in quo erat quaternio novus adnexos habens canones quasi apostolicos continentes hæc: Episcopus in homicidio,* *Libertas in referendis canonibus notata.*

 adul-

adulterio, *& perjurio deprehensus a Sacerdotio divellatur*. Canon iste est vigesimus quintus Apostolorum, qui cum careat voce *furto*, quæ in Dionysio legitur, & præferat vocem *homicidio*, quæ in eodem deest, liberiorem alicujus exscriptoris licentiam manifestat. Confer quæ hac de re dicemus not. 14. in Dissertationem Quesnelli XVI. Alii aliarum quoque Græcarum Synodorum canones sæpius eamdem licentiam in Herovalliano codice exhibent. Nunc enim compendio descripti sunt potius, quam e Græco redditi; nunc autem efferuntur aliis atque aliis verbis, quæ in nulla versione inveniuntur, vel interpolationem aliquam produnt. Hinc nemini probari poterit Jacobi Petit sententia, qua in hujusmodi canonibus interpretationem singularem & vetustissimam ingerit. Errores in citationibus nonnumquam occurrunt. Sic tit. 5. pag. 109. *canon Calcidonensis* affertur *æra* 20. qui est compendium canonis 20. Antiocheni.

IV. Dionysiani porro codicis usus in præsenti collectione lucubranda potissimum comprobatur ex canonibus Africanis. Nulli ex Hispanica collectione allegantur. Ex Dionysio autem eosdem proferri ipsi numeri, quibus designantur, demonstrant. Canones *Hypponienses* ibidem vocantur, qui leguntur apud Dionysium post canonem 33. Cum enim prima Synodus a Dionysio laudata post eumdem canonem 33. sit Hipponensis; huic noster compilator inconsiderate adscripsit canones sequentes, licet ad alias Africanas Synodos spectent. Numeri autem, quibus hi canones Hipponenses citantur, non sunt secundum eam seriem, qua in Hadriana collectione distinguuntur canones posteriores a prioribus 33. sed illi sunt, qui in puris Dionysii codicibus eosdem canones a primo ad ultimum continua numerorum serie designant. Numerorum errorem aliquem excipe, qui tamen ad numeros puri Dionysii, non vero ad Hadriani propius accedit. Africanos igitur canones compilator non ex Hadriana, sed ex pura Dionysii collectione excerpsit; quod ipsam compilationem Hadriano anteriorem comprobat. Hinc etiam allatus agnoscitur in Gallias purus Dionysii codex, antequam ab Hadriano I. Carolo Magno traderetur.

Canones Hipponenses qui errore appellati.

Hæc collectio anterior Hadriana.

V. Sardicenses canones Nicænorum nomine referuntur, eo quod sumti fuerint e collectionibus, in quibus cum Nicænis sine proprio Sardicensium titulo jungebantur, uti sunt ii codices Gallicani, quorum mentionem fecimus part. 2. c. 10. §. 2. Hanc Nicænorum inscriptionem Sardicensibus canonibus in Herovalliano MS. tributam vide apud Petitum pag. 133. 135. 149. 188. & 202. Unicum canonem Sardicensis nomine collector laudat pag. 194. qui non Sardicensis, sed Nicænus est, seu potius Nicæni canonis 18. compendium. Nicæno quidem Concilio eumdem canonem adscribit pag 143. ubi ipsum iisdem verbis Nicæni titulo recitat: ac eumdem pag. 193. Nicæni quoque nomine refert ex abbreviatione Rufini.

VI. Statuta Ecclesiæ antiqua, quæ inter documenta Juris canonici edituri sumus, in codice Herovalliano plerumque laudantur hoc titulo: *Canon Africanus*, vel *Africanorum*: aliquando *Canon Carthaginensis*: semel vero pag. 255. *Statuta Ecclesiæ antiqua*. His titulis diversis eadem statuta inventa a nobis sunt in MSS. exemplaribus Gallicanis, qualia sunt Vat. Palat. 574. & Veron. 59. quorum primum duos titulos simul profert, *Synodus Africana*, & *Statuta Ecclesiæ antiqua*; secundum vero *ex Synodo Carthaginis Africæ*. Numeri autem, quibus eadem statuta notantur, iis numeris respondent, qui in his Gallicanis exemplis præferuntur; non vero illis, quibus in codicibus collectionis Hispanicæ ea statuta alio ordine designantur sub titulo *Concilii Carthaginensis quarti*. Non omnes vero canones, qui Carthaginenses in Herovalliana collectione appellantur, ad Statuta antiqua pertinent. Nam quidam sunt ex prioribus canonibus 33. Concilii Carthaginensis anni 419. tres vero ex posterioribus, qui tamen in numeris ita vitiati sunt, ut nec cum Hispanicæ, nec cum Hadrianæ, nec cum puri Dionysii serie concordent.

VII. Titulo 26. pag. 163. *Canon Arelatensis æra* 1. idest can. 1. his verbis exprimitur. *Censuimus igitur Pascha Domini per totum orbem uno die observari*: quæ non leguntur in primo canone, sed in epistola Concilii Arelatensis I. ex uno rarissimo Gallicano codice edita. Vide ipsam epistolam apud P. Coustantium pag. 346. t. 1. epist. Rom. Pontif. n. 3. *Canones* quoque *Romanorum* laudantur non minus quam in MSS. collectionibus Pithœana, Andegavensi, & Opusculo II. Vallicell. XVIII. quæ omnes sunt vetustæ collectiones Galliarum.

rum. Hi autem canones ex Fossatensi collectione pariter Gallicana a Sirmondo vulgati, Innocentio I. tributi fuere, a Coustantio autem inter Siricii epistolas referuntur pag. *686*. Præterea recitantur quædam excerpta ex epistola Siricii ad Genesium, quæ hoc pariter titulo laudatur in duabus aliis collectionibus Gallicanis Pithœana & Vallicellana XVIII. opusculo II. quæque idem Coustantius collegit & impressit col. 709. & 710. ubi etiam scite notavit, hæc nihil aliud esse *nisi quæ Sirmondus & Labbeus ex codice S. Mariæ Laudunensis edidit, Stephani II. Papæ responsa 9. 10. 11. 12. 13. & 14. ab eo, qui illa excerpsit, summa licentia vel truncata, vel mutata*. Siricio autem in nostra aliisque Gallicanis similibus collectionibus, de quibus sequenti paragrapho dicemus, ea occasione tributa non improbabiliter censet, quia in editione Sirmondi secundum Laudunensem codicem ante ea responsa proxime præcedit responsum octavum ex epistola Siricii ad Himerium: imperitus autem antiquior compilator existimavit, sequentia quoque capitula & responsa, quæ nullo citato auctore proferuntur, ad eamdem Siricii epistolam pertinere. Ex corruptione autem vocis *Himerium* indiligens librarius scribere facile potuit *Genesium*. Hactenus P. Coustantius, apud quem col. *637*. not. *6*. videsis quæ disserit de alio fragmento Siricii, quod in codice Corbejensi fusius, in Herovalliano autem contractius multo invenitur. Epistola Silvestri, ex qua noster collector textum describit pag. 192. est constitutum apocryphum eidem Pontifici inscriptum, quod aliæ vetustiores collectiones receperunt. Vide part. 2. c. *6*. n. 4. Nonnihil difficultatis movebit textus *ex epistola Hormisdæ Papæ per universas provincias*, qui simili mendosa epigraphe legitur in codice Vat. 1343. & post Halitgarii libros in MS. Sangallensi apud Henricum Canisium, nec non apud Gratianum dist. 50. c. 29. & 58. At in Herovalliano MS. teste Petit Hormisdæ nomen posterius videtur adscriptum. Textus vero pertinet ad excerpta titulorum subjecta epistolæ Joannis II. ad Cæsarium Arelatensem tom. 5. Concil. col. 903. quorum auctorem ipsum Cæsarium cum Sirmondo credimus.

Thesaur. monum. t. 2. part. 2. pag. 143.

VIII. Nunc ipsos titulos 92. hujus collectionis ex Petit exhibemus.

I. *De fide catholica & symbolo*. II. *De Scriptura canonica*. III. *Sententia Papæ Leonis de apocrypha Scriptura*. IV. *Decretalis de recipiendis & non recipiendis libris*. V. *Ut per singulos annos Synodus bis fiat; & qualiter denuntietur*. VI. *Quales ad sacros ordines venire non possunt*. VII. *Quales, vel qualiter ad sacros ordines accedant, & ubi ordinentur*. VIII. *Ne in una civitate duo sint Episcopi, & de Vicariis Episcoporum*. IX. *De ordinando Episcopo intra tres menses*. X. *De ordinatis Episcopis, nec receptis*. XI. *De Episcopo invito ordinato*. XII. *Quod non oporteat absolute ordinare quemquam*. XIII. *De servo aut liberto ordinato*. XIV. *De Presbyteris, qui diversis Ecclesiis ministrant; & quod non licet Clericum quemque in duas civitates ministrare, nec Abbati plura monasteria habere*. XV. *Ut de uno loco ad alium non transeat Episcopus, vel Clericus sine jussione Episcopi*. XVI. *De peregrinis Episcopis & Clericis, seu ad comitatum pergentibus*. XVII. *De formatis peregrinorum, & Clericis sine litteris ambulantibus*. XVIII. *Qualiter vel pro quibus culpis quisque degradetur*. XIX. *De expulso ab Ecclesia, & de excommunicato, vel damnato ab officio*. XX. *De ordine ecclesiastico & officio Missæ*. XXI. *De reliquiis Sanctorum, & oratoriis*. XXII. *Altaria non sacranda nisi lapidea*. XXIII. *De baptismo*. XXIV. *De iterato baptismo*. XXV. *De confirmatione: & prandia in Ecclesia non fieri: & quod die dominico genu non flectatur*. XXVI. *De Pascha, & die dominico, & reliquis festivitatibus*. XXVII. *De jejunio Quadragesimæ, vel Letania*. XXVIII. *Ut festi dies in civitatibus, aut in vicis publicis celebrentur*. XXIX. *De hoc quod offertur ad altare, vel offertur ad domum Sacerdotis, & de oblatione*. XXX. *De communione; & ut populus Missas perspectet*. XXXI. *De prædicatione*. XXXII. *De hospitalitate*. XXXIII. *De decimis*. XXXIV. *De viduis, pupillis, & pauperibus, infirmis, & carceratis, & de leprosis*. XXXV. *Qualiter res Ecclesiæ Episcopus dispenset, vel regat; & de his quæ in altari dantur; & de basilicis per parœchias*. XXXVI. *De rebus quas Sacerdos suis Clericis dedit*. XXXVII. *De rebus quæ Ecclesiæ dantur*. XXXVIII. *De rebus Ecclesiæ ab-*

stra-

strictis; & contradictis. XXXIX. *De causantibus, & judicibus.* XL. *De Episcopo, vel Clericis accusatis, & accusatoribus eorum.* XLI. *De Clericis usurariis, & ebriosis, & fidejussoribus, carmina vel cantica turpia, & alia plura his similia sectantibus.* XLII. *Ut Clerici non negligant officium suum, & non sint contumaces, & conductores, & a sæcularibus abstineant.* XLIII. *Ut non habitet Clericus cum extraneis mulieribus; & de relicta Sacerdotis.* XLIV. *De Episcopis & ordinibus, vel regulis Clericorum, & vestibus eorum, & cetera quamplurima.* XLV. *De venationibus & hospitalitate.* XLVI. *Ut peccantes fideles non liceat passim verberari.* XLVII. *De paræchiis & oratoriis construendis.* XLVIII. *De natalitiis Martyrum.* XLIX. *De fictis Martyribus, & locis qui inaniter venerantur.* L. *De sortibus & auguriis.* LI. *De Cericis, Monachis, & Abbatibus.* LII. *De Deo sacratis puellis, & monasteriis earum.* LIII. *De raptis.* LIV. *De incestis & adulteris, & qui uxores suas dimittunt.* LV. *De revertentibus ad sæculum post depositum militiæ cingulum; & de his qui post baptismum administraverunt.* LVI. *De falsariis, & perjuris, & homicidis; & de captivitate, & discordia.* LVII. *De expositis.* LVIII. *De libertis, qui ad Ecclesiam confugiunt.* LIX. *De Judæis.* LX. *De Clericis, qui carne abstinent.* LXI. *De Hæreticis & Gentilibus.* LXII. *De Catechumenis.* LXIII. *De conjurationibus.* LXIV. *De energumenis.* LXV. *De Chrismate.* LXVI. *De exequiis mortuorum & sepulcris; & ne pallæ super corpora ponantur.* LXVII. *De lectione ad mensam.* LXVIII. *De lapsis & pœnitentibus.* LXIX. *De his qui contra canones faciunt.* LXX. *De Episcopis, qui hos supradictos canones subterfirmaverunt.* LXXI. *Canones S. Gregorii Papæ cap.* 12. LXXII. *Item ejusdem S. Gregorii Papæ capitula sex.* LXXIII. *Item ejusdem capitula* XIV. LXXIV. *Epistola ejusdem S. Gregorii Papæ ad Etherium Episcopum.* LXXV. *Item ejusdem epistola ad Brunichildem Reginam pro hæresi simoniaca destruenda.* LXXVI. *De mulieribus quæ laneficia exercent.* LXXVII. *De his qui sibi mortem inferunt quacumque negligentia.* LXXVIII. *De his qui sacramento se obligant, ne ad pacem redeant.* LXXIX. *Ut oblationes dissidentium fratrum non recipiantur.* LXXX. *De his qui intrantes Ecclesiam per nimiam luxuriam suam sacramento se abstinent.* LXXXI. *De non permittendo imperare laicos Religiosis.* LXXXII. *De pœnitentibus transgressoribus.* LXXXIII. *Ut pœnitentes ab aliis Episcopis vel Presbyteris non recipiantur, nec alibi communicent, nisi in ipsis locis, ubi fuerint exclusi.* LXXXIV. *Ut nullus Episcopus, vel infra positus die dominico causas audire præsumat.* LXXXV. *Ut Episcopus nullius causam audiat absque præsentia Clericorum suorum.* LXXXVI. *Ut Episcopus nullum ad Episcopatum per se constituat promovendum.* LXXXVII. *Si quis potentum quemlibet expoliaverit, & admonente Episcopo non reddiderit, excommunicetur.* LXXXVIII. *De tricenali præscriptione, ut post triginta annos nulli liceat pro eo appellare, quod legum tempus exclusit.* LXXXIX. *Ut Episcopus ambulet per diœcesim suam.* XC. *Ut Episcopus duos solidos tantum accipiat, neque tertiam partem de oblationibus quærat; & ut Clerici non exactentur more servili.* XCI. *Ut vallematia & turpia cantica prohibeantur.* XCII. *Presbyterorum & Diaconorum ordinationes certis celebrari debere temporibus.*

§. III.

De collectione contenta in MS. Vallicellano XVIII.

I. Ejusdem circiter rationis ac temporis sunt etiam aliæ tres collectiones item Gallicanæ, Andegavensis, Divionensis, & Pithœana, quas P. Sirmondus laudat: easque libenter describeremus, si eas videre licuisset. Harum vero loco aliam plane similem referemus, quæ continetur in MS. Vallicellano XVIII. opusculo secundo. Hanc Gallicanæ esse originis, ex eo colligimus, quod in ipsa laudentur *canones Romanorum*, *epistola Siricii ad Genesium*, aliaque ejusmodi, quæ in solis Gallicanis collectionibus invenimus. Concinit in multis cum præcedenti Herovalliana. Sed cum in aliis ab ea differt, tum vero

vero discrepat etiam ab Andegavensi & Divionensi: nonnulla enim, quæ ex his allegata sunt a P. Sirmondo, in ea reperire nequivimus. Num vero eadem sit ac Pithœana, suspicionem quidem afferunt ea, quæ exinde recitata, in Vallicellana pariter nacti sumus. At cum totam collectionem conferre non licuerit, affirmare non audemus. In Vallicellana afferuntur canones Synodorum Græciæ ex antiqua interpretatione, uti vocant, Isidoriana, & nonnumquam ex versione Dionysii. Laudantur Concilia Africæ, Galliarum, & Hispaniæ. Inter Pontifices recentior est Gregorius junior. Nullæ occurrunt suppostitiæ Isidori merces. Canonibus interferuntur testimonia Patrum, ut in præcedentibus quoque collectionibus tum hoc, tum anteriori capite descriptis vidimus. Hinc mos ejusmodi, qui a posterioribus canonum collectoribus susceptus fuit, sæculo octavo incepisse cognoscitur.

Testimonia Patrum collectionibus inserta.

II. Hujus vero collectionis titulum, & capitula proferre sufficiet.

Incipiunt capitula sacrorum canonum num. LXXII.

I. *De apocryphis.* II. *De his, qui de potestate sæculari ad Sacerdotium promoventur.* III. *De his, quibus nulla dignitas ad sacrum ordinem suffragatur.* IV. *De eo, qui ab Hæreticis fuerit ordinatus.* V. *Quod qui ab Hæreticis baptizantur, promoveri non debeant.* VI. *Quod qui de Catholica Fide ad Hæresim transit, ad Clerum non admittatur.* VII. *Qualiter ad sacrum Ordinem sit accedendum.* VIII. *De observatione temporum per singulos gradus.* IX. *Si Presbyter uxorem acceperit.* X. *Si pro necessitate in vino baptizatur ægrotus.* XI. *Si cum vase, aut cum manibus æger infans baptizatus fuerit.* XII. *Si Presbyter Orationem Dominicam, vel Symbolum ignoraverit.* XIII. *Si quis rustice baptizat.* XIV. *De iterato Baptismo.* XV. *Quod Sabbato jejunandum sit.* XVI. *Quod possessio Ecclesiæ ab Episcopo non sit alienanda.* XVII. *Si Ecclesia per simplicem Episcopum res suas amiserit.* XVIII. *Quod Paschæ temporibus Presbyteri, & Diaconi remissionem peccatorum per Parochias dent.* XIX. *De Monachis ad sacrum Ordinem promovendis.* XX. *Quod Monachi ad sacrum Ordinem promoti, non debeant a suo proposito deviare.* XXI. *Quod alterius desponsatam nemo accipere præsumat.* XXII. *Quod si unus ex conjugio susceperit, uterque compater efficiatur.* XXIII. *Quod si sanus vir leprosam duxerit uxorem.* XXIV. *Quod si vir, aut uxor adulteraverit, communione privetur.* XXV. *De his, qui post Baptismum aministrantes capitalem sententiam protulerunt.* XXVI. *Quod quinta feria ante Pascha pœnitentibus sit remittendum.* XXVII. *Quod qui pœnitentiam petunt, per impositionem manuum, & cilicium super caput, eam consequantur.* XXVIII. *Ne peccatorum professio palam recitetur.* XXIX. *De his, qui ante Communionem obmutescunt, & moriuntur.* XXX. *Quod in Altari, ubi Episcopus Missam facit, non liceat ipso die Sacerdoti Missam celebrare.* XXXI. *Capitula duodecim ex rescriptis B. Gregorii Papæ ad Augustinum Episcopum, quem in Saxoniam ad prædicandum direxerat.* XXXII. *S. Augustini, unde supra ex Lib. 1. de Serm. Domini in monte.* XXXIII. *Sermo S. Joannis de Sacerdotibus.* XXXIV. *De his, qui necessitate mortis urgente pœnitentiam simul & Viaticum petunt; & de his, qui ommutescunt, antequam ad eos Sacerdos daturus pœnitentiam accedat.* XXXV. *De his, qui pœnitentiam agere differunt.* XXXVI. *De remedio pœnitentiæ, & quod absolutio Pœnitentium per manuum impositionem Episcoporum supplicationibus fiat.* XXXVII. *De pœnitentibus, quod a Presbyteris non reconcilientur, nisi præcipiente Episcopo.* XXXVIII. *De eadem re.* XXXIX. *De tempore remissionis pœnitentiæ.* XL. *De his, qui servos suos extra Judicem necant.* XLI. *Si domina per zelum ancillam occiderit.* XLII. *De his, qui sibi quacumque negligentia mortem inferunt, & de his, qui pro suis sceleribus puniuntur.* XLIII. *De his, qui uxores, aut quæ viros dimittunt, ut sic maneant.* XLIV. *Qui uxorem habent, & simul concubinam.* XLV. *Si vir, aut uxor adulteraverit.* XLVI. *De his, qui proximis se copulant, ut a communione Christi separentur.* XLVII. *Gregorii Papæ de incestis.* XLVIII. *De multis nuptiis.* XLIX. *De quæstionibus conjugiorum, ejusdem.* L. *Quod non liceat*

in

in colligendas medicinales herbas incantatio fieri. LI. *Quod non liceat christianis feminis in suo lanificio quasdam vanitates observare*. LII. *De auguriis*. LIII. *De perjuriis*. LIV. *De furto*. LV. *De falsis testibus*. LVI. *De discordantibus*. LVII. *De his, qui ex odio ad pacem non vertuntur*. LVIII. *De his, qui sacramento se obligant, ne ad pacem redeant*. LIX. *Quod usuram Laici Christiani exigere non debeant. Regulæ de judiciis Clericorum*. LX. *De Presbyteris, qui uxores acceperint, vel fornicaverint*. LXI. *De Diaconibus similiter*. LXII. *De his, qui ad Presbyterium promoventur, & ante ordinationem peccatorum sibi sunt conscii*. LXIII. *Si Presbyter, vel Diaconus in fornicatione, vel perjurio, aut furto captus fuerit*. LXIV. *De diversis ordinibus ab uxoribus abstinendis*. LXV. *De incontinentia Sacerdotum, seu Levitarum*. LXVI. *De subintroductis mulieribus*. LXVII. *De Clericis usuras accipientibus*. LXVIII. *Ut nullus Presbyter, & Diaconus conductor existat, & Clerici abstineant se ab uxoribus*. LXIX. *Quod nefas sit feminas sacris Altaribus ministrare, vel aliquid ex his, quæ virorum officiis deputata præsumere*. LXX. *De pollutionibus interrogatio Augustini, & responsio S. Gregorii*. LXXI. *Quod nihil prosit Sacerdoti, etiamsi bene vivat, si male viventibus non contradicat*. LXXII. *Luctuosa descriptio carnalium viventium Sacerdotum*.

CAPUT VIII.

De collectionibus Acheriana, Halitgarii, & Rhabani.

I. ACherianam collectionem vocamus, quam e tribus MSS. Thuaneo, Baluziano, & Agobardino edidit Lucas Acherius tomo 1. Spicilegii novissimæ editionis pag. 510. Præfationem hujus collectionis viderat, ejusdemque fragmentum vulgaverat Beatus Rhenanus in admonitione de Tertulliani dogmatibus: integram tamen collectionem, uti exoptabat, reperire non potuit. Nos eamdem collectionem in tribus aliis vetustissimis MSS. invenimus, nimirum in Vat. 1347. & in duobus Vat. Reginæ 446. & 849. In editione Acheriana hic titulus præfigitur. *Collectio antiqua canonum pœnitentialium*: notatque Acherius rectius appellandam simpliciter *Collectio canonum*, nisi auctor *pœnitentialium* vocem apposuisset. Nostri vero codices hunc titulum ignorant, hancque solam epigraphen præferunt, quæ in eadem editione post laudatum titulum subjicitur: *Incipit de utilitate pœnitentiæ, & quomodo credendum sit de remissione peccatorum per pœnitentiam cum præfatione operis subsequentis*. Certe ex præfatione apparet, auctoris consilium fuisse pœnitentiæ modum sacris canonibus præscriptum tradere: primus vero liber fere quidem ad pœnitentiam pertinet, at reliqui duo non item. Hæc nimirum collectio in tres libros dispertita est, quorum argumentum auctor in ipsa præfatione his verbis proponit. *Et primus quidem libellus*, inquit, *continet ea, quæ sunt de pœnitentia & pœnitentibus, criminibus, atque judiciis. Secundus maxime de accusatis & accusatoribus, judicibus ac testibus cum ceteris ad hæc pertinentibus ecclesiasticis regulis. Tertius de sacris ordinibus, vel qui promovendi sunt ad Clerum, quive removendi a Clero, & de regulis ac privilegiis omnium Clericorum & Præsulum*. Petrus Pithœus in Synopsi historica virorum clarorum, qui præter Gratianum canones & decreta ecclesiastica collegerunt & digesserunt, de hac collectione scribit: *Exstant passim & incerti collectoris libri tres pœnitentiales ex Synodis, epistolis, sententiisque sanctorum Patrum*. Nisi *sanctorum Patrum* nomine intelligantur summi Pontifices, hæc postrema particula delenda est: nulli enim sancti Patres in hisce libris allegantur, sed soli canones Conciliorum, & decretales Romanorum Pontificum.

Unde collector excerpsit. II. Græcarum Synodorum canones & decretales auctor ex Hadriana collectione cum iisdem numeris ac titulis recitat. Africanos quoque ex eadem ita decerpsit, ut duplici ac distincta numerorum serie alleget nomine Concilii Carthaginensis priores canones XXXIII. & sub titulo Concilii Africani posteriores canones CV. ut in Hadriana describuntur. Hinc Hadrianam collectionem ipsi

ipsi usui fuisse dubitare non licet. Præter Hadrianam vero collectionem adhibuit etiam Hispanicam, ex qua alios non paucos canones exscripsit Africanos, Gallicanos, & Hispanos, qui in Hadriana desiderantur. Itaque ex his duabus collectionibus Hadriana & Hispanica auctor profecit, vel potius ex aliqua simili contenta in codice Vat. 1338. in qua collectioni Hadrianæ Concilia Africæ, Galliarum, & Hispaniæ ex collectione Hispanica inserta fuere, ut pluribus diximus part. 3. c. 5. Nihil profecto in cunctis illis libris occurrit, quod in eadem collectione Vat. 1338. non inveniatur, nec quicquam affertur ex illis documentis, quæ præterea in integra Hispanica collectione leguntur. Hinc etiam iidem libri carent apocryphis, quod hanc collectionem Isidoriana anteriorem indicat. Acherius digestam arbitratur ante sæculum nonum. Certe Halitgarius, qui obiit anno 831. ex hujus collectionis præfatione suam mutuatus videtur, sicut hæc ejus verba demonstrant. *Hanc autem epistolam nemo quidem existimet meam, ne illi pro parvitate nominis mei vilescat; Sed sciat a majoribus nostris ex Sanctorum sententiis esse collectam, a me quidem excerptam, ne nimia prolixitate negligentibus lectoribus fastidium generaret. Majorum* nomine, qui *ex Sanctorum sententiis* uberiorem præfationem collegerunt, indicat, ut credimus, auctorem præfationis præsenti collectioni præmissæ, in qua eædem quidem Augustini, & Gregorii sententiæ leguntur, quas Halitgarius brevius contraxit. Si autem Halitgarius *majorum* nomine nostrum compilatorem designavit, hic saltem quinquaginta circiter annis Halitgarium antecessit. Hanc itaque collectionem & documentorum sinceritas, & auctoris antiquitas maxime commendat.

III. De Halitgario Episcopo Cameracensi, qui ex eadem collectione profecit, pauca sufficient. Hic petente Ebbone Remensi circa annum, ut putat Basnagius, 825. sex libros scripsit de pœnitentia. Henricus Canisius primos quinque libros vulgavit e MSS. Sangallensibus, qui recusi sunt tomo 2. Thesauri monumentorum part. 2. pag. 91. adjecto sexto libro, quem Stevartius ex alio codice impresserat. Hic liber deerat in Canisii codicibus, sicut etiam deest in antiquo codice 61. Capituli Veronensis. At in hoc codice præfatio Halitgarii sextum quoque librum indicat, ut videre est in Appendice Historiæ Theologicæ March. Maffeji pag. 79. Pater vero Menardus omnes hos libros nactus in MS. Corbejensi cum præfatione integra, sextum librum inseruit adnotationibus in Sacramentarium S. Gregorii not. 679. Vide tomum III. Operum ejusdem Sancti col. 461. Primus liber de octo vitiis principalibus, & secundus de vita activa & contemplativa fere excerpti sunt ex operibus S. Gregorii, & ex Prosperi, seu verius Juliani Pomerii libris de vita contemplativa. Tertius de ordine pœnitentium, quartus de judiciis laicorum, & quintus de ordinibus Clericorum sumti sunt ex canonibus Conciliorum & constitutionibus Romanorum Pontificum. Sicut autem Halitgarius præfationem derivavit ex illa, quæ collectioni Acherianæ antea memoratæ præfigitur; ita canones & constitutiones ferme omnes ex tribus ejusdem collectionis libris eruit, alioque ordine distribuit: adeo ut neque apud Halitgarium quicquam ex Pseudoisidori imposturis occurrat, quas quidem post Halitgarium vulgatas hoc ipsum confirmat. Tandem sextus liber est Pœnitentiale Romanum, quod ex ipsius Ecclesiæ scriniis se sumsisse auctor testatur. De collect. Halitgarii.

IV. Ab his disjungendæ non videntur duæ Rhabani Mauri collectiones, quæ pœnitentiales canones sine ullis Isidorianis apocryphis exhibent. Prima est *liber pœnitentium*, quem scripsit, dum esset Abbas Fuldensis, paullo post annum 841. & certe ante annum 847. quo ad Moguntinam cathedram evectus, Otgario successit: huic enim tunc Episcopo eumdem librum inscripsit. Hic liber exstat inter Rhabani opera, ac postea ab Antonio Augustino recusus ac notis illustratus in opere inscripto *Canones pœnitentiales*. Quibus ex fontibus auctor canones hauserit, idem Augustinus in præfatione notavit his verbis. *Usus autem Rhabanus esse videtur corpore canonum, & Isidori Mercatoris priori editione, quod ad Concilia tantum attinet provincialia. Nam Romanorum Pontificum epistolas nullas refert præter eas, quæ post Damasum conscriptæ sunt, & in corpore canonum exstant.* Corpus canonum vocat Hadrianam collectionem: pro *Isidori* autem *Mercatoris priori editione* melius scripsis- Rhabani collectiones duæ. Liber pœnitentium.

ſet *collectione Hiſpanica*. Rhabanus quidem (excepto teſtimonio S. Gregorii in epiſtola ad Secundinum, de quo mox dicemus) nullam conſtitutionem pontificiam allegat, quæ in Hadriana collectione non inveniatur; nullum vero Conciliorum canonem, qui non ſit vel in Hadriana, vel in Hiſpanica, ut de collectione Acheriana loquentes obſervavimus. Mirum porro eſt hunc Scriptorem, qui eo tempore vixit, iiſque in locis verſatus eſt, in quibus Pſeudoiſidori collectio compacta & edita fuit, nihil ex eadem recepiſſe. Neque vero opponas teſtimonium de Clericis lapſis ex epiſtola S. Gregorii ad Secundinum ſervum Dei incluſum, quod ſuppoſititium ejuſdem epiſtolæ additamentum in Iſidoro legitur. Cum enim nihil ex tot aliis ſuppoſititiis Iſidori mercibus Rhabanus exceperit; nobis probabilius videtur, hoc ejus epiſtolæ additamentum ab alio anteriori impoſtore confictum, non ex Iſidoro, ſed ex alio fonte Rhabanum derivaſſe. Enimvero ea ad Secundinum epiſtola cum eodem additamento deſcripta legitur (1) in vetuſtiſſimo MS. Corbejenſi originali Paulli Diaconi, quod in bibliotheca S. Germani a Pratis ſervatur. Hic enim codex ab eodem Paullo miſſus ad S. Adelardum Abbatem Corbejenſem (ut patet ex ipſius Paulli epiſtola, quæ collectis in eodem codice S. Gregorii epiſtolis præmittitur) quinquaginta quatuor ejuſdem Pontificis epiſtolas continet, ex quibus quatuor & triginta, teſtantibus editoribus Benedictinis, ipſius Paulli manu correctæ ſunt. Cum porro Paullus Diaconus e vivis exceſſerit anno 801. illud additamentum ante Iſidori collectionem compactum agnoſcitur: ac propterea Rhabanus, qui ex certis Iſidori figmentis nihil deſcripſit, ex diverſo & anteriori fonte illud teſtimonium hauſiſſe dicendus eſt. Id quidem alia obſervatione confirmari poteſt. Cum conſtituta Pontificum ex collectione canonum recitat, hac formula conſtanter utitur: *Ex decretis Siricii*, *Ex decretis Innocentii*, *Ex decretis Cæleſtini* &c. indicato capitulo, quo in collectione ipſum decretum refertur. Epiſtolam vero S. Gregorii ad Secundinum ſine decreti aut capituli mentione ita allegat, ut alios Patres laudat: quod indicio eſt ita eam epiſtolam, ſicut & Patrum textus non ex collectione canonum, ſed aliunde accepiſſe. Similiter ex alio profecto fonte retulit longum fragmentum epiſtolæ S. Iſidori Hiſpalenſis ad Maſonem, quæ de eadem circa Clericos lapſos diſciplina eodem ſenſu agens, pariter creditur ſuppoſititia. Hæc enim apud Pſeudoiſidorum, ſeu in puris ejus codicibus haudquaquam legitur.

Additamentum epiſtolæ S. Greg. ad Secundinum anterius Pſeudoiſidoro.

Præfat. in tom. 2. Oper. S. Greg. pag. 433.

Epiſt. S. Iſid. ad Maſonem non eſt Pſeudoiſidori, Rhabani epiſt. ad Heribaldum.

V. Alia Rhabani collectio in prolixa epiſtola ad Heribaldum, quam dum erat Moguntinus Epiſcopus ſcripſit anno 853. ejuſdem plane rationis eſt ac antecedens collectio. Immo ibidem non pauca ex eodem *libro pœnitentium* ad verbum exſcripta deprehenduntur, inter quæ ſunt idem additamentum epiſtolæ S. Gregorii ad Secundinum, & fragmentum epiſtolæ S. Iſidori Hiſpalenſis ad Maſonem. Hic quoque quantum ad canones Conciliorum & decreta Pontificum nihil eſt, quod non inveniatur in collectionibus Hadriana & Hiſpanica, exceptis tantummodo quibuſdam canonibus Conciliorum Remenſis, Turonenſis III. & Moguntini, quæ Rhabani ætate celebrata fuerunt. Hæc epiſtola in capita 34. diſtincta, edita fuit primum a Petro Stevartio tom. 6. antiquarum lectionum Henrici Caniſii, dein a Stephano Baluzio in Appendice Reginonis pag. 467.

CAPUT IX.

De collectionibus Capitularium Anſegiſi, & Benedicti Levitæ, & de earum Additionibus. Excerpta ex iiſdem Capitularibus Iſaaci Epiſcopi Lingonenſis. De Capitulis Herardi Archiepiſcopi Turonenſis, Theodulfi Aurelianenſis, Ahytonis Baſileenſis, & aliorum ſimilium.

Capitularia quid, & quomodo condita.

I. CApitularia Regum Francorum plura continent, quæ ad exſteriorem eccleſiaſticam politiam regendam pertinent. Hæc fere condita in conventibus, in quibus plures Epiſcopi intererant, ac ab ipſis etiam Epiſcopis juſſione

(1) Vide tom. 2. Operum S. Gregorii editionis Maurinæ col. 965. not. a in epiſt. 62. lib. 9. & col. 967. not. 1.

ctione Regum hinc inde collecta, & plurima ex placitis sanctorum Patrum canonibusque Conciliorum excerpta, ut Baluzius notavit. Hinc magna eorumdem Capitularium cum ecclesiasticis canonibus consensio prodiit. Hac de caussa Episcopi apud Troslejum in pago Svessionensi congregati anno 909. post laudata *instituta canonum, eorum pedissequa* appellarunt Capitularia, eademque tum in Synodis, tum a Pontificibus confirmata, *canonum* nomen nonnumquam obtinuerunt, ut laudatus Baluzius probavit. Horum igitur Capitularium collectiones, quas Ansegisus Abbas, & Benedictus Levita compegerunt, inter collectiones canonum non immerito referendæ visæ sunt; cum præsertim Capitularia in posterioribus canonum collectionibus inserta, ex iisdem canonicis fontibus fere derivata fuerint.

Præfat. in Capitul. n. 9.

Concil. Trosl. c. 3.

Præfat. n. 18.

II. Hæc Capitularia ante annum 827. separatim scripta, uti separatim condita fuerant, nondum erant in unum corpus collecta. Ansegisus Abbas, non Lobiensis, sed Fontanellensis, ut Baluzius demonstrat, primus collegit aliquot Caroli Magni & Ludovici Pii Capitularia, ne oblivioni traderentur; eaque in quatuor libros digessit, quorum ordo ab eodem Ansegiso in præfatione profertur. *Illa scilicet, quæ Domnus Karolus fecit ad ordinem pertinentia ecclesiasticum, in primo adunavi libello. Ea vero ecclesiastica, quæ Domnus ac piissimus Hludovvicus Imperator addidit, in secundo descripsi. Illa autem, quæ Domnus Karolus in diversis fecit temporibus ad mundanam pertinentia legem, in tertio adunavi. Ipsa vero, quæ Domnus Hludovvicus præclarus Imperator fecit ad augmentum mundanæ pertinentia legis, in quarto congessi.* Illud autem monet Baluzius, tametsi institutum Ansegisi fuerit sola capitula Caroli Magni in primo libro describere; permixta nihilominus ab illo per errorem fuisse quædam capitula Ludovici Pii a cap. 79. usque ad cap. 104. quæ sumta sunt ex ejusdem Capitulari anni 816. errorisque caussam non improbabilem ex eo colligit, quia cum Ansegisus duo Caroli Magni capitula deprehendisset initio ejus Capitularis, quod a Ludovico conditum est; cetera quoque ejusdem edicti capitula Caroli esse præsumsit. Ipsa Capitularia, ex quibus Ansegisus libros illos concinnavit, studiosorum hominum diligentia in antiquis tabulariis inventa & edita sunt.

Collectio Ansegisi. Præfat. n. 40.

III. Cum Ansegisus multa ipsius Caroli Magni, & Ludovici Pii capitula præterisset; Benedictus Levita Moguntinus, Autgario Moguntinæ Ecclesiæ Archiepiscopo jubente, circa an. 845. eam in se curam suscepit, ut omissas illorum constitutiones, quarum frequens erat usus, colligeret; iisque adjicienda credidit, quæ antea Pippinus, & Carlomannus statuerant. Neque vero is ex solis Capitularibus Regum & Imperatorum excerpsit, sed alia multa sumsit ex libris sacræ Scripturæ, ex dictis sanctorum Patrum, ex Codice Theodosiano, seu ex Aniani interpretationibus, Paulli J. C. sententiis, Juliani antecessoris Novellis, ex codice legum Wisigothorum, & ex documentis, quæ, ut ipse ait, *in diversis locis, & in diversis schedulis, sicut in diversis Synodis, & placitis generalibus edita erant, sparsim invenimus, & maxime in sanctæ Mogontiacensis Metropolis Ecclesiæ scrinio a Riculfo ejusdem sanctæ Sedis Metropolitanæ recondita, & demum ab Autcario secundo ejus successore atque consanguineo inventa reperimus.* Hoc postremo commate potissimum indicantur suppotitiæ Pseudoisidorianæ merces Riculfi ævo perperam attributæ, quarum particulæ in Benedicti libris receptæ leguntur: de qua re vide quæ animadvertimus part. 3. c. 6. §. 4. Hæc Benedicti collectio in tres fusiores libros distinguitur, qui Ansegisi libris subnexi, constituunt Capitularium libros quintum, sextum, & septimum.

Collectio Benedicti Levitæ.

Non ex solis Capitularibus condita.

IV. Præter hos septem Capitularium libros inventæ sunt Additiones quatuor. Hæ permulta capitula continent, quæ nec apud Ansegisum, nec apud Benedictum reperiuntur. Prima Additio, quæ in nonnullis MSS. exemplaribus continua numerorum serie ita jungitur cum tertio Benedicti Levitæ libro, ut partem ejus faciat, constat ex Capitulari Aquisgranensi anni 817. in quo LXXX. capitula ad continendos in officio Monachos sancita fuerunt. Additio secunda capitulis XXVIII. ea continet, *quæ sunt generaliter per parrochias populis denuntianda*. Tertiæ Additionis capitula CXXIV. *proprie sunt ad Episcopos, vel ordines quosque pertinentia, quæ non solum observare, sed*

De Additionibus Capitularium. tom. 1. Baluz. pag. 579.

etiam sibi subjectis, vel commissis facienda perdocere debent. Quarta Additio prolixior, quæ varia disciplinæ capita respicit, constat ex capitulis CLXXI. ac in his pleraque ex pseudoisidorianis imposturis sumta sunt. Cum Benedictus Levita nullius documenti, ex quo capitula excerpsit, mentionem faciat; ut ea quæ spuria, vel sincera sint, discernerentur, non exiguo studio & collatione opus fuit. At in Additione quarta ipsi suppostitii fontes allegantur iis titulis, qui apud Isidorum inveniuntur: quod indicio est, non solum hujus Additionis auctorem diversum esse a Benedicto Levita, qui ab allegandis fontibus abstinuit; verum etiam eo tempore, quo hæc Additio facta fuit, Isidorianam collectionem celebrem & pervulgatam fuisse, adeo ut ejus documenta uti jam nota suis titulis indicarentur. Hujus autem Additionis tempus erui potest ex præfatiuncula eidem præfixa, in qua hæc leguntur: *Sequentia quædam capitula ex sanctorum Patrum decretis, & Imperatorum edictis colligere curavimus, atque inter nostra capitula lege firmissima tenenda generali consultu Erchembaldo Cancellario nostro inserere jussimus*. Duo Erchembaldi Cancellarii memorantur, alter Carolo Magno imperante, alter sub Lothario I. Cum hæc Additio spurias Isidori merces receperit, quæ multo post Carolum Magnum prodierunt, Erchembaldus in laudata epigraphe nominatus ille esse cognoscitur, qui sub Lothario I. floruit. Hoc ergo tempore quarta Additio Capitularibus accessit.

Erchembaldi Cancellarii.

V. Hoc integrum Capitularium corpus cum suis Appendicibus olim editum fuit. Omnium vero præstantissima est Stephani Baluzii editio Parisiensis anni 1677. duobus tomis in folio, quibus eadem Capitularia multis & documentis, & notationibus illustravit. Præmissa sunt inter cetera quotquot originaria Capitularia invenire potuit partim edita, partim inedita, ex quibus tamquam ex fontibus laudati collectores Ansegisus, & Benedictus Levita, & Additionum auctores capitula derivarunt.

Isaac Lingon. Capitula.

VI. A libris Capitularibus Regum Francorum disjungenda non sunt Isaac Episcopi Lingonensis capitula, quæ ex iisdem Capitularibus excerpta fuerunt. Hic Episcopus ab anno 859. teste auctore Chronici S. Benigni, *composuit librum, qui dicitur* Canones Isaac, *eoque ex libris canonum utiliora quæque eligendo in unum volumen coarctavit*. Is autem omnia sumsit ex tribus postremis Capitularium libris, qui Benedicto Levita auctore post Ansegisum editi, separato volumine continebantur. Tradit in præfatione idem Episcopus, se ea capitula excerpsisse, *quæ sanctæ Romanæ & Apostolicæ Ecclesiæ Legatus venerabilis Bonefacius Magonciacensis Archiepiscopus vice Zachariæ Papæ una cum orthodoxo Karolomanno Francorum Principe in duobus Episcoporum Conciliis ad honorem & profectum Ecclesiæ Dei conscripsit, quæque etiam idem Papa Zacharia sub anno Incarnationis Dominicæ DCCXLII. auctoritate apostolica confirmavit, & omnibus Ecclesiæ Dei fidelibus irrefragabiliter observanda constituit*. Hæc cum præmonuerit, ut suæ collectioni auctoritatem crearet; quanti esset apud Gallos Apostolicæ Sedis auctoritas, patefaciunt. Animadvertendum vero est, hæc Isaac affirmasse innixum testimonio ipsius Benedicti Levitæ, qui in suo procemio idipsum ingessit. Hæc autem S. Bonifacii delegatio, & Zachariæ Papæ confirmatio sola prima capitula respicit libri primi ejusdem Benedicti, inter Capitularia quinti: nam cap. 1. habetur *epistola Zachariæ Papæ Francis & Gallis directa*: cap. 2. & 3. afferuntur duæ Synodi S. Bonifacii Legati apostolici Carolomanno præsente celebratæ, altera anni 742. altera apud Liptinas anno 743. Hæc Isaac collectio dividitur in titulos XI. singuli autem tituli plura capitula complectuntur.

t. 1. Baluz. p. 1233.

Capitula Herardi. t. 1. p. 1283.

VII. Stephanus Baluzius addit etiam capitula Herardi Archiepiscopi Turonensis, quæ ex Capitularibus Regum Francorum collecta creduntur. Sunt autem capitula CXL. quæ ille recitari jussit in diœcesana Synodo anni 858. XVII. Kal. Junii. Idem sane Baluzius notationes librorum Capitularium affigit in margine, ex quibus quælibet capitula compendio excerpta existimat. Verum hæc capitula nullo indicio ex Capitularibus potius, quam ex aliis Juris canonici fontibus sumta dici queunt. Eædem enim sententiæ in pluribus aliis canonibus inveniuntur. Hæc Herardi capitula ejusdem generis esse videntur ac illa Theodulfi Aurelianensis, qui cum ante Capitularium libros floruerit, ex his profecto nihil derivavit. Ejusdem quoque rationis sunt capitula Ahytonis Basileensis, Walteri, seu Gualteri Aurelianensis, Hincmari Remensis, Rodulfi Bituricensis, Riculfi Suessionensis, Attonis Vercellensis, & aliorum similium, quæ non magis ex Capitularibus, quam ex Synodis derivari potuerunt. Unum hic addimus, laudata Herardi capitula inveniri etiam in MS. codice Vat. Reginæ *612.* ubi plura capitula simul coeunt, conficiuntque capita XLVI.

Capitula Theodulfi & aliorum.

CAPUT X.

De manuscripta collectione Sorbonico-Mutinensi in partes duodecim distributa. Hæc sæculo IX. exeunte in Italia lucubrata ostenditur. De usu legum Romanarum in collectionibus.

I. COllectionem nulli tum amplitudine tum vetustate concedentem, quam elegantissimus asservat Sorbonicæ bibliothecæ codex 841. commendant P. Coustantius in præfatione ad tomum 1. Epistolarum Romanorum Pontificum num. *169.* & Franciscus Salmon ejusdem bibliothecæ præfectus in tractatu gallice inscripto *De l' Etude des Conciles & de leurs collections* part. 2. c. 1. Porro Correctores Romani in editione Gratiani *collectionem canonum* memorant *ex bibliotheca Ecclesiæ Mutinensis*. At cum ex ea nihil afferant nisi quasdam lectiones, quid ea esset ignorabatur. Nos autem in bibliotheca Vaticana codicem nacti sumus signatum num. *4899.* qui exscriptus ex Mutinensi exemplo, iisdem Romanis Correctoribus usui fuit. Ex comparatione vero titulorum, qui ex MS. Sorbonico a laudatis Scriptoribus referuntur, cum iis titulis, quos in hoc Vaticano exemplo invenimus, eamdem prorsus collectionem in utroque contineri deprehendimus, quam idcirco collectionem Sorbonico-Mutinensem distinctionis gratia appellavimus. Invenimus præterea in bibliotheca Vaticana duos alios perantiquos codices Palat. 580. & 581. quorum unus quatuor tantum priores partes ejusdem collectionis, alter autem partes tres item priores tantummodo continet; sed uterque caret ea præfatione, quæ tum in Sorbonico, tum in Mutinensi ac Vaticano exemplo legitur. Ex his vero codicibus, quos commode evolvimus, accuratiorem hujus præclaræ collectionis descriptionem afferre licebit.

II. Hæc in partes duodecim distributa est, quibus in MS. Vaticano hæc præfatio præfigitur. *Domino magnifico, vigilantissimo Pastori, & præcellentissimo Archipræsuli Anselmo nos minimæ gregis ipsius oviculæ & peculiares quodammodo vernulæ pontificale decus inenarrabile meritum votis sedulis imprecamur. Laudibus providentiæ vestræ præferendum inclite pastor acumen, ecclesiasticis utilitatibus provide ac solerter prospiciens, & ad communem gregis sibi commissi profectum internis semper externisque decertans, nostram quoque parvitatem inter reliquos suorum famulorum permonere frequentius & ad potiora studia incitare non abnuit, præcipiens omnimodis & injungens, ut sacrorum instituta canonum, quæcumque ab ipsis christianæ fidei primordiis sanctæ atque catholicæ Ecclesiæ magistri, Apostoli videlicet atque apostolici viri, ad posteritatis instructionem scriptis indidere suis, coadunandi & coaptandi in unam formulam pro modulo ingenioli nostri qualemcumque diligentiam haberemus. Nos vero imperitiæ, exiguitatis, atque imbecillitatis nostræ admodum conscii, opus tam arduum nulla prorsus temeritate aggrediendum, nulla audacia præsumendum duceremus, nisi vestri compelleret censura mandati: præsertim cum in hoc ipso robustiores perspicatioresque viros tam Græcos quam & Latinos certum sit desudasse. Nam in altero Ferrandus Carthaginensis Ecclesiæ Diaconus, in altero autem Cresconius quidam ejusdem operis imitator, ecclesiasticarum sanctionum quamdam videtur fecisse concordiam; nobisque magnopere cavendum, ne forte id idem resarciendo, aut compilatorum, aut derogatorum devitemus infamiam. Ut ergo vestræ præceptioni, quæ nos supra modum cogit, vestroque ardentissimo amori satisfacere valeamus, post divinum præsidium vestræ nobis ante omnia paternæ benedictionis adesse precamur suffragium, quatenus inter alios vestræ dominationis alumnos, etsi non de proprio, saltem de alieno labore, vestro* pro-

Ferrandus & Cresconius laudati.

providentissimo judicio non penitus appareamus immunes. Ad exequendum igitur nostræ parvitatis opusculum, prout bonorum opifex Dominus conferre dignatus fuerit incrementum, universas paternorum canonum, Conciliorum, atque decretalium paginas in duodecim partes instar apostolici stemmatis censuimus distinguendas, ita dumtaxat ut singulis partibus congruentia capitula prænotentur, quæ propositæ caussæ, velut quidam veracissimi testes, evidens testimonium præferant, atque avido lectori patulum inveniendi quod desiderat, aditum ostendant. Quem petimus moleste non ferat, si de unaquaque re quid singuli magistrorum senserint, non improvide subjiciamus: quandoquidem rata magis atque inconcussa videtur sententia, plurimorum judicum auctoritate subnixa.

III. Mox subditur index cum titulis singularum partium sic.

Prima itaque pars hujus, quod Deo adjuvante aggredimur, operis, continet de primatu & dignitate Romanæ Sedis, aliorumque Primatum Patriarcharum, Archiepiscoporum, atque Metropolitanorum. c. 133.

Secunda pars continet de honore competenti, ac dignitate, & diverso negotio Episcoporum & Chorepiscoporum. c. 300.

Tertia pars continet de Synodo celebranda & vocatione ad Synodum: de accusatoribus & accusationibus: de testibus & testimoniis: de spoliatis injuste: de judicibus & judiciis ecclesiasticis vel sæcularibus. c. 186.

Quarta pars continet de congruenti dignitate, & diverso negotio Presbyterorum, & Diaconorum, seu reliquorum ordinum ecclesiasticorum. c. 182.

Quinta pars continet de Clericorum instructione, & nutrimento, vel qualitate vitæ. c. 199.

Sexta pars continet de proposito Monachorum, & professione Sanctimonialium ac viduarum. c. 142.

Septima pars continet de Laicis, Imperatoribus scilicet, Principibus, & reliquis sæculi ordinibus. c. 141.

Octava pars continet de norma fidei christianæ, & gratia Christi, ac divinorum mandatorum exequutione. c. 89.

Nona pars continet de Sacramento baptismatis, & baptizandis, ac baptizatis. c. 66.

Decima pars continet de templorum divinorum institutione, & cultu, ac prædiis: de sacrificiis, oblationibus, ac decimis. c. 169.

Undecima pars continet de solemnitate paschali, & reliquis festivitatibus ac feriis. c. 47.

Duodecima pars continet de hæreticis, schismaticis, Judæis, atque paganis. cap. 26.

Plures videntur collectionis auctores.

IV. Non unum, sed plures simul in hac collectione adornanda elaborasse ipsa, quam ex Vaticano codice apographo Mutinensis exhibuimus, præfatio insinuat. *Nos*, inquiunt, *minimæ gregis ipsius oviculæ, & peculiares quodammodo vernulæ:* semperque in toto contextu plurali numero loquuntur. Quæ tamen cum e MS. Sorbonico apud P. Coustantium, & Franciscum Salmon singulari numero efferantur; & in alterutro exemplo exscriptoris arbitrium adstruendum sit; probabilius videtur, eum librarium ex arbitrio emendasse, qui unum collectionis auctorem ratus, singularem numerum induxit, quam qui ex singulari pluralem fecerit. Quatuor autem ex fontibus capitula excerpta, ex Hadriana, & Isidoriana collectionibus, ex S. Gregorii Registro, & ex legibus Romanis, quæ in Codice, in Novellis, & Institutionibus Justinianeis continentur, hac constanti methodo servata, ut primum plurima describantur partim ex collectione Hadriana, ex qua sumti sunt inter cetera Græcarum Synodorum canones versionis Dionysianæ, partim ex collectione Isidori, quæ supposititia documenta suppeditavit; dein sequantur nonnulla ex Registro S. Gregorii; ac tandem quædam ex Romanis legibus subjiciantur. Ita ex. gr. pars prima canones Conciliorum, & decreta Pontificum ex laudatis collectionibus profert usque ad cap. 119. Postea ex Registro B. Gregorii quædam referuntur a cap. 120. usque ad cap. 128. Tandem nonnulla ex legibus Romanis a cap. 129. usque ad cap. 133. Animadvertimus, in parte tertia canones Conciliorum & decreta Pontificum numeris notari usque ad cap. 186. Dein vero ali-

Fontes hujus collectionis.

ro aliquot capitula ex Gregorii Regiſtro & ex Romanis legibus ſubjecta numero carent.

V. Ivonem primum fuiſſe, qui Romanas leges ex Codice & Novellis Juſtinianeis in collectionem canonum induxerit, plerique exiſtimant. At hæc collectio Ivone, immo & Burchardo & Reginone, ut mox videbimus, anterior eſt. Illud porro hoc loco non eſt omittendum, in codice Vaticano Mutinenſis apographo, & in Sorbonico quædam documenta adjecta fuiſſe, quæ ad primævam collectionem non pertinent. Omnis enim pars ex inſtituto collectorum in Romanis legibus deſinit. Porro parte tertia poſt Romanas leges hæc adjiciuntur. I. *De tumultu Concilii. Definitio Patrum* &c. II. *Incipit de quatuor Synodis principalibus. Canon græce* &c. III. *Item ratio de canonibus Apoſtolorum, & de ſex Synodis principalibus.* IV. *Item brevis adnotatio de reliquis Synodis:* quæ ex præmiſſis Iſidorianæ collectionis dimanant. V. *Item adnotatio de decretalibus Apoſtolorum*, legendum *Apoſtolicorum:* quæ ex codice Sorbonico edita eſt a Franciſco Salmon libro citato part. 2. c. 1. pag. 258. editionis Lipſienſis anni 1726. VI. *De formatis:* & profertur epiſtola formata Regemberti Vercellenſis ad Andream Mediolanenſem, quæ ex alio antiquo MS. præſentis collectionis impreſſa fuerat a Franciſco Bernardino Ferrario Mediolanenſi lib. 1. *De antiquo eccleſiaſticarum epiſtolarum genere* c. 5. & ex Ferrario inſerta fuit Appendici Capitularium a Baluzio tomo 2. col. 1575. ubi hæc data legitur: *Data Vercellis anno Incarnationis Domini noſtri Jeſu Chriſti DCCCCIV. Indictione VII.* In MS. Vallicellano B. 58. hanc eamdem formatam chronica notatione expertem invenimus, quæ ex hoc codice typis data fuit a Mabillonio tom. 1. Muſei Italici pag. 240. Hinc autem Regembertus Epiſcopus adjiciendus eſt catalogo Epiſcoporum Vercellenſium apud Ughellum, ejuſque Epiſcopatus Vercellenſis hujus temporis confirmatur ex privilegio Anaſtaſii III. Pontificis ad eumdem *Ragimpertum*, quod exſtat in MS. 62. Capituli Veronenſis: Anaſtaſius enim tertius Pontificatum geſſit ab anno 910. ad annum 912. VII. *Ordo de celebrando Concilio*, uti apud Iſidorum legitur. In calce autem partis quintæ adduntur capitula Nicolai Papæ in Concilio collecta & firmata anno 861. contra Joannem Ravennatem cum ſubſcriptionibus, quæ ex MS. Mutinenſi hujus collectionis edita ſunt a P. Abbate Bacchinio in Appendice ad Agnellum Ravennatem, & recuſa leguntur tom. 10. Conciliorum Venetæ editionis col. 189. Additamenta partis tertiæ deſunt in MSS. Vatt. Palatinis, qui eamdem partem præferunt.

Romanæ leges receptæ.

Additamenta notantur.

Regembertus Epiſcopis Vercellenſibus adjiciendus.

VI. Tempus hujus collectionis exquirens P. Couſtantius, certum eſſe pronuntiat, eam digeſtam ante annum 1009. Id enim, inquit, aperte docet is, qui Sorbonicum exemplar deſcripſit, cujus ad calcem hæc adnotatio legitur: *Juſſu Domni Heimonis venerandi Præſulis Eccleſiæ Virdunenſis accepi ego Rodulphus obedienter ac gratanter hunc librum ad ſcribendum, finivique anno Incarnationis Dominicæ milleſimo IX. Indict. VII. X. Kal. April. regnante Heinrico in regno Hlotarii. Obſecro autem, quicumque hic legeris, ut mei jam dicti Rodulphi peccatoris indigni Monachi memineris, ne pro commiſſis recipiam pœnas, ſed oramine tuo, vel omnium hic legum jura pertractantium aliquantiſper æterni capiam refrigerii. Vale Domne Heimo Præſul beate, tuique ſervuli memento benigne.* Hactenus ex P. Couſtantio, qui nihil aliud de tempore conjicere potuit. Cum autem duo laudati codices Vatt. Palatini 580. & 581. formæ quadratæ, & in duas columnas diſtincti ſæculo ſaltem decimo ineunte exarati credantur; huic ſæculo eadem collectio adſignanda videtur. Verum antiquiorem eſſe, & ſæculo IX. lucubratam, ea quæ octavo numero afferentur, palam evincent.

Tempus collectionis.

VII. Hanc collectionem in Italia conditam ſuadent Romanæ leges, quæ ex Juſtiniani Codice, Inſtitutionibus, atque Novellis ibidem afferuntur. In Galliis lex Salica, & Capitularia Regum Francorum; in Germania autem præter eadem Capitularia priſcæ Ripuariorum, Alemannorum, Bajoariorum, & aliæ propriæ leges vigebant: & has quidem Gallicanus aut Germanus collector retuliſſet. In Italia vero jam inde a Juſtiniani ævo, qui in ea imperabat, Romanæ leges Codicis, Inſtitutionum, ac Novellarum ejuſdem uſui erant. Hinc S. Gregorius Magnus eas identidem in ſuis epiſtolis profert. Vide epiſt. 9. lib. 1.

Eſt Italica.

Leges Juſtinianeæ in Italia vigebant.

lib. 1. epist. 38. lib. 3. epist. 25. lib. 4. epist. 36. lib. 6. epist. 23. & 39. lib. 7. epist. 6. & 7. lib. 9. epist. 3. 4. 11. & præsertim 45. libri 13. Hinc Leo IV. in epistola ad Lotharium Augustum, qui regnabat in Italia, scripsit: *Vestram flagitamus Clementiam, ut sicut hactenus Romana lex viguit ..... ita nunc suum robur propriumque vigorem obtineat*. Exstat hoc fragmentum apud Ivonem part. 4. c. 131. & apud Gratianum dist. 10. c. 13. Notant autem Romani Correctores: *Videtur Lotharius populo Romano, quod hic Leo petiit, concessisse: nam in legibus Longobardicis lib. 11. tit. 57. sic habetur*. „ Lotharius Imperator. Volumus ut cunctus populus Romanus in„ terrogetur, qua lege vult vivere, ut tali lege, quali lege vivere professi „ sunt, vivant &c. " Verum hæc Lotharii lex constituta fuit anno 824. Eugenio II. Pontifice, qui Leoni IV. præcesserat; ut recte probavit Stephanus Baluzius in præfatione ad Capitularia Regum Francorum num. 24. Igitur ante Leonem IV. id concessum fuerat. Cum vero Lotharius Capitularia Regum Francorum a Romanis quoque recipi studuerit, uti colligimus ex antiquis carminibus, quæ e MS. codice edidimus part. 2. c. 10. §. 4. in fine; Leo IV. institit, ne quod jamdiu usu receptum erat, aliqua novitate turbaretur. Ecclesiastici quidem Italiæ Romana lege se velle vivere universim profitebantur, uti de ipsis statuerat Ludovicus Imperator lib. 3. legum Longobardarum tit. 1. n. 37. Legis autem Romanæ nomine illæ leges intelligebantur, quæ in Codice, Institutionibus, atque Novellis Justinianeis erant descriptæ. Hinc ergo præsentis collectionis auctores, qui sane in Clero erant, Romanas leges ex his fontibus in fine cujusque partis addentes, numquam vero Salicas, aut alias aliarum nationum, se se Italos præferunt. Regino quidem Germanus quasdam leges Codicis Theodosiani ex Anniano retulit, quippe quæ apud exteros jamdiu erant in usu; sed Capitularium etiam, & Ripuariorum, atque Burgundionum leges simul exhibuit, numquam vero Justinianeas, quod Italorum proprium fuit. Quod si quidam exteri nonnulla excerpserunt ex Justiniani Novellis; hi adhibuisse noscuntur Juliani antecessoris epitomen: ipsum vero earumdem textum soli Itali fere produxerunt. Ivo autem Carnotensis licet Gallus ex iisdem Justinianeis fontibus leges postea allegavit: quia publicum earumdem legum studium suo ævo institutum, latius propagari cœperat. Italicam quoque collectionem confirmant tum epistola formata Regemberti Vercellensis ad Andream Mediolanensem, quæ sub finem tertiæ partis addita fuit, tum Synodus Romana sub Nicolao I. contra Joannem Ravennatem addita parti quintæ: quæ duo sunt documenta Italica. Formatæ præsertim epistolæ in codicibus ejus regionis, in qua datæ aut acceptæ fuerunt, describi solent.

Quando ab aliis receptæ.

VIII. Si porro sciremus quis sit ille Archiepiscopus Anselmus, ad quem præfatio dirigitur, clarius & locus & tempus collectionis paterent. Cum P. Coustantius Gallicanam collectionem fortassis præsumens, illum inter Galliarum Archiepiscopos quæsierit; nihil se se expiscari potuisse fatetur. Nos vero nihil ambigentes de collectione Italica, quærentes inter Archiepiscopos Italos, deprehendimus eum esse Anselmum II. Mediolanensem, qui floruit nono sæculo ab anno 883. ad annum usque 897. Fuit quidem alius Anselmus Archiepiscopus Mediolanensis, qui ineunte nono sæculo vixit, & alius item, qui sub medium undecimum sæculum eamdem Ecclesiam administravit. At illi primo non convenit hæc collectio, in quam ex Isidoriana compilatione post ejus ætatem vulgata plura capitula traducta fuerunt. Neque tertio Anselmo congruit, ante quem exemplum Sorbonicum, & duo Vaticano-Palatina scripta fuere. Igitur sub Anselmo II. Mediolanensi Archiepiscopo sæculo nono exeunte isthæc collectio Italica collocanda est.

Collectio directa Anselmo II. Mediolan.

CAP.

CAPUT XI.

De Reginonis & Abbonis collectionibus.

I. CElebris est Reginonis Abbatis Prumiensis collectio, ex qua subsequuti postea collectores Burchardus, & Ivo plura sumserunt. Hanc ille ineunte sæculo X. digessit, præcipiente Rathbodo Archiepiscopo Trevirensi, in cujus diœcesi situm erat Monasterium Prumiense. Id patet ex ipso titulo, quem Baluzius in præclara editione Parisiensi anni 1671. sic ex MSS. codicibus expressit. *Incipit libellus de ecclesiasticis disciplinis & religione Christiana, collectus ex jussu Domini metropolitani Rathbodi Treviricæ urbis Episcopi a Reginone quondam Abbate Prumiensis Monasterii ex diversis sanctorum Patrum Conciliis, & decretis Romanorum Pontificum feliciter in Dei nomine. Amen.* Ipse Regino narrat in Chronico, sibi in regimine Monasterii Prumiensis successisse Richarium anno 899. Collectionem vero, quam regimine dimisso lucubravit, certe ante annum 906. editam non fuisse patet ex cap. 448. & 449. libri primi, in quibus duæ epistolæ formatæ proferuntur, una ipsius Rathbodi ad Robertum Episcopum Metensem, altera Dadonis Virdunensis Episcopi ad laudatum Rathbodum, utraque signata an. 906.

Regino Abbas Prumiensis.

Collectionis tempus.

II. Divisa est hæc collectio in libros duos, quorum primus de personis & rebus ecclesiasticis tractat, secundus de laicis; quam divisionem Regino a Martino Bracarensi mutuatus videtur. Incipit primus liber ab inquisitione de his, quæ Episcopus vel ejus ministri in suo districtu vel territorio inquirere debent circa res & personas ecclesiasticas. Hæc eadem inquisitio, ut scite notavit Baluzius, inter Capitula Hincmari legitur tit. 2. Quare vel Regino eam sumsisse dicendus est ex Hincmari Capitulis, vel vetustior fuit hæc formula prius ab Hincmaro, postea a Reginone descripta; quod verosimilius videtur. Similiter libro secundo cap. 5. proponitur inquisitio Episcopi circa laicos. Utrobique autem post inquisitionem subjiciuntur auctoritates canonicæ, quibus probentur singula, quæ in inquisitione præmissa fuerant. Hinc post primi libri inquisitionem legitur: *Hæc quæ supra capitulatim inquirenda expressimus, auctoritate canonica roborari oportet.* Et post inquisitionem libri secundi: *Capitula hæc, quæ per ordinem adnotavimus, canonicis oportet roborari decretis.* Prior liber constat ex capitulis 443. secundus vero capitula 446. complectitur.

Divisio.

III. Auctoritates, quæ ad probanda capitula proferuntur, sumta sunt non solum ex canonibus Conciliorum, decretis Romanorum Pontificum, & dictis seu sententiis sanctorum Patrum, verum etiam aliquando ex legibus Codicis Theodosiani, seu potius ex verbis Anniani interpretis, ex Capitularibus Regum Francorum, nec non ex legibus Burgundionum & Ripuariorum. Cum supposititiæ Pseudoisidori epistolæ raro allegentur, Reginonem non admodum magni fecisse illas nonnulli colligunt. *Neque enim dici potest*, inquit Baluzius, *incognitas illi fuisse, cum earum auctoritate aliquoties utatur; & cum constet præterea, permulta illum accepisse ex collectione Isidori.* Nos autem arbitramur, illum plura sumsisse ex collectionibus Pseudoisidoro antiquioribus, quæ in locos communes distributæ, nihil ex spuriis ejusdem mercibus suppeditare potuerunt. Eum quidem multa decerpsisse ex ea MS. hujus generis collectione, de qua diximus cap. 6. n. 6. adeo certum est, ut integra capitula ejusdem collectionis peculiaria eodem ordine, iisdemque titulis in Reginone transcripta invenerimus. Alia similiter ex ejusmodi collectionibus, quæ ante Isidorianam in Galliis & Germania erant vulgatæ, eum deduxisse satis credibile est, uti ex Halitgario & Rhabano accepisse a memorato Baluzio traditur. Aliquam certe collectionem adhibuit, in qua canones Conciliorum & decreta Pontificum hinc inde collecta longiori numerorum serie describebantur. Hac de caussa lib. 1. c. 61. canonem primum Nannetensis Concilii allegat hoc titulo, *Ex Concilio Nannetensi CCCCXVIIII.* idest cap. 419. & similiter eodem libro cap. 117. quoddam Innocentii decretum afferens, se illud accepisse ait *ex epistola Papæ Innocentii cap. CCCLXXXVII.* Hi quidem numeri capitulorum, seu canonum 419. & 387. nulli collectioni, quæ integra documenta ex-

Fontes ejus.

In præfat. n. 8.

Ibi n. 12.

hibeat, sed solis illis codicibus canonum convenire queunt, qui plures promiscue canones Conciliorum & Pontificum decreta sub una serie numerorum permixta describunt. Immo laudatum decretum Innocentii iisdem verbis refertur in MS. collectione paullo ante memorata, ex qua Reginonem alia multa sumsisse animadvertimus. Refertur autem num. 377. non vero 387. uti apud Reginonem legitur: quod errori librarii tribuendum videtur. Esto igitur pleraque a Reginone recitata in collectionibus Dionysiana, Hadriana, Hispanica, & Isidoriana reperiantur; non tamen sequitur eum ex his collectionibus decreta extraxisse. Illas enim plerumque collectiones adhibuit, quæ ante ipsum canones ex illis excerpserant. Hinc cum in ejusmodi collectionibus canones Græcarum Synodorum non semper ex antiqua, seu Isidoriana, uti vocant, interpretatione proferantur, sed identidem ex Dionysiana; Regino ex his fontibus nunc antiquam, nunc Dionysianam versionem derivare potuit. Auctoritates vero Capitularium & legum Burgundionum atque Ripuariorum, aliaque nonnulla recentiora, quæ in laudatis collectionibus desunt, ipse propria diligentia adjecit; & eadem ratione ex Pseudoisidori mercibus pauca quædam, quæ in suam rem conferre posse credidit, excerpsisse arbitramur, ut ne idcirco eas suspectas habuisse colligi queat.

Abbonis collectio. IV. Sub finem ejusdem sæculi X. quo Regino floruit, Abbo Floriacensis Monasterii Abbas collectionem edidit cum præfatione ad Francorum Regem Ugonem filiumque ejus Robertum. Cum Ugo Rex e vivis excesserit an. 997. ante hunc annum hæc collectio digesta fuit. Titulus est ejusmodi: *Incipiunt canones Domni Abbonis Abbatis ..... excerpti de aliis canonibus*. Hæc in capita 52. distinguitur, ac ex canonibus Conciliorum, decretis Pontificum, Capitularibus Regum Francorum, & Novellis constitutionibus ita compacta est, ut quædam ipsius Abbonis verba identidem inserantur, quibus opus contextum efficitur. Mabillonio curante prodiit tom. 2. Analectorum pag. 248. editionis autem in folio pag. 133.

CAPUT XII.

De collectione Burchardi Episcopi Wormatiensis. Hujus mos inscribendi Synodis, Pontificibus, vel Patribus sententias quorumdam posteriorum scriptorum. Pœnitentiale Ecclesiarum Germaniæ ab ipso receptum & auctum.

I. BUrchardus patria Hassus, non monachus, ut plures crediderunt, sed canonicus & capellanus regius fuit, ac postea ad Wormatiensem cathedram promotus ante annum 1002. eamdem tenuit usque ad annum 1025. quo e vivis excessit XIII. Kal. Septembris. Dum autem erat Episcopus, collectionem canonum hortante Brunicone Ecclesiæ Wormatiensis Præposito concinnavit. Stephanus Baluzius in præfatione ad Antonii Augustini libros de Emendatione Gratiani §. 18. animadvertit, verum hujus collectionis auctorem dicendum esse potius Olbertum monachum Lobiensem, & postea Abbatem Gemblacensem, *quo dictante & magistrante Burchardus magnum illud canonum volumen centonizavit*, si vera hæc sunt, quæ leguntur in libro *de gestis Abbatum Gemblacensium*. Verum ex MSS. Gemblacensibus atque Leodiensibus rem aliter narrat Bartholomæus Fisen in *Floribus Ecclesiæ Leodiensis* pag. 328. Cum vero Burchardus Olberto præceptore & familiari suo uteretur, eumdem operis adjutorem adhibuisse negari non potest. Hinc Sigebertus in Chronico ad annum 1008. Burchardum *collaborante magistro suo Olberto viro undequaque doctissimo magnum canonum volumen edidisse* scribit. Anonymus, qui post Burchardi obitum ejus vitam digessit editioni Coloniensi insertam, alium ejusdem operis adjutorem commemorat. *Eodem quippe tempore*, inquit, *in Collectario canonum ..... non modicum laboravit. Nam Domino Walterio Spirensi Episcopo adjuvante, & Brunicone præposito exhortante & suggerente canones in unum corpus collegit*. Notatu dignus est titulus *Collectarium canonum:* nam manuscripti codices omni titulo carent. Concinit vero cum præfatio-

Vid. Jo. Feder. Schannat. Hist. Episcop. Wormat. pag. 333.

Olbertus Gemblacen. adjutor, non auctor collectionis.

Walterius Spirensis.

fatione ipsius Burchardi paullo post subjicienda, in cujus fine is suam collectionem *Collectarium* vocat.

II. Ad Ecclesiæ suæ Wormatiensis usum idem opus se confecisse in eadem præfatione testatur. Istud non inceptum ante annum 1012. colligitur ex libro secundo c. 227. ubi suam formatam epistolam refert ad Walterium Spirensem scriptam eodem anno Idibus Martii. Idem vero opus jam fuisse perfectum, antequam Burchardus anno 1023. Synodo Salangustadiensi interesset, ex eo cognoscimus, quia ejusdem Synodi canones cum in collectionem non potuisset inserere, in calce omnes subjecit. Joannes Molinæus in præfatione ad Ivonis Decretum auctor est multa in editis Burchardi libris desiderari, quæ ipse vidit in veteribus pleniora; sed ea in duodecim libros tantum divisa, quorum sexta pars est editus liber. Hinc, ut credimus, Joannes Albertus Fabricius tom. 11. Bibliothecæ Græcæ pag. 8. *duodecim tomos decretorum* a Burchardo collectos tradit, additque: *Hoc opus ipsum integrum necdum lucem vidit, sed tantum excerpta ex illo divisa in libros XX.* At non solum codex, ex quo editio prodiit, libros XX. Burchardo inscribunt, verum etiam illa quoque vetustissima exemplaria, quæ Petrus Pithœus commemorat. Nos item quatuor integros codices vidimus, duos in bibliotheca Vaticana signatos num. 1350. & 1355. unum apud Patres Benedictinos in Monasterio Padilironensi, & alium Patavinum in bibliotheca S. Justinæ, qui totidem libros eidem Burchardo inscriptos exhibent. Addemus & alia duo antiqua Vaticana exemplaria 1356. & 4980. quorum alterum incipit a libro septimo, alterum a nono; & utrumque prosequitur usque ad librum XIX. qui ob mutilos codices fine caret. Cum hæc librorum series, ac ea quæ in eisdem continentur, eadem sint in aliis exemplaribus integris; hæc quoque duo exemplaria eumdem viginti librorum numerum confirmant. Cum porro nulli hactenus noti codices ullam collectionem Burchardi nomine prænotatam, in duodecim partes distributam contineant; veremur, ne Joannes Molinæus æquivocatione aliqua ductus aliam ampliorem anonymam collectionem in totidem partes divisam ob consonantiam in pluribus pro Burchardiano opere inadvertenter acceperit. Forte ob oculos habuit collectionem Sorbonico-Mutinensem in partes duodecim distinctam, quam descripsimus capite decimo; deceptusque ex eo fuit, quia inter titulos librorum Burchardi I. II. & sequentibus, ac titulos ejusdem collectionis præfixos partibus I. II. III. IV. V. & X. summa consensio est. Certe præfatio, quæ in solis MSS. XX. libros præferentibus invenitur, Burchardum habet auctorem, iisdemque libris fidem facit. Id autem multo clarius elucet ex tribus Burchardi codicibus Vat. 1355. Patavino S. Justinæ, & Padilironensi, in quibus ipsa præfatio ab editis discrepans, & sincerior, ut mox videbimus, quam vulgata, non solum eumdem viginti librorum numerum expresse approbat; verum etiam ipsorum titulos insertos præferens, hos, & non alios a Burchardo concinnatos testatur. Concinit etiam Anonymus ipsi Burchardo coævus, qui in ejus vita tradit: *Hoc vero corpus, sive Collectarium distinxit, & in viginti libros distribuit.* Nonne hæc duo, coævi scilicet scriptoris, & ipsius Burchardi, testimonia duodecim librorum opinionem expungunt?

Tempus collectionis.

De numero librorum ejusdem.

Duodecim partium opinio expungitur.

Codices Burchardi.

III. In operibus Georgii Cassandri pag. 1091. & 1098. teste Fabricio, hæc leguntur: *Nacti etiam sumus MS. opus Burchardi, quod obiter tantum cum impresso Parisiis an. 1549. contulimus, & deprehendimus epistolæ phrasim totam immutatam.* Idipsum & nos observavimus in tribus laudatis codicibus, in quibus tantum præfationem invenimus. In his præfatio non solum verbis discrepat a vulgata, verum etiam ordine: ea enim, quæ in editis ad præfationis calcem ab aliis adjecta videri possunt, ipsi præfationi in iisdem MSS. ita inseruntur, ut Burchardo auctore scripta fuisse manifestissime constet. Horum veterum exemplarium concordia, cum quibus alios quoque codices, qui præfatione non careant, convenire non ambigimus, hanc veram esse præfationem, seu epistolam Burchardi ad Bruniconem suadet: idipsumque confirmat ipsa stili ac syntaxeos inconcinnitas, quæ illi ævo maxime congruit. Præfationem autem vulgatam, cum tam aperte a memoratis vetustis MSS. dissentiat, studio, si alicujus arbitrio, cui elegantior stilus placebat, fuisse immutatam arbitramur. Illam interim, qualis in codicibus legitur, hic exhibemus.

IV. „ Burchardus solo nomine Wormacienſis Epiſcopus Brunichoni fideli „ ſuo, ejuſdem videlicet Sedis Præpoſito, in Chriſto Domino ſalutem.

„ Multis jam ſæpe diebus familiaritas tua, frater cariſſime, præſens nobis „ hortando ſuggeſſit, quatenus libellum ex variis utilitatibus ad opus compre- „ sbyterorum noſtrorum tam ex ſententiis ſanctorum Patrum, quam ex ca- „ nonibus, ſeu ex diverſis pœnitentialibus vigilanti animo corpus in unum „ colligerem: ob id maxime, quia canonum jura, & judicia pœnitentium „ in noſtra Diœceſi ſic ſunt confuſa, atque diverſa, & inculta, ac ſic ex to- „ to neglecta, & inter ſe valde diſcrepantia, & pene nullius auctoritate ſuf- „ fulta, ut propter diſſonantiam vix a ſciolis poſſint diſcerni. Unde fit ple- „ rumque, ut confugientibus ad remedium pœnitentiæ, tam pro librorum con- „ fuſione, quam etiam Presbyterorum ignorantia nullatenus valeat ſubveniri. „ Cur hoc? Inde æſtimo evenire maxime, quia menſuram temporis, & mo- „ dum delicti in agenda pœnitentia non ſatis attente, & aperte, & perfecte „ præfigunt canones pro unoquoque crimine; ut de ſingulis dicant, qualiter „ unumquodque emendandum ſit, ſed magis in arbitrio Sacerdotis intelligentis „ relinquendum ſtatuunt. Quapropter quia hoc niſi a ſapientibus, & legis di- „ vinæ eruditis fieri nequit, rogavit me dilectio tua, ut hunc librum breviter „ collectum, nunc demum pueris diſcendum traderem: ut quod noſtri coope- „ ratores in maturiore ætate poſiti noſtris diebus, & anteceſſorum noſtrorum „ tarditate neglexerant, modo ætate teneris, & aliis diſcere volentibus trade- „ retur. Siquidem ut prius fierent probi diſcipuli, poſt plebium & Doctores, „ & Magiſtri; & ut perciperent in Scholis, quod quandoque docere deberent „ ſibi commiſſos. Deſiderium tuum, & petitio, frater, juſta mihi videtur, & „ de voluntate tali gratias ago. Etiam & illi multimodas gratias refero, qui „ te talem mihi præſtiterat, quia pro ſtatu Eccleſiæ noſtræ te aſſidue deſudaſ- „ ſe cognoveram. Sed quod tuam exhortationem ſæpius mihi inculcatam tan- „ diu diſtuleram, meæ ignaviæ nolo ut aſſignes, quia duabus ex cauſſis mini- „ me mihi hoc attingere licuerat: ſcilicet propter varias, & inevitabiles eccle- „ ſiaſticas neceſſitates, quæ quotidie more fluctuum emergunt; & inſuper cura „ mundialium rerum ad imperialia mandata pertinentium, quæ ſtudentis, & „ ad ſuperiora tendentis animum valde obtundunt: quia animus cujuſque dum „ dividitur per plura, minor fit ad ſingula. Tamen tuis ſanctis petitionibus „ obediens, ſynodalia præcepta, & ſancta ſtatuta tam ex ſententiis ſanctorum „ Patrum, quam ex canonibus Deo largiente collegi, &, prout potui, cor- „ pore connexui in uno, & in viginti libros idem corpus diſtribui. Et ſi quis „ diligens lector eos ſubtiliter perſcrutatus fuerit, multas utilitates noſtri mi- „ niſterii in eis inveniet.

„ Index (1) ſingulorum librorum D. Burchardi Wormacienſis Epiſcopi, „ breviter quid quoque libro continetur oſtendens.

„ Primus liber continet de poteſtate & primatu Apoſtolicæ Sedis, Patriar- „ charum, ceterorum Primatum, Metropolitanorum, & de Synodo celebran- „ da, & vocatione ad Synodum: De accuſatis, & accuſatoribus, & teſtibus: „ De expoliatis injuſte: De Judicibus ac de omni honore competenti, ac di- „ gnitate, & diverſo negotio, & miniſterio Epiſcoporum.

„ Secundus liber continet de congruenti dignitate, & diverſa inſtitutione, „ ac nutrimento, vel qualitate vitæ, & diverſo negocio, & miniſterio Presby- „ terorum, & Diaconorum, ſeu reliquorum ordinum eccleſiaſticorum.

„ Tertius liber continet de divinarum domorum inſtitutione, & cultu, & „ honore; de decimis, & oblationibus, & juſtitiis ſingulorum; & qui libri in „ ſacro Catalogo recipiantur, qui vero apocryphi, & quando apponendi ſint.

„ Quartus liber continet Sacramentum baptiſmatis, & miniſterium baptizan- „ dorum, & baptizatorum, & conſignandorum, & conſignatorum.

„ Quintus liber continet de Sacramento corporis & ſanguinis Domini; & „ de perceptione, & obſervatione eorum.

„ Sextus

(1) Hic titulus, vel ſaltem Burchardi nomen librariorum arbitrio inſertum videtur.

„ Sextus liber continet de homicidiis sponte, & non sponte commissis, & „ de parricidiis, & de fratricidiis, & de illis, qui uxores legitimas, & seniores suos interficiunt, & de occisione Ecclesiasticorum, & de observatione, & „ de pœnitentia singulorum.

„ Septimus liber continet de incesta copulatione consanguinitatis, & in quo „ geniculo fideles & conjungi, & separari debeant, & de revocatione, & de „ pœnitentia singulorum.

„ Octavus liber continet de viris, ac feminis Deo dicatis, & sacrum pro„ positum transgredientibus, & de revocatione, & de pœnitentia eorum.

„ Nonus liber continet de virginibus, & viduis non velatis, de raptoribus „ earum, & de separatione eorum, de conjunctione legitimorum connubio„ rum, de concubinis, de transgressione, & pœnitentia singulorum.

„ Decimus liber continet de incantatoribus, & de auguribus, de divinis, „ de sortilegis, & de variis illusionibus Diaboli, & de maledicis, & de con„ tentiosis, & de conspiratoribus, & de pœnitentia singulorum.

„ Undecimus liber continet de excommunicandis, & excommunicatis, desuri„ bus, & deprædatoribus, & de præsumtione, & contemtu, & negligentia, & „ reconciliatione, & pœnitentia eorum.

„ Duodecimus liber continet de perjurio, & de pœnitentia ejus.

„ Tertiusdecimus liber continet de veneratione & observatione sacri jejunii.

„ Quartusdecimus liber continet de crapula, & ebrietate, & de pœnitentia „ eorum.

„ Quintusdecimus liber continet de Imperatoribus, Principibus, & de reli„ quis Laicis, & de ministerio eorum.

„ Sextusdecimus liber continet de accusatoribus, de judicibus, de defensori„ bus, de falsis testibus, & de pœnitentia singulorum.

„ Septimusdecimus liber continet de fornicatione, & incestu diversi generis, „ & de pœnitentia utriusque sexus, & diversæ ætatis.

„ Octavusdecimus liber continet de visitatione, & pœnitentia, & reconci„ liatione infirmorum.

„ Nonusdecimus liber, qui *Corrector* vocatur & *Medicus*, continet corre„ ctiones corporum, & animarum medicinas, & docet unumquemque Sacerdo„ tem, etiam simplicem, quomodo, vel qualiter unicuique succurrere valeat, „ ordinato, vel sine ordine, pauperi, diviti, puero, juveni, seni, decrepito, „ sano, infirmo, in omni ætate, in utroque sexu.

„ Vigesimus liber *speculationum* vocatur. Speculatur enim de providentia, „ & de prædestinatione divina, & de adventu Anti-Christi, de ejus operibus, „ de resurrectione, de die judicii, de infernalibus pœnis, de felicitate perpe„ tuæ vitæ.

„ Unde, Frater, si regentibus plebes suas ex his omnibus unum defuerit, „ quomodo eas instruere, & docere poterunt? Etiam Sacerdotis nomen vix „ in eis constabit, quia valde periculosæ sunt evangelicæ minæ, quibus dici„ tur: *Si cæcus cæco ducatum præstet, ambo in foveam cadunt*. Quod si est „ aliquis invidulus, qui postquam istud viderit, mihi inviderit dicens, me ex „ alienis aribus colligere escas, & ex aliorum labore mihi facere nomen in„ ane, esto. Fateor, quia hæc ex aliorum labore collegeram, quia mihi soli „ canones facere non licet, colligere licitum est, quod & feci; Deus novit, „ non pro arrogantia quadam, sed pro nostræ Ecclesiæ necessitudine. Ut au„ tem obstruatur detrahentis murmur, liber qualiscumque sit, nostrorum sit. „ Non rogo, ut nostri Episcopii limen transeat, sed nostris addiscendum re„ maneat. Quomodo autem, vel unde illum collegerim, volo ut audias; & si „ est peccatum ullum, tuo judicio relinquo dijudicandum. Nihil addidi de meo „ nisi laborem, sed ex divinis testimoniis ea, quæ in eo inveneris, magno su„ dore collegi. Et ut essent quæ comportaveram auctoritativa, summo studio „ elaboravi. Ex ipso enim nucleo Canonum, quod a quibusdam *Corpus ca„ nonum* vocatur, quæ sunt nostro tempori necessaria, excerpsi. Ex canone „ Apostolorum quædam, ex transmarinis Conciliis quædam, ex Germanicis „ quædam, ex Gallicis, & Hispanicis quædam, ex decretis Romanorum Pon„ tificum quædam, ex doctrina ipsius veritatis quædam, ex veteri Testamento

„ quæ-

„ quædam, ex Apostolis quædam, ex dictis Sancti Gregorij quædam, ex dictis Sancti Hieronymi quædam, ex dictis Sancti Augustini quædam, ex dictis Sancti Ambrosii quædam, ex dictis Sancti Benedicti quædam, ex dictis Sancti Isidori quædam, ex dictis Sancti Basilii quædam. Ex Pœnitentiali Romano quædam, ex Pœnitentiali Theodori quædam, ex Pœnitentiali Bedæ quædam. Ad hæc in Collectario hoc si quid utilitatis inveneris, Dei donis adscribe. Si autem quid superfluitatis, meæ insipientiæ deputa. Bene valeas, & in sacris orationibus tuis mei peccatoris memoriam deprecor ut habeas. Explicit prologus.

V. In hac præfatione, seu epistola ipsius Burchardi notanda sunt verba *in viginti libros idem corpus distribui*; & præterea recolendum est, quod antea attigimus, singulorum librorum ordinem & titulos eidem præfationi a Burchardo fuisse insertos, ut ne dubitari possit, quin editum opus, quod cum hoc librorum numero, & cum iisdem titulis atque ordine plane concordat, Burchardum habeat auctorem. In vulgata præfatione, licet rebus pluribus discrepans, idem librorum numerus indicatur. At ordo diversus; & quædam particulæ ita ab eadem præfatione dissectæ sunt, & in calcem rejectæ, ut non a Burchardo, sed ab alio conscriptæ & adjectæ videri possint. Non solum enim index titulorum cujusque libri in vulgatis a præfatione distractus est, verum etiam ipsi præmittitur auctorum, ex quibus Burchardus canones derivavit, catalogus ab eadem præfatione pariter divulsus cum hac inscriptione, quæ a Burchardo proficisci nequit: *Ex quibus locis Auctorum scriptis ecclesiastica hæc decreta collegerit*. *Nucleus canonum*, quem initio catalogi Burchardus in fine præfationis laudat, & *canonum corpus* a quibusdam appellari affirmat, est Pseudoisidori collectio, ex qua quidem multa apocrypha decreta transcripsit. Plura vero capitula ex Reginone, & nonnulla etiam ex duabus Appendicibus, quæ in MSS. Reginonis collectioni subjiciuntur, eum excerpsisse Stephanus Baluzius in præfatione ad Reginonem late demonstrat. Verum in titulis multa mutavit, aliis titulis ex arbitrio præfixis, qui a subsequentibus canonum collectoribus ex eodem suscepti, magnam confusionem pepererunt. Cum enim non pauca apud ipsum inscribantur nominibus Conciliorum, vel Pontificum, in quorum decretis aliunde editis nihil tale reperitur; ea in deperditis eorumdem documentis a Burchardo, vel ab exscriptoribus ejus inventa plures crediderunt; ac propterea eadem veluti fragmenta pretiosa ab ipsis conservata suo cujusque Synodi, vel Pontificis loco in Conciliorum editionibus addita sunt. Qui vero rem hanc accuratius expendendam suscepere, detexerunt Burchardum Synodorum, Romanorum Pontificum, aut sanctorum Patrum nominibus tribuisse ea capitula, quæ Regino vel ex Capitularibus Regum, vel ex Rhabano, vel ex Ferrando Diacono, vel sine ulla auctoris mentione recitavit. Stephanus Baluzius in laudata præfatione num. 22. hæc de Capitularium libris notavit: *Burchardus cum Reginonem compilaret, maluit quæ hinc accipiebat capita, tribuere Conciliis quibusdam, aut Patribus antiquis, quam Regibus nostris; quod Francorum appellatio, qua Reginonis atque Witichindi etiamnum ævo gloriabantur Reges Germanorum, usurpari desiisset ætate Burchardi, adeoque exuta a Saxonibus esset omnis Capitularium istorum reverentia. Burchardus enim semel tantum cap. 218. & 219. libri primi citat capitula Karoli Magni, sic ut addat illa ab Episcopis collaudata esse apud Aquisgranum, alioqui forsitan his non usurus.* Illud vero Burchardus sibi præstituisse videtur, ut capitula sumta ex auctoribus, qui non essent vel summi Pontifices, vel Synodi, vel Patres satis noti & celebres, non sui cujusque auctoris, sed alio celebriori nomine allegaret. Quæ animadversio perutilis erit in legendis collectionibus Burchardo posterioribus, ex. gr. Ivonis & Gratiani, qui plura ejusdem generis ex Burchardo receperunt. Illam porro laudem huic collectioni omnes tribuunt, quod methodum satis aptam sequatur; ac præterea canones aliquot Conciliorum Germaniæ posterioris temporis contineat, qui vel in rarissimis codicibus inveniuntur, vel etiam lectiones præferunt optimas, ex quibus vulgati emendari queunt.

Fontes Burchardi.

Quando & cur auctorum nomina mutavit.

MS. Vat. 4227.

VI. Duo tandem omittere nolumus. Primo in bibliotheca Vaticana sine auctoris nomine exstat vetus codex 4227, inscriptus *Corrector & Medicus*, cui simi-

similem in bibliotheca Parisiensi S. Victoris vidit etiam Jacobus Petit, ac ex eodem excerptum dedit in Pœnitentiali Theodori tom. 1. pag. 358. Hic autem ad Burchardi collectionem pertinet, in qua est liber decimus nonus eodem titulo prænotatus, ut vel ex titulis in Burchardi præfatione antea descriptis liquet. Secundo in MS. Vat. 3830. sæculi XI. exhibetur Pœnitentiale, in quo leguntur interrogationes faciendæ a Confessariis cum taxatione pœnitentiæ. Hæ omnes interrogationes ad verbum exscriptæ leguntur in eodem Burchardi libro XIX. cap. 5. Solum in hoc capite Burchardiano plures sunt, quam in laudato codice. Interrogationum paragraphi, quos vitandæ confusionis caussa numeris computavimus atque distinximus, apud Burchardum sunt centum & nonaginta quatuor. In eo autem codice interrogationes eædem sunt ac in laudato capite quinto Burchardi a num. 1. usque ad num. 59. qui incipit: *Violasti sepulcrum*. Dein apud Burchardum abundant sequentes numeri a 60. usque ad n. 103. inclusive, qui inscribuntur *de arte magica*, *de sacrilegio*, *de gula*, *&* *ebrietate*, *de irreligiositate*, *item de arte magica*; *de superstitione*, & *item de arte magica*. Hi omnes numeri desunt in memorato codice, qui post illa numeri 59. *Violasti sepulcrum* &c. subdit: *Concubuisti cum sorore uxoris tuæ* &c. uti apud Burchardum num. 104. & sequitur usque ad num. 152. *Credidisti, quod quidam credere solent, quod sint agrestes feminæ* &c. Omittit autem quæ in fine hujus numeri apud Burchardum adjiciuntur: *In istis omnibus supradictis debent Sacerdotes* &c. ac præterea ignorat sequentem numerum 153. cujus initium est: *Fecisti ut quædam mulieres in quibusdam temporibus* &c. Mox idem codex productis numeris apud Burchardum 154. 155. & 156. præterit sex numeros sequentes a num. 157. *Fecisti quod quædam mulieres facere solent, ut cum filio tuo parvulo* &c. usque ad num. 162. Profert autem numerum 163. *Interfecisti filium vel filiam* &c. cum duobus sequentibus. Caret num. 166. *Gustasti de semine* &c. Tum descripto numero 167. *Bibisti chrisma* &c. omittit ceteros quatuordecim a num. 168. usque ad 181. atque concludit cum Burchardianis numeris 182. *Oppressisti infantem*, & 183. *Invenisti infantem*. Burchardus addit in fine undecim numeros, qui in codice non reperiuntur. Pœnitentiale hujus codicis Germanicis Ecclesiis usitatum indicant inter ceteros duo numeri, in quibus Theutonicæ loquutionis fit mentio. Num. 30. *quod Theutonice carina vocatur*; & quæ num. 151. apud Burchardum efferuntur, *quod vulgaris stultitia Wervvolff vocat*, in codice exprimuntur sic: *quod theutonice Werevvlf vocatur*. Facile autem ex dictis conjicere licet, Burchardum hoc Pœnitentiale apud suos receptum collectioni inseruisse, & ex aliis Pœnitentialibus addidisse quæ in eo desiderantur.

Pœnitentiale vetus Eccles. German.

CAPUT XIII.

De collectione S. Anselmi Episcopi Lucani.

I. Sancti Anselmi Lucani Episcopi collectionem, quæ fere tota in Gratianum transiit, explicare non minimi interest, cum præsertim ea in manuscriptis delitescens non satis perspecta sit. Lucas Vadingus atque Acherius ipsam typis proferendam receperant; sed alter morte præventus, alter vero aliis curis distractus infectum opus reliquerunt. Cum itaque ex codicibus omnis notitia pendeat; codices, quos expendere licuit, prius memorandi sunt. Quatuor MSS. codices in Vaticana bibliotheca reperimus signatos num. 1364. 3531. 4983. & 6361. Ex his duo cartacei recentiores sunt, nimirum 3531. & 4983. cumque in horum marginibus notentur Gratiani distinctiones, seu caussæ, & quæstiones, in quibus eadem capitula recepta fuerunt; hos codices illos esse censemus, quos Gratiani emendatores adhibuere. Codex 3531. tabulam præmittit librorum tredecim; at in libro septimo, non tamen perfecto desinit. Integros vero libros tredecim continet alius codex 4983. qui ex antiquo exemplo dimanat scripto sub Innocentio II. in fine enim exhibet catalogum Romanorum Pontificum, qui usque ad Calixtum II. annos Pontificatus notat, at fine annorum notatione addit duos alios Pontifices Honorium II. & Innocentium

Codices hujus collectionis.

tium II. Duo alii Vaticani codices pergameni 1364. & 6361. vetustiores sunt; quorum primus catalogum Romanorum Pontificum concludit in Gregorio VII. post cujus mortem Anselmus, Sede adhuc vacante, supremum diem obiit: alter vero catalogum producit usque ad Paschalem II. quo vivente cum idem codex fuerit exaratus, anni pontificatus ejus nequaquam notantur. In his vero duobus antiquioribus MSS. duodecim tantum libri leguntur, omisso undecimo de pœnitentia. Anselmi nomen in duobus codicibus vetustioribus, qui omni titulo carent, desideratur; nec non in Vaticano recentiori 4983. Solus codex Vat. 3531. Anselmum præfert hoc titulo pag. 12. *Incipit capitulatio librorum, quos B. Anselmus Lucensis Episcopus de coæqualibus caussis singulos in hoc volumine libros composuit*. Et iterum post librorum capitulationem, seu tabulam pag. 16. his verbis: *Incipit authentica & compendiosa collectio regularum & sententiarum sanctorum Patrum & auctorabilium Conciliorum facta tempore Gregorii sanctissimi Papæ a B. Anselmo Episcopo Lucensi ejus diligenti imitatore & discipulo, cujus jussione & præcepto desideranter consummavit hoc opus*. In alio MS. Vat. recentiori 4983. hæc postrema inscriptio usque ad vocem *Conciliorum* tantummodo legitur. Duo Barberina exempla laudantur, quorum unum signatum num. 1881. septem tantum priores libros continens, in fronte auctoris nomen rythmo vetusto insertum exhibet.

Qui Anselmum præferant.

In Trinitatis nomine
Sanctæ & individuæ
Incipit hinc feliciter
Istius libri series,
Quem scilicet ex Italia
Anselmus, quique Pontifex
Lucanæ fuit Ecclesiæ,
Vir prudens ac catholicus
In Christi fide fervidus
Carpsit ex toto canonum
Et Patrum sanctorum corpore &c.

Duo item codices 765. & 766. bibliothecæ S. Germani a Pratis memorantur, unus apographus exempli Barberini, qui rythmicis recitatis versibus distinguitur; alter sine auctoris nomine ac sine ullo titulo, *optimus & antiquus* vocatur a Baluzio in præfatione ad Antonii Augustini libros de emendatione Gratiani num. 19. ubi etiam testatur hunc codicem nihil continere posterius anno 1086. quo S. Anselmus obiit. Laudatur præterea recentior codex regius Parisiensis sæculi XVI. qui plane similis Vaticano 3531. septem tantum libros cum iisdem inscriptionibus auctoris nomen præferentibus continet. Antonius Augustinus tres codices vidit, quorum unus *Romanus*, uti vocat, est MS. Vat. 4983. alium vero, quem *veterem meum* appellat, duodecim tantum libros complectentem, ex aliquot indiciis eum esse deteximus, qui in Vaticanam bibliothecam postea traductus, signatur num. 6361. Hos duos codices in Epitome canonum frequenter adhibuit. De tertio ejus codice nihil rescire potuimus. Ignotum tandem, sed vetustum exemplum communicatum nobis fuit ex Monasterio S. Benedicti Padilironensi, quod libros tredecim sine auctoris nomine continens, sæculo XII. scriptum creditur.

Quæstio de auctore collectionis. Judic. de collectoribus canonum cap. 29.

II. Antonius Augustinus, cui tres codices auctoris nomine expertes præsto fuerunt, de Anselmo auctore dubium inspersit, quod alii non pauci subinde susceperunt. Duo præcipue difficultatem facessunt. Primo quia nulla hujus collectionis mentio facta est ab iis, qui ejusdem S. Anselmi opera recensuerunt. Inter hos præcipue movet coævus vitæ ejusdem auctor, atque Pœnitentiarius, qui alia minoris momenti opuscula referens, hoc non videtur fuisse prætermissurus, si ab Anselmo lucubratum novisset. Secundo quia codices aliqua eidem collectioni inserta præferunt ex Urbano II. & Paschali II. qui post S. Anselmum ad Apostolicam Sedem evecti fuere. Notat præterea idem Augustinus magnam in ipso opere codicum varietatem. Nam præter eos codices, qui undecimo libro carent, magna est varietas in numeris capitum singulorum librorum: alii enim codices plura, alii pauciora capitula singulis fere libris comprehendunt.

III.

III. Cum id exploratius declarare non minus ad collectionem cognoscendam, quam ad judicium ferendum de auctore maxime conferat; tituli singulorum librorum cum varietate præcipua capitum prænotandi sunt. Tituli librorum.

Liber I. *De Primatu & excellentia Romanæ Ecclesiæ*. Alias *De potestate & Primatu Apostolicæ Sedis*. c. 90. al. 91. vel 94.

II. *De libertate appellationis*. Alias *De Primatu Romanæ Ecclesiæ & libertate appellationis*. c. 78. al. 81. vel 82.

III. *De ordine accusandi, testificandi, & judicandi*. c. 117. al. 124. vel 127. vel 131.

IV. *De privilegiorum auctoritate*. c. 55. vel 56. aut 57.

V. *De ordinationibus Ecclesiarum, & de omni jure ac statu illarum*. Alias *De ordinatione & jure ac statu Ecclesiarum*. c. 71. al. 83. vel 93.

VI. *De electione & ordinatione ac de omni potestate sive statu Episcoporum*. c. 201. al. 203. vel 207.

VII. *De vita & ordinatione Clericorum*. Alias *De vita & ordinatione Presbyterorum, Diaconorum, & reliquorum ordinum*. c. 201. al. 207. vel 209. aut 213.

VIII. *De lapsis*. c. 39.

IX. *De Sacramentis*. c. 64. al. 69.

X. *De conjugiis*. c. 63. al. 68. vel 70. aut 76.

XI. *De pœnitentia*. c. 174. al. 179.

XII. *De excommunicatione*. c. 75.

XIII. *De vindicta & persecutione justa*. c. 28. al. 29. vel 34.

IV. Notandum est, hanc numerorum varietatem duplici ex capite proficisci, nimirum aliquando ex divisione unius numeri in duos, vel e contra; sæpius vero ex additamentis, quæ cum posteriora sint, fere in fine librorum descripta inveniuntur, nec in præmissa tabula capitulorum indicantur. Immo quædam additiones sine numero, & quandoque charactere diverso subjectæ sunt. Sic ex. gr. antiquus codex Vat. 1364. libro quarto duo capita 56. & 57. addita præfert, quæ in tabula capitum non proponuntur: & libro sexto in fine addit sine ullo numero epistolam Urbani II. ad L. Præpositum Ecclesiæ S. Iventii apud Ticinum, libro septimo canones Placentinæ Synodi sub eodem Urbano an. 1095. libro octavo epistolam Alexandri II. ad Landulfum in Corsica, omnia sine numero & in fine librorum, quod manifestum additamenti indicium est. Præterea libro undecimo alia manu accedit Innocentii II. epistola ad Archiepiscopum Mediolanensem, & ad Episcopos Cumanum atque Laudensem. Codex cartaceus Vat. 4983. in fine libri quarti diverso charactere addit decretum Calixti II. in Concilio Lateranensi, ac inter alia additamenta antecedenti codici communia libro tertio subnectit eam Urbani II. epistolam ad Præpositum Ecclesiæ S. Iventii, quæ in superiori codice additur in fine libri sexti. Quædam tamen capita non solum in fine, sed etiam in corpore manuscripti 4983. interseruntur libro quinto & sexto, quæ cum in aliis codicibus non inveniantur, additamenta esse noscuntur. Licet vero hic codex plures additiones receperit, quam Vaticanus 3531. caret tamen duobus decretis Urbani II. quæ in cod. 3531. inseruntur cap. 150. & 175. Codex Padilironensis in fine cujusque libri quædam folia alba olim relicta exhibet; & in his foliis plerumque plura postea pontificia decreta descripta fuerunt charactere minutiori, quo alia quoque in marginibus identidem scripta leguntur. Additamenta notantur.

V. His præmissis, quid de hac collectione sentiendum sit, paucis dicamus. Eam in Italia conditam ostendunt non solum codices in Italia frequentiores, vel ex Italia in alias provincias allati, sed monumenta præsertim Italica atque Romana, quæ in aliis exterarum gentium collectionibus non inveniuntur. Talia sunt fragmenta ex Ordine Romano, nonnulla capitula ex epistolis & actis sub recentioribus Pontificibus, ac præsertim sub Gregorio VII. & quædam etiam ex rarissimis epistolis Gelasii I. & Pelagii I. quæ ex apostolicis scriniis videntur educta, & ex hac collectione a Gratiano recepta, ex hujus editione innotuerunt. Notatu dignum est, quod Italicus hic auctor non solum ex Romanis legibus, sed ex Capitularibus etiam quædam excerpsit. Si porro additamenta separentur, hanc collectionem sub Gregorio VII. lucubratam patebit. Judicium de hac collectione.

 Nihil

Nihil enim habet, quod hoc Pontifice posterius sit. Quæcumque autem movebant ex Urbano II. Calixto II. & Innocentio II. ea ad additiones pertinere deprehendimus, uti etiam Antonius Augustinus persensit, scribens: *Sed potuerunt addi ea capita post Anselmi mortem ab aliquo viro studioso*. Enim vero duo præsertim codices Vat. *6361*. & vetustus Sangermanensis a Baluzio laudatus omnia ejusmodi additamenta posteriora anno 1086. plane ignorant. Hinc ergo nihil obest quominus hanc collectionem tribuamus S. Anselmo Episcopo Lucano, quem quidem ejus auctorem duo diversi fontes testantur, nimirum tum illi codices, qui duplici epigraphe Anselmi nomen præferunt, tum potissimum codex Barberinus, qui idipsum rythmicis versibus prodidit: hi enim versus vetustioris ætatis testimonium præbent. Equidem versus rythmici jam descripti, in MS. Barberino clauduntur his aliis quatuor versiculis:

Et hæc sunt sanctorum nomina
Veneranda per omnia
Romanæ Sedis Præsulum
A Petro descendentium.

Subjicitur autem catalogus Romanorum Pontificum a S. Petro ad Honorium II. usque. Igitur qui eos versus compegit, vixit sub Honorio II. idest non multo post Anselmi mortem.

VI. Initio quidem sine auctoris nomine hæc collectio prodiisse videtur; ac propterea plerique codices Anselmi nomine carent. Quæ autem exemplaria ejus nomen præferunt, vel merum B. Anselmi Episcopi nomen exhibent, vel elogium addunt, quod viris sanctitate insignibus vita functis convenit. Vivo autem Anselmo hæc collectio edita non videtur, sed in schedis ejus post mortem inventa, atque vulgata, nec tamen omnino perfecta, ac propterea præfatione, aut epistola nuncupatoria caret. Hinc fortassis auctor vitæ ejus, aliique Scriptores, qui cetera Anselmi opera recensent, nullam hujus collectionis mentionem fecerunt, quod scilicet ab eodem edita & perfecta non fuerit. Postea vero quam aliquot exemplaria sine auctoris nomine exscripta & pervulgata fuerunt; alii, quibus notus erat auctor, in aliis codicibus subinde transcriptis Anselmi nomen præfixere. Quod porro in quibusdam, iisque vetustis codicibus liber undecimus de pœnitentia, qui ejusmodi collectionum præcipua pars esse solet, desideretur; forte primus librarius, ex quo ejusmodi manuscripta proficiscuntur, in schedis S. Anselmi duodecim tantum libros nactus exscripsit; liber vero de pœnitentia ab aliis diligentiori cura inventus suo loco insertus fuit, uti sane suo loco insertus legitur in duobus antiquis MSS. Padilironensi & Sangermanensi, nec non in Vat. 4983. quem licet recentiorem, ex vetustiori tamen exemplo derivatum observavimus scripto sub Innocentio II.

VII. Eminentissimus Cardinalis Baronius ad annum 1086. n. 14. textum recitat, quem tribuit illi anonymo Anselmi Pœnitentiario, qui vitam ejus scripsit, *Anselmus ex multis & diversis sanctissimorum Patrum voluminibus unum compilavit canonicarum sententiarum non modicum corpus*. His verbis indicari videtur collectio canonum. Verum in integra & germana vita S. Anselmi, quam Pœnitentiarius ejus digessit, ut idem Baronius postea subdit, aliter scribitur sic: *Apologeticum unum ex diversis sanctorum Patrum voluminibus compilavit, quibus Domini Papæ sententiam, & universa ejus facta atque præcepta canonicis defenderet rationibus*: quæ non collectionem canonum, sed Apologeticum a Canisio editum pro Gregorio VII. contra Guibertum manifestissime indicant. Oudinus quosdam eruditos censere ait, opus a Canisio impressum *nihil esse aliud quam excerpta quædam ex collectione canonum ejusdem Anselmi aliunde a Canisio comparata. Possunt autem nullo negotio experiri, an hæc conjectura vera sit, quibus adsunt aliqua exemplaria MSS. collectionis canonum Anselmi Lucensis*, cum quibus idem opus impressum conferri possit. Nos, qui plura exemplaria vidimus, eam conjectationem inanem perspeximus. Apologeticum enim opus contextum est pluribus testimoniis in scopum colligatis refertum, quod a MSS. collectionem canonum continentibus abest quam longissime. In eo autem Apologetico, quod certum est Anselmi opus, inter plura quæ proferuntur testimonia, libro secundo leguntur rariora Gelasii I. & Pelagii I. fragmenta, nec non textus ex Romanis legibus,

tom. 2. de Script. Eccl. pag. 721.

Apud Canis. tom. 3. part. 1. nov. edit. pag. 382. & seqq.

gibus, atque Capitularibus, quemadmodum in collectione canonum observavimus. Hæc allegationum & testimoniorum concordia S. Anselmum collectionis non minus quam Apologetici auctorem confirmat.

VIII. Nonnulli inter MSS. exempla collectionis Anselmi referunt codicem Basilicæ Vaticanæ 118. C. sæculi XI. cui quidem recentissimo caractere Anselmi nomen inscriptum fuit. Etsi vero non pauca contineat, quæ in aliis Anselmi MSS. inveniuntur; in multis tamen discrepat. Primo differt in librorum numero: novem enim libros tantum complectitur, qui fere titulis & capitulis carent. Decreta Pontificum huic collectioni & Anselmo communia, alio sæpe in libro leguntur apud Anselmum, alio in hac collectione. Hæc præterea expers est aliquot decretis Pontificum, quæ describuntur in Anselmo, aliaque decreta exhibet, quæ in Anselmo desiderantur. Inter hæc est epistola Joannis Papæ ad Isaac Syracusanum, quæ apud Gratianum legitur causs. XVI. q. 2. c. 1. ubi Romani correctores, qui Anselmi codices diligenter evolverant, laudant unum codicem Populeti, idest collectionem Tarraconensem, eo quod nec in MSS. Anselmi, nec in alia collectione eam epistolam invenerant. Adde nonnulla folia identidem vacua in eo Basilicæ exemplo relicta, adeo ut primus imperfectæ collectionis fetus sit, cui postrema auctoris manus defuit. In superiori hujus codicis margine pag. 73. libellus accusationis describitur sub Eugenio III. quem hic inserimus. Quid de collect. MS. Basilicæ Vat. Anselmo attributa.

Libellus accusationis.

Eugenius Papa. Die Martis apud prædictum Dominum Eugenium Papam Johannes Presbyter professus est, se Lanfrancum Ticinensem Episcopum lege canonum de simonia reum deferre, quod dicat, eum cum Alberto Diacono in civitate Nonaria domo Petri Ruffi mense Aprili Papa Lucio anno I. commisisse simoniam. Ego Johannes Presbyter profiteor me hujus libelli auctorem.

Inter Episcopos Ticinenses in Ughelli serie nullus Lanfrancus Lucii II. & Eugenii III. tempore refertur. Ibidem per hæc tempora recensentur Alfonsus, Conradus, ac Petrus, cui successor profertur S. Lanfrancus, qui cum ab Alexandro III. fuerit ordinatus anno 1178. diversus est ab eo, qui jam sub Lucio II. & Eugenio III. Ticinensem sedem occupabat. Lanfrancus addendus Episcopis Ticinensibus.

CAPUT XIV.

De collectione manuscripta Vaticana Cardinalis Deusdedit. Aliquot documenta hactenus inedita exinde producuntur.

I. DEusdedit Presbyter Cardinalis creatus a Gregorio VII. titulo Apostolorum in Eudoxia, duo opera scripsit, quæ cum æque in libros seu partes quatuor dispertita sint, & plura ex sacris canonibus afferant, a nonnullis invicem confusa, accurate distinguenda sunt. Unum digestum sub Victore III. est collectio canonum; alterum tempore Urbani II. adversus invasores & simoniacos & reliquos schismaticos scriptum fuit. Romani correctores Gratiani, unius collectionis canonum indicium dederunt in catalogo librorum, quibus usi sunt, his verbis: *Deusdedit Cardinalis collectio canonum, & libri quatuor de rebus ecclesiasticis ex Vaticana*. Libros autem quatuor de rebus ecclesiasticis idem esse ac collectionem canonum, quam in notis allegant, palam fit ex notatione eorumdem in caput 6. dist. 40. ubi hæc habent. *Deusdedit Presbyter Cardinalis tit. Apostolorum in Eudoxia tempore Victoris Papæ tertii libros quatuor de rebus ecclesiasticis composuit, qui in bibliotheca Vaticana servantur: & in libro primo c. 201. ex gestis Bonifacii Martyris & Archiepiscopi Moguntini Sedis Apostolicæ Legati hæc sanctissimi illius viri de Romano Pontifice ac Sede Apostolica verba refert* &c. quæ quidem lib. 1. c. 231. in canonum collectione Vaticana ejusdem Cardinalis leguntur. Utrumque vero hujus Cardinalis opus postea distincte memoravit Antonius Augustinus in Judicio de quibusdam veteribus canonum ecclesiasticorum collectoribus cap. 28. Ex præfatione in collectionem canonum, quam tantum se legisse testatur, pauca retulit, quibus ope- Duo opera Cardinalis Deusdedit.

operis divisio profertur. Alterius vero operis adversus invasores & simoniacos, ac reliquos schismaticos cum duo ipsi præsto essent MSS. exempla ex codice Basilicæ Vaticanæ transcripta, eodem frequenter usus est in Epitome canonum. Hoc secundum licet plures canones & testimonia contineat, non est tamen collectio canonum; sed contextum est opus ipsius Cardinalis, in quo confutans invasores, simoniacos, atque schismaticos sui temporis, plures auctoritates in confirmationem inseruit. Hinc recte Antonius Augustinus de eodem opere scripsit: *Hic non eadem ratione utitur, qua Burchardus, Ivo, Anselmus, & Gratianus, ut colligat tantum dicta Patrum vel Conciliorum; sed ipse pluribus utitur argumentis, & sua auctoritate Patrum confirmat, aliena confutat, & acrius in caussa versatur, quæ illis temporibus Ecclesiam Dei perturbabat.* Hujus operis divisio ab ipso Cardinali his verbis exprimitur: *Quatuor itaque sunt, de quibus Deo auctore scribere proponimus. Primum quod Regi non liceat sacrosanctis Ecclesiis Episcopos constituere. Secundum de simoniacis, schismaticis, & eorum sacerdotio, & sacrificio* &c. *Tertium quod Clerus a sæcularibus pasci debet atque honorari, non infamari* &c. *Quartum quod sæculari potestati non liceat in Ecclesiam Clericos introducere, vel expellere, nec res ecclesiasticas regere, vel in sua jura transferre.* Hoc opus respicit Anonymus Melicensis de Vir. illustr. c. 113. inquiens: *Deusdedit Cardinalis ... scripsit contra Guibertinos.* Nonnulla ejusdem operis prolixa fragmenta, quæ contextum opus demonstrant, videsis apud Eminentissimum Baronium ad annum 1059. n. 30. & seqq. ad an. 1080. n. 31. & ad an. 1081. n. 22. & seqq.

De opere contra invasores &c.

De collectione canonum. t. 3. Rer. Ital. p. 351.

II. Instituti vero nostri propria est collectio canonum, ex qua idem Cardinalis Baronius solius præfationis excerptum dedit ad an. 1080. n. 30. & 1087. n. 22. Hanc olim paucis laudavit Pandulfus Pisanus in vita Victoris III. ex quo Platina & alii, qui vitas Romanorum Pontificum lucubrarunt. *Ad hunc* (Victorem III.) inquit ille, *Deusdedit Presbyter tituli Apostolorum in Eudoxia composuit & ordinavit librum canonum.* Codex Vaticanus hujus collectionis, qui a nonnullis laudatur, est signatus num. 3833. Alium vero codicem indicat Petrus Pithœus in Synopsi historica virorum clarorum, qui canones & decreta ecclesiastica collegerunt. Memorata enim ejusdem Cardinalis collectione de rebus ecclesiasticis, *Vidimus*, ait, *aliquando exemplar hujus collectionis in bibliotheca Dominicanorum Valentin. Canarum quatuor in libros distinctum, continens multa ex Romanæ Ecclesiæ scriniis:* cujus quidem generis plura documenta in eadem collectione descripta videbimus. Vaticanum exemplum, quod commode licuit evolvere, ipsi auctori suppar est, ut non tam ex caractere ejus ætatis, quam ex præmisso catalogo Romanorum Pontificum liquet, qui in Paschali II. Urbani II. successore desinit.

III. Initio codicis descriptæ leguntur duæ adnotationes, una de Synodis generalibus, altera de particularibus, quas in Isidorianis MSS. invenimus. Tum subjicitur *adnotatio de decretalibus Apostolicorum*, cujus meminimus part. 3. c. 2. n. 5. Sequitur laudatus catalogus Romanorum Pontificum a S. Petro ad Paschalem II. usque. Dein incipit collectio ab epistola Deusdedit ad Victorem III. ex qua collectionis tempus agnoscitur. Victor enim tertius creatus mense Majo an. 1086. e vivis excessit anno sequenti mense Septembri. Ex ea non tam consilium & partitio operis, quam fontes, ex quibus Cardinalis profecit, agnoscere licet. Cumque ea nondum edita sit, hic inserenda est.

„ Beatissimo atque apostolico viro Pontifici Domno Papæ Victori tertio & „ omni Clero sanctæ Romanæ Ecclesiæ Deusdedit exiguus Presbyter tituli A„ postolorum in Eudoxia.

„ Novit Beatitudo vestra, quod sancta Romana Ecclesia idcirco omnium „ Ecclesiarum mater scribitur, & creditur, quoniam B. Petrus ipsius institu„ tor prius patriarchalibus sedibus in Oriente, & postea e latere suo primos „ dedit pastores omnibus urbibus, quæ sunt in Occidente. Ipsi Apostolo hæc „ ordinatio maxime competebat, cui principaliter Christus Dei Filius, cæle„ stis regni clavibus traditis, suas oves pascere jusserat, cuique fratres suos in „ eadem fide confirmare præceperat. Cujus tam excellentissimi privilegii insi„ gnia munera diligenter attendentes CCCXVIII. Patres, qui in Nicæno conse„ derunt

„ derunt Concilio, statuerunt (ut Athanasius Episcopus Alexandrinus scribit
„ B. Felici Papæ) non debere absque Romani Pontificis sententia Concilia
„ celebrari, nec Episcopos damnari, & omnia majora negotia ad ejusdem ju-
„ dicium debere deferri. Sed & Sardicense Concilium, quod CCC. Episcopos
„ habuit, teste universali Synodo, quæ a suis conditoribus octava dicitur, capi-
„ tulo III. & IV. & * VI. & IX. eadem statuit, & ita inter cetera B. Papæ *Cor. VII. & X.
„ Julio scripsit: *Optimum & valde congruentissimum esse videbitur, si ad*
„ *caput, idest ad B. Petri Apostoli sedem de singulis quibusque provinciis*
„ *Domini referant Sacerdotes*. Huic etiam ante illam Synodum tantum reve-
„ rentiæ ab antiquis Patribus legitur impensum fuisse, ut ille insignis Martyr
„ Cyprianus, Africanæ provinciæ Primas, legatur in suis epistolis Presbytero-
„ rum & Diaconorum Romanam Ecclesiam post martyrium Fabiani gubernan-
„ tium statutis humiliter paruisse, & eorum, quæ apud suam provinciam ge-
„ rebantur, directis ad eos epistolis, rationem reddidisse. Quinetiam idem Cle-
„ rus legitur in epistolis ad eumdem Cyprianum missis, & ad Siciliam, & ad
„ diversas partes epistolas direxisse, & nondum præsidente Cornelio pro im-
„ minentibus tunc negotiis etiam ad celebrandam Romæ Synodum Episcopos
„ convocasse.

„ Quæ cum ita sint, satis impium videtur, quemlibet, qui christiano no-
„ mine glorietur, christianis temporibus Romanæ Ecclesiæ monitis non acquie-
„ scere, cum sub persecutionis crudelitate Deo digni Pontifices tam devote
„ paruerint, etiam dum careret Pontifice. Arbitrati quippe sunt Patres spiri-
„ tu Dei pleni, Beatos Apostolos Petrum & Paullum in ea magnificis meri-
„ tis vivere, & præesse, fidemque, quam ab eisdem suscepit, quæ in toto
„ mundo, eodem B. Paullo attestante, annuntiata est & laudata, in eadem
„ usque in sæcula non deficere; sed ut eidem B. Petro imperatum fuerat, us-
„ quequaque positos fratres in eadem fide confirmare. Hæc etsi interdum ad-
„ versis mundi flatibus opprimitur; meritis tamen Principum Apostolorum, qui
„ in ea & vivunt, & præsident, non obruitur. Quoniam etsi aliquando ad
„ probationem portæ inferi adversus eam valent, tamen Jesu Domino orante
„ pro fide Petri ne deficiat, nullatenus prævalent. Itaque ego auctoritatis ipsius
„ privilegium, quo omni christiano orbi præeminet, ignorantibus patefacere
„ cupiens, Domino mihi opem ferente, ex variis sanctorum Patrum, & chri-
„ stianorum Principum auctoritatibus, potioribus quibusque in unum congestis,
„ præsens defloravi opusculum quadrifaria dispertitum partitione. Nam primus
„ liber continet privilegium auctoritatis ejusdem Romanæ Ecclesiæ. Et quo-
„ niam Ecclesia sine Clero suo esse non potest, neque Clerus absque rebus,
„ quibus temporaliter subsistat; huic subjunxi secundum & tertium de Clero
„ & rebus ejusdem Ecclesiæ. Quia vero sæculi potestas Dei Ecclesiam sibi sub-
„ jugare nititur; libertas ipsius & Cleri & rerum ejus tertio, & maxime quar-
„ to libro evidenter ostenditur. Singulas autem deflorationes huic operi inser-
„ tas juxta ordinem capitulorum minime locavi, quia pene omnes aliæ bina,
„ aliæ plura in se negotia continent; & si secundum numerum negotiorum,
„ de quibus agunt, acciperent sectionem, mihi laborem plurimum, & aucto-
„ ritati afferrent derogationem: ideoque moneo scriptorem, ne lector graviter
„ offendatur, ut non solum in emendatione codicis, verum etiam in utrisque
„ numeris recte se habendis, & cautissime emendandis diligentiam adhibeat,
„ scilicet in eo, qui subpositus est quibusque capitulis, & item in eo, qui
„ per totum codicem præpositus est singulis deflorationibus.

„ Porro si qua hic inserta, quod etiam in Evangelistis sæpe contingit, sibi
„ invicem contraria videbuntur; discretione adhibita facile patebit, quod ne-
„ que sibi, nec extra positis scripturis adversentur. Quod si patenter adversa-
„ ri contigerit, inferior auctoritas potiori cedere debebit. Itaque primum de-
„ floravi quæque optima de quibusdam universalibus Synodis, idest Nicæna,
„ Ephesina prima, Calchedonensi & VI. & VII. & VIII. quæ partim a qua-
„ tuor, sive a quinque Patriarchis, ab eorum partim vicariis sub diversis tem-
„ poribus universaliter celebrata fuisse noscuntur. De quarum auctoritate, nisi
„ qui insaniat, nemo dubitat. Sed & de reliquis Conciliis orientalibus non
„ abs re putavi, quæ congrua visa sunt, mutuare: a quibus videbam Roma-

„ nos

„ nos Pontifices in suis constitutionibus, quod & curiosus lector deprehendere „ poterit, auctoritatem accepisse. Praeterea quaedam assumsi de Carthaginensi „ Synodo, quae a cc. & xvii. Episcopis sub Papa Zosimo acta est, praesenti- „ bus & ipsius Legatis Faustino Episcopo, & Philippo, & Asello Presbyteris, „ in qua eisdem praesentibus confirmata sunt & inserta eidem Synodo Africana „ Concilia diversis capitibus, de quibus Caelestinus, & Symmachus, & Hadria- „ nus quaedam videntur in suis decretis inserere. Et quoniam adversarius, dum „ rationi succumbit, auctoritatem infamat; sciendum est, quoniam omnia Con- „ cilia sive universalia, sive provincialia, quae ante Calchedonensem Synodum „ acta fuerant, postea confirmata & corroborata fuerunt in eadem cap. I. quod „ ita se habet: *Regulas sanctorum Patrum per singula nunc usque Concilia* „ *constitutas, proprium robur obtinere decrevimus*. Nam Calchedonense Con- „ cilium, a DCXXX. Patribus sub Leone Papa gestum, est ejus auctoritatis ac „ firmitudinis, ut quisquis ejus soliditatem non tenet, cujuslibet vitae, atque „ actionis existat, ut B. Gregorius ait, etiamsi lapis esse videatur, extra Dei „ aedificium jaceat. Sed & de auctoritate canonum Apostolorum, qui per Cle- „ mentem Romanum Pontificem de Graeco in Latinum translati dicuntur, „ quorum etiam auctoritate VII. universalis Synodus Patrum CCCL. & idem „ Gregorius in suo registro uti videtur, de quorum, inquam, & quorumlibet „ aliorum canonum auctoritate Anastasius Romanae Ecclesiae Bibliothecarius in „ prologo ejusdem VII. universalis Synodi, quam de Graeco in Latinum trans- „ tulit, Joanni VIII. Papae ita scribit: *Praedecessore vestro PP. Stephano &* „ *Apostolatu vestro decernente non tantum solos Apostolorum quinquaginta* „ *canones Ecclesia recipit, utpote tubarum Spiritus Sancti, sed etiam omnium* „ *omnino probabilium Patrum, & sacrorum Conciliorum regulas, & insti-* „ *tutiones admittit, illas dumtaxat, quae nec rectae fidei, nec bonis mori-* „ *bus obviant; sed nec Sedis Romanae decretis admodum quid resultant;* „ *quin potius adversarios potenter impugnant*. Epistolas autem Clementis ad „ Jacobum, contra quas quidam garrire videntur, authenticas ostendunt suc- „ cessores ejus Anacletus, & Alexander; & quidam alii Pontifices, & a Deo „ Benedictus Monachorum Pater, qui ex illis plures sententias in suis scriptis „ inseruerat. Sed & de Apostolicae Sedis auctoritate hic plurima congessi. „ Quaedam etiam de opusculis B. Hieronymi, cujus eloquium, ut Augustinus „ de eo ait contra Julianum, ab Oriente in Occidentem instar Solis refulget. „ Quaedam de opusculis beatorum Cypriani, Ambrosii, Augustini, & aliorum „ Patrum. Et omnimodis operam impendi, ut essent plenissima auctoritate, „ quae hic congessi. Quoniam sicut aliquos, quibus haec placerent, ita non de- „ futuros quosdam, qui his inviderent, non ignoravi. Praeterea antiquum or- „ dinem electionis seu consecrationis Romani Pontificis & Cleri ejus huic ope- „ ri inserere libuit. Nam quidam olim in Dei & sanctorum Patrum sanctio- „ nis contemtum ad sui ostentationem & adscribendam sibi ventosam au- „ ctoritatem, quae nullis canonicis legibus stare potest, scripserunt sibi novam „ ordinationem Romani Pontificis: in qua quam nefanda, quam Deo inimica „ statuerunt, horreo scribere. Qui legit intelligat. Porro de modo docendi „ subditos pauca hic inserta sunt: quoniam & laboriosum & alterius operis ar- „ bitratus sum ad hoc sacram deflorare Scripturam. Potissima autem ad id ope- „ ris mihi visa sunt Evangelium, & Apostolorum epistolae, & Clementis, & „ pastorale Gregorii, & super Evangelia homiliae ejusdem XL. & VIII. & IX. „ & X. super Ezechielem. Et quoniam dum brevitati studeo, plurima uti- „ lia me praeterire doleo; moneo curiosum Lectorem, ut cum vacat, his, a „ quibus haec deflorata sunt, studium adhibeat; non ut defloratis aliquid ad- „ jungat, sed ut suo desiderio satisfaciat. Hoc itaque opus vestrae paternitati „ dedicavi, quod non solum sanctae Apostolicae Sedi, sed omni Ecclesiae, & „ omni Clero profuturum putavi. Obsecro autem legentem in Domino, ut „ pro meis excessibus ad Dominum intercedat.

Ex hac epistola patet collectionis divisio in libros quatuor, quorum primus de Primatu & potestate Eeclesiae constat ex titulis seu capitulis 251. secundus de Romano Clero ex cap. 131. tertius de rebus Ecclesiae ex cap. 159. & quartus de libertate Ecclesiae & rerum ejus ac Cleri ex cap. 162.

III.

III. Quæ vero & quam gravia in ipsis libris contineantur, demonstrat ipsa titulorum tabula, quæ post epistolam nuncupatoriam statim subjicitur. Hæc veluti rerum index, seu totius operis Breviarium Ferrandiano simile videtur: siquidem in describendis singulorum librorum titulis, si quæ in aliis libris ad eumdem titulum ex. gr. primi libri pertineant, ea pariter ex iisdem libris indicat. In ipso autem collectionis corpore textus hoc ordine proferuntur. Primo sacræ Scripturæ loca, ubi opportuna sunt, descripta leguntur: dein canones Conciliorum. Græcarum autem Synodorum canones nunc ex Dionysiana versione, nunc ex Prisca producuntur, aliquando etiam ex utraque: nam lib. 1. n. 1. Nicænus canon sextus primum ex Prisca, dein ex Dionysiana recitatur hac notatione: *Alia translatio sic habet*. Nonnumquam etiam, sed rarius, Isidoriana interpretatio adhibetur. Cum vero quidquid ex Prisca, vel Isidoriana affertur, inveniatur in codice Vat. 1342. qui ad veterem Lateranensem bibliothecam pertinuisse traditur; hoc codice Cardinalem Deusdedit usum fuisse valde credibile est. Ex Prisca nimirum profert aliquot canones Nicænos, Antiochenos, & Calchedonenses; ex Isidoriana vero unum Ancyranum, & alium Gangrensem; uti sane illi ex Prisca, isti ex Isidoriana translatione in eodem codice describuntur. Post canones sequuntur decreta Romanorum Pontificum, in quibus nonnulla ex Pseudoisidorianis apocryphis. Plura suppetunt ex Registro Gregorii VII. qui Victori III. præcesserat. Subduntur, ubi locum habent, Patrum testimonia, & nonnulla ex Justiniani legibus, quædam ex Historia Anastasii Bibliothecarii, ex Pontificali Romano, quo vitæ Pontificum describuntur, *ex libro Romanorum Pontificum, qui dicitur Diurnus*, ex Historia Paulli Diaconi, ex Chronico Victoris Tunonensis, & ex actis S. Bonifacii Episcopi Moguntini. Inseritur *antiquus Ordo Romanus*, qui incipit: *In quacumque schola reperti fuerint pueri bene docti litteras, tollantur, & nutriantur in schola cantorum* &c. Est Ordo Romanus nonus a Mabillonio editus tom. 2. Musei Italici pag. 89. qui tamen in nostro codice variantes lectiones notatu dignas, & vetustiorem ætatem præfert.

Liber Diurnus. *Ordo Romanus.*

IV. Plura addit Cardinalis *ex tomis Lateranensis Basilicæ* ad patrimonium S. Petri pertinentia, ex quibus nunc unum, nunc aliud volumen laudat, quæ esse ait *in archivo sacri palatii Lateranensis*. Celebris est liber *de Censibus* Cencii Camerarii, qui postea fuit Romanus Pontifex Honorius III. Hic liber impressus est a Muratorio tom. 5. Antiquitatum Italicarum. Deteximus vero ea, quæ in hoc libro leguntur a pag. 827. ejusdem editionis, *Hadrianus Papa obtinuit* &c. usque ad pag. 842. totidem verbis (quibusdam variantibus exceptis) a Cardinali Deusdedit ex tomis Lateranensibus fuisse transcripta lib. 3. c. 149. & seqq. a pag. 85. ipsius codicis ad pag. 92. usque. Hinc autem perspicitur utrumque ex iisdem fontibus ebibisse; Deusdedit vero sæculo & amplius ante Cencium idem opus suæ collectioni inseruisse. Alia porro documenta ex laudato Lateranensi archivo Deusdedit adjecit pag. 92. & seqq. quæ in vulgato Cencii libro non leguntur, nimirum integra privilegia Romanæ Ecclesiæ data a Ludovico Pio, Ottone I. & Henrico I. Accedunt juramenta Roberti Ducis Apuliæ & Calabriæ, ac Jordani & Ricardi Principum Capuæ, & alia ejusdem generis quamplura, quæ partim edita sunt, partim inedita. Præter regesta Gregorii I. & VII. ac Joannis VIII. jam impressa, idem Cardinalis nonnulla fragmenta profert ex epistolis Gelasii I. Pelagii I. Honorii I. & Gregorii II. in quibus non pauca ex hac sola collectione supersunt. Lucas Holstenius quædam ex his typis impressit, quæ postea in editiones Conciliorum traducta fuerunt. Alia vero, quæ Holstenius omisit, ex eodem codice hic proferimus: in quibus etsi quædam apud Gratianum recepta legantur, cum tamen in editionibus Conciliorum una cum aliis fragmentis ex Gratiano excerptis vulgata non fuerint, hic indicanda visa sunt, ut in nova Conciliorum editione non omittantur. Illa autem tantum indicaturi sumus, quæ in collectione Deusdedit reperimus; cetera enim, quæ apud Gratianum exstant fragmenta aliunde transcripta, & in Conciliis nondum impressa, iis accuratius inquirenda & colligenda relinquimus, qui novam Conciliorum editionem curabunt.

Tomi Basilicæ Lateranensis.

FRAG-

FRAGMENTA EPISTOLARUM GELASII I.

ex collectione Cardinalis Deusdedit contenta in MS. Vat. 3833.

In laudata collectione lib.1.c.139. *Gelasius Helpidio Episcopo Volaterrano inter cetera.*

QUo ausu, qua temeritate &c. uti apud Gratianum causs. XXIII. q. 8. c. 26. ubi Correctores Romani in notis ex collectione Polycarpi locum a Deusdedit omissum suppleverunt. Hoc fragmentum in Conciliis omissum, cum ceteris reponendum est.

Ibi c. 140. *Gelasius Majorico & Joanni Episcopis.*

Ita nos Squillacinorum cædes geminata Pontificum &c. uti apud eumdem Gratianum causs. XXV. q. 2. c. 25.

Gelasius Cresconio, Joanni, & Messalæ Episcopis.

lib.2.c.92. *Decessorum statuta* &c. uti apud Gratianum ibidem c. 19. ubi male *Messaliæ Episcopis*.

Gelasius Joanni Episcopo Sorano.

Ibi c. 93. *Certum est quidem* &c. uti apud Gratianum de consecr. dist. 1. c. 7. Noster autem codex addit in fine: *Data Idibus Aprilis*.

Gelasius Senecioni Episcopo.

Ibi c. 94. *Piæ mentis amplectenda devotio est, qua se Julius V. H.* (idest *vir honorabilis*) *in re Juviana* &c. uti in Gratiano causs. XVI. q. 7. c. 26. Codex addit in fine: *Data XIII. Kal. Augusti*.

Gelasius Agilulpho post cetera.

Ibi c. 100. *Precor autem ut reculam B. Petri Apostoli inter Dalmatias constitutam defensare dignemini, & quæ vobis vel frater & Coepiscopus meus* (1) *Honorius pro ejus utilitate suggesserit, vel conductores putaverint intimandum, quam fieri potest, præstare jubeatis.*

Gelasius Januario post cetera.

Ibidem. *Sed caussas, quibus beneficia B. Petri Apostoli continuata percupias, fidenter injungo. Præstet igitur tua nobilitas, ut rebus pauperum ejus auxilium defensionemque concedat, & conductores earum pio favore tueatur, ut vicissitudinem præstitorum ab eodem percipiat consequentem, cujus meritis & honori devotus ista dependit.*

Gelasius Firminæ illustri feminæ post cetera.

Ibidem. *Ad cumulum vero mercedis vestræ pertinere certissimum est, si prædia quæ vel a barbaris, vel a Romanis inconvenienter invasa sunt, vestris dispositionibus egentium victui reformentur. Cujus tanta de provinciis diversis, quæ bellorum clade vastatæ sunt, Romam multitudo confluxit, ut vix ei, Deo teste, sufficere valeamus. Conspicitis ergo quantum boni operis acquiratis, si B. Petro Apostolo prædia, quæ pro sua quisque anima contulit, vestro post Deum præsidio liberata reddantur. Cujus benedictionis eulogias, quas pro affectione direxi, peto ut grata suscipere mente digneris.*

(Provinciarum vastatio, & multitudo confluentium Romam. — Eulogiæ.)

Gelasius Actoribus urbici.

Ib. c. 101. * an. 494. *Constat vos intulisse actionibus Ecclesiæ ex præstatione fundi Claculas, quem conductionis titulo tenes, de fructibus * anni Consulatus Asterii & Præsidii VV. CC. de Indictione III. auri solidos XXX. Notavi. V. Kal. Augusti* (2) *Flavio V. C. Consule.*

Alia cautio ejusdem diei ac iisdem verbis subjicitur ab eodem Gelasio data Vincomalo, ubi solum fundi nomen deest.

Gelasius 3 *Hereleuvæ Reginæ.*

Idem lib.4. c. 55. *Qui pro victu pauperum Domno filio meo excellentissimo Regi cum meis litteris supplicaret, Petrum Ecclesiæ Defensorem dirigere properavi. Quo veniente*

(1) Hic Honorius fuit Salonitanus Episcopus, ad quem aliæ duæ Gelasii epistolæ editæ sunt.
(2) Idest Flavio Viatore, qui fuit Consul an. 495.
(3) Anonymus a Valesio editus de Gestis Theodorici Regis hanc Reginam ejusdem Theodorici genitricem memorat. *Mater Ereliva dicta Gothica, catholica quidem erat, quæ in baptismo Eusebia dicta.*

niente sublimitatem quoque tuam salutare non destiti, plurimum deprecans, ut pro vestræ salutis & prosperitatis augmentis egentium caussas juvare dignemini. Data V. Kal. Martii.

FRAGMENTA EPISTOLARUM PELAGII I.

ex eadem collectione Deusdedit.

Pelagius Melleo Subdiacono inter cetera. lib. 3. c. 102.

NOtariorum Sedis nostræ insinuatione didicimus, nullius indictionis a tempore, quo tibi primum Ecclesiæ patrimonium constat esse commissum, usque hactenus ratiocinia * sunt decissa: & ea * sint necessario dispungenda, ut quid ecclesiasticis utilitatibus debeatur, vel quid a quoquam usurpatum sit, fideli inspectione cognoscere valeamus; & tu, vel heredes tui in futuro tempore securitate plenaria communiti, nullas possitis inquietudines sustinere. * l. esse. * l. sunt?

Pelagius Mauro Episcopo Prænestino inter cetera.

Didicimus de patrimonio Hilviade annis quidem de prima, secunda, & tertia Indictionibus, Ampliato quondam Presbytero & Stephano Diacono vices Pontificis in urbe R. agentibus, quod exegisti, fide media persolvisse. De quarta vero Indictione secundum ordinationem filii nostri viri religiosi Narsæ sacri Palatii filiis nostris Dulcitio, Felici, atque Joanni Presbyteris, quod exactum fuerat, intulisse. Supervenientibus vero nobis & per Dei gratiam ordinatis intulisti de eadem quarta Indictione. Et infra. *Ideoque supplicante dilectione tua ex omnibus suprascriptis præteritis VI. indictionibus fraternitatem tuam hac securitate credidimus muniendam, ut nulla caritati tuæ in posterum a quolibet calumnia moveatur.* Ib. c. 103.

Pelagius Narsæ Patricio Anagnosticon inter cetera.

Bene noverit excellentia vestra nos habentibus dumtaxat hominibus & nullam necessitatem patientibus res dare pauperum nulla ratione præsumere: quia neque hoc vobis placere novimus; neque hoc nostro esse officio conveniens judicamus. Ib. c. 104.

Pelagius Boetio Præfecto Prætorio Africæ inter cetera.

Romana, cui Deo auctore præsidemus, Ecclesia, post continuam XXV. & eo amplius annorum vastationem bellicam in Italiæ regionibus accidentem, & pene adhuc minime discedentem non aliunde nisi de peregrinis insulis aut locis Clero pauperibusque, etsi non sufficiens, vel exiguum tamen stipendium consequitur. Ib. c. 105.

Pelagius Juliano Episcopo Cingulano.

Constat dilectionem tuam intulisse rationibus Ecclesiæ ex præstatione massarum, sive fundorum per Picenum ultra XI. positorum, quod curæ tuæ commissum est, de indictione VII. filio nostro Anastasio argentario & arcario Ecclesiæ nostræ auri solidos D. Notavi die III. Kal. Augusti (1) *post Consulatum Basilii Viri clarissimi.* Ib. c. 109.

Pelagius Dulcitio Defensori post quædam.

Præterea rationes nobis nescio quas Græcorum more fucatas de VI. indictionis pensionibus direxisti, suggerens te per L. solidos, & pro aliis LX. a Diacono Varino & nescio quo alio casas recolegisse. Et cum tibi cotidie hinc & inde accrescant prædia, tu nobis de pensionibus angustias generas. Non tibi sufficit, quod te a notariis & aliis diversis officiis .... vix te liberare potuimus &c. Ibi c. 110.

Pelagius Vito Defensori inter cetera.

Ideoque præsenti tibi jussione mandamus, ut curam ipsius patrimonii peragere Ibi c. 111.

(1) Supplendum *XVIII. post Consulatum Basilii*, idest anno 559. quo III. Kal. Augusti ad finem accedebat indictio septima. Pelagius autem I. anno sequenti obiit die tertia Martii currente indictione octava. Julianus Episcopus Cingulanus subscriptus legitur constituto Vigilii an. 553. Fragmentum alterius epistolæ Pelagii I. ad eumdem editum est a Baluzio tom. 5. Miscellan. pag. 466. & recusum a P. Mansio tom. 1. Supplem. Concil. pag. 432.

agere non omittas: sciens quod nos a te jam & reliquam VI. indictionem, & omnes singularum deinceps indictionum a VII. exigemus pensiones, ut secundum morem & emittas in scrinio cautionem, & Brevem ejusdem patrimonii possis accipere.

Brevis libelli genus.

DUÆ EPISTOLÆ HONORII I.

ex ejus Registro descriptæ in collectione Deusdedit.

Honorius Gratioso Subdiacono.

lib.3.c.117. *NE cuiquam labor ac diligentia, quam in rebus Ecclesiæ adhibet, possit esse damnosa, ita disponendum est, ut illi suus labor sit utilis, & detrimentum ecclesiasticæ res non agnoscant. Proinde domum cum horto suo positam in hac urbe Roma juxta thermas Diocletianas regione A. cum omnibus ad eam pertinentibus tibi in XXIX. annorum spacia ad unum auri solidum persolvendum singulis quibusque annis rationibus ecclesiasticis pensionis nomine possidendam concedimus: nec te exinde ejici, vel augmentum pensionis illic constituimus imponendum; ita sane ut reparatio ejusdem domus in cunctis utilitatibus studere, sicut diligens pater familias, debeas. Post viginti vero novem annorum curricula eadem domus cum horto suo ad jus S. Romanæ Ecclesiæ, cujus est proprietas, sine dubio revertatur; nec aliquid ex his, quæ in ejus meliorationem expensa fuerint, vel a te, vel tuis heredibus sit repetendi licentia: quia rationis ordo non sinit, ut in rei meliorationem expensas repetat, qui in eadem pensione augmentum non recepit. Dat. Id. Decemb. Indict. XIV.* *

Locatio in annos 29.

* Idest an. 625.

Honorius Servodei Notario.

Ibi c. 118. *Quotiens a nobis illud petitur, quod rationi noscitur convenire, animo nos decet libenti concedere. Ideoque quia petisti a nobis, ut casale, quod appellatur Aurelianum, in integro una cum vineis suis positum via Portuensi juxta sanctos Abdon & Sennen * præstantem auri solidos duos & semis, juris S. Romanæ, cui Deo auctore deservimus, Ecclesiæ, tibi ad certum tempus debeamus concedere: eapropter hujus præcepti serie emissa, superscriptum casale cum omnibus ad se pertinentibus tibi a præsenti hac XIV. Indictione diebus vitæ tuæ concedimus, ita sane ut a te annis singulis pensionis nomine rationibus ecclesiasticis duo auri solidi & tremissis un. V. sine mora aliqua persolvantur; quatenus & tu aliquod exinde possis habere remedium, & Ecclesiæ nostræ utilitas non decrescat. Post tuum vero obitum prædictum casale ad jus S. Ecclesiæ nostræ, cujus est proprietas, revertatur sine dubio. Dat. IV. Id. Maji Indict. XIV.* *

Aurelianum casale in via Portuensi.

* l. præstans.

Locatio ad vitam.

* Idest an. 626.

EX REGISTRO GREGORII JUNIORIS.

Gregorius Stephano Presbytero atque aliis duabus successivis personis.

Ibi c. 119. *QUotiens illa a nobis tribui sperantur, quæ rationi incunctanter conveniant, animo nos decet libenti concedere, & petentium desideriis congruum impertire suffragium. Ideoque quia postulasti a nobis, quatenus fundum Campanum cum domo sua & vinea posita via Flaminia XIV. plus minus millibus ab hac urbe Roma, quod tenuit per emunitionem Sergius Presbyter & vestararius noster, qui fundus exstitit ex corpore patrimonii Tusciæ juris S. Romanæ, cui Deo auctore deservimus, Ecclesiæ, hunc vobis emissa præceptione ad tenendum concedere deberemus. Inclinati itaque precibus vestris per hujus præcepti seriem supradictum fundum cum domo & vinea & omnibus ei pertinentibus in integro a præsenti VIII. Indictione diebus vitæ vestræ vobis concedimus detinendum, ita sane ut a vobis singulis quibusque Indictionibus pensionis nomine rationibus ecclesiasticis III. auri solidi difficultate postposita persolvantur, omnemque, qua indigent, meliorationem ac defensionem prædictus fundus, & vinea, seu domus indifferenter a vobis sine*

Campanus fundus via Flaminia. Vestararius.

Alia locatio ad vitam.

dubio

dubio procurantibus efficiantur ; nullaque postea ad dandum annuæ pensionis a vobis mora proveniat, sed ultro Actionariis S. nostræ Ecclesiæ a prædicto tempore persolvatur. Nam si aliter, quod absit a vobis, provenerit de supra scripta melioratione, defensione, & annua pensione ; statuimus fore invalidam hanc nostram præceptionem. Post obitum vero vestrum memoratus fundus ad jus sanctæ nostræ Ecclesiæ, cujus est proprietas, in integro revertatur. Dat. Id. Aprilis Indict. VIII. * Actionarii S. R. Ecclesiæ.

* Idest an. 725.

Duo fragmenta ex epistolis Joannis VIII. Pontificis ad Angelbertam Imperatricem, & Ludovicum Imperatorem, & litteræ ejusdem Pontificis ad Annonem Episcopum Frisingensem, quæ ex MS. Colbertino 2576. vulgavit Baluzius lib. 5. Miscellaneorum pag. 489. & 490. ex hac nostra collectione olim videntur excerpta, in qua leguntur lib. 3. c. 121. 122. & 123.

CAPUT XV.

De MS. collectione Bonizonis Episcopi Sutrini.

I. BOnizo ob scientiam eminentem ac zelum pro libertate ecclesiastica insignem prius Sutriensis Episcopus fuit. At ob Romanæ Ecclesiæ defensionem e Sutrina Sede pulsus, *post multas captiones, tribulationes, & exilia*, inquit Bertoldus Constantiensis, *a Placentinis catholicis pro Episcopo recipitur. Sed a Schismaticis ejusdem loci effossis oculis, & truncatus omnibus pene membris martyrio coronatur*. Ita ille in Continuatione Chronici Hermani Contracti ad an. 1089. qui idcirco Bonizonis emortualis creditur. At hujus libellum *de Sacramentis* ad Gualterium Leonensis Monasterii Priorem e MS. bibliothecæ Ambrosianæ vulgavit Muratorius differt. 37. Antiquitatum Italicarum tom. 3. col. 599. in quo col. 602. Bonizo meminit opusculi a se conscripti contra Ugonem Schismaticum. Hujus etiam opusculi mentionem facit libro quarto collectionis mox describendæ his verbis: *Urbani vero* (secundi) *Pontificis acta, & de ejus victoria si quis scire voluerit, legat librum, quem scripsi in Ugonem schismaticum, & ibi inveniet ad plenum dilucidata quæ voluerit*. Victoria Urbani II. quæ hic indicatur, illa est, qua ex Urbe expulsus fuit Antipapa Guibertus. Id autem accidit anno 1089. Citius igitur hoc anno Bonizo opusculum in Ugonem scripsit. Postea vero aliquanto lucubravit tum libellum de Sacramentis, tum collectionem canonum, in quibus illud opusculum jam ante abs se scriptum laudat. Igitur ei anno 1089. affigi nequit ipsius mors, sed postea contigisse dicenda est. Bertoldus itaque si eo anno Bonizonis mentionem fecit, quia tunc vita functum credidit, hallucinatus est; uti sane hallucinatus est etiam, cum Berengarii Andegavensis mortem retulit anno 1083. nam inter omnes constat eum excessisse anno 1088. Hinc multo magis falsus est Anonymus Melicensis Bertoldo coævus, cum in libro de Scriptoribus ecclesiasticis cap. 113. Bonizonis collectionem sub Gregorio VII. scriptam tradidit. *Bonizo Sutriensis Presbyter* (scribendum erat *Episcopus*) *septimi* (Gregorii) *temporibus scribit excerpta de canonibus*. De anno emortuali Bonizonis.

II. Hæc collectio aliquanto post annum 1089. lucubrata, diutius ignota fuit. Primus Lambecius tom. 2. Commentarii de Bibliotheca Cæsarea Vindebonensi c. 8. præter Bonizonis Epitomen Sententiarum S. Augustini inscriptam *Paradisus Augustinianus* in octo libros distributam cum epistola nuncupatoria ad Joannem Abbatem, codicem hujus collectionis in eadem bibliotheca custoditum sic descripsit. *Volumen membranaceum est in folio minori, seu quarto majori, quod, quantum ex scriptura aliisque circumstantiis judicare licet, haud multo post Bonizonis mortem exaratum est .... Continetur autem in memorato codice ineditum hactenus DECRETALE BONIZONIS, sive SYNTAGMA DECRETORUM ECCLESIASTICORUM ex sacra Scriptura probatisque Conciliis, ut & Pontificum Romanorum & sanctorum Patrum aliorumque orthodoxorum auctorum monumentis collectum, & secundum locos communes in septem libros divisum; cui loco procemii est præfixa EPITOME HISTORIÆ ROMANORUM PONTIFICUM a S. Petro Apostolorum Principe usque ad Papam Urbanum II. Titulus autem jam memoratæ Epitomes hic* Codex Vindebonensis.

est : *CHRONICA ROMANORUM PONTIFICUM EDITA A BONITHONE SUTRINO EPISCOPO VIRO PER OMNIA DOCTISSIMO*. Longum fragmentum ejusdem Epitomes publici juris fecit idem Lambecius, quod incipit : *Scripturus de excellentia Romanæ Ecclesiæ* &c. Hic autem codex Vindebonensis septem tantum libros continens, & ab indicato fragmento incipiens, non integram, sed tribus prioribus libris expertem Bonizonis collectionem exhibet. Id nobis exploratum fecit codex Capituli Brixiensis Ecclesiæ, cujus notitiam doctus ejusdem urbis Presbyter Carolus Doneda perhumaniter communicavit. Hinc pleniorem hujus collectionis descriptionem producere licet.

Tribus prioribus libris caret.

Codex Brixianus.

III. Brixianus hic codex membranaceus in quarto oblongo Bonizoni suppar, exeunte sæculo XI. vel saltem ineunte XII. scriptus fuit. In ultimo enim folio posteriori manu describitur notitia reddituum libellariorum Cathedralis Ecclesiæ Brixiensis cum data anni MCCX. Indictione XIII. In hoc autem manuscripto decem libri proferuntur. Una tantum primi libri pagina desideratur. In superiori autem margine alterius paginæ, quæ nunc prima est, hic titulus secunda manu scriptus legitur : *Bonizonis Episcopi ad Gregorium Presbyterum de sanctorum Patrum authenticis canonibus opusculum*. Nullus libris titulus præfigitur, sed tituli loco quædam in singulos præfatiuncula argumentum cujusque proprium designat. Igitur ad hanc collectionem cognoscendam pauca ex ipsis præfatiunculis proferre sufficiet. Licet vero ob defectum primæ paginæ, libri primi præfatio interciderit ; hujus tamen argumentum non solum ex ipso libro, qui de baptismo late differit, elici potest ; sed etiam ex libri secundi exordio, in quo prioris libri compendium, & secundi simul argumentum proponitur.

Incipit liber secundus. Quod ante sit docendus omnis, quam baptizandus, & quid sit baptismus, & quot modis fiat, & a quo sumsit exordium, & quando, & quomodo fieri debeat, superiori libro breviter, prout potuimus, enarravimus. Deinde catecuminum per exorcismi insufflationem, & per olei exorcizati unctionem purgatum certis temporibus ad fontem usque perduximus, in quo tertio immissus, vel immersus, propria oris confessione, vel per suscipientium fidem se credere in Deum Patrem omnipotentem & in Dominum Christum filium Dei & hominis crucifixum, & in Spiritum Sanctum præsentibus Angelis testatus est. De quo ascendens, vel sublatus, oleo principali delibutus, cælestis mensæ convivio participatus est. Quia vero, teste Jacobo Apostolo, fides sine operibus mortua est ; *superest nunc opera digna fide enumerare, ut velut sapiens architectus possim domum super fundamentum, quod Christus est, ædificare, quam nec venti, nec flumina, nec imbres valeant eradicare. Nunc vero Dei confisi misericordia, adoriamur sermonem. Prima ac principalis Christianorum virtus est obedientia humilitatis filia* &c. Et post nonnulla profitetur se velle instructionem exhibere, ex qua omnes discant, quatenus in suo quisque statu christiane vivat. Hanc autem Christianorum divisionem proponit. *Alii sunt Clerici, alii Laici, & in his conditionibus alii subditi, alii prælati. Prælatorum in clericali ordine positorum alii sunt Episcopi, alii secundi ordinis Sacerdotes, alii judices*. Hoc autem libro secundo agit de Episcopis, & de eorum functionibus, ac præsertim de ordinationibus.

Baptisma per trinam mersionem.

Incipit liber tertius. Hic solus liber præfatiuncula caret. Agit autem de Metropolitanis, de pallio, de officiis eorum in suffraganeos, & viceversa, de Episcopis, de ordinationibus simoniacis, de Episcoporum judiciis, de Synodo, de juramento purgativo, de Episcoporum translatione, atque officiis. Hi libri tres in MS. Cæsareo Vindebonensi desiderantur.

Incipit liber quartus. Scripturus de excellentia Romanæ Ecclesiæ, & de privilegiis ad ejusdem Ecclesiæ Episcopum pertinentibus, & de constitutionibus ejusdem, solertem rogo lectorem ne citissime in meam prorumpat sugillationem, dum viderit me in tam profuso opere succinctum pauca dixisse de magnis. Longior est hæc introductio ; & in hac inserta illa Epitome Romanorum Pontificum a S. Petro ad Urbanum II. quæ a Lambecio laudatur. Unum fragmentum hujus Epitomes hoc loco describere non inutile fuerit.

Ceterum si quis de Theophylacto Tusculano, qualiter Joanni Sacerdoti vendidit Papatum, & quomodo uno eodemque tempore Theophylactus & Gregorius

gorius & Silvester Romanum non regebant, sed vastabant Pontificatum; & qualiter Henricus Rex Conradi filius Romanam Ecclesiam a talibus pestibus liberavit, gnarus esse voluerit, legat librum quem dictavi, qui inscribitur, Ad amicum; *& ibi inveniet hæc ordinabiliter esse digesta. Inveniet autem & ibi, qualiter Papa Clemens electus sit; qualiterve Henricus Rex, Imperator ab eodem ordinatus sit; & de Damaso ejus successore, quot in Papatu duxerit dies; & de præclaro Leone, quid in Papatu egerit, qualiterque vitam finierit; & de Victore ejus successore, quid egerit, aut quid ejus temporibus novum advenerit; & de Stephano Gothefredi Ducis germano, & qualiter ejus temporibus * Patarea apud Mediolanum exorta est; & de Nicolao Papa, & de lite quam habuit cum Benedicto invasore, & quid egerit in Papatu; & de Alexandro II. Papa, & de lite, quam habuit cum Cadolo Parmensi, & de ejus victoria, & quid egerit in Papatu, & de ejus fine; & de septimo Gregorio, & de ejus electione, & de vita ejus, & moribus; & qualiter ad altare Domini a Centio viro crudeli captus sit, & eo die Dei gratia liberatus; & de Werra, quam sustinuit ab Henrico Imperatore; & de controversia, quam habuit cum Wiberto, & de ærumnis, quas sustinuit, & de obsidione civitatis & sua; & qualiter a Rotberto Normannorum Duce sit liberatus; & qualiter beato fine quievit, aptissime declarata. Urbani vero Pontificis acta, & de ejus victoria si quis scire voluerit, legat librum, quem scripsi in Ugonem schismaticum, & ibi inveniet ad plenum dilucidata quæ voluerit. Huc usque incipiens a B. Petro Apostolorum Principe usque ad nostra tempora Romanorum Pontificum acta compendiose digessimus. Superest nunc, ut de privilegiis ad Romanum Pontificem pertinentibus, & de prærogativa ipsius Sedis non profuse, sed succincte Dei adjuvante gratia disseramus.*

* Al. Patarena.

Incipit liber quintus. Superioribus tribus libellis qualis debeat eligi Episcopus, & a quibus, & ubi, & quando debeat consecrari, & qualiter post consecrationem decenter debeat vivere, prout potuimus breviter enarravimus. Dein de Metropolitani dignitate & usu pallii, & ejus genio, & de excellentia episcopali, & de induciis, & de respuenda inimicorum accusatione & infamium, & de eorum judicio compendiose tractavimus. Post vero de excellentia Romanæ Ecclesiæ, & de prærogativa Romani Pontificis, & de constitutionibus, & consuetudinibus præfatæ Ecclesiæ non profuse, sed succincte, vix paucissima de multis carpendo digessimus. Superest nunc de secundi ordinis Sacerdotibus, & Diaconibus, ceterisque ordinibus, prout Deus concesserit, enarrare, & primum ab ordinatione ordiamur.

Epilogus libri secundi. tertii. & quarti. Argumentum libri quinti.

Incipit liber sextus. Monachorum quatuor esse genera, B. Benedicto referente cognovimus. Primum Anachoritarum, qui ex cœnobiis probati, velut jam emeriti, visus hominum fugientes, Angelorum vallantur præsidio, & relevantur eloquio. Secundum est Cœnobitarum sub regula Abbatis degentium, qui imitantes Dominum nostrum Jesum Christum, non suam faciunt, sed alterius voluntatem. Tertium est teterrimum genus Sarabitarum, qui secundum proprium libitum viventes, sine Abbate terni, vel bini in cellulis commorantur, artificio manus victum quærentes. Quartum est Gyrovagorum, eo quod gyro vagando certas non habeant mansiones. Fuse dein agit de Monachis.

Quatuor Monachorum genera.

Incipit liber septimus. Scripturis de Regibus, & de judicibus, & de his, qui in laicali ordine sunt constituti, operæ pretium visum est nobis, unde Regalis potestas, vel a quo primum sumsit exordium, breviter dilucidare &c.

Incipit liber octavus. Quia vero superiori libro de prælatis in laicali ordine positis, prout potuimus, breviter enarravimus; superest nunc in ulteriori libro, qualiter subditi vitam debeant instituere, breviter indagare. Et primum plebis faciamus divisionem. Nam ex plebe alii sunt artifices, alii vero agricolæ &c. Agit postea de decimis, de sponsalibus, de matrimonio, de jejunio, & de diebus festis.

Incipit liber nonus. Liber iste medicinalis inscribitur, eo quod ægrotantium continet varia medicamenta animarum. Et sicut peritorum medicorum est ad tactus venarum & ad aspectum urinæ morbos cognoscere singulorum; sic pru-

ſic prudentum eſt Sacerdotum conſiderata pœnitudine pœnitentis, quid, quibus, & quantum conveniat judiciali magiſterio diſpertire: & ut ad hoc faciendum ſint idonei, oportet eos canones ſanctorum Patrum non ignorare, ut & judicium a ſanctorum canonum prodeat auctoritate, & miſericordia ſemper ſequens ſuperexaltet judicium &c. Agit vero poſt multa de pœnitentibus excommunicatis, & de variis peccatorum generibus.

Incipit liber decimus. Superiori libro dixiſſe me memini, prudentum ſubjacere arbitrio Sacerdotum ſecundum modum culpæ conſiderata humilitate ac pœnitudine pœnitentum rigorem canonum temperare. Quia vero auctoritas majorum in ſancta multum valet Eccleſia; operæ pretium viſum eſt mihi, auctoritates & exempla ſanctorum Patrum inſerere. Et primum a Clericis incipiamus. Sequitur multis canonibus de pœnitentia.

IV. Etſi nullus librorum titulus eſt, ac præfationes tituli locum gerant; canonibus tamen, qui proferuntur, ſui fere tituli præfixi ſunt. Hanc collectionem a P. Abbate Joanne Chryſoſtomo Trombellio, qui Brixiani codicis apographum obtinuit, editum iri confidimus.

CAPUT XVI.

De Ivonis Carnotenſis duplici collectione.

I. IVo in agro Bellovacenſi natus ſub medium ſæculum XI. & anno 1078. conſtitutus Abbas Monaſterii Bellovacenſis S. Quintini Ordinis Canonicorum Regularium, tandem Epiſcopus Carnotenſis electus an. 1092. & conſecratus ab Urbano II. mortem oppetiit anno 1115. vel, ut alii malunt, 1117. Vir fuit non ſolum doctrina egregius, ſed etiam zelo, prudenti conſtantia, fide, & ſanctitate conſpicuus: ac propterea Pius V. conſtitutione data anno 1570. Canonicis Congregationis Lateranenſis conceſſit, ut die 20. Maji Ivonis memoriam celebrarent. Duæ canonum collectiones Ivonis nomine inſcriptæ prodierunt: una in octo partes diſtincta *Pannormia Ivonis* appellatur; altera *Decretum Ivonis*, quod in ſeptem & decem partes diſtribuitur. *Pannormia* typis impreſſa fuit Baſileæ anno 1499. curante Sebaſtiano Brandt, eamque iterum Lovanii anno 1557. a mendis correctam Melchior a Voſmediano recudendam curavit. *Decretum* vero primum prodiit Lovanii anno 1561. opera & ſtudio Joannis Molinæi Gandenſis, & poſtea cum aliis Ivonis operibus ad fidem antiquiſſimi codicis Victorini iterum impreſſum Pariſiis anno 1647. Utrique operi in vulgatis præfixa eſt eadem omnino præfatio, quam Ivonis eſſe ſtilus aliis ejus epiſtolis æqualis omnino demonſtrat.

Duæ Ivonis collectiones canonum.

II. Utriuſque operis titulos in primis referamus. Parte prima fuſioris operis, quod *Decretum Ivonis* vocari ſolet, agitur de baptiſmo & confirmatione. Secunda de ſacramento Corporis Chriſti, ſacrificio Miſſæ, & reliquis ſacramentis, ac ſimonia. Tertia de Eccleſia & rebus eccleſiaſticis, & earumdem reverentia & obſervatione. Quarta de feſtis, jejuniis, Scripturis canonicis, conſuetudinibus, & Conciliis. Quinta de primatu Eccleſiæ Romanæ, & de Primatum, Metropolitanorum, & Epiſcoporum ordine ac juribus. Sexta de vita, ordine, & cenſura Clericorum. Septima de Monachis. Octava de conjugio, & virginitate, de raptu, concubinatu, & adulterio. Nona de inceſtu & gradibus prohibitis. Decima de homicidiis voluntariis & involuntariis. Undecima de magis, ſagis, hiſtrionibus. Duodecima de mendacio, perjurio &c. Decimatertia de furto, uſuris, venatoribus, ebrioſis, furioſis, & Judæis. Decima quinta de pœnitentia. Decima ſexta de officio & judiciis laicorum. Decimaſeptima pars ſanctorum Patrum, ac præſertim Gregorii Magni ſententias continet de fide, ſpe, & caritate.

Decretum diſtinctum in partes 17.

III. En porro titulos alterius collectionis, quæ *Pannormia Ivonis* inſcribitur, quales ipſe auctor expoſuit.

Pannormia in partes octo.

Prima pars hujus libri continet de fide, & de diverſis hæreſibus, de ſacramento, ideſt baptiſmate, &c. miniſterio baptizandorum, & conſecrandorum, & conſignandorum, & conſignatorum, & de obſervatione ſingulorum; & quid

& quid conferat baptismus, quid confirmatio. De sacramento Corporis & Sanguinis Christi; de Missa, & sanctitate aliorum sacramentorum.

Secunda pars continet de constitutione Ecclesiæ, & oblationibus fidelium. De dedicatione & consecratione Ecclesiarum & altarium. De sepultura, & Presbyteris, & de eorum Ecclesiis. De decimis & legitima possessione, & de confugientibus ad Ecclesiam. De sacrilegio. De liberorum tutela. De alienatione, & commutatione rerum ecclesiasticarum. De Scripturis, & authenticis Conciliis.

Tertia pars continet de electione, & consecratione Papæ, Archiepiscoporum. De ordinibus, de Clericis, & de laicis ordinandis, & non ordinandis. De mutatione Episcoporum. De ordinatis non reordinandis. De continentia ordinatorum. De simoniace ordinatis & ordinatoribus, quod omnino sint deponendi, & quod misericorditer reconciliandi. De professione hæreticorum. De lapsis in sacris ordinibus, quod non debeant ministrare, & quod misericorditer ad ministrandum possint accedere. De Clericis homicidis, quod non debeant ministrare. De usurariis. De servis per ignorantiam ordinatis, qui debeant manere in ordinatione, qui non. De Clericis ebriosis, scurrilatoribus. De Monachis. De ætate, qua possint parentes contradicere religioni filiorum, & qua non possint. De viduis, & virginibus velatis. De Abbatissis.

Quarta pars continet de primatu & dignitate Romanæ Ecclesiæ. De Conciliis convocandis. De provincia quomodo sit constituenda. De potestate Primatum, & Metropolitanorum Episcoporum. De negotiis & caussis Clericorum, ubi debeant tractari. De spoliatis revestiendis. De accusatione, & quo ordine, & a quibus personis, & adversus quas personas debeat, vel non debeat fieri. De testibus, qui, & quomodo, & quot, & in quo negotio testificari debeant. De judicibus, quales debeant esse, & quando sententiam judicii debeant proferre. De appellatione, quo tempore, & qua ratione debeat fieri, & de pœna male appellantium.

Quinta pars continet de Clericis sola infamia sine testibus accusatis, quota manu se debeant purgare. De caussis & negotiis laicorum. De vocatione excommunicandorum. De licita & illicita excommunicatione. De absolutione. De illis, qui excommunicatis in fidelitate aut sacramento adstricti sunt, possunt sine perjurio absolvi ab illo sacramento. De hæreticis post mortem excommunicandis. Quod sit communicandum non ex nomine excommunicatis.

Sexta pars continet de nuptiis, quo scilicet tempore, & inter quas personas, & qua de caussa debeant fieri. De tribus, quæ perfectum reddunt conjugium. De perfecto & imperfecto conjugio. De concubinis. De conjugibus, quorum alter sine altero continentiam vovit, vel religionis habitum sumsit. De uxoribus, quæ, viris in captivitatem ductis, aliis nupsere. Quod sit conjugium inter personas ejusdem religionis, vel fidei: non potest & inter Judæos; inter personas vero, quæ non sunt ejusdem religionis, vel fidei, non potest fieri conjugium. Quibus de caussis non debeat solvi conjugium. Cujusmodi conjunctio non facit conjugium. De separatione conjugii non ob caussam fornicationis.

Septima pars continet de separatione conjugii ob caussam fornicationis carnalis. De viro, qui cum alterius uxore fornicatur, quod post mortem mariti non potest eam habere uxorem. De interfectoribus conjugum suarum. De fornicatione spirituali, quod propter eam licite dimittatur uxor. De reconciliatione conjugum. De sacramentis, quod debent viri facere mulieribus, & mulieres viris suis, quando reconciliantur. De subjectione, qua debent uxores subjici viris suis. Qua ratione non debet fieri conjugium inter parentes. De eo quod unus vir non potest duas commatres ducere unam post aliam. De eo, qui cum filiola sua, aut cum commatre sua, aut qui filium suum baptizavit, aut ejus uxor filium suum, aut privignum suum de sacro fonte levavit, aut ad confirmationem tenuit, & ideo voluit separari. In quo ramusculo consanguinitatis possunt conjugia fieri. De accusatione consanguinitatis, & a quibus personis debet fieri. De inquirenda parentela, & de incestuoso conjugio. Discidio de gradibus consanguinitatis recto & transverso ordine dispositis.

Octava

Octava pars continet de homicidio spontaneo & non spontaneo, & quod potest fieri sine peccato. De eo, qui quemlibet Clericum occiderit, quid debeat emendare. De eo, qui percusserit mulierem in utero habentem, & abortierit, utrum homicidium fecerit; nec ne. De incantationibus, & divinationibus, & diverso genere magicæ artis. De natura dæmonum. De sortibus. De observatione dierum & mensium. De juramento, quod debeat teneri, nec ne, & quos habeat comites. De omni genere mendacii.

Variæ sententiæ.

IV. Priorem collectionem, quæ *Decretum* dicitur, Ivonem habere auctorem nemo dubitat. De *Pannormia* vero magna inter criticos vertitur quæstio. Vincentius Bellovacensis lib. 25. Specul. Histor. c. 84. post notitiam *Decreti Ivonis*, quod volumen *non parvæ quantitatis, nec facile portatile* affirmat, hæc addit: *Hugo Catalaunensis ex eodem volumine abbreviato libellum portatilem legitur composuisse, qui & ipse apud me est, &* Summa Decretorum Ivonis *appellatur*. Hinc Sebastianus Brandt, qui Pannormiam edidit, primus omnium suspicatus est, hanc esse potius *Summam decretorum Ivonis* ab Hugone Catalaunensi ex Decreto Ivonis excerptam, quam ipsius Ivonis opus. Joannes Molinæus in editione Decreti eamdem sententiam arripuit ac propugnavit; ac subinde hos sequuti sunt Correctores Romani, & P. Antonius Pagius. Alii vero cum Stephano Baluzio in præfatione ad dialogos Antonii Augustini de emendatione Gratiani non minus Pannormiam, quam Decretum Ivoni adjudicarunt; censentque eum prius lucubrasse Pannormiam, deinde vero cum eam legentibus probari vidisset, ad auctiorem collectionem concinnandam animum appulisse, & utrique operi eumdem prologum aptasse.

Quid probabilius credatur.

V. Quid nobis inter has sententias probabilius videatur, paucis explicabimus. Certum est primo collectionem aliquam canonum Ivoni adscribi oportere. Non solum enim id affirmat Sigebertus, qui Ivoni coævus fuit, scribens in libro de Script. Eccles. c. 168. *Ivo Carnotensis Episcopus composuit insigne volumen canonum*; & similiter Anonymus Melicensis, qui paullo post Ivonem vixit, de Script. Eccl. c. 95. *Ivo Carnotensis Episcopus scribit inter alia nonnulla, Excerpta de Canonibus*: verum etiam ipse Ivo in epist. 262. ad Pontium Abbatem Monasterii Cluniacensis testatur, *Collectiones canonum*, inquiens, *quas a me postulastis, & opuscula mea, quæ his addi voluistis, transmisi vobis*: quibus verbis collectionem a se digestam significare videtur. Erunt fortassis qui ex hoc testimonio colligant, utramque collectionem, nempe tum Pannormiam, tum Decretum Ivoni adjudicari, quippe qui *collectiones* plurali numero scripsit, non *collectionem*. At idem Ivo in epist. 80. plurali item numero ait: *In collectionibus Burchardi Wormatiensis Episcopi*; cum tamen unica sit Burchardi collectio. Neque vero pro excludendis duabus Ivonis collectionibus satis efficaces sunt Sigeberti, Roberti de Monte, & aliorum Scriptorum textus, qui unius voluminis meminerunt. Unam enim collectionem *Pannormia* inscriptam, cujus frequentiora sunt exemplaria, fortassis viderunt, non vero alteram, seu *Decretum*, cujus quidem rariores codices inveniuntur.

Quid sit Summa decretorum Ivonis.

VI. Secundo certum est Pannormiam non esse illam *Summam decretorum Ivonis*, quam Hugo Catalaunensis composuisse traditur: tum quia Pannormia ob partitionem atque distributionem a Decreto diversam, a forma compendii ejusdem Decreti abest quam longissime; tum quia continet nonnulla quæ in Decreto frustra requires; tum etiam quia nullibi in vetustis codicibus *Summa decretorum*, sed *Pannormia*, aut *Excerptiones Ivonis* inscribitur. Hinc *Summa* ab Hugone digesta, & memorata a Vincentio Bellovacensi, alia fuit, quæ injuria temporum intercidit. Ne autem Pannormia adjudicetur Ivoni, difficultatem movebunt quædam decreta in fine partis ultimæ descripta ex Innocentio II. qui post Ivonem Pontifex fuit. Verum hæc difficultas ex vetustis Pannormiæ codicibus sublata est, in quibus cum ea Innocentii II. decreta non legantur, eadem in aliquibus exemplaribus posteriori additamento accessisse perspiciuntur.

Codices Decreti.

VII. Ex codicibus autem res dijudicanda videtur. Decreti codices pauci. Tres tantum hactenus nobis innotuerunt, unus ex quo prima editio prodiit; alter Victorinus a pluribus laudatus, ad quem secunda editio Parisiensis exacta fuit; tertius Vaticanus 1357. sæculi XII. quem ipsi vidimus. Hi omnes præfatiofationem exhibent; sed Vaticanus sine auctoris nomine hunc titulum præfert: *Incipit liber extractionum, sive excerptarum ecclesiasticarum rerum partim ex epistolis Romanorum Pontificum, partim ex gestis Conciliorum, catholicorum Episcoporum, & Regum; & continet XVII. partes*. Victorinus autem eam præfationem non initio, sed in fine ipsius codicis manu recentiori additam repræsentat hac inscriptione: *Liber canonum suprascriptus decreta Joviniani, quem composuit Ivo quondam Carnotensis Episcopus; & continet XVII. partes principales;* uti discimus ex Baluzio in præfatione ad Augustini dialogos num. 21. Plura vero sunt exemplaria Pannormiæ. Unum tantum laudatum ab Antonio Augustino cum epigraphe *Liber sacrorum canonum*, præfationem ac Ivonis nomen ignorat. Ceteri præfationem vel titulum cum Ivonis nomine præferunt. Baluzius Victorinum antiquissimum, & tres S. Albini Andegavensis laudat. Franciscus Salmon in tractatu gallice scripto de studio Conciliorum part. 2. c. 1. pag. 269. edit. an. 1726. manuscriptum exemplar Ecclesiæ Parisiensis F. 4. commemorat. Nos præter unum exemplar S. Benedicti Padilironensis mutilum, tria alia cum præfatione nacti sumus, unum Basilicæ Vaticanæ 19. G aliud Vat. 1358. cum peculiari ejusdem præfationis epigraphe *ad P. Abbatem*, nimirum, ut credimus, ad Pontium Abbatem, ad quem Ivo collectionem se misisse professus est epist. 262. ac tandem codicem Patavinum Monachorum S. Justinæ signatum YY. V. n. 86. in quo hic titulus legitur: *Ivonis Episcopi Carnotensis Excerptiones ecclesiasticorum canonum*. Sequitur autem præfatio cum titulis octo partium, in quas Pannormia dividitur. Hic autem codex controversiam de hujus operis auctore videtur dirimere. Licet enim credatur sæculi XIV. transcriptus, tamen fuit ex vetustiore exemplo, quod statim post Ivonis mortem fuerat exaratum. Catalogum enim subjicit Romanorum Pontificum, qui ita definiti in Gelasio II. ut annos pontificatus hujus omittat, qui in præcedentibus Pontificibus singillatim notantur. Id autem ex eo evenit, quia ille catalogus sub eodem Gelasio scriptus fuit, cum anni pontificatus ejusdem signari non poterant. Gelasius II. pontificatum inivit anno 1118. & obiit mense Januario anni 1119. Ivo autem excesserat, ut initio diximus, anno 1115. vel 1117. Illud ergo exemplum, ex quo Patavinus codex descriptus est, Ivonis ætati suppar fuit. Hoc autem tam antiquum testimonium, quo Pannormia Ivoni asseritur, nobis tanti est, ut si de alterutro opere dubitandum esset, de Decreto potius, quam de Pannormia ambigendum arbitraremur.

Codices Pannormiæ. Judic. de collect. c. 30.

Pannormia Ivoni adjudicata.

VIII. Neque idcirco Decretum ab ipso abjudicandum putamus. Cum enim huic quoque operi eadem Pannormiæ præfatio in veteribus libris addatur, id ea de caussa factum fuisse credimus, quia antiqui illi amanuenses hoc quoque ab Ivone lucubratum acceperant. Ivo Pannormiam primo scripsisse, & cum præfatione edidisse videtur. Hinc plura ejusdem Pannormiæ exemplaria statim conscripta & propagata. Postea vero prolixiorem collectionem digessit, sed fortassis ipse non edidit. Hinc sine proprio prologo post ejus mortem inventa, eidemque in rarioribus, quæ scripta fuerunt, exemplaribus prologus ex Pannormia additus fuit, qui proinde in Victorino antiquissimo exemplo, non in fronte, sed in fine Decreti velut addititius describitur.

Item Decretum.

IX. Præcipuus fons, ex quo Ivo canones derivavit, fuit collectio Isidoriana. Usus est etiam aliquando Reginonis compilatione, ex qua inter cetera exemplaria litterarum formatarum ab eo relata lib. 1. n. 437. 438. & 439. de verbo ad verbum transtulit in Decretum part. 6. c. 433. 434. & 435. Pleraque vero ex Burchardo sumsit. Alia non pauca & ipse inseruit, uti sunt ex. gr. quæ parte secunda Decreti describuntur adversus Berengarii errores; & quæ part. 16. referuntur ex Jure Romano, & ex Capitularibus Regum Francorum.

Fontes Ivonis.

C A P U T XVII.

De MS. collectione Gregorii Presbyteri, quæ Polycarpus *inscribitur.*

I. Collectio, quæ *Polycarpi* titulo allegari solet, innotuit postquam eam Romani Correctores Gratiani in præfatione & in notis laudarunt. Continetur in MS. Vat. 1354. Auctor ejus Gregorius Presbyter ex epistola

tom. 2. de Script. Eccl. col. 764.

nuncupatoria cognoscitur, qui eamdem *Polycarpi* nomine inscripsit. Oudinus censuit auctorem esse celebrem illum Gregorium, qui postea fuit Sanctæ Romanæ Ecclesiæ Cardinalis Episcopus Sabinensis. Fallitur. Hic enim Cardinalis Gregorio VII. Pontifice floruit, e vivis autem excessit sub Urbano II. Auctor vero collectionis cum libro tertio tit. 9. laudet decretum Calixti II. qui pontificatum iniit anno 1119. a laudato Gregorio Sabinensi diversus est. Hunc quidem Presbyterum fuisse Romanum, non tam ex epigraphe manuscripti Colbertini ab Oudino relata colligitur, quam ex documentis, quæ apud ipsum pleniora, seu integriora quandoque invenimus quam apud Anselmum & Deusdedit; adeo ut ex Romanis scriniis eadem derivarit.

Tempus collectionis.

II. Tempus autem ex epistola nuncupatoria constituere licet. Ea inscripta est *D. Sancti Jacobi Ecclesiæ pontificali infula digne decorato*. Quis autem sit iste Episcopus Ecclesiæ S. Jacobi, idest Compostellanus, cujus nomen incipit a littera *D*, inquirendum est. Duo ejusdem Ecclesiæ Episcopi sub initium sæculi XI. inveniuntur, Dalmachius, & Didacus. Primo hæc nuncupatoria non competit; quippe qui jam obierat anno 1103. vel 1104. quo Didacus ejus successor epistolam a Paschali II. accepit, quæ legitur tom. 12. Concil. Venetæ edit. col. 987. Gregorii autem collectio ex memorato Calixti II. decreto ante annum 1119. collocari nequit. Igitur soli Didaco Dalmachii successori eadem nuncupatoria convenit. Duo documenta Cardinalis de Aguirre vulgavit, in quibus hujus Didaci fit mentio. Unum est privilegium Adelphonsi Hispaniæ

tom. 12. Concil. Ven. edit. col. 1403.

Regis subnexum Concilio Palentino anni 1129. quo idem Rex dono dedit *Didaco Dei gratia Compostellanæ Sedis Archiepiscopo* omnia regalia ad Emeritensem olim archiepiscopalem Ecclesiam pertinentia, quippe quod Emerita eo tempore a Saracenis occupata, Calixtus II. Archiepiscopatum Emeritensem *meritis & reverentia beatissimi Jacobi Apostoli in Compostellanam Ecclesiam* transtulerat. Alterum documentum est Synodus Ovetensis, cui subscriptus legitur *Didacus Jacobensis Archiepiscopus*. Hæc Synodus in vulgatis affigitur anno 1115. Sed cum Emeritensis Archiepiscopatus (si Adelphonsi privilegium genuinum sit) Compostellam translatus fuerit a Calixto II. qui Pontifex creatus fuit an. 1119. ea Synodus, in qua Didacus Jacobensis, seu Compostellanus Archiepiscopus vocatur, post annum 1119. habita dicenda est. Forte annus 1115. errore librariorum scriptus fuit pro anno 1125. Porro duos Didacos I. & II. Compostellanam Ecclesiam rexisse deteximus ex MS. duodecimi sæculi. Hujus apographum conservatur apud Comitem Josephum Garampium Canonicum Basilicæ S. Petri, & archivo Vaticano præfectum, qui nobis hæc de iisdem Didacis communicavit. Memoratum exemplum, Ecclesiæ S. Jacobi de Compostella descriptionem exhibet. In hac ea Ecclesia incepta dicitur *sub Episcopo Didaco I. & strenuissimo milite, & generoso viro in æra MCXVI.* idest anno Christi 1078. Porro ubi describitur tabula argentea opere anaglyptico ornata, proferuntur hi versus in ea insculpti, in quibus Didacus II. laudatur.

Ibi col. 1219. Ovetensis Concilii tempus emendatur.

Duo Didaci Episcopi Compostellani.

Hanc tabulam Didacus Præsul Jacobita secundus
Tempore quinquenii fecit Episcopii.
Rex erat Alfonsus, gener ejus Dux Raimundus,
Præsul præfatus quando peregit opus.

Huic secundo Didaco Gregorii collectio convenit, qui postquam archiepiscopalem dignitatem S. Jacobi caussa obtinuit, in Concilio Ovetensi *Jacobensis Archiepiscopus* vocatus fuit, in his versibus *Præsul Jacobita*, & in nuncupatoria præsentis collectionis *S. Jacobi Ecclesiæ pontificali infula decoratus*. Forte post hanc dignitatis accessionem sub Calixto II. Gregorius Presbyter Romanus Didaci ipsius hortatu collectionem lucubravit, eidemque ipsam direxit.

III. Laudatus Oudinus duos MSS. codices Colbertinos laudat signatos 696. & 4047. & quatuor tantum libros commemorat. At codex Vaticanus collectionem in octo libros distinctam exhibet: singulos vero libros dividit in plures titulos, qui plura item decreta ac testimonia comprehendunt; ac propterea non ita exiguum est opus, ut multi post Antonium Augustinum suspicati sunt. Epistolam nuncupatoriam, & librorum titulos ex Vaticano codice hic proferimus.

„ (1) D. D.

„(1) D. D. Sancti Jacobi Ecclesiæ pontificali infula digne decorato Gregorius Presbyterorum humillimus salutem.

„ Petistis jam dudum & hoc sæpe, ut opus arduum ac supra vires meas „ aggrederer, librum canonum scilicet, ex Romanorum Pontificum decretis, alio„ rumque sanctorum Patrum auctoritatibus, atque diversis authenticis Conci„ liis utiliora sumens, seriatim componerem. Id vero non idcirco a me in„ scio placuit requirere, ut aut vestra sapientia huic labori ut quam multo „ graviori non sufficeret, aut plures ad id magis idoneos ac prudentiores vo„ luntarie obsecundari præceptioni suæ non habeat; sed ut in hoc magno diu „ exercitatus, ad aliorum majorum ...., instructior & paratior efficerer: seu „ etiam si in aliquo parvitas ingenii mei deficeret, prudentia vestra mihi ma„ gistra & auxiliatrix manus extenderet. Cujus inquisitio etsi acre ingenium „ expeteret, & meis viribus minime conveniret; & ne temerarium a quibus„ dam judicaretur, timerem; tamen ne tantum ac talem virum recusatione of„ fenderem, acquievi; ac tandem hac maxime fiducia, ut vestra auctoritate „ interposita, a detrahentium morsibus defenderer, vestræ jussioni parui. Sicut „ enim olim in Ecclesia & quotidie negotiis negotia varie succedunt, atque „ multarum caussarum pro temporis eventu actiones succrescunt; sic sub titu„ lis unicuique congruentia capitula, auctorum tempore perspecto plurima con„ nexui, & octo librorum distinctionibus volumini compendiose finem impo„ sui. Cui pro ratione compositionis, a vobis auctoritate sumta, *Polycarpi* „ nomen convenienter indidi. Quod vestram obnixe deprecor industriam, ut „ compositionem perspiciat, atque perspiciendo si quid deesse, aut si quid ma„ gis quam deceat (inesse) cognoverit, cauta consideratione quod decens est „ compleat, & quod indecens est removeat. Approbandus vero ad laudem ve„ stram & ad obedientiam vestræ jussionis augendam moderatione habita com„ probor. Præterea ne per libri seriem lectorem res indistincta turbaret, hu„ jus operis titulos præponere placuit, ut suis locis colligere possit quod sub „ numero competenti prædictum esse cognoscit.

IV. Libro primo agit de primatu Romanæ Ecclesiæ, & privilegiis ejus tit. 27.

Libro secundo de Prælatorum electione, ordinatione, pallio, & de aliorum Clericorum ordinibus tit. 38.

Libro tertio de Ecclesiis, Monasteriis, decimis, oblationibus, de celebratione officiorum, jure Ecclesiarum, & Monasteriorum: de Corpore Christi, ejusque custodia: de baptismo, & impositione manus, de ritibus, de divinis Scripturis, de celebratione Paschæ, de prædicatione, consuetudinibus, jejuniis &c. tit. 30.

Libro quarto qualiter lex Dei sit legenda, & de officiis Episcoporum: de Chorepiscopis, de Abbatibus, de Monachis, de monialibus, de diaconissis, de viduis, de Clericorum reatibus tit. 40.

Libro quinto de judiciis tit. 8.

Libro sexto de Imperatoribus, Principibus, & reliquis Laicis: de conjugiis & matrimonio, ac de delictis variis: de pœnitentia & pœnitentibus: de justa misericordia: de bono obedientiæ: ne Christiani temere se exponant periculis tit. 23.

Libro septimo de excommunicatione, de potestate ligandi, de unitate Ecclesiæ, de schismate, de hæreticis & schismaticis, de vindicta &c. tit. 16.

Libro octavo de infirmis, de morte & purgatorio, de sepultura & oblationibus pro defunctis, de immortalitate animæ, de tormentis malorum, de receptione animarum justorum in cælum ante resurrectionem corporum tit. 10.

CAPUT XVIII.

De aliis manuscriptis nondum editis collectionibus.

I. **C**Oncludemus hunc tractatum brevi recensione aliquot collectionum, quæ in bibliothecis latentes vel a nobis inventæ sunt, vel ab aliis indicatæ fuerunt. Pleræque digestæ sunt sæculo undecimo, quo studium sacrorum cano-

(1) Oudinus loco laudato ex MSS. codd. quos laudat, Colbertinis, titulum, qui in Vaticano deest, & nuncupatoriæ initium producit his verbis: *Prologus Gregorii S. Romanæ Ecclesiæ super excerptum de Romanorum Pontificum & aliorum Sanctorum auctoritatibus. Dilecto Domino D. Sancti Jacobi Ecclesiæ* &c.

canonum effervescere ac latius propagari cœpit. Licet vero omnes ex iisdem fontibus derivatæ, & fere etiam apocryphis plus minus infartæ in plerisque reipsa conveniant; cum tamen librorum, aut partium divisione maxime discrepent, non inutilis futura est brevis earum notitia.

II. Primum memoranda est peculiaris collectio, quæ exstat in MS. Vat. Reginæ 973. Id autem proprium habere visa est, quod cum ceteræ collectiones, quæ per loca communia in titulos dividuntur, textus cuique titulo congruentes indiscriminatim subjiciant ex Decretalibus atque Conciliis, sive etiam ex Patribus, ex Capitularibus, atque legibus Romanis; hæc separatim Pontificum, Conciliorum, Patrum, ac legum textus sub propriis cujusque titulis profert. Post brevem scilicet præfationem, quæ incipit: *Quoniam quorumdam Romanorum decreta Pontificum* &c. describit primo selecta Pontificum decreta inchoans ab apocryphis Clementis, Anacleti, Evaristi &c. ac ordine chronologico ceterorum decreta producit usque ad Nicolaum I. Joannem VIII. Alexandrum II. & Urbanum II. ex quo hæc collectio undecimo sæculo concinnata cognoscitur. Omnia vero cujusque Pontificis decreta in titulos distributa simul coeunt, nec cum decretis aliorum Pontificum immiscentur; sed post decreta Clementis in titulos distincta, alia titulorum distributione subduntur decreta Anacleti, & similiter de reliquis Pontificibus. Post decreta Pontificum eadem ratione in titulos distributi subjiciuntur canones cujusque Concilii. Exordium sumitur a Nicænis; concluditur autem cum canonibus Concilii Hispalensis II. in quibus auctor Isidorianæ collectionis ordinem sequutus est. Dein testimonia producuntur ex dictis Patrum, in quibus (raro tamen) quidam canones Conciliorum immiscentur, nec non ex Capitularibus, ex Novellis, atque Theodosiano Codice.

III. MS. exemplum Vat. 3832. sæculi XI. vel XII. post nonnulla integra, vel in partes secta documenta ex Pseudoisidoro excerpta collectionem profert in duos libros distinctam, quorum primus continet capitula sive titulos 360. secundus vero fere totidem, qui tamen non signantur numero nisi usque ad titulum 54. Primum caput libri primi inscribitur *De primatu Romanæ Ecclesiæ*, & incipit: *Si difficile & ambiguum* &c. quod caput ex hac collectione fortassis exscriptum, cum separatim inventum fuerit a Joanne Wendelstino, uti nos quoque illud separatim nacti sumus in MS. Vat. 4977. & in alio apud Eminentissimum Passioneum; ab eodem editum fuit cum Hadriana collectione Moguntiæ anno 1525. & exinde insertum legitur tom. 1. Conciliorum edit. Ven. col. 65. Alia capitula agunt de Monasteriis, de judiciis, de matrimonio, de perjuriis, de Clericis, de ordinibus &c. Scatet undique documentis suppositititiis. Decretum Gelasio inscriptum de libris recipiendis, vel non recipiendis interpolatum producit, de quo dictum est part. 2. c. 11. §. 5. Profert ordinem ad dandam pœnitentiam, cujus initium est: *Presbyteri admonere debent plebem sibi subjectam* &c. uti apud Burchardum legitur lib. 19. c. 2. & seqq. In fine additur epistola Urbani Papæ ad Gibeardum Constantiensem Episcopum data XIV. Kal. Maji anno 1089. quæ edita est tom. 12. Concil. col. 737. Hinc collectionis tempus colligi potest.

IV. Codex Vat. 1339. sæculi XI. collectionem canonum complectitur distributam in libros quinque, cui hic titulus majusculis litteris scriptus præfigitur pag. 15. *In Christi nomine incipit liber canonum ex multis sententiis Patrumque dictis defloratus, in quo constant remedia animarum ex diversis Doctoribus compta pro omnibus, qui in innumerabilibus casibus lapsi sunt. Omnia, dilectissimi fratres, quæ ad utilitatem animarum pertinent, in hoc valebitis reperire volumine, quod nisi partibus, qui in his divisus refulget* (legendum videtur *quod si partibus quinque divisum refulget*) *non temeritatis caussa, sed caritatis remedioque languentium profecto hic congestus est liber: unde si lector prudens perscrutari curaverit, de cunctis vitiis dignam in eo inveniet medicinam.* In præfatiuncula, quæ subsequitur, hæc collectio *Manuale* vocatur, eaque congesta dicitur *pro amore cujusdam Luponis Sacerdotis valde amabilis*. Liber primus divisus in capita 164. inscribitur: *De gradibus & nominibus, de ministeriis ac meritis, de qualitate vel ordinatione Clericorum*. Secundus distributus in capita 178. *De Primatibus Ecclesiæ, & de Concilii*

cilii temporibus, *de vita & castitate Clericorum*, *præcipue de prohibitione consortii cum mulieribus*, *& de feminis*, *quæ in fornicatione cum Clericis deprehensæ sunt*. Tertius distinctus in capita 271. *De baptismo*, *& chrismate*, *atque de die dominico*, *ac festivitatibus Sanctorum*. Hæc in titulo hujus libri tertii. At ex tabula capitulorum addendum est: *De decimis & redditibus Ecclesiæ*, *earumque divisione*, *de oblationibus vivorum & defunctorum*: *de tribus generibus eunuchorum*, *de tonsura*, *de ministerio altaris*, *de horis canonicis*, *de excommunicatione*, *de sepultura*, *de Eucharistia*; *qualiter accipienda ac veneranda sit*: *de sortibus & auguriis*, *de ducatu barbarorum*, *de bestiis immitibus*, *de origine servorum*. Liber quartus dissectus in cap. 444. hoc titulo prænotatur: *De utilitate pœnitentiæ & gratia communionis etiam in ultimis positis*, *& de aliis caussis Christianitatis obtentis*. De variis autem criminibus & de operibus satisfactoriis late disseritur. Liber quintus in cap. 240. *De legitimis conjugiis*, *& de raptoribus*, *& plurimis nuptiis*, *atque de concubinis*. Cuique libro præmittitur tabula capitulorum hac epigraphe: *Incipiunt capitula*. Tabula autem libri quinti sic inscribitur: *Incipit Breviarium*; ex quibus patet *Breviarium* & *Capitula* promiscue usurpari. Testimonia proferuntur ex Scriptura, ex Conciliis, & epistolis Romanorum Pontificum tum sinceris, tum apocryphis, ex SS. Patribus, ac potissimum ex S. Isidoro Hispalensi, & quædam etiam ex Capitularibus ac legibus Justinianeis. Conciliorum & Pontificum decreta suppeditarunt præcipue collectiones Hadriana & Isidoriana. Quædam etiam ex collectione Hibernensi videntur excerpta. *Capitula & Breviarium promiscue accepta.*

V. Aliam collectionem in septem libros distinctam exhibet codex Vat. 1346. Hujus ætas cognoscitur ex præmisso catalogo summorum Pontificum, qui prima manu ita desinit in Paschali II. ut dies obitus ejus eadem manu omissus, posteriori manu notatus fuerit, & dein alio caractere additi alii subsequentes Pontifices usque ad Alexandrum III. Hæc itaque collectio lucubrata fuit ineunte sæculo XII. sub Paschali II. cujus quidem epistola 88. ad milites & oppidanos de S. Geminiano ante ipsam collectionem describitur. En singulorum librorum titulos. Liber primus de rebus ad Romanos Pontifices, & Romanam Ecclesiam pertinentibus. Secundus de Episcopis. Tertius de Clericis. Quartus de variis rebus ad Clericos pertinentibus. Quintus de Sacramento baptismi; & de his ad baptisma pertinentibus, nec non de Monachis & Monasteriis. Sextus varia de laicis. Septimus de peccatis & pœnitentia &c. *tom. 12. Conc. col. 1038.*

VI. Codex Vat. 1349. sæculi IX. vel X. collectionem in libros novem distributam continet. Ea caractere perdifficili scripta est, nec ob angustias temporis licuit nisi solos librorum titulos exscribere, quos hic exhibemus. Liber primus *de ordine Clericorum*, *vel ordinatione*. Secundus *de Conciliorum celebratione vel Synodorum*. Tertius *de ministeriis ecclesiasticis*. Quartus *de Monachis*, *vel Monialibus*. Quintus *de gratia baptizandorum*, *vel de Christianitate*. Sextus *de gratissima canonum collectione*: qui titulus ad epigraphen collectionis Hibernensis refertur; ex qua hic quoque exscripta leguntur illa: *Quæ Scripturarum testimoniis & Sanctorum dictis roborata*: *ubi si quidpiam discordare videatur*, *illud* (ex) *eis eligendum est*, *quod majoris auctoritatis esse decernitur*. Confer supra cap. 7. §. 1. n. 2. Septimus *de homicidiis & sceleribus*, *& vindictis eorum*; *de conjugationibus licitis*, *vel illicitis*; *de adulteriis & fornicatione*, *de furto*, *& de jejuniis*, *& orationibus*. Octavus *de utilitate pœnitentiæ*. Nonus *de judicio pœnitentium*. Afferuntur textus non solum ex Conciliis, & decretis Pontificum, verum etiam ex Scripturis, & Patribus, ac ex Justiniano. Plura aliis, qui commodius poterunt, in hac collectione, quæ multum vetusta est, expendenda relinquimus.

VII. Collectio in duodecim libros distincta legitur in MS. Vat. Palat. 584.
Liber I. De Pontifice, Primatibus, Metropolitanis &c. c. 187.
II. De sacris ordinibus c. 188.
III. De vita Clericorum, de Monachis & Laicis c. 220.
IV. De Ecclesiis & celebratione Missarum, de oblationibus & decimis, de sepulturis, & de libris in Ecclesia legendis c. 241.
V. De Sacramentis, eorumque perceptione, & observatione c. 198.
VI. De festis & diversorum temporum jejuniis c. 82.

VII.

VII. De homicidiis c. 99.

VIII. De conjugiis, & de variis criminibus in materia carnis c. 183.

IX. De Synodo & judiciis ecclesiasticis c. 184.

X. De Regibus, & Principibus, de Comitibus, judicibus, testibus, & de variis delictis, & de criminosis hominibus c. 179.

XI. De vitiis principalibus eorumque remediis, de pœnitentia & reconciliatione infirmorum c. 177.

XII. De virtutibus & qualitate hominis creati, de prædestinatione, de mortis origine, de animabus post mortem, de igne purgatorio, de igne æterno, de Antichristo, de die judicii, de pœna malorum & gloria justorum c. 116. Non pauca ex apocryphis inserta præfert.

VIII. Rariora testimonia ex supposititiis documentis occurrunt in MS. collectione conservata apud Cardinalem Passioneum, quæ libris tredecim digesta fuit. Deest liber primus. Secundus vero initio mutilus desinit in cap. 56. Tertius inscribitur, *De multimodis caussis* c. 61. Quartus, *De baptismo & chrismate, de die dominico & festivitatibus Sanctorum, & de infirmis, seu de decimis, & de oblationibus fidelium* cap. 38. Quintus, *De taciturnitate, & Clericis negotiatoribus, aut arma bajulantibus, atque venationem exercentibus* c. 13. Sextus, *De homicidiis*, c. 58. Septimus, *De veritate & falsitate, hoc est, de falsis testibus* c. 47. Octavus, *De juramento & perjuriis* c. 15. Nonus, *Quod oportet omnibus Christianis ex corde inimicis dimittere* c. 18. Decimus, *De abstinentia a carne & vino, de morticino & suffocato, de his qui immunda comedunt, & de negligentia sacrificiorum* c. 27. Undecimus, *De canonicis horis, & de Eucharistia, & de excommunicatione, de sepultura, & de sortibus, divinationibus, & sortilegiis* c. 51. Duodecimus, *De utilitate pœnitentiæ* c. 75. Decimus tertius, *De Episcopis ordinandis, & Abbatibus, & Presbyteris, & aliis ordinibus ecclesiasticis, & de servis ecclesiasticorum* c. 135. Hæc de collectionibus manuscriptis, quas nos ipsi reperimus.

IX. Nunc de iis, quarum alii mentionem fecerunt. Gerhardus Von Mastricht in Historia Juris Ecclesiastici num. 413. collectionem laudat descriptam in membranaceo suæ bibliothecæ codice, ac in tres libros distinctam. In primo libro sunt tituli 45. in secundo tit. 56. in tertio tit. 46. ille vero prioris tantum libri titulos retulit. Notat porro præter complura fragmenta e supposititiis epistolis priscorum Romanæ Sedis Antistitum, inter ea, quæ ex sinceris aliorum Pontificum litteris proferuntur, legi aliquot decreta Agathonis, Nicolai, & Adriani II. cujus sanctiones ordine non interrupto inseruntur libro secundo. Si recentiora hujus collectionis decreta sunt illa Adriani II. eadem collectio sub finem noni sæculi, vel saltem ante undecimum concinnari potuit. Idem Scriptor hanc notationem in fine libri tertii exaratam recitat. *Si quis in his libris, quos de corpore canonum excerpsimus, aliquid invenit, quæ* (ita codex) *aut despicienda judicat, ignoscat paupertati sensus nostri. Nos tamen deputamus plurimorum sententiam singulorum sumtionibus præferendam* &c. Hæc ab imperito collectore perperam excerpta deteximus ex postremis periodis præfationis collectionis Acherianæ, de qua egimus cap. 8. ubi congruentius & emendatius legitur: *In quibus* (libris) *si quisquam aliquid invenit de talibus Conciliis, quæ aut despicienda, aut non recipienda judicat, ignoscat paupertati sensus nostri. Nos tamen dignum putamus plurimorum sententiam singulorum suspicionibus præferendam; & in quibuscumque rebus generalium Conciliorum auctoritatem non habemus, magis earum Synodorum, quæ per singulas provincias factæ sunt, quam proprium nostrum sequendum sensum.*

Synodorum provinc. auctoritas.

X. Antonius Augustinus in suis operibus duas collectiones sæpe commemorat, quarum alteram Tarraconensem vocat, alteram Cæsaraugustanam. Tarraconensis in sex libros distributa est, de qua hæc refert Antonius Augustinus Soc. Jesu in Appendice ad Antonii Augustini Archiepiscopi Tarraconensis judicium de quibusdam veteribus canonum ecclesiasticorum collectoribus c. 33. *Tarraconensis, quam alias Populeti nominat Archiepiscopus, ex insigni Monasterio Cistercensium Monachorum regio, duodecim millibus Tarracone distanti, quod vulgo* Populeti, *sive* Poblete *dicitur, dono data ei fuit: & quia aucto-*

Collectio Tarraconensis, seu Populeti.

auctoris nomine carebat, hæc ex diœcesi Tarraconensis ab eo nominatur. Notat porro recentiora hujus collectionis documenta esse decreta Gregorii VII. Hanc Correctores Romani aliquando adhibuerunt, & in indice librorum vocant quidem *collectionem decretorum Romanorum Pontificum ab Augustino Archiepiscopo Tarraconensi*; in notis autem quandoque nominant *antiquum codicem Monasterii Populeti.*

XI. De Cæsaraugustana vero collectione ipse Archiepiscopus Antonius Augustinus dialogo 5. de emendatione Gratiani affirmat, eam ad se missam fuisse ex Monasterio Carthusianorum Cæsaraugustano, quo pervenerat post obitum Hieronymi Zuritæ regii Historici. In quindecim libros divisa est; & cum post Urbanum II. reliquorum Pontificum non meminerit, eo tempore scripta creditur. Hujus apographum nacti sumus in MS. Barberino 2864. in cujus fronte hic titulus legitur: *Liber Cæsaraugustanus Aulæ Dei Hieronymi Zuritæ.* Alium codicem Vat. 4976. cartaceum hujus collectionis invenimus, sed in fine mutilum, quippe qui novem tantum libros integros continet, & decimum abrumpit capite 47. Titulos, & capita singulorum librorum indicare sufficiet. Cæsaraugustana collectio.

Liber I. *De ratione & auctoritate, & quæ cui sit præponenda* c. 64.
II. *De Romanæ Ecclesiæ privilegiis* c. 74. al. 79.
III. *De Metropolitanis & Episcopis* c. 72. al. 74.
IV. *De variis delictis & officiis Episcoporum & Clericorum* c. 103. al. 122.
V. *De judiciis ecclesiasticis* c. 94. al. 97.
VI. *De jurejurando & perjurio* c. 30.
VII. *De sacrilegiis, & de privilegiis Ecclesiarum* &c. c. 111. al. 115.
VIII. *De vita Clericorum, & nominis interpretatione* c. 106. al. 119.
IX. *De vita & officio Monachorum* c. 69.
X. *De nuptiis, & virginibus* c. 141. al. 143.

Hactenus librorum titulos exhibuimus ex codice Vaticano, qui illos præfert. In sequentibus autem libris, qui in eo codice desunt, solos titulos primi capitis cujusque libri dabimus ex apographo Barberino, quod generalibus librorum titulis caret.

XI. *Quod sacrificium altaris verum corpus Christi sit* c. 28. Id impetit Berengarii errorem medio sæculo XI. excitatum.
XII. *Qualiter rudes prædicari debeant* c. 96.
XIII. *Quod in unica catholica Ecclesia vera Christi hostia immoletur* c. 55.
XIV. *De hæreticis & schismaticis, & quid distet hæresis a schismate* c. 49.
XV. *De damnatione Constantini, & reordinatione eorum, qui ab ipso fuerunt ordinati* c. 81.

XII. Duas alias manuscriptas collectiones passim laudant, & ex illis canones quosdam & decreta Pontificum referunt Conciliorum editores. Unam designant hac formula *Ex codice librorum quinque*; quia in libros totidem dividebatur. Alteram *Ex codice librorum sexdecim*; propterea quod sexdecim libros complecteretur. Iidem vero editores ea fragmenta ex ipsis codicibus referunt, quæ in vulgatis Conciliis atque epistolis Romanorum Pontificum non invenientes, inedita putaverunt. Verum accuratiori studio deprehensum est, ea fere omnia similiter allegari in collectione Burchardi, qui Capitularium & aliorum posterioris ævi Scriptorum sententiis veterum Pontificum & Conciliorum nomina inscripsit, ut cap. 12. n. 5. monuimus. Hinc non nemo suspicatus est has collectiones esse portiones Burchardi. At non solum librorum numerus ac tituli, sed ipsorum etiam canonum ordo, & quæ allegantur capitula cum Burchardi collectione nequaquam congruunt. Illud autem colligi tute potest, earum collectionum compilatores plura sumsisse ex Burchardo, sive ex alia posteriori collectione, quæ e Burchardo permulta receperat.

XIII. Romani Correctores Gratiani in indice librorum, quibus usi sunt, laudant MS. *collectionem canonum pœnitentialium incerti auctoris ex bibliotheca Michaelis Thomasii Episcopi Ilerdensis.* Hanc Antonius Augustinus ex eadem bibliotheca typis impressit Tarracone an. 1582. Licet autem illam sine scriptoris aut libri inscriptione repererit; *Pœnitentiale Romanum* nihilominus appellavit, quod ex urbe Roma in ejus manus pervenerit. Continet hæc collectio titulos 9. singuli autem tituli in plura capitula distinguuntur. Cum laudendentur decreta non tam Gregorii VII. & Urbani minoris, quam Calixti & Innocentii II. hæc collectio sæculo XII. scripta perspicitur. Ejusdem rationis est ac præcedentes, atque ex iisdem fontibus hausta.

Hildeberti Cenoman. collectio. XIV. Unum in fine hujus capitis non est omittendum. Hildebertus Cenomanensis, postea Turonensis Episcopus, in epistola ad Nemosiensem Episcopum scripta exeunte anno 1118. vel ineunte anno 1119. de collectione canonum, lib. 1. ep. 27. edit. Parif. an. 1708. pag. 124. cui dabat operam, sic loquitur. *Exceptiones autem decretorum, quas in unum volumen ordinare disposuimus, ad suum finem nondum perductæ sunt. Opus enim hoc liberum curis pectus desiderat, cujus nos Episcopus immunes fecit. Horum tamen jam explevimus partem, atque ad id peragendum quod restat, Episcopum deposcemus. Peractum vestras veniet in manus, nec opus erit, ut pro eo deferendo vester legatus ad nos usque fatigetur. Officii nostri erit, vobis illud per nostrum destinari.* Num hæc collectio, uti spoponderat, ad finem perducta & edita fuerit, non liquet. Titulus *Exceptiones decretorum*, quo eam designat, in caussa fuit, ut nonnulli huic Hildeberto tribuerint *Decretum* Ivonis, cui præmissa est Ivonis præfatio incipiens a voce *Exceptiones*, quam quidem in fine epistolarum Hildeberti editores Benedictini impresserunt, uti antea vulgata fuerat hac inscriptione; *Hildeberti Turonensis Episcopi in suas regularum ecclesiasticarum Exceptiones de multiplici divinorum præceptorum genere*. Ipsi vero editores eam non Hildeberto, sed Ivoni vindicandum existimant, uti sane illam Ivoni asserunt MSS. exemplaria, de quibus diximus cap. 16. ubi etiam tum Pannormiam, tum Decretum eidem Ivoni adjudicavimus. Alii vero suspicati sunt, Hildeberti potius esse vel Tarraconensem, vel Cæsaraugustanam collectionem, adde vel aliam aliquam ex præcedentibus, quæ sub idem tempus digestæ, certum non habent auctorem. Nisi vero aliquid certius occurrat, nihil affirmari potest.

XV. Hæ sunt collectiones, quas ante Gratianum digestas explicandas censuimus. Illa vero Gratiani satis nota & a multis illustrata, explicatione non indiget; ac propterea in collectionibus Gratiano anterioribus, ex quibus ipse Notatio in Gratianum. fere omnia derivavit, laborem nostrum conclusimus. Unum vero quantum ad eumdem Gratianum, qui non ex antiquis primigeniis fontibus integra documenta continentibus, sed ex posteriorum temporum collectionibus, quæ eadem documenta in partes dissecta, & in locos communes distributa continent, pleraque hausit, adnotare non inutile fuerit. Cum nimirum hæ collectiones in titulos distinctæ, ob methodum faciliorem plurimum afferrent commodi; his passim receptis, usuque frequentiori multiplicatis earum exemplaribus, antiquorum & puriorum fontium amor ac studium sensim obsolevit. Harum vero collectionum auctores non semper accurati, nec semper ex priscis illis codicibus canones & decreta transcripsere. Vidimus quosdam non semper textus integros exsup. c. 7. §. 1. n. 1. & §. 2. n. 3. c. 12. n. 5. cerpsisse, sed liberiori licentia alios abbreviatos, alios aliis verbis expressos, alios diminutos, alios interpolatos dedisse. Multa ex supposititiis passim inserta, & quædam etiam ceteroquin sinceræ alienis auctoribus attributa pluries notavimus. Vidimus etiam nonnullos ejusmodi collectores ex vitiatis hujus generis collectionibus fere profecisse, & pro emendandis earum erroribus novos in excerpendo errores addidisse. Hinc autem detectis fontibus, e quibus fere omnia menda Gratiani profecta sunt, quantum noster hic labor, quo de iisdem fontibus, seu collectionibus disseruimus, utilis esse queat iis qui in Gratiani studio versantur, quisque facile intelliget.

F I N I S.

CODEX

CODEX
CANONUM ECCLESIASTICORUM
ET
CONSTITUTORUM
SANCTÆ SEDIS APOSTOLICÆ.

ditioni subjecit. exemplum inveniri, in quo præter sermones & epistolas S. Leonis hæc collectio continebatur. Ex hujusmodi autem operum S. Leonis & hujus collectionis conjunctione in eodem codice Quesnellus facilis conjectator ipsam collectionem Romanam & sub Leone potissimum usu receptam suspicatus est. Itaque illam fusiori disputatione talem constituere, & in Appendice Leonis edere statuit.

Est collectio privata in Galliis condita. 3. Hanc vero collectionem haberi non posse codicem canonum Romanæ Ecclesiæ publica auctoritate lucubratum, & editum, usuque receptum sub S. Leone; vel anterioribus posterioribusque ejusdem Ecclesiæ Pontificibus, palam fiet ex Observationibus, quas subjiciemus Dissertationi XII. in qua suam sententiam ille confirmare ac munire pluribus contendit. Inde etiam manifestum erit, ejusdem auctorem fuisse privatum ac studiosum virum nobis ignotum, uti Petrus Pithœus antea laudatus persenserat. In Galliis autem eam conditam, ac proinde nec Italicam, sed Gallicanam collectionem esse, probabilibus, ut nobis videntur, conjecturis indicabimus.

4. Duo de hoc canonum & constitutionum codice in recitata epigraphe affirmavit Quesnellus, nimirum omnium qui hactenus prodierunt, esse *vetustissimum* & *amplissimum*. Hoc secundum defendi nequit: *amplior* enim est multo inter ceteras Isidori collectio, quæ sane, adulterinis etiam omissis, longe plura documenta complectitur. *Vetustissimus* vero codicum hactenus editorum, qui exhibent canones simul & constitutiones Sedis Apostolicæ, eatenus dici potest, quatenus nulla documenta continet, quæ sint posteriora Gelasio; cum aliæ collectiones antea typis datæ aliqua posteriorum Pontificum præferant, ut vel ex Dionysiana cognoscere licet. Recte autem statuit P. Coustantius in præfatione ad tom. I. Epistolarum Romanorum Pontificum, hunc codicem sub Gelasii

Tempus quo hæc collectio digesta fuit. ævum fuisse digestum. *Cum enim*, inquit num. 74. *ex puris putisque Gelasianæ epistolæ* (de libris apocryphis) *verbis conflata sit prima nec minima pars præfationis; & nihil habeat Codex, quod Gelasii ævum excedat: illud sane argumento est, eum, qui sub Gelasii Pontificatu, vel haud multo post, primam Codici manum admovit, ultimam eidem imposuisse; atque dum varia Conciliorum Pontificumque decreta compilat, his intermiscuisse ea, quæ sibi nota erant, & familiaria Gelasii statuta.* Putat Quesnellus eam codicis partem, quæ Constantinopolitanos canones exhibet, post Gregorii Magni ætatem additam fuisse. At id ea in hypothesi conjicit, quod is publicus Romanæ Ecclesiæ Codex fuerit, a quo laudati canones usque ad Gregorium I. certissime abessent. Cum vero hæc hypothesis omnino sit falsa; nihil impedit quin iidem canones ita huic codici privato inserti fuerint sub Gelasio, sicut in aliis privatis collectionibus ante, vel paullo post Gelasium lucubratis inveniuntur inserti. Confer nostras Observationes ad Dissert. XII. Quesnelli cap. 2. n. 8.

De præstantia ejusdem collectionis. 5. Præstantiam vero hujus collectionis duo potissimum adstruunt. Primo aliquot insignia documenta continet, quæ ex hac una collectione ad nos pervenerunt. Ita Petrus Crabbus ex vetusto hujus collectionis exemplo edidit epistolam Mizonii & ceterorum Episcoporum provinciæ Byzacenæ Breviario canonum Hipponensium præmissam cap. 2. aliaque nonnulla, quæ aliunde non suppetunt: & Cardinalis Baronius quasdam imperiales leges adversus Pelagianos ex MS. Atrebatensi ejusdem collectionis ab Henrico Gravio acceptas Annalibus inseruit, quas in aliis collectionibus frustra requires. Secundo etsi alia pleraque documenta inventa sint in aliis codicibus Dionysianis, Hispanicis, Isidorianis; cum tamen auctor nostræ collectionis ex his fontibus non ebiberit, sed ex aliis antiquioribus exemplaribus eadem documenta derivarit, diversas identidem, & non raro etiam sinceriores lectiones, ac nonnumquam integriora quoque monumenta ad nos transmisit. Non neminem fortassis illud offendet, quod supposititia S. Clementis epistola ad Jacobum in hac collectione recepta fuerit. At cum ea Rufino interprete vulgata sit, ejusque auctoritate in Gallicana Synodo Vasensi an. 442. can. 6. (saltem ut plerique codices ferunt) laudata; nihil mirum, si in hanc collectionem Gallicanam traducta fuit.

Necessitas novæ editionis. 6. Nunc de novæ editionis necessitate, & utilitate, ac de subsidiis in eam recudendam adhibitis plura dicenda sunt. Quesnellus hanc collectionem non omnino integram, nec cum melioribus ac sincerioribus ejus lectionibus ubique edidit. Id ex eo ortum habet, quod recentiorem codicem Oxoniensem, in quo alia

alia omissa, alia præter vetustiorum exemplarium fidem studiosi cujuspiam arbitrio emendata fuere, sequutus sit. Parata quidem hujus collectionis editione Thuaneum antiquiorem & probæ notæ codicem accepit. At nec ex eo supplevit omnia, quæ in Oxoniensi desiderantur (unam tantum Gelasii epistolam, & regulam formatarum ex ipso adjecit) nec recepit ejus lectiones nisi in paucissimis locis; reliquas vero vel rejecit in marginem, vel omnino prætermisit. Hinc jure P. Coustantius in laudata præfatione num. 88. postquam scripsit: *Unum est, antequam concludamus, de quo monitos lectores velimus, ejus nimirum codicis, quem de Oxoniensi exemplari descripsit Quesnellus, plura in Gallicanis bibliothecis asservari exempla, quorum nullum Oxoniensi non sit multo antiquius*; recensitis quinque præstantioribus MSS. subjecit: *Addimus & horum exemplorum ope permulta, quæ in vulgatum* (a Quesnello) *codicem irrepsere menda emaculari posse*: adjicere poterat, *& nonnullos etiam defectus suppleri*. Itaque ut integra & emendatior hæc collectio recuderetur, nonnulla inserenda, plura vero corrigenda fuerunt. Multa vero diligentia in Italicis bibliothecis adhibita, nullum ipsius collectionis MS. exemplar, quod nobis subsidio esset, invenire uspiam potuimus. At duos codices nacti sumus in bibliotheca Cæsarea Vindebonensi, quorum alter signatur num. XXXIX. alter vero num. XLII. Primus millenariæ ferme ætatis est codex membranaceus in folio, qui etsi titulorum, seu capitulorum tabula e Thuaneo manuscripto edita careat, eadem tamen capita 98. eodem ordine continet. Cum vero totidem capita in tribus aliis MSS. invenerit etiam Petrus Pithœus, quorum ultimum desinit in epistola S. Leonis ad Dorum, ut in aliis quoque exemplaribus deprehenditur; dubium esse nequit * quin hæc capita 98. ad hanc collectionem pertineant: ut ne audiendus sit Quesnellus, qui unius recentioris MS. Oxoniensis testimonio Leonis epistolas, veluti ab hac collectione alienas, abjudicandas putavit. Hæ autem in Oxoniensi exemplo ipsi collectioni non fuerunt insertæ, quia jam antea inter Leonis epistolas collectioni præmissas erant descriptæ, nec eamdem crambem recoquendam librarius credidit. Ceterum aliorum omnium vetustiorum exemplarium consensus uni MS. Oxoniensi jure est præferendus; ipsaque tabula in plerisque codicibus conservata, quæ eumdem capitulorum 98. numerum indicat, idipsum confirmat. Tabula enim primævi operis indicium esse solet, adeo ut si quæ alicubi in corpore desint, perperam abscissa; si quæ vero præter ea reperiantur inserta, posteriori additamento accessisse dicenda sint. Hac quidem de caussa addititia esse nonnulla documenta, quæ præter tabulæ & puriorum codicum fidem Leonis epistolis subjecta leguntur in ipso Thuaneo codice, observavimus not. 9. in Præfationem Quesnelli tom. 1. pag. XXXIII. & not. 1. ad ejusdem Pontificis epistolam 120. col. 1218. Hinc vero facile est judicium ferre de altero MS. codice Vindebonensi XLII. qui post præmissam tabulam capitulorum 98. & post præfationem Nicæni Concilii inserit epistolam Dionysii Exigui ad Stephanum, tum vero in corpore ipsius Codicis aliquot capita addititia recepit. Nam Innocentii epistolis præmittitur illa ejusdem Pontificis epistola *ad Tolosanos* (leg. Toletanos) quæ incipit: *Sæpe me & nimium*. Dein ante Siricii epistolam ad Himerium describitur alia ejusdem ad diversos Episcopos, cujus initium: *Cogitantibus nobis*. Tum vero inter Leonis epistolas intrusæ leguntur aliæ epistolæ ipsius XXI. quæ in nostra editione sunt epistolæ 9. 20. 22. 23. 25. 60. 61. 69. 70. 71. 79. 80. 82. 83. 85. 90. 115. 130. 134. 166. & 168. Tandem in fine adduntur aliæ epistolæ tres, una Hilari Papæ ad Ascanium, altera Simplicii ad Zenonem Spalensem, ac tertia Innocentii ad Aurelium. Hic codex sequioris est ævi, hæcque additamenta (Dionysii Exigui epistolam excipe) ex Isidoriana, vel Hispanica collectione librarius traduxit. Cum autem antiquior & purior sit primus codex Cæsareus Vind. XXXIX. ejus præcipue exactissimam collationem non levi sumtu nobis comparavimus: nec tamen negleximus alterum iis in locis, quæ plurimum interesse credidimus. Neque vero prætermisimus alios ejusdem collectionis codices, sicubi ex ipsis aliqua documenta ab aliis edita, vel emendata deteximus. Hinc diligenter recognovimus, quæ vel Crabbus, vel Baronius, Sirmondus, Baluzius, Coustantius, aliique vetustorum exemplarium solliciti scrutatores ex aliquo ejusmodi codice produxerunt. Iis autem subsidiis hanc vetustissimam collectionem integram, a plu-

De codicibus Cæsareis Vindebonensibus.

* Vide dicenda not. 1. in c. 67.

pluribus mendis correctam, & primigeniæ formæ restitutam exhibebimus.

Aliæ vetustæ MSS. & fere ignotæ collectiones in hac editione adhibitæ.

7. Ut autem aliquid utilius accederet, conferendas pariter censuimus alias MSS. antiquiores & plerumque ignotas collectiones, in quibus si non omnia, certe fere omnia nostri Codicis documenta hic illic dispersa reperire non inutiliter licuit. Ejusmodi sunt tres præstantissimæ collectiones in bibliothecis Romanis conservatæ, quarum prima exstat in MS. Vat. Reginæ 1997. secunda in Vat. 1342. & Barberino 2888. tertia in pluribus aliis codicibus Additionum Dionysii. Nonnihil etiam contulere exemplaria Isidori, qui ex nostra collectione non pauca recepit. Accesserunt aliæ tres peculiares collectiones manuscriptæ, quarum duæ continentur in duobus codicibus Capituli Veronensis 55. & 58. qui pro canonibus Græcarum Synodorum usui fuere; tertia vero descripta est in alio ejusdem Capituli codice Veron. 46. in quo omnia nostræ collectionis documenta ad Acacianam caussam pertinentia reperimus. Neque defuerunt codices collectionum Corbejensis & Colbertinæ Longobardicæ, cujus postremæ aliud exemplum invenimus in bibliotheca Capituli cathedralis Lucensis. Illarum enim lectiones ex P. Coustantio tom. 1. Epistolarum Romanorum Pontificum, Lucensis vero exempli variantes ex P. Dominico Mansi in supplemento Conciliorum, vel per litteras cognoscere licuit. Licet vero ab editoribus alicujus collectionis lectiones ipsius propriæ, etsi forte alicubi minus rectæ, in textu inserendæ sint; aliarum tamen præsertim antiquissimarum collectionum recognitio maxime utilis fuit. Ubi enim harum lectiones cum nostræ collectionis lectionibus concinunt; hujus lectiones ex illarum consensu plurimum auctoritatis acquirunt.

Lectiones earum variantes cur adnotatæ. Earum utilitas.

Ubi autem inventæ fuerunt diversæ, eas in adnotationibus insertas, studiosorum judicio subjicere non minimum juverit. Hactenus scilicet duarum tantum collectionum Dionysii & Isidorianæ lectiones vulgo sunt cognitæ. Hac autem nostra diligentia tot vetustiorum & ignotarum diversæ originis collectionum lectiones patebunt, quæ cum fere conveniant invicem, & cum lectionibus nostri Codicis, has sinceriores & vulgatis præferendas quisque perspiciet. Editores Romani Epistolarum Romanorum Pontificum, Sirmondus, atque Coustantius, aliique eadem diligentia in aliquot MSS. collectionibus usi, eas epistolas ac nonnulla documenta similiter edidere. Nos vero omnes memoratas collectiones recolentes, omnia nostræ collectionis documenta ad easdem exegimus, earumque lectiones accurate notavimus. Cum autem pleraque earumdem collectionum monumenta, alio licet ordine, in nostro Codice inveniantur descripta; hac nostræ collectionis editione alias quoque antiquiores & ineditas collectiones in partem maximam quodammodo editas non immerito intelliges.

APPENDIX
AD S. LEONIS MAGNI OPERA,
SEU
[1] CODEX CANONUM ECCLESIASTICORUM ET CONSTITUTORUM SANCTÆ SEDIS APOSTOLICÆ
omnium qui huc usque prodierunt vetustissimus [2]

A Quesnello primum vulgatus ex MSS. codicibus Thuaneo & Oxoniensi, nunc autem recognitus cum præstantissimo exemplari Cæsareo Vindebonensi XXXIX. & pluribus in locis emendatus, additis variantibus lectionibus ex aliis aliarum etiam ineditarum collectionum MSS. exemplaribus.

[3] Continet Codex iste CANONES ECCLESIASTICOS & CONSTITUTA SEDIS APOSTOLICÆ,

I. *CANONES Nicæni Concilii, cum præfatione & expositione fidei.*

II. *Canones Carthaginensis Concilii.*

III. *Canones Anquiritani Concilii.*

IV. *Canones Cæsariensis Concilii.*

V. *Canones Gangrensis Concilii.*

VI. *Epistola Concilii Carthaginensis ad Innocentium Papam super errore Pelagii & Cælestii de libero arbitrio.*

VII. *Rescriptum ejusdem Papæ ad idem Concilium, in quo dogma Pelagii & Cælestii damnavit.*

VIII. *Epistola Concilii Milevitani ad Innocentium Papam de Pelagii & Cælestii pravitate, qui Dei adjutorio hominem asserunt non egere, & infantes sine baptismo posse consequi vitam æternam.*

IX. *Rescriptum Innocentii Papæ ad idem Concilium, quo error pariter cum errantibus damnatus est.*

X. *Epistola Aurelii Carthaginensis Episcopi & aliorum quatuor familiaris, directa ad Innocentium Papam contra sectam Pelagii.*

XI. *Rescriptum Innocentii, ad eosdem quin-*

1 Titulus hic eruitur ex duobus MSS. Quesnelli, tribus allegatis a Petro Pithœo, & quatuor aliis laudatis a P. Coustantio in Præfatione ad tom. 1. Epist. Rom. Pontif. n. 72. nec non ex Cæsareo Vindebonensi 42. omnes quippe hanc inscriptionem præferunt: *Continet codex iste canones ecclesiasticos & constituta Sedis Apostolicæ.*

2 *Vetustissimus*, quia (ut in præfatione monuimus) desinit in Gelasio; cum Dionysius Exiguus quædam proferat ex Anastasio II., qui Gelasio successit. Addidit porro Quesnellus in titulo: *& amplissimus, qui quidem in usu fuit in Ecclesia Romana, Innocentio I., Zosimo &c. ac Leone I. Pontificibus.* Hæc delevimus, quia inter vulgatas amplior est Isidori collectio, quæ totam Hispanicam collectionem hac multo locupletiorem recepit: Romanæ autem Ecclesiæ codicem, ut ille existimat, hunc non fuisse, in Observationibus ad Dissert. XII. luculentissime demonstrabimus.

3 Hunc titulum exhibet, ut not. 1. monuimus, uterque codex Quesnelli, quatuor inspecti a P. Coustantio, & unus noster Vindebonensis 42. Alius autem pariter Vindebonensis, vetustior, & purior, signatus num. 39. sicut capitum tabula & præfatione caret, ita & titulo, qui tabulæ præfigitur.

quinque Episcopos supra damnatione Pelagii.

XII. *Epistola Innocentii Papæ ad Aurelium Episcopum Carthaginensem familiaris.*

XIII. *Concilium plenarium habitum apud Carthaginem contra Pelagium & Cælestium.*

XIV. *Sacrum rescriptum Honorii & Theo-*
4 *dosii ad Palladium P. P.* 4 *post accepta gesta Synodi supra scripta.*

XV. *Edictum Palladii P. P. de expulsione Pelagii & Cælestii.*

XVI. *Epistola Honorii & Theodosii ad Aurelium Carthaginensem Episcopum super Pelagii & Cælestii sacrilega doctrina & damnatione.*

XVII. *Epistola Aurelii Episcopi ad Episcopos Provinciæ Bizacenæ & Arzugitanæ de Pelagii Cælestiique errore damnato.*

XVIII. *Capitula excerpta de gestis in Palæstina provincia actis, ubi Pelagius errori suo finem imposuit.*

XIX. *Sacrum rescriptum Constantii* 5 *Im-*
5 *peratoris ad Volusianum Præpositum, de damnatione Cælestii.*

XX. *Edictum Volusiani Præpositi de Cælestii expulsione.*

XXI. *Epistola Innocentii Papæ ad Exsuperium Tolosanum Episcopum, per quam ei in sex titulis interrogationis ejus caussas & suæ*
6 *responsionis decreta exposuit: ubi subdit* 6 *divinorum librorum veteris & novi testamenti summarium.*

XXII. *Rescriptum Innocentii Papæ ad Macedonenses Episcopos super interrogatione trium titulorum.*

1. *Ut qui viduam accepit uxorem, non admittatur ad clerum.*

2. *Ut qui ante baptismum uxorem habuerit, si illa defuncta post baptismum aliam duxerit, digamus habeatur, nec admittendus ad clerum.*

3. *Ut hi, qui de Catholica recedentes ab hæreticis ordinationem Sacerdotii accipiunt, non recipiantur in ordine, usque dum reverti voluerint.*

XXIII. *Rescriptum Innocentii Papæ ad Decentium Eugubinum Episcopum de titulis infra scriptis, id est:*

1. *Ut pacem in Ecclesia peractis jam mysteriis communicaturi sibi invicem tradant.*

2. *Ut nomina offerentium non prius, sed intra mysteria recitentur.*

7 3. *De* 7 *consignandis infantibus, solis de consecrato oleo licere dare Episcopis.*

4. *De fermento in die sancto Paschæ, his tantum Sacerdotibus qui intra Urbem sunt, tradi debere.*

5. *De jejunio Sabbati.*

6. *De his qui post baptismum a dæmonio corripiuntur.*

7. *De pœnitentibus, qui modus circa diem sanctum Paschæ teneri debeat.*

8. *Ut oleo sancto non solum Sacerdotibus, sed & omnibus Christianis in sua suorumque necessitate ungere liceat.*

9. *Ut pœnitentibus oleum sanctum, sicut & alia sacramenta, pœnitentiæ tempore non concedatur.*

XXIV. *Epistola Innocentii Papæ ad Victricium Rotomagensem Episcopum de titulis infra scriptis.*

1. *Ut extra conscientiam Metropolitani Episcopi nullus Episcoporum audeat* 8 *ordinare.*

2. *Ut post remissionem peccatorum non admittatur ad clerum, qui cingulum militiæ habere elegerit.*

3. *Ut omnes contentiones vel caussæ inter clericos cujuslibet ordinis exortæ, coram provincialibus, id est suis Episcopis terminentur.*

4. *Ut majores caussæ ad Sedem Apostolicam post episcopale judicium referantur.*

5. *Ut clericus virginem uxorem accipiat.*

6. *Ut laicus sive ante baptismum, sive post baptismum, si viduam uxorem acceperit, non admittatur ad clerum.*

7. *Ut qui secundam duxerit uxorem, clericus ordinari non debeat, etsi ante baptismum tale fuerit sortitus connubium.*

8. *Ut de aliena Ecclesia clericum ordinare nullus usurpet.*

9. *Ut venientes a Novatianis vel Montensibus baptizati, per manus tantum impositionem recipiantur.*

10. *Ut Sacerdotes & Levitæ cum uxoribus suis non coeant.*

11. *Ut Monachus, si ad Clericatus ordinem niti voluerit, a priori proposito quod Monachus gessit, non debeat deviare.*

12. *Ut qui corruptus ad Clericatum venire voluerit, spondeat se secundum veterum regulam uxorem non ducere.*

13. *Ut Curiales, vel quibuslibet publicis functionibus occupati, Clerici* 9 *non fiant.*

14. *Ut Ancillæ Dei velatæ si publice nubendo, vel occulte se corruptioni tradiderint, non admittantur ad pœnitentiam, nisi is cui se junxerant, de sæculo recesserit.*

15. *Ut Ancillæ Dei nec dum sacratæ, si post nubere voluerint, ad pœnitentiam recipiantur.*

XXV. *Canones Synodi Calchedonensis, prælato gestorum ordine.*

XXVI. *Constitutio Marciani Imperatoris Synodi supradictæ statuta confirmans.*

XXVII. *Ejusdem Augusti constitutio ad Pal-*

---

4 Codex Thuan. *acceptis gestis.*

5 Deest *Imperatoris* in MS. Oxon.

6 Idem Oxon. MS. *divinorum librorum summam.* Post nonnulla pro *Macedonenses* idem Oxon. *Macedones.* Ita etiam in corpore omnes codd. Mox *expositione* idem codex habet pro *interrogatione.*

7 Ita cod. Thuan. postea Colbertin. 932. uti testatur P. Coustantius t. 1. Epist. Rom. Pontif. col. 855. non vero uti apud Quesnellum *consecrandis.* Equidem etiam in corpore ipsius epistolæ c. 3. *De consignandis* legitur.

8 Sic idem cod. Thuan. apud Coustant. Quesnellus *ordinari.*

9 Ita apud eumdem Coustant. Quesn. *minime ordinentur* & n. 15. *consecratæ.*

Palladium Præf. Præt. ejusdem Synodi præci-
10 *piens custodiri* 10 *definita, Eutychis errore damnato.*

XXVIII. *Item ejusdem Principis constitutio de obtinenda fide catholica; & de Eutychianis & Apollinaristis, eorumque pœnis.*

XXIX. *Epistola Siricii Papæ ad Himerium Episcopum Tarraconensem, ad consulta super quindecim capitulis respondentis.*

XXX. *Epistola Siricii Papæ ad diversos Episcopos missa, de damnatione Joviniani & aliorum contra virginitatem beatæ Mariæ latrantium.*

XXXI. *Rescriptum Ambrosii aliorumque Episcoporum ad Siricium Papam de caussa eadem.*

XXXII. *Epistola Zosimi Papæ ad Esicium Salonitanum Episcopum, de Monachis & Laicis ad gradus ecclesiasticos accedere cupientibus.*

XXXIII. *Commonitorium Zosimi Papæ ad Presbyteros & Diaconos suos Ravennæ constitutos.*

XXXIV. *Bonifacii Papæ ad Hilarium*
11 *Narbonensem de Patroclo* 11 *& Episcopo Lutubensi.*

XXXV. *Cælestini Papæ ad Episcopos Viennenses & Narbonenses constitutio titulorum undecim.*

XXXVI. *Cælestini Papæ ad Episcopos Apuliæ & Calabriæ: ut nullus Laicorum ad ordinem Sacerdotii admittatur.*

XXXVII. *Expositio fidei catholicæ contra hæresim Arianam.*

XXXVIII. *Faustini Presbyteri fides transmissa Theodosio Imperatori.*

XXXIX. *Alter libellus fidei.*

XL. *Libellus fidei Augustini.*

XLI. *Exempla testimoniorum Hilarii, Ambrosii, Athanasii, Augustini, & aliorum sanctorum catholicorum virorum, de duabus naturis in una persona* JESU-CHRISTI *Domini nostri indiscrete distincteque manentibus.*

12 XLII. *Gesta damnationis* 12 *Eutychis.*

XLIII. *Narrationis ordo: qualiter Dioscorus Alexandrinus Episcopus Eutychi consentiens in ea, cui præerat ipse, Ecclesia, vel Constantinopolitana, errorem induxerit; usque ad tempus quo Acacius damnatus est.*

XLIV. *Simplicii Papæ ad Acacium, ut de Alexandrinæ Ecclesiæ vexatione curam ge-*

rens; Sedi Apostolicæ non differat 13 *nun-* 13
tiare.

XLV. *Rescriptum Acacii ad Simplicium Papam, ubi ei significat Petrum Alexandrinum Episcopum esse damnatum, & Timotheum restitutum.*

XLVI. *Felicis Papæ in damnatione Acacii.*

XLVII. *Gelasii Papæ de damnatione Acacii mirabilis disputatio atque definitio.*

XLVIII. *Item ejusdem ad Faustum in Legatione ad Orientem directum instructio super damnatione Acacii.*

XLIX. *Ejusdem de eodem ad Anastasium Imperatorem: ut Imperator non se extollat super Sacerdotes, nec super Sedem Apostolicam.*

L. *Ejusdem expositio caussæ ad Dardanos: Acacium a Sede Apostolica juste fuisse damnatum.*

LI. *Ejusdem Episcopi ad Episcopos Orientis de eadem caussa reddita ratio.*

LII. *Athanasii Episcopi ad Epictetum Episcopum contra eos, qui de Domini Incarnatione spiritu blasphemiæ diversa senserunt.*

LIII. *Cyrilli ad Joannem Antiochenum Episcopum contra eos qui prava de eo in fide finxerunt, & quod exemplar litterarum Athanasii ad Epictetum ipse direxerit: & formula fidei subrogata.*

LIV. *Definitio sanctæ Synodi Calchedonensis; & leges ex Codice Theodosiano.*

LV. *Damasi Papæ ad Paulinum Antiochenum Episcopum, de fide & formula libelli, cujusmodi fidem qui ab hæresi revertuntur,*
debeant profiteri, 14. 14

LVI. *Eusebii Episcopi Mediolanensis epistola ad Leonem Papam, per quam fidei ejus, quam ad Orientem direxerat, asserendo cum aliis Episcopis consensit atque subscripsit.*

LVII. *Ravennii aliorumque Episcoporum Gallorum ad Leonem Papam fidei ejus, quam ad Orientem direxit, laudem dicentium.*

LVIII. *Gelasii Papæ constitutio in XXIII. titulis, canonum districtionem temperans, in his dumtaxat provinciis, quæ certis ex caussis ut ministri Ecclesiarum desint, hominum raritate laborant.*

LIX. *a Canones Antiocheni Concilii.* a Oxon. LVII.

LX. *b Regulæ secundum Laodiciam Phrygiæ Pacatianæ.* b Oxon. LVIII.

LXI. *c Canones Constantinopolitani Concilii.* c Oxon. LIX.

10 MS. Oxon. *definitionem Eutycetis errore.*
11 Quesnellus particulam copulativam &, quæ in MSS. codd. deerat, recte adjecit.
12 Oxon. *Eutycetis*, & ita deinceps.
13 Thuan. *indicare*.
14 Hucusque eadem capitula cum eadem serie inveniuntur tum in Quesnelli MSS. Thuan. & Oxon. tum in duobus nostris Vindebonensibus. Quæ subjiciuntur, eadem omnino sunt in codd. Thuan, & Vindebon. 42. In alio Vindebon. 39. eadem quoque sunt, sed in duobus capitulis ordo discrepat: nam post c. 59. seu post canones Antiochenos inseruntur Concilium Teleptense, & Regula formatarum, quæ in duobus aliis MSS. exhibetur post canones Constantinopolitanos cap. 62. & 63. In Oxon. quinque sola capitula superioribus adjiciuntur quæ in hac tabula sunt cap. 66. 59. 60. 61. & 62. P. Coustantius in Præfat. ad tom. I. epist. Rom. Pontif. pag. LXVIII. alium codicem Hubertinum laudat qui minus integer videtur. Concinit usque ad cap. 59. Postea subdit tantum capitula 56. 58. 59. 60. 61. 63. & omnes Leonis epistolas, quæ in hac tabula incipiunt a cap. 67.

15 a Oxon. LX. LXII. *a Constituta 15 Theleptensis Concilii, id est in Africa, juxta decretalem Siricii Papæ.*

LXIII. *Regula formatarum secundum Græca litterarum elementa.*

LXIV. *Clementis ad Jacobum.*

LXV. *Ceretii, Salonii & Verani Episcoporum Gallorum ad Leonem Papam gratias super fidei doctrina agentium.*

b Oxon. LVI. LXVI. *b Cyrilli ad Nestorium; ut unum & verum fidei dogma sequatur.*

LXVII. *Leonis Papæ ad Leonem Augustum, de una Domini nostri* JESU-CHRISTI *persona, & duabus Dei hominisque naturis; cum subjectis testimoniis Patrum.*

LXVIII. *Leonis Papæ ad Juvenalem Jerosolymitanum Episcopum de eodem ipso.*

LXIX. *Ejusdem ad Flavianum Episcopum CP. de damnatione hæresis Eutychianæ.*

LXX. *Constitutio ad Theodorum Episcopum Forijuliensis, super pœnitentiæ statu.*

LXXI. *Constitutio ad Turbium Episcopum Asturensem super XVI. capitulorum consulta, Priscillianistarum blasphemiis in XVIII. respondens capitulis; id est*

1. *Quod Patris & Filii & Spiritus sancti unam asserunt esse personam.*

2. *De processionibus quarumdam virtutum ex Deo, quas habere cœperit, & quas essentia sui ipsa præcesserit.*

3. *Ideo unigenitum dici Filium Dei, quia solus sit natus ex virgine.*

4. *Quod Natale Christi honorare se simulent.*

5. *Quod animam hominis divinæ asserant esse substantiæ.*

6. *Quod diabolus numquam fuerit bonus, nec natura ejus opificium Dei sit.*

7. *Quod nuptias damnant, & procreationem nascentium perhorrescant.*

8. *Quod humana corpora in mulierum uteris in conceptione seminum dæmonum opera figurentur.*

9. *Quod promissionum filii ex mulieribus quidem nati, sed ex Spiritu sancto concepti sint.*

10. *Animas hominum antequam insererentur humanis corporibus fuisse in corpore, & in cælesti habitatione peccasse.*

11. *Quod fatalibus stellis & animas hominum & corpora adstringant.*

12. *Quod sub aliis potestatibus partes animæ, sub aliis corporis sint membra.*

13. *Quod omne corpus Scripturarum canonicarum sub Patriarcharum nominibus accipiendum sit.*

14. *Statum corporis sub potestate siderum atque signorum pro terrena qualitate teneri.*

15. *Quod multos codices detestandæ perfidiæ præsumtione diabolica canonicos esse simulata titulaverint veritate; quodque ea, quæ extra canonicas Scripturas reperta fuerint, igne debeant concremari.*

16. *De tractatibus Dictinii abjiciendis.*

17. *De his Sacerdotibus, qui errantibus non resistunt.*

18. *Si descendente ad inferna Christo, caro ejus requieverit in sepulcro.*

LXXII. *Item Leonis Papæ ad Rusticum Narbonensem Episcopum cum subjectis XIX. consultationum capitulis, responsionibusque subnexis.*

LXXIII. *Ad Anastasium Episcopum Thessalonicensem, super nimietatis arrogantia viceis Apostolicæ Sedis redargutio cum subjectis sex titulis decretorum.*

LXXIV. *Ad Nicetam Aquilejensem Episcopum super IV. titulorum interrogatione responsio: id est*

1. *De mulieribus quæ hostilitatis tempore, maritis in captivitatem abductis, aliis conjunctæ sunt viris.*

2. *De his Christianis, qui captivitatis necessitate immolatitiis escis polluti sunt.*

3. *De his qui baptisma vel metu hostium, vel errore traducti, visi sunt iterasse.*

4. *De his qui ab hæreticis primum baptismum acceperunt, cum ante non fuerint baptizati.*

LXXV. *Ad Januarium Episcopum Aquilejensem de Clericis, qui in hæresim vel quodlibet schisma prolapsi sunt, minime promovendis.*

LXXVI. *Ad universos Episcopos Campaniæ, Piceni, & Tusciæ; ut servi vel originarii aut cujuslibet conditionis obnoxii ab ecclesiasticis officiis repellantur: & de his Clericis qui ob hoc fenerant, ut usuras accipiant.*

LXXVII. *Epistola generalis de Manichæis.*

LXXVIII. *Ad Episcopos Siciliæ: ut in Epiphaniorum die baptisma non tradant.*

LXXIX. *Ad Pulcheriam, de damnatione hæresis Nestorianæ & Eutychianæ.*

LXXX. *Ad Constantinopolitanos, super stabilitate fidei ipsorum cohortatio.*

LXXXI. *Ad Palæstinos, super mobilitate fidei ipsorum in Eutychianam hæresim devolutos correptio.*

LXXXII. *Ad Aquilejensem Episcopum, de incauta receptione Pelagianistarum, & ut de Ecclesia ad Ecclesiam nullus ecclesiastici ordinis transferatur.*

LXXXIII. *Ad Septimum Episcopum de supra scriptis titulis.*

LXXXIV. *Ad Mauros Episcopos, de illicitis ordinationibus & de ancillis Dei, quæ virginitatem vi barbarica amiserunt.*

LXXXV. *Ad Synodum Ephesianam, de damnanda hæresi Eutychiana.*

LXXXVI. *Ad Theodosium Imperatorem, ut rescissa Synodo Ephesiana, in Italia Concilium ejus consensu debeat celebrari.*

LXXXVII. *Ad Pulcheriam Augustam, de eodem ipso.*

LXXXVIII. *Ad Julianum Episcopum, de damnatione hæresis Eutychianæ.*

LXXXIX.

15 Ita codex Thuan. At Oxon. & alii passim *Thelensis.*

1 PRÆFATIO.

BEatissimo SYLVESTRO in Urbe Roma
Apostolicæ Sedis Antistite: CONSTAN-
TINO Augusto, & LICINIO Cæsare: Con- An. 325.
sulatu PAULLINI & JULIANI virorum clarissimorum: Anno ab ALEXANDRO 2 millesi- 2
mo trigesimo sexto, mense, Junio decimo tertio Kalendas Julii: propter insurgentes hæreses fides catholica exposita est apud Nicæam Bithiniæ; quam sancta & reverentissima Romana complectitur & veneratur Ecclesia: quippe quam trecenti decem & octo

16 Huic tabulæ hanc notationem appendit Quesnellus. „ Superiorem indicem talem habes, erudite lector, qualem exhibent usque „ ad cap. LVI. Codices Thuaneus & Oxoniensis, qui huc usque omnino concinunt. Ab „ isto vero capitulo triplex inter utrumque discrimen occurrit. Primum enim Oxoniensis „ quinque tantum capitula superioribus adjicit, quæ sexagesimum complent numerum; „ Thuaneus vero, ut vides, longe plura. Deinde quinque illa Oxoniensis capitula diverso ordine habentur in Thuaneo. Hujus ordinem intueris in Indice: Oxoniensis hujusmodi est. Cap. LVI. *Cyrilli ad Nestorium.* LVII. *Canones Antiocheni.* LVIII. *Regulæ secundum Laodiciam.* LIX. *Canones Constantinopolitani.* LX. *Canones Thelensis Concilii in Africa, juxta decretalem Siricii PP. epistolam.* Denique nonnulla habet Thuaneus, „ quæ non sunt in Oxoniensi, nempe constitutionem Gelasii PP. & Regulam formatarum „ cap. LVIII. & LXIII. Utramque inseremus „ Codici, Leonis epistolis prætermissis; quæ „ jam superius editæ sunt, & Clementis ad „ Jacobum, quæ Codici accensenda non videtur: cum in ipso Codice Thuaneo post „ regulam formatarum hanc clausulam legamus: In nomine Domini expliciunt Canones. Integrum tamen indicem Thuaneum „ repræsentandum putavimus; ne quid Codici vel forte postea insertum, vel ex antiquo „ appensum, lectori antiquitatis ecclesiasticæ „ studioso subtrahamus". Hucusque Quesnellus. Cur autem in hac collectione prætermittenda non sit epistola Clementis ad Jacobum, videsis not. 1. in cap. 64. Quo vero referatur formula a Quesnello perperam explicata, quæ subjicitur regulæ formatarum cap. 63. *In nomine Domini expliciunt Canones*, ostendemus in adnotationibus ad ipsam formulam seu clausulam not. 8. in c. 63.

1 Hanc præfationem ex hac nostra collectione Isidorus Mercator sumsit, eidemque hic titulus præfigitur in MS. Vat. 630., qui puram Isidori collectionem exhibet: *Incipit epistola, vel præfatio Nicæni Concilii.* Non exiguam hujus partem recitat etiam Æneas Parisiensis in libro adversus Græcos c. 187. tom. 1. Spicilegii Acheriani, ubi eam a Silvestri nomine incipientem perperam tribuit eidem Pontifici. Auctor nostræ collectionis hanc composuit, ac Nicæno Concilio præfixit. Initium, quo Synodi Nicænæ tempus designatur, compactum fuit ex quibusdam adnotationibus, quæ in MSS. ipsi Synodo præmittuntur. Cetera vero collector excerpsit partim ex Gelasii decreto de libris recipiendis vel non recipiendis, partim ex libro decimo Historiæ Rufini iisdem fere verbis, ut ex notis patebit.

2 Cod. Thuan. *millesimo trigesimo quarto.* Addit porro Quesnellus in postilla: *Isid. ab Alexandro CCCXXXVI.* Sed noster codex Vat. 630. purus Isidorianus habet ut in textu, & similiter etiam Harduinus edidit ex Isidoro Merlini & ex Colbertino exemplo, quod idem est ac Thuaneum hujus collectionis. Idipsum quoque legitur in MS. Cæsareo Vindebonensi 42. Error in hac chronica nota inest: legendum est enim *sexcentesimo XXXVI.* ut patet ex act. 2. Concilii Calchedonensis tum in Græco tum in Latino textu tom. 4. Concil. Ven. edit. pag. 1208. 1210. ex prisca versione canonum Concilii Nicæni, ex Socrate, & ex Gelasio Cyziceno in Historia ejusdem Concilii lib. 2. c. 26. In MS. etiam 58. Capituli Veronensis Nicæno symbolo idem consulatus cum *anno Alexandri sexcentesimo XXXVI.* præfigitur. In hunc quidem annum ab Alexandro 636. incidisse consulatum Paullini & Juliani anno æræ vulgaris 325. quo Nicæna Synodus habita fuit, videsis apud Cardinalem Norisium de Epochis Syromacedonum dissert. 2. c. 1. tom. 2. pag. 74. Error tamen nostræ collectionis ac veteris interpretis ex Græco aliquo mendoso exemplo dimanat; similiter enim legitur in alia vetustissima interpretatione Latina canonum Nicænorum, quam ex MS. Veronensi 55. hoc tomo exhibebimus. Ipsam collectionem, uti in MSS. exstat, edituri, textum mutare non debuimus, nec ipsos errores aliunde corrigere, cum suam aliquando & ipsi errores utilitatem afferre possint.

Patres, mediantibus VICTORE atque VIN-
CENTIO religiosissimis Romanæ Sedis Pre-
3 sbyteris, inspirante Deo, 3 propter destruenda Arrii venena protulerunt. Nam & nonnullæ regulæ subnexæ sunt; quas memorata suscipiens confirmavit Ecclesia. Scien-
Ab ista voce hæc leguntur initio decreti Gelasii PP. de apocryphis scripturis, nonnullis interpolationibus auctiora.
dum est sane omnibus catholicis, quoniam *
sancta Ecclesia Romana nullis synodicis decretis 4 prælata est, sed evangelica voce
Domini & Salvatoris nostri JESU-CHRISTI
primatum obtinuit, ubi dixit beato Apostolo Petro: *Tu es Petrus, & super hanc
petram ædificabo Ecclesiam meam, & portæ
inferi non prævalebunt adversus eam: & tibi dabo claves regni cælorum: & quæcumque ligaveris super terram, erunt ligata &
in cælis: & quæcumque solveris super ter-*
Matth. 16. 18.
ram, erunt soluta & in cælis. 5 Adhibita
4 est etiam societas in eadem Urbe Romana
5 beatissimi Paulli Apostoli, vasis electionis;
6 6 qui uno die, unoque tempore, gloriosa
morte cum Petro sub Principe Nerone agonizans coronatus est. Ambo ergo pariter
sanctam Ecclesiam Romanam Christo Domino consecrarunt, aliisque omnibus urbibus in universo mundo sua præsentia atque
*Sequentia usque ad * desunt apud Gelas.
venerando triumpho prætulerunt. * Et, licet 7 pro omnibus assidua apud Dominum
omnium sanctorum fundatur oratio, his ta-
Rom. 1. 9.
men verbis Paullus beatissimus Apostolus Ro-
7 manis proprio chirographo pollicetur, dicens: *Testis enim mihi est Deus, cui ser-
vio in spiritu meo, in Evangelio Filii ejus,
quod sine intermissione memoriam vestri facio semper in orationibus meis.*
* Sequitur Gelas.
* Prima 8 ergo sedes est cælesti beneficio
8 Romana Ecclesia, quam beatissimi Apostoli Petrus atque Paullus suo martyrio dedica-
runt. Secunda autem sedes apud Alexandriam beati Petri nomine a MARCO ejus
discipulo atque Evangelista consecrata est:
9 quia ipse & in Ægypto primus verbum 9
veritatis a Petro directus prædicavit, &
gloriosum suscepit martyrium, cui venerabilis successit ABILIUS. Tertia vero 10 se- 10
des apud Antiochiam, ejusdem beati Petri
Apostoli nomine habetur honorabilis: quia
illic, priusquam Romam veniret, habitavit, & IGNATIUM Episcopum constituit;
& illic primum nomen Christianorum novellæ gentis exortum est *. * Huc usque Gelas.

Nam & Jerosolymitanus Episcopus, pro
tanti loci reverentia, ab omnibus habetur
honorabilis: maxime quoniam illic primus
beatissimus JACOBUS, qui dicebatur Justus,
qui etiam secundum carnem frater Domini nuncupatus est, a Petro, Jacobo & Joanne Apostolis Episcopus est ordinatus. Itaque
secundum antiquorum patrum definitionem,
sedes prima Jerosolymis 11 minime dicitur: 11
ne forte ab infidelibus aut idiotis sedes Domini nostri JESU-CHRISTI, quæ in cælis
est, in terra esse putaretur. Est enim sedes
ejus cælum; terra autem scabellum pedum
ejus. Quoniam ipse est per quem omnia fa-
cta sunt, & sine quo factum est nihil: *Quo-* Rom. 11. 37.
*niam ex ipso, & per ipsum, & in ipso sunt
omnia; ipsi gloria in sæcula sæculorum.*

Apud Ephesum vero beatissimus Joannes
Apostolus & Evangelista multo tempore 12 12
post resurrectionem & ascensionem in cælos Domini nostri JESU-CHRISTI commoratus est; ibique etiam Evangelium, quod
secundum Joannem dicitur, divina inspiratione conscripsit; atque requievit: & ob
hoc Episcopus Ephesius pro tanta Apostoli & Evangelistæ memoria præ ceteris Episcopis Metropolitanis in Synodis honorabi-
liorem obtinet sedem.

13 Sed quoniam de Concilio Nicæno diffe- 13
ren-

---

3 Quesnellus cum eodem Oxon. *pro destruendo Arrii veneno*. Melior Thuanei, nunc Colbertini Regii MS. lectio, cum qua concinit etiam cod. Vat. Isid. 630. *ob obstruenda Arrii venena*; Isidor. vero Merlini *ad obstruenda*: Æneas Parisiensis, qui hujus præfationis fragmentum exscripsit, lectionem textus confirmat. Vide tom. 7. Spicil. Dacheriani pag. 96. Mox ex MSS. Vindebon. & Vat. cum Merlino correximus, *quas memorata*. Vulg. *quæ*.

4 Gelasius addit *ceteris Ecclesiis*. Quesn.

5 Idem Gelas. *cui data est*. Quesn.

6 Gelas. *qui non diverso, sicut hæretici garriunt; sed uno tempore uno eodemque die gloriosa morte cum Petro in urbe Roma sub Cæsare Nerone agonizans coronatus est; & pariter*. Quesn. Cod. Vind. 42. *qui uno die unaque gloriosa morte*. Mox Vat. Isid. cum Merlino *& ambo pariter*.

7 Quesn. cum cod. Oxon. *pro omnibus Ecclesiis*. Prætulimus lectionem MSS. Thuan. Colbert. Vindeb. 42. & Isidori.

8 Apud Gelasium sic: *Est ergo prima Petri Apostoli sedes Romana Ecclesia non habens maculam, neque rugam, neque aliquid hujusmodi. Secunda autem sedes* &c. Quesn. Collectionis auctor cum periodum interseruerit Gelasio, hæc verba aliter exposuit.

9 Gelas. *ipseque a Petro Apostolo in Ægyptum directus verbum veritatis prædicavit & gloriosum consummavit martyrium. Tertia vero* &c. Quesn. Cod. Vat. Isid. & Merlinus, *quia & ipse in Ægypto* &c.

10 Ita MS. Thuan cum Isid. & Gelas. Solum Isid. omittit *nomine*. MS. Vindebon. *Tertia sedes est apud Antiochiam item B. Petri nomine honorabilis*. Quesnellus vero retinuit lectionem inferioris codicis Oxon. *Sedes est apud Antiochiam, item beati Petri habitatione venerabilis, quia* &c. Mox idem Oxon. pro *constituit* habet *instituit*: Verba autem *& Ignatium Episcopum constituit*, sicut & antecedentia, *cui venerabilis successit Abilius*, ab Auctore collectionis addita, in Gelasio non inveniuntur.

11 Isid. addit *esse*.

12 Vat. Isid. *post Domini resurrectionem & ascensionem in cælos, divina inspiratione Evangelium conscripsit, atque requievit*. Quesnellus notat in cod. Oxon. haberi *Evangelium & Apocalypsim conscripsit*, sed male, hanc enim in Pathmos insula scripsit.

13 Ita Cod. Thuan. Colbert. Vindeb. & Vat. Isid. cum Merlino. Quesn. ex Oxon. *Sed quoniam Nicæni Concilii canones primi omnium ponendi sunt, quæ hoc fecerit caussa*. Est post nonnulla *tot* pro *tanti* in eodem Oxon.

rendum eſt. quæ hoc fecit cauſſa, ut poſt
illam Apoſtolorum glorioſiſſimam prædicationem, quæ in omnem terram mirabiliter
diffuſa eſt, ſub CONSTANTINO 14 Auguſto
14 tanti congregarentur Epiſcopi? Rufini nobis decimus liber, qui conjunctus eſt novem libris Eccleſiaſticæ Hiſtoriæ, quos vir
eruditiſſimus EUSEBIUS Cæſarienſis edidit,
neceſſarie profertur ad medium: ut parva
ejus, quæ inter initia de Arrii perverſitate
conſcripta ſunt, memorentur: quia dubium
non eſt ideo trecentos decem & octo ſan-
15 ctiſſimos patres ex univerſo orientali, 15
atque occidentali orbe in Nicæa Bithiniæ
congregatos, ut & Arrii impium dogma,
Chriſti auxilio, funditus damnaretur, &
ſalubri providentia conſtituerent, quid in
Eccleſia ſancta catholica debeat obſervari.*
Item ad locum ex libro decimo Rufini. Igitur cum apud Alexandriam poſt 16 ACHI-
LAM, qui PETRO martyri ſucceſſerat, A-
LEXANDER Sacerdotium ſuſcepiſſet; quia
pax noſtris & requies a perſecutionibus erat,
atque Eccleſiarum gloria Confeſſorum meritis gaudebat, proſperitas rerum noſtrarum
domeſtica contentione turbatur. Etenim
16 Presbyter quidam apud Alexandriam AR-
RIUS nomine, vir ſpecie & forma magis
quam virtute religioſus, ſed gloriæ laudiſ-
que & novitatis improbe cupidus, pravá
17 quædam de fide Chriſti proferre, & quæ 17
ante ad inquiſitionem numquam venerant,
cœpit: abſcidere ac ſeparare ab illa æterna
& ineffabili Dei Patris ſubſtantia vel natura Filium conabatur. Quæ res in Eccleſia
plurimos contuibabat. Sed cum Alexander
Epiſcopus natura lenis & quietus aſſiduis
commonitionibus Arrium cuperet a pravo
incepto & aſſertionibus impiis revocare,
18 nec tamen res ex ſententia procederet; 18
& quod pleroſque jam contagio peſtiferæ aſ-
ſertionis infecerat, non ſolum apud Alexandriam, verum & per alias urbes provin-
ciaſque diſperſerat: perniciosum fore credens, ſi diſſimularet a talibus, plurimis conſacerdotibus ſuis rem indicat. Quæſtio latius
innoteſcit. Sermo uſque ad aures religioſi
Principis CONSTANTINI pervenit: quippe qui
omni ſtudio & diligentia curaret quæ noſtra ſunt. Tunc ille ex ſententia Sacerdotum apud urbem Nicæam epiſcopale Concilium convocat; ibique Arrium trecentis
decem & octo Epiſcopis reſidentibus adeſſe
jubet, ac de ejus propoſitionibus & quæſtionibus judicàre 19. 19

Verum poſt diutinum multumque tractatum placet omnibus, ac velut uno cunctorum ore & corde decernitur ὁμοούσιον ſcribi debere, id eſt, ejuſdem cum Patre ſubſtantiæ Filium confiteri; idque firmiſſima
omnium ſententia pronuntiatur. Decem &
ſeptem ſoli tunc fuiſſe dicuntur, quibus Arrii magis fides placeret, extrinſecus creatum Dei filium ex nullis 20 ſubſiſtentibus, 20
& non ex ipſa Patris Deitate progenitum
confirmantes: Defertur ad Conſtantinum
ſacerdotalis Concilii ſententia. Ille tamquam a Deo prolatam veneratur: cui ſi
quis tentaſſet obniti, velut contra divina
ſtatuta venientem, in exilium ſe proteſtatur acturum.

Explicit Præfatio.

** Quæ ſequuntur, deſiderantur in Cod. Oxon. ſuntque in Thu. & apud Iſidorum. ex hiſt. Rufin. l. 1. c. 1.*

Hæc ex Rufino c. 5. poſt. med.

CA-

14 Oxon. codex ſicut in antecedentibus mutavit quædam, ita hic alia mutavit, alia delevit. Sic autem habet alia interpunctione: *Epiſcopi; palam facit decimus liber Rufini, qui conjunctus eſt novem libris Eccleſiaſticæ Hiſtoriæ, quos vir eruditiſſimus Euſebius Cæſarienſis edidit. Dubium enim non eſt.* Alios codices ſequuti ſumus.

15 Vat. Iſid. & Merlinus delent *atque occidentali*.

16 Alias *Achillem*. Mox Iſid. Vat. & Merlinus *qui Petri martyrio ſucceſſit*

17 Rufinus, ex quo hic locus ſumtus fuit, habet *antea ad quæſtionem numquam venerat*. Mox alias *cœpit abſcindere*.

18 Vulg. *& quos*. Correctionem non tam contextus, quam Rufini editio & MS. Vindebon. ſuaſerunt. Poſt pauca *diſperſa* pro *diſperſerat* apud Rufinum.

19 Al. *judicati*. Poſt hoc verbum in MS. Vat. Iſidor. 630. aliiſque exemplaribus Iſidorianis, & apud Merlinum plura ſubjiciuntur, quæ eadem ſunt Rufini verba. Sic enim proſequitur textus: *Sed in eo Concilio admirabile factum Principis non puto reticendum* &c. uti apud Rufinum c. 2. 3. & 4. uſque ad illa poſt medium capitis quinti *ſumma cum deliberatione quærebatur*. *Verum poſt diutinum* & reliqua, quibus noſter collector præfationem clauſit.

20 Vat. Iſid. cum Merlino & Rufino *ſubſtantibus*. Poſt pauca *confirmantes* correximus ex Rufino, Merlino, & codd. Vindebon. ac Vat. Iſid. exigente præſertim contextu atque ſententia: perperam enim in vulgatis *confirmantibus*.

CAPITULUM PRIMUM.

1 CANONES NICÆNI CONCILII *ſub titulis XLVI.* 1

TITULUS PRIMUS.

2 *Incipit expoſitio fidei Nicænæ, vel ſynodicæ diſciplinæ, & nomina Epiſcoporum* CCCXVIII. 2

3 3 CRedimus in unum Deum Patrem omnipotentem, omnium viſibilium & inviſibilium factorem; & in unum Dominum noſtrum JESUM-CHRISTUM filium Dei: qui natus eſt ex Patre unigenitus, hoc eſt, de ſubſtantia Patris: Deum ex Deo, lumen ex lumine, Deum verum ex Deo vero; natum, non factum, ὁμοούσιον, hoc eſt, ejuſdem cum Patre ſubſtantiæ: per quem omnia facta ſunt, quæ in cælo & quæ in terra ſunt. Qui propter nos homines & propter noſtram ſalutem deſcendit, & incarnatus eſt, & homo factus paſſus eſt, & reſurrexit tertia die, aſcendit in cælos; unde venturus eſt judicare vivos & mortuos.
Et in Spiritum ſanctum 4. Eos autem, 4
qui dicunt: Erat aliquando quando non
erat, & priuſquam naſceretur non erat: &
quia ex nullis ſubſiſtentibus 5 factus eſt, 5
aut qui ex alia ſubſtantia, vel eſſentia dicunt eſſe τρέπτον, hoc eſt, convertibilem, aut commutabilem Filium Dei; hos anathematizat catholica & apoſtolica Eccleſia.
6 Hæc eſt fides, quam expoſuerunt pa- 6
tres, primum quidem adverſus Arrium blaſphemantem & dicentem 7 creatum eſſe Fi- 7
lium Dei; poſteaque adverſus omnem hære-

1 Hanc inſcriptionem Queſnellus affixit ex MS. Oxon. numero autem canonum ſeu titulorum XLVI. hanc notam appoſuit: *Eſt in MS. Oxon. XLVIII. & in Atrebatenſi XLVII. quod ex diverſa partitione Sardicenſium natum eſt. Nihil habet Thuaneus. Vide not. ad can. 28. Nicæn. infra*; quæ inſerta eſt noſtræ adnotationi ſecundæ in eumdem canonem. Nulla pariter ejuſmodi inſcriptio legitur in noſtro MS. Cæſareo Vindebonenſi 39. quod abſolute a primo titulo ſic exorditur. *I. Incipit expoſitio fidei Nicænæ* &c. Tituli vero ſeu canones in Vindebonenſi & pleriſque hujus collectionis exemplaribus ſunt XLVI. ſicut etiam in cod. Vat. Reginæ 1997. licet is ad aliam antiquiſſimam & Italicam collectionem pertineat; ex qua tamen noſtrum collectorem canonum diviſionem, ſicut & alia nonnulla, derivaſſe, oſtendemus not. 1. ad can. 1. Nicænum.

2 Queſnellus: *Expoſitio fidei Nicænæ, & quo tempore habitus ſit conventus, & nomina Epiſcoporum*: ubi verba *quo tempore habitus ſit conventus*, hoc loco inepta videntur: tempus enim Synodi in antecedenti præfatione deſignatur. Hinc noſtri codicis Vindebon. lectionem prætulimus. In MS. Capituli Veronenſis 58. verſionem, quæ vulgo Iſidoriana vocatur, continente hic titulus cum exacta notatione temporis profertur ſic: *Incipit fidei expoſitio Concilii, quod factum eſt apud Nicæam Metropolim Bithyniæ Paullino & Juliano Conſulibus XIII. Kal. Julias, quod eſt apud Græcos XVIIII. dies menſis eorum ΔΕCΙΕΙ Deſii anno Alexandri ſexceateſimo XXXVI.* Id plane convenit cum caracteribus chronicis ſignatis in Concilio Calchedonenſi act. 2. de quibus etiam Sociates teſtatur lib. 1. c. 13. his verbis: *Tempus autem, quo Synodus congregata eſt, ſicut in notationibus temporis ipſi Synodo præfixis inveni, fuit conſulatu Paullini & Juliani die XI. Kal. Junias* (error in diem & menſem irrepſit) *anno ſexcenteſimo triceſimo ſexto a Regno Alexandri Macedonis*. Hanc quidem notam temporis ſymbolo præfixam innuit etiam Gelaſius Cyzicenus c. 26. eamdemque nacti ſumus in alia inedita verſione, quam ante ipſum ſymbolum pariter ex alio vetuſtiſſimo codice Veronenſi 55. edemus.

3 Non ſolos Nicænos canones, ſed & ſymbolum antiqui interpretes reddidere verſionibus diverſis, uti ex MSS. diverſarum collectionum exemplaribus Dionyſiano-Hadrianeæ, Vaticanæ Reginæ, Iſidorianæ &c. deprehendimus. Quæ tamen verſiones cum in minimis vocibus differant, a pleriſque editoribus hoc ſymbolum omiſſum fuit. Nos variantes unius Vindebonenſis noſtræ collectionis hic adnotabimus.

4 Cod. Thuan. addit *credimus*.

5 Ita ex MSS. Thuan. ac Vindebon. Queſnellus in textu retinuit *exiſtentibus* cum Oxon. exemplo. Mox Vindeb. omittit *qui*, & poſt pauca habet *mutabilem*.

6 Hanc adnotationem ſymbolo Nicæno ſubjectam & præmiſſam ſubſcriptionibus Patrum Nicænorum, Dionyſio Exiguo adſcribendam ſuſpicatus eſt P. Joannes Harduinus. At prætterquam quod in duobus MSS. pure Dionyſianis Vat. 5845. & Vat. Palat. 577. non apparet, immo nec in MSS. Dionyſio Hadrianeis, eam non e Dionyſio, ſed e Græco fonte originem ducere, nihil eſt ambigendum. Enim vero non ſolum legitur in codicibus hujus collectionis, quæ a Dionyſio non pendet, nec non in MSS. Vat. 1342. & Barb. 2888. qui Nicænos canones ex priſca translatione exhibent; verum etiam ipſam ferme integram reperimus in Gelaſio Cyziceno lib. 2. c. 26., qui ſane e Latinis exemplaribus non excerpſit. Adde quod in vetuſtiſſimo codice Capituli Veronenſis 55. exſtat ignota hactenus verſio canonum Nicænorum e Græco, quam hoc tomo typis dabimus; & in hac eadem notatio in Græco fonte inventa, ſtatim poſt ſymbolum exhibetur. Quid quod in alio MS. ejuſdem Capituli 58. in quo purior Iſidoriana, ut appellant, interpretatio continetur, hæc eadem notatio deſcribitur, ſed plura hæreticorum nomina recenſet, quam in noſtra collectione? Hæc autem nomina, quæ eadem eodemque ordine deſcribuntur apud laudatum Græcum ſcriptorem Gelaſium, e Græco fonte hauſta fuere.

7 Cod. Vindebon. *creaturam Filium Dei & adverſus omnem hæreſim*. Gelaſius Cyzicenus aliarum hæreſeon auctores interſerit, & ſimiliter ex antiqua verſione, quam Iſidorianam vocant, in aliquot noſtris MSS. legitur: *Et adverſus omnem hæreſim Sebellii, Photini, Paulli Samoſateni, Manichæi, Valentini, Marcionis,*

resim, extollentem se & insurgentem con-
8 tra catholicam (8), & apostolicam Ecclesiam. Quam hæresim cum auctoribus suis
damnaverunt apud Nicæam civitatem supradictam CCCXVIII. Episcopi in unum con-
9 gregati; quorum nomina cum provinciis 9
suis & civitatibus subter annexa sunt. Sed
studiosi servi Dei magis curaverunt orientalium nomina Episcoporum conscribere,
propterea quod occidentales non similiter
10 quæstionem de hæresibus habuissent 10.

11 NOMINA EPISCOPORUM. 11

Osius Cordubensis Episcopus dixit: 12 12
Sic credo quemadmodum dictum est.
13 VICTOR & VINCENTIUS Presbyteri 13
Romani, pro venerabili viro Papa & Episcopo nostro sancto Silvestro subscripsimus;
ita credentes sicut supra scriptum est.

14 ÆGYPTI THEBAIDIS. 14

Alexander Alexandriæ.
15 Tyrannus Antinoi. 15

Plu-

---

nis, & adversus omnem omnino hæresim; si qua insurrexerit contra catholicam & apostolicam Ecclesiam. Similiter habetur etiam in Vat. 1342. qui ex versione prisca Nicænos canones recepit, ut videre erit adnot. 1. in canones Nicænos ejusdem versionis.

8 Edit. Quesn. inserit *fidem*: delevimus auctoritate MS. Vindebon. & alterius codicis Veronensis 55. qui novam Nicænorum canonum versionem hoc tomo edendam profert. Dein vocem *hæresim* a Quesnello impressam ignorant iidem codices. Non delevimus tamen; quia ad æquivocationem vitandam utilis est.

9 MSS. Vindebon. & Veron. delent *suis*.

10 Quesnellus ex MS. Oxon. addidit: *Hinc est quod numerus nominum CCCXVIII. minime constat*: & notavit hæc desiderari in cod. Thuan. Cum autem hæc omittantur etiam in codice Vindeb. uti intrusa in MS. recentiori & valde corrupto expunximus.

11 Hunc titulum ex eodem Vindebon. MS. adjecimus. In MS. Veronen. 58. versionis, quæ vulgo dicitur Isidoriana, habetur: *Incipiunt nomina Episcoporum & provinciarum*, Sola Osii & Legatorum Apostolicæ Sedis nomina subscriptionum formam retinent, Ceteri Episcopi per provincias distribuuntur, cujus catalogi antiquitatem auctoritatemque in tractatu de antiquis collectionibus vindicavimus part. 1. c. 3. §. 1. Ita porro hic primo Osius Episcopus Cordubensis, dein vero Romani Presbyteri ante omnes Episcopos præferuntur subscripti, uti eumdem Osium aliosque duos Romanos Presbyteros primos subsignasse Synodicam Sardicensem ad omnes Episcopos liquet, ex Athanasio Apologia secunda. Sic enim is eorum, qui subscripserunt, catalogum exorditur: *Osius ab Hispania, Julius Romæ per Archidamum & Philaxenum Presbyteros*. Quod si hi duo Romani Presbyteri cum Leone Diacono item Romano post aliquot Episcopos subscripserunt epistolæ Athanasii ad Ecclesias Mareoticas e MS. Veronensi 55. hoc tomo recudendæ; id neminem moveat, cum huic privatæ Athanasii epistolæ, quæ synodica publica non est, Episcoporum subscriptiones spontaneæ nullo servato ordine accesserint. Osium, qui Romanis Legatis præcedit, una cum duobus laudatis Romanæ Ecclesiæ Presbyteris Silvestri Pontificis locum & legationem gessisse Gelasius Cyzicenus prodit lib. 2. Hist. Concil. Nicæn. c. 5. & 12. Nullum vero in ejus subscriptione legationis indicium. Forte cum Osius ab Imperatore Constantino gravissimis in rebus fuisset adhibitus, & in caussa Arrii jam ante Nicænam Synodum præclaram operam posuisset; Romani Legati in mandatis acceperant, ut ei occidentali præstantissimo Episcopo deferrent plurimum; hincque opinio de legatione quadam originem habuit.

Inter MSS. porro codices, quibuscum Episcoporum catalogum contulimus, cum ex duplici quorumdam Episcoporum ordine atque lectionibus diversis, duplici ex fonte Græco omnes manare deprehendimus: tum vero animadvertimus, codices collectionis Quesnellianæ in Episcoporum catalogo concinere cum MS. Vat. Reginæ 1997. codices autem versionis priscæ congruere cum catalogo ejus vetustioris interpretationis, quæ ab Isidoro recepta ac ex Isidori codicibus edita, Isidoriana vulgo appellatur. Ad hunc postremum fontem accedit catalogus, qui in MSS. collectionis Hadrianeæ reperitur, licet aliam a prisca & Isidoriana Latinam versionem præferat. Quesnellus ex Oxon. MS. catalogum impressit, & nonnullibi variantes notavit ex præstantiori MS. Thuan. nec non ex vulgato Isidoro atque Justello. Nos adhibuimus MS. Vindebon. qui collectionem Quesnellianam continet, & Vat. Reginæ nuper laudatum. Cum enim auctor nostræ collectionis inter cetera Patrum Nicænorum catalogum derivarit ex ea peculiari versione, quæ in MS. Vat. Reginæ recepta fuit; hujus lectiones in sequenti catalogo nonnumquam ita sequuti sumus, ac si e nostræ collectionis codice provenerint. Quoad versionem vero priscam contulimus cod. Vat. 1342., & quoad Isidorianam antiquissimum Veronensem 58. qui solam canonum Græcorum interpretationem exhibet. Inter codices autem Hadrianeos usi sumus MS. Vallicellano A. 5.

12 Particulam *sic*, quam Socrates aliæque collectiones exhibent, nobis præstitit noster codex Vindebonensis.

13 Quesnellus in margine Al. *Vitus vel Vito*. Dein codd. Veron. 58. Vat. 1342. Barb. 2888. Vallic. A. 5. & prisca versio apud Justellum omittunt voces *pro venerabili viro Papa & Episcopo nostro sancto Silvestro subscripsimus ita credentes, sicut supra scriptum est*.

14 Cod. Vindeb. hujus collectionis *Alexandriæ, Ægypti, & Thebaidis*. Cod. Vat. Reginæ 1997. post *Alexandrum Alexandriæ* titulum profert *Ægypti, Thebaides*.

15 Hic & subsequens Episcopus in MSS. versionum priscæ, Isidorianæ, & Hadrianeæ in ultimum rejiciuntur post *Agathos Schediæ*, cui præfigitur titulus *Thebaidis*, reliquis descriptis sub titulo *Ægypti*, vel *Alexandriæ*.

16 16 Plusianus Lyci.
17 Arpocration. 17 Alfusianorum.
18 18 Adamantius Cini.
Arbetion Farbeti.
19 Philippus 19 Panefisei.
Potamon Heracleis.
Secundus Ptolomaidis.
Dorotheus Pelusii.
20 Gajus 20 Thmeis.
Antiochus Mempheus.
21 Tiberius 21 Tyticis.
22 22 Agathos Schediæ.

LYBIÆ SUPERIORIS.

23 23 Dachis Beroniciæ.
24 Zophirus Archistei 24 Barcis.
25 Serapion 25 Antipyrgi.
26 Secundus 26 Tauchis.

LYBIÆ 27 INFERIORIS. 27

28 Titus Paretonii. 28

PALÆSTINÆ.

Macharius Jerosolymæ.
Germanus Neapolis.
29 Marinus Sebastenus. 29
Gajanus Sebastiæ.
Eusebius Cæsariensis.
Sabinus Gadarensis.
Longinus Ascalone.
Petrus Nicopolitanus.
Macrinus Jamniæ.
Maximus Eleutheropolitanus.
Paullus Maximianopolitanus.
Januarius Hierico.
Heliodorus Zabulon.
Aetius Lyddorum,

Sil-

---

16 Quesn. *Pelusianus*. Correximus ex nostro Vindebonensi, cum quo concinit cod. Vat. Reginæ. *Plusianum* una cum *Tyranno* memorat Arsenius Episcopus in epistola ad S. Athanasium t. 2. Concil. col. 464. 6. Versiones prisca, & Isid. præferunt *Volusianus de Lyco*. Cod. Vallic. *Olusianus Licon.*

17 MSS. Vindebon. *Alfusenorum*. Vat.Reg. *Alfucranorum*. Versio Isid. & prisca *Alphocratensis*, vel *Alphocratiensis*. Justelli cod. *Alphocrantian,* Vallicel. *Alfogranon*. Melius forte in vulg. Concil. *Naucratites* a Naucratia Ægypti. Hic Episcopus in his postremis collectionibus primus est post Alexandrum, ut erat in codicibus Græcis, quibus usus est Gelasius Cyzicenus.

18 Perperam apud Justellum *Amantius*. *Adamantius* vocatur in epistola Episcoporum Ægypti apud S. Athanasium Apol. 2. contra Arrianos. Pro *Cini* melius aliæ versiones *Cyni*, vel *Cynensis*. Mox versiones Prisc. & Isid. *Arbitio de Pharbeto*.

19 Sic codd. Vind. & Vat. Reg. ad quos accedit Vallic. *Panephyseos*, & sane melius. Quesnellus *Panefisi*. Cod. Veron. Isid. *Phanephisensis*. Vat. 1342. *Phanepiensis*. Justell. *Panepynensis*. Mox Quesnellus *Potamion*. Prætulimus ceteros nostros codices, quorum lectionem confirmat Græca vox ποτάμων apud S. Athanasium in epistola laudata. Versiones Prisca & Isid. pro *Heracleis* habent *Heracleensis*. De Secundo Prolemaidis, qui symbolo noluit subscribere, vide quæ diximus in tractatu de Collectionibus part. 1. c. 3. §. 1.

20 Hanc lectionem etiam cod. Vind. retinet. In MS. Vat. Reg. *Thumueis*. Sed melius in versione Isid. *de Thmueos* vel *Thmueis*, latine *Thmuites*. In sequenti nomine aliæ versiones Isid. & Vallic. genitivum casum *Mempheos* præferunt.

21 Cod. Vindeb. *Titicis*. Vat. Reg. *Tuthiris*, forte a Tutzi vel Tzitzi, quæ loca Antoninus in Itineratio recenset. Vallic. *Thathites*. Veron. Isidorianus *Tauthitanus*. Justel. *Tantitanus*. Num legendum *Tauchiranus* a Teuchira?

22 Hic in versionibus Prisca & Isidoriana vocatur *Attas* vel *Athas Schediensis*. *Athas* etiam appellatur in MS. Vallic. & in laudata epistola Episcoporum Ægypti pro S. Athanasio. Dein Quesnellus *Scediæ*. Vallic. *Scedias*.

23 Vat. Reg. *Dacis Veroniciæ*. Melius Veron. Isid. & Vallic. *Daches Berenicensis*, vel *Beronices*.

24 Vindeb. MS. *Barchis*. Vat. Reg. hanc vocem omittit, & habet tantum *Arcistei*. Sed vocem *Barcis* aliæ versiones Prisca & Isid. confirmant, in quibus *Barcensis* legitur a *Barce*, quam Plinius & Stephanus in Lybia collocant, in posterioribus autem Notitiis *Ptolemais* appellatur. Cod. Vallic. *Baroes*.

25 Quesn. *Antipargi*. Cod. Vindeb. *Antipurgi*. Correximus ex MS. Vat. Reg. Vallicellano concinente. *Antipyrgus* in Notitiis memoratur.

26 Quesn. & noster cod. Vindeb. *Tanei*. Veram lectionem præbuit cod. Vat. Reg. cum quo concinit versionum Priscæ & Isid. lectio *Tauchitanus* vel *Taucitanensis*. Philostorgius enim inter Lybiæ Episcopos una cum Dachi Berenicensi, & Zopiro Barcensi nominat Secundum *Teuchirensem* a *Teuchira* Lybiæ, ab aliis antiquis dicta etiam *Tauchira*. In cod. Vallic. *Tauchinties*.

27 Vocem *inferioris* omittunt omnes nostri etiam diversarum collectionum codices.

28 *Titus*, non *Ticus* habent nostra MSS. exemplaria. Pro *Paretonii* codex Vind. habet *Paretioni*: Vat. Reg. *Paræthoini*: corrigendum *Parætonii*.

29 Ita omnes nostri codd. cum Vindebon. Apud Quesnellum perperam *Maximus*. Postea *Sebasteius* in MS. Vind. *Sebastenis* in Vat. Reg. Dein sequens Episcopus *Gajanus Sebastiæ*, in MS. Vindeb. *Sebaste*, in Vat. Reg. *Sebastenæ* scribitur. Cum porro aliæ etiam versiones Prisca & Isid. hos duos Episcopos *Sebastenos* similiter proferant, vetus aliquis error in alterutrum locum ipsius Græci codicis irrepsit. In subscriptionibus pseudosynodi Sardicensis apud S. Hilarium non absimiliter referuntur duo Episcopi Troadis Pison & Noconius; cum tamen una tantum Troas agnoscatur. In cod. Vallic. & in vulgatis Conciliorum expuncto in Gajano patronimico *Sebaste*, ne duo Sebasteni Episcopi admitterentur, alius est civitatum ordo in Palæstinis.

Silvanus Azoti.
Patrophilus Scythopolitanus.
Aſclepas Gazæ.
Petrus Ahili.
Anthiochus Capitoliades.

PHŒNICIÆ.

30 30 Zenon Tyri.
Æneas Ptolomaidis.
Magnus Damaſci.
Theodorus Sidoniæ.
Hellanicus Tripolitanus.
Gregorius Beryti.
31 31 Marinus Palmyræ.
32 32 Thadoneus Alaſiæ.
Anatolius Emiſſæ.
Philocalus Paneades.

33 33 SYRIÆ.

34 34 Euſtathius Antiochiæ.
Zenobius Seleuciæ.
35 35 Theodotus Laodiciæ.
Alfius Apamiæ.
Philoxenus Hierapolitanus.
36 36 Salamonius Germaniciæ.
Piperius Samoſatenus.
Archelaus Dolicæ.
37 Eufration 37 Balaneorum.

38 Bajadus Corepiſcopus. 38
Zoilus 39 Gabalæ. 93
Baſſus 40 Zeumathiæ. 40
41 Boſianus Rafaniæ. 41
42 Gerontius Lariſſæ. 42
Euſtaſius Arethuſiæ.
Paullus Neoceſariæ.
43 Diritius Cirris. 43
Seleucus Corepiſcopus.
Petrus 44 Gendari. 44
Pegaſius Arbocadami.
45 Baſſonis Gabudæ. 45

ARABIÆ.

46 Nichomachus Boſtri. 46
Cirion Philadelphiæ.
Gennadius 47 Isbuntorum. 47
Severus Sodomæ.
Soſipater 48 Beritanenſis. 48
Severus 49 Dionyſiadis. 49

MESOPOTAMIÆ.

50 Ætolaus Edeſſæ. 50
Jacobus Niſibienſis.
Antiochus 51 Reſanius. 51
Mareas Macedoniapolitanus.

30 Hunc Zenonem Tyrium a Nicænis Patribus haud expungendum oſtendimus in præmiſſo tractatu part. I. c. 3. §. I.

31 Vat. 1342. *Martinus*.

32 Cod. Vindeb. *Todoreus*. Vat. Reg. *Tadoneus*. Vat. 1342. *Theodorus*. Mox *Alaiſa* forte eſt pro *Alalis*, quam in Palmyrene Ptolemæus collocat. Cod. Vallic. *Thadoneus Alaſſu*.

33 In MSS. verſionum Priſcæ & Iſid. & in alia interpretatione Vallicel. *Syriæ coeles*.

34 Al. *Euſtachius*.

35 Sic noſtri codd. Vind. & Vat. Reg. Apud Queſnellum *Theodorus*, ut in verſionibus Priſca, Iſid. & Vallic.

36 Cod. Vind. *Salamonus*. Vat. Reg. *Salamanis*.

37 Queſn. *Balneorum*. Correximus ex MSS. Vind. & Vat. Reg.

38 Cod. Vat. Reg. *Valadus*. Veron. Iſid. *Pladadus*. Apud Juſtellum *Pallidius*. Vallic. *Falados*.

39 Queſn. *Gabaliæ*. Codex Vindeb. *Gabeleæ*. Veram lectionem cod. Vat. Reg. ſuppeditavit.

40 Verius in Veron. Iſid. *Zeugmatenſis*.

41 Sic MS. Vindeb. Queſn. *Caſſianus*: Vat. Reg. *Buſſinus*, ex quo prætulimus *Rafaniæ* a Raphanea. Queſn. *Rafinæ*: Vindeb. *Rafiniæ*. Verſiones Priſca & Veron. Iſid. *Aſienus Rephaneuta*, ubi legendum *Raphaneuta*. Alia verſio Vallic. *Baſſianus Refaneos*.

42 Cod. Vindeb. *Genotius*. Poſt hoc nomen MSS. verſionum Priſcæ & Iſid. addunt *Manicius Epiphaniæ*: Vallic *Manicius Epiphanias*. Dein pro *Euſtaſius* alii codd. habent *Euſtatius*, vel *Euſtachius*.

43 Verſiones Priſca, Iſid. & Vallic. *Siricius* a Cyro vel *Cyri*: Vat. Reg. *Virigius Eurri*. Dein pro *Seleucus* alii codd. *Seleucius*.

44 Vat. Reg. *Giddarenſis*: Vat. 1342. *Geddonenſis*: Veron. Iſid. *Gandarenſis*, forte *Gindarenſis*, ut in vulgatis Iſidori legitur ex Gindare Syriæ oppido. Recte in Vallic. *Gindaron*. in quo mox *Pegaſios Ambacmianon*.

45 Sic MS. Vind. Apud Queſn. *Baſſionus Gabadæ*. Vat. Reg. cum Veron. Iſid. *Baſſones Gabulenſis*. Vallic. *Baſonis Gambulenus*. Vat. 1342. *Baſſunis Gabalenſis*. Sed antea Gabulæ Epiſcopus recenſitus fuit. Vulg. Iſid. *Baſſonus Gabenus*, forte melius a *Gabe*, cujus Epiſcopus una cum ceteris Syriæ primæ ſubſcripſit epiſtolæ ad Leonem Auguſtum tom. 4. Conc. col. 1863.

46 Vat. Reg. *Nichomagus Boſtritanus*. Vat. 1342. priſcæ verſionis, & Veron. Iſid. *Nicomas Boſtritanus*. Vallic. *Nicomachos Boſtron*.

47 Vat. Reg. *Stavintorum*. Vat. 1342. priſcæ verſionis *Ypotenſis*, at Juſtelli codex *Ybtenſis*. Veron. Iſid. *Isbutenſis*. Vallic. *Isbundon*. Melius cum Vindeb. *Isbuntorum* ab *Eſbunte* civitate Arabiæ.

48 Vat. Reg. *Veritunenſis*. Vat. 1342. *Bartanenſis*. Veron. Iſid. *Beretarenſis*. Juſtell. *Berthanenſis*. Notitiæ in Arabia *Batanem* exhibent. Cod. Vallic. *Supatros Eriſtisbotamias*.

49 Queſn. *Doſonis*. Correximus ex Vindeb. aliiſque noſtris codd. inter quos Veron. Iſid. a *Dionyſiade*.

50 Sic ex Vind. & Vat. Reg. Queſnellus *Etolius*.

51 MS. Vind. *Reſoinus*. Vat. Reg. cum Vat. 1342. & Juſtello *Reymitanus*. Veron. Iſid. *Reſmitanus*. Vulg. *Reſinatenſis*. Vallic. *Rheſænas*, melius a *Reſæna* vel *Reſaina*,

PERSIDIS.

Joannes Perſidis.

CILICIÆ.

52 52 Theodorus Tarſi.
Amphion Epiphaniæ.
53 Narciſſus 53 Nerodiades.
54 Moſes 54 Caſtabaſi.
Nicetas Flavidis.
55 55 Eudemon Corepiſcopus.
Paulinus Adanorum.
56 Macedonius 56 Mœſtorum.
57 Tarcondimatus 57 Ægeus.
58 Eſichius Alexandriæ. 58
59 Narciſſus 59 de Irenopoli.

CAPPADOCIÆ.

Leontius Cæſarienſis.
Eupſichius Tianeus.
60 60 Euritichius Coloniæ.
Timotheus 61 Cibiſtrianus.
62 Ambroſius Comanenſis.
Stephanus Corepiſcopus.
Rhodo Corepiſcopus.
Gorgonius Corepiſcopus. 63

ARMENIÆ MINORIS.

64 Euladius Sebaſtiæ.
Evethius 65 Satalenus.
Eudromius Corepiſcopus.
Theophanes Corepiſcopus.

ARMENIÆ MAJORIS.

66 Ariſtecisus Dioſponti.
Cretis Helenoponti.
Helpidius Comanenſis.
Eutychius Amaſiæ.
Heraelius 67 Celenſis.

PON-

52 Hic Epiſcopus Tarſi omittitur in MS. Veron. Mox Vallic. *Alſion* pro *Amphion*.

53 Alii codd. *Nerodianus*. Vallic. *Nerodiados*. Legendum *Neroniados*.

54 Vindeb. *Caſtabai*. Vat. Reg. & Veron. Iſid. cum vulgatis *Caſtabalitanus*. Vallic. *Caſtabalon*. Verſio priſca *Cartabalitanus*. Legendum *Caſtabalitanus*, vel *Caſtabalæ*, quæ eſt Ciliciæ oppidum. Dein editi Conciliorum *Nicetas Flaviadis*. Veron. Iſid. *Flaviadenſis*. Vat. 1342. *Flavidenſis*. Vallic. *Niceas Flaviados*.

55 Ita omnes codd. excepto Vat. 1342. in quo *Eudor* legitur.

56 Queſn. *Meſſorum*. Prætulimus *Mœſtorum* ex tribus codd. Vind. Vat. Reg. & Vat. 1342. Harduinus cum noſtro Vallic. *Manxiſton*. Veron. Iſid. cum vulgato & Juſtello *Mopſueſtenus* vel *Mopſueſtenſis*. Hic Macedonius fuit Epiſcopus *Mopſueſtiæ*, quæ cum Mopſos etiam dicatur, forte Μοψεατῶν in Græco legebatur, & vetus interpres pro *Mopſeatorum* vertit *Mœſtorum*.

57 Queſn. *Eugeus*. Vind. MS. ſequuti ſumus. Alii tres codd. Vat. Reg. Vat. 1342. & Veron. Iſid. *Ægeitanus*. Vallic. *Tarcondimantos Egeon*.

58 Verſiones Priſca & Iſid. addunt *minoris*. Vallic. Græcam vocem expreſſit: *Micreas*.

59 Codd. hujus collectionis, & Iſid. cum Vat. Reg. ſic præferunt. Vallic. *Inrenopolis*. Alii verſionis priſcæ cum Vat. 1342. habent *Hierapolitanus*. Si *de Irenopoli* legendum eſſet, cum Neronias & Irenopolis eadem urbs ſit, hic Narciſſus idem eſſet ac *Narciſſus Neroniadis* paullo ante deſcriptus. Num ex varianti lectione hic Epiſcopus repetitus fuit? Hoc certe nomen *Narciſſus de Irenopoli* in cod. Vindeb. antiqua manu additum cernitur etiam inter Epiſcopos Phœniciæ. Quidni de ſimili anteriori additamento hoc quoque loco inter Ciliciæ Epiſcopos ſuſpicemur?

60 Vindeb. *Euritibius*. Vat. Reg. cum Veron. Iſid. & Juſtello *Heritrius*. Mox idem Juſtell. cum Vat. 1342. *Cobonienſis*, pro quo Harduin *Colonenſis*. Vallic. *Eryrcios Thiano*, *Eufraſos Colonias*.

61 Vat. Reg. *Euviſtritanus*. Verſio Priſca *Eubiſtenſis*. Vallic. *Cibiſtron*.

62 Verſiones Priſca & Iſid. cum MS. Vallic. *Helpidius*. Confer not. 32. in catalogum editionis priſcæ.

63 Codd. Veron. Iſid. & Vat. 1342. verſionis Priſcæ cum Juſtello, qui omittunt duos præcedentes corepiſcopos Stephanum & Rhodonem, hic addunt alios duos Eudromium & Theophanem, quos MSS. collectionis noſtræ cum Vat. Reginæ paullo poſt recenſent in Armenia minori. Cod. Vallic. hos omnes in Cappadocia collocat ſic: *Gorgonius Corepiſcopus*, *Stefanus Corepiſcopus*, *Eufronius Corep. Rhodon. Corep. Theophanius Corep.*

64 Queſn. *Hulalius*. Correximus ex omnibus noſtris codd. excepto Vallic. in quo *Eulogius*.

65 Sic cod. Vind. Queſnellus *Sateleneus*. Vat. Reg. *Satalitenus*. Vallic. *Satalon*.

66 Queſnellus ſub titulo *Armeniæ Majoris* unicum Epiſcopum poſuit ſic: *Ariſtecisus Dioſponti Æretis*. Dein alium titulum *PONTI* inſeruit; & veluti Epiſcopum Ponti ſubjecit: *Heleaus Ponti*. Poſtea *Elpidius* &c. Securi ſumus codicem Vindeb. cum quo concinit lectio MS. Vat. Reginæ *Aritaciſeus Dioſponti*, *Ariſtes Helenoponti*. Melius tamen in MSS. verſionum Priſcæ & Iſid. ſub *Armenia Majori* collocantur iſti duo Epiſcopi *Ariſtarces & Acrites Armeni*: dein inſeritur titulus *Dioſponti*, & ſub eo deſcribuntur *Helpidius* & duo alii Epiſcopi. Aliter Vallic. in Armenia Majori hos recenſet. *Arſafius Sobmon*. *Acrites Dioſpontu*. *Eutycianus Amaſias*. *Helpidius Edeſion*. *Heraclius Zelon*. *Helpidius Cumanus*.

67 Cod. Vat. Reg. *Zolenſis*. Juſtellus cum Vat. 1342. verſionis Priſcæ *Zolonenſis*. Melius Veron. Iſid. *Zelonenſis*: eſt enim *Zela* civitas Ponti, ex qua cum *Zelonenſis* & *Zelenſis* uſurpatum legatur, in præſenti verſione pro *Celenſi* legendum eſt *Zelenſis*.

PONTI POLEMONIACI.

68 68 Longinus Neocæsariensis.
Domnus Trapezontensis.
69 Stratophilus 69 Ptionensis.

PAPHLAGONIÆ.

Philadelphus Pompejopolitanus.
70 Petronius 70 Leneopolitanus.
71 71 Eusisicius Amastridenus.

GALATIÆ.

72 72 Pancasius Ancyræ.
73 Decasius 73 Taviæ.
74 Erectius 74 Daumasiæ Dedareanus.
Philadelphius Juliopolitanus.

ASIÆ. 75 75

Theonas Cizici.
76 Menophantus Ephesi. 76
Orion Elii.
Eutychius Smyrnæ.
77 Mitres Popanensis. 77
78 Macrinus Ilioelesponti. 78
Paulus 79 Paneæ. 79

LYDIÆ.

Arthemidorus Sardis. 80 80
81 Ethimasius Philadelphiæ. 81
Pollion 82 Barensis. 82
Agogius Tripoli.
Florentius Ancyræ ferreæ.
Antiochus Aureliopolitanus.

---

68 Codd. versionis Priscæ, & Veron. Isid. *Longinianus*.

69 Quesn. *Stacophilus Ptuontensis*. Vindebonensis lectionem recepimus. *Stratophilus* legitur in nostris MSS. Variant in nomine urbis. Vat. Reg. *Pitiotensis*. Veron. Isid. *Prosthionita*. Justell. *Thytionita*. Lectio omnium melior est in Vat. 1342. *Pithionita*, nam in Ponto *Pithyus* oppidum a Plinio memoratur. Vallic. hunc Episcopum ignorat, sicut & titulum *Paphlagoniæ*, ex quo amanuensis saltum colligimus.

70 Quesn. *Neapolitanus*. Substituimus lectionem MS. Vindeb. quippe quæ minus recedit a vera lectione *Jonopolitanus*, quæ est in Veron. Isid. Concinit MS. Vallic. *Jonopolis*.

71 Sic MS. Vindeb. Quesnellus *Eufronius*. Vat. Reginæ *Eupiscius*. Vat. 1342. cum Veron. Isid. *Eupsicius*. Vallic. *Eupsyrus Amastridos*.

72 Quesnellus *Macharius*. Prætulimus lectionem Vindeb. eo quod MS. Reg. ex eodem fonte prodiens paullo absimiliter habet *Pancratius*. Vera tamen lectio est in codd. Priscæ & Veron. Isid. ex alio fonte proficiscentibus: *Marcellus Anquiritanus*, quæ confirmatur a S. Athanasio Apolog. 2. In Vallic. *Pancarius*, & *Marcus* (leg. *Marcellus*) *Ancyrani*. Num duo Ancyrani Episcopi? an librarius, vel interpres ex duplici lectione utramque complecti voluit?

73 Quesn. ex MS. Oxon. edidit *Pergami*. At notavit in marg. cod. Thuan. præferre *Taviæ*, quod & nostro Vindebon approbatur. Alii codices versionum Priscæ & Isid. *Dicasius Tabiensis*. Vallic. *Dicasius Taias*: lege *Tabias*.

74 Ita omnes hujus collectionis codd. quibus accedit Vat. Reg. *Daumasiades Dami*. Veron. Isid. *Erechius Cydamitanus*. Vat. 1342. *Gadabitanus*. Justellus *Gadavitanus*. Vulg. antiquiores *Platanensis*. Hi codices versionum Priscæ & Isid. ab alio fonte profecti, addunt *Gorgonius Cinonensis*, al. *Cinnensis*. Vallic. MS. *Erchoreus Plamathon*, *Gregorius Cynon*.

75 Quesn. addidit *Majoris*, quod nulli nostri codd. exhibent.

76 Quesn. *Mertophantus*. Cod. Vind. *Metiophantus*. Veram lectionem dedere codd. Vat. Reg. & Vallic.

77 Quesn. *Enittes Sinenphi*. Vindeb. MS. *Mites Simemphi*. Correximus ex Vat. Reg. ejusdem versionis, quocum alia aliarum versionum exemplaria concinunt. Credimus autem indicari *Hypæpam* civitatem Asiæ proconsularis. In MS. Vallic. habetur *Mitre Ypapton*.

78 Sic codd. hujus collectionis. Quesnellus vocem *Ilioelesponti* divisit in duas, ita ut post nomen *Ilio* Macrino relictum, novum titulum provinciæ sequentibus Episcopis præfixerit *HELLESPONTI*, cum tamen *Paullum*, qui mox subjicitur, aliæ collectiones sub unico titulo *Asiæ* describant. *Hellesponti* quidem titulum ab auctore hujus catalogi fuisse omissum ex eo patet, quod Episcopus Cyzici, qui fuit Hellesponti Metropolita, sub titulo *Asiæ* primus ponatur. Cod. Vat. Reg. *Marinus Ilyolipontanus*. Veron. Isid. *Ilivellesfontanus*. Vallic. *Ilivellespontenus*. Justellus cum Vat. 1342. *Lrolypontianus*. Gelasius Cyzicenus l. 2. c. 27. appellat *Marinum Troadis*.

79 Vat. Reg. *Phaneæ*. Vat. 1342. cum Justello *Andensis*. Veron. Isid. melius *Aneadensis* ex *Ænea* Asiæ proconsularis: concinit Vallic. *Æneas*. Quesnellus post hunc Paullum subjicit *Anaseus Lidiæ*. Ita quidem etiam cod. Vind. Sed *Lydiæ* vox est titulus provinciæ, ut non solum aliæ collectiones & versiones Prisca, Isid. & Vallic. verum etiam cod. Vat. Reg. hujus versionis exhibent: qui omnes vocem *Anaseus* ignorant. Forte hæc vox ex varianti lectione vocis *Aneadensis* perperam intrusa fuit.

80 Quesnellus addit & *Thiatiræ*; pro quo cod. Vindeb. habet *Staiatræ*. Utrumque perperam. Hujus vocis loco ex aliis codd. etiam Vat. Reginæ adjiciendum liquet alium Episcopum, qui vocatur *Seras Thyatiræ*, qui postea repetitis aliquot Episcopis legitur pariter in MS. Vindeb. In Vallicell. *Sozon Tyatyron* vocatur.

81 Al. *Euthimasius*, vel *Euthemasius*. Vallicell. *Thomasius*.

82 Quesn. *Bareensis*. Vallicell. *Bareos*. Prætulimus cum MS. Vind *Barensis*, pro quo legendum videtur *Bagensis* ex *Bage* Lydiæ urbe, cum præsertim Barensis Episcopus in Pisidia deinceps recenseatur.

83 Marcus Standi. 83

PHRYGIÆ.

84 84 Nunechius Laodiciæ.
85 Flaccus 85 Sanai.
86 86 Procopius Sinnades.
87 87 Pisticus Azani.
88 88 Athenodorus Dorienſis.
Eugenius Eucarpiæ.
Flaccus Hieropolitanus.

89 ### PISIPIÆ. 89

Eulalius Iconii.
90 Thelemachus 90 Adriopolitanus.
Eſichius Neapolitanus.
Eutychius Seleuciæ.
91 Apagnius 91 Lomenenſis.
Tarſicius Apamenus.
92 Patricius 92 Alladorum.

Academius Mortinenſis 93 Paporum. 93
Polycarpus Metropolitanus.
Heraclius Barenſis.
Theodorus 94 Uſenſis. 94
95 Odon Licius. 95

LICIÆ.

Eudemus Paterenſis.

PAMPHILIÆ.

96 Callides Pergenſis. 96
97 Eureſius Termienſis. 97
98 Zeuſius Barbonitatus de Synaſmo. 98
Domnus 99 Aſpenidicus. 99
1 Quintianus Seleuſiæ. 1
Patricius Maximianopolitanus.
Afrodiſius 2 Maginenſis. 2

IN-

83 Alii codd. *Standitanus*, forte *Silanditanus*. Notitiæ enim urbem *Silandi* in Lydia exhibent, & aliquot Epiſcopi hujus urbis in aliis Synodis ſubſcripti inveniuntur.

84 Sic cum MS. Thuan. potiores codd. Queſnellus ex MS. Oxon. *Numetius*. Quidam codd. *Nunetius*. Vallicell. *Nonechios*.

85 Cod. Vind. *Sanainæ*. Alii codd. cum Juſtello *Sanabenſis*. Notitia Græca apud Scheleſtratium t. 2. Antiqu. illuſt. p. 300. in Phrygia Capatiana *Sanaum* collocat.

86 MS. Oxon. Queſn. *Hieropius*. Thuan. *Neocopius* Vindeb. *Ocopius*, ubi litteræ *pr* initio deficiunt. Correximus ex MS. Vat. Reg. cum quo aliæ verſiones Priſca & Iſid. & Vallicell. conſpirant.

87 Sic ex MS. Vat. Reg. Concinit Veron. Iſid. *Piſticus Azanenſis*, & Vallicell. *Piſticos Azanon*. Vat. 1342. *Phriſticus Azanenſis*. Vindeb. approbat nomen *Piſticus*, ſed pro *Azani* habet *Axiani*. Queſn. *Petrus Axiani*. At *Azana* in Phrygia cenſetur.

88 Queſn. *Artemidorus*. Vindeb. *Antiriodorus*. Prætulimus cod. Vat. Reg. cum quo alii concinunt. *Dorienſis* idem eſt ac *Doryleitanus*, vel, ut in Vallicell. *Dorileu*. Queſn. addit *Leo Dores*, ac ſi eſſet alius Epiſcopus. Noſter Vindeb. præferens *Docti Leo* ſatis innuit hanc mendoſam vocem eſſe variantem præcedentis *Dorienſis*. MSS. exemplaria verſionum Priſcæ & Iſid. & Vallicell. poſt Athenodorum Doryleenſem inſerunt *Paullum Apamenum* ſeu *Apamaanſem*. Omittitur vero in noſtræ collectionis MSS. uti etiam in Vat. Reg. *Apamea* quidem non ad Phrygiam, ſed ad Piſidiam pertinet, in qua ſane alius Epiſcopus Apamenus inferius notatur. Num, error eſt in voce *Apameaus*, & legendum *Apienus* ab urbe *Apia*, quæ in Phrygia deſcribitur?

89 Cod. Vindebon. addit *Cariæ*.

90 Melius in MS. Veron. Iſid. *Adrianopolitanus*, & in MS. Vallic. *Hadrianopolitan.* Mox Vind. & Vat. Reg. *Eſicius*.

91 Vat. Reg. & Vindeb. *Lomenſis Liſnæ*. Veron. Iſid. *Limienſis*. Melius in verſione Priſca *Limenenſis* a *Limena* Piſidiæ, quam Notitiæ Græcæ deſignant. Vallic. male *Syanios Symenon*.

92 Sic Vindeb. pro *Ambladorum*, ab *Amblada*, quam Stephanus Piſidiæ tribuit. Queſn. *Adliadorum*. Ver. Iſid. & verſio Priſca *Ambladenitanus*, Vallicell. *Abiades*: corrige *Amblades*.

93 Queſn. *Piapporum*. Correximus ex Vat. Reg. *Pappam* Piſidiæ Hierocles in Notitia refert. Cod. Veron. Iſid. a *Papho*. Priſca verſio *a Paro*. Utrumque perperam pro *a Pappo*. Vallicell. *Acamedios Panon*.

94 Vat. Reg. *Oſenſis*. Hic & ſequens Epiſcopi deſunt in Veron. Iſid. & in Vallicellano.

95 Vat. Reg. *Adon Lycius*. Juſt. *Adon Byciæ*. Hic porro adnotante Queſnello in margine MS. Oxon. additur *Nicolaus Myrenſis teſte auctore translationis ejus*.

96 Vat. 1342. *Gallitius*. Juſt. *Gallites*. Veron. Iſid. *Callices*. Vallic. *Callidicus*.

97 Solus Queſn. *Hereſius*. Mox verius in Vat. Reg. *Termiſſi*, in Veron. Iſid. *Termiſſenſis*, & in Vallic. *Termiſſus* a Termiſo Pamphiliæ.

98 Vat. Reg. *Ceneſius Barbonitanus*; ignorat autem *de Synaſmo*. *Barbonitanus* videtur proficiſci a *Barbes*, quam Notitiæ in Pamphilia exhibent. Sed priſca habet *Siarbitanus*; Vallic. *Syarbon*.

99 Vat. Reg. *Aſpelliaſpendi*: corrige *Aſpendi*, quæ eſt urbs Pamphiliæ. Verſiones priſca & Iſid. habent *Aſpendevitanus*, Vallicell. *Aſpendu*.

1 Codd. Queſn. & noſter Vindeb. *Sintianus*. Correximus ex cod. Vat. Reg. cum quo alii omnes concordant. *Seleuſiæ* codd. Thuan. & Vind. præferunt, Oxon. omnium peſſime *Eleuſiæ*: ceteri aliarum verſionum *Seleuciæ*. Queſnellus huic & duobus ſequentibus Epiſcopis, qui in omnibus noſtris codicibus adſcribuntur Pamphiliæ, erroneum provinciæ titulum præfixit *Eleuſiæ*, fortaſſis ex MS. Oxon. Provinciam Eleuſiam nullibi invenire licebit.

2 Queſn. *Magnenſis*. Minus male ex cod. Vindeb. *Maginenſis*, ubi corrigendum ex Veron. Iſid. *Migidenſis*. In Vallicell. *Magidon* ex Magido Pamphiliæ. Mox idem Vallicell. pro *Inſularum* haber Græcanica voce *Neſon*.

INSULARUM.

Eufrosinus Rhodius.
3 Melifron 3 Ciniensis.
Strategius Lemni.
Apollodorus Corcyræ.

CARIÆ.

Eusebius Antiochiæ.
4 4 Emmonius Afrodisiensis.
Eugenius Apolloniades.
5 5 Letojus Cibiritensis.
Eusebius Miletensis.

ISAURIÆ.

6 Stephanus 6 Baratensis.
7 Athaneus 7 Corocasius Parensis.
8 Eudesius 8 Claudiopolitanus.
Agapius Seleuciæ.
9 9 Silanus Metropolitanus in Isauro.
10 Faustus 10 Panemuthicorum.
Antonius Antiochiæ.
11 Nestor Syedrensis. 11
12 Eficius Corepiscopus. 12
13 Quintus Tymapodorum. 13
Paulus 14 Larendensis. 14
Theodorus Vasadorum.
Anatolius Corepiscopus.
15 Quintus Corepiscopus. 15
Tiberius 16 Alistrensis. 16
Aquilas Corepiscopus.
Eusebius 17 Paritius. 17

CYPRI.

Cyrillus Paphi.
Gelasius Salaminæ.

BYTHYNIÆ.

Eusebius Nicomedensis.
18 Theogenes Nicææ. 18
19 Maris Calcedonis. 19
Cyrillus 20 Cii 20
21 Eficius Nusæ Prusæ. 21
Gorgonius Apolloniadis.
Georgius 22 Plusiades. 22

Eve-

3 Ita codd. Thuan. & Vind. Quesnellus cum Oxon. *Ciniensis*. Vat. Reg. *Cytiensis*. Codd. versionum Priscæ & Isid. *a Coo*. Vallic. MS. *Cho*.

4 Sic codd. Vindeb. Vat. Reg. & Veron. Isid. Quesn. cum Justello *Ammonius*.

5 Ita codd. hujus collectionis. Vat. Reg. *Letodurus*: ceteri *Letodorus*. Mox Quesn. *Cibratensis*. Emendationem *Cibiritensis* suppeditavit cod. Vind. cui concinit Veron. Isid. *Cibiritanus* a *Cibyra* urbe Cariæ.

6 Sic Quesn. cum Veron. Isid. a *Barate*, quam urbem Notitiæ in Lycaonia describunt: Lycaoniæ vero *Isauricam* attribuit Strabo. Vallic. *Barathon*. Cod. Vind. *Batranensis*. Justell. cum Vat. 1342. *Barthensis*.

7 Vind. *Carocassus Porrensis*. Vat. Reg. *Corepissensis*. Vat. 1342. *Artenus Corepissitanus*. Justell. *Antheneus Corpissitanus*. Vallic. *Atheneos Curpissu*. Ver. Isid. *Atheneus Coropassitanus* a *Coropasso*, quem locum memorat Strabo in Lycaonia.

8 Cod. Vind. *Eusebius*. Vat. Reg. *Alexius*. Vat. 1342. cum Justello *Æthesius*. Vallic. *Edesius Claudianopol.*

9 Tres codd. cum Justello *Silvanus*. Dein *metropolitanus Tisauro* legitur in Vind. *Tisaurometropolitanus* in Vat. Reg. Tandem Just. cum Veron. Isid. *Isauriæ metropolitanus*. Forte *Isauropolitanus*. Hierocles in Notitia *Isauropolim* Lycaoniæ memorat, & Episcopus Isaurensis notatur in Concilio Constantinopolitano an. 381.

10 Vat. Reg. *Panemucicorum* ex *Panemuthico*, quam urbem in Pamphilia secunda Notitiæ exhibent.

11 Solus Quesn. *Pastor*: dein habet *Sinedrensis*. Correximus ex Vat. Reg. a quo modicum discrepat Vindeb. *Siendrensis*. Hierocles *Syendrum* collocat in Pamphilia secunda.

12 Unus Quesn. *Gajus*. Justel. *Isicius*. Post hunc Corepiscopum MS. Vat. Reg. ejusdem versionis addit: *Quirillus Comandensis*. Vat. 1342. & Veron. Isid. *Cyrillus Comanadensis a Comana* Pamphiliæ. Vallic. *Cyrillus Scoannandron*.

13 Codd. Thuan. Vind. & Vat. Reg. *Quintus*. Quesn. cum Oxon. *Quartus*. Dein *Timanajorum* in Vindeb. *Tirannodorum* in Vat. Reg. Hic Episcopus desideratur in aliis MSS.

14 Quesn. *Badarensis*. Vindeb. *Ledarensis*. Prætulimus cod. Vat. Reg. hujus versionis *Larendensis*, licet melior videatur lectio Justelli & MS. Vat. 1342. versionis priscæ *Larandensis* a *Laranda* Isauriæ.

15 Sic omnes codd. nostri: Apud Quesn. *Cinthus*.

16 Solus Quesn. *Alitrensis*. Legendum proprie *Lystrensis* a *Lystra* Lycaoniæ: unde in MS. Vallic. *Lystron*.

17 Vindeb. *Patricius*. Vat. Reg. *Pariciasis*. Justell. cum Veron. Isid. *Diæcesis Isauriæ*. Vallic. *Parichiæ Isauriæ*. Vat. 1342. *Diæcesariæ*, quæ sane urbs apud Hieroclem in Isauria legitur.

18 Vat. Reg. *Thegnius*.

19 Quesn. ex cod. Oxon. *Riarius*. Verum nomen prodiderunt alii nostri codices.

20 Hanc lectionem MS. Vat. Reg. sequuti sumus, cum *Cius* in Bithynia censeatur. Justellus concinit *a Cio*. Veron. Isid. *a Chiu*. Vat. 1342. *a Chio*. Cod. Vindeb. & Vallic. *Chiu*. Male apud Quesn. *Ciresiæ*.

21 Quesn. *Ceresius Pronusæ*. Vindeb. *Isicius Nusæ Prunusæ*. Veron. Isid. *Eusichius Prusensis*. Vallic. *Eusychius Pruses*. Vat. 1342. *Esacius Prusensis*. Prætulimus Vat. Reg. Duplex *Prusa* in Bithynia censetur. Forte voces *Nusæ Prusæ* alteri ex his duabus conveniunt.

22 Forte legendum *Prusiades*, quæ a *Prusa* intra Bithyniam distinguitur a Stephano. Hunc Episcopum codices nostræ collectionis & Vat. Reg. præferunt. Aliæ versiones Isid. & prisca ignorant. In Vallic. vero interpretatione *Rusiados* mendose scribitur, & legendum *Prusiados*.

1 1 TITULUS II. *De excisis.*

CAN. I. *Dionys. Exig. Isid. & al.*

SI quis 2 pro ægritudine a medicis sectus
est, vel a barbaris castratus, 3 iste permaneat in clero. Quod si quis semetipsum
2 sanus abscidit, hic etiamsi est in clero,
3 cessare debet; & ex hoc talem nullum
oportet ordinari. Sicut ergo de his, qui
affectaverunt, vel ausi sunt seipsos abscidere, hæc, quæ diximus, statuta sunt; ita si
qui vel a barbaris, vel a dominis suis eu-
nuchi facti sunt, & probabilis vitæ sunt,
hos tales 4 suscipit ecclesiastica regula. 4

III. *De* 5 *Neophytis neque Presbyteros neque Episcopos faciendis.* 5

CAN. II. *Dionys. & Isid.*

QUoniam multa sive per necessitatem,
6 sive alias cogentibus hominibus contra ecclesiasticam regulam gesta sunt; 6
ita ut homines ex vita gentili 7 nuper ac- 7
ceden-

---

1 Hujus collectionis auctor, aut is quicumque fuerit, qui Nicænos canones cum Sardicensibus junctos ita exhibet, ut in hac collectione præferuntur, duplici Latino fonte usus est, antiquissima nimirum versione Italica quam reperimus in Italica collectione MS. Vat. Reginæ 1997. & ea pariter vetusta, quæ cum Isidoro primum edita, Isidoriana vocari solet. Quoad Nicænorum quidem canonum interpretationem, Isidorianam versionem in plerisque sequutus est, in qua tamen nonnulla liberius a collectore mutata fuerunt, ut ex adnotationibus patebit. Ex versione autem Italica quam memoravimus, præmissum Patrum cathalogum, nec non Nicænorum & Sardicensium canonum conjunctionem, eamdemque divisionem & numerum, ac fere omnes etiam titulos sumsit, ac præterea integrum canonem decimum, in quo solo Isidorianam interpretationem omnino deseruit. Adeo vero eamdem laudati codicis Vaticano-Reginæ, seu potius alius antiquioris Italici Vaticano-Reginæ similis divisionem, canonumque numerum suscepit, ut omittat canonem ultimum Nicænum de non flectendo genu in eodem MS. Vat. Reginæ omissum, qui in Isidoriana versione legitur. In ordine autem canonum nec Isidorianum nec Vat. Reginæ plane sequutus est: nam canonem de Diaconibus, qui in Veronensi Isidoriano & in Vat. Reginæ præmittitur, & in vulgato Isidoro subjicitur canoni de catechumenis, in hac collectione postponitur canoni de feneratoribus, ut in Græco ordine ab aliis versionibus suscepto invenitur. Monendum vero est, Nicænos canones cum Sardicensibus copulatos & cum eadem hujus collectionis versione inveniri in codice Fossatensi, qui ad hanc collectionem non pertinet, ut notavit P. Coustantius in Præfat. tom. 1. epist. Rom. Pontif. n. 80. sed hic codex communem Nicænorum viginti canonum divisionem repræsentat, nec præterit canonem de non flectendo genu. Codices quoque Pithœanus & Hardyensis cum eadem lectione præsentis collectionis viginti canones præferunt, in quibus ille de non flectendo genu comprehenditur. Etsi vero Labbeus ex codice Hardyensi XX. canonum titulos & divisionem ediderit (ex quibus canon de Diaconibus canoni de catechumenis subjectus agnoscitur) in margine tamen notavit eosdem in ipso codice subdividi & iis titulis prænotari, qui in nostra collectione leguntur. Vide t. 2. Concil. p. 48. 50. 51. & 52. Simile quiddam observari in cod. Fossatensi indicat P. Coustantius pag. 1033. not. h. ubi canonem, qui in nostra collectione est decimus, sextum esse, at subdivisum, affirmat cum titulo, ut in collectione Quesnelliana. Cum vero Fossatensem codicem in numerandis canonibus Hardyensi similem prodat, ne pugnantia scripsisse credatur, conjicimus in iis codicibus servari quidem numerum viginti canonum, at simul canones ipsos in duos paragraphos ita subdistingui, ut canonum numerus nequaquam multiplicetur. Qui ipsos codices inspexerit, num ita sit ut conjectando suspicamur, perspiciet. Interim vero in nostra collectione hæc subdivisio canonum Nicænos peperit canones XXVII. omisso illo de non flectendo genu, quemadmodum in MS. Vat. Reginæ reperitur. In his autem canonibus conferendis adhibuimus cod. Vindebonensem 39. hujus collectionis proprium, & nonnumquam etiam Thuaneum, cujus variantes Quesnellus alicubi notavit. Allegabimus etiam codd. Pithœanum, & Claudii Hardy, ex quorum altero Nicæni in XX. canones distincti, ex altero autem soli canonum tituli in vulgatis Conciliorum editi sunt tom. 2. edit. Ven. col. 48. & 244. Codex quoque Vat. Reg. 1997. alicubi indicandus erit, nec non Fossatensis, aut alii, ubi eos a Coustantio aut aliis laudatos invenimus. Cum autem horum canonum lectio e versione Isidori, ut diximus, in partem maximam prodeat, præter vulgatum Isidori exemplar, contulimus etiam antiquissimum codicem 58. Veronensis Capituli, qui ejusdem versionis Isidorianæ puriorem lectionem continet. Titulos Quesnelli ex codice Oxoniensi, uti credimus, decerptos, in adnotationibus rejecimus: eo quod omnes laudati codices hanc Quesnellianam versionem exhibentes, alios titulos suppeditent, quos idcirco præferendos putavimus.

2 Codd. Thuan. & Pithœan. *per ægritudinem vel*. Isid. vulgatus *in ægritudine*.

3 Cod. Veron. 58. cum Isid. vulg. addit *placuit ut*.

4 Quesnellus *suscipiet*. Prætulimus MSS. Vindeb. & Pith. cum cod. Veron. & vulg. Isidoro, qui duo postremi in fine habent *regula in clerum*.

5 Sic codd. Vind. & Pith. paullo discrepante MS. Hardy, in quo legitur: *De Neophytis neque Episcopis, neque Presbyteris faciendis*. Concinit etiam cod. Vat. Reg. *De Neophytis neque Episcopos, neque Presbyteros ordinati*. Quesnellus: *Ne Neophyti Episcopi vel Presbyteri fiant*.

6 Vulg. Isid. cum MS. Veron. *sive ex quacumque caussa contra regulam*.

7 Cod. Pith. *nuper adhuc accedentes ad fidem, & parvo tempore catechizati vel instructi, statim cum ad spiritalem baptismum venerint, & continuo baptizati fuerint, etiam* &c. Vulg. Isid. & cod. Veron. *nuper adhuc catechizati vel instituti, statim ad spiritualem baptismum venissent, & continuo cum baptizati sunt, etiam* &c.

cedentes ad fidem, & qui parvo tempore
catechizati vel instructi fuerant, statim ad
spiritualem baptismum venirent; & continuo ut baptizati fuerant, etiam ad Epi-
8 scopatum vel 8 Presbyterium proveheren-
tur: rectum esse visum est, de cetero nihil tale fieri. Nam & tempore opus est,
9 9 ut sit catechumenus; & post baptisma mul-
ta probatione indiget: evidens namque est
apostolicum præceptum dicens: *Non Neo-*
10 *phytum, ne elatus in judicium incidat* 10 *& laqueum diaboli*. Si vero procedente tem-
11 pore, 11 quod animæ noceat peccatum inventum fuerit in ea persona, & convincitur duobus vel tribus testibus, cessabit a Clero qui ejusmodi est.

12 IV. *De 12 vindicta eorum qui contra canones fecerint.*

SI quis vero præter hæc facit, tamquam contraria statutis hujus sancti Concilii
13 gerens, etiam ipse 13 de statu sui ordinis periclitabitur.

14 V. *De 14 synesactis.*

CAN. III. *Dionys. & Isid.* OMnimodis vero interdicit sancta Synodus, neque Episcopo, neque Presbytero, neque Diacono, neque ulli omnino
15 Clericorum 15 permittit secum habere mu-
lierem extraneam; nisi forte mater sit, aut
16 soror, 16 aut amita. In his namque personis, & horum similibus, omnis suspicio declinatur. Qui aliter præter hæc 17 aget, 17
periclitabitur de clero suo.

18 VI. *De 18 Episcopis a comprovincialibus ordinandis.*

CAN. V. *Dion. & Isid.* EPiscopum oportet 19 maxime quidem ab omnibus, qui sunt in Provincia E-
piscopis ordinari. Si vero hoc difficile fue- 19
rit, sive urgente necessitate, sive itineris
longitudine, certe omnino tres Episcopi 20 20
in unum debent esse congregati; ita ut etiam 21 ceterorum absentium consensum & 21
sententias per litteras teneant, & ita faciant ordinationem.

VII. *De potestate Metropolitani.*

POtestas sane vel confirmatio pertinebit per singulas provincias ad Metropolitanum 22. 22

VIII. *De 23 his, qui excommunicantur ab Episcopis suis.* 23

CAN. V. *Dion. & Isid.* 24 SIve Clericis, sive laicis ab Episcopis suis per suas quasque provincias, servetur ista sententia secundum canonem:
25 ut hi qui ab aliis excommunicantur, 24 25
ab aliis 26 non recipiantur. Requiratur sa- 26
ne, ne forte quis pro aliqua indignatione animi aut contentione, aut qualibet commo-

8 Sic ex omnibus nostris codicibus & vulg. Isid. Quesnellus *presbyteratum*. Mox Veron. MS. cum vulg. Isid. *provecti sunt; recte igitur visum est*.

9 Quesn. ex cod. Oxon. *ut quis catechumenus baptizetur, & post baptismum*: atque cod. Thuanei legationem rejecit in marginem, quam cum omnibus nostris MSS. & vulg. Isid. textui inseruimus.

10 Voces *& laqueum*, ex nostris MSS. & vulg. Isid. recepimus.

11 Vulg. Isid. *aliquod mortale peccatum admiserit, & convictus duobus* &c. MS. Veron. *mortale aliquod peccatum inventum fuerit in ea persona, & convictum*.

12 Ita codd. Vind. Hardy, & Vat. Reg. Apud Quesnellum *De prævaricatoribus canonum*.

13 Quesn. in textu *de status sui ordine*. Correximus ex MSS. Pith. & Vindeb. quibus suffragatur etiam codex Thuan. ab eodem Quesnello laudatus in margine. MS. Veron. cum vulg. Isid. *de statu sui cleri*.

14 Ita cod. Pithœan. concinente MS. Vindeb. Exemplar Hardy: *De synecotis, sive synesactis*. Vat. Reg. *De mulieribus, quas synectas* (lege *synesactas*) *vocant*. Veron. Isid. *De subintroductis mulieribus, quas Græci synesactas vocant*.

15 Idem Veron. Isid. addit *licere*.

16 Idem cod. Veron. *aut tia, idest, amita, vel matertera*. Vulg. Isid. *aut avia, aut amita, vel matertera*. Dein ambo hi codd. Isid. *namque solis personis .... omnis quæ ex mulieribus est, suspicio*.

17 Codd. Pith. Veron. cum vulg. Isid. *agit*.

18 Ita tres codd. Vindeb. Hardy, & Pith. concinente MS. Vat. Reg. Quesnellus *De ordinatione Episcoporum*.

19 Veron. MS. & vulg. Isid. delent *maxime*; & dein habent *ab omnibus, si fieri potest, qui*.

20 Voces *in unum* adjecimus ex Vindeb. & Pith. quibus adstipulatur Veron. & vulg. Isid. Hi postremi delent antecedens adverbium *omnino*: pro quo MS. Pith. habet *omnimodo*.

21 Veron. cum vulg. Isid. *ceterorum, qui absentes sunt, consensum litteris teneant*.

22 Vulg. Isid. addit *Episcopum*.

23 Ita cod. Vind. cum Vat. Reg. MS. Pith. *De his qui excommunicantur sive clericis, sive laicis*. Quesn. *De excommunicatis*.

24 Hic subaudiuntur tituli verba; unde MS. Pith. post laudatum titulum sic canonem incipit: *De his, qui excommunicantur ab Episcopis*. Similiter Veron. Isid. *De his, qui excommunicantur sive clerici sive laici ab Episcopis per suas quasque provincias, servetur ista* &c. Vulg. Isid. perperam incipit a verbis *Servetur & ista*, omissis præcedentibus: ac dein ignorat *secundum canonem*.

25 Quesn. *ut si qui*. Omnes nostros codices & vulg. Isid. sequuti sumus.

26 Veron. MS. cum vulg. Isid. addit *ad communionem*. Mox Quesn. *ne qui forte pro aliqua indignatione .... aut quolibet tali a communione .... abjecti sint*. Correximus ex MS. Pith. cui concinunt Vindeb. & Thuan. Codex Veron. Isid. *ne qui forte pro aliqua .... aut qualibet tali commotione stomachi Episcopi sui abstenti sunt*, lege *sint*.

motione ſtomachantis Epiſcopi abjectus fit.

27 IX. *De 27 Synodo bis in anno per unamquamque provinciam celebranda.*

UT ergo hæc poſſint digna examinatione perquiri, rectum eſſe viſum eſt per ſingulos annos in ſingulis quibuſque provinciis bis in anno Epiſcoporum Concilia fieri: ut ſimul in unum convenientes Epi-
28 ſcopi 28 ex univerſis provinciis hujuſmodi
examinent quæſtiones: & ita demum hi, qui ob culpas ſuas Epiſcoporum ſuorum offenſam merito contraxerunt, digne etiam a
ceteris Epiſcopis 29 excommunicati ſint, 29
uſquequo in communionem ab omnibus recipiantur, aut ipſi Epiſcopo ſuo placeat humaniorem circa eos ferre ſententiam. Fiant autem Concilia ſemel quidem ante dies Quadrageſimæ: ut omnibus, ſi quæ ſunt, ſimultatibus amputatis, mundum & ſolemne
Deo munus 30 poſſit offerri: ſecundo vero 30
circa tempus autumni.

X. *De 31 primatu Eccleſiæ Romanæ.* 31

ECcleſia Romana 32 ſemper habuit primatum. Teneat autem & Ægyptus Libyæ CAN. VI. *Dion. & Iſid.* 32

---

27 Ita codd. Vindeb. Hardy, & Vat. Reg. Queſnellus *De Conciliis celebrandis*.

28 Veron. Iſid. *ex omni provincia*. Male in vulg. Iſid. *ex communi*.

29 Sic melius codd. Vind. & Pith. Queſnellus *excommunicentur*. Mox MS. Pith. *uſquequo in commune omnibus, aut ipſi Epiſcopo*. Cod. Veron. paullo diſcrepante vulgato Iſid. *excommunicati ſimiliter habeantur, quouſque vel in commune, vel ipſi Epiſcopo ſuo viſum fuerit humaniorem ,.... Habeatur autem Concilium ſemel*, & poſtea: *Secundum vero agatur circa*.

30 Sic omnes noſtri codd. & vulg. Iſid. Queſnellus *poſſint offerre*. Mox cod. Vind. addit *fiat* poſt vocem *autumni*. In Pith. *Secundum vero fiat*.

31 Sic MSS. Vind. cum Vat. Reginæ 1997. Cod. Hardy *De prima Eccleſia Romæ*. Queſn. *De privilegiis primarum ſedium*. In MS. Pith. prima canonis ſententia loco tituli ponitur ſic: *Quod Eccleſia Romana ſemper habuit primatum*.

32 Queſnellus prætulit in textu ex unico mendoſo & poſteriori codice Oxonienſi *ſemper habeat primatum*. Hanc autem prolixam notationem ſubjecit: „ Legitur in Thuaneo codice & in Atrebatenſi apud Alanum Copum & Severinum Binium *ſemper habuit*. Concinit Græca canonis verſio in act. 16. Concilii Calchedonenſis: ἡ ἐκκλησία Ῥώμης πάντοτε ἔχε τὰ πρωτεῖα. Quæ reſpondet ipſi Latino canoni, quem recitavit Paſchaſinus: niſi quod redundat particula *quod* initio canonis; *Quod Rom. Eccleſia* &c. Quæ vocula nec in Atrebatenſi Codice, nec in Thuaneo, nec in Oxonienſi, nec in Græco Concilii Calchedonenſis conſpicitur. Videtur etiam legiſſe non *habeat*, ſed *habuit* Bonifacius PP. I. in epiſtola ad Epiſcopos per Theſſaliam conſtitutos, quam citat Nicolaus I. epiſt. 42. quæque integra jacet in Concilio Romano, quod Lucas Holſtenius in Collectione Romana nuper evulgavit ex Bibliotheca Barberina. De poteſtate enim Romani Pontificis verba faciens, ait Nicænam Synodum non aliquid ſuper eum auſam eſſe conſtituere: cui contrarius eſſet canon, ſi legiſſet *habeat*: favet vero, ſi *habuit* legatur. Quamquam, ut quod ſentio aperiam, non caret ſuppoſitionis vel ſaltem interpolationis ſuſpicione hæc epiſtola. Etſi porro in canone legamus *habeat* definientis in modum, quod ipſa canonis ſeries poſtulare videtur, nihil tamen dignitati primatus apoſtolici detrahitur, quem & Chriſtus ipſe in Petro inſtituit, & decretis ſuis ſacra poſtmodum Concilia confirmarunt. An vero verba hæc: *Romana Eccleſia ſemper primatum habuit*, vel *habeat*, partem canonis conſtituant, an titulum, in dubium a nonnullis vocatur. Litem, ni fallor, dirimunt codices MSS. in quibus & ſuus titulus ab his verbis diſtinctus canoni tribuitur, & hæc canonem ipſum, ut pars, ordiuntur; ut pars, inquam, ſed adjectitia: quæ videlicet nec in textu Græco, nec in ulla alia verſione, nec in ipſo poſteriori codice Romano Dionyſii reperitur; ut dubium non ſit vel eam ex margine irrepſiſſe in textum; vel a Romanæ Eccleſiæ clericis aliiſve eſſe additam, ne Romanæ dignitatis obliti eſſe SS. Patres viderentur. Ad hunc canonem reſpicit Valentinianus Auguſtus cum in conſtitutione adverſus S. Hilarium Arelatenſem ex ſuggeſtione S. Leonis edita, hæc habet: *Cum igitur Sedis Apoſtolicæ Primatum S. Petri meritum, qui Princeps eſt epiſcopalis coronæ, & Romanæ dignitas civitatis, ſacræ etiam Synodi firmarit auctoritas.* “ Codicibus Thuaneo & Atrebatenſi, qui lectionem *habuit* tuentur, addendi ſunt duo Vindebonenſes 39. & 42. ac præterea Hardyenſis 31 & Foſſatenſis a Labbeo laudati, Pithœanus & alius nongentorum annorum Pariſienſis Collegii Soc. Jeſu, quos Harduinus allegat: ac tandem Vaticanus Reginæ 1997. in quo hic canon iiſdem omnino verbis exprimitur, quibus eſt uſus Paſchaſinus act. 16. Concilii Calchedonenſis. Accedit teſtimonium P. Couſtantii, qui plura antiqua hujus collectionis exemplaria conſuluit: ſic enim ſcribit tom. 1. epiſt. Rom. Pontif. col. 1037. not. 6. *In veteribus codicibus legitur Eccleſia Romana ſemper habuit* (*non ut Queſnellus prætulit habeat*) *primatum*. Cum ergo tam concordi tot codicum lectione aliiſque teſtimoniis a Queſnello productis ſtatuatur legendum eſſe *habuit*; miramur vehementer, eum nihilominus intruſiſſe in textum *habeat*, & veram lectionem in notam rejeciſſe.

Quod porro Queſnellus addit hæc verba *in nulla alia verſione* reperiri, ſatis revincitur ex priſca interpretatione a Juſtello edita, quam hoc tomo ad MSS. codices exactam recudemus. In hac enim, ſi non eadem verba, ſimilis tamen ſententia continetur can. 6. cui hic titulus præfigitur: *De primatu Eccleſiæ Romanæ, & aliarum civitatum Epiſcopis*. Dein canon incipit ſic: *Antiqui moris eſt, ut urbis Romæ Epiſcopus habeat principatum*; quæ profecto verba æquivalent *ſemper habuit primatum*.

33 byæ & Pentapolis 33 : ita ut Episcopus A-
lexandriæ harum omnium habeat potestatem: quoniam & Romano Episcopo hæc
est consuetudo. Similiter autem & qui in
Antiochia constitutus est. Itaque & in ceteris provinciis privilegia salva sint Ecclesiarum.

34 XI. *De 34 infirmanda ordinatione, quæ sine Metropolitani consensu fit.*

35 PEr omnia autem manifestum sit 35 hoc,
quod si quis præter voluntatem Metro-
36 politani Episcopus fuerit ordinatus, 36 hunc
statuit sancta Synodus non debere esse Episcopum.

37 XII. *De sequendo majori numero, 37 cum de ordinatione contenditur.*

SAne si communi omnium consensu ra-
38 tionabiliter 38 habito, & secundum ec-

clesiasticam regulam facto decreto, duo aliqui aut tres per contentionem suam contradixerint, obtineat sententia plurimorum.

XIII. *De honore 39 Jerosolymitani Episcopi.* 39

QUoniam mos antiquus obtinuit & ve- CAN. VII.
tusta traditio, ut Æliæ, id est, 40 *Dion. & Isid.*
Jerosolymitanorum Episcopo deferatur; habeat consequenter honorem suum; sed Me- 40
tropolitano sua dignitas salva sit.

XIV. *De 41 his, qui dicuntur Mundi, quo genere recipiendi sint.* 41

DE his qui se ipsos Catharos, id est CAN. VIII.
mundos, vocant, 42 si qui veniant ad *Dion. & Isid.*
Ecclesiam catholicam, placuit sancto Con- 42
cilio 43 ut ordinentur, & sic maneant in 43

 Cle-

---

rum: Hinc autem manifestum fit, duos antiquos interpretes Nicænum canonem in hanc sententiam accepisse. Hinc etiam agnoscitur, quam male Quesnellus, haud dubitandum tradiderit, hanc sententiam, *vel ex margine irrepsisse in textum, vel a Romanæ Ecclesiæ clericis aliisve esse additam, ne Romanæ dignitatis obliti esse sancti Patres viderentur.* De Romanæ quidem Ecclesiæ clericis multo minus suspicari licet, siquidem antiqua Romanæ Ecclesiæ versio eadem fuit ac Africana a Cæciliano delata in Africam, quæ hunc canonem aliter exhibebat: uti conjecimus in tractatu de collectionibus part. 2. c. 2. §. 1. n. 4.

Epistola autem Bonifacii I. ad Episcopos Thessaliæ, quam idem Quesnellus in suppositionis aut interpolationis suspicionem adducit, non solum laudatur a Nicolao I. ep. 42. verum etiam ab antiquiore Hadriano I. ep. 95. codicis Carolini: ac præterea lecta fuit in Synodo Romana Bonifacii secundi: quibus testimoniis ita vindicatur, ut non nisi temere de ea vel levis suspicio obtrudi queat. Exstat insigne fragmentum Gelasii a Sirmondo editum, & insertum t. 5. Concil. Ven. editionis col. 341. ubi cum ille ait, *Sedi* S. Petri *trecentorum decem & octo Patrum invicto & singulari judicio vetustissimus judicatus est honor*: hanc nostram versionem, aut priscam respexisse videtur. Hic porro canon ab Italica antiquissima versione in nostra collectione susceptus, omnino discrepat ab interpretatione Isidoriana, in qua sic effertur. *Mos antiquus perduret in Ægypto vel Lybia & Pentapoli, ut Alexandrinus Episcopus horum omnium habeat potestatem, quoniam quidem & Romano Episcopo parilis mos est* (Veron. Isid. *idem moris est.*) *Similiter autem & apud Antiochiam, ceterasque provincias honor suus unicuique servetur Ecclesiæ.*

33 Quesnellus inserit *primatum*: delevimus auctoritate trium codd. Vind. Hardy, & Fossatensis. MS. Pith. cum in tituli locum traduxerit verba, *Quod Ecclesia Romana semper habuit primatum*, canonem sic inchoat: *Teneat autem morem antiquum & Ægyptus* &c.

34 Quesnellus: *Ne sine voluntate Metropolitani quis ordinetur Episcopus.* Sequuti sumus codd. Vind. Pith. & Fossatensem, cujus postremi integrum hunc canonem edidit P. Coustantius t. 1. epist. Rom. Pontif. col. 1033. not. h. Idem etiam titulus legitur in cod Vat. Reginæ.

35 Addidimus *hoc* ex MSS. Vindeb. Pith. & Fossat. Dein Veron. codex cum vulg. Isid. post *voluntatem* addit *& conscientiam*, & mox uterque cum MS. Fossat. habet: *Metropolitani Episcopi.*

36 Cod. Veron. Isid. *hunc Concilium hoc magnum & sanctum censuit non debere.* Vulg. Isid. omittit *hoc*. MSS. Pith. & Fossat. *statuit hæc sancta.*

37 Sic cum laudatis codd. etiam Vat. Reginæ. Solus Quesnellus habet tantum *in electione.*

38 Veron. cod. cum Isid. vulg. *probato secundum ecclesiasticam regulam duo vel tres animositate ducti*: & in fine *plurimorum sententia Sacerdotum.*

39 Sic codd. Vindeb. Hardy, & Pith. cum Vat. Reg. Quesnellus *Jerosolymorum.*

40 MS. Pith. *Jerosolymorum*, melius. Vulg. Isid. *Jerosolymæ Episcopo honor deferatur .... manente tamen metropolitanæ civitati propria dignitate.* Cod. Veron. Isid. *ut qui in Ælia est Episcopus, idest Jerosolymis, honoretur, habeat honorem, manente tamen civitatis metropolitanæ propria dignitate.*

41 Ita MSS. Vindeb. & Pith. cum Vat. Reginæ. Apud Quesn. *Quomodo Cathari recipiantur.*

42 Veron. Isid. addit *qui Novatiani dicuntur*, & prosequitur, *si qui venire voluerint ad Ecclesiam.* Vulg. Isid. aliter ipsum canonem inchoat: *Si qui voluerint venire ad Ecclesiam catholicam ex Novatianis, placuit* &c.

43 Hæc versio ab Isidoriana proficiscitur, quam hujus collectionis auctor cum in plerisque quoad Nicænos canones sequutus est, tum vero in interpretatione hujus loci atque sententiæ. Sed perperam. Neque enim reddendum fuerat, *ut ordinentur*, ac si ordinatio a Catharis recepta extra Ecclesiam, nulla habita fuerit, sed *ut ordinati* (seu quod infra dicitur, qui *reperti fuerint ordinati*) *sic maneant*

44 clero. Ante omnia 44 vero hoc eos per-
scripturam convenit profiteri, ut fateantur
se cum omni consensu observaturos Catholicæ & Apostolicæ Ecclesiæ statuta · id est,
45 communicaturos se his, qui 45 forte secundas nuptias experti sunt; vel his, qui persecutionis tempore lapsi sunt. Quibus ta-
46 men 46 pœnitentiæ modus & tempus adscriptum est: ut in omnibus sequantur ea
quæ in Catholica & in Apostolica obser-
47 vantur Ecclesia. 47 Sicubi igitur vel in
vicis, vel in urbibus soli ipsi reperti fuerint ordinati, hi qui inveniuntur in Clero, in eodem permaneant. Si vero Episcopus, vel Presbyter catholicæ Ecclesiæ fuerit,
ad quem aliqui ex his accedunt, certum
48 est quod 48 Episcopus Ecclesiæ habeat suam
dignitatem: similiter & Presbyter & Dia-
49 conus 49 debent. Hi vero, qui ab istis veniunt, si forte Episcopus fuerit, habeat
presbyterii dignitatem: nisi forte placeat
Episcopo catholico concedere ei etiam e-
piscopalis nominis honorem. Si vero non
placuerit, inveniat ei locum, ut sit in par-
50 rochia Corepiscopus, 50 aut Presbyter;
dummodo permanere videatur in Clero, &
ne in una civitate duo sint Episcopi.

51 XV. *De his 51 qui inexaminati ordinantur.*

CAN. IX. Dion. & Isid.

SI qui sine examinatione provecti fuerint
Presbyteri, & postea examinati confessi
fuerint peccata sua; & cum confessi fuerint,
contra regulam venientes homines temere
manus eis imposuerint: hos ecclesiasticus ordo non recipit. In omnibus enim quod ir-
reprehensibile est, Catholica defendit Ecclesia.

XVI. *De lapsis ordinatis.*

QUicumque ex his qui lapsi sunt, 52 & CAN. X, Dion. & Isid.
per ignorantiam vel contemtum eo- 52
rum qui eos ordinaverunt, ordinati
sunt, hoc non præjudicat ecclesiasticæ regulæ. Cum enim compertum fuerit, deponantur.

XVII. *De prævaricatis, recipiendis 53 per pœnitentiam.* 53

54 DE his qui prævaricati sunt sine ulla CAN. XI, Dion. & Isid.
necessitate, sine ablatione patri- 54
monii, vel sine periculo, aut aliqua tali
re quæ facta est in novissima tyrannide Li-
CINII; placuit sancto Concilio, licet indigni sint misericordia, tamen aliquid circa
eos humanitatis ostendi. Si qui ergo ex animo pœnitent, tribus annis 55 inter audi- 55
tores constituantur, si fideles sint, & septem
annis inter pœnitentes; duobus vero annis
extra communionem, in oratione sola participes fiant populo.

XVIII.

---

neant in clero. Vide quæ in hanc interpretationem atque sententiam constituendam pluribus disseruimus adnot. 13. ad Quesnelli Observationes in epist. 167. ad Rusticum tom. 2.

44 Veron. Isid. *vero hanc ab eis confessionem per scripturam exigi oportet, ut fateantur se communi consensu*, Vulg. Isid. *vero hanc habeant confessionem, quam per scripturam* &c. ut in descripta lectione MS. Veron.

45 Particulam *forte* adjecimus ex nostris codicibus etiam Veron. Isid. qui postremus habet *communicaturos esse & his, qui forte*.

46 Veron. cod. & vulg. Isid. addunt *lapsis*: dein vero omittunt *& in Apostolica*.

47 Vulg. Isid. *Et sicubi iidem ipsi, fuerint inventi sive in vicis, sive in urbibus clerici ordinati a Catholicis, sic etiam in clero persistant, unusquisque tamen in suo ordine*. Paullo aliter Veron. Isid. *Et sicubi quidem omnes fuerint inventi sive in vicis, seu in urbibus, clerici ordinentur a Catholicis, sic etiam in clero persistant, unusquisque in statu suo*. Versio nostræ collectionis Græci textus sententiam melius exhibet.

48 Veron. Isid. *Episcopus quidem catholicus suam habeat* (alias *habet*) *dignitatem: similiter autem & presbyter & diaconus debent*. Concinit vulg. Isid. in quo solum legitur *& presbyteri & diaconi habeant*.

49 Quesn. addit *habere*, repugnantibus omnibus nostris codd. & Pith. Dein solus Quesn. *Ex his vero*. Mox vulg. Isid. pro *presbyterii* habet *sacerdotii*.

50 Vulg. Isid. *aut in clero presbyter, ut in civitate una non videantur duo Episcopi esse, & ille omnimodis in clero permanere videatur*. Veron. Isid. *aut presbyter, dum tamen ut in civitate non videantur* &c, ut in vulg. Isid.

51 Quesn. *De his qui sine examinatione provehuntur*. Cod. Hardy *ordinantur*. Prætulimus lectionem codd. Vind. Pith. & Vat. Reginæ.

52 Ita MSS. Vindeb. & Isid. cum Pith. in quo postremo solum omittitur *&*. Quesnellus *vel ignorantia, vel contemptu .... ordinati sunt: non præjudicant*. Cod. Thuan. Quesnello adnotante habet pariter *hoc non præjudicat*.

53 Voces *per pœnitentiam* additæ ex nostris codd. Vindeb. Pith. Hardy, & Vat. Reginæ.

54 Cod. Veron. Isid. *De his qui a fide Domini prævaricati sunt .... vel aliquod periculum non pertulerunt, sicut factum sub nova persecutione tyranni Licinii*. Vulg. Isid. *De his qui negaverunt prærer necessitatem, aut præter ablationem facultatum, aut præter periculum, vel aliquid hujuscemodi, quod factum est sub tyrannide Licinii*. Codd. Vindeb. & Pith. delent *facta*.

55 Cod. Veron. Isid. *inter pœnitentes habeantur, si tamen fideles sunt, & septem annis aliis inter pœnitentes sint: duobus vero item annis .... participent populo*. Vulg. Isid. similiter, & solum in ultimis vocibus habet: *duobus autem annis iidem sine oblatione in oratione sola* &c.

56 XVIII. *De 56 pœnitentia eorum, qui baptizati ad sæcularem militiam revertuntur.*

CAN.XII. *Dionys.* SI qui vero vocati per Dei gratiam, primo quidem ostenderunt fidem suam, deposito militiæ cingulo, post hæc autem ad proprium vomitum reversi sunt; ita ut pecunias darent, & ambirent rursus redire ad militiam: isti decem annis sint inter pœ-
57 nitentes, post 57 triennium quo fuerint inter auditores. In omnibus vero illud præcipue observetur, ut animus ac propositum eorum, vel species pœnitentiæ requiratur.
58 Quicumque enim cum 58 omni timore & lacrymis perseverantibus & operibus bonis,
59 omni tempore conversionem suam 59 non solo habitu, sed opere & veritate demonstrant, hi tempora statuta complentes, merito orationibus communicabunt; licebit autem Episcopo etiam humanius aliquid circa eos cogitare. Si qui vero indifferenter habuerunt lapsum suum, & sufficere sibi æstimarunt ad conversionem hoc ipsum, quod introire in Ecclesiam videbantur, isti omni modo tempora statuta complere debent.

60 XIX. *De reconciliatione danda 60 morientibus.*

CAN.XIII. *Dion. Is.* XII. DE his vero qui recedunt e corpore, antiquæ legis regula observabitur 61
61 etiam nunc, ita ut recedentes e corpore, ultimo & necessario viæ suæ viatico non defraudentur. Quod si desperatus aliquis acceptа communione supervixerit, sit inter illos qui in oratione sola communicant, donec statutum tempus compleatur. De omnibus tamen his, 62 qui ex nodo corpo- 62
ris exeunt, & Eucharistiam postulant; in tradenda eis communione cura sit & probatio Episcopi.

XX. *De catechumenis 63 lapsis.* 63

DE catechumenis vero 64 lapsis placuit CAN.XIV. sancto Concilio, ut tribus annis in- *Dion.* XIII. ter auditores sint tantummodo; post hæc ve- *Is.* 64
ro orent cum catechumenis.

XXI. *De 65 his, qui Ecclesias deserunt, & ad alias transeunt.* 65

PRopter multas perturbationes 66 & se- CAN.XV. ditiones, quæ fieri solent, placuit omni- *Dion. & Is.* modo abscidi istam consuetudinem, 67 si 66 67
contra regulam repertus fuerit in aliquibus partibus e civitate ad civitatem transire vel Episcopus, vel Presbyter, vel Diaconus, vel Clericus. Si quis vero, post hæc statuta sancti hujus Concilii, tale aliquid 68 au- 68
dere tentaverit, infringetur omni generehujusmodi conatus, & restituetur propriæ Ecclesiæ, in qua Episcopus, vel Diaconus, vel Presbyter ordinatus est.

XXII.

56 Sequuti sumus codd. Vind. Pith. Hardy, a quibus modicum differt MS. Vat. Reginæ. Quesnellus: *De his qui post baptismum revertuntur ad militiam.*

57 Cod. Pith. inserit *primum*: in Vindeb. etiam secunda manu additur, & legitur in Veron. atque vulg. Isid. qui duo postremi pro *auditores* habent *audientes*, & mox *Ab omnibus vero illud præcipue observetur, ut animus eorum & fructus pœnitentiæ* &c. In Vindeb. pro voce *species* secunda antiqua manu scriptum est *fructus*.

58 Voces *omni timore &* addidimus ex MSS. Pith. Veron. ac vulg. Isid. pro quibus in Vindeb. mendose *omni tempore &*.

59 MS. Veron. cum vulgato Isid. *non solis verbis, sed opere & veritate demonstrant, cum tempus statutum etiam ab his fuerit impletum, & orationibus jam cœperint communicare, licebit Episcopo* &c. Et post pauca *lapsum, & sufficere, quod Ecclesiam introierunt, arbitrantur, isti omnimodo tempora statuta complebunt*. In ultimis vocibus Quesnellus, non autem nostri codices, *complere debebunt*.

60 Solus Quesn. *pœnitentibus*, perperam.

61 Sic Vindeb. concinentibus exiguo discrimine codd. Pith. & Isid. Solum Pith. cum vulg. Isid. habet *vitæ suæ* pro *viæ suæ*. Quesnellus *observabitur, & ultimo viæ suæ* &c. & in marg. notat legi in MS. Thuan *qui etiam non ita ut recedunt ex corpore*. Dein Veron. & vulg. Isid. delent *donec statutum tempus compleatur*.

62 Codd. Thuan. & Pith *qui ex nudo corpore*, vel *corporis recedunt*. Veron. & vulg. Isid. *qui ex corpore recedunt, in tradenda eis* &c.

63 Codd. Vindeb & Hardy delent *lapsis*: legitur autem cum Quesnello in Pith. & Vat. Reginæ.

64 Supplevimus *lapsis* cum MSS. Thuan. & Pith. concinente Veron. Isid. qua voce deficiente in Quesnelli codice, sicut & in Vindebonensi, dein scriptum fuit apud Quesnellum, *ut si lapsi sunt, tribus annis* &c. Sed voces *si lapsi sunt* ignorantur in omnibus nostris codicibus, ac etiam in Vindebonensi, licet careat voce *lapsis*. In vulg. Isid. habetur: *Placuit hoc sancto & magno Concilio de catechumenis, qui lapsi sunt, ut tribus annis inter audientes verbum sint tantummodo* &c.

65 Sic omnes nostri codices, quorum duo voci *Ecclesias* præmittunt *suas*. Quesn. *Ne transeatur de Ecclesia in alteram*.

66 Vulg. Isid. *& frequentes tumultus seditionum, quæ fieri soleat*. Veron. Isid. addit *in plebe*.

67 Veron. & vulg. Isid. *quæ contra regulam est, sicubi tamen sit, idest, ne de civitate ad civitatem transeat vel Episcopus* &c. Uterque delet *vel clericus*.

68 Vulg. Isid. *agere*. Veron. Isid. *aliquid tentaverit, infringentur*. Dein uterque *in qua ordinatus est*, omissis reliquis.

69 XXII. 69 *De non suscipiendis alterius Ecclesiæ Clericis.*

CAN.XVI. *Dion. & Isid.*

SI qui sine respectu agentes, & timorem
Domini ante oculos non habentes, ne-
70 que ecclesiastica statuta 70 scientes, recesserint ab Ecclesia sua, sive Presbyter, sive
Diaconus, sive in quocumque ordine eccle-
71 siastico positi fuerint, 71 hi numquam suscipi debent in Ecclesia; sed cum omni necessitate cogantur ut redeant ad Ecclesias
suas: aut si permanserint, excommunicatos
eos esse oportet.

72 XXIII. *De 72 non ordinandis Clericis alienis sine voluntate Episcopi sui.*

CAN. XVII. *Isid.*

SI quis autem 73 ausus fuerit aliquem,
qui ad alterum pertinet, ordinare in
73 sua Ecclesia, cum non habeat consensum illius Episcopi a quo recessit Clericus suus;
irrita sit hujusmodi ordinatio.

XXIV. *De feneratoribus Clericis.*

CANON. XVIII. *Dion. & Isid.*

QUoniam multi Clerici avaritiæ caussa
lucra sectantur turpia, & obliti sunt
divini præcepti, quod dicit: *Qui pe-*
Ps. 14. 7. *cuniam suam non dedit ad usuram*: fene-
74 rantesque 74 centesimas exigunt: statuit hoc
Concilium sanctum, quod si quis inventus
fuerit post hanc definitionem usuras accipere, vel ex quolibet tali negotio turpia
75 lucra sectari, vel etiam 75 in Græcis dimidias centesimas species frugum ad sescuplum dare; omnis, qui tale aliquid commentus fuerit ad quæstum, abscidatur a
Clero, & alienus ab ecclesiastico habeatur
gradu.

XXV. *De 76 Diaconibus ne supra Presbyteros sint.* 76

CANON XVIII. *Dion.* XIV. *Is.*

PErvenit ad sanctum Concilium, quod in
locis quibusdam & civitatibus Presbyteris sacramenta 77 a Diaconibus dentur;
quod neque regula, neque consuetudo tra- 77
didit: ut hi qui offerendi sacrificii non habent potestatem, his qui offerunt, corpus
Christi porrigant. Sed & illud innotuit,
quod quidam Diaconi etiam ante Episcopum sacramenta contingant. Hæc omnia
amputentur: & maneant Diaconi intra propriam mensuram; scientes, quia Episcoporum quidem ministri sunt, Presbyteris autem inferiores. Accipiant ergo 78 Eucha- 78
ristiam secundum ordinem post Presbyteros
ab Episcopo, vel a Presbytero. 79 Sed nec 79
sedere quidem in medio Presbyterorum liceat Diaconis. Extra regulam enim &
extra 80 ordinationem est, ut hoc fiat. 80
Si quis autem non vult esse subjectus etiam post hanc definitionem, cesset esse
Diaconus.

XXVI.

69 Ita nostri quatuor codices. Quesnellus *Ne recipiatur, qui transierit.*

70 Veron. & vulg. Isid. *custodientes.*

71 Codd. Thuan. & Pith. *hi nusquam.* Veron. & vulg. Isid. *non debent suscipi in alia Ecclesia.*

72 Ita MSS. Vindeb. & Hardy. Quesnellus *Ne Episcopus ordinet alienum clericum.*

73 Quesn. *ausus fuerit ad suscipiendum aliquem, qui ad aliorum pertinet ordinationem, & eum in sua Ecclesia ordinet, cum non habeat* &c. Prætulimus lectionem MS. Pith. cum quo concinunt Vindeb. & Veron. atque vulg. Isid.

74 Cod. Thuan. *centesimos fructus.*

75 Ita codd. Vindeb. Pith. & Thuan. ut Quesnellus notavit: apud quem cum Oxon. *in quantis dimidias* &c. Veron. & vulg. Isid. delent *in Græcis dimidias centesimas*, & habent *species frumentorum.* Mox pro *sescuplum* Vind. præfert *sesquiplum.* Dein Quesn. post *omnis* inserit *ergo*, quam vocem ignorant omnes nostri codices. Postea pro *abscindatur* MS. Pith *exordetur*, Veron. Isid. *dejicietur*, vulg. Isid. *dejiciatur.*

76 Quesn. *Ne diaconi supra presbyteros sint.* Prætulimus nostros codices.

77 Veron. cum vulg. Isid. *diaconi porrigant. Hoc neque regula.* Dein vulg. Isid. pro *contingant* habet *sumunt*: & mox *Hæc ergo omnia*, ubi particulam *ergo* a Quesnello receptam, auctoritate nostrorum codd. Vindeb. Pith. & Veron. Isid. expunximus.

78 Veron. cum vulg. Isid. *sacram communionem.*

79 In MS. Vindeb. hæc recentiori manu adduntur. *Neque Eucharistiam illis presbyteris dividant; sed illis agentibus solum ministrent. Si autem non fuerint in præsenti vel Episcopus, vel Presbyter, tunc ipsi proferant & dent.* Hæc ultima periodus additur etiam in textu MS. Pith. & in Veron. ac vulg. Isid. hoc initio: *Quod si non fuerit.* Solum vulg. Isid. pro *dent* habet *edant*: Hæc tota sententia in Græco deest.

80 Veron. Isid. *ordinem.* Dein cod. Pith. *non vult bis sufficiens esse.*

81 XXVI. De 81 *Paullianistis, quos Homuncionitas vocant.*

CAN. XIX. Dion. & Is. 82 SI qui confugerint ad Ecclesiam, statutum sit baptizari eos omnimodo.
82 Si qui vero Clerici erant apud eos, si quidem inculpabiles inventi fuerint & irre-
83 prehensibiles, 83 baptizati etiam ordinentur ab Episcopis Ecclesiæ catholicæ. Si au-
84 tem examinati, 84 minus apti fuerint deprehensi, deponi eos oportet.

XXVII. De *Diaconissis* 85. 85

Similiter autem & 86 circa Diaconissas, & de omnibus qui in clero eorum inveniuntur, eadem forma servabitur. Commemoravimus etiam de Diaconissis his, quæ in hoc ordine inventæ sunt: 87 quæ nec manus aliquam impositionem habent, ita ut omni genere inter laicos habeantur. 88

CAN. XX. Nicænus desideratur, de quo vide Dissertationem ad hunc codicem.
86
87
88

XXVIII. De 1 *Episcopis etiam laica communione privandis, qui civitates mutaverunt.* 1

Osius

---

81 Quesnellus habet in titulo tantum *De Paullianistis*: & dein incipit canonem *De Paullianistis, quos Homuncionitas vocant. Si qui* &c. Nos sequuti sumus codd. Pith. & Hardy, nec non Vind. & Thuan. qui duo postremi ante *Homuncionitas* addunt *homines*. Hanc porro notam Quesnellus subjecit: *Homuncionitæ dicti sunt hæretici, qui Christum non Deum & hominem, sed hominem solummodo esse blasphemabant: quos inter Paullianistæ a Paullo Samosateno nuncupati, recensentur. De appellatione hujusmodi qui plura voluerit erudite annotata, adeat Notas doctissimi Joannis Baptistæ Cotelerii in librum 6. Constitutionum Apostolicarum pag. 271.*

82 Vulg. Isid. *Si quis confugit ad Ecclesiam catholicam de Paullianistis & Cataphrygis, statutum est rebaptizari eos omnino debere.* Nomen *Cataphrygis*, quod in nulla alia versione, nec in Græco legitur, huic versioni Isidorianæ esse posteriori assumento insertum liquet ex nostro cod. Veron. qui puram antiquam versionem ab Isidoro susceptam continet. In eo enim legitur: *De Paullianistis si quis confugerit ad Ecclesiam, statutum sit rebaptizari eos* &c. Cod. Thuan. *ad Ecclesiam, statim baptizare eos omnino decet.* Sequuti sumus lectionem codd. Vind. & Pith. Solum cod. Pith. habet *rebaptizari*. Quesn. *statutum est.*

83 Pith. *rebaptizati*. In Vind. secunda manu additur *rursum*. Vulg. Isid. *baptizati rursus*. Veron. Isid. *rebaptizati rursum*.

84 Sic codd. Vindeb. & Pith. cum Isidoro. Quesnellus *minus inventi fuerint apti*. Veron. Isid. post verbum *oportet* addit, *& erunt in ordine laicorum*.

85 Quesn. addit *eorum*: quam vocem ignorant codd. Thuan. Vindeb. & Vat. Reginæ.

86 Cod. Pith. *circa diacones*, ut in Isid. vulg. Alii codd. Isid. *diaconos*. At Veron. Isid. & Vat. Reg. cum aliis codd. hujus collectionis habent *diaconissas*. Mox MSS. Thuan. & Pith. cum Veron. Isid. delent *eorum*. Dein solus Quesn. *servetur*.

87 In MS. Vindeb. pro *quæ* secunda manu scriptum est *quia*. Dein Pith. & Veron. Isid. *inter laicas*. Vulg. Isid. *ut & omnino inter laicas*.

88 Vulg. Isid. addit: *Similiter autem diaconissæ, quæ in catholico canone non habentur, simili modo, idest laicæ & tamquam non consecratæ deputentur*. MS. Ver. Isid. idem habet excepto fine, in quo legitur *simili loco, idest laicæ, tamquam non consecratæ habeantur*. Canon XX. Nicænus desideratur in codd. hujus collectionis, sicuti in Vaticano Reginæ, nec non in abbreviatione Rufini. At in MSS. Fossat. Pith. & Hardy, licet hanc eamdem versionem contineant, idem canon legitur, uti apud Isidorum invenitur. Illum hic subjicimus. *De diebus Dominicis & Pentecostes ut in eis stantes oremus. Quoniam sunt in die Dominica quidam ad orationem genua flectentes, & in diebus Pentecostes; propterea itaque est constitutum a sancta Synodo, quoniam consona & conveniens per omnes Ecclesias custodienda consuetudo est, ut stantes ad orationem Domino vota reddamus*. Cod. Hardy sic titulum exhibet: *De genu non flectendo in Dominica*. Veron. Isid. qui Nicænis canones Sardicenses subjicit tamquam Nicænos, hunc eumdem canonem similiter præfert, hoc uno discrimine, quod pro voce *Pentecostes* habet *Quinquagesimæ*. Quoad defectum vero hujus canonis confer nostras Observationes in Dissert. 12 Quesnelli cap. 1. n. 9.

1 Quatenus hic & sequentes canones, qui vere sunt Sardicenses, Nicænis subjecti, & pro Nicænis habiti fuerint, explicavimus in tractatu huic volumini inserto part. 2. c. 1. §. 3. Hunc porro sequentis canonis titulum e nostro MS. Vindeb. eo libentius prætulimus, quod idem legatur non solum apud Dionysium Exiguum, verum etiam in aliis antiquissimis collectionibus, quæ Dionysio vetustiores sunt, ut Vaticana Reginæ, & Vat. 1342. Quesnelli titulum his expressum verbis, *Ut Episcopus transiens de civitate in alteram, laica etiam communione careat*, in nullo nostro codice, nec in ulla alia collectione invenimus. Dionysius in epistola ad Stephanum prodit, se hos canones non interpretatum ex Græco, sed dedisse ut latine editi fuerant. Hos enim canones ab ipsa Sardicensi Synodo non tam græce, quam latine editos in præmisso tractatu part. 1. c. 5. ostendimus. Hinc duo Sardicenses canones in Zosimi commonitorio Nicænorum nomine producti eamdem lectionem a Dionysio receptam exhibent; eamdemque pariter in radice præferunt omnes Latinæ collectiones antiquæ, quæ a Dionysio non prodeunt. Hos canones præter Dionysium invenimus in MSS. Latinis collectionibus Vat. Reginæ 1997. Lucensi 88. Vat. 1342. seu Barb. 2888. Quesnelliana, prisca Justelli, & in ea vetustissima, quam Isidorianam vulgo appellant. Non paucæ quidem variantes identidem inductæ, aliam atque aliam horum canonum

CAN. I. SARDICENSIS. *Dion. & Is.*

2 OSius 2 Episcopus dixit: Non minus
mala consuetudo, quam perniciosa
corruptela funditus eradicanda est: ne cui
2 liceat Episcopo de civitate sua ad aliam ci-
3 vitatem transire; 3 manifesta enim est caus-
4 sa, qua hoc facere tentat: cum nullus 4 in
hac re inventus sit Episcopus, qui de ma-
5 jori civitate ad minorem 5 transiret. Unde apparet avaritiæ eos ardore inflammari,
6 & ambitioni servire, ut dominationem 6
agant. Si ergo omnibus placet, hujusmodi pernicies sævius & austerius vindicetur, ut nec laicam communionem habeat,
qui talis est. Responderunt universi: Placet.

CAN. II. *Dion. & in Cod. Thuan*

Osius Episcopus dixit: Etiamsi talis exstiterit aliquis temerarius, ut fortassis 7 excusationem afferens asseveret, quod populi
7 litteras acceperit, cum manifestum sit po-
8 tuisse 8 paucos præmio & mercede corrumpi, eos qui sinceram fidem non habent;
ut clamarent in Ecclesia, & ipsum petere
viderentur Episcopum. Omnino has fraudes
damnandas esse arbitror, hoc modo: ut nec
9 laicam 9 in fine communionem accipiant.
Si ergo vobis omnibus placet, statuite. Synodus respondit: Placet 10. Osius Episco- 10
pus dixit: Illud quoque, 11 ut Episcopi 11
de sua provincia ad aliam provinciam, in
qua 12 sunt Episcopi, non transeant, ni 12
forte a fratribus suis invitati: 13 ne vi- 13
deantur janua caritatis excludi.

XXIX. *Ut inter Episcopos Comprovinciales audiant.*

CAN. III. *Isid.*

14 ILlud quoque providendum est: si in aliqua provincia aliquis Episcopus contra
fratrem suum Episcopum litem 15 habue- 14
rit, ne unus e duobus ex alia provincia 15
advocet Episcopum. 16 16

XXX.

---

nonum quasi formam, ac veluti interpretationem exhibere nonnullis visæ sunt. At exactius perpendentibus & conferentibus singula, totam varietatem in quibusdam vocibus hinc & hinc sparsis inditam, integras vero lineas & commata integra verbis iisdem convenire patebit: quod cum interpretationi diversæ non congruat, primævum originale Latinum liberioribus variantibus alicubi transformatum, sed in radice idem cognoscetur. Hoc loco præter variantes codicum hujus collectionis, solius Dionysii lectiones adnotabimus. Cum postea hi iidem canones edentur in recudenda collectione prisca, tunc variantes aliarum collectionum ineditarum Vat. Reginæ, Vat. 1342. atque Lucensis subjiciemus, & alicubi etiam Isidorianæ, quam in ceteris cum vulgatis conferre quisque poterit.

2 Quesnellus hanc notationem subjecit. *Canonem illum XXVIII. qui primus est Sardicensium, ita repræsentat Codex Oxoniensis; Thuaneus vero & Isidor. in duos scindunt, sed diverso modo; Dionysius denique Exiguus tres facit. Et Thuaneum quidem sequi animus fuerat, ob eam caussam quod in ipso Oxoniensi titulus capituli 1. moneat sub XLVIII. titulis comprehendi Canones Nicænos, & totidem, uno minus, numeret Atrebatensis apud Alanum Copum, ut dicetur in dissertatione de hoc Codice. Verum cum animadverterem Thuaneum, in quo singuli canones Sardicenses duplici ornantur argumento, uno quod Dionysianum est, altero aliunde accepto; in hac tamen posteriori Canonis parte, quam pro secundo habet, unicum legi Dionysii argumentum: existimavi ab ejusdem Dionysii codice manasse partitionem canonis, a quo & titulus; aliam vero ut antiquiorem, & huic codici propriam, esse retinendam.* Non solus codex Atrebatensis, sed etiam noster Vindebon. 39. cum Oxoniensi concinentes, capitum partitionem hic vulgatam approbant.

3 Cod. Thuan. *manifestata*.

4 Voces *in hac re* additæ sunt ex nostro cod. Vind. hujus collectionis proprio, uti adduntur etiam a Dionysio Exiguo, & in aliis collectionibus Isid. & prisca.

5 Cod. Vindeb. *velit transire*.

6 Cod. Thuan. cum Vat. Reginæ *habeant*. Mox MS. Vindeb. & Dionysius delent *ergo*.

7 Sic codd. Vindeb. & Dionys. Exig. cum ceteris collectionibus. Quesnellus *excusationes*.

8 Solus Dionysius apud Justellum *plures*: alii vero ipsius Dionysii codices *paucos*.

9 Cod. Vind. delet *in fine*. Dion. *arbitror, ita ut nec laicam in fine communionem talis accipiat*. Mox MS. Vind. & Dion. prætereunt *ergo*.

10 Cod. Thuan. hoc additamentum in nulla alia collectione exhibitum præfert: *in exitu communionem saltem laicam consequantur*.

11 MS. Thuan. & Dion. addunt: *necessario adjiciendum est*.

12 Quesnellus cum aliquo suo codice inseruit *non*; & in postilla marginali notavit: *Negatio male in aliis codicibus omittitur*. Non solum cod. Vindeb. hujus collectionis, sed omnes aliarum collectionum hanc negationem ignorant: canon enim vetat transire ad aliam provinciam, in qua sunt Episcopi, nisi ab iis invitentur.

13 Dionysius, *ne videamur* (al. *videantur*) *januam claudere caritatis*.

14 Cod. Thuan. cum Dionys. omittunt *Illud quoque providendum est*, & habent: *Quod si in aliqua*.

15 Ita cum nostro cod. Vindeb. ceteræ collectiones. Quesn. *habeat*. Mox Dionysii editiones Moguntina & Justelliana refragrantibus MSS. libris, quos Labbeus consuluit, delent *ne*: male. Cod. Thuan. habet *nec*.

16 Dion. cum cod. Thuan. addit *cognitorem*.

17 CAN. IV. Ibid. **XXX.** 17 *De appellationibus ad Episcopum Romanum.*

18 QUod si aliquis 18 adjudicatus fuerit Episcopus in aliqua caussa, & putat se bonam habere caussam, ut iterum Concilium renovetur: si vobis placet, sancti Apostoli Petri memoriam honoremus,
19 ut 19 scribatur vel ab his, qui caussam examinarunt, vel ab Episcopis, qui in proxima provincia morantur, Romano Episcopo. Si judicaverit renovandum esse judicium, renovetur, & det judices: si autem probaverit talem caussam esse, ut non refricentur ea quæ acta sunt, quæ decreverit, confirmata erunt. Si hoc omnibus placet? Synodus respondit: Placet.

20 **XXXI.** 20 *De non superordinando ei, qui appellaverit.*

CAN. IV. Dion. V. Is. GAudentius Episcopus dixit: Addendum, si placet, huic sententiæ, quam plenam sanctitatis protulisti, ut cum aliquis depositus fuerit Episcopus, eorum Episcoporum judicio qui in vicinis locis commorantur, & proclamaverit agendum sibi negotium in urbe Roma: alter Episcopus in ejus cathedra post appellationem ejus, qui videtur esse depositus, omnino non ordinetur 21 in loco ipsius, nisi caussa fuerit in judicio Romani Episcopi determinata. 21

XXXII. *Quando debeat 22 in aliena provincia a vicinis Episcopus ordinari.* 22

OSius Episcopus dixit: Si contigerit in una provincia, in qua 23 plurimi fue- CAN. V. Dion. Is. VI.
rint Episcopi, unum forte remanere Episco- 23
pum, ille vero per negligentiam noluerit ordinare Episcopum, & populi convenerint Episcopos vicinæ provinciæ; censeo debere illum prius conveniri Episcopum, qui in ea provincia moratur, & ostendi ei quod
populi petant 24 sibi rectorem; & hoc justum esse ut & ipsi veniant, & cum ipso ordinent Episcopum. Quod si conventus litteris tacuerit, & dissimulaverit, nihilque rescripserit, satisfaciendum esse populis, ut veniant ex vicina provincia Episcopi, & ordinent Episcopum. 24

XXXIII. 25 *De non faciendis Episcopis per vicos & modicas civitates.* 25

LIcentia vero danda non est ordinandi Episcopum aut in vico aliquo, aut in modica civitate, cui sufficit unus Presbyter: CA N. VI Dio nys.

17 Quesn. *De appellatione.* Sequuti sumus lectionem nostri codicis Vindeb., quam comprobat etiam alius hujus collectionis codex Atrebatensis laudatus ab Alano Copo. Idipsum est etiam in inscriptione MS. Vat. Reginæ, cujus tituli in hac collectione recepti sunt.

18 Dion. *judicatus*. Post pauca pro voce *concilium*, quæ in hac & in Dionysii collectione legitur, aliæ collectiones concinente Græco textu habent *judicium*.

19 Quesn. cum MS. Oxon. *scribatur ab his, qui caussam examinarunt, Silvestro Romano Episcopo, ut, si judicaverit*. Dion. pro *Silvestro* habet *Julio*; & pro *ut si* habet *& si*. Cod. Thuan. *scribatur vel ab his qui examinarunt, vel ab Episcopo Julio Romano. Si judicaverit* &c. MS. Vind. *scribatur vel ab his, qui examinarunt, vel ab Episcopo, si judicaverit*. Hi duo postremi codices dum repetunt particulam *vel*, quæ deest in Oxon. & apud Dionysium; imperfectum sensum relinquunt; indicantque per saltum omissa fuisse post secundum *vel* hæc verba, *ab Episcopis, qui in proxima provincia morantur*: quæ contextui necessaria ex MSS. editionis priscæ, & Isidorianæ, nec non ex vetustissima collectione Vat. Reginæ 1997. supplenda credidimus. In Vindeb saltus elucet manifestius: nam a voce *Episcopis* ad vocem *Episcopo* antiquus amanuensis transcurrit. Nomen *Silvestro* pro *Julio*, qui Sardicensis tempore floruit, substitutum est in cod. Oxon. ut congrueret cum tempore Nicænæ Synodi, cujus canonibus Sardicenses in hac collectione adjunguntur. Julii nomen præfert quidem etiam Græcus textus; omisimus tamen cum iis Latinis diversæ originis exemplaribus, quæ integrum textum exhibent.

20 Titulum ex cod. Vindeb. expressimus. Quesnellus *ut appellanti non superordinetur Episcopus*.

21 Voces *in loco ipsius* desunt in aliis collectionibus Dion. Prisca, & Isidoriana.

22 Quesn. *ex aliena provincia Episcopus ordinari*. Nostrum Vindebon. cod. cui concinit Vat. Reginæ, prætulimus.

23 Solus Thuan. *non plurimi*. Addit Quesnellus: *Optime, ni fallor: hæc est enim caussa, cur contigerit, unum remanere Episcopum*. At non est opus deserere lectionem, quam ceteræ etiam Latinæ collectiones cum vulgato Græco approbant. Forte vero ut difficultas & contradictio, quæ hoc loco ingeritur, prorsus subducatur, supplendum est hoc loco participium *ordinandi* (*in qua plurimi fuerint Episcopi ordinandi*;) quam lectionem nacti sumus in antiqua versione horum canonum hoc tomo edenda ex MS. 55. Capituli Veronensis. Confer quæ in eam observabimus adnot. 7. Mox codices nostræ collectionis cum MS. Vat. Reg. quo noster auctor usus dignoscitur, transcurrunt voces *ille vero per negligentiam noluerit ordinare Episcopum*. Has autem contextui necessarias, & per merum saltum omissas in laudatis codicibus ob repetitam vocem *Episcopum*, ex omnibus aliis collectionibus Latinis, Dion. Prisca, & Isid. nec non ex Græco inserendas credidimus. Post pauca Dion. Justelli *populi convenerint, Episcopos vicinæ provinciæ debere illum prius convenire Episcopum ..... & ostendere quod populi*. Idem legitur in Dion. edit. Conciliorum, nisi quod pro *Episcopos .... debere* habetur *Episcopi .... debent*: melius.

24 Quesn. ex cod. Oxon. inseruit *eum*: delevimus cum MSS. Thuan. & Vind. concinentibus aliis collectionibus.

25 Sic MS. Vind. cum Vat. Reginæ. Quesnellus: *Non debere ordinari Episcopum in vico & modica civitate*,

fer: quia non est necesse ibi fieri Episcopum, ne vilescat nomen Episcopi & aucto-
26 ritas. Non debent 26 illi ex alia provincia
invitati facere Episcopum, nisi aut in his
civitatibus, quæ Episcopos habuerint, aut
si qua talis, aut tam populosa est civitas quæ
meretur habere Episcopum. Si hoc omnibus placet? Synodus respondit: Placet.

27 XXXIV. 27 *De retractanda Synodo
provinciali per vicarios Episcopi urbis Romæ, si fuerit appellatum.*

CAN. VII. *Dion. & Isid.*

OSius Episcopus dixit: Placuit autem
ut si 28 Episcopus accusatus fuerit,
28 & judicaverint congregati Episcopi regionis
29 ipsius, & de gradu suo eum dejecerint: 29
si appellaverit, qui dejectus est, & confugerit ad Episcopum Romanæ Ecclesiæ, &
voluerit se audiri: si justum putaverit ut
renovetur examen, scribere his Episcopis dignetur, qui in finitima & propinqua pro-
30 vincia sunt: ut ipsi diligenter 30 omnino
requirant, & juxta fidem veritatis definiant.
Quod si is, qui rogat caussam suam iterum
audiri, deprecatione sua moverit Episcopum
Romanum, ut e latere suo Presbyterum
mittat; erit in potestate Episcopi quid velit, & quid æstimet: & si decreverit mittendos esse, qui præsentes cum Episcopis
judicent, habentes ejus auctoritatem a quo
31 31 destinati sunt, erit in suo arbitrio. Si
vero crediderit Episcopus sufficere, tunc negotio terminum imponat, & faciat quod
sapientissimo consilio judicaverit.

XXXV. 32 *Quando Episcopi, & in quibus* 32
caussis ad Comitatum vadant.

CAN. VIII. *Dion. & Is.*

OSius Episcopus dixit: 33 Importunita-
tes & nimia frequentia, & injustæ 33
petitiones fecerunt, nos non tantam habere fiduciam vel gratiam, dum quidam non
cessant ad Comitatum ire Episcopi, & maxime Afri: qui, sicut cognovimus, sanctissimi fratris & Coepiscopi nostri Grati sa-
lutaria consilia spernunt atque contemnunt,
ut non solum ad Comitatum multas & diversas, Ecclesiæ non profuturas, 34 perfe- 34
rant caussas; neque, ut fieri solet, & oportet, ut pauperibus, aut viduis, aut pupillis subveniatur; sed & dignitates sæculares
& administrationes quibusdam postulent:
Hæc itaque pravitas olim non solum mur-
murationes, sed & scandala excitat. Honestum est autem ut Episcopi intercessionem
his præstent, qui iniqua vi opprimuntur,
aut si vidua affligatur, aut pupillus expolietur: si tamen ista nomina justam habeant
caussam aut petitionem. Si ergo vobis, fratres carissimi, placet, decernite ne Episcopi ad Comitatum accedant, nisi forte hi
qui religiosi Imperatoris litteris vel invitati, vel evocati fuerint. Sed quoniam sæpe
contingit ut ad misericordiam Ecclesiæ confugiant, qui injuriam patiuntur, aut qui
peccantes in exilio vel in insulis damnantur, aut certe quamcumque sententiam excipiunt, subveniendum est his, & sine dubitatione petenda indulgentia. Hoc ergo,
si vobis placet? 35 Universi dixerunt: Pla- 35
cet, & constituatur.

XXXVI.

---

26 Solus Quesn. pro voce *illi* nostris codicibus probata habet *autem*.

27 Ita MS. Vindeb. cum Atrebatensi apud Alanum Copum, & Vat. Reg. Codex Thuan. titulo caret. Quesnellus ex cod. Oxon. ut credimus: *De retractanda caussa appellantis in Synodo provinciali*.

28 Quesn. inserit *quis* nullo nostro codice, & nulla alia collectione suffragante.

29 Ita hujus collectionis MSS. & Dionysius. Editio Isidori: *Si appellaverit qui dejectus videtur, & confugerit ad beatissimum Ecclesiæ Romanæ Episcopum*. Editio Prisca, quæ hoc tomo prodibit ex cod. Vat. 1342. *Si appellasse videatur, qui dejectus est, & confugerit ad beatissimum Urbis Episcopum*. Cod. Vat. Reginæ 1997. ac Zosimi Papæ commonitorium: *& appellasse videatur, & confugerit ad beatissimum Ecclesiæ Romanæ Episcopum, & voluerit eum* (quæ postrema vox desideratur in Commonitorio) *audiri, & justum putaverit* &c. Post verba *se audiri* Quesnellus ex solo Oxon. inserit voces *Romanus Episcopus*. Desunt in MSS. Thuan. & Vindebon. ac in aliis collectionibus. Isid. has voces refert post verbum *dignetur*.

30 Ceteræ collectiones & Zosimi Commonitorium *omnia*.

31 Quesnellus cum solo cod. Oxon. *missi sunt*. Post pauca cod. Vat. Reg. cum Zosimi Commonitorio: *Si vero crediderit sufficere Episcopos, ut negotio terminum imponant, faciet quod sapientissimo consilio suo judicaverit*. Idem habent Dionysius & editiones Prisca atque Isidoriana: quæ tamen post vocem *Episcopos* addunt *comprovinciales*, vel *provinciales*. Retinuimus lectionem a Quesnello vulgatam ex MS. Oxon. quippe quæ eadem est in cod. Vindeb. Idem Quesnellus in postilla marginali præfert lectionem Isidorianam, ac si eadem sit in Codice Africano & MS. Thuan. Cum vero in Codice Africano, idest in Commonitorio Zosimi, quod Codici Africano insertum est, desit vox *comprovinciales*, num in Thuan. legatur ignoramus.

32 Quesnellus cum cod. Oxon. hunc titulum præfixit: *Pro quibus caussis Episcopi ad comitatum eant*. Titulum cod. Vindeb. cum Vat. Reginæ concinentem revocavimus.

33 Ita codd. Thuan. & Vindeb. cum Dionysi. Quesnellus *Importunitatis nimia frequentia*.

34 Al. *afferant*. Mox cod. Vindeb. delet *neque*, & habet cum Dionys. *aut oportet*.

35 Quesn. cum Oxon. addit *constituatur*. Isid. vulg. *statuatur*. Dion. *decernite*. Sequuti sumus codd. Thuan. & Vind. qui neutrum habent. Codd. Vat. Reginæ, & Veronensis 58. qui antiquam Sardicensium editionem continet ab Isidoro receptam, non absimiliter præferunt: *Si ergo hoc vobis placet: Universi* &c. Post alterum *placet* delevimus particulam *ut* a Quesnello receptam, auctoritate nostrorum codicum, atque Dionysii.

36 XXXVI. 36 *De Diaconis ad Comitatum dirigendis sub prosecutione Metropolitani.*

CAN. IX. Dionys. & Isid. OSius Episcopus dixit: Hoc quoque 37 prudentia vestra tractare debet; qui decrevistis, ne Episcoporum improbitas nitatur, ut ad Comitatum pergant. Quicumque
37
ergo quales superius memoravimus, preces habuerint vel acceperint, per Diaconum suum mittant; quia persona ministri invidiosa non est, & quæ impetraverit, celerius poterit referre. Et hoc consequens esse videtur, ut de qualibet provincia Episcopi ad eum fratrem & Coepiscopum nostrum
38 preces mittant; 38 qui in Metropoli consistit: ut ille & Diaconum ejus, & supplicationes destinet, commendatitias tribuens epistolas pari ratione ad fratres & Coepiscopos nostros, qui illo tempore in his regio-
39 nibus & urbibus morantur, in quibus 39 felix & lætus Augustus rempublicam gubernat; si vero habet is amicos Episcopus in palatio, qui cupit aliquid, quod tamen honestum est, impetrare; non prohibetur per Diaconum suum rogare, & significare his, quos scit, benignam intercessionem absenti posse præstare.

40 XXXVII. *Ut discutiat Papa Romanus 40 caussas, propter quas ad Comitatum Diaconum mittit, si tamen opportunum fuerit.*

CAN. X. Dionys. QUi vero Romam venerint, sicut dictum est, sanctissimo Fratri & Coepiscopo nostro Romanæ Ecclesiæ preces, quas habent, tradant, ut ipse prius examinet 41 si honestæ & justæ sunt, 41
præstet diligentiam atque sollicitudinem, ut ad comitatum perferantur. Universi dixerunt placere sibi, & honestum esse consilium. * Alipius Episcopus dixit: Si propter * Isid.
pupillos & viduas, vel laborantes, qui caus- CAN. X.
sas 42 non iniquas habent, susceperint Epi- 42
scopi peregrinationis incommoda, habebunt aliquid rationis. Nunc vero cum ea postulent præcipue, quæ sine invidia omnium & reprehensione esse non possunt, non necesse
est 43 ipsos ire ad Comitatum. 43

XXXVIII. 44 *Ut sint Episcopi, qui in canali sunt, solliciti ad discutiendos Episcopos euntes ad Comitatum.* 44

GAudentius Episcopus dixit: Ea, quæ CAN. XI Dion. & Isid.
salubriter providistis 45 convenientia,
& æstimatione omnium & Deo placitura & 45
hominibus tenere hactenus firmitatem possunt, si metus huic sententiæ conjungatur. Scimus enim & ipsi sæpissime propter paucorum 46 imprudentiam religiosum sacer- 46
dotale nomen fuisse reprehensum. Si quis igitur contra omnium sententiam nisus voluerit ambitioni magis placere quam Deo, is debet scire, caussis redditis, honorem dignitatemque se amissurum. Quod ita demum compleri poterit, si unusquisque nostrum, qui in canali est constitutus, cum progredientem Episcopum viderit, inquirat transitum ejus, caussis videat, quo tendat agnoscat. Et si quidem eum invenerit ire ad
Comitatum, 47 requirat & illud quod supe- 47
rius comprehensum est, ne forte invitatus sit,

36 Ita codd. Vindeb. & Vat. Reginæ. Quesnellus: *Ut Diaconi mittantur ad comitatum per Metropolitas.*

37 Dion. *providentia.*

38 Cod. Vat. Reginæ 1997. *qui in maxima civitate, idest Metropoli, consistit.* Isid. cum MS. Veron. 58. idem habet: solum plurali numero effert. *ad fratres & coepiscopos nostros, qui in maxima civitate, idest in Metropoli, consistunt*: ubi *maximæ civitatis* nomen vocem *Metropolis* explicans, civilem seu geographicam provinciæ Metropolim innuit: neque enim Sardicensis Synodi tempore in Occidente institutæ erant Metropoles ecclesiasticæ. Vide quæ animadvertimus in tractatu præmisso part. 1. c. 5. n. 4. Mox voci *Diaconum* præmisimus particulam *&* ex cod. Vindeb. MS. Oxon. pro *ejus* habet *suum*.

39 Sic MSS. Thuan. & Vindeb. Ceteræ collectiones *felix & beatus*: Oxon. *religiosus* tantum. Quesn. *felix & religiosus*, ut in Vat. 1342. editionis priscæ invenimus. In fine hujus canonis Dion. Justelli, & in margine Conciliorum additur: *si tamen opportunum fuerit*: quæ verba in Græco & aliis collectionibus Latinis desunt, & solum in MS. Vind. nostræ collectionis & in Vat. Reg. titulo sequentis canonis adnectuntur.

40 Quesn. *caussas euntis ad comitatum*. Retinuimus titulum codicis Vindeb. accedente MS. Vat. Reginæ, in quo tamen melius *caussas, propter quas ad comitatum mittitur* &c.

41 Cod. Vind. cum Dion. & Isid. delent hoc loco *&*, ac præfigunt verbo *præstet*.

42 Particula *non* male omittitur in Dion. Justelli. Mox *Episcopi* deest in cod. Vindeb. in Dion. ac editionibus Isid. & prisca.

43 Ex cod. Vind. ac prisca editione adjecimus *ipsos* Dion. & Isid. vulg. habent *eos*. Vat. Reginæ & Veron. 58. *illos*.

44 Quesn. *Ut Episcopi in canali constituti discutiant caussas euntis*. Sequuti sumus cod. Vindeb. qui cum Vat. Reg. concordat.

45 Cod. Oxon. cum Veron. Isid. 58. *convenientiæ & æstimationi*. Vindeb. *convenientiæ & æstimatione*. manus antiqua emendavit *æstimationi*. Mox idem Vindeb. cum Dion. Justelli delet *& hominibus*.

46 Sic MSS. Vindeb. & Thuan. concinentibus Isid. vulg. & Vat. 1342. editionis priscæ. Quesn. cum Dion. *impudentiam*.

47 Ob repetitas voces *ad comitatum* in hac collectione omissa fuerunt sequentia usque *ad comitatum*; suppleta vero antiqua manu in codd. Thuan. & Vindeb. quorum auctoritate inserenda credidimus: cum præsertim omnes aliæ collectiones hanc eamdem sententiam exhibeant. Cod. Vindeb. saltum manifeste prodit: in textu enim habet *ire ad comitatum pergat*: ubi verbum *pergat* sine insertis vocibus suspensum, aliquid prætermissum significat. Quesnellus Oxon. codicem sequutus, verba laudata in margine descripsit.

ſit, ut ei facultas eundi permittatur. Si vero, ut ſuperius memoravit ſanctitas veſtra,
propter deſideria & ambitiones ad Comitatum pergat, nec litteris ejus ſubſcribatur,
nec in communionem recipiatur. Si vobis
placet, omnium ſententia confirmari debet.
Univerſi dixerunt, honeſtum eſſe, & placere
*CANON XII. Dion. & Iſ. ſibi hanc conſtitutionem *. Oſius Epiſcopus
dixit: Sed & moderatio neceſſaria eſt, dile-
48 ctiſſimi fratres, ne ſubito adhuc 48 aliqui
neſcientes quid in Synodo decretum ſit, veniant ſubito ad civitates eas, quæ in canali
ſunt. Debet ergo Epiſcopus civitatis ipſius
49 admonere 49 eum & inſtruere, ut ex eo
loco Diaconum ſuum mittat admonitus, &
ipſe redeat in parochiam ſuam.

50 XXXIX. 50 *De laicis non faciendis Epiſcopis*.

CANON. XIII. Dion. & Iſid. OSius Epiſcopus dixit: Et hoc neceſſarium arbitror ut diligentiſſime tracte-
tis; ſi forte aut dives, aut ſcholaſticus de
foro, aut ex adminiſtratione Epiſcopus fue-
51 rit poſtulatus: ut non prius ordinetur, niſi 51
ante & lectoris munere, & officio Diaconi,
aut Presbyterii fuerit perfunctus: & ita per
ſingulos gradus, ſi dignus fuerit, aſcendat
ad culmen Epiſcopatus. Poteſt enim per has
promotiones, quæ habebunt utique prolixum
tempus, probari, qua fide ſit, qua mode-
ſtia, qua gravitate & verecundia. Et, ſi
dignus fuerit probatus, divino Sacerdotio il-
luſtretur. Quia conveniens non eſt, nec ratio vel diſciplina patitur, ut temere vel leviter ordinetur aut Epiſcopus, aut Presby-
1.Tim 3.6. ter, aut Diaconus, qui Neophytus eſt: maxime cum magiſter gentium Apoſtolus ne
hoc fieret denuntiaſſe & prohibuiſſe videatur: ſed hi, quorum per longum tempus
examinata ſit vita, & merita fuerint com-
52 probata. 52

XL. 53 *Quamdiu Epiſcopus in aliena civi- tate peregrinari debeat excepta gravi neceſſitate*. 53

OSius Epiſcopus dixit: Et hoc quoque CANON
ſtatuere debetis, ut ſi 54 ex alia ci- XIV.
vitate, vel ex provincia ſua ad aliam pro- Dion. & Iſid.
vinciam tranſire voluerit Epiſcopus, & ambitioni magis quam devotioni ſerviens, vo- 54
luerit in aliena civitate multo tempore re-
ſidere; 55 forte enim evenit Epiſcopum lo- 55
ci non eſſe tam inſtructum, neque tam do-
ctum; is vero, qui advenit, incipiat eum
contemnere, & frequenter facere ſermonem,
ut dehoneſtet & infirmet illius perſonam:
ita ut ex hac occaſione 56 non dubitet re- 56
linquere aſſignatam ſibi Eccleſiam & tranſeat ad alienam. Definite ergo tempus: quia
& non recipi Epiſcopum inhumanum eſt,
& ſi diutius reſideat, perniciosum. Hoc ergo ne fiat providendum eſt. Memini autem
57 ſuperiores fratres noſtros conſtituiſſe; ut, 57
ſi quis laicus in ea, qua moratur civitate,
per tres dominicos dies, id eſt, per tres
ſeptimanas non celebraſſet conventum, communione privaretur. Si hæc circa laicos
conſtituta ſunt, multo magis 58 Epiſcopum 58
nec licet, nec decet: ſi nulla ſit tam gravis neceſſitas, quæ detineat, ut amplius a
ſupraſcripto tempore abſens ſit ab Eccleſia
ſua. Univerſi dixerunt placere ſibi.

XLI. 59 *Ne liceat Epiſcopo plus tribus hebdomadibus abeſſe*. 59

OSius Epiſcopus dixit: Quia nihil præ- CAN.XV.
termitti oportet, ſunt quidam fratres Dion. &
& Coepiſcopi noſtri, 60 qui non in ea ci- Iſid. 60
vitate, in qua videntur Epiſcopi eſſe conſtituti, vel certe parvam rem illic habeant;
alibi autem idonea prædia habere cognoſcuntur,

48 Queſn. omittit *aliqui*, & *ſubito*: addidimus vero ex cod. Vindeb. & Dion. editionis Conciliorum. Aliæ collectiones habent *quidam*: omnes *ſubito*. Dion. autem Juſtelli hanc extremam vocem ignorat.

49 Queſn. pro voce *eum*; quam ex MSS. Thuan. & Vind. ac Dionyſ. inſeruimus, edidit *venientem*. Poſt pauca cod. Vind. *admonitus ipſe tamen redeat*. Melius in Dion. Iſid. & edit. priſca *admonitus tamen ipſe redeat*.

50 Sic cod. Vindeb. In MS. Vat. Reginæ habetur *cito non faciendis*. Queſn. *Ne laici fiant Epiſcopi*.

51 Cod. Vindeb. cum Dion. Juſtelli ignorat *ante*: & poſt pauca habet *perfunctus*; *ut per ſingulos*. Poſt nonnulla ſolus Dion. Juſtelli omittit: *Qui neophytus eſt*.

52 Dionyſius addit: *Univerſi dixerunt placere ſibi hæc*. Paullo diſſimiliter aliæ collectiones.

53 Ita noſter cod. Vindeb. cum Vat. Reg. Queſnellus: *Ne Epiſcopus ſit in aliena Eccleſia ultra tres Dominicas*.

54 Dionyſius & cod. Thuan. *ex alia civitate convenerit ad aliam civitatem, vel ex provincia ſua ad aliam provinciam, & ambitioni* &c. Retinuimus lectionem Queſnelli, quia concinit cum MS. Vindeb. ex quo ſolum cum reliquis codd. ſcripſimus *ex provincia ſua*: ubi Queſnellus omiſit *ex* & *ſua*.

55 Queſn. addit *quanto tempore ibi maneat*. Delevimus auctoritate omnium noſtrorum codicum, & potiſſimum Vindebonenſis.

56 Ita codd. Thuan. & Vind. cum Dion. Iſid. & editione priſca. Queſnellus cum MS. Oxon. *non dubitet Eccleſiam ſuam relinquere*.

57 Dion. & vulg. Iſid. *ſuperiori Concilio*. Cod. Veron. 58. qui collectionem ab Iſidoro receptam continet, Vat. Reginæ, & Vat. 1342. editionis priſcæ, concinente Græco textu, *ſuperiori tempore*. Hoc decretum legitur in concilio Eliberitano c. 21.

58 Queſn. *Epiſcopo nec licet, nec eum decet*. Cod. Vindeb. & Dionyſium editionis Conciliorum prætulimus.

59 Sic noſtri codices Vindeb. & Vat. Reginæ. Queſnellus *Ne Epiſcopus ſit in alienis fundis ultra tres hebdomadas*.

60 Queſn. *qui in ea civitate, in qua videntur Epiſcopi eſſe conſtituti, parvam rem habeant*: Magis placuit lectio cod. Vindeb. cum qua Dionyſ. Juſtelli plane concordat. Concinunt Vat. 1342. & Iſid. qui ſolum poſt voces in civitate addunt *poſſident*. Vat. Reginæ & Veronen. 58. pro *habeant* legunt *habent*.

tur, vel affectionem proximorum quibus indulgeant: his hactenus permitti oportet, accedant ad poſſeſſiones ſuas, & diſponant vel
61 ordinent fructum laboris ſui; ut *61* per tres
Dominicas, id eſt per tres hebdomadas, ſi
morari neceſſe eſt, in ſuis potius fundis morentur: aut ſi eſt proxima civitas, in qua
eſt Presbyter, ne ſine Eccleſia videatur facere diem dominicam, illuc accedat: ut
neque res domeſticæ per abſentiam ejus detrimentum ſuſtineant; & non frequenter veniendo ad civitatem, in qua Epiſcopus moratur, ſuſpicionem jactantiæ & ambitionis
evadat. Univerſi dixerunt placere ſibi.

62 XLII. *De Clericis 62 qui ſubmoventur, ab aliis non recipiendis.*

CANON XVI. *Dion. & Iſidor.*

OSius Epiſcopus dixit: Hoc quoque omnibus *63* placet, ut ſive Diaconus, ſive
Presbyter, ſive quis Clericorum, ab Epiſcopo ſuo fuerit communione privatus, ad al-
63 terum perrexerit Epiſcopum, & ſcierit ille
ad quem confugit, eum ab Epiſcopo ſuo
fuiſſe abjectum: non oportet ut ei communionem indulgeat. Quod ſi fecerit; ſciat ſe
64 convocatis Epiſcopis *64* cauſſam eſſe dicturum. Univerſi dixerunt: Hoc ſtatutum &
pacem cuſtodiet & concordiam ſervabit.

65 XLIII. *65 De his, qui excommunicantur, apud vicinos Epiſcopos audiendis.*

CANON XVII. *Dion. & Iſidor.*

OSius Epiſcopus dixit: *66* Quod me adhuc movet, reticere non debeo. Si
quis Epiſcopus forte iracundus, quod eſſe
66 non debet, cito & aſpere commovetur adverſus Presbyterum, ſive Diaconum ſuum,
& exterminare eum de Eccleſia voluerit;
providendum eſt, ne innocens damnetur,
67 aut perdat communionem: & ideo *67* habeat poteſtatem is, qui abjectus eſt, ut Epiſcopos finitimos interpellet, & cauſſa ejus
68 audiatur, ac diligentius *68* retractetur, quia
non oportet negari ei audientiam roganti.
Et ille Epiſcopus qui juſte aut injuſte eum
abjecit, patienter accipiat, ut negotium diſcutiatur, & vel probetur ſententia ejus a
plurimis, vel emendetur. Tamen priuſquam
omnia diligenter & fideliter examinentur,
eum qui fuerit a communione ſeparatus,
ante cognitionem nullus debet præſumere ut
communioni ſociet. Hi vero, qui conveniunt ad audiendum, ſi viderint Clericorum
eſſe *69* ſtudium & ſuperbiam, quia non de- 69
cet ut Epiſcopus injuriam vel contumeliam
patiatur, ſeverioribus verbis eos caſtigent,
ut obediant honeſta præcipienti Epiſcopo:
quia ſicut ille Clericis ſincerum debet exhibere amorem caritatis, ita quoque vicis-
ſim miniſtri infucata debent Epiſcopo ſuo
exhibere obſequia.

XLIV. *De non ſollicitandis Clericis alienis.*

JAnuarius Epiſcopus dixit: Illud quoque CANON
ſtatuat ſanctitas *70* veſtra, ut nulli Epiſco- XVIII.
po liceat, alterius civitatis Epiſcopi ec- *Dion. &*
clesiaſticum ſolicitare miniſtrum, & in ſuis *Iſidor.*
parochiis ordinare. Univerſi dixerunt: Pla- 70
cet: quia ex his contentionibus ſolent na-
ſci diſcordiæ: & ideo prohibet omnium ſententia, ne quis hoc facere audeat.

XLV. *71 De non faciendis Clericis alienis ſine conſenſu Epiſcopi ſui.* 71

OSius Epiſcopus dixit: Et hoc conſti- CANON
tuimus univerſi: ut quicumque ex alia XIX.
parochia voluerit alienum miniſtrum ſine *Dion. &*
conſenſu & voluntate Epiſcopi ipſius ordi- *Iſidor.*
nare, non ſit rata ordinatio ejus. Quicumque autem hoc uſurpaverit de fratribus &
Coepiſcopis noſtris, & admoneri debet &
corrigi. Aetius Epiſcopus dixit: Non igno- CAN. XX.
ratis quanta & qualis ſit civitas Theſſaloni- *Dion. &*
cenſium. Sæpe ad eam veniunt ex aliis re- *Iſidor.*
gionibus Presbyteri & Diaconi, & non ſunt
contenti brevi tempore morari; *72* ſed ſunt
ibi, aut certe vix poſt longa ſpatia ad ſua 72
redire coguntur. Univerſi dixerunt: Ea tempora, quæ conſtituta ſunt circa Epiſcopos,
& *73* circa horum perſonas obſervari debent, 73

XLVI.

---

61 Cod. Vind. cum Dion. Iſid. & editione priſca *poſt tres Dominicas, ideſt, poſt tres hebdomadas*. Exemplar Vat. Reginæ & Græcus textus lectionem a Queſnello e ſuis MSS. editam approbant.

62 Queſnellus *excommunicatis ab alio non recipiendis*. Lectionem codicum Vindeb. & Vat. Reg. revocavimus.

63 Al. *placeat*. Vat. Reg. *placebit*. Dein cod. Thuan. *ſive quilibet clericorum*. Poſt nonnulla Vindeb. *ad quem confugerit*.

64 Codd. Vindeb. & Oxon. cum Dion. *cauſſas:* ac dein *pactum* pro *pacem* in MS. Thuan. apud Dion. vero *& pacem ſervabit, & concordiam cuſtodiet*.

65 Ita codd. Vind. & Vat. Reginæ Queſnellus: *Ut liceat Clerico excommunicato appellare*.

66 Cod Vat. Reginæ, Veron. 58. & Commonitorium Zoſimi inſertum Synodo Carthaginenſi VI. apud Iſidorum: *Quid me adhuc moveat*. Poſt pauca pro *commovetur* alias *commoveatur*.

67 Commonitorium Zoſimi cum MS. Vat. Reginæ *habeat poteſtatem ejectus ut*.

68 Aliæ collectiones *tractetur*. Poſt pauca Dion. & Iſid. *diſcutiatur, ut vel probetur*.

69 Ita etiam Dion. Juſtelli: alia editio Dion. cum Vat. Reg. Veron. 58. & priſca Juſtelli *faſtidium*. Cod. Thuan. cum vulgato Iſid. *faſtigium*.

70 Solus Queſn. *noſtra*.

71 Cod. Vind. & Vat. Reginæ in hoc quoque titulo concordant. Queſn. *Ne ſit rata ordinatio de alieno Clerico*.

72 Cod. Vindeb. *ſed aut eſſent ibi:* ubi legendum videtur cum Dion. & MS. Vat. Reg. *ſed aut reſident ibi*. Mox pro *ſpatia ad ſua*, uti ex Vindeb. emendavimus concinente Dionyſio & aliis codd. Queſnellus habet *tempora*.

73 Dionyſius *circa has*.

74 XLVI. 74 *De suscipiendis his qui pericula, & persecutionem pro veritatis defensione patiuntur.*

CANON XXI. OSius Episcopus dixit: Suggerente fratre & Coepiscopo nostro Olympio, etiam hoc placuit, ut, si aliquis vim perpessus est, & inique expulsus pro disciplina,
75 & 75 catholica confessione, vel pro defensione veritatis, effugiens pericula, innocens & devotus ad aliam venerit civitatem; non prohibeatur immorari quamdiu aut redire possit, aut injuria ejus remedium 76 acci- 7
pere: quia durum est eum, qui persecutionem patitur, non recipi; sed etiam larga benevolentia & humanitas est ei exhibenda 77. 7
78 CAnones sive decreta Concilii Nicæni 7
expliciunt; subscripserunt autem omnes Episcopi sic: Ego ille Episcopus illius civitatis & provinciæ illius ita credo sicut supra scriptum est.

EXP.

AD-

---

74 Quesn. *De recipiendis his, qui pro fide catholica expulsi sunt*. Vindebonensis codex eosdem Vaticani Reginæ titulos semper exhibuit.

75 Quesn. *Catholica defensione & confessione veritatis*. Codd. Vind. & Thuan. cum Dion. & editione prisca concinentes sequuti sumus. Mox *ab alia venerit civitate* in Oxon. & Vindeb.

76 Aliæ collectiones *acceperit*, vel *accipiat*.

77 Cod. Thuan. addit: *Omnis Synodus dixit: Universa quæ constituta sunt, catholica Ecclesia in universo orbe diffusa custodict. Et subscripserant qui convenerant*. Hæc leguntur etiam in Dionysio Concilus inserto t. 2. col. 680. seu potius in MSS. collectionis Dionysio-Hadrianeæ, unde vulgati sumti fuerunt, nec non in editione prisca, quam hoc tomo edemus. Quesnellus notavit, hæc verba præter Dionysium & MS. Thuan. *nec in versione Græca, nec in aliis editis inveniri*. Quidquid sit de Græco textu, quem tamen non versionem, sed originalem æque ac Latinum textum alibi ostendimus, certe præter Dionysium, seu verius Dionysio-Hadrianea exemplaria, etiam editio prisca e duabus vetustissimis collectionibus per nos edenda laudata verba præferunt.

78 Sequentibus verbis concluditur hoc primum caput in MS. Vindeb. Paullo dissimiliter Oxoniensis: *Hi canones sunt vel decreta Nicæni Concilii. Subscripserunt autem omnes Episcopi sic. Ego ille Episcopus illius civitatis & provinciæ ita credo sicut supra scriptum*. Solum amanuensis, qui hunc codicem ex vetustiori exemplari exscripsit sæculo XI. vel XII. hanc notationem adjecit. *Sciendum est autem, quod in novellis exemplaribus* (exemplaria intelligit Dionysiana, & Isidoriana suo ævo frequentiora, que Sardicenses canones a Nicænis distinctos præferebant) *desunt viginti sex capitula. Sed iste codex transcriptus est ex vetustissimo exemplari: quocirca de veritate scriptorum nec in isto primo capitulo Nicænorum canonum, nec in omnibus sequentibus aliquis dubitare debet: licet aliter in novellis exemplaribus inveniatur*. Aliæ duæ diversæ originis collectiones, quæ nobis præsto fuerunt, quæque Nicænos ac Sardicenses canones jungunt, post ultimum canonem clausulam apponunt, qua omnes descripti canones Nicæno Concilio tribuuntur. In cod. Vaticano Reginæ 1997. sic. *Explicit decreta Concilii*, & Nicænorum Patrum catalogus subjicitur. *Osius Episcopus civitatis Cordubensis sic credo. Victor & Vincentius* &c. & in fine. *Exp. Concilium Nicænum*. In Veronensi MS. 58. sic. *Finiunt decreta Concilii Nicæni*. Dein Symbolum Nicænum & Episcoporum ejusdem Synodi catalogus appenduntur. In MS. Dion. Justelli, & in duobus puris Dionysii exemplaribus Vat. 5845. & Vat. Palat. 577. in quibus Sardicenses canones a Nicænis separati exhibentur, post ultimum canonem Sardicensem hæc subjiciuntur. *Subscripserunt autem, omnes Episcopi sic. Ego ille Episcopus illius civitatis provinciæ illius ita credo sicut scriptum est supra*. Hujus formulæ rationem dedimus in Tractatu de Collect. part. 2. c. 1. §. 3.

ADMONITIO

IN CAPUT SECUNDUM,

De Breviario canonum Hipponensium. Hujus editionis necessitas ac præstantia. Ubi conditum, & quando, ejusdemque vindiciæ.

1. SEquens Breviarium canonum Hipponensium, quod ex MSS. præsentis collectionis prodiit, quantum intersit, ex eo manifestum est, quod sine illo non solum deesset notitia canonum celeberrimæ Synodi Hipponensis anni 393. qui Africanæ disciplinæ fundamenta jecerunt, verum etiam careremus integro plenario Concilio Carthaginensi anni 397. in quo idem Breviarium insertum fuit. Etsi enim tum Dionysius Exiguus, tum antiquus auctor collectionis canonum Africanorum ab Isidoro receptæ exhibeant Synodum Carthaginensem anni 397. neuter tamen Breviarium canonum Hipponensium accurate, ut oporteret, repræsentat. Fac nostrum Breviarium cum illis conferas; neque omnes canones apud ipsos invenies, neque eos ipsos, quos præferunt, eodem ordine, iisdemque identidem verbis esse descriptos. Dionysius post canonem 33. Synodi Carthaginensis an. 419. loquens de Concilio Hipponensi an. 393. scribit: *Gesta hujus Concilii ideo descripta non sunt, quia ea, quæ ibi statuta sunt, in superioribus probantur inserta.* Crederes in antecedentibus canonibus triginta tribus Hipponenses comprehendi. At primo nec omnes XXXIII. sunt Hipponenses, nec quinam sint, ulla notatione distinguuntur. Deinde qui ex ipsis ad Hipponenses canones, seu ad nostrum Breviarium pertinent, repetiti & adoptati a Patribus Synodi Carthaginensis anni 419. alio ordine, atque aliis sæpe verbis proponuntur; adeo ut aliquando quædam addita, alia demta, alia immutata inveniantur, ut conferentibus patebit. Vide præmissum Tractatum part. 2. c. 3. §. 3. Non dissimulabimus alios canones Breviarii, qui inter primos canones XXXIII. non leguntur, a Dionysio recitari inter illos Synodi Carthaginensis anni 397. a cap. 35. usque ad c. 47. Cod. Africani. Illud autem in his canonibus peculiare est, quod cum excerpti fuerint ex actis ejusdem Synodi, seu ex Breviario eidem Synodo inserto, iisdem quoque verbis efferuntur. At si hi quoque canones conjungantur cum illis, qui ex Hipponensibus recitati fuerunt inter priores triginta tres, adhuc aliquos canones nostri Breviarii apud Dionysium desiderari cognosces. Nam præter Byzacenorum litteras, ac Symbolum Nicænum, nonnullasque particulas canonibus præmissas, quæ in Synodo anni 397. canones conficiebant, frustra nostri Breviarii canones requires 16. 19. 20. 21. 34. 35. & 37.

Defectus apud Dionysium.

2. In collectione autem Isidori sub titulo Concilii Carthaginensis III. anni 397. etsi plures Breviarii canones inveniantur, non tamen omnes. Ordo præterea valde perturbatus est. Tandem fere omnes canones Breviarii, quos auctor hujus collectionis descriptos reperit inter canones 33. Synodi an. 419. retulit cum lectionibus hujus Synodi propriis, non vero cum illis, quæ in Concilio an. 397. seu in ipso Breviario præferebantur. Dionysius, qui hos canones cum his lectionibus dederat in Concilio anni 419. eosdem prætermisit in referenda Synodo anni 397. Auctor vero laudatæ collectionis apud Isidorum cum in referenda Synodo anni 419. omittendos duxerit priores canones XXXIII. hos cum iisdem lectionibus traduxit ad Synodum an. 397. Ex his autem tam diversis editionibus, quæ plurimas difficultates pepererunt, quis potuisset tuto colligere veros canones Hipponenses, nisi ipsum Breviarium prodiisset in lucem?

Apud Isidorum.

3. Prima hujus indicia P. Crabbus edidit ex vetusto MS. codice Monasterii S. Bavonis Flandriæ. Præter titulorum tabulam, ac Byzacenorum litteras nostræ collectionis proprias, quæ laudatum codicem ad eamdem collectionem pertinere demonstrant, Symbolum Nicænum & unum canonem initio, ac alterum in fine descripsit hac notatione adjecta: *Canonum ipsius tituli dumtaxat, omissis capitulis, hic scribuntur vitandæ prolixitatis gratia: quod in Concilio Cartha-*

Quid Crabbus ediderit? t. 2. Conc. Ven. edit. col. 1411.

thaginensi III. immediate supra habito fere omnia ad longum ponantur : hic autem ad illa remittuntur. Non omnino exacte Crabbus in his paucis, quæ exhibuit, suum codicem secutus est, ut ex nostris exemplaribus deteximus. Nam primo titulis præfixit canonem integrum, qui ad titulos non spectat : ex quo factum est, ut tituli uno numero aucti a nonnullis pro ipsis canonibus abbreviatis habiti sint. Alia ab eo liberius notata vel immutata, quæ MS. exemplo adscribi nequeunt, ex collatione cum nostro Breviario facile quisque perspiciet. Sicut autem hoc loco Crabbus impressit, quæ in Concilio Carthaginensi III. apud Isidorum deerant, ita in editione ejusdem Concilii quinque ipsius canones 4. 15. 19. 24. & 47. ex *vetustis codicibus* ob lectionum varietatem distincto caractere inseruit. *Vetustorum codicum* nomine Isidorianos, qui diversimode legerent, indicasse creditur. At unus codex S. Bavonis innuitur; ac idcirco idem Crabbus in notatione ad c. 47. singulari numero utitur: *Quidam vetustus codex sic habet*. Lectiones quidem sunt nostri Breviarii, quod in eodem codice reperit.

Quattuor MSS. collectiones, quæ Breviarium continent. 4. Integrum Breviarium ex MSS. hujus collectionis Quesnellus protulit, sed non omnino integrum, nam & titulos, & Nicænum Symbolum prætermisit. Soli codices hujus collectionis laudari solent. At P. Coustantius in præfatione ad tom. 1. epist. Roman. Pontif. n. 113. idem Breviarium contineri testatur etiam in pervetusta collectione, quam Corbejensem appellat. Nos præterea duas alias non minus antiquas collectiones MSS. cum eodem Breviario invenimus, alteram in codice Barberino 2888. alteram vero in MS. Veronensis Capituli 55. Ita quatuor diversæ originis antiquissimæ collectiones hanc Hipponensium canonum Breviationem tuentur.

Argumenta contra sinceritatem Breviarii. 5. Non defuerunt eruditi viri, qui hoc Breviarium in suppositionis, aut saltem interpolationis suspicionem vocarunt. Quatuor potissimum permoverunt. I. Synodum, in qua hoc Breviarium conditum fuit, non Carthaginensem, sed Byzacenam fuisse, ac pro solis Byzacenis habitam, contendunt. Id innuere putant contextum epistolæ, quæ præmittitur, quamque propterea directam credunt ad Episcopos Byzacenos, qui Synodo non interfuerant, non vero ad Episcopos aliarum provinciarum Africæ, uti inscriptio præfert. II. Aliquot Breviarii canones a Ferrando Carthaginensis Ecclesiæ Diacono, dum allegantur, non Hipponenses dicuntur, sed Concilii Carthaginensis, iisque numeris notantur, qui cum Breviario non congruunt. III. Canonem septimum, quo decretum fuit, ut statuta Concilii vel Conciliorum ordinatis legerentur, ne eorum ignorantiam umquam præferrent, Augustini Episcopi opera constitutum Possidius testatur in ejus vita c. 8. Hic ergo canon Hipponensis haberi nequit, cum Augustinus tempore Concilii Hipponensis nondum ad Episcopatum pervenisset. IV. Nonnulla, quæ in Hipponensi Concilio decreta fuisse ex interlocutionibus Synodi an. 397. certum est, in hoc Breviario non inveniuntur.

Solvuntur. Non fuit conditum in Byzacena Synodo, sed in Carthaginensi a Byzacenis Aurelio præsente. 6. Quoad primum, ad excludendam opinionem de Byzacena Synodo satis esse deberent illæ antiquissimæ ac diversæ originis collectiones, quæ in asserendo Concilio Carthaginensi consentiunt; nec non ea ipsarum litterarum verba, quibus Byzaceni Episcopi *in urbe Carthaginensi convenisse* traduntur. Id autem ut apertius comprobetur, certum est primo Mizonium Byzacenæ provinciæ Primatem ante diem Synodo plenariæ præstitutam, quæ ex decreto Hipponensi erat X. Kal. Septembris, cum aliquot Episcopis comprovincialibus accessisse Carthaginem, ibidemque tractatum una cum Aurelio habuisse. Id testatus est ipse Aurelius in interlocutione præmissa can. 34. Cod. Africani. Secundo certum est eosdem Byzacenos, cum diem Synodi expectare non possent, antequam ad suas sedes redirent, Aurelio dedisse Breviarium canonum ad plenariam Synodum directum, & subjectum epistolæ, quæ sane nostro Breviario præfigitur. Hinc Aurelius in eadem interlocutione memorat *litteras fratrum nostrorum Byzacenorum, sed & Breviarium, quod eidem epistolæ adjunxerunt, ad hunc cœtum conrogatum*. Alias porro litteras privatas Mizonius dedit ad Aurelium, quibus petiit ut idem Breviarium in Synodo plenaria expenderetur, & si quæ diligentius fuerint animadversa, in melius reformarentur. Byzacenis autem profectis advenit præstituta dies X. Kal. Septembris, in qua quid actum esset, Aurelius

Directum ad Synodum plenariam.

in

in eadem interlocutione his verbis exposuit: *Cum Sacerdotum nostrorum epistola Byzacenorum fuisset recitata, vel quid mecum iidem, qui tempus & diem Concilii prævenerunt, tractassent; vestræ caritati legeretur* &c. Vides Aurelium affirmare Byzacenos, *qui tempus & diem Concilii prævenerant*, antea secum tractasse; & die ipsa Concilio præfinita tum eorum litteras, tum quidquid illi secum tractaverant, recitata fuisse? Cum porro ea die X. Kal. Septembris abessent Numidæ, Concilium in diem V. Kal. ejusdem mensis prorogatum fuit, & in hoc iterum recitatæ laudatæ litteræ, & Breviarium. *Litteræ fratrum nostrorum Byzacenorum, sed & Breviarium .... ad hunc cœtum conrogatum legantur*. Ille igitur Byzacenorum cum Aurelio tractatus, qui in anteriori sessione una cum ipsorum litteris lectus fuit, Breviarium fuisse intelligitur, ac propterea hoc Breviarium non in Byzaceno, sed in Carthaginensi conventu Aurelio præsente conditum fuit. Hinc nihil mirum, si non solum in inscriptione, verum etiam in subscriptionibus hujus Breviarii Aurelii nomen legatur. Quod si in salutatione, quæ claudit epistolam, solius Mizonii nomen describitur; observandum est salutationi Mizonii aliam sine nomine præmitti: quam ad Aurelium pertinere putamus eadem plane ratione, qua ad Ravennium Arelatensem spectat salutatio item sine nomine primo loco subjecta epistolæ Synodicæ Episcoporum Galliæ ad S. Leonem, ac præfixa ceteris, quæ proprio aliorum Episcoporum nomine prænotantur. Vide tom. 1. ep. 99. col. 1110. not. 24. Licet porro hoc Breviarium digestum fuerit ob Byzacenos; cum tamen ipsius recognitio, & confirmatio a plenaria Synodo expeteretur, ad Episcopos aliarum provinciarum Africæ, qui Byzacenis abeuntibus in eadem plenaria Synodo congregandi erant, directum fuit (*ad hunc cœtum conrogatum*, inquit Aurelius:) ac propterea inscriptio aliarum provinciarum nomina exhibet. Quod si epistola, cui hoc Breviarium *adjunctum* fuisse affirmavit Aurelius, ad solos Byzacenos, qui non interfuerant tractatui vel Synodo, in qua Breviarium scriptum fuit, data credatur (quod tamen non liquet;) tunc præfixa inscriptio non ipsius epistolæ propria dicenda erit, sed tum epistolæ, tum Breviario communis, ut utrumque ad Concilii plenarii Patres directum significetur.

Lectum in eadem X. Kal. Sept.

Et iterum V. Kalend. ibique confirmatum.

7. Quod porro ex Ferrando opponitur, facile diluetur, si consideres, hunc idcirco nostri Breviarii canones allegasse non ut Hipponenses, sed uti *Concilii Carthaginensis*, quia hoc Breviarium in Concilio plenario Carthaginensi an. 397. insertum fuit. Ita etiam Synodus Bonifacii anni 525. aliquot ipsius Breviarii canones retulit ex *Concilio tertio* sub Aurelio, quod idem est ac Concilium plenarium ejusdem anni 397. Numeri autem Ferrandi si non conveniunt cum numeris, qui in nostra collectione, seu in simplici ac separato Breviario designantur; concinunt tamen cum numeris, qui eidem affixi erant in Concilio plenario, ut ex Tractatu part. 2. c. 3. §. 3. manifestum fiet. Hinc ergo evincitur, nostrum Breviarium ad eamdem Synodum *conrogatum*, & a Byzacenis cum Aurelio in *urbe Carthaginensi* antea perscriptum vel maxime constituitur.

Insertum gestis Synodi plenariæ, & ex his citatum a Ferrando.

8. Cum Possidius c. 8. tradit S. Augustinum fategisse, *ut Conciliis constitueretur Episcoporum, ab ordinatoribus deberi ordinandis vel ordinatis OMNIUM statuta Sacerdotum in notitiam esse deferenda*; propterea quod ipse Valerio vivente in eadem cathedra Hipponensi ordinatus fuerat contra interdictum Nicænum, quod tum ignorabat; id non pauci explicant de plenaria Synodo an. 397. In qua quidem Augustinus jam Episcopus interfuisse ex ipsius Synodi subscriptionibus ostendimus in Tractatu part. 2. c. 3. §. 3. At canon, qui eam constitutionem ediderat, non hujus Synodi proprius est, sed ad Hipponense Breviarium pertinet; ac propterea in anteriori Hipponensi Concilio constitutus fuit, cum nondum Augustinus ad Episcopatum ascenderat. Quid ergo? Nicænum Concilium Africanis notum ex antiquissima versione a Cæciliano allata in Africam, ex qua Symbolum insertum fuerat inter canones Hipponenses, ab Augustino, cum ordinatus fuit Episcopus, ignorari potuisse incredibile est. In nullo quidem canone Nicæno expressum interdictum jam memoratum clare elucet, sed solum c. 8. de Catharis statuitur, ut ipsorum Episcopis ad unitatem catholicam accedentibus, si in eis locis sint, ubi Episcopi catholici inveniuntur, presbyterii honor, aut merum Episcopi nomen tribuatur, *ne in una civitate*

Locus Augustini explicatur.

Nicæni canones Afris noti. Quatenus Augustinus quoddam Nicænum interdictum aliquandiu ignoraverit.

duo Episcopi probentur existere. In hoc quidem peculiari decreto generalis prohibitio involvitur, quæ tamen legentium considerationem facile fugere potest. Illud ergo verisimilius videtur, Augustinum olim non animadvertisse hæc verba, cum hoc Concilium legit. Hæc autem animadversio ingesta fuit ex abbreviatione Ruffini, quæ distinctum & generale interdictum præfert can. 10. his verbis: *Ne in una civitate duo Episcopi sint*. Hæc ergo abbreviatio canonum Nicænorum Ruffini historiæ inserta, & Augustino cognita cum ejusmodi vetitum aperuisset; is tum fategisse dicendus est, ut in Conciliis Africæ constitueretur, *omnium statuta Sacerdotum* ordinatis vel ordinandis legerentur. Id vero intelligi nequit de Synodo anni 397. quo Ruffini abbreviatio & historia nondum prodierat, sed de posterioribus Synodis provincialibus Numidiæ, ac præsertim de Synodo generali an. 419. in qua sane repetito, ut mos erat, Breviarii canone, pro voce *Concilii* quæ in purioribus Breviarii codicibus legitur c. 2. scriptum fuit *Conciliorum*, ut *omnium statuta Sacerdotum* comprehenderentur, aliæque voces in Augustini sensum explicatiores substitutæ fuerunt.

Quomodo illud deterit.

In Breviario quædam particulæ integrorum canonum Hipponensium omissæ.

9. Duæ tandem particulæ Hipponensi Synodo tribuuntur, quæ in nostro Breviario non apparent: prima quod dies Synodo plenariæ præstituta fuerit *X. Kal. Septembris*; altera quod Concilii tempore provinciæ visitandæ essent. Sed cum in Breviatione non omnia singillatim designari soleant, hic exiguus defectus ad rejiciendum ut supposititium nostrum Breviarium, quod tot documentis genuinum probatur, nihil valet. Adde quod caussas aliquas exstitisse putamus, ob quas hæ particulæ in Breviatione condenda omitterentur. Vide quæ dicentur adnot. 42. Ita hoc Breviarium satis superque vindicatum videtur.

Recensentur codices, quibus utemur.

10 De codicibus pauca adjicienda. Exemplar Capituli Veronensis æque ac codices præsentis collectionis numerorum seriem inchoant a canone *Ut lectores*. At collectio MS. Barberina numeros affigit etiam iis, quæ eidem canoni præmittuntur. Uterque vero codex discrepat in canonum partitione, discrimenque suis locis notabitur. Mizonii litteras soli codices hujus collectionis nobis conservarunt. Illud autem peculiare est in præstantissimo MS. Veronensi, quod Breviarium præfert sine illis additamentis, quæ in aliis exemplaribus exhibentur. Præter hos codices Veron. & Barb. quos conferre licuit, adhibuimus MS. librum Cæsareæ bibliothecæ Vindebonensis 39. qui hujus collectionis proprius est. Utemur etiam insigni exemplari Vat. Palat. 574. quod ex Synodo Carthaginensi anni 397. aliquot Breviarii canones excerpsit. Plures marginales notationes Quesnellus affixit ex codice Africano, seu melius ex Dionysio Exiguo, & ex Concilio Carthaginensi III. quod apud Isidorum legitur, ut indicaret, quo numero hujus Breviarii canones in iisdem documentis collocentur. Istas notationes omittemus hoc loco, propterea quod easdem diligentius indicarimus in Tractatu part. 2. c. 3. §. 3. ubi Synodum Carthaginensem anni 397. restituentes, Breviarii canones eidem insertos recensuimus: ibidemque præterea allegavimus Ferrandi titulos, & canones ipsius Breviarii, qui in Synodo Carthaginensi Bonifacii laudantur.

CA-

Ann. 397.

CAPITULUM II.

1 [1] CANONES CARTHAGINE

Habiti sub die Iduum Augustarum

ATTICO ET CÆSARIO CONSULIBUS.

2 [2] TITULI CANONUM.

I. UT *lectores populum non salutent.*
II. *Ut clerici instructi promoveantur.*
III. *Ut sacramentum cathecumenis non detur.*
IV. *Corporibus defunctis Eucharistia non detur.*
V. *Ut per singulos annos Concilium convocetur.*
VI. *Si Episcopus accusatus fuerit, ad Primatem provinciæ caussam suam referat.*
VII. *Episcopus qui accusatus fuerit, si ad*
3 *Concilium anniversarium non venerit, [3] sententia damnationis judicetur.*
VIII. *Si Presbyter fuerit accusatus, cum*
4 *quinque collegis ex vicinis [4] Episcopus caussam suam audiat; si Diaconus, cum duobus.*
IX. *Si Episcopo aut clerico fuerit crimen institutum.*
X. *Ut judices ecclesiastici ad alios judices caussam non provocent.*
XI. *Ut filii clericorum spectacula non exhibeant.*
XII. *Ut filii Episcoporum hæreticis non conjungantur.*
XIII. *Ut Episcopi & clerici non ejiciant filios suos.*
5 XIV. *Ut Episcopi & clerici [5] nihil conferant rerum suarum nisi catholicis.*
6 XV. [6] *Episcopus, Presbyter, aut Diaconus non sint conductores.*

XVI. *Ut clericus cum extraneis feminis non habitet.*
XVII. *De sacris gradibus.*
XVIII. *De lectoribus.*
XIX. *Ut clericum alienum nemo retineat.*
XX. *Ut antequam probatus sit, non ordinetur.*
XXI. *Ut in precibus nec Filius pro Patre, nec Pater pro Filio nominetur.*
XXII. *Ut nullus clericus amplius accipiat, quam dedit.*
XXIII. *In sacramentis aliud non offeratur, quam panis, & vinum aqua mixtum.*
XXIV. [7] *Ne Episcopi, Presbyteri, aut* 7
clerici ad viduas vel virgines soli accedant.
XXV. *Primæ sedis Episcopus princeps Sacerdotum non appelletur.*
XXVI. *In taberna nec manducent nec bibant clerici.*
XXVII. *Ut Episcopus trans mare non proficiscatur.*
XXVIII. *Ut a jejunis altaris sacramenta celebrentur.*
XXIX. *Ut in Ecclesia neque Episcopus, neque clerici convivientur.*
XXX. *Ut Presbyter inconsulto Episcopo non reconciliet pœnitentem.*
XXXI. *Ut virgines a gravioribus feminis commendentur.*
XXXII. *Ut ægrotantes baptizentur.*
XXXIII. *Ut reversis reconciliatio non negetur.*
XXXIV. *Ut Presbyter chrisma non conficiat.*
XXXV. *In aliena civitate clerici non morentur.*
XXXVI. [8] *Hæ sunt Scripturæ canonicæ,* 8
quæ in Ecclesia leguntur: præter id aliud non legatur.
XXXVII. *Ut Donatistæ in numero laicorum recipiantur.*
XXXVIII. *Ut Episcopus minus quam a tribus Episcopis non ordinetur.*

 XXXIX.

---

1 Cod. Vindeb. *Incipiunt capitula & canones Carthaginenses habiti* &c. MS. exemplar Hubertinum laudatum a P. Coustantio in præfat. ad tom. 1. Epist. Rom. Pontif. pag XCVII. *Incipiunt capitula Concilii Carthaginensis habiti* &c. Idem habetur in codice Barberino 2888. In hanc inscriptionem notat Quesnellus diem Iduum Augustarum præferri quidem in MS. Thuaneo: *at in Oxoniensi legi videtur*, inquit, *sub die Nonarum Augusti. At Iduum Augustarum* constanter habent etiam laudati nostri codices, & Hubertinus Coustantii: qui ad diversas collectiones, easque vetustissimas pertinent. Accedit aliud exemplar MS. Veronensis Capituli 59. qui perantiquam canonum abbreviationem continet. In hoc n. XX. legitur: *Ex Synodo Carthaginis sub die iduum Augustarum consulatu Cerani, lege Cæsarii.* P. Dominicus Mansius hanc Synodi Carthaginensis abbreviationem ex simili MS. Lucensi impressit tom. 1. Supplem. Concil. pag. 255. cum titulo: *Ex Synodo Carthaginensi Africæ sub Idibus Augustarum consulatu Cerani.*

2 Hos canonum titulos a Quesnello omissos inseruimus: quippe qui etsi desint in minus exacto codice Oxoniensi, leguntur ramen non solum in nostro MS. Vindebonensi, verum etiam in Hubertino, uti P. Coustantius loco laudato testatur, & in Thuaneo ipso Quesnello testante differt. 13. n. 2. Crabbus etiam, qui similem hujus collectionis codicem habuit ex bibliotheca monasterii S. Bavonis Flandriæ, hos eosdem canonum titulos edidit, quos legere est t. 2. Concil. col. 1411.

3 Cod. Crabbi *sententiam damnationis suæ tulisse judicetur.*

4 Crabbus *caussa sua discutiatur, Diaconus cum duobus.*

5 Cod. Vindeb. *non conferant.* Crabbi lectionem præferendam contextus suasit.

6 MS. Vindeb. *Ne Episcopus, neque Presbyter .... non sint.* Melius apud Crabbum, quem sequuti sumus.

7 Sic ex eodem Crab. In Vind. minus recte: *Ne Episcopi, neque Presbyteri .... non accedant.*

8 Apud Crabbum. *Scripturæ canonicæ in Ecclesia legendæ, quæ sint, & præter quas alia non legantur.*

9 XXXIX. 9 *De infantibus qui incerti sunt fuisse baptizatos, absque dubitatione baptizentur.*

Dilectissimis fratribus & Coepiscopis diversarum Provinciarum Numidiæ, & Mauritaniæ utriusque, Tripolis, & Provinciæ
10 10 Proconsularis: AURELIUS, MIZONIUS, & ceteri Episcopi,

ECclesiasticæ utilitatis caussa dum in Car-
11 thaginensi urbe 11 convenerimus in unum, a plerisque suggestum est, ea quæ in Concilio Hipponiensi jamdudum maturata sunt, & legitime ad corrigendam disciplinam salubriter gesta & statuta noscuntur, effrenata temeritate quosdam minime custodire. Ad hujusmodi vero excusandos excessus, illud ab aliquibus prætendi, quod ea, quæ jamdudum cum legibus statuta sunt, ignorantes prætermiserint. Ob quam
12 rem, hæc communi consilio 12 per universam Provinciam Bizacenam in notitiam
13 cunctis deducenda censuimus: ut 13 abhinc quisquis decretorum temerator exstiterit, sciat se status sui operatum fuisse jacturam. Brevem vero Statutorum, in quo omnia videntur esse complexa, & quædam dili-
14 gentius 14 constituta, huic epistolæ subdi fecimus: ut compendio, quæ decreta sunt recensentes, sollicitius observare curemus.
15 Optamus vos, fratres, semper in Deo
15 bene valere, & nostri memores esse. *Et*
16 *manu senis* MIZONII 16: Optamus vos, fratres, beatos semper in Domino gaudere, & nostri memores esse.

STATUTA

CONCILII HIPPONIENSIS *breviata, & quædam eorum in Concilio Carthaginensi cum Bizacenis Episcopis collata & diligentius pertractata, hæc sunt.*

NIcæni Concilii professio & fides recitata
& confirmata est, 17 quæ ita se habet. 17
Credimus in unum Deum Patrem omnipotentem visibilium & invisibilium factorem,
& in unum Dominum 18 Jesum Christum 18
Filium Dei, natum de Patre unigenitum, hoc est, de substantia Patris, Deum de Deo, lumen de lumine, Deum verum de Deo vero, natum, non factum, unius substantiæ cum Patre, quod Græci dicunt omousion, per quem omnia facta sunt sive quæ in cælo, sive quæ in terra; qui propter nos homines, & propter nostram salutem descendit, incarnatus est, homo factus 19 per 19
Virginem Mariam. passus est, & resurre-
xit, tertia die, ascendit in cælum, 20 ven- 20
turus judicare vivos & mortuos, & in Spiritum Sanctum. Eos autem qui dicunt, Erat quando non erat, & quia 21 ex ullis non exstanti- 21
bus factus est, vel ex alia substantia, dicentes mutabilem & convertibilem Filium
Dei: hos anathematizat 22 catholica Ec- 22
clesia, & apostolica disciplina.

Pla-

9 MS. Crabbi. *De his qui in nullo testimonio se baptizatos noverunt, ut baptizentur.*

10 Quesn. *Consularis*. Melius in cod. Crabbi: Concilium enim, in quo hæc Breviatio condita fuit, a Byzacenis cum Aurelio celebratum Idibus Augusti, Breviarium canonum Hipponensium direxit ad Episcopos aliarum provinciarum Africæ in plenaria Synodo congregandos, ut ab iisdem confirmaretur, quemadmodum ex Aurelii verbis in præmissa Admonitione monuimus. Inter provincias autem ejusmodi omittenda non erat *Proconsularis*, quæ primum locum obtinebat. Neque *Consularem* cum Harduino intelligas provinciam Byzacenam, nam generali *provinciæ Consularis* nomine Byzatium numquam designatum invenietur.

11 Sic ex MS. Vindeb. Crabbi exemplar *convenıremus*. Cod. Thuan *in Carthaginensem urbem convenimus*. Quesn. *convenissemus*.

12 Ex his verbis nonnulli putarunt, has litteras ad Episcopos Byzacenos fuisse directas, ac proinde falsam esse inscriptionem, qua hæ litteræ ad Episcopos aliarum provinciarum Africæ datæ præferuntur. Confer quæ in Admonitione disseruimus num. 6.

13 Cod Vind. *ab his*. Crab. *in his quisquis*, male.

14 Crab. *custodita* male. & post pauca pro *subdi fecimus* Harduinus notavit, alias *subdidimus*.

15 Hæc prima salutatio ad Aurelium pertinere videtur. Confer præmissam Admonitionem n. 6.

16 Hucusque MS. Oxon. reliqua suppleta a Quesn. ex codd. Thuan. & Crabbi. Leguntur etiam in Vindeb.

17 Sequentia supplevimus ex MSS. Crabbi, Vindebonensi, & Hubertino apud P. Coustantium. Quesnellus codicem Oxoniensem sequutus, Symbolum omisit, quod tamen in Thuan. MS. legi notavit. Ita quatuor præstantiores hujus collectionis codices præferunt hoc Symbolum, quod sane ad Breviarium pertinere probavimus in Tractatu de Collectionibus part. 2. c. 3. §. 3. n. 3. Deest quidem in MS. Veron. 55. collectionis diversæ. At in alia collectione MS. Barb. 2888. describitur, & conficit caput primum. Multum vero interest hoc Symbolum proferre cum ad veterem interpretationem pertineat, quam Cæcilianus e Nicæno Concilio redux in Africam attulit. Confer quæ diximus in Tractatu part. 1. c. 2. n. 3. Hoc symbolum relegimus etiam cum Dionysio, seu Codice canonum Ecclesiæ Africanæ t. 2. Concil. col. 1260. cum Isidori collectione tom. 3. col. 448. & cum Synodo Carthaginensi Bonifacii anni 525. tom. 5. col. 778. ubi perperam Attico tribuitur, ut in eodem Tractatu animadvertimus.

18 Crabbi MS. addit *nostrum*.

19 Cod. Afr. Isid. & Synodus Bonifacii delent *per Virginem Mariam*. Crabbus habet tantum *per Virginem*. Lectionem textus præferunt codd. Vindeb. & Barb. Post pauca tria priora exemplaria habent *in cælos*, pro quo in MS. Barber. errore librarii *in cælis*.

20 Cod. Afr. & Isid. addunt *sedet ad dexteram Patris, inde*; vel *unde, venturus*.

21 Ita MSS. hujus collectionis. Sed melius MS. Barb. cum cod. Afr. Isid. & Synodo Bonifacii *ex nullis exstantibus*.

22 Cod. Afr. Isid. & Bonifacii Synodus habent tantummodo *catholica & apostolica Ecclesia*.

23 23 Placuit etiam propter errorem qui sæpe solet oboriri , ut omnes Africanæ provinciæ observationem diei paschalis ab Ecclesia Carthaginensi curent accipere.
24 24 Cresconius Villaregiensis Episcopus ,
qui Tubuniensis Ecclesiæ Cathedram tenuisse dicebatur, plebe sua, hoc est, Villaregiensis Ecclesiæ jussus est esse contentus.
25 25 Et ex hoc placuit, ut a nullo usurpentur plebes alienæ.
26 26 Primatem proprium Mauritania Sitifensis, cum id postularet, habere permissa
27 est 27 inchoantibus Mauris.
28 Ceteri 28 etiam primæ Sedis Episcopi ex
29 consilio Episcopi Carthaginensis Ecclesiæ 29
Primates Provinciarum suarum constituendos esse professi sunt, si aliqua altercatio
fuerit. 30 30

INCIPIT BREVIS STATUTORUM.

31 I. Ut Lectores populum non salutent. 31
Et ut ante XXV. ætatis annos nec Clerici
ordinentur, 32 nec virgines consecrentur. 32
Ut primum Scripturis divinis instructi, vel
ab infantia eruditi propter fidei 33 profes- 33
sionem & assertionem Clerici promoveantur.
34 II. Ut ordinatis Episcopis aut Cleri- 34
cis prius 35 placita Concilii inculcentur ab 35
ordinatoribus eorum: ne se aliquid contra
statuta Concilii fecisse asserant.

III.

---

23 In MS. Barb. est c. 2. Mox Quesnellus edidit *propter controversiam , quæ* . At *propter errorem , qui* non solum habent omnes nostri codices , & alii editi, verum etiam integer hic canon, qui ex Concilio Hipponensi in Synodo Bonifacii recitatur. Cod. Thuan a Quesnello allegatus *propter ea, quæ sæpe solent*.

24 In Cod. Barb. est c. 3. *Villaregiensis* emendavimus ex MS. Vindeb. concinente Cod. Afric. c. 48. & 77. Paullo dissimiliter MS. Barb. *Villeregiensis* . Quesn. *Villarensis* ; eoque adnotante cod. Thoan. *Villarigensis* . *Tubiensis* pro *Tubiniensis* legitur in cod. Barb. Cod. Vindeb. prima manu *Tubuniensis*, secunda correctum *Tubiensis*.

25 Particulam *&* addidimus ex optimo cod. Veronensi , qui cum præcedentibus unum caput constituit, uti etiam apud Ferrandum, de quo videsis Tractatum part. 2. c. 3. §. 3. num. 5.

26 Cod. Barb hunc canonem cum sequenti jungens, signat c. 4.

27 Quesn. cum MS. Oxon. *in longinquioribus*. In Synodo Carthaginensi an. 419. hic canon ita exponitur c. 17. Cod Afric. ut Mauritania Sitifensis a Numidia separari, & proprium Primatem habere permissa sit *propter longinquitatem* . At non idcirco *in longinquioribus Mauris* de ea dici potuit , cum longinquiores Mauri essent Cæsarienses , ac Tingitani, non vero Sitifenses. Cod. Thuan. habet *in coagentibus* . Tres nostri codd. Vindeb. Veron. & Barb. *inchoantibus* . In hac lectionum varietate cum integer hic Hipponensis, canon descriptus in Synodo Bonifacii idoneam emendationem non suggerat, eam vocem prætulimus, quæ plerisque MSS. fulcitur.

28 Inseruimus *etiam*, & pro *ex concilio* correximus *ex consilio* auctoritate nostrorum codicum. Integer quoque canon instructionem Ecclesiæ, seu Episcopi Carthaginensis , non autem Concilium efflagitat.

29 Cod. Thuan. *primatum esse constituendum*, Barb. *primates suos constituendos esse professi sunt*: cetera autem ignorat.

30 Quesn. ex cod. Thuan. addidit: *Quæ in Concilio Africano sunt promulgata, in hoc Carthaginensi Concilio confirmantur*. Hæc autem non Breviarii, sed cujusdam adnotatoris verba sunt: ac propterea in uno MS. Thuaneo inventa , absunt a tribus nostris codd. Vindeb. Veron. & Barb. quorum auctoritate a Breviarii textu expungenda putavimus . Titulus porro *Incipit Brevis statutorum* , qui mox inseritur , rectius omittitur in MS. Barberino , cum antecedentia quoque capitula abbreviata sint , & ad Breviarium Hipponense pertineant . In MS. Corbejensi, teste P. Coustantio, titulus *Brevis statutorum* primo capiti præfigitur.

31 Cod Vindeb. præmittit suum cuique canoni titulum , qui in præmissa titulorum tabula descripti sunt. Idipsum de Hubertino codice testatur P. Coustantius. Nullos autem titulos præferunt aliæ collectiones Veronensis , & Barberina. Nos hic eos non repetimus , cum satis ex præmissa tabula colligi queant. Hic canon in Veronensi codice dividitur in tria capita, ita ut c. 1. sit *Ut lectores:* cap. 2. *Ut ante XXV.* cap. 3. *Ut primum*. Barb. partitur in duo *Ut lectores*, quod apud ipsum est c. 5. & *Ut primum*: quod signat c. 6. Notat Quesnellus in Cod. Afric. c. 16. & in Concilio Carthagin. III. c. 4 , idest apud Isidorum, hunc canonem proferri, *sed diversa lectione* : *Quamquam & hæc nostra ibidem exhibetur ex vetustissimis codd. MS. ab antiquis Conciliorum editoribus, ut Venetæ an.* 1581. , ubi diversa lectio a Crabbo adnotata , & in Conciliorum editionibus conservata intelligitur , quam ille cum aliquot aliis variantibus ex suo codice S. Bavonis hujus collectionis proprio, Concilio Carthaginensi III. Isidorianæ editionis subjecit.

32 Hæc verba *nec virgines consecrentur* a Quesnello omissa in MSS. hujus collectionis deerant : unde in cod. Vindeb. antiqua manu adjecta fuerunt . Leguntur vero in MSS. Veron. & Barb. & in Vat. Palat. 574. Inserenda autem probantur ex Ferrando n. 121. ac ex Synodo Bonifacii anni 525. , ubi hic canon cum his verbis legitur *ex Concilio III.* , id est ex Breviario Hipponensi, quod huic Concilio plenario anni 397. erat insertum.

33 Cod. Thuan. *promissionem* .

34 In codice Barb. est c. 7. In Veronensi cum hic canon prima manu omissus, secunda additus fuerit in margine, numero caret.

35 Sic ex nostris codd. Quesn. *statuta Concilii*, & notat in Thuan. legi *placita Conciliorum eorum auribus inculcentur* , quæ item leguntur in Cod. Afric. c. 18. & apud Isidorum c. 3. Conc. III. Carthaginensis , ex quibus hæc lectio , ut aliæ nonnullæ (vide infra adnot. 44. & 63.) in codicem Thuaneum traducta fuit , uti etiam ex iisdem fontibus post pauca scriptum est *pœniteant* pro *asserant* . *Conciliorum* pro *Concilii* hoc primo loco habent Ferrandus num. 9. & Synodus Bonifacii , qui

cum

36 36 III. Ut etiam per solemnissimos pa-
37 schales dies sacramentum catechumenis 37
non detur, nisi solitum salis: quia si fideles
per illos dies sacramentum non mutant,
nec catechumenos oportet mutare.
38 38 IV. Ut corporibus defunctorum Eucharistia non detur: dictum est enim a Domino: *Accipite & edite*; cadavera autem
39 nec accipere possunt, nec edere. Deinde cavendum est ne mortuos etiam baptizari
posse fratrum infirmitas credat: cum Eu-
40 charistiam 40 non dari mortuis animadverterit.
41 41 V. Ut propter caussas ecclesiasticas,
quæ ad perniciem plebium sæpe veterascunt,
42 singulis quibusque annis Concilium 42 convocetur: ad quod omnes provinciæ, quæ
primas sedes habent, de Conciliis suis ternos legatos mittant: ut & minus invidiosi, minusque hospitibus sumtuosi conventus
plena possit esse auctoritas. 43 Et ut de Tri- 43
poli, propter inopiam Episcoporum, unus
Episcopus veniat.
44 VI. Ut quisquis Episcoporum accu- 44
satur, ad Primatem Provinciæ ipsius caussam deferat accusator: nec a communione
suspendatur, cui crimen intenditur; nisi ad
caussam suam dicendam 45 Primatis litteris 45
evocatus minime occurrerit; hoc est, intra
spatium mensis, ex die qua eum litteras accepisse constiterit. Quod si 46 aliquas ve- 46
ras necessitatis caussas probaverit, quibus
eum

---

cum ex ipso Breviario inserto in Concilium Carthaginense anni *397.* hunc canonem derivarint, ita libenter scripsissemus, si qui nostri codices suffragarentur, nec secundo loco omnes codices etiam Isid. & Dion. haberent *Concilii*. Quesnellus in fine prætulit *pœniteant*: nos *afferant* ex nostris codicibus ac Oxoniensi revocavimus. In Cod. Afric. hic canon non refertur inter canones Breviarii, seu Synodi Carthaginensis an. *397.* sed inter illos Synodi an. *419.* ubi quidam Breviarii canones nonnullis verbis liberius immutatis repetiti fuerunt, ac renovati.

36 In cod. Barb. est c. 8. in Veron. c. 4.

37 Cod. Veron. *non mutetur*, *quia* &c. supra lineam vero alia manu *non detur*; *nisi solitum salis*. In Synodo Bonifacii habetur pariter *non immutetur*: at in Ferrando n. *226.* apud Isid. in Carth. III. c. 5. legitur ut in textu. Mox ex MS. Veron. & Isid. addidimus particulam *si*, pro qua Quesnellus *enim* posuit. Dein *sacramenta non mutant* in MSS. Veron. & Barber.

38 In MS. Veron. est c. 5. Barb. hoc caput secat in duo. *Ut corporibus* c. 9. & *Deinde* c. 10. uti etiam dividitur apud Ferrandum & in Synodo Bonifacii.

39 Quesnellus *Inde*, & post pauca *ne mortuum*. Scripsimus *Deinde* cum omnibus nostris codd. Vind. Veron. & Barb. suffragantibus Isid. c. 6. & Synodo Bonifacii.

40 Cum Quesnellus omissa negatione edidisset *Eucharistiam dari mortuis*, hanc notationem appendit: „ Ita MS. Oxon. cum edit. „ At in Conc. Carthaginensi 3. & in MS. „ Thua. leg. *non dari*. Utraque lectio sen„ sum habet non ineptum. Poterant enim ru„ diores Christiani, qui Eucharistiam mortuis „ non baptizatis *non dari* animadvertebant, „ hoc ita fieri existimare propter defectum ba„ ptismatis: & inde baptizari eos posse, ut „ post baptismatis consecrationem, Eucharistiæ „ quoque munere donarentur. Poterant & qui „ *dari* videbant Eucharistiam mortuis, inde in „ hunc errorem labi, posse etiam eos bapti„ zari, qui sine baptismatis gratia decessissent. „ Posteriorem sensum magis probo lectionem„ que ei respondentem. Prior enim supponit „ solis mortuis non baptizatis negatam esse „ Eucharistiam: alioquin in defectum baptis„ mi caussam non datæ Eucharistiæ rejicere „ non potuissent simpliciores illi fideles. At „ certum est nullis mortuis ex universæ Ec„ clesiæ consuetudine datam Eucharistiam: nec „ uspiam ita errorem canone notatum inva„ luisse, ut plerisque promiscue concederetur „ post mortem. “ Hæc longior adnotatio laborat in lectione mendosa unius codicis Oxoniensis; qui caret particula *non*: nam ceteri tum hujus collectionis, uti Thuan. & Vindebon. tum aliarum collectionum Veron. & Barb. habent *non dari*. Editos cum Oxoniensi consentientes ille præterea laudat. At Isidorus, qui unus hunc canonem integrum habet, negationem præfert. Mox *animadvertit* est in MSS. Barb. & Veronen., & in quibusdam Isidori exemplaribus.

41 Cod. Barb. notat c. 11 jungitque totum canonem sequentem, ac fere totum canonem 7. In cod. Veron. est c. 6.

42 In integro canone, qui hic abbreviatus exhibetur, dies Concilii constitutus fuit *X. Kal. Septembris*, uti traditur in Cod. Afric. c. 73. Omissa autem videtur hæc dies in Breviario, quia deinceps eidem diei Synodos alligari non posse Patres intellexere. In laudato Cod. Africano can. 52. scribitur: *Constitutum est in Concilio Hipponensi singulas provincias tempore Concilii visitandas*: quod sic explicatur in præmissis can. 95. *Constitutum fuerat in Concilio Hipponensi ut singulis annis contraheretur Concilium Africæ plenarium non tantum hic apud Carthaginem, verum etiam per diversas provincias suo ordine*. Id in præsenti integro canone expressum fuisse videtur. Cum vero generatim servari non posset * ob longinquitatem Tripolitanæ provinciæ, & Mauritaniæ: hac forte de caussa in Breviario prætermissum fuit.

* Vide Cod. Afric. c. 52. & ante c. 95.

43 Codd. Veron. & Barb. *De Tripoli vero propter inopiam*.

44 In cod. Veron. est c. 7. & post pauca ad verba: *Nec a communione* signatur c. 8. MS. Thuan. *Aurelius Episcopus dixit: Ut quisquis* &c. quæ interlocutionis forma a Breviario aliena sumpta est ex Synodo Carthaginensi anni 419. uti legere est in Cod. Afric. c. 19. eademque traducta fuit in Carthag. III. apud Isidorum c. 7. Abest autem ab omnibus nostris codicibus, & Oxoniensi Quesnelli, in quo solum pro *Episcoporum* legitur *Episcopus*.

45 Cod. Vat. Palat. 574. & MS. Soriensis ab Harduino laudatus *primæ sedis litteris*. Dein *ex ea die* in cod. Veron. & *ex ea die* in Vat. Palat.

46 Quesn. *aliquis*. Prætulimus codd. Veron. Barb. & Vat. Palat. cum quibus concinunt Dionysius in Cod. Afric. & Isid. locis laudatis.

cum occurrere non potuisse manifestum sit,
caussæ suæ dicendæ intra alterum mensem
integram habeat facultatem. Verum post
mensem secundum tamdiu non communi-
47 cet, donec 47 expurgetur.

VII. Si autem nec ad Concilium univer-
48 sale 48 anniversarium occurrere voluerit,
ut vel ibi caussa ejus terminetur, ipse in se
damnationis sententiam dixisse judicetur.
Tempore sane quo non communicat, nec
in sua plebe communicet. Accusator autem
49 ejus, si numquam diebus caussæ 49 dicendæ
defuerit, a communione non removeatur:
50 si vero aliquando defuerit, restituto 50 communioni Episcopo, ipse removeatur; ita tamen, ut nec ipsi adimatur facultas caussæ
peragendæ, si se ad diem occurrere, non
51 noluisse, sed non potuisse probaverit. 51
Sane placuit illud, ut cum agere cœperit
52 in Episcoporum judicio, si fuerit 52 accusatoris persona culpabilis, ad accusandum
vel agendum non admittatur, nisi proprias
caussas, non tamen ecclesiasticas dicere voluerit.

VIII. Si autem Presbyteri, vel Diaconi
fuerint accusati, adjuncto sibi ex vicinis lo-
53 cis legitimo numero collegarum; id est, 53
in Presbyteri nomine quinque; & in Diaconi, duobus: Episcopi ipsorum caussam discutiant
54 cutiant eadem dierum, 54 vel dilationum,
vel a communione remotionum & discussione personarum inter accusatores & eos
qui accusantur, forma servata. Reliquorum
autem caussas 55 etiam solus Episcopus loci 55
agnoscat & finiat.

56 56 IX. Sane quisquis Episcoporum vel 56
Clericorum, cum in Ecclesia ei fuerit crimen 57 impositum, vel civilis caussa fuerit 57
commota; & is relicto ecclesiastico judicio,
publicis judiciis purgari voluerit, etiamsi pro
illo fuerit prolata sententia. 58 locum suum 58
amittat, & hoc in criminali judicio. In civili vero, perdat quod evicit; si locum suum
obtinere voluerit. Cui enim ad eligendos
judices undique Ecclesiæ patet auctoritas,
ipse se indignum fraterno consortio judicat,
qui de universa Ecclesia male sentiendo,
59 de judicio sæculari poscit auxilium: cum 59
privatorum Christianorum caussas Apostolus
ad Ecclesiam deferri, atque ibi determina-
ri præcipiat.

60 X. Hoc etiam placuit, ut si a qui- 60
buscumque judicibus ecclesiasticis ad alios
judices ecclesiasticos, ubi est major auctoritas, fuerit provocatum, non eis obsit,
quorum fuerit soluta sententia, si convinci
non potuerint vel inimico animo judicasse,
vel aliqua cupiditate, vel gratia depravati esse. 61 Sane si ex consensu partium judices 61
electi fuerint, etiam a pauciore numero
quam constitutum est, non liceat provocari.

62 XI. Ut filii Episcoporum & Clerico- 62
rum spectacula sæcularia non exhibeant, 63
nec spectent: quandoquidem a spectaculis 63
arceantur.

XII.

---

47 Alias *purgetur*.

48 Quidam codices delent *anniversarium*: & MS. Barb habet *occurrerit*.

49 MS. Barb. & Veron. omittunt *dicendæ*.

50 Al. *in communionem*.

51 Cod. Barb. hoc loco inchoat c. 12. In MS. Veron. *Sane placuit & illud*.

52 Quesn. ex MS. Oxon. inseruit *probata*. Expunximus, cum desit in nostris codd. ac in ipso MS. Thuan nec non apud Isidorum & Dionysium. Post nonnulla *non tamen si ecclesiasticas* in codd. Vindeb. Barb & Veron. qui postremus pro *dicere* habet *adserere*.

53 „ Id est in Presbyteri caussa, quo sensu „ S. Augustinus in epistola CLXII. *Missa*, in- „ quit, *tractatoria super eorum nomine per to-* „ *tum orbem terrarum* &c. Extat etiam inter „ Concilia libellus seu epistola Gelasii PP. ita „ inscriptus: *Gesta de nomine Acacii*, id est de „ caussa, In Concilio Carthaginensi sub Bo- „ nifacio an. 525. in Edit. Labbei p. 1646. „ *De nomine nostro querelam movisse videtur*, „ & pag. 1647. *De nomine nostro videntur fa-* „ *cere invidiam*, sed & Leo noster epist. 12. „ (*nunc* 14.) ad Anastasium Thessalon. cap. 6. „ de electo in Episcopum. *De cujus*, inquit, „ *nomine ad tuam notitiam provinciales referant* „ *Sacerdotes*. " Hæc Quesnellus. Mox MS. Barb. & secunda a manu in cod. Veron. *Episcopus ipsorum caussas discutiat*.

54 Codd. Veron. & Vat. Palat. cum Diou. & Isid. *& dilationum, & a communione*. Mox voci *discussione* Quesnellus hanc postillam affixit. *Ita omnes*. *Vide an non legendum* discussionis.

55 Cod. Barb. & secunda manu in Veron. additur *vel clericorum*.

56 Cod. Barb. c. 13. Veron. c. 9.

57 Ita omnes nostri codices. Quesn. *institutum*. Dein pro *& is relicto* Vat. Palat. Dionysius c. 15. & Isid. habent *si relicto*. Mox cod. Veron. *purgari publico judicio voluerit*.

58 MSS. Barb. & Veron. *in locum suum non restituatur*, & dein cum cod. Vat. Palat. delent *judicio*:

59 MSS. Thuan. Veron. ac Vat. Palat. *sæculare de judicio poscit auxilium*. Paullo post *ad Ecclesias* Quesnellus edidit. Melius cum codd. Barb. Veron. & Vat. Palat. *ad Ecclesiam*.

60 Cod. Barb. c. 14.

61 Idem codex hic notat c. 15. Dein *provocare* legitur in MS. Vat. Palatino.

62 Cod. Barb. c. 16. Mox *aut Clericorum* in eodem MS. & apud Ferrandum n. 40. *vel Clericorum* in cod. Veronensi.

63 Sequentia desunt in MSS. Veron. & Barb. At *nec spectent* legit Ferrandus. Post verbum *spectent* Quesnellus inseruit hæc intra parenthesim ex cod. Thuan. *licet hoc semper Christianis omnibus interdictum sit, ut ubi blasphemiæ sunt, non accedant*. At cum hæc desint in omnibus nostris codd. ac præsertim in Vindebonensi & Oxon. hujus collectionis eadem expunximus. Thuaneus codex hæc, ut alia nonnulla, recepit ex lectione propria Synodi Carthaginensis an. 419. in qua quædam verba addita vel immutata fuere. Vide cod. Afric. c. 15. Non absimiliter apud Isidorum Concilio Carthag. III. hic canon cum hoc additamento affictus fuit c. 2.

64 64 XII. Ut gentilibus, vel etiam hæreticis & schismaticis filii Episcoporum, vel
quorumlibet Clericorum matrimonio non
conjungantur.
65 65 XIII. Ut Episcopi, vel Clerici filios
suos a sua potestate per emancipationem exire non sinant; nisi de moribus eorum fuerint & de ætate securi, ut possint ad eos
jam propria pertinere peccata.
66 66 XIV. Ut Episcopi, vel Clerici in eos
qui Christiani Catholici non sunt, etiamsi
consanguinei fuerint, nec per donationes,
nec per testamentum, rerum suarum aliquid
conferant.
67 67 XV. Ut Episcopi, Presbyteri, & Diacones non sint conductores aut procuratores
68 privatorum: neque ullo 68 negotio tali victum quærant, quo eos peregrinari, vel ab
ecclesiasticis officiis avocari necesse sit.

Ed. Cap. XVIII. Carth. 3. c. 21. Ferrand. c. 122.

69 XVI. Ut cum omnibus omnino Clericis extraneæ feminæ non cohabitent, sed
solæ matres, aviæ, materteræ, amitæ &
sorores, & filiæ fratrum aut sororum, &
69 quæcumque ex familia domestica necessitate, etiam antequam ordinarentur, jam cum
eis habitabant. Vel si filii eorum, ordinatis jam parentibus, uxores acceperint, aut
non habentibus servis in domo, quas du-
70 cant, aliunde ducere necessitas 70 fuerit.

Ed Cap. XIX. Carth. 3. c. 18. ubi *pro eos leg.* omnes, Cod. Afr. c. 36.

71 XVII. Ut Episcopi, Presbyteri, &
Diaconi non ordinentur, priusquam omnes
qui sunt in domo eorum Christianos Catholicos fecerint.
72 XVIII. Ut Lectores usque ad annos
pubertatis legant; deinceps autem nisi uxo-
71 res custodita pudicitia duxerint, continen-
72
tiam professi fuerint, legere non sinantur.
73 XIX. Ut Clericum alienum, nisi con- 73
cedente ejus Episcopo, nemo audeat vel retinere, vel promovere in Ecclesia sibi credita. Clericorum autem 74 nomen etiam 74
Lectores retineant.
75 XX. Ut nullus ordinetur, nisi proba- 75
tus vel Episcoporum examine, vel populi
testimonio.
76 XXI. Ut nemo in precibus vel Pa- 76
trem pro Filio, vel Filium pro Patre no-
minet; & cum altari assistitur, semper ad
Patrem dirigatur oratio. Et quicumque sibi
preces aliunde describit, non eis utatur,
nisi prius eas cum instructioribus fratribus
contulerit.
77 XXII. Ut nullus Clericorum amplius 77
recipiat, quam 78 cuiquam commodaverit, 78
sive pecuniam det, sive quamlibet speciem.
79 XXIII. Ut in sacramentis corporis & 79
sanguinis Domini nihil amplius offeratur,
quam ipse Dominus tradidit, hoc est panis
& vinum aqua mixtum. (Primitiæ vero
seu mel & lac, quod uno die solemnissimo
80 pro infantium mysterio solet offerri, 80
quamvis in altari offerantur, suam tamen
habent propriam benedictionem, ut a sanguinis & corporis dominici sacramento distinguantur.) Nec amplius de primitiis offeratur, quam de uvis & frumentis.
81 XXIV. Ut Clerici continentes ad vi- 81
duas vel virgines, nisi ex jussu vel permissu Episcoporum, vel Presbyterorum non
accedant; & hoc non soli faciant, sed cum
Clericis, aut cum his, cum quibus Episcopus

---

64 Hic canon cum præcedenti jungitur in cod. Barb. Mox *etiam* deletur in eodem MS. & in Veron. qui præterea habet *vel*, seu *aut schismaticis*.

65 Cod. Barb. c. 17.

66 MS. Barb. c. 18. Mox pro *in eos* MSS. Veron. & Barb. habent *eis*.

67 Cod. Barb. c. 19.

68 Cod. Vat. Palatinus *turpi vel inhonesto negotio victum*. Concinit Synodus Bonifacii an. 525. *nec turpi lucro victum quærunt*.

69 MS. Barb. c. 20.

70 Idem cod. cum Veron. *suaserit*.

71 Cod. Barb. c. 21. Dein *omnes*, *qui* ex nostris MSS. scripsimus, concinentibus cod. Afric. c. 36. & Isid. c. 18. Apud solum Quesn. *eos qui*.

72 In MS. Barb. est c. 22. MS. Vat. Palat. cum Ferrando, Dionys. & Isid. *Ut lectores cum ad annos pubertatis venerint, cogantur aut uxores ducere, aut continentiam profiteri*.

73 Cod. Barb. c. 23.

74 MSS. Veron. Barb. & Vat. Palat. cum Isid. delent *sibi*, & dein habent *retinebuat*, vel *retinent*. Isid. post vocem *lectores* addit *& psalmistæ & ostiarii*.

75 MS. Barb. c. 24. Cod. Veronensis hunc canonem prolixiorem exhibet. *Ut nullus ordinetur nisi probatus, si duas uxores non habuit, idest digamus non est, aut si unam habuit non viduam, sed virginem, neque eum* (lege *is*) *qui unam quidem, sed concubinam, non matronam, nec eum* (lege *is*) *qui viduam, aut repudiatam, aut meretricem in matrimonio sumsit; sed ille eligatur, cujus vitam & opinionem Episcopus examinavit, aut quem* (lege *qui*) *populi testimonio fuerit electus*. Ceteri codices cum Ferrando, Isid. & Synodo Bonifacii lectionem textus probant.

76 Cod. Barb. c. 25.

77 In Cod. Barberino est c. 26.

78 *Nota neminem excipi*. Quesnellus. Mox MS. Vat. Palat. *si pecuniam det, pecuniam, si vero speciem, speciem, & tantum quantum debet*, lege *dederit*.

79 Cod. Barb. c. 27. Dein inseruimus *ipse* ex nostris codd. Inclusa parenthesi desunt quidem apud Isidorum c. 24. at leguntur in nostris & Quesnelli codicibus, nec non in MS. Crabbi, & in Cod Afric. c. 37. Synodus quoque Bonifacii eamdem sententiam in suo codice reperit.

80 MSS. Veron. & Barb. cum Cod. Afr. *in infantium*. Mox Quesn. cum Oxon. *in altari soleant offerri*. Prætulimus nostra exemplaria atque Thuan. & Cod. Afric. Post nonnulla *in primitiis* habent Veron. Barb. & Cod. Africæ. In Vindebonen. prima manu *de primitiis*, secunda vero *in primitiis*.

81 Cod. Barb. c. 28. Quesn. *vel continentes ad mulieres & viduas, nisi*. Delevimus *vel*, aliamque lectionem restituimus, quam omnes nostri codices cum Dion. & Isid. præferunt.

pus aut Presbyter jusserit. Nec ipsi Episcopi aut Presbyteri soli habeant accessum ad
hujusmodi feminas, sed aut ubi Clerici
præsentes sunt, aut graves aliqui Christiani.
82 82 XXV. Ut primæ sedis Episcopus non
appelletur Princeps Sacerdotum, aut summus Sacerdos, aut aliquid hujusmodi; sed
tantum primæ sedis Episcopus.
83 83 XXVI. Ut Clerici edendi vel bibendi caussa tabernas non ingrediantur, nisi
peregrinationis necessitate.
84 84 XXVII. Ut Episcopi non proficiscantur trans mare, nisi consulto primæ sedis
Episcopo suæ cujusque provinciæ; ut ab eo
præcipue possint formatas sumere. Hinc etiam dirigendæ sunt litteræ Concilii ad trans-
marinos Episcopos.
85 85 XXVIII. Sacramenta altaris non nisi
a jejunis hominibus celebrentur, excepto die
anniversario, quo Cœna Domini celebratur. Nam si aliquorum pomeridiano tempore defunctorum, sive Episcoporum, seu
86 Clericorum, 86 sive ceterorum commen-
dario facienda est, solis orationibus fiat, si
illi qui faciunt, jam pransi inveniantur.
87 87 XXIX. Ut nulli Episcopi vel Clerici in Ecclesia conviventur; nisi forte transeuntes hospitii illic necessitate reficiant:
populi etiam ab hujusmodi conviviis, quantum potest fieri, prohibeantur.
88 88 XXX. Ut pœnitentibus secundum differentiam peccatorum, Episcopi arbitrio pœnitentiæ tempora decernantur. Et ut Presbyteri inconsulto Episcopo non reconci-
89 lient pœnitentes: 89 nisi absentia Episcopi & necessitate cogente. Cujuscumque au-

tem pœnitentis publicum & vulgatissimum
crimen est, quod 90 universa Ecclesia no- 90
verit, ante absidem manus ei imponatur.
91 XXXI. Ut virgines sacræ, cum pa- 91
rentibus, a quibus custodiebantur, privatæ
fuerint, Episcopi vel Presbyteri 92 provi- 92
dentia gravioribus feminis commendentur;
ut simul habitantes invicem se custodiant:
ne passim vagando Ecclesiæ lædant existimationem.
93 XXXII. Ut ægrotantes, si pro se re- 93
spondere non possint, cum voluntatis eorum testimonium hi, qui sui sunt, periculo proprio dixerint, baptizentur.
94 XXXIII. Ut scenicis vel apostaticis 94
conversis vel reversis ad Deum gratia vel
reconciliatio non negetur.
95 XXXIV. Ut Presbyter non consulto 95
Episcopo virgines non consecret; chrisma
vero numquam conficiat.
96 XXXV. Ut Clerici in aliena civitate 96
non immorentur, nisi caussas eorum justas
Episcopus loci, vel Presbyteri locorum per-
viderint.
97 XXXVI. Ut præter Scripturas cano- 97
nicas nihil in Ecclesia legatur sub nomine
divinarum Scripturarum. Sunt autem canonicæ Scripturæ: Genesis. Exodus. Leviti-
cus. Numeri. Deuteronomium. Jesu Nave.
Judicum. Ruth. Regnorum libri quatuor.
Paralipomenon libri duo. Job. Psalterium
Davidicum. Salomonis libri quinque. Duodecim libri Prophetarum. Esaias. Jeremias.
Daniel. Ezechiel. Tobias. Judith. Hester.
Hesdræ libri duo. 98 Machabæorum libri 98
duo.

82 Barb. MS. c. 29.

83 Idem MS. c. 30. Dein Quesn. *peregrinandi necessitate*. Nostros codices sequuti sumus. Isidorus c. 27. cum Cod. Afric. c. 40. *peregrinationis necessitate compulsi*.

84 Cod. Barb. c. 31.

85 Idem MS. c. 32. Codices aliarum collectionum cum Dion. & Isid. *Ut sacramenta*.

86 Voces *sive ceterorum* inseruimus ex nostris codd. uti leguntur etiam apud Dion. & Isid. In fine MS. Veron. & Dionysius habent *inveniuntur*.

87 Cod. Barb. c. 33. Mox MS Veron. Dion. & Isid. *hospitiorum necessitate illic reficiant*. Dein Quesn. *ab his conviviis*. Ceteri omnes codd. cum Dion. & Isid. ut in textu.

88 Barb. c. 34. In cod. Veron. uti etiam apud Isid. hic canon in duo dividitur.

89 Cod. Afric. c. 43. & MSS. Isid. c. 32. *nisi absentiæ Episcopi necessitate cogente*. Idem est in MS. Barb.

Cod. Afr. *universam Ecclesiam commoverit*. 90 Barb *universam Ecclesiam commoveat*.

91 MS. Barb. c. 35.

92 Cod. Afr. c. 44. cum MS. Veron. addit *ubi Episcopus absens est*. Barb. *ubi Episcopus non est*. Isid. c. 33. *Episcopi providentia, vel Presbyteri, ubi Episcopus absens est, in monasterio virginum vel gravioribus* &c.

93 Cod. Barb. c. 36. Post pauca *hi qui sui sunt* est in MSS. hujus collectionis & apud Isid. c. 34. In ceteris vero MSS. cum Cod. Afric. c. 45., & Synodo Bonifacii habetur tantum *sui*.

94 Cod. Barb. c. 37. qui mox cum MS. Veron. habet *conversis ad Dominum* omissis vocibus *vel reversis*. Isid. c. 35. & Dion. Justelli c. 45. *Ut scenicis atque histrionibus, ceterisque hujusmodi personis, vel apostaticis* &c. In vulgato Codice Africano c. 45. desunt *vel apostaticis conversis vel reversis ad Deum gratia vel*: quæ tamen cum legantur in versione Græca, amanuensium oscitantia prætermissa fuere. Vox *histrionibus* apud Ferrandum legitur num. 170.

95 Barb. c. 38. Mox *inconsulto* plerique codices habent pro *non consulto*. In Synodo Bonifacii errore librarii *consignet* pro *consecret*.

96 MS. Barb. c. 39.

97 Idem codex c. 40.

98 Quesn. omittit *Machabæorum libri duo*, & dein illa quoque in textu præterit *Petri duæ, Joannis tres, Jacobi una, Judæ una*, & in margine notat has epistolas addi in Concilio Carthaginensi III. apud Isidorum c. 46. & in Codic. Afric. c. 24. Hæc in caussa fuere, ut nonnulli putarint, hos sacros libros inter Scripturas canonicas non fuisse recensitas in Concilio Hipponensi an. 393. nec in Carthaginensi anni 397. sed solum insertos in Synodo Carthaginensi anni 419. tempore Bonifacii Pontificis, cujus nomen tum in Cod. Afric. tum apud Isidorum locis laudatis legitur. At hos quoque libros in cathalogo Hipponensi, & in Breviario ipsius fuisse descriptos probant tres

anti-

duo. Novi autem Testamenti, Evangeliorum libri quatuor. Actus Apostolorum liber unus. Paulli Apostoli epistolæ tredecim. Ejusdem ad Hebræos una. Petri duæ. Joannis tres. Jacobi una, Judæ una, Apocalypsis Joannis. 99 Ita ut de confirmando isto canone transmarina Ecclesia consulatur. Liceat etiam legi passiones Martyrum cum anniversarii dies eorum celebrantur. 99

I XXX-

---

antiquissimæ ac diversæ originis collectiones, Corbejensis apud P. Coustantium tom. I. epist. Rom. Pontif. pag. CI. Barberina, & Vat. Palatina. Duæ primæ Breviarium ipsum exhibent, postrema vero præfert canones ex Concilio plenario Carthaginensi anni 397. cui Breviarium insertum fuit, unde lectionem affert Breviarii propriam, *ita ut de confirmando isto canone transmarina Ecclesia consulatur*; non vero illam Synodi anni 419. quæ Bonifacium Pontificem ingerit. Soli codices hujus collectionis hactenus cogniti omittunt in textu, quod oscitantiæ librariorum jure tribuit P. Coustantius. *Factum id credimus*, inquit, *librariorum errore, quibus sæpe nec opinantibus accidit, ut si quando eas repeti vident voces, quas proxime scripserunt, statim intermedias quasi jam positas prætermittant. Itaque qui statutum Hipponense descripsit, exaratis his verbis* Esdræ libri duo, *mox ad ea* Novi testamenti *sic tamquam dato saltu transiit, omissis intermediis* Machabæorum libri duo*; deceptus nimirum similitudine verborum* libri duo, *quæ verba nominibus* Esdræ *simul &* Machabæorum *subnectuntur. Oberravit eadem chorda & in his vocibus*, epistolæ Paulli Apostoli tredecim, ejusdem ad Hebræos una, Apocalypsis: *ubi ante verba* Apocalypsis, *desiderantur* Petri Apostoli epistolæ duæ, Joannes Apostoli tres, Jacobi una, *quæ recensentur in statuto Carthaginensi. Errorem peperit verbum* una, *quo clauduntur commata hæc duo* ad Hebræos una, *&* Judæ una: *quorum primo semel descripto, mox librarius vocem* Apocalypsis *continenti scriptionis filo attexuit, quasi intermediæ aliæ epistolæ usque* Judæ una *præcessissent. Neque non eam conjecturam adjuvat id quod inficiabitur nemo, videlicet in Ecclesiis omnibus, adeoque in Africana, receptam semper fuisse primam Petri, & primam Joannis epistolam: quarum utramque quia non exhibet Hipponensis canon, oportet scribæ properantis & incauti culpa omissam fuisse.* Enimvero omissa verba, quæ nos restituimus, fuisse descripta in alio vetustiori nostræ, ut videtur, collectionis exemplo, indicium præbet codex Vindebonensis. Antiquus enim librarius, qui eumdem codicem cum alio vetustiori exemplo contulit (identidem enim legitur hæc notatio *Contuli*) eadem verba in alio manuscripto procul dubio inventa & prima manu prætermissa, secundis curis adjecit. Præterea in ipso textu prima manu habetur. *Paulli Apostoli epistolæ XIIII.*, quo numero comprehenditur ejusdem epistola ad Hebræos, quam quidem sicut & ceteras ejusdem Apostoli epistolas singillatim non recensent codices Corbejensis & Barberinus, atque Dionysius, qui *epistolas XIIII.* præferunt. Cod. Vat. Palatinus qui *epistola XIII.* notat, addit *ejusdem ad Hebræos una*, uti in Isid. & aliis nostræ collectionis MSS. legitur: unde in cod. Vindeb. vel corrigendum est *XIII.* pro *XIIII.* vel si retineatur XIIII. delendæ erunt voces *ejusdem ad Hebræos una*, quippe quæ in quatuordecim continetur. Non omittendum est in eodem MS. Vind. paullo ante haberi *Liber duodecim Prophetarum minorum*. *Item Esaias*, ubi voces *minorum* & *Item* secunda manu additæ sunt. Hæc eadem lectio in MS. libro Barb. probatur. Theodosius scriptor codicis Veronensis 55. qui se quædam *tacite prætermisisse* in notatione testatur, sicut initio Breviarii Nicænum Symbolum, ita sub finem catalogum Scripturarum omisit.

99 Quesnellus hanc notam subjicit. *Post canonicarum Scripturarum enumerationem, hæc in Conc. Carthag. 3. & in Cod. Afric. c. 24. subjiciuntur:* „ Hoc etiam fratri & consacerdo„ti nostro Bonifacio vel aliis earum partium „ Episcopis, pro confirmando isto canone inno„tescat: quia a patribus ista accepimus in Ec„clesia legenda. “ *Quorum verborum loco, hæc pauciora in antiquis Codd. MSS. legi, quæ & in Oxon. & Thu. testantur auctores edit. Venetæ 1581. hæc, inquam:* „ De confirmando isto „ canone transmarina Ecclesia consulatur. “ *Certum mihi est hæc ultima in ipso Hipponensi Concilio dicta esse; illa vero, in Carthaginensi tempore Bonifacii PP. ubi Hipponenses, aliique Africani canones relecti sunt iterum & confirmati. Quam inepte autem priora illa Concilio tertio Carthaginensi, quod an. 397. celebratum est, affingantur, vel una Bonifacii PP. mentio satis indicat, simulque probat, ut & alia multa, farraginem illam, quæ Concilium Carthaginense tertium vocatur in voluminibus Conciliorum, non genuinam esse canonum Concilii collectionem, sed supposititiam ex veris canonibus aliunde corrogatis conflatam, ex Hypponensibus nimirum, ex vero Concilio Carthaginensi, quod an. 397. congregatum est, fuitque non absolute tertium, sed tertium sub Aurelio Primate, & ex Concilio Carthaginensi quod an. 419. coram Romani Pontificis Legatis habitum est.* Hactenus ille. Duo in hæc notanda. I. quum ait auctores editionis Venetæ an. 1581. testari lectionem collectionis nostræ in antiquis codicibus legi, respicit Crabbi notam in editione Veneta repetitam, qua in can. 47. Concil. Carthag. III. scribit: *Quidam vetustus codex sic habet: De confirmando* &c. ubi MS. exemplar S. Bavonis nostræ collectionis proprium indicatur. II. Quid censendum sit de Concilio Carthaginensi III. apud Isidorum vulgato, patebit ex iis, quæ diximus in Admonitione n. 2. & fusius in Tractatu part. 2. c. 3. §. 3. ubi singulos ejus canones expendimus.

In MS. Vallicellano B. 98. pag. 76. hic canon de Scripturis profertur cum titulo *Ut præter Scripturas catholicas nihil in Ecclesia legatur. Capituli XXIV. Nicæni Concilii.* Dein ipse canon subjicitur cum lectione Synodi Carthaginensis an. 419. qua confirmatio hujus canonis a Bonifacio Pontifice, aliisque transmarinis Episcopis quærenda decernitur. Hinc autem quidam putarunt, canonem divinarum Scripturarum antea conditum fuisse in Concilio Nicæno, & solum Africanos eumdem, uti a Patribus Nicænis acceperant, suis Conciliis inseruisse. At tota hæc opinio uni inscriptioni ini-

1 1 XXXVII. Placuit etiam ut quoniam
præcedentibus Conciliis ſtatutum eſt, ne
2 quis Donatiſtatum 2 cum honore ſuo recipiatur a nobis; ſed in numero laicorum
propter ſalutem, quæ nulli deneganda eſt
3 (3 tantum autem inopiæ Clericorum ordinandorum in Africa patiuntur Eccleſiæ, ut
quædam loca omnino deſerta ſint) ſervetur
4 quidem 4 in iſtis, quod jam antea decretum
eſt: ſed exceptis his, quos aut non rebapti-
zaſſe conſtiterit, aut qui cum ſuis plebibus
ad communionem catholicam tranſire vo-
5 luerint. 5 Si enim ſcriptum eſt: *Quod duobus ſi convenerint, Chriſtianis, quicquid pe-
6 tierint impetrabunt:* non oportet 6 dubitare
quod remoto ſcandalo diſſenſionis univerſæ

plebis, 7 in unitatem pacis redacta concor- 7
dia, idonea ſit impetrare de miſericordia
Domini, ut ipſius pacis compenſatione, &
ſacrificio caritatis aboleantur peccata, quæ
majorum ſuorum auctoritatem ſequentes,
repetitione baptiſmi commiſerunt. Sed hanc
rem placuit non confirmari, priuſquam 8 8
exinde tranſmarina Eccleſia conſulatur.
9 (*De Donatiſtis placuit ut conſulamus fra-* 9
tres & conſacerdotes noſtros Siricium & Sim-
plicianum de ſolis infantibus, qui baptizan-
tur penes eoſdem: ne quod ſuo non fecerunt
judicio, cum ad Eccleſiam Dei ſalubri propoſi-
to fuerint converſi, parentum illos error impe-
diat, ne promoveantur ſacri altaris miniſtri.)
10 XXXVIII. Honoratus, & Urbanus 10

ni innititur hujus codicis, qui non ad octavum (ut non nemo ſcripſit) ſed ad XII. ſeculum pertinet: nam pag. 37. litteras exhibet Regemberti Vercellenſis ad Andream Archiepiſcopum Mediolanenſem ſignatas anno 1131. Sicut autem in eodem codice pag. 79. profertur *Sententia S. Leonis de apocryphis Scripturis*, quam inter ſuppoſititia rejecimus; ita nihil dubitamus, quin in titulo canonis de Scripturis canonicis, qui totus exſcriptus eſt ex capitulo XXIV. Synodi Carthaginenſis anni 419. editionis Dionyſii, per errorem ſcriptum fuerit *Concilii Nicæni* pro *Concilii Carthaginenſis*. Certe Africani Patres adeo ignorarunt hunc canonem a Nicæna Synodo conſtitutum, ut in Concilio Hipponenſi an. 393. de eo conſulendam putaverint Eccleſiam tranſmarinam, & in Synodo Carthaginenſi an. 419. eum pro confirmatione in Papæ Bonifacii notitiam deducendum ſanxerint. Num de canone, quem in Nicæno generali Concilio a tota Eccleſia recepto editum cognoviſſent, Eccleſiam tranſmarinam adhuc conſulendam, ejuſque confirmationem quærendam putaſſent? Adde quod cum in Synodo anni 419. lectum fuiſſet Concilium Nicænum ex antiquiſſima interpretatione, quam Cæcilianus in Africam attulerat, ſoli viginti canones præter Symbolum inventi fuere, uti liquet ex adnotatis in Tractatu part. 2. c. 3. §. 8. n. 2. Canonem ergo de Scripturis canonicis Africani Patres inter Nicænos numquam habuere.

1 Cum Hiſtoriam Donatiſtarum a Cardinali Noriſio inchoatam perficere, quoad per nos licuit, ſtuduimus, non ſatis exploratam habentes notitiam collectionum, quæ Breviarium continebant, hunc canonem in ſuppoſitionis ſuſpicionem adduximus part. 2. cap. 9. col. 429. & ſeqq. Accedebat, quod Dionyſius Exiguus in Cod. Afric. c. 47. alium canonem non de clericis jam apud Donatiſtas ordinatis, ſed de Donatiſtarum pueris decernentem Breviario adſcribit: quod item legitur apud Iſidorum in Concilio Carthaginenſi III. c. 48. At cum præter collectionem præſentem, duas alias antiquiſſimas repererimus, quæ dum Breviarium exhibent, hunc canonem ſimiliter præferunt; & inter has illa etiam contenta in MS. Veronenſi 55. quæ duobus ſequentibus capitulis addititiis caret; de eodem canone jure dubitari non poſſe perſpeximus. Vide hujus canonis vindicias in Tractatu part. 2. c. 3. §. 3. n. 47.

2 Cod. Veron. addit *clericorum*.

3 Al. *tantam .... inopiam*. Dein per *Africam* in MS. Veron.

4 In cod. Vindeb. prima manu deſunt voces *in iſtis*, ſecunda additum *inſtitutis*, uti legitur etiam in MS. Barb. Pro qua erronea ſcriptione alii codd. habent *in iſtis*. Sed fortaſſe melius cod. Veron. *in eis*. Mox *decretum eſt* edidimus ex omnibus noſtris MSS. Vind. Veron. & Barb. Queſnellus *traditum eſt*. Crabbus *creditum*.

5 Sic ex MS. Barb. ut ſequens emendatio videtur exigere. Al. *Sic enim*.

6 Ita codd. Veron. & Barb. Al. *dubitari*.

7 Queſn. *in univerſæ plebis unitate, pacis compenſatione & ſacrificio caritatis aboleantur, qui majorum ſuorum auctoritatem ſequentes, repetitionem baptiſmi commiſerint*. Ita etiam codd. Vind. & Crabbi, qui ſolum delent *in* ante vocem *univerſæ*, & pro *unitate* habent *invitatæ*. Supplevimus ex codice Veronenſi uſque ad *aboleantur peccata*, exceptis tribus vocibus *pacis* primo loco, & .... *caritatis*: quæ in aliis codicibus retinentur. Ex hac vero integra lectione cognoſcitur defectum aliorum exemplarium ab antiquiore codice originem ducere, in quo amanuenſis per ſaltum a prima voce *pacis* ad alteram tranſcurrit. Sequentia *quæ majorum* &c. uſque ad *commiſerunt* exemplar Crabbi exhibuit. Veron. omittit *quæ* vel *qui*, & addit *præpoſitorum*. Vind. *quæ* præfert. Barb. & Veron. *commiſerunt* tuentur.

8 Cod. Veron. *inde tranſmarina*. Barb. *de tranſmarina*, ubi *de* pro *inde* ſcriptum fuit.

9 Quæ parentheſi incluſa curſivo charactere inſeruimus, ex Dionyſio & Iſidori collectione ſumta ſunt, eaque ad canonem Breviarii, in quo de Donatiſtis actum eſt, pertinere, ultimumque ejuſdem Breviarii canonem conſtituere, ex Dionyſio & Iſidoriana collectione probavimus in Tractatu part. 2. c. 3. §. 3. n. 47. Confer quæ ibidem diſſeruimus. Ut autem hæc, quæ cum antecedentibus unum canonem conſtituiſſe videntur, congrue jungantur, præmittenda videtur particula *Interim*, vel aliquid ſimile. Simpliciani nomen congruit tempori, quo Breviarium ſcriptum, & Synodo plenariæ Carthaginenſi an. 397. inſertum fuit. In Hipponenſi vero an. 393. pro *Simpliciano*, qui tum nondum ad Epiſcopatum pervenerat, Ambroſii nomen lectum fuiſſe nihil ambigendum eſt.

10 Duo ſequentes canones ad Breviarium non pertinent: ac proinde in cod. Veronenſi jure non leguntur. In MS. Barb. numero carent. Hic autem canon conditus fuit a Concilio plenario an. 397. & apud Dionyſium habetur in Cod. Afric. c. 49. & 50. apud Iſidorum vero in Carthaginenſi III. c. 39. & 40.

Episcopi dixerunt: Et illud nobis manda-
11 tum est, ut quia 11 proxime fratres nostri
Numidiæ Episcopi duo ordinare præsumserunt Pontificem, non nisi a duodecim cen-
12 seatis celebrari Episcoporum 12 ordinationes.
Aurelius Episcopus dixit: Forma antiqua
servabitur, ut non minus quam tres sufficiant, qui fuerint destinati ad Episcopum
ordinandum. Propterea quia & in Tripoli
forte & in Arzuge interjacere videntur bar-
baræ gentes: nam in Tripoli, ut asseritur,
quinque sunt Episcopi tantummodo, & possunt forte de ipso numero vel duo necessitate aliqua occupari: difficile est enim ut
de quolibet numero omnes possint occurrere: numquid debet hoc ipsum impedimen-
13 to esse 13 Ecclesiæ utilitati? Nam & in hac
Ecclesia, ad quam dignata est vestra sanctitas convenire, crebro, ac pene per omnem
14 diem dominicam ordinandos habemus 14.
Numquidnam frequenter duodecim, vel decem, vel non multo minus advocare pos-
15 sum Episcopos? Sed facile est mihi duos 15 adjungere meæ parvitati vicinos. Quapropter
cernit mecum caritas vestra hoc ipsum observari non posse. Sed illud est statuendum, ut
quando ad eligendum Episcopum convene-
16 rimus, 16 si qua contradictio fuerit oborta,
quia talia tractata sunt apud nos, non
præsumant ad purgandum eum, qui ordi-
17 nandus est, 17 tres jam; sed postulentur ad
numerum supradictorum unus vel duo, &
in eadem plebe, cui ordinandus est, discu-
tiantur primo personæ contradicentium;
postremo etiam illa, quæ objiciuntur, pertractentur: & cum purgatus fuerit sub conspectu publico, ita demum ordinetur. Si hoc
cum vestræ sanctitatis animo concordat, robo-
retur vestræ dignationis responsione. Et ab
universis Episcopis dictum est: Satis placet.
18 18 XXXIX. Item placuit de infantibus,
quoties certissimi testes non inveniuntur,
qui eos baptizatos esse sine dubitatione testentur, neque ipsi sunt idonei per ætatem
19 de traditis sibi sacramentis respondere, 19
absque ullo scrupulo hos esse baptizandos:
ne ista trepidatio eos faciat sacramentorum
purgatione privari. Hinc enim legati Mau-
rorum fratres nostri consuluerunt, quia multos tales a barbaris redimunt. *Et alia manu.*

AURELIUS Episcopus Ecclesiæ Carthaginensis, 20 his placitis, a nobis omnibus con- 20
firmatis, exceptis emancipationibus, de quibus consulendum censuimus, relectis & agnitis subscripsi. 21 21

MIZONIUS Episcopus, placitis superius
comprehensis, emancipatione ad tractatum
meliorem dilata, subnotavi, primæ sedis
Episcopus provinciæ Bizacenæ.

VICTORIANUS Episcopus plebis Mascilianensis subscripsi.

22 LUPIANUS Episcopus plebis Tambita- 22
næ subscripsi.

NINUS Episcopus plebis Jubaltianensis subscripsi.

23 PHILOLOGIUS Episcopus plebis Adru- 23
metinæ subscripsi.

FEROX Episcopus plebis Macrianensis subscripsi.

Hoc modo & omnes subscripserunt, qui
huic Concilio interfuerunt.

Expliciunt Canones Carthaginensis Concilii.

CAPITULUM III.

INCIPIUNT CANONES
1 ANCYRITANI CONCILII, 1

quod prius fuit Concilio Nicæno, sed illud propter auctoritatem præpositum est.

TI-

11 Dion. *proximi*. Deest in MS. Barb.

12 Sic Dion. Isid. & cod. Barb. concinente Græca versione. Quesn. *ordinationem*.

13 Dion. & Isid. *Ecclesiasticæ*. Dein *hac* supplevimus ex iisdem exemplaribus & cod. Barb.

14 Quesn. inserit *Episcopos*. Expunximus cum MSS. Vindeb. Barb. Dion. & Isid. Paullo post pro *possum* tres ultimi codices *potero*.

15 Verbum *adjungere* cum iisdem tribus exemplaribus inserendum fuit.

16 Ita omnes. Solus Quesnellus *siquando*.

17 Cod. Afric. *tres Episcopi jam*: sed editio Dionysii apud Justellum vocem *Episcopi* ignorat.

18 Hic canon spectat ad Synodum Carthaginensem anni 401. Idibus Septembris: legitur in Cod. Afric. c. 72. & apud Isidorum in Concilio Carthaginensi V. c. 6.

19 Desunt in MS. Oxoniensi voces *de traditis sibi sacramentis*.

20 Cod. Veron. perperam inserit verbum *dixit*: ex eodem vero MS. & ex Barb. addidimus *his*. Mox pro *censuimus* cod. Veron. habet *statuimus*.

21 Cod. Veron. addit *& ceteri similiter*. *Explicit Concilium Hiponiense*. Barb. *& ceteri subscripserunt*. Sequentes subscriptiones sola collectio præsens conservavit. Omnes sunt Episcopi Byzaceni, ut ex notitia Africana manifestum est. Civitatum nomina in Crabbi codice alicubi mendosa sunt. Nostrum exemplum Vindebonense lectionem a Quesnello editam confirmat.

22 Huic Lupiano in MS. Vindebonensi Nilus præponitur.

23 MS. Oxon. *Philoligius*, male: *Philologius* enim scribitur etiam in Concilio Carthaginensi anni 403. ante can. 91. Cod. Afric.

1 Hi canones, qui ex versione Isidoriana vulgo nuncupata sumti fuere, alias *Anquiritani*, vel *Anquiritanenses* in ejusdem interpretationis MSS. vocantur. Præter exemplaria hujus collectionis hæc eadem versio invenitur in codicibus Lucensi 88. Vat. 1342. & Barb. 2888. Veronensibus 55. & 58. atque in Corbejensi: quæ omnes collectiones originis diversæ, Hispanica anteriores sunt, ex qua Isidorus canones recepit. Adnotatio, *quod prius fuit Concilio Nicæno* &c. quam Quesnellus præfixit ex MS. Oxon. deest in codd. Thuan. ac nostro Vindebon. At eam quoad sententiam non minus in hac versione, quam in Dionysiana & Prisca ab initio exstitisse, sicut exstat etiam in originali Græco, probant nostri codd. Lucen-

2 ## 2 TITULI CANONUM.

I. *SI Presbyter immolaverit idolis.*

II. *Ut Diaconi, qui immolaverunt, & postea sunt reversi, a sacro ministerio cessentur.*

III. *Qui tempore persecutionis se Christianos esse proclamaverunt.*

IV. *De laicis qui inviti immolaverunt.*

V. *Qui templis idolorum sacrificaverunt.*

VI. *De his qui in templo veste lugubri manducaverunt.*

VII. *Qui a fide erraverunt, quomodo recipiantur.*

VIII. *De his qui festis diebus paganorum conviviis interfuerunt.*

IX. *Qui secundo & tertio sacrificaverunt.*

X. *De his qui a fide dominica deviarunt.*

XI. *Diaconi si uxores duxerint, a ministerio, vel Clero cessari.*

XII. *Desponsata puella si ab alio recepta* (al. *rapta*) *fuerit, placuit restitui.*

XIII. *Qui ante baptismum sacrificaverunt.*

XIV. *Vicariis Episcoporum non licet ordinationes facere.*

XV. *Presbyteri, vel Diaconi, qui a carnibus se abstinere voluerint, eas immundas non judicent, nec olera, in qua coquuntur, polluta non dixerint.*

XVI. *Si res Ecclesiæ Presbyter vendiderit, restituantur.*

XVII. *Qui more pecorum cum propinquo sanguine commixti sunt, quomodo pœniteant.*

XVIII. *Si Episcopus alterius Ecclesiam voluerit occupare, aut seditionem facere.*

XIX. *Qui virginitatem polliciti sunt, postea prævaricantur.*

XX. *Qui adulterium commisit, septem annis pœniteat.*

XXI. *Mulier quæ fornicatur, & partum suum occidit.*

XXII. *Qui voluntarius homicidium facit.*

XXIII. *Qui non voluntate, sed casu.*

XXIV. *Qui auguria & somnia observant.*

XXV. *Qui sponsam habet, & sorori ejus intulerit violentiam.*

CANON PRIMUS.

3 PResbyteros qui immolaverunt, & po- 3
stea iterum certamen inierunt, si hoc
ipsum ex fide, & non aliquo argumento
sibimet præparantes egerunt, ut iterum teneri viderentur; 4 si ergo ex fide luctati sunt, 4
& non ex compacto ad ostentationem 5 uti 5
caperentur, ipsi fecerunt: hos placuit honorem quidem Sedis propriæ 6 tenere; offer- 6
re autem illis, & sermonem ad populum facere, aut aliquibus 7 officiis fungi non liceat. 7
II. Diaconos similiter, qui immolaverunt, postea autem 8 reluctati sunt, eum 8
qui-

Lucensis, Vat. & Veron. 58. In Vaticano sic. *Isti canones priores quidem sunt Nicænis canonibus expositi; sed tamen Nicæni primo accepti* (al. *scripti*) *sunt propter auctoritatem sancti & magni Concilii, quod factum est in Nicæa.* Similia sunt in cod. Lucensi. In Veronensi autem 55. sic: *Isti quidem canones seu regulæ priores sunt Nicænis; sed ideo canones priores scribuntur propter auctoritatem magni & sancti Concilii apud Nicæam habiti.* Post hanc adnotationem in his codicibus præfatio subjicitur, quam præsentis collectionis auctor prætermisit. Cum in ea recenseantur Episcopi, qui Concilio interfuerunt, ipsam ex iisdem codicibus hic appendere plurimum refert; hinc enim patebit in eo cathalogo, qui in vulgatis Conciliorum post ipsos canones Isidorianæ interpretationi subjicitur, * provinciarum nomina Episcopis affixa, primo interpreti non esse tribuenda. Eam præfationem primo damus ex MS. Vaticano 1342. cum variantibus MS. Lucensis & codicis Corbejensis apud P. Coustantium in Præfat. ad tom. 1. epist. R. P. pag. LXII. *Cum apud urbem Anquiritanam venti fuissent Marcellus Anquiritanus, Vitalis Antiochenus, Philadelphus Hiliopolitanus* (melius Luc. & Corb. *Juliopolitanus*) *Heraclius Zelonensis* (male in Corb. *Gelialensis*) *Munitius* (Corb. *Ministius*, utrobique male: lege *Nunechius*) *Laodicenus, Narcissus Nerodiensis* (lege *Neroniadensis*: male in Corb. *Marcessus Meragensis*) *Lupus Tharsensis, Basilius Amasenus, Eutholius* (Luc: *Eutolus*, Corb. *Eustolus*) *Nicomediensis, Petrus Iconiensis, Agricolaus Cæsariensis, Epidaurus Pergamensis* (Luc. *Pergamenus*: legendum videtur cum versione Prisca *Pergensis*: hi duo desunt in Corbejensi) *Sergianus Antiochiæ Pisidiæ: statuta sunt ab eis* (Corb. *hæc statuta sunt ab his*) *quæ infra scripta sunt.* Codex autem Veronensis: *Convenerunt autem in Synodum memoratam Ancyræ civitatis hi, qui infra scripserunt. Marcellus Ancyranus, Agricolaus Cæsariensis, Lupus Tarsensis, Vitalis Antiochensis, Basilius Amasenus, Philadelphus Juliopolitanus, Eustolus Nicomediensis, Heraclius Zelonensis, Petrus Iconiensis, Nunechius Laodicenus, Sergianus Antiochenus Pisidiæ, Narcissus Nerodiensis.* Omittitur Epidaurus Pergensis. Similem codicem Græcum adhibuit auctor libelli Synodici, qui duodecim pariter Episcopos recensens n. 37. præfuisse tradit *Marcellum Ancyræ, & Agricolaum Cæsareæ Cappadociæ*, uti sane primi in codice Veronensi referuntur.

* Vide Tractatum de Collect. part. 1. c. 3. §. 2.

2 Hos titulos canonum ex MSS. Cæsareis Vindebonensibus 59. & 42. adjecimus; ubi etiam singulis canonibus suus cujusque titulus hinc repetitus præfigitur. Hos quoque titulos in MS. Oxoniensi omissos, leg. in cod. Thuaneo testatur Quesnellus dissert. 13. n. 2.

3 Cod. Vind. *Presbyteri*. MS. Vat. 1342. tituli loco hæc habet. *De Presbyteris qui immolaverunt, & postea iterum certamen inierunt.* Sequentia vero *Si hoc ipsum* &c. canoni attribuit.

4 MSS. Veronen. 55. & 58. cum vulg. Isid. addunt, *& tormentis subjici putarentur tamquam inviti*. In Veron. 55. hæc verba, quæ leguntur in textu, alia manu deleta sunt. Mox pro *ex compacto* Vaticanus habet *ex consensu*.

5 Uterque codex Veron. *ut offerrentur*: Vat. *ut operentur*.

6 Nostri Codd. Veron. & Vat. cum vulg. Isid. *retinere*.

7 Vulg. Isid. & duo MSS. Veron. addunt *sacerdotalibus*.

8 MS. Veron. 55. cum vulg. Isid. addit *iterum*. Mox pro *eum* Veron. 58. *alium*, & Veron. 55. *aliter*. Dein vulg. Isid. omittit *honorem*.

9 quidem honorem habere 9 oportet; cessare
vero debent ab omni sacro ministerio: ita
ut nec panem, nec calicem offerant, nec
pronuntient: nisi forte aliqui Episcoporum
conscii sint laboris eorum, & humilitatis,
& mansuetudinis, & voluerint eis amplius
aliquid tribuere vel adimere; penes ipsos
ergo de his erit potestas.
10 III. De his qui fugientes 10 tempore
persecutionis comprehensi sunt vel a fami-
11 liaribus, sive a domesticis traditi, 11 vel
qui bona propria amiserunt, vel sustinuerunt tormenta, vel etiam carceribus inclu-
si sunt; & tamen se proclamaverunt esse
Christianos: quin etiam perseverante vio-
12 lentia 12 ad hoc usque perducti sunt, ut
manus eorum apprehensas & violenter at-
13 tractas super sacrificia 13 imponerent, illis
scilicet perseverantibus in fide & Christia-
14 nos se esse 14 vociferantibus: hoc ergo quod
eis invitis, aliis cogentibus, contigit, si luctu & mœrore animi acerbe se id ferre de-
15 monstrent; ipsique 15 humili per bonam
conversationem habitu incedentes dolere se,
id quod inviti coacti sunt, doceant: hos
tamquam inculpatos a communione non ve-
tari. Si autem jam prohibiti sunt ab aliquibus a communione, majoris diligentiæ &
inquisitionis caussa, aut per aliquorum ignorantiam, statim recipi oportere. Hoc au-
16 tem observari convenit & de Clericis 16
& de omnibus laicis.
17 17 IV. Laicos sane, qui in necessitates
similes inciderunt & caussas, tamquam qui
18 nihil peccaverint 18, maxime quia eos vita
probabilis commendat, ad ordinationem recipi placuit.
V. De his qui non solum sacrificare coacti sunt; sed & de his qui in templis idolorum cœnaverunt: si qui eorum cum habitu cultiore ad templa perducti sunt, atque ibi, ad hoc 19 pretiosa veste mutata, 19
cœnæ participes facti sunt idolorum, indifferenter sumentes omnia, quæ fuerant apposita: placuit eos inter audientes uno anno constitui; tribus autem aliis annis agere pœnitentiam; sed ex ipso triennio, 20 20
per biennium tantummodo orationi communicare; tertio autem anno reconciliari
sacramentis.
VI. Quotquot autem 21 ascenderunt in 21
templa veste lugubri, & recumbentes, 22 22
manducaverunt, si compleverint pœnitentiam triennis temporis, sine oblatione recipiantur 23. Si autem perducti ad templa 23
non manducaverunt, biennio maneant in
pœnitentia; tertio vero 24 anno commu- 24
nicent, sed sine oblatione, ut dictum est
25. Episcopum autem hanc habere licen- 25
tiam oportet, ut perspecta singulorum conversatione, normam regulamque 26 con- 26
versationis attribuat: id est, aut humanius
agens secundum vitæ modum, tempus alicui pœnitentiæ breviare, aut etiam prolixius, quod correctioni necessarium viderit,
27 possit addere. Discutiatur autem omnium 27
horum & præcedens vita & posterior; &
ita circa eos se sacerdotalis humanitas moderetur.
VII. De his qui minis tantum cesserunt,
aut bonorum ablatione, aut transportationis
pœna deterriti, 28 a fide erraverunt, & 28
nunc usque non pœnituerunt, neque conversi sunt, 29 modo autem, id est, tem- 29
pore hujus Synodi se obtulerunt, conversionis suæ consilium capientes: placuit eos
usque ad magnum diem inter audientes suscipi, ac pœnitentiam agere triennio, &
post duos alios annos sine oblatione communicare, & ita demum sex annis peractis,
30 ad perfectum pervenire. Quod si aliqui 30
ante hoc Concilium suscepti sunt ad pœni-
ten-

9 Vat. 1342. *non oportet*.

10 Vulg. Isid. *timore*.

11 Veron. 58. *& vel bona*. Vind. *vel bona*.

12 Duo MSS. Ver. cum vulg. Isid. *ad id usque*.

13 Quesn. inseruit *pagani*. Delevimus auctoritate nostrorum codd. Vindeb. duorum Veron. & vulg. Isid. Mox post vocem *imponerent* in MS. Vat. additur *aut aliquid polluti cibi necessitate nimia suscipere sunt coacti*.

14 Sic MSS. Thuan. Vindeb. & duo Veron. cum vulg. Isid. Quesn. cum Oxon. *proclamantibus: de his ergo hoc placuit, ut quod eis* &c.

15 Ita noster Vindebon. cum duobus Veron. & vulg. Isid. Quesn. *humiliter per bonam conversationem dolere se*. In Veron. 55. ubi nostra lectio prima manu legitur, manu altera hæc Quesnelli lectio inducta fuit.

16 Vaticanus: *& ut de omnibus laicis debeat observari, perquisitum est; verum etiam hoc si possuat* &c.

17 Soli codices hujus collectionis hoc caput a præcedente sejungunt. Mox vulg. Isid. *in similes necessitatis caussas*.

18 Thuan. addit *ostendentes*. Mox *maxime quia* in solis MSS. hujus collectionis: alii aliarum collectionum cum vulg. Isid. *maxime si*, melius.

19 Veron. 58. & vulg. Isid. *pretiosiore*.

20 Sic Vind. Veron. 58. & vulg. Isid. Apud Quesn. *biennio*. In aliis duobus codd. Vat. & Veron. 55. hic canon desideratur.

21 Quesn. *ascendunt*. Correximus ex MSS. codd.

22 Codices nostri aliarum collectionum cum vulg. Isid. addunt *inter alios*.

23 Vulg. Isid. & cod. Veron. 58. addunt *ad communionem, idest ut ipsi oblationem non offerant*.

24 Vocem *anno* omnino necessariam supplevimus ex nostris MSS.

25 Vulg. Isid. addit: *In quarto autem anno perfectionem suam recipiant*. Paullo dissimiliter cod. Veron. 58. *ut quarto jam anno perfectionem suam accipiant*. Vat. *perfectionem quarti anni tempore consequantur*.

26 Sic ex MSS. Thuan. Vind. Veron. 58. & vulg. Isid. Apud Quesnellum *pœnitentiæ*.

27 Vindeb. & Veron. 58. delent *possit*; pro quo vulg. Isid. habet *addat*.

28 MS. Veron. 58. cum vulg. Isid. *sacrificaverunt, & nunc*.

29 Sequentia usque ad *capientes* inclusive desunt in MS. Oxon.

30 Ita nostri codd. & Thuan. cum vulg. Isid. Quesn. cum solo Oxon. *ad perfectionem*.

tentiam, ex illo tempore imputabitur initium sexennii constituti. Quod si cui eorum
quodlibet mortis periculum aut ex ægritu-
31 dine, aut ex alia qualibet caussa 31 immineat, his communio propter viaticum suum
non negabitur.

VIII. De his qui festis diebus paganorum in remotis locis eorum convivus interfuerunt, & suas nihilominus epulas ibi-
32 dem 32 paraverunt atque comederunt: placuit ut post biennii pœnitentiam suscipiantur; ita tamen ut, utrum cum oblatione
recipiendi sint, an ad solam communionem
admitti debeant, unusquisque Episcoporum
examinet, vitæ eorum præteritæ & præsentis habita consideratione.

IX. Hi autem qui secundo & tertio sacrificaverunt per vim coacti, quatuor annis ad pœnitentiam se subjiciant; duobus
autem aliis annis sine oblatione communi-
33 cent; 33 septimo autem anno per satisfactionem recipiant communionem.

X. Quotquot autem non solum a fide
dominica deviarunt; sed insurrexerunt etiam in alios; & fratribus persuaserunt, &
rei facti sunt persuasionis: hi per triennium
quidem inter catechumenos habeantur; per
aliud autem sexennium pœnitentiæ recipiant locum: alio vero anno, id est, de-
34 cimo, 34 communionem sine oblatione recipiant; ut completo decennio, perfectione fruantur. In eo autem tempore & vita
eorum, & conversatio consideranda est.

XI. Diaconi 35 quoque cum ordinantur, 35
si in ipsa ordinatione protestati sunt dicentes se velle habere uxores, neque posse se
continere; hi postea, si ad nuptias convenerint, 36 maneant in Clero tantum, & 36
a ministerio abjiciantur. Quicumque sane
tacuerunt, & susceperunt manus impositionem, professi continentiam, & postea ad
nuptias convenerunt, a ministerio 37 & 37
Clero cessare debebunt, laicam tantum communionem recipientes.

XII. Desponsatas puellas, & postea ab
aliis raptas placuit erui, & his reddi quibus
fuerant ante desponsatæ, etiamsi eas a raptoribus florem pudoris sui amisisse constiterit.

XIII. Eos qui ante baptismum sacrificaverunt, & postea baptismum consequuti sunt,
placuit 38 ad ordinationem promoveri, tam- 38
quam ab omni crimine lavacri salutaris sanctificatione purgatos.

XIV. Vicariis Episcoporum, quos Græci Chorepiscopos dicunt, non licet vel Presbyteros, vel Diaconos ordinare; sed nec
Presbyteris civitatis sine Episcopi præcepto
aliquid amplius imperare, vel sine auctoritate litterarum ejus in unaquaque 39 pro- 39
vincia aliquid agere.

XV. 40 De his qui in Clero sunt, Pres- 40
by-

---

31 Al. *acciderit*. In Vat. sic, *contigerit, sub definitione statuta huic communio propter viaticum suum non negabitur, ut si convaluerit, sexennium tempus expleat pœnitendi.*

32 Vulg. Isid. *portaverunt*.

33 Duo MSS. Veron. cum Vat. & vulg. Isid. *septimo anno perfectionem recepturi communionis.*

34 Ita Vindeb. duo Veron. cum vulg. Isid. Quesn. delet *communionem*, & habet *sine oblatione recipiantur*. Vat. *sine communione recipiantur*: & sic emendatum secunda manu in Veron. 55.

35 Duo codd. Veronenses, nec non Corbejensis apud P. Coustantium in præfat. tom. I. epist. R. P. pag. LXVI. & vulg. Isid. *quicumque*. MS. Vat. *De diaconis, qui cum ordinaventur.*

36 Uterque cod. Veron. Lucensis 88. alius Vat. 1342. cum vulg. Isid. *maneant in ministerio, propterea quod his Episcopus licentiam dederit. Quicumque* &c. Quesnellus cum hac lectione concinere credidit non tam omnes alias versiones, sed etiam codices omnes aliarum collectionum, quæ versionem Isidorianam exhibent, excepto Martino Bracarensi. At ignoravit collectionem Corbejensem, quæ licet Isidori versionem præferat, lectionem tamen textus continet deletis tantummodo vocibus *& a ministerio abjiciantur*, ut apud laudatum P. Coustantium observare licebit. E contra codex Hubertinus præsentis collectionis utramque lectionem ex parte recepit sic: *maneant in clero tantum, propterea quod his Episcopus licentiam dederit.*

37 Cod. Vind. & vulg. Isid. *vel clero*. Has duas voces delent alii quatuor nostri codices & Corbejensis apud Coustantium. Præterea illi quatuor codices, duo scilicet Veronenses, unus Lucensis, & alius Vaticanus puriorem Isidorianam exhibentes, quæ cum aliis interpretationibus, ac Græco textu concinit, omittunt etiam sequentia *laicam tantum communionem recipientes*. Quesnellus in hunc locum notavit, in hac nostra collectione *canonem ad Romanæ Ecclesiæ disciplinam accommodatum, ut reciperetur: de quo vide Dissertationem nostram ad hunc Codicem*. Non assentimur, ut patebit ex iis, quæ in Observationibus ad eamdem dissertationem adnotabuntur cap. 2. n. 9. MS. Veron. 58. *a ministerio cessare debent*. Vat. 1342. *a ministerio præcipimus cessare.*

38 Cod. Veron. 58. & Isid. vulg. *ad ordinem*.

39 Melius in aliarum collectionum MSS. ac in vulg. Isid. *parochia*.

40 Hic canon, qui ab auctore versionis Isidorianæ fusiori paraphrasi effertur, in diversis collectionibus alia atque alia lectione describitur. Apud Quesnellum. *Presbyteri, qui in clero sunt, vel Diacones, & abstinent se a carnibus, ut eas quidem contingant. sed non comedant; si sic voluerint.* In vulgato Isid. *De his qui in clero sunt Presbyteri vel Diaconi, & abstinent se a carnibus, hoc placuit statui, ut non eas tamquam immundas contemnant, sed contingant. A quibus quidem si se abstinere volunt* &c. Periodus vero *Quod si tantum* usque *& ab ordine suo* postponitur. Puriorem & primævam hujus versionis lectionem exhibet cod. Vindebonensis, quippe quam præferunt etiam tres aliæ nostræ collectiones Italicæ Vaticana, & duæ Veronenses, ex quibus solum inferuimus voces *hoc placuit statui*, quæ in Vindeb. omissæ sensui necessariæ sunt. Cum Vindebonensi autem concinit codex Lucensis.

byteri vel Diacones, & abstinent a carnibus, hoc placuit statui, ut eas quidem contingant; & si sic voluerint, ab his come-
dendis abstineant. Quod si tantum eas abô-
minabiles judicaverint, ut nec olera, quæ
cum carnibus coquuntur, existiment come-
denda, tamquam non consentientes huic regulæ, cessare eos oportet & a ministerio,
41 & ab ordine suo; 41 ut non eas contemnant, contingant tamen. A quibus qui-
42 dem si abstinere volunt, habeant 42 potestatem; ita tamen, ut si quando cum ole-
ribus coquuntur, eadem olera tamquam carnibus polluta non judicent, sed ex his ad
cibum assumant, quamvis a carnibus temperent. Si quis autem huic regulæ admonitus non obedierit, sed carnes, ut dictum
est, immundas & abominandas existimaverit, cessare debebit ab ordine suo.
43 XVI. Si qua de rebus Ecclesiæ, 43 cum
Episcopus non est, Presbyteri vendiderint,
placuit rescisso contractu ad jus ecclesiasticum revocari. In judicio autem Episcopi
44 erit 44 constitutum, si pretium debeat recipi, nec ne: propter quod sæpe contingit
distractarum redditus rerum ampliorem sum-
45 mam 45 pro dato pretio reddidisse.
XVII. In hoc titulo Græca hæc verba
sunt: περὶ τῶν ἀλογευσαμένων, ἢ καὶ ἀλογευομέ-
46 νων 46: quod nos latine possumus dicere:
*De his qui irrationabiliter versati sunt, sive
versantur.* 47 Sensum autem in hac senten- 47
tia duplicem esse oportet, qui ex subjectis
conjicitur, ita ut dicamus: si qui more pecorum 48 cum propinquo sanguine commix- 48
ti sunt, & ante vicesimum suæ ætatis annum tale crimen admiserunt, 49 decem an- 49
nis in pœnitentia exactis 50 orationi tan- 50
tum incipiant communicare. Post vicesimum vero annum ad communionem cum
oblatione suscipiantur. Discutiatur autem &
vita eorum, quæ fuerit tempore pœnitentiæ; & ita hanc humanitatem consequantur. Quod si qui perseveranter abusi sunt
hoc crimine prolixiori tempore, 51 viginti 51
annorum ætate, & uxores habentes in hoc
crimen inciderint, vicesimo quinto anno
pœnitentiæ actæ ad communionem orationum admittantur: in qua communione orationum altero quinquennio perdurantes ad
plenam communionem cum oblatione suscipiantur. Quod si aliqui & uxores habentes,
& excedentes quinquagesimum annum ætatis suæ, in hoc prolapsi sunt, ad exitum
vitæ tantum communionem mereantur. * *CANON
Eosdem sane non solum leprosos crimine XVII. *Isid.*
hujuscemodi factos, sed 52 alios isto suo 52
morbo replentes, placuit inter eos orare,
qui tempestate jactantur 53, qui a nobis 53
Energumeni appellantur.

XVIII.

---

41 Quesnellus inserit *admoneanturque*: delevimus cum Vind. ac aliis nostris codicibus. Solum MS. Ver. 58. qui purissimam hanc versionem exhibet, canonem claudit desinens in verbis *& a ministerio, & ab ordine suo*: caretque sequentibus, quæ nec in Græco, nec in aliis versionibus inveniuntur, unde posteriori additamento hujus interpretationis accensenda sunt. Codd. Veron. 55. Lucensis, & Vat. qui hoc additamentum receperunt, habent: *ut non eas tamquam immundas contemnant*.

42 Quesn. addit, *ut dictum est*, non autem cod. Vind. nec Lucensis, nec Veron. 55. Post nonnulla idem MS. Veron. *& abominabiles æstimet*.

43 Ita Vind. cum duobus MSS: Veron. & vulg. Isid. Quesnellus: *cum Episcopus non esset ibi, Presbyter vendidit*. Cod. Vat. *cum Episcopus non esset ibi, Presbyter vendiderit*. Oxon. *cui Episcopus non est*.

44 Vulg. Isid. *si constitutum pretium*.

45 Sic Vind. & vulg. Isid. Codex Thuan. *pro acto pretio*. Duo Veron. & alius Vat. *pro accepto pretio*. Quesn. *pacto pretio*.

46 MS. Vindeb. Græcas voces Latinis litteris describens, addit *cõn*. Veron. 58. litteris Græcis addit ΣΟΙΟΝΑΕ.

47 Duo Veron. alius Vat. & vulg. Isid. in antiquis Conciliorum editionibus: *Sensus autem in hac sententia duplex esse potest, qui ex subjectis conjicitur, aut de his qui cum pecoribus coitu mixti sunt, aut more pecorum* &c.

48 Duo codd. Veron. *incesta cum propinquis sanguine commiserunt. Quotquot igitur ante vicesimum suæ ætatis* &c. Vulg. Isid. *cum propinquo sanguine inceste commixti sunt. Quotquot igitur* &c. Vat. *inceste cum propinquis sanguine commixti sunt: Quotquot* &c. MSS. Vind. & Thuan. addunt tantum *inceste*.

49 Ita codices hujus collectionis, perperam: nam alii codices aliarum collectionum, qui Isidorianam interpretationem præferunt, cum Græco textu, aliisque versionibus habent *Quindecim*.

50 Vat. 1342. *communionem orationum tantummodo consequantur, & quinquennio altero in hac orationum communione perdurantes, tunc demum oblationis sacramenta percipiant. Discutiatur autem* &c. Duo Veronen. cum vulg. Isid. *orationi tantum incipiant communicare, & quinquennio altero* (al. *quinquennium alterum*) *in communione orationis solius perdurantes, post vicesimum cum oblatione ad communionem suscipiantur*.

51 Sic codd. Thuan. & Vindeb. Vulg. Isid. addit *exacta*. Apud Quesn. *post viginti annorum ætatem*. Melius in duobus Veronen. *idest viginti annorum ætate, & uxores habentes in hoc crimen inciderunt, viginti quinque annis pœnitentia acta ad communionem orationum altero quinquennio perdurantes, plenam communionem cum oblatione recipiant. Quod si aliqui & uxores* &c. Vaticanus: *Quod si qui perseverantius abusi sunt hoc crimine, ad agendam pœnitentiam prolixiori tempore succumbant. Idest si viginti annorum ætate uxores habentes in hoc crimen inciderint, viginti quinque annorum pœnitentia acta ad communionem orationum admittantur*, & reliqua ut in textu.

52 Duo Veron. cum vulg. Isid. addunt *&*, melius.

53 Cod. Vat. addit *idest qui a spiritu vexantur immundo*. Mox pro *appellantur* duo MSS. Veron. & in margine vulg. Isid. *intelliguntur*.

XVIII. Si qui Episcopi suscepti non sunt
a sua diœcesi, in qua fuerant denominati,
& voluerint alias Ecclesias occupare, & vim
facere Episcopis, quos ibi invenerint, seditiones excitando adversus eos; hos segrega-
54 ri, 54 & ad Presbyterii gradum revocari
55 oportet. Quod si volunt 55 in Presbyterii
honore residere, non repellantur a propria
dignitate. Quod si ibi etiam seditiones ex-
56 citare 56 probantur Episcopis ibidem constitutis, segregari eos necesse est, & nihilominus Presbyterii dignitate privari.

XIX. Quotquot virginitatem polliciti præ-
57 varicati sunt, 57 professione contemta, inter bigamos, qui ad secundas nuptias transierunt, haberi debebunt. Virgines autem
58 puellas, quæ tamquam sorores 58 cum illis
viris habitare volunt, ab eorum consortio
prohibemus.

XX. Si quis adulterium commiserit, septem
59 annis in pœnitentia 59 completis, perfe-
ctioni reddatur secundum pristinos gradus.

60 XXI. 60 Mulieres vero, quæ fornican-
tur, & partus suos necant; sed & eas, quæ
agunt secum ut utero conceptos excutiant,
antiqua quidem definitio usque ad exitum
61 vitæ ab Ecclesia 61 removit; humanius autem nunc definimus, ut his decem annorum
tempus pœnitentiæ tribuatur.

XXII. Qui voluntarie homicidium fecerint, ad pœnitentiam se quidem jugiter summittant; circa exitum autem vitæ communione digni habeantur.

XXIII. Eos vero qui non voluntate, sed casu homicidium 62 perpetraverunt, prior
quidem regula post septem annorum pœni-
tentiam communioni sociabat, secundum
gradus constitutos; hæc vero humanior de- 62
finitio quinquennii tempus tribuit.

Canon iste apud Isid. pars est præcedentis.

XXIV. Qui auguria, auspiciaque, sive somnia, vel divinationes quaslibet secundum
morem gentium observant, aut in domos
suas hujusmodi homines introducunt 63 in 63
exquirendis aliqua arte maleficiis, aut ut
domos suas lustrent, confessi pœnitentiam
quinquennio agant secundum regulas antiquitus constitutas.

XXV. Si quis sponsam habens, sorori
ejus forsitan intulerit 64 violentiam, eique 64
inhæserit tamquam suæ: hac autem 65 de- 65
serta postea uxorem duxerit desponsatam: illa vero, quæ vitium passa est, 66 si forte 66
sibi necem intulerit: omnes hi, qui facti
hujus conscii sunt, decem annis in pœnitentiam redigantur secundum canones constitutos. 67 67

54 Voces *& ad Presbyterii gradum revocari* hujus collectionis additamenta sunt; quæ male in Thuaneo efferuntur sic: *& a Presbyterii gradu hos revocari*. Desunt in aliis nostris codicibus, & in vulg. Isid. sicut & in Græco, aliisque versionibus non leguntur.

55 Codd. Veron. *in Presbyterio*: Vat. *in Presbyterii ordine*: ac mox omnes habent *in Ecclesia, ubi prius fuerant, tamquam Presbyteri residere*. Vulg. Isid. similiter; solum ignorat voces *tamquam Presbyteri*.

56 Veron. 55. melius *probabuntur*. Dein *dignitate* scripsimus ex omnibus nostris codd. concinentibus etiam vulg. Isid. ac MS. Thuan. Quesnellus *honore*.

57 Cod. Thuan. omittit voces *professione contenta*: MS. Veron. 55. his vocibus addit *& ad nuptias convolarunt*.

58 Vulg. Isid. cum duobus MS. Veronen. *cum nonnullis viris*.

59 Sic omnes nostri codd. & vulg. Isid. Quesnellus *exactis*.

60 Duo Veron. alius Vat. & vulg. Isid. *De mulieribus*, & dein *sed & de his ...... eas ab Ecclesia*.

61 Cod. Thuan. *removet*. Vindeb. secunda manu *removeri jussit*. Mox apud Quesn. *sed humanius nunc*. Nostros codices, & vulg. Isid. sequuti sumus. Dein *pœnitentiæ* prætulimus ex iisdem codd. concinente etiam Thuan. Quesnellus cum Oxon. *in pœnitentia*.

62 Codd. Veron. cum vulg. Isid. *fecerunt*, & dein *sociavit*: Thuan. *sociat*.

63 Iidem codd. Veron. & vulg. Isid. *in exquirendis aliquibus arte malefica*: & secunda manu in MS. Veron. 55. emendatum: *ad exquirenda aliqua arte malefica*. Postea *secundum antiquas regulas constitutas* in duobus Veronen. MSS.

64 Codices Veron. & vulg. Isid. *vitium*; at in Veron. 55. secundis curis emendatum *violentiam*.

65 Duo Veron. & vulg. Isid. *decepta*. Mox *uxorem* addidimus cum omnibus nostris MSS. quibus concinunt enim Thuan. & vulg. Isid. In cod. Vat. variat lectio sic: *hanc autem deceptam uxorem duxerit. Desponsata vero illa, quæ vim passa visa est, si forsitan necem sibi intulerit; omnes hi* &c.

66 Supplevimus *si* ex Vind. MS. aliisque nostris codd. & vulg. Isid.

67 Quesn. ex MS. Oxon. hanc adnotationem alio charactere adjecit: *Et subscripserunt Episcopi septemdecim, qui huic Concilio interfuerunt. Expliciunt canones Concilii Ancyritani: eodem quidem sensu, quo in novellis exemplaribus, sed litteratura plerumque diversa*. Desunt hæc omnia in aliis codicibus. Nomina Episcoporum solum in præfatione descripta sunt. In editis Conciliorum subjicitur Episcoporum cathalogus cum nominibus provinciarum, quem auctori hujus interpretationis haud esse tribuendum monuimus adnot. 1. Nomina quidem Episcoporum ex præfatione hujus Synodi excerpta; at provinciarum nomina, in quibus quædam provinciæ posterius institutæ, ac divisæ recensentur, ab auctore cathalogi addita fuere. In MSS. Veron. 55. alia manu subjiciuntur duo canones, qui inter *statuta antiqua* inveniuntur c. 20 & 21. iidemque similiter Ancyritanis appenduntur eadem prima manu in cod. Vat. 1342.

CAPITULUM IV.

INCIPIUNT CANONES

1 CONCILII 1 NEOCÆSARIENSIS

2 2 *quod posterius fuit Ancyritano, sed prius Nicano.*

3 3 TITULI CANONUM.

I. *Si Presbyter uxorem duxerit, degradetur.*
II. *Mulier si duobus fratribus nupserit.*
III. *De his qui sæpius nubunt.*
IV. *De concupita muliere.*
V. *De catechumenis.*
VI. *De prægnantibus.*
VII. *In secundarum nuptiarum convivio Presbyter esse non debet.*
VIII. *Cujus uxor adulterium commisit, cum esset laicus, in ministerio ecclesiastico adjungi non debere.*
IX. *Si Presbyter ante ordinationem suam commisit corporale peccatum, & postea confessus fuerit, ab officio altaris privetur.*
X. *Diaconus similiter.*
XI. *Quamvis probabilis, ante annos XXX. Presbyter non ordinetur.*
XII. *In ægritudine baptizatus Presbyter ordinari non debet.*
XIII. *Presbyteri extranei coram Episcopo, aut Presbyteri civitatis offerre, nec* (lege &) *panem dare non poterunt.*
XIV. *De Vicariis Episcoporum.*
XV. *Diaconi septem esse debent.*

4 CONvenientibus in unum sanctis ac ve- 4
nerabilibus Episcopis in urbe Cæsarea, VITALIS, 5 GERMANUS, GREGORIUS, 5
ALFIUS, BASILIUS, SALAMINUS, 6 RE- 6
DUX; DICASIUS, HERACLIUS, 7 LEONTIUS, 7
AMPHION, STEPHANUS, 8 SERITIUS, LU- 8
PUS; VALENTINUS, GERONTIUS, NARCIS-
SUS, 9 LONGINUS, & SANCTUS, & ceteri, 9
statuerunt hæc quæ infra scripta sunt.
I. 10 Presbyterum, qui uxorem duxerit, 10
ab ordine suo deponi debere. Quod si fornicatus fuerit, vel adulterium commiserit,
11 extra Ecclesiam abjiciatur, & pœniten- 11
tiam inter laicos redactus agat.
II. 12 Mulierem, si duobus fratribus nu- 12
pserit, abjici debere usque ad diem mortis.
Sed propter humanitatem in extremis suis,
13 sacramento eam reconciliari oportet; ita 13
tamen, ut si forte sanitatem recuperaverit,
matrimonio soluto ad pœnitentiam admittatur. Quod si defuncta fuerit mulier in
hujusmodi consortio constituta, difficilis erit
pœ-

---

1 Ita Quesnellus cum MS. Oxon. Ceteri codices hujus collectionis teste P. Coustantio in præfat. t. 1. epist. Rom. Pontif. pag. LXIII. habent *Cæsariensis:* & ita etiam prima manu in Vindeb. at secunda additum *Neo*: & hanc lectionem, quæ vera est, retinuimus. Hi canones versionis sunt, uti vocant, Isidorianæ: & ex hac quidem versione describuntur in aliis collectionibus, quas recensuimus adnot. 1. in caput III. Contulimus autem cum cod. Vindeb. hujus collectionis, cum duobus MSS. Veron. 55. & 58. cum Barberino 2888. qui ad diversas collectiones pertinent. In Barb. autem codice alia manu in præmissis foliis iidem canones describuntur; desunt autem in MS. Vaticano 1342.

2 Hæc adnotatio a Quesnello recepta ex MS. Oxon. deest in Thuan. & Vindebon. At eam saltem quoad substantiam non minus in Græco textu exstare & in versionibus Prisca, & Dionysiana, quam in nostra interpretatione fuisse latine redditam, probant nostri codices Lucensis 88. Barberinus 2888. atque duo Veronenses. In Barberino sic. *Isti canones secundi sunt Ancyrensium, qui in Neocæsaria sunt expositi: & hi priores sunt Nicænis*. Concinit exemplar Lucense. In utroque Veronensi sic, *Et isti quidem canones secundi sunt eorum qui in Ancyra & Cæsareæ expositi sunt; Nicænis vero priores inveniuntur*. Additur in Veron. 55. *Et quia cadente fide sunt expositi a discipulis discipulorum D. N. Jesu Christi, & sicut Nicæni, ita & ii debent ab omnibus custodiri.*

3 Hos canonum titulos adjecimus ex MSS. Vindebonensibus 39. & 42., in quibus præterea singulis canonibus suus cujusque titulus hinc repetitus præfigitur. Iidem leguntur in Thuaneo aliisque vetustioribus codicibus.

4 Duo MSS. Veron. decem sequentes voces, & ultimas prætereunt, ac simplicia Episcoporum nomina canonibus præfigunt, quæ in vulgatis, Conciliorum cum civitatum & provinciarum *, additione posteriori manu canonibus hujus versionis subjecta fuere. In Corb. Barb. & Vindeb. cum simili præfatiuncula præmittuntur. Ordo nominum alicubi diversus est.

* Vid. Tract. de Collect. part. 1. c. 3. §. 2.

5 Ita cum Thuan. codice duo Veron. item Corb. aliæque versiones. Quesn. cum Vindeb. & Oxon. *Germanicus*.

6 Duo Veron. & Barb. *Sedus*. Corb. *Redus*. In vulg. Isid. *Rudus*, & in marg. *Rodus*, *Rodon*.

7 In MS. Vind. *Eontius*: apud Quesn. *Contius*. Correximus *Leontius* aliorum codicum auctoritate, quibus aliæ versiones suffragantur.

8 Thuan. *Siricius* Barb. *Erittus*. Corb. *Eticius*, Duo Veron. *Erythrius*. Vulg. Isid. *Eretius*, & in margine *Erytrius*: qui mox pro *Valentinus* habet *Valentinianus*.

9 Veron. 58. *Longinianus*. Dein *Sanctus* deest in vulg. Isid. E contra additur alius *Leontius*, qui pariter legitur in duobus Veron.

10 Vulg. Isid. *Presbyter si uxorem duxerit, ab ordine suo illum deponi debere*. In Vindeb. quoque legitur *Presbyter*: & vox *illum* additur. Veron. 55. *Sive Presbyter, sive Diaconus uxorem duxit, ab ordine illos debere fieri, & de gradu deponi. Quod si vero fornicati fuerint..... commiserint.*

11 Duo Veron. *extra Ecclesiam abigi, & ad pœnitentiam inter laicos redigi oportet.*

12 Vind. *Mulier si*: & postea *abjici eam*, deletque *eam* ante verbum *reconciliari*.

13 Duo Veron. & Barb. cum vulg. Isid. *sacramentis*.

14 pœnitentia remanenti. 14 Qua ſententia tam
viri, quam mulieres teneri debebunt.
15 III. 15 De his, qui frequenter uxores ducunt, & de his, quæ ſæpius nubunt, tempus quidem, quod his conſtitutum eſt, ob-
16 ſervabunt, 16 converſio autem & fides eorum tempus abbreviabit.
17 IV. 17 Si quis autem concupita muliere, etiam concubitus ejus deſiderium habeat, non autem ſubſequatur effectus, manifeſtum eſt hunc per divinam gratiam fuiſſe liberatum.
V. Catechumenus, id eſt audiens, qui
18 ingreditur Eccleſiam, & ſtat 18 cum catechumenis, ſi peccare fuerit viſus, figens ge-
19 nua audiat verbum, 19 ſed ut abſtineat ab
idoli peccato: quod ſi in eo perdurat, o-
mnino debet abjici.
20 VI. 20 De prægnantibus quoniam oportet baptizari quando volunt: nihil enim in
21 hoc ſacramento commune eſt 21 parituræ,
& illi quod de utero ejus fuerit editum:
quia uniuſcujuſque in illa confeſſione libertas arbitrii declaratur.
VII. Presbyterum convivio ſecundarum
nuptiarum intereſſe non debere: maxime
22 cum 22 petatur ſecundis nuptiis pœnitentiam tribuere. Quis ergo eſt Presbyter, qui
propter convivium illis conſentiat nuptiis?
VIII. Si cujus uxorem adulterium admi-
ſiſſe, dum eſſet laicus, fuerit comprobatum;
23 iſte ad miniſterium eccleſiaſticum 23 admit-

ti penitus non debet. Quod ſi, jam eo in
Clero conſtituto, adulteravit; dato repudio
dimittere eam debet. Si vero retinere ejus
conſortium voluerit, non poteſt ſuſcepto miniſterio perfrui.
IX. Qui admiſerit corporale peccatum,
& hic poſtea Presbyter ordinatus ſit, ſi confeſſus fuerit, quod ante ordinationem ſuam
peccaverit, non quidem 24 offerat; maneat 24
tamen in aliis officiis propter ejus ſtudii utilitatem. Nam 25 cetera peccata cenſuerunt 25
plurimi etiam ordinatione privari. Quod ſi
de his non fuerit confeſſus, nec ab aliquo
potuerit manifeſte convinci, 26 huic ipſi de 26
ſe poteſtas eſt permittenda.
X. Similiter & Diaconus, ſi 27 in eadem 27
culpa fuerit involutus, ſeſe a miniſterio
cohibeat.
XI. Presbyter 28 ante annos triginta æ- 28
tatis ſuæ non ordinetur, quamvis ſit probabilis vitæ; ſed obſervet uſque ad præfinitum
tempus. Dominus enim noſter JESUS CHRI-
STUS trigeſimo anno baptizatus eſt, & tunc
prædicavit.
XII. Si quis in ægritudine conſtitutus,
fuerit baptizatus, 29 Presbyter ordinari non 29
debet: non enim fides illius eſt voluntaria,
ſed ex neceſſitate: niſi forte poſtea hujus
ipſius ſtudium & fides probabilis fuerit, 30 30
aut hominum raritas cogat.
XIII. Presbyteri, qui conregionales 31 31
non ſunt, in Eccleſia præſentibus Epiſco-

14 Duo Veron. *Quæ ſententia tam viros, quam mulieres tenere debebit.*

15 Queſn. cum MS. Oxon. *Hæ quæ frequenter nubunt, & hi qui frequenter uxores ducunt, tempus* &c. Prætulimus MS. Vindeb. cum quo concordant exemplar Thuan. ab eodem Queſnello laudatum, & vulg. Iſid. Concinunt etiam duo Veron. & Barb. in quibus ſolum ſecundo loco perperam legitur *qui* pro *quæ*.

16 Legendum cum duobus Veron. & Barb. ac vulg. Iſid. *converſatio*.

17 *Thuan. MS.* notante Queſnello, *hunc canonem cum tertio conjungit. Totidem tamen numerat canones, decimoquarto ſcilicet in duos diviſo*. Mox duo noſtri codd. delent *autem*.

18 Sic omnes noſtri codd. ac etiam Thuan. Queſnelli, qui *inter catechumenos* cum Oxon. retinuit.

19 Vera lectio eſt in duobus Veron. *Sed abſtineat ab illo peccato quod fecit: quod ſi* &c. In Vind. prima manu eſt lectio textus, quæ hujus collectionis propria agnoſcitur, at ſecunda manu additæ voces *illo* & *quod fecit*, ſed perverſa lectione *illo idoli peccato: quod ſi fecit, quod in eo*. In Barb. habetur *ab idolo peccato*, ex qua erronea lectione perperam emendata manaſſe videtur noſtra lectio *ab idoli peccato*, cum corrigendum fuerat *ab illo peccato*. Vulg. Iſid. *ut ſe abſtineat ab illo peccato quod fecit*, deleta particula *ſed*.

20 Sic Vindeb. & duo Veronenſes. Concinit Thuan. *De prægnantibus gravidis quoniam*. Vulg. Iſid. *De prægnantibus quod*. Queſn. cum MS. Oxon. *Prægnantes oportet*.

21 Queſn. addit *matri*: delevimus cum noſtris MSS. & vulg. Iſid. Mox *qui .... editus* pro *quod .... editum* in eodem Iſid. vulgato.

22 Ita Oxon. & Thuan. Queſnelli. Ita etiam prima manu in Vindeb. at ſecunda & antiqua emendatum *oporteat*. Vulg. Iſid. *præcipiatur*. Veron 55. *cum petatur ſecundis nuptiis pœnitentia* omiſſo verbo *tribuere*, at ſecundis curis lectio textus inducta fuit.

23 Duo Veronen. *admitti non debet*, & dein *in Clericatu*.

24 Sic noſtri codices. Queſn. *offeret*. Mox duo MSS. Veron. *autem* pro *tamen*.

25 Queſn. inſerit *præter*: melius delent Vind. & duo MSS. Veron. Codex Barberinus poſt *privari* addit: *dixerunt per manus impoſitionem poſſe dimitti*: quæ ex Dionyſii verſione ſumta, ex margine irrepſere in textum.

26 Oxon. *hinc*. Mox *permittenda* ſcripſimus ex noſtris MSS. accedente etiam Thuan. Queſnellus cum Oxon. *committenda*.

27 Duo Veron. *in eodem ipſo culpæ genere*. Concinit vulg. Iſid. qui ſolum delet *ipſo*. Paullo poſt iidem codd. Veron. *cohibebit*.

28 Vulg. Iſid. cum duobus Veron. *ante triginta annorum ætatem non*. Poſtea voces *noſter Jeſus Chriſtus* in iiſdem MSS Veron. omittuntur.

29 Veron. 55. *Presbyterum ordinari non licet*.

30 Sic MSS. Thuan. Vind. uterque Veron. & Barb. cum vulg. Iſid. Queſnellus *& raritas hominum*.

31 Vulg. Iſid. delet *non*, at omnes noſtri & Queſnelli codices retinent, nec non etiam Merlinus, & recte quidem, nam Ferrandus, qui hac verſione uſus eſt, n. 103. habet: *Ut Presbyteri alterius originis* &c. Intelliguntur Presbyteri rurales, ut ex Græco liquet,

pis, vel Presbyteris civitatis offerre non po-
32 terunt, nec panem 32 dare; in oratione autem calicem dabunt. Quod si absentes sunt
33 civitatis Sacerdotes, & fuerint invitati 33
ad orationem, soli poterunt dare.

34 XIV. 34 Vicarii autem Episcoporum, quos Græci Chorepiscopos dicunt, constituti sunt quidem ad exemplum septuaginta seniorum; sed tanquam consacerdotes propter solicitudinem & studium in pauperes offerant, & honorabiles habeantur.

XV. Diacones septem esse debent secundum regulam; quamvis civitas sit magna:
35 35 cujus regulæ auctoritas erit liber Actuum Apostolorum.

36 36 *Expliciunt Canones Neocæsariensis Concilii.*

CAPITULUM V.

INCIPIUNT CANONES

1 GANGRENSIS CONCILII 1

2 2 *Hæ Gangrenses regulæ post Nicænam Synodum probantur expositæ.*

3 3 TITULI CANONUM.

Incipiunt capitula canonum Gangrensium, quod Eustasius nuptias male condemnet, & in conjugali gradu positus nullus spem habeat apud Deum, & de carne non manducandum.

I. *Qui nuptias vel mulierem dicit abominandam, anathema sit.*

II. *Qui carnem cum religione manducare prohibet.*

III. *Ut servus sub religionis habitum dominum suum non contemnat.*

IV. *Ut domus Dei contemtibilis non sit.*

V. *De conventiculis.*

VI. *Ut primitiæ frugum Ecclesiæ offerantur.*

VII. *De dandis & accipiendis fructibus sine permissu Episcopi.*

VIII. *Qui virginitatem professus est, nuptias non condemnet.*

IX. *Ut continentes non vituperent in conjugio positos.*

X. *Qui eleemosynam faciunt, non esse contemnendos.*

XI. *De pallio utendo.*

XII. *Ut mulier virili veste non utatur.*

XIII. *Ut mulier sine permissu non dimittat virum.*

XIV. *Ut unusquisque filios suos nutriat.*

XV. *Ut filii parentes* (lege *parentibus*) *obediant.*

XVI. *Ut mulier comam non tundat* (lege *tondeat.*)

XVII. *Ut die dominico non jejunet.*

XVIII. *De continentia & jejunio.*

XIX. *Ut conventus per loca sanctorum Martyrum non contemnant.*

Do-

---

32 Vulg. Isid. addit *sanctificatum*. Vind. autem secunda manu *sacrum*. Cod. Barb. *nec panem dare in orationem, nec calicem*: quæ sententia cum Græco aliisque versionibus concinit. Veron. 55. *calicem autem dabunt*.

33 Vulg. Isid. *ad dandam orationem*. Veron. 55. hæc verba ignorat; habet autem: *& invitati sunt; tunc liceat illis panem dare*. Veron. 58. & Barb. *& fuerit invitatus ad orationem solus, poterit dare*.

34 Vulg Isid. & MSS. Barb. ac Veron. 55. cum Ferrando ex can. 13. & 14. unum faciunt. At Veron. 58. cum codd. hujus collectionis eos distinguit. In Barb. sic effertur: *Episcopi* (lege *Chorepiscopi*) *quoque ad exemplum quidem & formam illorum septuaginta videntur existere, ut comministri autem propter studium, quod erga pauperes exhibent, honorantur*.

35 Duo Veron. & Barb. cum vulg. Isid. *cui regulæ*.

36 Hæc clausula in MS. Vind. non legitur.

1 Horum canonum versio, quæ vulgo Isidoriana appellatur, eo quod ex collectione Hispanica ab Isidoro recepta fuit, præter codices nostræ collectionis continetur etiam in collectionibus Lucensi 88. Corbejensi, Veron. 55. & 58. & Barb. 2888. Ex hac eadem versione sola epistola synodica hujus interpretationis descripta est in Vat. 1342. qui canones ex Dionysiana recepit. Dionysius enim synodicam omisit, ideoque in puris Dionysianis MSS. ea non invenitur. Quare ea sicut in laudato cod. Vat. 1342. ita in MSS. exemplaribus collectionis Hadrianeæ, quæ canones ex Dionysio derivarunt, ex aliis codicibus Isidorianam versionem præferentibus suppleta fuit.

2 Hæc adnotatio licet in codd. hujus collectionis, quos Quesnellus adhibuit, & in nostro Vindebonensi desideretur; cum tamen legatur in MS. Hubertino ejusdem collectionis, quem Coustantius laudat in præfat. t. 1. epist. R. P. pag. LXVI. idcirco eam adjiciendam credidimus, uti Quesnellus ex uno MS. Oxon. alias similes adnotationes temporis Ancyranis, & Neocæsariensibus canonibus præfixit. Hanc enim notationem, quæ in originali Græco, & in aliis versionibus invenitur, certissime reddidit hujus versionis auctor, ut ex aliis collectionibus Lucensi, Barberina, & duabus Veronensibus eamdem interpretationem præferentibus liquet. In MSS. autem Veron. 55. & 58. his verbis exprimitur: *Et hi canones, qui infrascripti sunt, post Nicænos expositi sunt*. Quo autem tempore Synodus Gangrensis habita fuerit, vide præmissum Tractatum part. 1. c. 4. §. 1. ubi hujus adnotationis veritatem vindicavimus.

3 Hos titulos ex MSS. Vindebonensibus 39. & 42. adjecimus.

Dominis honorabilibus consacerdotibus in
Armenia constitutis, EUSEBIUS, EULA-
4 LIUS, EUGENIUS, 4 BITENIUS, OLYM-
5 6 PIUS, GREGORIUS, 5 FILETUS, 6 ERA-
7 CLES, ELIANUS, 7 PAPIUS, EPATIUS, 8
8 PROSERIUS, BASILIUS, BASSUS, EUGE-
9 NIUS 9, qui convenerunt in Gangrense
Concilium, in Domino salutem.

QUoniam conveniens sancta Synodus E-
piscoporum in Gangrensi Ecclesia, propter quasdam ecclesiasticas & necessa-
10 rias caussas inquirendas, & ea quæ 10 secundum EUSTASIUM gesta sunt dignoscenda;
invenit multa fieri indecenter ab his, qui
11 hunc eumdem EUSTASIUM secuti sunt: 11
necessario statuit, palam factis omnibus am-
12 putare universa quæ ab eodem 12 mala
commissa sunt: declaratum est enim hos
13 eosdem nuptias accusare 13, quòd nullus in
conjugali gradu positus spem habeat apud
Deum; Unde factum est ut multæ mulieres eos secutæ, relictis propriis viris, & vi-
14 ri uxoribus 14 destitutis, vinculum conju-
gale dissolverent, continentiam profitentes:
quam cum retinere non possent, adulteria
15 commiserunt. 15 Inventi enim sunt dissensiones ac separationes a dominicis constitutis in Ecclesiis Dei docere; id est, & traditiones ecclesiasticas, & ea quæ in Eccle-
16 siis aguntur, debere contemni: privatis 16
conventibus taliter institutis, atque ad imi-
tationem eorum quæ in domo Dei aguntur,
omnia præsumere celebrare: adhuc etiam
vestibus communibus spretis, novos 17 & 17
insolitos habitus assumsisse: primitias quoque fructuum, & oblationes earum, quas
veterum institutio 18 tribuit, sibimet vin- 18
dicasse: id est, propriæ ratiocinatione doctrinæ, tamquam sanctis sibi eas offerri debere, 19 & apud se & inter se dispensan- 19
das: servos a dominis recedentes 20 per 20
hunc inusitatum religionis morem dominos
contemsisse: mulieres præter consuetudinem
& sui sexus ornatum 21 his se justificari 21
credentes, virilem habitum suscepisse, pluresque earum occasione religionis tonsas genuini decoris comas penitus amputasse: jejunia, quæ in Ecclesiis prædicantur, 22 22
contemnendo, ventri servisse: nonnullos
etiam eorum cibos carnium tamquam illicitos reputasse: in domibus conjugatorum
nec orationes quidem debere celebrari 23 23
persuasisse, in tantum ut easdem fieri ve-
tent: 24 oblationibus quoque in domibus 24
factis minime communicandum esse decernunt: Presbyteros, qui matrimonia contraxerunt, sperni debere, nec sacramenta, quæ
ab eis conficiuntur, attingi: loca sanctorum Martyrum vel basilicas 25 contemnere; 25
& omnes, qui illuc conveniunt, reprehendere: divites fideles, qui non omnibus re-
nuntiant, quæ possident, spem apud Deum
non habere: & multa alia, quæ numerare
nulli possibile est, singulos quosque eorum
pro

4 Hæc nomina vario ordine in diversis collectionibus, & in Græco referuntur. Ordo vero hujus collectionis comprobatur a MS. cod. Veron. 58. qui puriorem hanc versionem continet. Veron. 55. *Bitanicus*. Melius in Veron. 58. *Bithynicus*, concinit enim Græcus textus.

5 Quesn. *Siletus*. Correximus ex MS. Vind. & duobus Veron. adstipulante Græco textu.

6 Duo Veronen. *Jeracius*. Alii *Heraclius*, Corbejensis *Eraclis*. Hoc nomen in Græco desideratur.

7 Iidem Veron. cum Græco *Pappus*, *Hypatius*, Corbejensis *Papius*, *Epatus*.

8 Melius MSS. Veron. cum Græco aliisque codd. *Proeresius*. Nomen *Basilius* addidimus ex MS. Vind. præferturque in Græco, aliisque collectionibus atque versionibus.

9 Additur in vulg. Isid. *Osius Cordubensis*; abest vero non solum a MSS. hujus collectionis, verùm etiam a ceteris omnibus, quæ Isidorianam versionem præferunt, nimirum a MSS. Veron. Lucen. Corb. Barb. & ab Isidoro Merlini; & quod præcipuum est, a versione prisca, & a Græco. Neque legitur in MSS collectionis Hadrianeæ, uti est Vallic. A. 5. in quos codices hæc synodica ex Isidoriana versione traducta fuit, ut monuimus not. 1.

10 Sic Vind. & duo Veronen. cum vulgatis. Quesnellus *circa Eustasium*. Veron. MSS. cum vulg. & Græco *Eustathium*, & ita deinceps. Post pauca duo Veron. *ab his ipsis qui*.

11 Quesn. *Necessarium*. Codd. Thuan. Vind. & duos Veron. ac vulg. Isid. prætulimus.

12 Duo Veronen. & vulg. Isid. melius cum Græco *male*.

13 Iidem codd. & vulgati addunt *& docere*.

14 Sic ex Vindeb. & vulg. Isid. Quesnellus *destituti*.

15 Duo codd. Veron. *Inventi sunt etiam*. Mox Veron. 58. *discessiones a dominicis*. Vulg. Isid. *Inventi sunt enim discessiones ac separationes* &c.

16 Duo Veron. Vat. & vulg. Isid. *conventiculis institutis*.

17 Vind. & Vat. *etiam insolitos*.

18 Addendum cum MSS. Veron. & vulg. Isid. Græco textu suffragante *Ecclesiis*.

19 Melius deletur *&* in iisdem MSS. Veron. & vulg. Isid.

20 Veron. 55. *& per hunc inusitatum religionis suæ habitum specie religionis dominos contemsisse*. Idem legitur in Veron. 58. qui solum pro *regionis* habet *religionis*.

21 Vind. *in se*: melius in duobus Veron. & vulg. Isid. *hinc se*.

22 Vind. *contemnenda*, Thuan. *contemnenda*, *& ventri servire*. Vulg. Isid. & secunda manu in Veron. 55. *contemnenda*, *asseruisse*.

23 Cod. Thuan. *& persuasisse*.

24 Duo Veron. cum vulg. Isid. *& oblationibus, quæ in domo factæ fuerint, minime communicandum esse decernant*. Vind. habet tantum *decernant*.

25 Quesn. *contemni*, & dein *reprehendi debere*. Prætulimus codd. Vind. & Thuan. cum quibus duo Veron. & vulg. Isid. concinunt. Veron. duo post *conveniunt* addunt cum Græco *& sacramenta conficiunt*.

26 pro arbitrio suo constituere, 26 unumquemque eorum per tales institutiones ab ecclesiastico canone recedentes tamquam leges proprias sibimet condidisse. Nec communis his omnibus & una sententia est. Singuli enim, prout videtur & libet, ad accusationem Ecclesiæ nitendo, tamquam
27 27 quibus rector non sit; vel addunt decreta, vel minuunt. Propterea ergo coactum est hoc Con-
28 cilium in Gangrensi Ecclesia habitum, 28 ut canones istos exponerent, quibus probantur memorati extra Ecclesiam esse. Quod si per pœnitentiam condemnaverint hæc omnia, quæ male senserunt, tamquam a se non bene prolata, acceptabiles fiant: atque ideo singula, quæ debeant condemnare, Synodus credidit exponenda. Quod si quis renuerit hæc, quæ hodie constituta sunt, tam-
29 quam hæreticus, 29 & anathematizatus, & damnatus abjiciatur. Et erit non solum incommunicatus, verum etiam ab Ecclesia habeatur extorris; donec deprecetur Episcopum, & de universis quæ penes eos sunt
30 deprehensa 30 atque detecta, prodiderit, quid horum susceperit observandum.

I. Si quis nuptias in accusationem deduxerit, & mulierem 30 abominandam credi- 31
derit, aut etiam accusandam, tamquam non posse conjugatos ingredi in regnum Dei; anathema sit.

II. Si quis carnem manducantem ex fide cum religione, præter sanguinem & idolo
immolatum, 32 crediderit condemnandum, 32
tamquam spem non habentem, quod eas manducet; anathema sit.

III. Si quis servum 33 alienum occasio- 33
ne religionis doceat dominum suum contemnere debere, & ejus ministerium destituere, ac non potius docuerit eum domino suo bona fide, & cum omni honorificentia servire; anathema sit.

34 IV. Si quis docet domum Dei con- 34
temtibilem esse debere, & 35 non congre- 35
gationes quæ in ea fiunt, sequitur; anathema sit.

V. Si quis extra Ecclesiam privatim populos congregans, contemnat ecclesiasticas
sanctiones 36, ipsamque Ecclesiam; apud 36
se autem aut sine Presbytero, aut sine consilio Episcopi agat; anathema sit.

VI. Si quis oblationem fructuum, vel primitias Ecclesiæ debitas, voluerit extra

Ec-

---

26 Duo Veronen. suffragante Græco textu: *Unusquisque eorum per talem institutionem ab ecclesiastico canone recedens, tamquam proprias leges sibimet condidit. Sed nec communis* &c. Ex Vind. *sibimet* pro *sibi* edidimus.

27 Duo Veron. & Vat. cum vulg. Isid. delent *quibus*.

28 Codd. Thuan. duo Veron. & alius Vat. *canones istos exponere*.

29 Duo Codd. Veron. melius delent particulam *&*: & post nonnulla pro *Episcopum* cum Thuan. MS. habent *Episcopos*.

30 Voces *atque detecta* ex nostris MSS. adjecimus, concinente etiam cod. Thuan. qui præterea *prodiderint* exhibet, ita ut ad vocem *Episcopos* in eo receptam hoc verbum referat.

31 Hujus collectionis auctor omisit voces, quæ hic adjiciuntur tum in MSS. Veron tum in vulg. Isid. adstipulantibus aliis versionibus & Græco textu, nimirum *fidelem ac religiosam cum viro suo dormientem*.

32 Codd. Veron. Barb. & vulg. Isid. cum Græco addunt *& suffocatum*.

33 Vox *alienum* deest in codd. Veron. in quorum uno secunda manu adjecta fuit.

34 Quesnellus huic loco notationem appendit sic „ Canonem, qui in aliis Codicibus quar„ tus est, hic prætermittit uterque Codex MS. „ quem & ab Ecclesia Romana ob id non re„ ceptum crediderim · ne videlicet de Presby„ tero conjugato conjugiique juribus utente in„ tellectus, incautos deciperet · & quia per „ eam tempestatem, qua canones isti ab Ec„ clesia Romana recepti sunt, jampridem ea „ necessitas desierat, quæ olim impulerat ut „ conjugati ad Sacerdotium assumerentur, mo„ do a conjugibus abstinerent. Talis est por„ ro canon ille IV. apud Isidorum: *Si quis „ discernit Presbyterum conjugatum, tamquam „ occasione nuptiarum quod offerre non debeat, „ & ab ejus oblatione ideo se abstineat, ana„ thema sit.* " Hæc ille. Hunc quidem canonem, omisit noster Collector, quemadmodum in canonibus Ancyranis alia quoad Diacones mutavit, ut Occidentali disciplinæ sese accommodaret: sed non advertit eadem ratione delenda fuisse quædam verba synodicæ inserta, ubi de Presbyteris conjugatis sermo est. Id Quesnellus tribuit codici Romanæ Ecclesiæ; sed perperam, uti patebit ex Observationibus ad ipsius Dissertationem in hunc Codicem cap. 2. n. 9. Omnes alii codices & collectiones, quæ Isidorianam versionem receperunt, hunc canonem præferunt; & Ferrandus, qui eadem versione usus est, n. 89. eumdem compendio exhibet. In MS. Barb. sic effertur: *Si quis Presbyterum, qui uxorem habuit, forte discernit, quod non habet eo ministrante de oblatione; anathema sit*. P. Harduinus t. 2. Concil. Ven. edit. col. 437. not. 4. ex alio codice sic: *Si quis discernit de oblationibus non communicans, quas Presbyter celebraverit conjugatus; anathema sit*.

35 Duo Codd. Ver. & Barb. cum vulg. Isid. delent *non*, & *sequitur*.

36 Vulg Isid. addit: *aliterque ea quæ sunt Ecclesiæ voluerit usurpare, non convenıente Presbytero juxta decretum Episcopi, ipsamque Ecclesiam* &c. quæ nec in hac collectione, nec in aliis versionibus & collectionibus reperiuntur. Cod. Barb. solum variat in sequentibus: *apud se autem ea quæ sunt Ecclesiæ voluerit agere, non conveniente Presbytero secundum Episcopi jussionem; anathema sit*. Veron. 55. totum canonem aliter effert sic: *Si quis extra Ecclesiam in alio loco privato, contemnens Ecclesiam Dei, populos congregat, & citra Presbyterum, vel Episcopum Eucharistiam erogat; anathema sit*. Veron. 58. purus Isidorianus cum variante a Labbeo adnotata habet sic: *Si quis extra Ecclesiam privatim populos congregans, contemnat Ecclesiam; apud se autem sine Presbytero agat, cum* (corrige cum Labbei codice *& sine*) *consilio Episcopi; anathema sit*.

Ecclesiam accipere, vel dare, præter con-
37 scientiam Episcopi 37, & non magis cum
consilio ejus de his agendum putaverit;
anathema sit.

VII. Si quis acceperit, vel dederit fru-
38 ctuum oblationem extra Episcopum 38 vel
quemlibet ministrum, tamquam ad dispensationem boni operis; anathema sit.

VIII. Si quis vel virginitatem vel continentiam professus, tamquam abominabiles
39 nuptias 39 dicat, & non solum propter hoc,
quod continentia & virginitas bonum sit,
sanctumque propositum; anathema sit.

IX. Si quis propter 40 Deum virginita-
40 tem professus, per arrogantiam in conjugio
positos vituperaverit; anathema sit.

41 X. Si quis contemnendos 41 dixerit agapen facientes, & propter honorem Dei fratres pauperes ad se convocantes, & voca-
42 tionibus eorum communicare noluerit, 42
tamquam in nihilum quod fit deducens;
anathema sit.

XI. Si quis virorum putaverit proposito
sancto, id est continentiæ, convenire ut
pallio utatur, tamquam ex eo habiturus justitiam; reprehendatque vel judicet alios,
43 qui cum reverentia 43 virili utuntur aut
alba veste, aut communi, quæ in usu est;
anathema sit.

44 XII. Si qua mulier 44 hoc proposito suo
utile judicans, si virili veste utatur, ad hoc
virilem habitum imitetur; anathema sit.

XIII. Si qua mulier, viro derelicto,
discedere voluerit, soluto vinculo conjugali, nuptias 45 contemnendo; anathe- 45
ma sit.

XIV. Si quis dereliquerit proprios filios,
46 ut non eos alat, atque eis secundum 46
pietatem necessaria non præbuerit; sed occasione continentiæ negligendos putaverit;
anathema sit.

XV. 47 Si quis filius parentes, maxime 47
fideles, deseruerit, & sub occasione divini
cultus hoc justum esse judicans, non potius
honorem debitum 48 parentibus reddiderit, 48
ut hoc ipsum in his veneretur, quod fideles sunt; anathema sit.

XVI. Quæcumque mulier, religioni judicans convenire, comas amputaverit, quas
Deus ad velamen ejus & memoriam subjectionis illi dedit, tamquam resolvens jura
subjectionis; anathema sit.

XVII. 49 Si quis non dijudicans, die 49
dominica jejunaverit, 50 tamquam in ejus 50
diei contemtum; anathema sit.

XVIII. Si quis eorum, qui in proposito
sunt continentiæ, præter necessitatem cor-
poralem 51 superbiat, & jejunia communia 51
totius Ecclesiæ putaverit contemnenda, perfectam in sua scientia rationem vindicans;
anathema sit.

XIX. Si quis per superbiam, tamquam
perfectum se existimans, conventus, qui per
loca 52 vel Basilicas sanctorum Martyrum 52
fiunt,

---

37 Vulg. Isid. addit, *vel hujus, cui hujusmodi officia commissa sunt:* quæ verba ex Dionysio sumta videntur, Græco textu suffragante.

38 Vulg. Isid. ex Dionysii versione, *vel eum qui constitutus est ab eo ad dispensandam misericordiam pauperibus, qui dat & qui accipit; anathema sit.* Barb. post vocem *operis* addit *& qui dat, & qui accipit.*

39 Ita Vindeb. cum Barb. Quesnellus *dicit & non solum propter hoc continens est, quod continentia* &c. Veron. 58. *judicat, & non propter solum hoc quod continentia vel virginitas bonum sanctumque propositum est, anathema sit.* Ita quoque manu secunda in Veron. 55. emendatum fuit; at prima manu cum vulg. Isid. ultimæ voces sic: *quod continentiæ & virginitatis bonum sit* &c.

40 Duo Veronenses codd. cum Græco textu *Dominum*, & similiter capite sequenti *Domini.*

41 Iidem codd. cum vulg. Isid. *duxerit*. Dein illi tantum omittunt *ad se.*

42 Vulg. Isid. *tamquam nihil quod fit ducens.*

43 Vera lectio est in vulg. Isid. & in duobus Veron. & alio cod. Barb. *birris utuntur*. Græce Βήρους. Dein *& alia veste communi* in vulg. Isid. cum Veron. 58. In Veron. autem 55. *& alio vestimento, quod in usu est.*

44 Veron. 58. *hoc propositum utile judicans, virili veste utatur, ad hoc ut virorum habitum imitetur.* Veron. 55. similiter, & solum variat *utatur, aut virorum.* Vulg. Isid. *suo proposito utile judicans .... ad hoc viri habitum imitatur.*

45 Duo Veronenses codd. *condemnando.*

46 Duo Veron. MSS. *& non eos alat, & quod secundum pietatem est, iis necessarium non præbuerit, sed occasione continentiæ eos negligendos* &c.

47 Vulg. Isid. cum duobus Veronen. & Barb. *si qui filii*, & reliqua plurali numero.

48 Addidimus *parentibus* ex Vind. concinentibus aliis codd. & vulg. Isid. Mox *in his* scripsimus ex eodem codice & duobus Veronen. Al. *in illis*, vel *in eis.*

49 Cod. Barb. *Si quis judicans*. Cui lectioni ut sensum daret noster Collector scripsit: *Si quis non dijudicans*. Veram autem lectionem Græco congruentem præbent duo MSS. Veron. cum vulg. Isid. *Si quis tamquam hoc continentiæ convenire judicans, die* &c.

50 Duo Veron. cum Barb. *ejusdem diei contemtu*. Vulg. Isid. *aut in ejusdem diei contemtum*. Hoc loco notavit Quesnellus: *Græce διὰ τὴν νομιζομένην ἄσκησιν pietatem. Videtur interpres legisse αὐάσχησιν, ut conjicit Cotelerius: quem vide Tom. I. Monum. Græc. Tom. I. p. 794. hunc & 12. canon. illustrantem.*

51 Cod. Barb. *supervia jejunia communia totius* &c. Noster Collector similem lectionem nactus, correxisse videtur *supervia* in *superveniens*, uti legitur in duobus hujus collectionis exemplaribus Thuan. & Vind. In Oxon. *supergrediens*. Vulg. Isid. *& superbiens*. Veram lectionem dedimus ex duobus Veron. cui affinis est Vind. codex, in quo pariter habetur *& jejunia communia*. Vocem *communia* ignoravit Quesnellus. Dein pro *vindicans* Oxon. cum Veron. 58. præfert *judicans.*

52 Vulg. Isid. cum duobus MSS. Veron. *& Basilicas*. Dein *vel accusaverit* in iisdem Veron. & in Barb.

fiunt, accusaverit; vel etiam oblationes, quæ ibidem celebrantur, spernendas esse cre-
53 diderit, memoriasque 53 Sanctorum contemnendas putaverit; anathema sit.
54 54 Hæc autem scripsimus non abscindentes eos, qui in Ecclesia Dei secundum Scripturas sanctum propositum continentiæ eligunt; sed eos qui suscipiunt habitum ejus, & in superbiam efferuntur adversus eos qui simplicius vivunt. Sed & hos condemnamus, qui se extollunt adversus Scripturas & ecclesiasticos canones, & nova introducunt præcepta. Nos autem & virginitatem cum humilitate admiramur, & continentiam cum castitate & religione Deo acceptissimam dicimus, & renunciationem sæcularium negotiorum atque actuum cum hu-
55 militate 55 discessum approbando laudamus: & nuptiarum vinculum, quod secundum castitatem secum perdurat, honoramus: & divites cum justitia & operibus bonis non abjicimus, & parsimoniam cum veste humili non reprobamus; sicut etiam ornatum,
56 56 propter corporis diligentiam, infucatum laudamus. Dissolutos autem & fractos in vestibus incessus non recipimus, & domos Dei honoramus, & conventus qui in his fiunt, tamquam sanctos & utiles recipimus,
57 57 pietatem in privatis domibus non concludentes, & omnem locum in nomine Dei ædificatum honoramus, & congregationem in Ecclesia factam ad utilitatem commu-
nem recipimus; & bona opera, quæ 58 58
juxta vires in fratres pauperes exercentur, secundum ecclesiasticas traditiones beatificamus; & omnia, quæ conveniunt traditionibus apostolicis & sanctarum Scripturarum præceptis, in Ecclesia fieri exoptamus.

CAPITULUM VI.

1 EPISTOLA 1

CONCILII CARTHAGINENSIS

ad S. Urbis Romæ INNOCENTIUM *Papam V. Contra Pelagium & Cælestium.*

Domino beatissimo & honorandissimo sancto fratri INNOCENTIO Papæ, AURELIUS, NUMIDIUS, RUSTICIANUS, 2 FIDENTIUS, 2
3 EVAGRIUS, 4 ANTONIUS, PALATINUS, 3
ADEODATUS, VINCENTIUS, PUBLIANUS, 4
THEASIUS, TUTUS, 5 PANNONIUS, VI- 5
CTOR, RESTITUTUS, alius RESTITUTUS,
6 RUSTICUS, FORTUNATIANUS, AMPE- 6
LIUS, 7 AVIVIUS, FELIX, DONATIA- 7
NUS, alius ADEODATUS, OCTAVIUS, SEROTINUS, MAJORINUS, POSTHUMIANUS,
CRISPULUS, VICTOR, alius VICTOR, 8 8
LEUTIUS, 9 MARIANUS, FRUCTUOSUS, 9
10 FAUSTINIANUS, QUODVULTDEUS, CANDO- 10

---

53 Duo Veronen. *eorum contemnendas*.

54 Hæc est synodicæ Gangrensis clausula, qua maxime postremi canones explicantur. Eam cum uterque codex Quesnelli, sicut & noster Vind. omiserit, in omnibus hujus collectionis exemplaribus deesse nihil ambigimus. Legitur vero in duobus Veronensibus, sicut & in vulg. Isid., ex quo illam Quesnellus adjecit. Græcus textus originalis cum codicibus versionis priscæ eam genuinam confirmat.

55 Vocem *discessum* a Labbeo in margine additam, cum nostri codices Veronenses exhibeant, textui inserimus. Scripsimus vero *approbando* pro *approbandam* cum vulg. Isid. & Veron. 55. Codex autem Veron. 58. *approbandum*.

56 Quesn. cum vulg. Isid. *præter*. Emendavimus cum nostris codicibus adstipulante Græco textu, aliisque versionibus.

57 Male apud Quesn. *proprietatem*.

58 *Supra* habent nostri codices Veron. cum Gratiano dist. 41. c. 5. *Parsimoniam*, nec non MSS. collectionis Hadrianeæ.

1 Hæc epistola præter hujus collectionis codices, inter quos Vindebonensem contulimus, exstat in MSS. collectionum Barb. 2888. & Vat. 5845. in Additionibus Dionysianis, ac tandem in Isidorianis, ex quibus relegimus cod. Vat. 3791. quem Vat. 2. appellabimus; illum autem Vat. 1. Codices etiam a P. Coustantio recogniti & Augustini editiones usui erunt. Titulum ex MS. Cæsareo Vindebon. exhibuimus.

2 Sic Vind. cod. cum Barb. utroque Vat. & vulgatis Augustinianis. Favet etiam Collatio Carthaginensis anni 411. in qua tres Fidentii Episcopi recensentur, nullus autem *Fidentianus*, vel *Fidentinus*, ut alias legitur.

3 Sic nostri codices cum illis Quesnelli excepto Vat. I. qui exigua variatione habet *Evacrius*. Ille vero hanc notam subjicit: *Mendosam esse lectionem, & pro Evagrio legendum esse* Evangelum, *asserit Garnerius* *; *& revera hunc in illius locum substituit nullius codicis auctoritate, nulla ratione fretus. Quod enim ait Evagrii nomen vulgare non fuisse Afris, fuisse autem Evangeli; quodque Evangelum Assuritanum Episcopum, de quo in collatione Carthag. huc adducit, merito exsufflatur a doctissimo viro Henrico de Noris in censura Notarum ejusdem Garnerii ad inscriptiones hujus synodicæ & alterius Milevitani Concilii epistolæ.* *Vide Jon. Gar. notas ad hanc epist. dissert. 2. ad Marium Mercatorem.

4 Codd. Vind. Barb. & Vat. 2. *Antoninus*, concinentibus antiquis libris a P. Coustantio laudatis. Sed epistola Innocentii his litteris reddita in codicibus, qui nomina Episcoporum recensent, *Antonium* præfert.

5 Vulg. ante Quesn. *Panthonius*, refragantibus MSS. & Collat. Carth. c. 126.

6 Vat. 1. *Rusticianus*.

7 Ita codd. nostræ collectionis & Isid. Barberinus vero & Vat. 1. *Abibius*. Vulg. Concil. *Avinius*, Antiquæ editiones Augustini *Animus*. Benedictini & Coustantius *Ambivius* ex rescripto Innocentii, & Collatione Carthag. c. 133.

8 Oxon. *Leuticus*. Quidam codices cum Benedictinis *Leucius*.

9 Vulg. *Macinus*, vel *Macianus*. In Collat. Carthag. duo leguntur Episcopi *Mariani*.

10 Vat. 1. *Faustinus*.

11 DORIUS, MAXIMUS, 11 MEGARIUS, RU-
12 STICUS, 12 RUFIANUS, 13 PROCULUS,
13 THOMAS, JANUARIUS, OCTAVIANUS, PRÆ-
TEXTATUS, SIXTUS, alius QUODVULTDEUS,
PENTADIUS, item QUODVULTDEUS, CY-
14 PRIANUS, SERVILIUS, 14 PELAGIUS, MAR-
CELLUS, VENANTIUS, DIDYMUS, SATUR-
15 NINUS, 15 BAZACENUS, GERMANUS, GER-
16 MANIANUS, 16 JUVENTIUS, MAJORINUS,
item JUVENTIUS, CANDIDUS, item CY-
PRIANUS, EMILIANUS, ROMANUS, AFRI-
17 CANUS, MARCELLINUS, 17 qui in Concilio Ecclesiæ Carthaginensis affuimus.

CAP. I. CUm ex more ad Carthaginensem Ec-
18 clesiam solemniter 18 venissemus, atque ex diversis caussis congregata ex nobis
19 Synodus haberetur, compresbyter noster 19
Orosius nobis litteras sanctorum fratrum &
consacerdotum nostrorum dedit Herotis &
Lazari, quarum formam his constituimus
esse subdendam. His ergo lectis, Pelagium
20 & Cælestium auctores 20 nefarii prorsus,
& ab omnibus nobis anathematizandi erroris advertimus. Unde factum est, ut recen-
21 sendum 21 peteremus quid ante ferme quinquennium super Cælestii nomine hic apud
Ecclesiam Carthaginensem fuerit agitatum.
Quo recitato, sicut ex subditis advertere po-
22 terit Sanctitas tua, quamvis 22 judicatio
manifesta constaret, quia illo tempore episcopali judicio excisum hoc tantum vulnus ab Ecclesia videretur; nihilominus tamen id communi deliberatione censuimus,
23 23 hujusmodi persuasionis auctores, quamvis & ad Presbyterium idem Cælestius postea pervenisse dicatur, nisi hæc apertissime
anathematizaverint, ipsos anathematizari
oportere: ut si ipsorum non potuerit, saltem eorum, qui ab eis decepti sunt, vel
decipi possunt, cognita sententia, quæ in
eos lata est, sanitas procuretur.

Hoc itaque gestum, Domine Frater, 24 CaP. II.
sanctæ Caritati tuæ intimandum duximus, Apostolicæ Sedis auctoritas
ut statutis 25 nostræ mediocritatis etiam A-
postolicæ Sedis adhibeatur auctoritas, pro 24
tuenda salute multorum, & quorumdam 25
perversitate 26 etiam corrigenda. Id enim 26
agunt isti damnabilibus disputationibus suis,
ut non defendendo, sed potius in superbiam
sacrilegam extollendo liberum arbitrium,
nullum locum relinquant gratiæ Dei, qua
Christiani sumus, qua & ipsum nostræ voluntatis arbitrium vere fit liberum, dum a
carnalium concupiscentiarum 27 dominatio- 27
ne liberatur, dicente Domino: *Si vos Filius*
liberaverit, tunc vere liberi eritis: quod auxilium fides impetrat, quæ est in CHRISTO
JESU Domino nostro. Isti 28 autem asse- 28
runt, sicut a fratribus, qui etiam eorum
libros legerunt, cognovimus, in eo gratiam
Dei deputandam, quod talem 29 hominis 29
instituit creavitque naturam, quæ per propriam voluntatem legem Dei posset implere, sive naturaliter in corde conscriptam,
sive in litteris datam: eamdem quoque legem ad gratiam Dei pertinere, quod illam
Deus in adjutorium hominibus dedit. Illam *Isai.* 8. 20.
vero gratiam, qua, ut dictum est, Chri- *sec.* 70.
stiani sumus, cujus Apostolus prædicator est,
dicens: *Condelector enim legi Dei secundum* Rom. 7. 22.
interiorem hominem; video autem aliam le-
gem in membris meis repugnantem legi men-
tis meæ, & captivantem me 30 *in lege pec-* 30
cati, quæ est in membris meis. Miser ego
homo, quis me liberabit de corpore mortis
hujus? Gratia Dei per JESUM-CHRISTUM *Do-*
minum nostrum: nolunt omnino cognoscere, nec aperte quidem oppugnare audent.
Sed quid aliud agunt cum *hominibus anima-*
libus non percipientibus quæ sunt spiritus
Dei? Persuadere 31 quippe non cessant ad 1.Cor.2.14.
operandam perficiendamque justitiam, & 31
Dei mandata complenda solam sibi huma-

11 Vat. 1. *Magorus*. Coustantius ex aliis MSS. & editione Benedictina revocavit *Megasius* concinente rescripto Innocentii.

12 Oxon. cum Vat. 2. & Barb. *Rufinianus*, quam lectionem Benedictini sequuti sunt.

13 Quesn. in postilla marginali: *Ita Thuan. & Oxon. & sic legendum conjecit Garnerius 1 Edit. Proculianus*. Lectioni textus favent etiam nostri & Benedictinorum codices, nec non rescriptum Innocentii. Post *Proculum* Benedictini ex optimis exemplaribus suppleverunt *Severi* nomen, quod Innocentii rescripto probatur.

14 Edit. Benedict. ex Augustini codicibus, & P. Coustantius ex MSS. Corb. & Germ. *Pelagianus*.

15 Oxon. videtur legere cum editis Benedictinis *Bizacenus*. Edit. antiquiores Augustini *Thiazenus*.

16 Edit. Bened. Augustini hic & deinceps *Inventius*. Coustantius cum aliis MSS. *Inventius*.

17 Benedictini editores, & P. Coustantius ex quibusdam codd. addunt *& ceteri*.

18 Tres Codd. Vind. Barb. & Vat. 2. cum Garnerio *veniremus*.

19 Cod. Thuan. *Oresius*. Post pauca *nostrorum* supplevimus ex omnibus nostris codd. atque vulgatis.

20 Benedictini ex suis codicibus inserunt *argui*, quod verbum anteriores Augustini editiones & nostri antiqui libri ignorant.

21 Sic Vind. & Barb. MSS. cum edit. Aug. & Coustantii. Quesnellus cum aliis codd. *putaremus*.

22 „ Apud Garnerium *indicatio* ex errore ope-
„ rarum. “ Ita Quesn.

23 Codd. Barb. & Vat. 1. *& hujusmodi*, & dein *oporteat*.

24 Edit. antiquiores delent *sanctæ*.

25 Cod. Thuan. *a nostra mediocritate*.

26 Addidimus *etiam* ex omnibus nostris MSS. & aliis editionibus.

27 „ Ita vulg. edit. & MSS. Thuan & Oxon.
„ (adde & omnes nostri.) Solus Garn. *da-*
„ *mnatione*, minus recte. “ Quesnellus.

28 MS. Thuan. *enim*.

29 Oxon. *hominibus instituit naturam*. Post nonnulla edit. Aug. & P. Coustantius cum nostro Vat. 2. *possit implere*.

30 MS. Oxon. *in legem*. Edit. Aug. & Coustant. *sub lege*.

31 Edit. Aug & Coust. delent *quippe*.

32 nam sufficere posse naturam: 32 non attendentes, quod scriptum est: *Spiritus adjuvat infirmitatem nostram*: &: *Non volentis,*
33 *neque currentis; sed miserentis est Dei*: 33
Rom. 8.26. & quod *unum corpus sumus in* CHRISTO JE-
Ibid. 9.16. su; *singuli autem alter alterius membra;*
Ibid. 12.5. *habentes dona diversa, secundum gratiam,*
1. Cor. 15. *quæ data est nobis*: &: *Gratia Dei sum id*
10. *quod sum: & gratia ejus in me vacua non fuit; sed plus omnibus illis laboravi; non non autem ego, sed gratia Dei mecum*: &: *Gratias ago Domino, qui dedit nobis victo-*
Ibid. 57. *riam per* JESUM-CHRISTUM *Dominum no-*
2. Cor. 3.5. *strum*: &: *Non quia idonei sumus cogitare aliquid, quasi ex nobismetipsis; sed suf-*
Ibid. 4. 7. *ficentia nostra ex Deo est*: &: *Habemus thesaurum istum in vasis fictilibus; ut eminen-*
34 *tia sit virtutis Dei*, 34 *non ex nobis*: & innumerabilia, quæ de Scripturis omnibus,
35 si colligere velimus, 35 tomus non sufficit; & veremur ne apud te ista ipsa comme-
Majori gratia Sedes Apostolica prædicat. morando, quæ majore gratia de Sede Apostolica prædicas, inconvenienter facere videamur. Sed ideo facimus, quia 36 eo quod
36 infirmiores sumus, quaqua versus unusquisque nostrum verbum Dei prædicando putatur attentior, crebrius eos patimur: 37 in
37 nos & audacius insurgentes.

CAP. III. Si ergo Pelagius episcopalibus gestis, quæ in Oriente confecta dicuntur, etiam tuæ venerationi juste fuerit visus absolutus; error
38 tamen ipse & impietas, quæ 38 jam multos assertores habet per diversa dispersos, etiam auctoritate Apostolicæ Sedis anathe-
39 matizanda est. Consideret 39 enim Sanctitas tua, & pastoralibus nobis compatiatur visceribus, quam sit pestiferum & exitiabile ovibus Christi, quod istorum sacrilegas disputationes necessario consequitur; ut nec orare debeamus, *ne intremus in tentationem*:
Matt. 6.13. quod Dominus discipulos monuit, & posuit in oratione quam docuit; aut *ne deficiat*
fides nostra: quod pro Apostolo Petro se ro- Luc. 22.32.
gasse ipse testatus est. Si enim 40 possibili- 40
tate naturæ & arbitrio voluntatis in potestate sunt constituta; quis non ea videat inaniter a Domino peti, & fallaciter orari, cum orando poscuntur quæ naturæ ita jam conditæ sufficientibus viribus obtinentur? Nec debuisse dicere Dominum JESUM: *Vigilate, & orate*, sed tantummodo *vigilate, ne intretis in tentationem*; nec beatissimo Petro primo Apostolorum, *Rogavi pro te*,
41 sed impero, vel moneo, ac præcipio, 41
ne deficiat fides tua. Contradicitur etiam istorum contentione benedictionibus nostris, ut incassum super populum dicere videamur quicquid eis a Domino precamur; ut recte
42 ac pie vivendo illi placeant; vel illa quæ 42
pro fidelibus Apostolus precatur dicens: *Fle-* Ephes. 3.
cto genua mea ad Patrem 43 *Domini nostri* 14.
JESU CHRISTI, ex quo omnis paternitas 43
in cælo & in terra nominatur, ut det vobis secundum divitias gloriæ suæ virtute corroborari per spiritum ejus. Si ergo voluerimus super populum benedicendo dicere: *Da* 44 44
illi, Domine, virtutem corroborari per spiritum tuum: istorum nobis disputatio contradicet, affirmans liberum negari arbitrium, si hoc a Deo poscitur, quod in nostra est
potestate. 45 *Virtute enim*, inquiunt, *corro-* 45
borari possumus, si volumus, ea possibilitate naturæ, quam non nunc accipimus, sed, cum crearemur, accepimus.

Parvulos etiam propter salutem, quæ per CAP. IV.
Salvatorem Christum datur, baptizandos negant: 46 ac sic eos mortifera ista doctrina 46
in æternum necant: promittentes, etiamsi non baptizentur, habituros vitam æternam:
47 nec pertinere ad eos, de quibus ait Do- 47
minus: *Venit enim filius hominis quærere, &*
salvare quod perierat. Quia isti, inquiunt, Luc. 19.10.
non perierant, nec est quod in eis salvetur,
aut tanto pretio redimatur; quia 48 nihil 48
in

---

32 Notavit Quesnellus in margine: *Mendosa interpunctio sensum hic pervertit in editis contra fidem codd. excusorum & MSS. sermonis contextum, & auctoris mentem, ne quid pejus.*

33 Addidimus & cum Vind. Barb. & duobus Vat. consentientibus edit. Aug. & Coust.

34 Edit. Aug. & Coust. cum Vat. 2. addunt &. Barb. & Vat. 1. ignorant *non ex nobis*.

35 Edit. recentiores Aug. cum MSS. Corb. & Germanen. laudatis a P. Coustant. *tempus*: At antiquæ editiones & P. Coust. ex aliis codicibus nostrorum & Quesnelli exemplarium lectionem approbant. Mox Quesn. *sufficit: capere*. Delevimus *capere* ex nostris MSS. Vind, & Barb. consentientibus aliis editionibus.

36 Sic codd. Vind. & Barb. Edit. Aug. & Coust. *eo quo*. Quesn. *in eo quod*. Post pauca *verbo Dei prædicando* MS. Barb. cum editis Aug. & Coust.

37 Barb. & edit. Conciliorum & Coust. delent *in nos*.

38 Garnerius *tam multos*.

39 Ita ex MSS. Vind. & Barb. cum editis. Quesnellus *ergo*.

40 Melius in edit. Aug. & Coust. inseritur *hæc*. Notat in margine Quesnellus. Garn. Si enim hæc quæ possibilitate naturæ & arbitrio voluntatis præstantur &c. *omnino male*

41 Duo codd. Vaticani cum edit. *sed moneo te, vel impero, ac præcipio*, Quesn. *sed impero, vel moneo, vel præcipio*. Lectionem MS. Vindeb. prætulimus. Dein *Contradicit etiam istorum contentio* in codd. Barb. & Vat. 1.

42 Cod. Thuan. addit *accipiant*. Barb. *recte accipiant vivendo, ut illi* &c.

43 Voces *Domini nostri Jesu Christi* ex omnibus nostris codicibus & editis adjecimus.

44 Vulg. Aug. & MS. Oxon. *illis*. Mox iidem vulg. *virtute*.

45 Cod. Vind. *Virtute enim corroborari si voluerimus, inquiunt, possumus ea possibilitate* &c. Idem est in vulgatis excepto verbo *voluerimus*, pro quo habent *volumus*.

46 MS. Thuan. *ac si eos mortifera ista doctrina in æternum necet*.

47 Sic Thuan. cum vulg. Accedunt Vind. uterque Vat. & Barb. qui solum delent *ad eos*. Quesn. cum Oxon. *nec periisse cum iis, de quibus* &c.

48 Codd. Barb. & Vat. cum vulg. *nihil est in eis vitiatum*.

in his vitiatum, nihil tenetur ſub diaboli
49 poteſtate captivum, 49 nec pro eis fuſus
eſſe ſanguis in remiſſionem legitur peccatorum. Quamquam per baptiſmum Chriſti etiam parvulorum fieri redemtionem libello ſuo Cæleſtius in Carthaginenſi Eccleſia jam confeſſus eſt. Sed multi, qui eorum perhibentur eſſe vel fuiſſe diſcipuli, hæc mala,
50 quibus fidei chriſtianæ fundamenta 50 co-
51 nantur evertere, quacumque poſſunt 51 affirmare non ceſſant. Unde etiamſi Pelagius Cæleſtiuſque correcti ſunt, vel ſi iſta numquam ſenſiſſe ſe dicunt, & quæcumque ſcri-
52 pta contra eos prolata fuerint, ſua eſſe 52 negabunt, nec eſt quemadmodum de mendacio convincantur; generaliter tamen quicumque dogmatizat & affirmat humanam ſibi ad vincenda peccata, & Dei mandata facienda ſufficere poſſe naturam, & eo modo gratiæ Dei, quæ ſanctorum evidentius orationibus declaratur, adverſarius invenitur; & quicumque negat parvulos per baptiſmum Chriſti a perditione liberari, & ſalutem percipere ſempiternam, anathema ſit. Quæcumque autem eis alia objiciuntur,
53 53 non dubium Venerationem tuam, cum geſta epiſcopalia perſpexerit, quæ in Oriente in eadem cauſſa confecta dicuntur, id judicaturam, unde omnes in Dei miſeri-
54 cordia gaudeamus. 54 Ora pro nobis, Domine beatiſſime Papa.

CAPITULUM VII.

1 RESCRIPTUM

INNOCENTII PAPÆ *ad eoſdem*.

INNOCENTIUS AURELIO, & omnibus ſanctis
Epiſcopis, 2 vel ceteris, qui in Concilio 2
Carthaginenſis affuerunt Eccleſiæ, dilectiſſimis fratribus, in Domino ſalutem.

3 IN requirendo de his rebus, quas omni CAP. I.
cum ſollicitudine decet a Sacerdoti- 3
bus, 4 maximeque a vero juſtoque & ca- 4
tholico tractari Concilio, antiquæ traditionis exempla ſervantes & eccleſiaſticæ memores diſciplinæ; 5 noſtræ religionis vigo- 5
rem non minus nunc in conſulendo, quam
antea cum pronuntiaretis, vera ratione 6 6
firmatis: qui ad noſtrum referendum approbaſtis eſſe judicium. Scientes quid Apoſtolicæ Sedi, cum omnes hoc loco poſiti ipſum ſequi deſideremus Apoſtolum, debeatur; a quo ipſe Epiſcopatus & tota auctoritas nominis hujus emerſit. Quem ſequentes tam mala 7 jam damnare novimus, 7
quam probare laudanda. 8 Vel id vero quod 8
patrum inſtituta ſacerdotali cuſtodientes officio, non cenſetis eſſe calcanda, quod illi non humana, ſed divina decrevere ſententia, ut quicquid quamvis 9 de disjunctis re- 9
motiſque provinciis ageretur, non prius ducerent finiendum, niſi ad hujus Sedis notitiam perveniret; ut tota hujus auctoritate juſta quæ fuerit pronuntiatio, firmaretur,
10 indeque ſumerent ceteræ Eccleſiæ, & 10

49 MS. Barb. *nec pro eis fuſus eſt ſanguis in remiſſionem, ut legitur, peccatorum*. Vat. 1. *ut legitur* ſimiliter exhibet. Edit. Bened. & Couſt. cum potioribus MSS. *nec pro eis fuſus eſt ſanguis, qui fuſus in remiſſionem legitur peccatorum*.

50 Ita omnes noſtri codd. cum Thuan. & vulgatis. Queſnellus *everiuntur*.

51 Edit. Rom. addit *aſtutia*.

52 Ed. Bened. & Couſt. *negant*.

53 Iidem editi *non dubitamus*.

54 Uterque Vat. & Barb. uti & nonnulli codd. Gallicani a Benedictinis Auguſtini editoribus laudati carent his poſtremis verbis *Ora* &c.

1 Exſtat, & recognitum fuit cum iiſdem codicibus, cum quibus præcedens capitulum.

2 Voces *vel ceteris* adjecimus ex Thuan. & Vind. Sic habent codices noſtræ collectionis, nec non Vat. 1. & Barb. ac veteres Iſidoriani. At Auguſtini exempla Epiſcoporum nomina referunt, uti in editionibus Benedictinorum & Couſtantii, in quibus poſt ea Epiſcoporum nomina habetur *& ceteris, qui in Carthaginenſi Concilio adfuerunt*.

3 Hæc eſt noſtræ collectionis lectio. In cod. Vind. qui prima manu habet *In requiren: de his rebus*, ſecunda manus ex *de his* correxit *Dei*. Duo codd. Barb. & Vat. 1. melius *In requirendis Dei rebus*, quam lectionem P. Couſtantius in tribus aliis MSS nactus prætulit, eo quod Afrorum epiſtola ad Theodorum Papam inſerta actioni ſecundæ Concilii Lateranenſis ſub S. Martino I., dum exordii ſententias ſumit ex his litteris Innocentii, eamdem lectionem confirmat.

4 Vulg. *maxime a vero*. Poſt pauca Garn. *ſervaſtis*.

5 Garn. Labb. & Couſt. *veſtræ*. Dein Vat. 1. *quam antequam retro epiſtola pronuntiaretis*. Simile quidpiam, ſed mendoſe legitur in Barb. *quam ante quorum epiſtolam eum pronuntiaretis*.

6 Legendum cum Vat. 1. & Barb. conſentientibus vulg. Bened. & Couſt. *firmaſtis*. Mox ſolus Garn. *qui de cauſſa ad noſtrum*.

7 Barb. Vat. 1. Bened. & Couſt. melius delent *jam*.

8 Ita cum Thuan. MS. Vind ceterique noſtri codices, & omnes vulgati. Solus Queſn. recepit ex MS. Oxon. *Unde id venit quod*.

9 Ita noſtri codd. & vulg. Queſnellus *in disjunctis*.

10 Garn. *Unde aquas ſumerent ceteræ Eccleſiæ, velut de natali ſuo fonte, a quo cunctæ procedunt, & per diverſas totius mundi regiones .... manant. Unde perciperent, quos ..... abluere*. Dein *de natalis ſui fonte* apud Queſn. Correximus ex Vindeb. aliiſque noſtris codd. & vulg.

velut de natali suo fonte aquæ cunctæ pro-
cederent, & per diversas totius mundi re-
11 giones 11 puri capitis incorruptæ manarent,
quid præciperent, quos abluerent, quos velut in cœno inemundabili sordidatos mundis digna corporibus unda vitaret.
CAP. II. Gratulor igitur, fratres carissimi, quod
per fratrem & coepiscopum nostrum Julium
12 ad nos litteras destinastis. Et, cum 12 pro
illis curam geritis, quibus præsidetis Ecclesiis, sollicitudinem vestram pro omnium
utilitate monstratis: & per cunctas totius
orbis Ecclesias omnibus una, quod prosit,
decernendum esse deposcitis: ut suis con-
13 stabilita regulis Ecclesia, & 13 hoc quo illos caveat pronuntiationis justæ firmata decreto, talibus patere non possit, qui perversis instructi, immo destructi verborum
argutiis, sub imagine catholicæ fidei dis-
14 putantes, velut pestiferum 14 exhalantes
virus, ut hominum recte sentientium in
deteriorem partem corda corrumpant, totam veri dogmatis quærunt evertere disciplinam. Sanandum ergo celerius, ne longius
15 execrandus animis morbus 15 inserpat: ut
si medicus, cum viderit aliquem hujus terreni corporis esse languorem, magnum suæ
16 artis 16 æstimat documentum, si cito quis,
illius interventu, desperatus evadat: vel
cum putre vulnus aspexerit, adhibet fomen-
ta, vel cetera quibus illud, quod natum
fuerat, possit vulnus obduci. At, si id manens sanari non potuerit, ne corpus reliquum sua tabe corrumpat, ferro amputat
17 quod nocebat, 17 quo reliquum servet integrum & intactum. Præcidendum id ergo
est, quod velut sano puroque nimium corpori vulnus obrepsit; ne cum tardius abs-
tergitur, in ipsis pene visceribus hujus mali 18 non exhaurienda post sentina considat. 18
Nam quid nos rectum 19 de his post hæc 19
mentibus æstimemus, qui sibi se putant debere, quod 20 boni sunt; nec illum consi- 20
derant, cujus quotidie gratiam consequuntur?
21 Sed jam isti, qui tales sunt, nullam CAP. III. 21
Dei gratiam consequuntur, qui sine illo tantum se posse assequi confidunt, quantum
vix illi, qui ab illo postulant 22 & acci- 22
piunt, promerentur. Quid enim tam iniquum esse potest, tam barbarum, tam totius religionis ignarum, tam christianis
mentibus inimicum 23 huic te negare de- 23
bere, quicquid in quotidiana gratia conse-
queris, cui te ipse debere confiteris quod
natus es. Ergo eris tibi in providendo præstantior, quam 24 potest in te esse qui te 24
ut esses effecit; & cum te putes ei debere,
quod vivis, quomodo te non putas illi debere, quod quotidianam ejus consequendo
gratiam, taliter vivis? 25 Et qui nos ad- 25
jutorio negas indigere divino, quasi ex nostra in totum possibilitate perfectos; 26 quo- 26
modo non adjutorium in nos, cum tales etiam a nobis esse possimus, provocamus?
Qui enim adjutorium Dei negat, vellem
interrogare quid dicat? Nos non mereri?
an illum hoc præstare non posse? an nihil
esse propter quod unusquisque hoc debeat
27 postulare? Posse hoc Deum, opera ipsa 27
testantur. Adjutorio quotidiano nos egere,
negare non possumus: hoc enim seu bene
vivimus 28 provocamus, ut melius sancti- 28
usque vivamus; seu prave sentientes a bonis avertimur, ut ad rectam redeamus viam
ejus

---

11 Vulg. Bened. & Coust. *puri latices capitis incorrupti manarent*. Mox Coust. cum edit. Concil. & duobus codd. *quid præcipere, quos abluere*, ita ut subaudiatur *deberent*.

12 Vind. cum Coust. & Bened. delet *pro*.

13 Adjecimus *hoc* cum Vind. Barb. aliisque codd. allegatis a Coust. Garnerius: *Ecclesia, & pronuntiationis justæ firmata decretalibus illos pavere non possit*: ac dein omittit *immo destructi*.

14 Ita Vind. & Barb. cum vulg. Quesnellus *exhalant virus, & ut hominum*.

15 Al. *inrepat*.

16 Quesn. addit *esse*: delevimus auctoritate cod. Vind. consentientibus vulgatis. Post pauca Garn. *desperatus non evadat. Sed cum*.

17 Garn. *ut quod reliquum integrum est, servet intactum*. Alii vulg. *quo reliquum integrum servet & intactum*.

18 Vat. 1. & Barb. ac secunda manu in Vind. *non exinanita*.

19 „ Melius *de eorum*, ut legitur in Capitu-
„ lis de gratia.“ Quesnellus. Mox *post hac* pro *post hæc* in iisdem Capitulis, & aliis vulgatis. Dein Garn. *amentibus* pro *mentibus*.

20 Sic omnes nostri codices & vulgati: Quesnellus *bonæ*.

21 Garn. *Sed juste*.

22 Quesn. *ut accipiant*. Bened. *accipere*. Coust. cum Garn. *& accipere*. Magis placuit lectio MS. Vind. quam comprobant edit. Concil. cum MSS. Pith. & Isid. Post pauca Garn. *tam religiosis mentibus*.

23 Quesn. *quam denegari*. Prætulimus lectionem aliarum editionum, quam sensu exigente præfert noster codex Barb. accedentibus etiam Vind. & duobus Vat. in quibus solum pro *te negare* facili amanuensium errore habetur *denegare*. Mox Barb. & Vat. 1. delent præpositionem *in* ante *quotidiana*.

24 Coust. *potest in eo esse*. Edit. Concil. *potest is esse*. Post pauca Vind. *& cum putes debere*. Garn. *& si huic putes debere*. Coust. *& cui putes debere*.

25 Barb. *Et quid .... perfecti*. Coust. *quasi ex nostra simus in totum possibilitate perfecti*. MS. Thuan. *perfecti simus*. Codicem Vind. concinentibus aliis vulg. sequuti sumus. Quesn. *in toto*.

26 „ Garner. *Dic quomodo vere adjutorium ejus*
„ *in nos ...... provocemus*. male & contra men-
„ tem Pontificis, qui probare intendit, ut ex
„ consequentibus patet, justum vita sua provo-
„ care auxilium Dei, ut justius vivat.“ Sic Quensn. in margine. Edit. Aug. & Coust. vocem *ejus* inserunt.

27 Sic MSS. Vind. & duo Vat. cum omnibus vulgatis. Solus Quesnellus cum suis codd. *præstolari*.

28 Edit. Rom. & recentiores Conciliorum cum Garnerio *precamur*. Vind. Barb. & Vat. 1. mendose *provocamur*, & hinc forte alibi emendatum *precamur*.

ejus auxilio plus egemus, Nam quid tam
mortiferum, tam præceps videatur ad casum, tam expositum ad omnia pericula;
si hoc solum nobis sufficere posse putantes,
29 quod liberum arbitrium, 29 dum nascere-
mur, accepimus, ultra jam a Domino nihil quæramus; id est, auctoris nostri obliti, ejus potentiam, ut nos ostendamus liberos, abjuremus? quasi jam amplius quod
dare possit non habeat, qui te in tuo ortu
liberum fecit: nescientes quod nisi magnis
precibus gratia in nos implorata descendat,
30 30 nequaquam terrenæ labis & mundani
corporis vincere errores conemur, cum pares nos ad resistendum non liberum arbitrium, sed Dei solum facere possit auxilium.

CAP. IV. Nam si ille clamat adjutorio sibi opus
esse divino, qui digne hoc non quæreret,
si cui liberum arbitrium plus prodesset:
quippe cum vir beatus & jam electus a Domino nihil egeret; tamen ita Deum depre-
catur postulans: *Adjutor meus esto, ne derelinquas me, neque despicias me, Deus salutaris meus*: nos nobis liberum arbitrium,
31 ille 31 Deum postulat adjutorem. Quod nati sumus, sufficere nobis posse dicimus; il-
32 le Deum, ne derelinquatur, 32 exorat.
Non, rogo, manifeste discimus quid oremus; cum ille tantopere, ut supra diximus, beatus vir, ne despiciatur, exoptat?
33 Illi enim necesse est 33 ista arguant, qui
illa confirmant. David enim orationis ignarus & suæ naturæ nescius accusetur, qui
cum sciat tantum in sua esse natura; ad-
34 jutorem sibi Deum, & 34 assiduum adjutorem; nec illi sufficit assiduum, sed ne
aliquando illum despiciat, orationibus pro-
nus exoptat; & per corpus omne psalterii
hoc & prædicat & clamat 35. Si ergo hoc 35
ille ita magnum scit, ut assidue diceret;
ita necessarium confessus est, ut doceret:
quemadmodum Pelagius Cælestiusque, seposita omni responsione psalmorum, talique
abdicata doctrina, suasuros se aliquibus esse confidunt, nos adjutorium Dei nec debere quærere, nec eo egere? cum omnes
sancti nihil se sine hoc agere posse testentur. 36 Liberum enim arbitrium olim ille 36
perpessus, cum suis inconsultius utitur bonis, cadens in prævaricationis profunda de-
mersus est, & nihil quemadmodum inde
exsurgere posset invenit, suaque in æternum libertate deceptus, hujus ruina 37 ja- 37
cuisset oppressus, nisi eum postea Christi
per suam gratiam relevasset adventus. Qui
per novæ regenerationis purificationem omne
præteritum vitium sui baptismatis lavacro
purgavit, & ejus 38 firmans statum quo 38
rectius constabiliusque procederet, tamen
suam gratiam in posterum non negavit.
Nam quamvis hominem redemisset 39 a 39
præteritis ille peccatis; tamen sciens iterum
eum posse peccare, ad reparationem sibi,
quemadmodum posset illum & post ista corrigere, multa servavit: quotidiana præstat
ille remedia, quibus nisi freti confisique nitamur, nullatenus humanos vincere poterimus errores. Necesse est enim ut quo au-
xiliante vincimus, eo iterum non adjuvante vincamur. Sed possem plura dicere, nisi vos constaret cuncta dixisse.

Quisquis ergo huic assentiens videtur esse CAP. V.
sententiæ, qua dicat adjutorio nobis non
opus esse divino, inimicum se catholicæ
fidei, & Dei 40 beneficiis profitetur ingra- 40
tum 41: nec nostra communione sunt di- 41
gni,

---

29 Al. *cum*.

30 Garn. *ne quidquam*: & infra *Nam si David, inclamat*. Mox *errores* prætulimus cum nostris codd. & vulg. Quesnellus *errorem*.

31 Vulg. addunt *sibi*. Mox Vind. cum edit. Bened. & Coust. *nos* habet pro *nobis*.

32 Garner. *exorat*. *Nos dicimus manifeste: ut quid oremus Deum; ille* &c. Infra *exoptat* scripsimus cum MSS. Vind. & Thuan. cum quibus vulg. Benedict. & Coust. cum antiquis Conciliorum editionibus consentiunt. Quesn. cum Labb. *exorat*: idque alia manu scriptum in MS. Vindeb.

33 Garn. *ita*: & mox *ergo* pro *enim*.

34 Garn. *assiduum adjutorem invocat*. *Nec illi sufficit assiduum invocare, sed ne* &c. Notat Quesnellus. *Garnerius ita legit, addit, & distinguit; minus recte meo judicio*. Nulli, quod sciamus, codices huic lectioni adstipulantur.

35 Sic ex MS. Vindeb, Quesn. omisit *hoc*, & pro *ita* primo loco habet *tam*. Garn. *Si ergo hoc illi tam magnum visum sit, ut nos doceret*. Benedictini: *Si ergo hoc ille tam magnus, sicut assidue dicere, ita necessarium* &c. Coust. *Si ergo hoc ille ita magnus scit, ut assidue dicere, ita necessarium* &c. In notatione autem affirmat sic plures ac vetustissimos codices præferre: at mallet legi; *ita magnus scivit assidue dicere, & ita necessarium*. Vind. quoque habet *dicere*. Noster codex Vat. 1. *Si ergo hoc ille ita manum sit assidue dicere, ita necessarium* &c. ubi *manum sit* mendose scriptum est pro *magnum scit*.

36 Ita ex cod. Thuan. hujus collectionis, cum hæc lectio non tam aliis & vulg. & MSS. probetur, quam ab Augustino lib. 2. contra epistolas Pelagianorum n. 6. & a Prospero in libro contra Collatorem c. 5. n. 15. ubi hæc eadem Innocentii verba recitantur. Quesnellus cum aliis hujus collectionis codd. *Libero enim arbitrio olim ille perversus*. Barb. MS. *Libero enim arbitrio olim ille perpessus*. Innocentii sententia notante Coustantio potius *permissus*, quam *perversus*, vel *perpessus* postulat.

37 Vat. 1. & Barb. *latuisset*. Mox *pro sua gratia* aliquot MSS. cum edit. Benedict.

38 Concil. edit. *confirmans*.

39 Oxon. *a propriis*, male.

40 Idem Oxon. *beneficio*.

41 „ Putat Joannes Garnerius aliquid hoc „ loco deesse. Nihil tamen amplius quam excusi Codices habent MSS. Thuaneus & Oxoniensis; nihilque revera sensus desiderat. „ Hæc porro ille ex proprio penu supplet in „ margine: *Pelagium igitur & Cælestium, quos „ auctores nefarii prorsus & ab omnibus ana„ thematizandi erroris advertistis, justa senten„ tia damnastis: nec illi* &c. “ Ita Quesnellus. Nostri quoque & Benedictinorum in editione Augustini, atque Coustantii codices nihil ejusmodi exhibent. Hi autem mox aliter sequuntur. *Nam nec nostra*: & dein *Ipsi enim sua sponte*.

gni, quam prædicando taliter polluerunt.
Sic enim sua sponte, dum sequuntur illa,
42 42 quæ dicunt, longius a vera religione
fugerunt. Cum enim totum hoc in nostra
professione consistat, quotidianisque precibus
nihil agamus, nisi quemadmodum Dei mi-
43 sericordiam 43 consequamur; quemadmodum ferre possumus ista jactantes? Quis, rogo, pectora illorum tantus error obcæcat,
ut, si ipsi nullam Dei gratiam sentiunt,
quia nec digni sunt, nec merentur, nec de
aliis considerent, quid quotidie singulis gratia divina largiatur? Sunt quidem isti 44
44 omnes cæcitate dignissimi, qui nec hoc sibi reliquerunt, ut se auxilio credant revocari ab erroribus posse divino: negantes
45 enim 45 Dei adjutorium, non aliis, sed
sibi hoc penitus abstulerunt. Qui avellendi
sunt longius, & ab Ecclesiæ procul remo-
46 vendi visceribus: 46 ne diutius multa occupans, insanabilis post error increscat. Si
enim diu fuerint sub hac impunitate ver-
47 sati, necesse est 47 multos in hanc suæ pravitatem mentis inducant, decipiantque innocentes, vel potius imprudentes, qui fi-
48 dem catholicam 48 non sequuntur. Puta-
bunt enim eos recte sentire, quos adhuc vident in Ecclesia perdurare.

CAP. VI. Separetur ergo a sano corpore vulnus in-
sanum, remotoque morbi sævientis afflatu,
cautius quæ sunt sincera perdurent: & grex
purior ab hac mali pecoris contagione purgetur. Sit 49 totius corporis illibata per-
49 fectio, quam vos sequi & tenere, hac in
illos pronuntiatione cognovimus; & una
50 vobiscum pari assensione 50 firmamus. Qui
si tamen aliquod in se Dei adjutorium,
quod huc usque negaverunt, provocaverint,
51 (& opus sibi ejus auxilio esse cognove- 51
rint) ut de hac labe, in qua sui cordis
incurvatione corruerant, liberentur; & quasi in lucem de fœda tracti caligine, remotis abdicatisque omnibus, quibus totus, ne
verum 52 aspicerent, eorum fœdabatur & 52
caligabat aspectus; damnent hæc, quæ huc
usque senserunt; & aliquando animum rectis disputationibus commodantes, ab hac
aliquantulum labe correcti veris se 53 sa- 53
nandos consiliis tribuant atque summittant.
Quod si fecerint, erit in potestate Pontificum illis aliquatenus subvenire, & talibus
aliquam curam præstare vulneribus, quam
solet lapsis, cum resipuerint, Ecclesia non
negare: ut a suis revocati præcipitiis, intra ovile Domini 54 redigantur: ne foris 54
positi, & 55 tanto præsidio æde a fide mu- 55
nitionis exclusi, periculis omnibus exponan-
tur, devorandi luporum dentibus atque ve-
xandi; quibus obsistere hac, qua illos in se
irritaverant, doctrinæ perversitate non possunt. Sed satis vestris monitis 56 & sic sa- 56
tis abundantibus nostræ legis exemplis probatur esse responsum; nec quicquam superesse duximus, quod dicamus: cum nihil
prætermissum a vobis, nihil constet esse
suppressum, quo illi refutati & penitus agno-
scantur esse convicti, ideoque a nobis testimonia nulla ponuntur: quia & his plena
Relatio est, & satis constat, 57 ut doctis- 57
simos Sacerdotes, cuncta dixisse, nec decet
credere vos aliquid quod ad caussam possit
proficere, præteriisse. *Et alia manu*. Bene
valete, Fratres 58. 58

CA-

42 Garn. *quæ dicuntur*.

43 Garn. *consequimur*.

44 Bened. Coust. cum Garn. *omni cæcitate*.

45 Vind. MS. cum Benedict. & Coust. delet *Dei*. Dein Garn. *Quare avellendi*.

46 Coust. cum Bened. *ne diu inultus multa occupans*, melius, ut ex sequentibus liquet.

47 Quesn. *multas in hanc suam pravitatem mentis*. Sequuti sumus codd. excusos concinentibus MSS. Thuan. & Vind. ac Barb. qui duo postremi habent mendose *multos in hac sua pravitate mentis*.

48 Notat Quesnellus. *Garn.* nunc. *Videtur melius. Legunt tamen* non *codd. editi, & MSS. duo*, idest Thuan. & Oxon. Ita pariter in Vind. qui codices hanc lectionem hujus collectionis propriam ostendunt, unde a nobis quoque hanc collectionem edituris retinenda fuit. Nihil vero ambigimus, quin vera lectio sit *nunc*, quæ præfertur in Vat. 1. & secunda manu in Vind. Coustantius ejusmodi lectionem nactus in duobus codd. Corb. & Germ. uti veram recepit.

49 Vox *totius* Quesnello excidit.

50 Codd. Vind. Barb. & Vat. 1. cum aliis vulg. *servamus*. Mox pro *aliquod* vulg. Concil. *aliquando*.

51 Uncis inclusa in antiquis Conciliorum editionibus desiderantur.

52 Vulg. Concil. cum Coust. *aspiceret*.

53 Quesnellus omisit *sanandos*, eo quod hæc vox a suis codicibus excidisset. Inseruimus autem cum MS. Vind. hujus collectionis proprio, concinentibus duobus Vat. & Barb. aliisque vulgatis. Dein *istis* pro *illis* in Vat. 2. & aliis editis exemplaribus.

54 Garn. *reducantur*.

55 Quesn. *a tanto præsidio æde munitionis*, & in margine pro *æde* notat. Vulg. *a fide*. Hanc vulgatorum lectionem restituimus ex Vind. Barb. & Vat. 1.

56 Quesn. *& superabundantibus*. Bened. & Coust. *monitis, sic abundantibus*. Lectionem vulgatam Conciliorum revocavimus cum quatuor nostris MSS. Vind. Barb. & duobus Vat.

57 Garn. *satis constat tot doctissimos Sacerdotes cuncta dixisse*. Notat Quesnellus: *minus recte*. Sed hanc lectionem cum codd. consentientem receperunt PP. Benedictini in edit. Aug. & P. Coust. Idem Quesn. vulgatam Conciliorum lectionem a nostro collectore approbatam sequutus est. Solum addidit *vos* ante *cuncta*: quod additamentum auctoritate cod. Vind. delevimus.

58 Garnerius addit: *VI. Kal. Februarii post Theodosii VIII. & Junii Quarti Palladii consulatum*, vel, ut habent, inquit ille, alii codices, *Honorio XI. & Constantio II. Coss.* Ita Quesnellus in notatione. Editores Benedictini & Coustantius ex tribus MSS. melius: *Et ad*

CAPITULUM VIII.

1 INCIPIT 1 EPISTOLA

MILEVITANI CONCILII

ad eumdem Papam Urbis contra eosdem hæreticos.

Domino beatissimo, meritoque venerabili &
in Christo honorando Papæ INNOCENTIO,
SILVANUS Senex, VALENTINUS, AU-
RELIUS, DONATUS, RESTITUTUS, LUCIA-
NUS, ALIPIUS, AUGUSTINUS, PLACEN-
TIUS, SEVERUS, FORTUNATUS, POSSI-
DIUS, NOVATUS, SECUNDUS, MAUREN-
TIUS, LEO, FAUSTINIANUS, CRESCO-
NIUS, MALCHUS, LITTORIUS, FORTUNA-
2 TUS, DONATUS, 2 PONTIANUS, SATUR-
NINUS, CRESCONIUS, HONORIUS, CRE-
SCONIUS, LUCIUS, ADEODATUS, PROCES-
3 SUS, SECUNDUS, FELIX, ASIATICUS, 3
4 RUFINUS, FAUSTINUS, SERVIUS, 4 TE-
RENTIUS, CRESCONIUS, SPERANTIUS, QUA-
5 DRATUS, LUCILLUS, SABINUS, 5 FAUSTI-
6 NUS, CRESCONIUS, VICTOR, 6 GIGAN-
TIUS, POSSIDONIUS, ANTONINUS, INNO-
7 CENTIUS, 7 FELIX, ANTONINUS, VICTOR,
HONORATUS, DONATUS, PETRUS, PRÆ-
SIDIUS, CRESCONIUS, LAMPADIUS, DEL-
PHINUS, ex Concilio Milevitano, in Domino salutem.

CAP. I. QUia te Dominus gratiæ suæ 8 præci-
8 puo munere in Sede Apostolica collocavit, talemque nostris temporibus
præstitit, ut nobis potius ad culpam negligentiæ valeat, si apud tuam Venerationem
quæ pro Ecclesia suggerenda sunt taceri-
mus, quam ea tu possis vel fastidiose vel
negligenter accipere; magnis periculis infirmorum membrorum Christi, pastoralem
diligentiam, quæsumus, adhibere digneris. Nova quippe hæresis & nimium 9 per- 9
niciosa tentat assurgere inimicorum gratiæ
Christi, qui nobis dominicam 10 etiam 10
orationem impiis disputationibus conantur
auferre. Cum enim Dominus docuerit ut
dicamus: *Dimitte nobis debita nostra, sicut* Matth. 6.
& nos dimittimus debitoribus nostris: isti di- 12.
cunt posse hominem in hac vita, præce-
ptis Dei cognitis, ad tantam perfectionem
justitiæ sine adjutorio gratiæ Salvatoris, per
solum liberæ voluntatis arbitrium pervenire, 11 ut etiam non sit necessarium dice- 11
re: *Dimitte nobis debita nostra*. 12 Id vero Ibidem.
quod sequitur: *Ne nos inferas in tentatio-* 12
nem: non ita intelligendum, tamquam divinum adjutorium poscere debeamus, ne in
peccatum tentati decidamus; sed hoc in nostra positum esse potestate, & ad hoc im-
plendum solam sufficere hominis voluntatem: tamquam frustra Apostolus dixerit:
Non currentis, neque volentis, sed miseren- Rom. 9.
tis est Dei: & *Fidelis Deus, qui non* 13 16.
permittat vos tentari super id quod potestis; 1. Cor. 10.
sed faciet cum tentatione etiam proventum, 13.
ut possitis sustinere. Frustra etiam dixerit 13
Dominus Apostolo Petro: *Rogavi pro te* 14 Luc. 22.
ut non deficiat fides tua: & omnibus suis: 32.
vigilate, & orate, ut non intretis in tenta- Matth. 26.
tionem: si hoc totum est potestatis huma- 40.
næ. Pueros quoque parvulos, 15 etsi nul- 14
lis imbuantur christianæ gratiæ sacramen- 15
tis,

---

ad latus: *Data VI. Kal. Febr. post consulatum Theodosii Aug. VII. & Junii Quarti V. C.* Hæc vera chronica notatio est, quæ tum in hac, tum in alia ejusdem Innocentii epistola cap. 11. exhibenda melioris notæ codices exhibent. De Consulibus autem, quos in aliis codd. se invenisse tradit Garnerius, vide adnot. ult. in cap. 9.

1 Exstat in MSS. hujus collectionis, ad quam pertinet noster codex Vindeb. Exinde vero traducta fuit ab Isidoro in suam collectionem, cujus MS. Vat. 3791. relegimus, ac in subsidium adhibuimus exemplaria PP. Benedictinorum in edit. S. Augustini, & P. Coustantii.

2 Coust. & Bened. *Ponticanus*. Pith. & unus Colbert. *Ponticianus*.

3 Iidem Bened. & Coust. *Rufinianus*: & dein *Severus*, uti secunda manu in Vind. emendatum fuit.

4 Sic cum vulg. Thuan. & Vind. Quesnellus cum solo Oxon. *Terentianus*.

5 In vulg. Concil. cum MSS. Isid. loco hujus *Faustini* habetur alius *Sabinus*. Quesnellus Oxoniensem sequutus, utrumque posuit *Faustinus, Sabinus*. Alterum hunc Sabinum delevimus cum MSS. Thuan. & Vind. consentientibus potioribus MSS. & vulg. Bened. atque Coustantii.

6 Garn. & edit. Aug. *Gignantius*. Deest in Oxon. Vulg. Concil. hujus Episcopi & septem subsequentium nomina per saltum ob repetitum *Victoris* vocabulum prætermittunt.

7 Bened. & Coust. addunt *Præsidius, Crescentius* Desunt in MSS. hujus collectionis, & Isid.

8 Oxon. *præcipue*. Garn. *præcipuæ*.

9 Garn. e priscis Aug. editionibus *perniciosa tempestas inimicorum gratiæ cœpit*, refragantibus aliis editis, & quampluribus MSS.

10 Ex nostris MSS. & aliis editis revocavimus *etiam*.

11 Ita MSS. hujus collectionis & Isid. cum priscis vulg. Concil. Aliæ editiones *ut et non sit jam necessarium*.

12 Al. *Illud vero*.

13 Vulg. Bened. *permittet*. Coust. cum edit. Concil. *permittit*. Paullo post pro *proventum* aliæ editiones cum Vat. Isid. *exitum*.

14 Quesn. addit *Petre*. Delevimus cum nostro Vind. & ceteris editis. Post pauca vulg. *ne intretis*.

15 Vind. MS. cum edit. Concil. aliisque codd. *Si nullis*. Garn. *Si nullis innoventur*. Bened. *innoveatur* receperunt. Scite notat hoc loco P. Coustantius: *Lectioni* etsi nullis *favet illud superioris epistolæ Synodi Carthaginensis* promittentes ETIAMSI non baptizentur habituros vitam æternam. *Inde etiam perspicuum est, gratiæ christianæ sacramentum hic baptismum vocari.*

16 tis, habitulos vitam æternam, 16 nequaquam chriſtiana præſumtione contendunt;
Rom. 5. 12. evacuantes quod dicit Apoſtolus: *Per unum
hominem peccatum intravit in mundum, &
per peccatum mors; & ita in omnes homines
1. Cor. 15. 22. pertranſiit, in quo omnes peccaverunt*: &
alio loco: *Sicut in Adam omnes moriuntur,
ita & in Christo omnes vivificabuntur*.
CAP. II. Ut ergo alia omittamus quæ contra ſanctas Scripturas plurima diſſerunt, hæc interim duo, quibus omnino totum quod Chriſtiani ſumus, conantur evertere, quæ fide-
17 lia corda 17 ſuſtineant? Non eſſe rogandum
Deum, ut contra peccati malum, atque ad
operandam juſtitiam ſit noſter adjutor; &
non opitulari parvulis ad conſequendam vitam æternam, chriſtianæ gratiæ ſacramentum. Hæc inſinuantes apoſtolico pectori tuo
non opus habemus multa dicere, & tantam
impietatem verbis exaggerare; cum procul
18 dubio 18 te iſta permoveant, ut ab eis cor-
rigendis, ne latius ſerpant, multoſque con-
19 taminent, vel potius interimant, dum 19
ſub nomine Chriſti a gratia Chriſti penitus
alienant, omnino diſſimulare non poſſis.
Hujus autem pernicioſiſſimi erroris auctores
eſſe perhibentur Pelagius & Cæleſtius, quos
quidem in Eccleſia ſanari malumus, quam
20 deſperata 20 ſalute ab Eccleſia reſecari,
ſi neceſſitas nulla compellat. Quorum unus,
id eſt, Cæleſtius, etiam ad Presbyterium
in Aſia dicitur perveniſſe. De quo ante
paucos annos quid geſtum fuerit, Sanctitas
21 tua de Carthaginenſi Eccleſia melius 21
inſtruitur. Pelagius vero, ſicut a quibuſdam fratribus noſtris miſſæ loquuntur epiſtolæ, Jeroſolymis conſtitutus nonnullos fallere aſſeritur. Verumtamen multo plures,
qui ejus ſenſus diligentius indagare potuerunt, adverſus eum pro gratia Chriſti,
22 & catholicæ fidei 22 veritate confligunt;
ſed præcipue ſanctus filius tuus, frater &
compresbyter noſter Jeronymus.
CAP. III. Sed arbitramur, adjuvante miſericordia
Domini Dei noſtri, quæ te & regere con-
ſulentem, & orantem exaudire dignatur,
auctoritati Sanctitatis tuæ 23 de ſacrarum
Scripturarum auctoritate depromtæ, facilius eos qui tam perverſa & pernicioſa
ſentiunt, eſſe ceſſuros, ut de correctione
porius eorum 24 gratulemur, quam con- 1
triſtemur interitu, Domine beatiſſime.
Quodlibet autem ipſi eligant, certe vel
aliis, quos plurimos poſſunt, ſi ab eis
diſſimuletur, ſuis laqueis implicare, cernit Venerabilitas tua inſtanter & celeriter providendum. Hæc ad Sanctitatem tuam
de Concilio Numidiæ ſcripta direximus,
imitantes 25 Carthaginenſem Eccleſiam,
& Carthaginenſis Provinciæ Coepiſcopos
noſtros, quos ad Sedem Apoſtolicam, quam
beatus illuſtras, de hac cauſſa ſcripſiſſe comperimus. *Et alia manu*: Memor noſtri 26 2
in Dei gratia augearis, Domine beatiſſime, meritoque venerabilis, & in Chriſto
honorande ſancte Papa.

CAPITULUM IX.

INCIPIT EPISTOLA INNOCENTII PAPÆ *ad Concilium Milevitanum*.

INNOCENTIUS SILVANO Seni, VALENTINO, & ceteris qui in Milevitana Synodo interfuerunt, dilectiſſimis fratribus, in Domino ſalutem.

INter ceteras Eccleſiæ Romanæ curas,
& Apoſtolicæ Sedis occupationes, quibus diverſorum conſulta fideli ac 2 medica diſceptatione tractamus, frater & Coepiſcopus noſter Julius dilectionis veſtræ litteras, quas ex Milevitano Concilio cura
fidei propenſiore miſiſtis, mihi 3 inopinan- 3
ter ingeſſit; Carthaginenſis etiam 4 Synodi 4
querelæ parilis ſcripta ſubjungens. Nimirum
exultat Eccleſia tantam ſollicitudinem com-
miſ-

16 Garn. pro *nequaquam* ſubſtituit *nequam*, quod a Benedictinis editoribus receptum fuit. In Vindeb. ſecunda antiqua manus pro *præſumtione* emendavit *veritate*. Couſt. ambiguitatem tollendam putat, ſi legatur *præſumtione nequaquam chriſtiana*.

17 Garn. *non ſuſtinent*.

18 Edit. Aug. *te ita permoveant*.

19 Queſn. inſerit *eos*: delevimus cum MS. Vind. & edit. Concil. atque Couſt.

20 Sic cum codd. noſtris omnes vulgati. Queſnellus, *ſanitate ab Eccleſia ſeparari*.

21 Garn. *inſtruetur*. Notat Queſn. *minus bene. Simul enim delata ſunt Carthaginenſis Eccleſiæ ſcripta, ut ex epiſtola ſequenti conſtat, immo Numidica ad Carthaginenſis exemplum ſcripta eſt*.

22 In MS. Vind. manus antiqua emendavit *unitate*.

23 Vind. prima manu *declaratarum Scripturarum*: ſecunda antiqua manu emendatum *decretarum*. In MSS. Iſid. quos vidit Couſt. *declarum*; & in uno ſecundis curis *declaratione ſacrarum*. Edit. Concil. *de claro Scripturarum lumine depromtæ*. Bened. & Couſt. *de ſanctarum Scripturarum*. Hoc Africanæ Eccleſiæ inſigne teſtimonium Romani Pontificis auctoritatem ex ipſis Scripturis, ſeu ex divino jure manare palam ſignificat.

24 Edit. Bened. & Couſt. *congratulemur*.

25 Voces *Carthaginenſem Eccleſiam* & omittunt Garnerius, & Romana epiſtolarum editio. Queſn. poſt vocem provinciæ addit *fratres &*. Delevimus cum Vind. aliiſque vulgatis.

26 Garn. *in Deum*, minus bene.

1 Exſtat, & recognita eſt cum iiſdem codicibus & editis, cum quibus anterior.

2 In edit. Rom. & Concil. *modica*. Garnerius mendum correcturus addidit *non* ante *modica*.

3 Garn. *peroptanter*.

4 Ita noſtri codd. & vulg. Queſnellus *comitii*. Oxon. omittit *querelæ parilis*.

missis gregibus exhibere pastores, ut non
5 solum ex his 5 neminem patiantur errare;
sed etiam, si quas ovium magis scævæ de-
lectationis herba seduxit; ac si in errore
6 permanserint, 6 aut segregari penitus velint, aut illicite dudum petita vitantes, custodiæ pristinæ circumspectione tutari: in
7 utraque parte videlicet consulentes, ne 7
vel suscipiendo tales simili ceteræ ducantur
exemplo, vel spernendo redeuntes luporum
morsibus videantur 8 ingestæ. Prudens ad-
8 modum, & catholicæ fidei plena 9 consultatio. Quis enim aut tolerare possit errantem, aut non recipere corrigentem? Nam
10 ut durum arbitror conniventiam 10 præbere peccantibus; ita impium judico manum
negare conversis.

Cap. II. Apostolica Sedes in dubiis consulenda, & semper undique consulta.

Diligenter ergo & congrue apostolici consulitis honoris 11 arcanis, (honoris, inquam, illius quem, præter illa quæ sunt
extrinsecus, sollicitudo manet omnium Ecclesiarum) super anxiis rebus quæ sit tenenda sententia 12; antiquæ scilicet regulæ
formam sequuti, quam toto semper ab orbe
11 mecum nostis esse servatam. Verum hæc
12 missa facio: neque enim hoc credo vestram
13 latere prudentiam, 13 quod etiam actione
firmastis; scientes quod per omnes provincias de apostolico fonte petentibus responsa semper emanent. Præsertim quoties fidei
ratio ventilatur, arbitror omnes fratres &
Coepiscopos nostros, non nisi ad Petrum,
id est sui nominis & honoris auctorem, referre debere, velut nunc retulit vestra dilectio, quod per totum mundum possit omni-

Præsertim in caussis fidei.

bus Ecclesiis in commune prodesse. Fiant
enim cautiores necesse est, cum inventores
malorum ad duplicis relationem Synodi, sententiæ nostræ statutis viderint 14 ab ec- 14
clesiastica communione sejunctos. Gemino
igitur bono caritas vestra fungetur: nam
& canonum potiemini gratia servatorum,
& beneficio 15 vestro totus orbis utetur. 15
Quis enim catholicorum virorum cum adversariis Christi velit ulterius miscere sermonem? Quis saltem ipsam lucem vitæ
communione partiri? Novæ hæreseos nimirum fugiantur auctores. Quid enim acerbius in Dominum fingere potuerunt, quam
16 cum adjutoria divina cassarent, caus- 16
samque quotidianæ precationis auferrent?
Hoc est dicere: 17 Quo mihi opus est Do- 17
mino? Merito in hos dicat hymnidicus:
Ecce homines, qui non posuerunt Deum ad- Ps. 51. 9.
jutorem sibi. Negantes ergo auxilium Dei
inquiunt hominem posse sibi sufficere, nec
gratia hunc egere divina, qua privatus necesse est diaboli laqueis irretitus occumbat,
dum ad omnia vitæ perficienda mandata sola tantummodo libertate contendat. O pra-
vissimarum mentium perversa doctrina. 18. 18
Adverte tandem quod primum hominem ita
libertas ipsa decepit, ut dum indulgentius
frenis ejus utitur 19 in prævaricationem 19
præsumptionis concideret; nec ex hac potuit erui, nisi ei providentia regenerationis
statum pristinæ libertatis Christi Domini re-
formasset adventu. 20 Audi & David di- 20
centem: *Adjutor meus esto, ne derelinquas* Ps. 26. 9.
me: neque despicias me Deus salutaris meus: & 123. 8.

5 Garn. omittit *neminem*, & postea cum Vind. aliisque vulg. *etiam*. Mox, adjecimus *magis* ex Vind. omnibusque excusis codd. Dein pro *scævæ* antiquæ editiones Concil. *sævæ*, Garn. cum recentioribus Concil. editionibus *obscænæ*. Norat Quesnellus: *Utrumque male, & contra MSS. codicum fidem, & auctoris mentem.*

6 Quesn. in margine: *Has quatuor voces delet, nec sine consilio, Garnerius, & post legit cum Thuan.* aut illicenter.

7 Sic Vindeb. cum omnibus vulg. Quesn. *vel in suscipiendo tales ceteri seducantur.* Edit. Bened. recepit *seducantur*.

8 Oxon. *ingerere*.

9 Vind. cum Colbert. quem Coustantius laudat, *consultationis*. Suppletum ex MSS. Isid. in vulg. Concil. *voluntas*. Garn. cum antiquis Augustini editionibus *consolatio*. Thuan. & cum eo Coustantius *consultio*: in quam lectionem notat Quesnellus: *Melius quoad sensum, etsi barbara vox*. Lectionem textus ab eodem prælatam cum novissima Augustini editione retinuimus.

10 Sic Vind. MS. cum ceteris editis. Quesnellus *præstare*.

11 Sic Quesnelli codices hujus collectionis melius, quam in Vind. & alio Colbertino, quem laudat Coustantius, *arcani. Consulo* enim, cum de petendo consilio agitur, accusativum recipit. Garnerius cum edit. Rom. *Apostolico consulitis honori (honori, inquam, illi.* Dein pro *extrinsecus* melius Vat. Isid. & Labbeus in margine *intrinsecus*.

12 Garn. addit *requirentes*, nullo, quod sciamus, codice suffragante.

13 Vulg. Conc. *qui id etiam*. Garn. *Cur id enim ... nisi scientes .... emanent?* Cod. Vind. habet *nisi scientes* sed tum scribendum esset *qui*, vel *quid id*.

14 Sic nostri codd. & omnes vulg. solus Quesn. *se ab ecclesiastica communione sejungi*.

15 Solus Quesn. *nostro*, minus bene. Mox vulg. Concil. *tutabitur*, & in margine *utetur*.

16 Quesn. *ut adjutoria divina cessarent*. Prætulimus vulg. concinente MS. Vindeb. Mox Garnerius *divinæ, idest quotidianæ*: & dein *Hoc etiam dicerent*.

17 Edit. Bened. & Coust. *Quid .... Deo?* Dein. *dicat* scripsimus cum Vind. & omnibus vulg. Quesnellus *dicit*.

18 Ed. Bened. *Advertat id tandem*. Coust. *Advertens tandem*. Nostram lectionem confirmant Capitula de Gratia, in quibus hoc Innocentii testimonium recitatur.

19 Ita Thuan. MS. Vulg. cum Capitulis de Gratia *in prævaricationem præsumtione*. Vind. cum Merlino & Crabbo *in prævaricationis*. Mox *potuit* scripsimus cum MS. Vind. & ceteris editis. Quesn. *potuerit*. Dein pro *adventu* aliæ editiones cum laudatis Capitulis de Gratia *adventus*.

20 Vulg. cum Vind. MS. *Audiat David*: quam lectionem libenter reciperemus, nisi repugnaret orationis antecedentis contextus, in quo non *Advertat*, sed *Adverte* cum optimis nostræ collectionis MSS. & Capitulis de Gratia prætulimus.

&: *Adjutorium nostrum in nomine Domini*:
21 quæ incassum dixerit, 21 si tantum erat in
ejus positum voluntate, quod a Domino fle-
bili sermone poscebat.

CAP. III. Quæ cum ita sint, cum in omnibus divinis paginis voluntati liberæ non nisi adjutorium Dei legamus esse nectendum, eam-
22 que nihil posse cælestibus 22 præsidiis desti-
tutam, quonam modo huic soli possibilitatem
hanc pertinaciter, ut asseritis, defendentes,
23 sibimet, immo (quod est 23 gravius &
dignius dolore communi) jam plurimis Pelagius Cælestiusque persuadent? Multifariis
24 equidem 24 ad destruendum tale magiste-
rium uti possemus exemplis, nisi sciremus
sanctitatem vestram ad plenum Scripturas
omnes callere divinas: præsertim cum vestra relatio tantis ac talibus testimoniis sit
referta, ut his solis valeat præsens dogma
25 rescindi, opusque non esse reconditis, 25
cum his, quæ facile vobis occurrentia po-
suistis, nec audeant obviare, nec possint.
Ergo gratiam Dei conantur auferre, quam
necesse est, etiam restituta nobis status pri-
26 stini libertate, quæramus: 26 quippe qui
nec aliquas diaboli machinas nisi eadem possumus juvante vitare.

CAP. IV. Illud vero quod eos asserit vestra frater-
27 nitas prædicare, parvulos æternæ vitæ 27
præmiis etiam sine baptismatis gratia posse donari, perfatuum est: nisi enim man-
ducaverint carnem filii hominis & biberint
sanguinem ejus, non habebunt vitam in
semetipsis. Qui autem hanc eis sine regeneratione defendunt, videntur mihi ipsum
baptismum velle cassare, cum prædicant hos
28 habere, quod in eos 28 credunt non nisi
baptismate conferendum. Si ergo volunt nihil officere, non renasci; fateantur necesse
est nec regenerationis sacra fluenta prodesse. Verum, ut superfluorum hominum pra-
29 va doctrina celeri possit veritatis ratione 29
discingi, proclamat hoc Dominus in Evan-
gelio dicens: *Sinite infantes, & nolite pro-* Luc. 18.16.
hibere eos venire ad me. 30 30

CAP. V. Quare Pelagium Cælestiumque, id est
inventores vocum novarum, quæ, sicut dixit Apostolus, ædificationis nihil, sed magis vanissimas consueverunt parere quæstiones, ecclesiastica communione privari, apostolici vigoris auctoritate censemus; *donec* 2. Tim. 1.
resipiscant de diaboli laqueis, a quo captivi 23. & 26.
tenentur secundum ipsius voluntatem; eosque
interim in dominico ovili non recipi, 31 31
quod ipsi, perversæ viæ sequuti tramitem,
deserere voluerunt. Abscidendi sunt enim
qui 32 nos conturbant, & volunt pervertere Gal. 5. 22.
Evangelium Christi. Simul autem præcipi- 32
mus, ut quicumque id pertinacia simili defensare nituntur, par eos vindicta constrin-
gat: *non solum enim qui faciunt* 33, *sed* 33
& qui consentiunt facientibus: quia non Rom. 1. 32.
multum interesse arbitror inter committen-
tis animum, & consentientis favorem. Addo amplius, plerumque dediscit errare, cui
nemo consentit. Hæc igitur, fratres carissimi, in supradictos maneat fixa sententia.
Absint ab atriis Domini. 34 Careant dum- 34
taxat pastorali custodia, ne duarum ovium
dira contagia serpant forsitan per vulgus in-
cautum, rapacique lupus corde lætetur intra ovile dominicum tantas ovium fusas ca-
tervas, dum a custodibus dissimulanter habetur vulnus duarum. Prospiciendum est ergo, ne permittendo lupos, mercenarii magis, quam videamur esse pastores. Jubemus
35 sane (quoniam Christus Dominus no- 35
ster propria voce signavit, *nolle se mortem*
morientis, tantum ut revertatur & vivat)
36 si umquam sanum, deposito pravi dog- 36
matis errore, resipuerint, damnaverintque
ea, quorum se ipsi prævaricatione damna-
runt, eis medicinam solitam, id est rece-
ptaculum suum, ab Ecclesia non negari: ne
dum

---

21 Garn. *Si totum*.

22 Quesn. in marg. Vulg. *auxiliis*.

23 Vulg. cum MS. Vind. delent *gravius &*. Dein Garn. *dolore, communiter plurimis*.

24 Antiquæ editiones Concil. cum nostro Vind. MS. & duobus Colbertinis apud Coustantium *ad instruendum*.

25 Garn. *cum ex iis*; & paullo post: *Ergone Dei gratiam*.

26 Garn. *quippe nefarias*. Vulg. *quippe qui nec alias*.

27 Ita cum vulg MSS. codices Thuan. ac Vind. hujus collectionis. Quesn. *promissis* cum cod. Oxon. qui post pauca habet *vitam æternam* deletis vocibus *in semetipsis*.

28 Editiones Rom. Labb. Bened. & Coust. *creditur*. Si autem tenendum sit *credunt*, respiceretur hoc loco regnum cælorum; ad quod baptisma necessarium Pelagiani adstruebant. Vide Augustini l. 1. contra epist. Pelagian. c. 22. Melior tamen, & contextui cohærentior videtur lectio *creditur*, quæ pluribus & potioribus MSS. etiam fulcitur.

29 Ita duo codd. Quesn. cum Vind. & alio Colbert. apud Coustantium. Merlinus cum uno Colbert. *distingui*, & ita secunda manu in Vind. minus recte. Vat. 3791. *distingi*. Aliquæ edit. *discindi*. At *discingo* pro dissolvere vel retundere apud probæ notæ scriptores invenitur.

30 Ita hujus collectionis exemplaria. Cetera, ex quibus alii vulgati, addunt: *talium est enim regnum cælorum*.

31 Edit. Concil. post Rom. *quoad ipsi perversæ viæ*. Aliæ editiones addunt: *quem sequuti sunt tramitem, deserere voluerint*.

32 Aliæ editiones *vos*; & dein *convertere* cum MS. Vind.

33 Quesn. addit *mala*; & post *facientibus* addit *digni sunt pœna*. Bened. *digni sunt morte*. Delevimus cum aliis editis, & duobus hujus collectionis MSS. Thuan. & Vind. Subauditur ex antecedentibus *pari vindicta constringendi sunt*.

34 Garn. *Caveat custodia pastoralis*. Edit. Aug. desiderant *dumtaxat*.

35 Garn. *tamen*, & postea *voluntate significavit*.

36 Quesn. inserit *ut* contextu repugnante. Mox *ad sanum* melius in aliis vulgatis.

37 dum eos redeuntes forsitan prohibemus, 37 vere extra ovile remanentes exspectantis ho-
38 stis rabidis faucibus glutiantur, 38 quos in semetipsos spiculis malæ disputationis arma-
39 An. 417. runt. Bene valete fratres. 39 Data VI. Kalendas Februarii HONORIO & CONSTANTIO viris clarissimis Consulibus.

CAPITULUM X.

INCIPIT

EPISTOLA 1 FAMILIARIS

quinque Episcoporum Africæ ad eumdem Papam contra Pelagium & Cælestium.

Domino beatissimo meritoque honorandissimo fratri INNOCENTIO Papæ, AURELIUS, ALYPIUS, AUGUSTINUS, EVODIUS & POS-
2 SIDIUS 2 salutem.

CAP. I. DE Conciliis duobus Provinciæ 3 Car-
3 thaginensis atque Numidiæ, ad tuam Sanctitatem non parvo Episcoporum numero subscriptas litteras misimus contra inimicos gratiæ Christi, qui confidunt in virtute sua, & creatori nostro quodammodo
4 dicunt: Tu nos 4 fecisti homines; justos autem ipsi nos fecimus: Qui naturam humanam ideo dicunt liberam, ne quærant liberatorem; ideo salvam, ut superfluum judicent salvatorem. Tantum enim dicunt valentem, ut suis viribus semel in origine suæ creationis acceptis possit per liberum arbitrium, nihil ulterius adjuvante illius gratia qui creavit, domare & extinguere omnes cupiditates, tentationesque superare.
5 *Multi eorum insurgunt adversus nos, & dicunt animæ nostræ: Non est salus illi in Deo ejus.* Familia 6 Christi, quæ dicit: *Quando infirmor tunc fortis sum*: & cui dicit Dominus ejus: *Salus tua ego sum*: suspenso corde, cum timore & tremore adjutorium Domini etiam per caritatem tuæ venerationis exspectat. Audivimus enim, in Ur- Ps. 3. 3. 2. Cor. 12. 10. 5 6 Ps. 34. 3.
be Roma, ubi 7 ille diu vixit, esse non- 7
nullos, qui diversis caussis ei faveant: quidam, scilicet, 8 quia talia eis persuasisse per- 8
hibetur; plures vero, qui eum talia 9 sen- 9
tire non credunt: præsertim quia in Oriente, ubi degit, gesta ecclesiastica facta esse jactantur, quibus putatur esse purgatus: ubi quidem si Episcopi eum catholicum pronuntiarunt, non ob aliud factum esse credendum est, nisi quia se dixit gratiam Dei confiteri, & ita posse hominem suo labore
ac voluntate juste vivere, ut ad hoc 10 10
eum adjuvari Dei gratia non negaret. His enim auditis verbis catholici Antistites, nullam aliam Dei gratiam intelligere potuerunt, nisi quam in libris Dei legere, & populis Dei prædicare consueverunt; eam utique, de qua dicit Apostolus: *Non irritam facio gratiam Dei: nam si per legem justitia, ergo Christus gratis mortuus est:* Gal. 2. 21. sine dubio gratiam qua justificamur ab iniquitate, & qua salvamur ab infirmitate, non qua creati sumus cum propria voluntate. Nam si intellexissent illi Episcopi eam illum dicere gratiam, quam etiam cum impiis habemus, cum quibus homines sumus,

37 Quesn. cum suis MSS. *velut*. Nostrum cod. Vind. cum aliis editis consentientem prætulimus. Garn. hujus vocis loco substituit *oves*.

38 Quesn. cum suis codd. *quo auctore semetipsos quibusdam spiculis*. Garn. *quas in semetipsas spiculis .... armavit*. Aliæ editiones *quas in semetipsos spiculis*. Sequuti sumus codd. nostros Vind & Vat.

39 Apud Garn. *Data VI. Kal. Febr. Honorio XI. & Constantio II. Viro Clarissimo* (non *viris clarissimis*) *Coss.* Cum porro hæc epistola a S. Pontifice data fuerit eodem die, quo epistola ad Synodum Carthaginensem, nihil ambigendum est, quin hæc æque ac illa signata fuerit ea formula: *Post Consulatum Theodosii VII. & Junii Quarti*. Sed quia post hunc consulatum ordinarii consules processerunt Honorius Augustus & Constantius, satis probabilis est Coustantii conjectura, antiquarii alicujus opera ad marginem adjectum: fuisse *Honorio & Constantio Coss.* atque hoc scholion e margine in textum perperam fuisse traductum. Id autem multo fit probabilius, si consideres omissionem numerorum XI. & II., quæ sinceræ chronicæ notæ non convenit.

1 Relecta cum iisdem codd. cum quibus duæ præcedentes. *Familiaris* autem dicta est hæc epistola, ut distinguatur a synodicis litteris, quæ ab iisdem Episcopis in Concilio Carthaginensi, aut Milevitano ad ipsum Innocentium scriptæ fuerunt. Vide Augustini epist. 86. n. 2. Sic etiam Turribii epistola ad Leonem privatim scripta *familiaris* vocatur epist. 15. hujus Pontificis ad eumdem Turribium c. 17. Confer not. 3. in dissert. 13. Quesnelli.

2 MSS. Isid. cum vulg. addunt *in Domino*.

3 Quesn. cum solo Oxon. inserit *Africæ*. Delevimus cum nostris codd. & vulg. immo etiam cum Thuan. ipsius Quesnell..

4 Vulg. Conc. *creasti*.

5 Al. *Multique*: & mox *in Domino*.

6 Quesn. addit *ergo*, non vero nostri codices, nec aliæ editiones.

7 Pelagius scilicet, quamvis nondum in hac epistola nominatus. Quesn. voci *ille*, quæ est in nostris codicibus, & aliis editis, substituit *Pelagius*, quod forte hoc nomen perspicuitatis gratia in Oxon. MS. scriptum invenit.

8 Ita cum Oxon. noster cod. Vind. optime. Thuan. cum aliis antiquis editis *quia vos, qui talia persuasisse perhibent*: corrupta lectio, inquit Quesnellus, & Pontifici contumeliosa. Noster vero MS. Vat. cum aliis plerisque laudatis a P. Coust. pro *perhibent* habet *perhibentur*: & unus Colbert. cum alio Vat. *perhibetur*. In hoc ultimo præterea legitur *quia nobis*: ubi si emendetur *vobis*, conficietur hæc non incongrua lectio: *quia vobis talia persuasisse perhibetur*. Pelagiani enim Romanos sibi faventes jactabant.

9 MS. Vind. *sensisse*, forte melius.

10 Idem codex cum vulg. delet *eum*.

mus, negare vero illam qua Christiani &
filii Dei, sumus ; quis eum patienter ca-
11 tholicorum Sacerdotum, non 11 dicimus
audiret, sed ante oculos suos ferret ? Quapropter non culpandi sunt judices, quia ec-
12 clesiastica consuetudine 12 gratiæ nomen audierunt, nescientes quid hujusmodi homines vel in suæ doctrinæ libris, vel in suorum auribus solent spargere.
CAP. II. Non agitur de uno Pelagio, 13 quia jam
13 fortasse correctus est, quod utinam ita sit ;
sed de tam multis quibus loquaciter contendentibus, & infirmas atque ineruditas
14 animas velut 14 convinctas trahentibus, fir-
mas autem & in fide stabiles ipsa contentione fatigantibus, usquequaque jam omnia
15 plena sunt 15. Aut ergo a tua veneratione accersendus est Romam, & diligenter in-
terrogandus quam dicat gratiam, quam fa-
16 teatur ; si tamen 16 fateatur ad non peccandum justeque vivendum homines adjuvari ; aut hoc ipsum cum eo per litteras
agendum. Et cum inventus fuerit hanc dicere quam docet ecclesiastica & apostolica
veritas, tunc sine ullo scrupulo Ecclesiæ,
sine latibulo ambiguitatis ullius absolvendus
est, tunc est revera de ejus purgatione gau-
dendum. Sive enim dixerit gratiam esse liberum arbitrium, sive gratiam esse remissionem peccatorum ; sive gratiam esse legis
17 præceptum ; nihil eorum dicit, 17 quæ per
subministrationem Spiritus sancti pertinent
ad concupiscentiam tentationesque vincen-
Tit. 3. 6. das : *quem ditissime effudit super nos*, *qui*
Ephes. 4. 8. *ascendit in cælum*, 18 *& captivata captivi-*
Rom. 8. 26. *tate dedit dona hominibus*. Hinc enim ora-
18 mus, ut peccatorum tentationem superare
possimus ; ut Spiritus Dei, unde pignus accepimus, adjuvet infirmitatem nostram : Qui
autem orat, & dicit : *Ne nos inferas in ten-* Matth. 6
tationem : non utique id orat, ut homo sit, 13.
19 quoniam est natura : neque id orat ut 19
habeat liberum arbitrium, quod jam accepit, cum crearetur ipsa natura : neque orat
remissionem peccatorum, quia hoc 20 su- 20
perius dicitur : *Dimitte nobis debita nostra* :
neque orat ut accipiat mandatum ; sed plane orat ut faciat mandatum. Si enim in
tentationem inductus fuerit, hoc est in
tentatione defecerit, facit utique peccatum,
quod est contra mandatum. Orat ergo ut
non peccet ; hoc est ne quid faciat mali :
quod pro Corinthiis orat Apostolus, dicens :
Oramus autem ad Dominum, ne quid fa- 2. Cor. 13. 7.
ciatis mali. Unde satis apparet quod ad non
peccandum, id est ad non male faciendum, quamvis esse non dubitetur 21 arbi- 21
trium voluntatis, tamen ejus potestas non
sufficiat, nisi adjuvetur infirmitas. Ipsa igitur oratio clarissima est gratiæ testificatio.
22 Hanc ille confiteatur, & eum gaudebi- 22
mus sive rectum, sive correctum. Distinguenda est lex & gratia. Lex jubere novit,
gratia juvare. Nec lex juberet nisi esset voluntas ; nec gratia juvaret, si sat esse voluntas. Jubetur ut habeamus intellectum,
ubi dicitur : *Nolite esse sicut equus & mu-* Ps. 31. 9.
lus, quibus non est intellectus : & tamen oramus ut habeamus intellectum : ubi dicitur :
Da mihi intellectum, ut discam mandata tua. Ps. 118. 34.
Jubetur ut habeamus sapientiam, ubi dici-
tur : 23 *Stulti aliquando sapite*, & tamen ora- 23
tur, ut habeamus sapientiam, ubi dicitur :
Si quis autem vestrum indiget sapientia, po- Jacob. 1. 5.
stulet a Deo, qui dat omnibus affluenter,
& non improperat ; *& dabitur ei*. Jubetur
ut habeamus continentiam, ubi dicitur :
24 *Cum scirem quia nemo potest esse conti-* Eccl. 11. 18.
nens, 24

---

11 Quesn. *dico patienter audiret*. Sequuti sumus nostrum cod. Vindeb. consentientibus aliis
editis. Dein duo MSS. Colbert. *tantum ante
oculos*, majori quadam emphasi, ut notavit
P. Coustantius. Accedit Vind. in quo *ante
tanto oculos* corrupte scriptum fuit, ac posteriori manu vox *tanto* deleta.

12 Sic Vind. cod. cum vulg. melius quam
apud Quesnellum *gratiam audierunt*.

13 Vulg *qui*.

14 Thuan. cum Merl. *conjunctus*. Oxon.
cum recentioribus vulgatis Concil. *convictus*,
minus recte. Quesnelli lectionem probat noster Vindeb. & alii potiores codd. quos Coustantius consuluit.

15 Quesn. addidit *loca*. Expunximus cum
nostro MS. Vind. & ceteris editis.

16 MS. Vat. Isid. cum vulg. addit *jam*.

17 Vulg. concinente Vind. *quod ..... pertinet*.

18 Cod. Vind. *& captivavit captivitatem* :
melius editi *& captivans captivitatem*.

19 Al. *quod*. Mox *habeat* scripsimus cum
MS. Vind. & vulg. Quesn. *accipiat*.

20 Quesn. *inferius*. Emendavimus cum duobus nostris codd. & vulg.

21 In MS. Vind. manus antiqua addit *liberum*, ut in editis Conciliorum legitur.

22 Sic nostri codices & aliæ editiones.
Quesn. *eam*.

23 Sequentia usque ad repetitionem *ubi dicitur* per saltum omissa in MS. Oxon. Quesnellus in margine monuit ex aliis editionibus
inserenda. Inseruimus vero, quia etiam in
MS. Vind. hujus collectionis leguntur.

24 Ita noster Vind. cum Merlino, Crabbo, & MSS. quampluribus, quos contulit P.
Coustantius. Insignis hujus adnotatio hoc loco appendenda. *Hic tamen aliquid desiderari
manifestum est. Quocirca editor Romanus istud
inter uncinos altero caractere adjecit* (Hic aliquid deest hujusmodi : Sint lumbi vestri præcincti : & tamen oramus eam dari nobis ubi
dicitur.) *Quod & postea in quibusdam aliis
editionibus retentum. Additamenti hujus loco
Quesn. substituit* : A voluptatibus tuis avertere, & tamen oratur ut habeamus continentiam, ubi dicitur. *Neutrum supplementum placet. Quo autem pacto resarciendus sit hic locus,
ex alio simili Augustini expiscari licet. Is Doctor epist. 147. ad Hilarium n. 9. idem argumentum pertractans ita scribit* : Cum dicit lex,
Non concupisces, quid videtur aliud imperare, nisi ab illicitis cupiditatibus continentiam ? .... & tamen oratur ut habeamus continentiam, ubi dicitur : Cum scirem quia nemo

nens, nisi Deus det, & hoc ipsum erat *sapientiæ scire cujus esset hoc donum; adii Dominum, & deprecatus sum illum*. Postremo ne nimium longum sit cuncta percurrere, jubetur ut non faciamus malum, ubi dici-
Sap. 8. 21. tur: *Declina a malo* 25: & tamen oratur
25 ut non faciamus malum, ubi dicitur: *Oramus autem ad Deum, ne quid faciatis mali*. Jubetur ut faciamus bonum, ubi dici-
Ps. 36. 27. tur: *Declina a malo, & fac bonum*: & tamen oratur ut faciamus bonum, ubi dici-
Colos. 1. 3. tur: *Non cessamus orantes pro vobis, orantes, & postulantes*: atque inter cetera quæ illis orat, dicit: *ut ambuletis digne Deo in omne placitum, in omni opere, & sermone bono*. Sicut ergo agnoscimus voluntatem, cum hæc præcipiuntur; sic & ipse agnoscat gratiam cum petuntur.

CAP. III. Misimus Reverentiæ tuæ librum, quem dederunt quidam religiosi & honesti adolescentes servi Dei, quorum etiam nomina non tacemus, nam Timasius & Jacobus vocantur. Qui, sicut audivimus, & etiam ipse nosse dignaris, ipsius Pelagii exhortatione spem quam habebant in sæculo reliquerunt, & nunc continentes Deo serviunt. Qui cum eodem errore tandem aliquando per qualemcumque operam nostram, Domino inspirante, caruissent, protulerunt eumdem librum, Pelagii esse dicentes, & ut ei responderetur impendio rogaverunt. Factum est, & ad eosdem rescripta est ipsa responsio. Agentes gratias rescripserunt. Utrumque misimus, & cui responsum est, & quod responsum est: & ne nimium essemus onerosi, signa fecimus his locis, ubi petimus inspicere ne graveris, quemadmodum sibi objecta quæstione, quod gratiam Dei negaret, ita respondit, ut eam esse non diceret nisi naturam, in qua nos condidit Deus. Si autem hunc esse librum suum negat, aut eadem in libro loca, non contendimus. Anathematizet ea, & illam gratiam confiteatur apertissime, quam doctrina christiana demonstrat & prædicat esse propriam Christianorum: quæ non est natura,
26 sed 26 qua salvatur natura: quæ non auribus sonante doctrina, vel aliquo adjumento visibili plantatur quodammodo & irrigatur extrinsecus, sed subministratione spiritus, & occulta misericordia, sicut facit ille qui dat incrementum Deus. Etsi enim quadam non improbanda ratione dicitur gratia Dei, qua creati sumus, ut non nihil essemus, nec ita essemus aliquid ut cadaver,
quod non vivit, 27 & arbor quæ non sen- 27
tit, aut pecus quod non intelligit; sed ut homines, qui & essemus, & viveremus, & sentiremus, & intelligeremus, & de hoc tanto beneficio creatori nostro gratias agere valeamus; unde merito & ista gratia dici potest, quia non præcedentium aliquorum operum meritis, sed gratuita Dei bonitate donata est: alia est tamen, qua prædestinati vocamur, justificamur, glorificamur,
ut dicere possimus: *Si Deus pro nobis, quis* Rom. 8. 31.
contra nos? qui proprio filio 28 *suo non pe-* 28
percit, sed pro nobis omnibus tradidit illum.

De hac gratia quæstio vertebatur, quan- CAP. IV.
do ab his, quos Pelagius graviter offendebat atque turbabat, dicebatur ei, quod eam suis disputationibus oppugnaret; quibus as-
sereret 29 quod non solum ad facienda, ve- 29
rum etiam ad perficienda mandata, divina per liberum arbitrium sibi humana sufficeret natura. Hanc apostolica doctrina gratiam isto nomine appellat, qua salvamur & justificamur ex fide Christi. De hac scriptum est: *Non irritam facio gratiam Dei*: Galat. 2. 21.
nam si per legem justitia, ergo Christus gratis mortuus est. De hac scriptum est: *Eva-* Ibid. 5. 4.
cuati estis a Christo, qui in lege justificamini, a gratia excidistis. De hac scriptum Rom. 11. 6.
est: *Si autem gratia, jam non ex operibus;*
alioquin gratia jam non 30 *gratia*. De hac Ibid. 44.
scriptum est: *ei autem qui operatur, merces* 30
non imputatur secundum gratiam, sed secundum debitum; ei autem qui non operatur, credenti autem in eum qui justificat impium, deputatur fides ejus ad justitiam. Et multa alia, quæ melius potes ipse meminisse, & intelligere prudentius, & illustrius prædicare. Illam vero gratiam qua creati sumus homines, etiamsi ita appellandam non immerito intelligimus, mirum est tamen si ita appellatam in ullis legitimis propheticis, evangelicis, apostolicisque litteris legimus. Cum itaque de hac gratia Christianis fidelibus Catholicisque notissima 31 illi objice- 31
retur quæstio ut eam oppugnare desineret, quid est quod cum hoc sibi in libro suo, velut ab adversante persona, idem ipse objecisset, ut se respondendo purgaret, nihil aliud

mo potest esse continens &c. *Moxque concludit*: Jubet ergo Deus continentiam, & dat continentiam. *Ad mentem igitur Augustini integer fiet hic noster locus, si restituamus*: Jubetur ut habeamus continentiam, ubi dicitur, Non concupisces; & tamen oratur ut habeamus continentiam, ubi dicitur, Cum scirem &c. *Proxima earumdem vocum repetitio, fecunda lacunarum seges, huic occasionem dedit*.

25 Quesn. addit *& fac bonum*: melius deletur hoc loco in MS. Vind. & aliis vulg.

26 Idem addit *gratia*. Expunximus cum eodem cod. aliisque editis. Mox Vind. delet *quæ*. Locus in hac collectione, aliisque MSS. Isidorianis valde corruptus. Editores Bened. ex MS. Vat. & Coustantius ex duobus codd. Colbert. sic emendarunt: *quæ naturam non auribus sonante doctrina, vel aliquo adjumento visibili fovet, sicut plantator quodammodo, & irrigator extrinsecus* &c.

27 Cod. Vat. cum vulg. *aut*.

28 Inseruimus *suo* auctoritate nostrorum codd. Vind. & Vat. cum ceteris editis.

29 Vulg. cum MS. Vat. delent *quod*: & dein *humanam sufficere naturam*.

30 Vulg. cum Vat. Isid. addunt *est*.

31 Inseruimus *illi* cum nostris codd. & vulg. Vind. pro *notissima* habet *novissima*.

32 aliud respondit, nisi naturam creati 32 hominis referri ad gratiam creatoris; atque ita
se dicere impleri posse sine peccato justitiam per liberum arbitrium cum adjutorio
divinæ gratiæ, quod Deus hoc dederit homini ipsa possibilitate naturæ. Cui merito
Galat. 5. 11. respondetur: *Ergo evacuatum est scandalum*
Ibid. 2. 21. *crucis: ergo Christus gratis mortuus est.* 33
33 Numquid enim, si non moreretur propter
delicta nostra, & resurgeret propter justifi-
34 cationem nostram; 34 & si non ascenderet
Ps. 67. 9. in altum, & captivans captivitatem daret
dona hominibus, ista naturæ possibilitas quam
defendit, in hominibus non esset?

CAP. V. An forte Dei mandatum deerat, & ideo
Christus mortuus est? immo jam & hoc erat
sanctum & justum & bonum. Jam dictum
Exod. 20. fuerat: *Non concupisces.* 35 Jam dictum
17. fuerat: *Diliges proximum tuum tamquam te*
Matth. 22. *ipsum:* in quo sermone Apostolus omnem
39. legem dicit impleri. Et quoniam nisi dili-
35 gat Deum, nemo diligit seipsum; ideo Dominus in his duobus præceptis totam legem
dicit prophetasque pendere: quæ duo præ-
36 cepta jam erant hominibus 36 divinitus data. An æternum justitiæ præmium promissum nondum erat? hoc ipse non dicit, qui
in suis litteris posuit, etiam in veteri testamento regnum cælorum esse promissum?
Si ergo ad faciendam perficiendamque justitiam jam erat naturæ possibilitas per liberum arbitrium, jam erat legis Dei sanctum, justum, bonumque mandatum, jam
erat promissum præmium sempiternum: ergo Christus gratis mortuus est: ergo neque
per legem justitia, neque per naturæ possibilitatem, sed ex fide ac dono Dei per JE-
SUM-CHRISTUM Dominum nostrum unum
mediatorem Dei & hominum: qui nisi in
plenitudine temporis mortuus esset propter
delicta nostra, 37 & resurrexisset propter ju-
37 stificationem nostram, profecto & antiquorum fides evacuaretur & nostra: fide vero
evacuata, quæ homini justitia remaneat,
Rom 5. 12. cum justus ex fide vivat? Ex quo enim *per*
unum hominem peccatum intravit in mun-
dum, & per peccatum mors; & ita in omnes
homines pertransiit, in quo omnes peccave-
runt; procul dubio a corpore mortis hujus,
ubi alia lex repugnat legi mentis, neminem
liberavit aut liberat 38 sua possibilitas, quæ 38
perdita redemptore indiget, saucia salvatore; sed gratia Dei per fidem unius mediatoris Dei & hominum hominis JESU-CHRI-
STI; qui & Deus cum esset, hominem fecit, & manens Deus, homo factus, refe-
cit ipse quod fecit.

Puto autem quod 39 eum lateat fidem CAP. VI.
Christi, quæ postea in revelationem venit, 39
in occulto fuisse temporibus patrum nostrorum; per quam tamen etiam ipsi Dei gratia liberati sunt quicumque omnibus humani generis temporibus liberari potuerunt occulto Dei judicio, non tamen vituperabi-
li. Unde dicit Apostolus: *Habentes autem* 2. Cor. 4. 13.
eumdem spiritum fidei (utique eumdem 40 40
quem & illi) *secundum quod scriptum est: Cre-*
didi, propter quod locutus sum; & nos cre-
dimus, propter quod & loquimur. Inde est Joan. 8. 56.
quod ait ipse mediator: *Abraham concupi-*
vit videre meum diem; & vidit, & gavi-
sus est. Inde Melchisedech prolato sacra- Gen. 14. 18.
mento mensæ dominicæ, novit æternum
ejus 41 sacerdotium figurare. Jam vero data in 41
litteris lege, quam dicit Apostolus subin-
trasse, *ut abundaret delictum:* & de qua di- Rom. 5. 20.
cit: *Si ergo ex lege hereditas, jam non ex* Galat. 3. 18.
promissione: Abrahæ autem per repromissio-
nem donavit Deus. Quid ergo lex? transgres-
sionis gratia 42 proposita est, donec veniret 42
semen, cui promissum est, disposita per An-
gelos in manu mediatoris: mediator autem
unius non est; Deus autem unus est. Lex
ergo adversus promissa Dei? absit. Si enim
data esset lex, quæ posset vivificare, omnino
ex lege esset justitia. Sed conclusit Scriptura
omnia sub peccato, ut promissio ex fide JESU-
CHRISTI *daretur credentibus.* Nonne satis
ostenditur hoc actum esse per legem, ut
peccatum agnosceretur, & prævaricatione
augeretur: *ubi enim lex non est, nec præva-* Rom. 4. 15.
ricatio: & sic adversus victoriam peccati ad
divinam gratiam, quæ in promissionibus est,
confugeretur: atque ita lex non esset adversus promissa Dei. Quia ideo per illam
fit cognitio peccati, & ex prævaricatione
legis abundantia peccati, ut ad liberatio-
nem quærantur promissiones Dei; quod est
gratia Dei; & incipiat in homine esse justitia, non sua, sed Dei, hoc est data dono

---

32 Vox *hominis* inserta ex iisdem MSS. & editis. Cod. Thuan. cum vulg *hominis referre gratiam creatoris:* At nostri codd. cum Oxon. Quesnelli *referri ad gratiam creatoris*. Post pauca *dederit* scriptum ex nostris codd. & aliis editionibus. Quesn. *dedit*.

33 Vind. cum recentioribus vulg. Concil. *Non enim*.

34 Vind. *nec ascendit*, melius in aliis vulg. *nec ascenderet*. Quesn. *in cælum*. Substituimus *in altum* ex omnibus editis nostrisque codicibus.

35 Quesn. addit *rem proximi tui*. Expunximus cum MS. Vind. & aliis vulgatis.

36 Addidimus *divinitus*, & dein *etiam* ex eodem codice, aliisque editionibus.

37 Quinque sequentes voces ex nostris codicibus, & cunctis etiam editionibus adjectæ sunt.

38 In Vind. & aliis MSS. *suæ possibilitas*, mendose. Hinc forte data occasio addendi *naturæ*, uti legitur in Oxon. cod. ex quo Quesn. edidit *naturæ suæ possibilitas*.

39 Sic cum vulg. nostri codd. & Thuan. Quesnelli, qui prætulit cum Oxon. *Pelagium lateat*. In secunda ipsius editione excidit *lateat*. Garn. *quod lateat*.

40 Sic MS. Vindeb. cum ceteris editionibus. Quesn. *quem illi, sicut scriptum est*.

41 Ita idem cod. & editi. Quesn. *sacrificium*, minus bene.

42 Vulg. *posita est*; & dein *dispositum* etiam in MS. Vind.

no Dei. Quam etiam nunc quidam, sicut
Rom. 10. 3. & tunc de Judæis dictum est, *ignorantes
Dei justitiam, & suam volentes constituere, justitiæ Dei non sunt subjecti*. Per legem quippe & illi se justificari arbitrantur,
sufficiente sibi ad eam custodiendam libero
arbitrio, hoc est, justitia sua prolata ex natura humana, non donata ex gratia divina,
propter quod justitia Dei dicitur: unde item
Rom. 3. 21. scriptum est: *Per legem enim cognitio peccati: nunc autem sine lege justitia Dei manifestata est, testificata per legem & prophetas*. Cum dicit, *manifestata est*, ostendit quia & tunc erat; sed tamquam illa plu-
via, quam Gedeon impetravit, tunc velut
in vellere occulta, nunc autem velut in
area manifesta. Cum ergo lex sine gratia,
non mors peccati potuisset esse, sed vir-
1. Cor. 15. 56. tus: sic enim dictum est: *Aculeus mortis
peccatum, virtus autem peccati lex*; sicut
confugiunt multi a facie regnantis peccati
ad gratiam velut in aream nunc patentem;
ita pauci ad eam confugiebant velut in vellere tunc latentem. Hæc vero temporum
distributio refertur ad altitudinem divitiarum sapientiæ & scientiæ Dei, de qua di-
Rom. 11. 13. ctum est: *Quam inscrutabilia sunt 43 ju-
43 dicia Dei, & investigabiles viæ ejus*! Qua-
44 propter 44 & ante tempus legis, & tempore ipso legis justos patres ex fide viven-
45 tes non possibilitas naturæ infirmæ, & 45
indignæ, ac vitiatæ, & sub peccato venum-
datæ; sed Dei gratia per fidem justificabat,
& nunc eadem in apertum jam veniens revelata justificat.

CAP. VII. Anathematizet ergo Pelagius scripta sua,
ubi contra eam, etsi non per contumaciam, tamen per ignorantiam disputat, possibilitatem defendendo naturæ ad vincenda peccata, & implenda mandata: aut si
46 ea esse sua negat, 46 aut scriptis suis ab
inimicis suis dicit immissa, quæ sua esse
negat, anathematizet ea tamen & damnet
paterna exhortatione, & auctoritate Sanctimoniæ tuæ. 47 Si vult; onerosum sibi & 47
perniciosum discat Ecclesiæ scandalum auferre, quod scandalum auditores, & in perversum dilectores ejus usquequaque spargere non quiescunt. Si enim cognoverint eumdem librum, quem illius vel putant esse,
vel norunt, Episcoporum Catholicorum auctoritate, & maxime Sanctitatis tuæ, quam
apud eum esse majoris ponderis minime dubitamus, ab eodem ipso esse anathematiza-
tum atque damnatum; non eos ulterius
æstimamus ausuros, loquendo contra gratiam
Dei, quæ revelata est per passionem & resurrectionem Christi, pectora fidelia & simpliciter christiana turbare; sed potius adjuvante misericordia Dei, concertantibus nobiscum caritate ac pietate flagrantibus orationibus tuis, non solum ut in æternum
beati, verum etiam justi & sancti sint, 48 48
non in sua virtute, sed in eadem gratia
confisuros. Unde & ad ipsum scriptam 49 49
ab uno nostrum epistolam (ad quem per
quemdam Diaconum Orientalem, civem
autem Hipponensem, tamquam purgationis
suæ 50 quædam scripta transmisit) tuæ Bea- 50
titudini potius credidimus dirigendam, melius judicantes & petentes ut eam 51 emit- 51
tere ipse digneris: sic enim eam legere potius non dedignabitur, magis in illa eum
qui misit; quam qui scripsit attendens.

Illud vero quod dicunt, posse esse homi- CAP. VIII.
nem sine peccato, & mandata Dei custodire
facile, si velit; quamvis cum hoc per adjutorium gratiæ, quæ tamen per incarnationem unigeniti ejus revelata atque donata est, dicitur, tolerabilius dici videatur;
tamen 52 quoniam non immerito quæri po- 52
test, ubi & quando per eamdem gratiam id
efficiatur in nobis, ut sine ullo prorsus peccato simus: utrum in hac vita, quando *caro concupiscit adversus spiritum*; an vero
in illa, cum fiet sermo qui scriptus est:
ubi

---

43 Cod. Vat. cum aliis editis *judicia ejus*.

44 Alii codd. excusi *si & ante*: Garn. *sic & ante*.

45 Edit. Lovan., & Benedict. cum Coust. *indigæ*: quam lectionem veram contendunt, ita ut *indignæ* perperam scriptum fuerit ex *indigue*: sic enim antiqua ratione scribere solebant pro *indige*.

46 Quesn. *& scriptis*, & mox *ab inimicis dicit*. Prætulimus MSS. Vind. cum ceteris editis.

47 Quesn. *si non vult; onerosum sibi & perniciosum esse discat Ecclesiæ scandalum afferre, quod auditores* &c. Vulgatam lectionem a nostro codice Vindebonensi confirmatam revocavimus. Solum in vulgatis habetur: *Si vult ergo*, vel *Si ergo vult*, & in edit. Concil. *inferre* pro *auferre*, minus recte. Restituta vero lectio cum contextu maxime cohæret: Si enim Pelagius librum ipsius nomine vulgatum anathematizare velit, Episcopi scandalum onerosum sibi, & Ecclesiæ perniciosum auferendum non dubitant.

48 Quesn. cum solo Oxon. cod. addit verbum *conari*: quod rectius abest a MS. Vind. & Thuan. ac ceteris excusis. Mox Vind. *confisuri*.

49 Indicatur epistola Augustini ad ipsum Pelagium missa, quæ ad nos non pervenit. Ille enim *unus* epistolæ scriptor, ad quem Pelagius scripta purgationis suæ misit, Augustinus fuit, ut liquet ex lib. de Gestis Pelagii c. 32.

50 Vocem *caussa* hoc loco a Quesnello insertam cum MS. Vind. & aliis vulg. delevimus, & rectius. Quæ enim hic *purgationis suæ scripta* vocantur, in laudato libro de Gestis Pelagii c. 29. *purgationis suæ gesta* dicuntur.

51 Sanior est aliorum codicum lectio, ex qua ceteræ editiones, *ei mittere*.

52 Cod. Vind. *quoniam immerito debere potest*. Crab. *quoniam merito quæri potest*. Ceteræ editiones *quoniam non immerito movere potest*. Post pauca *prorsus* cum nostris MSS. & aliis editis prætulimus. Quesn. *proprio*.

1 Cor. 15. ubi est mors victoria tua, ubi est mors 53
55. aculeus tuus? aculeus enim mortis peccatum
53 est: diligentius pertractandum est propter
alios quosdam qui senserunt atque in suis
litteris memoriæ mandaverunt, etiam in hac
S.Ambros. vita posse esse hominem sine peccato, non
in 1.Luc.6. ab initio nativitatis suæ, sed conversione a
54 peccatis ad justitiam, & 54 a via reproba ad bonam vitam. Sic enim intellexerunt quod de
Zacharia & Elizabeth scriptum est, ambulasse
Luc. 1. 6. eos *in omnibus justificationibus Domini sine querela*. Hoc quod dictum est, *sine querela*, sine
55 peccato 55 dictum acceperunt; non quidem negantes, immo etiam, quod aliis locis in litteris
eorum invenitur, pie confitentes adjutorium
gratiæ Domini nostri, non per naturalem spiritum hominis, sed per principalem spiritum Dei.
Qui parum considerasse videntur ipsum Zachariam fuisse utique Sacerdotem: omnes
56 autem 56 Sacerdotes necesse habebant ex
lege Dei primitus pro peccatis suis offerre
sacrificium; deinde pro populi. Sicut ergo
nunc per orationis sacrificium convincimur
non esse sine peccato, quoniam jussi sumus
Matt.6.12. dicere: *Dimitte nobis debita nostra*: ita &
tunc per sacrificia victimarum animalium
convincebantur Sacerdotes sine peccato non
esse, qui pro suis peccatis jubebantur offerre. Quod si res ita se habet, ut per gratiam salvatoris proficiamus quidem in hac
vita, deficiente cupiditate, caritate crescente; perficiamur autem in illa vita, cupiditate extincta, caritate completa; profecto
1. Joan.3. illud quod scriptum est: *Qui 57 natus est*
18. *ex Deo, non peccat*: secundum ipsam cari-
57 tatem dictum est, quæ sola non peccat.
Ad nativitatem quippe, quæ ex Deo est,
augenda & perficienda caritas pertinet; non
ea, quæ minuenda & consumenda est, cupiditas: quæ tamen, quamdiu est in membris nostris, lege quadam sua repugnat legi mentis. Sed natus ex Deo, non obediens
desideriis carnis, nec exhibens membra sua
arma iniquitatis peccato, potest dicere: *Jam*
Rom.7.20. *non ego operor illud; sed 58 id quod habi-*
58 *tat in me peccatum*. Sed quoquo modo se habeat ista quæstio, quia etsi non invenitur
in hac vita homo sine peccato, id tamen
posse fieri dicitur per adjutorium spiritus
Dei & gratiæ: quod ut fiat conandum atque poscendum est; tolerabiliter in eo quis-

que fallitur; nec diabolica impietas, sed error humanus est: elaboranda & optanda affirmare, etiam si quod affirmat non possit
ostendere. Id enim credit fieri posse, quod
certe laudabile est velle. Nobis autem sufficit quod nullus in Ecclesia Dei fidelium
reperitur in quolibet provectu excellentiaque justitiæ, qui sibi audeat dicere non necessariam 59 precationem orationis domi- 59
nicæ: *Dimitte nobis debita nostra*: & dicat Matt.6.12.
se non habere peccatum, ne seipsum decipiat, & veritas in eo non sit, quamvis
jam sine querela vivat. Non enim 60 qua- 60
lescumque etiam tentationes humanæ, sed
grave peccatum est, quod in querelam venit. Cetera, quæ illi objecta sunt, sicut gestis defensa perviderit, ita de his procul dubio tua Beatitudo judicabit. Dabit sane nobis veniam mitissima suavitas cordis tui,
quod prolixiorem epistolam fortasse quam
velles, misimus Sanctitati tuæ. Non enim rivulum nostrum tuo largo fonti augendo refundimus, sed in hac non parva tentatione temporis, unde nos liberet, cui dicimus: *Ne nos inferas in tentationem*: utrum Matt.6.13.
etiam noster 61, licet exiguus ex eodem, 61
quo etiam tuus abundans, emanet capite
fluentorum, hoc a te probari volumus: 62 62
tuisque rescriptis de communi participatione unius gratiæ consolari.

CAPITULUM XI.

1 RESCRIPTUM 1
EJUSDEM PAPÆ.
ad V. Episcopos.

INNOCENTIUS AURELIO, ALYPIO, AUGUSTINO, EVODIO, POSSIDIO Episcopis salutem.

FRaternitatis vestræ litteras plenas fidei, CAP. I.
totoque religionis Catholicæ vigore firmatas 2 a duobus missas Conciliis, per 2
fratrem & Coepiscopum nostrum Julium
pergrato suscepimus animo, quod earum
tenor, omnisque contextio in consideratione quotidianæ gratiæ Dei, & in eorum
correctione, qui contra sentiunt, 3 integra 3
ratione consistit: ut & illis omnem tolle-
re-

53 Sic nostri codd. & vulg. solus Quesn. *stimulus*. Dein *quosdam* adjecimus ex iisdem MSS. & editis.

54 Gain. & edit. Aug. *a vita reproba*.

55 Vocem *dictum* cum nostris MSS. & vulg. addidimus.

56 MS. Vat. cum vulg. addit *tunc*.

57 Vind. MS. cum alio Colbert. delet *natus*.

58 Ex eodem MS. Vind. inseruimus vocem *id*, pro qua aliæ editiones habent *illud*.

59 Sic nostri codd. & vulg. Quesnellus *petitionem*.

60 Edit. Conc. Aug. & Coust. *qualecumque etiam tentationis humanæ*.

61 Quesn. inserit *rivulus*. Delevimus cum Vind. & ceteris vulg. Ex antecedentibus subintelligitur.

62 MS. Vindeb. mendose *his quæ rescriptis*. Correctionem suppeditant alii codd. cum quibus Bened. & Coust. *tuisque rescriptis*. Aliæ editiones *& tuis rescriptis*. Quesnellus alia prorsus lectione totam hanc pericopen expressit: *ut his, quæ tibi videbuntur rescriptis de communi participatione gratiæ nos consoleris*.

1 Præter MSS. hujus collectionis & Isidorianæ exstat etiam in collectione Avellana. Relegimus cum codicibus Vindebonensi 39. hujus collectionis, & Vat. 3791. collect. Isidorianæ.

2 Garn. addit *& alias*.

3 Idem Garn. *integra relatio ita consistit*.

4 rere 4 possit errorem, & idoneum, dato
quovis nostræ legis exemplo, quem sequi
5 debeant, dignum 5 possint præbere doctorem. Sed de his jam satis, ut opinor, supra diximus, cum vestris relationibus respondentes rescripsimus, quid vel de eorum
perfidia, vel de vestra sententia sentiremus.
Sed subinde contra eos subvenit & suppe-
6 ditat quod dicatur; nec potest aliquando 6
esse quod vincat, cum tam miserum im-
piumque sit quod nostræ fidei virtute &
ipsa plenius veritate vincatur. Qui enim
omnem vitæ spem respuit atque contemsit,
inimica damnabilique cor suum disputatione confundens, cum credit nihil esse quod
a Deo accipiat, nec aliquid superesse, quod
7 petat ad sanandum 7 se; qui sibi hoc abstulit, ulterius quid reliquit? Si ergo sunt
aliqui quos in sui defensionem perversitas
8 tanta 8 devinxit, qui huic se dogmati de-
dant atque conjungant, sperantes hoc ad
catholicam pertinere doctrinam, quod abhorrens longius, & penitus approbatur ad-
9 versum, 9 infecti illorum & monitis, &
verbis, ut laberentur, inducti; quatenus ad
rectum viæ tramitem redeant, festinabunt:
10 10 ne diutius mentem obsidens velut eorum
sensibus pastus error invadat.

CAP. II. Nam si Pelagius quocumque loco restitit, eorum animos, qui facile vel simpliciter crederent disputanti, hac affirmatio-
11 ne decepit, 11 seu hic illi in Urbe sint
(quod nescientes nec manifestare, nec negare possumus; cum & si sunt, lateant;
nec aliquando audeant vel illum prædican-
tem ista defendere, vel talia aliquo nostro-
12 rum præsente jactare, & in tanta 12 po-

pulorum multitudine non deprehendi aliquis facile, vel alicubi possit agnosci) sive
in quovis terrarum loco degant: 13 Domi- 13
ni nostri misericordia gratiaque credimus,
quod facile corrigantur, audita ejus damnatione, 14 qui fuerit pertinax & resistens 14
hujus dogmatis auctor inventus. Nec interest ubi isti fuerint, cum ubicumque inveniri potuerint, sint sanandi. Nobis tamen
15 nec persuaderi potest eum esse purga- 15
tum, quamvis ad nos a nescio quibus laicis sint gesta perlata, quibus ille & auditum se crederet & absolutum: quæ utrum
vera sint dubitamus, quod sub nulla illius
Concilii prosecutione 16 venerint, nec eo- 16
rum aliquas accepimus de hac re litteras,
apud quos istius rei iste præstitit caussas.
Quod si de sua ille potuisset purgatione con-
fidere, hoc magis credimus quod egisset,
quod multo 17 verius esse potuerat, ut il- 17
los cogeret epistolis suis, quid judicaverant
indicare. Verum cum sint aliqua in ipsis
posita gestis, quæ objecta partim ille vitan-
do suppressit, partim multa in se verba re-
torquendo tota obscuritate confudit, aliqua
magis falsis 18 argumentatis, quam vera 18
ratione, ut ad tempus poterat videri, purgavit, negando alia, alia falsa interpretatione vertendo.

19 Sed utinam, quod optandum magis CAP. III.
est, etiam se ille ad veram catholicæ fidei 19
viam ab illo sui tramitis errore convertat,
ut cupiat velitque purgari, considerans quotidianam Dei gratiam, adjutoriumque co-
gnoscens: ut videatur 20 vere & approbe- 20
tur ab omnibus manifesta ratione correctus,
non gestorum indicio, sed ad catholicam

 fidem

4 Quesn. cum suis MSS. *possint*. Rectius Vind. cum aliis MSS. & editis *possit*, idest, *contextio litterarum*. Dein *idoneo dato cuivis* in recentioribus vulg Concil. in antiquis vero retinetur *quovis*. Garn. *idoneum cuivis dato legis*.

5 Garn. & Vind. MS. *possit*.

6 Garn. cum Merlino, Crabbo, Bened. & aliquot codd. Vat. *deesse*.

7 Vind. *si*. Vat. *sed*. Correximus *se* ex emendatioribus libris excusis. Quesn. utrumque omisit.

8 Garnerius *devinxerit*, *quique*. Postea pro *abhorrens* quidam editi habent *aberrans*, vel *oberrans*.

9 Coust. ex veteri cod. Colb. corrigit *affectu*; & recte quidem: hæc enim respondent iis verbis quinque Episcoporum in epistola præcedenti: *Quod scandalum auditores, & in perversum DILECTORES ejus usquequaque spargere non cessant*.

10 Garn. *nec diutius* ... *invadet*.

11 Ita cod. Vind. ac tres alii apud Coustantium, idest Colb. Pith. & Corb. prima manu. Vat. 3791. addit solum *decepti* ante *sint*. Hinc alia lectio a Quesnello recepta ex duobus codd. Thuan. & Oxon. *seu hic aliqui decepti sint, quos nescientes*. Nostra autem lectio magis cohæret cum sequentibus *cum etsi sunt*; & cum aliis *seu hac illi in Urbe sint, quos*; quam lectionem Coustantius sequutus solum mutavit *quos* in *quod*, ut in vulg. Conciliorum legitur.

12 Al. *populi multitudine deprehendi aliquis facile, nec alicubi*. Vind. cod. pariter habet *nec alicubi*. Garn. *nec ubi lateat*.

13 Revocavimus vulgatam lectionem ex nostris codd. Vind. & Vat. Quesnellus *in Domini nostri misericordia confidimus, quod*.

14 Sic Vind. cum aliis vulg. melius quam apud Quesn. *quisquis*.

15 Garn. *vix persuaderi*: & dein cum priscis Augustini edit. *ad nos a nostris quibusdam laicis*.

16 Garn. *innotuerit*. Al. *venerunt*.

17 Garn. *melius*: & post pauca *quod judicaverant more ecclesiastico indicare*. Quesn. *quid judicaverint indicare*. Prætulimus MS. Vind. concinentibus codd. Colb. Pith. & Corb. quos Coust. sequutus est: Alii codd. & vulg. *quid judicaverunt*, vel *qui judicaverunt*, aut *dijudicaverunt*.

18 Quesn. cum solo Oxon. *argumentationibus*. Dein Garn. *ratione purgavit negando, alia falsa interpretatione, ne ad tempus quidem videri potuerit absolutus*, præter codicum ac vulgatorum fidem.

19 Addidimus *Sed* cum nostris MSS. & editis. Mox Bened. & Coust. *jam se* pro *etiam se*.

20 Apud Aug. ut in MS. Vind. *verum*.

fidem corde converso. Unde non possumus illorum nec approbare, nec culpare judicium, cum nesciamus utrum vera sint gesta: aut si vera sunt, illum constet magis subterfugisse, quam se tota veritate purgas-
21 se. 21 Qui si confidit novitque non nostra dignum esse damnatione, quod dicat, aut jam hoc totum se refutasse quod dixerat, non a nobis accersiri, sed ipse debet potius festinare, ut possit absolvi: nam si adhuc
22 taliter sentit, 22 quando se nostro judicio, quibusvis acceptis litteris, cum se sciat da-
23 mnandum esse, committet? Quod si 23 accersiendus esset, ab his melius fieret, qui magis proximi, & non longo terrarum spatio videntur esse disjuncti. Sed non deerit cura, si medicinæ præbuerit ille materiam: potest enim damnare quæ senserat, ac datis litteris erroris sui, ut regressum ad nos decet, veniam postulare, fratres carissimi.

CAP. IV. Librum sane, qui ejus esse diceretur, nobis a vestra caritate transmissum evolvi-
24 mus, in quo 24 (multa contra Dei gratiam legimus esse conscripta) multa bla-
25 sphema, nihil quod placeret; nihil 25 quod non penitus displiceret, a quovis damnandum atque calcandum: cujus similia, nisi qui ista scripserat, nemo alter in mentem reciperet atque sentiret. Nam hoc loco latius de lege disputare, velut coram posito repugnanteque Pelagio, necessarium esse non
26 duximus; cum vobiscum 26 totam scientibus, parique nobiscum assensione gaudentibus colloquamur: tunc enim melius hæc exempla ponuntur, quando cum his, quos
27 harum constat rerum 27 imprudentes esse, tractamus. Nam de naturæ possibilitate, de libero arbitrio, & de omni Dei gratia, & quotidiana gratia, cui non sit recte sentienti uberrimum disputare? Anathematizet ergo 28 ista, quæ sensit; ut illi, qui fuerant ejus sermonibus præceptisque collapsi, quid tandem habeat fides vera, cognoscant. Facilius enim revocari poterunt, cum ista a suo senserint auctore damnari. Quod si ille pertinaciter in hac voluerit impietate persistere, agendum est 29 quatenus vel his possit subveniri, quos non suus, sed hujus magis error induxit: ne & illis hæc medicina pereat, cujus iste talem non admittit, nec postulat curam. 30 Deus vos incolumes custodiat, fratres carissimi. Data VI. Kalendas Februarii 31.

CAPITULUM XII.

1 EPISTOLA

FAMILIARIS INNOCENTII PAPÆ

ad Aurelium Carthaginensem Episcopum.

INNOCENTIUS AURELIO Carthaginensi Episcopo.

IN familiaribus scriptis dilectio vera 2 consistit. Etenim jus firmius caritatis officia melius 3 seorsum mercantur. Quamobrem per fratrem nostrum Julium epistolæ extrinsecus missæ respondere 4 gestivi, ne apud me forsitan remaneret peculiaris negatæ salutationis offensa, frater carissime. Supradictum igitur fratrem nostrum tuæ dilectioni restituo cum Apostolicæ Sedis ad relationem duplicis Synodi judicatis. Superest,

---

21 Quesn. *Qui se confidit, novitque non nostra dignum damnatione, ut confirmet verum esse quod dicat, aut etiam hoc totum* &c. In margine autem notavit verba, *ut confirmet verum esse* cum aliqua sententiæ diversitate deesse in MS. Thuan. & in vulgatis. Cum vero hæc desint etiam in nostro Vind. aliisque codicibus; patet glossema esse uni codici Oxoniensi insertum, ob quod *se* additum fuit: unde hic locus emendandus fuit.

22 Garn. *quomodo*. Mox pro voce *acceptis* Coust. ex MS. Corb. substituit *accitus*.

23 Ita codd. Quesnelli, & nostri cum Bened. & Coust. Al. *accersendus*. Postea pro *præbuerit* alias *præbeat*.

24 Verba *multa contra Dei gratiam legimus esse conscripta* tum in MSS. hujus collectionis, tum in aliis plerisque desiderantur. Cum vero ex MSS. Augustini Vat. & Corb. a Benedictinis & Coustantio restituta, sensui necessaria sint, uncis inclusa inseruimus. Neque enim placet ad eliciendum sensum post vocem *calcandum* inserere cum Quesnello verbum *invenimus*, quod num aliquo in codice legatur, ignoramus. Deest certe in Vind. & aliis, qui voces insertas prætermittunt manifesto saltu a voce *multa* ad aliam similem.

25 Edit. Aug. & Coust. ex Augustini codicibus addunt *pene*.

26 Quesn. in marg. *Alludit ad illud Paulli Apostoli* scientibus legem loquor. *Quare male vulg.* totam rem, & *Garn.* totum.

27 Duo nostri codd. cum tribus apud Coustantium & edit. Concil. *prudentes*. Sed melius *imprudentes*, hoc est *imperitos*, quos S. Pontifex a *scientibus* antea memoratis distinguit.

28 Coust. *ista*.

29 Garn. *qualiter*; & dein cum antiquis edit. Augustini *scelus* pro *suus*.

30 Ed. Aug. & Coust. ex MS. Corb. addunt *& alia manu*.

31 Garn. addit *Honorio XI. & Constantio II. Coss.* MSS. Corb. *Data pridie Kal. Febr. gloriosissimi Theodosii, qui & Junii Quarti Palladii V. C. Coss.* Errorem emendarunt Benedictini editores. *Data VI Kal. Febr. post consulatum gloriosissimi Theodosii Aug. VII. & Junii Quarti Palladii V. C.* Hanc emendationem recepit Coust. qui & MS. Vat. emendationem allegavit.

1 Exstat in solis MSS. hujus collectionis, & apud Isidorum, qui hanc epistolam, uti etiam præcedentes, ex nostra collectione recepit.

2 Cod. Thuan. *constat*.

3 Vind. cum vulg. Concil. *se orsa*.

4 Vind. *gesti divi*: quæ vox cum non intelligeretur, forte in alio MS. hujus collectionis, quem Coustantius allegat, scriptum fuit *maluimus ne apud nos*.

eſt, ut oratus a nobis Dominus præſtare di-
5 gnetur, quatenus omnis Eccleſiæ 5 ſuæ macula continuis laboribus noſtris poſſit abſtergi. Dominus te incolumem cuſtodiat, frater cariſſime. Data VI. Kalendas Februarii.

CAPITULUM XIII.

1 1 CONCILIUM PLENARIUM,

An. 418. *apud Carthaginem habitum contra Pelagium & Cæleſtium.*

HONORIO Auguſto duodecies Conſule,
2 Kalendis Majis, 2 Carthagine in baſilica Fauſti, cum Aurelius Epiſcopus ſimul cum Donatiano Teleptenſi primæ ſedis Epiſcopo Provinciæ Byzacenæ, & aliis
3 3 ducentis tribus Coepiſcopis ſuis tam ex Provincia Byzacena, quam Mauritania Sitifenſi, Tripolitana, Numidia, Mauritania
4 Cæſarienſi, & 4 Hiſpania, in Concilio conſediſſet, aſtantibus Diaconibus:
5 I. 5 Placuit omnibus in ſancta Synodo Carthaginenſis Eccleſiæ conſtitutis, ut qui-
6 cumque dixerit 6 de Adam, hominem mor-
7 talem factum; ita ut, ſive peccaret, 7 ſive non peccaret, moreretur in corpore, hoc eſt, de corpore exiret, non peccati merito, ſed neceſſitate naturæ; anathema ſit.

II. Item placuit, ut quicumque parvulos recentes ab uteris matrum baptizandos negat, aut dicit *in remiſſionem* quidem *pecca-*
torum eos baptizari, ſed nihil 8 ex Adam 8
trahere originalis peccati, quod lavacro regenerationis expietur: unde fit conſequens, ut in eis forma baptiſmatis, *In remiſſionem*
peccatorum, 9 non vere, ſed falſe intelli- 9
gatur: anathema ſit. Quoniam non aliter intelligendum eſt quod ait Apoſtolus: *Per unum hominem peccatum intravit in mundum, & per peccatum mors; & ita in omnes homines pertranſiit, in quo omnes peccave-*
runt: niſi quemadmodum Eccleſia catholi- Rom. 5. 12.
ca ubique diffuſa ſemper intellexit. Propter hanc enim regulam fidei etiam parvuli, qui nihil peccatorum in ſeipſis adhuc committere potuerunt, ideo *in remiſſionem peccatorum* veraciter baptizantur, ut in eis regeneratione mundetur, quod generatione traxerunt.

III. 10 Item placuit, ut ſi quis dicit, 10
ideo dixiſſe Dominum: *In domo Patris mei* Joan. 14. 2.
manſiones multæ ſunt &c. ut intelligatur, quia in regno cælorum erit aliquis medius, aut ullus alicubi locus, ubi beate vivant par-

5 Addidimus *ſuæ* ex noſtris MSS. Vind. & Vat. 3791. concinentibus ceteris editis.

1 Hoc Concilium cum novem canonibus adverſus Pelagianos cum procemio & ordine hic propoſitis ex noſtra tantum collectione habemus. Hinc vetus exemplar, ex quo procemium & canonem tertium de parvulis ſine baptiſmo decedentibus in aliis collectionibus omiſſum
* V. t. 3. Concil. edit. Ven. Labb. col. 425. & 522. 523. Crabbus * ediderat, ad hanc eamdem collectionem pertinuit, uti etiam vidimus in Admonitione & notis ad cap. 2. ubi aliquot particulas Breviarii Hipponenſis ex eodem hujus collectionis codice ab ipſo Crabbo excerptas animadvertimus. Hujus porro Concilii, ſeu canonis tertii, qui in hac collectione legitur, vindicias invenies in Tractatu de Collectionibus part. 2. c. 3. §. 7. n. 2. & ſeqq. Præter MS. Vind. hujus collectionis canones contulimus cum editione Dionyſii, & cum Iſidoro, qui hos canones edidit ſub nomine Concilii Milevitani.

2 Sic cum MS. Gandavenſi apud Crabbum. In cod. Vindeb. deſunt verba *Cum Aurelius Epiſcopus ſimul* ob ſaltum librarii ab uno *cum* ad alterum. Hinc forte minus recta tranſpoſitione extra locum ſuppletæ voces deficientes, uti Queſnellus edidit: *Cum Aurelius Epiſcopus Carthaginenſis in baſilica Fauſti cum Donatiano* &c.

3 Ita hujus collectionis codices. Quod ſi S. Proſper in Chronico ad annum 418. in reſponſione ad object. 2. Gallorum, & in libro contra Collat. c. 10. recenſet Epiſcopos CCXIV. hæc omnia ad aliam anteriorem hujus anni Synodum, quam Auguſtinus in epiſt. 215. ad Valentinum a noſtra Synodo *plenaria* diſtinguens, *Africanam* appellat, pertinere oſtendemus in Obſerv. ad diſſert. 13. Queſnelli num. 17. & 39. Photius quidem in Biblioth. cod. 53. de hac noſtra Synodo loquitur, eique præter Aurelium & Donatianum adſcribit Epiſcopos CCXXIV. Hunc vero ſcriptorem adhibuiſſe collectionem documentorum ad Pelagianam cauſſam pertinentium illi ferme ſimilem, quæ a noſtro Collectore inventa in ſuam traducta fuit, probavimus in Tract. de Collectionibus part. 2. c. 3. §. 7. Num vero in uno & fortaſſis etiam Græcæ verſionis codice, quo Photius eſt uſus, an in omnibus ac tam vetuſtis Latinis noſtræ collectionis exemplaribus error ſit præſumendus, quiſque judicet.

4 Mauritania Tingitana intelligi videtur, quæ licet unam eccleſiaſticam provinciam cum Mauritania Cæſarienſi conſtitueret, in civili tamen diſpoſitione ad Hiſpaniam pertinebat.

5 Apud Iſid. *Placuit omnibus Epiſcopis, qui fuerunt in hac ſancta Synodo, conſtituere hæc, quæ in præſenti Concilio definita ſunt: ut quicumque* &c.

6 Dion. & Iſid. cum MS. Gand. *Adam primum hominem*.

7 Sic MS. Vind. cum Dion. & Iſid. Queſnellus omittit *ſive non peccaret*, & *in corpore*.

8 Queſn. inſerit *eos*: delevimus cum MS. Vind. cui concinunt Dion. & Iſid.

9 Dion. *non vera, ſed falſa*.

10 Queſnellus hanc poſtillam affixit. *Hoc decretum, in pleriſque editionibus non legitur. Binius aliique Conciliorum editores illud excudi curarunt diverſo ab aliis decretis charactere: atque ita ex vetuſtiſſimo codice MS. ſe accepiſſe profitentur.* Intelligitur vetuſtiſſimus codex hujus collectionis a Crabbo adhibitus; ex quo idem decretum in poſteriores Conciliorum tranſivit. Confer adnot. 1. Mox *dicit* ſcripſimus cum cod. Vind. & MS. Crabbi. Queſnellus *dixerit*.

parvuli, qui ſine baptiſmo ex hac vita migrarunt, ſine quo in regnum cælorum,
quod eſt vita æterna, intrare non poſſunt:
anathema ſit. Nam cum Dominus dicat:
Jo. 3. 5. *Niſi quis renatus fuerit ex aqua & Spiritu*
ſancto, non intrabit in regnum cælorum:
quis catholicus dubitet participem diaboli
fore eum, qui coheres non meruerit eſſe
Chriſti? Qui enim dextera caret, ſiniſtram
11 proculdubio 11 partem incurret.

IV. Item placuit, ut quicumque dixe-
12 rit, gratiam Dei, qua 12 juſtificamur
per JESUM CHRISTUM Dominum noſtrum,
ad ſolam remiſſionem peccatorum valere,
quæ jam commiſſa ſunt, non etiam ad adjutorium, ut non committantur: anathema ſit.

13 V. 13 Item placuit, ut ſi quis dixerit,
eamdem gratiam Dei per JESUM CHRISTUM
14 Dominum noſtrum propter hoc tantum 14
adjuvare ad non peccandum, quia per ipſam
nobis aperitur & revelatur intelligentia mandatorum, ut ſciamus quid appetere, quid
vitare debeamus; non autem per illam nobis præſtari, ut quod faciendum cognoverimus, etiam facere diligamus atque valea-
1. Cor. 8. 1. mus: anathema ſit. Cum enim dicat Apoſtolus: *Scientia inflat, caritas vero ædifi-*
cat: valde impium eſt, ut credamus ad eam
quæ inflat nos habere gratiam Chriſti, &
ad eam quæ ædificat, non habere: cum
15 ſit 15 utrumque donum Dei, & ſcire quid
facere debeamus, & diligere ut faciamus;
ut ædificante caritate, ſcientia nos non poſſit inflare. Sicut autem de Deo ſcriptum
Pſ. 93. 10. eſt: *Qui docet hominem ſcientiam*: ſic etiam
1. Joan. 4. 7. ſcriptum eſt: *Caritas ex Deo eſt.*

VI. Item placuit, ut quicumque dixe-
16 rit, ideo 16 nobis gratiam juſtificationis
dari, ut quod facere per liberum arbitrium
17 17 poſſumus, facilius poſſimus implere per
gratiam; tamquam etiam ſi gratia non daretur, non quidem facile, ſed tamen poſſe-
mus ſine illa implere divina mandata: anathema ſit. De fructibus enim mandatorum
Dominus loquebatur, ubi non ait: *Sine me* *Joan. 15. 5.*
difficilius poteſtis facere; ſed ait: *Sine me*
nihil poteſtis facere.

VII. Item placuit, quod ait ſanctus Joannes
Apoſtolus: *Si dixerimus, quia peccatum non ha-* *1. Joan. 1. 8.*
bemus, 18 *nos ipſos ſeducimus, & veritas in no-* 18
bis non eſt: quiſquis ſic accipiendum putaverit,
ut dicat propter humilitatem 19 non oportere 19
dici nos non habere peccatum, non quia ita vere eſt: anathema ſit. Sequitur autem Apoſtolus, & adjungit: *Si autem confeſſi fueri-* *Ibid.*
mus peccata noſtra, fidelis & juſtus eſt qui
dimittat nobis peccata, & mundet nos ab
omni iniquitate: ubi ſatis apparet hoc non
tantum humiliter, ſed etiam veraciter dici. Poterat enim Apoſtolus dicere: *Si di-*
xerimus, quia non habemus peccatum, nos
ipſos extollimus, & humilitas in nobis non
eſt: ſed cum ait: *Nos ipſos decipimus, &*
veritas in nobis non eſt: ſatis oſtendit eum
qui dixerit ſe non habere peccatum, 20 non 20
verum loqui, ſed falſum.

VIII. Item placuit, ut quicumque dixerit in oratione dominica ideo dicere ſan-
ctos: *Dimitte nobis debita noſtra*; ut non *Matt. 6. 12.*
pro ſeipſis hoc dicant, quia non eſt eis jam
neceſſaria iſta petitio, ſed pro aliis qui ſunt
in ſuo populo peccatores; & ideo non dicere unumquemque ſanctorum: *Dimitte mi-*
hi debita mea; ſed, *dimitte nobis debita no-*
ſtra, ut hoc pro aliis 21 magis quam pro 21
ſe juſtus petere intelligatur: anathema ſit.
Sanctus enim & juſtus erat Apoſtolus Jacobus, cum dicebat: 22 *In multis offendimus* 22
omnes. Nam quare additum eſt, *omnes*, *Jacob. 3. 2.*
niſi & iſta ſententia conveniret pſalmo, ubi *Pſ. 142. 2.*
legitur: *Ne intres in judicium cum ſervo*
tuo: quoniam non juſtificabitur in conſpectu
tuo omnis vivens? Et in oratione ſapientiſ-
ſimi Salomonis: *Non eſt homo qui* 23 *non* 23
peccavit. Et in libro ſancti Job: *In manu* *Job. 37. 7.*
omnis

---

11 Addidimus *partem* cum MSS. codicibus Vind. & Crabbi, qui poſtremus paullo ante habet *coheres eſſe non meruit Chriſti*.

12 Dion. *juſtificatur homo per*.

13 Dion. & Iſid. *Item quiſquis dixerit*.

14 Iidem Dion. & Iſid. addunt *nos*: cum quibus dein emendavimus *per ipſam*; id enim exigit ſequens contextus *per illam*. Queſn. *per ipſum*.

15 Ita cod. Vindeb. cum Dionyſio, Iſidoro, & Proſpero c. 5. contra Collator. Queſnellus *vere de dono Dei, & ſcire quid faciamus, & diligere quid ut faciamus*, minus bene.

16 Queſn. omiſit *nobis*. Supplevimus ex Vind. uti legitur etiam apud Dion. & Iſid.

17 Cod. Thuan. *debemus*. Vind. ſecunda manu *poteramus*. Dion. & Iſid. *jubemur*: in quam lectionem notat Queſnellus: *Minus bene*. Immo melius. Nam S. Auguſtinus ſerm. 154. c. 12. Pelagianorum verba proponens, hanc lectionem maxime approbat. *Ad hoc dedit, inquiunt, Deus gratiam ſuam hominibus, ut quod facere JUBENTUR per liberum arbitrium, facilius poſſint implere per gratiam*. Lectionem vero noſtræ collectionis hic exhibemus. Mox Dion. & Iſid. vulg. *poſſimus*.

18 Ita cod. Vind. ſecunda manu cum Dion. & Iſid. prima vero *nos ipſos decipimus*, uti poſt pauca in repetendo hoc teſtimonio omnes codd. & vulgati præferunt. At Auguſtinus ſerm. 181. *ſeducimus* ſemper habet. Queſn. *ipſi nos ſeducimus*.

19 Vulg. Dion. & Iſid. deleta duplici negatione habent *oportere dici nos habere*. At P. Harduinus notat MS. & Merlinum legere ut in noſtro textu. Cod. Vind. delet particulam *non* ſecundo loco, quod primo quoque loco defendam inſinuat. Confer Auguſtinum ſerm. 181. c. 3. & 4.

20 Ita cum Dion. & Iſid. noſter cod. Vind. Queſnellus *verum non dicere, ſed falſum*.

21 Dion. & Iſid. *potius*.

22 Oxon. MS. *in multos*, male. Dion. & Iſid. *in multis enim*.

23 Iſid. vulg. *non peccet*. MS. Iſid. apud Harduinum addit *tibi*.

omnis hominis signat, *ut sciat omnis homo*
infirmitatem suam. Unde etiam Daniel sanctus & justus, cum in oratione pluraliter
Dan. 9. 5. diceret: *Peccavimus*, *iniquitatem fecimus*,
& cetera, quæ ibi veraciter & humiliter
24 confitetur: 24 ne putaretur, quemadmodum
quidam sentiunt, hoc non de suis, sed de
populi sui potius dixisse peccatis, postea di-
Ibid. 20. xit: *Cum orarem*, *& confiterer peccata mea*
25 *& peccata populi mei Domino Deo* 25 *meo*:
noluit dicere, *peccata nostra*; sed *populi sui*
dixit, & *sua*: quoniam futuros istos, qui
tam male intelligerent, tamquam Propheta
26 26 prævidit.

IX. Item placuit, ut quicumque ipsa ver-
Matt. 6. 12. ba dominicæ orationis, ubi dicimus, *Dimit-*
te nobis debita nostra; ita volunt a sanctis
dici, ut humiliter hoc, non veraciter di-
27 catur; 27 anathema sint. Quis enim ferat
orantem & non hominibus, sed ipsi Deo
mentientem, qui labiis sibi dicit dimitti
velle, & corde dicit, quæ sibi dimittantur
debita se non habere?

CAPITULUM XIV.

INCIPIT

SACRUM RESCRIPTUM

acceptis Synodi 1 *suprascriptæ gestis datum*.

Imperatores HONORIUS & THEODOSIUS
Augusti PALLADIO Præfecto Prætorio.

AD conturbandam catholicæ simplicita-
tis lucem puro semper splendore radiantem dolosæ artis ingenio, novam subito 2 emicuisse versutiam pervulgata opinio- 2
ne cognovimus: quæ fallacis scientiæ obum-
brata mendaciis & furioso tantum 3 debac- 3
chata luctamine, stabilem quietem cælestis
conatur attrectare fidei, 4 dum novi criminis 4
commendat inventum, insignem notam ple-
bejæ æstimans vilitatis, sentire cum cunctis, ac prudentiæ singularis palmam fore,
5 communiter approbata destruere: cujus im- 5
piæ commentationis auctores Pelagium Cælestiumque percrebuit exstitisse. Hi parenti
cunctarum rerum Deo, præcipuæque semper maiestati, 6 intermine omnipotenti, 6
& ultra omne principium transeunti, tam
trucem inclementiam 7 scævæ voluntatis as- 7
signant, ut cum formandi 8 mundi opifi- 8
cem curam sumeret, qualitatemque hominis struendi profunda spiritus conceptione li-
bra-

---

24 Quesn. *ne putaret*, & dein *dicit*, minus recte. Emendavimus ex MS. Vind. cum Dion. & Isid.

25 Addidimus *meo* cum Vind. & Dion. Apud Isid. *nostro*.

26 Solus Quesnellus *prævidebat*.

27 Al. *anathema sit*. At *quicumque* .... *ita volunt* pluralem numerum exigunt.

1 Hæc & sequentia documenta usque ad caput 20. ex hac collectione edita sunt, ex quibus tria, scilicet hoc, decimo quinto, & vigesimo capitibus contenta ab hac sola collectione nobis conservata fuerunt. Cardinalis Baronius ea Annalibus inseruit ex MS. Atrebatensi hujus collectionis. Eadem vero tomo III. Conciliorum Venetæ editionis col. 464. & seqq. proferuntur cum emendationibus P. Harduini, qui Colbertino, antea Thuaneo, codice usus est. Baluzius quoque ea recusit in Appendice ad Commonitorium Vincentii Lirinensis edit. Cantabrig. an. 1687. ac tres codices recognitos memorat, nimirum bibliothecæ Regiæ, S. Germani de Pratis, & monasterii S. Hieronymi Murtensis prope Barcinonem. Nos præterea codicem Cæsareum Vindebonensem allegabimus. Quesn. *supradictæ*. At prætulimus codd. Thuan. & Vind. in quibus ss., idest *suprascriptæ* ipso Quesnello interpretante legitur. Mox addidimus *datum* ex nostro MS. Vind.

2 Ita cum MSS. Thuan. & Vind. aliisque vulgatis Baronii, Harduini, & Baluzii. Quesnellus cum Oxon. *emersisse*.

3 Quesn. cum Hard. *debacchata est luctamine*, *ut stabilem quietem cælestis attrectaret fidei* Notat porro in margine: Est, & ut *omittit Garn.* Et iterum: *Cum* attrectare *legeret Salmasius in cod. Thuan. supplevit*, audet, *& ex eo sumsit Garnerius*. *Genuinam lectionem restituit Oxon. MS.* Cum vero *est*, & *ut* ignoret pariter noster cod. Vindeb. & *attrectare* habeat Thuan. MS. præferendam censuimus lectionem cod. Atrebatensis Baronii, & aliorum apud Baluzium, qui cum Vind. & Thuan. ex parte concinentes, inserto verbo *conatur*, veriorem hujus loci restitutionem repræsentare videntur.

4 Salmasius cum Thuan. MS. notante Quesnello, & similiter Baluzius *dum novi criminis commentatores insignem* .... *æstimant*. Alias cum Baronio *dum novi criminis commendata vento insignem* .... *æstimat*: quam lectionem tamquam elegantiorem præfert Garnerius. Ipsi autem Quesnello magis arrisit lectio MS. Oxon. *dum novi criminis commenta invenit*, nisi, inquit, pro *criminis* poni velis *acuminis*. Hanc Harduinus recepit. Sinceriorem vero putamus, quam ex MS. Vindeb. exhibuimus.

5 MS. Thuan. addit *conantur*, pro quo Salmasius substituit *arbitrantur*. Quesn.

6 Garn. *interminate potenti*. Baluzius cum Thuan. cod. *interminatione potenti*. Baron. *ter omnipotenti ultra*.

7 Al. *sævæ*.

8 Quesn. notat: *Ita Oxon. alii omittunt* mundi. Baron. Baluz. & Harduin. non omittunt, sicut nec noster cod. Vind.

9 braret, fundati muneris 9 fœdum anteferret exordium, & mortem promitteret na-
scituro: non hanc insidiis vetiti fluxisse pec-
10 cati; sed 10 egisse penitus legem, immuta-
11 bilis constituti: 11 ad declinandum leti
exitialis incursum nihil prodesse abstinentiam
delinquendi, cujus vis ita putaretur ascripta, ut non possit aboleri deinceps: primi-
tivi hominis errorem, in quem captæ mentis inops rationis cæcitas irruisset, delapsum
ad posteros non fuisse; tantumque apud
eum, quem malesuadæ gratiæ infelix ra-
puisset illecebra, transgressionem interdicti
exstitisse discriminis: cum evidens catholicæ legis omnifaria testetur auctoritas, illum
12 interitus omnium fuisse vestibulum, 12
quem divinæ præceptionis sedulum liquet
corrupisse mandatum: aliaque quampluri-
13 ma, quæ sermo respuit, lex refutat: 13
quæ pertæsum sit recordari, etiam sub dispo-
14 sitione plectendi. Quæ 14 maturato remedio & celeritate festina oportet intercipi,
15 ne corroborato usu nequitiæ 15 adolescen-
tis vix valeant coerceri. Siquidem aures
16 mansuetudinis nostræ recens fama 16 perstrin-
xerat intra sacratissimam urbem nostram,
aliaque loca, ita pestiferum virus quorumdam inolevisse pectoribus, ut interrupto directæ credulitatis tramite, scissis in partes
studiis asserendi, materia impacatæ dissensionis inducta sit: novoque scandali fomite
17 concitato beatissimæ Ecclesiæ 17 actu nutet at-
18 tentata tranquillitas: 18 aliis aliud ancipiti interpretatione sectantibus, & cum sit
absoluta sanctorum Apicum claritas, ac di-

lucide, quid sequi universitas debeat, expla-
nans, pro captu versipellis ingenii 19 no- 19
vorum ausuum profanam moventibus quæstionem, Palladi parens carissime atque amantissime.

Ob quam rem illustris auctoritas tua, vi-
ctura in omne ævum lege nos statuisse, cognoscat, ut pulsis ex urbe 20 primitus ca- 20
pitibus dogmatis execrandi Cælestio atque
Pelagio, si qui hujusce de cetero sacrilegii
sectatores quibuscumque locis, potuerint 21 21
rursus reperiri, aut de pravitate damnata
aliquem proferre sermonem, a quocumque
correpti ad competentem judicem pertrahan-
tur: 22 quos sive clericus, sive laicus fue- 22
rit, deferendi habeat potestatem, & sine
23 præscriptione aliqua perurgendi, quos 23
relicta communi scientiæ luce novæ disputationis tenebras introferre deprehenderit,
contra apostolicam scilicet disciplinam, e-
vangelicamque claram & sine errore sententiam vafra rudis sectæ calliditate pugnan-
tes, involventesque splendentem fidem veri
ambagibus differendo. Hos ergo repertos ubicumque de hoc tam infando scelere conferentes a quibuscumque jubemus corripi,
deductosque ad audientiam publicam promiscue ab omnibus accusari: ita ut probationem convicti criminis stylus publicus in-
sequatur, ipsis inexorati exilii deportatione
damnatis. Decet enim originem vitii a conventu publico sequestrari, nec in communi
eos celebritate consistere, qui non solum
facto nefario detestandi, verum etiam exemplo venenati spiritus sunt cavendi. Juvat
au-

---

9 Ita Oxon. Al. Thuan., cui Baronius, Baluzius, & Magdeburgenses concinunt: *fidei anteferret exordium*. Garn. ex Salmasio, qui Thuan. correxit de suo, *finem anteferret exordio*. Sic Quesn. MS. Vind. lectionem Thuan. præfert: quæ cum mendosa sit, Harduinus, eodem licet codice usus Oxoniensem sequutus est. Mox *promitteret* Quesnellus cum Thuan. codice prætulit. Alii codd. & editi *præmitteret*.

10 Ita MSS. Oxon. Thuan. ac Vindeb. Alii *exegisse*. Mox Garn. *incommutabilis*.

11 Garn. *ut ad declinandum ..... nihil prodesset abstinentia*: & dein cum Baron. & Harduin. *adstricta* pro *adscripta*.

12 Baluzius *quod .... liqueat*. Verbum *liqueat* legitur etiam apud Baronium & Harduinum.

13 Ita Quesn. & Hard. cum MS. Oxon. Sic etiam fortassis prima manu in Vindeb. mediæ enim litteræ *tæ* in verbo *pertæsum* deletæ videntur, ut scriberetur secunda manu *perexosum*, quemadmodum Garn. edidit. Baron. *quæ perpetue cum sit*, Baluz. *quæ perpetue sumsit*. Alii *absit* pro *sumsit*.

14 Garn. & Baluz. *matura*.

15 Garn. cum Salmasio *adolescentia*. Quesn. ex MSS. Oxon. & Thuan. quibus concinunt Baron. Magdeburg. Baluz. & Harduin. *adolescentes*. Melior visa est lectio cod. Vindebonensis.

16 Ita Baron. & Baluz. concinente MS. Vind. Quesnellus *perstrinxerit intra sanctissimam*.

17 Cum alii codices habeant *hactenus*, alii *actu nutet*, quorum primum Baron. & Baluzius sequuti sunt; hoc ultimum receptum in cod. Thuan. magis placuit, ad quod accedit Vindeb. *actus*. Quesnellus & ex eo Harduinus utrumque omiserunt, nescimus an cujuspiam codicis auctoritate. Mox pro *attentata* Baron. & Baluz. *intentata*.

18 Mirifice variat in vulgatis hic locus. Quesn. cum Oxon. *aliis id, aliis aliud*. Garn. *aliis nempe aliud*. Prætulimus codd. Baronii & Baluzii *aliis iter aliud*, ad quos accedit Vind. *aliis id aliud*. Dein cum Garnerio addidimus *cum sit*, eo quod sequens sententia aliquid desideret. Neque enim cum Quesnello inferius post vocem *ingenii* supplendum credidimus *conturbat quibusdam*, quippe nulli cogniti codices, nullæ editiones hoc additamentum recipiunt; & aliunde contextus optime intelligitur.

19 Baron. & Baluz. *novorum more anserum*, Harduin. *novorum auctorum*. Garn. *novorum commentatorum*.

20 Garn. *primis*.

21 Vocem *rursus* a Quesn. omissam restituimus ex MS. Vind. omnibusque excusis codicibus.

22 Garn. *Quisque*.

23 Quesn. *proscriptione*, & ita duos MSS. libros habere pronuntiat. Magis placuit nostrum Vindeb. cum ceteris omnibus editis consentientem sequi. Mox *sententiæ* pro *scientiæ* est in aliis editionibus.

24 autem per omne 24 pene Imperium noſtrum, qua mundus extenditur, hujuſmodi
promulgata diffundi: ne ſcientiæ fortaſſe diſſimulatio paſtum præſtet errori; atque impune ſe quiſquam putet audere, quod, condemnatum vigore publico ſe ſe finxerit igno-
25 rare. Data 25 pridie Kalendas Majas. Ravennæ Dominis noſtris HONORIO XII. &
THEODOSIO VIII. Augg. Conſulibus.

CAPITULUM XV.

1 1 EXEMPLAR EDICTI

Junii Quarti Palladii.

JUnius Quartus Palladius, Monaxius, &
2 Agricola iterum, Præfecti Prætorio, 2
edixerunt. In Pelagium atque Cæleſtium
3 catholici dogmatis fidem 3 ſcævis tractatibus deſtruentes ſententia principalis incaluit,
ut venerabili urbe ſubmoti bonorum Concilio mulctarentur. Hoc igitur omnes admoneri oportet edicto, ne quis ſiniſtræ per-
ſuaſionis erroribus credulum præſtet aſſen-
ſum. Et ſi ſit ille plebejus aut Clericus,
qui in caliginis hujus obſcæna reciderit, a
quocumque tractus ad judicem ſine accuſa-
tricis diſcretione perſonæ, facultatum publicatione nudatus, irrevocabile patietur exi-
4 lium. Nam ſuperna majeſtas 4 ut colligit
ex ſecreti ignoratione reverentiam; ita ex
ineptæ diſputationis præſumtione injuriam.

CAPITULUM XVI.

INCIPIT

1 EPISTOLA IMPERIALIS

ad AURELIUM *Carthaginenſem Epiſcopum.*

Imperatores 2 HONORIUS, & THEODOSIUS 2
Auguſti, AURELIO Epiſcopo ſalutem.

DUdum quidem fuerat conſtitutum, ut
Pelagius atque Cæleſtius infandi dogmatis repertores ab urbe Roma, velut
quædam catholicæ 3 utilitatis contagia, pel- 3
lerentur: ne ignorantium mentes 4 ſcæva 4
perſuaſione perverterent. In quo ſequuta eſt
clementia noſtra judicium ſanctitatis tuæ,
5 quo conſtat eos ab univerſis juſta ſenten- 5
tiæ examinatione damnatos. Sed quia 6 ob- 6
ſtinati criminis pertinax malum, ut conſtitutio geminaretur exegit; recenti quoque
7 ſanctione decrevimus, ut ſi quis eos in 7
quacumque provinciarum parte latitare non
neſciens, aut propellere, aut prodere diſtu-
liſſet, præſcriptæ pœnæ, velut particeps,
ſubjaceret. Præcipue tamen ad quorumdam
Epiſcoporum pertinaciam corrigendam, qui
pravas eorum diſputationes vel tacito conſenſu aſtruunt, vel publica oppugnatione non
deſtruunt, Pater cariſſime atque amantiſſime, ſanctitatis tuæ 8 auctoritatem cavere 8
conveniet: quatenus in abolitionem præpo-
ſteræ hæreſis omnium devotio 9 chriſtiana 9
con-

---

24 Addidimus *pene* cum Vindeb. & aliis e-
ditis. Garn. & Hard. *per omnem pene mundum, qua imperium noſtrum extenditur.* Mox
pattum pro *paſtum* minus recte in MS. Oxon.

25 Cod. Thuan. *II. Kal.*

1 „ Male refertur a Baronio ad annum 420.
„ cum præcedenti edicto anno 418. condito
„ ſubnecti potius debuerit. " Queſn.

2 Cod. Vind. prima manu male *dixerit*, qui
forte error in Thuan. emendatus *direxit*; ſed
minus recte. Baron. & Baluz. cum Vind. ſecunda manu *dixerunt*. *Contra Pelagium*. Veram
formulam edictorum propriam Harduinus præbuit.

3 Baluz. & Garn. cum MS. Thuan. *nefan-
dis*. Queſn. prætulit ſcriptionem *ſcævis*. Al
ſævis. Poſt pauca *incaluit* codd. duo Queſnelli, & noſter Vindeb. Ceteri excuſi *invaluit*.

4 Baluzius cum cod. Thuan. *ut non colligit execrandam ignorationem; ita ineptæ diſputationis rejicit injuriam*. Baron. *ita & ineptæ
diſputationis injuriam eximit per edictum*. Garn.
& Harduin. *ita ex inepta diſputatione injuriam*.
Vind. delet *præſumtione*.

1 Hæc epiſtola cum duobus ſequentibus documentis invenitur etiam in collectione MSS.
Barber. 2888. & Vat. 1342. nec non in Additionibus Dionyſianis (Eminentiſſimus Baronius collectionem Creſconianam vocat) quarum codices duos contulimus Vat. 5845. &
Vallicell. A. 5.

2 Codd. Additionum Dion. addunt *perpetui*.

3 Notat Queſn. *Ita Magdeburg. & MSS.
Oxon. & Thuan. quam lectionem mendoſam putat Garn. & pro eo ſupponit* veritatis *ex conjectura, ut opinor*. Hanc Garnerii lectionem receperunt etiam antea Baron. ac dein Baluzius & Harduinus. Noſtri codd. tamen habent
utilitatis. Solum in Vallic. MS. noviſſima
manu emendatum *unitatis*.

4 Garn. Baluz. & Hard. *ſæva*.

5 Codd. Barb. & Vat. 1342. cum Baluz.
quos conſtat ab univerſis. Notat Queſn. in margine. *Garnerius nullo auctore nominato reponit*
cum *pro* quo: *quod tamen eſt in Magd. &
MSS. duobus*, ideſt Thuan. ac Oxon. Dein
Baron. & Harduin. *juſtæ ſententiæ*.

6 Duo MSS. Addition. Dionyſ. *obſtinationum
pertinax malum*. Baluz. *obſtinatorum nimis pertinax*. Mox pro *exegit* Baron. cum MS. Atrebat. *coegit*.

7 Garn. & Baluz. *definitione*.

8 Codd. Atrebat. Baron. & Thuan. *auctoritate, moneri*. Vind. prima manu *auctoritatem
manere*, ſecunda *cavere* cum duobus Vat. &
cum Barb. & Vallic. quam lectionem præſtantioribus codicibus fultam cum Garnerio, Baluzio, & Harduino recepimus. Queſnellus nullo citato codice, forte cum Oxon. prætulit *imminere*. Mox *in abolitione* habent duo codd.
Barb. & Vat. cum Baron. Baluz. & Harduino.

9 Garn. *Chriſtianorum* contra omnes codices, inquit Queſnellus, & ſenſum: de ſolis
enim hic Epiſcopis ſermo eſt. At ceteræ omnes
editiones cum MSS. noſtris Barb. & Vat. 1342.
ſimiliter habent *Chriſtianorum*.

10 consentiat. 10 Religio itaque tua competentibus scriptis universos faciat admoneri,
11 scituros definitione 11 sanctimoniæ tuæ hanc
definitionem sibi esse præscriptam: ut qui-
12 cumque damnationi 12 supra memoratorum,
quo pateat mens pura, subscribere impia
obstinatione neglexerint, Episcopatus amis-
13 sione multati, interdicta, in perpetuum 13
expulsi civitatibus, communione priven-
14 tur. Nam cum ipsi 14 nos juxta Synodum
Nicænam confessione sincera conditorem rerum omnium Deum, imperiique nostri ve-
neremur auctorem; non patietur tua sanctitas sectæ detestabilis homines in injuriam
religionis nova & inusitata meditantes, se-
15 cretis tractatibus 15 occultare sacrilegium
publica semel auctoritate damnatum. Una
enim eademque culpa est eorum, qui aut
dissimulando conniventiam, aut non da-
16 mnando, favorem noxium præstiterint. 16
Et alia manu: Divinitas te per multos annos servet incolumem, Pater carissime atque amantissime. Data V. Idus Junias Ravennæ, 17 Monaxio & Plinta Coss. An. 419.
17

18 *Eodem tenore etiam ad sanctum Augustinum Episcopum data.* 18

CAPITULUM XVII.

1 EPISTOLA

SANCTI AURELII CARTHAGINENSIS EPISCOPI

ad omnes Episcopos per Byzacenam & Arzugitanam Provincias constitutos.

DE DAMNATIONE PELAGII ET CÆLESTII.

Dilectissimis ac desiderabilibus fratribus & Consacerdotibus DONATIANO primæ Sedis, 2 JANUARIANO, FELICI, PALATINO,

---

10 Codd. Addition. Dion. Vat. & Vallic. *De reliquo itaque tuis .... faciet*. Barb. & alius Vat. retinent *faciet*.

11 MSS. Thuan. Barb. & Vat. 1342. cum Magdeburg. & Baluz. *sanctimonii tui*. Baron. Garn. & Hard. *testimonii tui*.

12 Ita omnes nostri codd. & editi excepto Quesn. qui habet *memoratorum*.

13 Voces *expulsi civitatibus* omittit Garnerius.

14 Ex MSS. Barb. duobus Vat. & Vallic. addidimus *nos*, pro qua voce in MS. Vind. mendose legitur *non*.

15 Sic omnes nostri quinque codices cum vulg. & cum MS. Thuan. ipsius Quesnelli, qui cum solo Oxon. edidit: *occultari, sacrilegiumque semel publica auctoritate damnatum ulterius proferri, Una enim* &c.

16 Quesnellus hic inseruit voces *Pater carissime atque amantissime*, quas melius cum nostris codd. & aliis vulgatis inferius transtulimus.

17 Consulatus ex solo MS. Atrebatensi suppetit apud Baronium ad an. 419. n. 56. ac in aliis editionibus receptus fuit. Unus Quesnellus prætermisit.

18 Quesnellus hanc subjecit „ Hanc annota-
„ tionem: *Eodem tenore etiam ad S. Augusti-*
„ *num Episcopum data*: habent omnes excusi
„ Codices, & MSS. pariter omnes, quibus
„ editores usi sunt. Habent duo nostri Thu.
„ & Oxoniensis. Habebat Atrebatensis, cujus
„ apographum Baronio obtulit Henricus Gra-
„ vius. Unus Joannes Garnerius omittendam
„ eam censuit velut a notariis suppositam, &
„ revera omisit nullius Codicis MS. nullius
„ excusi auctoritate munitus. Mira certe hæc
„ notariorum consensio, quibus omnibus hoc
„ in mentem venerit! Fateamur potius, Vir
„ erudite, fateamur aliquid Augustino datum,
„ quod datum non est ceteris Episcopis. Etsi
„ enim nec sedis privilegio, nec ordinationis
„ antiquitate, quæ Garnerii ratio est, antei-
„ bat; at omnes sine controversia longo post
„ se relinquebat intervallo & vitæ sanctimo-
„ nia, & susceptis pro Ecclesia Dei laboribus,
„ & excellentia doctrinæ: ut merito his no-
„ minibus concessum istud ei fuerit, quod Au-
„ relio ex Primatus prærogativa. Sed & i-
„ psum quod tunc vertebatur negotium id po-
„ scebat: cum Augustinus Conciliorum omnium
„ adversus Pelagianos ingenium fuerit, cum
„ ei Ecclesia universalis caussæ suæ commisis-
„ set patrocinium ac defensionem, cum deni-
„ que hujus viri ductu, ut scribit S. Prosper,
„ viginti amplius annis contra inimicos gra-
„ tiæ Dei catholica acies & pugnaverit, & vi-
„ cerit. Certe quantumvis discrimen inter pro-
„ curatoriam epistolam & evocatoriam consti-
„ tuat Garnerius, hanc Augustino gloriam non
„ invidebit, qui legerit aliquando, quod cum
„ Theodosius *sacram scriberet ad universos Epi-*
„ *scopos, ut Ephesum convenirent & conferrent*
„ *de Nestorii libris & Cyrilli judicium* (ver-
„ ba sunt Liberati Diaconi cap. 5. Breviarii)
„ *scripsit Imperator & beato Augustino Hippo-*
„ *nensi Episcopo per Ebagnium Magistrianum,*
„ *ut ipsi Concilio præstaret sui præsentiam. Qui*
„ *Ebagnius veniens Carthaginem magnam audi-*
„ *vit a Capreolo ipsius urbis Antistite, beatum*
„ *Augustinum ex hoc mundo migrasse ad Do-*
„ *minum: acceptisque ab eo ad Imperatorem*
„ *litteris loquentibus de obitu beati Augustini,*
„ *Constantinopolim, unde venerat, rediit*. In
„ conjungendis Aurelio & Augustino suffra-
„ gantur Imperatoribus Pontifices Romani:
„ quos inter Innocentius PP. I. qui utrumque
„ communi epistola salutat, quam suo codi-
„ ci inseruit Dionysius Exiguus. " Hactenus ille. Nostri quoque codices non tam hujus, quam aliarum duarum collectionum, & unus Bellovacensis ab Harduino laudatus hæc eadem verba *Eodem tenore* &c. similiter præferunt.

1 Exstat in iisdem MSS. trium collectionum, de quibus adnot. 1. in caput præcedens. Legitur præterea in codicibus collectionis XXIV. epistolarum S. Leonis in fine, & apud Merlinum, qui Isidorum cum aliquot additamentis edidit. Hæc autem epistola cum sequentibus Capitulis inter additiones recensetur. Baron. *Asuritanam*. Baluz. *Argizitanam*. Cod. Vind. *Arzucitanam*.

2 Sic cum Garn. omnes quinque nostri codices trium collectionum. Quesn. cum ceteris vulgatis prætulit *Januario*.

3 NO, PRIMIANO, 3 GAJANO, & alii GA-
JANO, JANUARIO, VICTORINO, & ceteris per tractum Provinciæ Byzacenæ &
Arzugitanæ constitutis, AURELIUS Episcopus.

SUper Cælestii Pelagiique damnatione,
4 eorumque dogmatibus 4 participem se
sancta dilectio vestra in plenario Concilio
fuisse commeminit, dilectissimi & desiderabiles fratres. Sed quoniam pro honore
Dei, *in cujus manu cor Regis est constitutum*, gloriosissimorum Principum Christianorum fidem rectam & catholicam custodientium accessit auctoritas, quam per humilitatem meam universis meis Coepiscopis voluit intimari: iccirco honorabilem
fraternitatem vestram missis exemplaribus
5 instruere festinavi, 5 ne in aliqua parte
Provinciæ supradictorum serpentina persuasio, ab universali Ecclesia totius orbis ex-
6 clusa, fortasse subrepat. 6 Ob hoc ergo tam
necessaria constitutio Christianorum Principum caritatem vestram latere non debuit,
7 & ad me ab eis datæ litteræ 7 vobis mitti debuere: quarum simul exemplaribus lectis, quemadmodum subscribere unusquisque
vestrum debeat, dilectio vestra cognoscat,
sive quorum in synodalibus gestis subscriptio
jam tenetur, sive qui non potuistis eidem
plenario totius Africæ interesse Concilio:
8 8 quo, cum de supradictorum hæreticorum
9 damnatione omnium vestrum fuerit 9 integrata subscriptio, nihil omnino sit, unde

ullius dissimulationis, vel negligentiæ, vel
occultæ forsitan pravitatis aliqua videatur
merito remansisse suspicio. *Et alia manu*.
Opto, fratres, bene vivatis mei memores.
Data 10 Kal. Augusti Carthagine, Mona- An. 419.
xio & Plinta Consulibus. 10

CAPITULUM XVIII.

INCIPIUNT

1 CAPITULA EXCERPTA 1

*de gestis habitis contra Pelagium hæreticum:
& alia 2 de libris ejus, quæ in Palæsti-* 2
*na Synodo sibi objecta anathematizare com-
pulsus est.*

QUod ad Jerusalem nolentem 3 colligi 3
filios suos Dominus clamabat, hoc
nos clamamus adversus eos qui filios
4 Ecclesiæ colligi nolunt, nec saltem post 4
judicium, quod de ipso Pelagio in Palæstina factum est, 5 corriguntur. De quo da- 5
mnatus exisset, nisi objecta sibi contra gratiam Dei dicta, quæ obscurare non potuit,
ipse damnasset. Præter illa enim quæ, 6 6
quomodo potuit, ausus est qualicumque ratione defendere, objecta sunt quædam, quæ
nisi remota omni tergiversatione anathema-
tizasset, ipse anathema factus esset.
I. Objectum est enim, 7 eum dicere, A- 7
dam mortalem factum, qui sive peccasset,
sive non peccasset, moriturus esset.

 II. Et

---

3 Codd. Vallic. & Vat. qui Additiones Dionysianas continent, utrobique habent *Gagano*. Baluzius *Galano*. Garn. *Cajano*. Dein pro *Arzugitanæ* Baronius *Asuritanæ*, Baluz. *Argizitanæ*, cod. Vindeb. *Arzucitanæ*.

4 Baron. & Harduin. cum MSS. Barb. & Vat. habent: *participem sanctam dilectionem vestram in plenario Concilio fuisse commemini*. In Vind. secunda manu, & in duobus Vallic. & Vat. alterius collectionis *participem sanctam dilectionem vestram .... commeminit*.

5 Baron. & Harduin *ne quid mali in aliqua*: & dein *persuasione*.

6 Sic MSS. Vind. Vallic. & Vat. cum vulg. excepto Quesnello, apud quem *Ad hoc*.

7 Vulg. ante Quesn. cum MSS. Vind. Barb. & uno Vat. omittunt *vobis mitti debuere*: & post nonnulla delent *in* ante *synodalibus*.

8 Quidam codd. *quod*.

9 Quesn. notavit: *Vulg.* integra: *quam lectionem magis approbat Garnerius. Primam habent duo codd. MSS.* (idest Oxon. & Thuan. quibus addendi duo Vat. & Vallic.) *& melior videtur. Prior enim subscriptio ex plurimorum Episcoporum absentia non* integra *generali, quam Aurelius indicit, subscriptione* integrata *est. Ita etiam Isidorus Mercator, quem excipere Garnerius debuerat, cum uno Baluzio excepto reliquos editores habere* integra *asseruit*.

10 In cod. Bellonac. teste P. Harduino *V. Kalendas*.

1 Hæc capitula referuntur in Augustini epist. 186. ad Paullinum. Ipse vero S. Doctor priora duodecim errorum capitula Pelagio objecta in Diospolitana Synodo ex ejusdem Synodi gestis excerpsit, cetera vero, quæ vel præcedunt, vel subjiciuntur, eumdem Augustinum habent auctorem, qui iisdem erroribus totidem catholicæ doctrinæ capita opponenda credidit. Hæc Capitula ex eodem Augustino in plures collectiones transiere. Codicibus trium collectionum, quos memoravimus adnot. 1. in c 16 accedunt exemplar Grimanicum a Quesnello recognitum, & codd. Moguntinus ac Corbejensis apud Patres Benedictinos in Appendice tomi 10. Editionis S Augustini col. 88. nec non MSS. collectionis XXIV. epistolarum S. Leonis, & editio Merliniana Isidori in vulgatis Conciliorum recepta.

2 Sic MSS. præsentis collectionis: ceteræ *de libellis*. Dein addimus *sibi* ex nostris codicibus aliisque vulg. Mox *ipse damnare* pro *anathematizare* legitur in Aug. & in MS. Vat. Barb. & Vallic.

3 Vulg. Concil. *colligere*.

4 Quinque nostri codd. cum vulgatis Conciliorum addunt *volentes*. Dein iidem vulg. delent *in Palæstina*.

5 Iidem vulg. *collegerunt*. Codd. Vallic. & Vat. *colliguntur*. Post pauca MS. Oxon. *non potuerat*.

6 Codd. Vallic. & Vat. Additionum Dion. *quoquo modo*.

7 Vulg. Concil. cum iisdem codd. & Grimanico *cum diceret*. Lectionem textus Augustinus comprobar in laudata epistola c. 9. Mox iidem vulg. *mortuus esset*.

II. Et quod peccatum ejus ipsum solum
8 læserit, 8 non etiam genus humanum.

III. Et quod infantes nuper nati, in illo statu sint in quo Adam fuit ante prævaricationem.

9 IV. Et quod neque per mortem, 9 vel
per prævaricationem Adæ omne genus humanum moriatur; neque per resurrectionem Christi omne genus hominum resurgat.

V. Et infantes, etiamsi non baptizentur,
10 habere 10 vitam æternam.

VI. Et divites baptizatos, nisi omnibus abrenuntient, si quid boni visi fuerint facere, non reputari illis, nec eos habere posse regnum Dei.

VII. Et gratiam Dei atque adjutorium non ad singulos actus dari, sed in libero arbitrio esse, vel in lege atque doctrina.

VIII. Et Dei gratiam secundum merita nostra dari.

IX. Et filios Dei non posse vocari, nisi
11 11 omnimodo absque peccato fuerint effecti.
12 X. Et non esse liberum arbitrium, 12 si
Dei indiget auxilio: quoniam in propria voluntate habet unusquisque facere aliquid, aut non facere.

XI. Et victoriam nostram non ex Dei esse adjutorio, sed ex libero arbitrio.

XII. Et quod pœnitentibus venia non detur secundum gratiam & misericordiam Dei, sed secundum meritum, & laborem eorum, qui per pœnitentiam digni fuerint misericordia.

Hæc omnia Pelagius sic anathematizavit, quod satis ipsa gesta testantur, ut nihil ad ea quoquo modo defendenda disputationis attulerit. Unde fit consequens ut
13 quisquis sequitur illius 13 episcopalis auctoritatem judicii, & ipsius Pelagii confessionem, hæc tenere debeat, quæ semper tenuit Ecclesia catholica.

I. Quod Adam nisi peccasset, non fuisset moriturus.

II. Quod peccatum ejus non ipsum solum læserit, sed & genus humanum.

III. Quod infantes nuper nati non sint in illo statu, in quo Adam fuit ante prævaricationem.

IV. 14 Ut ad ipsos etiam pertineat quod 14
breviter ait Apostolus: *Per unum hominem* 1.Cor. 15.
mors, & per unum hominem resurrectio mor- 21.
tuorum: sicut enim in Adam omnes moriun-
tur, ita & in Christo omnes 15 *vivifica-* 15
buntur.

V. Unde fit, ut infantes non baptizati, non solum regnum cælorum, verum etiam vitam æternam habere non possint.

VI. Confiteatur etiam divites baptizatos,
16 etiam si divitiis suis non careant, & sint 16
tales quales ad Timotheum describit Apo- 1.Tim.17.
stolus dicens: *Præcipe divitibus hujus mundi non superbe sapere, neque sperare in in-*
certo divitiarum 17; *sed in Deo vivo, qui* 17
præstat omnia nobis abundanter ad fruendum: Divites sint in operibus bonis, facile tribuant, communicent, thesaurizent sibi fundamentum bonum in futurum; ut apprehen-
dant 18 *veram vitam:* non eos regno Dei 18
posse privari.

VII. Fateatur gratiam Dei & adjutorium etiam ad singulos actus dari, eamque non dari secundum merita nostra.

VIII. Ut vera sit gratia, id est gratis data per ejus misericordiam, qui dixit: *Miserebor, cui misertus ero; & misericordiam præstabo, cui misericors fuero*.

IX. Fateatur filios Dei illos vocari posse, qui quotidie dicunt: *Dimitte nobis debita nostra*: quod utique non veraciter dicerent, si essent omnino absque peccato.

X. Fateatur esse liberum arbitrium, etiamsi divino indiget adjutorio.

XI. Fateatur quando contra tentationes
dimicamus, & concupiscentias 19 illicitas; 19
quamvis illic habeamus & propriam voluntatem, non tamen ex illa, sed ex adjutorio Dei nostram provenire victoriam: non enim aliter verum erit quod Apostolus ait: *Neque volentis, neque currentis, sed miserentis est Dei.*

XII.

---

8 Al. cum Augustino *& non genus*.

9 Sic cum Augustino nostri codices. Quesn. *neque*.

10 Vulg. Concil. cum duobus nostris collectionibus MSS. addunt *possunt*.

11 Quesn. cum epistola Augustini *omnino*. Prætulimus ceteras editiones approbatas omnibus nostris codd. ac etiam Grim. Mox vulg. Concil. cum MSS. Vallic. & Vat. *absque omni peccato*.

12 Solus Quesn. *Si Dei adjutorio indiget*.

13 Vocem *episcopalis* a Quesnello omissam inseruimus cum Augustino ex omnibus nostris codd. & Grimanico etiam Quesnelli, aliisque vulgatis. Mox *& in ipsius Pelagii confessione* habent duo codd Vallic. & Vat.

14 Sic Vind. & Vallic. MSS. cum Augustino, & aliis vulgatis. Quesnellus *Quod etiam*.

15 MSS. Barb. & Vat. cum Append. Aug. *vivificantur*.

16 Hoc loco Quesn. inserit verba *regno Dei posse privari*, quæ ex fide nostrorum codicum, & aliarum editionum, nec non ex S. Augustini epistola, in finem transtulimus. Dein cum eodem Augustino ex iisdem vulgatis & MSS. accedente etiam Thuaneo addidimus *hujus mundi*. Monendum porro est codd. Vallic. & Vat. Additionum Dionysianarum, & Barber. aliumque Vat. alterius collectionis sic inchoare hoc caput: *Ut confiteatur divites*, & cap. 7. 9. 10. 11. ac 12. inchoare similiter: *Ut fateatur*. Idem est etiam in vulg. Concil. ac in Append. Augustini. At ipsius Augustini epistola cum MSS. hujus collectionis concinit.

17 Codd. duarum collectionum Barber. & Vallic. cum vulg. Concil. & Append. Aug. addunt *suarum*. Mox pro *vivo* Quesn. cum solo MS. Oxon. habet *vero*.

18 Sic cod. Vind cum Aug. & Append. ejusdem ac MSS. Vallic. & Vat. Quesnellus cum vulg. Concil. & MS. Barb. & alio Vat. *vitam æternam*.

19 Vulg. Concil. *illicitas dimicamus; non ex propria voluntate, sed* &c. reliquis omissis.

XII. Fateatur secundum gratiam & misericordiam Dei veniam pœnitentibus dari,
20 non 20 secundum meritum eorum : quandoquidem etiam ipsam pœnitentiam donum
Dei dixit Apostolus, ubi ait de quibusdam :
Ne forte det illis Deus pœnitentiam. Hæc
omnia simpliciter sine ullis fateatur amba-
21 gibus, si quis 21 in auctoritatem catholicam & expressa ipsius Pelagii ecclesiasticis
22 gestis verba consentit : 22 neque enim illa
quæ his sunt contraria, veraciter anathematizata esse credendum est, nisi hæc, quibus
sunt illa contraria, fideli corde teneantur
& aperta confessione promantur.

CAPITULUM XIX.

INCIPIT

1 SACRA 1 EPISTOLA CONSTANTII
IMPERATORIS,

patris Valentiniani Augusti Junioris, de exiliando Cælestio hæretico Pelagiano.

Imperator CONSTANTIUS VOLUSIANO Præfecto urbis.

2 2 CUm præteritæ superstitionis tunc recentia plena vanitatis jamdudum corrigi jusserimus ; quotidianis insinuationibus
majora fieri nuntiantur. Et quoniam discor-
3 dia animos 3 commovit populorum ; ea, quæ
jamdudum jusseramus, præcipimus iterari.
Unde his lectis eximietas tua omnes, qui
Dei invident pietati, diligenter inquirat,
& eos statim faciat ex muris Urbis expelli ;
4 ita tamen 4 ne intra centesimum quidem
lapidem habeant licentiam consistendi. Cælestium quoque magis ac magis ex urbe pelli mandamus : constat enim iisdem e medio
sublatis gratiam & concordiam tenere veterem firmitatem. Sane deinceps si tale quicquam fuerit nuntiatum, officium præstan-

tiæ tuæ capitali sententiæ subdendum esse
cognosce. Non enim patimur impunitum
esse, præcepta nostra executionis negligentia protelari. Vale parens carissime atque
amantissime. *Et adjecta subscriptio*. Impleatur quod jussimus, quia hoc famæ tuæ
expedit.

CAPITULUM XX.

EXEMPLAR EDICTI

propositi a Volusiano Præfecto urbis.

VOlusianus Præfectus edixit : Hactenus
Cælestium divinæ fidei & quietis publicæ turbatorem judiciis amica reis secreta 1 subduxerint. Jam leges & jam edicta 1
persequentur absentem. Cui, quod primum
est, æternæ Urbis negatur habitatio : ut si
vel in proximis fuerit diversatus, debitum
non evadat 2 exitium. Pro merito etiam 2
temeritatis atque ausus sui, cunctos hujus
edicti cautione præmonemus, ne quis ini-
quus noxio latebram putet esse præbendam :
3 cuique cum horridi sit posita pœna sup- 3
plicii, ac stilum necesse sit proscriptionis incurrere, quisquis reum divinis humanisque
4 rebus apud se putaverit occultandum. 4

CAPITULUM XXI.

1 EPISTOLA 1

INNOCENTII PAPÆ

ad Exsuperium Episcopum Tolosanum, sub titulis VII.

INNOCENTIUS Episcopus EXSUPERIO Episcopo Tolosano.

COnsulenti tibi, frater carissime, quid Modestia
de proposita specie unaquaque senti- Innocen-
rem, pro captu intelligentiæ meæ quæ sunt tii.

20 Codd. Vallic. & Vat. cum Aug. *secundum merita*. Mox inseruimus *etiam* cum omnibus nostris codd. & editis. Vulg. Concil. *quemadmodum etiam ipse*. Codd. Barb. & Vat. ejusdem collectionis retinent *ipse*.

21 Vulg. Concil. *contra auctoritatem*.

22 Iidem vulg. Concil. mendose : *atque in illa, quæ his sunt contraria, veraciter credit ; anathema esse tenendum est ; nisi quæ illis contraria sunt, fido corde teneantur* &c.

1 Hanc præter MSS. hujus collectionis reperimus etiam in alia vetustissima collectione MS. Barb. 2888.

2 Quesn. *Cum præteritas superstitiones, tum recentes, plenas vanitatis .... majores fieri*. Nostros codices prætulimus, cum quibus & MS. Thuan. Quesnelli concinit. Accedunt etiam Baron. & Baluz. qui solum habent *tum recentis*, & *major fieri*. Garn. & Hard. *Quæ cum præteritæ superstitionis tum recentis ..... jusseramus*.

3 Al. *commovet*.

4 Alias additur *ut*.

1 Ita cum Quesn. noster cod. Vind. Aliæ editiones *subduxerunt*. Mox Baron. & Baluz. cum Vind. prima manu *leges etiam edicti*. Quesnellus cum Thuan. *Leges etiam edictæ*. Correximus cum Vindeb. secunda manu, uti Garnerius recepit. Hæc enim vera lectio est, quæ & imperiales leges, & edicta Præfectorum in Pelagianos antea promulgata indicat.

2 Ita cum vulg. omnes codd. excepto Oxon. cum quo Quesnellus *supplicium*.

3 Vulg. ante Quesn. *ne cum hujusmodi sit posita pœna, supplicium, ac stilum*. Quesn. *quippe cum horrendi sit posita pœna supplicii, ac stilum necesse sit eum proscriptionis*. Magis placuit lectio nostri cod. Vindeb. in quo *cuique* pro *cuivis*.

4 Baron. & vulg. Concil. *legibus*.

1 Præter collectiones præsentem, Dionysianam, Hispanicam, & Isidorianam hæc epistola continetur etiam in quatuor aliis collectionibus ; nimirum in Vat. Reginæ 1997. Vat.

2 visa respondi, quid sequendum 2 vel docilis ratio persuaderet, vel auctoritas lectionis ostenderet, vel custodita temporum series demonstraret. Et quidem dilectio tua institutum secuta prudentium, ad Sedem Apostolicam referre maluit, quid deberet de rebus dubiis custodire, potius quam usurpatione præsumta quæ sibi viderentur, de singulis obtinere. Cur enim magis pudendum putemus aliquid discere, quam omnino nescire? Mihi quoque ipsi de collatione docilitas accedit, dum perscrutatis rationibus ad proposita respondere compellor; eoque fit ut aliquid semper addiscat, qui postulatur 3 ut doceat. Proponam igitur singula, subjiciamque responsum.

In rebus dubiis Apostolica Sedes consuli solet.

CAP. I. Proposuisti, quid de his observari debeat, quos in Diaconii ministeriis, aut in officio Presbyterii positos incontinentes esse aut fuisse generati filii prodiderunt. De his & divinarum legum manifesta est disciplina, & beatæ recordationis viri Siricii Episcopi monita evidentia commearunt: ut incontinentes in officiis talibus positi omni honore ecclesiastico 4 privarentur, nec admitterentur accedere ad ministerium, quod sola continentia 5 oportet impleri. Est enim vetus admodum sacræ legis auctoritas, jam inde ab initio custodita, quod in templo anno vicis suæ habitare præcepti sunt Sacerdotes; ut servientes sacris oblationibus, puros & ab omni labe purgatos sibi vindicent divina ministeria: neque eos ad sacrificia fas sit admitti, qui exercent vel cum uxore carnale 6 consortium; quia scriptum est: *Sancti estote, quoniam & ego sanctus sum, Dominus Deus vester*. Quibus utique propter sobolis successionem propterea uxorius usus fuerat relaxatus, quia ex alia tribu 7 ad Sacerdotium nullus fuerat præceptus accedere. Quanto magis hi Sacerdotes, vel Levitæ, pudicitiam ex die ordinationis suæ servare debent, quibus vel Sacerdotium, vel ministerium sine successione est: nec præterit dies, qua vel a sacrificiis divinis, aut a baptismatis officio vacent? Nam si Paullus ad Corinthios scribit, dicens: *Abstinete vos ad tempus, ut vacetis orationi;* & hoc utique laicis præcipit: 8 multo magis Sacerdotes, quibus orandi & sacrificandi juge officium est, semper debebunt ab hujusmodi consortio abstinere? Qui si contaminatus fuerit carnali concupiscentia, quo pudore vel sacrificare usurpabit? aut qua conscientia, quove merito exaudiri se credit, cum dictum sit: *Omnia munda mundis; coinquinatis autem & infidelibus nihil 9 mundum*. Sed fortasse hoc licere credit, quia scriptum est: *Unius uxoris virum*. 10 Non permanentem in concupiscentia generandi hoc dixit, sed propter continentiam futuram. Neque enim integros corpore non admisit, qui ait: *Vellem autem omnes esse* 11 *sicut & ego:* & apertius declarat, dicens: *Qui autem in carne sunt, Deo placere non possunt: vos autem jam non estis in carne, sed in spiritu*. Et *habentem filios*, non *generantem*, dixit: sed ea plane dispar & 12 divisa sententia est. Nam si ad aliquos forma illa ecclesiasticæ vitæ pariter & disciplinæ, quæ ab Episcopo Siricio ad Provincias commeavit, non pervenisse probabitur; his ignorationis venia 13 remittitur, ita ut de cetero incipiant penitus abstinere: & ita gradus suos in quibus inventi fuerint, sic retentent, ut eis non liceat ad potiora conscendere: quibus in beneficio esse debet, quod hunc ipsum locum, quem retinent, non

Ep. ad Him. cap. 7. & ad Afr. n. 3.

Levit. 11. 44. & 20. 7.

1. Cor. 7. 5.

Tit. 1. 15.

1. Cor. 7. 7. Rom. 8. 9. 1. Tim. 3. 4.

1342. Colbertin. cui similis est Lucensis 88. & in Corbejensi: quæ duo postrema exemplaria a Coustantio laudantur. In præmissa tabula nostræ collectionis titulus sic effertur: *Epistola Innocentii Papæ ad Exsuperium Tolosanum Episcopum, per quam et in sex titulis interrogationis ejus caussas & suæ responsionis decreta exposuit: ubi subdit divinorum librorum veteris & novi testamenti summarium*.

2 Colb. *vel lucidior ratio*.

3 Codd. Vind. Vat. Reginæ & Vat. 1342, cum antiquioribus MSS. Coustantii *docere*. Dein *responsa* pro *responsum* legitur in eodem MS. Vat. Reginæ.

4 Coust. *priventur, nec admittantur*. Mox in Vind. *ad tale ministerium*, ubi vox *tale* secunda manu addita, uti apud Dionysium, melius abest.

5 Cod. Vat. *possit impleri*. Dein cod. Vat. Reginæ cum quatuor aliis codd. laudatis a Coustantio *in templis anno vicissitudinis suæ* & post nonnulla *divina mysteria*.

6 Sic nostri codd. Vind. & Vat. cum vulg. Quesnellus *commercium* cum MS. Vat. Reginæ.

7 Edit. Rom. addit *præterquam ex semine Aaron*.

8 Quesn. *quanto magis*. Melius nostri codd. & editiones.

9 Quesn. inserit *sit*. Delevimus cum MSS. Vind. Vat. Reginæ, & Coust. Cod. Vat. *erit*.

10 Quesn. *Non propter manendum in concupiscentia carnali hoc dicit*. Dion. & Rom. edit. *Non ad permanentem* &c. MS. Thuan. *non propter permanentem*. Prætulimus lectionem Vind. & Vat. Reginæ a duodecim antiquioribus libris apud Coustantium approbatam, quam Innocentio congruentiorem ostendunt sequentia, ubi sine præpositione *ad*, vel *propter* similiter scribitur: *& habentem filios, non generantem dixit*.

11 In MS. Vindeb. secunda manu additur *sic*. Alii vulg. *sic esse*. Mox *& apertius* scripsimus cum Vind. aliisque melioribus MSS. Quesn. *quod apertius*. Edit. Concil. post Merlinum *quod & apertius*.

12 Codd. Vindeb. & Pith. hujus collectionis aliique vulgati ante Quesn. *diversa*. P. Coustantius cum aliis plerisque codd. etiam hujus collectionis Quesnelli lectionem retinuit, eo quod sententiam in duas partes divisam judicet, quarum una, ut mox P. Pontifex explicat, ignorantes Siricii decreta, altera scientes respicit.

13 Vat. cum aliis editis *remittetur*.

14 non amittant. 14 Si qui autem scisse formam
vivendi missam a Siricio deteguntur,
neque statim cupiditates libidinis abjecisse;
illi sunt modis omnibus summovendi: qui
post ammonitionem cognitam, præponendam
arbitrati sunt voluptatem.

CAP. II. Et hoc quæsitum est: quid de his observari
oporteat, qui post baptismum, omni
15 tempore incontinentiæ 15 voluptatibus dediti,
in extremo fine vitæ suæ pœnitentiam
simul & reconciliationem communionis exposcunt:
de his observatio prior, durior;
posterior, interveniente misericordia, inclinatior.
Nam consuetudo prior tenuit, ut
16 concederetur 16 eis pœnitentia, sed communio
negaretur. Nam cum illis temporibus
crebræ persecutiones essent, ne communionis
concessa facilitas homines de reconciliatione
securos non revocaret a lapsu,
17 merito, 17 negata communione, est concessa
pœnitentia, ne totum penitus negaretur:
& duriorem remissionem fecit temporis
ratio. Sed postquam Dominus noster pacem
Ecclesiis suis reddidit, jam depulso terrore
18 communionem dari 18 obeuntibus placuit,
& propter Domini misericordiam quasi
19 viaticum profecturis; 19 ne Novatiani
hæretici negantis veniam, asperitatem & du-
20 ritiam sequi videamur. 20 Tribuitur ergo
cum pœnitentia extrema communio: ut ho-
21 mines hujusmodi 21 vel in supremis suis,
permittente Salvatore nostro, a perpetuo exitio
vindicentur.

CAP. III. Quæsitum est etiam super his, qui post
baptismum ammihistraverunt, & aut tormenta
sola exercuerunt, aut etiam capita-
22 lem 22 protulere sententiam. Nihil de iis
legimus a majoribus diffinitum. Meminerant
enim a Deo potestates has fuisse concessas,
& propter vindictam noxiorum gla-
Rom.13.14. dium fuisse permissum, & Dei ministrum
esse datum vindicem in hujusmodi. Quemadmodum
igitur reprehenderent factum,
quod auctore Domino viderent esse concessum? De his ergo 23 ita ut hactenus ser- 23
vatum est, sic habemus: ne aut disciplinam
evertere, aut contra auctoritatem Domini
venire videamur. Ipsis autem in ratione
reddenda gesta sua omnia servabuntur.

Et illud desideratum est sciri, cur com- CAP. IV.
municantes viri cum adulteris uxoribus non
conveniant; cum e contra uxores in consortio
adulterorum virorum manere videantur.
Super hoc christiana religio adulterium
in utroque sexu pari ratione condemnat:
sed viros suos mulieres de adulterio
non facile accusant; & non habent latentia
peccata vindictam. Viri autem uxores
24 suas liberius adulteras apud Sacerdotes 24
deferre consueverunt; & ideo mulieribus,
prodito earum crimine, communio denegatur;
virorum autem, latente commisso, non
facile 25 aliquis ex suspicionibus abstinetur; 25
qui utique summovebitur, si ejus flagitium
detegatur. Cum ergo par caussa sit, interdum
probatione cessante, vindictæ ratio conquiescit.

Illud etiam sciscitari voluisti: an pre- CAP. V.
ces districtantibus liberum concedatur, utique
post baptismi regenerationem, a Principibus
poscere mortem alicujus, vel sanguinem
de reatu: quam rem Principes numquam sine
cognitione concedunt; sed ad judices commissa 26 ipsa, vel crimina semper remit- 26
tunt: ut caussa cognita vindicentur. Quæ
cum quæsitori fuerint delegata, aut absolutio,
aut damnatio, pro negotii qualitate
profertur: & dum legum auctoritas in improbos
exercetur, erit dictator immunis.

De iis etiam requisivit dilectio tua, qui CAP. VI.
interveniente repudio, alii se matrimonio
copularunt, quos in utraque parte adulteros
esse manifestum est. 27 Qui vero vel uxo- 27
re vivente, quamvis dissociatum videatur esse

14 Ita MSS. Vind. & Vat. Reginæ cum omnibus editis cohærentius cum præcedenti contextu. Quesn. *Qui autem*. Mox Vat. cum aliis editis *detegentur*.

15 Addidimus cum nostris codd. aliisque vulg. duas voces *voluptatibus*, & *fine*, quas Quesnellus omisit. Vat. Reg. ignorat tantum vocem *fine*.

16 Vocem *eis* inseruimus cum iisdem MSS. & antiquioribus editis. Mox Vat. *sed non communicaretur*.

17 Vulg. cum Vat. Reginæ *negata communio est, concessa pœnitentia*. Melius alii nostri codd.

18 Codd. Vat. Reginæ, & alius cum editis Rom. Dion. &c. *abeuntibus*.

19 Quesn. cum aliis vulg. inserit *&*: melius delevimus cum nostris codd. Vind. & Vat. Post pauca *subsequi* apud Quesn. cum antiquis editionibus. At *sequi* habent alii codd.

20 Vat. MS. cum edit. Rom. Dion. & Coust. *Tribuetur*.

21 Sic nostri codd. cum aliis editis. Quesnellus *in extremis*.

22 Quesn. *pertulere* ob incautam lectionem abbreviationis, perperam: nam de administrantibus justitiam hic sermo est. Post nonnulla Quesnellus *Quomodo igitur*. Nostros codices sequuti sumus.

23 Sic codd. Vind. Vat. Reginæ, & vulg. excepto Quesnello, qui omittit *ita*.

24 Vulg. delent *suas*. Cod. Vind. *suas adulterantes*, & delet *liberius*.

25 Sic nostri codd. cum vulg. Quesnellus *quisquam*.

26 Quesn. *illa*. Melius codd. Vind. & Vat. Reginæ cum ceteris editis. *Mox caussæ cognitæ vindicentur* in MS. Oxon. ac pluribus aliis codd. cum antiquis editionibus. Ita etiam Dionysius vulgatus. At exemplar Regium Dion. cum MSS. Colb. & Lucensi *caussa cognita vindicetur*. In nostra vero lectione, quam probant MSS. Vind. & Vat. Reginæ, verbum *vindicentur* refertur ad *crimina*, & cohærentius cum sequentibus *fuerint delegata*: pro quo codices, qui habent *caussæ cognitæ*, præferunt *fuerint delegatæ*.

27 Quesn. *Qui ergo, vel quæ, viro, vel uxore vivente .... conjugium, tamen ad aliam copulam festinaverint*. Prætulimus cod. Vind, cum quo vulg. & alii codd. concinunt.

se conjugium, ad aliam copulam festinarunt, non possunt adulteri non videri: in
28 tantum ut 28 etiam hæ personæ, quibus tales conjuncti sunt, etiam ipsæ adulterium commisisse videantur, secundum illud quod
Matth.19.9. legimus in Evangelio: *Qui dimiserit uxorem suam; & duxerit aliam, mœchatur. Similiter & qui dimissam duxerit, mœchatur.*
29 Et ideo omnes a communione 29 abstinendos. De parentibus autem, aut propinquis eorum, nihil tale statui potest: nisi incentores illiciti consortii fuisse detegantur.
CAP. VII. Qui vero libri recipiantur in canone 30,
30 brevis annexus ostendit. Hæc sunt quæ desiderata voce moneri voluisti. Mosi libri quinque, id est Genesis, Exodi, Levitici,
31 Numeri, Deuteronomii, & 31 Jesu Nave I. Judicum I. Regnorum libri quatuor, simul & Ruth, Prophetarum libri XVI. Salomonis libri quinque, Psalterium. Item Historiarum, Job liber unus, Tobiæ unus, Ester unus, Judith unus, Machabæorum duo, Hesdræ duo, Paralipomenon libri duo. Item Novi Testamenti: Evangeliorum libri quatuor, Apostoli Paulli epistolæ XIV. epistolæ Joannis III. epistolæ Petri II. epistola Judæ, epistola Jacobi, Actus Apostolorum, Apocalypsis Joannis. Cetera autem, quæ vel sub nomine Matthiæ, sive Jacobi minoris, vel sub nomine Petri & Joannis, quæ a quodam Leucio scripta sunt 32, vel 32
sub nomine Thomæ, & si qua sunt talia, non solum repudianda, verum etiam noveris esse damnanda. Data X. Kalendas Martii 33 Stilicone & Anthemio viris clarissi- 33
mis Consulibus. An. 405.

CAPITULUM XXII.

INCIPIT

1 EPISTOLA INNOCENTII PAPÆ 1

ad Macedones Episcopos, sub titulis IV.

INNOCENTIUS 2 RUFO, EUSEBIO, EUSTA- 2
THIO, CLAUDIO, MAXIMIANO, EUGENIO, GERONTIO, JOANNI, POLYCHRONIO, SOPHRONIO, FLAVIANO, HILARIO, MACEDONIO, CALICRATI, ZOSIMO, PROFUTURO, NICETÆ, HERMOGENI, VINCENTIO, ASIOLOGO, TERENTIANO, HERODIA-

---

28 Particulam *etiam* adjecimus cum MSS. Vind. Vat. Reginæ, aliisque vulg. & mox cum iisdem codicibus & Labbeo cohærentius cum lectione præcedenti *conjuncti* pro *conjunctæ* emendavimus.

29 Sic Vind. Vat. Reginæ, ac sex alii codd. a Coust. laudati cum ceteris vulg. Quesnellus & cod. ab Harduino allegatus *fidelium abstinendi*.

30 Dion. addit *Scripturarum*: Isid. cum vulg. Concil. *sanctarum Scripturarum*. Mox Quesn. *Hæc sunt ergo*. Delevimus *ergo* cum codd. Vind. Vat. Reginæ, & Coust. editione.

31 Ex fide optimorum codd. Vindeb. & Vat. Reginæ addidimus numeros I. libris Jesu Nave, & Judicum. Concinit MS. Vat. qui etiam habet *Ruth I.* Ex iisdem MSS. & ceteris vulgatis correximus *Prophetarum libri XVI.* pro *XVII.*, uti præferebat Quesnelli editio. E contra ubi Quesnellus dein scripsit *Judæ I. & Jacobi I.* cum iisdem MSS. & vulg. delevimus numerum unitatis, qui ex voce epistola intelligitur.

32 Dion. cum MSS. collectionum Hisp. & Isid. quæ hanc epistolam a Dionysio susceperunt, addunt *vel sub nomine Andreæ, quæ a Nexocharide* (al. *Xenocharide*) *& Leonida philosophis, vel Thomæ* &c. At in codd. hujus & aliarum antiquarum collectionum hæc verba omittuntur. Solum in MS. Vind. secunda & antiqua manu adjecta fuerunt. Mox *talia* est in hujus collectionis exemplaribus. Ceteræ collectiones MSS. cum vulg. *alia*.

33 MSS hujus collectionis & Vat. Reginæ habent simpliciter *Stilicone*, omissa voce *secundo*, quam rectius aliæ collectiones & vulg. exhibent. Cod. Vat. cum alio laudato ab Harduino habet *Dat. Kal. Martii Stilicone II.* &c.

1 Exstat in iisdem MSS. collectionibus, in quibus præcedens, ac præterea in pervetusto cod. Veron. 58.

2 Episcoporum ordo in hujusmodi litteris multum haberi solet, ut eorum dignitas, vel antiquitas eliciatur. Id vero exceptionem patitur in iis epistolis, in quibus codicum ordo discrepat, nisi forte ex plurium collectionum codicumque concordia, quinam ordo præferendus sit, agnosci queat. In vetusta collectione MSS. Vat. 1342. & Barb. 2888. ordo sic effertur. *Innocentius Sophronio, Zosimo, Asiolocb* (Barb. *Asiologo*) *Eusebio, Eugenio, Flaviano, Profuturo, Terentiano, Eustasio, Gerontio, Hilario, Nicetæ, Herdoniano* (Barb. melius *Herodiano*) *& Marciano, Claudio, Joanni, Macedonio, Hermogeni, Maximiano, Polychronio, Callicrati, Vincentio Episcopis Macedonibus* &c. Verba cum particula copulativa *& Marciano*, quæ ultimo Episcopo conveniunt, ut in nostro catalogo legitur, dum hic in medio posita cernuntur, minus diligentis exscriptoris lapsum satis indigitant. In MS. Corbejensi sic: *Innocentius Eustasio, Eugenio, Policronio, Hilario, Zosimo, Hermogeni, Therentiano, Rufo, Claudio, Gerontio, Suffronio, Macedonio, Profuturo, Vincentio, Herodiano, Eusebio, Maximiano, Johanni, Flaviano, Calecrati, Nicitæ, Aciologo, Martiano Episcopis Macedonibus*. Rufus Thessalonicensis, qui ex aliis documentis primus esse debebat, ut in nostro catalogo, in codd. Vat. & Barb. desideratur, in Corbejensi autem postponitur: qui pariter error hujus quoque ordinis perturbationem prodit. Igitur verior ordo in nostræ collectionis MSS. profertur, cum quibus etiam concinit MS. Veron. 58. & Vat. Reginæ 1997. Dionysius etiam, ex quo Hisp. & Isid. derivarunt, duos primos Episcopos nominare contentus, sic habet: *Innocentius Rufo, Eusebio & ceteris Episcopis* &c.

3 DIANO & MARTIANO 3 Episcopis Macedonibus, & Diaconibus, in Domino salutem.

MAgna me gratulatio habuit, cum post tot discrimina totius, ut ita dixerim, mundi, Vitalis Archidiaconus vestrarum portitor litterarum ex illis partibus ad nos usque directus advenit. Quem cum vidissemus, illico, ut oportebat, percunctati de vestro statu sumus. Verum ubi reperimus vos ex sententia degere, Domino Deo nostro uberes gratias retulimus, quod suos famulos, suisque altaribus servientes & in adversis tuetur, & in prosperis gubernare
4 dignatur. Qui cum tradidisset epistolas, 4
eas præcepi illico recenseri, in quibus multa posita pervidi, quæ stuporem mentibus nostris indicerent, facerentque nos non modicum dubitare, utrum aliter putaremus, an illa ita essent posita quemadmodum personabant. Quæ cum sæpius repeti fecissem, adverti Sedi Apostolicæ, ad quam relatio missa quasi ad caput currebat Ecclesiarum, aliquam fieri injuriam, cujus in ambiguum adhuc sententia duceretur. Unde de quibus jamdudum scripsisse me memini, nunc ite-
5 rare formam argumentis evidentioribus 5 re-
lationis vestræ geminata percunctatio compellit.

CAP. I. Eos qui viduas accepisse suggeruntur uxores, non solum Clericos effectos agnovi, verum etiam usque ad infulas summi Sacerdotii pervenisse: quod contra legis esse præcepta nullus ignorat. Nam cum Moy-
Levit. 21. ses Legislator clamitet: *6 Sacerdotes uxorem*
13. *virginem accipiant*; ac ne 7 in hoc præce-
6 pto aliquid putaretur ambiguum, addidit:
7 *non viduam, neque ejectam*: contra quod
præceptum divina auctoritate subnixum, nulla. 8 definitio mandati alterius opponitur, 8
nisi consuetudo vestra: quæ, ut ipsi fate-
mini, ex ignorantia, 9 &, ut verecundius di- 9
cam, non ex apostolica traditione & integra ratione constituta est. Nos autem omnesque per Orientem Occidentemque Ecclesias noverit vestra dilectio hæc penitus non admittere; nec ad ultimum ecclesiastici ordinis locum tales assumere; & si reperti fuerint, removere.

Deinde ponitur 10 non dici oportere di- CAP. II.
gamum eum qui catechumenus habuerit 10
atque amiserit uxorem, si post baptismum fuerit aliam sortitus, eamque primam videri, quæ novo homini copulata sit; quia
illud conjugium 11 post baptismi sacramen- 11
tum cum ceteris criminibus sit ablutum. Quod cum de una utique dicitur, certe si
tres habuerit in vetere positus 12 homine 12
uxores, erit ei, quæ post baptismum quarta est, sic interpretantibus, prima; virginisque nomen accipiet, quæ quarto ducta est loco. Quis, oro, istud non videat contra Apostoli esse præceptum? qui ait: *unius uxoris* 1.Tim.3,2.
virum oportet fieri Sacerdotem. Sed obji- Tit. 1. 6.
citur, quod in baptismo totum, quicquid in vetere homine gestum est, sit solutum. Dicite mihi, cum pace vestra loquor, crimina tantum dimittuntur in baptismo, an & illa, quæ secundum legis præcepta ac Dei instituta complentur? Uxorem ducere crimen est, aut non est crimen? Si crimen
est; ergo, præfata venia 13 dixerim, erit 13
auctor in culpa, qui ut homines crimina committerent in paradiso, cum ipse ita eos jungeret, benedixit. Si vero non est crimen: quia quod Deus junxit, nefas sit cri-
men appellari, & Salomon 14 addidit: *Et-* Prov.19.14.
enim 14

3 Notat Quesn. in Rom. edit. post Crabbum addi *& ceteris*, quod cum absit ab omnibus MSS. in quibus singuli Episcopi nominantur, ad eas solas collectiones pertinet, quæ cum Dionysio duos primos tantum Episcopos appellant. Cum Merlinus ex Isidoro, qui Dionysianam inscriptionem exceperat, duos priores tantum Episcopos cum additione *& ceteris* edidisset; Crabbus codicem nactus, in quo omnes Episcopi referebantur, insertis nominibus Episcoporum qui antea deerant, additamentum *& ceteris*, quod delere debebat, retinuit.

4 Quesnellus cum MSS. hujus collectionis *præcepi illas illico*. Aliarum collectionum lectionem prætulimus. Mox pro *indicerent* Dionysius melius *injicerent*. Alias *inducerent*, quod Coustantius retinuit.

5 Cod. Vat. cum duabus aliis MSS. collectionibus Corb. & Colb. Lucensi *relationis geminata percontatio vestra compellit*. Dionysius omittit *relationis vestræ*. In cod. Vind. vox *vestræ* secunda manu deletur: deest autem in MS. Vat. Reginæ.

6 Ita MSS. nostræ collectionis cum Vat. Reginæ. Ceteri aliarum collectionum *Sacerdos .... accipiat*.

7 Sic nostri codices cum vulg. excepto cod. Vat. Reginæ, qui cum Quesn. habet: *ne hoc præceptum alicui videretur ambiguum*, & dein *contra hoc*.

8 Ita cum Quesnello codd. Vind. prima manu, & cod. Vat. Reginæ. At MS. Vat. 1342. cum ceteris collectionibus *defensio*, idque in Vindeb secunda manu restitutum

9 Coustantius, & MS. Vat. Reg. delent *&*. Mox cum MSS. Vat. Reg. & Vat. 1342. ac ceteris editionibus *non ex apostolica* magis placuit, quam *ex non apostolica*, ut apud Quesnellum legitur.

10 Quesn. *non debere dici*. Nostros codices consentientibus ceteris editionibus sequuti sumus.

11 Al. *per baptismi*: ac post pauca *ablatum* in Thuan. ac Vat. MSS. pro *ablutum*.

12 Sic codd. Thuan. Vind. Vat. Reg. cum alio Vat. & alii apud Coust. Solum librariorum lapsu pro *virginisque* quidam codd. habent *virgini quæ*, vel *virgini æque*. Dion. cum MS Thuan. & edit. Concil. *virginis æque*. Emendationem Coustantii contextus exigit. Quesn. cum Oxon. ut credimus, *homine, uxor ejus, quæ post baptismum quarta est, sic interpretantibus, primæ virginis nomen accipiet* &c.

13 Adjecimus *dixerim* ex nostris codd. ac ceteris editis. Mox vulg. & plerique codices delent *homines*.

14 Ita Codd. & vulg. Quesnellus *ait*.

enim a Deo præparatur viro uxor: quomodo
creditur inter crimina esse dimissum, quod
Deo auctore legitur consummatum? Quid
de talium filiis percensetur? Numquid non
erunt admittendi in hereditatis consortium;
quia ex ea suscepti sunt, quæ ante baptismum fuit uxor? eruntque appellandi vel
naturales, vel spurii: quia non est legitimum matrimonium, nisi illud, ut vobis videtur, quod post baptismum assumitur. Ipse
Dominus cum interrogaretur a Judæis, si
liceret dimittere uxorem, atque exponeret
Matth.19.6. fieri non debere, addidit: *Quod ergo Deus
junxit, homo non separet*. Ac ne de his loquutus esse credatur, quæ post baptismum
15 sortiuntur, 15 mementote hoc & a Judæis
interrogatum, & Judæis esse responsum.
Quæro, & sollicitius quæro, si una eademque sit uxor ejus qui ante catechumenus,
postea fidelis fit, filiosque ex ea, cum esset catechumenus, susceperit; ac postea a-
lios, cum fidelis: utrum sint fratres appellandi? an non habeant, defuncto postea patre, herciscundæ hereditatis consortium, quibus filiorum nomen abstulisse creditur rege-
neratio spiritualis? Quod cum ita sentire
atque judicare absurdum est: quæ (malum)
ratio est hoc defendi, & vacua opinione magis jactari, quam aliqua auctoritate roborari: cum non possit inter peccata deputari,
16 quod lex præcepit, & Deus 16 injungit?
Numquid si quis catechumenus virtutibus
17 studuerit, humilitatem 17 sequutus fuerit,
patientiam tenuerit, eleemosynas fecerit,
morti destinatos qualibet ratione eripuerit,
18 adulteria exhorruerit, castitatem 18 tenuerit: quæro si hæc, cum fuerit factus fide-
tis, amittat: quia per baptismum, totum
quod vetus homo gesserat, putatur auferri?
Act. 10. 1. Aspiciamus hominem gentilem Cornelium
19 19 orationibus atque eleemosynis revelationem, Petrumque ipsum vidisse. Numquid per
baptismum hæc illi ablata sunt, propter
20 quæ ei baptismum videtur esse conces- 20
sum? Si ita creditur, mihi credite, non
modicum erratur: quia quicquid bene gestum fuerit, & 21 secundum legis præcepta 21
custoditum, non potest agenti deperire:
quod quia ex Dei mandato efficitur, non
potest dici peccatum: & quod peccatum non
est, solvi inter peccata omnino non debet:
eritque integrum æstimare aboleri non posse prioris nomen uxoris, cum non dimissum sit pro peccato, quia ex Dei sit voluntate completum.

Ventum est ad tertiam quæstionem, quæ CAP. III
pro sui difficultate longiorem exigit disputationem. Cum nos dicamus ab hæreticis
ordinatos vulneratum 22 per illam manus 22
impositionem habere caput; & ubi vulnus
infixum est, medicina est adhibenda, ut
possit recipere sanitatem: quæ sanitas post
vulnus secuta sine cicatrice esse non poterit; atque ubi pœnitentiæ remedium necessarium est, illic ordinationis honorem
locum habere non posse 23. Nam si, ut le- Num. 19.
gitur, *quod tetigerit immundus, immundum* 15.
erit: quomodo ei tribuetur quod mundities Levit. 15. 4.
ac puritas consuevit accipere? Sed e con- 23
tra asseritur eum, qui honorem amisit,
honorem dare non posse: nec illum aliquid
accepisse, quia nihil in dante erat, quod
ille posset accipere. 24 Acquiescimus, & 24
verum est. Certe quia quod non habuit,
dare non potuit, damnationem utique, quam
habuit, per pravam manus impositionem
dedit: & qui particeps factus est damnato,
quomodo debeat honorem accipere, invenire non possum.

Sed dicitur vera ac justa legitimi Sacerdotis 25 benedictio auferre omne vitium, quod 25
a vitioso fuerat injectum. Ergo, si ita est,
applicentur ad ordinationem sacrilegi, adulteri, atque omnium criminum rei: quia
per benedictionem ordinationis in crimina vel
vitia putantur auferri. Nullus sit pœnitentiæ,

---

15 Vind. cod. cum Vat. Reginæ *meminerit*: melius in vulg. *meminerint*.

16 Ita codd. hujus collectionis excepto Thuan. nunc Regio Colbertino, in quo habetur *indulget*. Melius & verius in nostro Vat. & alio Vat. Reginæ *junxit*, vel in Barb. *conjunxit*: nam Pontifex alludit præcedentibus: *Quod Deus junxit, homo non separet*: unde hanc lectionem Labb. & Coustantius prætulere.

17 Sic Thuan. Vind. aliique codd. cum vulg. Quesnellus *custodierit*.

18 Quesn. *sequutus fuerit*. Nostros codices & vulg. prætulimus. Dein Vind. MS. cum Vat. Reg & Coustantio *gesserit*.

19 Quesn. *orationibus deditum & eleemosynis vacantem per revelationem Petrum evocasse, ipsumque vidisse*. Lectionem optimorum codicum Vindeb. & Vat. Reginæ a Coustantio ex aliis pluribus antiquissimis codicibus receptam duximus præferendam.

20 Quesn. *quæ illi baptismum ipsum, videtur*. Cod. Vat. Reg. *Ne per baptisma hæc illi abluta sunt, propter quem baptismum videtur esse concessum*. Sex probæ notæ MSS. apud Coustantium habent *abluta*. Vulgatorum lectionem recepimus concinentem cum MS. Vind. in quo solum pro *Numquid* legitur *Ne*.

21 Quesn. concinentibus Dion. Hisp. & Isid. *secundum præcepta legalia custoditum non potest facientibus deperire. Nuptiarum ergo copula, quia Dei mandato perficitur, non potest dici peccatum, & si peccatum non est*. Prætulimus codd. Vind. Vat. Reginæ, alium Vat. & alios, quos sequutus est P. Coustantius. Post nonnulla, ante vocem *omnino* MSS. Vat. & Barb. cum plerisque vulg. inserunt *credi*; idque in Vindeb. secundis curis additum.

22 Solus Quesn. cum Oxon. *per illam ordinationem*, & post pauca *est adhibenda, qua possit vulneratus recipere*.

23 Vulg. Concil. post edit. Rom. addunt verbum *decernimus*, quod nec Coustantius, nec nos in ullo MS. invenimus.

24 Verbum *acquiescimus* in MSS. Vat. & Barb. ac in Vindeb. secunda manu additum fuit. Post pauca quidam codd. *comparticeps*.

25 Quesn. cum solo Oxon. *ordinatio*.

tiæ locus, quia id potest præstare ordinatio, quod longa satisfactio præstare consue-
26 vit. 26 Sed nostræ lex est Ecclesiæ, venientibus ab hæreticis, qui tamen illic baptizati
sunt, per manus impositionem, laicam tantum tribuere communionem, nec ex his
aliquem in clericatus honorem vel exiguum
subrogare: at vero ii, qui a 27 Catholica
27 ad hæresim transierunt, quos aliter non
oportet nisi per pœnitentiam suscipi, apud
vos non solum pœnitentiam non agunt,
verum etiam honore cumulantur.

Sed Anysii quondam fratris nostri alio-
28 rumque 28 Sacerdotum summa deliberatio
hæc fuit: ut quos Bonosus ordinaverat, ne
cum eodem remanerent, ac fieret non me-
diocre scandalum, ordinati reciperentur. Vi-
cimus, ut opinor, ambigua. Jam ergo quod
pro remedio ac necessitate temporis statutum est, constat primitus non fuisse, ac
fuisse regulas veteres quas ab Apostolis aut
apostolicis viris traditas Ecclesia Romana
custodit, custodiendasque mandat his, qui
eam audire consueverunt. Sed necessitas temporis id fieri magnopere postulabat. Ergo
29 quod pro remedio necessitas 29 reperit, cessante necessitate debet utique cessare pariter
quod urgebat: quia alius est ordo legitimus; alia usurpatio, quam ad præsens fieri tempus impellit.

Sed canones apud Nicæam constituti de
Novatianis fieri permiserunt. Prius ille canon a patribus institutus ponendus est; ut
possimus advertere vel quid, vel qualiter
sensum ab iisdem sit, vel præceptum, *De*
Nicæn. *iis*, inquit, *qui seipsos nominant Catharos*,
can. 8. *id est Mundos*, *& aliquando veniunt ad*
Ecclesiam Catholicam, *placuit sanctæ & ma-*
gnæ Synodo, *ut accepta manus impositione*
30 *sic maneant in Clero*. 30 Possum vero dicere de solis Novatianis hoc esse præceptum,
nec ad aliarum hæresum clericos pertinere.
Nam si utique ita de omnibus diffinirent,
addidissent: *a Novatianis aliisque hæreticis*
31 *revertentes debere* 31 *in suum ordinem reci-*
pi: quod ita esse, etiam illud maxime quod Can. Ni-
de Paullianistis dictum est, poterit confir- can. 19.
mare, a quibus venientes etiam baptizari præcipiunt. Numquidnam cum de Paullianistis
jubent, omnes qui ab hæreticis revertuntur,
erunt hoc exemplo baptizandi? Quod cum
nullus audeat facere, de ipsis tantum esse
præceptum ratio ipsa demonstrat. Denique
baptizatos rite a Philippo Evangelista Petrus & Joannes sola manus impositione con-
summant: illos vero, quos Apostolus Paullus baptizatos Joannis baptismate reperit,
interrogavit an Spiritum sanctum accepissent: fatentibusque se illud ne quidem nomen audisse, jussit eos baptizari. Videtis
ergo rite baptizatos illo dono iterari non
posse; & aliter sola aqua lotos baptizari in
nomine Patris & Filii & Spiritus sancti necessarium 32 pervideri. Ita & de Novatia- 32
nis jussum tantum esse, lucida manifestatione relegitur. Quod idcirco distinctum esse
ipsis duabus hæresibus, manifesta ratio declarat: quia Paullianistæ in nomine Patris
& Filii & Spiritus sancti minime 33 bapti- 33
zabant; & Novatiani iisdem Nominibus
tremendis venerandisque baptizant; nec apud
istos de unitate potestatis divinæ, hoc est
Patris & Filii & Spiritus sancti, aliquando
quæstio commota est. Et ideo, omnibus
segregatis, hæc sola electa est, cui istud
crederent concedendum, quia nihil in Patris & Filii & Spiritus sancti sacramento
peccarent. Si quis vero de Catholica ad hæresim transiens, aut fidelis 34 ad aposta- 34
siam reversus, resipiscens redire voluerit,
numquid eadem ratione poterit ad Clerum
35 permitti, cujus commissum non nisi lon- 35
ga pœnitentia poterit aboleri? Nec post pœnitentiam Clericum fieri ipsi canones sua
auctoritate permittunt. Unde constat qui de
Catholica ad Bonosum transiere damnatum,
atque se passi sunt, vel cupierunt ab eodem
ordinari, non oportuisse ecclesiasticæ ordinationis suscipere dignitatem, qui commune omnium Ecclesiarum judicium deseren-

26 Cod. Vind. cum Dion. Vat. Reginæ & vulg. Concil. *Nostræ vero lex est Ecclesiæ*.

27 Quesn. & vulg. Concil. *a catholica fide*. Delevimus *fide* auctoritate cod. Vindeb. aliorumque exemplarium, cum quibus concinunt illa inferius: *De Catholica ad hæresim transiens*: ubi intelligitur *Catholica Ecclesia*: ipseque Quesn. in marginali postilla notavit: *Oxon. addit* fide, *non recte*.

28 Al. *consacerdotum*.

29 Cod. Vind. & Vat. Reg. cum Coust. & vulg. Concil. *invenit*. Dein ad verbum *urgebat* notavit Quesnellus: *Supple* fieri, *nisi legas* vigebat.

30 Quesn. & Dion. *Possumus*.

31 Coust. *in suo ordine*. Dein Quesn. *suscipi: quod ita non esse*, addita particula *non* cum solo MS. Oxon. præter MS. Thuanei, aliorumque codicum fidem, & contra mentem Innocentii. In Dionysio, atque iis codicibus, qui a Dion. proficiscuntur, pessime scribitur: *Quod si ita esset*.

32 Quesn. cum quibusdam MSS. *provideri*. Dein *lucida manifestatione relegitur* scripsimus cum MS. Vind. & aliis P. Coustantii. Concinit Vat. Reginæ, qui habet *& delucida manifestatione relegitur*. Quesn. *liquida manifestatione perlegitur*.

33 Quesn. *baptizant*. *At Novatiani baptizabant*: Dion. & Coust. utroque loco *baptizant*. Sequuti sumus codd. Vind. Vat. Reginæ, alium Vat. & Barb. cum vulg. Conc. Post nonnulla in MS. Vind. cum Dion. *De omnibus segregatis*. Melior videtur lectio aliorum codd. & vulg. *omnibus*, idest hæresibus, *segregatis*.

34 Dion. *ad apostasiam revertens*: quod emendatum est in Isid. & vulg. Concil. *ab apostasia reverteas & resipiscens*.

35 Quesn. cum vulg. Concil. *admitti*. Dein Vind. cum Dion. & vetustioribus MSS. *quorum commissum*. Tum Quesn. cum solo Oxon. *post longam pœnitentiam*. Vind. & Vat. Reginæ *abolere*, nominativo casu accepta *longa pœnitentia*.

tes, ſuam peculiariter in Bonoſo vanitatem
ſequendam eſſe duxerunt.
Sed multos conſtat vim paſſos, atque invitos attractos, repugnanteſque ab eodem ordinatos. Dicat mihi, volo, quiſquis id cre-
36 dit, ſi non poſt ordinationem 36 Bonoſi interfuit, cum conficeret ſacramenta; ſi communioni ejus participatus non eſt; ſi ſtatim
diſcedens de ejus peſſimo conciliabulo ad Ec-
37 cleſiam rediit: iſte talis 37 invenitur habere excuſationis aliquem colorem. Ceterum
38 38 qui vel poſt annum vel menſes ad Eccleſiam redierunt, intelligitur eos, quia in Catholica noverant ſe propter vitia ſua non
poſſe ſuſcipere ordinationem, idcirco ad illum perrexiſſe, qui paſſim & ſine ulla diſ-
cuſſione ordinationes illicitas faciebat, credentes ſe poſſe per iſtam inſtitutionem in
Catholica invenire locum, de quo antea de-
ſperarant. Nunc illud, quod ſupereſt, in-
terrogo: qui poſt menſem, aut eo amplius
rediit, cum ſe Presbyterum a Bonoſo confideret ordinatum, ſi non ſacramenta confecit, ſi non populis 39 diſtribuit, ſi non
39 Miſſas ſecundum conſuetudinem complevit,
quid de his cenſeatis, quæſo, promatis apertius. Ad ſummam certe qui nihil a Bonoſo acceperunt, rei ſunt uſurpatæ dignitatis,
qui conficiendorum ſacramentorum ſibi vindicaverunt, 40 aut non vindicaverunt au-
40 ctoritatem, atque id ſe putaverunt eſſe, quod
eis nulla fuerat regulari ratione conceſſum.
Pervideat ergo dilectio veſtra hactenus talia
tranſiſſe; & advertite, quod utique, 41 ut 41
dicitis, neceſſitas imperavit, in pace jam
conſtitutas Eccleſias non poſſe præſumere;
ſed, ut ſæpe accidit, quoties a populis aut
a turba peccatur, quia in omnes propter
multitudinem non poteſt vindicari, inultum
42 ſolere tranſire. Priora ergo dimittenda 42
dico Dei judicio, & de reliquo maxima ſollicitudine præcavendum.

Veniam nunc ad maximum quaſi quod- CAP. IV.
dam thema Photinum; &, quod mihi an-
xium eſt ac difficillimum, 43 majorum re- 43
volvam ſententias. Fuerat de illo quoquo
pacto, ut etiam ipſi commeminiſtis, aliquid utique gravius conſtitutum. 44 Verum 44
quia id per rumorem falſum, ut aſſeritis,
ſubreptum huic ſedi, & elicitum per inſidias demonſtratis: quia res ad ſalutem rediit, 45 & vel veniam nos hanc in tan- 45
tum vobis annitentibus poſt condemnationem 46 more apoſtolico ſubrogamus; tan- 46
tiſque veſtris aſſertionibus, vobis tam bonis
tamque caris non dare conſenſum, omnibus
duris rebus durius arbitramur. Pro veſtra
ergo approbatione, fratres cariſſimi, & ſententia ac poſtulatione Epiſcopum Photinum
habetote licitum ita conſtituere, ut depre-
camini. Noſtram ergo in melius conver-
ſam ſententiam labore vel teſtimonio veſtro
compotes voti ſuſcipite, atque 47 Euſtachium 47
a me ſæpiſſime comprobatum nolite expectare, ut Diaconii gratia ſpolietur. Sollicitos enim vos pro ſalute libenter audio; contra

---

36 Solus Queſn. *Bonoſo*. Poſt pauca in MSS. Vind. & Vat. Reginæ cum Dion. *ſi ſtatim diſcedentibus*.

37 Ita noſtri præſtantiores codd. Vind. Vat. Reginæ, Barb. & alius Vat. Queſnellus & Couſtant. cum Dion. *poteſt habere colorem aliquem excuſationis*.

38 Queſn. *qui vel poſt annum aut menſem ad Eccleſiam redierunt, intelligimus eos, qui a Catholica*; & infra *per iſtam inſtitutionem locum in Eccleſia catholica reperire*. Vind MS. lectio aliis MSS. confirmata, & a Couſt. recepta magis placuit. Solum Vind. cum Dion. & Vat. Reginæ addit *alii* ante voces *qui vel poſt annum*. Poſt nonnulla Queſn. cum Dion. *per iſtam inſtitutionem locum in Eccleſia catholica reperire, de quo* &c. Prætulimus MSS. Vind. & Vat. Reginæ. Couſtantius eamdem lectionem recipiens, *in Eccleſia catholica* retinuit.

39 Vulg. *tribuit*. Melior viſa eſt lectio MS. Vind. Dein ſolus Queſn. *quid de hoc cenſeatis*.

40 Queſn. cum vulg. Concil. deſiderat verba *aut non vindicaverunt*, quæ ex MS. Vind. cum Dion. & Couſt. aliiſque quampluribus codd. revocavimus. Sententia hujus loci hæc eſt, ordinatos illicite a Bonoſo, ſive ſibi vindicaverint, ſive non vindicaverint conficiendorum ſacramentorum auctoritatem, uſurpatæ dignitatis reos eſſe, quippe qui nihil acceperint *regularis*, ſeu legitimæ poteſtatis. Hinc vox *regulari* a Queſn. in ſequentibus omiſſa (obſervante P. Couſtantio) neceſſaria eſt, uti exſtat in omnibus libris cum editis, tum MSS., niſi quod in MSS. hujus collectionis mendoſe habetur *relaxandi*, vel *relaxari*: quod poſtremum prima manu ſcriptum in cod. Vind. ſecunda emendatum eſt, & ſubſtitutum *regulari*.

41 Oxon. MS. delet *ut dicitis*. Vind. & Vat. Reginæ omittunt *utique*. Dein *non præſumere* omiſſo verbo *poſſe* legitur apud Couſt. qui mallet legi *non debere præſumere* potius quam *non poſſe*. Cod. Vat. Reginæ mendoſe habet *non præſum eſſe*, pro *non præſumere*.

42 Sic MSS. hujus collectionis cum aliis. Dion. *ſoleat*. Vulg. Concil. & Couſt. cum aliis codd. *Solet tranſire, priora dimittenda dico*. Vat. Reginæ delet tantum *ergo*. Dein cod. Oxon. *maxime præcavendum*.

43 Codd. Vat. Reginæ, Barb. & alius Vat. cum ceteris collectionibus MSS. & excuſis *majorum meorum*. Dein ſcripſimus *aliquid utique* cum noſtris codd. Apud Queſn. *aliud utique*.

44 Queſn. *Verum quoniam id per rumorem falſum aſſeritis ſubreptum* &c. Melior lectio optimi cod Vindeb. cum quo alii codd. & vulg. concinunt.

45 Vulg. delent *& vel*, quas voces inſeruimus ex eodem cod. Vind. ac Vat. Reginæ, aliiſque ſex præſtantioribus MSS. apud Couſtantium.

46 Couſt. cum duobus MSS. Corb. & Colb. *ore*.

47 Sic omnes codices & excuſi, & MSS. excepto Oxon. ex quo ſolus Queſn. edidit *Euſtachius receptus a me, & ſæpiſſime comprobatus, nolite* &c. Aliqui codd. *Euſtaſium*, alii cum vulg. *Euſtatium*, vel *Euſtathium*. Dein Queſn. cum quibuſdam inferioris notæ codd. *etiamſi faciendum eſt*.

tra caput etiamſi faciendum ſit, non libenter admitto: cui manum porrigitis, vobiſcum porrigo; cui porrigo, mecum porrigite. Hæc enim ad Corinthios apoſtolica eſt declarata benignitas: ut in uno ſpiritu ductam ac reductam ſententiam boni ſemper indifferenter ſequantur. Nam, fateor, hæc me primum res bene habet erga Euſtachium Diaconum, quod nec contra fidem quicquam loquutus ſit, nec loquentem admiſerit, nec ad mortem eum crimen aliquod commiſiſſe, vel jactatum umquam,
48 vel fictum 48 de eo recognoverim: & qui in his ſalvus eſt, ſi quo pacto converſationes amabiles non habet, habendus eſt ut minus pro tempore dilectus, non ut inimi-
49 cus 49 æſtimatus, diabolo in perpetuum
50 mancipandus. Cognoſco illum inter 50 illas ſimultates ac turbines contra multorum ſtudia, non dico qualia, diverſa ſenſiſſe; & cum hinc res calamitateſque ipſæ emen-
51 datæ ſint, 51 adhuc uſque Dizoniani & Cyriaci Subdiaconorum non potuiſſe apud
52 vos 52 commendationem reviviſcere. Extinguite, quæſo, ab illo prædictiſque quorumcumque videtis animoſas ac non juſtas æmulationes: ut ipſe apud nos integer, apud
53 vos cum ſuis reparatus 53 profundam pacem, non fictam pervidens caritatem, omnibus vobis ac ſingulatim occurrat, caritatis vinculis, quæ nullis modis a Chriſto ſolvuntur, vobiſcum pariter in perpetuum connexus lætetur in Domino. Datum Idibus
54 Decembris 54 CONSTANTIO V. C. Conſule.

CAPITULUM XXIII.

EPISTOLA 1

INNOCENTII PAPÆ

ad Decentium 2 Egubinum Epiſcopum, ſub titulis VII. 2

INNOCENTIUS DECENTIO Epiſcopo Egubino. 3 3

SI inſtituta eccleſiaſtica, ut ſunt a beatis Apoſtolis tradita, integra vellent ſervare Domini Sacerdotes, nulla diverſitas, nulla varietas in ipſis ordinibus & conſecrationibus haberetur. Sed dum unuſquiſque, non quod traditum eſt, ſed quod ſibi viſum fuerit, hoc exiſtimat eſſe tenendum; inde diverſa in diverſis locis vel Eccleſiis aut teneri, aut celebrari videntur; ac fit ſcandalum populis, qui dum neſciunt traditiones antiquas humana præſumtione corruptas, putant ſibi aut Eccleſias non convenire, aut ab Apoſtolis vel apoſtolicis 4 4
viris contrarietatem inductam. Quis enim neſciat, aut non advertat, id quod a principe Apoſtolorum Petro Romanæ Eccleſiæ traditum eſt, ac nunc uſque cuſtoditur, ab omnibus debere ſervari, nec ſuperduci aut introduci aliquid, quod auctoritatem non habeat, aut aliunde accipere videatur exemplum? præſertim cum ſit manifeſtum in omnem Italiam, Gallias, Hiſpanias, Africam, atque Siciliam, inſulaſque interjacentes, nullum inſtituiſſe 5 Eccleſias, niſi eos 5
quos venerabilis Apoſtolus Petrus, aut ejus ſucceſſores, conſtituerunt Sacerdotes. Aut legant ſi in his Provinciis alius Apoſtolo-

48 Voces *de eo*, quarum loco Queſnellus ſuppoſuit *eſſe*, ex Vind. ac duobus aliis MSS. Vat. & Barb. cum editis Dion. & Concil. revocavimus. Cod. Vat. Reginæ delet utrumque.

49 Queſn. cum ſolo Oxon. delevit *æſtimatus*: quam vocem & Thuan. & noſtri omnes codd. ac vulg. exhibent. Couſt. maluit *æſtimatur*. Alias *exiſtimatus*.

50 Solus Queſn. omittit *illas*: & dein MS. Oxon. præterit *diverſa*. Mox ſupplevimus *ipſæ* ex cod. Vind. aliiſque vulg. & MSS.

51 Sic cum quatuor noſtris MSS. Vind. Vat. Reginæ, alio Vat. & Barb. Couſtantius cum ſuis exemplaribus: *Ad hoc uſque*. Queſn. cum aliis editis præterit *uſque*. Mox quidam codd. *Diozeniani*, vel *Bezoniani*: dein plerique *&* *Quiriaci*.

52 Vulg. Concil. cum Dion. Hiſp. & Iſid. *emendationem*. Mox Queſn. *Compeſcite quæſo*. Correximus auctoritate quatuor noſtrorum codicum & ſex P. Couſtantii. Dein pro *animoſas* plerique MSS. libri cum antiquis vulg. habent *animos*.

53 Queſn. cum iiſdem edit. & Dion. *reparatus mereatur pacem, non fictam pervidens caritatem. Omnibus* (Dion. & editiones antiquæ addunt *igitur*) *vobis ac ſingillatim occurrat caritas, & vinculis, quæ .... connexa lætetur*. Sequuti ſumus codd. Vindeb. Vat. Barb. & Vat. Reginæ atque Couſtantium. Solum Vat. & Barb. habent *vinculiſque quæ*: melius ſi legeretur *caritatiſque vinculis, quæ*. Mox cod. Thuan. *in perpetuum Eccleſia connexa*.

54 Codd. hujus collectionis nec non Vat. & Barb. perperam *Conſtantino* pro *Conſtantio*. In MS. Vind. *Conſtantino* præmittitur manu antiqua *Fl.* uti legitur etiam in alio MS. apud Harduinum, & in Vat. Reginæ. Melius apud Couſtantium *Flavio Conſtantio*, qui ſane anno 414. cum ſcripta fuit hæc epiſtola, conſulatum geſſit.

1 Hæc epiſtola præter MSS. hujus collectionis deſcribitur etiam in codd. collectionum Dion. Hiſp. Iſid. Barb. 2888. & Corbejenſis.

2 Vulg. cum Dion. *Eugubinum*.

3 Queſn. addit *ſalutem* cum vulg. ex Dionyſio. Delevimus auctoritate MS. Vind. & aliorum optimæ notæ.

4 Cod. Vind. cum aliis quinque laudatis a P. Couſt. habet *ipſis*. Barb. vero tantum habet *aut ab Apoſtolis ipſis contrarietatem inductam*.

5 Solus Queſn. *Eccleſiam*. Dein cod. Barb. cum aliis vulg. *conſtituerint*.

rum invenitur aut legitur docuisse. Qui si
non legunt, quia nusquam inveniunt, oportet eos hoc sequi, quod Ecclesia Romana
5 custodit, a qua eos principium accepisse non
dubium est: ne dum peregrinis assertionibus student, caput institutionum videantur
omittere. Sæpe dilectionem tuam ad urbem
6 venisse, ac nobiscum 6 in Ecclesiam convenisse non dubium est; & quem morem
vel in consecrandis mysteriis, vel in ceteris arcanis agendis teneat, cognovisse. Quod
7 sufficere 7 ad informationem Ecclesiæ tuæ,
vel reformationem, si præcessores tui minus aliquid, aut aliter tenuerint, satis certum haberemus, nisi de aliquibus consulendos nos esse duxisses. Quibus idcirco respondemus, non quod te aliqua ignorare credamus; sed ut majori auctoritate vel tuos instituas, vel si qui a Romanæ Ecclesiæ institutionibus errant, aut commoneas, aut
8 indicare non differas: ut scire valeamus, 8
qui sunt qui aut novitates inducunt, aut alterius Ecclesiæ quam Romanæ existimant consuetudinem esse servandam.

CAP. I. Pacem igitur asseris ante confecta Mysteria quosdam populis imperare, vel sibi
9 inter 9 se Sacerdotes tradere: cum post
omnia, quæ aperire non debeo, pax sit necessario indicenda, per quam constet populum ad omnia, quæ in mysteriis aguntur, atque in Ecclesia celebrantur, præbuisse consensum, ac finita esse pacis concludentis signaculo demonstrentur.

CAP. II. De nominibus vero recitandis antequam
10 10 precem Sacerdos faciat, atque eorum oblationes, quorum nomina recitanda sunt, oratione commendet, quam supefluum sit,
11 & ipse 11 per tuam prudentiam recognoscis: ut cujus hostiam necdum Deo offeras, ejus nomen ante insinues, quamvis illi incognitum nihil sit. Prius ergo oblationes sunt commendandæ, ac tum eorum nomina, quorum sunt, edicenda: ut inter sacra
12 mysteria nominentur, 12 non inter alia quæ
ante præmittimus, ut ipsis mysteriis viam futuris precibus aperiamus.

De consignandis vero infantibus, manifestum est non ab alio, quam ab Episcopo CAP. III.
fieri licere. Nam Presbyteri licet 13 sint 13
Sacerdotes, Pontificatus tamen apicem non habent. Hoc autem Pontificibus solis deberi, ut vel consignent, vel paraclytum 14 14
Spiritum tradant, non solum ecclesiastica consuetudo demonstrat, verum illa lectio Actuum Apostolorum, quæ asserit Petrum & Joannem esse directos, qui jam baptizatis 15 traderent Spiritum sanctum. Nam 15
Presbyteris, seu extra Episcopum, sive præsente Episcopo cum baptizant, chrismate baptizatos ungere licet, sed quod ab Episcopo fuerit consecratum; non tamen fron-
tem 16 ex eodem oleo signare, quod solis 16
debetur Episcopis, cum tradunt Spiritum paraclytum. Verba vero dicere non possum, ne magis prodere videar, quam ad consultationem respondere.

Sabbato vero jejunandum esse, ratio evi- CAP. IV.
dentissima 17 demonstrat. Nam si diem 17
dominicum ob venerabilem Resurrectionem Domini nostri JESU-CHRISTI, non solum in Pascha celebramus, verum etiam per singulos circulos hebdomadarum ipsius diei imaginem frequentamus; ac 18 sex- 18
ta feria propter Passionem Domini jejunamus; sabbatum prætermittere non debemus, qui (dies) inter tristitiam & lætitiam temporis illius videtur inclusus. Nam utique constat Apostolos biduo isto & in mœrore fuisse, & propter metum Judæorum se occuluisse. Quod utique non dubium est in tantum eos jejunasse biduo memorato, ut traditio Ecclesiæ habeat isto biduo sacramenta penitus non celebrari. Quæ forma utique per singulas 19 est tenenda heb- 19
domadas, propter id quod commemoratio diei illius semper est celebranda. Quod si putant semel atque uno sabbato jejunandum, ergo & 20 Dominica, & sexta fe- 20
ria, semel in Pascha erit utique celebranda. Si autem dominici diei ac sextæ feriæ per singulas hebdomadas reparanda imago est, dementis est bidui agere consuetudinem,

---

6 Vulg. *in Ecclesia*.

7 Codd. Vind. & Barb. cum aliis plerisque & Dion. addunt *arbitrarer*: quod abundat, nisi postea legendum credatur cum Barb. *sed certum haberem*. Cod. Vind. habet pariter *haberem*. Sequentia vero *respondemus*, *credamus* cum præferendum suadent *haberemus*, tum *arbitrarer* delendum ostendunt.

8 Cod. Barb cum vulgatis melius *qui sint*.

9 Nostri codd. Vind. & Barb. cum Dion. & vulg. Concil. delent *se* Dein Barb. cum Merlino & aliis codd. *necessaria*.

10 Barb. cum vulg. Concil. *preces*. Dein *sua oratione* idem cod. Barb. cum Coust. & ceteris collectionibus editis.

11 Al. *pro tua prudentia*.

12 Quesn. *non intra*; & post pauca *ut ipsis futuris mysteriis viam ante precibus aperiamus*, refragantibus nostris codd. & vulgatis: Dein Barb. MS. *præmisimus*, melius.

13 Coust. ex MS. Corb. & duobus aliis *secundi sint Sacerdotes*: ac mox ex iisdem codd. *Hoc autem Pontificium solis deberi Episcopis, ut vel consignent* &c.

14 Solus Quesn. pro *Spiritum* habet *Sanctum*. Mox codd. aliarum collectionum cum ceteris vulg. *verum & illa lectio*. Quesn. *Apostolicorum Actuum*.

15 Nostri duo codd. Vind. & Barb. *tradant*.

16 Solus Quesn. omittit præpositionem *ex*: & dein habet *dare* pro *dicere*.

17 Solus Quesn. *declarat*.

18 Particulam *si* a Quesn. cum Dion. insertam, auctoritate nostrorum codicum & ceterarum editionum delevimus. Dein nomen *diei* a Quesnello perspicuitatis gratia additum MSS. ignorant. Alii vulg. *quod .... inclusum*.

19 Cum MSS. & ceteris edit. adjecimus verbum *est*, & dein *id* a Quesnello omissa.

20 Vind. cum aliis codd. apud Coust. *Dominicum ... celebrandum*.

nem, sabbato prætermisso: cum non dispa-
rem habeat caussam a sexta feria videlicet,
in qua Dominus passus est, quando & ad
inferos fuit, ut tertia die resurgens lætitiam
2 redderet post biduanam tristitiam præcedentem. Non ergo nos negamus sexta feria jejunandum; sed dicimus & sabbato hoc agen-
21 dum: 21 quia ambo dies tristitiam Apostolis, vel iis qui Christum sequuti sunt, in-
dixerunt. Qui die dominico exhilarati, non
solum ipsum festivissimum esse voluerunt,
verum etiam per omnes hebdomadas fre-
quentandum esse duxerunt.

CAP. V. De fermento vero, quod die dominica
22 per titulos mittimus, superflue nos 22 consulere voluisti, cum omnes Ecclesiæ nostræ
sint intra civitatem constitutæ. Quarum
Presbyteri, quia die ipso propter plebem
sibi creditam nobiscum convenire non possunt; idcirco fermentum a nobis confectum
per acolythos accipiunt, ut se a nostra communione, maxime illa die, non judicent
separatos: quod per parochias fieri debere
23 non puto: quia 23 nec longe portanda sunt
sacramenta; nec nos per cœmeteria diversa
24 constitutis Presbyteris destinamus: 24 &
Presbyteri eorum conficiendorum jus habeant, & licentiam.

CAP. VI. De iis vero baptizatis, 25 qui postea a
25 dæmonio, vitio aliquo, aut peccato interveniente, arripiuntur, quæsivit dilectio tua,
si a Presbytero, aut Diacono possint, aut debeant 26 designari; quod hoc nisi Episco- 26
pum præcipere non licet: nam eis manus
imponenda omnino non est, nisi Episcopus
auctoritatem dederit id efficiendi. Ut autem
fiat, Episcopi est imperare, ut manus eis
vel a Presbytero, vel a ceteris Clericis imponatur. Nam quomodo id fieri sine magno
labore poterit, ut longe constitutus ener-
gumenus ad Episcopum deducatur; cum, si
talis casus ei in itinere acciderit, nec 27 27
perferri ad Episcopum, nec referri ad sua
facile possit?

De pœnitentibus autem, qui sive ex gra- CAP.VII.
vioribus commissis, sive ex levioribus pœnitentiam gerunt, si nulla interveniat ægri-
tudo, quinta feria ante Pascha eis remittendum, Romanæ Ecclesiæ consuetudo demonstrat. Ceterum de æstimando pondere
delictorum Sacerdotis est judicare; ut atten-
dat ad confessionem pœnitentis, & ad fle-
tus atque lacrymas corrigentis; ac tum jubere dimitti, cum viderit congruam 28 sa- 28
tisfactionem. Sane si quis in ægritudinem
inciderit, atque usque ad desperationem venerit, ei ante tempus Paschæ relaxandum:
ne de sæculo absque communione discedat.

Sane quoniam de hoc, sicuti de ceteris, CAP.VIII.
consulere voluit tua dilectio, adjecit etiam
filius meus Cælestinus Diaconus in epistola
sua, esse a tua dilectione positum illud,
quod in beati Apostoli Jacobi epistola conscriptum est: 29 *Si infirmus aliquis in vo-*
bis 29

---

21 Cod. Barb. *qui*: Mox ex MSS & vulg. revocavimus *vel iis*, & dein *festivissimum*. Quesn. *& iis .... festivum*.

22 Oxon. MS. *consuluisti*, *cum*. Dein Barb. *propter plebem sibi commissam*.

23 Sic codd. cum vulg. Concil. & Coust. Quesnellus & Dion. *non longe*.

24 Quesn. cum MSS. Hisp. & Isid. *ut & Presbyteri*. Thuan. *ut precibus eorum*. Vind. cum Pith. *& precibus eorum*; at secunda manu ut in textu: quæ lectio potiorum MSS. est. Mallemus *cum & Presbyteri*; vel scribendum *habent*. Innocentius enim per parochias rurales sacramenta haud mittenda esse affirmat, quia longe portanda non sunt, sicut ea nec Presbyteris cœmeteriorum destinat, hacque de caussa ejusmodi Presbyteris sacramentorum conficiendorum jus & licentia est.

25 Quesn. hic inserunt *quæsivit dilectio tua*, quæ cum MSS. aliisque vulgatis inferius rejecimus. Mox idem Quesn. cum Dion. *aut vitio*: delevimus *aut* cum Vind. Barb. aliisque sincerioribus exemplaribus & editionibus.

26 Quesn. *consignari*, *quod*, *nisi Episcopus præceperit*, *non licet*. Rom. edit. cum vulg. Concil. *consignari*, *quod hoc nisi Episcopis præcipere non licet*. At *designari* habent nostri codd. Vind. & Barb. nec non Corb. & Colbert. ac ceteri hujus collectionis, quos Coustantius laudat. Ita & legisse videtur Dionysius, cujus exemplum Regium, teste eodem Coustantio, præfert *adsignari*. Dein *quod hoc nisi Episcopum præcipere non licet*, ex Vind. recepimus, confirmaturque eodem vetustissimo exemplari Regio Dionysiano. Accedit cod. Barb. qui solum mendose pro *nisi Episcopum* habet *ipsi Episcopo*, contra Innocentii mentem sequentibus verbis expressam *nisi Episcopus auctoritatem dederit*; & *Episcopi est imperare*. Ex vulgata lectione *consignari* nonnulli hunc locum de sacramento confirmationis explicarunt. At de fidelibus baptizatis, qui ex veteri disciplina jam confirmati fuerant, hic sermo est. Facultas autem ministrandi sacramentum confirmationis, quam *solis* Episcopis idem Pontifex hac ipsa in epistola asserit, Presbyteris aut Diaconis Episcopo concedente tributa dici nequit. Hinc melior visa est lectio *designandi* distincta a voce *consignandi*, qua ante S. Pontifex sacramentum confirmationis indicavit. Innuitur autem ea manuum impositio super energumenos, quæ in antiquis Ecclesiæ ritibus apud P. Martene descripta lib. 3. c. 9. Episcopo præcipiente non solum a Presbyteris & Diaconis, verum etiam, ut mox traditur, a ceteris Clericis præstari poterat.

27 Solus Quesn. *ferri*. Dein Vind. MS. *intervenerit*.

28 Coust. cum duobus MSS. *satisfactionem suam*. *Vel si quis*. Dein al. *devenerit*, *ei est*. Post pauca in Oxon. deest *Paschæ*.

29 Sic Vind. cum aliis sincerioribus codd hujus collectionis a Coustantio inspectis, quibus concinunt & aliæ vetustiores MSS. collectiones, quæ antiquam versionem exhibent. Vide plura apud Coustantium. Vindeb in fine hujus textus habet *remittat*. Barb. cum aliis omittit *Ecclesiæ*. Quesnellus lectionem Vulgatæ maxime affinem recepit. *Infirmatur quis in vobis? Inducat Presbyteros Ecclesiæ, & orent super eum, ungentes eum oleo in nomine Domini: & oratio fidei salvabit infirmum, & suscitabit eum Dominus, & si in peccatis sit, dimittentur ei.*

bis est ; vocet Presbyteros Ecclesiæ, & orent super ipsum, ungentes eum oleo in nomine Domini : & oratio in fide salvabit laborantem, & suscitabit illum Dominus ; &, si peccata fecit, remittet ei. Quod non est dubium de fidelibus ægrotantibus accipi vel intelligi debere, qui sancto oleo chrismatis perungi pos-
30 sunt : 30 quo ab Episcopo confecto, non solum Sacerdotibus, sed & omnibus uti Christianis licet in sua aut suorum necessitate ungendo. Ceterum illud superfluo videmus adjectum, ut de Episcopo ambigatur, quod Presbyteris licere non dubium est. Nam ic-
31 circo 31 Presbyteris, dictum est, quia Episcopi aliis occupationibus impediti ad omnes languidos ire non possunt. Ceterum si Episcopus aut potest, aut dignum ducit aliquem a se visitandum, & benedicere, &
32 32 tangere chrismate; sine cunctatione potest, cujus est ipsum chrisma conficere. Nam pœnitentibus istud infundi non potest, quia genus sacramenti est. Nam quibus reliqua sacramenta negantur, quomodo unum genus putatur posse concedi?

His igitur, frater carissime, omnibus quæ tua dilectio voluit a nobis exponi, prout potuimus respondere curavimus : ut Ecclesia tua Romanam consuetudinem, a qua originem ducit, servare valeat atque custodire. Reliqua vero, quæ scribi fas non erat, cum affueris, interrogati poterimus edicere. Erit autem Domini potentiæ etiam id procurare: ut & tuam Ecclesiam, & Clericos nostros qui sub tuo Pontificio divinis famulantur officiis bene instituas, & aliis formam tribuas, quam debeant imita-
33 ri. Data 33 XIV. Kal. Aprilis THEODOSIO
An. 416. Augusto septies & PALLADIO V. C. Consulibus.

CAPITULUM XXIV.

EPISTOLA 1

INNOCENTII

ad Victricium Episcopum Rothomagensem: sub titulis XV.

INNOCENTIUS 2 VICTRICIO Rothomagensi 2
Episcopo. 3 3

ETsi tibi, frater carissime, pro merito & honore Sacerdotii quo plurimum polles, vivendi & docendi 4 secundum eccle- 4
siasticas regulas nota sunt omnia, neque est aliquid quod de sacris lectionibus tibi minus collectum esse videatur ; tamen quia Romanæ Ecclesiæ normam, 5 atque aucto- 5
ritatem magnopere postulasti, voluntati tuæ admodum morem gerens, digestas vitæ & morum probabilium disciplinas annexas literis meis misi, per quas advertant Ecclesiarum regionis vestræ populi, 6 quibus re- 6
bus & regulis Christianorum vita in sua cujusque professione debeat contineri ; qualisque servetur in urbis Romæ Ecclesiis 7 di- 7
sciplina. Erit dilectionis tuæ, per plebes finitimas & Consacerdotes nostros, qui in illis regionibus propriis Ecclesiis præsident, regularum hunc librum quasi didascalicum atque monitorem, sedulo insinuare: ut & nostros cognoscere, & ad fidem confluentium mores valeant docendi sedulitate formare. Aut enim propositum suum ex hac nostra congruenti lectione cognoscent, aut si quid adhuc desideratur, facile poterunt ex bona imitatione supplere.

Incipiamus igitur adjuvante 8 sancto Apo- 8
stolo Petro, per quem & Apostolatus & Episcopatus in Christo cœpit exordium : ut quoniam plures sæpe emerserunt caussæ, quæ in aliquantis non erant caussæ, sed crimina, ut de cetero sollicitudo sit unicuique Sacerdoti in sua Ecclesia curam hujusmodi habere, sicut Apostolus prædicat Paulus,

---

30 Coust. *quod ab Episcopo confectum .... ungendum*.

31 Sic Vind. & Barb. ac ceteri plures a Coustantio laudati cum Dion. & Coust. Codex Thuan. cum vulg. Concil. *De Presbyteris*, Quesn. *Presbyteros*.

32 Solus Quesn. *ungere*, Nostri codd. cum ipso Thuan. *tangere chrismate*, uti apud S. Gregorium l. 4. ep. 26. ad Januarium.

33 Cod. Thuan. *XII. Kal.* Barb. *XIII. Kal.*

1 Exstat in MSS. nostræ collectionis, in Dion. Hisp. & Isid. Vat. Reginæ 1997. Colbert. Lucensi, Barb. 2888. Corb. & Fossatensi.

2 Cod. Barb. cum aliquot aliis MSS. *Victoricio*. Vat. Reginæ & Lucen. *Victoria*. Alii quidam codd. *Victorico*.

3 Quesn. addit *salutem*. Delent nostri codd.

4 Ita codd. hujus collectionis cum Fossat. & Dion. Exemplar vero Barberinum cum aliis viginti & amplius laudatis a Coustantio: *ecclesiasticæ regulæ nota sunt omnia*. In Vindeb. *secunda* manu deleta, tantum fuit præpositio *secundum*. Cod. Vat. Reg. *ecclesiastice nota est in te regula, neque sit*. Mox *tibi videatur ignotum* in MSS. Barb. & Vat. Reg.

5 Pervetustus codex Barb. ac ex eo Sirmond. & Labb. *ad auctoritatem* : quæ lectio Romanæ Ecclesiæ normam *ad auctoritatem* quæsitam & adhibitam significat.

6 Vindeb. prima manu cum Corb. & Fossat. *quibus & regulis* : at secunda manu in illo additum *rebus*. Unus Colbert. cod. *quibus regulis*.

7 Cod. Barb. *ordo servetur*. In Vat. Reg. prima manu idem legitur ; at secunda *servetur* deletum. Mox Quesn. *Erit ergo dilectionis*. Delevimus *ergo* auctoritate nostrorum codicum, & ceterarum editionum.

8 Antiquæ editiones Concil. cum MSS. Hisp. & Isid. addunt *Deo*, &.

Ephes. 5.27. lus, talem Ecclesiam Deo exhibendam, *non habentem maculam aut rugam*: ne alicujus morbidæ ovis afflatu conscientia nostra contaminata violetur. Propter eos igitur, qui vel ignorantia, vel desidia non tenent ecclesiasticam disciplinam, & multa non præsumenda præsumunt, recte postulasti, ut in illis partibus istiusmodi, quam tenet Ecclesia Romana, forma servetur: non quo nova præcepta aliqua imperentur; sed ea, quæ per desidiam aliquorum neglecta sunt, ab omnibus observari cupiamus: quæ tamen apostolica & patrum traditione sunt constituta. Scriptum namque est ad Thessaloni-
2. Thes. 2. censes, 9 Paullo monente: *State & tenete*
15. *traditiones nostras, quas tradidi vobis sive*
9 *per verbum, sive per epistolam*. Illud tuam
10 certe mentem debet 10 vehementius excitare, ut ab omni labe sæculi istius immunis ante Dei conspectum & securus inveniaris: cui enim multum creditur, plus ab eo exigitur usura pœnarum. Ergo quoniam non pro nobis tantum, sed & pro populo
11 Christi cogimur præstare rationem, 11 disciplina deifica populum erudire debemus.
12 12 Exstiterunt enim nonnulli, qui statuta majorum non tenentes, castitatem Ecclesiæ sua præsumtione violarent, populi favorem sequentes, & Dei judicium non timentes.
Ergo ne silentio nostro 13 existimemur his 13
præbere consensum, Domino dicente: *Vide-* Ps. 49.18.
bas furem & currebas cum eo: hæc sunt quæ deinceps intuitu divini judicii omnem catholicum Episcopum expedit custodire.

Primum ut extra conscientiam Metropo- CAP. I.
litani Episcopi nullus audeat 14 ordinare. 14
Integrum enim est judicium quod plurimorum sententiis confirmatur: ne unus Episcopus ordinare præsumat; ne furtivum beneficium præstitum videatur. Hoc enim 15 15
& in Synodo Nicæna constitutum est atque definitum.

Item si quis post remissionem peccatorum CAP. II.
cingulum militiæ sæcularis habuerit, ad clericatum admitti omnino non debet.

Si quæ autem caussæ vel contentiones CAP. III.
inter Clericos 16 tam superioris ordinis, 16
quam etiam inferioris exortæ fuerint; ut secundum Synodum Nicænam congregatis ejusdem Provinciæ Episcopis 17 jur- 17
gium terminetur; nec alicui liceat, sine præjudicio tamen Romanæ Ecclesiæ;
18 relictis iis Sacerdotibus, qui in eadem 18
Provincia Dei Ecclesias nutu divino gubernant,

---

9 Quesn. addit *epistola secunda*: delent nostri codices, uti etiam Dion. Labb. & Coust. In MSS. Colb. Fossat. & Corb. *ad Timotheum*: sed in Corb. secundis curis emendatum *ad Thessalonicenses*. In priscis edit. Concil. cum MSS. collectionum Hadrian. & Hisp. legitur *ad Thessalonicenses II. & ad Timotheum*. Barb. *Apostolo monente*. Vat. Reg. *Apostolo Paullo monente*. Mox Vind. delet voces *quas tradidi vobis*.

10 Vox *vehementius* a Quesnello omissa ex nostris codicibus & vulgatis restituitur. Mox Barb. omittit *immunis*, & cum ceteris vulgatis delet *&* ante *securus*. Dein voces *usura pœnarum* in pluribus MSS. prætermissas, hujus & aliarum antiquiorum collectionum exemplaria retinent. Postea pro *Christi* editio Rom. habet *credito*.

11 Ita codd. Thuan. & Vind. hujus collectionis cum Dionysii exemplo Regio, & edit. Romana. Codd. Vat. Reginæ & Barb. *disciplina dominica*. Corb. & Fossat. MSS. quos Coustantius sequutus est, *disciplinam deificam*: duo Colb. *disciplinam dominicam*. In MSS. collect. Hadrianeæ *disciplina sanctifica*, vel cum Justello *sanctificata*. Codd. Hisp. & Isid. *disciplina sanctificare*. Hinc lectio cod. Oxon. quam Quesnellus arripuit, etsi a codice Isidoriano Merlini comprobetur, sincera haberi nequit. Est autem hujusmodi: *idcirco disciplina Dei sanctificare populum & erudire*.

12 Sic cod. Vind. cum Dion. & antiquioribus MSS. apud Coustantium. Quesn. cum Oxon. & nostris Barb. & Vat. Reginæ, nec non cum exemplis Hisp. & Isid. & antiquis Concil. editionibus: *Quosdam autem asseris exstitisse, qui statuta*. Mox Quesn. cum eodem Oxon. *violant*: alias *violarint*.

13 Quesn. *videamur*, & dein *Domino dicente per Prophetam*: *Videbas*. Sinceriores nostræ collectionis codd. prætulimus. MSS. Vat. Reg. Barb. Hisp. & Isid. voces *per Prophetam* retinent.

14 Idem Quesn. cum MSS. Oxon. Hisp. & Isid. post *ordinare*, ac dein post *præsumat* addit *Episcopum*: delent nostri, & ceterarum collectionum codices: ex quibus mox *enim* inseruimus. Post pauca *nec unus* aliquot MSS. & excusi libri non male præferunt.

15 Sic antiqui hujus collectionis codd. Thuan. & Vindeb. cum Dion. Labb. & Coust. Quesnellus cum Oxon. *& Synodus Nicæna constituit & definivit*. Mox c. 2. adjecimus *Item*; & initio c. 3. *autem* ope nostrorum codicum & vulgatorum.

16 Quesnellus hanc postillam margini apposuit: „ *Et laicos* addunt Oxon. Is. & Roma- „ na editio ad marginem, sed mendose, nihil „ enim de laicis in Nicæno." Mox post verbum *fuerint* idem Oxon. addit *placuit*. Nos *ut* ex nostris codd. & vulg. addidimus: ac ex iisdem e contra delevimus *omnibus*, quæ vox a Quesnello post *congregatis* inserta fuit. In MS. Colb. Longobardico, qui similis est Lucensi, nec non in Vat. Reginæ desunt *secundum Synodum Nicænam*.

17 Codd. Barb. & Oxon. *judicium*.

18 Quesn in notatione marginali. *Oxon. Is. & vulg. addunt*: cui in omnibus caussis debet reverentia custodiri. *Verum nec in Thuan. MS. nec apud Dion. nec in epistola* 40. *Nicolai PP. I. ad Episcopos Galliarum hæc parenthesis legitur, nec in antiquissimo codice Corbejensi, in quo recentiori manu supra lineam addita est*. Negari quidem nequit in antiquioribus hujus collectionis MSS. Vindeb. Thuan. & Pith. hanc pericopem desiderari, sicut etiam in exemplaribus collectionis Dionysianæ, quæ in Hadrianeam transiit, cumque Nicolaus I. his Hadrianeis exemplis usus sit, nihil mirum, sic hic quoque Pontifex ea verba omisit. At eadem leguntur in aliis sex vel septem distinctis collectionibus, nimirum in tribus vetustissimis, quarum una exstat in MS. Vat. Reginæ, altera in MSS. Longobardico Col-

19 nant , ad alias convolare Provincias. 19
Quod si quis forte præsumserit ; & ab officio clericatus summotus, & injuriarum reus
ab omnibus judicetur.
CAP. IV. Si autem majores caussæ in medium fuerint devolutæ, ad Sedem Apostolicam, si-
20 ut Synodus statuit 20 , post judicium episcopale referantur.
CAP. V. Ut mulierem 21 Clericus non ducat uxo-
21 rem : quia scriptum est : *Sacerdos virgi-*
nem uxorem accipiat, non viduam, non eje-
ctam. Utique qui ad Sacerdotium labore
suo & vitæ probitate contendit, cavere debet ne hoc præjudicio impeditus pervenire non possit.
CAP. VI. Ut is qui 22 mulierem, licet laicus, du-
22 xerit uxorem, sive ante baptismum, sive
post baptismum, non admittatur ad Clerum : quia eodem vitio videtur exclusus.
In baptismo enim crimina dimittuntur, non
acceptæ uxoris consortium relaxatur.
CAP. VII. Ne is qui secundam duxerit uxorem, Clericus fiat: quia scriptum est : *Unius uxoris*
23 *virum*: 23 & iterum: *Sacerdotes mei semel*
2. Tim. 3. *nubant*: & alibi: *Sacerdotes mei non nubent*
2. Lev. 12. 22. *amplius*. Ac ne ab aliquibus existimetur an-
Ezech. 44. 22. &c.

te baptismum si forte quis accepit uxorem,
& ea de sæculo recedente, alteram duxerit,
in baptismo esse dimissum; satis errat a regula: 24 quia in baptismo remittuntur pec- 24
cata, non acceptarum uxorum numerus abo-
letur : cum utique uxor ex præcepto legis Lev. 21.
ducatur ; in tantum , ut 25 in paradiso , Gen. 2.
cum parentes humani generis conjungeren- 25
tur, ab ipso Domino sint benedicti: & Salomon dicat: *A Deo præparatur viro uxor*.
Quam formam etiam omnes Sacerdotes servare, usus ipse Ecclesiæ demonstrat. Satis Prov. 14.
enim absurdum est aliquem credere uxorem
ante baptismum acceptam, post baptismum
non computari; cum benedictio, quæ super
nubentes per Sacerdotem imponitur ; non
materiam delinquendi dedisse, sed formam
tenuisse legis a Deo antiquitus institutæ doceatur. Quod si non putatur uxor esse com-
putanda, quæ ante baptismum ducta est,
ergo nec filii, qui ante baptismum geniti
sunt, pro filiis 26 haberentur. 26
Ut de aliena Ecclesia ordinare Clericum CAP. VIII.
nullus usurpet; nisi ejus Episcopus exoratus
precibus concedere voluerit. 27 Hoc etiam 27
Synodus statuit Nicæna : ut abjectum ab
alte-

Colbertino, & Lucensi, tertia in Barb. 2888. & Vat. 1342., ac præterea in alia antiqua Colb. 3368. in Hispanica, quæ licet ex Dionysiana hanc epistolam transcripserit, hanc tamen pericopem sive ex aliquo Dionysii codice, sive ex alia vetustiore collectione inseruit ; ac in Isidoriana, quæ ex Hispanica hanc epistolam derivavit. Tandem in celeberrimo & *pervetusto exemplari Corbejensi*, non *recentiori*, sed (uti Coustantius testatur) *ab antiqua manu, ac prorsus eadem, quæ omissa verba supplere solet, adjecta sunt*; ac propterea idem Coustantius ea verba uti Innocentii genuina textui inserenda putavit. Hæc autem in nostro textu non recepimus, non quod ea non credamus verba Innocentii, sed quia eam collectionem edimus, cujus sinceriora exemplaria hujusmodi parenthesim ignorant. Mirum vero maxime est eamdem fuisse expunctam etiam in editione Quesnelli, qui dissert. 12. c. 4. n. 5. ea verba a Romanis in suo Codice inserta contendit. Si enim Romanum Codicem se edere credidit, excludi ab eo non poterant verba, quæ ipsius propria judicantur. In hac parenthesi quidam codices pro *debet* habent *debetur*.

19 Cod. Oxon. & ex eo Quesn. intra parenthesim, addunt : *aut aliarum provinciarum prius Episcoporum judicium expetere vel pati*. Idem habet Isid. Merlini, qui solum pro *pati* profert *experiri*. Desunt in Thuan. Vind. Barb. Vat. Reginæ, Dion. aliisque sincerioribus exemplaribus. Post pauca Quesn. cum Oxon. *velut injuriarum*.

20 Addit Oxon. *& beata consuetudo exigit*: quæ verba antiquiores hujus collectionis codices Thuan. Vind. & Pith. ignorant. Notandum vero est in collectionibus diversis tria diversa proferri. Codices Dionysii, & Hadrianei, qui a Dionysio promanant, cum purioribus nostræ collectionis exemplaribus aliisque indicatis a P. Coustantio habent, *sicut Synodus statuit*. Quatuor aliæ vetustiores collectiones, quarum tres sunt Italicæ, hoc est Vat. Reginæ 1997. Colb. Lucensis. Barb. 2888. & Vat. 1342. ac Colb. 3368. præferunt hæc tantum verba, *sicut*, vel *ut vetus consuetudo exigit*. Utrumque autem cum MS. Oxoniensi nostræ collectionis exhibent MSS. collectionum Hisp. & Isid. nisi quod hi pro *vetus* habent *beata* : ac propterea utrumque optimis exemplaribus fultum P. Coustantius recepit.

21 Quesn. cum MSS. Hisp. & Isid. addit *viduam*. Dion. habet *viduam*, sed delet *mulierem*. Nostri codices cum aliis antiquioribus libris solum præferunt *mulierem*, quæ vox frequentius pro non virgine accipitur. Hic Innocentius plura sumsit ex Siricii epistola ad Africanos, in qua similiter n. 4. legitur: *Ut mulierem Clericus non ducat uxorem*. Mox pro *non ejectam* duo codd. Corb. & Colb. apud Coust. habent *nec relictam*.

22 Sic nostri, & potiores codd. Quesnellus cum Dion. Hisp. & Isid. *viduam*, ac dein *remittuntur*.

23 Codd. Vat. Reginæ, Colb. Lucensis, & alius Colb. 3368. cum Barb. 2888. & simili Vat. duo sequentia testimonia prætereunt. Vind. prima manu omisit solum tertium: *& alibi: Sacerdotes* &c. at secundis curis additum fuit.

24 Coust. cum MSS. Corb. & Colb. *qui in baptismo hoc putat dimitti* : *remittuntur peccata*. Barb. *nec acceptarum*.

25 Quesn. addit *&* : delevimus cum nostris codd. Vind. & Barb. Mox codd. Vat. Reginæ & Barb. cum aliis vulg. *præparabitur*.

26 Sic nostri codd. Vind. Vat. Reginæ, & Barb. cum Corb. Fossat. & duobus Colb. Quesnellus *habendi sunt*, cum solo Oxon. Coust. cum Dion. Regio *habebuntur*. Ceteræ editiones cum aliis codd. *habentur*.

27 Codd. Barb. & Vat. Reginæ : *Quod etiam Nicæna videtur Synodus continere : Abjectus a sua Ecclesia Clericus, ab altera non suscipiatur Ecclesia*.

altero Clericum altera Ecclesia non recipiat.
CAP. IX. Ut venientes a Novatianis vel Montensibus per manus tantum impositionem suscipiantur: quia quamvis ab hæreticis, tamen in Christi nomine baptizati sunt: præ-
28 ter eos, 28 qui si forte a nobis ad illos
transeuntes rebaptizati sunt: hi si resipiscentes & ruinam suam cogitantes redire
maluerint; sub longa pœnitentiæ satisfactione admittendi sunt.
CAP. X. Præterea, quod dignum, & pudicum, &
29 honestum est, tenere Ecclesia 29 omnino
debet: ut Sacerdotes & Levitæ cum uxoribus suis non coeant, quia ministerii quotidiani necessitatibus occupantur: scriptum est
Lev. 11. 43. & 20. 7. enim: *Sancti estote, quoniam ego sanctus
sum, Dominus Deus vester*. Nam 30 si pri-
30 scis temporibus de templo Dei Sacerdotes
anno vicis suæ non discedebant, sicut de Zacharia legimus, nec domum suam omnino
31 tangebant, 31 quibus utique propter sobolis successionem uxorius usus fuerat relaxa-
32 tus, quia ex alia tribu, & præter 32 ex semine Aaron ad Sacerdotium nullus fuerat
præceptus accedere; quanto magis hi Sacerdotes vel Levitæ pudicitiam ex die ordinationis suæ servare debent, quibus vel Sacerdotium, vel ministerium sine successione
est, nec præterit dies qua vel a sacrificiis
divinis, aut a baptismatis officio vacent?
Nam si Paullus ad Corinthios scribit, di-
cens: *Abstinete vos ad tempus, ut vacetis* 1. Cor. 7. 5.
orationi: & hoc utique laicis præcipit; multo magis Sacerdotes, quibus, & orandi, &
sacrificandi juge officium est, semper debebunt ab hujusmodi consortio astinere. Qui
33 si contaminatus fuerit carnali concupi- 33
scentia, quo pudore vel sacrificare usurpabit; aut qua conscientia, quove merito 34 34
exaudiri se credet, cum dictum sit: *Omnia
munda mundis; coinquinatis autem & infidelibus nihil mundum?* Sed fortasse licere
hoc credit, quia scriptum est: *Unius uxoris* Tit. 1. 15.
virum. 35 Non permanentem in concupi- 35
scentia generandi dixit, sed propter continentiam futuram. Neque enim integros corpore non admisit, qui ait: *Vellem autem* 1. Cor. 7. 7.
omnes 36 esse sicut & ego: & apertius de- 36
clarat, dicens: *Qui autem in carne sunt,* Rom. 8.
*Deo placere non possunt; vos autem jam non
estis in carne, sed in spiritu*.

De Monachis, qui diu morantes in Monasteriis, 37 postea ad Clericatus ordinem 37
pervenire nituntur, non debere eos a priori proposito deviare. Aut enim sicut 38 in 38
Monasterio fuit, & quod diu servavit, in
meliori gradu positus amittere non debet;
aut si corruptus, postea 39 baptizatus, & 39
in Monasterio sedens ad Clericatus ordinem

28 Quesn. omittit *si*, ac dein cum MS. Oxon. Colb. & Corb. *baptizati sunt*, & postea *voluerint*. Sequuti sumus optima exemplaria Vind. Vat. Reginæ, & Barb. quibuscum alii plures concinunt. De rebaptizatis quidem sermonem esse contextus exigit, nec non epistola Siricii ad Africanos, quam Innocentius præ oculis habuit.

29 Al. *omnimodo*. Mox pro *non coeant* Barb. Vat. Reginæ, & Colb. Lucens. *non misceantur*: & dein cum aliis pluribus *quoniam & ego*, ut supra in epistola ad Exsuperium c. 1. pariter legitur.

30 Codd. Vind. Vat. Reg. & Barb. delent *si*: melius ceteri exhibent.

31 *Ab hoc loco*, ut notavit Quesnellus, *usque ad cap. XI. eadem fere habentur in epistola ad Exsuperium Tolosanum, ad quam remittit codex Thuaneus hæc omittens*. Tum hæc epistola, tum illa ad Exsuperium duobus Gallicanis Episcopis tradita: & nihilominus idem Innocentius aliquot periodos totidem fere verbis ex una traduxit in alteram. Nihil ergo mirum, si S. Leo quædam ex epistola 2. ad Septimum exscripsit in ep. 18 ad Januarium, & ex epist. 124. ad Palæstinos alia transtulit in epistolam 165. ad Leonem Augustum.

32 Crabbus minutiori caractere hic addit *quam*, Merlino & MSS. refragantibus. Exstat vero in Vat. Reginæ, & in Dion. Justelli. Hanc vocem alii & Quesn. receperunt. Mox Coust. cum duobus Corb. & uno Colb. *nulli fuerat præceptum*. Sed præter aliorum codicum auctoritatem epistola quoque ad Exsuperium textus lectionem confirmat.

33 Quesn. inserit *Sacerdos*; delent codd. & epistola ad Exsuperium. Dion. Justelli: *Qui si contaminati fuerint .... usurpabunt .... se credunt*: at minus cohærenter sequitur *licere hoc credit*: in epistola vero ad Exsuperium nostram lectionem retinet.

34 Codd. Barb. Vat. Reginæ, & Colb. Lucen. *exaudiri se posse credit*. Abest vero *posse* a ceteris MSS. & in plerisque habetur *credit*, ut in epistola ad Exsuperium, pro *credet*. Dein Barb. & Vat. Reginæ: *nihil est mundum*.

35 Quesn. in textu *non de permanente*, & in marg. Dion. *non permanentem*, al. *non permanenti*. MSS. Fossat. & Vind. *non permanente*, ubi *m* supplendum, & cum Barb. Vat. Reginæ, ac potioribus MSS. apud Coustantium legendum esse *non permanentem* tum hic, tum in epistola ad Exsuperium nihil ambigimus. Vide adnot. 10. in cap. 21. Mox cod. Barb. *propter conscientiam futuram*.

36 Solus Quesn. inserit *homines*. Addere mus potius *sic* cum MSS. Barb. ac Vat. Reginæ, & aliis editionibus. Sed retinemus lectionem Vind. quæ est etiam in epist. ad Exsuperium.

37 Sic codd. hujus collectionis. Coust. *si postea .... pervenerint, non debere*. Ceteræ editiones cum MSS. Vat. Reg. & Barb. hanc lectionem retinent omisso *si*. In Vind. pro *pervenire nituntur* secunda manus scripsit *pervenirent*. Mox MSS. Vat. Reg. & Barb. *discedere* pro *deviare*.

38 Quesn. inserit *quis*, & dein delet *positus*.

39 Codd. Vat. Reg. & Barb. *baptizatus, in monasterio sedens, & ad clericatus* &c. Duo MSS. Colb. apud Coust. *baptizatus, monasterium deserens, & ad clericatus*. Postea Quesn. cum aliquot edit. *jam ante corruptis*. Nostros codices sequuti sumus.

accedere voluerit , uxorem omnino habere
non poterit : quia nec benedici cum sponsa
potest jam corruptus .

CAP. XII. Quæ forma servatur in Clericis maxime , cum vetus regula hoc habeat : ut quisquis corruptus baptizatus, Clericus esse voluisset , sponderet se uxorem omnino non
ducere .

CAP. XIII. Præterea frequenter quidam e fratribus
40 nostris curiales, vel quibuslibet 40 publicis
functionibus occupatos Clericos facere contendunt; quibus postea major tristitia, cum
de revocandis eis aliquid ab Imperatore præcipitur, quam gratia de adscito nascitur .
Constat enim eos in ipsis muniis etiam voluptates exhibere, quas a diabolo inventas
esse non dubium est , & ludorum vel mu-
41 nerum apparatibus aut præesse aut 41 interesse . Sit certe in exemplum sollicitudo &
tristitia fratrum, quam sæpe pertulimus Im-
42 peratore præsente, cum pro his 42 sæpius
rogaremus; quam ipse nobiscum positus cognovisti : quibus non solum inferiores Clerici ex curialibus, verum etiam jam in Sacerdotio constituti ingens molestia, ut redderentur, imminebat.

CAP. XIV. Item , quæ 43 Christo spiritualiter nu-
43 pserunt, & velari a Sacerdote meruerunt ,
44 si postea vel publice nupserint, vel 44 se
clanculo corruperint; non eas admittendas
esse ad agendam pœnitentiam, nisi is, cui
45 se junxerat , de sæculo recesserit . Si 45
enim de hominibus hæc ratio custoditur ,
ut quæcumque vivente viro alteri nupserit,
habeatur adultera, nec ei agendæ pœnitentiæ licentia concedatur , nisi unus ex his
fuerit defunctus; 46 quanto & illa tenen- 46
da est, quæ ante se immortali sponso con-
junxerat , & postea ad humanas nuptias
transmigravit ?

Hæ vero quæ necdum sacro velamine CAP. XV.
47 tectæ, tamen in proposito virginali se 47
permanere simulaverant ; licet velatæ non
sint, si forte nupserint, his agenda est pœnitentia aliquanto tempore : quia 48 sponsio 48
ejus a Domino tenebatur. Nam si inter homines solet bonæ fidei contractus nulla ratione dissolvi; quanto magis 49 ista polli- 49
citatio , quam cum Deo pepigit , solvi sine
vindicta non debet? 50 Nam si Apostolus 50
Paullus quæ a proposito viduitatis discesse-
rint , dixit , *eas habere damnationem , quia*
primam fidem irritam fecerint ; quanto ma- 1. Tim. 5. 12.
gis virgines 51 quæ prioris promissionis fi- 51
dem frangere sunt nisæ?

Hæc itaque regula, frater carissime , si
plena vigilantia fuerit ab omnibus Dei Sacerdotibus 52 observata , cessabit ambitio ; 52
dis-

---

40 Addidimus *publicis* ex optimo codice Vind. consentientibus Vat. Reginæ aliisque vulg. Mox in Vat. Reg. pro *functionibus* legitur *functi honoribus*. Hinc orta videtur lectio, quam Coustantius in duobus codicibus reperit, *functionibus, aut honoribus*. Postea Quesn. cum edit. Rom. *de adscitis* , ubi nostri codd. & ceteræ editiones *de adscito* præferunt .

41 Quesn. cum Vat. Reginæ, & Dion. Justelli inserit *forsitan* : delevimus cum ceteris nostris, aliisque pluribus codicibus.

42 Sic plerique nostri codd. Quesnellus cum MS. Reginæ *sæpe*. Dein pro *imminebat* Barb. & Vat. Reg. cum aliquot vulg. *instabat*.

43 Quesn. *in Christo*. Nostros codd. prætulimus, quos ceteræ editiones sequuntur. Mox MSS. Hadrian. Hisp. & Isid. cum antiquis editionibus Concil. *nubunt, & a Sacerdote velantur, si postea*.

44 Quesn. in textu *vel clangulo corruptæ fuerint* . & in margine notat : *Prisca hujus vocis* clangulo, *ni fallor, lectio , quasi* clam in angulo. Sed hæc conjectura necessaria non est . nam tres præstantiores hujus collectionis codd. Vind. Thuan. & Pith. habent , ut in textum induximus , & similiter Dion. Corb. & Fossat. In MSS. Vat. Reginæ , Colb. Lucensi , & Barb. cum Hisp. & Isid. *vel fuerint occulte corruptæ* .

45 Cum nostri ac plerique & potiores Coustantii codices habeant *se junxerat* , Quesnellus de suo, vel cum Oxon. supplevit *aliqua*. Ceteræ editiones *se junxerant* . Mox MSS. Vat. Reginæ , Barb. Colb. Lucens. Hisp. & Isid. *de hac vita discesserit*, vel *decesserit*. Dion. & Hadrian. *de mundo recesserit*.

46 Melius Dion. Justelli & Coust. *quanto magis de illa tenenda est* . Dein Quesn. *commigravit* . Merlin. cum MSS. Vat. Reginæ Colb. Lucen. & Barb. Hisp. & Isid. *transire elegit*. Lectionem cod. Vind. & aliorum ejusdem collectionis recepimus.

47 Barb. & Vat. Reginæ cum duobus MSS. Coustantii *consecratæ* . Mox Dion. Hisp. & Isid. *semper se simulaverant permanere* Fossat. & Vind. *semper manere simulaverant* . Lectionem textus a Quesnello receptam præter duos hujus collectionis codd. Thuan. & Oxon. approbat etiam antiquum exemplar Corbejense. Coustantius meliorem censuit lectionem duorum codd. Colb. quam etiam exemplaria Vat. Reginæ & Barb. exhibent *se promiserant permanere* , cum in sequentibus earumdem puellarum *sponsio, pacta, pollicitatio*, & *prior promissio* memorentur . Dein *agenda sit* in MSS. Vind. Barb. & Vat. Reginæ.

48 Sic codex Vind. & Coustantio teste ceteri omnes, quos idem sequendos putavit prætermissa vulgatorum lectione post Crabbum codicibus Vat. Reg. & Barb. approbata *sponsio earum* , notavitque post vocem *ejus* subintelligendum *quæ hujusmodi est*.

49 Quesn. *illa* : dein post *pepigit* cum Sirmondo adjecit *virgo* , quam vocem in MSS. Barb. & Vat. Reginæ legimus : at delent ceteri codices hujus collectionis , aliique apud Coust. Solum in Oxon. *aliqua pepigit* . Mox Dion. & Isid. *non poterit*.

50 Barb. & Vat Reginæ : *Quod si .... discesserunt, dixerit*. Melius alii codd. *dixit*.

51 Ita codd. hujus collectionis, ex quibus MS. Vind. *sunt nisæ*. Sirmondus *sunt visæ*. Edit. Rom. & MSS. Vat. Reginæ , Colb. Lucens. ac Barb. *quæ pactionis suæ fidem minime servaverunt* . Hisp. & Isid. *quæ prioris promissionis fidem minime servaverunt*. Dionysius, *frangere sunt conatæ*. Coust. cum Corb. & Fossat. *quæ priori promissioni fidem frangent*.

52 Barb. & Vat. Reginæ *custodita*.

dissensio conquiescet, hæreses, & schismata non emergent, locum non accipiet diabo-
53 lus sæviendi, manebit unanimitas, 53 iniquitas superata calcabitur, veritas spirituali fervore flagrabit, pax prædicata labiis cum voluntate animæ concordabit, imple-
Philip. 2. 3. bitur & dictum Apostoli: *Ut unanimes unum sentientes permaneamus in Christo:* nihil per contentionem nobis, neque per inanem gloriam vindicantes; non hominibus, sed Deo salvatori nostro placentes: cui est honor & gloria in sæcula sæculorum. Amen. Data XV. Kalend. Martias HONORIO Au-
54 gusto sexties & 54 ARISTENETO Consulibus.

CAPITULUM XXV.

1 INCIPIT

PRINCIPIUM SYNODI

Calcedonensis.

2 2 VICTORES VALENTINIANUS & MARCIANUS, incliti triumphatores, Imperatores semper Augusti, ANATOLIO Episcopo Constantinopolitano.

OMnibus negotiis divinæ res præponendæ
3 sunt. Deo enim 3 omnipotente propitio Rempublicam & conservandam, & meliorandam esse confidimus. Quia igitur dubitationes quædam in orthodoxa religione nostra videntur esse commissæ, sicut etiam epistola reverendissimi viri Episcopi almæ Urbis Romæ Leonis testatur, id specialiter clementiæ nostræ placuit, ut venerabilis Synodus 4 in 4
Nicæna civitate Provinciæ Bithiniæ celebretur: quatenus convenientibus animis & omni veritate discussa, cessantibus etiam studiis, quibus antehac usi quidam, sacrosanctam orthodoxam religionem conturbasse noscuntur, vera fides nostra cuncto sæculo manifestius innotescat, ut deinceps nulla possit esse dubitatio vel discordia. Qua de re sanctitas tua cum quibus placuerit reverentissimis Episcopis, quos de Ecclesiis sub sui Sacerdotii cura constitutis, idoneos & instructos orthodoxæ religionis esse probaverit, ad prædictam Nicæam civitatem in- 5
tra diem Kalendarum Septembrium ire deproperet. Sciat autem religio tua etiam Se-
renitatem 6 nostram venerabili Synodo in- 6
terfuturam; nisi forte nos publicæ necessitates in expeditionibus detinuerint. Divinitas te servet per multos annos, sancte ac venerabilis pater. Data X. Kal. Junias, Constantinopoli, consulatu Domini MARCIANI perpetui Augusti, & qui fuerit nuntiatus.

7 ORDO GESTORUM 7

Synodi Calcedonensis.

CUm pervenisset piissimus & fidelissimus Actione VI.
Imperator Marcianus 8 ad diem sub Concilii
die Calchedon. 8

53 Ita codd. & vulg. excepto Quesn. apud quem *iniquitas calcata superabit*. Dein. MSS. Vat. Reginæ, & Barb. *pax prædicata labiis & mente servabitur; & implebitur dictum Apostoli* &c.

54 Dion. Justelli *Aristoneto*. Isid. *Aristo*. Barb. & Dionysii MSS. exemplaria chronica nota carent.

1 Hujus collectionis antiquus auctor præ oculis habuit primævam collectionem gestorum Calchedonensium ei plane similem, quam reperimus in vetustissimo MS. Vaticano 1322. ut patebit ex iis, quæ animadvertimus in Observationibus ad Dissertationem IX. Quesnelli de caussa Domni Antiocheni tom. 2. Hæc porro primæva eorumdem gestorum collectio imperiales sacras, & allocutionem latine, uti editæ fuerunt, recepit. Quesnellus hunc titulum præfixit *Canones Synodi Calchedonensis*, præter Thuanei & nostri codicis Vindebonensis fidem. Porro verba *Incipit principium Synodi Calchedonensis* subjectam imperialem legem respiciunt, qua Concilium primo Nicææ indictum fuit. In MS. autem Vat. 1322. rectius duæ aliæ leges subjiciuntur a nostro collectore omissæ, quæ idem Concilium Nicæa Calchedonem transtulerunt.

2 Hæc lex sumta est ex originali Latino, non autem e Græco latine reddita, uti fecit Rusticus, qui Latinum originale in suis codicibus non invenit. Crabbus duos codices habuit, cum Calchedonensem Synodum edidit, alterum hujus collectionis, Rustici alium. Cum vero codicem Rustici vulgavit, quoad hanc legem, Rustici versione omissa, quam postea Baluzius protulit, ipsius originale Latinum inseruit part. 1. n. 37. Hinc præter codicem Vindebonensem Crabbi quoque exemplar recognovimus.

3 Ex utroque MS. Vind. & Crabbi addidimus *omnipotente*, & postea *esse*.

4 Quesn. *in Calchedonensi*: & in margine: *Vulg.* in Nicæna, *& recte, hæc enim prius civitas Synodo designata erat*. Revocavimus autem *in Nicæna*, quia præter vulg. exemplum Crabbi etiam cod. Vind. eamdem lectionem comprobat. Licet enim habeat *in Calchedone Nicæa civitate*, vocem tamen *Calchedone* punctis notatam expungendam significat: unde infra *Nicæam* tantum præfert.

5 Quesn. *Calchedonem*; & notavit: *Vox hæc delenda, ut in aliis codd.* ubi Crabbi codicem intelligit. *Nicæam* ex MS. Vind. substituimus, uti etiam in Græco, & Rustici versione legitur.

6 Quesn. *meam*. Melius cod. Crabbi *nostram* Græco textu & Rustici interpretatione suffragantibus.

7 Sic coddi Thuan. & Vind. hujus collectionis. Concinit Vat. 1322. ex qua antiquiori collectione hæc documenta huc traducta monuimus: habet enim: *Ordo gestorum habitorum Calchedona præsentibus Marciano & Pulcheria Augustorum*: lege *Augustis*. Quesn. cum suo Oxon. MS. *Allocutio Marciani Imperatoris ad Synodum Calchedonensem*.

8 Quesn. Oxoniense exemplar sequutus *ad diem ad sanctissimum Martyrium Calenici & Eu-* phe-

die sanctissimorum Martyrum sancti Calenici & Euphemiæ, præsente ex divino zelo & fervore fidei etiam piissima & christianissima Regina Augusta 9 Pulcheria: quin
9
etiam magnificentissimis magistratibus & illustrissimo ac nobili Senatu: ad venerabi-
10 lem Synodum 10 ita loquutus est.

11 11 ADLOCUTIO PIISSIMI IMPERATORIS.

UBi primum divino judicio ad Imperium sumus electi, inter tantas necessitates
12 Reipublicæ nulla nos magis caussa 12 constrinxit, quam ut orthodoxa & vera fides christiana, quæ sancta atque pura est, indubitata omnium animis insideret. Constat enim avaritia vel studiis quorumdam per media tempora nonnullis diversa sententibus, & pro voluntate sua; non prout veritas atque doctrina patrum postulat, populos 13 seducentibus, in errorem quam plu- 13
rimos esse deductos. Qua de re sanctam Synodum hoc videlicet proposito fieri studuimus, & vobis laborem indixisse videmur, quatenus omni caligine atque errore detersо, prout se Divinitas hominibus 14 mani- 14
festare voluit, & doctrina patrum ostendit, religio nostra, quæ pura ac sancta est, universorum mentibus insinuata 15 suæ veri- 15
tatis luce fulgescat: nec in posterum audeat quisquam de Nativitate Domini & Salvatoris nostri JESU CHRISTI aliter disputare, quam apostolica prædicatio & instituta trecentorum decem & octo sanctorum Patrum eidem convenientia posteritati tradidisse noscuntur: sicut etiam sancti Leonis Papæ Urbis Romæ, qui Sedem Apostolicam gubernat, missa ad sanctæ memoriæ Flavianum Constantinopolitanæ Urbis Episcopum 16 scripta testantur. Remotis itaque 16
studiis, ablatis patrociniis, cessante avaritia,

---

phemiæ: & in notatione addidit „ seu, ut habet Codex Thuaneus: *Sub die sanctissimorum Martyrum sancti Gallenici & Euphemiæ*. Hæc verba longe aliter leguntur tam in aliis omnibus versionibus & codicibus Latinis, quam in ipso Græco. Hoc ita se habet: *ἐν τῇ ἁγιωτάτῃ ἐκκλησίᾳ τῆς ὁσίας καὶ καλλινίκου μάρτυρος εὐφημίας*. Codicem tamen nostro similem penes se habuit Card. Baronius, ex quo ad annum 451. num. 112. asseruit eam Calchedonensis Concilii sessionem sextam, cui interfuit Marcianus Imper. celebratam esse *die ipsa Natali ejusdem, in cujus Basilica agebatur, gloriosissimæ Virginis & Martyris Euphemiæ atque Callinici Martyris, obque diei celebritatem interfuisse Marcianum Imperat. & Pulcheriam Augustam*. Hoc idem repetit in Notis ad Martyrologium, IV. Kal. Augusti, qui dies S. Callinici Martyris apud Gangras coronati festo consecratur: additque, *ea verba, quæ in Translatione Dionysii Exigui post subscriptionem Episcoporum in ea Actione reperiuntur, in Græco textu hodie desse*. Verum quæ sit illa Dionysii Exigui, quam commemorat, Translatio, plane nescimus. Forte ex Henrico Gravio, vel a Severino Binio, qui uterque Atrebatense Codicis exemplar MS. nostris simile habuit, in eo isthæc legi de Callinico Martyre didicerat, hujusque postremi sequutus est conjecturam, qui Dionysii putavit esse hanc, quam Atrebati invenerat, versionem, ut in dissertatione ad Codicem hunc referimus. Quicquid sit, illud omne haustum mihi videtur ex prava seu lectione seu translatione Græci textus Calchedonensium actorum, ubi vocem *καλλινίκου Triumphatricis*, seu ut verbum e verbo, *Benevictricis*, quæ pro epitheto Euphemiæ ponitur, de Callinico Martyre interpres intellexit. Contra hanc enim versionem pugnant. 1. Textus Græcus. 2. Omnes Latinæ Versiones. 3. Martyrologium Latinum. 4. Ipsum Græcorum Menologium: utrumque enim 29. Julii Festo Callinici hujus Martyris assignat. 5. Quod verba Codicis innuunt etiam Basilicam S. Euphemiæ Callinico pariter fuisse dicatam; quod nullus auctor hucusque prodidit, nec ipse Evagrius, qui l. 2. cap. 3. graphice „ & fuse describit hanc S. Euphemiæ Basilicam. “ Hæc ille. Indubium est potiores codices nostræ collectionis Thuan. & Vind. eam lectionem habere, quam idcirco textui inseruimus. Crabbus etiam hanc lectionem nactus in codice ejusdem collectionis, Rustici versioni inseruit. Hinc antiquæ Rustici editiones post Crabbum similem lectionem exhibent, quæ a sinceris ipsius Rustici exemplaribus absunt. Card. Baronius cum hanc lectionem allegavit, non peculiari aliquo codice, sed antiquis Conciliorum editionibus usus est. Error vero, quo dies S. Callinici Martyris perperam præfertur contra Græci textus & ceterarum versionum fidem, unde originem duxerit, colligere licet ex MS. Vat. 1322. cui similem collector noster præ oculis habuit. Ibi autem legitur: *Cum pervenisset piissimus & fidelissimus Imperator Marcianus ad idem supradictum Martyrium præsente ex divino zelo* &c. quæ versio Græco textui congruit. Noster autem collector cum *supradictum Martyrium* in eodem codice antea memoratum non reperisset, ex Græco exordio ipsius Calchedonensis actionis explicare voluit, & *καλλινίκου* vocem male interpretans, corruptam lectionem in hanc collectionem induxit.

9 Pulcheriæ præsentiam in actione VI. Concilii Calchedonensis vindicavimus adnot. 14. in epist. 101. tom. 1. col. 1127.

10 Cod. Vat. *ista loquutus est*.

11 Hunc titulum ex MS. Vindeb. hic inseruimus. Sequens autem allocutio latine & græce pronuntiata, hic ex originali Latino profertur, uti in Vat. 1322. bis invenitur. Rusticus quoque Latinum exemplar in cod. Acœmetensi reperit, & antiquæ versioni præmisit. MS. 57. Veron. Rustici pariter contulimus.

12 Cod. Vat. primo loco *anxit*.

13 Rustici codd. *edocentibus*.

14 Quesn. *manifestari*. Correximus cum MSS. Vat. primo loco, Vind. & Rustici.

15 Vulg. Rustici *suæ virtutis*, & in marg. *propriæ varietatis*.

16 Ita omnes codd. & vulg. Solus Quesn. cum Oxon. *epistola testatur* Post pauca MS. Veron. *ad fidem conroborandam*.

tia, cunctis veritas innotescat. Nos enim
ad fidem confirmandam, non ad potentiam
aliquam exercendam exemplo religiosi Principis Constantini Synodo interesse volumus:
17 17 ne vel ulterius pravis persuasionibus populi separentur. Facile enim simplicitas
quorumdam hactenus nonnullorum ingeniis,
atque superflua verbositate decepta est; &
constat diversorum pravis insinuationibus dissensiones & hæreses natas. Studium autem
18 nostrum est, ut 18 omnis populus per veram & sanctam doctrinam unum sentiens
in eamdem religionem redeat, & veram fidem catholicam colat, quam secundum institutiones patrum exposueritis. Concordan-
19 tibus 19 ergo animis religio vestra festinet,
quatenus sicut a Nicæna Synodo usque ad
proximum tempus erroribus amputatis vera
fides cunctis innotuit, ita & nunc per hanc
sanctam Synodum remotis caliginibus, quæ
in his paucis annis, sicut superius dictum
est, pravitate atque avaritia quorumdam
emersisse videntur, perpetuo, quæ statuta
fuerint, conserventur. Erit autem divinæ
majestatis, id quod sancto animo fieri desi-
20 deramus, in æternum firmiter 20 custodire.

21 21 *INCIPIT SYNODUS EPISCOPORUM*

apud Calchedonam facta.

VEnerabilis totius mundi conventus, qui
ex gratia Dei & decreto clementissi-
morum & religiosissimorum Imperatorum
22 Valentiniani & Marciani Augustorum 22
adunatus in Calchedonensi Metropolitana
Bythyniæ, in Martyrio sanctæ ac victricis
Eufemiæ, 23 decrevit quæ subter compre- 23
hensa sunt.

Dominus & Salvator noster 24 JESUS- 24
CHRISTUS fidei intellectum discipulis confirmare præcepit: *Pacem meam do vobis*, Jo.14. 27.
pacem meam relinquo vobis: ut ne ulla dissensio 25 inter nos ex religiositate venera- 25
bili oriatur, sed ex æquo veritatis ostenda-
tur præconium. 26 Et quoniam non desi- 26
nit per sordiculas quasdam malignus insi-
diari 27 pietatis seminibus; sed semper novi 27
quiddam adversus veritatem indagat; ob
hoc Dominus noster habens providentiam
humani generis, hunc clementissimum &
fidelem adversus æmulum nobis concessit
Principem, qui undique ad se Sacerdotes
convocavit; ut gratia Domini nostri JESU-
CHRISTI cooperante 28 totam falsitatis no- 28
xam a grege suo abjiciat, & veritatis eam
germinibus corroboret, quod & fecimus
communi decreto vel judicio errores perse-
quentes & sectas. Sed & perfectissimorum
Patrum innovavimus fidem, trecentorum
decem & octo symbolum omnibus prædi-
cantes; 29 & quod sincera agnitione ani- 29
mo concepisse cognoscimus Sacerdotes, at-
titulantes notavimus. Et post hæc convenerunt in urbe Constantinopolitana numero centum quinquaginta, etiam hi hanc
confirmantes fidem. Nos vero nunc ordinem, & omnes fidei formulas custodientes,
decernimus secundum Ephesitanorum Concilium, cujus auctores venerabiles fuerunt
Cælestinus Urbis Romæ & Cyrillus Alexandrinæ Urbis Episcopi, 30 unanimiter 30
sententes juste præcellere inculpabilis fidei
expositionem CCCXVIII. venerabilium ac
beatissimorum Patrum, qui in Nicæa temporibus divæ memoriæ Constantini Impe-
rato-

---

17 Cod. Vat. primo loco *neque ulterius*: MSS. Rustici apud Baluzium *neque ut ulterius*. Veron. *neque ut* deleto *ulterius*.

18 Sic cum Vat. cod primo loco, & MSS. ac vulg. Rustici melius, quam *omnes populi*, uti Quesn. recepit.

19 Vulg. cum Vind. & Vat. secundo loco *æque*. Veron. cum aliis Rustici codd. *itaque*.

20 Veron. *custodire*. Vat. primo loco, *ut in æternum firmentur, custodire*.

21 Vind. & Thuan. codices hunc titulum exhibent. Quesn. *Actio Synodi Calchedonensis*. Est definitio fidei in hoc Concilio lecta & subsignata actione VI. A Crabbo edita fuit hæc versio ex codice hujus collectionis, estque versio quarta. Baluzius cum quatuor codicibus eam contulit: nos cum Vindeb. & Vat. 1322. & cum Lucensi 88. qui est similis Colbertino Longobardico Coustantii. In his duobus postremis hic titulus præfigitur. *Synodus episcopalis Calchedonensis habitus a quingentis & viginti Episcopis contra Eutychen*.

22 Cod. Thuan. addit *& Germanorum*. Mox idem cod. habet *in Calchedonensi civitate*. Lucensis *in Calchedonensi Metropolitana Bithyniæ civitate*.

23 Quesn. *quæ decreverit, sunt subter annexa*. Correximus ex optimis MSS. Vat. & Lucen.

24 Voces *Jesus Christus*, additæ ex Vat. Lucen. & MSS. Baluzii. Cod. Vind. addit tantum *Christus*. Mox Oxon. *fidei intellectu pacem discipulis confirmari præcepit*. Baluz. *fidei intellectu discipulos confirmari præcipiens ait*. Quesn. cum Thuan. *fidei intellectum in discipulis confirmare voluit dicens*. Sequuti sumus codd. Vind. Lucen. & Vat. Dein *ut nulla* quidam codd. exhibent.

25 Vind. & Luc. *inter vos*. Vat. *inter suos*, forte melius, & dein *ex ea quoque veritatis*.

26 Baluz. *Sed quoniam*. Lucens. *quoniam* deleta particula *&*.

27 Oxon. *pietatis similes*. Vind. *pietatis similibus*.

28 Sic Baluz. codd. concinentibus Thuan. & Vind. Cod. Vat. *tota falsitatis noxa abjiciatur, & veritatis* &c. Quesn. *veritas totam falsitatis noxam aggressa abjiciat, & suis eam germinibus*. Lucen. *ut gratia Domini nostri Jesu Christi totam falsitatis noxam aggressa abjiciat*.

29 Solus Quesn. cum Oxon. *& quos*.

30 Ita Vat. Lucen. & Baluzii codd. Vind. solum præmittit *qui* adverbio *unanimiter*. Oxon. delet *qui*; sed habet *in expositione culpabilis* &c. Quesn. cum Thuan. *qui unanimiter sententes juste protulerunt inculpabilis* &c.

31 ratoris convenerunt: 31 etiam obtinere vero CL. venerabilium Epiſcoporum apud
Conſtantinopolim quæ decreta ſunt adverſus
interemptionem ſectarum pullulantium &
creſcentium, manifeſtatione hujus catholicæ
& apoſtolicæ, noſtræ fidei.

32 *32 SYMBOLUM CCCXVIII. & CL.*

CRedimus in unum Deum, Patrem omnipotentem, factorem cæli & terræ,
viſibilium omnium & inviſibilium: & in
unum Dominum JESUM-CHRISTUM, filium
33 Dei unicum, de Patre 33 natum ante omnia
ſæcula; Deum verum de Deo vero; natum,
34 non factum; ejuſdemque ſubſtantiæ, 34 qua
Pater eſt; per quem omnia facta ſunt; qui
propter nos homines & propter noſtram ſalutem deſcendit, 35 incarnatus eſt de Spi-
35 ritu ſancto, in Maria virgine homo factus:
crucifixus pro nobis ſub Pontio Pilato, ſepultus, reſurrexit tertia die, aſcendit ad
cælos, ſedet ad dexteram Patris: inde venturus eſt cum gloria judicare vivos ac mortuos, cujus regni non erit finis. Et in Spiritum ſanctum, Dominum ac vivificatorem
a Patre procedentem: qui cum Patre & Filio adoratur & glorificatur: qui loquutus eſt
per Prophetas: in unam catholicam atque
apoſtolicam Eccleſiam. Confitemur unum
baptiſmum in remiſſionem peccatorum; ſpe-
ramus reſurrectionem mortuorum, 36 vi- 36
tam futuri ſæculi. Amen.

37 Suffecerat quidem ad plenariam pie- 37
tatis agnitionem & confirmationem ſanctum
hoc & ſalutare divinæ gratiæ 38 ſecretum: 38
de Patre enim & Filio & Spiritu ſancto docet nos 39 plenaria & perfecta Domini no- 39
ſtri incarnatio, quibus fideliter credulitas ad-
eſt. Sed quoniam hi qui veritatis deſtruere
conantur præconia, quaſdam innovationes
procreaverunt, & ſecretalem Domini noſtri
incarnationem corrumpere niſi ſunt, & divinæ 40 vocis virginem creatricem auſi ſunt 40
denegare, & confuſionem unius naturæ humani corporis & Divinitatis componere auſi
ſunt, & ſeparabilem ac corruptibilem unici
Filii divinam naturam dicere tentaverunt:
ob hoc omnem ipſis 41 opponendam adver- 41
ſus veritatem machinationem volens hoc
venerabile atque mundanum Concilium,
antiquo illo præconio & firmo exemplo decrevit; edocens præcipue trecentorum decem & octo Epiſcoporum venerabilium fidem incontaminatam manere: & adverſus
illos, qui Spiritui ſancto adverſantur, 42 42
quam fidem etiam poſteriore tempore in urbe Conſtantinopolitana convenientes CL.
venerabiles Epiſcopi 43 & doctrinam nobis 43
Spiritus ſancti ſubſtantiæ confirmaverunt:
non quod aliquid deeſſet priſcæ fidei ſuper-
adjicientes; ſed adverſus eos, qui niteban-
tur 44 divini ſpiritus conceptioni adverſa- 44
ri,

31 Sic Vind. cum Vat. & Baluz. codd. Concinunt MSS. Lucen. ac Thuan. quorum primum ſolum poſt nonnulla delet *& apoſtolicæ:* alterum pro *vero* habet *vigorem cenſuerunt*. Queſn. cum Oxon. *Decernimus etiam obtinere firmitatem quæ decreta ſunt a CL. venerabilibus Epiſcopis apud Conſtantinopolim adverſus interemptionem ſectarum pullulantium & creſcentium. Eſt autem ad manifeſtationem hujus catholicæ noſtræ fidei ſymbolum trecentorum decem & octo, & centum quinquaginta*. Hæc clariora quidem ſunt, ſed præter antiquorum codicum fidem.

32 Sic omnes noſtri codd. Queſnellus *Symbolum fidei CL. Patrum*. At cum in Concilio Calchedonenſi utrumque ſymbolum Nicænum & Conſtantinopolitanum lectum fuerit; primus interpres, cujus verſio exhibetur in Vat. MS. 1322. utrumque ſymbolum in unum copulavit, adjecto in fine anathematiſmo adverſus Arii errores, quod Nicæni Concilii proprium eſt. Hinc titulus, quo ſymbolum Nicænum & Conſtantinopolitanum ſimul innuitur, in ſincerioribus hujus collectionis MSS. jure præfertur, ſicut etiam in Vat. ex qua primæva collectione, ut monuimus, noſter collector hæc derivavit.

33 Queſn. omiſit *natum*, non vero noſtri codices. Dein notavit poſt vocem *ſæcula* in editis addi *lumen de lumine*. Sed hæc verba hujus verſionis codices ignorant. Poſtea præterivit *vero*, quæ vox deeſt etiam in Lucen. MS.

34 Queſn. *cujus Pater*.

35 Vat. MS. *natus eſt de Spiritu Sancto, & ex Maria Virgine homo* &c. Idipſum fere in cod. Luc.

36 Queſn. addit *&*; delent noſtri codd.

37 Hæc primæva verſio exſtat in collectione Vat. 1322. ex qua noſtræ collectionis auctor ipſam recepit. Queſnellus eam primus edidit, ſed in multis diverſam a noſtris & Baluzii codd. ad quorum fidem eam exigemus: neque enim quid melius ſit, ſed quid antiqua ac primæva verſio ac vetera exemplaria, minus licet exacte, præferant, exhibendum eſt. Mox Vat. Lucenſ. & Baluzii codd. delent *& confirmationem*, non vero noſter Vindeb.

38 Queſn. in marg. *legendum forte* ſymbolum, *ut in aliis verſionibus*. Sed hujus verſionis codd. *ſecretum* præferunt, pro quo Lucen. mendoſe *decretum*.

39 Queſnellus *plenaria perfecte*, & in poſtilla: *Vox* plenaria *deeſt in Oxon. Forte legendum* plenarie, MSS. Vat. Lucenſ. & Baluzii ſequuti ſumus. Mox cum Vat. Thuan. & Vind. *præconia* ſcripſimus. Al. *præconium*.

40 Solus Queſn. *carnis*.

41 Ita codd. Thuan. Vindeb. & Lucenſ. Queſnellus *machinationis aditum adverſus veritatem opponere;* & in margine forte *occludere*.

42 Queſn. inſeruit *corroboravit eam fidem*, & mox delevit *fidem*. Noſtros & Baluzii codices prætulimus.

43 Ita Lucen. cum Baluz. codd. Queſnellus *doctrina Spiritus ſancti hac ſubſtantia*.

44 Queſn. *per divinum Spiritum*. Codices noſtros & Baluzii ſequimur.

ri, & Domini nostri potestatem corrumpe-
45 re. 45 Hos ergo in Scripturis divinis ad detestationem evidentius manifestantes, propter hos qui secretum substantiæ evertere
insectabantur, dicentes hominem sine Divinitate fuisse creatum ex venerabili virgine
46 Maria impudenter & vulgariter, 46 contra
venerabilis quondam Episcopi Cyrilli Alexandriæ Ecclesiæ litteras, & totius Orientis congruas adversus Nestorii amentiam, in
quibus manifesta est expressio certi atque sa-
47 lutaris Symboli, 47 desiderantibus epistolam
Archiepiscopi Leonis primæ Sedis, quæ destinata & directa videbatur ad venerabilem
sanctæ memoriæ Flavianum ad intercipien-
dam Eutychis malignitatem, quamvis sancti
Petri confessioni concordantem: & unam
atque similem paginam visa est adversus obtrectantium audaciam evidenter edere convenit integræ fidei credentibus. Nam & eos,
qui quasi bifariam Dei vivi substantiam se-
cretalem nituntur dividere 48 oppugnat. 48
49 Hos etiam qui passibilem audent di- 49
cere Divinitatem unici Filii, hos repellendos
de omni Synodo oportet: necnon & hos,
qui duplicis naturæ commixtionem, 50 & 50
confusionem Domini nostri argumentantur,
impugnare; & qui cælestem, vel etiam consubstantialem substantiam, quam ex nobis
51 credimus concretam. Ipsos ergo figuram 51
de-

45 Quesn. *Hos ergo divinarum Scripturarum attestatione evidentius manifestaverunt errare. Propter illos vero, qui secretum* &c. Thuan. *Nos ergo Scripturarum attestationem audentius manifestantes, propter hos, qui secretum*. Vind. *Hos ergo Scripturis divinis attestatione evidentius manifestantes, propter hos* &c. Codices Baluzii sequi maluimus. Similiter Lucen. qui solum pro *ad detestationem* habet *attestantibus*. Mox pro *creatum* Baluz *effectum*.

46 Ita codd. Vind. Vat. & Thuan. Baluzii & Lucen. MSS. solum omittunt *contra*. Quesn. *acceptas habet venerabilis*: & dein *congrua scripta adversus*.

47 Quesn. *nosse desiderantibus, nec non & epistolam Archiepiscopi Leonis primæ sedis, quæ destinata & directa videtur .... Epistola quippe illa visa est S. Petri confessioni concordare: & una atque similis pagina adversus obtrectantium audaciam evidenter edocere confessionem integræ fidei credentium*. Melius quidem, sed non ita antiqui hujus collectionis codices, nec antiqua illa obscurior versio, quam noster collector excepit. Vat. & Luc. exemplaria, nec non & illa Baluzii in textu exhibuimus. Thuan. & Vindeb. modicum discrepant: nam Thuan. *confessione nobis concordante, & una atque similis pagina visa est*: dein pro *edere* habet *edocere*, ac pro *integræ* exhibet *integritatem*. Vind. *confessionem concordantem, & una atque similis pagina visa est, ac edocere*.

48 Sic Vind. cod. Quesnellus *impugnat*. Thuan. *oppugnamus*. Luc. *oppugnant*.

49 Quesnellus hoc loco duplicem versionem exhibuit duplici columna. In columna strictiori protulit versionem ex Thuaneo codice, quam hujus collectionis propriam in textu retinuimus, & ad nostros atque Baluzii codices exegimus. In laxiori autem columna exhibuit aliam versionem a Crabbo vulgatam, quæ licet in Oxon. MS. inserta fuerit, eo quod explicatior sit, aliena tamen est ab hac collectione, eamque propterea, uti a Quesnello edita est, hoc loco appendimus: *Hos etiam qui passibilem audent dicere Divinitatem Filii Dei unici, & eos qui in duabus naturis Christi permixtionem aut confusionem dici æstimant, vel eos qui dicunt esse cælestem aut alterius substantiæ carnem, quæ est assumta, illi pro nobis formam servi negantes, abjicit: Et qui duas quidem ante unionem naturas Domini fabulantur, unam vero post unionem confingunt, anathematizat. Sequentes ergo sanctos Patres unum eumdemque confiteri Filium Dominum nostrum Jesum Christum consona voce omnes edocemus. eumdem perfectum in Deitate, eumdem perfectum in humanitate; eumdem Deum verum, eumdem hominem verum ex anima rationali & corpore, eumdem coessentialem Patri secundum Deitatem, eumdem coessentialem nobis secundum humanitatem, per omnia nobis similem absque peccato. ante sæcula quidem genitum de Patre secundum Deitatem, in novissimis autem diebus eumdem propter salutem nostram ex Maria Virgine Theothocou secundum humanitatem: unum eumdemque Christum Filium Dei unigenitum in duabus naturis inconfuse, immutabiliter, indivise, inseparabiliter agnoscendum; nusquam ablata substantia naturarum propter unionem, magisque salva proprietate utriusque naturæ & in unam personam atque existentiam concurrente: non in duas personas partitum atque divisum, neque disjunctum; sed unum eumdem Filium unigenitum, Deum verbum Jesum Christum, sicut ante Prophetæ de eo dixerunt, & ipse nos Jesus Christus erudivit, & Patrum nobis Symbolum tradidit.*

His igitur cum omni undique veritate, diligentia, & sollicitudine a nobis definitis, statuit sancta & universalis Synodus alteram fidem nulli licere proferre, vel conscribere, aut componere, aut sentire, aut docere aliter: eos autem qui ausi fuerint componere fidem alteram, aut proferre, aut docere, aut tradere alterum Symbolum volentibus vel ex gentilibus ad cognitionem veritatis venire, vel ex hæresi quacumque; hos, si Episcopi fuerint, vel Clerici, alienos esse Episcopos ab Episcopatu, & Clericos a Clero. si vero Monachi aut laici fuerint, anathematizari.

Et subscripserunt: Paschasinus Episcopus Vicarius Domini mei beatissimi atque apostolici viri universalis Ecclesiæ Papæ Leonis Urbis Romæ Synodo præsidens, statui, consensi, atque subscripsi. Lucensis Episcopus Ecclesiæ Tusculanæ (leg. *Asculanæ*) *Vicarius Domini mei beatissimi & apostolici viri universalis Ecclesiæ Papæ Urbis Romæ Leonis in Synodo gesta lecta subscripsi. Bonifacius Presbyter sanctæ Ecclesiæ Romanæ statui & subscripsi. Subscripserunt & ceteri Episcopi qui eidem Concilio interfuerunt numero sexcenti & triginta.*

50 Male apud Quesn. *& confessionem*. Emendavimus ex Luc. & Baluz. codd. Mox idem Quesn. perperam *argumentatur*.

51 Vind. Luc. & Baluz. MSS. omittunt *credimus*. Dein *concreatum* pro *concretum* in MS. Luc. Mox *figuram* ex Vind. Luc. & Baluzio recepimus, pro qua voce Quesnellus habet *fugimus*.

delirantes, vel insanientes dicimus: & hos,
52 qui duas ante nativitatem 52 naturas Domini, unam post unitarum insulse fingen-
tes, excommunicare oportet. Sequamur igitur Patrum nostrorum sententiam, unum
& eumdem confitentes Dominum JESUM
CHRISTUM, convenienter edocentes perfectum eumdem in Divinitate, & perfectum
53 eumdem. 53 carnalem hominem, Deum certum, eumdem hominem certum, eumdem
ex anima rationabili & corporis substantia:
Patri in Divinitate similem; item & nobis
per omnia in humana substantia similem
54 præter peccatum: ante sæcula ex Patre 54
natum secundum Divinitatem; sed in ultimis diebus eumdem propter nos & propter
nostram salutem ex Maria virgine divini numinis creatrice secundum hominem, unum
55 eumdemque Christum 55 filium Dominum
56 unicum in duplici natura inconfuse, 56 immutabiliter, indivise cognoscendum; in nullo duplicis naturæ substantia interemta propter unitatem, salva proprietate utriusque
57 naturæ sub una persona 57 substantia conveniente; neque in duas figuras divisum atque partitum, sed unum eumdem filium,
unicum Dominum Verbum Deum JESUM-
CHRISTUM; sicut antiquitus Prophetæ pro
eo; & jam ipse nos JESUS-CHRISTUS erudivit, & Patrum nobis tradidit Symbolum.
58 Hæc itaque cum omni veritate atque 58
suavitate a nobis ordinata; statuit venerabilis & mundana Ecclesia nullam aliam fidem licere cuiquam proferre, aut edere,
vel docere, vel tradere 59 ... alterum Sym- 59
bolum corripere volentibus ad scientiam veritatis ex paganitarum, aut Judaicæ, aut
hæreticæ cujuslibet sectæ. Hos vero, sive
sint Episcopi aut Clerici, alienos esse ab
Episcopatu & Clero: sed, & si Monachi
sint aut laici, hos excommunicari jubemus.

1 CANONES EXPOSITI 1

a Sanctis Patribus qui Calchedonam con-
venerunt 2 in quingentesimo anno sub Im- 2
peratore nostro piissimo Marciano.

CA-

52 Quesn. *in unitate naturas Domini dicunt*, *post unicam insulse*. Nostros & Baluzii codd. sequimur, in quibus, *post unionem* legendum videtur, ut in aliis versionibus.

53 Ita codd. Baluzii, cum quibus concinunt Vind. & Lucens. Quesn. *in carne Dominum*, *hominem certum*, *eumdem ex anima* &c.

54 Luc. & Baluz. *progenitum*. Post pauca pro *numinis*, alias *nominis*. Sic rudis interpres *Theotocon* latine reddidit.

55 Quesn. cum MS. Vind. *firmum*. Melius Baluzii codd. & Lucensis, quos sequuti sumus.

56 Sic Baluzii codd. cum Græco & aliis versionibus. Quesn. Vind. & Luc. *immutabilem*. Mox pro *substantia* MSS. Vind. Lucen. cum Baluz. *distantia*, male.

57 Sic Vind. Quesnellus & *substantia*. MSS. Baluz. & Luc. *non sub una substantia convenientes*. Mox *divisa atque partita* apud Quesn. Codices Vind. Luc. & Baluz. *divisam atque partitam*. Correximus, sententia contextus exigente. Dein Lucen. cod. *Filium unicum Deum verum Jesum Christum*.

58 Vind & Lucen. *Horum itaque*; Baluzius, *Horum itaque communi veritate*: utrobique minus recte. Neque vero Quesnelli lectio *Hæc itaque* omnino placet. Magis placeret cum ceteris versionibus scribere *His itaque .... ordinatis*, si qui codices hujus interpretationis suffragarentur.

59 Sic Vind. Lucen & Baluzii codices. Hic autem per saltum aliqua desunt, cumque nulli codices adjuvent, defectus antiquissimus est. Supplendum autem videtur ex alia versione, quam adnot. 49. subjecimus, *aliter*. *Eos autem qui ausi sunt componere fidem alteram, aut proferre, aut docere, aut tradere alterum symbolum, corripere se volentibus ad scientiam veritatis ex ritu paganitarum* &c. Quesn. hunc defectum haud suspicatus emendavit sic, *alterum symbolum. Corrumpere volentes ad scientiam veritatis ex paganitistarum aut Judaicæ aut hæreticæ cujuslibet secta, sive sint Episcopi* &c.

1 Hi canones licet in vulgatis Conciliorum habeantur actione xv. conditi tamen fuerunt actione VII. uti probavimus in Observationibus ad Differt. I. Quesnelli ad an. 451. not. 18. tom. 2. col. 501. Versio autem horum canonum illa est, quæ ex vetustissimo codice a Justello edita, & hoc tomo per nos recudenda, Prisca interpretatio vocatur. Præter Justelli vero codicem, & præter exemplaria hujus collectionis exstat in tribus aliis MSS. collectionibus, nimirum in Vat. Reginæ 1997. in Colbert. 784. & simili Lucensi 88. (ex quo postremo codice hos canones novissime edidit P. Dominicus Mansius tom. 1. Supplementi Conciliorum col. 329.) ac tandem in Barb. 2888. & Vat. 1342. quæ omnes collectiones æque ac nostra canones Calchedonenses ex Prisca versione derivarunt.

2 Sic in præstantissimo cod. Vindeb. 39. in quo secunda manu pro *in* substitutum fuit *Indictione V.* Alius cod. Cæsareus Vindebonensis 42. paullo dissimiliter habet, *convenerunt temporibus in quingentesimo anno* &c. & Hubertinum exemplar apud Coustantium t. 1. epist. Rom. Pontif. pag. LXXXIII. *convenerunt temporibus In V. quingentesimo sub Imperatore* &c. Quesnellus omissis hoc loco vocibus *in quingentesimo anno*, has post nomen *Marciano* transtulit sic: *Anno quingentesimo Incarnationis Domini Indictione V.* quæ formula abest ab omnibus antiquis MSS. tum hujus, tum ceterarum collectionum, quas adnot. 1. laudavimus, & a veteri stilo aliena est. Codex Justelli, qui Priscam Græcorum canonum versionem continet, hunc titulum profert. *Incipit Concilium Calcidonense*. *Quingentesimo anno sub Imperatore piissimo Marciano*. Similiter in collectione Barb. 2888. & Vat. 1342. & in alia Lucensi Colbertina. *Incipiunt statuta*. *Quingentesimo anno sub Imperatore piissimo Marciano*. In collectione MS. Vat. Reginæ 1997. *Incipiunt canones Calchidonensium a Sanctis Patribus constituti, idest, quingentesimo anno sub Imperatore piissimo Marciano*. P. Coustantius loco allegato peculiarem inscriptionem affert codi-

cis

3 CANON PRIMUS.

CAnones, qui per singulas Synodos a sanctis Patribus constituti sunt hactenus, habere firmitatem censuimus.

4 4 II. Si quis Episcopus ordinationem per
pecuniam fecerit, & vendiderit rem, quæ
5 nisi 5 gratia non acquiritur, & sub pecunia ordinaverit Episcopum, aut Provincialem Episcopum, sive Presbyterum, vel Diaconum, aut eorum quemquam qui in nu-
6 mero Clericorum continentur, aut 6 accepta pecunia fecerit Œconomum, aut Defensorem, vel Ostiarium, vel quemcumque
hujuscemodi pro lucri turpitudine: qui er-

go hoc fecisse probatur, sui gradus periculum sustinebit. Sed & is, qui ordinatur,
nihil ex ordinatione, quæ per negotiatio-
nem processit, utilitatis, acquirat; sed 7 fiat 7
dignitatis, vel rei, quæ ipsi pro pecunia
commissa est, alienus. Si quis autem 8 his 8
tam turpibus, & nefariis lucris medius interfuisse videtur, & is, si quidem Clericus
fuerit, degradetur; si vero laicus aut Monachus, anathematizetur.

9 *Item alio loco: Clericos vel laicos vo-* 9
lentes Episcopos vel Clericos 10 *accusare non* 10
debite, nequaquam ad accusandum suscipi
debere; nisi prius eorum 11 *opinio fuerit dis-* 11
cussa.

cis Colbertini, olim Thuanei, qui ad nostram collectionem pertinet, his verbis expressam: *Canones expositi a SS. Patribus, qui Calcedona convenerunt temporibus Valentini* (lege *Valentiniani*) *& Marciani Augustorum Indict. quinta sub Imperatore nostro piissimo Marciano*. Hanc autem ceteris præferendam putat, ac expungendum annum quingentesimum: cum Calchedonensis Synodus habita sit non anno *quingentesimo*, sed quadringentesimo quinquagesimo primo, cui sane mense Octobri indictio V. congruit. At manuscripta quinque diversarum antiquissimarumque collectionum *anni quingentesimi* notationem concorditer probant; nec unicus codex Thuaneus ceteris ejusdem collectionis præferendus est. Nec excessus *quingentesimi anni* difficultatem movere debet, cum sub hoc idem tempus S. Petrus Chrysologus serm. 145. *circa quingentos annos* post nativitatem Christi similiter computaverit. Confer alia exempla, quæ in hanc rem collegimus in editione operum S. Zenonis Veronensis Episcopi Dissert. 1. c. 2. §. 1. pag. XXXVI. & XXXVII.

3 Codices Justelli, Vat. Reginæ, & Vat. Barb. tabulam titulorum præmittunt, & suo cuique canoni titulum repetitum etiam præfigunt. Hujus vero collectionis MSS. exemplaria tabula præmissa carent: Solum in utroque codice Vindeb. 39. & 42. tituli affiguntur in canonum margine, iique aliis verbis expressi sunt, ac in codicibus aliarum collectionum, quæ Justellianos titulos similiter exhibent. Hinc peculiares hujus collectionis titulos in adnotationibus recitabimus, uti in iisdem MSS. Cæsareis Vindebonensibus invenimus, in quibus aliquorum canonum tituli desiderantur. Primi canonis titulus sic profertur: *De canonibus uniuscujusque venerabilis Concilii*. Ceteri codices cum Justello hunc primum canonem præfationis instar præmittunt, vel inscriptioni adnectunt; & primum canonem referunt, qui in hac collectione secundus est.

4 Titulus MSS. Vindeb. *Si Episcopus pro pecunia ordinationem fecerit*. In canone codex Oxon. *Si quis Episcopi ordinationem* &c. Mox in Justelliano MS. in Luc. & Vat. hujus versionis *per pecuniam*.

5 Codd. Justelli, Lucen. & Vat. 1342. *per gratiam Dei*. Dein verba *aut provincialem Episcopum* desunt in iisdem MSS. & in Oxon. Conjicit Quesnellus his verbis *Græcam vocem* ἢ χωρεπίσκοπον *reddere voluisse rudem interpretem*. Codd. Vat. & Lucen. *ordinaverit Episcopos, aut Presbyteros, vel Diaconos*.

6 Solus Quesn. addit *etiam*. Mox Just. & Lucen. *pro turpitudinem lucri*. Melius Vat. Reginæ *per turpitudinem lucri*. Dein Codd. Vind. Just. & Vat. Reg. delent *ergo*.

7 Codd. Just. Vat. 1342. & Lucen. *fiat dignitatis reus*: in Vat. autem additur posteriori manu *& ob ea, quæ* &c.

8 Addidimus *in* ex MS. Vind. Codices Just. Lucen. & Vat. *in his tam turpibus*, & mox *videatur, & is quidem si Clericus*.

9 Hæc verba *Item alio loco* leguntur non solum in MSS. hujus collectionis, verum etiam in codice vetustissimæ omnium collectionis Vat. Reginæ 1997. ex qua noster collector eadem verba decerpsisse videtur, cum in aliis plerisque lectiones etiam conveniant. Desunt autem in cod. Justelli, & in MSS. Vat. 1342. ac Colbertino 784. In Lucensi vero exemplo, licet hanc Colbertinam collectionem contineat, totus hic canon omittitur, ut ex editione P. Mansi colligere licuit; & rectius, quippe hic idem canon proprio loco inferius repetitur c. 21. Probabilis autem videri potest Quesnelli conjectura his verbis expressa: *Qua ocasione vel ratione huic loco inserta sint verba ista, divinare non possum. Hæc certa sunt: primo nec ad præcedentem canonem, nec ad subsequentem pertinere. 2. Esse ipsum Canonem 21. hujus Calchedonensis Synodi. 3. Hujus versionem diversam esse tam ab aliis omnibus editis, quam a versione decreti ejusdem vigesimo primo loco positi in hoc Codice. 4. Eumdem Canonem legi hoc loco ad calcem secundi in utroque Codicis hujus MS. exemplari & in Justelliano. Studiosi alicujus procul dubio opus est hæc additio: qui nempe eum legeret pœnam depositionis superiori Canone decretam adversus Clericos turpis & simoniaci lucri reos, statim ex Canonis 21. lectione monere voluit, quam caute ac circumspecte recipienda esset accusatio hujusmodi adversus Episcopos, quos talis pœna damnatos maneret*. Mox Vind. *Clericus, vel laicus volentes*. Colb. Just. & Vat. 1342. *Clerici, vel laici*.

10 MS. Colb. apud P. Coustantium *accusare indebite*. Vind. *accusare non indebite, ne quocumque* (lege *quomodocumque*) *ad accusandum*. Just. & Vat. Reginæ *accusare, non indebite, ne quodcumque accusandum*. Vat. 1342. cum Colbertino P. Coustantii similiter: solum melius pro *ne* habent *nec*.

11 Solus MS. cod. Oxon. *oppositio*.

12 12 III. Pervenit ad sanctam Synodum ,
quoniam quidam Clericorum propter lucri
turpitudinem alienarum possessionum con-
13 ductores 13 efficiuntur , & pro caussis sæcularibus tractandis ministeria Dei negli-
14 gunt 14 sæcularium domos discurrentes ; &
patrimoniorum curas propter avaritiam su-
scipientes . Igitur magna & sancta Synodus
15 constituit, nullum deinceps 15 neque Episcopum , neque Clericum , neque Monachum conducti titulo possessiones conducere, nec caussarum sæcularium posse ordinationibus commisceri ; nisi forte vocetur aliquis secundum leges ad minoris ætatis tu-
16 telam , 16 quæ excusanda non est ; aut Epi-
17 scopus civitatis ecclesiasticarum rerum 17
curam velit committere, aut orphanorum ,
aut viduarum, quæ propria providentia carent , vel personarum talium quæ auxilium
ecclesiasticum postulant propter timorem
Dei . Si quis autem ea quæ constituta sunt ,
18 18 violare tentaverit , ecclesiasticæ damnationi subjaceat.

19 19 IV. Qui revera & manifeste solitariam vitam sectantur , honore competenti
fungantur . Verum quoniam quidam sub
20 prætextu 20 habitus monachilis , Ecclesias ,
& conventus , & res communes disturbant ,
civitates indiscrete circumeuntes , 21 & Mo- 21
nasteria sibi constituere studentes : placuit 22 22
nullum nusquam ædificare posse , neque Monasterium constituere , neque Oratorium absque civitatis Episcopi voluntate . Monachos vero , qui sunt per singulas civitates & per Provincias , Episcopis subditos
esse , 23 & quietem diligere , & jejuniis 23
esse contentos, & orationibus in illis locis
observare , in quibus sæculo renuntiasse videntur . Nequaquam autem ecclesiasticis
vel sæcularibus rebus communicare , nec
importunitatem inferre , desertis propriis
Monasteriis ; nisi forte quæsiti fuerint propter necessariam caussam a civitatis Episcopo . 24 Sane in Monasteriis non esse 24
suscipiendum servum ad faciendum Monachum , præter proprii domini voluntatem . Qui vero hoc constitutum nostrum
excesserit , eum a communione suspendi
25 decrevimus ; ne nomen Dei blasphe- 25
metur , 26 civitatis autem Episcopum opor- 26
tet competentem præstare providentiam Monasteriis.

27 V. De Episcopis vel Clericis , qui se 27
de civitate in civitatem transferunt , placuit

12 Titulus in margine codicum Vindeb. *Neque Episcopus , neque Clericus , aut Monachus conductores fiant* .

13 Just. Vat. 1342. & Lucens. *efficiantur ... negligant* . Mox codd. Vind. Luc. Just. & Vat. *& caussis sæcularibus tractantibus* . Thuan. *& caussas sæculares tractantes* , melius .

14 Quesn. addit *per* , pro qua præpositione Just. Luc. & Vat. habent *&* . Utrumque delent Vind. & Vat. Reginæ .

15 Voces *neque Episcopum* a Quesnello omissas supplevimus ex omnibus nostris & Justelli codd. Mox apud Just. *conductitii* pro *conducti* . Dein pro *conducere* Just. Luc. & Vat. *habere liceat* .

16 Tres iidem codd. Just. Luc. & Vat. *quæ excusari non licet* .

17 Quesnellus inseruit *et* ; delent Vind. & Vat. Reg. Ceteri tres codd. pro *et* supplent *Clerico* sic : *curam Clerico voluerit committere* .

18 Vat. Reg. cum Justello , Luc. & Vat. 1342 addunt *deinceps* .

19 Titulus in margine codd. Vindeb. *Ut absque voluntate* (subintelligitur *Episcopi*) *quis nec monasterium , nec orationem facere præsumat , & de Monachis dicit* . Illa porro *Qui revera* usque ad *fungantur* loco tituli exstant in MS. Vat. Reginæ , ex quo noster collector profecit . Hæc eadem in aliis collectionibus Priscam referentibus propius in tituli formam efferuntur sic , *Qui vitam solitariam sectantur , & quo honore fungantur* . Canon autem incipit , sicut & in Vat. Reginæ , *Quoniam vero quidam* . In Græco autem & in aliis versionibus Dion. & Isid. idem initium habet , ac in nostra collectione .

20 Just. *habitu monachali* . Luc. & Vat. MSS. *habitu Monachi* .

21 Just. male *& non monasteria* . Melius Luc. & Vat. *nec non & monasteria* .

22 Quesn. *nullam usquam ædificare posse Ecclesiam , neque* &c. Correximus ex MSS. Vind. & Vat. Reginæ . Justellus cum MSS. Luc. & Vat. *ut nullum eorum usquam ædificare liceat , neque monasterium* . Dein *Monachi vero , qui* apud Just. Luc. & Vat. corrupte .

23 Codd. Vat. Reginæ cum Just. Luc. & alio Vat. addunt *censemus* . Dein voces *in quibus* desiderantur apud Justellum , qui defectum asterisco notavit , & pro *observare* conjecit forte legendum *perseverare* . Mox Justel. cum Luc. & Vat. delet *autem* .

24 Iidem tres codd. Just. Luc. & Vat. *Sane placuit ut nullum servum suscipiant in suis monasteriis ad Monachum faciendum sine proprii domini voluntate* . Vat. Reg. similiter exceptis quatuor postremis vocibus , quas cum nostro textu sic effert : *præter proprii domini voluntatem* . Dein tres laudati codd. delent *nostrum* .

25 Cod. Vat. Reg. cum tribus laudatis : *decernimus* .

26 Ita iidem codd. Quesnellus : *Civitatum autem Episcopos* , & dein pro *præstare* habet *exhibere* : Just. cod. *impendere* . Eadem exemplaria , præter codices nostræ collectionis voci *monasteriis* præmittunt *cunctis* .

27 Codd. Vind. hunc titulum margini affigunt : *Qui de civitate in civitatem vadunt* : In omnibus aliis collectionibus priora verba hujus canonis pro titulo efferuntur , & canon incipit a verbo *placuit* . Melius vero in MSS. nostræ collectionis , sicut in Græco & aliis versionibus , ea priora verba non ad titulum , sed ad canonem pertinent . Justellus notavit : *Hic canon est primus in omnibus collectionibus* . Fallitur , eo quia priora verba *De Episcopis , vel Clericis , qui se de civitate ..... transferunt* , in suo codice titulo adscripta perspiciens , non animadvertit hæc ad ipsum canonem v. referenda . Canone primo generatim omnes SS. Patrum canones confirmantur ; hic autem
pecu-

cuit. ut canones, qui a ſanctis Patribus de his. ipſis conſtituti ſunt, ſuam habeant firmitatem.

28 28 VI. Nullum abſolute ordinari neque Presbyterum, neque Diaconum, neque penitus quemquam eorum, qui ſunt in
29 eccleſiaſtico ordine, 29 niſi ſpecialiter Eccleſiæ civitatis, vel vici, vel Martyrii, qui
30 ordinandus eſt, declaratus fuerit. 30 Eorum autem ordinationem, qui hujuſmodi abſolute ordinantur, conſtituit ſancta Synodus inefficacem eſſe, & nuſquam poſſe ad ordinantis injuriam prævalere.

31 31 VII. Qui ſemel ſunt in Clero ordinati, vel Monachi facti ſunt, conſtituimus neque ad militiam, neque ad dignitatem
32 ſæcularem venire. 32 Cum vero hoc arripuerint, & non pœnitentes ad hoc revertantur, quod propter Deum elegerant; anathematizentur.

33 VIII. Clerici qui pauperum diſpenſa- 33
tioni, vel Monaſteriorum, vel Martyriorum
præſunt, ſub poteſtate 34 ſingularum civi- 34
tatum Epiſcoporum ſecundum ſanctorum canonum traditionem perdurent; nec per ſuam temeritatem Epiſcopi ſui moderationem declinent. Qui autem hujuſmodi diſpoſitionem quolibet modo ſubvertere auſi fuerint, &
Epiſcopo ſuo 35 non obedierint, ſi quidem 35
Clerici fuerint, canonicæ damnationi ſubjaceant; ſi autem Monachi, aut laici ſunt, a communione ſuſpendantur.

36 IX. Si quis Clericus cum Clerico 36
cauſſam habet, Epiſcopum ſuum non deſerat, ut ad judicia ſæcularia currat; ſed prius
37 apud Epiſcopum ſuum examinet cauſ- 37
ſam: aut certe cum voluntate ipſius Epiſcopi cauſſa dicatur apud quos 38 partes cœ- 38
perant. Si quis autem contra hæc venire tentaverit, canonicis interdictis ſubjaceat.

peculiares firmantur canones, qui Epiſcoporum & Clericorum tranſmigrationes prohibent. Mox Juſt. & Vat. *De civitate in aliam transferunt*.

28 Titulus in marg. MSS. Vind. *Ut in publicis locis ordinatio fiat*. Juſtellus prima verba loco tituli exhibet: *Nullum abſolute liceat ordinari*. Vat. Reg. *Ut nullum*. In his autem canon incipit a vocibus *Neque Presbyterum* &c. Apud Juſtellum plurali numero ſic: *Neque Presbyteros, neque Diaconos, neque penitus quemquam de his, qui ſunt intra eccleſiaſticum ordinem*, & ob priora verba in titulum rejecta, ad ſenſum perficiendum additur *declarari liceat*: quæ abſunt a cod. Vat. Reginæ, & multo magis ab aliis codd. Luc. & Vat. qui æque ac exemplaria noſtræ collectionis canonem incohant a verbis: *Nullum abſolute liceat ordinari*. Verbum *liceat* deeſt in ſolis MSS. hujus collectionis.

29 Cod. Luc. *niſi peculiariter Eccleſiæ civitatis, aut poſſeſſionis, aut Martyrii, aut Monaſterii, qui ordinatus eſt, pronuntietur*.

30 Juſt. & Vat. 1342. *Horum autem ordinatio* (lege *ordinationem*) *hujuſmodi conſtitui* (lege *conſtituit*) *ſancta Synodus inefficacem eſſe, & in nullo poſſe ad ordinandi* (Vat. *ad ordinationis*, lege ex Græco *ad ordinantis*) *injuriam prævalere*. Hæc lectio priſcæ verſionis cum nimis erronea videretur, in cod. Luc. præterita fuit, & ſubſtituta alia lectio ex Dionyſii verſione ſic. *Qui vero abſolute ordinatur, decrevit Sancta Synodus irritam eſſe hujuſmodi manus impoſitionem, & munus quam* (lege *&* *nuſquam*) *poſſe miniſtrare ad ordinantis injuriam*. Vat. Reg. noſtram lectionem approbat excepta harum vocum ſyntaxi *ordinationem hujuſmodi, qui abſolute*. Mox *nuſquam* pro *numquam* emendavimus ex Vind. Vat. Reginæ aliiſque codd.

31 Titulus in MSS. Vind. *Ut Monachi ad militiam non redeant*.

32 Juſt. *Si vero hoc adripientes, & non pœnitentes revertantur ad quod antea elegerunt*. Luc. & Vat. *Si vero hoc adripuerint*: Queſn. *niſi pœnitentes*: ſcripſimus *& non pœnitentes* cum omnibus noſtris codd. Mox Luc. *propter Deum prius elegerunt*.

33 Tit. in MSS. Vind. *Ut diſpenſatores pauperum Epiſcopo ſuo obediant*. Cod. Luc. *Clerici, qui præficiuntur pauperum diſpenſationi, vel Monaſteriorum, & Baſilicis Martyrum ſub Epiſcopis, qui in unaquaque civitate ſunt, ſecundum Sanctorum Patrum traditiones permaneant, ne per ſuam* &c. Hæc ex Dionyſiana verſione fuere excerpta. MS. Vat. Iſidorianam prorſus recepit: *Clerici in ptochis* (loca mendicorum) *& Monaſteriis* &c. ut in vulg. Iſ. t. 4. Conc. Ven. edit. col. 1705.

34 Sic codd. Vind. & Vat. Reg. Queſnellus *ſingularium*. Apud Juſt. male *inſularum*. Mox in Vat. Reg. *ſecundum ſanctorum Patrum canonem traditionem*. Juſt. *ſecundum ſanctorum Patrum traditionem perdurent, nec ſua temeritate*.

35 Vat. Reg. cum Juſt. & Luc. *non dederint conſueta, ſiquidem*. Mox *laici ſint* in Vat. Reg. Apud Juſt. cum MS. Luc. *laici fuerint, a communione ceſſent*.

36 Tit. in Vind. marg. *Si Clericus contra alium cauſſam habeat, ante Epiſcopo ſuo examinetur*. In MSS. Juſt. & Vat. loco tituli *Si Clericus cum Clerico cauſſam habeat*. Canonem autem additis duabus vocibus incipiunt: *Placuit ut Epiſcopum ſuum* &c. Cod. Luc. eamdem lectionem habet, & ſolum a canone titulum non ſejungit. Mox Vind. cum Juſt. Luc. & Vat. *& ad judicia*. Id in his tribus MSS. probe intelligitur præmiſſis vocibus *placuit ut*: in Vind. autem deficientibus his vocibus, non ita: unde vulgatam Queſnelli lectionem cod. Vat. Reg. approbatam, ac probe cohærentem retinuimus.

37 Juſt. cum Luc. & Vat. MSS. addit *ut dictum eſt*. Mox hi codices delent *Epiſcopi*.

38 Ita cod. Vind. concinentibus Vat. Reg. & Oxon. quorum primus ſolum pro *cœperant* habet *inceperint*, alter *cœperunt*. Queſn. in textu *utræque partes voluerint, judicium continebunt*: ac in margine, forte *judiciumque tenebunt*. Hoc additamentum ex Dionyſiana verſione decerptum, cetera exemplaria priſcæ verſionis ignorant: nam codd. Luc. & Vat. habent *partes utræque voluerint. Si quis autem* &c. Juſt. mendoſe *partes utraque voluerunt. Si quis* &c.

39 Si vero Clericus 39 habeat caussam cum
extraneo Episcopo, vel cum suo; apud Synodum
Provinciæ caussam dicat, Si autem
Episcopus, aut Clericus disceptationem habeat
cum Metropolitano Episcopo, aut ad
diœceseos primam sedem recurrat, aut ad
sedem Constantinopolitanam, apud quam
40 caussa dicatur 40.
41 41 X. Non licere Clericum in duarum
pariter civitatum Ecclesiis militare, in qua
primum ordinatus est, & ad quam quasi
majorem per vanæ gloriæ desiderium confugit.
Eos vero qui hoc tentaverint, Ecclesiæ
propriæ restituendos esse, in qua primum
ordinati sunt, & ibi tantum ministrare.
42 42 Si quis tamen jam ex alia in aliam Ec-
43 clesiam translatus est, in nullis caussis 43
prioris Ecclesiæ, vel ad ipsam pertinentibus
Martyriis, vel Xenodochiis, vel pauperum
rebus habeat facultatem tractandi. Eos vero
qui ausi fuerint post hoc constitutum magnæ 44 & generalis istius Synodi aliquid 44
contrarium agere in his quæ nuper sancta
Synodus interdixit, proprium gradum amittant.

XI. Omnes pauperes & revera egentes
solatiis oportet pacificis, & ecclesiasticis
tantum litteris prosequi, & non 45 syno- 45
dicis: quoniam synodicas litteras his tantum
dari convenit, qui bonæ opinionis esse videntur.

46 XII. Pervenit ad nos; quoniam qui- 46
dam contra ecclesiastica statuta se potestatibus
conferentes, per pragmaticum unam
Pro-

39 Codd. Just. Luc. & Vat. addunt *quis*. Dein cod. Luc. *apud Synodum Provinciæ judicetur*: & mox cum Just. & Vat. *Si autem Episcopus, aut Clericus discrepationem habeat cum Metropolitano Episcopo, ad primam sedem recurrat, aut ad sedem Constantinopolitanam, & ibi caussam definiant*.

40 Quesn. ex cod. Thuan. addidit *& apud ipsam judicetur*. Delevimus cum MSS. Vind. Oxon. & Vat. Reginæ.

41 Titulus MSS. Vind. *Non liceat de alia in aliam civitatem transmeare*. Apud Just. tituli loco sic, *Ut nulli Clericorum liceat ab Ecclesia sua discedere*. Canon vero incipit: *Civitatum Ecclesiis* (supple cum MS. Luc. *debeat*) *militare, in qua primo ordinatus quis est, & non ad quam* &c. Mox idem Just. *tentaverunt*:

42 Quesn. *Si quis tamen ex alia jam Ecclesia in aliam translatus est*. Syntaxim codicum Vind. & Vat. Reginæ sequuti sumus.

43 Notat Quesnellus in cod. Thuan. haberi sic. *Prioris Ecclesiæ, vel Martyriorum, quæ sub ea sunt, aut Photiorum, aut Xenodochiorum rebus in nullo communicet. Eos vero qui usi fuerint post definitionem magnæ & universalis hujus Synodi quicquam ex his, quæ sunt prohibita, agere, decrevit sancta Synodus a proprio hujusmodi gradu recipere*. Coust. in eodem codice tunc Colbertino legit *recedere*. Quesn. mallet legi *recidere*, vel *excidere: ut habet*, inquit, *vulgata versio ad latus Græcæ editionis excusa, ex qua hæc omnia sumta sunt, in quibus Thuan. codex ab Oxon. & Justello discrepat*. Clarius dicentur hæc sumta fuisse ex versione Dionysii Exigui; ex qua pro *Photiorum* corrigendum est *Ptochiorum*, & *ausi* pro *usi*. Codex Vat. Reg. pro *Xenodochiis* habet *Synodochiis*: Vind. *Synodicis*.

44 Tres codd. Just. Luc. & Vat. habent *& universalis*, ac pro *istius* solus Just. *totius*.

45 Hic canon in MSS. Vind. titulo caret. In vocem autem *synodicis*, quam nostri quoque codices hujus priscæ versionis præferunt (Luc. *synodociis* & *synodocias*) hanc adnotationem Quesnellus subjecit „ Ita habetur & „ Can. XIII. a quo reliquæ versiones discre„ pant, quæ habent *commendatitiis*. Ad codi„ ces nostros Oxon. & Thu. propius accedit „ codex Aniciensis, ex quo varias aliquot le„ ctiones decerpsere, & in margine Dionysia„ næ versionis apposuere postremæ Concilio„ rum editionis procuratores; habet porro *sy*„ *nodociis*. Nostræ versionis auctor legebat „ fortasse in mendoso codice Græco συνοδικοῖς pro „ συστατικοῖς, Aniciensis autem lectio ex eo co„ dice nata videtur, quæ vocem haberet de„ rivatam ex verbo συνοδεύω, quod significat „ *comitor*, seu *itineris socius sum*; vel ab ὁδίω „ seu ὁδιῶ *viatico instruo*: eo quod hujusmo„ di litteræ commendatitiæ Clericis pro iti„ neris socio ac viatico essent. De litteris „ canonicis abunde disseruit Gerardus Rodol„ phus in libello de his edito Coloniæ 1582. „ vide etiam Bernardinum Ferrerium in libro „ quem scripsit de antiquo ecclesiasticarum epi„ stolarum genere; Annibalem Fabrotum in „ Balsamonis collect. Eccles. Constitut. lib. 3. „ tit. 1. Christophorum Justellum in hunc co„ dicis Ecclesiæ universæ canonem; notas et„ iam Gabrielis Albaspinei Episc. Aurelia„ nensis in hunc canonem; ubi accurate fu„ seque differit de gemina interpretatione & „ sensu Græcæ vocis ὑπόληψις quæ canonem fe„ re claudit. Nimirum hæc τοῖς οὖσι μόνοις ἐν „ ὑπολήψει περιέχεσθαι προσώποις alii aliter inter„ pretati sunt. Versio quæ Græco textui ad„ jacet, tam in Justelliano Ecclesiæ universæ „ codice, quam in vulgatis, & Græci Colle„ ctores & Commentatores Balzamon, Zona„ ras, & Blastares, de iis *personis quæ suspe*„ *ctæ sunt*, canonem explicant. Antiquæ ver„ siones Latinæ contrario sensu exponunt: „ Dionysius quidem de *honoratioribus perso*„ *nis*; Isidoriana de his *qui in opere sunt cla*„ *riores*. Jacobus Cujacius ad cap. 5. de Cle„ ricis non residentibus, interpretatur *de ho*„ *nestioribus* personis, *qui sont en reputation* „ seu integræ famæ. Quem sensum ita ex„ primit vetus interpres noster, cui prisca Ju„ stelli versio concinit, de iis, *qui bonæ opi*„ *nionis esse videntur*. Ad hunc postremum „ sensum Dionysianam versionem aliasque, „ quæ *de honoratioribus* interpretantur, trahit „ Albaspineus; suam opinionem majore procul „ dubio confidentia prolaturus in medium, si „ codicis nostri versionem legisset, cui non „ modica inde commendatio accedit, quod ce„ lebri œcumenicæ Synodi canoni lucem non„ nullam afferat. “ Hactenus Quesnellus.

46 Tit. codd. Vind. *Ut Provincia in duos metropolitanos Episcopos non dividatur*.

Provinciam diviserunt in duas, ac per hoc
47 47 duos in una Provincia esse Metropolitanos Episcopos. Igitur constituit sancta Synodus nihil tale deinceps tentari ab Epi-
48 scopis: 48 ne qui hujusmodi aliquid arripuerint proprium amittant gradum. Quæcumque vero civitates jam per sacras litte-
49 ras nomine metropolitano funguntur, 49 ipsæ
solæ honorem consequantur, & is qui huic
Ecclesiæ præest Episcopus, salvo utique proprio jure, quod revera Metropolitanæ civitati convenit.
50 50 XIII. Peregrinos Clericos & Lectores
in alia civitate sine synodicis litteris sui
Episcopi penitus numquam ministrare posse.
51 51 XIV. Quoniam in quibusdam Provinciis Lectores & Psaltes nubere permittuntur, constituit sancta Synodus non li-
52 cere quemquam 52 alterius hæreseos mulierem accipere. Eos vero qui jam ex tali
matrimonio filios procreaverunt; si quidem
53 filios suos apud hæreticos baptizaverunt, 53
postmodum posse catholicam communionem
accipere; si autem non sunt baptizati, jam
non posse apud hæreticos baptizari, nec ad
conjugium cum hæretico conjungi, neque
cum Judæo, neque cum Pagano, 54 nisi 54
forte promiserit se transferre ad fidem orthodoxam persona quæ conjungenda est cum
orthodoxo. Si quis autem hujus sanctæ Synodi constitutum violaverit, 55 canonum 55
damnationem incurrat.
56 XV. Diaconissam mulierem non pos- 56
se ordinari ante annum quadragesimum, &
cum diligenti probatione. Si vero accepta
57 ordinatione, & certa tempora ministe- 57
rii observans nuptiis se tradiderit ad injuriam Dei gratiæ, hujusmodi mulier anathematizetur, cum eo qui illi conjunctus est.
58 XVI. Nec eam, quæ se Domino Deo 58
virginem devovit, eodem modo nec Monachum nubere licere. Si vero hoc facere
voluerint, a communione suspendantur.
59 Episcopo autem de hac re auctoritatem 59
præbemus, si velit eos reconciliare.
60 XVII. Rusticas parochias, quæ sunt 60
in singulis Provinciis, inconvulsas manere
constituimus apud Episcopos, qui eas deti-
nere videntur; maxime, si eas annis triginta detinentes, inviolate dispensaverunt:
si vero 61 intra annos triginta facta est, aut 61
fiat

---

47 Just. Luc. & Vat. MSS. *Duo .... sunt metropolitani Episcopi*. Dein post *igitur* iidem codd. cum Vat. Reginæ addunt *nunc*: & pro *sancta* habent *magna*.

48 Tres laudati codd. *& qui*. Vind. cum Vat. Reginæ *minus ne qui*. Dein Just. omittit *jam*.

49 Vind. MS. *ipsi soli*. Quesn. notat: *lege* ipsæ solum, *ut sensus exigit*. Dein post nomen *Episcopus* Quesn. ex Thuan. exemplo inseruit *vocetur Archiepiscopus*: quas voces etsi præferat etiam MS. Vat. Reginæ, ex ceteris tamen codd. delevimus, propterea quod in Græco etiam aliisque versionibus desunt.

50 Titulus in codd. Vind. *Peregrini in alia civitate non ministrent*. Dein Vat. Reginæ *Peregrinus, Clericus, & Lectores ..... possint*. Just. Luc. & Vat. *in aliena civitate ...... nusquam ministrare debere*.

51 Titulus in MSS. Vind. *Ne cum hæreticis aut Judæis conjungi*. Mox Quesn. *& Psaltæ uxores ducere*: Just. *& salutem nubere*, & in marg. lege *saltem nubere*, quod reperimus in Vat. 1342. Utrumque male. Veram lectionem suppeditavit cod. Luc. concinentibus Vind. ac Thuan. in quibus solum pro *Psaltes* legitur *Psaltæ*.

52 Just. & Luc. *ulterius hæreticam*. Vat. melius habet tantum *hæreticam*. Hic autem *alterius hæreseos* idem est ac *alterius sectæ*, ut versiones Dion. & Isid. præferunt. Dein apud Justellum *procrearunt, Et si quidem*.

53 Luc. & Vat. *postmodum vero*: & mox cum Just. & Vat. Reginæ *posse eos in catholica communione percipere*, al. *accipere*, vel *recipere*. Dein *jam non debere eos apud hæreticos baptizari ne ..... cum hæreticis* in Just. Luc. & Vat.

54 Tres iidem codd. *nisi forte se transferre ad fidem orthodoxam promiserint personæ, quæ conjungendæ sunt cum orthodoxis*: & dein *violare tentaverit* pro *violaverit*.

55 Iidem codd. cum Vat. Reginæ *canonum damnationi subjaceat*.

56 Tit. codd. Vind. *De Diaconissis*. Just. Luc. & Vat. 1342. cum titulum præferant *Quod* (lege *quot*) *annorum velari debeant ancillæ Dei*, canonem incipiunt sic. *Placuit non eas ordinari ante annum XL. & hoc cum diligenti* &c. Vox *Diaconissam* in MSS. nostræ collectionis & in Vat. Reginæ exhibita cum Græco aliisque versionibus concinit.

57 Just. cum Luc. & Vat. *velatione, & certo tempore ministerio observans*. Vat. Reginæ habet pariter *& certo tempore ministerio observans*. Oxon. *ministerium observans*. Vind. *ministerio observans*. Dein tres priores codd. *qui illi conjungitur*.

58 Titulus in MSS. Vind. *Nec Deo dicata virgo, nec Monachi non nubant*. Quesn. sic canonem incohat. *Nec eam, quæ se Domino virginem vovit, nubere licere, nec Monachum uxorem ducere*. Prætulimus codd. Vind. Vat. Reg. cum quibus ceteri tres concordant, solum variantes in his vocibus: *nec Monachis nubere licebit*.

59 Just. cum Vat. *Episcopus autem de hac re auctoritatem præbebit, si velit eos reconciliari*, Vat. *reconciliare*. Codex Luc. versionem Dionysii hoc loco substituit: *Confitentibus autem decrevimus, ut habeat auctoritatem ejusdem loci Episcopus misericordiam humanitatemque largiri*.

60 Hic canon. in Vind. titulo caret. Post pauca Vind. omittit primam vocem *eas*, Oxon. delet *maxime*, & Luc. præterit primam particulam *si*.

61 Just. *intra triginta annis*. Vat. *in triginta annis*. Luc. *annis triginta*. Dein Just. *aut si fiat*. In Luc. omittuntur voces *de illis*. Postea hi tres codd. cum Vat. Reginæ *apud Synodum suæ Provinciæ*.

fiat de illis quæstio; his licere quæstionem
62 movere apud Synodum Provinciæ, qui 62
vim se pertulisse asserunt. Si quis autem a
Metropolitano suo Episcopo male tractetur,
apud primam sedem suæ Provinciæ, vel
apud Constantinopolitanam, caussam dicat,
sicut superius comprehensum est. Si qua vero
potestate imperiali nova constituta est civitas,
aut certe constituatur, civilibus &
publicis formulis, etiam parochiarum ecclesiasticarum
ordo celebretur.
63 63 XVIII. Conjurationis vel conspirationis
crimen etiam apud extrinsecas leges
penitus amputatur; multo magis in Ecclesia
Dei hoc ne fiat prohiberi oportet. Igitur
si Clerici aut Monachi inventi fuerint
64 conjurati, 64 aut per conjurationem calumniam
machinantes Episcopis vel Clericis,
proprium amittant gradum.
65 65 XIX. Ad aures nostras pervenit, quoniam
in Provinciis non fiunt Synodi Episcoporum
secundum canonum constituta, &
ob hoc multa rerum ecclesiasticarum, quæ
emendanda sunt, negligi. Sancta igitur Synodus
66 constituit 66 secundum canones Patrum
bis in anno in id ipsum Episcopos
per singulas Provincias convenire, ubi Metropolitanus
Episcopus constituerit; & omnia
quæcumque emerserint, corrigere. Episcopi
67 vero qui non convenerint 67 in propriis
positi civitatibus, & non per profectionem
absentes, maxime suppeditante salute, & a
necessariis & excusabilibus occupationibus
liberi, fraternitatis intuitu corripiantur.
68 68 XX. Clericos in Ecclesia militantes,
sicut jam constituimus, non licere in alterius
civitatis Ecclesia militare, sed illa contentos
esse, in qua a principio ministrare
meruerunt; extra eos, qui amissa patria ad
Ecclesiam aliam 69 necessitate venerunt. 69
Si quis autem Episcoporum post hoc constitutum,
Clericum ad alium pertinentem
susceperit, placuit a communione suspendi:
& eum qui suscepit, & qui susceptus
est, quo usque 70 Clericus qui transitum fecit, 70
ad suam redeat Ecclesiam.
71 XXI. Clericos vel laicos, qui accusant 71
Episcopos vel Clericos quomodocumque
& sine judicio, non suscipi ad accusandum
debere, nisi prius eorum existimatio
fuerit discussa.
72 XXII. Clericis non licere post mortem 72
Episcopi sui ea diripere, quæ illi competere
73 possunt, sicut & anterioribus canonibus 73
cautum est: alioquin eos de gradibus
suis posse periclitari.
74 XXIII. Ad aures sanctæ Synodi pervenit, 74
quoniam quidam Clerici & Monachi,
quibus nec aliquid ab Episcopo suo
commissum est, interdum etiam ab ipsius
communione suspensi, ad Constantinopolitanam
civitatem pergunt, & ibidem diu remorantes
ecclesiasticam disciplinam disturbant,
quorumdam 75 autem etiam domos 75
subvertunt. Ergo sancta Synodus constituit
prius quidem hujusmodi homines 76 per 76
sanctæ Ecclesiæ Constantinopolitanæ defensorem
admoneri, ut a civitate Regia discedant:
verum si 77 inter negotia fuerint per 77
impudentiam remorati, ipsos etiam invitos
per

62 Cod. Thuan. *vim pertulisse asseruntur*.

63 Tit. in MSS. Vind. *Qui conjurationem, non autem calumniam contra Episcopum faciunt*. In Vat. 1342. totus hic canon ex Dionysii interpretatione penitus inseritur. *Crimen conjurationis vel conspirationis, & a veteribus legibus est omnino prohibitum*, & reliqua ut in Dionysio. Mox *etiam* desideratur in MSS. Just. & Luc. qui dein habent *amputari solere*.

64 Codd. Just. & Luc *& per conjurationem calumniam facientes Episcopis, vel quibuslibet Clericis*. Mox Quesn. cum Oxon. *amittant locum*. Scripsimus *gradum* cum MSS. Vind. Thuan. Just. & Luc.

65 Tit. codd. Vind. *Synodus bis anno fiat*. Mox *in quibusdam Provinciis* habent Just. Luc. & Vat. exemplaria: ac dein *secundum canonem constitutum, & hoc multa rerum ecclesiasticarum, quæ corripienda sunt vel corrigenda, negligi*.

66 Tres iidem codd. concinente Vat. Reginæ *secundum canones Patrum, qui apud Niciam Bythiniæ constituti sunt, bis in anno* &c. Male in illis præmittitur *ut* ante *secundum*. Dein Just. & Vat. *ex singulis Provinciis convenire*.

67 Just. cum Luc. & Vat. *& in propriis positi civitatibus, & non profecti, sed absentis, maxime suppeditante salute secesserint* (Vat. *cesserint*) *inexcusabilibus* (Luc. *excusabilibus*, Vat. *excausalibus*) *occupationibus liberi* &c.

68 Tit. in MSS. Vind. *Qui alium Clericum suscipit, a communione suspendi*. Mox tres laudati codd. *sicut jam constitutum est*. Dein mendose in Just. & Vat. *contentum esse .... meruit*, Vat. *meruerit*.

69 Iidem codd. tres *præ necessitate venerunt*. *Qui vero Episcoporum .... alterius Ecclesiæ Clericum susceperit*.

70 Addidimus *Clericus* ex Vind. Alii codd. *Clericum, qui translatus est, fecerit ad suam reverti Ecclesiam*.

71 Titulus in MSS. Vind. *Qui accusant Episcopum*. Apud Just. Luc. & Vat. canon sic effertur. *Clerici vel laici, qui Episcopos accusarint, vel quoslibet Clericos, omnino sine judicio eos non suscipi, nisi prius eorum æstimatio fuerit diligenter* (Luc. *diligentius*) *examinata*. Coc Colb. similis Lucensi apud Coustantium *nisi prius eorum opinio fuerit discussa*. Vind. MS. ab edito textu solum discrepat: *nisi prius eorum existimationis fuerit opinio discussa*.

72 Hic quoque canon in MSS. Vind. titulo caret.

73 Male apud Just. Luc. Vat. 1342. & Vat. Reg. additur particula *non*; quæ probe congrueret, si pro *illi* legeretur *illis*.

74 Tit. in MSS. Vind. *Ut ad loca propria revertantur Clerici*.

75 Quesn. delet *autem*, nos ex nostris MSS. ac Just. adjecimus.

76 Just. omisso *per* mox habet *admonere*. Dein vocem *regia* delent cum Just. plerique codd. etiam Vindebon.

77 Just. Luc. & Vat. *inter negotia & impudentia fuerint remorati, eos etiam invitos ... & ad loca propria revocari*. In Vind. deest *cogi*.

per eumdem defensorem jactari, & ad loca
propria cogi festinare.
78 78 XXIV. Quæ Deo semel sacrata sunt
Monasteria secundum Episcoporum consensum, oportet in perpetuum Monasteria nuncupari, & eorum res Monasteriis reservari,
79 & 79 non posse alterius cœnacula sæcularia
fieri: si qui vero hoc fieri permiserint, canonicis interdictis subjaceant.
XXV. Quoniam Metropolitanorum quidam, sicut cognovimus, commissos sibi negligunt greges, & ordinationes Episcopo-
80 rum 80 differunt: placuit sanctæ Synodo
intra tres menses Episcoporum ordinationes
fieri; nisi forte necessitas inexcusabilis di-
lationis tempus protrahi coegerit: alioquin
eos pœnæ ecclesiasticæ subjacere. Ecclesiæ
81 vero 81 viduæ redditus apud Oeconomum
ipsius Ecclesiæ integros reservari.
82 82 XXVI. Quoniam in quibusdam Ecclesiis reperimus, quod sine Oeconomis res
83 ecclesiasticas tractant Episcopi: 83 placuit
omnem Ecclesiam habentem Episcopum,
etiam Oeconomum habere de proprio Clero, qui res ecclesiasticas dispenset cum consensu Episcopi sui: ne cum dispensatio sine
84 testimonio fuerit, res ecclesiasticæ 84 disper-
sæ sint ad contumeliam Pontifici irrogan-
dam. Si vero hoc non fecerint, eos sanctis
esse canonibus reos.
85 85 XXVII. Eos qui mulieres diripiunt
hospitalis solatii nomine, aut illos qui connivere, vel consensum rapientibus præbere
videntur, statuit sancta Synodus, si quidem
Clerici fuerint, 86 proprium amittere gra- 86
dum; si vero laici, anathematizari.

CAPITULUM XXVI.

1 INCIPIT 1

CONSTITUTIO DIVÆ MEMORIÆ MARCIANI

De Synodo Calchedonensi.

2 Imperatores VALENTINIANUS, 2
& MARCIANUS Augusti uni-
versis populis.

TAndem aliquando quod summis studiis
atque votis optabamus, evenit. 3 Re- 3
mota est de orthodoxa Christianorum lege
contentio. Tandem remedia culpabilis erroris inventa sunt; & discors populorum
sententia in unum consensum concordiam-
que convenit. 4 E diversis enim Provinciis 4
religiosissimi Sacerdotes Calchedonam venerunt juxta nostra præcepta, & quid observari in religione debeat, perspicua definitione docuerunt. 5 Cesset igitur jam profana 5
contentio. Nam vere impius atque sacrile-
gus est, qui post tot Sacerdotum sententiam
opinioni suæ aliquid tractandum relinquit.
Extre-

---

78 Tit. in codd. Vind. *Quando sacrata sunt Monasteria, cœnacula sæcularia non fiant*. Mox pro *reservari*, alias *servari*, vel *conservari*.

79 Tres codd. Just. Luc. & Vat. *non debere ulterius*: & dein *si quis .... permiserit ... subjaceat*.

80 Hic canon in MSS. Vind. titulo caret. Tres laudati codd. Just. Luc. & Vat. *fieri differunt*. Mox mendose *& nisi forte necessitas inexcusationis ordinationis tempus* &c. apud solum Just.

81 Iidem tres codices: *viduatæ .... conservari convenit*. Vat. Reg. idem habet, omisso tantum verbo *convenit*.

82 Titulus in codd. Vind. *Ut Episcopi dispensatores habeant*. Dein ante *reperimus* solus Quesn. addit *rumore*.

83 Just. & Luc. *placuit omnino ut omnis Ecclesia habens Episcopum* (quæ desunt in Vat. 1342.) & nihilominus præferunt *etiam Oeconomum habere*. Dein Just. & Vat. post vocem *Clero* addunt *censemus*.

84 Sic Vind. cum tribus codd. sæpius memoratis. Quesn. cum Vat. Reg. *dispergantur*. Dein Just. *fecerint, reos eos sanctis subjacere canonibus*. Vat. & Luc. *fecerint, reos esse, sanctis subjacere canonibus*.

85 Tit. in MSS. Vind. *Qui mulieres diripiunt*. Dein Just. Luc. & Vat. *sancta constituit Synodus*.

86 Quesn. *præcipuum*. Melius *proprium* cum MSS. Vind. Vat. Reginæ & Luc. Mox tres codd. Just. Luc. & Vat. *amittunt*, & dein *anathematizentur*.

1 Ita codd. Vind. & Thuan. hujus collectionis. Quesn. cum Oxon. *Constitutio Marciani Imperatoris Synodi supradictæ statuta confirmans*. Hæc Constitutio invenitur etiam in codicibus Rustici, ex quibus duos Baluzius contulit, nos autem antiquissimum Veronensis Capituli 57. Exstat præterea in codd. collectionum Hisp. & Isid. Relegimus vero Vat. Hisp. 1341. & Vat. Isid. 630. In codicibus Rustici hic titulus sequentibus legibus communis præfigitur: *Sanctæ memoriæ* (cod. Ver. *religiosi*) *Principis Marciani, quas beatissimus Leo Papa in suis confirmavit epistolis, de prohibitis disputationibus a Christianis*.

2 Cod. Veron. Rustici cum ceteris Baluzii tom. 4. Concil. Ven. edit. col. 2025. c. *Imperatores Cæsares Flavius Valentinianus Pontifex inclitus, Germanicus inclitus, Alamanicus inclitus, Sarmaticus inclitus, Tribunitiæ potestatis vicies septies, Imperii vicies septies, Consul septies, & Flavius Marcianus Pontifex inclitus, Germanicus inclitus, Sarmaticus inclitus, Alamanicus inclitus, Francicus inclitus, Tribunitiæ potestatis vicies septies* (lege *secundo*) *Imperator Consul semel*. *Edictum civibus* (Baluz. cum Græco addit *nostris*) *Constantinopolitanis*. Inscriptionem, quam dedimus, exhibent codices nostræ collectionis & Hisp. ac Isid.

3 Thuan. *Remota est quippe*.

4 Codd. Hisp. & Is. *Ab universis enim*. Dein MSS. Rustici *reverentissimi Sacerdotes*. Mox vocem *Calchedonam* a Quesn. omissam ex omnibus nostris & Baluzii codd. nec non editis revocavimus.

5 Vat. Hisp. & Is cum Merlino *discessit igitur*.

Extremæ quippe dementiæ est in medio &
perspicuo die commentitium lumen inquirere: quisquis enim post veritatem repertam
aliquid ulterius discutit, mendacium quærit. Nemo itaque vel Clericus, vel militans,
vel alterius cujuslibet conditionis, de fide
6 christiana 6 publice turbis coadunatis & audientibus tractare conetur in posterum, ex
hoc tumultus & perfidiæ occasionem requi-
rens: nam injuriam facit judicio religiosis-
simæ Synodi, si quis semel judicata, ac recte disposita revolvere & publice disputare
contendit: cum ea quæ nunc de christiana
fide statuta sunt, juxta apostolicas expositiones 7 & statuta sanctorum Patrum tre-
7 centorum decem octo, & centum quinquaginta definita esse noscantur. Nam in con-
8 temtores 8 hujus legis pœna non deerit:
quia non solum contra fidem bene compositam veniunt; sed etiam Judæis & Paganis
ex hujuscemodi certamine profanant veneranda mysteria. Igitur si Clericus erit, qui
publice tractare de religione ausus fuerit,
9 9 consortio Clericorum removebitur: si vero militia præditus sit, cingulo expoliabi-
tur. Ceteri etiam hujus criminis rei de hac
sanctissima urbe pellentur, pro vigore judiciario etiam competentibus suppliciis sub-
10 jugandi. Constat enim hinc hæreticæ 10
insaniæ fomitem, exordiaque præberi, dum
publice quidam disputant atque contendunt.

Universi ergo, quæ a sancta Synodo Calchedonensi statuta sunt, custodire debebunt,
nihil postea 11 dubitaturi. Hoc itaque com- 11
moniti nostræ serenitatis edicto, abstinete
profanis vocibus, & ulterius definite de divinis disputare; quod nefas est: quia peccatum 12 hoc non solum divino judicio, 12
prout credimus, punietur, verum etiam legum & judicum auctoritate coercebitur. 13 13
Data VI. Kal. Febr. Constantinopoli, SPO-
RATIO Consule. An. 452.

CAPITULUM XXVII.

1 INCIPIT 1

ALIA CONSTITUTIO

Divæ memoriæ Marciani, Christianis Catho-licis in Synodo convenientibus.

2 Iidem AUGUSTI PALLADIO Præfecto Prætorio. 2

VEnerabilem catholicæ orthodoxorum fidei sanctitatem manifestam & indubitatam universis constituere cupiens nostra
serenitas, ut major erga Divinitatis obsequia hominibus religio traderetur, tantam
atque talem Synodum 3 ex omnibus pene 3
Pro-

6 Quesn. *publice determinata coadunatis:* quibus concinunt codd. Hisp. & Isid. In MSS. Vind. Thuan. & Vat. 1322. *publice aliquid terminabit coadunatis*, vel in Thuan. *ut coadunatis*. Melior est lectio codicum Rustici, quam in Veron. & vulgatis Conciliorum invenimus: cui suffragatur Facundus lib. 12. c. 2. *publice congregatis populis & audientibus tractare præsumat*. Concordant etiam illa sequentis constitutionis *de religione publice contendere coadunatis populis* &c. Mox in cod. Oxon. pro *perfidiæ* legitur *per fidei*.

7 Codd. Rustici *& instituta*.

8 Solus Quesn. omisit *hujus*.

9 Codd. Hisp. Isid. & Rustici *a consortio*. Post pauca vulg. Conc. *de hac regia urbe*. Mox MSS. Hisp. & Is. *pellantur*.

10 Quesn. *infamiæ*. Correximus ex Vind. aliisque pluribus ac potioribus codicibus. Mox *nutriri* pro *præberi* in MSS. Vat. Hisp. & Isid.

11 Codd. Rustici *dubitantes*. Vind. & Facundus *dubitari*.

12 Addidimus *hoc* requirente sensu cum MSS. Rustici, & Hisp. ac Isid.

13 Cod. Vind. *Data VII. Kal.* Labb. omissa voce *Data* habet *Constantinopoli VII. Idus Febr.* Hæc conciliantur, si legas cum codd. Vat. Hisp. & Isid. *Proposita VII. Kal. Febr. Constantinopoli*; & cum codd. Rustici concinente Græco textu *Datum VII. Idus Febr. Constantinopolim*.

1 Exstat in MSS. codd. hujus collectionis & Rustici ac in Vat. 1322. In vulg. Conciliorum legitur parte 3. Conc. Calched. cap. 4. Titulus in MS. Ver. 57. Rustici sic exhibetur. *Item de eodem edictum secundum*. Laudatus cod. Vat. *Incipit alia constitutio divæ memoriæ Marciani in* (lege *pro*) *Synodo Calchedonensi* Cod. Oxon. *Ejusdem Imperatoris constitutio ad Palladium P. P. ejusdem Synodi decreta servari præcipiens, Eutychetis errore damnato*. Titulus, quem dedimus, est in vetustioribus nostræ collectionis codd. Thuan. & Vind. in quem hæc notavit Quesnellus. *Hunc titulum habet codex Thuaneus, Ex quo Synodus alias omnibus ignota modo innotescit. Quo convenerit Synodus indicant alii codices, Crabbianus scilicet in quo hujusmodi titulus legitur: Edictum ad CP. cives &c. & Bohertianus laudatus in Labbeana Conciliorum editione, qui alterum hunc exhibet: Civibus nostris CP. idem Augustus. Denique vulg. edit. Edictum ... Propositum Constantinopoli. Nimirum redux e Synodo œcumenica Anatolius, quid in ea actum esset pro fide suis significare pro more & officio volens conventum Ecclesiæ suæ habuit, ad quem & hoc Marciani edictum missum est: quo synodalem definitionem imperatoria constitutione confirmatam esse nemo nesciret. Cui conventui cum Episcopi tunc in urbe commorantes pro more interfuissent, inde Synodi nomine donatus est.*

2 Cod. Vind. *Idem Augustus Palladio* &c. Vat. 1322. *Imperator Marcianus Augustus Palladio* &c. Cod. Veron. concinentibus ceteris Rustici: *Iidem Augusti Constantinopolitanis civibus nostris*: & in fine constitutionis addit. *Eodem exemplo scripta Palladio viro illustri Præfecto Orientis, Valentiniano viro illustri Præfecto Illyrici, Tatiano viro illustri Præfecto Urbis, Vincomalo viro illustri magistro Officiorum & Consuli designato*.

3 Solus Quesn. ex uno MS. Oxon. inseruit *quantam nulla memoria meminit*. Desunt in omnibus nostris & Baluzii codd. atque vulg. immo etiam in Thuan. ejusdem Quesnelli.

Provinciis coadunatis Episcopis in Calchedonensi civitate colligi jussit; atque ibi plurimis diebus tractatu habito, quod verum & infucatum christianæ fidei esset, invenit. Votis etenim plurimis & orationibus exoravere Divinitatem, quatenus sancta eos & plena veritas non lateret, sequutique sunt statuta venerabilium Patrum; ea videlicet quæ apud Nicæam trecentorum decem & octo sanctorum Episcoporum sunt sententia definita: similiter & ea, quæ centum quinquaginta in hac urbe amplissima coadunati constituerunt: atque ea, quæ apud Ephe-
4 sum 4 de fide statuta sunt, cum beatissimæ recordationis Cælestinus Romanæ Urbis &
5 Cyrillus Alexandrinæ civitatis 5 Episcopi invenere veritatem. Quo tempore etiam Nestorianus error exclusus est, ejus auctore damnato. Quibus ita rite & venerabiliter apud Calchedonam inquisitis, Eutyches qui plura affirmabat illicita, cum sua assertione
6 dejectus est: 6 ne decipiendorum ulterius ei hominum præberetur facultas. Ordinatis itaque religiose & fideliter, quæ venerandam orthodoxorum fidem fundasse noscuntur; ita ut nulla in posterum dubitatio vel illis qui calumniari Divinitatem assolent, relinqueretur: sacro nostræ Serenitatis edicto venerandam Synodum confirmantes, admonuimus universos, ut de religione disputare desinerent: quoniam unus & alter tanta secreta invenire non posset; maxime
7 cum 7 summo labore & amplissimis orationibus tot venerabiles Sacerdotes, nisi Deo, ut credendum est, auctore, ad indaginem veritatis non potuerint pervenire. Verum, sicut manifesta ratione cognovimus, non desinunt quidam in eadem perversitatis insania permanere, & de religione publice contendere populis coadunatis, & mysteria divina Judæorum Paganorumque sub obtutibus publicare & profanare, quæ rectius colenda sunt quam inquirenda. Oportuerat itaque in eadem pertinacia consistentes, statuta dudum animadversione compelci: ut pœna corrigeret, quos reverentia jussionum emendare non potuit. Verum in hoc sequuti consuetudinem nostram, nocentes 8 non 8
punimus, sed iterat clementia nostra jussionem ut in futurum prohibitis omnes abstineant, nec conventicula colligant super religione certantes: quia in hujusmodi perversitate & vanitate detecti statutas dudum suscipient pœnas; & judiciario motu, prout religiosis temporibus convenit, punientur. Oportet enim Calchedonensem Synodum sequi, in qua omnibus quæsitis diligenter, ea definita sunt, quæ pridem tres prædicti cœtus apostolicam fidem sequuti, omnibus observanda 9 prædixerunt. Data 10 tertio 9
Idus Martias, Constantinopoli, SPORATIO 10
viro clarissimo Consule, & qui fuerit nuntiatus. An. 452.

CAPITULUM XXVIII.

1 ITEM ALIA

EJUSDEM MARCIANI AUGUSTI CONSTITUTIO

de fide catholica obtinenda & de Eutychianistis & Apollinaristis, eorumque pœnis.

Idem AUGUSTUS PALLADIO Præfecto Prætorii.

2 LIcet jam sacratissima constitutione mansuetudinis nostræ cautum ac definitum sit, quæ in eos severitas exerenda sit, qui Eutychetis, vel Apollinaris hæreticam perversitatem sequuti a religione & fide catholica deviarunt: Alexandrinæ tamen urbis cives atque habitatores tantis sunt Apollinaris infecti venenis, ut necessarium fuerit ea, quæ jam ante sanximus, repetita nunc etiam lege decernere. Oportet enim ut sit numerosa severitas sanctionum, ubi est crebra licentia culparum. Custodiendæ præterea orthodoxæ fidei tanto a Serenitate mea cura adhiberi impensior debet, quan- 2

4 Vulg. Conc. cum MSS. Rustici & Græco textu addunt *pridem*.

5 Vulg. Conc. post edit. Rom. *Episcopi veritatis duces fuerunt*, nullis Latinis codd. suffragantibus.

6 Quesn. *ne recipiendorum ulterius sacrilegiorum præberetur* &c. Thuan. *ne ei recipiendo ulterius a quoquam hominum præberetur* &c. Melior lectio exemplarium Rustici concinentibus vulg. & Græco textu. In Vat. & Vind. *recipiendorum* pro *decipiendorum*, quod mendum variis lectionibus inducendis occasionem dedisse videtur.

7 Quesn. inserit *nisi*: delevimus cum codd. Vind. & vulg. Conciliorum. Mox in iisdem vulg. *& magnis orationibus*.

8 Cod. Vind. ommittit *non punimus, sed iterat*. Hinc forte cum hic locus sensu careret, suppletæ fuerunt hæ voces, quæ in aliis codicibus hujus collectionis leguntur. Verior lectio videtur illa vulgatorum & exemplarium Rustici: *Verum in hoc sequuti consuetudinem nostram, noscentes præ omnibus quod Divinitas pietate lætetur, pœnam nocentum credidimus differendam, iterata hac sancientes nostræ clementiæ jussione, ut in futurum* &c.

9 Codd. Rustici cum vulg. *tradiderunt*.

10 Sic Quesn. cum nostro Vat. & Veron. 57. Rustici adstipulante Græco textu. Vind. *VII. Idus*. Duo codd. Rustici apud Baluzium *VI. Idus*.

1 Legitur in MSS. hujus collectionis, in Vat. 1322. & in Hisp. ac Isid. In vulgatis Conciliorum legitur part. III. Concilii Calchedonensis c. 19. Titulum ad MS. Vind. exegimus.

2 Codd. Vind. & Vat. *Licet etiam*. Crabb. *Licet jam etiam*. Dein Quesn. *mansuetudinis meæ*. Substituimus *nostræ* ex codd. Vind. & Vat. Mox *exercenda sit* in MSS. Vat. Hisp. & Isid. nec non apud Crabbum.

quanto res humanas divinæ præcedunt. Quicumque ergo vel in hac sacra urbe, vel in
Alexandrina civitate, vel in omni Ægyptiaca diœcesi, diversisque aliis Provinciis
Eutychetis profanam perversitatem sequuntur, & ita non credunt, ut trecenti decem
& octo sancti Patres tradiderunt, catholicam fidem in Nicæna civitate fundantes;
3 3 centum quoque & quinquaginta alii venerabiles Episcopi, qui in alma urbe Constantinopolitana postea convenerunt; & sicut Athanasius, & Theophilus, & Cyrillus
4 4 sancti Episcopi Alexandrinæ civitatis credebant; quos etiam Ephesina Synodus, cui
beatæ memoriæ Cyrillus præfuit, in qua
5 Nestorii error expulsus est, 5 in universis
sequuta est; quos & nuper venerabilis Synodus Calchedonensis est sequuta, prioribus Conciliis Sacerdotum ex omni prorsus parte con-
6 sentiens, nihilque adimens 6 sacrosancto symbolo, neque adjiciens, sed Eutychetis dogmata funesta condemnans: sciant se hæreticos esse Apollinaristas. Apollinaris enim
facinorosissimam sectam Eutyches & Dioscorus mente sacrilega sunt sequuti: ideoque
hi omnes, qui Apollinaris vel Eutychetis
perversitatem sequuntur, illis pœnis quæ
divorum retro Principum constitutionibus
contra Apollinaristas, vel Serenitatis nostræ
postmodum sanctione contra Eutychianistas,
vel hac ipsa augustissima lege contra eosdem decretæ sunt, noverint se esse plectendos. Idcirco Apollinaristæ, id est Eutychianistæ (quibus etsi est in appellatione
diversitas, est tamen in hæresis pravitate
conjunctio, & dispar quidem nomen, sed
idem sacrilegium) sive in hac alma urbe
diversisque Provinciis, sive in Alexandrina
civitate, sive in Ægyptiaca diœcesi sunt,
neque ita credunt ut prædicti venerabiles
patres credebant, neque viro reverentissimo
Alexandrinæ urbis Antistiti Proterio fidem
orthodoxam tenenti communicant, secundum sacratissimas divorum retro Principum
constitutiones, quæ de Apollinaristis promulgatæ sunt, non habeant potestatem fa-
7 ciendi testamenti 7 & condendæ ultimæ voluntatis, neque id capiant quod ipsis ex testamento cujusquam fuerit derelictum, nihil etiam ex donatione aliqua consequantur; sed si quid in ipsos vel liberalitate vi-
ventis, vel morientis fuerit voluntate collatum, id fisco nostro protinus addicatur.
Ipsi vero in nullos aliquid ex facultatibus
suis donationis titulo & jure transfundant.
Episcopos quoque, vel Presbyteros, aliosque
que Clericos illis creare & habere non liceat, scientibus tam 8 hos Eutychianistas 8
vel Apollinaristas, qui ausi fuerint cuiquam
Episcopi, vel Presbyteri, vel Clerici nomen
imponere, quam hos qui conati fuerint impositum sibi nomen sacerdotale retinere,
pœnam exilii cum facultatum suarum amissione subituros. Eos vero, qui 9 antehac 9
catholicarum Ecclesiarum Clerici, vel orthodoxæ fidei Monachi fuerunt, & relicto vero & orthodoxo omnipotentis Dei cultu,
Apollinaris vel Eutychetis hæresim & dogmata abominanda sectati sunt, vel postea
sectabuntur, omnibus pœnis quæ vel hac,
vel prioribus legibus adversus hæreticos constitutæ sunt, jubemus teneri, & extra ipsum
quoque Romani Imperii solum pelli, sicut
de Manichæis præcedentium legum statuta
sanxerunt. Universi præterea Apollinaristæ, vel Eutychianistæ nec Ecclesias, nec
Monasteria sibi 10 constituant: parasyna- 10
xes, & conventicula tam diurna, quam
nocturna non contrahant, neque ad domum, neque ad possessionem cujusquam,
neque ad Monasterium, vel ad quemcumque 11 alterum locum operaturi sectæ fu- 11
nestissimæ congregentur. Quod si fecerint,
& hoc factum fuisse Domino volente constiterit, post rem in examine 12 judicis ap- 12
probatam, domus vel possessio, in qua convenerint, fisco sine dilatione societur; Monasterium vero ejus civitatis orthodoxæ Ecclesiæ, in cujus territorio est, jubemus ad-
dici. Si vero ignorante Domino, sciente
vero eo qui pensiones 13 domus exigit, vel 13
conductore, vel procuratore, vel actore præ-
dii, parasynaxes, & conventicula interdicta
collegerint; conductor, vel procurator, sive actor, seu 14 quicumque est, qui in do- 14
mo, sive possessione, vel Monasterio eos receperit, & passus fuerit illicitas parasynaxes
conventusque celebrari, si vilis conditionis
est & abjectæ, fustibus publice & in pœnam suam, & in aliorum coerceatur exemplum;

3 Codd. Hisp. & Is. cum Merlino *vel ita ut centum & quinquaginta*. Dein Crabbus *qui in hac alma urbe Constantinopolitana*.

4 Iidem codd. cum Merlino & Crab. *sanctæ recordationis Episcopi*. Mox Crab. *crediderunt*.

5 MSS. Hisp. Is. & Merl. *universos sequuta est*: & post pauca *consentientibus*.

6 Solus Quesn. *sancto*.

7 Codd. Vat. Hisp. & Is. cum Merl. *nec condendæ*, & paullo post pro *capiant* habent *acquirant*.

8 Crab. delet *hos*. Vat. Hisp. & Isid. *tam his Eutychianistis, vel Apollinaristis .... quam his .... pœnam se exilii*.

9 Sic MSS. Vind. & Crab. Quesnellus *ante*. Dein Vat. Hisp. & Is. *derelicto vero*.

10 Crab. cum MSS. Vat. Hisp. & Is. *construant*. Mox hi codd. cum Merl. *neque synaxes & conventicula*. Quesn. *parasynaxes, idest conventicula*. Sequuti sumus Crab. & MSS. Thuan. ac Vind. similiter enim paullo post apud omnes legitur.

11 Cod. Vind. *alternum*. Crab. *alterius*. Dein idem Crab. cum Hisp. & Isid. *operatores*. Quesn. *operaturi sectæ funestissimæ dogmata*. Delevimus verbum *dogmata* cum omnibus codd. & vulg. nec necessarium est, si voces *sectæ funestissimæ* tertio casu accipiantur.

12 Sic Vind. Vat. & Crab. Quesnellus *judicii*.

13 Oxon. *Domini*.

14 Crab. *quicumque eos in domus, vel in possessionem, vel monasterium receperint, ac passi fuerint*. Vind. quoque habet *receperint, ac passi fuerint*.

plum; si vero honestæ personæ sunt, decem libras auri mulctæ nomine fisco nostro
cogantur inferre. Nullum præterea Apolli-
naristam, vel Eutychianistam ad aliquam
15 jubemus aspirare militiam; 15 nisi ad cohortilianam vel limitaneam. Si qui vero
extra cohortilianam, vel limitaneam inventi fuerint militare; soluto cingulo, ho-
nestorum hominum & Palatii communione
16 priventur: 16 nec in alia, quam in ea in
qua nati sunt civitate, vel vico ac regione
versentur. Si qui vero in hac alma urbe
nati sunt, tam sacratissimo comitatu, quam
omni per provincias metropolitica civitate
pellantur. Nulli insuper Eutychianistæ vel
Apollinaristæ publice vel privatim advocan-
17 di cœtus & circulos contrahendi, 17 & de
hæretico errore disputandi, ac perversitatem
facinorosi dogmatis asserendi, tribuatur facultas. Nulli etiam contra venerabilem Calchedonensem Synodum liceat aliquid vel di-
ctare, vel scribere, vel edere atque emit-
18 tere, 18 aut aliorum super eadem rescripta
proferre; nemo hujusmodi habere libros &
sacrilega scriptorum audeat monimenta servare. Quod si qui in his criminibus fuerint
deprehensi, perpetua deportatione damnentur. Eos vero, qui discendi studio audierint
de infausta hæresi disputantes, decem libra-
rum auri, quæ fisco nostro inferendæ sunt,
jubemus subire dispendium. Omnes vero hujusmodi chartæ ac libri, qui funestum Eutychetis, hoc est Apollinaris, fuerint dogma
complexi, incendio concrementur: ut faci-
norosæ perversitatis vestigia ipsa flammis
ambusta depereant. Æquum namque est ut
immanissima sacrilegia par pœnæ magnitu-
do percellat, Palladi parens carissime atque
amantissime. Illustris igitur & magnifica
auctoritas tua, quæ hac sacratissima constitutione decrevimus, in hac alma urbe, diversisque Provinciis, ac præcipue in Alexandrina civitate, & per universam Ægy-
ptiacam diœcesim edictis ex more propositis, ad omnium notitiam faciat pervenire:
ut cuncta, quam statuimus 19 eis qui rei 19
fuerint deprehensi, severitas protinus exer-
ceatur: scientibus moderatoribus Provinciarum, eorumque apparitoribus, defensoribus
etiam civitatum, quod si ea, quæ legis hujus religiosissima sanctione custodienda decrevimus, aut neglexerint, aut aliqua permiserint temeritate violari, denarum libra-
rum auri mulctam fisco nostro cogentur inferre; 20 & insuper existimationis suæ per- 20
iculum sustinebunt. Ea quoque, 21 quæ de 21
Paganis per omne Romanum Imperium valitura æqualiter perennitatis nostræ lege decrevimus, in eos instantissime exerceantur,
quos constiterit profanos ritus, ac simula-
crorum impios cultus, & interdicta sibi sacrilegia celebrare. Data 22 Kal. Aug. Con- 22
stantinopoli, divo VALENTINIANO Augusto
& ANTHEMIO viro clarissimo Consulibus.

CAPITULUM XXIX.

1 EPISTOLA 1

DECRETALIS SIRICII PAPÆ

ad Himerium Tarraconensem Episcopum,
2 *sub titulis XVI.* 2

SIRICIUS 3 HIMERIO Tarraconensi 3
Episcopo.

Directa ad decessorem nostrum sanctæ recordationis Damasum fraternitatis

15 Quesn. præfixis duobus punctis sequitur sic: *& nisi cohortilianam vel limitaneam inventi fuerint* &c. Cod. Vind. delet *&*: eoque delecto apertior est hujus loci defectus & saltus ob voces *cohortilianam vel limitaneam* repetitas in integro textu quem supplevimus ex MSS. Vat. Hisp. & Isid. atque Merlino. Concinit etiam Crabbus, nisi quod habet *extra prædictam militiam inventi fuerint*. Oxon. pro *cohortilianam* habet mendose *cohortulianam*. Crab. *cohortalitiam*: melius utrobique in Vat. Hisp. & Is. *cohortalinam*.

16 Crab. cum Vat. 1322. *nec in aliqua*; & aliquanto post *Metropolitana*.

17 Crab. *& hæretico more disputandi*. Dein pro *dogmatis* cod. Oxon. habet *erroris*; pro *asserendi* solus Quesn. *adstruendi*; & pro *tribuatur* Crab. *sit facultas*.

18 Sex sequentes voces omittuntur a Merlino cum Vat. Hisp. ac Isid. Mox in Vat. 1322. *rescripta conferre*.

19 Vat. 1322. *in eis*: Vat. Hisp. & Is. cum Crabbo *in eos*.

20 Crab. *insuper etiam*.

21 Quesn. delet *quæ*, & postea edidit *ut in eos*. Delevimus *ut* cum MSS. Vind. & Vat. 1322. ac proinde opus fuit inserere *quæ* cum Crab. & Vat. Hisp. ac Isid.

22 Vat. Hisp. & Is. cum Crabbo *sub die Kal. Aug. Constantinopoli, divo* (Crab. addit *Valentiniano*) *VIII. & Anthemio* &c. Nota *VIII.* necessaria, consulatum designat anni 455.

1 Exstat in MSS. collectionis præsentis Vat. Reginæ 1987. Colb. Lucensis, Vat. 1342. Corbejensis, Dion. Hisp. Hadrian. & Isid.

2 Voces *sub titulis XVI.* desunt in cod. Vind. leguntur vero in Thuaneo. In generali quidem tabula huic collectioni præmissa habetur *super XV. capitulis*, eo quod totidem consultationum capita Himerius proposuit. Hic autem titulorum XVI. nomine mandatum comprehenditur, quo Himerio Siricius præcipit, ut quindecim ejus capitulis responsa ad ceterorum Episcoporum notitiam perducat. Quindecim vero tituli tantummodo leguntur non solum in Dion. verum etiam in cod. Vat. 1342. At in Vat. Reginæ exstat solum septem titulorum divisio, quos suo loco indicabimus. In cod. Vind. hujus collectionis tituli secunda manu ad cujusque capitis marginem adnotantur iisdem fere verbis, quæ apud Dionysium leguntur: unde posteriori additamento tribuendi videntur. Enimvero in aliis codicibus hujus collectionis vel desunt, vel alii quandoque tituli exhibentur. Confer inferius not. 37. & 47.

3 Quidam codd. cum Vat. Reginæ 1997. & Vat. 1342. *Hierio*.

tuæ relatio, me jam in ſede ipſius conſti-
4 tutum, quia 4 ſic Dominus ordinavit, invenit: quam cum in conventu fratrum ſol-
licitius legeremus, tanta invenimus, quæ
reprehenſione & correctione ſunt digna,
quanta optaremus laudanda cognoſcere. Et
quia neceſſe nos erat in ejus labores curaſ-
que ſuccedere, cui per Dei gratiam ſucceſ-
ſimus in honore; facto, ut oportebat, primitus meæ provectionis indicio, ad ſingula, prout Dominus aſpirare dignatus eſt,
conſultationi tuæ reſponſum competens non
negamus: quia officii noſtri conſideratione,
non eſt nobis diſſimulare, non eſt tacere
5 libertas, quibus major cunctis chriſtianæ 5
religionis zelus incumbit. Portamus onera
omnium qui gravantur; quin immo hæc
portat in nobis beatus Petrus Apoſtolus,
qui nos in omnibus, ut confidimus, ad-
miniſtrationis ſuæ protegit & tuetur heredes.
6 6 I. Prima itaque paginæ tuæ fronte ſi-
gnaſti, baptizatos ab impiis Arianis plurimos ad fidem catholicam feſtinare, & quoſdam de fratribus noſtris eoſdem denuo baptizare velle, quod non licet: cum hoc fieri & Apoſtolus vetet, & canones contradicant, & poſt caſſatum Ariminenſe Con-
7 cilium miſſa ad Provincias 7 a reverendæ
memoriæ prædeceſſore meo Liberio generalia decreta prohibeant: quos nos cum Novatianis, aliiſque hæreticis, ſicut eſt in Synodo conſtitutum, per invocationem ſolam
ſeptiformis Spiritus, epiſcopalis manus impoſitione catholicorum conventui ſociamus:
quod etiam totus Oriens Occidenſque cu-
ſtodit. A quo tramite vos quoque poſthac
minime convenit deviare, ſi non vultis a
noſtro collegio, ſynodali ſententia ſeparari.
8 8 II. Sequitur deinde baptizandorum,
prout unicuique libitum fuerit, improbabilis & emendanda confuſio, quæ a noſtris
conſacerdotibus (quod commoti dicimus)
non ratione auctoritatis alicujus, ſed ſola
temeritate præſumitur; ut paſſim ac libere
in Natalitiis Chriſti, ſeu Apparitionis, nec
non & Apoſtolorum ſeu Martyrum feſtivi-
tatibus innumeræ, ut aſſeris, plebes baptiſmi myſterium conſequantur: cum hoc ſibi
privilegium, & apud nos, & apud omnes
Eccleſias dominicum ſpecialiter 9 cum Pen- 9
tecoſte ſua Paſcha defendat. Quibus ſolis
per annum diebus, ad fidem confluentibus
generalia baptiſmatis tradi convenit ſacramenta, his dumtaxat electis, qui ante quadraginta vel eo amplius dies nomen dederint, & exorciſmis quotidianis, orationibus,
atque jejuniis fuerint expiati; quatenus a-
poſtolica illa impleatur præceptio, ut ex-
purgato veteri fermento nova incipiat eſſe
conſperſio. Sicut 10 ergo paſchalem reve- 10
rentiam in nullo dicimus eſſe minuendam;
ita infantibus, qui 11 necdum poterunt per 11
ætatem, vel his quibus in qualibet neceſſitate opus fuerit ſacri unda baptiſmatis, omni
volumus celeritate ſuccurri: ne ad noſtrarum perniciem tendat animarum, ſi negato
deſiderantibus fonte ſalutari, exiens unuſquiſque de ſæculo & regnum perdat, & vitam. Quicumque 12 etiam diſcrimen nau- 12
fragii, hoſtilitatis incurſum, obſidionis ambiguum, vel cujuslibet corporalis ægritudinis deſperationem inciderint, & ſibi unico
credulitatis auxilio popoſcerint ſubveniri,
eodem quo poſcunt momento temporis,
expetitæ regenerationis præmia conſequantur. Hactenus erratum in hac parte ſufficiat; Nunc præfatam regulam omnes teneant Sacerdotes, qui nolunt ab Apoſtolicæ Petræ, ſuper quam Chriſtus univerſa-
lem 13 conſtruxit Eccleſiam, ſoliditate di- 13
velli.
14 III. Adjectum eſt etiam quoſdam Chri- 14
ſtianos ad apoſtaſiam, quod dici nefas eſt,
tranſeuntes, & idolorum cultu & ſacrifi-
ciorum contaminatione profanatos: quos a
Chriſti corpore & ſanguine, quo dudum re-
demti fuerant renaſcendo, jubemus abſcidi.
Et ſi reſipiſcentes forte aliquando fuerint
ad lamenta converſi, his quamdiu vivunt
agenda pœnitentia eſt, & in ultimo fine
ſuo reconciliationis gratia tribuenda: quia,
docente Domino, nolumus mortem peccatoris, tantum 15 convertatur, & vivat. 15
16 IV. De conjugali autem velatione re- 16
qui-

---

4 Ita omnes, vulg. & codd. etiam Thuan. Solus Queſn cum Oxon. *ſic voluit Dominus*.

5 Solus Queſn. *legis*: & poſt pauca omiſit *hæc*.

6 Titulus ad marg. cod. Vind. *De Arianis non rebaptizandis*. Titulus in MS. Vat. Reginæ: *Ex hæreticis non illicita iteratione baptiſmatis recipiendos, ſed invocatione Spiritus ſeptiformis*.

7 Vulg. cum MSS. Vat. Reginæ, & Vat. 1342. *a venerandæ*.

8 Tit. in marg. cod. Vind. *Ut præter Paſcha & Pentecoſtes baptiſmus non celebretur*. Vulg. Concil. cum Dion. Juſtelli & Iſid. *Sequitur de diverſis baptizandorum temporibus prout* &c.

9 Codd. Vat. Reginæ, & alius Vat. 1342. cum antiquioribus exemplaribus P. Couſtantii *cum Pentecoſte*, aut *Pentecoſten ſuo*.

10 Couſt. cum vulg. Concil. addit *ſacram*; at notat tres codd. Colb. & Pith. omittere. Noſtri quoque tres codd. Vind. Vat. Reginæ & alius Vat. prætereunt.

11 Sic omnes noſtri codd. & vulg. Queſnellus *loqui non poterunt*.

12 Queſn. *ergo*. Prætulimus alia vulgata, quibuſcum concinunt MSS. Vind. & Vat. Poſt pauca codd. Vind. & Vat. Reginæ cum Merlino & aliis MSS. Couſt. *corporalis ægritudinem deſperationem*.

13 Vat. 1342. *fundavit*.

14 Titulus in marg. MS. Vind. *De Apoſtatis*.

15 Codd. Vat. Reginæ & alius Vat. cum Couſt. *ut convertatur*.

16 Titulus in Vind. *Quando* (lege cum Dion. *Quod non*) *liceat alterius ſponſam ad matrimonii junctam ſortiri*: Dion. *in matrimonium ſortiri*. In MS. Vat. Reginæ hoc eſt caput II. ejuſque titulus *De velandis qualiter*. Apud Juſtellum incipit: *De conjugalium autem violatione*. In vulg. Conc. poſt. edit. Rom. *De conjugali autem violatione*. Vide autem quæ de velatione nuptiali diximus not. 16. in Sacramentarium menſe Septembri tom. II. col. 130.

quisisti, si desponsatam alii puellam alter
17 17 in matrimonio possit accipere? Hoc ne
fiat, modis omnibus inhibemus: quia illa
benedictio, quam nupturæ Sacerdos imponit, apud fideles cujusdam sacrilegii instar
est, si ulla transgressione violetur.

CAP. V. 18 V. De his vero non incongrue dile-
18 ctio tua Apostolicam Sedem credidit consulendam, qui acta pœnitentia, tamquam
19 canes & sues 19 ad vomitus pristinos &
volutabra redeuntes, & militiæ cingulum,
& ludicras voluptates, & nova conjugia,
& inhibitos denuo appetivere concubitus:
quorum professam incontinentiam generati
post absolutionem filii prodiderunt. De quibus quia jam non habent suffugium pœnitendi, id duximus decernendum, ut sola
intra Ecclesiam fidelibus oratione jungantur, sacræ mysteriorum celebritati, quamvis non mereantur, intersint; a dominicæ
autem mensæ convivio segregentur: ut hac
saltem districtione correpti, & ipsi in se sua
errata castigent, & aliis exemplum tribuant, quatenus ab obscœnis cupiditatibus
retrahantur. Quos tamen, quoniam carna-
20 li fragilitate ceciderunt, 20 viatico munere, cum ad Dominum cœperint proficisci,
per communionis gratiam volumus subleva-
ri. Quam formam & circa mulieres, quæ
se post pœnitentiam talibus pollutionibus
devinxerunt, servandam esse censemus.

CAP. VI. 21 VI. Praeterea Monachorum quosdam
21 atque Monacharum, abjecto proposito 22
22 sancto, in tantam potestatis esse demersos
lasciviam, ut prius clanculo, velut sub
Monasteriorum prætextu illicita, ac sacrilega se contagione miscuerint; postea vero
23 23 in abruptum conscientiæ desperatione
perducti de illicitis complexibus libere filios procreaverint: quod & publicæ leges,
& ecclesiastica jura condemnant. Has igitur impudicas detestabilesque personas a Monasteriorum cœtu, Ecclesiarumque conventibus eliminandas esse mandamus: quatenus
retrusæ in suis ergastulis, & tantum facinus continua lamentatione deflentes, puri-
24 ficatorio possint 24 pœnitudinis igne deco-
quere: ut eis vel ad mortem saltem, solius
misericordiæ intuitu, per communionis gratiam possit indulgentia subvenire.

25 VII. Veniamus nunc ad sacratissimos CAP. VII.
ordines Clericorum, quos in venerandæ re- 25
ligionis injuriam, ita per vestras Provincias
26 calcatos atque confusos caritate tua insi- 26
nuante, reperimus; ut Jeremiæ nobis voce
dicendum sit: *Quis dabit capiti meo aquam*, *Jerem. 7. 1.*
& oculis meis fontem lacrymarum, & flebo
populum hunc die ac nocte? Si ergo beatus
Propheta ad lugenda populi peccata, non
sibi ait lacrymas posse sufficere, quanto nos
possumus dolore percelli, cum eorum, qui
in nostro sunt corpore, compellimur facinora deplorare? Præcipue quibus secundum
beatum Paullum, instantia quotidiana & sollicitudo omnium Ecclesiarum 27 indesinen- 27
ter incumbit. *Quis enim infirmatur, &* *2. Cor. 11.*
ego non infirmor? quis scandalizatur, & ego *29.*
non uror? Plurimos enim Sacerdotes Christi atque Levitas post longa consecrationis
suæ tempora, 28 tam de conjugiis propriis, 28
quam de turpi coitu sobolem didicimus pro-
creasse, & crimen suum hac præscriptione
defendere: quia in veteri testamento sacerdotibus ac ministris generandi facultas legitur attributa. Dicat nunc mihi quisquis ille est sectator libidinum, præceptorque vitiorum, si æstimat quia in lege Moysi passim sacris ordinibus a Domino laxata sunt
frena luxuriæ, cur eos, quibus committe-
bantur sancta sanctorum, præmonet dicens:
Sancti estote, quia 29 ego sanctus sum, 29
Dominus Deus vester? Cur etiam procul a *Levit.*
domibus suis anno vicis suæ in templo ha- *20. 7.*
bitare jussi sunt Sacerdotes? hac videlicet
ratione, ne vel cum uxoribus possent carnale exercere commercium; ut conscientiæ
integritate fulgentes, acceptabile Deo munus offerrent: quibus expleto deservitionis
suæ tempore uxorius usus solius successionis
caussa fuerat relaxatus: quia non ex alia
nisi ex tribu Levi quisquam ad Dei ministerium fuerat admitti præceptus. Unde &
Dominus JESUS cum nos suo illustrasset adventu, in Evangelio 30 protestatus est: 30
quia

---

17 Alias *in matrimonium*.

18 Titulus in Vind. *De his qui pœnitentiam servaverunt minime*.

19 Solus Quesn. *ad vomitum, & volutabra*. Mox cod. Vind. *& ad militiæ cingulum*.

20 Sic cum Coust. & vulgatis nostri codd. Vind. & Vat. Reginæ. Quesnellus *viatici munere*. Dion. Just. *Quibus tamen ... volumus subveniri*.

21 Tit. in Vind. *De Monachis & Virginibus propositum non servantibus*: In Cod. Vat. Reginæ est caput III. cui titulus præponitur: *De lapsu Monachorum, vel Monacharum*, qui in codice Colb. alterius collectionis teste Coustantio legitur.

22 Ita prima manu in MS. Vind. secunda vero, ut in aliis codd. aliarum collectionum & editis, *sanctitatis*.

23 MS. Thuan. *in abruptam conscientiæ desperationem*. Mox pro *libere* cod. Oxon. habet *illicite*, male.

24 Idem Oxon. delet *pœnitudinis*.

25 Tit. MS. Vind. *De Clericis incontinentibus*. Mox pro *ad sacratissimos* Quesn. *Veniamus ad sanctissimos*. Aliarum editionum lectionem ex omnibus nostris codicibus revocavimus.

26 Vat. 1342. cum duobus Colb. Coustantii *calcatos canones caritate*: qua lectione recepta paullo ante legendum esset *a quibus*, non *quos*.

27 Solus Quesn. omittit *indesinenter*.

28 Vulg. cum plerisque codd. *tam de conjugibus propriis, quam etiam de turpi coitu*, MS. Vind. *de conjugibus*.

29 Vulg. cum MS. Vat. Reginæ *& ego*. Mox vocem *Deus* ex MS. Vind. & ceteris editis adjecimus.

30 Aliæ edit. *protestatur, quia legem venerit implere, non solvere*. Hæc postrema verba similiter efferuntur in duobus codd. Vat. Reginæ & alio Vat. In cod. Vind. omittuntur voces *sed implere*.

quia legem non venerit solvere, sed implere: & ideo Ecclesiæ; cujus sponsus est,
formam castitatis voluit splendore radiare:
ut in die judicii, cum rursus advenerit,
sine macula & sine ruga eam possit, sicut
per Apostolum suum instituit, reperire.
Quarum sanctionum omnes Sacerdotes atque Levitæ insolubili lege constringimur,
ut a die ordinationis nostræ sobrietati ac pudicitiæ & corda nostra mancipemus, & corpora; dummodo per omnia Deo nostro in
his, quæ quodidie offerimus, sacrificiis pla-
Rom. 8. 9. ceamus. *Qui autem in carne sunt*, dicente
1.Cor.3.16. electionis vase, *Deo placere non possunt*:
2.Cor.6.16. *vos autem jam non estis in carne, sed in
spiritu; si tamen spiritus Dei habitat in
vobis*. Et ubi poterit, nisi in corporibus,
sicut legimus, sanctis habitare Spiritus Dei?
Et quia aliquanti de quibus loquimur, ut
tua sanctitas retulit, ignoratione lapsos se
esse deflent; his hac conditione misericordiam dicimus non negandam, ut sine ullo
honoris augmento, in hoc, quo detecti
sunt, quamdiu vixerint, officio perseverent;
si tamen posthac continentes se studuerint
exhibere. Hi vero, qui illiciti privilegii
excusatione nituntur, ut sibi hoc asserant
veteri lege concessum, noverint se ab omni
31 ecclesiastico 31 honore, quo indigne usi
sunt, Apostolicæ Sedis auctoritate dejectos;
nec umquam posse veneranda attrectare mysteria, quibus se ipsi dum obscœnis cupiditatibus inhiant, privaverunt. Et quia exempla præsentia cavere nos præmonent in fu-
32 turum, 32 si quilibet Episcopus, Presbyter,
atque Diaconus (quod non optamus) deinceps talis fuerit inventus, jam nunc sibi
33 33 omnem per nos indulgentiæ aditum intelligat obseratum: quia ferro necesse est
excidantur vulnera, quæ fomentorum non
senserint medicinam.

CAP. VIII. 34 VIII. Didicimus etiam licenter ac li-
34 bere inexploratæ vitæ homines, quibus etiam numerosa fuerint conjugia ad præfatas
dignitates, prout cuique libuerit, aspirare:
quod non tantum illis, qui ad hæc immoderata ambitione perveniunt, quantum metropolitanis specialiter Pontificibus imputa-
mus; qui dum 35 inhibitis ausibus conni- 35
vent, Domini nostri, quantum in se est,
præcepta contemnunt. Et ut taceamus,
quod altius suspicamur, ubi illud est, quod
Dominus noster data per Moisem lege con-
stituit, dicens: *Sacerdotes mei semel nubant*: Levit. 21.
& alio loco: *Sacerdos uxorem virginem ac-* 13.
cipiat, non viduam, non repudiatam, non Ezech. 44.
meretricem? Quod sequutus Apostolus ex per-
secutore prædicator, *unius uxoris virum*, 1. Tim.
tam Sacerdotem, quam Diaconum fieri de- 3. 2.
bere mandavit. Quæ omnia ita a regionum
vestrarum despiciuntur Episcopis, quasi in
contrarium 36 magis fuerint constituta. Et 36
quia non est nobis de hujusmodi usurpatio-
nibus negligendum, ne nos indignantis vox
Domini justa corripiat, qua dicit: *Videbas* Ps. 49.18.
*furem & currebas cum eo; & ponebas tuam
cum adulteris portionem*: quid ab universis
posthac Ecclesiis sequendum sit, quid vitandum, generali pronuntiatione decernimus.

37 IX. Quicumque itaque se Ecclesiæ vo- CAP. IX.
vit obsequiis a sua infantia, ante puberta- 37
tis annos baptizari, & Lectorum debet ministerio sociari. Qui 38 ab accessu adole- 38
scentiæ, usque ad tricesimum ætatis annum
si probabiliter vixerit, una tantum, & ea
quam virginem communi per Sacerdotem
benedictione perceperit, uxore contentus,
Acolythus & Subdiaconus esse debebit; post
quæ ad Diaconii gradum, si se ipse primitus continentia præeunte dignum probarit,
accedat. Ubi si ultra quinque annos laudabiliter ministrarit, congrue Presbyterium
consequatur. Exinde post decennium, episcopalem cathedram poterit adipisci; si tamen per hæc tempora integritas vitæ ac fidei ejus fuerit approbata.

39 X. Qui vero jam ætate grandævus CAP. X.
melioris propositi conversione provocatus ex 39
laico ad sacram militiam pervenire festinat, desiderii sui fructum non aliter obti-
nebit, nisi eo quo baptizatur tempore statim

---

31 Cod. Vat. Reginæ *opere*.

32 Vind. cum quibusdam editis delet *si*.

33 Ita omnes codd. MSS. & excusi præter Quesn. apud quem legitur *omnem per nos intelligat aditum esse obseratum*.

34 Tit. in Vind. *De Clericis quales liceat promoveri*. Hic titulus a Dionysianis discrepat. In cod. Vat. Reginæ hoc est caput IV. eique titulus præfigitur. *Periclitari Metropolitanum cum eum* (lege *eo*) *qui indigne fuerit ordinatus*. Cum hoc concinit vetus cod. Corb. *Periclitare eum Metropolitanum, a quo aliquis indigne fuerit ordinatus*. Mox *licenter* scripsimus ex MSS. Vind. & Vat. 1342. concinentibus aliis vulgatis. Quesn. *libenter*.

35 Solus Quesn. *inclitis*. MS. Corb. *inhibitos motus non cohibent*.

36 Idem Quesn. delet *magis*: & post pauca *percellat* pro *corripiat*. Vulg. & codd. sequuti sumus. Vat. Reginæ *juste corripiat, qui dicit*.

37 Tit. in MS. Vind. *De Clericorum conversatione*. In cod. Vat. Reg. est caput V. cum titulo: *Clerici quantis temporibus esse debeant, ut ad Episcopatum perveniant*. Idem omnino titulus est in collectione Corbejensi. Codd. Pith. & Colb. hujus collectionis alium titulum præferunt. *Per quod* (lege *quot*) *gradus Acolythus, Subdiaconus, Diaconus, Presbyter, vel Episcopus fiat*.

38 Undecim codd. apud Coust. delent *ab*. Dein in Vat. 1342. pro *ad tricesimum* habetur *ad XX. ætatis suæ annum*; quæ lectio verior videtur: nam Zosimus, qui in epistola ad Esychium has Siricii litteras præ oculis habuit, *si ab infantia*, inquit, *ecclesiasticis ministeriis nomen dederit, inter lectores usque ad vicesimum ætatis annum continuata observatione perduret*.

39 Tit. in Vind. *De grandævis*: in Vat. Reginæ, ubi est caput VI. *Qui ex laico grandævus ad Clericatum vult transire*. Mox vulg. Conc. & Dion. Justelli *conversatione* pro *conversione*.

tim Lectorum, aut Exorcistarum numero sociatur, si tamen eum unam habuisse vel habere, & hanc virginem accepisse constet uxorem. Qui dum initiatus fuerit, expleto biennio per quinquennium aliud Acolythus & Subdiaconus fiat, & sic ad Diaconium, si per hæc tempora dignus judica-
40 tus fuerit, 40 provehatur. Exinde jam accessu temporum ad Presbyterium, vel Episco-
41 patum, si eum Cleri ac plebis 41 evocarit electio, non immerito societur.

CAP. XI.
42 42 XI. Quisquis sane Clericus viduam, aut certe secundam conjugem duxerit, omni ecclesiasticæ dignitatis privilegio mox nudetur, laica sibi tantum communione concessa, quam ita demum poterit possidere, si nihil postea, propter quod hanc perdat, admittat.

CAP. XII.
43 43 XII. Feminas vero non alias esse patimur in domibus Clericorum, nisi eas tantum quas propter solas necessitudinum caussas habitare cum iisdem Synodus Nicæna permisit.

CAP. XIII.
44 44 XIII. Monachos quoque, quos tamen morum gravitas & vitæ ac fidei institutio sancta commendat, Clericorum officiis aggregari & optamus, & volumus: ita ut qui intra tricesimum ætatis annum
45 sunt 45, in minoribus per gradus singulos, crescente tempore, provehantur ordinibus; & sic ad Diaconii vel Presbyteratus insignia maturæ ætatis consecratione perveniant:
46 46 nec statim saltu ad Episcopatus culmen ascendant, nisi in his eadem, quæ singulis dignitatibus superius tempora præfiximus, fuerint custodita.

CAP. XIV.
47 47 XIV. Illud quoque nos par fuit providere, ut sicut pœnitentiam agere cuiquam non conceditur Clericorum, ita & post pœnitudinem ac reconciliationem nulli umquam laico liceat honorem Clericatus adipisci: quia quamvis sint omnium peccatorum contagione mundati, nulla tamen debent gerendorum sacramentorum instrumenta suscipere, qui dudum fuerint vasa vitiorum.

48 XV. Et quia in his omnibus, quæ in reprehensionem veniunt, sola excusatio igno- CAP. XV. 48
rationis obtenditur, cui nos interim solius pietatis intuitu necesse est clementer ignoscere: quicumque pœnitens, quicumque digamus, quicumque viduæ maritus ad sacram militiam indebite & incompetenter irrepsit, hac sibi conditione a nobis veniam intelligat relaxatam, ut in magno debeat computare beneficio, si ademta sibi omni spe
49 promotionis, in hoc quo invenietur or- 49
dine perpetua stabilitate permaneat: 50 scitu- 50
ri posthac Provinciarum omnium summi Antistites, quod si ultra ad sacros ordines quemquam de talibus crediderint assumendum, & de suo, & de eorum statu, quos contra canones & interdicta nostra provexerint, congruam ab Apostolica Sede promendam esse sententiam.

XVI. Explicuimus, ut arbitror, frater CAP.XVI.
carissime, universa quæ digesta sunt in querelam, & ad singulas caussas, de quibus per filium nostrum Bassianum Presbyterum ad Romanam Ecclesiam, ut pote ad caput tui corporis, retulisti, sufficientia, quantum opinor, responsa reddidimus. Nunc fraternitatis tuæ animum ad servandos canones, & tenenda decretalia constituta magis ac magis incitamus: ut hæc, quæ ad tua consulta rescripsimus, in omnium Coepiscoporum nostrorum proferri facias notionem & non solum eorum, qui in tua sunt diœcesi constituti, sed etiam ad universos Carthaginenses, ac Bœticos, Lusitanos, atque
51 Gallicos, vel eos qui vicinis tibi colli- 51
mitantur hinc inde Provinciis, hæc quæ a nobis sunt salubri ordinatione disposita, sub litterarum tuarum prosecutione mittantur. Et quamquam statuta Sedis Apostolicæ, vel canonum venerabilia definita nulli Sacerdotum Domini ignorare sit liberum; utilius tamen atque pro antiquitate Sacerdotii tui dilectioni tuæ esse admodum poterit gloriosum, si ea, quæ ad te speciali nomine generaliter scripta sunt, per unanimitatis tuæ

---

40 Vat. 1342. *promoveatur*.

41 Idem Vat. cum Pith. & Colb. Lucen. *edecumarit*. Hanc lectionem prætulit Coustantius, eo quod *edecumare* sit e decem unum veluti maxime præcellentem, & omnium dignissimum eligere. Cod. Vat. Reginæ cum alio Colb. *si in eum Cleri ac plebis fuerit electio*. Thuan. Colb. *si eum .... sequatur electio*. Dionysii regium exemplar *exstiterit electio*.

42 Tit. in cod. Vind. *Quod Clericus, qui secundam duxerit uxorem, deponatur*. Mox plures codd. & edit. *aut viduam*.

43 Tit. in MS. Vind. *Quæ feminæ cum Clericis habitent*.

44 Titulus in MS. Vind. *De Monachorum promotione*.

45 Vulg. Conc. post editionem Rom. addunt *digni*. Mox in Vat. Reg. & secunda manu in MS. Vind. ut in vulg. *promoveantur ordinibus*.

46 Duo MSS. Colb. & German. Coustantii *nec statim ad*. Vat. Reginæ cum tribus MSS. ejusdem Coustantii *nec saltim ad*. MS. Corb. cum aliis nonnullis *nec saltu ad*. Ex utraque lectione editi cum codd. nostræ collectionis *nec statim saltu ad*. Isid. cum Merlino & Crab. *nec per saltus ad*. Mox Vat. Reg. delet *superius*.

47 Tit. in cod. Vind. *Quod pœnitens non fiat Clericus*. In duobus vero aliis codd. hujus collect. Thuan. & Pith. *Qui dudum fuerant vasa vitiorum, honorem Clericatus non adipiscantur*. MS. Vat. Reg. caput VII. signat cum titulo. *De laicis pœnitentibus nullum honorem adipisci debere*.

48 Titulus in Vind. MS. *Ut si per ignorantiam pœnitens bigamus, vel viduæ maritus Clericus factus fuerit, non promoveatur*. Mox *his omnibus* deleta præpositione *in* præferunt codd. Vat. Reginæ. Dion. Justelli, & Coustantius.

49 Alias *provectionis*.

50 Quesnellus *Sciantque* repugnantibus ceteris editis, & antiquis MSS. codicibus.

51 Ita Vind. Vat. Reg. & alius Vat. cum plerisque aliis MSS. laudatis a Coustantio, qui cum Corb. & Quesnello *Gallicios* recepit. Mox Vat. Reg. cum aliis editis *collimitant*. Sed passive usurpavit Solinus.

tuæ ſolicitudinem in univerſorum fratrum
noſtrorum notitiam perferantur ; quatenus
& quæ a nobis non inconſulte, ſed provide ſub nimia cautela & deliberatione ſalubriter ſunt conſtituta , intemerata permaneant ; & omnibus in poſterum excuſatio-
nibus aditus , qui jam nulli apud nos pa-
52 tere poterit , obſtruatur . Data 52 quarto
Idus Febr. ARCHADIO & BAUTONE viris
An. 385. clariſſimis Conſulibus .

CAPITULUM XXX.

1 1 EPISTOLA

PAPÆ SIRICII

ad diverſos Epiſcopos miſſa .

2 OPtarem ſemper, fratres cariſſimi, 2 dilectioni & pacis veſtræ ſinceritati gaudia nuntiare , ita ut viciſſim diſcurrentibus
3 litteris ſoſpitatis 3 indicio juvarentur . At ve-
4 ro quia 4 non patitur quiete nos vacare ab
incurſione ſua hoſtis antiquus , ab initio mendax , inimicus veritatis , æmulus hominis
(quem ut deciperet, ſe ante decepit) pudicitiæ adverſarius , luxuriæ magiſter ; cru-
5 delitatibus paſcitur , abſtinentia 5 punien-
dus, odit jejunia , miniſtris ſuis prædicantibus dum dicit eſſe ſuperflua , ſpem non
habens de futuris, Apoſtoli ſententia 6 re- 6
percuſſus dicentis : *Manducemus & biba-* 1. Cor. 15.
mus , cras enim moriemur . O infelix auda- 32.
cia ! o deſperatæ mentis aſtutia ! Jam incogni-
tus ſermo hæreticorum intra Eccleſiam can-
cri more ſerpebat, ut occupans pectus, totum hominem præcipitaret in mortem . Et
niſi Dominus Sabbaoth laqueum , quem paraverat , dirupiſſet ; ſcena tanti mali & hypo-
criſis publicata multorum ſimplicium corda
traxerat in ruinam . quia facile ad deteriorem partem mens humana tranſducitur ,
7 volens per ſpatioſa volitare quam arctæ 7
viæ iter cum labore tranſire . Qua de re neceſſarium ſatis fuit, dilectiſſimi mihi , quæ
hic geſta ſunt, ad veſtram conſcientiam co-
gnoſcenda mandare : 8 ne ignorantia cujuſ- 8
piam Sacerdotis peſſimorum hominum Eccleſiam irrumpentium ſub religioſo nomine
contagio violaret, ſicut ſcriptum eſt , Domino dicente : *Multi veniunt ad vos in ve-* Matth.
ſtimentis ovium ; intus autem ſunt lupi ra- 7. 11.
paces : a fructibus eorum cognoſcetis eos : hi
ſunt videlicet , 9 qui quaſi utilitate Chri- 9
ſtianos ſe jactant ; ut ſub velamento pii nominis gradientes , domum orationis ingreſſi ſermonem ſerpentinæ diſputationis effun-
dant ; *ut ſagittent in obſcuro rectos corde* ; Pſ. 10. 2.
10 atque a veritate catholica avertendo ad 10
ſuæ

52 Sic codd. Vat. Reginæ & Lucen. cum tribus probæ notæ exemplaribus apud Couſtantium . Al. cum MS. Vind. ceteræ editiones *III. Idus* . Mox voces *viris clariſſimis* , quæ nonnullam difficultatem ingerunt , abſunt, teſte Couſtantio, ab antiquioribus MSS. libris, ac inter ceteros ab exemplo Regio puri Dionyſii . In Vat. 1342. hæc notatio chronica deeſt .

1 Præter codd. hujus collectionis , Hiſp. & Iſid. hanc epiſtolam reperimus in duabus aliis collectionibus, nimirum in Vat. 1342. & additionibus Dionyſianis , ſeu in codd. Vat. 5845. & Vallic. A. 5. Inſcriptio , quam dedimus, eſt in codd. Vindeb. ac Thuan. hujus collectionis , nec non in MSS. Hiſp. & Iſid. qui poſtremi addunt *adverſus Jovinianum hæreticum ejuſque ſocios ab Eccleſiæ unitate removendos* . S. Iſidorus Hiſpalenſis lib. de Script. Eccleſ. c. 3. noſtram inſcriptionem confirmat, ſcribens hanc epiſtolam *ad diverſos Epiſcopos miſſam* . Duæ collectiones a nobis inventæ titulum ſic exhibent . *Epiſtola Papæ Siricii per univerſos , vel per omnes Epiſcopos miſſa :* ac propterea Couſtantius perperam lapſui memoriæ Mabillonio tribuit, cum in Itinere Italico ex cod. Vallicellano hanc inſcriptionem produxit . Duæ aliæ inſcriptiones proſtant , quas in nullis codicibus nacti ſumus : altera in editis Conciliorum poſt Crabbium . *Siricius Mediolanenſi Eccleſiæ* , altera apud Queſn *Epiſtola Siricii Papæ ad omnes Epiſcopos Italiæ ſuper damnationem Joviniani , & reliquorum hæreticorum , virginitati derogantium* .

2 Edit. Conc. cum MS. Vallic. *dilectionis & pacis veſtræ ſinceritatis* : Couſt. *dilectionis & pacis veſtræ ſinceritati* .

3 Vulg addunt *veſtræ* . Mox codd. additionum Dion. cum editis Concil. *indicio juvaremur* . Merlin. *indicia juvarentur* . Queſn. *indicio juvaretur* . Prætulimus cum Couſt. conſentientibus pleriſque MSS. *indicio juvarentur* , ſcilicet gaudia .

4 Ed. Rom. *numquam patitur nos quietos ab incurſione ſua vacare* . Codd. Vallic. & uterque Vat. habent pariter *nos quietos* . Oxon. *quieti nos vacare ab incurſatione ſua* . Vind. quoque *ab incurſatione ſua* .

5 Ed. Rom. *punitur* . Queſn. *torquetur* . Omnes noſtros codices , & Couſtantii ſequuti ſumus . Mox pro *miniſtris* Vind. MS. habet *diſcipulis* .

6 Ed. Rom. *percuſſus* .

7 Eadem editio *malens per ſpatioſa ambulare* . Hiſp. & Iſid. *volens magis per ſpatioſam viam ambulare* . Mox *per laborem* in codd. Vallic. & Vat. additionum Dion.

8 Al. mendoſe *ne ignorantiam* . Poſt nonnulla cod. Vind. *in veſtibus ovium* .

9 Ita omnes noſtri trium collectionum codd. Vind. Vat. 1342. & Vallic. aliuſque Vat. 5845. concinentibus Pith. & Colb. Alius Colb. *qui quaſi quadam utilitate :* quod cum non probaretur a Queſnello, ſubſtituit : *qui ſub veſtium vilitate* . Id vero non ſolum nullius codicis ſuffragio fulcitur , ſed opponitur etiam iis , quæ de Ioviniano a S. Hieronymo traduntur lib. 1. & 2. ubi eum depoſitis Monachi veſtibus lineas & ſericas ſuſcepiſſe affirmat . Couſtantio magis placet vulgata lectio MSS. Hiſp. & Iſid. probata , *qui ſubtiliter Chriſtianos ſeſe jactant* . Nos vero eam , quam vetuſti noſtræ collectionis codices aliique aliarum vetuſtiorum collectionum præferunt, etſi non ſatis explorata videatur, expungere noluimus .

10 Vulg. Concil. poſt Rom. *atque veritatem catholicam pervertendo* : Labb. *vertendo* : & paullo poſt in marg. *ab apoſtolicis temporibus nunc uſque* .

ſuæ doctrinæ rabiem diabolico more tranſducant, atque ovium ſimplicitatem defraudent. Et quidem multarum hæreſum malignitatem ab Apoſtolis nunc uſque didicimus, & experti probavimus; ſed numquam tales 11 canes Eccleſiæ myſterium latratibus fatigarunt, quales nunc ſubito hoſtes fidei erumpentes, doctrina perfidiæ pullulata, cujus ſint diſcipuli, verborum fructibus prodiderunt. Namque cum alii hæretici ſingula ſibi genera quæſtionum male intelligendo propoſuerint convellere atque concerpere de divinis inſtitutionibus; iſti non habentes veſtem nuptialem 12 ſauciant catholicos, novi & veteris Teſtamenti, ut dixi, continentiam pervertentes, & ſpiritu diabolico interpretantes, illecebroſo atque ficto ſermone 13 aliquantos Chriſtianos cœperunt jam vaſtare, atque dementiæ ſuæ ſociare, 14 intra ſe continentes nequitiæ ſuæ virus. 15 Verum illecti blaſphemias ſuas conſcriptione temeraria publice prodiderunt, & deſperatæ mentis furore conciti 16 paſſim furorem gentilium publicaverunt. Sed a fideliſſimis Chriſtianis, viris genere optimis, religione præclaris, ad meam humilitatem ſubito 17 ſcriptura horrifica videtur eſſe dela- 17
ta, ut ſacerdotali judicio detecta divinæ legi contraria ſpiritali ſententia deleretur.
Nos ſane 18 nuptiarum vota non aſpernan- 18
ter accipimus, quibus velamine interſumus;
ſed virgines, quas nuptiæ creant, Deo devotas majore honorificentia muneramus. Facto igitur Presbyterio conſtitit doctrinæ noſtræ, id eſt chriſtianæ legi, 19 eſſe con- 19
trariam. Unde Apoſtoli ſequuti præceptum,
20 in eos qui aliud quam quod accepimus, 20
annuntiabant, omnium noſtrum tam Preſbyterorum, & Diaconorum, quam etiam
totius Cleri 21 unam ſcitote fuiſſe ſenten- 21
tiam: ut Jovinianus, Auxentius, Genialis,
Germinator, Felix, 22 Plotinus, Marcia- 22
nus, Januarius, & Ingenioſus, qui auctores novæ hæreſeos & blaſphemiæ eſſe inventi ſunt, divina ſententia & noſtro judicio in perpetuum damnati extra Eccleſiam remanerent. Quod cuſtodituram ſanctitatem veſtram non ambigens, hæc ſcripta direxi per fra-

11 Thuan. delet *canes*. Addit Queſn. in marg. lege *latrantes fatigarunt*. Cod. Vat. 5845. pro *fatigarunt* habet *fugarunt*. Dein edit. Rom. *quales iſti nunc ſubito erumpentes doctrina perfidiæ polluti hoſtes fidei, qui cujus ſint*. Textus lectio eſt ceterorum codicum, exceptis Vat. 1342. & Vallic. qui cum Thuan. & vulgatis Conciliorum habent *polluta*.

12 Vallic. & Vat. 5845. cum ceteris vulg. *ſauciantes*. Dein voces *& ſpiritu diabolico interpretantes* deſunt in MS. Oxon. & in edit. Rom.

13 Sic ex noſtris codd. & omnibus vulgatis; niſi quod edit. Concil. cum cod. Thuan. *aliquot Chriſtianos* præferunt. Solus Queſn. *aliquantos Romanos*.

14 Queſn. addit *non*, nullo noſtro, neque Couſtantii codice ſuffragante.

15 Poſt vocem *virus* Rom. ed. ſubjicit, *præferentes ſe tamquam electi, blaſphemias tamen ſuas conſcriptione temeraria publicarunt, & deſperatæ* &c. Queſn. *Verum electi eorum blaſphemias ſuas* &c. Vox *eorum*, quæ in pleriſque codd. deeſt, Couſtantio interpolationis ſuſpecta videtur, quaſi Joviniano ac ſociis, perinde ac Manichæis, ſui fuiſſent electi, quod nullus memoriæ prodidit. Ipſi autem magis placeret *Verum detecti blaſphemias ſuas* &c. ſi lectio *detecti* aliquo codice probaretur. Recepimus autem lectionem Labbei *Verum illecti*, quam duo codd. noſtræ collectionis Colb. & Pith. aliuſque Colb. comprobant.

16 Ed. Rom. *paſſim in favorem gentilium ſe prodiderunt*. Couſt. cum Crabbo: *paſſim in favorem gentilium publicarunt*. Noſtri codd. Vallic. & uterque Vat. *paſſim in furorem*, vel *in furore gentilium publice a fideliſſimis*. Vind. cum aliis antiquis MSS. *publicarunt a fideliſſimis*: ubi lacuna aperta eſt, quam Queſnellus ſupplevit ſic: *publicarunt. Eorum autem infamia a fideliſſimis*. Solam vocem *ſed* cum aliis editionibus ſupplendam credidimus, licet nulli noſtri codices ſuffragium ferant.

17 Queſn. *per ſcripturam honorificam videtur eſſe perlata, ut ..... detecta contraria*. Ed. Rom. *Scriptura horrifica videntur eſſe delati, ut .... detecti .... deleantur*. Lectionem antea vulg. & Couſt. revocavimus; cum præſertim & codicibus noſtræ collectionis probetur, in quibus ſolum pro *horrifica* habetur *honorica*, mendoſe: *horrifica* enim *ſcriptura* vocatur, quæ antea *conſcriptio temeraria* appellata eſt. *Joviniani quidem ſcriptorum*, inquit S. Hieronymus lib. 7. *tanta barbaries eſt, & tantis vitiis ſpurciſſimus ſermo confuſus, ut nec quid loquatur, nec quibus argumentis velit probare quod loquitur, potuerim intelligere*. Noſtri codd. Vallic. & duo Vat. 1342. & 5845. pro *deleantur* habent *delerentur*.

18 Codd. Vallic. & Vat. cum antiquis vulg. Concil. *nuptias non aſpernanter*. Mox Labb. & Couſt. *non aſpernantes*. Dein Rom. edit. *velamini interfuimus; ſed virginum nuptias Deo devotas .... honoramus*. Voces *quas nuptiæ creant* omittit Merlinus cum duobus laudatis MSS. Vat. Dein apud Labb. & in cod. Vat. 1342. *veneramur* pro *muneramus*; duo alii codd. *veneramus*.

19 Editi Conc. *eſſe contraria*. Thuan. *quoſdam eſſe contrarios*. Queſn. *eſſe contrariam eorum ſententiam*. Quæ duo poſtrema verba delevimus cum MSS. Vind. & Pith. hujus collectionis: refertur autem ad Scripturam, quam Chriſtiani Siricio obtulerunt damnandam, ſi *divinæ legi contraria* ſacerdotali judicio detegeretur.

20 Queſn. ob omiſſam hoc loco præpoſitionem *in* dein ſcripſit *annuntiabant, excommunicavimus. Omnium ergo noſtrum*. Cum vero alii vulgati, & MSS. codices ignorent *excommunicavimus*, & *ergo*, ad ſenſum eliciendum ſatius duximus addere præpoſitionem *in*; quam ſenſum imperfectum relinquere cum vulgatis: qui pro *eos qui aliud* præferunt *quia aliter*. Quatuor noſtri codd. habent *eos qui*, & tres *aliter* pro *aliud*.

21 Edit. Rom. *una fuit lata ſententia*. Crab. & Merl. cum MSS. Hiſp. & Iſid. *unam factam conſtat eſſe ſententiam*. Binius & Lab. *una ſuſcitata fuit ſententia*.

22 Vat. 1342. *Flotinus*, Vallic. & alius Vat. *Flontinus*. Mox vulg. *incentores* pro *auctores*.

23 fratres & 23 Compresbyteros meos Creſcen-
tem, Leopardum, & Alexandrum: qui religioſum officium fidei poſſint ſpiritu adimplere ferventi.

CAPITULUM XXXI.

1 1 ITEM

RESCRIPTUM EPISCOPORUM

ad quem ſupra.

Domino dilectiſſimo fratri SIRICIO, AM-
2 BROSIUS, 2 SABINUS, BASSIANUS,
& ceteri.

RECognovimus in litteris ſanctitatis tuæ
3 boni paſtoris excubias, 3 qui diligenter commiſſam tibi januam ſerves, & pia
ſollicitudine Chriſti ovile cuſtodias; dignus
quem oves Domini noſtri audiant & ſequan-
4 tur. Et ideo 4 quia noſti oviculas Chriſti, lupos facile deprehendis, & occurris
5 quaſi providus paſtor, ne 5 iſti morſibus perfidiæ ſuæ feralique ululatu ovile dominicum
diſpergant. Laudamus hoc, Domine frater,
nobis dilectiſſime, & toto concelebramus
6 affectu. 6 Nec miramur, ſi luporum rabiem
grex Domini perhorruerit, in quibus Chriſti vocem non recognovit. Agreſtis enim
ululatus eſt, nullam virginitatis gratiam,
7 nullum caſtitatis ordinem 7 reſervare, promiſcue omnia velle confundere, diverſorum
gradus abrogare meritorum, & paupertatem
quamdam cæleſtium remunerationum inducere: quaſi Chriſto una ſit palma, quam
tribuit, ac non plurimi abundent tituli præ-
miorum. Simulant 8 ſe iſti non donare con- B
jugio: ſed quæ poteſt laus eſſe conjugii, ſi
nulla virginitatis eſt gloria? Neque vero nos
ſanctificatum a Chriſto eſſe conjugium negamus, divina voce dicente: *Erunt ambo* Gen.2.21.
in una carne, 9 *& in uno ſpiritu*: ſed prius Matth.
eſt quod nati ſumus, quam quod effecti: 19. 5.
multoque præſtantius divini operis myſte- 9
rium, quam humanæ fragilitatis remedium.
Jure laudatur bona uxor; ſed melius pia 1.Cor.7.38.
virgo præfertur, dicente Apoſtolo: *Qui jungit virginem ſuam, bene facit; & qui non
jungit, melius facit*: hæc enim cogitat quæ
Dei ſunt; illa quæ mundi. Illa conjugali-
bus vinculis colligata eſt; hæc libera vin-
culorum. Illa ſub lege, iſta ſub gratia. Bonum conjugium, quo eſt inventa poſteritas
ſucceſſionis humanæ; ſed melior eſt virginitas, per quam regni cæleſtis hereditas ac-
quiſita, & cæleſtium meritorum reperta ſuc-
ceſſio. Per mulierem cura ſucceſſit, per virginem ſalus evenit. Denique ſpeciale ſibi
donum virginitatis Chriſtus elegit, atque
integritatis munus exhibuit, atque in ſe re-
præſentavit, quod elegit in matre. Quanta
amentia funeſtorum latratuum, ut iidem dicerent Chriſtum ex virgine non potuiſſe ge-
nerari, qui aſſerunt ex muliere editis huma-
norum pignorum partibus virgines permanere! Aliis ergo præſtat Chriſtus, quod ſibi, ut dicunt, præſtare non potuit? Ille vero 10 etſi carnem ſuſcepit, etſi homo factus 10
eſt, ut hominem redimeret, atque a morte
revocaret; inuſitato tamen, 11 quaſi mu- 11
nere venit in terras: ut quemadmodum dixerat: *Ecce faciam omnia nova*: partu im- Apoc.21.5.
maculatæ virginis naſceretur; & ſicut ſcriptum eſt, crederetur *nobiſcum Deus*. Sed
12 de via perverſitatis produntur dicere: 12
Virgo

23 Vat. 5845. cum edit. Rom. *Presbyteros*. In fine eadem editio *ferventi*.

1 Exſtat in codd. hujus collectionis, ac præterea in Vat. 1342. in Vallic. A. 5. & Vat. 5845. atque in collectione auctiori Iſid. quæ invenitur in Vat. 1340. in ſimili Remigiano, & apud Merlinum. Ita quatuor diverſæ originis collectiones hoc reſcriptum præferunt, quarum primæ duæ Italicæ ſunt, aliæ duæ Gallicanæ. Titulum ad MS. Vind. exemplum redegimus. Queſn. *Reſcriptum Beati Ambroſii ceterorumque Epiſcoporum ſuper eorumdem damnatione*.

2 Veteres libri duarum collectionum Italicarum Vat. 1342. & Vallic. A. 5. ac Vat. 5845. cum edit. Rom. carent nomine *Sabinus* & legunt *Baſianus*.

3 Iidem codd. cum edit. Rom. *qui fideliter*.

4 Solus Queſn. *quia in oſtio contra oviculas*. Mox duo codd. laudati Vat. 1342. & Vallic. *deprehendes, & occurres*.

5 Vocem *iſti*, quam præferebant vulgati, delevit Queſnellus. Eam nos revocavimus ex omnibus noſtris codicibus, in quibus ſolum pro *iſti* mendoſe ſcriptum eſt *iſtis*.

6 Codices duarum collect. Italicarum *Nec miremur*.

7 Vulg. Conc. poſt edit. Rom. *ſervare*.

8 Binius & Lab. *ſe iſta donare conjugio*. Queſn. *ſe iſti non damnare conjugia*, minus recte. Nemini enim Jovinianus in ſuſpicionem venit, quaſi nuptias reipſa damnaret, & ſolum ſimulate non reprehenderet. Immo eas uti honorabiles laudare affectabat, & ut iis faveret, virginitatem reprobabat. Noſtræ collectionis lectionem mutare noluimus, quam probant codd. Vind. Pith. ac Thuan. (hic ſolum habet *conjugia*:) nec non MSS. Remig. & Merlini. Couſt. deleto *non* edidit *ſe iſti donare conjugio* (neſcimus quo veteri libro fultus) ſuſpicaturque primam lectionem fuiſſe *honorare conjugium*. Crab. *ſe iſti condonare*. Melius forte *ſe iſti laudare conjugia*, quibus cohærent ſequentia: *ſed quæ laus* &c. At citra codicum fidem nihil audemus.

9 Vat. 1342. *& unus ſpiritus*. Poſt pauca pro *myſterium* Oxon. cod. *miniſterium*.

10 Vind. *ſi carnem*. Vat. 1342. *ſi carnem ſuam*. Vat. 5845. *qui carnem ſuam ſuſcepit*. Binius & Lab. *qui ſic carnem ſuſcepit etſi homo*. Merlin. & Crab. *ſic carnem ſuſcepit, & ſic homo*.

11 Queſnellus omiſſa particula *quaſi* cum vulg. Concil. pro *munere* ſcripſit *itinere*. Lectionem Merlini & Couſt. quam omnes noſtri quatuor codd. approbant, reſtituimus.

12 Solus Queſn. renitentibus omnibus noſtris MSS. & excuſis exemplaribus, ipſoque Thuan. edidit *devii a via veritatis*.

Virgo concepit, sed non virgo generavit.
13 Quæ potuit ergo virgo concipere, 13 non
potuit virgo generare; cum semper conceptus præcedat, partus sequatur? Sed si doctrinis non creditur Sacerdotum, credatur
oraculis Christi, credatur monitis Angelo-
Luc. 1. 36. rum dicentium: *Quia non est impossibile* 14
14 *Deo omne verbum:* credatur & Symbolo A-
postolorum, quod Ecclesia Romana intemeratum semper custodit & servat. Audivit Maria vocem Angeli, & quæ ante di-
15 xerat: *Quomodo* 15 *erit istud?* non de fide
generationis interrogans, respondit postea:
Ibidem 34. *Ecce Ancilla Domini, contingat mihi secundum verbum tuum.* Hæc est Virgo, quæ in
utero concepit, Virgo quæ peperit filium:
Isai. 7. 14. sic enim scriptum est: *Ecce Virgo in utero
accipiet & pariet filium.* Non enim conce-
pturam tantummodo virginem, sed & pa-
rituram virginem dixit. Quæ est autem illa
16 porta Sanctuarii, 16 illa exterior ad Orien-
Ezech. 44. 3. tem, quæ manet clausa? *Et nemo,* inquit,
17 17 *pertransibit per eam; sed solus Deus Israel
transivit per eam.* Nonne hæc porta Maria
est, per quam in hunc mundum Redemptor
intravit? Hæc est porta justitiæ, sicut ipse
Matth. 3. 15. dixit: *Sine nos implere omnem justitiam.*
Hæc porta est Maria, de qua scriptum est:
Ezech. 44. 2. *Quia Dominus* 18 *pertransivit eam, & erit*
18 *clausa post partum:* quia virgo concepit
& genuit. Quid autem incredibile, si contra usum naturalis originis peperit Maria
19 & virgo 19 permanet; quando contra usum
naturæ mare vidit & fugit, atque in fontem suum Jordanis fluenta remearunt? Non
ergo excedit fidem quod virgo peperit; quando legimus quod & petra evomuit aquas,
20 20 & in muri speciem maris unda solidata
est? Non excedit fidem quod homo exivit
ex virgine; quando petra fontem profluum
scaturivit; ferrum super aquas natavit, am-
bulavit homo super aquas. Ergo si homi-

Tom. III.

nem unda portavit, non potuit hominem
virgo generare? 21 At quem hominem? 21
de quo legimus: *Et mittet istis Dominus* Isai. 19. 20.
*hominem, qui eos faciet salvos, & notus erit
Dominus Ægyptiis.* In veteri itaque Testamento 22 virgo Hebræorum per mare du- 22
xit exercitum; in novo Testamento virgo,
Regis aula cælestis, electa est ad salutem.
Quid autem? Etiam viduitatis attexamus
præconia; cum in Evangelio post virginis
celeberrimum partum, Anna vidua subro-
getur: quæ vixerat cum viro suo annis septem a virginitate sua: *Et hæc vidua annorum octoginta quatuor, quæ non discedebat
de templo, jejuniis & obsecrationibus serviens die ac nocte.* Merito ab illis viduitas
despicitur, 23 quæ solet observare jejunia, 23
quibus se dolent isti aliquo tempore esse ma-
ceratos, & propriam ulciscuntur injuriam,
quotidianisque conviviis, usuque luxuriæ laborem abstinentiæ propulsare desiderant: qui
nihil rectius faciunt, quam quod ipsi se suo
ore condemnant. 24 Sed Deum metuant, 24
ne in istis illud jejunium reputetur. Eligant
quod volunt, si aliquando jejunaverunt, gerant ergo boni facti sui pœnitentiam; si numquam, suam ergo ipsi intemperantiam &
luxuriam confiteantur. 25 Et iidem dicunt, 25
Paullum magistrum luxuriæ fuisse. At quis 1 Cor. 9. 27.
sit sobrietatis magister, si fuit ille luxu-
riæ? qui castigavit corpus suum, & servi- 1. Cor. 6. 5. & 11. 27.
tuti redegit, atque jejuniis multis se debi-
tam Christo observantiam detulisse memoravit; 26 non ut se laudaret, sed ut nos 26
quid sequeremur doceret. Ille ergo luxu-
riam docuit, qui ait: *Quid adhuc velut* Colos. 2. 20.
*viventes de hoc mundo decernitis? ne tetige-
ritis, ne attaminaveritis, ne gustaveritis,
quæ sunt omnia* 27 *ad corruptelam:* qui ait: Ibid. 5. 23. 27
*Non in indulgentia corporis, non in honore
aliquo ad saturitatem & diligentiam carnis,*
non in desideriis erroris, sed in spiritu,

R 2 quo

---

13 Codd. Vallic. & Vat. 5845. puncto interrogationis sublato delent *non*.

14 Quesn. *apud Deum*.

15 Al. *fiet*.

16 Vulg. repetunt *porta illa*.

17 Cod. Vind. *pertransivit eam*. Mox vulg. *nisi solus Deus Israel*. Dein Coust. *transibit per eam*, quia S. Ambrosius in lib. de instit. virg. c. 8. hunc locum similiter allegavit. Postea solus Quesn. *ingressus est* pro *intravit*.

18 Vulg. *pertransibit per eam*. Mox addidimus voces *post partum* a Quesnello omissas ex solo Oxon. renitentibus ceteris MSS. & excusis.

19 Solus Quesn. *virgo est*.

20 Tres codd. unus Vallic. & duo Vat. *& in montis speciem*. Mox *Non ergo excedit* in plerisque vulg. & utroque cod. Vat.

21 Sic Coust. Merlin. & Labb. ut in MS. Remig. faventibus Pith. & Colb. in quibus exstat *Ad quem hominem*. Quesn. cum aliis editis *Atque hominem*.

22 Quesn. cum plerisque MSS. & editis *virga*. Correximus ex nostro Vind. cod. cum Labb. & Coust. non enim virga Aaron, sed Maria virgo ejus soror cum Maria virgine comparatur, ut Ambrosius explicat in exhort. virgin. c. 5. n. 28. & de instit. virg. c. 17. n. 106. Post pauca edit. Rom. *virga Regis aula cælestis:* & in Breviar. Rom. cum cod. Vat. 5845. *virgo generis aula cælestis*.

23 Vat. 1342. *qui nolunt observare*.

24 Coust. cum vulg. *Sed & metuunt:* additque in veteri Remensi codice legi *si Deum metuunt:* credit legendum *si demum metuunt*, qua lectione recepta dein interpunctio mutanda esset. Nostrorum codicum lectionem haud deserendam credidimus. Mox solus Quesn. *reputet* pro *reputetur*.

25 Quesn. *& iidem dicant*. Alii vulg. ante Coust. *& ideo dicunt*. Prætulimus lectionem MSS. Vind. Pith. Colb. & Remig. cum quibus, omnibusque vulg. scripsimus *At quis*. Solus Quesn. *Et quis*.

26 Cod. Vind. *ut non sua laudaret*. Aliæ edit. *non ut se suaque laudaret*. Coust. cum suis MSS. *non ut suam* (idest *observantiam*) *laudaret*.

27 Vat. 1342. *corruptibilia*. Vind. *corruptela*. Aliæ edit. *in corruptelam*. Mox Coust. & Harduinus in notis: *Qui etiam ait*. Dein idem Vat. *& in diligentia carnis*.

Ephes. 4. 22. quo renovamur, esse vivendum. Si parum
est quod Apostolus dixit, audiant Prophe-
Ps. 68. 11. tam dicentem: *Et cooperui in jejunio ani-*
mam meam. Ergo qui non jejunat, intectus
& nudus est, & patet vulneri. Denique si
Adam se texisset in jejunio, nudus non
28 fuisset 28 effectus. Ninive se a morte je-
Gen. 3. 23. junio liberavit. Et ipse Dominus ait: *Hoc*
Jonæ 3 21. *genus non ejicitur nisi per orationem & je-*
Matth. 17. 20. *junium*. Sed quid plura apud magistrum atque doctorem? cum jam dignum 29 præ-
29 mium illi retulerint perfidiæ suæ, qui ideo
huc venerunt, ne superesset locus, in quo
non damnarentur: qui vere se Manichæos
30 probaverunt, non credentes 30 quia ex virgine .... utique venisse non creditur. Quænam hæc est suppar novorum Judæorum
amentia? Si venisse non creditur, nec carnem creditur suscepisse. Ergo in phantasmate
te visus est, in phantasmate crucifixus est?
Sed nobis in veritate crucifixus est, in veritate Redemtor est noster. Manichæus est qui
abnegat veritatem, qui carnem Christi negat: & ideo non est illi remissio peccatorum; sed est impietas Manichæorum. Quam
& clementissimus Imperator execratus est;
& omnes qui illos viderunt, quasi quædam
contagia refugerunt: sicut testes sunt fra-
31 tres & Compresbyteri nostri Crescens, 31
Leopardus, & Alexander sancto ferventes spiritu, qui eos omnium execratione damna-
32 tos, 32 Mediolanensique ex urbe profugos
reliquerunt. Itaque Jovinianum, Auxentium, Germinatorem, Felicem, 33 Ploti- 33
num; Genialem, Marcianum, Januarium
& Ingeniosum; quos sanctitas tua damnavit, scias apud nos quoque secundum judicium tuum esse damnatos. Incolumem te
& florentissimum Deus noster tueatur omnipotens, Domine dilectissime frater; *Item*
subscriptio 34. Ego Eventius Episcopus saluto 34
sanctitatem tuam in Domino, & huic epistolæ subscripsi. Maximus Episcopus. Felix Episcopus. Bassianus Episcopus. 35 Theo- 35
dolus Episcopus. Ex jussu Domini mei E-
piscopi Geminiani, ipso præsente subscripsi; Aper Presbyter. Eustasius Episcopus.
Constantius Episcopus. Eustasius Episcopus. 36 Et omnes ordine subscripserunt. 36

CAPITULUM XXXII.

1 EPISTOLA 1

ZOSIMI PAPÆ

ad Esicium Salonitanum Episcopum, de Monachis, & laicis ad gradus ecclesiasticos accedere cupientibus.

2 ZOSIMUS Papa Esicio Episcopo 2
Salonitano.

EXigit dilectio tua præceptum Apostolicæ Sedis, in quo patrum decreta con-
sen-

---

28 Solus Quesn. cum Oxon. *ejectus*: & dein *in oratione & jejunio* cum quibusdam codicibus, non vero cum Vind. aliisque quam plurimis.

29 Quesn. cum quibusdam codd. *pretium*. Et dein *ideo huc quoque venerunt*. Delevimus *quoque* cum MSS. hujus collectionis, exceptis Pith. & Vind. in quibus *ideoque*. Codd. Vallic. & uterque Vat. 1342. & 5845. cum edit. Rom. & Ambrof. *ideo usque huc*.

30 Quesn. *quia ex virgine venerit Christus*. *Quænam hæc* &c. Merlin *quia ex virgine utique venisse creditur*. Edit. Concil. post Rom. *quia ex virgine utique venisset*. *Quænam* &c. Codd. Vallic. & uterque Vat. hanc quidem lectionem habent, sed post *venisset* addunt *non creditur*. Vind. quoque, aliique omnes hujus collectionis, quos vidit Coustantius, habent *non creditur*; at pro *venisset* præferunt *venisse*.. Hinc locum hunc veluti mendosum editiones corrigendum putarunt deletis vocibus *non creditur*, & Quesnellus præterea deleta voce *utique* emendavit *venerit Christus*, nescimus an Oxoniensis recentioris & liberioris saltem codicis auctoritate. Cum vero quælibet lectio vetustiorum codicum, manca sit, hujus collectionis codices sequuti lacunam punctis designavimus, recteque suspicari videtur Coustantius eam suppleri posse sic: *non credentes, quia ex virgine natus est Christus. Si autem non natus est ex virgine, utique venisse non creditur*. Repetitio vocum *ex virgine* saltui, ut solet, locum præbuit.

31 *Leopardus* Quesnello excidit: est in omnibus nostris codd. atque vulgatis.

32 Vulg. *Mediolanensi ex urbe quasi profugos retulerunt*. Codd. Vallic. & duo Vat. habent tantum *quasi profugos*.

33 Vat 5845. *Protinum*. Dein & *Ingenium* in MSS. Vind. & Pith. cum Merlino.

34 Edit. Rom. ex Concilio Aquilejensi an. 381. notantibus Patribus Benedictinis in editione Ambrosii, præter manuscriptorum fidem has subscriptiones interpolavit sic. *Ego Ambrosius Mediolanen. Ecclesiæ Episcopus subscripsi. Eventius Episcopus Cenetensis saluto .... Maximus Episcopus Emonensis. Felix Episcopus Jadrensis. Bassianus Episcopus Laudensis. Theodosius Episcopus Octodurensis. Constantius Episcopus Arausicanus. Sabinus Episcopus Placentinus. Ex jussu* &c. Mirum videbitur prætermitti subscriptionem Ambrosii, qui primus in inscriptione nominatur. At præmissa salutatio *Incolumem te* &c. ad Ambrosium pertinere videtur, eo fere modo quo in synodica Gallicanorum Episcoporum ad S. Leonem inter Leoninas epist. *99*. Ravennium suo nomine prætermisso primam salutationem scripsisse conjecimus not. 24. Tom. I. col. 1110. Sabini nomen in MSS. non apparet inter subscriptiones expresso ipsius nomine. Num jure expungendus sit etiam ex inscriptione, ut duæ collectiones laudatæ nota 2. illud ignorant, affirmare non audemus.

35 Ita omnes nostri codd. cum Quesn. & Merlino. Coust. *Theodorus*.

36 *Et eo omnes ordine* legitur in codd. Merlin. Pith. & Thuan. qui postremus alterum Eustasium ignorat.

1 Habetur in MSS. hujus collectionis, in Vat. Reginæ; Colbertin. Lucens. Vat. 1342. Corbejen. Dionys. Hisp. Hadr. & Isid. nec non in Fossatensi, aliisque pluribus Gallicanis Coustantio teste.

2 Hanc inscriptionem ex MS. Vind. adjecimus. Mox alii codd. *Esichio*, vel *Esychio*, vel *Hesychio*.

ſentiunt; & ſignificas nonnullos ex Monachorum 3 populari cœtu, quorum ſolitudo
quavis frequentia major eſt; ſed & laicos
4 ad Sacerdotium feſtinare. Hoc autem 4 ſub
prædeceſſoribus noſtris ſpecialiter, & nuper
a nobis interdictum conſtat litteris ad Gal-
5 lias Hiſpaniaſque tranſmiſſis: in quibus 5
Provinciis familiaris eſt iſta præſumtio;
quamvis nec Africa ſuper hac admonitione
noſtra habeatur aliena: ne quis penitus contra patrum præcepta, qui eccleſiaſticis di-
ſciplinis per ordinem non fuiſſet imbutus,
& temporis approbatione divinis ſtipendiis
eruditus, nequaquam ad ſummum Eccleſiæ
Sacerdotium aſpirare præſumeret; & non
ſolum in eo ambitio inefficax haberetur,
verum etiam in ordinatores ejus, ut carerent eo ordine quem ſine ordine contra præcepta patrum crediderant præſumendum.
Unde miramur ad dilectionem tuam ſtatuta Sedis Apoſtolicæ perlata non fuiſſe. Laudamus igitur conſtantiam propoſiti tui, frater cariſſime, nec aliud de Pontificii tui veteri cenſura auctoritatis genus expectandum
fuit, quam ut talibus ambitionibus pro præceptis patrum in procinctu fidei conſtitutus,
occurreres. Igitur ſi quid auctoritati tuæ,
quod nos non opinamur, æſtimas defuiſſe,
6 ſupplemus. 6 Vos obſiſtite talibus ordinationibus, obſiſtite ſuperbiæ, & arrogantiæ
venienti. Tecum faciunt præcepta patrum,
tecum Apoſtolicæ Sedis auctoritas. Si enim
officia ſæcularia principem locum, non ve-
ſtibulum actionis ingreſſis, ſed per plurimos
gradus examinato temporibus deferunt; quis
ille tam arrogans, tam impudens inveni-
7 tur, ut 7 in cæleſti militia, quæ propenſius ponderanda eſt, & ſicut aurum repetitis ignibus exploranda, ſtatim dux eſſe deſideret, cum tyro ante non fuerit; & prius
8 velit docere, 8 quam diſcere? Aſſueſcat in
dominicis caſtris in Lectorum gradu primitus divini rudimenta ſervitii, nec illi vile
ſit Exorciſtam, Acolythum, Subdiaconum,
9 9 Diaconum per ordinem fieri; nec ſaltu,
ſed ſtatutis majorum ordinatione temporibus. Jam vero ad Presbyterii faſtigium talis accedat, ut & nomen ætas impleat, &
meritum probitatis ſtipendia 10 acta teſten- 10
tur. Jure inde ſummi Pontificis locum ſpe-
rare debebit. 11 Facit hoc nimia remiſſio 11
Conſacerdotum noſtrorum; qui pompam multitudinis quærunt, & putant ex hac turba
aliquid ſibi dignitatis acquiri. Hinc paſſim
numeroſa popularitas, etiam in his locis ubi
ſolitudo eſt, talium reperitur, dum parochias extendi cupiunt, aut quibus aliud
præſtare non poſſunt, divinos ordines lar-
giuntur; quod oportet diſtricti ſemper eſſe
judicii. Rarum enim eſt omne quod magnum eſt. Proinde nos, ne quid 12 meri- 12
tis dilectionis tuæ derogemus, ad te potiſſimum ſcripta direximus, quæ in omnium
fratrum & Coepiſcoporum noſtrorum facies
ire notitiam: non tantum eorum, qui in
ea Provincia ſunt, ſed etiam qui vicinis dilectionis tuæ Provinciis adjunguntur. 13 13
Sciet quiſquis hoc poſtpoſita Patrum & A-
poſtolicæ Sedis auctoritate neglexerit, a nobis diſtrictius vindicandum, ut loci ſui minime dubitet ſibi non conſtare rationem,
ſi hoc putat poſt tot prohibitiones, 14 im- 14
pune tentari. Contumeliæ enim ſtudio fit,
quicquid totiens interdictum uſurpatur. Hæc
autem ſingulis gradibus obſervanda ſunt tempora. Si ab infantia eccleſiaſticis miniſte-
riis nomen dederit, inter Lectores uſque ad
viceſimum ætatis annum continuata obſervatione perduret. Si major jam & grandævus acceſſerit, 15 ita tamen ut poſt ba- 15
ptiſmum ſtatim ſi divinæ militiæ deſiderat
mancipari, ſive inter Lectores, ſive inter
Exorciſtas quinquennio teneatur. Exinde
Acolythus, vel Subdiaconus quatuor annis
ſit; & ſic ad benedictionem Diaconatus,
16 ſi meretur, accedat: in quo ordine quin- 16
que annis, ſi inculpate ſe geſſerit, hærere
debebit. Exin ſuffragantibus ſtipendiis per
tot gradus datis propriæ fidei documentis 17 17
Presbyterium poterit promereri. De quo loco, ſi

3 Dion. Hiſp. & Iſid. & quæ ex his prodierunt editiones, omittunt *populari*. Codices vero noſtræ & aliarum antiquiorum collectionum hanc vocem conſervarunt.

4 Vulg. cum MSS. Vat. Reg. & alio Vat. 1342. *ſpecialiter & ſub prædeceſſoribus noſtris, & nuper*.

5 Iidem vulg. & codd. *regionibus*.

6 Melius alii codd. cum Couſt. *Obſiſte* utroque loco.

7 Vat. 1342. *in eccleſiaſtica militia*. Mox pro *propenſius* Couſt. cum aliis codicibus prætulit *penſius*, ideſt *ſtudioſius*.

8 Vat. 1342. *quam diſcat*.

9 Idem cod. & Vat. Reginæ delent *Diaconum*. Mox Vat. Reg. *Sed non ſaltu*, alius Vat. *nec non ſaltu*. Alii editi *nec hoc ſaltu*. Dein ſolus Queſn. *ordine temporibus*. Correximus ex noſtris MSS. excuſiſque codicibus.

10 Aliæ editiones cum Vat. Reg. aliiſque codd. *ante acta*. Dein Queſn. *Pontificii*: correximus ex MS. Vind. & Vat. ac ceteris editis.

11 Vat. 1342. *Facit enim hæc omnia nimia remiſſio*.

12 Solus Queſn. *meritis tuis*.

13 Ita MSS. Vind. & Vat. Reg. cum aliis vulgatis. Queſn. *Sciatque quiſquis*.

14 Queſn. deleta voce *impune* ſcripſit *poſſe tentari*. Nos contra *impune* revocavimus, ut in aliis editis: & delevimus *poſſe* cum potioribus noſtris & Couſtantii codicibus.

15 Queſn. & Merlinus: *qui tamen ſtatim poſt baptiſmum* (Queſn. addit *ſe*) *divinæ militiæ deſiderat*. Ceteræ editiones; *ita tamen ut poſt baptiſmum ſtatim ſe divinæ militiæ deſideret*. Cod. Vat. Reg. delet *ſe*; at cum ceteris omnibus codd. habet *ita tamen ut*, & poſtea *deſiderat*. Hinc neceſſaria eſt correctio, quam codd. Lucen. Colb. & Corb. exhibent *ſi divinæ*.

16 Vat. 1342. *ſi mereatur*. Mox Queſn. *ſi ſe inculpabiliter geſſerit, adhærere*. Vind. & alios præſtantiores codd. prætulimus.

17 Codd. Vat. Reg. alius Vat. & ceteri excuſi *Presbyterii Sacerdotium*. Dein Vind. *etſi eo illum exactior*, Vulg. Conc. cum Couſt. *ſi eo illum exactior*. Mox Juſtel. & Couſt. cum Vind. MS. *produxerit*.

co, si eum exactior ad bonos mores vita
18 perduxerit, summum 18 Pontificium sperare debebit, hac tamen lege servata, ut ne-
19 que digamus, 19 neque pœnitens ad hos
20 gradus possit admitti. Sane, 20 ut etiam
defensores Ecclesiæ, qui ex laicis fiunt, supradicta observatione teneantur, si meruerint in ordine esse Clericatus. Data 21 VIII.
21 Kalendas Martias HONORIO XII. & THEODOSIO VIII. Augustis Consulibus.

CAPITULUM XXXIII.

1 1 COMMONITORIUM

ZOSIMI PAPÆ

2 *Presbyteris, & Diaconibus 2 suis Ravennæ constitutis.*

3 EX relatione fratris nostris 3 Archiami Presbyteri qualiter suscepti sitis, vel quid egeritis cognovimus, vel qualiter illi suscepti sint, qui contra canones adversus nos ad comitatum, nescio qua audentes temeritate, ire voluerunt. Ad quos hæc,
4 quæ nunc misimus, 4 olim scripta feceramus, eorum quas injuriose miserant respondentes epistolis. Sed quoniam 5 non potue- 5
runt rei in sua, hoc est in nostra Ecclesia Romana, cum nostris Compresbyteris commorari, has ad vos illis tradendas litteras destinavimus: in quibus decreto nostro sanximus memoratos perturbatores omnium ab Apostolicæ Sedis nostræ communione alienos fuisse, atque nostra subscriptione prolatam sententiam suscepisse. 6 Illi etiam, 6
qui effrenato horum facto consilioque assensum commodare voluerunt, vestræ caritatis est æstimare qualiter habeantur: quibus 7 7
hoc objicere vos debetis, quod juxta canonum præcepta fortiter incurrere, & qualiter, Presbyteros non decebat, rebelles existere 8 tentaverunt. Vos autem monemus 8
in speculis esse debere, 9 ne qua eorum 9
prorumpat audacia, quos anathematizatos scit Sancta & Apostolica Ecclesia. De his vero qui eorum se societati junxerunt, quid agere debeamus, cum reversi fueritis, consilio meliori tractabimus. 10 Data quinto 10
nonas Octobris HONORIO XII. & THEODOSIO VIII. Augustis Consulibus.

CA-

18 Vat. Reg. cum aliis editis *Pontificatum*.

19 Quesn. cum plerisque editis & Isid addit *neque viduæ maritus*. Delevimus cum Coustantio auctoritate MS Vind. hujus collectionis, consentientibus aliis trium aliarum collectionum Vat. Reg. Vat. 1342. & Lucen. Colb. nec non Dion. Hisp. Corb. Fossat. & Regio apud eumdem Coustantium.

20 Solus Quesn. omisit *ut*.

21 Coust. cum Justello *IX. Kal.* prætulit.

1 Exstat in MSS. hujus collectionis, Hadrian Hisp. & Isid. Quidam crediderunt hoc commonitorium, seu epistolam in Dionysio exstitisse, uti ipsam protulit Justellus in Dionysii editione. At duo codd. puri Dionysii, qui supersunt, nimirum Regius, & Vat. 5845. eamdem a Dionysio abjudicant: Regius enim ea caret, Vaticanus vero in Appendice illam producit, quemadmodum & epistolam Leonis ad Episcopos Mauritaniæ, uti ostendimus in Admonitione ad ep. 12. S. Leonis tom. I. col. 651. n. 11. Ex hac vero Appendice in Hadrianea collectione subjecta fuit ei epistolæ Zosimi ad Esicium, quam unam Dionysius produxerat. Collectio Cresconiana, cui hæc epistola in editione Romana tribuitur, est codex Vallicel. A. 5. qui Hadrianeam collectionem cum additionibus Dionysianis complectitur.

2 Vocem *suis* habent exemplaria hujus collectionis, quibus Quesnellus & Coust. usi sunt. Vind. vero sic habet. *Commonitorium Presbyteris & Diaconis, qui Ravennæ sunt*. In Vat. 5845. qui additiones Dionysii exhibet, duo tituli leguntur. I. *Epistola Zosimi ad Presbyteros Ravennæ directa*. II. *Zosimi commonitorium Presbyteris & Diaconibus, qui Ravennæ sunt*. Hadrianei codd. *Ad Presbyteros Ravennæ*, vel ut apud Justellum *Ravennatium*: & dein *Zosimi Episcopi commonitorium Presbyteris, & Diaconibus, qui Ravennæ sunt*. Hisp. & Isid. MSS. *Ad Clerum Ravennensem*: & postea *Zosimus Episcopus Urbis Romæ Presbyteris, & Diaconibus, qui Ravennæ sunt*. Vox autem *suis* ex contextu epistolæ necessaria videtur: neque enim ad Ravennates Presbyteros & Diaconos, sed ad Romanos, quos quidem in Comitatu *susceptos* initio præfert, hæc epistola directa fuit.

3 Codd. alii cum ceteris editis *Archidami*. Mox Quesn. *suscepti estis*: & postea *suscepti sunt*. Potiores codices sequimur.

4 Solus Quesn. omisit *olim*.

5 Cod. Oxon. *non poterunt*. Mox voces *rei in sua, hoc est in nostra Ecclesia Romana* desunt in Vat. 5845. & in collectione Hadrianea.

6 Coust. cum pluribus codd. *Illos etiam, qui effrenato huic facto*: Just. *hujus facto*.

7 Addidimus *hoc* cum optimo cod. Vind. suffragantibus ceteris vulgatis. Dein Quesn. *& qualiter quod Presbyteros*: delevimus *quod* cum nostris codd. & editis.

8 Cum codd. Hadrian. & Vat. 5845. omittant *tentaverunt*, Coust. præterito tempore extulit anteriora verba *incurrere*, & *obstitere*. Mox idem Vat. cum quibusdam vulg. *Vos tamen monemus*.

9 Codices hujus collectionis varie & mendose hunc locum exhibent. Thuan. *de quorum prorupta audacia, quos anathematizatos scit Apostolica Ecclesia*. Vind. & Pith. *ne quorum prærupta audacia, quo anathematizatos sciscitet Apostolicæ Ecclesiæ*. Unus Regius, ut in Thuaneo, nisi quod habet *de quo eorum*. Quesn. ex his lectionem compegit, nescimus an codice Oxon. fultam, *ne aliquorum prærupta audacia, quos anathematizatos esse constat, suscitet scandalum Apostolicæ Ecclesiæ*. Hinc lectionem vulg. codd. Vat. aliisque Hadrian. Hisp. & Isid. approbatam recepimus. Coust. cum uno Colb. *ne quo* quasi *ne aliquo* pro *ne qua* prætulit.

10 Vat. & editi codd. ex Hadrian. Hisp. ac Isid. addunt *Et alia manu*.

CAPITULUM XXXIV.

1 1 EPISTOLA

BONIFACII PAPÆ

ad Hilarium Episcopum Narbonensem de Patroclo Episcopo.

2 2 BONIFACIUS HILARIO Episcopo
Narbonensi.

3 3 Difficile quidem fidem querimoniis
commodamus, quarum Sacerdotes
Domini pulsat intentio, maxime cum eos
loquuntur quippiam contra statuta patrum
tentasse; sed frequenter has asserit, sicut
nunc, multitudo caussantium. Ecce enim,
ut caritas tua recognoscit ex subditis, Lu-
tubensis Ecclesiæ Cleri ordo vel plebis preces suas & lacrymas ad nos, quantum datur intelligi, magno cum dolore miserunt,
dicentes, Coepiscopum nostrum Patroclum sua
petitione cessante, in locum decedentis Episcopi nescio quem in aliena Provincia, prætermisso Metropolitano, contra patrum regulas ordinasse. Quod nequaquam possumus
4 ferre patienter, quia 4 convenit nos pater-
narum sanctionum diligentes esse custodes.
Nullis enim videtur incognita Synodi constitutio Nicænæ, quæ ita præcepit, ut eadem proprie verba ponamus: per unamquamque Provinciam jus Metropolitanos singulos habere debere, nec cuiquam duas es-
5 se 5 posse subjectas. Quod illi, quia aliter
credendum non est, servandum sancto suggerente sibimet Spiritu censuerunt. Unde,
frater carissime, si ita res sunt, & Eccle-
6 siam supradictam Provinciæ tuæ limes 6 in-
cludit, nostra auctoritate commonitus, quod
quidem facere sponte deberes, desideriis sup-
plicantum & voluntate respecta, ad eumdem
locum, in quo ordinatio talis celebrata dicitur, Metropolitani jure munitus & præceptionibus nostris fretus accede; intelligens
arbitrio tuo secundum regulas patrum quæcumque facienda sunt, a nobis esse concessa: ita ut peractis omnibus Apostolicæ Sedi
quicquid statueris te referente clarescat, cui
totius Provinciæ 7 suæ ordinationem liquet 7
esse mandatam, Nemo ergo eorum terminos audax temerator excedat, nec 8 ali- 8
quis in eorum contumeliam partibus suis,
quæ sibi ab his non videntur concessa, defendat. Cesset hujusmodi pressa nostra auctoritate præsumtio eorum, qui ultra licitum suæ limitem dignitatis extendunt. Quod
iccirco dicimus, ut advertat caritas tua adeo
nos canonum 9 cautius præcepta servare, 9
ut ita 10 censio quoque nostra diffiniat, 10
quatenus Metropolitani sui unaquæque Provincia in omnibus rebus semper ordinationem expectet. Data 11 quinto Idus Fe- 11
bruar. HONORIO XIII. & THEODOSIO X. An. 422.
Augustis Consulibus.

CAPITULUM XXXV.

1 EPISTOLA

CÆLESTINI PAPÆ

ad Episcopos Viennenses & Narbonenses Titulorum XI.

CÆLESTINUS universis Episcopis per Viennensem & Narbonensem Provin-
cias constitutis.

Cuperemus quidem de vestrarum Ecclesiarum ita ordinatione gaudere, ut
congratularemur potius de profectu, quam
aliquid admissum 2 contra disciplinam ec- 2
clesiasticam doleremus. Ad nostram enim
lætitiam & bene facta proveniunt, & mœ-
roris aculeis nos, quæ fuerint male facta,
compungunt. Nec silere possumus, 3 cum 3
hoc,

1 Hæc epistola præter codices hujus collectionis legitur in Dion. Hisp. & Isid.

2 Codd. Dion. Hadrian. Hisp. & Isid. cum ceteris editis *Bonifacius Episcopus urbis Romæ Hilario Episcopo Narbonensi*: Hisp. & Is. addunt *salutem*.

3 Hisp. & Is. cum antiquis vulg. *Difficilem*.

4 Solus Quesn. *oportet*. Mox vulg. cum aliis codd. *Nulli etenim*: ac dein *præcipit*. Porro de hac Nicæni canonis allegatione vide Observ. in Dissert. V. Quesnelli part. 2. c. 6. n. 5. & 6. tom. II.

5 MSS. Dion. & Hadr. delent *posse*. Thuan. post *posse* addit *sedes*; male, inquit Quesn. agitur enim de provinciis.

6 Unus cod. Colb. apud Coust. *inclusit*. Mox MSS. Vat. Hisp. & Isid. cum Merl. *communitas*; editi vero alii cum codd. collect. Hadrian. *communitus*, vel *communius*. At exemplaria nostræ collectionis cum Dion. regio *commonitus*. Dein in uno cod. Harlæi secunda manu *debueras*. Huc accedit Dion. regius *debueres*.

7 Legendum certe est *tuæ*, non *suæ*: vel cum Dion. & Hadrian. quos Just. & Coust. sequuti sunt, vox *suæ* delenda est.

8 Just. cum MSS. Hadr. Hisp. & Isid. *aliquid*: & dein cum iisdem codd. & ceteris editis omittit *ab his*, quas voces sola exemplaria hujus collectionis præferunt.

9 Soli codd. hujus collectionis *cautius* exhibent.

10 Ita cum Vind. & Pith. nostræ collectionis. Codd. aliarum collectionum & vulg *constitutio*. Hisp. & Isid. *ut ista constitutio*. Quesn. *censura*.

11 Cod. Thuan. *VI. Idus*.

1 Continetur in MSS. collect. Vat. Reginæ 1997. Colb. Lucen. Vat. 1342. Corb. Dion. Hadrian. Hisp. & Isid.

2 Voces *contra disciplinam ecclesiasticam*, quas omnes nostri codd. & vulg. exhibent, Quesnello exciderunt. Mox vulg. cum quibusdam codd. *perveniunt*.

3 Edit. Conc. post Crab. *cum ad hoc*. Nostri codd. & omnes editi delent *ad*: *hoc* refertur ad vocem *instinctu*. Solus Quesn. *quia ab illicitis revocemus alios, & officii nostri provocemus ad bonum instinctu*: quam lectionem nulli nostri codd nec alii vulg. præferunt.

hoc, ut ab illicitis revocemus aliquos, officii nostri provocemur instinctu; in speculis a Deo constituti, ut vigilantiæ nostræ
diligentiam comprobantes, & quæ coercen-
da sunt resecemus, & quæ observanda sunt
4 sanciamus. 4 Et quamvis circa longinqua
spiritualis cura non deficit, sed se per omnia,
qua Domini nomen prædicatur, extendit;
nec notitiam nostram subterfugiant, quæ in
eversionem regularum novellæ præsumtionis auctoritate tentantur.

CAP. I. I. Didicimus enim quosdam Domini Sa-
5 cerdotes superstitioso potius cultui 5 servire, quam mentis vel fidei puritati. Sed non
6 mirum, si contra ecclesiasticum morem 6
faciunt, qui in Ecclesia non creverunt,
7 sed alio venientes 7 itinere, secum hæc in
Ecclesiam, quæ in alia conversatione ha-
buerant, intulerunt, amicti pallio, & lum-
bos præcincti, credentes se Scripturæ fidem
8 non per spiritum, sed 8 per litteram com-
pleturos. Nam si ad hoc ista præcepta sunt,
ut taliter servarentur, cur non fiunt pariter quæ sequuntur; ut lucernæ ardentes in
manibus una cum baculo teneantur? Habent suum ista mysterium, & intelligenti-
9 bus 9 ita clara sunt, ut ea magis qua decet significatione serventur. Nam in lum-
borum præcinctione castitas, in baculo re-
gimen pastorale, in lucernis ardentibus bo-
Matth. 5. ni fulgor operis, de quo dicitur: *Opera bo-*
16. *na vestra luceant*: indicantur. 10 Habeant
10 tamen istum forsitan cultum, morem potius
quam rationem sequentes, qui semotioribus
habitant locis, & procul a ceteris degunt:
unde hic habitus in Ecclesiis Gallicanis,
ut tot annorum, tantorumque Pontificum
in alterum habitum consuetudo vertatur?
Discernendi a plebe vel ceteris sumus doctrina, non veste, conversatione, non habitu, mentis puritate, non cultu. Nam si
11 studere 11 inceperimus novitati, traditum
nobis a patribus ordinem calcabimus, ut
12 locum 12 supervacuis superstitionibus faciamus.

II. Rudes ergo fidelium mentes ad talia CAP. II.
non debemus inducere: docendi enim potius sunt, quam 13 ludendi; nec imponen- 13
dum eorum est oculis, sed mentibus infun-
denda præcepta sunt. Erant quidem multa, quæ pro disciplina ecclesiastica, vel
ipsius rei dicere ratione possemus; sed ab
his ad alia devocamur.

III. Agnovimus 14 pœnitentiam mo- CAP. III.
rientibus denegari: nec illorum desideriis 14
annui, qui obitus sui tempore hoc animæ
suæ cupiunt remedio subveniri. Horremus,
fateor, tantæ impietatis aliquem reperiri,
ut de Dei pietate desperet; quasi non possit ad se quovis tempore concurrenti succurrere, & periclitantem sub onere peccatorum hominem pondere, quo se ille expediri desiderat, liberare. Quid hoc, rogo,
aliud est quam morienti mortem addere,
ejusque animam sua crudelitate, ne absoluta possit esse, occidere? cum Deus ad subveniendum paratissimus invitans ad pœnitentiam, sic promittat: *Peccator*, inquit, Ezech. 33.
quacumque die conversus fuerit, peccata ejus 15. & 18.
non imputabuntur ei: & iterum: *Nolo mor-* 23.
tem peccatoris; 15 *sed tantum convertatur* 15
& vivat. Salutem ergo homini adimit;
quisquis mortis tempore 16 speratam pœni- 16
tentiam denegarit; & desperavit de clementia Dei, qui eam ad subveniendum morienti sufficere vel in momento posse non credidit. Perdidisset latro præmium, in cruce
ad dexteram Christi pendens, si illum unius
horæ pœnitentia non juvisset. Cum esset in Luc. 23.
pœna pœnituit, & per unius sermonis pro- 42.
fessionem habitaculum paradisi, Deo pro-
mittente, promeruit. Vera ergo ad Deum
conversio in ultimis positorum, mente potius est æstimanda, non tempore, Prophe-
ta hoc taliter asserente: *Cum conversus in-* Ezech. 18.
gemueris, tunc salvus eris. Cum ergo sit & 33.
Dominus cordis inspector, quovis tempore
non est deneganda pœnitentia postulanti,
cum 17 ille se obliget judici, cui occulta 17
omnia noverit revelari.

IV. Or-

---

4 Couft. cum quinque optimis MSS. *Circa quamvis longinqua*.

5 Vulg. cum Vat. Reginæ *inservire*.

6 Verbum *faciunt* Quesn. præteriit.

7 Couft. *e ritu* emendavit ope duorum codd. Corb. & Colb. in quibus legitur *irritum*. Mox Oxon. delet *in Ecclesiam*. Dein Vind. *sanctæ Scripturæ fidem*, voce *sanctæ* secundis curis addita.

8 Solus Quesn. *in littera*.

9 Quesn. omisit *ita*, & pro *serventur* habet *teneantur*. Vind. & alia exemplaria MSS. & excusa prætulimus. Solum Vat. 1342. præfert *firmeatur*.

10 Dion. & Vat. Reginæ *Habent tamen*. Dein alias *remotioribus habitant*.

11 Al. *incipiamus*.

12 Solus Quesn. omittit *supervacuis*.

13 Quædam antiquæ edit. *illudendi*. Vat. 1342. *lugendi*, *nec opponendum*. In fine al. *revocamur*.

14 Quesn. cum antiquis vulg. inserit *enim*, minus recte. Delevimus cum MSS. Vind. Vat. Reg. & aliis Couft. Dein Vat. MS. *hoc sibi cupiunt remedio*.

15 Ita cum aliis vulgatis codices Vind. & Vat. Reg. In MS. Vat. 1342. *sed tantum ut convertatur*. Quesn. *sed ut magis convertatur*.

16 Vox *speratam* secundis curis deletur in MS. Vind. Deest in cod. Dion. Justelli, & in aliis Hadrian. Quidam codd. cum Vat. 1342. *mortis præterea tempore speratam*. Corb. & unus Colb. *mortis prætereat tempore pœnitentiam denegare*. Couft. cum aliis exemplaribus *mortis præteriti tempore pœnitentiam denegarit*: explicatque *mortis tempore pœnitentiam præteriti denegarit*, quemadmodum idem Cælestinus in epist. 22. ad Synodum Ephesinam n. 5. habet: *Nunc quia de præteriti emendatione gaudemus*. Mox Quesn. cum antiquis vulg. & Conc. *& desperat .... non credit*. Alii *& desperat .... non credidit*. Nostrum Vind. cod. cum Couft. prætulimus.

17 Vat. 1342. cum Just. & Couft. *illi*.

CAP. VI. IV. Ordinatos vero quosdam, 18 fratres ca-
18 rissimi, Coepiscopos, qui nullis ecclesiasticis ordinibus ad tantæ dignitatis fastigium
fuerint instituti, contra patrum decreta,
hujus usurpatione, qui se hoc recognoscit
fecisse, didicimus: cum ad Episcopatum his
gradibus, quibus frequentissime cautum est,
debeat perveniri, ut minoribus initiati officiis, ad majora firmentur. Debet enim ante esse discipulus quisquis doctor esse desiderat, ut possit docere quod didicit. Omnis
19 vitæ 19 institutio, hac ad id quo tendit,
se ratione confirmat. Qui minime litteris
operam dederit, præceptor non potest esse
litterarum. Qui non per singula stipendia
creverit, ad emeritum stipendii ordinem
non potest pervenire. Solum Sacerdotium
20 20 inter ista, rogo, vilius est, quod facilius tribuatur, cum difficilius impleatur?
21 Sed jam non 21 satis est laicos ordinare,
quos nullus fieri ordo permittit; sed etiam,
quorum crimina longe lateque per omnes
pene sunt nota Provincias, ordinantur.

CAP. V. V. Daniel 22 nuper missa relatione ex
22 orientalibus ad nos partibus, ab omni quod
tenuerat virginum Monasterio, nefariis est
23 objectionibus accusatus. 23 Multa de mul-
24 tis objecta flagitia. 24 In quanam lateret
terrarum parte quæsitus, ut si suæ innocen-
tiæ confideret, contra se judicium postula-
25 tum minime declinaret. 25 Missa ad Arelatensem Episcopum per Fortunatum Subdiaconum nostrum, ut ad judicium episcopale destinaretur, epistola. Tantis gravatus
testimoniis, tanta facinorum accusatione pulsatus, sacrarum, ut dicitur, virginum pol-
lutus incestu, Episcopus asseritur ordinatus;
26 26 (in nostris libelli scriniis continentur,
quorum ad vos quoque exemplaria direximus) in Pontificii dignitatem hoc tempore, quo ad caussam dicendam missis a nobis litteris vocabatur, obrepsit. Sacro nomini absit injuria. Facilius est, ut hanc dignitatem tali dando ipse amiserit ordinator,
quam eam obtineat ordinatus: cui convicto
sociabitur, qui eum sibi credidit, largiendo
Pontificium, sociandum. Qualis enim ipse
sit, quisquis tales 27 ordinarit, ostendit. His 27
ergo in medium nunc deductis, cum plerique vestrum sint, qui Apostolicæ Sedis statuta cognoverint, nobiscum tempore aliquanto versati, ad disciplinæ normam nostris conventa adhortationibus, omnia fraternitas vestra revocare festinet.

VI. Primum, ut juxta decreta canonum, CAP. VI.
unaquæque Provincia suo Metropolitano contenta sit, ut decessoris nostri data ad Nar- Bonif. ep.
bonensem Episcopum continent constituta; ad Hilar.
nec 28 usurpationis locus alicui Sacerdoti sup. c. 34.
in alterius concedatur injuriam. Sit con- 28
cessis sibi contentus unusquisque limitibus.
Alter in alterius Provincia nihil præsumat; nec emeritis in suis Ecclesiis Clericis
peregrini & extranei, & qui ante ignorati
sint, ad exclusionem eorum, qui bene de
suorum civium merentur testimonio, præponantur: ne novum quoddam, de quo E-
piscopi fiant, institutum videatur esse collegium. 29 Nullus invitis detur Episcopus. 29
Cleri, plebis, & ordinis consensus ac desiderium requiratur. Tunc alter de altera eligatur Ecclesia, si de civitatis ipsius Clericis, cui est Episcopus ordinandus, nullus dignus (quod evenire 30 non credimus) po- 30
tuerit reperiri. Primum enim illi reproban-
di sunt, ut aliqui de alienis Ecclesiis merito præferantur. Habeat unusquisque suæ
fructum militiæ in Ecclesia, in qua suam
per omnia officia transegit ætatem. In aliena stipendia minime alter obrepat: nec alii
debi-

18 Quesn. *fratres & Coepiscopos*. Prætulimus codd. Vat. 1342. & Vind. ceteris editis suffragantibus, in quibus solum pro *Coepiscopos* legitur *Episcopos*. Dein Quesn. *ejus usurpatione*.

19 Vat. Reginæ *initium*.

20 Voces *inter ista* a Quesn. omissas ex omnibus nostris codd. & editis restituimus. Mox vulg. *tribuitur*.

21 Ex nostris codd. & vulgatis adjecimus *satis*, & dein *pene*.

22 Vulg. Conc. addunt *enim*.

23 Iidem vulg. Conc. *Multa a multis*. MSS. Vat. Reg. & alius Vat. *multaque a multis*.

24 Quesn. *In quarum lateret .... quæsitum*. Uterque Vat. *In qua non lateret .... quæsitus est*. ubi *in qua non* mendose scriptum fuit pro *In quanam*, ut ceteri codices excusi præferunt. Vind. habet *in quorum* corrupte, sed *quæsitus* subaudito verbo *est*.

25 Ita codd. Vind. & Colb. cum vulg. Conc. Quesnellus *Missæ sunt .... epistolæ*. Dion. Just. *Missæ ad Arelatensem .... præceptiones, ut ad judicium destinaretur episcopale*. Cum in MSS. Corb. & alio Colb. legatur *Missum ad Arelatensem* &c. ut in Dion. deleta voce *præceptiones*, & pro *episcopale* habeatur *episcopalem*, vel *episcopalium*; Coustantius corrigendam credidit hanc postremam vocem in *Epistolium*. Nostri codd. vetustiorum & Italicarum collectionum Vat. Reginæ, Lucen. Colb. & Vat. 1342. *Missæ .. epistolæ* sine voce *episcopale*. Hanc quidem vocem delendam credimus: neque enim hic de judicio Episcoporum aut Arelatensium, aut, ut alii interpretantur, Orientalium, sed de judicio Apostolicæ Sedis, ad quam delatus fuerat Daniel, sermonem esse palam indicant sequentia *missis a nobis litteris vocabatur*, ac præsertim illa de eodem Daniele c. 10. *qui se nostro judicio debet objicere*. At in edenda nostra collectione eam vocem in ejusdem codicibus perperam licet insertam expungere noluimus.

26 Quesn. *& ut in nostris scrinii libellis continetur*, nullo, quod sciamus, codice, aut edit. suffragante. Merl. cum Isid. *ut in nostris libellis scrinii continetur*. Emendavimus ex Vind. Vat. Reg. aliisque excusis exemplaribus.

27 Solus Quesn. *ordinat*: & mox præterivit *nunc*: ac dein pro *versati* habet *conversati*.

28 Al. *usurpationi*, vel *usurpatione*.

29 In cod. Vat. Reginæ hic incipit primum caput, cui titulus præfigitur: *Nullus ordinetur invitus*: lege *invitis*.

30 Quesn. inserit *posse*, repugnantibus cum optimo cod. Vind. ceteris editis.

31 debitam alter 31 sibi audeat vindicare mercedem. Sit facultas Clericis renitendi, si se viderint prægravari, & quos sibi ingeri ex transverso agnoverint, non timeant refutare. Qui si non debitum præmium, vel liberum de eo qui eos recturus est, debent habere judicium.

CAP. VII. VII. Abstineatur ab illicitis ordinationibus. Nullus ex laicis, nullus digamus, nullus qui sit viduæ maritus aut fuerit, ordinetur; sed irreprehensibilis, & qualem elegit Apostolus, fiat.

CAP. VIII. VIII. Per Moysem Dominus præcepit:
32 *Virginem accipiat Sacerdos* 32 *uxorem*. Sub-
Lev. 21. 13. sequitur & supplet Apostolus eodem loquutus
1. Tim. 2. 2. spiritu: *unius uxoris virum* debere Episco-
33 pum consecrari. 33 Ad hanc ergo eligantur formulam Sacerdotes; & si quæ factæ sunt ordinationes illicitæ, removeantur; quoniam stare non possunt, nec discussionem nostram subterfugere poterunt, quam-
34 vis latere se æstiment, 34 qui aliter pervenerunt: ut nulla religionis reverentia obscuritate fuscetur.

CAP. IX. IX. Non sit vana gloriatio palliatis. Episcopalem morem qui Episcopi sunt sequantur.

CAP. X. X. Daniel, qui, ut diximus, accusationem
35 pontificali honore 35 subterfugere posse se credidit, & ad fastigium tantum accusatores suos fugiendo pervenit, a sanctitatis vestræ cœtu interim se noverit segregatum:
36 qui se nostro judicio 36 debet objicere, si conscientiæ suæ novit confidentiam se habere.

CAP. XI. XI. Massiliensis vero Ecclesiæ Sacerdo-
37 tem, qui dicitur, quod 37 dictu nefas est, in necem fratris taliter gratulatus, ut huic, qui ejus sanguine cruentatus advenerat, portionem cum eodem habiturus occurreret,
38 38 vestro audiendum collegio delegamus.
39 Data 39 VIII. Kal. Aug. FELICE & TAU-
An. 428. RO clarissimis viris Consulibus.

CAPITULUM XXXVI.

1 EPISTOLA 1

CÆLESTINI PAPÆ

ad Episcopos Apuliæ & Calabriæ.

CÆLESTINUS universis Episcopis per Apuliam & Calabriam constitutis.

NUlli Sacerdotum suos 2 liceat canones 2
ignorare, nec quicquam facere, quod patrum possit regulis obviare. Quæ enim a nobis res digne servabitur, si decretalium norma constitutorum pro aliquorum libito, licentia populis permissa, frangatur?

Audivimus quasdam propriis destitutas rectoribus civitates Episcopos sibi petere 3 3
velle de laicis, tantumque fastigium tam vile credere, ut hoc his qui non Deo, sed sæculo militaverint, æstiment nos posse conferre, non solum male de suis Clericis, in quorum contemtum hoc faciunt, judicantes, sed de nobis pessime, quos credunt hoc posse facere, sentientes. Quod numquam auderent, si non quorumdam illic his consentiens 4 sententia conniveret. Ita nihil 4
quæ frequentius sunt decreta proficiunt, ut hoc, quasi numquam de hac parte scriptum fuerit, ignoretur.

Quid proderit per singula Clericos stipendia militasse, & omnem egisse in dominicis castris ætatem, si qui his præfuturi sunt, ex laicis requiruntur? qui vacantes sæculo, & omnem ecclesiasticum ordinem nescientes, saltu præpropero in alienum honorem ambiunt immoderata cupiditate transcendere, & in aliud vitæ genus, calcata reverentia ecclesiasticæ disciplinæ, transire. Talibus itaque, fratres carissimi, 5 qui juris 5
nostri, id est, canonum gubernacula custodimus, necesse est obviemus, hisque fraternitatem vestram epistolis commonemus, ne
quis laicum ad ordinem 6 Clericatus admit- 6
tat,

31 Quesn. omisit *sibi*: & post pauca pro *agnoverint* habet *viderint*, repugnantibus nostris MSS. vulgatisque codd.

32 Solus Quesn. præterivit *uxorem*.

33 Cod. Vat. Reginæ notat caput II. præmisso hoc titulo: *De ordinationibus factis inlicitis inlicite submovendis*. Mox Vat. 1342. *eligant*.

34 Vulg. Conc. cum Vat. Reginæ, & uno Colb. *qui taliter*. Justel cum aliis codd. *qualiter*.

35 Solus Quesn. *fugere*: & paullo post delevit *suos*. Mox *fugiendo* est in MSS. Quesn. & nostris. Aliæ anteriores edit. cum MSS. Hadrian. & Isid. *latendo*. Regium exemplar Dion *dolendo*. Corb. & unus Colb. *faciendo*.

36 Vat. 1342. *fecit absentem*; ac deletis reliquis hujus capituli sequitur: *Massiliensis vero Ecclesiæ* &c.

37 Solus Quesn. delet *dictu*.

38 Vat. 1342. *in vestro eum collegio deputamus*, minus recte. Coust. *& vestro eum audiendum* &c. particula *&* pro *etiam* inserta ex MS. Colb suffragantibus aliis cum Merlino, Crab & Just. in quibus legitur *ex vestro*. Vox *eum* licet superflua in plerisque codd. exhibetur.

39 Coust. & antiquæ edit. Conc. cum Justello *VII. Kal.* MSS. Vat. 1342. & Lucen. *IX. Kal.* Nostræ vero collectionis exemplaria *VIII. Kal.* & quædam ex his cum Corb. addunt *Flavius* ante *Felice*.

1 Invenitur in iisdem codd. & collectionibus, in quibus præcedens; ac præterea aliquæ ejus particulæ in MS. Vat. Palat. 574.

2 Alias *licet*: & post pauca *digna* pro *digne*, forte melius.

3 Solus Quesn. omittit *velle*.

4 Oxon. *turba conniveret*.

5 Quesn. addit *nos*: delent nostri codd. MSS. & editi.

6 Vocem *clericatus* Quesnellus omisit.

tat, & sinat fieri, unde & illum decipiat;
& sibi caussas generet quibus reus constitutis decretalibus fiat.

Docendus est populus, non sequendus;
nosque, si nesciunt, eos quid liceat, quid-
ve non liceat, commonere, non his con-
7 sensum præbere debemus. Quisquis 7 vero
conatus fuerit tentare prohibita, sentiet cen-
suram Sedis Apostolicæ minime defuturam.
Quæ enim sola ammonitionis auctoritate non
corrigimus, necesse est per severitatem congruentem regulis vindicemus. Per totas ergo hoc, quæ propriis rectoribus carent,
8 Ecclesias volumus innotescat 8: ut nullus
sibi spe aliqua forsitan blanditus illudat.
9 Data 9 XII. Kal. Aug. FLORENTIO & DIO-
An. 429. NYSIO viris clarissimis Consulibus.

CAPITULUM XXXVII.

1 1 EXPOSITIO

FIDEI CATHOLICÆ

atque Apostolicæ contra hæresim Arrianam.

NOs Patrem & Filium & Spiritum sanctum confitemur, ita in Trinitate perfecta, ut & plenitudo sit Divinitatis, &
unitas potestatis. Nam tres Deos dicit,
qui Divinitatem separat Trinitatis. Pater
Deus, Filius Deus, Spiritus sanctus Deus,
& tres unum sunt in CHRISTO JESU. Tres
2 itaque 2 personæ, sed una potestas. Ergo
diversitas plures facit; unitas vero potestatis excludit numeri quantitatem: quia uni-
3 tas numerus non est. 3 Itaque unus Deus,
una Fides, unum Baptisma. Si quis vero
hanc fidem non habet, catholicus non po-
4 test dici, 4 quia catholicam non tenet fidem; alienus est, profanus est, & adversus
veritatem rebellis.

CAPITULUM XXXVIII.

1 FAUSTINI

1 PRESBYTERI FIDES

missa Theodosio Imperatori.

SUfficiebat fides conscripta apud Nicæam adversus hæresim Arrianam. Sed quia pravo ingenio quidam sub illius fidei confessione impia verba 2 commutant, nobis 2
invidiam facientes, quod velut hæresim Sabellii tueamur; paucis & contra Sabellium primæ fidei confessione signamus; & contra hos, qui sub nomine catholicæ fidei impia verba defendunt, dicentes tres esse substantias; cum semper catholica fides unam substantiam Patris & Filii & Spiritus Sancti confessa sit.

Nos Patrem credimus, qui non sit Filius, sed habeat Filium de se sine initio genitum, non factum: & Filium credimus, qui non sit Pater, sed habeat Patrem, de quo sit genitus, non factus: & Spiritum sanctum credimus, qui sit vere Spiritus Dei. Unde & divinæ Trinitatis unam substantiam confitemur: quia qualis est Pater secundum substantiam, talem genuit & Filium: & Spiritus sanctus non creatura existens, sed Spiritus Dei, non est alienus a substantia Patris & Filii; sed est ejusdem & ipse substantiæ cum Patre & Filio, sicut ejusdem Deitatis. Nam qui nos putant esse Apollinaristas, sciant quod non minus Apollinaris hæresim execramur, quam Arrianam. Miramur autem illos catholicos probari posse, qui Patris, & Filii, & Spiritus sancti tres substantias confitentur. Sed & si dicunt non se credere Filium Dei, aut Spiritum sanctum creaturam; tamen contra impiam fidem sentiunt, cum dicunt tres esse substantias: consequens est enim, ut tres Deos confiteantur, qui tres substantias confitentur. Quam vocem semper catholici execrati sunt.

7 Cod. Vat. Palat. *de cetero*.

8 Vat. 1342. addit *consilium*.

9 Lucen. & Colb. *XIII. Kal.* in alio Colb. & in Corb. *Data Kal.* Mox Vat. Reginæ, & duo MSS. Couft. Corb. & Colb. *Flaviis Florentio* &c. Pith. hujus collectionis *FF. LL. Florentio*, quæ siglæ eodem recidunt.

1 Exstat in hac collectione, & in MSS. collectionis Lucen. & Colb. in quibus hic titulus legitur: *Incipit de fide catholica*. Voces *atque apostolicæ* a Quesn. omissas addidimus auctoritate MSS. Vind. ac Thuan. De hoc & tribus sequentibus libellis fidei differit Quesnellus Differt. XIV. in quam vide nostras adnotationes.

2 Cod. Lucen. apud P. Mansi tom. I. Supplementi Concil. col. 242. habet *formæ*.

3 Idem cod. Lucen. *Sic itaque*.

4 MS. Thuan. *qui*.

1 In MS. Vind. hæc inscriptio legitur. *Item Faustini Presbyteri confessio veræ fidei, quam Presbyter scribit sibi* (lege *scripsit*, & *sibi*) *transmitti jussit Theodosius Imperator*. Codex vero Thuan. Quesnello teste Differt. XIV. n. 6. *Item Faustini Presbyteri confessio veræ fidei, quam præfatis scribi & transmitti jussit Theodosius Imperator*. Hæc fides inter alias fidei confessiones inventa fuit a Mabillonio in vetusto codice Augiensi, ubi inscribitur *Breve fidei*.

2 Cod. Thuan. *miscent*.

CAPITULUM XXXIX.

1 1 ALTER

LIBELLUS FIDEI.

2 CRedimus 2 unum Deum, Patrem omni-
3 potentem, 3 & unum unigenitum Filium ejus Deum & Dominum Salvatorem
nostrum, & Spiritum sanctum Deum.: non
tres Deos Patrem, & Filium, & Spiritum
sanctum, sed unum Deum esse confitemur.
Non sic unum Deum, quasi solitarium;
4 nec eumdem, qui 4 ipse sibi Pater sit, ipse
& Filius; sed Patrem verum, qui genuit
5 Filium verum, 5 ut est Deus de Deo, lumen de lumine, vita ex vita, perfectum de
perfecto, totum a toto, plenum a pleno;
non creatum, sed genitum; non ex nihi-
6 lo, sed ex Patre, 6 unius substantiæ cum
7 Patre: 7 Spiritum vero sanctum Deum,
non ingenitum, neque genitum, non creatum, nec factum; sed Patris & Filii, semper in Patre, & Filio 8 coæternum. Ve- 8
neramur tamen unum Deum; 9 quia ex uno 9
Patre totum quod Patris est, 10 natus est 10
Filius Deus, & in Patre totum quod inest, totum genuit Filium. Pater Filium
generans non minuit, nec amisit plenitu-
dinis suæ Deitatem, totum autem 11 quod 11
Deus Pater est, id esse & Filium ab eo natum, certissime tenentes. 12 Cum Spiritu 12
sancto unum Deum piissime confitemur JE-
SUM-CHRISTUM Dominum nostrum, Dei
Filium, per quem 13 omnia facta sunt, 13
quæ in cælis, & quæ in terra, visibilia, &
invisibilia: propter nostram salutem 14 de- 14
scendit de cælo: qui numquam desierit esse in cælo: natus de Spiritu sancto ex virgine Maria. Verbum caro factum non amisit quod fuerat, sed cœpit esse quod non
erat. 15 Non demutatum, sed permanen- 15
tem etiam hominem natum, non putati-
ve, sed vere; non aerium, sed corporeum;
non phantasticum, sed carneum; ossa, sanguinem, sensum, & animam habentem, 16 16
ita

---

1 Præter codices hujus collectionis exstat in MSS. Lucen. Colb. in Vat. 1342. ac in Vallic. A. 5. & Vat. 5845. Fragmentum ejus in summæ antiquitatis cod. Aquensi a Crabbo inventum, & editum fuit. Fere idem legitur in Appendice tomi 5. S. Augustini serm. 135. In duobus MSS. uno Thuaneo 199. quem laudat Quesnellus differt. 14. n. 7. altero vetustissimo Ambrosiano, cujus meminit Muratorius tom. 2. Anecdot. Latin. pag. 224. & 227. *Hieronymi* nomen inscribitur. In editionibus vero S. Hieronymi invenitur cum titulo *Damasi symbolum*. Vide tom. XI. edit. Veron. pag. 145. Cur Damaso autem attribuatur, colligere licet ex cod. Lucensi & simili Colb., ubi epistolæ Damasi ad Paullinum adnectitur. In MS. Vind. titulus est · *Incipit alius*, idest libellus fidei. Cod. Crab. *Incipit fides Romanorum*. Uterque Vat. & Vallic. *Incipit fides catholicæ Ecclesiæ Romanæ*. Notat Quesnellus in margine: *Est oratio Latina S. Gregorii Nazianzeni cognomento Theologi, seu de fide Nicæna, Rufino Presbytero interprete, tractatus: ut habetur in editione Morellii 1609. tom. 1. pag. 736. Quam quidem nec hujus Gregorii esse, nec ullius Græci scriptoris existimamus, sed potius Latini alicujus, ut alibi fusius*. Vide differt. 14. & nostras in eam animadversiones.

2 Vat. & Vallic. *in unum*.

3 Thuan. MS. *& unigenitum* deleta voce *unum*. Uterque Vat. & Vallic. *& in unum unigenitum Filium ejus Jesum Christum Deum*. Crab. *& in unigenitum Filium ejus Jesum Christum Dominum & Salvatorem nostrum, & in Spiritum Sanctum Deum*. Lucen. *& Filium ejus unicum Dominum nostrum conceptum de Spiritu Sancto Jesum Christum Deum & Dominum nostrum, & Spiritum Sanctum Deum, non tres Deos, sed Patrem Filium & Spiritum Sanctum unum Deum esse confitemur*.

4 Lucen. cod. *ipse sit Pater, sit ipse & Filius*. Crab. *ipse Pater sit, ipse Filius*.

5 Crab. *idest Deum de Deo*.

6 Quesn. inserit *&*, delent omnes nostri codd. & Crab.

7 Ita cum Crab. omnes nostri codd. Apud Quesn. *& Spiritum Sanctum verum Deum*.

8 Crab. cum plerisque nostris codd. alia interpunctione *coæternum veneramur, unum tamen Deum*.

9 *Qui ex uno* in Crabbi codice, qui in his verbis desinit.

10 Lucen. Vallic. & uterque Vat. *Deus natus est Filius*. Mox Vat. 1342. *totum genuit in Filium*. Vallic. & alius Vat. *totum ingenitum, & in Filium*.

11 Ita codd. Vind. ac Thuan. consentientibus ceteris omnibus aliarum collectionum, nisi quod Vat. 1342. pro *tenentes* habet *credentes*: Vallic. & alius Vat. mendose *credimus*. Solus Quesn. *quod Pater est Deus idem esse & Filium .... certissime tenemus*.

12 Codd. Luc. Vallic. & uterque Vat. sequentia cum antecedentibus jungunt, mutantque interpunctionem sic: *Spiritu Sancto unum Deum confitemur. Credimus Jesum Christum*.

13 Thuan. & Vind. delent *omnia*, non vero alii codices. Mox Vind. *& in terra*, omissa voce *quæ*.

14 Luc. cum Vallic. & Vat. 5845. *descendisse de cælo, & natum de Spiritu Sancto & Virgine Maria*, intermediis omissis: in quibus *desierit* scripsimus cum MSS. Thuan. Vind & alio Vat. 1342. Quesn. *desiit*. Cod. Vind. præterea habet *natum de Spiritu Sancto*. Vat. vero 1342. *& Virgine Maria*.

15 Quesn. alia interpunctione: *non demutatum, sed permanens. Credimus hominem natum*.. Omnes nostros codd. ac Thuan. prætulimus. Solum in Luc. & Vallic. legitur *sed Deum permanentem, etiam hominem natum*. Dein pro *phantasticum* cod. Thuan. *phantasium*, Lucen. *phantaseum*, Vallic & unus Vat. *phantasiam, sed carnem*. Mox solus Quesn. *animum*.

16 Melior videtur lectio cod. Lucen. *ita verum hominem & verum Deum intelligimus, ut verum Deum verum hominem fuisse nullo modo ambigamus confitendum*. Vallic. *iterum verum hominem intelligimus, ita & verum Deum verum hominem fuisse nullo modo ambigimus*.

Con-

ita verum Deum & verum hominem intelligimus ; ita verum hominem verum
Deum fuiſſe nullo modo ambigimus. Con-
17 fitendum 17 eſt hunc eumdem Dominum
noſtrum JESUM-CHRISTUM adimpleſſe legem
& Prophetas, paſſum ſub Pontio Pilato,
18 18 crucifixum ſecundum Scripturas, mortuum, & ſepultum ſecundum Scripturas,
tertia die a mortuis reſurrexiſſe, aſſumtum
in cælos, ſedere ad dexteram Patris, inde
venturum judicare vivos & mortuos expectamus. In hujus morte & ſanguine mun-
19 datos 19 remiſſionem peccatorum conſequu-
tos; reſuſcitandos nos ab eo in his corporibus & in eadem carne, qua nunc ſumus;
ſicut & ipſe in eadem carne, qua natus eſt,
20 & paſſus, & mortuus, 20 reſurrexit: & animas cum hac carne vel corpora noſtra ab
eo, aut vitam æternam, præmium boni
meriti, aut ſententiam pro peccatis æterni
ſupplicii recepturos.

CAPITULUM XL.

1 LIBELLUS 1

AUGUSTINI

de fide catholica contra omnes hæreſes.

CRedimus in unum verum Deum, Patrem & Filium & Spiritum ſanctum,
viſibilium & inviſibilium ſactorem, per
quem creata ſunt omnia in cælo & in terra. Hunc unum 2 Deum, & hanc unam 2
divini nominis eſſe Trinitatem. Patrem non
eſſe Filium, ſed habere Filium, qui Pater
non ſit: Filium non eſſe Patrem, 3 ſed 3
Filium Dei eſſe natura: Spiritum quoque
paraclytum eſſe, qui nec Pater ſit ipſe,
nec Filius, ſed a Patre 4 procedat. Eſt er- 4
go ingenitus Pater, genitus Filius, non genitus Paraclytus, ſed a Patre procedens. Pater eſt cujus vox eſt hæc audita de cælis:
Hic eſt Filius meus dilectus, in quo 5 mihi 5
bene complacui; ipſum audite: Filius eſt,
qui ait: *Ego a Patre exivi, & a Deo ve-*
ni in hunc mundum. 6 Paraclytus ipſe eſt, 6
de quo Filius ait: *Niſi abiero ad Patrem,*
Paraclytus non veniet ad vos. Hanc Trinitatem perſonis diſtinctam, 7 ſubſtantiam 7
unam, virtutem, poteſtatem, majeſtatem,
indiviſibilem, indifferentem. Præter illam
nullam divinam eſſe naturam, vel Angeli,
vel

Confitendum nunc eumdem Dominum &c. Particula *nunc* legitur etiam in utroque Vat. Codex Oxon. ſecundo comate *ita verum hominem & verum Deum* inſerta particula *&*, minus recte.

17 Præter codd. aliarum collectionum etiam Vind. delet *eſt*.

18 Queſn. *crucifixum & mortuum*. Noſtros codd. ac Thuan. ſequuti ſumus.

19 Idem Queſn. addit *confitemur*: delent duo optimi codd. hujus collectionis Thuan. & Vind. cum Lucen. & Vat. 1342.

20 Queſn. *ſurrexit*: & dein delevit *vel corpora noſtra*, licet fateatur hæc exhiberi in duobus Thuan. uti in omnibus noſtris quinque codd. diverſarum collectionum leguntur. Solum Lucen. poſt *vel corpora noſtra* ſubjicit *accepimus*: melius Vallic. & Vat. *accepturos*, deleto in fine verbo *recepturos*: pro quo Queſn. *recepturas*.

1 Exſtabat olim apud S. Auguſtinum tom. 10. ſerm. 129. de tempore, nunc autem rejectus eſt in Appendicem tom. 5. ſerm. 233. Fatentur PP. Benedictini hunc libellum nuſquam inveniſſe in Auguſtini codicibus. Cum vero Auguſtini nomine circumferatur in exemplis noſtræ collectionis, nec non in Additionibus collectionis Iſid. quæ leguntur in Vat. 1340. & in alio ſimili Remigiano, quem Herovallianum Queſnellus vocat, ex alterutro hoc fonte inter Auguſtini opera olim fuiſſe inſertum, ſatis probabile eſt: unde etiam lectiones fere concinunt. In Vind. cod. ſic titulus præfertur: *Incipit libellus de fide catholica contra omnes hæreſes, Auguſtini*. Hic vero libellus idem eſt ac *Regula fidei*, quæ S. Leonis tempore contra omnes hæreſes, & maxime contra Priſcillianiſtas compacta (de quo plura tomo II. in Obſerv. ad not. Queſnelli in ep. 15. ad Turribium) perperam ſubjecta legitur Concilio Toletano I. tom. 2. Conciliorum Venetæ edit. col. 1475. Idem ſane eſt ac memorata *Regula fidei* ipſe libellus, quoad ſubſtantiam, licet aliquot non exiguis variantibus diſcrepet. Anathematiſmi vero partim iidem ſunt, partim vero omnino diverſi. Vide plura not. 11. in diſſert. 14. Queſnelli.

2 Queſn. addit *verum*: delevimus cum MSS. Vind. Thuan. Heroval. & ceteris editis. Mox vulg. poſt Concil. Tolet. I. *& hanc unam eſſe divinæ ſubſtantiæ Trinitatem. Patrem autem non eſſe ipſum Filium*.

3 Ita cod. Vind. concinente Heroval. In Append. Aug. *ſed filium Dei eſſe natum*. Queſn. *ſed filium de ejus natura*. Melius vulg. Concil. *ſed Filium Dei de Patris eſſe natura*.

4 Vulg. Concil. Hieron. & Aug. addunt *filioque*, & ſimiliter poſt nonnulla *ſed a Patre filioque (vel & Filio) procedens*.

5 Cod. Vind. cum Herov. delet *mihi*, ac dein habet *hunc audite*.

6 Vulg. Concil. *Paracletus Spiritus eſt, de quo*.

7 Ibid. *ſubſtantia unitam, virtute, & poteſtate, & majeſtate indiviſibilem, indifferentem. Præter hanc nullam credimus divinam eſſe* &c. melius. At codices noſtræ collectionis hic exhibemus. Aug. App. omittit voces *ſubſtantiam unam* uſque ad *indiviſibilem* incluſive.

8 8 vel spiritus, vel virtutis alicujus, quæ
Deus esse credatur. Hunc igitur Filium
Dei, Deum natum a Patre ante omne omni-
9 no principium, sanctificasse 9 uterum Mariæ virginis, atque ex ea verum hominem,
10 sine viri generatum semine suscepisse: 10
id est, Dominum JESUM-CHRISTUM, non
imaginarium corpus, aut forma sola compositum, sed solidum: atque hunc & esu-
11 risse, & sitisse, & doluisse, & flevisse, 11
& omnia corporis exitia sensisse: postremo
crucifixum, mortuum, & sepultum, tertia
12 die resurrexisse: conversatum postmodum 12
cum discipulis, misisse ipsis Paraclytum,
dum ad cælos ipse ascendisset. Hunc filium
hominis vocari veraciter credimus vel confitemur. Resurrectionem veram humanæ
credimus carnis: animam autem hominis
non divinam esse substantiam, vel Dei par-
13 tem, 13 sed creaturam divina voluntate factam, non de cælo lapsam.

Si quis ergo dixerit, vel crediderit a Deo omnipotente mundum hunc factum non fuisse, atque ejus omnia instrumenta; anathema sit.

Si quis crediderit atque dixerit Deum Patrem eumdem Filium esse, vel Paraclytum; anathema sit.

14 Si quis dixerit atque crediderit 14 Dominum Filium eumdem esse vel Patrem, vel
Paraclytum; anathema sit.

15 Si quis dixerit Paraclytum Spiritum 15
eumdem esse vel Patrem, vel Filium; anathema sit.

16 Si quis dixerit atque crediderit homi- 16
nem JESUM-CHRISTUM a Filio Dei assumtum non fuisse; anathema sit.

17 Si quis dixerit atque crediderit Fi- 17
lium Dei Deum passum; anathema sit.

Si quis dixerit atque crediderit hominem JESUM-CHRISTUM hominem impassibilem fuisse; anathema sit.

Si quis dixerit atque crediderit alterum Deum esse priscæ legis, alterum Evangeliorum; anathema sit.

Si quis dixerit atque crediderit ab altero
Deo mundum 18 fuisse factum, quam ab 18
illo de quo scriptum est: *In principio Deus* Gen. 1.1.
fecit cælum & terram: qui solus Deus verus est; anathema sit.

Si quis dixerit atque crediderit corpora
humana 19 non resurrectura post mortem; 19
anathema sit.

Si quis dixerit atque crediderit animam humanam Dei portionem, vel Dei esse substantiam; anathema sit.

Si quis aliquas Scripturas, præter eas
quas catholica Ecclesia recepit, vel in auctoritatem habendas esse 20 crediderit, vel 20
fuerit veneratus; anathema sit.

CA-

---

8 Voces *vel spiritus* a Quesnello omissas ex codd. Vind. & Herov. ceterisque excusis revocavimus. Mox *Hinc igitur filium* legitur in cod. Oxon.

9 Vulg. Aug. cum MSS. Vind. & Herov. *in utero*. Thuan. *sanctificatum in utero*; minus recte, inquit Quesnellus, *etsi eo sensu intelligi possit, quo dictum est*. Quem Pater sanctificavit. Dein edit. Conc. *sine virili generatum semine*.

10 Vulg. Conc. addunt: *duabus dumtaxat naturis, idest Deitatis & carnis, in unam convenientibus omnino personam, idest Dominum nostrum Jesum Christum: nec imaginarium corpus, aut phantasmatis alicujus in eo fuisse, sed solidum atque verum: hunc & esurisse* &c.

11 Iidem vulg. Conc *& omnes corporis injurias pertulisse: postremo*.

12 Cod. Thuan. *cum discipulis, antequam mitteret Spiritum Sanctum, quem misit dum ad cælos*. Vind. *cum discipulis, quem misit, dum ad cælos ascendisset*. Melius in App. Aug. *cum discipulis, quibus sanctum Paraclytum misit, dum ad cælos ascendisset*. Utrique vero sequuntur: *Hunc filium hominis nunc vocari Resurrectionem*. Oxon. delet voces *Hunc filium hominis* usque ad *confitemur*. Verior lectio in Vulg. Concil. *cum discipulis suis, & quadragesima post resurrectionem die ad cælum ascendisse. Hunc Filium hominis etiam Dei Filium dici, Filium autem Dei Dominum Filium hominis appellamus. Resurrectionem vero futuram humanæ* &c. Oxon. omittit *humanæ*.

13 Cod Herov. *sed creatam divina voluntate, non prolapsam*. Vind. ac Thuan. *sed creaturam divina voluntate non prolapsam*. Ita etiam in App. Aug. quæ solum delet *non*. Edit Conc. *sed creaturam dicimus divina voluntate creatam. Si quis autem dixerit, aut crediderit*. Vind. cum App. Aug. *atque crediderit*.

14 App. Aug. *Deum Filium*. Melius vulg. Conc. *Dei Filium*.

15 Vulg Conc. *Si quis dixerit vel crediderit Paracletum vel Patrem esse, vel Filium* &c. Idem est in MS. Vind. Solum post *Paracletum* addit *Spiritum*.

16 Hic & duo sequentes anathematismi aliter in vulg Concil. & melius efferuntur. *Si quis dixerit vel crediderit carnem tantum sine anima a Filio Dei fuisse susceptam; anathema sit*.

Si quis dixerit vel crediderit Christum innascibilem (al. *impassibilem*) *esse; anathema sit*.

Si quis dixerit vel crediderit Deitatem Christi convertibilem esse vel passibilem, anathema sit.

17 Cod. Thuan. *Si quis non crediderit*. Notat Quesn. in margine: *Bonus utriusque lectionis sensus esse potest*. Immo hujus lectionis, quam ex Thuan. codice affixit, sensus perversus est, nisi suppleatur *filium Dei Deum & hominem humanitate passum*, vel aliud simile.

18 Verbum *fuisse* addidimus ex MS. Vind. cui suffragantur App. Aug & vulg. Concil. In his postremis legitur *factum fuisse, & non ab eo, de quo*: & delent *qui solus Deus verus est*.

19 Vulg. Concil. *non resurgere*.

20 Ita MSS. Vind. & Herov. cum Append. Aug. Quesnellus cum Oxon. *receperit, vel fuerit veneratus*: & notat in marg forte *præceperit* pro *receperit*. Thuan. *Ecclesia recipit, vel quæ in auctoritatem habendæ sunt, crediderit* minus bene. In vulg. Concil. hic anathematismus aliter exhibetur. *Si quis dixerit vel crediderit*

CAPITULUM XLI.

1 EXEMPLA

TESTIMONIORUM

Sanctorum Patrum, de duabus naturis in una persona D. N. JESU CHRISTI indiscrete & distincte manentibus.

2 2 Sancti HILARII Pictavensis Episcopi & Confessoris de fide catholica libro secundo.

HUmani enim generis caussa Dei Filius natus ex virgine & Spiritu sancto ipso sibi in hac operatione consorte, & sua, videlicet Dei, inumbrante virtute, corporis sibi initia consevit, & exordia carnis instituit, ut homo factus ex virgine naturam in se carnis acciperet, perque hujus assumtionis societatem sanctificatum in eo universi generis humani corpus existeret: ut quemadmodum omnes in se, per id quod corporeum se esse voluit, conderentur; ita rursum in omnes ipse per id quod ejus est invisibile, referretur. Dei igitur imago invisibilis, pudorem humani exordii non recusavit, & per conceptionem, partum, vagitum, & cunas, omnes naturæ nostræ contumelias transcurrit. Quid tandem a nobis
3 dignum tantæ dignationis 3 affectui rependetur? Inenarrabilis a Deo originis unus unigenitus Deus in corpusculi humani formam sanctæ virginis utero insertus accrescit, & qui continet omnia, & intra quem, & per quem cuncta sunt, humani partus lege profertur, & ad cujus vocem Angeli atque Archangeli tremunt, cælum & terra, & omnia hujus mundi resolventur ele-
4 menta, 4 infantiæ vagitus auditur: & qui invisibilis & incomprehensibilis est, non visu, sensu, tactuque moderandus, cunis est obvolutus. Hæc si quis indigna Deo recolit, tanto se majoris beneficii obnoxium confitebitur, quanto minus hæc Dei conveniunt majestati. Non ille eguit homo effici, per quem homo factus est; sed nos
eguimus ut Deus 5 caro fieret & habitaret 5
in nobis; id est assumtione carnis unius interna universæ carnis incoleret. Humilitas ejus nostra est nobilitas; contumelia ejus, honor noster est. Quod ille Deus in carne consistens, hoc nos vicissim in Deum ex carne renovati.

Item ejusdem in libro IX. inter cetera. Nescit plane, vitam suam nescit, qui CHRISTUM JESUM ut verum Deum, ita verum hominem ignorat: & ejusdem periculi res est CHRISTUM JESUM vel spiritum Deum,
vel carnem nostri corporis 6 denegare. 6
Omnis, inquit, *qui confitebitur me coram hominibus, confitebor & ego eum coram Patre meo, qui est in cælis. Qui autem negaverit me coram hominibus, negabo & ego eum coram Patre meo, qui est in cælis.* Hæc verbum caro factum loquebatur, & homo JESUS-CHRISTUS, Dominus majestatis docebat, mediator ipse in se ad salutem Ecclesiæ constitutus, & ipso illo inter Deum & homines mediatoris sacramento, utrumque unus existens: dum ipse ex unitis in id ipsum naturis naturæ utriusque res eadem est; ita tamen ut neutro careret in utroque: ne forte Deus esse homo nascendo desineret, & homo rursus Deus manendo non esset. Hæc itaque humanæ beatitudinis fides vera est, Deum & hominem prædicare. Verbum & carnem confiteri; neque Deum nescire quod homo sit, neque carnem ignorare, quod Verbum sit.

Item ejusdem in eodem libro, inter cetera.
Natus igitur unigenitus 7 Deus ex vir- 7
gine homo, & secundum plenitudinem temporum in semetipso provecturus in Deum hominem; hunc per omnia evangelici sermonis modum tenuit, ut se Dei Filium
credi doceret, & hominis Filium 8 prædi- 8
cari admoneret; loquutus homo & gerens universa quæ Dei sunt; loquens deinde & gerens Deus universa quæ hominis sunt; ita tamen ut in ipso illo utriusque generis sermone numquam nisi cum significatione & hominis loquutus sit & Dei.

Item in alio loco in eodem libro inter cetera. Videsne ita Deum & hominem prædicari, ut mors homini, Deo vero carnis excitatio deputetur? Naturam Dei in virtute re-

---

diderit alias Scripturas, præter quas Ecclesia catholica recipit, in auctoritate habendas, vel esse venerandas; anathema sit. Dein sex alii anathematismi adversus Priscillianistas adduntur, qui in nostra collectione & in Append. Augustini desiderantur.

1 In cod. Vind. tituli loco habetur tantum *Exempla testimoniorum*. Cum vero in nostra collectione hæc eadem testimonia iterum exhibeantur cap. 67. post epistolam S. Leonis ad Leonem Augustum, quam cum iisdem testimoniis dedimus tom I epist. 165. col. 1383. variantes diversarum collectionum ibidem produximus. Eo igitur lectores remittentes hic tantum ad præstantissimum Vind. codicem hujus collectionis & titulos exegimus, & quædam loca emendavimus, uti hoc capite 41. ibidem proferuntur: quod semper subintelligendum est, ubi Quesnelli lectione in notis rejecta textum correximus.

2 Sic ex MS. Vind. Quesnellus: *Ex libro secundo contra Arrianos Sancti Hilarii Pictavensis Episcopi*. Mox ex eodem codice particulam *enim* a Quesnello omissam inserimus.

3 Ita idem cod. Vind. Quesnellus *affectu impendetur*.

4 Quesn. inserit *ejus*; delevimus cum eodem cod.

5 Idem *homo fieret*.

6 Quesn. *negare*.

7 Idem *Dominus*.

8 Quesn. *dici*.

resurrectionis intellige, dispensationem hominis in morte cognosce. Et cum sint utraque suis gesta naturis, unum tamen JESUM-
CHRISTUM eum memento esse, qui utrum-
9 que est. *Et post pauca* 9 *sequitur*: Hæc igitur demonstranda paucis a me fuerunt, ut
10 utriusque 10 naturæ personam tractari in
Domino JESU-CHRISTO meminissemus: quia
qui in forma Dei erat, formam servi ac-
11 cepit 11.

12 12 *Sancti Athanasii Alexandrini Episcopi & Confessoris ad Epictetum
Episcopum Corinthium.*

13 13 QUomodo autem vel dubitare ausi
14 sunt, qui dicuntur Christiani, 14
si Dominus, qui ex Maria processit, filius quidem, substantiæ natura,
Dei est, quod autem secundum carnem, ex
semine David est, & carne sanctæ Mariæ?

15 15 *Sancti Ambrosii Episcopi Mediolanensis
ad Imperatorem Gratianum in Libro II.
de Fide.*

UNde illud quoque lectum est, Dominum
majestatis crucifixum esse; non quasi
in majestate sua crucifixum putemus, sed
quia idem Deus, idem homo, per Divinitatem Deus, per susceptionem carnis homo, JESUS CHRISTUS Dominus majestatis
dicitur crucifixus: quia consors utriusque naturæ, id est humanæ atque divinæ, in natura hominis subiit passionem; ut indiscre-
16 te & Dominus majestatis dicatur 16 esse,
qui passus est, & Filius hominis, sicut scri-
Joan. 3. 13. ptum est: *Qui descendit de cælo.*
17 17 *Item in alio loco de eodem libro inter*
1. Cor. 2. 4. *cetera*. Sileant igitur inanes de sermonibus
4. 20. quæstiones: quia regnum Dei, sicut scriptum
est, *non in persuasione verbi est, sed in osten-
sione virtutis*. Servemus distinctionem Divinitatis & carnis. Unus in utroque loquitur
Dei Filius, quia in eodem utraque natura
est. Etsi idem loquitur, non uno semper
loquitur modo. Intende in eo nunc glo-
18 riam Dei, nunc hominis passiones. 18 Quasi
Deus loquitur quæ sunt divina, quia Verbum est: quasi homo dicit quæ sunt humana, quia in mea substantia loquebatur.

*Item ejusdem in libro de Incarnatione Do-
mini inter cetera*. Sed dum hos redargui-
mus, emergunt alii, qui carnem Domini
dicant & Divinitatem unius 19 naturæ. 19
Quæ tantum sacrilegium inferna vomue-
runt? Jam tolerabiliores sunt Arriani, quorum per illos perfidiæ robur adolescit; ut
20 majore contentione asserant Patrem & 20
Filium & Spiritum Sanctum unius non esse
substantiæ, quia isti Divinitatem Domini
& carnem unius esse substantiæ dicere tentaverunt. *Et infra*. Hi mihi frequenter
Nicæni Concilii tractatum se tenere commemorant. Sed in illo Patres nostri tractatu non carnem, sed Dei Verbum, unius
substantiæ cum Patre esse dixerunt: & Verbum quidem ex paterna processisse substantia, carnem autem ex virgine esse confessi
sunt. Quomodo igitur Nicæni Concilii nomen obtenditur, & nova inducuntur, quæ
numquam nostri sensere majores?

*Sancti Augustini Episcopi Hipponensis
ad Dardanum inter cetera.*

NOli itaque dubitare, ibi 21 nunc esse 21
hominem Christum, unde venturus
est; memoriterque recole, & fideliter tene
christianam confessionem, quoniam *resurrexit a mortuis, ascendit ad cælum, sedet
ad dexteram Patris*: nec aliunde quam inde venturus est ad vivos & mortuos judi-
candos, & *sic venturus est*, illa angelica vo- Act. 1. 11.
ce testante, *quemadmodum est ire visus in
cælum*, id est in eadem forma 22 carnis 22
atque substantia: cui profecto immortalitatem dedit, naturam non abstulit.

*Item ejusdem in epistola ad Volusianum
inter cetera*. Nunc vero ita inter Deum 23 23
& homines mediator apparuit, unitate personæ copulans utramque naturam, ut & solita sublimaret insolitis, & insolita solitis
temperaret.

*Item ejusdem in expositione Evangelii se-
cundum Joannem inter cetera*. Quid igitur
hæretice? cum Christus sit Deus & homo,
loquitur ut homo, & tu calumniaris Deo?
Ille in se naturam commendat humanam,
24 tu in illo audes deformare divinam? *Et* 24
in-

---

9 Idem omittit *sequitur*.

10 Oxon. *personæ naturam*, male. Vulg. *naturæ formam*. Confer not. 24. tom. 1. col. 1387.

11 Vulg ante Quesn. addunt *ipse Divinitatem nequaquam amisit*. Vide ibidem notam 25.

12 Quesnellus: *Ex epistola S. Athanasii Alexandrini Episcopi ad Epictetum Episcopum Corinthium.*

13 Notat Quesnellus in margine: *Verba hæc S. Athanasii sunt ex versione ejus epistolæ, quæ inferius habetur c. 52. hujus codicis, & qua S. Leo usus est.*

14 Quesn. *quod Dominus*: & dein *secundum carnem homo est ex semine.*

15 Quesn. *Ex libro Sancti Ambrosii Mediolanensis Episcopi secundo ad Gratianum Imperatorem.*

16 Idem delevit *esse*, & post *de cælo* addidit *& est in cælo.*

17 Quesn. *Item in libro XIII.* male. Nostrum Codicem Vind. semper sequuti sumus.

18 Quesn. omisit *Quasi*: & dein habet *loquitur*.

19 Notat Quesn. in ep. 134., nunc 165, S. Leonis addi *esse*. Utroque vero in loco noster codex Vind. hoc verbum ignorat.

20 Oxon. *minore*: & paullo post *quam hi qui* pro *quia isti*.

21 Quesn. *nunc Christum esse, unde*.

22 Idem omisit *carnis*: & dein habet *cui perfecto immortalitatem*.

23 Idem *& hominem*.

24 Quesn. *eum in illo*.

insia : Agnoscamus geminam substantiam
Christi, divinam scilicet, qua æqualis est Patri, humanam, qua major est Pater. Utrum-
25 que autem 25 simul non duo, sed unus est
Christus, ne sit quaternitas, non Trinitas
Deus. Sicut enim est homo, anima rationalis & caro; sic unus est Christus, Deus
& homo : ac per hoc Christus est Deus,
26 anima rationalis 26 & caro. Christum in
his omnibus, Christum in singulis confitemur. Quis est ergo, per quem factus est
mundus? CHRISTUS JESUS, sed in forma Dei.
Quis est sub Pontio Pilato crucifixus? CHRIS-
TUS JESUS, sed in forma servi.

*Sancti Joannis Constantinopolitani Episcopi,
& Confessoris in homilia de cruce
& latrone inter cetera.*

SEd cur cum cruce veniat, videamus.
Scilicet ut hi qui eum crucifixerunt,
suæ sentiant dementiæ cæcitatem; & ideo
impudentiæ eorum signum portatur; & ideo
Propheta ait : *Tunc lamentabuntur tribus ter-*
27 *ræ*, videntes 27 accusatorem, & agnoscentes
peccatum. Et quid mirum est, si crucem
portans adveniat, quando & vulnera corpo-
Zachar.12.10. ris ipsa demonstrat? *Tunc enim*, inquit,
videbunt quem crucifixerunt. Et sicut post
resurrectionem voluit Thomæ diffidentiam
confutare, & illi clavorum loca monstravit, & lateris vulnera declaravit, & dixit:
Joan.20.27. *Mitte manum tuam, & vide quoniam spi-*
Luc.24.39. *ritus carnem & ossa non habet, sicut me vi-*
detis habere: sic & tunc ostendet vulnera,
crucemque demonstrabit, ut ostendat se esse illum, qui fuerat crucifixus.

Item ejusdem Episcopi in homilia de as-
28 *censione Domini inter cetera*. 28 Nam sicut
duobus jurgio separatis, unus in medio positus altercantium litem discordiamque dis-
solvit, ita & Christus fecit. Deus nobis juste irascebatur, & nos contemnebamus ira-
tum, & clementem Dominum declinaba-
mus; & se medium Christus ingessit, & sociavit utramque naturam, & nobis quod
imminebat supplicium, ipse sustinuit. *Item
ejusdem in eadem homilia*. Christus igitur
nostri primitias obtulit Patri, & oblatum
donum miratus est Pater, quod tanta dignitas offerebat, & quod offerebatur, nulla
macula fœdabatur. Nam & suis manibus
suscepit oblatum, & suæ sedis fecit esse participem, &, quod plus est, ad partem suæ
dexteræ collocavit. Cognoscamus quis illa

est qui audivit: *Sede ad dexteram meam*:
quæ natura est, 29 cui dixit: Esto meæ par- 29
ticeps sedis? Illa natura est, quæ audivit:
*Terra es, & in terram ibis. Item in eadem
homilia*. Quo sermone utar, quo verbo dicam, reperire non possum. Natura fragilis,
natura contempta, & omnibus monstrata de-
terior, omnia vicit, omnia superavit, 30 30
& omnibus hodierna die meruit excelsior
reperiri. Hodie Angeli vota diu desiderata
ceperunt. Hodie Archangeli quod multo
tempore cupiebant inspicere valuerunt: nostram enim naturam in sede dominica ful-
gentem immortali gloria perviderunt.

*Sancti Theophili Episcopi Alexandrini, de
epistola paschali quam per Ægyptum
destinavit.* 31 31

CUjus rei testis est ille, 32 qui loquitur: 32
Omnes declinaverunt, simul inutiles Ps.143.5.
facti sunt. Et Prophetæ, Christi auxilium
deprecantes: *Domine, inclina cælos* 33 *&*
descende: non ut mutaret loca, in quo 33
sunt omnia, sed ut propter salutem nostram, carnem humanæ fragilitatis assume-
ret; Paullo eadem concinente : *Cum esset
dives, pauper factus est, ut nos illius pau-*
pertate divites essemus. Venitque in terras; 2.Cor.8.9.
& de virginali utero, quem sanctificavit,
egressus est homo, interpretationem nominis sui Emmanuel, id est nobiscum Deus,
dispensatione confirmans, mirum in modum
cœpit esse quod nos sumus, & non desiit
esse quod erat; sic assumens naturam nostram, ut quod erat ipse non perderet.
Quamquam enim in Joanne scribatur: *Ver-*
bum caro factum est, id est aliis verbis, Joan.1.14.
homo; tamen non est versus in carnem,
quia numquam Deus esse cessavit, ad quem
& sanctus loquitur: *Tu autem idem ipse es*:
& Pater de cælo contestatur, & dicit: *Tu* Ps.101.28.
es Filius meus dilectus, in quo mihi bene Matt.3.17.
complacui: ut & homo factus nostra con- Marc.1.11.
fessione permanere dicatur quod fuit, prius- Luc.3.22.
quam homo fieret; Paullo nobiscum eadem
prædicante: JESUS-CHRISTUS *heri, & hodie*, Hebr.13.8.
ipse & in æternum. In eo enim quod ait,
ipse, ostendit eum pristinam non mutasse
naturam, nec Divinitatis suæ imminuisse
divitias, 34 quia propter nos pauper effe- 34
ctus, plenam similitudinem nostræ conditionis assumserat.

35 *Item ejusdem Episcopi in alia epistola* 35
paschali contra Origenem inter cetera. Unus

25 Quesn. omisit *simul*.

26 Quesn. alio verborum ordine *& caro Dei. Quis est sub Pontio .... in forma servi? Quis est per quem factus est mundus? Christus Jesus, sed in forma Dei. Christum ergo in his omnibus, Christum in singulis confitemur*. Notatque in marg. *Vox* Dei *est in solo cod. Oxon.* Ex Vind emendavimus, ordinemque restituimus, suffragantibus aliis MSS. & excusis codicibus.

27 Quesn. *accusatores*.

28 Idem omisit *Nam*.

29 Idem *cui dicitur*.

30 Idem *& hodierna die meruit Angelis excelsior reperiri*.

31 Hoc testimonium sumtum est ex versione S. Hieronymi inter ipsius opera tom. I. ep. 98. n. 4. edit. Veron. In cod. Oxon. titulus est : *Ex epistola S. Theophili Alexandrini de Pascha*.

32 Quesn. *qui dicit*.

33 Alii codd. cum vulgatis addunt *tuos*.

34 Quesn. *qui propter nos*.

35 Hoc quoque testimonium sumtum est ex interpretatione S. Hieronymi inter ipsius opera tom. I. epist. 96. n. 3. edit. Veron.

filius Patris, nostrique mediator, nec æqua-
litatem ejus amisit, nec a nostro consortio
separatus est. Invisibilis Deus, & visibilis
36 homo, forma servi absconditus 36 & Dominus gloriæ confessione credentium comprobatus. Neque enim privavit eum Pater
naturæ suæ nomine, postquam pro nobis homo & pauper effectus est; nec in Jordane
fluvio baptizatum altero appellavit vocabu-
37 lo, sed filium unigenitum 37: *Tu es filius
meus dilectus, in quo mihi bene complacui*:
nec similitudo nostra in Divinitatis est mutata naturam, nec Divinitas in nostræ naturæ versa est similitudinem.

Sancti Cyrilli Episcopi Alexandrini.

38 HOmo 38 nominatus est, cum sit natura Deus, Dei Patris Verbum: quoniam similiter ut nos carni communicavit
& sanguini. Sic enim terrenis apparuit,
non amittens id quod erat, sed assumens
humanitatis naturam in sua ratione perfectam.

Item ejusdem: Unus igitur est, & ante
incarnationem Deus verus, & qui in humanitate mansit id quod erat, & est, &
erit. Non discernendo igitur unum Dominum JESUM CHRISTUM in hominem seorsum, & seorsum in Deum; sed eumdem
unumque JESUM CHRISTUM esse dicimus;
non ignorantes differentias naturarum, sed
eas inconfusas inter se reservantes.

Item ejusdem in epistola ad Nestorium:
39 39 Ait igitur sancta & magna Synodus,
ipsum, qui est ex Deo Patre naturaliter natus, filium unigenitum, Deum de Deo,
verum de vero, lumen de lumine, per
quem & cum quo omnia fecerit Pater;
40 hunc descendisse 40, incarnatum esse, &
hominem factum, passum esse, resurrexisse
tertia die, & ascendisse rursus in cælos.
Hæc nos sequi verba debemus, his nos convenit obtemperare dogmatibus: considerantes, quid sit incarnatum esse, & hominem
factum Dei Verbum. Non enim dicimus,
quod Dei natura conversa vel immutata,
facta sit caro; nec quod in totum homi-
41 nem, qui est ex anima 41 & corpore,
transformata sit; sed illud magis, quod
carnem animatam anima rationabili sibi copulaverit Verbum substantialiter, ineffabiliter, & indeprehensibiliter, factus sit homo, & nuncupatus sit etiam filius hominis, non nuda tantummodo voluntate, sed
nec assumtione sola personæ, sed quod diversæ quidem naturæ in unum convenerint.
Unus tamen 42 ex ambabus Christus & 42
filius, non evacuata aut sublata diversitate
naturarum per conjunctionem; sed quia simul nobis effecerunt unum Deum & Christum & filium, id est, Divinitas & humanitas per arcanam illam ineffabilemque copulationem ad unitatem. Itaque is qui ante
sæcula omnia est natus ex Patre, etiam
ex muliere carnaliter dicitur procreatus:
non quia divina ipsius natura de sacra virgine sumsit exordium, nec quod propter seipsam opus habuit secundo nasci, post illam nativitatem quam 43 habebat ex Pa- 43
tre: est enim ineptum & stultum hoc dicere, quod is qui ante omnia sæcula est con-
sempiternus Patri, secundæ generationis egue-
rit, ut esse inciperet: sed quia propter nos
& propter nostram salutem, naturam sibi
copulavit humanam, & processit ex muliere. Idcirco dicitur natus esse carnaliter:
neque enim prius natus est homo communis de sancta Virgine, & tunc demum in-
habitavit in eo Verbum; sed in ipsa vulva
uteroque virginali se cum carne conjunxit,
& sustinuit generationem carnalem, carnis
suæ nativitatem, suam faciens. 44 Sic il- 44
lum dicimus & passum esse, & resurrexisse;
non quia Deus Verbum in sua natura passus sit, aut plagas, aut clavorum transfixio-
nes, aut alia vulnera, Deus namque incorporalis & extra passionem est: sed quia corpus illud quod ipsius proprium factum est,
passum est, ideo hæc omnia pro nobis ipse
dicitur passus. Inerat enim in eo corpore,
quod patiebatur, Deus, qui pati non poterat. 45 Simili etiam modo mortem ipsius 45
intelligimus. Immortale enim & incorru-
ptile est naturaliter, & vita, & vivificans
Dei Verbum; sed quia corpus ipsius proprium
gratia Dei, juxta Paulli vocem, *pro omni-* Hebr. 2. 9.
bus mortem gustavit, idcirco ipse mortem
dicitur passus esse pro nobis: non quod ipse
mortem esset expertus, quantum ad ipsius
naturam pertinet, insania est enim hoc vel
sentire, vel dicere; sed quod, ut supra diximus, vera caro ipsius mortem gustavit.
Ita & resurgente carne, ipsius 46 rursus re- 46
surrectionem dicimus, non quia in corruptionem ceciderat, absit, sed quia ejus re-
sur-

---

36 Vulg. Hier. cum MSS. Vat. Hisp. & Isid. addunt *est*. & dein quidam vulg. habent *comprobatur*.

37 Quesn. addit *nominavit dicens*; & mox post vocem *Divinitatis* addit *ejus*.

38 Idem *natus est*.

39 Ex versione, quæ inferius cap. 56. hujus collectionis integra refertur, & qua usus est S. Leo epist. 165.

40 Quesn. addit *de cælo*. Post pauca Oxon. omittit *rursus*.

41 Quesn. *& carne*. Mox cod. Oxon. *quod carnem animatam rationalis sibi anima copulaverit, & Verbum .... indeprehensibiliter factum sit homo*: minus recte. Sic Quesnellus, qui dein ante *factus sit* præmisit *ac*.

42 Idem Quesn. *ab ambabus Christus Dei Filius*.

43 MS. Oxon. *habuit*.

44 Quesn. *Si illum*.

45 Idem *Ac simili*: & post pauca *sed quia corpus*. Mox vero post verba *gratia Dei* cod. Oxon. addit *tradens*.

46 Quesn. omittit *rursus*: & dein habet *non quod in corruptionem ceciderat, quod absit*.

ſurrexit corpus: ita Chriſtum unum & Dominum confitemur, non tamquam hominem
cum Verbo coadorantes, ne diviſionis quædam ſpecies inducatur; ſed unum jam &
eumdem adorantes: quia non eſt alienum a
Verbo corpus ſuum, cum quo ipſi etiam aſ-
ſidet Patri. Nec hoc ita dicimus, quaſi duobus filiis aſſidentibus, ſed uno cum carne
per unitatem: quia ſi talem copulationem
factam per ſubſtantiam, aut quaſi impoſſi-
bilem, aut quaſi parum decoram nolueri-
mus accipere, in id incidimus, ut duos fi-
47 lios eſſe dicamus. 47 Nec enim debemus
diſcernere & dicere hominem ſeparatim fuiſſe ſola filii appellatione honoratum; & rurſus Verbum, quod eſt ex Deo & nomine &
veritate Filius Dei. Sed diſcernere in duos
filios non debemus unum Dominum JESUM
CHRISTUM. Neque enim id adjuvat rectam
fidei rationem, licet nonnulli copulationem
neſcio quam perhibeant perſonarum. Non
dixit enim Scriptura, Verbum Dei perſonam
ſibi hominis aſſumſiſſe; ſed carnem factum
eſſe: id autem eſt oſtendere Verbum Dei ſi-
48 militer ac nos 48 participatum habuiſſe carnis ac ſanguinis, & corpus noſtrum proprie ſuum feciſſe, & hominem ex muliere
proceſſiſſe non abjecta, nec depoſita Deitate aut generatione illa, quam habebat ex
Patre, ſed manſiſſe etiam in aſſumtione carnis Deum, quod erat. Hoc ubique rectæ
fidei ratio proteſtatur. In tali ſenſu ſanctos
Patres fuiſſe comperimus: ideo illi non dubitarunt ſanctam Virginem dicere Theotocon, non quod Verbi natura Deitaſque in
ſancta Virgine ſumſit exordium, ſed quod ex
ea natum ſit ſacrum illud corpus animatum
anima rationabili, cui ſubſtantialiter adu-
natum Dei Verbum carnaliter natum eſſe
dicitur.

Sancti Gregorii Nazianzeni Epiſcopi in homilia de Epiphania.

49 CUm ergo proceſſiſſet ex Virgine Deus 49
in ea quam aſſumſerat humana natura, unum e duobus invicem contrariis
exiſtens, carne ac ſpiritu, aliud in Deum
aſſumitur, aliud Deitatis gratiam præſtit...
Miſſus eſt quidem, ſed ut homo: duplex
enim erat in eo natura. Inde denique &
laboravit ex itinere, inde & eſuriit, & ſi-
tiit, & contriſtatus eſt, & flevit, humani
corporis lege.

Sancti Baſilii Epiſcopi Cappadocis. 50 50

CUm ergo ita quædam in Chriſto videamus humana, ut nihil 51 a com- 51
muni mortalium fragilitatum diſtare videantur; quædam ita divina, quæ nulli alii niſi
illi ineffabili naturæ conveniant Deitatis:
hæret humani intellectus anguſtia, & tantæ
admirationis ſtupore perculſa, 52 quo de- 52
clinet, quid teneat, quo ſe convertat, ignorat. 53 Si hominem putet, devicto mortis 53
regno cum ſpoliis redeuntem a mortuis cernit: propter quod cum omni metu & reverentia contemplandum eſt, ut in uno eodemque ita utriuſque naturæ veritas demon-
ſtretur, ut neque aliquid indignum & indecens de divina illa & ineffabili ſubſtantia
ſentiatur, neque rurſum quæ geſta ſunt, 54 54
falſis illuſa imaginibus æſtimentur.

47 Cod. Thuan. *Nec enim diſcernere fas eſt.* Addit Queſn. in margine: *Alias juxta Græcam lectionem* Neceſſe eſt enim &c. *quod velut conſequens ex doctrina Neſtorii dicitur a Cyrillo*.

48 Ita Vind. cum MS. Oxon. Queſnellus prætulit *participium*.

49 *Ex oratione* 38. *in Theophaniam, ſeu Nativitatem Domini cap.* 20. *ex Rufiniana, ut opinor, interpretatione*. Queſnellus.

50 *Ex quo Baſilii opuſculo non liquet*. Idem Queſn.

51 Queſn. *a communione mortalis fragilitatis diſtare videatur*.

52 Cod. Thuan. *ut quo declinet .... ignoret*.

53 Queſn. ex ſolo cod. Oxon. addidit: *Si Deum putet, crucifixum contemplatur*: at fatetur hæc deeſſe in cod. Thuan. ſicut etiam deſunt in noſtro Vind. & in omnibus aliis codd. Vide not. 70. in teſtimonia ſubjecta Leonis epiſtolæ 165. tom. I. col. 1396.

54 Notat Queſn. in margine. *Ita ex Thuan. & Oxon. bonam lectionem compoſuimus, quæ in Grimanico epiſt.* 134. *al.* 97. (nunc. 165.) *S. Leonis codice reperitur. Oxon. pro* illuſa *legit* ſuis: *Thuan. pro* æſtimentur *legit* aptentur. Noſter Vind. vulgatam lectionem approbat.

CAPITULUM XLII.

1 INCIPIT

EXEMPLAR GESTORUM,

ubi in Conſtantinopolitana Synodo a ſancto Flaviano Epiſcopo & Confeſſore Eutyches hæreticus auditus atque damnatus eſt.

COngregata rurſus ſancta & magna Sy-
2 nodo, prolatis ſanctis & 2 tremendis
3 Evangeliis, & 3 præſente ſancto ac venerabili Archiepiſcopo noſtro Flaviano in Secretario Epiſcopii, ſtatuto tempore, ſecun-
4 da feria, quæ eſt 4 X. Kal. Decemb. Aſte-
5 rius Presbyter 5 & Primicerius dixit: Advenit ſtatutus dies, & venerabilis Euſebius
Epiſcopus pro foribus ſtans petit ſe intro-
6 mitti. Flavianus 6 Epiſcopus dixit: Ingrediatur. Cumque ingreſſus fuiſſet, Flavianus
7 Epiſcopus dixit: Eant Philadelphius & 7
Cyrillus Diacones, & requirant Presbyterum & Archimandritam Eutychem circa
Epiſcopium, ſi occurrerit ſecundum promiſ-
ſionem ſuam, & vocent eum ad Concilium:
8. Et paullo poſt redeuntes prædicti Diaco- 8
ni, dixerunt quæſitum per univerſam Eccleſiam, ſed non inventum, nec quemquam
ipſius. Flavianus Epiſcopus dixit: Rurſus
Criſpinus & Diogenianus Diacones euntes
requirant eum circa Eccleſiam, & ubicumque eum didicerint eſſe, evocent eum: &
cum abiiſſent, & reverſi eſſent Diaconi, dixerunt ipſum quidem non repertum, 9 ſed 9
cognoviſſe, quod cum maxima multitudine
militum & Monachorum ac præfectianorum
apparitorum eum eſſe: & cum iſta dicerentur, & expectaret ſancta Synodus, Joannes
venerabilis Presbyter defenſor dixit: Occurrit venerabilis Presbyter & Archimandrites
Eutyches cum magna multitudine militum,
& Monachorum 10 & præfectianorum ap- 10
paritorum ſublimiſſimæ poteſtatis Præfecti
Prætorio, nec aliter permittunt eum cogni-
tioni intromitti; 11 niſi cum eis promiſe- 11
rimus eum nos repræſentaturos: & eſt pariter Magnus Silentiarius & ipſe 12 cum eo 12
pro foribus, cupiens ingredi, utpote directus
a religioſiſſimo Imperatore noſtro. Flavianus Epiſcopus dixit: Ingrediantur. Cumque
ingreſſi fuiſſent, Magnus Silentiarius dixit:
Per veſtigia veſtra ſi jubetis ſuſcipere reſponſum Domini Imperatoris, 13 circa quædam 13
ſcripta mandaverunt, quæ, ſi placet, relego.
Sin-

---

1 Præter codices hujus collectionis invenitur etiam in MSS. collectionum Vat. 1342. & in additionibus Dionyſianis, quarum tres codices recognovimus Vat. 5845. Vallicel. A. 5. & Vercellenſem. Præmiſſa eſt præterea codici Vat. 3833. qui collectionem Cardinalis Deusdedit continet, ac tandem ex hac eadem verſione, quæ Leoni in ſuo de Eutyche judicio uſui fuit (uti patebit ex not. 56.) ab antiquo Concilii Calchedonenſis interprete recepta, & ad Græcum textum alicubi exacta, inſerta legitur act. 1. ejuſdem Concilii. Eſt autem actio VII. Synodi Conſtantinopolitanæ adverſus Eutychen. Omnia quidem Græca geſta ejuſdem Synodi ad Leonem miſſa fuere. Sed cum in hac VII. & ultima actione totius rei ſumma, & judicium Patrum contineretur; hæc ſola ſtatim latine reddita eſt, ac proinde hæc ſola in aliquot Latinas collectiones tranſivit; & deſcripta fuit ſive ſtatim poſt epiſtolas ipſius Leonis, ut in collectione Vat. 1342. ſive inter ejuſdem Pontificis epiſtolas, ut in collectione additionum Dionyſii. Titulum exhibuimus, uti in MSS. hujus noſtræ, & præcedentium duarum vetuſtarum collectionum præfertur. Queſnellus vero ſic: *Geſta damnationis Eutychetis in Synodo Conſtantinopolitana præſente S. Flaviano Confeſſore ejuſdem urbis Epiſcopo*. Vat. 3833. *Incipit definitio Synodi Conſtantinopolitanæ adverſus Eutychen*.

2 Ita omnes noſtri codd. & Baluzii. Solus Queſn. *& reverendis*.

3 Ita vetuſtæ collectiones, mendoſe: ex Græco enim legendum eſt cum vulg. Conc. & Vat. 3833. *præſidente*.

4 Sic omnes noſtri codd. Vulg. Conc. cum MSS. antiquæ verſionis Calchedonenſis *viceſima ſecunda dies menſis Novembris*, quæ eodem recidit. Queſn. perperam in textu recepit *Kal. Decembris*, omiſſa nota numerali *X*.

5 Codd. additionum Dion. cum MS. Pariſ. puræ verſionis antiquæ Synodi Calchedonenſis *& primicerius notariorum*. Vulg. Conciliorum cum quibuſdam exemplaribus Ruſtici concinente Græco textu *& notarius*: mox iidem vulg. cum Vat. 3833. *præ foribus*.

6 Iidem codd. addit. Dion. cum vulg. & Græco *Archiepiſcopus*, & ſimiliter poſtea.

7 MS. Corb. Ruſtici apud Baluzium cum Græco *Berillus*.

8 Queſn. inſeruit *Iverunt*. Delevimus auctoritate noſtrorum MSS. & excuſorum codicum. Dein vulg. Conc. *quæſitum quidem illum ... ſed non inventum nec ipſum, nec quemquam ipſius*.

9 Vulg. *ſed didiciſſe quod ... apparitorum eſſet venturus; & cum iſta*. Idem habent codd. addit. Dion. niſi quod legunt *ſed cognoviſſent, quod*. Queſn. pro *quod* præfert *ſe*.

10 Cod. Thuan. *& Præfecti*. Mox vulg. cum MSS. Oxon. & Vat. 3833. *Poteſtatis Præfectorum Prætorio*.

11 Ita codd. Vind Thuan Vat. 1342. & addition. Dion. Queſnellus delevit *cum eis*. Vat. 3833. *niſi eis*. Vulg. Conc. *& non aliter eum volunt dimittere, ut ingrediatur in veſtrum ſanctum Concilium, niſi eis promiſerimus reſtituturos ejus perſonam. Eſt vero pariter & Magnus mirandiſſimus Silentiarius*.

12 Vulg. cum MSS. addit. Dion. *una cum eo præ foribus*.

13 Queſn. *circa quædam, quæ mandaverunt, relego*. Prætulimus cod. Vind. cum quo ceteri aliarum collectionum concinunt, niſi quod Vat. 1342. habet *certa quædam ſcripto mandaverunt*: Vat. 3833. *certa quædam mandaverunt*: codd. addit. Dion. *carta enim quædam ſcripta mandavit*. Melius MSS. Ruſtici apud Baluzium *certa enim quædam ſcripto mandavit*.

Sancta Synodus dixit: Relege quæ a religio-
sissimo Imperatore nostroque filio præcepta
14 sunt 14. Et legit Magnus Silentiarius ita: 15
15 Nos pacem cogitamus sanctarum Ecclesiarum, & catholicæ fidei, custodiri volumus
rectam & Deo inspirante prædicatam fidem
a parentibus nostris, qui in Nicæa congre-
16 gati sunt, trecentis & decem octo, 16 &
his qui Ephesi interfuerunt damnationi Nestorii: hoc ergo volumus, ne scandalum in
prædicta catholica fide immittatur. Et quoniam scimus magnificentissimum Patricium
Florentium esse fidelem & probatum in recta fide, volumus ipsum interesse audientiæ
17 Synodi, quoniam sermo de fide est 17. Cum
hæc leguntur, Flavianus Episcopus dixit:
18 Domnum Florentium 18 fidelem omnes
scimus, & probatum in catholica, & volumus ipsum interesse: discamus autem &
ab Eutyche Presbytero, si vult & ipse eum
interesse. Eutyches Presbyter & Archimandrites dixit: Quod vult Deus & sanctitas
vestra, facite: ego me vobis commendo.
Flavianus Episcopus dixit: Veniat & ma-
gnificentissimus Florentius Patricius: di-
19 gnare ergo, 19 Silentiari, illum vexare.
Magnus Silentiarius dixit: Jubete & aliquem Clericorum mecum mitti, ne fortasse
dubitet quod vestra sanctitas miserit. Flavianus Episcopus dixit: Si jussisset piissimus
Imperator nos mittere, misissemus: quoniam igitur non jussit, ipse solus perge ad
ejus amplitudinem. Et cum venisset ma-
gnificentissimus Patricius & Exconsul Flo-
20 rentius, Sancta Synodus dixit: 20 Stet in
medio accusator, & qui accusatur; & legantur ab initio quæ acta sunt inter venerabilem Episcopum Eusebium & venerabilem 21 Presbyterum Archimandritem Eu- 21
tychen: ut instructi ex his quæ gesta sunt,
congruentem æquitati & sanctis canonibus
terminum demus his quæ olim 22 nata 22
sunt. Euticius Diaconus & notarius legebat
factum sub cognitione gestorum. Et cum
legeret pervenit ad partem 23 secundæ epi- 23
stolæ sanctæ memoriæ Cyrilli scriptæ ad
venerabiles Episcopos Orientales, in qua
hæc continebantur: *Confitemur itaque Dominum nostrum Jesum Christum Filium Dei
unigenitum; Deum perfectum, & hominem
perfectum ex anima rationali & corpore, ante sæcula, ex Patre natum secundum Deitatem, in ultimis autem diebus eumdem propter
nos & propter nostram salutem de Maria
Virgine secundum 24 humanam rationem; con- 24
substantialem Patri secundum Deitatem, &
consubstantialem nobis secundum humanitatem. Duarum enim naturarum unitio facta
est: propter quod 25 unum Christum, unum 25
Dominum confitemur secundum gratiam inconfusæ unitatis. Confitemur Sanctam Virginem Theotocon; propter quod Deus Verbum
26 incarnatus & homo factus est, & ex 26
ejus conceptione adunavit sibi quod ex ea susceperat templum.* Eusebius Episcopus dixit:
Iste per vestigia vestra 27 hæc non confite- 27
tur, nec his aliquando consensit; sed contraria his sensit, & loquutus est ad unumquemque ad se venientem, & docuit. Florentius Expræfectus dixit: Si placet vestræ
sanctitati, interrogetur Papas Eutyches,
utrum his consentiat. Eusebius Episcopus
dixit: Patrmini, legatur omnis actio gestorum: sufficiunt enim mihi 28 prius acta ad 28
eum

---

14 Nostræ collectionis lectionem immutare noluimus, etsi verior sit in MSS. aliarum collectionum, in quibus hic additur *fili*, & antea delentur *nostroque filio*, vel saltem *que filio*.

15 MSS. addit. Dion. *Quoniam nos pacem cogitamus .... & custodire volumus rectam, & Deo præstante prædicatam*. Vat. 1342. habet solum *præstante*. Cod. Corb. Rustici cum Crab. *Quoniam nos de pace cogitamus, & de sanctis Dei Ecclesiis, & pro catholica fide, & custodiri ... a Patribus nostris*.

16 Codd. addit. Dion. *& ab his, qui Ephesi interfuerunt in damnatione Nestorii*: & dein cum MSS. Rustici *audientiæ synodali*.

17 Vat. 3833. *Et cum hæc legerentur*. Codd. addit. Dion. & Rustici cum vulg. *Adhuc cum hæc legerentur*, melius. Post vocem autem *legerentur*, in vulg. ex MSS. Rustici adduntur acclamationes Synodi, quæ in nostra collectione, ac ceteris omittuntur.

18 Quesn. addit *illustrem &*: delevimus cum Vind. aliisque codd. Mox MSS. addit. Dion. & vulg. *in catholica fide*...

19 Vulg Conc. cum Vercel. & Vat. 3833. *fili Silentiari*. Mox Thuan. *illum vocare*: vulg. Conc. *fatigari ad eum*. Codd. Rust. *fatigari eum*, vel *fatigare te ad eum*. MS. Paris. versionis antiquæ Concilii Calchedoni *fatigare eum*. Alii codd. Vat. 1342. & tres additionum Dion. Vat. 3833. cum Vind. hujus collectionis *illum vexare*, vel *vexari*, quod cum Græco concinit. Dein addidimus *mecum* cum omnibus nostris codd. & vulg. Conc.

20 Vulg. Conc. cum MSS. addit. Dion. & Vat. 3833. *Stent*.

21 Vox *Presbyterum* addita cum MS. Vind. suffragantibus vulg. & codd. addit. Dion.

22 Melius codd. addit. Dion. Vat. 3833. & vulg. Conc. *mota sunt*. Mox *Eticius* perperam legitur in MSS. hujus collectionis: legendum est enim cum ceteris & Græco *Aetius*. Dein pro *legebat* solus Quesn. cum Oxon. *legit*. Codd. addit. Dion. & Vat. laudatus cum vulg. *legebat factam cognitionem gestorum*.

23 Voces *secundæ*, & *venerabiles Episcopos* a Quesnello omissas addidimus ex omnibus nostris codd. & vulg.

24 Sic Vind. & cereri nostri MSS. codd. Quesnellus *humanationem natum*. Vulg. *humanitatem* sine voce *natum*.

25 Ita iidem codd. & vulg. Quesnellus *unum Christum nostrum Dominum*. Dein *inconfusæ unitionis* in Vat. 3833. cum MSS. Conc. Calched.

26 Quesn. *ex ea incarnatus, & homo factus est, ejus conceptione*. Sequuti sumus cod. Vind. concinentibus ceteris, nisi quod aliqui habent *incarnatum*, alii vero omittunt & ante *ex ejus*.

27 Vat. 1342. cum vulg. *hoc non confitetur*.

28 MSS. Concil. Calch. & Vat. 3833. delent *prius*. Mox apud Quesn. *convincendum: jam mihi manifestatus est*. Exemplaria Vind. & Thuan. prætulimus ceteris nostris consentientibus. Codices Calched. Baluzii cum Crabbo *nam mihi convictus est*.

eum convincendum; nam mihi jam manifestatus est. Neque enim si modo consen-
29 serit sumens alicunde documentum, 29 debeo pati præjudicium. Nam ego demonstravi eum & per sanctiones, quæ ad eum missæ sunt a Sancta Synodo, & per testes Episcopos eadem possum rursus ostendere,
30 si negaverit. 30 Est enim domnus Meliphtongus, & domnus Jobinus, & domnus Julianus scientes. Flavianus Episcopus dixit: Nemo neque tibi concedet, Eusebi Episcope, eum non convincere, neque Presbyte-
31 rum Eutychen continuo suscipiet 31 aliquis consentientem, nisi convincatur, quid ante senserit. Eusebius Episcopus dixit: Metuo
32 32 concussionem ejus, Ego pauper sum, minatur mihi exilium: divitias habet: nam
33 designat mihi jam nunc 33 Oasim loco exi-
34 lii. Flavianus Episcopus dixit: 34 Etsi sæpius perseveres eadem dicens, nos tamen veritati nihil præponimus. Eusebius Episcopus dixit: Si convictus fuero ego calumniæ, dignitatem amittam. Florentius illuster dixit: Spatium offeratur Eutychi Presbytero, ut exponat quemadmodum credit: &
35 tunc 35 rursus interrogetur, cur modo ista asserens ante aliter asserebat. Eusebius Episcopus dixit: Sicut prædixi, præjudicium
36 mihi non fiat 36 ex ejus repentina confessione, & interrogetur: nam ego ex his, quæ ante gesta sunt, convici eum non recte sensisse. Flavianus Episcopus dixit: Non habebis præjudicium, si modo consenserit; nam quæ ante acta sunt, habent propriam firmitatem. Eusebius Episcopus dixit: Consentit iis quæ modo lecta sunt, sanctæ me-
37 moriæ Cyrilli 37 scriptis, & confitetur duas

naturas adunatas in una persona, & in una substantia, aut non? Flavianus Episcopus dixit: Audisti, Presbyter Eutyches, quid accusator tuus dicat? edicito nunc si ex duabus naturis unitatem confiteris. 38 Euty- 38
ches Presbyter dixit: Etiam ex duabus naturis. Eusebius Episcopus dixit: Confiteris duas naturas, Domne Archimandrites, 39 39
post incorporationem, & consubstantialem nobis dicis esse Christum secundum carnem, aut non? Eutyches Presbyter dixit: Ego non veni disserere, sed veni 40 suggerere 40
sanctitati vestræ, quid sentiam: scriptum est autem in hac chartula, quid sentiam; jubete eam legi. Flavianus Episcopus dixit: Ipse lege. Eutyches Presbyter dixit: Non possum. Flavianus Episcopus dixit: Quare? tu non exposuisti, aut alterius est expositio? si tua est, lege ipse. Eutyches Presbyter dixit: Mea quidem est 41 dictio: quæ mea 41
dictio æqualis est sensibus sanctorum Patrum. Flavianus Episcopus dixit: 42 Dic 42
quorum Patrum, per te ipsum: quid autem opus habes charta? Eutyches Presbyter dixit: Sic credo: Adoro Patrem cum Filio, & Filium cum Patre, & Spiritum Sanctum una cum Patre & Filio. 43 Confiteor au- 43
tem præsentationem incarnatam ipsius factam ex carne sanctæ Virginis, & incorporatam perfecte propter nostram salutem. Sic confiteor coram Patre & Filio & Spiritu Sancto, & vestra sanctitate. Flavianus Episcopus dixit: Confiteris consubstantialem Patri secundum Divinitatem, & consubstantialem matri secundum humanitatem, eumdem ipsum unum Filium Dominum nostrum JESUM-CHRISTUM? Eutyches Presbyter dixit:

29 Iidem codd Baluzii *debeo præjudicium sustinere*. Mox solus Quesn. post *demonstravi eum* addit *hæreticum*; ignorant omnes nostri MSS. & excusi codd. Exemplaria addit. Dion. & Calched. *Nam ego demonstrabo eum, & professiones quæ ad eum missæ sunt*. Vat. 1342. habet pariter *demonstrabo*. Melius vulg. Conc. cum Græco: *Nam ego demonstravi eum & per professiones eorum, qui ad eum missi sunt a Sancta Synodo*.

30 Sic Vind. & plerique alii codd. Quesn. *Sunt enim*. Mox pro *Jobinus* codd addit. Dion. cum vulg. Conc. habent *Joannes*. Vat. 3833. *Jovinus*. Dein post *scientes* codd. aliarum collectionum addunt *certissime*, vel *certissimum*.

31 Quesn. *aliquis, nisi prius convincatur*. Nostros codd. & vulg. prætulimus.

32 Codd. addit. Dion. *ipsius conventionem*. Melius Crab. cum MSS. Calched. *ipsius circumventionem*.

33 Cod. Thuan. *insulas in loco exilii*. Vat. 1342. & Crab. in margine *eas in loco*. Codd. addit. Dion. & Vat. 3833. *Oasim locum exilii*. Exemplaria Conc. Calch. *præpingit mihi jam Oasam, idest petram exilii*.

34 MSS. Conc. Calched. *Licet millies ista perseveres dicendo*: & post aliquanto *Inquisitio offeratur*.

35 Codd. addition. Dion. delent *rursus*: & post pauca pro *asserebat* MSS. Conc. Calched. habent *sentiebat*.

36 Codd. Calch. *de ejus moderna professione, & interrogetur. Ego enim ex his, quæ ante acta sunt, documentis convici eum non recta sentientem*.

37 Iidem codd. cum vulg. Conc. delent *scriptis*, ac mox sequuntur: *& confitetur duarum naturarum unitionem factam in una persona, & in una subsistentia*.

38 Septem sequentes voces Quesnello exciderunt. Ex omnibus nostris codd. & vulg. revocavimus.

39 Vulg. cum MSS. Calched. & Vat. 1342. *post incarnationem*.

40 Eadem MSS. Calched. *satisfacere sanctitati vestræ quomodo sapiam .... in hac chartula quomodo sentio*. Dein voces *jubete eam legi* codd. Vat. 1341. & addit. Dion. transferunt post voces *Non possum*.

41 Codd. Calch. & addit. Dion. utrobique *dictatio*. Vind. cum Vat. 1342 primo loco *dictio*, secundo *dictatio*. Mox pro *sensibus* vulg. Conc. habent *expositioni*. Vind. & Vercel. delent utrumque.

42 MSS addit. Dion. *Quorum Patrum? Dic per te ipsum*. Vulg. Conc. cum MSS. Calch. *Dic quorum Patrum, dic per te ipsum*.

43 Vulg. Conc. *Confiteor autem factam ejus in carne præsentiam ex carne sanctæ Virginis, & incorporatum eum perfecte*. Cod. Thuan. *Confiteor autem præsentationem in carne ipsius &c.*

xit: Ego, quoniam commendavi me sanctitati vestræ, dixi quid sentiam de Patre
& Filio & Spiritu Sancto: nihil ulterius me
interrogetis. Flavianus Episcopus dixit: Non.
44 44 Nunc confiteris ex duabus naturis Christum? Eutyches Presbyter dixit: Dixi quoniam confiteor eum Deum ac Dominum cæli & terræ. Hactenus de ejus natura dispu-
45 tare mihi 45 non persuadebam; consubstantialem autem nobis numquam hactenus me
dixisse confiteor. Flavianus Episcopus dixit:
Non dicis consubstantialem Patri secundum
Deitatem, & consubstantialem nobis secundum humanitatem? Eutyches Presbyter dixit: Usque ad hodiernum diem non dixi
corpus Domini & Dei nostri consubstantiale
nobis: sanctam autem Virginem confiteor
nobis consubstantialem, & quoniam ex ea
46 incarnatus est Deus noster. 46 Basilius Episcopus dixit: Si mater est nobis consubstantialis, & ipse, quoniam filius hominis vocatus est. Si ergo mater ejus consubstantialis est nobis, & ipse secundum carnem consubstantialis est nobis. Eutyches Presbyter
47 dixit: Quoniam modo dicitis, 47 omnibus
consentio. Florentius vir illuster dixit: Mater si nobis consubstantialis est, sine dubio
& filius consubstantialis nobis est. Eutyches
Presbyter dixit: Hactenus non dixi, quo
48 niam ipsum corpus Dei confiteor. 48 Animadvertis? Non dixi corpus humanum, corpus Dei: humanum autem corpus, & quoniam ex ipsa Virgine incarnatus est Dominus. Si autem oportet, ut dicatur ex Virgine 49 consubstantialis nobis, & hoc di- 49
co, Domine: tamen Filium Dei unigenitum
Dominum cæli & terræ condominantem &
conregnantem Patri: qui 50 considet & col- 50
laudatur. Neque enim dico consubstantialem negasse, eo quod sit ipse Filius Dei:
ante quidem non dicebam, 51 dico quidem mo- 51
do tibi: puto quod in exordio dixi; nunc
autem quoniam sanctitas vestra hoc dicit,
dico. Flavianus Episcopus dixit: Ergo per
necessitatem, non per voluntatem, veram
fidem confiteris? Eutyches Presbyter dixit:
Nunc Domine ita 52 habet: usque ad istam 52
horam metui dicere, quoniam scio Dominum Deum nostrum, & de ejus natura disputare mihi non persuadebam: quoniam
autem vestra sanctitas permittit & docet,
dico. Flavianus Episcopus dixit: Non nos
novitatem inducimus, sed 53 parentes no- 53
stri exposuerunt & sicut exposita ab eis fides habet, sic credentes, in his perseverare omnes volumus, & nullum aliquid in-
novare. Florentius vir illuster dixit: Consubstantialem 54 ex duabus naturis post in- 54
carnationem Dominum nostrum, qui ex
Virgine 55 est, dicis, an non? Eutyches 55
Presbyter dixit: 56 *Confiteor ex duabus natu-* 56
ris fuisse Dominum nostrum ante adunationem;
post vero, unam naturam confiteor. Sancta
Synodus dixit: 57 Oportet te confiteri quæ 57
modo

44 Solus Quesn. *Non confiteris*. Dein MSS. addit. Dion. & Calch. cum Vat. 3833. delent *dixi*; & pro *eum Deum* habent *Deum meum*. Vat. 1342. deleto *eum* habet pariter *Deum meum*, & cum MSS. addit. Dion. ignorat voces *cæli & terræ*.

45 Sic Vind. & Thuan. concinentibus ceteris. Solum codd. Calched. cum Crab. *non mihi persuadeo*. Solus Quesn. *non persuadeas*.

46 In omnibus MSS. collectionibus antiquis, quæ hanc primævam versionem continent, omissæ sunt brevis interlocutio Flaviani, & Eutychis responsio, quas antiquus interpres Concilii Calchedonensis ex Græco supplevit his verbis: *Sanctissimus Archiepiscopus dixit: Consubstantialis ergo nobis & Virgo, ex qua incarnatus est Dominator Christus. Eutyches Presbyter dixit: Dixi quia Virgo consubstantialis est nobis. Basilius* &c.

47 Vat. 1342. *in omnibus*. Mox codd. addit. Dion. & MSS. Calch. *Cum mater nobis consubstantialis sit*.

48 Quesn. *Animadvertis quod non dixi*. Correximus ex Vind. Thuan. & MSS. addit. Dion. atque Calch. Dein Quesn. delet *&*, & pro *incarnatus* habet *natus*. Potiores codd. cum Vind. prætulimus. Sensus autem ex Græco est: *Non dixi corpus hominis corpus Dei, sed dixi humanum corpus, & quod ex ipsa Virgine incarnatus est Dominus*.

49 Vat. 3833. *& substantialis*. Codd. Calch. *& consubstantiale*. Mox Quesn. ante *tamen* repetit *dico*. Delevimus cum nostris codd. & vulg.

50 Vat. 1342. & MSS. addit. Dion. *consedit*. Mox *enim* ex omnibus nostris codd. & excusis adjecimus. Dein *negans quod* pro *negasse eo quod* est in codd. Calch. & Vat. 3833.

51 Quesn. *sicut puto*. Textum ad Vind. & ceteros nostros codices exegimus. MSS. Calch. Rustici cum Crab. *dico autem tibi, quia sic æstimo, quia a principio non dicebam*. Mox *hoc* ex iisdem codd. & vulg. inseruimus.

52 Quesn. addit *se*: delevimus cum Vind. Thuan. aliisque nostris codd.

53 Idem inserit *quoniam*. Codd. Calch. cum Vat. 3833. pro *parentes* habent *Patres*.

54 Vat. 1342. & codd. addit. Dion. atque Calch. cum Græco *& ex duabus naturis*. In solis codd. hujus collectionis conjunctio *&* excidit.

55 Vocem *natus* a Quesnello insertam expunximus auctoritate MSS. Vind. ac Thuan. aliis aliarum collectionum faventibus.

56 *Hæc eadem verba refert ex ista versione S. Leo in epistola ad Flavianum cap. 6. unde conjicere licet illam ipsam esse quæ ex Græco confecta est statim post accepta Gesta Synodi hujus CP. quæ Pontifex noster passim Gesta appellat, quemadmodum in fronte hujus Capituli legitur.* Ita Quesn. Cod. Thuan. alias Colb. cum Vind. delet *vero*; legitur autem hoc adverbium in aliis nostris codicibus. Vat. 3833. habet *post adunationem vero*, uti apud Leonem. Codd. Calch. cum Crabbo, *post vero adunationem*.

57 Melius in MSS. addit. Dion. & Vat. 3833. *Oportet te recte confiteri, & anathematizare omne dogma, quod contrarium est his, quæ modo lecta sunt. Eutyches* &c. Idipsum habet cod Vat. 1342. nisi quod delet *recte*. Vulg. Calch. concinunt, & solum pro *recte* habent *clare*.

modo lecta ſunt, & anathematizare omne
58 dogma, quod contrarium eſt his. 58 Eutyches Presbyter dixit: Dixi ſanctitati veſtræ, quoniam ante hoc non dicebam; nunc
autem quoniam hoc dicit ſanctitas veſtra,
59 dico; & ſequor Patres. 59 Neque enim ex
Scripturis hoc inveni explanatum; nec omnes
Patres dixerunt. Si enim damnavero; væ
mihi eſt, quod Patres noſtros condemno.
Exurgens ſancta Synodus acclamavit, dicens: Anathema ipſi. Poſt hæc Flavianus
Epiſcopus dixit: Dicat ſancta Synodus,
quid mereatur præſens, neque confitens rectam fidem, neque conſentire volens præ-
60 ſenti Synodo; ſed *60* perſeverat perverſitati & ſcævæ malivolentiæ. Seleucus Epiſcopus dixit: Dignus quidem eſt iſte damna-
61 tione, *61* ſed tamen in humanitate eſt ſanctitatis veſtræ. Flavianus Epiſcopus dixit:
Si confiteretur proprium peccatum, & anathematizaret dogma proprium, & conſen-
tiret nobis ſequentibus traditionem ſanctorum Patrum, merito dignus eſſet venia:
ſed quoniam permanet in eadem malignitate, ſubjacebit canonum vindictis. Eutyches dixit: Dico quidem iſta, quoniam &
62 vos *62* nunc juſſiſtis; non autem anathe-
matizo: quod enim dico, in veritate dico.
Florentius vir illuſter dixit: Duas naturas
63 dicis, & conſubſtantialem *63* nobis eſſe? Eu-
64 tyches Presbyter dixit: *64* Ego legi ſcripta
Cyrilli, & ſanctorum Patrum, & ſancti
Athanaſii: quoniam ex duabus quidem naturis ante adunationem dixerunt, poſt autem adunationem & incarnationem non duas
naturas, *65* ſed unam. Florentius vir illu- 65
ſter dixit: Confiteris duas naturas poſt adunationem? dic: ſi non dixeris, damnabe-
ris. Eutyches Presbyter dixit: *66* Legi ſan- 66
cti Athanaſii ſcripta, quoniam nihil tale dicit. Baſilius Epiſcopus dixit: Si non duas
naturas poſt adunationem dixeris, commixtionem & confuſionem dicis. Florentius vir
illuſter dixit: Qui non dicit *67* ex dua- 67
bus naturis, & duas naturas, non credit
recte.

Exurgens ſancta Synodus exclamavit:
Omnis *68* quæ ex neceſſitate eſt, fides non 68
eſt. Multi anni Imperatorum catholicorum.
Imperatoribus catholicis multos annos. Fides *69* veſtra ſemper vincit, non conſentit 69
quod illi perſuades. Flavianus Epiſcopus dixit: Per omnia Eutyches quondam Presbyter & Archimandrites, *70* & his quæ an- 70
te acta ſunt, & propoſitis ejus quæſtionibus
Valentini & Apollinaris perverſitate repertus eſt *71* ægrotare, & eorum blaſphemiam 71
incommutabiliter ſequens: qui nec noſtram
reverens perſuaſionem & doctrinam, rectis
voluit conſentire dogmatibus. Unde gementes perfectam ejus perditionem, decrevimus
per Dominum noſtrum JESUM-CHRISTUM
ab eo blaſphematum, extraneum eſſe ab
omni officio ſacerdotali, & noſtra communi-

---

58 Queſn. *Eutyches dixit: Sanctitati veſtræ confiteor, quoniam ante hoc non dicebam: quoniam autem hoc dicit* &c. Lectionem prætulimus noſtrorum codicum, & vulg. Solum MSS. addit. Dion cum Vat. 1342. & vulg pro *dicit* habent *docet*.

59 Codd. aliarum collect cum vulg. *Neque autem in Scripturis*. Mox quædam MSS. exemplaria *Et exurgens*.

60 Ita præſtantiores hujus collectionis codd. Vind. & Thuan. conſentientibus MSS. Vatt. 1342. & 3833. niſi quod ille addit *ſuæ* poſt *ſcævæ*, iſte præmittit etiam *perverſitati*. Queſnellus emendandum credidit, forte cum cod. Oxon. *ſed perſeverans in perverſitate ſuæ malivolentiæ*. Codd. additionum Dion. melius *ſed perſeverat in ſua perverſitate, & iniqua malivolentia*. Vulg. cum MSS. Calch. *ſed in ſua perverſa & iniqua malignitate perſiſtens*.

61 Codd addit. Dion. *ſed tamen in humanitate ſanctitatis veſtræ conſiſtit*. Vat. 3833. *ſed tamen in ſanctitatis veſtræ humanitate poſitum eſt*. MSS. Calch. *in veſtræ tamen ſanctitatis humanitate ſolum conſiſtit*. Mox Vat. 3833. *Si confitens proprium peccatum anathematizaret*. Codd. Calch. *Siquidem confitens proprium peccatum, perſuaderetur anathematizare propriam doctrinam, & conſentire nobis*.

62 Auctoritate noſtrorum codicum addidimus *nunc*. Mox Vat. 3833. *cum veritate dico*.

63 Queſn. *nobis Dominum Chriſtum? Eutyches*. Codicem Vind. aliis ſuffragantibus expreſſimus.

64 Vind. *Ego legem Cyrilli*. Vercel. *Ego legi Cyrilli*. Codd. Calch. cum Crab. *Ego ſequor legem B. Cyrilli*. Dein Queſn. ante *quoniam* repetit *legi*, & poſt *dixerunt* addit *Chriſtum fuiſſe*. Delevimus utrumque cum omnibus noſtris, & vulg. codicibus.

65 Vulg Conc. cum MSS. addit. Dion. *ſed unam naturam dixerunt*.

66 Vulg. cum codd. Calch. *Legi jubete ſancti Athanaſii ſcripta, ut advertatis, quoniam nihil tale dicit*. Ceterarum collectionum MSS. exemplaria præmiſſam Florentii, & hanc Eutychis interlocutionem per ſaltum tranſiliunt.

67 Queſn. repugnantibus codd. Vind. ac Thuan. hujus collectionis, quibuſcum conſentiunt etiam ceteri aliarum collectionum & vulgati, hunc locum ita expreſſit: *ex duabus naturis fuiſſe Chriſtum, & duas naturas non confitetur, anathematizabitur. Exurgens* &c.

68 Solus Queſn. addit *fides*, Codd. addit. Dion. *Omne quod ex neceſſitate*.

69 Sic codd. hujus collect. cum addit. Dion. & antiqua verſio MS. Pariſ. Alias *noſtra*.

70 Vulg. Conc. *& ex his*. Codd. addit. Dion deleto *&* habent *ex his*: dein utrique *& propriis ejus confeſſionibus*.

71 Codd. addit. Dion. cum uno Corb. & Pariſ. Concilii Calch. *ægrotans*. Mox plerique codd *blaſphemias*. Dein pro *ſequens*, quod cum MS. Vind. & Vat. 1342. laudatis etiam codicibus approbantibus repoſuimus, Queſnellus habet *ſequutus*. Vulg. Conc. *ſequi*; idemque habet cod. Vat. 3833. qui præterea ampliori additamento proſequitur ſic: *ſequi negando Dominum noſtrum veram humanæ carnis habuiſſe ſubſtantiam, ſed proprium neſcio quod corpus ſecum de cælo aſſerens exhibuiſſe, nec noſtram reveritus perſuaſionem & doctrinam, rectis voluit conſentire dogmatibus, ut crederet duas in Chriſto eſſe naturas, ideſt veri Dei & veri hominis. Unde gementes* &c.

72 nione, & primatu Monasterii: 72 scientes
& hi, qui postea cum eo colloquentur, &
73 ad eum convenerint, 73 quoniam rei erunt
& ipsi pœna excommunicationis, si qui non
declinaverint confabulationes ejus.

Item Subscriptiones Flaviani Episcopi & Confessoris, seu diversorum Episcoporum, vel Archimandritarum, qui in hujus Synodi Concilio consederunt.

F*Lavianus* Episcopus Constantinopolitanus judicans subscripsi.
74 74 *Saturninus* Episcopus Marcianopolitanus, judicans subscripsi.
Basilius Episcopus Seleuciæ Isauriensis, judicans subscripsi.
Ethericus Episcopus de Zmirna, jud. sub.
75 *Seleucus* Episcopus de Amasia 75 Ponti, judicans sub.
76 *Dorotheus* Episcopus Novæ-Cæsareæ, 76 legi, consensi, sub.
Timotheus Episcopus, judicans subscripsi.
77 77 *Calcnicus* Episcopus Apamiæ quæ est in Bithynia, judicans sub.
Cecropius Episcopus Sebastopoleos judicans sub.
Meliphtongus Episcopus Heliopoleos, jud. sub.
Longinus Episcopus Chersoni, jud. sub.
78 *Triphon* Episcopus 78 Insularum judicans

sub. manu mea.
Paulus Episcopus 79 Apolloniatis sanctæ 79
Ecclesiæ, jud. sub.
Sabas Episcopus Palti primæ Syriæ, jud. sub. manu mea.
Jovinus Episcopus 80 Cleti, jud. sub. 80
Julianus Episcopus 81 Corizæ, sub. 81
82 *Sabinianus* Episcopus de Tiromisso & 82
de Eudocia & Jobiniaria, jud. sub.
83 *Eustochius* Episcopus Dociminus, jud. 83
sub.
84 *Pontius* Episcopus Travidensis civita- 84
tis, sub.
85 *Cassianus* Episcopus Hierocæsareus, 85
jud. sub.
Johannes Episcopus 86 Ursaniæ jud. 86
sub.
87 *Diaferontius* Episcopus Pulvisiæ, jud. 87
sub.
Julianus Episcopus 88 Montenis sub. 88
Romanus Episcopus Eudoxiopoleos sub.
Eudoxius Episcopus de civitate Bosphoritana jud. sub. per Presbyterum meum
89 Basilium. 89
Thomas Episcopus Valentinianæ civitatis, jud. sub.
Aurelius Episcopus civitatis 90 Popita- 90
næ, sub.
Secundinus Episcopus Novensis his gestis sub.
Januarius Episcopus civitatis Macrianæ sub.
Timotheus Episcopus 91 Priscopoleos jud. 91
sub.
Genethius Episcopus Argivus jud. sub.

V Fau-

---

72 Ita cod. Vind. cum ceteris nostris aliarum collectionum. Vulg. Conc. cum MSS. Calch. *scientibus hoc omnibus, qui.*

73 Vat. 3833. addit *denuntiantes*. In sequentibus recepimus lectionem codd. Vind. & Oxon. cum quibus ceteri nostri concinunt. Quesn. cum Thuan. *quoniam rei erunt, & ipsi pœna excommunicationis ejus involventur, qui declinaverint ad fabulationes ejus.*

74 MS. Thuan. *Saturnus.*

75 MSS. addit. Dion. *Hellesponti*. Melius in Vat. 3833. & MSS. Calch *Helenoponti.*

76 Codd. addit. Dion. *relegens consensi, judicans subscripsi.*

77 Al. *Callinicus.*

78 Vat. 5845. *Chion insulæ*. Vulg. Conc. *Chii civitatis insulæ*. Omnes delent *manu mea.*

79 Al. *Apolloniadis*, vel *Apollonitanus.*

80 MSS. addit. Dion. ut in Græco *Dubelti.*

81 Notat Quesnellus. *Vulgati* Episcopus Coensis: *melius, ni fallor: imperitum quippe interpretem delusit vocum similitudo* Ἐπισκοπὴ τῆς Κῶ ὁρίσας, *quæ significant* Episcopus Coensis judicans &c. Errori potius antiqui amanuensis in nostra collectione tribuendum est: nam in codd. addit. Dion. qui hanc eamdem interpretationem receperunt, legitur: *Coensis judicans subscripsi*. Vat. 3833. alio errore *Oa si subscripsi.*

82 Cod. Vind. *Sabianus*. Vat. 1342. *Savianus*. Dein Thuan. *de Thiro*. Vat. 3833. *Thelemissi*. Addit. Dion. *Ermissi, & Eudociadis, & Johiæ*. In sequentibus subscriptionibus ordinem aliqui codices alicubi mutant. Vulg. Conc. *Termissi & Eudociadis & Joviæ.*

83 Vind. *Eustotius*. Vat. 1342. *Eustocius*. Addit. Dion. cum MSS. Calch. *Eutychius.*

84 Codd. addit. Dion cum MSS. Calch. *Pionius Episcopus Troadensis*, verius. Vat. 3833. *Pionius Episcopus a Troade.*

85 Sic duo præstantiores codd. hujus collectionis Vind. ac Thuan. cum Vat. 1342. & 3833. idque minus male, quam apud Quesn. *Bassianus*. Vera lectio est in MSS. addit. Dion. & MSS. Calch. *Cossinius.*

86 Codd. addit. Dion *Assaniæ*. Melius in Vat. 3833. *Hircanus*, vel, ut in vulg. Conc. *Hyrcanorum.*

87 Vat. 1342. *Diaphron*. Dein pro *Pulvisiæ* al. *Pulvis*, vel *Pulius*. Verius ex Græco codd. Calch. *Olbis.*

88 Sic cum Vind. & Vat. 1342. minus male, quam apud Quesn. *Montanii*. Melius codd. addit. Dion. *Mustinis*, vel ut in MSS. Calch. *Mostene.*

89 Lege cum codd. MSS. addit. Dion. & Calch. *Basiliscum*. Postrema verba *per Presbyterum* &c. Vat. 1342. ad sequentem Thomæ subscriptionem refert.

90 MSS. Calched. *Opitanæ*. Dein pro *Novensis* quidam codd. *Noviensis.*

91 Vat. 3833. *Priamopolitanus*. Codd. addit. Dion. *Aurimopolitanus*. MSS. Calch. *Arimopolitanæ civitatis*. Ex Græco *Primopolitanæ.*

92 92 *Fauſtus* Presbyter & Archimandrites Monaſterii beati Dionyſii ſubſcripſi.

Petrus Presbyter & Archimandrites Monaſterii beati Thalaſſi ſub.

Manuel Presbyter & Archimandrites ſub.

Job Presbyter & Archimandrites Mona-
93 ſterii 93 beati Theoteci, ſub.

Abramius Presbyter & Archimandrites ſub.

94 94 *Theodorus* Monachus & Archimandrites ſub.

Pientius Presbyter & Archimandrites ſub.

Claudius Archimandrites ſub.

95 95 *Euſebius* Presbyter & Archimandrites, ſubſcripſi.

Triſon Archimandrites ſub.

Jacobus Diaconus & Archimandrites ſub.

Helpidius Presbyter & Archimandrites ſub.

Paulus Presbyter & Archimandrites ſub.

Caroſus Presbyter & Archimandrites ſub.

Aſterius Presbyter & Archimandrites ſub.

96 *Callenicus* Monachus & Archimandri- 95
tes ſub. 97 97

98 Explicit geſtorum exemplum Synodi 98
ubi damnatur Eutyches hæreticus.

CAPITULUM XLIII. 1

1 NARRATIONIS ORDO,

qualiter Dioſcorus Alexandrinus Epiſcopus Eutychi conſentiens in ea cui præerat ipſe Eccleſia, vel Conſtantinopolitana, errorem induxerit, uſque ad tempus quo Acacius eſt damnatus, qui Flaviani ſucceſſori Anatolio ſucceſſerat.

POſtea quam Dioſcorus Alexandrinus Epiſco-

---

92 Codd. addit. Dion. cum MSS. Calch. addunt: *Andreas Presbyter & Archimandrita per Presbyterum Timotheum ſubſcripſi*. Poſt verba autem *Fauſtus Presbyter & Archimandrites*, vulg. & MSS. Calch. addunt *ſubſcripſi in depoſitione Eutychis quondam Presbyteri & Archimandritæ*: & dein aliam ſubſcriptionem inſerunt: *Martinus Presbyter & Archimandrita Monaſterii beati Dionyſii ſubſcripſi per fratrem Philippum*. Fauſto & Martino S. Leo plures epiſtolas dedit.

93 Codd. addit. Dion. *beatæ memoriæ Theogenis*. Vulg. Conc. *beati Theotecai*.

94 Vat. 1342. & addit. Dion. cum vulg. Conc. addunt alium Theodorum ſic: *Theodorus Monachus & Archimandrita Monaſterii Ægyptiorum ſubſcripſi*.

95 MSS. Calch. cum addit. Dion. aliam ſubſcriptionem inſerunt. *Flavianus Presbyter & Archimandrites ſancti Hermili ſubſcripſi*. Dein in ſubſcriptionibus vulg. & MSS. Calch. deeſt illa Claudii, duo vero Euſebii leguntur. *Euſebius Presbyter & Archimandrita Monaſterii Heliæ ſubſc. Euſebius Presbyter & Archimandrita Monaſterii S. Eulogii*.

96 Al. *Callinicus*. Thuan. *Calecius*.

97 Vulg. Calch. duas ſubſcriptiones adjiciunt: *Germanus Presbyter & Archimandrita ſubſcripſi in depoſitione Eutychis per Glycerium Diaconum. Marcellus exiguus Presbyter & Archimandrita ſubſcripſi*. Hæc ultima ſubſcriptio in codd. addit. Dion. Aſterio præmittitur. In his præterea codd. ſicut etiam in duobus Calched. ac in antiquis editionibus Conciliorum poſt ultimam ſubſcriptionem additur: *omnes quinquaginta tres ſubſcripſerunt*.

98 Hanc clauſulam præbuit optimus codex Vindeb.

1 Notavit Queſnellus. „ Narratio hæc re„ peritur in MSS. codd. Ox. Thi & tertio qui „ eſt Presbyterorum Oratorii Trecopithœani „ Collegii, nec non & in Breviculo Hiſtoriæ „ Eutychianiſtarum jam olim edito, paullo „ ante medium. Quin & magna ejus pars ha„ betur in Breviario Liberati Diaconi cap. 15. „ & 18. Utroque porro antiquiorem eſſe exi„ ſtimo eam quæ hic inſerta eſt, & ab ea „ decerptum id omne, quod cum illa com„ mune habent Breviculus & Breviarium. Il„ le enim longe prolixior, de Felice Papa ſub „ eoque contra Acacium geſtis nonnulla habet, quæ in Codice noſtro non fuiſſent omiſ„ ſa, ſi ex illo derivata eſſent. Breviarium ve„ ro Liberati cum poſt annum 546. ſcriptum „ fuerit, poſterius eſt codice, qui ultra Gela„ ſii Papæ tempora non excurrit. Huic etiam „ propria videntur, quæ in Narrationis fine „ habentur; quæ cum in ſcriptum ſuum con„ jicere voluit Liberatus, narrantis in modum „ retulit: quem non mutaſſet narrator noſter, „ ſi ea mutuatus eſſet a Liberato. Denique „ ultro profitetur Diaconus hic Carthaginen„ ſis in ſua præfatione, *ſe Breviarium ſuum* „ *ex Hiſtoria eccleſiaſtica & ex geſtis ſynodali*„ *bus, vel Sanctorum Patrum epiſtolis collegiſſe*, „ *nectens temporum curricula illa quæ in Græco* „ *Alexandriæ ſcripto acceperat*: ut appareat hi„ ſtoricum iſtud opuſculum ex pluribus ſcri„ ptis invicem aſſutis conſartum eſſe, quorum „ unum fuit hæc Narratio. Quæ quidem pri„ mum diffuſior non erat, quam hic exhibe„ tur. Succeſſu vero temporis, toto illo Eu„ tychianorum negotio ab origine reſumto, „ præmiſſa eſt narratio de damnatione Euty„ chis, deque Conciliis celebratis Conſtanti„ nopoli a Flaviano, Epheſi a Dioſcoro, & „ Calchedone ab univerſis Epiſcopis: unde & „ Breviculus hiſtoriæ Eutychianiſtarum appel„ lari meruit. Tum ex geſtis ſub Felice au„ ctior facta eſt, qualis eſt edita a doctiſſimo „ Sirmondo. Denique & nonnullis ad eum„ dem Felicem pertinentibus amplior excuſa „ jampridem habebatur tom. 1. epiſtolarum „ pontificiarum anni 1591. Parte 2. pag. 142. „ Leoniſque ibi epiſtolis præfixa. " Hæc ille. Hujus opuſculi auctorem fuiſſe Gelaſium Pontificem oſtendimus tom. II. not. 4. in Obſervationes Queſnelli ad epiſt. 28. Tres autem diſtinguendæ ſunt ipſius editiones ab eodem Pontifice vulgatæ. In prima opuſculum brevius a damnatione Dioſcori exorditur, & in iis deſinit, quæ Acacii damnationi præiverunt. Hoc prius a Crabbo editum eſt ex codice Aquenſi ſummæ antiquitatis: ac dein a Queſ-

2 piscopus 2 pro facti sui qualitate, id est,
quia consenserat Eutycheti hæretico; & damnaverat Flavianum Episcopum catholicum
Constantinopolitanum, apud Calchedonam
tam a Principe sanctæ memoriæ Marciano, quam ab aulicis Potestatibus, vel cuncta Synodo damnatus est: Proterius catho-
3 licus fit Sacerdos. 3 Tunc Timotheus Presbyter, cui cognomen erat Ælurus, & Petrus Diaconus sectatores Dioscori, ab Alexandrina Ecclesia se separaverunt. Quos
4 cum Proterius Episcopus 4 ad ministerium
proprium revocare non posset, utrumque
5 damnavit. Mortuo 5 Principe Marciano,
collectis turbis hæreticorum Timotheus &
Petrus veniunt Alexandriam, & ordinatur
ab hæreticis Timotheus Episcopus. Duo
igitur apud Alexandriam Episcopi cœperunt
6 esse. 6 Ante triduum Paschæ, quo Cœna
7 Domini celebratur, 7 conductis ab his per-

ditis occiditur in Ecclesia sanctæ memoriæ
Proterius, ad quam se timore contulerat;
ibique 8 supradicto die in baptisterio occi- 8
ditur, laniatur, ejicitur, & funus ejus in-
cenditur, cineresque ipsius exsparguntur in
ventos. Interea Leo sumit imperium, ad
quem tanti facinoris 9 catholicorum quere- 9
la pervenit: contra quos hæretici supplica-
verunt, petentes ut Calchedonensis Synodus
aboleretur, 10 e contra illi vindictam scele- 10
ris postulantes. 11 Considerans Imperator 11
nimis esse grave vexari tanto itinere Sacerdotes, quorum aut ætas, aut infirmitas,
aut paupertas hunc laborem subire prohi-
bebat, dirigit per totum Orientem Magi-
strianos, dirigit & Anatolius Episcopus 12 12
Asclepiadem Diaconum suum, per quos omnes
illi Episcopi, qui Calchedone fuerant congregati, quid Alexandriæ gestum sit, agno-
scerent. Qui omnes 13 rescripserunt Cal- 13

Quesnello e MSS. nostræ collectionis. Nos præterea invenimus in collect. Barb. 2888. & Vat. 1342. in alia collectione ad caussam Acacianam pertinente, & contenta in perantiquo cod. Veron. 46 qui ab hoc opusculo incipit · ac tandem in MS. Vat. 1344 Hoc opusculum in MSS. nostræ collectionis Thuan. & Vind titulo caret. Inscriptio, quam Quesnellus hic produxit, sumta est ex præmissa tabula codicis Thuanei: In MSS. Crab. Veron. & Vat. 1344. hic titulus legitur: *Incipit narrationis ordo de pravitate Dioscori Alexandrini*. Vat. 1342. in corpore collectionis hanc inscriptionem præfert: *Ubi occiditur Proterius Episcopus Alexandrinus*, & in margine alio caractere aliquanto recentiori: *De occisione beatissimi viri Proterii Alexandrini Patriarchæ, & de nequitia Timothei invasoris ejus sedis & hæretici*. In tabula vero huic collectioni præmissa: *Interfectio Proterii Episcopi Alexandrini*. Idem opusculum editione secunda eodem Gelasio auctore aliquot in locis reformatum, & auctum duo præcipua additamenta recepit, alterum initio, quo historia inchoatur a Nestorio & Eutyche, alterum in fine, quo eadem historia ad Acacii condemnationem perducitur. Hoc opusculum auctius a Sirmondo editum fuit ex MS. Virdunensi, idemque nos reperimus in cod. Vat. Reginæ 1977. Titulus in utrisque MSS. est hic: *Gesta de nomine Acacii*. Notior vero titulus a Sirmondo compactus hic est: *Breviculus historiæ Eutychianistarum*. Cum porro collectio Vat. Reginæ anterior sit Liberato, hunc ex opusculo profecisse, non vero ex Liberato sumsisse opusculi auctorem, manifestum fit. Tandem editio tertia aliud additamentum in fine accepit, quo res sub Felice gestæ paucis indicantur. Integra hæc editio inserta est tom. 1. epist Rom. Pontif ut Quesnellus animadvertit. De hoc autem additamento ne quis dubium moveat, deteximus hanc tertiam editionem exhiberi in MSS. præstantissimæ collectionis Avellanæ.

2 Duo codd. cum Crab. *qui pro facti*, male. Post pauca idem Crab. *vel a cuncta Synodo*.

3 „ Liberatus ab hoc loco eadem habet, „ paucis mutatis, c. 15. Breviarii. *Sed Timotheus quidam*, inquit, *cognomento Ælurus, & Petrus Moggus Diaconus, qui de ordinatione fuerunt Dioscori, ab Alexandrina Ecclesia* &c. Breviculus eadem pariter iisdem verbis describit. “ Hæc Quesnellus.

4 In Breviculo *suis monitis ad ministeria sua revocare*.

5 Quesn. inseruit *ergo*: delevimus autem cum MSS Crab. Vind. & Vat. Apud Liberatum sic: *At illi captata morte Marciani Imperatoris*.

6 Quesn. *ante triduum autem Paschæ die quo cœna*. Sequuti sumus codd. Vind. & Veron. suffragantibus Brevic. & Liberato. Affinis est etiam lectio Crabbi *Ante triduum paschale, quo cœna*.

7 Brevic. *collecta multitudine perditorum occupatur Ecclesia, ad quam se sanctæ memoriæ Proterius de more contulerat* Liberatus vero sic. *Ab ipsis turbis concluditur in Ecclesia sanctæ memoriæ Proterius, quo se timore contulerat*. Mox Quesn. *ab his perditis hominibus*: quam postremam vocem cum nostris MSS. & Crabbo subduximus.

8 Solus Crab. *sacrosancto*. Veron: *suprascripto*. Liberatus *eadem die*. Dein Veron. & Crab. delent *ejus*.

9 Quesn. inseruit *notitia*, licet fateatur hanc vocem deesse *in utroque*, idest in Breviculo, ac Liberato. Deest vero etiam in tribus nostris MSS. Vind. Veron. & Vat. Apud Crabbum vero substituitur *rumor*. Dein Quesn. *provenit*. Nos autem prætulimus *pervenit* cum MSS. Veron. Crab. Brevic. & Liber.

10 Sic MSS. Vind. Veron. & Vat. Quesn. *& contra illis .... postulantibus*. In Brevic. *illi autem vindictam tanti sceleris spectabant*. At Liberatus plura.

11 Quesn. *Considerans igitur Imperator difficile esse, & nimis grave*. Nostros codd. Crabbum, & Liberatum sequuti sumus. Idem est in Brevic. nisi quod per errorem editum est *tantos iterum* pro *tanto itinere*.

12 Apud Quesn. additur *qui Flaviano successerat*, repugnantibus omnibus nostris MSS. cum Crab. Brevic. & Liber.

13 Codd. Veron. & Crabb. cum Brevic. & Lib. *rescribunt*.

chedonenſem Synodum uſque ad ſanguinem
defendendam eſſe: quia non alteram fidem
14 14 teneret, quam Synodus Nicæna conſtituit: Timotheum vero non ſolum inter E-
15 piſcopos 15 non haberi, ſed etiam chri-
16 ſtiana appellatione privari 16. Quo facto fit
alter Timotheus Epiſcopus Alexandriæ.
Vix ille Timotheus pellitur & mittitur in
exilium Cerſonam, fugit & Petrus hæreticus. Quamdiu ergo vixit Imperator Leo,
Timotheus Epiſcopus Alexandriæ vixit quiete. Sed cum Baſiliſcus occupaſſet Imperium,
damnare cœpit Calchedonenſem Synodum,
& fugare catholicos. Tunc ille Timotheus
damnatus, accepta libertate, Conſtantinopolim venit, & damnatos hæreticos locis
ſuis reddidit. Vadit Alexandriam, fugit Ti-
17 motheus 17 catholicus, & in Monaſterio
latuit. Petrus ille iterum ſe Timotheo junxit, cum quo fuerat ante damnatus. Redit
18 Zeno 18 Imperator ad regnum, Baſiliſcus
opprimitur. Mittitur Alexandriam, ut pulſo pervaſore Timotheo, Timotheus catholicus redderetur Eccleſiæ. Sed illo Timo-
19 theo damnato morte prævento, Petrus 19
ab uno hæretico Alexandrinus Epiſcopus ordinatur, quem nihilominus dejici juſſit Imperator, & reduci Timotheum catholicum,
20 ſicut 20 etiam Acacii litteris continetur.
Interea ſcribit ad ſanctæ memoriæ Papam
Simplicium Timotheus catholicus, rogans
& dicens, Petrum olim in Diaconio eſſe
damnatum, nunc etiam a chriſtiana ſocietate remotum, ut ſcriberet Imperatori, ut
eumdem Petrum longius in exilium dirige-
ret: quia latebat in Alexandrina civitate,
21 & inſidiabatur Eccleſiæ. 21 Per triennium
ergo ferme & amplius ſanctæ memoriæ Papa Simplicius numquam deſtitit ſcribere A-
cacio Epiſcopo 22 ut fieret de Petro quod 22
Timotheus Epiſcopus poſtulabat. Defuncto
ergo Timotheo 23 Epiſcopo, a catholicis Jo- 23
annes catholicus Epiſcopus 24 ordinatur. 24
Mittit Joannes Epiſcopus Synodicam ſuam
25. Supervenit etiam Urbanius ſubadjuva 25
contra Joannem Epiſcopum 26 ſacra Prin- 26
cipis deferendo, ut ab Epiſcopatus illius
confirmatione ſe Papa ſuſpenderet. Et quia
in iiſdem ſacris de reſtituendo Petro, quem
ipſe damnaverat, fecerat mentionem, hæc
pars eſt omnino abnegata: unde viſus eſt
Imperator offenſus. 27. Addidit etiam Aca- 27
cius illo tempore, quo de Petro Alexandrino damnato retulit, etiam de Petro &
Joanne Antiocheno ſic ſcripſit: Petrum apud
Conſtantinopolim Monaſterium gubernaſſe;
ſed hoc propter crimina derelicto, Antiochiam fugiſſe: ibi pulſo Martyrio catholico
Epiſcopo per viliſſimum populum, & hæreticos; ſedem ipſius occupaſſe, continuo-
que damnatum ab Epiſcopis, atque a Leone Imperatore 28 Oaſam deportatum: qui 28
fugiens rediiſſe dicitur Conſtantinopolim,
& dediſſe fidem ut compulſis ulterius turbis
nihil facere auderet. Sed, ſicut ſuperius dictum eſt, Baſiliſci temporibus a Timotheo
illo damnato, qui Conſtantinopolim venerat, ad Antiochiam remiſſus eſt, ut iterum
illic Epiſcopatum teneret. Quo facto, idem
ipſe Petrus, Joannem, de quo diximus A-
cacium retuliſſe, ordinat Apamenis Epiſcopum. A quibus 29 non receptus redit An- 29
tiochiam, & Petrum Epiſcopatus ſui pellit
auctorem, & invadit ejus Eccleſiam. Quos
ſimul

14 Queſn. *tenerent*. Prætulimus cum Veron. Crab. & Liber. *teneret*: refertur enim ad Synodum Calchedonenſem: unde in Brevic. habetur: *Quia non alteram fidem ſtatuit, quam*.

15 Sic omnes codd. noſtri cum Brevic. & Liber. Queſnellus *non debere haberi*.

16 Hucuſque Liberatus. Mox *Quo depoſito fit* in Brevic. Dein Queſn. *& vix ille*. Delevimus *&* cum omnibus noſtris codd. & Crab. atque Brevic. in quo legitur: *Vix Timotheus hæreticus depellitur, fugit Petrus: mittitur in exilium Timotheus Cherſonam, qui locus eſt in Ponto abditus. Quamdiu vixit* &c. Solus Crabbus pro *Cherſonam* habet *Gangram*: ac dein *& quamdiu vixit*.

17 Liberatus, qui cap. 16. hæc & alia habet, ſic: *catholicus in Canopi caſtellum, & in Monaſterio*.

18 Solus Queſn. omiſit *Imperator*: & poſt nonnulla pro *Sed illo* ſolus habet *Sed interim illo*.

19 Brevic. addit *conſors ipſius*: & mox pro *Alexandrinus* cum MS. Veron. habet *Alexandrinis Epiſcopus ordinatur*, ut infra *ordinat Apamenis Epiſcopum*.

20 Addidimus *etiam* cum noſtris codd & Crab. Mox Brevic. *Acacii Conſtantinopolitani*, & poſt *continetur* aliqua inſerit.

21 Veron. Vat. & Crab. *Per ferme triennium, & amplius*.

22 Brevic. addit *ut ageret cum Imperatore*; & dein alia inſerit, quæ in hac prima hujus opuſculi editione omiſſa fuerunt.

23 Sic noſtri codd. & Crab ſuffragante etiam Breviculo. Queſnellus pro *Epiſcopo* ſubſtituit *Catholico*.

24 Brevic. *ordinatur, qui cum de conſuetudine majorum ad Apoſtolicam Sedem ſynodica per Iſidorum Presbyterum & Petrum Diaconum ſcripta miſiſſet, ſuperveniente Uranio ſubadjuva ...... ab Epiſcopatus illius confirmatione Papa ſuſpenſus eſt*.

25 Queſn. addit *ad Papam*. Delevimus cum noſtris codd. & Crab. licet in Breviculo idipſum poſtea expreſſum fuerit. Mox cod. Veron. *Urpanius*. Brevic. *Uranius*. Deeſt *ſubadjuva* in Oxon. Apud Crab. pro *Urbanius ſubadjuva* legitur *quidam*.

26 Scripſimus *ſacra Principis*, & poſtea *in iiſdem ſacris* cum MSS. Vind. Veron. & Crab. favente Breviculo. Queſnellus *ſacram Principis*, & dein *in eadem ſacra*. Quidam codd. pro *Epiſcopatus* habent *Epiſcopi*, vel *Epiſcopii illius*.

27 Hic aliqua in Breviculo addita fuerunt. Dein ſolus Queſn. omiſit *Alexandrino*.

28 Sic omnes noſtri codd. & Crab. Queſnellus *Oaſim*. In Brevic. *ad Oaſitanum exilium eſſe directum*. At Liber. c. 18. *Samum deportatum*, male.

29 Queſn. inſerit *ille*, delent noſtri codd. Crab & Brevic.

ſimul damnatos iterum dicit Acacius, petens Apoſtolicam Sedem, ut ſi ad eamdem
forte confugerent, ne ipſo quidem haberentur digni aſpectu; & ſi jam aliquam indulgentiam forſitan impetraſſent, irritam eſſe
debere, nec eorum pœnitentiam recipien-
dam eſſe. Quid multa? Hunc ipſum Joannem, quem Acacius cum Petro damnave-
30 rat, & ſine pœnitentiæ remedio 30 fecerat
ab Apoſtolica Sede damnari, poſt tot dam-
nationes Tyriorum miſit Eccleſiæ præſide-
31 re. 31 Nam quod dicit Acacius Petrum illum Alexandrinum, oblata petitione Eutychianam hæreſim vel Neſtorianam damnaſſe, hoc evidenter probatur eſſe falſiſſi-
32 mum. Nam quæ cauſſa fecit ut 32 in E-
piſcopatu ſuo Synodo Calchedonenſi, vel
Tomo ſanctæ memoriæ Papæ Leonis diceret
anathema? Quæ cauſſa fecit, ut ſublato nomine Proterii vel Timothei catholici, Dioſcori & Timothei hæretici nomen aſcribe-
ret? Quæ cauſſa fecit, ſi catholicus erat,
33 ut Timothei catholici 33 corpus de ſub terra levaret, qui inter Epiſcopos catholicos
ſepultus fuerat, & projiceret foras? Ipſe
non eſt Petrus, qui damnato Timotheo hæretico ſemper adhæſit? quomodo poſtea A-
cacius miris eum laudibus proſequitur, de
quo ante tanta ſe crimina meminerat retuliſſe? *In fine Cod. Thua.* Contuli.

CAPITULUM XLIV.

1 1 EPISTOLA

SIMPLICII PAPÆ

ad Acacium, ut ſcandala Eccleſiæ Alexandrinæ auferat.

Dilectiſſimo fratri ACACIO
SIMPLICIUS.

COgitationum ferias non habemus: nec
2 enim quieſcere nos 2 cauſſa permittit: quam ſi relinquamus, apud Chriſtum
Dominum noſtrum, cujus intereſt, inexcu-
ſabiles ſumus. Et mirum eſt dilectionem
tuam tot emenſis temporibus, & tot oppor-
tunitatibus inde venientibus, nihil nos de
Alexandrina Eccleſia, quæ tam graviter qua-
titur, inſtruere voluiſſe: cum monere te
nec increpatio noſtra deſtiterit, ut, partici-
pata ſollicitudine, litteras meas apud chri-
ſtianiſſimum & clementiſſimum Principem
præſentibus tuæ dilectionis proſequereris al-
loquiis; & inſtituti veteris memor in orthodoxorum defenſionem nobiſcum, ſicut
ſemper, incumberes: ne quiſquam noſtrum
chriſtiana plebe pereunte reatum 3 deditio- 3
nis incurrat, & mercenarius potius videatur eſſe, quam paſtor. Unde hortamur dilectionem tuam, ut opportune atque importune piis auribus inſinuare non deſinas;
quatenus remotis ſcandalis, quæ in Alexandrinam Eccleſiam recidivis auſibus irruerunt, pax optata reddatur; & celeriter vigilantiæ 4 tuæ provectus, poſthabitis difficultatibus, indicetur. Data 5 octavo Id. 4
Nov. Severino Conſule. *Directa per Reſti-* 5
tutum.

CAPITULUM XLV.

1 INCIPIT

EXEMPLAR EPISTOLÆ

quam miſit Acacius ad ſanctæ memoriæ Simplicium Papam Romanæ Urbis, ubi damnatum retulit Petrum Alexandrinum.

Domino beatiſſimo, 2 ac ſancto Pa- 2
tri, Archiepiſcopo SIMPLICIO
ACACIUS.

SOllicitudinem omnium Eccleſiarum, ſecundum Apoſtolum, circumferentes,
nos indeſinenter hortamini, quamvis ſpon-
te vigilantes ac 3 recurrentes, divinumque
zelum in vobis ſolito demonſtratis, ſtatum 3
Eccle-

30 Codd Veron. & Crab. cum Brevic. *fecit*.

31 Ita omnes noſtri codd. cum Crab. Queſnellus: *Nam quod poſtea idem dixerit Acacius*. In Brevic. ſequentia omittuntur; alia autem eorum loco reponuntur.

32 Sic noſtri tres codd. cum Oxon. & Crabbo. Queſnellus *in Epiſcoporum Synodo vel Calchedonenſi*.

33 Codd Veron. Vat. & Crab. addunt *Epiſcopi*. Mox poſt vocem *Timotheo* cum omnibus codd & Crab. adjecimus *hæretico*.

1 Præter MSS. hujus collectionis continetur in Veron. 46. in Vat. 1342. in MSS. additionum Dionyſii, ex quibus Vat 5845. contulimus, & in collectione additionum Iſid. ex qua eadem a Merlino primum edita fuit, uti eſt cod. Vat. 1340

2 Vat. 5845. addit. Dion. *cauſſa ipſa permittit*.

3 Vat. 1342. *perditionis*.

4 Queſn. omiſit *tuæ*: addidimus ex omnibus noſtris codd. & vulg.

5 Cod. Vat. 1342. & alius 5845. addit. Dion. *nono*.

1 Exſtat in iiſdem codd. in quibus præcedens, ac præterea in Hiſp. & Iſid. Titulum exhibuimus ex codd. Vind. & Veron. 46. cum quibus alii duo Vatt. 1342. & 5845. aliquibus vocibus omiſſis concinunt. Queſn. *Epiſtola Acacii ad Papam Simplicium. Timotheum hæreticum eſſe mortuum, Petrum damnatum, Timotheum catholicum reſtitutum*.

2 Codd. Veron. & Vat. 5845. cum Oxon. *ſancto Patriarchæ Epiſcopo*.

3 Queſn. *præcurrentes*. Prætulimus omnes noſtros codices Vind. Veron. & utrumque Vat. quorum poſtremi habent *recurrentes in vos, divinum zelum ſolito*. Vulg. *præcurrentes, ſed vos divinum zelum ſolito*.

Eccleſiæ Alexandrinæ certius requirentes ;
ut pro paternis canonibus ſuſcipiatis laborem piiſſimo ſtillantes ſudore pro his , ſicut
ſemper eſt approbatum . Sed Chriſtus Dominus noſter, qui diligentibus ſe in bonum
cooperatur, inſidens cogitationibus noſtris ,
4 4 & unam nobis in his mentem atque eamdem pro gloria ſua eſſe cognoſcens, omnem
5 victoriam ipſe 5 perfecit, & conſortes nos
6 cum tranquilliſſimo Principe faciet. 6 Timotheum quidem de Cherſona ſpirantem
procellas, & eccleſiaſticam tranquillitatem,
ſicut apparuit, conturbantem , vitæ ſubdu-
xit humanæ, dicens : *Tace & obmuteſce* :
Petrum quoque, qui ab Alexandria more
ſimiliter procellæ ſurrexerat, diſſipavit, atque in æternam fugam, ſancto Spiritu flan-
te convertit, unum & ipſum de his, qui
7 olim fuerant & ante damnati. 7 Sicut in noſtris Archivis inventum eſt, & de veſtris
ſcriniis , ſi dignamini requirere , poteritis
agnoſcere, quæ in tempore de eodem ſub-
8 ſequuta, 8 ab Alexandrino Epiſcopo Romam
alterutrum ſint relata. Qui Petrus filius no-
ctis exiſtens, & operum diei lucentium alienus apparens , omninoque tenebras ad latrocinium peragendum 9 congruas earum
cooperator inveniens, media nocte, adhuc
jacente & inſepulto cadavere illius , qui
paternos canones ſubverterat , ſurripuit in
10 ſedem, ſicut ipſe arbitratus eſt, 10 uno ſolo præſente , & eo qui conſors ipſius exiſtebat inſaniæ ; ita ut propter hoc majori-
11 bus ſuppliciis ſubderetur, nec 11 quod ſpe-
rabat effectum eſt. Sed ille quidem, ex parte vel minima judicans nuſquam penitus
omnino comparuit, Timotheus autem paternorum cuſtos canonum, 12 qui Davidicæ manſuetudinis exemplum , & uſque in
finem patiens , atque poteſtati propriæ re-
ſtitutus a Chriſto, propriæ ſedis honore lætatur, & ſpiritualium filiorum voces accepit; gratiam curationis expectat , multiplicato in ſe honore a Chriſto-Principe Sacerdotum, propter quem & tolerantiæ coro-
nam ſibimet religavit. Attentius igitur oret
veſtra beatitudo pro chriſtianiſſimo Imperatore, & pro nobis ipſis. Nihil enim præ-
termittitur eorum , quæ ad cuſtodiam eccleſiaſticæ reſpiciunt diſciplinæ . Univerſam fraternitatem 13 , quæ vobis eſt in
Chriſto , & ego , & qui mecum ſunt ,
ſalutamus . *Et alia manu* : In Domino
conſerveris , ſanctiſſime & beatiſſime Pater .

CA-

---

4 Addidimus *&* cum tribus noſtris MSS. & vulg Dein Oxon. omittit *pro gloria ſua*,

5 Queſn. addit *per ſe* : delevimus cum Vind. Thuan. Veron. atque vulg Mox ſcripſimus *&* ... *faciet* cum MS. Thuan. cui Veron & Vind. ſuffragantur . Apud Queſn. deleto *&* habetur *perficiens* , vulg. *faciens* .

6 Queſn. *Timotheum enim de Cerſona reſpirantem procellas* . Emendavimus cum Vat. 1342. concinentibus Vind. & Veron in quibus ſolum pro *ſpirantem* habetur *ſperantem* . Cod. Thuan. *Timotheum quidem diſſenſionis parantem procellas* . Idem eſt in Vat 5845. niſi quod *deceſſionis* legitur pro *diſſenſionis* . utrumque mendoſe pro *de Cherſona* ; in quam quidem Timotheum relegatum ex cap. 43. manifeſtum fit . Vulg. item perperam *& Timotheum quidem deceſſorem* .

7 Vulg *Sicut enim in noſtris* . Melius cod. Veron. *Sicut & in noſtris* .

8 Ita Vind. cum tribus aliis codd ,qui ſolum habent *ad Romam* . Vulg. *Romam ad alterutrum* . Gelaſius in tractatu , quem e MS. Veron. 46. edidit Scipio Maffejus t. 5. Conc. Ven. edit. col. 185. haſce Acacii litteras allegans , ex eo affirmat *Timotheum catholicum de damnatione Petri retuliſſe ad utramque Romam* . Hinc legendum credimus *ad Romam utramque* vel *alterutram* : ita ut *alterutram* pro *utramque* acceptum fuerit . Queſn. perperam *& ab Alexandrinis Epiſcopis ad Romanos ſint relata* .

9 Queſn. inſerit *votis* : omittunt omnes noſtri codd. & vulg. Solum Vind. & Veron. habent *ad latrocinium congruas peragendi earum cooperator* . Oxon. delet *earum cooperator* . Mox deleto *&* vocem *inſepulto* duo codd. Veron. & Vat. 1342. cum vulg. transferunt poſt verbum *ſubverterat* .

10 Cod. Veron. cum vulg. *uno & ſolo* : & mox *inſiſtebat* pro *exiſtebat* , ſuffragante etiam MS. Vind.

11 Queſn. addit *tamen* : expunximus cum MSS. Vind. Ver. & vulg. ac poſtea cum omnibus inſeruimus *penitus* .

12 Queſn *Qui Davidicæ manſuetudinis exemplo uſque in finem patiens fuit , poteſtati propriæ ... lætatur , & ſpiritualium filiorum votis accepit gratiam curationis . Expectat ergo præmium multiplicato* &c. Codicum noſtrorum lectionem revocavimus , ſuffragantibus vulg in quibus ſolum habetur *exemplo ſubditur* , & *voces accipiens* .

13 Queſn. inſerit *veſtram* . Hæc vox abundat, deeſtque in noſtris codd. Mox duo Vatt. cum vulg. *quæ vobiſcum eſt* . Dein *& beatiſſime* ex omnibus codd. & vulg. adjecimus .

CAPITULUM XLVI.

1 I EPISTOLA

FELICIS PAPÆ

damnantis Acacium Constantinopolitanum Episcopum, quia Petrum & alios hæreticos, quos ipse damnaverat, sine apostolica fide recepit.

FELIX Episcopus sanctæ Ecclesiæ Catholicæ
2 2 Urbis ACACIO.

MUltarum transgressionum reperiris obnoxius, & in venerabilis Nicæni Concilii contumelia sæpe versatus, alienarum tibi provinciarum jura temerarie vindicasti.
3 Hæreticos 3 pervasores, & ab hæreticis ordinatos, & quos ipse damnaveras, atque ab Apostolica instituisti Sede damnari,
4 non modo 4 motu tuo recipiendos putasti, verum etiam aliis Ecclesiis, quod nec de Catholicis fieri poterat, præsidere fecisti, aut etiam honoribus, quos non merebantur, auxisti. Testatur hoc Joannes, quem a Catholicis Apamiæ non receptum, pulsumque de Antiochia,
5 5 Tyriis præfecisti: & Humerius tunc de Diaconio dejectus, atque christiani nominis appellatione privatus, a te etiam in Presbyterii provectus officio. Et quasi hæc tibi minora viderentur, in ipsam doctrinæ apostolicæ verita-
6 tem 6 ausus tuæ superbiæ tetendisti, ut Petrus, quem damnatum sanctæ memoriæ decessori meo ipse retuleras, sicut testantur annexa, beati Evangelistæ Marci sedem te connivente rursus invaderet, & fugatis orthodoxis Episcopis & Clericis sui procul-
7 dubio similes ordinaret; pulsoque eo, qui 7 illis fuerat regulariter constitutus, captivam teneret Ecclesiam. Cujus adeo tibi grata persona est, & ministri ejus accepti, ut Episcopos plurimos & Clericos orthodoxos nunc Constantinopolim venientes, detegaris affligere, & Apocrisiarios ipsius confovere; atque anathematizantem eumdem Petrum Calchedonensis decreta Concilii, & violantem sanctæ memoriæ Timothei sepulturam,
sicut ad nos certiores nunc quoque 8 nuntii detulerunt, per Vitalem & Misenum 8
crediderís excusandum; nec eum laudare desieris, & multis efferre præconiis; ita ut damnationem ipsius, quam antea retuleras, veram non fuisse jactaris. Tantum autem perseveras in hominis defensione perversi, ut quondam Episcopos, nunc vero honore & communione privatos Vitalem atque Misenum, quos ad ejus expulsionem specialiter miseramus, sublatis chartis custodiæ
fueris passus mancipari; 9 & ad processio- 9
nem, quæ tibi cum hæreticis habetur, exinde productos, sicut eorum professione patefactum est, ad hæreticorum tuamque communionem, contemta quæ vel gentium jure servari debuit legatione, pertraheres; 10 10
præmiisque corruptos non solum inefficaces redire faceres, sed etiam in illusionem beati Petri Apostoli, a cujus sede profecti fuerant, impugnatores omnium, quæ fuerant mandata, monstrares. In quorum deceptione tuam nequitiam prodidisti, & ad libellum fratris & Coepiscopi mei Joannis, qui te gravissimis objectionibus impetivit, in Apostolica Sede secundum canones respondere diffidens, objecta firmasti. Felicem quoque defensorem fidelissimum nobis, necessitate faciente serius 11 obsequutum indignum 11
tuis oculis censuisti. Eos quoque tecum litteris tuis communicare testatus es, quos constat hæreticos. Quid enim sunt aliud, qui post obitum sanctæ memoriæ Timothei, ad Ecclesiam sub Petro redeunt, vel qui se ex

---

1 Omnes codd. in quibus est epistola superior, etiam istam continent.

2 Sic cod. Vind. In MS. Ver. VR, ex quo forte in vulg. *Urbis Romæ*. Quesn. *Romanæ*. Vat. 1342. *Felix Episcopus Ecclesiæ Romanæ Acacio*.

3 Duo Vat. 1342. & 5845. *& persuasores atque*.

4 Vind. & Veron. mutile *tu tuo*. Correximus cum duobus laudatis Vatt. Quam emendationem alii ignorantes scripserunt, ut in vulg. *non modo communioni tuæ recipiendos putasti*, vel ut apud Quesn. *non modo recipiendos esse putasti collegio*, *verum etiam* &c. Mox Vind. & Veron. delent *de* ante *Catholicis*.

5 In Vind. & Veron. hic locus valde corruptus effertur sic. *Tyriis relisisti: & merito de Diaconio dejectos atque christiani nominis appellatione privatos, a te etiam* (vel *nunc*) *in Presbyterii provectos officio*. Vulgati lectionem textus exhibent, concordantibus duobus Vat. Solum pro *Humerius* Vat. 1342. habet *Hyeremius*, Vat. 5845. *Hieronymus*. Harduinus legi mallet *Himerius*. Quesn. pro *etiam* habet *nunc*.

6 Duo Vatt. & Lab. in margine *ausus tuos & superbiam*.

7 Vat. 5845. cum vulg. *illic*, Mox addidimus *ejus* ex omnibus nostris codd. & vulg. Dein vocem *plurimos* vulg. cum Vat. 1342. rejiciunt post *Clericos*, forte melius.

8 Duo Vatt. *multi detulerunt*: & mox *crederes .... desineres .... jactares*.

9 Quesn. inserit *sed*: & dein *pro hæreticis*. Nostros codices & vulg. prætulimus.

10 Codd. aliarum collect. Veron. & duo Vatt. *præmiisque corrumpere* (forte *corrumperes*) *& in illusionem B. Petri Apostoli, a cujus sede profecti fuerant, non solum inefficaces redire faceres, sed etiam impugnatores* &c. Idem habent etiam vulg. nisi quod præferunt *pertraxeris ... corruperis ... feceris .... monstraris*: ac pro *in illusionem* exhibent *in læsionem*.

11 Duo Vatt. cum vulg *subsecutum*. Dein solus Quesn *eosque* pro *Eos quoque tecum*: & mox *constat esse hæreticos*. Delevimus *esse* cum MSS. Vind. Veron. & vulgatis.

12 ex catholicis eidem tradiderunt, 12 nisi quod Petrus ab universali Ecclesia, atque a te fuerat judicatus? Habe ergo cum his, quos libenter amplecteris, portionem ex sententia præsenti, quam
13 13 per Tutum tibi direximus Ecclesiæ defensorem, sacerdotali honore & communione catholica, nec non etiam a fidelium numero segregatus, sublatum tibi nomen & munus ministerii sacerdotalis agnosce, sancti Spiritus judicio, & apostolica per nos auctoritate damnatus, numquamque anathematis vinculis exuendus. 14 14

Cælius Felix Episcopus sanctæ Ecclesiæ Catholicæ urbis Romæ, subscripsi. Data V. Kal. Augusti, Venantio viro clarissimo Consule: *Simulque* 15 *septuaginta septem* 15
Episcopi absque Papa subscripserunt. 16 16

CA-

12 Oxon. minus bene *non, quod*.

13 Quesn. *per Toleratum tibi* cum codd. hujus collectionis. Emendavimus ex MS. Veron. cum *Tutum Romanæ Ecclesiæ defensorem* præferant duæ aliæ Felicis epistolæ 9. & 11. Liberatus in vulg. *Totum*, & in marg. *Tutum*. Duo codd. Vatt. *Totum*. Vulg. *per tuæ tibi*, ubi aliquis amanuensis non intelligens vocem *Tutum*, scripsit *tuæ*.

14 Hic desinit uterque codex Vat.

15 Ita uterque cod. Quesnelli & noster Vind. In antiquissimo autem Veron. cum vulg. *simul LXVII. Episcopi*.

16 Quesnellus ex cod. Oxon. adnotationem, quæ in nullo alio codice invenitur, subjecturus hæc præmisit: *Quæ sequuntur manifestum est non esse partem codicis, sed annotationem ejus cujus studio descriptus est. quem post Gregorii Magni tempora vixisse perspicuum evadit; nec revera habentur in codice Thuaneo. Porrò quod de Anastasio hic legitur, veloci eum morte sublatum, cum de restituendo Acacio cogitavet; habetur etiam in libro de Romanis Pontificibus, hisque similia suggerit Justinus Imperator in epistola ad Hormisdam Papam.* Tum adnotatio MS. Oxon. his verbis exprimitur.

„ Tempore Theodosii minoris, sub Leone „ Papa, cujus scripta posterius ponentur, da„ mnavit Flavianus Episcopus Constantinopo„ leos Eutychem hæreticum, sicut superius le„ ctum est, consentiente & confirmante Pa„ pa. Dioscorus vero Alexandrinus Episco„ pus, qui favebat Eutychi, dejecit Flavia„ num de sede sua, & ordinavit pro eo Ana„ tolium. Tempore vero Marciani, qui Theo„ dosio successit, eodem jubente Papa congre„ gata est Synodus Calchedonensis, de qua su„ perius lectum est, in qua Dioscorus damna„ tur & Anatolius corrigitur *. Leoni Papæ „ successit Hilarius; Hilario Simplicius. Sim„ plicio misit Acacius, qui Anatolio succes„ serat, epistolam quæ supra scripta est, di„ cens Petrum pervasorem Alexandrinæ sedis „ esse damnatum. Simplicio successit Felix, „ qui atavus beati Gregorii fuit, damnavit„ que Acacium ob caussas superius memora„ tas. Anastasius successor Gelasii restituere „ volens occulte Acacium, non potuit veloci „ morte præventus. Gelasius successor Felicis „ quinque sequentibus epistolis confirmat da„ mnationem Acacii. “

* *Fallitur annotator de Anatolio.*

In ea autem hujus adnotationis verba, *Anastasius ... restituere volens occulte Acacium non potuit veloci morte præventus*, hæc Quesnellus subjecit. *His similia habet liber Pontificalis ex quo Gratianus, Ivo, & alii descripserunt in aliquibus tamen mutata & interpolata. In Gratianum tamquam Pontificalis verba corrumpentem acerbissime invehitur Albertus Pighius. Carpit quoque illum Antonius Augustinus Dialogo VI. Libri prioris de Emendatione Gratiani, quamquam modestiam in Pighio requirat. Hæc sunt verba Pontificalis, prout leguntur. tom. 3. Conciliorum Gr. Lat. Binii ....* Et quia occulte voluit revocare Acacium & non potuit. Qui nutu divino percussus est. *Quæ verba Ivo Carnotensis part. 14. c. 40. Decret. & Liber. Cæsaraugustanus referunt, inquit Ant. Augustinus, in hunc modum:* Et quia occulte voluit revocare Acacium & non potuit, quia divino nutu percussus est Acacius. *Videtur Ant. Augustinus Gratiano succensere, eo quod detraxerit e verbis Pontificalis geminam hanc vocem* Quia & Acacius: *unde evenerit, ut quod de Acacio divinitus percusso intelligendum est, de Anastasio intellexerit. Verum adjectionis potius arguendos esse Ivonem & alios, quam Gratianum diminutionis, probat tum textus ipse Pontificalis, tum codex noster. Ex quo posteriori, qui ceteris antiquior est, genuinus sensus verborum istorum deprehenditur. Falsum est enim quod ajunt Acacium percussum divinitus, eam ob rem ab Anastasio revocatum non esse: quomodo enim sub Anastasio percuti potuit Acacius, quem ex Nicephoro & Evagrio mortuum narrant sub Felice III. Sole igitur clarius est addititiam esse vocem* Acacius *apud Ivonem & alios, nec vocem* Percussus *de alio quam de Anastasio intelligi posse. 2. Quod percussus dicitur Anastasius apud nonnullos auctores, videtur ex conjectura & ex commentario scriptum: codicis enim nostri annotatio solummodo* morte præventum *ait, nec apud antiquiorem scriptorem plus aliquid assertum legitur. 3. Quod* revocare *Acacium omnes citati auctores scribunt voluisse Anastasium, cum tempore mortis Acacii conciliari non potest: illud enim de ipsius Acacii persona necesse est interpretari; vox autem* restituere, *quæ in codicis annotatione usurpatur, de Acacii nomine diptychis restituendo commodissime potest intelligi.* Hactenus Quesnellus. Hæc vero, quæ de Anastasio II. quoad Acacii nomen in Pontificali traduntur, ex antiquiori, at maligno aliquo scripto proficisci, quo factiosus aliquis homo sicut alia commenta contra Symmachum sparsit, ita ad invidiam ei conciliandam, propensiorem Anastasii II. animum confinxit ad restituendum etiam nomen Acacii, non improbabiliter conjicit Franciscus Blanchinius tom. III. Anastasii Bibliothecarii in notis ad vitam Anastasii II. pag. 209. Justinus Imperator in epistola ad Hormisdam relata post epist. 73. ejusdem Pontificis, non dicit Anastasium voluisse restituere nomen Acacii, sed potius testatur oppositum, cum affirmet eumdem Anastasium scripsisse ad antecessorem suum *satis esse pacem acceptantibus*; *si nomen tantum reticeatur Acacii*, quæ cum ipsis Anastasii litteris concinunt, suspicionemque Blanchinii confirmant.

CAPITULUM XLVII.

1 INCIPIT

TOMUS

de anathematis vinculo Papæ GELASII.

* *

CAP. I.
2 2 NE forte, quod solent, dicant: quod
si Synodus Calchedonensis admitti-
tur, omnia constare debeant, quæ illic videntur esse depromta: aut enim eam ex to-
3 to 3 admitti oportere, aut si ex parte re-
pudiabilis est, firmam ex toto constare non
4 posse. Cognoscant igitur illud, quod 4 constituit secundum scripturas sanctas, traditionemque majorum, secundum canones re-
5 gulasque Ecclesiæ 5 pro fidei communione, & veritate catholica & apostolica,
pro qua hanc fieri Sedes Apostolica delegavit, factamque firmavit, a tota Ecclesia
indubitanter admitti: alia autem, quæ per
incompetentem præsumtionem illic prolata
sunt, vel potius ventilata, quæ Sedes Apostolica gerenda nullatenus delegavit; quæ
mox a Vicariis Sedis Apostolicæ contradi-
cta manifestum est, quæ Sedes Apostolica,

Tom. III.

etiam petente Marciano principe, nullate-
nus approbavit; quæ * præsul Ecclesiæ * V. ep. 132. c. 4. tom. 1.
Constantinopolitanæ tum Anatolius, nec se
præsumsisse professus est, 6 & in Apostolicæ 6
Sedis Antistitis non negavit posita esse potestate: 7 quæ ideo, sicut dictum est, Se- 7
des Apostolica non recepit, quia quæ privilegiis universalis Ecclesiæ contraria probantur, nulla ratione 8 subsistunt. 8

CAP. II.
Quid enim? quia in libris sanctis, quos
utique veneramur & sequimur, 9 quoniam 9
quorumdam illic & profanitates esse ferun-
tur, & scelera gesta narrantur, ideo nobis
pariter omnia, aut veneranda sunt, aut
sequenda, quia in illis sanctis & venerabilibus libris continentur? Sanctus Petrus primus Apostolorum sic æstimans novi testamenti gratiam prædicandam, ut a legis veteris non recederet institutis, quædam per
simulationem legitur inter Judæos Gentiles-
que gessisse: numquid ideo aut illa ejus sequenda sunt, quæ merito & Coapostolus
ejus 10 facta redarguit, & postea consequen- 10
ter ipse vitavit, aut pariter assumenda sunt
cum his, quæ ut pote primus Apostolus 11 11
salubria prædicavit? Numquidnam aut ejus
recta doctrina cum his quæ humanitus ac-
ciderant, repudianda est, aut illa adhuc im-
becillis inscitia cum perfecta ejus doctrina
suscipienda est? Numquidnam 12 in ipso- 12
rum hæreticorum libris non multa quæ ad

X veri-

---

1 Invenitur in MSS. hujus collectionis, & in vetustissimo Veron. 46. ac tandem in addit. Isid. ex quibus Merlinus hunc tomum edidit. Recentior codex Oxon. quem Quesnellus sequutus est, lectiones meliores identidem præferre videtur. At cum codd. Vind. & Veron. nec non Thuan. ipsius Quesnelli, qui antiquiores sunt, in lectionibus conveniant; in cod. Oxon. quædam loca, quæ obscuriora erant, arbitrio amanuensis fuisse emendata nihil ambigimus: unde codicum nostrorum lectiones cum vulgatis Conciliorum fere concinentes revocandas putavimus. Mutilum opus ex schedis imperfectis exscriptum videtur: ut ne mirum sit, si aliquot in locis laboret. Quesnellus titulum sic expressit: *Gelasii Papæ mirabilis disputatio de anathematis vinculo in Acacium & Petrum*: Omnium nostrorum ac Thuanei etiam codicis, & vulgatorum titulum revocavimus, quem etiam Anastasius approbat in epist. ad Joannem Diaconum *Collectaneis* præfixa, ubi sic habetur: *Ex tomo Gelasii de anathematis vinculo*. Asteriscos præfiximus, quia hoc opusculum initio caret. Plura vero de eodem videsis in præmisso tractatu de Collectionibus part. 3. ubi de Gelasii documentis differentes, hoc opusculum non solum mutilum, & imperfectum, sed ex aliquot Gelasii fragmentis non satis apte contextum ostendimus.

2 Quesn. *Sedis Apostolicæ cautelæ interest, ne forte quidam quod solent*: & in nota marginali *Prima hæc verba*, inquit, *hactenus desiderata sunt: ut merito Romanæ editionis epistolarum pontificiarum procuratores suspicati sint deesse hujus tractatus initium*. Cujus autem codicis fide ea verba (quæ tamen non satis esse videntur) inseruerit, non memorat. Desunt certe in Vind. hujus collectionis, sicut & in ceteris aliarum collectionum, Veron. 46. & Vat. 1340. additionum Isid. nec non apud Merlinum: ex quibus initium licet mutilum expressimus. Hoc & sequens caput ad propositum *de anathematis vinculo* haudquaquam pertinere videntur, nisi forte suspiceris Orientales dixisse, ita solvi posse anathema in Acacium, quod ex veteri constituto Calchedonensi editum fuerat, uti canon de prærogativis Sedis Constantinopolitanæ in Calchedonensi editus a Sede Apostolica solutus fuerat. Confer tractatum loco allegato.

3 Solus Quesn. cum Oxon. cod. *recipi*.

4 Vind. delet *constituit*. Vulg. *quod constituit*. Veron. *quoniam illud secundum*, deletis *quod constituit*.

5 MSS. Veron. & prima manu Vind. *pro fide communione*: secunda vero manu cum vulg. Conc. *pro fide communi*. At idem Pontifex de Synodo Calchedonensi pariter loquens scribit tit. 49. hujus collectionis c. 5. *pro fidei catholicæ atque apostolicæ veritate communioneque*.

6 Sic Veron. & vulg. concinente Vind. Quesnellus *sed in apostolicæ*.

7 Solus Quesn. cum Oxon. inserit *nullum robur habent*. Desunt in omnibus nostris codd. etiam Thuan. & vulg. Conc.

8 Vulg. *sustinet*.

9 Vulg. lectionem cum omnibus nostris, ac Thuan. MSS. revocavimus. Quesn. *sequimur, quorumdam pravitates esse*. Mox vulg. & Veron. delent *omnia*.

10 Quesn. addit *Paullus*.

11 Solus Quesn. *salubriter*.

12 Ita omnes nostri codd. & vulg. Quesnellus *in ipsis*. Mox vulg. cum Vind. *pertineant*,

veritatem pertinent posita releguntur? Numquidnam ideo veritas refutanda est, quia il-
13 lorum libri, ubi pravitatis 13 interest, refutantur? aut ideo pravi libri suscipiendi
sunt eorum, quia veritas, quæ illic inserta est, non negatur? Ait Apostolus: *Omnia*
1. Thess. 5. *probate: quæ bona sunt tenete*: scimus Apo-
20. Act. 17. stolum etiam de paganorum libris aliqua
28. posuisse: numquid ideo 14 etiam cuncta re-
14 cipienda sunt, quæ cum his pariter sunt
prolata? Ipse Apostolus ait multos prædi-
catores aliter atque aliter Christum prædi-
15 care: 15 ubi tamen licet quocumque modo Christum prædicatum oportet admitti,
non ideo tamen illum morem, quo non
recte prædicatus est, non admonet evitare.
Malos operarios ipse conqueritur, quorum
alia refutanda, alia docet esse sectanda. Hæc
& hujusmodi exempla nos edocent, & testimonia divina confirmant, non omnia passim a quocumque dicta, vel ubicumque scripta, indifferenter accipere; sed retentis bonis, quæ noceant refutare.

CAP. III. 16 Peccatori homini mors illata est: &
16 tamen homini JESU-CHRISTO mors illata
reum facit esse diabolum: quia ubi caussa
mortis non erat, (puta peccatum) non
debebatur & pœna. Sententia præfigitur, vel
17 præfixa est semper errori. 17 Quæ sententia huic errori præfixa, numquam omnino
resolvetur. Sicut enim in quantum est ipse
error, numquam error esse desistit; sic sententia præfixa numquam resolvitur; quia
error qui agnoscitur esse damnatus, eadem,
quamdiu manet error, probatur astrictus.
Itaque qui in errore sunt, sententia erroris
obstricti sunt: & quamdiu in eo manent,
nullatenus absoluti sunt, sicut nec ipse,
18 18 in quo sunt, error absolvitur. Error enim ipse numquam veniam promere-
tur; sed qui eo veraciter caruerit, atque
19 ab ejus participatione 19 discedit. Quamdiu
ergo in eis est error, damnationem suam
tenet, numquamque resolvitur; quia error
pœnam semper meretur. Participes vero
ejus, aut semper sunt ejus pœnæ participes, si in eodem perstare non desinant;
aut si 20 ab errore recesserint, quam alieni 20
facti sunt ab errore, & ab ejus participatione discreti, tam & pœnæ ejus erunt consequenter alieni. Cum erranti pœna præfigitur, quamdiu manet errans, eadem pœna constringitur; quia errans non potest esse sine pœna errati. Hæc eadem pœna perpetua est numquamque solvenda, quamdiu
errans esse persistit. Qui si errans esse de-
stiterit, pœna quæ erranti est præfixa perpetua, non erranti, idest, alteri effecto,
quam cui præfixa est, non solum non potest esse perpetua, sed nec esse jam pœna.
Non est enim ipse, cui præfixa est: erranti enim præfixa est; non, non erranti. 21 21
Quæ enim erranti præfixa, perpetua est,
& perpetuo constringit errantem; non errantem non potest jam tenere. Sit erranti
dicta fore perpetua: sit erranti dicta numquam esse solvenda; manet omnino, & verum certumque est quod 22 in eo præfixa 22
est, nec potest prorsus absolvi, quamdiu in
errore manenti præfixa debetur erranti:
non erranti autem nec pœna potest esse,
quæ non erranti non debet inferri. Nec
mutatur illa omnino, nec solvitur, quæ
debetur erranti. In suo ergo tenore illa præfixa est, in suo jure non potest omnino resolvi: 23 in non suo tenore, quæ esse non 23
potest, jam docetur esse vacuata, & jus illic penitus non habere, ubi caussam non
habet existendi.

CAP. IV. Plenæ sunt sanctæ Scripturæ tali forma
Psal. 103. justitiæ. Dicitur: *Pereant peccatores a ter-*
ra, ita ut non sint: 24 peccatores, ut de- 24
sistant esse peccatores; in hoc pereant, ut
deficiant esse peccatores. Ceterum, si prorsus peccatores secundum Prophetæ sententiam usquequaque deperirent, ut substantialiter

---

13 Thuan. *interesse*. Vulg. *ubi pravitas inest*, melius.

14 Addidimus *etiam* cum nostris codd. & vulg. Concil. ac dein scripsimus *prolata*: Quesn. *relata*.

15 Quesn. *ubi licet dicat Christum quocumque modo prædicatum oportere admitti, non ideo tamen .... vitari*. Vulg. lectionem nostris MSS. Vind. & Veron. approbatam revocavimus.

16 Hæc periodus qua ratione cum antecedentibus sequentibusque cohæreat, si non probe intelligitur, eo referendum est, quia hic tractatus imperfectus ex fragmentis concinnatus fuit. Melius quidem hac periodo omissa subjiceretur *Sententia præfigitur* &c. Mox pro *reum facit* vulg. Concil. *reum fecit*. Dein Quesn. *non erat, idest peccatum, non ibi peccati debebatur pœna*. Vulgatam lectionem Concil. recepimus, quia probatur duobus nostris codd. Vind. & Veron. in quibus solum pro *puta* habetur *ita*.

17 Sic codd. MSS. ac etiam Thuan. cum vulg. Conc. Quesnellus cum solo Oxon. *quæ sententia errore manente, numquam omnino resolveretur*. Postea vulg. *sic a sententia* cum MS. Vind. ac dein *& eadem quamdiu* cum Veron.

18 Duo codd. Vind. & Ver. *in quo sunt errores, absolvitur*. Dein Quesn. *meretur*.

19 Quesn. cum Oxon. *discesserit*. *Quamdiu ergo in aliquo est error*, forte melius. Sed codd. etiam Thuan. cum vulg. Conc. sequuti sumus.

20 Vulg. *ab eodem*. Post pauca Quesn. *Cum enim erranti*. Vulg. *Cui erranti*. Nostra MSS. exemplaria prætulimus, cum quibus etiam mox scripsimus *constringitur*. Solus Quesn. *perstringitur*.

21 Voces *quæ enim erranti* Quesnello, vel Oxoniensis codicis amanuensi exciderunt.

22 Quesn. *in errante, præfixa*: nostri codd. *in ea*, vel *in eo præfixa*: hoc postremum magis placuit. Vulg. Conc. *in ea præfixum*.

23 Ita codd. nostri cum vulg. Concil. Solum in MS. Veron. secunda antiqua manu emendatum *quo* pro *quæ*. Quesn. *At in non suo jure, quam esse non potest, tam docetur*.

24 Sic iidem codd. & vulg. Quesnellus omissa prima voce *peccatores* habet *ut non sint peccatores*.

25 liter 25 non ſubeſſent, qui ſalvari potuiſſent a redemtore; qui *venit non juſtos vo-*
Luc. 5. 32. *care, ſed peccatores*. Vel de quibus dicit
1. Tim. 1. 15. Apoſtolus: *Chriſtus venit in hunc mundum*
Rom. 5. 8. *peccatores ſalvos facere, quorum primus ego*
Galat. 2. 17. *ſum*. Et: *Cum peccatores eſſemus, miſit Deus*
filium ſuum: & cetera hujuſmodi? Hic re-
vera etiam ſubſtantialiter plurimi perierunt
peccatores, in peccatis ſuis utique permanentes, veraque in eis ſententia dicta per-
manſit, numquamque reſoluta eſt: & tamen eadem in talibus, quibus præfixa eſt,
permanente perpetua, quodam genere factum eſt, ut in talibus non uſquequaque
manentibus, id eſt, in peccatis ſuis non uſquequaque durantibus, ſententia tamen præfixa talibus permaneret. Nam & ipſi per-
eunt, ſed eſſe peccatores, ut dictum eſt;
non pœnaliter, ſed remedialiter quodam &
ipſi genere perierunt, quodam genere & in
ipſis manſit præfixa ſententia: donec perma-
26 nens eos efficeret non eſſe peccatores, 26
vel peccatores non eſſe perficeret. Completa eſt & in eis ſententia; nec quo tenore
27 peracto 27 permanens illa ſententia pereun-
tibus peccatoribus: ita ut non eſſent utique
28 peccatores. 28 At ea jam in non peccatoribus manere non potuit; quia in eis quibus inflicta non fuerat, jus manendi penitus non habebat. Ita nec in ſuo jure vel tramite ullatenus ſententia reſoluta eſt; & eadem in his, quibus inflicta eſt, permanente, ab his qui ab ejus jure diſcreti ſunt,
aliena prorſus effecta eſt. Nec in his, ſal-
29 va ſui conditione, 29 fas haberet manendi
quibus inflicta non eſſet.

CAP. V. Dixit Dominus quod in Spiritum ſanctum
peccantibus nec hic eſſet, nec in futuro ſæculo remittendum: quantos autem cognoſcimus in ſanctum Spiritum delinquentes;
ſicut hæreticos diverſos, Arrianos, Euno-
mianos, Macedonianos, ad fidem catholicam revertentes, & hic remiſſionem ſuæ
percepiſſe blaſphemiæ, & in futurum ſpem
ſumſiſſe indulgentiæ conſequendæ. Nec ideo
non vera eſt Domini ſententia, aut putabi-
tur eſſe ullatenus reſoluta: cum circa tales,
ſi hoc eſſe permaneant, numquam omnino

ſolvenda perſiſtat; effectis autem non talibus 30 irrogata. Sicut etiam eſt conſequen- 30
ter & illud beati Apoſtoli Joannis: *Eſt pec-* 1. Joan. 5. 16.
catum ad mortem, non dico ut oretur pro eo;
& eſt peccatum non ad mortem, dico ut ore-
tur pro eo. Eſt peccatum ad mortem, in
eodem peccato manentibus; eſt peccatum
non ad mortem, ab eodem peccato receden-
tibus: nullum quippe eſt peccatum, pro quo
aut non oret Eccleſia remittendo, aut quod
data ſibi divinitus poteſtate, deſiſtentibus ab
eodem, non poſſit abſolvere, vel pœniten-
tibus relaxare, cui dicitur: *Quæcumque di-* Matth. 16. 18.
miſeritis ſuper terram, dimiſſa erunt & in
cælis: & quæcumque ſolveritis ſupra terram,
erunt ſoluta & in cælis: in quibuſcumque,
omnia ſunt, quantacumque ſint & qualiacumque ſint. Veraci nihilominus eorum manente ſententia, 31 quæ numquam ſolvenda 31
eſſe denunciatur in eodem tenore conſiſtens,
non etiam ab hoc eodem poſt recedens.
Quod etiam in Acacii ſententia rationabiliter intuendum eſt, in qua etiamſi ei dictum
eſt, 32 *numquam ſolvendus*: non eſt tamen 32
adjectum: *etiamſi reſipueris, etiamſi ab hoc*
errore diſceſſeris, etiamſi prævaricator eſſe de-
ſtiteris. Quapropter in aperto eſt ita dictum
numquam 33 ſolvendus, ſed talis, ſcilicet, 33
qualis eſt & ligatus: non autem talis effectus, ſicut ligandus non erat, ſic abſolutus
eſſe docebatur. Sicut carebat obligatione,
cum obligationis cauſſa caruiſſet; ſic utique
abſolutus exiſteret, quatenus ipſe non neceſſitate dictæ ſententiæ videretur non poſſe
34 quoquomodo jam ſolvi. Nam talis effe- 34
ctus, & obligatione carens, fieret abſolutus, & circa tales præfixa ſententia nullo-
modo ſolubilis redderetur. Numquid enim
miſit, quæſivit, expetiit & abjectus eſt?
Itaque ipſe in ſe inſolubilem fecit eſſe ſententiam, qui talis permanere delegit, qualis veraciter non poſſet abſolvi: & noluit
talis effici, circa qualem, permanente ſententia circa 35 tales, effectum non talem 35
inſolubilis ſententia non maneret, quæ circa effectum non talem non haberet licentiam permanendi. Quo magis, ut dictum
eſt, exemplo atque periculo 36 moniti, 36

 qui

25 Queſn. cum ſolo Oxon. *non eſſent*, repugnantibus noſtris codd. ac etiam Thuan. atque vulg. Mox vulg. cum Veron. *a Redemptore noſtro*. Dein ſolus Queſn. *vel quibus Apoſtolus*.

26 Verba *vel peccatores non eſſe perficeret* in vulgatis Concil. exhibita Queſnellus omiſit, hac ratione in margine addita: quippe *quæ a conjectore aliquo addita exiſtimo; in neutro enim codice MS.* (ideſt Oxon. & Thuan.) *leguntur*. At eadem recepimus auctoritate noſtrorum vetuſtiorum exemplarium Veron. & Vind.

27 Ita codd. noſtri cum vulgatis: in quo aliquid deeſt, vel mendum latet, cui medelam non afferunt MSS. libri. Queſn. *permanet*.

28 Queſn. *ita ea in non jam peccatoribus permanere*. Vulgatam lectionem ſequimur concinentibus noſtris MSS. in quibus ſolum mendoſe *Ab* pro *At* legitur.

29 Sic codd. vulgatis ſuffragantibus, niſi quod habent *erat* pro *eſſet*. Queſn. *fas habet manendi ... non eſt*.

30 Queſn. *non irroganda*. Vulg. Conc. *non irrogata*. Codd. Veron. & Vind. deſerere noluimus.

31 Queſn. *quia*. Duo noſtri codd. *qua*. Melius cum vulg. *quæ*. Mox vulg. cum Vind. *in eorum tenore conſiſtens*.

32 Solus Queſn. *numquam ſolvendus es*.

33 Idem Queſn. *ſolus ſolvendus talis, ſcilicet, qualis & ligatus*. Vulg. Concil. cum noſtris codd. conveniunt, cum quibus poſt pauca addidimus *eſſe*.

34 Vind. & Veron. *quomodo*. Vulg. *quodammodo*. Mox cod. Veron. *Non talis*. Dein *præfixa* ex MSS. & vulg. Conc. ſcripſimus. Queſn. *fixa*.

35 Vox *tales* Queſnello excidit.

36 Queſn. *monente*.

qui eodem tenore sunt constricti, festinare
debent, ut non tales esse permaneant, quibus sententia illa non solvenda præfixa est;
37 & esse tales incipiant, qualibus 37 non insolubilis præfixa sententia, possit esse solubilis. Quoniam autem effecto non tali, quali non solvenda præfixa sententia est; effecto, inquam, non tali, potest solubilis esse Sententia: quia jam Acacio non volenti
38 38 non talem esse, sicut tali usque in finem
permanenti permansit inabsoluta sententia,
ita jam non tali effici non volenti, solubilis non potest esse sententia. Nonne tantos habebat Acacius, quorum exemplum sequi potuisset, antistites: qui in Ephesino
prolapsi latrocinio, quolibet modo in consensionem reciderant pravitatis? Utique ta-
39 men (& si dictum non erat) 39 & perpetuam damnationem ferre potuissent, nisi
resipiscentes, & non tales effecti, quales illic facti fuerant; damnationemque perpetuam merebantur, resolvi circa se damnationem, recedentes a perpetuæ damnationis
causa, meruerunt: quam, qui persistere,
circa se insolubilem reddiderunt. Nihil igitur interest, nihil differt, utrum dicatur
numquam solvendus, an non dicatur: quia
ecclesiastica sententia reos & prævaricatores
obligat: quia sicut non potest ei suffragari,
quod non est dictus numquam solvendus;
sed, si in errore permanserit, insolubilis
modis omnibus perseverat, nec potest inde,
40 nisi non talis effectus, absolvi: sic 40 cuiquam præjudicare non potest, tametsi dictum est, numquam esse solvendum; manifesta ratione monstrante, quia numquam
sit omnino solvendus, si talis, qualis ligatus est, esse persistat; vel talis utique numquam solvendus, qualis est obligatus. Non
adjecto autem, etiamsi resipiscat & corrigat,
patere prorsus & liberum esse non dubium
fit, ut non talis effectus, qualis numquam
dictus est esse solvendus; sed talis, qualis
non est dictus, numquam esse solvendus,
id est correctus & emendatus, consequenter
correctus 41 & possit solvi. 41

CAP. VI.

Notandumque quod quolibet genere bla-
sphemantibus in Spiritum sanctum, si resipiscant & corrigant, & hic eis & in futuro sæculo remittatur: nec inde possit Domini 42 nutare sententia, quæ circa tales 42
utique permanentes permanere dicta est, non
circa non tales effectos. Quamdiu autem in
hoc manent, tales sunt, qualibus non remittendum esse præfixum est: cum autem
ab hoc recesserint, non tales efficiuntur,
qualibus non remittendum esse prædictum
est, & ideo non talibus effectis potest &
hic, & in futuro 43 sæculo jam remitti. 43
Alioquin, quod absit, frustra videretur Ecclesia hujusmodi 44 sua reconciliatione su- 44
scipere: quia autem frustrari non potest,
hoc intellectu modis omnibus, salva Domini sententia prædicandum est, quantum ad
nos pertinet, omnino non posse. Talis igitur dictus est Acacius, qualis ligatus est;
numquam esse solvendus: talis usque in finem esse permansit, talis esse non destitit.
45 Ita talis est hodie, qualis est & dictus: 45
non talis esse jam non potest: numquam
igitur talis permanendo solvendus est; qui
si talis esse 46 desisteret, nec in non tali 46
permansisset, numquam esse solvendum:
quia non talis, qualis dictus est numquam
esse solvendus posset absolvi, & 47 non ta- 47
li numquam solvi recederet, & ideo ut solvi posset accederet. 48 Quod Sedes Aposto- 48
lica non consensit, nec Imperator imposuit,
nec Anatolius usurpavit; totumque, ut dictum est, in Sedis Apostolicæ est positum
potestate: ita quod in Synodo Sedes Apostolica firmavit, hoc robur obtinuit; quod
refutavit, habere non potuit firmitatem:
& sola rescindit quod præter ordinem con-
gre-

37 Solus Quesn. *non solubilis*.

38 Sic melius cum vulg. Conc. quam cum Quesn. & nostris codd. *non talis*. Dein Quesn. *non absoluta*: vulg. Conc. *in absoluta*. Melius cum nostris codd. *inabsoluta*. Mox solus Quesn. *non tali effici volenti solubilis potest esse*: & postea *posset* pro *potuisset*.

39 Quesn. cum Oxon. *perpetuam damnationem ferre potuissent, nisi resipiscentes non tales efficerentur, quales illic facti fuerant: A perpetua ergo damnatione meruerunt resolvi, recedentes a perpetuæ damnationis causa, quam qui* &c. Lectionem vetustiorum nostrorum codd. ac etiam Thuan. cum vulg. Conc. consentientem, licet minus claram, immutare noluimus. Solum vulg. Conc. pro *meruerunt* habent *meruissent*.

40 Ita codd. etiam Thuan. & vulg. Quesnellus *cuidam præjudicari*.

41 Particulam *&* ex MSS. & vulg. Conc. adjecimus. Mox *notandum quod* deleto *quæ* in vulg. Conc. & MS. Veron.

42 Sic MS. Veron. cum vulg. Conc. Concinit etiam Vind. mendose præferens *nutari*: Quesn. *mutari*.

43 Quesn. omisit *sæculo jam*. Vulg. minus recte habent *sæculo non*. Nostros codd. sequimur. Dein cum vulg. & MS. Veron. *videretur* reposuimus pro *videatur*, quod Quesn. receperat.

44 Quesn. inserit *homines in*: delent vulg. Conc. & nostri codd. Mox Oxon. pro *frustrari* habet *frustra*. Vind. *frustrare*. Dein vulg. Conc. *omnino posse* deleto *non*.

45 Solus Quesn. *Itaque talis*: ac dein *sed non talis*.

46 Quesn. melius cum Oxon. *destitisset* ... *permansisset; numquam esset solvendus*. Codicum vetustiorum lectionem cum vulgatis concordem etsi minus rectam mutare ausi non sumus.

47 Idem Quesn. repugnantibus nostris codd. & vulg. Conc. *non talis numquam solutus abscederet*.

48 Hæc periodus hoc loco perperam videtur inserta; aptiusque capiti secundo adjicienda esset post illa *quæ noceant refutare*. Dein *&* *sola rescindit* scripsimus ex nostris MSS. ac etiam ex Thuan. ipsius Quesnelli, vulgatis Conciliorum suffragantibus. Ille vero *Solum ergo rescidit*.

gregatio synodica putaverat usurpandum,
non promulgatrix iteratæ sententiæ, sed
cum Apostolica Sede veteris executrix.
CAP. VII. Hoc tamen, quod de uno eodemque homine
dictum est, sive tali persistente, qualis
sententiam competenter accepit, sive
49 non tali effecto, 49 & ab illa sententia,
quæ non tali non dicta est, absoluto, &
in unaquaque civitate legitur similiter esse
præfixa, & in populo ac simul gente depromta,
potiusque in toto orbe disseminata.
Idem enim mundus est, qui & periturus
est dictus, & sermo Dei non potest excidere,
& in ipso mundo nihilo minus a
pravis intentionibus recedente non promitur.
Sic Tyrus & Beryton, Gaza & Ægyptus
pronunciatæ sunt periturae, quas postea
per Evangelium novimus esse salvatas:
Jerem.47.4. Perierunt itaque duplici modo, aut permanentes
Ibid.44.12. in eo quo talem sententiam susceperant;
aut deficientes ab eo quo tales fuerant,
& incipientes esse quo non tales fuerant,
quibus est illa præfixa sententia: ut
consequenter ad non tales non pertineret illa
sententia, quæ non talibus præfixa non
50 fuerat. Sic etiam de gente Judæorum 50 a
Deo etiam per Isaiam Prophetam peremto-
Isa. 6. 10. rie velùti pronunciatum est: *Claude oculos
eorum, & obdura aures eorum: ut videntes
non videant & audientes non audiant: ne
quando intelligant. Et obdura cor populi hujus,
ne umquam convertantur & sanem illos.*
Hic etiam correctio & emendatio interdicta
monstratur, & resipiscendi quoque
spes prorsus abscinditur: de quo tamen populo
Apostolos & Ecclesiam primitivam novimus
processisse, & tot millia hominum
una die baptismate fuisse salvatos. Ecce &
in persistentibus qualis est illa sententia promulgata
permansit, nec ad correctionem
51 prorsus venire 51 sanitatis admissi sunt,
sed adjudicati sunt in sua nequitia deperire:
& manente divina sententia, non per
ipsorum propriam emendationem, suove intellectu
vel motu, suaque virtute vel possibilitate
52 conversi sunt 52 ut sanarentur;
sed per gratiam Dei sanati sunt, ut converterentur.
Ne convertantur, inquit, *&
sanem eos:* ne sua sponte, ne suis operibus,
quibus utique confidebant: ne suam
justitiam sectantes, justitiæ Dei 53 non de- 53
beant esse subjecti; de suis viribus confidentes,
non divinæ se misericordiæ illuminationique
subdentes. Et ideo inhibetur eis
superbæ præsumtionis effectus: *ne convertantur*
suis intentionibus, suis nisibus, ut
putarant: *& sanem eos*, ne eorum quasi
meritis ex propria facultate venientibus salvatrix
gratia daretur, atque ita gratia jam
non esset gratia, si non gratis data esset immeritis;
sed merces tamquam meritis restituta.
Non ergo ipsi convertantur, & sanem eos;
sed sanati per gratiam, qualiter
ad humilitatem Christi convertantur, agnoscant.
Ita in utrisque hoc est, in eo permanentibus,
in quo talem sententiam perceperunt,
& in salvatis exinde, dominica
sententia fixa permansit. Et tamen illa permanente;
sic eis miro genere sanitas introducta
est, ut illa sententia non mutata videretur;
sed eadem perdurante sanitas, non
illorum confidentia, sed divino munere proveniret.

Quod si hæc 54 tentare formidant, nec CAP.VIII.
ad suæ pertinere cognoscunt modulum po- 54
testatis, cui de humanis rebus tantum judicare
permissum est, non etiam præesse divinis:
quomodo de his, per quos divina
ministrantur, judicare præsumunt? Fuerint
hæc ante adventum Christi, ut figuraliter
quidam, adhuc tamen in carnalibus actionibus
constituti, pariter Reges existerent &
pariter Sacerdotes, quod sanctum Melchisedech
fuisse sacra prodit historia: quod in
suis quoque diabolus est imitatus (ut pote
qui semper, quæ divino cultui convenirent,
sibimet tyrannico spiritu vindicare contendit)
ut pagani Imperatores iidem & maximi
Pontifices dicerentur. Sed cum ad verum
ventum est eumdem Regem atque Pontificem,
ultra sibi nec Imperator Pontificis
nomen imposuit, nec Pontifex regale fastigium
vindicavit: quamvis 55 enim mem- 55
bra ipsius, id est, veri Regis atque Pontificis,
secundum participationem naturæ
magnificæ, utrumque in sacra generositate
sub-

---

49 Soli vulg. Concil. *& illa*. Dein iidem
vulg. *similiter esse præfixum, & populo ac gente
simul deprompium potius, quæ in toto orbe
portio est. Idem enim* &c. Vix sensum habent,
inquit Quesnellus: cujus lectionem probant
nostri codices, nisi quod voci *disseminata* Veron.
sufficit *portione*, Vind. *portionem*. Oxon.
Quesnello notante habet *portionem adepta*. Vocem
disseminata is sumpsisse videtur ex Thuan.
cod. cujus nullam variantem designavit: ac
propterea nequaquam expunximus.

50 Voces *a Deo etiam* ex vulg. & nostris
codd. addidimus. Dein pro *obdura* Thuan. cum
vulg. Conc. *obtura*.

51 Vox *sanitatis* in solo Quesn. desideratur.

52 Quesn. inserit *alii*: delent codd. nostri
cum vulg.

53 Solus Quesn. *non essent subjecti; de suis
virtutibus confidentes*.

54 Quesn. inserit vocem *Imperatores*: codd.
nostri, ac Thuaneus etiam cum vulg. Conc.
ignorant. Subauditur quidem aliquid simile,
ut ex sequentibus liquet; at præter fidem codicum
nihil addendum. Quatenus vero hæc
cum antecedentibus cohæreant, explicari potest,
si perinde intelligas, Principes nec tentare
hæc, de quibus antea dictum est (nimirum
sanare animas hominum, quod ex divino
munere provenit) nec ad suam potestatem
referre &c. Aliquid vero deesse credimus, quo
objectio a Principibus sumta, cui hic Gelasius
respondet, proponatur, & hoc caput cum
præcedenti aptius copuletur.

55 Vocem *enim* a Quesn. omissam cum editis
Concil. & nostris codd. revocavimus. Post
pauca iidem editi *magnifice utrumque*, minus
recte: & dein pro *subiisse* habent *sumpsisse*.
Veron. *submisse*.

1\. Pet.2.9. subiisse dicantur, ut simul regale genus &
56 sacerdotale subsistant. 56 Quoniam Christus memor fragilitatis humanæ, quod suorum saluti congrueret, dispensatione magnifica temperavit; sicque actionibus propriis
dignitatibusque distinctis officia potestatis
utriusque discrevit; suos volens medicinali
humilitate salvari, non humana superbia
rursus intercipi: ut & christiani Imperatores pro æterna vita Pontificibus indigerent;
& Pontifices pro temporalium cursu rerum
imperialibus dispositionibus uterentur: quatenus spiritualis actio a carnalibus distaret
57 incursibus, 57 & *ideo militans Deo mini-*
2\. Tim.2.4. *me se negotiis sæcularibus implicaret*, ac vicissim non ille rebus divinis præsidere videretur, qui esset negotiis sæcularibus im-
plicatus: ut & modestia utriusque ordinis
curaretur, ne extolleretur utroque suffultus;
& competens qualitatibus actionum specialiter professio aptaretur.

CAP. IX. Quibus omnibus rite collectis satis evidenter ostenditur, a sæculari potestate, nec
ligari prorsus, nec solvi posse Pontificem.
Quo manifestius approbatur Alexandrinum
Petrum per imperialem tantummodo sententiam nullo modo potuisse prorsus absol-
58 vi. Ubi si 58 Pontificum quoque sociatur
assensus, quærimus utrum præcesserit, an
59 fuerit subsecutus. Si subsecutus est, 59 imperialem sententiam, nihilominus ad id re-
ditur, ut absolutio a sæculari potestate præcepta & principaliter inchoata valere non
possit; Pontificumque secutus assensus adu-
lationis potius fuerit, quam legitimæ sanctionis. Si præcessit, doceatur a quibus, &
ubi ille sit gestus, si secundum Ecclesiæ regulam celebratus, si a paterna traditione
60 profectus, si majorum more 60 probatus,
si competenti examinatione depromtus. Ubi
proculdubio requirendum est, si synodali
congregatione celebratus: quod in receptione damnati, & depulsione catholici, quia
61 noviter 61 caussa, fieri debuisse certissimum
est. Si ad primam sedem, cujus intererat
sententiæ, qua Petrus tenebatur obstrictus,
secundum Ecclesiæ regulas est relatum; si
62 eadem, quæ ligavit, absolvit: 62 quod si
illa, quæ non ligaverat, resolvente, immo
etiam nesciente potuisset dissolvi. Si hæc
gesta non sunt, quo more, quo ritu Alexandrinus Petrus prætenditur absolutus: cum
nec a Pontificibus legitime, & ecclesiasticis legibus fuerit expeditus, nec a sæculari
potestate potuerit præter Ecclesiæ tramitem
prorsus absolvi?

Sed dicatur forsitan: Non Imperator ab- CAP. X.
solvit, sed a Pontificibus poposcit absolvi.
Tanto magis poscenti Imperatori a Pontificibus fuerat suggerendum, ut si eum legitime vellet absolvi, legitima & ecclesiastici tenoris absolutio proveniret; & hæc
omnia, quæ superius dicta sunt, secundum
Ecclesiæ tramitem servarentur: præcipue
cum de secundæ sedis ageretur antistite;
nec ab inferiori qualibet, sed a prima sede
jure possit absolvi. Inferior quippe potiorem Inferior potiorem nequit absolvere.
absolvere non potest: sola ergo potior infe-
riorem convenienter absolvit. Proinde inferioris loci Pontifices, qui nullatenus se noverant potiorem sibi 63 sine Apostolica Se- 63
de posse resolvere, præcipue quem ejus sententia noverant obligatum, prævaricatoria
absolutione non illum penitus exuerunt,
sed se prævaricatione potius nexuerunt. Ita
Petri absolutio ex utroque non constat:
quia nec prævaricatoria absolutione rei reum
absolvere potuerunt, & depulsis undique
Pontificibus catholicis, hæreticisque suppositis, vel eis qui hæreticorum tenebantur
communione polluti, & etiam sacræ religionis insinceritate, participem suum tam
absolvere nequiverunt, quam ipsi non erant
absoluti: ac proinde tam ecclesiasticæ regulæ prævaricatores, quam sacrosanctæ communionis integritatem maculantes consortio
perfidorum, 64 quod de reo simillimo po- 64
tuerunt ferre judicium? De catholicis enim
Pontificibus per totum Orientem, aut quicumque perstitit est ejectus, aut ille restitit, qui consensit errori & se ab errantium
contagio non retraxit. Quod igitur eorum
potuit de cujusquam errore esse judicium,
qui nusquam non errasse monstrantur, &
hæreticorum simul catholicorumque confessione permixta, 65 cuncta religionis veræ 65
& sinceræ se turbasse, catholicamque apo-
stolicamque confudisse puritatem? Ecce qui
reum absolvere potuerunt, qui rei pro omnibus docebantur effecti. Ecce cum quibus de
absolvendo reo Synodus fuerat ineunda. Si
fides & communio catholica retinebatur,
cur catholici pellebantur antistites? Si catholici pellebantur antistites, quomodo 66 66
non tantummodo hæretici servabantur?

CA-

56 Vulg. Conc. *Attamen Christus*; & postea *temperans* pro *temperavit*.

57 Quesn. *& Deo militans minime*.

58 Idem Quesn. addit *sibi*.

59 Vulg. omittunt *imperialem sententiam*, Vind. *& imperiali sententiæ, qua nihilominus*: Veron. *& imperiali sententia æqua nihilo minus*.

60 Vulg. Conc. cum MS. Veron. *prolatus*.

61 Quesn. *noviter erat caussa*. Vulg. Conc. *nova est caussa*. Tres codd. Vind. Thuan. & Veron. sequi coacti sumus.

62 Quesn. *si ea, quæ*. Vulg. Conc. *si illa, quæ ligaverat non resolvente*. Codd. Veron. & Vind. quos solos conferre licuit, sequuti sumus: ubi pro *quod si* forte legendum *quasi*.

63 Vulg. Conc. cum MS. Veron. *sine prima sede*.

64 Quesn. *quod rei simili modo potuerunt*. Oxon. *quod rei simillimo potuerunt feriri judicio*. Prætulimus lectionem vulg. Conc. concinentibus nostris codd. Vind. & Veron. in quibus solum pro *de reo* mendose habetur *dirui*.

65 Ita codd. Veron. Vind. ac Thuan. Quesnellus *cuncta religionis veræ & sinceræ turbasse judicia, & catholicam*. Vulg. Conc. *cunctas ... sedes turbasse*.

66 Quesn. delet *non*, quam particulam nostri codd. cum vulg. Conc. exhibent. Finis quoque opusculi desideratur.

CAPITULUM XLVIII.

1 SANCTI

GELASII COMMONITORIUM

Inter Epist. Gelasii quarta.

FAUSTO *Magistro, fungenti legationis officium Constantinopolim.*

EGo quoque mente percepi Græcos in
2 sua obstinatione mansuros, 2 nec cui
velut insperatum videri potest, quod est in
3 ante præcognitum. Quapropter 3 non jam
propter religionis caussas student publicis dispositionibus obviare, sed potius per occasionem legationis regiæ catholicam fidem
moliuntur evertere, & tali commercio nituntur sperata præstare. Quid sibi vult au-
4 tem quod 4 dixerit Imperator, a nobis se
in religione damnatum, cum super hac
parte & decessor meus non solum minime
nomen ejus attigerit; sed insuper quando
principia adeptus regiæ potestatis exeruit,
5 in ejus se rescripsit 5 imperii promotione
gaudere: & ego nulla ipsius umquam scripta percipiens, honorificis, ut nostis, eum
litteris salutare curaverim? Decessores mei,
Sacerdotes qui prævaricatoribus se communicasse propria voce confessi sunt, a com-
6 munione apostolica submoverunt. 6 Si isti
placet se miscere damnatis, nobis non potest imputari. Si ab eis velit abscedere,
tanto magis a nobis non potest esse damnatus; sed potius ad gratiam sinceræ communionis admissus. Ad Senatum vero pertinet
Romanum, ut memor fidei, quam a parentibus suscepisse se meminit, contagia vitet communionis externæ: ne a communione Sedis Apostolicæ, quod absit, reddatur
externus. Veniam sibi dari debere proponunt. Legatur, ex quo est religio christia-
7 na, 7 vel certe detur exemplum in Ecclesia Dei a quibuslibet Pontificibus, ab ipsis
Apostolis, ab ipso denique Salvatore, veniam, nisi corrigentibus, fuisse concessam.
Auditum autem sub isto cælo non legitur
omnino, nec dicitur, quod eorum voce depromitur: date nobis veniam, ut tamen
nos in errore duremus. 8 Id quoque parum 8
est. Ostendant qui nobis canones nituntur
opponere, quibus hoc canonibus, quibus regulis, qua lectione, quove documento, sive a majoribus nostris, sive ab ipsis Apostolis, quos potiores merito fuisse non dubium est, sive ab ipso Domino salvatore,
qui judicaturus creditur vivos & mortuos,
sive factum est umquam, vel faciendum esse mandatur. Mortuos suscitasse legimus
Christum: in errore mortuos absolvisse,
non legimus. Et qui hoc certe faciendi solus habuit potestatem, beato Petro principaliter mandat Apostolo: *Quæ ligaveris su-* Matth. 16.
per terram, erunt ligata & in cælo: & quæ 19.
solveris super terram, soluta erunt & in cæ-
lo. Super terram, inquit; nam in hac li-
gatione defunctum nusquam dixit absolvi.
Quod ergo numquam factum est, vel mente concipere formidamus: scientes in divino judicio non posse penitus excusari. 9 Si 9
autem quod nunc prætendunt a Romana se
Ecclesia divisuros, quod jamdudum fecisse
monstrantur.

10 Euphemium vero miror, si ignoran- CAP. II.
tiam suam ipse non perspicit, qui dicit A- 10
cacium ab uno non potuisse damnari. Itane non perspicit secundum formam Synodi
Calchedonensis Acacium fuisse damnatum?
nec novit, aut se nosse dissimulat? In qua
utique per numerosam sententiam Sacerdotum erroris hujus auctores constat fuisse damnatos: sicut in unaquaque hæresi a principio christianæ religionis & factum fuisse
& fieri manifesta rerum ratione monstratur;
decessoremque meum executorem fuisse veteris 11 constituti, non novæ constitutionis 11
auctorem. Quod non solum præsuli apostolico facere licet, sed cuicumque Pontifici;
12 ut quoslibet & quemlibet locum secun- 12
dum regulam hæreseos ipsius ante damnatæ
a catholica communione discernant. Acacius quippe non fuit novi vel proprii erroris inventor, ut in eum nova scita 13 pro- 13
cede-

1 Exstat in hac collectione, in MS. Veron. 46. & apud Isid. Titulum ex codd. & vulgatis Concil. expressimus. Nicolaus I. epist. 1. post medium *Commonitorium* pariter appellat. Apud Quesn. sic: *Epistola Gelasii Papæ ad Faustum Magistrum contra Acacium*; & dein in epistolæ formam: *Gelasius Fausto Magistro militum fungenti legationis officio* Constantinopoli.

2 Quesn. *nec cuiquam*. Codd. Vind. Veron. & Vat. Isid. 630. cum vulg Conc. sequuti sumus. Mox Veron. & Vat. *inspiratum*. Dein *in ante* scripsimus auctoritate Vind. Veron. & Labbeani codicis in margine laudati. Al. *ante*.

3 Codd. Veron. & Vat. *non tam*. Postea pro *commercio* vulg. Conc. *commento*.

4 Sic codd. Veron. Vind. & vulg. Gonc. Quesnellus *dixit*. Dein pro *exeruit* MSS. Thuan. Vat. Isid. & vulg. *exercuit*.

5 Quesn. delevit *imperii*: revocavimus cum MSS. Vind. Thuan. Veron. & vulg.

6 Quesn. in marg. Al. *si ita*.

7 Sic nostri codd. & vulg. Conc. Quesnellus *vel potius*.

8 Vulg. Conc. *Id quoque pariter*; & in marg. *par est*.

9 Ita potiores codd. Vind. Thuan. & Veron. Affines sunt Vat. Isid. & vulg. Merlini, nisi quod pro *divisuros* habent *divisuri sunt*. Vulg. Conc. *se sunt divisuri, id jam dudum*: Quesn. *Si autem prætendunt a Romana se Ecclesia excisuros; hoc jam dudum*.

10 Cod. Vind. *Heophimium*, Veron. *Euphimium*, & ita semper deinceps. Post aliquanto *nec novit eam* in vulg. Conc.

11 Oxon. cod. *instituti*.

12 Veron. 46. delet *ut*, & statim prosequitur cum Vind. *quos licet quemlibet locum secundum regulam*. Lectionem vulg. Conciliorum uti meliorem recepimus. Quesn. delet *& quemlibet locum*. Mox *damnatæ* scripsimus cum MSS. Vind. Thuan. & vulg. Codex Veron. mutile *damna*. Quesn. *damnatos*.

13 Vulg. *prodirent*. Veron. MS. *præcederent*.

cederent, ſed alieno facinori ſua communione ſe miſcuit. Itaque neceſſe eſt ut in
illam recideret juſta lance ſententiam, quam
cum ſuis ſucceſſoribus per convenientiam
ſynodalem ſuſceperat auctor erroris.

CAP. III.

Quid canones circa appellationes ad Sedem Apoſtolicam, ac de judiciis ejus decernant.

Nobis opponunt canones, dum neſciunt
quid loquantur. Contra quos hoc ipſo venire ſe produnt, quod primæ ſedi ſana re-
ctaque ſuadenti parere refugiunt. Ipſi ſunt
canones, qui appellationes totius Eccleſiæ
ad hujus ſedis voluere examen deferri; ab
ipſa vero prorſus nuſquam appellari debere
ſanxerunt: ac per hoc illam de tota Eccleſia judicare; ipſam ad nullius commeare
judicium, nec de ipſius umquam præceperunt judicio judicari; ſententiamque illius
conſtituerunt non oportere diſſolvi, cujus
potius ſequenda decreta mandarunt. In hac
ipſa cauſſa Timotheus Alexandrinus, & Pe-
14 trus Antiochenus, 14 Petrus, Paullus, Joannes & ceteri, non ſolum unus, ſed plures
utique nomen Sacerdotii præferentes, ſola
Sedis Apoſtolicæ ſunt auctoritate dejecti.
Cujus rei teſtis etiam ipſe docetur Acacius,
qui præceptionis hujus extitit executor.
Quod utique, ſicut Apoſtolicam Sedem juxta
formam ſynodicam feciſſe manifeſtum eſt,
ſic neminem reſultare potuiſſe, certiſſimum.
Hoc igitur modo recidens in conſortium
damnatorum, eſt damnatus Acacius, qui eorum damnationem antequam prævaricator
extitiſſet, fuerat executus. Nobis auſi ſunt
canonum facere mentionem, contra quos
15 ambitionibus ſemper illicitis 15 tetendiſſe
monſtrantur. Qua ipſi Synodo, vel ſecundum cujus Synodi formam Alexandrinum
Joannem de Eccleſia, cui ordinatus fuerat,
expulerunt? qui nullis cauſſis evidentibus
16 16 nec ante convinci, nec poſtea provocans
etiam in judicio competenti, potuit accu-
ſari? Quod ſi dicunt, Imperator hoc fecit: hoc ipſum quibus canonibus, quibus
regulis eſt præceptum? Cur huic tam pravo facto conſenſit Acacius, cum auctoritas
Rom.1.32. divina dicat: *Non ſolum qui faciunt prava
reos eſſe, ſed & qui conſentiunt facientibus?*
Quibus canonibus, quibus regulis Calendion
excluſus eſt, vel primi urbium diverſarum
catholici Sacerdotes? Qua traditione majorum Apoſtolicam Sedem in judicium vocant? An ſecundæ Sedis antiſtites, & tertiæ ceterique bene ſibi conſcii Sacerdotes
depelli debuerunt, & qui extitit religionis
inimicus depelli non debuit? Viderint ergo
ſi alios habent canones, quibus ſuas ineptias
exequantur.

CAP. IV.

Ceterum iſti, qui ſacri, qui eccleſiaſtici, qui legitimi celebrantur, 17 non ſo- 17
lum Sedem Apoſtolicam ad judicium vocare non poſſunt: & Conſtantinopolitanæ E-
piſcopus civitatis, quæ utique per canones
inter ſedes nullum nomen accepit, in communionem recidens perfidorum, non debuit
ſubmoveri? An qui homini 18 mentiti di- 18
cuntur Imperatori, & Imperatorem læſiſſe
perhibentur, depelli debuerunt: & in Deum,
qui ſummus ac verus Imperator eſt, Acacium delinquentem, ſinceramque communionem divini ſacramenti cum perfidis miſcere ſtudentem, ſecundum Synodum, in
qua hæc eſt damnata perfidia, non oportebat excludi? Sed velint, nolint, 19 ipſius 19
judicia antiqua canonum conſtitutione firmantur. Sed religioſi viri atque perfecti ſecundum canones conceſſam Sedi Apoſtolicæ
poteſtatem nimirum conantur eripere, &
ſibimet eam contra canones uſurpare contendunt. O canonum magiſtros atque cuſtodes! nobis nullum fas eſt inire certamen
cum hominibus communionis alienæ, di-
vina Scriptura prædicante: *Hæreticum homi-* Tit.3.10.
*nem poſt primam & ſecundam correptionem
devita, ſciens* 20 *quod perverſus eſt hujuſ-* 20
modi, proprio judicio damnatus. Ecce co-
gnoſcant quia non ſolum ab alio, ſed a ſe
quoque ipſe damnetur hæreticus. Illud autem nimis eſt impudens, quod Acacium
veniam poſtulaſſe confingunt, & nos exti-
tiſſe difficiles. Teſtis eſt frater veſter, filius
meus, vir illuſtris Andromachus, quia &
a nobis abundanter inſtructus eſt, ut cohortaretur Acacium, depoſita obſtinatione reſi-
piſcere, & ad Sedis Apoſtolicæ remeare
conſortium, quique ſe ſub jurejurando 21 21
magnis cum eodem molitionibus egiſſe teſtatur, nec ad ea, quæ recta ſunt, potuiſſe 22 deflecti, ſicut rerum probatur effe- 22
ctu. Certe proferatur indicium, quando
miſerit, quando veniam poſtularit, corre-
ctionemque ſuam nobis promiſerit exhibendam?

---

14 Queſn. delevit *Petrus*, *Paullus*, licet fateatur legi in vulg. & Thuan. Legitur etiam in omnibus noſtris trium diverſarum collectionum MSS., Vind. Veron. & Vat. Iſid. Hic alter Petrus eſt Petrus Mongus pariter Alexandrinus, Paullus vero & Joannes fuere Paullus Epheſinus, & Joannes Apamerius.

15 Vulg. *feciſſe*. Veron. *tenendi eſſe*, mendoſe pro *tetendiſſe*.

16 Vat. Iſid. 630. cum Merlino *nec ante conventus, nec poſtea provocatus*.

17 Edit. Conc. delent *non ſolum*; ſed non ita noſtri, nec Queſnelli codices.

18 Veron. & Vat. Iſ. cum editis *mentitus dicitur*.

19 Thuan. cod. *ipſius judicio antiqua canonum conſtituta firmantur*. Vulg. Conc. *ipſius judicio antiquæ canonum conſtitutiones firmabuntur*. Addit Queſn. in margine. *Codicis Oxonienſis lectionem confirmat ſimilis margini Labbeanæ editionis Conciliorum inſcripta ex MS. codice; & totius ratiocinii pontificii ſeries*. Ita etiam noſtri codd. Solum in Veron. habetur *firmentur*, & in Vat. Iſid. cum Merl. *firmabuntur*.

20 Vulg. Conc. cum MSS. Ver. & Vat. Iſ. *quod hujuſmodi delinquat, proprio*. Mox Queſn. *Ex recognoſcant*.

21 Vind. & Veron. *magis*.

22 Sic noſtri codd. MSS. & vulg. Conc. Queſnellus *deflectere*. Mox pro *indicium* vulg. cum Thuan. cod. *judicium*, minus bene. Dein *veniam* cum omnibus noſtris MSS. & vulg. inſeruimus.

dam. Niſi forte hunc animum geſſit, quem
23 ſucceſſores ejus habere perſpicimus; ut 23
tamen veniam etſi poſtularet, ſic ſibi vellet impendi, ut nihilominus in errore perſiſteret: ubi utique non tam a nobis recipi videretur, quam in ſuam potius nos traduceret pravitatem. Quem reatum ſe confeſſuros aſſerunt ante Certamen? ſi reatus eſt, utique corrigendus eſt; ſi corrigendum non
24 putant, fallaciter ſe reatum 24 perhibent profiteri: niſi, quod eſt infelicius, cum & fatentur reatum, & non æſtimant corrigendum. Illud quoque ridere me libuit, quod ait: *ſi neceſſe fuerit veniam poſtulare*: exiſtimans nimirum tunc ſe neceſſario veniam peccati poſtulare, ſi ei concedamus ne peccare deſiſtat, immo etiam, quod abſit, cum eodem conſentiamus nos quoque peccare. Neſcio inter quæ prodigia mundi hæc vox poſſit admitti. Remitti culpa de præterito poteſt, correctione ſine dubio ſubſequente.
25 Nam ſi deinceps 25 ſinitur manſura perverſitas, non eſt benignitas remittentis,
26 ſed conſentientis 26 aſſentatio. Non mirum ſi iſti ſedem beati Apoſtoli Petri blaſphemare præſumant, qui talia portenta vel corde gerunt, vel ore diffundunt, & nos inſuper ſuperbos eſſe pronuntiant, cum eis prima Sedes quicquid eſt pietatis non deſi-
27 ſtat offerre, illi 27 etiam ipſo protervo ſe ſpiritu ſubjugare poſſe confidant. Sed captos mente facere iſta non mirum eſt. Sic phre-
28 netici 28 ſolent medicantes quoſque vel hoſtes putare, vel cædere. Quæro tamen ab his judicium quod prætendunt, ubinam poſſit agitari? an apud ipſos, ut iidem ſint inimici, teſtes, & judices? Sed tali judicio nec humana debent committi negotia, nedum divinæ legis integritas. Si quantum ad religionem pertinet, non niſi Apoſtolicæ Sedi juxta canones debetur totius ſumma judicii: ſi quantum ad ſæculi poteſtatem,
29 29 illa a Pontificibus & præcipue a beati Petri Vicario debet cognoſcere, quæ divi-
30 na ſunt; non ipſa eadem judicare. Nec 30 ſibi hoc quiſquam potentiſſimus ſæculi, qui tamen chriſtianus eſt, vindicare præſumit, niſi religionem forſitan perſequens. Quid tamen dicerent, ſi non chartis ſuis in omnibus vincerentur? Ineptias itaque ſuas ſibi ſervent, niſi reſipiſcant, potius cogitantes Chriſti vocem non eſſe ſuperfluam, quæ confeſſioni beati Petri Apoſtoli inferni portas numquam prævalituras aſſeruit. Quapropter non veremur, ne apoſtolica ſententia reſolvatur, 31 quam & vox Chriſti, 31
& majorum traditio, & canonum fulcit auctoritas: ut totam potius Eccleſiam ſemper ipſa dijudicet. Sed cogitent magis, ſi quis in eis religionis eſt ſenſus, ne pravitatem ſuam nullatenus deponentes, apud Deum hominesque Sedis Apoſtolicæ conſtitutione perpetua damnentur. Sic autem dicitur fuiſſe diffinitum, ut deinceps de negotio nihil dicatur, quaſi vel nunc eos, quemadmodum noviſtis, meo duxerim nomine ſpecialiter alloquendos. Neque plane cum iſtis non corrigentibus ineunda congreſſio, quemadmodum cum aliarum quoque hæreſum ſectatoribus dimicatio renuenda. 32 Vos au- 32
tem ſalvos & ſoſpites quantocius huc reverti, continuis divinitatem votis expetimus.

CAPITULUM XLIX.

1 EPISTOLA 1

SANCTI GELASII EPISCOPI *Inter Gelaſii Epiſt. VIII.*

ad ANASTASIUM *Imperatorem.*

FAmuli veſtræ pietatis, filii mei Fauſtus CAP. I.
magiſter & Irenæus viri illuſtres, atque eorum comites publica legatione fungentes ad urbem reverſi, Clementiam veſtram 2 dixerunt quæſiſſe, cur ad vos meæ 2
ſalutationis ſcripta non miſerim. Non meo fateor inſtituto; ſed cum directi dudum de partibus Orientis, vel videndi me licentiam ſibi veſtris præceptionibus abnegatam, tota urbe diſperſerint, a litteris credidi temperandum: ne oneroſus potius quam officioſus exiſterem. Videtis igitur non mea diſſimulatione proveniſſe, ſed competentis fuiſſe cautelæ, ne reſpuentibus animis moleſtias irrogarem. Sed ubi ſerenitatis tuæ benevolentiam comperi, præfatis indicantibus humili-

23 Queſnellus *tametſi veniam ſibi poſtularet*. Vind. *tamen eo ſi*: correximus *tamen etſi*, a qua modicum diſcrepant vulg. Conc. *tamen ſi veniam poſtularet*. Concinit etiam cod. Veron.

24 Queſn. inſerit *non*, minus recte. Sequentia *quod ait, ſi neceſſe fuerit* &c. non de Acacio, uti nemo credidit, ſed de Euphemio, cui hac in epiſtola Gelaſius reſpondet, intelligenda ſunt.

25 Vind. & Labb. in margine *fingitur*.

26 Vulg. Conc. *aſſenſio*. Vind. & Ver. *adnuntiatio*.

27 Sic cum MS. Vind. Affinis eſt cod. Veron. *illi etiam protervo*. Vulg. Conc. *illi eam ipſo protervo*. Queſn. *illi eam protervo*.

28 Queſn. addit *quique* refragantibus aliis vulg. ac potioribus noſtris codd.

29 Cod. Veron. *ille*, ac poſtea *non ipſe*.

30 Queſn. *ſi hoc*: & dein *perſequatur*. Prætulimus vulg. Concil. concinentibus MSS. Veron. & Vat. in quibus ſolum ſicut & in Vind. mendoſe legitur *perſequentes*. Dein pro *ſervent, niſi reſipiſcant*, apud Queſn. *reſervent, niſi reſipiſcunt*.

31 Queſn. *Quoniam & vox*: ac dein *fulſit* pro *fulcit*: poſtea vero *Eccleſiam ipſa* deleto *ſemper*. Vulg. lectionem cum optimis noſtris codd. revocavimus.

32 Hæc poſtrema verba Commonitorium non ad unum Fauſtum, ſed etiam ad Irenæum legationis officio fungentes, ut ex ſequenti epiſtola cognoſcimus, directum oſtendunt.

1 Legitur in iiſdem codd. in quibus præcedens Commonitorium.

2 Merlin. cum Vat. Iſ. 630. *quæſiſſe dicuntur*.

militatis meæ clementer expetisse sermo-
3 nem, jam revera perpendi 3 reputandum
mihi non immerito si tacerem: quia, Gloriose Fili, & sicut Romanus natus, Roma-
4 num principem amo, 4 suspicio, colo, &
sicut Christianus cum eum, qui zelum Dei
habet, secundum scientiam veritatis habere
desidero; & qualiscumque Apostolicæ Sedis
Vicarius, quod ubicumque plenæ fidei catholicæ deesse comperero, pro meo modulo
suggestionibus opportunis supplere contendo.
Dispensatione enim mihi divini sermonis
1.Cor.9.16. injuncta, *Væ mihi est, si non evangelizave-
ro*. Quod cum vas electionis beatus Apostolus Paullus formidet & clamet, multo magis mihi exiguo metuendum est, si divini-
5 tus 5 inspirato & paterna devotione transmisso, subtraxero ministerium prædicandi.

CAP. II.

De duplici potestate, Pontificia & Regali.

Pietatem 6 tuam precor, ne arrogantiam
6 judicet divinæ rationis officium. Absit, quæso, a Romano principe, ut intimatam suis
sensibus veritatem arbitretur injuriam. Duo
sunt quippe, Imperator Auguste, quibus
principaliter mundus hic regitur, auctoritas
sacrata Pontificum, & regalis potestas. In
quibus tanto gravius pondus est Sacerdotum,
7 quanto etiam pro ipsis Regibus 7 hominum
in divino reddituri sunt examine rationem.
Nosti etenim, Fili clementissime, quoniam
licet præsideas humano generi dignitate,
verumtamen præsulibus rerum divinarum
devotus colla submittis, atque ab eis caus-
8 sas tuæ salutis 8 expetis, inque sumendis
cælestibus sacramentis, eisque, ut competit, disponendis subdi te debere cognoscis re-
9 ligionis ordine, potius quam præesse, 9 itaque inter hæc ex illorum te pendere judicio, non illos ad tuam redigi velle volun-
10 tatem. 10 Si enim, quantum ad ordinem
publicæ pertinet disciplinæ, cognoscentes
imperium tibi superna dispositione collatum,
legibus tuis ipsi quoque parent religionis antistites, ne vel in rebus mundanis exclusæ
videantur obviare sententiæ: quo, oro te,
11 decet affectu eis obedire, qui 11 prærogan-
dis venerabilibus sunt attributi mysteriis.
Proinde sicut non leve discrimen incumbit
Pontificibus siluisse pro divinitatis cultu quod
congruit, ita his, quod absit, non medio-
cre periculum est, qui cum debeant parere, despiciunt: & si cunctis generaliter Sacerdotibus recte divina tractantibus fidelium
convenit corda summitti, quanto potius Sedis illius præsuli consensus est adhibendus,
quem cunctis Sacerdotibus & divinitas summa voluit præeminere, & subsequens Ecclesiæ generalis jugiter pietas celebravit?
Ubi pietas tua evidenter advertit, numquam
quolibet penitus humano consilio elevare se
quemquam posse illius privilegio vel confessioni, quem Christi vox prætulit universis, quem Ecclesia veneranda confessa semper est & habet devota primatem. Impeti

Petri & Apostolicæ Sedis primatus.

12 possunt humanis præsumtionibus, quæ 12
divino sunt judicio constituta; vinci autem
quorumlibet potestate non possunt. Atque
utinam sic contra nitentibus perniciosa non
sit audacia, quemadmodum quod ab ipso
sacræ religionis auctore præfixum est, non
potest ulla virtute convelli: 13 *Firmamen-* 2.Tim.2.
tum enim Dei stat. Numquidnam cum ab 19.
aliquibus religio infestata est, quantacum- 13
que potuit novitate superari; & non magis
hoc invicta permansit, quo æstimata est posse succumbere?

CAP. III.

Desinant ergo, quæso te, temporibus tuis
quidam per occasionem perturbationis ecclesiasticæ præcipitanter ambire quæ non li-
cent, ne & illa quæ male appetunt, nullatenus apprehendant, & modum suum apud
Deum hominesque non teneant. Quapropter sub conspectu Dei pure, sincere, pietatem tuam deprecor, obtestor, 14 exhor- 14
tor, ut petitionem meam non indignanter
accipias: rogo, inquam, ut me in hac vita potius audias deprecantem, quam, quod
absit, in divino judicio sentias accusantem.
Nec me latet, Imperator Auguste, quod
pietatis tuæ studium fuerit in privata vita.
Optasti semper fieri particeps promissionis
æternæ. Quapropter noli, precor, irasci
mihi, si te tantum diligo, ut regnum,
quod

---

3 Vulg. Conc. *imputandum*.

4 Vulg. cum MSS. Thuan. & Vat. Is. *suscipio*. Dein *cum eum* prætulimus auctoritate præstantiorum codd. Vind. & Veron. Editi *cum eo*, qua lectione recepta, Harduinus monuit postea legendum fortassis *pacem habere*.

5 Vulg. Conc. cum Vat. Isid. & cod. Merlini *inspiratum*, & postea *transmissum*.

6 Quesn. inserit *ergo*: delent nostri codd. & vulg.

7 Vulg. pro *hominum* habent *Domino*.

8 Merl. cum MS. Oxon. *expectas*. Vat. Is. & secunda manu in Veron. *expectes*; at prima manu *expectis* mendose pro *expetis*.

9 Codd. Vind. & Veron. *itaque inter hæc illorum*. Vulg. Conc. ad sensum eliciendum præfixo puncto repetunt verbum *nosti*, & sic habent: *Nosti itaque inter hæc ex illorum*. Nos interpunctione mutata & retenta præpositione *ex* sensum cum laudatis præstantioribus codicibus satis æquum expressimus. Quesn. *Itaque tua interest ex illorum*.

10 Ita cod. Veron. cum Vat. Is. Merl. & vulg. Conc. Quesnellus *Sicut enim*.

11 Quesn. cum vulg. Conc. *pro erogandis*. Melior visa est MSS. Veron. Vat. Is. & Merlini lectio.

12 Cod. Vind. & Ver. *non possunt*, male, ut ex contextu liquet.

13 Sic cum Merl. & vulg. Concil. omnes nostri codd. ac etiam Thuan. Quesnelli, qui cum Oxon. recepit *Fundamentum*. Mox Veron. MS. *Numquidnam aliquibus infesta religio est, quantumque potuit*, minus recte. Vind. *Numquidnam cum aliquibus religio ... quantumque*. Quesnelli lectionem confirmant vulg. Concil. cum Vat. Is. ex quibus *quantacumque* reposuimus, ubi Quesn. scripsit *quacumque*.

14 Quesn. omisit *exhortor*.

quod temporaliter assecutus es, velim te
habere perpetuum; & qui imperas sæculo,
possis regnare cum Christo. Tuis certe legibus, Imperator, pateris nihil perire Ro-
15 mano nomini, 15 nihil admittis ingeri de-
trimenti. Itane verum est, Princeps egregie, qui non solum præsentia Christi beneficia, sed & futura desideras, ut religioni, ut veritati, ut sinceritati catholicæ communionis & fidei, temporibus tuis patiaris
16 16 quemquam inferre dispendium? Qua fiducia, rogo te, illic ejus præmia petiturus
es, cujus hic damna non prohibes? Non
sint gravia, quæso te, quæ pro tuæ salutis
Prov.26.6. æternitate dicuntur. Scriptum legisti: *Meliora sunt vulnera amici, quam oscula inimici*. Quæso pietatem tuam, ut quo affectu dicuntur a me, eo tuis sensibus intimentur. Nemo pietatem tuam fallat. Verum est quod figuraliter per Prophetam Scri-
Cant.6.8. ptura testatur: *Una est columba mea*, 17
17 *perfecta mea*. Una est christiana fides, quæ
est catholica. Catholica autem veraciter illa est, quæ ab omnium perfidorum, atque
18 18 ab eorum successoribus consortibus sincera, pura, immaculata communione divisa est. Alioquin non erit divinitus man-
19 data discretio, sed 19 miranda confusio.
Nec ulla caussa jam superest, si hoc in quo-
20 libet contagio voluerimus admittere; 20 ne
cunctis hæresibus aditum januamque panda-
mus: *Qui enim in uno offenderit, omnium
Jacob.2.10. reus est*: Et, *qui minima spernit, paulatim
Eccl.19.1. decidit*.

CAP. IV.

21 Hoc est quod Sedes Apostolica magnopere 21 præcavet, ut quia mundo radix est
Apostoli gloriosa confessio, nulla rima pravitatis, nulla prorsus contagione maculetur.
Nam si, quod Deus avertat, & quod fieri
non posse confidimus, tale aliquid proveni-
22 ret, 22 vel cui jam resistere auderemus errori, vel unde correctionem errantibus po-
23 sceremus? Proinde 23 pietas tua unius civitatis populum negat posse componi. Quid
nos de totius orbis terrarum sumus univer-
sitate facturi; si, quod absit, nostra fuerit
prævaricatione deceptus? Si totus correctus
est mundus, profana patrum suorum traditione 24 despecta, quomodo non corrigatur 24
unius civitatis populus, si prædicatio fida
succedat? Ergo, gloriose Imperator, 25 no- 25
lo ego Ecclesiarum pacem, quam etiamsi
cum mei sanguinis impendio provenire posset, amplector; sed, precor te, cujusmodi
debeat esse pax ipsa, non utcumque, sed
veraciter christiana, mente libremus. Quomodo enim potest esse pax vera, cui caritas intemerata defuerit? Caritas autem qualiter esse debeat, nobis evidenter per Apostolum prædicatur, qui ait: *Et caritas de* 1.Tim.1.5.
*corde puro, & conscientia bona, & fide
non ficta*. Quomodo, quæso te, *de corde*
erit *puro*, si contagio inficiatur externo?
Quomodo *de conscientia bona*, si pravis fuerit malisque commixta? 26 Quemadmodum 26
fide non ficta, si maneat sociata cum perfidis? Quæ cum a nobis sæpe jam dicta sint,
necesse est tamen incessabiliter iterari, &
tamdiu non taceri, quamdiu nomen pacis
obtenditur: ut nostrum non sit (ut invidiose jactatur) 27 facere pacem, sed talem 27
velle nos doceamus, qualis & sola pax esse, & præter quam nulla pax esse monstretur? Eutychianum certe dogma, contra
quod Apostolicæ Sedis cautela pervigilat,
si creditur salva catholicæ fidei veritate posse constare, promatur, asseratur, & quan-
tislibet viribus astruatur: ut non solum per
seipsum, quam inimicum sit fidei christianæ, possit ostendi; sed & quantas & quam
lethales hæreses in sua contineat colluvione
28 monstrari. Si autem, ut magis confidi- 28
mus, a Catholicis judicatis mentibus excludendum; quæso te, cur non & contagia simul eorum, qui hoc probantur esse polluti, decernitis refutanda? cum dicat Apostolus: *Non solum qui non facienda faciunt*, Rom.1.32.
reos videri, sed etiam qui consentiunt fa-

15 Vulg. Conc. *nullum ... detrimentum*. Vat. Is. cum Merlino *nulli admittis ingerere detrimentum*.

16 Sic vulg Conc. concinentibus MSS. Vind. & Veron. nisi quod inserunt *non* ante *patiaris* repugnante contextu. Quesn. *quicquam inferri dispendii*.

17 Cod. Veron. cum vulg. Conc. repetit *una est*.

18 Quesn. *ab eorum successorum sincera*. Vat. Isid. *ab eorum successoribus communione divisa est*, intermediis omissis. Lectionem antiquiorum codd. Vind. & Veron. expressimus, cum qua concinunt vulg. Conc. qui cum Merlino solum addunt *atque* ante *consortibus*. Mallemus antea legi *ab omnibus iniquis*, sed nulli codices suffragantur.

19 Veron. cum edit. Conc. *miseranda*.

20 Ita vulg. Conc. & Vat. Is. Concinunt ceteri nostri codd. Veron. & Vind. qui solum mendose habent *nec* pro *ne*. Quesn. *ut cunctis*. Post pauca Veron. & Vat. *decidet*.

21 Merlin. cum Vat. Is. *prætaxavit*. Mox apud Quesn. *quia munda radix est; Apostoli gloriosa confessio nulla* &c. Nostros codd. Veron. & Vat. ac vulg. Gonc sequuti sumus. Oxon. delet *nulla rima pravitatis* & post pauca habet *fieri posse non credimus*.

22 Merlin. *vel unicuique*. Vat. Is. *vel cuiquam resistere*. Vulg Conc. *unde cuiquam resistere*.

23 Vulg. Conc. cum Vat. Is. & Merl inserunt *si*, Quesn. *cur*. Utrumque delent codd. Vind. Thuan. & Veron. Mox editi *negat pace posse*.

24 Quesn. *contemta*. Dein pro *fida* Merl. cum Vat. Is. *fidei*.

25 Labb. in marg. *non negligo*. Mox post *pacem* Quesn. inserit *turbari*: delevimus cum MSS. Vind. Veron. & editis.

26 Sic potiores codd. & vulg. Conc. Quesnellus cum Vat. Is. *Quomodo*.

27 Ita omnes codd & editi. Quesn. *velle pacem*: & dein *propter quam nulla*. Mox pro *monstretur* vulg. Conc. *monstratur*.

28 Quesn. *monstretur* & post pauca *ut magis credimus*. Præstantiores codd. Vind. & Veron. cum aliis vulgatis prætulimus.

ſcientibus. Proinde, ſicut non poteſt, perverſitatis communicatore ſuſcepto, non pariter perverſitas approbari; ſic non poteſt
refutari perverſitas, complice & ſectatore
perverſitatis admiſſo.
CAP. V. Legibus certe veſtris criminum conſcii,
ſuſceptoreſque latrocinantium pari judiciorum pœna conſtringuntur; nec expers facinoris æſtimatur, qui licet ipſe non fecerit,
29 29 facientes tamen in fœdus familiaritatem-
que receperit. Proinde cum Calchedonenſe
Concilium pro fidei catholicæ atque apoſtolicæ veritate communioneque celebratum,
30 damnaverit Eutychetem 30 deteſtandi furoris auctorem; non ſatis habuit, niſi ut pariter ejus quoque conſortem Dioſcorum ce-
teroſque percelleret. Hoc igitur modo (ſicut in unaquaque hæreſi, vel factum ſemper, vel fieri non habetur ambiguum) ſucceſſores corum Timotheus, Petrus, atque
31 alter Antiochenus Petrus, 31 non ſingula-
32 riter, nominatim, unuſquiſque pro parte
ſua, viritim propter ſingulos quoſque rurſus facto Concilio, ſed Synodi ſemel actæ
regula conſequenter eliſi. Quemadmodum
ergo non apparet evidenter etiam cunctos
ſimili tenore conſtringi, qui eorum communicatores & complices extiterunt, atque
omnes omnino a catholica atque apoſtolica 32 merito communione diſcerni? Hinc
Acacium quoque jure dicimus a noſtro conſortio ſubmovendum, qui maluit in ſortem
tranſire perfidiæ, quam in catholicæ & a-
33 poſtolicæ 33 communionis ſinceritate conſtare, cum fere triennium, ne in id veniret Apoſtolicæ Sedis epiſtolis doceatur competenter inſtructus. Poſtquam vero communionis eſt factus alienæ, non potuit niſi a
catholicæ & apoſtolicæ mox ſocietate 34 34
præcidi: ne per eum, ſi vel paullulum ceſ-
ſaremus, nos quoque ſubiiſſe videremur contagia perfidorum. Sed revera, vel tali per-
culſus pœna reſipuit, correctionem promiſit, emendavit errorem? 35 aut ille tracta- 35
tus lenius voluerat coerceri, qui etiam verbera dura non ſenſit? Quo in ſua perfidia
& damnatione moriente, tam ejus in eccleſiaſtica recitatione non poteſt nomen aſ-
cribi, quam externæ contagium non debet
communicationis admitti. Quapropter 36 aut 36
doceatur ab hæretica participatione ſincerus,
quorum ſe ille permiſcuit communioni, aut
cum iiſdem non poteſt non repelli.
Sic autem ſuſurrant Orientis Epiſcopi; CAP. VI.
quod ad eos Sedes Apoſtolica, 37 non iſta 37
conſcripſerit: quaſi vel ipſi de recipiendo
legitime Petro Sedem Apoſtolicam ſuis litteris fecerint certiorem; vel hujus receptio-
nis inconditæ non jam pariter complices
extitiſſent: 38 quem ſicut non poſſunt do- 38
cere ab hæretica pravitate fuiſſe purgatum,
ita ſe hæreticorum nullatenus poterunt ex-
cuſare conſortes. Qui ſi fortaſſis aſtruxerint,
quod ad Apoſtolicam Sedem de ſuſceptione
Petri per Acacium cuncti conſona 39 vo- 39
luntate retulerint, per eumdem ſibimet omnes
pari voce ſentiant fuiſſe reſcriptum. Apoſtolicæ vero ſedis auctoritas quod cunctis ſæ-
culis Chriſtianis Eccleſiæ prælata ſit univerſæ, & Canonum ſerie paternorum, &
multiplici traditione firmatur. Sed 40 vel 40
hinc, vel utrum ſibi quiſquam contra Nicænæ Synodi conſtituta quippiam valeat uſurpare, collegio poteſt unius communionis
oſten-

---

29 Vulg. Conc. cum Vat. Iſ. *facientis tamen familiaritatem fœduſque receperit*. Veron. & Vind lectionem textus præferunt, deleta præpoſitione *in*, ob quem defectum in aliis codd. pro *facientes* emendatum fuit *facientis*.

30 Solus Queſn. *damnati furoris*.

31 Queſn *non viritim, ſingulariter*. Vulg. Conc. cum Vat. Iſ. *non viritim propter ſingulos* deletis intermediis vocibus *ſingulariter, nominatim unuſquiſque pro parte ſua*. Has quoque voces ignorat cod. Veron. Vind. autem recipit. Horum vero præſtantiſſimorum codicum auctoritate adverbium *viritim* in ſuum locum tranſtulimus. Cum iiſdem expunxiſſemus etiam negativam particulam, & cum Veron. mox ſcripſiſſemus *ſed, &c*. Sed idem Gelaſius in epiſtola ſequenti c. 2. totus in eo eſt, ut probet non fuiſſe neceſſe *viritim* cogere Synodos, & c. 3. Timotheum ac Perrum *non repetita Synodo, ſed auctoritate tantummodo Sedis Apoſtolicæ* fuiſſe damnatos prodit: Hinc particulam *non* cum aliis codd. & vulg. retinuimus Quæ tamen ſi expungenda eſſet, hunc locum intelligere oporteret de Synodis Romanis, quæ ex more in gravioribus cauſſis cogebantur, & in quibus eos fuiſſe damnatos nihil dubii eſt. Cum enim harum Synodorum geſta tribuerentur auctoritati Sedis Apoſtolicæ, hujus *auctoritate ſolummodo* illi damnati dici potuerunt, *non repetita Synodo*, nimirum generali, vel alia *ſpeciali*, quam in ſua cauſſa defuiſſe Acaciani opponebant. Vide c. 1. epiſtolæ ſequentis.

32 Queſn. delet *merito*.

33 Idem *ſinceritatis communione* cum ſolo cod. Oxon. ac dein *triennio*: vulg. Conc. *per triennium*.

34 Solus Queſn. inſerit *ſedis*: delent noſtri codd. ac etiam Thuan.

35 Sic codd. Vind. & Veron. cum vulg. Conciliorum. Queſn *an ille ... voluit*. Vat. Iſ *valuerat*. Merlin *valeat*: & utrique paullo poſt *manente* pro *moriente*.

36 Ita cum vulg Conc. præſtantiores codd. etiam Thuan. Queſnellus *aut doceantur ... ſinceri*. *non poſſe repelli*. Mox vulg. cum Thuan. & Vat. Iſ. *Si autem*.

37 Solus Queſn. *non ſcripſerit*.

38 Queſn. *quam ſicut non poſſunt dicere ab hæretica pravitate fuiſſe purgatum*. Vind. & Veron MSS *quam ſi verum poſſunt docere .... purgatum*. Idem habet Thuan. niſi quod præfert *ſi vere* pro *ſi verum*, utrumque mendoſe pro *ſicut non*, quam emendationem exigente contextu approbant Vat. Iſ. & Merlinus. Concinunt vulg. Conc. in quibus *vere* adjicitur *ſicut vere non poſſunt*.

39 Vulg. Conc. *voce*. Dein pro *voce* Veron. Vat. Iſ. & Merl. *vice*.

40 Queſn. *vel huic*. Dein Oxon. *unius communione*.

ostendi, non mentibus externæ societatis
aperiri. Apud illos si quis confidit, egre-
diatur in medium, & Apostolicam Sedem
41 41 de utroque revincat & instruat. Tolla-
42 tur ergo nomen e medio, 42 quod Ecclesiarum discretionem procul a Catholicæ communione operatur, ut sincera pax fidei communionisque reparetur & unitas. Et tunc
quis nostrum contra venerandam, vel insurrexerit, vel nitatur insurgere vetustatem,
competenter & legitime perquiratur: & illic apparebit, quis modesto proposito custodiat formam traditionemque majorum; quis
43 supra hæc irreverenter 43 insiliens, quis
rapina posse fieri arbitretur.

CAP. VII. Quod si mihi persona populi Constantinopolitani proponitur, per quam dicatur nomen scandali, id est, Acacii, non posse removeri; taceo quia & hæretico quondam
Macedonio pulso, & Nestorio nuper ejecto,
plebs Constantinopolitana catholica mane-
44 re delegerit, potiusquam 44 majorum præsulum damnatorum a defectione retineri.
Taceo quod ab iisdem ipsis damnatis præsulibus, a quibus baptizati fuerant, in fide
catholica manentes, nulla sint exagitatio-
ne turbati. Taceo quod pro rebus ludicris
populares tumultus nunc etiam vestræ pietatis auctoritas refrænarit, atque ideo multo magis pro salute animarum suarum necessario vobis Constantinopolitanæ civitatis
obtemperat multitudo, si eam ad apostolicam & catholicam communionem vos
principes reducatis. Etenim, Imperator Auguste, si contra leges publicas aliquid, quod
absit, quispiam fortasse tentaret, nulla id
pati ratione potuisses; ad divinitatis puram
sinceramque devotionem, ut tibi plebs subdita redigatur, conscientiæ tuæ non putas
45 interesse? Postremo 45 si unius populi civitatis animus non putatur offendi, ne divina, ut res postulat, corrigantur; quanto
magis, ne divina offendantur, catholici
nominis universi piam fidem nec lædere debemus omnino, nec possumus? Et tamen
iidem poscunt se nostra voluntate sanari.
Competentibus ergo se sinant curari posse
remediis: alioquin, quod absit, in eorum
transeundo perniciem, cum illis perire possumus, ipsos vero salvare non possumus.
Jam hic quid sit magis sequendum, sub divino judicio vestræ conscientiæ derelinquo:
utrum, sicut nos optamus, simul omnes
certam redeamus ad vitam; an, sicut illi
poscunt, manifestam tendamus ad mortem.
Sed adhuc Apostolicam Sedem sibi medici-
nalia suggerentem, superbam vocare arro-
gantemque contendunt. Habet hoc qualitas
sæpe languentium, ut accusent medicos con-
gruis 46 eos observationibus ad salubria re- 46
vocantes, magis quam ut ipsi suos noxios
appetitus deponere vel reprobare consentiant.
Si nos superbi sumus, qui animarum remedia convenientia ministramus; quid vocandi sunt, qui resultant? Si nos superbi sumus, qui obediendum paternis dicimus constitutis; qui refragantur, quo appellandi
sunt nomine? Si nos elati sumus, qui divinum cultum puro atque illibato cupimus
tenore servari; qui contra divinitatem quoque sentiunt, dicant qualiter nuncupentur.
47 Sic & nos, ceteri qui in errore sunt, 47
æstimant, quod eorum non consentiamus
insaniæ. Ubi tamen spiritus superbiæ veraciter pugnet & consistat, veritas ipsa judicat. 48 *Explicit Papæ Gelasii ad Anasta-* 48
sium Principem.

CA-

41 Vulg. Conc *de utraque parte.*

42 Quesn. *quod Ecclesiarum & catholicæ communionis discretionem proculcat, ut sincera pax communionis, & fidei reparetur unitas.* Prætulimus lectionem vulg. cum qua fere concinunt codd. Vind. Veron. Vat. Is. atque Thuan. Solum Vat. Vind. & Veron. habent *a catholicæ communionis*, ubi videtur supplendum *compage*, vel aliquid simile.

43 Quesn. nullo nostro cod nec vulg. suffragantibus *insiliat, quis rapinam rerum ecclesiasticarum posse.* Lectionem codicum, licet mendosam credamus, ex arbitrio mutare noluimus. Eadem apud Merl. legitur, nec non in editione Conc. quæ solum delet alterum *quis* ante *rapina.*

44 Quesn. *amore præsulum damnatorum ac defectione.* Omnes nostri codd. & vulg. delent *amore*, ejusque loco habent *majorum.* Prætulimus cum MS. Veron. *a defectione*, pro quo vulg. cum Vat. Is. *affectione.* Mox cum nostris codd. adjecimus *ipsis.* Vulg. Conc. delet *a quibus*, & habent *quod qui ab eisdem.*

45 Quesn. cum Oxon. *si unius populi ... non putatur debere offendi, ne divinæ auctoritates, ut res postulat corrigantur*; & in margine notat, forte *collidantur*: ac dein ante *piam* inserit *cultores.* Codicum auctoritate anteriorum editionum lectionem revocavimus.

46 Veron. cum vulg. Concil. delet *eos*, & dein cum Vind. delet *magis.*

47 Sic cum vulg. Conc. optimus cod. Veron. melius quam apud Quesn. & alios codd. *Sic nos & ceteri.*

48 Hanc clausulam habent codd. Vind. & Veron. qui in iisdem lectionibus fere consentiunt.

CAPITULUM L.

1 1 EPISTOLA

Inter Gelasii Epist. XII. GELASII PAPÆ

ad Episcopos Dardaniæ.

2 2 *Rationis reddendæ; Acacium a Sede A-*
postolica competenter fuisse damnatum: nec
posse quemquam sine discrimine animæ suæ
ejus communionis participem effici.

Dilectissimis fratribus universis Episcopis per Dardaniam constitutis
GELASIUS.

CAP. I. VAlde mirati sumus, quod vestra dilectio quasi novam & veluti difficilem
quæstionem, & adhuc tamquam inauditum
3 quippiam nosse 3 desiderat, quod Eutychianæ pestilentiæ communicatores, non habentes quid pro suæ perditionis obstinatione respondeant, frequenti jam ratione convicti,
4 4 sola contentione summurmurant: non
quia sit alicujus momenti quod garriunt,
nec inveniunt penitus quid loquantur. Ubi
magis eos, qui catholicis sensibus instituti
5 sunt, adhuc hærere 5 miramur, quum illos qui a veritate exciderunt, & ab anti-
6 qua Ecclesiæ traditione sunt devii, 6 pro-
fanas vocum novitates, & ineptias caducæ
perversitatis obtendere. Quibus eos vestra
dilectio retulit jactitare, ideo Acacium non
putare jure damnatum, quod non a speciali Synodo videatur fuisse dejectus: & insuper dementiam suæ vanitatis 7 accumulare 7
pueriliter, adjicientes: *Præcipue Pontificem*
Regiæ civitatis. Quapropter stultitiam re-
spuentes inanium querelarum, percurrere
vos oportet ab ipsis beatis Apostolis, & considerare prudenter, quoniam patres nostri,
catholici videlicet doctique Pontifices, in
unaquaque hæresi quolibet tempore 8 susci- 8
tata, quicquid pro fide, pro veritate, pro
communione catholica atque apostolica secundum Scripturarum tramitem prædicatio-
nemque majorum facta semel congregatione
sanxerunt, inconvulsum deinceps voluerint
firmumque constare; nec 9 in eadem causa 9
denuo quæ præfixa fuerant retractari, qualibet recenti præsumtione permiserint; sapientissime providentes, quoniam si decreta salubriter cuiquam liceret iterare, nullum contra singulos quosque prorsus errores
stabile persisteret Ecclesiæ constitutum; ac
semper iisdem 10 furoribus recidivis omnis 10
integra diffinitio turbaretur. Nam si limitibus etiam præfixis positarum semel synodalium regularum, non cessant elisæ pestes
resumtis certaminibus, contra fundamentum
sese veritatis attollere, & simplicia quæque
corda percutere; quid fieret si subinde fas
esset perfidis inire Concilium? cum 11 quæ- 11
libet illa manifesta sit veritas, numquam
desit quod perniciosa depromat falsitas; etsi
ratione vel auctoritate deficiens, sola tamen
intentione non cedens. Quæ majores nostri
divi-

---

1 Duplex est hujus epistolæ forma, altera brevior, auctior altera. Brevior continetur non solum in MSS. hujus collectionis, verum etiam in Veron. 46. & in codicibus Isid in quos ex hac nostra collectione a pseudo-Isidoro traducta fuit Hujus fragmentum, quod incipit a capite quarto *Nec plane tacemus*, insertum est in MSS additionum Dionysii. Auctior vero est in MSS. præstantissimæ collectionis, quam Avellanam vocavimus cujus auctoritate additamenta ipsi Gelasio curis secundis tribuenda in præmisso tractatu part 3. c. 11. §. 4. ostendimus, ibique harum additionum occasione, in quibus Gelasius *nos* pro *Apostolica Sede* accepit, hac de re fusius differuimus, quam in notis ad hoc caput constituendam receperamus tom. 1. pag 587. Merlinus e cod. Isid. breviorem formam ante Quesnellum exhibuit: editiones vero Conciliorum post Romanam epistolarum Romanorum Pontificum formam auctiorem repræsentant. Variantes, quæ in margine Conciliorum Labbei notantur ex Justelli codice, cum Vat Isid. exemplo concinentes, eum quoque Isidorianum codicem fuisse declarant.

2 Notat Quesnellus in margine *Titulus ille medius soli debetur Thuaneo MS. in quo deest tam prior illa epigraphe, quam posterior, ita ut nec a quo, nec ad quos datum sit scriptum hujusmodi indicet.* Hac de caussa intelligitur, cur Hincmarus Laudunensis tom 2 pag. 373. quædam hujus epistolæ testimonia alleget hoc titulo: *Ex epistola Gelasii ad Anastasium Principem.* Aliquo nimirum codice hujus collectionis usus est, in quo uti in Thuan. cum desit hujus epistolæ inscriptio, hanc datam putavit ad eumdem Anastasium Principem, ad quem præcedens missa fuit. In utroque nostro cod. Vind. & Veron. deest prima epigraphes *epistola Gelasii* &c. secunda vero *Rationis reddendæ* usque ad *damnatum* præfigitur sic: *Incipit rationis reddendæ*: integra vero hæc eadem epigraphe in fine epistolæ appenditur: *Explicit rationis reddendæ* &c. ubi subauditur *exemplar.*

3 Tres nostri codd Vind Ver. & Vat. 630. *desiderans*. Merl. *desideratis.*

4 Vulg Concil *misera contentione*: & post pauca *sed quia non inveniunt.*

5 Vind. & Veron. *murmurant.*

6 Vulg Conc. *profanasque ... obtendunt.*

7 Codd. Veron. & Vat. Isid. cum vulg. *accumulant.*

8 Quesn. *resuscitata.* Mox vulg. Conc. delent *pro fide.*

9 Cod. Veron. & Vat. Is. *in hac eadem caussa.* Dein Veron. *sapientissime pervidentes*: vulg. Conc. *prævidentes.*

10 Vat. Is. & alius codex in margine Conc. Labbei, *furoris residui omnis*, male. Dein *limitibus etiam præfixis* cum nostris codd. & vulg. scripsimus. Quesnellus præterit *etiam.*

11 Ita codd. Vind. & Veron. Quesnellus cum vulg. Conc. *quamlibet illa.* Merlin. cum Vat. Is. *quamlibet illi*; Justelli codex *illius.* Post pauca vulg. Conc. pro *intentione* habent *contentione*, melius.

divina inspiratione cernentes, necessarie præ-
12 caverunt; 12 ut quod contra unamquamque hæresim coacta Synodus pro fide, communione, & veritate catholica atque apostolica promulgasset, non sinerent novis post
hæc retractationibus mutilari: ne pravis occasio præberetur, quæ medicinaliter fuerant
statuta, pulsandi; sed auctore cujuslibet insaniæ, ac pariter errore damnato, sufficere
judicarunt, ut quisquis aliquando hujus erroris communicator existeret, principali sententia damnationis ejus esset obstrictus: quoniam manifeste quilibet vel professione sua,
13 vel 13 communione posset agnosci.
CAP. II. Et ut 14 brevitatis caussa priora tacea-
14 mus, quæ diligens inquisitor facile poterit
vestigare: Sabellium damnavit Synodus,
nec fuit necesse, ut ejus sectatores postea
damnarentur, singulas viritim Synodos celebrari; sed pro tenore constitutionis antiquæ cunctos, qui vel pravitatis illius, vel
communionis extitere participes, universalis Ecclesia duxit esse refutandos. Sic propter blasphemias Arrii, forma fidei communionisque catholicæ Nicæno prolata conventu, Arrianos omnes, vel quisquis in
15 hanc pestem 15 sive sensu, sive communione deciderit, sine retractatione concludit. Sic Eunomium, Macedonium, Nestorium, Synodus semel gesta condemnans, ulterius ad nova Concilia venire non sivit;
16 sed universos quocumque modo 16 in has
blasphemias recidentes, tradito sibi limite
synodali refutavit Ecclesia; nec umquam
recte cessisse manifestum est, qualibet ne-
17 cessitate cogente, 17 noviter quæ fuerant
18 salubriter constituta, temerasse. 18 Non autem nos latet in tempestate persecutionis
Arrianæ plurimos Pontifices de exiliis, pace reddita, respirantes per certas provincias
congregatis secum fratribus Ecclesias composuisse turbatas: non tamen ut illius Synodi Nicænæ, quicquid de fide & communione catholica diffiniverat, immutarent;
nec nova quemquam prolapsum damnatione percellerent, sed illius decreti tenore,
19 nisi resipuisset, judicavere damnatum, 19
essetque consequens, ut, nisi corrigeret,
damnationi proculdubio subjaceret. Quibus
convenienter, ut dictum est, ex paterna
traditione perpensis, confidimus quod nullus
jam veraciter Christianus ignoret uniuscujusque Synodi constitutum, quod universalis
Ecclesiæ probavit assensus, 20 nullam ma- 20
gis exequi sedem oportere præ ceteris, quam
primam; quæ & unamquamque Synodum
sua auctoritate confirmat, & continuata moderatione custodit; pro suo scilicet principatu, quem beatus Apostolus Petrus Domini
voce perceptum, Ecclesia nihilominus sub-
sequente, & tenuit semper, & retinet.
Hæc dum Acacium certis comperisset in- CAP. III.
dicus 21 a veritate deviasse, diutius ista 21
non credens, quippe quem noverat executorem sæpe necessariæ dispositionis suæ contra hæreticos extitisse; per triennium fere
litteris destinatis eumdem monere non destitit, sicut per diversos missa 22 familia- 22
riter scripta testantur. Quibus ille primum
tamquam dedito silentio nihil respondere
proponens, tandem aliquando missis litteris
profitetur, se Alexandrino Petro, quem ex-
petita Apostolicæ Sedis auctoritate executor
ipse quoque damnaverat, absque Apostolicæ
Sedis notitia communione permixtum. Beati autem Petri sedes, quæ Alexandrinum
Petrum 23 se tantummodo damnasse, non 23
etiam solvisse noverat, non recepit: atque
ideo, ne per Acacium in Petri quoque consortium duceretur, ipsum quoque a sua communione submovit, & multis modis transf-
gressorem a sua societate fecit alienum.
Hic

---

12 Veron. cum Vind. *ut contra ... quod acta Synodus*. Vulg. Concil. *ut quæ contra*. Isid. cum Merl. *coacta semel Synodus*.

13 Cod. Vind. *communicatione*.

14 Voces *brevitatis caussa* in auctiori editione vulg. Conc. deletæ, eo quod post prolixum additamentum haudquaquam congruerent.

15 Vulg. Conc. *sive consensu*, & dein *conclusit*.

16 Vulg. Conc. *in hæc consortia*.

17 Idem vulg. Conc. & Merl. *novis ausibus*. Vat. Is. habet tantum *ausibus*.

18 Sequentia secundis curis sic exhibita fuere, ut in vulg. Conc. *Propterea tempestate quoque persecutionis Arrianæ plurimi catholici Sacerdotes ... respirantes, sic cum catholicis nihilominus fratribus Ecclesias composuere turbatas, ut non tamen illius* &c.

19 Sic codd. Vind. Veron. & unus cod. Quesnelli, qui omisit *nisi resipuisset*. Vulg. Conc. *sed illius tenore decreti, nisi resipuissent, censerent esse damnatos. Quibus convenienter* &c. Idem est in Vat. Is. & apud Merlinum, nisi quod pro *censerent* habent *judicarent*.

20 Vulg. Conc. *non aliquam*.

21 Iidem vulg. Conc. *a communione catholica*. Vat. Is. cum Merl. *a veritate apostolica*.

22 Vulg. Conc. *frequenter*. Mox Vat. Is. *Quibus ille dum primum ... proponeret*. Merlin. idem habet, nisi quod pro *dedito* habet *debito*. Vulg. Conc. *Quibus ille cum debito silentio diu non respondere proponeret*; & dein multa adduntur ex auctiori hujus epistolæ exemplo, in quæ hæc Quesnellus notavit. *Duæ fere paginæ integræ in aliis editionibus hic insertæ sunt, quæ tam in Oxon. & Thuan. codicibus, quam Justelliano in Labbeana Conciliorum editione citato desiderantur paucis exceptis. Quæ quidem vel huc aliunde translata sunt) filum enim orationis sensumque intercipiunt) vel forsan omnino conficta: quod aliis examinandum ad meliora properans relinquo*. Hæc ita scripsit, quia nullam notitiam habuit celeberrimæ collectionis Avellanæ, ex qua Gelasium hanc epistolam secundis curis non tam reformasse, quam auxisse exploratum fit. Vide not. 1. in hoc caput, & Tractatum de antiquis collectionibus part. 2. c. 11. §. 4.

23 Addidimus *se* cum codd. Veron. Vat. Is. & Merl.

Hic ſi examinatio quæritur, jam judicio
non erat opus, poſtquam litteris ſuis ipſe
24 confeſſus eſt 24. Si auctoritatis pondus in-
25 quiritur, Calchedonenſis Synodi 25 tenore
illius definitionis executio reperitur, quo
damnati illic erroris communicator effectus,
præfixæ nihilominus damnationis particeps
exiſteret: quoniam idem ipſe error, qui ſemel eſt cum ſuo auctore damnatus, in par-
ticipe quolibet pravæ communionis effecto,
26 & execrationem ſui geſtat, & pœnam. 26
Quo tenore Timotheus etiam, atque ipſe
Alexandrinus Petrus, qui ſecundam certe
ſedem tenuiſſe videbantur, non repetita Synodo, ſed auctoritate tantummodo Sedis A-
poſtolicæ, ipſo quoque Acacio poſtulante
27 vel exequente, 27 probantur eſſe damnati.
Quod ſi, utrum errori vel prævaricationi
communicarit Acacius, forſitan dicatur opor-
tuiſſe conſtare, breviter præbemus ad iſta
reſponſum: aut enim ipſi doceant Petrum
veraciter legitimeque purgatum, & ab omni
hæreticorum contagione rite diſcretum, cum
ei communicavit Acacius, ſi ejus commu-
nicatorem putant Acacium aliquatenus ex-
28 cuſandum; 28 aut ſi, quod magis eſt verum, convenienter atque legitime Petrum
non probaverint expiatum, reſtat ut ejus
29 29 inexpiatione fuerit & qui ei communicavit, infectus.

CAP. IV. Nec plane tacemus, quod cuncta per mundum novit Eccleſia, quoniam quorumlibet
ſententiis ligata Pontificum ſedes beati Petri Apoſtoli jus habeat reſolvendi: ut pote quæ de omni Eccleſia fas habeat judicandi, neque cuiquam liceat de ejus judicare judicio. Si quidem ad illam de qualibet mundi parte canones appellari voluerint, ab illa autem nemo ſit appellare per-
miſſus. 30 Quapropter conſtat ſatis Aca- 30
cium nullum habuiſſe pontificium ſententiam Sedis Apoſtolicæ ſine ulla ejus notione ſolvendi. Qua certe Synodo hoc ille
præſumſit, quod nec ſic abſque Apoſtolica
Sede fas quidem haberet efficere? Cujus
ſedis Epiſcopus? cujus metropolitanæ civitatis antiſtes? Nonne parrochiæ Heracleen-
ſis Eccleſiæ? Si illi certe licuit ſine Synodo ſententiam Apoſtolicæ Sedis abrumpere,
nulla ejus conſultatione quæſita; itane vero non licuit primæ ſedi Calchedonenſis Synodi conſtituta, ſicut decuit, exequenti,
hujuſmodi prævaricatorem ſua auctoritate
detrudere? Sed nec illa præterimus, quod
Apoſtolica Sedes frequenter, ut dictum eſt,
more majorum etiam ſine ulla Synodo præcedente, 31 exſolvendi quos Synodus ini- 31
qua damnaverat, & damnandi nulla exi-
ſtente Synodo quos oportuit, habuerit facultatem. Sanctæ quippe memoriæ Athanaſium
Synodus Orientalis addixerat, quem tamen
exceptum Sedes Apoſtolica, quia damnationi Græcorum non conſenſit, abſolvit. Sanctæ memoriæ nihilominus Joannem Conſtantinopolitanum Synodus etiam catholicorum præſulum certe damnaverat, quem ſimili modo Sedes Apoſtolica etiam ſola,
quia non conſenſit, abſolvit. Itemque 32 32
ſanctum Flavianum Pontificem Græcorum
congregatione damnatum pari tenore, quoniam ſola Sedes Apoſtolica non conſenſit, abſolvit: potiuſque qui illic receptus fuerat,
Dioſcorum ſecundæ ſedis præſulem ſua auctoritate damnavit, & impiam Synodum
non conſentiendo ſola ſummovit, & pro
veritate, ut Synodus Calchedonenſis fieret,
ſola decrevit. 33 In qua ut ergo ſola jus 33
habuit abſolvendi eos quos ſynodica decreta per-

24 Vulg. Conc. ex auctiori exemplo addunt: *& ad legitimum judicium vocatus adire pertimuit.*

25 Ita noſtri codd. cum Merl. Queſnellus *tenore illius executionis definitio continetur, quo damnato illic .... exiſtit ... & execrationem ſuam.* In vulg. Conc. ex auctiori exemplo aliter hæc efferuntur; *tenor cum Apoſtolica Sede conſentiens, & illius definitionis executio reperitur condemnati illic erroris communicator effectus, præfixæ nihilominus ibidem particeps damnationis apparuit, quoniam* &c.

26 Vulg. Conc. *Hoc tenore*, & dein ante *tenuiſſe* addunt *quoquomodo*.

27 Codd. Vind. & Veron. cum vulg. Conc. *probatur eſſe damnatus*. Mox iidem vulg. Conc. delent *Quod ſi* uſque *ad iſta reſponſum:* & proſequuntur ſic. *Nunc autem ipſi doceant* &c.

28 Vind. & Veron. *aut*, *ſicut magis*.

29 Queſn. *impiatione*. Vind. *expiatione*. Correximus cum Veron. Vat. Iſ. & Merl. Vulg. Conc. cum auctiori exemplo: *Petrum probare non potuerunt expiatum; propter quod etiam ad Apoſtolicæ Sedis judicium Acacius vel venire vel deſtinare non auſus eſt; reſtat ut in ejus communicatione fuerit & qui ei communicavit infectus. Non reticemus autem, quod cuncta* &c.

30 Vulg. Conc. *Quapropter cum ſatis conſtet Acacium .... ſententia Sedis Apoſtolicæ damnatum ſine ulla ejus notione ſolvendi; dicant certe qua Synodo hoc ille præſumpſerit.*

31 Queſn. *jus habuit ſolvendi*: Prætulimus codd. Vind. & Veron. conſentientibus vulg. Conc. in quibus *& abſolvendi*.

32 Vulg. Conc. *Sanctæ memoriæ Flavianum Pontificum congregatione damnatum*. Mox addidimus *ſola* cum Veron. & vulg. Conc. Dein Vat. Iſ. cum cod. Juſtelli pariter Iſid. *quia illic receptus non fuerat:* ac poſt pauca *ſubmovit, & auctoritate, ut Synodus*. Vind. & Veron. *& veritate* deleta præpoſitione *pro*.

33 Queſn. delet *In qua:* cum omnibus noſtris codd. & Merlino revocavimus. Dein hæc ille ſcribit in margine: *Lineæ tres ſubſequentes uſque ad* Quod ſi quis hæc &c. *in vulgatis deſunt; ſed harum loco duæ fere paginæ habentur, quæ in utroque Codice noſtro MS. deſiderantur. Varie etiam ſequentia leguntur.* Hæc autem varietas ob inſertam additionem neceſſaria fuit. Sic enim ſequentia: *Quapropter*, inquit, *ſi quis adhuc ſecundum Calchedonenſem Synodum hæc ab Apoſtolica Sede geſta reprehendit, propter quod & HAC, QUA SUPERIUS ASTRUXIMUS* (hæc additionem reſpiciunt) *& multiplici poteſt ratione convinci, multo magis tamen Acacio non licuiſſe fatebitur iſta tentare. Dicat ergo, qua Synodo Joannem ſecundæ Sedis antiſtitem* &c.

ta perculerant, sic etiam sine Synodo in
hac eadem caussa plurimos etiam Metropolitanos damnasse cognoscitur.
CAP. V. Quod si quis hæc ab Apostolica Sede 34
34 vel secundum Synodum acta reprehendit;
præter quod prisca rerum probatione convincitur, interim multo magis Acacio non
licuisse fatebitur. Dicat ergo qua ipse Synodo secundæ sedis antistitem qualemcumque, certe catholicum, & a catholicis ordinatum, nec de catholica fide & communione aliquatenus impetitum, duxerit excludendum; & hæreticum manifestum Petrum, sua quoque executione damnatum,
35 catholico Pontifici permiserit 35 subrogari.
Qua Synodo tertiæ sedis Episcopum sanctum
Calendionem fecit expelli, ac nihilominus
eidem Petrum tam manifestum hæreticum,
36 ut eidem palam 36 nec se communicare
prætenderet, sua passus est dispositione substitui? Qua denique per totum Orientem
Synodo, ejectis orthodoxis, nullo crimine
maculatis, pravos quosque & criminibus in-
volutos sua provisione supposuit? Qua Synodo tot aliena privilegia nefandus popu-
37 lator invasit? Sed libri 37 non sufficient si
tragœdias ejus, quas per Ecclesias totius
Orientis exercuit, singillatim describere mo-
liamur. An illud ipsius argumentum nobis
æstimant opponendum, quo facinora sua in
38 imperialem 38 visus est jactare personam?
Cur igitur, quando voluit, obstitit Basilisco
Tyranno, certe & hæretico vehementer in-
festo? Cur ipsi Imperatori Zenoni, quia
palam Antiocheno Petro noluit communicare, suam non subdidit voluntatem? Ecce
39 potuit in aliis resultare, 39 si vellet. Annon
Rom. 1. 32. Apostolus dicit: *Non solum qui faciunt,
sed etiam qui consentiunt facientibus*, reatu
pariter sunt irretiti? Sed ut ea quæ latius
explicanda sunt omittamus, quid, quod ipse
Zenon Imperator suis litteris profitetur cuncta sese ex Acacii gessisse consilio, nec hoc
eum fallere litteris suis ipse quoque testatur Acacius, qui & eum nihilominus universa recte gessisse conscripsit, & suo consilio hæc eadem gesta non tacuit. Quasi vero
ro tantum in Alexandrini Petri communione Acacius prævaricator extiterit, & non
in omnibus, quos vel fecit, depulsis catholicis Pontificibus, tamquam tyrannus, Ecclesiis quibuscumque præponi; vel taliter
præpositis perversa communione permixtus
est, qui hoc ipso secundum canones fuerant
ab ecclesiastica communione pellendi, quo
se passi sunt successores vivis Sacerdotibus
adhiberi. Quis autem non perspiciat christianus, quod catholicis Pontificibus a propria sede dejectis, non nisi hæretici potuerunt introduci? Quibus tamen cunctis, vel
auctor fuit Acacius subrogandis, vel subrogatis communicator accessit, his 40 utique 40
qui a communione hæreticorum nullatenus
discrepabant. Cur ergo vel cum hæc fieri
videret, non, sicut sub Basilisco jam fecerat, ad Apostolicam Sedem referre curavit: ut si solus ipse non poterat, 41 jun- 41
ctis cum eadem consiliis atque tractatibus
apud Imperatorem possent quæ religioni
competerent, allegari? Nam si Basiliscus,
ut dictum est, Tyrannus hæreticus, scriptis
Apostolicæ Sedis vehementer infractus est,
& a plurimis revocatus excessibus; quanto
magis legitimus Imperator, qui se catholicum videri volebat, potuit cum Apostolica
Sede cunctorum quoque Pontificum mode-
rata suggestione mitigari; præcipue cum
ejusdem Acacii esset specialis fautor & a-
mator, & qui litteris suis tam ipsum Acacium, quam sanctum Papam Simplicium
magnis laudibus extulisset, 42 quod hære- 42
tico constantissime restitissent? Cur tanto
tempore Acacius inter ista conticuit: nisi
quia præpediri nolebat ullatenus, quæ desiderabat expleri.

Ponamus tamen, etiam si nulla Synodus CAP. VI.
præcessisset, cujus Apostolica Sedes recte fieret executrix, cum quibus erat de Acacio

34 Vat. Is. cum Justelli cod. *vel secunda Synodo*, Merl. *vel sancta Synodo*, utrique male: *vel* enim hoc loco pro *etiam* accipitur. Mox Quesn. *approbatione*: nostri codd. Vind. & Veron. *probatione*.

35 Vat. Isid. Merl. & vulg. Conc. *subrogandum*. Mox in auctiori exemplo explicatius de catholico antistite subrogando quinque lineæ adjiciuntur, ob quas necesse fuit prosequi sic: *Qua Synodo tertiæ sedis Episcopum Calendionem, idem expelli fecit Acacius. Nihilominus eumdem Petrum* &c. Codex quoque Veron. delet *sanctum* ante *Calendionem*.

36 Vulg. Conc. *necesse communicare*. Hæc lectio forte respicit illa tractatus a Maffejo editi, ac Felici perperam attributi, ubi Acaciani opponebant: *Sed Imperator necessitatem cum Petro communicandi imponit Acacio*. Vid. t. 5. Conc. Ven. edit. col. 192. d.

37 Vat. Is. *non sufficerent*.

38 Vulg. Conc. *nisus est*.

39 Ver. & Vind. *si nollet*; mendose, quod mendum in Vat. Is. emendatum fuit *sed noluit*. Verior correctio colligitur ex vulg. Conc. *si vellet*: similiter c. 6. scribitur *intelligere si vellent, ignorare non poterant*. Iidem vulg. Conc. omittunt sequentia *An non* usque ad *irretiti*. Quesn præteriens *si vellet* scripsit: *resultare, an non? Apostolus* &c. Dein in vulg. Conc. *quidquid ipse Zenon*.

40 Adverbium *utique* ex nostris codd. & vulg. Conc. revocavimus.

41 Vind. & Vat. *cunctis cum eodem*, & postea *allegari* sine verbo *possent*. Hæc mendosa & deficiens lectio ut corrigeretur, alii scripserunt ut in Vat. Is. *conjunctis* & *allegarentur*. Apud Quesn. *cunctorum*, & *allegarentur*. Veram integramque lectionem, quam contextus exigit, præbuerunt codices vulg. Conciliorum.

42 Vulg. Conc. *quod hæreticis constantissime restitisset?* Mox Quesn. *tantopere* pro *tanto tempore*, quam emendationem ex Veron. cod. & vulg. Conc. recepimus. Similiter quidem cap. 8. *Cur tanto tempore cum ista gererentur, vel gerenda cognosceret, non ad Sedem Apostolicam ... referre curavit*. Dein pro *præpediri* Vat. Is. habet *prohibere*. Postea vulg. Conc. *quæ pro hæreticis desiderabat impleri*.

Synodus ineunda? Numquid cum his, qui
jam participes tenebantur Acacio, & per
Orientem totum catholicis Sacerdotibus violenter
exclusis, & per exilia diversa relegatis,
socii evidenter existebant communionis
externæ, prius se ad hæc consortia transferentes,
quam Sedis Apostolicæ scita consulerent?
Cum quibus ergo erat Synodus
ineunda? Catholici Pontifices fuerant undique
jam depulsi, solique remanserant socii
perfidorum, cum quibus jam nec lice-
43 bat habere conventum, 43 dicente Psalmo:
Ps. 25. 4. *Non sedi in concilio vanitatis, & cum iniqua
gerentibus non introibo*. Nec ecclesiastici
moris est, cum his, qui pollutam habent
communionem, permixtamque cum
perfidis, miscere concilium. Recte igitur
per Calchedonensis Synodi formam hujusmodi
prævaricatio repulsa est, potius quam
44 ad Concilium 44, quod nec opus erat post
primam Synodum, nec cum talibus haberi
licebat, adducta est. Nam & quid ageretur
de fide catholica intelligere si vellent, ignorare
non poterant; cum viderent catholicos
Pontifices, nulla Synodi discussione, nullo
Concilio, præcipue cum novas caussas esse
perpenderent, toto Oriente depelli: & ce-
45 teri quid caverent, ex illorum qualitate 45
discernere potuissent. Restat igitur ut illius
partis eos fuisse sit clarum, cui se post tot
experimenta dederunt, meritoque ab Apostolica
Sede ceterisque catholicis, non jam
consulendi erant, sed potius notandi. Risimus
autem, quod prærogativam volunt Acacio
comparari, quia Episcopus fuerit regiæ
civitatis. Numquid apud Mediolanum,
apud Ravennam, apud Sirmium, apud Treviros
multis temporibus non constitit Imperator?
Numquidnam harum urbium Sacerdotes
ultra mensuram sibimet antiquitus deputatam
quippiam suis dignitatibus usurparunt?
Numquid Acacius ut Joannem qualemlibet
hominem, catholicum tamen, a
catholicis ordinatum de Alexandria excluderet,
Petrumque in hæresi jam detectum
atque damnatum, absque Sedis Apostolicæ
consultatione reciperet, aliqua Synodo saltem
illic habita, hoc audacter arripuit, ut
Calendionem 46 de Antiochia depelleret, 45
hæreticumque Petrum, quem ipse damnaverat,
absque notitia Sedis Apostolicæ rursus
admitteret, aliqua Synodo id fecisse monstratur? Si certe de dignitate agitur 47 ci- 47
vitatum, secundæ Sedis & tertiæ major est
dignitas Sacerdotum, quam ejus civitatis,
quæ non solum inter sedes minime numeratur,
sed nec intra Metropolitanorum ju-
ra censetur. Nam quod dicitis, 48 *regiæ* 48
civitatis; alia potestas est regni sæcularis,
alia ecclesiasticarum distributio dignitatum.
Sicut enim quamvis parva civitas prærogativam
præsentis regni non minuit, sic imperialis
præsentia mensuram dispensationis
religiosæ non mutat. Sit clara urbs illa potestate præsentis 49 Imperatoris, religio sub 49
eodem tunc firma, tunc libera, tunc provecta
consistit, si potius hoc præsente propriam
teneat sine ulla perturbatione mensuram. 50. 50
Sed dicatur forsitan de Alexandrino & CAP. VIII.
Antiocheno, certis ex caussis principem magis illa, quæ gesta sunt, 51 non Acacium 51
præcepisse. Sed principi christiano decuerat
suggerere Sacerdotem, maxime cujus familiaritate
& favore fruebatur, salvam fore
de ejus injuria contumeliaque vindictam,
tantum ut Ecclesiæ sineret christianus princeps
regulas custodiri: quia & nova in utroque
Pontifice caussa esset exorta, & novam
discussionem consequenter inquireret. Et si,
sicut semper esset effectum 52, sacerdotali 52
Concilio de Sacerdotibus judicia provenirent,
non a sæculari viderentur qualescumque
Pontifices, & si errore humanitus accedente,
non tamen contra religionem ullatenus excedentes, potestate percelli. 53 53
An & hæc justa ratione principi suggerenda
non erant? Regiæ civitatis honore sublimis
si factus erat illa regia civitate sublimior,
tanto magis in his suggerendis debuit
esse constantior. Si autem in his, quæ
pro religione fuerant 54 exerenda, extitit 54
con-

43 Sequentia cum auctiori Psalmistæ testimonio in vulg. Conc. transferuntur post periodum sequentem sic: *Quia moris ecclesiastici omnino non esset, cum his .... miscere concilium. Propheta quoque dicente: Non sedi ... non introibo: odivi congregationem malignorum, & cum impiis non sedebo. Recte igitur* &c. Mox *Concilium*, & dein *repulsa est* non tam cum iisdem vulg. scripsimus, quam cum optimo MS. Veron. Apud Quesn. *consilium*, & dein *depulsa est*.

44 Quesn. hic inserit *relata*: delent omnes nostri codd. MSS. & excusi. Ex vulg. Conc. paullo post supplevimus *adducta est*, quæ verba ad sensum perficiendum necessaria erant. Mox pro *si vellent* vulg. Conc. habent *si voluissent*.

45 Codd. Veron. & Vat. Is. cum Merl. & vulg. Conc. *discere qualitate*. Dein Quesn. *hujus partis*. Substituimus *illius* cum omnibus nostris codd. & editis.

46 Quesn. refragantibus omnibus nostris MSS. & editis *de Ecclesia depelleret*.

47 Vox *civitatum* Quesnello excidit.

48 Vulg. Conc. delent *regiæ civitatis*, male.

49 Editi Conc. & Merl. cum MSS. Veron. & Vat. Is. *imperii*.

50 In vulg. Conc. ex auctiori exemplo hujus epistolæ, quod conservavit collectio Avellana, hoc loco additur dimidia fere pagina, in qua inter cetera duo allegantur, quæ in duabus rarissimis Marciani, & Anatolii epistolis 110. & 132. ad S. Leonem inveniuntur.

51 Quesn. cum solo Oxon. *quam Acacium*. Post pauca vulg Conc. *de ejusdem injuria*.

52 Vulg. Conc. ex auctiori exemplo deleto antea *si* addunt: *ac divinæ pariter leges humanæque censerent, ut sacerdotali* &c.

53 Iidem vulg. Conc. *An adhuc justa*. Mox addidimus *regia* cum MS. Vind. & iisdem vulg.

54 Sic omnes nostri codd. & etiam Thuan. cum vulg. Quesnellus cum Oxon. *exequenda*.

contemtibilis atque despectus, & aut segnis,
aut fiduciam non habens intimandi, in quo
55 per regiam civitatem major effectus est? 55
Nathan Propheta palam publiceque in facie
Regi David, & commissum pronuntiavit
errorem, & ipsum commisisse non tacuit,
& confessione correctum consequenter absolvit. Hic autem vir bonus & Sacerdos
56 egregius, in tantum se & suggerere 56 potuisse monstravit, & noluisse depromsit, immo savisse patefecit, ut & Imperator cuncta se ex ejus gessisse consilio non taceret,
& ipse Imperatorem magnis præconiis ele-
varet ista facientem, seseque proderet his
agendis rebus fuisse participem.

CAP. VIII. Sed esto Calendion nomen Imperatoris
abstulerit, Joannes principi mentitus fuisse
jactetur: quæ tamen, cum novæ essent caus-
57 sæ, nova 57 debuit ecclesiastica provenire
discussio? An qui in hominem Imperatorem
peccasse dicebantur, nulla interveniente Synodo dejici debuerunt: & in Deum, qui
summus & verus est Imperator, Acacium
delinquentem sinceramque communionem
divini sacramenti studentem miscere cum
58 perfidis, secundum Synodum, 58 qua hæc
est damnata perfidia, non oportebat excludi? Quid per totum Orientem de innumeris urbibus pulsi catholici Sacerdotes, &
59 hæretici subrogati? Novæ certe 59 erant
caussæ, & his consequenter nova Synodus
debebatur. Cur tunc non venit in mentem,
ut in talibus caussis peteretur a principe
saltem qualiscumque Synodus celebranda, ut
Coloratum judicium. quocumque vel colorato judicio traditionis
60 ecclesiasticæ passim Pontifices viderentur 60
exclusi, non solum quarumcumque urbium
Sacerdotes, sed Metropolitani incunctanter
antistites? His omnibus cum non restitit
suggestione, qua potuit, consensit Acacius
communicando cunctis, qui in catholicorum
locum hæretici fuerant subrogati. Aposto-
Rom. 1. 32. lus autem dicit: *Non solum qui faciunt, sed & qui consentiunt facientibus*, reos indubitanter ascribi. An hæc licuit sæculari
potestati, & actis talibus Acacio consen-
tienti absque ulla Synodo, quam ipsa rerum novitas exigebat, absque Sedis Apostolicæ consultatione perficere; & Sedi Apostolicæ non licuit secundum tenorem Synodi Calchedonensis in veteri utique caussa &
veteri constituto 61 justa definitione damna- 61
tis inimicis Synodi Calchedonensis Acacium
communicantem a sua communione depel-
lere? Sed Acacius, inquiunt, 62 principi- 62
bus obviare non potuit. Cur Basilisco, quia
voluit, obviavit? cur ipsi Zenoni, ne palam Petro Antiocheno, quamvis latenter
hoc fecerit, communicare videretur, non
commodavit assensum? Ecce resultanti non
restitit Imperator: ecce vim nolenti non
intulit: ecce refugienti contagia manifesta
concessit: postremo cur tanto tempore cum
ista gererentur vel gerenda cognosceret,
non ad Sedem Apostolicam, a qua sibi curam illarum regionum noverat delegatam,
referre 63 curavit? Sed prius laudator fa- 63
ctus est ipse gestorum, quam vel præmo-
neret talia esse tentanda, vel ne tentaren-
tur obsisteret: sicut sub Basilisco jam fecerat. Cur illis ceteris communicare 64 con- 64
sensit, qui depulsis catholicis Sacerdotibus,
indubitanter hæretici singulis urbibus fuerant
substituti? Postremo si ille defuit suis partibus, & quæ Sacerdoti 65 catholico com- 65
peterent agere non curavit; ideo Sedes Apostolica quod ad eam pertinebat vel potuit
vel debuit præterire? Quolibet modo hæreticorum complicem refutavit, & consortem
communionis externæ a sua communione
dimovit; nec opus fuit nova Synodo, cum
veteris constituti sufficienter hoc forma præ-
scriberet: nec opus fuit ut hæc 66 facien- 66
da Orientis Episcopis intimaret, quos &
expulsione catholicorum, quæ agebantur in
caussa fidei non ignorasse manifestum sit,
& communicando hæreticis subrogatis, facto tali 67 consensisse. Non dubium est et- 67
iam externæ communionis effectos, atque
ideo cum eis jam nec potuisse, nec debuisse Sedis Apostolicæ scita tractari. Ecce
agnoverunt in eorum professione qui constantissime perdurarunt, quid fidei commu-
nionique catholicæ deberetur.

Ecce agnoverunt quemadmodum a tali- CAP. IX.
bus recedendo, immo talibus contraria mo-
lien-

55 In vulg. Conc. ex auctiori exemplo hic duæ lineæ adduntur, & post verbum *absolvit* additur dimidia fere pagina: quod additamentum ab aliquo intrusum Quesnellus præfert. Ejus notationem in Tractatu loco citato descripsimus atque refellimus.

56 Quesn. cum Oxon. MS. *posse*.

57 Codd. Veron. & Vat. Is. cum Merlino *debuerit*.

58 Quesn. *in qua*. Dein vulg. Conc. *oportebat expelli? Quid de innumeris per totum Orientem catholicis Sacerdotibus propria sede depulsis, & indubitanter hæreticis intromissis? Novæ certe* &c.

59 Quesn. addit *antea*: ignorant nostri codd. & excusi omnes. Dein *una Synodus* habent quidem nostra MSS. exemplaria cum Merlino. Sed Quesn. melius cum vulg. Conc. *nova*.

60 Vulg. Conc. *excludi*.

61 Iidem vulg. *juxta definitionem damnata*. Melius codd. Veron. & Vind. *justa definitione damnata*.

62 Vulg. Conc. *principi*. Mox Oxon. *quia noluit*, male.

63 Edit. Conc. *maturavit*.

64 Ita omnes nostri codd. ac etiam Thuan. & editi. Quesnellus cum Oxon. *præsumsit*.

65 Vocem *catholico* a Quesn. omissam ex nostris codd. & vulg. restituimus. Mox vulg. Conc. *agere fastidivit*, & dein pro *ad eam* habent *ad eadem*, ubi forte legendum *ad eamdem*.

66 Iidem vulg. *scienda*.

67 Ibidem antea *manifestum est*, hic vero alia interpunctione: *consensisse non dubium est; etiam cum externæ communionis effectis, nec potuisse*. Mox cum omnibus MSS. nostris, & excusis addidimus particulam *jam* a Quesnello omissam.

68 liendo, a fide 68 & communione catholica deviarit Acacius, seque pariter cum eodem errori subdiderit. Ecce agnoverunt quam
justis ex caussis pro fide & communione catholica atque apostolica, cui & illi qui in
ea persiterant, congruebant, & illi qui
perstantibus obviabant, ab eadem docebantur alieni, Sedis Apostolicæ auctoritate sit
69 remotus Acacius 69; ejusque pariter quicumque complices extiterunt: atque ab illa
merito communione cum his discretus, a
qua se ipse primum cum suis consortibus,
a Pontificibus catholicis discrepando, cognoscitur separasse: jureque sententiam ille dam-
70 nationis excepit, ceteris consortibus 70 pro-
mulgandam, qui solus pro omnibus suis
consortibus in communionem se recidisse
perfidiæ ad Apostolicam Sedem missis litte-
71 ris est professus. Cui 71 si communicaverant Orientales Episcopi, antequam huc referret, pari utique sine dubio reatu probantur involvi, jureque per eum sententiam
transgressionis susceperunt, tamquam facti
cum eodem communionis externæ: Qui utique non consuli, tamquam nostræ communionis homines, jam deberent; sed tamquam
in contrario positi consortio refutari. Si vero non communicaverant, antequam Acacius huc referret, & communicantem notare debuerant, & ipsi potius de eodem huc
referre, atque Apostolicæ Sedis vigore per-
72 culsum merito comprobare; 72 cumque ea
Sede Apostolica tantisque illis catholicis Pontificibus magis tenere concordiam. Sed quia
ab illorum societate desciverant, & eorum
successoribus communicare delegerant, ideo
cum Sede Apostolica minime congruebant,
quia in sortem reciderant prævaricatoris A-
cacii, 73 & illius se sine dubio pervidebant 73
sententia consequenter astringi. Ob hoc eum
videri nolebant esse damnatum, quia se cognoscebant in eadem prævaricatione damnatos, in qua hodieque manere persistunt.
Sed sicut hi simili conditione constricti,
complicem suum non possunt judicare non
jure damnatum, neque rei reum possunt
competenter absolvere; sic illo prævarica-
tore juste damnato, isti quoque pari jacent
damnatione prostrati: neque, nisi resipiscentes, inde poterunt prorsus absolvi: quia
sicut per unum scribentem eorum omnium
vulgata transgressio est, qui in eamdem perfidiæ reciderant actionem; sic in uno eodemque, qui pro omnibus scripserat, vel
scribendo omnium prodiderat voluntates,
74 transgressio est punita cunctorum. 74

CAP. X.

75 Quæ ad instructionem vestræ dilectionis satis abundeque sufficere judicamus, 75
quamvis eadem 76 latius, si Dominus con- 76
cesserit facultatem, studeamus exponere:
quatenus & fidelium quisque cognoscat 77 77
nihil Apostolicam Sedem, quod absit, præpropere censuisse. Quæ tamen sententia in
Acacium destinata, etsi nomine tantummodo præsulis apostolici, cujus erat utique
potestatis, legitime probatur esse depromta,
præcipue cum secretim dirigenda videretur,
ne custodiis ubique 78 prætentis dispositio 78
salutaris quibuslibet difficultatibus impedi-
ta, necessarium habere non posset effectum:
tamen quia orthodoxis ubique dejectis, &
hæreticis tantummodo eorumque consortibus
jam relictis in Oriente, catholici Pontifices aut residui omnino non essent, aut nullam

68 Cod. Oxon. delet *& communione*. Mox Vat. Is. cum Merl. habet *catholica atque apostolica*. Dein Quesnellus *deviaret, seque pariter cum eisdem .... perstiterunt*. Emendavimus cum vulg. & nostris codd.

69 Vulg. Conc. ex auctiori epistola addunt: *ad cujus præcipue vocatus examen, vel venire vel mittere non curavit, ut se de his omnibus, ut confidebat, absolveret*. Dein *a Pontificibus* scripsimus cum cod. Veron. ex epistola sequenti, ubi hoc idem caput repetitum est. Vulg. & Quesn. cum aliis codd. delent præpositionem *a*.

70 In iisdem vulg. Conc. additur *cum suis consortibus*.

71 Iidem vulg. addunt *Acacio*. Dein Quesn. *antequam hoc referret*. Correximus *huc* cum vulg. & MSS. codicibus Thuan. Veron. & Vat. concinente inferius contextu *antequam Acacius huc referret*. Thuan. præterea & Veron. in epistola sequenti *referrent*. Mox iidem vulg. *probabatur*, male. Melius Veron. etiam in epistola sequenti *probabantur*.

72 Ita nostri codd. & vulg. Quesnellus *& cum sede*.

73 Quesn. alia interpunctione *Et quia illius se videbant sententia*. Sequuti sumus nostros codd. qui etsi hoc loco deleant conjunctionem *&*, sensu tamen exigente ipsam præfiximus cum vulg. Conc. & cum cod. Veron. qui in epistola sequenti eam exhibet. Mox pro *hodieque* Vat. Is. & Merlinus habent *hodie* tantum, vulg. Conc. *hodie quoque*.

74 Vulg. Conc. ex auctiori exemplo Avellanæ collectionis *transgressione punita, pariter quoque cum eodem vel in eodem est complicum transgressio punita cunctorum*. Cum in MSS. Vind. & Veron. habeatur *transgressione punita cunctorum*; veremur, ne antiquior librarius per saltum a voce *punita* ad aliam transcurrens, prætererit intermedia verba, quæ in codicibus auctioris exempli nobis conservata, hic quoque supplenda videntur.

75 Sic omnes nostri codd. Quesnellus *Hæc*. Vulg. Conc. hanc periodum hoc loco ignorant, & transferunt aliquanto post, ubi habent: *Hæc vero ad instructionem*.

76 Alium de hac eadem re tractatum Gelasius pollicetur. Duo autem tractatus ejusdem argumenti subjiciuntur in MS. Veron. ad Episcopos Orientales, quorum alter capite sequenti nostræ collectionis editus est, alter vero prolixior a Scipione Maffejo ex eodem Veronensi codice vulgatus tom. 5. Concil. Ven. edit. col. 185. & seqq.

77 Quesn. inserit *& infidelium*: delevimus cum omnibus nostris codd. & vulg. Concil. atque etiam Merlini.

78 Codd. Ver. Vind. & Vat. Is. *præsentis*. Correximus cum vulg. Conc. Apud Quesn. *prætensis*.

lam gererent libertatem , plurimorum in
Italia catholicorum congregatio Sacerdotum
rationabiliter cognovit sententiam in Acacium fuisse prolatam . Quæ congregatio facta Pontificum, non contra Calchedonen-
79 sem 79 , non tamquam nova Synodus contra veterem primamque convenit, sed potius secundum tenorem veteris constituti ,
particeps apostolicæ executionis effecta est :
ut satis appareat Ecclesiam Catholicam ,
Sedemque Apostolicam, quia alibi jam omnino non posset, ubi potuit, & cum quibus
potuit nihil penitus omisisse, quod ad fra-
80 ternum pertineret pro intemerata 80 fide &
81 sincera communione tractatum . 81

CAPITULUM LI.

1 1 INCIPIT

DE EADEM RATIONE

Reddenda ad Episcopos Orientis.

* * * * * * * * * * * * * * * *

CAP. I. QUid ergo isti prudentes viri , & argu-
tis mentibus totius religionis interna
rimantes , in Orientis partibus con-
2 stituti , si cognoverunt 2 hujusmodi personam in Antiochena Ecclesia constitutam ,
cur communicando talibus præbuere consensum ? Cur non illico reclamaverunt ?
cur non se a tali contagio 3 submoverunt , 3
cum jam evidenter animadverterent , ideo
Calendionem depulsum , ut hæreticis pan-
deretur introitus ? Quare hic nihil de Synodo , nihil de re, nihil de fide christiana, nihil de personarum examinatione tra-
ctarunt ? Si vero illi 4 se communioni vo- 4
luntarie subdiderunt , ab Apostolica Sede
certe separati sunt , cum talibus & apud
tales , etiamsi esset necesse fieri, nulla posset omnino Synodus provenire . Quod si
ignorasse se dixerint , qualis apud Antiochiam post Calendionem successisset antistes; quid mirum, si qui in Oriente positi , quæ in regione sua 5 contigerant scire 5
nequiverunt, ea quæ apud Apostolicam Sedem gesta fuerant, ignorarint ? Cur tamen
posteaquam ad eorum notitiam pervenit qualis esset Sacerdos apud Antiochiam constitutus, non ejus consortia continuo respue-
runt? quid excusationem de ignorantiæ colore prætendunt , cum hodieque & 6 ma- 6
nifestata contagia perfidorum , & a nobis
sæpius exprobrata sectentur? Quo satis apparet, quia ne tunc quidem etiamsi cognoscerent, refutarent, quando nunc etiam publicata non renuunt. Prorsus in quamlibet
se partem 7 caussationemque convertant , 7
manifestæ veritatis ita laqueis suffocantur ,
ut suis ipsi verbis possint actibusque concludi, 8 nec nisi solam perniciem obstina- 8
tæ perfidiæ residuam ventilare .

Hæc autem quæ de Calendione venera- CAP. II.
bili dicta sunt, & in Joannis Alexandrini
con-

---

79 Quesn. addit *Synodum* , delent vulg. ac nostri codd. Mox pro *convenit* vulg. Conc. *cognovit* .

80 Oxon. cod. cum vulg. Conc. omittit *fide*.

81 Vulg. Conc. addunt mediam fere paginam , ubi inseritur prima periodus hujus capitis antea omissa . In fine autem epistolæ post congruam clausulam , qua omnia in notitiam deferri jubet, chronica hæc notatio signatur : *Datum Kal. Febr. Victore V. C. Consule* : legendum ut in codd. 171. & 172. Venetis S. Marci collectionis Avellanæ : *Datum Kal. Febr. consulatu Viatoris V. C.* Est Consulatus anni 495. In codd. Vind. & Veron. hæc clausula describitur : *Explicit rationis reddendæ Acacium a Sede Apostolica competenter fuisse damnatum , nec posse quemquam sine detrimento animæ, ejus communionis participem effici* .

1 Sirmondus hanc epistolam edidit ex MS. Virdunensi . Ante ipsum Merlinus eamdem typis dederat , at sine ulla distinctione adnexam præcedenti , uti hoc eodem modo uno contextu exhibetur in MSS. Vat. 1340. & Veneto S. Marci 169. Continetur præterea in MSS. nostræ collectionis , in cod. Veron. 46. & in exemplaribus Isidori . Titulum , quem præfiximus , exhibent codd. Thuan. & Vind. hujus collectionis , & Veronensis . Apud Isid. & in cod. Virdun. Sirmondi hæc inscriptio legitur , quam posterius compactam credimus , tum quod in illis antiquioribus MSS. deest , tum etiam quod Gelasius cum Orientalibus non communicans, hac formula usus non fuisse videtur : *Dilectissimis fratribus universis Episcopis Orientalibus Gelasius* . Etsi principium videatur deesse , nihil tamen ejusmodi codices indicant . Id vero commune est duobus aliis ejusdem Gelasii tractatibus , quorum alter superius habetur c. 47. alter vero e laudato codice Veronensi editus fuit a Scipione Maffejo , t. 5. Concil. Ven. edit. col. 185. cum titulo : *Exemplar rationis reddendæ B. Gelasii Papæ de evitanda communione Acacii missa ad Orientales Episcopos*. Quesnellus ut epistolam initio mutilam indicaret, titulum huic capiti, quem in nullo codice invenimus , sic præfixit . *Ex epistola Gelasii Papæ . Ratio reddita, unde superius , ad Episcopos Orientis* ; & iterum : *Ex epistola Gelasii Papæ ad Orientales Episcopos, post alia*.

2 Intelligit Petrum Fullonem , quem in præcedentibus, quæ initio desunt , fuisse nominatum haudquaquam ambigimus .

3 Sirmondus *removerunt, cum tam evidenter adverterent* . Veron. quoque codex habet *adverterent*.

4 Sirm. addit *eorum* : ac dein *qualis Antiochiæ* . Vat. Is. 630. & Merl. *in Antiochia* .

5 Al. *contigerint* , & postea *ignorarent* .

6 Oxon. *manifesta* . Dein *Quo satis* scripsimus cum Vind. & vulg. Conc. Apud Quesn. *quod satis* .

7 Vat. Is. & Merl. *excusationemque* .

8 Quesn. *concludi* , & *convincantur non nisi* . Prætulimus nostros codd. ac Thuan. quibuscum etiam Sirm. consentit . Mox Oxon. delet *residuam* .

conveniunt certa ratione personam. Immo,
si caussa eadem latius inquiratur, tantæ illic tragœdiæ, tanti reperiuntur errores, ut
si ipsi sint judices, qui eadem perpetrarunt,
9 cum evidenter fuerint 9 confutati, a sui
damnatione non temperent. Palam enim
illic aperteque monstratur, nihil aliud quam
quæsitam caussam, quemadmodum catholico qualicumque depulso Pontifice, hæretico
Petro reseraretur accessus. Tunc istud nemo discutiebat; Synodum nemo poscebat;
Passim omnia licito fieri a quibuscumque
10 videbantur. Nullum discrimen 10 rerum,
nulla examinatio postulabatur Ecclesiæ; sed
prout de unoquoque venisset in mentem,
de suis urbibus catholicus pellebatur Episcopus, non solum Metropolitanus, sed etiam tertiæ & secundæ sedis antistites. In
his nulla rerum vestigatio quærebatur; nul-
11 la facienda 11 Concilia jactabantur; subro-
gabantur hæretici, nemo resultabat: sed velut muta pecora in captionem ducta subditis voluntatibus perfidiam sectabantur. Non
mirum quidem, si nunc eos defendere moliantur, quorum indiscussam, cæcis menti-
12 bus secuti sunt 12 vilitatem: sed miramur,
cur eos non pudeat in istorum damnatione
de Synodo non facta caussari, cum sciant
tot tantosque Pontifices nulla Synodo fuisse
13 depulsos. 13 In istorum ejectione de non
inito Concilio conqueruntur, cognoscant se
cur non & hoc in aliorum ejectione quæ-
14 siverint accusari: 14 si vero in ceterorum
rejectione Concilia necessaria non fuerunt;
nec in istis necessaria fuisse cognoscant. An
in Catholicorum dejectione non fuit opus
Synodo, & fuit magnopere congreganda in
prævaricatoris damnatione confessi?

CAP. III. Quid igitur restat, nisi ut dicant hære-
15 ticos non fuisse? Non ergo de Synodo 15
conquerantur, qui se palam communionis
externæ perhibent sectatores. Cur ergo eis
Synodus necessaria fuisse videatur, qui se
contra Calchedonensem venisse cognoscunt,
qua Eutychianus error 16 cum suis aucto- 16
ribus generalis Ecclesiæ voce damnatus est?
Nec dubium, quod, 17 sicut in unaquaque 17
hæresi, (quod incessabiliter repetendum est;
quia firmum esse nullus ambigit Christianus) omnes complices, sectatores, communicatores damnatæ semel pravitatis pari
sorte censentur. Ideoque sit consequens, ut
sicut Timotheus atque Petrus talium sectatores secundum tenorem illius Synodi, mul-
la recenti facta Pontificum congregatione
damnati sunt: sic etiam qui Petro communicavit Acacius, ut criminis particeps, ita
consors sit factus & pœnæ. Quid igitur
ambagibus & nebulis ista prætexunt, ut
impudentiam suam mentemque vesanam inanibus potius fabulis 18 celare lethaliter, 18
quam prodendo medicinaliter sanare contendant? Nihil enim nobis commune cum hominibus communionis externæ. Ideo certe
vocatur ad judicium quæcumque persona,
ut aut fateatur objecta, aut convincatur
objectis. Post confessionem porro litterarum
tenore depromtam, cur ad judicium vocaretur Acacius, qui se confessus est Petro,
19 quem petita Sedis Apostolicæ præceptio- 19
ne damnarat, communione sociasse; nec
ei credi jam externæ communionis effecto,
vel pro sua, vel pro illorum, vel pro Petri defensione jam posset, cui se prius mis-
cuerat nefando consortio, 20 feceratque se- 20
cum ejus caussam sine dubitatione communem? cui, examinatione præmissa & legitima, si ita esset, purgatione suscepto, regulariter misceretur. Sed cum eodem nondum legitime discusso atque purgato communione sociatus, quam adhuc reo se mis-
cuit, tam pro eo loquendi fiduciam non
habuit. Nam cum Acacius nullo privilegio fulciretur, ut de secunda sede posset ferre judicium; 21 non potuit jure quemquam 21
damnare: simili modo, nisi primæ Sedis
aucto-

---

9 Apud Quesn. mendose *consultati*.

10 Quesn. cum solo MS. Oxon. *rei*. Dein Vat. Is. & Merl. *unicuique venisset*: ac post pauca cum Sirm. *Sedis antistes*.

11 Oxon. MS. *conciliabula*.

12 Ita codd. Vind. Thuan. Veron. Vat. Is. & Merl. Quesnellus *voluntatem*. Sirm. *utilitatem*. Dein solus Quesn. addit *etiam* ante *cum sciant*.

13 Sirm. cum Vat. Is. & Merlino addit *Si*. Mox omnes nostri codd. & vulg. *rejectione*: solus Quesn. *dejectione*. Dein habet *cognoscant ergo se*: delevimus *ergo* cum MSS. Vind. Veron. & Sirm.

14 Sequentia hujus capitis desiderat cod. Thuan. Postea *Synodo* deest apud Sirm. & in MS. Vind.

15 Quesn. *conqueruntur*, & postea *videtur*. Nostros codd. Vind. & Ver. sequimur, nec non Sirm. qui mox habet *enim* pro *ergo*: & dein cum MSS. Veron. Vat. Is. & Merl. *contra Calchedonensem Synodum venire*.

16 Sirm. *cum auctoribus generali Ecclesiæ voce*. Oxon. *vocabulo*.

17 Particulam *sicut* ex nostris codd. & Sirm. atque Merl. adjecimus. Dein Sirm. *Ideoque fit consequens*.

18 Sirm. *velare*.

19 Cod. Oxon. *quem repetita præceptione damnaverat Sedes Apostolica*. Merl. *quem petiit a Sedis Apostolicæ præceptione damnari, se communione sociasse*. Concinit Vat. Is. & fere idem in MS. Vind. Mox solus Quesn. *nec enim ei jam credi*: ac subinde delet *vel pro illorum*, ac *jam* ante *posset*.

20 Quesn. *feceratque ejus caussam*. Veron. Vat. Is. & Sirm. cum MS. Thuan. *feceratque se cum ejus caussa*. Melior visa est optimi cod. Vind. lectio. Dein idem Vind. cum Veron. *qua examinatione*. Post nonnulla codd. Veron. Vat. Is. Sirm. & Merl. *tam pro eodem non habuit loquendi fiduciam*.

21 Codd. Veron. & Vind. *judicium, potuit jure damnare*, male. Vat. Is. & Merl. emendarunt *potuit jure damnari*, Oxon. *potuit jure a prima damnari*. Quesnelli lectionem a nobis receptam Sirmondi codex approbat.

auctoritate percepta, nec examinandi Petri
jus habuit, nec recipiendi penitus potestatem.
CAP. IV. 22 Quo regulariter constituto, nec apud
22 nos Petro ullatenus absoluto, quem damnasse nos novimus, examinasse vel absolvisse nescimus; restat ut illud etiam demonstremus, eumdem Petrum quem se purgatum communione recepisse prætendit Acacius, numquam ab hæreticæ communionis con-
23 tagione cessasse: 23 ac non solum ipso tempore, quo communicavit Acacius, sed etiam post communionem prævaricatoris Acacii semper Alexandrinum Petrum in hæreticorum collegio perdurasse. Atque ita & per hunc Acacium perfidæ communionis suscepisse contagium, & per eamdem illis
24 hæreticis, quibus 24 Petrus communicabat, eadem peste conjunctum. Qui præsumsit non servato ordine Petrum suscipere, nec eum examinatum, nec purgatum cognoscitur recepisse: & ideo præter Sedis Apostolicæ notitiam non legitimam sibi ejus receptionem usurpare voluisse, ut examinationem & pur-
25 gationem ejus posset pro sua voluntate 25
metiri: atque eum nec examinatum, nec omnino purgatum reciperet. Quem si revera vellet examinatum purgatumque recipe-
26 re, ordinem in ejus examinatione 26 & re-
27 ceptione potius custodisset, 27 sed ut magis videretur, quam veraciter esset, jure purgari. Sicut ergo ante non prius damnavit, quam & referret, & posceret apostolica potestate damnandum: sic & in recipiendo modum servare debuisset, ut prius-
28 quam se ei communione 28 misceret, per Sedem Apostolicam posceret examinari eum, & legitima ratione purgari, cum nec examinandi, nec recipiendi eum haberet ipse pontificium; & non nisi per illius Sedis auctoritatem consensumque hoc posset imple-
29 re, 29 sine cujus auctoritate eum non poterat ipse damnare, & cujus principali diligentia, & discuti potuit, & purgari & ad communionem convenienter admitti. Cum
30 enim constet semper 30 a Sede Apostolica

hujusmodi personas aut discussas vel esse purgatas, aut sic ab aliis quibus competebat Episcopis absolutas, ut tamen absolutio earum ex Sedis Apostolicæ consensione penderet; ubi utrumque defuit, nec discussionem legitimam, nec purgationem firmam, ac per hoc receptionem fuisse constat inde-
bitam. Si tu 31 absque mea communione 31
Petrum judicasti esse catholicum, meque despecto, tuo eum jure recepisti; quid caussaris, si ego illum a communione mea,
quam tu voluisti 32 contemtam, tamquam 32
absque tua notitia vel consultatione repulerim? Vis acquiescere? meus es. Non vis
acquiescere? non es meus: *Qui enim mecum* Matth. 12.
non est, contra me est; & qui mecum non 30.
colligit, spargit.
Quæro abs te: Petrum hæreticum fuisse CAP. V.
putas, an catholicum, an ab hæresi postea
33 esse correctum? Si hæreticum, nullate- 33
nus eidem communicare debuisti, eidemque communicando hæretici te manifestum est factum fuisse participem, & ejus consequenter ex Synodi tenore veniente damnatione constringi. Si catholicum, palam totius dogmatis es defensor, quod catholicum esse pronuntias: ac nihilominus illius errore censeris, si hæreticum fuisse definias, sed postea correxisse prætendas, eique purgato te communicasse pronunties. Interim in cujus persona me negligendum esse credidisti, caussari non potes quod in hac eadem te ejus persona neglexerim. Deinde cum sine me jus non habueris vel absolvendi, vel
recipiendi hujusmodi rite personam: 34 nec 34
purgatam legaliter, nec regulariter constat esse; quam regulariter non receptam, tam
legaliter non constat esse purgatam, 35 & 35
ideo non jure purgatam, quia legaliter non receptam. Mea enim in illum manente sententia, te sine me pontificium, ut meam sententiam resolveres, non habente, qua potestate vel discussus est, vel qua auctoritate receptus asseritur? Ecce interim in his
caussa vestra nutat & labitur, & si hæc 36 36
sola sint, prorsus tota subruitur.
Sed

22 Cod. Vind. *Quod regulariter*. Vat. Is. & Merl. *Quia regulariter constitit*; utrumque minus recte.

23 Quesn. cum aliquot nostris codd. *nec non solum*. Prætulimus *ac non solum* cum Sirm. codice.

24 Ita nostri codd. & Sirm. Quesnellus male *Petro*. Dein idem solus *non prælato ordine*. Postea pro *notitiam* Vat. Is. & Merl. *licentiam*.

25 Sirm. *mentiri*.

26 Solus Quesn. *& purgatione*.

27 Sirm. *ne videretur magis, quam veraciter posset jure purgare*. Hæc tria ultima verba præfert etiam Thuaneus codex. *Lectio quam retinuimus*, inquit Quesnellus, *clarior erit, si pro* sed *legeris* scilicet, *vel* saltem.

28 Sic nostri codd. & vulg. Solus Quesn. *misceuisset*. Mox MS. Veron. *posceret & examinari eum*, ac dein *aut recipiendi*.

29 Veron. & Vind. addunt &. Dein Quesn. *& discuti potuit, & damnari, vel purgari*. Voces *damnari vel* delent cum nostris codd. alii etiam excussi.

30 Vind. *aut Sedis Apostolicæ*; melius apud Sirm. *aut Sedis Apostolicæ auctoritate*. Dein solus Quesn. *discussas & esse purgatas*.

31 Sic cum Sirm. omnes nostri codd. ac etiam Thuaneus Quesnelli, qui tamen prætulit cum Oxon. *absque consensione mea*. Hæc per apostrophen ad Acacium licet vita functum diriguntur. Hic autem Gelasius *mea*, *me* & *ego* eo sensu accepit, quem in Tractatu exposuimus parte 2. c. 11. §. 4.

32 Oxon. *tamquam contemtum absque*.

33 Inseruimus *esse* cum Veron & Sirm. & dein *factum* cum iisdem codd. & Vind.

34 Quesn. addit *quia*. Delevimus auctoritate nostrorum codd. MSS. & editorum.

35 Novem voces sequentes a Quesnello omissas, ex omnibus nostris codd. & aliis editis revocavimus.

36 Ita codd. Veron. & Thuan. Quesnellus *sola sunt*. Sirm. *sola fuit*.

CAP. VI.

37 37 Sed adjicitur adhuc aliud, quod ad
cumulum vestræ convictionis accedat. Quid
enim si doceatur, non solum priusquam in
ejus communionem veniretis, neque tantummodo cum ad ejus communionem ve-
nistis, sed etiam postea, in hæreticorum nihilominus eum communione durasse? Nonne aut per illum apud vos communio perveniebat hæretica, aut in hæreticam communionem vos ejus commercio transibatis?
Docete igitur Petrum Alexandrinum ab Antiocheni Petri umquam communione desis-
38 se, & non usque ad diem 38, cum Antiochenus Petrus in hac luce versatus est, in-
dividuum utrisque fuisse consortium. An dicturi estis & Antiochenum Petrum fuisse
39 correctum? 39 cur usque in finem se non
communicasse gloriabatur Acacius? Sed quid
profuit, quod illi per seipsum communicare non voluit, cum eidem per Alexandrinum Petrum sine ulla se communicare putaret invidia? Quid facimus de tot tantisque civitatibus, ex quibus catholici Pontifices sunt repulsi? Si catholici subrogati sunt, cur catholici sunt rejecti? Sed
evidenter apparet, quia cum catholici sunt
rejecti, non catholici fuerunt subrogati.
Restat 40 ergo, ut catholicis hæretici
40 quicumque successerint. Cur eis temere
communicastis? Cur non ut ista nova facies rerum, & tanta tragœdia de Pontificum successione viventium Synodo discu-
teretur, egistis? An de uno dolet Acacio, quod speciali Synodo non fuerit confutatus: cum proprium crimen suis litteris ipse detexerit, nec audiri debuerit jam
sponte confessus; & de tantis Pontificibus
catholicis non dolet sine ulla discussione
seclusis? Qui utique si catholicos nossent
eos, quorum communionem vitaverant,
his potius communicare maluissent, quam
non communicantes eis dura persecutione
depelli.

CAP. VII.

Ecce tanti catholici Sacerdotes hoc ipso
se indicant, quid Apostolica Sedes censuerit, cognovisse, constanterque probasse re-
41 tinendum; 41 quo communionem catholicam reservantes, & eos, qui Apostolicæ
Sedi communicarent, elegere consortes; &
42 illos, quibus Sedes Apostolica 42 minime
communicaret, usque ad persecutionis incursus non tenuere consortes. Certe quæ Sedes Apostolica decreverat, Orientalibus Episcopis non innotuisse jactatur. Unde ergo
tot tantique Pontifices unum idemque cum
Apostolica Sede sentientes, eamque probantes apta sacrosanctæ religioni veraque san-
xisse, quæ non solum sibi sequenda judicaverint, sed etiam usque ad persecutionem
43 viriliter exerenda? Ecce habuistis qui 43
apostolicæ constitutionis & notitiam vobis
ingererent, & retinendi constantiam mini-
strarent. Si Apostolica Sedes misisset, vix
duos aut tres dirigere potuerat. Ecce tot
Pontifices Apostolicæ Sedis scita sectantes,
ingerunt vobis notitiam, & præbent ser-
vandæ veritatis exempla. Qui contra tantos clausistis oculos, ibidem constitutos,
quomodo duos vel tres audire possetis? Hoc
ipso sine dubio cognovistis, illos Apostolicæ
Sedi placere, quo vos displicere videbatis.
Aut illos ergo sectamini, per quos intelli-
gebatis Sedis Apostolicæ voluntatem, aut
nihil est quod de ignorantia velitis obtendere: cum 44 indiciis tantis & talibus abu- 44
tentes, Sedis Apostolicæ constituta, tantis
testimoniis prædicantibus, respuere potius
quam recipere maluistis.

CAP. VIII.

Numquid omnes isti, quos memoravimus
Episcopi, Imperatori * mentiti sunt? Numquid omnes Imperatoris nomen ex diptychis
abstulerunt? Cum igitur pellerentur, & vi
vis Pontificibus catholicis successores hæretici crearentur, & non de inferioribus quibusque civitatibus, sed etiam Metropolitani
Pontifices, in catholica jugiter communione durantes, 45 cur igitur compassi non 45
estis tantis fratribus vestris? cur non adiistis
Imperatorem? cur non Ecclesiæ caussam &
sacerdotii miserabilem decolorationem con-
tinuatis vocibus deflevistis; allegantes * numquam de Pontificibus nisi Ecclesiam judicasse; non esse humanarum legum de talibus ferre sententiam absque Ecclesiæ principaliter constitutis Pontificibus; obsequi solere principes christianos decretis Ecclesiæ,
non suam præponere potestatem; Episcopis
caput subdere principem solitum, non de
eorum capitibus judicare: quibus Ecclesiæ
Conciliis, qua Synodo pellerentur; quid denique

* Vid. cap. 8. tituli præcedentis.

* Dist. xcvi. Numquam de Pontificibus.

37 Sirm. *Sed est adhuc*. Codd. Veron. & Thuan. *sed adducit adhuc*. Vat. Is. cum Merl. *sed adducite adhuc*.

38 Quesn. inserit *mortis*: delent codd. Veron. Thuan. Vind. ac Sirm. Dein ex his, ac etiam ex Vat. Is. & Merl. expunximus *non*, quam negationem idem Quesnellus minus recte addidit ante *fuisse consortium*.

39 Sic codd. præstantiores Vind. Thuan. & Veron. Quesnellus cum Vat. Isid. & Merl. *cur ergo ei usque in finem non communicasse*. Sirm. *cur usque in finem se non communicasse*.

40 MSS. Veron. & Sirm. delent *ergo*. Delent etiam Vat. Is. & Merl. sed aliter prosequuntur sic: : *ut catholici non sint, sed hæretici, quicumque successerunt*.

41 Sirm. *quod*. Vat. Is. cum Merl. *qui*.

42 Sirm. & Thuan. *decreverat minime communicare*. Mox pro *non tenuere* codd. Ver. & Vat. Is. cum Merl. *tenuere* deleta negatione. Melius in Sirm. *renuere*.

43 Quesn. delet vocem *viriliter*, quam habent cum Merl. & Sirm. omnes nostri codd. Mox *exerenda* scripsimus cum Vind. Veron. & Sirm. Codd. Isid. *execranda* præferunt. Quesn. cum Merlino habet *exercenda*; solus vero addit *cognoverunt*. *Ecce habuisti*.

44 Quesn. cum Merl. *judiciis*. Vat. Is. *inducus*. Melius Vind. & Sirm. *indiciis*.

45 Sic MSS. Vind. & Ver. Exemplum Sirm. delet *igitur*. Quesn. *cur*, *inquam*, *compassi non estis tot fratribus*.

nique commisissent, ut sine ulla discussione
rerum, tot Ecclesiarum præsules pro humano
libitu, & sæcularis potestatis arbitrio
pellerentur: inauditos, indiscussos, inconvictos
non debere percelli, maxime cum novæ
caussæ & nova rerum facies appareret,
46 ut rectores isti plebium 46 repentinis incursionibus
pro mundanæ potentiæ voluntate
sacris dignitatibus privarentur: ex nulla caussa
veteri, ex nullo collegio reatus, nec participatione
cujuslibet erroris jam ante damnati
teneri eos convincique consortes, ut
tamquam ex præterita definitione judicarentur
obstricti: & ideo quia nullis ante præ-
47 cedentibus caussis 47 recentes essent, cur
ejicerentur, incursus qui illi essent, debere
monstrari, & ecclesiasticis legibus, ut semper,
oportere constare. Saltem vel pro vestro
loco illorum duceretis miseriis consulendum;
formidantes in vobis, quod in aliis
cerneretis præter ullum morem violenter
admitti. Si crimine respersi erant aliquo,
ecclesiastica debuit examinatione cognosci.
CAP. IX. Taceo 48 & ad Sedem Apostolicam ex
48 more deferri, ne nostra privilegia curare
videamur. Satis sit ostendere, quid secundum
regulas & Patrum canones facere deberetis:
præcipue cum etiam ipsæ leges publicæ,
ecclesiasticis regulis obsequenees, tales
personas non nisi ab Episcopis sanxerint
judicari. Si vero de qualibet hæresi fuerant
impetiti, tanto magis eos decuit ista cognoscere,
qui & secundum religionis tenorem
possent ista discutere, & haberent pristinum,
ex quo est christiana religio, pontificium
judicandi. Aut catholici enim erant,
aut hæretici, de quibus illa ludibria
passim gerebantur & latrocinia detestanda
49 49 sæviebant. Si hæretici; prodi, discuti,

& legitime convinci modis omnibus debuerunt,
& vel suis confessionibus, vel aliorum
vocibus confutari. Taceo quia ad nos
fuerat paterna consuetudine referendum,
tantumque commonco, quid fieri ecclesiastico
jure convenerat. Si vero catholici probabantur,
vos qui in eorum non solum depulsione
50 cessastis, sed etiam subrogatis 50
communicare delegistis indubitanter hæreticis.
Qui depulsis catholicis, succedentibusque
hæreticis, non ignorastis caussam fidei
communionisque catholicæ per tantos antistites
toto orbe patefactam: sed plane scientes
volentesque sine ulla discussione rerum,
sine ulla synodali examinatione, sine ulla
Sedis Apostolicæ reverentia, assensistis hæreticis;
libenter habentes patienterque sinentes
catholicos antistites inaudita prius &
miserabili sorte detrudi. Quos si 51 a fide 51
integra communioneque catholica, putaretis
errare, ad Apostolicam Sedem secundum
scita majorum, & sicut semper est factum,
referre debuistis; sicut de Petro Alexandrino,
vel de Antiocheno Petro, 52 de Joanne 52
& Paullo fecisse monstratur Acacius. Sed
quoniam noveratis eos cum Apostolica Sede
sentire, & quid Apostolica Sedes sua definitione
censeret, per illos tantos ac tales
Episcopos constat Orientales antistites nullatenus
ignorasse; 53 & per illos catholicæ
atque apostolicæ communioni prodidisse 53
contrarios, & ab eadem defecisse, cum
illis non estis passione conjuncti, sed potius
persecutoribus eorum societate 54 connexi. 54
Hic vobis Synodus numquam venit in mentem;
& certe de personis, ut dictum est, nulla
55 veteri lege constrictis. Hic nullo Con- 55
cilio non unius urbis, vel unius Episcopi,
sed totius Orientis 56 Ecclesiam subiit ani- 56

46 Quesn. pro vocibus *repentinis incursionibus*, quas ex omnibus nostris codd. ac etiam Thuan. aliisque vulgatis restituimus, substituit *Christi*. Mox pro *participatione* cod. Veron. *participatio*: melius Thuan. & Sirm. *participio*.

47 Sirm. *retenti*. Mox *illi* addidimus cum omnibus nostris MSS. excusisque codicibus.

48 Quesn. addit *quod*, minus recte. Dein adjecimus *præcipue* cum MSS. Vind. Vat. Is. Sirm. & Merl.

49 Sic iidem codd. Apud Quesn. *serviebant*. Dein Veron. cum Sirm. *debuerunt vel suis*.

50 Codd. Thuan. Vat. Is. & Sirm. *cessistis*. Melius alii cum Quesn. *cessastis*, idest otiosi fuistis. Dein idem Quesn. *sed etiam hæreticos subrogastis, & communicare delegistis, indubitanter favetis hæreticis*. Sequuti sumus MSS. Veron. Vat. Is. & Merl. Concinit etiam Sirm. nisi quod pro *hæreticis* mendose habet *hæretici*. Idem quoque habet MS. Vind. in quo solum corrupte legitur *subrogastis* pro *subrogatis*. Oxon. habet *sed etiam subrogatis communicare*: Thuan. *indubitanter hæreticis*. Mox pro *succedentibusque hæreticis* MSS. Veron. & Thuan. habent tantum *succedentibus*. Vind. delet *hæreticis*. Sirm. habet *secedentibus* sine *hæreticis*.

51 Oxon. *a fide catholica, communioneque integra*.

52 Omnes nostri codd. cum vulg. ac Thuan. Quesnelli addunt *de Joanne & Paullo*, nisi quod Vind. & Veron. omittunt *&*: Merl. cum Vat. Is. habet *de Joanne Paulloque*. Quesn. cum solo Oxon. his vocibus expunctis, notavit: *Quæ duo nomina pariter omittuntur in epistola Gelasii ad Faustum Magistrum supra c. 48. & leguntur in vulgatis ejusdem editionibus*. At Joannis nomen vel ipse in ea epistola exhibuit: *Paullum* vero nos restituimus cum omnibus nostris MSS. ac etiam Thuaneo. Confer not. 14. in cap. 48.

53 Sirm. *& vos*. Dein *prodidisse* scripsimus cum Sirm. & Thuan. Quesnellus *produisse*. Veron. *prodisse*.

54 Solus Quesn. *connexis*.

55 MSS. Thuan. & Veron. cum Vat. Is. habent *veteris lege*. Hinc forte orta est Quesnelli lectio, seu potius emendatio *veteris offensæ lege*. Prætulimus lectionem Sirm. & Merl. Hic nimirum de catholicis sermo est, quos ut Acaciani damnarent, de cogendo Concilio non cogitarunt, tametsi ipsi *nulla veteri lege*, seu nulla anterioris Synodi sententia, essent constricti, ut antea quidem dixerat c. 2. Dein cod. Vind. *non unius Episcopi*.

56 Thuan. *Ecclesia*. Melius Sirm. *Ecclesias*.

mum veſtrum facto ſacerdotali Concilio debere curari. Sed homines, qui in contrariam partem toto propoſito & toto receſſeratis affectu, Concilia potius neceſſaria etiam ſtudio declinaſtis; ne per eadem tale aliquid cenſeretur, quo vobis rebus evidenter oſtenſis & legitime confutatis, in hæreticorum non liceret venire conſortium.

CAP. X. Quid igitur de ignorantia prætenditis; cum per totum Orientem catholicam fidem communionemque ſinceram Sedi Apoſtolicæ congruentem, non ſolum cognoviſſe tot Pontifices videbatis, ſed etiam uſque ad extremum conſtantiſſime defendiſſe? Si nos non audieratis, quid de fide & communione catholica atque apoſtolica cenſeremus, illos aſpicere debuiſtis, & aut ſequi, ſi credebatis eſſe catholicos; aut apud Apoſtolicam Sedem potius accuſare, ſi credebatis
57 erraſſe. 57 Quid illos juvat vel ſuo propoſito illam tenuiſſe ſententiam, an agnoſcendo quid Sedes Apoſtolica definiret? Aut igitur collegas & fratres de proximo in conſpectu veſtro, vel catholicos ſequi debuiſtis, vel impetere, ſi credebatis errare: nec illis, a quibus nullo diſcrimine vexabantur, præbere conſenſum, donec veritas ex omnibus patefacta conſtaret, & regulariter de eis
58 eccleſiaſtici judicii forma procederet. 58 Si vero Apoſtolicæ Sedis regulam ſubſequendo, perſpiciebatis illos hanc tenere conſtantiam, conſequenter per illos, & quid noſtra diffinitio contineret, non habuiſtis incertum, & illorum perſecutoribus annuen-
59 do, a Sedis 59 vos Apoſtolicæ, non ignorantes ejus ſententiam, conſortio retraxiſtis. Et adhuc dicitis ignoraſſe vos, quid Sedes Apoſtolica cenſuiſſet, cum ab illis Sa-
60 cerdotibus 60 catholica fide & communione pollentibus, non verbis aut litteris, ſed perſonis præſentibus, didiceritis univerſa, & ab eadem vos proprio judicio ſeparaſſe
61 videamini. 61 Et adhuc dicitis Synodum in unius hominis perſona debuiſſe tractari, quam in damnandis tantis Pontificibus catholicis non quæſiſtis? Quibus autem vultis, ut de talium cauſſarum relatione credamus: catholicis? an hæreticis? ab omni hæreticorum contagione diſcretis, an hæreticorum communione pollutis? Quis autem non videat illos eſſe catholicos, & ab omni hæretica peſte prorſus alienos, qui a propriis urbibus detruſi, & in exilium ſunt redacti: & eos, qui ſuperſtitibus catholicis ſucceſſores fieri auſi ſunt, catholicos omnino non eſſe, ſed aut Eutychianos manifeſtos, aut eorum ſectatoribus communicantes?

Hæc 62 peſtis apud eos hodieque perdu- CAP. XI. 62
rat; ſiquidem cum Petro Alexandrino & cum Antiocheno Petro indifferenter, hi, qui catholicis ſucceſſerant, communione permixti ſunt, & ſucceſſoribus utriuſque Petri hodieque miſcentur. His adde etiam illos, qui licet catholicis non ſucceſſerint,
63 tamen dum catholici Pontifices haberentur, talium ſe communioni junxerunt. 63
Hæc eſt illa mixtura, hæc eſt illa confuſio, qua per Orientem totum inter catholicam hæreticamque communionem nulla
diſcretio eſt. Immo, qui 64 diſcerni ten- 64
taverit, potius habetur hæreticus, perſecutione percellitur, exiliis & afflictione multatur. Reſtat ergo, ut in hac colluvione cunctorum, ſicut quiſquis ab eadem ſeparatus eſt, ſinceræ communionis, & ideo catholicus comprobatur: ita quiſquis illius deteſtandi commercii particeps invenietur, quantum a ſincera communione, tantum a catholica atque apoſtolica ſit remotus. Nec prætendat quiſquam, quod alicui forſitan evidentiori 65 non communicaſſe, vel 65
communicare videatur hæretico. Quid enim juvat, ſi illi non communicet; & his tamen communione jungatur, qui ab illius non ſunt communione diverſi? Quod ſi eorum nulli communicavit, vel omnino non communicat, hic erit ille ſinceræ, catholicæ, apoſtolicæque communionis & fidei: alioquin nullo modo poterit indiſcretæ illius mixtionis inſincerum vitare contagium. Hoc modo etiam ille vir bonus Acacius Antiocheno Petro, cui ſe palam non communicare jactabat, per alios ſine ambiguo com-

---

57 Cum in vetuſtioribus codd. legeretur ut in Vind. & Veron. *Quid illos vel*, Queſnellus cum recentioribus codd. ſupplevit *Quid illos dicitis vel*. Magis placuit ſufficere *juvat* cum MSS. potioribus Thuan. & Sirm. Mox Veron. *an cognoſcendo*, Sirm. & Oxon. cum Merl. *aut cognoſcendo*.

58 Sirm. & Veron. *ſin vero*.

59 Sirm. delet *vos*, & dein habet *retroceſſiſtis*.

60 Ita Sirm. codex. Concinunt Vind. Veron. Thuan. Vat. Iſ. & Merl. niſi quod mendoſe pro *pollentibus* habent *nolentibus*. Hic autem error emendatione, ut videtur, arbitraria correctus eſt in cod. Oxon. cujus lectionem Queſnellus recepit: *catholicam fidem & communionem colentibus*.

61 Tres noſtri diverſarum collectionum codices Veron. Vind. & Vat. Iſ. 630. hic inſerunt longum fragmentum epiſtolæ ad Dardanos, quæ ſuperius deſcribitur capite antecedenti, nimirum a verbis in fine capitis octavi: *Ecce agnoverunt in eorum profeſſione* &c. uſque ad illa paullo ante finem capitis noni: *neque niſi reſipiſcentes inde poterunt prorſus abſolvi*. Hoc autem fragmentum non ſolum idcirco hic prætermittimus, quia deeſt in MSS. Oxon. Sirm. & Merlini, verum etiam quia præcedentia ac ſequentia perſonæ ſecundæ *& adhuc dicitis*, cum hoc additamento perſonæ tertiæ *Ecce agnoverunt* non videntur congruere. Hic porro cod. Sirm. habet *Dicitis etiam*: Thuan. *Dicitis etiam adhuc*.

62 Queſn. inſerit *enim*: delent noſtri codd. & excuſi.

63 Sirm. cum Vind. & Veron. *ſed dum*.

64 Queſn. cum ſolo MS. Oxon. *diſcernere*, & paullo poſt *pellitur* pro *percellitur*.

65 Sirm. Veron. & Thuan. *non communicaſſet*.

communicaſſe detegitur. Neque enim ab
omnium, qui Antiocheno Petro communicabant,
ſemet Acacius communione ſuſpendit.
Ac per hoc quid profuit, quod videri
volebat illi palam non communicare, cui
per ſuos complices ſubciſivæ communionis
nectebatur. Alexandrino Petro communicavit
Acacius, ſed donec advixit Antiochenus
Petrus, qui utique poſt Acacianum cum Petro
Alexandrino fœdus initum defunctus
oſtenditur, numquam Antiocheno Petro Alexandrinus
Petrus communicare deſivit.
CAP. XII. Quod catholicorum continet relatio Sa-
66 cerdotum ceterorumque in catholica 66 fide
durantium, nec conſcientiam poteſt latere
totius Orientis. Et ut taceam quod per
ipſum Zenonem Imperatorem, qui utique
Antiocheno Petro, quem introduxerat, &
cujus Sacerdotium comprobaverat, ſine du-
67 bio 67 communione permixtus communicabat
Acacius: plurimos diverſarum urbium
præſules poſſumus demonſtrare, quibus cum
Antiocheno Petro communicantibus nihilominus
communicabat Acacius, & per illos
Antiocheno conſequenter communicabat
& Petro. Sed hæc apud Græcos facilis &
inculpabilis putatur eſſe permixtio, apud
quos nulla eſt veri falſique diſcretio; & cum
omnibus reprobis volunt eſſe communes,
in nulla monſtrantur probitate conſtare.
Hic autem ille eſt Petrus Antiochenus,
quem nec per pœnitentiam ad catholicam
communionem recipi etiam a Sede Apoſto-
68 lica popoſcit Acacius. Ac per hoc 68 quid
queruntur a nobis Acacium fuiſſe damnatum,
cum hac profeſſione præmiſſa, & per
69 anfractus Antiocheni Petri 69 recepta communione,
ſe doceatur ipſe damnaſſe. Ubi
tamen non ſolum reus tenetur Acacius, ſed
& omnes Pontifices Orientis, qui pari modo
in hæc recidere contagia, meritoque ſi-
70 mili damnatione 70 tenentur obſtricti, nec
inde poſſunt ullatenus expediri, niſi, dum
ſuperſunt, a talibus abſtinendo. Nec nos
oportet in talibus cauſſis niſi illis credere,
qui aut omnino ſciunt ſe ab hujus perfidiæ
nexibus divino beneficio ſervare diſcretos;
aut his, qui a perfidorum conſortio receſſerunt.
Nam in perfidorum contagio conſtitutis
quam fidem pro ſinceræ communionis
teſtificatione poſſumus adhibere, 71 qui 71
in non ſincera communione ſunt poſiti?
Nec eorum teſtimoniis niti pro veritate poterimus, qui impugnare 72 nituntur, falſi- 72
tatibus veritatem. Reſtat ut non niſi illis
credere debeamus, qui ab omni contagione
ſunt liberi.

CAPITULUM LII.

1 EPISTOLA 1

ATHANASII EPISCOPI

ad Epictetum Corinthiorum Epiſcopum.

Contra eos qui de Domini incarnatione ſpiritu blaſphemiæ diverſa ſenſerunt.

2 ATHANASIUS dilectiſſimo fratri, & ama- 2
bili conſacerdoti EPICTETO in Domino ſalutem.

EGo quidem putabam omne vaniloquium CAP. I.
univerſorum, qui ubique ſunt, hæreticorum
ceſſaſſe, ex ea, quæ facta eſt in
Nicæa, Synodo. Quæ enim 3 in ea a pa- 3
tribus ſecundum ſanctas Scripturas expoſita
fides eſt, ſufficiens eſt ad omnem deſtructio-
nem totius impietatis 4 & ad confirmatio- 4
nem piæ in Chriſto fidei. Et propter hoc
& nunc quoque diverſis factis Synodis tam
in Gallia & Hiſpania, quam in magna Roma, omnes, qui convenerunt, 5 eos qui 5
adhuc latent & ſentiunt eadem quæ Arrius
ſenſit, Auxentium dico Mediolanenſem, &
Urſatium, & Valentem, & Gaium de Pannoniis,
unanimiter, utpote ab uno ſpiritu
moti, anathemaſarunt, & ſcripſerunt ubique
propter hos tales, qui Synodi ſibi nomen
aſcripſerunt, nullam Synodum in ca-

66 Sirm. delet *fide*.
67 Ita noſtri codd. cum Sirm. & Merl. Apud Queſn. *commixtus* ſine *communione*.
68 Vat. Iſ. & Sirm. omittunt *quid*.
69 Ita codd. Thuan. & Veron. cum Vat. Iſ. & Merlin. Idem eſt in cod. Sirm. niſi quod antea pro *per anfractus* habet *per infectos*. Queſn. *ſe doceatur eo recepto a communione ipſe damnaſſe*. Poſt pauca MS. Sirm. *Pontifices Orientales .... in hæc cecidere*.
70 Vind. & Veron. *teneantur obſtricti*, *nec inde poſſint*. Sirm. quoque habet *poſſint*.
71 Sirm. *qui inſincera communione ſunt polluti*. Thuan. *qui ſincera .. poſiti*. Melius Veron. *qui in inſincera ... poſiti*.
72 Sirm. *non verentur*. Mox Queſn. *Reſtat ergo*. Delevimus *ergo* cum præſtantioribus codd. Vind. Veron. & Sirm.
1 Hanc hujus epiſtolæ verſionem præter codices hujus collectionis invenimus etiam in exemplaribus additionum Iſidorianæ collectionis, inter quæ contulimus MS. Vat. 1340. Hac verſione uſus eſt S. Leo in teſtimoniis ſubjectis epiſtolæ 165. ad Leonem Auguſtum, eamque una cum ſequentis Cyrillianæ epiſtolæ interpretatione ab ipſo S. Cyrillo ad Syxtum Papam miſſam S. Leonem in apoſtolicis ſcriniis reperiſſe conjecimus not. 5. in ep. 109. in qua ipſam Athanaſii epiſtolam laudat, & ad Julianum Coenſem Eutychianis opponendam dirigit. Vide tom. 1. col. 1177.
2 Hanc ſolam inſcriptionem, non vero titulum præcedentem, præfert codex Vind. qui habet *Epictito*, ſicut & alius codex Jeſuitarum laudatus in noviſſima editione S. Athanaſii.
3 Queſn. *mea*. Correctionem ſuppeditavit cod. Vat. quocum concinit Græcus textus.
4 Vind. MS. *ad confirmationem autem piæ*.
5 Ita codd. Thuan. Vind. & Vat. concinente Greco textu. Solus Queſn. cum Oxon. *omnes qui*.

tholica Ecclesia nominari, nisi solam quæ in Nicæa facta est, quæ est trophæum adversus omnes hæreses, præcipue adversus Arrianam propter quam maxime tunc Synodus congregata est. Quomodo ergo post tantam Synodum dubitare, aut queri aliquanti conantur? Si de Arrianis sunt, nihil mirum, si quæ contra se scripta sunt
Ps. 113. 4. accusant: sicut & Pagani audientes *idola gentium* esse *argentum & aurum opera manuum hominum*, stultam putarunt divinæ
6 crucis doctrinam. 6 Hi vero qui putantur recte credere secundum omnia quæ dicta sunt a sanctis patribus, aliquid propter inquisitionem mutare volentes, nihil aliud fa-
Habac. 2. 15. ciunt, nisi secundum quod scriptum est, proximum quidem putant insipientem, repugnant autem ad nullam utilitatem; sed ut simplices tantum evertant.

CAP. II. Hæc ita scribo, lectis quæ apud sanctitatem tuam acta sunt gestis, quæ nec scribi utique debuerunt, ut nec memoria aliqua eorum in posterum fieret. Quis enim audivit talia umquam? aut quis docuit?
Isaiæ 2. 3. aut quis didicit? *Ex Sion enim prodiet lex, & verbum Domini ex Jerusalem*. Hæc autem unde processerunt? quis infernus ea eructavit? Omousion dicere corpus ex Maria Verbo Deitatis; aut quia Verbum in carnem & ossa, & capillos, & omne corpus translatum & mutatum est de propria natura. Quis autem audivit in Ecclesia omnino a Christianis, quod figura & non natura corpus indutus est Christus? aut quis in tantam impietatem delapsus est, ut dicat simul & sentiat, quod Deitas ipsa Omou-
7 sios Patri circumcisa est, & imperfecta 7 ex perfecto facta est: & quod in ligno crucifixum est non fuerit corpus, sed ipsa creatrix substantia? quis autem audiens non ex Maria, sed ex propria substantia effecisse sibi corpus passibile Verbum; aut qualem Christianum existimet hæc dicentem? Quis autem hanc nefariam fecit impietatem, ut
8 in hujusmodi cognitionem veniret; & 8 hæc diceret: quoniam qui dicit ex Maria esse dominicum corpus, non jam Trinitatem, sed quaternitatem in deitate sentit; propter
9 eos qui sic sentiunt, 9 ut de substantia Trinitatis dicant esse carnem, qua indutus est ex Maria Salvator? Unde autem quidam iterum eructarunt impietatem similem su-
10 pradictis, 10 ut dicant: non novellum esse corpus Verbi deitatis, sed consempiternum ipsi per omnia fuisse, quoniam ex sub-
11 stantia sapientiæ constitit? * Quomodo autem 11 & dubitare ausi sunt, qui dicuntur Christiani, si qui ex Maria processit Dominus, filius quidem substantia & natura Dei est: quod autem secundum carnem, ex semine David est & carne sanctæ Mariæ? *

* Hæc usque ad simile asteriscum referuntur ex eadem ista versione a S. Leone nostro ad calcem epistolæ 165. ad Leonem Augustum, & in eodem testimoniorum delectu, qui habetur supra cap. 41. hujus Codicis.

Quid autem ita temerarii fuerunt, ut dicerent carne passum Christum, & crucifixum non esse Dominum, & salvatorem, & Deum Filium Patris? Vel quomodo Christiani volunt nominari, qui dicunt in hominem sanctum, sicut in unum Prophetarum, advenisse Verbum, & non ipsum hominem factum esse sumentem carnem ex Maria; sed alterum esse Christum, & alterum Dei Verbum ante Mariam & ante sæcula Filium Patris? Aut quomodo Christiani esse possunt, qui dicunt alium esse
CAP. III. filium, & alium Dei Verbum? Hæc fuerunt in gestis diverse quidem dicta, unam autem mentem & eamdem impietatem ha-
12 bentia. 12 Propter hæc disputabant & contendebant inter se invicem, qui gloriantur in confessione patrum quæ in Nicæa facta est. Ego autem admiratus sum sanctam religionem tuam sic tolerasse & non compescuisse eos talia dicentes, nec fidem piam exposuisse eis: ut vel audientes quiescerent, vel contradicentes, ut hæretici æstimarentur. Quæ autem prædicta sunt, neque dicta; neque audita sunt apud Christianos,
13 sed aliena omnimodo 13 ab apostolica doctrina. Propterea igitur etiam ego quæ ab illis dicta sunt, scripta pro te in epistola feci, ut solum audiens videas in ipsis pravam confessionem & impietatem. Quamvis
14 oporteret 14 pluribus accusare & convincere stultitiam eorum, qui ista senserunt: sed melius est huc usque esse epistolam, & nihil amplius scribere. Quæ enim ita manifeste monstrantur prava, tractari diutius & perscrutari non oportet, ne contendentibus tamquam dubia putentur.

CAP. IV. Sed hoc solum respondisse ad hæc & dixisse sufficiat: quod non sunt ista catholicæ Ecclesiæ, nec Patres ista senserunt. At ne in totum ex nostro silentio occasionem impudentem sibi malorum inventores acquirant; bonum est ut ex divinis Scripturis pauca commemoremus. Forsitan vel sic erubescentes quiescent a sordidis cogitationibus
15 suis. 15 Unde est vobis dicere, o qui tales estis, consubstantiale esse corpus deitati Verbi? Ex hoc enim bonum fuerat inchoare, ut hoc fragili demonstrato, & omnia alia talia demonstrarentur. Ex divinis ergo Scripturis non potest inveniri. Deum enim in humano corpore fuisse dicunt; sed Patres in Nicæa congregati, non corpus, sed ipsum Filium dixerunt consubstantialem Patri, & hunc

6 Iidem codd. perperam *Eorum, qui putantur;* & postea *patribus, qui propter*.

7 Ita iidem codices tres. Quesn. cum Oxon. *ex perfecta*.

8 Vat. delet *hæc*.

9 Thuan. *ut substantiæ*.

10 Ita Thuan. & Vat Vind. *& dicant*: Quesn. *& dicunt*.

11 Ita hoc loco codd. & pro *etiam* sumto. At apud Leonem, & supra c. 41. *vel dubitare*.

12 Codd. Vind. & Vat. addunt *ruentem*.

13 Vind. *apostolicæ doctrinæ*.

14 Cod. Thuan. *a pluribus accusari & convinci*.

15 Vind. MS. *Unde vobis dicere, qui tales*.

hunc quidem ex substantia Patris : corpus
16 autem ex Maria esse confessi sunt 16 iterum secundum Scripturas. Si igitur nega-
tis Synodum Nicænam, ut heretici ista in-
ducitis: aut si vultis filii Patrum esse, nolite sentire præter illa quæ ipsi scripserunt.
Etenim ex hoc iniquitatem vos videre licet, si consubstantiale sit Verbum corpori
de terra habenti naturam, consubstantiale
autem Verbum Patri secundum confessionem
17 Patrum, Omousion 17 erit & ipse Pater
corpori quod ex terra factum est. Et quid
accusatis adhuc Arrianos dicentes Filium
esse creatum, cum dicatis ipsi etiam Patrem
consubstantialem esse creaturis? Et ad impietatem alteram transeuntes, dicitis in carnem, & ossa, & capillos, & nervos, &
in totum corpus conversum Verbum & mu-
18 tatum a sua natura. 18 Aliquando enim
dicitis evidenter, ex terra eum factum esse. Ex terra enim ossium & totius corporis natura est.

CAP. V. Quæ igitur hæc tanta dementia, ut adversum vos ipsos repugnantes sitis? Omousion enim dicentes Verbum corpori, aliud
adversum aliud significatis: quod autem in
carnem conversum dicitis, ipsius Verbi mutationem fingitis. Et quis vos jam ultra to-
leret, si vel sola ista dicatis? Nam ad impietatem supra omnes hæreses declinastis. Si
enim Omousion est Verbum corpori, superflua est Mariæ commemoratio, & non necessaria: cum potuisset & ante Mariam sempiternum corpus existere, sicut est ipsum
Verbum. Si igitur secundum vos Omousion
est corpori, quid necesse erat adventus Ver-
19 bi, 19 ut aut suum Omousion indueret,
aut mutatum de propria natura corpus fieret? non enim deitas seipsam suscepit, ut
etiam suum Omousion indueret: sed nec
peccavit Verbum, quod aliorum peccata liberavit, ut mutatum in carnem semetipsum
20 20 pro se ipso offerret, & sacrificium seipsum libaret. Sed non est ita: absit. *Abra-*
Hebr. 2. 16. *hæ semen apprehendit*, sicut dixit Apostolus, *unde debuit fratribus assimilari*, & simile nobis corpus assumere. Propterea ergo
necessaria vere Maria, ut ex ipsa hoc as-
sumeret, & ut suum pro nobis corpus offerret. Et hanc Isaias prophetizans osten- Isaiæ 7. 14.
dit, dicens: *Ecce Virgo*.

CAP. VI. Gabriel autem mittitur ad ipsam non
transitorie virginem, sed *ad virginem des-*
ponsatam viro: ut 21 sponso ostenderet Ma- 21
riam vere hominem fuisse. Et partus me-
minit Scriptura, & dicit: *Involvit puerum*. Luc. 2. 7.
Et: *Beata sunt ubera quæ 22 suxit*. Et ob- Luc. 11. 27.
latum est sacrificium; quoniam qui natus 22
est aperuit vulvam. Hæc autem omnia par- Luc. 2. 23.
turientis virginis erant indicia. Et Gabriel
certissime evangelizavit ipsi, dicens non transitorie: *Quod nascetur ex te*: ut non de fo- Luc. 1. 35.
ris inductum ei corpus putaretur; sed *ex*
te, ut ex ipsa naturaliter, quod natum est,
esse manifeste credatur: & 23 hoc natura 23
demonstrante: quia impossibile est virginem
lac proferre: & impossibile est lacte nutriri
corpus, & pannis involvi non ante naturaliter natum. Hoc est quod circumcisum
est octava die: hoc Simeon in manibus suscepit: hoc factum est infans, & crevit usque 24 ad tredecim annos, & ad trigesi- 24
mum annum venit. Neque enim, sicut
quidam arbitrati sunt, substantia ipsius Verbi mutata, circumcisa est, quæ erat immutabilis & inconvertibilis, dicente quidem
ipso Salvatore: *Videte quia ego sum, & non* Malach.
sum mutatus. Paullo etiam scribente: JE- 3. 6.
SUS CHRISTUS *heri, & hodie, ipse & in* Hebr. 13. 8.
sæcula. Sed circumciso corpori, & portato,
& manducanti, & laboranti, & in ligno
affixo, & passo, erat 25 impassibile incor- 25
poreum Dei Verbum. Hoc erat in sepulcro positum, quando ipse quidem perrexit
prædicare his, qui in custodia erant spiriti-
bus; sicut dixit Petrus: quod magis osten- 1. Pet. 3. 19.
dit amentiam dicentium, Verbum in car-
nem & ossa mutatum. Quod si ita erat,
non erat necessarium sepulcrum: ipsum
enim per se isset corpus prædicare in inferno spiritibus. Nunc autem ipse perrexit prædicare, corpus vero involutum posuit Joseph Joan. 19.
in Golgotha; & ostensum est omnibus, quia 38.
non corpus erat Verbum, sed corpus erat
Verbi. Et hoc palpavit Thomas, postquam Joan. 20.
resurrexisse vidit a mortuis, & vidit in eo
figuras clavorum, quos pertulit ipsum Verbum in suo corpore, dum crucifigeretur 26. 26
Et

16 Addidimus *iterum* cum nostris codd. Vind. & Vat. concinente Græco πάλιν.

17 Vat. addit *ergo*. Mox *factum* adjecimus cum nostris codd. ac Thuan. etiam Quesnelli.

18 Sic nostri codd. cum Thuan. Quesnellus *Aliquando autem dicitis ex terra*.

19 Addidimus *ut* cum MS. Vat. concinente Græco textu.

20 Quesn. *in se ipso*. Emendavimus ope nostrorum codicum, quibus Græcus textus suffragatur. Mox pro *libaret* Vat. habet *liberaret*. Congruit Græcum exemplum, ex quo latine: *& se ipsum redimeret*.

21 Quesn. *sponsus*, minus recte. Melius nostri codices *sponso*, idest *ex sponso*, ut vis Græci textus præfert.

22 Ita Vind. Græco favente. Quesn. *suxisti*.

23 Quesn. *hæc*. Emendationem præbuere nostri codices.

24 Vetus interpres Græcum codicem habuit similem Segueriano, in editione Athanasii laudato, in quo scriptum fuerat τρισκαιδεκαετὴς *tredecim*, non vero δωδεκαετὴς *duodecim* annorum, ut alii codd. præferunt cum Luc. 2. 42.

25 Quesn. *impossibile esse incorporeum*. Delevimus *esse* cum MS. Vat. ac præterea unius litteræ mutatione emendavimus *impassibile* exigente Græco textu, atque contextu. Dein ex utroque nostro cod. Vind. & Vat. adjecimus *quidem*.

26 Uterque cod. addit *aspiciens* pro eo quod ex Græco habetur *dum illos corpori suo vidit affigi*. Postea ante *Verbum* uterque cod. addit *tamquam*.

Et cum posset prohibere non prohibuit, sed
etiam propria sua faciebat, quæ erant propria corporis, Verbum incorporale. Deni-
27 que cæso corpore a ministro, 27 sicut ipsum
Joan. 18.23. patiens, dicebat: *Quid me cædis?* & impas-
Isa. 50.6. sibile naturaliter dicebat: *Dorsum meum dedi ad verbera; & faciem meam non averti
a confusione sputorum*. Quæ enim humanitas patiebatur Verbi, hæc inhabitans Verbum ad se referebat: ut nos deitatis Verbi
participes esse possemus. Et erat ammira-
bile; quia ipse erat patiens, & non patiens: patiens quidem, quoniam proprium
28 ejus corpus patiebatur, & in ipso 28 qui
patiebatur erat; non patiens, propterea
quia natura Deus manens Verbum est impassibile. Et ipse quidem incorporalis erat
in corpore passibili, corpus autem habebat
in se Verbum impassibile, destruens infir-
mitates ipsius corporis. Faciebat autem hoc,
& fiebat ita, ut nostra ipse suscipiens, &
offerens in sacrificium, destrueret, & suis
jam nos operiens faceret Apostolum dice-
1. Cor. 15. 53. re: *Oportet corruptibile hoc induere incorru-
ptionem; & mortale hoc induere immortali-
tatem*.

CAP. VII. Absit autem, ut figurate ista facta sint,
29 sicut quidam 29 iterum arbitrati sunt, sed
vere, homine facto salvatore, totius hominis facta est salus. Si enim figurate Verbum
erat in corpore secundum illos; quod autem
figurate dicitur, fantasia est; invenietur opinione & salus hominum & resurrectio dicta secundum impiissimum Manichæum.
Sed non per phantasiam est salus nostra,
nec corporis solum, sed totius hominis,
animæ & corporis vere salus facta est in
30 ipso Verbo. Humanum 30 erat corpus,
vere naturaliter ex Maria secundum Scripturas divinas, & verum erat corpus Salvatoris. Verum autem erat, quia simile
erat nostro: soror etenim nostra fuit Maria, quoniam ex Adam omnes sumus: &
hoc numquam aliquis dubitavit, recolens
quæ scripsit Lucas. Postquam enim resurrexit a mortuis, æstimantibus quibusdam, non
in corpore ex Maria videri Dominum, sed
Luc. 24. 39. pro ipso spiritum videri, dicebat: *Videte
manus meas & pedes, & vestigia clavo-
rum, quia ego ipse sum. Palpate & videte, quia spiritus carnem & ossa non habet,
sicut me videtis habere*: & hæc dicens ostendit eis manus suas & pedes. Ex quibus confutari possunt iterum, qui ausi sunt dicere, in carnem & ossa mutatum esse Dominum. Non enim dixit: *Sicut me videtis
carnem esse & ossa*; sed, *habere*: ut non
ipsum Verbum in hæc mutatum esse credatur; sed ipsum in his, & ante mortem,
& 31 post resurrectionem esse credatur. 31
His ergo ita probationem habentibus, superfluum est jam alia tractare, & scrutari
aliquid de ipso corpore, in quo erat Verbum inconsubstantiale deitatis, & ex Maria vere progenito, & ipso Verbo nequaquam in carnem & ossa mutato, sed carnem facto. Quod autem a Joanne dictum
est: *Verbum caro factum est*: hanc habet in- Joan. 1.14.
telligentiam, 32 sicut similitudine hoc po- 32
terit inveniri: scriptum est enim a Paulo:
Christus pro nobis factus est maledictum: & Gal. 3.13.
quemadmodum non hoc ipsum factus est
maledictum, sed quia pro nobis assumsit
maledictum, dictum est maledictum factum
esse: sic & caro factus est, non mutatus
in carnem; sed quia pro nobis carnem assumsit, & factus est homo. Quod autem Joan. 11.14.
dixit: *Verbum caro factum est*, simile est iterum dicere: *Homo factus est*: secundum
quod dictum est in Joel: *Effundam de* Joel. 2.28.
spiritu meo super omnem carnem: non enim
usque ad animalia erat promissio, sed in
hominibus est, propter quos etiam ipse Dominus homo factus est.

Hoc autem dicto hanc habente intelli- CAP. VIII.
gentiam, profecto reprehendant se omnes,
qui putarunt ante Mariam esse carnem;
quæ ex ipsa est; & ante hanc aliquam habuisse animam humanam Verbum, & in
ipso ante adventum semper fuisse. Desinant
autem & illi, qui dixerunt capacem mortis non esse carnem, sed 33 eam immor- 33
talis esse naturæ. Si enim non est mortuus;
quomodo Paulus tradidit Corinthiis, quod
& ipse accepit: *Quod Christus mortuus est* 1. Cor. 15. 3.
pro peccatis nostris secundum Scripturas?
Aut quomodo omnino resurrexit, si non est
mortuus? Erubescant autem maxime, qui
omnino 34 ita cogitarunt, posse fieri pro 34
Trinitate quaternitatem, si dicatur esse ex
Maria corpus? Dicunt enim: si dicamus
consubstantiale corpus Verbo, manet Trinitas, nihil extraneum in ipsam afferente
Verbo; si vero humanum dicamus corpus
35 necessario existens extraneum secundum 35
substantiam corporis, & sit in ipso Verbum; erit pro Trinitate quaternitas propter
corporis adjectionem. Hæc ita dicentes non
intel-

27 Vat. MS. *sic ipse patiens*, ac dein *im-
passibilis*. Thuan. quoque habet *ipse*, & *im-
passibilis*. Sed *ipsum*, & *impassibile* legendum
ex Græco, cum ad *Verbum* referantur: ubi tamen sicut λόγος masculini generis est, ita αὐτὸς
& ἀπαθὴς eodem genere scribendum fuit.

28 Ita nostri codd. Apud Quesn. *quod*.

29 Vat. delet *iterum*.

30 Vind. ommittit *erat corpus*.

31 Ita duo nostri codd. ac Thuan. Quesnelli, approbante Græco exemplo. Apud illum
post mortem.

32 Quesn. *si per similitudinem*. Nostri codd.
cum Græco concinunt.

33 Idem Quesn. *etiam*. Correximus cum
MS. Vat. Dein Vind. *Et quia Christus mortuus est*.

34 Quesnellus *ista cogitarunt posse fieri, pro
Trinitate quaternitatem introducentes, si*. Emendavimus *ita* cum Vat. & alia interpunctione
inducta, quæ concinit cum Græco, delevimus
introducentes cum utroque nostro codice.

35 Quesn. *necessario existit extraneum ... ut
sit in ipso*. Græco affinior visa est lectio codicis Vat. In Vind. *necessario existente ... ut
sit*.

intelligunt, quemadmodum in seipsos incidunt. Nam etsi non ex Maria dicunt corpus, sed consubstantiale ipsi Verbo; nihilominus, quod simularunt, ne forte ut sapientes putentur secundum suum intellectum, ostendentur dicentes quaternitatem: sicut enim Filius secundum Patres Omousion est Patri, & non est ipse Pater, sed Filius, ad Patrem dicitur Omousion: sic & consubstantiale corpus Verbi non est ipsum Verbum, sed aliud a Verbo. Cum autem aliud sit, erit secundum ipsos, ipsorum trinitas, quaternitas. Non enim vera & specialiter perfecta atque indivisa trinitas recipit adjectionem; sed hæc quæ est, quæ ab illis est intellecta: & quomodo adhuc Christiani alium, præter eum qui est Deus, adinveniunt?

CAP. IX. Iterum enim & in alio commento licet eorum insipientiam pervidere, si propter quod est & dicitur in Scripturis ex Maria esse & humanum corpus Salvatoris, putant pro trinitate quaternitatem dici, quasi facta adjectione propter corpus; multum errant facturam coæquantes factori, & suspicantes posse deitatem aliquid adjectionis accipere: & ignorant quia non propter adjectionem Deitatis Verbum caro factum est, sed ut caro resurgat: neque ut melioraretur Verbum processit ex Maria, sed ut humanum genus liberaret. Quomodo igitur putant ut liberatum corpus per Verbum, & vivifica-
36 tum, 36 in deitatem Verbo faciat adjectionem? Magis autem ipsi humanitati adjectio magna facta est ex Verbo, in ipsa com-
37 munione & unitione. Ex mortali enim 37 factum est immortale, & ex animali factum est spirituale, & ex terra factum, cæli portas transgressum est. Trinitas vero, & assumente Verbo corpus ex Maria, trinitas est; non accipiens adjectionem, neque diminutionem; sed semper perfecta est, & in Trinitate Deitas una cognoscitur: & sicut unus Deus in Ecclesia prædicatur Verbi Pater. Ex hoc autem jam conticescant & qui aliquando dixerunt, eum qui ex Maria processit, non esse ipsum Christum & Dominum Deum. Si enim non Deus erat in corpore, quomodo statim procedens ex Maria
Matth. 1. 23. vocatur *Emmanuel, quod interpretatur, nobiscum Deus?* Quomodo autem & Paulus, si Verbum non erat in carne, ad Romanos
Rom. 9. 7. scribebat: *Ex quibus Christus secundum carnem, qui est super omnia benedictus Deus in sæcula.* Confiteantur ergo & qui ante negabant crucifixum esse Deum, errasse se,
38 38 acquiescentes sanctis Scripturis & maxime Thomæ, qui posteaquam vidit in ipso clavorum vestigia, exclamavit: 39 *Do-* Joan. 20. 28.
39 *minus meus & Deus meus.* Cum enim Deus & Dominus gloriæ esset, Filius erat in gloria, affixo & exhonorato corpore: corpus vero patiebatur, dum percuteretur in ligno, & fluebat de ejus latere sanguis & aqua. Templum enim Verbi erat plenum Deitatis: propterea igitur sol videns creatorem suum, injuriato corpore, tolerantem, radios suos subtraxit & obscuravit terram. Ipsum autem corpus habens naturam mortalem, ultra suam naturam resurrexit, propter habitans in se Verbum, &
40 desiit 40 quidem de naturali corruptione: induens autem quod supra hominem est, Verbum, indumentum factum Verbi, factum est incorruptum.

CAP. X. De eo autem quod falluntur & dicunt, quod sicut in unumquemque Prophetarum factum est, ita & in unum aliquem hominem ex Maria venit Verbum, superfluum est disputare: manifesta est enim dementia eorum, & indubitata reprehensio. Si enim ita venit, quare hic ex virgine, non ex viro similiter & muliere? sic enim unusquisque sanctorum natus est: aut quare ita veniente Verbo, non uniuscujusque mors dicitur pro nobis facta, sed istius sola? Cur autem per unumquemque Prophetarum ad-
41 veniente Verbo 41 dicitur de hoc solo, *qui ex Maria natus est*, semel in fine sæculorum adveniente? Aut quare, veniente eo, sicut venit in prioribus sanctis, alii quidem
42 omnes mortui 42 nondum resurrexerunt; qui autem ex Maria, solus tertia die resurrexit? aut cur similiter aliis veniente Verbo, dicitur solus ex Maria Emmanuel, cor-
43 pore pleno Deitatis nato 43 ex ipsa? Emmanuel enim interpretatur, *nobiscum Deus.* Aut quare, si ita venit, manducante unoquoque Propheta, & bibente, & laborante, & moriente, non dicitur sicut ipse manducans, bibens, laborans & moriens; sed de solo qui ex Maria est? Quæ enim patiebatur hoc corpus, hæc quasi ipso patiente
44 dicta sunt, & cum de aliis 44 omnibus dictum sit solum, nati sunt & creati; de eo qui ex Maria est solo dictum est: *Et Ver-* Joan. 1. 14.
bum caro factum est. Ex quibus ostenditur, quia ad alios quidem omnes factum est verbum prophetandi gratia; ex Maria autem ipsum Verbum in semetipso carnem assumens, processit homo: natura quidem & substantia Verbum erat Dei; secundum carnem

36 Sic Vind. concinente Græco. Quesnellus *in Deitate.*

37 Quesn. *facta est immortalis*, & similiter sequentia. Ad codicum fidem neutro genere textum exegimus.

38 Vat. *ad acquiescendum.*

39 Quesn. addit *& dixit*. Delevimus cum MS. Vind. & Græco textu.

40 Quesn. *quod erat de naturali*. Expunximus *quod erat* auctoritate nostrorum exemplarium. Codex Vind. *qui de naturali*. Scripsimus *quidem* cum MS. Vat.

41 Cod. Thuan. *non dicitur, sed de hoc solo.*

42 Sic nostri codd. & Græc. Quesnellus *non resurrexerunt.*

43 Voces *ex ipsa* a Quesn. traductæ post *enim*, cum nostris codd. & Græco huc revocavimus.

44 Vat. *hominibus.*

nem autem, ex semine David, & carne Mariæ factus est homo, sicut Apostolus dixit. Hunc Pater demonstrabat in Jordane, & in monte dicens: *Hic est filius meus dilectus, in quo bene mihi* 45 *complacui*.

Matth. 17. 5.

45 CAP. XI.

46 Hunc Arriani quidem negaverunt, nos 46 autem agnoscentes adoramus:, non dividentes Filium & Verbum, sed ipsum Verbum scientes esse Filium, per quem universa facta sunt, & nos liberati sumus. Propter quod admirati sumus, quomodo in vobis omnino de rebus manifestis facta contentio est. Sed gratias Deo, quia quantum contristati sumus lectis gestis, tantum gratulati sumus in fine; quia cum concordia

47 discesserunt & 47 pacifici facti sunt, & consenserunt in confessione piæ & rectæ fidei. Propterea igitur, & post multa ante tractata cogitavi hæc pauca scribere, æstimans, ne forte ex taciturnitate pro lætitia, tristitia nasceretur his, qui caussa concordiæ nobis lætitiam præstiterunt. Deprecor itaque ante omnia tuam sanctitatem, & iterum audientes universos, ut hæc bona mente suscipiant; & si quid deest ad instructionem religionis, corrigant, & me scire faciant: sin vero, utpote ab ignaro,

48 48 sermone nec digne, nec perfecte scriptum est; veniam tribuant nostræ in loquendo infirmitati. Saluta cunctos fratres nostros. Te omnes, qui nobiscum sunt,

49 plurimum salutant. 49

CAPITULUM LIII.

1 EPISTOLA 1

CYRILLI EPISCOPI

Alexandrini ad Joannem Antiochenum Episcopum.

Contra eos, qui de eo prava in fide finxerunt; & de epistola ATHANASII *ad* EPICTETUM, *& formula fidei.*

LÆtentur cæli & exultet terra: solutus CAP. I.
est enim medius paries sepis, & ces- Ps. 95. 21.
savit illud quod afferebat tristitiam, & totius dissensionis sublata est via, omnium nostrum Salvatore Christo suis Ecclesiis pacem præstante; provocante 2 & hortante 2
nos ad hoc ipsum piissimorum & Deo amantissimorum principum nostrorum instantia, qui patrum suorum religionis æmuli existentes, veracem, & inconcussam, & rectam in suis animis conservant fidem; egregiam autem faciunt sollicitudinem pro sanctis Ecclesiis: ut inenarrabilem habeant sempiternam gloriam, & suum imperium dignum 3 omni laude conservent. Quibus 3
& ipse omnium virtutum Dominus ditissima manu distribuit bona, & præstat obtinere resistentes, & donat victoriam veritati. Nec enim mentitur, dicens: *Vivo ego*, Reg. 2 30.
dicit Dominus, quoniam eos qui me glorificant glorificabo. Adveniente igitur nunc Alexandriam Domino meo venerabili fratre Paulo, lætitia repleti sumus, & valde necessario, ut pote tali viro mediatore, & de his laboribus & caussis, quæ vires 4 ex- 4
cedunt, animose volente disputare: ut diaboli vincat invidiam, & conjungat divisa, & quæ in medio fuerant inter hæc aspersa scandala, auferat, & coronet concordia & pace Ecclesias, quæ sunt & apud nos, & apud vos constitutæ. Quemadmodum enim divisæ sunt, superfluum est 5 dicere: opor- 5
tere autem arbitror ea loqui & sentire, quæ decent pacis tempora. Gavisi sumus igitur occursu & notitia memorati 6 religiosi vi- 6
ri, qui vere & non leviter se laborare putabat,

45 Sic Vat. concinente Græco. Quesn. *complacuit*.

46 Particulam *autem* ex nostris MSS. inseruimus.

47 Vat. *pacificati sunt*.

48 Quesn. *sermone minus apto scriptum est nec digne, nec apte; veniam*, repugnantibus nostris codicibus.

49 Idem addit *Vale*: ignorant nostri codd. & Græcus textus.

1 Exstat hæc hujus epistolæ antiqua versio in iisdem MSS. collectionibus in quibus præcedens: ac ex iis primum a Crabbo edita fuit, atque Calchedonensi inserta act. 1. Istam vero ab editoribus Romanis ad Græcum textum exactam & emendatam posteriores Conciliorum editiones receperunt.

2 Voces *& hortante* ex nostris codd. Vind. hujus collectionis, & Vat. 1340. additionum Isid. supplevimus. Cod. Thuan. *provocantibus nos ... principum nostrorum dictis*. Mox in Vind. deest *instantia*, pro qua voce cod. Vat. habet *gloria*.

3 Addidimus *omni* cum nostris codd.

4 Quesn. addit *nostras*. delevimus cum Vat. & vulg. Conc. Dein ille ante *diaboli* inseruit *Deus*: expunximus cum cod. Vind. suffragante etiam Græco textu.

5 Sic codd. Vind. Thuan. & Crab. Quesnellus *ennarrare*.

6 Vox *religiosi* addita ex codd. nostris, atque Thuan. Quesnelli. Mox Oxon. *qui fere leviter*. Vat. *qui fere non leviter ... putavit*. Legendum cum vulg. Conc. *qui forte non leviter*.

tabat, ut persuadeat nobis Ecclesias oportere conjungere & adunare ad pacem, & eorum qui nobis adversa sentiunt, dissipare
ridicula, obscurare autem & hebetare ad-
7 huc malignitatis 7 diaboli stimulum. Inve-
8 nit autem nos ita paratos 8 ad hoc, ut omnino nullum laborem sustineamus. Meminimus enim Salvatoris nostri, dicentis: *Pa-*
Joan. 14. 27. *cem meam do vobis, pacem relinquo vobis.*
9 Docti enim sumus dicere in orationibus 9:
Isa. 26. 3. *Domine Deus noster, pacem da nobis; omnia*
enim reddidisti nobis. Si quis igitur fiat particeps hujus a Deo tributæ pacis, inops non
erit omnis boni. Quoniam ergo superflua
& nullis ex caussis Ecclesiarum dissensio fa-
10 cta est, nunc maxime 10 plenius docti sumus & cognovimus; domino meo venerabili Paulo Episcopo chartam nobis proferen-
te irreprehensibilem habentem fidei confessionem; & hanc ipsam chartam confectam
11 esse 11 astruit & confirmat a tua sanctitate & a venerabilibus illarum partium Episcopis. Quæ conscriptio ita continetur, &
12 ipsis verbis hic apponitur 12 in hac epistola nostra.

CAP. II. Scriptum Orientalium. De partu autem divinæ genitricis virginis, quemadmodum sentiamus & dicamus
de humanitatis assumtione unigeniti Filii
Dei, 13 necessario, non partem aliquam 13
addentes, sed plenissima satisfactione & ratione speciali a principio, & de divinis Scripturis & traditione sanctorum Patrum susci-
pientes 14 & docti breviter dicimus, nihil 14
prorsus addentes in sanctorum Patrum conventu & Synodo Nicæni Concilii expositæ
& expressæ fidei: sicut enim prædiximus,
ad omnem sufficit pietatis scientiam, & universæ hæreticæ & pravæ doctrinæ abdicationem. Dicimus autem non temere audentes
de incomprehensibilibus, sed confessione propriæ infirmitatis excludentes 15 eos, qui 15
oboriri volunt, in quibus ea cogitamus,
quæ sunt ultra hominem.

Confessio fidei Orientalium Episcoporum. 16 *Confitemur igitur Dominum nostrum*
JESUM CHRISTUM *filium Dei unigenitum,*
Deum perfectum & hominem perfectum ex
corpore & anima rationali, ante secula qui-
dem de Patre natum secundum Deitatem, in 16
novissimis vero temporibus eumdem ipsum pro-
pter nos & propter nostram salutem de Ma-
ria virgine secundum humanitatem: consub-
stantivum vel consubstantialem Patri secun-
dum Deitatem, consubstantialem nobis secun-
dum humanitatem: duarum enim naturarum
unitio facta est: propter quod unum Christum,
17 *unum Dominum confitemur. Secundum* 17

7 Vat. *diabolicæ*.

8 Quesn. *ad pacem*. Prætulimus nostros codd. atque Thuaneum ipsius Quesnelli.

9 Cod. Vat. cum vulg. Conc. addit *nostris*.

10 Adjecimus *plenius* cum MSS. Vind. Thuan. Vat. & Crab.

11 Ita nostri codd. Apud Quesn. *adstruente & confirmante*.

12 MS. Vat. *huic epistolæ nostræ*.

13 Adverbium *necessario* omnes nostri codd. ac etiam Thuan. & Crab. suppeditarunt.

14 Thuan. *sufficienter edocti*.

15 Vat. *eos cogitatus*. Mox pro *oboriri* vulg. Conc. *adoriri nos*.

16 Quesn. hanc notam appendit: *Hanc fidei confessionem, quam Cyrillus irreprehensibilem in hac epistola appellat, non recentem tunc fuisse; sed jam usque a Concilii Ephesini temporibus conditam & publicatam a Joanne Antiocheno, docet nos hujus Episcopi epistola suo suæque Synodi nomine missa ad Imperatorem Theodosium per Joannem Comitem, qui jussu Imperatoris ab utraque parte fidei confessionem exegit, dum adhuc Episcopi Ephesi residerent. Illi enim epistolæ, quæ opera Patris Lupi prodiit, cap. 17. Ephesinæ collectionis, insertam legimus eamdem prorsus fidei confessionem quæ in epistolis de pace tam Cyrilli, quam Joannis postmodum locum habuit. Cujus rei testem insuper habemus Alexandrum Hierapolitanum in epistola ad Theodoretum, quæ ejusdem collectionis cap. 96. habetur. Scilicet cum de pace componenda inter Orientales & Ægyptios actum est, nec Cyrillus nec Joannes quicquam recantare circa fidei capita voluerunt: quamvis Cyrillus sua nonnihil mollivit & exposuit; at Joannes, quam olim ab initio dissidii obtulerat Imperatori fidei suæ professionem, hanc eamdem sufficere contendit, nec aliam a se extorqueri passus est: graviter interim conquestus, quod quæ de aliis capitibus in eadem ad Imperatorem epistola scripserat, a Paullo Emeseno fuerant mutata. Hoc præterea ex laudata Alexandri Hierapolitani epistola discimus, Theodoreti stilo exaratam esse priorem illam Joannis epistolam confessionemque fidei quæ illius pars præcipua est. Nimirum totius Orientalis Diœcesis os manusque fuit Theodoretus.* Hactenus Quesnellus. Licet vero eadem fides, quæ a Joanne Antiocheno Concilii Ephesini tempore condita, & ad Imperatorem Theodosium directa, exhibetur in collectione P. Lupi cap. 17. inserta inveniatur in hac fide, quæ paci componendæ caussam dedit; additamentum tamen in fine recepit catholicam doctrinam expressius declarans, quod eo cap. 17. nequaquam reperies: ac præterea omissa fuerunt ea, quibus eodem cap. 17. præter fidem S. Cyrillus ejusque anathematismi percellebantur: qua de re Alexander Hieropolitanus S. Cyrillo infensissimus in epistola ad Theodoretum laudatæ collectionis cap. 96. conquestus est. Nullam autem Joannis Antiocheni querelam hac in re invenire potuimus. Neque Paullo Emeseno succenseri potuit, quod quæ in aliis capitibus in epistola ad Imperatorem Joannes scripserat, in aliis litteris ad Cyrillum mutasset: neque enim Paullus per se, sed ipse Joannes mutationem induxit, cum prætermissa Cyrilli, & anathematismorum ipsius condemnatione, quæ priori epistolæ erat inserta, Nestorii errorumque ejus proscriptionem in litteris ad Cyrillum palam exposuit: unde a memorato Alexandro Hieropolitano perstringitur apud P. Lupum c. 93. Vides igitur, num priorem fidei professionem sufficere putarit Joannes, qui alia fidei addidit; quoad cetera vero capita, alia præterivit, alia substituit. (tom. 4. Conc. Ven. edit. col. 277.)

17 Vulg. Conc. ex Græco addunt *unum Filium*. Ita etiam in collectione P. Lupi c. 17.

hanc incomparabilis unitatis fidem confitemur
ſanctam & divinam generatricem Dei vir-
ginem. Propter hoc etiam Dei ex ea Verbum
incarnatum, & humanitatem ſumſiſſe, & ex
ipſo conceptu adunaſſe ſibi templum, quod
18 *ex ipſa aſſumſit.* 18 *Evangelicas autem &*
Apoſtolicas voces de Domino noſtro novimus
veras: aliquas quidem communes facientes
tamquam in una perſona, aliquas autem di-
videntes tamquam ex duabus naturis: & il-
las quidem quæ Deo conveniunt ſecundum
Deitatem Chriſti; humiles vero ſecundum
19 *humanitatem ipſius tradentes.* 19

CAP. III. His ergo cognitis ſacris vocibus veſtris,
& ſic vos ſentientes cum cognoviſſemus:
Epheſ. 4. 5. *Unus enim Dominus, una fides, unum ba-*
ptiſma: glorificamus omnium Salvatorem
Dominum Deum, invicem congaudentes:
quoniam Scripturis, quæ a Deo inſpiratæ
ſunt, & traditioni ſanctorum Patrum con-
20 venientem habent fidem, 20 quæ apud nos
& apud vos ſunt Eccleſiæ. Quoniam igitur
21 21 intellexi quoſdam, qui amant ex more
ſuo vituperare, & velut crabrones agreſtes
circumſtrepere, & moleſta eructuare contra
me verba, eo quod dixerim de cælo adve-
22 niſſe, & non de ſancta Virgine 22 ſanctum
corpus Chriſti; oportere arbitratus ſum pauca ſuper hoc ad eos dicere. O ſtulti, &
ſolum calumnias movere ſcientes! quomodo
ad hoc conſilium deducti eſtis, & tanta ſtul-
titia ægrotaſtis? Oportebat enim, & valde
oportebat aperte vos intelligere, quoniam
pene omne nobis, quod pro fide eſt, lu-
ctamen advenit, affirmantibus quoniam ſancta Virgo divini partus eſt genitrix. Sed ſi
dixerimus *de cælo*, & non *ex ipſa ſancta* natum eſſe corpus omnium noſtrum Salvatoris Domini, quomodo eam dicemus geni-
23 tricem Dei? 23 quem enim omnimodo peperit, niſi eſt illud verum, quod peperit
ſecundum carnem, qui eſt Emmanuel? De-
24 rideantur igitur, qui 24 de me iſta garrie-
runt: non enim mentitur beatus Iſaias Pro-
Iſa. 7. 14. pheta, dicens: *Ecce virgo in utero concipiet,*
Matt. 1. 23. *& pariet filium, & vocabitis nomen ejus*
Emmanuel, quod interpretatur: Nobiſcum
Deus. Verum quoque teſtatur & ſanctus
Gabriel ad eamdem beatam virginem dicens:
Noli timere Maria: inveniſti enim gratiam Matt. 1. 20.
apud Dominum. Ecce concipies in utero, &
paries filium, & vocabis nomen ejus JESUM:
ipſe enim 25 *ſalvum faciet populum ſuum a* 25
peccatis eorum.

Quando autem dicimus de cælo & de ſu- CAP. IV.
pernis Dominum noſtrum JESUM-CHRISTUM
26, non tamquam de cælo depoſita ſancta 26
ejus carne, talia dicimus; ſed ſequimur magis mirabilem Paullum clamantem aperte:
Primus homo de terra terrenus, ſecundus 1. Cor. 15.
homo de cælo cæleſtis. Meminimus autem 47.
& ipſum Salvatorem dicentem: *Nemo aſcen-* Joan. 3. 13.
dit in cælum, niſi qui deſcendit de cælo, filius 27
hominis 27. Natus eſt enim ſecundum carnem,
ſicut paulo ante prædixi, de ſancta virgine:
& quoniam qui de cælo & de ſuperioribus advenit, Deus Verbum, *exinanivit ſemetipſum* Philip. 2.
formam ſervi accipiens: appellatus eſt filius 17.
hominis, manens quod erat, hoc eſt, Deus;
(immutabilis enim & inconvertibilis eſt ſecundum naturam) tamquam jam unus intellectus cum propria carne, dicitur deſcen-
diſſe de cælo. 28 Appellatus eſt etiam ho- 28
mo de cælo perfectus, cum eſſet etiam idem
in Deitate perfectus, idem ipſe in eadem
humanitate perfectus; & tamquam in una
perſona intelligendus: unus enim Dominus
JESUS CHRISTUS, etſi naturarum differentia non ignoretur, de quibus inenarrabilem unitionem actam fuiſſe ſentimus, ac dicimus. Eos autem, qui dicunt, quoniam
temperamentum, aut confuſio, aut conſperſio facta eſt Dei Verbi ad carnem, dignetur tua ſanctitas refrænare. Forſitan enim
eſſe quoſdam non ambigo, qui hæc de me
jactitent, tamquam garrientes ac dicentes.
Ego autem in tantum ab his longe ſum,
ut nihil tale ſentiam; uſque adeo, ut inſa-
nire putem eos qui hoc de me ſuſpicati
ſunt, quod omnino mutationis adumbratio
accidere poteſt circa divini Verbi naturam.
Manet enim id quod ſemper eſt, & non
mutatur, nec umquam mutabitur, nec ſuſci-
piet mutationem. Impaſſibile enim ad hoc
Dei Verbum eſſe confitemur univerſi; 29 29
tametſi ſapientiſſime ipſe diſponens myſterium.

Dein pro *generatricem* cod. Thuan. habet *ge-nitricem*. Vulg. Conc. cum Græco textu: *ſanctam Virginem Dei genitricem, propter quod Deus Verbum incarnatum & humanitatem aſſumpſit, & ex ipſo conceptu univit* &c. Vind. *virginem. Confitemur hoc, quod Dei Verbum incarnatum eſt.*

18 Sequentia hujus fidei addita ſunt, quippe quæ in Joannis epiſtola ad Imperatorem Theodoſium apud P. Lupum c. 17. non leguntur.

19 In integra Joannis epiſtola ad S. Cyrillum huic fidei ſubjicitur expreſſa condemnatio Neſtorii & errorum ipſius, nec non conſenſio in ordinationem Maximiani, qui Neſtorio depoſito ad Conſtantinopolitanam ſedem promotus fuerat.

20 Queſn. addit *acquieſcunt*, repugnantibus noſtris codd. & Græco textu.

21 Sic Vat. & Crab. cum Græco. Apud Queſn. *interrogavi*. Mox pro *crabrones* Vind. *ſcrabrones*, Vat. *ſcrabones*.

22 Vocem *ſanctum* ex codd. Vat. & Crab. cum Græco inſeruimus.

23 Solus Queſn. *quid*. Alias *quæ* pro *quem*.

24 Sic Vat. & vulg. Conc. cum Græco textu. Queſn. *de meis verbis ita garriunt*. Mox idem Vat. *non enim mentitus eſt*.

25 Cod. Vind. *ſalvabit*.

26 Queſn. addit *veniſſe*: delevimus cum Vind. & vulg. Conc. ac Græco textu.

27 Idem addit *qui eſt in cælo*. Delent cum Græco iidem codd.

28 Sex voces ſequentes ex noſtris codd. Græco textu exigente adjecimus.

29 Clarius in vulg. Conc. ex Græco: *tametſi ſapientiſſime ipſe diſponens myſterium ſibi eas attribuere perſpicitur, quæ carni paſſiones proprie acciderunt.*

rium. Video in propria carne passiones quæ
acciderunt. Eadem & sapientissimus Petrus:
1.Petr.4.1. *Christo*, inquit, *pro nobis passo in carne*;
30 & non 30 in natura inenarrabilis Deitatis.
Ut enim ipse omnium salvator esse credatur
secundum dispositionem propriam, in se,
ut dixi, propriæ carnis revocat passiones
quale est illud secundum Prophetæ vocem
prædictum, tamquam ex ipso intelligendum:
Isa.50.6. 31 *Dorsum meum dedi ad flagella, & ma-*
31 *xillas meas ad verbera: faciem autem meam*
non averti a confusionibus sputorum.
CAP. V. Quoniam autem sanctorum Patrum doctrinis obtemperantes ubique sumus; maxime autem beati & per omnia laudabilis nostri patris Athanasii præcepto, de his omnino aliquid foras ejicere recusantes: discat
32 quidem tua sanctitas, & nullus alius 32 societur. Posuissem autem etiam illorum plura verba, quibus meis dictis fidem adhibe-
rem, si non prolixitatem scriptorum reve-
rerer: ne ex hoc ipso fieret horribile. Nullo autem modo patimur a quibusdam con-
cuti diffinitam fidem, sive fidei Symbolum,
a sanctis Patribus nostris qui apud Nicæam
convenerunt illis temporibus, nec permittitur aut nobis, aut aliis, mutare aliquod
33 verbum ex his quæ ibi continentur, aut 33
unam syllabam immutare, memores ejus
Prov.22.28. dicentis: *Ne transferas terminos æternos, quos*
posuerunt patres tui: non erant enim ipsi
loquentes, sed Spiritus Dei & Patris, qui
procedit quidem ex ipso, non est autem
alienus a Filio secundum essentiæ rationem.
Et ad hoc nos eorum sanctorum, qui mysteria tradiderunt, dicta confirmant; in Acti-
Act.16.7. bus enim Apostolorum scriptum est: *Ve-*
34 *nientes autem circa* 34 *Moesiam tentabant in*
Bithyniam ire, & non permisit eos Spiritus
JESU. Scribit etiam & venerabilis Paullus:
Rom.8.8. *Qui autem in carne sunt, Deo placere non*
possunt: vos autem non estis in carne, sed
in spiritu, si tamen Spiritus Dei habitat in
35 *vobis: si quis autem Spiritum* 35 *Christi non*
habet, hic non est ejus. Quando autem quidam qui consueti sunt quæ recta sunt pervertere, meas voces deviare & abstrahere
æstimant, ad id quod eis videtur; non miretur hoc sanctitas tua, sciens quoniam qui
sunt ab omni hæresi, ex divinis scripturis
erroris sui colligunt caussas; & ea quæ per
Spiritum sanctum recte dicta sunt, mali-
gnitatibus mentis suæ corrumpentes propriis
capitibus suis ignis inextinguibilis exhauriunt
flammam. Et quoniam cognovimus, quod
& ad beatum Epictetum epistolam per omnia
laudabilis patris nostri Athanasii rectam fidem habentem, immutantes eam ediderint,
& hinc quasi lædi plurimos: propter hoc
necessarium & utile intelleximus & fratribus nostris, edere de antiquis exemplaribus,
quæ apud nos sunt bene explanata, & similia tuæ venerabilitati dirigere.

36 FORMULA LIBELLI FIDEI 36

sub eodem capitulo.

EGo *Ille* 37 hanc scripturam, quam ma- 37
nu mea perscripsi, profiteor, sequens
sanctum judicium Patrum Nicænæ Synodi
trecentorum & decem octo, vel Calchedonensis Synodi universale Concilium, cujus
diffinitionem Sedes Apostolica confirmavit,
quod etiam beatissimi Papæ Leonis epistola
ad sanctæ memoriæ Flavianum Constantinopolitanæ Urbis Episcopum nostrum data
prædicatione lucidissimæ veritatis exposuit.
Confiteor unum eumdemque Dominum nostrum JESUM-CHRISTUM, unigenitum Dei
Patris, eumdem 38 in deitate perfectum, 38
eumdem in humanitate Deum vere, & hominem vere; ipsum eumdemque ex anima
rationali & carne, consubstantialem Patri
secundum deitatem, consubstantialem eumdem nobis 39 secundum humanationem: 39
in omnibus nobis similem absque peccato:
ante sæcula quidem de Patre genitum secundum deitatem; in novissimis vero diebus eumdem propter nos & propter nostram salutem de virgine Maria, quæ eumdem Deum peperit secundum humanitatem,
unum eumdemque Christum, Filium Dei,
Dominum unigenitum in duabus naturis,
inconfuse, inconvertibiliter, & individue,
& inseparabiliter cognitum: nequaquam naturarum differentia sublata propter unitionem; sed potius, salva manente proprietate utriusque naturæ, in unam, non in duas
concurrisse personas; sed unum eumdemque
40 filium unigenitum Deum Verbum, Dominum JESUM-CHRISTUM, sicut olim Pro- 40
phetæ de eo, vel ipse nos Christus per semetipsum Dominus erudivit. Qui autem ita

30 Vat. cod. cum Crab. delet *in*.

31 Sic codd. Vind. & Crab. Apud Quesn. *Dorsum meum, inquit, dedit.*

32 Vulg. Conc. cum Græco *ambigat*.

33 Vat. addit *transferendo terminos æternos*.

34 Ita uterque MS. codex. Alias *Mysiam*. Quesnellus.

35 Sic nostri codd. & Crab. cum Græco. Quesn. *Dei*. Idem mox brevius *quidam consueti recta pervertere*: sed nostros codices deserere noluimus.

36 Burchardus lib. 1. c. 232. hanc fidei formulam exhibet ex aliquo nostræ collectionis exemplo: illam enim allegat: *Ex epistola Cyrilli ad Joannem Antiochenum*, eo quod in nostræ collectionis codicibus præcedenti Cyrilli epistolæ subjiciatur. Hæc contractior legitur in fine capitis 55. Confer quæ ibidem adnotabimus.

37 Apud Burchardum *hac scriptura*.

38 Sic cod. Vind. cum Burch. Quesnellus *in divinitate*.

39 Burch. *secundum humanitatem*.

40 Adjecimus *filium* cum MS. Vind. & Burch. Mox idem Burch. pro *verbum* habet *verum*.

41 non sentiunt, cum Nestorio & Eutyche 41 vel eorum sectatoribus æterno anathemate dignos esse pronuntio.

CAPITULUM LIV.

1 ## 1 DEFINITIO

SANCTÆ SYNODI

Calchedonensis.

AD cognoscendam quidem confirmandamque perfectissime pietatem consultissimum satis hoc divinæ gratiæ symbolum saluberrimumque sufficeret. De Patre namque & Filio, ac Spiritu sancto quòd plenissime fuerat institutionis edocuit, & incarnationem Domini fideliter excipientibus evidenter insinuat. Verum quoniam quidem ea quæ sincera veritas prædicat depravare conati, novas auditu suas hæreticas perfidias ediderunt, & alii quidem dispensationis dominicæ sacramentum, quod nostri causa est celebratum, ausi fuere corrumpere, dum a sancta Virgine partum processisse divinum vocis abnegatione dissimulant, & alii confusionem sive permixtionem rursus inducunt, ut unam esse naturam divinitatis & carnis stulte confingunt, ac per hoc unigeniti confusione portentuosa, divinam naturam passibilem esse significant; ea propter ab universa contra veritatem machinatione veniente volens eos excludere quæ modo præsto est sancta & magna hæc Synodus, quod antiquitus in fide prædicatur, immobile hæc dicens, ante omnia statuit ut trecentorum decem & octo Patrum venerabilium fides illibata permaneat. Et propter eos quidem qui cum Spiritui obviare nituntur, eam traditionem, quam in augustissima Constantinopolitana urbe postea, congregatis centum & quinquaginta Patribus, de substantia sancti Spiritus fuerat decreta, confirmat. Hanc etenim cunctis innotescere memorati fecerunt, non quasi aliquid deesset præcedentibus indicentes, sed de Spiritu Sancto quid ipsi sentirent, contra illos qui ejus potestati refragari conati sunt, sanctarum Scripturarum testimoniis illustrantes. Propter eos autem qui dispensationis dominicæ tentavere pervertere sacramentum, & hominem solum de sancta Maria virgine procreatum esse vaniloquiis suis autumant imprudenter, sancti Cyrilli, qui Alexandrinæ fuit pastor Ecclesiæ, synodales epistolas ad Nestorium scriptas atque Orientales, utique sibi convenientes, amplexa est, ad arguendum quidem Nestorianam dementiam, interpretationem vero desiderantium pio zelo concipere saluberrimi sacramenti sententiam. Quibus epistolam quoque beatissimi Romanæ antiquioris urbis antistitis atque venerabilis Papæ Leonis Flaviano sanctæ memoriæ Archiepiscopo scriptam, ad expugnandam pravitatis Eutychianæ perfidiam, utpote maximi Petri confessioni salutis convenientem, & velut monimentum cujusdam statuæ communis exstantem, contra cunctos hæreticos merito copulavit, ut recto dogmati sua firmitas inconcussa permaneat. Nam & in duos filios dispensationis tentantibus dividere sacramentum restitit hostiliter, & eos qui passibilis audent dignitatis unigenitum dicere, collegio sacerdotali detrudit, & confusionem & commixtionem in duabus Christi naturis excogitantibus reluctat, & cælestem vel alterius cujusdam substantiæ esse, quam de nobis assumpsit sibi formam servilem, delirantes, exterminat, necnon & eos, qui duas quidem ante unitionem, unam vero post unitionem in Christo naturas fabulose confingunt, anathematizare non cessat. Beatissimos igitur sequendo Patres, unum & eumdem filium confiteri Dominum JESUM-CHRISTUM concordantibus omnes institutionibus edocemus, eumdem in deitate perfectum, eumdem in humanitate perfectum, Deum vere & vere hominem eumdem ex anima rationali & corpore, consubstantialem Patri secundum deitatem, consubstantialem nobis eumdem secundum humanitatem, per omnia similem nobis sine sorde peccati, ante sæcula quidem a Patre progenitum secundum deitatem, in ultimis vero diebus eumdem propter nos, & propter nostram salutem ex Maria virgine, quæ Deum peperit secundum incarnationem unum & eumdem Christum, Filium, Jesum, Dominum, unigenitum, quem in duabus naturis inconfuse & immutabiliter, indivise atque inseparabiliter omnes agnoscimus, nusquam sublata differentia naturarum propter unitionem sed potius utriusque naturæ proprietate servata, & in

41 Voces *vel eorum sectatoribus* à Quesnello omissas codd. Vind. & Burch. suppeditarunt.

1 Quesnellus huic capitulo ejusmodi admonitionem præmisit. „ In Thuaneo codice præ„ mittitur legibus ex Theodosiano codice de„ cerptis, quæ caput 54. conflant, *Definitio* „ *sanctæ Synodi Calchedonensis :* ita enim ibi „ inscribitur tractatus ille, quem editiones an„ tiquiores alteram definitionem appellant, „ nonnulli vero partem autumant unicæ de„ finitionis quartæ Synodi. Eam hic præter„ mittimus, tum quia non habetur in Oxo„ niensi codice, tum quod nihil aliud sit quam „ prima quatuor versionum in editionibus Crab„ bi, Surii, Nicolini &c. excusarum, quas „ quisque facile adire possit. Denique eadem „ definitio superius habetur ex alia versione „ in capitulo XXV. post fidei Symbolum; & „ ita incipit: *Suffecerat quidem ad plenariam* „ *pietatis agnitionem* &c. " Hactenus ille. Cum vero, uno recentiori Oxoniensi codice excepto, cetera hujus collectionis exemplaria hanc definitionem exhibeant; ea ab ejusdem collectionis editoribus prætermittenda non fuit.

& in una concurrente personam, non in duas deductum, divisumque personas, sed unum & eumdem Filium, Deum verum, Dominum JESUM-CHRISTUM, sicuti nos ab initio Prophetæ de eo, & ipse nos JESUS-CHRISTUS instituit, & paternum nobis tradidit Symbolum. His igitur a nobis undique cum omni deliberatione ac diligentia pariter ordinatis, decrevit sancta atque universalis hæc Synodus aliam fidem nemini licere proferre, sive conscribere, aut exponere, vel sentire, vel aliter tradere. Sed eos qui audent vel componere aliam fidem, vel proferre, vel docere, vel tradere aliud Symbolum volentibus ad cognoscendam se convertere veritatem ex ritu pagano sive judaico, vel qualicunque hæretico, eos, si quidem Episcopi vel clerici sunt, alienos esse Episcopos ab episcopatu, & clericos a clero: quod si monachi vel laici fuerint, anathematizari.

LEGES EX LIBRO XVI.

Codicis Theodosiani sub titulo,
De fide catholica.

C.Th lib. XVI.Tit.1. l. 2.

Imperatorum GRATIANI, VALENTINIANI, & THEODOSII Augustorum Edictum ad populum urbis Constantinopolitanæ.

CUnctos populos, quos clementiæ nostræ regit temperamentum, in tali volumus religione versari, quam divinum Petrum Apostolum tradidisse Romanis, religio usque ad nunc ab ipso insinuata declarat, quamque Pontificem Damasum sequi claret, & Petrum Alexandrinæ urbis Episcopum, virum apostolicæ sanctitatis: hoc est, ut secundum apostolicam disciplinam evangelicamque doctrinam, Patris & Filii & Spiritus sancti unam Deitatem sub parili majestate, & sub pia Trinitate credamus. Hanc legem sequentes Christianorum catholicorum nomen jubemus amplecti: reliquos vero dementes vesanosque judicantes, hæretici dogmatis infamiam sustinere, nec conciliabula eorum Ecclesiarum nomen accipere, divina primum vindicta, post etiam motus nostri, quem ex cælesti arbitrio sumserimus, ultione plectendos. Data tertio Kal. Martias, Thessalonicæ: GRATIANO quinto, & THEODOSIO primum, Augustis Consulibus.

AN. CH. 380.

Item eodem libro sub titulo,
De his qui super religione contendunt.

Imperatores VALENTINIANUS, THEODOSIUS, ARCADIUS Augusti, TATIANO Præfecto Prætorio. Ibidem Tit.4. l. 2.

NUlli 2 egressum ad publicum vel disceptandi de religione, vel tractandi, nec consilii aliquid deferendi patescat occasio. Et si quis posthac ausu gravi atque damnabili contra hujusmodi legem veniendum esse crediderit, vel insistere motu pestiferæ perseverationis audebit, competenti pœna, & digno supplicio coerceatur. Data XVI. Kalend. 3. Julias. THEODOSIO Augusto II. & CYNEGIO Consulibus. 2

AN. CH. 388.

3

Item eodem libro sub titulo,
De hæreticis.

Imperatores GRATIANUS, VALENTINIANUS, & THEODOSIUS Augustus EUTROPIO 4 Præfecto Prætorio. Ib. Tit. 5. l. 6. 4

5 NUllus hæreticis mysteriorum locus, nulla ad exercendam animi obstinationis dementiam pateat occasio. Sciant omnes, etiam si quid speciali quolibet rescripto per fraudem elicito ab hujusmodi hominum genere impetratum est, non valere. Arceantur cunctorum hæreticorum ab illicitis congregationibus turbæ. Unius & summi Dei nomen ubique celebretur. Nicænæ fidei dudum a majoribus traditæ, & divinæ religionis testimonio atque assertione firmatæ observantia semper mansura teneatur. Fotinianæ labis contaminatio, Arriani sacrilegii venenum, Eunomianæ perfidiæ crimen, & nefanda monstruosis nominibus auctorum prodigia sectarum ab ipso etiam aboleantur auditu. Is autem Nicænæ assertor fidei, & catholicæ religionis verus cultor accipiendus est, qui omnipotentem Deum, & Christum 6 Filium Dei uno nomine confitetur, Deum de Deo, lumen ex lumine; qui Spiritum sanctum, 7 qui id quod ex summo rerum parente speramus & accipimus, negando non violat; apud quem intemeratæ fidei sensu viget incorruptæ Trinitatis indivisa substantia, quæ Græci assertione verbi 8 Omousia recte credentibus dicitur. Hæc profecto nobis magis probata, hæc 5 6 7 8

---

2 Cod. Theod. Gothofr. *egresso*, ac dein *vel consilii*.

3 Ita codd. Vind. & alii a Coustantio laudati in præfatione ad tom. 1. Epistolarum Romanorum Pontificum pag. LXXIX. nec non Gothofredi editio, quæ addit *Stobis*. Apud Quesn. *Augusti*.

4 Quesn. perperam *Præposito*. Correximus ex nostro, ac ex Coustantii codicibus, nec non cum editione Gothofredi.

5 In aliquibus editionibus Codicis Theod. male *nullos hæreticos*: & mox *ad exercendi animi*.

6 Apud Gothofr. *filium Deum unum nomine*.

7 Sic cod. Vind. cum Gothofr. editione. Quesnellus *quique id quod*. Emendaremus libenter *a quo id quod ex summo rerum parente speramus, accipimus*: si qui codex suffragaretur.

8 Edit. Cod. Theod. *ὁμοία*.

9 hæc veneranda sunt. Qui vero 9 hisdem non inserviunt, desinant affectatis dolis alienum veræ religionis nomen assumere, &
10 suis 10 apertis criminibus denotentur: ab omnium summoti Ecclesiarum limine penitus arceantur, cum omnes hæreticorum illicitas agere intra oppida congregationes vetemus. Ac si quid eruptio factiosa tentaverit, ab ipsis etiam urbium mœnibus, exterminato furore, propelli jubemus, ut cunctis orthodoxis Episcopis, qui Nicænam fidem tenent, catholicæ Ecclesiæ toto orbe
AN. CH. reddantur. Data quarto Iduum 11 Juniarum
381. Constantinopoli EUCHERIO & SYAGRIO Con-
11 sulibus.

Item libro & titulo quo supra.

Imperator THEODOSIUS Augustus & VALENTINIANUS Cæsar, ad FAUSTUM Præfectum Urbis.

MAnichæos hæreticos 12 sive Mathe- 12
maticos, omnemque sectam catholicis inimicam, ab ipso aspectu Urbis 13 13
Romanæ exterminari præcipimus: ut nec
præsentiæ criminosorum contagione 14 fœ- 14
detur. Circa hos autem maxime exercenda commotio est, qui pravis suasionibus a venerabilis Papæ sese communione suspendunt: quorum schismate plebs etiam reliqua vitiatur. His conventione præmissa viginti dierum 15 condonamus inducias, in- 15
tra quos nisi ad communionis redierint unitatem, expulsi usque ad centesimum lapidem, solitudine, quam eligunt, macerentur. Data XVI. Kalend. Aug. Aquilejæ 16 AN. CH.
THEODOSIO Aug. XI. & VALENTINIANO 425.
Cæsare Consulibus. 16

CAPITULUM LV.

1 DAMASI PAPÆ

ad

---

9 Quesnellus *his nominibus non inserviunt*. Prætulimus codd. Vind. ac Thuan. cum edit. Gothofr.

10 Sic Gothofr. cum Vind. Apud Quesn. *aperte criminibus denudentur. Ab omnium ergo summoti*.

11 Cod. Theod. & Justinian. *Jan*. At Gothofredus optime ostendit corrigendum *Jun*. quam emendationem nostræ collectionis exemplaria comprobant.

12 Cod. Theod. Gothofr. *schismaticos*, & omittit *sive Mathematicos*. Aliæ vero editiones ejusdem codicis ante Parisiensem utrumque præferunt. Alia vero lex 64. eodem anno data Aquilejæ *VIII. Idus Augusti* habet *Manichæos hæreticos, sive schismaticos, omnemque sectam* &c.

13 Idem cod. Theod. *Romæ*.

14 MS. Vind. & Gothofr. *fœdentur*, subauditur *catholici*. Mox Gothfr. *maxime urgenda commotio*. Edit. Tiliana, & Cujaciana *maxime exercenda commonitio*, perperam.

15 Cod. Theod. *condonavimus*.

16 Quesn. *Theodosio Aug. decies*. Cum MSS. Vind. Coustantii, & vulg. cod. Theod. emendavimus.

1 Hæc Damasi epistola eadem forma, ac in exemplaribus hujus collectionis, reperitur etiam in MSS. collectionis Hisp. & in duobus codicis encyclii epistolarum ad Leonem Augustum, quos Coustantius laudat. Alia vero forma edita ab Holstenio ex alio MS. Barberino *Confessionem fidei catholicæ* inserit ipsi epistolæ ad Paulinum post verba secundæ periodi *voluerit sociari, dilectissime frater*. Hæc forma a Coustantio inventa est in duabus antiquissimis collectionibus Corbejensi & Fossatensi: eademque ex alio vetustiori exemplo inserta legitur lib. 2. *Conflictus Arnobii cum Serapione*, quem Fevardentius vulgavit in Appendice operum S. Irenæi Coloniæ anno 1596. Collectio vero additionum Dionysii epistolam ad Paulinum sejungit a Confessione fidei, ac si duo essent documenta distincta: istam enim profert tit. 86. cum inscriptione, *Confessio fidei catholicæ* &c. ut in nostra collectione: illam vero tit. 88. cum epigraphe: *Rescriptum Damasi Papæ ad petitum Hieronymi ad Paulinum*. Hæc eadem distinctio invenitur in vetustiore collectione, quæ exstat in duobus MSS. Vat. 1342. & Barb. 2888. Nam Confessio fidei non solum præmittitur epistolæ ad Paulinum, & utraque distinctis titulis describitur, illa tit. 36. ista tit. 37. verum etiam sub eodem tit. 36. post confessionem fidei additur ea confessio Presbyterorum seu Diaconorum Ecclesiæ Constantinopolitanæ quæ in præsenti collectione hoc eodem capite legitur. Aliæ vero collectiones solam Confessionem fidei ita exhibent, ut Nicænum symbolum eidem præfigant. Ita codd. Lucensis & Colb. 784. de quibus vid. not. 10. In MSS. codd. Vat. 1337. & 1338. qui Hadrianeæ collectionis nonnulla interserunt, eo titulo, quo profertur Nicænum Concilium, hæc eadem Confessio fidei post symbolum ipsius Concilii sine ulla peculiari inscriptione subjicitur. In alia vetustissima collectione MS. Vat. 1322. cum Nicæno-Constantinopolitano Symbolo pariter jungitur, uti videre est tom. 4. Conc. Venetæ editionis col.

ad Paulinum Antiochenum Episcopum.

2 *Formula fidei subrogata, cui deberent hi qui ab hæresi revertuntur, subscribere.*

Dilectissimo fratri PAULINO DAMASUS.

3 PEr filium meum Vitalem a te scripta direxeram, tuæ voluntati & judicio omnia derelinquens; & per Petronium Presbyterum breviter indicaveram, me in articulo jam profectionis ejus aliqua ex parte commotum. Unde ne aut tibi scrupulus resideret, 4 & volentes forsitan Ecclesiæ copulari tua cautio probanda differret: fidem misimus non tam tibi qui ejus fidei communioni sociaris, quam his qui in ea, subscribentes, tibi, id est, nobis per te voluerint sociari, dilectissime frater 5. Quapro- 5
pter si supradictus filius meus Vitalis, & hi qui cum eo sunt, tibi voluerint aggregari, primum debent in ea expositione fidei subscribere, quæ apud Nicæam pia Patrum voluntate firmata est. Deinde quoniam nemo potest futuris vulneribus adhibere medicinam, ea 6 hæresis eradicanda est, quæ 6
postea in Oriente dicitur pullulasse; id est, confitendus ipse Sapientia, Sermo, Filius Dei, humanum suscepisse corpus, animam, sensum, id est, integrum Adam; & ut expres-

---

col. 2064. Hanc eamdem Confessionem sine epistola ad Paulinum Theodoretus Græce redditam inseruit lib. 5. Hist. cap. 11. Laudatur etiam a Patribus Concilii Calchedonensis in allocutione ad Imperatorem Marcianum tom. 4. Conc. col. 1766. S. Cælestinus I. in fragmento sermonis, quod nobis conservavit Arnobius lib. 2. Conflictus cum Serapione, duo testimonia Damasi allegans, alterum ex *Confessione fidei*, alterum ex epistola ad Paulinum, quæ in nostra collectione Confessioni præmittitur, non solum prius laudat Confessionem fidei, verum etiam hanc veluti epistolam ad eumdem Paulinum scriptam commemorat. Sic enim inquit: *Item præcessor meus Damasus scribens ad Paulinum Antiochenæ Ecclesiæ Episcopum inter cetera ait: Anathematizamus eos, qui duos filios Dei asserunt, alterum qui ex Patre ante sæcula est genitus, & alterum qui ex adsumtione carnis natus est ex virgine.* Sunt fere eadem verba ex Confessione fidei. Dein sequitur. *Item ipse apostolicæ memoriæ vir Damasus in ALTERA epistola ad Paulinum: Anathematizamus eos qui duos in Salvatore filios confitentur, alium ante incarnationem, & alium post adsumptionem carnis ex virgine, & non eumdem Dei Filium & antea & postea ipsum esse Christum Domini Dei Filium, qui natus est ex virgine, confitentur.* Hæc in epistola ad Paulinum invenies. Duas igitur Damasi ad Paulinum epistolas Cælestinus I. distinxit, & eodem quidem ordine, quo distinguuntur in duabus memoratis Italicis collectionibus, nimirum additionum Dionysii, & altera antiquiore, quam continent MSS. exemplaria Vat. 1342. & Barb. 2888. Hinc harum collectionum auctores eas ita in suis codicibus distinctas invenere, uti easdem Cælestinus in apostolicis scriniis separatas reperit. Ex his autem Italicis collectionibus cum Cælestini testimonio concinentibus Baluzii sententia de duabus Damasi epistolis plurimum confirmatur. Id quoque probari posse videtur ex iis verbis epistolæ, quæ secunda a Cælestino vocatur, *fidem misimus*, quibus *Confessio fidei* ad ipsum Paulinum antea missa significatur. P. Coustantius in monito ad epist. 5. Damasi num. 2. opponit antiquos codd. Regium, Corbejensem, & Bellovacensem, qui dum epistolæ ad Paulinum Confessionem fidei subjiciunt, hunc titulum eidem præfigunt: *Incipit Papæ Damasi Urbis Romæ ad Paulinum Episcopum Antiochenæ civitatis de capitulis fidei contra Macedonium, Eunomium, & Apollinarem hæreticum:* & ad calcem Confessionis fidei addunt: *Explicit Confessio catholica, quam subdidit Damasus Papa epistolæ suæ ad Paulinum contra Macedonium, Eunomium, & Apollinarem hæreticos.* At horum codicum auctoritas, quæ MSS exemplaribus duarum memoratarum collectionum eliditur, haudquaquam comparanda videtur cum testimonio Cælestini I. quod laudatis ipsius Damasi verbis *fidem misimus* plurimum confirmatur. Forte Damasus missam antea *fidem* (ut in rebus ejusmodi fieri solet) secundis litteris iterum adjunxit, & idcirco in aliquibus collectionibus, sicut & in nostra, iisdem litteris subjecta, in aliis vero inserta legitur. Unum tantummodo huic opinioni de duplici Damasi epistola adversatur, quod simplex Confessio fidei nullam epistolæ formam exhibet. Cum vero Confessio fidei in aliquibus pervetustis collectionibus, nec non a Theodoreto sine ulla epistola proferatur; id argumento est eam distinctam fuisse a prioribus litteris, quibus missa, vel separatim adnexa fuit, quasque Cælestinus ab *altera* epistola separatas invenit. Fieri ergo potuit ut illa Confessio sine litteris prioribus exscripta conservaretur, illæ vero litteræ intercciderent.

2 Ita Quesn. cum MS. Thuaneo, cui concinunt cetera antiqua hujus collectionis exemplaria: ubi voces *formula fidei subrogata* ablativo casu accipiendæ, referuntur ad eam breviorem formulam in fine adjectam, cui Eutychiani ab hæresi revertentes debebant subscribere. Recentior codex Oxon. *Formula fidei ab hæresi revertenti*, ubi *formula* nominativi significatione ipsam Damasi formulam indicat.

3 Codd. additionum Dion. *& per ipsum filium meum*. Holstenii editio *Per ipsum filium meum*.

4 Quesn. *aut volentes ... probando*. Lectionem antea vulgatam, quam ceteri codices approbant, revocavimus. Mox post *fidem* vulg. ante Quesn. inserunt *nostram*, ac dein habent *qui nobis ejus*, vel *ejusdem fidei communione*.

5 In editione Lucæ Holstenii e MS. Barberino, nec non in codd. Corbejensi, & Fossatensi hoc loco inseritur professio fidei *Post Nicænum Concilium* &c. paullo post subjicienda.

6 Præcavetur ab Apollinaristarum hæresi, in cujus suspicionem Vitalis Presbyter venerat: qui tamen postea eamdem hæresim sequutus, Apollinaristarum Antiochiæ degentium Episcopus institutus fuit.

pressius dicam, totum veterem nostrum sine peccato hominem. Sicuti enim confitentes eum humanum suscepisse corpus,
non statim ei & humanas vitiorum adjun-
gimus passiones; ita & dicentes eum suscepisse & hominis animam, & sensum, non
statim dicimus eum & cogitationum humanarum subjacuisse peccato. Si quis autem
dixerit Verbum pro humano sensu in Domini carne versatum, hunc catholica Ecclesia anathematizat, nec non & illos, qui
duos in Salvatore filios confitentur, id est,
alium ante incarnationem, & alium post
assumtionem carnis ex virgine; & non
eumdem Dei Filium & ante & postea con-
7 fitentur. Quicumque 7 huic epistolæ subscribere voluerit, ita tamen ut in ecclesiasticis 8 canonibus, quos optime nosti, & 8
in Nicæna fide ante subscripserit, hunc debebis absque aliqua ambiguitate suscipere.
Non quod hæc ipsa, quæ nos scribimus,
non potueris 9 convertentium susceptioni 9
proponere; sed quod tibi consensus noster
liberum in suscipiendo tribuat exemplum.

10 *Confessio fidei catholicæ, quam Papa 20
*Damasus misit ad Paulinum Antio-
chenum Episcopum.

11 POst Concilium Nicænum, quod 11
in Urbe Roma postea congregatum

7 Quesn. inseruit *igitur*; delevimus cum aliis vulgatis nostrisque codd.

8 Canones ecclesiasticos a Nicæna fide distinguit. Sardicenses autem canones, qui cum Nicænis copulati, Nicænorum nomine apud Romanam Ecclesiam circumferebantur, ut in Tractatu probavimus part. 2. c. 1., hoc loco Damasus potissimum videtur respicere, cum unum ex his canonibus, qui translationes Episcoporum prohibet, in Professione fidei mox subjicienda confirmet. Vid. not. 18. Mox Holstenius cum editoribus Romanis *in ecclesiasticos canones, quos optime nosti, & in Nicænam fidem*. Plures quidem codices habent *in Nicænam fidem*, at nulli *in ecclesiasticos canones*. Dein apud Quesn. *subscribat*, refragantibus vulg. nostrisque codd. Postea pro *debebis* edit. Rom. Holst. & Labb. *habebis*: veteres edit. Conc. cum quibusdam MSS. *debeas*: Vat. 1342. *debes*.

9 Edit. Rom. Holst. & Labb. *conversorum*.

10 Ita codd. Thuan. & Vind. cum MSS. Barb. & Vat. 1342. & additionum Dion. Solus Oxon. *Item regula fidei sub eodem capitulo*. In aliis diversæ originis exemplaribus titulus aliter effertur. Collectio Lucensis Colbertina omittit præmissam epistolam, hanc vero epigraphem præfigit: *Incipit de Synodo Nicæno scripta Papæ Damasi ad Paulinum Antiochenæ Urbis Episcopum*. Inchoat a Symbolo Nicæno, quod profertur ex versione antiqua Romana, qualis legitur in epistola Leonis 165. Solum contra Macedonianorum errorem post voces & (supple *in*) *Spiritum sanctum*, hæc adjiciuntur: *nec facturam; neque creaturam, sed de substantiam* (sic) *deitatis*: ac tandem Nicænum anathematismum integre describitur, uti videre est ex cod. Lucensi apud P. Dominicum Mansi in Append. Conciliorum tomo 2. pag. 21. Dein sine alio titulo præsens Confessio fidei subnectitur: *Post hoc Concilium Nicænum, quod in Urbe*. P. Coustantius t. 1. epist. Rom. Pontif. col. 510. not. n. duos alios codices laudat Colbert. 1863. & 1868. qui Nicænum Symbolum non absimiliter præmittunt. Cod. 1868. hunc titulum exhibet: *Incipit fides apud Nicæam conscripta ab Episcopis CCCXVIII. Credimus in unum Deum* &c. ut in Nicæno symbolo: quo toto descripto subditur: *Et quia postea hic error inolevit, ut quidam ore sacrilego auderent dicere Spiritum Sanctum factum esse* &c. Alter vero codex 1863. sic: *Incipit pars fidei de ea, quæ apud Nicæam scripta est, ab eo loco* (lege *ad eum locum*, idest ad extrema Nicænæ fidei verba) *ubi dicit*; Hos anathematizat catholica & apostolica Ecclesia; *quæ fides cum Synodo Nicæno in hoc libro* (Damasi) *scripta est*. Tum sequitur: *Et postea quia hic error inolevit* &c. *quidam ore sacrilego* &c. Horum codicum auctoritate, nec non ex præcedentibus ipsius Damasi verbis, quibus Nicænæ fidei subscriptionem efflagitat, dicendum est eumdem Pontificem Confessioni fidei, quam ad Paulinum misit, Nicænam fidem præfixisse. In cod. Vat. 1322. de quo sermonem fecimus tom. 2. in Observat. ad Dissert. 9. huic Confessioni fidei Symbolum Nicæno-Constantinopolitanum præmissum legitur. Hæc Confessio apud Orientales celebris, Græce reddita profertur a Theodoreto lib. 5. c. 11.

11 Ita codd. Vind. & alii hujus collectionis, quos P. Coustantius laudat. Apud Merl. & Crab. *Post Concilium Nicænum aliud in urbe Romana postea congregatum est, in quo catholici Episcopi reddiderunt de Spiritu Sancto. Quia postea is error* &c. Sane hæc lectio magis perspicua est: sed ea non invenitur nisi in codd. Hisp. originis Gallicanæ, & in Isidorianis, in quibus, ut alibi monuimus, arbitrariæ emendationes frequenter occurrunt. Justelli codex a Labbeo citatus t. 2. col. 1061. Isidorianus est. Quesnellus hanc lectionem exhibuit: *Post Nicænum Concilium in urbe Romæ postea congregati catholici Episcopi addiderunt de Spiritu Sancto. Quia postea error Arrianis inoleverat, ut quidam* &c. Num hæc ex Oxoniensi codice, an ex ingenio scripserit, ignoramus. Hic certe nisus elucet hominis intricatum locum emendare studentis. Veteres autem libri magno consensu habent *is*, vel *hic error inolevit*, nec in ullo is error Arrianis tribuitur. Quædam exemplaria not. 1. laudata hanc Confessionem fidei *adversus Macedonium, Eunomium & Apollinarem* missam tradunt. Cod. Vat. 1342. & duo alii apud Coustantium, dum nostram lectionem præferunt, pro *a catholicis Episcopis* alia interpunctione habent *catholici Episcopi*: Libentius recepissemus lectionem duorum codd. Vatt. 1337. & 1338. si ad nostram collectionem pertinerent. *Post Concilium Nicænum in urbe Roma Concilium congregatum est a catholicis Episcopis, & addiderunt de Spiritu Sancto* &c. Verior autem lectio

12 gatum eſt a catholicis Epiſcopis, 12 addiderunt
de Spiritu ſancto; & quia poſtea is error inolevit, ut quidam ore ſacrilego auderent di-
13 cere Spiritum ſanctum factum eſſe 13 per
Filium; anathematizamus eos, qui non to-
14 ta libertate proclamant, 14 eum cum Patre & Filio unius poteſtatis eſſe atque ſubſtantiæ. Anathematizamus quoque eos, qui
15 Sabellii ſequuntur errorem, eumdem 15 dicentes eſſe Patrem quem Filium. Anathematizamus Arrium atque Eunomium, qui
pari impietate, licet ſermone diſſimili, Fi-
16 lium & Spiritum ſanctum aſſerunt eſſe 16
creaturas. Anathematizamus Macedonianos, qui de Arrii ſtirpe venientes, non
perfidiam mutavere, ſed nomen. Anathematizamus Fotinum, qui Hebionis hæreſim
inſtaurans, Dominum JESUM-CHRISTUM
tantum ex Maria confitetur. Anathematizamus eos, qui duos filios aſſerunt, unum
ante ſæcula, & alterum poſt aſſumtionem
carnis ex virgine. Anathematizamus eos,
qui pro hominis anima rationabili & intel-
ligibili, dicunt Dei Verbum in humana
carne verſatum; cum ipſe Filius ſit verbum
Dei, & non pro anima rationabili & in-
telligibili in ſuo corpore fuerit; ſed noſtram, id eſt, rationabilem & intelligibi-
lem ſine peccato animam ſuſceperit atque
ſalvaverit. Anathematizamus eos, qui verbum Filium Dei extenſione aut collectione
17 a Patre ſeparatum & inſubſtantivum, & 17
finem habiturum eſſe contendunt. 18 Eos 18
quoque, qui de Eccleſiis ad Eccleſias migra-
verunt, tamdiu a communione noſtra habemus alienos, quamdiu ad eas redierint civitates, in quibus primum ſunt conſtituti. Quod
ſi alius, alio tranſmigrante, in locum viven-
tis ordinatus eſt, tandiu vacet Sacerdotii
dignitate, qui ſuam deſeruit civitatem,
quamdiu ſucceſſor ejus quieſcat in Domino.
Si quis non dixerit ſemper Patrem, ſemper
Filium, ſemper Spiritum ſanctum 19 eſſe; 19
anathema ſit. Si quis non dixerit natum
de Patre Filium, id eſt, de divina ſubſtantia ipſius; anathema ſit. 20 Si quis non 20

lectio profertur in MSS. Lucenſi, & Colb. in quibus Nicænum Symbolum huic Confeſſioni fidei præmittitur, concinente etiam cod. Vat. 1322. qui Symbolum Nicæno-Conſtantinopolitanum præfigit. *Poſt hoc Concilium Nicænum, quod in urbe Roma Concilium congregatum eſt a catholicis Epiſcopis, addiderunt de Spiritu Sancto. Et quia poſtea hic error inolevit* &c. Notat Queſnellus in margine: *Vulgati & Theodoretus lib. 5. c. 11. hæc tantum habent ab initio: Quia poſt Concilium Nicænum is error inolevit* &c. Theodoretus ſcilicet, ex quo vulgata ejuſdem verſio t. 2. Concil. inſerta eſt col. 1061. quædam exordii verba prætermittenda credidit.

12 Duo codd. laudati Vat. 1337. & 1338. *& addiderunt*. Henricus Valeſius in notis ad lib. 5. Theodoreti c. 11. hanc additionem factam putat in Romano Concilio ſub S. Silveſtro. At quæ poſt Nicænum de Spiritu Sancto Romæ geſta fuere, Damaſo Vigilius tribuit in priori Conſtituto n. 26. Hæc autem additio Symboli non in ea Synodo, in qua hæc fidei Confeſſio ſcripta fuit, ſed in anteriori facta videtur, ut indicat verbum *addiderunt*, quod præterea non decretum de Spiritu Sancto ſeparatum a Symbolo, ſed Symboli additamentum proprius ſignificat. Quodnam vero fuerit hoc additamentum, ex collectione Lucenſi & Colbertina colligere licet: ubi in ſymbolo Nicæno, ut not. 10. obſervavimus, poſt voces *& Spiritum Sanctum* hæc adiecta leguntur *non facturam, neque creaturam, ſed de ſubſtantia deitatis:* quæ Macedonianum errorem ſubvertunt.

13 Cod. Oxon. delet *per Filium*. Mox poſt *anathematizamus* Queſn. addidit *inquiunt:* ignorant cum vulgatis omnes noſtri & Couſtantii codd.

14 Sic codd. Vind. Vat. Lucen. & alii plures apud Couſtantium. Unus Queſn. *Spiritum Sanctum unius cum Patre & Filio poteſtatis & ſubſtantiæ*.

15 Queſn. *dicentem*. Vind. & Couſt. MSS. lectionem prætulimus, cui Græca Theodoreti verſio concinit. Mox *quem & filium* in codd. Luc. & nonnullis aliis. Lectionem retinuimus exemplarium noſtræ collectionis, cum qua Theodoretus concordat.

16 Cod. Luc. *creatum*.

17 MSS. aliarum collectionum addunt particulam *&*, quam mox delent ante *inſubſtantivum*. Solus Queſn. inſerit *eſſe* ante *ſeparatum*.

18 Licet ſequentem periodum Queſnellus invenerit non ſolum in vulgatis, verum etiam in cod. Thuan. & apud Theodoretum, uti legitur in omnibus noſtris codicibus: nihilominus Oxonienſe exemplar ſequutus, eamdem in marginem inferiorem rejecit. P. Couſtantius, qui plures antiquos libros contulit, eam deeſſe notavit in unico Colbertino diverſæ collectionis, qui & epiſtola Damaſi caret. Quod ſi in MSS. Iſidori pariter hoc loco omittitur, id arbitrio ejus tribuendum eſt, qui hanc particulam ſeparatim ſubjiciendam credidit ſub hoc titulo: *De Sacerdotibus, qui de Eccleſiis ſuis ad alias migrant*. Hanc vero omnes noſtri libri hoc loco recipiunt, ac inter ceteros cod. Vat. Palat. 574. qui vetuſtiſſimam Gallicanam collectionem continet ſimilem Morbacenſi, hoc unicum decretum ex hac Damaſi epiſtola recitat cum titulo: *Auctoritas S. Damaſi ad Paulinum*. Hic Pontifex, qui cum Paulino Antiochèno communicabat, hoc decretum inſeruit adverſus Meletium, qui e Sebaſtena Eccleſia ad Antiochenam tranſierat. Concinit hoc decretum cum Sardicenſi can. 1. Lectionem ex noſtris codd. exhibuimus. Queſnellus autem ſic: *Eos autem, qui ab Eccleſiis ad Eccleſias migraverint, tamdiu a noſtra communione alienos habemus, donec ad eas redierint civitates, in quibus primitus ſunt conſtituti. Quod ſi quis alius alio tranſmigrante* &c. *donec ſucceſſor* &c.

19 Ita noſtri codd. Vind. Vat. 1322. & Lucen. cum tribus MSS. Couſtantii. In Vat. 1342. cum Merlino & Crabbo deſideratur *eſſe*. Holſtenius cum collectione Corb. *fuiſſe & eſſe*. Solus Queſn. *exſtitiſſe*.

20 Cod. Luc. cum vulgata Theodoreti verſione: *Si quis non dixerit verum Deum Filium, ſicut Deum verum Patrem ejus*. Idem in Vat. 1322. niſi quod pro *verum* utrobique mendoſe legitur *verbum*.

dixerit Verbum Dei, Filium Dei Deum, sicut Deum Patrem ejus, omnia posse, & omnia nosse, & Patri æqualem; anathema sit. Si quis dixerit, quod in carne consti-
21 tutus Filius Dei cum esset in terra, 21 in
cælis cum Patre non erat, anathema sit.
Si quis dixerit, quod in passione crucis do-
22 lorem 22 sustinebat Filius Dei Deus, &
non caro cum anima, quam induerat formam servi, quam sibi acceperat, sicut ait
23 Scriptura; anathema sit. 23 Si quis non di-
xerit quod in carne quam assumsit sedet ad dexteram Patris, in qua venturus est judicare vivos & mortuos; anathema sit. Si quis non dixerit Spiritum sanctum de Pa-
24 tre esse vere ac proprie, 24 sicut Filium
de divina substantia, & Deum verum, anathema sit. Si quis non dixerit, omnia posse Spiritum sanctum, omnia nosse, & ubique esse, sicut Patrem & Filium; anathema sit. Si quis dixerit Spiritum sanctum facturam, aut per Filium factum; anathema sit. Si quis non dixerit omnia per Fi-
25 lium 25 & Spiritum sanctum Patrem fecis-
se, id est, visibilia & invisibilia; anathema sit. Si quis non dixerit Patris & Filii & Spiritus sancti unam Deitatem, potestatem,
26 majestatem, 26 potentiam, unam gloriam,
dominationem, unum regnum atque unam voluntatem ac veritatem; anathema sit. Si quis non dixerit veras tres personas Patris & Filii & Spiritus sancti, æquales, semper viventes, omnia continentes visibilia & invisibilia, omnia potentes, omnia judicantes, omnia vivificantes; omnia facientes, 27 omnia salvantes; anathema sit. 27
Si quis non dixerit Spiritum sanctum adorandum ab omni creatura, sicut Filium & Patrem; anathema sit. Si quis de Patre & Filio bene senserit; de Spiritu autem sancto
28 non recte habuerit, hæreticus est: quod 28
omnes hæretici de Filio Dei & de Spiritu sancto male sentientes, in Judæorum atque Gentilium perfidia inveniuntur. Quod si quis
29 partiatur, Deum Patrem dicens, & Deum 29
Filium ejus, & Deum Spiritum sanctum, Deos dici, & non Deum propter unam divinitatem & potentiam, quam credimus esse & scimus Patris & Filii & Spiritus sancti, 30 subtrahens Filium aut Spiritum san- 30
ctum, solum existimet Deum Patrem dici
aut credi unum Deum; anathema sit. 31 31
Nomen enim Deorum & angelis & sanctis omnibus a Deo est impositum & donatum. De Patre autem & Filio & Spiritu sancto propter unam & æqualem divinitatem, non nomen Deorum, sed Dei nobis ostenditur atque indicatur; ut credamus quia in Patre & Fi-

---

21 Sic MSS. Vind. Lucen. & Vat. 1322. cum Coustantio. Apud Quesn. *non esset in cælo cum Patre, anathema sit*.

22 Cod. Lucen. *sentiebat*; & mox cum Holstenio *quam induerat forma servi*. Coust. cum MS. Corb. *quia induerat formam servi*. Melius vulg. Concil. ex Theodoreto *quam induerat in forma servi*. Lectionem codicis Vind. hujus collectionis & Vat. 1342. & quinque antiquorum Coustantii recepimus. Quesnellus quibusdam vocibus omissis: *quam induerat, & formam servi sibi acceperat, anathema sit*.

23 Vulgata versio Theodoreti Conciliis inserta addit: *Si quis non dixerit excruciatum carne Dei Filium, & carne mortem gustasse, fuisseque primogenitum ex mortuis, quatenus vita est vivificus Deus, anathema sit*. Hunc vero anathematismum nulli nostri, neque Coustantii codd. Latini diversarum collectionum exhibent. Immo idem Epiphanius Scholasticus, qui hoc documentum ex Theodoreto Latine reddidit lib. 9. Tripartitæ c. 16. hunc anathematismum omittens, ipsum in suo Theodoreti Greco codice non invenisse significat: quod indicio esse potest, eumdem anathematismum in aliis Græcis Theodoriti exemplaribus posteriori additamento esse deputandum.

24 Cod. Vat. 1342. *sicut Filius Dei*; Coust. *sicut Filius*. Mox vulg. versio ex Theodoreto *& Deum Dei Verbum*.

25 Vulg. versio Theod. addit *postea incarnatum*. In Græco Theodoreti deest *postea*: & solum legitur τοῦ σαρκωθέντος: quod nomen cum ignoret interpretatio Epiphanii, nec in ullo MS. Latino quidpiam æquivalens legatur, adtitium agnoscitur, ut Coustantius animadvertit.

26 Voces *potentiam*, *unam* adjecimus ex MSS. Vind. Thuan. Lucen. Vat. 1342. aliisque Coustantii.

27 Codd. Lucen. Corb. & duo Colbert. cum Holstenio & Coustantio *omnia quæ sunt salvanda salvantes*.

28 Cod. Oxon. habet tantum *non recte, anathema sit. Si quis dicat Deum Patrem, & Deum Filium* &c.

29 Coustantius cum tribus suis MSS. & nostris Vatt. 630. 1340. 1341. 1342. & Vat. Palat. 575. prætulit *patiatur*. At *partiatur* non solum habent codd. hujus collectionis; verum etiam vetus Corb. Lucen. nec non illud exemplar, quod Theodoretus Græce reddidit. Holstenius legit: *partiatur divinitatem, singillatim Deum Patrem*. Licet vero cum sequentibus melius cohæreat *patiatur* … *Deos dici*; nostræ tamen collectionis lectionem aliis antiquissimis MSS. firmatam expungere noluimus. Vat. 1342. etsi habeat *patiatur*, postea tamen præfert *Deos dicit*. Cod. Luc *Deos dicere*.

30 Codd. Thuan. & Vat. 1342. addunt *Deum*, quæ vox abundare videtur. Holstenius *Deum verum*. Epiphanius ex Theodoreto *Deum unum*; qui cum non adjecerit *in tribus personis*, voces Græcæ apud Theodoretum ἐν τρισὶν ὑποστάσεσιν addititiæ videntur. MSS. Luc. & Vat. 1342. cum Coust. *subtrahens autem Filium aut Spiritum Sanctum, ita solum existimet esse Deum Patrem, dici aut credi* &c.

31 Sequentia usque ad *gentiles dementes* desunt in MS. Oxon. Post *anathema sit* in MSS. Vind. Luc. & Vat. 1342. intrusa leguntur hæc: *Omnibus, immo Judæis, quod*, & sequuntur *nomen Deorum in angelis*. Voces *a Deo* adjecimus ex omnibus nostris & Coust. codicibus suffragante etiam Theodoreti Græca versione.

& Filio & Spiritu ſancto ſolum baptizamur,
32 & non in Archangelorum nominibus 32 &
Angelorum, quomodo hæretici aut Judæi
aut etiam Gentiles dementes. Hæc ergo
eſt ſalus Chriſtianorum; ut credentes
Trinitati, id eſt, Patri & Filio & Spiritui
33 ſancto, 33 in eam veram ſolamque unam
divinitatem & potentiam, majeſtatem &
34 ſubſtantiam 34 ejuſdem hæc ſine dubio credamus.
35 35 Ego ille Conſtantinopolitanæ Eccleſiæ Diaconus vel Presbyter hac ſcriptura,
quam manu mea perſcripſi, profiteor me
de Incarnatione Domini noſtri JESU-CHRISTI eam fidem tenere, quam
36 36 ſacroſancta Synodus Nicæna, & venerandum Calchedonenſe Concilium evangelica & apoſtolica auctoritate firmarunt, & quam beatiſſimi Papæ Leonis epiſtola ad ſanctæ memoriæ Flavianum Conſtantinopolitanæ Urbis Epiſcopum data prædicatione lucidiſſimæ veritatis expoſuit: Neſtorium vero & Eutychem cum dogmatibus & ſectatoribus ſuis æterno anathemate dignos eſſe pronuntio.

1 1 CAPITULUM LVI.

Euſebii Epiſcopi Mediolanenſis Epiſtola ad Leonem Papam.

Domino ſancto & beatiſſimo Patri
LEONI EUSEBIUS.

REverſis Domino annuente fratribus noſtris, quos ad Orientem &c. *Integra exhibetur epiſt. 97. tom. 1. col. 1080.*

CAPITULUM LVII.

Epiſtola Ravennii aliorumque Epiſcoporum Gallorum ad Leonem Papam.

Domino vere ſancto merito in Chriſto Beatiſſimo & Apoſtolico honore venerando Papæ LEONI RAVENNIUS, RUSTICUS, &c.

PErlata ad nos epiſtola Beatitudinis veſtræ &c. *uti habetur ep. 99. tom. 1. col. 1107.*

32 Codd. Lucen. & Vat 1342. cum Couſt. *aut Angelorum*: ac dein poſt *dementes* addunt *faciunt*.

33 Couſtantius legendum credit *in ea*, Holſtenius Theodoreto ſuffragante *& baptizati in eam*.

34 Voces *ejuſdem hæc* a Queſnello omiſſas inſeruimus ex MSS. Vind. Lucen. Vat. 1342. & duobus antiquis P. Couſtantii. Holſtenius retinet *ejuſdem* ſine *hæc*: vetus Corb. *hæc* habet ſine *ejuſdem*. Couſt. cum cod. Colb. prætulit *eamdem ſine dubio credamus, ut æternam attingere mereamur ad vitam*.

35 Queſn. huic formulæ fidei præfixit titulum: *Hac autem ſcriptura recipiatur ab hæreſi veniens*, quem delevimus cum optimo cod. Vind. hujus collectionis. Duæ aliæ collectiones vetuſtæ hanc eamdem formulam exhibent, altera exempli Vat. 1342. poſt præcedentem fidei Confeſſionem, altera in Vallic. A. 5. additionum Dionyſii n. 125. & utraque hunc titulum præfert: *Confeſſio Presbyterorum ſeu Diaconorum Eccleſiæ Conſtantinopolitanæ*. Hæc autem formula eſt contractior illa, quæ antea exhibetur c. 53. in fine; eamque ex S. Leonis mente ſcriptam, cum de recipiendis Conſtantinopolitanis Clericis Eutychianæ hæreſeos ſuſpectis ageretur, conjecimus not. 9. in ep. 163. tom. 1. col. 1343. Queſnellus ſic initium dedit: *Ego ille illius Eccleſiæ Presbyter, vel Diaconus hac ſcriptura*. Noſtros codd. tres Vind. Vat. & Vallic., nec non Thuaneum ipſius Queſnelli ſequuti ſumus.

36 Sic iidem tres noſtri codd. Apud Queſn. *ſancta*.

1 Ordinem præſtantiorum codicum Vind. ac Thuan. revocavimus: Queſnellus recentioris MS. Oxonienſis ordinem ſequutus hoc capite 56. deſcripſerat epiſtolam Cyrilli ad Neſtorium, quam cum memoratis codicibus exhibebimus cap. 66. Idem autem codex Oxon. hanc epiſtolam una cum ceteris Leoninis antea deſcripſerat:

* Al. post LVI. Inter Gelasii Ep. IX.

CAPITULUM LVIII. *

1 ## 1 CONSTITUTA

SANCTI GELASII PAPÆ.

2 2 Dilectissimis fratribus universis Episcopis GELASIUS.

CAP. I. apud Dion. vulg.

NEcessaria rerum 3 disputatione constrin-
gimur, & Apostolicæ Sedis moderamine convenimur, sic canonum paternorum
3 decreta librare, & retro Præsulum decesso-
rumque nostrorum præcepta metiri, ut quæ
4 præsentium necessitas temporum 4 reparandis Ecclesiis relaxanda deposcit, adhibita
consideratione diligenti, quantum potest fieri, temperemus: quo nec in totum formam
videamur veterum excedere regularum, &
5 reparandis militiæ clericalis officiis, 5 quæ
per diversas Italiæ partes ita belli famisque
consumsit incursio, ut in multis Ecclesiis,
sicut fratris & Coepiscopi nostri Joannis
Ravennatis Ecclesiæ Sacerdotis frequenti relatione comperimus, usquequaque deficiente
6 servitio 6 ministrorum, nisi remittendo pau-
lisper ecclesiasticis promotionibus antiquitus
intervalla præfixa, remaneant (sine quibus
7 administrari 7 nequeunt) sacris ordinibus
Ecclesiæ funditus destitutæ: atque in plurimis locis per inopiam competentis auxilii
salutare subsidium redimendarum desit animarum, nosque magno reatu, si tanto coar-
ctante periculo non aliquatenus 8 consula- 8
mus, innecti. * Priscis igitur pro sui re- * CAP.II. apud Dion.
verentia manentibus constitutis, quæ ubi
nulla vel rerum vel temporum perurget angustia, regulariter convenit 9 custodiri, ea- 9
tenus Ecclesiis, quæ vel cunctis sunt privatæ ministris, vel sufficientibus usque adeo
dispoliatæ servitiis, ut plebibus ad se pertinentibus divina munera supplere non valeant, tam instituendi, quam promovendi
clericalis 10 officii sic spatia dispensanda 10
concedimus.

I. *De ordine Monachorum.*

UT si quis etiam de religioso proposito
& disciplinis monasterialibus eruditus
ad clericale 11 munus accedit, in primis 11
ejus vita præteritis acta temporibus inqui-
ratur: vel si nullo gravi facinore probatur Irregularitates.
infectus, si secundam non habuit fortassis
uxorem, nec a marito relictam sortitus ostenditur, si pœnitentiam publicam fortassis non
gessit, nec ulla corporis parte apparet vitiatus; 12 si servilis aut originariæ non est 12
conditionis obnoxius, si curiæ jam probatur nexibus absolutus; si assecutus est litteras, sine quibus vix fortassis 13 Ostiarium 13
possit implere: ut si his omnibus, quæ sunt
prædicta, fulcitur, continuo Lector, vel
Notarius, aut certe Defensor effectus, post Intersti-
tres tia.

---

1 *Hæc Gelasii Constitutio*, inquit Quesnellus, *habetur in solo codice Thuaneo, deest vero in Oxoniensi: cujus postremi ordo, quem jam ab initio tenendum nobis proposuimus, ne hic interrumperetur, Constitutionem istam sine capituli titulo vel numero inserendam curavimus. De eadem hoc adhuc moneo, non mihi videri ex eodem fonte haustam esse, ex quo ceteræ hujus codicis partes. In pluribus enim inemendata, sectioque decretorum minus commoda.* Licet autem hæc Constitutio desit in MS. Oxon. qui in aliis minus exactus est, continetur vero non solum in cod. Thuan. verum etiam in duobus Vindebonensibus, ac in Ubertino, aliisque hujus collectionis: unde ad ipsam collectionem pertinere nihil dubii est. Continetur præterea in aliis collectionibus Vat. Reginæ 1997. Lucensi 88. Colbertina 784. Vat. 1342. Barb. 2888. Dion. Hisp. & Isid. in quibus alia decretorum sectio, nimirum in capita 12. vel 28. aliæque variantes peculiares hos collectores ex aliis fontibus ebibisse significant.

2 MSS. trium collectionum Vat. Reginæ, Lucen. & Vat. 1342. hanc inscriptionem præferunt: *Gelasius Episcopus universis Episcopis per unamquamque provinciam constitutis*. Codd. Dion. Hisp. & Isid. *Gelasius fratribus universis Episcopis per Lucaniam, & Brutios, & Siciliam constitutis*. Similis inscriptionum varietas in aliis quoque aliorum Pontificum epistolis nonnumquam in diversis collectionibus exhibetur, ut videre est inter ceteras in Leonis ep. 7. quæ in codd. Dion. aliisque ex Dionysio profectis data traditur *universis Episcopis per Italiam constitutis*. At in duobus aliis coll. Corb. & nostræ collectionis legitur: *universis Episcopis per diversas provincias constitutis*. Id ex eo profectum videtur, quod hujusmodi epistolæ primum ad certas provincias a Romanis Pontificibus directæ, postea vero per harum provinciarum Episcopos vicinioribus communicatæ fuerint; & sic subinde in alias atque alias provincias transierint, ita ut *universis Episcopis per unamquamque provinciam* traditæ dici potuerint. Confer adnot. 2. ad Quesnelli Notas in ep. 4. S. Leonis tom. 2.

3 Melius apud Dion. *dispensatione*. Vat. Reg. & Isid.

4 Aliæ collect. *restaurandis*.

5 Ita cum Dion. meliores codd. exigente etiam contextu. Apud Quesn. *qua*. Mox Vat. 1342. *consumserat*. Vat. Reg. *consumserit*.

6 Al. *ministeriorum*.

7 Quesn. cum vulg. Concil. *nequeant*. Nostros codd. sequuti sumus.

8 Vulg. Conc. pro *consulamus* habent *videamur*. Magis placeret utrumque recipere, ita ut post *consulamus* scriberetur *videamur innecti*.

9 Al. *custodire*: & dein *usquequaque adeo*.

10 Vulg. Conc. cum Vat. 1342. ac Vat. Hisp. & Is. *obsequii*.

11 Ita MS. Vind. cum aliis omnibus coll. Solus Quesnellus *onus*. Post pauca aliquæ MSS. collectiones delent *vel*.

12 Al. *si servili aut originariæ non est conditioni obnoxius*.

13 Ita etiam Vat. Hisp. ac Isid. Vulg. cum Dion. *Ostiarii possit implere ministerium*. Vat. 1342. pariter addit *ministerium*. Vat. Reg. 1997. *Ostiarius possit implere ministerium*.

tres menses existat Acolythus , maxime si
huic ætas etiam suffragatur ; sexto mense
Subdiaconi nomen accipiat ; ac si modestæ
conversationis, honestæque voluntatis existit, nono mense sit Diaconus , completo-
que anno Presbyter: cui tamen quod annorum fuerant interstitia conlatura , sancti
propositi sponte suscepta doceatur præstitis-
se devotio.

II. *De Laicis.*

*CAP. III. Dion.
SI vero de laicis quispiam 14 ecclesiasticis est aggregandus officiis, tanto solli-
14 citius in singulis, quæ superius comprehensa sunt, hujusmodi decet examinari personam, quanto inter mundanam, religiosam-
que vitam constat esse discriminis: quia uti-
15 que 15 convenientia Ecclesiæ ministeria
reparanda sunt, non inconvenientibus meritis ingerendi; tantoque magis quod sacris
aptum possit esse servitiis, in eorum quærendum est institutis, quanto de tempore
quo fuerant assequenda decerpitur : ut morum habere doceatur hoc probitas, quod
prolixior consuetudo non contulit: ne per
occasionem supplendæ penuriæ clericalis ,
vitia potius divinis cultibus intulisse, non
legitime familiæ computemur compendia
16 procurasse. Quorum promotionibus, 16 super anni metas sex menses nihilominus prærogamus: quoniam, sicut dictum est, dista-
re convenit inter personam divino cultui
deditam, & de laicorum conversatione venientem . Quæ tamen eatenus indulgenda
17 credidimus, ut 17 illis Ecclesiis, quibus in-
festatione bellorum vel nulla penitus, vel
exigua remanserunt ministeria, renoventur:
quatenus his, Deo propitio , restitutis, in
ecclesiasticis gradibus subrogandis canonum
paternorum vetus forma servetur, nec contra eos ulla ratione prævaleat , quod pro
accidentis defectus remedio providetur , non
18 adversus scita majorum nova lege 18. proponitur. Ceteris Ecclesiis ab hac occasione
cessantibus, quas non simili clade vastatas
19 cognoscitis, pristinam faciendis ordina- 19
tionibus convenit tenere sententiam. Quo
magis hac opportunitate commoniti observantiam reverendorum canonum propensius
20 diligamus: singulorum graduum conscien- 20
tias admonentes, ne ad illicitos prorumpere moliantur excessus: 21 nec fas esse con- 21
fidat quisque Pontificum bigamos, aut conjugia sortientes ab aliis derelicta, seu quoslibet post pœnitentiam , vel sine litteris ,
vel corpore vitiatos, vel conditionarios, aut
curiæ publicarumque rerum nexibus implicatos, aut passim nulla temporis congruen-
tis expectatione discussos, divinis servituros
applicare mysteriis.

22 III. *De dedicandis Basilicis.* 22

NE qui pro suo libitu jura studeant aliena pervadere, absque Sedis Apostoli-
cæ justa dispositione mandante * , Basilicas *CAP. IV. Dion.
noviter institutas non petitis ex more præceptionibus dedicare non audeant ; & non
ambiant 23 sibimet vindicare clericos po- 23
testatis alienæ.

IV. *De Baptizandis.*

CAP. V. Dion.

BAptizandis consignandisque fidelibus pre-
tia nulla præfigant , nec illationibus
quibuslibet impositis exagitare cupiant re-
nascentes: quoniam quod gratis 24 accipi- 24
mus, gratis dare mandamur. Et ideo nihil
prorsus exigere moliantur, quo vel pauper-
tate cogente deterriti, vel indignatione revocati, redemtionis suæ caussas adire despiciant: certum habentes, quod qui prohibita deprehensi fuerint admisisse, vel commissa non potius sua sponte correxerint, periculum subituri proprii sint honoris.

V. *De*

---

14 Vind. *ad ecclesiastici ... officiis* . Apud Quesn. emendatum *ad ecclesiasticum .... officium*. Ad aliarum collectionum lectionem textum corrigere magis placuit.

15 Vocem *convenientia* antiqua manu additam in MS. Vind. suffragantibus aliis MSS. & editis collectionibus recepimus. Mox pro *ingerendi* vulg. Concil. habent *ingerenda*.

16 Cod. Vind. mendose *super anni ætas* : Vat. 1342. *super anima ætas* . Vat. Reg. *super enim ætam*. Veram lectionem suppeditant MSS. Dion. Hisp. & Is. Apud Quesn. *si permittit ætas*. Dein pro *prærogamus* aliæ collect. *subrogamus*.

17 Vocem *illis* ex nostris codd. & aliis vulg. adjecimus.

18 Apud Quesn. *proponuntur*. Aliarum collectionum & vulgatorum lectionem contextu exigente prætulimus.

19 Vind. cum vulg. Conc. delet *cognoscitis*. Mox Quesn. *factis*. Vind. *facientibus*. Melius, Vat. 1342. & Vat. Reg. cum Dion. Hisp. & Isid. *faciendis*.

20 Vat. Reg. Dion. & vulg. Conc. *delegamus*.

21 In cod. Vind. Prima manu legebatur : *ne forsitan esse confidat quisque Pontificum bigamus aut conjugia sortiens*. Hinc forte prodiit emendatio, quam Quesnellus recepit : *ne forsitan siat quique Pontificum bigami, atque conjugia sortientes*. At non de Pontificibus , sed de laicis ordinandis hoc capite agitur. Porro in Vind. secunda antiqua manu pro *ne forsitam* correctum fuit *nec fas* : quam lectionem dum aliæ MSS. collectiones & vulgatæ approbant , reliquum textum ex iisdem emendavimus.

22 Codex Vat. 1342. qui hanc Constitutionem in duodecim capita dividit, hic signat cap. I. cum titulo : *In dedicatione basilicæ*.

23 Vulg. addunt *Episcopi*.

24 Iidem vulg. cum Vat. Reg. *accepimus*. Dein in MSS. Vat. Reg. & alio Vat. 1342. cum Dion. Hisp. & Isid. *nihil a prædictis prorsus*. Post pauca idem Vat. Reg. *causas adhibere despiciant*.

CAP. VI. Dion.

25 V. *De Presbyteris.*

25 NEc minus etiam Presbyteros ultra suum
modum tendere prohibemus, nec e-
piscopali fastigio debita sibimet audacter assumere: non conficiendi chrismatis, non
26 consignationis pontificalis 26 adhibendæ sibimet arripere facultatem: non præsente quo-
27 libet antistite, nisi fortasse jubeantur, 27
vel orationis, vel actionis sacræ suppetere
sibi præsumant esse licentiam: neque sub
ejus aspectu, nisi jubeantur, aut sedere præsumant, aut veneranda tractare mysteria:
nec sibimet meminerint ulla ratione concedi, sine summo Pontifice Subdiaconum vel
Acolythum jus habere faciendi: nec prorsus addubitent, si quicquam ad episcopale
ministerium specialiter pertinens suo motu
28 putaverint exequendum, 28 continuo se
Presbyterii dignitate, & sacra communione
privari. Quod fieri necesse est, censemus,
29 si 29 eorum Præsule referente hujusmodi
fuerit prævaricatio comprobata: nec ipso
30 eorum Episcopo 30 a culpa cohibente & ad
ultionem vocaturo, si immoderata facientem dissimulaverit vindicare.

CAP. VII. Dion.

31 VI. *De Diaconibus.*

DIaconos quoque propriam constituimus
servare mensuram, nec ultra tenorem
paternis canonibus deputatum quippiam tentare permittimus: nihil eorum penitus suo
ministerio applicare, quæ primis ordinibus
proprie decrevit antiquitas: & absque Episcopo vel Presbytero baptizare non audeant,
nisi prædictis fortasse officiis longius constitutis, necessitas extrema compellat; quod
& laicis christianis facere plerumque conce-
*CAP.VIII Dion. ditur: * non in Presbyterio residere, 32 ubi
divina celebrantur, vel ecclesiasticus ha-
32 betur quicumque tractatus. Sacri corporis
prærogationem sub conspectu Pontificis sive
Presbyteri, nisi his absentibus, jus non habeant exercendi. Cum enim decreta venerabilium sanctionum nos quoque magnopere custodire nitamur, ac sine eorum dispen-
dio etiam illa, quæ pro alicujus utilitatis
fortasse compendio videantur laxanda, 33 33
cedamus: * cumque contra salutarium re- *CAP.IX. Dion.
verentiam regularum cupiamus temere ni-
hil licere; & cum Sedes Apostolica 34 su- 34
per his omnibus favente Domino, quæ paternis canonibus sunt præfinita, pio devo-
toque studeat tenere proposito; satis indignum est quemquam vel Pontificum vel ordinum subsequentium hanc observantiam refutare, quam beati Petri sedem & sequi videat & docere; satisque conveniens sit ut
totum corpus Ecclesiæ in hac 35 sibi ob- 35
servatione concordet, quam illic vigere con-
spiciat, ubi Dominus Ecclesiæ totius posuit
principatum. Dicente 36 autem Scriptura: *Cant. 2. 4.*
Ordinate in me caritatem: item: *Omnia* *1. Cor. 14. 40.*
cum ordine fiant: atque iterum Psalmista
prædicante: *Circumdate Sion & complecti-* *Ps. 47. 13.* 36
mini eam, narrate in turribus ejus: ponite
corda vestra in virtute ejus, & distribuite
gradus ejus, ut enarretis 37 *in progenie al-* 37
tera: quia hic est Deus noster in æternum,
& ipse regit nos in sæcula: hic proculdubio, qui in ecclesiasticarum narratur alti-
tudine dignitatum, & in cujus virtute bonis operibus corda ponenda sunt, gradibus
utique distributis, cunctis Deus noster & rector populis prædicandus est christianis: ubi
nemo sibimet aliquid æstimet imminutum:
cum & de uniuscujusque gradus perfectione nihil deperit, & convenienter retinen-
do quod cælesti dispensatione collatum est,
pariter nobis & cognoscibilem Deum fieri
& tribuit esse rectorem. Nam etsi quid in-
dulgetur de temporum quantitate, moribus 38 aggregata strenuitate pensatur, si 38
vitæ jam proposito continetur, quod pro-
telata fuerat ætate curandum, dummodo illa diffi-

---

25 In Vat. 1342. est cap. 2. cum titulo: *Ne Presbyteri sibi velint illicita vindicare.*

26 Vind. *adhibente*: mendose. Hinc orta videtur emendatio a Quesnello recepta *adhibere, nec sibimet arripere illicitam facultatem*. Aliarum collectionum Vat. 1342. Dion. Hisp. & Isid. lectio veram emendationem suggessit. Hæ omnes cum Vind. ignorant *illicitam*.

27 Quesn. inseruit *ut* refragantibus omnibus nostris MSS. & vulg. codicibus. Edit. Conc. pro *suppetere* habet *supplendæ*.

28 Idem Quesn. addidit *sin alias*: quas voces a contextus sententia exclusas auctoritate aliarum collectionum expunximus.

29 Codices de Presbyteris nunc plurali, nunc singulari numero loquuntur. Sicut autem antecedentia ob cohærentiam plurali numero elata fuerunt, ita hic & postea *eorum* pro *ejus* cum vulg. scribendum fuit. Mox pro *referente* alias *deferent*.

30 Melius in vulg. *a culpa conniventiæ & ultione vacaturo*. Dein pro *vindicare* cod. Vat. Reg. habet *indicare*.

31 In Vat. 1342. est c. 3. cum eodem titulo.

32 Aliæ collect. MSS. & editæ *cum divina*.

33 Vulg Rom. & Dion. *credamus*. Editio Moguntina *dicamus*. Mox iidem vulgati cum aliis collectionibus *cumque nobis contra salutarium*.

34 Vulg. Concil. *superior his*. Dein pro *præfinita* aliæ MSS. coll. cum vulg. *præfixa*.

35 Al. *sibimet*.

36 Auctoritate vetustiorum codd. Vind. Vat. Reg. alius Vat. 1342. ac Dion. Justelli addidimus *autem*; ac idcirco interpunctionem mutavimus.

37 Editi Conc. *in progenies alteras*. Mox *regit* ex antiquioribus MSS. collectionibus Vind. & Vat. 1342. scripsimus. Al. *reget*.

38 Duo codd. Vind. & Vat. 1342. *aggregati*, & *strenuitate*. Quesn. cum Vat. Hisp. & Is. *aggregata*, & *strenuitate*. Vat. Reg. *aggregari*, & *strenuitate*. Melior visa est lectio Dion. Just. & vulg. Conciliorum. Dein in his vulg. Conc. *surrepant* pro *surripiant*.

la diſſimulata nullatenus ſurripiant, quorum
39 quodlibet 39 ineſſe claruerit, merito clericalibus inſulis reprobabilem conſtat eſſe per-
40 ſonam. Etſi illa 40 nonnumquam ſinenda ſunt,
quæ, ſi ceterorum conſtet integritas, ſola
nocere non valeant: illa tamen ſunt magnopere præcavenda, quæ recipi ſine manifeſta decoloratione non poſſunt, ac ſi ea
ipſa, quæ nullo detrimento aliquoties indulgenda creduntur, vel rerum temporum-
ve cogit intuitus, vel acceleratæ proviſio-
nis reſpectus excuſat: quanto magis illa nullatenus mutilanda ſunt, quæ nec ulla neceſſitas, nec eccleſiaſtica prorſus extorquet
utilitas.

CAP. X. Dion.
41 41 Baptizandi ſibi quiſquam paſſim quocumque tempore nullam credat 42 fiduciam,
42 præter Paſchale feſtum & Pentecoſte venerabile ſacramentum, excepto dumtaxat gra-
viſſimi languoris incurſu: in quo verendum
eſt, ne morbi creſcente periculo, ſine remedio ſalutari fortaſſis ægrotans exitio præventus abſcedat.

CAP. XI. Dion.

43 VII. *De Ordinationibus*.

43 44. ORdinationes etiam Presbyterorum
44 Diaconorumque, niſi certis tem-
45 poribus & diebus exercere 45 non audeant;
id eſt, quarti menſis jejunio, ſeptimi, &
decimi; ſed etiam quadrageſimalis initii,
ac mediana Quadrageſimæ die ſabbati jejunio circa veſperam noverint celebrandas:
46 nec cujuslibet utilitatis 46 cauſſa ſive Preſ-
byterum, ſive Diaconum his præferant, qui
ante ipſum fuerint ordinati.

CAP. XII. Dion.

47 VIII. *De ſacris Virginibus*.

DEvotis quoque Deo virginibus, niſi aut
in Epiphaniorum, aut in Albis pa-
48 ſchalibus, aut in Apoſtolorum 48 Natali ſacrum minime velamen imponant, niſi forſitan, ſicut de baptiſmate dictum eſt, gravi languore correptis, ne ſine hoc munere
de ſæculo tranſeant, implorantibus non negetur.

49 IX. *De Viduis*. CAP. XIII. Dion.

VIduas autem velare Pontificum nullus 49
attentet: 50 & quod nec auctoritas 50
divina delegit, nec canonum forma præſti-
tuit, non eſt penitus uſurpandum; eiſque
ſic eccleſiaſtica ſunt ferenda præſidia, ut
nihil committatur illicitum.

51 X. *De ſervis ſine dominorum voluntate non admittendis*. CAP. XIV. Dion. 51

GEneralis etiam querelæ vitanda præſumtio eſt, qua propemodum cauſſantur
univerſi, paſſim ſervos, & originarios, dominorum jura poſſeſſionumque fugientes ſub
religioſæ converſationis obtentu, vel ad
Monaſteria ſeſe conferre, vel ad eccleſiaſticum famulatum, conniventibus quoque Præ-
ſulibus, indifferenter admitti. Quæ modis
omnibus eſt 52 prohibenda pernicies: ne 52
per chriſtiani nominis inſtitutum aut aliena pervadi, aut publica videatur diſciplina
ſubverti: præcipue cum nec ipſam mini-
ſterii clericalis hac obligatione fuſcari conveniat dignitatem, cogaturque pro ſtatu mi-
litantium ſibi 53 conditioneque jurgari, 53
aut videri, quod abſit, obnoxia. Quibus
ſollicita competenter interdictione prohibitis, quiſquis Epiſcopus, Presbyter, Diaconus, aut eorum, qui Monaſteriis præeſſe
noſcuntur, hujuſmodi perſonas apud ſe tenentes, non reſtituendas patronis, aut deinceps vel 54 Eccleſiæ ſervitio, vel religioſis 54
Congregationibus putaverit applicandas, niſi
voluntate forſitan dominorum ſub ſcripturæ

---

39 Vat. 1342. & Vat. Reg. *in ſe*. Vulg *ſi ineſſe*. Poſtea pro *conſtat* aliæ collectiones MSS. & vulg. *convincat*.

40 Ita Vind. cum omnibus aliis MSS. & vulg. collectionibus. Solus Queſn. *numquam*, minus recte.

41 In Vat. 1342. eſt c. 4. cum titulo *De baptiſmo*.

42 Vulg. Conc. cum Vat. Reg. & Dion. addunt *ineſſe*.

43 Ita cod. Vind. Queſnellus *De ordinatione certis temporibus, ideſt quarti, ſeptimi, decimi, & quadrageſimalis initii ordine*. In coll. MS. Vat. 1342. eſt cap. 5. cum titulo: *De ordinatione Presbyterorum, & Diaconorum*.

44 Queſn. *Ordines*; & dein *celebrandos*. Sed melius *ordinationes* ... *celebrandas* alii codices & vulg. ſuffragante Vind. hujus collectionis; in quo etſi *ordines* librarii oſcitantia ſcriptum ſit, poſtea tamen *celebrandas* legitur.

45 Vulg. Conc. *non debent*. Dion. Juſt. *non debeant*.

46 Vind. cum Dion. & Iſid. delent *cauſſa*. Mox aliquot aliæ collectiones MSS. & vulg. pro *præferant* habent *præferre*: & dein Vat. Reg. ac Dion. Juſt. *qui ante ipſos*.

47 In Vat. collect. 1342. eſt cap. 6. cum titulo: *De velamine puellarum Dei*.

48 Vulg. Concil. *natalitiis*. Dion. Juſt. *natalibus*: ac dein utrique *exeant* pro *tranſeant*.

49 In Vat. laudato eſt c. 7. cum titulo: *De viduis ne velamen ſacrum accipiant*.

50 Ita codd. noſtræ collectionis. Vulg. cum Dion. Hiſp. & Iſ. delent *&*; & poſtea alia interpunctione habent: *Non eſt ergo penitus*. In noſtra autem lectione & interpunctione melius Vat. 1342. *quoniam quod*. Mox in vulg. Conc. & Dion. Juſt. *delegat* pro *delegit*.

51 In Vat. eſt cap. 8. cum titulo: *De ſervis originariis*.

52 Aliæ collect. MSS. & vulg. *ammovenda*. Mox Vind. & Vat. delent *per* minus recte.

53 Queſn. *conditiones jurgari videri*. Prætulimus lectionem vulg. cui aliæ collectiones favent, nec non Vind. hujus collectionis, in quo ſicut & in Vat. Reg. legitur *jurgare aut videri*.

54 Aliæ collect. MSS. & vulg. *eccleſiaſticæ ſervituti*.

ræ testimonio primitus absolutas, aut legitima transactione concessas, periculum sei honoris proprii non ambigat communionisque subiturum, si super hac re cujusquam vera nos querela pulsaverit. Magnis quip-
1. Tim. 6. 1. pe studiis secundum beatum Apostolum præcavendum est, ne fides & disciplina Domini blasphemetur.

CAP. XV. Dion.

55 XI. *De negotio Clericorum.*

55 Consequens fuit, ut illa quoque, quæ
56 de Piceni partibus 56 ad nos missa relatio nuntiavit, non prætereunda putaremus: plurimos clericorum negotiationibus inhonestis & lucris turpibus imminere, nullo pudore cernentes evangelicam lectionem,
57 57 quia ipse Dominus noster negotiatores e
Matth. 2. 12. templo verberatos flagellis asseritur expulis-
Joan. 2. 14. se: nec Apostoli verba recolentes, quibus ait: *Nemo militans Deo* 58 *obligat se negotiis sæcularibus*: Psalmistam David surda
2. Tim. 2. 4. dissimulantes aure cantantem: *Quoniam non*
Ps. 70. 16. *cognovi negotiationes, introibo in potentias*
58 *Domini*. Proinde hujusmodi 59 ab indignis
59 post hæc quæstibus noverint abstinendum, & ab omni cujuslibet negotiationis ingenio vel cupiditate cessandum: aut in quocumque gradu sint positi, mox a clericalibus of-
60 ficiis 60 abire cogantur; quoniam domus Dei domus orationis & esse debet, & dici: ne officina negotiationis & spelunca potius sit latronum.

CAP. XVI. Dion.

61 XII. *De illitteratis.*

61 Illitteratos quoque 62 & cum aliqua cor-
62 poris imminutione sine ullo respectu ad ecclesiasticum didicimus venire servitium: quod simul antiqua traditio & Apostolicæ Sedis vetus forma non recipit; quia nec litteris carens sacris esse potest aptus officiis, & vitiosum nihil Deo prorsus offerri lega-
Lev. 21. 18. lia præcepta sanxerunt. Itaque de cetero
Deuter. 17. 1. modis omnibus hæc 63 vitentur; nec quis-
63 quam talis suscipiatur in clero. Si qui vero vel temeritate propria, vel incuria præsidentium tales ante suscepti sunt, in his quibus constituti sunt locis eatenus perseverent, ut nihil umquam promotionis 64 arripiant, satisque habeant hoc ipsum sibi 64
pro nimia miseratione permissum.

CAP. XVII. Dion.

65 XIII. *De his qui semetipsos abscīderunt.*

Paterni canones evidenter sequenda po- 65
suerunt, quorum tenorem sufficit indidisse. Dicunt enim, talia perpetrantes mox ut agniti fuerint, a munere clericali deberen secludi. Quod modis omnibus custodire nos convenit: 66 quia fas esse nulli 66
suppetit, præter illa quicquam, quæ memorabilis decrevit forma, censere.

CAPUT XVIII. Dion.

XIV. *De his qui implicantur criminibus.*

Comperimus etiam horrendis quibusdam criminibus implicatos, tota discretione submota, non solum de factis atrocibus necessariam pœnitudinem non habere, sed nec aliqua correctione penitus succedente ad divinum ministerium honoremque contendere. Nonnullos autem etiam in ipsis ordinibus constitutos gravibus delinquentes facinoribus non repelli; cum & Apostolus 1. Tim. 5.
clamet, nemini cito manus imponendas, 22.
neque communicandum peccatis alienis; & Nicæn. 9. 10.
majorum veneranda constituta pronuntient, hujusmodi, etiamsi forte subrepserint, tam qui ante peccaverint, detectos oportere depelli, quam sacræ professionis oblitos prævaricatoresque sancti propositi proculdubio submovendos.

XV. *De*

55 In Vat. 1342. est cap. 9. cum titulo: *Ut nulli clerico liceat negotiari.*

56 Vulg. & codd. aliarum collect. addunt *nuper*, & dein *idest* ante *plurimos*.

57 Quesn. inseruit *non attendentes*, & omisit *ipse*, refragantibus nostris & vulgatis codicibus.

58 Aliæ collect. MSS. & vulg. *implicat se*; ac mox *Psalmistam quoque David*.

59 Vat. Reg. & alius Vat. 1342. cum vulg. addit *aut*.

60 Vulg. Conc. ac Dion. Just. & secunda manu in MS. Vind. *abstinere*.

61 In MS. Vat. 1342. est c. 10. cum titulo: *Nulli liceat illiteratum vel debilem ad ecclesiasticos ordines promovere.*

62 Non arridet hæc lectio. Prior vero in Vind. *& nulla corporis*. Verior aliarum collectionum MSS. & vulg. lectio *& nonnulla* (Vat. Reg. *& ulla*) *parte corporis imminutos*.

63 Vat. Reg. *vetentur*. Dein aliæ collect. MSS. & editæ *in clerum*.

64 Al. *accipiant*.

65 In Vat. 1342. est c. 11. cum eodem titulo: qui tamen titulus pars ipsius canonis est: unde apud Dionysium Just. post titulum *De his qui se ipsos abscindunt*, canon incipit: *De his autem, qui semetipsos abscinderint, paterni canones* &c. Vat. Reg. qui titulis caret, canonem ab hoc titulo exorditur.

66 Quesn. cum MSS. hujus collectionis: *quia forsitan esse nulli suppetit, & præter illa non est quicquam, quæ memorabilis ordo decrevit, & forma censuræ*. Hanc mendosam & minus rectam lectionem exegimus ad MS. Vat. 1342. cum quo vulgati Dion. Hisp. & Isid. concordant, nisi quod pro *suppetit* habent *suppeditat*. Sic enim sensus satis est obvius: quia scilicet *suppetit*, seu incurrit in oculos, nulli fas esse censere quicquam præter illa, quæ memorabilis forma Nicænorum Patrum decrevit. Vat. Reg. concinit cum nostra lectione; nisi quod post *memorabilis* addit *ordo*.

CAP. XIX. Dion.

XV. *De his qui a dæmonio vel ſimilibus paſſionibus occupantur.*

67 USque adeo ſane comperimus illicita 67
quæque prorumpere, ut dæmoniis ſi-
milibuſque paſſionibus irretito miniſteria ſacroſancta tractare tribuatur. Quibus ſi in
hoc opere poſitis aliquid propriæ neceſſitatis
68 occurrat, quis de ſua 68 fidelis ſalute con-
69 fidit, ubi miniſtros 69 curationis humanæ
70 tanta perſpexerit calamitate vexari? 70 Atque
ideo neceſſario removendi ſunt, ne quibuſ-
libet, pro quibus Chriſtus eſt mortuus,
ſcandalum generetur infirmis. Poſtremo ſi
corpore ſauciatum fortaſſe aut debilem ne-
Lev. 21. quaquam ſacra contingere lex divina permiſit, quanto magis doni cæleſtis diſpenſatores
eſſe non convenit, quod eſt deterius, mente perculſos?

CAP. XX. Dion.

XVI. *De ſacris virginibus & his qui eis ſociantur illicite.*

71 VIrginibus 71 ſacris temere ſe quoſdam
72 ſociare cognovimus, & poſt 72 de-
dicatum propoſitum inceſta fœdera ſacrile-

gaque miſcere. Quos protinus æquum eſt a
ſacra communione detrudi, & niſi per publicam 73 probatamque pœnitentiam omni- 73
no non recipi, atque his certe viaticum de
ſæculo tranſeuntibus, ſi tamen pœnituerint;
non negari.

XVII. *De viduis.*

CAP. XXI. Dion.

NAm de viduis 74 ſine ulla benedictio- 74
ne velandis, ſuperius latius duximus
differendum. 75 Quæ ſi propria voluntate 75
profeſſa, priſtinam conjugii caſtitatem mu-
tabili mente calcaverit, periculi ejus intererit quali Deum debeat ſatisfactione placare 76. Sicut enim ſi ſe forſitan continere 76
non poterat, ſecundum Apoſtolum, nullatenus nubere vetabatur; ſic habita ſecum
deliberatione promiſſam Deo pudicitiam fidemque debuit cuſtodire. Nos autem nullum talibus laqueum debemus injicere; ſed
adhortationes præmii ſempiterni pœnaſque
proponere divini judicii: ut & noſtra ſit
abſoluta conſcientia, & illarum pro ſe rationem Deo reddat intentio. Cavendum eſt
quippe, quæ de earum moribus actiſque beatus Paullus teſtatur Apoſtolus, 77 quod pla- 77

---

67 Ita aliæ collect. MSS. concinente etiam MS. Vind. hujus collectionis, in quo *quæque* & *irretito* pariter legitur: at pro *tribuatur* habet *tribuantur*. Vulg. quoque ſuffragantur, niſi quod *irretitis* præferunt. Queſn. *quoſque præſumere, ut ... irretiti .... tractare permittantur*.

68 Aliæ collect. MSS. & vulg. *fidelium*. Vat. Hiſp. & Iſid. *ac fidelium*, quod emendationi deputandum videtur.

69 Omnes aliæ collect. MSS. & vulg. addunt *ipſos*.

70 Sic Vind. MS. cum ceteris & MSS. & vulgatis collectionibus. Solus Queſn. *Qui neceſſario*.

71 Vulg. Conc. cum Vat. Hiſp. ac Iſ. addunt *autem*. Mox *temere* in Vind. antiqua manu adjectum, cum aliis omnibus MSS. & vulg. codicibus reſtituimus.

72 Omnes aliæ collect. MSS. & vulg. *Dicatum Deo propoſitum*. Dein Queſn. *Quos publicatos æquum eſt*. Cod. Vind. prima manu *quis priſtinus*: ſecunda vero *quos protinus* emendatum fuit, ut aliæ omnes collect. MSS. cum vulgatis præferunt.

73 Queſn. *privatamque pœnitentiam non recipi*. Ita quoque Vind primis curis: ſecundis vero additum adverbium *omnino*. Porro emendatio *probatamque* ex aliis MSS. & vulg. codicibus ſenſu exigente neceſſaria fuit. Mox pro *atque his certe* Dion. Juſtelli habet *aut his certe*. Vulg. Conc. *ſed tamen viaticum*.

74 Cod. Vind. prima manu *ſin ulla*. Hinc in aliis codd. emendatum fuit *ſine ulla*, quod a Queſnello receptum & optimo cod. Vat. Reginæ probatum retinuimus, poſtpoſita lectione in eodem Vind. ſecundis curis inducta *ſub ulla*: pro quo aliæ collect. MSS. & vulg. *ſub nulla*. Dein vulg. Conc. cum Vat. Hiſp. & Iſid. *ſuperius late ſufficienterque prædiximus*: Dion. Juſtelli *ſuperius late duximus differendum*. Vat. 1342 cum noſtra collect. concinit, niſi quod pro *duximus* mendoſe habet *diximus*.

75 Ita cum MS. Vind. omnes aliæ collect. MSS. & vulg. Solus Queſn. emendationem recepit nullo noſtro aut vulgato antiquo exemplo probatam *Quarum aliqua*. Dein vulg cum Dion. Juſt. *profeſſam priſtini conjugii caſtitatem ... calcaverint, periculi earum intererit, quali Deum debeant*: & ſimiliter deinceps. Codd. Vat. Reg. & Vat. 1342. noſtram lectionem approbant, niſi quod habent *priſtini conjugii*.

76 Vulg. Conc. addunt, *quia juxta Apoſtolum primam fidem irritam fecerunt*. Id in noſtra, aliiſque antiquis collect. nec non apud Dion. Juſtelli omiſſum, gloſſemati adſcribendum videtur. Vat. Reg. pro *placare* habet *placere*. Poſtea omnes aliæ collectiones MSS. & vulg. *pudicitiæ fidem*, & ante *adhortationes* addunt *ſolas*, vel cum Iſid. *ſolum*. Dein vulg. Conc. *quippe ut de earum moribus, actibuſque*.

77 Queſn. *quod nunc planius exponere poteramus, ſed pro tempore libet ſupprimere, ne ſenſu deteſtabili quoſdam non tam deterrere quam admonere videamur*. Hæc lectio, quam nullæ aliæ collectiones, nec antiqui codices noſtræ collectionis ſubindicant, ex eo inducta videtur, ut emendaretur lectio minus recta eorumdem codicum antiquorum noſtræ collectionis, qui cum Vind. habent: *quod dum planius exponere poterimus, ne ſexus inſtabilis non tam deterrere, quam admonere videamur*. Verum pro *poterimus* corrigendum eſſe *præterimus* exemplaria Vat. Reg. Dion. & vulg. Concil. oſtendunt; ac proinde ſuperflua eſt illa additio nullo codice antiquo recepta *ſed pro tempore libet ſupprimere*. Porro ſi addatur ante vocem *ſexus* alia vocula *ſenſus*, quam ſuppeditant MSS. Vat. Reg. & cod. Vat. 1342. ſententia optime conſtabit. Lectio Dion. Juſtelli & vulg. Conciliorum affinis eſt, niſi quod habent *ne ſexus inſtabilis non tam deterreri quam admoneri videatur*.

nius exponere præterimus, ne sensus sexus
instabilis, non tam deterrere, quam admo-
* CAPUT XXII. Dion. 78 nere videamur. 78 * Secundas nuptias sicut
sæcularibus inire conceditur, ita post eas
nullus ad clericale finitur venire collegium:
alia est enim humanæ fragilitati generalis
concessa licentia; alia debet esse vita divinarum rerum servitio dicandorum.

CAPUT XXIII.

XVIII. *De his qui ad alias Ecclesias convolant.*

QUisquis propriæ desertor Ecclesiæ, nullis existentibus caussis, ad aliam puta-
79 verit transeundum, 79 temereque susceptus fuerit & promotus, reverendorum
canonum vel ipse, vel receptor ejus atque
provector constituta non fugiet, quæ de hujuscemodi præsumtoribus præfixere servan-
* CAPUT XXIV. Dion. 80 da. * De Monachis 80 quoque copiosius in
prima præceptionis hujus parte digesta sunt,
quæ vel quatenus pro rerum ac temporum
necessitate concessa sint, vel quemadmodum,
ubi nullius facti necessitas interesse probabitur, non nisi vetus institutio debeat custodiri.

XIX. *De his qui pretio ordinantur.*

QUos vero constiterit indignos meritis
sacram mercatos esse, pretio dignitatem, convictos oportet arceri: non
81 sine periculo facinus tale 81 vendentes;
quia dantem pariterque accipientem damna-
Act. 8. tio Simonis, quam lectio sacra testatur, involvit.

XX. 82 *De locorum consecratione sanctorum.*

CAPUT XXV. Dion. 82

QUamvis superius strictim fuerit comprehensum, nobisquoque patefactum,
quod absque præcepto Sedis Apostolicæ nonnulli factas Ecclesias vel Oratoria
sacrare præsumant: hoc sumus tamen indicio detestabiliore permoti, quod in quocumque nomine defunctorum, & quantum dicitur, nec omnino fidelium constructiones
ædificatas sacris 83 processionibus audacter 83
instituere memorantur. Quæ tam acerba,
tam dura sunt, ut eadem vix noster possit
ferre auditus. Si revera christianitatis affe-
ctus in illis regionibus certus & fixus est,
districtius ista quærantur, & a quibus 84 84
fuerint gesta prodantur. Quoniam sicut, la-
tentibus in hac atrocitate nominibus, non
existit in quem sententia debita proferatur;
ita cum manifestis fuerit documentis expo-
situs, 85 quam sceleris tanti poscit imma- 85
nitas, non effugiet ullatenus ultionem.

XXI. *De feminis quæ ministrare præsumunt.*

CAPUT XXVI. Dion.

NIhilo minus impatienter audivimus,
tantum divinarum rerum subiisse de-
spectum, ut feminæ sacris altaribus ministrare 86 firmentur, & cuncta quæ non nisi 86
virorum famulatui deputata sunt, sexum,
cui non competunt, exhibere. Nisi quod
omnium delictorum, 87 quæ sigillatim per- 87
strinximus, noxiorum reatus omnis & crimen eos respicit Sacerdotes, qui vel ista
committunt, vel committentes minime publicando pravis excessibus se favere significant. Si tamen Sacerdotum jam sint vocabulo

---

78 In Vat. 1342. est cap. 12. cum titulo: *De secundis nuptiis*. Dein aliæ collect. cum vulg. pro *generalis* habent *generaliter*. Mox Dion. Just. & vulg. Conc. *servitio dedicata*.

79 Cum in Vind. aliisque vetustioribus hujus collectionis codicibus haberetur *temere*, quidam correxerunt *si temere*; hancque lectionem Quesnellus forte ex cod. Thuan. recepit. At emendandum *temereque* Vat. 1342. aliæque collectiones MSS. & vulg. suaserunt, cum præsertim sequens contextus melius cohæreat. Mox pro *fugiet* MSS. Dion. Hisp. & If. *effugiet*.

80 Dion. Just. cum ceteris collect. editis & MSS. addit *laicisque*, ac delet *quoque*. Paullo post vulg. Conc. cum Vat. Hisp. ac If. *quæ vel quatenus his pro rerum*. Idem legitur in Dion. Just. qui solum omittit *his*. Ex iisdem supplevimus *quatenus*; licet enim hanc particulam hujus collectionis exemplaria ignorent, contextui tamen necessaria est, ac respondet illis, quæ superius dicta fuerunt c. 1. Dein Vind. cod. *nullius facti interesse probabitur*. Ut sensus constaret apud Quesn. additum *aliquid* ante *probabitur*. At *necessitas* supplendum fuit ante *interesse*, uti legitur apud Dion. Justelli. In MSS. Vat. Hisp. & If. cum vulg. Conc. aliter: legitur *nullius necessitatis interesse probatur*. Idem est in Vat. Reg. nisi quod habet *probabitur*.

81 Melius Dion. Just. *patrantes*: vel vulg. Conc. cum Vat. Hisp. & If. *perpetrantes*.

82 Hic titulus pars ipsius canonis est, uti ex Vat. Reg. Dion. & vulg. Concil. intelligere licet.

83 Dion. Just. cum Vat. Hisp. ac Isid. *professionibus*. Post pauca Dion. Just. cum MSS. Vat. Reg. Vat. Hisp. ac Isid. *Quæ quoniam tam acerba*.

84 Sic Vind. cum aliis vulg. & MSS. collectionibus melius quam apud Quesnellum *sunt gesta*.

85 Solus Quesn. *tamquam sceleris*. Mox Vat. Hisp. ac If. *non vitabit* pro *non effugiet*.

86 Vulg. Conc. *ferantur*. Mox Dion. Just. cum Vat. Hisp. & Isid. *cunctaque non nisi virorum famulatui deputata, sexum, cui non competit, exhibere*.

87 Quesn. *quæ saltem*: & ita etiam prima manu in MS. Vind. At manu secunda antiqua pro *saltem* emendatum fuit *sigillatim*, ut in aliis omnibus MSS. collect. & vulgatis præfertur. Dein apud Quesn. *reos respicit*. Correximus *eos* cum MS. Vind. aliis MSS. collectionibus & vulgatis suffragantibus.

bulo nuncupandi, qui delegatum sibi religionis officium sic prosternere moliuntur, ut
in perversa quæque profanaque declives,
88 88 sine ullo respectu regulæ christianæ præ-
cipitia funesta sectentur. Cumque scriptum
Eccl. 19. 1. sit: *Minima qui spernit, paulatim decidit*:
quid est de talibus æstimandum, qui immen-
sis ac multiplicibus pravitatum molibus occupati, ingentem ruinam multimodis im-
pulsionibus ediderunt, quæ non solum ipsos
videatur obruere, sed Ecclesiis universis
mortiferam, si non sanentur, inferre perniciem? Nec ambigant, qui hæc exercere
sunt ausi, sed etiam qui hactenus cognita
siluerunt, sub honoris proprii se jacere di-
89 spendio, 89 si non quanta possunt celeritate festinent, ut lethalia vulnera competenti medicatione curentur.

XXII. *De Episcopis scientibus, vel ignorantibus.*

90 QUo enim 90 jure teneant jura Pontificum, qui pontificalibus excubiis eatenus injuncta dissimulant, ut contraria domui Dei, cui præsident, potius
91 operentur? 91 quantumque apud Deum
possent, si nonnisi convenientia procura-
rent; tantum quid mereantur aspiciant,
cum execrabili studio sectantur adversa. Et
92 quasi magis hæc regula 92 sit qua Ecclesia
debeat gubernari, sic quicquid est ecclesiasticis inimicum regulis perpetratur. Cum
etsi cognitos habuit canones unusquisque
Pontificum, intemerata debuerit tenere custodia: & si forsitan nesciebat, consulere fidenter oportuerit scientem. Quo magis excusatio nulla succurrit errantibus: quia nesciens proposuit servare quod norat, nec
ignorans curavit nosse quod gereret.

XXIII. *De reditu Ecclesiæ.* CAPUT XXVII. Dion.

QUatuor autem tam de reditu, quam de
oblatione fidelium, prout cujuslibet
Ecclesiæ facultas admittit, sicut dudum rationabiliter est decretum, convenit
fieri portiones, quarum sit una Pontificis,
altera Clericorum, tertia pauperum, quarta fabricis applicanda. De quibus 93 sicut 93
Sacerdotis intererit integram ministris Ecclesiæ memoratam dependere quantitatem:
sic Clerus ultra delegatam sibi summam,
nihil insolenter noverit expetendum. Ea
vero, quæ 94 ecclesiasticis ædificiis attri- 94
buta sunt, huic operi veraciter prærogata
locorum doceat instructio manifesta sanctorum. Quia nefas est, si sacris ædibus destitutis in lucrum suum Præsul impendia his
designata convertat, 95 ipsa nihilominus 95
adscripta pauperibus portione. Et hanc quamvis divinis rationibus se dispensasse monstraturus esse dicatur; tamen juxta quod scriptum est: *Ut videant opera vestra bona &* Matth. 5. 16.
magnificent Patrem vestrum, qui in cælis
est: oportet etiam præsenti testificatione prædicari, & bonæ famæ præconiis non tace-
ri *. Quapropter nec Clericorum quisquam *CAPUT XXVIII.
96 se hujus offensæ futurum confidat im- Dion.
munem, si in his quæ salubriter sequenda 96
depromsimus, sive Episcopum, sive Presbyterum, seu Diaconum viderit excedentem,
non protinus ad aures nostras 97 referen- 97
dum curaverit, probationibus dumtaxat competenter exhibitis: ut transgressoris ultio fiat
ceteris interdictio delinquendi. Sui vero modis omnibus erit unusquisque Pontificum ordinis & honoris elisor, si cuiquam Clericorum vel Ecclesiæ totius auditui hæc putaverit supprimenda 98. *Et alia manu*: Deus 98
incolumes vos custodiat, fratres carissimi.

---

88 Quesn. *nullo respectu*, uti erat etiam prima manu in MS. Vind. Prætulimus vero lectionem in eodem Vind. secunda antiqua manu scriptam, quacum omnia fere aliarum collectionum & MSS. & vulgata exemplaria concordant.

89 Dion. Just. *si non tanta, qua possunt*: Mox pro *curentur* Vat. 1342. *sanentur*. Vat. Hisp. & Is. *medicina sanentur*.

90 Quesn. *Quo enim jure teneantur ad Pontificium*. Cod. Vind. *Quo enim jure teneantur jura Pontificum*. Emendavimus *teneant* ex Vat. Reg. aliisque MSS. & vulg. collectionibus, Vat. 1342. Dion. Justelli & vulg. pro *jure* habent *more*, minus recte.

91 Sic codd. Vind. Vat. Reg. & Vat. 1342. cum Dion. Vat. Hisp. & Is. Solus Quesn. *qui quantum apud Deum*. Mox Vind. *si hoc nisi*. Melius Vat. 1342. & Vat. Reg. *si hoc nisi*, Vat. Hisp. & Is. *si et convenientia*.

92 Ita Vind. cum aliis MSS. & vulg. Apud Quesn. *possit*. Dein Quesn. *oportuit scientem*. Nostra exemplaria cum aliis vulgatis melius *oportuerit*. Vat. 1342. & Vat. Reg. cum Vat. Hisp. & Is. pro *scientem* præferunt *ignorantem*, & dein pro *quod norat* Vat. Reg. *quod ignorat*.

93 Auctoritate omnium aliarum collectionum MSS. & editarum inseruimus *sicut*, exigente præsertim subsequenti particula *sic*.

94 Solus Quesn. *Ecclesiæ ædificiis*. Mox cum plerisque MSS. & editis prætulimus *prærogata*. Al. *prorogata*. Dein *instructio* est in MSS. nostræ collectionis. Aliæ collectiones cum vulg. *instauratio*.

95 Vulg. cum aliarum collectionum exemplaribus alia interpunctione: *Ipsam nihilominus adscriptam pauperibus portionem, quamvis divinis rationibus se dispensasse monstraturus esse videatur* &c. Cod. Vind. textus lectionem approbat, & solum pro verbo *dicatur*, quod prima manu scriptum fuerat, secunda suppositum est *videatur*.

96 Vat. 1342. *hujus rei se futurum*. Dein *in his* cum nostris codd. & aliis editis scripsimus. Quesn. *his*.

97 Aliæ collectiones MSS. & editæ *deferre curaverit*.

98 Sequentia in aliis collectionibus Vat. Reg. Vat. 1342. Dion. Hisp. & Isid. desunt. Porro Vat. 1342. & Barb. 2888. cum Dionysio, Vat. Hisp. & Isid. addunt: *Data V. Idus Martii, Asterio & Præsidio VV. CC. Coss.* idest an. 494. Vat. Reg. *Data VI. Idus Martii* &c.

*Al. LVII.
CAPITULUM LIX.*

INCIPIT

CONCILIUM ANTIOCHENUM.

2 *Sancta & pacatissima Synodus 2 Antiochiæ
in unum congregata, his, qui per singulas
Provincias sunt, unanimibus sanctis consacerdotibus in Domino salutem.*

GRatia & veritas Domini & Salvatoris
nostri JESU-CHRISTI sanctam Antiochenam Ecclesiam visitans, & in eodem
connectens per concordiam pacatissimi Spi-
3 ritus, multa quidem & alia 3 perfecit: in
omnibus autem suggerente sancto & pacifico Spiritu etiam hoc perfecit, ut quæ visa sunt recte constitui, cum plurima con-
4 sideratione & judicio una omnibus 4 Antiochiæ ex diversis Provinciis in unum collectis Episcopis in vestram notitiam defer-
5 rentur. 5 Credimus autem gratiæ Domini,
& sancto Spiritui pacis, quod & ipsi con-
spirabitis nobiscum tamquam in ipsa fuis-
6 setis virtute, & nobiscum orationibus 6 ad-
nitentes, magis autem uniti, & in Spiritu
sancto præsentes, hisdem ipsis, quæ definita sunt, consentientes, & ea, quæ recta
visa sunt, roborantes, cum consensu sancti
Spiritus consignabitis. Sunt autem præfiniti
canones ecclesiastici hi, qui infra scripti
sunt. In qua Synodo fuerunt 7 *Eusebius*, 7
Theodorus, *Narcissus*, *Antiochus*, *Archelaus*,
8 *Eustachius*, *Mocimus*, *Hisicius*, 9 *Mani-* 8
cius, *Ethertus*, *Jacobus*, *Agapius*, *Magnus*, 9
Eneas, *Theodolus*, 10 *Alpius*, *Nicetas*, *A-* 10
gapius, *Tharcodimantus*, *Bassus*, *Alexan-*
der, *Petrus*, *Moses*, *Patricius*, *Anatolius*,
Macedonius, *Petrus*, *Cyrion*, *Theodorus*,
Theodosius, de Provincia Syriæ Celes, Phœnicis, veteris Arabiæ, Mesopotamiæ, Ciliciæ,
Isauriæ: & hæc constituerunt, quæ infra
scripta sunt.

11 I. Omnes qui audent dissolvere regu- 11
lam sancti & magni Concilii Nicæni, quod
celebratum est in præsentia Domini amantissimi Constantini Imperatoris nostri, de
sancta 12 festivitate paschali Salvatoris no- 12
stri, incommunicabiles & ejectos ab Ecclesia esse debere: maxime si 13 perseverave- 13
rint studio contentionis, ad subvertenda ea
quæ optime constituta sunt. Et hæc quidem 14 dicta sunt de laicis. Si autem de 14
Præpositis Ecclesiæ 15 aliquis, idest, vel 15
Episcopus, vel Presbyter, vel Diaconus post
hanc definitionem & hunc terminum in
subversionem populorum, & Ecclesiarum
perturbationem nitatur, ac sic renitens cum
Judæis Pascha voluerit celebrare; hunc sancta Synodus ab hoc jam alienum ab Ecclesia judicavit, tamquam eum, qui non solum proprii peccati, sed & aliorum corruptæ mentis & conversationis supplantator
extiterit reus. Et non solum hujusmodi 16 16
deponit a Sacerdotio; sed & hos, qui eis
ausi fuerint communicare post damnationem. 17 Depositos autem etiam honore, 17
qui

1 Hujus Concilii occasionem ac tempus deteximus in præmisso tractatu part. 1. c. 4. §. 2.
Hæc versio est illa antiqua, quæ ab Isidoro
recepta Isidoriana vocari solet. Præter codices
hujus collectionis, ac præter exemplaria collectionum Hisp. & Isid. nos eamdem nacti sumus in præstantissimo cod. Veron. 58. qui puram ejusmodi versionem omnium Græcorum
canonum continuata serie exhibet.

2 Cod. Veron. cum vulgato Græco textu
delet *Antiochiæ*. Dein idem cod. ignorat *sanctis consacerdotibus*.

3 Sic codd. Vind. & Veron. cum vulg. Conc.
Apud Quesn. *fecit*. Postea pro *recte* MS. Veron. habet *recta*.

4 Cod. Veron. cum vulg Conc. addit *nobis*.

5 Idem cod. *Credimus enim*.

6 Oxon. *adjuvantes*. Mox Veron. cum vulg.
magis autem muniti & in Spiritu Sancto. Cum
his inserendam credidimus præpositionem *in*,
quam Quesn. & cod. Vind. ignorant.

7 Cod. Vind. secunda manu addit *Episcopi*.

8 MS. Veron. *Eustathius*, *Mucimus*, *Esicius*.

9 Ita codd. Vind. & Veron. Quesnellus *Ma-
nicus*: & notat in margine codicem Thuan.
habere *Manutius*.

10 Veron. *Amplius*. Versio prisca *Alphion*:
melius *Alpheus* ex epistola Constantini apud
Eusebium, de qua in præmisso tractatu plura.

11 Cod. Vind. notat numerum II. & sic
deinceps unum numerum auget; eo quod præmissam epistolam signet num. I. Postea Veron. cod. & vulg cum Græco τῶ θεοφιλεστάτου cohærentius habent *Dei amantissimi*, ac delent
nostri.

12 Vind. secunda manu cum vulg. Is. addit *&* *salutari*. Dein pro *incommunicabiles*
vulg. habent *excommunicatos*.

13 Veron. cum vulg. *perseverent*.

14 Melius cod. Ver. *dicta sint*.

15 Quesnellus *aliquis est vel Episcopus*, *vel
Presbyter*, *vel Diaconus*, *qui post hanc* &c.
Correximus cum MSS. Vind. Veron. & vulg.
Mox Vind. deletis vocibus *& hunc terminum*
prosequitur sic: *ausus fuerit in subversionem
populorum*, *& perturbationem Ecclesiarum reni-
tere*, *& cum Judæis Pascha celebrare*; *hunc
sancta Synodus jam jamque ab Ecclesia alienum
esse judicabit*, *tamquam qui non solum proprii
peccati reus sit*, *sed & aliorum subversionis &
mentis corruptæ fuerit caussa*. Hæc lectio ab ea,
quam alii codd. Isid. versionis præferunt, nimium discrepat. Cod. Veron. cum nostra lectione concinit, nisi quod habet *alienum ab
Ecclesia judicabit*. Vulg. Is. in hoc solum variant *& hunc terminum ausus fuerit in subversionem populorum & perturbationem Ecclesiarum
seorsim colligere*, *& cum Judæis Pascha* &c.

16 Cod. Veron. *deponet*. Vind. *deponi finit
a sacerdotio & ministerio*: Vulg. quoque addunt *& ministerio*.

17 *Depositos* cum nostris codd. & vulgatis
prætulimus. Solus Quesn. *Depositum*.

18 qui extrinsecus est, privari oportet, 18 quem
sanctus Canon & Dei Sacerdotium meruit.
II. Omnes, qui ingrediuntur Ecclesiam
Dei, & sacras scripturas audiunt, non autem cum populo in oratione communicant,
19 19 adversantur etiam sanctam assumtionem
dominici sacramenti secundum suam aliquam disciplinam, hos ejici ab Ecclesia
oportet, donec confitentes, fructum pœnitentiæ demonstrent, & deprecati fuerint,
20 20 ut data venia suscipi mereantur. Non
autem liceat communicare incommunicatis,
neque per domos ingredi & cum eis orare,
qui Ecclesiæ in oratione non participant,
nec in alteram Ecclesiam recipi, qui ab alia
21 21 excommunicantur. Quod si visus fuerit
quilibet Episcoporum, vel Presbyterorum,
aut Diaconorum, vel etiam qui in canone
detinentur, incommunicatis communicare,
& hunc oportet communione privari, tamquam Ecclesiæ regulas confundentem.
III. Si quis Presbyter, vel Diaconus,
22 vel quilibet Clericus, deserta sua 22 diœcesi ad aliam transeundum esse crediderit,
23 & ibi paulatim 23 tentat, quo migrave-
rit, communicare perpetuo, ulterius ministrare non debet, præsertim si ab Episcopo
suo ad revertendum fuerit exhortatus. Quod
24 si 24 & post evocationem sui Episcopi non
obediat, sed perseveraverit, omnibus modis
25 ab officio deponi 25 debere, nec aliquando facultatem habere ad ecclesiasticum ordinem redeundi. Si quis vero alius Episco-
26 pus propter hanc culpam 26 depositum suscipere tentaverit, & ipse a communi Synodo arguatur, tamquam ecclesiastica jura
dissolvens.

IV. Si quis Episcopus a Synodo fuerit
depositus, vel si Presbyter vel Diaconus a
proprio Episcopo 27 condemnatus, & præ- 27
sumserit sacerdotii seu sacri ministerii aliquam actionem, non ei amplius liceat;
neque in altera Synodo spem restitutionis habere, 28 neque alicujus assertionis 28
locum: sed & communicantes ei omnes
abjici de Ecclesia 29: & maxime si post- 29
quam cognoverunt sententiam adversus eum
fuisse prolatam, ei contumaciter communi-
carunt.
V. Si quis Presbyter aut Diaconus contemto suo Episcopo seipsum ab Ecclesia se-
gregaverit, & privatim apud se collectis populis, altare erigere ausus fuerit; & nihilominus Episcopo se exhortante, & semel
& iterum revocante, inobediens exstiterit,
hunc modis omnibus deponendum 30; nec 30
aliquando consequi curationem aut proprium
honorem recipere speret. Quod si etiam perseverat conturbans & concitans Ecclesiam,
per eam quæ foris est, potestatem, tamquam
seditiosum corripi oportet.
VI. Si quis a proprio Episcopo excommunicatus est, non eum prius 31 ab aliis 31
debere suscipi, nisi a suo fuerit receptus
Episcopo, aut Concilio facto occurrat, &
respondeat: ut si Synodo satisfecerit, statuat eum sub alia sententia recipi oportere. Quod etiam circa Laicos, & Presbyteros, & Diacones, & omnes, qui in Clero
sunt, convenit observari.
VII. Nullum peregrinorum Clericorum
absque formata, 32 quam Græci *epistolium* di- 32
cunt, suscipi oportere; 33 neque Presbyterum 33
ad regiones longinquas easdem formatas,
dare

---

18 Ita codd. Oxon. & Veron. cum vulg. Isid. Concinit Vind. qui solum pro *sanctus Canon* habet *sancta regula*. Quesn. cum MS. Thuan. *quem sanctis canonibus & Dei sacerdotio meruit*.

19 Oxon. *execrantur etiam*. Quesn. *adversantur etiam sanctæ assumtioni*. Mox Vind. cum vulg. Is. *secundum aliquam propriam disciplinam*.

20 Cod. Vind. *ut veniam mereantur* & post pauca pro *incommunicatis* cum vulg. Is. præfert *excommunicatis*. Dein ignorat voces *in oratione*.

21 Quesn. inserit *Ecclesia*. Vind. pro *excommunicantur* habet *segregantur*. Mox vulg. Isid. *Quod si quis Episcoporum .... excommunicatis communicare deprehensus fuerit, & hunc* &c.

22 Vind. cum vulg. *Ecclesia*: & ita legit etiam Ferrandus tit 99.

23 Vulg. Is. *tentet, quo migravit, perpetuo manere*.

24 Adjecimus & auctoritate cod. Veron & vulg.

25 Quesn. omittit *debere*. Mox Veron. cum vulg. *habeat*. Vind. autem hanc peculiarem lectionem exhibet: *nec aliquando spem restitutionis habere. Si quis vero* &c.

26 Vulg. Isid. cum Vind. *depositum susceperit*. Mox solus Quesn. præterivit *& ipse*. Vind. habet: *& ipse a communi Synodo pœnam merebitur increpationis, tamquam* &c.

27 Ita cod. Veron. cum vulg. Is. Vind. MS. *fuerit exauctoratus*. Quesn. *condemnatus fuit*. Mox voces *sacerdotii seu* desunt in Vind.

28 Quesn. *neque alienæ assertionis aliquem locum*. Cod. Thuan. *neque satisfactionis locum*. Sequuti sumus lectionem cod. Vind. & vulg. Is. cum qua Veron. concinit.

29 Quesn. inserit *jubentur*, ac dein omittit *adversus eum*, repugnantibus omnibus nostris codd. & vulg. Is.

30 Solus Quesn. addit *censemus*.

31 Ita codd. Vind. Veron. & vulg. Apud Quesn. *ab alio suscipi oportet Episcopo, nisi a suo fuerit receptus, aut* &c. Dein *& respondeat* cum Vind. scripsimus, & *sub alia ... convenit observari* cum eodem Vind. & vulg. Is. reposuimus. Quesn. *ut respondeat*, & *sub alius ... oportet observari*.

32 Quatuor sequentes voces a Quesnello omissas in textu, & in marginem rejectas, ex MS. Vind. inseruimus & ex vulg. Is. qui pro *epistolium* præfert *epistolam*.

33 Quesn. *neque Presbyteros ad regiones longinquas formatas idest epistolas dare, nisi* &c. Vulg. Is. *neque Presbyter ... formatas, idest canonicas epistolas dare; & nisi ... mittere præsumat*. Lectionem Vind. recepimus, ac solum ex vulg. inseruimus &. Cod. Veron. non suffragatur, cum in eo folium desideretur.

dare : & niſi ad Epiſcopos finitimos ſimpli-
ces epiſtolas mittere.
34 VIII. 34 Vicariis vero Epiſcoporum, qui
a Græcis Corepiſcopi appellantur, formatas
facere liceat.
IX. Per ſingulas Provincias conſtitutos
35 Epiſcopos ſcire oportet, Epiſcopum 35 Metropolitanum, qui præeſt, totius Provinciæ
curam & ſollicitudinem ſuſcepiſſe: propter
quod ad Metropolitanam civitatem ab his,
qui cauſſas habent, ſine dubio concurratur.
36 Quapropter placuit 36 eum & honore præire, & nihil ultra ſine ipſo reliquos Epiſcopos agere ſecundum antiquum patrum noſtrorum, qui obtinuit, canonem: niſi hæc
tantum, quæ unicuique Eccleſiæ per ſuam
diœceſim competunt. Unumquemque enim
37 Epiſcopum oportet 37 ſuæ diœceſis poteſtatem habere, ad hanc gubernandam ſecundum competentem ſibi reverentiam, ad pro-
38 videndum 38 regioni quæ ſub ipſius eſt civitate: ut etiam ordinare Presbyteros &
Diacones ei probabili judicio liceat, & de
ſingulis cum moderatione & pondere diſce-
ptare. Ultra autem nihil agendum ei per-
39 mitti, 39 citra Metropolitani Epiſcopi conſcientiam.
40 X. Qui 40 in vicis & villis conſtituti
ſunt Corepiſcopi, tametſi manus impoſitionem ab Epiſcopis ſuſceperunt, & ut Epiſcopi conſecrati ſunt, placuit ſanctæ Synodo ſcire eos oportere modum proprium retinere, & gubernare adjacentes Eccleſias ſibi commiſſas, & eſſe contentos propria ſollicitudine & gubernatione, quam ſuſceperunt. Conſtituere autem his permittitur Lectores, & Subdiacones & Exorciſtas: qui-
41 bus 41 ſufficit iſtorum tantum graduum licentiam accepiſſe; non autem Presbyterum,
non Diaconum audeant ordinare, præter
conſcientiam Epiſcopi vel civitatis, vel Ec-
42 cleſiæ, 42 cui adjacens invenitur ſeu ipſe,
ſeu regio in qua ipſe præeſſe dignoſcitur.
Quod ſi quis prævaricari auſus fuerit conſtituta, deponi eum, & dignitate qua præditus eſt debere privari. Corepiſcopus autem ab Epiſcopo civitatis, vel loci cui idem
adjacet, ordinandus eſt.
XI. Si quis Epiſcopus, vel Presbyter, 43 43
vel omnis omnino, qui eſt ſub eccleſiaſtica
regula conſtitutus, præter conſilium vel litteras eorum Epiſcoporum, qui ſunt intra
Provinciam & maxime Metropolitani, ad
Imperatorem perrexerit, hunc abdicari &
ejici non ſolum a communione debere, ſed
& propria dignitate privari, tamquam mo-
leſtum & importunum imperialibus auribus, contra eccleſiaſtica conſtituta. Si autem neceſſitas cogit ad Imperatorem excur-
rere propter aliquam actionem, cum deliberatione & conſilio Metropolitani Epiſcopi Provinciæ, & ceterorum conſcientia Epiſcoporum, qui in eadem Provincia ſunt,
& litteris ire debebit.
XII. Si quis a proprio Epiſcopo depoſitus, vel Presbyter, vel Diaconus, aut etiam ſi a Synodo quilibet Epiſcopus fuerit
exauctoratus, moleſtiam imperialibus auribus inferre, 44 non debet; ſed ad majorem 44
Synodum Epiſcoporum ſe convertat, & quæ
putat habere ſe juſta, in eorum judicio alleget, atque ab his expectet, quæ de ſe fuerit depromta ſententia. Quod ſi deficiens
puſillanimitate hoc noluerit facere, ſed Imperatori fuerit importunus; hujuſmodi nullam veniam habeat, neque locum ullius aſ-
ſertionis ſuæ, 45 nec ſpem recipiendi gra- 45
dus habeat in futurum.
XIII. Nullum Epiſcopum 46 audere de- 46
bere ex alia Provincia ad aliam tranſitum
facere, & ordinare aliquos in Eccleſiis, aut
provehere ad ſacrum miniſterium, nec alios
illuc ſecum attrahat Epiſcopos, niſi forte
per litteras rogatus abierit, non ſolum a Metropolitano, ſed & ab his qui cum eo ſunt
47 Provinciæ Epiſcopis. Quod ſi nullo in- 47
vitante inordinate ſuperveniat, & aliquos
vel ordinare præſumſerit, vel quoſlibet 48 48
actus

---

34 Ita Vind. concinente Ferrando tit. 80. Vulg. Iſ. *Vicarius vero Epiſcopi*. Queſn. *Vicario vero Epiſcopi; quia a Græcis Corepiſcopus dicitur*.

35 Cod. Oxon. delet *Metropolitanum*. Queſn. voci *totius* præmittit vocem *Eccleſiarum*, quam cod. Vind. cum vulg. Iſ. expungit.

36 Sic Vind. & vulg. Iſ. Queſn. delet *eum*, habetque *& Metropolitanum honore*. Dein cod. Vind. *ſecundum antiquam .... quæ obtinuit, regulam;* ac poſt pauca cum vulg. Iſ. *uniuſcujuſque Eccleſiæ*.

37 Oxon. *per ſuam diœceſim*.

38 Vulg. Iſ. addit *omni*: ac dein *ita ut etiam:* & poſtea *de ſingulis illius regionis cauſſis cum moderatione*.

39 Cod. Thuan. *præter Epiſcopi Metropolitani*. Queſn. delet *Epiſcopi*. Vulg. Iſ. in fine hujus canonis addit cum Græco aliiſque verſionibus: *nec Metropolitanus ſine ceterorum ... gerat conſilio*.

40 Cod. Vind. *in fundis & villis*. Mox *& ut Epiſcopi conſecrati ſunt* inſeruimus auctoritate ejuſdem codicis & vulg. Iſid.

41 Vulg. Iſ. *ſufficiat*. Mox adjecimus *tantum* cum MS. Vind. & vulg. Iſid.

42 Sic idem cod. & vulg. Apud Queſn. *quæ adjacens*, minus recte.

43 Ita cod. Vind. Affinis eſt lectio vulg. Iſ. in qua *vel quicumque Clericus, & omnis omnino* &c. ubi *quicumque Clericus &* abundat. Apud Queſn. minus bene *vel quicumque Clericus, quem Græci appellant omnem ſub canone conſtitutum*.

44 Vulg. Iſ. *non præſumat*. Poſt pauca pro *judicio* cod. Vind. cum vulg. Iſ. *Concilio*.

45 Septem voces ſequentes deſunt in MS. Vind.

46 Queſn. inſerit *decernimus*. Delent Vind. & vulg. Iſ. cum quibus poſtea ſcripſimus *attrahat* pro *attrahere*.

47 Vulg. Iſ. addit *omnibus ipſius*.

48 Cod. Oxon. deſiderat *actus*. Veron. præterit *competentes*. Mox Vind. *ad ſe minime pertinentes;* vulg. Iſ. *quæ ad ſe minime pertineant*.

actus illi Eccleſiæ competentes, ad ſeque
minime pertinentes uſurpare tentaverit; vacua
quidem, & inania erunt omnia, quæ geſſerit:
ipſe vero hujus indiſciplinati auſus &
irrationabilis cœpti dignas cauſſas expendat
tamquam depoſitus a ſancta Synodo, & propter
hujuſcemodi præſumptionem jam prædamnatus.

XIV. Si quis Epiſcopus de aliquibus cauſſis
criminalibus in judicio Epiſcoporum fuerit
accuſatus; contingat autem de ipſis Pro-
49 vinciæ Epiſcopis, 49 qui cognoverint, diverſas
eos habere ſententias, ut alius quidem
innocentem pronuntiet, alius reum;
propter hujuſmodi itaque controverſiam amputandam,
placuit ſanctæ Synodo Metropo-
50 litanum 50 vicinæ Provinciæ advocari oportere,
& aliquantos cum eo alios Epiſco-
51 pos, qui pariter reſidentes, 51 quæcumque
fuerit, dirimant quæſtionem; propter
hoc ut firmum ſit judicium, quod ab unius
Provinciæ Epiſcopis fuerit promulgatum.

XV. Si quis Epiſcopus criminaliter accuſatus,
ab omnibus, qui ſunt intra Provinciam,
Epiſcopis exceperit unam, conſonamque
ſententiam, ab aliis ulterius judicari
non poterit; ſed manere circa eum
52 oportet, 52 tamquam convenientem, quæ
ab omnibus prolata eſt, firmam ratamque
ſententiam.

XVI. Si quis Epiſcopus vacans in Ec-
53 cleſiam vacantem ſupervenerit, & hinc 53
obrepenter, præter plenariam Synodum,
arripiendam eſſe crediderit, hunc abjici oportet,
tametſi eum plebs, quam arri-
54 puit, velit ſibi Epiſcopum retinere. 54
Illa autem dicitur Synodus eſſe plenaria,
in qua etiam Metropolitanus Epiſcopus affuerit.

XVII. Si quis Epiſcopus, ſuſcepta manus
impoſitione, & deputatus populis præeſſe,
non ſuſcipiat miniſterium Sacerdotii,
nec conſentiat abire in Eccleſiam, cui fuerat
ordinatus; hunc incommunicabilem eſſe
debere, donec coactus conſentiat plebem
ſuſcipere 55 ſibimet deputatam, aut plena- 55
ria Synodus Epiſcoporum provinciæ de eo
aliquid ſtatuat.

XVIII. Si quis Epiſcopus ordinatus non
abierit in parrochiam, cui eſt ordinatus,
non ſuo vitio, ſed plebis forſitan contradictione;
hic honorem ſuſceptum retinere debebit,
& Sacerdotio fungi, ita ut nihil mo-
leſtiæ afferat Eccleſiæ illi, in qua 56 con- 56
ſtitutus eſt. Expectare autem eum oportet
plenariam Synodum Provinciæ, donec de eo
quod competit ſtatuatur.

XIX. 57 Epiſcopus non eſt ordinandus 57
præter conſilium & præſentiam Metropolitani
provinciæ, cui melius erit ſi ex omni
provincia congregentur Epiſcopi. Quod ſi
fieri non poteſt, hi qui adeſſe non poſſunt,
propriis litteris conſenſum ſuum de ipſo deſignent.
Et tunc demum poſt plurimorum,
ſive per præſentiam, ſive per litteras ſententiam
conſonam ordinetur. Quod ſi aliter,
quam ſtatutum eſt, fiat, nihil valere
hujuſmodi ordinationem 58. Si vero etiam 58
ſecundum diffinitas regulas ordinatio celebretur,
contradicant autem aliqui propter
proprias & domeſticas ſimultates, his contemtis
ſententia de eo obtineat plurimorum.

XX. Propter eccleſiaſticas 59 curas, & 59
quæ exiſtunt controverſias diſſolvendas, ſufficere
viſum eſt bis in anno per ſingulas
provincias Epiſcoporum Concilium fieri;
60 primo quidem poſt tertiam hebdomadam 60
paſchalis feſtivitatis; ita ut in quarta hebdomada,
quæ conſequitur, id eſt, mediæ
Pentecoſtes, Concilium compleatur. Ammoneant
autem provinciales Epiſcopos, hi
qui in amplioribus civitatibus, id eſt, in
Metropolitanis degunt. Secundum vero Concilium
Idibus Octobribus habeatur: qui dies
apud

---

49 Vulg. Iſ. *qui convenerunt:* ac poſt pauca *ſententias, & alios quidem innocentem eum pronuntiare, alios reum*. Affinis eſt MS. Vindebonenſis lectio, Veron. *& alius quidem* &c.

50 Sic cod. Vind. cum vulg. Iſ. Apud Queſn. *alterius provinciæ*. Mox idem Vind. omittit *oportere*.

51 Cod. Thuan. *quæcumque ſtatuta fuerint, dirimant quæſtionem, pro eo firmum ſtatuant judicium, quod primo ab unius provinciæ* &c.

52 MS. Vind. *tamquam conveniens, quod ab omnibus prolatum eſt, firmum ratumque judicium*.

53 Idem cod. *ſubreptive .... occupandam eſſe*. Vulg. Iſ. cum MS. Veron. *diripiendam eſſe crediderit*: & dein *quam diripuit*. Hoc poſtremum eſt etiam in MS. Vind.

54 Queſn. *Illa porro datur Synodus perfecta; in qua* &c. Licet autem vox *perfecta* legatur etiam in MS. Veron. prætulimus tamen lectionem codicis Vind. & vulgatam Iſ. eo quod etiam Ferrandus tit. 144. *plenariam* legerit.

55 Vind. *ſibi commiſſam*. Mox *Epiſcoporum* cum omnibus noſtris codd. & vulg. Iſ. inſeruimus.

56 Cod. Vind. *conſtitutus fuerat*.

57 Vulg. Iſid. cum MS. Vind. *Epiſcopum non ordinandum*. Dein *Metropolitani provinciæ* ſcripſimus cum MSS. Vind. & Veron. Al. *Metropolitani Epiſcopi*.

58 Queſn. addit *cenſemus*. Delevimus cum MSS. Vind. & Veron. atque vulg. Iſ. Mox idem Queſn. delevit *etiam*, & pro *celebretur*, prætulit *compleatur*, noſtris codd. & vulg. repugnantibus.

59 Vulg. Iſ. *cauſſas*.

60 Sic cod. Vind. Al. *ſemel*. Dein vulg. Iſ. *ita ut in quarta ſeptimana ſancti Paſchæ perfici conſilium poſſit, convocante Metropolitano Epiſcopo omnes provinciæ Epiſcopos. Secundo autem Concilium fieri Idibus* &c. Scripſimus *ideſt mediæ Pentecoſtes* cum MSS. Vind. Thuan. & Veron. Queſnellus *ideſt media ad Pentecoſtem*.

61 apud Græcos hyperberetæi mensis 61 decimus invenitur. In ipsis autem Conciliis &
Presbyteros & Diaconos præsentes esse oportet, & omnes quotquot se læsos existimant,
& synodicam expectare sententiam. Nec liceat aliquibus apud semetipsos Concilia præter Metropolitanorum Episcoporum conscientiam facere: quibus de omnibus caussis constat permissum esse judicium.
62 XXI. 62 Episcopus de diœcesi ad diœcesim alteram non debet transire: neque si
seipsum ingesserit, neque si a populis fuerit
63 violenter attractus, 63 neque si etiam hoc
ei ab Episcopis suadeatur. Manere autem
eum in Ecclesia Dei debere, quam ab initio sortitus est, & non ab ea alio demigra-
re, secundum regulam super hoc a patribus
olim constitutam.
64 XXII. 64 Episcopus non debet in aliam
civitatem, quæ illi non videtur esse subjecta, irruere, neque in regionem quæ ad
ejus curam minime noscitur pertinere, ad
aliquem ordinandum; neque Presbyteros vel
Diaconos constituere ad alios Episcopos per-
65 tinentes: nisi forte cum consilio 65 proprii
Episcopi regionis. Quod si quispiam horum
aliquid audere voluerit, irrita erit hujusmodi ordinatio, & is qui male usurpaverit, a
66 Synodo arguetur 66.
67 XXIII. 67 Episcopo non licet tamquam
successorem sibi futurum constituere alterum,
quamvis circa viciniam mortis habeatur.
Quod si tale aliquid factum fuerit, irrita sit
hujusmodi ordinatio. Custodiri enim oportet ecclesiastica constituta, quæ ita se con-
68 tinent, non posse Episcopum 68 aliter fieri, nisi in Concilio & cum consensu Episcoporum eorum dumtaxat, qui post obitum
ejus qui præcessit, habuerint potestatem
eum qui dignus fuerit, provehendi.

XXIV. Quæcumque res Ecclesiæ sunt,
bene debent cum omni diligentia & bona
fide servari: illa scilicet fide, quæ Deo 69 69
servatur omnia providenti atque judicanti.
Quæque gubernari atque dispensari oportet
cum judicio & potestate Episcopi, cui totius plebis animæ videntur esse commissæ.
Manifesta autem oportet esse, quæ Ecclesiæ competunt, 70 sub conscientia eorum 70
Presbyterorum & Diaconorum, id est, qui
circa ipsum sunt: ut ipsi non ignorent, nec
eos aliquid lateat eorum, quæ sunt propriæ
Ecclesiæ: ut si contigerit Episcopum ex hac
vita migrare, cum manifestæ sint & notæ
res ecclesiasticæ, non intercidant atque depereant. Sed nec res propriæ Episcopi tamquam obnoxiæ, rerum ecclesiasticarum occasione, ullius pulsentur injuria, quia justum & 71 decibile est apud Deum & ho- 71
mines, quæ propria sunt Episcopi, quibus
ipse jusserit, derelinqui; & quæ Ecclesiæ
sunt, ipsi servari. Ita enim fiet, 72 ut nec 72
Ecclesia damno aliquo affligatur, nec Episcopus, occasione rerum ecclesiasticarum,
proscribatur, neque pertinentes ad eum caussas incurrant, quo post mortem memoria
ejus maledictis aliquibus oneretur.
XXV. Episcopum 73 habere ecclesiasti- 73
carum rerum potestatem, ad dispensandum
omnibus indigentibus cum omni timore &
reverentia Dei. Ipsum quoque ex eis per
cipere atque uti debere, quibus indiget, si
tamen indiget, vel ad suas necessarias expensas, vel fratrum, qui apud eum hospi-
talitatis gratia commorantur: ut nulla ex
parte per inopiam defraudentur, secundum
Apostolum dicentem: *Habentes* 74 *victum* 1. Tim. 6. 8
quotidianum, & *tegumentum corporis*, *his* 74
contenti sumus. Quod si iis minime contentus atque sufficiens, transferat in necessitates

61 Vulg. Is. *decimus quintus invenitur: ita ut in his Conciliis procedant omnes Presbyteri, Diacones, & reliqui, qui se læsos dicunt, ut in Concilio eorum caussa examinata, ad debitum judicium perveniant. Noc liceat ulli proprie apud semetipsum Concilium celebrare, præter eos quibus Metropoles creditæ sunt.*

62 Cod. Veron. cum vulg. Isid. *Episcopum ... non debere transire.*

63 Ita nostri codd. & vulg. Is. Solus Quesn. *neque si sibi etiam ab Episcopis hoc suadeatur:* & postea solus omisit *Dei*, ac post *debere* addidit *oportet*.

64 Veron. cod cum vulg. Is. *Episcopum non debere irruere in alienam civitatem.* Mox idem vulg. Is. *quæ illi probatur non esse subjecta.*

65 Vulg. Is. addit *& voluntate*. Dein *voluerit* cum nostris codd. & vulg scripsimus: apud Quesn. *tentaverit*. Mox Veron. & vulg. *irrita quidem erit*.

66 Vulg. Is. addit. *Nam si ordinare non potuerit, nullatenus alterius parochianum judicare præsumat.* Aliquid simile est in versione Dionysii Exigui, aliquid etiam in Prisca: nihil autem in Græco, nec in nostris codicibus Vind. & Veron. qui Isidorianam interpretationem repræsentant.

67 Veron. cod. *Episcopum non licere*. Vulg. Is. *Episcopos non licere*. Mox Quesn. omisit voces *futuram*, & *alterum*, quas ex nostris MSS. & Thuaneo Quesnelli, nec non ex vulg. Is. revocavimus.

68 Vind. MS. *alterum fieri*.

69 Idem cod. *debetur*. Dein vulg. Is. pro *quæque gubernari* melius *easque gubernari*. Mox voces *atque dispensari* & *totius* ex omnibus nostris codd. & vulg. inseruimus.

70 Quesn. *conscientiæ Presbyterorum & Diaconorum, idest, qui circa Episcopum sunt, ut non ignorent, nec quicquam eos lateat* &c. Nostros codd. Vind. & Veron. eum vulg. Is. sequuti sumus.

71 Vulg. Is. *acceptum est*. Porro *decibile* pro eo *quod decet* olim usurpatum Quesnellus notavit. Dein pro *jusserit*, Vind. habet *judicaverit*.

72 Ita nostri codd. & vulg. Is. Apud Quesn. *ut non Ecclesiæ ... affligantur ... neque pertinentes ad eum in caussas occurrant.*

73 Quesn. inserit *convenit* repugnantibus nostris MSS. & vulg. Is.

74 Quesn. *victum &, vestitum corporis, his contenti simus*. Lectionem nostrorum codicum, & Thuanei, ac vulg. Is. recepimus.

tes domesticas ecclesiasticas res; vel commoda quælibet Ecclesiæ, aut agrorum ecclesiasticorum fructus, citra conscientiam
75 Presbyterorum 75 aut Diaconorum apud se
redigat, & domesticis suis, vel etiam affinibus, aut fratribus, aut filiis earum rerum tribuat potestatem, ut per eorum secretam diligentiam ceteri Ecclesiastici lædi
76 videantur; 76 reatum hunc qui hujusmodi
est, apud Metropolitanum provinciæ præ-
77 stare debebit. 77 Quod si & aliter reprehen-
datur Episcopus, vel ii qui cum ipso sunt Presbyteri, quo dicatur, hæc quæ ad Ecclesiam pertinent, sive de agris, sive de aliis quibusque ecclesiasticis caussis eos sibimet usurpare; pauperes vero necessitate & penuria opprimi, atque ex ipso non solum ecclesiasticæ rationi, verum etiam dispensatoribus ejus maledicta & reprehensio augeantur: hos igitur correptionem oportet mereri quæ condecet, sancta cognoscente Synodo.
Eusebius, omnibus quæ constituta sunt
78 78 in sancta Synodo præsens consensi: Theodosius, Nicetas, Macedonius; & ceteri prænominati consensimus.

CAPITULUM LX. *Al. LVIII.

1 INCIPIT

CONCILIUM

Laodiciæ Phrygiæ Pacatianæ.

SAncta Synodus secundum Laodiciam Phrygiæ Pacatianæ convocata ex diversis provinciis Asiæ regulas exposuit ecclesiasticas, sicut infra scriptum est.

I. De eo quod oportet, secundum ecclesiasticum canonem, eos qui libere & legitime 2 secundis nuptiis conjuncti sunt, nec 2
occultam permixtionem operati sunt, pauco tempore exemto, vacare orationibus & jejuniis, & secundum veniam reddi eis communionem.

II. His qui diversorum peccatorum lapsus Confessio peccatorum.
incurrunt, & instant orationi, confessioni,
3 ac pœnitentiæ malorum suorum, perfectam conversionem demonstrantes, pro qualitate peccati pœnitentiæ tempus tribuendum est, & propter misericordiam bonitatemque Dei, qui hujusmodi sunt, revocandi & ad communionem sunt applicandi.

III. 4 Non oportet Neophitum promo- 4
veri ad ordinem sacerdotalem.

IV. Non liceat 5 ordinationem clerici 5

Ee ul-

75 Vulg. Is. & Vind. delent voces *aut Diaconorum*: sunt tamen in aliis versionibus & in Græco.

76 Quesn. *caussas is, qui hujusmodi est, apud Metropolitanum præstare debet*. Nostrorum codicum & vulg. lectionem prætulimus. Solum Vind. habet *debere*.

77 Quesn. hic signavit numerum XXVI. ac si canon esset a præcedenti distinctus. Notavit tamen in margine: *Est pars canonis præcedentis apud Isidorum, & alios*. Nulli sane nostri codices dividunt, neque ipsum exemplar Vind. hujus collectionis. Quesnelli autem lectionem *Quod si aliter reprehendatur Episcopus, vel qui apud eum sunt*, ad nostros codices & vulg. exegimus: ac sub finem hujus canonis ex communi eorumdem suffragio inseruimus *igitur*.

78 Voces *in sancta Synodo* omittunt nostri codd. Vind. & Veron. Porro Vind. subscriptiones sic exhibet: *Eusebius, Theodorus, & ceteri, quorum nomina in Græco jam superius continentur, consensimus. Amen. Finit Concilium Antiochenum*. Codex autem Veron. sic: *Eusebius omnibus, quæ constituta sunt, præsens consensi, Theodorus, Niceta, Macedonius, Anatolius, Tarcodimantus, Etherius, Narcissus, Alphius, Archelaus, Bassus, Siricius, Esicius, Mauricius, Theodosius, Moses, Mucimus, Magnus, Agapius, & Agapius, Magnus, Eneas, Paulus, consensimus*. Vulg. Is. eadem Episcoporum nomina, & eodem ordine præferunt usque ad *Narcissum*, post quem addunt *Eustachius, Esychius, Mauricius, Paulus & ceteri consenserunt, & subscripserunt triginta Episcopi*.

1 Est ea versio antiqua, quæ Isidoriana vulgo appellatur. Exstat in codd. hujus collectionis, nec non in Hisp. & Isid. ac præterea in alia vetustissima coll. Vat. 1342. ac in duobus MSS. Veron. 55. & 58. ita tamen ut in hoc ultimo codice, qui mutilus est, desinat in canone 16. Titulum ex Vindebonensi exemplo expressimus. Quesn. *Canones Concilii secundum Laodiciam Phrygiæ Pacatianæ*: notatque in margine codicem Thuan. habere: *Incipiunt regulæ seu definitiones secundum Laodiciam Phrygiæ Pacatianæ*: & idipsum legitur in MS. Veron. 58. De tempore hujus Synodi vide quæ constituimus in tractatu part. 1. c. 3. §. 1.

2 Quesnellus cum vulg. Is. *secundo nuptiis connexi sunt*. Scripsimus autem *secundis nuptiis* cum omnibus quatuor nostris codd. Vind. Vat. 1342. ac duobus Veron. Duo priores suggesserunt *conjuncti sunt*. Dein *permixtionem* prætulimus cum omnibus codd. & vulg. Apud Quesn. *commixtionem*.

3 Conjunctionem *ac* inseruimus cum tribus MSS. Vat. & duobus Veron. vulg. Is. consentiente. Iidem duo codd. Veron. cum vulg. postea omittunt *&* ante *propter misericordiam*.

4 In hoc, ac duobus sequentibus canonibus Quesn. præmittit *De eo quod* ante voces *non oportet*, vel *non liceat*. Delevimus cum MSS. Vind. & Vat. ac vulg. Is.

5 Quesn. *manus impositionem super ordinatos præsentibus cathecumenis celebrare*. Idem est in duobus MSS. Veron. nisi quod habent *celebrari*. Vulg. Is. *non licere manus impositionem super ordinandos præsentibus cathecumenis fieri*. Lectionem optimorum codd. Vind. & Vat. textui inseruimus.

ullius, præſentibus cathecumenis, celebrare.
V. Non liceat fœnerare miniſtris altaris, vel in ſacerdotali ordine conſtitutis,
6 6 & vel uſuram, vel lucra, quæ ſeſcupla
dicuntur, accipere.
VI. Non concedendum hæreticis ingreſ-
ſum domus Dei in hæreſi permanentibus.
7 VII. Novatianos 7 etiam excludendos,
& Quartadecimanos, quos Teſſareſcedecati-
tas appellant, id eſt qui XIV. luna primi
menſis Paſcha cum Judæis celebrant; ſed
& cathecumenos eorum, vel fideles, non
recipi, priuſquam condemnent omnem hæreſim pleniſſime, ante omnia autem illam
in qua detinebantur. Et tunc qui apud eos
fideles dicuntur, ſymbolum fidei doceantur,
8 8 atque ita unctos ſancto etiam chriſmate,
divino ſacramento communicare conveniet.
VIII. Eos qui convertuntur ab hæreſi,
9 quæ dicitur 9 ſecundum Phrygas, ſeque in
clero conſtitutos exiſtimant, quamvis ma-
10 gni dicantur, hujuſmodi 10 cum omni diligentia catechizari oportet, & baptizari
ab Eccleſiæ catholicæ Epiſcopis, & Preſ-
byteris.
11 IX. Non concedendum 11 Catholicis,
quæ dicuntur cœmeteria, vel martyria hæreticorum orationis gratia & petendæ curationis intrare: ſed & qui ierint, ſi ſunt
12 fideles, 12 incommunicabiles facti ad pœnitentiam uſque ad aliquod tempus redigi:
pœnitentes autem eos, & erraſſe ſe confeſ-
ſos, ſuſcipi oportere.

13 X. Eos qui ad Eccleſiam pertinent, 13
indifferenter filios proprios hæreticorum nuptiis minime ſociare debere.
XI. Mulieres, quæ apud Græcos Presby-
teræ appellantur; apud nos autem Viduæ
14 ſeniores, univiræ, & matriculariæ no- 14
minantur, in Eccleſia tamquam ordinatas
conſtitui non licebit.
XII. Epiſcopos non oportet 15 præter 15
judicium Metropolitanorum & finitimorum
Epiſcoporum conſtitui ad Eccleſiæ principatum. 16 Nec eligantur, niſi hi quos mul- 16
to ante nota & probabilis vita commendat: & nihilominus, 17 ſi in ſermone fi- 17
dei, & recti ratione per ſuam converſatio-
nem fuerint comprobati.
XIII. De eo quod non ſit populis concedendum electionem facere eorum, qui 18 18
altaris miniſterio ſunt applicandi.
XIV. Sanctas oblationes, ad vicem Eu-
logiarum, per feſtivitatem paſchalem ad alias
Parrochias mitti minime oportere.
XV. Non liceat, præter canonicos 19 19
Pſaltas, qui pulpitum aſcendunt, & de codice legunt, alium quemlibet in Eccleſia
pſallere.
XVI. Sabbatis Evangelia, cum aliis Scripturis, legenda eſſe.
XVII. In proceſſionibus non connectere,
id eſt, ex diverſis verſibus, & ſenſibus libri unum canticum minime conjungere:
ſed ſingulorum Pſalmorum ordinabiliter de
medio 20 debere fieri lectionem. 20
XVIII. De eo quod ſemper eaſdem ſup-
pli-

---

6 Vat. MS. *ſed nec uſuras*. Duo Veron. *& vel uſuras*: vulg. Iſ. *vel uſuras*. Dein cum in Vind. hujus collectionis ſcribatur *quæ ſeſculpa*, alii tranſcripſere ex ſimili aliquo codice *quæ ex culpa ducuntur*. Veram lectionem cum vulg. Iſ. ſuppeditant tres noſtri codd. Vat. & duo Veron. Notavit Queſnellus. *Idem habet Dion. ex Græco* ἡμιολιας *quod* centeſimas *interpretatur Codex Eccleſiæ univerſæ Juſtelli*: verius Juſtellus, qui editurus Græcum codicem, ab eodem perperam inſcriptum *Eccleſiæ univerſæ*, in afferenda verſione Dionyſii Exigui, *centeſimas* pro *ſeſcupla* ſubſtituit.

7 MSS. aliarum collectionum Veron. & Vat. cum vulg. Iſid. *vel etiam Quartadecimanos*, *quos Græci Teſſareſcedecatites appellant*. Duo codd. Veron. omittunt vocem *Græci*.

8 Queſn. *& ſic unctos chriſmate*. Tres noſtros codd. Vind. Veron. 55. & Vat. ſequuti ſumus. Vulg. Iſ. delet ſolum *etiam*. Veron. 55. pro *conveniet* habet *permittantur*.

9 Ita codd. Vind. Vat. Oxon. & Veron. 58. Queſnellus cum vulg. Iſ. *Cataphrygarum*. Veron. 55. *Cataphrygas*, *ideſt Montaniſtæ*. Græc. τῶν λεγομένων Φρυγῶν. Poſtea Vind. *quamvis magnifici dicantur*.

10 Sic Vind. Vat. & vulg. Apud Queſn. cum aliis MSS. *cum magna*.

11 MSS. Vat. & Veron. cum vulg. *Iſ. in cæmeteria, vel quæ martyria dicuntur hæreticorum, catholicos orationis gratia* &c.

12 Cod. Veron. 55. *Sciant ſe incommunicabiles eſſe factos. Ad pœnitentiam uſque ad aliquod tempus redigantur: poſt pœnitentiam vero cum erraſſe confeſſi fuerint, tunc ſuſcipi in communione debebunt*.

13 Hic canon cum in utroque codice Oxon. ac Thuan. deeſſet, a Queſnello ex vulg. Iſid. in margine deſcriptus fuit. Nos vero eumdem nacti in cod. Vind. hujus collectionis, nec non in duobus aliis, ſcilicet Veron. 55. & Vat. 1342. textui inſeruimus. Deſideratur tantum in noſtro Veron. 58.

14 Voces *ſeniores*, *univiræ* a Queſnello omiſſas cum omnibus noſtris codd. & vulg. Iſ. ſuffragante etiam Ferrando tit. 221. revocavimus.

15 Sic codd. Thuan. Vat. & vulg. Iſ. Queſnellus cum aliis MSS. *præjudicio Metropolitanorum*.

16 Queſn. *Nec enim debent eligi, niſi quos*. Lectionem codd. Vind. & vulg. Iſ. recepimus. Conſentiunt etiam Vat. & Veron. 58. niſi quod ignorant *hi*. Veron. 55. ſic legit: *Nec eligantur niſi ii, qui multo ante vitæ merito probabiles judicantur; & nihilominus* &c.

17 Ita quatuor noſtri codd. cum Thuaneo Queſnelli, qui ſuſpicatur pro *ratione* legendum fortaſſis *actione*. Vulg. Iſ. diſcrepant ſolum *& recta operatione*. Queſnellus *ſi in ratione fidei, & recti ſermone*.

18 Cod. Vind. *ad altaris miniſterium*.

19 Cod. Vind. *Pſalmiſtas*. Vulg. Iſid. addit *ideſt, qui regulariter cantores exiſtunt, quique pulpitum* &c.

20 Verbum *debere* ex omnibus noſtris codd. & vulg. Iſ. adjecimus. Oxon. deſiderat *de medio*.

plicationes orationum, & ad horam nonam
& vesperam, oporteat celebrari.

21 XIX. Quoniam catechumenorum orationem separatim & prius post tractatum
Episcoporum oporteat celebrari. Quibus e-
gressis, orent etiam hi qui in pœnitentia
sunt constituti, & post manus impositionem, his quoque abscedentibus, tunc fideles orare debebunt, quorum tres orationes
fiant, una quidem, id est, prima per silentium; secunda vero & tertia per vocis pro-
nunciationem: ac tunc demum osculo pacem dari debere, & postea quam Presbyteri Episcopo pacem dederint, tunc etiam laicos dare, & sic oblatio offeratur. Solis autem ministris altaris liceat ingredi ad alta-
22 re, & 22 communicare.

XX. Quoniam non oportet Diaconum sedere præsente Presbytero, sed ex jussione
Presbyteri sedeat: similiter autem & Diaconus honorificetur a ministris inferioribus,
& omnibus clericis.

23 XXI. Quoniam non oportet 23 ministros
licentiam habere in secretarium, sive sacrarium, quod Græci Diaconicon appellant,
ingredi & contingere vasa dominica.

XXII. Ministrum non oportet orario uti,
nec ostia derelinquere.

24 XXIII. 24 Quoniam non oportet Lectores
aut Psaltas orario uti, & sic legere aut psal-
lere.

XXIV. Quoniam non oportet altari de-
servientes, a Presbyteris usque ad Diaconos, & deinceps ecclesiastici ordinis homines usque ad ministros, aut Lectores, aut
25 Psaltas, aut Exorcistas, 25 aut Ostiarios,
aut etiam eos qui in proposito continentiæ sunt, tabernas intrare.

26 XXV. Non oportet ministros 26 panem
dare, nec calicem benedicere.

XXVI. Non oportet exorcizare eos, qui
necdum ab Episcopo sunt provecti, neque
in Ecclesiis, neque intra domos.

XXVII. Non oportet ministros altaris,
vel quoslibet clericos vel etiam laicos ad
Agapen vocatos partes tollere, propter injuriam, quæ ex hac occasione ecclesiastico
ordini deputari poterit.

XXVIII. 27 Non oportet in Dominicis 27
vel in Ecclesiis Agapen facere, & intus manducare, vel accubitus sternere.

XXIX. Non oportet Christianos judaizare, & in sabbato vacare; sed operari eos
28 in eadem die. Dominica vero præpo- 28
nenda eidem diei: Si hoc eis placet, vacent tamquam Christiani. Qui vero inventi fuerint judaizare, anathema sint.

XXX. Quoniam non oportet ministros
altaris, vel etiam clericos quoslibet, aut
29 continentes, sed & omnem omnino Chri- 29
stianum cum mulieribus lavacra habere communia: hæc est enim apud gentiles prima
reprehensio.

XXXI. Quoniam non oportet 30 cum 30
omnibus hæreticis miscere connubia, & vel
filios, vel filias dare; sed potius accipere;
si tamen profiteantur Christianos se futuros
esse catholicos.

XXXII. Non oportet hæreticorum benedictiones accipere: quoniam istæ maledi-
ctiones sunt magis, quam benedictiones.

XXXIII. Non oportet cum hæreticis vel
schismaticis orare.

XXXIV. Non oportet 31 omnem Chri- 31
stianum, derelictis martyribus Christi, abire
32 ad falsos martyres factos: hi enim alie- 32
ni a Deo sunt. Quicumque autem abire voluerit, anathema sit.

XXXV. Quoniam non oportet Christianos, derelicta Ecclesia Dei, abire, 33 & 33

---

21 Notat Quesn. in margine: *Reliqui canones hujus Concilii ex cod. Thuaneo intercidere ab hoc canone usque ad finem* 51. *qui est in hoc Oxon.* 54. *in quo* 55. 56. *&* 57. *sunt in Thuan.* 52. 53. *&* 54. Apud eumdem Quesn. hic canon incipit sic: *Quod cathecumenorum orationes*. Nostros codd. & vulg. Is. sequuti sumus.

22 Vulg. Is. addunt *ibidem*.

23 Vulg. Is. *subdiaconos licentiam*. Mox *sive sacrarium* ex omnibus nostris MSS. adjecimus.

24 Auctoritate nostrorum codicum & vulg. Is. vocem *quoniam* in hoc & sequenti canone a Quesnello omissam revocavimus.

25 Quesn. *aut Officiarios, qui in proposito* &c. Emendavimus, & supplevimus ex nostris codd. atque vulg. Is.

26 Al. *panes dare, sive calicem* &c.

27 Al. *non decet*, vel *non debet*, vel *non licet*.

28 Quesn. *in eadem die. Dominica vero, si eis placet* &c. Vulg. Is. *in eadem die, Dominicam præponendo eidem diei. Si hoc eis placet* &c. *Quodsi inventi fuerint* &c. Prætulimus lectionem Vind. & Vat. nisi quod mendose præferunt *eamdem diem*. Cod. Veron. 55. sic, *in eodem die. Dominico* (leg. *Dominicum*) *vero præponendum eidem diei: nam si vacare voluerint sabbato die, vacent sicut Christiani. Nam si inventi fuerint* &c.

29 Sic nostri codd. apud Quesn. *continentem, aut ullum omnino*.

30 Quesn. *cum ullis hæreticis miscere convivia, vel filias dare*: ac dein *futuros & catholicos*. Correximus ex nostris codd. & vulg. Is.

31 Vocem *omnem* adjecimus cum MSS. Vind. & Vat. concinente Græco textu.

32 Ita cod. Vat. & duo Harduini. Concinunt ex parte Ferrandus, cod. Veron. & vulg. Is. qui habent *ad falsos martyres* suppressa voce *factos*. Quesn. cum Vind. *ad falso martyres factos*.

33 Hanc lectionem, quæ concordat cum versione Dion. & Græco textu, præferendam duximus. Hanc autem suppeditavit codex Vind. nisi quod mendose *nomine* exhibet pro *nominare*. Duo codd. Vat. & Veron. 55. cum tribus Harduini *& ad angelos nominantem congregationem*; vel *congregationes facere*. Ferrandus tit. 184. legit *ad angelos congregationem facere*. Vulg. Is. *& angelos idololatriæ abominandæ congregationes facere*. Quesn. *ad angulos nominantes congregationem: quæ omnia*. Ex contextu manifestum est, sermonem esse de cul-

CAPITULUM LXI. * * Al. LIX.

1 INCIPIUNT

REGULÆ sive DEFINITIONES

expositæ ab Episcopis cl. qui in unum Constantinopolim convenerunt, quando ordinatus est B. Nectarius Episcopus: quorum nomina & provinciæ in Græco continentur; sub Theodosio Principe.

CANON PRIMUS.

NOn spernendam esse fidem Patrum trecentorum decem & octo, qui in Nicæam Bithyniæ convenerunt; sed manere eam ratam oportet, & anathematizari omnem hæresim, specialiter autem Euno-
2 mianorum; 2 qui latine sine lege dicuntur, & Arrianorum, sive Eudoxianorum, & Semiarrianorum, nec non Pneumatomachorum, id est, qui contra Spiritum san-
3 ctum pugnant, 3 Photinianorum & Sabellianorum & Apollinaristarum.
4 II. Episcopi, qui 4 super diœcesim sunt, ad Ecclesias quæ extra terminos eorum sunt, non accedant, neque confundant &
5 permisceant Ecclesias, 5 sed secundum regulas, Alexandriæ quidem Episcopus 6 eas 6
tantum, quæ sunt in Ægypto, gubernet: Orientis autem Episcopi solius Orientis curam gerant, servatis honoribus primatus Ecclesiæ Antiochenæ, qui in regulis Synodi Nicænæ continentur.

III. Sed & Asianæ diœcesis Episcopi, ea quæ sunt in Asia & ad Asianam tantummodo diœcesim pertinent, 7 gubernent. 7
Ponti autem Episcopi Ponticæ tantummodo diœcesis habeant curam. Thraciæ vero ipsius tantummodo Thraciæ.

IV. 8 Non invitatos Episcopos ultra diœ- 8
cesim non debere accedere super ordinandis aliquibus, vel quibuscumque disponendis ecclesiasticis caussis, servata regula quæ ascripta est de unaquaque diœcesi. Manifestum est enim quod per singulas quasque
provincias 9 Synodus amministrare debeat 9
& gubernare omnia, secundum ea quæ sunt in Nicæa definita. Ecclesias autem Dei quæ
sunt in barbaricis 10 gentibus constitutæ, 10
regi & amministrari oportet secundum consuetudinem, quæ a Patribus obtinuisse dignoscitur.

V. Constantinopolitanæ autem civitatis
Episcopum 11 oportet habere primatus ho- 11
norem post Romanum Episcopum, propter quod sit nova Roma.

VI. De Maximo Cynico Philosopho, &
totius indisciplinationis ejus 12 doctrina, 12
quæ

---

1 Hic titulus in Vind. MS. legitur. Quesnellus hunc alium prætulit. *Canones Concilii Constantinopolitani a CL. Episcopis, quando B. Nectarius eidem urbi est ordinatus Episcopus sub primo Theodosio piissimo Augusto.* Horum canonum versio est illa, quæ ab Isidoro recepta, Isidoriana vocatur. Hanc eorumdem canonum versionem reperimus in MS. Veron. 55. cum hoc titulo: *Incipiunt statuta seu definitiones Synodi Constantinopolitanæ Episcoporum CL., quando ordinatus est B. Nectarius.*

2 Vulg. Isid. addunt cum Græco *sive Aaomæorum*, huicque voci respondent sequentia *qui Latine sine lege dicuntur*. Dein voces *sive Eudoxianorum* desunt in MS. Vind.

3 Codd. Veron. 55. & vulg. Is. concinentes cum Græco *& Sabellianorum, & Marcellianorum, & Photinianorum, & Apollinaristarum*. Vind. post nomen *Apollinaristarum* addit *& Marcellianornm, & Manichæorum, & omnium, qui a sana doctrina & Ecclesia catholica discedunt.*

4 Vind. cum vulg. Is. *extra*. Veron. 55. cum Oxon. *ultra*.

5 In MSS. hujus collectionis varia est canonum partitio. Vind. dividit in canones XI. ac propterea hic notat can. III. dein ad vocem *Orientis* canonem IV. ad illa *Sed & Asianæ* can. V. *Ponti autem* can. VI. *Thraciæ vero* can. VII. *Non invitatos* can. VIII. *Ecclesias autem* can. IX. *Constantinopolitanæ* can. X. *De Maximo* can. XI. Codex Oxon. quem Quesnellus sequutus est, tres tantum canones partitur. Sub secundo enim canone *Episcopi* quintum a nobis receptum complectitur, quod Dionysianæ versionis proprium est. Amplexi sumus sex canonum divisionem, quam præbuit codex MS. Thuaneus hujus collectionis. Totidem enim canones alii codices Isidorianam interpretationem præferentes distinguunt: uti Veron. 55. & vulg. Is. cum quibus Ferrandus concinit. Hi autem in eo solum discrepant, quod canonem tertium ex Thuaneo codice a nobis receptum jungunt cum secundo, quartum vero secant in duos: nam ad verba *Non invitatus* signant canonem III. ad illa vero *Ecclesias autem* notant canonem IV.

6 Cod. Vind. & vulg. Is. *ea quæ sunt* &c. Veron. 55. *eas*, & post *in Ægypto* addit *Ecclesias*.

7 Sic nostri codd. cum vulg. Is. Apud Quesn. *procurent*.

8 Ita codd. Vind. & Veron. Sic porro Quesn. *Non invitatus enim Episcopus ultra diœcesim non debet accedere:* ac dein omittit *quibuscumque*, & pro *servata* habet *salva* Vulg. Is. *Non invitati Episcopi ... non debent* &c.

9 Cod. Veron. & vulg. Is. cum Græco addunt *provincialis*.

10 Quesn. *regionibus;* ac mox omittit *regi*. Scripsimus *gentibus* cum Vind. & vulg. Is. Adjecimus autem *regi* omnibus nostris MSS. & vulg. suffragantibus.

11 Cod. Vind. *habeat honoris primatum post Romanum Episcopum, propter quod Urbs ipsa sit.*

12 Codd. Vind. & Veron. delent *doctrina*. Nec in Græco quidem, aut in aliis versionibus aliquid simile reperitur; ac probabile est ob errorem lectionis *totius indisciplinationis ejus* ad sensum perficiendum arbitrio librarii additam fuisse vocem *doctrina*, vel in vulg. Is. *propter doctrinam*. Corrigendum videtur *tota indisciplinatione ejus*, vel *ob totam indisciplinationem ejus*.

quæ Conſtantinopoli orta eſt, ſtatutum eſt,
ut neque Maximus eſſe, nec fuiſſe impute-
tur Epiſcopus ; neque qui ab eo ordinati
ſunt, qualemcumque gradum clericatus ob-
tineant, omnibus ſcilicet quæ circa eum ,
13 vel ab eo geſta ſunt in irritum 13 devo-
catis. Nomina vero Epiſcoporum hæc ſunt.
Nectarius Conſtantinopolitanus . Timotheus
14 *Alexandriæ. 14 Dorotheus ab Oxiringo. Cy-*
15 *rillus Jeroſolymitanus. 15 Gelaſius Cæſa-*
rienſis. Macer Jericontinus. Dionyſius Dio-
ſpolitanus. Priſcianus Nicopolitanus. Satur-
ninus Sebaſtenus . Rufus Scythopolitanus .
16 *Auxentius Aſcalonita. 16 Ælianus Jamnien-*
ſis. Zeno Tyrius. Paulus Sydonienſis. Ne-
ſtorius a Ptolomaide . Philippus Damaſce-
nus. Baracus Paneadenſis. Timotheus Be-
rythius. Baſilides a Biblo. Mochimus Ara-
denſis. Et ceteri centum triginta 17.

CAPITULUM LXII. * Al. LX.

1 INCIPIT 1

CONCILIUM TELENSE

ſuper Tractatoriam Sancti Syricii Papæ Urbis Romæ per Africam.

POſt Conſulatum 2 glorioſiſſimi Honorii An. 418.
XI. & Conſtantii II. VI. Kalendas 2
Martias. Congregato 3 Concilio in Eccle- 3
ſia Apoſtolorum plebis Telenſis, beatus Pater

---

13 Ita codd. Vind. ac Thuan. Vulg. Iſ. *revocatis*, Queſn. *deductis*. Sequentia Epiſcoporum nomina in noſtris codd. Vind. & Veron. non leguntur. Queſnellus in codd. Thuan. & Oxon. illa invenit.

14 Ita cod. Thuan. concinente vulg. Iſ. aliiſque verſionibus. Queſn. cum cod. Oxon. *Dorotheus ex Corintho*.

15 Cod. Thuan. *Galatius*; vulg. Iſ. *Talaſſius*. At Gelaſium hoc tempore fuiſſe Epiſcopum Cæſarienſem, præter alios codd. Iſ. Harduinus profert Leontium lib. 1. contra Neſtorium & Eutychem, ac Theodoretum lib. 5. c. 8. Dein vulg. Iſ. perperam *Priſcianus Sebaſtenſis, Saturninus Scythopolitanus, Rufus Nicopolitanus*. Melius codd. Thuan. & Oxon. ut ex ſubſcriptionibus verſionis priſcæ inferius patebit.

16 Ita cod. Thuan. & vulg. Iſ. cum aliis verſionibus. Queſnellus *Ebanus*, male.

17 *Qui cum viginti ſupraſcriptis numerum centum quinquaginta Epiſcoporum implent*. Queſnellus.

1 Hoc Concilium, ſeu potius Concilii fragmentum cum ſequenti Siricii epiſtola hactenus inventum eſt in ſolis MSS. collectionibus Gallicanis, nimirum in celebri Corbejenſi, in Foſſatenſi, in codicibus hujus noſtræ collectionis, in exemplo Colbertino 3368. ubi bis invenitur, in Vat. 3827., in Regio Pariſienſi quondam S. Petri Pictavienſis, in MSS. additionum Iſidori, quale eſt Vat. 1340. quæ omnes ſunt collectiones originis Gallicanæ, ut in Tractatu ſuis locis oſtendimus. Æneas Pariſienſis in lib. adverſus Græcos c. 102. t. 1. Spicil. Acher. pag. 133. ex ſequenti Siricii epiſtola, quam in Gallicano codice nactus eſt, longum teſtimonium recitat. Codex Capituli Veronenſis 59. qui vetuſtiſſimam canonum abbreviationem exhibet, e Gallicanis fontibus hujus Concilii ſeu fragmenti compendium præfert. Diſcrepat in manuſcriptis hujus Concilii inſcriptio. Codex Thuaneus noſtræ collectionis *Teleptenſe* appellat : quod item legitur in MS. Regio olim S. Petri Pictavienſis teſte Baluzio in Diſſert. *de Concilio Teleptenſi* inſerta poſt libros *de Concordia* Petri de Marca edit. Pariſienſis anni 1714. col. 1344. In abbreviatione quoque vetuſtiſſimi codicis Veron. 59. idem nomen deprehenditur num. 40. *Ex Synodo Teleptenſe*. Codex perantiquus Lucenſis eamdem canonum abbreviationem continens, qui primas quorundam nominum litteras identidem negligit, titulum ſic exhibet apud P. Manſi tom. 2. Supplemen. Concil. pag. 252. *Ex Synodo Leptenſe* : ubi de Leptimio Byzacii urbe ſuſpicandum non eſt ; neque enim *Leptenſe*, ſed *Leptiminenſe* ſcribendum fuiſſet. Retinuimus vero lectionem a Queſnello editam e MS. Oxon. quippe quam comprobant duo exemplaria Vindebonenſia hujus collectionis. Confirmatur etiam duobus MSS. Collegii Soc. Jeſu a P. Harduino laudatis, nec non Gallicana collectione Foſſatenſi, apud P. Couſtantium tom. 1. Epiſt. Rom. Pont. col. 685. not. a. & præſtantiſſimo codice Corbejenſi, in quo legitur : *Incipit Concilium Telenſim per tractatus Sancti* &c. Codex Vat. 3827. paullulum diſcrepat. *Incipit Concilium Telenenſe* : cum quo concinit aliud exemplar Regium apud Baluzium, quod quondam fuerat Archiepiſcopi Remenſis. Tandem codex Vat. 1340. additionum Iſid. *Incipit Concilium Theleſoenſe* ; ſed in textu habet *plebis Telenſis*. Antiquæ editiones Conciliorum poſt Merlinum præferunt *Telenſe*. Binius ex auctoritate Card. Baronii emendavit *Teleptenſe*, idque in poſteriores editiones tranſivit. Verum hujus Concilii nomen cum Trecenſi MS. Ferrandi credimus *Zellenſe*, ex quo mutata littera *Z* in *T* ſcriptum fuerit *Telenſe*. Vide hac de re plura in Obſervationibus ad Diſſert. 14. Queſnelli cap. 1.

2 Sic cod. Thuan. poſtea Colbert. apud Couſtantium loco citato pag. 649. Vind. omittit *Honorii*, at *XI*. retinet. Cod. Vat. 1340. concinit. Queſnellus *glorioſiſſimorum Auguſtorum Honorii XI. & Conſtantii VI. Kal. Martii* : perperam ; ſecundus enim Conſtantii conſulatus cum undecimo Honorii notandus fuerat ; ac præterea Conſtantius an. 417. nondum Auguſtus fuit.

3 Codex Thuan. cum MS. Regio olim Pictavienſi apud Baluzium *Concilio ... plebis Teleptenſis*. Prætulimus lectionem MSS. Oxon. & utriuſque Vind. ac Vat. 1340. quæ cum inſcriptione cohæret. Vetus exemplar Corb. *Concilio plebis Telenſis* omiſſis intermediis vocibus. Vat. 3827. & aliud exemplar Regium quondam Archiepiſcopi Remenſis *Concilio brevis Telenenſis*. Mox vocem *Epiſcopus* adjecimus ex MSS. Vind. Thuan. & Vat. 3827. Tres autem codd. Colb. 3368. in ſecundo hujus Synodi exemplo, Vat. 3827. & Regius quondam Archiepiſcopi Remenſis male Donatianum Teleptenſem vocant Epiſcopum *civitatis Telenſis*.

ter primæ ſedis Epiſcopus Donatianus civitatis Teleptenſis, cum reſediſſet, conſe-
dentibus ſecum Januario, Felice, Secundo,
4 Cyrio, Victore, Secundiano, 4 Geta, Eunomio, Maximiano, Donato, Creſconio,
5 Jocundo, 5 Soprato, Reſtituto, Juliano,
6 Maximino, Romano, 6 Tertiolo, Micilo,
7 Maximo, Donatiano, Baſilio, 7 Papiniano,
Januario, Porphyrio, item Porphyrio, Donato, Juliano, Tuto, Fortunio, Quintiano, Capione & ceteris Epiſcopis, nec non
8 etiam Vincentio & 8 Fortunatiano, Legatis Provinciæ Proconſularis ad Bizacenum
9 Concilium directis, 9 & reliqua.
Vincentius & Fortunatianus dixerunt:
10 Etiam 10 cum Thuſdrum fuiſſemus, ſicut
mecum recolit memorialis auditio veſtra,
& epiſtolas ſanctæ memoriæ Siricii Sedis
11 Apoſtolicæ Epiſcopi 11 dederamus recitandas, ex quibus cum unam legeret ſancti-
monium fratris noſtri Epiſcopi Latonii,
12 utraſque nos 12 nunc referre ſuggeſtio indicat: has recitari donate. Epiſcopi dixerunt: Recitentur epiſtolæ venerabilis memoriæ ſancti Siricii: ut noverimus quid earum textus contineat. Cumque traderentur,
13 Privatus notarius dixit: 13 Exemplar tra-
ctatoriæ Epiſcopi Urbis Romæ.

Dilectiſſimis fratribus & Coepiſcopis per
Africam Siricius. 14 14

CUm in unum plurimi fratres conveniſſemus ad ſancti Apoſtoli Petri reliquias, per quem & Apoſtolatus & Epiſcopatus in Chriſto cœpit exordium, 15 pla- 15
cueritque propter emergentes plurimas cauſſas, quæ in aliquantis non erant cauſſæ,
ſed crimina, de cetero ſollicitudo eſſet unicuique in Eccleſia curam hujuſmodi habere, ſicut Apoſtolus prædicat Paulus, 16 ta- 16
lem Deo Eccleſiam exhibendam, non ha- *Ephes.* 5.
bentem maculam aut rugam: ne per ali- 27.
cujus morbidæ ovis afflatum conſcientia noſtra contaminata videretur. Qua de re meliori conſilio id ſedit, propter eos maxime
qui in præſenti, valetudine corporis aut feſſæ ætatis cauſſa minime adeſſe potuerunt,
quo perpetua iſtiuſmodi forma ſervetur, litteras tales dare placuit, non 17 quæ nova 17
præcepta aliqua imperent: ſed quia ea, quæ
per ignaviam deſidiamque aliquorum neglecta ſunt, obſervari cupiamus, quæ tamen
apoſtolica 18 Patrum conſtitutione ſunt 18
conſtituta: ſcriptum eſt enim: *State & te-* 2. *Theſ.* 2.
nete traditiones noſtras ſive per verbum ſive 14.
per epiſtolam. Illud certe debet mentem veſtram, dilectiſſimi fratres, vehementius ex-
cutere, ut ab omni labe ſæculi iſtius immunes 19 ad Dei conſpectum ſecurique ve- 19
niamus. Non enim erimus immunes, 20 20
qui præſumus plebibus, cum ſcriptum ſit:
Cui

---

4 Codd. Corb. & Vat. 3827. *Zeta.*

5 Unus Colb. & Vat. laudatus cum vulg. Concil. *Sopatro.*

6 Thuan. *Teriolo*, *Nilico*: Vat. 3827. *Temolo*, *Milito*: Vat. 1340. *Tertiolo*, *Miciolo*.

7 Vat. 3827. *Papiano.*

8 Idem MS. Vat. 3827 *Forano.* Duo MSS. apud Couſtantium *Fortino*, *Quantiano*.

9 Voces *& reliqua*, quas omnes & noſtri, & Baluzii, & Couſtantii, & vulgati codices præferunt, Queſnellus omiſit. Hæc autem indicant primum collectorem non tranſcripſiſſe integram Synodum, ſed poſt procemium cetera præteriiſſe, ut ad Siricii litteras, quas præcipue excipiendas duxerat, accederet.

10 Corb. *cum Thoſdrum*. Unus Colbert. apud Couſt. *cum Thiodrum*. Oxon. *cum Tiſdre*. Vat. 3827. *Cum ante hos dies ſimul fuiſſemus.*

11 Queſn. *dediſſemus*, *unaque earum recitata eſſet a ſanctimonia fratris noſtri*. Sequuti ſumus Thuan. & noſtros codices. Solum Vind. & Vat. 1340. habent *recitantes* pro *recitandas*. Thuan. vero pro *legeret* præfert *relegeret*.

12 Ita codd. Thuan. Vind. & Vat. 1340. Apud Queſn. *utraſque nos afferre ſuggeſtio indicavit*. Vat. 3827. *utraſque nos referre ſuggeſſiſtis, & indicatas recitare. Donatus & ceteri Epiſcopi dixerunt* &c.

13 Quidam MSS. codd. *Exemplum tractoriæ*, ſeu *tracturiæ*.

14 MSS. Vind. Vat. 1340. & Merl. cum tribus codd. Colb. Foſſat. & veteri Corb. addunt: *diverſa quamvis*. Vat. 3827. *diverſis quamvis*. Num his verbis indicatur, Siricii epiſtolam ad diverſas provincias miſſam, nimirum primum ad Epiſcopos ſuburbicarios, qui, ut in exordio innuitur, Romanæ Synodo adeſſe non poterant, dein vero ad alios aliarum provinciarum, ac tandem ad Africanos, ad quos noſtrorum codicum exemplum Africanæ Synodo inſertum pertinet?

15 Ita cum Merlino omnes noſtri tres, & omnes Couſtantii codd. uno Colb. excepto, in quo *placeretque*. Queſn. *placuit ut propter*. Couſt. nullo codice allegato *placuitque propter*.

16 Sic omnes iidem codd. & vulg. excepto Queſn. apud quem legitur: *Ut exhibeat Deo Eccleſiam non habentem* &c. ac mox idem Queſn. tantum omittit *conſcientia noſtra*; ſicut etiam poſt pauca præterit, *quo perpetua iſtiuſmodi forma ſervetur* una cum ſequenti verbo *placuit*, repugnantibus iiſdem MSS. & editis.

17 Vat. 3827. *quo nova*. Dein idem cod. & alius Vat. 1340. cum MSS. Couſt. & Merlino. *Sed ea quæ*. Couſt. prætulit lectionem editionis Conciliorum, *ſed quibus ea*. Poſtea *cupiamus* ſcripſimus cum omnibus MSS. & vulg. Solus Queſn. *cupimus*.

18 Couſt. & vulg. Conc. poſt Merlinum cum Vat. 1340. *& Patrum*. Solus Queſn. *ſanctione* pro *conſtitutione*. Mox Vat. 3827. cum vulg. *ſicut ſcriptum eſt: State* &c.

19 Vat. 3827. *ante Dei conſpectum*; ac delet *ſecurique*.

20 Couſt. cum tribus ſuis codd. & noſtro Vat. 1340. *quia præſumus*. Alii *qui & præſumus*.

Luc.12.48. *Cui multum creditum fuerit, plus ab eodem*
requiritur. Ergo quoniam non pro nobis
tantum, sed & pro populo credito cogimur
21 præstare rationem, populum disciplina
deifica humilem erudire debemus. Exstiterunt enim nonnulli, qui statuta majorum
22 22 non tenentes, castitatem Ecclesiæ sua
præsumtione violarunt, voluntatem populi
sequentes, & Dei judicium non timentes.
Ergo ne pari more silentio connivere, atque adhibere consensum talibus videamur,
unde gehennæ pœnas possimus incurrere,
Ps.94.18. dicente Domino: 23 *Videbas furem, curre-*
23 *bas cum eo, & cum adulteris portionem tuam*
24 *ponebas*: hæc sunt quæ deinceps 24 intuitu
divini judicii omnes catholicos Episcopos
expedit custodire.

Primum, ut extra conscientiam Sedis A-
25 postolicæ, 25 hoc est Primatis, nemo audeat ordinare; integrum enim judicium est
26 quod plurimorum sententia 26 consecratur.

II. Ne unus Episcopus Episcopum ordinare præsumat propter arrogantiam, ne
furtivum beneficium præstitum videatur:
Nicæn.c.4. hoc enim in Synodo Nicæna constat esse
definitum.

III. Item si quis post remissionem peccatorum cingulum militiæ sæcularis habuerit, ad clerum admitti non debet.

27 IV. Ut mulierem 27, id est viduam clericus non ducat uxorem.

V. Ut is qui laicus viduam duxerit, non
admittatur ad clerum.

VI. Ut de aliena Ecclesia ordinare clericum nullus usurpet.

VII. Ut abjectum clericum alia Ecclesia non admittat.

VIII. Ut venientes a Novatianis vel
Montensibus, per manus impositionem suscipiantur, 28 ex eo quod rebaptizant. 28

IX. Præterea, quod dignum & pudicum
est & honestum suademus, ut Sacerdotes &
Levitæ cum uxoribus suis non coeant: quia
29 in ministerio ministri quotidianis neces- 29
sitatibus occupantur; ad Corinthios enim
Paullus sic scribit, dicens: *Abstinete vos,*
ut vacetis orationi. Si ergo abstinentia lai- 1.Cor.7.5.
cis imperatur, ut possint deprecantes audi-
ri; quanto magis Sacerdos 30 utique omni 30
momento paratus esse debet munditiæ puritate securus, ne aut sacrificium offerat, aut
baptizare cogatur? qui si carnali concupiscentia contaminatus fuerit, quid faciet?
excusabit? quo pudore, 31 qua mente usur- 31
pabit? qua conscientia? quo merito hic
exaudiri se credit, cum dictum sit: *Omnia* Tit.1.15.
munda mundis; coinquinatis autem & infi-
delibus nihil mundum? Qua de re hortor,
moneo, rogo, tollatur hoc opprobrium, quod
potest jure etiam gentilitas accusare. Forte
32 hoc creditur; quia scriptum est: *Unius* 1.Tim.3.2.
uxoris virum? Non permanentem in con- 32
cu-

21 Sic codd. Vind. Vat. 1340. cum aliis vulg. Quesnellus cum Vat. 3827. *reddere*. Dein vocem *humilem* omnibus nostris MSS. & vulg. approbatam idem Quesnellus prætermisit. Habet vero cum aliquot codicibus *disciplinam deificam*. Scripsimus *disciplina deifica* cum nostro Vat. 3827. ac duobus Colb. nec non antiquo Corb. Coustantii: ad quos accedit Fossat. & alius Colb. ubi legitur *disciplina Dei humilem*. Alius Colb. *disciplinam deificam humiliter*.

22 Vulg. Concil. cum uno nostro Vat. 1340. *contemnentes*. Mox duo Vatt. delent *sua*.

23 Quesn. *si videbas*. Delevimus cum Vind. aliisque codd. & vulg. in quibus: *Furem videbas, & currebas cum eo*.

24 Cod. Fossat. teste Coustantio delet *intuitu divini judicii omnes*.

25 Cod. Vind. cum duobus Coustantii *hoc est primates*. Quesn. omisit *hoc est*, & retinuit *primates*. In Vat. 3827. & in alio MS. Coust. mendose *hæc est prima testatio*. Verior lectio in Thuan. hujus collectionis, in Vat. 1340. in antiquo Corb. aliisque MSS. & editis *hoc est, primatis*. Hæ voces additæ fuerunt sive a Siricio, sive ab Africanis, ut hic canon aptaretur Afrorum disciplinæ: sicut Innocentius in epistola ad Victricium Rothomagensem eumdem canonem repetens, ut eum Gallicanæ disciplinæ accommodaret, sic exposuit: *Primum ut extra conscientiam metropolitani Episcopi nullus audeat ordinare*.

26 Ita cum Quesn. cod. Vind. Exemplaria Thuan. & Vat. 1340. *consequitur*. Vulg Concil. & duo MSS. apud Coust. *consequatur*. Rectius Vat. 3827. Corb. & duo Colb. *confirmatur*, uti apud Innocentium.

27 Sic nostri & Coustantii codd. Quesnellus omisit *id est*. Ferrandus tit. 3. & Innocentius I. in epistola ad Victricium omittunt *etiam viduam*. Hinc jure suspicatur Coustantius, voces *id est viduam* glossema esse, quod e margine irrepsit in textum.

28 Sic antiquiores nostri, & omnes Coustantii codd. cum vulg. Conc. Lab. nisi quod in Thuan. est *rebaptizantur*, in Vat. 3827. & in alio Coust. *rebaptizent*. Verior lectio, quæ concordat cum textu Innocentii, exstat in vetustioribus editionibus post Merlinum, *præter eos, quos rebaptizant*. Vat. 1340. *propter* pro *præter* exhibet.

29 Ita cum Merlino duo nostri codd. Vind. & Vat. 1340. ac tres Coustantii. Vulg. Conc. post Crabbum cum Vat. 3827. *in ministerio divino quotidianis*. Quesn. *in ministerii quotidianis*. P. Coust. cum uno Colb. *in ministerio, ministerii quotidianis*. Melius & brevius apud Innocentium, *quia ministerii quotidiani necessitatibus occupantur*. Dein post *abstinete vos* cod. Oxon. addit *a fornicatione*.

30 Solus Quesn. delet *utique*: ac mox pro *offerat* habet *offerre*. Post pauca Vat. 3827. cum uno Coust. *Quid faciet? Quid excusabit?*

31 Quesn. inserit *sacrificabit, vel baptizabit*, refragantibus omnibus nostris & Coust. codd. atque aliis vulgatis: cum quibus dein adjecimus *hic*, & scripsimus *dictum sit*, ubi ille *scriptum sit*; & *qua de re* substituimus pro *quapropter*.

32 Voculam *hoc* cum Coustantii MSS. adjecimus, eamque approbat explicatque Innocentius inquiens in epistola laudata: *Sed forte licere hoc credit, quia scriptum est*. Hujus vocis defectu aliæ voces apud Quesnellum inseruntur: *Forte creditur posse Presbyterum, vel potius debere uxorem habere, quia scriptum est*. Id glossemati tribuit Coustantius, nihilque ejusmodi ille in suis, nec non in nostris MSS. etiam hujus collectionis reperimus.

cupiscentia generandi dixit; sed propter continentiam futuram: neque enim integros
1. Cor. 7. 7. non admisit, qui ait: *Vellem autem omnes*
homines sic esse sicut & ego. Et apertius 33
Rom. 8. 8. declarat dicens: *Qui autem in carne sunt, Deo*
33 *placere non possunt: vos autem jam non estis*
in carne, sed in spiritu.

Hæc itaque, fratres, si plena vigilantia
fuerint ab omnibus observata, cessabit ambitio, dissensio conquiescet, hæreses & schismata non emergent, locum non accipiet
diabolus sæviendi, manebit unanimitas, iniquitas superata calcabitur, caritas spirituali
fervore flagrabit, pax prædicata labiis, cum
34 voluntate concordabit: pax utique 34 Dei
nostri Salvatoris, quam proximus passioni
servandam esse præcepit, & hereditario eam
Joan. 14. 27. jure dereliquit, dicens: *Pacem meam do vo-*
bis, pacem relinquo vobis. Et dictum Apo-
Philip. 2. 2. stoli: *Ut unanimes unum sentientes, perma-*
neamus in Christo. Nihil per contentionem
nobis, neque per inanem gloriam vindican-
35 *tes*, 35 non hominibus, sed Deo Salvatori nostro placeamus. His præceptis omnibus si fideliter voluerimus obedire, custodiet
Dominus corpora nostra & animas nostras
in die, qua redditurus est unicuique juxta
opera sua. Si quis sane inflatus mente car-
36 nis suæ 36 ab hac canonum ratione voluerit evagari, sciat se a nostra communione seclusum, & gehennæ pœnas habiturum.
Præterea misericordia cum judicio esse debet. Talibus enim oportet 37 labentibus 37
manum porrigere, quæ sic currentem non
pertrahat in ruinam. Data Romæ in Concilio Episcoporum octoginta, sub die octavo Idus Januarii: post Consulatum Arcadii An. 386.
Augusti & Bautonis V. C. Consulum.

CAPITULUM LXIII. * Al. post LX.

1 REGULA FORMATARUM.

GRæca elementa litterarum numeros etiam exprimere, nullus qui vel tenuiter Græci sermonis notitiam habet, ignorat. Ne igitur in faciendis epistolis canonicis, quas mos latinus Formatas appellat, aliqua fraus falsitatis temere præsumeretur, hoc a Patribus CCCXVIII. Nicææ congregatis saluberrime inventum est & constitutum, ut Formatæ epistolæ hanc calculationis seu supputationis habeant rationem; id est, ut assumantur in supputatione 2 primum Græca elementa Patris & Fi- 2
lii.

33 Quesn. addit *alibi*, nullis nostris codd. aut vulg. suffragantibus.

34 Vat. 3827. cum aliis vulg. *Dei nostri, quam Salvator ipse jam proximus passioni, & hereditariam nobis jure dereliquit*.

35 Vulg. Conc. & Coust. cum aliquot codd. *nec hominibus*: ac dein *secundum opera sua*.

36 Vat. 3827. *a canonicis rationibus*. Vulg. Conc. & Coust. cum aliis codd. *ab hac canonis ratione*.

37 Quesn addit *nos*: delevimus cum nostris MSS. & vulgatis. Mox duo Vatt. & vulg. *qui sic currentem non pertrahant*.

1 Hæc Formatarum regula non solum in MSS. hujus collectionis, verum etiam in aliis aliarum tum vetustiorum tum recentiorum collectionum inserta legitur. Tres vetustiores collectiones Italicæ Vat. Reginæ 1997. Lucensis 88. & Vat. 1342. eam præferunt post Concilium Carthaginense anni 419. in quo primi canones 33. Codicis Africani cum lectionibus peculiaribus distinguuntur in canones 40. Ibi autem sine ullo titulo exhibetur in fine post ea verba: *Edidi canones Sanctorum Patrum olographa manu & subscriptos a me. Amen*. quæ Attici Constantinopolitani Episcopi subscriptionem esse Nicænis canonibus abs se ad Africanos transmissis subjectam, ut hujus exempli αὐθεντίαν firmaret, conjecimus in tractatu de Collectionibus part. 2. c. 3. §. 8. n. 8. In MSS. vero additionum Dionysii Nicænis canonibus subditur cum titulo: *Incipit quemadmodum formata fieri debeat*. Et post brevem adnotationem de Concilio Nicæno sequitur: *Et alia manu. Atticus Episcopus Ecclesiæ Constantinopolitanæ dixit: Edidi canones Sanctorum Patrum olographa manu a me subscriptos. Amen*. Tum subjicitur formata: *Græca elementa* &c. Eadem ratione post Nicænos item canones eadem formata describitur in collectione Vat. 1342. in qua eadem postea, ut diximus, repetitur post Concilium Carthaginense anni 419. Tandem in codicibus non solum Isidorianis, ex quibus ipsam formatam Merlinus edidit, verum etiam in MSS. collectionis Hispanicæ, ex quibus illam Isidorus exscripsit, in fine Conciliorum Græcorum proponitur cap. 11. cum hac inscriptione: *Epistola formata Attici Constantinopolitani Episcopi*. Ex his duo consequuntur. I. hanc formatam Attico Constantinopolitano in omnibus his codicibus & collectionibus tribui; II. hujus scribendæ occasionem præferri Nicænorum canonum exemplum, quod cum Atticus ad Africanos, qui illud petierant, direxit, ipsum sua autentica subscriptione munivit. Confer quæ hac de re animadvertimus in Tractatu loco citato. Cum porro harum diversæ originis collectionum concordia hoc documentum inter Latinos vulgatum evincit; tum vero earum antiquitas, quæ Isidori ætatem multo exsuperat, Isidorianæ imposturæ suspicionem prorsus excludit. Quod si impostura credatur, hanc formatarum regulam vel Nicænis Patribus, vel Attico Constantinopolitano tribuere, Latinique potius, quam Græci auctoris fetus eadem judicetur; certum tamen est, ipsam in formatis scribendis usu fuisse receptam, ut videre est inter cereros apud Regimonem lib. 1. de ecclesiasticis disciplinis c. 438. & 439. ubi duæ epistolæ formatæ referuntur, altera Rathbodi Trevirensis ad Rotbertum Metensem, altera Dadonis VVirdunensis ad Rathbodum Trevirensem. Aliam ejusmodi epistolam Liutadi Vincensis ad VVenilonem Rothomagensem reperimus in cod. Vat. 630. pag. 1. In primo quoque folio MS. Vat. Reginæ 1997. duas alias similes epistolas nacti sumus.

2 Codd. Colbert. qui antea Thuaneus fuerat, apud Justellum t. 1. Biblioth. canonicæ pag. 442. Vat. Reginæ, & vulg. Isid. *prima*.

lii & Spiritus ſancti 3 ΠΥΑ, quæ elementa octogenarium, quadringenteſimum, & primum ſignificant numeros: Petri quoque Apoſtoli prima littera, id eſt Π: qui numerus octoginta ſignificat: ejus qui ſcribit Epiſcopi prima littera, cui ſcribitur ſecunda littera, accipientis tertia littera: Civitatis quoque de qua ſcribitur, quarta, & Indictionis, quæcumque id temporis fuerit, 4 idem qui fuerit numerus aſſumatur: atque his omnibus litteris Græcis, quæ ut diximus numeros exprimunt, in unum 5 ductis; unam, quæcumque fuerit, ſummam epiſtola teneat. Hanc qui ſuſcipit, omni cum cautela requirat expreſſam. 6 Addat præterea ſeparatim in epiſtola etiam nonagena-

rium & nonum numerum, qui ſecundum Græca elementa ſignificant AMHN. 7 7

8 Expliciunt Canones. 8

CAPITULUM LXIV.

1 EPISTOLA 1

CLEMENTIS PAPÆ

ad S. Jacobum Apoſtolum fratrem Domini.

3 Sic noſter codex Vindeb. Concinit vulg. Iſ. *hoc eſt* ΠΥΑ. Queſnellus ſolam litteram Græcam Π in textu expreſſit, adjecitque numerum *CCCCLXXXI.* In MSS. Vat. Reginæ, Vat. 1342. & Colbert. aliæ ſubſtituuntur Græcæ litteræ quibus alii numeri deſignantur, *ideſt* ΠΟCΑ, *quæ elementa octogenarium, ſeptuageſimum, ducenteſimum, & primum ſignificant numeros*. Sed minus recte: nam litteræ ΠΟCΑ Patris, Filii, & Spiritus Sancti elementa non exhibent. Juſtellus has litteras emendandas credidit ſic ΠΥΠΑ; ſed tum numeri non reſpondent, uti reſpondent litteris ΠΟCΑ. Noſtra vero lectio, quam omnes quidem formatæ epiſtolæ not. 1. indicatæ receperunt, cum numeris in textu expreſſis concordat.

4 Codd. Vat. Reginæ & Colb. *eorumdem qui fuerit numerus*.

5 Sic omnes noſtri & Juſtelli codices. Queſnellus *collectis*. Mox in MS. Vind. poſt *quæcumque* additur *collecta*. Deeſt pro *expreſſam* vulg. Iſid. *expreſſe*.

6 MSS. Vat. Reg. Colb. & Vat. 5845. cum ceteris additionum Dionyſii: *Addat* q. Θ. *præterea ſeparatim:* melius, nam hæ Græcæ litteræ referunt numerum XCVIIII.

7 Iidem codices ſubjiciunt numeros his Græcis litteris reſpondentes *I. XL. VIII. L.*

8 Has duas voces Queſnellus titulo hujus capitis præfixit, & in notatione, quam inſeruimus noſtræ not. 14. in Tabulam capitum hujus collectionis, his verbis *expliciunt canones* finem collectionis indicari putavit. At hæc clauſula tum in cod. Vindeb. tum in Thuaneo, ipſo Queſnello ibidem fatente, & iterum confirmante diſſert. 12. c. 2. poſt regulam formatarum ſubjicitur. His autem vocibus innuitur finis canonum Nicænorum, qui ab Attico Conſtantinopolitano ad Africanos tranſmiſſi, authentica ipſius Attici ſubſcriptione, & hac formatarum regula firmati fuerant, ut ex not. 1. intelligere licet. Ipſi canones ex verſione Philonis & Evariſti ab Attico tranſmiſſa, & ſubſcriptio Attici præmittendi fuerant formatæ, quam hæc clauſula exciperet. At cum iidem canones a noſtro collectore ex alia verſione exhibiti fuiſſent cap. 1. hic omittendi viſi ſunt: omiſſaque pariter ſubſcriptione Attici, quam codices additionum Dionyſii, aliique antiquiſſimarum collectionum not. 1. laudati nobis conſervarunt, ſolam formatam cum clauſula *expliciunt canones* ad nos tranſmiſit. Ceterum cum in noſtra collectione præter canones Conciliorum deſcribantur etiam plures conſtitutiones Romanorum Pontificum, ſi collector hac clauſula totius collectionis finem indicare voluiſſet, ſcribendum ipſi fuerat cohærenter cum inſcriptione, quam collectioni præfixit: *Expliciunt canones eccleſiaſtici & conſtituta Sedis Apoſtolicæ*. Lege not. 1. in cap. 67. ex qua cum ipſas S. Leonis epiſtolas cum ceteris quæ ſubjiciemus capitibus ad hanc collectionem pertinere intellexeris, Queſnellianæ interpretationis, qua hanc clauſulam ad finem collectionis indicandum appoſitam venditat, inanitatem, noſtræque explicationis probabilitatem multo evidentius perſpicies.

1 Tametſi hæc epiſtola in MS. Oxonienſi hujus collectionis deſideretur, eaque de cauſſa a Queſnello omiſſa fuerit; nihilo tamen minus cum eadem legatur in aliis omnibus & vetuſtioribus, & exactioribus ejuſdem collectionis exemplaribus, Thuaneo, utroque Vindebonenſi, Trecopithæano, duobus Bellovacenſibus &c. cumque præterea allegetur in Tabula capitulorum, quæ primævæ originis indicium eſſe ſolet, nihil dubitandum, quin hoc caput ad eamdem collectionem pertineat. Suppoſititia quidem hæc epiſtola eſt, ut plures eruditi maniſeſtiſſime demonſtrarunt. At cum Rufino interprete edita fuerit, ac ita invaluerit præſertim in Galliis, ut laudetur in Synodo Vaſenſi anni 442. can. 6. non ſolum in noſtra, verum etiam in aliis antiquis Gallicanis codicibus recepta legitur. Nonnulli dubium inſperſerant de Rufino, num hujus ſuppoſititii documenti auctor exſtiterit. At Græcus textus, qui a Coteleriо inventus & impreſſus fuit, eum apud Græcos confictum ſuadet. Solum Rufinus more ſuo in verſione liberius excurrit, ut ex collatione cum Græco quicumque voluerit intelliget. Præter MS. Vind. hujus collectionis tres alii nobis ſuffragati ſunt, unus Labbei & alter Juſtelli, quorum variantes notatæ ſunt in margine editionis Conciliorum: tertius vero Collegii Pariſienſis Societatis Jeſu, quo Harduinus in notis uſus eſt. Eadem epiſtola etiam legitur in pervetuſta collectione Italica, quæ continetur in MSS. Barberino 2888. & Vat. 1342.

fratribus suis sumat. Per hæc enim præcipue caritas comparatur, & causa totius boni in hujusmodi communione consistit. Ubi autem pax & bonitas, ibi & salus. Propter quod, communes facite cibos vestros cum his qui secundum Deum fratres sunt, quia per hæc temporalia officia, pacis & caritatis fructibus gaudia æterna merebimini. Multo autem sollicitius esurientes reficite, & sitientibus potum date, nudis vestimentum: ægros visitate, & eos qui in carcere sunt, prout possibile est, juvate: peregrinos satis prompte in domibus vestris suscipite. Et ne omnia nunc singulatim dicam, omne bonum ipsa per se (si in vobis fuerit) caritas vos facere docebit, sicut & e contrario eos qui a salute alieni sunt, omne malum facere odium docet.

Si qui ex fratribus negotia habent inter se, apud cognitores sæculi non judicentur: sed apud presbyteros Ecclesiæ, quidquid illud est, dirimatur: & omni modo obediant statutis eorum. Super omnia autem avaritiam fugite, quæ homines occasione præsentis lucri ab æternis separat bonis. Pondera, mensuras, stateras, pro locis quibusque æquissima custodite: deposita fideliter restituite. Quæ omnia, & si qua sunt similia his, ita demum sollicite & diligenter implebitis, si futurum Dei judicium sine intermissione in vestro corde volvatis. Quis enim peccare poterit, si semper ante oculos suos Dei judicium ponat? Quod in fine mundi certum est agitandum, ut tandem qui bene in hac vita egerunt, consequantur bona reposita; peccatores autem ut consequantur præparatas & reconditas pœnas, de quibus ita futurum dubitare omnino non possumus. Si quidem hæc omnia ita esse ventura verus nobis Propheta prædixit. Unde & vos, qui estis veri Prophetæ discipuli, abjicite a cordibus vestris ante omnia discordias & animorum dissensiones, ex quibus omne malum opus procedit, & benignitatem ac simplicitatem tota mente servate. Quod si forte alicujus cor, vel livor, vel infidelitas, 14 vel aliquod malum ex his quæ superius memoravimus, latenter irrepserit; non erubescat, qui animæ suæ curam gerit, confiteri hæc huic qui præest, ut ab ipso per verbum Dei & consilium salubre curetur, quo possit integra fide & operibus bonis pœnas æterni ignis effugere, & ad perpetuæ vitæ præmia pervenire.

Nota de confessione sacramentali.

14

Diaconi vero Ecclesiæ, tamquam * oculi sint Episcopi, oberrantes, & circumlustrantes cum verecundia actus totius Ecclesiæ, & perscrutantes diligentius, si quem videant vicinum fieri præcipitio, & proximum esse peccato, ut referant hæc ad Episcopum, & commoneri ab eo possit is qui in præcipitium lapsurus est, uti revocetur, & non corruat in peccatum. Negligentiores quoque, & eos qui rarius ad audiendum verbum Dei accedunt, nec sollicite ad Episcopi tractatum conveniunt, ipsi commoneant & hortentur. Si enim assidui sint ad audiendum, non solum vitæ æternæ ex salubri commonitione capiunt lucra, verum & quæcumque illæ sunt tristitiæ vel mœrores, 15 15
quæ ex præsentis vitæ necessitatibus & cladibus temporum veniunt, quæque malorum sermonibus in corde suo velut jacula defixa circumferunt, abjiciuntur omnia prædicatione veritatis, 16 & vitæ æternæ doctrina, 16
& eruditione purgata. Alioquin si multo tempore auditum subtrahant a verbo Dei,
& remaneant 17 in cultu vitiorum, sine 17
dubio spinis erunt ac sentibus occupati. Et quid aliud, nisi ad ignem talis hæc terra præparabitur? De his ergo, ut diximus, 18 18
diaconis cura sit. Sed & eos qui secundum carnem ægrotant, sollicite perquirant, & plebi (si forte plebs ignorat) indicent de his, ut & ipsi visitent eos, & quæ necessaria sunt, præbeant eis cum conscientia ejus qui præest. Quod tamen etiam si clam fecerint, non peccabunt. Sed & de peregrinis, similiter Episcopo suggerant, refovendis: & cetera his similia, quæ ad cultum Ecclesiæ & disciplinam ejus pertinent, diaconis 19 curæ sint. Qui catechizant, id est, 19
qui verbo instruunt incipientes, primo oportet ut ipsi instructi sint: de anima enim agitur hominum. Et oportet eum qui docet & instituit animas rudes, esse talem, ut pro ingenio discentium semetipsum possit aptare, & verbi ordinem pro audientis capacitate dirigere. Debet ergo ipse 20 apprime esse eru- 20
ditus & doctus, irreprehensibilis, maturus, impavidus, sicut ipsi probabitis fore Clementem hunc post me. Multum est autem, si ego nunc de singulis, quæ unusquisque habere debeat, prosequar.

Verumtamen illud est quod præ ceteris ab omnibus vobis cupio in commune servari,
ut concordiam teneatis, 21 per quod solum 21
potestis portum quietis intrare, & civitatem summi regis, quæ pax nominatur. Similis namque est status omnis Ecclesiæ magnæ navi, quæ per undosum pelagus diversis e locis & regionibus viros portat, ad unam poten-

* Const. II. 44.

14 Cod. Vind. omittit *vel aliquod malum*.

15 Cod. Hard. prima manu *qui*, recentiori *quæ*, & post pauca *veniunt*, *quæcumque sermonibus suis velut*.

16 Idem codex *vitæ æternitate*, *doctrina*, & *eruditione*.

17 Codd. Vind. & Hard. *a cultu*. MS. Labb. *inculti vitiorum*. Mox *sine dubio dimiserunt* in MS. Vind. erronee, ubi pro *dimiserunt* videtur legendum *dumis erunt*, Cod. Labb. *sine dubio Deum amiserunt spinis* &c.

18 Cod. Hard. *Diaconi*, & post pauca delet *plebs*.

19 Idem cod. *cura sit*.

20 Vulg. addunt *præcipue*: delevimus cum MSS. Vind. & Hard.

21 Melius cod. Labb. *per quam solam*. Dein post verbum *nominatur* vulg. addunt *habitare*. Redundat hoc verbum, nec legitur in MSS. Vind. & Hard.

potentis regni urbem properare cupientes, Sit ergo navis hujus dominus*, ipse omnipotens Deus, gubernator vero sit Christus. Tum deinde proretæ officium Episcopus impleat, presbyteri nautarum, diaconi dispensatorum locum teneant: hi qui catechizant, naustologis conferantur: epibatis autem, totius fraternitatis multitudo similis sit: ipsum quoque mare hic mundus habeatur: ventorum vero varietates & turbinum, diversis tentationibus conferantur: persecutiones, tribulationes, & pericula, fluctibus exæquentur. Terreni vero spiritus, qui vel de torrentibus, vel de convallibus spirant, pseudoprophetarum & seductorum, seu pravæ
22 doctrinæ verba 22 ducantur: promontoria vero & loca confragosa, hi qui in potestatibus sæculi sunt judices, & pericula minantur & mortes.
23 23 Dithalassa vero loca, quæ duplicibus undæ fallacis æstibus verberantur, dubiis mente, & de repromissionum veritate nutantibus conferantur, atque his qui irrationabili fidem nostram ratione discutiunt. Hypocritæ autem & dolosi, piratis similes habeantur. Jam vero rapidus vortex, & tartarea charybdis, & saxis illisa naufragia, ac mortiferæ submersiones, quid aliquid aliud æstimanda sunt, quam peccata? Restat igitur, ut hæc navis cursu prospero tuta possit portum desideratæ urbis intrare, ita Deo precem fundere navigantes, ut mereantur audiri. Audiri autem a Deo ita demum me-
24 rebitur quis, si orationes 24 ipsæ bonis moribus & bonis operibus adjuventur. Sed ante omnia cum quiete & silentio, epibatæ (id est laici) in suis unusquisque resideant locis, ne forte per inquietudinem, & inconditos inutilesque discursus, si passim vagari cœperint, vel ab officio suo nautas impediant, vel in alterum latus per inquietudinem eorum navis pressa demergatur. Nau-
25 stologi 25 de mercedibus commoneant: & nihil omnino quod ad diligentiam vel ad disciplinam pertinet, diaconi negligant. Presbyteri, velut nautæ aptent singula ad instructionem navis diligenter, & instruant quæ in suo tempore requirenda sunt. Episcopus tamquam proreta, vigilanter & sollicite gubernatoris verba custodiat Christi. Salvator Dominus gubernator Ecclesiæ suæ, diligatur ab omnibus, & ipsius solius præceptis ac jussis credat & obediat omnis Ecclesia. Deo quoque indesinenter supplicetur
26 a cunctis de prosperitate ventorum. 26 Navigantes omnem tribulationem & omne periculum superent, tamquam mare profundum mundi istius & vitæ humanæ pelagus navigantes, in quo esuriendum sit & sitiendum: nuditatem quoque ferendam, morbos etiam corporis & ægritudines tolerandas. Insuper & hominum insidiis ac dolo sæpe laborandum, quippe qui dispergendos se nonnumquam noverint, sed aliquando etiam congregandos: vomitus quoque & sugillationes ferendas, cum ex confusione peccatorum & rejectione criminum, velut male congregati in visceribus fellis, jactura facienda est, & abjicienda prorsus e corde omnis intrinsecus quæ latet amaritudo peccati, si qua forte ex desideriis iniquis, velut ex cibis noxiis, congregata est. Quam utique cum evomuerit quis & abjecerit, ingentis ægritudinis liberabitur morbo; si tamen post vomitum, quæ ad sanitatem pertinent, sumat. Verumtamen scitote cuncti, quod supra omnes vos laboret Episcopus: quia unusquisque vestrum suum proprium fert laborem, ille vero & suum & singulorum. Propter quod, o Clemens, tamquam qui omnibus præesse te noveris, singulos (prout potueris) juva, & singulos releva, qui & singulorum onus & sollicitudinem portas. Unde & ego nunc hanc tibi injungens dispensationem, scio quia accipio gratiam magis, quam præsto. Sed esto confidens & fortiter ferens; certus quia laboris tui meritum recipies, cum ad portum quietis incolumem hanc provexeris navem. Ibi mercedes & præmia pro omnium salute suscipies, si hic pro omnium incolumitate vigilaveris. Itaque si te multi e fratribus propter rigorem justitiæ odio habuerint, ex hoc quidem non læderis, sed ex hujuscemodi odiis amor tibi conciliabitur Dei. Et ideo satage magis & refuge, ne lauderis ab iniquis, & ne a pessime agentibus diligaris; sed potius propter 27 justam dis- 27
pensationem, & æquissimam regulam disciplinæ, a Christo collaudari merearis. Hæc cum dixisset, & his similia quam plurima, rursum respiciens ad populum, dixit: Sed & vos carissimi fratres & conservi mei, huic qui præsidet vobis ad veritatem docendam, in omnibus obedite; scientes quod si quis hunc contristaverit, Christum, qui ei
28 docendi credidit cathedram, non reci- 28
pit. Et tamquam qui Christum non susceperit, nec Deum Patrem suscepisse judicabitur, & ideo nec ipse suscipietur in regno cælorum. Propter quod satagite ad omnem collectam & congregationem semper convenire, ut non velut negligentes & desides a judice Christo condemnemini. Convenientes vero semper ad Clementem, date omnes operam pro ipso sentire, & summo studio favorem vestrum erga ipsum 29 ostendere; 29
scien-

* Const. I. 61.

---

22 MS. Labb. *vocentur*. Vind. *in pravæ doctrinæ verba docentur*,

23 MS. Hard. *Bithalassa*,

24 Cod. Labb. *ipsius*.

25 Idem MS. male *de mercibus*.

26 Vulg. alia interpunctione inserunt *ut*; quam particulam cum MS. Vind. & Græco textu delevimus. Mox pro *superent* cod. Vind. *sperent*: ex Græco reddendum *expectent*.

27 MS. Hard. *justitiæ dispensationem*.

28 Cod. Vind. delet *docendi*. Mox ex eodem MS. addidimus *tamquam*.

29 Cod. Labb. *dependere*.

scientes quia propter singulos vestrum, ipsi
30 magis soli 30 infestat inimicus, & in ipsum
majora suscitat bella.

Oportet ergo vos summo studio niti, ut omni erga illum vinculo amoris innexi, plenissimo erga eum inhæreatis affectu. Sed & vos quoque ipsi unanimes in omni concordia perdurate, quo facilius etiam illi obedire omnes pari & consensu & unanimitate possitis. Propter quod & vos salutem consequi, & ille possit, obtemperantibus sibi vobis, promptius impositi oneris pondus evehere. * Quædam etiam ex vobis ipsis intelligere debetis, si qua sunt, quæ ipse propter insidias hominum malorum non potest evidentius & manifestius proloqui. Verbi gratia: * Si inimicus est alicui pro actibus suis, vos nolite expectare, ut ipse vobis dicat: Cum illo nolite amici esse; sed prudenter observare debetis, & voluntati ejus absque commonitione obsecundare, &
31 avertere vos ab eo cui ipsum sentitis 31 adversum: sed nec loqui his, quibus ipse non loquitur, ut unusquisque qui in culpa est, dum cupit omnium vestrum amicitias reparare, festinet citius reconciliari ei, qui omnibus præest, & per hoc redeat ad salutem, cum obedire cœperit monitis præsidentis. Si vero quis amicus fuerit his quibus ipse amicus non est, & loquutus fuerit his quibus ipse non loquitur: unus est & ipse ex illis qui exterminare volunt Ecclesiam Dei: & cum corpore vobiscum esse videatur, mente & animo contra vos est. Et est multo nequior hostis hic, quam illi qui foris sunt, & evidenter inimici sunt. Hic
32 enim per amicitiarum speciem, quæ 32 inimici sunt, gerit, & Ecclesiam dispergit ac vastat. Et cum hæc dixisset, in medio coram omnibus manus mihi imposuit, & in cathedra sua, ingenti verecundia fatigatum, sedere me compulit. Cumque sedissem, hæc ad me rursum loquutus est: Deprecor te, o Clemens, coram omnibus qui præsentes
33 sunt, ut posteaquam (sicut 33 naturæ debitum est) vitæ præsentis finem fecero, Jacobo fratri Domini, descripta breviter, vel quæ ad initium fidei tuæ spectant, vel etiam quos ante fidem animos gesseris, sed & qualiter mihi ab initio usque ad finem comes itineris & actuum fueris, quæque per singulas civitates (me disputante) sollicitus auditor exceperis, quique in prædicationibus meis vel verborum fuerit ordo, vel actuum, sed qui me finis in hac urbe repererit, sicut dixi, omnia, quam potes, breviter comprehensa, ad ipsum te destinare non pigeat. Nec verearis, ne forte multum de meo exitu contristandus sit, cum id me pro pietate sustinere non ambigat. Erit autem ei grande solatium, si didicerit, quod post me non imperitus vir aliquis, aut indoctus, atque ignorans divini verbi 34 mysterium, & ecclesiastici ordinis disciplinam, vel doctrinæ regulam nesciens, susceperit cathedram meam: scit enim, quia si indoctus & inscius officium doctoris accipiat, sine dubio discipuli & auditores ignorantiæ tenebris 35 obvoluti, in interitum demergentur. Unde & ego, mi domine Jacobe, cum hæc ab eo præcepta susceperim, necesse habui implere quod jusserat, indicans tibi & de his ipsis, simul & de illis breviter comprehendens, quæ per singulas quasque urbes digrediens, aut in prædicationis sermone protulerit, aut in gestorum virtute perfecerit; quamvis tibi de his plurima jam & plenius ante descripta, ipso jubente, transmiserim, sub eo ipso titulo, quem ipse præcepit affigi, id est, Clementis itinerarium 36 prædicationis Petri. Sed & nunc exponere jam quæ præcepit, Domino opem ferente, incipiam.

Marginal notes: * Conc. Vasense II. cap. 6. an. 442. * Conc. Metense ann. 888. cap. 8.

Right-margin numbers beside the lines of notes 34, 35, 36: 34, 35, 36.

37 *Explicit epistola Clementis ad Jacobum fratrem Domini de obitu Petri, & de ordinatione sua feliciter.* 37

CAPITULUM LXV.

Domino sancto beatissimo Patri & Apostolicæ Sede dignissimo Papæ LEONI CERETIUS, SALONIUS, & VERANUS.

RECensita epistola beatitudinis vestræ &c. *uti habetur tom. I. hujus editionis inter Leonis litteras* epist. 68. col. 1003.

CA-

30 Ita codd. Vind. & Hard. In vulg. *infestus est*.
31 Cod. Hard. *aversum*.
32 Cod. Labb. *inimica*.
33 MS. Hard. *naturale*.
34 Codd. Labb. & Just. *ministerium*.
35 MS. Hard. *involuti*.
36 Vulg. inserunt *non*: expunximus auctoritate MSS. Vind. & Labb. concinente Græco textu. Dein post verbum *præcepit* iidem vulgati addunt *Domino opem ferente*.
37 Hanc clausulam exhibet codex Vind. In vulgatis Conciliorum longum additamentum subjicitur, quod ex officina Isidori Mercatoris prodiit. Græcus textus & Rufini interpretatio nihil amplius præferunt; sicut nihil amplius similiter legitur in aliis antiquis collectionibus, quæ hanc epistolam e Rufini versione, non vero ex Isidoro derivarunt.

CAPITULUM LXVI.

1 CYRILLUS NESTORIO,

ut rectum fidei dogma sequatur.

COmperi quosdam existimationi meæ detrahentes, apud reverentiam tuam multa garrire, & id crebro frequenterque agere, & maxime tunc cum virorum illustrium atque prudentium præsto esse plurimos vident: & fortasse opinantes tuas aures delectari, non adeo ex voluntate, tales adversum nos voces emittunt: homines nulla quidem in re 2 prorsus offensi, nec læsi, sed modeste a nobis clementerque convicti. Unus, quia cæcis egentibusque vim faciebat; alter, quia super matrem suam erexit gladium; alius, quia cum ancilla aurum rapuit alienum, & hac semper existimatione vixit, quam nullus 3 inimicissimo suo optet evenire. Ceterum talium hominum nullam omnino 4 habeo curam; ne videar supra Dominum aut magistrum, vel supra patres nostros mensuram meæ mediocritatis extendere. Neque enim fieri potest, ut aliquis maledicorum virus & molestiam vitare possit, quamvis rectissime vivat; sed illi maledictionis & amaritudinis os plenum habentes, rationem 5 judici omnium reddituri sunt. Ego autem me converto ad id, quod me maxime decet, & te nunc quoque ammoneo, quasi fratrem in Domino, ut doctrinam verbi & sensum fidei caute & cum omni observatione facias semper ad populos; sciens plane, quod si quis
ex his, qui in Christum credunt, unum Matt. 18. 6.
dumtaxat scandalizaverit, indignationi sub-
jacebit ingenti: si vero non unus sit; sed
multitudo decepta; tunc omni nobis arte 6 6
nitendum est, ut circumcidamus scandala,
& illis qui quærunt veritatem, sanam re-
ctamque fidei 7 dirigamus rationem. Id au- 7
tem facile fiet, si Patrum recensentes scripta sanctorum, eos plurimi faciamus; &
nosmetipsos consulentes, si in fide consisti-
mus, secundum quod scriptum est, tum 2. Cor. 1. 5.
demum rectis illorum atque irreprehensibi-
libus 8 institutis sensus nostros animosque 8
formemus.

9 Ait igitur sancta & magna Synodus, 9
ipsum qui est ex Deo Patre naturaliter natus, unigenitum Filium, Deum verum de
Deo 10 vero, lumen de lumine, per quem 10
& cum quo omnia fecerit Pater, hunc descendisse, incarnatum esse & hominem factum, passum esse, resurrexisse tertia die,
& ascendisse rursus in cælos. Hæc nos sequi
verba debemus; his nos convenit obtemperare dogmatibus, considerantes quid sit incarnatum esse, & hominem factum Dei Verbum. Non enim dicimus, quod Dei natura immutata vel conversa, facta sit caro;
nec quod in totum hominem, qui est ex
anima & corpore, transformata sit; sed illud magis quod carnem animatam anima
rationali sibi copulaverit: 11 & verbum 11
substantialiter, ineffabiliter, & 12 indepre- 12
hensibiliter factus sit homo, & nuncupatus
sit etiam filius hominis, non nuda tantummodo voluntate, 13 sed nec assumtione so- 13
lummodo personæ; sed quod diversæ quidem
naturæ in unum convenerint, unus tamen
ex ambabus Christus & filius non evacuata
aut sublata diversitate naturarum per conjunctionem, sed quia nobis simul effecerunt

1 Versio hujus epistolæ, *quam*, ut Leo inquit epist. 69. *ab eo* (Cyrillo) *missam Apostolicæ Sedis scrinia susceperunt* Cælestino Pontifice, ipso, ut videtur, Cyrillo curante lucubrata fuit. Confer tom. 1 nostræ editionis col. 557. Porro ab eodem Cælestino probata cognoscitur ex epist. 11. ipsius Pontificis apud P. Coustantium pag. 1102. Hac autem versione S. Leo usus est in testimoniis Patrum subjectis epist. 165. ad Leonem Augustum: eamdemque antea miserat in Gallias, uti animadvertimus not. 5. in epist. 67. tom. 1. col. 1002. Hinc in duabus Gallicanis collectionibus descripta legitur, nimirum in nostra, & in additionibus Isidorianis, ad quam pertinent codd. Vat. 1340. & Herovallianus a Quesnello laudatus. Ex codice additionum Isidori ipsam primus edidit Crabbus; ac ex eodem inserta fuit in Conciliis tom. 4. edit. Ven. col. 2049.

2 Crabbus & cod. Vat. 1340. addunt *a me*.

3 Quesn. inserit *etiam* repugnantibus nostris codd. Vind. Vat. & Crabb. Dein Crabb. & cod. Vat. habent *optat* pro *optet*.

4 Ita nostri codd. & Crabb. Apud Quesn. *habeam*.

5 Sic melius cum Græco codices Crabb. & Vat. quam apud Quesn *in judicio omnium*.

6 Crabb. cum MS. Vat. *utendum est*.

7 Quesn. *dirigere*. Crabbi lectionem prætulimus. Idem mox ante vocem *Patrum* addit *pariter*.

8 Sic nostri codd. & Crabb. Apud Quesnellum *constitutis*. Dein Crabbus *firmemus*.

9 Notat Quesnellus in margine. *Hæc non habet MS. Thuan. haud dubie quia superius posita sunt c. 41. inter testimonia de Incarnatione*.

10 Addidimus *vero* cum MSS. Vat. & Crabb. ac dein inseruimus *hunc* cum eodem Crabbo & cod. Vind.

11 Crabbus mutata interpunctione delet *&*, uti supra etiam habetur inter testimonia cap. 41.

12 Ita cum Crabbo, uti supra cap. 41. Quesnellus recepit *irreprehensibiliter*; at notavit in margine: *Lege vel* indeprehensibiliter, *ut MSS. aliquot*, *vel* incomprehensibiliter, *quod in MS. Corb. habetur, & Græco concinit*. Confer nostram not. 78. in testimonia Patrum subjecta Leonis epist. 165. tom. 1. col. 1398.

13 Solus Quesn. hoc loco omisit *sed*.

14 unum Dominum & Christum 14 & filium. *Et cetera quæ jam scripta sunt in Capitulo xli. De testimoniis sanctorum Patrum. Adjectum autem in fine.* Hæc igitur pro caritate in Christo scribo; quærens tamquam fratrem, & contestans coram Christo & electis angelis 15, ut hæc nobiscum & sentias, & doceas; ut Ecclesiarum pax salva servetur; & concordiæ caritatisque vinculum indissolubile maneat Sacerdotibus Dei.

1 1 CAPITULUM LXVII.

Leo Episcopus Leoni Augusto.

PRomisisse me memini &c. *uti habetur tom. 1. hujus editionis epist. 165. col.* 1353.

CAPITULUM LXVIII.

Item Leo Episcopus Juvenali Episcopo Hierosolymitano.

ACceptis dilectionis tuæ litteris &c. *uti tom. 1. epist. 139. col.* 1285.

CAPITULUM LXIX.

Leo Episcopus Flaviano Episcopo Constantinopolitano.

LEctis dilectionis tuæ litteris &c. *uti eodem tom. 1. epist. 28. col.* 801.

CAPITULUM LXX.

Epistola Leonis Papæ ad Theodorum Episcopum.

Dilectissimo fratri THEODORO Episcopo Forojuliensi LEO Episcopus.

SOllicitudinis quidem tuæ &c. *uti tom. 1. epist. 108. col.* 1173.

CAPITULUM LXXI.

Dilectissimo fratri Turbio Episcopo Asturicensi Leo Episcopus.

QUam laudabiliter pro catholicæ fidei veritate &c. *uti tom. 1. epist. 15. col. 694.*

CA-

---

14 Conjunctio *&* a Quesnello omissa, ex nostris & Crabbi codd. addita fuit: Mox quæ cursivo caractere subjiciuntur, exstant in utroque cod. Quesnelli & in nostro Vind. hujus collectionis. At integer hujus epistolæ textus apud Crabbum hoc loco legitur, sicut etiam in MS. Vat. 1340.

15 Quesn. inserit *ejus*.

1 Cum Quesnellus ex præjudicio recentioris MS. Oxoniensis censeret, sequentia capitula aliquot S. Leonis epistolas continentia ad hanc collectionem non spectare; eas indicare contentus in Tabula capitulorum, quam ex MS. Thuaneo præmisit, in ipsa collectione edenda non solum præterivit, verum etiam exinde excludenda contendit. Cum vero eadem capitula, seu epistolæ in ceteris omnibus & antiquioribus, & sincerioribus hujus collectionis exemplaribus in fine inveniantur descripta, ut in Tabula capitum manuscripti Thuanei indicantur; nihil dubii esse potest, quin ad eamdem collectionem pertineant. Quod si in unico MS. codice, quem Quesnellus sequutus est, vel etiam in alio antiquiori, ex quo idem codex Oxoniensis exscriptus fuit, desunt in fine collectionis, quæ ibidem concluditur capitulis sexaginta; his præferendi sunt ceteri codices omnes & præstantiores, & antiquiores. Auctor autem collectionis, quæ in Oxoniensi MS. ex alio antiquiori exemplo transcripta fuit, idcirco Leonis epistolas ab ipsa collectione separasse videtur, quia aliam collectionem sermonum & epistolarum S. Leonis in uno eodemque codice scripturus, Leonis epistolas nostræ collectionis proprias cum ceteris, quas invenit, ejusdem Pontificis litteris conjungendas, & in corpore sermonum & epistolarum ipsius Leonis post collectionem canonum separatim ab hac collectione describendas credidit. Hinc ille titulus, quem Quesnellus in apographo Oxoniensi invenit ante collectionem canonum: *Continet codex iste canones ecclesiasticos & constituta sanctæ Sedis Apostolicæ sub titulis sexaginta. Quæ adjecta sunt ex scriptis B. Leonis Papæ, non sunt ex corpore canonum*; hic, inquam, titulus, qui in aliis MSS. non invenitur, memoratam distinctionem respicit duarum collectionum, quarum postrema plures S. Leonis epistolas simul & sermones ejus complectens, certe ad antecedens corpus canonum non pertinet; tametsi non paucæ ex iisdem epistolis tot aliorum exemplarium fide ab hoc corpore separari non possint. Hæc autem vetustiora exemplaria præter Thuaneum sunt duo Bellovacensia, & unum Pithœanum a Petro Pithœo laudata, quæ desinere testatur in epistola Leonis ad Dotum cap. 98. (non 60.); præterea codex Attrebatensis, & Hubertinus memorati a P. Coustantio, & duo nostri Vindebonenses, qui Leonis epistolis collectionem claudunt. Idem erit de ceteris, quæ invenire & conferre cuipiam licebit. Has ergo epistolas uti proprias hujus collectionis eodem ordine, quo non minus in Tabula, quam in corpore canonum præferuntur, hoc loco appendimus. Solum cum eæ inter Leonis epistolas tomo 1. hujus editionis impressæ fuerint, ne bis repetantur, titulis & initio cujusque epistolæ indicatis, Lectores ad tomum 1. ubi integræ (notatis etiam hujus collectionis lectionibus) exhibentur, remittemus.

CAPITULUM LXXII.

Incipit epistola Sancti Leonis Papæ ad Rusticum Narbonensem Episcopum, subditis responsionibus ad ejusdem consulta respondentibus.

EPistolas fraternitatis tuæ, quas Hermes archidiaconus tuus detulit &c. *uti tom.* 1. *epist.* 167. *col.* 1416.

CAPITULUM LXXIII.

Incipit epistola decretalis ad Anatolium (lege *Anastasium*) *Episcopum Thessalonicensem.*

QUanta fraternitati tuæ a beatissimi Petri Apostoli auctoritate &c. *uti tom.* 1. *epist.* 14. *col.* 683.

CAPITULUM LXXIV.

Incipit ejusdem ad Nicetam.

LEO NICETÆ Episcopo Aquilejensi.

REgressus ad nos filius meus Adeodatus &c. *uti tom.* 1. *epist.* 159. *col.* 1330.

CAPITULUM LXXV.

Item incipit epistola Papæ Leonis ad Januarium de hæreticis & schismaticis.

LEO Episcopus JANUARIO Episcopo Aquilejensi.

LEctis fraternitatis tuæ litteris &c. *uti tom.* 1. *epist.* 18. *col.* 730.

CAPITULUM LXXVI.

Leo universis Episcopis per Campaniam, Picenum, Tusciam, & universas provincias constitutis in Domino salutem.

UT nobis gratulationem facit &c. *uti tom.* 1. *epist.* 4. *col.* 612.

CAPITULUM LXXVII.

Item epistola Leonis de Manichæis.

LEO universis Episcopis per diversas provincias constitutis in Domino salutem.

IN consortium vos nostræ sollicitudinis &c. *uti tom.* 1. *epist.* 7. *col.* 623.

CAPITULUM LXXVIII.

Leo universis Episcopis per Siciliam constitutis in Domino salutem.

DIvinis præceptis &c. *uti tom.* 1. *epist.* 16. *col.* 715.

CAPITULUM LXXIX.

Epistola Leonis Papæ ad Pulcheriam Augustam.

QUantum præsidii Dominus Ecclesiæ suæ &c. *uti tom.* 1. *epist.* 31. *col.* 853.

CAPITULUM LXXX.

Epistola Leonis ad Constantinopolitanos.

LIcet de his, quæ in Concilio Sacerdotum &c. *uti tom.* 1. *epist.* 59. *col.* 975.

CAPITULUM LXXXI.

Item epistola Leonis Papæ ad Palæstinos.

SOllicitudini meæ, quam universali Ecclesiæ omnibusque ejus filiis debeo &c. *uti tom.* 1. *epist.* 124. *col.* 1236.

CAPITULUM LXXXII.

Incipit epistola Papæ Leonis ad Aquilejensem Episcopum.

RElatione sancti fratris & Coepiscopi nostri Septimi &c. *uti tom.* 1. *epist.* 1. *col.* 589.

CAPITULUM LXXXIII.

Incipit epistola Papæ Leonis ad Septimum Episcopum.

LEctis fraternitatis tuæ litteris &c. *uti tom.* 1. *epist.* 2. *col.* 594.

CAPITULUM LXXXIV.

Incipit epistola Papæ Leonis ad Mauros Episcopos.

CUm in ordinationibus Sacerdotum &c. *uti tom.* 1. *epist.* 12. *editionis decurtatæ col.* 669.

CAPITULUM LXXXV.

Leo sancta Synodo, quæ apud Ephesum convenit.

RElgioſa clementiſſimi Principis fides &c. *uti tom.* 1. *epiſt.* 33. *col.* 863.

CAPITULUM LXXXVI.

Leo Episcopus & ſancta Synodus, quæ in urbe Roma convenit, Theodoſio Auguſto.

LItteris clementiæ veſtræ &c. *uti tom.* 1. *epiſt.* 44. *col.* 909.

CAPITULUM LXXXVII.

Leo Epiſcopus & ſancta Synodus, quæ in urbe Roma convenit, Pulcheriæ Auguſtæ.

SI epiſtolæ, quæ in fidei cauſſa &c. *uti tom.* 1. *epiſt.* 45. *col.* 919.

CAPITULUM LXXXVIII.

Incipit epiſtola Leonis Papæ ad Julianum Epiſcopum.

LIcet per noſtros, quos ab urbe pro fidei cauſſa direximus &c. *eodem tom.* 1. *epiſt.* 35. *col.* 875.

CAPITULUM LXXXIX.

Incipit epiſtola Leonis Papæ ad Theodoſium Auguſtum.

Cæſari THEODOSIO religioſiſſimo & piiſſimo Auguſto LEO Papa Eccleſiæ catholicæ urbis Romæ.

QUantum rebus humanis conſulere providentia divina dignetur &c. *ibidem epiſt.* 29. *col.* 839.

CAPITULUM XC.

Leo Epiſcopus Marciano Auguſto per Lucianum Epiſcopum & Baſilium diaconem de ambitu Anatolii Epiſcopi.

MAgno munere miſericordiæ Dei &c. *tom.* 1. *epiſt.* 104. *col.* 1143.

CAPITULUM XCI.

Leo Anatolio Epiſcopo.

MAnifeſtato, ſicut optavimus, per gratiam Dei lumine veritatis &c. *uti tom.* 1. *epiſt.* 106. *col.* 1157.

CAPITULUM XCII.

Leo Epiſcopus ſanctæ Synodo apud Calchedonem habitæ.

OMnem quidem fraternitatem veſtram noſſe non ambigo &c. *ibidem epiſt.* 114. *col.* 1193.

CAPITULUM XCIII.

Leo Epiſcopus Anatolio Epiſcopo.

DIligentiam neceſſariæ ſollicitudinis, quam fraternitas tua in dirigendis ad nos litteris exſequitur &c. *tom.* 1. *epiſt.* 155. *col.* 1317.

CAPITULUM XCIV.

Leo Epiſcopus Leoni Auguſto per Philoxenum agentem in rebus.

MUlto gaudio mens mea exſultat &c. *ibidem epiſt.* 162. *col.* 1339.

CAPITULUM XCV.

Leo Anatolio Epiſcopo per Patricium Diaconum.

LEctis dilectionis tuæ litteris, quas per filium noſtrum Patricium &c. *tom.* 1. *epiſt.* 163. *col.* 1342.

CAPITULUM XCVI.

Leo Anatolio Epiſcopo per Nectarium agentem in rebus.

SI firmo incommutabilique propoſito &c. *uti tom.* 1. *epiſt.* 135. *col.* 1277.

CAPITULUM XCVII.

Leo Epiſcopus ſanctæ Synodo apud Calchedonem conſtitutæ.

Dilectiſſimis fratribus in Domino ſalutem.

OPtaveram quidem dilectiſſimi pro noſtri dignitate collegii &c. *eodem tom.* I. *epiſt.* 93. *col.* 1067.

CAPITULUM XCVIII.

Item ad Dorum Beneventanum Epiſcopum.

Dilectiſſimo fratri DORO LEO.

JUdicium noſtrum, quod de te ſperabamus &c. *uti tom.* 1. *epiſt.* 19. *col.* 733.

FINIS.

PRI-

PRISCA
CANONUM
EDITIO LATINA,

complectens Canones Conciliorum Ancyrani, Neocæsariensis, Nicæni, Sardicensis, Gangrensis, Antiocheni, Constantinopolitani primi, & Calchedonensis:

quæ primum in lucem prodiit ex antiquissimo codice MS. bibliothecæ Christophori Justelli; nunc autem cum aliis pervetustis MSS. collectionibus collata, integra & emendatior exhibetur.

Additur vetustissima interpretatio Latina canonum Nicænorum ex præstantissimo MS. Vat. Reginæ 1997.

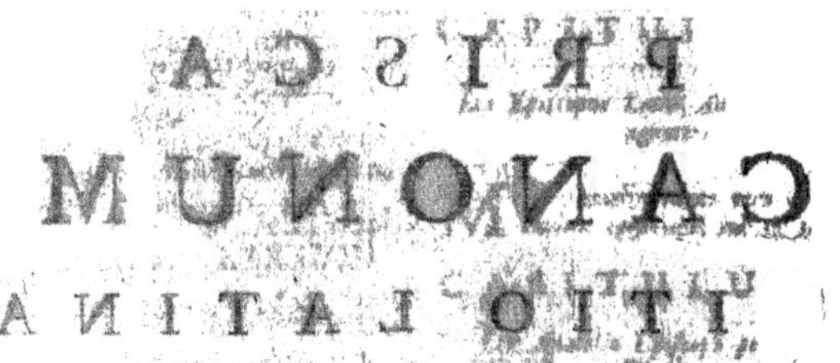

ADMONITIO.

1. PRiscam canonum editionem Latinam ex antiquissimo ac prorsus singulari MS. exemplo, cui nullum aliud simile invenire uspiam licuit, Gulielmus Voellus & Henricus Justellus Christophori filius Parisiis ediderunt anno MDCLXI. tomo I. Bibliothecæ juris canonici veteris pag. 277. & seqq. Cum vero hæc editio ab ipso Dionysio Exiguo *priscæ translationis* nomine allegata, & ob ejus antiquitatem venerabilis, in hac sola Parisiensi editione inveniatur, quæ & rarissima & prohibita paucissimis usui esse potest; cumque præterea ex unico codice typis impressa, aliquot locis sit mutila, ac nonnullis etiam mendis vitiata: interesse non modicum credidimus, si eam hoc loco integram, &, quoad fieri poterit, emendatam recuderemus. Licet autem nullum codicem Justelliano similem, in quo tota prisca editio continenter exhibeatur, nancisci potuimus; aliquot tamen manuscriptas collectiones diversæ originis & antiquas reperimus, in quibus, licet disjunctim ac separatim, omnia & singula ejusdem priscæ editionis monumenta inserta fuerunt: ac ex his defectus supplere, & errores non paucos emendare feliciter obtigit. Tales sunt MSS. collectiones Vaticana Reginæ 1997. in qua præter Nicænos canones ceteri omnes ex prisca sumti fuere, Lucensis 88. in qua Antiocheni, Constantinopolitani, & Calchedonenses canones ejusdem versionis priscæ describuntur, Barberina 2888. & Vat. 1342. ubi Nicæni, Antiocheni, Constantinopolitani, & Calchedonenses ex prisca inveniuntur decerpti, & codices præcedentis collectionis Quesnellianæ, quæ Calchedonenses ex eadem interpretatione recepit. Sardicenses vero canones priscæ editioni inserti, cum proficiscantur ex originali Latino, ut alibi demonstravimus; ad manuscripta exemplaria Lucense 88. & Vat. 1342. potissimum exegimus, emendavimus, atque supplevimus.

2. Nonnulli hujus versionis barbarie & difficultatibus offenduntur. At quæ remotiori ævo Latinitate donata fuere, eodem plerumque vitio laborant, uti animadvertimus in præfatione ad epistolas S. Leonis num. 51. tomo 1. pag. 558. neque propterea eruditi viri ejusmodi interpretationes antiquas negligendas putarunt; sed ipsas summo studio vulgantes non modicum ex iisdem fructum percipi posse opinati sunt. Ita vero obscura identidem & involuta hæc prisca interpretatio est, ut quamvis ex memoratis collectionibus non pauca emendarimus, plura tamen adhuc difficilia loca supersint: quæ non semper librariorum oscitantiæ, sed sæpius interpretis imperitiæ tribuenda videntur. Quæ si ex Græco, vel ex aliis versionibus mutando quasdam voces ad clariorem sensum revocare conaremur, primigenium textum a nobis non exhiberi jure omnes conquererentur. Lectorum vero intelligentiæ consulemus vel in postillis margini appositis, vel in notationibus, quæ ad calcem subjicientur. Quanto autem usui hæc versio apud antiquos fuerit, ex iisdem antiquis collectionibus liquet, quæ ex hac canones derivarunt. Vide quæ de hac eadem versione pluribus disseruimus in Tractatu præmisso part. 2. c. 2. §. 3.

3. Nunc præfatiunculam a Voello & Justello huic interpretationi præfixam hic appendimus.

LECTORI.

„ UT nihil desiderares, erudite Lector, quod ad antiquitatis canonicæ & „ ecclesiasticæ memoriam conservandam posteris usui esse posset, huic „ operi nostro priscam illam Canonum editionem Latinam, a ceteris quæ ha„ ctenus editæ sunt aliam atque diversam, quam multi iique gravissimi viri „ sæpe laudarunt, inserendam esse duximus. Hanc ex venerandæ antiquitatis „ Codice MS. litteris majusculis, & bene quadratis descripto Bibliothecæ Chri„ stophori Justelli tibi repræsentamus. Continebat olim ille præstantissimus Co„ dex Canones Conciliorum Ancyrani, Neocæsariensis, Nicæni, Sardicensis,

„ Gan-

„ Gangrensis, Antiocheni, Laodicensis, Constantinopolitani I. & Chalcedonen-
„ sis: sed, quod maxime dolendum, Synodi Laodicenæ integri Canones, &
„ maxima pars Sardicensium, cum postrema parte subscriptionum Concilii Ni-
„ cæni injuria temporum periere. Quæ tamen superfunt Concilii Sardicensis
„ fragmenta, post Nicænam Synodum collocavimus. Auctorem namque hujus-
„ ce editionis non dignitatem Conciliorum, sed ordinem temporis sequutum
„ fuisse in sua Collectione vero simile est. Nec obstat quod in eo Codice
„ Chalcedonensis Synodus ordine præpostero ante Constantinopolitanam pona-
„ tur, & Canon XXVIII. Chalcedonensis inter Constantinopolitanos referatur:
„ cum id potius hallucinationi vel incogitantiæ amanuensis qui hunc Codicem
„ exscripsit, quam auctoris errori, vel imperitiæ tribuendum esse videatur. Et
„ quamvis alia non pauca depravata, corrupta, & confusa in eodem libro pas-
„ sim occurrant, quæ non abs re amanuensis errata judicari possent; nobis ta-
„ men in tam eleganti & tantæ vetustatis cimelio aliquid emendare aut immu-
„ tare religio fuit; satis esse rati, si ad marginem scriptoris σφάλματα annota-
„ remus."

4. Tria in hanc præfatiunculam adnotanda. Primo falsum est, quod ajunt, Laodicenæ Synodi integros canones hujus versionis injuria temporum intercidisse. Hos enim ab interprete in Græco codice, quo usus est, haud quaquam inventos, nec Latine redditos satis probabiliter ostendimus in Tractatu loco paullo ante laudato. Secundo quod affirmant in Sardicensibus canonibus codicem fuisse mutilum, qua de caussa id acciderit, ibidem ex Stephano Baluzio exposuimus. Tandem quod hallucinationi, vel incogitantiæ amanuensis potius, quam interpretis errori tribuitur, Constantinopolitanos canones post Calchedonenses describi, iisdemque adnecti canonem de primatu Sedis Constantinopolitanæ, qui in Calchedonensi Synodo conditus fuit; falsum pariter credimus. Hanc nimirum præposteram hujusmodi canonum descriptionem & confusionem nec amanuensi, nec interpreti Latino, sed Græco alicui codici vertendam arbitramur, ut in eodem Tractatu, & in adnotationibus ad ipsos canones plenius dicetur.

PRI-

PRISCA CANONUM EDITIO LATINA.

* l. incipiunt. * INCIPIT 1 CAPITULA

1 *Canonum Ancyrensium.*

I. DE *presbyteris qui immolaverunt in persecutione.*

2 II. *De diaconis* 2 *qui immolaverunt.*

III. *De his qui per vim paganizaverunt.*

IV. *De his qui multifarie cum paganis conveniunt.*

3 V. *De his* 3 *qui timori lapsi sunt.*

* l. locis, ut infra cap. 6. VI. *De his* 4 *qui in idolorum * loca commederunt.*

VII. *De his qui sæpius immolaverunt.*

4 5 VIII. *De his* 5 *qui & alios suadent idolis * immolarem.* * l. immolare.

IX. *De his qui in ordinatione nuptias contestantur.*

* l. desponsatis. X. *De * disponsatis puellis, & ab aliis corruptis.*

XI. *De Catechumenis lapsis.*

XII. *Ut nullum liceat ordinare Chorepiscopum.*

XIII. *De his qui abstinent a carnibus.*

XIV. *De distrahentibus res ecclesiasticas.*

XV. *De his qui in animalibus coierunt.*

XVI. *Ut supra, aut in masculis vel corrupti sunt, ut corrumpunt.*

XVII. *De ordinatis Episcopis & non susceptis.*

XVIII. *De his qui virginitatem promittunt, & quasi sororibus* 6 *fingunt commorari.* 6

XIX. 7 *Qui adulteras habent uxores.* 7

XX. *De his qui ex fornicatione interficiunt natos.*

XXI. *De homicidiis.*

XXII. *De extra voluntatem homicidio.*

XXIII. 8 *De divinantibus vel maleficis.* 8

XXIV. *De consciis corruptionis virginum.*

* Explicit Capitula Canonum Ancyrensium. * l. expliciunt.

** INCIPIT CONSTITUTA* * l. incipiunt.

ejusdem Concilii.

9 ISti canones priores quidem sunt Nicænis canonibus expositis: sed tamen Nicæni primo accepti sunt, propter auctoritatem sancti & magni Concilii quod factum est in Niciam. 9

CANONES CONSTITUTI

a Sanctis Patribus qui congregati sunt per sanctum Spiritum in civitate Ancyrense. Tit. XXIV.

De presbyteris qui immolaverunt in persecutione, 10 * *reluctaverunt.* * l. & reluctaverunt. 10

I. PResbyteri qui immolaverunt & iterum resipuerunt, & neque reluctaverunt

1 Horum canonum priscam interpretationem in uno MS. Vat. Reginæ 1997. invenimus, ubi pro *Capitula* legitur *tituli*: & similiter semper in aliis canonum tabulis. In MS. Justelli *Constituta*, male: *constituta* enim canones dicuntur, non vero tituli, seu capitula canonum. Correximus ex inscriptionibus aliarum Synodorum, & ex ipsa clausula ejusdem codicis Justelliani: *Explicit capitula canonum Ancyrensium.*

2 Cod. Vat. Reg. II. *De Diaconis similiter.* III. *De his qui idolotytum manducaverunt.*

3 Idem cod. *qui pro timore paganizaverunt.*

4 Just. MS. *qui in idolis comedunt.* Emendavimus ex cod. Vat. Reg. qui mox pro *sæpius* habet *sæpissime.*

5 Idem cod. Vat. Reg. *per quos & alii coacti immolaverunt.* IX. *De Diaconis; qui in ordinatione de nuptiis contestati sunt.* X. *De puellis quæ sponsatæ sunt, & ab aliis stupratæ.* XI. *De catechumenis prævaricatis.* XII. *De Chorepiscopis.* XIII. *De Clericis, qui abstinent a carnibus.* XIV. *De his qui in opus Ecclesiæ venundantur.* XV. *De his qui in animalibus sunt fornicati.* XVI. *De his qui cum masculis animalibus faciscunt.*

6 Just. cod. hoc loco *commorantur.* Prætulimus MS. Vat. Reg. quocum concinit idem Justelli codex in titulo canoni inferius præfixo: *fingunt commanere.*

7 Vat. Reg. *De his qui invicem adulterantur.* XX. *De his qui natos interficiunt.*

8 Idem cod. *De filactericis vel divinis.* XXIV. *De corruptores* (l. *corruptoribus*) *virgiaum.*

9 Cod. V. R. omittit præmissam clausulam *explicit* &c. ac sequentem titulum *Incipit* &c. Hanc vero adnotationem sic effert. *Isti sunt canones priores quidem Nicænis canoaibus expositi. Sed Nicæni primo scripti sunt propter auctoritatem sanctæ & magnæ Synodi, quæ facta est in Nicæa*, melius & cum Græco coherentius, ubi Nicæni canones Ancyrensibus præmittuntur.

10 Just. MS. omittit verbum *reluctaverunt*: adjecimus e cod. Vat. Reg. contextu canonis exigente. Dein ex eodem cod. emendavimus *resipuerunt*: apud Just. *resipiscerunt.* Mox cod. V. R. delet & ac *reluctaverunt.*

* l. aliquod. verunt per remedium * aliquem, sed ex
veritate; neque ante per compositum ea
quæ egerunt firmantes, ut ostenderent se
quasi suppliciis missos, ut videantur & cre-
11 dantur perscemate 11 offerri eis; de istis
placuit honorem quidem secundum Cathe-
12 dram eos habere; 12 offerre autem eos,
* l. pascere. aut * patere, aut agere, aut sacro ministerio ministrare non liceat.

De diaconis qui immolaverunt.

II. Diaconi similiter qui immolaverunt
& postea resipuerunt, dignitatem quidem
suam habere, & cessare eos a sacro mini-
13 sterio panis & calicis, non portare, 13 neque prædicare. Si autem aliqui Episcopo-
14 rum 14 ipsorum scientes laborare eos, humilitatem mansuetudinis habere, voluerint
plus aliquid dare eis, vel minuere, in eorum esse potestate.

De his qui in fuga tenti per vim paganizaverunt.

III. Qui fugientes tenti sunt, aut a do-
15 mesticis suis traditi 15, aut substantias suas
perdiderunt: passos autem supplicia, aut in
carcerem missos clamantes Christianos se esse tentos adque in manibus ferro violenter
mittentes, & escam cum paganis necessitate acceperunt, confitentes quia sunt Christiani, & luctum de hoc quod evenit semper ostendentes, cum omni humilitate &
scemate bonitatis, & sæculi hujus humilitate istos, quasi foris a peccato factos, de
16 communione non privari. 16 Sin autem
privati sunt ab aliquibus, ut possent plus
probari, & ab aliquot, mox suscipi. Hæc
autem similiter apud clericos vel laicos.
Discussum est, ut si possibile & laici tale
necessitate subjecti ad provectionem honoris
* l. possint. * possunt venire. Placuit ergo & istos, quasi nihil peccantes, aut antea inveniatur re-
cta vita eorum, ad ordinationem venire
cleri.

*De his qui multifarie 17 egerunt * paganis.* * l. cum paganis. 17

IV. De his qui per vim immolaverunt * f. idola.
qui & aput * idolis cœnaverunt, quanti &
scemate 18 inlustri ascenderunt, & veste
usi sunt pretiosa, & acceperunt ex prepa-
rata cœna 19 diversi: placuit eos 20 audi- 19 20
re, & subjacere eos tres annos, orationi simul communicare eos biennio, & sic ad
perfectum venire. Quanticumque vero ascenderunt cum veste in luctu, & recumbentes
comederunt cum tristitia & lacrymis, si
compleverunt subjectum triennium; sine oblatione recipiantur. Si autem 21 non sede- 21
runt, biennio subjecti sint, & tertio anno
communicent sine oblatione ut perfecti quarto anno accipiant. Episcopi autem habere
potestatem, mores conversionis eorum probantes, humaniter, aut amplius addere tem-
pus: 22 obiens autem & vita * qui ante- * l. quæ antecessit; & quæ.
cedet, & qui sequitur * probatur. Et sic * l. probetur.
humanitas superadnumeretur. 22

De his qui timori paganizaverunt.

V. De his qui 23 per minas & timorem 23
paganizaverunt, per supplicia & substantiæ
* perditionis aut * transmigrationis immo- * l. perditionem.
laverunt, & usque * ad presente tempore * l. transmigrationem.
non pœnituerunt; neque conversi sunt, & * l. ad præsens tempus.
nunc extra tempore Synodi supplicantes 24 24
& in sensum conversionis venientes; placuit eos usque ad majorem diem ad audientiam suscipi; & post majorem diem subjacere triennio; & postea communicare sine
oblatione, & sic venire ad perfectum; ut
tempus sex annorum compleant. Si autem
aliqui ante Synodum suscepti sunt ad pœnitentiam; ab illo tempore numerari eis
principium annorum sex. Si autem 25 ali- 25
qui periculum mortis, vel expectatio ab
infir-

---

11 Sic noster codex. Apud Just. *offerri se is*.

12 Just. in textu *habere aut præcare*, at in margine Adde *offerre autem eos*, ac pro *precare* l. *precari*. Noster codex integram & veram lectionem exhibuit, si *pascere* pro *patere* emendes: Græcus enim textus aliæque versiones habent *sermonem habere*, pro quo noster interpres *pascere* reddidit.

13 Just. *neque ministrare*. Melius noster codex cum Græco, aliisque versionibus concinens.

14 Noster cod. *istorum scientes laborem, aut humanitatem mansuetudinis habere, voluerunt* &c. Mox delet *eis*: ac dein ex eodem cod. scripsimus *potestate*: Just. *potestatem*.

15 Just. repetit *sunt*: expunximus cum nostro codice.

16 MS. Vat. Reg. *Si autem ... ut possint*: & post pauca *apud Clericos & laicos*.

17 Idem cod. *paganismum egerunt*. Mox initio canonis adjecimus *De his* ex nostro codice.

18 Sic noster codex. Just. *illustrati*.

19 Aliæ versiones reddidere *indifferenter*.

20 Quædam hoc loco deesse notarunt Voellus atque Justellus. Deerant autem quatuor sequentes voces, quas ex MS. Vat. R. supplevimus. *Audire* eum pœnitentiæ gradum indicat, quo pœnitentes inter audientes recipiebantur: *subjacere* vero alterum, quo orationi fidelium prostrati aderant.

21 Just. ignorat negationem, & habet *subjecti sunt*. Supplevimus, & correximus ex nostro cod.

22 Ex Græco reddendum *Ante omnia autem*. Dein Just. *probatus*. Prætulimus cum nostro cod. *probatur*, pro quo melius legeretur *probetur*.

23 Vat. Reg. *propter minas*.

24 Voces *& in sensum conversionis venientes* adjecimus ex eodem codice: ubi præterea subaudiendum est *se se obtulerunt*.

25 Lege *alicui*, & supple *contigerit*, vel *immineat*. In cod. Vat. Reg. habetur: *Si autem periculosa mortis expectatio*.

* l. *alia aliqua.* infirmitate, aut * alterius occasione, oportet istos sub hora suscipi.

De his qui in idolorum locis comederunt.

26 VI. De his qui in festivitate 26 in locis abominandis Gentilium simul edunt, & suam
* l. *defe-rentes.* escam * defendentes pollutam comederunt, placuit eos biennio subjacere, & sic suscipi, quia oportet post oblationem unumquemque Episcopum eos probare, & vitam singulorum agnoscere.

27 *De his qui 27 sæpius immolaverunt.*

VII. Qui secundo & tertio immolaverunt per vim, quatuor annis subjaceant; & duo sine oblatione communicent, & septimo ad perfectum suscipiantur.

28 *De his 28 qui & alios suadent idolis immolare.*

VIII. Quanti autem non solum apostatarunt; sed & fratres sollicitaverunt, & rei
* Subauditur *fratres.* fuerunt pro hoc quia * sollicitati sunt, hi tribus annis locum audientiæ suscipiant: in
29 aliis autem sex annis 29 locum eo quo deciderunt vacent; alium autem annum communicent sine oblatione, ut decem annos
30 complentes 30 perfectum suscipiant locum: in hoc autem oportet eorum custodire vitam.

31 *De diaconibus qui in ordinatione 31 nubtias contestantur.*

IX. Diaconi qui sunt ordinandi, si contestati sunt ante ordinationem, & dixerunt oportere se nubere, non posse eos sic manere, hi post hoc nubentes, sint in mini-
* idest *concessum.* sterio pro quod * præceptum eis est ab Episcopo. Si autem aliqui 32 non contestati
32 tacuerunt, & placuit eis in ordinatione perseverare innupti, & postmodum venerunt ad nuptias, cessare eos omnino a ministerio diaconi.

De puellis, quæ sponsatæ sunt, & 33 ab aliis distipulatæ sunt. 33

X. Quæ sponsatæ sunt, & ab aliis sunt raptæ, placuit post hoc eas reddi cui ante desponsatæ sunt, etiamsi 34 & vim ab 34
his aliquid perpessæ sint.

De his qui cum catechumeni essent, immolaverunt.

XI. Qui ante baptismum immolaverunt, postea autem baptizati, placuit eos ad officium venire, 35 sicut eos qui & baptiza- 35
ti sunt.

Ut non sine Episcopo liceat 36 quemquam ordinare ab iis, qui dicuntur Corepiscopi. 36

XII. Corepiscopis non licere Presbyteros aut Diaconos ordinare, sed neque Presbyteris civitatis sine jussione Episcopi, 37 sed 37
cum eisdem litteris eundi ad singulas parocias.

38 *De his qui abstinent a carnibus.* 38

XIII. Qui in clero sunt Presbyteri vel Diaconi abstinentes a carnibus, placuit ut tangerent: 39 Et si non obaudierint cano- 39
nem, placuit cessare eos de ordine.

40 *De his qui temere res ecclesiasticas distrahunt.* 40

XIV. De his, quæ adpertinent Dominico, 41 si qua, dum non esset Episcopus, 41
Presbyteri venundaverunt, revocare, atque repetere Dominicum: & in arbitrio Episcopi esse, si oportuerit, recipere pretium, sive 42 reditus eorum quæ sunt venundata, 42
reddere in his ipsis pretium.

26 Præpositionem *in* ex eodem MS. inseruimus.

27 Vat. R. *multoties.*

28 Idem cod. *per quos & alii coacti sunt immolare.*

29 Idest prostrati pœnitentiam gerant.

30 Cod. Vat. R. *perfecte suscipiantur.*

31 Idem cod. *de nuptiis contestati sunt.*

32 Cod. Vat. Reg. omittit voces *non contestati ...... innupti ... omnino, & diaconi*, melius.

33 Idem cod. *ab aliis sunt raptæ.*

34 Just. MS. *ei vim.* Prætulimus lectionem cod. Vat. Reg. in quo mox *ab eis aliquid perpessæ sunt.*

35 Just. *sicut & ceteri.* Noster codex magis placuit; magis enim cohæret eum Græco, ex quo reddimus *placuit ad ordinem provehi, ut qui abluti sunt.*

36 Cod. Vat. Reg. *Clericum.*

37 Idem MS. delet *sed & eisdem.*

38 Idem cod. *De Clericis qui abstinent.*

39 In eod. cod. *& si sic non obaudient.*

40 Idem MS. *De his qui in opus Ecclesiæ venundantur.* Mox initio canonis voces *De his* ex eodem MS. addidimus.

41 Just. perperam *si quando non essent, aut nesciens Episcopus .... revocare atque reddere compellantur.* Emendavimus ex nostro codice.

42 Vat. R. addit *multoties.* Sensus ex Græco est: Episcopi judicio relinqui, num oporteat pretium recipere, an non: quia, ut reddidit Dionysius *plerumque rerum distractarum reditus ampliorem summam pro pretio dato reddiderit.*

* l. cum. *De his qui * in animalibus 43 cojerunt.*
43

XV. Qui animaliter in animalibus tale
* l. prius. aliquid committunt, 44 qui * amplius quam
44 viginti annorum fuerint, & hoc commiserint, quindecim annis subjaceant, & sic communionem mereantur orationum; & in hoc perdurantes annis quinque tunc oblationes attingant. Requiratur autem eorum vita quæ sit adhuc subjacentibus, & sic mereantur humanitatem: si autem incessanter ad peccandum perseveraverint, longam habeant pœnitentiam. Quanti superfuerint *
* supple hanc. ætatem, & si uxores habentes 45 peccave-
45 rint in hoc delicto, viginti quinque annis subjaceant, ita ut post quinquennium communionem orationis mereantur. Si autem & aliqui & uxores habentes, & amplius quinquaginta annorum hoc peccantes, in exitum vitæ suæ mereantur viaticum accipere.

De his qui in animalibus aut masculis, aut aliquando corrupti sunt, aut corrumpunt libidini.

XVI. Pro his qui in animalibus, aut a-
* l. fracescunt. nimalia * fracescunt, vel in masculis 46
46 leprosi efficiuntur, de his præceptum est, ut
47 cum eis 47 qui tempestatem patiuntur, orare.

De his qui in Episcopatu sunt probati, & non suscepti.

XVII. Qui in Episcopatum consecrati sunt, & non suscepti in parociis, in quibus
48 sunt nominati; 48 & in aliis voluerint ire parociis, & per vim opprimere ibidem constitutos, & lites contra eos movere; 49 ipsos
* l. alienari. perpelli & * alienare. Si autem voluerint
* l. in presbyterio. * in presbyterium, in quo fuerunt primum, sedere 50 ut Presbyteri, non eos pelli. Si
49 enim voluerint resultare eis, qui ibidem sunt
50 constituti Episcopi, expelli eos censemus 51
51 & de ordine Presbyterorum, & fieri exprædicatores.

De eis qui in virginitate 52 se permanere promittunt, & quasi sororibus fingunt commanere. 52

XVIII. Quanti virginitati se promiserunt, 53 & evacuantes promissum bigami 53
constitutionem sectantur. * Cui vero con- * l. quæ.
venerint virgines aliquibus sicut sorores, vetamus.

De his qui adulteras habent 54 mulieres, at ipsi adulterant. 54

XIX. Si alicujus uxor adulterata fuerit,
aut adulterium 55 vir suus commiserit, se- 55
ptem annis oportet eum subici, & postea perfectam communionem mereri, secundum gradus qui procedunt.

De eis quæ gemunt ex fornicatione & 56 interficiunt natos. 56

XX. 57 Quæ erunt fornicatæ, & inter- 57
ficiunt natos, & festinant abortivum facere, primum constitutum usque ad exitum
vetuit: * & hoc definito humaniore aliquid * l. ut & humanius.
consequantur, constituimus eas decennio tempore, secundum gradus qui sunt constituti.

De homicidiis.

XXI. De voluntarie homicidio admisso subjacent quidem omni tempore; & de perfecto ad finem vitæ mereantur viaticum.

De extra voluntatem homicidio.

XXII. 58 De homicidio extra voluntatem admisso primum constitutum in septem annis præcepit perfecti dignum esse; & ut fiat secundum gradus constitutos quinquennium censemus perficere.

De his qui quoquo modo divinant.

XXIII. Qui 59 divinant, & consuetudines gentium sequentes, aut introducentes ali-

---

43 Idem cod. *sunt fornicati*.

44 Sic idem cod. melius quam apud Just. *quia*: sed pro *amplius* legendum *prius*.

45 Vat. R. *irruerunt in hoc peccato*, l. *peccatum*.

46 Vat. R. inserit *&*.

47 Isid. versio hunc locum explicat sic: *qui tempestate jactantur, qui a nobis energumeni appellantur*.

48 Ita cod. Vat. R. Apud Just. *& si in aliis*.

49 Just. *ipsos pellere*. Emendavimus ex MS. Vat. R. Clarius reddidit Dionysius *hos abjici placuit*.

50 Just. addit *ordinem*: melius delet noster codex.

51 Particulam *&*, idest *etiam*, ex eodem MS. adjecimus.

52 MS. Vat. R. *se promiserunt*.

53 Legendum esset, *& evacuarunt promissum, bigami constitutionem sectentur*. Mox Vat. R. *Cui autem conveniunt virgines* &c.

54 Vocem *mulieres* inseruimus ex eodem codice.

55 Idem cod. *aliquis commiserit*: & dein *mereatur*.

56 Ita ex eodem MS. Apud Just. *inficiunt*.

57 Just. *Quæ interficiunt*. Intermedias voces supplevimus ex nostro cod. qui dein habet *& interficerint quæ nascuntur*. Post pauca *consequantur* cum eodem MS. prætulimus: Just. *consequentur*.

58 Voces *De homicidio* ex nostro MS. supplevimus.

59 Voces *divinant &* ex eodem cod. inseruimus.

60 aliquos in domibus suis 60 ad requisitionem divinando, qualibet causa maleficiorum, aut incantantium, si de clero sunt, abiciantur. Si vero sæculares, in canone jaceant quinquenii secundum gradus definitos.

De his qui conscii sunt corruptionis virginum.

XXIV. Si desponsatus aliquis puellam corrupit, sororem ejus, * ut gravet eam, * l. & gravidam fecit.
nubserit 61 autem quam desponsavit; postmodum quæ corrupta est laqueo se suspendit: hi qui conscii sunt, præcipiuntur undecim annis suspendi constanter, secundum gradus qui jam ordinati sunt. 61

62 62 Et subscripserunt

Vitalis Antiociæ.
Marcellus Ancyræ.
Agricolaus Cæsariæ.
63 Lupus 63 Tarsi.
* l. Amaseæ Basilius * Amesays.
Philadelphus Juliopolis.
Eustolus Nicomediæ.
* l. Zeloniæ 64 Heraclius * Zenoniæ,
64 Petrus 65 Iconii.
65 Nunechius Laodiciæ.
Sergianus Antiociæ Pisid.
Epidaurus Perges.
* l. Neroniadis. Narcissus * Merodiades.

Explicit Constituta Canonum Ancyrensium.

INCIPIT CAPITULA

Canonum Neocæsariensium.

I. *De Presbyteris lapsis.*
* l. nubtiis. II. 1 *De * nubtias duorum fratrum.*
1 III. *De his qui pluribus mulieribus nubserint.*
* l. constituunt fornicari, ut infra c. 4. IV. *De his qui * constituti sunt fornicarive, & vetantur.*
V. *De Catechumenis lapsis.*
VI. *Mulieres pregnantes, quæ sunt * catechuminas, baptizandas.* * l. catechumenæ.
VII. *In nuptiis bigami, Presbyteri orare non debent.*
VIII. *De his qui adulteris mulieribus sociantur.*
IX. *De his qui ante ordinem peccant, & postea confitentur.*
X. *De diaconis similiter.*
XI. 2 *Qua ætate debeant clerici in ordine promoveri.* 2
XII. *De his qui in ægritudine baptizantur.*
XIII. *De Presbyteris parociæ.*
XIV. *De numero diaconorum.*

Expliciunt Capitula Neocæsariensium.

INCIPIT TEXTUS

ejusdem Concilii.

3 Isti canones secundi sunt Ancyrensium * Neocæsariam sunt expositi, & hi priores sunt Nicænis. 3 * l. Neocesariæ.

De Presbyteris lapsis.

I. Presbyter si nubserit, deponi eum de ordine: si autem fornicatus fuerit, 4 aut 4
in quolibet adulteraverit, pelli eum a communione etiam, & ad pœnitentiam adduci censemus.

De nubtias duorum fratrum. * l. nubtiis.

II. Mulier si nubserit, & a duobus fratribus corrupta fuerit, expellatur usque ad mortem: tamen in hora mortis sui * viaticum accipiat, si agnoverit errorem: & si jam corrupta vetaverit nubtias, & egerit pœnitentiam, perfectam mereatur communionem. Si vero moriatur mulier in talibus nubtiis posita, aut vir talis corruptor, difficilis * eorum qui remanet, * pœnitentiæ remittatur. * l. suæ. * l. ejus. * l. pœnitentia.

De

---

60 Vat. R. *ad requisitionem maleficiorum divinando qualibet causa, si de clero* &c. forte melius.

61 Particula *autem* contextu exigente ex nostro codice supplenda fuit.

62 Cod. Vat. Reg. has subscriptiones post Neocæsarienses canones subjicit hac formula. *Et subscripserunt qui convenerant in Synodo Ancyræ civitatis*. Post nomina autem Episcoporum hujus Synodi describuntur Episcopi Synodi Neocæsariensis hac formula: *In Neocæsariæ qui subscripserunt Vitalis* &c.

63 Sic noster cod. Apud Just. *Tarsiæ*.

64 Just. *Hercilius*. Melius noster codex.

65 Ita MS. Vat. R. Apud Just. male *Jacomensis*.

1 In uno codice Vat. Reg. 1997. hos quoque canones priscæ interpretationis invenimus. Sic autem in eo sequentes tituli exhibentur. II. *De virgine corrupta a duobus fratribus*. III. *De his qui multum nubserint*. IV. *De his qui per occasionem a fornicario liberantur*. V. *De Catechumenis peccantibus*. VI. *De prægnantibus baptizandis*. VII. *De nubtiis bigamis presbyteros non orare*.

2 Idem cod. sic in sequentibus titulis: XI. *Ut ante triginta annorum non liceat ordinari*. XII. *De gravat tales*. XIII. *De parrochiales Presbyteros*.

3 Idem codex hanc notationem tabulæ canonum præfigit his verbis: *Et isti sunt canones secundi quidem Ancyrensium, & eorum qui in Neocæsaria sunt expositi: de Nicænos autem primi sunt, sed in* (l. *post*) *Ancyrenses constituti sunt tituli XIV.*

4 Idem cod. *aut adulatrum* (l. *adulterium*) *fecerit, perpelli eum* &c.

De his qui multum nubserint.

5 III. 5 De his qui pluribus nubtiis inciderunt, tempus quidem * agnitus qui institutum est; conversatio autem & fides eorum * perincidet tempus.

* l. *agnitum quod.*
* idest *abbreviabit.*

De his qui constituunt fornicari, & vetantur.

6 IV. Si 6 disponens aliquis & desiderans mulierem alienam, dormire cum ea & constituerit, & non veniat ad dispositum suum, apparet quia gratia Dei liberatus est.

De catechumenis peccantibus.

V. Catechuminus si in Dominico 7 * catechuminum stat in ordinem, iste autem si pareat peccans, genua flectat. 8 Si autem genua flectens & audiens jam non peccaverit, consequatur gratiam: si autem audiens adhuc peccat, expellatur.

* l. *catechumenorum stat in ordine.*
7
8

De pregnantibus mulieribus.

VI. Mulierem gravidam oportet baptizare quandoque voluerit; nihil enim hoc communicat qui nascitur, quoniam singuli propriam voluntatem ad confessionem ostendunt.

In nubtiis bigami presbyteros non orare.

VII. Presbyterum ad nubtias bigami non comedere; quia pœnitentiam petens bigamus, 9 quis ausus est presbyter, ut propter convivium componat nubtias.

9

De his qui mulieribus adulteris sociantur.

VIII. Mulier cujusque adulterata laico
10 constituto, 10 si doceatur, talis ad ministerium venire non potest. Si autem postquam ordinatus fuerit adulteretur, dimittere eam debet; si autem convivere cum ea voluerit, non potest attingere quod ei creditum est ministerium.

De his qui ante ordinem peccant.

IX. Presbyter si ante peccavit corpore, probetur & confiteatur, quia peccavit antequam ordinaretur, non offerat, permanens in reliquis; 11 pro reliqua festinantur 11
migrare; quia reliqua peccata dixerunt multi per manus * impositionis posse dimitti. Si autem ipse non confiteatur, & argui palam non potuerit, insuper hoc facere potest.

* l. *impositionem.*

De diaconis similiter.

X. 12 Si in hoc ipso peccato diaconus 12
inciderit, ministerii locum non habeat.

13 *Qua ætate debeant ad ordines promoveri.* 13

XI. Presbyter ante triginta annos non ordinetur: etsi forsitan sit homo dignus,
14 tamen hoc in eo observari debere, quia 14
Dominus in trincesimo anno baptizatus docere cœpit.

De his qui in ægritudine baptizantur.

XII. Si quis ægrotus baptizatus fuerit, in ordinem presbyteri venire non potest,
quia non ex voluntate fides 15 ei accessit: 15
sed ex necessitate. 16 Si forte enim post- 16
modum ferventiam fidei, aut hospitalitatem hominum erogata probetur.

De presbyteris 17 Diocensium. 17

XIII. De aliquibus locis presbyteri in Dominico civitatis offerre non possunt, præsente Episcopo, aut presbyteris civitatis; neque panem dare in oratione, neque calicem. Si autem absentes sint, & in oratione vocatus fuerit 18 qui de eo loco est 18
Corepiscopus, solus dat: quia Corepiscopi sunt quidem forma de septuaginta, & sicut comministrantes propter curam pauperum offerent, honorantes eos.

De numero diaconorum.

XIV. Diaconi septem debent esse secundum canonem. Et si * fortiter magna sit civi-

* l. *forte.*

---

5 Just. MS. *Hi qui plurioribus nubtiis*. Correctionem suppeditavit cod. Vat. Reg.

6 Vat. Reg. *dispofuerit.*

7 Vocem *catechuminum* ex nostro codice supplevimus.

8 Just. *genua flectat, & hoc cum audierit, desinat peccare, consequatur* &c. Melior visa est lectio nostri codicis, in quo solum desunt *genua flectat.*

9 Noster cod. *qui etiam Presbyter, qui propter* &c. forte *quis erit Presbyter, qui* &c.

10 Idem cod. *si arguatur.*

11 Vat. Reg. *pro alia quæ festinantur*: locus utrobique corruptus. Reddidit Hervetus ex Græco: *propter aliud ejus bonæ vitæ studium.*

12 Idem MS. *Similiter Diaconus, si in hoc ipso peccato inciderit.*

13 Cod. Vat. R. *Quando oporteat ordinari.*

14 Idem MS. *sed observetur in eo hoc, quia* &c.

15 Ita noster codex melius, quam apud Just. *ejus.*

16 Locus depravarus. Dionysius reddidit: *nisi forte propter sequens studium ejus atque fidem, atque hominum raritatem talis possit admitti.*

17 Vat. Reg. *locorum.*

18 Idem MS. *qui de locis, etiam solus dat.*

civitas: sed ut credas inquire a volumine Actuum Apostolorum.

Et subscripserunt qui convenerant in Synodo Neocæsariæ.

Vitalis.
19 19 Lupus.
Leontius.
Basileus.
Gregorius.
Longinus.
Heraclius.
20 20 Amphition.
21 21 Sebius.
Erytrius.
22 22 Xantulus.
Valentinus.
Narcissus.
Dicasius.
Alphion.
Germanus.
Gerontius.
Stephanus.
23 23 Salaminus.
Leontius.

Expliciunt Constituta Canonum Neocæsariæ.

1 1 *INCIPIUNT CONSTITUTA*

Canonum Sanctorum Patrum qui apud Niceam sunt congregati.

Incipiunt Capitula Nicæni Concilii.

I. DE *his qui se abscidunt vel eunicizant.*
II. *De Neophitis.*
III. *De commanentibus.*
IV. *De ordinandis Episcopis.*
V. *De his qui excommunicantur per singulas provincias.*
VI. *De primatu Ecclesiæ Romanæ.*
VII. *De honore Hierosolymitani Episcopi.*
VIII. *De his qui nominantur* Cataroæ.* *l. *Cathari.*
IX. *De his qui inexaminati ordinantur.*
X. *De his qui in persecutione negaverunt fidem.*
XI. *De his qui prævaricati sunt præter necessitatem.*
XII. *De reconciliatione danda.*
XIII. *De catechumenis lapsis.*
XIV. *De clericis ne de civitate ad aliam transeant.*
XV. *Ut nullus alienum suscipiat clericum & promoveat.*
XVI. *Ut nullus alienum clericum ordinet.*
XVII. *Ut nullus clericus fœneret.*
XVIII. *De* diaconi ne supra presbyteros possint.* *l. *diaconis.*
XIX. *De Paulianistis baptizandis.*
XX. *De diaconissis.*
XXI. *De flectendo genu.*

Explicit Capitula Nicæni Concilii.

Incipit Præfatio Nicæni Concilii.

2 Concilium sacrum venerandi culmina juris
Condidit, & nobis congrua frena dedit,
Ut bene fundatus justo moderamine possit
Intemerata gerens clericus ordo regi:
Pontifices summi veterum præcepta sequentes,
Planius hæc monitis exposuere suis:
Hinc fidei nostræ se pandit semita, & omnes
Errorum damnant dogmata sancta vias. Quis-

19 Just. *Paulus*. Correximus cum nostro MS. Vat. Reg. quocum conveniunt codd. collectionis præcedentis: nulli autem *Paulum* præferunt.

20 Noster cod. *Anphidon*: apud Isid. *Amphion*.

21 In collectione præcedenti cap. 4. ex Isidoro *Redux*, tres autem codd. *Sedus*.

22 In eadem collect. *Sanctus*.

23 Ita cod. Vat. Reg. & in aliis MSS. præcedentis collectionis. Apud Just. *Phalminon*.

1 Nicæni canones priscæ versionis inserti leguntur in pervetusta collectione Vat. 1342. & Barb. 2888. cumque Sirmondus canonem sextum hujus versionis recitarit ex laudato MS. Vaticano, opinio invaluit hunc codicem esse omnino similem illi, quem Justellus habuit: cum tamen ea collectio non totam priscam editionem contineat, uti codex Justellianus, sed solos Nicænos, Antiochenos, Calchedonenses & Constantinopolitanos canones ex eadem interpretatione receperit. Ordo codicis Vat. 1342. quem diligenter recognovimus, in præmissis aliquantulum variat. Titulus sic effertur: *Incipit fides, quam exposuerunt Patres* CCCXVIII. *apud Nicæam congregati, primum quidem adversus Arium blasphemum, dicentem esse creaturam Filium Dei, & adversus omnem hæresem Sabellii, Photini, Pauli Samosateni, Manichæi, Valentini, Marcionis, & adversus omnem omnino hæresem, si qua insurrexerit contra catholicam & apostolicam Ecclesiam. Quas omnes condemnarunt Nicæam congregati. Episcopi* CCCXVIII. *quorum nomina & provinciæ infrascriptæ sunt. Sed plerique studiosi Dei servi magis curam gesserunt Orientalium Episcoporum nomina describere, propter hoc quod Occidens non similiter inquisitionem de hæresibus habuerit.* Dein sequitur: *Incipit præfatio ejusdem. Concilium sacrum* &c. Tum vero: *Incipit statuta. Credimus in unum Deum* &c. Post Symbolum: *Incipiunt canones, vel statuta supradicti Concilii. Cum convenisset sanctum & magnum Concilium* &c. Postea *Incipiunt Capitula Nicæni Concilii.* Exhibentur autem tituli canonum; ac tandem canones cum suo cujusque titulo.

2 Hos versus in pluribus MSS. collectionibus invenimus.

Quisque Dei famulus fuerit, Christique
sacerdos,
Hoc sale conditus dulcia mella fluet.

Explicit Præfatio.

Incipit fides Niceni Concilii.

Cum convenisset sanctum & magnum
3 Concilium aput Niciam 3 metropolim Bythiniæ, statuta sunt quæ infra scripta sunt.
Et placuit, ut hæc omnia mitterentur ad
Episcopum urbis Romæ Silvestrum. Facta
4 est autem Synodus 4 consulatu Constantini
Aug. & Licinii XIII. Kal. Jul. qui est apud
Græcos XVIII. dies mensis eorum secundus, anno ab Alexandro DCXXXVI.

Ab universis Episcopis dictum est.
Confessio fidei.

Credimus in unum Deum Patrem omnipotentem, omnium visibilium & invisibilium factorem, & in unum Dominum Je-
5 sum Christum 5 natum ex Patre unigenitum, hoc est ex substantia Patris, Deum
verum de Deo vero, natum, non factum,
homousion, hoc est ejusdem * cum Patris
substantia, per quem omnia facta sunt, quæ
in cælo & quæ in terra, qui propter nos
homines & propter nostram salutem descen-
6 dit, 6 & incarnatus est, & homo factus,
passus est, & resurrexit tertia die, ascendit
in cælum, unde venturus est judicare vivos & mortuos; & in Spiritum sanctum.
7 Eos autem qui dicunt: 7 erat tempus quando non erat, & prius quam nasceretur non
erat, & quia ex nullis subsistentibus factus
est, aut ex alia substantia, vel essentia dicunt esse τρέπτον, hoc est convertibilem,
aut mutabilem Filium Dei, hos anathematizat catholica & apostolica Ecclesia.

** l. cum Patre substantiæ.*

8 8 *De his qui se ipsos abscidunt, vel eununcizant, in totum ad clerum admitti non debere.*

I. Si quis per languorem a medicis sectus est, aut barbaris abscissus, iste remaneat in clero: si quis autem sanus se abscidit, etsi in clero 9 positum abici opor- 9
tet, & cæterum nullum ex his debere promoveri. Sicut autem hoc manifestum est de
his qui se audent abscidere; ita eos qui a
barbaris, aut a dominis castrati sunt, 10 10
invenientur etiam alias tales digni, ad clerum adplicat canon.

De Neophitis, qui post baptisma ad clerum adplicantur.

II. 11 Plurima sive necessitate, aut ali- 11
ter festinantibus hominibus facta sunt extra
canonem ecclesiasticum, ut homines ex gentili vita nuper accedentes ad fidem, & pauco tempore catechizati, statim spiritale lavacrum accipiant, & cum baptizati fuerint, promoveantur ad Episcopatum aut
presbyterium, bene haberi placuit: de cætero nihil tale fieri. Nam & tempore opus
est qui catechizatur, & post baptisma adprobatio amplius manifesta. Etenim est Apostolica scribtura quæ dicit *non Neophytum*, 1. Tim. 3.
ne forte stupore ductus in judicium incidat
& laqueum diaboli. Si autem procedente
tempore animæ * aliquid peccatum inveniatur circa aliquam personam, & convincatur a duobus vel tribus testibus, cesset
iste a clero. Si quis autem præter hæc facit, quasi adversus sanctum & magnum Concilium superviens, ipse se periclitans privabitur a clero.

** l. aliquod.*

12 *De commanentibus.* 12

III. De mulieribus quæ cum Episcopis
vel presbyteris, vel diaconibus commorantur, sive viduæ vel virgines, interdixit
omnimodo sanctum & magnum Concilium,
neque Episcopo, neque presbytero, neque
diacono, neque ex his qui in clero sunt,
licere secum commanere, præter forte sororem, aut * Tiam, aut solas personas, quæ
refugiunt omnem suspicionem.

** In Græco ἡ θεῖας, Italice Zia.*

De

3 Cod. Vat. 1342. delet *metropolim*.

4 Confer quæ in hunc erroneum consulatum animadvertimus not. 44. in cap. 1. præcedentis collectionis post Episcoporum catalogum. Post pauca *XVIII. dies* verius *XIX.* Vide not. 2. in idem caput 1. ex qua etiam intelliges errorem inesse in vocem *secundus*, pro qua scribendum erat *Desii*; qui non secundus, sed septimus erat Syromacedonum mensis.

5 Cod. Vat. laudatus *Filium Dei, qui natus est ex Patre unigenitus, hoc est de substantia Patris, Deum ex Deo, lumen ex lumine, Deum verum ex Deo vero* &c.

6 Idem cod. *& carnem assumsit, & homo factus est.* Post pauca *in cælos*.

7 In eodem MS. Vat. *erat aliquando, quando* &c.

8 Laudatus codex. *De eunuchis, qui se ipsos absciderunt*. Incipit autem canon sic: *Si quis se ipsum absciderit, vel eunuchizaverit, omnino ad clerum admitti non debet. Quod si per languorem* &c.

9 Idem MS. *positus fuerit*. Mox Just. *& ceteri*: ex eodem MS. emendavimus. *Ceterum* pro *de cetero* scriptum est. Dion. *& deinceps*.

10 MS. Vat. *inveniuntur* (l. *si inveniantur*) *etiam aliqui tales digni*.

11 Idem cod. *Si quis neophitus post baptisma ad clerum applicatur, plurima sine* &c.

12 Vat. cod. *De subintroductis mulieribus*. Incipit autem canon: *Quicumque Episcopus, aut Presbyter, aut Diaconus cum mulieribus commoratur, sive viduæ* &c.

De ordinandis Episcopis.

IV. Placuit autem, ut ab omnibus Episcopis qui sunt in provincia, ordinari Epi-
13 scopum. Si autem difficile 13 erit hoc propter urgentem necessitatem, aut longitudinem itineris; omnimodo tres in unum con-
* l. *constituere.* venientes oportet * constitui Episcopum,
consentientes 14 & hi qui absentes fuerint,
14 per scripta sua, tamquam si præsentes: confirmationem autem eorum, quæ fiunt, ha-
15 bentes 15 uniuscujusque provinciæ Metropolitani.

16 *16 De his qui excommunicantur per singulas provincias.*

* l. *sint.* V. Sive de clero * sit, sive de laico
agmine, ab Episcopis per singulas provincias obtineat sententia secundum canonem:
17 eos vero qui ab aliis abiciuntur, ab aliis 17
non suscipiendos aut admittendos. Requirantur autem, ne pusillanimitate, aut pertinacia, aut aliquo alio Episcopi odio excommunicati sint. Ut autem hoc decentem
adquisitionem accipiat, bene haberi placuit,
18 18 & singulis annis per singulas provincias
bis in anno Concilia fieri, ut omnes simul
Episcopi in unum congregati tales quæstiones inquirant: & si qui incunctanter offen-
derint Episcopum suum, & rationabiliter
excommunicati apud omnes esse probatum,
& omnium Concilio innotescat, quandiu
Episcopo placeat humaniorem pro his ferre
sententiam. Concilia autem fiant, unum
quidem ante Quadragesimam, ut omnium
animositate amputata, munus mundum offeratur Deo: secundum vero fiat circa autumnum tempus.

De primatu Ecclesiæ Romanæ, vel aliarum civitatum Episcopis.

VI. 19 Antiqui moris est, ut urbis Ro- 19
mæ Episcopus habeat principatum, ut suburbicaria loca, & omnem provinciam 20 20
suam sollicitudine gubernet. Quæ vero apud
Ægyptum sunt, Alexandriæ Episcopus
omnium habeat sollicitudinem. Similiter
autem & circa Antiochiam, & in cæteris
provinciis privilegia propria serventur metropolitanis Ecclesiis. Omnimodo autem
manifestum est illud, ut si quis sine arbitrio ejus qui est in metropolim, constituerit Episcopum, hunc censuit sanctum &
magnum Concilium non 21 esse Episco- 21
pum. Si vero communi omnium * ratio- * *supple electioni.*
nabili, & secundum canonem ecclesiasti-
cum, duo aut tres propter * propinquas ini- * Dion. melius *proprias;*
micitias contradixerint; obtineat sententia
plurimorum, 22 quia consuetudo obtinuit, 22
& traditio antiqua apud Hierosolyma.

De honore Hierosolymitani Episcopi.

VII. Quoniam consuetudo obtinuit, &
traditio antiqua, ut qui in Helia est Episcopus, idest Hierosolymis, honoretur, &
habeat 23 secundum ordinem suum hono- 23
rem, Metropolitani manente dignitate.

De his qui nominantur 24 Catharoes. 24

VIII. De his qui * sepios Catharos, id- * l. *seipsos.*
est mundos vocant. Si quis ex his ad Ecclesiam catholicam veniat, placuit sancto
& magno Concilio huic, ut per manus impositionem Sacerdotum maneat in clero.
Ante omnia autem 25 hoc manifestum sit, 25
profiteri se quod consentiat, & sequatur
catholicæ & apostolicæ Ecclesiæ dogmata,

13 Idem cod. *fuerit hoc aut propter.*

14 Quatuor voces *& hi qui absentes* supplevimus ex eodem codice.

15 Just. addit *auctoritatem*. Melius delet noster codex.

16 Titulus in MS. Vat. est: *De excommunicatis*. Incipit autem canon sic: *Hi qui excommunicantur per singulas provincias sive de clero sive de laico* &c.

17 Idem cod. *non suscipiantur. Requirantur autem* &c.

18 In eodem MS. *ut singulis ... fierent*: lege *fiant*.

19 Hunc canonem ex duplici versione recitat Cardinalis Deus dedit lib. 1. n. 1. suæ collectionis, quæ continetur in MS. Vat. 3833. primum ex versione prisca, dein ex illa Dionysii Exigui. Priscam ergo versionem in Romanæ Ecclesiæ bibliothecis invenit. Sic autem ille priora verba legit: *Antiqua consuetudo obtinuit, ut Urbis Romæ Episcopus* &c. Sirmondus *in Censura Anonymi de regionibus & Ecclesiis suburbicariis* hunc canonem ex nostro Vaticano MS. describens, habet ut in textu; & solum *primatum* pro *principatum* reposuit: sed nos *principatum*, uti & Deus dedit, legimus tum in Vat. 1342. tum in Barb. 2888. ejusdem collectionis.

20 Just. *sua*. Prætulimus *suam* auctoritate nostrorum codicum Vat. & Barb. nec non alterius, quo Deus dedit usus est. Dein pro *serventur* cod. Barb. 2888. *reserventur*.

21 Just. inserit *eum*: delevimus cum nostro MS. Vat.

22 Sequentia licet cum hoc canone jungantur non solum in MS. Just. verum etiam in nostris Vat. & Barb. non pertinent ad istum canonem, sed ad initium sequentis, ubi sane iterum repetuntur. Hinc in MS. Barb. voci *quia* signum apponitur, quo hæc verba delenda significantur.

23 Just. *secundum suum ordinem honorem*. Melius noster codex Vat.

24 Ita noster cod. ex Græco καθαρούς. Just. *Catharæ*.

25 Just. *hoc observandum sit, ut profiteantur se, quod sentiant, & sequantur catholica & apostolica dogmata*. Nostri MS. Vat. lectionem prætulimus.

hoc est & cum bigamis communicare, &
cum his qui in persecutione lapsi sunt, circa
quos & tempus constitutum est, & dies
definitus, ut sequantur in omnibus quæ pla-
26 cuerint catholicæ Ecclesiæ. Ubicumque 26
vero fuerint sive in castellis, sive in vicis,
sive in civitatibus, veniam mereantur; ordinati vero in clero sint, & in eodem sta-
*sup. ad. tu permaneant. 27 Quod cum autem * ca-
27 tholicæ Ecclesiæ Episcopos aut presbyteros
accesserint; manifestum quia Episcopus quidem Ecclesiæ habebit dignitatem episcopatus: qui autem nominatur aput eos qui se
mundos dicunt, in Ecclesia catholica presbyterii honorem habebit, nisi forte placuerit Episcopo honoris sui eum frui: si vero
non ei placuerit, providendum est locum,
ubi aut corepiscopatus, aut presbyterii sit,
ut in clero omnino esse videatur, ut non
28 videantur in 28 una civitate duo Episcopi
esse.

29 *29 De ordinandis Episcopis & presbyteris.*

IX. Si qui inexaminati promoti sunt E-
piscopi vel presbyteri, & postea interrogati
confessi sunt delicta sua, vel ab aliis con-
vincti, & præterea confitentibus citra ordinem & disciplinam moti homines manus
eis temere imposuerunt; tales enim canon
non suscipit: quod autem inreprehensibile
est defendit catholica & apostolica Ecclesia.

De his qui negaverunt in persecutione.

X. Quicumque ordinati sunt per ignorantiam de his qui lapsi sunt, aut dissimulantibus eis, qui eos ordinaverunt, hoc non
præjudicat canoni ecclesiastico; cogniti
30 enim 30 dejiciuntur.

De his qui prævaricati sunt præ-
ter necessitatem. 31 31

XI. Hi qui prævaricati sunt præter ablationem facultarum, aut pericula; aut tale aliquid
quod factum est sub tyrannide Licinii, placuit
sancto Concilio huic, licet indigni sint misericordia Dei, verumtamen placuit misereri eis. Quotquot igitur dignam pœnitentiam
egerint, triennio inter audientes sint, &
septem anni prostrati jacebunt, biennio autem sine Eucharistia communicabunt plebis
orationibus. 32 Qui autem vocati sunt ad 32
gratiam, & confessi, primos impetus suos
ostendunt proicientes baltea, postea vero reversi sunt ad vomitum suum, quidam enim
33 & pecunias dederunt, & multa mune- 33
ra, ut rursus militiam reparent; hi decem
annis prostrati jacebunt post triennii auditio-
nis tempus. In omnibus autem his oportet
discutere eorum voluntatem & pœnitentiam;
quotquot enim timore & lacrimis, & per-
severantia, & bonis operibus * conversatio- *l. conver-
nis opere, non simulatione demonstrantes, sionem.
isti adimplentes tempus constitutum audi-
tionis, sine dubio communicabunt 34 ora- 34
tioni; postea vero licebit Episcopo humanitatis auxilium eis impertiri. 35 Qui au- 35
tem indiscrete tulerunt, vel neglegenter,
& * ingressu Ecclesiæ sibi sufficere arbitra- *l. ingres-
ti sunt ad * conversationem, omne com- sum.
pleant tempus. *l. conversionem.

De reconciliatione danda morientibus.

XII. Vetus & 36 canonica lex custodietur 36
in eis, & nunc si qui mori speratur, novissimo jubamine viatico non privetur: Si vero disperatus Eucharistia promerita, si oblatione percepta iterum ad superstes redeat,
sit inter eos qui orationibus tantum communicant. Omnino autem cuilibet morituro
petenti sibi dari gratiam, Episcopus cum
probatione 37 oblationem tradat. 37

De

26 Particulam *vero* ex nostro cod. inseruimus.

27 Just. *Quodquod autem Catholicæ Episcopi aut Presbyteri accesserint*. Cohærentior Nicænorum Patrum sententiæ visa est lectio nostri codicis. Sic enim clarius Isid. interpretatio: *Si vero Episcopus vel Presbyter Ecclesiæ catholicæ fuerit, ad quem aliqui ex his accedunt*.

28 Cod. Vat. omittit *una*.

29 Idem cod. *De ordinatione Presbyterorum*. Et dein habet *promoti sunt Presbyteri vel Episcopi*. Græcus textus, sicut & aliæ versiones, de Episcopis hoc loco silent: unde voces *vel Episcopi* addititiæ noscuntur. Mox idem cod. delet *postea*.

30 In nostro cod. *deponantur*, *& abjiciantur*.

31 Just. MS. addit in titulo, *aut præter ablationem facultatum, aut pericula, aut tale aliquid, quod factum est sub tyrannide Diocletiani*. Incipit autem canonem: *Placuit sancto Concilio huic, licet & indigni sint misericordia Dei, & tamen* &c. Textum ad canonem pertinentem ex nostro codice restituimus, & aliquot menda ex eodem correximus. Dein *quotquot* bis emendavimus ejusdem codicis auctoritate, cum apud Just. legatur *quodquod*.

32 Ita ex eodem cod. Vat. Apud Just. perperam *quia*.

33 Just. *ei pecunias*. Emendavimus cum nostro codice.

34 Cod. Vat. *orationibus*.

35 Sic idem codex. Apud Just. *quia*, male.

36 Just. MS. *catholica*. Nostrum codicem prætulimus.

37 Just. addit *ei*: abundat hæc vox, & cum nostro MS. expunximus.

38 *De cathecumenis lapsis*. 38

XIII. De catechumenis lapsis, placuit sancto & magno Concilio, ut trienniq audiant scributuras tantum: postea verò communicent oratione cum catechumenis.

De clericis, ne de civitate ad aliam transeant.

XIV. Propter frequentem tumultum, & seditiones, quæ factæ sunt, placuit omnimodis auferri consuetudo, quæ est contra canonem, ut si inventi fuerint in quibusdam partibus de civitate ad civitatem migrare, nec Episcopo, nec presbytero, nec diacono liceat. Si quis autem post sancti & magni Concilii definitionem, tale aliquid temptaverit, aut sese dederit negotio, infirmabitur omnimodo hujusmodi machinatio, & restituetur Ecclesiæ, cujus Episcopus, aut presbyter, aut diaconus fuerit ordinatus.

De non suscipiendis alterius Ecclesiæ clericis.

XV. Si qui facile se periculo ingerentes, neque timorem Dei ante oculos habentes, neque ecclesiasticum canonem scientes di-
39 scedunt 39 ab Ecclesia sua presbyteri, aut diaconi, aut quicunque in canone sunt constituti; isti nullo modo suscipi debent in alia Ecclesia: sed omnem eis necessitatem imponi debere reverti ad suas Ecclesias: si vero permanserint in obstinatione sua, excommunicatos esse oportere.

De non ordinando quemquam, qui ad alium pertinet.

XVI. Si quis autem ausu fuerit per subreptionem, aut contumaciam hoc agere, ut qui ad alium pertinet, sibi vindicando eum constituerit Episcopum vel presbyterum, irrita fiat ejus ordinatio.

Ut nullus clericus fœneret.

XVII. Quoniam plures in canone constituti avaritiam & lucra turpia sectantes, obli-
ps. 16. ti sunt sanctæ scripturæ dicentis, *qui pecuniam suam non dedit ad usuram*, & fœnerantes centesimas exigunt; juste statuit sanctum & magnum Concilium, ut si quis inventus fuerit post hanc definitionem usuras accipiens ex hoc contractu, aut quovis modo tale negotium gerens, aut dimidiam exigens, aut aliud quid excogitans turpis lucri gratia, abiciatur a clero; & alienus a communione, & a canone ecclesiastico fiat.

De diaconis ne supra presbyteros sint.

XVIII. Pervenit ad sanctum & magnum Concilium, quod in quibusdam locis & civitatibus, Episcopis & presbyteris Eucharistiam diaconi porrigant, quod neque canon, neque consuetudo tradidit, ut qui potestatem non habent offerendi * hii offe- * leg. ii.
rentibus corpus Christi 40 porrigant: illud 40
etiam cognitum est a nobis, quod quidam diaconi per usurpationem & temeritatem corpus Christi priores contingant. Omnia igitur hæc amputentur, & maneant diaconi in priori ordinatione, scientes quoniam quidem Episcoporum ministri sunt, presbyterorum autem inferiores sunt: accipiant autem secundum ordinem post presbyteros,
dante eis aut Episcopo aut presbytero; 41 41
etiam nec sedere eis permittitur in medio presbyterorum: extra canonem est enim, & extra ordinem quod fit. Si quis vero noluerit obedire post hæc statuta, privabitur
42 de ordine diaconii. 42

De Paulianistis. 43 43

XIX. De Paulianistis qui refugiunt ad catholicam & apostolicam Ecclesiam, decretum est hos omnino rebaptizari. Si quis autem eorum præterito tempore in clero fuerunt constituti, siquidem inlibati & inreprehensibiles fuerint inventi, per manus impositionem Episcopi Ecclesiæ catholicæ ordinandi erunt in ordine clericorum: si vero discussio eos minus idoneos invenerit,
44 deponi eos convenit, & sint in ordine 44
laicorum: similiter autem, & de eorum
45 diaconissis, & de omnibus his qui in 45
eodem canone versantur, eadem forma servabitur.

De diaconissis.

XX. Meminimus autem de diaconissis,
46 quæ in scismate sunt constitutæ, quo- 46
niam neque per manus impositionem sunt ordi-

38 Cod. Vat. addit, *& ut nullus ad aliam migret civitatem*: jungit enim hunc canonem cum sequenti.

39 Just. *ab Ecclesias suas*, & in margine l. *ab Ecclesiis suis*. Nostrum codicem sequuti sumus, qui post nonnulla pro *debere* habet *oportet*.

40 MS. Vat. *dividant*.

41 Idem MS. *& nec*. Post pauca ex eodem supplevimus *&* ante *extra ordinem*.

42 In eodem cod. *de loco diaconii*.

43 Cod. Vat. jungit pariter hunc canonem cum sequenti; ac proinde in titulo addit: *& Diaconissis*. Mox *refugiunt* ex eodem MS. scripsimus, cum mendose apud Just. *refugium*.

44 Just. MS. *rebaptizari eos*, male. Emendationem suppeditavit noster codex.

45 Cod. Just. *diaconis*. Correximus cum eodem MS. Vat. qui delet *eorum*.

46 Ita noster cod. Apud Just. *quod in scismate sint constitutæ*.

ordinatæ, omnino inter laicas oportet eas dinumerari.

De flectendo genu.

XXI. Quoniam quidam sunt, qui die dominico flectunt genu, & in Pentecostes die-
47 bus: placuit 47 sancto & magno Synodo cunctos in omnibus locis constanter & consentienter, stantes Dominum orare debe-
48 re. 48

1 Et subscripserunt.

Osius Episcopus civitatis Cortubensis provinciæ Spaniæ dixit: Ita credo, sicut superius scriptum est.

Victor & Vincentius presbyteri urbis Romæ.

2 ALEXANDRIÆ.

Alexander Alexandriæ magnæ.
Alphocration 3 Alphocratiensis.
4 Adamantius Cinensis.
Arbitio de Pharbeto.
Philippus 5 Panepynensis.
Potamion Eracliensis. 6
Secundus Ptolomaidæ.
Dorotheus Pelusianus.
Gajus 7 de Thmueos.
Antiochus Memphensis.
Tiberius 8 Tauthitanus.

THE-

47 Just. addit *de hoc:* delet noster codex.

48 Just. addit: *dominicam diem, & diem Paschæ usque in Pentecostem.* Hæc nec leguntur in nostro codice, nec in Græco, nec in aliis versionibus. In MSS. Vat. & Barb. quatuor alii canones addititii leguntur, quos etiam posteriori manu Nicænis subjectos invenimus in extrema paginæ ora in MS. Veron. 55. Hi autem fere ex Africanis canonibus compacti, vel abbreviati, secundus vero est canon Neocæsariensis XI. ex Isidori versione. Sunt autem sequentes, quos ex cod. Veronensi alicubi emendatos & suppletos exhibemus.

Ne servus aut conditionalis clericus ordinetur.

Hoc placuit, ut si quis Subdiaconus, aut Diaconus, aut Presbyter, vel Episcopus fuerit ordinatus in his personis, si negligentia Episcopi, qui hoc fecit, libertas eorum non fuerit inquisita, personam tantum vindicet; peculium vero qui ordinatus est restituatur domino. prædictus tamen clericus tantum deponatur, etiamsi dominus intercesserit pro eo: illud tamen observandum sit, ut liber militet Ecclesiæ. Et lectum placuit.

Ut Presbyter ante triginta ætatis suæ annos (al. *trigesimum ætatis suæ annum*) *non ordinetur.*

Quamvis sit provabilis vitæ, sed observet (al. *observabit*) *usque ad præfinitum tempus: Dominus enim tricesimo anno baptizatus est, & tunc prædicavit. Et lectum placuit.*

Ut Presbyteri, Diacones, seu Subdiacones aut quodlibet clerici non pergant (MS. Vat. addit *ubique*) *inconsulto Episcopo suo.*

Placuit sancto & magno Concilio, ut Presbyter aut Diaconus, sibe Subdiaconus, vel quodlibet de clero nisi consulto Episcopo suo non pergat cujuscumque provinciæ. (Hæc prima canonis pars, quæ titulum repetit, legitur in solo MS. Vat.)

Ut Episcopus a propria Ecclesia non discedat nisi a Metropolitano formatam sumserit. Neque Episcopum de transmare suscipi, nisi XX. Episcoporum chyrographa subscripta ostenderit. Si vero Romanus fuerit, sufficiat solius Metropolitani formata. Et lectum placuit.

De ordine clericorum & vita.

Lectores usque ad annos puvertatis legant, & nisi (Vat. & Barb. addunt *cum usuris*) *eruditi scripturis divinis, Clerici jam examinati ordinentur. Neque edendi vel bibendi caussa tavernas Clerici ingrediantur; nisi peregrinationis necessitate cautis* (l. *cauti*) *a populo inimicorum Ecclesiæ. Et lectum placuit.*

Dein hæc clausula subditur, *Explicit decreta Nicæni Concilii.*

1 Sequentem Episcoporum catalogum non solum contulimus cum MS. Vat. 1342. qui ex prisca versione Nicænos canones exhibet, verum etiam cum Veron. 58. interpretationis Isidorianæ, eo quod Episcoporum ordo in utrisque idem sit. Adhibuimus etiam MS. codicem Vallicellanum signatum A. 5. collectionis Hadrianeæ, qui in hoc catalogo, licet exhibeat versionem tum a prisca, tum ab Isidoriana diversam, ordinem tamen fere similem præfert. Confer quæ in hanc rem diximus adnot. 11. in cap. 1. collectionis præcedentis. Cod. Vat. 1342. habet: *& subscripserunt antea universi Episcopi;* forte melius: indicatur enim, subscriptiones *antea*, idest, symbolo antea descripto, fuisse subjectas.

2 Vocem *Alexandriæ* ex MS. Vat. adjecimus.

3 Sic idem cod. Justellus *Alphocraxtiam:* Episcopi autem nomen in aliis collectionibus, sicut & apud Socratem, *Arpocration.* At cod. Vallic. *Alfocration Alfogranon.*

4 Justel. perperam *Amantius.* Correximus ex nostro MS. cum quo aliæ collectiones concinunt.

5 Cod. Vat. *Phanepiensis.* Vallic. *Panophyseos*, melius.

6 Cod. Vat. per saltum præterit quinque sequentia nomina.

7 Justelli lectionem erroneam *Decummeos* emendavimus ex veriori nomine, ad quod exigua variante accedit cod. Veron. Isid. *de Temueos.*

8 Sic ex Veron. Isid. pro quo Justellus *Tantitanus.* Vallicel. *Thathites.* Huic Episcopo apud eumdem Justellum subjiciuntur alii duo: *Plusianus Lynensis, Agathos Schedrensis.* Hi abun-

THEBAIDIS.

Afthas Schediensis.
Tyrannus Antinoensis.
Volusianus de Lyco.

LIBYÆ SUPERIORIS.

9 9 Daches Berenicensis.
10 Zosirus 10 Barcensis.
11 Serapion 11 Antypirgensis
12 Secundus 12 Tauchitanus

LIBYENSIS.

Titus de Paratonio.

PALÆSTINÆ.

Macharius Hierosolym.
Germanus Neapolitan.
Marinus Sebastenus.
Gajanus Sebastensis.
Eusebius Cæsariensis.
Sabinus Gadarensis.
Longinus Ascalonitanus.
Petrus Nicopolitanus.
Macrinius Jamniensis.
Maximus Eleutheropolitanus.
Paulus Maximianopolit.
Januarius Hiericunthus.
13 Hæliodorus 13 Diabolinites.
Ætius Lyddensis.
Silvanus Azoti.
14 Patrofilus 14 Scythopolitanus.
Asclepius Gazensis.
Petrus Ailensis.
Antiocus Capitoliensis

PHÆNICES.

Zenon Tyrius.
Æneas 15 a Ptolemaide. 15
Magnus a Damasco.
Theodorus Sidonius.
Hellanicus Tripolitanus.
Marinus Palmyrensis.
16 Thadonius Alasiæ. 16
Filocalus a Paneade.
Gregorius 17 Berastensis. 17
Anatholius Emisenus.

SYRIÆ CŒLE.

Eustatius Antiochenus.
Zenobius Seleuciæ.
Theodorus Laodicensis.
18 Alypius Appamenus. 18
Asienus 19 Rephaneotanus. 19
Phyloxenus Hierapolitanus.
20 Salamenes Germaniciæ. 20
Piperius Samosatenus.
Archelaus 21 Dolænus. 21
22 Euphration Balaneorum. 22
Pallidius Corepiscopus.
Zoilus Gabalitanus.
Bassus Zeumatenus.
Gerontius 23 Larissenus. 23
Manicius Epiphaniæ.
Eustatius Aretusæ
Paulus Neocæsariensis.
Syricius a Cyro.
Seleucius Corepiscopus.
24 Petrus Geddonensis. 24
Pegasius Arbocadamæ.
Bassunis Gabalensis.

ARA-

---

abundant, Cum enim in omnibus aliis collectionibus quatuordecim tantum Episcopi Ægypto & Thebaidi adscribantur, hi duo, qui sexdecim conficerent, ex variantibus *Volusiani de Lyco*, & *Atacis Schediensis*, qui in aliis quidem codd. scribuntur *Plusianus*, & *Agathos*, in textum perperam irrepsere.

9 Justellus *Dattres Bercensis*. Vat: *Dathis Veniensis*. Ex Veron. MS. Isid. emendavimus. Huic accedit Vallic *Daches Beronices*.

10 Vat. *Baracensis*. Justellus, *Bartensis*. Melius in Veron. Isid. *Barcensis*, pro quo versio coll. Quesnellianæ *Barcis* · Vallic. *Barces*.

11 Justel. *Antypirensis*. Vat. *Antipergensis*. Correximus ex versione MS. Veron. Isid. quam collectio Quesnelliana, & codex Vallic. approbant.

12 Justel. *Tauritanensis*, Melius in Veron. Isid. *Tauchitanus*, cum quo concinit Vat: *Taucitanensis*. Indicatur *Tauchira* urbs Libyæ.

13 Veron. Isid. melius *Zabulonites*; Vallic. *Zabulon*.

14 Sic ex iisdem MSS. Veron. & Vallicellano. Justel. *Squitopolitanus*.

15 Justellus *Ptolomeus*, male; Correximus ex duobus nostris codicibus Vat. & Veron.

16 Al. *Thadoneus*, vel *Theodorus*. Dein Justellus *Talasiæ*. Ex omnibus MSS. nostris emendavimus, nisi quod Vallic. habet *Alassu*.

17 Sic etiam Vat. 1342. Legendum *Berytensis*, ut liquet ex aliis versionibus, atque codicibus.

18 Melius in Veron. Isid. concinente Vallicellano: *Alfius Apameæ*.

19 Vat. & Veron. Isid. *Rephaneuta*. Lege *Raphaneuta*. In cod. Vallic. *Bassianus Refaneos*.

20 Sic ex Vat Justellus, *Salamensis Germanensis*. Veron. Isid. *Salamanis Germanicianus*.

21 Melius in MS. Isid. Veron. *Dolocenus*, ubi legendum *Dolichenus*: nam Archelaus fuit Episcopus *Doliches* in Euphratesia. Codex quidem Vallic. habet *Dolices*.

22 Justellus *Euphrantion Balanensis*. Emendavimus ex Vat. In MS. Veron. Isid. *Eufration Balaneota*: Vallic. *Balaneos*.

23 Duo laudati codd. Vat. & Veron. *Carisiensis*. Vat. Reginæ *Lurissæ*, pro quo in Quesnelliana melius *Larissæ*. Hinc emendavimus lectionem Justelli *Carisienus*.

24 Justellus tria sequentia nomina repetit sic: *Petrus Petrus*, *Pegasius Pegasius*, *Blassones Blassones*. Supplevimus ex nostro MS. Vat. qui priscam editionem in Nicænis canonibus exhibet. Petrus *Geddonensis* in MS. Vallic. *Gindaron* dicitur: ex aliis MSS. *Gindari* Episcopus intelligitur. Dein qui in eodem cod. Vat. *Gabalensis* est, melius in editione Conciliorum *Gabeaus* vocatur.

Arabiæ.

Nicomas Boſtritanus.
Cyrion Phyladelfiæ.
Gennadius Ybutenſis.
Severus Sodomitanus.
Sopater Berthanenſis.
25 Severus 25 Adſodianenſis.

Mesopotamiæ.

26 26 Ethilaus Edeſſenus.
Jacobus Niſibienſis.
Antiocus Reymitanus.
27 27 Macrias Macedoniopolitanus.

A Persida.

28 28 Neopolitanus a Perſida.
Joannes Perſa.

Ciliciæ.

Theodorus Tarſenſis.
Amphion Epiphanienſis.
Narciſus Nerodianus.
Moyſes Cartabalitanus.
29 Niceta 29 Flavidenſis.
Eudemon Corepiſcopus.
Paulinus Adanenſis.
30 Macedonius 30 Mopſueſtenſis.
31 31 Tarcodimantus Ægeitanus.
Eſicius Alexandriæ Minoris.
Narciſſus Hieropolitanus.

Cappadociæ.

Leontius Cæſarienſis.
Eupſicius Thianeus.
Heritrius Chobonienſis.
Timotheus Eubiſtenſis.
32 Helpidius Comanenſis. 32
Gorgonius Corepiſcopus.
33 Andronius Corepiſcopus. 33
Theophanius Corepiſcopus.

Armeniæ Minoris.

Eulalius Sebaſtenus.
Evetius Satalitenſis.

Armeniæ Majoris.

34 Ariſtarces, 34
& Acrites Armeni.

Diosponti.

Euticius Amaſiæ.
Helpidius Comanenſis.
Eracleus Zolonenſis.

Ponti Polemoniaci.

Longinianus Novacæſarienſis.
Domnus Trapezuntenſis.
Stratophilus 35 Pithionita. 35

Paflagoniæ.

Philadelphus Pompejopolitan.
Petronius 36 Jenopolitanus. 36
37 Eupſicius Amaſtrianenſis. 37

Galatiæ.

Marcellus Anquirenſis.
Dicaſius Tabienſis.
Ereſtius Gadavitanus.
Gorgonius Cynonenſis.
Philadelphus Juliopolitanus.

Asiæ.

25 Cod. Vat. *Leodocianenſis*. Codd. Iſidoriani *a Dionyſiade*: Vallic. *Dioniſiados*, melius: Dionyſias enim eſt civitas Arabiæ.

26 Sic ex eodem Vat. cui lectioni affines ſunt Veron. Iſid. *Ethilas* & Vallic. *Ethilaos*. Juſtellus *Eutalius*.

27 Ita ex eodem Vat. Juſtellus *Marcus* Ma*chedoniæ*. Vallic. *Mareas Macedonupolos*.

28 Juſtellus *Nepolitanus*. Hoc nomen ſola verſio Priſca exhibet, in ceteris ſolus *Joannes Perſidis* legitur, & jure quidem, nam unicum a Perſide Nicænæ Synodo interfuiſſe tradit Euſebius lib. 3. de Vit. Conſtantini. Utrum vero *Neopolitanus* nomen ſit epiſcopatus Joannis, quod errore antiqui interpretis, vel amanuenſis in nomen Epiſcopi traductum fuerit, alii judicent.

29 Juſtellus *Flabioenſis*. Lectionem MS. Vat. recepimus. Vallic. *Niceas Flaviados*.

30 Vat. cod. *Meſtorum*, quod & aliæ collectiones præferunt, Iſidoriana excepta, quæ veriorem Juſtelli lectionem approbat.

31 Sic laudatus Vat. Apud Juſtell. *Tarchodamantius Egeſtanus*.

32 Hujus nominis Epiſcopus inferius quoque deſcribitur ſub titulo *Dioſponti*. Eum vero qui ponitur inter Epiſcopos *Cappadociæ*, exemplaria collectionis Queſnellianæ, & Vat. Reginæ non *Helpidium*, ſed *Ambroſium* appellant. *Comanam* porro civitatem non tam in Dioſponto, quam in Cappadocia Notitiæ deſignant. Vallic. MS. habet: *Helpidios Cumanus*.

33 Vat. *Endronicus*: melius Ver. Iſid. cum codd. collectionis Queſnellianæ *Eudromius*. Vallic. *Eufronius*.

34 Juſtellus: *Ariſtarces*, *Threnius*, *Ariſtes Armeni*. Correximus ex noſtro Vat. & ex Veron. Iſid. Confer not. *66.* in catalogum Nicænorum Patrum cap. I. collectionis præcedentis.

35 Juſtellus. *Thytionita*. Correximus ex Vat. codice.

36 Idem Vat. 1342. cum Vat. Reg. *Genopolitanus*. Melius in Veron. Iſid. *Jonopolitanus*, ex Junopoli, quam in Paphlagonia Notitiæ exhibent. Vallic. *Jonopolis*.

37 Sic noſtri codd. Vat. verſionis Priſcæ, & Veron. Iſid. Juſtellus *Euphſicius*. Vallic. *Eupſirus a Maſtridos*.

ASIÆ.

38 Theonas 38 Cyzicenus.
39 39 Nenoſantus Epheſianus,
40 Orion 40 Helenienſis.
Euticius Zmyrnenſis.
Mithres Popanenſis.
Narinus Liolypontianus,
41 Paulus 41 Andenſis.

LYDIÆ.

42 Artemidorus 42 Sardienſis,
43 Seras 43 Thiatyrenſis.
Ethemaſius Philadelfenſis,
Polyon Barenſis.
Agogius Tripolitanus.
Florentius Ancyræ Ferreæ.
Anthiocus Aureliopolitanus.
Marcus Standitanus.

PHRYGIÆ.

Nunccius Leodiciæ.
44 44 Flaccus Sanabenſis.
Procopius Sinnadenſis.
45 45 Phriſticus Azanenſis.
46 Athenodorus 46 Doryleitanus,
Paulus Appamenus.
Eugenius Eucarpenſis.
Flaccus Hieropolitanus.

PYSIDIÆ.

47 Eulalius 47 Scomenſis.
48 Thelemacus 48 Andrinopolitanus,
Eſicius Neapolitanus.

Eutices Seleuciæ
49 Aramius Limenenſis. 49
Tharſicius Apamienſis.
Patricius Ambladinitanus.
Policarpus Metropolitanus.
Academius 50 a Paro. 50
51 Heraclius Bartenſis. 51
Theodorus Uſenſis.
Adon Byciæ.

LYCIÆ.

Eudemius 52 Pacaritanus. 52

PAMPHILIÆ.

Gallites Pergenſis,
Eureſius Thermienſis.
Zeuxius 53 Siarbitanus. 53
Domnus Aſpendevitanus.
Quintianus Seleuciæ.
Patricius Maximianopolitanus,
Afrodiſius Magedenſis.

INSULANI.

Eufroſinus Rhodus.
Melifroon a Coo.
Stratigius a Lemno.
Apollodorus 54 Corquiritanus, 54

CARIÆ.

Euſebius Anthiocenſis,
55 Ammonius Afrodiſitanus. 55
Eugenius Apolliniades.
Lætodorus Cibritanus.
Euſebius a Mileto.

ISAU-

38 Sic omnes noſtri codd. tum editionis Priſcæ, tum Iſid. & Queſnellianæ. Vallic. *Cizicenſis*. Juſtellus perperam *Cymrenus*.

39 Sic etiam Vat. 1342. Melius Veron. Iſid. *Menophantus*; & Vallic. *Menofantos*.

40 Juſtellus *Helemenſis*. Correximus ex Vaticano verſionis priſcæ. In Veron. Iſid. *Elienſis* ex *Elæa* civitate Aſiæ. MS. Vallic. *Ylıu*.

41 Veron. Iſid. *Aneadenſis*: Vallic. *Æneas*, melius.

42 Sic cod. Vat. concinente Vallic. in quo *Sardeon*. Juſtel. *Serdicenſis*, male.

43 Vulg *Tyrenſis*, perperam. Correximus ex cod. Veron. Iſid. cum quo & MSS. collectionis præcedentis concinunt. In cod. Vallic. *Gozon Tyatyron*.

44 Sic noſtri codd. Juſtellus forte errore typographorum *Placcus*.

45 Juſtellus perperam *Phiſtinus Aranenſis*. Melior eſt lectio cod. Vat. *Piſticus* pro *Phriſticus* in aliis MSS. legitur.

46 Juſtellus *Doſolectanus*. Vat. *Doſoleitanus*. Emendavimus ex cod. Veron. Iſid. Concinit Vallic. *Dorileu*.

47 Apud Juſtellum epiſcopatuum nomina tranſpoſita leguntur, ita ut *Scomenſis* vox Thelemaco affixa ſit, *Adrinopolitanus* Eſicio, & ſic deinceps ad Theodorum uſque, cujus epiſcopatus *Uſenſis* Eulalio adſignatur. Ex cunctis aliis codicibus, quorum unus priſcam verſionem præfert, ordinem reſtituimus. In MSS porro priſcæ verſionis *Scomenſis* perperam ſcriptum pro *Iconienſis*, quod exemplar Veron. Iſid. exhibet. Concordat Vallic. *Iconiu*.

48 Legendum cum iiſdem Veronen. & Vallic. MSS. *Adrianopolitanus*.

49 Vat. *Heraſmus Limenſis*. Veron. Iſid. *Araunius Liminenſis*. Vat. Reg. cum MSS. coll. præcedentis *Apagnius*. Vallic. *Syanios Symenon*, ubi *Limenon* legendum eſt.

50 Sic codd. priſcæ verſionis. Male apud Juſtellum *Aparo*. Legendum *a Pappo*. Vide not. 93. in cap. 1. collectionis præcedentis.

51 Solus Juſtellus *Aracleus*. Dein pro *Bartenſis* cod. Veron. Iſid. melius *Bareenſis*: Vallic. *Bareos*.

52 Ita noſter Vat. & Juſtellus; ſed legendum cum MS. Veron. Iſid. *Pataritanus* a Patara Lyciæ. Vallic. *Edæmos Patharon*.

53 Ita cum Juſt. etiam cod. Veron. Iſid. Modicum diſcrepat Vallic. *Syarbon*, & Vat. *Sarbitanus*. Legendum vero *Barbitanus*, vel *Barbonitanus*, ut in MSS. collectionis præcedentis, & Vat. Reginæ a *Barbe* civitate Pamphiliæ.

54 Juſt. *Corquitanus*. Emendavimus ex Vat. 1342. In Vallic. *Corciras Magidon*.

55 MS. Vat. *Ammodius*. Veron. Iſid. *Emmonius*.

ISAURIÆ.

56 Stefanus 56 Barthenfis.
57 57 Antheneus Corpiffitanus.
Ethefius Claudiopolitanus.
Agapius Seleuciæ.
Silvanus Ifauriæ Metropolitan.
Fauftus Phanemuticenfis.
58 58 Antoninus Anthiociæ.
59 Neftor 59 Suedritanus.
Ificius Corepifcopus.
60 Quirillus 60 Comanadenfis.
61 Theodorus 61 Utalbitanus.
Anatholius Corepifcopus.
Paulus Larandenfis.
Quintus Corepifcopus.
Tiberius Aliftrenfis.
Aquila Corepifcopus.
62 Eufebius 62 diœcefis Ifauriæ.

CYPRI.

Quirillus a Pafo.
Gelafius Salamienfis.

BYTINIÆ.

Eufebius Nicomediæ.
Theogenus Nicænus.
Maris Calcedoniæ.
Quirillus a Cio.
Eficius Prufenfis.
Gorgonius ab Apolloniade.
Evetius Hadrianenfis.
Theophanes Corepifcopus.
63 63 Rufus Cæfarienfis.
Eulalius Corepifcopus.

EUROPÆ.

Phederus Heracliæ.
Marcus Comeonfis.

DACIÆ.

Protogenes Sardicenfis.

CALABRIÆ.

Marcus Calabrienfis.

MOESIÆ.

Piftus Marcianopolitanus.

64 CIVITATES 64
Aphricæ, Macedoniæ, Dardaniæ minoris, Achajæ.

Cæcilianus Carthaginenfis.
Alexander Theffalonicenfis.
Dacus Macedoniæ.
Piftus Athenienfis. 65
Marcus 65 Boe.
Strategius Epheftienfis.

66 ALIÆ CIVITATES 66
Theffaliæ, Dardaniæ, Pannoniæ, Galliarum, Gotthiæ, Bofphori.

Claudianus Theffaliæ.
Budius Stobienfis.
Domnus Pannoniæ. 67
Nicafius 67 Dovenfis.
Theophilus Gothiæ. 68
68 Cathirius Bofphorenfis.

IN-

56 Melius cod. Veron. Ifid. *Baratanenfis* a *Barate*, quam pofteriores Notitiæ in Lycaonia collocant. Concinit Vallic. *Barathon*.

57 Vat. *Antenus Corepifitanus*. Vide not. 7. in catalogum Epifcoporum Nicænorum collectionis præcedentis.

58 Sic etiam Veron. Ifid. At Vaticanus cum ceteris MSS. aliarum collectionum *Antonius*.

59 Aliæ verfiones melius *Syedrenfis* a *Syedra* dein locata in Panphilia fecunda.

60 Juft. *Cumanadenfis*. Correximus ex aliis codd. congruitque urbis nomen *Comana*. Hic omittitur *Quintus Tymapodorum*, quem codd. collectionis præcedentis, & Vaticanus Reginæ præbuerunt.

61 Vat. *Balbitanus*: Veron. Ifid. *Ulfabitanus*. Verius in collectione præcedenti *Vafadorum* a *Vafada* Lycaoniæ adfcripta in Notitiis pofterioribus. In MS. Vat. *Theodorus Corepifcopus*.

62 Idem cod. Vat. prifcæ verfionis melius *Diocæfariæ*.

63 Juftellus definit in *Theophane Corepifcopo*. Sequentia nomina ex Vat. 1342. prifcæ verfionis fupplevimus: concinuntque cum Veron. Ifid. & Vallic. MSS.

64 Hunc titulum MS. Vat. præbuit. Codex autem Veron. Ifid. provincias dividit, & *Africæ* titulum præmittit Cæciliano, *Macedoniæ* Alexandro, *Dardaniæ* Daco, & *Achajæ* tribus fequentibus Epifcopis.

65 Veron. Ifid. *Boeae*: quod accedit propius ad lectionem cod. Vindebon. *Euboenfis*. Vallic. *Boajas*.

66 Vat. codex hic quoque provincias una defcribit. Veronenfis vero fuam cuique Epifcopo præfigit. *Theffaliam* Claudiano &c. In Vat. pro *Theffaliæ* perperam fcribitur *Theffalonicæ*.

67 Veron. Ifid. *Bodienfis*, male. Vindebonenfis melius *Divienfis* pro *Dienfis*.

68 Veron. *Barboricathmus*. Vat. Reginæ *Cadamnus*. Vindeb. *Cadcemnus*. Vallic. *Camdos*.

1 ## 1 INCIPIUNT CAPITULA

Canonum Sardicensium.

I. *De Episcopis etiam laica communione*
2 *privandis, qui 2 civitates mutave-*
runt.
II. *De Episcopis alienam sedem præcipiti temeritate petentibus.*
III. *Ut inter Episcopos discordes compro-*
* f. damnatus. *vinciales audiant Episcopi. Quod si * damnan-*
dus appellaverit Romanum Pontificem, id observandum quod ipse censuerit.
IV. *Ut nullus accusati sedem usurpet Episcopus.*
V. *Quando liceat in aliena provincia Episcopis ordinare.*
VI. *De non faciendis Episcopis per vicos & modicas civitates.*
3 VII. 3 *De retractanda Synodo provincia-*
li per vicarios Episcopi urbis Romæ si fuerit appellatum.
VIII. *Quando Episcopi, vel in quibus caussis ad Comitatum ire debeant.*
IX. *Diacones ad Comitatum dirigendi.*
X. *De pupillis & viduis.*
XI. *Qui in canali sunt constituti Episcopi, habeant potestatem discutiendi Episcopos ad Comitatum euntes.*
XII. *De his qui ignorant Synodi constituta.*
XIII. *De laicis cito non faciendis Episcopis.*
XIV. *Quandiu Episcopus in aliena civitate peregrinari debeat, excepta gravi necessitate.*
XV. *Ut non liceat Episcopo pluribus heb-*
4 *domadibus abesse.* 4

XVI. *De* 5 *clericis excommunicatis ab aliis* 5
minime suscipiendis.
XVII. 6 *De excommunicatis apud vicinos* 6
Episcopos audiendis.
XVIII. *De non sollicitandis clericis alienis.*
XIX. *De non ordinandis clericis alienis sine consensu Episcopi sui.*
XX. *De clericis qui Thessalonicam veniunt.*
XXI. *De suscipiendis his qui propter periculum & persecutionem fugiunt.*

INCIP. CANONES SARDICENSES.

De Episcopis etiam laica communione privandis, qui civitates mutaverunt.

I. Osius Episcopus dixit, 7 Tam mala 7
consuetudo, quam ipsa rerum perniciosa
corruptela funditus eradicanda est, 8 ut non 8
liceat Episcopo de civitate sua ad aliam
transire civitatem. Manifesta est enim causa, qua hoc facere quis temptet; cum 9 9
nullus in hac re inventus sit Episcopus,
qui de majore civitate ad minorem transiret. Unde apparet avaritiæ ardore eos inflammari, & ambitioni servire, & ut dominationem exerceant. Si omnibus 10 hoc 10
placet, ut hujusmodi pernicies sævissime & austerius vindicetur, ita ut nec laicam habeat communionem qui talis est. Responderunt universi: Placet.

---

1 Quinque tantum canones Sardicenses, & unum ex his mutilum ex vetustissimo Christophori Justelli codice Henricus ejus filius, & Gulielmus Voellus ediderunt. Hujus rei caussam ex Stephano Baluzio aperuimus in præmisso Tractatu part. 2. c. 2. §. 3. Cum porro priscam horum canonum editionem repererimus in MSS. Vat. 1342. & Lucensi 88. adeo ut in titulis & lectionibus cum iis quæ ex Justelliano exemplari edita sunt, fere concordent; integram eorumdem canonum editionem ex eisdem codicibus supplere potuimus. Utemur etiam MSS. Vat. Reg. 1997. & quandoque etiam Veron. Isid. 58. ea de caussa, quam exposuimus not. 1. in caput 1. præcedentis collectionis, ubi Sardicenses canones ex alia quadam editione a Dionysio recepta excussi fuerunt. Hæc autem prisca editio eam ipsorum Sardicensium lectionem exhibet, quæ in antiquioribus Latinis & Italicis collectionibus inserta legitur.

2 Cod. Luc. 88. *civitatem mutaverint.*

3 MS. Vat. *De tractanda*. Emendavimus ex cod. Lucen. qui hunc solum titulum habet: *De retractanda Synodo*. Fusiorem vero titulum codicis Vat. 1342. approbat etiam MS. Vat. Reg. 1997. ex quo scripsimus *fuerit* pro eo, quod Vat. laudatus *fuerunt* mendose exhibet.

4 Ita cum MS Justelli codex Lucen. qui solum pro *Episcopo* habet *Episcopis*. Vat. 1342. addit *nisi tribus hebdomadis*.

5 Vocem *clericis* in nostris codd. Vat. & Luc. omissam cum Justelliano exemplo retinuimus. Hic autem canon in MS. Just. sicut & in Lucensi est XV. & similiter sequentes uno numero deficiunt in utrisque, quia canon IV. per saltum omissus fuit in Lucensi, idemque Justelliano exemplo accidisse conjicimus.

6 Ita cod. Just. In Vat. & Luc. *Excommunicati ..... audiendi*.

7 Ita MS. Vat. 1342. In Luc. *Etiam mala*. Vat. Reg. *Non magis mala*. Veron. Is. *Non minus mala*: ac mox hi duo MSS. codd. delent *ipsa rerum*. Dein *quæ funditus* legitur in Vat. & Luc. Expunximus *quæ* cum aliis codd. exigente contextu.

8 Codd. Vat. Reg. & Veron. Is. *ne cui liceat*.

9 Vat. Reg. *nullus fere inventus est*: & post pauca *dominationem habeant*.

10 Veron. Is. delet *hoc*, & *ut*, nec non postea *sævissime &*, ac *ita ut*.

De Epiſcopis alienam ſedem præcipiti temeritate petentibus.

II. Oſius Epiſcopus dixit. Etiamſi talis
aliquis extiterit furioſus, vel temerarius,
11 11 ut fortaſſis talem excuſationem attulerit,
adſeverans quod populi litteras acce-
12 perit; manifeſtum eſt autem illum 12 potuiſſe præmio paucos & mercede corrum-
13 pere, 13 ut ſeditioſis clamoribus in Eccleſiis agant, qui ſinceram fidem non habent,
ut ipſum petere videantur Epiſcopum; omnino has fraudes removendas eſſe, & damnandas arbitror, ita ut nec in fine ſaltem lai-
14 cam communionem 14 talis accipiat ſive
Epiſcopus, ſive presbyter iſta committens.
15 15 Si ergo placet hæc ſententia, reſponde-
te. Reſponderunt: Quæ dicta ſunt placet.

Ut inter Epiſcopos diſcordes comprovinciales audiant Epiſcopi. Quod ſi damnandus appellaverit Romanum Pontificem, id obſervandum quod ipſe cenſuerit.

III. Oſius Epiſcopus dixit. Illud quoque
16 ſtatuendum 16 eſt, ut Epiſcopi de provincia ad aliam provinciam, in qua ſunt Epiſcopi, non tranſeant, niſi forte a fratribus
* l. *fuerint invitati.* ſuis* fuerit invitatus, ne videamur januam
caritatis 17 claudere. Hoc tantum provi-
17 dendum eſt, ut ſi in una provincia forte
aliquis Epiſcopus contra fratrem ſuum Epi-
18 ſcopum, quod abſit, litem habuerit, 18
nullus ex his de alia provincia advocet E-
piſcopum ad judicium. Quod ſi aliquis Epiſcopus adjudicatus fuerit in aliqua cauſa, &
putaverit bonam cauſam ſe habere, & petierit ut iterum judicium renovetur; ſi placet omnibus, ut ſanctiſſimi Apoſtoli Petri
memoriam honoremus, 19 ſcribatur vel ab 19
his, qui examinarunt judicium, 20 vel ab 20
Epiſcopis, qui in proxima provincia morantur, Romano Epiſcopo; & ſi judicaverit inovandum eſſe judicium, renovetur, &
det judices. Si vero probaverit talem cauſam
eſſe, ut ea non refricentur quæ acta ſunt;
quæ decreverit 21 Romanus Epiſcopus, 21
confirmata erunt. Si hoc ergo omnibus placet, ſtatuatur. Synodus reſpondit: Placet.

Ut nullus accuſati ſedem uſurpet Epiſcopus.

IV. Gaudentius Epiſcopus dixit. Addendum ſi placet huic ſententiæ, quam 22 22
plenam ſanctitatis protuliſtis, ut cum aliquis Epiſcopus depoſitus fuerit eorum Epiſcoporum judicio, qui in vicinis locis commorantur, & proclamaverit agendum ſibi
negotium in urbe Roma, alter Epiſcopus
23 in ejus cathedra poſt appellationem ejus, 23
qui videtur eſſe depoſitus, omnino non ordinetur, niſi cauſa fuerit in judicio Epiſcopi Romani determinata.

Quando liceat in aliena provincia Epiſcopis ordinare.

V. Oſius Epiſcopus dixit. Si contigerit
in una provincia, in qua plurimi fuerint
Epiſcopi, unum forte remanere Epiſcopum,
24 ille vero per negligentiam noluerit or- 24
dinare 25 Epiſcopum, & populi confuge- 25
rint ad vicinos provinciæ Epiſcopos, * 26 * *ſupple hos per litteras.*
debere illum prius convenire Epiſcopum,
qui 26

---

11 Cod. Luc. *qui fortaſſe*. Vat. Reg. *& fortaſſe*. Veron. *ut forſitan excuſationem afferat, quod populi*.

12 Verbum *potuiſſe* in MSS. Vat. & Luc. prætermiſſum, ex aliis codd. Veron. & Vat. Reg. aliiſque editionibus ſupplendum fuit.

13 Cod. Vat. Reg. *ut clamarent in Eccleſia qui ſinceram fidem non habent, tamqum ipſum petere* &c. Veron. Iſ. *cum manifeſtum ſit premio & mercede paucos, qui ſinceram fidem non habent, potuiſſe corrumpi, ut clamarent in Eccleſia, ut ipſum petere* &c.

14 Adjecimus *talis* cum MS. Luc. Mox *ſive Epiſcopus, ſive presbyter iſta committens* deſunt in MSS. Veron. Iſ. & Vat. Reg.

15 Vat. Reg. *Hoc omnibus placet? Synodus reſpondit, Placet*. Veron. Iſ. *Quod ſi vobis omnibus placet, ſtatuite. Univerſi dixerunt, Placet*.

16 Cod. Vat. addit *adjiciendum*. Veron. Iſ. *Illud quoque ſtatutum ſit*. Mox idem Veron. *Epiſcopus ... non tranſeat ... invitatus*.

17 Vat. Reg. *excluſiſſe*. *Illud quoque providendum eſt, ſi in aliqua provincia forte* &c. omittit autem *quod abſit*. Veron. Iſ. *clauſiſſe*. *Providendum eſt etiam, ut ſi in aliqua provincia aliquis Epiſcopus .... litem habeat*: omiſſis *quod abſit*.

18 Vat. Reg. *ne unus e duobus ex alia provincia advocet Epiſcopum*. *Quod ſi* &c. Veron. Iſ. *unus e duobus ex alia provincia non advocet Epiſcopos ad judicium*. Luc. MS. habet pariter *Epiſcopos*: ac poſt pauca delet *iterum*.

19 Vat. 1342. inſerit *ut*: melius delet MS. Luc. cum Vat. Reg. & Veron. Iſ. Hi duo poſtremi codd. poſtea omittunt *judicium*.

20 Cod. Veron Iſ. *vel etiam ab aliis Epiſcopis*.

21 MS. Vat. Reg. delet *Romanus Epiſcopus*, ac dein *ſtatuatur*.

22 Vat. *plana ſanctitatem*. Correximus ex aliis codd. Vat. R. & Veron. Iſ. In MS. Luc. hic canon deſideratur.

23 Veron. Iſ. *in eadem cathedra*.

24 Sic codd. Luc. & Veron. In Vat. 1342. *illi vero per negligentiam noluerint*. Cod. Vat. Reg. ſeptem voces ſequentes *ille vero* &c. tranſilit, ut videtur, per ſaltum ob repetitam vocem *Epiſcopum*.

25 Cod. Luc. *Epiſcopos*. Mox idem Luc. & Vat. Reg. *& populi convenerint Epiſcopos vicinæ provinciæ*.

26 Ita duo codd. Vat. & Luc. In Vat. Reg. *cenſeo debere illum prius conveniri Epiſcopum ... & oſtendi ei .... ut & ipſi veniant, & cum ipſo* &c. Veron. Iſ. *debet ille conveniri Epiſcopus .... & oſtendi quod populi .... ut & ipſe veniat, & cum ipſo* &c.

qui in eadem provincia moratur, & ostendere quod populi petant sibi rectorem; & hoc justum esse, ut ipse veniat, & cum eo ordinent Episcopum. Quod si conventus litteris tacuerit, & dissimulaverit, nihilque rescripserit; tunc satisfaciendum esse populis, ut conveniant ex vicina provincia Episcopi, & ordinent eis Episcopum.

De non faciendis Episcopis per vicos & modicas civitates.

27 VI. 27 Licentia vero danda non est ordinandi Episcopum, si aut vicus aliquis,
aut modica civitas, cui satis fuerit unus
28 presbyter, voluerit 28 petere Episcopum si-
29 bi ordinari, ad hoc ut vilescat 29 nomen
episcopatus; nullo modo permittitur eis,
qui ex alia provincia fuerint invitati, facere Episcopum, nisi aut in his civitatibus, quæ semper Episcopos habuerunt, aut
*l. & tam. si qua talis, * quæ tam populosa est civi-
30 tas, ut mereatur habere Episcopum. 30
Si hoc omnibus placet. Synodus respondit:
Placet.

De retractanda Synodo provinciali per vicarios Episcopi urbis Romæ; si fuerit appellatum.

31 VII. Osius Episcopus dixit: 31 Placuit
autem, ut si Episcopus accusatus fuerit,
& judicaverint congregati Episcopi regionis
ipsius, & de gradu suo dejecerint eum, si
appellasse videatur, qui dejectus est, & con-
32 fugerit ad beatissimum Urbis 32 Episcopum, & voluerit se audiri; si justum putaverit ut renovetur examen, scribere his E-
33 piscopis 33 dignetur, qui in finitima &
propinqua provincia sunt, ut ipsi diligenter
omnia exquirant, & juxta fidem veritatis

definiant. Quod si is qui rogat iterum causam suam audiri, deprecatione sua moverit
Episcopum Romanæ Ecclesiæ, ut ex latere
suo presbyterum mittat, erit in ejus potestate 34 Episcopi quid velit & quid æsti- 34
met; & si decreverit mittendos esse, qui
præsentes cum Episcopis judicent 35 ha- 35
bentes ejus auctoritatem, a quo destinati
sunt, erit in suo arbitrio. Si vero credide-
rit sufficere Episcopos provinciales, ut negotio terminum imponant, faciet quod sapientissimo consilio suo judicaverit.

Quando Episcopi, vel in quibus causis ad Comitatum ire debeant.

VIII. Osius Episcopus dixit. 36 Impor- 36
tunitas nimia & injustæ frequenter petitiones fecerunt nos non tantum habere gratiam, nec fiduciam, dum quidam non cessant ad Comitatum ire Episcopi & maxime Afri, qui, sicut cognovimus, sanctissimi fratris & Coepiscopi nostri Grati salu-
taria consilia spernunt, atque contemnunt;
& non solum ad Comitatum multas & diversas Ecclesiæ 37 profuturas non perferant 37
causas, nec, ut fieri solet, aut oportet, ut
pauperibus, aut viduis, aut pupillis subveniatur, 38 sed & dignitates sæculares & ad- 38
ministrationes quibusdam postulant. Hæc
itaque pravitas olim non solum murmura-
tiones, sed & scandala excitat. Honestum
est autem, ut 39 Episcopus intercessionem 39
suam his præstet, qui aliqua iniqua vi opprimuntur, aut si vidua affligatur, aut pupillus expolietur; 40 tamen ista omnia si 40
justam habeant causam aut petitionem. Si
vobis ergo, fratres carissimi, placet, decernite 41 ut nullus Episcopus ad Comitatum 41
accedat, nisi forte hi, qui religiosissimi 42 42
Imperatoris litteris vel invitati fuerint,

27 Cod Vat. Reg. *Sed licentia danda passim non est. Si enim subito aut vicus aliquis* &c. Veron. Is. *Sed iterum licentia danda passim non est*, &c. ut in cod. Vat. Reg.

28 Veron. delet *petere*, melius.

29 Duo MSS Vat. Reg & Veron *nomen Episcopi & auctoritas non debeant illi ex alia provincia invitati facere Episcopum, nisi aut in his civitatibus, quæ Episcopos habuerint, aut si qua talis aut* (Veron. delet *talis aut*) *tam populosa est civitas* (addit idem cod. Ver. *vel locus qui*) *quæ mereatur* &c.

30 Veron. Is. delet: *Si hoc omnibus placet*.

31 Idem cod. *Et hoc placuit, ut si Episcopus* &c.

32 MS. Luc. addit *Romæ*. Hujus loci variantes diligenter retulimus not. 29. in canones Sardicenses c. 1. collectionis præcedentis.

33 Veron. Is. *Romanus Episcopus his, qui in finitima & propinqua altera provincia sunt. Ipsi diligenter* &c.

34 Cod. Luc. delet *Episcopi*. Veron. Is. *erit & ipsius quid velit*. Mox Vat. Reg. *aut quid æstimet*.

35 Veron. Is. *ut habeant etiam auctoritatem personæ illius, a qua destinati sunt, erit in ejus arbitrio* &c.

36 Vat. Reg. *Importunitas, nimia frequentia, & injustæ petitiones*. Veron. Is. *Importunitatis nostræ nimia frequentia, & injustæ petitiones*.

37 Vat. Reg. & Veron. Is. *non profuturas perferant caussas*: ubi legendum *perferunt*: nisi antea legatur *ut non solum*. Mox *nec* deest in Veron. Is.

38 Melius in Vat. Reg. *sed ut ....: postulent*.

39 Ita Vat. 1342. & Veron. Is. At Vat. Reg. & Luc. codd. *Episcopi .... præstent*. Mox Veron. Is. delet *iniqua*. Dein MSS. Luc. & Veron. *affligitur .... expoliatur*.

40 Luc. *tamen & ista omnia*. Veron. *tamen & ista nomina justam*. Vat. Reg. *si tamen ista nomina justam*.

41 Vat. Reg. & Veron. *ne Episcopi ... accedant*.

42 Vat. 1342. & Luc. MSS. addunt *& dilectione*: quas voces sensu carentes, cum omnes aliæ collectiones & Græcus textus ignorent, expunximus. Mox cod. Luc. *Et quoniam*. Post pauca *aut qui peccantes* legitur in MSS. Vat. Reg. & Veron.

vel evocati. Sed quoniam ſæpe contigit,
ut ad miſericordiam Eccleſiæ confugiant,
qui injuriam patiuntur, & qui peccantes in
exilium, vel inſulas damnantur, aut certe
43 quamcumque ſententiam ſuſcipiunt; 43 ideoque ſubveniendum eſt, & ſine dubitatione
eis petenda per Eccleſiam indulgentia. Si
ergo & hoc vobis placet, decernite. Univerſi dixerunt: Placet, & conſtituatur.

Diacones ad Comitatum dirigendi.

IX. Oſius Epiſcopus dixit. Hoc quoque
44 44 providentia veſtra tractare debet, ut
quia decreviſtis, ne Epiſcoporum importunitas depravetur ad Comitatum pergendo.
Quicumque vero, quales ſuperius commemoravimus, preces habuerint vel acceperint,
per Diaconum ſuum mittant; quia perſona
45 miniſtri non erit invidioſa, 45 & quæ impetraverit, celerius poterit referre. Et hoc
46 conſequens eſſe videtur, 46 ut de qualibet
provincia Epiſcopi ad fratrem & Coepiſcopum noſtrum preces mittant, qui in metropoli conſiſtit, ut ille per Diaconum ſuum
ſupplicationes mittat, tribuens commendatitias epiſtolas pari ratione ad fratres & Coepiſcopos noſtros, qui illo tempore in his
47 regionibus morantur, in quibus felix 47 &
beatus Auguſtus Rempublicam gubernat.
Si vero habet quis Epiſcopus amicos in palatio, & aliquid cupiat, quod tamen honeſtum ſit impetrare per eos ab Imperatore; non prohibeatur per Diaconum ſuum
48 rogare, & ſignificare 48 eis, quos ſcit be-
nigna interceſſione ſibi abſenti poſſe præſtare.

De pupillis & viduis.

X. Qui vero Romam 49 venerint, ſicut 49
dictum eſt, ſanctiſſimo fratri & Coepiſcopo
noſtro Romanæ Eccleſiæ preces, quas habent, contradant, ut & ipſe prius examinet, ſi honeſtæ & juſtæ ſunt, & præſtet
diligentiam atque ſollicitudinem, ut ad Comitatum perferantur. Univerſi responderunt placere ſibi & honeſtum eſſe conſilium.
Alypius Epiſcopus dixit: Si 50 enim pro- 50
pter pupillos & viduas vel laborantes, qui
cauſſas non iniquas habent, ſuſceperint peregrinationis incommoda, habebunt aliquid
juſtæ rationis. Nunc vero cum ea poſtu-
lent 51 præcipue, quæ ſine invidia omnium 51
& ſine reprehenſione eſſe non poſſunt, non
neceſſe eſt ipſos ire ad Comitatum.

*Qui in canali conſtituti ſunt Epiſcopi, ha-
beant poteſtatem diſcutiendi Epiſcopos ad Comitatum euntes.*

XI. Gaudentius Epiſcopus dixit. 52 Sa- 52
lubriter providendum eſt ex conſenſu omnium
Sacerdotum, & Deo placitura, & hominibus probabilia tenere hactenus & firmari
oportere, ſi metus huic ſententiæ conjungatur. Scimus enim etiam ipſi ſæpiſſime
propter paucorum 53 imprudentiam ſacrum 53
& religioſum ſacerdotale nomen fuiſſe re-
prehenſum. Si igitur aliquis contra omnium
ſen-

43 Cod. Vat. Reg. omittit *ideoque*, & *per Eccleſiam*.

44 Idem cod. cum Veron. Iſ. *prudentia veſtra*. Mox cod. Vat. Reg. *tractare debet, qui decreviſtis, ne Epiſcoporum improbitas notetur, ut ad Comitatum pergant*. Veron. Iſ. habet ut in textu, exceptis *ne Epiſcoporum importunitas notetur*, pro quibus in eo legitur *ne Epiſcopi improbitas notetur*. Dein uterque codex *Quicumque ergo*.

45 Veron. Iſ. *quia celerius poterit quæ impetraverit referre*.

46 Idem cod. *ut unuſquiſque, qui preces habuerit, eas ad fratres & Coepiſcopos noſtros, qui in maxima civitate, ideſt Metropoli, conſiſtunt, mittat, & illi per ſuos diaconos deſtinent tribuendo* &c. Cod. Vat. Reg. cum textu concordat, niſi quod habet: *qui in maxima civitate; ideſt in Metropoli, conſiſtit*. Textum expreſſimus ex codd. Vat. 1342. & Luc. Solum pro *ad eum fratrem & Coepiſcopum noſtrum* Vat. habet *ad Metropolitanum noſtrum*, Luc. *ad Metropolitanum Epiſcopum*: ubi *metropolitani* nomen poſterius inſertum credimus, cum Metropolitarum inſtitutio nomenque inolevit: ſequentia enim, quæ in utroque manuſcripto ſubjiciuntur, *qui in Metropoli conſiſtit*, expreſſo *Metropolitani* nomine inanis explicatio ſunt. Melius itaque alii codd. Vat. Reg. & Veron. cum Dion. aliiſque Latinis exemplaribus *Metropolitani* nomen omittunt, uti idem nomen ab originali Latino abfuiſſe animadvertimus in tractatu de Collect. part. I. cap. 5. num. 4.

47 Vat. MS. *& religioſus*. Poſtea Vat. Reg. & Veron. *habet quis Epiſcoporum amicos in palatio, qui aliquid cupit*: ac dein omittunt *per eos ab Imperatore*.

48 MSS. Vat. & Luc. *ei quod*, mendoſe. Correximus ex cod. Veron. Concinit Vat. Reg *his quos*. Dein hi duo habent cum ceteris melius *benignam interceſſionem*.

49 Veron. Iſ. *venerit ... habet ... tradat*.

50 Ita codd. Vat. & Luc. editionis priſcæ. Ceteri delent *enim*. Dein Luc. omittit *vel laborantes*. Mox Veron. Iſ. *qui cauſſas canonicas habent*. Poſtea MS. Vat. Reg. delet *juſtæ*.

51 Vat. Reg. & Veron. delent *præcipue*. Dein cum Vat. pro *ipſos* habent *illos*.

52 Cod. Vat. 1342. addit *Ea quæ*, minus recte. Expunximus cum MS. Luc. In cod. Vat. Reg. *Ea quæ ſalubriter providiſtis convenientia & æſtimatione omnium Sacerdotum & Deo placitura, probabilia hominibus tenere hactenus firmitatem poſſunt, ſi metus* &c. Paullo diſſimiliter in Veron. Iſ. *Ea quæ ſalubriter providiſtis convenientiæ, & æſtimationi omnium & Deo placitura & hominibus tenere hactenus fortitudinem poſſunt* &c. Cum his duobus codd. in textu emendavimus *placitura* pro *placens*, uti legebatur erronee in MSS. Vat. & Luc.

53 Codd. Luc. Vat. Reg. & Veron. Iſ. *impudentiam*. Poſt pauca idem Veron. *is debet ſcire, cauſſis redditis, honorem dignitatemque ſe amiſurum*.

sententiam nisus, voluerit ambitioni magis
quam Deo, debet etiam scire se caussas esse dicturum, & honorem atque dignitatem
amisurum. Hoc autem tunc scire & com-
54 pleri 54 oportebit, si unusquisque nostrum,
qui in canali est constitutus, cum progredientem viderit Episcopum, inquirat transitum ejus, caussas videat, quo tendat agnoscat. Et siquidem eum invenerit ad Comi-
* l. debe-bit. tatum velle transire, requirere eum * debere conditione, superius comprehensa, si invitatus est, ut ei facultas eundi permittatur. Si vero, ut superius meminit sanctitas vestra, propter desideria & ambitiones
ad Comitatum ire temptaverit; neque litteris ejus subscribatur, neque in commu-
55 nionem 55 recipiatur. Si vobis placet, debet omnium sententia confirmari. Universi dixerunt: Hoc honestum est, & placere
sibi constitutionem.

De his qui ignorant Synodi constituta.

XII. Osius Episcopus dixit. Sed & moderatio necessaria est, dilectissimi fratres,
ne subito adhuc quidam non scientes quid
decretum sit in Synodo, venerint subito ad
civitates quæ in canali sunt. Debet Episcopus civitatis ipsius admonere & instruere il-
56 lum; 56 & ex eo loco ille pro eo ad Comitatum suum diaconum mittat: admonitus tamen ipse redeat in parrochiam suam.

De laicis cito non faciendis Episcopis.

XIII. Osius Episcopus dixit. Et hoc necessarium arbitror, ut diligentissime tractetis, ut si forte aut dives, aut scholasticus
57 de foro aut 57 de administratione fuerit postulatus Episcopus, non prius ordinetur,
nisi ante lectoris munere, & officio diaconi, & ministerio presbyteri per ordinem
fuerit perfunctus, 58 & per singulos gra- 58
dus, si dignus fuerit, promoveatur ad episcopatus honorem. Potest enim per hos gradus, qui habent utique prolixum tempus,
probari qua fide sit, 59 qua modestia, gra- 59
vitate, & verecundia. Et si dignus fuerit
inventus, divino sacerdotio illustretur. Nam
nec conveniens est, nec ratio vel disciplina patitur, ut temere ac leviter ordinetur
Episcopus, aut presbyter, aut diaconus,
maxime qui sit neophytus: 60 quod bea- 60
tissimus Apostolus magister gentium, ne
hoc fiat, prohibuisse videtur: sed hi, qui
* longi temporis examinati sunt, quorum * l. longo tempore.
merita, & vita probatur. Universi dixerunt
placere sibi hæc omnia.

Quandiu Episcopus in aliena civitate peregrinari debeat, excepta gravi necessitate.

XIV. Osius Episcopus dixit. Et hoc quoque statuere debetis, ut Episcopus ex alia
civitate cum venerit ad aliam civitatem,
vel ex provincia sua ad aliam provinciam,
ambitioni magis 61 serviens quam devotio- 61
ni, & voluerit in alia civitate multo tempore residere, & contigerit, ut Episcopus
civitatis ipsius non facile instructus sit, nec
tam doctus; is vero qui advenerit, incipiat
contemnere eum, 62 & frequenter facere 62
sermonem, ut dehonestet & infirmet illius
personam; ita ut ex hac occasione non dubitet relinquere adsignatam sibi Ecclesiam,
& transire ad alienam. Definite ergo tempus, quia & non suscipere Episcopum Coepiscopum suum inhumanum est, & perni-
tiosum, si diutius resideat. Ne fiat ergo
providendum est. 63 Nemini autem am- 63
plius liceat; quam superiori tempore, quod
fra-

54 Vat. Reg. & Veron. *poterit*. Dein Vat. Reg. *invenerit ire ad Comitatum; requisiturus illud quod conditione superius comprehensum est, si invitatus* &c. Veron. Is. *invenerit ire ad Comitatum, requirat illud quod superius comprehensum est, ne forte invitatus sit, ut* &c.

55 Iidem duo codd. *recipiendus est*.

56 Veron. *ut ex eo loco ille mittat diaconum. Admonitus* &c.

57 Cod. Vat. Reg. *ex administratore*. Dein idem MS. cum Veron. Is. delent voces *ministerio*, & *per ordinem*.

58 Iidem duo codd. *& ita per singulos gradus ... ascendat ad culmen Episcopatus:* & dein pro *per hos gradus* habent *per has promotiones, quæ*. Mox Vat. Reg. *habebunt* pro *habent*.

59 Vat. 1342. *quave modestia gravitatis & verecundiæ*. Post pauca pro *inventus* MSS. Vat. Reg. & Veron. Is. præferunt *probatus*: ac mox omittunt *nam*, & dein habent *nec rationis disciplina patitur*.

60 Veron. Is. deleto antea *maxime* hic habet: *maxime cum beatissimus Apostolus magister gentium, ne hoc fieret, denuntiavit: sed hi quorum per longum tempus examinata sit vita. Universi* &c. Vat. Reg *cum beatissimus .... ne hoc fieret, denuntiasse & probibuisse videatur: sed hi, qui* (l. *quorum*) *longi temporis examinatio merita ejus probabit. Universi* &c. Uterque cod. mox delet *omnia*.

61 Veron. Is. *non serviat, quam devotioni, ita ut, si voluerit in alia* &c. Vat. Reg. *in aliena civitate*. Dein uterque codex *non tam instructus sit*.

62 In cod. Luc. desiderantur voces *& frequenter*, quas Vat. 1342. cum ceteris exhibet. Dein Veron. Is. *personam: qua occasione fit, ut non dubitet*. Vat. Reg. *personam; quia hæc occasio faciet, ut commendans se postea & alienam sedem concupiscat, & invadat, & non dubitet relinquere suam sibi adsignatam Ecclesiam, & ad alteram alienam transire*.

63 Corruptus est hic locus in utroque MS. priscæ editionis Vat. & Luc. qui postremus pro *remorari* habet *rememorari*. Melius in Veron. Is. & Vat. Reg. Dionysio, & Græco textu concinentibus: *Memini autem superiori tempore fratres nostros constituisse, ut si quis laicus in ea, in qua commoratur civitate* &c. ubi Osius indicare creditur canonem 21. Synodi Eliberitanæ.

fratres noſtri conſtituerunt, remorari, ut ſi
quis laicus in ea, in qua commanet civitate, tres Dominicas, ideſt tres ſeptimanas
non celebraſſet conventum, communione
privaretur. Si ergo hæc circa laicos conſti-
64 tuta ſunt, 64 quanto magis nec licet, nec
decet Epiſcopum, ſi nullam gravem habeat
neceſſitatem, nec tam difficilem rationem,
diutius abeſſe ab Eccleſia ſua; ut populum
contriſtet. Univerſi dixerunt placere ſibi.

Ut non liceat Epiſcopo pluribus hebdomadibus abeſſe.

XV. Oſius Epiſcopus dixit: Quia nihil
prætermitti oportet, ſunt quidam fratres
& coepiſcopi noſtri, qui non in ea civita-
65 te 65 poſſident, in qua ordinati ſunt Epi-
66 ſcopi, vel certe parvam rem illic 66 habent; alibi autem idonea prædia habere noſcuntur, vel adfectiones proximorum, qui-
67 bus indulgeant. 67 Hactenus igitur permitti eis oportet, ut accedant ad ſuas poſſeſſiones, & diſponant, vel ordinent fructum
laboris ſui, ita tamen ut poſt tres Dominicas, ideſt poſt tres hebdomadas, ſi morari
neceſſe ſit, in ſuis potius fundis morentur;
& ſi eſt proxima civitas, in qua presbyter
eſt, ne ſine Eccleſia facere videantur diem
dominicum, veniant, ut nec res ejus domeſticæ per ejus abſentiam detrimentum ſu-
68 ſtineant, 68 & non frequenter veniendo ad
aliam civitatem, in qua eſt conſtitutus E-
* ſ. caveant. piſcopus, * careat ſuſpicione ambitionis atque jactantiæ. Univerſi dixerunt placere
ſibi.

De clericis excommunicatis ab aliis minime ſuſcipiendis.

XVI. Oſius Epiſcopus dixit: Hoc quoque omnibus 69 placet, ut ſive presbyter, 69
ſive diaconus, ſive quis clericorum ab Epiſcopo ſuo communione fuerit privatus, &
ad alterum perrexerit Epiſcopum, & ſcive-
rit ille, ad quem confugit, eum ab Epiſcopo ſuo fuiſſe abjectum, non oportet ut ei
communionem indulgeat. Quod ſi quis fecerit, 70 ſciat ſe apud congregatos Epiſco- 70
pos pro eo cauſſam eſſe dicturum. Univerſi dixerunt: Hoc ſtatutum & pacem ſervabit, & concordiam cuſtodiet.

De excommunicatis apud vicinos Epiſcopos audiendis.

XVII. Oſius Epiſcopus dixit. 71 Quid me 71
adhuc moveat, reticere non debeo. Si Epiſcopus quis forte iracundus (quod eſſe non
debet) cito 72 & aſpere commovetur ad- 72
verſus presbyterum, ſive diaconum ſuum,
& exterminare eum de Eccleſia voluerit;
providendum eſt, ne innocens damnetur,
aut perdat communionem: 73 & ideo ha- 73
beat poteſtatem ejectus finitimos rogare E-
piſcopos ut ejus cauſſam audiant, & diligentius tractent; quia non oportet negari
audientiam roganti: & ille Epiſcopus, 74 74
qui juſte aut injuſte eum abjecit, patienter
accipiat, ut negotium diſcutiatur, & aut
probetur ejus temeritas, aut emendetur ſententia. Prius tamen quam omnia diligenter
& fide-

---

64 MS. Vat. Reg. delet *quanto magis*. Mox idem cod. *nec decet, ut Epiſcopus ... diutius abſit, & populum contriſtet*. Veron. Iſ. *ut Epiſcopus ... tandiu abſit ab Eccleſia ſua, populum contriſtet*. Vat. 1342 a textu variat ſolum *aut populum*: *ut populum* ex MS. Luc. prætulimus.

65 Verbum *poſſident* deſiderant codd. Vat. Reg & Juſtellianus, ex quo hic canon editus fuit uſque ad illa *prædia habere cognoſcuntur*: Idem autem verbum expreſſimus ex noſtris codd editionis priſcæ Vat. & Luc. nec non ex Veron. Iſid. Hic poſtremus mox cum Vat. Reg habet: *in qua Epiſcopi videntur eſſe conſtituti, vel certe* &c.

66 Juſtelli codex *habeant*: Dein *adfectiones* ſcripſimus cum MSS. Veron. & Vat. Reg. cum mendoſe legatur in cod. Luc. *afflectiones*, & in Vat 1342 *adflictiones*.

67 MS. Vat. Reg *His hactenus permitti oportet*. Mox Veron. Iſ. omittit *ita tamen*. Vat. Reg. habet *per tres Dominicas, & tres ſeptimanas*. omittit autem *ſi morari neceſſe ſit*: ac dein præfert *in qua Presbyter colligit, ne ſine Eccleſia facere videatur Dominicam, accedat, ut nec res* &c. Cod. Luc. habet quoque *videatur Dominicum*. Veron. Iſ. *videatur facere, dominica accedat*.

68 Cod. Vat. Reg *& ſi non frequenter venerit ad civitatem, in qua Epiſcopus moratur, ſuſpicionem jactantiæ & ambitionis evadat*. Veron. Iſ. *& non frequenter veniendo ad alienam civitatem, in qua eſt* (ideſt *exiſtit*) *Epiſcopus, ſuſpicionem jactantiæ & ambitionis incurrat*. Scripſimus *careat ſuſpicione* cum MS. Luc. At Vat. 1342. contrario ſenſu *creet ſuſpicionem*.

69 Vat. Reg. *placebit*: ac dein cum MSS. Luc. & Juſt. delet *&* ante *ad alterum*. Poſtea pro *confugit* codd. Luc. Juſt. & Veron. Iſ. habent *confugerit*.

70 Juſt. codex male *ſciat aput congregati Epiſcopi pro eo*. MSS. Veron. Iſ. & Vat. Reg. *ſciat ſe convocatis Epiſcopis cauſſam* &c.

71 Ita Juſt. codex cum Vat. Reg. Veron. Iſ & commonitorio Zoſimi, cui hic canon inſertus eſt apud Iſidorum in Concilio VI Carthaginenſi. MSS. Vat. & Luc. *Quod me adhuc movet*.

72 Idem Juſtelli cod. omittit *&*: In MS. Luc. & Zoſimi commonitorio *aut aſpere*.

73 Voces *& ideo* in eodem MS. Juſt. deſiderantur. Mox cod. Luc *habeat poteſtatem iſte, qui ejectus eſt, finitimos congregare Epiſcopos*. Vat. 1342. *habeat poteſtatem is, qui abjectus eſt; ut Epiſcopos finitimos interpellet, & cauſſa ejus audiatur, ac diligentius tractetur*. Hanc eamdem lectionem præferunt codd. Vat. Reg. & Veron. Iſ. niſi quod primus exhibet *habeat poteſtatem ejectus, ut* &c. alter vero *habeat poteſtatem iſte, qui ejectus eſt, ut* &c. Juſtelliani codicis lectionem retinuimus.

74 Juſt. MS. *quia*. Veron. Iſ. *qui aut juſte*. Dein cod. Vat. 1342. cum Vat. Reg. *& vel probetur ſententia ejus a plurimis, vel emendetur*. Veron. Iſ. *ut aut probetur ſententia ejus a pluribus, aut emendetur*.

75 & fideliter 75 fuerint examinata, eum, qui
fuerat a communione separatus, ante cognitionem nullus alius debet præsumere, ut
76 recipiat, & communioni societ. 76 Hi vero qui convenerint ad audiendum, si vi-
derint clericorum esse fastidium & superbiam, quod non decet ut Episcopus inju-
77 riam, aut contumeliam patiatur; 77 seve-
rioribus eos verbis castigent, ut obediant honesta præcipienti Episcopo: quia sicut ille ministris sincerum exhibere debet amorem caritatis; ita quoque ministri infucata debent Episcopo suo exhibere obsequia.

De non sollicitandis clericis alienis.

78 XVIII. Januarius Episcopus dixit. 78 Illud præterea statuat sanctitas vestra, ut nulli Episcopo liceat alterius civitatis clericum sollicitare, & in suis parrochiis ordinare. Universi dixerunt: Quia ex his contentionibus solent nasci discordiæ, prohibet omnium sententia, ne quis hoc facere audeat.

De non ordinandis clericis alienis sine consensu Episcopi sui.

XIX. Osius Episcopus dixit. Et hoc universi constituimus, ut quicumque ex alia
79 79 parochia alienum ministrum sine con-
scientia vel voluntate sui Episcopi volue-
80 rit 80 in ordine promovere, non sit rata
ejus ordinatio. Quicumque autem hoc usurpare temptaverit, 81 a fratribus & coepi- 81
scopis nostris, & admoneri debet, & corrigi.

De clericis qui Thessalonicam venıunt. 82 82

XX. Aetius Episcopus dixit. Non ignoratis, 83 fratres carissimi, quanta & qua- 83
lis sit Thessalonicensium civitas, 84 quod 84
sæpe ad eam veniant ex aliis regionibus presbyteri & diaconi, & non sunt contenti, ut brevi tempore morentur, aut resideant ibi, 85 & nisi per vim post longa 85
spacia ad sua redire cogantur. Universi dixerunt: Ea tempora, quæ constituta sunt
circa Episcopos, & 86 ad omnium clerico- 86
rum personas observari debent.

De suscipiendis his, qui propter periculum & persecutionem fugiunt.

XXI. Osius Episcopus dixit. Suggerente fratre & coepiscopo nostro Olympio etiam hoc placuit, ut si aliquis vim perpessus est,
& inique 87 expulsus propter doctrinam 87
vel catholicam confessionem, vel defensionem veritatis, effugiens pericula, innocens
& devolutus ad aliam venerit civitatem 88, 88
non prohibeatur demorari, quandiu aut redire potuerit, aut injuria ejus remedium accipiat: quia durum est eum, qui persecutionem patitur, non recipi; sed etiam & larga benevolentia, & humanitas est ei exhibenda.

Omnis

75 Ita cod. Luc. cum quo concinit Veron. Is. nisi quod omittit *ante cognitionem*, forte melius. Vat 1342. *examinentur, eum, qui fuerit a communione separatus, ante cognitionem nullus debet præsumere, ut communioni societ*. Vat. Reg. *fuerint examinata, qui communionem non habet, ante cognitionem nullus debet præsumere, ut eum recipiat* &c. Justelli codex *fuerint examinata, communionem non debet præsumere, donec ipse eum recipiat* &c.

76 Just. cod. cum Vat. Reg. *Qui convenerint autem*, omissis vocibus *ad audiendum*. Veron. Is. *Qui autem convenerint ad audiendum*. Prætulimus lectionem MS. Luc. cum quo concinit Vat. 1342. nisi quod habet *conveniunt*. Mox hi duo codd. præferunt *studium*: pro eo quod Just. cum ceteris habet *fastidium*.

77 Cod. Luc. cum Veron. Is. *austerioribus*, Mox solus Just. *verbis castigari debere, ut obediant .... & sicut*. Veron. Is. *quia sicut ille sincerum amorem debet clericis exhibere, & caritatem; ita* &c.

78 Ita Just. & Vat. Reg. Ceteri codd. *Illud quoque*. Dein Vat. 1342. & Veron. Is. pro *clericum* habent *ecclesiasticum*. Mox Veron. Is. *& in sua diæcesi ordinare: quia ex his contentionibus solent nasci discordiæ; & ideo prohibet* &c. Vat. Reg recepit *& ideo* ante *quia*.

79 Cod. Just. *provincia*. Mox Vat. 1342. cum Veron. Is. & Vat. Reg. *sine consensu* pro *sine conscientia*.

80 Vat. 1342. *in ordinatione*. Vat. Reg. & Veron. Is. *ordinare*, ac dein *usurpaverit* pro *usurpare temptaverit*.

81 Ita codd. Just. & Luc. Ceteri alia interpunctione *de fratribus*, nimirum *quicumque de fratribus*.

82 Hunc titulum tantummodo Voellus, & Justellus edidere. Reliqua ex nostris codicibus supplevimus.

83 Codd. Vat. Reg. & Veron. Is. ignorant voces *fratres carissimi*.

84 Iidem codd. *sæpe ad eam* (Veron. *ad eamdem*) *veniunt*.

85 In iisdem MSS. *aut certe vix post longa*.

86 Veron. Is. *& circa horum personas*. Vat. Reg. *& ad horum personas pertinere debent*.

87 Vat. Reg. *expulsus pro disciplina & catholica defensione, & confessione veritatis*. Veron. Is. concinit, nisi quod pro *&* utrobique habet *vel*. Mox hi codices cum Dion. præferunt *devotus* pro *devolutus*.

88 MS. Vat. Reg. addit *sive Episcopus, sive Presbyter, aut Diaconus*. Dein pro *potuerit* cod. Luc. *poterit*. Postea *acceperit* in Vat. Reg. & Veron. Is. qui postremus deleto *quia* sic prosequitur: *durum est enim, qui persecutionem patiuntur, non recipi. Etiam larga benevolentia .... est eis exhibenda*.

89 89 Omnis Synodus dixerunt : Universa quæ constituta sunt , catholica Ecclesia in universo orbe diffusa custodiet.

Et subscripserunt qui convenerant.

90 Osius ab Spania Cordubensis 90.

INCIPIUNT CAPITULA

Canonum Gangrensium .

I. *DE his qui abominantur nubtias.*

1 II. *De his* 1 *qui carnes abominantur* .

2 III. *De servis qui* 2 *dominos contemnunt* .

IV. *De presbyteris nuptis* .

3 V. *De his qui* 3 *Ecclesiæ congregationes humiliant* .

VI. *De his qui extra Ecclesiam congregant* .

4 VII. *De oblationibus Ecclesiæ* . 4

5 VIII. 5 *De his quæ pauperibus conferuntur* .

IX. *De virginitate & abstinentia* .

6 X. 6 *De elatis propter nomen virginitatis* .

XI. *De his qui Agapes inrident* .

XII. *De his qui in pallio gloriantur* .

* l. *mulieribus* . XIII. *De * mulieres quæ virili veste utuntur* .

7 XIV. *De his quæ de nuptiis* 7 *recedunt* .

XV. *De his qui excusatione religionis filios relinquunt* .

XVI. *De his qui occasione religionis despiciunt parentes* .

XVII. *De mulieribus quæ se tondent* .

XVIII. *De his qui jejunia ecclesiastica contemnunt* .

XIX. *De his qui dominico die jejunant* .

XX. *De his qui abominantur martyrum congregationes* .

Dominis honorabilibus in Armœnia constitutis sanctis & comministris.

Eusebius, Elianus, Eugenius, Olympius,
8 Bythinicus, Gregorius, 9 Feliculus, Pa- 8
pus, Eulalius, Hypatius, 10 Proeresius, 9
Basilius, Bassus, Eugenius, Heraclius, qui 10
convenerunt in sanctam Synodum in civitatem Gangrensem.

Quoniam congregata est sancta Synodus Episcoporum apud Gangrensem * Ecclesiæ sanctæ 11 propter aliquas quæ opus sunt, Ecclesiæ necessitates, discutientes quæ secundum Eusthatium inveniantur aliqua indisposita 12 plurima facta, omnino necessarie disposuit, & omnibus manifestum facere celerius festinavit, ut auferantur omnia quæ ab eis male fiunt; quia in eo quod vetant nubtias, & dicunt, quia nullus, qui nubtiarum conjugia sit sortitus, spem possit ad Deum habere, multæ mulieres maritatæ seductæ recesserunt a suis viris, & viri a suis mulieribus, 13 & postmodum, cum non * l. *Ecclesiam sanctam* . 11 12 13

89 Hæc periodus, quæ legitur in nostris MSS. codd. Vat. 1342. & Luc. 88. editionis priscæ, nec non in Vallicel. A. 5. ac in ceteris collectionis Hadrianeæ, omittitur in Vat. Reg. & Veron. Is. in quibus canones Sardicenses cum Nicænis copulantur, nec non in exemplaribus Vat. 5845. & Vat Palat. 577. pure Dionysianis, quorum clausulam dedimus not.78. in caput 1. præcedentis collectionis.

90 Hæc tantum subscriptio edita est a Patre Mansio ex codice Lucensi. In Vaticano autem 1342. aliæ subscriptiones subiciuntur cum Hadrianeis MSS. & vulgatis Conciliorum concinentes, quæ desunt tum in Græco, tum in puris Dionysii exemplaribus: exscriptæ vero noscuntur ex alio documento Synodi Sardicensis apud Hilarium, ita tamen ut alius ordo Episcoporum inductus sit, ac tribus Episcopis post Osium subscriptis Vincentio Capuano, Calepodio Neapolitano, ac Januario Beneventano, Sardicensis Concilii Patribus titulus affictus fuerit *legatus sanctæ Ecclesiæ Romanæ*; cum in eo Concilio Archidamum & Philoxenum Romanæ Ecclesiæ presbyteros, & Leonem diaconum apostolica legatione functos ex aliis documentis certissimum sit. Codex Vat. unum Episcopum præterea addit, qui apud Hilarium desideratur; ac post ultimum Episcopum concludit : *& ceteri subscripserunt*. Vide Tractatum part. 1.c. 7. ubi plura de Sardicensium Patrum numero ac subscriptionibus differuntur.

1 Ita cod. Vat. Reginæ 1997. cum quo hosce canones contulimus. Cod. Just. concinit in titulo ipsi canoni inferius præfixo: at in hac tabula minus recte : *qui abominantur edens, vel minime*.

2 Idem MS. addit *excusatione fidei*.

3 Idem cod. *Ecclesiam spernunt*.

4 Justelli codex & hic, & in titulo canoni præfixo addit *nulli liceat commutare*: quas voces melius MS. Vat. Reg. utrobique expungit.

5 Just. *De ea, quæ in pauperibus*, male. Correximus cum nostro codice.

6 Noster codex *De his qui se extollunt*.

7 Ita noster codex & hic, & infra ante ipsum canonem. MS. Just. concinit in titulo canonis; at hic habet *fugiunt*. Dein in nostro MS. *XV. De his qui natos relinquunt . XVI. De filiis qui parentes despiciunt*.

8 Just. *Bythinius*. Emendavimus cum nostro cod.

9 Cod. Vat. Reg. *Felicitus*. Verius *Filetus*.

10 Ita melius noster cod. quam apud Just. *Proeretius*. Mox ex eodem cod. adjecimus *Bassus*, qui sane in Græco, & in Isid. legitur.

11 Just. MS. *propter aliqua vel opus sunt, vel pro Ecclesiæ necessitates*. Correctionem suppeditavit noster codex.

12 Just. *plurimum facta omnino necessariæ* (l. *nefarie*) *disposita, ut auferantur* &c. Emendavimus & supplevimus quod deerat, ex nostro MS. cod. qui postea omittit *omnia*. Dein ex eodem prætulimus *possit ad Deum habere*. Just. *posset ad Dominum habere*.

13 Sic noster cod. Apud Just. *ita ut postmodum*, minus bene.

non possent sufferre, adulteratæ sunt, &
propter hanc causam opprobriatæ sunt. In-
14 veniebantur enim & 14 secedentes a domo
Dei & ab Ecclesia, & contemnendo videbantur contra Ecclesiam proprias congregationes facientes, & convocationes & do-
15 ctrinas 15 alias contra ecclesiasticam doctri-
* l. veste. nam, ita ut docerent peregrina * vestimen-
* l. communionis. ta uti ad ruinam * communionem pertinere, congregantes fructus Ecclesiæ, & oblationes, quæ ab initio traditæ sunt Ecclesiæ, ad semetipsos tollentes, & suis rationibus & eorum, qui cum ipsis sunt, sicut
16 sanctis 16 & rogata facientibus: & servi
a dominis secedentes, & in peregrino vestimento contemnentes suos dominos, &
17 mulieres 17 extra consuetudinem pro mu-
liebri vestimento virile induentes, & in
hoc judicantes se justificari. Multæ autem
18 tondentes se, 18 occasione venerabili natura capillorum mulierum: jejunia autem in
Dominico facientes, & libertatem sancti diei contemnentes; & jejunia quæ in Ecclesia sunt constituta contemnentes, & ex eis
* l. in domibus, quarum. quidam accipere carnes timentes, & * in
domos, cujus domini nubserint, orare no-
lentes, 19 & dum fiunt orationes, con-
19 remnunt, & multotiens oblationes, quæ
fiunt in domos qui nubserunt non recipien-
20 tes, & 20 presbyteros qui nubserint repro-
bantes, & de sacrosancto quod ab eis mi-
nistratur, non contingentes, & loca ubi
martyres positi sunt, contemnentes, & qui
ibi conveniunt & agunt, reprehendunt: &
divites qui ab omne substantia divitiarum
21 non recedunt, spem 21 aput Dominum non
habere dicunt, & quanta alia quæ numerare nemo possit. Singuli enim eorum, qui

a canone ecclesiastico * exiit, sicut leges * l. exierunt, & habuere.
proprias habuit. Quia nec * communicare * l. communis.
22 jam voluntas eis fuit: sed unusquisque 22
quod voluit hoc addit, & hoc ei placuit.
23 (Et sicut non dominante habuit cogi- 23
tatum) ad incusationem Ecclesiæ, & suam
læsionem.

24 Propter hoc coacta & veniens in Gan- 24
gra sancta Synodus condemnare eos, & terminos exponere, & foris eos esse Ecclesia. Si autem pœniteantur & anathemati-
zent singula, quæ male dixerunt, suscipi
eos. 25 Et propter hoc exposuit sancta Sy- 25
nodus singula quæ anathematizare *, & sic * suppl. debent.
suscipi eos. Si autem aliquis non consense-
rit ad ea, quæ sunt disposita, sicut hæreticum eum anathema esse feriendum, & esse
excommunicatum, & separatum ab Ecclesia. Oportet etiam Episcopos aput omnes,
26 qui inventi fuerint tales, hæc custo- 26
dire.

Hi canones post sanctam Synodum Ni-
cænam expositi sunt in Gangram * 27 ti- * l. titulis.
tulos XX. 27

De his qui abominaatur nubtias.

I. 28 Si quis nubtias abominatur, vel 28
queritur, & eam quæ cum marito suo dor-
mierit, cum sit fidelis & venerabilis, abominatur, aut queritur, dicens eos ad regnum non posse venire, anathema sit.

De his qui abominantur edere carnes.

II. 29 Si quis * edens absque sanguine * l. edat, & supple carnes.
& idololatria, & suffocato, sed cum vene-
ratione & fide qui eum condemnat pro hoc 29

 quod

14 Vat. Reg. *recedentes*.

15 Locus corruptus, qui nec sanari potest ope nostri codicis, ubi legitur *alias & alias contra ecclesiastica & adversus Ecclesiam, qui congregabantur, ut peregrina vestimenta ad ruinam communem, & vestimentorum, congregantes fructum aut oblationes ecclesiasticas, quæ ab initio* &c. pariter mendose. Sententiam melius reddidit nova versio ex Greco tom. 2. Conc. col. 425. *Diversas tradere doctrinas, aliaque contra Ecclesias, & contra ea quæ fiunt in Ecclesia. Ad hæc spretis communibus indumentis novum vestitum induere.*

16 Cod. Vat. Reg *erogata*, forte *erogare*. Mox Just. *secedentes in peregrinum vestimentum*. Correximus ex eodem cod.

17 Just. *extra consuetudinem vestimentum virilem induentes*. Nostri codicis lectio melior.

18 Just. *occasionis*. Sensus utrobique implexus. Ex Græco autem: *Multæ autem & prætextu pietatis tonso capite comæ muliebris ornatum auferre*.

19 Just. *& ubi oratur Deus ipsi contemnent, & oblationes*. Prætulimus lectionem nostri codicis.

20 Idem Just. MS. addit *requirentes*: expunximus cum nostro codice: qui mox habet *& a sacrosanctis, quæ ab eis ministrantur non adtingentes*.

21 Vat. Reg. *ad Deum*.

22 Sic melius idem codex, quam apud Just. *tam*. Mox pro *quod voluit* idem Vat. Reg. *quod tractabit*, *b* loco *u* scripto.

23 Verba uncis inclusa ex Græco abundant, sensumque confundunt. Vel saltem Græcum exemplum aliquid aliud olim recipiebat; nam & auctor versionis Isidorianæ aliquid amplius legit, cum hæc inseruerit, *tamquam quibus rector non sit*, ad quæ noster interpres hoc loco videtur respicere.

24 Just. cod. *Propter hoc sancta veniens in Gangra Synodus condemnare eos in termines eis ponere, ut eos qui permanserint in suis sententiis, foris eos esse Ecclesiæ: qui vero pœnitentur, & anathemaverint singula, quæ male senserunt, suscipi eos*. Lectio nostri cod. præferenda fuit.

25 Ob repetitionem verborum *suscipi eos* sequens periodus in Justelliano MS. per saltum omissa fuit. Noster vero codex eam conservavit.

26 MS. Vat. Reg. *qui inveniuntur tales*.

27 Idem cod. *idest tituli XX.*

28 Just. cod. *Qui de nubtias queritur, & ea, quæ* &c. Lectio MS. Vat. Reg. melior.

29 Voces *si quis* & *sed* ex nostro MS. adjecimus. Dein Just. codex post vocem *fide* inserit *edens bis*, minus recte.

* l. &. quod accepit, * ei dixerit eum spem minime habere, anathema sit.

De servis qui dominos contemnunt.

30 III. Si quis servus 30 excusatione venerandi Deum contemnere doceat dominum, & recedere ab ejus ministerio, & non cum
* l. tota festinatione suo domino. obedientia & * totius festinationis suæ domino servire, sit anathema.

De nubtis presbyteris.

* l. de presbytero. IV. Si quis dubitet * a presbytero, qui nubsit, quasi 31 non oportere ab eo conse-
31 crante oblationem accipere, sit anathema.

De his qui Ecclesiæ congregationes humiliant.

V. Si quis docet domum Dei contemni, & quæ in ea sunt congregationes, anathema sit.

32 *32 De his qui extra Ecclesiam congregant.*

* l. propriam. VI. Si quis præter Ecclesiam * proprie congregar, 33 & contemnens Ecclesiam vo-
33 luerit extra agere non consentiente Episcopo aut presbytero, sit anathema.

De oblationibus Ecclesiæ.

VII. Si quis ea quæ conferuntur Ecclesiæ, voluerit foris Ecclesia accipere, aut
34 dare, 34 sine consensu Episcopi, aut ejus cui ista injuncta sunt, & non cum conscientia ejus voluerit aliquid agere, anathema sit.

De iis quæ pauperibus conferuntur.

35 VIII. 35 Si quis dat aut accipit de hoc quod offertur, extra Episcopum, aut eum qui ordinatus est ad dispensandam misericordiam pauperibus, & qui dat & qui accipit, sit anathema.

De virginitate & abstinentia.

IX. Si qui 36 virginitate aut * abstinen- * f. abstinentia.
tiæ gloriantur, & quasi abominandis nubtiis
recedunt, & non secundum fidem hoc ipsum 36
bonum, & sanctum virginitatis nomen custodiunt, anathema sit.

De his qui 37 propter virginitatem elati sunt. 37

X. Si quis virginitatem custodiens exaltat se ab his qui nubunt, sit anathema.

De his qui pauperum agapes inrident.

XI. Si quis contemnit fidelium agapes facientes, & propter honorem Domini convocant fratres, & 38 noluerint communi- 38
care cum eis inridentes, ut adnihilent hoc quod fit, anathema sit.

De his qui in pallio elati gloriantur.

XII. Si quis virorum 39 pro æstimatio- 39
ne * religionis vitæ & venerabili pallio utatur, & æstimet se ab eo posse justificari, * l. religiosæ.
& reprobet eos qui venerabiliter * vestem * l. veste consueta.
consuetam utuntur, * & communia quæ in * l. & communem quæ in consuetudine est vestem.
consuetudinis est vestis, anathema sit.

*De * mulieres quæ virile veste utuntur.* * l. mulieribus.

XIII. Si qua mulier arripuerit scemate vestem, pro consueta muliebre, virilem accipiat, anathema sit.

De his quæ de nubtiis recedunt.

XIV. Si qua mulier derelinquens virum suum recedere ab eo voluerit, quasi abominans nubtias, sit anathema.

De his qui excusatione religionis natos relinquunt.

XV. Si quis 40 dereliquerit filios suos, 40
& non eos enutriat: sed quantum ad se quasi pro Dei cultu deserat, quemlibet occasione * asceseos neglegat, anathema sit. * Vox Græca, idest continentiæ, ut Dion. & Is. reddidere.

30 Ita noster cod. Apud Just. *excusationis caussa venerandi domini contemnere dicat dominium.*

31 Just. *non oportere eum consecrare, noluerit oblationem accipere.* Emendationem suggessit noster codex, qui solum omittit *accipere.*

32 Vat. Reg. *De his qui ecclesiasticas administrationes foris ab Ecclesia faciunt.*

33 Just. omisit *&*. Vat. Reg. delet *extra.*

34 Cod. Just. *aut commutare sine consensu Ecclesiæ aut Episcopi, cui ... & non cum eorum conscientia.* Græco cohærentior est nostri codicis lectio.

35 Ita cod. Vat. Reg. Apud Just. *Si quis dans, aut accipiens de hæc, quæ offerentur, extra consensum Episcopi, aut ejus qui ordinatus est ad gubernandam misericordiam pauperum* &c. minus recte.

36 Cod. Vat. Reg. *virginitatis & abstinentiæ.*

37 Idem cod. *propter nomen virginitatis.*

38 Idem cod. *nolunt.* Mox *ut adnihilent* ex eodem MS. scripsimus. Just. *& adnihilent.*

39 Ita noster cod. Apud Just. *pro extimatione & religionis vitæ venerabili.*

40 Just. *derelinquens:* & dein *ad rem* pro *ad se.* Nostrum codicem sequuti sumus.

De his qui occasione Christi nominis despiciunt parentes.

* l. *qui* XVI. Si * quis fidelium filii despiciant
41 parentes occasione Dei venerationis 41, &
non debitum honorem parentibus reddant
honorificantes eos, quia in hoc Dei vene-
ratio est, sit anathema.

De mulieribus quæ se tondent.

42 XVII. Si qua mulier 42 existimet Dei
* l. *ton-* veneratione * tondent caput suum, quod
dere. Dominus ad commemorationem præcepit ei,
ut sit subdita viro, & solverit præceptum,
anathema sit.

De his qui ecclesiastica jejunia contemnunt.

XVIII. Quicumque religiosus sine cor-
43 poris necessitate 43 superviens, & quæ tra-
* supple duntur jejunia, * in commune ab omnibus
quæque. servantur in Ecclesia, contempserit, & suo
sensu dicat non esse perfecta, sit anathema.

De his qui dominico die jejunant.

* Græca XIX. Si quis ea, quæ arbitratur * ascen-
vox corru- sem, 44 aut dissimulatione & diem domi-
pta, idest nicum jejunat, sit anathema.
continen-
tia, seu
professione
continen-
tiæ.

De his qui abominantur Martyrum congregationes.

44
45 XX. Si quis 45 superviens dispositioni &
abominaverit congregationes sanctorum Mar-
46 tyrum, & quæ in eis fiunt celebritates, 46
& derogaverit memoriæ eorum, sit anathema.

47 47 Hæc scripsimus non recedentes ab his,
48 48 qui sunt in Ecclesia secundum scributuras
custodire secundum voluntatem Dei. Eos ve-
* Græca ro, qui accipient dispositionem * ascesis,
vox, idest & qui * superbiant contra eos qui simpli-
continentiæ citer vivunt, & elatos contra scribturas &
dispositio-
nem, seu
professio-
nem.
* l. *super-*
bient, vel
super-
biunt, &
intea *acci-*
piunt.

ecclesiasticos canones, & novitatem introducentes aliquam, 49 abicit Catholica & 49
Apostolica Ecclesia. Nos autem virginitatem cum humilitate miramur, & abstinentiam cum pudicitia, & nubtias cum habitatione pudica honorificavimus, & cum veneratione fienda suscipimus, & recedere a
sæculi rebus cum humilitate suscipimus, &
divitias cum justitia & misericordia non reprobamus, & paucitatem * & multitudi- * l. *& vilitatem.*
nem vestimentorum pro * diligentiam cor- * l. *diligentia.*
poris non curiosam laudamus; solutas autem
& * conteritas in vestibus processiones non * idest *fractas*,
suscipimus, & domum 50 Dei nostri hono- seu *molles*.
rificamus, & quæ in ea fiunt orationes
sacras, & * sanandas accipimus, non con- * ex Græc. *utiles*.
cludentes pietatem domibus: sed omnem lo-
cum in nomine Dei ædificatum honoramus, 50
& quæ 51 in eo congregatio *, communem * supple *fit*.
Ecclesiam ad salutem nostram, & omnium
* diversitatem suscipimus, & plurimas mi- * l. *utilitatem*.
sericordias fratrum, quæ secundum tradi- 51
tionem per Ecclesias pauperibus fient bea-
tas dicimus, & omnia, quæ secundum divinas scributuras tradita sunt, & Apostolorum traditiones, in sancta Ecclesia fieri
exoramus. Amen. Ita subscripsimus feliciter.

1 *INCIPIUNT CAPITULA* 1

Canonum Anthiocensium.

I. *De his qui 2 contradicunt Nicænis Canonibus, & de * sanctum Pascha.* 2 * l. *sanctio*.

II. *De his qui se ab * Ecclesia separant, & in domibus communicant.* * l. *Ecclesiis*.

III. 3 *De * invadentes parocias alienas.* * l. *invadentibus*.

IV. *De * excommunicatos qui præsumunt agere.* * l. *excommunicatis*.

V. *De his qui occulte ab Ecclesia segregant.* 3

VI. *De excommunicatis clericis vel laicis.*

VII. *De dandis epistulis.*

VIII. *De non suscipiendis peregrinis.*

IX. *De Metropolitanis.*

41 Just. addit *ritu*. Delevimus cum nostro cod.

42 Idem MS. Vat. Reg. addit *se*, & dein habet *tondente*.

43 Vat. Reg. *superveniens*, male. Justellus *superviens*, idest *superbiens*.

44 Ita noster codex. Apud Just. *per dissimulationem*.

45 Cod. Vat. Reg. *talis superveniens dispositionis*, forte *tali superbiens dispositione*: ac dein habet *& quæ supra eos fiunt*.

46 Idem codex omisso verbo *derogaverit* habet, *& memoria*, lege *& memorias*.

47 Voces *hæc scripsimus non recedentes* in Justelli MS. corrosas ex nostro MS. supplevimus.

48 Just. *quæ sunt*. Correximus cum nostro cod. Adhuc vero locus corruptus: clarius ex Græco: *non eos abscindentes, qui in Dei Ecclesia volunt secundum scripturas in continentia exerceri*.

49 Justelli editio puncta præfert, ac si hoc loco aliqua desint. At nihil desiderari tum noster codex, tum Græcus textus ostendunt. Dein vocem *pudica* ex nostro codice inseruimus.

50 Ita noster codex. Apud Just. *Domini nostri honorificavimus*.

51 Just. *in eum congregationem*. Melius noster codex, qui mox delet *omnium*.

1 Justellus hosce canones priscæ versionis invenit etiam in alio MS. Thuan. 533. nunc Colbert. 784. nos in tribus collectionibus diversis, nimirum in MSS. Vat. Reg. 1997. Lucensi 88. & Vat. 1342.

2 MS. Vat. Reg *tentant contraria agere Nicænis canonibus*, uti habet ipse Justellianus codex in titulo, qui canoni primo inferius præfigitur.

3 Idem cod. Vat. Reg. *De his qui de alias parrocias* (l. *aliis parrociis*) *in altas se emergunt*: & *IV De degradatis præsumeatibus. VI. De his, qui se ab Ecclesia retinent.*

X. *De his qui vocantur Corepiscopi.*
4 XI. *De his qui* 4 *Imperatoribus supplicant.*
5 XII. 5 *De his qui degradati Imperatori
supplicant.*
XIII. *De Episcopis qui in aliena parocia
ordinant.*
6 XIV. 6 *Si accusatus Episcopus inter provinciales minime judicium conveniat.*
XV. *De condemnatis Episcopis.*
7 XVI. 7 *De Episcopis vagantibus.*
8 XVII. 8 *De his qui ad Episcopatum vocantur, & contemnunt.*
XVIII. *De ordinato & non suscepto E-
piscopo.*
XIX. *De Episcopis ordinandis.*
XX. *Ut secundo in anno Synodus fiat.*
XXI. *Ut nullus Episcopus de propria mi-
grет Ecclesia.*
9 XXII. 9 *De his qui in aliena parocia ordinant quemquam.*
* l. *post se.* XXIII. *Ut nulli Episcoporum liceat* * *posse successorem eligere.*
XXIV. *De rebus Ecclesiæ, & quæ sunt
Episcopi.*
XXV. *Et ut Episcopus potestatem habeat
res Ecclesiæ gubernare.*

Expliciunt Capitula.

INCIPIUNT CONSTITUTA

Canonum Anthiociensium in Dedicatione.

* l. *quæ.* Sancta & pacissima Synodus, * qui a Deo
congregata est Anthiociæ, his qui secundum
provincias unanimes sanctis & comministris
in Domino salutem. Gratia & veritas Domini salvatoris nostri JESU-CHRISTI, visi-
10 tans sanctam 10 Anthiocensem Ecclesiam,
& in unum nos congregans, communi &
11 uno sensu in spiritu pacis 11 multa quidem
alia corrigit: in omnibus autem & corrigit, ex præcepto sancti & pacifici Spiritus
bene haberi placuit, cum multo tractatu,
& judicio simul omnium nostrum in hoc
ipso congregatis Episcopis apud Anthioce-
nam civitatem ex diversis provinciis ad notitiam vestram suggerimus, credentes Domini nostri gratia & pacis in Spiritu sancto, 12 quia & ipsi consentiatis per virtu- 12
tem ejus, sicut nobiscum præsentes, & orationibus cooperantes, magis autem confirmati, & sancto Spiritu coagentes, hæc ipsa
nobiscum consentientes & constituentes, &
hæc ipsa quæ placuerunt adsignantes & firmantes per sanctum Spiritum consonanter.
Sunt enim qui instituti sunt canones ecclesiastici, 13 qui subditi sunt a sancta & pa- 13
cissima Synodo, quæ in Anthiocia congregata est.

TITULI XXV.

*De his qui contraria temptant Nicænis
canonibus, & de sancto Pascha.*

I. Omnes qui temptant solvere terminos
14 sanctæ & magnæ Synodi, * quæ in Ni- * l. *qui ... constituti.* 14
cæa constituta sunt sub præsentia piissimi
Imperatoris Constantini 15 de sacratissima 15
festivitate sanctæ Paschæ salvatoris Domini nostri, excommunicatos & expulsos esse
a sancta Ecclesia, si permanserint in eo
stantes & contendentes contra ea, quæ bene sunt constituta: & hoc 16 si de laicis. 16
Si autem de his, qui præsunt Ecclesiæ,
Episcopis, aut presbyteris, vel diaconis post
hoc constitutum 17 præsumpserint ad ever- 17
tendum populum, & conturbationem ecclesiarum, & singuli cum Judæis, vel ante
Judæos celebrare Pascha voluerint: hunc
sancta Synodus abs se & ab Ecclesia alienum esse censuit; quia non solum sibi fa-
cit peccatum; sed & multis * prævaricatio- * l. *prævaricationis & destructionis.*
nem & distructionem esse 18 auctorem: &
non solum tales deici de ministerio; sed
etiam & eos, qui temptant communicare 18
cum

4 Idem MS. *apud Imperatorem.*

5 Idem cod. *De degradatis, qui se Imperatoribus prosternunt.* Mox *in aliena* ex eodem
cod. scripsimus. Just. *in alia.*

6 Cod. Vat. Reg. *De Episcopis accusatis.*

7 Hunc titulum seu capitulum in Justelli
tabula omissum ex nostro cod. Vat. Reg. restituimus, concinitque cum illo, quem canoni XVI. idem Justellianus codex præfixit. Hinc
porro numeros capitulorum sequentium unitate singulis addita emendavimus.

8 *De his qui vocati ad episcopatum contemnunt*, in eodem Vat. Reg. MS. & num.
XIX. *De ordinatione Episcoporum.*

9 Idem cod. *De his qui ab aliis Episcopis
ordinantur.* XXIII. *Ut nullus Episcopus post se
successorem eligat.* XXIV. *De substantia Ecclesiæ, & quæ sunt Episcopi.* XXV. *Ut Episcopus habeat potestatem rerum Ecclesiæ gubernandæ*, lege *gubernandarum.*

10 Cod. Thuan. *Antiochiæ.*

11 Just. *multa corrigenda: in omnibus autem
& corrigit ex præcepto sanctis Patribus bene
haberi placuit.* Minus mala MS. Vat. Reg.
lectio.

12 Just. *qui ei ipsi consentientes ... & ope-
rationibus cooperantes.* Emendationem suppeditavit idem codex.

13 Ita idem noster cod. Apud Just. male
qui subjecti sunt sancte & pacissimæ Synodus:
& notat in MS. Thuan. legi *Synodo.*

14 Just. *sancti & magni Synodus.* Correximus ex MS. Vat. Reg. Mox *in Nicæa* scripsimus cum MS. Vat. 1342. Justellus cum suo
codice, & nostro Vat. Reg. *in Niciam.*

15 Cod. Just. *de sacratissimum festivitatis
sanctum Paschæ .... ut excommunicatos.* Emendavimus cum MS. Vat. Reg. Alius Vat. habet pariter *festivitate.*

16 MS. Just. *sive de laicis, sive de his qui
præsunt*, mendose. Noster cod. Vat. Reg. veram lectionem præbuit.

17 Ita cod. Vat. 1342. Alii minus recte
præsumserunt.

18 Just. *auctorum.* Emendavimus cum MSS.
Vat. Reg & Vat. 1342.

19 eum eis, 19 & postea degradandum eos. Et-
* l. honore, quem. iam degradati fraudari oportet * honores
quæ sanctus canon, & Dei sacerdotium ac-
cipit.

De his qui se avertunt ab Ecclesia, & in domibus communicant.

II. Omnes, qui ingrediuntur domum
Dei, & sacras scribturas audiunt, & non
20 communicant 20 eucharistia cum populo;
* l. sancto munere per. sed avertunt se a * sanctum munus præ nescio quam inquietudinem, & in suis domi-
21 bus communicant; de his 21 censuimus pro-
jci ab Ecclesia, quandiu confessi fructum
ostendant conversionis, & supplicantes tunc
possunt mereri indulgentiam. Nam non li-
22 cere eis, cum excommunicati fuerint, 22
communicare, neque in domo convenientes
simul orare, quia Ecclesiæ sanctæ non con-
deprecantur, neque eos in alia Ecclesia su-
23 scipi, 23 qui in alia non congregantur. Si
autem visus fuerit aliquis Episcoporum, aut
presbyterorum, aut diaconorum, aut quicumque de canone Ecclesiæ excommunica-
24 tis communicare, nunc & 24 ipsum excommunicatum esse, pro eo quod nisus est confusionem facere canoni Ecclesiæ.

*De his qui * de alias parrocias in aliis se immergunt.*
* l. de aliis parrociis in alias.

III. Si quis presbyter, aut diaconus, vel
* l. sacro ministerio. aliquis ex * sacri ministerii derelinquens suam
parrociam ad aliam vadat, etiam omnino
25 post tarditatem 25 in alienam parrociam
temptat multo tempore, non ministrare.
Si forte evocatus a proprio Episcopo, ut
revertatur 26 ad propriam, & correptus 26
non audiat, & permanserit * inquietudine, * l in inquietudine.
omnino degradari eum a ministerio, & nul-
lam eum spem habere ad revertendum. Si
autem degradatum pro hac culpa suscipiat
eum 27 alius Episcopus, 28 & ille * cul- * leg. culpetur a communi.
patur a communione Synodo, eo quod de-
struat dispositiones ecclesiasticas, 27 28

De his qui degradati præsumunt sacrosanctum agere.

IV. Si quis Episcopus a Synodo depositus, aut presbyter, aut diaconus a proprio
Episcopo excommunicatus præsumpserit aliquid ministerii agere, ipse in se damnationem firmavit. Si Episcopus 29 sit, simili- 29
ter secundum morem consuetudinis, numquam eis licere in alia Synodo spem ad restituendos habere, neque satisfactionis locus
eis datur: sed & qui eis communicaverint,
omnes abicit sancta Ecclesia: * præterea si * legendum est maxime si.
agnoscentes sententiam contra memoratos
datam, temere voluerint eis communicare.

De his qui se ab Ecclesia retrahunt & occulte congregantur.

V. Si quis presbyter, aut diaconus contemnens suum Episcopum separaverit se ab
Ecclesia, & secretius congregans 30 * alta- * l. altare & evocanti.
rem statuat, & evocante eum Episcopo non
obaudierit, 31 eum & primo & secundo vo- 30
cantem contempserit, noverit se omnino de- 31
gradari, & medicinam non mereri, neque
suam dignitatem habere posse. Si autem permanserit conturbans & resultans Ecclesiæ,
32 * qui a foris sunt potestates, sicut re- * supple debent, & l. quæ. 32
bellem eum corrigere.

De

---

19 Verba *& postea degradandum eos* ex MS. Vat. Reg. inseruimus, ubi tandem legendum ex Græco *post degradationem eorum*. Mox Just. *etiam degradati omnino fraudari eos honores quod sancti canones*. Vat. Reg. exemplum cum Græco magis concordans sequuti sumus.

20. Just. *ea caris etiam cum populo*. Prætulimus MSS. Luc. & Vat. 1342. Alius Vat. Reg. *eucharistiam*. Aliæ versiones *in oratione*. Mox *avertunt* scripsimus cum Vat. Al. *avertent*. Vat. Reg. habet *sed avertent se suis communicant; de his* &c. intermediis omissis. Forte legendum *sed avertunt se a sacra communione; de his* &c. nam verba *& in suis domibus communicant* nec in Græco nec in aliis versionibus hoc loco inveniuntur.

21 Cod. Luc. *censemus*: ac mox delet *supplicantes*: quam vocem ex Vat. Reg supposuimus pro *supplicationis &* apud Justellum.

22 Just. perturbato verborum ordine *neque in domo communicare, vel convenientes simul* &c. Emendavimus cum Vat. Reg. Mox pro *quia* Vat. 1342. habet *qui*.

23 Just. *qui in Ecclesia una congregantur*. Lectionem Vat. Reg. cum aliis versionibus & Græco concordem prætulimus.

24 Ita idem MS. Vat. Reg. Codex Just. mendose *ipse*.

25 Vat. 1342. *in alienam parrochia*, leg. *in aliena parrochia*. Dion. vertit: *vel omnino demigrans, in alia parrochia per multa tempora nititur immorari, ulterius ibidem non ministret*.

26 Vat. Reg *ad parrochiam*. Dein Just. *permanserit inquietudini*. Tres nostros codd. antetulimus.

27 Ita duo codd. Vat. & Luc. Apud Just. & Vat. Reg. *aliquis Episcopus*.

28 Just. *& ille culpatur cum eo consensu universo Synodo*. Minus mendose cod. Vat. Reg. sublato enim mendo, lectio cum Græco & aliis versionibus congruit.

29 Codd. Luc. & Vat. delent *sit*.

30. Vat. 1342. *alteram*. Mox Luc. *& vocantem Episcopum*. Scripsimus *obaudierit* cum tribus nostris codd. Apud Just. *audierit*. Vat. Reg. post *obaudierit* addit *ei subjacere, nec obedire*, ubi supplendum cum Græco *nec velit ei subjacere*. &c.

31 Ita codd. Vat. & Luc. Apud Just. *cum*. Vat. Reg. & *eum*, & *cum* ignorar; & post pauca pro *habere* præfert *accipere*. Dein ex eodem Vat. Reg. adjecimus *autem*.

32 Just. & Vat. 1342. *qui a sua potestate foris sunt, in arbitrio est Episcopi sicut rebellem* &c. Luc. *quia sancta potestate*, &c. ut apud Just. Græco coharentior est lectio, quam ex MS. Vat. Reg. recepimus.

De his qui excommunicantur clerici vel laici.

VI. Si quis a proprio Episcopo excommunicatus fuerit, non eum debere ab alio suscipi in communione, si non primo eum revocaverit proprius Episcopus, aut in Synodo occurrens satisfaciat, & agnoverit Sy-
33 nodus, causa ejus suscipiatur, aut 33 si de eo secundam sententiam dixerint. Definitum
34 est 34 in eo institutum de laicis, presby-
* l. *& omnibus.* teris, & diaconibus, * & omnes, qui sunt in canone, ita judicandos.

De dandis epistulis.

* l. *in loco*, ex Græco *in pagis.* VII. Ut non liceat presbytero, qui * in locum est, canonicas epistulas dare, nisi solum ad vicinos Episcopos epistulas dirigere. Inreprehensibiles autem Corepiscopos dare pacificas.

35 *De non suscipiendis peregrinis* 35.

VIII. Nullum sine formata suscipere peregrinum.

De Metropolitanis uniuscujusque provinciæ.

36 IX. 36 Uniuscujusque provinciæ debemus agnoscere Metropolitanos, & præesse Episcopis, & sollicitudinem suscipere totius provinciæ, pro eo quod in Metropolim undique concurrunt omnes, qui causas habent: unde placuit ut honore præponantur, & nihil agere plus aliquid liceat ceteris Episco-
37 pis sine ipso 37 secundum antiquum a Patribus nostris manentem canonem, nisi hoc solum quantum cujusque pertinet parrociam,
38 & quæ sub ipsa pertinent loca. 38 Singulos autem & unumquemque Episcopum po-
* l. *gubernandæ*, & supple *suæ parrochiæ.* testatem habere * gubernandam secundum uniuscujusque venerationem, & provisionem facere totius loci, 39 qui est sub ejus civi-
39 tate; ut ordinet presbyteros, & diaconos, & cum judicio singula perspicere, & 40 ni-
hil aliud agere, aut præsumere sine metro- 40
politano Episcopo, 41 & nec ipsi liceat si- 41
ne ceteris in Concilio.

De his qui vocantur Corepiscopi.

X. Qui in locis aut vicis sunt constituti Corepiscopi, non audeant manus imponere
ordini cuique: sed placuit 42 sanctæ Syno- 42
do circa eos suam mensuram * gubernare * supple *tenere, &.*
* qui subjacent eis, Ecclesias, & eorum suf- * l. *quæ.*
ficere sollicitudini & jubamini. Constituere autem subdiaconos, & exorcistas, & lectores, & eorum sufficere provectioni, & neque presbyterum aut diaconum ordinare præsumant sine civitatis Episcopo, cui subjacet ipse, & loca ipsa. Si vero temptaverit aliquis transgredi Patrum constituta, degradari eum ab honore quo fungitur, & Excorepiscopum fieri, & a civitate, in qua
fuerat, 43 abici. 43

De his qui apud Imperatorem supplicant.

XI. Si quis Episcopus, aut presbyter, aut si qui de canone sine conscientia aut
* litteras, qui in provincia sunt Episcopi, * l. *litteris.*
& maxime Metropolitani, pergat ad Imperatorem; hunc diffamari & expelli non
solum a communione, sed etiam 44 digni- 44
tatem qua fungitur amittat, propter quod molestus extitit piissimis Imperatoribus nostris extra dispositionem Ecclesiæ. Si autem
necessario evocatus ad Imperatorem, * eun- * supple *facultatem habeat*, vel aliquid simile.
di, & hoc cum tractatu & conscientia metropolitani provinciæ Episcopi, 45 & eorum qui in ea sunt, & eorum scribtis in-
strui debeat. 45

De his qui degradati Imperatori supplicant.

XII. Si quis a proprio Episcopo degradatus presbyter aut diaconus, aut si Episcopus 46 a Synodo, & molesti fuerint ad 46
aures

33 Cod. Vat. Reg delet *si*.

34 Just. *in constitutum sive laicus, vel presbyter, aut diaconus sit, & omnes* &c. Sequuti sumus cod. Vat. Reg Duo quoque codd. Vat. 1342. & Luc. hanc emendationem comprobant: habent enim *in eo institutum*, & omittunt *sit*.

35 Just. addit *clericis*: delevimus cum nostris codicibus, Græco textu, aliisque versionibus suffragantibus.

36 Ita Vat. 1342. Apud Just. *Quos* (forte *Nos*) *per universum provinciam* (Luc. *Ecclesiam* male) *debemus* &c. Mox pro *concurrunt*, quod nostri codd. præferunt, Justelli codex mendose *corruerunt*.

37 Just. *secundum antiquum a Patribus nostris manens canonem*. Nostri codd. emendationem suppeditarunt. Dein *sub ipsa* scripsimus cum MS. Vat. Reg. Alii *sub ipso*.

38 Ita MS. Vat. 1342. Apud Just. *singulus*.

39 Just. cum MSS. Luc. & Vat. *qui sunt*. Melius noster cod. Vat. Reg. *qui est*. Dein *prospicere* pro *perspicere* in MS. Luc.

40 Sic cum MS. Vat. Reg. Apud Just. & in aliis codd. *nihil altius*, forte *ulterius*.

41 Cod. Vat. Reg. *& nec ipsum sine ceteris consilium*, corrupte: ubi legendum cohærentius cum Græco aliisque versionibus *& nec ipsum*, (subauditur antecedens verbum *agere*) *sine ceterorum consilio*.

42 Ita cod. Vat. Reg. Apud Just. *sancto Synodo circa eos suam mensuram & gubernationem, qui subjacent* &c.

43 Cod. Luc. *abigatur*.

44 Just. inserit *&*, delevimus cum MS. Luc.

45 Just. MS. *aut eorum, qui in ea sunt scribtis*, &c. Prætulimus lectionem codd. Vat. Reg. & Luc.

46 Just. *a cuncto Synodo*; & dein *etiam universos in universali Synodo*. Voces *cuncto* & *universos* exclusimus cum MS. Vat. Reg. qui pro *fuerint ad aures* habet *temtaverint aures*.

aures Imperatoris: oportet etiam in uni-
* l. qui. versali Synodo conveniri eos, & * quæ dicunt
47 se justitiam habere, 47 allegare apud plurimos Episcopos, & ab eorum discussione,
* l. judicio. & * judicium exspectare spem. Si autem in
hoc anxiati, molesti fuerint Imperatori;
censemus hos in nulla venia pervenire, neque locum satisfactionis habere, neque spem
futuræ restitutionis exspectare.

De Episcopis qui in aliena parrocia ordinant.

XIII. Placuit, ut nullus Episcopus au-
48 deat 48 ab alia provincia in aliam ingredi, & ordinare in Ecclesiis aliquos ad pro-
vectum sacri ministerii, neque si comitari
secum fecerit socios; nisi rogatus abierit per
litteras Metropolitani, & qui cum eo sunt,
Episcoporum, & sic ad ordinandum transeat. Si autem nullo vocante comitetur in-
quiete ad ordinationem aliquorum, & dispositionem ecclesiasticarum rerum non ad eum
pertinentium; inaniter quidem ab eo acta
* l. inquietudinem suam & irrationabilem temeritatem. sunt, & ipsum non suscipi, propter * in-
quietudinis suæ, & inrationabilis temerita-
tis suæ, de qua oportet judicium ferre, deinde & * depositum abiciatur a sancta Synodo.
* l. depositus.

De Episcopis qui adpetuntur, & inter provinciales 49 judices non consonant.
49

XIV. Si quis Episcopus in aliquibus cri-
50 minibus accusatus 50 judicatur, & postmo-
* & abundat. dum eveniat * & pro eo dissonare inter eos
* l. aliquibus innocentem ... adserentibus, aliis autem. qui sunt in provincia Episcopi, * aliquorum
innocens qui judicatur adserentes, 51 alio-
rum autem reum; pro elimatione discussionis totius caussæ placuit sanctæ Synodo, ut
metropolitanus Episcopus, * & qui ex vi-
* l. eos. cina provincia, * convocentur, & collegas
* l. convocet. aliquos, qui judicent, & dubietatem dissol-
vant, & per hos firmare * cum compro-
* l. cum comprovincialibus. vinciales, quæ eis videntur.
51

De condemnatis Episcopis.

XV. Si quis Episcopus in aliquibus criminibus accusatus judicetur ab omnibus qui
sunt in provincia Episcopis, * ut omnes uno * l. &, vel ita ut.
consensu unam contra eum proferant sen-
tentiam; hunc nullo modo 52 ab aliis ju- 52
dicari: sed permanere firmam & consonan-
tem, quæ a provincialibus Episcopis data
sententia est.

De Episcopis vacantibus.

XVI. Si quis Episcopus vacans, 53 suam 53
relinquens Ecclesiam, & adripuerit alienam
sedem sine perfecta Synodo; hunc esse o-
mnino dejectum, etiamsi contigerit, ut omnis
populus, quem subrepsit, desiderent eum:
perfectam autem esse eam * Synodus cen- * l. Synodum.
suit, maxime ubi 54 & Metropolitanus
præest. 54

De his qui vocati ad episcopatum, contemnunt 55. 55

XVII. Si quis Episcopus ordinatus, præesse 56 populo noluerit, & ministeria non 56
suscipiens, non adsentiat pergere in commissam sibi Ecclesiam; hunc esse alienum
a communione, quousque 57 coactus susci- 57
piat, aut postremo disponat de ipso perfecta
Synodus, qui sunt in provincia, Episcoporum.

De ordinato Episcopo & non suscepto.

XVIII. Si quis Episcopus ordinatus, &
in parociam, in qua ordinatus est, non eat,
non suo vitio, sed populo vetante, aut pro
alia culpa non ab eo facta: hunc autem
censemus habere dignitatem & ministerium
solum, quod causa non videatur habere in
rebus ipsius Ecclesiæ, in qua est ordinatus:
sed 58 exspectare eum oportere, quousque 58
provinciæ Synodus de eo quæ eis videntur
ordinet.

De

47 Idem Just. *allegat*; mox *& ob eorum discussione & judicium*, & post pauca, nec non in fine canonis *spectare* pro *expectare*. Emendavimus cum eodem cod. Vat. Reg. In MS. Luc. ultimo loco legitur *sperare*.

48 Just. *audeat in aliena parrocia ingredi*. Cod. Luc. melius *in alienam parrociam*. Cum Græco magis congruit lectio MS. Vat. Reg. quam recepimus.

49 Vat. Reg. delet *judices*. Alius Vat. & Luc. pro *non consonant* habent *non conveniunt*.

50 Just. *& judicatus postmodum eveniat, ut pro eo*. Correximus cum MS. Vat. Reg. Alii duo codd. Vat. & Luc. *accusatur & judicatur*. Mox Vat. Reg. & Luc. delent *inter eos*.

51 Sequentia desunt in Just. cod. Supplevimus ex nostris MSS. ex quibus Vat. 1342. in fine habet *quæ eis recte videntur*.

52 Ita cod. Luc. Græco concinente: Vat. 1342. *ab alios*, mendose. Just. *ab alio*.

53 Just. inserit *qui*: delevimus cum MS. Vat. Reg. qui mox habet *jactaverit Ecclesiam, & adripuerit sedem*.

54 Luc. MS. delet *&*.

55 Cod. Vat. 1342. addit *venire*.

56 Vocem *populo* adjecimus ex MS. Vat. Reg. Dein *non* pro *nec adsentiat* magis placuit cum MS. Luc.

57 Ita cod. Vat. Reg. Græco & aliis versionibus consentientibus. Just. *correptus*. Dein tres nostri codd. pro *Episcoporum* habent *Episcopi*.

58 Ita duo nostri codd. Vat. Reg. & Luc. Apud Just. *spectare*.

De ordinandis Episcopis.

XIX. Episcopum non ordinari absque Synodo vel præsentia Metropolitani provinciæ, quia ipso præsente melius, & cum eo-
* supple *aderunt.* dem omnes *, qui sunt intra provinciam
Episcopi, quos etiam oportet per epistulam
Metropolitanum postulare. Et si omnes oc-
currerint, melius; si autem minime, hoc
* l. *aliis ... consentientibus.* tantum plures esse præsentes oportet, * alii
per litteras suas consentientes: & sic cum
consensu plurimorum sive præsentia, sive
electione fieri oportere ordinationem. Si autem aliter extra quæ ordinata sunt fiant,
non valere ordinationem. Si autem secundum ordinatum canonem fiant, & aliqui
contradicant per propriam intentionem, ob-
* hæc verba redundant. tinere multorum electionem * omnino non
valeant.

* *secundo* pro *bis.* *Ut * secundo in anno Synodus fiat.*

XX. Propter ecclesiasticas necessitates,
59 & 59 querelarum perfinitiones optime ha-
* l. *sanctæ Synodo.* bere placuit * sancta Synodus, 60 per singulas provincias Episcoporum fieri Concilia
* idest *bis in anno.* * secundo in anno: 61 semel post tertiam
60 hebdomadem festivitatis Paschæ, ut quarta
61 hebdomada Pentecosten celebrari Synodus
* l. *commonere.* possit, & * commemorare metropolitanos
provinciarum Episcopos. Secundam autem
62 Synodum Idus Octobr. quæ est decima 62
Yperberethei, & in ea Synodo presbyteros
supplicare, & diacones, & omnes qui læsi
sunt, & a Synodo judicatum mereri: &
numquam liceat aliquibus inter semetipsos
* l. *eis.* Synodum facere absque * eos, qui 63 cre-
63 ditas habent metropolitanas civitates.

Ut nullus Episcoporum de propria migret Ecclesia.

XXI. Ut Episcopo non liceat a parocia
in aliam parociam transire, neque per voluntatem suam, neque a populis vim passum, neque ab aliquibus Episcopis coactum:
permanere autem eum 64 oportere in qua 64
ordinatus est a Domino in principio Ecclesiæ, & non eum transire, sicut jam dudum
de hoc terminum prolatum est.

*De his qui ordinantur * ab aliorum parociis Episcopis.* * l. *ab aliarum parociarum.*

XXII. Episcopum non subintrare alienam
civitatem, quæ non ei subjacet, neque * in * l. *in loca.*
locis, quæ ad eum non pertinent, 65 ne- 65
que ad ordinationem alicujus, neque consecrare presbyterum vel diaconem in locis
66 alieni Episcopi, nisi forte postulatus cum 66
consensu proprii Episcopi. Si quis autem
hoc temptaverit, infirma * esse manus im- * l. *sit*, vel
positio ordinis ejus, & ipse confusionem 67 supple *debet* ut
a Synodo patiatur, quia quod vindicare non can. sequ.
potest, ordinare non debet. 67

Ut nullus Episcopus post se successorem eligat.

XXIII. 68 Nulli Episcoporum licere si- 68
bi constituere successorem in exitum vitæ
suæ. Et si aliquid tale factum fuerit, infirma esse debet 69 ordinatio ejus. Illud au- 69
tem observari dispositionem ecclesiasticam
instituentem non aliter fieri, nisi 70 cum 70
Synodo & judicio Episcoporum, ut post
transitum quiescentis potestatem habeant ordinare eum qui dignus est.

De substantia Ecclesiæ, & quæ sunt Episcopi.

XXIV. 71 Ut quæ sunt ecclesiastica, 71
optime & diligenter debeant custodiri, sicut
oportet, cum bona conscientia & timore
* fidei; scientes quia apud eum sunt, qui * l. *& fide.*
omnia respicit Dominus; quæ & guberna-
re oportet cum judicio & potestate Episcopi, qui creditum habet populum 72 & omnia, 72
quæ

---

59 Sic nostri codd. Apud Just. *querelam .... haberi.*

60 Just. addit *ut per epistulas:* expungunt nostri codd. Græco suffragante.

61 Ita noster cod. Vat. Reg. Justellus pro *post* habet *congregari* & ignorat *quarta hebdomada.*

62 Sic MSS. Vat. & Luc. Apud Justellum *Ypirethei*, mendose. Mox idem Just. *presbyteri supplicare, & diaconi, & omnes, qui sunt in canone.* Emendationem suppeditavit cod. Vat. Reg.

63 Just. *certas habent.* Correximus ex eodem MS. Vat. Reg.

64 Verbum *oportere* suppeditarunt MSS. Luc. & Vat. Post pauca *de hoc* ex MS. Vat. Reg. adjecimus.

65 Novem voces sequentes in Justelliano MS. deficientes ex nostris codicibus supplevimus.

66 Just. *alienorum Episcopis.* Luc. & Vat. *alienorum Episcopi.* Correximus cum Vat. Reg.

67 Voces *a Synodo* Græco textu approbatas ex MS. Vat. Reg. inseruimus.

68 Idem cod. *Episcopum non licere pro se restituere* (leg. *constituere*) *collegam sibi successorem in exitum vitæ suæ.*

69 Just. cum MSS. Vat. & Luc. addit *electio vel:* delevimus cum cod. Vat. Reg. cum quo concordant Græcus textus & aliæ interpretationes.

70 Just. cum duobus laudatis MSS. inserit *aut*, & post *Episcoporum* addit *& maxime electio clericorum*, ac verbo *ordinare* præfigit *eligere &*. Has voces in Græco, & in aliis versionibus omissas expunximus auctoritate codicis Vat. Reg. Dein vocem *eum* a Just. omissam MSS. Vat. & Luc. suggessere.

71 Just. *Quæ sunt ecclesiastica, & diligenter caveant custodiri, sicut portet, cum bona* &c. Correximus cum MS. Vat. Reg.

72 Idem MS. Vat. Reg. *& animare* (l. *& animas*, melius) *quæ intra in Ecclesia congregantur.* Mox ex eodem emendavimus *& certa:* ubi Just. *& certam.*

quæ intra Ecclesiam congregantur. Probata autem & certa esse quæ sunt Ecclesiæ, cum notitia presbyterorum & diaconorum, & omnia eos scire & non ignorare, quæ sunt
73 propria 73 Ecclesiæ, & nihil eos lateat, ut cum venerit Episcopus exire de sæculo, scientes ea quæ sunt Ecclesiæ, rerum per
74 negligentiam perire minime 74 patiantur, ut neque propria Episcopi pulsentur occasione ecclesiasticarum rerum. Justum enim & beneplacitum est Deo & hominibus, ut propria sua Episcopus, quibus ipse voluerit, derelinquat; ita tamen, ut quæ Ec-
* l. custodiat. clesiæ sunt, ipse in vita sua * custodire, & non patiatur aliquid Ecclesia detrimen-
75 tum. Et 75 neque Episcopus occasione Ec-
* l. proscribatur, &... cadant. clesiæ * præscribi, & in causas cadere, qui ad eum pertinent heredes, ut & ipsi post
* l. blasphemiis non detrahant. mortem de eo * blasphemiæ non detrahi.

Ut Episcopus potestatem habeat res Ecclesiæ gubernare.

XXV. Episcopus habeat rerum Ecclesiæ gubernationem ad omnes, qui expetunt cum omni veneratione & timore Dei accipere,
76 & ea quæ opus sunt ad necessaria ejus, 76
* subauditur *ad eorum*. & * qui apud eum suscipiuntur, fratrum necessaria, ut nullo impedimento occasionis
* l. *fraudentur aliqui*. * fraudari aliquos secundum Apostolum dicentem: *Habentes autem escas & tegumentum, his contenti sumus*. Si enim 77 in his
2. Tim. 6. non sufficit, & convertat res Ecclesiæ 78
77
78 in proprias & domesticas necessitates, & lucra Ecclesiæ & possessionum fruges non cum notitia presbyterorum & diaconorum
* *cum redundat*. tractet, sed * cum domesticis suis & affinibus, aut fratribus, aut filiis præstet po-
* l. *lædantur certæ res*. testatem, ut per eos tales absconse * lædere certas res Ecclesiæ, hunc autem convin-

ctum subjacere Synodo provinciæ. Si autem & aliter incusetur Episcopus, 79 aut ii, 79
qui cum eo sunt presbyteri, eo quod quæ pertinent ad Ecclesiam, sive de agris, sive ex aliqua substantia Ecclesiæ in semetipsos
* usurpantes, & pauperes tribulentur, 80 * l. *usurpent, ut pauperes*.
accusationem autem & blasphemiam fieri rationibus, qui sic eum gubernaverint: hos 80
per correctionem lucrare apud sanctam Synodum 81. Et subscripserunt. 81

Eusebius præsens omnibus subscripsi.
Theodorus omnibus constitutis in sancta Synodo præsens subscripsi.
82 Tharcudamantes. 82
83 Mauricius. 83
Machedonius.
Eutherius.
Alphion.
Bassus.
Paulus.
Theodotus.
Niceta.
Anatholius.
Narcissus.
Archelaus.
84 Siricius. 84
Hisichius.
Manicius.
Moses.
85 Agapius. 85
86 Theodotus. 86
87 Mocimus. 87
88 Eustatius. 88

Ordinavimus subscribentes, Amen.

Explicit Concilium Anthiocensium.

73 Vox *Ecclesiæ* ex nostris codd. addita.

74 Ita nostri codd. Apud Just. *patientur*: qui post aliquanto *ut & propria sua*: delevimus & cum MS. Vat. Reg.

75 Vat. Reg. *neque Episcopi occasione Ecclesiæ res præscribi*. Just. *neque Episcopus occasioni Ecclesiæ res præscribi*. Vocem *res* cum MS. Luc. expunximus.

76 Just. *& quæ*. Emendavimus cum MSS. Vat. Reg. & Luc. Mox idem Just. *ut in nullo impedimento*: delevimus *in* auctoritate codd. Vat. & Luc.

77 Inseruimus præpositionem *in* cum omnibus nostris antiquis libris.

78 Octo sequentes voces, quæ in Justelliano, & duobus nostris MSS. Vat. & Luc. desiderantur ob facilem saltum a voce *Ecclesiæ* ad aliam similem, ex solo MS. Vat. Reginæ supplere potuimus.

79 Just. Vat. & Luc. *ab his, qui cum eo*. Emendavimus cum MS. Vat. Reg.

80 Multum hæc interpretatio laborat. Ex Græco emendandum sic: *accusatio autem & blasphemia fiat rationi*, seu potius *verbo*, *& iis qui sic istud administrant: hos quoque correctionem lucrari*, idest *assequi*, *apud sanctam Synodum*, seu *sancta Synodo id quod decet approbante*, ut Græcus textus præfert.

81 Cod. Vat. Reg addit *provocationem hortante*. Post verba autem *& subscripserunt*, quæ finem canonum indicant, idem MS. alium canonem addititium subjicit sic.

Ut Episcopus in crimen adulterii Sacramenta non præbeat.

XXVI. *Quod si quis Episcopus in crimen adulterii sacramenta præbere voluerit, quod licitum non est, ut Sacerdos in hoc nefas conscius inveniatur, Jubi* (sic) *ut qui hoc præsumserit, proprium gradum ammittat.*

82 Vat. Reg. *Tharcudamantos*: Luc. & Vat. *Tharcudamantus*. Huc usque ordo in omnibus idem est, in sequentibus discrepat: quod indicasse satis sit.

83 MS. Luc. *Marcius*.

84 Cod. Vat. Reg. *Siricus*.

85 Cod. Vat. 1342. *Agapitus*.

86 MS. Luc. *Theodorus*.

87 Vat. Reg. *Mosimus*.

88 Idem MS. *Eustacius*. Luc. *Eustasius*. Dein *subscribentes* cum nostris codd. reposuimus. Just. *scribentes*.

1 1 *INCIPIUNT CAPITULA*

Calcidonensis.

2 I. 2 *DE his qui præmio ordines adipiscuntur.*

3 II. 3 *De accusatoribus Episcoporum.*

III. *Ut clerici conductores non sint.*

4 IV. 4 *De his qui vitam solitariam sectantur, & quo honore fungantur.*

5 V. 5 *Ut nullus clericus de Ecclesia sua in aliam transeat.*

6 VI. 6 *Ut nullum absolute liceat ordinare.*

7 VII. 7 *De his qui profitentur se clerici esse, vel monaci.*

8 VIII. *De dispensatoribus Ecclesiæ.*

IX. 8 *De causis clericorum.*

9 X. 9 *Ut nulli clericorum liceat de Ecclesia sua discedere.*

XI. *De non temere dandis epistulis synodicis.*

XII. *In una provincia unum debere esse metropolitanum Episcopum.*

10 XIII. 10 *Nulli clericorum liceat in alterius civitate ministrare.*

11 XIV. 11 *Ut nullus clericus uxorem hæreticam vel paganam accipiat.*

* l. Quot. 12 XV. 12 * *Quod annorum velari debeant ancillæ Dei.*

XVI. *De virginibus & monacis.*

* l. parrociis rusticis. XVII. *De * parrocias rusticas.*

XVIII. *De conjuratis.*

* secundo pro bis. XIX. *Ut * secundo in anno Concilia fiant.*

13 XX. 13 *De non suscipiendis alterius Ecclesiæ clericis, & de susceptoribus eorum.*

XXI. *De * accusatores Episcoporum.* * l. accusatoribus.

XXII. *Ut nullus clericus aliena diripiat.*

XXIII. *De clericis & monacis excommunicatis.*

XXIV. *De * sacrata monasteria.* * l. sacratis monasteriis.

XXV. 14 *De ordinandis Episcopis, & de * reditus Ecclesiarum.* * l. reditibus.

XXVI. *De * dispensatores Ecclesiarum.* * l. dispensatoribus.

XXVII. *De * corruptores mulierum.* * l. corruptoribus.

Expliciunt Capitula. 14

15 *INCIPIT CONCILIUM* 15

Calcidonense

quingentesimo anno sub Imperatore piissimo Marciano.

Statuta, quæ per singulas Synodos a sanctis Patribus constituta sunt, hactenus habere firmitatem censuerunt dicentes.

De his qui premio ordines adipiscuntur.

I. Si quis Episcopus ordinationem pro pecunia fecerit &c. *uti capite XXV. collectionis præcedentis, ubi canones hujus versionis cum nostrorum MSS. variantibus descriptos invenies; Solum tituli singulis canonibus præfixi, qui ibidem desiderantur, & a Justello proferuntur, ex præmissa tabula repetendi sunt. Post ultimum canonem ibidem descriptum hæc ex prisca versione sequuntur.*

Et

---

1 Canones Calchedonenses ex prisca versione, quam Justellus in suo codice reperit, in quatuor aliis MSS. collectionibus receptos invenimus, nimirum in codd. collectionis Quesnellianæ, quam antea exhibuimus, in MS. Vat. Reginæ 1997. in Colbertino 784. & simili Lucensi 88. in Vat. 1342. & Barb. 2888. Duos alios codices Thuaneos memoravit Justellus, Thuan. 533. qui idem est ac Colbert. 784. a Coustantio laudatus, & Thuan. 129. qui Quesnellianam collectionem complectitur. Cum porro canones hujus versionis superius dederimus in edenda collectione Quesnelliana cap. 25. soli tituli canonum, & subscriptiones, qui in ea collectione fuerunt omissi, hic proferentur.

2 Cod. Vat. Reginæ: *De his qui pretio honore* (l. *honores*) *distrahunt.*

3 Idem cod. *De accusatione Episcoporum.* Justelli codex in titulo canoni præfixo addit *& clericorum:* Vat. 1342. *vel clericorum.*

4 Cod. Vat. Reg. *De Monachis minime promovendis.* In titulo autem canoni præmisso: *Quæ* (l. *qui*) *revera & manifeste solitariam vitam sectantur, honorem* (l. *honore*) *competenti fungantur.*

5 Just. cod. cum Luc. & Vat. in titulo canoni præmisso: *De Episcopis vel clericis, qui se de civitate in aliam transferunt.* Vat. Reg. in tabula: *De Episcopis, qui se de civitate sua transferunt:* in titulo autem canonis: *De Episcopis, vel clericis.*

6 Ita cod. Vat. Reg. concinentibus Vat. & Luc. Justellianum exemplum in tabula: *Nulli absoluto liceat ordinare;* in titulo autem canonis: *Nullum absolute liceat ordinari.*

7 Just. cod. in titulo canonis cum Vat. Reg. *De professis clericis, vel monacis.*

8 Just. in titulo canoni præfixo & Vat. Reg. etiam in tabula: *Si clericus cum clerico caussam habeat.*

9 Vat. Reg. *Ut nullus clericus duabus Ecclesiis militet.* Luc. & Vat. *Ut nullus clericus suam deserat Ecclesiam.*

10 Just. in titulo canonis, & Vat. Reg. ubique; *Ut in aliena civitate clerici non ministrent.*

11 Vat. Reg. *De clericis ne indiscrete nubere permittatur.*

12 Idem cod. *De Diaconissis velandis.*

13 Idem cod. *Ne clerici in alienam civitatem transeant.*

14 *De ordinationes* (l. *ordinationibus*) *Episcoporum* in eodem cod. Vat. Reg.

15 Hoc initium Justelliani codicis retinuimus. Variantes nostrorum codicum videsis not. 2. in canones Calchedonenses, quos in præcedenti collectione exhibuimus cap. 25.

Et ſubſcripſerunt.

16 16 Paſchaſinus Epiſcopus ſtatui & ſubſcripſi.

17 17 Luculenſis Epiſcopus ſtatui & ſubſcripſi.

Bonifacius presbyter legatus ſanctæ Eccleſiæ Romanæ ſtatui & ſubſcripſi, & cæteri Epiſcopi infra ſcripti.

Anatolius Conſtantinopolitanus.
Julianus Legatus.
Thalaſius Cæſareæ Cappadociæ
Euſebius Anquirenſis.
18 Lucianus 18 Byzæ Eracl.
19 19 Diogenes Metrop. Cizic.
Calogerus Claudiopol.
Seleucus Metrop. Amaſiæ.
20 20 Meltius Syriæ.
Florentius Sardenſis.
Oneſiforus Iconiæ.
21 Pergamius 21 Anthi.
Anaſtaſius Nicænus.
Marianus Sinadenſis.
22 22 Conſtantinus Boſtrenus.
* Petronianus Afrodiſiadæ. * leg. *Critonianus.*
Romanus Mirenſium.
Eunomius Nicomediæ.
23 Francio 23 Afrodienus.
Petrus Gangrenſis.
Heleuterius Calcidoniæ.
Theodorus * Lamaſci. * l. *Damaſci.*
* Nunecius Laodiciæ. * l. *Nunechius.*
Forius Tyri.
Baſilius * Seleuci Metrop. * l. *Seleuciæ.*
Joannes Sebaſtiæ.
Cyrus Anazarbi.
24 24 Conſtantius Meleti inſul.
Callinicus * Pameneæ. * l. *Apameæ Bithyniæ.*
Patricius * Tyenſis. * l. *Thyanenſis.*
Stephanus Jeropolita.
Cecropius Sebaſtiopol.
Theoctiſtus Poſinunt.

Lucianus Byzæ Arcadiopol.
Trifon * Dioenſis. * l. *Chienſis.*
Julianus Thabiæ.
Amphilocius Sydenſis.
* Libas Ædiſſæ. * l. *Ibas Edeſſæ.*
Acacius * Ariathiæ. * l. *Ariarathiæ.*
Antiochus * Synoenſis. * l. *Sinopenſis.*
Fionto 25 Faſelienſis Lyciæ. 25
Philippus 26 pro v. c. Balburen. 26
Patricius * Acaſitanæ Lyciæ. * l. *Acraſſitanæ.*
Gemellus Stratonicæ.
Stephanus Poemanenſis.
27 Conſenſius Jerocæſariæ. 27
Eulalius * Phyonienſis. * l. *Pionienſis.*
Hermias * Abidæ Heleſp. * l. *Abydi.*
Cyriacus Trocnadenſis.
Acyllas Eudoxiadæ.
Danihel * Caldenſis. * l. *Cadenſis.*
Fontejanus * Sallagaſſienſis. * l. *Sagalaſſenſis.*
Helias Blandi.
Policarpus * Alenſis. * l. *Gabalenſis.*
Leucius 28 Irenſis. 28
* Amachis Seggenſis. * l. *Amachius Setenſis.*
Andreas 29 Avalenſis. 20
Euſebius Dorilenſis.
* Alchimediſſi Landipus. * l. *Alchimedes Silandicus.*
Dionyſius Atthaliæ.
Andreas Achajæ.
Olympius Sozopolitanus.
Paulus * Flomelienſis. * l. *Philomelienſis.*
Modeſtus Sebaſtenus.
Evandius Diocliæ.
Johannes 30 Biauclenſis. 30
Eulalius * Fibliæ. * l. *Sibliæ.*
Helpidius Thermenſis.
Theodorus Heracliæ.
Olympius * Phaniodos. * l. *Paneadis.*
Thomas * Phorfireonenſis. * l. *Porphyrionenſis.*
Myſterius * Anorienſis. * l. *Aniorienſis.*
Longinus Orciſti.
Manaſſes * Theodopol. * l. *Theodoſiopolis.*
Nicolaus 31 Acaraſſeon. 31
Romanus * Bubbenſis. * l. *Bubonenſis.*
Muſonius * Niſiæ. * l. *Niſſæ.*

---

16 Ita noſtri codd. Apud Juſt. *Paſchaſianus*, male. Pleraque nomina in margine ex geſtis Calchedonenſibus emendavimus.

17 Cod. Luc. *Luculentius*. Legendum *Lucentius*.

18 Juſt. *Byzæracl.* Correximus cum MSS. Vat. Reg. & Vat. 1342. *Byzæ Eracl.* vocatur, quia hic Byzæ Epiſcopus locum gerebat Cyriaci Epiſcopi Heracleæ Thraciæ, ut ex Græcis geſtis intelligimus.

19 Ita cod. Vat. Reg. Apud Juſt. mendoſe *Diodenes*.

20 Vat. 1342. *Mellitus*. Legendum *Meletius*, qui fuit Epiſcopus *Lariſſæ Syriæ*.

21 Idem Vat. *Anthipreiiſidi*, Vat. Reg. *Antipiſidi*: lege *Anthiochiæ Piſidiæ*. Dein pro *Nicænus* Juſt. corrupte *Nicænum*. Mox in Græco pro *Marianus* legitur *Marinianus*.

22 Ita Vat. cum Græco concinens. Juſt. *Conſtantius*.

23 In Græco & in antiqua verſione Calchedonenſis hic *Francio* vocatur Epiſcopus *Philippopolis* in Thracia.

24 In Concilio Calchedonenſi ſolum invenitur *Conſtantinus Melitenus* Armeniæ.

25 Juſt *Faſilienus*. Minus diſplicuit cum Vat. *Faſelienſis* a Phaſeli Lyciæ.

26 Vat. 1342. concinente alio Vat. Reg. *provinciæ Lyciæ*.

27 In geſtis Synodi Conſtantinopolitanæ Calchedonenſi inſertis, vocatur *Coſſignius*. In catalogo autem Epiſcoporum Calchedonenſium apud Labbeum t. 4. col. 1714. *Confinius*.

28 Cum in Græco legatur Ἀπολλωνος Ἱερῶν, interpres reddidit *Irenſis*. ubi reddendum fuerat *Apollinis fani*.

29 Cod. Vat *Abalenſis*. Vat. Reg. *Evalenſis*. Num legendum *Agalenſis*? nam Andreas Epiſcopus Ἀγαλῶν in Græcis ſubſcriptionibus legitur tom. 4 col. 1492.

30 Vat. *Brabilienſis*. Vat. Reg. *Brabilenſis*.

31 Vat. *Archaſeon*. Vat. Reg. *Carraſſeon*. Juſt. *Acaraſcon*. Ex his veram lectionem expreſſimus.

32 Acacius Ariaratiæ.
33 Atticus 33 Zelohensis.
* l. Cerasensis. Menecrates * Ciras.
Helias Blandi.
34 Eusthocius Docimiensis. 34
Mirus Eulandrensis
* l. Lysiadensis. Philippus * Lygiadensis.
Cyriacus Eucarpiæ.
35 35 Abircius Jeropolitanus.
Messalinus Laodiciæ.
Gerontius Basilinopol.
36 Apragmonius 36 Tii.
37 37 Danihel Caldonensis.
38 Matthias 38 Thimenutii.
Thoman Theodosiopol.
David Hadrianiæ.
Zenodotus Thelmeseon.
Meliphtongus Juliopol.
39 Basilius 39 Nacoliæ.
Danihel Lampsaci.
* l. Themistius. * Themistrius Amastridos.
* l. Myndi. Alfius * Myli.
Renus Jonopolitanus.
40 40 Fontianus Salagassænæ.
41 41 Nicolaus Carasseon.
Eupitius Stratonicæ.
* l. Amyzonis. Johannis * Amozonis.
Theodoritus Alavandon.
* l. Hadrianopol. Florentius * Hadriapol.
Nephtolemus 42 Cormonopol.
42 Paulus Dervensis.
Plutarcus Lystron.
* l. Cannensis Lyciæ. Eugenius * Canoniensis.
43 Rufinus 43 Ydesienus.
Acholius Larandon.
* l. Pionius. * Plonius Throados.
Joannes Tripolitanus.
Rusticianus Corepiscopus.
Basilius Ocyrensis.
44 Jacobus 44 Pipminensis.
45 Epiphanius 45 Medalu.
* l. Acilas Aurocrorum. * Acilius Aurocen.
Gennadius Hacmonensis.
46 Acharius 46 Aennensis.
* l. Pataron. Cyrinus * Potaron.

Marcianus * Caralitanus. * l. Corallitanus.
Eugenius 47 Cotoniensis. 47
Obrimus 48 Coracesii. 48
Theodoritus Cirritanus.
Johannes Germanitiæ.
Uranius Emissæ.
Damyanus * Ildonis. * l. Sidonis.
Joseph Eliopolitanus.
Julianus * Rosvensis. * l. Rosiensis.
49 Olympius Paneades. 49
Theodorus Claudiopolit.
Tyrannus Germanicopolit.
Paulus * Radiensis. * l. Aradiensis.
Rufinus * Amorathion. * l. Samosaten.
Sabinianus * Pirrenus. * l. Perrhenut.
Patricius Neocæsari.
Philippus Adanæ.
Indimus Jeropolitan.
Saba Palti.
Theodorus * Pentapolit. * l. Tripolitanus.
Noes * Chefrænus. * l. Cephacastelli.
* Zebenneus Marthiopolit. * l. Zebenus Martyropolitanus.
50 Maragentus Enzitinensis. 50
51 Valens Laod. Foen. 51
Paternus Corepiscopus.
Eulogius Philadelfiæ.
Proculus Adraonensis.
Theodosius Canotasenus.
Hormisda Philippopolitanus.
Joannis Flaviados.
Evolcius * Zeumatenus. * l. Zeugmatenus.
Abramius Circensis.
Romulus * Alchidensis. * l. Chalcidensis.
Timotheus * Balensis. * l. Balaneensis.
Eusebius * Eleucobilo. * l. Seleucobeli.
Paulus * Mariansis. * l. Mariamnensis.
Euthycianus Epiphaniensis.
Marcus Aretusæ.
Johannes * Carroniensis. * l. Carrhensis.
Bassianus Corepiscopus.

Expliciunt Canon. Calcidonensis.

IN-

---

32 Hic Episcopus antea descriptus fuit.

33 Just. *Zelonensis*. Prætulimus *Zelohensis* cum MS. Vat. eo quod magis accedat ad vocem urbis *Zelæ*.

34 Just. inserit idem nomen *Eusthocius Docimi*: delet noster cod. Vat.

35 Vat. Reg. *Arbicius*.

36 Just. *Tri*. Emendavimus cum MSS. Vat. Reg. & alio Vat.

37 Hic Episcopus antea descriptus legitur.

38 In catalogo Episcoporum Calchedonensium t. 4. Conc. col. 1716 nullus alius Matthias legitur nisi *Themesianensis*, ubi Harduinus corrigit *Themisonensis*.

39 Just. *Naconiæ*. Vat. Reg. *Nocaliæ*. Correximus cum MS. Vat. ex quo etiam mox scripsimus *Danihel*: apud eumdem Just. *Danittel*.

40 Vat. MS. *Pontianus Sagassane*. Legendum *Fontejanus Sagalassensis*, qui supra descriptus fuit.

41 Hic quoque Episcopus repetitus est.

42 Vat. *Cormopolitanus*, forte *Cornopolitanus* a Corna Lycaoniæ.

43 Cod. Vat. *Ydesiensis*, forte *Bybliensis*: cujus urbis Episcopus Rufinus in vulgatis Calchedonensis gestis invenitur.

44 Vat. *Nipminensis*.

45 Vat. *Meda*: legendum *Midæi*. Dein *Gennudius* apud Just. correximus cum eodem Vat.

46 Vat. *Enuensis*. Vat. Reg. *Aenuensis*.

47 Just. *Cotonuensis*: Vat. *Quotonuensis*. Prætulimus cum MS. Vat. Reg. *Cotoniensis*, ubi videtur legendum *Cotenensis* a Cotena Pamphyliæ.

48 Ita cod. Vat. Reg. Apud Just. *Coracesis*.

49 Hic Episcopus antea recensitus fuit.

50 In catalogo Patrum Calchedonensium tom. 4. Concil. col. 1712. inter Episcopos Mesopotamiæ legitur *Maras Azetiniensis*.

51 Ita cod. Vat. Reg. Apud Just. *Valens Laodfoen*: In Calchedonensi act. 16. vocatur *Valerianus Laodiceæ Phœnicis*.

1 ### 1 *INCIPIUNT TITULI CANONUM*

Constantinopolitanorum.

I. *UT permaneant quæ in Nicia sunt legitime, & immobiliter constituta.*
II. *De anathemate Arrianorum, Euno-*
2 *mianorum, Machedonianorum, Sabellii, 2*
Photini, Marcellini, & Apollinaris.
III. *De singulis parrociis ordinandis, &*
3 *de primatu 3 Episcoporum metropolitanorum.*
IV. *De Maximi indisposita ordinatione.*
4 *De primatu Ecclesiæ 4 Constantinopolitanæ.*

Expliciunt.

5 5 Hi canones expositi sunt ab Episcopis
* l. congregatis. CL. * congregati in unum Constantinopoli, quando ordinatus est beatus Nectarius Episcopus, Consulatu piissimi, atque amatoris Christi Imperatoris nostri Fl. Marcia-
6 ni Aug. 6 III. Kalend. Novembres per gratiam Dei, & constitutione piissimorum, & fidelium Imperatorum una cum sancta Synodu, in basilica sanctæ & victricis martyris Euphemiæ conjubante eos precibus suis. Sancta Synodus dixit.
I. Non transgredi fidem 7 sanctorum Pa- 7
trum CCCXVIII. qui in Nicæa Bythiniæ convenerunt: sed permanere eam firmam, & dominam censemus.

8 *Anathema esse omnem hæresem.* 8

II. Id est Eunomianorum, 9 similium 9
Arrianorum, 10 Eudoxianorum, & Semiar- 10
rianorum Spiritui sancto * adversi & Sa- * l. adversorum.
bellii, & Marcellianorum 11, & * Apol- * l. Apollinariorum.
lianorum. 11

Quæ debeantur Ægypto, Antiociæ, & Constantinopoli.

III. Ut extra terminos 12 non ingredere 12
alienos, neque confusionem facere Ecclesiis; sed secundum canones observare.
Ut Alexandrinum quidem Episcopum, quæ in Ægypto sunt, gubernare, servatis
quæ in Nicænis 13 canonibus primatus An- 13
thiocenæ Ecclesiæ: & Asiæ gubernationis Epi-

---

1 Hos canones priscæ versionis nacti sumus in MSS. collectionibus Vat. Reg. 1997. Lucensi 88. & Vat. 1342. Justellus adhibuit etiam cod. Thuan. 533. qui similis Lucensi 88. apud P. Coustantium est Colbertinus 784 Mirum accidet hos canones, qui ante Calchedonense annis LXX. conditi fuere, post Calchedonenses describi. Sed id nobis indicio est, eosdem post Calchedonensem Synodum celebrari cœpisse, & tum in Græcum canonum codicem post Calchedonenses fuisse relatos. Confer quæ in hanc rem pluribus disseruimus in Tractatu part. 1. c. 2.

2 Nomina *Photini*, *Marcellini* (leg. *Marcelli*) ex MSS. Vat. Reg. & Vat. adjecimus.

3 Just. cod. *Episcopi Metropolitani*. Correximus cum nostris codd.

4 Ita nostri codd. Apud Just. *Constantinopolitanorum*.

5 Hæc adnotatio cum præter Justellianum codicem legatur etiam in nostris MSS. libris Vat. Reginæ, & Vat. 1342: qui hosce canones e prisca recepere; nihil dubitari potest, quin eadem a priscæ versionis auctore proficiscatur. Errorem vero manifestum præsefert, cum initio loquatur de Synodo Constantinopolitana Patrum CL. a quibus sequentes canones editi fuere; dein vero huic Synodo, quæ sub Theodosio magno reipsa habita fuit, aptetur tempus Marciani Imperatoris, aliæque circumstantiæ, quæ pertinent ad Synodum Calchedonensem. Duo alii caracteres Synodi Calchedonensis in sequentibus deprehenduntur. Nam primo post ultimum canonem Constantinopolitanum de Maximo Cynico describitur alius canon de primatu Ecclesiæ Constantinopolitanæ, qui non a Constantinopolitanis Patribus, sed a Calchedonensibus editus fuit. Secundo post Nectarii subscriptionem inferuntur tres legati Sedis Apostolicæ, qui in Calchedonensi interfuere, nec canonem pro Constantinopolitana Ecclesia ibidem constitutum recepere, sed ipsi potius apertissime contradixerunt. Id factum videtur ab aliquo Græco, ut canoni Constantinopolitanæ Sedis prærogativas sancienti auctoritatem adjiceret. Latini enim, præsertim Itali, qui ab ea prærogativa approbanda maxime abhorruerunt, hujus imposturæ auctores credi nequaqum possunt. Priscæ autem interpres quidquid invenit in Græco exemplo, latinitate donavit. Hanc porro aliam adnotationem sinceriorem ex Thuaneo codice exhibuit Justellus in margine: *Hi canones prolati sunt ab Episcopis CL. congregati in unum Constantinopolim, quos inclitæ recordationis Theodosius Imperator pater Arcadii & Honorii Principum convocavit, quando B. Nectarius Constantinopolitanæ Ecclesiæ damnato Maximo sortitus est Pontificatus officium.*

6 Cod. Vat. Reg. *IIII. Kalendas Novembris*, quæ dies (in editis *V. Kal.*) competit vulgatæ actioni XVI. Synodi Calchedonensis, ubi canon de primatu Ecclesiæ Constantinopolitanæ in calce affictus, condirus fuit.

7 Just cod. addir præpositionem *in*, quam cum nostris MSS. Vat. Reg. & Luc. delevimus.

8 Cod. Luc. hunc canonem jungens cum præcedenti habet: *& anathematizari omnem hæresim* &c. Ita etiam & Græcus textus, & aliæ versiones unum canonem efformant.

9 Cod. Justelli *insimilium*. Delevimus *in* cum MSS. Vat. 1342. & Thuan. quem idem Justellus laudat. Cod. Luc. delet etiam *similium*: Vat. Reg. expungit quoque *Arrianorum*. Ex Græco reddendum *sive Anomæorum, & Arrianorum*.

10 Cod. Luc. delet vocem *Eudoxianorum*, pro qua MS. Thuan. præfert *Macedonianorum*.

11 Cod. Thuan. & Luc. *& Photinianorum*. In Græco aliisque versionibus utrumque legitur: *Photinianorum*, & *Apollinariorum*.

12 Sic MS. Luc. & Vat. Apud Just. *non ingerere*.

13 Vocem *canonibus* omittit solus Justellianus codex: eam cum ceteris inseruimus.

Episcopi, quæ per Asiam sunt, parrocias solum gubernare: qui vero sunt Ponto, Ponticæ tantum; qui sunt Traciæ, Traciarum solum.

Non vocatos autem Episcopos super parrociam alienam non debere ingredi ad ordinandum, aut pro aliquibus aliis gubernationibus ecclesiasticis, servato quod scriptum est de parociis canone & constitutum, & ut per singulas provincias, provinciæ Synodus gubernet, secundum ea quæ in Nicia constituta sunt.

Quæ autem in barbaricis gentibus sunt Ecclesiæ Dei, ita gubernari oportet, secundum quod obtinuit a Patribus consuetudo. Constantinopolitanum autem Episcopum habere primatum honoris post Romanum Epi-
14 scopum, 14 pro quod eam esse censemus juniorem Romam.

De Maximo Cynico, & adversum ejus iniquitates, & delib.a ejus, quæ Con-
15 *stantinopolim 15 facta sunt.*

IV. In omnibus placuit, ut neque Maximum Episcopum fuisse, aut esse, neque ipsos qui ab eo ordinati sunt in quocumque gradu clericorum, vel quælibet facta sunt, infirmata esse censemus.

16 *De primatu 16 Ecclesiæ Constantinopolitanæ.*

Sancta Synodus dixit. Ubique sanctorum Patrum terminis sub acentes, & quem nunc legimus canonem CL. reverentissimorum Episcoporum, qui congregati sunt in hanc regiam civitatem, cognoscentes, hæc cen-
17 suimus 17 de primatu sanctæ Ecclesiæ Constantinopolitanæ civitatis junioris Romæ,
* l. Sedi. quia * Sedis magnæ Romæ, pro eo quod
* dele ei. regnaret, sancti Patres statuerunt * ei primatum; ita nunc & nos in hoc constitutum firmantes venerabiles CL. primatum reddimus juniori Romæ, rationabiliter judicantes, ut quæ regno & senatu honorificatur civitas, obtineat & firmitatem primatus secundum magnam Romam, & in ecclesiasticis causis magnificam eam esse, sicut & Romam, & 18 secundam post eam esse censemus. 18

Et ut Ponticam, & Asiam, & Traciam gubernationem Metropolitani 19 habeant. 19
Etiam qui in barbaricis sunt Episcopi, a sede suprascribta 20 parrocias eis ordinen- 20
tur. Et ut * singulum Metropolitanum me- * l. singuli Metropolitani per memoratas.
moratas parrocias cum provinciarum Episcopis ordinent Episcopum, sicut divini canones censuerunt.

Manus impositionem autem, sicut superius dictum est, a Metropolitanis Episcopis fieri debere; electionem autem facere secundum consuetudinem, ad eos referre oportet.

Et subscripserunt.

Nectarius Constantinopolitanus Episcopus statui & subscripsi.
21 Paschasinus Episcopus Legatus sanctæ 21
Ecclesiæ Rom. statui & subscripsi.
22 Lucentinus presbyter Legatus Eccle- 22
siæ Rom. subscripsi.
Bonifacius presbyter Legatus Ecclesiæ suprascriptæ SS. subscripsi. Et cæteri subscripserunt.

Ægypti.

Timotheus Alexandrinus.
Dorotheus Oxyrinco.

Palæstini.

Cyrillus Hierosolymitanus.
Gelasius Cæsariensis.
Macer * Hierocontis. * l. Hiericuntis.

Dio-

---

14 Melior lectio in MSS. Thuan. & Luc. *pooptetea quod urbs ipsa sit junior Roma.*

15 Codd. Vat. Reg & Luc. *facta est*. Var. 1342. *Constantinopoli commisit.*

16 Codd. Thuan. & Luc. addunt *sanctæ*. Hic autem canon est vulgatus XXVIII. Synodi Calchedonensis, non autem Constantinopolitanæ: qua de re confer not. 5. & 6. Quare in margine codicis Thuanei, apud Coustantium Colbertini, eadem manu, qua totus exaratus est codex; eodem Coustantio admonente in præfatione t. 1. epist. Rom Pontif. pag LXXXIV. hæc adnotatio legitur: *Ab hinc inclitæ sanctæ Ecclesiæ caput non habent*, hoc est sequentem canonem non habent alii sanctarum Ecclesiarum codices. Hic autem canon reipsa Calchedonensis in eo Græco codice, quem auctor priscæ versionis adhibuit, idcirco subjectus fuit canonibus Constantinopolitanis potius, quam Calchedonensibus, quia separatim a ceteris constitutus actione ultima, tertio Constantinopolitano canoni totus innititur.

17 Ita meliores codd. Apud Just. *de primatum:* Dein MS. Thuan. delet *Constantinopolitanæ:* Luc. delet *civitatis*.

18 Ita nostri codd. Vat. Reg. & Luc. cum Thuan. apud Coustantium loco laudato. Justelli codex *secundum*, male.

19 Solus Justelli cod. caret verbo *habeant*, & mox præfert *barbaris* pro *in barbaricis*.

20 Cod. Luc. melius delet voces *parrocias eis*; quæ nec in Græco, nec in aliis versionibus apparent.

21 Tres sequentes subscriptiones ex Concilio Calchedonensi perperam intrusæ sunt. Confer not. 5. In MS. Vat. Reginæ hæ subscriptiones sic efferuntur: *Nectarius Constantinopolitanus, & a Roma qui directi sunt, Paschasinus Episcopus, Lucentinus presbyter, Bonifacius presbyter.*

22 Verum hujus nomen *Lucentius*, isque non presbyter, sed Episcopus fuit. Vocem *presbyter* & hic & in sequenti subscriptione omittit cod. Thuaneus, qui mox pro *suprascriptæ* habet *Romanæ*.

Dionyſius Dioſpolitanus.
Priſcianus Nicopolitanus.
Saturninus Sebaſtenus.
23 23 Rufus Scythopolitanus.
Auxentius Aſcalonis.
Ælianus Jamnenſis.

Phœnices.

Zenon Tyri.
Paulus Sidonis.
24 24 Neſtatius Ptolomaidæ.
Philippus Damaſcenus.
25 25 Bracchus Paneadenſis.
*l.Berytenſis. Timotheus * Brittanienſis.
26 26 Baſilides Bybli.
Mucimus Aradi.
27 Alexander Archis 27 per Theodo,

Syriæ Cœles.

*l. Meletius. * Mellitus Antiociæ,
Pelagius Laodicenſis,
Acacius Beræa,
Johannes Apamenus,
28 28 Bizas Seleuciæ.
Euſebius Epiphaniæ.
Marcianus Seleucobili,
Patrophilus Lariſſenus,
Seberus Palti.
Flavianus & Helpidius presbyteri Antiocæni.
Euſebius Chalcidis.
Domnus Gabalæ.
Baſilius Rafaneu.

Arabiæ.

29 29 Aſapius & Balapus Boetrum,
Helpidius Dioniſiadis.
30 Uranius 30 Adarenſis.
Cilum Conſtantines.
*l. Neapoleos. Severus * Neſpoleos,

Oſroenis.

31 Eulalius Ediſſæ. 31
Vitus Carru.
Habramius 32 Batumum. 32

Meſopotamiæ.

Maras Amidis.
Batenus 33 Conſtantines. 33
Jobinus 34 Etmarias. 34

Auguſtæ Eufrateſiæ.

Teodotus Hierapoleos,
Antiochus * Samaſtheos. *l.Samoſatæ.
Iſidorus Cyro.
Jovinus * Perrienſis. *l.Perrhenſis.
35 Maris Lollienſis. 35

Ciliciæ.

Diodorus Tharſo,
Cyriacus Adanu.
Yſicius Epiphaniæ.
Germanus Corici.
36 Aerius Zephirienſis. 36
37 Filomuſus Pompeiopolitanus, 37
Olympius * Monſieſtias. *l.Mopſueſtias.
Theophilus Alexandriæ per. Alipium presbyterum.

Cappadociæ.

Helladius * Carias. *l.Cæſarias.
Gregorius * Niſius. *l.Nyſſenus.
Ætherius Tiano.
Boſphorius Coloniæ.
Olympius Parnaſi.
Gregorius Nazancenus,

38 *Iſauriæ.* 38

Sympeſius Seleuciæ.
Montanus Claudiopol. per Pau-

---

23 In MS. Juſtelli fortaſſis ob folii defectum ſequentes ſubſcriptiones ad Euſtrátium Cannenſem uſque deſiderantur: eaſque ſupplevimus ex noſtris MSS. Vat. Reginæ & alio Vat. 1342.

24 Ita cod. Vat. Reg. Alius Vat. *Neſtabius*. Vulgati Conciliorum *Nectabus*.

25 Sic idem cod. Vat. Reg. Alius Vat. *Bracheus*. Vulg Conc. *Batrachus*.

26 Ita Vat. cum vulg. In MS. Vat. Reg. *Baſilius*.

27 Voces *per Theodo.*, præfert ſolus Vat. 1342. In margine Conciliorum, & in Harduini notis alii codices habent *per Timotheum presbyterum*,

28 Vat. Reg. *Bigas*. In Synodo Conſtantinopolitana anni 394. vocatur *βίζος*.

29 In Synodo memorata vocantur *Agapius* & *Bagadius Boſtrorum* Epiſcopi, quorum de Epiſcopatu contentio ibidem definita fuit.

30 Vat. Reg. *Adadres*, lege *Adraſſenſis* ab Adrao Arabiæ urbe.

31 Ita Vat. Reg. Alius Vat. *Cologius*: vulg. Conc. *Eulogius*, verius: nam *Eulogius Edeſſenus* ſubſcriptus legitur in Synodo Antiochena paulo ante celebrata, ut patet ex tom. 2. Conc. Ven. edit. col. 1047.

32 Vulg. Conc. *Bathnenſis*.

33 Sic Vat. Reg. Alius Vat. *Conſtantienſis*.

34 Alius Vat. *Semarias*. Vulg. Conc. *Jobianus Imerienſis*, melius ab Himeria Meſopotamiæ.

35 Melius in vulg. Conc. *Maris Dolichenſis*.

36 Vat. 1342. *Nerinus*.

37 Idem Vat. *Filonius*.

38 Vulg. Conc. aliam provinciam cum duobus Epiſcopis inſerunt. *Armeniæ minoris. Oterius Melitinenſis. Oterius Arabiſſenſis*. Non ſolum Juſtelli exemplum, ſed & noſtri codd. carent. Poſt pauca pro *per Paulimpium* iidem vulg. habent *per Paulum*.

Paulimpium presbyterum.
Filotheus Hierapolitanus.
39 39 Pistus Philadelphiæ.
40 Musonius 40 Celenderum.
Marinus Dalisandi.
Theodosius Antiociæ.
Artemius Titiopolitanus.
41 41 Neu Selinuntos.
Montanus Neocæsariæ.
Eusebius Olbis.

Cypri.

Julius Paphu.
42 42 Theopropus Trimitountus.
*l. *Tamassanus.* Ticon * Tamastanus.
43 43 Nemius Cethius.

Pamphiliæ.

44 Troilus 44 Ægeon.
45 Gajus 45 Libris.
46 Longinus 46 Colibarsu.
Theodulus Coracisii.
47 Isicius 47 Cotenu.
Tuisianus Casso.
*l. *Panemutichi.* Midos * Panentu.
Heraclides Thicusitanus.
48 Theodulus 48 Sialitanus.
*l. *Ariasso.* Pammenius * Ariasto.

Licaoniæ.

Amphilochius Iconii.
49 Cyrillus 49 Eumanadi.

Aristophanes * Supatru. *l. *Sabatræ.*
Paulus Listro.
50 Ininius Corinun. 50
51 Darius Mistiæ. 51
Leontius 52 Pertun. 52
Theodosius 53 Idisenus. 53
54 Eustracius Cannuensis. 54
55 Dafenes Deruis. 55
Eugenius * Posadum. * forte *Pasalonensis.*
Illyrius 56 Isauron. 56
Severus 57 Ambladum. 57

Pisidiæ.

Optimus Anthiociæ.
Theumistius Hadrianopolit.
Attalus 58 Postadun. 58
Amantius * Adadun. *forte *Odadun* ab Odada.
Faustus Limenun.
59 Johannes Salagessitanus. 59
Calenicus 60 Thymadun. 60
Eustathius Metropolitanus.
Patricius 61 Parlaxit. 61
Lucius * Narpoleos. *l. *Neapoleos.*
62 Lollianus Sozopoltit per Simplicium presbyterum. 62
63 Tyrannus presbyter Amuranus. 63
64 Auxanius presbyter Apamensis. 64
65 Helladius presbyter Cunamen. 65
Theosebius 66 Philominas per Bassum presbyterum. 66

Liciæ.

---

39 Ita Vat. Reg. Alius Vat. *Spistus.*

40 Idem Vat. *Celendrinus.* Melius in vulg. *Celenderitanus.*

41 Idem Vat. *Neunris.* Vulg. Conc. *Neon.*

42 Sic Vat. Reg. Alius Vat. *Theodopropus Trimitonuntus.* Vulg. *Theopompus Tremituntis.*

43 Idem Vat. *Nemus Cethri.* Vulg. *Mnemius Citthiensis.*

44 Vat. Reg. *Egeon.* Vulg. *Geonensis.*

45 Sic idem codex a *Libre* Pamphiliæ. Vat. 1342. *Lirbicensis.*

46 Vulg. Conc. *Collobrasensis*: forte *Colbasensis* ab urbe Colbasa, quæ in Notitiis legitur.

47 Ita Vat. Reg Male in alio Vat. *Contenensis*, & pejus in vulg. *Commacensis*.

48 Ita Vat. 1342. In Vat. Reg. *Sialu*. Vulg. *Silviensis*, & in margine *Fialitanus*.

49 Idem Vat. *Cumanadensis*: leg. *Homanadensis* ab Homanada Lycaoniæ.

50 Sic Vat. Reg In Vat. 1342. *Iaintus Cori.* Vulg. *Inzus Cotnensis*, forte *Cornensis* a Corna urbe.

51 Vat. 1342. *Nundarius.* Prætulimus *Darius* cum Vat. Reg. concinentibus vulgatis Conciliorum. *Mistiæ* suppeditavit Vat. suffragantibus iisdem vulgaris, in quibus *Mistiensis* a Misthea Lycaoniæ. Vat. Reg. corrupte *Iaistiæ*.

52 Ita cod. Vat. Reg. a Perse oppido, Lycaoniæ. Alius Vat. *Peton.* Vulg. Conc. *Pergensis*: corrigir Harduinus *Pertensis*.

53 Vat. Reg. *Sydis*, leg. *Hydis* ab *Hyde*. Alius Vat. suppeditavit vocem *Idisenus*, quæ eodem recidit.

54 Vat. Reg. *Eustacius.* Hic Justelli codex redit.

55 Idem Vat. Reg. *Dafnon.* Vulg. Conc. *Daphnus.*

56 Ita nostri codd. ab Isauropoli. Just. *Isaudun.*

57 Just. *Amablandum.* Vat. 1342. *Amblandus.* Melius Vat. Reg. *Ambladum* ab Amblada Lycaoniæ.

58 Nostri codd. *Prostadum*. Vulg. Conc. *Prostamensis.*

59 Vat. Reg. *Joninus Salagassi.* Alius Vat. *Junius Salagensitanus*: leg. *Sagalassitanus.*

60 Nostri codd. *Thymandum*, & Vat. *Calenius.*

61 Vat. Reg. *Parlaxu*: alius Vat. *Parlax.* Lege *Parlænsis* a Parlai Pisidiæ.

62 Ita duo nostri codd. Apud Just. *Jollianus.*

63 *Thisanus* in Vat. Reg. qui mox habet *Amo*, idest *Amorianus*, melius ab *Amorio* Pisidiæ. Alius Vat. *Amuranus.*

64 Ita nostri codd. Concinunt vulg. *Auxanon.* Apud Just. *Oxanius.*

65 Vat. 1342. *Ellalius presbyter Cunanus.*

66 Melius vulg. Conc. *Philomeliensis* a Philomelio.

Lycia.

67 Tatianus Meronensis.
Pionius Comatis.
Eudimus Pataronensis.
Patricius 68 Inomandum.
Lupicinus Lymerun.
Macedo 69 Scindun.
Romanus * Pasilidun.
Hermeus * Bubuteun.
70 Thantianus Araxitanus.

Phrygiæ Salutaris.

Vitus * Primisiæ.
Eusanius Eucarpiæ.

Phrygiæ Pacantianæ.

Nectarius Appias.
Theodorus Eumeniæ per
Profuturum Presbyterum.

Cariæ.

71 Hecdicius Afrodisiadæ.
Leontius * Cimirun.

Bythiniæ.

Eufrasius Nicomediæ.
Dorotheus Nicææ.
Olympius Neocæsariæ.
Theodolus Caleidonensis.
Eustatius Prusenus.

72 *Ponti Amasiæ.* 72

Pansopius * Hibero. — * l. Iberorum.

Mysiæ.

Martyrius * Marciopolitanus. — * l. Marcianopolitanus.

Scythiæ.

Terentius Tomeun.
Ætherius Cersonissi.
73 Sebastenus Anchialis. 73

Spaniæ.

Agrius 74 Ymimontu. 74

75 *Ponti Polemoniaci.* 75

Atarbius per
Cyrillum lectorem.

76 *Expliciunt Canones Concilii Constantinopolitanorum.* 76

67 Vat. Reg. *Tatgianus*. Alius Vat. *Tantianus*. Dein vulg. Conc. *Myrensis*.

68 Ita nostri codd. Apud Just. *Tromardum*. Melius in vulg. Conc. *Oenoandensis* ab Oenoanda Lyciæ.

69 Vat. *Sindon*. Verius in vulg. Conc. *Xanthensis*.

70 Vat. Reg. *Thoantinus Araxo*. Vulg. *Theantinus Araxenus*. Mox voces *Phrygiæ Salutaris* a Justello omissas ex nostris codd. adjecimus.

71 Vat. Reg. *Edicius*. In Just. per errorem pro *Afrodisiadæ* legitur *Nicomediæ*, cum etiam apud ipsum postea *Nicomediæ* Episcopus dicatur *Eufrasius*.

72 Just. *Pontus Asiæ*. Correximus cum Vat. 1342. & vulg. Conc. Mox *Hibero* prætulimus cum MS. Vat. Reg. Apud Just. *Hiberonus*.

73 Vat. 1342. *Sebastinus*. Vat. Reg. cum vulg. Conc. *Sebastianus*.

74 Vat. Reg. *Yminontu*. Alius Vat. *Immoenuntu*. Vulg. Conc. *Immontinensis*.

75 Hanc provinciam cum nostris MSS. & vulg. Conc. adjecimus.

76 Cod. Vat. Reg. *Explicit Caleidonensis Concilium*, mendose; sed fortasse ex eo evenit, quod ultimus canon addititius ex Calchedonensi sumtus fuit.

1 INCIPIT
PRÆFATIO.

2 PLacitum est in Concilio habito, in quo credimus posse placere omnibus catholicis, ut a Synodo accepto recedi omnino non debere, quod in conlatione aput omnes integrum recognovimus, nec a fide non recessuros, 3 quæ per Prophetas a Domino Deo Patre per Christum Dominum docente Spiritu Sancto in Evangelio, & Apostolis omnibus suscepimus 4 per traditionem Patrum, secundum 5 traditionem Apostolorum, quæ aput Niciam tractata sunt contra hæreses, quæ eo tempore surrexerunt 6 præpositum est nunc usque permanet. Quibus a nobis omnibus nec addendum aliquid credimus, nec 7 minuere posse manifestum est. Placuit ergo nihil fieri novum: 8 substantia, quod Græci dicunt usiam, nomen quidem in multis sanctis Scribturis insinuatum mentibus nostris obtinere sui debere 9 firmitatem. Quam rem cum suo nomine Ecclesia catholica cum doctrina deifica semper confiteri & profiteri consuevit. 10

ANTI-

---

1 Hoc additamentum, quod ex suo codice Justellus edidit, at in nostris MSS. non invenitur, ad priscam versionem non pertinet. Deteximus autem esse documentum Synodi Ariminensis a Catholicis celebratæ an. 359. quod apud S. Hilarium legitur Fragmento VII. t. 2. editionis Veron. col. 184 d. ubi hic titulus præfigitur: *Incipit definitio catholica habita ab omnibus catholicis Episcopis, priusquam per terrenam potestatem territi hæreticorum consortio socientur, in Concilio Ariminensi.*

2 Apud Hilar. incipit: *Sic credimus placere omnibus posse Catholicis, a Symbolo accepto nos recedere non oportere, quod* &c.

3 Melius apud eumdem: *quam per Prophetas a Deo Patre per Christum Dominum nostrum docente Spiritu Sancto & in Evangeliis & in Apostolis* &c.

4 In Hilar. infertur *ut*, minus recte.

5 Lege cum Hilar. *successionem Apostolorum usque ad tractatum apud Nicæam habitum contra hæresim, quæ tunc temporis exsurrexerat.*

6 Hilar. *positum nunc*. Dein voces *a nobis* contextui necessariæ apud illum desiderantur.

7 Lege cum Hil. *minui*. Mox hic habet *Placet*.

8 Corrige *substantiæ, quam*: sicut apud Hilar. *substantiæ quoque nomen & rem a multis sanctis Scripturis insinuatam* &c.

9 Sequentia, quæ in mutilo Justelli MS. deerant, ex Hilario supplevimus.

10 Addit Hilarius. *Huic definitioni omnes in unum Catholici conspirantes subscripserunt.*

ANTIQUISSIMA
INTERPRETATIO LATINA
CANONUM NICÆNORUM,

quæ nunc primum prodit e MS. Vaticano Reginæ 1997.

ADMONITIO.

PRiscæ canonum editioni vetustissimam ineditamque Latinam versionem subjicimus canonum Nicænorum, quam reperimus in MS. codice Vat. Reginæ 1997. In hoc ceteri Græcorum Conciliorum canones ex interpretatione prisca sumpti fuerunt. Soli Nicæni aliam hactenus ignotam versionem exhibent, quæ prisca translatione antiquior, in Ecclesia Theatina, ad quam ille codex olim pertinebat, recepta fuisse videtur. Initio quidem suspicabamur, hanc versionem eam esse, qua utebatur Romana Ecclesia, cui Theatina suberat. Cur vero hanc suspicionem deposuerimus, intelliges ex præmisso Tractatu part. 2. c. 2. §. 1. n. 2. & seqq. Ex hac versione auctor Quesnellianæ collectionis, quam recusimus, in Nicænis canonibus describendis nonnulla derivasse animadvertimus adnot. 1. in canones Nicænos ejusdem collectionis. Canones Sardicenses cum Nicænis juncti, & Nicænorum titulo inscripti in eodem quidem codice Vat. Reginæ proferuntur. Solos autem Nicænos hic appendimus; quippe qui tantummodo latine redditi novam translationem exhibent. Sardicenses enim ex originali Latino, ut alibi monuimus, ibidem descripti cum vulgatis conveniunt, aliquot variantibus lectionibus exceptis, quas ex eodem MS. codice in notationibus ad Sardicenses canones priscæ editionis diligenter expressimus. Canonibus Nicænis in eodem MS. præmittitur tabula canonum cum hac epigraphe: *Incipit Capitula Nicæni Concilii*. Sunt autem capitula XLVI. eo quod in his Sardicensia capitula sine ullo discrimine comprehendantur. Hæc capitulorum canonumque divisio collectoris arbitrio tribuenda. Duo prima capitula designant ea, quæ canonibus præmittuntur. Hinc primus canon Nicænus notatur numero tertio, secundus quarto, & sic deinceps. Omittitur Nicænus canon ultimus de non flectendo genu die dominica, & a Pascha usque ad Pentecosten, uti omittitur in collectione, quam ex Quesnello edidimus. Quoad Sardicenses autem canones duo in unum coeunt, nimirum 29. & 30. collectionis Quesnellianæ: cumque in hac unicum tantum capitulum adsignetur præmissis canonum, quæ in nostro codice dispertiuntur in duo; copulatis in unum duobus Sardicensibus collectionis laudatæ, idem canonum numerus XLVI. utrobique tandem resultat. Hæc prænotasse sufficiat. Nunc ipsam versionem proferimus, quæ etsi incondita, & obscura est, ut antiquæ fere omnes versiones deprehenduntur; plura tamen errata imperiti librarii vitio & oscitantiæ tribuenda sunt.

INCIPIT FIDES

NICÆNI CONCILII AMHN.

I. CUm convenisset sanctum & magnum Concilium &c. *uti habetur supra in Nicænis canonibus editionis priscæ.*

II. Credimus in unum Deum Patrem omnipotentem, omnium visibilium & invisibilium factorem, & in unum Dominum nostrum Jesum Christum natum ex Patre unigenitum, hoc est de substantia Patris &c. *uti supra cap. 1. collectionis Quesnellianæ.*

De his qui se ipsos abscidunt, vel eunicizant, in totum ad clerum admitti non debere.

III. Si quis autem incurrerit * in valetudine, & necessitate cogente a medicis fuerit sectus, aut dominis suis, aut a barbaris eunuchizatus; hic * manet in clero. Si quis autem sanus ipse se absciderit, & inventus fuerit in clero; oportet eum a loco abjici, & de cetero nullum hujusmodi oportere suscipi. Sicut autem de his manifestum est, ut si quis ausus fuerit abscidere se, abjiciatur. Sic itaque siqui aut a barbaris aut a dominis suis castrati sunt, provata vita eorum suscipiendos esse in clerum censemus.

* l. in valetudinem.

* l. maneat.

De Neophitis neque Episcopos, neque Presbyteros ordinari.

IV. Plurima sive necessitate cogente, sive alias * coacti ab hominibus commissa sunt contra disciplinam, & regulam ecclesiasticam, ut quosdam homines a conversatione gentili repente accedentes ad credulitatem, modico tempore cathacizatos statim ad spiritale lavacrum cogant accedere: & mox baptizatos multos ad Episcopatum, vel Presbyterium venire cogant, bene habere placuit. De cetero nihil tale committi, vel fieri. Tempus enim debet probare Cathecuminum, & post baptismum experimentis multis probari. Manifesta etenim Apostoli scribtura dicentis *non Neophitum, ne forte elatus in judicium incidat diaboli.* Quidem si præcedente tempore tale aliquid delictum admiserit, hæc eadem persona & accusetur a duobus, vel tribus, hujusmodi privabitur a loco.

* l. cogentibus hominibus.

De vindicta eorum, qui contra canones fecerint.

V. Si quis autem contraria his egerit, resistens huic magno, & sancto Concilio, ipse se in periculo mittens privabitur a clero.

*De mulieribus quas * synectas vocant.*

* leg. synesactas.

VI. Quæcumque * Episcopis, vel Presbyteris, & Diaconibus commorantur, sive viduæ, sive virgines; hæc in totum censuit hoc sanctum, & magnum Concilium nullum sibi præsumere hoc vel licitum esse eis maxime qui in clero sunt constituti: nisi forte aut soror sit, aut germanicia * hæc personæ tantum quæ fugiant suspicionem. Aliæ vero personæ fugiendæ sunt, quæ maximam adferunt suspicionem.

* supple eum.

* l. vel hæ.

De Episcopis a conprovincialibus ordinandis.

VII. Episcopum oportet ab omnibus Episcopis qui sunt in provincia, sub qua agitur, ordinari. Si autem difficillimum est, aut urgens necessitas fuerit, aut per longinquitatem itineris, omnino tamen tribus Episcopis præsentibus oportet constitui Episcopum consentientibus & his, qui absentes fuerint, per scribta sua ordinationem fieri tamquam se præsentes.

De potestate Metropolitani.

VIII. * Habentem potestatem eum qui in ampliore civitate provinciæ videtur esse constitutus, idest in Metropolim.

* l. Habeat potestatem is, & subauditur in provincia.

De his qui excommunicati sunt ab Episcopis suis.

IX. De his qui excommunicati fiunt, sive qui in clero, sive qui in laico ordine ab his, qui in provincia sunt, Episcopi teneat sententia: * aut qui ab aliis incommunicati facti fuerint, ab aliis non suscipiantur. Perrogentur autem, ne forte propter contentionem, aut inimicitiam, aut aliquam animositatem Episcopi facti sunt incommunicati. * Ut ergo de omnibus congruens interrogatio fieri videatur.

* l. ut qui.

* Sequentia pertinent ad initium canonis sequentis.

De Synodo bis in anno per unamquamque provinciam celebranda.

X. Placuit per singulos annos in singulas provincias duo Concilia fieri, ut simul omnibus Episcopis convenientibus totius provinciæ hæ omnes quæstiones interrogentur, ut qui manifesti inventi fuerint deliquisse, vel offendisse Episcopum suum, aut certe graviter deliquisse apud eos constet, eos esse incommunicatos, donec omnium consilio, vel Episcopo eorum placeat humaniorem adversus eum proferre sententiam. Concilia autem fiant unum ante * tessera constent; ut omnium animositate amputata purum & immaculatum sacrificium offeratur Deo. Secundum vero fiat post autumnum.

* l. tessaracosten ex Græco, id est Quadragesimam.

De primatu Ecclesiæ Romanæ.

XI. Ecclesia Romana semper habuit primatum. Teneat autem & Egyptus, ut Episcopus Alexandriæ omnium habeat potestatem: quoniam & Romano Episcopo hæc est consuetudo. Similiter autem & qui Antiocia constitutus est, & in ceteris provinciis, primatus habeant Ecclesiæ civitatum ampliorum.

De

De infirmanda ordinatione, quæ sine Metropolitani consensu fit.

XII. Ante omnia manifestum sit illud, quod si quis sine arbitrio ejus, qui est in Metropolim, constituerit Episcopum; hunc Concilium hoc sanctum & magnum censuit non esse Episcopum.

De sequendo majori numero; cum * ordinatione contenditur.

* sup. de.

XIII. Si vero omnium una maneat sententia firma secundum regulam ecclesiasticam; duo vero, vel tres animositate ducti per contentionem contradicunt; teneat plurimorum sententia.

De honore Gerosolymitani Episcopi.

* sup. &.
* l. Ælia.

XIV. Quoniam consuetudo tenuit * traditio antiqua, ut qui in * Ecclesia est Episcopus, idest Gerosolymis honoretur, habeat secundum ordinem suum honorem, Metropolitani manente dignitate.

De his qui Mundi dicuntur quo genere recipiendi sunt.

XV. De his qui se ipsos Catharos, idest mundos vocant, si quis veniat ad Ecclesiam catholicam, placuit sancto, & magno Concilio huic, ut per manus impositionem Ecclesiæ catholicæ maneat in clero. Ante omnia autem hoc manifestum sit, quoniam oporteat eos in omnibus consentire traditionibus sanctæ catholicæ Ecclesiæ, hoc est ut & secundis nuptiis communicent, & * qui in tempestate persecutionis lapsi sunt, super quos & tempora * statuta sunt & anni. Oportet igitur sequi eos omnia, quæ censuit sancta catholica, & apostolica Ecclesia. Igitur si quis eorum sive in vicis, sive in civitatibus soli inventi fuerint Episcopi, vel Presbyteri; 1 reordinati ab Episcopo Ecclesiæ catholicæ manebunt in eodem honore. Is autem, qui habuit nomen Episcopi * ad eos qui dicunt se esse mundos, in Ecclesia catholica habebit honorem Presbyterii. Si autem hoc illi non placuerit, providebit ei locum in parrocia, ut non videantur in civitate duo Episcopi esse.

* supl. iis.
* subaudi pœnitentiæ.
* l. apud eos.

De his qui inexaminati ordinantur.

XVI. Si qui sine inquisitione facti sunt Presbyteri, aut interrogati confessi sunt delicta sua, & confessis eis citra ordinem, & disciplinam moti homines manus eis temere imposuerunt; hos Canon, & ecclesiastica disciplina non suscipit: quod inreprehensibile est enim, vindicat Catholica.

* De prævaricatis recipiendis per pœnitentiam.

* l. De lapsis ordinatis.

XVII. Si qui ordinati sunt ex his, qui lapsi sunt, per ignorantiam, aut dissimulantibus eis, qui eos ordinaverunt; hoc non præjudicat regulæ ecclesiasticæ: cogniti enim & detecti deponentur.

De prævaricatis per pœnitentiam recipiendis.

XVIII. De his qui prævaricaverunt sine ulla vi, nemine cogente, sine amissione rerum, sine ullo periculo, quod factum est in novissimis temporibus tyranni Licinii, placuit sancto Concilio huic, licet indigni sint misericordia Dei, verumtamen placuit misereri eis. * Quodquod igitur condignam pœnitentiam egerint, triennio inter verbo audientes, & septem annis prostrati jacebunt; biennio autem sine Eucharistia communicabunt plebis orationibus.

* l. Quotquot.

De pœnitentia eorum, qui post baptismum ad sæcularem militiam revertuntur.

XIX. Qui autem vocati sunt ad gratiam, & confessi, primos impetos suos ostenderunt projicientes baltea, post vero conversi sunt ad vomitum suum (quidam enim & pecunias dederunt, & multa munera, ut rursum militarent) hi decem annis prostrati jacebunt post triennii temporis auditionem verbi. Super omnes autem hæc erit interrogatio, & inquisitio satisfactionis. * Quodquod enim & timore, & fide, & conversatione, & lacrymis, & instantia, & bonis operibus misericordiam Dei flexerunt non facta simulatione; hi complentes tempus statutum, sine dubio communicabunt orationi: cum liceat Episcopo etiam humanitatis auxilium eis impertiri. Quodquod autem segnius egerint, vel negligentius se tractaverint raro adparentes in domo Dei; hos oportet tempora complere.

* l. Quotquot.

De reconciliatione danda morientibus.

XX. De his autem, qui in exitu sunt constituti, vetus & canonica lex in eis servabitur & nunc. Itaque si quis in exitu fuerit constitutus * novissimi & necessarii viatici non fraudabitur. Si autem * dispectus communionem fuerit consecutus, & Eucharistiam sumpserit; postea vero inter vivos fuerit

* l. novissimo & necessario viatico.
* l. despectatus.

1 Hæc verba *reordinati ab Episcopo Ecclesiæ catholicæ* nec in Græco leguntur, nec in versionibus prisca atque Dionysii. Noster vero interpres Græcam vocem initio canonis adhibitam χειροθετουμένους, quæ reddita fuit latine *per manus impositionem*, de ordinatione iterum accipienda interpretatus, hæc verba explicandi gratia ex ingenio adjecit, uti fecerat etiam auctor interpretationis, quæ Isidoriana vocatur. At alio sensu eam vocem a Concilio acceptam ostendimus adnot. 13. in Quesnelli Observationes in epist. 167. S. Leonis ad Rusticum Narbonensem tom. II.

rit inventus; erit communicans orationi soli. Similiter & super omnes, qui in exitu sunt constituti, * pœnitentibus communionem Episcopus cum deliberatione impertiatur Eucharistiam.

*l. petentibus.

De Diaconibus ne super Presbyteros sint.

XXI. Pervenit in aurem sancti, & magni Concilii hujus, quod in quibusdam locis, & civitatibus Episcopis &, Presbyteris Eucharistiam Diacones dividant, quod neque canones, neque ecclesiastica regula tradit, ut qui potestatem non habent offerendi, ii offerentibus corpus Christi dividant. Illud etiam cognitum est nobis, quod quidam ex Diaconibus per usurpationem, & temeritatem, corpus Christi priores contingunt. Omnia igitur hæc amputentur, & maneant Diacones in priori ordinatione & mensura, scientes quoniam quidem Episcopi ministri sunt. Accipiant autem secundum ordinem post Presbyteros, dante eis aut Episcopo, aut Presbytero. Sed nec sedere eis permittitur in medio Presbyterorum: extra canonem est enim, & extra ordinem quod fit. Si quis autem noluerit obedire post hæc statuta, privabitur & a loco Diaconii.

De Cathecumenis labsis.

XXII. De Cathecumenis labsis autem placuit sancto & magno Concilio huic, ut triennio audiant Scribturas; postea vero communicent orationi Cathecuminorum.

De his qui Ecclesias suas deserunt, & ad alias transeunt.

XXIII. Propter frequentes tumultus, & seditiones, quæ fiunt in plebes, placuit omnino amputari hanc consuetudinem, quæ extra disciplinam & canonem fit, ut si quis inventus fuerit de civitate in civitatem transiens Episcopus, vel Presbyter, sive Diaconus, amoveatur. Si quis autem post hujus sancti & magni Concilii decreta aliquid hujusmodi usurpaverit, aut consenserit huic rei; irritum fiet, & deliberabitur, an oporteat eum regredi ad parrociam suam, in qua Episcopus, aut Presbyter fuerit ordinatus.

De non suscipiendis alterius Ecclesiæ Clericis.

XXIV. * Quodquod præcipite sunt, & timorem Dei ante oculos non habens Episcopus, vel Presbyter, seu Diaconus, nec disciplinam, aut regulam ecclesiasticam tenentes, discedent de Ecclesiis suis in canone constituti; ii nusquam suscipiendi sunt in Ecclesia, sed oportet eos necessitate cogi, ut revertantur ad parrocias suas. Si autem permanserint in obstinatione sua, oportet eos incommunicatos fieri.

*l. Quotquot præcipitanter, & ... non habentes.

De non ordinandum quempiam, qui ad alium pertinet.

1 XXV. Si quis autem ausus fuerit per subreptionem, aut contumaciam agere, ut qui ad alium pertinet sibi vindicando eum constituerit 1 Episcopum, vel Presbyterum, irrita fiat ejus ordinatio.

De feneratoribus Clericis.

XXVI. Quoniam plurimi in ordinem ecclesiasticum constituti, avaritiam & turpe lucrum sectantes, obliti sunt sanctæ Scribturæ dicentis: *Qui pecuniam suam non dedit ad usuram*: * fenerantes centesimas expetunt; censuit sanctum & magnum Concilium, ut quisquis inventus fuerit post hæc statuta usuras accipiens, * aut quomodo, aut extra legatione agens rem, aut res quam expetens, aut aliud quid adinveniens turpis lucri causa, deponatur a clero, & alienus erit a canone ecclesiastico.

* supl. &.

* l. *aut quoquomodo negotium agens, aut sescupla expetens.*

De Paullianistis.

XXVII. De Paullianistis, qui refugiunt ad catholicam & apostolicam Ecclesiam, decretum positum est, hos omnino rebaptizari. Si qui autem in præterito tempore in clero fuerunt constituti, siquidem inlibati & inreprehensibiles fuerunt inventi, per manus impositionem Episcopi Ecclesiæ catholicæ, ordinandi erunt in ordine cleri. Si autem inquisiti, inutiles fuerint; degradati erunt in ordine laicorum.

De Diaconissis.

XXVIII. Similiter autem & * Diaconissas, & qui in canone videntur esse constituti, simile erit statutum. Memores autem sumus & de Diaconissis, quæ in scismate sunt constitutæ, quoniam nec per manuum impositionem sunt ordinatæ, omnino inter laicas eas oportere dinumerari.

* l. *de Diaconissis & de iis, qui.*

Hic desinunt canones Nicæni, omisso illo de non flectendo genu die dominico &c. ut in collectione Quesnelliana pariter desideratur: qua de re vide quæ ibidem notavimus. Porro continuata numerorum serie sine ulla distinctione subjiciuntur canones Sardicenses eadem divisione, quam in laudata collectione invenies, nisi quod duo canones 29. & 30. hic in unum copulantur: ac proinde numeri canonum prosequuntur usque ad XLVI. Horum canonum variantes indicavimus in notis ad editionem priscam. Tandem canonibus Nicænorum Patrum catalogus subnectitur eodem ordine, ac in collectione Quesnelliana, ubi hujus codicis lectiones, sicubi discrepant, protulimus.

VE-

1 Hic vel interpretis, vel librarii saltus, aut error irrepsit. De Episcopo enim agitur, qui aliquem ad alium Episcopum pertinentem Clericum, non autem Episcopum ordinat. Legendum *eum non consentiente proprio Episcopo in sua Ecclesia ordinaverit*, *irrita* &c.

VETUS
INTERPRETATIO LATINA
CANONUM NICÆNORUM, SARDICENSIUM, ET CALCHEDONENSIUM,

aliorumque documentorum ad Nicænam, & Sardicensem Synodum pertinentium: nunc primum edita ex perantiquo MS. codice LV. Capituli Veronensis.

ADMONITIO.

1. SOcrates lib. I. Historiæ Ecclesiasticæ c. 20. de Patribus Sardicensibus scribens: *Et confirmata Nicænæ fidei formula* ἀνομόιου *quidem vocabulum rejecerunt; consubstantialis autem vocem apertius promulgarunt, scriptasque ea de re litteras quoquoversum etiam ipsi miserunt:* expositionem fidei indicat, quam Synodicæ Sardicensi in suo codice adjectam nactus, ab ipsa Synodo editam credidit. Hanc quidem expositionem uti vere Sardicensem habuit etiam Theodoretus; ac propterea ipsam Synodicam cum hoc additamento inseruit Historiæ Ecclesiasticæ lib. III. c. 12. Quid quod eamdem quoque uti sinceram allegarunt Patres Calchedonenses in allocutione ad Imperatorem Marcianum, (tom. 4. Conc. Ven. edit. col. 1766.) dum a Patribus Sardicensibus contra reliquias Arii ad Orientales directa tradiderunt *sui constituta judicii*: quæ constituta paullo ante appellaverant *decretum de fide*. Legitima enim Synodica decretum continet de personis; sola vero expositio fidei addititia, est *decretum de fide*. Tandem Sozomenus lib. III. c. 12. non solum hanc expositionem laudat, sed etiam Osii & Protogenis litteras ad Julium Pontificem. *Ceterum* (inquit) *&* *ipsi* (Patres Sardicenses) *aliam conscriptionem fidei tunc temporis ediderunt, prolixiorem quidem Nicæna, eamdem tamen continentem sententiam, nec multum ab illius verbis discrepantem. Denique Osius & Protogenes, qui tunc inter Episcopos Occidentis, qui Sardicæ convenerant, principem locum obtinebant, veriti fortasse ne quibusdam viderentur derogasse Nicæni Concilii decretis, litteras Julio scripserunt, testatique sunt, se illa quidem ratihabere, sed majoris perspicuitatis caussa eamdem sententiam fusius exposuisse, ne Arianis brevitate conscriptionis illius abutentibus, occasio daretur imperitos hujusmodi disputationum in absurdum sensum pertrahendi*. Hæc quoque Osii & Protogenis epistola, cum expositionem addititiam respiciat, inter apocrypha referri solet.

2. Qui vero fieri potuerit, ut hæc expositio fidei, & hæ Osii ac Protogenis litteræ a genuinis Sardicensibus gestis ablegandæ (uti expositionem quidem fidei expresse abjudicavit Concilium Alexandrinum anni 362.) non ita multo post Scriptoribus tam eruditis, ac ipsis Patribus Calchedonensibus veluti sinceræ obrepserint, explicavimus in tractatu de Collectionibus part. 1. c. 6. n. 5. ubi has expositionem & litteras Sardicæ quidem paratas, & in Concilio propositas, at ab eo rejectas ostendimus, ne hinc Nicænæ fidei aliquid præjudicii afferretur. Exinde nihilominus a nonnullis relatæ in codicem cum aliis genuinis Sardicensibus documentis, sensimque multiplicatis ejusmodi exemplaribus, sinceræ æque ac cetera laudatis Scriptoribus & Patribus videri potuerunt.

3. Quænam vero essent ejusmodi exemplaria, hactenus ignotum fuit. Nunc vero in antiquissimo MS. codice LV. Capituli Veronensis Sardicensium documentorum vetustam collectionem & versionem nacti, quæ inter genuina Sardicensia monumenta eam expositionem fidei cum Osii & Protogenis litteris exhibet, Græcum exemplum, ex quo hæc versio prodiit, unum ex illis fuisse suspicamur, quæ laudatis Scriptoribus ac Patribus usui fuere. Hinc ergo quanti sit hanc versionem proferre deficiente Græco textu, nemo non videt.

4. Quid quod aliæ utilitates ex hac editione dimanant? Græcum codicem, quem interpres adhibuit, ad Alexandrinam Ecclesiam, saltem ab origine, pertinuisse non levibus indiciis conjecimus in tractatu part. 2. Hæc autem Græca collectio jamdiu ante Calchedonense, ut vidimus, lucubrata, nullos aliarum Græcarum Synodorum canones continebat præter Nicænos & Sardicenses, quibus postea soli Calchedonenses adjecti fuerunt. Si enim alios canones recepisset Græcum exemplum, quo interpres usus est, nihil ambigendum videtur, quin æque omnes latine reddidisset. Id autem tria nos docet. I. Non omnes Græcos codices canonum similes fuisse vulgatis, qui aliorum Conciliorum canones adjiciunt. II. Sardicenses canones in antiquioribus Græcis exemplaribus fuisse recensitos. III. Idcirco hos tantum recensitos videri cum Nicænis & Calchedonensibus, quod aliæ Synodi, quæ canones apud Græcos ediderunt, non fuerunt

generales; hæ autem tres, Nicæna, Sardicensis, & Calchedonensis, universim apud Græcos œcumenicæ haberentur. Constantinopolitanum enim Concilium diutius neque apud Græcos generale habitum in cit. tract. probavimus. Ephesinum vero licet apud omnes esset œcumenicum, cum tamen nullos canones ad generalem disciplinam pertinentes sanxerit, in antiquis Græcis collectionibus canonum locum non habuit, sicut nec in veteri Græcorum codice, quem latinitate donarunt auctores versionum Isidorianæ, Priscæ, & Dionysianæ. Solum circa medium sextum sæculum partim ex Ephesina Synodica sex canones ad Nestorianam causam spectantes, & alii duo ex actionibus VI. & VII. excerpti & collecti, canonum codicibus inseri cœperunt: quæ nostræ collectionis antiquitatem confirmant.

5. Ad hæc, tria insignia documenta Sardicensia hac sola versione & codice nobis conservata fuerunt, nimirum Synodica ad Ecclesias Mareoticas, & duæ epistolæ S. Athanasii ex Synodo scriptæ. Hæ vero, licet ex eodem manuscripto antea editæ a V. C. Scipione Maffejo, typis danti ipsam collectionem atque versionem omittendæ non fuere; cum præsertim subscriptiones, quibus duo ejusmodi documenta muniuntur, usui nobis fuerint in præmisso tractatu, ubi de Patrum Sardicensium numero & subscriptionibus disseruimus. Accedit Osii & Protogenis epistolam nunc apparere in lucem, quæ hactenus a Sozomeno indicata tantum, desiderabatur. Adde quod canonum Sardicensium originale quidem Latinum prodiit, numquam autem antiqua versio ex Græco textu, quem pariter originale fuisse, & a Latino aliquot in locis dissimilem, in tractatu probavimus. Nostra autem vetus interpretatio, quæ nunc e tenebris educitur, præter quam quod aliquot loca in vulgato Græco corrupta manifestat, emendationesque suppeditat, quibus difficultates ex eodem Græco exortæ submoventur; tum vero unum canonem adjicit, qui etsi inveniatur in omnibus exemplaribus Latinis, in Græcis tamen hactenus inventus non fuit. Aliæ utilitates in notis indicabuntur.

SYNO-

SYNODUS NICÆNA

1 ſub

ALEXANDRO EPISCOPO ALEXANDRIÆ

IMPERATORE CONSTANTINO.

MUlta igitur ſeditione facta beato Alexandro cum ſuis de mala mente Arii victorioſiſſimus Imperator Conſtantinus ſcripſit illi, & omnibus Epiſcopis occurrere, colligens Concilium omnium Epiſcoporum in Nicæna civitate, & convenerunt univerſi ſtatuto die.

Expoſitio fidei a ſancta Synodo habita apud Nicænam civitatem metropolim Bithyniæ provinciæ conſulatu Paulini, & Juliani VV. C. C. Conſulum anno ab Ale-
2 xandro 2 milleſimo trigeſimo ſexto, menſe Julio, XIIII. Kal. Julias.

Credimus in unum Deum Patrem omnipotentem, omnium viſibilium inviſibiliumque factorem; & in unum Dominum noſtrum Jeſum Chriſtum Filium Dei, natum de Patre unigenitum, hoc eſt de ſubſtantia Patris, Deum de Deo, lumen de lumine, verum Deum de Deo vero, natum, non factum, omouſion Patri, hoc eſt ejuſdem cum Patre ſubſtantiæ, per quem omnia facta ſunt, quæ in cælo ſunt, & quæ in terra: qui propter nos homines, & noſtram ſalutem deſcendit, & incarnatus eſt, & homo factus eſt, & paſſus eſt, & reſurrexit
3 tertia die, & aſcendit in cælos, 3 unde venturus eſt judicare vivos, & mortuos: & in Spiritum Sanctum.

4 Eos autem, qui 4 dicent: Erat aliquando quando non erat -- & quoniam de non
exiſtentibus factus eſt, vel alterius ſubſtan-
5 tiæ, dicentes, 5 aut convertibilem, aut mutabilem Filium Dei, anathematizat Catholica & Apoſtolica Eccleſia.

Hæc eſt fides, quam expoſuerunt primum quidem adverſus Arrium blaſphemantem, & dicentem creaturam Filium Dei, & adverſum omnem hæreſem extollentem ſe, & inſurgentem contra Catholicam & Apoſtolicam Eccleſiam, quas cum auctoribus ſuis damnaverunt apud Nicænam civitatem * ſupradicti CCCXVIII. Epiſcopi in unum congregati, quorum nomina cum provinciis, & civitatibus in exemplaribus

* I. *ſupradictam*.

Tom. III.

continentur; ſed ſtudioſi ſervi Dei magis curaverunt Orientalium nomina Epiſcoporum conſcribere, propterea quod Occidentales non ſimiliter quæſtionem de hæreſibus habuiſſent.

Oſius Cordubenſis Epiſcopus dixit: Sic credo, quemadmodum ſuperius dictum eſt.
Similiter & 6 Avitus, & Vincentius Preſ- 6
byteri urbis Romæ dixerunt, & ſubſcripſerunt.

INCIPIT CANON PRIMUS SYNODI NICÆNÆ.

I. *Ubi qui ſe ipſos caſtraverunt, ad ordinationem venire non licere.*

SI quis ægritudine faciente a medicis ita forte curetur, & nato in locis vulnere opus ſit teſticulos amputari, aut ſi cuiquam violenter a barbaris fiat, maneat in clero. Sin vero ſanus aliquis ſe ipſum exciderit, hunc in clero manere non oportere. Sicut enim hoc manifeſtum, abſcidentes ſe * manifeſtos eſſe; ita ſi qui a barbaris, aut a dominis caſtrantur, inveniantur autem alio modo digni, admittantur ad clerum.

* ideſt *manifeſte a clero excluſos eſſe*.

II. *De Neophytis, 7 utrum admittantur ad clerum.* 7

* Quam multa ſepe ſive neceſſitate, ſive cogentibus quibuſdam facta ſunt extra eccleſiaſticum canonem, ut homines venientes 8 de gentili vita, ſimul acceſſerint ad 8
fidem, & in brevi tempore, poſt quam baptiſmum fuerint conſequuti, ad ſacerdotium Presbyterii, vel Epiſcopatus promoveantur: placuit nihil fieri tale de cetero, quia longiore tempore, ut diutius catechizentur, eſt opus ante quam baptizentur; & poſtquam fuerint baptizati, diu ſunt comprobandi. Manifeſtum enim eſt apoſtolicum dictum: *Non Neophytum, ne inflatus in judicium cadat, & laqueum Diaboli.* Quod ſi procedente tempore peccatum aliquod, quod animo noceat, inveniatur circa perſonas hujuſmodi, & a duobus, vel tribus teſtibus arguantur; recedant de clero. Qui autem extra hæc fecerit, velut audacter contrarius magnæ Synodo ipſe clericatus periculum ſuſtinebit.

* I. *Quoniam.*

1. *Tim.* 3.

III.

1 Hæc peculiaris Alexandri mentio & in titulo, & in adnotatione ſequenti in nulla alia verſione legitur; confirmatque non modicum eam ſententiam, quam ex aliis quoque Alexandrinis documentis in tractatu munivimus part. 2. c. 9. Græcum originale, ex quo hæc verſio ſumta fuit, ad Alexandrinam Eccleſiam ſpectaſſe.

2 Legendum *ſexcenteſimo trigeſimo ſexto menſe Junio XIII. Kal. Julias*. Vide not. 2. in præfationem Nicænis canonibus præfixam in collectione Queſnelliana.

3 In margine codicis poſteriori manu additur: *ſedet ad dexteram Patris.*

4 In eodem margine *dicunt*: & mox ex alia verſione: *erat tempus quando non erat: priuſquam naſceretur non erat.*

5 In margine additur *eſſe Eretiton* (lege *trepton*) *hoc eſt convertibilem* &c.

6 Alii ſcribunt *Vitus*, *Vito*, vel *Victor*.

7 In marg. codicis *de novellis, vel rudibus.*

8 In cod. corrupte *de centilicita.* Ex Græco veram lectionem expreſſimus.

III. *De non cohabitando mulieribus nisi certis.*

Abnuit ex toto, atque prohibuit magna Synodus, neque Episcopo, neque Presbytero, neque Diacono, neque prorsus cuiquam Clerico licitum esse cum mulieribus conversari, præter matrem, sororem, germanam, & amitam, aut eas solas personas, de quibus nulla possit esse suspicio.

IIII. *De constituendis Episcopis.*

Episcopum convenit maxime quidem ab Episcopis, qui sunt inter provinciam, omnibus ordinari. Si autem difficile sit hoc ipsum propter cogentem necessitatem, quæ fieri expetat sacerdotem, aut propter itineris longitudinem, de omnibus tres in unum congregati, consentientibus per epistolas ceteris, qui absentes fuerint, electioni, de quo habuerint, ordinare debebunt. Confirmationem sane ordinati in unaquaque provincia metropolitano Episcopo reservandam.

V. *De iis, qui ab Episcopo suo excommunicantur.*

De excommunicatis sive in clero, sive in populo in unaquaque provincia sententia synodalis obtineat, ut qui ab aliis excommunicati Episcopis fuerint, non admittantur ab aliis. Requirendum tamen, examinandumque est diligentius, ne levitate quadam, aut pusillanimitate Episcopi sui sit a communione remotus. Itaque ut * allium caussarum decenter examinatio ventiletur, bene placuit singulis annis in unaquaque provincia bis in anno Synodum fieri, ut omnium de eadem provincia Episcoporum congregatione facta, inquisitiones hujusmodi peragantur. Atque ita si offendisse Episcopum manifeste fuerint deprehensi, rationabiliter ab omnibus communione priventur, donec aut simul cum omnibus, aut ipse solus Episcopus, cujus vel clericus, vel laicus excommunicatus fuerit, humaniorem de eo ferat forte sententiam. Synodi autem fiant, una quidem ante quadragesimam, ut omnis fatigationis excusatione sublata purissimum munus offeratur Altissimo; altera vero circa tempus autumni.

* l. *barum.*

VI. *De Primatibus.*

Antiquam per Ægyptum, ac Libyam, atque Pentapolim consuetudo servetur, ut Alexandrinus Episcopus horum habeat potestatem, quoniam & urbis Romæ similis mos est, nec non & Antiochiæ; itaque & in aliis provinciis propria jura serventur Ecclesiis. Sit autem manifestum omnibus, quod si quis citra arbitrium metropolitani Episcopi fuerit ordinatus, constituit magna Synodus ita factum esse Episcopum non oportere. Et ideo si communi omnium * sententia rationabiliter habita, & secundum ecclesiasticum canonem fuerit, duo, aut tres propter contentiones quampropriás contradicant, obtineat sententia plurimorum.

* l. *sententiæ*, & supple *quæ*.

VII. *De Episcopo Æliæ * Jerosolimæ.*

* In marg. cod. additur *idest*.

Quoniam consuetudo prævaluit, & antiqua traditio, ut honoraretur Episcopus Æliæ; habeat honorem, metropolitanæ civitatis dignitate servata.

VIII. *De iis qui dicuntur Cathari.*

De his, qui se dicunt Catharos, si veniant ad Ecclesiam Catholicam & Apostolicam, placuit sanctæ & magnæ Synodo, ut manus eis impositio fiat, & in clero maneant. Ante omnia autem scripto eos convenit profiteri, quod consentiant, & sequantur omnia dogmata catholicæ Ecclesiæ, & communicare se bigamis, & iis, qui in persecutione lapsi sunt, de quibus constitutum, & præfinitum est tempus, vel de ceteris statutis. Unde omnes, sive in vicis, sive in civitatibus inveniantur, impositis manibus reconciliationis 9 chemate 9
maneant clericorum. Ergo qui fuerit Episcopus talium, Presbyteri honorem in catholica habeat Ecclesia: nisi forte maluerit Episcopus catholicus loci, in quo id agitur, in solo nomine Episcopatus ei dare consortium. Si vero id noluerit, providebit locum, ubi aut Chorepiscopus, idest vicem ad consuetudinem Episcopi, aut Presbyter sit, si placebit, ut eum in clero retineat. Hoc autem idcirco, ne in una civitate duo Episcopi esse videantur.

VIIII. *De iis, qui sine examinatione ad presbyterium promoventur.*

Si qui inexaminati promoveantur ad presbyterium, aut examinati confiteantur peccata sua, & post confessionem eorum incitati quidam non circumspecte manus * ejus imponant, hujusmodi canon respuit, nec admittit. Inreprehensibilem requirit Presbyterum catholica Ecclesia.

* l. *eis*.

X. *De his, qui in persecutione negaverunt, & postea ad clericatum promoti sunt.*

Quicumque ordinati sunt per ignorantiam, aut dissimulationem ordinantium, de his, qui in persecutione sunt lapsi; nullum ecclesiastico canoni præjudicium faciunt. Cogniti enim cum fuerint, deponuntur.

XI.

9 Lege *schemate*: est vox græca, quam aliæ versiones reddunt *in ordine*.

XI. *De his, qui negaverunt, & habentur inter laicos.*

Qui prævaricati sunt absque necessitate aliqua, & absque ablatione facultatum suarum, vel sine periculo fuerunt, vel sine aliqua tali re, quæ facta est sub tyrannide Licinii, placuit Synodo, etsi digni non essent, humanitate tamen utendum in eos. Si ergo ex corde pœniteant, triennio inter audientes sint qui lapsi fuerint baptizati;
10 septem annis 10 sub manibus, duobus autem annis non offerant oblationes, sed solum communicent orationibus populi.

XII. *De his, qui abrenuntiaverunt, & iterum ad sæculum sunt conversi.*

Quicumque vocati sunt ad gratiam, & * plurimum impetum fecerunt, vel calorem fidei ostenderunt in militiæ cingulis deponendis, postea vero ad vomitum proprium reversi sunt dando pecunias, opesque fundendo, & plurima commoda conferendo, ut militiam repeterent; ii decem annis subjecti sint manibus Sacerdotum, post triennii scilicet tempus * quod inter audientes fuerint. In his autem annis omnibus oportet examinare voluntatem, & propositum, & qualitatem pœnitentiæ eorum. Igitur qui timore, & lacrymis, vel pœnitentia, atque bonis operibus conversionem suam non specie, sed opere fecerint manifestam; ii * tempus impleto trienni inter audientes poterunt merito nobiscum * orationes habere communes ad Dominum, ut liceat Episcopo de illis aliquid humanius cogitare. Qui autem indiscrete id egerint, speciem sibi solam ingrediendi Ecclesiam judicantes ad conversionem posse sufficere, omne compleant tempus adscriptum.

* l. *primum.*
* l. *quo.*
* legendum *tempore impleto triennii.*
* l. *orationes.*

XIII. *De his, qui in exitu positi communionem requirunt.*

Circa eos, qui incipiunt exire de sæculo, lex synodalis & antiqua servabitur, ut si quis in ultimo constitutus communionem quæsierit, non eum tali viatico debere fraudari. Si autem desperatus a medicis, & oblationis, vel communionis sacræ particeps factus sanitatem perceperit, & post hæc * dixerit, sit orans tantummodo cum his qui communicant, abstinens a communione se ipsum, donec compleat tempus a magna Synodo constitutum. Postulantibus vero quibuslibet in fine suo communionem, probabiliter Episcopus dare debebit.

* l. *vixerit.*

XIIII. *De Catechumenis lapsis.*

De Catechumenis * placuit magnæ & sanctæ Synodo, ut tribus annis ipsi soli sint audientes, atque ita orare postea cum Catechumenis.

* supple *lapsis.*

XV. *Ut transire non liceat clericis, vel mutare Ecclesias.*

Propter perturbationes & seditiones, quas excitant sæpe nonnulli, omnimodo consuetudinem, quæ est extra canonem, placuit amputari: ut si quis fuerit in partibus aliquibus inventus transiens de civitate in aliam civitatem animo propriam Ecclesiam deserendi, sive Episcopus, sive Presbyter, sive Diaconus sit, illicite facere; & * post hoc præceptum definitionemque Synodi tentaverit quispiam ausus, quod prohibetur efficere, vacuabitur sine dubio * præsumptis inceptum, & restituetur Ecclesiæ suæ, quam reliquit, in qua scilicet Episcopus, aut Presbyter, aut Diaconus fuerit ordinatus.

* supple *si*
* l. *præsumentis.*

XVI. *De his, qui in Ecclesiis suis, in quibus promoti sunt, non morantur.*

Quicumque nec periculum, nec timorem Dei habentes præ oculis, neque ecclesiasticum canonem scientes, discedunt ab Ecclesia sua Presbyteri, vel Diacones, vel de quibus canon statuit; hujusmodi nequaquam sunt ab alia Ecclesia recipiendi, sed omni eos necessitate debere compelli, ut ad proprias redeant parochias; aut, si redire noluerint, communione privari. Si vero audet aliquis alterius clericum in sua Ecclesia promovere, fratre cujus fuerat non præbente consensum, 11 secundum canones ordinatio 11
existat infirma.

XVII. *De clericis, qui usuras accipiunt.*

Quoniam multi 12 in canonica exami- 12
natione reperti sunt avaritiam, & lucrum turpe sectantes, oblitique divini sermonis, qui * dictum est: *Et pecuniam suam non dedit ad usuram*: centesimas exigentes; juste costituit sancta, & magna Synodus, ut si inventus fuerit aliquis post definitionem hanc Synodi usuras accipere, vel aliquid tale, quod turpis lucri gratia factum videatur, deponendus de clero est canonum statuta contemnens. . .

* l. *dicit* vel *quo dictum est.*

XVIII.

10 Idest, *sint prostrati sub impositione manuum.*

11 Interpres male accepit Græcum textum, ex quo reddendum fuerat non *secundum canones*, sed *non consentiente proprio Episcopo, a quo recessit, qui in canone censetur.*

12 Hic quoque reddendum fuerat *multi, qui in canone censentur, reperti* &c. & in fine canonis: *deponendus de clero est, & fit alienus a canone.*

XVIII. *De primatu Presbyterorum.*

Delatum est sanctæ & maximæ Synodo, quod in quibusdam locis, & civitatibus Presbyteris Eucharistia a Diaconibus detur, quod nec canon tradidit, nec antiqua consuetudo, ut qui potestatem non habent immolandi, dent illis, quibus faciendi Eucharistiam facultas est data. Sed & illud est cognitum, quod etiam quidam Diaconorum & ante Episcopos Eucharistiam contingant. Hæc omnia igitur auferantur, & maneant Diacones in sua mensura, scientes quoniam Episcoporum quidem ministri sunt, Presbyteris vero minores sunt. Communicent itaque secundum ordinem post Presbyteros, aut Episcopo eis dante, aut Presbytero. Nec sedeant in medio * seniorum Diacones; est enim extra ordinem canonum, si hæc fiant. Si quis autem noluerit his definitionibus obedire, quiescat ministrare.

* idest *Presbyterorum.*

XVIIII. *De his, qui a doctrina Paulli Samosateni confugiunt* *

* supple *ad Ecclesiam.*

Si qui de Paulli Samosateni confugiunt ad catholicam Ecclesiam, definitum est eos omnimodo rebaptizari debere. Si autem quidam antecedenti tempore vel præterito in clero * examinati, inventi sunt sine querela, & post baptismum inreprehensibiles, ordinentur ab Episcopo catholicæ Ecclesiæ. Quod si * non inquisitio inutiles eos invenerit, secundo deponi oportere, vel abjici. Similiter, & de Diaconibus. 13 Si autem in specie Diaconorum constituuntur, nam per impositionem manus non fiunt, & omnimodo inter laicos debent computari.

* corrig. *recensiti.*

* *non redundat* & mox *secundo.*

13

XX. *De flectendo genua.*

Quoniam sunt quidam, qui in die dominico flectunt genua, & in Pentecoste diebus, placuit de hoc sanctæ, & magnæ Synodo, cunctos in omnibus consonanter & consentienter stantes Dominum orare debere.

1 1 EPISTOLA

SYNODI NICÆNÆ

ad Ecclesiam Alexandrinam, & Episcopos Ægypti, Libyæ, & Pentapolis.

SAncta, & magna Synodus per Dei gratiam Ecclesiæ Alexandriæ dilectissimis fratribus per Ægyptum, Libyam, & Pentapolim * apud Nicæam civitatem collecti * sanctum, & magnum Concilium constituerunt, in Deo salutem.

* supple *Episcopi.* * supple *qui.*

Quoniam per gratiam Dei piissimo Imperatore Constantino nos congregante ex diversis ac multis provinciis, sancta & magna Synodus apud Nicæam convenit; omnimodis necessarium visum est a sacro Concilio etiam ad vos litteras dare, ut cognoscatis, quæ sunt mota, quæ ventilata, quæ vero placita. Primum quidem examinatum est de impietate ac scelere Arii, & ejus sociorum sub præsentia piissimi Imperatoris Constantini: & ex omnium sententia definimus anathematizare 2 glorificationem ejus impiam, & verba male dicta ac sensus, quibus utebatur blasphemans Dei Filium, & dicens ex nichilo esse, & ante quam nasceretur non fuisse, & fuisse tempus, quando non erat, & propria potestate virtutis, ac malitiæ esse capacem, Filium Dei asserens creaturam esse, & facturam. * Hæc omnia posuit anathema sanctum Concilium; sed nec audire * glorificationem impiam, & immanitatem, ac maledica verba sustinuit. Et ille quidem quem exitum, vel finem habuerit meritorum, forsitan audistis, vel audietis, ne insultare homini videamur opprobrium peccato dignum perpesso. Tantum prævaluit ejus impietas, ut etiam cum eo pateretur Theonas de Marmarica, & Secundus de Ptolemaide: nam & ipsi quoque eadem meruerunt. Sed quoniam Dei gratia illa mala * glorificatione, & blasphemiis, ac personis præsumentibus sibi separationem, & hæresim facere, * pacifica ab initio populo, Ægyptum liberavit, de temeritate Meletii, & ordinatorum ab eo, quæ statuta sunt, * quovis indicamus, dilectissimi fratres.

2

* l. *His* * *omnibus.* * l. *opinionem.* * l. *opinione.* * l. *pacifico.* * l. *vobis.*

Placuit igitur cum Meletio quidem humanius agere, sancto Concilio benignius commoto (pro enim certa ratione nullam indulgentiam merebatur) manere in civitate sua, nullamque habere potestatem neque provehendi, nec ordinandi Episcopos, sive in territoriis, sive in aliqua civitate hujus rei causa * apparere. Ordinatos sane ab ipso, 3 in arcano ordinatione firmata, communicare, sub hac videlicet conditione, ut teneant quidem, & administrent; secundos autem esse sine dubio omnium, qui sunt in parochiis & in Ecclesiis sub carissimo & comministro Alexandro: quibus ne liceat, quos voluerint, ordinare * aut pro nomine alicujus suggerere, vel omnino quid facere sine voluntate Episcopi catholicæ, & apostolicæ Ecclesiæ. Qui vero sub Alexandro sunt, qui per Dei gratiam, & vestras oratio-

* l. *apparendi.* 3 * l. *aut nomina.*

---

13 Hic aliqua per saltum omissa sunt, alia mendosa. Supplendum & corrigendum sic: *& de Diaconissis, & de omnibus, qui in clero censentur, eadem forma servabitur. Diaconissarum autem meminimus, quæ in specie Diaconorum constituuntur: nam per impositionem manus non sunt ordinatæ, & omnimodo* &c.

1 Græce habetur apud Socratem lib. 1. c. 19. Theodoretum l. 1. c. 9. & Gelasium Cyzicenum in historia Concilii Nicæni lib. 2. c. 33. Nostra versio diversa est ab illa Epiphanii Scholastici, quæ legitur in Tripartita lib. 2. cap. 12.

2 Græce δόξαν, reddendum fuerat *opinionem.*

3 Melius Epiphanii versio *mystica ordinatione firmatos*: de quo vide not. 14. in Observationes Quesnelli ad epist. 167. S. Leonis ad Rusticum tom. II.

tiones in nullo delicto reperti sunt, sed sunt immaculati in catholica & apostolica Ecclesia constituti, habeant potestatem provehendi, nominandi, & eligendi dignos clero, omnia denique * facere secundum legem, & ordinem ecclesiasticum. Si autem evenerit quosdam quiescere in Ecclesiis, tunc ad honorem accedere mortui nunc susceptos tantum, si quis dignus videatur, & populus voluerit, consentiente, & confirmante catholicæ, & apostolicæ Episcopo Alexandriæ Ecclesiæ. Hoc autem omnibus aliis concessum est. Nam in Meletii persona non placuit propter insitam ejus insaniam, & morum procacitatem atque temeritatem, quo nulla potestas auctoritatis concedatur homini prævalenti ad easdem insolentias * repelare. Hæc sunt præcipua, & pertinentia ad Ægyptum, & sanctam Ecclesiam Alexandriæ.

* l. faciendi.

* l. repedare, seu redire.

Si quid vero aliud est redactum ad regulam, vel decretum præsentibus nobis cum carissimo, & comministro nostro Alexan-
4 dro, præsens ipse referet 4 utpote do-
5 minus ac socius 5 actorum, quæ tunc tem-
6 poris ingerebantur. 6

1

1 CANONES

SYNODI SARDICENSIS.

I. OSius Episcopus dixit: Quanto magis mala consuetudo nocentissima est rerum corruptione, ab ipsis fundamentis eradicanda est: ut nulli Episcopo liceat de civitate ad aliam civitatem transferri: hujus enim causæ occasio manifesta est, per quam * tales tentantur. Numquam enim potest Episcopus reperiri, qui de majore civitate ad minorem transferri studeat. Unde apparet, appetionis flagrante modo perituri hujusmodi, & superbiæ potius servire, ut videantur majorem possidere potestatem. Si igitur omnibus hoc placet de talibus evitare, severius vindicari existimo, nec laicorum oportere tales habere communionem. Omnes Episcopi dixerunt: Placet.

* l. talia,

II. Osius Episcopus dixit: Si autem quis repertus fuerit vesanus, vel temerarius, qui pro talibus adferat excusationem 2 perseve- 2
rans ab ejus populo litteras adportando: certum enim est potuisse * eum paucos quosdam mercede & pretio corruptos in Ecclesiis seditiones * movisse, non habentes fidem sinceram, tamquam rogantes eumdem habere Episcopum. Pariter igitur versutias & artes hujusmodi amputandas puto, & tales ne in fine quidem laicam merere communionem. Si igitur placet hæc sententia, respondete. Et dixerunt: Recte dicta placent.

* eum redundat.

* l. movere.

III. Osius Episcopus dixit: Et hoc addi necessarium est: ne quis Episcopus de provincia sua 3 interpellante Episcopo ad aliam transeat provinciam, nisi forte a fratribus suis vocatus; ne videamur portas dilectionis clausisse. 3

In Græc. III. cum duobus seqq.

IV. Et huic similiter providendum, ut si in aliqua provincia Episcopus quis adversus suum fratrem, & coepiscopum habeat causam, nullus de alia provincia arbiter requiratur.

V. Si autem quis Episcopus in aliquo damnatur negotio, & æstimat se firmam causam habere, ut judicium renovetur, si placet vestræ dilectioni, Apostoli Petri honorate memoriam, & scribatur ab his, qui
judicaverunt (4 & canonem damnati Epi- 4
scopi) Julio Episcopo Romæ 5 per vicinos 5
Episcopos provinciæ, & si oportet innovari judicium, renovetur, & judicem ipse præbebit. Et si non potuerit ibi adesse, & tale fuerit ejus negotium, ut iterum renovetur

---

4 Cod. mendose *ut potest* pro *utpote*. Mox pro *Dominus* melius Epiphanius *auctor*.

5 Cod. *actitarum* male. Correximus *actorum* & supplevimus *quæ*.

6 Græcus textus, & versio Epiphanii addunt notitiam decreti de die Paschatis unanimiter celebrando cum totius epistolæ clausula. Si vero hic defectus in nostra versione interpreti haud tribuendus credatur, dicendum erit in Græco codice, quo ille usus est, eam tantum partem epistolæ fuisse descriptam, quæ ad Alexandrinam Ecclesiam peculiariter pertinebat.

1 Horum canonum versio ex Græco est: cum aliæ editiones in Latinis codicibus exhibitæ sint ex originali Latino, quod ab originali Græco diversum * alibi vidimus. Idem quidem est istorum canonum ordo sicut in Græco, cum alius ordo sit in Latino. Iidem quoque canones in hac versione, qui in Græco cum in Latino duo canones Græci desint. Id tandem peculiare præfert nostra versio quod canonem XIX. incipientem a voce *Januarius* in MS. Græco ab antiquo interprete inventum docet, qui in Græcis omnibus exemplaribus hactenus vulgatis non invenitur. Quod si canonum numerus in hac versione augetur usque ad numerum XXV. id accidit ob partitionem arbitrariam unius canonis vulgati in tres, & alterius in duos.

* Tract. part. 1. c. 5.

2 Clarius ex Græco reddes: *adseverans a populo ipsorum allatas esse litteras*.

3 Voces *interpellante Episcopo* Græcum textum minus assequuntur; ex quo sic reddendum: *de provincia sua ad aliam transeat provinciam, in qua sunt Episcopi, nisi forte* &c.

4 Voces uncis inclusæ nec in Græco, nec in ullo Latino exemplo leguntur, sensumque perturbant: ac propterea delendæ.

5 Locus perperam redditus. Nisi legere placeat *vel per vicinos Episcopos provinciæ* (subaudi *scribatur*,) quemadmodum Latinum originale editionum priscæ & Isidorianæ suggerit, non autem Græcus textus; corrigendum erit sic: *& per vicinos provinciæ Episcopos, si oportet innovari judicium, renovetur, & judices ipse præbeat. Si autem non potest probare tale esse ejus negotium, ut iterum renovetur judicium, semel judicata non dissolvantur, sed quæ sunt judicata, maneant firma.*

vetur judicium, ſemel judicata non diſſolvi, quæ autem ſunt, maneant firma.

In Græc. IV. VI. Gaudentius Epiſcopus dixit: Si placet; neceſſarium eſſe huic addi ſententiæ, quam veram & caritate plenam tuliſti; ut ſi quis Epiſcopus fuerit depoſitus
* ex Græc. judicio. *. præſentia Epiſcoporum, qui vicini ſunt,
* l. dixerit. & * dixerunt ſe negotium excuſationis habere; non prius in ejus cathedra alium ordinari, niſi prius Romæ Epiſcopus de hoc cognoſcens terminum impoſuerit.

Græc. V. VII. Oſius Epiſcopus dixit: Placet, ut ſi quis Epiſcopus appetitus, vel accuſatus fuerit, & collecti Epiſcopi finium ſuorum eum gradu dejecerint, & confugerit ad provocationem Beati Epiſcopi Romanæ Eccléſiæ,
* l. &. * vel adquieverit eum audiri, & juſtum putaverit renovari judicium rei, ſcribere Epiſcopis dignabitur
* l. propinquis. * providentibus provinciæ, quo ipſi diligentius cum ſcrupuloſitate ſingula ſcrutentur, & ſecundum veritatis fidem de negotio proferant ſententiam. Si vero quis iterum pet erit denuo ſuum audiri negotium, & per hanc petitionem Romanum Epiſcopum moverit;
6 6 de latere ſuos Presbyteros deſtinabit, ut ſit poteſtatis ejuſdem Epiſcopi, quod æſtimaverit eſſe. Et ſi ſtatuerit oportere mitti, qui deſtinati cum Epiſcopis judicaturi ſunt, habeant auctoritatem ejus, a quo deſtinati ſunt. Sane & hoc ponatur in Epiſcopi poteſtate. Et ſi putaverit ſufficere ad cauſæ cognitionem, & ſententiam proferendam
* l. Epiſcopos. * Epiſcopo, faciat quod ejus ſederit prudentiæ.

Græc. VI. VIII. Oſius Epiſcopus dixit: Si evenerit in una provincia, in qua plures ſunt Epi-
7 ſcopi 7 ordinandi, unum Epiſcopum remanere, & hic ob quamdam negligentiam noluerit convenire,
* ſupple conſentire. & * ordinationi Epiſcoporum; plebs autem conveniens roget fieri ordinationem Epiſcopi: primum oportet eum, qui remanſit, per litteras primatis Epiſcopi provinciæ, hoc eſt metropolitani commoneri, quod populus petit ſibi paſtorem dari: æſtimo oportere hunc expectare, ut veniat, & cum eo fiat ordinatio. Si autem neque per litteras rogatus advenerit, nec ſcripſerit; ſatisfieri populi voluntati debet, & vocandi ſunt de vicina provincia Epiſcopi ad ordinationem Epiſcoporum.

IX. Non licere autem Epiſcopum ſimpliciter ordinari in vico, vel quadam exigua civitate, cui ſufficit etiam unus ſolus Presbyter. Nec enim neceſſe eſt ibi Epiſcopum ordinare, ne contemptibile fiat Epiſcopi nomen, & auctoritas. Sed, ſicut prædixi, Epiſcopi vicinæ provinciæ in iis civitatibus ordinare debent Epiſcopos, in quibus prius conſtituti videbantur. Si autem reperiatur quædam civitas abundans populo, ut digna videatur habere Epiſcopum, accipiat. Si hoc omnibus placet. 8 8

X. Oſius Epiſcopus dixit: Importunitas noſtra, & frequentatio * etiam injuſti fecerunt, Græc. VII. * l. & preces injuſtæ. nos merito non tantam habere gratiam, & confidentiam, quantam debueramus habere. Plures enim Epiſcoporum non intermittunt ad comitatum venientes, ac præcipue Afri, qui, ut cognovimus, fratris dilectiſſimi, & comminiſtri noſtri Grati ſuaſiones ſalubres non ſuſcipiunt, ſed contemnunt; ita ut unus homo in comitatu plurimas, ac diverſas, & nihil ad utilitatem proficientes Eccleſiarum preces adportet, per quas (& quemadmodum debet fieri, & convenit) pauperibus vel * liutius, * l. laicis.
vel viduis ſubveniat, & ſuccurrat; ſed ſæculares dignitates, & adminiſtrationes provideat quibuſdam. Hæc igitur ſpurcicia moleſtiam non ſine ſcandalo quodam nobis, & reprehenſionem adportat. Decere autem puto, Epiſcopos ſuum præſtare debere auxilium illis, qui ab aliquo patiuntur violentiam, vel ſi qua læditur viduarum, ſive pupillorum quis fraudatur: ſi hæ quoque perſonæ juſtam habent petitionem. Igitur, dilectiſſimi fratres, ſi omnibus hoc placet, ſtatuite, nullum Epiſcoporum debere ad comitatum proficiſci; videlicet his cauſis exceptis. Quod vero oportet adeſſe, quos piiſſimus Imperator noſter ſuis litteris convocaverit, nullam habet dubietatem. Et quoniam frequenter evenit, miſericordia dignos confugere ad Eccleſiam, * obſervant deli- * l. ob ſua.
cta exilio, vel inſulis damnatos, ſive quacumque obligatos ſententia; talibus non eſt denegandum præſidium, ſed ſine mora, vel cunctatione his protectionem eſſe concedendam. Si igitur placet, 9 ſtatuatur & hoc. 9

XI. Oſius Epiſcopus dixit: Et hoc veſtra Græc. VIII. probet ſolertia. Quoniam placuit Epiſcopos non ire ad comitatum, ne reprehenſionem incurrant: ſi quis eorum tales habuerit preces, quales memoravimus, per ſuum tranſmittat

6 Melius ex Græco legendum, *ut de latere ſuo Presbyteros deſtinet, ſit in poteſtate ejuſdem Epiſcopi, quod rectum eſſe æſtimaverit.*

7 Hoc verbum *ordinandi* nec in aliis exemplaribus Latinis, nec in vulgaro Græco legitur. Convenit autem cum ſequentibus *ordinationi Epiſcoporum, & ad ordinationem Epiſcoporum*, quæ in Græco vulgaro retinentur. Porro ex noſtra verſione, aliud emendatius Græcum exemplum interpreti noſtro præ oculis fuiſſe, cognoſcitur, quod in ſequentibus eam difficultatem tollit, quam in vulgaro textu plures notarunt. In hoc nimirum indicatur, ad Metropolitæ ordinationem vicinæ provinciæ Epiſcopos eſſe convocandos, quod a conſuetudine eccleſiaſtica abhorret. Noſtra autem verſio non de Metropolitæ, ſed de Epiſcoporum ordinatione actum fuiſſe oſtendit, cum plures Epiſcopi ejuſdem provinciæ ordinandi ſint, nec niſi unus in ipſa ſuperſit Epiſcopus qui ad ordinationem ipſorum convenire queat.

8 Græcus textus cum Latinis exemplaribus concinens addit: *Reſponderunt omnes: Placet.* Forte librarius ob concurſum ejuſdem verbi *placet*, hæc omiſit per ſaltum.

9 Hic quoque ex Græco ſupplenda: *omnes una veſtrum ſuffragium ferte. Reſponderunt omnes; Statuatur & hoc.*

mittat Diaconum: ministri enim persona non habet invidiam, & quæ præstantur,
10 velocius perferuntur. 10

XII. Osius Episcopus dixit: Et hoc consequenter esse puto, ut in quacumque provincia Episcopus adsit, & * Coepiscopus suas transmiserit preces, qui in majore civitate est, sive Metropoli, ipse & Diaconum, & preces ejus destinet, dans ei commendatitias litteras, & scribens scilicet consequenter ad fratres, & Coepiscopos nostros, qui in illo tempore in locis, vel civitatibus morantur, in quibus felicissimus, ac beatus pius Imperator rempublicam gubernat. Si vero quis Episcoporum habet amicos in aula regia, & vult de aliqua re, quæ tamen decet, eos rogare; non prohibetur per suum Diaconum & rogare & mandare, quod suum adjutorium benignum roganti sibi præbere * dignetur. Qui autem Romam perveniunt, sicut prædixi, dilectissimo fratri nostro & Coepiscopo Julio preces quas habent, dare debebunt, ut prius ipse examinet, si nullæ sunt ex his impudentes, & ita suum patrocinium, & curam præstans, ad comitatum destinabit. Omnes Episcopi responderunt placere sibi, ac decentissimæ esse * dispositione.

* l. ad Coepiscopum.

* l. dignentur.

* l. dispositionis.

Græc. X.

XIII. Osius Episcopus dixit: Et hoc necessarium esse puto, ut cum omni scrupulositate ac diligentia examinetis, ut si quis dives, vel scholasticus, sive de publico dignus Episcopatu videatur; hunc non ante ordinari quam lectoris, Diaconi, & Presbyteri compleverit ministerium, quo per singulos gradus, si dignus fuerit visus, ad fastigium Episcopatus gradatim ascendat. Erit autem gradus uniuscujusque dignitatis non exigui temporis spatium, per quod fides ejus, & morum bonitas, gravitas, ac diligentia cognoscatur, & dignus divino Sacerdotis ministerio habitus, maxima potiatur dignitate: nec enim convenit, nec disciplina vel bona patitur conversatio, audaciter, vel leviter ad hoc prosilire, ut Episcopus, & Presbyter, vel Diaconus procaciter ordinetur; nam sic merito novella
11 planta 11 habebitur: quoniam & beatus Apostolus gentium magister videtur prohibuisse citius fieri ordinationes. Longioris enim temporis comprobatio conversationem, & uniuscujusque mores manifestabit. Omnes Episcopi dixerunt placere sibi, & non oportere hoc refutari.

Græc. XI.

XIV. Osius Episcopus dixit: Et hoc statuere debetis, ut, si quando Episcopus ex alia ad aliam venerit civitatem, vel de provincia ad provinciam elationis caussa, suis laudibus vacans, vel ob religionis devotionem, & multo tempore voluerit ibidem commorari; ejus vero civitatis Episcopus minus gnarus reperiatur, vel minus docibilis: ne contemnat eum, & frequenter adloquatur, studens confundere, & vilem ejus demonstrare personam. Hæc enim occasio consuevit efficere, ut is, qui ex hujusmodi se se commendat, ad se jam alienam adtrahat sedem, ac sibi vindicet eam, non dubitans traditam sibi Ecclesiam derelinquere, & ad alienam migrare. Statuendum est igitur tempus: quoniam non suscipere Episcopum crudele est; & inhumanum videtur.

XV. * Memento tamen antiquis temporibus patres nostros statuisse, ut si quis laicus in eadem degens civitate tribus dominicis diebus per tres non convenerit hebdomadas, * amoveri a communione. Si igitur hoc de laicis decretum est, non convenit, nec decet, vel prodest Episcopum, si nullam gravem necessitatem, vel negotium difficile videtur habere, ulterius abesse Ecclesia, & contristare populum sibi commissum. Omnes Episcopi dixerunt: Et hæc sententia videtur esse decentissima.

* l. Mementote.

* l. amoveretur.

Græc. XI.

XVI. Osius Episcopus dixit: Quia nihil est prætermittendum, fratres, & Coepiscopi in civitatibus, quibus sunt ordinati, interdum possessiunculas minimas videntur habere. Aliis vero in locis magnas, ex quibus possunt 12 procusiores Ecclesiæ reddi- .12
tus adhibere; hoc æstimo illis concedendum ut ad agros suos venientes, fructus suos colligant per trium dominicarum dies, hoc est, tribus hebdomadibus in possessionibus suis
degere, & in proxima 13 civitate, in qua .13
colliget Presbyter, convenire, ut ne videantur sine conventu colligere, & ministrare. Hoc enim pacto ob ejus absentiam ad eum pertinentes possessiunculæ nullum damnum sustinebunt; & * ne frequenter ad aliam civitatem adveniant, in qua est alter Episcopus constitutus: sic enim effugere * poterit jactantiæ, vel superbiæ crimen. Omnes Episcopi dixerunt: Placet dispositio hæc.

* l. nec.... advenient.

* l. poterunt.

XVII. Osius Episcopus dixit: Et hoc omnibus placuit, ut, sive Diaconus, sive Presbyter, vel quis Clericorum fuerit excommunicatus, & ad alterum sibi notum confugerit Episcopum, scientem, quod amotus est a communione ab Episcopo suo, non debere eum in communionem suscipere, ne fratri injuriam faciat * præstare communionem. Si vero ausus fuerit hoc committere, sciat quod nec convenientibus Episcopis locum excusationis habebit. Omnes Episcopi dixerunt: Hoc statutum pacem semper custodiet, & concordiam conservabit.

* l. præstando.

Græc. XIV.

XVIII. Osius Episcopus dixit: Quod me sem-

10 In vulgato Græco additur. *Responderunt omnes: Sanciatur & hoc*. At in Latinis hæc non leguntur.

11 Cod. mutile *bitur*. Correximus ex Græco.

12 Forte *profusiores*, sed ex Græco vulgato legendum *pauperibus*.

13 Græcus textus vulgatus habet Ἐκκλησία *Ecclesia*. At Latina exemplaria *civitatem* præferunt. Sequentia porro hujus canonis cum Latinis exemplaribus magis quam cum Græco conveniunt.

semper movet, tacere non debeo. Si quis
* Græca vox, idest iracundus. Episcopus * oxycolus reperiatur, licet in
tali viro hoc vitium non debeat reperiri,
& citius contra Presbyterum, vel Diaconum
motus dejecerit de Ecclesia; providendum
est ne innocens condemnetur, vel communione fraudetur. Omnes dixerunt: Ejectus
habeat licentiam apud Metropolitanum Epi-
14 scopum ejusdem provinciæ 14 vicinum confugere, & rogare ut scrupulosius interrogetur negotium. Nec enim rogantibus est
audientia deneganda. Et ille Episcopus,
qui merito vel indignitate dejecerit, viriliter ferre debebit, ut examen rei procedat, quo ejus sententia vel confirmetur,
vel emendetur. Qui excommunicatur quolibet modo, non sibi debet communionem
vindicare, antequam diligenter cum omni
veritate cuncta examinentur. Qui non habet communionem, ante causæ cognitionem non sibi debet vindicare communio-
15 nem. 15 Clerici vero, qui conveniunt, si
prævideriint superbiam, vel iniquas subire
* leg. amarioribus. querelas, * a majoribus & gravioribus verbis talem emendare debebunt, ut honesta
jubenti obsequantur, & obaudiant. Sicut
enim Episcopus ministris sinceram debet
caritatem, & affectum præstare, eodem
modo subjecti Episcopis merita debent præstare ministeria.

Hic canon in Græco vulg. desideratur, exstat in Latino. XIX. Januarius Episcopus dixit: Et hoc
dilectio vestra constituat, ne ulli liceat E-
piscopo alterius Ecclesiæ ecclesiasticum sollicitare, vel in parochia sua ordinare. Omnes
dixerunt: Maxime ex hujusmodi contentionibus consueverunt nasci discordiæ, &
concupiscentiæ, & ob hanc rem ad destinatas sibi Clerici non pergunt Ecclesias;
Omnium sententia hoc prohibet fieri.

Græc. XV. XX. Osius Episcopus dixit: Et hoc statuamus, ut si voluerit ex aliena parochia
quis alienum ministrum sine consensu
Episcopi ejus ad aliquem gradum provehere, irrita & infirma hujusmodi habeatur
ordinatio. Si quis vero hoc usurpare voluerit, a fratribus nostris & Coepiscopis com-
16 moneri debebit. 16

Græc. XVI. XXI. Aetius Episcopus dixit: Non ignoratis, quæ & quanta sit metropolitana civitas Thessalonicana. * Ei sæpius de aliis * l. Ad eam.
provinciis, & parochiis adveniunt Presbyteri, & Diacones, ac non contenti exiguo
tempore commorari, resident, & omne
tempus * eodem facient, vel vix tandem * l. ibidem faciunt.
post multum tempus ad suas redire * co-
gentur Ecclesias. 17 * l. coguntur.

XXII. Osius Episcopus dixit: Suggerente etiam fratre nostro Olympio, & hoc 17
placuit, ut qui vim sustinuit, & violenter
expulsus est sive propter disciplinam, sive
propter confessionem catholicæ Ecclesiæ,
vel veritatis adsertionem, fugiens periculum, innocens ac devotus ad aliam pervenerit civitatem, non prohibeatur in ea degere tamdiu, donec revertatur, vel * facti * l. a facta.
sibi liberetur injuria. Durum etenim est,
injuste passum persecutionem iniquam a nobis non suscipi, multamque benevolentiæ
humanitatem * non præstare. 18 * supple ei.

XXIII. Gaudentius Episcopus dixit: Scis 18 Græc. XVIII. In Lat. deest.
Aeti, 19 quod Episcopo aliquando ordina-
to pax videbatur; ita ut nullæ reliquiæ
discordiarum in Ecclesia remanerent. Et
placuit ordinatos a Musæo, & Eutychia- 19
no, quoniam eorum nulla reperiebatur culpa, suscipi.

XXIV. Osius Episcopus dixit: Mediocri- Græc. XIX. In Lat. deest.
tatis meæ hæc est sententia, quoniam quie-
ti, & patientes debemus esse, & sufficienter
apud omnes habere misericordiam; semel ad
ecclesiasticum Clerum provectos a quibusdam fratribus nostris, si noluerint reverti ad
quas nominati sunt Ecclesias, imposterum
non suscipi. Eutychianus autem Episcopatus sibi vindicare nomen non debet, nec
Musæus Episcopus æstimabitur. Ceterum si
laicam communionem exposcunt, his negari non debet. 20 20 Græc. XX.

XXV. Gaudentius Episcopus dixit: Hæc
salubriter, & consequenter statuta, &, ut
decuit vestræ honestati sacerdotali, Deo placita, & hominibus, non poterunt suam vim,
& potentiam obtinere, nisi timor sententiam prolatam subsequatur. Novimus namque & ipsi sæpius propter paucorum impudentiam divinum & honorabile nomen Sacerdotii reprehensum fuisse. Si quis vero
fuerit ausus, præter omnibus placita (cupiens
* con-

---

14 Hic desunt aliqua. Ex Græco supplendum *vel si Metropolitanus abest, ad vicinum* &c.

15 Hic error vetus est, & ita in vulgatum Græcum, ut olim in codicem nostri interpretis irrepserat. Ex Latino melius legendum: *Qui vero conveniunt* (Episcopi) *ad judicandum; si prævideriint clerici superbiam, vel iniquas querelas, amarioribus & gravioribus verbis talem emendare debebunt, ut honesta jubenti obsequatur, & obaudiat.*

16 Ex Græco vulg. additur: *Omnes dixerunt: Hoc quoque decretum stet firmum & immobile.*

17 Ex eodem Græco in vulg. additur: *De his ergo definiendum est. Osius Episcopus dixit: Ea decreta, quæ de Episcopis constituta sunt, serventur etiam in ejusmodi personis.* Incipit autem sequens canon sine interlocutoris persona a verbis *Suggerente fratre nostro* &c. Melius in exemplaribus Latinis, omissis illis *De his ergo definiendum est*, hæc adjiciuntur: *Universi dixerunt: Ea tempora, quæ constituta sunt circa Episcopos, & circa has personas, observari debent.* Tum vero canon novus incipit: *Osius Episcopus dixit:* ut in nostra versione.

18 Ex Græco vulg. addendum esset: *Omnes dixerunt: Hoc etiam placuit.* Desunt in textu Latino.

19 Ex Græco vulg. aliter sic redditur: *quod tunc cum Episcopus constitutus es, pax deinceps viguit: ne aliquæ reliquiæ discordiarum remaneant in Ecclesiis, placuit ordinatos* &c.

20 Ex vulg. Græco addendum: *Omnes dixerunt: Placet.*

* l. contumaciæ magis, & superbiæ. * contumaciam magis, & superbiam, quam Deo * placare) aliquid actitare; jam hinc cognoscet maximo se crimine obligâsse, & honorem, ac dignitatem Episcopatus amittere 21. Hoc autem ex eo innotescet, & cognoscetur. Si quisque nostrum in transitu, vel canali positus videns Episcopum, requirat causam transitus, & quo suum dirigat iter; & si illum invenerit ad comitatum pergentem, expiscetur conditiones supra positas, & si ire vocatum præviderit, eunti nullum impedimentum adportet. Si vero ostentationis gratia, sicut prædictum est vestræ caritati, * si autem ob quorumdam preces festinat ad comitatum, nec litteris ejus quis subscribet, nec ei communicet. 22 Omnes responderunt: Decet, & placet nobis hæc sententia.

* l. placere.

21

* l. aut ob.

22

OSII CORDUBENSIS,

ET PROTOGENIS SARDICENSIS

EPISTOLA

ad JULIUM Papam.

1 Dilectissimo fratri JULIO, OSIUS, & PROTOGENES.

MEminimus, & tenemus, & habemus illam scripturam, quæ continet catholicam fidem factam apud Nicæam, & consenserunt omnes, qui aderant. Episcopi. Tres enim quæstiones motæ sunt: 2 quod erat, quando non erat. Sed quoniam post hoc discipuli Arii * blasphemiæ commoverunt; ratio quædam coegit (ne quis ex illis tribus argumentis circumventus renovet fidem) 3 & excludatur eorum spolium, & ne fiat latior, & longior exponere priori consentientes. Ut igitur nulla reprehensio fiat, hæc significamus tuæ bonitati, frater dilectissime. Plura placuerunt firma esse, & fixa, & hæc plenius cum quadam sufficientia veritatis dictari: ut omnes docentes, & catizizantes clarificentur, & * propugnantes obruantur, & teneant catholicam, & apostolicam fidem.

2

* forte blasphemias, vel blasphemi.

3

* f. repugnantes.

1 SYNODICA

CONCILII SARDICENSIS.

*Sancta Synodus secundum Dei gratiam apud Sardicam collecta ex Roma, Hispaniis, Galliis, Italia, Campania, Calabria, Africa, Sardinia, Pannonia, Mœsia, Dacia, Dardania, altera Dacia, Macedonia, Thessalia, Achaja, Epiro, Thracia, 2 Europa, Palæstina, Arabia * ubique Episcopis comministris catholicæ, & apostolicæ Ecclesiæ dilectissimis fratribus.*

1

* l. supple universis.

2

MUlta quidem, & sæpius ausi sunt Ariani adversus servos Dei fidem ser-

21 Ex eodem Græco inseruntur verba *: Omnes responderunt : Decet, & placet nobis hæc sententia*: quæ melius in nostra versione ad finem canonis rejiciuntur: ut in Latinis quoque exemplaribus can. 11. leguntur.

22 Ex vulg. Græco pro verbis sequentibus, quæ antea fuerant inserta, hæc substituuntur: *Omnes dixerunt : Hoc quoque decernatur*.

1 Hujus epistolæ mentionem facit Sozomenus lib. 3. c. 12. *Osius, & Protogenes*, inquit, *qui tunc inter Episcopos Occidentis, qui Sardicæ convenerant, principem locum obtinebant, veriti fortasse, ne quibusdam viderentur derogasse Nicæni Concilii decretis, litteras Julio scripserunt, testatique sunt, se illa quidem ratihabere; sed majoris perspicuitatis caussa eamdem sententiam fusius exposuisse, ne Arianis brevitate conscriptionis illius abutentibus occasio daretur imperitos hujusmodi disputationum in absurdum sensum pertrahendi*. Ipsa autem epistola, quæ hactenus desiderata fuit, nunc ex nostro codice Veron. 55. in lucem prodit. Hæc rationem affert, cur scripta fuerit expositio fidei, quæ addita est sequenti Synodicæ in fine. Sicut autem hæc fidei expositio in Synodo Sardicensi proposita quidem fuit, non tamen approbata; ita & hæc epistola antea palata fuisse videtur, non tamen recepta, nec transmissa: ac proinde suppositionis notam utraque incurrit. Nihilo tamen minus a nonnullis antiquis relatæ fuerunt tum expositio fidei, tum hæc epistola in codicem, uti propositæ fuerant, & idcirco non multo post velut genuinæ allegatæ inveniuntur. Vide quæ hac de re pluribus dissenuimus in tractatu part. 1. cap. 6.

2 Ex tribus quæstionibus duæ librarii oscitantia omissæ, ex anathematismo, quod Nicæno symbolo subjicitur, supplendæ sunt sic: *quod erat aliquando quando non erat, & quia ex nullis existentibus factus est, aut ex alia substantia vel essentia dicunt esse convertibilem, aut mutabilem Filium Dei*.

3 Locus depravatus, & forte etiam mutilus: in quo quid corrigendum, vel supplendum sit, ex Sozomeni testimonio, quod not. 1. recitavimus, facile cuique conjicere licebit ex. gr. sic: *ut excludatur eorum scholium adversus Nicænam fidem, & fiat latior & longior expositio priori consentiens*.

1 Hæc Synodica Latina, forte ex originali Latino, legitur apud S. Hilarium in Fragmentis. Græcus porro textus, qui pariter originalis habendus est (ita enim duo originalia exempla hujus Synodicæ scripta fuisse videntur, ut de canonibus diximus: alterum Latinum pro Latinis, Græcum vero alterum pro Græcis) exstat in Apologia 2. Athanasii. Hæc duo exemplaria carent ea expositione fidei, quæ huic Synodicæ adnectitur græce apud Theodoretum lib. 2. c. 6. & ex Theodoreto latine reddita fuit ab Epiphanio Scholastico l. 4. Tripartitæ Hist. c. 24. Hæc autem nostra ejusdem Synodicæ versio ex Græco cum eadem expositione fidei diversa est ab illa, quæ in Tripartita continetur; at sincerius exemplum Græcum noster interpres adhibuit, quam illud, quo Theodoretus, & ex Theodoreto Epiphanius usi sunt, ut ex sequenti notatione patebit.

2 S. Athanasius in Apolog. 2. aliam Synodicam exhibet ad Ecclesiam Alexandrinam, in

vantes rectam. Adulterinam enim ſubmittentes doctrinam, orthodoxos perſequi tentaverunt. In tantum enim inſurrexerunt adverſus fidem, ut etiam bonitatem piiſſimorum Imperatorum non lateat. Igitur gratia Dei ſubveniente, ipſi piiſſimi Imperatores congregaverunt nos ex diverſis provinciis & civitatibus, & ſanctam hanc Synodum apud Sardicam fieri permiſerunt, ut omnis diſcordia pertollatur; tota vero mala fide expulſa, in Chriſto religio ſola apud omnes ſervetur. Venerunt enim & de Oriente Epiſcopi, cohortati & ipſi a religioſiſſimis Imperatoribus præcipue ob ea, quæ
*ſupple *de*, rumigerabantur frequenter * dilectiſſimis fratribus noſtris, & comminiſtris Athanaſio Epiſcopo Alexandriæ, & Marcello Epiſcopo Ancyræ Galatiæ, & Aſclepa. Forte enim ad vos pervenere de his accuſationes: forte & veſtras aures tentaverunt movere, ut ea, quæ adverſus innocentes dicunt maledici,
*l. *ſceleſtiſſimæ*. credantur, & ſuæ * moleſtiſſimæ hæreſis ſuſpicionem abſcondant. Sed non diu hæc perpetrare permiſſi ſunt. Eſt enim qui præſtat patrocinium Eccleſiis Dominus, qui pro his, & nobis omnibus mortem ſuſtinuit, & propter eas adſcenſum ad cælos nobis omnibus dedit.

Olim itaque ſcribentibus Euſebio, Mari,
3 Theodoro, 3 Dorotheo, Urſatio, Valente,
4 4 Menophanto, & Stephano Julio conſacerdoti Romanæ Eccleſiæ Epiſcopo adverſus
prædictos comminiſtros noſtros, hoc eſt A-
thanaſium Epiſcopum Alexandriæ, & Marcellum Ancyræ Galatiæ, nec non etiam
Aſclepam Epiſcopum Gazæ, ſcripſerunt &
de aliis partibus Epiſcopi, adhibentes quidem teſtimonium ſinceritati comminiſtri noſtri Athanaſii. Facta autem Euſebii, & ejus
*l. *mendaciis*. ſociorum nihil aliud niſi * mendacium, &
calumniis plena. Et licet ex eo, quod vo-
5 cati ſunt 5 a dilecto noſtro, & conſacer-
dote Julio, noluerint occurrere, & ex his,
quæ ſcripta ſunt ab eodem Julio, manife-
ſtata ſit ipſorum calumnia (veniſſent enim, ſi confidiſſent operibus ſuis, & factis adverſus fratres noſtros, & comminiſtros;) tamen ex his, quæ fecerunt in hac ſancta, & magna Synodo, manifeſtiorem ſuam factionem demonſtraverunt. Occurrentes etenim apud Sardicam, ac videntes fratres noſtros Athanaſium, Marcellum, & Aſclepium, timuerunt ad judicium venire; & non ſemel, & bis, ſed ſæpius vocati, non reſponderunt vocationibus, videlicet Epiſcopis * conventibus, & præcipue bonæ ſene- * melius Epiphan. *congregatis*.
ctutis Oſio, qui propter tempus, & confeſſionem, & tantum laborem omni reverentia dignus videtur: & expectantibus, & adhortantibus eos ingredi, quo ea, quæ de abſentibus comminiſtris * rumigerunt, & * Epiph. *diffamaverunt*.
ſcripſerunt, hæc præſentes convincant. Sed vocati non venerunt, ſicut diximus; ſed monſtrantes ex hoc calumniam ſuam, & non ſolum inſidias, & factiones fecerunt clamantes per excuſationem. Qui enim confidunt ſuis dictis, ii & ad * in præſentia * ſupple *ea probanda*.
eſſe potuerunt.

Quia igitur non occurrerunt, æſtimamus jam nullum ignorare, & ſi iterum illi voluerint aſtute agere, quoniam nihil habentes adverſus comminiſtros noſtros arguere, hoc accuſant abſentes, præſentes vero ſubterfugiunt. Fugerunt enim, dilectiſſimi fratres, non ſolum propter calumniam, quam illis ingerebant, ſed etiam propter eos, qui diverſis criminibus ipſos appetebant, quos videbant occurriſſe. Vincula enim, & catenæ proferebantur ab hominibus de exilio reverſis, & ab his, qui adhuc tenebantur in exilio. Venerunt enim miniſtri parentes, & amici mortuorum propter ipſos, &, quod majus eſt, aderant Epiſcopi, & quidem ferrum, & catenas offerebant, quas propter ipſos portaverunt: alii ex ipſorum inſimulatione mortem conteſtati ſunt. In tantam enim pervenerant immanitatem, ut etiam auderent Epiſcopos velle interficere; & inter-

---

in cujus epigraphe hæ eædem circiter provinciæ eodem ordine recenſentur. Omittuntur Campania, Calabria, & Europa: ſed quinque aliæ memorantur Noricum, Tuſcia, Rhodope, Creta, & Ægyptus. Apud Theodoretum & Epiphanium eædem provinciæ deſcribuntur uſque ad Thraciam, adduntur vero præter Rhodopen Aſia, Caria, Bithynia, Elleſpontus, Phrygia, Piſidia, Cappadocia, Pontus, Phrygia altera, Cilicia, Pamphilia, Lydia, Inſulæ Ciclades, Ægyptus, Thebais, Lybia, & Galatia. Hæc autem tot provinciarum inſcriptio evidenter falſa eſt. I. quia Sardicenſis Synodi tempore una tantum Phrygia erat, non duæ, uti probavimus in Tract. part. 1. c. 7. II. quia harum fere omnium provinciarum Epiſcopi non ad Sardicenſem Synodum, ſed ad Pſeudoſardicenſe Philippopolitanum conventiculum pertinent, ut eodem loco animadvertimus. Hinc Græcum exemplum Theodoreti vitioſum; illud vero, quod noſter interpres præ oculis habuit, ſincerum eſt. Apud SS. Athanaſium, & Hilarium hæc inſcriptio cum provinciis omittitur. Rhodopen ab Athanaſio laudatam confirmat ſubſcriptio *Olympius de Eno Rhodope*, quæ primæ Athanaſii epiſtolæ ex noſtro codice ſubinde edendæ ſubjicitur. Cum vero nullus Epiſcopus ex Europa inventus ſit in ſubſcriptionibus, quas expendimus in tractatu part. 1. c. 7. dubitari poteſt, num in hac noſtra inſcriptione pro *Europa* legendum ſit *Rhodope*.

3 Litteræ *Doro* repetitæ videntur ex poſtremis ſyllabis antecedentis nominis *Theodoro*, ac propterea delendæ. Reliquæ ſunt litteræ *Theo*; ex quibus legendum cum Epiphanii verſione *Theognio*: vel ut inferius in hac ipſa verſione, *Theogene*. Apud Hilarium legitur *Diognito*, at poſtea *Theognito*.

4 Duo hæc nomina *Menophanto*, & *Stephano* ſunt apud Theodoretum, & Epiphanium; apud Hilarium vero deſiderantur. S. Athanaſius cum utatur generali voce *Euſebianis*, omnia hæc nomina præterit.

5 Vocati fuerunt per epiſtolam, quæ conſervata fuit a S. Athanaſio in Apol. 2.

terfeciſſent, niſi effugiſſent manus eorum.
6 6 Surrexit itaque comminiſter noſter beatus Theodolus fugiens eorum inſimulationes; juſſus enim fuerat ex eorum * ſimulatione interire. Et alii gladiorum vulnera * demonſtrantes, nonnulli famem ſuſtinuiſſe ab ipſis * implorabant: & hæc nobiles homines teſtabantur; ſed Eccleſiæ omnes * erant, pro quibus 7 occurrentes, & allegantes docebant milites cum gladiis, populos cum fuſtibus, judicum minas, falſarum litterarum ſubmiſſiones. Nam lectæ
7 ſunt litteræ Theogenis adverſus comminiſtros noſtros Athanaſium, Marcellum, & Aſclepam, ut etiam Imperatores moverentur contra ipſos. Et hæc comprobaverunt, qui tunc fuerunt Diacones Theogenis. Nam & virginum nudationem, Eccleſiarum incendia, carcerem adverſus comminiſtros, & hæc omnia ob aliam nullam cauſſam niſi ob immemorabilem hæreſim Arianorum: * excuſantes enim horum ordinationem & communionem, neceſſario hæc ſuſtinebant.

Hæc itaque conſiderantes perducti ſunt ad ſuæ voluntatis interitum. Erubeſcebant enim ſua confiteri delicta, & quoniam omnibus patefacta celari non poterant, Sardicam pervenerunt, quo per ſuum adventum ſinceritatis opinionem adquirant. Viſis itaque his, quibus calumnias ingerebant a ſe afflictis accuſatoribus, teſtibus ante oculos inſpectis, vocati venire non poterant, comminiſtris videlicet noſtris Athanaſio, Marcello, & Aſclepa multa uſis confidentia implorantibus, & urgentibus, atque provocantibus, & pollicentibus quoque non ſolum eorum arguere calumniam, ſed inſuper demonſtrare, quæ * reliquerint in Eccleſiis ipſorum. Illi autem tanto timore percuſſi ſunt, ut etiam verterentur in fugam, ac per eam * ſuam calumniam demonſtrarent, & delicta faterentur. Et licet ex hoc, quod noluerint, & non ſolum ex prioribus, ſed etiam ex præſentibus ipſorum * verſatio comprobata eſt; tamen * ex fuga quamdam occaſionem alterius malitiæ valeant invenire, cogitavimus ſecundum veritatis rationem ab his commiſſa ventilare.

Quo facto reperimus eos & ex actitatis calumniatores, & nihil aliud niſi comminiſtris noſtris inſidias præparaſſe. Quem enim dicebant ab Athanaſio interfectum Arſenium, vivit, & moratur inter vivos. Ex quo apparet etiam illa, quæ de aliis verboſabantur, ficta fuiſſe. Quoniam vero de calice fracto a Macario Athanaſii Presbytero mentionem fecerunt, adhibuerunt teſtimonium ii, qui de Alexandriæ, & Mareotæ locis ipſis venerunt, nihil tale eſſe commiſſum. Etiam Epiſcopi ſcribentes de Ægypto ad Conſacerdotem noſtrum Julium, ſufficienter firmaverunt, ne ſuſpicionem quidem talem fuiſſe. Deinde acta, quæ dicebant ſe adverſus habere, conſtitit ex una parte confecta, & in ipſis geſtis gentiles, & catechumeni interrogati ſunt; ex quibus unus catechumenus interrogatus dicebat, ſe intus fuiſſe, quando Macarius ad locum ſupervenit. Et alius interrogatus ajebat, Iſchyram ægrotum in cella jacuiſſe, 8 quem dicunt; ut ex hoc appareat ni- 8
hil de myſteriis fuiſſe celebratum, ex eo quod catechumeni intus conſiſtebant; & Iſchyram non adfuiſſe, ſed ægrotum fuiſſe. Nam & ipſe peſſimus Iſchyras, qui mentitus eſt dicendo Athanaſium uſſiſſe quoſdam divinos codices, & in hoc ſuum mendacium demonſtravit. Nam confeſſus eſt illo tempore, quo Macarius advenerat, ſe ægrotaſſe, & jacuiſſe, ut etiam ex hoc calumniator demonſtraretur. Unde ob hanc calumniam ipſi Iſchyræ mercedem dederunt Epiſcopi nomen, qui nec Presbyter eſt. Occurrentes enim duo Presbyteri, qui quondam cum Melitio fuerunt, poſtmodum autem a beato Alexandro tunc Epiſcopo Alexandriæ ſuſcepti, & nunc cum Athanaſio conſtituti, teſtimonium præbuerunt, hunc numquam Melitii fuiſſe Presbyterum, & omnino non habuiſſe Melitium apud Mareotam Eccleſiam vel miniſtrum: & tamen eum qui nec eſſet Presbyter, nunc pro Epiſcopo produxerunt, ut hoc nomine obſtupefaciant audientes eorum calumnias.

Lectus eſt autem liber comminiſtri noſtri Marcelli, & inventa eſt Euſebii * commendatio. Quæ enim propoſita quæſtione Marcellus dicebat, hæc tamquam ab ipſo confeſſa fingebant. Lecta ſunt igitur, & hæc & ſequentia & * præterita quæſtionum, & recta fides viri reperta eſt: neque enim a ſancta Maria, ſicut ipſi firmarunt, initium dedit Verbo Dei, nec finem ei in regno, ſed imperium ſine initio & fine Salvatoris eſſe conſcripſit. Aſclepas etiam comminiſter protulit geſta apud Antiochiam confecta præſentibus accuſatoribus, & Euſebio de Cæſarea; & e ſententiis * judicandum Epiſcoporum oſtendit ſe eſſe innocentem. Merito igitur, fratres dilectiſſimi, frequenter vocati non reſponderunt; merito fugerunt: conſcientia enim coacti per fugam ſuas calumnias firmaverunt, & * credidiſſe fecerunt quæ præſentes accuſatores dicebant, ac demonſtrabant. Quid itaque? Super his omnibus etiam depoſitos, & ejectos ab Eccleſia Arianos non ſolum ſuſceperunt, ſed etiam ad

Marginal notes: * l. cum Hilar. *inſimulatione*. * l. *demonſtrabant*. * idest *conquerebantur*. * ſupple *teſtes*. * l. *recuſantes*. * l. *deliquerint*. * ſubaudi *fugam*. * l. *verſutia*. * ſupple *ne*. * l. *commentatio*. * idest *præcedentia*. * l. *judicantium*. * l. *credi ea* ex Hilar.

6 Verbum *ſurrexit* concinit cum Epiphanii verſione, in qua ex Theodoreto reddidit: *Venit etiam conſacerdos noſter beatus Theodolus*. At ex Græco Athanaſii textu, ac ex Latino Hilarii legendum *Deceſſit*. Vox quidem *Beatus* mortuum ſignificat.

7 Clarius Epiphanius: *ii qui occurrerunt, & qui legatione fungebantur, inſinuabant milites* &c.

8 Interpres Græcum adjectivum θρυλλούμενον, quod Iſchyræ apponitur, minus recte divulſit, ac reddidit *quem dicunt*. Epiphanius, & Hilarius melius *famoſiſſimum* Iſchyram præferunt.

9 ad majorem gradum perduxerunt, 9 Diaconum quidem in Presbyterum, ex Presbytero vero in Episcopum ob nullam aliam cauf-
*l. dilatent. sam, nisi ut impietatem spargant, & * la-
titent, piam vero fidem corrumpant. Sunt
10 autem post Eusebium, 10 & ejus socium
nunc primates Theodorus de Heraclea, Nar-
* l. a Neroniade. cisus * a Marona Ciliciæ, Stephanus Antiochiæ, Acacius Cæsareæ Palæstinæ, 11 Narcis-
11 sus Marmiæ, Menophantus Ephesi Asiæ,
Ursatius Singiduno Mœsiæ, Valens Mursa
Pannoniæ: qui illos, cum quibus de Ori-
12 ente venerunt, neque 12 apud Asiam in
Concilio venire, nec ad Ecclesiam Dei penitus accedere permittebant. Etiam Sardicam venientes, per singula quæque loca
conventus inter se faciebant, & cum inter-
minationibus posuerunt pactiones sibi, ut
cum Sardicam venissent, omnino non in-
grederentur in judicium, nec cum sancta
Synodo convenirent; sed tantum venientes,
imaginarie adventum suum demonstrarent,
*l. fugerent. ac velociter * fugerunt. Hæc autem scire
potuimus a comministris nostris 13 Maca-
13 rio Palæstinæ, & Asterio de Arabia, qui cum
ipsis venerunt, & ab eadem incredulitate
recesserunt. Isti enim ad sanctam Synodum
* Adde quam. venientes violentiam * passi sunt, cum lacrymis exposuerunt. Nihil autem rectum
apud eos fieri dicebant. Etiam hoc addebant, esse quosdam rectæ fidei; & intermi-
nationibus atque accusationibus prohiberi ad
* Adde venire. nos *. Hac de caussa in una domo commanere studuerunt, nullo momento eos sepa-
rari permittentes.

Quoniam igitur non oportebat tacere, &
*l. inultas. * in occultas eorum relinquere calumnias,
vincula, homicidia, plagas, falsas epistolas,
multationes, virginum nudationes, exilia,
Ecclesiarum destructiones, incendia, translationes de minimis ad majores civitates, &
ante omnia insurgentem per ipsos adversus
rectam fidem maledicam Arianorum hæresim: hac de caussa dilectissimos fratres nostros, & Consacerdotes Athanasium Alexandriæ Episcopum, & Marcellum Ancyræ Galatiæ, & Asclepam Gazæ, & eos, qui cum
ipsis ministrant Domino, innocentes, & sin-
ceros esse pronuntiamus, 14 ut cujusque 14
cognoscant Ecclesiæ populi sui Episcopi sinceritatem & hunc habere Episcopum, * ex- * supple &.
pectare: adgressos vero 15 Ecclesiarum ipso- 15
rum judicium luporum Georgium Alexandriæ, & Basilium, & Quincianum Gazæ
nec Episcopos nominari, nec christianos penitus appellari, nec aliquam cum his habere communionem, vel eorum litteras suscipere, vel ad ipsos scribere. Theodorum
Heracleatum Europæ cum suis de * Maro- *l. Neroniade.
nie Ciliciæ, & Cæsareæ Palæstinæ Narcis-
sum, & Acacium, Stephanum Antiochen-
sem, Ursacium Singidunensem Mœsiæ, &
Valentem Mursensem Pannoniæ, Meno-
phantum Ephesium, Georgium Laodiciæ
(licet timens non adsuerit de Oriente, tamen eo quod a beato Alexandro Episcopo
Alexandriæ depositus sit) 16 propter se, ac 16
suos collegas Arianos, & ob * eos inlata * l. eis.
crimina, omnes sancta Synodus deposuit Episcopatu: & statuimus non solum eos Episcopos non esse, sed nec communionem cum
fidelibus mereri. Separantes enim Filium a
substantia Patris, ac de æqualitate alienan-
tes Verbum a Patre, segregari oportet a catholica Ecclesia, & alienari a nomine Christianorum. Sit igitur omnibus vobis anathe-
ma, propter quod * negotiati sunt Verbum * idest adulteraverunt.
veritatis. Apostolica etenim est præceptio:
*Si quis vobis annuntiaverit præterquam
quod accepistis, sit anathema*. Nullum his
communicare præcipite: nulla enim communio tenebris cum luce. Longe omnes facite: nec enim est aliqua conventio Christo cum Beliab: & observate, fratres dilectissimi, eorum litteras suscipere, vel iis scribere. Studete etiam vos, fratres dilecti &
com-

---

9 Alia exemplaria tum Græca, tum Latina plurali numero efferunt: *Diaconos in Presbyteros* &c.

10 In Græco desunt hæc *& ejus socium*. Apud Hilarium habetur *post Eusebium duo*. Coustantius legendum monuit *post Eusebios duos*: cui lectioni favet illud ejusdem Hilarii lib. I. ad Constantium n. 5. *Nuper didicimus commenta hæc fuisse inventa, & a duobus Eusebiis* &c præsertim cum ibi Georgio excepto iidem, qui hic Episcopi, duobus Eusebiis adjungantur. Nostra versio iis verbis *& ejus socium* alterum Eusebium indicat, nimirum Cæsareensem præter Nicomediensem.

11 Nec Athanasius, nec Hilarius, nec Theodoretus, aut Epiphanius, nec aliæ epistolæ post subjiciendæ habent hunc alterum Narcissum; sed pro eo substituendus Georgius Laodiceæ, qui apud eosdem inter damnatos recensetur.

12 Hæc verba *apud Asiam* nec in Græcis, nec in Latinis exemplaribus leguntur. Interpres legisse videtur εἰς τὴν ἀσίαν pro εἰς τὴν ἁγίαν σύνοδον; unde corrigendum est *neque in sanctum Concilium venire*.

13 Ita quidem etiam Græci codices Athanasii ac Theodoreti, nec non Epiphanius, qui æque, ac noster interpres ex Græco reddidit. At exemplar (Latinum Hilarii *Arium habet*. Enim veio *Arius*, non *Macarius* in subscriptionibus Sardicensibus, & in nominibus Episcoporum apud ipsum Athanasium legitur: isque in epistola ad Solitarios ab Arianis male affectos tradit; *Arium & Asterium, alterum Petræ in Palæstina, alterum Petræ in Arabia, qui ab ipsis desciverant*. In eodem porro exemplo Hilarii Ario male adjungitur *Stephanus*, ubi *Asterius* substituendus est.

14 Ex aliis tum Græcis, tum Latinis exemplaribus supplenda sunt: *scribentes ad unamquamque eorum provinciam, ut* &c.

15 Lege *Ecclesias ipsorum more luporum*. Interpres pro voce δίκην *more*, legit fortasse δίκην *justitiam*, & *judicium* reddidit.

16 Clarius apud Hilarium: *& quod sit tam ille, quam etiam ceteri, qui comprehensi sunt, furoris Ariani, & propterea objecta crimina*.

comminiſtri, ſpiritu præſentes in Synodo noſtra, conſentire, & pronuntiare per ſcriptio-
nes veſtras, quo apud omnes ubique com-
17 miniſtros noſtros ſervetur adſenſus. 17
Illos abdicamus, & deportamus a catholica Eccleſia, qui affirmant, quod Deus quidem eſt Chriſtus, ſed verus Deus non eſt,
quia filius eſt; ſed & verus filius non eſt,
18 quod natus eſt ſimul, & 18 factus: ſic enim
19 intelligere cenſuerunt natum, 19 qui fatentur, ſicut ſupra dixerunt, quia quod natum eſt, factum eſt; & Chriſto, cum ſit
ante ſæcula, dant initium & finem, quod
* ſupple *generationem.* non ex tempore, ſed ante omne tempus *
habet. Et in præſenti duæ ſerpentes ex A-
riana aſpide natæ ſunt Valens, & Urſa-
tius, qui gloriantur, & non dubitant dicere ſe eſſe Chriſtianos, & quod Verbum,
& ſpiritus vulneratus eſt, & occiſus, & mortuus, & reſurrexit; & quod adſolet hæreticorum conventus contendere, diverſas eſſe
ſubſtantias Patris, & Filii, & Spiritus Sancti, & eſſe ſeparabiles.
Nos autem hanc ſuſcepimus & docti ſumus, hanc habemus catholicam & apoſtolicam traditionem, & fidem, & confeſſionem unam eſſe ſubſtantiam, quam ipſi
Græci Uſiam appellant, Patris, & Filii, &
Spiritus Sancti; & ſi quærit quis Filii ſub-
20 ſtantiam, eſt pro certo hæc, 20 quam ſolius
ſine Patre, quod eſt Verbum, Spiritus. Abſurdum enim eſt, nunc dicere Patrem non
fuiſſe; quoniam quod intelligitur Pater, ſine
Filio nec nuncupari, nec eſſe poſſe. Eſt ipſius
Jo. 14. 10. Filii teſtimonium: *Et ego in Patre, & Pa-*
Jo. 10. 30. *ter in me:* &: *Ego & Pater unum ſumus.*
21 Nemo noſtrum negat natum, 21 ſed quibuſdam natum omnino ſicut viſibilia, & inviſibilia appellantur nata artifice Archangelorum, & Angelorum mundi, & generis
Sap. 7. 21. humani, ſicut ait: *Omnium artifex docuit*
me ſapientia: &: *Omnia per ipſum facta*
Jo. 1. 3. *ſunt.* 22 Numquam enim eſſe poterit acci-
22 pere initium: quoniam qui ſemper eſt, initium non habet; Verbum Deus, nec ſuſci-
piens finem. Non dicimus Patrem Filium
eſſe, nec * igitur Filium Patrem eſſe; ſed * l. *rur-ſum.*
Pater Pater eſt, & Filius Patris Filius. Confitemur potentiam Patris eſſe Filium. Confitemur Verbum Dei Patris, præter *quem * l. *quod aliud.*
alter non eſt, & Verbum verum Deum, &
Sapientiam, & virtutem, * verumtamen * l. *verumque.*
Filium tradimus; ſed non ſecundum quod
ceteri filii appellantur, Filium dicimus:
quoniam 23 illi aut propter adoptionem, 23
vel ob nativitatem, vel quod merentur, fi-
lii * vocari, non propter unam ſubſtantiam, * l. *vocantur.*
quæ eſt Patris & Filii. Confitemur * uni- * ex Græco *unigenitum.*
cum, & primogenitum; ſed unicum Ver-
bum, quod ſemper fuit, & eſt in Patre;
primogenitum ſane * at hominem. 24 At- * forte *ut.*
tinet autem ad communem creaturam, quod 24
primogenitus de mortuis. Confitemur Patris & Filii unam Deitatem, nec negavit
quis aliquando Patrem Filio majorem non
propter aliam ſubſtantiam, nec differentiam;
ſed * nomen ipſum Patris majus * & Filio. * ſupple *quia.* * l. *eſt.*
Hæc autem eſt maledica eorum, & cor-
rupta interpretatio contendentium, *quod Ego*
& Pater unum ſumus propter conſenſum
dixerit, & concordiam. Improbemus omnes
Catholici ſtultum ipſorum ſenſum, ac vilem. Sicut homines mortales differunt, ut
adſolent, inter ſe, & offendentes concordant, & in gratiam revertuntur; ſic ſepa-
rationes, & diſcordiæ * inter Patrem Deum *ſupple *inquiunt.*
omnipotentem, & ejus Filium eſſe potuerunt.
Hoc abſurdum eſt & intelligere, & ſentire.
Nos autem credimus, & adfirmamus, & ita
ſentimus, quod ſacra voce loquutus eſt dicens: *Ego & Pater unum ſumus:* propter
ſubſtantiæ unitatem, quæ eſt una Patris, &
Filii. Hoc credimus, ſemper ſine principio,
ſine fine hunc cum Patre regnare, ac nullum tempus habere, nec minui regnum ejus:
quoniam quod ſemper eſt, numquam accipit initium, nec minui poterit. Credimus,
& ſuſcipimus Paraclytum Spiritum Sanctum,
quem nobis ipſe Dominus promiſit, & mi-
ſit. Et hunc credimus * paſſum, ſed ho- * ſupple *miſſum. Sed is paſſus non eſt, ſed homo* &c.
mo, quem induit, quem adſumpſit ex Ma-
ria Virgine, hominem, qui potuit pati
quo-

---

17 Apud Athanaſium & Hilarium additur clauſula, quarum altera Græcis communior redditur ſic: *Divina providentia ſanctos & lætos vos conſervet, fratres dilecti:* altera Latinorum propria: *Optamus fratres vos in Domino bene valere.* Reliqua vero, quæ expoſitionem fidei continent, apud Theodoretum ejuſque interpretem Epiphanium leguntur. Ab Athanaſio autem & Hilario omiſſa ſunt, quia licet in Synodo propoſita, recepta non fuerunt. Confer notam 1.

18 Græce apud Theodoretum ἀγέννητος, apud Epiphanium *ingenitus*, melius.

19 Melius Epiph. *quia ſic dixerunt, quod natum eſt* &c.

20 Hic amanuenſis vitio defectus eſt alicujus lineæ, nec non aliquis ſcripturæ error: cum ex Græco ſupplendum & emendandum ſit: *quam & Patris ſolam eſſe in confeſſo eſt: neque umquam Patrem ſine Filio, neque Filium fuiſſe, nec eſſe poſſe ſine Patre, quod eſt Verbum ſpiritus. Abſurdum eſt enim dicere Patrem aliquando Patrem non fuiſſe* &c.

21 Græcum exemplum, quod noſter interpres reddidit, hoc loco depravatum erat, ſicuti etiam illud Epiphanii, qui aliquid ſimile legit, dum reddidit: *ſed quibus natum? Omnibus quæ inviſibilia, & viſibilia nuncupentur, opifex eſt Archangelorum* &c. Melius ex Græco vulgato: *ſed genitum ante omnia, quæ viſibilia & inviſibilia appellantur, factorem & opificem Archangelorum* &c.

22 Melius Epiphanius: *Non enim ſemper eſſe potuerat, ſi ſumſiſſet exordium: quoniam Verbum, quod ſemper eſt, non habet initium; Deus autem numquam terminum habet.*

23 Epiphanius melius: *illi aut gratia regenerationis dicerunt, aut eo quod digni fiunt, filii nuncupantur.*

24 Contrario prorſus ſenſu ex Græco reddendum eſt: *Differt tamen a communi creatura.*

quoniam homo mortalis, Deus autem immortalis. Credimus * tertia die non Deus in homine surrexit, sed homo in Deo surrexit: quem etiam obtulit Patri suo munus, quem liberavit. Credimus, quod tempore opportuno & statuto omnes, ac de omnibus ipse judicabit. Tanta est vero eorum stultitia, ut non videant lucem veritatis, nec intelligant, ut vere dictum est, *ut ipsi in nobis unum sint.* Manifestum est, cur *unum*: quoniam Apostoli Spiritum Sanctum Dei acceperunt. Sed tamen ipsi non sunt vocati Spiritus, nec quisquam ipsorum

25 25 Sol, vel sapientia, sive virtus erat, nec * unicum erat, quemadmodum ait: *Ego, & tu unum sumus. Sic & ipsi in nobis unum sint*. Sed diligenter distinxit vox divina: *In nobis sint* dicit, non dixit *quemadmodum nos unum sumus, ego & Pater*: sed discipuli in semetipsis * æquales, & conjuncti unum sint fidei confessione, ut in gratia, & pietate Patris, & Domini Salvatoris nostri permissione, ac dilectione unum valeant esse.

(* supple quod. — * l. unigenitus. — * ex Græc. copulati.)

1 1 CONCILII SARDICENSIS
AD MAREOTICAS ECCLESIAS
EPISTOLA.

SAncta Synodus secundum Dei gratiam collecta Sardicæ, Ecclesiis Dei apud Mareotam cum Presbyteris, & Diaconibus in Domino salutem.

2 Etiam ex his, fratres dilectissimi, quæ 2 ad Alexandriam per fratres directa sunt, scire potestis quæ apud sanctam & magnam Synodum secundum Dei gratiam Sardicæ collectam, sunt actitata. Sed quia & vos scripsistis, intolerabilia sustinuisse ab impiissimis hæreticis, quorum est princeps pessimus Gregorius; hanc ob caussam scribere & ad vestram reverentiam necessarium sancta Synodus æstimavit: ut iis consolati, magis ac magis habentes in Deo spem, futuram promissionem repositam diligentibus Christum consequamini. Si igitur passi estis mala, nolite contristari, sed magis gaudete, quoniam & vos meruistis pro nomine Domini injurias tolerare. Si vero carceres, & vincula, & factiones tolerastis, hæc vos non contristabunt: hæc enim & ante vos Patres sustinuerunt, quorum unus est beatus Paullus, propter quod & *vinctus* vocatus. Audivimus quanta & Ingenius Presbyter passus est, & doluimus quidem propter injurias; libenter autem accepimus sacram ejus voluntatem, quoniam propter Christum cuncta sustinuit. Si igitur adhuc vos premunt; quæ putatur tristitia esse, in gaudium convertatur. Scripsimus enim piissimis Imperatoribus, ut ne de cetero talia committantur adversum Ecclesias; & credimus, quod Dominus faciet per religionem humanissimorum Imperatorum, ut & nos cum solatio, & libertate Deo gratias agentes, & placentes inveniamur in die judicii. Quæ autem sunt actitata, sicut prædiximus, cognoscetis ex dilectissimis fratribus nostris, qui vestras litteras portaverunt, hoc est Presbyteris, & Diaconibus Alexandrinis: Episcopum enim vestrum dilectissimum fratrem nostrum, & comministrum Athanasium innocentem; & sincerum ab omni calumnia pronuntiavit sancta & magna Synodus: Theodorum vero, Narcissum, Stephanum, Acacium, Georgium, Ursacium, Valentem, & Minophantum Episcopatu deposuit ob ea, quæ deliquerunt, & ob impiissimam hæresim, cujus socii, & patroni videntur. De Gregorio autem nec tantum credimus necessarium esse scribere: olim enim depositus est, immo magis Episcopus penitus non est æstimatus: ejus enim opus simile est ejus ordinationi. Si quis igitur ab eo deceptus est, erudiatur, & veritatem cognoscat; si vero resistit ejus impietati, gaudeat, quod & ipse adversatus est hunc, quem sancta Synodus nec Episcopum æstimavit. Nec enim nos latuit, quid adversus vos commiserit, & quantum vos presserit. Sed gaudete, quoniam pro Christo patimini ab his, qui Christum blasphemant. Æstimamus autem, quod jam omnis insolentia cessabit, increpatis ac depositis noxiis, qui hæresim non nominandam defendebant. Incolumes vos esse in Domino opto.

Ego Osius Episcopus incolumes vos in Domino opto, dilectissimi fratres.

Athanasius Episcopus, vester incolumes vos in Domino opto, dilectissimi fratres.

Heliodorus similiter.
Johannes sim.
Jonas sim.
Dionysius sim.
Paregorius sim.
Aetius sim.
Valens sim.
Arius sim.
Porphyrius sim.
Athenodorus sim.
* Alysius sim. (* l. Alypius.)
Gerontius sim.
Lucius sim.

Aste-

25 Non *Sol*, sed *Verbum* reddendum fuerat: græce enim habetur ὁ λόγος *Verbum*. Noster interpres legisse videtur corrupte ἥλιος *Sol*.

1 Tria sequentia monumenta ex solo cod. Veron 55. ad nos pervenerunt. Ex eodem codice edita jam fuere a V. C. Scipione Masseio primum tom. 3. operis inscripti *Osservazioni letterarie* pag. 29. & seqq. tum vero in Appendice Historiæ Theologicæ pag. 258. & seqq. Hic autem ea cum ceteris Sardicensibus documentis, quæ in nostro MS. continentur, recudenda fuere, ut quisque eadem aliquot in locis hoc tomo allegata conferre facile possit.

2 Indicatur alia epistola synodica ad Alexandrinam Ecclesiam, quæ inserta est a S. Athanasio Apologiæ 2.

Asterius sim.
Bassus sim.
Dioscorus sim.
Domitianus sim.
Calepodius sim.
Alexander sim.
Plutarchus sim.
Vincentius sim.
Vitalis sim.
Severus sim.
Restitutus sim.

Vincentius Episcopus incolumes vos in Domino opto, dilectissimi fratres: jussus a fratribus meis, & Coepiscopis scripsi, & subscripsi pro ceteris.

S. ATHANASII AD EASDEM ECCLESIAS EPISTOLA.

Athanasius Presbyteris, & Diaconibus, & populo catholicæ Ecclesiæ apud Mareotam, dilectissimis, ac desiderabilibus fratribus in Domino salutem.

Sancta Synodus laudavit in Christo vestram religionem. Omnes acceptos tulerunt in omnibus animum & fortitudinem, quoniam minas non timuistis, quod tolerantes injurias & persecutiones adversum pietatem, prævaluistis. Litteræ itaque vestræ, dum legerentur, omnibus lacrymas commoverunt, & omnes ad vestrum pertraxerunt affectum: dilexerunt vos & absentes, ac vestras persecutiones suas æstimaverunt: indicium namque caritatis eorum sunt litteræ ad vos datæ: & licet sufficeret vos connumerare sanctæ per Alexandriam Ecclesiæ, tamen separatim vobis scripsit sancta Synodus, ut adhortati non deficiatis ob hæc, quæ patimini; sed gratias agatis Domino, quod vestra patientia bonum fructum habebit. Olim itaque latebant hæreticorum mores; nunc tamen omnibus expansi sunt, & patefacti: nam sancta Synodus advertit ab his concinnatas adversus vos calumnias, & eos habuit odio, atque omnium consensu deposuit Theodorum, Valentem, Ursacium 1 in Alexandria, & Mareota. Eadem etiam per alias Ecclesias facta sunt. Et quoniam intolerabilis est jam crudelitas eorum, & tyrannia adversus Ecclesias celebrata, ideo Episcopa-

tu dejecti sunt, omnique communione alienati. Ceterum de Gregorio nec mentionem facere voluerunt: qui enim penitus Episcopi nomen nec habuit, hunc nominare superfluum æstimaverunt: sed propter deceptos ab eo, nominis ejus mentionem fecerunt; non quia dignus memoria videbatur, sed ut ex hoc qui ab illo decepti sunt, ejus cognoscant infamiam, & erubescant cujusmodi factis homini communicaverunt.

Cognoscetis vero super eos scripta ex superadnexis: & licet non omnes scribere Episcopi occurrerunt, attamen ab omnibus scripta sunt, & pro omnibus scripserunt. Invicem salutate in osculo sancto. Salutant vos omnes fratres.

* Protegenes Episcopus, incolumes vos in Domino opto, dilectissimi, & desiderabiles. * l. Protogenes.

Athenodorus Episcopus incolumes vos in Domino opto, fratres dilectissimi.

Julianus Episcopus similiter,
Ammonius sim.
Aprianus sim.
Marcellus sim.
Gerontius sim.
Porphyrius sim.
Zosimus sim.
Asclepius sim.
Appianus sim.
Eulogius sim.
Eugenius sim.
* Liodorus sim. * l. Diodorus.
Martyrius sim.
Eucarpus sim.
Lucius sim.
2 Caloes sim. 2
3 Maximus sim. 3

Per epistulas de Gallis incolumes vos in Domino opto, dilectissimi.

Arcidamus, & Philoxenus Presbb. & Leo Diaconus de Roma incolumes vos optamus.

Gaudentius Naisitanus Episcopus incolumes vos in Domino opto.

Florentius 4 Merie Pannoniæ similiter. 4
5 Ammianus de Castello Pannoniæ sim. 5
Januarius de Benevento sim.
Prætextatus 6 de Narcidonio Pann. sim. 6
7 Hypeneris de Hypata Thessaliæ sim. 7
Castus 8 de Augusta Cæsareæ sim. 8

Seve-

1 Aliqua desunt, ex gr. *ob ea, quæ violenter & inique gesserunt in Alexandria & Mareota*. Hi enim tres Episcopi Ariani cum aliis tribus jam defunctis a Tyrio conciliabulo missi in Ægyptum, Alexandriæ & in Mareotide multa inique contra Athanasium gesserunt, turbisque & gravissimis scandalis occasionem dedere.

2 Forte est is, qui apud Athanasium in Apologia 2. inter Episcoporum nomina, qui subscripserunt Synodicæ ad omnes Ecclesias, *Galba* dicitur.

3 Errorem hoc in loco inesse notavimus in tractatu part. 1. c. 7. ubi de subscriptionibus Patrum Sardicensium disseruimus. Probabilius videtur legendum *Maximinus Episcopus de Gallis* &c.

4 Legendum *Emeritæ Spaniæ*: nam apud Hilarium vocatur *Florentius ab Spaniis de Emerita*.

5 Legendum *Amianus de Castellona Spaniæ*, uti apud eumdem Hilarium.

6 Ex eodem Hilario corrigendum *de Barcinone Spaniæ*.

7 Leg. *Hymeneus*. Confer tract. de Collect. part. 1. c. 7.

8 Leg. *de Cæsarea Augusta*.

9 Severus 9 de Calciso Thessaliæ sim.
10 Julianus 10 de Theriseptapoli sim.
Lucius de Verona sim.
11 Eugenius 11 de Hecleal Cychinis sim.
12 Zosimus 12 Lychnis Sunosio Apuliæ sim.
*l. Sicyone. Hermogenes de * Syceono sim.
Thrypho de Magara sim.
13 Paregorius 13 Caspinus sim.
14 14 Caloes Castromartis sim.
15 Ireneus 15 Syconeus sim.
16 Macedonius 16 Lypianensis sim.
Martyrius Naupactis sim.
Palladius de Diu sim.
17 17 Broseus Ludonensis Galliæ sim.
Ursacius Brixiensis sim.
18 Amantius 18 Viminacensus, per Presbyt. Maximum sim.
19 Alexander 19 Gyparensis Achajæ sim.
20 Eutychius 20 de Mothona sim.
Aprianus de Petabione Pannoniæ sim.
21 Antigonus 21 Pallenensis Macedoniæ sim.
22 22 Dometius de Acaria Constantias sim.
Olympius de Eno Rodope sim.
Zosimus Oreomargensis sim.
Protasius Mediolan. sim.
Marcus Siscensis Saviæ sim.
* l. Opuntius. Eucarpus * Oponsius Achajæ sim.
Vitalis Vertaresis Africæ sim.
Helianus de Tyrtanis sim.
23 Synphorus 23 de Herapythis Cretæ sim.
24 24 Mosinius Heracleæ sim.
Eucissus Chisamensus sim.
Cydonius Cydonensis.

ITEM S. ATHANASII
ad Ecclesiam Alexandrinam.

1 Athanasius Presbyteris, & Diaconibus omnibus 1 Ecclesiæ sanctæ apud Alexandriam, & Parembolam catholicæ dilectissimis fratribus salutem.

Hæc scribentes oportet epistulæ principium gratiarum Christi actionibus facere, fratres dilectissimi; nunc autem maxime decet hoc fieri, quoniam & facta multa apud Dominum, & magna habent gratiam, & oportet credentes in eum non esse ingratos tot ejus beneficiis. Gratias igitur agimus Domino, qui nos semper omnibus palam facit in fide, qui & jam in præsenti magna & mirabilia fecit Ecclesiæ: quæ enim rursum affirmaverunt divulgantes hæretici Eusebiani, & Arii heredes, hæc omnes, qui convenerunt, Episcopi, pronunciaverunt falsa ea esse, & ficta. Et ii ipsi, qui apud multos putantur esse terribiles, tamquam gigantes nominati, pro nihilo habiti sunt: & merito: quemadmodum enim adveniente luce tenebræ arguuntur, sic per adventum justorum iniquitas revelatur; & præsentibus egregiis debiles convincuntur. Quæ enim fecerunt maledicæ hæresis Eusebii successores, Theodorus, Narcissus, Valens, Ursacius, & in omnibus pessimus Georgius, Stephanus, Acacius, Minophantus, & eorum collegæ, nec vos ignoratis, dilecti; nam eorum dementia omnibus patefacta est. Quæ vero contra Ecclesias commiserunt, vestram nec hoc latuit solertiam. Primum enim vobis nocuerunt; primum vestram Ecclesiam corrumpere temptaverunt: sed ii qui tot ac tanta fecerunt, & apud omnem terribiles æstimati sunt; sicut prædixi, tantum timuerunt, ut omnem exsuperent cogitationem. Neque enim solum Romanam Synodum timuerunt, nec solum se vocati excusaverunt; sed & nunc cum Sardicam advenissent, sic infirmati sunt conscientia, ut cum vidissent Judices, mirarentur: sic mente conciderunt. Vere quis posset adversum eos dicere: *Ubi est stimu-* 1. Cor. 15.
lus tuus, mors? ubi est victoria tua, mors? 55.
Nec enim illis proficiebat, ut vellent judicare: jam non poterant circumvenire quos volebant; sed videbant viros fideles curantes justitiam, immo magis ipsum Dominum nostrum

---

9 Leg. *de Chalcide.*
10 Leg. *de Thebis Eptapyli.*
11 Leg. *de Heraclea Laoici.*
12 Hoc loco duæ subscriptiones in unam copulatæ videntur. In prima legendum *Zosimus Lychnis*, idest *de Lychnido Macedoniæ*, in altera *Stercorius de Canusio Apuliæ*. Vide tractatum loco citato.
13 Leg. *Scupinus*: apud Hilarium *de Scuppis a Dardania.*
14 Apud Hilar. *Calvus a Dacia Ripensi de Castro Martis.*
15 Apud Hilar. *De Secoro*. Vat. 1342. *de Scoro*, forte *de Scyro Achajæ.*
16 Leg. *Ulpianensis.*
17 Corrige *Verissimus Lugdunensis.*
18 Leg. *Viminiacensis.*
19 Leg. *Cyparissensis.*
20 Leg. *de Methona.*
21 Leg. *Pellensis.*
22 Locus corruptus. Duo Domitiani ab Athanasio memorantur.
23 Corrige *De Jerapytnis.*
24 Apud Athanasium *Musonius* dicitur.
1 Sicuti Synodus Sardicensis ad Ecclesiam Alexandrinam epistolam dedit, quæ exstat apud Athanasium Apologia 2. ita etiam hic ad eamdem Ecclesiam scripsit hasce litteras, quæ ex solo nostro codice latine redditæ nobis conservatæ fuerunt. In Synodica legitur: *Presbyteris, & Diaconis & universæ S. Ecclesiæ Dei Alexandriæ παροικούσῃ consistenti dilectis fratribus in Domino salutem*. Simile quiddam in Athanasii inscriptione scriptum fuisse videtur, *apud Alexandriam consistenti & catholicæ*. Voces quidem *& Parembolam* erronee videntur insertæ: nam præterquamquod *Parembola* prope Syenem & alia a Ptolomeo dicta Ἀλεξάνδρου παρεμβολὴ *castra Alexandri* in Ammoniaca nimis distant ab Alexandria, nulla ratio est, cur hæc epistola speciali nomine Parembolanis potius, quam aliis illustrioribus Ægypti Ecclesiis traderetur: nec in ipsa epistola Athanasius alios nisi Alexandrinos alloquitur.

nostrum videbant in eis; quemadmodum tunc Dæmones de sepulcris: filii enim cum essent mendacii, non ferebant veritatem videre. Sic Theodorus, Narcissus, & Ursacius cum suis verba dicebat: *Omitte: quid nobis & vobis hominibus Christi? Novimus, quod veri estis, & timemus convinci; veremur in personam recognoscere calumnias. Nihil est nobis & vobis: Christiani enim vos estis, nos vero Christo repugnantes; & apud vos quidem veritas pollet, nos vero circumvenire didicimus. Putavimus abscondi nostra; non jam credebamus in judicium venire: quid ante tempus nostra convincitis, & ante diem nos convincentes vexatis?* Et licet sint moribus pessimi, & in tenebris ambulent; tamen cognoverunt vix tandem, quoniam nulla est communio lucis & tenebrarum, nec est aliqua consensio Christo cum Belial. Unde, fratres dilectissimi, cum scirent quæ fecerint, * quæcumque miserrimos videntes accusatores, testes præ oculis habentes, imitati sunt Cain, & illius more fugerunt, quoniam granditer erraverunt: etenim ejus fugam sunt imitati, & condemnationem habuerunt. Cognovit enim opera eorum sancta Synodus; audivit nostrum sanguinem proclamantem, audivit voces læsorum ab ipsis. Cognoverunt omnes Episcopi quæ peccaverunt, & quanta adversus Ecclesias nostras & alias operati sunt; & ideo hos quemadmodum Cain Ecclesiis ejecerunt. Quis enim non lacrimatus est, dum vestræ litteræ legerentur? quis non ingemuit, aspiciens quos exiliaverunt isti? quis non existimavit vestras suas esse tribulationes? Fratres dilectissimi, quondam vos patiebamini, cum ii delinquerent adversum vos, & forte jam tempore multo bellum non quievit. Nunc vero Episcopi convenientes omnes, & audientes quæ passi estis, sic dolebant, sic gemebant, quemadmodum tolerantes injuriam tunc dolebatis, & illis ..... erat dolor communis illo tempore, quo processistis. Ob hæc igitur, & alia omnia, quæ contra Ecclesias commiserunt, cunctos universa Synodus sancta deposuit, & non solum eos alienos judicavit ab Ecclesia, sed nec dignos vocari Christianos æstimavit. Qui enim * abnegantes Christum, quemadmodum Christiani vocentur? & qui contra Ecclesias delinquunt, ii quemadmodum poterunt adesse Ecclesiis? Unde mandavit sancta Synodus ubique Ecclesiis, ut apud omnes notentur; ut ii qui ab ipsis decepti sunt, jam ad plenitudinem & veritatem revertantur. Nolite igitur deficere, fratres dilectissimi; tamquam Dei servi, & fidem Christi confitentes probemini in Domino, & non dejiciat vos tribulatio, neque ab hæreticis, adversum vos qui exercentur, dolores contristent. Habetis enim mundum universum condolentem vobis; &, quod majus est, habentem omnes vos in mente. Puto autem jam deceptos ab illis, videntes correptionem factam a Synodo, ab illis averti, & * ex ore ipsorum impietatem. Si vero post hæc adhuc manus est eorum excelsa, ne stupeatis vos, neque formidetis, si illi sæviunt; sed orate, & manus ad Deum levate, & confidite, quoniam non tardabit Dominus, sed omnia vobis faciet pro vestra voluntate. Vellem quidem adhuc pluribus epistolam vobis scribere, & ut singula facta sunt significare; sed quoniam Presbyteri, & Diacones idonei sunt nunciare vobis præsentes de omnibus, quæ viderunt, multa quidem scribere cessavi. Illud tantum significo, necessarium putans, ut præ oculis habentes timorem Domini, eum præponatis, & omnia cum vestra concordia celebretis intelligentes, & sapientes. Orate pro nobis, habentes in mente viduarum necessitates, maxime quoniam ad eas pertinentia inimici veritatis * obtulerunt; sed dilectio vestra vincat hæreticorum malitiam: credimus enim, quod secundum orationes vestras Dominus adnuens dabit mihi velocius vos videre. Interim tamen apud Synodum actitata cognoscetis ex scriptis ad vos ab omnibus Episcopis, & [2] de subjectis litteris depositionem Theodori, Narcissi, Stephani, Acacii, Georgii, Minophanti, Ursacii & Valentis: nam Gregorii mentionem facere noluerunt; qui enim penitus Episcopi nomen non habuit, hunc nominare superfluum putaverunt. Sed tamen propter deceptos ab eo ejus nominis mentionem fecerunt, non quia dignum erat ejus nomen memorare, sed ut ab eo decepti cognoscant ejus infamiam, & erubescant, quod tali communicaverunt .... tamen & hoc cum illis. Incolumes vos in Domino oro, dilectissimi, & desiderabiles fratres.

* f. quantumcumque.

* l. abnegant.

* f. exborrere.

* l. abstulerunt.

2 Generalem Synodicam intelligit, quæ huic epistolæ subjecta fuerat.

PSEUDOSYNODI
SARDICENSIS
1 Formula Fidei.

Sancta Synodus congregata est Sardicæ ex
diversis provinciis de partibus Orientis
2 *Thebaidis, Ægypti, Palæstinæ, 2 Phœ-*
nices, Syriæ Celes, Mesopotaniæ, Cili-
ciæ, Cappadociæ, Ponti, Paphlagoniæ,
3 *Galatiæ, 3 Phrygiæ, Bithyniæ, Elespon-*
ti, Asiæ, Pisidiæ, Insularum, Pamphi-
liæ, Cariæ, Lydiæ, Europæ, Thraciæ,
Hemimontis, Pannoniæ, Mœsiæ, Daciæ
4 *4 hanc exposuerunt fidem.*

CRedimus in unum Deum Patrem omnipotentem creatorem omnium, & fa-
5 ctorem, ex quo 5 omnia in cælo, & in
terra nominantur. Et in unicum Filium ejus
Dominum nostrum Jesum Christum ante
omnia sæcula ex Patre natum, Deum de Deo,
lumen de lumine, per quem omnia, &
propter quem omnia facta sunt in cælo,
6 & in terra, visibilia, & invisibilia: Verbum, sapientia, & 6 potestas, lumen verum sempiternum in omnibus: qui novissimis temporibus propter nos homo factus
7 est, & 7 creatus ex sancta Virgine. Crucifixus, & mortuus, & sepultus, & resurrexit a mortuis tertia die. Receptum in
cælis sedentem ad dexteram Patris, & ve-
8 nientem 8 in finem sæculi judicare vivos
& mortuos, & reddere unicuique secundum
facta sua. Cujus imperium sempiternum
manebit in æterna sæcula: sedens semper
ad dexteram Patris non solum in hoc sæculo, sed etiam in futuro. Credimus & in
unum Spiritum Sanctum Dei, hoc est Paracletum, quem pollicitus Apostolis post in
cælum ascensionem misit docere eos, &
monere omnia; per quem & sanctifican-
tur, & vivunt religiosorum animæ in eum
credentes. Dicentes autem ex nihilo esse
Filium, vel ex alia substantia (9 spiritum) 9
& non ex Deo: & erat aliquando tempus,
vel sæculum, quando non erat, alienos novit sancta, & catholica Ecclesia. Similiter etiam dicentes tres esse Deos, vel Christum non esse Deum (sive spiritum non esse Dei) vel ante sæcula, nec Christum,
nec Filium (nec Spiritum) Dei esse, vel
eumdem * Patrem, & Filium, & Spiritum * subaud. esse.
Sanctum, vel non natum Filium (vel na-
tum Spiritum) 10 aut voluntate, vel ar- 10
bitrio Pater genuit Filium, fecit, sive creavit, vel demonstravit, sed secundum intellectum omnia scientem Verbum Dei;
hos omnes anathematizat sancta catholica
Ecclesia.

INCI-

1 Hæc formula bis apud S Hilarium legitur. I. in Fragmentis tom. 2. col. 663. ubi adnectitur fusioni Synodicæ ejusdem conciliabuli Pseudosardicensis hac transitione: *Est autem fides nostra talis*. II. in libro de Synodis eodem tom. 2. col. 482. ubi separatim profertur eadem forma, quæ in nostro codice, sed ex alia versione. Hinc liquet hanc formulam duplici modo fuisse editam, & adnexam Synodicæ, & separatim. Prima pars hujus formulæ usque ad voces *alienos novit sancta & catholica Ecclesia* vulgata fuerat ab Eusebianis aliquot menses post Synodum Antiochenam anni 441. altera vero pars addita triennio post cum aliis prolixis additamentis: ejusque Græcus textus superest apud S. Athanasium in libro de Synodis; ex quo recusa legitur t. 2. Concil. editionis Venetæ col. 636. Tandem in Pseudosardicensi Concilio repetita fuit. Sicut autem Vigilius Tapsensis l. 5. contra Eutychen n. 3. minus caute hanc veræ & catholicæ Synodi formulam habuit, cum præsertim eam S. Hilarius in rectum sensum exponere studeat, ita nihil mirum, si in Græca collectione inter documenta Sardicensia descripta & a nostro interprete latine reddita fuit.

2 Apud Hilarium utrobique additur *Arabiæ*.

3 Apud eumdem de Synodis *Phrygiis duabus*, uti etiam legit Vigilius Tapsensis lib. 5, contra Euthycen num. 3. sed mendose: Phrygia enim tunc temporis nondum divisa erat in duas. Vide tractatum part. 1. c. 3. In Fragmentis vero ejusdem Hilarii inscriptio Synodicæ unam tantum *Phrygiam* præfert.

4 Hilar. de Synodis *hanc exposuimus fidem*.

5 Hilar. ibidem *omnis paternitas ... nominatur*, ut in Græco apud Athanasium. At in Fragm. *omnis creatura*, quibuscum concinit nostri interpretis versio *omnia*. Mox pro *unicum* Hilarius utrobique *unigenitum*. Semper vero noster interpres Græcam vocem *μονογενῆ unicum* reddidit.

6 Apud Hil. *virtus, & vita, lumen* &c. Desunt autem *sempiternum in omnibus*, sicut nec in Græco leguntur.

7 Apud eumdem *natus*.

8 Hil. in Frag. *in finem mundi:* in libro autem de Synodis nihil æquivalens exhibet.

9 Apud Hilar. Græco concinente utrobique deest *spiritum*, & similiter desunt, quæ deinceps uncis inclusimus.

10. Hilar. in Fragm. *aut non sententia, nec voluntate Deum Patrem genuisse Filium; hos omnes anathematizat* &c. In libro De Synodis: *vel quod neque consilio, neque voluntate Pater genuerit Filium; anathematizat sancta* &c. Utrobique, sicut & in Græco, negatio exhibetur, & intermedia nostræ versionis *fecit sive creavit* &c. nullibi apparent.

1 INCIPIUNT STATUTA

SANCTÆ SYNODI CALCHEDONENSIS.

*Vox Constantinopolitanæ redundat.

PIissimus noster Imperator * Constantinopolitanæ perpetuus Augustus ad sacrosanctam Synodum dixit: Lassati estis nimio spatio fatigationem sustinentes. Expectate ergo tres dies, vel quatuor adhuc, & præsentibus magnificis nostris judicibus
2 singula, quæ vultis 2 monete, & congruum
præsidium meremini. Ante vero quam perfectæ formulæ de omnibus dentur, nemo vestrum a sancta discedat Synodo.

DEFINITIONES ECCLESIASTICÆ

pronunciatæ a sancta, & universali Synodo, quæ Calchedone congregata est.

3 *Acta 3 septimæ cognitionis Calchedonensis.*

I. Canones, qui a sanctis Patribus usque ad hanc Synodum tenuerunt, teneri justum duximus.

II. Si quis per pecunias ordinatus fuerit,
4 & in pretium adduxerit 4 inoptam gratiam, & ordinaverit Episcopum per pecunias, vel Chorepiscopum, vel Presbyterum, vel Diaconum, vel alterum quemlibet clero adnumeratum; vel si instituerit per pecunias Œconomum, vel defensorem,
5 vel 5 custodem, vel alterum canonis propter turpem pravumque quæstum: qui hoc conatur, convictus periclitabitur de suo gradu; & qui ordinatur, nihil juvetur de ordinationis institutione, quæ per quæstum facta est, sed sit alienus a dignitate, vel cura, quam per pecunias impetravit. Si vero & intercedens aliquis visus est turpibus, & infandis dationibus; siquidem Clericus fuerit, de suo excidat gradu; si vero laicus, aut Monachus, anathematizetur.

III. Venit ad sanctam Synodum, quia quidam de Clericis propter turpe suum lucrum alienarum possessionum fiant conductores, & negotia sæcularia suscipiant, ministeria quidem Dei negligentes, ad sæcularium vero occurrentes domus, & dispensationem substantiarum accipientes propter amorem avaritiæ. Definiit igitur sancta, & magna Synodus ullum de reliquo nec Episcopum, nec Clericum, neque Monachum nec conducere posse possessionem, neque caussis se immittere sæcularibus, nisi forte ex legibus vocetur ad impuberum inexcusabile tutoris officium, vel si Episcopus civitatis de ecclesiasticis ei præceperit curari caussis, de pupillis, & viduis destitutis, & de personis, quæ maxime ecclesiastico egent præsidio. Si vero aliquis prætergredi definita de reliquo notus fuerit, ecclesiasticis subjaceat pœnis.

IV. Qui vere, & sincere * singularem eligunt vitam, convenienti digni sunt honore. Quoniam vero quidam Monachorum habitu utentes, Ecclesias, & civiles causas perturbant, circumeuntes in civitatibus, nec non & monasteria sibi constituentes: placuit neminem ullo modo ædificare, nec instituere monasterium, vel oratoriam ædem sine voluntate civitatis Episcopi. Monachos * vel, qui sunt per singulas civitates, & 6
provincias, subjectos esse Episcopo, & quietem diligere, & operam dare jejunio, & orationi, in quibus locis abnunciaverunt * observantes; nec vero ecclesiasticis, neque sæcularibus caussis frequentare, nec communionem habere relinquentes sua mona-

*idest monasticam.

* l. vero

6

* l. perseverantes ex Græco.

ste-

1 Præmittitur in codice definitio fidei Calchedone edita actione VI. cujus versio ab editis discrepat. Dein hic titulus sequitur, cui quæ mox subjiciuntur, sunt postrema verba allocutionis Imperatoris Marciani relata eadem actione. Tum subnectuntur canones, eo quod hi in sequenti actione VII. uti ibidem notatur, conditi fuerant. Hæc autem septimæ actionis notatio, quæ in aliis versionibus non legitur, aperte demonstrat, nostræ collectionis Græcum auctorem vulgato codice canonum non fuisse usum; ac propterea vel ex hoc confirmatur ipsam Græcam collectionem quam ille adhibuit, fuisse originis prorsus diversæ ab iis collectionibus, quæ aliis interpretibus usui fuere.

2 Ex Græco aliisque versionibus corrigendum est *movete*.

3 Canones in septima actione conditos pluribus comprobavimus in observationibus ad Dissert. I. Quesnelli not. 18. ad an. 451. tom. II. Græcæ collectionis auctorem, qui ex actis Concilii ebibit, in septima quidem actione post Imperatoris allocutionem canones reperisse ex toto contextu manifestum est.

4 Forte *inemptam*, sed verius *inemibilem*, seu *non venalem*, nam Græce ἄπρατον.

5 Editio prisca *hostiarium*. Isid. Græcam vocem expressit παραμονάριον *peramonarium*. Dion. Justelli, & duo codd. antiquissimi versionis antiquæ Calchedonensis Synodi, qui canones ex Dionysio receperunt, omittunt hanc vocem. Codices vero Rustici ex ipsius fortassis Rustici emendatione habent *mansionarium*. Justinianus lib. 4. C. de Episc. & Cler. inter rerum ecclesiasticarum administratores παραμονάριους recenset.

6 Græce χώρας, idest loca ruralia, quæ nunc *diœcesis* appellantur. Isid. *possessiones* reddidit.

steria, nisi forte præceptum eis fuerit propter necessariam utilitatem ab Episcopo civitatis. Nemo vero suscipiat in monasteriis servum, ut Monachus fiat, sine voluntate sui domini. Prætergredientem vero hanc nostram definitionem, definimus excommunicatum eum esse, ut nomen Dei non blasphemetur. Episcopum vero civitatis oportere congruam providentiam facere monasteriis.

V. De transferentibus se a civitate in civitatem Episcopis, vel Clericis placuit, ut positi de eis canones a sanctis Patribus habeant suam vim.

VI. Nullum absolute ordinare nec Diaconum, nec Presbyterum, nec omnino aliquem eorum, qui sunt in ecclesiastica ordinatione, nisi specialiter in Ecclesia civitatis, vel in possessione, vel in Martyrio, vel Monasterio ordinandus prædicetur: & eos vero, qui absolute ordinantur, definiit sancta Synodus irritam habere hujusmodi
7 ordinationem 7, & in actu invalidam, ad injuriam ordinantis.

VII. Eos, qui semel in Clero ordinati sunt, vel Monachos, definimus neque ad militiam, neque ad sæcularem dignitatem venire. Quod si hoc ausi fuerint, nec * pœnitentiam venerint, ut convertantur ad hoc, quod propter Deum elegerunt, anathematizentur. *supple *ad*

VIII. Clerici, qui Ptochiis, vel Monasteriis, vel oratoriis præpositi sunt in unaquaque civitate ab Episcopis, secundum sanctorum Patrum traditionem perseverent, & ne per audaciam contemnant suum Episcopum. Qui vero audent contradicere huic dispositioni quolibet modo, & non se subjiciunt proprio Episcopo; si quidem Clerici sunt, canonicis subjaceant pœnis; si vero laici, vel Monachi, sint excommunicati.

IX. Si quis Clericus cum Clero caussam habet, non relinquat suum Episcopum, & ad sæcularia judicia currat; sed prius negotium exerceat apud suum Episcopum, vel etiam cum voluntate ejusdem Episcopi, apud quos utræque partes voluerint, negotium peragatur. Si vero quis præter hæc fecerit, canonicis pœnis subjaceat. Si vero & Clericus habeat caussam cum suo vel cum altero Episcopo, apud Synodum provinciæ caussam dicat. Si vero cum ejusdem provinciæ Metropolitano * Episcopo, vel Clericus * abicit, perveniat ad principem diœceseos, vel ad regiæ Constantinopoleos sedem, & apud ipsum caussam dicat. *l. Episcopus *l. *habeat causam*

X. Ne liceat Clericum in duarum civitatum simul Ecclesiis militare, in qua prius ordinatus est, & in quam confugit ut ad majorem, videlicet propter cenodoxiæ desiderium. Hoc vero facientes restitui se Ecclesiæ, in qua ab initio ordinati sunt, & ibi solum ministrare. Si vero quis se transtulerit ex alia ad aliam Ecclesiam, nihil de priore Ecclesia, vel de oratoriis, * qui sub ea sunt, vel Ptochiis, vel xenodochiis rerum * communicent. Audentes vero post definitionem magnæ, & universalis hujus Synodi agere aliquid de nuper interdictis, definiit sancta Synodus excidere eos de suo gradu. * l. *quæ* *l. *communicet.*

XI. Omnes pauperes, & egentes præsidio cum probatione, epistolis, vel pacificis ecclesiasticis solis iter agere definimus, & non cum commendatitiis; eo quod episcopales commendatitiæ honestis præstari soleant personis.

XII. Venit ad nos quod quidam contra ecclesiasticas leges concurrentes ad potestates, per pragmaticas unam provinciam in duas diviserunt, ut ex hoc duo Metropolitæ essent in una provincia. Definiit igitur sancta Synodus, de reliquo quidem nihil tale hujusmodi tentari ab Episcopo. Qui vero tentaverit, excidat de suo gradu. Quæcumque vero jam civitates per litteras imperiales metropolitano honorificatæ sunt nomine, * sole fruantur honore, & Episcopus, qui eamdem Ecclesiam gubernat, videlicet servato secundum veritatem Metropolitanis suo jure. * l. *solo*

XIII. Peregrinos clericos, vel lectores in altera civitate sine commendatitiis litteris sui Episcopi nullo modo alicubi ministrare.

XIV. Quoniam in quibusdam provinciis concessum est lectoribus, * psaltis uxorem ducere, definiit sancta Synodus non licere aliquem eorum alterius sectæ uxorem accipere. Eos vero, qui de talibus nuptiis filios procreaverint, siquidem occurrerunt baptizari ex eis creati apud hæreticos, offerre eos communioni catholicæ Ecclesiæ; non baptizatos vero, non posse apud hæreticos baptizari. Neque quidem copulari eos nuptiis hæretici, vel Judæi, vel Pagani, nisi forte promiserit se converti in orthodoxam fidem, quæ conjungitur * persona orthodoxa. Si vero aliquis hanc definitionem transgressus fuerit sanctæ Synodi, canonicæ subjaceat pœnæ. * supple & * supple *cum*

XV. Diaconissam non ordinari mulierem ante quadraginta annos, & hanc cum diligenti probatione; & si suscipiens ordinationem, & tempus aliquod perseverans ministerio, semetipsam tradiderit nuptiis contemnens Dei gratiam; hujusmodi anathematizetur cum illo, qui cum ea copulatus est.

XVI. Virginem, que semet devovit Domino

7 Clarius Dion. & *nusquam posse ministrare ad ordinantis injuriam*.

mino Deo, similiter & Monachum non licere ad nuptias venire. Si vero reperti fuerint hoc facientes, sint excommunicati. Definimus vero habere auctoritatem in eis misericordiæ localem Episcopum.

XVII. Rurales parochias in possessionibus manere inconcussas apud Episcopos, qui tenent eas, & præcipue si tricenali
8 anno inviolabiliter retinentes 8 ædificaverunt. Si vero intra XXX. annos facta est aliqua de eis, vel fit ambiguitas; licere eis, qui se dicent esse læsos, de his movere apud Synodum provinciæ. Si vero alicui noceatur a suo Metropolita, apud principem diœceseos, vel apud Constantinopolitanam sedem caussam dicere, sicut prædictum est. Si vero & aliqua ex imperiali potestate nova facta est civitas, vel renovata; civiles & publicas * formulas & ecclesiasticarum paræciarum * ordinem sequantur.

*idest *dispositiones*
*l. *ordo sequatur*.

XVIII. Conjurationis, & factionis crimen & apud sæculares leges prohibitum est: multo magis in Dei Ecclesia interdici oportet. Quicumque igitur Clerici, vel Monachi inventi fuerint conjurantes, vel factiosi, vel insidias machinantes Episcopis, vel Conclericis, excidant omnimodo de suo gradu.

XIX. Venit ad nostras aures, in provinciis quod canonice Synodi non fiant ab Episcopis: ex hoc multa negliguntur, quæ egent emendatione ecclesiasticarum rerum. Definiit igitur sancta Synodus secundum Patrum canones, per singulos annos secundo concurrere per singulas provincias Episcopos, ubi Metropolitanus Episcopus constituerit, & emendare singula, quæ emergunt. Non convenientes vero Episcopos, vel residentes in suis civitatibus, & hoc
9 in sanitate degentes, & ab omni 9 excusabili, & necessaria occupatione existentes liberos, fraterne arguit.

XX. Clericos in sua Ecclesia existentes, sicut jam definivimus, non licere in alterius civitate ordinari, & Ecclesia; sed contentos in illa esse, in qua ministrare ab initio meruerunt præter illos qui perdiderunt suas patrias, & ex necessitate in alteram Ecclesiam transierunt. Si vero alius Episcopus post hanc definitionem ad alterum Episcopum pertinentem susceperit Clericum, placuit excommunicari * & suscipientem, donec qui se transtulit Clericus, in suam reversus fuerit Ecclesiam.

* supple ex Græc. & *susceptum*.

XXI. * Clerici, & laici, qui accusant Episcopos, vel Clericos sine caussa, & improbabiliter, non suscipi in accusationem, nisi prius discussa fuerit eorum opinio.

*l. *Clericos, vel laicos*.

XXII. Non licere Clericis post mortem sui Episcopi rapere res ad eum pertinentes, sicut & pridem a canonibus interdictum est: & hoc facientes periclitari suo gradu.

XXIII. Venit ad aures sanctæ Synodi, quod Clerici quidam, & Monachi nulla sibi caussa injuncta a suo Episcopo * & tam quando se excommunicantes ab eo veniunt ad hanc regiam Constantinopolim, ac diu in ea commorantes tumultus, & perturbationes faciunt ecclesiastico statui, & evertunt etiam quorumdam domos. Definivit sancta Synodus, hujusmodi admoneri quidem prius per Defensorem Constantinopolitanæ sanctæ Ecclesiæ. Si vero in iisdem caussis perduraverint impudenter, & invitos eos per eumdem Defensorem expelli, & ad sua loca venire.

* l. *& aliquando excommunicati ab eo veniunt &c.*

XXIV. Quæ semel consecrata sunt Monasteria cum voluntate Episcopi, permanere in perpetuo Monasteria, & pertinentes ad ea res custodiri Monasterio; & non posse fieri ea sæcularia habitacula. Concedentes vero hoc fieri, subjacere canonum pœnis.

XXV. Quoniam quidam Metropolitanorum, sicut reperimus, negligunt commissos sibi greges, & differunt ordinationes Episcoporum; placuit sanctæ Synodo intra tres menses fieri ordinationes Episcoporum, si forte inexcusabilis necessitas non coegerit extendi protelationis tempus. Si vero hoc non fecerit, subjacere eum ecclesiasticæ pœnæ. Redditus vero viduatæ Ecclesiæ salvos apud ejusdem œconomum Ecclesiæ custodiri.

XXVI. Quoniam in quibusdam Ecclesiis, sicut reperimus, sine œconomis res ecclesiastica tractatur; placuit omnem Ecclesiam Episcopum habentem œconomum habere de suo Clero dispensantem ecclesiasticas res cum voluntate sui Episcopi, ut ne sine testimonio sit dispensatio Ecclesiæ, & ex hoc dispergantur ejusdem Ecclesiæ res, & detractio infligatur * Sacerdotum. Si vero hoc non fecerit, subjacere eum sacris canonibus.

* l. *sacerdotio*.

XXVII. Ii, qui rapiunt mulieres sub nomine matrimonii, vel qui ad auxilium rapientium veniunt, definiit sancta Synodus, si quidem Clerici fuerint, excidere eos a suo gradu; si vero laici, anathematizentur.

Expliciunt Statuta Calchedonensia.

---

8 Græce ᾠκονόμησαν *administraverunt*, seu *gubernaverunt*, non vero *ædificaverunt*.

9 Ceteræ versiones *inexcusabili*, idest *inevitabili*, a qua se excusare non potest. Concinit Græca vox ἀπαραιτήτου.

[illegible]

XXII. [illegible] quæ Clerici [illegible] sunt [illegible]

[illegible]

XXIII. Vetus [illegible] Synod. [illegible]

[illegible]

XIX. [illegible] quod canonum Synodi [illegible] Episcopum [illegible] per singulos annos secundo convenire per [illegible] provincias Episcopos [illegible] Metropolitanum [illegible]

[illegible] & secundum occupationes existentes [illegible]

XX. Clericus in sua Ecclesia [illegible] non [illegible] Ecclesiæ [illegible] in qua [illegible] transferri [illegible] Episcopum [illegible] Clericum [illegible] excommunicari [illegible] Clericus [illegible] Ecclesiam.

XXI. Clerici, [illegible] Episcopos, vel Clericos [illegible]

[illegible]

DOCUMENTA
JURIS CANONICI
VETERIS.

ADMONITIO.

1. INter documenta Juris canonici veteris primo dabimus canones Concilii Carthaginensis anni 419. uti leguntur in antiquissimis MSS. collectionibus Latinis Vaticana Reginæ 1997. Lucensi 88. & Barberina 2888. simili Vaticanæ 1342. Christophorus Justellus in variantibus lectionibus ad *Codicem canonum Ecclesiæ Africanæ* duo alia exemplaria allegat, Thuaneum, quod idem est ac Colbertinum 784. laudatum a P. Coustantio, & Bochardianum, quæ eodem plane modo hos canones exhibent. Dionysius quidem Exiguus in sua collectione totam Synodum Carthaginensem anni 419. nobis dedit, quæ in editione Conciliorum post Justellum profertur cum memorata inscriptione *Codex canonum Ecclesiæ Africanæ*: eamque duabus actionibus comprehensam ostendimus in tractatu part. 2. c. 3. §. 8. In laudatis vero codicibus & collectionibus idem, quod apud Dionysium legitur, procemium profertur, eædemque interlocutiones Episcoporum canonibus præmissæ. At canones solius primæ actionis referuntur, iique cum apud Dionysium conficiant priores canones XXXIII., in laudatis manuscriptis dividuntur in canones XL. Tum omissis excerptis aliarum Synodorum sub Aurelio, quæ in eadem actione relectæ fuerunt, ac prætermissis etiam canonibus secundæ actionis (quæ omnia in Dionysio suppetunt) appenduntur subscriptiones, & epistola Africanorum ad Bonifacium Pontificem. Dein inseritur epistola, uti vocatur, Attici Episcopi Constantinopolitani cum formata, de quibus a Dionysio omissis satis diximus in tractatu loco citato n. 8. ac tandem concluditur cum alia eorumdem Africanorum epistola ad Cælestinum Papam. Nostri consilii est solos canones cum Patrum subscriptionibus ex nostris codicibus proferre: nam præter quam quod ignota est hactenus ea ipsorum partitio in canones XL. quæ in iisdem MSS. deprehenditur, quorumdam canonum lectiones ita in ipsis discrepant a Dionysianis, ut in alia Synodo conditi aliisque verbis expressi videantur.

2. Alterum documentum est inedita hactenus Synodus Carthaginensis anni 421. quam eruimus ex vetustissimo MS. codice Capituli Veronensis signato num. 55. Etsi vero ex decem canonibus ejus Synodi novem repetiti sint ex Concilio Carthaginensi anni 419., nonnullæ tamen ipsorum particulæ aliter atque aliter expressæ sunt, prout Episcopis congruentius visum fuit. Omnes porro canones, quos Concilio Hipponiregiensi anni 427. tribuit Ferrandus, in hac Synodo inveniuntur; ac propterea ex hac repetiti fuerunt.

3. Sequentur *Statuta Ecclesiæ antiqua*, de quibus pluribus disseruimus in præmisso tractatu part. 2. c. 3. §. 4. Hæc vulgata sunt ex Isidori collectione sub nomine Concilii IV. Carthaginensis anni 398. sed alio ordine disposita ac in nostris Italicis collectionibus inveniuntur; eademque, nedum Isidoriana, verum etiam Hispanica collectione multo antiquiora esse, nec in ulla peculiari Synodo edita, at ex variis partim Græcis, partim Latinis canonibus plerumque abbreviatis, partim ex quibusdam solemnioribus rubricis collecta loco allegato ostendimus. Stephanus Baluzius in notatione ad caput 443. Reginonis miratus est, ea, uti sunt in nostris codicibus, impressa non fuisse a Binio (scribendum fuerat a Crabbo) qui duo hujus generis exemplaria viderat, alterum monasterii Gemblacensis, alterum S. Bavonis in Gandavo. Cum porro ipse Baluzius unum ejusmodi codicem vetustissimum nactus fuisset, eadem se editurum ibidem recepit: *Nos*, inquit, *cum res magni momenti sit, & Statuta illa perdiu viguerint in Ecclesia, illa quandoque edemus ex vetustissimo codice MS.* Quod autem is aliis curis distentus non potuit perficere, nos, qui plures antiquissimos codices, & diversæ originis collectiones cum iisdem Statutis reperimus, hoc loco præstabimus. MSS. exemplaria, quæ præ-

cipue adhibuimus, trium præstantissimarum collectionum sunt, eosque adnotatione prima indicabimus. Titulum *Statuta Ecclesiæ antiqua* ceteris, quos in tractatu memoravimus loco citato, idcirco prætulimus, tum quia pluribus & potioribus manuscriptis fulcitur, tum quia ipsis canonibus præ aliis inscriptionibus magis congruere visus est. Tria ex his Statutis, nimirum XV. LV. & LXXIII. in vulgatis Conciliis Agathensi Synodo adscribuntur can. 49. 69. & 70. At quæ in ea Synodo post canonem 47. inserta sunt usque ad canonem 70. addititia esse manifestum est tum ex præstantioribus codicibus Gallicanas Synodos continentibus Vat. Palat. 574. Veronensi 59. aliisque antiquissimis a Sirmondo laudatis, qui his canonibus carent; tum vero ex collectione Hispanica, in qua iidem canones addititii, non cum Concilio Agathensi, sed separatim proferuntur cap. 45. cum hac epigraphe: *Sententiæ, quæ in veteribus exemplaribus Conciliorum non habentur, sed a quibusdam insertæ sunt*. Hinc cum hac epigraphe separatim quoque editi sunt a Garzia Loaisa cum Conciliis Hispanicis post Toletanum XVII.

4. In tribus antiquis collectionibus Italicis, quorum codices nota 1. in monumentum quartum recensitos invenies, una cum *Statutis antiquis* duo alia non satis nota veteris canonici Juris documenta leguntur, quorum alterum inscribitur *Epistola Canonica*, alterum *Præcepta S. Petri*. Atto Vercellensis *Epistolam Canonicam* nactus in MS. collectione Additionum Dionysii, quæ per hoc quoque tempus conservatur in bibliotheca Capituli Cathedralis ejusdem Vercellensis Ecclesiæ, de ea litteras dedit ad Ambrosium Sacerdotem Mediolanensem, editas in Spicilegiis Dacherianis tom. I. pag. 439. & in iis inter cetera, *Sinceram*, inquit, *caritatem vestram exposcimus de* Epistola, *quæ in canonibus reperitur*, *quæ etiam* Canonica *dicitur*, *cujus capitula XI. esse noscuntur*, *quæ nobis utilissima esse videntur*, *quorum initium*: Primum omnium fidem catholicam omnes Presbyteri & Diaconi &c. De auctore autem ac tempore ejusdem epistolæ potissimum quæsivit. Sed auctor incertus. Italus tamen credi potest, cum in solis Italicis collectionibus hæc epistola hactenus inventa sit. Quoad tempus vero, ex vetustate collectionis Barberinæ 2888. eam sexto sæculo celebrem, & in collectiones jam traductam, aliquanto vetustiorem agnoscimus. Ipsam ex Sirmondi schedis edidit Stephanus Baluzius tom. 2. Capitularium in Appendice num. V. col. 1374. cum hoc titulo, quem nullibi reperimus: *Capitula data Presbyteris, Diaconis, & Subdiaconis*. Sirmondus vero, ut idem Baluzius testatur in Notis ad librum I. Capitularium col. 1131. illam invenit in duobus MSS. Cassinensi & Vaticano, nimirum in codicibus Italicis. Eamdem rursus ex Italico item MS. Lucensi novissime recusit P. Dominicus Mansi tom. I. Supplementi Conciliorum col. 817. Hanc haud separandam duximus a *Statutis antiquis*, & a *Præceptis S. Petri*, cum quibus in Italicis collectionibus jungitur.

5. *Præcepta sancti Petri de sacramentis conservandis*, quæ in memoratis collectionibus epistolæ formam S. Clementi I. Papæ tributam præferunt, edita videri possunt in vulgatis Conciliorum cum titulo: *Epistola II. Clementis Papæ I. ad Jacobum fratrem Domini*. Partim quidem eadem sunt, sed partim etiam diversa. Nam & epistola in nostris collectionibus brevior est, & quæ utrobique conveniunt, alio prorsus ordine proferuntur. Neque idcirco hanc genuinum Clementis opus credimus. Nam sicut Recognitiones Apostolicæ in libros decem distributæ, & alia ad Jacobum epistola, quæ brevior quam in vulgatis, in aliquot vetustas collectiones transivit, ac præsertim in Quesnellianam cap. 64. eidem S. Clementi suppositæ, antiquam originem habuere, & a Rufino latinitate donatæ, apud Latinos obtinuerunt; ita idipsum de hac quoque epistola censendum putamus. In MSS. quidem vetustissimæ collectionis Barberinæ 2888. & Vat. 1342. hæc epistola subjicitur alteri ipsius Clementis, quam a Rufino latine redditam omnes fatentur. Idem etiam deprehendimus in pervetusta abbreviatione canonum, quæ continetur in MS. 59. Capituli Veronensis, ut ex descriptione ejusdem codicis patebit, quam in tractatu exhibuimus part. 3. In alio autem MS. Sangermanensi 541. eadem epistola subjicitur non solum alteri epistolæ ad Jacobum, verum etiam Recognitionum libris Clementi inscriptis cum Rufini in-

terpre-

terpretis nuncupatoria ad S. Gaudentium, ut videre est apud Montfauconium tom. 2. Bibliothecæ bibliothecarum pag. 1132. Omnium igitur interpres dicendus videtur idem Rufinus. Quæ vero in vulgatis Conciliorum utrique epistolæ leguntur inserta, & perturbatus ordo epistolæ secundæ Isidoro Mercatori tribuenda sunt. Hinc autem multum refert hanc secundam epistolam uti a Rufino est latine reddita, ac ex ipso in vetustas collectiones traducta, hoc loco exhibere: primæ enim epistolæ Rufiniana versio ex cap. 64. præmissæ collectionis repeti potest.

6. Concludemus præstantissimo inedito documento, quod ex MS. Vat. Reginæ 1997. eruimus. De Glycerio, qui brevissimo tempore in Italia imperium obtinuit, vix mentio aliqua apud Scriptores superest. Nunc ipsius constitutio prodibit, quæ adversus ordinationes simoniacas initio imperii ejus data fuit. Ad imperium enim ascendit die 5. Martii anni 473. ut discimus ex laterculo Consulum edito a Cuspiniano, & a Bollandistis exactius recuso ad normam exempli Cæsarei tom. 6. Act. II. part. 2. pag. 188. ubi hæc in rem nostram leguntur. *Leone Augusto V.* (est annus 473.) *Hoc Consule levatus est Imperator Glicerius Ravennæ III. Nonas Martias*. Constitutio autem eadem in urbe data, signatur V. Idus ejusdem mensis. Directa est ad Himelconem, quem Præfectum Prætorio Italiæ ex hoc unico monumento cognoscimus. Subjicitur in eodem codice edictum ejusdem Himelconis, quo eadem constitutio promulgata fuit Romæ III. Kal. Majas anni ejusdem. Hoc quoque edictum ab ipsa constitutione non disjungendum typis dabimus.

I. CA-

I.

CANONES

1 CONCILII CARTHAGINENSIS

celebrati anno CCCCIX. *uti leguntur in antiquiſſimis MSS. collectionibus Italicis.*

I. *De Statutis Nicæni Concilii obſervandis.*

2 AUrelius Epiſcopus dixit: 2 Hæc ita
apud nos habentur exemplaria ſtatutorum,
quæ tunc Patres noſtri de Concilio
Nicæno ſecum detulerunt, cujus formam
3 ſervantes, hæc quæ 3 ſequentur conſtituta, firmata a nobis cuſtodiantur.

II. *De Trinitate prædicanda.*

Univerſum Concilium dixit: Deo propitio, pari profeſſione, fides eccleſiaſtica,
quæ per nos traditur, in hoc cœtu glorioſo primitus confitenda eſt; tunc demum ordo
eccleſiaſticus ſingulorum ex conſenſu
4 omnium 4 adſtruendus. Ad corroborandas
autem fratrum & coepiſcoporum noſtrorum nuper promotorum mentes ea proponenda
ſunt, quæ a Patribus certa diſpoſitione accepimus, ut Trinitatis, quam in noſtris
ſenſibus conſecratam retinemus, Patris & Filii & Spiritus Sancti unitatem, quæ nullam noſcitur habere differentiam, ſicut di-
5 cimus, 5 ita & Dei populum inſtruamus.
Item ab univerſis Epiſcopis nuper promotis dictum eſt: Plane ſic accepimus, ſic tenemus, ſic docemus fidem evangelicam cum veſtra doctrina ſequentes.

III. *De continentia.*

Aurelius Epiſcopus dixit: Cum in præ-
6 terito Concilio 6 de continentia, & caſtitatis moderamine tractaretur; gradus iſti
tres, qui conſtrictione quadam caſtitatis per
7 conſecrationes adnexi ſunt, 7 Epiſcopi, inquam, Presbyteri, & Diaconi, ita placuit,
ut condecet, ſacros Antiſtites ac Dei Sacerdotes, nec non & Levitas, vel qui ſacramentis divinis inſerviunt, continentes eſſe in
omnibus, quo poſſint ſimpliciter quod a Domino poſtulant impetrare, ut quod Apoſtoli docuerunt, & ipſa ſervavit antiquitas,
nos quoque cuſtodiamus. Fauſtinus Epiſco- Dion. c. 4.
pus Eccleſiæ Potentinæ provinciæ Piceni,
Legatus Romanæ Eccleſiæ dixit: Placet, ut
Epiſcopus, Presbyter, & Diaconus, vel qui
ſacramenta contrectant, pudicitiæ cuſtodes
ab uxoribus ſe abſtineant. Ab univerſis E-
piſcopis dictum eſt: Placet, ut in omnibus 8
8 & ab omnibus pudicitia cuſtodiatur, qui
altari inſerviunt.

IV. *De terminis Patrum non invadendis.*

Aurelius Epiſcopus dixit: Avaritiæ cu- Dion. c. 5.
piditas, quam rerum omnium malarum matrem eſſe nemo quis dubitet. Proinde 9 in- 9
hibendum eſt, ne quis alienos fines uſurpet, aut per præmium terminos Patrum ſtatutos tranſcendat.

V. *Ut nullus Clericus feneret.*

Nec omnino cuiquam Clericorum liceat
de qualibet re fenus accipere. Quamquam
novellæ ſuggeſtiones, quæ vel obſcuræ ſunt,
vel ſub 10 diverſo genere latent, inſpectæ 10
a nobis, formam accipient. Ceterum de
quibus apertiſſime divina Scriptura ſanxit,
non eſt ferenda ſententia, ſed potius exſequenda. Proinde quod in laicis reprehendi-
tur, id multo magis debet 11 & in Cleri- 11
cis prædamnari. Univerſum Concilium dixit: Nemo contra Prophetas, nemo contra Evangelia facit ſine ſuo periculo.

VI. *De chriſmate, vel reconciliatione, & puellarum conſecratione.*

Fortunatus Epiſcopus dixit: In præteritis Dion. c. 6.
Conciliis ſtatutum meminimus eſſe, ut chriſma, vel reconciliatio pœnitentium, nec non & puellarum conſecratio a Presbyteris non fiant. Si quis autem emerſerit hoc faciens, quid de eo ſtatuendum ſit? Aurelius Epiſcopus dixit: Audivit dignatio veſtra

---

1 Codex Vat. 1342. in tabula præmiſſa hunc titulum præfert num. 10. *Canonum Carthaginenſium tituli XL.* MS. Vat. Reginæ 1997. *Reſponſa & conſtitutiones, quæ aput Carthagine acta ſunt.* In notis adhibebimus etiam variantes, quas Chriſtophorus Juſtellus exhibuit ex duobus MSS. Bochardiano, & Thuaneo, nunc Regio Colbertino 784. qui ſimilem horum canonum diviſionem & formam præferunt. Uſi etiam ſumus variantibus, quas ex Lucenſi MS. 88. P. Dominicus Manſius edidit tom. I. *Supplementi Conciliorum* pag. 305.

2 In præmiſſis, quæ brevitatis gratia omiſimus, lecti traduntur canones Nicæni Concilii.

3 Vat. 1342. *ſequuntur*. Mox codd. Juſtelli delent *firmata*, & habent *cuſtodiuntur*. Dion. *cuſtodientur*.

4 Dion. *adſervandus*. Mox Juſt. codd. *Ad comprobandas*.

5 Dion. *ita Dei populos*.

6 Codd. Juſt. *de continentiæ*.

7 Dion. *Epiſcopos, inquam, Presbyteros, & Diaconos*.

8 Voces *& ab omnibus* omittit Dion.

9 Ita codd. Juſt. Dion. vero *inhibenda*, Vat. *cavenda*.

10 Dion. omittit *diverſo*. Mox pro *exſequenda* codd. Juſt. *ſequenda*.

11 Dion. delet *&*. Dein codd. Juſt. *Univerſi dixerunt* pro *Univerſum Concilium dixit*. Poſtea *ſuo* adjecimus ex Juſt. codd.

ſtra ſuggeſtionem fratris & coepiſcopi noſtri Fortunati, quid ad hæc dicitis? Ab univerſis Epiſcopis dictum eſt: Chriſmæ confectio & puellarum conſecratio a Presbyteris non fiat; vel reconciliare quemquam in publica Miſſa Presbytero non licere, hoc omnibus placet.

VII. *De reconciliandis infirmis.*

Dion. c. 7. Aurelius Epiſcopus dixit: Si quiſquam
in periculo fuerit conſtitutus, & ſe reconciliare
divinis altaribus petierit; ſi Epiſcopus abſens fuerit, debet utique Presbyter conſulere Epiſcopum, & ſic periclitantem ejus præcepto reconciliare: quam rem debemus ſalubri conſilio roborare. Ab univerſis Epiſcopis dictum eſt: Placet quod ſanctitas veſtra neceſſario nos inſtruere dignata eſt.

* l. *nulli criminoſo.* 12 VIII. 12 *Ut * nullus criminoſus liceat Epiſcopum accuſare.*

Numidius Epiſcopus Maſſulitanus dixit:
Præterea ſunt quamplurimi non bonæ converſationis, qui exiſtimant majores natu vel
Epiſcopos paſſim vageque in accuſatione
13 pulſandos: debent tam facile admitti 13 nec
ne? Aurelius Epiſcopus dixit: Placet igitur caritati veſtræ, ut is, qui aliquibus ſceleribus irretitus eſt, vocem adverſus majores natu non habeat accuſandi. Ab univerſis Epiſcopis dictum eſt: Si criminoſus eſt, non admittatur.

IX. *De excommunicatis.*

Auguſtinus Epiſcopus Legatus provinciæ
Numidiæ dixit: Hoc ſtatuere dignemini,
ut ſi qui forte merito facinorum ſuorum
ab Eccleſia pulſi ſunt, & ſive ab aliquo
Epiſcopo, vel Presbytero fuerint in communione ſuſcepti, etiam ipſe pari cum eis
14 crimine teneatur obnoxius, 14 refugientes
ſui Epiſcopi regulare judicium. Ab univerſis Epiſcopis dictum eſt: Omnibus placet.

X. *De his qui excommunicati audent erigere altare, & ſacrificare.*

Alypius Epiſcopus Eccleſiæ Tagaſtenſis
Legatus provinciæ Numidiæ dixit: Nec illud prætermittendum eſt, ut ſi quis forte
Presbyter ab Epiſcopo ſuo correptus, tu-
more vel ſuperbia inflatus putaverit ſeparatim 15 ſacrificia Deo offerenda, vel aliud 15
erigendum altare contra eccleſiaſticam fidem vel diſciplinam crediderit, non exeat
impunitus. Valentinus primæ Sedis provinciæ Numidiæ dixit: Neceſſario diſciplinæ
eccleſiaſticæ & fidei congrua ſunt, quæ frater noſter Alypius proſequutus eſt. Proinde
quid 16 exinde videatur veſtræ dilectioni 16
proferte. Ab univerſis Epiſcopis dictum eſt: Dion.c.11.
Si quis Presbyter a præpoſito ſuo correptus
fuerit, debet utique apud vicinos Epiſcopos 17 conqueri, ut ab ipſis ejus cauſſa poſſit 17
audiri, ac per ipſos ſuo Epiſcopo reconciliari. Quod niſi fecerit, ſed ſuperbia 18 ma- 18
gis (quod abſit) inflatus, ſecernendum ſe
ab Epiſcopi ſui communione duxerit, ac
ſeparatim cum aliquibus ſchiſma faciens ſacrificium Deo obtulerit, anathema habeatur nihilominus, & locum amittat: ac ſi
querimoniam juſtam adverſus Epiſcopum 19 19
habuerit, inquirendum erit.

XI. 20 *De Epiſcopis, Presbyteris, & Diaconis audiendis.* 20

Felix Epiſcopus dixit: Suggero ſecundum Dion.c.12.
ſtatuta veterum Conciliorum, ut ſi quis E-
piſcopus (quod non optamus) in reatum
aliquem incurrerit, & fuerit ei nimia neceſſitas, 21 ut non poſſint plurimi congre- 21
gari; ne in crimine remaneat, a XII. E-
piſcopis audiatur, & Presbyter a VI. 22 22
vel VII. Epiſcopis cum proprio ſuo Epiſcopo audiatur, & Diaconus a tribus.

XII. *De ordinandis Epiſcopis.*

Aurelius Epiſcopus dixit: Quid ad hæc Dion.c.13.
dicit ſanctitas veſtra? Ab univerſis Epiſcopis dictum eſt: A nobis veterum ſtatuta debere ſervari, ſicuti & inconſulto Primate cu-

---

12 Ita cod. Vat. 1342. In MSS. Juſt. *In accuſatione Epiſcoporum criminoſum non debere admitti.*

13 Codd. Juſt. & Luc. addunt *contra apoſtolicam regulam*. Ita etiam præfert Concilium ſub Genethlio c. 6. ex editione Holſtenii: unde hic canon ſumptus fuit. Dein pro *aliquibus ſceleribus* Vat. habet *tali ſcelere*. In fine Dion. addit *Placet:* expunximus uti ſuperfluum cum MS. Vat.

14 Burchardus & Ivo *refugientibus*. Codd. Juſt. poſt *judicium* addunt *reddi debere*. Melius in Concilio ſub Genethlio c. 7. ex quo hic canon excerptus fuit, poſt vocem *ſuſcepti* inſeruntur hæc verba *refugientes ſui Epiſcopi regulare judicium*, & dein ſequitur *etiam ipſe* &c.

15 MSS. Juſt. *ſe ſacrificium Deo offerre*.

16 Dion. delet *exinde*. Mox *proferte* legitur in Vat. & Colb. Dionyſius *edicite*. Cod. Bochard apud Juſt. *proferre edicite*.

17 Cod. Thuan. *convenire*, Bochard. *conveniri*.

18 Dion. delet *magis*, ac dein *nihilominus*.

19 Dion. cum Vat. inſerit *non:* expunximus cum Juſtelli codicibus, eo quod hæc negatio non legatur in c. 8. Concilii ſub Genethlio, ex quo hic canon repetitus fuit.

20 Codd. Juſt. *Qualiter Epiſcopi, Presbyteri, & Diaconi audiantur*.

21 Dion. minus recte *non poſſe plurimos congregari*.

22 Dion. ignorat *vel VII.* uti ignorat etiam Concilium ſub Genethlio c. 10.

te cujuſque provinciæ tam facile non præſumant multi congregati Epiſcopi Epiſco-
23 pum ordinare. 23 Si vero neceſſitas fuerit, tres Epiſcopi, in quocumque loco ſint, ejus præcepto ordinare debebunt Epiſcopum. Et ſi quis contra ſuam profeſſionem, vel ſubſcriptionem venerit in aliquo; ipſe
24 24 ab hoc cœtu ſeparabitur.

XIII. *De * Legatum Tripolitanum, & de Presbytero, & Diacono audiendo.*

* l. *Legato Tripolitano.*

Dion.c.14. 25 Sane placuit de Tripoli propter ino-
25 piam provinciæ ut unus Epiſcopus in legationem veniat, & ut ibi Presbyter a quinque audiatur Epiſcopis, & Diaconus a tri-
26 bus, ut ſuperius memoratum eſt, 26 proprio Epiſcopo reſidente.

XIV. *Ut nulli Clericorum liceat in publico judicari.*

Dion.c.15. 27 Quiſquis vero Epiſcoporum, Presby-
27 terorum, & Diaconorum, ſeu Clericorum, cum in Eccleſia ei fuerit crimen inſtitutum, vel civilis cauſſa fuerit commota, ſi relicto eccleſiaſtico judicio publicis judi-
28 ciis 28 purgare ſe voluerit, etiamſi pro ipſo fuerit prolata ſententia, locum ſuum amittat, & hoc in criminali; in civili vero, perdat quod evicit, ſi locum ſuum obtinere maluerit. Hoc etiam placuit, ut a quibuſcumque judicibus eccleſiaſticis ad alios judices eccleſiaſticos, ubi eſt major auctoritas, fuerit provocatum; non eis obſit, quorum fuerit ſoluta ſententia, ſi convinci non potuerint vel inimico animo judicaſſe, vel aliqua cupiditate aut gratia depravati. Sane ſi ex conſenſu partium electi fuerint judices, etiam a pauciori numero quam
29 conſtitutum eſt, non liceat 29 provocare.

XV. *De ſpectaculis.*

Placuit, ut filii Sacerdotum ſpectacula ſæ-
30 cularia 30 non tantum non exhibeant, ſed nec ſpectent: licet hoc ſemper Chriſtianis omnibus interdictum ſit, ut ubi blaſphemiæ
ſunt, 31 omnino non accedant. 31

XVI. *Ut Clerici non ſint conductores.*

32 Epiſcopi, Presbyteri, & Diaconi non Dion.c.16.
ſint conductores, aut procuratores, nec 32
ullo turpi negotio & inhoneſto victum quærant: quia reſpicere debent ſcriptum eſſe: *Nemo militans Deo, implicat ſe negotiis ſæcularibus.*

XVII. *Jubentur lectores nubere.*

Lectores cum ad annos pubertatis pervenerint, cogantur aut uxores ducere, aut continentiam profiteri.

XVIII. *Clericus quod vel quantum commodaverit recipiat.*

Clericus ſi commodaverit pecuniam, pecuniam recipiat; ſi ſpeciem, eamdem ſpeciem, 33 quantum ei debetur, accipiat. 33

XIX. *Ante XXV. annos nullus in ordine promovendus.*

34 Diaconus ante XXV. annos ætatis, 34
vel Presbyter ante XXX. nullus ordinetur, neque virgines conſecrentur, & ut lectores populum non ſalutent.

XX. *De primatu Mauritaniæ Sitifenſis.*

35 Primatem vero proprium cum Mau- Dion.c.17.
ritaniæ Sitifenſis Epiſcopi poſtularent, omne 35
Concilium Epiſcoporum Numidiæ, conſentientibus omnibus Primatibus vel univerſis
Epiſcopis provinciarum Africanarum 36 pro- 36
pter longinquitatem itineris novitatem habere permiſſa eſt, cum conſilio Carthaginenſis Eccleſiæ factum eſt.

XXI.

23 Dion. *niſi neceſſitas.*

24 Dion. *ſe honore privabit.* Codd. Juſt. *ſe ab hoc cœtu ſeparavit*, leg. *ſeparabit*. Prætulimus MS. Luc. a quo modicum differt Vat. qui ſolum habet *ſeparetur.*

25 Dion. *Item placuit.*

26 Tres ſequentes voces omittunt codd. Juſt. & Luc. Leguntur autem in Vat. ut in Dion.

27 Dion. addit *Item placuit, ut.*

28 Idem Dion. *purgari voluerit.* Cod. Thuan. *purgare.* Melius cum Vat. *purgare ſe.*

29 Dion. *provocari.*

30 Dion. caret vocibus *non tantum*. Dein cod. Vat. habet *ſed nec exſpectare eis liceat; hoc ſemper*, ubi *liceat* perperam fuit ſcriptum pro *licet*, & *exſpectare eis* pro *ſpectent.*

31 Dion. ignorat adverbium *omnino*, quod inſeruimus cum MS. Vat.

32 Idem Dion. & quidam noſtri codd. *Placuit, ut Epiſcopi*: & dein *Item placuit, ut Lectores.* Et poſtea *Item placuit, ut Clericus.*

33 Dion. *quantum dederit, accipiat.*

34 Ita cod. Vat. Dion. vero *Et ut ante viginti quinque annos ætatis nec Diaconi ordinentur, nec virgines conſecrentur.*

35 Dion. *Placuit, ut Mauritania Sitifenſis, ut poſtulavit Primatem provinciæ Numidiæ, ex cujus cœtu ſeparatur, ut ſuum habeat Primatem: quem conſentientibus omnibus Primatibus provinciarum Africanarum, vel omnibus Epiſcopis propter longinquitatem habere permiſſa eſt.*

36 Ita cod. Vat. Alii codd. minus recte *propter longi itineris novitatem*. Mox pro *permiſſa eſt* corrigendum videtur, & ſupplendum *permiſit, idque.*

XXI. *De ordinandis Episcopis, vel Clericis.*

Dion.c.18. Item placuit, 37 ut in ordinatione E-
37 piscoporum, vel Clericorum prius placita
Concilii intimentur eorum auribus ab ordinatoribus suis, ut si aliquid contra statuta Concilii fecerint, pœniteant.

38 XXII. 38 *Ut corporibus defunctorum Eucharistia non detur.*

Dictum est enim: *Accipite, & edite:* cadavera autem nec accipere possunt, nec edere: & nec jam mortuos homines baptizare faciat Presbyterorum ignavia.

XXIII. *Ut bis in anno Concilia fiant.*

Pro qua re confirmandum est in hac sancta Synodo, ut secundum Nicæna statuta
propter caussas ecclesiasticas, quæ ad perniciem plebium sæpe veterascunt, singulis
* l. *ad quæ.* quibusque annis 39 Concilia fiant, * ad quos
omnes provinciæ, quæ primas sedes ha-
39 bent, de Conciliis suis binos aut quantos
elegerint Episcopos Legatos mittant, ut con-
40 gregato conventu 40 integro plena possit
esse auctoritas.

41 XXIV. 41 *De accusatione Episcopi.*

Dion.c.19. Aurelius Episcopus dixit: 42 Si quis E-
42 piscoporum accusatur, ad Primatem provinciæ ipsius caussam deferat accusator, neque
a communione suspendatur, cui crimen intenditur, nisi ad caussam suam dicendam
43 electorum 43 judicum die statuta litteris
evocatus minime occurrerit, hoc est infra
44 spatium mensis 44 ex ea die, qua eum litteras accepisse constiterit. Quod si aliquas veras necessitatis caussas probaverit, quibus
eum occurrere non potuisse manifestum sit,
caussæ suæ dicendæ intra alterum mensem

integram habeat facultatem. Verum tamdiu
post mensem secundum non communicet,
donec purgetur. Si autem ad Concilium
universale anniversarium occurrere noluerit, ut vel ibi caussa ejus terminetur; ipse
in se damnationis sententiam dixisse judicetur: tempore sane quo non communicat,
nec in sua Ecclesia, 45 nec in parochia com- 45
municet. Accusator autem ejus, si numquam diebus caussæ dicendæ defuerit, a communione non removeatur. Si vero aliquando defuerit subtrahens se, restituto in communione Episcopo ipse removeatur a communione accusator; ita tamen ut nec ipsi
adimatur facultas caussæ peragendæ, si se
ad diem occurrere 46 non noluisse, sed non 46
potuisse probaverit. Illud vero, ut cum
agere cœperit in Episcoporum judicio, si
fuerit 47 accusatoris persona culpabilis, ad 47
arguendum non admittatur, nisi proprias
caussas, non tamen ecclesiasticas, asserere
voluerit.

XXV. *De Presbyteris, vel Diaconis accusatis.*

Presbyteri, vel Diaconi si fuerint accusa- Dion.c.20.
ti, adjuncto sibi ex vicinis locis cum proprio Episcopo legitimo numero collegarum,
quos ab eodem accusati petierint, idest una
secum 48 in Presbytero quinque, in Dia- 48
cono duo Episcopi caussam discutiant, eadem dierum & dilationum, & a communione remotionum, & discussione personarum
inter accusatores, & eos qui accusantur,
forma servata. Reliquorum autem Clericorum caussas etiam solus Episcopus loci cognoscat & finiat.

XXVI. *De * conjugia Cleriorum.* * l. *conjugiis.*

49 Et ut filii Clericorum gentilibus, aut Dion.c.22.
hæreticis, aut schismaticis matrimonio non 49
jungantur.

37 Dion. *ut ordinatis Episcopis, vel Clericis prius ab ordinatoribus suis placita Conciliorum auribus eorum inculcentur, ne se aliquid contra statuta Concilii fecisse pœniteant.* Nostri vero codices cum edito textu concinunt, nisi quod Vat. primo loco pro *Concilii* habet *Conciliorum*, at secundo loco retinet *Concilii*: & pro *pœniteant* habet *pœniteat*.

38 Dion. qui hunc & sequentem canonem jungit cum præcedenti, habet: *Item placuit, ut corporibus*: & pro *dictum est* ... *& nec jam* ... *baptizare* præfert *scriptum est* ... *& ne jam* ... *baptizari*. Cod. Bochard. pro *jam* haber *etiam*.

39 Dion. *Concilium convocetur, ad quod.*

40 Idem Dion. omittit *integro*.

41 Codd. Just. *De accusatis Episcopis*.

42 Iidem codd. *Quisquis vero Episcoporum* Dion. *Quisquis Episcoporum*.

43 Ita melius cum Dion., quam *judicio*, vel *judicium*, ut habent laudati codd. & noster Vat.

44 MSS. Just. addunt *unius*.

45 Dion. *vel parochia*.

46 Nostri codd. *noluisse*. Dion. Justelli *non voluisse*. Melius idem Justellus in editione Codicis Africani ex MS. Nicolai Fabri *non noluisse*: quam lectionem contextui necessariam recepimus.

47 Codd. Just. *accusator ille culpabilis*.

48 Dion. *in Presbyteri nomine sex, in Diaconi tres ipsorum caussam discutiant.* Vat. *in Presbytero numero V. aut VI. Diacono duo vel tres caussam* &c. Magis placuit codex Luc. cum quo in numeris *quinque*, & *duo Episcopi* conveniunt MSS. Justelli Thuan. & Bochard. cum præsertim eosdem numeros præferat Breviarium Hipponense can. 8. ex quo hic canon repetitus fuit. Quod si alii numeri superius leguntur can. 11. animadvertendum est, eum canonem repetitum fuisse ex alio Concilio sub Genethlio, quod can. 10. collegarum judicum numerum auget.

49 Dion. *Iterum placuit, ut*: & paullo post omittit voces *aut schismaticis*, quæ præter codices nostræ editionis leguntur etiam in Breviario Hipponensi c. 12.

tuta totius Concilii congregati & meæ mediocritatis sententiam placet facere rerum omnium conclusionem: universi tituli designati & digesti hujus diei tractatu ecclesia-
77 stica gesta suscipiant. 77 Ea vero, quæ adhuc expressa non sunt, cum cognoverimus, die sequenti per fratres nostros Faustinum Episcopum, Philippum & Asellum Presbyteros venerabili fratri & coepiscopo nostro Bonifacio rescribemus. Et subscripserunt.

78 Aurelius Episcopus 78 huic schedulæ relectæ a nobis subscripsi.

Valentinus Episcopus primæ sedis provinciæ Numidiæ subscripsi.

Faustinus Episcopus Ecclesiæ Potentinæ provinciæ Piceni Legatus sanctæ Ecclesiæ Romanæ his gestis subscripsi.

Alypius Episcopus Ecclesiæ Tagastensis Legatus provinciæ Numidiæ huic chartulæ pro me & Concilio subscripsi.

Augustinus Episcopus Ecclesiæ Hipponi Regii Legatus Concilii Numidiæ pro me & eodem Concilio subscripsi.

79 79 Possidonius Episcopus Palamensis Legatus provinciæ Numidiæ inferioris subscripsi.

80 Vincentius Episcopus 80 Culsitanæ Ecclesiæ subscripsi.

81 81 Fortunatus Episcopus Neapolitanæ Ecclesiæ subscripsi.

82 Pentadius Episcopus 82 Carpitanæ Ecclesiæ subscripsi.

83 83 Rufinianus Episcopus Ecclesiæ Muzuensis subscripsi.

84 Prætextatus Episcopus 84 Sicilibbensis Ecclesiæ subscripsi.

Quodvultdeus Episcopus 85 Verensis Ecclesiæ subscripsi. 85

Candidus Episcopus 86 Abitinensis Germanicianorum Ecclesiæ subscripsi. 86

87 Gallonianus Episcopus Utinensis Ecclesiæ subscripsi. 87

Maximianus Episcopus Aquensis Regiorum Legatus provinciæ Byzacenæ subscripsi.

Jocundus Episcopus Suffetulanus Legatus provinciæ Byzacenæ subscripsi.

88 Maximianus Episcopus Suffetanus Legatus provinciæ Byzacenæ subscripsi. 88

Hilarianus Horrei 89 Celiensis Legatus provinciæ Byzacenæ subscripsi. 89

Novatus Episcopus Sitifensis subscripsi.

Ninellus Episcopus 90 Suffuranensis Legatus provinciæ Mauritaniæ Cæsariensis subscripsi. 90

Laurentius Episcopus Icositanus Legatus provinciæ Mauritaniæ Cæsariensis subscripsi.

Numerianus Episcopus 91 Rausguriensis Ecclesiæ, Legatus ejusdem provinciæ subscripsi. 91

Leo Episcopus 92 Moptensis Ecclesiæ Legatus ejusdem provinciæ subscripsi. 92

Leo Episcopus Legatus provinciæ Sitifensis subscripsi.

Et ceteri Episcopi 93 CCXVIII. diversarum provinciarum subscripserunt. 93

Philippus Presbyter Legatus Sanctæ Romanæ Ecclesiæ his gestis subscripsi.

Asellus Presbyter Legatus S. R. Ecclesiæ.

Et gesta recollegimus per nos directa, 94 94

II.

---

77 Dion. *Quæ vero adhuc expressa non sunt, die sequenti* &c.

78 Dion. Just. has subscriptiones aliis quandoque formulis exprimit. Nostrorum codicum formulas sequuti sumus.

79 Al. *Possidius*.

80 Dion. melius *Culusitanæ*. In collatione anni 411. *Vincentius Colusitanus* recensetur.

81 Idem Dion. melius *Fortunatianus*, ut in eadem collatione.

82 Cod. Bochard. *Carpidanæ*, Thuan. *Carpedanæ*, Vat. *Capitanæ*, ubi *r* desideratur.

83 Al. *Rufinus* ... *Mazensis*. At *Rufinianus Muzuensis* in collatione legitur.

84 Cod. Luc. *Sicilenbensis*. Prætulimus MSS. Justelli, & Vat. a *Sicilibba*, alias *Sicilibra* Africæ.

85 Vat. *Cerensis*. In Notitia Africæ recensetur *Exitiosus Verensis* in Proconsulari.

86 Ita cod. Luc. & duo Justelli. In MS. Vat. *Habitensis*. Mox *Germaniciorum* in MS. Luc. Apud Dion. *Candidus Germaniæ*. In collatione *Victor Abitinensis*, & *Innocentius Germaniensis* distinguuntur.

87 Al. *Gallonius* ..... *Uticensis*.

88 Al. *Maximinus*, vel *Maximus*.

89 Al. *Celensis*, vel *Horreocellensis*.

90 Ita duo codd. Luc. & Bochard. In cod. Vat. *Usarranensis*, in Thuan. *Surramensis*. Dion. *Rusurritanensis*. Melius cod. ab Harduino laudatus *Rusuccurianensis Legatus provinciæ Cæsariensis*, in qua quidem est Rusuccurium. In procemio hujus secundæ actionis, quod legitur tum in cod. Afric. ante c. 128. tum apud Isid. in Concilio Carthag. VII. ex lectione Harduini vocatur *Ninellus Rusuccuriensis*, & censetur inter Legatos Cæsariensis: ac idcirco male *Sitifensis* dicitur pro *Cæsariensis* in MSS. Vat. & Luc.

91 Al. *Raguriensis*, vel *Rausariensis*, vel *Rusuguriensis*. In laudato procemio hujus secundæ actionis *Numerianus Rusguniensis* dicitur, & hæc est vera lectio.

92 Cod. Vat. *Optensis*: At in collatione Carthaginensi habemus: *Leo municipii Moptensis*. In procemio hujus secundæ actionis vocatur *Leo Moctensis* (in Græca autem versione Ὀπτενσιάνος) *Legatus provinciæ Mauritaniæ Sitifensis*.

93 Dion. *CCXVII*. Thuan. *CCXLI*. Bochard. *CCXIV*. Retinuimus cum Vat. *CCXVIII*. In epistola ad Bonifacium pro codicum varietate idem numerus diversimode exprimitur.

94 Subjicitur in iisdem codicibus Africanorum epistola ad Bonifacium, alia Attici Constantinopolitani cum regula formatarum (ut in Admonitione indicavimus) & aliæ litteræ eorumdem Africanorum ad Cælestinum Pontificem.

II.

1 CONCILIUM CARTHAGINENSE

Anni CCCCXXI. ſub AURELIO XVIII. ex MS. codice 55. Capituli Veronenſis nunc in lucem productum.

AGricola & Euſtathio VV. CC. Conſulibus, Idibus Juniis, Carthagine in ſecretario baſilicæ Fauſti.

Cum Aurelius ſenex una cum fratribus & conſacerdotibus ſuis conſediſſet, adſtantibus Diaconibus, Aurelius Epiſcopus dixit: Sanctitas veſtra melius recolit, qua neceſſi-
2 tate factum eſt, ut 2 inſtituta Concilii ſolemnitas per biennium ceſſaret. Nunc quia
* f. providentia. adjuvante Deo, certa * provintia factum, ut ſanctus frater & coepiſcopus noſter Auguſtinus pro ſua religione Concilium libenter acciperet, & nos Dominus in unum congregari juſſiſſet; & quia contigit, ut infirmitas mea veſtrum omnium vultum ſalutaret; agamus aliquid pro utilitate Eccleſiæ, ut ea quæ innata, vel quæ audienda
3 ſunt, audiantur, ne 3 cauſſæ, cum diutius adhuc dimitti cœperint, in pejus exſurgant. Unde hoc opus eſt, ut Eccleſiæ cauſſæ, quæ diſciplinæ congruunt, pertractentur.

Univerſum Concilium dixit: Ut hoc fiat, libenter audimus.

Aurelius ſenex dixit: Quæ * inter communi deliberatione ſtatuta & definita ſunt, * f. interim.
Concilia præterita ex ordine relegantur, præſentis Concilii paginis inſerenda. 4 4

I.

Placuit univerſo Concilio, ut qui excommunicatus fuerit 5, ſive Epiſcopus, vel qui- 5
libet Clericus; & tempore excommunicationis ſuæ 6 communionem præſumpſerit; 6
ipſe in ſe damnationis judicetur protuliſſe ſententiam.

II.

Item placuit, ut accuſatus, vel accuſator in eo loco, unde eſt ille qui accuſatur, ſi metuit aliquam vim temerariæ multitudinis, locum ſibi eligat proximum,
* quod non ſit difficile teſtes adducere, 7 & * l. quo.
ibi cauſſa finiatur. 7

III.

8 Item placuit, ut quicumque Clericus 8
9 non obtemperaverit Epiſcopis ſuis volen- 9
tibus * eos 10 honore ampliore in ſua diœ- * l. eum.
ceſi provehere, nec * illi miniſtrent in gra- * l. illic miniſtret.
du ſuo, unde recedere noluerit. 10

IV.

11 Item placuit, ut Epiſcopi, ſive Pres- 11
byteri ea quæ ſunt in locis, ubi ordinantur, ſi ad alia loca dederint, cauſſas præſen-

---

1 Eſt Concilium XVIII. ſub Aurelio, de quo vide quæ diximus in tractatu part. 2. c. 3. §. 9. n. 1.

Breviar. c. 5. 2 In Synodo Hipponenſi an. 393. cujus Breviarium confirmatum fuit in Concilio Carthaginenſi an. 397. inſtitutum fuerat, *ut propter cauſſas eccleſiaſticas, quæ ad perniciem plebium ſemper veteraſcunt, ſingulis quibuſque annis Concilium convocetur*. Idem inſtitutum repetitum invenies in præcedenti Concilio c. 23. Per *biennium* autem ceſſaſſe dicitur hæc *ſolemnitas*, quia ultima Synodus XVII. celebrata fuerat biennio ante, ideſt an. 419.

3 Hinc diſcimus cauſſas eccleſiaſticas, ob quas ſingulis annis cogendæ erant Synodi; in iiſdem primum diſcuſſas & definitas fuiſſe.

4 Ex his nihil dubium eſt, ita in hac Synodo lecta fuiſſe, & inſerta geſtis ſtatuta præcedentium Conciliorum ſub Aurelio, uti lecta & inſerta fuerunt in antecedenti Synodo an. 419. ut ex Dionyſio colligere licet. At brevitatis ſtudio ea omiſſa fuerunt in veteri illo exemplo, ex quo noſtri codicis amanuenſis hoc Concilium exſcripſit: eademque de cauſſa incaute omiſſa fuit aliqua interlocutio, qua idoneus ad ſequentes canones tranſitus fieret.

5 Hic canon repetitus eſt ex præcedenti Concilio anni 419. c. 35. noſtræ editionis, apud Dionyſium 29. Neque offendat hæc repetitio: nam hic idem canon renovatus fuit etiam in Synodo Hipponiregienſi an. 427. ex qua illum Ferrandus allegat num. 54. Vide tractatum part. 2. c. 3. §. 9. n. 4. In margine noſtri codicis poſteriori, ſed antiqua manu additur *de ſuo neglectu*, quæ verba quiſpiam ſtudioſus invenit in aliquo exemplo Concilii anni 419. In præcedenti Synodo legitur *pro ſuo neglectu*.

6 In margine ejuſdem codicis additur *ante audientiam*, ut in Synodo præcedenti.

7 Hic canon repetitus eſt ex præcedenti Synodo c. 36. apud Dionyſium 30. Renovatus in Concilio Hipponiregienſi anni 427. tit. 5. laudatur a Ferrando n. 198. In margine noſtri MS. pro *& ibi* ſubſtituitur *qualiter* ex lectione Synodi præcedentis, quam in codicibus noſtris invenimus.

8 In eodem margine apponitur titulus hujus canonis, qui repetitus eſt ex Synodo præcedenti c. 37. apud Dion. 31. *Ut nullus eccleſiaſtici ordinis ſe ordinare ad Epiſcopi votum recuſet*.

9 Additur in margine codicis ex præcedenti Synodo *vel Diaconus de neceſſitatibus Eccleſiarum*.

10 Cum in Synodo anni 419. legatur *ad honorem ampliorem in ſua Eccleſia promovere*; hunc locum Patres hujus Concilii de diœceſi explicantes, aliter expoſuerunt.

11 Hic canon cum in anterioribus Conciliis nuſpiam inveniatur, proprius videtur hujus Synodi, ex qua eum repetitum in Concilio Hipponiregienſi anni 427. diſcimus ex Ferrando n. 34. ubi hæc habet: *Ut Epiſcopi, ſive Presbyteri ea quæ ſunt in locis, ubi ordinantur; ad alia loca non transferant, niſi cauſſas ante reddiderint*. Concil. Hipponiregienſ. tit. 5.

sentent vel Episcopi suis Conciliis, vel Clerici Episcopis suis: & si nullas justas habuerint caussas, sic in eos vindicetur, tamquam in furto fuerint deprehensi.

V.

Item placuit, ut quicumque Episcopus, Presbyter, Diaconus, vel quilibet Clericorum, qui nihil habentes ordinantur, & tempore Episcopatus, vel Clericatus sui agros
12 vel quæcumque prædia nomini suo 12 comparant, tamquam rerum dominicarum in-
13 vasionis crimine teneantur. 13 Sic admoniti, in Ecclesia eadem contulerint, bene: sin autem ipsi propriæ consanguinitati ea, vel extero cuilibet voluerint relinquere,
* dele *in*. non permittantur. Si autem * in ipsis proprie aliquid ex successione parentum, vel cognationis obvenerit; faciant inde quod eorum proposito congruit. Quod si a suo proposito retrorsum exorbitaverint; honore Ecclesiæ indigni, tamquam reprobi judicentur.

VI.

Item placuit, ut omnes servi, vel pro-
l. *liber-* prii * libertini ad accusationem Clericorum non admittantur, vel omnes, quos ad accusanda publica crimina leges publicæ non
* l. *is, qui ... excommunicatus fuit.* admittunt; 14 neque * ii, qui postea quam excommunicati fuerunt, si in ipsa adhuc excommunicatione constitutus, sive sit Cle-
14 ricus, sive laicus, accusare voluerit; neque
l. *macu-* omnes infamiæ * facula aspersi, idest, istriones, & turpitudinibus subjectæ personæ, hæretici etiam, sive pagani, sive Judæi. Sed tamen omnibus, quibus accusatio denegatur, in caussis propriis accusandi licentia non deneganda.

VII.

15 Item placuit, quotiescumque Clericis 15
ab accusatoribus multa crimina objiciuntur, & unum ex ipsis, de quo prius egerint, probare non valuerint, ad cetera jam non admittantur. Testes autem ad testimonium non admittendos, qui nec ad accusationem admitti præcepti sunt, vel etiam quos ipse accusator de sua domo * pro- * supplevimus *produxerit* ex Dionysio.
duxerit. Ad testimonium autem intra annos XIV. ætatis suæ non admittantur.

VIII.

Item placuit, ut si quando Episcopus dicit, aliquem sibi soli crimen fuisse confessum, 16 sed ille neget se confessum fuis- 16
se; non putet ad injuriam suam Episcopus pertinere, quod illi soli non creditur: & si scrupulo propriæ conscientiæ se dicit neganti nolle communicare; quamdiu excommunicato non communicaverit, nec ipsi ab aliis Episcopis communicetur, ut magis caveat Episcopus, ne dicat in quemquam, quod * ab illis documentis convincere non * l. *aliis* sine *ab* ex Dion.
potest.

IX.

Item placuit, ut eo modo non vendant rem Ecclesiæ Presbyteri, ubi sunt constituti, nescientibus Episcopis suis: quomodo Episcopo non licet vendere prædia Ecclesiæ ignorante Concilio, 17 vel Primatibus 17
suis.

X.

12 Repetitus est ex Synodo præcedenti c. 38. apud Dionysium 32. ac dein renovatus in Concilio Hipponiregiensi an. 427. tit. 8. ex Ferrando n. 35 In margine nostri codicis additur ex lectione Synodi præcedentis, quam in nostris MSS. invenimus, *vel per aliud excusandum*.

13 Lege *Si admoniti in Ecclesiam*. Hic locus in præsenti Synodo clarius explicatur, quam in præcedenti, & cum additamento, ut conferenti patebit. Mox ad vocem *eadem* notatur in margine addendum *ipsa*, uti in Synodo præcedenti nostræ editionis adjicitur.

14 Hic canon repetitus ex can. 129. apud Dionysium, qui pertinet ad canones secundæ actionis Concilii Carthaginensis anni 419. sed hæc verba *neque ii* &c. usque ad *accusare voluerit* sumpta sunt ex fine canonis 128. apud eumdem Dionysium. Ex hoc aliisque pluribus exemplis discimus, quod in Admonitione num. 2. indicavimus, Africanos in repetendis anteriorum Synodorum canonibus nonnulla identidem immutasse, vel etiam addidisse, prout expedire videbatur.

15 Sunt duo canones in unum copulati, ac repetiti ex actione secunda Synodi Carthaginensis anni 419. qui apud Dionysium leguntur c. 130. & 131.

16 Hic quoque canon ex duobus compactus est, quos Dionysius refert in Synodo anni 419. actione secunda c. 132 & 133. Similiter hi duo canones unum conficiunt apud Isidorum sub titulo Concilii Carthaginensis VII. c. 5. Apud hunc legitur *atque ille neget*, *non putet*. Apud Dionysium vero *atque ille neget*, *& pœnitere noluerit*, *non putet*.

17 Hic canon & sequens unum efficiunt apud Dionysium c. 33. estque inter canones primæ actionis Concilii Carthaginensis anni 419. In duos vero canones pariter dividuntur in præcedenti nostra editione c. 39. & 40. In margine nostri codicis pro *vel Primatibus* scribitur *vel cunctis Presbyteris*: in præcedenti editione *vel cuncto Presbyterio*, apud Dion. *vel Presbyteris suis*. In præsenti autem Concilio hæc mutatio *vel Primatibus* inducta fuit: unde hic canon postea cum hac lectione renovatus est in Synodo Hipponiregiensi anni 427. teste Ferrando n. 47. ubi legimus: *Ut Episcopi rem Ecclesiæ sine Primatis consilio non vendant*. Concil. *Hipponiregien*. tit. 9. Priorem vero hujus canonis partem ex eodem Concilio *Hipponiregiensi tit. 9.* idem Ferrandus laudat postea num. 95.

X.

18 18 Item placuit, ut agri, vel quæcumque prædia Ecclesiæ in diœcesi constituta,
fuerint derelicta, non ea matrici Ecclesiæ
applicari usurpet Episcopus.

Hæc statuta singuli propria subscriptione
firmarunt. Aurelius, Simplicius, Augustinus, & ceteri.

III.

1 1 STATUTA

ECCLESIÆ ANTIQUA

*ex præstantissimis MSS. collectio-
nibus edita.* 1

2 2 QUi Episcopus ordinandus est, antea
examinetur, si natura prudens est,
si docibilis, si moribus temperatus,
3 si vita castus, si sobrius, si semper 3 suis
negotiis vacans, si hominibus affabilis, si
misericors, si litteratus, si in lege Domini
instructus, si in Scripturarum sensibus cautus, si in dogmatibus ecclesiasticis exercitatus, & ante omnia si fidei documenta
verbis simplicibus asserat, idest, Patrem &
Filium & Spiritum Sanctum unum Deum
4 esse confirmans, totamque 4 in Trinitate
Deitatem coessentialem, & consubstantialem,
& coæternalem, & coomnipotentem prædicans: si singulam quamque in Trinitate
personam plenum Deum, & totas tres personas unum Deum: si incarnationem divinam non in Patre, neque in Spiritu Sancto factam, sed in Filio tantum credat,
ut qui erat in Divinitate Dei Patris Filius,
ipse fieret 5 in homine hominis matris fi- 5
lius, Deus verus ex Patre, & homo verus
ex matre, carnem ex matris visceribus habens, & animam humanam rationabilem,
simul in eo 6 ambæ naturæ, idest, homo 6
& Deus, una persona, unus filius, unus
Christus, unus Dominus 7 creator omnium 7
quæ sunt, & auctor, & dominus, & rector cum Patre & Spiritu Sancto omnium
creaturarum: qui passus est vera carnis passione, mortuus vera corporis sui morte;
resurrexit vera carnis suæ resurrectione, &
vera animæ resumptione, in qua veniet
judicare vivos & mortuos. Quærendum est
etiam ab eo, si novi & veteris Testamenti, idest, Legis & Prophetarum, & Apostolorum unum eumdemque credat auctorem & Deum: si diabolus non per conditionem, sed per arbitrium factus sit malus.
Quærendum etiam ab eo, si credat hujus,
quam gestamus, & non alterius, carnis resurrectionem: si credat judicium futurum,
& recepturos singulos pro his, quæ in hac
carne gesserunt, vel pœnas, vel 8 gloriam: 8
si nuptias non improbet, si secunda matrimonia non damnet, si carnium perceptio-
nem non culpet, si pœnitentibus reconci-
liatis communicet, si in baptismo omnia
peccata, idest tam illud originale contractum, quam illa, quæ voluntarie admissa
sunt, dimittantur, si extra Ecclesiam catholicam nullus salvetur. Cum in his omnibus examinatus, inventus fuerit plene instructus, tunc cum consensu Clericorum &
laicorum & conventu totius provinciæ E-
piscoporum, maximeque Metropolitani vel
auctoritate vel præsentia ordinetur Episcopus. Suscepto in nomine Christi Episcopa-
[illegible] tu, non

---

18 Hic canon in hoc Concilio eodem sensu, sed aliis verbis clarius exponitur, quam in Synodo anni 419. apud Dionysium c. 33. Ferrandus palam significat hunc canonem repertum in Synodo Hipponiregiensi an. 427. n. 38. *Ut Episcopus matricis non usurpet quidquid fuerit donatum Ecclesiis, quæ in diœcesi constitutæ sunt. Concil. Hipponiregien. tit. 9.* Vox *diœcesis* ex nostro canone sumta fuit, cum in Concilio anni 419. *tituli* nomen legatur. Cum porro Ferrandus hunc & præcedentem canonem eodem *titulo 9.* designet; manifestum fit utrumque in Synodo Hipponiregiensi unum canonem confecisse.

1 Codices, quos in his statutis edendis adhibuimus, sunt trium collectionum, nimirum Vat. 1342. & Barberinus 2888. Vallicellanus A. 5. & Vat. 5845. Additionum Dionysii, ac Vat. Palat. 574. Herovallianum etiam, ex quo Jacobus Petit aliquot canones suæ collectioni inseruit, aliquando allegabimus: in quo tamen aliqua liberius mutata collectoris arbitrio deprehendimus. Numeri Arabici ad extremam oram notati ordinem innuunt, quo sub nomine Carthaginensis IV. in vulgatis editi sunt t. 2. Conciliorum Ven. edit. col. 1436. & seqq.

2 Hoc procemium integrum legitur in vulgato Ordine Romano Hittorpii sub titulo: *Statuta Ecclesiastica*. MSS. Vallic. & alia Additionum Dionysii hoc procemium canone I. signant, & in sequentibus aliquot canones ita conjungunt, ut omnes *centum* evadant, quemadmodum ex suo codice Vercellensi Atto notavit. Divisionem autem vetustiorum collectionum Vat. 1342. & similis Barb. 2888. alteriusque Vat. Palat. 574. sequendam censuimus.

3 Quidam nostri codd. habent *sui negotii*, & omittunt *vacans*. Vulg. pro *vacans* habent *cavens*. Mox cod. Vat. *humilibus affabilis*: vulg. *si humilis, si affabilis*.

4 Vulg. Conc. *Trinitatis Deitatem*: & post nonnulla *singularem* pro *singulam*.

5 Cod. Heroval. *in humanitate*, melius, cum magis respondeat antecedentibus *in Divinitate*. Mox *matrisque* præferunt quidam codd. Dein *si verus Deus ex Patre* in MS. Vat. 5845.

6 Vallic. cod. *utræque naturæ*. Mox voces *una persona* desunt in MS. Vat.

7 Idem MS. Vallic. *creaturarum*, & dein pro *rector* cum quibusdam aliis codd. habet *creator*. Prætulimus cum vulgatis *rector*, eo quod hæc vox inanem repetitionem evitet.

8 Ita cod. Vat. 1342. cum vulg. In Vallic. *præmia*.

9 tu, non suæ 9 delectationi, nec suis motibus,
10 sed his Patrum definitionibus acquiescat. 10 In cujus ordinatione etiam ætas requiritur, quam sancti Patres exemplo Salvatoris in præeligendis Episcopis constituerunt.

I. 14

Ut Episcopus non longe ab Ecclesia hospitiolum habeat.

II. 35

Ut Episcopus in Ecclesia in consessu Presbyterorum sublimior sedeat. Intra domum vero collegam se Presbyterorum esse cognoscat.

III. 20

Ut Episcopus nullam rei familiaris curam ad se revocet: sed lectioni, & orationi, & verbi Dei prædicationi tantummodo vacet.

IV. 15

11 Ut Episcopus vilem supellectilem 11 & mensam ac victum pauperem habeat, & dignitatis suæ auctoritatem fide & vitæ meritis quærat.

V. 16

Ut Episcopus gentilium libros non legat; hæreticorum autem pro necessitate 12
12 temporis.

VI. 18

Ut Episcopus tuitionem testamentorum non suscipiat.

VII. 17

Ut Episcopus gubernationem viduarum & pupillorum ac peregrinorum non per se ipsum, sed per Archipresbyterum, vel Ar-
13 chidiaconum 13 agat.

VIII. 19

Ut Episcopus nec provocatus pro rebus transitoriis 14 litiget. 14

IX. 21

Ut Episcopus ad Synodum ire 15 satis 15
gravi necessitate inhibeatur, sic tamen ut pro sua persona Legatum mittat, suscepturus salva fidei veritate quicquid Synodus statuerit.

X. 22

Ut Episcopus absque consilio 16 Com- 16
presbyterorum suorum Clericos non ordinet, ita ut civium conniventiam & testimonium quærat.

XI. 27

Ut Episcopus de loco ignobili ad nobilem per ambitionem non transeat, nec quisquam inferioris ordinis Clericus. Sane si id utilitas Ecclesiæ fiendum poposcerit, decreto pro eo Clericorum & laicorum Episcopis porrecto, 17 per sententiam Synodi 17
transferatur; nihilominus alio in loco ejus Episcopo subrogato. Inferioris vero gradus Sacerdotes, vel alii Clerici concessione suorum Episcoporum possunt ad alias Ecclesias transmigrare.

XII. 34

Ut Episcopus quolibet loco sedens stare
18 diu Presbyteros non patiatur. 18

XIII.

19. Ut in Sacerdotibus ordinandis etiam 19
ætas requiratur.

XIV. 23

Ut Episcopus 20 nullam caussam audiat 20
absque præsentia Clericorum suorum: alioquin irrita erit sententia Episcopi, nisi præsentia Clericorum confirmetur.

XV.

---

9 Ita cod. Vallic. cum vulg. In Vat. 1342. *dilectioni*.

10 Sequentia desunt in laudato MS. Vat. & sane melius, inepte enim videntur inserta, & congruentius *statuta* in eodem codice immediate subjiciuntur post verba *his Patrum definitionibus acquiescat*. Ea vero idcirco non expunximus, quia leguntur in Vallic. & ceteris codd. Additionum Dionysii, nec non in vulgatis Concil. in quibus post pauca desiderantur voces *exemplo Salvatoris*.

11 Vallic. *in mensa*.

12 Vulg. cum MS. Heroval. *& tempore*.

13 Quidam codd. *habeat*.

14 Vat. Barb. & Palat. *non litiget*.

15 Vulg. Conc. addunt *non sine*. At Harduinus notat has voces abesse a suis codicibus. In nostris quoque non leguntur. Apud Gratianum dist. 18. c. 9. additur *non tardet*, *nisi*. Mox in MS. Vallic. pro *inhibeatur* contrario sensu, quem contextus excludit, habetur *cohibeatur*.

16 Vulg. *Clericorum*, nullis nostris MSS. suffragantibus. Dein pro *conniventiam* quidam codd. habent *convenientiam*, minus recte. Alii *aut* pro *&* præferunt.

17 Ita nostri codd. nisi quod Vallic. habet *pro sententia*: vulgati *in præsentia*.

18 Vulg. ignorant *diu*.

19 Hunc canonem expressimus uti legitur in cod. Vat. Palatino: melior enim visa est hæc lectio, quam quæ habetur in Barb. & simili Vat. *Sacerdotibus ordinandis etiam alii requirantur*; vel quæ in Vallic. *Sacerdotibus etiam ordinandis ab aliis requiratur*; quæ in can. 10. satis expressa fuerunt. Hinc forte hic canon omissus fuit in vulgato Carthaginensi IV.

20 Vulg. cum Vat. Palat. *nullius*. Dein pro *Episcopi* Vallic. habet *Episcoporum*.

XV. 31

Ut Episcopus rebus Ecclesiæ tamquam
commendatis, non tamquam propriis uta-
21 tur. 21 Diacones, & Presbyteri in parochia constituti de rebus Ecclesiæ sibi creditis nihil audeant commutare: quia res sacratæ Deo esse noscuntur. Similiter & Sacerdotes nihil de rebus Ecclesiæ sibi com-
22 missis, ut superius dictum est, 22 immutare præsumant. Quod si facere voluerint,
convicti in Concilio, de suo proprio aliud
tantum restituant, quantum visi sunt præsumsisse. Sane si quis pro qualibet conditione de rebus Ecclesiæ aliquid alienare voluerit, si de suo proprio tantum Ecclesiæ
contulerit, quantum visus est abstulisse;
tunc demum illud stare licebit. Ita tamen
libertas, quos Sacerdotes, Presbyteri, vel
Diacones de Ecclesia sibi commissa facere
23 voluerint, 23 actus Ecclesiæ prosequi jubemus. Quod si facere contemserint, placuit
eos ad proprium reverti servitium.

XVI. 84

Ut Episcopus nullum prohibeat ingredi Ecclesiam, audire verbum Dei, sive gentilem, sive hæreticum, sive Judæum usque ad Missam catechumenorum.

XVII.

Ut Episcopus accusatores fratrum excom-
24 municet; & si emendaverint vitium, 24
recipiantur ad communionem, non ad Clerum.

XVIII. 74

Ut Sacerdos pœnitentiam imploranti, absque personæ acceptione pœnitentiæ leges injungat.

XIX. 75

Ut 25 negligentes pœnitentiam, tardius 25
recipiantur.

XX. 76

26 Is, qui pœnitentiam in infirmitate 26
petit, si casu, dum ad eum Sacerdos invitatus venit, oppressus infirmitate obmutuerit, vel in phrenesim versus fuerit, dent testimonium qui eum audierunt, & accipiat pœnitentiam. Et si continuo creditur moriturus, reconcilietur per manus impositionem, & infundatur ejus ori Eucharistia. At si supervixerit, admoneatur a supradictis testibus petitioni suæ satisfactum;
& subdatur 27 statutis pœnitentiæ, quam- 27
diu Sacerdos, qui pœnitentiam dedit, probaverit.

XXI. 78

Pœnitentes, qui in infirmitate viaticum
28 Eucharistiæ acceperint, non se credant 28
absolutos sine manus impositione, si supervixerint.

XXII. 79

Pœnitentes, qui attente leges pœnitentiæ exsequuntur, si casu in itinere, vel in mari mortui fuerint, ubi eis 29 subveniri non 29
potuit, memoria eorum & orationibus, & oblationibus commendetur.

XXIII. 85

Baptizandi nomen suum dent, & diu sub abstinentia vini & carnium & manus impositione 30 crebra examinati, baptismum 30
percipiant.

XXIV. 86

Neophiti 31 aliquandiu & lautioribus epu- 31
lis, & spectaculis, & conjugibus abstineant.

XXV.

21 Sequentia hujus canonis, quæ desunt in vulgato atque in MSS. Vat. Palatino, & Heroval. leguntur in aliis nostris codicibus Barb. & simili Vat. 1342. nec non in Vat. 5845. ac simili Vallic. aliisque Additionum Dionysii. Eadem vero tantum fine præcedentibus habentur inter canones addititios Synodi Agathensis anni 506. can. 49. qui forte canon ex nostris statutis (sicut alia nonnulla ipsius additamenta) excerptus fuit.

22 Ita codd. Vallic. & Vat. Additionum Dionysii. In Barb. & simili Vat. *immutilare*. In laudato canone 49. Agathensibus addito legitur *alienare*.

23 Quidam codd. minus recte *actir*. At *actus* habetur etiam in memorato canone, qui subjectus est Synodo Agathensi.

24 Vulg. cum Vallic. *recipiat eos*.

25 Vulg. cum MS. Vat. Palat. *negligentiores pœnitentes*.

26 Hic & sequens canones Ancyranis additi sunt ad marginem in MS. 55. Capituli Veronensis: in Vat. autem cod. 1342. in fine eorumdem Ancyranorum subjiciuntur. Post hunc vero canonem in vulgato Concilio Carthaginensi IV. alius canon subjicitur num. 77. qui hujus canonis titulus potius, quam novus canon videtur. *Pœnitentes, qui in infirmitate sunt, viaticum accipiant*.

27 Cod. Herval. *statuto pœnitentiæ tempori*. Vulg. *statutis pœnitentiæ legibus*.

28 Vallic. *cum Eucharistia*.

29 Vulg. *subveniri non possit*: apud Gratianum caus. 26. q. 7. c. 6. *non potest*. Melius nostri codices. Solum cum quidam habeant *subvenire*, MS. Heroval. addit *Sacerdos*, canonemque aliter effert sic: *Pœnitentes, qui ante legitimam pœnitentiam excedunt, si casu ibi moriantur, ubi eis Sacerdos subvenire non potuit, memoria eorum orationibus & oblationibus commendetur*.

30 Cod. Heroval. & alius Harduini *crebro*.

31 MS. Vallic. *aliquando*.

XXV.

32 Clericus nec comam nutriat, 32 nec barbam.

XXVI. 45

33 Clericus professionem suam 33 etiam habitu & incessu probet; & ideo nec vestibus nec calceamentis decorem quærat.

XXVII. 27

Clericus cum extraneis mulieribus non habitet.

XXVIII. 28

34 Clericus per plateas & andronas 34 certa & maxime officii sui necessitate ambulet.

XXIX.

Clericus victum & vestimentum sibi ar-
35 tificiolo, vel agricultura absque officii 35 dumtaxat sui detrimento præparet.

XXX. 87

Catholicus, qui caussam suam sive justam,
36 sive injustam ad judicium 36 alterius fidei provocat, excommunicetur.

XXXI. 24

Sacerdote verbum in Ecclesia faciente, qui egressus de auditorio fuerit, excommunicetur.

XXXII. 83

Pauperes & senes Ecclesiæ plus ceteris honorandi sunt.

XXXIII. 88

Qui die solemni prætermisso Ecclesiæ conventu ad spectacula vadit, excommunicetur.

XXXIV. 48

Clericus, qui non 37 propter emendum 37
aliquid in nundinis, aut in foro deambulat, ab officio suo degradetur.

XXXV. 49

Clericus, qui absque corpusculi sui inæqualitate vigiliis deest, stipendiis privetur.

XXXVI. 101

Viduæ adolescentes, quæ corpore debiles
sunt, sumtu Ecclesiæ 38 sustententur. 38

XXXVII. 99

Mulier quamvis docta & sancta viros in conventu docere non præsumat.

XXXVIII. 98

Laicus præsentibus Clericis, nisi ipsis 39 39
probantibus, docere non audeat.

XXXIX. 97

Vir, qui religiosis feminis præponendus
est, ab Episcopo 40 loci probetur. 40

XL. 73

Qui communicaverit, vel oraverit cum excommunicato, excommunicetur, sive Clericus, sive laicus.

XLI. 100

Mulier baptizare non præsumat.

XLII. 54

Clericus invidens fratrum profectibus, donec in vitio est, non promoveatur.

XLIII. 56

Clericus, qui adulationibus 41 & prodi- 41
tionibus vacare deprehenditur, degradetur ab officio.

XLIV.

32 Vallic. plurali numero utens *Clerici*, habet *nec barbam radant*. Ex hac, ut videtur, lectione in Synodo Barcinonensi sæculi VI. canone 3. sancitum fuit: *Ut nullus Clericorum comam nutriat, aut barbam radat*. Alii canones ejusdem Synodi ex nostris statutis excerpti videntur. Crabbus post *nec* asteriscum affigit, & notat: *Alias* barbam tondeat. *Ita in lib. Gemblacensi Alias*: barbam radat *additur in libro Grandavensi S. Bavonis titulo* Statuta Ecclesiæ antiqua. *Pleraque autem exemplaria non habent* radar, *vel* tondeat: *ut sit sensus, Clerico nec comam, nec barbam nutriendam*.

33 Vulg. *& in habitu & in incessu probet, & nec vestibus*. Cod. Heroval. *nec vestium, nec calceamentorum decorem*.

34 Ita nostri codd. ex quibus nonnulli omittunt *sui*. At vulg. cum MSS. Hisp. & Is. *nisi certa & maxima officii sui necessitate non ambulet*; quod videtur melius. Concinit cod. Heroval. *sine certa necessitate sui officii non ambulet*.

35 Vulg. omittunt *dumtaxat*; & pro *præparet* habent *paret*.

36 Vulg. concinente MS. Vat. Palat. *alterius fidei judicis*, MS. Heroval. hunc canonem sic explicat: *Catholicus, qui caussam suam ad judicium judicis non catholici provocat, excommunicetur*.

37 Vulg. cum MS. Vat. Palat. *pro emendo*.

38 Iidem Vulg. cum eodem MS. addunt: *cujus viduæ sunt*.

39 Cod. Heroval. cum vulg. *jubentibus*.

40 MS. Vat. Palat. omittit *loci*. Mox post *probetur* codd. Vallic. & ceteri Additionum Dionysii addunt *vel præstet*.

41 Voces *& proditionibus* desunt in Vallic. MS.

XLIV. 57

Clericus maledicus, maxime in Sacerdotibus, cogatur ad postulandam veniam. Si noluerit, degradetur; nec umquam ad officium absque satisfactione revocetur.

XLV. 53

42 Omnes Clerici, qui ad operandum 42 validi sunt, & artificiolum & litteras discant.

XLVI. 58

43 Eum, qui frequenter litigat, & 43 ad accusandum facilis est, in testimonium nemo absque grandi examinatione recipiat.

XLVII. 25

Dissidentes Episcopos, si non timor Dei, Synodus reconciliet.

XLVIII. 59

Discordantes Clericos Episcopus vel ratione, vel potestate ad concordiam trahat.
44 Inobedientes Synodus 44 per audientiam damnet.

XLIX. 93

45 Oblationes 45 discordantium fratrum neque in sacrario, neque in gazophylatio recipiantur.

L. 32

Irrita erit Episcopi vel donatio, vel venditio,
46 vel commutatio rei ecclesiasticæ 46 absque conniventia & subscriptione Clericorum.

LI. 28

Irritam esse injustam Episcoporum damnationem, & idcirco a Synodo retractandam.

LII. 96

Quærendum in judicio, cujus sit conversationis & fidei is qui accusat, & is qui ac-
47 cusatur. 47

Tom. III.

LIII. 30

Caveant judices Ecclesiæ, ne absente eo, cujus caussa ventilatur, sententiam proferant, quia irrita erit: immo 48 caussam in 48
Synodo pro facto dabunt.

LIV. 26

49 Studendum Episcopo est, ut dissidentes fratres, sive Clericos, sive laicos, ad pacem magis, quam ad judicium cohortetur. 49

LV. 67

Seditionarios numquam ordinandos Clericos, sicut nec usurarios, nec injuriarum suarum ultores.

LVI. 33

Episcopi, vel Presbyteri 50 si caussa vi- 50
sitandæ Ecclesiæ ad alterius Ecclesiam veniant, in gradu suo suscipiantur, & tam ad verbum faciendum, quam ad oblationem consecrandam invitentur.

LVII. 37

Diaconus ita se Presbyteri, ut Episcopi ministrum noverit.

LVIII. 38

51 Ut Diaconus præsente Presbytero Eu- 51
charistiam corporis Christi populo, si necessitas cogit, jussus eroget.

LIX. 39

Ut Diaconus quolibet loco jubente Presbytero sedeat.

LX. 41

Ut Diaconus tempore tantum oblationis
52 & lectionis orario utatur. 52

LXI. 40

Ut Diaconus in conventu Presbyterorum interrogatus loquatur.

42 Vulg. *validiores*. MS. cod. Sorien. & alii ab Harduino laudati *invalidi*, forte melius.

43 Vat. 5845. cum vulgaris *ad caussandum*.

44 Cod. Heroval. & in margine Conciliorum *per audaciam*, forte *propter audaciam*.

45 Vulg. *dissidentium*. Notat Harduinus: *Est hic canon quartus Toletani XI. Concilii anni* 675. Alius quidem verbis simile quidpiam sancitur in Toletano XI. c. 4. At hic noster canon jamdiu ante insertus erat vetustiori collectioni Hispanicæ sub nomine Concilii Carthaginensis quarti.

46 Cod. Vallic. *absque conniventium Clericorum subscriptione*.

47 Cod. Heroval. & alius vetustus S. Bavonis a Crabbo laudatus, cui titulus *Statuta Ecclesiæ antiqua*, addunt: *Falsus accusator* (Crab. addit *deprehensus*) *extra Ecclesiam fiat, donec pœnitendo se emendet*. Apud Crab. *absque Ecclesia fiat, donec ... emendetur*.

48 Vulg. cum MSS. Vat. Palat. & Heroval. *& caussam in Synodo profecto dabunt*.

49 Vulg. minus bene *statuendum est Episcopis*, & dein *cohortentur*.

50 Vallic. *si caussas de Ecclesia ad alterius* &c. forte *si ob caussas de Ecclesia*: Cod. Vat. 5845. *si caussa visitandi de Ecclesia* &c. Vat. 1342. *si caussa visitandæ Ecclesiæ alterius veniant*: Vat. Palat. hac lectione recepta post *alterius* addit *Episcopi ad Ecclesiam*:

51 In MS. Vallic. hic canon post sequentem describitur.

52 Idem MS. Vallic ignorat *& lectionis*. Dein cum Vat. 1342. scripsimus *orario*. Ceteri cum vulg. habent *alba*.

LXII. 90

Omni die Exorcistæ energumenis manus imponant.

LXIII. 91

53 Pavimenta domorum 53 Dei energumeni everrant.

LXIV. 92

Energumenis in domo Dei assidentibus
54 victus quotidianus 54 per Exorcistam opportuno tempore ministretur.

LXV. 80

Omni tempore jejunii manus pœnitentibus a Sacerdotibus imponatur.

LXVI. 81

55 Mortuos Ecclesiæ pœnitentes, 55 efferant & sepeliant.

LXVII. 82

Pœnitentes etiam diebus remissionis genua flectant.

LXVIII. 102

Ad reatum Episcopi pertinet, vel Presbyteri qui parœciæ præest, si sustentandæ vitæ præsentis caussa, adolescentiores viduæ, vel sanctimoniales Clericorum familiaritatibus subjiciantur.

LXIX. 94

56 56 Eorum, qui pauperes opprimunt, donaria a Sacerdotibus refutanda.

LXX. 43

Christianum catholicum, qui pro catho-
57 lica fide 57 tribulationes patitur, omni honore a Sacerdotibus honorandum, etiam in quotidiani victus ministerio.

LXXI. 42

58 Clericum 58 inter tentationes officio suo incubantem, gradibus sublimandum.

LXXII. 50

Clericum inter tentationes ab officio suo declinantem, vel negligentius agentem ab
ipso officio 59 retrahendum. 59

LXXIII. 60

Clericum scurrilem & verbis turpibus * joculatorem ab officio retrahendum.

* In Syn. Agath. c. 70. *joculatorem.*

LXXIV. 61

Clericum per creaturas jurantem, acerrime objurgandum. Si perstiterit in vitio, excommunicandum.

LXXV. 62

Clericum inter epulas cantantem supradictæ sententiæ 60 severitate coercendum. 60

LXXVI. 63

Clericum, qui in tempore 61 indicti je- 61
junii absque inevitabili necessitate jejunium
rumpit, 62 minorem habendum. 62

LXXVII. 64

Qui in dominico die studiose jejunat, non credatur Catholicus.

LXXVIII. 65

Paschæ solemnitatem uno die & tempore celebrandam.

LXXIX. 51

Clericus quantumlibet verbo Dei eruditus artificio victum quærat.

LXXX. 70

Clericus hæreticorum & schismaticorum
tam convivia, quam sodalitates 63 specia- 63
liter vitet.

LXXXI.

53 Vallic. cod. pro *Dei* habet *omni die*. Mox MS. Heroval. *scopis mundent* pro *everrant*.

54 Vulg. cum cod. Heroval. *per exorcistas*.

55 Vat. Palat. *& efferant*. Vat. 1342. *efferentes sepeliant*. Perobscure in vulg. *Mortuos pœnitentes Ecclesiæ afferant, & sepeliant*.

56 Hic canon in Vallic. postponitur duobus sequentibus.

57 Vulg. Concilii Carthaginensis IV. *& pro ecclesiastica re, & christiana religione tribulationes patitur, honore omni a Sacerdotibus honorandum. Etiam & per Diaconum ei victus administretur*. Nostrorum codicum lectionem retinuimus, quam etiam Crabbus minutiori caractere subjecit ex suis exemplaribus, quæ *Statuta Ecclesiæ antiqua* præferunt.

58 Quidam codd. & hic, & in sequenti canone *in tentatione*.

59 Vulg. delent *ipso*, & addunt *suo*. Mox iidem cum Vat. Palat. *removendum* pro *retrahendum*.

60 Vocem *severitate*, quam Vallic. & alii codd. ignorant, supplevimus ex MS. Vat. Palat. In cod. Heroval. ob hujus vocis defectum scriptum fuit *supradicta sententia*.

61 Vulg. carent voce *indicti*.

62 Vat. 1342. & Vat. Palat. *minore*: & mox iidem codd. cum ceteris Additionum Dion. *habentem*, minus bene. Prætulimus cum vulgaris *habendum*.

63 Cod. Vat. Palat. cum vulgatis *æqualiter*;

LXXXI. 71

Conventicula hæreticorum, non Eccle-
64 ſias, ſed 64 concilia diaboli appellanda.

LXXXII. 72

Cum hæreticis neque orandum, neque pſallendum.

LXXXIII. 89

Auguriis, vel incantationibus ſervientem
65 a conventu 65 ſeparandum: ſimiliter & ſu-
perſtitionibus Judaicis, vel feriis inhæ-
rentem.

LXXXIV. 68

Ex pœnitentibus, quamvis bonus Clericus non ordinetur; & ſi per ignorantiam
Epiſcopi factus fuerit, deponatur a Clero,
quia ſe ordinationis tempore non prodidit
fuiſſe pœnitentem. Si autem ſciens Epiſco-
66 pus ordinaverit talem, etiam ipſe 66 ab E-
piſcopatus ſui ordinandi dumtaxat poteſtate
privetur.

LXXXV. 69

67 Simili ſententiæ ſubjacebit 67 Epiſcopus, ſi ſciens ordinaverit Clericum eum,
qui viduam, aut repudiatam uxorem habuit, vel ſecundam.

LXXXVI. 95

Qui oblationes defunctorum aut negant Eccleſiis, aut cum difficultate reddunt; tamquam egentium necatores excommunicentur.

LXXXVII. 36

Presbyteri, qui per diœceſes Eccleſias regunt; non a quibuslibet Epiſcopis, ſed a ſuis, nec per juniorem Clericum, ſed aut per ſe ipſos, aut per illum, qui ſacrarium tenet, ante Paſchæ ſolemnitatem chriſma petant.

LXXXVIII. 66

Clericus, qui Epiſcopi circa ſe diſtrictionem injuſtam putat, recurrat ad Synodum.

LXXXIX. 29

Epiſcopus ſi Clerico, vel laico crimen impegerit, deducatur ad probationem in Synodo.

68 RECAPITULATIO 68

ORDINATIONIS OFFICIALIUM ECCLESIÆ.

XC. 2

Epiſcopus cum ordinatur, duo Epiſcopi
69 exponant & teneant Evangeliorum co- 69
dicem ſuper caput ejus; & uno ſuper eum
fundente benedictionem, reliqui omnes E-
piſcopi, qui adſunt, manibus ſuis caput ejus
tangant.

XCI. 3

Presbyter cum ordinatur Epiſcopo 70 be- 70
nedicente, & manus ſuper caput ejus te-
nente, etiam omnes Presbyteri, qui præſentes ſunt, manus ſuas juxta manus Epiſcopi ſuper caput illius teneant.

XCII. 4

Diaconus cum ordinatur, ſolus Epiſcopus, qui eum benedicit, 71 manus ſuas 71
ſuper caput ejus ponat: quia non ad ſacerdotium, ſed ad miniſterium conſecratur.

XCIII.

Subdiaconus cum ordinatur, quia manus impoſitionem non accipit, patenam de manu Epiſcopi accipiat vacuam, & vacuum calicem. De manu vero Archidiaconi accipiat

64 Vulg. *conciliabula appellantur*.

65 Cod. Vat. Palat. cum vulg. addit *Eccleſiæ*.

66 Ita codd. Vallic. & Vat. Palat. In MS. Vat. 5845. *ab Epiſcopatus ſui ordine*: in Vat. 1342. *ab Epiſcopatu ſuo ordinandi* &c. forte melius.

67 Quidam codd. omittunt *Epiſcopus*, & dein *eum*. Poſtea pro *habuit* Vat. 5845. præfert *habuerit*.

68 Hic titulus omiſſus in vulgatis & MSS. collectionum Hiſp. & Iſid., quæ alium ordinem canonum exhibent, legitur in omnibus noſtris exemplaribus, quæ ſtatutorum nomine canones hoc ordine exhibent. Solum pro *ordinationis* cod. Vat. 5845. habet *ordinationum*, Vallic. *ordinatorum*. In Veron. 59. habetur tantum: *Recapitulationes officialium Eccleſiæ*, Cod. Heroval. inſcribit ſic: *Caput ordinationis miniſtrorum officialium Eccleſiæ*. Sunt ordinationum formulæ, ſeu potius rubricæ ex antiquiſſimo aliquo ordine excerptæ, quæ ſane uſque ad c. 99. leguntur in Sacramentario Gelaſiano lib. I. n. 95. cum titulo: *Incipit ordo de ſacris ordinibus benedicendis*.

69 Ita noſtri codd. excepto Vat. Palat. qui cum vulg. habet *ponant*. Dein idem Vat. pro *ſuper caput* præfert *ſuper cervicem*. Vulgati utrumque *ſuper caput & cervicem*.

70 MS. Vat. Palat. cum vulg. inſerit *eum*. Ex hoc canone ſuppleri & emendari poteſt textus Sacramentarii Gelaſiani, quod hac in rubrica vitiatum & mutilum eſt. Confer notationem ſequentem.

71 Vulg. *manum ſuper caput illius*. In Gelaſiano Sacramentario verba, quæ in antecedenti capitulo exciderunt, errore aliquo exinde avulſa huc perperam irrepſere.

72 piat urceolum 72 cum aqua, manile, &
manutergium.

XCIV. 6

Acolythus cum ordinatur, ab Episcopo
quidem doceatur, qualiter se in officio suo
73 agere debeat: 73 ab Archidiacono accipiat
cereoforaleum cum cereis, ut sciat se ad
accendenda Ecclesiæ luminaria mancipandum: accipiat & urceolum vacuum ad suggerendum vinum in Eucharistia sanguinis Christi.

XCV. 7

Exorcista cum ordinatur, accipiat de manu Episcopi libellum, in quo scripti sunt
exorcismi, dicente sibi Episcopo: *Accipe,*
74 *& commenda* 74, *& habeto potestatem im-*
75 *ponendi manum* 75 *super energumenos, sive*
baptizandos.

XCVI. 8

Lector cum ordinatur, faciat de illo verbum Episcopus ad plebem, indicans ejus
fidem, ac vitam, atque ingenium. Post hæc
expectante plebe tradat ei codicem, de quo
76 76 lecturus est, dicens ad eum: *Accipe, &*
77 *esto verbi Dei* 77 *relator, habiturus, fideliter & utiliter si impleveris officium, partem cum his, qui verbum Dei ministraverunt.*

XCVII. 9

Hostiarius cum ordinatur, postquam ab Archidiacono instructus fuerit, qualiter in domo Dei debeat conversari, ad suggestionem Archidiaconi tradet ei Episcopus claves Ecclesiæ de altario dicens: *Sic age quasi redditurus Deo rationem pro his rebus, quæ istis clavibus recluduntur.*

XCVIII. 10

Psalmista, id est Cantor, potest absque
scientia Episcopi sola jussione Presbyteri officium suscipere cantandi, dicente sibi 78 7
Presbytero: *Vide, ut quod ore cantas, corde credas; & quod credis, operibus comprobes.*

XCIX. 11

Sanctimonialis virgo cum ad consecrationem sui Episcopo offertur, in talibus vestibus applicetur, qualibus semper usura est, professioni & sanctimoniæ aptis.

C. 12

Viduæ, vel sanctimoniales, 79 quæ ad 7
ministerium baptizandarum mulierum eliguntur, tam instructæ sint 80 ad officium, ut possint aperto & sano sermone docere imperitas & rusticanas mulieres tempore quo baptizandæ sunt, qualiter baptizatori
81 ad interrogata respondeant, & qualiter 8
accepto baptismate vivant.

CI. 13

Sponsus & sponsa, cum benedicendi sunt
82 a Sacerdote, a parentibus suis vel a pa- 8
ranymphis offerantur. Qui cum benedictionem acceperint, eadem nocte pro reverentia ipsius benedictionis in virginitate permaneant.

CII. 103

Viduæ, quæ stipendio Ecclesiæ sustentantur, 83 ita assiduæ in Dei opere esse de- 8
bent, ut & meritis, & orationibus suis Ec-
clesiam adjuvent. 84 8

IV.

---

72 Vulg. *cum aqua & manile*: & in margine *cum aquimanile*. Sacramentarium Gelasianum *cum aqua, & aquimanile, & manutergio*. *Aquimanilia* memorantur in Digestis l. 3. §. 3. de supellect. leg. & l. 19. §. 12. & l. 21. §. 2. de auro & argent. leg. sic dicta, quod aqua in eis maneret.

73 Vulg. addunt *sed* & mox habent *ceroferarium cum cereo;* dein *mancipari*.

74 Addendum ex vulgatis Conciliorum *memoriæ*: quæ tamen vox non tam in nostris MSS. quam in Sacramentario Gelasiano desideratur.

75 Cod. Vat. Palat. cum editis Concil. & cum Sacramentario Gelasiano *super energumenum, sive baptizatum, sive catechumenum*, melius.

76 Cod. Vallic. mendose *loquuturus*: Vat. 1342. *loquutus*.

77 Ita nostri codd. cum Sacramentario Gelasiano. Vulg. autem Conciliorum *lector*. Dein pro *ministraverunt* cod. Vat. 1342. *ministrant*, additque *accipias*, quod redundat, nisi antea deleatur *habiturus*.

78 Vox *Presbytero* in quibusdam codd. desideratur.

79 Ita cum vulg. codex Vat. Palat. In cod. Vallic. sic: *quæ a ministerio baptizandi funguntur*. Minus recte in Vat. 1342. *quæ ad ministerium baptizantur*.

80 MS. Vat. Palat. *ad id officium*, & desunt voces *ut possint*. Dein pro *aperto* vulg. habent *apto*.

81 Vulg. *interrogatæ*.

82 Cod. Vallic. alia interpunctione *Sacerdoti a parentibus suis vel a paranympha offerantur*. Vat. 1342. *vel a paranympho*.

83 Vulg. cum MS. Vat. Palat. *tam assiduæ*. Dein hic idem codex *quæ & meritis*.

84 Alius canon in vulgatis exhibetur n. 104. qui a ceterorum ratione alienus, in nostris codicibus jure omittitur. At in aliquo codice *statuta* præferente fuisse descriptum & signatum num. CIII. testis est pervetustus codex 59. Capituli Veronensis, in quo dum eadem statuta abbreviata proferuntur, hujus canonis compendium in fine affertur num. CIII. Canon porro in vulgatis est hujusmodi. *Sicut bonum est castitatis præmium; ita & majori observantia, & præceptione custodiendum est. Ut si quæ viduæ quantumlibet adhuc in minoribus annis positæ, & matura ætate a viro relictæ,*

IV.

1 1 EPISTOLA

CANONICA.

Quæ debeant adimplere Presbyteri, Diaconi, seu Subdiaconi.

I.

2 PRimo omnium 2 fidem catholicam omnes
Presbyteri, & Diaconi, seu Subdiaconi
* l. *si quis*, memoriter teneant, & * si quid hoc fa-
* l. *diebus*, ciendum prætermittat, quadraginta * die-
* l. *abstineat*. rum a vino * abstineant. Et si post abstinentiam neglexerit commendandum *, repli-
* subauditur *memoriter*. cetur in eo sententia.

II.

3 Ut nullus 3 Presbyter, Diaconus, aut
Subdiaconus cum mulieribus habitare; aut
conversari præsumat; & si inventus fuerit
4 hoc faciens, 4 de gradu dejiciatur. Insuper & exilio destinatus, dies suos in pœnitentia finiat.

III.

Ut ea, quæ a Deo conservandis Christianis Principibus amore inlata sunt, vel
fuerint Ecclesiis, vel titulis, nullus exinde subtrahere præsumat, ne sacratæ res de-
populentur. Et si quispiam præsumserit;
res quæ fraudatæ sunt, quadruplo restituantur. Aut si non habuerit, unde ipsa loca
5 admittant; & res * ipsas, quæ fraudatæ * l. *ipsa*.
sunt, ab Episcopo ipsius recolligantur, & 5
in ipso loco, unde ablatæ sunt, 6 refir- 6
mentur.

IV.

De Presbyteris, qui eos ad communionem recipiunt, qui incestas nuptias contra-
hunt, idest, 7 matrinam, cognatam, vel 7
socrum, aut filiastram, vel 8 proxima agna- 8
tione conjunctam in conjugio sibi sociant,
& ad eos pervenerint, admoneantur, & separentur. Qui si distulerint, communione
priventur, & oblationes eorum 9 in sacro 9
altari non recipiantur. Et si Presbyter sciens
hoc neglexerit distringendum, aut amicitias
temporales * attendendum, 10 ad commu- * f. *attendendo*.
nionem eum receperit sine emendatione aut 10
pœnitentia, canonicæ subjaceat sententiæ.

V.

---

lictæ, se devoverunt Domino, & veste laicali abjecta sub testimonio Episcopi & Ecclesiæ religioso habitu apparuerint; postea vero ad nuptias sæculares transierunt, secundum Apostolum damnationem habebunt (1. Tim. 3.) *quoniam fidem castitatis, quam Domino voverunt, irritam facere ausæ sunt. Tales ergo personæ sine Christianorum communione maneant, quæ etiam nec in convivio cum Christianis communicent. Nam si adulteræ conjuges reatu sunt viris suis obnoxiæ; quanto magis viduæ, quæ religiositatem mutaverunt*, (Al. Harduini codex *quæ Deo religionem voverunt*) *crimine adulterii notabuntur? si devotionem, quam Deo sponte*, (Al. *spontaneæ*) *non coactæ obtulerunt, libidinosa corruperint voluptate, atque ad secundas nuptias transitum fecerint? Quæ etsi violentia irruente ab aliquo præreptæ fuerint, ac postea delectatione carnis atque libidinis permanere in conjugio raptori vel violento viro consenserint, damnationi superius comprehensæ tenebuntur obnoxiæ. De talibus ait Apostolus:* Dum luxuriatæ fuerint, nubere volunt, habentes damnationem, quia primam fidem irritam fecerunt. 1. *Tim.* 9.

1 Hæc epistola cum hoc titulo describitur in tribus MSS. collectionibus Italicis, nimirum in codd. Vat. 1342. & simili Barberino 2888. in Vallic. A. 5. & aliis similibus Additionum Dionysii, ac in Vat. 1343. qui quondam pertinuit ad Ecclesiam Ticinensem. In duabus his postremis collectionibus immediate subjicitur *Statutis*, quæ antea præmisimus, nec non *præceptis S. Petri de sacramentis*, *quæ* postea exhibebimus. In huius epistolæ editione, utemur editionibus Baluzii in Append. t. 2. Capitularium n. v. & P. Mansii tom. I. Supplementi Conciliorum col. 817.

2 *Fidei catholicæ* nomine non apostolicum symbolum, quod *Fides Apostolica* dicendum fuisset, nec a solis Clericis, verum etiam a laicis memoriter teneri debebat; nec Nicænum, quod *Fides Nicæna* appellari solebat, sed intelligitur symbolum vulgo dictum Athanasianum, quod quidem absque auctoris nomine *Fides catholica* in vetustioribus MSS. inscribitur, nec non apud Venantium Fortunatum sexti sæculi scriptorem, cujus expositio ejusdem symboli e vetusto Ambrosianæ bibliothecæ codice edita est a Muratorio tom. 2. Anecdot. Latin. pag. 212. cum hoc titulo: *Expositio FIDEI CATHOLICÆ Fortunati*. Cum Venantius Fortunatus auctor sit alterius expositionis in symbolum apostolicum, quæ inter ejus opera legitur; jure idem esse creditur hic Fortunatus, cujus nomen laudatæ expositioni *Fidei catholicæ* præfigitur. Is autem patria Italus, & Ravennæ educatus, antequam in Gallias transiret, hanc *Fidem catholicam* in Italia jam vulgatam ac celebrem invenisse dicendus est, ut eam commentario explicandam duxerit. Hinc nihil mirum, si nostra *epistola canonica* Italicis collectionibus inserta eamdem Fidem a Presbyteris, Diaconis, & Subdiaconis memoriter tenendam præcepit: quod postea non absimiliter in Galliis præceptum fuit a Synodo Augustodunensi, cujus canonem e Divionensi codice Sirmondus edidit. Confer nostras adnotationes 25. 26. & 27. in Differt. 14. Quesnelli. Post pauca pro *& si quid*, Baluzius & cod. Vallic. *ut si quid*.

3 Idem Baluzius cum eodem MS. Vallic. omittit *Presbyter*.

4 Cod. Lucen. delet *de gradu*.

5 Vat. 1342. *amittant*.

6 Baluz. *reformentur*.

7 Al. *matrignam*, vel *matriniam*.

8 Baluzius cum MS. Vallic. *proximam*.

9 Idem Baluz. *a sacro*.

10 Baluz. cum MS. Vallic. *a communione eum recipere*. Dein solus Baluz. *subjaceant*, minus recte.

V.

De his Presbyteris, qui post. primam,
vel secundam correptionem, seu admonitionem recipiunt idola colentes, vel insi-
pientes homines, qui ad fontes, atque ad
11 arbores, sacrilegium faciunt, nec non 11
diem Jovis aut Veneris propter paganorum
12 consuetudinem observant, 12 vel cervo-
lum, aut agniculas faciunt, hoc est, suffi-
tores, & cornua incantant, & eos post primam aut secundam adhortationem communicaverint, aut oblationes eorum susceperint, quadraginta dierum spatio in pane &
aqua sint contenti.

VI.

* l. nulli, Ut * nullus Sacerdotum extra jussionem
* subauditur *nec suscipere liceat.* Episcopi sui procurationes sæculares liceat
suscipere, * excepta jussione Pontificis sui
religiosas caussas, 13 Ecclesiarum videlicet,
aut Clericorum, pauperum, vel viduarum,
13 sicut sacri præcipiunt canones. Si quis contemta hac observatione in talibus caussis
se implicasse inveniatur, canonicæ sententiæ de usu præsumtionis subjaceat.

VII.

Ut si cui Sacerdoti ex qualibet muliere
14 denuntiatum fuerit, ut exinde 14 suspicio
malæ opinionis efficiatur, nullam cum ipsa
habeat conversationem: neque secreto, neque præsenti. Si deinceps inventus fuerit
post secundam & tertiam contestationem
ut contemptor, gradus sui periculum sustineat.

VIII.

* l. in nulla. Ut * nulla Ecclesia cujuslibet diœceseos,
ubi baptismum 15 fit, Presbyter absque
15 Diacono esse reperiatur. Unde omnis Presbyter non habens Diaconum eligat sibi personam, & plebi suæ innotescat. Tunc ad
Pontificem suum 16 consignans deducat, 16
cujus vitam probatam habeat, & Diaconus
consecretur. Quod si distulerit Presbyter dicens, eo quod non habeat 17 talem Cleri- 17
cum; Episcopus suus provideat ei ex Ecclesia sua, aut unde voluerit, bonam personam. Tantum est, ut sine Diacono non
sit. Constituimus * enim diaconus in uno * l. etiam, ut.
cubiculo cum Presbytero suo maneat, de-
ferens ei honorem, ut dignum est: ante
quorum 18 lecta Clerici simul manere simili 18
modo, 19 ut semper absque suspicione sint, 19
& Deus propitietur. Non existente Presbytero intra domum, si ubicumque abierit,
Diaconus post ejus egressum locum ejus obtineat ad suscipiendum, vel ordinandum;
quod 20 utilitas domui est; ita demum ut 20
non Presbytero suo superbiat. Nam si hoc
adtentaverit, ab Episcopo suo de contemtu superbiæ judicetur. Et de accessu Ecclesiæ, quod supra altare ponitur, seu undecumque accedere potest, sub amborum
sigillo sit: & non unus sine alterius notitia expendere, ubi necessarium fuerit, præsumat.

IX.

21 Ut nullus Presbyterorum, Diaconus, 21
vel Clericus in diœcesi constitutus prædia
Ecclesiæ, hoc est terras, 22 potestatem ha- 22
beat venumdare, sed nec cuiquam parentum suorum 23 donare. Et qui hoc ege- 23
rit, sub omni celeritate reddito pretio, ad
loca sacra, ad quæ competunt, revertantur. Si autem hac observatione contemta
aliquis 24 hoc præsumserit, res proprias in 24
ipsa Ecclesia relinquat, & ipse foras ejiciatur, eo quod divina congruat ratione, ut
qui Ecclesias accipiunt, ad regendum, non
ad dispergendum accipiant. Simili modo
nullam habeat potestatem quolibet modo ad
alienandum, 25 neque infiduciandum, ne- 25
que venumdandum: sed nec sine voluntate
Pon-

11 Cod. Luc. *de die*.

12 Baluz. omittit sequentia usque ad *incantant*. Mox MS. Vallic. concinente Lucensi habet *anniculas*. Prætulimus autem lectionem cod. Vat. 1342. *agniculas*, quia hic sermo est de hominibus, qui animalium formas induebant, cervi, agni, vitulæ &c. Vide serm. 129. Append. Aug. n. 2 S. Pacianum in Parænesi ad pœnitentiam, Concilium Autissiodorense I. can. I. Pœnitentiale Halitgarii c. 6. ubi hæc eadem fere omnia crimina recensentur, ac pœnitentiæ subjiciuntur.

13 Ita cod. Luc. melius quam alii *secularium*.

14 Vat. 5845. *suspectione*, ubi si corrigatur *suspicione*, dein legendum erit *afficiatur*.

15 Idem Vat. *sit*.

16 Ita nostri codd. minus male, quam apud Baluzium *consignatis*.

17 Vat. 1342. delet *talem*.

18 Alias *lectos*.

19 Codd. Luc. & Vat. 1342. addunt *videantur*, & delent *simul*. Mox Baluz. *ut se absque*, minus bene.

20 MS. Luc. *utili*, leg. *utile*.

21 In secunda Appendice Reginonis c. 42. hic canon integer refertur præfixo hoc titulo: *De bonis ecclesiasticis ex epistola canonica*. Incipit *Nullus Episcoporum, Presbyterorum, seu Diaconorum, vel etiam Clericorum prædia Ecclesiæ* &c. Codex Baluzii cum MSS. Additionum Dionysii: *Ut nullus Episcoporum, Presbyterorum, seu Diaconorum, vel Clerici* (in MSS. nostris Additionum Dion. *vel Clericorum*) *constitutus prædia* &c. Prætulimus MSS. Vat. 1342. & Lucen. Mox apud Reginonem desunt voces *hoc est terras*.

22 Quidam codd. cum Reginone *in potestate*.

23 Sic MSS. Vallic. & Regin. Alii codd. cum Baluzio *donandi*, melius: sed paullo ante scribendum fuerat *venumdandi*.

24 Baluz. omittit *hoc*.

25 Reginonis Appendix delet *neque infiduciandum*.

26 Pontificis sui 26 vicarios dandum, aut liberos dimittendum. Qui, hoc præsumserit, ut superius censuimus, si habet 27
27 proprietatem suam, aliud tantum restituat. Si non habuerit, expoliatus omnibus, foras ejiciatur. Ipsæ tamen res ad Ecclesiam, cujus res sunt, revertantur.

X.

28 Ad nos perlatum est, 28 quod quidam conjugati habentes titulos, in quibus deserviant, de sacris vestibus mulierum vel filiarum suarum ornamenta faciant, & proprietario jure sibi defendant. Quod Christianis hominibus nec loqui convenit, ut res sacratas & quæ in sacrata loca offerun-
29 tur, 29 mulierum suarum, vel filiis, aut parentum: & si hoc probatum fuerit, superiore feriatur sententia.

XI.

Omnes Presbyteri, Diaconi, Subdiaconi, vel cunctus Clerus, qui sub Episcopo esse noscuntur, si caussas habuerint, & minime potuerint inter se deliberare; tunc ad Pontificem suum conveniant * caussam suam dicendam. Nam per nulla sæcularia judicia adire præsumant. Et qui hanc præceptionem contemti fuerint, superioribus pœnis
30 subjaceant; ita ut 30 in pœnitentiam sint abstinentes a vini potione, vel esu carnium, donec ad Metropolitanum suum accedant.

* supple *ad*, ac mox dele *per*.

V.

1 PRÆCEPTA 1

SANCTI PETRI

De Sacramentis conservandis.

CLEMENS JACOBO carissimo.

QUoniam, sicut a beato Petro Apostolo accepimus omnium Apostolorum patre, qui claves regni cælestis accepit, qualiter tenere debemus de Sacramentis, quæ geruntur in Sanctis, te ex ordine nos decet instruere. Tribus enim gradibus commissa sunt Sacramenta divinorum secretorum, idest Presbytero, Diacono, & ministro, qui cum timore & tremore Clericorum reliquias Sacramentorum corporis Dominici custodire debent, ne qua pútredo in sacrario inveniatur; ne cum negligenter agitur, portioni corporis Domini gravis inferatur injuria. Communio enim corporis Domini nostri Jesu Christi, si negligenter erogetur, & Presbyter minora non curet admonere officia, gravi anathemate & digna humiliationis plaga feriatur. Certe tamen in altario holocausta offerantur, quanta populo sufficere debeant. Quod si remanserint, in crastina non reserventur, sed cum timore & tremore Clericorum diligentia consumantur. Qui autem residua corporis Domini, quæ in sacrario relicta sunt, consumunt, non statim ad communes accipiendos cibos conveniant, ne putent sanctæ portioni commisceri cibum, qui per aqualiculos digestus, in secessum funditur. Si ergo mane dominica portio editur, usque ad sextam jejunent ministri qui eam consumserunt. Et si tertia vel quarta hora acceperint, jejunent usque ad vesperam. Sic secreta sanctificatione æterna custodienda sunt Sacramenta.

De vasis sane sacris ita gerendum est. Altaris palla, 2 canthara, candelabrum, & 2
velum, si fuerint vetustate consumta, incendio dentur: quoniam non licet ea, quæ in sanctuario fuerint, male tractari, sed incendio universa tradantur. Cineres quoque co-

26 Vat. 1342. *vigariandum:* Lucen. *ad vigariandum*. Dein Append. Regin. *liberis* pro *liberos*.

27 Baluz. cum Vat. 5845. *potestatem*, male.

28 Ita cod. Lucen. Alii cum Baluz. *eo quod*.

29 Locus depravatus. Videtur legendum *mulieres suæ usurpent, vel filiæ, aut parentes*. Baluz. habet *vel filiis ejus*.

30 Baluz. *pœnitentia*.

1 Exstant in iisdem MSS. collectionibus, in quibus præcedentem epistolam invenimus. Præterea duos antiquissimos codices vidit Harduinus, in quorum altero titulus sic profertur: *Item epistola præceptorum S. Clementis Papæ missa Jacobo Fratri Domini*, in altero: *Incipit prima S. Clementis Romani ad Jacobum de sacramentis Ecclesiæ*. Ex variantibus autem lectionibus, quæ ex his codicibus prostant tom. I. Conciliorum edit. Ven. col. 98. & sequentibus, liquer in ipsis repetiri hanc epistolam, ut in nostris exemplaribus legitur, sine iis additamentis Isidorianis, quæ in vulgatis Conciliorum exhibentur. Tituli autem discrimen diversam codicum originem indicat. Ita etiam in Abbreviatione canonum, quæ exstat in antiquissimo MS. 59. Capituli Veronensis, *præceptiones S. Clementis*, non autem *S. Petri* appellantur.

2 Vulg. Concil. *cathedra*.

corum in baptisterio inferantur, ubi nullus
transitum habeat, aut in pariete, aut in
fossis pavimentorum jactentur, ne introeun-
tium pedibus inquinentur. Nemo per ignorantiam Clericus palla mortuum credat ob-
volvendum, aut Diaconus scapulas operire
velit, quæ fuit in altari, aut certe quæ
data est in mensam Domini. Qui hæc fecerit, vel leviter quasi nihil & negligenter
3 habuerit 3 ministeria, Diaconus triennio
sexque mensibus a dominico alienus erit
altari, gravi percussus anathemate. Quodsi
Clericum Presbyter non admonuerit, decem
annis & quinque mensibus excommunicatus
sit: propterea quod de dominicis sacramentis subjecta sibi non admonuerit ministeria,
& postea cum gravi humilitate matri reconcilietur Ecclesiæ. Pallas vero & vela, quæ
in Sanctuarii sordidata fuerint ministerio,
4 Diaconi cum humilibus ministris 4 intra
sacrarium lavent, non ejicientes foras a sacrario velamina dominicæ mensæ; ne forte
pulvis dominici corporis male decidat a
sindone foris abluta, & erit hæc operanti
peccatum. Idcirco intra sacrarium ministris
5 præcipimus 5 hæc sancta cum diligentia custodire. Sane pelvis nova comparetur, &
6 præter hoc nihil aliud tangat. Sed 6 nec ipsa
pelvis velis apponatur lavandis, nisi quæ ad
7 dominici altaris cultum pertinent. 7 Pallæ
in alia pelve laventur, & in alia vela ja-
8 nuarum. 8 Etiam cura sit ostiariis ex admonitione majorum, ne quis negligens, aut
ignarus ad velum januæ domus Domini manus incondite tergat; sed statim coercitus
discat omnis homo quia velum atrii domus
9 Domini sanctum est. Præcipimus etiam 9
ne umquam extero, sive laico de fragmentis oblationum Domini ponatur ad men-
10 sam. Unde scis tu, qui passim 10 sacrarii
panes indignis impendis, unde nosti, si a
mulieribus mundi sunt hi quibus impendis? Hinc & David ab Abimelech Sacerdote interrogatus, cum panes sibi ad come-
dendum posceret, si mundus esset a muliere, cum se mundum ante triduum profiteretur, panes propositionis manducavit.

Ad dominica autem mysteria tales eli-
11 gantur, 11 qui ante ordinationem conjuges
suas noverint. Quodsi post ordinationem
ministro altaris contigerit proprium invade-
re cubile uxoris, sacrarii non intret limi-
na, nec sacrificii portitor fiat, nec altare
contingat, nec ab offerentibus holocausti
oblationem suscipiat, nec ad dominici corporis 12 portionem accedat. Aquam Sacer- 12
dotum porrigat manibus, ostia forinsecus
claudat, minora gerat officia, 13 urcium 13
sane ad altare suggerat. Si forte quispiam
Presbyter, sive Diaconus sacrarii sindonem,
vel velum subtracta vendiderit, Judæ similis
æstimabitur Scariotis. Qui propter cupidita-
tem fecerit hoc opus, noverit se supradicti
Judæ suscepturum pœnam. Clericus vero
solus ad feminæ tabernaculum non accedat,
nec properet sine majoris natu principis jussione. Nec Presbyter solus cum sola adjun-
gatur, sed duobus adductis testibus visitet
infirmam. Nemo tamen 14 cum extranea 14
habitet femina, nisi proxima, aut soror fuerit. Et hoc cum magna solicitudine fiat.
Non ignoramus malitias Satanæ. Universa
hæc cum mansuetudine ecclesiastica complenda sunt ministeria. Negotium enim Dei
non decet negligenter expleri. Iterum atque iterum de fragmentis dominici corporis demandamus. Calicem vero ad perferendum sanguinem Domini, præparatum cum
tota munditia ministerii minister præparet,
ne non bene lotus calix Diacono peccatum
fiat offerenti. Ita cum omni honestate cuncta quæ supra exposuimus, oportet impleri.
Tales ad ministerium eligantur Clerici, qui
digne possint dominica sacramenta tractare.
Melius est enim Domini Sacerdoti paucos
habere ministros, qui possint digne opus
Dei exercere, quam multos inutiles, qui
onus grave ordinatori adducant. His ergo
bene parete sententiis. 15 Ne quis hoc præ- 15
ceptum minime credat implere: ne in judicio Dei ignis æterni tormenta inveniat,
qui ecclesiastici operis sacramenta neglexerit. Hæc igitur, frater Jacobe, de ore S. Petri jubentis audivi. A principio epistolæ usque in hunc locum de Sacramentis 16 de- 16
ligavit bene tuendis: ubi non murium ster-
cora inter fragmenta dominicæ portionis ap-
pareant, nec putrida per negligentiam Clericorum remaneant, & convenientes, qui accipere sibi medicinam desiderant, putrida
cum viderint, magis cum ridiculo & fastidio videantur accipere, & in peccatum magis decidant per negligentiam Clericorum.
Si quis hæc præcepta 17 integre non cu- 17
stodierit, sit anathema usque ad adventum
Domini nostri Jesu Christi. Hæc præcepta
a S. Petro Apostolo accepi, & tibi, carissime frater, insinuare curavi, ut servari omnia
præ-

---

3 Iidem vulg. *divina mysteria*.
4 Iidem *juxta*.
5 In MS. Hard. absunt *hæc sancta*.
6 Idem cod. *non ipsa*.
7 Vulg. *Pallæ altaris solæ in ea laventur*.
8 Iidem vulg. *De velis autem januarum cura sit*.
9 Ibidem *ne excommunicato Ecclesiæ*, *sive laico*.
10 Al. *sanctuarii*.
11 Vulg. *qui ante ordinationem suam conjuges suas non noverint*.
12 Iidem vulg. *portationem accedat*, *nec aquam Sacerdotibus porrigat ad manus*.
13 Iidem *urceum sive calicem ad altare non sufferat*.
14 Vulg. addunt *Clericorum*.
15 Iidem vulg. *ne quis hæc præcepta minime credat implenda*, *& judicio Dei æterni ignis tormenta sustineat*: & dein *sacra* pro *sacramenta*.
16 Vulg. *delegavi bene intuendis*. MS. Hard. *bene intuenti*.
17 Ibidem *non integra*.

præcipias sine macula. Si quis autem audierit te, utilis erit minister Jesu Christi. Qui autem non audierit te, immo loquentem Dominum per te, ipse sibi damnatio-
18 nem 18 adquiret.

VI.

GLYCERII IMPERATORIS EDICTUM

CONTRA ORDINATIONES SIMONIACAS,

nunc erutum e collectione canonum, quæ continetur in MS. Vat. Reginæ 1997.

Incipit exemplum sacri edicti GLYCERII *Imperatoris datum ad* HIMELCONEM *V. C. Præfectum Prætorio Italiæ.*

1 SUpernæ majestatis admonitu nostri 1 ortu imperii nihil prius debuit ordinari, quam ut christianæ religionis sacrosancta mysteria reverentia majore colerentur: quia ambigi non oportet, Deum universitatis auctorem tanto magis fovere mortalia, quanto purior cultus per innocentiam Sacerdotum divina suspexerit. Jamdudum etenim adolescentibus vitiis Clericorum, adhuc in privatæ vitæ conversatione degentes probavimus, Episcopatus pro parte maxima non
2 2 impetrari meritis, sed pretiis comparari: quod indecora cupiditas in usum redacta,
3 quasi licitum fecerat jam videri. 3 Ademtum est studium bonæ conscientiæ, fecitque id, quod de Deo sperare debuit, ad pecuniam & exactionem vocare. Hinc natum est ut Antistitum reverentia magis potestas sæculi putaretur, & tyrannopolitas esse se malint, qui vocabantur Antistites; ac religione neglecta, sub hominum patrociniis constituti, publica magis quam divina curarent, hoc ipso perpetuitatis privilegio delictorum suorum impunitate gau-
4 dentes, Ecclesiarumque opes, quas mali 4 propositi dedecora protegentes, pauperum dicunt esse divitias, studio veluti cujusdam administrationis auferrent, aliis in præsenti dando præmia, nonnullis se chyrographis obligando, vendendoque in quæstum debitoris quod oportebat egentibus prorogari. Unde factum credimus ut offensa Divinitas, quod tot malis probamus experti, favorem suæ majestatis averteret, & Romanam gentem tantis, quæ transacta sunt, infortuniis fatigaret. Quo enim ore, qua ve impudentia ab eo mundi totius supplicatur auctori, qui ad oblationem sacrificii non judicio sacrosanctæ Trinitatis eligitur, sed hominis fa-

vore provehitur? Aut quid hujusmodi Episcopi non putent esse venale, qui sancta mysteria subjecere 5 commerciis? 5

Qua rerum ratione permoti hac mansura in ævum lege sancimus, ut quisquis ad Episcopatum personarum auxilio suffragante pervenerit, sæculariter possideat, quod sæculariter fuerit consecutus; idest ut finitis unius anni metis, noverit Episcopatu se esse privandum. Ejusdem sane anni, quo Sacerdos vocatur, Comes nostri patrimonii ecclesiasticæ substantiæ moderetur expensas. Is quoque, qui talem consecraverit, aut quicquam pecuniarum ab eo, qui est consecrandus, datum cuilibet promissumve cognoverit, aut callide dissimulandum esse crediderit in eo, quem intelligit, non per puram conscientiam, sed per turpe pretium ad hoc pervenire voluisse, pari de Sacerdotio sorte dejectus, similem pœnam temerariæ consecrationis exsolvat: arguendi hoc latens facinus non solum his, qui in Ecclesia constituti sunt, verum etiam quibuscumque nostræ religionis hominibus facultate permissa, sciturus omnibus, qui objecta potuerint edocere, præmium se pro nostro arbitrio sanctæ accusationis habituros. Cives quoque uniuscujusque urbis, quos ad adclamationes ambientium non personæ dignitas, quæ petenda est, sed venalitas 6 6
ponenda sollicitat, sciant se patriæ, cui tam male consulunt, habitatione pellendos, ac tantum de suis facultatibus eruendum, fiscoque nostro esse promissum.

Facescat igitur ab Ecclesiis fœda pariter Locus depravatus.
ac profana licitatio: internuntii turpis pretii conquiescant. Cælestia nefas est in auctione constitui. Sacerdotii magnum, ut dictum est, opus non pecuniis, sed meritis ambiatur; & secundum priscorum regulam Sacerdotum quantitas poscentium & qualitas ponderetur, vita inspiciatur electi. Nimis enim detestabile est, ut quilibet ad Episcopatus apicem inlicita corruptione venturus, Ecclesiæ facultates, quarum dispensator magis debet esse quam dominus, prius pene quam adipiscatur exhauriat. Quibus nostræ Serenitatis * & pravorum mentes pu- * supple apicibus.
tamus comprimi, & ad majora studia 7 7
virtutum bonas conscientias incitari. Illud quoque de justitia omnipotentis Dei ac pietate dubitare non possumus, facilius nos divinis auxiliis protegendos, cui per innocentes & probatos Episcopos omnipotentiæ juvamina postulemus, Himelco parens carissime atque amantissime. Unde inlustris & præcelsa magnificentia tua hanc Serenitatis nostræ legem, quæ & Sacerdotes sacrosanctæ religionis corrigit & ministros, propositi a te edicti programmate per omne nostri

18 Vulg. accipiet.
1 Cod. male *ortus*.
2 Idem cod. *impetrare*, æque male.
3 Ibid. *adeptum*.
4 Cod. *præpositi*.

5 Idem cod. *submerciis*.
6 Leg. *panienda*, vel *pudenda*.
7 Cod. *virtum bone conscio*: correximus *virtutum bonas conscientias*: nam & in sequenti edicto *bonæ conscientiæ meritum* legitur.

ſtri corpus vulgabit imperii. *Et manu divina*. Vale Himelco parens cariſſime atque amantiſſime.

An. 473. 8 Datum V. Id Mart. Ravennæ Domno
* ſuppl. *Conſule*. Leone perpetuo Auguſto V. * Explicit.

8
9 *Felix* 9 *HIMELCO P.P. DIOSCORUS, AURELIANUS, PROTADIUS VV. CC. PP. DD.*

Quemadmodum Domnus noſter invictiſſimus Princeps GLYCERIUS pro beatitudine ſæculi melioris & ſuorum correctione mortalium, ne quid in ſupernæ majeſtatis deinceps ex ſacerdotali ordinatione tentaretur injuriam, ac bonæ conſcientiæ meritum nummarii fieret cauſſa ſuffragii, edictalibus inhibendum crediderit conſtitutis,
10 10 ſermonis regii in antelatis præfulget oraculis, ſcilicet ut quæ divina ſunt, mundanis ſuffragiis non juventur, quatenus li-
11 citatione ſubmota 11 ſublatiſque piaculis delictorum, ſacerdotales infulas optimæ con-
12 ſcientiæ 12 norma poſſideat, ne quæ religioſis erogationibus, ad conciliandam videlicet divinæ clementiæ majeſtatem proficere debuiſſent, ad inſtar ſæcularium adminiſtrationum in patrociniorum adquiſitionibus funderentur: quod profecto ad alimoniam pauperum mens devota ſupernæ majeſtati, & non avara contulerat. Neque enim quiſpiam profanæ intentionis 13 exi- 13
ſteret, qui mente ſacrilega abhorrere tam religioſa debeat conſtituta Sacerdos, niſi qui de ſuæ pollicitationis conſcientia voluerit confiteri. Ut enim hæc, quæ decreta ſunt, prædicabilibus moribus placitura confidimus, ita deteriores mentes ex his, quæ ſalubriter definita ſunt, non dubitamus offendi. Proinde hoc edictali programmate univerſitatem duximus commonendam, ut 14 ab inlicitis deinceps ſe ambi- 14
tionibus ſuffragiiſque ſubmoveant, ne neceſſe ſit cum obligatione propriæ conſcientiæ, quam divinæ majeſtati intereſt ſemper obnoxiam detineri, juxta ſacratiſſima conſtituta pœnam proprii ſubire peccati.

Datum III. Kal. Maji Romæ. Explicit.

PAS-

8 Cod. *Datum X. Idus*, male: *X.* pro *V.* productis lateribus ſcriptum fuit.

9 Nihil mirum ſit, Himelconem Præfectum Prætorio Italiæ, ad quem lex præcedens ab Imperatore Glycerio directa fuit, in ea promulganda trium aliorum Præfectorum Prætorio Dioſcori, Aureliani, & Protadii nomina titulo inſcripſiſſe. Nam & Palladius Præfectus Prætorio Italiæ in edenda Honorii lege adverſus Pelagium & Cæleſtium duos alios Præfectos Prætorio in inſcriptione edicti ſimiliter expreſſit. *Junius Quartus Palladius, Monaxius, & Agricola iterum, Præfecti Prætorio edixerunt*. Vide noſtrum Codicem canonum cap. 15. Idipſum deprehenditur in edicto Flavii Antemii Iſidori contra Neſtorii libros tom. 3. Concil. Ven. edit. col. 1731. & in aliis pluribus. Dioſcorus erat Præfectus Prætorio Orientis ex legibus Leonis Auguſti, quæ in Codice Juſtinianeo continentur. Confer inter ceteras legem 15. tit. 7. libri ſecundi, quæ data fuit anno præcedenti 472. Alii duo Aurelianus & Protadius fuere Præfecti Prætorio unus Illyrici, alter Galliarum.

10 Mendoſe in MS. *ſermone regis*.

11 Cod. *ſub ex piacula delictorum ſacerdotalis infulas*. Emendationem, quæ melior viſa eſt, textui inſeruimus.

12 Idem cod. addit *vivendi*; & mox habet *ne querimoniam religioſis*: & dein *ab alimonia*.

13 Cod. perperam *exiſtere*, *cui .... debeant ... Sacerdote .... conſcientiæ*.

14 Idem MS. *ab inlicitorum*.

PASCHASII QUESNELLI

DISSERTATIONES

IN CODICEM

CANONUM ECCLESIASTICORUM

ET

CONSTITUTORUM

SANCTÆ SEDIS APOSTOLICÆ.

cum adnotationibus & obſervationibus criticis
in eaſdem.

PASCHASII QUESNELLI
DISSERTATIO XII.
DE
CODICE CANONUM
ECCLESIÆ ROMANÆ,
omnium qui huc usque prodierunt antiquissimo, nunc primum in lucem edito.

CAPUT PRIMUM.

Romanam Ecclesiam suum olim Codicem habuisse ante Dionysii Exigui Abbatis collectionem; nec eum hucusque emersisse e tenebris.

Controversia de antiquo codice Romano.

DE Codice antiquo Canonum Ecclesiæ Romanæ, qui Dionysianum præcessit, magna nuper animorum contentione dimicatum est a nonnullis studio abreptis, seu præconceptæ opinioni vindicandæ paullo intentioribus, seu denique historicæ veritatis & antiquitatis ecclesiasticæ amore illectis. Quo quisque successu pro sententia sua decertarit, facile erit, opinor, judicare, cum hanc nostram dissertationem ad umbilicos usque perduxerimus. Immo vel ex sola Codicis ipsius Canonum, quem tot sæculis sepultum luci nunc primum damus, inspectione perspicuum est immerito sibi gratulatos esse, quotquot de genuini Codicis inventione gloriati sunt: prisci, inquam, Codicis, ex quo partim inchoato, partim variis subinde incrementis aucto, a Nicæni Concilii ætate usque ad sexcentesimum Christi annum Ecclesia Romana, seu juris ecclesiastici dicendi, seu constituendæ disciplinæ Canones haurire consuevit.

Codicem suum ex antiquo habuisse Romanam Ecclesiam, non est quod in dubium revocetur, cum & hujus frequens occurrat
1 mentio in epistolis Romanorum Pontifi- 1
cum. & 2 necesse fuerit ut quæ Canoni- 2
bus & regulis ecclesiasticis regebatur, eas in aliquo Codice descriptas servaret. Quod ita fuisse, vel ex una Dionysii Exigui epistola seu præfatione ad Stephanum Episcopum satis intelligitur: 3 ex prisci etenim 3
Codi-

EDITORUM ADNOTATIONES.

1 Canones profecto eorumque custodiam frequenter ingerunt Romani Pontifices, numquam vero *Codicem* canonum memorant, immo ne subindicant quidem. Solum mentionem identidem faciunt canonum Nicænorum, quo nomine Sardicenses etiam comprehendunt, uti probavimus in Tractatu de Collectionibus part. 2. c. 1. eosdemque canones tantum cum olim recepisset Romana Ecclesia, ut ibidem ostensum est, quocumque statuta Patrum, vel canones indefinite laudant, Nicænos vel Sardicenses intelligunt.

2 Necesse quidem fuit ut Romana Ecclesia, quæ non tam canonibus regebatur, quam apostolicis constitutis, hæc in Romanis scriniis, non autem in aliquo codice, aut corpore canonum descripta servaret. Quod si *Codicem canonum* appellare libeat exemplaria, in quibus Nicæni & Sardicenses canones simul erant descripti, nihil morabimur. Constitutiones autem Pontificiæ non ex codice aliquo, sed ex apostolicis scriniis a Romanis Antistitibus olim allegabantur, ut fuse probavit P. Coustantius in præfatione ad tom. I. Epistolarum Romanorum Pontif. num. 44. & 45. Id vero adeo inolevisse animadvertimus, ut postquam iidem Romani Antistites uti cœperunt collectione Dionysii, ex ea quidem diutius allegarint solos canones, numquam vero, vel fere numquam constitutiones apostolicas nisi post VII. sæculum.

3 Non *prisci codicis*, sed *priscæ translationis* mentionem facit Dionysius, ejusque *confusionem* notavit, qua Laurentius offensus ipsi suasit, ut novam Græcorum canonum interpretationem lucubraret. His autem verbis non Codicem canonum a Quesnello editum Dionysius indicat, sed eam *priscam* (ut in vulgatis inscribitur) interpretationem, quæ ante ipsum Dionysium compacta, in Italia præsertim circumferebatur. Hæc enim ita confusa & implexa est, ut lectores offendat: quod de versione Isidoriana (ut vocant) licet antiquiori, in Quesnelliano Codice fere recepta dici

Codicis confusione adductum se Præsulis illius consiliis ipse testatur, ut novæ adornandæ collectioni manum admoveret. Sed quis hujus Codicis ordo fuerit, quænam in eo continerentur, quæ Canonum interpretatio in usu esset, hoc demum obscurissimum cum ad hæc usque tempora fuerit, lucem ex Codice, quem publicamus, & ex iis quæ a nobis hujus occasione dicenda sunt, ni fallor, accipiet.

Duplex codex ante Dionysianum non recte excogitatus.

Ante omnia animadvertendum puto, 4 perperam a nonnullis duplicem Canonum Codicem a Romana Ecclesia diversis temporibus usurpatum numerari, antequam Dionysianum illa in usum vocasset: unum, 4 qui Calchedonensi Concilio anterior fuerit, alterum post istam Synodum solutam, auctoritate S. Leonis confectum; quæ ultima collectio viguerit sola in Occidente per sexaginta & amplius annos: donec altera auctore Dionysio in ejus locum successerit ab eadem diversa.

Priorem collectionem eam esse existimant, quæ non ita pridem luce donata est ex codice MS. clariss. viri Christophori Justelli tomo I. Bibliothecæ Juris Canonici veteris post Dionysianum codicem.

Lib 3. Concord. Sac. & Imp. cap. 3.

Posterioris geminum exemplar manuscriptum exstare affirmabat Petrus de Marca, teste Stephano Baluzio, in Bibliotheca Monasterii Rivipullensis, unde fortassis in lucem emittendum spondet idem Baluzius: cui & assensum nostrum spondemus, cum certis argumentis hanc Collectionem Leonis tempore & auctoritate concinnatam ostenderit. Interim nosmet ab assensu sustinere per eum licebit nobis in contrariam sententiam propensis propter hanc rationem: quod si de nova Collectione cogitasset sanctus Leo, ad hoc adductus esset prioris confusione: atque ita curasset imprimis ne in eamdem confusionem posterior recideret, sed eam potius omni ex parte accuratam absolutamque pro sua rei canonicæ peritia dedisset: unde nec novæ post ipsum collectionis conficiendæ laborem assumere coactus esset vel Dionysius exiguus, vel quisquam alius *confusione priscæ translationis offensus*. Quod tamen quadragesimo fere a Leonis obitu anno perficere aggressus est ille assidua & familiari cohortatione virorum ecclesiasticæ disciplinæ studiosorum.

Deinde unicam Abbas iste translationem commemorat eamque priscam: quæ 5 prisca 5 profecto ab eo vocanda non esset, si antiquior non fuisset ætate Leonis, quem postremos saltem vitæ annos viventem videre potuerat.

Denique ex Codicis Romani, quem in publicum nunc primum emittimus, inspectione 6 manifestum est, eamdem omnino 6 collectionem antiquo usu in ea Ecclesia receptam, plurimis quidem accessionibus auctiorem diversis temporibus evasisse, non vero spreta una aliam in ejus locum esse assumtam ab Innocentii Papæ I. tempore ad Gelasii PP. ætatem.

Quid de prisca Justelli translatione & collectione Canonum?

Priorem modo translationem ac collectionem quod attinet, eam esse quæ in Ecclesia Romana, & aliis etiam Occidentalibus, usque ab antiquo ad Dionysiani codicis tempora usu celebratam esse, persuadent sibi Bibliothecæ Juris Canonici veteris doctissimi conditores Voellus & Justellus. Quorum sententiam pluribus confutat Johannes David libro de Episcopis canonice judicandis capite 3. art. 3. Hujus opinioni subscribimus, quatenus Romanum hunc codicem esse negat: quamquam pleræque illius probationes leviores sint, unumque id efficiant ut collectio & translatio ejusmodi multa confusione laborasse credantur, quod minus Justelli consilio nocet, quam faveat: cum tantam fuisse testetur Dionysius, ut plerosque offenderet, novæque tandem condendæ occasionem dederit.

Validior est 7 probatio, quam ex trans- 7 lationis barbariæ arcessit: talem nempe in pri-

EDITORUM ADNOTATIONES.

dici nequit. Certe porro Dionysius hanc, quæcumque intelligatur, *priscam translationem* nec a Romana Ecclesia receptam, nec in publicum ejusdem Ecclesiæ Codicem relatam significat. Confer dicenda in Observationibus cap. 2. num. 1.

4 Hæc perstringunt Petrum de Marca, qui prius in *Concordia*, dein in *Opusculis* hunc duplicem Romanæ Ecclesiæ codicem excogitavit. Primus est ille codex MS. ex quo non multo post priscam versionem canonum Voellus & Justellus ediderunt. Alter est codex genuinus Monasterii Rivipullensis in Hispania. Sed etsi hos codices vidit Petrus de Marca, non tamen accurate expendit: unde nil mirum, si de iisdem inconsulte minus vera tradidit. Nam prisca versio, quæ in primo codice continetur, ipso Quesnello probante Romanæ Ecclesiæ tribui nequit. Duo porro codices Rivipullensis Monasterii sunt duo exemplaria collectionis Hispanicæ a Perezio aliisque laudata: quæ sane collectio nec Leoni, nec ætate Leonis, nec Romanæ Ecclesiæ adscribi potest. Vide quæ de hac Hispanica collectione diximus in Tractatu de Collectionibus.

5 Hanc objectionem refellimus in Tractatu memorato part. 2. c. 2. §. 3. n. 4.

6 Num id manifestum sit, patebit, ut confidimus, ex nostris Observationibus huic dissertationi mox subjiciendis, ex quibus potius contraria sententia manifesta fiet.

7 Duas alias non leviores confirmationes adjicimus. I. Quia in prisca canonum editione Sardicenses a Nicænis separantur, propriumque Sardicensium titulum præferunt, cum apud Romanam Ecclesiam utrique copulati essent, ac Nicænorum nomine inscriberentur. II. Quia Nicænorum interpretatio ab ea discrepat, quam Romana Ecclesia recipiebat, ut colligere licet ex iis Romanæ antiquæ versionis particulis quæ supersunt; de quibus vide Tractatum de Collectionibus part. 2. c. 2. §. 1.

CAP. I.

primaria Latini Orbis Ecclesia ac civitate vel natam esse, vel tot annis receptam ac commendatam nemo cordatus opinetur.

2. Canonis vigesimi octavi Calchedonensis admixtio Romanum proculdubio Codicem non sapit, multoque minus Codicem Leonis primi tempore usurpatum aut cura auctum his Canonibus. Quis enim crediderit Canonem illum, cujus occasione tanta simultas Leonem inter & Orientales exarserat, vel incauto Pontifici obrepsisse, vel a prudente ac volente Collectioni suae Ecclesiae insertum?

Canones CP. I. non erant in antiquo Codice Romano. Μὴ ἐμφερόμενα δὲ ἐν τοῖς συνοδικοῖς κανόσι. *Act. 6. Calch.*

3. Nec Constantinopolitanis etiam Canonibus locus fuit in veteri Ecclesiae Romanae codice: eos enim sibi suisque praedecessoribus ignotos fuisse S. Leo saepius testatur. Lucentius etiam ejus in Synodo Calchedonensi Vicarius in ultima Actione protestatur illius CP. Synodi decreta *in synodicis Canonibus non haberi, quae dicunt ante octoginta prope annos constituta fuisse*. Nec tam cito a sententia sua deflexisse Leo credendus est, ut Canones Sedi suae infensos, tantaque nuper contentione explosos; non pro legitimis agnosceret modo, sed & proprios sibi, approbans codicique inserens, faceret. Quod enim postmodum, sopita contentione, codici Romano, quem publicae luci damus, additi sint Canones illi, haec posteriorum cura fuit post receptam ubique oecumenicam Synodum secundam. Quod autem apud Dionysium reperiantur, non eadem est ratio. Hujus enim consilium fuit, non antiquum codicem Romanum in melius restituere, sed novum omnino condere, Canones omnes rursus de *Graeco transferens*, seu *Regulas Nicaenae Synodi deinceps omnium Conciliorum, sive quae ante eam, sive quae postmodum facta sunt, usque ad Synodum centum quinquaginta Pontificum, qui apud Constantinopolim convenerunt, sub ordine numerorum, idest a primo capite usque ad centesimum sexagesimum quintum*, sicut habetur in Graeca auctoritate, *digerens*. Quicquid igitur in Graeca Collectione, quam prae manibus habebat, reperit Dionysius, hoc codici suo inseruit; quem ne tunc cogitabat quidem aliquando publica Ecclesiae Romanae auctoritate recipiendum.

Denique vix alia probatione indigemus, ut codex hujusmodi Romanae Ecclesiae abjudicetur, quam quae ex ipsa ejus inspectione sponte exurgit, & quae cuique lectori paullo attentiori facto facile persuadebit, hoc Graeculi alicujus ad Latinam aspirantis, suumque in ea profectum periclitantis tentamentum, prorsus Ecclesia Romana indignum esse.

CAPUT II.

Priscum illum Codicem eum ipsum esse quem jam publici juris facimus. Unde, & a quo acceptus Codex: quibus constet partibus: quo ordine digestus: quibus, per varias aetates incrementis auctus credatur.

JAm vero quod Justelliano Codici abjudicamus, an nostro adjudicandum sit, decernet Lector eruditus, cum nostras seu conjecturas, seu probationes, quas modo promemus, aequa lance ponderaverit.

Primum omnium ex quo fonte Codicem hauserimus, dicendum: ut & fraudis suspicio omnis amoveatur, & cujus munere acceperint antiquitatis ecclesiasticae studiosi tam venerandae vetustatis κειμήλιον non ignorent. Unde acceptus Codex. Hujus apographum missum est ad me Oxonio a clarissimo viro mihique amicissimo [1] Edmundo Bernardo in Academia Oxoniensi doctissimo Astronomiae professore Saviliano, quem an singularis humanitas cum doctrina conjuncta, an promovendarum litterarum amor indefessus magis commendent, difficile dixeris. Asservatur codex in Orielensi Oxoniensis ejusdem Academiae Collegio, cui illum dono dedit ante ducentos annos ejusdem e Collegii sociis unus Andreas Mankysvvellensis: ita enim vero prae se fert prima codicis pagina. *Liber domus Beatae Mariae de Oriell. Oxon. ex dono Magistri Andreae Mankysvvell. supradicti Collegii socii. Anno Domini MCCCCLIX.* Codex iste, qui pergamenaceus est, grandiorisque formae, & hoc numero notatus 91. B. continet, praeter collectionem hanc Canonum & Decretorum, epistolas & sermones S. Leonis Magni. Epistolis insertae leguntur Constitutiones Imperatorum Theodosii & Valentiniani adversus Manichaeos, & contra Hilarium Arelatensem. Sermonibus subjiciuntur duae epistolae Episcoporum Proterii Alexandrini, & Paschasini Lylibaetani ad Leonem nostrum, & alia nonnulla vitam sancti Pontificis attinentia.

Collectio Canonum & Decretorum sexaginta capitula continet, & unumquodque capitulum in titulos dividitur, cum ita fieri res patitur: Concilia enim in Canones, & epistolae in capita seu decreta scinduntur.

Sexcentorum fere annorum esse dicitur codex manuscriptus, cujus apographum ad nos transmissum est: sed ex codice alio longe antiquissimo descriptus est, uti tum ex aliis, tum ex hac scribae nota intelligitur,

EDITORUM ADNOTATIONES.

1 Quesnellus in praefatione generali *Eduardo* scripsit: ex hoc autem loco ibidem notavimus legendum *Edmundo*. At Fabricio monente tom. II. Bibliothecae Graecae c. 1. n. 20. verum nomen esse *Eduardum* intelleximus, maleque hoc loco *Edmundum* a Quesnello appellari: ac propterea tom. I. hujus editionis delenda erit nostra adnotatio duodecima in ejusdem Quesnelli praefationem pag. XXXVII.

CAP. II. quam descriptam habes pagina 34. Codicis: *Iste codex transcriptus est ex vetustissimo exemplari, quo circa de veritate scriptorum, nec in isto primo Capitulo Nicænorum Canonum, nec in omnibus sequentibus, aliquis dubitare debet, licet aliter in novellis exemplaribus inveniatur*.

Alterum Codicis exemplar ex Bibliotheca, Thuanea. Absoluta erat hæc dissertatio, jamjamque ipse Codex prælo subjiciendus ex hoc unico apographo Oxoniensi, cum mihi Thuaneam Bibliothecam perlustranti ecce occurrit ejusdem codicis exemplar MS. octingentorum circiter, ni fallor, annorum, ac notæ optimæ, quod assidua manu versatum deprehendo doctissimorum virorum Sirmondi, Salmasii, Chiffletii, Justelli, Voelli &c. Ipse enim est Codex numero 129. notatus, cum quo convenire versionem Canonum Calchedonensium priscæ editionis Latinæ, annotaverunt Bibliothecæ Juris Canonici collectores Voellus & Justellus tom. 1. pag. 296. Ipse est ex quo Jacobus Sirmondus Tractatum Gelasii Papæ adversus Græcos, & mutilam ejusdem epistolam ad Orientales primus edidit post Appendicem Codicis Theodosiani. Ex eodem Claudius Salmasius in suo adversus Sirmondum Eucharistico de Ecclesiis suburbicariis, edidit rescriptum Imperatorum Honorii & Theodosii contra Pelagianos, necnon & Sacram Constantii Augusti, cum duobus Volusiani & Palladii Præfectorum edictis adversus eosdem hæreticos, pagin. 283. 288. & 291. Eumdem codicem laudat Chiffletius in Notis ad Breviationem Canonum Ferrandi pag. 305. *Vidimus certe*, inquit, *ex Bibliotheca clarissimi viri Jacobi Augusti Thuani codicem veterem, in quo, ut apud Ferrandum, titulus XX. Nicænus Dionysii, non censetur in Canonibus Nicænis: præmissa autem fidei formula Nicæna pro primo titulo, reliqui Nicæni Canones XIX. Dionysiani extenduntur in XXVI. ita ut omnes tituli Nicæni in eo Codice sint XXVII. excluso ultimo Dionysiano*. Hæc qui cum codice nostro componet, de alio intelligendum non esse Chiffletium facile animadvertet.

In quo utrumque exemplar differant. Hoc invento tam egregio monimento novus labor subeundus fuit, ac nova cura in lustrando conferendoque codice ponenda. Quo facto quid inter utrumque discriminis deprehenderim, etsi suis locis annotaverim, breviter tamen hic edissero. Eumdem titulum in capite Indicis codex uterque habet. Index ipse, si pauca excipias, idem est in utroque. Eadem Capitulorum series usque ad quinquagesimum sextum. Reliqua quinque Oxoniensis MS. capitula diverso ordine numerantur in Thuaneo: quod & notatum habes in fine Indicis pag. 10. Habet & hoc amplius Thuaneus codex, quod decretalium epistolarum synopsim exhibet, quod decretalem habet Gelasii Papæ, & regulam Formatarum. Quod enim attinet epistolas sancti Leonis Papæ, 2 eas non esse ex corpore Canonum, seu ex codice isto, indicat clausula post regulam Formatarum subfixa, in hunc modum: „ In nomine Domini expliciunt Canones. " Istud etiam probatur ex discrimine & ordinis & numeri epistolarum, quæ in utroque codice jacent: pauciores enim in Thuaneo, plures in Oxoniensi: & a recentiori quidem manu superadditæ sunt. Denique titulus Oxoniensis codicis easdem epistolas rejicit a collectione Canonum: *Continet codex iste Canones ecclesiasticos & constituta sanctæ Sedis Apostolicæ sub Capitulis sexaginta. Quæ adjecta sunt ex scriptis beati Leonis Papæ, non sunt ex corpore Canonum*. Ita lego in apographo, quod penes me habeo: cujus tituli sinceritatem probat Catalogus Librorum Manuscriptorum Bibliothecæ Collegii Orialensis Oxoniæ, Londini editus anno 1600. pag. 43. ubi eadem leguntur. Cetera utriusque codicis discrimina ad loci cujusque marginem notata habes.

Distinguendum porro in Codice Canonum a nobis edito interea, quibus capitula constant, & historicas quasdam observationes, quæ sparsim & extra capitulorum seriem injectæ leguntur, etsi non frequentes admodum. Istæ enim recentiori stylo exaratæ sunt, nec habentur nisi in solo Oxoniensi Codice, & ut opinor, ejus opera, qui in superiori annotatione testatur transcriptum a se Codicem ex vetustissimo exemplari: quæ quidem cum non sint pars Codicis, alio charactere excudi curavimus. Sed nec Codicis partes omnes 3 ejusdem esse ætatis creden-

EDITORUM ADNOTATIONES.

2 Leonis epistolas, quæ in Thuaneo codice, aliisque pluribus & præstantioribus, sicut & in nostra editione, ipsam collectionem claudunt a cap. 67. ad cap. 98. ejusdem collectionis esse portionem, quæ in solo MS. Oxoniensi alio consilio omissa fuit, ostendimus not. 1. in cap. 67. ubi etiam explicavimus adnotationem, quæ videtur contraria, laudati codicis Oxoniensis. Clausulam vero *In nomine Domini expliciunt canones* alio referendam probavimus not. 8. in ipsius collectionis cap. 63.

3 Cum Quesnellus ex una parte crederet hunc fuisse veterem Romanæ Ecclesiæ Codicem publica auctoritate editum, qui viguerit sub Innocentio I. aliisque ipsius successoribus ad Gelasium usque, post cujus Pontificatum Dionysius Exiguus novum codicem digessit; ex alia vero parte perspiceret, non omnia quæ in eodem Codice continentur, posse competere publico Romano Codici sub Innocentio, Zosimo, vel Leone, ut omnia cum sua sententia, seu potius præjudicio aliqua ratione conciliaret, alia documenta Codici diversis temporibus addita excogitavit, ac ejusmodi additionum tempora distinguens, octo ætates Codicis confinxit, quæ nullo fundamento, sed solo memorato præjudicio innixæ fusiori confutatione non egent. Si enim hunc Codicem ad Romanam Ecclesiam non pertinuisse evidenter demonstrabimus, uti demonstraturi sumus,

dendæ sunt. Aliæ aliis antiquiores, priorum temporum codicem composuerunt; aliæ, quæ junioris ævi, subinde per succedentia ætatum intervalla annexæ sunt prioribus capitulis, ita ut aliquando tandem ad sexagenarium numerum codex pervenerit. Quo vero quæque pars tempore, vel codicem conflare, vel codici accedere cœperit, obscura res est, quam utcumque aperire, nisi conjecturis, nemo possit: quod & nos periclitabimur inferius.

Indicem qui toti operi præfigitur, eodem
4 posteriorem esse clarum est ex mentione sexaginta Capitulorum, ac proinde quicquam statui ex eo non potest pro earum partium notitia, quæ codicem primo composuerint.

Quid de Prologo sentiendum, & cujus sit ætatis. 5

De Prologo idem non est apud me judicium: nihil quippe 5 vetat quin circa quinti sæculi initium editus credatur, præfixusque ei codici, qui Innocentii Papæ I. temporibus in usu erat apud Romanam Ecclesiam: liber enim decimus Historiæ Ecclesiasticæ Eusebii a Rufino adjectus, qui laudatur in ea præfatione, pluribus ante Innocentii obitum annis in lucem missus erat. Si cui nihilominus placuerit Prologum istum ad posteriora tempora differre, contra ego non contendam. Hoc tamen certum videtur pauca admodum capitula complexum esse codicem istum, cum ei præfatio annexa est: tum quia tota fere est de solo Nicæno Concilio: tum quod eadem indicet pauca quædam tantum decreta Nicænis esse superaddita, vice appendicis, nec ita quasi propria Synodorum, a quibus condita erant, auctoritate locum sibi in Codice Romano vindicarent, sed velut ab Apostolica Sede in proprium usum assumta, & Ecclesiæ suæ administrationi profutura: *Nam &*

nonnullæ, inquit, 6 *regulæ subnexæ sunt, quas memorata suscipiens confirmavit Ecclesia*. 6 Quibus verbis Carthaginensis maxime Synodi Canones, qui Nicænis Sardicensibusque in unum confusis subjiciuntur, intelligi persuadent verba capituli de gratia eorum primi quæ Cælestino olim, nunc Leoni adscribuntur. Quæ verba eosdem illos Carthaginensis Ecclesiæ Canones tunc, ut olim ante, Codici Romano insertos fuisse testantur, sic de posterioribus habentia: *Ita ut etiam Africanorum Conciliorum quasdam sententias jungeremus, quas utique suas fecerunt Apostolici Antistites, dum illas comprobarunt*.

Capit. 1. de Grat.

Prima ætas Codicis Romani 7

Facile igitur in eam sententiam inclino; Romanum Codicem a Nicænæ Sardicensisque Synodorum temporibus ad usque Innocentii Zosimique ætatem, 7 nullos alios Canones regulasve ecclesiasticas complexum esse præter Nicæni Sardicensisque Concilii Canones; neque Sardicenses in illo locum habuisse, nisi quia pro Nicænis habiti sunt, eorumque nomine vestiti, ac eis sine ulla distinctione subjuncti. Clarum est ea de re Innocentii ipsius testimonium, cujus verba & asserendæ codicis hujus sinceritati suffragantur, & vicissim a codice lucem maximam recipiunt. *Nos enim*, inquit Innocentius in epistola ad Clerum populumque Constantinopolitanum, *quantum ad Canonum observantiam attinet, illis obsequendum esse scribimus, qui Nicææ determinati sunt, quibus solis obtemperare, & suum suffragium addere Ecclesia Catholica debet*. Idem in epistola 16. ad Theophilum Alexandrinum: *Si conscientiæ confidis, tu quoque judicio accurre ad Synodum proxime in Christo celebrandam, & illic juxta Nicæni Concilii Canones & decreta contende*. *Alios quippe Ca-*

Ep.15.Innocent. Papæ ad Clerum & popul. CP. ex Sozom. l. 8. c. 26. tom. 1. Epist. Sum. Pont. ed. Romanæ. Epist. 16. Innocentii Papæ ad Theophilum.

EDITORUM ADNOTATIONES.

mus in Observationibus post hanc Dissertationem subjiciendis, hæ omnes ætates ex uno memorato præjudicio confictæ, cum eodem corruent. Confer præterea, quæ circa hanc ætatum hypothesim animadvertemus in Observationibus cap. 1. n 4. & 5. nec non cap. 2. n. 8. ubi nonnullæ peculiares incongruentiæ detegentur. Insignem etiam Quesnelli contradictionem patefaciemus not. 21. in cap. 4.

4 Cum index capitulorum operi præfixus ex Thuaneo codice designet capitula XCVIII. hujus collectionis, quæ sane non tam in Thuaneo, quam in ceteris Oxoniensi antiquioribus ac præstantioribus ejusdem collectionis exemplaribus inveniuntur, manifestum fit eumdem indicem primævam collectionem indicare, eidemque esse coævum, posteriori autem tempori tribuendam esse adnotationem solius MS. Oxoniensis, in qua fit mentio capitulorum sexaginta. Vide quæ de hac adnotatione diximus not. 1. in cap. 67.

5 Ne hic Prologus circa quinti sæculi initium scriptus editusque credatur, illud maxime vetat, quod ex Gelasii decreto de libris apocryphis nonnulla in eum traducta inveniantur. Confer Observationes in hanc dissertationem cap. 2. n. 3. ubi Quesnelli sententiam refellemus, qua Gelasium ex hoc Prologo exscripsisse contendit. Num vero hic Prologus coævus sit nostræ collectioni, an eidem posterius accesserit (in MS. Vindebonensi Cæsareo 39 non legitur;) & num præfixus fuerit soli primo capiti Nicænam Synodum complectenti (de hac enim Synodo tantum in eodem prologo sermo est,) an ad universam collectionem pertineat, quicquid credatur, nihilum repugnabimus.

6 Solæ Nicænæ regulæ fidei symbolo subnexæ hoc textu indicantur, uti ostendemus in Observationibus cap. 2. n. 2. indeque conjectationes, quæ hic a Quesnello proferuntur, inanes esse quisque perspiciet.

7 Nullos quidem alios canones præter Nicænos & Sardicenses Romanam Ecclesiam olim recepisse non solum usque ad Innocentii & Zosimi ætatem, sed diutius etiam postea probavimus in Tractatu part. 2. c. 1. At Nicænorum versio diversa erat ab ea, quæ in hac collectione a Quesnello edita continetur, ut ostendemus in Observationibus cap. 1. num. 2. ac 3.

CAP. II. *pe Canones Romana non admittit Ecclesia*. His, inquam, verbis opinio nostra confirmatur, qua asserimus non alios Canones a Romana Ecclesia Innocentii ætate susceptos, suoque habuisse insertos codici, quam qui vel Nicæni revera erant, vel pro Nicænis habebantur, eisque accensebantur a Romanis, eo modo quo in nostro codice repræsentantur. Sed ex eodem vicissim codice conciliatur Innocentius cum Innocentio, qui multoties Sardicenses Canones adducit & usurpat in epistolis suis: ut in epistola ad Victricium Canones III, IV, & VII. de appellationibus ad Romanum Episcopum & epist. 16, de Clericis abjectis ab alio non recipiendis, & de Synodo ad quam Theophilum invitat, & aliis in locis, quorum meminit Johannes David. Hac etiam via idem David cum Marca in gratiam redit; & asserta utriusque opinione, alter ab altero victus de altero simul victor evadit: cum utrumque verissimum sit, & solos Nicænos Canones ab Innocentio receptos esse, & tamen Sardicenses ab eo dem admissos & in caussis ecclesiasticis discutiendis usurpatos: siquidem Sardicenses recipiebat Innocentius, sed habitos pro Nicænis & eorum nomine decoratos.

Secunda Romani Codicis ætas. Hæc fuit, opinor, Codicis Romani ætas prima ac velut infantia, in qua primum solummodo capitulum codicis quem damus, totum conflabat illius ætatis codicem sub Innocentio Pontifice Romano: eo scilicet tempore, quo Chrysostomi caussa ventilabatur. At sub eodem Innocentio 8 postmodum adolevisse crediderim Canonibus Carthaginensis Concilii auctiorem factum: cum videlicet aliquot a morte Chrysostomi annis oborta Pelagiana hæresis, majoris Romanam inter & Africanam Ecclesias commercii necessitatem fecit, litterisque & legationibus locum dedit inter utriusque Ecclesiæ præsules amplius solito frequentandis: *Tot & tantis*, inquit Augustinus lib. 2. ad Bonifac. cap. 3. *inter Apostolicam Sedem & Afros Episcopos currentibus & recurrentibus scriptis ecclesiasticis*. Hac occasione magis innotuit Romanæ Ecclesiæ Africana disciplina; quam suis moribus accommodatam judicantes Romani Cleri proceres, suam illam facere ac proprii codicis partem esse voluerunt: & hac ætate secundum Capitulum primo accessit.

Tertia Romani Codicis ætas. Majores adhuc vires sumpsit sub Innocentii successore Zosimo: qui cum natione Græcus esset, patriarum legum amore captus Græcos Canones Romana civitate donavit, tresque illas Synodos Ancyranam, Neocæsariensem & Gangrensem, quæ Carthaginensem in codice excipiunt, Romanæ collectioni attexuit. Nec temere trium illarum Synodorum Canones præ ceteris Græcis allecti sunt, quippe qui omnium antiquissimi erant, & eam ob rem eodem ordine descripti leguntur in antiqua versione apud Isidorum. Ancyrana enim Anno Chr. 314. habita est, quam Neocæsariensis statim est secuta: 9 Gangrensis vero an. 325. habita creditur; ideoque Nicænæ Synodi temporibus vel æquales istæ erant, vel superiores.

Quarta ætas Codicis. Virile robur adeptus esse mihi videtur post Zosimi mortem. Finita enim sub ejus Pontificatu Pelagianorum caussa, tunc quicquid ea de re vel scriptum erat ad Romanum Pontificem ab Africanis Episcopis, vel his ab illo rescriptum, ac præterea Synodos adversus Pelagianos in Africa celebratas placuit in codice Romano reponi: adjunctis etiam Imperatoris Constitutionibus & Præfectoriis Edictis adversus eosdem hæreticos datis: ut si forte aliquando pugnam adversus catholicam doctrinam redintegrarent, vel illis decretis subscribere, vel pœnis illic sancitis plecti juberentur. Quatuor etiam epistolæ decretales Innocentii I. subduntur, quibus varia magni momenti disciplinæ capita, fraterna Coepiscoporum suorum Exuperii, Victricii, Decentii, & aliorum consultatione pulsatus, secundum ecclesiasticas regulas ac Romanæ imprimis Ecclesiæ normam explicat confirmatque. Hæc omnia ante Leonis nostri tempora, apposita esse codici docemur primum ex citatis capitulis de gratia, in quibus multa excerpta leguntur ex Africanis Conciliis epistolisque ac Innocentii rescriptis adversus Pelagiana dogmata: quæ Concilia, sua fecisse dicuntur Apostolici Antistites, dum illa comprobarunt, suoque codici inscripserunt, appellanturque in fine Capitulorum sine ulla distinctione tam Africani Canones, quam Pontificum epistolæ, *Apostolicæ Sedis scripta*; sicut de Carthaginensi Synodo dixerat, cap. 7. *Illud etiam, quod intra Carthaginensis Synodi decreta constitutum est, quasi proprium Apostolicæ Sedis amplectimur*. Probant hoc idem verba sancti Leonis in epistola 3. ad Episcopos Campaniæ, Piceni, Tusciæ &c. data, quos adire vult & observare decretalia Innocentii Constituta. *Ne quid vero sit*, inquit, *quod prætermissum a nobis forte credatur, omnia decretalia Constituta tam beatæ recordationis Innocentii, quam omnium prædecessorum nostrorum, quæ de ecclesiasticis ordinibus & canonum promulgata sunt disciplinis, ita a vestra dilectione custodiri debere mandamus: ut si quis in illa commise-*

Ep. 3. nunc 4. S. Leonis cap. 5.

EDITORUM ADNOTATIONES.

8 De hac, & de sequentibus Codicis Romani accessionibus seu ætatibus, quas Quesnellus comminiscitur, satis diximus not. 3. Quædam nihilominus peculiaria in notis sequentibus observabimus.

9 Gangrensem Synodum multo posteriorem esse, ac celebraram inter annum 362. & 370. ostendimus in Tractatu part. 1. c. 4. §. 1.

CAP. II. *miserit, veniam sibi deinceps noverit denegari.*

Quæ decreta Innocentii laudet S. Leo Epist. 3. nunc 4.

Cum hæc scribebat Leo, convertebat mentis oculos in ea Innocentii Decreta, quæ habentur in Epistola ad Victricium Rotomagensem, & altera ad Macedones Episcopos, quibus reprobatur Bigamorum ordinatio. At quomodo ejusmodi decretalia Constituta in remotiores Galliarum partes & in Macedoniam missa Italis ita nota esse potuerunt, ut iis promulgata dicerentur, iisdemque tenerentur obsequi, 10 nisi publico ac recepto Codici haberentur inserta? Cur etiam, dum omnes prædecessores suos generatim commemorat, unius exprimit Innocentii nomen, nisi quia 11 unius Innocentii decreta in Codicem tunc temporis relata erant, saltem ante Calchedonensem Synodum, quemadmodum ex Codicis ordine dignoscitur? Soli videlicet Canones Nicæni vel pro Nicænis habiti; ut non semel diximus, pro judiciorum ordinationumque ecclesiasticarum regula habebantur Innocentii ætate in Ecclesia Romana. His postmodum adjecta Innocentii decreta, quæ commentarii vice essent Canonibus intelligendis. Tum hoc exemplo etiam Siricii Innocentio antiquioris decreta in Codicem conjecta.

CAP. II. Observanda S. Leonis verba, unde Codex probatur.

Porro non sine observatione commemorandi sunt a nobis Leonis verba superius descripta: *Decretalia constituta ..... quæ de ecclesiasticis ordinibus & canonum promulgata sunt disciplinis*; quæ quidem a nobis integritati suæ sunt reddita: cum prius legeretur *ordinata* pro *promulgata*. Ac primo vox *Constituta*, qua Decreta suorum prædecessorum indicat Leo noster, eadem usurpatur in titulo codicis nostri: *Constituta Sedis Apostolicæ*: ut vel hinc suspicari liceat indicatum a Leone eumdem Codicem. Dein-

EDITORUM ADNOTATIONES.

10 Hanc Quesnelli rationem pro adstruendo publico Romanæ Ecclesiæ codice refellimus in Tractatu part. 2. c. 1. §. 4.

11 Vide exactum Leonis interpretem. Leo epist. 4. scripta ante Concilium Calchedonense anno 443. servanda præcipit *OMNIA decretalia constituta tam beatæ recordationis Innocentii, quam OMNIUM prædecessorum nostrorum*: ubi *tam Innocentii* idem est ac *non tam Innocentii*, seu *non unius Innocentii*, sed *omnia omnium prædecessorum*. Explicat nihilominus Quesnellus *unius Innocentii decreta*, & non *omnia* quidem, sed ea tantum, quæ *in Codicem tunc temporis relata erant ante Calchedonensem Synodum*, idest quatuor tantummodo decretalia constituta ejusdem, *quemadmodum ex ordine Codicis dignoscitur*: quatuor enim tantum *unius Innocentii* constitutiones in Quesnelliano Codice præmittuntur gestis Calchedonensibus; quæ describuntur cap. 25. Si has solas unius Innocentii epistolas S. Pontifex voluisset indicare, quid opus erat, ut *omnia omnium prædecessorum* decretalia constituta commendaret? Quod si ut hæc omnia essent *promulgata*, Leo exegisset Codicem publicum; admittendus esset proculdubio ante Concilium Calchedonense aliquis Codex, in quo non quatuor tantum *unius Innocentii*, sed alia multa tum ipsius, tum prædecessorum omnium decreta continerentur. Quod cum nec in Quesnelli Codice, nec in ulla alia antiqua collectione inveniatur; exploratum redditur illius commentum, quo publicum Codicem ad promulgationem requiri ex Leone collegit, & multo magis quo codicem abs se vulgatum tamquam Romanæ Ecclesiæ publicum & a Leone indicatum traduxit. Addemus & aliud. Si Quesnello sit fides, nullæ Pontificum decretales litteræ relatæ erant in Codicem, nullæ promulgatæ ante Calchedonense nisi unius Innocentii. Ante Innocentium ergo nullæ erant decretales relatæ in Codicem, nullæ promulgatæ; solique Nicæni canones & Sardicenses, ut idem contendit, sub Innocentio pro regula habebantur. Quomodo ergo Siricius in epistola ad Himerium, postquam eum *ad servandos canones & tenenda decretalia constituta* hortatus est, illam generalem sententiam pronuntiavit: *Statuta Sedis Apostolicæ, vel canonum venerabilia definita nulli Sacerdotum Domini ignorare sit liberum*? Ut hæc vim haberent, aliqua promulgatio requirebatur. Ad promulgationem vero in Quesnelli sistemate Codex publicus exigitur, qui ipso tradente primum post Innocentium apostolicas constitutiones recepit. Quid quod hanc ipsius sententiam palam reprobant Gallicani Episcopi sedi Arelatensi adhærentes, cum ad S. Leonem scripserunt epist. 65. nostræ editionis c. 2. *Quare quidem antiquitatem sequentes prædecessores Beatitudinis vestræ, hoc quod erga privilegia Arelatensis Ecclesiæ institutio vetusta tradiderat, PROMULGATIS (sicut & scrinia Apostolicæ Sedis procul dubio continent) auctoritatibus confirmarunt*. Voce *auctoritatibus* indicantur Zosimi epistolæ pro privilegiis Ecclesiæ Arelatensis. Hæ autem a Pontificibus non fuerunt insertæ Codici publico, sicut nec in Quesnelliano inveniuntur: unde non *Codicem*, sed *scrinia*, in quibus conservabantur, iidem Episcopi memorant. Cum porro eas nihilominus a Pontificibus *promulgatas* affirment, ex quo missæ fuerunt in Gallias; nullam utique publici Romani Codicis editionem promulgationi necessariam putarunt. Neque vero quispiam reponat Quesnellum loqui de constitutionibus, quæ pro Ecclesiis ad Romanam Synodum pertinentibus promulgarentur, Siricium autem & Episcopos Galliæ locis laudatis sermonem facere de constitutionibus pro Ecclesiis Hispanis & Gallicanis. Num si ad promulgationem requiritur publicus Codex pro Ecclesiis suburbicariis, pro longinquioribus non exigetur? Vel si pro longe distantibus satis est ea promulgatio, qua sine editione publici Codicis decreta in eas regiones palam mittantur & in omnium notitiam perferantur, quidni idem valebit in Ecclesiis ad Romanam Synodum pertinentibus, ad quas Pontifices sua constituta plerumque e publica Synodo dirigebant? Ex hac Quesnelliani commenti particula totius sistematis commentum elucescit.

CAP. II.

Deinde vox *promulgata* videtur etiam innuere leges easdem ecclesiasticas prius ad singulos Episcopos longinquarum regionum scriptas, postmodum in publicum Constitutorum Pontificiorum Codicem conjectas esse: quo in earum omnium Ecclesiarum notitiam venirent, quæ legem disciplinæ ab Ecclesia Romana sumebant, velut ad ejus Synodum pertinentes. Hujus certe vocis explicationem pluribus prosequitur Hincmarus Remensis in opusculo Capitulorum LV. adversus Hincmarum Laudunensem, qui ex Pontificum epistolis plura delibaverat, quibus probaret neminem iis obedientiam sine temeritatis nota posse detrectare, atque adeo Remensem Præsulem hujus criminis reum traduceret. Operosius igitur inquirit iste in vocis etymon, collatisque veterum ea de re sententiis, „ *promulgo*, scribit ita „ dici, quasi *promo vulgo*, sive *primum in* „ *vulgus edo*. Unde, inquit, Paullus in „ Glossis suis dicit hoc modo: Promulgari „ leges dicuntur, cum in vulgus eduntur... „ Isidorus quoque, ut ipse dicit, auctore „ Tullio exposuit dicens: *Promulgatum est* „ *foras prolatum; ut lex dicitur promulga-* „ *ta: promulgatum autem ad omnium noti-* „ *tiam & totius vulgi intimatum*. Diffe- „ rentiam vero sensus, addit Hincmarus, „ inter *divulgata* & provulgata seu promul- „ gata, enucleatores verborum hanc volue- „ runt esse, ut *divulgata* simpliciter tantum „ dicantur ad notitiam omnium propalata; „ *provulgata* vero vel *promulgata*, ad conser- „ vandum decreta, & in omnium notitiam, „ ut illa sine refragatione conservent, depromta intelligantur. " Ex his intelligimus & quæ necessitas fuit reponendi in Leonis textu vocem *promulgata*, & ea nobis Romanum Codicem canonum & constitutorum non obscure indicari.

Epist. 6. nunc 1. ad Aquilejensem Episcop.

Eamdem Codicis partem testatam etiam facit epistola 6. ejusdem Leonis nostri tum cap. 1. ubi duas partes, ex quibus coalescit, indigitare videtur his verbis: *Quod per auctoritatem canonum decretorumque nostrorum ne insontibus quidem conceditur*: tum cap. 2. ubi hæc habet: *Omnia decreta synodalia, quæ ad excisionem hujus hæreseos Apostolicæ Sedis confirmavit auctoritas*. Hæc enim ex illis sunt, de quibus in Præfatione Codicis ita legimus: *Nam & nonnullæ*
12 *regulæ subnexæ sunt* 12 Nicænis Canonibus, *quas memorata suscipiens confirmavit Ecclesia*, Romana scilicet. Hæc etiam sunt decreta sinodalia Africana, de quibus sic præfatio sententiarum de gratia supra: *Ita ut etiam Africanorum Conciliorum quasdam sententias subjungeremus, quas utique suas fecerunt Apostolici Antistites dum probarunt*: & Capit. 7. *Illud etiam, quod intra Carthaginensis Synodi decreta constitutum est, quasi proprium Apostolicæ Sedis amplectimur*. Hæc enim decreta, quæ Apostolica Sedes, quemadmodum ex citatis modo testimoniis patet, *suscepit, confirmavit, probavit, sua fecit, quasi propria amplexa est, ac regulis suis subnexuit*, videntur omnino in Codicem Romanum conjecta, qui instruendis ecclesiasticis judiciis, sacrisque administrandis inserviebat.

Scrinii & Codicis Romani discrimen.

Duplicem enim scriptorum Sedis Apostolicæ classem, ni fallor, animadverto, duplexque Archivum in quo monumenta ecclesiastica apud Sedem Apostolicam servarentur. Unum de quo sub *Scriniorum* nomine sæpe mentionem faciunt scriptores antiqui; alterum, quod *Codex canonum & constitutorum Sedis Apostolicæ* nuncupatum legitur. Utrumque ex Imperio in Ecclesiam translatum; ut & aliæ pene omnes ecclesiasticæ voces: unde Codex Theodosianus: & in Notitia Imperii Scrinia epistolarum, libellorum, & alia plura, Primiceriique scriniorum multiplices. Aliud igitur *Scrinia Sedis Apostolicæ*, aliud *Codex Romanæ Ecclesiæ*. In illa conjiciebatur quicquid litterarum ex variis Orbis partibus ad Apostolicam Sedem confluebat, & quicquid Actorum instrumentorumque ecclesiasticorum servandum esse æstimabatur ab Apostolica Sede, illinc pro data occasione depromendum. Ita Leo noster memorat epistolam Sancti Cyrilli ad Nestorium: *Quam*, inquit, *ab eo missam Apostolicæ Sedis scrinia susceperunt*: & in ep. 92. * ad Maximum Antioch. aliam ejusdem citat epistolam, *quam in nostro*, inquit, *scrinio requisitam nos authenticam noveris reperisse*. 13 In Codicem vero referebantur, quæ ad quotidianam Ecclesiarum disciplinam servandam, jusque dicendum in ecclesiasticis rebus assumenda erant, vel ea quæ ad fidei confirmationem seu scripta ab Episcopis, seu sancita erant ab Imperatoribus adversus hæreticos. Primi generis sunt in nostro Codice Canones Conciliorum & Romanorum Pontificum decreta; alterius libelli fidei a Sede Apostolica suscepti & probati, Imperatorumque Edicta & Constitutiones. Ea ratione Pontificum epistolæ ad privatas exterasque Ecclesias missæ, per Ecclesias ad Sedem Apostolicam pertinentes robur acquirebant atque obediendi indicebant necessitatem, cum e privatis scriniis in publicum Codicem eductæ promulgari ac pro decretali Constituto haberi cœperant. Cetera scripta quamdiu inde non proferebantur, publicatæ legis vim habe-

**nunc 119.*

13

EDITORUM ADNOTATIONES.

12 Sicut *nonnullæ regulæ* ex præfationis contextu *Nicænos canones* (ut monuimus not. 6.) indicant; ita vox *subnexæ* refertur ad symbolum Nicænum, cui eædem regulæ seu canones subnexi erant. Male ergo Quesnellus *Nicænis canonibus* inquit. Substituatur *Nicæno symbolo*, & sic reliqua argumentatio evanescet.

13 Hoc totum cum sequentibus merum est ingeniosum quidem, sed non satis firmum systema, quod ex antecedenti not. 11. satis extruditur.

CAP. II. habere illic non poterant. Synodalia porro Africanorum decreta, de quibus nobis sermo est, cum ante Synodi. Calchedonensis Acta vel decreta locum habeant in Codice, indicium est ea jam ante illam Synodum Romana civitate esse donata, ac Romanæ Ecclesiæ Juri accensita.

Quinta ætas Codicis Romani. Post Calchedonense Concilium Leonis cura & solicitudine, uti ex ejus epistolis non semel habemus, collecta hujus Synodi gesta, 14 latine reddita, & in unum corpus redacta sunt. Quæ cum seorsim integra in scriniis servarentur, placuit tamen præcipua capita ex illis delibata Codici Romano annecti; ut ad manum omnibus essent. Et ea sunt, quæ jacent in nostro Codice post Innocentii PP. epistolam ad Victricium, in capit. 25. 26. 27. & 28.

Sexta ætas Codicis Romani. Calchedonensia monumenta sequuntur epistolæ Siricii Papæ cum S. Ambrosii rescripto, necnon epistolæ Zosimi, Bonifacii & Cælestini Pontificum Romanorum, quas esse a Leone nostro insertas plura mihi persuadent. Primum enim proxime subjiciuntur Calchedonensis Gestis, imperatoriisque constitutionibus ad ea spectantibus. 2. Hoc maxime convenit ardenti studio, quo Sedis suæ decreta auctoritatemque prosequebatur: quo adductum eum facile existimem, ut prædecessorum suorum decreta, 15 quæ posset; colligeret, atque inter regulas ecclesiasticas poneret. 3. Hæc Pontificum decreta ita illic disposita inveniuntur, ut paucissimis interjectis claudantur illa testimoniorum congerie, quæ ex sanctis Patribus a Leone collecta erant, atque ad finem epistolæ * 134. al. 97. ad Leonem Imperatorem subjecta sunt; nec non & Actis damnationis Eutychis in Constantinopolitano Flaviani Concilio ab eodem misso ad S. Leonem. 4. Cum omnium fere Leonis prædecessorum epistolæ referantur, ne una quidem quæ ipsius sit apparet: quod ob aliam caussam factum non puto, quam quia illius accessionis, quæ Codici tum fiebat, auctor ipse Leo erat, qui scrinia Apostolicæ Sedis diligentius excutiens, quæ majoris momenti visa sunt, e scriniorum istorum tenebris in publici Codicis lucem proferri & promulgari voluit. Qua ratione etiam factum puto, ut Zosimi epistolæ, quæ pro Arelatensis Ecclesiæ privilegiis datæ fuerant, in Codicem Romanum non fuerint relatæ. Qui enim eas Leo inserendo approbaret, quarum sententiam meliori postmodum judicio correctam dixit; Bonifacii videlicet decreto, quod Codici ab eodem Pontifice inserebatur. Inde etiam puto natum, quod illæ præteritorum Sedis Apostolicæ Præsulum auctoritates, de gratia & libero arbitrio, quæ Cælestini esse putatæ sunt, prætermissæ a Leone fuerunt: quia nimirum hujus Collectionis 16 auctor ipse erat. Denique omnium illorum Pontificum, si Siricium forte excipias, ætate vixerat Leo, eorumque decretorum testis, nonnullorum etiam condendorum particeps & auctor fuerat: ut mirum non sit eadem illi præ ceteris in pretio fuisse.

*nunc 165.

Septima ætas Codicis Romani. Sequitur narratio quædam rerum Eutychianarum, ubi de Dioscori & Acacii damnatione. Quæ quidem pars est Breviculi historiæ Eutychianistarum tempore Gelasii Papæ concinnati, ut conjiciunt Romani pontificiarum epistolarum editores, qui illum Leonis epistolis præfixerunt. Hancque narrationem una cum epistolis Simplicii, Felicis, & Gelasii Pontificum Romanorum, ceterisque incarnationem Domini attinentibus usque ad Capitulum 56. Gelasii tempore insertam esse Codici probabile est, tum ex frequentibus atque acerbis concertationibus, quæ tum exarserunt occasione Eutychianæ hæresis, tum ex serie & ordinatione rerum ipsarum, quæ ad proximos Leonis successores pertinent.

Octava ætas Codicis Romani. Quatuor Conciliorum Græcorum Canones, qui omissi fuerant in anterioribus, Ephesini scilicet definitio, Antiocheni, Laodiceni, & Constantinopolitani decreta cum Thelensi Synodo, totum 17 claudunt Codicem. An eodem tempore addita, an diverso? non liquet. Constantinopolitani saltem Canones post S. Gregorium Magnum subnexi sunt, ni fallor, Codici: ejus enim tempore huic esse insertos ut credamus, vetat Pontificis ejusdem testimonium asserentis Constantinopolitanos Canones adhuc suo tempore receptos non esse. De Thelensi Synodo quid judicandum sit, inferius ostendemus Dissertat. XV.

CA-

EDITORUM ADNOTATIONES.

14 Leo quidem a Juliano petiit epist. 113., ut omnia gesta Calchedonensia *absolutissima interpretatione* redderentur latine. At id non obtinuit, uti constituimus tomo II. in Observationibus ad notam tertiam Quesnelli in eamdem epistolam 113.

15 Si S. Leo prædecessorum suorum decreta *quæ posset* Codici addidisset; itane suo tempore, quo Apostolicæ Sedis scrinia erant florentissima, multas & præstantissimas constitutiones neglexisset, quæ desunt in nostra collectione, at in aliis editæ sunt, nec eorum, qui præcesserunt Siricio saltem, ac Damaso, unam constitutionem publico Codice dignam repperisset?

16 Quesnellus hoc loco indicat, S. Leonem ex sua sententia auctorem esse collectionis earum auctoritatum de gratia & libero arbitrio, quæ Cælestini epistolæ in vulgatis subjici solent. Hanc autem ejus sententiam luculenter refellimus tom. II. in Observationibus ad dissertationem ipsius tertiam.

17 Id falsum patebit ex nota 1. in caput 67. ipsius Codicis, ubi Leonis epistolas ad eumdem Codicem pertinere, ipsumque claudere ostendimus. De Constantinopolitanis autem canonibus vide quæ dicentur in Observationibus ad hanc Dissertationem cap. 1. n. 4. & cap. 2. n. 8. Confer etiam not. 21. in cap. 4. hujus Dissertationis.

CAPUT III.

De sinceritate Codicis inquiritur, pluribusque asseritur argumentis.

Inspectio Codicis sinceritatis ejus argumentum. I

PRO Codicis hujus 1 sinceritate primi argumenti loco sit præmissa hæc ejus descriptio, quæ nullum eidem inesse fraudis vel νοθείας indicium evincit. Vix enim, ac ne vix quidem fieri potuisset, quin multa his Capitulis miscuisset impostor, quæ consilium ejus proderent, fraudemque aperirent. Nullus quippe hucusque suppositiitus fetus visus est, qui certas præ se non tulerit suppositionis notas, ex quibus a sinceris scriptis dignosceretur. Cujus rei duplex modo occurrit ratio. Una, quod plerumque ab imperitis consarcinatoribus cudi solent miseræ hujusmodi scriptiunculæ, quas ita veritatis coloribus vestire ac ornare nequeunt, quin certa sponte erumpant indicia, quæ malam artem mendaciorumque artifices retegant. Altera ratio est, quod falsis hujusmodi scriptis quæritur plerumque falsis seu juribus privilegiisque, seu dogmatibus patrocinium: quæ cum unico mendacio fidem obtinere admodum difficile sit, aliorum mendaciorum advocari suffragium necesse est: quæ dum eo consilio multiplicantur, contrario successu evenire solet, ut veritati magis patrocinentur, quam mendacio, fraudemque eo amplius aperiant, quo adornant curiosius. Nihil tale deprehendimus in hoc Codice.

Alani Copi & Jacobi Pamelii suffragium pro Codicis sinceritate. *Jacobi Pamelii notæ ad lib. S. Cypriani, de unitate Ecclesiæ.*

2. Ne ad fraudem faciendam recenter confictus esse credatur libellus, facit quod tertium ejusdem exemplar nostris prorsus simile devenit olim in manus viri eruditi Jacobi Pamelii: qui ex eo sextum Canonem Nicænum refert in Notis ad Librum sancti Cypriani de unitate Ecclesiæ. *Nicæni*, inquit, *Concilii Canon vulgo sextus ita legitur in Codice venerandæ antiquitatis D. Vedasti Atrebatensis scripto ante annos plus minus octingentos:* „ Ecclesia Romana semper „ habuit Primatum. Teneat autem & Ægy- „ ptus Lybiæ & Pentapolis; ita ut Episcopus „ Alexandriæ harum omnium habeat potesta- „ tem: quoniam & Romano Episcopo hæc „ est consuetudo. Similiter autem & qui in „ Antiochia constitutus est. Itaque & in ce- „ teris Provinciis privilegia salva sint Eccle- „ siarum. " *Hactenus ille*, inquit Pamelius, *ita jam olim translatus ex Græco per Dionysium Abbatem Romanum cognomento Exiguum, ut patet ex ejus epistola ad Julianum Presbyterum in calce dicti Codicis; quem claruisse dicit Trithemius circa annum Domini* DL. Versio hujus sexti Canonis Nicæni eadem omnino est quæ nostra, atque ex simili omnino Codice desumta. Quod longe clarius ac distinctius probatum habemus ex Alani Copi Londinensis Dialogo 1. adversus Novatores ante centum annos edito: ita enim habet cap. 12. *Canon ille* (Nicæni Concilii) *vulgo sextus, sed in hac Dionysii interpretatione decimus, cui titulus est inscriptus* de Primatu Romanæ Ecclesiæ: *his verbis exprimitur:* „ Ecclesia Romana semper habuit „ Primatum. Teneat autem & Ægyptus Ly- „ byæ & Pentapolis; ita & Episcopus Ale- „ xandriæ harum omnium habeat potestatem: „ quoniam & Romano Episcopo hæc est con- „ suetudo. Similiter autem & qui in Antio- „ chia constitutus est. Itaque & in ceteris „ Provinciis privilegia salva sint Ecclesia- „ rum .... " *Verum hic fortasse quæres, ubi delitedt hæc Nicænorum Canonum interpretatio tam antiqua, unde eam sim nactus: Istum sane Thesaurum e tenebris nuper primus eruit vir præclare doctus, ad instaurandam veterum Theologorum Bibliothecam natus, Jacobus Pamelius: quem ut is mecum, qua est humanitate, sponte sua communicavit, ita ego nunc libentissime tecum: ut hinc etiam intelligas alia fuisse Nicæni Concilii, quam nunc vulgo circumferuntur exemplaria, eaque ab his tum in ordine, tum in numero Canonum diversa. Nam in hac Dionysii interpretatione recensentur canones quadraginta septem, quorum viginti in Græcis tum exemplaribus defuisse testantur hæc ibidem verba, quæ canonem vicesimum septimum consequuntur:* „ Item quæ in Græcis non habentur, „ sed in Latinis Codicibus reperiuntur. " *In horum autem serie Canones tricesimus & tricesimus quartus inscribuntur; alter* de appellationibus ad Episcopum Romanum: *alter*, de retractanda Synodo provinciali per Vicarios Episcopi Urbis Romæ, si fuerit appellatum. Monet adhuc Alanus Copus in extremo quadraginta septem Canonum hanc clausulam esse appositam: „ Canones sive de- „ creta Concilii Nicæni. " Denique hæc subdit: *Codex vero, in quo hæc Nicæni Concilii interpretatio descripta est, in Bibliotheca D. Vedasti Atrebatensis servatur, qui eam antiquitatis speciem refert, ut censeatur ab illis, qui judicare de eo possunt, annis ab hinc plus minus octingentis fuisse exaratus.* Citatur idem Atrebatensis Codex a Severino Binio in notis ad Canonem VI. Nicænum & ad Concilium Sardicense: quem Codicem Dionysianum similiter ac illi esse putat. Refert 2 ibidem latitare in Bibliotheca Va-

CAP. III.

Dialogi sex ab Alano Copo Londinensi ed. Antuerpiæ 1573.

2

EDITORUM ADNOTATIONES.

1 Sinceritatem Codicis nemo impugnarit. Solum contendimus hunc non esse Codicem Ecclesiæ Romanæ.

2 Binius quidem in notis ad Concilium Sardicense duos codices laudat, alterum bibliothecæ Romanæ, alterum Atrebatensem, in quibus canones Sardicenses cum Nicænis ita conjuncti sunt, quasi unius Concilii canones fuerint. Certum quidem id est de MS. Atrebatensi, qui ad nostram collectionem pertinet. At nullum exemplar MS. Vaticanum aut cujuspiam bibliothecæ Romanæ superest, in quo ea canonum Nicænorum ac Sardicensium conjunctio inveniatur, nisi codex Vat. Reginæ 1997. alterius collectionis, qui tamen multo post Binii ætatem in Vaticanam bibliothecam illatus, uti Romanus codex ab eodem Binio laudari non potuit.

CAP. III. ca Vaticana Codicem MS. in quo descripti reperiuntur Canones Nicæni & Sardicenses sibi invicem annexi, sine ulla distinctionis nota, quasi unius Concilii Canones fuerint: ut suspicari liceat Codicem istum nostro esse similem.

In his Alani & Pamelii verbis plura quidem sunt emendanda. Errat scilicet uterque, cùm hanc canonis Nicæni VI. versionem Dionysianam esse existimat: Non ità censuissent, si vel post excusum Dionysii Codicem vixissent, vel illum consuluissent, quem Moguntiæ ann. 1525. edidit Joannes Vvendelstinus, vel meminissent Leonis Papæ Legatos eam translationem protulisse in Concilio Calchedonensi, quinquaginta circiter annis ante conditum Dionysii codicem canonum. Errat etiam Alanus, cum ex Capitibus XXX. & XXXIV. codicis sui nostrique colligit alios Nicæni Concilii canones fuisse præter viginti, qui in Græcis exemplaribus habentur. Errat denique dum Sardicenses Patres canonem suum de appellationibus mutuatos esse a Nicænis verisimile putat in consequentibus verbis. Sed hæc instituto nostro non nocent, nec impediunt quin fides maxima codici nostro ex illo Pamelii Alanique codice concilietur. Alter enim alteri simillimus est. Eadem quippe sexti canonis illius versio, idem ordinis numerus, qui in utroque decimus est; idem etiam canon tricesimus cum eodem titulo: idem tricesimus quartus, etsi levicula in titulo diversitas. Totidem canones Nicæni numerantur, nimirum quadraginta septem cum hac ad calcem illorum clausula: *Hi canones sunt vel decreta Nicæni Concilii.*

Henricus Gravius testis Codicis. Eumdem codicem Atrebatensem venisse etiam suspicor in manus Henrici Gravii Professoris Lovaniensis, huncque ex illo depromsisse Constitutionem Honorii Imperatoris ad Palladium PP. adversus Pelagianos, quam cum Cardinale Baronio olim communicavit. *Rescriptum illud*, inquit is Annalium conditor ad annum Christi CCCCXVIII. num. XIX. *accepimus e latebris antiquitatis erutum a viro disertissimo piæ memoriæ Henrico Gravio Professore Lovaniensi, dum Romæ ageret sub Gregorio XIV. Rom. Pontifice, jam ante vocatus a Sixto. Nactus est ipse ex codice Monasterii S. Vedasti Atrebatensis.*

3. Antiquitatem ac sinceritatem codicis probant aliquot monumenta, quæ in illo inveniuntur, vel ante hac numquam, vel a paucis annis edita, vel longe excusis exemplaribus emendatiora. Talia sunt rescripta Imperatorum Honorii & Theodosii, unum ad Palladium PP. alterum ad Aurelium Carthaginensem Episcopum. Item aliud Imperatoris Constantii ad Volusianum Præfectum Urbi, una cum edictis Palladii & Volusiani, & Aurelii litteris: quæ omnia edita sunt ab Emin. Card. Baronio ad annos 418. 419. & 420. ex Atrebatensi codice jam laudato, quæque e nostris correctiora modo prodeunt. Tale est etiam oblongum Gelasii Papæ fragmentum epistolæ ad Orientales Episcopos, quod a Sirmondo nuper editum post appendicem Codicis Theodosiani, reperitur in nostro codice iisdem partibus truncatum. Denique fidei professio Faustini Presbyteri & aliæ fidei formulæ nondum editæ codicem, cui insertæ sunt, a novitatis, vel suppositionis nota vindicant. Nescio enim an hactenus ex subdititiis fetibus prodierint genuina antiquitatis monimenta vel ante non excusa, vel mendis purgata.

4. Accedat & aliud argumentum: ex 3 Ferrando Ecclesiæ Carthaginensis Diacono. Hic titulo CCXIV. suæ Breviationis statutum refert, *ut diebus Quinquagesimæ genua non flectantur*: ex Concilio Sardicensi tit. I. cum tamen sit iste canon XX. Nicænæ Synodi. Nec librariorum error est, tum quia omnes Ferrandi editiones, Pithœana, Altaserrana, Chiffletiana, Justelliana, omnesque Cod. MSS. ab iis consulti eamdem lectionem exhibeant: tum quia secundus Sardicensis apud Ferrandum respondet primo Dionysiano, tertius secundo, quartus tertio & ita deinceps: ut dubium non sit revera ab auctore ipso pro Sardicensi primo habitum esse canonem istum. Qua ratione, quo fato id contigerit, ignoratur. Ita hoc ego evenisse auguror. Venit in manus Ferrandi Diaconi Codex vetus canonum Ecclesiæ Romanæ nostro similis, in Africam scilicet vel per Legatos Zosimi Papæ deportatus, vel illuc missus post eorum reditum ad partes transmarinas. Legimus certe in Africana illa Synodo, in qua de appellationibus ad Sedem Romanam deferen-

Ferrandus Diaconus Codici suffragatur. 3

EDITORUM ADNOTATIONES.

3 Ferrandus Quesnelliano Codici nihil suffragatur. Immo si ex Romano codice in Africam delato, in quo Nicæni & Sardicenses canones juncti essent, subinde facta fuit illa eorumdem canonum divisio, qua ultimus Nicænus canon de non flectendo genu diebus dominicis & Pentecoste primus Sardicensis computatus est, ut apud Ferrandum legimus, hujus auctoritas Quesnelliano Codici potius obest. Hinc enim evinceretur Codicem Romanum, ex quo ea divisio facta creditur, exhibuisse canonem illum Nicænum, qui erronea divisione primus Sardicensis evasit. Hic autem canon cum desit in Codice Quesnelliano, istum proculdubio codicem non fuisse Romanum sequeretur. Ferrandum vero eum canonem inter Sardicenses primo loco allegasse, propterea quod Sardicensium exemplo usus est, in quo dum Sardicenses a Nicænis separati fuerunt, ac proprio nomine inscripti, errore aliquo ab ultimo Nicæno canone separatio cœpit, diximus in Tractatu part. 2. cap. 1. Num vero ex Romano, an ex alio codice, in quo cum Nicænis Sardicenses jungebantur, fuerit facta divisio, ignotum est.

CAP. III. dis actum est, dum Alypius de petendis authenticis exemplaribus ab Orientalibus Ecclesiis verba faceret, Faustinum Legatum hæc Concilii Patribus suggessisse: *Sed hæc ipsa*, inquit, *ad sanctum ac beatissimum Papam nostrum scribere dignemini, ut & ipse integros canones inquirens, cum vestra sanctitate de omnibus constitutis tractare possit*. Ex quibus credi potest integros canones istos, Nicænos scilicet, & Sardicenses, sub una numerorum serie eisdem annexos, transmissos esse in Africam; quibus postmodum vigesimum canonem intertextum crediderim ex exemplaribus Teilonis & Tharistæ ex Oriente missis. Cum porro errore confusionis illius detecto canones Sardicenses Africanis prius fere ignoti innotescere cœperunt, eosque suæ collectioni inserere voluit Diaconus ille Carthaginensis, eosdem decerpsit e Codice Romano, & ab illo primo Sardicenses censuit numerandos, in quo Nicænos desinere ex proprio Ecclesiæ suæ codice & usu noverat: nisi enim certum habuisset vigesimum illum Dionysianum pro Nicæno apud Afros non haberi, numquam eum a Nicænorum numero ablegasset: nec eumdem inter Sardicenses numerare primum potuit, nisi auctoritate alicujus codicis, qui Sardicensibus præfixum illum habuerit, quod rursus contingere vix aliter potuit, quam ex canonum utriusque Synodi permixtione, vel potius alligatione, quæ pro unius Synodi canonibus utrosque haberi sineret. Nec ipsi nobis contradicimus, cum modo negamus canonem illum ab Afris pro Nicæno habitum, vel pro canone in illis regionibus recepto; quin inferius ultro fatebimur genuflectendi ritum per diem dominicum & Quinquagesimam paschalem apud Africanos viguisse: aliud enim est canonem repellere, & disciplinam eodem canone contentam recipere atque usurpare, sive ex antiqua consuetudine & traditione ecclesiastica, sive ex propriorum canonum præscripto.

Concentus Codicum MSS. 5. Concentus exemplarium MSS. hujus codicis, quæ in variis bibliothecis, vel nunc adhuc asservantur, vel olim asservata esse narrant scriptores, illius afferunt sinceritatem. Quatuor sunt ejusmodi: *Thuaneum*, quod ipsi vidimus & evolvimus, ac ante nos Sirmondus, Salmasius, Chiffletius, Justellus, & Voellus; *Oxoniense*, cujus apographum penes me est, quodque in Catalogo MSS. Oxoniensium numeratur; *Atrebatense* a Baronio, Gravio, Pamelio,
4 Binio, & Alano Copo laudatum; 4 *Vaticanum*, quod vidit Sirmondus.

CAP. III. Translatio antiqua. 6. Arcessitur etiam ex ipsa translatione canonum Orientalium, quæ in hoc codice reperitur, non spernendum pro ejus sinceritate & antiquitate suffragium. Versio quippe illa ipsa est, quæ ante Dionysianam in Ecclesia Romana & per plures forte usurpabatur Occidentis Ecclesias. Apud Africanas enim Hispanasque Ecclesias in usu fuisse translationem illam canonum, quæ in Isidoriana collectione habetur, quæque nostræ, paucis exceptis, similis est, eruditorum est virorum sententia. De Gallicanis quod idem opinantur nonnulli, verum non esse ostendemus 5 in Dissertatione de Co- 5
dicis Dionysiani usu in Galliis: quæ videlicet Rufini versionem canonum Nicænorum in usu habuerunt saltem usque ad Caroli Magni tempora. Sufficit porro ut in Africanis Ecclesiis viguerit, quod Ferrandi Carthaginensis Diaconi Breviatio canonum probat; & in Hispanicis, quod ex Martini Bracarensis collectione suadetur: ut ejus antiquitas pretiumque in comperto sint. Versionis porro canonum Orientalium sinceritas integræ Collectioni auctoritatem conciliat, fidemque commendat Collectoris. Etsi quæ sunt loca, (ut revera non pauca reperiuntur) quæ, ut disciplinæ Romanæ accommodarentur, mutationem aliquam passa fuerunt, qua ab Isidoriana discrepare probatur, 6 hæc non modo ejus codicis inte- 6
gritatem in dubium non vocant, sed confirmant magis: hanc enim diversitatem inducere in codicem antiquum, quæ disciplinæ pariter antiquæ concineret, tentasset numquam aut cogitasset impostor novitius juxta atque imperitus.

7. Similem codicem, in quo Sardicenses canones Nicænis mixti annexive haberentur, visum vel a se vel ab aliis indicat Hincmarus, cum *refutandam* scribit *falsam opinionem de quorumdam scriptis exortam, quod Nicænum Concilium tempore Julii PP. fuerit celebratum*. Hæc quippe falsa opinio nata videtur ex utrorumque canonum permixtione. Cum enim in Sardicensibus Julii PP. mentio habeatur, sub quo habita est, iidem autem Nicænis annexi pro Nicænis haberentur, hinc errandi occasio data incautis lectoribus, qui canones illos omnes, Nicænumque adeo Concilium, sub eodem Julio celebratum esse sibi persuaserunt.

CA-

EDITORUM ADNOTATIONES.

4 Confer not. 2. Alia vero antiquissima MSS. exemplaria hujus collectionis, quæ postea detecta sunt, & a nobis in præfatione ad Codicem fuerunt recensita, ejusdem sinceritatem comprobant: si modo ex multitudine codicum, qui in variis bibliothecis servantur, sinceritas legitime colligi queat: cum suppositiorum quoque operum MSS. exempla vetustissima non numquam reperiantur, ut de Pseudo-Isidori collectione notissimum est. Nostræ collectionis sinceritas non ex sola vetustate ac numero codicum, sed præsertim ex toto complexu elucescit.

5 Id partim verum, partim falsum est, uti ostendemus in Observationibus ad Dissert. 16.

6 Vide not. 16. in caput sequens.

CAPUT IV.

Eum codicem proprium fuisse Romanæ Ecclesiæ.

Asserta codicis sinceritate, restat ut eumdem Ecclesiæ Romanæ proprium fuisse certis κριτηρίοις ostendamus: quod operosum meo quidem judicio non est. Quæcumque enim Codicis Romani supersunt sive in epistolis Pontificum Urbis, sive in aliis monimentis vestigia, lustranti nostrum codicem sponte occurrunt.

Dionys. Exig. præfat. ad Stephanum Episcopum. 1

Primum enim ipsa codicis 1 confusio, qua offensus Laurentius quidam Dionysium Exiguum ad novum cudendum impulit, Romanum clamat codicem. Quæ quidem confusio magna esse debuit, cui videlicet satis non esset medicam manum adhibere, sed quæ opus plane novum posceret. Vix tamen major esse potuit ea, qua codex noster laborat. 1. Quoad translationem, quæ paraphrasi aliquot in locis similior est, quam translationi. 2. Quoad canonum distinctionem & integritatem: aliqui enim omittuntur, ut vigesimus Nicænus, & Gangrensis quartus; alii ejusdem Concilii in unum conflantur; quidam etiam nonnullorum Conciliorum miscentur aliorum canonibus; quidam truncantur, quidam amplificantur. 3. Quantum ad ordinem, cum Conciliorum decreta, Pontificum decretis misceantur, nec pro ætatis suæ ordine collocentur, sed posteriora præponantur prioribus, topica œcumenicis. Neque tamen hæc confusio codicis auctoritati detrahit quicquam: sua enim ratione hæc confusio nititur, nec ordine vacat ipsa ordinis perturbatio; inde nimirum orta, quod obscuriores quandoque Canonum regulæ luce paraphrasis indigerent: quod ante Calchedonensem Synodum nullis nisi Nicænis canonibus astringi se Romani existimaverunt, nec eis alias regulas admittere placuit, nisi quas Ecclesiæ suæ consuetudini ac moribus convenire censuerunt. Inde factum, ut eas aliqua immutatione facta suis usibus accommodarint, nec alio ordine digestæ reperiantur in Codice, quam serie temporis, per quod visum est earum unasquasque in usum recipere.

Præfatio Romanum Codicem indicat. 2

2. Codicis 2 præfatio declarat ad usum Ecclesiæ Romanæ ipsum esse concinnatum. Quid enim aliud indicant hæc verba de Nicæna fidei expositione? *Quam sancta*, inquit, *& reverentissima Romana complectitur & veneratur Ecclesia*. Quid quod *mediantibus Victore atque Vincentio religiosissimis Romanæ Sedis Presbyteris* esse prolatam asserit? Nonnullas etiam *subnexas esse regulas, quas memorata suscipiens confirmavit Ecclesia*. Eamdem *nullis synodicis decretis, sed Salvatoris voce esse prælatam ac primatum obtinuisse*. Denique quicquid ibi de Romanæ Ecclesiæ fundatione ac fundatoribus privilegiisque scribitur, argumento est pro illa codicem esse exaratum.

Falsa consulatus nota discutitur.

Erit tamen qui vel ex hac præfatione totum codicem explosum velit. Si quidem & anachronismis laborat, quos admisisse Romani codicis auctores, probabile non est: & præterea præfatio illa impostoris Isidori fetus esse videtur; cum eam suæ Canonum Nicænorum editioni præfixerit. Quod enim adversus Justellianum codicem excipit Joannes David, ne pro antiqua collectione Latina habeatur, proculdubio adversus nostrum urgere non omittet: scilicet in inscriptione Concilii Nicæni legitur habitam eam esse *Constantino Augusto & Licinio Cæsare*. At quæ, inquit ille, impostoris inscitia: quisve eam ferat tribui primæ Latinorum Collectioni? Constat enim Licinium ante annum Christi cccxxv. esse occisum, ac proinde 3 consulatum gerere non
potuisse anno illo xxv. vel xxviii. quo- 3
rum alter Concilii celebrationi assignatur ab omnibus scriptoribus seu Chronologis.

At vereor ego, ne parum scita sit hæc inscitiæ accusatio, quæ & pluribus codicibus MSS. irrogatur, & Eusebium historiæ ecclesiasticæ principem petit. Non solus enim codex Justellianus eam epocham habet, sed & alius quem Cresconianum appellat Baronius, & Isidori Mercatoris codex, quem proculdubio ex antiquioribus transcripsit. Istud porro dubium non est ex Eusebio haustum, quo tunc temporis unico fere utebantur Occidentales post Hieronymianam Chronici translationem: quod & præfationis hujus, quam expendimus, finis demonstrat. Porro Eusebius Nicænam Synodum trecentesimo vicesimo quarto Christi anno assignat, aut assignare videtur, Licinii vero senioris obitum anno trecentesimo vicesimo septimo. Secundum quam
epocham, liquet Licinium potuisse 4 Im- 4

EDITORUM ADNOTATIONES.

1 Hoc argumentum non solum refelletur, verum etiam in Quesnelli sententiam retorquebitur in Observationibus cap. 1. n. 11.

2 Vide Observationes cap. 2. n. 2.

3 In præfatione collectoris non notatur quidem consulatus Constantini & Licinii, qui signatur in editione Justelliana versionis priscæ. At idem consulatus in nostra collectione inseritur in alia præfatiuncula seu adnotatione Nicænis canonibus præfixa, in quam vide not. 43. ubi hujus erronei consulatus rationem expiscari studuimus.

4 In verbis ex præfatione a Quesnello recitatis Licinius non *Imperator* vocatur, sed *Cæsar* tantum; ac propterea de Licinio Augusto hic locus intelligi nequit. De Licinio autem Cæsare ejus filio, qui Nicænæ Synodi tempore vivebat, accipi quidem potest. At cur solum Licinium Cæsarem potius quam Crispum, aut alios Cæsares Constantini filios præfationis auctor appellarit, congrua ratio afferri non poterit. Illud unum nobis verosimile est, eumdem auctorem, cum duplicem notationem chronicam in diversis collectionibus, quas

CAP. IV. peratorem eo anno appellari, quo Synodus congregata, absque inscitiæ nota, qua simul non aspergatur Eusebius.

Sed & Idatii Fasti consulares occisum Licinium produnt sub Paullini & Juliani consulatu, qui Nicænæ Synodo vulgo assignatur & in trecentesimum vicesimum quintum Christi annum incidit. Quo posito quid vetat eodem anno & congregatam Synodum mense Junio, Licinio adhuc in vivis agente, & eumdem Licinium postea occisum? Etsi porro nec Eusebii, nec Idatii numerandi ratio probetur, sufficit tamen ut nota temporalis ex altero eorum in præfationem codicis transcripta, nihil hujus fidei & auctoritati detrahere posse judicetur: cum facile fuerit tam celebrium scriptorum errore abripi præfationis auctorem, hujusmodi chronologicis apicibus discutiendis minime assuefactum.

Sed hujusmodi responsis alterum addimus, quo Joannis Davidis objectio, nisi spes me fallat, exsuffletur. Quid enim vetat, quo minus de Licinio juniore sermonem hic esse contendamus? Is quippe Licinius cum Crispo Cæsar jampridem erat appellatus; cumque ex Eusebii Chronico usque ad annum Christi trecentesimum vicesimum nonum Licinio seniori Patri suo supervixerit, & ipsi Synodo Nicænæ pluribus etiam annis, manifestum est hanc Constantino & Licinio Cæsaribus esse celebratam ex Eusebii mente.

An præfatio sit opus Isidori Mercatoris?

Jam ad alterum objectionis caput quod attinet, quamvis Isidorianæ Synodi Nicænæ editioni præfixa inveniatur ista præfatio, non eam ob rem suppositionis argui debet; sed contra vero simillimum est Pseudo-Isidorum illum tot commentitiis scriptis celebrem, præfationem istam suffuratum esse, virumque plagiatui assuetum eam suo operi quasi propriam præfixisse: quod pluribus
5 argumentis probatum imus.

1. Isidorus eam solus Concilii Nicæni præfationem inscribit: *Præfatio Nicæni Concilii*; quam tamen eo fine scriptam liquet, ut integro alicui regularum ecclesiasticarum codici præfigeretur: ita enim in præfatione: *Nam & 6 nonnullæ*, inquit, *regulæ* 6
subnexæ sunt, quas memorata suscipiens confirmavit Ecclesia Romana.

2. Nihil 7 est in Isidoriano codice, quod 7
eum Ecclesiæ Romanæ proprium indicet: nihil e contra in præfatione elucet, quod eam non clamet codici Romano appensam.

3. Isidori opus non esse manifestum est ex Gelasii Papæ decreto de apocryphis Scripturis, quod Hormisdæ ab aliis tribuitur. Totum enim fere scriptum istud legitur præfationis vice decreto huic annexum. At sive Gelasius, sive Hormisdas hujus decreti auctor sit (quod postremum codex noster, ut & Dionysianus probabile reddunt, qui
cum multa Gelasii habeant, 8 decretum ta- 8
men istud tam codici proprium non continent:) uterque, inquam, illorum Pontificum auctore Collectionis Isidorianæ antiquior est, ut is potius ab illis, vel a nostro codice accepisse credendus sit, quam ex eo alii.

Firma igitur, ni fallor, manet probatio, quam ex præfatione elicimus, ut codicem Romanæ Ecclesiæ probemus fuisse proprium.

Tertiam probationem arcessimus ex citato 9 Gelasii seu Hormisdæ decreto: ex alie- 9
no enim codice pudor vel religio fuisset alterutri præfationem integram in suum transferre, at ex suo non item.

Canon VI. Nicænus (hujus Codicis X.) idem qui lectus Calchedone a Legatis. 10

4. Canon 10 sextus Nicæni Concilii a Paschasino Legato Sedis Apostolicæ eodem modo lectus est Actione XVI. Concilii Calchedonensis, quo habetur in nostro Codice; ut ex eodem omnino desumtus esse intelligatur. At dubium non est, quin ex proprio Romanæ Ecclesiæ codice Canonem istum decerpsisset Paschasinus, uti Constantinopolitani ex suo eumdem protulere. Unum obstare videtur, quod videlicet sextus Canon a Paschasino numeretur, qui decimus est in codice. Istud porro non est grave momentum. Primum enim facile fuit sex-

EDITORUM ADNOTATIONES.

quas adhibuit, reperisset, alteram præmissam Nicæno symbolo cum consulatu Juliani & Paullini, alteram canonibus præfixam cum consulatu Constantini Augusti & Licinii Cæsaris, utramque in unum copulasse retento Paullini & Juliani consulatu, qui Nicænæ Synodo congruit, suppressa autem voce consulatus in Constantino Augusto & Licinio Cæsare, quorum consulatus incidens in annum 319. ab eodem Synodo plurimum distat.

5 Unum argumentum, quo hæc præfatio ab Isidoro Mercatore ex nostra collectione sumta probatur, istud est, quod eadem collectio Pseudo-Isidoro est antiquior, non autem e contra. Auctor vero nostræ collectionis eam præfationem partim ex Gelasio, partim ex Rufino excripsit, ut in notis ad eamdem animadvertimus.

6 Hæc præfationis particula sumta est ex decreto Gelasiano de apocryphis, in quo voces *nonnullæ regulæ subnexæ sunt* ad Nicænos canones fidei symbolo subjectos referuntur, ut ex lectione ipsius decreti manifestum fiet.

7 Nihil potius est in ea præfatione, quod eam clamet Romano Codici appensam. Vide Observationes subjiciendas cap. 2. n. 2.

8 Cum alia multa præstantissima pontificia decreta desint tum in nostro codice, tum in Dionysiano, quæ utroque codice seu collectione antiquiora sunt; defectus Gelasiani decreti de apocryphis easdem collectiones anteriores non adstruit. Porro idem decretum Gelasii opus esse probavimus in Tractatu part. 3. c. 11. §. 5.

9 Confer Observationes cap. 2. n. 3. ubi hoc argumentum expunximus.

10 Vide ibidem n. 4.

CAP. IV. sextum pro decimo repositum esse a scriba vel aliquo Synodi emendatore, qui animadvertens in aliis omnibus sive Græcis, sive Latinis, sive aliarum regionum codicibus Canonem istum pro sexto haberi, atque eo numero notatum fuisse a Constantinopolitanæ Ecclesiæ secretario, non dubitavit mendosum esse Romanum numerum: atque ita utrobique sextum esse voluit. Deinde facile fuit, ut in Græco exemplari ἕκτος pro δέκατος irrepserit, demtis scilicet ex posteriori duabus litterulis δ & α, ac deinde ex Græco Latinum male corrigi. Denique Paschasinus ipse, qui non ignorabat Canonem istum passim pro sexto, & forte in sua Siciliæ Ecclesia, haberi, sextum etiam a se nominandum esse censuit: ne contentione ex illa diversitate numeri vel codicis exorta, Orientales adversus Romanum codicem velut corruptum insurgerent: quod sapientissimi Legati fuit prævenisse.

5. Nonnulla sunt etiam in contextu codicis, quæ in gratiam Ecclesiæ Romanæ addita, eum pro ejusdem usu confectum esse indicant; velut 11 illa est parenthesis,
11 quæ in epistola Innocentii Papæ I. ad Victricium Rothomagensem legitur: *Cujus* (Ecclesiæ Romanæ) *in omnibus caussis debet reverentia custodiri*. Cum enim hæc desideretur in codice Dionysii Abbatis, nec eam in venerandæ antiquitatis codice San-Germaniano, quem mille annorum esse ajunt, invenerimus, facile quisque adducetur ut credat a codicis Romani auctoribus additam, jure suo se uti autumantibus, cum in epistola Romani Pontificis aliquid addebant, quod ad ejus illustrationem faceret. Nec temere quis existimaverit ex hoc fonte, illam parenthesim in plures deinde editiones derivatam. Potuit etiam parenthesis illa in textum irrepsisse ex nota marginali studiosi alicujus, qui Osii meminerat dicentis in Sardicensi Concilio: *Si placet, sancti Apostoli Petri memoriam honoremus*.

6. Vigesimus octavus Calchedonensis Con-
12 cilii Canon in eo codice 12 desideratur: quem revera Romano codici insertum non fuisse certum est.

7. Ex pluribus priscorum Romæ Episcoporum epistolis, atque ex canonibus in Africam a Zosimo Papa missis sub Nicænorum Canonum nomine, quamvis Sardicenses eos fuisse jam in confesso sit, certum pene hactenus fuit apud eruditos Romanam Ecclesiam utriusque Concilii Canones habuisse sibi invicem vel immixtos vel subjectos sine ulla distinctionis inter utrosque nota: cumque novatores Zosimo affectati mendacii ac meditatæ imposturæ crimen procacibus verbis impingere præsumserunt, nihil melius nostri habuere, quo calumniam repellerent, quam ut modeste faterentur pro Nicænis Canonibus Sardicenses ab illo habitos, & assererent *id ex eo profectum*, ut scribit Marca, *quod ea tempestate Canones Nicæni & Sardicenses in eodem volumine descripti essent nullo discrimine adhibito, sub titulo Canonum Nicænorum. Probabilis quidem*, addit ille, *conjectura, si vetusti codicis auctoritate niteretur, qui nondum emersit e tenebris*. Immo vero jam ex parte emerserat 13 opera Alani Copi, in primo Dialogo, sufficiebatque pars edita, ut hæreticorum pervicacia retunderetur; sed nunc tandem codex integer prodit in lucem, ejusque ope probabilis Catholicorum Scriptorum conjectura in certum jam evadit argumentum, quo simul & pia Pontificis memoria maledicentibus linguis eripiatur, & codex ipse Romanus fuisse pronuntietur. Quod enim in marginali annotatione loci superius descripti Stephanus Baluzius istud in codicem Christophori Justelli transferre videtur, pace illius dixerim, 14 defendi non potest. Nihil quippe est in eo codice Justelli, quod Zosimum in errorem potuisset inducere. Subjiciuntur quidem Sardicenses Canones Nicænis: at & suis utrique numeris titulisque discernuntur, & Nicænorum subscriptiones, quæ horum calci adjiciuntur, utrosque ab invicem dividunt, vetantque ne Sardicenses pro Nicænis, vel hi pro illis accipiantur.

Marca lib. 7. de Concord. Sac.&Imp. cap.16. 1.

13

14

8. Constat ex Innocentii Papæ epistolis duabus 15 Antiochenos Canones ab eo rejectos fuisse: quod argumento est eosdem in Romano tunc codice non apparuisse. Non absunt quidem iidem Canones a nostro: sed ita extra ordinem positi, rejecti scilicet ad calcem, ut manifestum sit nonnisi post diuturnum ab ætate Innocentii intervallum, immo & post Gelasii ætatem Canones fuisse superadditos: quod in ullo alio codice non deprehenditur.

Antiocheni Canones fero recepti. 15

9. Ex Constantinopolitanis Canonibus argumentum non absimile elicitur, qui scilicet ad finem tantum codicis jacent, etiam Antiochenis inferiores. Et revera perspicuum est ex Leone nostro, atque etiam ex Gregorii Magni epistola 31. libri sexti, sero

EDITORUM ADNOTATIONES.

11 Lege ibidem n. 5.

12 Hoc negativum argumentum ibidem rejicitur n. 6.

13 Codex Alani Copi, in quo Nicæni canones cum Sardicensibus jungebantur, ad nostram collectionem pertinebat: nec tamen exinde sequitur hunc fuisse Codicem Romanæ Ecclesiæ, cum aliæ quoque collectiones non Romanæ subinde inventæ sint, in quibus eadem ipsorum canonum conjunctio deprehenditur. Vide Observ. c. 2 n. 7.

14 Hæc plenius explicata fuerunt in præmisso Tractatu de Collectionibus part. 2. c. 1. num. 7.

15 Hoc & sequens argumentum ex Antiochenis & Constantinopolitanis canonibus ductum rejicietur in Observ. c. 2. n. 8.

CAP. IV.

sero admodum vel innotuisse Romanis, vel ab iis auctoritate donatos: *Romana*, inquit, *Ecclesia eosdem Canones vel Gesta Synodi illius* (Constantinopolitanæ I.) *hactenus non habet, nec accipit: in hoc autem eamdem Synodum accepit, quod est per eam contra Macedonium definitum*. Quod saltem verum est de posterioribus hujus Concilii Canonibus, quæ nec in Dionysiana collectione habentur, nec in aliis plurimis antiquioribus. At nec priores tempore Leonis nostri fuisse in ea Ecclesia receptos, & ex hujus litteris patet, & ex Lucentii Legati in Calchedonensi Concilio contradictione, qua constanter asseruit Constantinopolitanos Canones, qui ab Aetio lecti sunt, inter Canones locum non habere.

Acta 16. Concilii Calchedonensis.

Canones ad usum Romanæ Ecclesiæ accommodati.

10. Nonnulli Canones Conciliorum topicorum, ita in codice recepti sunt, ut prius tamen 16 ad Romanam disciplinam sint accommodati. Talis est Ancyranus decimus, quem ille undecimum numerat. Cum enim Canon secundum alias omnes versiones decernat, ut Diaconi qui ad nuptias post ordinationem transierint in ministerio perseverare permittantur, si in ipsa ordinatione protestati essent velle se conjugio copulari, nec ita se posse permanere: idem Canon in nostro codice hujusmodi Diaconos jubet in Clero tantum manere, & a ministerio abjici. Hæc etiam ultima verba: *Laicam tantum communionem recipientes*, de suo addiderunt Romani codicis auctores. Neque hoc discrimen in versionum diversitatem refundi potest: cum Isidoriana versio, quæ, paucissimis exceptis, cum nostra eadem est, genuinam Canonis disciplinam repræsentet: nec in Clero tantum, sed etiam in ministerio Diaconos hujusmodi manere permittat.

16

Martinus Bracarensis nostro Codice Romano usus est.

Cum omnes versiones codicesque ab hujus versione discrepare dicimus, excipiendus est Martinus Bracarensis, qui 17 ex antiqua Canonum translatione suam collectionem concinnavit; veteri, inquam, translatione, non ut est apud Isidorum Mercatorem, sed qualis primitus erat in Romano isto codice. Cum enim Isidoriana versio recedat a nostra hujus Canonis Ancyrani versione, non modo quoad verba, sed & quoad sensum ipsum & disciplinam Canone sancitam; huic e contra Martiniana concinit, eamdemque cum Romana regulam in ordinatione Diaconi servandam indicit: *Diaconus*, inquit parte 1. cap. 39. *qui eligitur, si contestatus fuerit pro accipiendo matrimonio, & dixerit non posse in castitate permanere, hic non ordinetur. Quod si in ordinatione tacuerit, & ordinatus fuerit, & postea matrimonium desideraverit, alienus sit a ministerio, & vacet a Clero*. Ubi vides Diaconum illum a castitatis proposito alienum vel non ordinandum, ut Martinus, vel si fuerit ordinatus, a ministerio, ut codex noster habet, abjiciendum pronuntiari, si ad nuptias convolarit. De eo vero, qui tacens ordinatus fuerit, si contraxerit matrimonium, jubet & a ministerio amandari, & abstinere a Clero, quod codex noster pariter statuit, aliis hujusmodi Diaconum in Clero residere permittentibus. Atque hunc Ancyranum Canonem X. ita olim lectum fuisse in codice Romano innuere videtur canon 13. Quinisextæ Synodi, cum Romani canonis meminit: *Quoniam*, inquit, *in ordine Canonis in Ecclesia Romana traditum novimus, ut promovendi ad Diaconatum vel Presbyteratum profiteantur se non amplius suis uxoribus conjungendos* &c. videtur enim 18 codicem Canonum Ecclesiæ Romanæ his verbis indicare; ἐν τῇ Ρωμαίων ἐκκλησίᾳ ἐν τάξει κανόνος. Magis autem aliis his verbis, quæ post pauca subjiciuntur in eodem Canone: *Sed neque ordinationis tempore ab eo postuletur ut profiteatur se a legitima cum uxore consuetudine abstenturum*. Canonem enim X. Ancyranæ Synodi videntur mihi petere ista sanctione Quini-sextæ Synodi Patres. Ut ut sit de isto canone, majoris proculdubio auctoritatis est pro confirmatione codicis nostri Martini Bracarensis cum eo consensus in mutandis Ancyrani canonis disciplina atque contextu: quod a Martino factum esse ex Orientalis licentiæ odio scribit Antonius Augustinus de emendatione Gratiani lib. 1. Dial. 10. *C. cur Martinus ab Archetypo discessit?* ait unus e colloquentibus. *A. cum in Occidente esset*, respondet alter, *noluit Orientis licentiam imitari*. Dicendum potius existimarim, istud Martinum ex antiqua versione Latina hausisse, quæ apud Romanam Ecclesiam in usu erat. Ut enim errant Garsias Loaysa, Franciscus Florens & plerique recentiores, cum hunc auctorem 19 Græcum origine fuisse scribunt, quem diserte Pannonium asserunt Gregorius Turonensis lib. 5. Histor. Franc. c. 38. Aimonius Monachus lib. 3. de Gestis Francorum, cap. 38. & ex ejus Epitaphio Aubertus Miræus in Scholiis ad Isidorum: ita hallucinantur, qui cum novæ trans-

17

18

Martinus Bracarensis non Græcus fuit, sed Pannonius.

19

EDITORUM ADNOTATIONES.

16 Vide ibidem n. 9.

17 Id refelletur ibidem n. 10.

18 Quini-sexta, seu Trullana Synodus Ancyranum quidem canonem respicit: at cum contrariam Romanæ Ecclesiæ traditionem & canonem memorat, pontificias constitutiones & antiquam Occidentis praxim indigitat, ut ne ad Quesnellianum Codicem canonum Romanis ipsis ignotum, cujus aliquod exemplum apud illos Græcos Episcopos inveniretur, recurrendum sit.

19 Etsi Martinus Bracarensis origine non Græcus, sed Pannonius fuerit; Græcam tamen linguam, dum in Oriente versaretur, eum didicisse, & in sua compilatione adornanda Græco codice usum, ex eodem non pauca latine liberius reddidisse ostendimus in Tractatu part. 4. c. 2.

CAP. IV. translationis canonum auctorem prædicant. Tria solummodo a se præstita aperit ipse in præfatione sua ad Nitegesium. Primum enim, quia multa *immutata* putavit in ea versione, quæ tum per Hispaniarum Ecclesias circumferebatur, ea conatus est restituere, &, ut ipse loquitur, emendatius restaurare. Deinde cum & *aliqua simplicioribus viderentur obscura*, ea *simplicius* exponenda esse censuit. Denique omnes canones in duas classes distribuit, quarum una qui ad Clericos, altera qui ad Laicos pertinent, continentur. Id porro totum non ad Græcorum exemplarium, sed ad veteris seu Romanæ translationis fidem perfectum est, Videbat enim Martinus versionem canonum, quæ apud Hispanos in usu erat, quæque ea ipsa fuisse videtur, quæ in Isidoriana collectione modo legitur, in multis ab illa discrepare, quæ apud Romanos vigebat; nec dubitandum putavit quin Romana purior esset, & pristinæ sinceritati concineret magis. Quamobrem ad illius sensum revocavit Hispanensem canonum codicem: nonnullis tamen vel de suo additis, vel abbreviatis, ut obscurioribus locis lux affulgeret. Et hæc, ni fallor, origo est discriminis trium illorum codicum, qui licet eamdem versionem antiquam usurpent, tot tamen locis a se invicem discrepant.

Quid præstiterit in sua collectione?

Cur Martinus ab Archetypo recesserit?

Jam ut ad canonem Ancyranum redeamus, facile est ex dictis investigare, *cur Martinus* (quod quærebat Antonius Augustinus) *ab Archetypo discesserit?* Non quia *cum in Occidente esset, noluit Orientis licentiam imitari*: persuadere enim mihi vix possum, id quemquam auctoritate privata tentasse, ut in canonis ab universa Ecclesia jam recepti versione ita recederet a sensu canonis, ut eum subverteret omnino: immo & hoc maxime in canonum translatoribus redarguit Martinus, quod eorum vel oscitantia, vel ignorantia nonnulla immutata essent. Sed cum ipse Romanæ versioni uni attenderet, & illius aliarumque Ecclesiarum disciplinæ, ad quas Hispanorum codicem censuit emendandum; in sensum a canonis mente alienum incautus incidit, multaque insuper ex proprio ingenio inseruit, canonum ad simpliciorum captum accommodandorum gratia. Nec tamen ea in re culpandus auctor, qui non codicem canonum proferre instituit, sed *Capitula ex Græcorum Synodis collecta*, ut habet epistolæ ejus inscriptio, & probat ipsa methodus operis, in quo multa abbreviata, interpolata, aliave ratione mutata cernuntur, in quo nec Synodorum canonumve ordo servatur, nec unde unumquodque capitulum sumtum sit, adscriptum est, & nonnulla etiam capitula ex diversis diversarum Synodorum canonibus conflata apparent. De hujus collectionis auctoritate, usu, & approbatione non est hic dicendi locus: unum hoc dico, videri mihi plus ei, quam par sit, tribui: non liquet enim eam vel ad Concilium Lucense missam, vel ab illo aliove susceptam ac auctoratam. Altum de eadem apud Hispanenses Synodos silentium: ex quibus potius certum videtur antiquæ versionis & codicis usum in Hispaniarum Ecclesiis perseverasse. CAP. IV.

11. Ex Capitulis de gratia & libero arbitrio, Cælestino Papæ olim adscriptis, nunc vero Leoni assertis, 20 constat Africanæ Ecclesiæ decreta adversus Pelagianos Romano codici inserta fuisse; quæ nec in Justelliano, nec in alio quovis, qui Dionysiano antiquior sit, reperire est; jacent vero in nostro, non sola quidem, ut apud Dionysium, sed Romanorum Pontificum epistolis ea de re in Africam scriptis immixta, qualia fuisse indicant laudata capitula. 20

12. Non infirmum assertionis nostræ argumentum est, quod non solum codex in fronte habet Nicænos canones Sardicensesque consequenter, sed quod etiam in ea tempora desinat, quibus novus Dionysii codex veterem 21 jam ulterius non amplificatum in desuetudinem abire jussit: quod post ætatem contigit Gelasii Papæ, qui postremus est eorum Pontificum, quorum decreta in codice apparent. 21

13. Ad codicem nostrum attendere mihi prorsus videtur 22 Gelasius ipse, quem modo laudavimus, in priori tractatu, quem cum altero luce donavit Jacobus Sirmondus in Appendice Codicis Theodosiani pagina 182. ubi ex ordine inter præcipuas Ecclesiæ sedes constituto argumentatur, atque ex Nicæno judicio. *Secundæ*, inquit, *sedis Antistitem nec expellere quisquam, nec revocare sine primæ sedis assensu vel potuit, vel debuit. Nisi forte, confuso jam ordine rerum atque turbato, nec prima, nec secunda, nec tertia sedes debeat observari, vel suscipi secundum antiqua statuta majorum ... Qua enim ratione, vel consequentia aliis sedibus defendendum est, si primæ beatissimi Petri sedi antiqua & vetusta reverentia non defertur, per quam omnium Sacerdotum dignitas semper est roborata atque firmata, trecentorumque decem & octo patrum invicto & singulari judicio vetustissimus judicatus* 22

EDITORUM ADNOTATIONES.

20 Confer Observ. n. 11.

21 Vide hominis contradictionem. Scripsit antea cap. 2. in fine *Constantinopolitani saltem canones post S. Gregorium magnum subnexi sunt, ni fallor, codici*. Hic autem codicem canonum post Gelasium *jam ulterius non amplificatum* tradit, adeo ut novo Dionysii codice in desuetudinem abierit. Sane si inducto Dionysii codice vetus ille in desuetudinem abiit, nihil eidem in usum publicum addendum erat.

22 Hoc ultimum argumentum confutabimus in Observ. c. 2. n. 13.

CAP. IV. tus est honor? utpote qui Domini recordabantur sententiam: Tu es Petrus &c. Enimvero quod de ordine sedium asseritur hic a Pontifice, quem ordinem *secundum antiqua statuta majorum* esse asserit, non legitur in ulla Synodo constitutum. Ex Nicæno enim sexto canone hoc elici vix potest, nisi indirecte, nec de isto ordine constituendo vel confirmando illic sancti Patres laboravere, neque auctoritatem tantæ Synodi obtendere omisisset Gelasius, si quid hujusmodi ab illa novisset decretum. Constantinopolitanam Synodum, quæ eumdem ordinem innuit, non est verosimile Gelasio in mentem venisse, cum & a Romana Ecclesia tunc recepta non esset, & longe tunc abesset ut Gelasius hujus Concilii auctoritati deferre vellet, quæ secundas Constantinopolitano Antistiti dederat. Vel igitur huic ob oculos versabatur quod ex antiqua traditione ac vetustissima consuetudine refertur in præfatione codicis nostri de ordine primarum sedium: quam consuetudinem pariter commemorat sextus Canon Nicænus cum administrationis illarum limites ponit, & septimus cum de Jerosolymitanæ sedis prærogativa decretum sancit; vel si sextum Canonem Nicænum innuere voluit, certe non ex alia versione, quam quæ in nostro codice legitur: ubi disertis verbis Ecclesia Romana semper primatum habuisse, vel semper habere debere dicitur.

Hæc eadem versionis nostræ verba codicemque nostrum attendit proculdubio, cum scribit continuo, quod *trecentorum decem & octo Patrum invicto & singulari judicio vetustissimus judicatus est honor* sedis Romanæ, quodque deferri debeat *primæ beatissimi Petri sedi antiqua & vetusta reverentia, per quam omnium Sacerdotum dignitas semper est roborata atque firmata*. Ubinam scilicet gentium vetustissimus primatus honor Romanæ sedis judicatus est, nisi ubi decretum, quod *Ecclesia Romana semper primatum habeat* vel *habuit*. Quis vero codex præter nostrum unum verba hæc umquam exhibuit? Ad quem etiam Canonem referas antiquam illam reverentiam, vetustissimumque honorem, quo omnium Sacerdotum dignitas firmata, nisi ad Sardicensem III. qui Episcopis in Synodo damnatis concessit, ut caussam suam in alio judicio denuo ventilari postulare possent, simulque decrevit ut secundi hujus judicii decernendi cura ac sollicitudo deferretur Romano Pontifici, quo in eo Petri memoria honoraretur. *Quod si aliquis*, inquit, *adjudicatus fuerit Episcopus in aliqua caussa, & putat se bonam habere caussam, ut iterum Concilium renovetur; si vobis placet, sancti Apostoli Petri memoriam honoremus, ut scribatur Romano Episcopo* &c. Porro hoc Nicænæ Synodo tribui a Gelasio non potuit, nisi ex codicis auctoritate, qui nostro similis esset, Nicænosque ac Sardicenses Canones haberet sibi invicem sine discrimine ac sub una serie annexos.

CAP. IV.

CAPUT V.

Objectiones adversus codicis sinceritatem expenduntur; ac primum, quæ ex vigesimi Canonis Nicæni omissione repeti potest.

PRobata satis, ut opinor, codicis nostri sinceritate, assertoque ejusdem usu in Ecclesia Romana, restat ut quicquid contra utramque hanc instituti nostri partem potest objici, in medium afferamus. Unum quidem & alterum jam excussimus, quod ex nomine Licinii inscriptioni Synodi Nicænæ inserto, & ex codicis præfatione repetebatur. Sed aliud jam occurrit dubium ex ipsorum Canonum Nicænorum numero & integritate enascens. Deest quippe in codice nostro 1 Canon ultimus illius Synodi, quem rejectum fuisse ab Ecclesia Romana non usquequaque probabile videtur.

Omissio non scribis imputanda.

Erit qui respondeat hoc in scribarum oscitantiam rejiciendum esse, qui Canonem illum aliud cogitantes omiserant. Verum hæc responsio mihi non arridet. Si enim scribarum error esset, vix accidere potuisset ut plures codices eodem errore infecti essent, vel ut tria exemplaria, quæ sola in notitiam nostram venere, Gallicum unum, alterum Anglicanum, tertium Gallobelgicum ex eodem corrupto fonte fluxissent. Etsi vero integrum Atrebatense exemplar non viderim ego, conjicio tamen in eo Canonem ultimum Nicæni Concilii desideratum esse: nam Canones, qui trigesimus & trigesimus quartus illic numerantur, iidem sunt in nostro codice: cum ex vigesimi illius Canonis additione deberent esse trigesimus primus & trigesimus quintus.

Dubium igitur non est quin ex consilio omissus sit Canon iste; nec aliam ob caussam, opinor, quam quia receptus ab Ecclesia Romana non fuerat, nec forsan in Occidentalibus partibus. Hæc sunt Canonis verba ex Dionysiana versione.

Canon XX. Nicænus *Quoniam sunt quidam in die dominico genuflectentes, & in diebus Pentecostes; ut omnia in universis locis consonanter observentur, placuit sancto Concilio stantes Domino vota persolvere.*

An Canon aliquis Oecumenici Concilii alicubi possit non recipi in usum?

Durus forsan videbitur iste sermo, & qui non possit audiri: Canonem scilicet Oecumenici Concilii, illiusque præsertim, quod summa totius Orbis veneratione consecratum est, ab aliquibus Ecclesiis usu receptum

---

EDITORUM ADNOTATIONES.

1 Hoc argumentum pro abjudicando a Romana Ecclesia Quesnelliano codice late proponemus in Observationibus cap. 1. n. 7. & seqq. ibique Quesnelli responsa excutiemus.

CAP. V. ptum non fuisse. Sed durius non est, Canonem a Synodo sancitum alicubi usu non recipi; quam eumdem postea in desuetudinem, quod plerumque fit, abire. Deinde si ad celebrem sancti Augustini de variis Ecclesiarum consuetudinibus regulam attentiores efficiamur, omnis cessabit sinistræ hac in re suspicionis occasio. *Ad hæc*, inquit ille, *ita respondeo: ut quid horum sit faciendum, si divinæ Scripturæ præscribit auctoritas, non sit dubitandum quin ita facere debeamus ut legimus: ut jam non quomodo faciendum; sed quomodo sacramentum intelligendum sit, disputemus. Similiter etiam, si quid horum tota per Orbem frequentat Ecclesia. Nam hoc quin ita faciendum sit disputare, insolentissimæ insaniæ est. Sed neque hoc, neque illud inest in eo quod tu quæris. Restat igitur, ut de illo tertio: genere sit, quod per loca regionesque variatur. Faciat ergo quisque quod in ea Ecclesia, in quam venit, invenerit. Non enim quicquam eorum contra fidem fit, aut contra mores hinc inde meliores. His enim caussis, id est aut propter fidem, aut propter mores, vel emendari oportet quod perperam fiebat, vel institui quod non fiebat..*

S. August. Epist. 118. Joan. cap. 5.

Nemo certe dixerit morem illum per diem dominicum & quinquagesimam paschalem standi inter precandum, vel fidem attinere, vel bonos mores: ut necesse fuerit Romanam vel aliam quamvis Ecclesiam post Nicænam Synodum a sua consuetudine ad aliam transire, & spreto genuflectendi more stationis per illos dies morem amplecti, si de genibus orare consuevisset jam a temporibus Apostolorum: quandoquidem vel fidei, vel morum tantummodo caussa *emendari oporteat quod fiebat, vel institui quod non fiebat. Ipsa quippe mutatio consuetudinis, etiam quæ adjuvat utilitate, novitate perturbat. Quapropter quæ utilis non est, perturbatione infructuosa consequenter noxia est*: quemadmodum eodem loco scribit sanctus Augustinus.

Nec ea mens fuit sanctissimæ Synodi, ut decreto suo omnes universi Orbis Ecclesias ad eum morem observandum compelleret: sciebat enim, ut summum piaculum est unam per omnes Ecclesias fidem non vigere, non easdem morum regulas; ita liberrimum semper fuisse ceremonias disciplinamque ipsam per loca terrarum regionesque variari. *Totum hoc genus rerum*, inquit idem Augustinus, *liberas habet observationes. Nec disciplina una est in his melior gravi prudentique Christiano, quam ut eo modo agat, quo agere viderit Ecclesiam, ad quamcumque forte devenerit. Quod enim neque contra fidem, neque contra bonos mores injungitur, indifferenter est habendum, & pro eorum inter quos vivitur societate servandum est*.

Porro si de Sabbati jejunio, de quotidiana communione corporis & sanguinis Domini, de sacrificii eucharistici oblatione, & aliis longe majoris momenti consuetudinibus istud intelligit Augustinus; quam potiori jure hoc idem existimasset de more Deum stando precandi per diem dominicum & paschalem quinquagesimam, qui cum fide & morum regulis commune nihil habet, & ita in seipso est ἀδιάφορος, ut contraria consuetudo genuflectendi pro aliorum locorum & temporum usu longe potior videatur? CAP. V.

Hoc igitur observandum de Nicænis canonibus seu definitionibus, eorum si quæ fidem spectant, aut bonos mores, vel generalem Ecclesiæ ac superioris ordinis disciplinam, per universalem Ecclesiam ita auctoritatem habere, ut qui secus, quam Synodus illa decrevit, attentarit, anathematis mucrone confodiendus sit. Talia sunt sacratissimum fidei Symbolum, & decreta de ordinandorum delectu, de Metropolitanorum auctoritate, de Clericorum cum mulieribus cohabitatione, de hæreticorum baptismo, ordinatione, receptione, de usuris & ceteris ejusmodi. Alia vero sunt, quæ ceremoniarum ac minutioris disciplinæ finibus continentur: & hæc, quia ex cognitione corruptelæ, quæ in Orientales quasdam Ecclesias irrepserat, profluxerunt, ad earumdem præcipue Orientalium Ecclesiarum usum sunt condita a Synodi Patribus, quos inter vix pauci erant Occidentalium partium Episcopi. Et vero cuique antiquos pœnitentialis disciplinæ canones, vel ordinationum ritus ac regulas curiosius perlustranti liquido apparebit, non in dissitis modo a se invicem regionibus diversos usus, diversamque disciplinam viguisse, sed & in diversis ejusdem regionis Ecclesiis multipliciter variasse, ut ex notatis a nobis in epistolam 2. (*nunc 167.*) ad Rusticum Narbonensem potest intelligi: quod aliter contingere non potuit, quam ut a Nicænorum canonum disciplina earum aliquæ recederent.

Jam vero si canon, de quo quæstio est, attentius consideretur, evidens fiet de Orientalibus Ecclesiis in eo tractatum esse, nec de Occidentalibus vel Patres cogitasse. *Quoniam*, inquit, *sunt quidam in die dominica genuflectentes &c.* non ait: sunt quædam Ecclesiæ vel regiones, quod utique dixisset, si de aliis ageret, quam de Orientalibus: nec enim Concilium œcumenicum in Orientali Imperio celebratum eo curam suam ac sollicitudinem demisisset, ut de quibusdam hominibus in Occidentali parte a communi regula & usu discedentibus sententiam ferret, & canonem conderet: quod tamen eos fecisse circa suarum provinciarum incolas, non est a ratione alienum. Adde his rationem canonis non fore usquequaque veram ac probabilem, si de aliis quam de Orientalibus Provinciis intelligatur. Tanta enim erat consuetudinum inter Occidentis & Orientis Ecclesias diversitas, tanta disparitas disciplinæ, omnibus consentientibus & approbantibus; ut numquam Synodus voluisse credenda sit omnes universi Orbis Ecclesias iisdem uti moribus, & omnia in universis locis consonanter observari. Quam vero parum ra-

 tioni

CAP. V. tioni consentaneum est, ut posthabitis innumeris maximi momenti consuetudinibus ac ceremoniis, in quibus Occidentales ab Orientalibus discrepabant, hanc unam selegisse ceremoniam Patres credantur, in qua vellent Occidentales cum Orientalibus convenire.

Temeraria igitur non est hæc persuasio,
nec auctoritati œcumenicarum Synodorum
injuriosa, aliquot disciplinæ capita harum
decretis sancita, recepta non esse ab ali-
2 quibus Ecclesiis, præsertimque 2 a Romana: quæ cum multa accepisset a suis conditoribus Apostolis Petro & Paullo disciplinæ instituta, non poterat iis non tenacis-
sime adhærere, vel his postabitis mores
alienos inducere.

Tale aliquid contigisse reor circa consuetudinem canone illo confirmatam, quam
apud Romanam, aliasque nonnullas Ecclesias non viguisse facile existimaverim. Hoc
probatum habes ex nostro codice, qui ex
3 Nicænorum decretorum numero 3 ultimum
hunc non rejecisset, nisi alia fuisset Romanorum consuetudo: quam ex Apostolis
4 descendisse probabile est; 4 cum videamus
Act. c. 20. v. 36. & c. 21. v. 5. Paullum
Apostolum per illos dies flexis genibus oras-
se. Nihil enim vetat consuetudinem non
5 genuflectendi 5 Orientalibus relictam ab A-
postolis fuisse, & ab aliis Apostolis traditam fuisse Romanis consuetudinem contrariam non abstinendi, scilicet per eosdem
illos dies, a genuflexione inter orandum. CAP. V.
Et inter diversos hujusmodi mores, quod de jejunantibus & non jejunantibus Sabbato Augustinus dicit, hoc & nos de genu flectentibus & non flectentibus dicimus: *Inter se concorditer vivebant genuflectentes, quos plantavit Petrus, & non genuflectentes, quos plantaverunt condiscipuli ejus*, ep. 86. ad Casulanum.

2. Probatur ex Rufino Aquilejensi, lib.
1. Historiæ ecclesiasticæ, cap. 6. Cum enim
ille recenset ac numerat Nicænos canones,
hunc ultimum de statione inter orandum
per dominicam diem & paschalem quinquagesimam omnino 6 omittit. Quod vir 6
Romæ diutissime commoratus ex Romano
more vel codice hausit, vel ex Aquilejensi: hos enim Historiæ ecclesiasticæ libros hortatu Chromatii Aquilejensis Episcopi scripsit, & ut ipse ait, *Patris religiosi præceptis
& in hoc parens*. Quamobrem nec ab illa
Ecclesia receptum fuisse canonem illum Nicænum, facile adducor ut credam.

3. S. Augustinus in epistola jam laudata
ad Januarium videtur canonem hunc ignorasse, cum hanc consuetudinem asserere non
audeat ubique Ecclesiarum esse usurpatam.
7 *Ut autem*, inquit, *stantes in illis diebus* 7
(Paschæ & Pentecostes) *& omnibus Dominicis oremus, utrum ubique servetur,
ignoro: tamen quid in eo sequatur Ecclesia,
dixi ut potui, & arbitror esse manifestum*.
Ubi duorum unum ex his consectaneum
est,

EDITORUM ADNOTATIONES.

2 Romanam Ecclesiam omnium maxime Nicænos canones totius orbis reverentia consecratos adeo observasse, ut nefas duxerit ab illis vel tantillum desciscere, aliquot testimoniis probavimus loco laudato notatione præcedenti. Hunc ergo ultimum canonem eam non recepisse quis temere suspicetur?

3 Hunc ultimum canonem non idcirco omisit codex Quesnellianus, quia in ea regione, in qua condita fuit ejusmodi collectio, alia vigeret consuetudo. Ipsam enim collectionem digestam fuisse in Galliis probabilius ostendemus in Observationibus cap. 1. n. 13. cum tamen in Galliis ritus & disciplina canonis servaretur testibus Irenæo Lugdunensi in libro de Paschate, quem Justinus Martyr laudat quæst. 115. ac Hilario Pictaviensi in prologo in librum Psalmorum n. 12. Cum porro idem canon desit non solum in nostra collectione, verum etiam in alia versione, quam edidimus ex MS. Vat. Reginæ 1997. nec non in abbreviatione Rufini; vera ratio esse videtur, quia in aliquot Græcis exemplaribus Synodi Nicænæ, ex quibus hæc versio, & abbreviatio Rufini prodierunt, librarii cujuspiam incuria omissus fuit. Illud quidem mirum videbitur desiderari in nostra collectione, tametsi versionem Isidorianam, quæ hoc canone non caret, in Nicænis fere contineat. At cum collector in Nicænorum canonum partitione numero, ac titulis (ut alibi monuimus) sibi proposuerit codicem aliquem similem laudato Vaticano Reginæ, in quo idem canon desideratur; idcirco ipsum prætereundum credidit, licet in Isidoriana versione legeretur.

4 Hæc exempla ad Orientales plagas pertinent. Præterea orationem præferunt habitam itineris caussa, vel etiam in littore, antequam Paullus navem conscenderet. Qui autem diebus dominicis & Pentecostes standi ritum commemorant, de iis potissimum orationibus loquuntur, quæ in Ecclesiis inter ecclesiastica officia peragebantur. Hujus autem ritus consuetudinem ab Apostolorum temporibus repetit antiquissimus Lugdunensis Occidentalis Ecclesiæ Episcopus S. Irenæus in libro de Paschate, uti tradit S. Justinus quæst. 115.

5 Occidentalibus etiam communem fuisse hunc ritum patet ex testimoniis Occidentalium Patrum, quos postea ipse Quesnellus laudat. Si autem, ut ipse fatetur, Afri, Galli, Hispani; (adde & *Itali*, ad quos S. Maximus pertinet) diebus dominicis atque paschalibus stantes orabant; quis credat has omnes Occidentales Ecclesias tanto consensu & quasi conspiratione in tam solemni ritu discessisse a Romana Ecclesia, a qua omnes propagatæ fuerunt, & non potius omnes hunc ritum ideo custodisse, quia ipsum in institutione & origine sibi a Romana Ecclesia traditum & commendatum acceperant?

6 Veriorem rationem hujus omissionis attulimus not. 3.

7 Quantum nobis potius faveat hoc Augustini testimonium, videsis in Observationibus cap. 1, num. 8.

est, scilicet Augustinum vel canonis illius notitiam non habuisse, vel existimasse nihil esse piaculi, si a Nicæno canone recipiendo aliquæ abstinerent Ecclesiæ. Aliquid obscuri subest in postremis Augustini verbis: *Tamen quid in eo sequatur Ecclesia, dixi ut potui, & arbitror esse manifestum*. Si enim de consuetudine standi inter orandum intelligatur, ut series sermonis innuere videtur, vix Augustinum cum Augustino conciliare possis: de Ecclesia enim universali loquitur. Qui porro dicere potuit universalem Ecclesiam morem illum sequi, quem professus est prius se ignorare an ubique servaretur; multo minus autem id esse manifestum asserere potuit. Satius est igitur hæc ultima verba ad ea referre, quæ in superioribus dixerat de Paschate & Pentecoste, quæque tribus aut quatuor ante lineis hac clausula terminantur: *Hæc de Scripturis firmissime tenentur, id est Pascha & Pentecoste*: deque aliis, quæ statim postea Ecclesiæ consuetudine roborari fidenter pronuntiat.

4. Superiorem hanc ex Augustino conjecturam confirmat Ferrandi Carthaginensis Ecclesiæ Diaconi Breviario canonum, in qua canon iste Nicæni Concilii ultimus, Sardicensis primus dicitur, ut jam superius monuimus. Unde certum manere videtur canonem istum 8 in Carthaginensi Ecclesia pro Nicæno non fuisse habitum; cum a Ferrando ignorari neutiquam potuerit, quæ de Nicænis canonibus in ea Ecclesia opinio esset, quæque & quot hujus Synodi sanctiones numerarentur.

5. Nullum superest apud auctores, qui Romæ vel de Romanis consuetudinibus scri-
9 pserunt, 9 vestigium omissæ genuflexionis
paschalibus & dominicis diebus, etsi de aliis hujus Ecclesiæ moribus non sileant. Habes de *Græcis* id attestantem Basilium Magnum, libro de Spiritu sancto, cap. 27. & auctorem quæstionum apud Justinum Martyrem, quæst. 115. Epiphanium in Exposit. fidei: quibus Photium, Zonaram, & alios recentiores potes addere. *De Afris* Tertullianum de corona militis cap. 3. & Augustinum citatum. *De Gallis Cisalpinis*, S. Ambrosium Serm. 61. vel potius Maximum Taurinensem, Serm. de Pentecoste. *De Hispanis* Isidorum Hispalensem Eccles. Offic. lib. 1. cap. 31. *De aliis plerisque* Hieronymum adversus Luciferianos. *De Romanis* nullum testem habemus, nec ex illorum omnium consuetudine fas est de hujus Ecclesiæ usu arguere: cum constet etiam Mediolanensem, quæ omnium proxima erat, multos habuisse ritus a Romanis diversos: qualis erat mos Sabbato non jejunandi.

6. Inde conjectura nostra probabilior redditur, quod aliquot aliæ Ecclesiæ videntur
eumdem canonem non recepisse. 10 In il- 10
la enim Arabica Nicænorum canonum collectione, quæ circumfertur, canon iste non apparet: nec de paschali illo privilegio quicquam ibidem commendatum habetur. Nihil etiam vel in canonibus apostolicis, vel in Constitutionibus S. Clementis de eodem ritu legitur, tametsi ex professo in utrisque agatur de paschali festo, de die dominica, de quinquagesima post Pascha, deque jejunio per illos dies omittendo decernant non semel: ut Constitutionum lib. 5. cap. 17. 18. & 19. & lib. 7. cap. 30. Ita porro in aliquibus Ecclesiis ritus ille usu auctoratus erat, ut exceptiones aliquas pateretur, nec illo privilegio uti sinerent pœnitentes. Planum est ea de re 11 Concilii Carthaginen- 11
sis IV. decretum 82. *Pœnitentes*, inquit, *etiam diebus remissionis genua flectant*. Porro cum in cujuslibet potestate fuisse videatur pœnitentium more uti, eorumque se ordini inserere, hinc videtur etiam permissa fuisse genuflexio diebus dominicis & paschalibus, saltem in Africanis regionibus.

7. Non inepte forsan Hieronymum superius citatum huc adducemus tamquam ejusdem sententiæ suffragatorem. Etsi enim loco Dialogi adversus Luciferianos laudato, *die dominico & per omnem pentecosten non de geniculis adorare*, inter ea numeret,

EDITORUM ADNOTATIONES.

8 In Carthaginensi Ecclesia vulgata fuit ea Nicænorum canonum versio, quam Atticus Constantinopolitanus ad ipsos Afros transmiserat. In hac autem, quæ in Isidori collectione inserta est Concilio Carthaginensi VI., canon de omittenda genuflexione diebus dominicis atque paschalibus inter Nicænos legitur. Cur autem Ferrandus eumdem canonem Sardicensibus primo loco accensuerit, intelliges ex not. 3. in c. 3.

9 Vide Observationes nostras in hanc Dissertationem cap. 1. n. 8.

10 Duæ editiones collectionis Arabicæ canonum Nicænorum circumferuntur, una Francisci Turriani, Abrahami Ecchellensis altera; & in utraque hic canon legitur, in priori quidem c. 29. in secunda vero c. 32. Porro silentium de hoc ritu sive in canonibus apostolicis, sive in Constitutionibus, uti appellantur, S. Clementis, si quid probaret; probaret præsertim hunc ritum non fuisse receptum in Orientalibus præsertim Ecclesiis, in quibus illi canones & constitutiones græce scripti & editi sunt.

11 Concilium, quod quartum Carthaginense inscribitur, non est Concilium vere Africanum, sed collectio quædam, seu abbreviatio antiqua canonum, de qua pluribus disseruimus in Tractatu part. 2. c. 3. §. 4. Cum autem pœnitentibus *prostratis* Sacerdotes orantes manus imponerent; necesse erat proculdubio ut ipsi diebus quoque remissionis genua flecterent, siquidem his pariter diebus ipsis prostratis manus imponendæ essent. Quod autem est peculiare pœnitentium, qui non aliter quam *prostrati* adesse debebant certo tantum tempore sacris officiis, nihil generali ceterorum fidelium ritui præjudicat.

CAP. VI.

J. David c. 1. pag. 50. & c. 2. pag. 80.

Nicænos canones appellare eos omnes, quos probaret ac reciperet. Hoc certe mirum est, Bonifacium Pontificem Romanum Constantinopolitanos canones admisisse, ac Nicænorum iisdem nomen indidisse, quos Ecclesia Romana nec tunc probabat, nec dum Gregorii Magni temporibus in auctoritatem recipiebat. Utrumque tamen intra paucas paginas asserit scriptor ille. Sed lapsus memoriæ est, quem æquum est condonare. Unum porro me angit; ad quos videlicet canones verba Bonifacii refert, qui ad solos Constantinopolitanos confugere coactus erat: quandoquidem nec Sardicenses, nec Nicænum sextum ad rem facere existimat.
4 Nec ego 4 hunc notari puto; licet ad marginem omnium pene excusorum codicum adscribatur: de majoribus enim diœceseôn Primatibus magis agit, quam de Metropolitanis singularum provinciarum Episcopis: at de his ordinariis Metropolitanis provinciarum Episcopis sermo est in canone 4. qui est de ordinationibus Episcoporum, quique Metropolitani cujusque potestatem intra suam provinciam, clarissimis verbis statuit asseritque: hæc canonis clausula apud Dionysium: *Firmitas autem eorum, quæ geruntur, per unamquamque provinciam Metropolitano tribuatur Episcopo.* Sed Codex noster, qui in plures partes dividit canones Nicænos, propriisque partes singulas argumentis distinguit, hoc modo partem extremam canonis 4. velut distinctum canonem exhibet.

τὸ δὲ κῦρος τῶν γινομένων δίδοσθαι καθ' ἑκάστην ἐπαρχίαν τῷ μητροπολίτῃ. Can. 4. Nicæn.

VII. *De potestate Metropolitani.*

Potestas sane vel confirmatio pertinebit per singulas provincias ad Metropolitanum.

Quis non intelligat ad hunc canonem respexisse Bonifacium in ea epistola? quæ tota est (quemadmodum præfixus Dionysii titulus habet) *ut in unaquaque provincia nemo, contemto Metropolitano, Episcopus ordinetur:* quæ & ipsa canonis Nicæni materia est. Hoc ipsum est, inquam, quod Bonifacius scribebat a Nicæno canone præceptum, *per unamquamque provinciam jus Metropolitanos singulos habere debere:* quod enim ulterius adjicit: *Nec cuiquam duas debere esse subjectas*, consequentia est, quam ex canone Bonifacius elicit: si enim *potestas pertinet per singulas provincias ad Metropolitanum*, consequens est ut duæ uni Metropolitano subjici non debeant provinciæ. Sed sive sextum, sive quartum attendas, ipsa canonis verba, quæ referre velle visus est Bonifacius, in codice nostro nequaquam occurrunt, sed nec in ulla alia translatione, ipso etiam Davide confitente.

CAP. VI.

Tentata Epistolæ Bonifacii correctio.

Difficile est sane fateri hæc propria esse canonis verba, quæ a Bonifacio posita sunt: nec Græca enim iis possunt accommodari, nec aliæ versiones simile quid, præter sensum, habent, nec ad canonum formam composita videntur. Conjecerim ego contrarium omnino scriptum esse a Bonifacio in illa parenthesi, eumque cum nec codicem ad manum haberet, nec propria verba canonis memoria teneret, sensum solummodo exhibere voluisse, lectoremque admonere se verba non *proprie eadem*, ut legitur, sed *prope eadem*, ut corrigendum putaverim, posuisse. Sed conjectura est, quam, donec codicis alicujus auctoritate confirmetur, non ausim fidentius asserere; etsi necessaria videatur correctio. Inde tamen confirmatur, quod nemo umquam dixerit, *proprie eadem verba ponere*, pro *propria verba ponere:* ut merito suspicari liceat, vel reponendum esse *prope*, ut jam diximus, vel vocem illam *proprie* aliquo tunc sensu usurpatam, qui nobis modo ignotus sit. Certe occurrit aliquoties apud illius ævi scriptores vox illa non eo significatu, quem modo habet, vel olim habuit antequam lingua in senium declinaret: ut verbi gratia, cum Leo noster ad Marcianum Augustum scribens epist. 78. (*nunc* 104.) cap. 1. ait ipsum *fideliter proprieque prospexisse ut Orientalibus Ecclesiis diabolicæ insidiæ non nocerent.* Serm. 3. (*nunc* 4.) cap. 2. *Omnes proprie regit Petrus, quos principaliter regit & Christus.* Et cap. 3. *Pro fide Petri proprie supplicatur.* Lib. 2. de Vocat. Gent. c. 4. *Deus Patriarcharum filiis proprie præsidebat.* Et canone 20. Antiocheni Concilii, ubi vetatur, ne quis Episcopus Synodum præter Metropolitani conscientiam per se habeat; καθ' ἑαυτοὺς ποιεῖσθαι: alii *per se*, alii *proprie apud semetipsum* vertunt, ut Gentianus Hervetus: ubi *proprie* poni videtur pro separatim, vel alia ejusdem potestatis voce.

Denique ex obscuro hujusmodi loco nihil contra Codicem nostrum strui potest; cum nullius canonis propria verba exscripsisse videatur Bonifacius: & potius nostrum in mente habuisse credendus sit, in quo videlicet titulus VII. Nicænus, *De potestate Metropolitani* inscribitur: & XI. *Ne sine voluntate Metropolitani quis ordinetur Episcopus:* quæ res tunc vertebatur. Quod enim Joannes David ad aliquem canonem, qui ex hominum perierit memoria, recurrere videtur, hominis est somniantis potius quam rem serio agentis.

Occurrit quarto loco Innocentius Papa I. qui

Objectio4 ex Innocentii Epistola ad Macedones.

EDITORUM ADNOTATIONES.

4 Licet non negemus Bonifacii verba referri ad canonem quartum, nihil tamen obest quin respicere possint eam sexti canonis partem, qua irrita esse præcipitur ordinatio habita *præter voluntatem Metropolitani Episcopi.*

CAP. VI.

qui epistola 27. ad Rufum & ceteros Macedoniæ Episcopos scribens de Bonosiacis, canonem Nicæni Concilii in hæc verba refert: *De his, qui nominant seipsos Catharos, id est mundos; & aliquando veniunt ad catholicam Ecclesiam, placuit sanctæ & magnæ Synodo, ut accepta manus impositione, sic maneant in Clero*: a qua versione codicis interpretatio discrepat, præsertimque quoad ultima verba, quorum loco hæc supponit: *ut ordinentur, & sic maneant in Clero*: cum illic habeatur: *ut accepta manus impositione sic maneant in Clero*.

Canon 8. Nicæni Concilii.

5 At ratio tota discriminis est, 5 quod cum Innocentius Papa Macedonum Episcoporum objectioni responderet, voluerit canonem, qui objectus fuerat, verbum e verbo vel scribere vel vertere ex illorum litteris. Nec ratio erat, cur sua potius uteretur versione Innocentius, quia difficultas non erat posita in hac canonis voce χειροθετουμένους, quæ manus impositionem significat, vel quid hoc loco per manus impositionem intelligeretur? ultro enim fatebantur Macedones ordinationem illic significatam esse. Nec quæstio erat, an Bonosiaci iterum ordinari deberent, ut in eo Cleri ordine permanerent, quem apud Bonosum obtinuerant; sed utrum etiam iterata ordinatione in Clero manere permittendi essent? Hoc asserebant Macedones, negabat Innocentius, solaque laica communione donandos esse volebat; de illo utrique conveniebant: quamobrem alterutra versio æque Innocentii caussæ patrocinabatur: & si Romana illi favisset magis, facile erat Macedonibus ejus auctoritatem declinare, & ad canonis fontem provocare.

Ceterum versioni nostri codicis, ubi χειροθετουμένους per ordinandi vocem interpre-
6 tantur, 6 suffragatur illa canonum Nicænorum translatio per Teilonem & Tharistum facta, atque Concilii Carthaginensis, ut vocant, sexti auctoritate edita: suffragantur & auctoritates aliæ adductæ a doctissimo Morino, de sacris ordinationibus parte 3. Exercit. 5. cap. 12. Nam antiquam versionem alteram, quam laudat, & Gratianus exhibet 1. q. 7. cap. *Si qui*, recensere omitto: quoniam alia non est quam Isidoriana, nostræ in omnibus fere concinens.

Objectio 5. ex Epistola Siricii, Innocentii decretis postposita.

Suggerit adhuc vir doctissimus adversus sententiam nostram momentum unum. *Si proprius*, inquit, *fuisset Romanæ Ecclesiæ codex iste, in quem partes quælibet, quibus constat, eo tempore, eo ordine conjectæ essent, quo in auctoritatem ab illa receptæ; quis credat Siricii epistolas Innocentii decretis postponendas fuisse, & non potius priori loco in codice collocandas? An Romanis ignotæ ante Innocentii tempora, an contemtui habitæ, an minime receptæ per eam tempestatem? Hoc quis velit asserere?* Istud certe nec ego velim: 7 sed non 7
una suppetit nobis hujus dissolvendæ objectionis ratio, cui etiam abunde satisfecimus, cum codicis ordinem exposuimus. Revocandum enim est in memoriam casu potius ita compactum codicem emersisse, quam inito consilio ac data opera conditum. Usque enim ad Innocentii PP. I. ætatem ex solis Nicænis sanctionibus Occidentales administrabantur Ecclesiæ, ipsaque præsertim Romana, ut idem Pontifex testis est, Ecclesia, quæ Sardicenses Nicænis accensitos habebat. Hæ solæ regulæ pro codice erant Sedi Apostolicæ. His postmodum subnexi sunt Carthaginenses, triumque Orientis Synodorum canones, qui Orientales Nicænis tempore vel antiquiores, vel æquales erant. Pluribus non constitisse codicem cum primum codicis formam induit, ac præfatione ornatus est; ipsa præfationis verba indicant. Sola namque decreta Nicæna laudat, tamquam totum fere codicem constantia: *Quibus nonnulla*, inquit; *regulæ subnexæ sunt, quas memorata suscipiens confirmavit Ecclesia*. Exorta post hæc damnataque Pelagianorum hæresi, omnia adversus eam decreta sive ab Africanis, sive a Romanis Pontificibus condita visum est codici subjungere; atque ex occasione rescriptorum Innocentii ad Africanas Synodos, cetera quoque ejus, quæ ad manum erant, decreta annexa sunt: Siricii vero epistolam, quæ cum aliis forsan anteriorum Pontificum decretis in scrinio Sedis Apostolicæ asservabatur, non retulerunt in codicem, tum quia de illa tunc non cogitabant, tum quod nihil fere contineret, quæ in decretis Innocentii sancita non legerentur. Leonis vero temporibus, cum occasione hæresis Eutychianæ, vel etiam ambitiosi illius Anatolii pro sedis suæ prærogativa conatus, diligentius excussa sunt Sedis Apostolicæ scrinia, multa inde prolata sunt, atque e scriniorum tenebris in luce codicis posita, prædecessorum ejus decretalia constituta, quæ illic ante delituerant.

Certe Leonis tempore non fuisse in Romano codice constitutiones Pontificum Innocentio Papa antiquiores, ejusdem Leonis epistolæ ad Episcopos per Campaniam Pice-

Epist. 3. nunc 4. S. Leonis cap. 5.

EDITORUM ADNOTATIONES.

5 Hanc Quesnelli responsionem rejiciemus in Observationibus cap. 1. n. 2.

6 Versio Teilonis & Tharisti; seu potius Philonis & Evaristi, licet vocem Græcam χειροθετουμένους de ordinatione explicet; non tamen suffragatur interpretationi codicis Quesnelliani, seu Isidorianæ, quæ in eodem codice recepta fuit: illa enim ordinationem jam peractam, hæc vero ordinationem iterandam significat. Confer quæ in hanc rem pluribus disseruimus not. 13. in Observ. Quesnelli ad epist. 167. tomo II.

7 Sequentibus conjectationibus satis respondimus in notis ad cap. 2.

cenum, Tusciam &c. caput ultimum declarat. Cum enim plura disciplinæ ecclesiasticæ capita pertractasset, ne ex aliorum silentio errandi occasionem sumerent Episcopi, omnia innovat & confirmat prædecessorum suorum constituta, nec tamen vel Siricium, vel quemquam Innocentio antiquiorem nominat, ita ut ab Innocentii constitutionibus indicet sumendum esse initium earum, quæ codice tunc continebantur: *Ne quid vero sit*, inquit, *quod prætermissum a nobis forte credatur, omnia decretalia constituta tam beatæ recordationis Innocentii, quam omnium prædecessorum nostrorum ... vestram dilectionem custodire debere mandamus.*

Præterea non magis nocet codici nostro, quod Innocentii Papæ epistolæ, posthabita
8 tunc Siriciana, illi insertæ sunt, quam 8 codici Dionysiano, quod hic in sinu licet Ecclesiæ Romanæ, & ex ejus forte scriniis conditus, careat tamen statutis Sedis Apostolicæ Siricio antiquioribus, ab eodem non uno loco commemoratis, & ut scribit cap. 1. suæ epistolæ, *missa ad provincias a venerandæ memoriæ prædecessore meo Liberio generalia decreta*. Nemini enim hucusque venit in mentem ut eam ob rem Dionysii collectionem in dubium vocaret; nec eamdem ob caussam quemquam, puto minus æquum nostro esse futurum.

Denique jam monuimus confusionem partium codicis, non modo sententiæ nostræ non repugnare, sed favere potius: cum hoc nobis certissimum veteris codicis dignoscendi κριτήριον suggerat Dionysii præfatio: si modo aliud nihil ejus sinceritati obstiterit.

ADDITIO AD DISSERTATIONEM XII.

1 *De Codice Canonum Ecclesiæ Romanæ: qua Hipponensis Concilii Breviarium ejusque sinceritas asseruntur adversus Emmanuelem Schelstratium.*

ADversus partem codicis, non certe ignobilem nec modicæ utilitatis, insurrexit anno 1679. Emmanuel a Schelstrate, vir dum viveret, ecclesiasticarum rerum non parum studiosus. Eo enim anno emisit in lucem Librum cui titulus: *Ecclesia Africana sub Primate Carthaginensi*, in cujus Dissertatione III. Cap. VI. discutit Concilium Hipponense anno 393. celebratum, collatoque exemplari Breviationis Canonum illius, quæ jampridem inserta est voluminibus Conciliorum, cum eo quod codicis nostri capitulum secundum constituit; illam breviationem genuinam germanamque censet, nostram vero spuriam supposititiamque pronuntiat. Ut ita sentiret adductus est nonnullis argumentis, quæ valida ac decretoria illi visa sunt; mihi vero admodum infirma ac nullius fere momenti.

Ac primum quidem invadit Schelstratius Synodicam Carthaginensis Synodi, in qua relecta, emendata, aucta dicuntur statuta Hipponensia: & tametsi fateatur ab omnibus Conciliorum Collectoribus aut ecclesiasticis Scriptoribus habitam illam fuisse pro Synodica Carthaginensis Synodi, hanc tamen illi abjudicare non veretur, & Byzaceno Concilio cuidam adjudicare. Ejus rationes paucis excutio. 1. *Habet*, inquit, *hæc Synodica quædam de Crescomio Villarensi Episcopo, quæ Canone 38. Concilii Carthaginensis III. longe aliter concepta sunt.*

Fefellit eum memoria. De Cresconio Villarensi ne verbum quidem in Synodica, sed solummodo in statutis Concilii Hipponiensis breviatis, quæ Synodicæ subjiciuntur. Quod porro eo loco habetur de Cresconio Villarensi, non modo non pugnat cum canone illo 38. Concilii Carthaginensis, quod 2 falso tertium absolute dicitur, 2
sed illum illustrat, ab eoque vicissim 3 3
illustratur. Canon enim ille 38. tria nos docet de Cresconio: primum, adversus eum pronuntiatum esse Synodi judicium: deinde idem fuisse confirmatum: ac tertio in eo petitur, ut liceat contra Cresconium adire Rectorem Provinciæ, quia contemtis Episcoporum decretis Ecclesiam Tubuniensem relinquere detrectarat. Porro decretum illud aliud non est, quam quod in codice nostro legimus, in Hipponensi quidem conditum, in Carthaginensi vero confirmatum, quo *Cresconius Villarensis Episcopus, qui Tubuniensis Ecclesiæ cathedram tenuisse dicebatur, plebe sua, hoc est Villarensis Ecclesiæ jussus est esse contentus.*

Pergit Emmanuel: *Habet insuper in Breviario Hipponensis Concilii complura capitula quæ mutila sunt vel interpolata. Unum sufficiat ordine 36. de Scripturis Canonicis, in quo*

EDITORUM ADNOTATIONES.

8 Id refelletur in Observationibus cap. 1. num. 10.

1 Nostras vindicias pro germanitate hujus Breviarii videsis in Admonitione, quam capiti secundo præcedentis collectionis præfiximus.

2 *Tertium* non falso, sed recte dicitur relate ad numerum eorum Conciliorum, quæ describuntur in collectione Isidoriana: duo enim alia Concilia eidem in ipsa collectione præmittuntur. Adde quod in Synodo Carthaginensi celebrata sub Bonifacio an. 525. alio respectu appellatur *Concilium tertium sub Aurelio*, cum aliquot canones ex ipso recitantur.

3 Confer quæ in hanc rem diximus in Tractatu de Collectionibus part. 2. c. 3. §. 3. num. 5.

ADDIT. *in quo omittuntur libri Machabæorum, & Epistolæ Canonicæ Petri Apostoli duæ, Joannis tres, Judæ Apostoli una, & Jacobi una.*

Unum Schelstratio sufficit mutilorum canonum exemplum de Scripturis Canonicis, quia plura non habuit quæ opponeret. At tria sufficimus responsa. 1. Omnes libros illos qui omissi sunt (si primam Petri & primam Joannis excipias) non fuisse olim ab omnibus Ecclesiis receptos. Deinde canonem illum adhuc incertum fuisse Africanis Ecclesiis, de quo nimirum statuerunt transmarinas Ecclesias esse consulendas, an-
4 tequam confirmaretur. Denique 4 facile fuit ut properanti scribæ vel incauto exciderint libri illi quorum mentio hoc loco desideratur.

Capitula vero quæ interpolata vocat, melius cum Patribus Carthaginensibus appellasset *diligentius constituta*, ut in Synodica; vel *diligentius pertractata*, ut in titulo statutorum breviatorum.

Sed ab hac ipsa vocula præcipuum argumentum sumit scriptor adversus sinceritatem Hipponensis istius compendii. Nam, *quod caput est*, inquit, *referuntur in ista editione omnes integri canones, cum titulus præ se ferat: Statuta Concilii Ipponiensis breviata: unde si aliqua ex duabus editionibus amplectenda foret, non illa quæ integros canones retulit, sed editio potius vulgata amplectenda foret, quæ solum canonum Hipponensium Breviarium continet*. Sed neutra tamen illi arridet. Decernit enim contra Eminentissimos Baronium & Perronium, *Synodicam illam cum Breviario subjuncto, si non supposititiam, saltem interpolatam esse; quod his rationum momentis probandum iri*, inquit, *confidimus, quæ nemo prudens contemserit*.

Mira enim vero fiducia, quam nullo negotio repressum imus. Nam ut id quod *caput esse* asserit, retundamus, non uno modo breviantur Conciliorum statuta. Sic enim in compendium mitti possunt, ut sensus & materia cujusque canonis aliquot verbis indicentur: qua ratione Dionysius Exiguus utriusque sui Codicis canones & decreta breviavit, illorumque summaria brevissima & sigillatim unicuique præfixit & collectim in utriusque Codicis capite appendit. Eadem methodo usus est Ferrandus Diaconus ac demum 5 quisquis eam Hipponensium canonum synopsim concinnavit, quæ in vulgata editione conspicitur: quamquam ita brevis ac jejuna sit, ut in pluribus canonis materiam vix delibet, ejusque vel rudem notitiam satis clare ingerat legentis animo. ADDIT. 5

Alia est ratio synodalium compendiorum, quam plerique codicum canonicorum ac summarum Conciliorum conditores sequuti sunt, quæ in eo consistit, ut resectis quæ vel ad historiam, vel ad particulares controversias pertinent, & aliis a fidei vel disciplinæ communis materia alienis, soli canones describantur, ut qui ad illos vitam moresque suos componere tenentur, facilius eos subjectos oculis habeant. Ea methodo breviata sunt a Carthaginensis Synodi Patribus statuta Hipponensis Concilii: quos subinde imitati sunt Orientalium Canonum collectores, & postea Dionysius, Cresconius, Martinus Bracharensis, ac demum postremis his sæculis Caranza, Coriolanus & alii.

Verum omnium collectionum vel compendiorum sive auctoritatem, sive diligentiam superat statutorum Hipponensium collectio, quæ primum per Byzacenæ provinciæ Episcopos, seu Concilium, confecta est; deinde emendatores, approbatores, amplificatoresque habuit Concilii Carthaginensis numerosissimi Episcopos, ac demum pluribus magni momenti canonibus auctior facta, habita est pro integro fere Codice Ecclesiæ totius Africanæ; ita *ut quæ postea in Africa celebratæ sunt Synodi, ex Hipponensi, tamquam ex archetypo quodam complura fuerint mutuatæ*, ut refert Schelstratius ex Baronio. Quamobrem cum præstantissimæ hujus Synodi integra acta exciderint, magno apud omnes in pretio debet esse hæc canonum illius collectio, eamque ob caussam illius authentiam ac sinceritatem majori studio ac diligentia vindicatum imus a falsis Schelstratii suspicionibus, quibus leviores ac infeliciores conjecturæ vix ullæ esse possint.

Prima quam objicit hæc est, quod 6 6
„ epistola Synodica inscribitur *Episcopis*
„ *Numidiæ, Mauritaniæ utriusque, Tripolis, & Provinciæ Proconsularis*, omissa
„ provincia Byzacena: cujus, inquit, alia
„ ratio

EDITORUM ADNOTATIONES.

4 Hæc est vera responsio. Equidem excidisse amanuensibus libros illos, quorum mentio desideratur, ostendimus not. 98 in cap. 2. nostræ collectionis, eosdemque libros e nostro optimo codice Vindebonensi ejusdem collectionis, ac ex aliis tribus MSS. collectionibus optimæ notæ supplere non dubitavimus.

5 Tria distinguenda sunt. I. Integri canones Hipponenses anni 393., quorum duo tantum supersunt recitati in Synodo Bonifacii Carthaginensis an. 525. iique ampliorem reliquorum formam satis designant. II. Abbreviationes eorumdem canonum in Synodo Carthaginensi a Byzacenis conditæ Idibus Augusti an. 397. eæque sunt verum Breviarium Hipponense, quod subinde lectum & confirmatum fuit in plenaria Synodo Carthaginensi ejusdem anni 397. habita V. Kal. Septembris. III. Summaria, seu tituli harum abbreviationum a Crabbo editi, qui ab auctore nostræ collectionis lucubrati fuere. Hæc si distinguas, omnia recte ac facile intelliges.

6 Hanc objectionem solvimus in Admonitione ad cap. 2. nostri Codicis n. 6.

„ ratio afferri non potest, quam quod hæc
„ Synodica ab Episcopis Byzacenis scripta
„ sit ad aliarum provinciarum Episcopos,
„ etiam Proconsularis, cujus Metropolita-
„ nus tunc temporis erat Aurelius, qui ....
„ testatus est in Concilio Carthaginensi III.
„ litteras Fratrum Byzacenorum & Mizo-
„ nii ad se transmissas, ut ibidem legeren-
„ tur. Unde sequuntur duo: Aurelium in
„ primis inscriptioni Synodicæ contra Acto-
„ rum fidem haberi insertum: Synodicam
„ insuper falso præ se ferre titulum Car-
„ thaginiensis Concilii, cum sit Byzaceni,
„ ut recte animadvertit in Notis ad Co-
„ dicem Africanæ Ecclesiæ Christophorus Ju-
„ stellus.

Justellum multa passim erudite scribentem poterat sequi Schelstratius; sed parum feliciter hoc loco illius pressit vestigia, &
7 cum errante erravit. Uterque enim 7 duas
epistolas prorsus diversas miscet ac confundit: unam, quam scripserat Mizonius, Byzacenæ Primas, cum suis collegis ex provinciali sua Synodo, in qua selecti sunt Legati qui ad Carthaginensem Synodum generalem omnium comprovincialium nomine se conferrent: alteram, quam ex generali ista Synodo cum Aurelio ceterisque Patribus scripsit idem Myzonius, ad illam delegatus post absolutam Synodum.

Primam scripsit ad Aurelium Primatem, unaque misit Breviarium Hipponensium Canonum a Byzacenis quidem concinnatum, sed nondum *in melius reformatum*, immo eo consilio missum, ut si quid in eo deprehenderetur animadversione dignum, melius constitueretur, ut reapse factum est. Clara sunt hanc in rem Aurelii verba in illa Carthaginensi Synodo anni 397. *Et ideo, fratres, si vestræ caritati videtur, litteræ fratrum nostrorum Byzacenorum, sed & Breviarium quod eidem epistolæ adjunxerunt, ad hunc cœtum corrogatum legantur, ut si qua forte illic movere caritatis vestræ animum possunt in eodem Breviario, quæ diligentius fuerint animadversa, in melius reformentur. Hoc enim frater & Coepiscopus noster primæ sedis, vir perspectus merito suæ gravitatis atque prudentiæ, Mizonius, scribens ad meam parvitatem postulavit.* En primæ epistolæ argumentum.

Secundæ epistolæ, cui idem Mizonius cum aliis totius generalis Synodi Carthaginensis Patribus subscripsit, non unum a prima discrimen, & diversa prorsus materies. Non ad Aurelium, sed ab Aurelio, Mizonio, ceterisque Episcopis scripta fuit ad quinque seu omnes Africæ provincias, sola Byzacena excepta: in eaque epistola non amplius postulatur ut Breviarium illud reformetur, sed *Brevem statutorum*, ut ibi legitur, (*in quo omnia videntur esse complexa, & quædam diligentius constituta*) *huic*, inquiunt, *epistolæ subdi fecimus, ut compendio, quæ decreta sunt recensentes, sollicitius observare curemus.*

Si vero Belga Dissertator impossibile putaverit, ut unam Mizonius scripserit ad Aurelium e Bizacena provincia, & alteri cum Aurelio subscripserit Carthagine, nodum in scirpo quæsiit. Nihil enim facilius quam alterum alteri conciliare. Hoc enim vero sæpe sæpius usu venit, ut Metropolitanus qui provinciali Coepiscoporum suorum congregationi præfuit, subscripsitque libello quo deputati ad generalia Comitia delegantur, epistolisque seu instructionibus aut commonitoriis ad illa directis, idem postea Comitiis generalibus intersit statutisque & synodicis subscribat.

Non arbitror tamen eadem prorsus ratione rem, de qua quæstio movetur, contigisse,

EDITORUM ADNOTATIONES.

7 Multa falsa veris permixta in hac perturbata responsione continentur. Duæ epistolæ notæ sunt ex interlocutione Aurelii Carthaginensis Episcopi præmissa cap. 34. Codicis Africani, quæ constituit procemium, seu primum titulum Synodi plenariæ anni 397. celebratæ Carthagine quinto Kalendas Septembris. Prima est Byzacenorum epistola, cui Breviarium adjunxere *ad hunc*, ut Aurelius in memorata interlocutione testatur, *cœtum corrogatum*, idest directum ad Episcopos laudatæ Synodi plenariæ habitæ V. Kal. Septembris. Alia est epistola privata Mizonii Primatis Byzaceni ad ipsum Aurelium, qua petiit ut Breviarium in plenaria Synodo legeretur, & si quæ ibidem moverent Patres, in melius reformarentur. Cum Quesnellus priorem epistolam scriptam prodidit in Synodo Carthaginensi anni 397. VI. Kal. Julias, non animadvertit proculdubio diem *Iduum Augusti*, quam eum & ipsius codices, & omnes nostri designent, Synodum hujus diei palam adstruunt; non vero Synodum celebratam VI. Kal. Julias. Hæc autem Synodus Carthagine coram Aurelio coacta a Byzacenis, qui diem plenariæ Synodo præstitutam prævenerant, non erat Synodus ex aliis Episcopis congregata: & in hac tractatu habito cum ipso Aurelio Breviarium conditum fuit, non tam a Byzacenis, quam ab Aurelio præsente subscriptum; atque cum Byzacenorum litteris directum ad Episcopos Synodi plenariæ, quæ non multo post congreganda erat, ut ejusdem Synodi examini subjiceretur, ac ubi opus esset reformaretur: quod aliis privatis litteris ad Aurelium Mizonius petierat. Dies Synodo plenariæ præstituta in Concilio Hipponensi erat X Kalendas Septembris, eoque die lectum fuit Breviarium cum litteris Byzacenorum. Sed cum nondum advenissent Legati provinciæ Numidiæ, prorogata fuit Synodus ad diem V. Kal. Septembris: & in hac iterum Breviarium & memoratæ litteræ recitatæ fuerunt, ac gestis insertæ. Hæc fusius constituimus in Admonitione ad cap. 2. nostræ collectionis; ac ex his quot falsa in sequentibus Quesnellus intexuerit, facile intelliges.

ADDIT. gisse, sed isto potius modo. Postquam Hipponenses sanctiones conditæ fuissent, & in provincias missæ, quia abusus bene multi per illas rescindebantur, non nisi ægre a plurimis receptæ sunt, immo effrenata temeritate a quibusdam minime custoditæ, ut narrat Synodica. Ad hujusmodi excusandos excessus ab aliquibus prætendebatur quod ea quæ jam dudum legibus statuta erant, ignorantes prætermiserant. Hoc ipsum autem in Byzacenis præsertim locum habuisse, & ignorantiæ prætextu excusationem ab eisdem fuisse adumbratam, non obscure innuunt ipsa Synodicæ verba, & alia ex Carthaginensi Concilio superius descripta: ex quibus patet, & a Byzacenis Episcopis Breviarium Hypponensium Canonum missum fuisse ad Aurelium, ut rursus examinaretur, ac si opus esset in melius reformaretur, & illud idem ad Byzacenam postmodum provinciam remissum fuisse, sed emendatum ac pluribus Canonibus auctum.

Recepta epistola Byzacensium, non ad Synodum, sed ad Aurelium scripta, ut ipse disertis verbis asserit, rem istam majoris esse momenti censuit, quam ut ipse solus de ea quicquam decerneret, nec Synodi generalis statuta aliter quam in alia generali Synodo retractari, aut emendari posse existimavit. Sive autem jam indicta esset Synodus, sive ea occasione aliorumque negotiorum tractandorum caussa illam Aurelius *corrogarit*, quo verbo scite ipse utitur, jam ex parte congregata illa fuisse videtur sexto Kalendas Julias ejusdem anni 397. ita ut fuerit velut præludium generalis Synodi, quæ longe majori numero coaluit V. Kalendas Septembris ejusdem anni. Ad hujus enim calcem hæc habentur in Codice Africano: *Cæsario & Attico VV. CC. Consf. sexto Kal. Julias Carthagine, placuit, ut nullus Episcoporum naviget sine formata Primatis. Gesta in authenticis, qui quæret inveniet.* Quæ verba si conferantur cum his quæ V. Kalend. Septembris ejusdem anni præfatus est Aurelius in ipso Concilii generalis exordio, constabit, ni fallor, non de alio Concilio esse intelligenda, quam quod sexto Kal. Julias inchoatum fuerat. *Post diem*, inquit, *præstitutam Concilii consedimus, ut recordamini, fratres beatissimi, & arbitrabamur omnium Provinciarum per Africam legationes convenisse ad diem, ut dixi, præstitutam nostri tractatus.* Porro non opus habuisset Aurelius apud Consacerdotes suos memoriam prioris illius consessus refricare, nisi jam duo saltem menses a primis ejusdem consessibus fuissent elapsi: totidem porro, non plures, revera effluxerant ab illa Synodo cum VI. Kal. Julias congregata est. Non igitur alia fuit Synodus, sed magnæ illius Synodi anticipati consessus, in quibus qui ad præstitutam Concilii diem convenerant, aut eam etiam prævenerant, de variis capitibus tractatum inter se se inierunt. In primis lecta tunc fuit epistola Byzacenorum, cum Breviario missa, deque eodem per Mizonii epistolam postulatis actum est una cum iis Episcopis qui ex Byzacena provincia advenerant. ADDIT.

Enim vero, quod maxime observandum velim, licet iidem ad Aurelium scripsissent e sua Synodo ante menses forte non paucos, non propterea neglexerunt se Synodo generali præsentes sistere. Immò vero cum ipsorum res illic agitari deberent, in primisque Breviarium illud suum in melius reformandum peroptarent, omnium primi Carthaginem se contulerunt, & quidem maximo numero, quod facile ex relatis Aurelii verbis deprehendimus, & ex his aliis quæ proxime sequuntur: *Sed cum Consacerdotum nostrorum epistola Byzacenorum fuisset recitata, vel quid mecum iidem, qui tempus & diem Concilii prævenerant, tractassent, vestræ caritati legeretur, lecta est etiam a fratribus Honorato & Urbano, qui nobiscum hodie Concilio participantur, legatio Sitifensis Provinciæ destinata* &c. Verum cum de illo Breviario coram Synodo nondum numerosa nec plena actum fuisset, (expectabantur enim Numidiæ Episcopi, aut saltem eorum Legati) iterum coram Synodo jam frequentiori effecta lecta est Byzacenorum epistola una cum Breviario, omniumque Patrum judicio subjecta sunt quæ de utroque in prioribus consessibus fuerant in melius reformata, ut superius retulimus, descriptis Aurelii de illa epistola & Breviario verbis.

Byzacenos Concilio interfuisse, ita ut ceteros etiam prævenissent, etsi satis indicant illa Aurelii verba: *Quid mecum iidem, qui tempus & diem Concilii prævenerant, tractassent*; illud 2. probatur ex appositis Breviario jam in melius reformato subscriptionibus. Nam post Mizonium primæ sedis in Byzacena Episcopum subscribunt *Victorianus Mascilianensis, Lupianus plebis Tambitanæ, Ninus Jubaltianensis, Philologius Adrumetinæ, & Ferox Macrianensis*: qui omnes Byzacenæ provinciæ Episcopi erant. Quod enim in vulgatis legitur *Lupianus Tamugadensis, Ninus Tubaltanensis, & Ferox Macriensis*, scribarum oscitantiæ adscribendum: Tamugada quippe in Numidia erat, e qua ne Legati quidem ad Synodum venerunt, ut conqueritur Aurelius: & verisimile est solum Reginum Vegesilitanum in ea provincia Episcopum, qui forte apud Carthaginem propriorum negotiorum caussa tunc versabatur, interfuisse Synodo, in qua litteras Crescentiani primæ Sedis Episcopi recitavit. Tubaltanensis civitas an aliquando fuerit, ignoro, ignorasseque pariter videntur quotquot Africanarum provinciarum notitiam recensere aut commentari aggressi sunt. Macri denique & Macrenses seu Macrienses Episcopi ad proconsularem provinciam pertinebant, e qua unicum inter Byzacenos subscripsisse parum credibile est. Cur autem præ aliis subscripserint Byzaceni, obvia ex dictis est ratio. In Byzacena ortæ erant difficultates circa Hipponensia statuta; a Byzacenis ea de re consultus fuerat Aurelius; hæc ipsa ante omnia ad Syno-

ADDIT. Synodum delata fuerant, Byzacenis præsertim instantibus in melius reformata statuta fuerant: *& communi consilio per universam Byzacenam in notitiam cunctis deducenda censuimus*, inquiunt, *ut ab hinc quisquis temerator exstiterit, sciat se status sui operatum esse jacturam*. Merito igitur Byzacenorum Episcoporum eorumque Primatis nomine & auctoritate munitum est Breviarium, ut qui per provinciam illam ignorantiæ vel [illegible] protervıæ suæ & inobedientiæ olim obtenderant, aut quid simile, suorum Episcoporum auctoritate facilius ad meliorem frugem reducerentur. Porro cum plurimi saltem Byzacenæ provinciæ Episcopi cum suo Primate adessent Synodo, eique subscripsissent, inde est quod Synodicæ titulo eorum provincia inscripta non legatur. Ipsi enim ad sua redeuntes delaturi erant Breviarium illud suum, ut e totius suæ Byzacenæ provinciæ Synodo, post reditum congreganda, illud mitterent per universam Byzacenam provinciam, ut mittendum Patres censuerant.

Ex dictis de gemina epistola, & ex aliis adnotatis patet in auras abire secundum Schelstratii argumentum, ab iis verbis petitum, *dum in Carthaginensi urbe conveniremus*: cum enim constare inquit, Synodum hanc habitam fuisse in Byzacio, duas Synodos, Byzacenam unam, Carthaginensem alteram, in unam, ut diximus, conflat ac confundit.

8 Tertium 8 ex Symbolo petitum, valeat per me licet adversus vulgatam Indiculi Hipponensis editionem, ubi integrum habetur, sed mendis detuipatum: at nihil hoc ad nostram editionem, in qua Symbolum indicatur, non refertur.

Quartum evanescit per distinctionem quam statuimus inter Breviarium missum a Byzacenis ad Aurelium, *ut quæ diligentius fuerint animadversa in melius reformentur*, ut loquitur ipse Aurelius; & idem Breviarium remissum per universam provinciam Byzacenam, jam recensitum, in quo *quædam diligentius constituta*, ut habet Synodica Carthaginensis. Quare hanc vulgato statutorum Breviculo præfixam epigraphen, quam objicit Dissertator, *Concilii Hippo-*
9 *nensis Abbreviationes* 9 *factæ in Concilio Carthaginensi III.* hanc, inquam, epigraphen tueatur qui voluerit Breviculum vulgatum defendere; hæc certe cura non me attinet, qui in meo Codice hunc titulum, non alium, Breviario præfixum lego: *Incipit Brevis statutorum*. ADDIT.

Quintum argumentum sic proponit Breviarii adversarius. *Quod nullus*, inquit, *eorum qui Concilii Hipponensis meminerunt, vel unum ex omnibus titulis (primo de Paschate excepto) agnoverit pro titulis Canonum Hypponensium; quin cuncti potius alios retulerint qui in Breviario illo non reperiuntur*.

Bicorne istud argumentum, quod negativum est, vel eo nomine infirmum est ac debile; sed frustraneum est omnino ac evanidum aliis præterea nominibus.

Primo quia cum in pluribus Synodis condita sint pleraque statuta quæ Breviario includuntur, primum quidem in Hipponensi, deinde in Carthaginensi, mirum non est, si modo uni, modo alteri tribuantur. Eoque facilius hæc varietas contingere potuit, quod in hoc ipso Breviario, ut in Romano Codice jacet, utrique illi Concilio tribuantur Canones queis de controvertimus: sic enim primo in limine habetur: *Canones Concilii Carthaginensis habiti sub die Iduum Augustarum, Attico & Cæsario Consulibus*. Deinde post Synodicam: *Statuta Concilii Ipponiensis breviata, & quædam eorum in Concilio Carthaginensi cum Byzacenis Episcopis collata, & diligentius pertractata, hæc sunt*. Demum post quinque aut sex capita abbreviata, quæ 10 non fuerant inserta a Byzacenis, illorum Breviarium in melius reformatum, hoc titulo insignitur: *Incipit Brevis statutorum*. Quid mirum igitur, si dum eorum aliqua laudantur, modo Hipponensi, modo Carthaginensi tribuantur? 10

Secundo vel ipsa Brevis aut Breviarii appellatio satis indicat non omnia statuta illi inserta fuisse, sed nonnulla prætermissa, ut quæ particularia potius negotia, quam communem Ecclesiæ disciplinam spectabant, aut Primatum tantummodo curæ ac sollicitudini reservata erant. Hujusmodi sunt quinque illa capita a Carthaginensibus addita, quæque a Byzacenis ob illam forte rationem omissa fuerant. Primum enim spectat indictionem diei Paschatis. 2. particularem caussam Cresco-

EDITORUM ADNOTATIONES.

8 Augustinus lib. 1. Retract. c. 17. testatur, se jam Presbyterum coram Patribus Hipponensis Concilii disputasse de apostolico symbolo. Honoratus & Urbanus Episcopi in Synodo plenaria anni 397 c. 47. Codicis Africani loquentes de Breviario canonum Hipponensium, quod fuerat recitatum, profitentur se in ejus lectione *fidem Nicænam audisse*.

9 Hæc adnotatio, qua Abbreviationes canonum Hipponensium in Concilio Carthaginensi III. *factæ* traduntur, Crabbum habet auctorem, nec in ullo MS. codice reperietur: ac propterea nihil hinc objici potest.

10 Prima quinque aut sex capita ad Breviarium maxime pertinere, quod a Byzacenis Carthagine conditum vidimus, patet ex iis, quæ attulimus in Tractatu part. 2. c. 3. §. 3. n. 2. & seqq. In Barberino quidem cod. 2888 primum Breviarii capitulum incipit a symbolo Nicæno: ac propterea omittitur titulus *Incipit Brevis statutorum*, qui in collectione hoc tomo edita post illa priora capita inseritur. Vide not. 30. in cap. 2. laudatæ collectionis.

ADDIT. sconii Villarensis Episcopi; sed cujus occasione censuerunt Carthaginenses communi Canone tertium istud sanciendum: *Ex hoc placuit ut a nullo usurpentur plebes alienæ*. Quartum ad Primatem Sitifensis provinciæ unice pertinet; sed consequenter de ceteris Primatibus nonnihil adjectum est. Eamdem abbreviandi rationem reddunt Codicis Afri-

11 cani 11 auctores ad Concilium anni 405. *Hujus*, inquiunt, *Concilii gesta ideo non ex integro descripsi, quoniam magis ea quæ in tempore necessaria fuerunt, quam aliqua generalia constituta sunt; sed ad instructionem studiosorum ejusdem Concilii Brevem digessi*. Non est igitur cur miretur noster Dissertator pro Hipponensibus Canonibus habitos esse aliquos quos Breviario insertos non legimus: hoc enim ipsa Breviarii ratio postulat, ut non omnia complectatur.

Quod autem insuper asserit, nulla e statutis hoc Breviario contentis ab ullo referri ac laudari pro Canonibus Hypponensibus, confidenter magis id dictum, quam vere ac perite, nullo negotio probaturi sumus.

Primum enim Augustinus in epistola nunc 64. ad Quintianum Presbyterum sic eum affatur: *Miror prudentiam tuam, quod me admonueris, ut jubeam non recipi eos, qui ad nos a vobis ad monasterium veniunt, ut quod statutum est a nobis in Concilio permaneret; & tu non memineris in Concilio institutum quæ sint scripturæ Canonicæ, quæ in populo Dei legi debeant. Recense ergo Concilium, & omnia quæ ibi legeris commenda memoriæ, & ibi etiam invenies de solis Clericis fuisse statutum, non etiam de laicis, ut undecumque venientes non recipiantur in monasterium. Non quia monasterii facta mentio est, sed quia sic institutum est, ut Clericum alienum nemo suscipiat*. Ecce 12 duos Canones ab Augustino

12 laudati; unus de Scripturarum Canone, alter de alieno Clerico non suscipiendo. Prior exstat quidem in illo Concilio Carthaginensi an. 397. quod refertur in Codice Africano, & inter acta Concilii quod vulgo Carthaginense III. dicitur; sed neutrum indicatum esse hoc loco ab Augustino certum mihi videtur. Nam ex duabus illis collectionibus alterutram fictitiam esse oportet, utpote quæ & eodem anno & mensi assignentur, & iisdem fere Canonibus constent: at nemo est qui auctoritatis ac authentiæ ADDIT. primas Codici Africano ultro non concedat, ac consequenter alterius acta prorsus commentitia non pronuntiet, ut aliquando forte fusius probabitur. Si ergo Carthaginensem Synodum designare voluisset Augustinus, non aliam designare potuisset quam quæ Codici Africano ad annum 397. inserta habetur. At ex Concilio illo duos Canones a se laudatos hausisse mihi non videtur Augustinus. Agitur enim de Concilio, cui ipse interfuerat: *Quod statutum est a nobis in Concilio*. Porro Concilio an. 397. non interfuerat sanctus Doctor, ut ex actorum initio clarum est, ubi Aurelius commemorat litteras Crescentiani Numidiarum Primatis ad se scriptas, in quibus promittebat pro suæ provinciæ Episcopis, *quod aut ipsi dignarentur venire, aut ad hoc Concilium fuissent ex more destinaturi legatos; sed hoc*, inquit, *minime factum videtur* &c. Restat igitur ut ex Concilio Hipponensi geminum Canonem hauserit, cui Concilio ipse testatur se nondum adhuc Episcopum interfuisse. Deinde quod simpliciter *Concilium* appellet Episcopus provinciæ Numidiæ & ipsius Hipponæ Episcopus Hipponense Concilium indicare mihi videtur, velut testem sibi domesticum, quod Concilium celeberrimum fuerat, primum sub Aurelio Primate, eo imprimis consilio congregatum ut collapsa Ecclesiæ Africanæ disciplina rursus instauraretur, ad quod denique velut ad archetypum quoddam animos adverterunt Africani Episcopi, quoties de aliquibus disciplinæ capitibus restituendis in Synodis inquisitum est. Denique cum vel Hipponense indicaverit Augustinus, vel Carthaginense an. 397. celebratum, primum potius quam secundum fuisse illi ob oculos inde conficio, quod proprie postremum istud de Clericis alienis non suscipiendis nihil sancivit, *sed in multis Conciliis hoc statutum esse* in memoriam revocat. Epigonius Cod. Africi c. 54. Synodi Patribus, & *nunc hoc confirmandum esse* ab illorum prudentia suggerit, *ut Clericum alienum nullus præripiat Episcopus præter ejus arbitrium cujus Clericus fuerit*. Postulavit etiam *Victor promotione antiquissimus petitionem Epigonii generalem omnibus effici*; sed obstante Primate Aurelio nihil conclusum. Insuper dicitur Julianus *contra statu-*

EDITORUM ADNOTATIONES.

11 Codicis, ut in vulgatis Conciliorum appellatur, Africani auctor est Dionysius Exiguus, ex cujus collectione Africani canones fuere excerpti, & in Græcam linguam traducti. Lege Tractatum de collectionibus huic tomo insertum part. 2. c. 3. §. 9. n. 6.

12 Duo laudati canones fuerunt quidem conditi in Concilio Hipponensi; at dein abbreviati lecti fuerunt confirmati, & inserti Synodo plenariæ Carthaginensi anni 397. in qua Augustinum jam Episcopum interfuisse ostendimus in citato Tractatu part. 2. c. 3. §. 3. paullo ante finem, ubi de ejusdem Synodi subscriptionibus egimus. Cum porro de canone alienum Clericum respiciente idem Augustinus scribat: *Quod statutum est a nobis in Concilio* palam est significare Concilium, in quo ipse jam Episcopus sedit ac *statuit*. Igitur non ex Hipponensi, in quo erat tantummodo Presbyter, sed ex Carthaginensi anni 397. eos canones allegavit. Videsis restitutionem canonum hujus Synodi loco citato, ac exinde intelliges, eamdem Synodum nec apud Isidorum, nec in Codice Africano omnino perfectam exhiberi.

statuta Concilii faciens, si Clericum surreptum non restituerit. Jam ante igitur conditum fuerat ejusmodi statutum in aliquo Concilio, nec alio quam Hipponensi: de hoc igitur locutus est Augustinus, quod Concilium pariter hoc loco simpliciter Concilium nuncupatur, ut ab Augustino factum legimus.

Secundum testem pro Hipponensi Bre-
13 viario adduco 13 collectorem Africanum Conciliorum omnium temporibus Aurelii Primatis congregatorum. Habetur illa collectio in Codice Canonum Ecclesiæ Africanæ, qui duabus constat partibus, cujus prima continet Canones sub triginta & tribus titulis, eosque corrogatos ex tribus fere Conciliis, quorum primum habitum est sub Grato Carthaginensi Primate an. 348. secundum sub Genethlio item Primate an. 390. tertium vero est Hipponense nostrum sub Aurelio primum & celebratum anno 393. Quam ob caussam, secundam Codicis partem, quæ est Conciliorum sub Aurelio congregatorum, ab Hipponensi auspicatur Collector; sed quia istius Synodi Canones jam collecti fuerant in prima Codicis parte, ad eam relegat lectorem: *Gesta*, inquit, *hujus Concilii ideo descripta non sunt, quia ea quæ ibi statuta sunt, in superioribus probantur inserta*. Quærendi sunt igitur in prima illa Codicis parte Hipponenses Canones, inter triginta & tria illa statuta: & reveia omnes fere constitutiones in Breviario nostro recensitæ, illic inveniuntur quales erant antequam insertis aliis quatuordecim auctiores fierent & in aliis quibusdam partibus in melius reformarentur.

Tertii testis loco erit Concilium Carthaginense universale sub Bonifacio Primate celebratum an. 525. post restitutam Africanis Ecclesiis & Episcopis libertatem a VVandalorum tyrannide. In illo recitata sunt plurima ex gemina illa parte Codicis Africani. Ex secunda longe plura ac præsertim ex Concilio anni 397. quod *tertium* sine addito appellat, nimirum tertium sub Aurelio, sed ad calcem primæ diei duas insignes particulas non ex Breviario Hipponensi, sed ex integris hujus Concilii Actis quæ tunc adhuc supererant.

Primum excerptum eam exhibet gestorum partem, in qua, quemadmodum compendiose
14 diose refertur in prima 14 additione ad nostrum Breviarium, *Placuit etiam propter controversiam, quæ sæpe solet oboriri, ut omnes Africanæ Provinciæ observationem diei paschalis ab Ecclesia Carthaginensi curent accipere*.

Alterum excerptum continet eam Actorum partem in qua statutum hoc conditum fuit: *Primatem proprium Mauritania Sitifensis, cum id postularet, habere permissa est in longinquioribus Mauris*, ut habet codex noster in additione prima Breviario facta a Carthaginensibus Patribus. Item altera pars ejusdem statuti, quod abbreviatum pariter habetur post verba mox relata: *Ceteri primæ sedis Episcopi ex Concilio Episcopi Carthaginensis Ecclesiæ Primates provinciarum suarum constituendos esse professi sunt, si aliqua altercatio fuerit*. Non potest, opinor, luculentius refutari argumentum Schelstratii, desumtum a scriptorum omnium, aut monumentorum antiquorum, ut putabat, silentio, quam gemina illa interlocutione, quæ Codici nostro & Hipponensi præsertim Breviario lucem affert maximam, certumque sinceritatis characterem.

Abunde igitur videor mihi satisfecisse primæ parti argumenti quinti, quo asseritur, *quod nullus eorum, qui Concilii Hipponensis meminerunt, vel unum ex omnibus titulis (primo de Paschate excepto) agnoverit pro titulis Canonum Hipponensium*. Immo meminit Augustinus, meminit auctor partis 2. Codicis Africani, & omnes fere illius Canones in priori recensitos digito monstrat: meminere Carthaginensis Concilii plenarii Patres anno 525. congegati, & duas integrorum Actorum particulas insignes, duasque sanctiones Hipponenses ob oculos ponunt: meminit denique Ferrandus, cujus testimonium potissimum objicit & urget Dissertator adversus Breviarii sinceritatem, quod clare patebit ex iis ad quæ pergimus.

Altera pars quinti argumenti hæc est: *quod cuncti (qui Hipponensis Concilii meminerunt) alios retulerunt (Canones) qui in Breviario illo non reperiuntur*. Ad generalem hanc objectionem, generalem supra responsionem reposuimus: singulis exemplis jam responsum imus. Hoc 15 primum 15
subjicitur. *Quatuordecim annis tantum post Concilium Hipponense celebratum fuit Carthaginense Concilium sub Aurelio, qui refert in Hipponensi Concilio statutum fuisse de Con-*

EDITORUM ADNOTATIONES.

13 Dionysius Exiguus, non autem quispiam Africanus, auctor est vulgati Codicis Africani: neque ille in hoc Codice collegit omnia Concilia sub Aurelio celebrata, sed exhibuit unam Synodum Carthaginensem anni 419. in qua antecedentia Concilia sub eodem Aurelio lecta & inserta fuerunt. Confer quæ diximus in Tractatu part. 2. c. 3. §. 9. ubi etiam de prioribus XXXIII canonibus ejusdem Codicis quid sentiendum sit, explicatum invenies.

14 Quæ hic a Quesnello vocatur *prima additio ad nostrum Breviarium*, & quæ paullo post similiter dicitur *additio prima Breviarii* facta a Patribus plenariæ Synodi Carthaginensis, pars est ipsius Breviarii Hipponensis, quod a Byzacenis Episcopis & Aurelio Carthaginensi conditum fuit. Consule not. 10.

15 De hoc primo ac de secundo exemplo vide not. 42. in cap. 2. nostræ collectionis.

ADDIT. *Concilio plenario singulis annis per diversas Africæ provincias habendo, quod nullibi reperitur in Breviario*. Pondus ego libens addo objectioni. Nimirum non in illo solum Concilio anni 407. sed in Concilio generali anni 397. bis fit mentio statuti illius Hippone conditi, ut videre est Cod. Afric. c. 51. & 52. Sed quid tum? si omnia in Breviario continerentur, non esset Breviarium. Deinde prima pars statuti tota quanta est, jacet capite 5. Breviarii nostri: & revera legitur etiam inter Hipponenses Canones in prima parte Codicis Africani recensitos. Altera vero pars non videtur omnibus placuisse, & eam ob caussam non excerpta. Nam in Concilio anni 397. in quo repetiti ac confirmati sunt Canones Hipponenses, hæc c. 51. Codicis dicit Aurelius: *Nos spopondisse jam dudum meminimus, ut singulis quibusque annis ad tractandum conveniamus*. Hac occasione Honoratus & Urbanus Legati provinciæ Sitifensis alteram partem commemorant, *Quia constitutum est in Concilio Hipponensi singulas provincias tempore Concilii visitandas esse*; & exinde urgent ut secundum ordinem Mauritania provincia visitaretur, id est ut in ea provincia Concilium generale per vices congregaretur. Quo audito sermonem arripuit Aurelius, effecitque ut nihil Legatis promitteretur: & tamen *hoc observatum est*, inquit Aurelius in Concilio an. 407. *ut induceremus aliquando in Numidia, aliquando in Byzacio*; *at*, ut idem statim subjicit, *hoc laboriosum omnibus fratribus visum est*. Quamobrem in capite subsequenti (n. 95.) placuit Synodo universæ 1. *Ut non sit ultra fatigandis fratribus anniversaria necessitas*. 2. *Quoties exegerit causa communis .... congregandam esse Synodum in ea provincia ubi opportunitas persuaserit*. 3. *Ut causæ quæ non sunt communes, in suis provinciis judicentur*. Hæc opinor caussa fuit cur statutum, quod aliarum provinciarum Episcopi condi curaverant apud Hipponem, Aurelio tunc temporis adhuc recente in Primatu & in aliena provincia Synodo Præsidente, idem in sua anni 397. Synodo absentibus Numidiæ Episcopis excerpi ac confirmari vetuerit, ac post aliquot annos etiam abrogari curaverit.

Idem fere dicendum de Canone Hipponensi, quo statutum dicitur, ut x. Kal. Septembris annuus Provinciarum Conventus haberetur. ADDIT. Videtur enim Primas Carthaginensis cum suis Coepiscopis ægre tulisse ut ejus arbitrio non dimitteretur cura deligendi & tempus & locum Concilii: unde in Codice Africano, ut unica Synodus extra Carthaginem coaluisse conspicitur, post Hipponensem; ita unica x. Kal. Septembris; etsi paucæ aliæ ad istum temporis articulum accedunt. Quare non curavit Aurelius Hipponensem illum Canonem retineri in Breviario. Si hæc non satisfaciunt, addo hoc statutum non pertinere ad communem Clericorum disciplinam, & eam ob rem Breviario non contineri. Producat Dissertator originalia & integra Concilii Acta, & illic omnes ad unum, Canones ostensurum me spondeo.

Eadem responsione eliduntur objecta Ferrandi capitula, quæ 16 ex integris Actis 16 excerpta ab illo fuere, sicut factum est a Patribus Concilii Carthaginensis anni 525. sub Bonifacio Primate.

Sextum argumentum repetit Dissertator ex Carthaginensi Concilio, quod vulgo tertium dicitur, & in quo Canones illi Hipponensi Concilio attributi, statuti sunt. Sed hæc Canonum collectio quæ sub nomine Concilii tertii Carthaginensis circumfertur, extra Codicem Africanæ Ecclesiæ, 17 cer- 17 tissime spuria est ac supposititia, ut jam superius evici. Genuina Synodi istius Acta sola illa sunt quæ in Africano Canonum Codice habentur ad annum 397. Cæsario & Attico Coss. At vero qui istius Codicis partem, quam Dissertator objicit, paullo accuratius inspexerit, statim animadvertet quam vana sit ejus objectio, quam his verbis proponit, adducta prius Epigonii Episcopi sententia: *Epigonius Episcopus dixit: In hoc Breviario, quod decerptum est de Concilio Hipponensi, nihil arbitramur esse emendandum, vel assuendum, nisi ut dies sanctæ Paschæ tempore Concilii innotescat*. Quo ex Canone habemus, inquit Schelstratius, nihil de statutis Hipponensibus relatum fuisse inter Canones Concilii Carthaginensis III. quam illud quod de Paschate tractat.

Quis non miretur animadversum a Dissertatore non fuisse, verba illa Epigonii, *Nihil*

EDITORUM ADNOTATIONES.

16 Capitula Synodi Hipponensis anni 393. non ex integris hujus Synodi gestis allegavit Ferrandus, sed ex actis plenarii Concilii Carthaginensis anni 397., quibus Breviarium erat insertum. Quæ autem capitula ille recenset ex *Concilio Hipponiregiensi*, non spectant ad Concilium Hipponense anni 393. sed ad aliud anni 427. Vide Tractatum part. 2. c. 3. §. 3. & 9. nec non part. 5. ubi de Ferrandi Breviatione sermonem fecimus.

17 Immo apud Isidorum plenius exhibentur canones Concilii Carthaginensis III. anni 397. quam apud Dionysium in Codice Africano, in quo non omnes canones ejusdem Concilii suo loco descripti fuere. Solum apud illum ordo canonum non servatur, quidam etiam canones recitantur cum lectione alicubi mutata in Synodo anni 419. unusque canon ex alia Synodo perperam assutus fuit: quæ omnia explicavimus pluribus in Tractatu part. 2. cap. 3. §. 3.

ADDIT. 18 *Nihil arbitramur emendandum, vel assuendum, nisi ut* &c. extendi 18 non ad solum Canonem de Paschatis die Concilii tempore indicanda, sed ad alios etiam tredecim Canones illi subjectos, qui omnes sunt inserti Breviario Hipponensi? ut facile intelligitur ex his verbis Canoni decimoquarto appensis: Quibus insertis *Honoratus & Urbanus Episcopi &c. dixerunt*. Non unicus igitur Canon assutus est Hipponensi Breviario, sed toti quatuordecim.

Et ne quis objiciat, parum credibile esse, Epigonium statim nulla habita deliberatione, tot Canones protulisse Breviario inserendos, meminisse opus est, additionem istiusmodi jamdiu ante fuisse statutam ab Aurelio ceterisque Episcopis, *qui diem & tempus Concilii prævenerant*, ut loquitur Aurelius in eo tractatu quem cum Byzacenis idem tunc habuit, in eo forsan conventu qui iisdem Coss. sexto Kalendas Julias habitus Carthagine legitur in Codice Africano ad calcem Concilii de quo agimus. Et revera eadem illa sunt quæ in Codice nostro post Synodicam dicuntur *in Concilio Carthaginensi cum Byzacenis Episcopis collata & diligentius tractata*.

Quamobrem antequam Epigonius loqueretur, hæc Aurelius dixerat: *Si ergo placet, quæ tractata sunt legantur, & singula a vestra caritate considerentur*. Post quæ Epigonius non privatum, sed commune conventus illius suffragium prolaturus, non ait *arbitror*, sed *arbitramur*, & insertis quatuordecim Canonibus, ad alia tractanda perrexerunt Patres.

Tantum abest igitur, ut objectus Codicis locus Breviarii sinceritatem minuat, ut potius illam confirmet, cum omnes illi Canones revera inserti habeantur Breviario. Econtrario autem infirmat auctoritatem collectionis illius Canonum Concilii Carthaginensis tertii, quæ extra Codicem habetur in voluminibus Conciliorum. Constat enim quatuordecim illos insertos Canones ante x. Kalendas Septembris editos non fuisse. Constat etiam post illam Synodum aliam congregatam non fuisse eodem anno apud Carthaginem: ac proinde fictitiam esse necesse est vulgarem illius Canonum farraginem. Illa autem quæ in Codice habetur * x. Sept. anno 397. collecta, est vere Carthaginensis, * leg. V. Kal. Sept. Est enim earum quæ sub Aurelio coactæ sunt tertia; sed prima Hippone, duæ aliæ apud Carthaginem celebratæ sunt.

Septimum argumentum, ex subscriptione Aurelii petitum, responsione non indiget, explicata superius Synodorum Carthaginensis & Byzacenæ differentia, ceterisque quæ initio hujus Dissertationis discussa sunt. Plura supersunt quæ emendatione indigent in illa Schelstratii Dissertatione; sed modo non vacat illis discutiendis operam collocare. Mihi satis est exsufflasse cuncta quæ a viro non indocto adducta fuerant, ut Breviario illi Hipponensi auctoritatem detraheret, ac per illius latus Romanum Canonum codicem confoderet. Fallor, nisi omnes quorum palato sacra sapit antiquitas, mihi jam ultro non concesserint, suam modo constare Breviario illi Hipponensi sinceritatem & auctoritatem, egregiumque istud rei canonicæ monumentum ab omnibus suppositionis suspicionibus plane liberum jam esse debere: ac demum ex illius authentia non parum auctoritatis ac ponderis accedere integro, cui insertum est, 19 Canonum Ecclesiæ Romanæ Codici, cujus antiquitati ac sinceritati tot alia momenta suffragantur. 19

EDI-

EDITORUM ADNOTATIONES.

18 Epigonii verba non ad solum quidem Hipponensem canonem de die paschatis, qui Dionysii inconsideratione omissus fuit, nec ad solos canones tredecim Breviarii Hipponensis suo loco insertos, sed ad totum Breviarium, quod ante Epigonii interlocutionem lectum fuerat, extendenda sunt. Confer Tractatum part. 2. c. 3. §. 3. n. 52. Solos tredecim Breviarii canones Dionysius suo loco inseruit, quia alios in Synodo anni 419. repetitos antea recitaverat. Tota Quesnelli confusio in hac Appendice ex eo pendet, quod valde confusa haberetur Conciliorum & canonum Africanorum notitia, nec restitutum esset Concilium plenarium Carthaginense anni 397. Cum vero nos in præmisso Tractatu part. 2. c. 3. pluribus laboraverimus, ut singulos canones suæ cuique Synodo assereremus, eo lectores remittimus.

19 Immo ex hoc Breviario, uti nostræ collectioni insertum est, non modicum confirmatur, eamdem collectionem non posse reputari antiquum *Codicem canonum Ecclesiæ Romanæ*. Cum enim in ea duo ultimi canones ad Breviarium non pertineant; si Ecclesia Romana hoc Breviarium olim recepisset, his additamentis idem careret in publico ipsius Ecclesiæ Codice, sicut caret in MS. Veronensi, licet publicus Codex non fuerit.

EDITORUM
OBSERVATIONES
IN DISSERTATIONEM XII.
PASCHASII QUESNELLI
DE CODICE CANONUM ECCLESIASTICORUM
ET
CONSTITUTORUM SANCTÆ SEDIS APOSTOLICÆ,

quem ille perperam Romanæ Ecclesiæ attribuit.

I. CUm Quesnellus in MS. Oxoniensi collectionem canonum, & constitutorum Sedis Apostolicæ conjunctam deprehendisset cum epistolis & sermonibus S. Leonis Romani Pontificis; statim eam opinionem induxit in animum, hanc collectionem ad Romanam Ecclesiam pertinuisse, fuisseque publicum ejusdem Ecclesiæ codicem, qui quidem in usu fuerit sub Innocentio I. Zosimo, & Leone Pontificibus. Licet autem huic sententiæ nec titulus ipsius collectionis, nec præfatio, nec ulla alia adnotatio suffragaretur; magno tamen conjectatori facile fuit plura congerere, ut eamdem sententiam aliqua verisimilitudine indueret. Absoluta in hanc rem Dissertatione, Thuaneum codicem ejusdem collectionis multo vetustiorem, quem antea ob solas Leoninas litteras contulerat, diligentius evolvens, pervidit eamdem in eo canonum & constitutorum collectionem reperiri, sed sine sermonibus S. Leonis, & cum paucioribus ejusdem epistolis, quam in MS. Oxoniensi; ac præterea has in illo invenit ipsi collectioni adnexas, cum in exemplo Oxoniensi aliis pluribus epistolis ipsius Pontificis additæ, distinctum veluti corpus conficerent. Si antiquiori ac præstantiori codici majorem fidem præbuisset, & si hoc inter utrumque codicem discrimine monitus, exquisisset alia ejusdem collectionis MSS. exemplaria, quorum plura in Gallicanis bibliothecis conservantur; facile cognovisset, eam collectionem in hoc uno Oxoniensi exemplo, ac in alio antiquiori, ex quo Oxoniense exscriptum fuit, conjunctam fuisse cum Leonis operibus, meroque antiqui librarii arbitrio ab ea disectas fuisse duas & triginta ipsius Pontificis epistolas, ut inter ejus opera cum ceteris ejusdem epistolis describerentur. Hinc autem intelligens eas epistolas XXXII. hujus collectionis esse portionem ceteris omnibus vetustioribus exemplaribus probatam, ipsamque collectionem, ut Romana credatur, nihil præsidii habere ex Leonis operibus, quæ in Oxoniensi adnectuntur, sententiam primo receptam fortassis deseruisset. At cum hæc ipsi multum placeret, novo labore lucubratam Dissertationem recognoscere, & in ipsa fusius eamdem opinionem fulciri nisus est. Ut autem quæ huic opinioni adversabantur componeret, octo ætates ejusdem Codicis distinxit, ac si hæc collectio non uno tempore condita, sed pluribus subinde accessionibus aucta fuerit: quod tamen nullo codice, auctoritate nulla probare potuit, sed ex eo solo præjudicio statuendum fuit, quod hic Codex Romanæ Ecclesiæ esset, nec aliter objectis difficultatibus respondere liceret.

II. Totus itaque hic ejus labor mera est inanium conjecturarum congeries, quam disjicere non difficile fuerit. P. Coustantius in præfatione ad tomum primum Epistolarum Romanorum Pontificum part. 2. §. 3. scite quidem &

naviter non pauca produxit, ex quibus illius nisus satis eliditur. Juverit tamen & studium nostrum, quo dum ex ejus observationibus proficientes alias atque alias adjiciemus, præmissæ Dissertationis falsitas evidentius elucescet. In id autem eæ rationes præmittentur, ex quibus hunc Codicem ad Romanam Ecclesiam non pertinuisse constabit. Tum vero Quesnelli argumenta, seu potius conjecturas ad calculos revocabimus.

CAPUT I.

Probatur Codicem a Quesnello editum non fuisse Romanæ Ecclesiæ. Fuit collectio privato studio condita in Galliis.

I. Tria sunt potissima capita, quæ collectionem a Quesnello vulgatam non fuisse Codicem canonum Romanæ Ecclesiæ auctoritate editum, usuque receptum probant. I. Quia multa continet, quæ Romanæ Ecclesiæ non congruunt. II. Quia non paucis caret, quæ in publico ejusdem Ecclesiæ Codice non fuissent omissa. III. Quia nimia confusione inficitur, quæ Codice Romano sub sapientissimis Pontificibus edito indigna sunt. Primum caput plura demonstrant.

Versio Nicæni in Codice recepta discrepat a Romana. II. Versio canonum Nicænorum, quæ in Quesnelliana collectione exhibetur, aliena est ab interpretatione, quæ in Romana Ecclesia obtinebat. Duæ Nicæni Concilii particulæ suppetunt ex ea versione, quam eadem Romana Ecclesia recepit, nimirum symbolum, quod S. Leo inseruit epistolæ 165. ad Leonem Augustum cap. 3. & canon de Catharis recitatus ab Innocentio I. in epistola ad Rufum Thessalonicensem aliosque Episcopos Macedones, quæ in nostra collectione describitur cap. 22. Confer utrumque cum interpretatione nostri Codicis, & versionis discrimen in oculos statim incurret. In canone autem de Catharis dissimilitudo utriusque interpretationis eo major patebit, quod non tam in verbis sita est, quam in sensu; & in eo quidem sensu, qui in Codicis Quesnelliani versione disciplinam omnino erroneam, & ab Ecclesiæ præsertim Romanæ disciplina ac doctrina maxime abhorrentem præfert. De Catharorum enim Clericis ad Ecclesiæ unitatem redeuntibus, qui ex Innocentii interpretatione recipiendi erant sola manuum impositione, in versione ejusdem Codicis traditur: *Placuit sancto Concilio ut ordinentur, & sic permaneant in Clero*. Quandonam Romana Ecclesia Clericos in hæresi vel schismate rite ordinatos, dum in gradu suo reciperentur, iterum ordinare consuevit? Num ejusmodi versio, in quam interpretis inconsideratione error irrepsit, a Romana Sede recepta, & publico Codici inserta credi potest? Etsi vero in versione quoque ab Innocentio proposita aliquid difficultatis insit, ut pluribus explicavimus tomo II. not. 13. in Observationes Quesnelli ad epist. 167. nulli tamen errori dogmatico favet. Neque probabilis est ejusdem Quesnelli responsio allata cap. 6. Innocentium scilicet, dum Macedonibus rescripsit, *voluisse canonem, qui objectus fuerat, verbum e verbo vel scribere, vel vertere ex eorum litteris*: perinde ac si vel illi Græci latine scripserint ad Innocentium, vel Innocentius ex Græco textu latine reddiderit canonem nova versione, quæ erroneam disciplinam ingereret, ea neglecta, quæ in sua Ecclesia recepta erat: cum nihil hæc nova versio ad caussam pertineret, ut ipse Quesnellus eodem loco fatetur. *Alterutra versio*, inquit, *æque Innocentii caussæ patrocinabatur*. Et si quidem ex Romana versione metuendum ipsi erat, ne forte *Macedones* (ut ille ait) *ejus auctoritatem declinarent, & ad canonis fontem* (utique Græcum) *provocarent*; æque timendum erat de nova versione, quam ipse Pontifex confecisset. Quæstio cum Macedonibus non circa ordinationem versabatur, num rata esset, an irrita; sed in eo erat, num a Bonoso ordinati recipiendi essent in Clero. Macedones hoc asserebant Nicæni canonis auctoritate, in quo ut Cathari, seu Novatiani in suo gradu reciperentur concessum fuit. Innocentius vero id negans, canonem eo tantum consilio recitavit, ut ostenderet, indulgentiam erga Novatianos adhibitam peculiari de caussa, ad alios hæreticos & ad Bonosianos non esse extendendam: quam in rem nulla nova versione opus fuit. Igitur Innocentii versio Romana negari non potest; ac proac propterea quæ in nostra collectione tam est diversa, aliena agnoscitur ab eo Codice, qui in Romana Ecclesia receptus credatur.

III. Alium quoque Nicænum canonem XI. observare libet. Felix III. in epist. 7. ad Episcopos per diversas provincias constitutos hæc scripsit: *De Clericis autem & Monachis, aut puellis Dei, aut sæcularibus servari præcipimus hunc tenorem, quem Nicæna Synodus circa eos qui lapsi sunt vel fuerunt servandum esse constituit, ut scilicet qui nulla necessitate, nullius rei timore, atque periculo se, ut rebaptizarentur, hæreticis impii dediderunt, si tamen eos ex corde pœniteat, tribus annis inter audientes sint, septem vero annis subjaceant inter pœnitentes manibus Sacerdotum; duobus etiam oblationes modis omnibus non sinantur afferre, sed tantummodo sæcularibus* (al. *popularibus*) *in oratione socientur*. Nihil dubitandum videtur, quin hic verba Romanæ versionis canonis XI. a S. Pontifice exscripta fuerint, a quibus nimium multum absunt verba interpretationis in Quesnelliana collectione insertæ, ubi idem canon sic effertur c. 17. *De his qui prævaricati sunt sine ulla necessitate, sine ablatione patrimonii, vel sine aliquo periculo* &c. *Si qui ergo ex animo pœnitent, tribus annis inter auditores constituantur, si fideles sint, & septem annis inter pœnitentes: duobus vero annis extra communionem in oratione sola participes fiant populo*. Par fere dissimilitudo deprehenditur etiam in duobus aliis Nicænis canonibus 13. & 14. ab eodem Pontifice in laudata epistola memoratis, qui in Quesnelliano codice recensentur can. 19. & 20. Quis ergo Romanum Codicem credat, in quo tantum est versionis Nicænorum canonum discrimen?

IV. Multo autem magis alieni sunt a Romano Codice, qui in usu fuerit Innocentio I., Zosimo, ac Leone Pontificibus (sic enim ab ipso Quesnello inscribitur) canones aliarum Synodorum nostræ collectioni inserti, cum solos canones Nicænos & Sardicenses simul junctos & Nicænorum nomine inscriptos Romana Ecclesia ad Leonem usque receperit. Id latius probavimus in præmisso Tractatu part. 2. c. 1. ubi inter cetera eorum opinionem rejecimus, qui Græcos canones antiquiorum Conciliorum Ancyrani, Neocæsareensis, atque Gangrensis Nicænorum nomine a veteribus Romanis Pontificibus designatos contendunt. Clariora porro sunt, quæ Constantinopolitanos canones in Romana Ecclesia diutius, seu usque ad S. Gregorii tempora, non receptos evincunt. Frustra vero hanc objectionem elidere Quesnellus nititur cap. 2. ubi varias sui Codicis ætates comminiscens, eosdem canones post S. Gregorium Codici additos ingerit. Cum id nulla ratione fulciatur, merum inventum agnoscitur, ut invicti argumenti vis declinetur. Ejusmodi etiam sunt alia multa in iisdem ætatibus distinguendis, quæ nulla alia de caussa afferuntur, nisi ut aliis difficultatibus occurratur. Quis vero meris arbitrariis inventis fidat, publicumque Romanæ Ecclesiæ Codicem adstruat, qui evidentissimis argumentis refutatur? Ipse Quesnellus Dissert. XI. num. 6. *Numquam*, inquit, *a Romanis Pontificibus Leoni vel æqualibus, vel anterioribus alios canones citatos legimus præter Nicænos vel Sardicenses pro Nicænis habitos. Innocentius I. expressis verbis ait, alios recipiendos non esse*. Quis ergo eum Romanæ Ecclesiæ Codicem venditet, in quo præter Nicænos & Sardicenses aliarum quoque Synodorum canones *recepti inveniuntur?* At subdit: *Nec particularium Synodorum decreta, etsi aliquæ illarum Synodorum in Codicem Romanum jam essent relatæ, ante Calchedonensem Synodum apud plerasque Occidentalium partium Ecclesias in auctoritatem recepta sunt*: idest, relata erant in Codicem publicum, sed in auctoritatem non erant recepta, nec idcirco ab ullo Romano Pontifice umquam citata fuere. Quis id intelligere potest? Cum Codex publica auctoritate editur, ut publico usui inserviat; canones in eo inserti publicam auctoritatem acquirunt. Si nulli alii canones præter Nicænos & Sardicenses auctoritatem habebant in Romana Ecclesia, non ergo fuerant publico Codici inserti, nec publica auctoritate vulgati. Quomodo igitur Codex Quesnellianus ille esse in ipso titulo traditur, qui *in usu erat in Romana Ecclesia sub Innocentio I., Zosimo, & Leone*, si canones in eo descripti non erant in auctoritatem recepti? Num quod erat *in usu* in *Romana Ecclesia*, in auctoritate non erat? Nonne Quesnellus in antecedenti Dissertatione XII. cap. 2. circa

Canones recipit Codex a Romana Ecclesia non receptos.

circa medium contendit, decreta *promulgata haberi*, ita ut homines *iisdem teneantur obnoxii, cum publico ac recepto Codici habentur inserta?* Pro publico autem ac recepto Codice suam collectionem venditat. Dum ergo descriptis antea verbis particulares Synodos in eadem collectione propositas in auctoritate non fuisse prodit, ipse sibimet manifestissime contradicit. Quanto igitur melius dicemus, eam collectionem, in qua Synodorum canones a Romana Ecclesia non recepti describuntur, pro Romano publico Codice haberi non posse?

Alia Romano Codici minus congrua notantur. differt. 12. c. 2. ætat. 1. Codicis.

V. Alia ejusmodi Codici minus congrua paucis indicabimus. Quis credat Romanos Pontifices in suo Codice publico Breviarium Synodi Hipponensis conditum in Concilio Carthaginensi anni 397. Idibus Augusti, cum tribus alienis canonibus recepisse? Si Quesnello credendum esset, idem Breviarium secundo Codicis capitulo insertum fuit, cum *oborta Pelagiana hæresis majoris Romanam inter & Africanam Ecclesiam commercii necessitatem fecit*. Si autem, ut ipse ait, *hac occasione magis innotuit Romanæ Ecclesiæ Africana disciplina, quam suis moribus accommodatam judicantes Romani Cleri proceres, suam illam facere ac proprii codicis partem esse voluerunt*; ea utique innotuit ex Aurelio & Augustino Episcopis Africanis, qui præcipue eadem occasione ad Romanos Pontifices litteras dedere. Breviarium ergo hac occasione acceptum ab iis, qui ipsum vel condiderunt, vel confirmarunt, tres illos canones additities habere non poterat. Hæc autem animadversio sicut improbabilem ostendit Quesnelli conjectationem de tempore, quo hoc Breviarium Codici accessisse existimat; ita etiam incredibile evincit, Romanos Pontifices, si idem Breviarium aliquando accepissent, non sincerum, sed extraneis additamentis auctum accepisse, & publica auctoritate edidisse.

VI. Multo autem incredibilius est, eosdem Codici publico bis inseruisse definitionem Concilii Calchedonensis, primum capite 25. ex una versione, dein cap. 54. ex alia, quam a Quesnello omissam ex omnibus hujus collectionis exemplaribus in nostra editione produximus. Quid dicemus de errore manifesto, qui elucet in epigraphe præfixa rescripto Honorii capite decimo quarto? Hoc rescriptum signatum pridie Kalendas Maji anni 418. in epigraphe datum præfertur, *acceptis Synodi suprascriptæ gestis*, quæ capite præcedenti decimo tertio dicuntur condita sequenti die Kalendarum Maji anni ejusdem. Num vetus Romana Ecclesia tantum errorem in publico Codice inseruisset? Vide quæ hac de re plenius dicentur in Observationibus ad Quesnelli Dissertationem XIII. num. 2. Adde libellum fidei, qui Augustino attribuitur cap. 40. Hunc nihil aliud esse nisi regulam fidei multo post Augustinum conditam in Concilio Hispanico, quod Leonis jussu habitum fuit, ostendimus in notis ad Quesnelli Observationes in epist. 15. ad Turribium tomo II. Hunc autem libellum cum aliis tribus a S. Leone Codici additum Quesnellus opinatur Differt. XIV. §. 8. n. 3. Num hic Pontifex libelli memorati auctorem ignorasse credendus est, vel Augustini nomen voluisse imponere? Idem esset, si alius antiquus Pontifex Codicis auctor crederetur. Quid porro inter plures fidei libellos, qui in apostolicis scriniis servabantur, quatuor tantum in Codicem relati, ac inter hos ille Faustini, quem schismaticum fuisse certum est? Quid dicemus de nonnullis legibus ex Codice Theodosiano excerptis? Quid de Regula formatarum, aliisque similibus documentis, quæ publico Codici in Romanæ Ecclesiæ usum edito non videntur congruere?

Omissio canonis Nicæni 20. a Romano codice aliena.

VII. Nec minus movere debent, quæ in eodem Codice omissa fuere. In Nicænis canonibus non legitur ultimus de omissione genuflexionis diebus dominicis atque paschalibus. Id in eam caussam Quesnellus rejicit, quod contraria esset Romanæ Ecclesiæ disciplina. At idipsum improbabilissimum est. Quanta enim fuerit omnium & singulorum canonum Nicænæ Synodi apud Romanos Pontifices observantia, ex pluribus, Leonis præsertim, testimoniis liquet, quibus adversus Anatolii Constantinopolitani nisum uni Nicæno canoni contrarium resistens, protestatus est, se non posse permittere ut quidpiam ex iisdem canonibus violetur. Hinc in epist. 105. ad Pulcheriam Augustam cap. 2. *Quoniam*, inquit, *contra statuta paternorum canonum, quæ ante longissimæ ætatis annos in urbe Nicæna spiritualibus sunt fundata decretis, nihil*

Quanta esset observantia canonum Nicænorum in Ecclesia Romana.

hil cuique audere conceditur; ita ut si quis diversum aliquid decernere velit, se potius minuat, quam illa corrumpat. Confer etiam epist. 106. ad ipsum Anatolium cap. 4. ubi Nicænas leges *mansuras usque in finem* tradit; ac de Nicænis Patribus ait: *Apud nos, & in toto orbe terrarum in suis constitutionibus vivent; & si quid usquam aliter quam illi statuere præsumitur, sine cunctatione cassamus, ut quæ ad perpetuam utilitatem generaliter statuta sunt, nulla commutatione varientur.* Et epist. 107. ad Julianum Coensem: *Cum frequentibus experimentis probaverit dilectio tua, quam CONSTANTI FIRMOQUE PROPOSITO SANCTORUM NICÆNORUM CANONUM STATUTA CUSTODIAM, dissolvi omnes ecclesiasticas regulas æstimamus, si QUICQUAM ex illa sacrosancta Patrum constitutione violetur.* Similia leguntur in epist. 119. ad Maximum Antiochenum cap. 4. *Si quid a quoquam contra Nicænorum canonum in quacumque Synodo vel tentatum est, vel ad tempus videtur extortum, nihil præjudicii potest inviolabilibus inferre decretis; & facilius erit quarumlibet consensionum pacta dissolvi, quam prædictorum canonum regulas EX ULLA PARTE corrumpi.* Et cap. 5. *Nam quod ab illorum regulis & constitutione discordat, Apostolicæ Sedis numquam poterit obtinere consensum.* Alia ejusdem generis brevitatis gratia prætermittimus. Hinc ergo nihil dubitandum est quin omnes & singulos Nicænos canones, & illum quoque de omittenda genuflexione diebus dominicis atque paschalibus constanter ab Apostolica Sede fuisse servatos: alias si hunc unum disciplinæ canonem Romana Ecclesia respuisset, nihil potioris rationis fuisset Leoni Pontifici, ob quam tantopere reprehenderet Calchedonenses Patres, qui in frequentissima Synodo alium disciplinæ canonem reformassent, nec potuisset suam & suæ Ecclesiæ observantiam tam generalibus & solemnibus formulis profiteri.

De omissa genuflexione diebus dominicis atque paschalibus.

VIII. Hanc quidem disciplinam non tam in Oriente, quam in Occidente viguisse, testes a Quesnello producti in Dissertatione cap. 5. n. 5. satis evincunt. Alia itidem ex aliis Patribus afferri possent, quorum nonnulla ita generalia sunt, ut eamdem disciplinam in tota Ecclesia custoditam declarent. S. Hilarius prolog. in librum Psalm. num. 12. *Hæc quidem*, ait, *sabbata sabbatorum ea ab Apostolis religione celebrata sunt, ut his quinquagesimæ diebus NULLUS neque in terram strato corpore adoret.* Cum in hoc, aliisque similibus testimoniis *NULLUS* excipiatur; Romana utique Ecclesia excludi non potest. Unum satis exploratum addemus ex S. Augustino, qui cum aliquandiu Romæ versatus sit, ibidemque nonnullos libros scripserit, ut liquet ex lib. 2. Retractationum c. 7. & 10. Romanorum quidem rituum, quorum nonnullos identidem memorat epist. 36. ad Casulanum, notitiam acquisivit. Is autem epist. 55. ad Januarium, postquam num. 28. de diebus paschalibus generatim prodidit, *stantes oramus*; addidit num. 31. *Ut autem stantes in illis diebus, & omnibus dominicis oremus, utrum ubique servetur, ignoro.* Cum ex dictis ignorare nequiverit quid in eo servaret Romana Ecclesia, in qua aliquot saltem dominicis diebus perstitit; certum efficitur, eum memoratam disciplinam in hac Ecclesia invenisse. Nec minorem vim habet testimonium S. Hieronymi in libro adversus Luciferianos num. 8. *Etiamsi*, inquit, *Scripturæ auctoritas non subesset; TOTIUS ORBIS in hanc partem consensus instar præcepti obtineret. Nam & multa alia, quæ per traditionem IN ECCLESIIS observantur, auctoritatem sibi scriptæ legis usurpaverunt, velut in lavacro ter caput mergitare, deinde egressos lactis & mellis prægustare concordiam ad infantiæ significationem, die dominico & omni pentecoste nec de geniculis adorare, & jejunium solvere, multaque alia scripta non sunt* (in divinis libris) *quæ rationabilis sibi observatio vindicavit.* Hic quoque S. Doctor antequam hæc scriberet, Romæ versatus, studiis fuerat eruditus, & diebus dominicis sepulcra Apostolorum & Martyrum frequentans, standi, vel genuflectendi disciplinam eadem in urbe servatam ignorare non potuit. Si autem deprehendisset in hac principe totius orbis Ecclesia genua flecti diebus laudatis; non potuisset inter exempla eorum, quæ *in Ecclesiis totius orbis consensu* observantur, hoc recensere, quod *die dominico & omni pentecoste nec de geniculis adoraretur.* Esto autem hoc generale Hieronymi testimonium

Etiam in Romana Ecclesia.

possit

possit non comprehendere aliquam ipsi ignotam Ecclesiam, Romanam certe eidem perspectam præcipue complectitur. Confer not. 12. in cap. 5. præmissæ Dissertationis, ubi ipsa Quesnelli verba in hanc rem adhibuimus. Quod si de hac ejusdem Ecclesiæ veteri disciplina nullus peculiaris & expressus testis suppetit; id ea de caussa accidit, quia nullus, qui hoc de ritu apud Romanos scripserit, ad nos pervenit. Satis est autem nullum testari contrarium, ut ea Ecclesia in generalibus testimoniis comprehensa credatur. Neque enim nisi apertissimis argumentis persuaderi poterit, ipsam, quæ tantam erga Nicænos canones observantiam professa est, hac in re ab omnium aliarum Ecclesiarum consuetudine, & a Nicæna constitutione descivisse, ac e suis Nicænæ Synodi exemplaribus canonem de genuflexione expunxisse. Confer not. 5. in cap. 5. Dissertationis Quesnellianæ, in qua aliam observationem hoc loco opportunam proposuimus.

IX. Urget Quesnellus defectum canonis de omittenda genuflexione non tam in sua collectione, quam in abbreviatione Rufini. Cum vero idem canon desit etiam in alia vetustissima interpretatione, quam ex MS. Vat. Reginæ 1997. hoc tomo edidimus; manifestum fit, hunc defectum non proficisci ex versione Romana, sed ex aliquibus defectuosis Græcis exemplis, ex quibus tum Rufinus abbreviationem compegit, tum laudata interpretatio derivata fuit: quam quidem auctor collectionis Quesnellianæ in nonnullis secutus est, ac præsertim in omissione hujus canonis, ut in notis ad caput 1. ipsius collectionis animadvertimus. Idem vero defectus præsumi nequit in eo Græco originali, quod ad Romanam Ecclesiam ex ipsa Nicæna Synodo transmissum fuit, & ex quo versio statim lucubrata, ab eadem Ecclesia recepta est, ac diligenter custodita: ac propterea defectus potius ejusdem canonis in Quesnelli collectione, hunc non fuisse ipsius Ecclesiæ Codicem magis magisque confirmat. *Objectio Quesnelli refellitur.* *Confer not. 3. in c. 5. præmissæ Dissert.*

X. Quid porro dicendum erit de omissis in eadem collectione præstantioribus constitutionibus Romanorum Antistitum, quæ vel maxime inserendæ fuerant, si ipsi Pontifices ex Romanis archivis, in quibus omnes accuratissime servabantur, publicum Codicem edidissent? Hac autem in re ne pluribus exemplis lectores distineamus, considerare libet solas apostolicas litteras in caussa Pelagianorum, quas potissimum collectionis auctor exhibuit. Inter constitutiones autem hac in caussa editas omnium celeberrima profecto est Tractoria Zosimi, qua Pelagiana hæresis toto orbe truncata est. Hanc quidem potissimum dedissent Romani Pontifices, si monumenta hujus generis collecta in Codicem publicum retulissent. Deest autem in laudata collectione, ut aliæ plures insignes constitutiones desunt, quæ vel ab aliis collectoribus inventæ & insertæ fuerunt, vel a nonnullis antiquis indicatæ, injuria temporum periere: nec periissent profecto, si publicus Romanus Codex ejus temporis conditus ad nos pervenisset. Quot præstantissima Romanæ Ecclesiæ documenta nobis conservavit Avellana collectio Romæ olim compacta ex apostolicis scriniis, licet ejus auctor nec publica auctoritate potiretur, nec Codicem usui publico edendum sumsisset? Quanto plura dedisset Codex publica auctoritate in usum publicum promulgatus? Neque satisfacit Quesnelli responsio ex codice Dionysii, qui statutis Sedis Apostolicæ Siricio antiquioribus, aliisque etiam posterioribus non paucis caret. Dionysius enim non publica, sed privata auctoritate suam collectionem edidit, nec apostolica scrinia exacte consulere potuit. Qui autem publica auctoritate, & in publicum usum Codicem vulgasset, is apostolicum archivum evolvens, præstantiores constitutiones usui maxime utiles, quæ tunc sane non deerant, haudquaquam prætermisisset. *Defectus præstantiorum constitutionum in Romano Codice publico incredibilis.*

XI. Omnium autem maxime publicum Romanum Codicem sæculo V. editum dedecet mira confusio, quæ in nostra collectione deprehenditur. Nullus scilicet in hac ordo neque rerum, neque ætatis servatur: quippe *Conciliorum decreta*, uti ipse Quesnellus notavit cap. 4. num. 1. *Pontificum decretis miscentur, nec pro ætatis suæ ordine collocantur, sed posteriora præponuntur prioribus, topica œcumenicis*. Si quis alios publicos, qui supersunt, Romanæ Ecclesiæ libros, Sacramentarios, Antiphonarios &c. consideret, æquum in omnibus ordinem inveniet. Cum sæculo V. quo hic Codex digestus & editus creditur, sapientissimi Pontifices, aliique studiosi homines Romæ *Confusio Codicis publico Romano libro incongrua.*

mæ floruerint; si hi publico usui collectionem canonum & constitutionum concinnassent, nihil dubii est, quin documentis recto ordine dispositis Codicem omnium optimum nobis dedissent. Mirum igitur est, Quesnellum ex ea confusione, quæ a Romana ejus præsertim temporis Ecclesia maxime abhorret, intulisse Codicem esse Romanum. *Ipsa confusio*, ait c. 4. n. i. *qua offensus Laurentius quidam Dionysium Exiguum ad novum cudendum impulit*, *Romanum clamat Codicem*. Neque huic sententiæ quicquam suffragatur testimonium, quod his verbis respicit, Dionysii in epistola ad Stephanum. Dionysius enim non de publico Romanæ Ecclesiæ Codice loquitur, nec de documentorum in eo confusione, sed loquitur de translatione prisca canonum Græcorum, quæ circumferebatur in codicibus præsertim Italicis, cujus confusione Laurentius Presbyter Romanus offensus, eumdem Dionysium ad novam eorumdem canonum interpretationem lucubrandam impulerat. Hæc nimirum sunt Dionysii verba: *Quamvis carissimus frater Laurentius assidua & familiari cohortatione parvitatem nostram regulas ecclesiasticas TRANSFERRE pepulerit, CONFUSIONE credo PRISCÆ TRANSLATIONIS offensus* &c. Hæc *prisca translatio*, uti conjecimus in Tractatu de Collectionibus part. 2. c. 2. §. 3. illa esse videtur, quam post Justellum hoc tomo edidimus: quæ etsi fortassis fuerit in aliquot Romanis codicibus frequentior, non tamen hi dicuntur fuisse Codices canonum publici, seu Romanæ Ecclesiæ auctoritate editi, usuque publico recepti; nec si fuissent hujusmodi, idem habendi essent ac nostra collectio, in qua ex versione prisca præter Calchedonenses nulli alii Græcarum Synodorum canones inserti leguntur. Quod porro eodem loco Quesnellus ad confusionem Codicis aliqua ratione vindicandam subdit: *Sua ratione hæc confusio nititur, nec ordine vacat ipsa ordinis perturbatio*, ei hypothesi incumbit, qua hunc Codicem non uno tempore conditum, sed diversis ætatibus auctum cap. 2. statuit. Quæ tamen hypothesis, ut paullo ante animadvertimus, merum est inventum, seu potius commentum ad plures difficultates declinandas excogitatum, quod nulla ratione fultum nemini probari poterit. — Dionysius Exiguus Quesnello non favet.

XII. Sed ut ad confusionem nostræ collectionis revertamur, hanc, si quis diligenter singula expendat, unoque obtutu omnia complectatur, tantam esse deprehendet, ut nedum Romanæ, sed nulli alii Ecclesiæ publicum Codicem edituræ, at privato tantum homini congruat, qui primis curis ac privato studio ex arbitrio collegit quæ invenit, nunc hæc, nunc illa, nullo ordine, delectu nullo. Hunc quoque non dedecent alii defectus antea notati, quemadmodum defectus similes in aliis privatis collectionibus antiquis passim occurrunt. Hinc sicut nullæ ejusmodi collectiones sunt Codices publica auctoritate editi, ita nec nostra collectio.

XIII. Addemus tandem aliam animadversionem, qua cum probabilissimum fiet hanc collectionem non Romæ, immo nec in Italia, sed in Galliis fuisse digestam, tum vero eam Codicem Romanæ Ecclesiæ haberi non posse non modicum confirmabitur. Licet plurimum diligentiæ adhibuerimus in exquirendis hujus collectionis MSS. exemplaribus, ne unum tamen invenire licuit vel Romæ, vel in tota Italia, cum plura in Galliis passim occurrant. Gallias veteri significatione accipimus, quatenus Narbonensem, Aquitanicam, Lugdunensem, & Belgicam comprehendebant. Crabbus unum codicem Gandavensem primus adhibuit. Alanus Copus, Pamelius, & Henricus Gravius Attrebatensi usi sunt. Thuaneus, Trecopithæanus, Bellovacensis, Hubertinus S. Vedasti, & alii ejusmodi in Gallicanis bibliothecis inveniuntur. Idem censendum de duobus codicibus bibliothecæ Cæsareæ Vindebonensis, in quam aliquot exemplaria MSS. e Belgio allata fuerunt. Tanta manuscriptorum copia hoc quoque tempore conservata in solis Galliis, nonne Gallicanam hujus collectionis originem adstruit? Adde quod nonnulla documenta hujus collectionis nusquam in Italicis, sed in solis Gallicanis collectionibus reperire licuit. Ita ex. gr. Synodus Telensis, seu verius Zellensis, in Gallicanis tantum codicibus inventa est, uti monuimus not. 2. in cap. 62. nostræ collectionis. Ancyranos quoque canones ad Occidentalium disciplinam emendatos præter nostram collectionem præsefert etiam codex Corbejensis, qui aliam Gallicanam vetustissimam collectionem a P. Coustantio laudatam continet. Italicæ autem antiquissimæ collectiones Vat. Regi- — Codex nec Romæ, nec in Italia conditus, sed in Galliis.

næ

næ 1997. Lucensis 88. & Barberina 2888. quæ profecto easdem emendationes recepissent, si in publico Romanæ Ecclesiæ Codice fuissent promulgatæ, eosdem canones sine ulla correctione exhibent. Vide ergo num Romana haberi queat nostra collectio, quæ hisce characteribus Gallicana ostenditur. Hinc quidem solis Gallicanis auctoribus isthæc collectio usui fuisse deprehenditur. Pseudo-Isidorus, quem in Galliis suam collectionem digessisse ostendimus, ex eadem collectione plura decerpsit. Vide Tractatum de Collectionibus part. 3. Æneas Parisiensis in libro adversus Græcos tom. 1. Spicil. Acher. ubi nihil Isidorianum subolescit, aliquot testimonia ex nostro codice exscripsit. Non solum enim c. 187. recitat longum fragmentum præfationis Nicæno Concilio præfixæ, verum etiam c. 195. & seqq. plura refert ex documentis Acacianis iisdem lectionibus & eodem ordine, quo in eodem codice describuntur. Neminem extra Gallias ejusdem codicis vel leve indicium præbuisse invenimus.

CAPUT II.

Refelluntur argumenta pro asserendo Romano Codice a Quesnello allata capite quarto.

NUnc expendenda sunt argumenta, quibus Quesnellus suam sententiam statuere nititur; ipsaque eorumdem imbecillitas nostram sententiam magis magisque confirmabit.

De testimonio Dionysii Exigui. I. Primum argumentum sumptum ex Dionysio Exiguo satis elidimus capite præcedenti num. 11. neque enim de antecedenti Codice canonum & constitutorum Sedis Apostolicæ, qui Romæ esset publicus usuque receptus, sed de Græcorum canonum *prisca translatione* loquitur, quæ a nostra collectione maxime discrepat. Confusio autem hujus collectionis, quam diffiteri non potuit, ipsum monere debebat, ne hanc Romano publico libro adscriberet, ut ibidem animadvertimus. Ceterum si ex Dionysio argumentari liceat, duo cum P. Coustantio adversus Quesnellum breviter indicabimus. Primo si noster codex publica, ut ille opinatur, auctoritate Romanorum Pontificum editus usuque fuisset receptus; non tam facile Dionysius Romæ privatis petitionibus indulgens, de eo mutando, ac de alio Codice in ejus locum substituendo cogitasset: nec si id studiosorum hominum commodo sibi sumpsit, illud commisisset umquam, ut quæ in publico Romano Codice erant recepta, his locum in suo non relinqueret. Absunt tamen ab ejus Codice Synodorum Carthaginensis & Milevitanæ, nec non quinque Africanorum Episcoporum ad Innocentium epistolæ, ipsius Innocentii ad easdem Synodos, & Episcopos Africanos responsa, Simplicii, Felicis, & aliorum scripta, quæ in nostra collectione invenies. Dein tametsi Dionysius suum Codicem privata auctoritate concinnavit; ipsius tamen interpretatio mox a pluribus recepta fuit, adeo ut illam teste Cassiodorio de divin. lect. c. 23. Romana Ecclesia *usu celeberrimo* complecteretur. Qui autem fieri potuisset, ut tam brevi, & tam facile in desuetudinem abiisset publicus regularum Codex apostolica auctoritate vulgatus confirmatusque, & sua quodammodo antiquitate consecratus? Nonne id potius indicium est manifestum, nullum publicum Codicem Romæ vulgatum atque receptum?

Præfatio Quesnellum non juvat. II. Secundum Quesnelli argumentum, quo contendit Codicis *præfationem declarare ad usum Ecclesiæ Romanæ ipsum esse concinnatum*, plane mirificum est. In verbis enim, quæ ex ipsa præfatione recitat, nihil de Romano Codice indicatur. Sola autem mentio Romanæ Ecclesiæ, quæ Nicænam fidem *complectitur & veneratur*, Nicænasque regulas fidei, seu Nicæno Symbolo subnexas *suscipiens confirmavit*, & alia ejusdem generis, nonne etiam a non Romano collectore eoque privato scribi potuerunt, ut ne exinde publicus Codex Romanus colligi queat? Quid quod ea verba cum legantur in Gelasii decreto de scriptis apocryphis, nihil aliud innuunt, nisi collectorem in condenda præfatione, Gelasii verba exscripsisse, sicut in reliquo ejusdem præfationis textu longum fragmentum non dubitavit excerpere ex historia Rufini? Num Romanæ dignitatis fuit publici Codicis præfationem aliorum verbis compingere? Cum vero ea præfatio de Nicæna Synodo tantum loquatur, & ad Nicænam fidem

fidem ac regulas referantur verba a Quesnello descripta, quemadmodum & apud Gelasium, unde sumpta fuerunt, eodem referuntur; si a collectore ea præfatio huic codici præmissa fuit, cum Nicænos canones in Codicem retulit; ipsi Nicæni canones hujus collectionis primi post decretum Gelasii in codicem relati dicendi essent, ut ne primà hujus ætas, quam Quesnellus comminiscitur, solos Nicænos canones cum Sardicensibus præferens ad Innocentium I. pertineat.

III. Tertia probatio ex citato Gelasii decreto accersita paucis expungitur. Nulla enim ratione Quesnellus præsumit, quod nondum probavit, Gelasium ex præfatione codicis integras periodos exscripsisse, & non potius præfationis & collectionis auctorem exscripsisse ex decreto Gelasii. Hic quidem Pontifex tot celebrium & luculentissimarum constitutionum auctor non ita erat in scribendo difficilis, ut alienis verbis sententiisque indigeret, eaque solemni tractatui inserta proprio nomine edere non vereretur. Præfationis autem ignoto scriptori sicut pudori non fuit ex Rufino plura totidem verbis transcribere; ita nec ipsum puduit alia quædam excerpere ex Gelasiano decreto.

Neque decretum Gelasii.

IV. Quartum argumentum sumtum ex sexto Nicæno canone, qui a Paschasino Apostolicæ Sedis Legato eadem lectione recitatus est in Concilio Calchedonensi actione XVI. qua describitur in nostra collectione, pluribus capitibus nutat. Primo enim si idem canon eadem lectione insertus inveniatur in aliis collectionibus Latinis, quæ proculdubio Romanæ Ecclesiæ codices non fuere, non ne tota hæc argumentatio corruet? At hujus generis sunt collectiones, quæ continentur in MS. Fossatensi, in alio Claudii Hardy, in Pithœano, in Vaticano Reginæ 1997. & in aliis codicibus, qui etsi ad Romanam Ecclesiam non pertinuerint, eumdem tamen canonem cum Paschasini lectione præferunt. Secundo canonis numerus, qui a Paschasino sextus dicitur, sumi non potuit ex nostro codice, in quo decimus censetur. Potius ab eo recitatus dicendus esset ex MS. Hardyensi vel Fossatensi, in quibus non tam verba, quam numerus canonis cum Paschasino consentit: & siquidem hi codices non idcirco Romanæ Ecclesiæ dici queunt, multo minus Romanus credi potest noster codex, qui etsi in ejus canonis verbis cum Paschasino concordat, in numero tamen discrepat. Conjecturæ, quas affert Quesnellus ut hanc rationem eludat, meræ divinationes sunt; quæ locum habere nequeunt, nisi antea certe constitutum sit, Paschasinum e nostro codice canonem recitasse. Tertio neque certum est, Paschasinum e Romano exemplo eum canonem legisse, nec certum item est exemplaria Romana Nicæni Concilii eamdem lectionem ac versionem exhibuisse, quam Paschasinus adhibuit, uti observavimus in Tractatu de Collectionibus part. 2. c. 2. §. 1. n. 5. Tandem rebus pluribus manifestum fecisse videmur, auctorem nostri codicis præ oculis habuisse eam Nicænorum canonum versionem, quæ in MS. Vat. Reginæ 1997. continetur; ac ex ea canonem, de quo agimus, totidem verbis & eodem numero descripsisse. Vide notas in cap. 1. nostræ collectionis. Porro codex Vat. Reginæ certe Romanus non fuit, nec Romanam Nicæni Concilii interpretationem continet, ut in Tractatu loco allegato ostensum est. Quis ergo ex canone, qui ex versione non Romana sumtus est, nostrum Codicem Romanum fuisse colligere poterit?

Neque canon a Paschasino recitatus in Calchedonensi.

V. Neque fortior est quarta Quesnelli probatio ex parenthesi Innocentii epistolæ ad Victricium in Romanæ Sedis gratiam, ut putat, inserta: *Cujus* (Ecclesiæ Romanæ) *in omnibus caussis debet reverentia custodiri*. Cum enim hæc parenthesis absit a codice Dionysii, & a Sangermanensi antiquissimo exemplo; *facile*, inquit, *quisque adducetur, ut credat a Codicis Romani auctoribus additam, jure suo se uti autumantibus, cum in epistola Romani Pontificis aliquid addebant, quod ad ejus illustrationem faceret*. Hujus autem conjecturæ, qua Romanos in liberiorum additionum suspicionem vocat, imbecillitas patet ex duobus: tum quia falsum est eam parenthesim inveniri in sinceris nostræ collectionis exemplaribus, adeo ut ea in uno recentiori & minus exacto codice Oxoniensi posteriori manu fuerit inserta; unde ipsam uti alienam ab hac collectione idem Quesnellus in sua editione expunxit: tum quia eadem legitur in sex aliis vetustis collectionibus, quæ Romanæ non sunt. Vi-

Neque parenthesis inserta epistolæ Innocentii I.

de not. 18. in cap. 24. nostræ collectionis, in quo ipsa epistola producitur. Adeo igitur hæc parenthesis inepta est ad codicem Romanæ Ecclesiæ asserendum, ut aliis etiam in codicibus & collectionibus non Romanis reperiatur. Quod si hæc parenthesis in exemplaribus vere Romanis exstitit, uti invenitur in antiquis collectionibus præsertim Italicis, quas in memorata adnotatione indicavimus; cum sincera nostræ collectionis exempla illam ignorent, hæc collectio Romanum codicem non continere ex hoc ipso defectu pernoscitur.

Neque omissio canonis 28. Calchedonensis;

VI. Canon vigesimus octavus Calchedonensis Concilii, quo de Sedis Constantinopolitanæ prærogativa statutum fuit, deest non minus in nostra collectione, quam in Dionysiana, Prisca, Isidoriana, & aliis, sicut etiam in Græco ipsorum canonum textu non invenitur. Ad aliam enim actionem pertinet, ex qua quidam posteriores Græci illum excerpentes, ceteris canonibus diversa actione editis eumdem addiderunt; sicut duo alii canones ex aliis ejusdem Concilii actionibus ab iisdem Græcis excerpti, canonibus adjecti fuere. Quis ergo hinc nostram collectionem Romanum codicem inferat, cum id tot aliis collectionibus non Romanis commune sit?

Neque unio canonum Nicænorum & Sardicensium.

VII. Etsi Ecclesia Romana Nicænos & Sardicenses canones simul junctos, ac Nicænorum nomine inscriptos haberet; non tamen soli ejus codices hanc conjunctionem & formam præferebant. Vide in hanc rem Tractatum de Collectionibus part. 2. c. 1. ubi alios quamplures aliarum collectionum codices recensuimus; ac exinde tota septimi argumenti vis pro asserendo Romano codice a Quesnello fusius proposita plane evanescet.

Neque ritus canonum Synodorum Antiochenæ & Constantinopolitanæ.

VIII. Ex Antiochenis & Constantinopolitanis canonibus, quos Quesnellus fatetur a Romana Ecclesia usque ad S. Gregorii pontificatum fuisse rejectos, mirificum plane argumentum elicuit pro adstruendo codice ejusdem Ecclesiæ eo nomine, quia cum illi ad calcem, ut opinatur, codicis jaceant, post diuturnum tempus superadditi fuerint: *quod*, inquit, *in ullo alio codice non deprehenditur*. In aliis scilicet collectionibus suo loco inserti, non autem in calce superadditi inveniuntur. Verum hoc quoque argumentum ea gratuita hypothesi innititur, de qua capite antecedenti satis dictum est, nimirum hunc codicem non totum simul compactum, sed per partes aliquot subinde additamenta recepisse. Deinde falsum est Antiochenos & Constantinopolitanos canones in fine codicis esse descriptos, cum referantur cap. 59. & 61. codex autem procedat usque ad caput 98. Num omnes etiam S. Leonis epistolæ aliquanto post Constantinopolitanos canones descriptæ, quas ad nostram collectionem spectare ex pluribus ac præstantioribus exemplaribus vidimus, a Romano codice exclusæ, & post Gregorium Magnum adjectæ dici queunt? Vera hujus ordinis, seu potius hujus confusionis ratio in auctorem collectionis referenda est, qui nunc hæc, nunc illa, prout libuit, vel in manus ejus venerunt, codici inseruit. Ceterum sicut iidem canones licet a Romana Ecclesia non recepti, erant in collectione Dionysii, ac in aliis antiquis; ita potuerunt referri etiam in nostra, dummodo nec illa Dionysii, nec aliæ antiquus & publicus Romanæ Ecclesiæ codex non judicentur. S. Gregorii testimonia, quæ in Tractatu retulimus, probant Constantinopolitanos canones fuisse in codicibus canonum. Cum autem negat eos a Romana Ecclesia receptos, eosdem codices non fuisse publica auctoritate probatos significat.

Confer not. 1. in cap. 67. nostræ collectionis.

Neque emendatio canonis 10 Ancyrani.

IX. Quod porro num. 10. reponit Quesnellus de nonnullis Conciliorum topicorum canonibus ad Romanam, seu Occidentalem disciplinam accommodatis, Ancyranum canonem X. in nostra autem collectione XI. respicit, in quo cum Diaconis, qui in ordinatione protestati sunt se non posse continere, & nihilominus fuerunt ordinati, si postea uxores duxerint, concedatur ut maneant in ministerio; in nostra collectione emendatum fuit *maneant in Clero tantum, & a ministerio abjiciantur*. Ne quid vero ex hac emendatione arguatur pro constituendo publico Ecclesiæ Romanæ codice, illud potissimum evincit, quod idem canon æque emendatus invenitur in celebri collectione Corbejensi laudata a P. Coustantio; cum tamen hæc nec Romanæ Ecclesiæ fuerit, nec publicus codex. Sic enim ibidem legitur teste eodem Coustantio in præfatione ad tom. I. Epist. Rom. Pontif. num. 67. *Diaconi quicumque ordinantur, si in ipsa* (ordinatione) *protestati sunt dicentes, se* (velle) *habere* uxo-

uxores, neque posse se continere; hi postea si ad nuptias convenerint, maneant in Clero tantum: quibus verbis in nostra collectione additur, majoris utique explicationis gratia, *& abjiciantur a ministerio.* Idem Quesnellus in notis ad canones Gangrenses canonem hujus Synodi quartum ingerit, in quo decretum fuit: *Si quis discernit Presbyterum conjugatum, tamquam occasione nuptiarum quod offerre non debeat, & ab ejus oblatione ideo se abstinet, anathema sit.* Hunc autem canonem in nostra collectione idcirco omissum pronuntiat, quia Romana Ecclesia non recepit, ne forte idem canon de Presbytero non tam conjugato, quam conjugii juribus utente intellectus incautos deciperet. At hac eadem ratione delenda etiam fuerant in Synodica ejusdem Concilii illa verba, quibus damnantur contendentes, *Presbyteros, qui matrimonia contraxerunt, sperni debere, nec sacramenta, quæ ab eis conficiuntur, attingi.* Si autem hæc verba, ad quæ canon quartus refertur, expuncta non fuere; idem canon non memorata de caussa, sed collectoris incuria ac saltu omissus agnoscitur. Porro ab Ecclesiæ Romanæ consuetudine alienum fuit canonum verba mutare, vel omittere: unde in collectione Dionysiana, quam postea Hadrianus Papa I. ad Carolum Magnum misit, nihil neque in Ancyranis canonibus, neque in Gangrensibus emendatum, vel omissum fuit: quod fecisset profecto, si in veteri Romanæ Ecclesiæ codice unum canonem in Ancyranis correctum, alium in Gangrensibus expunctum reperisset.

Neque omissio unius canonis Gangrensis.

X. Neque minus arbitraria sunt quæ Quesnellus subdit de Martino Bracarensi, ac si in Ancyrano canone ad Occidentalem disciplinam revocando codicem canonum Romanæ Ecclesiæ sequutus fuerit. Neque enim ipse, qui licet Pannonius, in Oriente tamen aliquandiu versatus Græcam linguam didicerat, in sua compilatione adornanda Græcorum canonum Latinos, sed Græcos codices consuluit. Id satis colligitur ex ipsius epistola ad Episcopum & Concilium Lucense. Etenim post memoratum Græcum originale eorumdem canonum, absque ipsius diligenti collatione præstare non potuisset, quod subjicit, nimirum ut *ea, quæ per translatores obscurius dicta sunt, & ea quæ per scriptores sunt immutata, simplicius & emendatius restaurarem.* Hinc ejus verba in Græcis, quos exhibuit, canonibus cum nulla versione conveniunt, nec cum Isidoriana, quæ maxime in Hispania vigebat. Solum cum non integram eorumdem canonum interpretationem sibi proposuisset, sed ut selecta quædam capita, quæ magis expedire credidit, novo ordine brevius ac facilius proferret in usum Ecclesiarum Hispaniæ, Ancyranum canonem earumdem Ecclesiarum disciplinæ accommodandum putavit. In quo etiamsi fortassis aliquod nostræ collectionis exemplum habuisset ante oculos; non tamen exinde sequeretur hunc fuisse codicem Romanæ Ecclesiæ: aliquod enim hujus Gallicanæ, ut vidimus, collectionis exemplar ex Galliis, ubi ejusmodi codices adhuc abundant, in Hispanias transferri, ac in Martini Bracarensis manus potuit pervenire.

Neque Martinus Bracarensis.

XI. In Capitulis de gratia & libero arbitrio, quos Quesnellus Leoni nostro perperam attribuisse probavimus tomo II. in Observationibus ad Dissertationem ejus tertiam, non solum laudantur tria decreta Synodi Africanæ anni 418. verum etiam auctoritates ex epistolis Romanorum Pontificum contra Pelagianos. Hæc porro cum Quesnellus ab auctore eorumdem Capitulorum excerpta putet ex codice canonum Romanæ Ecclesiæ, in quo tum memorata decreta Africana, tum indicatæ Romanorum epistolæ continerentur; animadvertens ejusmodi documenta nec in Justelliano, nec in ullo alio codice canonum inveniri, sicut in nostro, hunc Romanæ Ecclesiæ codicem fuisse exinde demonstrari arbitratur. Hæc, ni fallimur, vis est ejus argumenti, quod a Quesnello non ita clare proponitur num. 11. Cum vero ea documenta ob celebritatem caussæ Pelagianæ vulgatissima essent; nihil cogit, ut testimonia, quæ auctor Capitulorum adhibuit, e codice publico, & non potius e vulgatis exemplaribus excerpta credantur. Dein si etiam ex canonum codice sumpta dicenda essent, cum in nostro non legantur duæ epistolæ, altera Zosimi generalis ad totius orbis Episcopos, altera Africanorum ad eumdem Pontificem, ex quibus aliquot auctoritates iisdem Capitulis fuerunt insertæ; alius potius a nostro fuisset ille codex canonum, ex quo auctor Capitulorum profecit. Præterea

Capitula de gratia Quesnello potius adversantur.

dum hic auctor Carthaginensis Synodi canones recitat, tertium, quartum, & quintum capitulum vocat, quæ in nostro codice sunt canon quartus, quintus, & sextus. Hæc ergo diversa numerorum adnotatio codicem a nostro diversum eidem auctori usui fuisse confirmat.

XII. Duodecimum argumentum, in quo Quesnelli contradictionem detexi- mus not. 21. ad caput 4. adeo infirmum est, ut confutatione non egeat. Aliæ collectiones Dionysio antiquiores desinunt in Gelasio; nec propterea codices Romanæ Ecclesiæ habentur.

Gelasii locus explicatur.

XIII. Quod tandem affertur ex tractatu ipsius Gelasii, ubi sedium ordo *secundum antiqua statuta majorum* esse traditur, *primæ* autem *beatissimæ Petri Sedi trecentorum decem & octo Patrum invicto & singulari judicio vetustissimus judicatus est honor*, pro nostro codice nihil concludit. Ordo enim præcipuarum sedium satis constitutus fuit in Nicæna Synodo, cum earum prærogativæ ex veteri consuetudine confirmatæ fuerunt can. *6.* unde hunc canonem laudavit S. Leo, cum Calchedonensem constitutionem, qua Constantinopolitano Episcopo secundus locus tribuebatur, idcirco noluit approbare, quia Nicæno decreto adversabatur. Quid ergo præfatio nostri codicis a Quesnello obtruditur, ac si Gelasius laudatis verbis respexerit eum ordinem sedium, qui in ipsa præfertur? cum præsertim hæc præfationis particula ex alio Gelasii documento exscripta fuerit, uti vidimus num. 3. Quod porro de primæ Sedis honore a Nicænis Patribus constitutum dicitur; etsi forte referatur ad eam versionem, quæ a nostræ collectionis auctore recepta fuit, ubi eidem Sedi primatus expresse asseritur; non tamen sequitur eamdem collectionem adhibitam fuisse a Gelasio, cum eadem versio in aliis collectionibus & codicibus contineatur. Vide cap. 1. num. 4. Quid si eamdem sententiam potuit Gelasius colligere ex alia versione canonum Nicænorum, ex. gr. ex prisca, in qua Romanæ Sedis primatus canone sexto palam adstruitur his verbis: *Antiqui moris est ut urbis Romæ Episcopus habeat principatum*? Illa tandem ejusdem Tractatus Gelasiani, in quibus Romanæ Sedi ea *antiqua & vetusta reverentia* tribuitur, *per quam omnium Sacerdotum dignitas semper est roborata atque firmata*, Sardicensem utique canonem videntur respicere, in quo statutum fuit ut in Episcoporum caussis secundi judicii decernendi cura Romano Episcopo ob S. Petri reverentiam deferretur. At Sardicenses canones etiam cum Nicænis conjuncti, ac Nicænorum titulo inscripti non in sola Quesnelliana collectione, sed in aliis multis reperiebantur, ut nihil exinde pro ea collectione convinci queat. Cetera, quæ in præmissa Dissertatione aliquam animadversionem huc pertinentem merentur, in subjectis adnotationibus expensa reperies. Cum ergo nihil probent quæcumque pro asserendo Romano Codice Quesnellus congessit; e contra vero multum convincant, quæ nos pro eodem abjudicando superiori capite attulimus, ad revincendam, ac extrudendam prorsus ejus sententiam nihil amplius desideratur.

PAS-

PASCHASII QUESNELLI

DISSERTATIO XIII.

DE CONCILIIS AFRICANIS

IN PELAGIANORUM CAUSSA CELEBRATIS

AB OBITU INNOCENTII PAPÆ I.

USQUE AD ZOSIMI ADVERSUS EOSDEM SENTENTIAM:

ubi de eorum præsertim numero, ordine, & tempore: item de numero Canonum Africani Concilii de Gratia: & de primæ Constitutionis Honorii Imperatoris adversus Pelagianos origine & auctoribus.

Ad Capitula XIII. & XIV. Codicis Canonum & Constitutorum Ecclesiæ Romanæ.

I. Occasio hujus Dissertationis.

Dversus Codicis sinceritatem, ejusque assertum a nobis in Ecclesia Romana usum arguet nonnullus ex inscriptione Constitutionis Honorii Imperatoris, pridie Kalend. Majas an. 418. datæ, quæ incipit: *Ad conturbandam*, occurritque capit. XIV. Sic enim se habet illa epigraphe in codice Oxoniensi: *Incipit sacrum Rescriptum acceptis Synodi supradictæ Gestis*: quibus prorsus similia exhibet Thuaneus codex; nisi quod pro *supradictæ* in eo legitur *SStæ*, id est, *suprascriptæ*. Salmasius, qui hoc posteriori codice usus est, Carthaginensem Synodum illico interpretatus est duabus litteris designatam; nec opus illi fuit divinare, cum luce clarius appareret auctorem tituli aliam in mente Synodum non habuisse, quam plenariam illam Carthagine habitam, ubi octo vel novem decreta adversus Pelagianos condita sunt; quæ quidem capite immediate superiori comprehenduntur. Atque ex hujusmodi epigraphe concludit Salmasius Eucharistici de Ecclesiis suburbicariis parte 2. cap. 1. & ex Salmasio Usserius de Antiqu. Ecclesiar. Britan. c. 10. Edictum Honorii datum esse acceptis Carthaginensis Synodi Gestis seu Decretis octo. At, inquiunt nuperi Pelagianæ Historiæ scriptores eruditi Henricus de Noris & Joannes Garnerius, cum uno saltem die Edictum antecesserit plenariam illam Synodum quæ Kalendis Majis in eodem codice assignatur, qui fieri potuit ut hujus Gesta ex Africa expectaverit Honorius, constitutionem suam editurus? Porro tam gravis hallucinatio non arguere videtur codicem auctoritate Romanæ, hoc est, doctissimæ Ecclesiæ conditum, sed rudiorem potius imperiti consarcinatoris operam.

II. Par non est titulorum capitulis præfixorum auctoritas ac capitulorum ipsorum. [1]

Difficilis certe nodus: quem tamen videor mihi multifariam posse dissolvere. Ac primum quidem necesse non habemus eamdem vel ætatem, vel auctoritatem [1] titulis & inscriptionibus seu Canonum, seu pontificiorum decretorum tribuere, quam ipsis Canonibus & decretis. Hæc enim in codicem relata auctoritate & ad usum Ecclesiæ Romanæ re prudenter ac mature considerata: titulos vero privati alicujus hominis opera adjectos, vel etiam recentioris studiosi industria esse conditos non temere quis asseveret. Unde & plurimi leguntur in codice Thuaneo, qui in Oxoniensi non apparent, quemadmodum videre est in Canonibus Ancyranis, Neocæsariensibus, Gangrensibus, &c. qui suam cuique præfixam synopsim habent. Immo & nonnullum discrimen in eo, quem excutimus, titulo Carthaginensis Synodi jam superius observavimus: ut æquo lectori facile persuadendum putem, ex aliquibus titulorum erratis adversus sinceritatem codicis ipsius decernendum quicquam non esse.

III. Synopsis chronica Gestorum adversus Pelagianos.

Etsi porro ista responsione abunde sit objectioni satisfactum pro asserenda codicis nostri sinceritate; quoniam tamen quæstionem de Honorii Constitutione semel attigimus, & de Carthaginensi Synodo, post cujus accepta

EDITORUM ADNOTATIONES.

1 Vide Observationes subjiciendas num. 3.

cepta Gesta dicitur emissa ab Augusto; juvat de utraque diligentius examen inire, & eximiam obscuramque simul Historiæ Pelagianæ partem in majorem lucem proferre. Quod ut dilucide magis fiat, exponenda synopsis chronica rerum gestarum tam in Italia, quam in Africa, adversus Pelagianam hæresim a tempore geminæ Synodi Africanæ, cujus relationibus ad Innocentium Papam missis, Pelagianorum caussa ad Sedem Apostolicam primum delata est. Etsi enim jam 2 ab anno 412. damnatus in Carthaginensi Synodo Cælestius *ab Africanorum Antistitum sententia ad Romani Episcopi examen credidit appellandum*, ut capite I. Commonitorii docet Marius Mercator; *ea tamen mox ipse appellatione neglecta, Ephesum Asiæ urbem contendit, ibique ausus est per obreptionem locum Presbyterii petere.*

2 Cælestius appellat ad Sedem Apostolicam a sententia Syn. Carth. ann. 412.

Iterum an. 416. apud Carth. damnatur.

Igitur iterum Cælestius ad Carthaginensem Synodum missis per Orosium Erotis & Lazari Episcoporum Gallorum litteris cum Pelagio est delatus anno 416. lataque in utrumque sententia damnationis, qua *communi deliberatione censuerunt, hujusmodi persuasionis auctores, nisi hæc apertissime anathematizarent, anathematizari oportere.* Mox Gesta Synodi Innocentio Romæ Episcopo intimanda duxere Patres: *Ut statutis nostræ*, inquiunt, *mediocritatis etiam Apostolicæ Sedis adhibeatur auctoritas pro tuenda salute multorum, & quorumdam perversitate etiam corrigenda.* Similem in eosdem sententiam tulere Concilii Numidiæ Episcopi in Milevitana civitate eodem anno congregati, & utriusque simul Synodi relationes ad Romanam Sedem sunt transmissæ.

Ep. Carthag. Concilii ad Inn.

Adversus eumdem Syn. Milevitana.

IV. Epistola quinque Episc. ad Innoc. PP. non synodica.

Non multo post selecti quinque ex utraque Synodo Episcopi prolixiorem adhuc ad Innocentium dederunt epistolam, non ex Synodo, ut putat Garnerius, sed ex familiari colloquio; unde ubique & in excusis & in MSS. codicibus *Familiaris Epistola* inscribitur: nec ut synodicam vocemus cogit auctoritas Marii Mercatoris, qui cum de tribus Conciliis sermonem habeat, prius Carthaginense anni 412. duobus aliis Africanis anni 416. conjungit. Etsi enim prior illa Synodus relationem ad Innocentium non miserit, ejus tamen Gesta ab altera Carthaginensi missa sunt ad eumdem, ut clarissime habetur in utraque Synodica: *Unde factum est*, inquit Carthaginensis, *ut recensendum putaremus, quod ante ferme quinquennium super Cælestii nomine hic apud Ecclesiam Carthaginensem fuerit agitatum: quo recitato, sicut ex subsequentibus advertere poterit sanctitas tua, quamvis judicatio manifesta constaret* &c. Milevitana vero sic habet: *De quo* Cælestio *ante paucos annos quid gestum fuerit, sanctitas tua de Carthaginensi Ecclesia melius instruitur.* Augustinus ipse cum tres epistolas recenset tum alibi, tum ep. 47. ad Valentinum distinctissime primam *de Concilio Carthaginensi*, secundam *de Concilio Numidiæ*, tertiam *a quinque Episcopis* scriptam asserit, non Synodi locum nomenque prætermissurus, a qua tertia data, si ita fuisset. Et in ep. 106. ad Paulinum: *Scripsimus etiam ad beatæ memoriæ Papam Innocentium præter Conciliorum relationes* (quid clarius?) *litteras familiares.* Interest autem plurimum ne familiaria pro synodicis, vel synodica pro familiaribus accipiantur, si ad id quod 3 Rusticus Ecclesiæ Romanæ Diaconus scribit in Dialogo adversus Acephalos, attendatur: *Quod Ecclesia Dei familiaribus non intendit, neque hypomnisticis, neque iis quæ ad unum & domesticum fiunt, sed his quæ ad Synodos aut a Synodis dogmatice & publice & definitive de his quæ in quæstionem veniunt, conscribuntur.* Caussas scribendæ epistolæ edisserit: scilicet monendus erat Pontifex, Romæ esse *nonnullos, qui diversis caussis* 3

Pela-

EDITORUM ADNOTATIONES.

2 Non anno 412., sed 411. habita fuit hæc Synodus Carthaginensis, uti probaturi sumus in Observ. n. 5.

3 Num hoc Rustici testimonio innuere Quesnellus vult, quinque Africanorum Episcoporum epistolam, quam *familiarem* eo tanto sensu Augustinus vocavit, ut eam non e Synodo, nec Synodi nomine exaratam significet: hanc, inquam, epistolam quinque insignium Episcoporum auctoritate ad Romanum Pontificem missam, quæ catholicum dogma in duabus synodicis epistolis constitutum fusius confirmat, perinde habendam esse ac litteras hypomnisticas privatim scriptas, de quibus Rusticus eo loco contra Acephalos disserit? Res huic erat de quibusdam *epistolaribus hypomnisticis* S. Cyrilli, in quibus iste significasse tradebatur, se *condescensorie ad Orientales scripsisse propter pacem*. Reponit Rusticus, certum non esse, num hæ potius litteræ, etiamsi credantur sinceræ, *dispensative & condescensorie* scriptæ fuerint; cum præsertim Cyrillus sciret, *quoniam Dei Ecclesia familiaribus non intendit* &c. ut supra: quibus sane verbis solis epistolis a Cyrillo non definitive, sed œconomice & privatim scriptis eam auctoritatem adimere Rusticus voluit, quæ debetur epistolis publice, definitive, ac dogmatice exaratis, quales erant illæ, quæ de pace scriptæ fuerant: unde post recitata verba statim addit: *Hoc vero claret, quia istas epistolas*, idest suas *& Orientalium de pace, transmittens Romanæ Ecclesiæ Sedi, a sanctissimo Sixto confirmari satagit: earum vero, quæ a vobis dicuntur* (idest epistolarum hypomnisticarum) *nihil manifestavit primæ Apostolicæ Sedi.* Cum ergo epistola quinque Episcoporum Africæ missa fuerit ad Sedem Apostolicam, æque ac ad eamdem missæ fuerunt synodicæ, ut doctrina catholica adversus Pelagianam hæresim confirmaretur, ea ex principiis Rustici maximæ auctoritatis habenda est.

4 *Pelagio faverent*, quod 4 post Synodicas scriptas audierant; non agi de uno Pelagio, ne forte, si correctus esset, dogmatibus ejus parceretur ab Innocentio, eumdem sub nomine gratiæ virus suum fraudulenter tegere. Mittendus etiam erat Pontifici liber Pelagii a Jacobo & Timasio acceptus cum Augustini responso & epistola emendatoria ad ipsum Pelagium scripta, aliisque caussæ instrumentis, quæ ad manum non erant, cum Synodicæ datæ sunt.

V. Rescribit Innocentius ad tres Africanor. litteras.

Innocentius Papa acceptis tribus Africanorum litteris, ad eas rescripta dedit VI. *Kalendas Februarii Honorio XI. & Constantio II. Consulibus*, hoc est 27. Januarii die anni 417. quibus decernit *ut in supradictos Pelagium & Cælestium maneat fixa sententia*.

Instante Quadragesima redditæ sunt Africanis Innocentii litteræ, vel etiam jam inchoato sacro jejunio (Pascha eo an. 22. Apr. occurrente) Julius enim Episcopus, qui & scripta synodica tulerat, & rescripta apostolica referebat, vix citius in Africam remeare potuit.

Moritur Innocentius Papa.

IV. Idus Martias seu die 12. moritur Innocentius Papa, locumque cedit Zosimo; qui, ut ex Prospero & Paschasino probabile est, die 18. Martii Apostolicam Sedem obtinuit.

VI. De Synodo Africana receptis Innocentii litteris conjecturæ.

Quid factum in Africa receptis Innocentii litteris, transmisso nuntio de ejus ad meliorem vitam transitu, rescita Zosimi electione, Cælestiique Romam festinanter accurrentis profectione, non tradunt scriptores. Vix tamen ac ne vix quidem persuadere mihi possim 5 non collectam eo tempore Synodum, saltem ex utraque illa Provincia, ad quarum Episcopos rescripta missa fuerant, nisi forte & ex aliis Africæ Provinciis coacta fuerit. Primum enim status rerum Ecclesiæ, imminens ab insurgente hæresi damnum, emissa novissime adversus eam Apostolicæ Sedis rescripta, id postulare videbantur, ut Ecclesia Africana Innocentii successorem litteris suis conveniret præveniretque. 2. Pelagius auditis eis, quæ tum in Africa acta erant, tum ab Innocentio rescripta, ad eumdem Pontificem scripserat epistolam, quæ Zosimo reddita; Cælestius coram acturus caussam suam apud Pontificem *ad Urbem Romanam tota festinatione perrexit*, ut scribit Marius Mercator: quo Zosimo jam electo pervenit, a quo & benigne susceptum didicerunt Africani. Unde nihil a tam dolosis adversariis timendum non erat, ni ab Africanis Romam litteræ mitterentur, quæ ex Synodi auctoritate plus ponderis haberent apud Episcopum Romanum. 3. Vix poterant rescripta Innocentii per Africam promulgari secundum disciplinæ leges, nisi congregata Synodo, in qua & ex qua omnibus notum fieret quid Roma rescriptum, quid decretum de caussa hæreticorum: & cum finitam caussam dixerit Augustinus serm. 2. de verbis Apostoli, acceptis rescriptis Innocentii; Synodi proculdubio plenioris solemnitate finienda fuit. Quamobrem probabile est coisse in unum utramque Synodum, ex qua datæ ad Innocentium litteræ fuerant. 4. Hanc Synodum innuere videtur Zosimus Papa in prima epistolarum ad Africanos Episcopos universos per Africam constitutos, ubi rationem accelerationis suæ in scribendo afferens, *Ne fraternitatis*, inquit, *vestræ de adventu ac discussione Cælestii diutius penderet expectatio*, *posthabitis omnibus* &c. Unde enim rescivit Zosimus de adventu ac discussione Cælestii sollicitos esse Africanos, nisi eorum id litteris didicit, & quidem synodicis, cum rei momentum id posceret, & frequentes essent Synodi in Africa, ne extra ordinem statutum congregatam dicamus pro occurrente necessitate. 5. Eam adhuc Synodum indicant alia ejusdem epistolæ verba, ante medium: *Ad litteras*, inquit, *Erotis & Lazari priori relatione destinatas, equidem ob fervorem fidei præfestinatum esse promtissimum est*. Prior illa, quam commemorat, relatio posteriorem supponit. At cum e Carthaginensi Synodo primum missas esse constet ad Sedem Apostolicam litteras Erotis ac Lazari, quænam putanda est posterior relatio, quæ inter illam Synodum & litteras primas Zosimi supponitur? An relatio Milevitani Concilii? At 6 posterior 6
non fuit: eodem enim tempore, & per eumdem Episcopum Julium missa relatio utriusque Synodi Africanæ anni 416. ita ut priorem potius locum tribuere videatur Innocentius Milevitanæ, quam Carthaginensi: *Frater & Coepiscopus noster Julius dilectionis vestræ litteras, quas ex Milevitano Concilio*

EDITORUM ADNOTATIONES.

4 Gratis hæc dicuntur. Neque enim certum est, num quinque Episcoporum epistola idcirco ad Innocentium scripta fuerit, quia de nonnullis Romanis a Pelagio deceptis postea audierint, an vero alia de caussa, & fortassis ne Romanos illos deceptos in Synodicis, quæ legendæ erant in Romano Concilio, palam viderentur perstringere. Certe incredibile est, tempore Synodorum Africanarum, in quibus de Pelagiana hæresi actum fuit sub Innocentio, ad manum non fuisse nec librum Pelagii, quem a Jacobo & Timasio Augustinus acceperat; nec responsum, quod contra eumdem librum anno antecedenti idem Sanctus conscripserat. In litteris quidem laudatis quinque Episcoporum legitur *misimus* non tam de Synodicis, quam de libro Pelagii, & de Augustini responso: ac proinde hæc omnia simul missa noscuntur.

5 Hanc quidem Synodum non collectam ostendemus in Observ. §. III. ubi sequentia Quesnelli argumenta refellimus.

6 Id falsum patebit ex Observ. n. II.

cilio cura fidei propenſiore miſiſtis, mihi peroptanter ingeſſit, Carthaginenſis etiam Synodi querelæ parilis ſcripta ſubjungens.

An quinque Epiſcoporum epiſtolam relationem illam poſteriorem eſſe dixeris? At non eo nomine eſſe decorandam ſuperius oſtendimus: & cum univerſos Africæ Epiſcopos alloquatur, non de alia quam de ſynodica relatione intelligendus eſt ſermonem habere. Igitur habita videtur Synodus ante litteras Zoſimi, ex qua Relatio ad eum miſſa fuerit. Verum conjecturas iſtas libens doctiorum cenſuræ ſubjicio.

VII. Primæ Zoſimi litteræ ad Africanos.

Succeſſerunt primæ Zoſimi ad Africanos litteræ. Quo menſe, quove die ſcriptæ ſint, ex ipſis litteris ea parte minutis non docemur, ſola Conſulum nota ſuperſtite: docemur autem, ni fallor, ex ſecundis litteris, quæ XI. Kalendas Octobris, hoc eſt 21. Septembris datæ leguntur. Has enim poſteriores 7 poſt menſem a prioribus ſecundum ſcriptas eſſe oportet. Quippe cum monuiſſet Zoſimus, *Ut intra menſem ſecundum aut venirent, qui præſentem Cæleſtium redarguerent aliter ſentire, quam libellis & confeſſione contexuit: aut nihil poſt hæc tam aperta & manifeſta, quæ protulit, dubii reſediſſe cognoſcerent:* non potuit ante ſecundum hunc menſem completum in hanc expoſtulationem erumpere adverſus Cæleſtii accuſatores, quæ in ſecunda epiſtola legitur: *Ecce*, inquit, *Pelagius, Cæleſtiuſque Apoſtolicæ Sedi in litteris ſuis & confeſſionibus ſuis præſto ſunt. Ubi Eros? Ubi Lazarus? erubeſcenda factis & damnationibus nomina? Ubi illi adoleſcentes Timaſius & Jacobus, qui ſcripta quædam, ut aſſerebatur, protulerunt?* &c. Igitur non menſe Septembri, ut putavit Garnerius, ſed vel Junio, vel Julio videntur ſcriptæ priores litteræ, cum præter conceſſos menſes duos, aliquod tempus perferendis litteris, referendiſque reſponſis dandum fuerit antequam ſecundo ſcriberet. Continent porro litteræ graviſſimam objurgationem nimiæ Africanorum, ut putabat Zoſimus, credulitatis: monet Pontifex, *Cæleſtium Presbyterum Romano ſeſe ingeſſiſſe examini, & expetere ea, quæ de ſe Apoſtolicæ Sedi aliter quam oportuit eſſent inculcata, purgari*: concedit, ut modo diximus, duos menſes, intra quos ſe judicio ſiſterent accuſatores; omnia lente ac mature penſanda dicit; Geſta inſuper in Romano judicio tranſmittit, & ut ipſi ſuum corrigant Africani perſuadere conatur.

Epiſt. 3. Zoſimi ad Afric. 1.

Epiſt. 4. Zoſimi ad Afric. 2.

VIII. Secundæ Zoſimi litteræ ad Africanos.

Poſt duos menſes expletos rurſus ſcribit Zoſimus ad Africanos XI. Kalendas Octobris, nondum recepto Africanorum reſponſo. Iterandarum litterarum cauſſa fuit Pelagii epiſtola ad Innocentium ſcripta, a Zoſimo recepta; cujus ad Africanos mittendæ tunc conſilium cepit Pontifex, ad id permotus recentibus litteris Praylii Jeroſolymorum Epiſcopi, *quibus cauſſæ Pelagii enixius adſtipulator interveniebat*. Illius exemplar, & forſan utriuſque, ad eoſdem tranſmiſit; Pelagii Cæleſtiique fidem magis in dies ſingulos elucere ſcribit litteris & profeſſionibus catholicæ doctrinæ congruentibus; demum tarditatem tergiverſationemque accuſatorum, ut putabat, gravioribus verbis inſimulat. *Ibidem.*

Cur Africani reſponſum diſtulerint?

Differendi cauſſa Africanis fuit neceſſitas cogendæ Synodi, quæ tanto, quod parabatur cauſſæ fidei, damno efficaciter occurreret: magnum enim ſcandalum imminebat Eccleſiæ, ſi plures Synodi adverſus Pelagium Cæleſtiumque habitæ, Carthaginenſes duæ, Jeroſolymitana, Dioſpolitana, Milevitana, Conſtantinopolitana, & inſuper Romanum Innocentii Judicium, ab uno Zoſimo hæreticorum artibus circumvento in irritum mitterentur, ut ſtatim mittenda 8 timebantur. Inde certus hæreticis triumphus, catholicæ doctrinæ damnum, Sedi Apoſtolicæ labes, catholicis omnibus dolor, Eccleſiæ unitati periculum, quam ſchiſmate ſcindendam prævidebant Africani. Res erat imprimis Africanæ Eccleſiæ, cujus judicium ab Apoſtolica Sede approbatum petebatur. Totius igitur Africanæ Diœceſis deliberatione opus erat, quam proinde in majorem Synodum coaleſcere neceſſe fuit. 9 Eam circa autumni tempus congregatam puto, non tam quia ab antiquo cogendis Synodis hoc erat tempus præſtitutum, quam quia vix citius congregari potuit poſt receptas primas Zoſimi litteras. Carthagine habitam eſſe Synodum probat inſcriptio epiſtolæ tertiæ Zoſimi, quæ *Aurelio ac ceteris, qui in Concilio Carthaginenſi adfuerunt*, data legitur.

IX. Quot Synodi Africæ ab obitu Innocentii ad Tractoriam uſque Zoſimi?

Duplicem quidem conſtituit Joannes Garnerius inter primam Zoſimi epiſtolam, & tertiam ejuſdem, quæ XII. Kalendas Aprilis data eſt: priorem menſe Decembri, vel etiam Novembri anni 417. poſteriorem ante Quadrageſimam anni 418. nec aliam diſtinctionis rationem affert, quam quod ex prima accepiſſe dicitur Zoſimus litteras cum obteſtatione Afrorum inſtrumentiſque cauſſæ, quibus litteris non reſpondit; ex poſteriori vero Synodicam miſſam, cui reſponſum illud dedit XII. Kalendas Aprilis datum & III. Kalendas Majas acceptum. Verum unicam Synodum celebratam eſſe exi-

EDITORUM ADNOTATIONES.

7 Primam & ſecundam Zoſimi epiſtolas non duorum menſium interſtitio, ſed eodem menſe Septembri ſcriptas probabimus in Obſerv. §. IV.

8 Hunc metum commentitium oſtendemus in Obſerv. n. 34. & ſeqq.

9 Hanc Synodum non circa autumnale tempus anni 417., ſed vel Januario, vel Februario anni 418. habitam videbimus in Obſerv. §. V. & VI.

10 existimo intra illud tempus, ita ut 10 tres tantum ponamus coactas tempore Zosimi adversus Pelagianos. Primam scilicet post acceptas Zosimi litteras Autumni tempore anni 417. secundam Kalendis Majis anni 418. tertiam vero post acceptum Zosimi decretum: nisi quartam addas, quæ, ut conjecimus, post accepta Innocentii rescripta ante tres illas celebrata fuerit.

Unica Synodus intra mensem Octobrem & Kal. Maji.

Unicam intra mensem Octobr. & Kalend. Maji sequentis anni probo ex ipso Garnerii fundamento. Nam litteræ, quas ex diversis Synodis missas putat,
11 11 ex una eademque scriptas docet Zosimus in postrema sua epistola data XII. Kalend. Aprilis. Eamdem enim Synodum alloquitur, cum ait: *Post*
12 *illas* 12 *quas vel superius, vel nunc litteras vestras accepimus*. Et infra: *A vobis ad nos missa obtestatio*. Rescribit quippe acceptis posterioribus litteris, & tamen eidem Synodo tribuit obtestationem, quæ ad primas litteras attinet. Idem pluries eodem modo significatur in eadem epistola. 2. Quoties vel sanctus Augustinus, vel sanctus Prosper enumerant Synodos Africanas per id tempus in caussa Cælestii habitas, non plures recensent quam duas, quarum posterior Kalendis Majis assignanda est. Hoc clarius elucescet ex infra dicendis.

3. Fatetur Garnerius Marcellinum Subdiaconum Carthaginensis Ecclesiæ perlatorem fuisse epistolæ posterioris, quam putat Concilii etiam posterioris esse, anno 418. ante Quadragesimam celebrati, ad quam per tertias litteras rescripsit Zosimus 21. die Martii. Et illud certum est ex fine harum litterarum, ubi recensitis primis Africano-
13 rum: *Satisque*, inquit, *illis scriptis*, 13 *quæ ad illas rescripseratis, credimus esse responsum*: continuo subdit: *Sed postea missæ per Marcellinum Subdiaconum vestrum epistolæ ... omne volumen volvimus*. Constat item has posteriores litteras non ita pridem redditas Zosimo, cum iis rescripsit 21. illa die Martii, siquidem ita scribit: 14 *Post* 14
illas quas vel superius, vel nunc litteras vestras accepimus. At quis credat Marcellinum profectum fuisse ex Africa tantum mense Januario anni 418. quo tempore Synodum celebratam putat Garnerius, cum eumdem Marcellinum Subdiaconum 15 ac- 15
cepisse a Paullino Diacono libellum Zosimo tradendum, jam ab octavo die Novembris superioris anni, certissimum habeamus ex ejusdem Paullini libello? Ex una igitur eademque Synodo geminæ litteræ profectæ sunt, quod qua ratione sit factum, ita expendimus.

X. Cur geminæ ab eod. Concilio litteræ?

Post acceptas primas litteras Zosimi statim de Synodo congreganda cogitaverunt Africani. Sed ad id tempore opus fuit, ut numerosa esset & negotio sufficiens, nec videtur ante Octobrem vel Novembrem mensem esse congregata: quæ caussa est cur Basiliscus Subdiaconus Romanæ Ecclesiæ, qui litteras illas attulerat ad Africanos, adhuc versaretur Carthagine IV. *Nonas Novembris*, quo die Paullinum *sermone convenit cum Gestis Apostolicæ Sedis directis; ut adesset ad Apostolicam Sedem & Zosimi judicio*. Vadimonio constituto 16 obtemperare renuit: nec ingeniose modo, vel etiam, quia non juridice nec scripto conventus erat; sed quia cum ageretur de appellatione Cælestii a sententia Concilii Carthaginensis anni 412. *quam ideo pristinam appellationem* vocat Zosimus, locum jam habere non poterat; quoniam ipse Cælestius *appellationi defuit*, ut ait Paullinus, & *ea neglecta*, ut scribit Marius, *Ephesum concessit, ibique per obreptionem ausus est Presbyterii locum petere*. Et iterum post annos quatuor ad idem Carthaginensis Ecclesiæ tribunal pertractus, & hujus, & Milevitani Concilii sen-

Cur Paullinus Romam non ivit. 16

Commonit. cap. 4.

EDITORUM ADNOTATIONES.

10 Duæ tantum celebratæ fuerunt, & ambæ anno 418., ut fusius in Observationibus demonstrabitur.

11 Duas Africanorum epistolas distinguit Zosimus, aliam alia anteriorem: quarum prima brevior ab Aurelio aliisque Episcopis sine Concilii forma coactis statim post acceptas Zosimi litteras rescripta fuit mense Novembri anni 417., altera vero prolixior ex Africana Synodo anni 418. mense Januario, vel Februario ad eumdem Pontificem transmissa. Vide Observ. §. V. & VI.

12 Hunc textum aliter ex codicibus emendabimus in Observ. n. 19. *Obtestationem* vero, quam Zosimus memorat, referri ad epistolam ab Africanis missam mense Novembri anni 417. ibidem ostendemus n. 18.

13 Indicatur eadem epistola, qua Aurelius cum quibusdam Episcopis prioribus Zosimi litteris respondit. Vide Observ. locis allegatis.

14 Confer not. 11.

15 Marcellinum quidem die 8. Novembris anni 417. accepisse a Paullino libellum, sed non discessisse ex Africa nisi post Synodum coactam paullo post initium anni 418. acceptis prolixioribus ejusdem Synodi litteris; anteriorem vero epistolam Aurelii & aliorum Episcoporum ad Zosimum Basilisco traditam mense Novembri, videsis in Observ. §. VI.

16 Paullinus non renuit obtemperare, sed oblato excusationis libello caussas, cur Romam non accederet, satis efficaces humiliter exposuit, quas a Pontifice approbandas putavit. Inter has illam, quod nimirum hæc non amplius sua, sed totius Ecclesiæ caussa esset, ab Africanis Patribus approbatam tradit: nec ullum uspiam indicium est, ipsi prohibitum fuisse ab iisdem Patribus, *ne ad diem dictum Romam iret*. Solum probabile est, ipsis consentientibus non transmisisse, libellumque excusationis ab eo traditum fuisse non Basilisco jam jam discessuro, sed Marcellino, qui ad perferenda Romam Africani Concilii relationem ac documenta erat destinatus; eo quod illi hæc omnia simul cum libello Zosimo exhibere crederent expedire.

sententiam exceperat, duplici deinceps Innocentii constitutione roboratam; post quæ finitam esse caussam Sanctus Augustinus serm. 2. de verbis Apostoli publice proclamavit. Merito igitur Africani Paullinum, ne ad diem dictum Romam iret, prohibuerunt; quod præterea ægre ferebant: ut etiam præsensit Zosimus, qui eam ob rem non scripto suo, sed *sermone* Subdiaconi sui Paullinum *convenit*.

Basiliscus Zosimi Subdiaconus audita Paullini responsione, acceptisque, ut puto, primis Africanorum ad Pontificem rescriptis in Italiam remeavit, nondum videlicet paratis omnibus caussæ instrumentis prolixis, quæ in eadem Synodo adornabantur, tradenda postmodum Marcellino Subdiacono cum posteriori epistola.

XI. Quid prioribus Africanorum litteris contineretur?

Utraque periit vel adhuc 17 in Vaticano pulvere cum blattis dimicat. Quid prior contineret, ex ipsis Zosimi tertiis litteris expiscandum. Cum enim utrisque Africanorum litteris istæ respondeant; priori parte
17 prioribus, posteriori eaque brevissima posterioribus satisfacit, prolixiorem ad istas responsionem cum Tractoria missurus. Apparet igitur tria maxime prioris Africanæ Sy-
18 nodi epistolæ capita fuisse: unum quo 18 graviter expostulabant adversus Zosimum, quod posthabito & Africanæ Ecclesiæ, & Romanæ per Innocentium judicio, quo finita Cælestii caussa fuerat, ad novum eam examen revocasset, non sine magno catholicæ fidei & unitatis periculo. Huc enim spectat, ni fallor, illa privilegiorum Apostolicæ Sedis commendatio, quæ totam fere Zosimi implet epistolam: Quod *Patrum traditio Apostolicæ Sedi auctoritatem tantam tribuerit, ut de ejus judicio disceptare nullus auderet; humanis divinisque legibus & disciplinis omnibus firmatam, quam omnium majorum studia servaverint; eam nullis hactenus acta motibus habere fundamenta, quæ sine suo periculo temere nullus incesset; nullum denique de ejus posse retractare sententia*: quæ quamvis ita essent, se tamen ad eorum notitiam omnia retulisse.

19 Altero capite 19 conquesti sunt (idque urgebant maxime) quod Zosimus caussam Cælestii in Africa natam & ad Carthaginense tribunal delatam, ad se traxisset: sui enim Cypriani ad Cornelium Papam scribentis sententiam hanc tenebant: *Cum statutum sit omnibus nobis, & æquum sit pariter ac justum, ut uniuscujusque caussa illic audiatur, ubi crimen est admissum .... oportet utique eos quibus præsumus, non circumcursare, nec Episcoporum cohærentem concordiam sua subdola & fallaci temeritate collidere; sed agere illic caussam suam, ubi & accusatores habere, & testes sui criminis possint ... Jam caussa cognita est, jam dicta est sententia; nec censuræ congruit Sacerdotum mobilis atque inconstantis animi levitate reprehendi*. His similia scripsit Aurelius cum suis de Cælestio, qui ab illo Presbyterii gradum accipere voluerat, & apud eum accusatus damnationis sententia percussus fuerat. Id habeo ex Zosimi verbis: *Pariter vobiscum voluimus habere tractatum de illo qui apud vos, sicut ipsi per litteras dicitis, fuerit accusatus*. Ita enim legendum *apud vos*, ut omnes habent codices & sensus exigit, non vero *apud nos*, ut legitur in editione Garnerii, quod in operarum oscitantiam libens rejicio.

Tertium epistolæ caput erat Africanorum Episcoporum *obtestatio*. Scilicet cum intelligerent ex epistola Zosimi 20 eum ad Cæ- 20
lestium Pelagiumque absolvendos festinare, decretumque apud se habere, utrumque communioni Ecclesiæ, existimationique restituere, nisi intra duos menses accusatores Romam accurrerent, probarentque accusationis suæ capita: 21 obtestatorium libel- 21
lum interposuerunt, quo suum sibi jus servari postulabant, & ut nihil de sententia in utrumque illum prolata immutaretur, sed in eodem cuncta relinquerentur statu, saltem donec unum e suis Romam mitterent cum idoneis caussæ instrumentis, quibus hæreticorum artes aperirentur, docereturque quam legitime & canonice essent damnati. Extrema epistolæ verba hujus obtestatorii libelli testes sunt. *Noverit*, inquit, *fraternitas vestra nihil nos post illas quas vel superius, vel nunc litteras vestras accepimus, immutasse; sed in eodem cuncta reliquisse statu, in quo dudum fuerant, cum hoc nostris litteris vestra indicavimus sanctitati*:

EDITORUM ADNOTATIONES.

17 In præstantissima collectione Avellana, ex cujus Vaticano exemplo Baronius tres Zosimi epistolas & Paullini libellum edidit, utraque Africanorum epistola desideratur: quæ si in hac collectione, vel in alio Vaticano codice fuisset inventa, æque ac ceteræ edita fuisset. Hæc monere voluimus, ne quis forsitan has epistolas a Romanis fuisse occultatas suspicetur.

18 De hac, quam Quesnellus profert Africanorum querimoniam, vide Observ. num. 34. & seqq.

19 Hanc querelam ab Africanorum spiritu & gestis alienam in Observ. loco allegato constabit.

20 Non solum litteras a Zosimo Africani acceperunt, sed cum litteris etiam gesta primæ cognitionis, qua Cælestius discussus fuit. Quid autem ex his, quæ Pontificis mentem clarius aperiebant, iidem intellexerint, & num potuerint metuere ne Zosimus Cælestium & Pelagium communioni perperam restitueret, patebit ex dicendis in Observ. num. 35.

21 Obtestatio, cujus Zosimus meminit, non erat libellus, sed epistolæ pars: nec in ea suum sibi jus servari Africani postulabant, sed meram temporis dilationem, quoad Concilium cogi & idonea documenta parari ac transmitti possent. Vide Observ. num. 20.

tati: ut illa, quæ a vobis ad nos missa erat obtestatio remaneret. Hæc porro verba, *missa erat*, indicant istam obtestationem ad priorem epistolam pertinere.

XII. Gemina Legatio decreta in priori Africæ Synodo, una ad Zosimum, altera ad Honorium.

Dum priores istæ litteræ deferuntur ad Zosimum per ejus Subdiaconum Basiliscum, iidem Episcopi in eadem Synodo congregati majori otio & matura deliberatione inquirebant inter se, quidnam facto opus esset, ut hæretici artibus occurreretur, & 22 ne Zosimus nimium credulus propensusque in Cælestium, sententiam feriet in Ecclesiæ fideique damnum prodituram. Geminam decernunt legationem, 23 unam ad Honorium Augustum per Vindemialem Episcopum obeundam; alteram ad Zosimum Pontificem a Marcellino Subdiacono suscipiendam. Quem cum lego * jam ab octavo die Novembris libellum Paullini pariter deferendum accepisse, nec tamen 24 Romam venisse ante medium mensem Martium *, unum e duobus colligo: scilicet, vel Marcellinum non tam cito profectum ex Africa, quam a Paullino sperabatur, vel forte ipsum comitatum esse Vindemialem Episcopum Ravennam usque, & cum eo aliquandiu in comitatu resedisse. De priori secretiorique legatione dicemus inferius, de altera modo dicendum, & de his quæ in Concilio acta atque ad Zosimum deferenda tradita sunt Marcellino. Quodque operosius est & spem pene omnem superat, videndum quid huic Concilio tribuendum eorum, quæ apud S. Augustinum, apud ejus discipulum Prosperum, Marium Mercatorem, &c. & in Chronico Prosperi, seu ejusdem, seu alterius, ex Africano Concilio profecta annotantur.

22

23

* Ex libello Paullini.

24

* Ex Epistola Zosimi data XII. Kalend. Aprilis.

XIII. Quid actum in autumnali Africæ Synodo?

Huic igitur autumnali Concilio anni 417. convenit inprimis quod a Mario Mercatore scribitur, post recensitam epistolam Zosimi benignitatis erga Cælestium plenam ad Afros Episcopos: *Episcopis vero*, inquit, *ex Africa rescribentibus, omnemque caussam, quæ apud eos facta fuerat, exponentibus: missis etiam gestis exinde, quæ fuerant tunc cum illo vel de illo confecta, vocatus ad audientiam pleniorem, ut quæ promiserat festinaret implere, id est, ut damnatis prædictis Capitulis, sententia Afrorum Pontificum, qua fuerat communione privatus, absolveretur, non solum non adfuit, sed etiam ex memorata Romana Urbe profugit: atque ob hoc a beatæ memoriæ prædicto Zosimo Episcopo scriptis amplissimis vel longissimis perdamnatus est*.

2. Ad idem Concilium pertinet quod habet Zosimus epistola scripta XII. Kalendas Aprilis anni sequentis *ad Episcopos qui in Concilio Carthaginensi affuerunt*, ex quo missum ait per Marcellinum Subdiaconum *epistolæ volumen*, quod 25 non sine tædio legisse videtur Zosimus. 25

Prosper. Chron. de autumnali Synodo.

3. Hoc idem est, quod commemorat Prosper in Chronico ad annum 418. his verbis: *Concilio apud Carthaginem habito CCXIV. Episcoporum, ad Papam Zosimum decreta perlata sunt: quibus probatis, per totum mundum hæresis Pelagiana damnata est*. Pensanda sunt Chronici verba: non enim ait hoc anno 418. Concilium apud Carthaginem esse habitum: sed *Concilio apud Carthaginem habito*, 26 per autumnalia scilicet anni præcedentis, sequenti seu 418. ad Papam Zosimum Synodi decreta perlata, ab eodem probata, & per totum mundum hæresim esse damnatam: quod plane quadrat sententiæ nostræ. Verba hæc Prosperiani Chronici, quæ vulgo ad Synodum anno 418. Kalendis Majis habitam pertinere existimantur, certum apud me est scripta esse de Synodo autumnali anni præcedentis. Apud omnes enim in confesso est Synodi Kalendarum Majarum gesta vel decreta a Zosimo accepta non esse, priusquam Cælestium ipse sententia feriret: sive quia, ut plures existimant, jam ante Kalendas Maji prolatum erat Zosimi judicium; sive, quod verius existimamus, quia ex ea Kalendarum Synodo scriptum 27 non est ab Africanis ad 26 27

EDITORUM ADNOTATIONES.

22 Cave ne credas, Afros timuisse *ne Zosimus sententiam ferret in Ecclesiæ fideique damnum prodituram*. Vide hac in re Observ. num. 34. & seqq.

23 Legationem Vindemialis Episcopi ad Honorium hoc tempore missam commentitiam videbimus in Observ. §. VII. ac propterea commentitium pariter est, quod Quesnellus paullo post suspicatur, Marcellinum comitatum fuisse eumdem Vindemialem Ravennam usque.

24 Vera caussa, cur Marcellinus Romam pervenit ante medium mensem Martium, illa est quia post acceptum a Paullino libellum die 8. Novembris anni 417., non statim profectus est ex Africa, sed post Concilium Africanum habitum mense Januario vel Februario, anni 418. cujus relationi ad Zosimum afferendæ, nec disjungendæ a Paullini libello erat destinatus. Vide Observ. num. 121.

25 Verba Zosimi de *epistolæ volumine* ab Afris transmisso, *quo aliquando perlecto* &c., non legendi tædium, sed prolixitatem indicant, quæ retegendis ac revincendis hæreticorum fraudibus ac dolis necessaria erat. Confer Observ. num. 25.

26 Recte quidem probat Quesnellus, Africanam Synodum, post cujus rescripta Zosimus Pelagianos damnavit, antecessisse illam, quæ habita est Kalendis Maji anni 418. At eam celebratam *per autumnalia anni præcedentis* non recte probat. Nos vero mense Januario, vel Februario anni 418. ipsam coactam probaturi sumus in Observ. §. VI. ac propterea Prosperi verba *Concilio apud Carthaginem* habito de Synodo ejusdem anni accipienda patebit.

27 Ex Synodo quidem plenaria, quæ Kalendis Maji canones condidit, scriptum non fuit ad Zosimum, antequam is in Pelagium atque Cælestium sententiam ferret. At Tractoriæ ejusdem Pontificis, qua eosdem damnavit, ab hac Synodo fuisse rescriptum demonstraturi sumus in Observ. §. XI.

ad Romanum Pontificem. Deinde clarum videtur Synodum, cujus gestis probatis, sequuta est Zosimi sententia per totum mundum missa, eam esse quæ epistolæ volumen cum plurimis instructionibus gestisque præcedentium Synodorum ad Romanum Pontificem transmisit per Marcellinum Subdiaconum. At hæc omnia jam a 21. die Martii accepta erant a Zosimo, ut ex tertiis ejus ad Africanos litteris certum habetur. Denique de ea Synodo intelligi debent, *post cujus rescripta directa, consequutum est ut justissime in Cælestium sententia a Zosimo proferretur*, ut habet August. lib. 2. de pecc. origin. c. 7. At ea rescripta ipsa sunt, quæ interposito duorum mensium tempore postulata erant a Zosimo, ut eodem loco habetur. Tempus porro illud ante Synodum autumnalem esse interpositum constat ex primis Zosimi litteris; ut eam ob rem evidens sit ad eam Synodum autumnalem referenda esse rescripta illa, non vero ad Synodum Kalendis Majis post sex menses habitam: quod adhuc amplius ex dicendis elucescet.

Eodem forsan revocandum, quod idem scriptor ad annum 416. Consulibus Theodosio VII. & Palladio refert notato hic per errorem Pontificatus Zosimi initio: *Romanæ*, inquit, *Ecclesiæ* XXXIX. *Episcopatum suscipit Zosimus annis tribus; quo tempore, Pelagianis jam a Papa Innocentio prædamnatis, Afrorum vigore ac maxime Augustini Episcopi industria resistebatur*. Mentio enim sententiæ ab Innocentio jam prolatæ & initii Pontificatus Zosimi Concilii hujus tempus indicat, etsi sub alieno Consule tria hæc referantur; forsan errore librarii, qui initium sequentis anni in finem præcedentis imprudens transtulerit; quod facile est. Manifestum est, objiciet aliquis, ab ipso auctore hæc sub illo consulatu esse posita, cum *tribus annis* asserat Zosimum præfuisse Romanæ Ecclesiæ, & Bonifacii Pontificatum anno 419. Monaxio & Plinta Consulibus, assignet. At licet ita habeat Chronicon Prosperi in Codicibus MSS. Sirmondi & Chiffletii, ex quibus illud edidit Andreas du Chesne tom. I. Script. Hist. Franc. antiquissima tamen Joannis Sichardi editio anno 1549. Basileæ excusa, haud dubie ex pluribus MSS. Codicibus, ut marginalis lectionum varietas indicat, hæc, inquam, editio ita habet: *Zosimus* XXXIX. *Romanæ Ecclesiæ Episcopatum suscipit anno uno mensibus 9. diebus* 8. Ex qua lectione, quæ historiæ veritati respondet, jam non probabilis modo, sed necessaria transpositio hujus partis, quæ est de Zosimo, in annum sequentem 417. ex instituto scriptoris per scribarum incuriam inverso; alioquin plures numerandi erunt Pontificatus Zosimi anni.

XIV. Augustini testimonia de Concilio anni 417.

4. Eamdem Synodum designat S. Augustinus epistola 47. his verbis: *Item quod Papa Zosimo de Africano Concilio scriptum est, ejusque rescriptum ad universos totius Orbis Episcopos missum; & quod posteriori Concilio plenario* &c. Prius, inquam, illud Concilium, quod Africanum dicit sanctus Doctor, ipsum est quod autumnale dicimus, & ex quo omnia caussæ gesta missa sunt ad Zosimum. De eodem sunt hæc, quæ lib. 2. de pecc. origin. cap. 7. habentur. *Sed interposito duorum mensium tempore donec rescriberetur ex Africa ... Sed postea quam ex Africano Episcoporum Concilio rescripta directa sunt, quid fuerit consequutum, ut in eum (Cælestium) sententia proferretur, cuncta legite, quia cuncta transmisimus.* Ubi vides ex unius Concilii Africani scriptis ad sententiam proferendam motum fuisse Zosimum. Et postea cap. 8. *Cum venerabili Papæ Zosimo Synodus Africana respondit, quod vestræ caritati cum ceteris instructionibus misimus*. Et cap. 21. *Visus est Pelagius ad tempus aliquid dicere, quod fidei catholicæ conveniret, sed illam sedem usque in finem fallere non prævaluit. Post rescripta quippe Africani Concilii* &c. Non de alio Concilio *Romam litteræ venerunt, quæ expectabantur ex Africa venturæ, ut plenius & manifestius in Cælestio fieret, quod responderat, se litteris beatæ memoriæ Papæ Innocentii consentire*, ut ferme habetur lib. 2. ad Bonifacium cap. 3. In quibus variis Augustini locis aliqua notanda. 1. Constantissime ab eo dici Africanum Concilium, ut & a plenario, quod posterius fuit, distinguatur, & de eodem iis omnibus in locis mentionem esse intelligatur. 2. Ubique de illo Concilio rescriptum esse Zosimo testatur, ut iterum distinguatur ab illo plenario & posteriori quod Kalendis Majis habitum: nullæ enim inde litteræ ad Pontificem scriptæ. 3. Synodum illam esse, cujus rescripta expectabantur post concessos duos menses, ac proinde circa Autumnum habitam. 4. Eamdem esse, cujus scripta accepta consequutum sit Zosimi decretum ad universi Orbis Episcopos missum. 5. Eam ipsam Synodum esse, ex qua instrumenta & gesta omnia missa sunt ad Zosimum per Marcellinum Subdiaconum ad caussæ instructionem: quandoquidem non nisi post hanc ejusque rescripta, sequuta est Zosimi sententia. Hæc, ni fallor, clara sunt; ut mirum sit hæc omnia ad Synodum Kalendis Majis habitam referri a Garnerio; quod inferius discutiemus.

XV. Prosper. Aquitan. de Conc. ann. 417. loca duo.

5. Ad Prosperum Augustini discipulum venimus, cujus implicatiora sunt testimonia. Ad eamdem igitur Synodum ea refero, quæ habet ille respondens ad Capitula Gallorum, Resp. ad object. 8. *Cum ducentis quatuordecim Sacerdotibus*, inquit, *quorum Constitutionem contra inimicos Gratiæ Dei totus mundus amplexus est, veraci professione, quemadmodum ipsorum habet sermo, dicamus gratiam Dei per* JESUM CHRISTUM *Dominum, non solum ad cognoscendam, verum etiam ad faciendam justitiam nos per actus singulos adjuvare; ita ut sine illa nihil veræ sanctæque pietatis habere, cogitare, dicere, agere valeamus*. Hæc enim ad illam Africanorum Synodum pertinent, *cujus constitutionem totus mundus amplexus est*;

est: id est, cujus decreta ad Zosimum Papam, ut habet Chronographus, perlata sunt; quibus probatis per totum mundum hæresis Pelagiana damnata est. Post cujus scriptum, ut August. epist. 47. sequutum est rescriptum Zosimi ad universos totius orbis Episcopos. Ex quo item postquam rescripta directa sunt, consequutum est ut in Cælestium sententia proferretur; August. lib. 2. de pecc. orig. c. 7. At ex superius dictis liquet hæc omnia de Synodo autumnali 417. esse intelligenda; ex qua nimirum directus Marcellinus mense Novembri, cujus omnes instructiones & gesta synodica per eumdem recepit Zosimus XII. Kalendas Aprilis anni proxime sequentis. His adde convenientiam numeri Episcoporum 214. qui pariter & Episcopis hujus decreti conditoribus a Prospero Augustini discipulo tribuitur, & a Chronographo datur Concilio illi Carthaginensi, cujus decretis probatis, per totum mundum hæresis Pelagiana damnata est. Denique cum duo tantum Concilia a primis litteris Zosimi ad ejus decretum habita esse in Africa probaverimus, nullibi notatur ex posteriori, quod Kalendis Majis celebratum est, scriptam esse ad Zosimum epistolam, quæ citatum decretum contineret, ut ex alio Prosperi loco jamjam referendo clarum est.

6. Ex his consequitur ejusdem Synodi partem esse, quod de iisdem ducentis quatuordecim Sacerdotibus refertur in altero Prosperi loco cap. 10. contra Collatorem, ubi hæc legimus: Erraverunt ducenti quatuordecim Sacerdotes, qui in epistola, quam suis constitutionibus prætulerunt, ita Apostolicæ Sedis Antistitem beatum Zosimum sunt alloquuti: Constituimus in Pelagium atque Cælestium per venerabilem Episcopum Innocentium de beatissimi Apostoli Petri sede prolatam manere sententiam, donec apertissima confessione fateantur, Gratia Dei per Jesum Christum Dominum nostrum non solum ad cognoscendam, verum etiam ad faciendam justitiam, nos per actus singulos adjuvari; ita ut sine illa nihil veræ sanctæque pietatis habere, cogitare, dicere, agere valeamus. Neminem fore existimo qui hæc & superiori numero relata ex resp. ad Capit. Gallor. diversis Synodis adscribere velit: constitutio quippe eadem, idem numerus Episcoporum, eadem verba.

XVI. Canones Africani de Gratia conditi sunt in Syn. autum. an. 417. Respons. ad object. 8. Gallorum. 28

7. Ex his porro unum non parvi momenti eruimus; scilicet octo illas constitutiones seu canones de gratia, qui olim Milevitano Concilio male tributi, nunc Carthaginensis esse agnoscuntur 28, in illo autumnali Concilio Carthaginensi esse conditos. Hujus enim constitutiones disertis verbis hic notantur, & tales constitutiones, quæ ad Sedem Apostolicam missæ sint cum synodica ad Zosimum epistola iisdem præfixa; tales insuper, quas totus mundus amplexus sit, ut ex altero loco Prosperi habetur. Quænam autem aliæ constitutiones, qui canones de gratia ubivis terrarum umquam visi sunt, qui a scriptoribus ullis commemorati, præter canones illos octo celebratissimos, quos habent omnes Conciliorum editiones, quique jacent in nostro Romanæ Ecclesiæ Codice capit. XIII. ex Concilio posteriori Kalendis Majis habito, in quo confirmati & subscripti sunt, ut inferius dicemus. 2. Confirmatur hæc assertio nostra ex eodem Prospero cap. 10. contra Collatorem. Erraverunt, inquit, Africana Episcoporum Concilia, quæ decretis suis constituere utrumque Dei donum esse, & scire quid facere debeamus, & diligere ut faciamus: ut ædificante caritate, scientia non possit inflare: quia sicut de Deo scriptum est: Ille est, qui docet hominem scientiam: ita scriptum est: Caritas ex Deo est. Manifeste enim pluribus Conciliis Africanis adscribit Prosper constitutionem, quam refert: est autem quartus * canonum Carthaginensium, quos proinde necesse est dicere, si cum Prospero sentire velimus, in duobus saltem Conciliis Africanis esse prolatos: quorum unum fuit autumnale anni 417. de quo nobis modo sermo est, quodque continuo explicatius designat idem Prosper, discernitque a posteriori, cum & numerum ducentorum quatuordecim Episcoporum a quibus fuit unum illorum celebratum, significat; & sententiam Innocentii in eo confirmatam adversus Pelagium & Cælestium, & epistolam constitutionibus præfixam missamque ad Zosimum. Ut enim hæc de alia Synodo distincta a prius memoratis intelligamus nulla ratio occurrit; obstat vero, quod de industria a Synodi vocabulo abstinuit hoc loco, & unam e citatis hanc esse indicavit, cum epistolam commemorans, quam suis constitutionibus prætulerunt Episcopi illi CCXIV. innuit non esse constitutiones distinctas a decretis, quibus constituisse, mox dixerat Concilia, utrumque Dei donum esse &c. Ex quibus clarum est unum illorum Conciliorum a Prospero laudatorum idem esse ac autumnale quod statuimus. 3. Prosper Chronographus ad annum 418. disertis verbis scribit Synodum illam 214. Episcoporum, quæ autumnalis fuit, & ad quam rescripsit Zosimus epistolam per universum Orbem missam, condidisse decreta synodalia, quibus Romam perlatis probatisque, per totum mundum hæresis Pelagiana damnata est. Quænam porro illa decreta, si non canones octo vel novem de quibus agimus?

* In Codice nostro quintus.

XVII. 4. Videor mihi posse adhuc probare hos cano-

EDITORUM ADNOTATIONES.

28 Non in Africano Concilio, quod Quesnellus autumnale existimat, sed in plenario Kalendarum Maji canones conditos palam fiet ex dicendis §. XI.

Ante conditos canones Africanos de gratia minus tractavit. ἀναμαρτησίαν Pelagianorum Augustinus.

canones octo si non publicatos, saltem conditos esse in hac autumnali Synodo; ita ut nec prius, nec serius procusi fuerint. Non prius editos probat, ni fallor, modus loquendi quem usurpavit, ac temperantia singularis, qua sensum suum exposuit Augustinus circa istam Pelagianorum propositionem: *An fuerit aliquando, vel sit in præsenti, vel deinceps aliquis futurus sit sine peccato*: numquam enim ante annum 417. quo constituti sunt canones, graviori censura dignam eam putavit, nec labe hæreseos notavit: aut si quando errorem vocavit, at tolerandum humanum, nec perniciosum errorem. Sic in libro de spiritu & littera cap. 2. *Proinde*, inquit, *non multum* eo nomine *molesti sunt* ... *Quin etiamsi nemo est, aut fuit, aut erit, quod magis credo, tali puritate perfectus; & tamen esse, aut fuisse, aut fore defenditur & putatur, quantum ego judicare possum, non multum erratur, nec perniciose, cum quadam quisque benevolentia fallitur* ... *Sed illis acerrime ac vehementissime resistendum est, qui putant sine adjutorio Dei per seipsam vim voluntatis humanæ vel justitiam posse perficere, vel ad eam tendendo proficere*. Eamdem comparationem inter utrumque hoc dogma instituit & explicat epist. 89. ad Hilarium, ubi ait: *Sed isti utcumque tolerandi sunt, quando dicunt vel esse, vel fuisse hic aliquem, qui nullum haberet peccatum*. Item lib. de perfectione justitiæ, in fine: *Non nimis*, inquit, *existimo reluctandum: scio enim quibusdam esse visum: quorum de hac re sententiam non audeo reprehendere, quamquam nec defendere valeam*. Libro de natura & gratia, ait, se *non multum curare* utrum tales vel sint, vel fuerint: & cap. 60. *Potest*, inquit, de hoc *esse aliqua quæstio inter veros piosque Christianos*. Immo in epistola quinque Episcoporum ad Innocentium scripta sub finem anni 416. *Quoquo modo*, inquit, *se habeat ista quæstio, si non invenitur homo in hac vita sine peccato: tolerabiliter in id quisque fallitur; nec diabolica impietas est; sed error humanus, elaboranda & optanda affirmare, etiamsi quod affirmat non possit ostendere*. Denique in libro de gestis Pelagii, qui ultimus est eorum, quos sanctus Gratiæ Doctor ante autumnale Concilium anni 417. elucubravit, nec nisi post scriptam ad Innocentium a quinque Episcopis epistolam: in hoc, inquam, opusculo, cap. 30 hanc quæstionem ait a Palæstinis 14. Episcopis non esse definitam: *Quod*, inquit, *non inter Catholicos & hæreticos, sed inter ipsos Catholicos pacifice requirendum est*. Hæc postrema S. Augustini verba libri post quinque Episcoporum epistolam scripti ostendunt, nondum tunc definitam fuisse hanc de ἀναμαρτησία quæstionem, nec conditos canones de quibus differimus: ut inde emendetur Rigberius in Notis ad Marium Mercatorem, pag. 141. ubi Milevitanæ Synodo tribuit canonum istorum conditionem; ad id asserendum motus loco epistolæ citatæ quinque Episcoporum, ubi Augustinus scribit: *Nobis autem sufficit, quod nullus fidelium in Ecclesia Dei reperitur quolibet profectu excellenti atque justitia, qui audeat dicere, sibi non necessariam precationem orationis dominicæ*: Dimitte nobis &c. Verum hæc Rigberii intentum non probant: aliud est enim esse sine peccato, aliud ita credere se esse sine peccato, ut audeat quis dicere sibi non necessariam esse precationem dominicam: *Dimitte* &c. hoc nullum fidelium audere dicit Augustinus; at nullum esse sine peccato, etsi non probet dici, eodem tamen epistolæ illius loco scribit, *tolerabiliter in id quemque falli, nec diabolicam esse impietatem, sed errorem humanum*. Quibus junge locum ex lib. de gestis Pelagii. In fine epistolæ.

Cum ita loqueretur sanctus Doctor paullo ante istud Concilium, de quo agimus, & de hujusmodi quæstione nondum definitæ sollicitus, *inter Catholicos pacifice requirendum* esse censeret; nihil convenientius est, quam ut existimemus Augustinum curasse eam ad examen deduci, ubi primum Concilii nactus est occasionem opportunam, qualis fuit illius autumnalis Synodi, in qua quicquid ad controversiam de gratia Christi & in Pelagianorum caussa actum erat vel disceptatum, ad incudem revocarunt Patres, & per diuturnum tempus ventilarunt: ut omnia plene perfecteque digesta cum Zosimo communicarentur. Per multum enim temporis durasse Synodum jam observavimus; & clarissime probatur ex eo quod litteræ Zosimi, ex quarum receptione Synodi congregandæ orta erat necessitas, ante mensem, ut minus dicam, Septembrem vel Octobrem venerunt in Africam, & Marcellinus Subdiaconus ab illa missus jam ab 8. die Novembris libellum Paullini ex præscripto Concilii deferendum acceperat, nec tamen ante mensem Martium sequentis anni pervenit ad Zosimum.

XVIII. Canones non fuisse autumnali ann. 417. Synodo posteriores. 29

In ea igitur Synodo definita quæstio est tribus posterioribus canonibus 6. 7. & 8. Quam definitionem ad posterius usque Concilium Kalendis Majis habitum differre non possumus. Primum quia Synodus hæc posterior & plenaria totius Africæ nihil nisi 29 breviter constituit, ut scribit S. Augustinus epistola 47. nec prolixiori tractationi dogmatum incubuit, cum ad id non esset con-

EDITORUM ADNOTATIONES.

29 In iisdem Observationibus §. XI. cum canones in plenaria Synodo, & non in anteriori Africana constitutos ex hoc ipso Augustini testimonio confirmabimus; tum vero sequentia Quesnelli argumenta refellemus.

congregata, sed ut quæ in priori non plenaria constituta fuerant, a majori ex tota Africa Synodo confirmarentur, publicarentur, ac omnium subscriptione roborarentur. 2. Quia fas non est credere de ista quæstione siluisse Africanos apud Zosimum Papam; vel ei aliquid incerti & dubii proposuisse: cum unum esset e tribus præcipuis Pelagiani dogmatis capitibus. Nec istud pariter omissum a Zosimo in sua definitione: quæ tota ex gestis, decretisque Afrorum approbatis conflata esse significatur in loco Prosperi Chronographi a nobis superius descripto. Porro nihil ab Africanis missum est ad Zosimum e Synodo pro instructione caussæ Pelagianæ, nisi ex priori illo autumnalique Concilio.

3. Ratio adhuc peculiaris erat cur quæstionem hanc quam primum examinandam definiendamque curaret Augustinus in Synodo post scriptum de gestis Pelagii librum. In hujus enim c. 30. monet venisse non ita pridem in manus suas nonnullam Pelagii epistolam scribentis ad amicum suum quemdam Presbyterum, in qua tamquam de victoria gloriabatur, quasi approbata esset in Synodo Palæstina ejus de ἀναμαρτησία sanctorum sententia. *Quatuordecim*, inquiebat, *Episcoporum sententia definitio nostra comprobata est, qua diximus posse hominem sine peccato esse, & Dei mandata facile custodire, si velit. Quæ sententia*, addebat ille, *contradictionis os confusione perfudit, & omnem in malum conspirantem societatem ab invicem separavit*. Unde consequens erat ut essent qui non propter se, sed tantum
Matth. 6. 12. propter alios dicerent in oratione: *Dimitte nobis debita nostra*. Respondit quidem Augustinus, hoc si fieret in hac vita, non nisi auxilio Dei & gratia fieri: nec tamen id esse a Synodo definitum: sed interim *epistola carnalis ventositatis & elationis volabat*, ut ait Augustinus eo loco, *& Gestorum Palæstinorum tarditate procurata celeritate præcedens in manus hominum prævolabat*: ita ut timendum esset, ne si diutius res in incerto relinqueretur, latius serperet hæretici virus, multosque inficeret. Quare primæ Synodi occasionem arreptam esse ab Augustino qui scribebat; & ab Aurelio, ad quem scribebat, probabilissimum est; cum & hic Concilii dux, ille ingenium manusque esset.

Etsi porro conditos velim in hac autumnali Synodo canones octo de Gratia, non tamen publicatos crediderim; sed potius nihil gestorum in Synodo in lucem tunc prodiisse: omnia vero cum ad Zosimum Papam, tum ad Honorium Imperatorem sub sigillo missa, eo modo, quem dicemus, in posteriore Concilio promulganda.

XIX. Post canones Africanos Augustinus ad hæretica dogmata relegavit.

His autem promulgatis jam securius confidentiusque priorem de ἀναμαρτησία sententiam, non jam ut suam, sed ut Ecclesiæ doctrinam aperte defendit; contrariam erroris indubitanter insimulans, atque inter damnata Pelagii dogmata rejiciens. In eo enim bipartito opusculo, quod de gratia Christi & de peccato originali statim post damnatos a Zosimo Pelagianos scripsit ad Albinum, Pinianum, & Melaniam lib. 1. cap. 48. Pelagio respondens de S. Ambrosio, qui Zachariam & Elizabeth sic quodam loco laudaverat, ut eos sine peccato visus esset asserere; post nonnulla, quibus sanctum Doctorem a Pelagio male intellectum ostendere satagit, hæc subjicit: *Illud ergo S. Ambrosii testimonium, quo pro sua sententia Pelagius utitur, aut secundum quemdam modum dictum est, probabilem quidem, sed non minutius excussum: aut certe si ille vir sanctus & humilis Zachariam & Elizabeth summæ atque omnimodo perfectæ justitiæ, cui nihil addi jam posset, fuisse existimavit, profecto sententiam suam minutius excutiendo correxit*. Quæ longe differunt ab his, quæ in superioribus operibus habet sanctus Doctor; in quibus huic opinioni non nimis reluctandum existimat: quia sciebat ita quibusdam esse visum, quorum de hac re sententiam non audebat reprehendere, ut scribit lib. de perf. justitiæ in fine. Sed clarius adhuc lib. 3. ad Bonifacium cap. 8. eam opinionem ad tria præcipua Pelagianismi dogmata revocat, subjungitque erroribus, quibus peccatum originale & gratia Christi negantur, alienanturque homines a gratia Salvatoris. Et lib. 4. cap. 2. & 3. eadem tria *ista nefaria & damnabilia dogmata in hac tripartita divisione quemque mente catholica exhorrere debere* contendit, ut hæreticorum insidias devitet.

Ex hac de diverso Augustini circa ἀναμαρτησίαν tractandi modo, observatione, (quam debere me profiteor viro doctissimo) constat canones Carthaginenses, quibus controversia ea de re finita est inter Catholicos, Augustino aliter loquendi necessitatem imposuisse: ut qui ante canones conditos putavit tolerabiliter posse defendi, aliquos sine peccato vel vixisse, vel vivere, vel victuros esse; post illos, cum fide christiana quotidianaque precatione posse conciliari negavit. Ex quo etiam sequitur longe a vero alienam fuisse eorum opinionem, qui Milevitano Concilio eosdem canones olim tribuerunt: post Synodi enim definitionem non ita loquutus esset de hac quæstione, ut scriptum supra legimus in ep. quinque Episcoporum & in libro de gestis Pelagii, quibus præivit Milevitana Synodus.

Talis fuit igitur Synodus, ex qua priores litteræ datæ Basilisco Romanæ Ecclesiæ Subdiacono, & ex qua posteriores etiam litteræ longe prolixiores cum gestis, instrumentis, instructionibusque omnibus ad caussam Pelagianorum attinentibus, Marcellino Carthaginensis Ecclesiæ Subdiacono traditæ sunt ad Zosimum perferendæ. Utræque perierunt vel temporum, vel hominum injuria. Quid priores continerent, quantum ex superstitibus monumentis scire licuit, diximus superius; quid posterioribus inscriptum esset vel adnexum, pari diligentia investigandum: quamquam vix aliud agendum restet,

quam

quamtur loca notata pro statuendo Concilio rum memoriam revocentur.

XX. Quid posteriores autumnalis Synodi litteræ continerent?

Ac primum quidem prolixissima fuisse scripta testatur ipse Zosimus epistola sua 3. ad Africanos 21. Martii data, ubi dicit: *Missa per Marcellinum Subdiaconum epistolæ omne volumen volvisse: quo aliquando perlecto*. Prolixitatis enim indices sunt voces istæ; & talis,
30
30 quæ tædii nonnihil crearit Zosimo: quam prolixitatem Marii Mercatoris etiam verba testantur, quæ inferius referentur.

De nimia Zosimi credulitate queruntur Africani.

2. His litteris continebantur Africanorum querelæ adversus Zosimum fraternaque correptio de nimia ejusdem facilitate, qua credulas aures Cælestio commodaverat, fidem præbuerat verbis ejus, nec satis hæc discusserat. Nimirum Zosimo sua verba reddebant, & quod conquestus fuerat admissum ab Africanis erga Erotis & Lazari litteras, Paullinique libellum & accusationes, hoc ab eo revera commissum erga hæreticos merito reposuerunt. Hæc ex Zosimi verbis clara sunt: *Quo* epistolæ vestræ volumine *aliquando perlecto, ita totum litterarum* mearum *comprehendistis textum; quasi nos Cælestio commodaverimus in omnibus fidem, verbisque ejus non discussis ad omnem, ut ita dicam, syllabam præbuerimus assensum*.

Non sufficere generalem Cælestii ad Innocentii litteras consensum.

3. Cum ex gestis Romani judicii inchoatis intellexissent Africani quod Cælestius *beati Innocentii Papæ litteris non est ausus obsistere; immo se omnia, quæ Sedes illa damnaret, damnaturum esse promisit*: (verba sunt Augustini lib. 2. de pec. orig. c. 7.) ex quibus sperabatur plenus ab eo dandus epistolis Innocenti consensus: *Romam litteræ venerunt ex Africa*, inquit idem doctor lib. 2. ad Bonifacium cap. 3. *id continentes non sufficere hominibus tardioribus & sollicitioribus, quod se generaliter Innocentii Episcopi litteris consentire fatebatur; sed aperte eum debere anathematizare, quæ in suo libello male posuerat: ne si id non fecisset, multi parum intelligentes, magis in libello ejus illa fidei venena a Sede Apostolica crederent approbata, propterea quod ab illa dictum erat eum libellum esse catholicum, quam emendata propter illud, quod se Papæ Innocentii litteris consentire ipse responderat*. Hæc pro peccati originalis doctrina monuerunt oculatissimi præsules, ne sub verborum larva imponeretur Pontifici Romano ab hæreticis.

Confirmant Innocentii Papæ decretum Africani.

4. Ne etiam sub generali gratiæ nomine falleret, addiderunt quod habet Prosper cap. 10. contra Collatorem: *Constituimus in Pelagium atque Cælestium per venerabilem Episcopum Innocentium de beatissimi Apostoli Petri Sede prolatam manere sententiam, donec apertissima confessione fateatur, gratia Dei per Jesum Christum Dominum nostrum non solum ad cognoscendam, verum etiam ad faciendam justitiam, nos per actus singulos adjuvari: ita ut sine illa nihil veræ sanctæque pietatis habere, cogitare, dicere, agere valeamus*. Hæc in epistola, quam ad Zosimum Episcopi CCXIV. scripserunt, teste Prospero.

XXI. Capitula excerpta contra Pelagium gestisque inserta.

5. Cum respondissent Africani non sufficere ut generaliter Cælestius fateretur *se litteris Innocentii consentire* (quod ultro se facturum spondebat) sed oportere *aperte eum anathematizare, quæ in suo libello prava posuerat*, quoddam veluti commonitorium epistolæ suæ subjunxerunt, quod passim circumfertur. In epistola sancti Augustini 106. ad Paullinum legitur, sed & habetur supra in codice nostro cap. XVIII. sub hoc titulo: 31 *Capitula excerpta de gestis habi-*
31

EDITORUM ADNOTATIONES.

30 Confer not. 26. Ad id porro, quod hic additur de *Africanorum querela*, & *correctione fraterna*; haud suspicandum est, Africanos in hac caussa discessisse ab ea modestia & observantia erga summum Pontificem, quam aliis in litteris ad Bonifacium scriptis in Apiarii caussa prætulerunt. Si qua in re Zosimus acerbius notari poterat, illa profecto est, qua libellum Cælestii, in quo is originale peccatum non obscure inficiabatur, catholicum esse dixerat. Quam vero modeste in hoc ipso Africani Patres ad Zosimum scripserint, patet ex Augustino lib. 2. ad Bonifacium c. 3. ubi postquam dictum ejusmodi ita interpretatus est, ut referendum affirmet ad illa, quibus Cælestius se litteris B. Innocentii consentire respondens, emendandi erroris voluntatem prætulit: eodem plane modo Africanæ quoque Synodi litteras illud dictum explicasse indicat, cum subdit, in iisdem scriptum fuisse, *non sufficere hominibus tardioribus & sollicitioribus, quod se generaliter Innocentii Episcopi litteris consentire fatebatur* &c. ut mox apud Quesnellum legitur num. 3. Postrema verba *quam emendata propter illud, quod se* Papæ *Innocentii litteris consentire respondit*, eam interpretationem, quam ex Augustino memoravimus, in iisdem litteris insertam præsumunt.

31 Capitula errorum Pelagio objecta in Diospolitana Synodo ex gestis Palæstinis excerpsit Augustinus in epist. 186. ad Paullinum scripta anno 417.; eisque idem S. Doctor totidem capita catholicæ doctrinæ subjecit. Num vero hæc omnia ab eodem Augustino missa ad Paullinum, ex ejus epistola fuerint excerpta, ac cum ceteris documentis Pelagianæ caussæ directa etiam ad Zosimum, subnexa litteris Synodi Africanæ anni 418., non ita certum est, ut Quesnellus affirmat. Marii quidem Mercatoris testimonium, cui iste innititur, non de his *Capitulis* Pelagio objectis in Diospolitana Synodo loquitur, sed de illis, quæ a Paullino objecta fuerunt Cælestio in Synodo Carthaginensi. Cum enim præmisisset de eodem Cælestio: *Ibi* (Carthagine) *de infrascriptis capitulis apud Aurelium Episcopum memoratæ urbis per libellum a quodam Paullino Diacono sanctæ memoriæ Ambrosii Mediolanensis Episcopi est accusatus*: recitatis mox ipsis capitulis, quæ septem tantum recensentur, de Zosimi litteris scribit: *In quibus & ipsa capitula, de quibus accusatus fuerat, continentur*. Augu-

habitis contra Pelagium hæreticum & alia de libris ejus, quæ in Palæstina Synodo objecta anathematizare compulsus est. Ipsum vero commonitorium ita incipit: *Quod ad Jerusalem nolentem colligi filios suos Dominus clamabat, hoc nos clamamus adversus eos, qui filios Ecclesiæ colligi nolunt, nec saltem post judicium, quod de ipso Pelagio in Palæstina factum est, corriguntur* &c. Et post recensitos duodecim articulos Pelagio objectos, subjungit: *Hæc omnia Pelagius sic anathematizavit, quod satis ipsa gesta testantur, ut nihil ad ea quoquo modo defendenda disputationis attulerit: unde fit consequens, ut quisquis sequitur illius auctoritatem judicii, & ipsius Pelagii confessionem* (utrumque se facere jactabat Cælestius) *hæc teneat, debeat, quæ semper tenuit catholica Ecclesia*. Sequuntur totidem capita catholicæ doctrinæ hæreticis opposita, in quorum plerumque initio habetur: *Fateatur* &c. & in fine: *Hæc omnia simpliciter sine ullis fateatur ambagibus, si quis in auctoritatem catholicam & expressa ipsius Pelagii verba consentit. Neque enim illa, quæ his sunt contraria, veraciter anathematizata esse credendum est, nisi hæc quibus sunt illa contraria, fideli corde teneantur, & aperta confessione promantur.* Hæc sunt proculdubio quæ ex *Africa expectabantur*, quemadmodum Augustinus supra lib. 2. ad Bonifacium, *ut plenius & manifestius in Cælestio fieret*, quod promiserat, se nimirum litteris Innocentii subscripturum. Sunt enim eædem propositiones totidemque in Concilio Palæstino objectæ Pelagio, ut ex libro de Gestis Pelagii intelligitur. Etsi porro commonitorii formam potius habeat, fuit tamen instar definitionis synodicæ, tum quia ex numeroso Concilio emissum, tum quia huic etiam Apostolicæ Sedis accessit auctoritas. Immo crediderim Zosimum Pontificem formulam illam epistolæ suæ ad universum orbem missæ ab omnibus subscribendam inseruisse. Eadem enim hæc subscribendi formula a subsequentibus Pontificibus usurpata, quoties, reviviscentibus Pelagianæ hæresis seminibus, ad subscriptionem veniendum fuit, & a Leone præsertim, inter cujus epistolas reperta a nobis fuit, ut fusius in Dissertatione proxima dicemus. Hinc inserta Romano Codici. Proposita etiam fuit ab Africanis pro subscribendi formula: quod inde manifestum fit quod in pluribus exemplaribus MSS. excusisque & in Romano Canonum codice connectitur cum epistola Aurelii ad Africanos provinciarum Bizacenæ & Arzugitanæ Episcopos, quibus ex Imperatoris mandato subscribendi necessitatem indicebat. Hæc capitula litteris Africanis fuisse, ut diximus, inserta, probo etiam ex Mario Merc. cum enim scribat, *Capitula de quibus Cælestius accusatus fuerat, contineri* in Tractoria Zosimi: non sola, opinor, capitula Cælestii, sed & capitula opposita, quæ Pelagius in Palæstina profiteri jussus est; inserta sunt: nec aliunde accepta quam ab Africanis, qui eadem opera sancti Augustini collecta ad Zosimum Papam cum aliis instructionibus transmiserant.

6. Admonebant Africani Zosimum suis litteris, ut recoleret quid imitandus præcessor ejus Innocentius de ipsis senserat Gestis Palæstinis, quibus absolutum se jactabat Pelagius. Et ut intelligeret Pontifex ea nec ignota fuisse Innocentio, nec omnino probata, litteris suis inseruerunt Africani excerptum epistolæ illius ad quinque Episcopos, quo ista constabant. Hoc indicat sanctus Augustinus lib. 2. de pecc. orig. cap. 8. *Quid ergo*, inquit, *de Palæstinæ Synodi gestis, quibus se Pelagius absolutum esse gloriatur, sanctus Papa Innocentius judicaverit, quamvis & in litteris ejus, quas nobis rescripsit, legere possitis, & commemoratum, cum venerabili Papæ Zosimo Synodus Africana respondit, quod vestræ caritati cum ceteris instructionibus misimus; tamen* &c. XXII.

7. Constat præterea ex Commonitorio Marii Mercatoris cap. 1. litteris illis fuisse illigatum quicquid in Africa actum fuerat adversus Cælestium & Pelagium; & *omnem caussam, quæ apud eos facta fuerat*, ab ipsis fuisse *expositam: missis etiam gestis exinde, quæ fuerant tunc cum illo vel de illo confecta*: hoc est gestis Carthaginensis Synodi 32 anni 412. & alterius anni 416. non omissis proculdubio gestis Milevitanæ Synodi eodem anno habitis. 32

8. Si Canones illi octo Carthaginenses de

EDITORUM ADNOTATIONES.

Augustinus vero de Capitulis Pelagio objectis in Synodo Palæstina loquens lib. 2. de pecc. orig. c. 8. ea tantum *commemorata*, non autem inserta indicat in Africanæ Synodi litteris ad Zosimum. Integrum S. Doctoris testimonium recitatur a Quesnello paullo post num. 6. in quo notanda sunt verba: *Et commemoratum, cum venerabili Papæ Zosimo Synodus Africana respondit*. Cum porro capitula objecta Pelagio, de quibus hic agitur, in plures antiquas collectiones Latinas traducta inveniantur, ea alicui usui ex Augustino olim exscripta videntur. Formam vero non referunt formulæ fidei, cui subscribendum esset, ut liquet ex aliis formulis, quæ hac, vel simili ratione exponuntur: *Ego ille hac Scriptura, quam manu mea perscripsi, profiteor* &c. Vide duas formulas in nostro Codice canonum cap. 53. & 55. in fine. Ea quidem fidei professio, quam S. Leo Pelagianis ad Ecclesiam redeuntibus præcepit epist. 1. & 2., diversa perspicitur, cum inter cetera exigat, ut apertis professionibus damnent auctores, qui in nostris Capitulis non memorantur.

32 Corrigendum credimus *anni* 411. Vide Observationes n. 5.

33 de Gratia in illa autumnali Synodo, 33 ut videor mihi probasse, conditi sunt, dubitandum non est quin illi eadem opera missi sint ad Zosimum cum reliquis caussæ instrumentis.

9. Testatur, sanctus Augustinus lib. de peccato originali, cap. 21. plurimum iisdem litteris laborasse Africanos, ut fraudem aperirent Pelagiani libelli, qui ab hæretico ex Oriente missus ad Innocentium, successori ejus Zosimo traditus ab eoque transmissus ad Africanos fuerat. Putabatur Pelagius sincere damnasse in Palæstino judicio dogma negantium originale peccatum: & ita credebat Augustinus ipse cum libellum de Gestis Pelagii elucubraret. *Jam vero in libro fidei suæ*, inquit S. Aug. cap. illo 21. *quem Romam cum ipsis litteris misit ad eumdem Papam Innocentium, ad quem etiam epistolam scripserat, multo evidentius seipsum tegendo nudavit, dicens: Baptisma unum tenemus, quod iisdem sacramenti verbis in infantibus, quibus etiam in majoribus dicimus esse celebrandum .... visus est ad tempus aliquid dicere, quod fidei catholicæ conveniret. Sed illam Sedem usque in finem fallere non prævaluit*. Post rescripta quippe Africani Concilii, *in quam provinciam quidem doctrina illa pestifera serpendo prævenerat, sed eam non tam late occupaverat alteque pervaserat, alia quoque ipsius in urbe Roma cura fidelium fratrum prolata patuerunt: quæ litteris suis, quas conscripsit per orbem catholicum perferendas Papa Zosimus exsecranda, sicut legere potestis, attexuit*.

XXIII. Legatio Africana ad Honorium Augustum, 34

Dum deferuntur Romam gesta omnia synodica epistolæ Africanorum illigata per Marcellinum Subdiaconum; 34 pergunt etiam Ravennam alii ejusdem Synodi legati, Episcopi quippe pro fide catholica & quiete Ecclesiæ plurimum solliciti, cum merito timerent ne Cælestius insignis technarum artifex Zosimum Papam transversum ageret, & ab eo sententiam absolutionis surriperet, quæ & Africanorum judicio & Innocentii Papæ rescriptis essent contraria, constituerant, ut supra diximus, unum e suis ad comitatum delegare, qui de statu rerum Honorium certiorem faceret, ejusque animum ad tuendam Ecclesiæ fidem pacemque accenderet.

Quam anxios enim faceret Africanos Episcopos Zosimi hæsitatio, nimiaque in Cælestium propensio, quamque sinistram concepissent opinionem de procerum Cleri Romani consiliis, 35 indicat, ni fallor, Augustinus ultimis epistolæ CVI. verbis, quam ad sanctum Paulinum Nolæ Episcopum eo ipso tempore dedit. *Quæ autem*, inquit, *& de quibus audierimus, quæ multum dolemus, & facile credere nolumus, audiet a communi amico sanctitas tua: quo in Dei misericordia cum salute remeante, speramus nos de omnibus fieri posse certissimos*. Quin enim de Zosimo & Sixto præsertim hæc intelligenda sint, dubium apud me nullum est, ac tota illa scribendi ratio persuadet. Adierunt igitur Imperatorem tunc Ravennæ agentem, ut regiis edictis sententiam adversus Cælestium in Africa prolatam, & auctoritate Apostolicæ Sedis per Innocentii rescripta confirmatam, sua quoque sanctione roboraret. Res enim urgebat, & grave periculum erat; ne si a Zosimo judicium sententiæ Innocentii Africanorumque contrarium prodiret, ut jamjam proditurum 36 credebatur, inde perniciosum inter utramque Ecclesiam schisma oriretur. Annuit justæ petitioni Imperator; & gestis decretisque Africanis consideratis, constitutionem emisit pridie Kalendas Maji anni hujus 418.

Hanc narrationem velut somnio simillimam ridebunt nonnulli, qui constitutionem post Zosimi decretum tractoriamque epistolam, nec nisi ex Pontificis hujus suggestione editam putant; quæ opinio est Baronii, Jansenii, Rigberii in Notis ad Marium, Norisii in Hist. Pelag. lib. 1. Garnerii & forsan aliorum. Verum etsi ab erudito-

EDITORUM ADNOTATIONES.

33 Immo cum nos in Observationibus num. 26. & seqq. contra Quesnellum probaturi simus eos canones conditos in alia Synodo Kalendarum Maji; ii ab anteriori Concilio Africano ad Zosimum missi dici nequeunt. Non diffitemur tamen eorumdem canonum sententias fortassis præstitutas fuisse in litteris, quas idem Concilium Africanum ad eumdem Pontificem scripsit, ut ibidem monebimus.

34 Hanc Africanæ Synodi Legationem ad Imperatorem cum ceteris, quæ in id a Quesnello congeruntur, explodemus in Observ. §. VII.

35 Augustini epist. 106. nunc 186. ad S. Paullinum Nolanum scripta an. 417. post Innocentii Pontificis mortem, & ante Africanam Synodum anni 418. indicare non potest ea, quæ ejusdem Synodi Patres sollicitos fecisse Quesnellus existimat. Perperam quidem de Zosimo & Sixto intelligenda credit illa ejusdem epistolæ n. 40. *Quæ autem, & de quibus AUDIERIMUS, quæ multum dolemus, & facile credere nolumus* &c. Neque enim de Romanis, sed de aliis apud Nolam degentibus se quædam molesta audisse jam antea perspicue tradiderat num. 29. *Quod propterea commemoravimus, quoniam quidem apud vos, vel in vestra potius civitate, si tamen verum est quod AUDIVIMUS, tanta pro isto errore quidam obstinatione nituntur, ut dicant facilius esse, ut etiam Pelagium deserant atque contemnant, qui hæc sentientes anathematizavit, quam ab hujus sententiæ, sicut eis videtur, veritate discedant. Si autem cedunt Sedi Apostolicæ* &c. Hic de Pelagianis apertissimis & contumacibus, qui ipsi Pelagio, si resipiscisset, anathema dixissent, sermo est: qualem fuisse Zosimum, vel Sixtum nec ipse Quesnellus judicaret.

36 Hocce commentum explodemus in Observ. num. 34.

ditorum grege divelli, me ægre admodum patiar, veritati tamen consentaneam esse meam opinionem non levibus conjecturis astruere mihi videor.

XXIV. Sententia Zosimi non ante Kalendas Maji prolata. 37

Condemnationem Cælestii a Zosimo 37 prolatam non esse ante emissum pridie Kalendas Maji Honorii edictum facile sibi quisque persuadebit, si modo recolat litteras Africanorum, quæ teste sancto Augustino, lib. 2. ad Bonifacium cap. 3. expectabantur a Zosimo, ut de Cælestii caussa plenius instrueretur, antequam sententiam suam promeret, receptas esse a Pontifice circa XII. Kalendas Aprilis, quo die ab eodem rescriptum Africanis. Quod reliquum erat sacræ Quadragesimæ, tempusque omne usque ad diem decimam quartam Aprilis, pietati datum est, solemnique paschalis festi Octavæ, quæ illa die occurrit anno 418. Pascha scilicet incidente in diem 7. mensis Aprilis: ut mirum sit quod Joannes Garnerius contendit pag. 216. *habitam Synodum die* 15. *statim post absolutos dies festos, gestisque ad Honorium delatis editam pridie Kalendas Majas sanctionem*.

Ut enim primo loco Garnerio Garnerium opponam, cur vult Romæ haberi potuisse Concilium 15. Aprilis, qui dum Africanum Concilium legit congregatum 5. Kalend. Majas seu 27. Aprilis an. 399. contendit *errorem irrepsisse hunc in locum, & positas vel Kalendas pro Idibus, vel Majas pro Juniis; ne quid enormiter factum dicatur & contra canones in aliis Conciliis sancte observatos*. An Romana Ecclesia minus religiosa fuerit, quam Africana? An vero quod enorme apud Africanos, apud Romanos canonicum?

Synodus Romana an 15. die Aprilis congregata?

2. Qua ratione Episcopi, quos adfuisse Synodo asserit & fatemur, ipsa die 15. Aprilis Romam convenire potuerunt? Non enim avellet eos vir religiosus a propriis eorum Ecclesiis ante completam solemnem octavam Neophytorum: qua completa 14. die, qui paullo remotiores ab urbe erant, sequenti die adesse non potuerunt, nisi quodam miraculo divinitus advecti. Ea tamen vel fatente Garnerio accierdi fuere e longinquis provinciis Episcopi, quandoquidem pleniorem audientiam fuisse e suo Mario Mercatore asserit. Deinde vocandus fuit Cælestius secundum juris formam, qui cum vocatus non adesset (quod nisi post aliquos saltem dies cognosci non potuit) dies illi iterato dicendus fuit, & interpositis iterum diebus aliquot, tertia compellatio indicenda. Hæc enim judiciorum lex inconcussa; quam religiose observatam videmus adversus Eutychen 38 a quartæ Synodi Patribus, 83 quamque in sua caussa prætermissam altiore voce conquestus esset Cælestius, qui adversus Zosimi judicium quicquid postmodum in buccam venit, impudenter evomuit. Vereor ne jam magnam partem elapsi sint quatuordecim dies, quos usque ad pridie Kalendas Majas judicio adornando, complendo, describendo, publicando, & ad Augustum deferendo præfixit scriptor laudatus: & tamen vix adhuc delibata caussa est, de qua *non sine magna deliberatione statuendum esse, & summo disceptandum judicio*, scribebat Zosimus paucis ante diebus. Ep. Zosimi 10. ad Afric. 3.

Hoc ut ita fieret, congregatis judicibus in pleniori illa audientia, quicquid actum hactenus fuerat adversus hæreticum tam Romæ, quam in Africa replicandum fuit; ampliores multiplicesque Africanorum litteræ legendæ, ingens illud instrumentorum synodicorum volumen accurate evolvendum, quod expectatum ex Africa fuerat, audienda singulorum suffragia. Tum cepto de sententia adversus Cælestium proferenda consilio, cudenda fuit constitutio & singula ejus verba ad trutinam libranda; immo & tota sanctorum Patrum de subjecta materia traditio evolvenda, examinanda, & mutua cum decreto collatione componenda fuit, ut dignum Apostolica Sede in caussa fidei prodiret judicium. Post hæc quanto tempore opus fuit exarandis *scriptis amplissimis vel longissimis*, quibus *perdamnatus est* Hæreticus, ut habet Marius Mercator; *in quibus & ipsa Capitula, de quibus accusatus fuerat, continebantur, & omnis caussa tam de Cælestio supradicto, quam de Pelagio magistro ejus praviore videtur esse narrata*. Non dico describenda adhuc fuisse *similia eademque scripta*, quæ *ad Episcopos transmissa sunt*, teste eodem Mario, *ad Orientales Ecclesias, Ægypti Diœcesim, & Constantinopolim & Thessalonicam & Hierosolymam*: quibus addo Provincias Italiæ, Hispaniæ, Africæ, ubi caussa orta erat, Galliarum ex quibus accusationes transmissæ, Britanniarum quas inde oriundus Pelagius proculdubio infecerat: hæc, inquam, sileo, quoniam id per otium actum esse potest, etsi gratis, responderi. Sed horum omnium exemplaria proculdubio ad Imperatorem Ravennam deferenda fuerunt: quem par

EDITORUM ADNOTATIONES.

37 Zosimum damnasse Cælestium ante legem Honorii probabitur in Observ. §. IX. ubi sequentes Quesnelli conjectationes excutientur.

38 Eutyches non *a quartæ*, seu Calchedonensis, sed a Constantinopolitanæ Synodi Patribus vocatus fuit, cujus tamen Synodi gesta in Calchedonensi lecta & inserta fuerunt act. I. Etsi vero idem Eutyches ter vocatus fuerit aliquo spatio interjecto, non tamen tanto, quantum Quesnellus videtur exigere. Secunda enim vocatio die 15. Novembris facta fuit, & eodem die sero data fuit vocatio tertia, die sequenti eidem intimanda, ut veniret in crastinum. Hanc vero non fuisse *legem inconcussam* patet ex ipsa Synodo Calchedonensi act. 3. ex qua discimus Dioscorum ter uno eodemque die vocatum fuisse.

par eſt credere omnia diligenter perlegiſſe, antequam hæc Conſtitutione ſua firmaret, præſertim cum propenſior antea viſus eſſet Zoſimus erga Cæleſtium. His omnibus rite & mature perficiendis vix unius menſis vel etiam duorum ſpatium ſufficiat: ut veroſimillimum ſit ante Kalendas Junias ad finem non eſſe perducta. Obſervandum etiam quod & relata Marii verba innuunt, & idem adhuc teſtatur cap. 2. & 3. Commonitorii, non Cæleſtii ſolummodo, ſed & Pelagii cauſſam diſcuſſam eſſe in illo Romano judicio, ejuſque tum ſermones, tum commentarios in Apoſtolum Paullum examinatos: ex quibus fuſiora excerpta in Tractoriam Zoſimi conjecta, teſtis eſt idem illius ævi ſcriptor: quod examen intra breve tempus confici non potuit.

XXV. Honorius de ſententia Zoſimi ſilet in ſua conſtitutione, de Africana meminit.

3. Si Zoſimi decretum adverſus Pelagium & Cæleſtium 39 jam tunc conditum & emiſſum eſſet, cum imperatorium edictum ſancitum eſt, non illius profecto mentionem omiſiſſet Honorius; nec in edicto dixiſſet ſe *novam* hæreticorum *verſutiam pervulgata opinione cognoviſſe*, nec addidiſſet inferius, quod *aures ſuas recens fama perſtrinxiſſet*
39 *intra ſacratiſſimam urbem virus ſuum* illos ſparſiſſe; ſed potius hoc ſe litteris Papæ Urbis, ipſaque lata ab eo ſententia accepiſſe; præſertim cum e re catholica eſſet ut Zoſimum prioris tarditatis pœnitentem in hæreticos excommunicationis gladium exemiſſe, regio diplomate omnibus innoteſceret.

4. Cum anno ſequenti ad Aurelium litteras dedit, hoc prius edictum commemorat,
40 & in eo condendo 40 ſequutum ſe aſſerit Africanorum judicium, nihil de judicio Zoſimi, quod præteriiſſe, facta alterius mentione, iniquum prorſus fuiſſet & a debita primariæ Sedi reverentia alienum. Quod enim de Innocentio pariter ſiluerit non eadem eſt ratio: quia non tam proprium habuerat, quam ſuum fecerat Africanorum judicium.

5. Cum Conſtitutionem ſuam Auguſtus
41 edidit, 41 Romæ verſabatur Cæleſtius: quandoquidem ab Urbe eum pelli jubet: *Pulſis*, inquit, *ex Urbe primitus capitibus dogmatis execrandi Cæleſtio atque Pelagio*. At cum ſuam edixit Pontifex, immo & cum vocatus Cæleſtius ad judicium, *non ſolum non adfuit*, inquit Marius, *ſed etiam ex memorata Romana urbe profugit, atque ob hoc a beatæ memoriæ Zoſimo perdamnatus*. Scio quid reponi queat: Pelagium Romæ tunc non fuiſſe, etſi pariter eum pelli jubeat Honorius. Verum hoc loco, ſubjunctus eſt Cæleſtio ille ne pœna eos diſcerneret, qui ejuſdem dogmatis communione jungebantur. Ceterum ſuperflua eſſent edicti verba, niſi alteruter ſaltem Romæ tunc præſens adfuiſſet. At iniqua, inquies, Auguſtini de Cæleſtii fuga exprobratio, immo & juſſio Zoſimi illum ad judicium vocantis: ſi Imperatoris edicto urbe pulſus tunc temporis fuiſſet. Non ita eſt: hujuſmodi enim primum edictum ita comminatorium fuit, ut ſi hæretici ad Pontificis judicium convolantes nefaria dogmata abjeciſſent, a pœna immunes proculdubio eſſent relicti. Juſtiſſime igitur fugam exprobrat Auguſtinus: quam non tam edictum Auguſti, quam erroris pertinacia perſuaſit. Non enim amplius res erat de dogmate Cæleſtii diſcutiendo; ſed de ejus promiſſione effectui tradenda, qua videlicet reſponderat ſe Innocentii PP. litteris conſentire: quod ſi ſcripto non ambiguo profeſſus eſſet, irritum feciſſet Auguſti edictum. Deinde non effectui traditam eſſe primam hanc Conſtitutionem, innuit Imperatoris epiſtola ad Aurelium data, quæ habetur cap. 16. codicis noſtri. *Dudum*, inquit, *fuerat conſtitutum, ut Pelagius atque Cæleſtius ab urbe Roma pellerentur*. *ſed quia obſtinati criminis pertinax malum, ut Conſtitutio geminaretur exegit, recenti quoque ſanctione decrevimus* &c. Non dicit urbe pulſos hæreticos, ſed quod *conſtitutum fuerat ut pellerentur*: unde ſuſpicor vel Zoſimo tantum, accelerandi judicii gratia, fuiſſe declaratam, vel dilatam a Palladio edicti promulgationem ex ejuſdem Zoſimi ſuggeſtione, donec ſententiam ipſe ſuam promeret.

6. Edictum ſuum his claudit verbis Auguſtus: *Juvat autem per omnem pene mundum, qua imperium noſtrum extenditur, hujuſmodi promulgata diffundi, ne ſcientiæ forte diſſimulatio paſtum præſtet errori: atque impune ſe quiſque putet audere, quod condemnatum vigore publico ſe ſe finxerit ignorare*.
Profecto 42 timendum non erat (ſi 42
jam

EDITORUM ADNOTATIONES.

39 Cum a Zoſimo petita fuit imperialis lex, nondum quidem conditum & emiſſum fuerat ejus decretum, ſeu Tractoria adverſus Pelagium atque Cæleſtium; ſed poſt condemnationem & judicium petita fuit, ut §. IX. oſtendemus: ac propterea nihil mirum, ſi Zoſimi decretum in ipſa lege non memoretur. Satis tamen indicantur tumultus Romæ excitati, quos præſertim poſt eam condemnationem a Pelagianæ hæreſis fautoribus ibidem promotos, Imperatorem non ab Africanis, ſed a Zoſimo reſcire potuiſſe eodem loco probaturi ſumus.

40 Hoc argumentum ſolvetur in Obſerv. n. 47. & ſeqq.

41 Videſis reſponſionem in iiſdem Obſerv. n. 43. ubi validiſſimum potius argumentum ex objectis ipſius legis verbis adverſus Queſnellum intorquebimus.

42 Timendum non erat de catholicis, qui apoſtolico judicio obſequuntur. At de hæreticis timeri utique potuit, ne ſi lege non comprimerentur, novas turbas concitarent; ac propterea ipſam legem promulgare juſſit Honorius, *ne diſſimulatio* (Principis) *paſtum præſtaret errori*, aut *ne quis* eamdem legem *ſe ſe fingeret ignorare*.

jam decretum Zoſimi per totum orbem miſſum fuiſset) *ne diſſimulatio paſtum præſtaret errori*, aut *ne quis ſe ſe fingeret ignorare*; quod per omnem pariter non Romanum modo, ſed & chriſtianum orbem, diſſeminatum cura Pontificis fuiſset.

7. Romanæ civitatis ſtatus, qui deſcri-
43 bitur in edicto Imperatoris, 43 talis eſt omnino, qualis erat dum Zoſimus Papa, Sixtus Presbyter, & alii Clerici Romani in Cæleſtium Pelagiumque propenſiores, utrumque innocentem jamjam erant pronuntiaturi: cum videlicet *intra ſacratiſſimam urbem*, ut Auguſtus habet, *aliaque loca, ita peſtiferum virus quorumdam inoleverat pectoribus, ut interrupto directæ credulitatis tramite, ſciſſis in partes ſtudiis aſſerendi, materia impacatæ diſſenſionis inducta eſſet, novoque ſcandali fomite concitato beatiſſimæ Eccleſiæ mutaret tranquillitas; aliis nempe aliud ancipiti interpretatione ſectantibus, & pro captu verſipellis ingenii profanam novorum commentorum moventibus quæſtionem*. Quam graphice depinguntur his verbis diſſidia, quæ in Romana Eccleſia excitarant Cæleſtii artes, cum hinc Pontifex præcipuuſque adminiſter Sixtus Presbyter ab hæreticis circumventi videbantur, inde vero alii ex eodem Clero ſanæ doctrinæ decretique Innocentii tenaces pro fide paceque catholica toto affectu decertabant. At nihil tale in urbe fuit poſt ſententiam a Zoſimo adverſus Cæleſtium decretam: nihil amplius in ea Eccleſia turbarum creabat hæreticus, a qua videlicet aufugerat: non amplius diſcors procerum Cleri illius ſententia, qui omnes in damnationem Cæleſtii Pelagiique coierant, Sixto omnium primo *anathema eis in populo frequentiſſimo pronuntiante*, ut ait Auguſtinus epiſt. 105. Non amplius virus ſuum Pelagii Cæleſtiique aſſeclæ ſparſerunt; ſed, ut idem ſanctus Doctor ſcribit epiſt. 104. illi *repente reticuiſſe perſpecti ſunt*: *omnino ſiluerunt magno timore compreſſi* (epiſt. 105.) *& uſque ad profundum ſilentium ſuppreſſere timore quod ſentiebant, quos ſatis territos ipſa taciturnitas demonſtraret*, etſi eamdem nonnulli perverſitatem ſentire non deſinerent, vel etiam inſuſurrare non ceſſarent.

8. Ex epiſtola ſancti Auguſtini 157. intelligimus tunc cum eam ſcriberet recentes fuiſſe apud Africanos litteras Zoſimi tractorias de damnatione Pelagii & Cæleſtii: iſtud enim hæc illius verba ſuggerunt: *De*
44 *quibus exempla* 44 *recentium ſcripturarum, ſive quæ ſpecialiter ad Afros, ſive quæ univerſaliter ad omnes Epiſcopos de memorata ſede manarunt, ne forte ad veſtram ſanctitatem nondum pervenerint, vobis curavimus mitti ab eis fratribus, quibus & has litteras ut tuæ venerationi dirigerent, dedimus*. At hæ litteræ vel eo tempore ſcriptæ ſunt, cum Auguſtinus in Mauritania Cæſarienſi ageret non pro Collatione cum Emerito quæ XII. Kalend. Octob. haberi cœpit; ſed *ob terminandas*, ut ſcribit Poſſidius, in vita S. Auguſt. *alias Eccleſiæ neceſſitates* juxta Poſſid. de vita S. Auguſt. cap. 14.
litteras Sedis Apoſtolicæ, vel, inquam, dum illic ageret, vel etiam poſt ejus inde regreſſum, ut ſignificare mihi videntur hæc verba: *Litteræ illæ, quas ad Mauritaniam Cæſarienſem miſiſti, me apud Cæſaream præſente venerunt, quo nos injuncta nobis a venerabili Papa Zoſimo Apoſtolicæ Sedis Epiſcopo eccleſiaſtica neceſſitas traxerat*: tempus enim iſtud, ut ajunt, pluſquam perfectum hac voce *traxerat* deſignatum, Auguſtinum non amplius illic tunc commoratum, cum ſcribebat, ſignificare mihi videtur. Nec erat revera, quod publicis negotiis impeditus ſanctus Doctor feſtinantius reſponderet epiſtolæ Optati, quæ ad ipſum ſcripta non erat, ſed ab amico communicata. Porro quis crediderit Conſtitutionem Zoſimi, ſi jam pridem condita erat, tam ſero miſſam eſſe in Africam; quo ut citius perveniret multum intererat famæ Pontificis Clerique Romani?

9. Sanctus Auguſtinus lib. 2. ad Bonifacium cap. 3. refert Pelagianos de Clericis Romanis conqueſtos eſſe, *ſcribentes, eos juſſionis terrore perculſos non erubuiſſe prævaricationis crimen admittere, ut contra priorem ſententiam ſuam, qua geſtis catholico dogmati affuerant, poſtea pronuntiarent malam hominum eſſe naturam*. Quin Clericorum Romanorum nomine 45 Zoſimum ipſum 45
cum ſuis comprehenſum velit, dubitare non ſinunt alia Auguſtini loca, quæ Zoſimum ipſum prævaricationis accuſatum a Juliano fuiſſe teſtantur: *Et tamen*, inquit lib. 1. contra Julian. cap. 4. *Innocentii ſucceſſorem crimine prævaricationis accuſas: quia doctrinæ apoſtolicæ & ſui deceſſoris ſententiæ noluit refragari*. Idem lib. 6. cap. 12. Confert igitur Julianus priorem Zoſimi conventum cum poſteriori; contenditque Pontificem Clericoſque Romanos priori ſententia catholico dogmati affuiſſe, quia videlicet ea pene abſolutus abſceſſerat Cæleſtius, ut ex Zoſimi litteris liquet, Cæleſtiique ac Pelagii profeſſio fidei, ut catholico dogmati conſentiens, approbata fuerat; poſtea vero poſteriore ſententia, cum videlicet technis hæretici detectis catholicam de peccato originali doctrinam ſanxerunt, eos *pronuntiaſſe malam hominum eſſe naturam*. Decretum

EDITORUM ADNOTATIONES.

43 Immo talis eſt, qualis erat poſt reſcripta Africanorum Zoſimique ſententiam in Cæleſtium atque Pelagium. Vide Obſerv. n. 41. & 42.

44 Hoc Auguſtini teſtimonium nihil evincere intelliges ex Obſerv. n. 53.

45 Clericorum Romanorum nomine Zoſimum non comprehendi, verbis autem *juſſionis terrore* non indicari legem Honorii, patebit ex Obſerv. n. 50.

tum igitur Zosimi notatum hic habemus. At istud Pelagiani criminantur conditum a Romanis *jussionis terrore perculsis*, & ita in prævaricationis crimen prolabentibus. Quid porro Jussionis nomine intelligit hæreticus, nisi imperatorium edictum, quod proinde ex hoc loco probatur ante Zosimi Constitutionem fuisse prolatum? Ad istam de *Jussionis terrore* objectionem, nihil Augustinus reponit; quippe qui noverat & postulatum a se suisque Africanis Honorii edictum, & istud ab Imperatore prolatum, antequam Zosimi sententia prodiisset.

XXVI. Quo edicti loco Honorius meminit Zosimiani decreti.

Quid contra hanc assertionem nostram objici possit non divinassem. Sed en occurrit Garnerius, locumque digito monstrat in edicto Honorii Augusti ad Palladium, quo judicium Zosimi Papæ, Ecclesiæque Romanæ apertissime, si Deo placet, designatur, evincitque ipse Pontificis decretum præivisse constitutioni Augusti. Hæc sunt verba edicti: BEATISSIMÆ ECCLESIÆ ACTA majusculis litteris depicta, ne legentium oculos fugiant. Decretoria certe verba: sed ubinam gentium sunt, aut quo sensu? Integram illam constitutionem edidit Garnerius pag. 239. & partim collatione editionum, partim codicum manuscriptorum ope, plurima, quæ superant, menda correxit post Magdeburgensium, Baronii, Salmasii, Labbei & Baluzii accuratissimam recensionem. Hanc lego ac relego, nec tale quid invenio in illa Garnerii editione, vel in alia, unde vel minima suspicio animum subeat de Actis Synodi Romanæ Ecclesiæ adversus Pelagianos habitæ. *Ita*, inquit, *pestiferum virus quorumdam inolevisse pectoribus*, *ut* ... *novo scandali fomite concitato beatissimæ Ecclesiæ hactenus nutet intentata tranquillitas*. Ubi Synodus, ubi judicium, ubi acta? Curro ad notas, ne forte illic reservata sit mysterii intelligentia. Video Salmasium, Usserium & Labbeum legisse: *Beatissimæ Ecclesiæ acta nutet, & attentata tranquillitas*. Sed id, ut statim monet Garnerius, *minus concinne*. Igitur ex minus concinna ac rejectitia lectione argumentum sumit: & reprobata emendatiori lectione in textum adlecta, quæ spuria fuerat redit in gratiam desperatæ scilicet caussæ patrocinatura. Sed quovis modo legatur, nihil caussam adjuvat, cui non magis propinquat, quam cælum terræ. Cetera, quæ ex Augustino referuntur, vel ipsis confitentibus adversariis, nihil prorsus habent, unde proposita solvatur quæstio.

Possidius objicitur & explicatur. 46

Paullo validius videatur esse quod 46 ex Possidio in vita sancti Augustini cap. 18. *At illi*, inquit, *tantæ Sedis Apostolicæ Antistites*, Innocentius, & Zosimus, *suis diversis temporibus eosdem Pelagianistas notantes, atque a membris Ecclesiæ præcidentes, datis litteris ad Africanas & ad Orientis & Occidentis Ecclesias, eos anathematizandos & devitandos ab omnibus catholicis censuerunt. Et hoc tale de illis Ecclesiæ Dei catholicæ prolatum judicium etiam piissimus Imperator Honorius audiens ac sequens suis eos legibus damnatos hæreticos haberi debere constituit*. Sed neque hoc tamen adhuc satis idoneum solvendæ quæstioni, profitetur Garnerius. Illud nihilominus confidentius urget Henricus Norisius adversus Usserium & Salmasium; non animadvertens geminum Pontificis urbici judicium a Possidio laudari, Innocentii unum, alterum Zosimi, quorum primum ab Africanis *audiens ac sequens Honorius* sua constitutione roborarit; ut de se Honorius ipse testatur in epistola ad Aurelium. Sed nec meminit vir eruditus ab ipso Honorio geminum edictum esse conditum *ac geminatam constitutionem*, ut disertis verbis testatur in eadem epistola, & innuit ipse Possidius, cum non ait *lege sua*, *sed legibus suis*, quarum postrema sequi potuit sententiam Zosimi; prima vero, de qua quæstio movetur, instantia Africanæ Ecclesiæ prolata est.

XXVII. Constitutio Honorii instantia Africanorum emissa.

Pars hæc, etsi jam satis ex superioribus manifesta maneat, uberius tamen subjectis probationibus confirmatur.

Primam habemus ex verbis epistolæ Honorii ad Aurelium jam ex parte relatis: cum enim ait Imperator: *Dudum quidem fuerat constitutum, ut Pelagius atque Cælestius infandi dogmatis repertores ab urbe Roma velut quædam catholicæ utilitatis contagia pellerentur*: proculdubio designat constitutionem datam pridie Kalendas Majas anni præcedentis, hoc est, tredecim ante mensibus. At hanc ipsam datam profitetur intuitu Africani judicii: 47 *In quo*, inquit, *sequuta est clementia nostra judicium sanctitatis tuæ, quo constat* (ita legunt omnes, non, ut Garnerius, *cum constet*) *eos ab universis justa sententiæ examinatione damnatos*. Clara sunt verba, nec interprete indigent: unde magis ea corrumpit Garnerius, quam explicet, dum his expedire se conatur. Cum enim pag. 243. ad judicium Carthaginense anni 412. recurrit, quod putat ob oculos habuisse Imperatorem, quando edictum condidit, vix puto ex animo scribi ab erudito viro, nec ut ita credamus eum exigere. Quis enim sibi persuadeat illud judicium respexisse Augustum, quod ante totos sex annos habitum fuerat in provinciali Synodo Carthaginensi, quæ diligentiori postea examine, nec non & apostolicis rescriptis judiciisque pluribus recentioribus, ac omni ex parte absolutis pene obscu-

EDITORUM ADNOTATIONES.

46 Testimonium Possidii ex aliorum testium, ac rationum complexu Quesnelli sententiæ contrarium videbimus in Observ. n. 44.

47 Hanc secundam Honorii legem in Observ. n. 47. & 48. ita explicabimus, ut Quesnello nihilum suffragetur.

obscurata fuerat: cujus ne meminit quidem Augustinus ep. 47. ad Valentinum, cum ei omnia hujus caussæ instrumenta transmittit: hanc, inquam, Synodum quis putet memoratam, posthabitis recentioribus ex Numidia & ex Proconsulari, quas rescriptis suis Innocentius firmarat, quas & aliæ numerosiores ac fere plenariæ Synodi, ut diximus & probavimus, consequutæ fuerant? Deinde illud memorat judicium Africanum *quo constat Pelagianos ab universis justa sententiæ examinatione damnatos*. Nemo istud de primo Carthaginensi intellexerit, a quo relationes ad Sedem Apostolicam cum emissæ non essent, extra provinciam proconsularem vel saltem extra Africam, auctoritatem habuisse non fatebitur Garnerius. Jam monui qua arte vim hujus argumenti eludat, supponendo *cum constet* pro *quo constat*; ut pag. 243. verba edicti interpretetur de examinatione apud Sedem Apostolicam sub Zosimo babita, cujus Tractoria ad universos missa sequutum sit, ut ab universis damnarentur Pelagiani. At quantacumque licentia textum edicti, prout rei suæ congruere censuit, pro libito mutaverit, nihil tamen profecit; cum & superius ostenderim Zosimi scriptum non potuisse ante Kalendas Majas in provincias transmitti, & illa depravationi simillima correctio sermonis filum sensumque pervertat: ut omittam omnes excusos manuque scriptos codices hujusmodi correctioni contradicere.

48 2. Alteram 48 probationem suppeditat ea edicti imperialis epigraphe, quæ in utroque codicis nostri Romani exemplari MS. habetur: *Sacrum rescriptum acceptis Synodi supradictæ* (Thu. *SSta* id est *supra scriptæ*) *gestis*. Quam in auctoritatem merito adducimus ex antiquissimo scilicet Ecclesiæ Romanæ monumento, reclamante licet Garnerio, cujus contradictionis rationes superius ventilavimus. A quibus porro accepit gesta Synodi Honorius, nisi ab Africanis? Quibus rescriptum misit, nisi Africanis? Quibus denique de caussis Africanis diploma direxit, nisi quia ab iisdem de condendo diplomate pulsatus fuerat? Oxoniensi & Thuaneo MSS. suffragantur Baluziani, & Atrebatensis ab Emin. Card. Baronio laudatus; in quibus *Rescriptum* nuncupabatur hæc Honorii constitutio. Sed & Augustinus ipse testis est omni exceptione major lib. 3. cap. 1. adversus Julianum, quem his verbis alloquitur: *Sane, ut dicis, si pro vobis potius ab Imperatore responsum est, cur non in medium prosilitis?* Certum est igitur rescriptum esse, & ita persuasum habebimus deinceps, donec ex certioribus melioribusque notæ monumentis evicerit Garnerius quod *Historia demonstrat non esse rescriptum proprie, sed constitutionem, cum Imperator nulli vel per litteras petenti, vel scriptis consulenti rescribat.* Pag. 240.

3. Ex serie edicti manifestum fit suggesta indicataque fuisse Imperatori præcipua Pelagiani dogmatis capita. A quibus porro? Non certe 49 a Zosimo vel Clericis Romanis, 49
qui adhuc in ambiguo versabantur, nec id egissent, ut Episcopi sui constitutio adversus hæreticos ab Imperatoris edicto præveniretur. Igitur ab Africanis, penes quos summa istius negotii erat, & *a quibus*, ut ait Garnerius, *tentatæ sunt viæ omnes, quibus partim fidei damno, partim suo dedecori occurrerent*.

4. Ad istud referri potest hæreticorum furentium 50 querela, qui sanctos Augustinum & Alipium maledicentissimis dicteriis insectantur, tamquam edictorum imperialium auctores aut procuratores. *Cur tantis*, inquit Julianus, *totam Italiam factionibus commovistis? Cur seditiones Romæ conductis populis excitastis? Cur de sumtibus pauperum saginastis per totam fere Africam equorum greges, quos prosequente Alipio, tribunis & centurionibus destinastis? Cur matronarum oblatis hereditatibus potestates sæculi corrupistis, ut in nos stipula furoris publici arderet? Cur religiosi Principis tempora persecutionum impietate maculastis?* Ad prius Honorii edictum ista potius videntur mihi pertinere, quam ad posterius: quod videlicet post sententiam Pontificis emissum, melius poterat a Juliano hujus precibus ac sollicitudini imputari, quam Africanorum; prius autem non nisi Africanis procurantibus. Deinde quæ de commota Italia seditionibusque Romæ excitatis, ea de adverso a Cælestii partibus Cleri Romani studio intelligenda veniunt; qui cum initio examinis Pelagio Cælestioque faveret, postmodum utrique anathema dixit, non sine Africanorum opera ac sollicitudine. 50

XXVIII. Quid actum Ravennæ agente Valerio, procurantibus Africanis Episcopis.

5. Arctissima necessitudo, quæ Augustino Alipioque erat 51 cum Valerio Comite, cui & ardentissimum adversus Pelagianos studium, & summa erat apud Imperatorem gratia, non sinit ut credamus illud Episcoporum par aureum, de catholica caussa Romæ tum periclitante adeo sollicitum, de toto negotio per Comitem illum Imperatori non 51

EDITORUM ADNOTATIONES.

48 Hæc probatio rejicietur in Observ. n. 46.

49 Immo a Zosimo, quem ante imperialem legem sententiam tulisse in Observationibus demonstrabimus; non vero ab Africanis, quorum Legatio ad Imperatorem commentitia ibidem ostendetur.

50 Hæc Pelagianorum querela, quæ ad tempus secundæ legis pertinet, ad priorem legem perperam transfertur. Vide Observ. n. 49.

51 Quid actum fuerit Ravennæ agente Valerio, exponemus in Observ. n. 32. ibique Vindemialis Legationem ad obtinendam legem Honorii opitulante eodem Valerio, quam in sequentibus Quesnellus constituere nititur, expungemus.

non suggessisse, quale esset Romanorum pro Cælestio studium, quid damni ex illorum judicio timeretur Ecclesiæ, doctrinæ, quid denique facto opus, ut imminenti malo quantocius occurreretur Imperatoris auctoritate. Et ut id revera factum credamus, plusquam conjecturis movemur. Ex epistola enim S. Augustini ad Valerium Comitem nuncupatoria libri primi de Nuptiis & Concupiscentia, plures epistolas ultro citroque datas discimus ab Augustino & Valerio, &, ni fallor, in caussa Ecclesiæ.

Primus hic liber scriptus est ab Augustino an. 418. uti omnes conveniunt, & epistola citata ad Valerium indicat: qui vero locus ex cap. 5. libri 1. ad Bonifacium ad hoc probandum affertur a nonnullis, hoc probare mihi non videtur: etsi enim dicat scriptum a se librum post damnationem Pelagii
52 Cælestiique, 52 quam tamen damnationem intelligat eo loco non dicit, jam enim ante decretum Zosimi, Palæstinum, Constantinopolitanum, Africanumque multiplex & provinciale & plenarium præcesserat. Joannes Garnerius post reditum Augustini ex Mauritania Cæsariensi scriptum asserit, id est, circiter medium Octobrem. Non video cur tamdiu differendum: de utroque enim libro 2. Retractat. non aliam ob caussam meminit post Mauritanianam profectionem, quam quia per secundi libri adjectionem perfectum non est opus istud nisi post illud tempus. Sed certum est saltem, quod sufficit, scriptum esse paullo post prolatum Zosimi judicium, & fatetur sanctus Doctor cap. 35. fuisse sibi *ad dictandum negotiosum quibus particulis temporum eum invenisset otiosum, & elaboratum inter ecclesiasticas curas suas*. Quibus forsan verbis tempus ipsum designat ecclesiasticæ necessitatis a Zosimo injunctæ a qua tractum se dicit Cæsaream in ep. 157. ad Optatum. At certum est pariter ante illud tempus plures ab Augustino scriptas esse ad Valerium Comitem litteras, in quibus magni momenti res agitatas probat sollicitudo & molestia, quam eidem responsionis dilatio creaverat. 53 *Cum diu*, inquit,
53 *moleste haberem, quod aliquotiens scripserim, & nulla tuæ sublimitatis rescripta meruerim, repente epistolas tres tuæ benignitatis accepi: unam non ad me solum datam per Coepiscopum meum Vindemialem, & non longe post per compresbyterum Firmum duas*. Vides multoties scriptum ad Valerium ab Augustino. Vides quo tempore: eo videlicet quo Romæ prius examen de Cælestio habebatur: inter illas enim epistolas Augustini, intervalla quædam temporis supponenda sunt, quibus ante secundas responsio ad primas expectaretur; & longa quidem intervalla, tum propter locorum distantiam, tum ne præcipitem præmaturamque credamus patientissimi Augustini impatientiam. Vides insuper avide expectata responsa e comitatu: ne parvi momenti aut familiaris solummodo alloquii suspiceris litterarum materiem: quibus non neglexerat respondere Valerius, sed mittendarum litterarum nactus non erat occasionem, nihil interim omittens, ut quæ ab Imperatore pro Ecclesiæ caussa obtinere posset, sollicitudine sua procuraret. Sed (quod magis attendi velim in istis verbis) nonne vides Episcopum Africanum e comitatu redeuntem (Africanis enim nomen Vindemialis familiare) & redeuntem eo circiter tempore, quo poterat deferri in Africam edictum Honorii pridie Kalendas Majas conditum, quem illuc sponte propria perrexisse eo tempore, quo magnæ res in Africa versabantur, probabile non est; sed magis verosimile a Coepiscopis suis Africanis delegatum pro fidei & hæreticorum caussa; cum inde redeuntem legamus cum Valerii Comitis epistola ad Episcopos Africanos scripta. Quid enim aliud innuunt hæc Augustini verba notatu dignissima: *epistolas tres tuæ sublimitatis accepi, unam non ad me solum datam?* nisi rescriptum fuisse ad Episcopos, a quibus litteras prius acceperat per Vindemialem Episcopum, quem non nisi ob secretissima & maximi ponderis negotia Ravennam misissent, qui unum solummodo Subdiaconum legarunt Romam ad Zosimum. Quæ porro ea negotia essent, etsi ex rerum temporis illius statu promtum cuique sit divinare, non id tamen necesse: hæc enim pluribus locis, etsi paullo obscurius, ut par erat, Augustinus: *Audivimus*, inquit in eadem epistola ad Valerium Comitem, *quanta tibi cura sit, ne quis insidietur membris Christi coopertus velamine nominis Christi, sive in recentioribus inimicis; quamque sis eorumdem inimicorum providus saluti; infestus errori. Hæc atque hujusmodi, ut dixi, & ab aliis solemus audire; sed nunc ea per supradictum fratrem plura & testatiora cognovimus*. Qui sint illi *recentiores inimici Christi* nemo non videt: Pelagiani enim sunt proculdubio. Sed quando & quomodo eorum se *saluti providum*, *infestum errori* ostenderat, nisi pro sua apud Honorium gratia edictum eliciendo, quo nisi sacrilegum dogma

EDITORUM ADNOTATIONES.

52 Intelligit proculdubio eam condemnationem, qua utrique a Zosimo damnati fuerant. Hanc autem condemnationem præcessisse, cum Augustinus hunc librum scripsit, perspicuum fit ex lib. 2. Retract. in quo c. 53. duo libri ad Valerium referuntur post gesta cum Emerito signata die 20. Septembris anni 418.; & anteriori cap. 50. de illorum condemnatione S. Doctor scripserat: *Postea quam Pelagiana hæresis cum suis auctoribus ab Episcopis Ecclesiæ Romanæ, prius Innocentio, deinde Zosimo .... convicta atque damnata est*. Vide plura in Observ. num. 31. & seqq. ubi hæc fusius constituta invenies.

53 Hoc & sequentia testimonia Quesnello nihil prodesse ostendemus in Observ. §. VII.

ma ejurarent illi, & pellebantur urbe, & pœnis aliis subjiciebantur? Hæc sunt *testatiora* quæ tum cognovit de Valerio Augustinus · ante edictum enim illud, nihil a Comitatu profectum erat adversus Pelagianos, qui vix in Italia innotuerant ante Zosimi Pontificatum.

Sed clarius adhuc Augustinus in ipso libro I. de Nuptiis & Concupiscentiâ cap. 2. ubi exponens qua potissimum de caussa ad eum de hac re scribere voluisset, *Altera*, inquit, *caussa est, quia profanis istis novitatibus, quibus hic disputando resistimus, tu potestate curando & instando efficaciter restitisti*. Quid enim, amabo te, potestate curaverat Valerius, quid instantia sua obtinuerat, quomodo efficaciter restiterat profanis novitatibus, nisi quod, ut edictum illud ab Honorio prodiret adversus hæreticos, potestate & diligentia sua effecit? de quo & vehementer conqueritur Julianus verbis ab Augustino relatis lib. I. cap. 10. Operis alias imperfecti, nunc perfecti studio doctissimi Vignerii Oratorii D. Jesu Presbyteri: verba enim Augustini superius descripta ita insectatur, falsa veris miscens, veraque etiam falsis retegens: *Laudat etiam*, inquit, *potentem hominem, quod nostris petitionibus, qui nihil aliud quam dari tanto negotio judices vociferabamur, ut ea quæ subreptionibus acta constabat, emendarentur potius, quam punirentur examine, mole suæ dignitatis obstiterit; nec disceptationi tempus aut locum permiserit impetrare. Quod utrum ille, ad quem scribitur, tam nequiter fecerit, quam testatur ipsa laudatio, ipse viderit*. Ex hoc loco lucis plurimum accedit verbis Augustini superius relatis in laudem Valerii. Quod enim actum ab istô piissimo Comite laudavit sanctus Doctor, cum ait: *Profanis istis novitatibus .. tu potestate curando & instando efficaciter restitisti*: hoc ipsum est de quo invidiose queritur Julianus, quod *mole suæ dignitatis obstiterit petitionibus ipsorum; qui nihil aliud, quam dari tanto negotio judices vociferabantur, ut ea quæ subreptionibus acta constabat, emendarentur potius, quam punirentur, examine*. Non possunt intelligi hæc Juliani verba de posteriori judicio, quo sententiam Zosimi corrigi postularent Pelagiani. Qua enim impudentia subreptitiam clamassent illam sententiam, cui adornandæ annus integer datus fuerat, & ab eo judice, qui per totum illud tempus faciliores illis aures præbuerat, de eorum innocentia tam amicas ad Africanos dederat litteras, & tantum eos non absolverat? Quod igitur hoc loco Julianus scribit, hoc ipsum est, quod Cælestius post Innocentii PP. mortem & ante Zosimi sententiam poscebat; cum ipso teste Zosimo Papa in prima trium epistolarum, *Romano se ingessit examini expetens ea, quæ de se Apostolicæ Sedi aliter quam oportuit essent inculcata, purgari*. Huic examini locum tempusque non esse permissum instantia Valerii Julianus ex laudatione Augustini asserit: *nec disceptationi tempus aut locum permiserit*: quia videlicet edictum Honorii emissum est ex Africanorum suggestione & diligentia Valerii, quo Cælestius Pelagiusque Urbi cedere, eorum asseclæ vel ut novi dogmatis assertores convicti damnatique ad judices pertrahi, exiliique inexorati, ut ait Augustus, deportatione puniri jussi sunt. Atque ita imperatorium edictum, quo Innocentii PP. Africanorumque judiciis sua firmitas vindicabatur, prævenit sententiam Zosimi, qua 54 Cælestio brevi indulgendum timebatur, cum jam duabus Zosimi litteris pene absolutus esset. Epist. 3. Zosimi, ad Afric. 1.

Hoc S. Augustinus non diffitetur, immo vero confitetur clarissime. Superioribus enim respondens Juliani verbis, quibus idem addiderat; satis ex laudibus Valerio datis ostendi quid cuperet Augustinus, *scilicet ut contra rationem, contra fidem, contra omnem morum & dogmatum sanctitatem, vi fera & cæca impotentia dimicaretur*: ita satisfacit Juliano, ut non neget Valerium dignitate & auctoritate usum, obstitisse ne examini locus & disceptationi tempus esset. Contrà vero totum hoc ultro concedit: nihil in eo peccatum ab Imperatore contra fidem, sed potius pro fide & ex fide actum, & coercitionem juste ab eo impositam. Occurrensque objectioni, quam ex Donatistarum exemplo vel sumebat, vel sumere poterat Julianus, quod videlicet non ita pridem ad publicam collationem invitati & admissi caussæ suæ defendendæ locum tempusque accepissent, discriminis rationem affert, quod aliter cum his, aliter cum illis actum sit. Verba hæc sunt Augustini meridiano Sole clariora. *Absit*, inquit, *christianis potestatibus terrenæ Reipublicæ, ut de antiqua catholica fide dubitent, & ob hoc oppugnatoribus ejus locum & tempus examinis præbeant: ac non potius in ea certi atque fundati, talibus, quales vos estis, inimicis ejus disciplinam coercitionis imponant. Quod enim propter Donatistas factum est, eorum violentissimæ turbæ fieri coegerunt, ignorantes quid ante sit gestum quod eis fuerat ostendendum; quales vos turbas Dominus avertat ut habeatis: Deo tamen propitio non habetis*.

6. His, quæ modo diximus, lucis robo-ris-

EDITORUM ADNOTATIONES.

54 Ex Zosimi litteris, ac multo magis ex gestis primæ cognitionis Cælestii colligebatur, ipsi indulgendum fuisse, si quod se damnaturum promiserat, reipsa condemnasset. Solum Africani metuebant, ne mendaciis & fraudibus venenum occuleret. Hac de caussa detectis ejus dolis, Zosimum, ne deciperetur, certis cautionibus præmunierunt. Vide quæ in Observationibus n. 34. & seqq. disserentur.

risque non parum accedit ex Zosimi PP. commonitorio Faustino aliisque Legatis dato, cum ad Africanos ab eo missi sunt. Quatuor constabat capitibus, quæ habentur in epistola Africani Concilii ad Bonifacium PP. Primum, tertium & quartum sunt de Episcoporum appellationibus caussisque Romam pertrahendis, & de aliorum clericorum caussis per finitimos Episcopos judicandis. Secundum vero caput commonitorii erat hujusmodi: *Ne ad Comitatum Episcopi importune navigent*. Quis hæc cum superius recensitis componens, 55 non statim cogitet, non ita pridem navigasse ad comitatum Episcopos Africanos aliquid ab Honorio impetraturos, quod Zosimo displicuerit, eique *importune* elicitum visum fuerit? Qua vero occasione, nisi Pelagiani negotii, quod unice Africanos superiori anno occupatos tenuerat? Observandum porro, nihil ad istud commonitorii caput esse ab Africanis responsum: quasi legationem a se missam ad Comitatum ultro sint confessi, nihilque suo juri hac in re detrahi permiserint.

XXIX. Commentitia Alipii hoc tempore legatio.

Ex his, quæ de Vindemiali Episcopo Ravennam ad Comitatum misso pro constitutione obtinenda diximus, sed & ex silentio scriptorum, evanescit eorum conjectura, qui Alipium ea occasione legatum putarunt in Italiam ab Africanis: si qui tamen revera sint, qui ita aliquando senserint. Nam quod eam opinionem doctissimo Cardinali Baronio affingit Joannes Garnerius, profecto memoriæ lapsum passus est vir eruditus. Enimvero ne apicem quidem deprehendas in Annalibus, qui hujusmodi suspicionem suggerat, contra vero ad annum 418. num. XIX. disertis verbis scribit: *Cum Romæ a Zosimo Papa & sacro Collegio Clericorum Pelagius atque Cælestius damnati essent, ab eodemque Zosimo ad universos Catholicæ Ecclesiæ Episcopos de ipsorum condemnatione litteræ conscriptæ essent; mox eas consecutum est Honorii imperatoris rescriptum adversus eosdem hæreticos*. Non igitur existimavit Cardinalis *Alipium* hoc anno 418. quod scribit auctor, *Ecclesiæ Africanæ legatione functum ad Imperatorem adversus Zosimi Concilia Pelagianis artibus delusi, ab eoque obtinuisse decretum, quo Cælestius, qui a Sede Apostolica ex parte absolutus videbatur, Romæ prohiberetur consistere*. En totius erroris origo. Confundit Garnerius annum 418. cum 419. Pontificatum Zosimi cum Bonifacii Episcopatu, Concilium Africanum prioris illius anni cum altera Synodo posterioris, edictum Honorii anni 418. cum epistola ejusdem ad Aurelium sequenti anno data, & quæ Baronius de obita Alipii legatione ad hoc rescriptum obtinendum dixit, transtulit ad legationem alteram. Ubi adhuc contra fidem Annalium peccatur, quod Baronius ab Africana Ecclesia legatum Alipium dicit, non a Synodo illa plenaria, quam post narratam Alipii legationem recenset, ut ad eam non pertinentem. Non igitur ob hanc Garnerii rationem susceptam ab Alipio provinciam istam negamus; sed quia & Vindemialem ea functum procuratione probabile ad minus ostendimus, & hoc de Alipio asseri, nisi divinando, nullatenus potest.

Ravennam igitur pervenit Vindemialis Episcopus, Romam Marcellinus Subdiaconus: hic litteras, gesta synodica, ceterasque instructiones tradidit Zosimo; ille Imperatori Honorio, Valerioque Comiti scripta pariter Africanorum obtulit, suæque legationis exposuit caussam. Caussa erat Ecclesiæ; caussa Apostolicæ Sedis, quæ Pelagianos Innocentii ore damnaverat, quam propterea defendendam auctoritate sua suscepit Augustus, zelum ejus accendente Valerio, & *potestate curando & efficaciter instando*, ut testis est Augustinus: ita ut tandem de constitutione proxime emittenda adversus hæreticos certum vel ipse statim retulerit, vel miserit ad Africanos responsum.

XXX. Quid actum Kalendis Maji in Synodo plenaria Africæ, receptis tertiis Zosimi litteris?

Episcopi Carthagine per Autumnum congregati plenariam indixerant Synodum post proximi anni paschalia habendam. Prævidebant enim circa illud tempus responsa tum ab Apostolica Sede, tum e Comitatu esse afferenda, & tunc quidem maxime deliberandum fore de modo tenendo ad extirpandam hæresim Pelagianam. Revera responsum Zosimi scribentis XII. Kalendas Aprilis, venit III. Kalendas Maji Carthaginem, ubi jam Patres ad Synodum convenerant: cum Kalendis ipsis Majis lecti subscriptique canones jam antea Synodum inchoatam innuant.

56 Perlectis Zosimi litteris 56 non magnam ex iis spem pro fidei caussa conceperunt Afri-

EDITORUM ADNOTATIONES.

55 Hanc conjecturam & interpretationem expungemus in iisdem Observ. num. 33.

56 Cum ex iis litteris satis clare perspiciatur, quantum refrixerit prior illa Zosimi in Cælestium propensio atque credulitas, quas duæ anteriores epistolæ præferebant, cumque præterea idem Pontifex in ipsis litteris palam significet, se eidem Cælestio *non commodasse in omnibus fidem*, nec voluisse quicquam definire, antequam rescriptis Africanorum acceptis, cum iisdem haberet *tractatum*; non levem sane spem hæ litteræ poterant, seu potius debebant afferre. Hanc vero spem mox confirmavit fama, quæ de judicio subinde Romæ habito in Africam pervenit. Vide Observ. n. 40. Cum porro gesta, quæ deinceps Quesnellus suo arbitrio describit, innitantur, ut ipse postea fatetur, præjudiciis jam præstitutis de Vindemiali Episcopo misso ad Comitatum, de epistola Valerii Comitis suo sensu explicata &c his præjudiciis jam a nobis refutatis, tota hæc gestorum narratio in fabulam atque commentum transit.

fricani. Totæ quippe fere erant in commendanda & inculcanda Apostolicæ Sedis auctoritate, indicabantque ejus judicium, qualecumque tandem esset futurum, sine ullius contradictione recipiendum esse. Tum de credulitate nimia accusationem frigide repellit: & tantum abest ut de ingenti illa instructionum gestorumque receptione cum nonnulla gaudii significatione scriberet, e contra cum tædio perlectum ab eo epistolæ volumen testantur Rescripti ipsius verba. Demum etsi omnia in eodem statu remansisse scribat, nullam tamen de damnando intra breve tempus Cælestio spem injicit, sed potius in longum adhuc protrahendam caussam esse, satis clare indicat, dum adhuc diuturnam tractationem magnamque deliberationem necessariam dicit. Quare Africani intempestivam hanc cunctationem tergiversationi simillimam ægre ferentes, utpote fidei pacique Ecclesiæ pernoxiam, securique facti de Imperatoris animo, qui rescita indictæ Synodi die, emittendam a se eodem tempore constitutionem spoponderat, ca-
57 nones illos novem [57] jam in superiori Synodo conditos, in plenaria quam tunc habebant, de novo statuerunt, publicarunt, ac omnium subscriptione roboratos pro perenni sanctione ac immobili fidei de Gratia Christi regula habendos definierunt; non omittentes, ut par est credere, idem quod
58 in priori Concilio constituere: [58] *In Pelagium scilicet atque Cælestium per venerabilem Episcopum Innocentium de beatissimi Apostoli Petri sede prolatam manere sententiam*. Hæc ita gesta esse non ægre sibi persuadebit, qui revocaverit sibi in memoriam, quæ de Vindemiali Episcopo misso ad Comitatum diximus, de epistola Valerii Comitis non ad Augustinum solum, tunc temporis allata, de constitutione Imperatoris pridie Kalendas Maji, & Africanorum decretis ipso Kalendarum die publicatis ac subscriptis, denique de Valerii Comitis studio ardentiori, quo Pelagianorum *providus saluti, infestus errori, non mole suæ dignitatis*, ut invidiose Julianus oggerit, *sed potestate curando, & efficaciter instando piosanis istis novitatibus restiterat*.

De hac Synodo plenaria intelligendus Augustinus ep. 47. ad Valentinum: *Quod posteriori*, inquit, *Concilio plenario totius Africæ contra ipsum errorem breviter constituimus*. Breviter inquit, sive quia paucis ver-
59 bis res decreta est, sive quia, cum [59] omnia in superiori essent disposita & constituta, non tamen publicata, ut, quod Sedis Apostolicæ reverentiæ dabatur, prius cum Zosimo communicarentur, & deferrentur ad Honorium, opus tantum fuit ea relegi, confirmari, ac subscribi, quæ *contra ipsum errorem* constituta fuerant. De eadem Synodo intelligendum unum Africanorum Conciliorum, quæ teste Prospero cap. 10. contra Collatorem, *constituerunt utrumque Dei donum esse & scire quid facere debeamus, & diligere ut faciamus* &c. Hoc ipsum est *Concilium plenarium habitum Carthagini contra Pelagium & Cælestium Honorio Augusto* XII. *Consule Kalendis Maji*, quod legitur in Codicis Romani a nobis nunc publicati exemplaribus MSS. Thuaneo & Oxoniensi, nec non in aliis Codicibus a Binio & ceteris Conciliorum editoribus recensitis: quod ibidem habitum dicitur ab Aurelio Carthaginensi, Donatiano Teleptensi, & aliis ducentis & tribus Episcopis ex omnibus Africæ provinciis in unum convenientibus. De eodem etiam Photius Cod. LIII. ubi & corrupta nomina & ducenti quatuor & viginti numerantur Episcopi præter Aurelium & Donatianum. Denique & idem annotatum habemus apud Prosperum Chronographum, qui sub Consulatu Honorii XII. an. 418. post priorem Synodum anni 417. recensitam, quæ probata a Zosimo dicitur, addit post alia: *Carthaginis Concilium contra Pelagianos*. Nisi tamen hæc sit marginalis annotatio: quippe quæ in sola editione MS. Augustani ope procurata habeatur; ut est in Biblioth. PP. edit. Coloniensis ann. 1618. Ex quibus intelligitur quam perperam hactenus confuderint omnes scriptores prius Concilium cum posteriori, autumnale cum verno, Africanum cum plenario, illud Episcoporum 214. cum isto 205. Antistitum.

De numero canonum hujus Synodi controversiæ occasio nascitur ex varietate codicum. Alii enim octo tantummodo numerant, ut vulgati plerique, alii novem. Tertius enim insertus legitur de medio beatitudinis loco infantibus sine baptismo decedentibus attributo a Pelagianis, qui ex canonum Carthaginensium numero eliminandus putatur ab omnibus Conciliorum editoribus. Talis est porro canon iste controversus. XXXI. *De numero Canonum Africanorum de Gratia Christi.*

Item placuit, ut si quis dicit ideo dixisse Dominum: In domo Patris mei mansiones multæ sunt: *ut intelligatur, quia in regno cælorum erit aliquis medius, aut ullus alicubi locus, ubi beate vivant parvuli, qui sine baptismo ex hac vita migrarunt, sine* quo

EDITORUM ADNOTATIONES.

57 Non in superiori, sed in hac Synodo Kalendarum Maji canones fuisse conditos probaturi sumus in Observ. n. 26.

58 Hæc verba Africani Concilii litteris ad Zosimum tribuit S. Prosper, uti animadvertemus in Observ. n. 24. Si in canonis formam repetita fuissent in Concilio plenario, legerentur profecto inter canones ejusdem Concilii in MSS. nostræ collectionis, vel apud Dionysium, aut Isidorum. Sine ulla autem auctoritate hunc canonem omissum credere, inter somnia computandum est.

59 Confer Observ. n. 26.

quo in regnum cælorum, quod est vita æterna, intrare non possunt; anathema sit, Nam cum Dominus dicat: Nisi quis renatus fuerit ex aqua & Spiritu sancto, non intrabit in regnum cælorum : *quis Catholicus dubitet, participem fore diaboli eum, qui cohæres non meruerit esse Christi? Qui enim dextra caret, sinistram procuddubio incurret.*

Hujus canonis antiquitatem, auctoritatemque vindicat Photii Codex LIII. qui Concilium illud Carthaginense evolvens ac relegens, hæc habet: *Damnat*, inquit, *hæc Synodus eos, qui asserunt Adamum mortalem esse conditum, non autem prævaricationis caussa morte multatum. Simuliter & eos, qui recens natos infantes baptismo minime indigere dicerent, quod illos peccato originis ex Adamo non putarent obnoxios*, En duo primi canones. Tertium porro ita continuo subjungit: *Eos quoque, qui affirmarent medio quodam loco paradisum inter & inferos non baptizatos infantes beate vivere: sex item alia his affinia capita, quæ a Pelagianistis & Cælestianis traduntur, anathemate Patres jugulant*, Nono sæculo floruit Photius: quem sibi de optimæ notæ antiquitatisque codicibus providisse, nemo dubitabit qui viri noverit doctrinam & in colligendis libris industriam.

2. Pervetustum codicem laudant Conciliorum editores, in quo canonem illum legerunt, & exinde curarunt excudi alio charactere distinctum.

Necessitas condendi canonis in Africana Synodo.

3. Necessitas erat hujusmodi sanciendi canonis eo tempore, quo celebratum est autumnale Concilium Africanum. Recenter enim detecta erat ab Augustino fallacia confessionis Pelagianæ in Concilio Palæstino emissæ circa originale peccatum, statumque parvulorum sine peccato decedentium. Damnaverat quippe Pelagius hanc propositionem: *Quod infantes etiamsi non baptizentur, habent vitam æternam*: quæ objecta illi fuerat; & contrariam fuerat amplexus. *Ac per hoc*, inquit S. Augustinus de pecc. origin. cap. 20. *quamvis æternam mortem parvulorum sine baptismi sacramento ex hac vita migrantium aperte noluerit confiteri; tamen de illo sollicitudinem nostram quasi certa ratiocinatio solabatur. Dicebamus enim; si perpetua vita, sicut confiteri videtur, nisi eorum qui baptizati sunt, non potest esse; profecto eos, qui non baptizati moriuntur, mors perpetua consequetur*. Cap. 21. *Sed postea non defuerunt fratres, qui nos admonerent, hoc ideo dicere Pelagium potuisse, quia de ista quæstione ita perhibetur solitus respondere quærentibus, ut diceret:* Sine baptismo parvuli morientes, quo non eant scio; quo eant nescio: *id est non ire in regnum cælorum scio; quo vero eant se nescire dicebat; quia dicere non audebat in mortem illos ire perpetuam, quos & hic nihil mali commisisse sentiebat, & originale traxisse peccatum non consentiebat.* Cum porro istam fraudem non detexissent Africani, nisi post Innocentii rescripta, postque scriptum ab Augustino de Gestis Pelagii libellum, nondum Synodus occurrerat, in qua aliquid contra medium illum parvulorum sine baptismo decedentium locum definiri potuisset. Nec par est credere autumnalem ea quæstione intacta solutam esse: in qua videlicet una exactissime discussa, ac diligentissime ventilata sunt omnia ad istam hæresim pertinentia. Necessitatem definiendi augebat, quod cum scripsisset Pelagius ad Innocentium epistolam sui apologeticam, plurima retulit ex recentiori quodam opere suo, quibus purgandum se plenissime existimabat, & quibus revera imposuit Zosimo, qui scripta illa non sine laudis encomio transmisit ad Africanos: *Post interpositum*, inquit S. Augustinus de pecc. origin. cap. 19. *ex Evangelio testimonium, quod nisi renatus ex aqua & Spiritu sancto regnum cælorum nullus possit intrare, adjunxit dicens:* „ Quis ille tam impius est, qui „ cujuslibet ætatis parvulo interdicat com„ munem humani generis redemtionem, „ & in perpetuam certamque vitam renasci „ vetet eum, qui natus sit ad incertam? “ Ita Pelagius. Quæ verba pene imposuerunt Augustino, qui monitus a fratribus quibusdam referentibus Pelagium dicere solitum de hujusmodi parvulis: *Quo non eant, scio; quo eant, nescio;* intellexit per *incertam illam vitam*, quam parvulis tribuebat, mediam quamdam felicitatem mediumque locum ab hæretico intelligi, qui hujusmodi parvulos, inter regnantes in cælo & damnatos in inferno constitueret. Quam esset necessarium ut fraus ista retegeretur, atque in Synodo proxima decerneretur a Patribus contraria doctrina, hæc Augustini verba postmodum scripta significant. *Itaque*, inquit, *& ista ejus verba Romam pro magna ejus purgatione transmissa, tam sunt ambigua, ut possint eorum dogmati præbere latibula, unde ad insidiandum prosiliat hæreticus sensus, quando nullo existente, qui valeat respondere, tamquam in solitudine aliquis invenitur infirmus*. Et revera de hoc fuisse rescriptum Romam ab Africanis in consequentibus testatur Augustinus verbis a nobis sæpius descriptis.

4. Sanctus igitur Augustinus loco citato, sed præsertim aliis locis jamjam referendis istud definitum fuisse clarissimis verbis significat. Lib. 2. de anima & ejus origine cap. 9. scribit sanctus Doctor: *Non baptizatis parvulis nemo promittat inter damnationem regnumque cælorum quietis vel felicitatis cujuslibet atque ubilibet quasi medium locum. Hoc enim eis etiam hæresis Pelagiana promisit*. Clarius adhuc cap. 12. ejusdem libri: *Novellos*, inquit, *hæreticos Pelagianos justissime Conciliorum catholicorum & Sedis Apostolicæ damnavit auctoritas, eo quod ausi fuerint non baptizatis parvulis dare quietis & salutis locum etiam præter regnum cælorum*. En manifestissime designata duo Africana Concilia, in quibus conditos publicatosque canones contendimus. En Zosimi epistolam indicatam, quæ si exstaret, abstrusa proculdubio plurima patefaceret mysteria. En

De sancito canone testimonia sancti Augustini.

En materiam canonis, de quo quæstio est, disertis verbis explicatam: nullo enim canone alio medius ille quietis & beatitudinis parvulorum locus proscriptus legitur: ita ut vel hoc uno Augustini testimonio certum sit & invicte probatum pro genuino canone habendum esse eum, quem ut adjectitium ablegant plerique. Duo insuper ex eodem hoc sancti Doctoris loco habere mi-
60 hi videor superius jam exposita: primum 60 canones illos in gemino Concilio Carthaginensi esse conditos, in autumnali scilicet anni 417. & verno anni 418. ante Tractoriam Zosimi: alterum, eosdem canones esse Tractoriæ illi Zosimi epistolæ adnexos, & ut Prosper Chronographus indicat, probatos: ac proinde jam ex autumnali Synodo per Marcellinum Subdiaconum Carthaginensem delatos, receptosque a Zosimo mense Martio sequentis anni. Eumdem tertium seu medium locum tamquam a Pelagianis inventum suggillat sanctus Augustinus lib. 1. operis (olim) imperfecti c. 50. *Lege nobis*, inquit, *ubi præter regnum bonis & supplicium malis, tertium quoque locum præparaverit & promiserit non regeneratis innocentibus tuis*. Et c. 130. hunc eumdem *secundæ felicitatis locum*, *quem talibus ædificavit hæresis vestra*, inquit alloquens Julianum, reprobat. Et lib. de prædest. Sanct. c. 13. *Hoc si audirent Pelagiani, non jam laborarent negando peccatum originale, quærere parvulis extra regnum Dei nescio cujus suæ felicitatis locum* &c. Hanc *nescio quam medietatem* cum acerbius insectetur sanctus Doctor in libris post Carthaginenses conditos canones editis, argumentum est, inter hæretica dogmata vere fuisse proscriptam; quod probari tamen, nisi ex consequenti, nullo modo poterit, si canon iste ut intrusus reprobetur.

5. Codicis Romani ex utroque nostro exemplari editi auctoritas immensum pondus sententiæ nostræ adjicit. Illius enim antiquitatem nemo revocabit in dubium, nec 61 ex Ecclesia Romana profectum, vel ab ea etiam usurpatum negabit, si modo probationes nostras oculis perlustraverit. Quod contra posset objici ex vulgatis Conciliorum editionibus, non est magni momenti: cum enim illarum procuratores ipsi testentur se Canonem illum in antiquis codicibus MSS. invenisse; non est ratio cur his minor fides habeatur, quam aliis, qui Canone illo sunt minuti. Major difficultas ex Codice Africano Dionysianæ collectioni inserto: in eo enim canon iste controversus non apparet. Responderi potest, Dionysium incidisse in mendosos truncatosque codices: nec Africanam collectionem habuisse ex Romano codice, in quem Africanorum epistola ad Bonifacium PP. numquam relata esset.

Sed melius, meo quidem judicio, respondebimus, si dixerimus, hunc canonem, de quo controvertimus, olim locum habuisse in Africano codice etiam apud Dionysium, indeque subtractum esse jam ab antiquo; nec temerariam esse suspicionem, ita comprobo. Codex Africanus canones continet centum triginta & octo, numeris distinctos; neque plures vel pauciores habent Dionysius in suo codice, cui Africanum inseruit, vel aliud hujus exemplar quod edidit vir doctissimus Christophorus Justellus, vel Græca versio ejusdem cura & studio publicata post anni 1540. editionem a Joanne Tilio procuratam, vel codex non multum Dionysiano absimilis a Joanne Vvendelstino Moguntiæ editus A. D. 1525. recususque Parisiis 1609. Hoc porro observandum est, numerum non apponi nisi ad ipsos canones seu decreta Conciliorum; sive integri canones illi repræsententur, sive abbreviati; eo vero loci ubi solum Concilii titulus, nota Consularis, locus Synodi, & alia hujusmodi, quæ canonibus præire consueverunt, habentur, nulla numeri distinctio appingi solet: quod omnium Conciliorum, quæ codex continet, recensione facile est probatum facere. Sed observatione imprimis di-

gnum,

EDITORUM ADNOTATIONES.

60 Si verba Augustini paullo ante descripta *Conciliorum catholicorum* duo Concilia indicant, Africanum, atque plenarium, quorum illud ante judicium Zosimi, istud vero postea celebratum ostendemus eodem anno 418., haud opus est inferre, canones illos in priori Concilio Africano fuisse conditos, in altero publicatos. Satis enim est, si dicamus Africanum Concilium in litteris ad Zosimum ea luculentius digessisse, quæ mox ab eodem Pontifice approbata, in posteriori Concilio plenario breviter canonibus constituta fuere. Vide Observ. n. 26. & 27.

61 Jure ne, an injuria hunc codicem Romanæ Ecclesiæ esse negarimus, ex Observationibus in Dissertationem præcedentem exploratum fiet. Magna nihilominus in rem præsentem exemplarium ejusdem Codicis & collectionis auctoritas est, uti late ostendimus in Tractatu part. 2. c. 3. §. 7. n. 3. Quod porro Quesnellus monet Conciliorum editores testari, *se canonem*, de quo quæstio est, *in antiquis codicibus MSS. invenisse*, Crabbi notationem respicit, qui eumdem canonem in MS. Atrebatensi nostræ collectionis invenit: ac propterea omnes ejusmodi codices ad eamdem nostram collectionem pertinent. Codices vero a Quesnello postea memorati, qui hoc canone carent, vel sunt Dionysiani, vel a Dionysio profecti, aut alterius collectionis, quæ in Hispanicam, & Isidorianam collectionem traducta, canones, de quibus agimus, Concilii Milevitani nomine exhibet. Corbejensis collectio, quæ nec a Dionysio, nec ab Isidoro, aut Hispanica collectione proficiscitur, eosdem canones continere traditur a Sirmondo in Notis ad Capitula de gratia Cælestini epistolæ subjecta. At cum is merum initium exinde prodiderit, num ea collectio controversum canonem referat, ignoramus.

gnum, quod post triginta tres Canones Concilii Africani anno 419. ubi relecti antiquiores continuo describuntur, tria Concilia recensentur una serie: quia priorum duorum ann. 393. & 394. nulla decreta referuntur, nullus eis numerus affixus est: tertium, quod est anni 397. numero pariter nullo distinguitur, nisi post notam Consularem, postque præfationem, quæ integram implet paginam, post hæc enim primus hujus Synodi Canon numero XXXIV. adnotatus habetur. Simile habes exemplum post Canonem 56. ubi tres similiter Synodi nullo numero insignitæ habentur, nisi post longam tertiæ præfationem.

Sed propius attingamus Concilium, de quo agimus: post ultimum Canonem Concilii Carthaginensis anni 407. qui numero CVI. notatur, sequuntur duorum Conciliorum tituli seu notitiæ, nullis numeris appositis, quia nullum Canonem habent; tum Concilium *de cognitione Episcopi* inscriptum, cujus quia Canon unus refertur, ideo numerum CVII. habet adscriptum. Huic succedit Concilium contra Donatistas anni 410. nullo Canone, ac nullo propterea numero insignitum. Denique nostrum hoc Concilium contra hæresim Pelagii & Cælestii, cujus octo Canones suis quique numeris indicantur. Sed & ipse Concilii titulus, qui nihil præter Consularem notam, locum Synodi, & Aurelii Primatis præsidisque nomen continet, numero suo, scilicet CVIII, connotatus habetur: quod unico huic titulo inter omnes eos, qui Canones non continet, contigisse animadvertimus. In codice quidem Moguntino Vvendelstini, paullo aliter ordinantur numeri Canonum, licet Canones ipsi eumdem servent ordinem: & in eo Concilium contra Donatistas, quod nostrum hoc contra Pelagium antecedit, nulloque numero notatur in aliis codicibus, quia nullos habet Canones, in isto numerum habet LXXV. primusque Canon sequentis Concilii cum titulo ipsius conjunctus numerum habet LXXVI. Sed mendosam esse hanc numerorum ordinationem, ex Indice Collectionis ejusdem intelligitur: ille enim omnimode concinit codicibus aliis eorumque indicibus: ubi solus titulus hujus Concilii contra Pelagii hæresim a primo suo Canone sejunctus & in indice exprimitur, & in corpore Canonum, non secus atque in indicibus, numero suo designatus habetur.

Porro præmissa postrema ista observatione, quam mihi vir doctissimus suggessit, hujus discriminis ratio alia non videtur meo judicio posse afferri, quam recisio decreti unius, ejus videlicet quod ex nostris codicibus MSS. repræsentamus; cujus vacuus numerus ut impleretur, affixus est titulo ipsius Concilii; idemque titulus in indicem relatus, quod sine alio exemplo est tam in codice quam in indice. Igitur non modo non nocet objectio ex codice petita adversus nostram de Canonis illius sinceritate & αὐθεντίᾳ opinionem, sed potius ei suffragatur.

Quandonam autem recisio illa facta fuerit, & qua occasione, non est manifestum. Probabile admodum est ac pene certum jam illo Canone minutum fuisse codicem Dionysianum, 62 cum allatus est in Gallias traditusque Carolo Magno nomine Adriani PP. quotquot enim a me visa sunt MSS. hujus codicis exemplaria, eaque, ut superius indicavi, vetustissima, isthæc Canones octo tantummodo repræsentant. At in Notis ad epistolam I. sancti Leonis probavimus interpolatam additamentis quibusdam fuisse Dionysianam hanc collectionem jam ante quam in Gallias mitteretur ab Adriano: quam ob rem difficile non est creditu eamdem & aliquibus partibus esse diminutam. Quo auctore, quo consilio, quo colore id tentatum sit, divinandum aliis relinquo. 62

XXXII. Quid ex Appendice epistolæ Cælestini de gratia contra codicem & canonem afferatur. 63

Intrusum nihilominus Canonem, de quo agimus, existimat Henricus Norisius, probatque ex appendice ad litteras Cælestini Papæ ad Galliarum Episcopos, seu potius 63 ex sancti Leonis collectione auctoritatum Sedis Apostolicæ de gratia & libero voluntatis arbitrio. Porro capit. 10. (nobis 7.) hæc recitantur: *Illud etiam, quod intra Carthaginensis Synodi decreta constitutum est, quasi proprium Apostolicæ Sedis amplectimur, quod scilicet tertio capitulo definitum est.* Et postea: *Et iterum quarto capitulo*: Et: *Item quinto capitulo*. Sub iisdem certe numeris jacent hæc tria capitula in vulgatis codicibus: ex quo manifestum totidem, non plures Canones Leonis tempore numeratos inter Carthaginenses: quibus si tertio loco inserueris controversum de beatitudine parvulorum Canonem, jam Canones a Leone descripti non 3. 4. & 5. erunt, sed 4. 5. 6. Hæc autem objectio non solum hunc Canonem petit, sed & integrum codicem nostrum: si enim is in Ecclesia Romana fuisset in usu, ex eo fonte hausti essent Canones a Leone descripti, eosque sub ea numerorum distinctione citasset quam codex exhibet.

Fateor nodum difficile solvi posse, nec ... aliud

EDITORUM ADNOTATIONES.

62 Canonem controversum subductum fuisse a codice Dionysiano, cum eum Hadrianus Papa misit in Gallias, falsum agnoscitur ex Græca versione Codicis Africani, quæ etsi ex Dionysii codice sumpta fuerit ante Hadriani tempora (laudatur enim in Concilio Trullano,) hunc tamen canonem ignorat: ac proinde tunc quoque idem canon deerat in eo Dionysii exemplo, quo Græcus interpres usus est.

63 Illam Appendicem ad litteras Cælestini, quæ Capitula continet de Gratia, S. Leoni tribui non posse ostendimus tom. II. in Observ. ad Dissert. III. Quesnelli.

aliud occurrere modo quod respondeam, nisi hæc: scilicet diversa tum exemplaria Concilii istius Carthaginensis fuisse; his vero usum esse Leonem, quæ Canone illo minuta essent. Vel certe non distinctum fuisse secundum a tertio, ita ut pro uno numerarentur propter materiæ necessitudinem: est enim hic illius velut appendix. Vel denique nullis omnino numeris Canones esse ab invicem discretos, ac pro libito fuisse numeratos a quocumque usurparentur. Ita certe jacent in codice Thuaneo, in quo non solum non numeris, sed nec lineis distinguuntur: una enim nec interrupta linearum serie descripti in eo habentur. In Oxoniensi vero nulli pariter numeri; etsi singuli Canones a linea, ut ajunt, inchoentur. Quod autem diximus, diversa fuisse Concilii exemplaria, hoc extra controversiam esse videtur; ut planum erit cuique conferenti epigraphen seu inscriptionem, quæ est in codice nostro, & refertur etiam in plerisque editionibus, cum vulgata inscriptione: quæ est hujusmodi.

64 64 *Gloriosissimis Impp. Honorio XII. & Theodosio VIII. Consulibus, Kalendis Majis, Carthagine, in secretario Basilicæ Fausti, cum Aurelius Episcopus in universali Concilio consedisset; adstantibus Diaconis, placuit omnibus Episcopis, quorum nomina & subscriptiones inditæ sunt in sancta Synodo Carthaginensis Ecclesiæ constitutis: ut* &c.

Confer, inquam, cum alia epigraphe, quæ supra habetur capitulo 13. codicis, & discrimen non modicum inter utramque invenies, quod exemplarium diversitatem arguit; sed ita ut primas codex noster antiquitate sua mereatur, ac majorem proinde fidem.

XXXIII. Conciliorum Africanorum sub Zosimo synopsis. Jam ut breviter resumam Conciliorum Africanorum enumerationem fusius supra perfectam: missa 65 illa Synodo, quam conjecimus habitam post recepta Innocentii Papæ rescripta, quatuor sub Zosimo habemus, de quibus dubitari non possit.

65

Prima est autumnalis mense Octobris vel Novembris anni 417. ut diximus, celebrata: ex qua nondum ita numerosa primo rescriptum est ad Zosimum, & postea cum ad numerum 214. Episcoporum crevisset, missus est Marcellinus Subdiaconus cum instrumentis gestisque synodalibus; & missus item, ut non sine ratione suspicati sumus, legatus Vindemialis Episcopus ad Imperatorem. In eodem forsan Concilio erant Alypius & Augustinus cum ad Paullinum Nolæ Episcopum epistolam 106. scripserunt per id temporis: cui epistolæ inserta capitula a Pelagio partim damnata, partim recepta, quæ 66 & inserta pariter diximus 66
instrumentis ad Zosimum missis.

Alteram habemus Kalendis ipsis Majis sequentis anni 418. in qua canones denuo sanciti, probati, ac promulgati.

67 Tertiam sub Zosimo numerare cogit 67
nos Prosper cap. 10. contra Collatorem, ubi, post commemoratam Zosimi Tractoriam ad Africanos, hæc subdit: *Erraverunt Africani Episcopi ad eumdem Papam Zosimum rescribentes, eumque in sententiæ hujus salubritate laudantes, cum ajunt: Illud vero, quod in litteris tuis, quas ad universos curasti esse mittendas, posuisti, dicens: Nos tamen instinctu Dei (omnia enim bona ad auctorem suum referenda sunt)* &c. Meminit ejusdem Synodi sanctus Leo in capitulis seu auctoritatibus Episcoporum Apostolicæ Sedis de Gratia cap. 8. (nobis 5.) *Hunc autem*, inquit, *sermonem sincerissimæ veritatis luce radiantem tanto Afri Episcopi honore venerati sunt, ut ita ad eumdem virum scriberent* &c. Vix potuit ante Autumnum anni 418. celebrari, & ut videtur post reditum S. Augustini ex Mauritania Cæsariensi.

Quarta denique in caussa Apiarii, ex qua datæ ad Zosimum litteræ: quam & alia consequuta est anno sequenti sub Bonifacio PP. 25. Maji.

Ex dictis facile quisque intelliget in quo Pela-

EDITORUM ADNOTATIONES.

64 Cum hac inscriptione Codicum Dionysii concinit etiam codex, quem adhibuerunt Patres Concilii Carthaginensis anni 525. tom. 5. Concil. Venetæ editionis col. 777. nisi quod unius Honorii consulatus XII. ibidem designatur, ut in nostra collectione, cum apud Dionysium uterque Consul memoretur. Ex concordia autem Dionysiani exempli cum codice Synodi Carthaginensis, qui sane Africanus fuit, ejus inscriptio exactior agnoscitur. Quæ autem amplior profertur in collectione, quam post Quesnellum hoc tomo edidimus, a collectore compacta est, qui dum quædam initio brevius descripsit, Donatiani Teleptensis nomen, numerum Patrum, & provinciarum nomina ex subscriptionibus, quæ erant in suo codice, adjecit.

65 Hanc Synodum expungemus in Observ. §. III. De ceteris autem Synodis quid sentiamus, in anterioribus adnotationibus diximus, ac plenius ex iisdem Observationibus intelliges.

66 Confer not. 32.

67 Africanos rescripsisse ad Zosimum ex eodem Concilio, quod canones edidit Kalendis Maji, demonstraturi sumus in Observationibus §. XI. Ad hoc propterea Concilium referenda sunt, quæ scribit Prosper contra Collatorem, nec non auctor, quicumque sit, Capitulorum seu Auctoritatum Episcoporum Apostolicæ Sedis de gratia: quem Leonem non esse probavimus in Observ. ad Dissert. III. Quesnelli tomo II. Hinc tertia hæc Synodus, quam Quesnellus adstruendam putat, omnino excludenda est. Synodus vero anni 418. in caussa Apiarii cum ad Pelagianam caussam non spectet, nihil impedit, quin duo tantum Concilia Africanum & plenarium ab Augustino memorata, in eodem Pelagianorum negotio sub Zosimo habita dicenda sint.

Pelagianæ hiſtoriæ ſcriptores ſcopum veritatis attigerint, in quo aberraverint. Jacobus Uſſerius propius vero acceſſiſſe mihi videtur, quam ceteri. Duas enim nobiſcum admittit Africanorum Epiſcoporum Synodos, unam in Autumno anni 417. alteram ad Kalendas Majas anni 418. Primam provincialem fuiſſe ſubindicat, ſecundam plenariam: in qua ſententia fere ſequutus eſt Voſſium. Plenariam fuiſſe poſteriorem iſtam, extra dubium eſt: eam enim iſta appellatione donat Auguſtinus epiſt. 47. quem locum male interpretatur Uſſerius pag. 293. de Concilio plenario anni 419. ſub Bonifacio: in quem errorem lapſus etiam videtur Rigberius Franco-Germanus in eruditis ad Marium Mercatorem Notis pag. 153. ubi litteras ad Bonifacium PP. ex alia plenaria Synodo ann. 419. datas adſcribit plenariæ Synodo ab Auguſtino epiſt. 47. laudatæ, ſeu, ut explicat deinceps, Synodo Kalendarum Maji anni 418. Deceptus eſt uterque auctor verbis ſancti Auguſtini male intellectis: *Quod Papæ Zoſimo*, inquit Auguſtinus, *de Africano Concilio ſcriptum eſt, ejuſque reſcriptum ad univerſos totius orbis Epiſcopos, & quod poſteriori Concilio plenario totius Africæ contra ipſum errorem breviter conſtituimus*. Duplex enim, opinor, argumentum inde ſumſit: tum quod reſcriptum Zoſimi prius numeretur, quam plenarium iſtud Concilium; quod proinde de plenario illo Concilio Kalendarum Majarum intelligi non poſſit: tum quod vocetur poſterius plenarium, adeoque ſupponat plenarium prius. Verum non ob eam cauſſam reſcriptum antepoſuit Concilio, ſed ne reſcriptum a ſcripto disjungeret, & quia idem reſcriptum, non ad litteras Concilii plenarii Kalendarum Maji, ſed ad litteras autumnalis illius ab eo prius commemorati datum fuerat. Plenarium vero *poſterius* dixit, ut ordinem temporum notaret, & poſterius priori ſubjungeret, non ut plenarium plenario succeſſiſſe ſignificaret eodem hoc anno. Eadem plenaria Synodus item vocatur in utroque codice Oxonienſi & Thuaneo, & in utroque inſuper omnes Africæ provinciæ nominantur ex quibus affuerunt Epiſcopi.

XXXV. Autumnale Concilium nec provinciale, nec plenarium.

Quod vero prius illud autumnaleque Concilium *provinciale* fuiſſe ſubindicant ſcriptores laudati, probare non poſſum. Sed nec tamen probo *plenarium* dici a viro erudito Henrico de Noris Hiſtor. Pelag. lib 1. cap. 14. Quo igitur nomine appellandum? *Africanum* voco, ut quater ab Auguſtino appellatum eſt, non ſine ratione. Non enim *provinciale* fuit: quia non ex una provincia Epiſcopi CCXIV. convenerunt: quæ ratio fuit cur Carthaginenſe non dixerit Auguſtinus, etſi Carthagine habitum: quo nomine priora duo Carthaginenſia appellavit pluribus locis. Non item *plenarium*, 68 quia non ex omnibus Africæ provinciis collectum eſt. Cur ita? Conjectationem noſtram accipe. Venerunt litteræ Zoſimi priores in Africam, nuntiantes Cæleſtium ad Apoſtolicam Sedem accurriſſe proſequuturum appellationem priſtinam, qua provocaverat a Carthaginenſis Concilii anni 412. ſententia. Res urgebat: jam enim examen habitum eſſe ſcribebat Zoſimus, Cæleſtium per omnia catholicum eſſe probatum, temere, ac præcipitanter judicatum eſſe ab Africanis, denique hominem illum quam primum communioni eccleſiaſticæ eſſe reſtituendum, niſi intra ſecundum menſem præſentes ſe Romæ ſiſterent, qui non ſane eum ſentire comprobarent. Plenariam ex omnibus provinciis Synodum convocari anguſtiæ temporis non ſinebant. Duas præſertim provincias ſpectabat negotium iſtud, Proconſularem & Numidicam, quarum geminum Concilium Carthaginenſe & Milevitanum ſententiam in Cæleſtium pronuntiaverat: quæ ſententia etſi Innocentii auctoritate roborata, & litteris Zoſimi male habebatur, & brevi mittenda erat in irritum, ni citius occurreretur. Probabile eſt igitur utramque illam Synodum in unam coaluiſſe apud Carthaginem, Epiſcopis etiam aliis propinquiorum provinciarum advocatis: qui omnes facile numerum CCXIV. compleverunt: cum ex una Numidiæ provincia centum & viginti tres Epiſcopi numerentur in Notitia provinciarum Africanarum a Sirmondo edita. Non igitur ſine conſilio utriuſque Synodi diſcrimen in ipſa appellatione notari voluit Auguſtinus: & cum non fuiſſet iſta generalis Synodus, ea cauſſa fuit (præter alias quas diximus) cur plenaria fuerit indicta jam ab eo tempore, Kalendis Majis celebranda.

Alia Uſſerii errata circa eaſdem Synodos.

Peccat adhuc in pluribus idem Uſſerius Synodorum iſtarum hiſtoriam ediſſerens: ut eſt illud, quod pagina 275. plenario Concilio Kalendarum Maji adſcribit ea, quæ de CCXIV. Epiſcopis narrantur a Proſpero cap. 10. contra Collatorem & in Reſp. ad object. 8. Gallorum: probavimus enim hæc ad priorem ſeu Africanam autumnalem Synodum pertinere, quod item pag. 270. ex ea plenaria Synodo dicit ſcriptam eſſe ad Zoſimum Synodicam eo loco commemoratam; quod pag. 260. ad idem Concilium refert Proſperi Chronographi locum de Synodo apud Carthaginem habito, cujus decreta miſſa ad Zoſimum, ab eoque probata ſunt; quod denique pag. 271. conſtitutionem, quam ab Honorio editam habemus adver-

EDITORUM ADNOTATIONES.

68 Cur Auguſtinus *Africanam*, & non *plenariam* vocaverit priorem Synodum ſub Zoſimo, explicabimus in Obſerv. num. 28., & ex iis Africanam Synodum ex tota Africa, non vero ex ſolis provinciis Numidiæ & Proconſulari coactam patebit.

adversus Pelagianos; sancitam putat acceptis hujus plenarii Concilii gestis, quæ uno die constitutione posteriora sunt.

Baronii error notatus. Aberravit etiam Eminentissimus Baronius ad annum 418. num. 1. qui unicum Concilium Africanum constituit, quod *ipso primo veris initio collectum, propagatum sit usque ad mensem Maji*: quod satis refuta-
69 tum remanet ex supra dictis: 69 sicut & quod significat ante Kalendas Majas damnatos esse a Zosimo Pelagianos in Romano judicio.

XXXVI. Jansenii Iprensis & H. de Noris assertiones aliquot improbantur. Consequens est ut etiam erraverit Cornelius Jansenius Iprensis Episcopus, 70 dum pluribus Synodis, uni scilicet autumnali anni 417. & alteri, quæ initio sequentis anni habita sit, tribuit litteras & instructiones, quas ex Paullini libello aliisque rationibus docuimus ad unam autumnalem il-
70 lam pertinere: cum item varios posterioris Concilii consessus supponit, quorum ultimum Kalendis Majis celebratum præcesserit Zosimi damnatio Pelagianorum sub finem mensis Martii vel initio Aprilis Romæ promulgata.

Optime ante Synodum Kalendarum Maji, aliam præcessisse asserit Rigberius: male & illam cum Synodo 217. Episcoporum, cujus litteræ ad Bonifacium datæ sunt an.
71 419. confundit, 71 & hanc anni 418. initio adscribit.

Multa sunt etiam apud Norisium quæ improbare cogimur, præter ea quæ jam notavimus. Primum enim existimat nullam Synodum collectam esse in Africa anno 417. post receptas Zosimi litteras, sed indictam fuisse primam, quam ipse plenariam putat, prope Kalendas Februarii anni sequentis.
72 72 Sed profecto non ita credimus indormisse Africanos rebus Ecclesiæ & caussæ fidei, immo propriæ, ut tamdiu distulerint congressum Episcoporum, qui quotannis haberi solebat a Primatibus in sua quibusque provincia *, & quidem eo tempore, quo primæ litteræ Zosimi illuc pervenerunt. Deinde nefas est credere Aurelium unum inconsultis Coepiscopis suis obtestationem illam misisse ad Zosimum, qua ne quid in-

* *Ex Garnerio infra.*

novaretur in caussa Cælestii ante rescripta Synodi postulabat. Demum hanc ipsam e Synodo esse missam testatur epistola tertia scripta a Zosimo ad Synodum Carthaginensem XII. Kalendas Aprilis, ut fusius supra.

Quid quod post inchoatum mensem Januarium Synodum primam coactam scribit, indeque Marcellinum missum esse,
73 cum idem Marcellinus jam a die 8. Novembris in procinctu esset ut Romam proficisceretur, jamque libellum accepisset a Paullino ad Zosimum Papam perferendum. 73

Ad hæc lapsus est memoria vir doctissimus, cum pagina 82. scribit litteras apostolicas de damnatis a Zosimo Romæ Pelagianis acceptas esse ab Africanis *Tertio Kalendas Majas*. Quæ enim litteræ acceptæ hac die dicuntur, sunt tertiæ datæ XII. Kalend. Aprilis a Zosimo, quibus indicat se prolixiora rescripta Africanorum accepisse per Marcellinum, & quibus tantum abest ut nuntiaret damnatum Cælestium, quin potius monebat omnia in eodem mansisse statu, qui erat quando obtestatio Africanorum venit in Urbem.

Ad postremum rerum Pelagianarum scriptorem Joannem Garnerium venimus, quem in multis a nobis dissentientem habemus. Hæc etsi satis ex dictis pateant, paucis tamen juvat recensere, quæ partim propria sibi habet, partim cum aliis ejusdem historiæ commentatoribus communia. XXXVII. Joannis Garnerii sententia de Conciliis Africanis discutitur.

Igitur pro duobus Africæ Conciliis, quæ posuimus, uno intra Autumnum anni 417. altero Kalendis Majis sequentis anni 418. quatuor constituit Garnerius. Primum nobiscum in Autumno collocat, secundum ante Quadragesimam, tertium Kalendis Maji, quartum circiter diem 17. Junii.

De primo hoc unum arguo, quod hujus nihil omnino superesse scribit præter obscurissimam memoriam: ex illo scriptum quidem esse ad Zosimum, a Zosimo tamen nihil rescriptum; denique visum non esse ei operæ pretium tractatione illud ab alio sequentis anni distinguere, vel huic inter splen-

EDITORUM ADNOTATIONES.

69 In hac secunda parte non Baronius, sed Quesnellus erravit: Zosimus enim damnasse Pelagianos in Romano judicio ante Kalendas Majas in Observationibus probabimus.

70 Duas tantum Synodos proprie dictas in Pelagianorum caussa sub Zosimo esse admittendas, Africanam sub initium anni 418., & plenariam sub initium Maji, quam postremam præcesserit Zosimi judicium contra Pelagianos sub finem Martii, ita tamen ut Tractoria promulgata fuerit aliquanto post, ex Observationibus palam fiet. Litteræ autem, quas sub initium Novembris anni 417. datas credimus ad Zosimum, ut præstitutum bimestre prorogaret, quoad Africana Synodus cogi posset, ab Aurelio aliisque Episcopis scriptæ sine forma Synodi, nihil cogunt, ut præter duas Synodos Africanam & plenariam anni 418., quas tantum Augustinus sub Zosimo habitas memorat, aliud Concilium autumnale anni 417. adstruatur. Confer Observ. num. 19 & seqq.

71 Hanc Synodum plenaria anteriorem Quesnellus recte adscribit initio anni 418., ut ex dictis liquet.

72 Hæc objectio satis disjicietur, si Aurelius cum aliis Coepiscopis, qui Carthagine aderant, vel cito accurrere poterant, statim post acceptas Zosimi litteras ad eumdem scripsisse credatur. Vide not. 70. ac præsertim Observ. num. 16. & seqq. ubi reliqua objecta soluta invenies.

73 Vide Observ. num. 21.

ſplendidam illam viginti quatuor Synodorum turmam locum concedere. Superius tamen oſtendimus, nec ex incertis conjecturis dubiiſve monumentis, celeberrimam fuiſſe Synodum illam, a Zoſimo Papa, a Mario Mercatore, a Proſpero ſancti Auguſtini diſcipulo, bis terque, a Proſpero Chronographo ſemel, ab Auguſtino quinquies ad minus commemoratam, vocatamque toties
74 fere Africanam; ab ea 74 geminas datas eſſe ad Zoſimum epiſtolas, quarum poſterioris inſignes reliquias ex Auguſtino aliiſque curioſe collegimus: his non modo reſcripſiſſe Zoſimum, ſed etiam ad eas dediſſe celeberrimam illam Tractoriam, per quam & approbata Africanorum decreta, & per univerſum orbem cum Romano decreto tranſmiſſa. Denique ita inter alias inſignem eſſe hanc Synodum, ut ei deberi condemnationem Cæleſtii a Zoſimo decretam paſſim prædicet Auguſtinus, eo quod thecnas arteſque hæreticorum revelarit, modumque in examine ac judicio Romano a Zoſimo tenendum efficaciter docuerit. Quibus adde legationem inde ad Comitatum miſſam.

Secunda Synodus Garnerii commentitia.

Secundum 75 Concilium, quod ante Quadrageſimam ponit, & commentitium eſt, & ſuperfluum: ex priori enim anni ſuperioris Synodo miſſæ ſunt ab Africanis litteræ, ut
75 diximus, quas ex iſta antequadrageſimali ſcriptas eſſe vult Garnerius, & ad quas XII. Kalendas Aprilis reſcriptum contendit a Zoſimo: Marcellinus enim Subdiaconus, ut pluries jam monuimus, poſt breve tempus procuidubio profecturus erat ex Africa, epiſtolam citatam cum inſtrumentis ceteris allaturus, quando 8. die Novembris a Paullino accepit libellum Romam deferendum.

XXXVIII. Multa tertiæ Synodo affingit.

Tertiam Synodum affigit Kalendis Majis anni 418. quam nemo non agnoſcit cum Garnerio: ſed multa de eadem comminiſcitur, quæ ad examen revocanda ſunt, etſi jam ex ſuperioribus eluceſcant. Exiſtimat igitur Concilium iſtud Kalendarum Majarum eſſe Concilium 214. Epiſcoporum (quod fuit tantum 205.) & conſequenter ad idem refert, quæ Proſper tam in Chronico, quam in opuſculis contra Collatorem ejuſque aſſeclas de illa Synodo habet. Hanc opinionem, quæ non eſt Garnerio propria, ſuperius rejecimus.

Ex eo Concilio putat reſcriptum ſummo Pontifici de modo judicii cum Cæleſtio exercendi poſt acceptas tertias litteras Zoſimi III. Kalendas Maji, indeque miſſa ad eumdem monita Concilii, ceteraque litis inſtrumenta. Ita ſcribit pagina 213. At primo ſecum ipſe pugnat auctor, nec meminit ſcriptum a ſe pagina 210. omnia hæc inſtrumenta jam ex eo tempore miſſa ad Zoſimum, cum ad primas ejus litteras reſcripſere Africani: ipſa verba Garnerii reddo. *Conſtat*, inquit, *litteris Zoſimi reſponſum fuiſſe ex Africa, miſſamque obteſtationem, ut ne Pontifex de re tanta judicaret ſine Africanis inſtrumentis, quæ cum obteſtatione miſſa ſunt, quæque partim geſta præcedentium Synodorum, partim libellum Paullini, litteraſque Gallicanorum Epiſcoporum, ac librum de natura Pelagii, & reſponſionem Auguſtini, aliaque plura continerent.* Non tempus teram, ut (quod jam præſtitum a nobis) probem, libellum Paullini traditum Marcellino die 8. Novembris, ceteraque inſtrumenta jam ab anno ſuperiore miſſa eſſe ex Africa, ut mirum ſit hæc ab eo dici miſſa Kalendis Majis ſubſequentis anni: enimvero hoc nos onere levat ipſe Garnerius eadem pag. 210. *Conſtat quinto*, inquit, *aliquod fuiſſe, immo geminum Carthaginenſis provinciæ Concilium ante Africanum plenarium Kalendis Majis inchoatum, & a priore quidem poſt acceptas ſaltem primas Zoſimi de Cæleſtio litteras miſſam fuiſſe obteſtationem cum inſtrumentis cauſſæ, quæ prius diximus: ad poſterioris vero Synodicam datum a Zoſimo reſponſum illud, quod III. Kalendas Majas Carthagine acceptum eſt, duobus nimirum diebus ante inchoatum generale Concilium.* Sed quo tandem anno, quove menſe celebratum prius illud Concilium; ex quo miſſa obteſtatio cum omnibus illis inſtrumentis cauſſæ? *Contendo*, ſcribit continuo Garnerius, *habitum fuiſſe menſe Octobri vel etiam Novembri anni* 417. quod & repetit, pag. 243. *Primas* litteras Zoſimi *credibile eſt perveniſſe Carthaginem ante ſolutum Concilium provinciæ Proconſularis, quod de more circa tempus Autumni habebatur. Ex eo reſcriptum eſt ad Zoſimum, miſſaque ſimul omnia, quæ cum Cæleſtio præſente geſta fuerant in Carthaginenſi Concilio an.* 412. *Miſſi quoque cum aliis multis inſtrumentis libelli duo Aurelio oblati ſive a Paullino cum accuſaret, ſive a Cæleſtio, cum ſe defenderet.* Quomodo igitur non miſſa inſtrumenta illa ante Kalendas Majas anni 418. ſi jam a menſe Octobri vel Novembri anni 417. tranſmiſſa fuerant ex Synodo? Iterum ſi hæc omnia geſta inſtrumentaque ex ea Synodo miſſa ſunt, quomodo hujus *obſcuriſſimam memoriam* dicit, nihilque omnino ejus ſupereſſe; cum inſtru-

EDITORUM ADNOTATIONES.

74 *Geminas*, inquit: quippe qui ab eadem Synodo datas putat etiam priores litteras, quas tamen Aurelium alioſque Epiſcopos, antequam Synodus cogi poſſet, ad Zoſimum ineunte Novembri miſiſſe, oſtendemus in Obſerv. num. 16. Quare hæ litteræ ad autumnale quidem tempus referendæ ſunt, non tamen ad Synodum autumnalem, quam in memoratis Obſervationibus excludemus.

75 Hoc habendum erat primum Concilium Africanum in cauſſa Pelagiana ſub Zoſimo celebratum initio anni 418., quo quidem tempore Marcellinus tranſmiſit, uti fuſius ſtatuetur in Obſerv. num. 21.

instructionum istarum toties meminerit Augustinus, & Africanam vocaverit totidem locis Synodum eam, cujus beneficio sunt acceptæ?

Sed hoc iterum ratiocinio urgendus scriptor: si (quod falsum tamen probavimus) die xv. Aprilis lata est a Zosimo in Pelagium Cælestiumque sententia, missaque Tractoria per universum orbem, (hoc enim contendit pagina 216.) quomodo instrumenta illa, quæ discutiendæ caussæ inservitura erant, missa sunt ex Africa Romam Kalendis Majis: aut si tunc missa sunt, quomodo quindecim diebus præcessit judicium litis instrumenta? Intelligo quid respondeat vir eruditus: scilicet missa sunt Kalendis Maji instrumenta: quia *Romam prius perventura credebantur ab Africanis, quam judicium institueretur a Zosimo* (pag. 213.) at Africanorum Episcoporum spem lusit Zosimus, prævenitque sua sententia instructiones Africanas, & *statim data* XII. *Kalendas Aprilis epistola tertia* ad Synodum illam, si Deo placet, antequadragesimalem, *vocavit summus Pontifex ad pleniorem audientiam summumque judicium Cælestium, qui subduxit se se examini. Ubi vero fuga innotuit, continuo lata est in utrumque infandi dogmatis defensorem decretoria sententia, scriptaque universis mundi Episcopis a Pontifice grandis illa epistola, quam Tractoriam Mercator vocat.*

XXXIX. Refellitur Garnerii sententia de judicio Romano ante scripta Africanorum recepta finito.

Lepida ista narratiuncula nihil est, meo quidem judicio, fabulæ similius, nihil ab Augustini testimoniis alienum magis, nihil magis scriptoris ipsius auctoritati contrarium. Contradictionis periculum facile evasisset, si (quod res est) confessus esset, nihil ex ista Kalendarum Maji Synodo plenaria missum esse ad Sedem Apostolicam (quippe cum in illa solum *contra errorem ipsum breviter constituerint* subscripserintque Africani, teste Augustino ep. 47.) si omnia, quæ de Synodo 214. Episcoporum referuntur a Prospero & Augustino, ad autumnalem Synodum transtulisset. Sed cum hæc non admittit, ex difficilium septem quæstionum labyrintho, in quem sese, pag. 212. parum cautus intromisit, liberare se nequaquam potuit. Necesse non erat ut scriptis tertio ex Africa mittendis pro Cælestii caussa sanctissimos Episcopos toties fatigaret: jam a mense Novembri anni 417. plurima missa esse fatetur; alia iterum ante Quadragesimam perlata docuit: quid igitur præterea expectaretur? Verum hoc peccatum Garnerii, præcedentis erroris sequela fuit. Hoc enim Concilium Maji putavit illud esse, quod 214. Episcoporum fuit, & consequenter eidem tribuere compulsus est, quæ de his 214. Episcopis dicuntur, a quibus certum est missa esse scripta ad Zosimum. Pariter falsum est sententiam a Zosimo in Pelagium Cælestiumque decretam esse ante recepta scripta 214. Episcoporum, judiciumque Romanum non expectatis hujusmodi instrumentis finitum esse: ita ut etiam secundum suam sententiam profiteri cogatur vel Synodum 214. Episcoporum ante Kalendas Maji celebratam esse, vel Zosimum non nisi post mensem a Kalendis Majis elapsum, sententiam dixisse in Pelagianos.

Ante quam scripta, quæ Kalendis Majis missa contendit ab Africanis, recepta essent a Zosimo, sententiam ab eodem Pontifice prolatam non esse ita demonstro.

Ex ipso Garnerio pag. 213. ad Concilium seu priorem consessum Africanum Kalendis Majis habitum ab Episcopis 214. pertinent ea, quæ continentur tribus prioribus quæstionibus, & septima ab eo propositis, pag. 212. At Synodi, quæ continetur iis tribus primis quæstionibus, & septima, scripta perlata sunt ad Zosimum antequam sententiam ferret de hæreticis. Recepit igitur Zosimus scripta Concilii Episcoporum 214. Kalendis Majis habiti ante finitum Romæ Cælestii judicium. Hujus Galenici syllogismi præmissas probare otiosi hominis fuerit, utramque enim suam esse ille non diffitebitur. Describo solum quæstiones: *Prima est*, inquit, *quæ sit illa Synodus Africana, quæ revocavisse dicitur in memoriam venerabili Papæ Zosimo, quid ejus præcessor Innocentius de gestis Palæstinæ Synodi judicasset, & post cujus rescripta in Cælestium justissima prolata est sententia*. Igitur non nisi post rescripta ejus Synodi lata est Zosimi sententia. Locum indicavit ad marginem *lib. de peccato origin. cap.* 7. & 8. Et id quidem optime: ibi enim asserit Augustinus *interpositum duorum mensium tempus, donec rescriberetur ex Africa .... Et postea quam ex Africano Episcoporum Concilio rescripta directa sunt, quid fuerit consequutum, ut justissime in eum sententia proferretur*, legenti clarum esse. Secunda quæstio idem fere continet. *Tertia*, inquit, *ex quo pariter Africæ conventu Romam litteræ venerint id continentes non sufficere hominibus tardioribus & sollicitioribus, quod se generaliter Innocentii Episcopi litteris consentire Cælestius fatebatur, sed aperte eum debere anathematizare quæ in suo libello prava posuerat* &c. Quin hæ litteræ Romam ante sententiam Zosimi venerint & expectatæ fuerint, nemo est adeo contentiosus, qui negare audeat, si Augustini verba a Garnerio omissa repræsententur: *Expectabatur*, inquit sanctus Doctor, *venturis ex Africa litteris: ut* scilicet *plenius & manifestius* consentire se Innocentii litteris profiteretur Cælestius. *Quæ Romam litteræ postea quam venerunt id continentes &c... tunc cum ejus præsentia posceretur .... se subtraxit & negavit examini*. Septima pariter quæstio, quæ ex Chronico Prosperi nascitur, est de *Synodo apud Carthaginem habita 214. Episcoporum, cujus decreta ad Zosimum Papam perlata sunt: quibus probatis per totum mundum hæresis damnata est*. Ubi manifeste declaratur non fuisse Romæ damnatos a Zosimo Pelagianos, nisi post accepta probataque decreta Synodi hujus Africanæ, quam Kalendis Majis affigit,

76 affigit, 76 nos vero mense Octobri vel Novembri superioris anni.

XL. Commentitiam esse quartam Garnerii Synodum Africanam.

De quarto Concilio circiter medium Junium habito restat ut dicamus aliquid. Mira sunt profecto quæ commentatur auctor in eam Synodum; sed tam fictitii sunt commentarii, quam ipsa Synodus. Quæ enim necessitas, immo quæ vel levis caussa occurrit animo, propter quam tot Episcopi omnium Africæ Provinciarum ab Ecclesiis suis per illud tempus divelli debuerint, & in Synodum plenariam colligi? Vix mensis forte elapsus erat, ex quo soluta Kalendarum Majarum Synodo ad sedes suas Patres reversi erant; nondum litteræ judicii Romani indices vel Tractoria ipsa Zosimi Africam attigerant seu *propter tempestuosum mare aut reflantes ventos*, ut putat Joannes
77 Garnerius, seu, quod magis reor, quia 77 nondum lata erat sententia: ac proinde nulla conveniendi necessitas. Unico S. Augustini epist. 47. loco urgeri se putavit: ubi cum scribit de *posteriori Concilio plenaria totius Africæ contra ipsum, errorem breviter constituimus*, visus est sibi invenisse Synodum plenariam, posteriorem Synodo kalendarum Maji. Sed supra ostendimus per vocem *plenario* noluisse Augustinum plenariam Synodum plenariæ alteri successisse, sed voluisse potius posteriorem a priori eo
78 nomine distinguere, quod hæc non 78 plenaria esset, quam propterea Africanam ubique vocat; illa vero esset plenaria. Deinde plenarium istud Concilium de Concilio Kalendarum debere intelligi jam superius asseruimus.

Canones Africani non ultra Kalendas Majas differendi.

Porro quod canones octo celeberrimos conditos in ea Synodo contendit, pugnat cum omnibus Actis Synodi seu prolixiori illa epigraphe canonibus præfixa: cujus cum plura diversaque exemplaria legantur, omnia tamen in eo conveniunt, ut Kalendis Maji constitutos canones, nihilque actum aliud significent. Unde sive Concilium, sive consessum appellare malueris; a Kalendis tamen Majis canones divellere sine MS. codicis excusive auctoritate, vel antiqui alicujus scriptoris suffragio, timeo ne temerarium videatur.

Sed cur tantopere desudat, ut canonum istorum conditionem a Kalendis Majis removeat, differatque ad medium usque Junium? Grande mysterium: moleste nimirum ferebat quicquam de fide statutum dici ab Africanis antequam a Zosimo definitum esset, pervenissetque Tractoriæ ejus exemplar, saltem privatis litteris, ad Africanum Concilium: unde inferret non tam constitutionem esse Africani Concilii propriam canones istos, quam delibatam definitionem ex Apostolicæ Sedis Tractoria. Verum cur 79 citius exemplaria Tractoriæ litteris privatis delata sint, quam auctoratis Sedis Apostolicæ nuntiis? An lentiorem dicemus Zosimi curam minusque diligentem sollicitudinem, quam privatorum hominum? an cujusquam alius interest magis quantocius deferri in Africam sententiam Zosimi, quam Zosimi ipsius, cujus lentitudo & indulgentia suspensos dudum dubiosque de eo tenebat Africanorum animos? an etiam Tractoriam privatorum curiositati dimissam credemus, antequam authentica ejusdem exemplaria ad Ecclesias deferrentur? an demum *tempestuosum mare reflantesque venti* privatis nuntiis pepercerunt magis, quam publicis sacrisque Romani judicii delatoribus? Merito igitur rejicimus Joan. Garnerii conjecturam, quam his verbis proponit: *Cur ergo*, inquit, *conditi canones? Id factum reor, quia jam ad Patres pervenerat exemplar Tractoriæ, sed privatis tantum litteris, nondum per legatos. Quare ut abeuntibus Episcopis traderetur jam aliqua in antecessum pars Tractoriæ, ex ea puto extractos canones; saltem duos priores (qui deesse Tractoriæ cum dolerent partem, quæ gratiam Dei spectaret, eam suis Canonibus supplendam crediderunt) quos ab omnibus ferri majoris fuit ponderis, quamsi a solis delegatis, quorum forte potestas eo usque non pertinebat*. Ubi caussam non aperit cur duos tantum priores canones extractos velit: curve mancam fuisse decurtatamque suspicetur Zosimi definitionem, quam suppletam conjicit per Africanorum diligentiam. Mitto alia, quæ horum canonum occasione edisserit: quale est, quod interrogando asserit, provincialium Conciliorum nullam esse de dogmatibus definiendi auctoritatem; nihilque in aliis Africanæ Ecclesiæ Conciliis, quod ad fidem pertineret, decretum esse, sed actum de sola disciplina, caussisque personarum &c. hæc olim forsan meminisse juvabit.

Manum ab ista dissertatione recipio, si prius

EDITORUM ADNOTATIONES.

76 Melius dicendum *sub initium anni* 418. ut sæpe monuimus.

77 Zosimi sententiam in Romano judicio editam sub finem Martii, Tractoriam vero, quæ aliquanto post edita fuit, subscriptam fuisse in Synodo plenaria, quæ canones sanxit Kalendis Maji, in Observationibus palam fiet.

78 Distinctionem *plenariæ* Synodi ab *Africana* explicabimus in Observ. num. 28.

79 Romani judicii famam *citius* in Africam pervenisse, antequam Zosimi Tractoria afferretur, certum est ex Augustino epist. 194. ad Sixtum num. 1. Cum vero idem judicium, ut probaturi sumus, habitum fuerit sub finem Martii, certa ejus notitia commode afferri potuit ante Kalendas Majas, ita ut canones conditi fuerint, postquam certum erat a Zosimo approbatam fuisse relationem Concilii Africani, in qua eorumdem canonum sententiæ, aliis licet verbis, propositæ & insertæ fuerant.

prius observavero quid tandem ex dictis evictum, quod attinet inscriptionem constitutionis imperatoriæ; cujus occasione in istam de Conciliis Africanis inquisitionem delapsi sumus. 80 Cum igitur non obscure ostenderimus supra in autumnali Africæ Concilio anni 417. sancitos esse canones de gratia, ab eoque decreta Vindemialis Episcopi legatione ad Imperatorem Honorium esse delatos cum aliis caussæ Pelagianæ instructionibus: manifestum inde evadit sinceram esse ac rei gestæ veritati congruentem epigraphen illam, quæ constitutioni Carthaginensibus canonibus subjectæ in hunc modum præfigitur: *Incipit sacrum Rescriptum acceptis Synodi supra scriptæ gestis*. Revera enim gesta canonesque Honorius receperat. Ex quibus & confirmatur Salmasii Usseriique conjectura: qui tamen in hoc corrigendi quod oculis in solam Kalendarum Maji Synodum, quæ canones confirmavit, publicavit, subscribendosque decrevit, defixis, eosdem autumnali Synodo originem suam debere non attenderunt. Eam enim ob caussam Synodo illi Kalendarum Maji tribuuntur in ea annotatione, & alibi, quia non nisi ex ea Synodo in publicum prodierunt innotueruntque Ecclesiæ. Quod obstare non debuit, quin Romani edictum Honorii suo Codici inserentes, occasionemque emissæ constitutionis adnotare cupientes, debuerint id posteritati tradere, quod nemo tunc non noverat: scilicet datum esse Imperatoris rescriptum post delata ad Comitatum Synodi Africanæ autumnalis gesta, seu post receptos canones de gratia sancitos.

Hactenus de Conciliis Africanis Pelagianorum caussa a Zosimi Papæ electione usque ad ejus contra Pelagianos sententiam celebratis.

EDI-

EDITORUM ADNOTATIONES.

80 Vide Obser v. num. 26. 29. & seqq.

EDITORUM

OBSERVATIONES

IN DISSERTATIONEM XIII.

PASCHASII QUESNELLI

DE CONCILIIS AFRICANIS CONTRA PELAGIANOS.

PROOEMIUM.

I. X epigraphe, quæ in nostra Collectione canonum præfigitur capiti XIV. *Incipit sacrum rescriptum acceptis Synodi supradictæ*, seu (ut nos edidimus) *suprascriptæ gestis*, Quesnellus occasionem sumsit lucubrandæ præcedentis Dissertationis, in qua de Africanis Conciliis in Pelagianorum caussa celebratis præsertim sub Zosimo, de hujus Tractoria, & de Honorii Imperatoris lege in eosdem promulgata fusius disseruit. Scopus quidem ejus, qui num. 1. præfertur, ille est, ut editæ collectionis sinceritatem tueatur, quæ ob memoratam epigraphen aperti erroris notata in dubium vocari poterat. At in ipso Dissertationis cursu dum in eo præcipue laborat, ut legem Honorii Zosimi Tractoria anteriorem propugnet, eamque non a Zosimo, sed ab Africanis petitam suadeat, eo quod hi metuerent, ne idem Pontifex cum gravissimo scandalo pro Cælestio sententiam ferret, non pauca inserit non tam Zosimo, quam apostolicæ dignitati atque auctoritati parum honorifica, quæ cum sanctissimorum Africanæ Ecclesiæ Patrum sensibus adscribat, minus cautis fucum facere possunt. Multum itaque refert in eamdem Dissertationem sollicitius animadvertere. Hac autem in re totam ejus hypothesim inanibus tantum conjectationibus suffultam, & gravissimis argumentis oppugnatam demonstrare posse confidimus.

CAPUT PRIMUM.

Error epigraphis quæ in Codice canonum capiti XIV. præfigitur, ipsius Codicis auctori tribuendus, etsi nihil præjudicat sinceritati documentorum ejusdem Codicis, ipsum tamen Romanæ Ecclesiæ perperam attributum confirmat. Synodus Carthaginensis, quæ sub Innocentio I. Cælestium condemnavit, habita fuit non anno 412. sed 411.

Epigraphis error evidens. II. CUm rescriptum Honorii, quod in Codice canonum describitur cap. XIV. uno saltem die antecesserit plenariam Synodum, quæ in eodem Codice cap. XIII. affigitur Kalendis Maji; epigraphen laudati capitis XIV. *Sacrum rescriptum acceptis Synodi supradictæ*, seu *suprascriptæ gestis*, manifestum errorem continere, huncque errorem publico Romanæ Ecclesiæ Codici, qui paullo post ipsum rescriptum hoc additamentum sub Cælestino recepisse credatur, (ut Quesnellus putat Dissert. 12. c. 2.) minus congruere nemo jure negaverit. Cui enim conferenti Synodi & rescripti chronicas notas non statim patebit, Honorium die 31. Aprilis non potuisse rescriptum dare *acceptis gestis*, seu canonibus ejus Synodi, quæ ipsos nondum condiderat? Cui porro Romano Codicis auctori in scribenda ea epigraphe tantus error excidere potuit, præsertim eo tempore quo recentium sub Zosimo gestorum recordatio vigebat?

Ipsi Codici cæcus est. III. Inanis porro est duplex Quesnelli nisus, quo hanc difficultatem elidere studet. Quod enim primo insinuat §. 2. eam epigraphen non ab auctore Codicis

dicis inditam, sed posterioris hominis industria accessisse, omni probabilitate caret. Non negamus quædam antiquis collectionibus in quibusdam posterioribus MSS. exemplaribus nonnumquam exscriptorum studio fuisse adjecta, quæ primo auctori tribuenda non sunt. At cum de titulis agitur, qui in omnibus etiam vetustissimis alicujus collectionis codicibus leguntur, hos ad ipsam collectionem ab origine pertinere, ipsique collectionis auctori adscribendos nihil est dubitandum. Exempla, quæ a Quesnello ingeruntur de titulis, qui leguntur in MS. codice Thuaneo, in Oxoniensi autem non apparent, ad rem præsentem nihilum conferunt. De epigraphe enim agimus, quæ in nullo codice, nec in ipso Oxoniensi desideratur. Defectus quidem unius aut alterius exempli, ut illi sunt ab eodem Quesnello indicati in uno MS. Oxoniensi, quem in aliis nonnullis imperfectum deteximus, privato arbitrio librarii tribuendi sunt. Ea vero epigraphes cunctis MSS. exemplaribus approbata, ipsum collectionis auctorem præfert. Error itaque in ipsa expressus cum ab ejus auctore proficiscatur, facile potuit obrepere privato homini minus perito aut indiligenti, qui multo post legem Honorii ipsam collectionem compegit; at adscribi nequit Codici publica auctoritate digesto & edito in Romana Ecclesia, quæ si paullo post Zosimi mortem hæc Pelagianæ caussæ documenta suo Codici addidit, rerum gestarum ordinem ignorare, eamque epigraphen tam aperte erroneam præfigere nequaquam potuit.

IV. Neque vero probabilis credatur altera defensio, quam Quesnellus in fine Dissertationis obtrudit, cum eam epigraphen referendam putat ad gesta anterioris Concilii Africani, in quo ipsos canones primum conditos, & Vindemialis Episcopi legatione ad Imperatorem missos existimat. Cum enim Vindemialis legationem commentitiam, tum vero canones non in Africana anteriori, sed in posteriori plenaria Synodo constitutos demonstraturi sumus: ac propterea hæc defensio duplici falsa hypothesi suffulta corruit. Deinde si, ut vera sit epigraphes, referenda est ad canones anterioris Concilii Africani; eisdem canonibus affigendus erat ejusdem Concilii dies: præfixo autem die posterioris Synodi plenariæ, ab errore excusari nequit epigraphes, quæ *suprascriptæ*, idest posterioris plenariæ Synodi gesta ab Imperatore *accepta* commemorat. Defensio Quesnelli rejecta.

V. Quod porro Quesnellus §. 3. & alibi tradit, Synodum Carthaginensem, qua Cælestius damnatus fuit Innocentio Pontifice, habitam fuisse anno 412., non ita certum est, ut passim creditur. S. Augustinus lib. 2. Retract. c. 33. hanc Synodum jam celebratam præfert, cum scripsit duos priores libros de baptismo parvulorum, seu de peccatorum meritis & remissione. Porro hi libri ab eodem memorantur in epist. 139. ad Marcellinum, ac ita memorantur, ut eos aliquanto ante lucubratos apertissime prodat. Cum enim ipsos ad eumdem Marcellinum jam antea missos subinde recepisset, cur is eos remiserit se *oblitum* testatur. *Libros de baptismo parvulorum*, inquit num. 3. *cum jam codicem ipsum præstantiæ tuæ misissem, cur abs te rursus acceperim oblitus sum*. Porro hæc epistola serius scripta fuit pridie Kalendas Martias anni 412. In hac enim num. 2. indicatur Marcellini frater Apringius tunc Africæ Proconsul, ad quem idem Augustinus dederat epistolam 134. Pridie autem Kalendas Martii anni 412. proconsulatum Africæ gerebat Eucharius ex aliquot legibus Codicis Theodosiani, eodemque anno Idibus Octobris Euchario successisse Julianum ex iisdem legibus discimus. Apringius ergo Proconsul Africam administrabat an. 411. quo quidem anno nullum alium Africæ Proconsulem invenimus. Forte cum Marcellinus in Africam destinatus fuit anno 410. IV. Idus Octobris, in eamdem provinciam fuit missus frater ejus Apringius, ut Palladio in Proconsulatu succederet. Igitur illa Augustini epistola 139. ad Marcellinum Apringio jam Proconsule scripta, serius data fuit ante diem pridie Kal. Martii anni 412. Libri igitur de parvulorum baptismate, qui aliquanto ante hanc epistolam fuerant lucubrati, in finem anni 411. rejiciendi videntur. Certe vero huic anno adsignanda Synodus Carthaginensis, post quam idem Augustinus eos libros scripsit. Huic quidem anno exeunti maxime congruit quod traditur in alia Synodo Carthaginensi anni 416. ubi caussam Cælestii *ante ferme quinquennium* Carthagine agitatam Patres affirmant. Synodus Carthaginensis damnavit Cælestium anno 411. vel 412. Aug. ep. 175. n. 1.

§. II.

§. II.

Quesnelli sententia de quatuor Synodis Africanis in caussa Pelagiana celebratis sub Zosimo. Duæ tantum cum Augustino & Prospero admittendæ, Africana, quæ Zosimi Tractoriam præcessit, & plenaria, quæ subsequuta est.

Quatuor Africanæ Synodi in caussa Pelagiana sub Zosimo a Quesnello admissæ. VI. DE numero ac tempore Conciliorum Africæ sub Zosimo in Pelagiana caussa potior erit cùm Quesnello contentio. Quatuor celebrata putat. Primum acceptis Innocentii litteris post auditam electionem Zosimi, Cælestiique Romam festinanter accurrentis profectionem: secundum mense Octobri vel Novembri anni 417. receptis epistolis Zosimi, quibus Cælestio atque Pelagio favere videbatur: tertium Kalendis Maji anni 418. & quartum post acceptam Tractoriam laudati Pontificis adversus Pelagianos sub Autumnum anni ejusdem. Ex hoc autem Synodorum numero ac tempore, & multo magis ex iis, quæ ipsis Synodis Quesnellus tribuit, multa consequuntur non levia, de quibus ut recte & brevius, quoad fieri possit, statuatur, de earumdem Synodorum numero ac tempore antea est decidendum. Difficile quidem argumentum, in quo alii præstantissimi scriptores invicem pugnant. In hac vero tam ancipiti controversia nihil probabiliter definiri poterit, nisi tria præstituantur, quæ exploratissimis testibus certissima nobis videntur.

Duæ tantum admittendæ. VII. Primo duæ tantum Synodi sub Zosimo celebratæ dicendæ sunt in Pelagiana caussa, nisi aliquid cogat plures adstruere: quarum altera responderit prioribus ejusdem Pontificis epistolis, Tractoriamque ipsius in Pelagianos præcesserit; altera vero post Tractoriam coacta fuerit. Testimonium Augustini in epist. 215. ad Valentinum evidens est. Ibi enim num. 2. breviter quidem, at distincte recensens quæcumque Concilia Africæ in caussa Pelagiana habita fuerunt, duo tantum sub Zosimo memorat, alterum anterius Tractoria, quod *Africanum* vocat, posterius alterum, quod *plenarium* appellat. *Quod enim*, inquit, *scriptum est ad Papam Innocentium Romanæ urbis Episcopum de Concilio provinciæ Carthaginensis, & de Concilio Numidiæ, & aliquanto diligentius a quinque Episcopis, & quæ ipse ad tria ista respondit:* (hæc ad Innocentii Pontificatum pertinent, exactissimeque non tam Synodos, quam familiarem quinque Episcoporum epistolam sub eodem Pontifice scriptam recenset:) *Item quod Papæ Zosimo de AFRICANO Concilio scriptum est, ejusque rescriptum ad universos totius orbis Episcopos missum* (est ipsa quam vocant Tractoriam Zosimi:) *& quod posteriori Concilio PLENARIO totius Africæ contra ipsum errorem breviter constituimus .... misimus vobis.* Nuspiam in aliis pluribus Augustini testimoniis, ubi Concilia Africana contra Pelagianos commemorat, aliud indicatum invenies sub Zosimo nisi *Africanum*, post cujus rescripta ejusdem Pontificis Tractoriam emanasse affirmat, atque *plenarium*, quod eamdem Tractoriam excepit. Cum Augustino consentit etiam Prosper in carmine *de Ingratis* cap. 3. ubi Africam alloquens ait:

Convenere tui de cunctis urbibus almi
Pontifices, GEMINOQUE senum celeberrima cœtu
Decernis.

Hic *geminus cœtus* duplex Africæ Concilium innuit: verba autem *de cunctis urbibus* cum aptari nequeant duabus Synodis provincialibus Carthaginensi & Milevitanæ sub Innocentio celebratis; palam fit referenda esse ad illa duo Concilia, *Africanum*, atque *plenarium*, ab Augustino laudata, quæ sub Zosimo congregata fuerunt. Duas quidem unius Concilii sessiones a Prospero indicari putat Antelmius, cum in subsequentibus ejusdem Prosperi versibus *Concilium* singulari numero appelletur. At si Hieronymus in Apologia 3. adversus Rufinum *Concilium* vocare potuit, quot quot in Oriente & Occidente contra Origenem fuerunt celebrata; si Orientales ad Liberium a pluribus Synodis missi, singulari pariter numero *Synodum* appellarunt, eo quod omnes Synodi in unam sententiam conspiraverant; quidni idipsum multo magis Poetæ licuisse credamus? Certe verba *gemino cœtu* de duplici Concilio accepta cum Augustino con-

Dissert. 8. de Oper. SS. Leonis & Prosp. num. 10.
Socrat. lib. 4. c. 12.

concordant; numerusque trecentorum Patrum; qui in eodem carmine postea notatur, cum uni Concilio duarum actionum minime congruat, de duobus Conciliis distinctis Prosperum fuisse loquutum confirmat. Hac in re consentit etiam Quesnellus, quippe qui in Dissertatione præcedenti §. IX. n. 2. Prosperum æque ac Augustinum *non plures Synodos recensere quam duas* aperte testatur. Quidquid vero de Prosperi versibus sentire placet, certe vel solus Augustinus sufficere debet: qui cum duo tantum Concilia sub Zosimo referat, nec plura apud quempiam alium memorentur; plura sane adstruenda non sunt, nisi quid exploratum aliunde compellat. Quamdiu igitur nihil ejusmodi afferatur in medium, quod congrue explicari non possit (num autem quæ opponuntur, congrue explicari queant, deinceps videbimus) duo tantum Concilia Africana sub Zosimo admittenda erunt cum Augustino, unum anterius Tractoria, posterius alterum.

VIII. Secundo Concilium, in quo contra Pelagianorum errores conditi fuerunt canones, qui in nostra collectione exhibentur cap. 13. celebratum fuit Kalendis Maji anni 418. Id certum fit tum ex collectione Dionysii Exigui, ut videre est in vulgato Codice Ecclesiæ Africanæ cap. 108. tum ex nostra collectione capite citato, in cujus inscriptione præterea notandum est hoc Concilium appellari *plenarium*. Inanibus autem conjecturis laborare Quesnellum, ut ejusmodi canones in plenaria quidem Synodo editos, at in anteriori Concilio Africano præstitutos suadeat, videbimus §. 6. — Una Synodus habita Kal. Maji an. 418.

IX. Tertio aliud Concilium Africæ coactum ante Kalendas Majas, seu ante Concilium plenarium præter testimonium Augustini antea recitatum cogunt etiam Zosimi litteræ, signatæ die 18. aut 21. Martii ejusdem anni 418. quibus respondet Concilio Africano. Hæc enim ipsis inscriptio præfigitur: *Zosimus Aurelio & ceteris, qui in Concilio Carthaginensi adfuerunt, dilectissimis fratribus in Domino salutem.* Duæ aliæ anteriores ejusdem Pontificis epistolæ in eadem Pelagiana caussa scriptæ ad Episcopos Africæ, alia epigraphe prænotantur; quæ Concilii mentione caret, quia non ad episcopale Africanorum Concilium, sed ad Episcopos extra Concilium per Africam constitutos datæ fuere. *Zosimus Aurelio & universis Episcopis per Africam constitutis, dilectissimis fratribus in Domino salutem.* Illa autem tertia epistola, quæ Concilio rescripsit, de anteriori Concilio Africano nos dubitare non sinit. Cum porro hæc tertia epistola exarata fuerit, dum Zosimus nondum adversus Pelagium atque Cælestium Tractoriam ediderat; jam hæc Synodus Tractoria anterior dicenda est. En igitur duo Africanorum Patrum Concilia sub Zosimo in caussa Pelagianorum, unum ante diem 18. vel 21. Martii, quo Zosimus eidem respondit; alterum Kalendis Maji. Quod si duo tantum Concilia Africana sub eodem Pontifice ex S. Augustino admittenda sunt, primum erit illud, quod idem S. Doctor vocat *Africanum*, celebratum ante Tractoriam; alterum erit *plenarium*, Tractoria posterius, uti sane *plenarium* in nostra collectione, & (quod promiscue apud Afros usurpatur) *universale* apud Dionysium inscribitur: nec aliud Concilium præter hæc duo, quod recitata Augustini verba non ferunt, admittendum erit, nisi aliquid cogat. Nihil autem cogere ex iis palam fiet, quibus in sequentibus ita rerum gestarum seriem statuemus, ut omnia, quæ difficultatem movere queunt, probe concilientur. Immo hac occasione non pauca occurrent, quæ cum in Quesnelli sententia non satis conveniant, duo tantum Concilia cum Augustino adstruenda multo magis confirmabunt. — Alia ante diem 18. vel 21. Martii.

§. III.

Expungitur primum Concilium Africæ, quod Quesnellus sub initium Pontificatus Zosimi adstruit.

X. Concilium, quod sub initia Pontificatus Zosimi in Africa coactum Quesnellus num. 6. insinuare contendit, adeo imbecillibus conjecturis fulcitur, ut ipse quoque non solum in fine ejusdem numeri protestetur: *Verum conjecturas istas libens doctiorum censuræ subjicio*; sed etiam num. 33., ubi paucis recenset Synodos Africanas, hanc prætermittendam duxerit: *Missa*, inquit, *illa Synodo, quam conjecimus habitam post recepta Innocentii Papæ rescripta.* Et jure quidem hæc prætereunda fuit, cum nihil ex his, quæ num. 6. attulit, convincat. Ut staret ipsius sententia de hoc primo Concilio, relatio ejusdem Synodi ad Zosimum transmissa dici deberet. Duæ vero priores Zosimi epistolæ, quæ post hoc Concilium scriptæ fuissent, non modo nullam acceptæ relationis mentionem faciunt, verum etiam traditæ dignoscuntur, non ad Concilium, a quo Pontifex aliquam Synodicam acceperit (uti factum perspicimus epistola tertia, qua relationi synodicæ rescripsit) sed *ad Aurelium & universos Episcopos per Africam constitutos*, quæ formula Concilii antea congregati opinionem excludit. Adde quod ex ipsarum epistolarum contextu non ob relationem aliquam Synodi, sed alia de caussa, quæ Romæ accidit, sponte scriptæ perspiciuntur, altera ob Cælestii adventum in Urbem, altera ob libellum fidei missum a Pelagio, & ob Praylii Hierosolymitani litteras. Hinc etiam in tertia epistola ad Concilium Africanum data die 18. aut 21. Martii anni 418. cum easdem priores epistolas *ultro*, idest sine anterioribus Africanorum litteris exaratas Zosimus aperte tradit: *Ad vestram notitiam nostris ULTRO litteris referremus*: tum vero post easdem litteras tantummodo se se accepisse ab iisdem synodicam relationem, cui hac tertia epistola respondet, palam declarat: *Sed post missæ per Marcellinum Subdiaconum vestrum epistolæ omne volumen evolvimus*.

XI. Neque suffragantur Quesnelli sententiæ illa prioris epistolæ verba: *Ne fraternitatis vestræ de adventu & discussione Cælesti diutius penderet expectatio*. Africanorum expectationem ex ipsorum litteris Zosimum didicisse Quesnellus existimat; cum tamen sine eorum litteris idem Pontifex suspicari potuerit, eos scivisse Cælestium audita Innocentii morte Romam fuisse profectum, & de exitu apud novum Pontificem notitiam aliquam expectare. Ceterum adeo falsum est eos de exitu caussæ sollicitos scripsisse ad Zosimum sub initia Pontificatus ejusdem, ut Augustinus serm. 131. habito ad populum VIII. Kal. Octobris anni 417. palam affirmare non dubitaverit: *Duo Concilia missa sunt ad Apostolicam Sedem* (nimirum Carthaginense & Milevitanum anni 416.) *inde etiam rescripta venerunt: caussa finita est, utinam aliquando finiatur error*. His enim verbis non solum nullum aliud Concilium post illa duo habitum præsumit, quod ad Sedem Apostolicam scripserit; verum etiam *caussam finitam* pronuntians, omnem in ea re sollicitudinem sub novo Pontifice ab Africanis alienam satis declarat. Verba porro primæ laudatæ epistolæ Zosimi, quæ a Quesnello opponuntur, *ad litteras Herotis & Lazari PRIORI RELATIONE destinatas*, idest destinatas una cum relatione missa e Carthaginensi Synodo, nihil ipsum juvant. *Prior* quidem illa relatio aliam *posteriorem* supponit, non vero quæ ex Synodo hujus temporis ad Zosimum directa fuerit. Prior enim relatio, qua *litteræ Herotis & Lazari destinatæ fuerunt*, est illa Synodi Carthaginensis; posterior vero est alia relatio Synodi Milevitanæ, quæ licet una cum relatione Concilii Carthaginensis per eumdem Episcopum Julium ad Innocentium missa fuerit; cum tamen Milevitana Synodus post Carthaginensem habita sit, hujus relatio *prior*, illius autem *posterior* jure intelligitur. Milevitanam vero Synodum ejusque relationem posteriorem fuisse Concilio Carthaginensi, ut ipse Quesnellus alibi pervidit, manifestum fit ex iis ejusdem relationis verbis, quibus Carthaginense Concilium antea celebratum laudatur. *Hæc ad Sanctitatem tuam de Concilio Numidiæ scripta direximus, imitantes Carthaginensem Ecclesiam, & Carthaginensis provinciæ fratres & Coepiscopos nostros, quos ad Sedem Apostolicam* ..... *de hac caussa scripsisse comperimus*. Quod si Innocentius Papa in epistola, quam Quesnellus in præmissa Dissertatione obtrudit num. 6., Milevitanæ Synodi litteras priori loco nominat; id ex eo evenit, quia ad eamdem Synodum rescribit. At S. Augustinus, qui in epist. 215. ad Valentinum chronologicum ordinem prodidit, prius Carthaginensis, dein Milevitanæ Synodi Numidiæ mentionem fecit.

Milevitana Synodus posterior Carthaginensi. * Vid. Not. 21. in c. 28. nostræ collectionis.

XII. Cum ergo nihil sit, quod ullam Synodum contra Pelagianos ab Afris ineunte Pontificatu Zosimi habitam indicet; e contra vero ipsam excludant quæ initio animadvertimus ex iisdem Zosimi litteris posteriorem tantum Synodum memorantibus, præterea nullam; & multo magis excludant quæ attulimus ex Augustino, qui duo tantum posteriora Concilia sub Zosimo laudat, *Afri-*

Africanum, atque *plenarium*, de quibus deinceps erit sermo; nihil opus est pluribus distineri in refellendis Quesnelli conjectationibus, quæ nullo positivo documento suffultæ corruunt. Illa inter ceteras, qua venditat, *vix potuisse rescripta Innocentii per Africam promulgari secundum disciplinæ leges nisi congregata Synodo*, expuncta hac Synodo, quam absque fundamento comminiscitur, omnino inanis & falsa cognoscitur. Quid? Nonne ad promulgationem rescriptorum Innocentii satis erat, si plura eorumdem exemplaria per universam Africam vulgarentur? Ubi nam jactatas disciplinæ leges inveniet? Cum Pelagiani apud Augustinum lib. 4. ad Bonifacium c. 8. querantur, subscriptiones Tractoriæ Zosimi *in toto penitus Occidente ab Episcopis sine congregatione Synodi in locis suis sedentibus* fuisse extortas; palam ostendunt eam disciplinam, quæ ad promulgationem constitutionum Sedis Apostolicæ Concilia quæreret, ignoratam fuisse a catholicis totius Occidentis Antistitibus, qui *sine congregatione Synodi in locis suis sedentes* ipsam Tractoriam receperunt. Augustinus autem huic Pelagianorum objectioni respondens num. 34. satis esse ostendit, hæreticorum damnationem innotescere, nec opus esse ut Synodus congregetur. *Aut vero*, inquit, *congregatione Synodi opus erat, ut aperta pernicies damnaretur? quasi nulla hæresis aliquando nisi Synodi congregatione damnata sit: cum potius rarissimæ inveniantur, propter quas damnandas necessitas talis exstiterit; multoque sint atque incomparabiliter plures, quæ ubi exstiterunt, illic improbari damnarique meruerunt, atque inde PER CETERAS TERRAS devitandæ INNOTESCERE potuerunt.*

Ad promulgationem decretalium non requirebatur Synodus.

§ IV.

Prior Zosimi epistola ad Africanos scripta probatur, non mense Junio, vel Julio anni 417. sed non multo ante diem XI. Kal. Octobris anni ejusdem.

XIII. Repudiata hac prima commentitia Africanorum Synodo, Zosimus ad eosdem *ultro* duas priores epistolas dedit, alteram Cælestii, alteram Pelagii caussa. Secunda signatur XI. Kalendas Octobris. Primam vero, quæ die caret, Quesnellus scriptam putat mense Junio, vel Julio: eo quod præter duos menses, qui in ea conceduntur accusatoribus Cælestii, aliquod tempus perferendis iisdem litteris ac responsis reddendis adstruendum sit, antequam Zosimus secundam epistolam scriberet. At cum prima epistola ad Cælestium, secunda ad Pelagium pertineat; antequam de hoc Zosimus scriberet, nihil opus erat duos menses expectare, qui prioribus litteris non Pelagii, sed Cælestii caussa præstituti fuerant. Immo si hi duo menses jam fuissent elapsi, dum secundam epistolam scripsit; hac de re proculdubio Zosimus in hac epistola conquestus fuisset. Quesnellus *expostulationem adversus Cælestii accusatores* videre sibi visus est in illis ejusdem epistolæ verbis: *Ubi Heros? Ubi Lazarus? .... Ubi illi adolescentes Timasius & Jacobus?* &c. At hi non Cælestii, sed Pelagii accusatores fuere; nec Heros ac Lazarus versabantur in Africa, in quam priores litteræ directæ, solius Cælestii accusatores Romam evocabant. Nihil igitur hæc quæcumque querela a prioribus litteris pendet, nec ad bimestre spatium in iis concessum refertur.

XIV. Alia vero nos movent, ut priorem quoque epistolam mense Septembri scriptam credamus paullo ante secundam. Cum Augustinus serm. 13. ad populum habito, ut diximus, VIII. Kal. Octobris hujus anni 417. *caussam finitam* affirmarit; nullam certe notitiam acceperat priorum litterarum Zosimi, quibus ea caussa accitis Cælestii accusatoribus iterum ad examen vocata, *finita* dici non poterat. Eas quidem nondum allatas in Africam illud etiam evincit, quod Basiliscus in Africam missus cum iis, quæ Romæ coram Zosimo gesta fuerant, ut Cælestii accusatores citaret, Paullinum præcipuum accusatorem non convenit nisi IV. Nonas Novembris, ut ex ipso Paullini libello exploratum est. Cum autem dubitare non liceat, quin Basiliscus Romanæ Ecclesiæ Subdiaconus Zosimi mandata citius exequi properaverit, præcipuumque Cælestii accusatorem convenerit; eum cum prioribus Zosimi litteris sub ini-

Prior ep. Zosimi scripta paullo ante secundam mense Sept. an. 417.

tium Novembris, aut sub Octobris finem in Africam pervenisse cognoscimus; & ut congruum tempus ejus itineri concedamus, eædem litteræ mense Septembri scriptæ dicendæ sunt paullo ante secundas, & utræque fortassis ab eodem Basilisco simul allatæ. In codice Vaticano, quem Coustantius laudat not. 9. col. 948. priorum litterarum chronica notatio sic mendose exprimitur: *Data exemplaria ave toris habita Honorio Augusto XI. & Flavio Constantio Conss.* Idem vero acutissimus adnotator suspicatur aliquo Kalendarum Octobris die hanc quoque epistolam scriptam fuisse æque ac secundam, & *Octobris* loco ob imperitiam amanuensis *ave toris* irrepsisse. Nos vero etsi circa tempus datæ epistolæ cum eo consentiamus, hanc tamen emendationem probare non possumus. Duo enim codices Veneti S. Marci 171. & 172. ejusdem Avellanæ collectionis, ex qua eadem epistola in lucem prodiit, sic habent: *Data exemplaria auctorum Honorio* &c. ubi pro *auctorum* legendum est *actorum*, quæ scilicet Basiliscus una cum iisdem litteris deferenda accepit.

§. V.

Duabus prioribus Zosimi epistolis in Africam allatis sub finem Octobris, aut initium Novembris, statim Aurelius cum aliquot Episcopis rescripsit, & quid contineret hoc rescriptum. Non tamen tunc habita Synodus Africana ab Augustino laudata, quæ pleniorem relationem ad Zosimum direxit. Quesnelli sententia de Synodo autumnali refellitur.

Africana Synodus non fuit coacta Autumno.

XV. PRimam Synodum, cui Zosimus respondit epistola tertia ad Africanos data anno 418. die 21. seu die 18. Martii (duo enim laudati codices Veneti diem aliter præferunt: *Et subscripsi bene valete fratres. Data XV. Kal. Aprilis Honorio Augusto XII. Consule*) hanc, inquam, primam Synodum Quesnellus §. 9. celebratam putat circa Autumnum anni 417. *quia vix citius congregari potuit post receptas primas Zosimi litteras*. At si hæ litteræ a Basilisco allatæ fuerunt in Africam sub finem Octobris, vel ineunte Novembri an. 417. ut paragrapho antecedenti constituimus; quomodo circa Autumnum anni ejusdem ea Synodus cogi & haberi potuit? Potuit quidem Paullinus, qui mox a Basilisco citatus fuerat, libellum statim tradere Marcellino die octava Novembris, ut eum ad Zosimum perferret: unica enim persona libello dato respondere statim potuit. At Zosimi litteræ *universis Episcopis per Africam constitutis* inscriptæ, omnibus communicari, & Synodus frequentissima Episcoporum (ut videbimus) CCXIV. ex tota Africa evocari, negotiumque summi momenti discutere, atque plenam de eo relationem documentis probatam tradere statim non potuit.

Aliquid statim rescriptum ad Zosimum ab Aurelio aliisque Episcopis, ut Synodi tempus congruum peteretur.

XVI. Neque idcirco negarimus, Aurelium, cujus unicum nomen in epigraphe litterarum Zosimi erat expressum, aliquid statim ad Pontificem scribendum putasse. Id sane exigebat tum observantia, quam Africani semper professi sunt erga Apostolicam Sedem, ne ejus auctoritatem viderentur negligere atque contemnere, tum etiam caussæ gravitas atque periculum, ne si bimestre a Zosimo præstitutum sine ulla responsione elaberetur, is in Cælestii aut Pelagii favorem documentorum ignorantia aliquod judicium ferret. Cum igitur a die priorum litterarum ad tempus, quo Aurelio traditæ fuerunt, jam mensis effluxisset, nec reliquo bimestris spatio Concilium ex tota Africa cogi posset, cujus responsa mox Romam mitterentur; nihil Aurelio supererat, nisi una cum Episcopis, qui tum Carthagine ob aliqua negotia invenirentur, vel e vicinis urbibus acciri commode poterant, epistolam scriberet, quæ ad Concilium habendum & idonea documenta transmittenda congruum tempus a Pontifice peteret, & ut nihil interim novi fieret, obtestaretur.

XVII. Licet autem hæc epistola aliquot Episcoporum nomine Aurelio duce scripta esset ad Zosimum; cum tamen data non esset ex Concilio proprie dicto, quod ex Africana disciplina certa quadam ratione indicendum & celebrandum erat; nihil mirum, si hic quicumque Episcoporum conventus, qui nulla habita discussione caussæ meram dilationem ad Concilium habendum ac rem ex proposito tractandam postulabat, inter Africana Concilia proprie dicta

non

non censeatur, nec censendum jure sit: adeo ut Augustinus duo tantum Concilia *Africanum* & *plenarium* contra Pelagianos sub Zosimo referens (quæ ad sequentem annum, ut dein probabimus, pertinent) hujus conventus mentionem prætermiserit. Quod si quis forte hunc qualemcumque episcopalem conventum *Concilium* vocari posse contendat; Augustinum vero idcirco non memorasse, quia sola Concilia, quæ aliquid de gratia & de Pelagiana caussa statuerunt, in epistola ad Valentinum recensuit; quæstio instituetur de nomine, in qua nobis non erit magnopere repugnandum, cum exinde ad ea, quæ contra Quesnellum ad excludendam ab autumnali tempore Synodum Africanam probaturi sumus, nihil præjudicii creetur.

XVIII. Hanc porro Aurelii & conventus Carthaginensis epistolam ante diem VIII. Novembris anni 417. scriptam fuisse explorate declarant illa, quæ in libello Paullini leguntur: *Cui* (Cælestio) *nunc jam non mecum, sed cum universa Dei Ecclesia caussa est, sicut DATA ad Beatitudinem tuam Afrorum Episcoporum SCRIPTA testantur*. Voces *Afrorum Episcoporum*, quæ in editis desiderabantur, ex Vaticano codice supplevit P. Coustantius, easdemque duo laudata Veneta exemplaria confirmant. Cum autem sententia his verbis indicata in aliis Afrorum litteris ad Innocentium non inveniatur; epistola utique Episcoporum Africæ ad Zosimum missa (*ad Beatitudinem tuam* inquiunt) illa sine dubio intelligenda est, quæ ante Paullini libellum Marcellino oblatum die VIII. Novembris exarata fuit. Ad hanc eamdem epistolam referenda sunt etiam illa ipsius Zosimi in tertiis litteris ad Africanos: *Noverit vestra fraternitas, nihil nos post illas, quas posterius, vel litteras vestras accepimus, immutasse, sed in eodem cuncta reliquisse statu, in quo dudum fuerant, cum hoc nostris litteris vestræ indicavimus sanctitati, ut illa, quæ A VOBIS ad nos missa erat, OBTESTATIO servaretur*. Sunt qui putant, *obtestationis* nomine id, quod Africani Innocentium rogarant, significari. At *obtestatio* hic indicata eo pertinet, ut *in eodem cuncta relinquerentur statu, in quo dudum fuerant* post Innocentii decretum; nimirum ut lata in Cælestium atque Pelagium Innocentii sententia nihilum immutaretur: quod non convenit Africanorum litteris antea scriptis ad Innocentium, in quibus nullam ejusmodi obtestationem invenire licebit; sed illi tantum epistolæ congruit, quam Aurelium cum aliis Episcopis Africanis post acceptas priores Zosimi litteras ad eumdem Pontificem statim dedisse arbitramur.

Quid hoc rescriptum contineret.

Mendosus locus epistolæ Zosimi.

XIX. Hæc quoque epistola innuitur, uti credimus, illis antecedentibus verbis, *post illas, quas superius, vel litteras vestras accepimus*. Cum Garnerio mancus visus esset hic locus, ita restituendum putavit: *post illas, quas vel superius, vel nunc litteras vestras accepimus*; ac propterea duæ Afrorum epistolæ ante hanc tertiam ad Zosimum missæ creduntur. Sed codices, ut notavit Coustantius, huic emendationi non favent. Melius idem Coustantius corrigendum conjecit: *post illas, quas scripsimus, vel litteras vestras, quas accepimus*. Sed deficiente vel unius codicis auctoritate textum vulgatum immutare ausus non est. Emendationem vero huic affinem reperimus in duobus memoratis MSS. Venetis, nimirum: *Nihil nos post illa, quæ vobis scripsimus, vel litteras vestras* (supplendum *quas*) *accepimus immutasse* &c. quæ quidem optima & vera lectio deinceps recipienda erit. His autem verbis indicatur, res in eodem statu relictas fuisse a Zosimo non solum post primam, quam idem Pontifex dedit epistolam, in qua promiserat se per bimestre omnia eodem loco relicturum, verum etiam ob acceptam ab ipso Aurelio aliisque Africanis Episcopis epistolam, cui *obtestationem* memoratam inseruerant; tametsi mense Martio, quo hæc scribebat an. 418., præter duos præscriptos plures jam menses elapsi fuissent. Ad hanc quoque Afrorum epistolam spectant illa earumdem litterarum Zosimi: *Omnem ejus* (Cælestii) *petitionem prioribus litteris, quas vobis misimus, satisque scriptis, quæ ad illa* (cor. *illas*) *rescripseratis, credidimus esse responsum*. Cum enim mox subjiciatur mentio litterarum, quas ex Synodo Africæ deinceps congregata Marcellinus postea attulit (*sed post missæ per Marcellinum Subdiaconum vestrum epistolæ*;) palam fit relatis verbis alias Africanorum anteriores litteras indicari, quibus priori Zosimi epistolæ *rescripserant*. Ubi notanda etiam sunt Zosimi verba *satis credidimus esse responsum*

Garnerii emendatio.

Melior correctio Coustantii.

Vera lectio restituta.

sponsum, quæ profecto innuunt, se anteriori Afrorum epistolæ satis respondisse in ipsis prioribus litteris, ut ne novo responso indigerent. Illi nimirum opposuerant Innocentii judicium, quod fartum tectum servandum erat, ac errores in eo anathematizatos damnari oportere. His autem se satis respondisse Zosimus crediderat priori epistola ex gestis eidem adnexis, ex quibus patebat, Cælestium Innocentii litteris consensisse, & omnes errores damnasse, qui ab eodem Pontifice fuerant condemnati. Hæc igitur Afrorum epistola ad Zosimum, scripta ante Concilium Africanum, in dubium vocari non potest.

XX. Quesnellus quidem in præcedenti Dissertatione §. X. hanc epistolam adstruit distinctam ab iis posterioribus eorumdem Afrorum litteris, quibus ex Africana Synodo ad Pontificem plenius rescriptum fuit; & §. XI. non male censet, Zosimum in priori parte epistolæ tertiæ, quam utrisque litteris reddidit die 21., seu 18. Martii anni 418., prioribus Africanorum litteris, in posteriori eaque brevissima posterioribus respondisse, prolixiorem ad istas epistolam cum Tractoria directurum. Dum vero ex priori parte ejusdem tertiæ epistolæ conjicit, quæ priorum litterarum Afrorum Patrum capita ac sensus fuerint, nonnulla suo more venditat, quæ ab iisdem aliena putamus. Ea quidem
Zosimi locus explicatus. pontificiæ epistolæ verba, quibus Sedis Apostolicæ prærogativa in judiciis ferendis extollitur, ut de iis *disceptare nullus auderet*, etsi videri possint indicare, Africanos in prioribus litteris fuisse conquestos cum Zosimo, propterea quod Cælestii ac Pelagii caussam, quæ finita erat Innocentii decretis, ad examen iterum revocari permitteret: cum tamen idem Zosimus addat, se hac auctoritate uti noluisse, nisi prius Africanos consuleret; ea verba alio fine dicta videntur, ut quantum in hoc judicium ferendum ipsis Africanis detulerit, patefaceret. Eosdem porro Afros conquestos pariter fuisse, *quod Zosimus caussam Cælestii in Africa natam, & ad Carthaginense tribunal delatam ad se traxisset*, perinde ac si in hoc negotio eam sequi voluerint Cypriani sententiam ad Cornelium: * *Cum statutum sit omnibus nobis, & æquum sit pariter ac justum, ut uniuscujusque caussa illic audiatur, ubi crimen est admissum* &c. nullum vel leve in tota Zosimi responsione indicium est. Cum porro iidem Afri jam antea Cælestium & Pelagium, licet damnatos in Africa, ad Innocentium detulissent; falsum agnoscimus, eos ferre non potuisse, hanc caussam post Africanum ad Romanum tribunal traduci. Quod si de Cælestio dixerunt, eum apud se fuisse accusatum (*qui apud vos, sicut ipsi dicitis, fuerit accusatus;*) id dixerunt, ut innuerent, se documenta habere manifesta, quæ ejus mentem atque errores convincunt; quorum caussa Zosimus respondit, se idcirco noluisse decidere, antequam hæc documenta ab ipsis recipiens, cum iisdem *tractatum* haberet. Tandem *obtestatio* Afrorum, quam Zosimus memorat, nullo fundamento explicatur a Quesnello pro obtestatorio libello, *quo illi suum sibi jus servari postulabant*. Ea enim obtestatio ipsius Afrorum epistolæ pars erat, qua Zosimum deprecabantur, ut omnia in eodem statu relinqueret, quoad ex Africa idonea caussæ instrumenta mitterentur.

* De hoc textu vid. Observ. in Dissert. 5. part. 1. c. 7. n. 10.

§. VI.

Africana Synodus contra Pelagianos sub Zosimo habita ostenditur mense Januario, vel Februario anni 418. Sententia Quesnelli, qua contendit hanc Synodum fuisse autumnalem anni præcedentis, iterum rejicitur. De numero Patrum ejusdem Synodi. De relatione ad Zosimum missa. Constitutiones ejusdem Synodi a relatione synodica haudquaquam distinctæ, sed ipsi insertæ. Vulgati canones de gratia in hac Synodo non fuerunt conditi. Cur hæc Synodus ab Augustino vocetur Africana, non autem plenaria. Quid ad Synodum plenariam Africana disciplina exigeret.

XXI. PRima Afrorum epistola, de qua præcedenti paragrapho egimus, Basilisco Romanæ Ecclesiæ Subdiacono, qui mox post allatas in Africam Zosimi litteras officio suo functus Romam repetiit, tradita videtur. Libellus autem Paullini cum non disjungendus crederetur a pleniore relatione Synodi, quæ subinde congreganda erat, non Basilisco, sed Marcellino datus fuit, quippe

qui

qui ad Synodi gesta transferenda erat destinatus. Indictum interim ab Aurelio Concilium: quod tamen cum ob temporis angustias ac regionum longinquitatem ante natalitia festa ex tota Africa congregari, & absolvi non posset, post eadem festa convocatum credibile est. Enimvero cum Zosimus, qui prioris Afrorum epistolæ a Basilisco redditæ responsionem distulit, quoad plenior Synodi relatio perveniret (simul enim utrique respondit;) hac per Marcellinum tandem accepta cito rescripsisse indubium credimus. Cum vero huic relationi responderit die 21. seu 18. Martii anni 418., ut congruum intervallum tribuamus itineri Marcellini (unus autem mensis aut paullo amplius ex aliis similibus transmissionibus sufficit) eadem Synodus jam absoluta cognoscitur sub initium Februarii anni ejusdem, ita ut ejus initium in Januarium inciderit.

Cur Africanum Concilium ante an. 418. congregari non potuit.

XXII. Hinc validius expungitur Quesnelli sententia proposita §. XV. de Synodo autumnali anni 417., *ex qua directus Marcellinus mense Novembri* cum omnibus instructionibus & gestis synodicis, hæc Zosimo tradiderit *XII. Kal. Aprilis anni proxime sequentis* 418. Num probabile est Marcellinum menses circiter quinque in itinere consumpsisse? An vero in suo munere obeundo negligens, aliquot menses alicubi immoratus est, antequam ex Africa solveret? Idem Quesnellus §. XXXVI. improbabile judicat, Africanos Patres Synodum distulisse in annum 418., quia eos *non ita credimus*, inquit, *indormisse rebus Ecclesiæ, & caussæ fidei, immo propriæ, ut tamdiu distulerint congressum Episcoporum*. Cur distulerint, & quo remedio omne præjudicium statim præcaverint, exposuimus paullo ante. Hanc autem reprehensionem incurrisset proculdubio Marcellinus, si absoluta tandem Synodo ad Zosimum missus mense Novembri, tamdiu distulisset proficisci, ac in perferendis litteris ac gestis morosior obdormisset. Quod vero ex præjudicio suscepti a Marcellino itineris mense Novembri suspicatur Quesnellus §. XII. *forte ipsum comitatum esse Vindemialem Episcopum Ravennam usque, & cum eo aliquandiu in Comitatu resedisse*, præter quam quod hypothesi nititur de Vindemialis legatione, quam dein ostendemus falsam; in ea Africanorum sollicitudine, qua rescripta Africani Concilii jam promissa & Romæ expectata, e quibus caussæ definitio pendebat, citius perferenda Marcellino tradita sunt, est plane incredibile.

Autumnale tempus ejusdem Concilii validius expungitur.

XXIII. Illud, quod Quesnellum maxime movit ad asserendum Concilium autumnale, est bimestre, quod prioribus Zosimi litteris præscriptum fuerat. At licet hoc spatium Zosimo videretur sufficere; cum tamen ex memoratis circumstantiis reipsa non sufficeret, nihil pro autumnali Synodo exinde colligi potest, cum præsertim Aurelius cum aliis Episcopis statim per Basiliscum ad Pontificem scribens, necessariam dilationem enixe postulasset. Quod si Augustinus in libro de pecc. originali c. 7. memorat *interpositum* a Zosimo *duorum mensium tempus, donec rescriberetur ex Africa;* non tamen affirmat, hoc Africanum rescriptum statim post illud bimestre fuisse transmissum, ut ex integri textus lectione patebit. Hoc igitur fere unico Quesnelli fundamento everso, jam ex iis, quæ nos fortius statuimus, manere debet, hanc primam sub Zosimo Synodum habitam fuisse non anno 417. mense Novembri, sed sub Januarium anni 418. ac certe absolutam aliquot saltem dies ante diem 24. Februarii, quo celebratum est Concilium Teleptense, seu potius Zellense, cui aliqui Episcopi laudatæ Synodi Africanæ interfuerunt.

Tempus ejusdem Concilii.

XXIV. Hujus sane Synodi mentionem facit Prosper in Chronico anno 418., ubi hæc leguntur: *Concilio apud Carthaginem habito ducentorum quatuordecim Episcoporum ad Papam Zosimum synodalia decreta perlata, quibus probatis, per totum mundum hæresis Pelagiana damnata est*. His postremis verbis indicatur Zosimi Tractoria, qua idem Pontifex Africana decreta probavit, & qua ad omnes Episcopos missa, atque a cunctis subscripta, Pelagiana hæresis in toto orbe damnata fuit. Eodem sensu idem Prosper scripsit in responsione ad objectionem 8. Gallorum: *Et cum CCXIV. Sacerdotibus, quorum constitutionem contra inimicos gratiæ Dei totus mundus amplexus est* &c. utique per Tractoriam, qua sola Africanorum Patrum constitutio per totum mundum diffusa fuit. Rursus in libro contra Collatorem c. 5. de eadem Synodo ait: *Erraverunt secundum te ducenti quatuordecim Sacerdotes, qui in epistola, quam suis constitutionibus prætulerunt, ita Apostolicæ Sedis Antistitem*

Confirmatur ex Prospero.

rem. *Zosimum sunt alloquuti. Constituimus in Pelagium atque Cælestium per venerabilem Episcopum Innocentium de beatissimi Apostoli Petri Sede prolatam manere sententiam, donec apertissima confessione fateantur, gratia Dei* &c. Hæc spectare ad epistolam laudatæ Synodi datam ante Tractoriam non solum patet ex eodem numero Patrum CCXIV. qui in præcedentibus testimoniis exprimitur; verum etiam ex iis ejusdem epistolæ verbis liquet, quæ solius Innocentii, non autem Zosimi sententiam commemorant, & ita commemorant, ut Zosimum cautum efficere studeant, ne in ferendo judicio dolosis Pelagii ac Cælestii verbis fidat, sed apertissimam professionem requirendam monent. Hinc perperam nonnulli hæc tria Prosperi testimonia, numerumque Patrum CCXIV. iisdem testimoniis constanter assertum, quibus respicitur Synodus anterior Tractoria, ad aliam Synodum pertrahunt, quæ post Tractoriam habita est.

Synodica Concilii Africani quid contineret.

XXV. Hæc epistola synodica valde prolixa erat, adeo ut a Zosimo *volumen* appelletur, cujus lectio non modicum tempus consumserit. Id satis innuitur iis formulis ejusdem Pontificis epist. 3. *Missæ per Marcellinum Subdiaconum vestrum epistolæ omne volumen evolvimus, quo aliquando perlecto* &c. In hoc epistolari volumine plura continebantur, quæ diligenter collegit Quesnellus §. XX. Inter cetera vero insertæ ipsi erant illæ *constitutiones*, seu *decreta*, quæ Prosper recitatis testimoniis commemoravit. Licet enim in ultimo textu contra Collatorem epistolam nominans, *quam suis constitutionibus prætulerunt*, ipsam constitutionibus præmissam, ac proinde distinctam videatur innuere; considerantibus tamen totum contextum, constitutiones ab epistola haudquaquam separandas, ipsiusque epistolæ partem fuisse, manifeste constabit. Textus enim a Prospero nunc recitatus, *Constituimus* &c. una profecto ex constitutionibus est, quam sane idem Prosper repetens in responsione ad object. 8. Gallorum, *constitutionem* appellat; & nihilominus hanc ipsius epistolæ partem fuisse declarat scribens: *In epistola ... ita Apostolicæ Sedis Antistitem Zosimum sunt alloquuti. Constituimus in Pelagium* &c. Quare voces contra Collatorem, *quam suis constitutionibus prætulerunt*, idem sunt ac *quam una cum suis constitutionibus ipsi insertis prætulerunt*, nisi legere malis cum MS. Corbejensi *protulerunt*. Nec novum est epistolas, quæ constitutiones continerent, appellari *decreta*. Nam & S. Augustinus in epist. 178. n. 2. ad Hilarium *decretum* vocat Carthaginensis Concilii epistolam ad Innocentium. *Cognoveramus in Ecclesia Carthaginensi adversus eos episcopalis Concilii conditum fuisse decretum per epistolam sancto & venerabili Papæ Innocentio dirigendum*: ubi S. Doctor decretum ab epistola non distinguit. Plura autem decreta in nostræ Synodi litteris fuisse inserta vox *constitutiones*, qua Prosper est usus, aperte adstruit. Unius tantum constitutionis verba locis allegatis ex Prospero nobis conservata fuerunt: ceterarum non item.

Decreti nomen datum epistolis.

Vulgati canones in Pelagianam hæresim non sunt conditi in hoc Concilio.

XXVI. Quesnellus §. XVI. canones octo, seu potius novem de gratia, qui in collectione hoc tomo edita exhibentur cap. 13. in hoc primo Concilio, ut ipse putat, autumnali conditos tradit; non tamen editos, sed sub sigillo missos ad Zosimum, & Imperatorem, in posteriore Concilio plenario Kalendarum Maji promulgandos. Patres quidem in Synodica hujus primi Concilii de capitibus errorum Cælestii ac Pelagii fusius disseruisse, ut Zosimum instruerent, negari non potest. Inter hos errores ille procuIdubio confutatus dici debet, quo parvulis sine baptismo decedentibus medius quidam felicitatis locus tribuebatur. Cum enim Augustinus lib. 2. de anima & ejus origine scripto sub finem anni 419. cap. 12. tradat, hanc Pelagianorum sententiam post Concilium Palæstinum ab Africanis detectam, *Conciliorum catholicorum & Sedis Apostolicæ auctoritate* fuisse damnatam; sicut *Sedis Apostolicæ* nomine eo tempore non aliud indicare potuit, nisi Tractoriam Zosimi, ita nomine *Conciliorum catholicorum* Africanam & plenariam Synodos videtur intelligere, adeo ut illa prius de hoc errore ad Zosimum retulerit, qui subinde ab eodem Zosimo in Tractoria, & expresso canone in plenaria Synodo proscriptus fuerit. Ordo nimirum, quo Concilia catholicorum memorat ante Sedem Apostolicam, unum saltem ex iisdem Conciliis præcessisse significat. Hæc itaque relatio Africanæ Synodi *constitutionibus*, seu, ut aliter appellat Prosper in Chronico, *decretis* inser-

insertis Pelagianorum errores notavit. At ipsi canones, qui eosdem errores in posteriori plenaria Synodo * *breviter*, ut ait Augustinus, proscripsere, totidem verbis in Africana Synodo conditi dici nequeunt. Quod enim in hac fusius constitutum ac veluti paratum fuit, ut Zosimus instrueretur; approbatione hujus accepta, in Synodo posteriori brevius octo aut novem canonibus placuit comprehendere. Certe constitutio, quam ex Synodica prioris Concilii ad Zosimum refert S. Prosper, inter eos canones non invenitur, nec formam iisdem canonibus similem præfert: probabile vero est ceteras constitutiones ejusdem Concilii eamdem pariter formam a memoratis canonibus diversam prætulisse; ex quo factum sit ut in Concilio Carthaginensi anni 419. in quo omnium anteriorum Synodorum canones repetiti fuere ac gestis inserti, nullus canon ex hoc Concilio Africano recitatus ac descriptus fuerit, ut ex Dionysio Exiguo discimus. Quid quod iidem canones tum apud eumdem Dionysium, tum in vetusta collectione hoc tomo edita, quæ a Dionysio nihil accepit, non adscribuntur Synodo Africanæ, sed plenariæ habitæ Kalendis Maji? Objicitur S. Prosper, qui in libro contra Collatorem cap. 5. quartum ex ipsis canonibus plurali numero tribuit *Conciliis Africanis*, ac si eosdem canones in duobus saltem Conciliis Africanis sancitos indigitet, nimirum in Africano & in plenario. At præterquam quod hæc duo Concilia innui potuerunt eo sensu, quo Africanum Concilium in relatione ad Zosimum eadem capita fusius constituerit, quæ postea brevius expressa fuerunt in canonibus Concilii plenarii Kalendarum Maji: si S. Prosper eadem quarti canonis verba duobus saltem Synodis laudato loco voluit adscribere, præter Synodum Kalendarum Maji, in qua ille canon statutus fuit, respexit aliam Synodum anni 419. in qua idem omnino canon cum ceteris relectus & confirmatus fuit. Vide Codicem Afric. c. 112. Hic ergo Prosperi locus pro asserendis canonibus Concilio Africano nihil convincit.

* Aug. ep. 215. Vid. infra.

XXVII. Animadversionem meretur Augustini testimonium lib. 2. Retract. c. 50. *Posteaquam*, inquit, *Pelagiana hæresis cum suis auctoribus ab Episcopis Ecclesiæ Romanæ prius Innocentio, deinde Zosimo, cooperantibus Conciliorum Africanorum LITTERIS convicta atque damnata est* &c. Vides Africanis Conciliis, quæ *cooperata* sunt Pelagianæ hæresis condemnationi non minus sub Innocentio, quam sub Zosimo, meras *LITTERAS*, non autem canones tribui: cum tamen canones, qui licet brevius, expressius tamen eosdem errores proscribunt, si missi fuissent ad Zosimum, præcipue commemorandi videantur. Clarius idem S. Doctor in epist. 47. nunc 215. ad Valentinum, dum utriusque Concilii Africani, & plenarii sub Zosimo meminit; Africani, quod Tractoriam præcessit, scripta, idest litteras vel relationem tantum ad eumdem Pontificem laudat: *Quod Papæ Zosimo de Africano Concilio scriptum est*: plenario autem, quod post Zosimi rescripta celebratum fuit, canones vindicat scribens: *Et quod posteriori Concilio plenario totius Africæ contra ipsum errorem breviter constituimus*. Adverbium *breviter* canones significat, qui paucis expositi sunt. Verbum autem *constituimus* ipsos in eadem, non vero in anteriori Synodo *breviter* conditos & constitutos manifestat. Cum porro tota eorum materies parata jam fuisset ac fusius digesta in antecedenti Concilio Africano, quod prolixam relationem scripsit ad Zosimum; ut ipsi canones *breviter* constituerentur in plenaria Synodo Kalendarum Maji, consideratione quidem aliqua in verbis, at non *prolixiori tractatione dogmatum* (ut putavit Quesnellus §. XVIII.) opus fuit. Quod autem is multum laborat, ut ex diversa loquendi ratione, qua Augustinus de Pelagiana impeccantia scripsit ante, & post editos canones, in quibus hic Pelagianus error damnatus fuit, eos primum constitutos suadeat in Synodo, uti vocat, autumnali, & non potius in alia Kalendarum Maji, in qua solum promulgatos judicat, nihil evincit, nisi probare possit, Augustinum ea diversa, quam jactat, ratione loquendi, ante Kalendas Majas usum fuisse: quod tamen non probat. Testimonia enim, quæ ab ipso proferuntur, iis libris inserta sunt, quos post id tempus lucubratos inficiari nequit. Forte vero in epistola primæ Synodi Africanæ, habitæ, ut ostendimus, circa mensem Januarium, inter constitutiones ipsi insertas hæc fuit, qua error de impeccantia perstringebatur, ut ne tamen in eadem Synodo sanciti dici debeant iisdem verbis canones tres de eadem impeccantia, quos uni Concilio Kalendarum Maji omnia documenta adjudicant. Illud tandem hac in re evidentius prodit Quesnelli commentum, quod hos canones in anteriori quidem Synodo conditos, non autem promulgatos, sed sub sigillo ad Papam & Imperatorem missos sine ullo teste comminiscitur. Quis vero canones a Patribus CCXIV. in Africana Synodo signatos, & ad Pontificem ac Imperatorem missos, nondum publicatos credere poterit?

Cur hoc Concilium vocetur *Africanum*. Quid requirebatur ad Synodum *plenariam*.

XXVIII. Hoc primum Concilium ab Augustino *Africanum* vocatur, eo quia ex tota Africa convocatum fuit, uti Zosimi epistolæ *Aurelio & universis Episcopis per Africam constitutis* inscriptæ videbantur exigere. Ipsum vero Concilium idem S. Doctor distinguit a *plenario*: quia in ipso convocando ea methodus, qua plenariæ Synodi in Africa cogebantur, observata non fuit, vel etiam ob temporis circumstantias observari non potuit. Ante Concilium enim *plenarium*, seu, ut alio nomine promiscue vocabatur, *universale*, singularum provinciarum Synodi habendæ erant, ex quibus legati destinarentur ad *universale* Concilium, ut suæ cujusque provinciæ nomine quæcumque opus essent præstarent. Frequens est hujusmodi legatorum, ac legationum mentio, ut videre est in gestis Conciliorum Carthaginensium anni 397. ante canonem XXXIV. Codicis Africani, anni 403. ante can. XCI. anni 407. can. XCVI. & anni 419. initio, & can. XVIII. nec non ante canonem CXXVII. Hæc methodus statuta fuerat in Concilio Hipponensi an. 393. cujus canon quintus in Breviario nostræ collectioni inserto cap. 2. sic compendio exprimitur. *Ut propter caussas ecclesiasticas, quæ ad perniciem plebium sæpe veterascunt, singulis quibusque annis Concilium convocetur, ad quod omnes provinciæ, quæ primas Sedes habent, de Conciliis suis ternos legatos mittant, ut & minus invidiosi, minusque hospitibus sumtuosi conventus plena possit esse auctoritas: & ut de Tripoli propter inopiam Episcoporum unus Episcopus adveniat*. Præter hos legatos ad plenariam Synodum nulli alii convenire debebant, ut discimus ex decreto Synodi Thusdritanæ apud Ferrandum num. 77. *Ut Episcopus, qui non suscepta legatione, universali* (idest plenario) *Concilio interesse præsumserit, ab eis Episcopis, qui legationem suscipiunt, ad ipsum Concilium non admittatur*. In gravioribus tamen caussis, quæ frequentiorem Episcoporum numerum postulare videbantur, alii quoque Episcopi præter legatos recepti. At licet aliqui, vel plures ex his convenissent, legatorum tamen præsentia potissimum requirebatur. Hinc quamvis in Concilio Carthaginensi anni 397. adessent nonnulli Episcopi Numidiæ; cum tamen deessent legati ejusdem provinciæ, Synodus aliquandiu prorogata fuit, ut iidem expectarentur. Vide interlocutionem Aurelii præmissam canoni XXXIV. & canonem XLVII. Codicis Africani. Confer etiam Concilium Carthaginense anni 403. ubi de legatis qui nondum advenerant, aliquot interlocutiones in eodem Codice leguntur. Cum ergo temporis circumstantiæ non ferrent, ut ante Synodum, quam Zosimi litteræ citius habendam flagitabant, singulæ provinciæ Concilia cogerent, ex quibus legati cum mandatis ad Synodum universalem dirigerentur; hoc Concilium ex tota Africa sine memorata legatorum deputatione congregatum, quantumvis frequentissimum, juxta Africanam disciplinam vere *plenarium* non fuit, uti fuit illud celebratum Kalendis Maji: & idcirco *Africanum*, non autem *plenarium* ab Augustino appellatur. Hinc nihil dubitandum est de numero Patrum CCXIV. quem S. Prosper tribus in locis num. 24. recitatis huic *Africano* Concilio attribuit, tametsi Concilio *plenario* Kalendarum Maji minor numerus adsignetur. Neque enim *plenarium* ex majori Patrum numero, sed ex legatorum deputatione pendebat; ita ut si vel soli legati singularum provinciarum convenissent, uti ex Thusdritano decreto soli convenire debebant, *plenarium* esset Concilium; major vero numerus sine legatorum deputatione ex Synodis provincialibus *plenarium* Concilium nequaquam constitueret.

Hinc etiam evertitur eorum opinio, qui putarunt hoc Concilium *Africanum* fuisse provinciale, aut ex duabus tantum provinciis coaluisse. Ducentorum enim & quatuordecim Patrum numerus Synodum totius Africæ indicat, simulque rationem affert, ob quam ante Januarium cogi nequiverit.

§. VII.

§. VII.

Vindemialis Episcopi legatio ad Imperatorem missa ab eodem Concilio Africano, ut legem contra Pelagianos ante Zosimi judicium edendam curaret, commentitia ostenditur. Tria Augustini loca explicantur. Falsum ostenditur, Africanos timuisse, ne Zosimus aliquid decerneret, quod Apostolicæ Sedi labem inferret, & magnum inter Romanam & Africanam schisma pareret.

XXIX. DUm litteræ & gesta Concilii Africani Romam ad Zosimum Papam perferrentur a Marcellino Carthaginensis Ecclesiæ Subdiacono; aliam legationem Ravennam ad Honorium Imperatorem ab eodem Concilio destinatam Quesnellus opinatur §. XXIII. & XXVIII. Hanc præterea legationem commissam tradit non simplici Subdiacono, sed Vindemiali Episcopo, cujus Augustinus meminit in epist. 200. eumque in mandatis accepisse, ut ad impediendum fidei damnum & scandala, quæ e Zosimo eos timuisse exaggerat, Ravennam secreto pergeret, & opitulante Valerio Comite statim peteret ab Imperatore legem contra Cælestium & Pelagianos, quæ ejusdem Zosimi judicium præveniret. Ita porro hac lege non a Zosimo, sed ab Africanis Episcopis procurata ac missa in Urbem, jactitat frenum exinde impositum fuisse Romanis, ne Cælestio & Pelagianis ab Imperatore damnatis amplius faverent, ac idcirco Zosimum metu ejusdem legis perculsum Tractoriam in eosdem tandem edidisse. De Vindemialis legatione Quesnelli sententia paucis exposita.

XXX. Hæc Quesnelli sententia merum putum est somnium. Vindemialis enim Episcopi legatio obtinendæ legis caussa, cui tota hæc fabrica incumbit, plane commentitia est. Tria nimirum, quæ ex Augustino Quesnellus profert testimonia, nihil ejusmodi exprimunt, vel etiam aliorsum manifestissime detorquentur. Primum testimonium sumtum est ex Augustini epistola 200. ad laudatum Valerium Comitem scripta, ut ipse putat, anno 418. vel ante, vel saltem paullo post Zosimi judicium. Recitat hæc ejusdem epistolæ verba. *Cum diu moleste haberem, quod aliquoties scripserim, & nulla tuæ sublimitatis scripta meruerim; repente epistolas tres tuæ benignitatis accepi, unam non ad me solum datam per Coepiscopum meum Vindemialem, & non longè post per compresbyterum Firmum duas.* Illis autem vocibus *unam non ad me solum datam per Coepiscopum meum Vindemialem*, significari existimat Valerii epistolam non ad unum Augustinum, sed ad alios etiam Episcopos Africanos, qui ante ad ipsum Valerium scripserint, cum ex Concilio Vindemialem Ravennam direxerunt propter negotia fidei in Pelagiana caussa: in qua eumdem Comitem se se demonstrasse infestum errori, eo quod pro ea gratia qua apud Imperatorem pollebat, obtinuerit legem adversus Pelagianos, satis innui credit in sequentibus ejusdem epistolæ verbis: *Audivimus quanta tibi cura sit, ne quis insidietur membris Christi, coopertus velamine nominis Christi, sive in veteribus ejus, sive in recentioribus inimicis, quamque sis eorumdem inimicorum providus saluti, inimicus errori. Hæc atque hujusmodi, ut dixi, & ab aliis solemus audire, & nunc ea per supradictum fratrem plura & testatiora cognovimus.* Non negamus *recentiorum inimicorum* nomine Pelagianos præsertim intelligi, quorum conatibus se se Valerius objecerit. Verum aliud omnino negotium hic respici, quam Honorii legem, immo negotium attingi, quod post editam eamdem legem accidit, & in quo Valerius suam auctoritatem interposuit, certissimum credimus. Tota commentitia est. Augustini locus in epist. ad Valerium explicatur.

XXXI. Id vero ut statuamus, probandum in primis est, hanc epistolam 200. quæ cum primo libro *de nuptiis & concupiscentia* ad Valerium missa fuit, non ante, nec paullo post judicium Zosimi, sed post Mauritanicam profectionem ab Augustino fuisse exaratam exeunte anno 418. vel ineunte 419. Satis in hanc rem esse deberet liber secundus Retractationum, in quo duo libri *de nuptiis & concupiscentia* ad Valerium referuntur cap. 53. post *Gesta* cum Emerito, quæ in Mauritanico itinere die 20. Septembris anni 418. ha- Quando Aug. scripsit epist. 200. ad Valerium.

bita sunt. Neque enim probabile est Quesnelli effugium, quo idcirco Augustinum in Retractationibus eorum librorum meminisse scribit post Gesta cum Emerito ac post Mauritanicam profectionem, *quia per secundi libri adjectionem perfectum non est opus istud* (de nuptiis) *nisi post illud tempus*. Nam si secundi libri caussa extra proprium tempus Augustinus recensendum putasset librum primum, hoc opus non erat memorandum cap. 53. sed immediate ante, vel post recensionem librorum quatuor ad Bonifacium, quos idem S. Doctor contra duas epistolas Pelagianorum conscripsit. Cum enim Alypius ad Augustinum attulerit tum excerpta a Valerio tradita, quæ secundo libro ad eumdem Valerium refelluntur, tum duas epistolas Pelagianorum, quibus libri quatuor ad Bonifacium respondent; omnes sub idem tempus lucubrati noscuntur. At libri ad Bonifacium in Retractationibus lib. 2. recensentur multo post cap. 53. nimirum cap. 61. Igitur cum cap. 53. referuntur duo libri ad Valerium post Gesta cum Emerito; non secundi, sed primi libri caussa hunc locum obtinent. Hinc ergo primus liber & epistola ad Valerium eidem præfixa jure collocantur post Augustini iter in Mauritaniam sub finem anni 418. vel sub initium sequentis.

XXXII. Idipsum vero alio manifestiori argumento confirmare licet. In laudatis ad Valerium litteris Augustinus se accepisse testatur ipsius Valerii epistolas duas *per compresbyterum Firmum*. Hunc autem Firmum alias Sixti litteras Roma attulisse Hipponem, dum Augustinus abesset, palam fit ex epist. 191. ad ipsum Sixtum. Aberat vero, quia in Mauritania versabatur, ut colligere est ex epist. 193. num. 1. Sicut ergo litteras Sixti post Mauritaniæ iter Augustinus accepit; ita etiam duas epistolas Valerii, qui una cum Sixti litteris ab eodem Firmo perlatæ videntur. Itaque epistolam Augustini ad Valerium, & librum primum de nuptiis & concupiscentia post Mauritanicam profectionem, & multo post judicium Zosimi lucubratos dubitare non licet.

Quid Valerius contra Pelagianos egerit.

XXXIII. His autem præmissis facile est constituere, laudata verba epistolæ ad Valerium aliud Pelagianorum molimen respicere, quod post imperialem legem tentatum, Valerii auctoritate comprimendum fuit. Id plane evincunt, & explicant duo alia testimonia, quæ a Quesnello subjiciuntur. S. Augustinus lib. 1. *de nuptiis & concupiscentia*, quem ad ipsum Valerium cum laudata epistola direxit, cap. 2. caussam exponens, cur de hoc argumento ad eumdem scribat, *Altera*, inquit, *caussa est*, *quia profanis istis novitatibus*, *quibus hic disputando resistimus*, *TU POTESTATE curando & instando efficaciter restitisti*. Qua autem in re Valerius *potestate* usus sit, explicatur in tertio testimonio ex lib. 1. Oper. imperf. c. 10. ubi Julianus recitata nunc Augustini verba in Valerii commendationem acriter perstringens, ait: *Laudat etiam* (Augustinus) *potentem hominem*, *quod nostris petitionibus*, *qui nihil aliud quam dari tanto negotio judices vociferabamur*, *ut ea*, *quæ subreptionibus acta constabat*, *emendarentur potius*, *quam punirentur examine*, *mole suæ dignitatis obstiterit*, *nec disceptationi tempus aut locum permiserit impetrare*. Cui querimoniæ S. Augustinus solum respondet, coercendos esse a christianis potestatibus hæreticos, quales erant Pelagiani, nec ipsis *locum ac tempus examinis* esse indulgendum: quæ verba satis manifestant, Pelagianos, cum se Zosimi Tractoria, & imperiali lege damnatos vidissent, utramque irritam reddere conatos, novum examen in generali, ut videtur, Synodo, * ad quam post Zosimi judicium provocarunt, ab Imperatore postulasse; Valerium autem sua auctoritate, ne id concederetur, obstitisse. Inani vero conatu hunc textum Quesnellus in rem suam distorquere nititur, cum §. XVIII. eumdem refert ad petitionem novi judicii lege ac Tractoria anteriorem, qua scilicet *Cælestius Romano se ingessit examini*, *expetens ea*, *quæ de se aliter quam oportuit essent inculcata*, *purgari*. Cui examini novæque discussioni *locum tempusque non esse permissum* agente Valerio, idcirco Julianum asseruisse putat, quia Honorii edictum, quo Cælestius & Pelagius Urbe cedere compulsi sunt, ejusdem Valerii diligentia editum fuit. At nonne Cælestius cum sub Zosimo examen petiit, prima cognitione fuit auditus? Nonne iterum ad audientiam vocatus post rescripta Africana, iterum examen fuisset institutum, nisi ille non lege pulsus, sed ob malæ fidei conscientiam & pertinaciam se se subduxisset exami-ni? Quo-

* Vid. lib. 4 ad Bonif. c. ult. & libellum fidei in App. Aug. t. 10. pag. 110.

ni? Quomodo ergo de hac Cæleſtii petitione ſcribere Julianus potuit, Valerium *nec diſceptationi tempus aut locum permiſiſſe*? Quid quod hanc novam diſcuſſionem, quæ ante Tractoriam & legem petita fuit, unus Cæleſtius poſtulavit, eamque non ab Imperatore, ſed a Zoſimo petiit? Eam vero, cui ſe ſe Valerius oppoſuit, plures Pelagianos ab Imperatore poſtulaſſe ex recitato Juliani textu liquet. Ab Imperatore autem ipſam non petierunt Pelagiani, niſi poſtquam Zoſimi examen ac judicium præter ſpem contrarium, Honoriique legem contra ſe editam ſenſere. Julianus quidem inquiens, *noſtris petitionibus nihil aliud quam dari tanto negotio judices vociferabamur*, hanc novam diſcuſſionem ſe quoque cum aliis petiiſſe ſignificat. Idem vero ſuum errorem ea occaſione ſolum produxit, cum Tractoriæ Zoſimi ſubſcribere noluit. Verba ergo illa, quibus emendanda contendit, *quæ ſubreptionibus acta conſtabat*, Zoſimi Tractoriam Honoriique legem reſpiciunt, ac ſubreptionis accuſant; & Valerius, qui hoc in negotio Pelagianis obſtitit, non in eo traditur obſtitiſſe, ut legem obtineret, ſed *ne diſceptationi tempus aut locus concederetur*. Totum igitur hoc factum ac tria, quæ obtruduntur, Auguſtini teſtimonia ad idem factum pertinentia, quæ Vindemialis Epiſcopi profectionem ad Comitatum, Valerii Comitis apud Imperatorem patrocinium adverſus Pelagianos, ac litteræ ejuſdem ad Auguſtinum alioſque Africanos Epiſcopos innuunt, non ad imperialem legem diei 30. Aprilis anni 418. ſed ad conatum Pelagianorum ipſa lege poſteriorem referuntur. Perperam ergo Vindemialis, qui hac ſolum occaſione memoratur, a Concilio Africano legatus fuiſſe ad obtinendam legem ex iiſdem teſtimoniis traducitur.

XXXIV. Atqui hanc Vindemialis legationem confirmari putat Queſnellus ex Commonitorio Zoſimi dato ſub finem anni 418. quo idcirco hunc præcepiſſe judicat, *ne ad Comitatum Epiſcopi importune navigent*, quia Vindemialis legatio eidem diſplicuerat. Cum vero hoc Zoſimi decretum Sardicenſi canoni innixum eos ſolos Epiſcopos reſpiciat, qui privatis de cauſſis ad Comitatum facile proficiſcuntur, non vero illos, qui publica de cauſſa; ſi Vindemialis iter huic decreto repetendo cauſſam dediſſet, illud ſequeretur ipſum non publica legatione functum, nec ob publicam, ſed ob particularem aliquam cauſſam Ravennam tranſmiſiſſe.

XXXV. Neque minus commentitia ſunt ea, quibus Queſnellus Africanos ad hanc legationem decernendam, & ad quærendam ab Honorio legem ea de cauſſa motos tradit, quia metuebant, *ne ſi a Zoſimo judicium ſententiæ Innocentii Africanorumque contrarium prodiret*, *UT JAM JAM PRODITURUM CREDEBATUR*, *inde perniciosum inter utramque Eccleſiam ſchiſma oriretur*. Auguſtinus lib. 1. contra duas epiſtolas Pelagianorum cap. 3. hos quidem *ſpe falſa ſperaſſe* ſcribit; *novum & exſecrabile dogma Pelagianum vel Cæleſtianum perſuaderi quorumdam Romanorum catholicis mentibus poſſe*; quando viderunt Cæleſtium a Zoſimo emendationis ejus ſpe illecto lenius aliquando tractari. At *Romanam Eccleſiam fallere uſquequaque non potuiſſe* affirmat lib. de pecc. originali c. 8. Cumque erga Cæleſtium Zoſimus non alia de cauſſa initio indulgentius & mitius egerit, niſi quia ille pluries interrogatus, *litteris ſe B. Papæ Innocentii*, *quibus de hac re dubitatio tota ſublata eſt*, *conſentire reſpondit*; ſatis ex hoc Africanis patere debuit ipſius Zoſimi conſtantia in vindicanda ſententia Innocentii, adeo ut metuere non poſſent, *ne a Zoſimo judicium Innocentii ſententiæ contrarium prodiret*, Sedique Apoſtolicæ labem & Eccleſiæ magnum ſcandalum inferret. Idque ipſis tanto minus erat metuendum, quippe quibus certum erat quod de eadem Sede Auguſtinus tradidit in pſalmo contra partem Donati: *Ipſa eſt petra quam non vincunt ſuperbæ inferorum portæ*: uti ſane eam nec Cæleſtii, nec Pelagii dolis victam idem Doctor pluribus in locis teſtatur. Hi ergo metus a Queſnello Africanis afficti commentitii ſunt, & ab eorum ſenſu plane alieni.

Cur Zoſimus initio cum Cæleſtio mitius egerit.

XXXVI. Scribit ille §. XI. Africanos *intellexiſſe ex epiſtola Zoſimi*, *eum ad Cæleſtium Pelagiumque abſolvendos feſtinare*, *decretumque apud ſe habere*, *utrumque communioni Eccleſiæ*, *exiſtimationique reſtituere*, *niſi intra duos menſes accuſatores Romam accurrerent*, *probarentque accuſationis ſuæ* *capi-*

Africanorum metus de Zoſimo a Queſnello perperam aſſertus oſtenditur.

capita. Solas Zosimi litteras laudat, in quibus etsi negari nequeat præferri aliquid lenitatis erga Cælestium, ac durioribus quibusdam verbis Africanos notari inconsiderati zeli, curiositatis intemperantis, credulitatis erga accusatores indignos, ac præcipitis judicii læsæque caritatis; eum tamen ansam aliquam præbuisse existimandi, decretum apud se esse, Cælestium & Pelagium absolvere contra sententiam mentemque Innocentii, non videmus quibus ex verbis earumdem litterarum elici possit. Quid quod non solæ litteræ, sed una cum litteris directa fuerunt a Zosimo etiam gesta primæ cognitionis? Hæc autem qua ratione Cælestius absolvendus fuisset atque communioni restituendus ita declarabant, ut ea timeri non possent quæ Quesnellus obtrudit. Lectis quidem iis gestis nihil ejusmodi timuit Paullinus, qui hoc eodem tempore ex Africa libellum ad Pontificem Marcellino dedit. Immo iis Romanis gestis edoctus, non solum nihil metus, sed plurimum gaudii in eodem libello expressit: *Cujus* (Innocentii) *sententiam sequuta Beatitudo tua, Cælestio, cum a Sede Apostolica audiretur, inter cetera præcepit his verbis:* Damnas ergo illa omnia, quæ in libello Paullini continentur? hoc est de quæstionibus. *Et in alio loco:* Cognovisti quales litteras dederit Sedes Apostolica ad fratres & Coepiscopos Africanæ provinciæ? *Et adjectum est:* Damnas illa omnia, quæ damnavimus, & tenes quæ tenemus? *Et iterum:* Illa omnia damnas quæ jactata sunt de nomine tuo? *Et iterum:* Vel ea quæ in libello suo exposuit Paullinus? *Et cum me diceret posse ex iis, quæ illi objecta sunt, hæreticum approbari; sancto repletus Spiritu, apostolica auctoritate respuisti, & repressisti insanientis & calumniantis verba, hujusmodi proferendo sententiam, qua ipse catholicus approbarer, illum, si sanari vellet, curares; quæ hujusmodi est:* Nolo nos circuitu ducas. Damnas ea omnia, quæ tibi objecta a Paullino, sive per famam jactata sunt? " Et post pauca gaudium proferens addit: *Ego tamen Deo & Christo Domino gratias ago, quod Ecclesiæ suæ caussam ita agi voluit, ut Sedes Apostolica, a qua oportuit ore duorum suorum Pontificum hæresim condemnari, ea damnanda præceperit, quæ a me Cælestio fuerant objecta*. Non aliter quam Paullinus sensisse credendi sunt Africani Patres, quorum consensu eumdem libellum a Paullino scriptum credibile est, sicut & per Marcellinum Carthaginensem Subdiaconum, una cum Concilii Africani relatione Romam missus fuit: cum præsertim iisdem Patribus notum esset, Pontificem; licet initio ob simulatas & fraudulentas Cælestii responsiones errore aliquo non dogmatis, sed facti personalis circumventus, eidem aliquatenus fidere, & favere videretur; noluisse tamen ferre sententiam, accuratiusque examen ac judicium distulisse, quoad pleniora documenta ab Africanis transmitterentur. Ex gestis præterea intellexerant, Cælestium idcirco non fuisse condemnatum, quia etsi objecta a Paullino damnare expresse noluit, tamen non solum *beati Papæ Innocentii litteris non est ausus obsistere*, verum etiam *se omnia, quæ Sedes illa damnaret, damnaturum esse promisit*, teste Augustino de pecc. orig. c. 8. Immo spem quoque injecerat, atque spoponderat, se pariter damnaturum, si exigeretur, quæ sibi a Paullino apud Carthaginem objecta fuerant. Id ex iisdem gestis tradidit Marius Mercator in Commonitorio, & ita tradidit, ut certam Zosimi in hac ipsa re deliberationem manifestet. *Actis*, inquit, *quorum exemplaria habemus, interrogatus, cum ab illo cognitore* (Zosimo) *aliquatenus terreretur, crebris responsionibus & prosequutionibus suis spem præseminavit, condemnare se illa capitula, de quibus apud Carthaginem fuerat accusatus, promittens: id enim & instantius jubebatur: AB EOQUE VEHEMENTIUS, UT ID FACERET, EXPECTABATUR; atque ob hoc ipsum nonnullam illius sancti Sacerdotis humanitate dignus est habitus; & sic epistolam quamdam benignitatis plenam ad Afros Episcopos meruit*. Cum in hac re Pontifex tantum institerit in prima cognitione, nec nisi hac promissione data sententiam distulerit; nihil dubium esse poterat, quin in secunda quoque cognitione, qua sententia ferenda erat, etiam si ex Africa nulli accusatores accurrissent, eadem ipsi præcepisset, non absoluturus profecto, nisi quæ damnanda promiserat condemnasset. Dilationem judicii, quoad ex Africa rescriberetur, & œconomiam Zosimi erga hæreticum ob emendationis spem, ipsi Africani in eam paternam caritatem retulerunt, qua *resipiscendi ei di ei locus sub quadam medicinalis sententiæ lenitate concessus est*, ut ait Augustinus lib. de pecc. orig. c. 6. *Quoniam revera si deposita pervicaciæ vanitate, quod promiserat vellet attendere, & easdem litteras* (Innocentii) *quibus se consensurum esse responderat, diligenter legeret, sanaretur.* Qui sic judicabant de Zosimo ejusque prima cognitione in caussa Cælestii, & qui sanum ejusdem consilium & œconomiam ex gestis explorate noverant; hi haud dubie timere non poterant ne idem Pontifex decretum aliquod Innocentii sententiæ contrarium proferret, quod * *in Ecclesiæ fideique damnum* cederet; neque hoc metu eo adducendi erant, ut ad tantum malum vitandum legationem, quæ nullo documento probatur, ad Honorium Imperatorem dirigerent. *Sic Quesn. §. XII.

XXXVII. Quod porro additur de timore schismatis inter Africanam & Romanam Ecclesiam, præter quam quod eadem falsa hypothesi nititur, nimium est Africanorum principiis contrarium. Numquid enim, si quo etiam errore personali peccasset Zosimus, schisma timeri poterat ab Afris, quibus infixum erat cordi illud S. Cypriani principium, ab Augustino toties repetitum, unitatem catholicam præsertim cum Romana Ecclesia non esse violandam? In circumstantiis autem, quæ Africanis nihil metus afferebant circa fidem definitam ab Innocentio, etiamsi aliquid fortassis erratum fuisset circa personas, schisma ab illis unitatis catholicæ tenacissimis conficiendum suspicari multo minus licet. Priores epistolæ Zosimi, quibus erga Cælestium vel Pelagium non male animatus videbatur, cum examen diligentius, ac judicium differendum pollicerentur, donec rescriberetur ex Africa, diligentiora ab Africanis rescripta & documenta, quibus doli retegerentur, efflagitabant; non vero ut ad Imperatorem destinaretur secreta legatio, cujus in universis monumentis nullum indicium est. Schisma ab Afris Patribus non timendum.

§. VIII.

Zosimi judicium contra Cælestium & Pelagium sub finem Martii anni 418. adstruitur. Tractoria ejusdem post ipsum judicium exarata & edita.

XXXVIII. Zosimus acceptis ac lectis prolixioribus Africanæ Synodi rescriptis ac documentis, quæ iisdem erant adnexa, die 18. aut 21. Martii anni 418. ad eamdem Synodum brevem epistolam dedit, ex qua satis clare dignoscitur, quantum ex eorum lectione immutata in eo fuisset opinio, quam in anterioribus litteris de Cælestii sinceritate prætulerat. Detexisse jam ejus technas & fraudes verborum palam indicant illa, quibus queritur ita de se Africanos scripsisse, *quasi nos*, inquit, *Cælestio commodaverimus in omnibus fidem, verbisque ejus non discussis ad omnem, ut ita dicam, syllabam præbuerimus assensum*. Cum vero sententiam suspendisset, quoad notitiæ afferrentur ex Africa; his perlatis & expensis se satis instructum credidit, ut tute posset peremtorium judicium instituere. Cælestius itaque, qui Romæ erat, *vocatur ad audientiam pleniorem*, inquit Marius Mercator in Commonitorio, *ut quæ promiserat, festinaret implere, idest ut damnatis prædictis capitulis* (a Paullino olim objectis) *sententia Afrorum Pontificum, qua fuerat communione privatus, absolveretur*. Hæc gesta videntur statim, vel non multo post accepta Africana rescripta, seu non multo post diem 18. aut 21. Martii, quo prædicta epistola ad Concilium Africanum a Pontifice scripta fuit; ut nimirum Paschate appropinquante, quod eo anno 418. incidit in diem 7. Aprilis, illum, si promissa impleret, ab omni suspicione hæreseos in judicio absolutum, catholicæ communioni sacerdotalique officio, Dominica palmarum ex more restitueret. Judicium Zosimi contra Pelagianos quando peractum.

XXXIX. Neque nimis angustum ad rem hujusmodi in pleniori audientia perficiendam credatur hoc spatium, quod inter diem 18., aut 21. Martii, & diem 31. Dominicæ palmarum excurrit. Quesnellus quidem longam discussionem longumque tempus necessarium exaggerat. Sed non ita est. Verba Zosimi in epist. 3. ad Concilium Africanum: *Numquam temere, quæ sunt diu* Diuturna discussione non eguit.

tractanda, sinuntur, nec sine magna deliberatione statuendum est, quod summo debet disceptari judicio, quæ diuturniorem discussionem adhuc reliquam indicare credit, eo tantum consilio dicta fuere ab eodem Pontifice, ne Africani putarent, se in prima cognitione Cælestii verbis *non discussis* ita præbuisse in omnibus fidem, ut sine ulteriori examine non expectatis Africanæ Synodi rescriptis sententiam esset laturus. Porro horum rescriptorum *volumen* cum documentis adnexis, quibus Zosimus in tota caussa luculentissime instruebatur, jam ante diem 18., seu 21. Martii, non properanter, sed aliquo dierum spatio diligenter evolverat, ut illa indicare videntur, *quo* (volumine) *aliquando*, idest non cursim, sed sensim, *perlecto*. Nulla vero erat dogmatica quæstio de capitibus antea definitis ab Innocentio, quibus se se consentire ipse Cælestius professus fuerat: ac proinde circa doctrinam fidei nihil erat novi, quod longo examine indigeret. Cum ex Afrorum rescriptis, technæ & fraudes plenissime detectæ fuissent in libellis Cælestii atque Pelagii, neque de his disputandum erat. Cum vero etiamsi hi libelli reprobari deberent; non tamen idcirco damnandi essent auctores, si judicio Ecclesiæ se se subjicerent; huc tantum tota caussa redibat, num Cælestius præter assensum jam præstitum litteris Innocentii, reipsa damnaret, uti promiserat, quæ Apostolica Sedes damnanda præcepisset, quæque præsertim illi a Paullino objecta fuerant. In hoc Africanorum litteræ maxime instabant. In id autem nihil aliud requirebatur (quod Marius Mercator innuit) nisi ut vocatus ad pleniorem audientiam objecta a Paullino ipsi damnanda proponerentur: & si quidem staret promissis, absolveretur, & die Paschatis divinis communicaret: sin vero, condemnationis sententiam subiret. Idipsum quoque indicat Augustinus lib. 2. ad Bonifacium c. 3. cum Cælestium post accepta Africana rescripta vocatum tradit, *ut certis ac dilucidis responsionibus vel astutia hominis, vel correctio dilucesceret*. Quam vero hoc facile esset, quam expeditum, nemo non videt. Dies Quadragesimæ nihil impediebant, quin in re tam gravi & urgenti, de qua Africani Patres maxime erant solliciti, ad quos Quesnello adnotante §. XXII. ut definitio *citius perveniret, multum intererat famæ Pontificis Clerique Romani*, in diebus dominicam palmarum præcedentibus plenior conventus congregaretur. In hoc præter Episcopos, qui vel Romæ erant, vel ex vicinis locis habita notitia rescriptorum Africæ accurrerant, frequentissimus Romanus Clerus convenit. *Plenior audientia*, quam Marius Mercator memorat, nihil amplius exigit. Immo si Sixtus Romanæ Ecclesiæ Presbyter, qui primus adversus Cælestium & Pelagium anathema dixit, teste Augustino in epist. 194. n. 1., hoc anathema pronuntiavit in ipsa audientia; hanc ob Cleri, ac præsertim populi multitudinem frequentissimam fuisse Augustinus ibidem tradit his verbis: *Primo te priorem anathema eis in populo frequentissimo pronuntiasse eadem fama non tacuit*. Sic etiam in judicio, quod S. Leo habuit contra Manichæos, *non solum frequentissima præsentia Sacerdotum, sed etiam illustrium virorum dignitas, & pars quædam Senatus ac plebis interfuit*. Vide epist. 15. ejusdem Leonis c. 16. tom. 1. col. 708.

Tres citationes intervallum dierum non requirebant.

XL. Vocandus quidem fuit ad audientiam Cælestius, qui Romæ erat, secundum juris formam. At juris formam non flagitare, ut tres citationes aliquot dierum intervallo fierent, quemadmodum Quesnellus contendit, patet ex Concilii Calchedonensis actione tertia, ex qua discimus, Dioscorum ter eodem die vocatum fuisse. Fuga porro Cælestii, qua vocatus se se a judicio subduxit, breviori tempore judicium consummavit. Hæc enim citius ejus fraudem & pertinaciam manifestam fecit; patuitque omnibus ipsum in antecedenti audientia fuisse mentitum, fallacique simulatione præbuisse consensum Innocentii litteris, ac perversa mente se se subtraxisse a damnandis iis, quæ illi a Paullino objecta fuerant. Hinc expeditum fuit in eum proferre sententiam, nec non in Pelagium ejus magistrum, cujus commentaria in Paulli epistolas, cura nonnullorum Romanorum hac occasione producta, manifestiorem ejus hæresim prodidere. Vide Augustinum de pecc. origin. c. 21. Tractoriæ quidem lucubrandæ, in qua totum negotium explicandum, errores referendi, ac dogma catholicum confirmandum erat, non modicum tempus requirebatur. At ad dolos & malitiam detegendam, ac anathema dicendum in eum, qui dolo malo fuge-

fugerat, satis erant illi dies, qui Dominicæ palmarum præcedebant. Enimvero S. Augustinus lib. 2. ad Bonifacium c. 3. id statim post acceptus ex Africa litteras gestum non obscure significat. *Et hoc*, inquit, *ut plenius & manifestius in illo* (Cælestio) *fieret*, *expectabatur*, *venturis ex Africa litteris*, *in qua provincia ejus aliquanto calliditas evidentius innotuerat*. *Quæ Romam litteræ postquam venerunt* &c. *TUNC ergo cum ejus præsentia posceretur*, *ut certis ac dilucidis responsionibus vel astutia hominis*, *vel correctio dilucesceret*, *& nulli ambigua maneret*, *se subtraxit & negavit examini*. *NEC DIFFERENDUM JAM FUERAT*, *SICUT FACTUM EST*, *quod aliis prodesset*, nimirum condemnationis sententia.

§. IX.

Lex Honorii adversus Pelagianos statim post Romanum judicium a Zosimo petita, *non vero ab Africanis*.

XLI. DAmnatione hæreticorum in Romano conventu peracta sub finem Martii, etsi nondum Tractoria lucubrata & edita fuerit; fama tamen ejusdem condemnationis statim propagata est, adeo ut Africani eamdem ex fama intellexerint, antequam Zosimi litteræ ad eos perferrentur, ut liquet ex Augustini epist. 194. num. 1. Cum porro Romæ aliquot Pelagianæ hæreseos fautores, & inter hos fortasse nonnulli Episcopi, quos in Italia eadem labe infectos fuisse certum est, turbas commovissent, & ex istorum factione adversus Tractoriam, quæ edenda erat, majores motus timerentur; prudens Zosimi consilium fuit, Imperatorem Honorium statim de judicio habito, ac de tumultibus excitatis commonere, ut data lege Urbi quietem pareret, atque hæreticis frenum imponeret. Hinc lex ab eodem Augusto edita die 30. Aprilis *rescriptum* vocatur in MSS. exemplaribus nostri Codicis cap. 14. & a Juliano *responsum* dicitur apud Augustinum lib. 3. contra eumdem cap. 1. eo quod anterioribus Zosimi litteris petita fuerit.

XLII. Hac autem in re Quesnellum acerrime repugnantem videmus, quippe qui Honorii legem Zosimi judicium præcessisse, & non a Zosimo, sed ab Africanis missa legatione petitam contendit. At cum Africanorum legationem, quam Quesnellus obtrudit, commentitiam ostenderimus; satis ex hoc ejus sententia corruit. Honorii autem legem, quæ, Africanorum legatione ac petitione exclusa, non ab alio peti potuit nisi a Zosimo, ante hujus judicium non fuisse sancitam illud maxime comprobat, quod incredibile prorsus sit, Imperatorem voluisse legem ferre contra Cælestium atque Pelagium, antequam eorum caussa in apostolico judicio ventilata decideretur, ne si forte Cælestius in ipso judicio promissa exequens damnasset errores, injusta lege percelleretur. Adde quod legis ferendæ caussa fuerunt tumultus a Pelagianis Romæ excitati, ut ipsa legis verba declarant. *Intra sacratissimam Urbem nostram ita pestiferum virus quorumdam inoleverat pectoribus*, *ut interrupto directæ credulitatis tramite*, *scissis in partes studiis asserendi*, *materia impacatæ dissensionis inducta sit*, *novoque scandali fomite concitato*, *beatissimæ Ecclesiæ actu nutet attentata tranquillitas*, *aliis iter aliud ancipiti interpretatione sectantibus*, *& .... pro captu versipellis ingenii novorum ausuum profanam moventibus quæstionem*. Hac in re observandum in primis est, sermonem hic esse de turbis & quæstionibus, quæ *actu*, dum ipsa lex scribebatur, Urbis tranquillitatem & dogma catholicum impetebant. Dogma autem, quod præcipue impetebatur, erat circa originale peccatum, quod sane audacius oppugnatum antecedentibus verbis Imperator queritur. Cum vero post primam cognitionem sub Zosimo, antequam Africana rescripta afferrentur, spes aliqua Cælestio ejusque asseclis affulgeret ex ejusdem Pontificis & Romani Cleri favore; hi tumultus atque hæc aperta dissidia in Urbe ab ipsis excitata dici nequeunt. Cum enim ejusmodi favor ex prioribus gestis Cælestio præstitus fuerit, eo quod suos errores dolosis professionibus celasset, & assensum simulans litteris Innocentii, spopondisset se condemnaturum quidquid Romana Sedes præciperet, nec non quæ sibi a Paullino objecta fuerant, eum utique cum suis asseclis a defenden-

Non ab Afris, sed a Zosimo petita.

Cur.

 dis

dis ante illud tempus iisdem erroribus, & ab excitandis ea de caussa dissidiis atque profanis quæstionibus, quæ simulationem ac dolos ejus detexissent, & faventium Pontificis ac Romanorum animos alienassent, cohibere debebat. Id vero probe intelligimus evenisse, postquam rescripta Africana ad Zosimum a Marcellino allata innotuerunt. Cum enim hæc certis documentis Cælestii ac Pelagii errores ac dolos detexissent, ac inter cetera apertam flagitarent condemnationem errorum circa peccatum originale, qui in Paullini capitulis comprehendebantur, & in id certam deliberationem Zosimus declarasset; tunc Cælestius ejusque asseclæ, qui Romæ erant, se se omni spe frustratos agnoscentes, ut condemnationem, si fieri posset, impedirent, objecta capitula palam defendere, originale peccatum negare, catholicisque sanum dogma propugnantibus resistere, ac quæstiones & dissidia spargere cœperunt: quæ dum mox institutum esset judicium, acrius accensæ, post latam in Cælestium atque Pelagium condemnationis sententiam, hæreticorum apostolicæ auctoritati non acquiescentium studio tranquillitatem publicam perturbabant. Has autem turbas post Africanorum rescripta excitatas, actuque post Zosimi judicium ebullientes Africana Synodus, antequam nascerentur, præsensisse, ac detulisse ad Honorium dici nequit. Certe cum Africani Patres in litteris ad Zosimum monuerint, *non sufficere hominibus tardioribus & sollicitioribus, quod se generaliter Innocentii Episcopi litteris consentire* (Cælestius) *fatebatur, sed aperte eum debere anathematizare, quæ in suo libello male posuerat*, quorum præcipuum erat caput contra originale peccatum; hujus profecto pertinaciam in hoc errore Romæ propugnando ignorabant. Non ergo Africana Synodus, sed Zosimus easdem Romanas turbas Imperatori significavit.

Testimonia Aug. explicantur. XLIII. Neque huic sententiæ opponuntur illa Augustini testimonia ex epist. 104. nunc 191. & 105. nunc 194., quibus Quesnellus suadere nititur, Pelagianos post Zosimi constitutionem nihil turbarum in Urbe commovisse. Turbas enim, ob quas Zosimus legem postulavit, eas fuisse credimus, quæ post Africana rescripta, & post ipsam sententiam ante editionem constitutionis seu Tractoriæ commotæ fuerunt, ex quibus idem Pontifex majores tumultus post editam constitutionem excitandos timuit. Ceterum licet ex laudatis Augustini litteris Romam missis constet, nonnullos post constitutionem Zosimi conticuisse; alii tamen ea in urbe adhuc pro Pelagiano dogmate palam loquuti, alii clam venena sparsisse, ac motus concitasse ibidem traduntur. Eos enim corrigendos & plectendos monet epist. 191. n. 2. *qui errorem illum christiano infestissimum nomini audent garrire LIBERIUS; & qui eum pressius quidem ac timidius, sed tamen insusurare non cessant, penetrantes domos, sicut ait Apostolus, & cetera quæ sequuntur, exercita impietate facientes*. Et clarius in epist. 194. n. 2. *Sunt enim quidam, qui justissime damnatas impietates LIBERIUS defendendas putant: & sunt qui occultius penetrant domos, & .... in secreto seminare non quiescunt*. Cum hæ epistolæ ad Sixtum scriptæ fuerint aliquanto post ipsam legem Honorii; hi motus, qui adhuc post legem ad eos comprimendos editam turbas concitabant, majorum utique antecedentium turbarum, quarum caussa lex petita fuit, indicia sunt.

Honorii lex lata fuit post judicium Zosimi. XLIV. Aliud argumentum nostro quidem judicio evidentius ex iis ejusdem legis verbis colligimus, quibus Cælestium Pelagiumque ex Urbe pelli jubet. *Pulsis ex Urbe primitus capitibus dogmatis exsecrandi Cælestio atque Pelagio*. Si hæc lex ante judicium Romanum lata fuisset; nihil dubii est quin Cælestius ante ipsum judicium Roma pulsus fuisset. Non fuit autem pulsus ante judicium: nam vocatus ad audientiam, *non solum non adfuit*, inquit Marius Mercator in Commonitorio, *sed ex memorata Romana urbe profugit; atque ob hoc a beatæ memoriæ Zosimo perdamnatus fuit*. Consentit & Augustinus lib. 2. ad Bonifacium n. 5., dum Cælestio hanc fugam non obscure exprobrat: *Tunc ergo cum ejus præsentia posceretur, ut certis ac dilucidis responsionibus vel astutia hominis, vel correctio dilucesceret, & nulli ambigua remaneret, se subtraxit, & negavit examini*. Hanc autem reprehensionem perperam in eum contorsisset, si ante judicium legis vi pulsus fuisset. Igitur Zosimi judicium imperiali lege anterius fuit. Dicere autem cum Quesnello §. XXV. n. 5. legem quidem latam fuisse ante judicium Zosimi, sed non promulgatam nisi

nisi post, sive quia *Zosimo tantum communicata fuit*, sive quia *dilata fuit a Paladio ejus promulgatio ex ejusdem Zosimi suggestione, donec sententiam ipse suam promeret*, idque nullo prorsus fundamento dicere, somniari est, & rem per se se plane incredibilem somniari, ut argumentum invictum aliquatenus elisum videatur. Neque vero si Cælestius ante legem vocatus ad judicium, Roma jam exierat, inane erat legis præceptum, ut pelleretur. Cum enim id decretum fuerit etiam de Pelagio, qui tum a Romana urbe longius distabat; ne inane dicamus hoc præceptum, ita intelligendum est, ut si illi forte aliquando Romam accessissent, statim ejicerentur.

XLIV. Quid, quod nostram sententiam confirmant S. Prosper, S. Augustinus, atque Possidius, qui diversas Pelagianæ hæreseos condemnationes hoc semper ordine recensent, ut prius Africana Concilia, dein Apostolicam Sedem, ac tandem imperialem auctoritatem ea anteriora judicia subsequutam memorent? Prosper in Carmine *de Ingratis* Africam alloquens ait: Testimonia Patrum, quæ idem confirmant.

Convenere tui de cunctis urbibus almi
Pontifices, geminoque senum celeberrima cœtu
Decernis, quod Roma probet, quod regna sequantur.

Priores versus respicere Synodos Africæ coactas sub Zosimo, ostendimus supra n. 7. Igitur illa *quod Roma probet* Zosimi judicium Africana rescripta approbantis indicant. Ad Honorii autem legem datam pridie Kal. Maji anni 418., vel etiam alteram anni sequentis, utrasque non tam Africanum, quam Romanum judicium subsequutas spectant ista: *quod regna sequantur*. Similiter Augustinus lib. de pecc. orig. c. 17. *Profecto sentitis*, inquit, *in tam nefandi erroris auctores episcopalia Concilia, & Apostolicam Sedem, universamque Romanam Ecclesiam, Romanumque imperium, quod Deo propitio christianum est, rectissime fuisse commotum*. Possidius vero in vita Augustini c. 18. omnium apertius silentio prætereiens Africana Concilia, post memoratas Innocentii ac præsertim Zosimi constitutiones subjicit: *Et hoc tale de illis Ecclesiæ Dei catholicæ prolatum judicium AUDIENS ET SEQUENS etiam piissimus Imperator Honorius, suis eos* (Pelagianos) *legibus damnatos, inter hæreticos haberi constituit*. Ne vero quemquam perturbet Quesnelli interpretatio, qua non legem, sed leges a Possidio memoratas animadvertens, satis esse ait, si dicamus, ex Possidio sequi, Imperatorem in secunda lege anni 419. sequutum fuisse judicium Zosimi, etsi negetur de prima anni 418. Id ex eo tantum præjudicio urget, quo Zosimi judicium priori lege posterius fuisse opinatur, quod tamen nondum probavit.

XLV. Zosimum autem judicasse ante eamdem legem, præter argumenta, quæ hactenus produximus, aliud tandem afferemus ex Augustini epist. 215. ad Valentinum num. 2. ubi recensens omnia judicia tum Africana, tum Romana sub Zosimo scribit: *Quod Papæ Zosimo de Africano Concilio scriptum est, ejusque rescriptum ad universos totius orbis Episcopos missum, & quod posteriori Concilio plenario totius Africæ contra ipsum errorem breviter constituimus*. Hoc plenarium totius Africæ Concilium habitum fuisse Kalendis Maji anni 418. etiam per Quesnellum certissimum est. Porro Africanos post acceptam Tractoriam Zosimi ad eumdem rescripsisse in plenaria Synodo; eam vero Synodum plenariam, ex qua ad eum rescripserunt, non aliam fuisse nisi hanc, quæ Kalendis Maji canones constituit, evidenter, ut confidimus, demonstrabitur §. XI. Judicium ergo Zosimi, post quod Tractoria ab eodem scripta fuit, & in Africam missa, habitum negari nequit aliquanto ante Kalendas Maji, ac multo magis ante laudatam legem Honorii, quæ pridie Kalendas Majas data fuit. Quesnellus ut hoc argumentum eludat, aliud tertium & serius Africanum Concilium adstruere debet sub Zosimo, quo hujus litteris post Romanum judicium acceptis Africani responderint. At duo tantum Africana Concilia sub Zosimo habita in Pelagianorum caussa ex Augustino ostendimus §. II. nec tertium esse adstruendum, nisi quid cogat, ibidem statuimus. Si Honorii legem ante Zosimi judicium habitam fuisse constaret, id quidem satis cogeret. At cum plura a nobis proposita oppositum suadent; tum vero quæ Quesnellus protulit, ut eam legem anteriorem, & non Zosimo, sed Africanis petentibus redditam constitueret, levissima sunt, ut ex dicendis paragrapho sequenti luculenter patebit.

§. X.

Quesnelli argumenta, quibus Honorii legem adversus Pelagianos ab Africanis petitam, & ante Zosimi judicium latam probare studuit, quam imbecilla sint. Lex secunda ejusdem Imperatoris contra eosdem non ad unum Aurelium Carthaginensem, sed præsertim ad Romanum Pontificem directa.

XLVI. ARgumentum, quod Quesnellus ingerit ex MSS. Codicis canonum hoc tomo vulgati, in quo cap. 14. Honorii lex scripta traditur *acceptis Synodi supradictæ*, seu *suprascriptæ gestis*, quæ antecedenti capite 13. non sunt gesta Romanæ, sed plenariæ Synodi, nihil valet. In ea enim epigraphe, quæ a collectore antiquo proficiscitur, error manifestus est; cum gesta Synodi antecedenti capite 13. descripta signentur *Kalendis Maji* anni 418., ac proinde ipsa lege posteriora sint. Neque obtrudatur cum Quesnello, eadem gesta, seu canones eo capite 13. exhibitos, primum conditos fuisse in antecedenti Synodo, ut ipse putat, autumnali, ac deinde repetitos & confirmatos in Synodo Kalendarum Maji; hoc enim subterfugium ante satis explosimus §. V. VI. & VII., sicut etiam commentitiam probavimus eam legationem qua Africanos ex priori Synodo ad Imperatorem laudatos canones clam misisse idem Quesnellus pretulit.

Altera Honorii lex in Pelag. explicata.

XLVII. Validius aliquanto videri poterit, ut Honorii lex Africanis petentibus data credatur, quod ille profert ex altera lege ejusdem Imperatoris missa ad Aurelium anno sequenti; in qua dum priorem legem memorat, se ipsius Aurelii judicium esse sequutum affirmat. Sed neque hoc argumentum satis idoneum est. Cum enim de rescriptis, ac judicio Africanorum fama statim post Romanam Synodum late pervagata sit, eademque fortassis ad Imperatorem ab ipso Zosimo una cum sui judicii notitia missa fuerint; constaretque inter omnes, Romanum judicium idem fuisse ac Africanum, quippe quod suum fecerat Romana Sedes, cum approbavit, ut de Africanis decretis generatim monuit auctor Capitulorum de gratia; idem fuit Honorio dicere se sequutum judicium Aurelii, seu Africanum, ac dicere se sequutum judicium Zosimi, quo is Africanum judicium comprobavit, ut Prosper in Chronico tradidit. Cum autem Imperator posset utrumque, vel alterutrum dicere; congruum visum fuit in litteris ad ipsum Aurelium ipsius judicium in ejus commendationem memorare; sicut si scripsisset ad Zosimum, similia de ipso haud dubie protulisset. Certe cum Honorius in eadem lege secunda tradat, illud Aurelii judicium se fuisse sequutum, *quo constat eos* (Pelagianos) *ab universis justa sententiæ examinatione damnatos*; non judicium Aurelii ad se missum ex Africa, sed illud in Tractoria Zosimi ubique receptum atque subscriptum, cum hæc verba scripsit, præ oculis habuit: neque enim alio judicio Aurelii Pelagiani *ab universis* damnati fuere nisi illo, quod in Zosimi Tractoria toto orbe difusum, ab omnibus signatum fuit. Quod etsi ante primam legem non evenerat; cum tamen secundam legem ad Aurelium dedit Imperator, sicut perfectum jam erat, ita in Aurelii laudem Honorius notandum putavit.

Eadem lex ad R. Pontificem præcipue directa.

XLVIII. Ceterum ad Bonifacium, qui secundæ legis tempore post Zosimum Apostolicam Sedem tenebat, eamdem legem potissimum fuisse directam nihil ambigendum videtur. Hæc enim secunda lex propter Episcopos Pelagianorum fautores, qui Tractoriæ subscribere renuebant, edita potissimum fuit, ut liquet ex illis ejusdem verbis: *præcipue tamen ad quorumdam Episcoporum pertinaciam corrigendam, qui pravas eorum* (Pelagii ac Cælestii) *disputationes vel tacito consensu adstruunt, vel publica oppugnatione non destruunt*: ac ex sequentibus, quibus præcipitur, ut nisi hi subscribant eorum condemnationem Tractoria editam, *Episcopatus amissione multati, interdicta, in perpetuum expulsi civitatibus, communione priventur*. Porro Episcopi rebelles non in Africa, sed in Italia versabantur; & contra hos legem præcipue editam

Contra quos potissimum edita.

tam Marius Mercator testatur. *Cui* (Tractoriæ) *Julianus & reliqui complices ejus subscribere detrectantes, consentaneosque se nolentes iisdem Patribus* (qui eam subscripserant) *facere, non solum IMPERIALIBUS LEGIBUS, sed & sacerdotalibus statutis depositi, atque exauctorati ex omni ITALIA deturbati sunt*: quod sane post memoratam legem accidit. Hos decem & octo Episcopos fuisse, quorum caput erat Julianus Eclanensis, discimus ex Augustini lib. 1. ad Bonifacium n. 3. & lib. 2. n. 1. Aliæ Imperiales leges fere dirigebantur ad Præfectos Prætorio, ut eas in suis diœcesibus promulgarent. At hæc, cum de Episcopis præsertim ad subscriptionem cogendis, aut deponendis ageret; præcipuarum Sedium Episcopis data fuit, ut eam quisque subjectis sibi Antistitibus intimaret. Enimvero hanc legem non uni Aurelio, sed aliis quoque præcipuarum Sedium Episcopis traditam ex eo patet, quod non in una Africa, sed in omnibus provinciis esset promulganda atque servanda: Aurelio autem in solas provincias Africanas jus erat, ejusque epistola superest ad Episcopos per Byzacenam & Arzugitanam provincias constitutos, in qua eamdem legem *suis* tantum *Coepiscopis* intimandam tradit. *Gloriosissimorum Principum Christianorum fidem rectam & catholicam custodientium accessit auctoritas, quam per humilitatem meam UNIVERSIS MEIS COEPISCOPIS voluit intimari*. Inter alios vero præcipuarum Sedium Episcopos, quibus non minus quam Aurelio hæc lex data dicenda est, ut ipsam suis Episcopis similiter communicarent, Bonifacius profecto Zosimi successor præcipue fuisse dicendus est ad reprimendos Pelagianos Episcopos Italos, quorum caussa sancita fuerat. Casu accidit, ut nobis conservatum sit solum exemplum ad Aurelium, sicuti casu conservatum fuit solum exemplum epistolæ Aurelii ad Byzacenos & Arzugitanos, illis deperditis, quas ad alios aliarum provinciarum Africæ Episcopos ab eodem Aurelio ex imperiali jussione missas fuisse non est dubitandum. Eadem lex *eodem tenore etiam ad S. Augustinum Episcopum data* in MSS. traditur. Eodem igitur tenore data quoque fuit præcipue ad Bonifacium Papam, qui quidem ea lege in persequendis Pelagianis utebatur teste Prospero contra Collatorem c. 21. ac in ejus exemplo proculdubio Imperator ad illa, *In quo sequuta est Clementia nostra judicium sanctitatis tuæ*, exigua mutatione, ut fieri solet, pro *sanctitatis tuæ*, scriptum fuisse verosimile est *prædecessoris tui*, aut *Apostolicæ Sedis*, aut aliquid simile. Vides ergo quam leve sit id, quod ex hac lege in rem suam Quesnellus conjecit.

XLIX. Neque melius, sed pejus multo §. XXVII. n. 4. arguit ex alio Pelagianorum testimonio, quod ab Augustino recitatur lib. 3. Oper. imperf. c. 35. Ibi furentium hæreticorum querela adversus Augustinum & Alypium his verbis exponitur. *Cur tantis*, inquit Julianus, *totam Italiam factionibus commovistis? Cur seditiones Romæ conductis populis excitastis? Cur de sumtibus pauperum saginastis per totam pene Africam equorum greges, quos prosequente Alypio tribunis & centurionibus destinastis? Cur matronarum oblatis hereditatibus potestates sæculi corrupistis, ut in nos stipula furoris publici arderet? Cur dissipastis Ecclesiarum quietem? Cur religiosi Principis tempora persecutionum impietate maculastis?* His postremis verbis Augustinum & Alypium perstrictos credit Quesnellus, *tamquam edictorum imperialium auctores & procuratores*; idque ad primum Honorii edictum anni 418. potius pertinere existimat, quam ad posterius anni 419. At cum verba *prosequente Alypio* non obscure respiciant Alypii iter in Italiam, in quo omnes ii motus ab eodem & Romæ & Ravennæ adversus Pelagianos excitati fuerint; Alypius vero in Italiam non venerit nisi an. 419. quum Ravennæ excerpta Juliani a Valerio Comite, & Romæ duas Pelagianorum epistolas a Bonifacio Papa traditas, & ad Augustinum perferendas accepit; & iterum anno 420. quum Augustini responsa ad Valerium & Bonifacium retulit; illud testimonium ad edictum anni 418. referri non potest. Potius referendum est ad legem anni 419. qua in Pelagianos accuratior inquisitio, & pœna acrior decreta fuit. Certe ipse Quesnellus §. XXIX. eorum opinionem expungit, qui Alypium primæ legis caussa in Italiam ab Africanis legatum putarunt.

Augustini locus explicatus.

Cur Alypius in Italiam venit.

L. Aliud argumentum §. XXV. n. 9. idem Quesnellus educit ex Augustini lib. 2. ad Bonifacium c. 3. ubi refert Pelagianos *de Clericis Romanis* conquestos

Alius locus Augustini explicatus.

stos esse scribentes, *eos jussionis terrore perculsos non erubuisse prævaricationis crimen admittere, ut contra priorem sententiam suam, qua gestis catholico dogmati adfuerant, postea pronuntiarent malam hominum esse naturam.* Inter hos Clericos Zosimum comprehendi existimat, ac si Cælestii dogma ab ipso (ut illi jactabant) priori cognitione approbatum, *jussionis*, idest legis, *terrore* condemnasset. Quod si ita esset accipiendum, profecto Zosimi judicium post legis promulgationem rejici deberet. In hac autem Quesnelli interpretatione duo falsa sunt. 1. *Clericorum* nomine Zosimum a Pelagianis fuisse comprehensum. 2. *jussionis terrore* legem Honorii indicari. Et primo quis umquam *Clericorum* vocabulo ipsum Romanum Pontificem complexus est? Zosimum quidem a Pelagianis eo nomine non fuisse comprehensum, palam fit ex illis verbis, quibus ii perstringuntur, qui *gestis catholico dogmati adfuerunt*: ii nimirum Romani Clerici, qui *adfuerant* in prima cognitione, in qua Zosimus cum Cælestio mitius egit. Clarius vero Augustinus eosdem Clericos prævaricationis accusatos ex ipsorum Pelagianorum mente a Zosimo distinxit scribens c. 4. *Quomodo igitur ab istis desertoribus & oppugnatoribus gratiæ Romani Clerici prævaricationis arguuntur sub Episcopo Zosimo, quasi aliud senserint in damnatione posteriore Cælestii & Pelagii, quam quod sub Innocentio in priore senserunt?* ubi *Romani Clerici sub Zosimo, & sub Innocentio*, sicut ab Innocentio discernuntur, ita etiam a Zosimo.

Clericorum nomine Zosimus non comprehenditur.

LI. Atqui opponet fortassis quispiam, cum Augustinus loco laudato refutaturus Pelagianorum temeritatem, qua Clericos Romanos prævaricationis accusarunt, vindicet potissimum Zosimum, hunc Pontificem Clericorum voce ab illis fuisse comprehensum credidit. Sed S. Doctor non hac de caussa Zosimum purgavit; sed quia gesta prioris cognitionis contra eosdem Clericos fuerunt objecta; ex quibus cum constaret eos tunc idcirco favisse Cælestio, quia Zosimi lenitatem sequuti fuerant; iidem profecto ab Augustino aliter defendi non poterant, nisi ipse Zosimus antea vindicaretur. Hinc antequam eosdem Clericos ab impacta prævaricatione eximat, putasse quidem Pelagianos ait, *novum & execrabile dogma Pelagianum vel Cælestianum persuaderi quorumdam Romanorum catholicis mentibus posse, quando illa ingenia* (sub Zosimo) *aliquanto levius, quam severior postulabat Ecclesiæ disciplina, tractata sunt.* Tum rationem afferens, cur ita lenius tractata fuerint a Zosimo, quem Romani Clerici sequuti sunt, eam a prævaricatione alienam ostendit; cum præsertim Zosimus agnitis ex fuga Cælestii ejus fraudibus & pervicacia, eum statim damnaverit: cui sententiæ cum Romani Clerici adhæserint, prævaricati dici nequeunt, etsi prævaricatione notari possent, si quid approbassent contra decretum Innocentii, cui jam sub hoc Pontifice assensi fuerant. Ac proinde c. 4. concludit verbis paullo ante recitatis: *Quomodo igitur .... Romani Clerici prævaricationis arguuntur sub Episcopo Zosimo, quasi aliud senserint in damnatione posteriori* (cum hunc Pontificem sequuti sunt) *quam quod sub Innocentio in priore senserunt?* quæ Romanos Clericos Juliani verbis impetitos a Zosimo satis distinguunt.

LIII. Quod si duobus aliis in locis a Quesnello notatis ejusdem prævaricationis reus ab iisdem Pelagianis accusatus fuisse traditur etiam Zosimus; nullibi tamen invenietur, *jussionis terrorem* objici, ubi Zosimo prævaricatio imponitur, uti objicitur in eo testimonio, in quo de solis Romanis Clericis agitur. Quid ita? Nempe quia hic *jussionis terror*, qui Clericis Romanis injectus dicebatur, non manavit ex imperiali lege, quæ Zosimi judicium præcesserit, ipsique Pontifici cum Clericis timorem incusserit; sed ex ipso Zosimi judicio prodiit, quo hic apostolica auctoritate usus sententiam in Pelagianos latam ab omnibus recipi jussit, omnesque præsertim Clericos (etiam si qui forte Pelagiano errori antea favissent.) ad anathema in Cælestium atque Pelagium, eorumque errores dicendum ecclesiasticarum pœnarum metu adegit. Ita quidem nonnullos Romæ, qui ante Zosimi sententiam aliquem ejusmodi errorem defenderant, statim post ipsam, antequam imperialis lex ederetur, ejusdem sententiæ, auctoritatis, ac anathematis metu conticuisse discimus ex Augustino epist. 191. ad Sixtum n. 2. *Nonnulli quippe eorum*, ait, *antequam ista pestilentia manifestissimo etiam Sedis Apostolicæ judicio damnaretur, vobis innotescere potue-*

Jussionis terror non ex lege Honorii, sed ex Zosimi judicio manavit.

tuerunt : *quos nunc* (ideft poft ejufdem Sedis judicium) *repente reticuiffe perfpicitis*. Hos autem terrore adactos fequentia oftendunt. Cum enim de his incertum effet, num recte fentirent, an metu conticefcerent; *lenius profecto*, inquit, *funt tractandi*. *Quid enim eos terrere opus eft*, *quos fatis TERRITOS ipfa taciturnitas monftrat? Neque ideo tamquam fani prætereundi funt diligentia medicinæ, quorum vulnus in abdito eft. Etfi enim terrendi non funt, tamen docendi funt; & quantum exiftimo, facilius poffunt, dum eis TIMOR feveritatis doctorem adjuvat veritatis*. Similia repetit. epift. 194. ad eumdem Sixtum directa num. 2. Sermo ibidem eft de illis, qui cum Romæ ante conftitutionem Zofimi pravum dogma defendiffent, etfi poft eamdem conftitutionem terrore tacuerunt, *fratribus* tamen ejufdem Sixti, ideft Romanis Clericis notiffimi effe debebant. Hi ergo terrore ipfius conftitutionis, feu apoftolicæ auctoritatis filuerant. Cum porro Romani Clerici poft Zofimi fententiam in Pelagianos anathema dixiffent, inter quos primus omnium, *anathema eis in populo frequentiffimo pronuntiaverat* ipfe Sixtus, quem Pelagiani fuum patronum antea jactaverant, hunc aliofque Romanos Clericos pari ratione Zofimi fententia & anathemate territos ac prævaricatos iidem hæretici opponebant. Vides igitur quam perperam hic *juffionis terror* ad Honorii legem referatur; quod fecundo probandum recepimus.

LIII. Unum fupereft * Quefnelli argumentum ex epiftola S. Auguftini 157. nunc 190. ad Optatum num. 22. ubi cum *recentes fcripturæ* vocentur Zofimi litteræ contra Pelagianos, has recens perveniffe in Africam colligit, nimirum dum ipfam epiftolam fcriberet vel in Mauritania, vel poft ejufmodi iter. At cum certum eft, eas in Africam fuiffe allatas, * dum Auguftinus adhuc effet Carthagine, antequam in Mauritaniam pergeret; eas perveniffe nondum foluto Concilio plenario, ita ut ipfis litteris fubfcripferint Epifcopi ejufdem Synodi habitæ Kalendis Maji anni 418., §. XI. demonftrabimus. Litteras autem ante paucos aliquot menfes acceptas *recentes* potuiffe appellari quis ambigat? Quod fi Auguftinus timuit, ne forte ipfarum litterarum exemplum ad eumdem Optatum miffum fuiffet, nihil movere debet: hic enim remotiffimæ civitatis Epifcopus fuiffe videtur; & de ipfa Pelagiana cauffa non fatis inftructus. Confer ejus epiftolæ num. 22. & 23. Hinc infcriptio illa alterius epiftolæ Auguftini ad eumdem Optatum e MS. codice Gottvvicenfi erutæ, & infertæ tomo XI. noviffimæ editionis Venetæ, in qua ipfe *Milevitanus* Epifcopus vocatur, erronea eft; & ex antiquiori ejufdem nominis & urbis Epifcopo perperam traducta. Immo ex eadem epiftola, quæ certe genuina eft, ipfum Optatum Ecclefiæ extra Africam fortaffis præfuiffe non improbabiliter quifpiam conjiciet. Nihil ergo inter tot conjectationes, quas Quefnellus fufe & prolixe congeffit, fatis eft firmum, ut ea convellantur, quibus Zofimi fententiam adverfus Cæleftium atque Pelagium Honorii lege anteriorem, ipfamque legem non ab Africanis, fed ab eodem Pontifice poft Pelagianorum condemnationem ad ipforum tumultus compefcendos petitam oftendimus. Idipfum vero multo luculentius confirmabitur ex fequentibus, cum Synodum, quæ ad Zofimum poft editam in illos conftitutionem refcripfit, eam effe probabimus, quæ Kalendis Maji canones condidit.

* §. XXV. num. 8.

* Vide l. 1. de gra. Chrifti c. 1. & l. 2. Retract.

Notatur error infcriptionis epiftolæ Auguftini.

§. XI.

Synodus plenaria, quæ canones de gratia condidit Kalendis Maji anni 418., eadem eft ac illa, quæ poft acceptam Zofimi Tractoriam ad eumdem refcripfit. Quarta Synodus autumnalis anni ejufdem, cui Quefnellus hoc Africanorum refcriptum tribuit, excluditur. De numero Patrum ipfius Synodi plenariæ Kalendarum Maji. Canones de gratia in ea editi, quatenus a Sede Apoftolica fuerint approbati.

LIV. ZOfimus damnatis Pelagianis in Romano judicio fub finem Martii, Tractoriam fubinde lucubratam, certus de lege ab Imperatore edenda, non multo poft emifit ante finem Aprilis. Auguftinus enim in epift. 215. ad Valentinum num. 2. poft recenfitas Concilii Africani litteras ad Zofimum fcri-

Tractoria Zofimi quando edita.

ſcriptas, hujus reſcripta commemorans ad totius orbis Epiſcopos; hæc ante plenariam Synodum collocat, quæ Kalendis Maji breves canones conſtituit. *Ejus* (Zoſimi) *reſcriptum ad totius orbis Epiſcopos, & quod POSTERIORI Concilio plenario totius Africæ contra ipſum errorem breviter conſtituimus*. Queſnellus ut hoc teſtimonium declinet, §. XXXIV. ait: *Non ob eam cauſſam reſcriptum* (Auguſtinus) *antepoſuit Concilio*, quod anterius *fuerit; ſed ne reſcriptum a ſcripto* Africanorum *disjungeret*. At hoc eſſe inane effugium patebit, ſi Tractoria Zoſimi ad totius orbis Epiſcopos in ipſa plenaria Synodo recepta fuerit, eique Africani reſcripſerint. Hinc enim ſequetur, eam ante ipſam Synodum miſſam fuiſſe, adeo ut eadem Synodus reſcribere potuerit.

LV. Zoſimus quidem poſt damnationem Pelagianorum duas in Africam epiſtolas miſiſſe traditur ab Auguſtino in epiſt. 190. n. 2. unam *ſpecialiter ad Afros*, alteram *univerſaliter ad omnes Epiſcopos*, ideſt Tractoriam. His litteris acceptis Africanos reſcripſiſſe ad eumdem Pontificem teſtatur S. Proſper in lib. contra Collatorem c. 5. n. 15. ubi fragmentum ex ipſa Africanorum epiſtola recitat. *Erraverunt Afri Epiſcopi ad eumdem Papam Zoſimum reſcribentes, eumque in ſententiæ ſuæ hujus ſalubritate laudantes, cum ajunt* &c. Hi profecto Afri cum reſcripſerunt, coacti erant in Synodo. Cum Queſnellus ex ſuis præjudiciis credat, Zoſimi Tractoriam multo ſerius conditam, & in Africam allatam multo poſt Synodum, quæ canones conſtituit Kalendis Maji; §. XXIII. tertiam Synodum, quæ ad Zoſimum reſcripſerit, admittere cogitur, eamque vix celebrari potuiſſe ait *ante Autumnum anni* 418., *&, ut videtur; poſt reditum S. Auguſtini ex Mauritania Cæſareenſi*. Ita porro Auguſtinum deſerit, quem duo tantum Afrorum Concilia ſub Zoſimo contra Pelagianos habita tradidiſſe fatetur §. IX. n. 2. Nos vero demonſtrare poſſe nobis videmur, eam Synodum, quæ acceptis Zoſimi litteris reſpondit, non aliam fuiſſe niſi illam plenariam, quæ Kalendis Maji canones condidit.

Afri reſcripſerunt ex Synodo plenaria. LVI. Zoſimi litteras acceptas & ſubſcriptas fuiſſe a Patribus Africanis coactis in Synodo plenaria, manifeſtum fit ex teſtimonio Aurelii Carthaginenſis in epiſtola ad Epiſcopos per Byzacenam & Arzugitanam provincias conſtitutos, quæ legitur in collectione hoc tomo edita cap. 17. ubi ex imperiali lege ab omnibus ſubſcribendam eſſe ait Pelagianorum condemnationem, quam Zoſimi Tractoria præceperat; ſubſcribendam, inquam, ab omnibus Africanis Epiſcopis, *ſive quorum in ſynodalibus geſtis ſubſcriptio jam tenetur, ſive qui non potuiſtis eidem PLENARIO totius Africæ intereſſe Concilio*. Exſtabant ergo *in ſynodalibus geſtis* ſubſcriptiones Epiſcoporum, qui *plenario Concilio* interfuerant. Porro Synodus, quæ Kalendis Maji vulgatos canones ſanxit, *plenaria* in omnibus noſtræ collectionis MSS. exemplis appellatur, & apud Dionyſium *univerſalis*, quæ vox eodem recidit: ex Africanorum enim loquutione *plenarium* & *univerſale* promiſcue accipitur, ut num. 28. monuimus. Hanc vero Synodum *plenariam* illam fuiſſe, quæ Zoſimi litteras recepit, atque damnationem Pelagianorum ſubſcripſit, ut ne opus ſit cum Queſnello adſtruere aliam plenariam Synodum autumnalem anni 418., cujus nemo meminit, quæ-

Expungitur plenaria Synodus autumnalis. que Auguſtino duas tantum Synodos Africanam & plenariam adſtruenti repugnat, ex eodem S. Doctore evincere poſſumus. Libros de gratia Chriſti & de peccato originali ab eo ſcriptos fuiſſe Carthagine certum eſt ex verbis libri 1. c. 1. *Apud Carthaginem ... ut potuimus iſta dictavimus*. Ex libro autem Re-

Libri de Grat. & Pecc. orig. quando ab Auguſtino ſcripti. tractationum ſecundo cap. 50. eoſdem lucubratos diſcimus poſt Tractoriam ac judicium Zoſimi, cujus quidem in iiſdem libris mentionem facit. Porro eos libros digeſtos Carthagine, antequam Auguſtinus in Mauritaniam Cæſareenſem pergeret, patet ex Retractationum libris, in quibus geſta cum Emerito in Mauritania Cæſareenſi poſt libros de gratia & peccato originali recenſet. In primo ſane libro de gratia cap. 1. ſe ſe apud Carthaginem occupatiſſimum præfert; & in epiſt. 193. ad Mercatorem num. 1. eaſdem occupationes memorans, eas ante iter in Mauritaniam conſtituit. *Ut autem*, inquit, *a Carthagine non reſcriberem, non occaſio defuit perlatorum; ſed alia magis urgentia, donec inde proficiſceremur, nos occupatiſſimos & intentiſſimos continebant. Cum vero inde digreſſi ſumus, pereximus uſque ad Mauritaniam Cæſarienſem, quo nos eccleſiaſtica neceſſitas traxit*: qua occaſione geſta cum Emerito

merito habita fuerunt. Vide lib. 2. Retract. c. 51. Igitur Synodus plenaria, in qua accepta fuit Zosimi Tractoria, & subscripta condemnatio Pelagianorum, illa est, quæ Augustini iter in Mauritaniam præcessit. Nulla alia Synodus plenaria præcessit, nisi quæ Kalendis Maji canones constituit. Hæc ergo, & non alia posterior autumnalis Synodus, quæ Tractoriam Zosimi recepit, eidem Pontifici responsum dedit.

LVII. Illud unum hac in sententia difficultatem movere potest, tertiam Zosimi epistolam ad Africanos datam die 18. aut 21. Martii, cum ille nondum sententiam tulerat in Pelagianos, nec Tractoriam scripserat, ab Africanis acceptam fuisse die 29. Aprilis. Quomodo igitur tam cito subsequi potuit Tractoria, cui exarandæ non modicum tempus requirebatur? Hæc autem difficultas facile adimetur, si res ita gestas dicamus, ut probabilius nobis videntur. Zosimi judicium sub finem Martii anni 418. ante Dominicam palmarum institutum fuisse, ut Cælestius, si promissis staret, posset absolvi, & paschalibus diebus communioni restitui, §. VIII. ostendimus. Eodem vero aufugiente judicium, ante diem 31. ejusdem mensis apostolica in ipsum & in Pelagianos sententia lata fuit, cui universus Clerus Romanus suas subscriptiones adjecit. Sixtus Presbyter inter omnes *primus in frequentissimo populo* adversus eosdem hæreticos anathema pronuntiavit. Hujus rei fama statim in Africam præcucurrit, adeo ut Zosimi litteræ post ipsam famam eo pervenerint. Hinc Augustinus epist. 194. ad eumdem Sixtum num. 1. ait: *Te priorem anathema eis in populo frequentissimo pronuntiasse eadem fama non tacuit. Dein cum litteris Apostolicæ Sedis de illorum damnatione ad Africam missis, tuæ quoque litteræ ad venerabilem virum Aurelium consequutæ sunt.* Quis non videat, a die circiter 30. Martii famam ita citius, occasione aliqua oblata, potuisse in Africam pervenire, ut (qui sunt itinerum maritimorum expeditiores exitus) ante Kalendas Majas eorum condemnatio Africanis certo innotuerit? Cum itaque plenaria Synodus jam coacta esset, eo quod sub hoc tempus post Pascha, cum sperabantur Romana responsa, indicta fuisset; ipsis Kalendis Maji editi fuerint canones de gratia, quibus Africani Patres Apostolicæ Sedis judicio concinentes, in Pelagiana dogmata anathema pronuntiarunt. Cum porro Zosimi Tractoria ob ea quæ continebat, maturius studium postularet; idcirco non statim post judicium in Africam missa fuit, sed aliquanto post. Interim vero plenariæ Synodi Patres post editos canones, cum Apostolicæ Sedis litteras certo afferendas intelligerent, quibus nomine ipsius Synodi plenariæ respondendum erat; *ne diutius universi Episcopi, qui ad Concilium congregati sunt, tenerentur, ab universo Concilio judices ternos de singulis provinciis eligendos* decreverunt, *qui omnes cum sancto sene Aurelio universa cognoscant; a quo petiit universum Concilium, ut cunctis sive gestis, quæ confecta jam sunt, seu EPISTOLIS ipse subscribat*. Vide Codicem Africanum c. 127. Hi cujusque provinciæ delecti judices, qui totius plenariæ Synodi auctoritatem obtinebant, & alii forte etiam non pauci, qui aliquandiu expectandum censuere, non multo post Kalendas Majas Zosimi litteras videntur accepisse, eisdemque acceptis Pelagianorum condemnationem subsignasse, ac ad Pontificem dedisse responsum: nisi quis forsitan malit credere, Zosimi litteras, quas citius in Africam deferri intererat, eo pervenisse ante ipsas Kalendas Majas, ita ut eodem die Kalendarum a tota Synodo rescribi potuerit. Quidquid autem sentire libeat, semper erit verum, eam Synodum plenariam, quæ subscripsit Zosimi litteras, seu Pelagianorum condemnationem, & ad eumdem respondit, non aliam esse nisi hanc, quæ canones condidit, quamque secundam Africanorum Synodum sub Zosimo Augustinus memorans, *plenariam* appellavit. Commentitia igitur est alia Synodus plenaria sub eodem Pontifice sub Autumnum hujus anni 418. in quod tempus delatam fuisse responsionem ad Zosimi litteras, quas jamdiu ante acceptas vidimus, incredibile est. Nullam sane aliam plenariam Synodum sub Zosimo habitam, confirmari etiam potest ex Codice canonum Ecclesiæ Africanæ, ubi post illam Kalendarum Maji anni 418. alteram plenariam refert anni sequentis 419. celebratam sub Bonifacio mense Majo die 25.

Tractoria quando in Africam delata.

Quatenus plenaria Synodus post Kal. Maji ad Zosimum rescripserit.

LVIII. Hujus nostræ Synodi Patres præter Aurelium Carthaginensem, & Donatianum Teleptensem fuisse CCIII. in MSS. nostræ collectionis legitur. Exem-

Numerus Patrum Synodi plenariæ anni 418.

 plar,

plar, quod Photius vidit, numerum CCXXIV. præferebat. Cum vero unicus Photii codex Græcam versionem contineret, error in hanc versionem facilius irrepere potuit, quam in nostra antiqua & plura Latina exemplaria, quæ numerum CCIII. constanter exhibent. Sirmondus in notis posthumis ad Capitula de gratia, quæ Cælestini epistolæ subjiciuntur, insertis a P. Labbeo tom. 3. Concil. editionis Venetæ col. 477., antiquam collectionem Corbejensem allegat, in qua hujus Synodi canones contra Pelagianos descriptos testatur. *Exstant canones iidem in codice Corbejensis Monasterii hoc titulo: Incipiunt constituta Synodi Carthaginensis Episcoporum CCXIV. Placuit omnibus Episcopis, qui fuerunt in sancta Synodo Carthaginensis Ecclesiæ constituti, ut quicumque dicit, Adam primum hominem immortalem factum* &c. ut in primo canone. Hinc in Synodo plenaria, quæ confecit laudatos canones, Patres CCXIV. adfuisse creduntur, ita ut nostrorum codicum & Photii numerus corrigendus sit. At cum numerum Patrum CCXIV. a Prospero tribus in locis semper memoretur, dum allegat Synodum Africanam, quæ Zosimi judicium præcessit; nec eumdem numerum umquam afferat, cum laudat posterioris Synodi canonem & rescriptum Africanorum ad Zosimum; hic profecto auctor multo antiquior, qui utriusque Synodi gesta præ oculis habuit, in eo Patrum numero priori tantum Synodo adsignando deceptus non facile dici potest ob unius MS. Corbejensis inscriptionem, quæ eum numerum alteri Synodo Kalendarum Maji assignat: cum præsertim in hoc ipso numero nec cum Photii, nec cum nostræ collectionis exemplaribus codex Corbejensis conveniat. Illud potius & probabilius suspicari licebit, auctorem collectionis Corbejensis, cum non aliam Synodum Carthaginensem anni 418. cognosceret, nisi hanc Majo mense celebratam, cujus quidem solius mentionem facit Concilium Carthaginense anni 419.; nec in ea reperisset certum numerum Patrum a Dionysio quoque prætermissum, vel non inventum; putasse eum numerum Patrum CCXIV. qui a Prospero notatur, eidem Synodo Kalendarum Maji convenire, cum tamen ad anterius ejusdem anni Concilium Africanum pertineat. Neque rari sunt ejusmodi errores in collectionibus antiquis. In vetustissimo codice Veron. 59. *Statuta antiqua*, quæ Africanis Conciliis adscribi non posse alibi ostendimus, referuntur *ex Synodo Carthaginis Africæ Honorio XII., & Theodosio VIII. Coss.* est consulatus anni 418. Id autem cum in aliis similibus codicibus nacti essent alii collectores, eadem *statuta* adscripserunt Patribus CCXIV., quos apud Prosperum invenerunt tributos Concilio Carthaginensi anni 418. Sic in collectione MS. Vat. Palat. 574. legitur: *Synodus Africana Episcoporum CCXIV. Statuta Ecclesiæ antiqua*. Et in MSS. Vat. 1341. Coisliniano, aliisque collectionum Hispanicæ & Isidorianæ, quæ eadem statuta adsignant Concilio Carthaginensi IV., habetur: *Synodus Carthaginis Africæ IV. ab Episcopis CCXIV.* Sicut autem hic numerus ex Prospero sumtus, iisdem statutis perperam affictus agnoscitur; ita æque male in MS. Corbejensi præfixus videtur Synodo Kalendarum Maji, cum ex Prospero alii anteriori Concilio vindicandus sit.

LIX. Nunc de canonibus ejusdem Synodi pauca. Hos in plenaria Synodo Kal. Maji, non vero in anteriori Africana conditos superius probavimus. Canonem de parvulis sine baptismo decedentibus, præter Quesnellum satis vindicasse videmur in Tractatu de Collectionibus part. 2. c. 3. §. 7. Ad hanc Synodum pertinent illa Augustini in epist. 215. ad Valentinum n. 2. *Et quod posteriori Concilio plenario totius Africæ contra ipsum* (Pelagianum) *errorem breviter constituimus*. Voces *breviter constituimus* canones indicant, in quibus Pelagianorum errores paucis verbis configuntur. Horum scilicet canonum vis & sententiæ fusius constitutæ fuerant in anteriori Concilio Africano, cujus constitutiones & decreta synodicæ relationi inserta contra hæresim Pelagianam laudat S. Prosper, quæque ad Zosimum directa & ab eodem approbata testatur in Chronico. *Concilio*, inquit, *apud Carthaginem habito CCXIV. Episcoporum ad Papam Zosimum synodalia decreta perlata, quibus probatis, per totum mundum hæresis Pelagiana damnata est*. Hæc autem decreta brevioribus canonibus digesta fuere in Concilio plenario.

Quatenus canones de gratia

LX. Auctor Capitulorum de gratia §. 7. tres ex iisdem canonibus recitans, eosdem

eosdem *quasi proprios Apostolicæ Sedis* affirmat. Hinc ipsos a Zosimo approbatos in Tractoria, aut, ut P. Coustantius existimat, in eadem insertos quispiam judicabit; cum præsertim idem auctor Capitulorum in præfatione professus sit, se ex Africanis Synodis quasdam sententias allaturum, *quas utique suas fecerunt Apostolici Antistites, dum probarunt*. Quod si perinde accipiendum sit, vel jam antea iidem canones a prima Synodo Africana conditi & ad Zosimum missi dicendi essent, ut in Tractoria probarentur, vel hæc Tractoria multo serius data credi deberet, post acceptos scilicet a plenaria Synodo eosdem canones, quos approbavit, vel insertos recepit: quod utrumque nostræ sententiæ jam constitutæ adversatur. Verum animadvertimus, eumdem Capitulorum auctorem §. 5. longum fragmentum afferre ex epistola Synodi plenariæ, qua Zosimo post Tractoriam rescriptum fuit. Hæc quoque epistola ex ejusdem auctoris præfatione censeri profecto debet inter Africana documenta, *quæ sua fecerunt Apostolici Antistites, dum probarunt*. Sicut autem hæc a Zosimo probata dici potuit, licet in Tractoria nec laudata, nec inserta fuerit; ita etiam de canonibus memoratis censendum, quos quidem ab Africanis cum illa epistola (ut par est credere) ad eumdem Pontificem missos, eadem ratione, qua epistola, receptos & approbatos putamus. Mos autem erat ea documenta, quæ a Romanis Pontificibus probabantur, in apostolicis scriniis condere. Ita S. Cyrilli epistolam ad Cælestinum; cum ab hoc Pontifice approbata fuisset, ut liquet ex hujus epist. 12. apud P. Coustantium, *apostolica scrinia susceperunt*, Leone teste epist. 69. c. 1. Ipsa Capitula de gratia eadem ratione olim probata, quia in iisdem scriniis fuerunt recepta, adeo ut Hormisdæ in litteris ad Possessorem satis fuerit ipsa scrinia, in quibus custodiebantur, memorare, ut ea probata significaret. *De arbitrio tamen libero*, inquit, *& gratia Dei quod Romana, idest catholica, sequatur ac servet Ecclesia .... in scriniis ecclesiasticis expressa Capitula continentur: quæ si tibi desunt, & necessaria creditis, destinabimus*. Alia vero fortiori ratione nostros canones ab Apostolica Sede probatos putamus, quia nimirum teste Prospero paullo ante laudato, probata fuerunt a Zosimo in Tractoria *synodalia decreta* ad eumdem missa ex Concilio Africano. Cum vero in his decretis vis & sententiæ ipsorum canonum fuissent expositæ, ut sæpius monuimus; his probatis in Tractoria Zosimi, ipsos canones approbatos agnoscimus.

Editi Kal. Maji probati fuerint a Sede Apostolica.

§. XII.

P. Coustantii systema de rebus sub Zosimo gestis expensum. Rerum gestarum ordo, ac breve compendium.

LXI. NUnc P. Coustantii, qui tomo 1. epistolarum Romanorum Pontificum pag. 987. in mediam quamdam sententiam abiit, systema expendendum est, ne cui forte argumenta ejus sine responsione prætermissa, aliquam de hactenus constitutis dubitationem injiciant. Sic autem res sub Zosimo gestas putat. Censet Africanos acceptis duabus primis Zosimi epistolis Synodum coegisse mense Novembri anni 417. eique tribuit litteras ad eumdem Pontificem, quæ in tertia hujus epistola *voluminis* nomine designatæ, a Marcellino Romam allatæ fuerint cum Paullini libello. His autem litteris eadem omnino adscribit, quæ nos §. V. asseruimus epistolæ Aurelii & aliorum Episcoporum sine Concilii proprie dicti forma datæ mense Novembri. Porro huic epistolæ Zosimum respondisse scribit alia epistola signata die 21. Martii, & ab Africanis accepta die 29. Aprilis. Addit, hos triduo post habuisse Synodum Kalendis Maji, ac in ea constituisse canones, quos cum pleniore instructione ad Zosimum direxerint. Hoc vero Concilium Kalendarum Maji illud esse existimat, quod *Africanum* ab Augustino appellatur, cuique tribuenda sint, quæ S. Prosper adjudicat Synodo Episcoporum CCXIV. Hinc porro Zosimus detectis Cælestii dolis, ac multo apertius ex ejus fuga, qua judicium declinavit, emisisse

Systema P. Coustantii exponitur.

fisse creditur celebrem Tractoriam exeunte Julio anni ejusdem. Tandem hac Tractoria accepta Africanos gratulatorias ad eumdem Pontificem litteras tradidisse arbitratur circa finem Augusti.

Refellitur. LXII. Hoc autem systema pluribus nutat. Primo Zosimus in tertia epistola ad Africanam Synodum scripta die 21. Martii anni 418. duas Africanorum epistolas distinguit, unam anteriorem, quam isti prioribus ipsius Pontificis litteris reddiderunt, posteriorem alteram, quæ per Marcellinum novissime allata *volumen* vocatur. Sic enim loquitur: *Omnem ejus* (Cælestii) *petitionem prioribus litteris, quas vobis misimus, putavimus ac novimus explicatam: satisque ILLIS SCRIPTIS, quæ ad illa* (lege *ad illas*) *RESCRIPSERATIS, credidimus esse responsum.* Hæc primam Africanorum epistolam, quam ad *priores* Zosimi *litteras rescripserant*, designant. Coustantii interpretatio, qua in notis indicari putat epistolam Africanorum ad Innocentium datam anno 416., nimis violenta est, & ab obvio verborum sensu aliena: Afri enim ad Innocentium scripserant, non autem *rescripserant*. Pari quoque interpretandi violentia idem auctor col. 976. not. h de Afrorum litteris ad Innocentium intelligenda existimat illa ipsius epistolæ Zosimi, quibus cuncta se reliquisse ait in eodem statu, in quo dudum fuerant, *ut illa, quæ a vobis ad nos missa erat, obtestatio servaretur*. Ubinam Afri in litteris ad Innocentium obtestati fuerant, ut omnia in eodem statu servarentur? Id autem primæ epistolæ ad Zosimum optime congruit, qua illi tempus petentes ad Synodum cogendam, & ad documenta transmittenda opportunum, ne quid interim novi fieret, obsecrati sunt. Quod sane postea animadvertens idem Coustantius in notitia scriptorum ad Zosimum pertinentium num. 6. col. 988. se ipsum quodammodo corrigens, hanc obtestationem primæ Afrorum ad Zosimum epistolæ insertam fatetur. *Tum præmonentes*, inquit, *sinceram non esse illius* (Cælestii) *fidem, ZOSIMUM OBTESTABANTUR, ne illum præpropere absolveret; sed res in eo relinqueret statu, in quo ante novissimam cognitionem erant.* Dum porro Zosimus mox post mentionem priorum litterarum, quas Afri *rescripserant*, subdit: *Sed POST missæ per Marcellinum Subdiaconum vestrum epistolæ omne volumen volvimus, quo aliquando perlecto* &c. adverbio *post* secundas litteras posterius directas manifeste significat. Non ergo una tantum, sed duæ epistolæ diverso tempore ante diem 21. Martii ab Africanis missæ admittendæ sunt; & secunda solum *voluminis* nomine indicata, a Marcellino Romam allata fuit.

LXIII. Deinde verba *omne volumen, quo aliquando perlecto*, palam innuunt, secundam epistolam fuisse eam fusiorem relationem Africanæ Synodi, cui documenta ad totum negotium explicandum utilia adnexa fuere. Male ergo hæc relatio a Coustantio transfertur ad Synodum Kalendarum Maji. Igitur prior epistola brevior congrue a nobis tributa fuit Aurelio aliisque Africanis, qui citius post acceptas duas priores Zosimi litteras rescribendum putarunt, petentes ut tempus concederetur ad congregandam Synodum, & ne quid interea præjudicii fieret. Altera vero est epistola ipsius Synodi habitæ ineunte anno 418. Sic probe intelligitur, cur Marcellinus post hanc Synodum ex Africa dimissus Romam pervenerit circa medium Martium: cum in Coustantii sententia, si discessisset ante medium Novembrem, quatuor menses ejus itineri tribuendi sint; quod omnino incredibile est.

LXIV. Multo autem magis est incredibile, Synodum Africanam, quæ ad Zosimum instructiones & documenta necessaria direxit, habitam fuisse Kalendis Maji. Numquid enim in re tanti momenti, quæ maximam sollicitudinem postulabat, tamdiu indormisse credemus Patres Africanos, ut acceptis Zosimi litteris mense Novembri anni præcedentis, quæ expeditam responsionem exigebant, Synodum & rescripta in sex menses distulerint? Quid quod Synodus Kalendarum Maji *plenaria*, seu *universalis* in omnibus codicibus inscribitur; hæcque illa est, quam *plenariæ* nomine Augustinus designans, distinguit ab anteriori *Africana*, quæ ad Zosimum antea scripserat? Aliud etiam mirificum in eo accidit, quod Synodum, quæ ad hunc Pontificem post Tractoriam gratulatorias litteras dedit, ut ipse putat, ante finem Augusti, sic Coustantius describit n. 24. col. 998. *Episcopi Africæ, qui post Concilium Carthaginense Kalendis*

lendis Majis, ipsius Concilii decreto terni ex singulis provinciis Carthagine permanserant, cum ibi accepissent proximas Zosimi epistolas (idest Tractoriam) *adjunctis sibi, ut videtur, Episcopis, quos festinato vocare potuerunt, gratulatorias ad eumdem Papam litteras rescripserunt.* Hæc significare videntur, eam Synodum, quæ in ejus sententia ad Zosimum ante Tractoriam scripsit Kalendis Majis, Legatis constitutis productam usque ad finem Augusti, post Tractoriam ad eumdem Zosimum rescripsisse. Ita uni eidemque Synodo tribuit, quæ duabus asserenda fuerant; eamdemque vult esse simul & Africanam, quæ scripsit, & plenariam, quæ rescripsit ad Zosimum: cum altera ab altera apud Augustinum & alios distinguatur. Quod si hanc Synodum, quæ post Tractoriam rescripsit, ab illa Kalendarum Maji diversam velit; huic tribuenda erunt ea, quæ eidem adjudicat Augustinus epist. 47. nunc 215. n. 2. *Quod posteriori Concilio plenario totius Africæ contra ipsum errorem breviter constituimus.* Hæc autem, quæ canones indicant contra Pelagianam hæresim constitutos Kalendis Majis, perperam referrentur ad posterius Concilium plenarium, cujus nulla est apud antiquos mentio.

LXV. Adde tandem legem Honorii adversus Pelagianos datam pridie Kalendas Maji. Hujus legis apud Coustantium hac occasione ne verbum quidem. Hæc autem vel maxime ejus sententiam evertit. Ea enim, quæ * *rescriptum*, & *responsum* vocatur, ab aliquo proculdubio post damnatos Pelagianos petita fuit. In Coustantii autem sententia petita non fuit nec a Zosimo, nec ab Africanis: si quidem hi post ipsam legem in Concilio Kal. Maji canones contra Pelagianos condentes ad Zosimum scripserint, ille vero condemnationis sententiam tulerit multo post. Præter quam quod Cælestio vi ejusdem legis e Romana urbe expulso, nihil erat quod culparetur, si vocatus ad audientiam a Zosimo, non adfuit; nec turpis fuga eidem imputari potuisset. Vides ergo quam multa Coustantii systema revincant.

*Vid. supr. num. 40.

Vid. supr. num. 43.

LXVI. Nunc paucis proponemus totam rerum sub Zosimo gestarum seriem, quam in his observationibus fusius constituimus. Allatis in Africam a Basilisco sub initium Novembris anni 417. primis Zosimi litteris, quibus idem Pontifex Cælestii dolis circumventus, intra duos menses accusatores ejus Romam evocabat, Aurelius cum Episcopis aliquot, qui erant Carthagine, vel citius accurrere potuerunt, epistolam statim dedit ad Zosimum, qua tempus ad cogendam Synodum totius Africæ idoneum postulavit. Hæ litteræ mox transmissæ fuerunt ad eumdem Pontificem per Basiliscum, qui exequutus pontificia mandata in Urbem rediit. Is quidem Paullinum Cælestii præcipuum accusatorem convenerat die 2. Novembris. At libellus Paullini una cum rescriptis Africanæ Synodi, quæ non ita cito congregari poterat, transmittendus, die 8. Novembris non Basilisco Romanæ Ecclesiæ Subdiacono traditus fuit, sed Marcellino Subdiacono Carthaginensi, qui ad ea rescripta Romam perferenda erat destinatus. Mox indicta ab Aurelio totius Africæ Synodus congreganda ineunte anno sequenti post natalitia festa. Hæc, quæ *Africana* ab Augustino vocatur, cuique S. Prosper tribuit Patres CCXIV., prolixam relationem cum opportunis documentis ad Zosimum misit per laudatum Marcellinum Subdiaconum. Zosimus utrique Africanorum epistolæ paucis respondit die 18. vel 21. Martii, plura dein rescripturus post judicium atque sententiam. Itaque de tota re satis jam instructus Cælestium ad audientiam vocat, ut si ea, quæ se damnaturum in prima cognitione spoponderat, condemnaret, absolveretur, & in proximo Paschate sacris communicaret. Cum vero is fugiens se subtraxisset examini; condemnationis sententiam in ipsum, & in magistrum ejus Pelagium Zosimus pronuntiavit sub finem ejusdem mensis Martii, Tractoriam, qua totum hoc negotium explicaretur, quamcitius editurus. Cum Pelagiani sua spe frustrati ingentes turbas in Urbe excitassent; idem Pontifex ad Imperatorem scripsit, ut data lege hæreticos compesceret, ac Tractoriæ edendæ obsequium atque obedientiam conciliaret. Data ab Honorio lex die 30. Aprilis. Interim Romani judicii fama in Africam citissime pervenit sub idem circiter tempus, quo tertia Zosimi epistola accepta fuerat, nimirum sub finem Aprilis. Africani, qui circa hoc tempus afferenda præsenserant Romana responsa, jam congregati in plenaria Synodo, hoc nuntio accepto, Kalendis Maji canones ediderunt.

Rerum gestarum compendium.

derunt. Dein ex unaquaque provincia electi judices, qui pleniores Zosimi litteras expectantes, ipsius plenariæ Synodi nomine gratulatoriam epistolam ad eumdem redderent atque subscriberent. Id autem factum fuit non multo post, cum duæ pontificiæ epistolæ acceptæ fuerunt, altera peculiaris ad Africanos scripta, altera generalis ad totius orbis Episcopos. Immo huic secundæ epistolæ omnes in ipsa plenaria Synodo adhuc residentes, ex mandato Pontificis subscripserunt. Hic gestorum ordo quam probe conciliet omnia, quæ in aliis systematibus nequaquam cohærent, ex antea constitutis quisque facile intelliget.

PAS-

PASCHASII QUESNELLI
DISSERTATIO XIV.
DE VARIIS FIDEI LIBELLIS IN ANTIQUO ROMANÆ ECCLESIÆ CODICE CONTENTIS:

Ubi ex occasione de auctore libelli fidei, qui vulgo dicitur Symbolum sancti Athanasii, conjecturæ in medium adducuntur.

MUlta sunt, quæ antiqui Codicis Romani editionem catholicæ Ecclesiæ utilem commodamque reddant: nec hujus utilitatis pars hæc minima est, quod plures habeat libellos fidei vel ante numquam in lucem editos, vel editis longe emendatiores. Sed istud gloriæ in primis Ecclesiæ Romanæ cedit, quod in hujus codicem libelli plures olim conjecti, contra Apostolicæ Sedis æmulos adversariosque perspicue docent, ad primariam illam Cathedram velut ad totius communionis catholicæ centrum semper confluxisse catholicos omnes; & si quid uspiam concertationis in Ecclesia nasceretur de aliquibus fidei capitibus, Romanum Pontificem jure merito ab iis rationem suæ fidei poposcisse, qui in publicam erroris admissi suspicionem venerant; si modo communionis apostolicæ participes esse vellent.

I. Symbolum Apostolorum. *S. Ambros. Ep. ad Siricium PP.* Ac primum quidem mirabitur aliquis nullum in eo Romanæ Ecclesiæ Codice locum esse datum *Symbolo Apostolorum*, *quod Ecclesia Romana intemeratum semper custodit & servat*: nec ullam ejusdem in illo memoriam haberi, nisi in istis sancti Ambrosii verbis, quæ in ejus epistola ad Siricium Papam leguntur in capitulo 31. Codicis.

Rufinus Comment. in Symbolum. Caussam puto eam esse, quam Rufinus idem Symbolum explicans suggerit, scribens: *Idcirco non scribi chartulis atque membranis, sed retineri cordibus, tradiderunt: ut certum esset neminem hæc ex lectione, quæ interdum pervenire etiam ad infideles solet, sed ex Apostolorum traditione didicisse.* Eadem ferme Petrus Chrysologus serm. 62. Symbolum expendens: *Symbolum fidei*, inquit, *sola fide firmatur: non litteræ, sed spiritui creditur; & mandatur cordi, non chartæ: quia divinum creditum humana non indiget cautione.*

Ne tamen intactum prætermittamus apostolicum istud Symbolum, quæ variis de eodem locis sparsa habentur apud Leonem, huc sub uno conspectu collecta conjiciemus.

Observo igitur primo loco, septies ad minus de eo mentionem factam a sancto Leone, tomi primi pag. 81. 176. 238. 273. 803. 857. 858. 1137. 1242.

2. Vocari ab eo *Regulam Catholici & Apostolici Symboli*: Serm. 23. (nunc 24.) seu de Nativit. Dom. 4. cap. 6.

3. Appellatur absolute *Symbolum*: Serm. 45. (nunc 46.) seu 8. de Quadrag. cap. 3. *Hoc fixum habete in animo, quod dicitis in Symbolo.*

4. Regula fidei dicitur per auctoritatem apostolicæ institutionis accepta: Serm. 60. (nunc 62.) seu de Passione XI. cap. 2. *Hac*, inquit, *fidei regula, quam in ipso exordio Symboli per auctoritatem apostolicæ institutionis accepimus.*

5. Expressius asserit idem Symbolum a sanctis Apostolis esse institutum Serm. 93. (nunc 96.) seu Tractatu contra Eutychen in Basilica Anastasiæ, cap. 1. *Dominicæ*, inquit, *Incarnationis negatores, & instituto a sanctis Apostolis Symbolo repugnantes.*

6. Brevem & perfectam confessionem, duodecim Apostolorum totidem signatam sententiis, ita ep. 27. (nunc 31.) ad Pulcheriam cap. 4. *Siquidem*, inquit, *ipsa catholici Symboli brevis & perfecta confessio, quæ duodecim Apostolorum totidem est signata sententiis, tam instructa sit munitione cælesti, ut omnes hæreticorum opiniones solo ipsius possint gladio detruncari. Cujus Symboli plenitudinem, si Eutyches puro & simplici voluisset corde concipere* &c.

7. Vocatur Symbolum salutare & confessio, in epistola 97. (nunc 124.) ad Monachos Palæstinos, cap. 8. *Obliti*, inquit, *salutaris Symboli & confessionis, quam pronuntiantes coram multis testibus sacramentum baptismi suscepistis.*

8. Eutychi exprobrat in ep. 24. (nunc 28.) ad Flavianum, cap. 1. quod *ne ipsius quidem Symboli initia comprehendit: & quod per totum mundum omnium regenerandorum voce depromitur, istius adhuc senis corde non capitur.* Et cap. 2. *Illam saltem communem & in-*

& indiscretam confessionem sollicito recepisset auditu : qua fidelium universitas profitetur ; credere se in Deum Patrem omnipotentem , & in JESUM CHRISTUM *filium ejus unicum , Dominum nostrum , qui natus est de Spiritu sancto & Maria Virgine . Quibus tribus sententiis omnium fere hæreticorum machinæ destruuntur .*

9. Ex descriptis S. Leonis verbis ad Monachos Palæstinos, ad Flavianum Constantinopolitanum, ad Pulcheriam Augustam, & ad Ægyptios in Serm. 93. (nunc 96.) manifestum est in ea fuisse Pontificem sententia , omnes quotquot erant per orbem universum Ecclesias eodem , quo utebatur Romana, Symbolo Apostolico pariter usas esse in traditione Symboli ante baptismum: de quo vide doctissimum Vossium in Dissert. 1. de tribus Symbolis, Thesi 30. qui contrariam amplexus est opinionem : nec enim de his plura dicere animus est . Ad libellos igitur fidei , quos habet Codex , transimus.

II. Nicænum Symbolum. 1 — Primus est, *Expositio fidei Nicænæ* , quæ 1 in primo capitulo habetur. Est ex eadem omnino versione, ac ea quæ legitur in prisca illa Justelli canonum editione Latina, quam Dionysianæ attexuit: diversa est autem ab altera, quæ a S. Leone inserta est suæ ad Leonem Augustum epistolæ 134. (nunc 165.) cap. 3 & huic Leoninæ concinit *Professio fidei Nicæni Concilii*, quæ habetur in Codice Canonum Africano Græco-Latino, quem Justellus edidit.

III. Constant. Symbolum. — Secundum locum habet Constantinopolitanum Symbolum quod describitur in capitulo 25. inter Acta Concilii Calchedonensis : cui subjungitur expositio dominicæ incarnationis, ex versione magnam partem nondum ante edita , quam Calchedonenses Patres condiderunt . De illo Constantinopolitano Symbolo abunde Joannes Vossius in Dissertatione tertia de Symbolis.

IV. Libellus contra Pelagianos. 2 — 2 Libellum fidei non temere appellaveris scriptum illud , quod habetur capitulo 18. Codicis, continetque duodecim capitula , quæ damnare compulsus est Pelagius , & oppositos totidem catholicæ doctrinæ articulos , quos amplecti se professus est , ut suum imminenti anathemati caput subtraheret . Antonius Augustinus in Epitome juris veteris lib. 11. tit. 40. cap. 27. ut Pelagii dogma describeret , iisdem capitulis in compendium missis utitur, eaque refert tamquam ex Concilio Carthaginensi aliquo , quod post epistolam S. Leonis 72. in veteri editione (Merliniana scilicet Isidori) excusum fuisse testatur : an ex conjectura tantum excerptum illud tribuat Carthaginensi Synodo, an vero ita inscriptum alibi repererit , non apparet . Sed aliquid istiusmodi jam pridem auguratus sum , cum ea capitula legere mihi contigit in MSS. Grimanico, Victorino, Cisterciensi, & in utraque editione Merliniana Conciliorum Isidori Mercatoris anni 1525. & 1535. una cum epistola Aurelii Carthaginensis Episcopi ad Episcopos Bizacenæ & Arzugitanæ Provinciarum. Cum enim hæc epistola dictis capitulis juncta illic reperiatur , procuidubio ad idem negotium pertinere necesse pene est existimare . 3 Porro epistola illa Aurelii 3

EDITORUM ADNOTATIONES.

1 Non solum in primo , sed etiam in secundo capitulo exhibetur hæc expositio fidei Breviario canonum Hipponensium inserta , quam a Quesnello hoc secundo capite omissam , ex MSS. exemplaribus hujus collectionis restituimus . Quæ autem legitur capite primo , non est omnino eadem , ac in prisca versione , ut conferenti patebit . Quæ vero in Breviario profertur , & apud Dionysium in Synodo Carthaginensi anni 419. , est antiqua versio jam inde a Cæciliani tempore ab Africanis recepta , cum qua cur etiam concinat interpretatio ejusdem symboli recepta a Romanis , uti legitur apud Leonem epist. 165., vide in Tractatu de Collectionibus part. 2. c. 2. §. 1. n. 3.

2 Capitula Pelagio objecta in Synodo Diospolitana cum totidem oppositis doctrinæ catholicæ capitibus , quæ capite 18. nostri Codicis exhibentur , non esse libellum fidei ostendimus not. 31. in Dissertationem præcedentem . Pelagius quidem ipsa capitula sibi objecta in laudata Synodo anathematizare compulsus est , ut in epigraphe laudati capitis traditur. At *oppositos totidem catholicæ doctrinæ articulos amplecti se professus* dici nequit . Eos enim articulos Pelagii capitulis Augustinus post Diospolitanam Synodum subjecit , cum ad Paullinum litteras dedit ; ac ex Augustino tum ea capitula , tum articuli catholicæ doctrinæ excerpti fuere , quales in nostra collectione inveniuntur . Hinc Antonii Augustini conjectura , qua ea capitula ac oppositos articulos retulisse traditur *tamquam ex Concilio Carthaginensi aliquo* , evanescit . Certe nullum codicem cum inscriptione Concilii Carthaginensis invenit . Solam enim editionem Merlinianam allegat , in qua eadem capitula Aurelii epistolæ ad Byzacenos & Arzugitanos subjecta , post epistolam 72. S. Leonis excusa leguntur . Merum diversorum collectorum arbitrium fuit hæc capitula & Aurelii epistolam simul jungere, quia ad eamdem Pelagianorum caussam pertinebant .

3 Tota subsequens narratio somnio simillima est . Ea enim profert , quæ non solum nullo fundamento , nulla auctoritate nituntur , verum etiam validis rationibus refutantur. Plurimos Africanos Episcopos Zosimi definitioni & Concilio Carthaginensi reluctatos fuisse nullum indicium est . Immo omnium Episcoporum Africanorum zelum atque constantiam adversus Pelagianos satis testantur frequentissimæ Synodi, quæ per idem tempus contra illos acerrime dimicarunt. Honorii autem legem non Afrorum, sed Italorum quorumdam Episcoporum caussa potissimum editam , in quibus decem & octo Juliano præeunte litteris Zosimi repugnabant, eamque non ad unum Aurelium , sed eodem exemplo ad alios præcipuarum sedium Antistites, ac præsertim ad Bonifacium Romanum Pontificem dire-

lii hac occasione scripta est. Postquam sententia Zosimi adversus Pelagianos Romæ lata fuisset, & illinc ad Africanos Episcopos transmissa a Romano Pontifice opera Leonis nostri tunc Acolythi, plurimi etiam episcopali honore fulgentes tam decretis Sedis Apostolicæ, quam Concilio Carthaginensi adhuc reluctari, damnatumque dogma secretis disputationibus asserere non veriti sunt. Qua de re monitus Honorius Imperator statim ad Aurelium rescriptum misit notatum Monaxii & Plintæ Consulatu, hoc est an. 419. quo quidem omnes Episcopi ad subscribendum damnationi Pelagianorum cogerentur, nisi Episcopatu dejici, expelli civitatibus, & communione privari vellent. Quo accepto Aurelius scripsit Episcopis Provinciarum Bizacenæ & Arzugitanæ, misitque pariter Imperatoris edictum, cujus lectione intelligerent, quemadmodum unusquisque eorum subscribere deberet hæreticorum damnationi, sive quorum synodalibus gestis Carthag. Concilii anni præcedentis subscriptio jam tenebatur, sive qui non potuerant eidem plenario totius Africæ interesse Concilio. Unde conjicimus hanc subscribendam formulam propositam ab Aurelio fuisse, quæ olim oblata fuerat Pelagio in Concilio Diospolitano, & duodecim articulis continetur huic epistolæ subjectis. Quod Augustino auctore factum fuisse facile credet, qui meminerit hanc subscriptionem quasi appendicem fuisse ac supplementum Carthaginensis *Concilii*, *cui dux* Aurelius, *ingeniumque* Augustinus *erat*, ut de eo loquitur Prosper: totamque illius negotii molem Augustino incubuisse: qua de caussa imperatorium illud edictum, non ad solum Aurelium destinatum fuit, sed etiam ad Augustinum. Atque ut credam assumtam fuisse hanc formulam, suadet præterea necessitas subscribendi, quæ iis etiam Episcopis imposita est, qui Concilio posteriori Carthaginensi interfuerant. Iterata enim subscriptio otiosa videretur, si iisdem capitulis, quibus jam eorum plerique in Synodo subscripserant, iterum subscribere cogerentur. Ex his colliges quam ob caussam in illis codicibus S. Leonis, quos vidit Antonius Augustinus, capitula illa Carthaginensi Concilio tribuuntur: quia scilicet subscribenda proposita sunt ad corrigendam pervicaciam eorum præsertim Episcoporum, qui illi Synodo restiterant: quia missa ad eosdem Episcopos, qui Synodum conflarant, & ejusdem, ut diximus, portio quædam ac complementum fuere. Inventa sunt autem tam epistola Aurelii, quam articuli eidem subjecti inter S. Leonis scrinia; unde factum est ut ejusdem operibus insererentur: quia cum in Africa, quo anno superiori jam mediam partem elapso profectus erat damnationem Pelagianorum perlaturus, forte adhuc tunc temporis moraretur, quando ad Aurelium pervenit Imperatoris edictum, & Aurelii ad Episcopos Africanos scripta directa sunt, cum capitulis subscribendis, eorumdem exemplar secum Romam detulit, de totius negotii illius tam operosi fine ac successu ex ipsorum Actorum inspectione certiorem facturus summum Pontificem. Quibus capitulis & ipse, summus postmodum Pontifex factus, uti potuit ad extinguendos compescendosque Pelagianorum motus per ea tempora reviviscentes.

Venit enim in mentem propositam fuisse
a sancto Leone 4 hanc fidei formulam, cui 4
subscriberent Pelagiani communionem Ec-

EDITORUM ADNOTATIONES.

directam ostendimus in Observationibus ad Dissertationem præcedentem §. X. n. 48. Subscriptio, quam eadem lex, & Aurelius ex mandato ejusdem legis exegit, non memoratis capitulis, sed Tractoriæ Zosimi, quam refractarii Episcopi nolebant subsignare, adjicienda erat. Etenim tum Imperator in lege, tum Aurelius in epistola ad Byzacenos & Arzugitanos exigunt, ut præter errores ipsi hæretici condemnentur. Horum autem hæreticorum, qui expresse damnabantur in Tractoria, nulla est neque in memoratis capitulis, neque in oppositis articulis mentio. Quod si eos quoque Episcopos, qui in plenaria Synodo Tractoriam Zosimi subscripserant, cum ceteris subscribere jussit Aurelius; non idcirco otiosa credenda est hæc iterata subscriptio. Aurelius enim Imperatori responsurus, ut edicti exequutionem probaret, pervidit omnium subscriptiones ad eumdem transmitti oportere, tum eorum qui in Concilio sederant, tum eorum qui abfuerant. Leonem porro, qui ante medium annum 418. in Africam a Zosimo directus fuerat, ut Tractoriam afferret ibidem immoratum suspicari etiam post Zosimi mortem usque ad Kalendas Augusti anni sequentis, cum Aurelius post acceptam Honorii legem ad Episcopos Africanos scripsit, tam est incredibile quam quod maxime.

4 Cum in capitulis Pelagio objectis, ac totidem oppositis Ecclesiæ dogmatibus nulli damnentur hæretici; eadem profecto haberi nequeunt pro illa formula seu professione fidei, quam S. Leo subscribendam proposuit Pelagianis in communionem recipiendis, quos *apertis professionibus* Pelagianæ hæresis *auctores* condemnare jussit. Quod porro ea capitula legantur in aliquot Leoninis collectionibus, merum fuit collectorum arbitrium, cujus ratio reddi non potest. Duo exemplaria, Victorinum & Cisterciense, quæ allegantur, spectant ad collectionem posterioris ævi XXIV., eaque capitula post Leonis epistolas una cum Aurelii litteris additítia esse ex nostris ejusdem collectionis manuscriptis perspeximus. Apud Merlinum describuntur post epistolam ad Turribium, quæ in MSS. laudatæ collectionis XXIV. ultima recensetur. In codice autem Grimanico leguntur post epistolam ad Dioscorum. Caussam inquirere, quæ Leonem attingat, supervacaneum est. In aliis certe & pluribus & antiquioribus Leonis collectionibus nuspiam apparent.

gleſiæ recepturi: ſive ea occaſione, de qua epiſt. 6. (nunc 1.) ad Aquilejenſem Epiſc. ſive alia, aſſumtamque eo conſilio fuiſſe ab illo partem epiſtolæ 106. S. Auguſtini ad Paullinum. Hæc a S. Leone fuiſſe propoſita, ut ſuſpicer facit, quod illa inter epiſtolas ſancti hujus Pontificis edita habentur in collectione Merliniana Conciliorum ſeu Iſidori Mercatoris Pariſiis an. 1524. & 1535. typis excuſa, & in MSS. codd. epiſtolarum ejuſdem, Victorino, Ciſtercienſi, & noſtro Grimanico, qui poſtremus cum ſatis accurate ſervet ordinem temporis, quo unaquæque epiſtola ſcripta eſt, hoc lemma deſcriptum habet ſtatim poſt epiſtolam ad Dioſcorum vel hoc ipſo anno 444. vel ſequenti ſcriptam, quæque prima eſt in hoc MS. cod. Et licet compendioſior videatur iſte libellus, quam ut callidiſſimorum hæreticorum confeſſioni ſufficeret propter poſteriores Pelagii & Juliani errores recentioribus libris expreſſos; potuit tamen S. Leo exiſtimare magis illum aſſumendum eſſe, quam novum condendum 1. propter S. Auguſtini auctoritatem, a quo excerptus erat: 2. quia Pelagianorum anteſignano propoſitus olim fuerat a Patribus Dioſpolitanis, quos minime omnium infenſos habuerat Pelagius: & poſtea Epiſcopis Africanis ab Aurelio juſſu Imperatoris miſſa, ut mox dicemus, 3. quia Romano Canonum Codici inſertus habebatur inter cetera monumenta, quæ ſibi propria fecerat Sedes Apoſtolica. Eſt enim in capitulo 18. cum eodem titulo, ſequiturque epiſtolam Aurelii Carthaginenſis ad Africanos Epiſcopos Provinciarum Bizacenæ & Arzugitanæ; qua ad certam formulam adverſus Pelagianos ſubſcribendam eos compellat ſuo, Imperatoriſque nomine. 4. Præcipua catholici dogmatis capita libello continentur; quibus ſi ſemel acquieſcerent Pelagiani, aliis capitibus, quæ ex illis fluebant, non ægre erant aſſenſuri. Quod & Auguſtinus ipſe indicat in lib. de Hæreſibus ad Quodvultdeum cap. 88. Pelagianorum hæreſim iiſdem fere capitibus damnatis a Pelagio coram Synodo Dioſpolitana, circumſcribit; hæc ſtatim ſubdens: *Objiciuntur eis*, inquit, *& alia nonnulla; ſed iſta ſunt maxime, ex quibus intelliguntur etiam illa vel cuncta vel fere cuncta pendere.*

Hæc capitula excuſa reperies primum quidem apud S. Auguſtinum epiſt. 106. ad Paullinum; tum a Margarino de la Bigne in utraque editione Conciliorum Iſidori poſt epiſtolam Aurelii, quæ inter Leoninas 72. ibi numeratur. Hæc etiam Gabriel Vaſquez ſub Synodi Palæſtinæ nomine & pro genuinis iſtius Concilii Actis edidit ad calcem tomi 2. in 2. 2. S. Thomæ, ex MS. cod. Antonii Aquinatis. Eadem ſuis Annalibus inſeruit Em. Card. Baronius ad annum 417. num. 21. ex MS. cod. collectionis Creſconianæ. Jacobus Sirmondus S. J. eadem quaſi novum opuſculum ex MSS. codd. edi curavit inter alia veterum auctorum opuſcula anno 1630. Denique in Codice noſtro Romano jacet poſt eamdem Aurelii epiſtolam cap. 18.

V. Libellus fidei contra Arrianos.

Quartum libellum habes in capitulo 37. ita inſcribitur: *Expoſitio fidei catholicæ contra hæreſim Arrianam.* Quis porro hujus Confeſſionis auctor ſit, prorſus ignoro. Suſpicor eſſe alicujus Luciferiani, tum quia hujus communionis homines hæreſim Arrianam pugnaciſſime ſemper inſectati ſunt: tum quod, dum plurali numero effertur libellus: *Nos confitemur* &c. indicare videtur editum illum eſſe ab hominibus aliquo peculiaris communionis nexu conjunctis, nec tamen a catholica fide extorribus: quales erant tunc temporis Luciferiani. Tertio videntur in ea Confeſſione notari illi e catholicis, qui tres hypoſtaſes dicebant: *Tres Deos dicit*, inquit, *qui Divinitatem ſeparat Trinitatis*: quod pariter urget Fauſtinus in ſua (quæ ſequitur) Confeſſione, adverſus trium Hypoſtaſeon aſſertores: *Conſequens eſt enim*, inquit, *ut tres Deos confiteantur, qui tres ſubſtantias confitentur.* Denique ſuſpicionem auget, quod iſtam fidei expoſitionem aliæ duæ excipiant, quarum prima, quæ capitulo 38. habetur, Fauſtino Presbytero inſcribitur, haud dubium quin Luciferiano; altera vero huic proxime ſubjecta creditur a viris eruditis eſſe Gregorii Bœtici eodem Luciferi ſchiſmate infecti. Hunc igitur libellum non ægre darem Marcellino Presbytero, qui una cum Fauſtino preces illas obtulit Theodoſio Imperatori, quæ Jacobi Sirmondi opera in lucem ſunt editæ. Ita a tribus viris omnium Luciferianorum celeberrimis, facile eſt fidei ſuæ libellos ſeu ad Imperatorem, ſeu ad Sedem Apoſtolicam eſſe miſſos, quos deinde 5 in ſuum Codicem Romani conjecerint, unde pro naſcitura olim occaſione depromendos. 5
Eumdem hunc libellum fidei contra Arrianos inveni in MSS. codice Thuaneo 199. cum hoc titulo: *Fides ſancti Ambroſii Epiſcopi*.

VI. Fauſtini libellus fidei.

Sequitur igitur quinto loco ſeu capitulo 38. *Fauſtini Presbyteri fides miſſa Theodoſio Imperatori*. Ac primum quidem Fauſtinus alius non occurrit, qui fuerit auctor hujus libelli, præter Fauſtinum illum Luciferian-

EDITORUM ADNOTATIONES.

5 Codicem noſtrum, cui hi libelli fuerunt inſerti, non Romanum, ſed in Galliis privato ſtudio digeſtum probavimus in Obſervationibus ad Diſſert. XII. c. 1. Hic vero libellus invenitur etiam in codd. Italicæ collectionis Colbertinæ & Lucenſis. Hinc ſubſequens conjectura de hoc & ſequentibus libellis ad Sedem Apoſtolicam miſſis nullo fundamento innititur.

ſerianum Presbyterum; qui cum ad Flaccillam Theodoſii Imperatoris uxorem libros ſeptem ſcripſerit adverſus Arrianos & Macedonianos, & libellum precum cum Marcellino Presbytero, Theodoſio ipſi obtulerit, facile potuit ad eumdem Imperatorem libellum mittere fidei ſuæ teſtem.

De tempore, quo miſſus libellus, hoc unum certum eſt, non ante annum 379. cui aſſignantur Imperii Theodoſiani exordia, miſſum eſſe. Circa quæ tempora Eleutheropoli verſabatur Fauſtinus, ut ipſe innuit pag. 87. Libelli precum: ubi & a Turbone civitatis hujus Epiſcopo exagitatum ſe queritur. Ex quo nata fortaſſe occaſio condendæ confeſſionis fidei, ejuſque mittendæ ad Theodoſium, cujus nomine & auctoritate uſum eſſe adverſus ſchiſmaticos Epiſcopum, pronum eſt exiſtimare. Liquet enim ex libello fidei tunc a Fauſtino ſcriptam eam eſſe & miſſam, cum tamquam errorum Sabellii & Apollinaris ſequaces, Fauſtinus aliique ejuſdem cum ipſo communionis homines, invidiam patiebantur a Catholicis. Non videtur etiam diu poſt annum illum 379. ſcriptus eſſe libellus iſte: tum quia altum de Macedonio ſilentium, ac de Concilio Conſtantinopolitano primo, a quo damnatus eſt an. 381. tum quod alio modo de errore contra Spiritum ſanctum non loquatur, quam quo adverſus illum hæreticum ſcripſerant Alexandrini Concilii Patres in epiſtola jamjam laudanda. Quamobrem intra biennium illud miſſa mihi videtur fidei profeſſio ad Theodoſium, qui ſub Imperii ſui exordiis pulſatus forte adverſus ſchiſmaticos, potuit rationem ab eis fidei ſuæ poſcere, 6 ſuggerente forſan Papa Damaſo: ad quem propterea illam fidei profeſſionem miſerit, ſcriniis Sedis Apoſtolicæ poſtmodum inferendam: unde in Codicem Romanum translata fuit. Confirmatur ex iſta libelli inſcriptione, quam habet Cod. Thuan. *Item Fauſtini Presbyteri Confeſſio veræ fidei, quam præfatis* (forte *a præfatis*) *ſcribi & tranſmitti juſſit Theodoſius Imperator*.

Sic porro concepta eſt Fauſtini fides, ut concinat omnino ſtatutis celeberrimi illius Alexandrini Concilii, quod celebratum eſt a ſanctis Athanaſio, Aſterio, aliiſque ab exilio revocatis poſt Conſtantii Imperatoris obitum, quem ad annum 362. vulgo referunt. In eo Concilii Patres ſtudium omne primamque operam poſuerunt, ut Epiſcopos qui ſe ſe hæretica communione infecerant, Eccleſiæ ſedibuſque reſtituerent, ſi modo delicti pœnitentes Eccleſiæ miſericordiam implorarent. Omnes fere in ſententiam Concilii totis ſtudiis convolarunt: unus Lucifer Calaritanus Epiſcopus neminem illorum, qui cum Arianis communicaverant, communioni catholicæ ſacerdotalibuſque muniis reddendum acriter contendit, reprobavitque Concilii Alexandrini decreta, quibus tamen per Diaconum ſuum ſubſcripſerat. Inde & ipſe cum ſuis pernicioſum ſchiſma conflavit, communionis nexum diſſolvens cum iis, qui lapſis veniam dabant: & conſequenter controverſia de Hypoſtaſibus, quæ Alexandrinæ Synodi prudentia ſopita erat, infauſte recruduit. Fauſtinus igitur inter Luciferi ſequaces inſignis, cum eam ob cauſſam exagitaretur, Sabelliique & Apollinaris ſectator apud Catholicos paſſim audiret, quia Concilii Alexandrini decreta, quibus illi damnati erant, reſpuebat, hanc, opinor, confeſſionem fidei ſuæ edidit, in qua ſi excipias conceſſam lapſis indulgentiam de qua omnino ſilet, & trium Hypoſtaſum uſum, quem aperte damnat, omnia Concilii Alexandrini capita attingit aſſeritque.

Ac primo quidem, quia in illa ſynodica ſancti Athanaſii epiſtola, in qua decreta continentur, ſancti Patres probantes conſilium Synodi Sardicenſis ſtatuerant, *ne quid ultra Nicænum Symbolum de fide ſcribere tur, & ſe ſe contentos eſſe Nicæna fide declaraverant, ut cui nihil deeſſet, & in qua integra & ſolida pietas contineretur: neque edendam eſſe alium profeſſionem fidei; ne illa, quæ Nicææ ſcripta eſt, ſuos numeros non habere videretur; neve illis, quibus libido eſt ſemper nova ſtatuere, occaſio hujuſmodi ſuppeditaretur, ut iterum atque iterum de fide definiant*. Eam, inquam, ob rationem libellum ſuum ab excuſatione orditur, illiuſque ſcribendi neceſſitatem in adverſariorum malevolentiam rejicit: *Sufficiebat*, inquit, *fides conſcripta apud Nicæam adverſus hæreſim Arrianam: ſed quia pravo ingenio, quidam ſub illius fidei Confeſſione impia verba miſcent, nobis invidiam facientes, quod velut hæreſim Sabellii tueamur; paucis* &c.

Epiſtola quæ tom. 2. operum ſancti Athanaſii Ed. Pariſ. an. 1627. inſcribitur ad Antiochenſes p. 576.

2. Decernunt Patres Synodi, ut *anathemate inuratur Sabellii* &c. *ſtoliditas: quod ſi ita fiat*, inquiunt, *omnis apud omnes ſuſpicio mala delebitur*. Fauſtinus pariter Sabellium damnat nominatim, diſtinctionemque profitetur perſonarum ſanctæ Trinitatis.

Ead. pagina.

3. Synodus petit, ut qui in communionem catholicam recipiendi erant, *execrentur eos qui dicunt Spiritum ſanctum eſſe creaturam & diviſum a ſubſtantia Chriſti*. Et poſt multa: *Spiritum ſanctum non creaturam, neque alienum, ſed proprium & indiſgregatum ab eſſentia Patris & Filii*. Non eodem ſolummodo ſenſu, ſed & iiſdem pene

EDITORUM ADNOTATIONES.

6 Id Queſnellus conjicit ex hypotheſi, quod Codex noſter ſit collectio Eccleſiæ Romanæ. Confer notationem præcedentem. MS. Vindebonenſe eum titulum præfert, quo libellus ad Imperatorem miſſus ſignificatur.

pene verbis consubstantialitatem Spiritus sancti asserit Faustinus in sua confessione: *Spiritus sanctus*, inquit, *non creatura existens, sed Spiritus Dei, non est alienus a substantia Patris & Filii; sed est ejusdem & ipse substantiæ cum Patre & Filio, sicut ejusdem Deitatis*.

4. Actum est etiam de fide dominicæ incarnationis in Synodo, assertaque veritas carnis in Christo, carnis utique animatæ menteque ac spiritu præditæ. Similiter & Faustinus: *Nam qui nos putant*, inquit, *esse Apollinaristas, sciant quod non minus Apollinaris hæresim execramur, quam Arianam*. Hæc omnia indicant, ni fallor, Faustinum objectam oculis habuisse epistolam synodicam, tunc cum suam condebat fidem: nec alio, ut videtur, consilio, quam ut eamdem se cum Athanasio fidem tenere, ac contra Arianos & Apollinaristas defendere comprobaret: tametsi & trium hypostaseon professores damnaret, & lapsorum refugeret communionem.

VII. Anonymi seu forte Gregorii Bœtici fidei libellus.

Sextus fidei libellus, quem continet capitulum XXXIX. Codicis, nomen auctoris præfixum non habet: & quis ille fuerit incertum omnino. Duodecim primæ ejus lineæ leguntur in tomo I. Conciliorum Crabbianæ editionis ad calcem Actorum Calchedonensium, cum hoc titulo: *Fides Romanorum*: ex mutilo, ut conjicere est, codice

7 accepta; ac forte 7 ob eam rationem donatus est hoc titulo libellus, quod ex aliquo Codicis nostri Romani exemplari descriptus sit. Quam suspicionem confirmat unus & alter pannus, qui ex eodem Codice assumtus videtur, eodem Crabbianæ illius editionis loco descriptus. Huic enim Romanorum fidei præmittitur Narratio de Dioscoro Alexandrino, quam habet Codex noster capit 43. Eamdemque fidem sequitur Regula illa Formatarum, quæ Codicem Romanum claudit in Thuaneo exemplari MS. unde non omnino temere conjicias ex simili descriptas esse tres istas partes.

Symbolum Damasi PP. Tom. 9, Operum S. Hieronymi edit. Martii Vict.

Est & apud sanctum Hieronymum Symbolum quoddam Damasi dictum, quod magnam partem ex isto libello concinnatum est: concinunt enim utriusque exordium & finis. Alterutrum genuinum non esse, sibi quisque facile persuadebit; nec minus facile est decernere Damasianum illud fictitium esse, quod vel ex his verbis: *De Patre Filioque procedentem*, manifestum est: hæc enim juniorem ætatem arguunt: & præterea, quod male compactum est opusculum istud,

8 videturque ex variis pannis consutum. 8 Cur Damasi fuerit dictum, mihi non est perspectum: hoc conjicio, a Damasi ætate alienum non esse libellum in Codice descriptum, in quem plura conjecta sunt adversus trium hypostaseon defensores, contra Sabellianos & contra Apollinaristas.

Hieronymo tribuitur Libellus iste Damasianus in MS. Codice Thuan. 199. sub hoc titulo: *Fides dicta a sancto Hieronymo Presbytero*. In quo Codice hoc differt Libellus MS. ab Edito, quod de Spiritu-sancto habet tantum: *De Patre procedentem*; non vero: *De Patre Filioque*: quod antiquitatis nonnullum indicium est. Sed & idem Libellus qualis est in nostro Codice Romano, habetur in eodem Thuan. Cod. 199. post illum Hieronymi nomine donatum, & (quæ hunc sequitur) Gregorii Neocæsariensis seu Thaumaturgi professionem fidei. Est autem hic Libello titulus. *Exemplar fidei catholicæ*.

Reperitur etiam inter opera sancti Athanasii editionis Græco-Latinæ Parisiensis an. 1627. tom. 2. opus de Trinitate inscriptum, divisumque in libros duodecim; in cujus undecimi capite legitur libellus iste noster. Hoc opus sub sancti Athanasii nomine ante octingentos annos laudarunt Theodulphus Aurelianensis Episcopus, Æneas Parisiensis, & Hincmarus Remensis: Athanasii tamen non esse, & jam pridem augurati sunt viri eruditi, & nuper luculenter demonstravit Petrus Franciscus Chiffletius in vindiciis suis Vigilianis Opusc. 2. ubi 9 Vigilio Tapsensi in Africa Episcopo illud asserit ex ipsius etiam Vigilii testimonio. 9

Confessio hæc, quæ libri undecimi exordium est inter opera sancti Athanasii, librum nonum integrum facit in Chiffletiana librorum istorum editione. Eamdem appellari *libellum fidei* in codicibus MSS. Cluniacensi & Pontiniacensi, testis est Chiffletius in suo Opusculo 2. quibus codicibus suffragatur auctor sæculi noni Ratramnus Corbejensis Monachus libro 3. contra Græcos, ubi post plura ex iis de Trinitate libris sub nomine sancti Athanasii decerpta, quædam ex nostro fidei libello refert in hunc modum: *Item in libello fidei sic ait*: *Pater verus genuit Filium verum* &c.

Ratramni contra Græc. opposita libri 4. Tom. 2. Spicilegii Dacheriani, pag. 99.

An Libellus iste sit Vigilii Tapsensis?

Ex dictis quæstio nascitur: an scilicet illa fidei confessio, de qua disserimus, auctorem habeat Vigilium Tapsensem: cum totum opus illud de Trinitate, cujus partem facit, Vigilio asseratur. Verum extra dubium est Vigilii non esse, tum propter alias rationes, quæ ex inferius dicendis elucebunt, tum maxime quia ex isto libello aliqua descripsit sanctus Augustinus Vigilii ætate longe superior, loco a nobis jam jam referendo. Illam itaque excerpsisse Vigilium e Codice Romano facile mihi persuadeo: quod

EDITORUM ADNOTATIONES.

7 Cum titulus huic affinis inveniatur in duabus aliis Italicis & privatis collectionibus recensitis not. 1. in cap. 39. nostri Codicis, quæ Romanæ Ecclesiæ Codices non sunt; ex his, aut alia simili collectione eumdem titulum in MS. Crabbi descriptum fuisse multo est probabilius, quam ex nostro Codice certe non Romano, cujus titulus nihil affine habet cum illo MS. Crabbiani *Fides Romanorum*.

8 Rationem probabiliorem exhibuimus not. 1. in cap. 39. nostræ collectionis.

9 Confer Observ. §.III. n. 5. ubi opus de Trinitate a Vigilio Tapsensi abjudicabitur.

quod eo probabilius est, quod per id tempus, quo scribendis de Trinitate libris incumbebat Vigilius, *in Neapoli urbe Campaniæ*, ut ipsemet loquitur, *constitutus* erat: ubi Romanum codicem fuisse in omnium manibus, nemo admirabitur.

Editus est etiam inter Gregorii Nazianzeni opera libellus hic noster latine tantummodo, estque velut Oratio ejus quinquagesima hac epigraphe decorata: *D. Gregorii cognomento Theologi Episcopi Nazianzeni de fide Nicæna Rufino Presbytero interprete Tractatus*. Gregorio tamen Nazianzeno, immo & cuilibet scriptori Græco opusculum istud abjudicant viri eruditi, Latinique esse lucubrationem autumant. Ad Gregorium quod attinet, interpretemque laudatum, Jacobus Usserius ad calcem Opusculi de Symbolis, ubi nostrum hunc libellum excudi curavit, adnotat se collectiones MSS. operum sancti Gregorii Nazianzeni a Rufino conversorum manibus versasse, 10 nec uspiam apparere istud opusculum: unde concludit non auctorem magis Gregorium, quam Rufinum illius interpretem censendum esse.

Quid de hac ego sentiam, paucis accipe. Est inter ejusdem Gregorii Nazianzeni Orationes Tractatus alter, *De fide* inscriptus, Rufino item interprete, ut fert titulus, estque pro 49. Oratione; cui Libellus noster proxime subjicitur vice Orationis L. Prior ille Tractatus editus est primum Argentorati anno 1508. deinde Lipsiæ an. 1522. demum ceteris Gregorii Opusculis accensitus est. Favetque sanctus Augustinus, qui epist. 3. nunc 148. seu commonitorio ad Fortunatianum Episcopum Siccensem ex eodem Opusculo refert nonnulla, Gregorioque Orientali Episcopo tribuit: *Gregorius etiam sanctus*, inquit, *Episcopus Orientalis apertissime dicit, Deum natura invisibilem, quando Patribus visus est, sicut Moysi, cum quo facie ad faciem loquebatur, alicujus conspicabilis materiæ dispositione assumta, salva sua invisibilitate, videri potuisse*. Gregorii hujus opus esse negant Federicus Morellus, aliique post ipsum viri eruditi, 11 Latinoque auctori adscribunt, tum aliis rationibus adducti, tum ea maxime, quod auctor Scripturam allegans utatur versione illa, quæ Vetus Itala dicitur. Opusculum Græcis ablatum sancto Ambrosio nuncupant operum ejus editores, in quorum tomo 4. habetur sub hoc titulo: *De Filii Divinitate & consubstantialitate contra Arianos*. Sed & Ambrosii non esse contendit Chiffletius, suoque illud Vigilio Tapsensi vindicat pagina 55. Vindiciarum Vigilianarum. Vir quidam doctissimus inter Theologos Parisienses, rejectis superiorum Scriptorum conjecturis & assertionibus, conjicit, ut audio, opus esse
12 Gregorii Bœtici Illiberitani Episcopi, 12
qui ex invicto Nicænæ fidei defensore Luciferiani schismatis sectator factus est. Quibus id conjecturis suspicetur vir eruditus, nescio: his ego adductus in eamdem sententiam
venio. Primum enim auctorem esse 13 La- 13
tinum, præter superiorem Morelli conjecturam, & stilus evincit, & hæc scriptoris verba produnt manifestissime: *Ratio quædam*, inquit, *quæ apud Græcos nuncupatur λόγος*; &c. Et longe post medium hæc alia leguntur: *Et hoc est quod Græci homousion appellant, id est, ajium ipsum, ut audientia nominum personæ fierent, non ut substantiam vocabula separarent*. Viden ut latine primum scriptus libellus? 2. De Gregorio Bœtico testatur Hieronymus eidem æqualis scripsisse eum, 14 *de fide elegantem libellum*, 14
neque hic noster libellus isto elogio indignus. 3. Jam olim Gregorii alicujus nomen præfixum fuisse opusculo locus sancti Augustini laudatus arguit: ut mirum sit vel Ambrosio assertum esse, cujus ut magistri sui curiosissime opera indagarat Augustinus, vel Vigilio Tapsensi adscriptum eo loci, ubi ipse Augustini locum integrum exscribebat. At ut Gregorio non tribuit opusculum Augustinus, nisi ex codicum auctoritate, ita facile ei fuit unum Gregorium pro altero laudare, homini, inquam, dogmaticis rebus, quam criticis, intentiori, & qui unum Gregorium Nazianzenum nosse videtur, quem nimirum effusis ubique laudibus commendat. Unde sicut in illa epistola 3. eum cum Illiberitano confundit; ita lib. 1. contra Julianum cap. 5. eumdem Nazianzenum a Nysseno non discernit, tametsi subdubitans. Ita enim post relata Gregorii Nazianzeni & Basilii Magni testimonia: *Vide jam*, inquit, *utrum sufficiant tibi ex Orientis partibus duo isti tam insignes viri, & tam clara prædití sanctitate*, & 15 *sicut fertur et-* 15
iam

EDITORUM ADNOTATIONES.

10 Etsi codices a Vossio inspecti, aliique versionis Rufinianæ sermonum S. Gregorii Nazianzeni hac lucubratione careant; codex tamen, ex quo prodiit editio Argentoratensis anni 1508., eamdem lucubratiunculam cum novem aliis sermonibus ipsi S. Doctori inscriptis & a Rufino latine redditis cum ejusdem Rufini prologo præferebat: de quo plura videsis in Observ. §. I. n. 2.

11 Vide easdem Observ. §. I. n. 3.

12 Hanc sententiam refellemus in Observ. §. I. n. 4.

13 Confer Observ. §. I. n. 3.

14 Hoc argumentum aliis pluribus auctoribus antiquis, qui fidei libellos, seu tractatus de fide scripsisse traduntur, commune est: unde nihil pro Gregorio Bœtico concludit.

15 Facile fuit Augustino ex vulgari errore, (*ut fertur*, inquit) Gregorium Nazianzenum cum alio ejusdem nominis Episcopo Nysseno Basilii fratre confundere; non tamen Gregorium Bœticum Illiberitanæ Occidentalis Ecclesiæ Episcopum, quem non agnovit, pro Gregorio Orientali absolute traducere; sed Orientalem Gregorium appellavit ex Rufiniana versione, & ex codice, qui Nazianzeni Episcopi nomen præferebant.

iam carne germani. Hæc potius dicenda de Augustino crediderim, quam scribarum diligentiam accusare, qui pro *Eliberitani* supposuerint *Orientalis*: sine auctoritate enim ullius codicis tale aliquid proferre in medium, temerarium est, & hominis gratuita, magis effugia sectantis, quam rationes. 4.
16 Cum Gregorii Bœtici 16 ætate convenit libelli materies, & controversia de tribus substantiis, quæ per illam ætatem agitabatur in Ecclesia. Convenit cum Arianorum, quibuscum res erat Gregorio, moribus & consuetudine, qua catholicos velut Sabellii sectatores passim infamabant. Convenit cum iis quæ de Episcopo illo Eliberitano recitantur: constat enim maxime ex Marcellini & Faustini libello adversus Gregorium, concitatum esse Imperatorum animum, quod, & de se testatur libelli auctor his verbis: *Cum idem*, inquit, *ipse sis ... qui etiam nunc me ambitione & potentia Regum exagites ac turbes omnia* &c. 5. Hoc erat Luciferianorum, e quibus erat Gregorius, proprium, ut trium hypostaseon defensoribus infensi essent. At talem se auctor libelli prodit, cum asserit *non tres Deos Patrem & Filium & Spiritum sanctum*. nam, ut ex Faustini libello fidei habemus, *consequens* putabant Luciferiani, aliique unius hypostasis assertores, *ut tres Deos confiteantur, qui tres substantias confitentur*.

His ex conjectura statutis de priori illo tractatu, qui apud Nazianzenum Orationis 49. locum obtinuit, de posteriori seu de Oratione 50. quæ in Codice nostro libelli nomine jacet, idem dicendum. Et maximus quidem utriusque nexus, quem videre mihi videor, haud scio an alicujus menti hactenus
17 occurrerit. Priorem enim seu xlix. 17. posterioris explicationem & apologeticum esse existimo; & inversum utriusque ordinem.

1. Uterque in stili similitudine convenit. Uterque Rufino interprete gloriatur. Uterque Nicæni Symboli fidem explicat, sed compendiose unus & paraphrastice; alter fusiori & dogmatica ac polemica tractatione. Sed, quod attendi velim, unus alterius explicatio est & apologeticus; prior posterioris.

Enimvero jam a prioris initio profitetur auctor, quod *amore catholicæ fidei ductus jampridem adversus Arianos libellum ediderat. Sed*, inquit, *non defuit qui pro studio doctrinæ, vel pro caritatis officio, ea quæ a nobis dicta sunt scrupulosius retractaret, & quædam ille vel superflua vel ambigua diceret, quæ aliter possint a quibusdam, quam a me dicta sunt, accipi. Proinde rursus ea ipsa planiori sermone in hoc libello digessi, ut & simplicitatem sensus mei ostenderem, & scrupulum legentibus amputarem*. En libellum ab eodem auctore prius editum, & quidem libellum fidei, ut expressis verbis in consequentibus scribit: *Nam &. professio*, inquit, *fidei manifesta est* &c. quod & ex integro libello clarum est.

Libellum autem hunc, quem defendit, eumdem esse ac nostrum, qui cap. 39. Codicis occurrit, plura evincunt. Primum enim quod auctori 18 objiciebatur, ipse refert in hunc modum: *Nam hoc est quod ajunt posse reprehendi; quod ubi Verbum Dei ex persona Filii* (legendum, ni fallor, *pro persona Filii*) *posuimus, tale hoc Verbum intelligere putemur, quale Grammatici tradunt* &c. Et postea: *Mirari me fateor, hoc ita sentiri potuisse, quasi nos personam propriam Verbi, quod est Filius, negaremus, quem tot locis verum Filium de vero Patre natum ingessimus*. Arguebant igitur 1. quod jejunam admodum & inexplicatam Verbi mentionem fecisset auctor in sua fidei professione: unde suspicio nasci poterat non Verbum ab eo increatum & coæternum Patri intelligi, sed creatum aliquid & quale Grammatici tradunt. Deinde carpebant quod personæ voce non usus esset: unde suspicabantur veram ab eo personarum distinctionem non agnosci. Hæc duo fidei libello congruunt, ubi semel tantum *Verbi* nomen apparet sine explicatione; personæ vero nomen nusquam.

3. Legimus etiam in posteriori libello, quod scriptum a se dicit auctor in priori *tot locis verum Filium de vero Patre natum. Confitemur*, inquit posterior, *Patrem verum, qui genuit Filium verum, ut est Deus de Deo, lumen de lumine, vita ex vita, perfectum de perfecto, totum a toto, plenum a pleno*: &, præterea octies Filium & a Patre natum vel genitum commemorat, ut merito dixerit: *Tot locis verum Filium de vero Patre natum* a se ingestum esse.

4. Ipsa etiam verba repetit: *Totum de toto, integrum de integro, perfectum de perfecto*: quod posteriori libello sic exprimit, paucis mutatis, non tamen quoad sensum: *Perfectum de perfecto, totum a toto, plenum a pleno*.

5. Testatur dictum a se Filium *genitum de Patre, non factum*. Ita etiam libellus noster: *Non creatum, sed genitum; non ex nihilo, sed ex Patre*.

6. Arguebatur auctor Sabellianismi, eo quod unum Deum Patrem, Filium, & Spiritum sanctum dixisset: *Sed quia*, inquit, *unius Dei vocabulum diximus, personas negasse putamur*. Ita revera professio fidei: *Non tres Deos Patrem, & Filium, & Spiritum sanctum, sed unum Deum esse confitemur*. Cui accusationi ita satisfacit, ut alia omittam: *Quomodo potui ipsum Patrem, ipsum*

EDITORUM ADNOTATIONES.

16 Non magis cum Gregorii Bœtici, quam cum Nazianzeni ætate ista, & sequentia conveniunt.

17 Orationem 50. posteriorem oratione quadragesima nona ostendemus in Observ. §. I. num. 5.

18 Vide quæ in hanc objectionem animadvertemus eodem n. 5. in fine.

ipsum sibi Filium ponere, & hoc modo unam personam duobus nominibus appellare: quippe cum & hanc sectam, id est, Sabellianam, in eodem libello damnaverim. Verum est: libellus enim hæc habet: *Non sic unum Deum quasi solitarium, nec eumdem qui ipse sibi Pater sit, ipse & Filius; sed Patrem verum, qui genuit Filium verum.*

7. Hæc etiam de libello fidei refert auctor: *Proinde totum Patri adscribimus, quod est Filii, & totum Filio, quod Patris est* &c. Quis non videat locum libelli designari, ubi sic legimus: *Veneramur tamen unum Deum, quia ex uno Patre totum quod Patris est, natus est Filius Deus, & in Patre totum quod inest, totum genuit Filium.*

Sit igitur certum fixumque unius auctoris esse geminum hunc de fide Nicæna Tractatum, nullusque separet, quod non materiæ solum affinitate conjunctum est, sed & scriptoris ipsius consilio, & scripti natura. Quæ quidem postulat, ut quod posteriori loco positum est hactenus, superiorem deinceps obtineat: cum & prius scriptum sit, & alterius sit scripti materies, & demum prius legi debeat, ut alter melius intelligatur.

VIII. Augustini libellus. Post Anonymum fidei libellum, quem modo discussimus, sequitur in Codice cap. 40. *Libellus Augustini de Fide Catholica contra omnes hæreses*: ita enim inscribitur tam in codicibus Thuaneo & Oxoniensi, quam in tertio, quem mecum communicavit vir antiquitatis litterariæ cultor eximius
19 Dom. Vion. d'Herouval. 19 In quo quidem codice cum simul occurrant antiquæ versiones epistolæ sancti Athanasii ad Epictetum, & alterius sancti Cyrilli ad Joannem Antiochenum, quales habentur in nostro Romanæ Ecclesiæ Codice, suspicor ex eodem fonte manasse professionem istam. Magna pars enim codicis MS. Herovalliani est collectio Isidori, cui notum fuisse Codicem nostrum Romanum ideo suspicor, quia ex eo hausisse videtur antiquam, qua utitur, Canonum Orientalium versionem.

Eadem fidei confessio laudatur a Magistro Sententiarum lib. 3. distinct. 21. sub finem: *Secundum quam rationem*, inquit, *dicit Augustinus: Si quis dixerit, atque crediderit Filium Dei Deum passum; anathema sit.* Locus Augustini ad marginem notatus recentiori, ut puto, manu est: *Sermo de Fide qui est 3. in Feria 5. in Cœna Domini.* Revera tom. 10. Operum ejus, exstat Sermo 129. de Tempore, *De fide recta* inscriptus, quem in Appendicem non rejecerunt Doctores Lovanienses, ac proinde Augustinianum fetum esse censuerunt. Verum hæc Confessio apud sanctum Augustinum longe prolixior est & pluribus locis interpolata. In tribus codicibus MSS. duodecim tantum habet anathematismos. Inter sancti Augustini opera auctior aliis quatuordecim anathematismis legitur. Sed & insigne inter utramque discrimen observo (levioribus prætermissis) scilicet in Codicibus MSS. superius laudatis de Spiritu sancto dicitur solummodo, quod *a Patre procedat*; & iterum: *A Patre procedens*: at vero apud Augustinum uterque locus habet, *a Patre Filioque procedat*; & *a Patre Filioque procedens*; quod proculdubio recentioris ætatis indicium est, quam Augustinianæ.

Libellum hunc eumdem insertum legimus Actis Concilii I. Toletani circa annum 400. celebrati; sed eidem 20 novem anathematismi, quos noster non habet, adjecti sunt; 20
detracti vero sextus, septimus & octavus, qui jacent in Codice.

In tanta exemplarium istius libelli diversitate, quid certi statuendum seu de illius sinceritate, seu de auctore, facile non est decernere. Quid ego sentiam, paucis aperio.

Ac primum quidem 21 existimo Confessionem hanc fidei talem ab auctore conditam esse, qualem eam exhibent tres MSS. codices laudati, atque adeo antiquus Romanæ Ecclesiæ Codex: quæ enim & inter S. Augustini sermones & inter Acta Synodi Toletanæ I. habentur auctiores, vel ex solis additionibus & ex mentione processionis Spiritus sancti *ex Patre Filioque*, recentiorem primo illius auctore manum produnt. Libellus, qualis est in Codice, videtur Augustini esse. 21

2. Manifestum est ex libelli ipsius inspectione, concinnatum eum fuisse contra solam Priscillianistarum sectam; tametsi *contra omnes*

EDITORUM ADNOTATIONES.

19 Codex Herouvallianus, quem eumdem esse ac Remensem Antonii Favre Quesnellus in catalogo codicum prodidit, pertinet ad collectionem Additionum Isidori. Hanc autem, sicut & ipsam collectionem Isidori, in Galliis conditam probavimus in Tractatu part. 3. c. 7. & 8. Utriusque autem auctores ex collectione hoc tomo edita, quæ item est Gallicana, nonnulla sumserunt; non vero ex Romano Codice, cui perperam Quesnellus editam collectionem adscripsit. Isidorum autem ex hac collectione hausisse antiquam Canonum Orientalium versionem, falsum est. Ille enim Hispanicam collectionem quoad canones Conciliorum in suam transtulit. Enimvero nec Nicæni & Sardicenses, nec Calchedonenses ita apud Isidorum leguntur, ut in nostro canonum Codice. Quod si in aliis Græcis Synodis Isidoriana & nostra collectio plerumque conveniunt, id ex eo ortum est, quia in iisdem uterque antiquam versionem recepit, Isidorus ex Hispanica, auctor vero nostræ collectionis ex alio fonte vetustiori omnium.

20 In Regula fidei Toletanæ I. Synodo subjecta sex soli anathematismi adjecti: quintus vero, sextus, septimus, & duodecimus non detracti, sed clarius expressi sunt, ut ex Observ. §. II. patebit.

21 Nostram sententiam in iisdem Observationibus §. II. explicabimus.

omnes hæreses scriptum esse scribat tituli auctor in tribus MSS. codicibus. Plures quidem illic errores proscribuntur, qui auctores habuerunt partim Sabellium, partim Origenem, partim Manichæum, & alios; nullos tamen, quos non profiterentur Priscillianistæ; vix ullos, quos iisdem non affigant sanctus Augustinus, sanctus Leo I. & alii. Quæ enim contra Sabellium primæ pars libelli & quatuor primi anathematismi continent, hæc sibi propria fecisse Priscillianistas testis est sanctus Augustinus lib. de Hæresibus c. 70. & lib. contra Priscillianistas ad Orosium, necnon & Leo noster epist. 15. ad Turibium cap. 1. In eodem etiam lib. contra Priscillianistas asserit Augustinus istos hæreticos plura a Manichæis & ab Origenistis esse mutuatos. Unde qui Origenis errores in libello anathematizantur, ipsos in Priscillianistis eo loco damnari evidens puto. Eorumdem hæreticorum societatem affinitatemque cum Patripassianis Sabellii discipulis, cum Arianis, cum Marcione, Cerdone, Paullo Samosateno, Photino &c. observat Leo noster in eadem ad Turibium epistola: eorumque de Incarnatione Domini dogma his verbis exponit: *Qui*, inquit, *sacrilego sensu ita se Christum simulant confiteri, ut incarnationis, & mortis, & resurrectionis auferant veritatem*. Quamobrem ad alios, quam ad Priscillianistas, necesse non est referre, quæ de Incarnatione in eodem libello habentur.

3. Etsi potuerit libellus iste alium Augustinum ab Hipponensi pro auctore habere, velut illum Augustinum Aquilejensem Episcopum, qui Hipponensi æqualis erat, & sedit post Chromatium; ut habet Henricus Palladius de rebus Aquilejensium scribens; nihil tamen vetat quin ab Hipponensi Antistite Augustino conscriptus fuerit: hujus
22 enim ætate conditus videtur; 22 nec stilus discrepat ab Augustiniano, nihilque continet, quod non facile in ejus scriptis reperiatur; præsertim vero in libro de hæresibus, & in altero contra Priscillianistas ad Orosium.

4. Constat ex ipso Augustino tam in hoc ultimo Tractatu, quam in lib. 2. Retractationum c. 4. consultationem ad eum missam ex Hispania ab Orosio de errore Priscillianistarum & Origenistarum; quæ consultatio exstat Augustiniano responso præfixa, tom. 6. ejus Operum. Non ægre igitur putaverim simul cum hoc opusculo missum esse ab Augustino libellum fidei, quem hæreticis catholicam fidem profiteri, & Priscillianum dogma ejurare cupientibus Episcopi Hispani, si hanc approbarent, possent subscribendum proponere. Nec unus Orosius ex Hispanis de hujusmodi erroribus consuluit Augustinum: siquidem ex initio consultationis illius docemur Eutropium & Paullum Episcopos Hispanos commonitorium ad Augustinum transmisisse adversus invalescentes in Hispaniarum regionibus errores. Hac igitur occasione potuit libellus iste & postulari ab Hispaniæ Episcopis & scribi ab Augustino.

5. Probabile admodum est libellos fidei, quos hac Dissertatione discutimus, 23 in
Codicem Romanum conjectos esse a sancto 23
Leone nostro, ut in Dissertatione XII. diximus: eosque e scriniis Apostolicæ Sedis extractos esse, ubi ante servabantur. Quis porro putet hanc fidei Confessionem temere Augustino inscriptam esse, atque ut talem asservatam in scrinio Romano, & insertam Codici, nisi ex indubitato id certum habuissent indicio Romani? An vero facile Augustini res potuit ignorare sanctus Leo, Augustini, inquam, cui æqualis erat, & cujus scripta de fide summo semper in pretio habita sunt apud Sedem Apostolicam? Sed qua occasione Libellus Romam delatus? Hoc licet nobis ignorare. Dicam tamen vel illum ex Africa asportatum a Leone, cum illuc adhuc Acolythus Zosimi decretum adversus Pelagianos detulit: vel Legatos ab Episcopis Hispanis ad Augustinum missos, jussos esse eadem via Sedem Apostolicam adire ex Africa redeuntes, quo Sedis hujus auctoritatem opemque implorarent, ut S. Leone Pontifice factum est, adversus Priscillianos per Ecclesias Hispaniarum grassantes: eosdemque libellum ab Augustino acceptum cum Ecclesiæ Romanæ Pontifice vel proceribus communicasse.

De libello, ut est in Actis Concilii Toletani auctior.

Jam quod ad Concilium Toletanum I. spectat, cui annexum legimus libellum hunc, jampridem monuit doctissimus Cardinalis Baronius ad an. 447. num. 16. ad illud Concilium an. 400. celebratum non pertinere 24 Regulam Fidei ejus Actis insertam; 24
sed potius ad posterius, quod Leonis nostri tempore & admonitione coactum est anno 447. vel sequenti, sive Toleti, sive in alia Hispaniarum civitate. Conjecturam eruditi Cardinalis confirmat epigraphe seu annotatio Libello fidei post Synodi illius Canones præfixa, quam non ex antiquiori mendosaque editione Concilii, sed ex emendatiori Garsiæ Loaysæ describo. Post Canones

EDITORUM ADNOTATIONES.

22 Immo stilum palam discrepare Benedictini editores, qui in expendendis ac vulgandis Augustini operibus maximam stili ejus peritiam consequuti sunt, haud dubie testantur. Ipsorum textum in Observationibus recitabimus §. II. n. 2. ibique alterius Benedictini maximæ auctoritatis consentiens judicium adjicimus.

23 Hanc Romani Codicis hypothesim jam rejecimus in Observ. ad Dissert. XII. Quesnelli, & ex ibidem disputatis tota hæc conjectatio corruet.

24 De hac Regula fidei plura disseruimus tom. 2. not. 5. in Observationes Quesnelli ad epist. 15. S. Leonis. Confer etiam Observationes huic Dissertationi subjiciendas §. II.

nones Toletanæ I. Synodi hæc legimus: *Explicit Constitutio Toletani Concilii*. Vides hic expresse illius Concilii Acta a sequentibus discerni: sequitur enim continuo.

Incipit Regula fidei catholicæ contra omnes hæreses, & quammaxime contra Priscillianos, quam Episcopi Tarraconenses, Carthaginenses, Lusitani, & Bœtici fecerunt; & cum præcepto Papæ urbis Romæ Leonis ad Balconium Episcopum Gallicιæ transmiserunt. Ipsi etiam & suprascripta viginti Canonum capitula statuerunt in Concilio Toletano.

Primam partem hujus annotationis qui conferet cum epistola sancti Leonis ad Turibium, facile animadvertet (quod vel sola Leonis mentio indicat) hanc Fidei Regulam non ad illud antiquius Concilium pertinere, sed ad aliud quadraginta & amplius annis posterius. Suffragatur Concilium Bracarense, seu I. seu II. sub Joanne PP. III. habitum A. C. 563. ubi Lucretius Episcopus in hæc verba Synodum alloquitur: *Credo autem vestræ beatitudinis fraternitatem nosse, quia eo tempore, quo in his regionibus nefandissima Priscillianæ sectæ venena serpebant, beatissimus Papa urbis Romæ Leo... ad Synodum Gallicιæ scripta sua direxit: Cujus etiam præcepto Tarraconenses & Carthaginenses Episcopi, Lusitani quoque, & Bœtici facto inter se Concilio Regulam fidei contra Priscillianam hæresim cum aliquibus capitulis conscribentes, ad Balconium tunc hujus Bracarensis Ecclesiæ Præsulem direxerunt.* Verba hæc commentario non egent; sed clare docent illam fidei Regulam, quæ Toletanæ Synodo I. annexa est, non in ea conditam, sed in alia tempore Leonis celebrata, relectamque post centum annos in Bracarensi, atque illi posteriori Synodo vindicatam.

Hanc autem fidei confessionem Hispani Episcopi vel a Leone tunc acceperunt e Codice Romano decerptam, & cum aliqua epistolarum, quas tunc temporis ad eos scripsit Pontifex, transmissam: vel eam e propriis scriniis eduxerunt, quibus olim concredita fuerat, cum ab Augustino accepta est, ut superius conjecimus. Sic tamen eam confessionem usurparunt Synodi Patres, ut præsenti Ecclesiarum suarum necessitati accommodarint; 25 demtis tribus anathematismis, scilicet 5. 6. & 7. ex Augustiniano libello, tribusque aliis in eorum locum substitutis: ob eam procul dubio caussam, quod grassantibus tunc per Hispanias erroribus isti magis, illi minus congruebant: sed & alios sex post Augustinianos adjecerunt, quibus proscribuntur errores Priscillianorum a S. Leone notati in sua ad Turibium adversus eosdem hæreticos epistola: ita ut facile in mentem cujusque venerit, ab ipso Leone in hunc modum auctos concinnatosque anathematismos fuisse & in Hispaniam missos.

Posteriorem hanc partem annotationis, fidei libello præfixæ post Canones Toletani I. Concilii: 26 *Ipsi etiam & suprascripta Canonum capitula statuerunt in Concilio Toletano:* putat Card. Baronius ad Episcopos Concilii I. Toletani referendam esse, maleque huc translatam ab imperito scriba. Sed quid vetat ea intelligi de Episcopis Leonis tempore congregatis, qui statuta olim a Synodo priori decreta, de novo statuerint, ad id corruptela in mores & disciplinam illius temporis invecta adducti? Certe nec MSS. Codicum consensus ea subreptitia credi sinit, neque ista verba: *Ipsi etiam & supradicta* &c. ad alios referri Episcopos, quam qui in eadem epigraphe nominantur, & Leonis tempore convenerant. Quæ si vera sunt, jam de loco hujus Synodi dubium non restat: cum aperte Toletum congregatos esse postrema verba testentur. De qua Synodo plura alibi in Notis ad laudatam Leonis epistolam 15. ad Turibium.

Libellus apud Augustinum interpolatus, & Damasi anathematismis auctior.

Superest ut de libello, quomodo jacet inter Sermones S. Augustini, aliquid dicamus. Ejus interpolationem superius notavi: hoc nunc observo, viginti sex anathematismos in eo legi, quorum duodecim priores iidem sunt, qui & in nostro Codice jacent, quosque vere Augustinianos puto; alios quatuordecim nec in Codice Romano haberi, nec in Concilio Toletano. Descripti sunt vero, & huic libello assuti ex Confessione fidei catholicæ, quam Damasus Papa misit ad Paullinum Antiochenum Episcopum, quamque habes in Codice nostro Romano pag. 214. An alicujus Synodi auctoritate ita in unum compacti sint duo libelli, an proprio studiosi alicujus ingenio; prorsus ignoro: illud non omnino improbabile. Ceterum hoc moneo, istos Damasi PP. anathematismos nonnullis interpolationibus laborare apud Augustinum, inter quas unicam observo: ubi videlicet in nostro Codice & apud Theodoritum hæc legimus de Personis divinis: *Omnia salvantes*: habetur in illo Augustiniano sermone: *Omnia quæ salvanda sunt, salvantes*.

Sed quomodo, quæret aliquis, Libellus iste inter eos S. Augustini sermones, qui feriæ v. in Cœna Domini assignantur, locum habuit: cum in eo ne apex quidem appareat, qui hujus diei solemnitati conveniat, vel accommodari possit? Nec hoc minus

EDITORUM ADNOTATIONES.

25 Non demti, sed aliis verbis expressi clarius fuere anathematismi 5. 6. 7. & 12. ut not. 20. animadvertimus.

26 Vide quæ de his verbis diximus tom. 2. n. 5. in Observationes Quesnelli ad epist. 15. S. Leonis, & quæ adjicientur in sequentibus Observ. §. II. n. 3.

nus obscurum, quam cetera. Dicam quod venit in mentem. Post prolatum anathematismum seu capitulum 16. Concilii Bracarensis secundi an. 563. *Si quis*, inquit, *quinta feria paschali, quæ vocatur Cœna Domini, hora legitima post nonam jejunus in Ecclesia Missas non tenet; sed secundum sectam Priscilliani festivitatem ipsius diei ab hora tertia per Missas defunctorum soluto jejunio colit, anathema sit.* Ex hoc capitulo intelligimus feriam quintam in Cœna Domini a Priscillianistis per sacrilegas suas ceremonias esse pollutam. Quod si dicamus, eam ob caussam & propter mysteriorum solemnitatem Episcopos Hispanos eamdem feriam delegisse, in qua professio fidei adversus Priscillianos publice in fidelium cœtu legeretur: vel eam ipsam diem, in qua (ut adhuc hodie observatur) solebant pœnitentes publici Ecclesiæ reconciliari, eorum etiam reconciliationi destinatam esse, qui Priscillianorum hæresim ejurare & catholicam fidem profiteri volebant, quibus ea fidei professio præscripta fuerit publice edenda; quæ cum in Ritualibus Hispanicarum Ecclesiarum libris inventa fuerit inter solemnes feriæ v. in Cœna Domini ritus ac preces; & eodem loco, vel alibi, ut vidimus, nomen Augustini præferret: inde fortasse occasio nata est locum huic Libello dandi inter Sermones hujus sancti Doctoris illi feriæ v. assignatos. Hanc conjecturam in medium adduco, quoniam quid melius dicam modo, animo non occurrit. Plura & doctissimo viro digna expectamus de hoc Libello a R. P. Domno Francisco Delfau, Asceta Benedictino, in ea, quam cum suis San-Germanensis Cœnobii collegis adornat, operum S. Augustini editione.

IX. Formula libelli fidei.
Post epistolam S. Athanasii ad Epictetum & alteram S. Cyrilli Alexandrini ad Joannem Antiochenum, quæ cap. 52. & 53. habentur, sub eodem hoc capitulo 53. ad cal-
27 cem legitur: *Formula Libelli fidei*: 27 quam a Romana Sede missam puto ad Orientales, præsertimque ad Constantinopolitanos. Istud ex his libelli verbis conjicio: *Epistola ad sanctæ memoriæ Flavianum Constantinopolitanæ urbis Episcopum nostrum.* Illud probat mentio confirmationis definitioni Calchedonensi datæ a S. Leone, & ejusdem ad Flavianum epistolæ. Tota hæc formula confecta est ex parte definitionis Calchedonensis, quæ ab aliis pro altera definitione habetur, ab aliis pro posteriori ejusdem & unicæ parte, ab aliis denique Tractatus Concilii Calchedonensis dicitur, cujus prima hæc sunt verba: *Suffecerat quidem* &c. Ex versione illa sumta videtur, quæ Rustico Diacono tribui solet; etsi in nonnullis aliquantisper discrepet. Cur vero illigata sit hæc formula epistolis S. Cyrilli ad Joannem Antiochenum & sancti Athanasii ad Epictetum; inde suspicor natum, quod simul illæ subscribendæ revertentibus ad catholicam Eutychianis vel Nestorianis propositæ sint seu Constantinopoli seu Alexandriæ. Nec hoc sine exemplo: siquidem renitentibus aliquando Orientalibus, ne S. Leonis epistolæ subscriberent, 28 optio ab ipso Leone data est, 28
ut vel suæ vel Cyrilli epistolæ consensum adhiberent. Epistola 54. nunc 70. ad Pulcheriam de Anatolio hæc habet: *Simplex est*, ep.54.nunc 70. ad Pulcheriam.
inquit, *absolutumque quod posco: ut remoto longarum disputationum labore sanctæ memoriæ Cyrilli Alexandrini Episcopi epistolæ, quam ipse ad Nestorium miserat, acquiescat; vel epistolæ meæ, quæ ad sanctæ recordationis Flavianum Episcopum est directa, consentiat.*
Et epist. 88. (*nunc* 117.) ad Julianum, ubi de ep.88.nunc 117. ad Julian. c. 3.
rebelli Monachorum Palæstinorum imperitia: *Quæ si de nostra*, inquit S. Leo, *putat ambigendum esse doctrina, saltem beatæ memoriæ Athanasii, Theophili & Cyrilli Alexandriæ Sacerdotum scripta non renuat: cum quibus ita fidei nostræ forma concordat, ut in nullo a nobis discrepet, qui se illis consentire profitetur.*

Quod ad tempus conditæ formulæ attinet: 29 per ea proculdubio tempora scripta 29
est, quibus Acephalorum secta per Orientem grassabatur. Qui hæretici cum Calchedonense Concilium & Leonis tomum abjicerent, his semper conditionibus ad Ecclesiæ communionem invitati sunt, ut utrumque amplecti se profiterentur: quod omnia pene probant Ecclesiæ monumenta, quæ supersunt, Simplicii, Felicis, & Gelasii Pontificum Romanorum temporibus scripta. Ad hujus postremi ætatem Formulam refero, quoniam hæc post illius epistolas inserta Codici legitur.

Sub capitulo 55. habetur Damasi Papæ X. Confessio fidei Damasi PP. ad Paullinum Antioch.
epistola ad Paullinum Antiochenum Episcopum

EDITORUM ADNOTATIONES.

27 Hanc formulam ex Leonis mente scriptam vel Roma Constantinopolim fuisse missam, vel Constantinopoli ad Leonem directam atque ab eodem approbatam & latine redditam in aliquot Latinas collectiones transisse putamus. Vide not. 9. in epist. 167. S. Leonis tomo I., ac adnotationes in ipsam formulam hoc tomo editam cap. 53. nostri Codicis. Hæc autem formula non est confundenda cum definitione Concilii Calchedonensis, quam a Quesnello omissam sequenti cap. 54. ejusdem Codicis ex hujus collectionis MSS. exemplaribus produximus; quæque ab interpretatione Rustici maxime discrepat.

28 Vide not. 8. in epist. 70. S. Leonis tomo I., ubi hanc Quesnelli optionem refellentes, ostendimus in epistola 54. nunc 70. ad Pulcheriam, particulam *vel* pro & a Leone fuisse acceptam: quod plenius confirmavimus not. 5. in epist. 51. nunc 67. eodem tomo I. col. 1001.

29 Si hæc formula, ut indicavimus not. 27. Leonis tempore scripta fuit; anterior proculdubio Acephalorum hæresi dicenda est.

pum cum formula fidei illi annexa. Cujus titulus, qui Paullinum Antiochenum Episcopum expressis verbis habet in utroque nostro Codice MS. dubium omne removet, quod ex antiquioribus tum Conciliorum editionibus, tum Theodoriti versionibus nasci videbatur: ubi Paullinus Thessalonicensis Episcopus legebatur.

Formulam autem fidei una cum epistola simul missam esse a Damaso non dubito, ac proinde alteram ab altera non esse, ut hactenus factum est, separandam. Hoc primum persuadet Codicis utriusque nostri auctoritas; qui non modo unam alteri proxime subdit, sed & utramque sub uno eodemque capitulo repræsentat: ita ut formula fidei, etsi ab epistola distincta sit, illi tamen veluti pars quædam alligari debere videatur. 2. Certum est ex ipsius epistolæ initio una cum epistola missam esse formulam fidei, quæ hæreticis ad catholicam revertentibus subscribenda proponeretur: *Fidem*, inquit, *misimus, non tam tibi, qui ejus fidei communioni sociaris, quam his qui in ea subscribentes tibi, id est nobis per te, voluerint sociari*: quod proculdubio de professione fidei distincta ab epistola intelligendum venit. Quod enim inferius post nonnulla de fide Incarnationis interposita, de epistolæ ipsius subscriptione mentionem habeat, hoc ob eam caussam scriptum puto, quod cum epistolæ subjecta esset fidei formula, qui huic subscribebat, illi pariter subscribere censeretur: eo ferme modo, quo quis formulæ ex annexo Episcopi mandato propositæ subscribens, etiam mandato episcopali, quam formulæ ipsi subscribit. 3. Quia hoc in more erat positum, ut ab hæreticis ad communionem catholicam aspirantibus, non brevissimæ, qualis est hæc, epistolæ, in qua non prolixe satis fides explicatur; sed distinctæ ac lectis verbis conceptæ formulæ subscriptio exigeretur. 4. Titulus formulæ, ut est in Thuaneo, hoc ipsum prodit clarissime. Verum dum hæc scribo, opportune occurrit Collectio Romana Lucæ Holstenii, quæ Romæ edita est anno 1662. in eaque invenio formulam fidei seu anathematismos ipsi insertos epistolæ, eo loco qui litterula a nobis notatur. Ut jam assertio nostra non solis nitatur conjecturis,

sed Codicis auctoritate, quo docemur saltem professionem hanc fidei ab epistola sejungendam non esse, & utramque eodem esse tempore editam.

Inde sequitur, synodicam esse Damasi epistolam. Siquidem testis est Theodoritus illos anathematismos, quos sequenti capite refert, ab Episcopis in magna Roma congregatis sancitos esse; eosque Concilio III. Romano sub Damaso vulgo assignant. Illud etiam innuere mihi Damasus ipse videtur; qui de familiari epistola, quam per Vitalem miserat suo solum nomine, ipso initio hujus sermonem habens, singularem numerum usurpat, *rescripta direxeram: tuo judicio derelinquens: indicaveram.... me commotum*: postmodum vero alteram hanc epistolam commemorans a pluribus vel plurium nomine scriptam eam indicat, cum ait: *Misimus: nobis sociari, scribimus, consensus noster*. Et revera nihil hujusmodi rerum sine Synodo agere consueverant Pontifices Romani: quam consuetudinem multum intererat hac in occasione non violari, in tanti, inquam, momenti negotio, quod fidem communemque fidei professionem attinebat: in quo merito timendum erat, 30 ne Orientales Occidentalibus pau- 30
lo iniquiores fidei formulam repellerent, quam non cognovissent numeroso Occidentalium Concilio roboratam.

Theodor. l. 5. cap. 10.

Ad quem porro annum utraque referenda sit, non extra dubium est. Si ordinem, quo anathematismi descripti sunt a Theodorito, annorum ordini respondere constaret, certum esset pariter formulam hanc fidei post annum CCCLXXXI. editam esse: cum ab eo post Synodum secundam œcumenicam referantur; immo & post alterum Episcoporum in Regia urbe conventum, postque rescriptas ad eorum epistolam Damasi litteras. Idem tempus innuere videtur, cum, recensitis cap. 11. anathematismis, hæc de tempore subjicit: *Et hæc quidem gesta sunt superstite Gratiano*: quæ vitæ hujus Imperatoris finem indicare videntur, quem tamen toto decennio antevertit communis epocha Concilii III. Romani, a quo fluxisse creduntur anathematismi. Baronium, qui epistolam ad ann. Ch. 373. refert, merito arguit H. Valesius, a quo 31 scripta dicitur 31

 ann.

EDITORUM ADNOTATIONES.

30 Licet Romani Pontifices res magni momenti in Romana Synodo discuterent atque deciderent; epistolas tamen solo Pontificis nomine solebant inscribere, quod Apostolicæ Sedis auctoritas potissimum spectaretur, eamque non solum Occidentales, sed Orientales etiam *propter principalitatem*, ut Irenæus loquitur, præsertim in fidei caussis maximi faciendam perpetua Ecclesiæ traditione didicissent. Hinc ipsa epistola, de qua nunc sermo est, non Romanæ Synodi, sed solius Damasi nomine prænotatur: & soli Damaso tribuitur in allocutione Synodi Calchedonensis ad Marcianum Augustum tom. 4. Concil. Ven. editionis col. 1766.

31 Scripta fuit, cum spes erat de Vitali tunc Presbytero, antequam apertum schisma conficiens, ab Apollinaristis ad Episcopatum Antiochenum promoveretur. Porro is se gerebat Episcopum Meletio vivente: unde Hieronymus in epist. ad Damasum de tribus hypostasibus tres Episcopos Antiochenam Ecclesiam simul occupantes memorat: *Non novi Vitalem, Meletium respuo, ignoro Paullinum*. Meletius autem obiit anno 381., dum Constantinopolitana Synodus agebatur. Igitur ante hanc Synodum Vitalis Episcopus erat; ac propterea non paullo post, sed ante aliquanto, eodem Vitale jam Presbytero hæc epistola a Damaso scripta fuit. Tillemontius eam affigit anno 375. Coustantius vero anno circiter 378. Plura de hac re disserere non vacat.

35 mo septuagesimo: 35 hoc quippe anno habita est Augustodunensis in Gallia Synodus sub sancto Leodegario Episcopo, cujus hic Canon legitur: *Si quis Presbyter, Diaconus, Subdiaconus, vel Clericus Symbolum, quod sancto inspirante Spiritu Apostoli tradiderunt, & Fidem sancti Athanasii præsulis irreprehensibiliter non recensuerit, ab Episcopo condemnetur*. Immo & jam ab anno 633. aliqua ex isto Symbolo descripta mihi videntur in ea Confessione fidei, quæ edita est a Concilio Toletano IV. habeturque capit. 1. ejusdem.

4. Dubium non est quin multis ante Synodum illam Augustodunensem annis compositum esset, & jam olim per totam Ecclesiam celebre evasisset: numquam enim sapientissimi Antistites id commisissent, ut istam fidei formulam omnium ordinum Clericis amplectendam & *irreprehensibiliter*, ut ajunt, *recensendam* synodali edicto sub condemnationis pœna præciperent, immo & illam e regione cum Symbolo Apostolico ponerent, nisi jam longo usu recepta, approbata, & inter germanas magni Athanasii lucubrationes numerata fuisset; quod nisi post plurimorum annorum seriem fieri vix potuit.

XIII. Quo tempore scriptum videtur Symbolum Athanasianum?

5. Hinc sequitur ejus auctorem non extra centum fere annorum illorum spatium requirendum esse, qui ab Hilari Papæ Leonis successoris Pontificatu usque ad finem sexti sæculi vel septimi initium elapsi sunt; Ut sexaginta vel septuaginta ante Synodum Augustodunensem anni evulgando Symbolo dentur, ejusque auctoritati per omnes Ecclesias stabiliendæ: præsertim cum hujusmodi *Canones, Augustodunenses sancti Leodegarii Episcopi* dicti, quibus & ille, qui de Symbolo agit, annumeratur, a solo Leodegario in Diœcesana Synodo pro Ecclesia sua conditi esse videantur, ut vel ille titulus indicat. Existimandum enim non est unicum Episcopum hoc sibi arrogaturum fuisse, ut novum Symbolum, nec ab universa Ecclesia vel usu receptum, vel a multis approbatum, Clero suo velut fidei tesseram memoria tenendam, corde credendam, ore confitendam gravi intentata pœna præciperet. Quamquam, ne quid dissimulem, vix aliquid certi ex unico illo Canone Augustodunensi statuere auderem, nisi me doctissimorum virorum compelleret auctoritas, Jacobi, inquam, Sirmondi, Petri de la Lande, & Godefridi Hermantii, qui laudatum Canonem ad annum 670. referre non dubitarunt, cum tamen nec MSS. collectiones, ex quibus editus est, nec ulli auctores quicquam de illius ætate vel leviter attingant; nec potior videatur esse ratio illum sancto Leodegario ejusque Synodo tribuendi, quam posteriori alicui Augustodunensi Episcopo vel Concilio. Eorum tamen sententiæ libenter accedimus, donec lucis amplius aliquid affulgeat. Hujus ergo auctoris, quem inquirimus, ætatem intra annum circiter 480. & sexcentesimum statuendam esse putamus, vel etiam intra brevius spatium.

6. Certum videtur neque casu, neque Librariorum incuria, nomen Athanasii in hujus scripti titulum irrepsisse; sed potius ex certo consilio 36 ab ipso auctore fuisse sancto Athanasio adscriptum: quotquot enim illius exemplaria seu manu exarata, seu excusa, hactenus visa sunt, præ se ferunt Athanasii nomen. 36

XIV. Non est impostoris scriptum.

7. Tantum abest ut imposturæ arguendus sit, quisquis talem fidei professionem sub alieno nobis nomine ingessit, quin potius Spiritu Dei istud consilii ab eo ceptum fuisse evincit ipsius Symboli contextus, in quo mire elucet & fidei docta simplicitas, & divina Spiritus unctio, quibus ita sanctis Ecclesiæ Patribus Athanasiana fide dignum apparuit, ut illud singulis dominicis omnium Clericorum ore celebrari & inter Officii ecclesiastici partes censeri voluerint. Enimvero latissimum discrimen est inter ipsum; & impostorem illum, qui nobis tot commentitias epistolas sub Pontificum Romanorum nominibus pessima arte menteque confictas protulit: in hujusmodi enim epistolis nihil pene est, quod non aliis turpi furto subreptum fuerit, vel quod iis Pontificibus quibus tribuuntur, indignum non sit, ut pote & illorum temporum disciplinæ adversum, & ex consutis pannis male compactum. In hoc vero Athanasiano Symbolo omnia Athanasio digna sunt, omnia fidei sinceritati, quæ exponitur, apprime convenientia. Immo nec titulus ipse mendacii potest omni ex parte argui: non enim, ut in hodiernis codicibus legitur, *Symboli* nomen præ se tulit, sed *Fidei*. Ita in Augustodunensi Canone supra descripto; in Breviario MS. Monasterii Casinensis sexcentorum fere annorum, de quo inferius dicturi sumus, & alibi. Genuinumque esse scripti hujus titulum probant versiones Græcæ, in quibus appellatur ἔκθεσις, vel ὁμολογία τῆς καθολικῆς πίστεως, vel περὶ πίστεως κατὰ συντομίαν; hoc postremum habet Symbolum Athanasianum a Græcis interpolatum, a Jacobo Usserio editum: auctores pariter Latini illud expositionem fidei, vel sermonem de fide, inscribunt: inter quos Hincmarus Archiep. Rhemensis

Hanc

EDITORUM ADNOTATIONES.

35 Non anno 670., sed anno 676. vel 677. hanc Synodum habitam ostendit Bohierius in epist. ad Mabillonium. Vide tom. 7. Concil. Ven. edit. col. 549. not. 1.

36 S. Athanasii nomen ab ipso auctore præfixum symbolo ex vetustioribus MSS. exemplaribus falsum ostendemus in Observ. §. III. n. 2. & 3.

Hanc autem esse Athanasii fidem, quæ hoc Symbolo continetur, nemo inficias ierit, qui quidem Athanasium crediderit a catholica fide non recessisse.

XV. Cur sub alieno nomine evulgatum? Sed cur, inquies, auctor catholicus alieno nomine, non suo, opus suum inscripsit? Dum enim Athanasii nominatur Symbolum, quod tamen sancti Athanasii non esse convincitur, metuendum est ne inter spuria & apocrypha numeretur: quod Salonius Episcopus Gallus timebat ne Salviani libro eveniret, quem sub Timothei nomine ad Ecclesiam catholicam scripserat. Verum quod Salvianus respondet in epistola ad eumdem Salonium, respondeo similiter: *Sufficere ad excludendam penitus apocryphi stili suspicionem etiam hoc solum posse, quod satis perspicuum est libros neotericæ disputationis esse, & a posterioris temporis homine divinarum rerum studio atque amore conscriptos. Carent enim apocryphi suspicione, qui agnoscuntur*, nec Athanasii, nec hominis Athanasio coævi, nec Græci esse auctoris. Quod autem proprium nomen subticere voluerit, id metu hæreticorum & adversariorum fidei, cum quibus auctor vivebat, dum scriberet, accidisse putandum est: de quo & amplius aliquid inferius dicemus.

Ex his porro, quæ supra statuimus, quæque vix in dubium revocari possunt, hoc elicimus, quod ad inveniendum auctorem hujus Symboli viam aperit: auctorem scilicet illum in primis catholicum intra centum fere illos annos vixisse & floruisse, qui Leonis vel Hilari Romanorum Pontificum mortem proxime sequuti sunt: eumdem metu persecutionis nomen proprium suppressisse, ac proinde eum in ea regione sedem habuisse, in qua fidei catholicæ hostes Ariani que præsertim rerum potiebantur; & eo tempore, quo Arii, Nestorii & Eutychis errores longe lateque spargebantur: tres enim istas potissimum hæreses hoc Symbolum confodit.

XVI. Vigilium Episcopum Africanum videri auctorem esse Symboli Athanasiani. Omissa porro eorum sententia, qui illud homini Gallo tribuunt, in quibus est P. Pithœus lib. de Process. Spiritus sancti, quam in sententiam propendere se profitetur Vossius in Appendice suæ in hanc rem Dissertationis: videntur hæc omnia, quæ præmisimus, maxime convenire 37 Vigilio Tapsitano seu Tapsensi in Africa Episcopo, nec cuiquam potius hoc opusculum tribui posse arbitror, quam acerrimo huic catholicæ fidei defensori. Floruit enim Vigilius iste sub finem quinti sæculi, & ut verisimile est, ad sextum usque pervenit, quippe qui anno 484. Bizacenorum omnium Episcoporum ultimus erat, ut ex notitia Africanorum Antistitum, Regis Hunnerici jussu pro reddenda fidei ratione convocatorum feliciter conjicit Petr. Franc. Chiffletius in notis ad eumdem hunc Vigilium. Præterea vivebat Vigilius & sedem episcopalem tenebat in Africana regione, in qua Vvandali Ariana peste infecti catholicos omnes dira persecutione vexabant; ita ut de catholica fide vel verbum proferre crimini verteretur. Eo etiam vivebat tempore, quo Nestoriana & Eutychiana hæreses maximos in dies progressus agebant, præsertim per Orientales Ecclesias, ad quas fugere compulsus est Vigilius ab impio Rege extorris factus. Denique, quod magnopere pensandum est hac in disquisitione, admodum familiare fuit Vigilio, ut si quæ scriberet opuscula sæviente persecutione, 38 ea non suo, sed sub antiquorum Patrum vel Auctorum persona in publicum emitteret. Sic librum contra Marivadum scripsit sub nomine Idacii Clari: alterum composuit in persona S. Augustini contra Felicianum Arianum: tertium contra Palladium Ambrosio vel Gregorio Nazianzeno inscriptum. Sed & sub nomine sancti Athanasii plures, quam sub aliorum persona evulgavit: duodecim enim de Trinitate libros habemus inter opera sancti Athanasii, latine tantum editos, quos Vigilii esse clamant eruditi; * sicut & Dialogorum libros inter Athanasium, Arium, & Probum Judicem. Sed etsi non indubitata fide essent Vigilii memorata hæc Opuscula; saltem Dialogus adversus Arianos, Sabellianos, & Photinianos, vel ipso Vigilio fatente, ab ipso sub nomine Athanasii contra Arium, Sabellium, & Photinum coram judice Probo disputantis, compositus est; ex quo certe maximum pondus accedit conjecturis nostris. Ipse, inquam, Vigilius in præfatione hujus dialogi hoc profitetur: *Utile hoc*, scribit ille, *& valde commodum apparuit, ut uniuscujusque hæretici personam cum sui dogmatis professionibus, quasi præsentes cum præsentibus agerent, introducerem .... Sabellium ergo, Photinum, Arium, atque ad nostras partes Athanasium introduxi: ut veritas summo confligentium certamine eliquata ad omnium notitiam perveniret.*

*Jac. Sirmondus in Not. ad Theodulphum de Spiritu sancto, Phil. Labbeus de Script. Ecclesiast. Chiffletius in Opusc. 2. vindicarum operum Vigilii Tapsensis.

Inde etiam confirmatur 1. hæc nostra opinio, quod quos adversarios fidei præcipue impugnat Symbolum, Arianos scilicet & Eutychianos, eosdem semper scriptis suis persequutus est Vigilius. Pleraque enim Opuscula sua contra Arianos, qui Africanas vastabant Ecclesias, conscripsit, & insigne opus adversus Eutychianos emisit, quo & sancti Leonis epistolam & Calchedonense decretum ab hæreticorum impugnationibus strenue vindicat.

2. Alias fidei professiones etiam sub nomine Athanasii edidit Vigilius, quæ eum hujus-

EDITORUM ADNOTATIONES.

37 Hanc Quesnelli sententiam refellemus in iisdem Observ. §. III. n. 5. & 6.

38 Non omnia Athanasii, aut aliorum Patrum nomine edita opera, quæ Vigilio Tapsensi tribuuntur, ipsius esse liquebit ex dicendis in Observ. §. III. n. 5.

hujusmodi Opusculis conscribendis assuetum 39 produnt. Velut sunt 39 illæ quæ libris de Trinitate insertæ leguntur. Hanc autem, quæ Symboli nomen obtinet, tunc ab eo conditam esse existimamus, cum Constantinopoli exularet; quo tempore jam multa ediderat Opuscula contra hæreticos Arianos, cum adhuc in Africa moraretur. Audiens autem, cum esset in Oriente, quantas strages ageret in Africanis Ecclesiis Ariana hæresis, & quo in discrimine versaretur popularium suorum fides; pastoralis officii partes esse existimavit periclitanti populo suo suppetias ferre, simplicioribusque Christianis eam fidei professionem ob oculos ponere, quæ remotis omnibus subtilioris & implicatioris Theologiæ ambagibus, catholicam doctrinam pure, nitide, breviterque exponeret. Qua expositione Ecclesiam suam aliasque Africanas non solum adversus Arianæ sectæ perfidiam muniendas esse existimavit; sed etiam adversus Nestorianam & Eutychianam; quæ cum apud Orientales, inter quos agebat, longe lateque grassaretur, eam ad Africanas regiones, vel jam esse invectam, vel invehi facile posse videbat. 40 40 Athanasii nomine ornandam esse existimavit hujusmodi professionem: quia & tanti viri auctoritate, eos qui sola auctoritate ducuntur, retinendos fore putabat; & probe noverat illius ævi eruditos non posse in hunc errorem induci, ut Athanasio illam expositionem tribuerent, reclamante novellarum hæresum, quam distincte habet, mentione. Sed & hoc necessarium omnino videbatur, ne quisquam Africanorum, qui tunc vivebant, Episcoporum de condita hujus fidei formula in suspicionem apud hæreticos deveniret, ac propterea in certissimum vitæ discrimen, quæ Arianorum erat sævities, adduceretur: quod merito timendum fuisse intelliget quisquis Victoris Vitensis de Persecutione Africana narrationem perlegerit.

3. Etsi in tam brevi & in hujus generis septiuncula, qualis est hæc fidei professio, vix locus sit conferendo stilo cum ceteris Vigilii lucubrationibus (aliam enim dicendi rationem breves & exegeticæ fidei formulæ; aliam scripta prolixiora & polemica exigunt;) non levem tamen inter Sym-
41 bolum & alia Vigilii opera 41 stili affinitatem scribendique rationem deprehendere mihi videor. Eamdem enim methodum sectatur in Opere contra Marivadum scripto, & præsertim libro 3. quam & in Symbolo conficiendo tenuit: ita ut prior pars Symboli, quæ Trinitatis unitatem contra Arianos defendit, compendiosa videatur esse recapitulatio eorum, quæ centum capitulis exponuntur in tribus illis contra Marivadum libris: isti enim toti sunt in exponenda probandaque unitate Trinitatis, & Trinitate unitatis, quæ est prioris partis Symboli propria materies. Sed & hoc distinctius apparet in lib. 3. tria enim hujus priora capitula, totidem has propositiones complectuntur cum suis probationibus: *Deus Pater, Deus Filius, Deus Spiritus sanctus. Dominus Pater, Dominus Filius, Dominus Spiritus sanctus. Omnipotens Pater, Omnipotens Filius, Omnipotens Spiritus sanctus*: quæ totidem & iisdem verbis habentur in Symbolo. In quo plures aliæ ejusdem formæ propositiones leguntur: sicut & in dicto libro 3. longe plurimæ; videlicet ad centenarium usque numerum, Scripturæ testimoniis probatæ reperiuntur, eumdemque, ni fallor, spirant auctorem. Alia quoque non minus sibi invicem convenientia fortasse deprehendet qui attentius & majori otio ceteras Vigilii lucubrationes evolvere voluerit: nobis hæc modo sufficiant ex occasione scripta.

Absoluta Dissertationum nostrarum editione, inveni Codicem Thuaneum, in quo Dialogus Vigilii Tapsensis adversus Arianos, Sabellianos, & Photinianos legitur sub hoc titulo: *Incipit Altercatio Athanasii cum hæresibus*. Post hunc Tractatum habentur Symbolum Nicænum & Formula fidei Ariminensis Concilii, quam proxime sequitur Symbolum Athanas. cum hac epigraphe: *Fides dicta a sancto Athanasio Episcopo*. Porro conjecturæ nostræ de auctore hujus Symboli, Vigilio non parum suffragatur quod in antiquissimo Codice 42 illigatum reperia- 42
tur Opusculo; cui nomen Athanasii pariter præfixum legitur, sed quod Vigilii Tapsensis esse indubitatum habetur ipsius Vigilii testimonio; siquidem lib. 5. adversus Eutychen num. 2. hæc scribit: *De Conciliorum*, inquit, *diversis sanctionibus, & nominum religiose additis novitatibus plenissime in iis libris, quos adversus Sabellium, Photinum & Arium sub nomine Athanasii, tamquam si præsentes cum præsentibus agerent (ubi etiam Cognitoris persona videtur inducta) conscripsimus, a nobis fuit expressum* &c. Nec omittam observare locum ex ejusdem libri 5. Vigilii Tapsensis num. 6. ubi unitas Christi ex Deo & homine constantis confertur cum unitate hominis ex anima rationali & carne subsistentis: *Sicut credimus unum esse hominem, animam rationabilem & carnem; ita credamus unum esse Christum Deum & hominem*; quæ omnino similia sunt his Symboli Athanasiani verbis: *Sicut anima rationalis & caro unus est homo; ita Deus & homo unus est Christus*.

EDI-

EDITORUM ADNOTATIONES.

39 Has formulas Vigilio Tapsensi perperam adscribi in Observ. loco citato probaturi sumus.

40 Hic præsumitur Athanasii nomen ab ipso auctore initio inscriptum fuisse, quod tamen falsum ostendemus in Observationibus, ut nota 25. monuimus.

41 Hoc argumentum a stili sententiarumque affinitate petitum in re præsenti quam leve sit, ex Observationibus palam fiet §. III.

42 Responsionem invenies loco citato n. 68.

EDITORUM OBSERVATIONES

IN DISSERTATIONEM XIV. PASCHASII QUESNELLI

DE LIBELLIS IN CODICE INSERTIS &c.

INter ea fidei monumenta, de quibus in præcedenti Dissertatione agitur: duo tantum libelli fidei nostro Codici canonum inserti cap. 39. & 40., ac symbolum *Quicumque* S. Athanasio vulgo inscriptum fusiores observationes requirunt.

§. I.

Libellus fidei, qui in collectione hoc tomo edita exhibetur cap. 39. S. Gregorio Nazianzeno probabilius vindicandus creditur. Impugnatur sententia, qua Auctori Latino adjudicatur, & Gregorio Orientali cum Quesnello substituitur Occidentalis, Gregorius Bœticus, vel cum novissimo auctore Phœbadius.

I. UNum certum præmittendum est, hunc libellum, qui inter S. Gregorii Nazianzeni opera est sermo 50., ita concinere cum sermone 49., ut utriusque unum eumdemque auctorem esse Quesnellus §. VII. jure probaverit. In eo solum alter ab altero discrepat, quod sermo 49. Nicænam fidem fusiori & dogmatico tractatu statuat; sermo autem 50. seu libellus fidei easdem præcedentis sermonis sententias compendio exhibeat. Igitur si S. Gregorius Nazianzenus auctor sit sermonis 49., eidem quoque attribuendus erit sermo 50., seu memoratus libellus fidei. Pro asserendo autem ejus sermonis 49. auctore S. Gregorio Nazianzeno duo expressa testimonia suppetunt, unum S. Augustini, alterum ejus codicis, qui Argentoratensi editioni operum ejusdem S. Doctoris usui fuit. Solemne est S. Augustino Gregorii Nazianzeni auctoritate uti, & ex Rufini versione, quæ ob auctoris & interpretis celebritatem longe lateque propagata erat. Hinc in lib. 1. adversus Julianum c. 5. ejusdem Gregorii testimonia producturus, præmonuit: *Sed tibi non deerit magni nominis & fama celeberrima illustris Episcopus etiam de partibus Orientis, cujus eloquia ingentis merito gratiæ etiam in LATINAM LINGUAM TRANSLATA usquequaque claruerunt.* Subdit statim quatuor loca ejusdem Doctoris ex versione Rufini. Porro sermonem 49. eidem S. Gregorio Orientali Episcopo explorate vindicat in epist. 148. scribens num. 10. *Gregorius etiam sanctus, Episcopus Orientalis apertissime dicit, Deum natura invisibilem, quando Patribus visus est, sicut Moysi, cum quo facie ad faciem loquebatur, alicujus CONSPICABILIS MATERIÆ dispositione assumpta, salva sua invisibilitate, videri potuisse.* Nec quispiam cum recenti auctore reponat, hanc Gregorii sententiam inveniri in oratione 37., quæ certus ejusdem Gregorii fetus est. Legenti enim utramque orationem 37. & 49., non tam sententiam, quam quædam etiam verba caractere majusculo indicata congruere soli orationi 49. quisque perspiciet: ac præterea cum Augustinus non Græcum textum, sed vulgatam Rufini interpretationem adhibuerit, ut ex aliis locis, in quibus alia Gregorii Nazianzeni testimonia recitat, perspicere licet; oratio autem 37. non ita fuerit a Rufino latinitate donata, uti oratio 49. (de cujus versione mox dicemus,) hanc Augustinum allegasse in epist. 148. dubitare non licet.

De vulgatis serm. 49. & 50. S. Gregorii Nazianzeni.

Sermo 49. eidem Sancto asritur.

II. Alterum testimonium est codex, ex quo prodiit editio Argentoratensis

Rufini versio. anno 1508. Hic enim codex decem orationes ejusdem S. Gregorii nomine inscriptas, & a Rufino latine redditas exhibuit cum ipso Rufini interpretis prologo: in quibus est oratio vulgata 49. & oratio vulgata 50. seu noster libellus fidei. Quare Justus Fontaninus lib. 2. Vitæ Rufini c. 8. has omnes sicut Rufino interpreti, ita Gregorio Nazianzeno auctori asserere non dubitavit. Neque refert in aliis codicibus, qui Gregorii sermones a Rufino latinitate donatos continent, eas orationes 49. & 50. desiderari. Nam in plerisque MSS. duo, vel tres, vel quatuor tantum ejusdem Gregorii sermones, quos idem Rufinus latine reddidit, leguntur, ut laudatus Fontaninus notavit: nec tamen idcirco octo saltem ipsius Gregorii sermones ab eodem Rufino traductos quispiam ambigit. Idem porro Rufinus in libro 11. historiæ eccl. cap. 9. de scriptis Sanctorum Gregorii Nazianzeni atque Basilii testatur: *Nos denas ferme singulorum oratiunculas transtulimus in latinum*. Basilii orationes a Rufino Latinis donatæ non inveniuntur nisi octo, aut, ut credimus, novem. Vide nostram præfationem in Appendicem Tractatuum S. Zenonis Episcopi Veronensis num. 2. pag. 294. Decem autem Gregorii Nazianzeni suppeditavit codex sæpe laudatus, quas idcirco ipso Rufino teste eidem Sancto adjudicandas agnoscimus.

Objecta solvuntur. III. Qui Gregorium Nazianzenum excludendum putarunt, ea hypothesi nituntur, quod iidem sermones 49. & 50. Latino auctori, non autem Græco attribuendi credantur. Rationes autem, quibus hanc hypothesim tuentur, nihil evincunt. Quæ maxima omnium profertur ex Scripturarum Itala veterique interpretatione inserta orationi 49., nihilum valet: cum Latinus interpres in reddendis latine Scripturarum testimoniis eadem versione suo ævo usitata, quæ cum Græco textu interpretum LXX. a Græcis Patribus adhibito congruebat, uti potuerit. Fortior videri solet ea loquendi ratio a Græco scriptore aliena, *quod Græci* ὁμοούσιον *appellant*, & illa: *ratio quædam, quæ apud Græcos nuncupatur* λόγος. Verum nonne ex Græco redditum fuit latine symbolum Nicænum antiquissima versione, in qua nihilominus non absimiliter legimus apud Leonem epist. 165. c. 2., apud S. Hilarium, & alios: *unius substantiæ cum Patre, quod Græci dicunt* ὁμοούσιον? Cum porro Rufinus fuerit ejus orationis interpres; pro ea libertate, qua ille in interpretandis Græcis operibus utebatur, similes formulas adhibere potuit. Idem est de stilo, quo Rufinus liberior interpres in aliis quoque versionibus uti consuevit. Similis quidem stilus elucet in ceteris octo orationibus, quam ipsum ex Gregorio reddidisse nemo ambigit.

Sermo 49. non probatur fuisse auctoris Latini.

IV. Cum ergo nihil cogat pro asserendo auctore Latino; duo autem testimonia Augustini, & codicis in editione Argentoratensi impressi testimonia pro S. Gregorio Nazianzeno satis aperta sint; nulla ex aliorum sententiis, quæ Latinum auctorem ingerunt, præferenda videri poterit. Illa certe Quesnelli, qua pro Gregorio Nazianzeno Gregorium Bœticum supponit, ac si Augustinus in designando Gregorio Orientali pro Occidentali hallucinatus sit, minus probabilis est. Nam præterquam quod Augustinus Gregorium Nazianzenum allegare consuevit, numquam vero Gregorium Bœticum; errorem & hallucinationem in eo notare, nisi quid certum & convincens pro Gregorio Bœtico afferatur, præsumptuosum videtur. Nihil autem convincens Quesnellus protulit, sed meras conjecturas, vel inanes prorsus, vel certe ejusmodi, quæ æque aliis auctoribus accommodari queunt, ut in adnotationibus indicavimus. Neque magis placere potest novissima opinio, qua in opere inscripto *Histoire litteraire de la France* tom. 1. part. 2. edit. Parif. anni 1733. pag. 273. Phœbadius eorum sermonum auctor prætenditur. Hæc enim cum eidem hypothesi Latini auctoris incumbit, quam inanem ostendimus; tum vero pares conjecturas congerit, quæ corruente hypothesi nutant, aliisque pariter Latinis aptari scriptoribus possunt.

Phœbadio idem sermo 49. non est tribuendus.

V. Unum ex hoc auctore verissimum credimus, cum Quesnellum rejicit opinantem, libellum fidei, seu sermonem 50. priorem fuisse sermone 49., ac si ille libellus in hoc sermone 49. indicetur iis verbis: *Jampridem adversus Arrianos libellum edideram*. Hanc autem sententiam ille duplici ratione impugnat. Primum ex contextu orationis 49., in qua verba *jampridem adversus Arrianos libellum edideram*, indicant non brevem fidei formulam, sed tractatum polemicum, quo Arrianorum error ex proposito perstringebatur. Id autem

aliis

aliis quidem Gregorii Nazianzeni fusioribus tractatibus Arrianos impetentibus optime congruit, non vero laudato libello fidei, in quo etsi doctrina inserta est Arrianæ hæresi contraria; non tamen libellus dici potest, qui contra Arrianos editus, eosdem impugnet. Secundo quia in libello adversus Arrianos Sabellii errorem nominatim confutatum auctor sermonis 49. diserte pronuntiat. Nihil vero ejusmodi expressum legitur in libello breviori, seu in sermone 50. Addit etiam idem Gallicanus Scriptor animadversionem non levem ex ipsa objectione, qua libellus antea editus ab Arrianis impetebatur. *Nam hoc est, quod ajunt posse reprehendi* (sunt verba sermonis 49.) *quod ubi Verbum Dei ex persona Filii posuimus, tale hoc Verbum intelligere putemur, quale grammatici tradunt* &c. Et postea: *Mirari me fateor hoc ita sentiri potuisse, quasi nos personam propriam Verbi, quod est Filius, negaremus, quem tot locis verum Filium de vero Patre natum ingessimus*. Si primi libelli auctor in eodem se se ita explicasset circa personarum distinctionem, ut se, paucis licet verbis, explicat in libello fidei, seu in sermone 50., in quo præcise & accurate loquitur; numquam ipsi opponi potuissent, quæ prioris libelli caussa eidem objecta traduntur. Quid quod voces *tot locis* longiorem tractatum confirmant, quæ breviori libello nequaquam conveniunt? Hic ergo sermo 50. pro illo primo libello adversus Arrianos edito haberi nequit; sed alius anterior, & prolixior Nazianzeni tractatus in Arrianos & Sabellianos indicatur, cujus Apologiam idem auctor contexuit sermone 49. Libellus vero fidei nostræ collectioni insertus posterior est eodem sermone 49. adeo ut ipsius compendium videatur, quod tamen in fine articulum præfert de resurrectione corporum, quo sermo 49. caret.

§. II.

De altero fidei libello, qui in nostra collectione exhibetur cap. 40.: Abjudicatur ab Augustino, cui illum Quesnellus tribuit; & Concilio Toletano I. asseritur.

I. DE hoc libello egit Quesnellus §. VIII. ubi ipsum, qualis est in Codice canonum cap. 40. S. Augustino adjudicandum existimat. Cumque idem ferme repetatur in Regula fidei subjecta Concilio Toletano I., quæ ab alia Synodo Hispanica sub S. Leone condita fuit; hujus Synodi Patres ex ipso Augustini libello eamdem Regulam hausisse opinatur. Ut autem brevius, quoad fieri possit, nostram sententiam aperiamus, præmittendum est, hoc documentum inter Augustini opera olim editum, levioribus variantibus exceptis, idem omnino esse ac illud nostræ collectioni insertum: quod tamen in editione Augustini posteriori manu additamentum recepit decem & quatuor anathematismatum, quæ ex epistola Damasi ad Paullinum excerpta fuere. At documentum sub titulo *Regula fidei* subjectum Toletanæ Synodo I., etsi quoad substantiam sit idem cum illo nostræ collectionis; non solum tamen sex anathematismatum additionem in fine exhibet, quæ ejusdem *Regulæ* propria sunt; verum etiam quædam additamenta, & clariores aliquot explicationes præfert tum in ipso corpore, tum etiam in anathematismis, præsertim 5. 6. 7. & 12. ut conferenti notationes nostras in cap. 40. Codicis palam fiet. Nihil porro ambigendum videtur, quin hoc documentum, ut in MSS. nostri Codicis exstat, primus sit vetustioris auctoris fetus, quem Patres Concilii Hispanici sub S. Leone in condenda Regula fidei susceperint, & aliquot additamentis, atque aliis explicatioribus verbis nonnullis in locis efferentes, suum fecerint. Neque enim verosimile est posteriorem auctorem, qui explicatius documentum præ oculis habuit, ea omisisse, quæ ad perspicuitatem conferunt; sed potius e contra accidit, ut quæ prius brevius & minus clare scripta fuerunt, posterior auctor auctiora & explicatiora efficiat. Exemplum itaque nostræ collectionis primævum fetum esse, & Leonis ætate antiquius cum Quesnello arbitramur.

II. Num vero S. Augustino tribuendum sit, ut ille existimat, assentiri non possumus. Idem in fine paragraphi VIII. se se expectare dixit Patrum Benedictinorum judicium in ea, quæ tum parabatur, operum S. Augustini editione. Illi vero documentum, quod antea inter Augustini sermones relictum fuerat, nihil moti Quesnelli observationibus, non dubitarunt exinde excludere, & referre in Appendicem tomi V. serm. 233. *Quippe*, inquiunt, *in MSS. hunc libellum inter Augustini sermones & opuscula nusquam exstare vidimus.* Rationem etiam addunt ex stilo. *Augustinum certe nobis minus sapiunt hi loquendi modi num.* 1., hanc unam esse divini nominis Trinitatem. *Ibidem*, non imaginarium corpus, aut forma sola compositum. *Ibid.* & omnia corporis exercitia, *sive ut Romanus Codex* (Quesnellianum intelligunt) exitia sensisse, *Et num.* 2. mundum hunc factum non fuisse, atque ejus omnia instrumenta. *Tandem vox* Paracletus *passim posita pro* Spiritus Sanctus. Argumentum itaque stili, quod Quesnellus extulit, Augustinum maxime expungit. Hinc jure Verlinus & Vindingus huic sermoni inter Augustinianos recensito suppositionis notam affixere. Adde etiam judicium P. Coustantii in Admonitione ad epist. 5. Damasi ad Paullinum pag. 505. n. 8., ubi in hoc sermone *nihil esse Augustini* profitetur. Augustini autem nomen in vetustissimo MS. Vindebonensi nostræ collectionis ita in fine tituli additur, ut addititium credi possit. Ex aliquo autem ejusdem collectionis, ut alibi vidimus, Gallicanæ exemplo in collectionem item Gallicanam Additionum Isidori hoc documentum transisse, & ex alterutro hoc fonte ob inscriptum titulo Augustini nomen inter hujus sermones tandem fuisse receptum & editum arbitramur. Opinio igitur, quæ Augustinum hujus libelli auctorem præfert, ex solis codicibus nostræ collectionis proficiscitur, in quibus illius nomen additititum ex nostro MS. Vindebonensi conjicere licet.

III. Cum porro hoc documentum a Patribus Synodi Hispanicæ sub S. Leone repetitum & auctum cum titulo *Regula fidei*, in MSS. collectionum Hisp. & Isid. subjiciatur Concilio I. Toletano, de quo plura diximus tom. II. not. 5. ad Quesnelli Observationes in epist. 15. S. Leonis ad Turribium; valde probabile videri potest, primævum hoc documentum ipsi Synodo Toletanæ I. tribuendum esse, quæ cum damnaverit hæresim Priscillianistarum, hunc libellum fidei adversus eam aliasque hæreses cum duodecim anathematismis edidit. Hic libellus contineri poterat in uberioribus ejusdem Synodi gestis, quorum in proœmio ipsius Synodi fit mentio. Hoc autem documentum Patres posterioris Synodi Hispanæ sub Leone repetentes, ut illud præsenti suarum Ecclesiarum necessitati accommodarent, aliqua clarius explicanda, alia addenda censuere. Huc referendum videtur additamentum *Filioque*, quod illi in *Regula fidei* inseruere Leonem sequuti, qui in epist. 15. ad Turribium cap. 1. de Spiritu Sancto scripsit, *de utroque processit*. Auctor collectionis Hispanicæ primævum documentum, quale in nostra collectione legitur, in gestis Toletanæ I. Synodi nactus, cum illud explicatius & auctius invenisset in posteriori Synodo sub Leone, hoc illi substituendum, ac eidem Toletanæ I. Synodo subnectendum putavit, ea admonitione præmissa, qua alteri Concilio sub Leone ipsum perspicue asseruit his verbis: *Incipit Regula fidei catholicæ contra omnes hæreses, & quammaxime contra Priscillianos, quam Episcopi Tarraconenses, Carthaginenses, Lusitani, & Bœtici fecerunt, & cum præcepto Papæ Urbis Leonis ad Balconium Episcopum Gallicæ transmiserunt.* Solum offendere possunt quæ sequuntur: *Ipsi etiam & suprascripta viginti canonum capitula statuerunt in Concilio Toletano*: quæ ad Patres Concilii sub Leone referri nequeunt, cum canones in Toletana I. Synodo conditi fuerint, ut laudata not. 5. fusius probavimus. Duas in hæc postrema verba conjecturas ibidem indicavimus. Nunc aliam, quæ probabilior fortassis videbitur, proponemus. Hæc nimirum verba forte ab auctore collectionis Hispanicæ inventa in titulo libelli fidei ejusdem Synodi Toletanæ I. cui congruebant; hoc loco, ubi ob substitutam Regulam fidei alterius Concilii sub Leone, minus congruunt, incaute retenta fuere.

§. III.

§. III.

De auctore symboli Quicumque, *quod S. Athanasii nomine inscribitur.*

I. ANtiquius testimonium, quo symbolum *Quicumque* S. Athanasio tribuitur, essent duæ epistolæ inter S. Isidori Hispalensis opera editæ, una ad Claudium Ducem, altera ad Eugenium Episcopum Toletanum, si vere eumdem S. Isidorum haberent auctorem. At cum hæ scriptæ cum jam sæculo IX. & XI. exortæ essent Græcorum adversus Latinos controversiæ, S. Isidoro Hispalensi perperam inscribantur; primum testimonium peti potest ex quodam canone Synodi Augustodunensis sub S. Leodegario Episcopo, quæ celebrata fuit, non anno (ut cum editis Quesnellus scripsit) 670. sed anno 676. vel 677. quemadmodum V. C. Bouhierius in epistola ad Mabillonium constituit. Cum vero canon, qui laudatum symbolum *fidem S. Athanasii* appellat, a Sirmondo erutus fuerit e MS. collectione Divionensi, quæ non integras Synodos, sed canones hinc inde excerptos, ac in titulos distributos continet; incertum quibusdam videtur, num spectet ad Concilium Augustodunense sub S. Leodegario habitum, an vero ad aliud ejusdem loci, quod posterius celebratum fuerit: ac propterea nihil hinc certi ad antiquitatem symboli Athanasio inscripti constituendam elici posse contendunt. Nos vero eumdem canonem invenimus in collectione Herouvalliana edita a Jacobo Petit cap. I. Licet autem ibidem canon Augustodunensis allegetur sine Leodegarii nomine; tamen collectionis auctorem non aliam Synodum Augustodunensem præ oculis habuisse, nisi quæ S. Leodegario Episcopo celebrata fuit, patet ex tabula canonum eidem collectioni præmissa, & a Petit exhibita pag. 264. in cujus fine de Augustodunensibus canonibus in eadem collectione allegatis hæc solum traduntur: *Canones Augustodunensium S. Leodegarii Episcopi*. Concordat etiam caput 70. ipsius collectionis, in quo dum exhibentur Episcopi, qui canones ipsius collectionis confirmarunt, hæc ad Augustodunenses canones referuntur n. 19. *Consensio & confirmatio Leodegarii Episcopi Augustodunensis*. Negari igitur nequit, quin antiquior codex, quo Herouvallianæ collectionis auctor usus est, canonem laudatum retulerit inter eos, qui in Synodo Augustodunensi sub S. Leodegario sanciti fuerunt: ac proinde post medium sæculum VII. symbolum *Quicumque* S. Athanasio adscriptum dubitare non licet. Neque enim probabilis credi potest Papebrochii opinio in *Respons. ad exhibit. error.* part. 2. art. 13. n. 36. ubi tradit verbis ejusdem canonis *Fidem S. Athanasii* non Athanasianum, sed Nicænum symbolum designari, in quo lucubrando Athanasium plurimum laborasse satis credibile est. Nicænum enim symbolum proprio Nicæni nomine in Ecclesia appellari solebat, numquam vero Athanasii. Cum porro Athanasii quidem nomine & in MSS. & ab aliis VIII. & IX. sæculi auctoribus inscriptum inveniamus symbolum *Quicumque*; nihil dubitandum videtur, quin aliquanto ante in Synodo Augustodunensi S. Leodegarii, verbis *Fidem S. Athanasii* idem symbolum vocatum fuerit. Idipsum confirmari potest etiam e collectione MS. Vat. Palat. 574. cujus additamenta ejusdem circiter ævi idem symbolum hoc titulo præferunt: *Incipit fides catholica S. Athanasii*. Symbolum *Quicumque* quando Athanasio tributum.

II. Majorem vero ejusdem symboli antiquitatem, omisso tamen Athanasii nomine, alia vetustiora documenta demonstrant. Sunt qui ingerunt Concilium Toletanum IV. habitum an. 633. in quo nonnullas formulas ex eodem symbolo excerptas credunt. At similes formulæ atque sententiæ in definitis & vulgatis Ecclesiæ dogmatibus ita communes erant catholicis, ut Toletani Patres communibus formulis usi dici possint, nec ex nostro symbolo eas derivasse. Similes quidem phrases invenire licet in aliis scriptoribus, quos ex Athanasiano symbolo easdem sumsisse nemo dixerit. Si iidem Toletani Patres in condenda professione fidei Athanasianum symbolum præ oculis habuissent; alias Ejus symboli antiquitas.

atque

atque alias sententias ex eodem derivassent: quæ tamen in ea professione non inveniuntur. Antiquitatem vero ejusdem symboli ipsa Toletana IV. Synodo anteriorem aptius adstruit manuscripta collectio, quæ continetur in pervetustis codicibus Barb. 2888. & Vat. 1342. In hac enim exhibetur *epistola canonica*, quam sub initium VI. sæculi celebrem, inter documenta Juris canonici veteris edidimus n. 4. ac in eadem sic canon primus exprimitur. *Primum omnium FIDEM CATHOLICAM omnes Presbyteri, & Diaconi, seu Subdiaconi memoriter teneant; & si quid* (leg. *si quis*) *hoc faciendum prætermittat, quadraginta dierum* (leg. *diebus*) *a vino abstineant* (leg. *abstineat*) &c. *Fidei catholicæ* nomine indicari symbolum *Quicumque*, certum fit ex antiquissimis ejusdem symboli codicibus, qui idem symbolum (ut mox videbimus) *fidem catholicam* inscribunt. Ea enim respiciuntur ipsius symboli verba: *Ut teneat CATHOLICAM FIDEM. FIDES autem CATHOLICA hæc est.* Et in fine: *Hæc est FIDES CATHOLICA* &c. Adde Venantium Fortunatum, cujus expositio in symbolum *Quicumque* a Muratorio edita tom. 2. Anecdot. Latin. pag. 212. inscribitur: *Expositio Fidei catholicæ Fortunati*: sic enim hanc inscriptionem intelligendam putamus, ut Fortunatus auctor sit, non *fidei catholicæ*, seu symboli *Quicumque*, sed *expositionis* in eumdem symbolum, quemadmodum alias *expositiones* edidit in symbolum Apostolorum, & in orationem dominicam. Hæc sunt duo testimonia sæculi VI. Si autem hoc tempore non solum Fortunatus hanc *Fidem catholicam* explicavit, verum etiam canone præceptum fuit ut omnes Presbyteri, Diaconi, & Subdiaconi ipsam memoriter discerent: illam jamdiu ante scriptam usuque plurimorum receptam fateri, necesse est.

III. Vetustiora porro ejusdem symboli exemplaria vel titulo carent, vel sine auctoris nomine inscribunt tantum *Fides catholica*. Primi generis sunt MS. Ambrosianum, olim Bobiense, ante annos mille & amplius exaratum, in quo nostrum symbolum sine ulla inscriptione legitur, teste Muratorio loco allegato pag. 224. & codex Colbertinus 784. ævo circiter Pipini scriptus, in quo ejusdem symboli pars legitur; quia librarius ita mutilum se Treveris in vetustiore utique codice reperisse testatur, nullo auctoris nomine, aut titulo designato. Tres alii codices referuntur a Benedictinis editoribus operum S. Athanasii §. 2. Diatribæ in symbolum *Quicumque* pag. 721. unus Regius 4908. alter Colbertinus 3133. ac tertius laudatus a Felckmanno, in quibus hoc symbolum omni titulo, & auctoris nomine caret. Inter secundi autem generis exemplaria præter illa sæculi VI. quæ usui fuerunt Fortunato, & auctori *epistolæ canonicæ*, de quibus diximus numero præcedenti, omnium, quæ hactenus inventa sunt, antiquissimum est illud quod ab Usserio laudatur, ubi nullo auctoris nomine hæc inscriptio præfigitur: *Fides Catholica*. Idem legitur in duobus MSS. Vat. 81. & Vat. Reginæ 12. eumdemque titulum exstitisse in codice, quem adhibuit Theodulfus Episcopus Aurelianensis, liquet ex Capitulari ejus secundo paullo post initium. Athanasii itaque nomen non ab auctore initio adscriptum, sed posteriori tempore inductum fuit: unde posteriora tantum exemplaria & scriptores septimi, octavi, & noni sæculi illud præferunt.

Vetustiora exempla Athanasii nomine carent.

IV. Hæc, quæ ex codicibus & antiquioribus testibus produximus, deberent sufficere, ut hocce symbolum S. Athanasio posteriori tantum ætate suppositum dignoscatur. Ipsi quidem non posse illud adscribi alia plura argumenta convincunt, tum quæ in præcedenti Dissertatione Quesnellus digessit §. XII. tum quæ postea addiderunt PP. Benedictini editores operum S. Athanasii in peculiari Diatriba de eodem symbolo §. 3. Ludovicus Muratorius tom. 2. Anecdot. Latin. in disquisitione de eodem argumento, & novissime P. Dominicus Maria Speronius dissert. 1. *de Symbolo vulgo S. Athanasii* Patav. 1750. ubi præterea hujus symboli auctorem, non Græcum, sed Latinum esse evidenter ostendunt. Tota autem quæstio nunc in eo versatur; cuinam Latino scriptori hocce symbolum tribuendum sit. Quesnellus Vigilium Tapsensem opinatur. At ejus sententiam primum impugnavit Josephus Antelmius in *nova de symbolo Athanasiano disquisitione* Parisiis edita an. 1693. cui hac in re auctores paullo ante memorati calculos addidere.

Auctor symboli ejusdem Latinus. Non est Vigilius Tapsensis.

V. Cer-

V. Certe quod ait Quesnellus, eumdem Vigilium nonnulla ejusdem generis opera Athanasii aut aliorum Scriptorum nomine edidisse, non satis probavit. Sola *Altercatio Sancti Athanasii Episcopi contra Arrium, Sabellium, atque Photinum hæreticos* in dialogi formam scripta, Vigilii quidem est, cum ab ipso Vigilio laudetur lib. 5. contra Eutychem cap. 2. at non idcirco Athanasii nomine edita dici debet, cum in præfatione moneat se Athanasium loquentem inducere, ut alii scriptores inducere solent alios, quos tamen nemo idcirco dialogi auctores putant. Librum contra Marivadum, seu Varimadum Idacii Clari nomine vulgatum Vigilio quidem adjudicavit Chiffletius, propterea quod ipse Vigilius in laudata Altercatione lib. 2. n. 45. librum adversus eumdem se edidisse profitetur. Cum vero in eadem Altercatione Vigilius prolixum locum recitet ex suo opere contra Marivadum, qui in tribus Idacii libris contra Varimadum non legitur; hinc satis tute colligitur, librum Vigilii contra Marivadum, diversum esse ab Idacii libris contra Varimadum, nec ad nos pervenisse. Quare hi postremi contra Varimadum libri Vigilio tribui nequeunt, ac si ementitum Idacii nomen eisdem præfixerit. Vide plura apud Antelmium loco laudato, & admonitionem præmissam libris de Sancta Trinitate in editione novissima operum S. Athanasii tom. 3. pag. 602. Similia reponi queunt ceteris opusculis, qui aliorum Patrum, aut Athanasii nomine inscripti eidem Vigilio a nonnullis addicuntur. Libri duodecim de Trinitate inter Athanasii opera eo præcipue nomine Vigilio tribuuntur a Chiffletio, quia laudantur in præfatione librorum Idacii Clari contra Varimadum, quos a Vigilio Idacii ementito nomine editos præsumsit: quam hypothesim jam refellimus. Sicut autem libri contra Varimadum non Vigilii, sed Idacii sunt; ita etiam libri de Trinitate, quos Idacius in laudata præfatione se lucubrasse affirmat, ejusdem Idacii, non Vigilii esse dicendi sunt. Neque vero quicquam movere potest Chiffletii nisus, qui ut eosdem libros de Trinitate Vigilio asserat, longum illud testimonium ab eodem Vigilio recitatum in Altercatione memorata, & excerptum ex suo libro contra Marivadum, in ipsis de Trinitate libris invenire studuit. Neque enim hoc efficere potuit, nisi aliquot sententiis & Paullinis locis hinc inde collectis. Præterea hi libri nuspiam inscribuntur contra Marivadum; Vigilius autem illud testimonium ex libro contra Marivadum se eruere tradidit. Vides ergo, quam imbecille hoc argumentum sit, quod ex præsumto, sed non probato Vigilii usu ducitur. Cum porro libri de Trinitate non sint Vigilii, sed Idacii; formulæ fidei eisdem insertæ, & inscriptæ Athanasii nomine, si quid probarent, non pro Vigilio, sed pro Idacio probarent. Adde quod iidem libri in quibusdam codicibus concluduntur libro octavo; illæ autem fidei formulæ ad posteriores libros pertinent, qui alii auctori tribuendi videntur. Confer admonitionem PP. Benedictinorum in eosdem libros tom. 3. pag. 601. In aliis autem manuscriptis ita & ordine, & numero, & inscriptionibus discrepant, ut nihil certum de primævo fetu constitui queat. Vide Josephum Blanchinium in Enarratione pseudo-Athanasiana in symbolum Apostolorum pag. 69.

VI. Opponitur, symbolum *Quicumque* in quibusdam codicibus illigatum, seu potius subjectum reperiri Altercationi contra Arrium, Sabellium, atque Photinum, quæ certe Vigilium habet auctorem. Quid inde? Num hinc recte infertur utrumque opus esse ejusdem auctoris? Minime gentium. Librarii enim sæpe plura diversorum scriptorum opuscula in eodem codice scribere solebant. Stili ac sententiarum similitudo cum operibus Vigilii, etiamsi probaretur, in hisce fidei documentis levissima ratio est. Quis enim ignorat, eam esse catholicorum consuetudinem, ut in scribendis fidei professionibus, ac in proponendis fidei dogmatibus formulæ & loquutiones in Ecclesia receptæ adhibeantur, novæ autem vitentur? Hinc formulas non dissimiles in diversis licet scriptoribus, qui eadem dogmata tradidere, invenire licebit, ut ne tamen ex hac loquutionum similitudine eumdem esse diversorum opusculorum auctorem colligi queat. Hac de caussa jure P. le Quien in dissert. 1. Damascenica n. 16. pag. 9. inefficacem demonstrat parallelum sententiarum symboli *Quicumque* cum aliis similibus Vigilii sententiis, quippe & S. Augustinus similes formulas ac sententias exhibet.

VII. Hæc, quæ Quesnelli sententiam respuunt, æque valent contra Antelmium,

Neque auctor est Vincentius Lirinensis.

mium, qui Vincentio Lirinensi idem symbolum vindicare contendit. In cujus argumentis singillatim refellendis si quis plura desideret, adeat PP. Benedictinos & Muratorium locis laudatis, nec non P. Dominicum Mariam Speronium dissert. 2. de symbolo cap. 4. & 5. ubi omnia ab Antelmio producta non magis Vincentio, quam aliis ejusdem circiter ætatis scriptoribus aptari posse ostendit. Unam ipsius Antelmii conjectationem præterire non possumus, qua primas symboli lacinias Treveris inventas, ac idcirco a Trevirensi scriptore, qualem Vincentium credit, symbolum lucubratum arbitratur. Id autem colligit ex cod. Colb. 784. in quo post definitionem Calchedonensem, & ante Nicænum symbolum interjecta legitur ea vulgati Athanasiani symboli pars, catholica de Christi incarnatione doctrina continetur, hac præmissa adnotatione. *Hoc inveni Treveris in uno libro scriptum sic incipiente: Domini nostri Jesu Christi & reliqua. Domini nostri Jesu Christi fideliter credat. Est ergo fides recta* &c. usque ad finem. Hæc quidem ostendunt symbolum *Quicumque* sine auctoris nomine a codicis Colbertini amanuensi inventum fuisse in vetustiori codice Trevirensi, quod antiquitatem symboli plurimum confirmat. At auctorem ejusdem symboli Trevirensem pariter fuisse nequaquam probant.

Concluditur auctorem esse ignotum.

VIII. Cum vero nullus codex, nullus antiquus scriptor Vigilio Tapsensi, aut Vincentio Lirinensi hoc symbolum tribuerit; antiquiores autem codices auctoris nomine careant, satius erit ignotum auctorem fateri, quam hujusmodi conjectationibus, quæ variis scriptoribus accommodari queunt, hunc vel illum symboli auctorem traducere. Qua in re concludemus cum Tillemontio not. 34. in S. Athanasium tom. 8. pag. 671. *Il vaut donc mieux nous tenir dans les tenebres de nostre ignorance: & je ne scais s'il ne faut point encore ajouter qu'il vaudroit mieux ne point perdre le temps à former tant de conjectures sur des choses de ce genre là. Il peut estre de quelque utilitè de savoir le veritable auteur d'une piece. Mais quand on n'en peut savoir rien de certain, à quois sert-il de savoir que c'est peut estre un tel, ou un tel? Cela est plus propre à former des contestations qui à ètablir ou èclaircir aucune veritè. Contentons nous donc d'estre assurez que ce symbole n'est point de S. Athanase, mais qui il est ancien & du VI. Siecle au plus-tard.*

PAS

PASCHASII QUESNELLI
DISSERTATIO XV.
DE SUPPOSITITIO CONCILIO TELENSI ET PSEUDO-EPISTOLA SIRICII PAPÆ,

quæ Tractatoria ad Episcopos Africanos dicitur.

Ad Capitulum LX. Codicis Romani.

CAPUT PRIMUM.

De Pseudo-Synodi nomine.

1 1 Ultimum seu sexagesimum Codicis nostri capitulum continet *Canones Telensis Concilii secundum Tractatoriam Siricii Papæ per Africam*. Quod Concilium celebratum dicitur *post Consulatum gloriosissimorum Augustorum Honorii XI. & Constantii :* vi. *Kalendas Martii ;* hoc est, anno Christi ccccxviii.

Ab omnibus pro legitima ac vera Synodo ista est habita ad hanc usque diem, nec aliquem scio, qui de ejus αὐθεντία controversiam hactenus moverit : nec David Blondellus, qui in suo Pseudo-Isidoro dubitationem suam de Siricii epistola proposuit judicioque Lectoris permisit, quicquam adversus illam Synodum excipiendum censuit. Eamdem recenset Christophorus Justellus in præfatione Codicis Africani, omnesque Conciliorum editores exhibent. Eam non agnoscit modo Cardinalis Baronius, *Baron. ad ann. 418. num. xxxi.* sed & mirum in modum extollit prædicatque, velut insigne monumentum observantiæ, qua Ecclesia Africana Romanam Sedem prosequebatur, ejusque decretis obtemperabat.: quæ nimirum ante omnia in Conciliis recitari juberentur.

Quin Africana Ecclesia Sedi Apostolicæ ejusque statutis debitum semper honorem impenderit, dubium nullum est : at qui ex monumentis, quæ hac Dissertatione discutimus, id persuadere voluerit, is profecto bonæ caussæ male patrocinatur. Certissimum enim mihi est & Synodum & epistolam, meram esse fabulam, merumque commentum ; 2 neminemque futurum esse spero, 2
qui in meam ultro non eat sententiam, cum ineptum istud figmentum admota sinceri judicii luce propius penitiusque inspexerit.

At primum quidem de ipso Concilii nomine inquirendum : de quo variæ sunt eruditorum conjecturæ, & nonnulla etiam 3 3
concertatio fuit inter duos magni nominis Theologos Petrum Aurelium & Jacobum Sirmondum.

Eminentissimus Cardinalis Perronius Replicæ ad Serenissimum Britanniarum Regem cap. 48. existimat pro *Telensi* reponendum esse *Zellense* ; quodque aliter legatur in fronte & in procemio Synodi, hoc putat scribarum oscitantiæ imputandum. Favere videtur Cardinali Ferrandi Breviatio Canonum, in qua decies Zellense Concilium refertur, sexies vero additur : *Ex epistola Siricii Papæ :* ut dubium non sit, vel eam ipsam Synodum esse, quæ nunc Telensis

EDITORUM ADNOTATIONES.

1 Si ultimum & sexagesimum Codicis capitulum est in MS. Oxoniensi, quod exemplar & recentius, & imperfectum deprehendimus ; in aliis certe omnibus & antiquioribus & præstantioribus nec ultimum est, nec sexagesimum, ut ex alibi dictis liquet.

2 Adeo difficilem, ne dicamus desperatam provinciam in hac Dissertatione suscepit, ut neminem præstantissimorum Scriptorum suffragatorem invenerit. Vide Observationes subjiciendas c. 1. n. 1.

3 Nullam in hoc concertationem fuisse inter Aurelium atque Sirmondum notavit Baluzius in Dissert. de Concilio Teleptensi subjecta libris Petri de Marca de Concordia edit. Paris. an. 1704. pag. 1343.

lensis dicitur, vel ad illius instar confictam esse.

Suffragatur etiam Perronio Chiffletius in Notis ad Ferrandi Diaconi Breviationem Canonum, vel potius eum cum antiquis Conciliorum editoribus conciliat; cum eamdem asserit civitatem esse, quæ Zella & Tiella, vel Thele, & Usilla sive Usula; ac proinde idem Concilium Zellense, Tiellense, Telense. Et revera hanc Synodum, quæ in plerisque Codicibus aliis Telensis dicitur, Zellensem appellari in Trecensi Codice, testis est idem Chiffletius.

Tertiam viam ineunt Cardinalis Baronius ad annum Christi 418. num. 31. & ex ipso Binius in Notis ad hanc Synodum: ubi secure pronuntiant non *Telense*, ut hactenus lectum est, sed *Teleptense* scribendum esse; hoc uno argumento moti, quod Donatianus Teleptensis primæ sedis Episcopus Synodo præfuisse legatur in procemio. Atque adeo Sirmondo arrisit hæc utriusque conjectura, ut certiorem nullam umquam fuisse emendationem audacter asserat in Antirrhetico suo adversus Petrum Aurelium.

Ridet tamen Chiffletius loco citato hanc socii sui emendationem, miraturque hanc consequentiam a viris doctis deductam: ut eam ob rem celebratam Telepte Synodum putarent, eo quod illi præfuerit Donatianus Teleptensis, quasi non potuerit Synodus colligi ac celebrari præsidente primæ sedis Episcopo in alia ejusdem Provinciæ civitate. Chiffletio assentior in quantum vocem *Telensis* retinendam esse censet, maleque in ejus locum *Teleptensis* esse substitutam in Biniana aliisque posterioribus editionibus
4 Conciliorum. 4 Omnes enim anteriores editiones, omnes Codices MSS. & recentiores & antiquissimi, *Telensem* dicunt Synodum, non *Teleptensem*. Confirmatur ex eo quod difficile esset, ut scribæ omnes, quasi ex condicto in eumdem errorem incidissent, præsertim cum semel & iterum occurrat vox illa, in titulo scilicet, & in procemiali Concilii narratione: & in hac proxime sequatur vox *Teleptensis*, quæ vel una poterat scribas ab errore revocare. Certe constans utriusque vocis hujus distinctio ab illis facta, accuratæ prorsus scriptionis indicium est: alioquin oscitantes vel ignari hujusmodi operæ facile vel utrobique *Telensis*, vel utrobique *Teleptensis* posuissent, vocum scilicet illarum similitudine & affinitate delusi. Denique mendum istud nec doctis, nec indoctis tribui potest: indocti enim ac illitterati scribæ cum a genuina voce scribendo recedunt, mirum est si barbaram aliquam ac nullius sensus vocem non supponant: sed longe magis stupendum, si in eam hic vocem omnes incidissent qua vere Africanam Episcopalemque civitatem, pro Episcopali Africanaque itidem civitate supposuissent. Docti vero, quibus ignotum non fuisset, quid Telensis civitas, quid Teleptensis; illam in Proconsulari provincia, hanc in Bizacena; uniusque provinciæ Primatem, in altera nec Synodum habere, nec ei præesse potuisse: numquam Telensem Synodum eam nominassent, quæ Teleptensem Episcopum pro præside habuit. Restat igitur, ut a semidoctulis impostoribus id fuerit perpetratum: qui cum fraudem architectari sibi proposuerint, satis eruditi non fuerunt, ut perite eam adornarent; quod numquam fere non contingit.

Jam quod Chiffletius Telensem ait idem esse ac Usulensem, Tiellensem, vel Zellensem, quia *Za* pro *Dia* sæpe usurpatum ajunt ab Afris; fateor nimis hoc coactum mihi videri & a proposito alienum. Esto enim usurpatum illud fuerit, quod eruditi contendunt, respectu vocum aliquarum; at nec omnium respectu fuit, nec respectu hujus, de qua quæstio est. Si enim ita fuisset, non est ratio, cur in Notitia Proconsularis provinciæ distinctissime legamus *Deumbabet Telensis*: in Byzacena vero habeatur *Victorinus Usulensis*, cum utrimque legi deberet vel *Usulensis*, vel *Telensis*. Si dixeris ad distinctionem alterius ab altera ita factum esse: non ergo confundenda, ut facit Chiffletius, ista nomina; sed suum cuique civitati tribuendum. Quamquam satis provinciis suis discernuntur, nec necesse erat, ut una Telensis, altera Usulensis in Notitia diceretur. Præterea si conjecturæ Chiffletianæ locus esse deberet, & *Za* pro *Dia* poni, vel hoc pro illo deberet, dicenda esset illa Synodus Diellensis, vel alia iterum facta mutatione Tiellensis. At constantissime dicitur Telensis in omnibus codicibus,
5 etiam in Corbejensi perantiquo eodem, 5
ni fallor, quem laudat Chiffletius; licet superius lectum in eo dicat Tiellensis: memini enim in eodem Corbejensi Codice, qui asservatur in Asceterio sancti Germani a pratis, legere me *Telensem* Synodum, non *Tiellensem*. Codicem Trecensem commemorat, qui Zellensem Synodum appellat eamdem, quam alii Telensem: sed unicus
est, 6 adversus innumeros. Adde quod ex 6
lit-

EDITORUM ADNOTATIONES.

4 Id falsum constabit ex Observ. c. I. n 4. Hoc autem Concilium nec *Teleptense*, nec *Telense*, sed *Zellense* vere fuisse, ibidem probabimus num. 7.

5 Verum quidem est in MS. Corb. ubi hoc Concilium describitur, legi *Telense*, sed verum est etiam, quod tradit Chiffletius, in eodem codice, ubi Ferrandi Breviatio profertur, idem Concilium appellari *Tiellense*.

6 De codicibus, qui Ferrandi Breviationem continent, P. Chiffletius loquitur. Perperam vero *unicum* affirmat Quesnellus *adversus innumeros*. Nam præter Trecense, non *innumera* sunt Breviationis exemplaria, sed unicum

CAP. I. littera T. ut habetur in antiquis Codicibus MSS. facilis lapsus est ad litteram C. vel Z. si dormitent scribae. Denique neminem cordatum esse crediderim, qui cum in uno Africanae Notitiae loco legat Telensem civitatem, & Usulensem in alio; non ad priorem statim recurrat; si forte in aliquo monumento de Telensi civitate inciderit mentionem fieri. Sed de nomine satis superque dictum: de re ipsa disserendum modo.

CAPUT II.

Discutitur Ferrandi Diaconi Breviatio Canonum, ubi Canones Telensis, seu Zellensis Concilii exhibet ex epistola Siricii Papae: interpolationisque arguitur.

PRimum constat ex Breviatione Canonum Ferrandi Diaconi aliquod vel plura Concilia habita esse in Africa, quae Cellense, Zellense, vel Telense nuncupentur. Et ex isto quidem Ferrandi Diaconi Opusculo, de Telensis seu Zellensis Concilii, epistolaeque ei annexae sinceritate secure pronuntiari posset, si de ipsius Breviationis integritate constaret; cum quatuor decreta verbum e verbo illic describantur ex ista epistola. At merito in aliqua sui parte 1 adulterata & interpolata esse mihi videtur illa Ferrandi lucubratio: nec mihi solummodo; sed & viris quorum acerrimum habetur in antiquitate ecclesiastica judicium.

Franciscus Florens vir doctissimus in Dissertatione de origine, arte & auctoritate Juris Canonici pagina 163. fatetur ultro
2 hanc Ferrandi Breviationem 2 naevis scatere, & id neminem inficiaturum, qui attentius inspexerit Ferrandum, num. 103. 105. 109. 110. 111. 112. 113. 114 115. 185. 188. 216. & 221. quae enucleatius examinanda reservabat vir eruditus in nova, quam parabat, Ferrandi editione. Nostri non est instituti his immorari: periculum tamen in uno & altero capitulo faciamus, ut ex ungue leonem agnoscas. Numero scilicet 103. sic habetur: *Ut Presbyteri alterius regionis praesentibus Presbyteris non sacrificent*: a sensu Canonis longe haec absunt. Quod enim in Graeco legitur ἐπιχώριοι πρεσβύτεροι, aliae versiones de conregionalibus Presbyteris, aliae de Vicariis seu ruris Presbyteris interpretantur; nullae de alterius regionis Presbyteris. Tum de Episcopis, coram quibus offerre prohibentur, ne verbum quidem. Denique *civitatis* nomen omittit in altera Canonis parte, quod in ea necessarium est, ut de Presbyteris civitatis sermo esse intelligatur, non de aliis quibusvis. Num. 105. prohibetur: *Ut Diaconi judicio populi non eligantur*: ex Laodiceno XIII. cum de Sacerdotibus Canon sancitus sit. Nonnulla etiam occurrunt in illa collectione, quae annotationi alicujus studiosi simillima sunt; quale est illud num. 194. *Hoc & in Concilio Thenitano statutum est*: quod a citandi more, qui Ferrando familiaris est, abhorret. Multa etiam observat Chiffletius hujus Breviationis loca, quae medica manu indigeant.

2. Non satis liquet 3 an Concilium seu Zellense, seu Telense a Ferrando citatum, 3
in ea Breviatione ad eumdem locum pertineat. Et, si quidem ejusdem loci est, an unum sit Concilium, an plura? Pro uno & eodem habetur a Francisco Florente, Petr. Fr. Chiffletio, Guillelmo Voello, Henrico Justello, & doctissimo Cardinale, quem primum nominare debueram, Jacobo Peronio. Quam persuasionem inde natam puto, quod quae Concilio simpliciter Zellensi vel Cellensi decreta tribuuntur, sumta videntur ex Siricii epistola in eo Telensi seu Zellensi Concilio recitata, quod cum illa citatur a Ferrando: tum etiam nominum affinitas laudatos scriptores in eam trahere sententiam potuit.

Plura esse & distincta Concilia putat Altaserranus in Notis ad Ferrandi Indiculum: nec invitus ei assentior. Primum quia distincta sunt nomina. Deinde quod ubi de Zellensi sermo est, protinus additur ex epistola Siricii Papae: non item quando de Cellensi. Praeterea ratio non est cur non admittatur Cellensis Synodus a Zellensi distincta; siquidem duplex occurrit civitas Cellensis dicta in Africana Notitia: altera quidem in provincia proconsulari, cujus Episcopus loco quadragesimo quinto, legitur *Cyprianus Cellensis*; altera vero in Mauritania Sitifensi, cujus Episcopus *Cresciturus Cellensis* nominatur loco decimoseptimo: ut verosimillimum sit in alterutra civitatum illarum habitum esse Concilium in ea Breviatione Cellense seu Zellense commemoratum. Denique ex decretis, quae Cellensi, seu simpliciter ac sine addito Zellensi tribuuntur a Ferrando, vix ullum est quod pos-

Notitia provinciarum Africanarum & Episcoporum apud Sirmondum & Chiffletium in Ferrando, & Tom. 4. Concil. Editionis Labbeanae.

EDITORUM ADNOTATIONES.

cum Corbejense. Porro non minus facilis est librariorum lapsus ex littera *T* ad *Z*, quam a littera *Z* ad *T*, ita ut ex *Zellensi* facile scribi potuerit *Telense*, nisi forte id ex Afrorum consuetudine acciderit. Vide Observ. c. 1. n. 6. Quodsi Notitiae *Zellam* in Africa non memorant, illam tamen laudat Strabo; & Donatianus *plebis Zellensis* Episcopus laudatur in Collatione Carthaginensi anni 411. Nihil autem addimus de voce *Usulensi*, quam nulli codices approbant.

1 Hanc thesim falsam probaturi sumus in Observ. c. 2.

2 Confer Observ. c. 2. n. 1. & 2. ubi hanc objectionem disjiciemus.

3 Vide easdem Observ. c. 2. n. 3.

CAP. II.

possit adscribi Zellensi seu Telensi, quod ex epistola Siricii designatur. Decies siquidem alterutro modo citatur, quinquies priori, quinquies posteriori. Ex prioribus citationibus, tres omnino non conveniunt epistolæ Siricii, scilicet quæ sunt n. 65. 68. & 218. duæ reliquæ n. 3. & 16. ad eam reduci possunt quoad sensum, nequaquam quoad verba ipsa. Hoc pacto evertitur unicum alterius opinionis fundamentum.

At, inquies, cum non integra supersint Zellensis illius Concilii Acta, quod epistolam Siricii suscepit, decerni non potest ipsius non esse decreta, quæ Cellensi tribuuntur. Ita est plane. Nec nos etiam decernimus quicquam; sed conjecturis tantum agimus, ut in re obscura; sed iis conjecturis quibus contrarias paris roboris non facile objicias. Has iterum uno confirmamus argumento. Si Concilium Zellense vel Cellense idem est ac illud, cui epistola Siricii subjungitur, cur novus Canon distinctus a primo conditus est ac relatus num. 3. *Ut qui post baptismum sæculari militiæ nomen dederit, ab ordinatione arceatur*: cum suscipiens ac confirmans epistolam Siricii idem habet jam decretum his aliis verbis: *Si quis post remissionem peccatorum cingulum militiæ sæcularis habuerit, ad Clerum admitti non debet?* Vel si idem hoc decretum Siricii a Ferrando relatum est ex Concilio Zellensi, cur non subjunxit, ut in aliis: *Ex epistola Siricii?* Cur non iisdem Siricii verbis, quod facere consuevit, cum ex epistola Siricii; excepto titulo 4. ubi quinque aliæ Synodi ante Cellensem citantur? Cur non idem præstitit num. 16. de continentia trium majorum ordinum Clericorum? cum & alius Canon ea de re superfluus esset, epistola fusissime de eadem tractante: vel saltem hujus mentio debuerat fieri.

Citatorum decretorum apud Ferrandum ex Concilio Telensi alia genuina, alia supposita.

Hæc autem ideo tam scrupulose distinguenda putamus, ut vera Zellensis Synodus a commentitia Telensi vel Zellensi, & genuinæ Ferrandi citationes a subdititiis discernantur.

Genuinam enim Synodum censemus eam, quæ simpliciter & sine additamento Cellensis vel Zellensis a Ferrando nominatur, germanasque consequenter citationes putamus numerorum 3. 16. 65. 68. & 218. Decretorumque istorum tria posteriora omnino desiderantur in epistola Siricii: alia duo implicite & quoad sensum in ea leguntur, verba autem prorsus alia sunt, quæque facile est alterius Synodi verba credere.

Commentitiam vero pronuntiamus eam Synodum, quæ Telensis dicitur: commentitiasque ac subjectas aliena manu vel citationes, vel sanctiones illas quinque residuas, quæ in Breviatione Ferrandi tribuuntur *Zellensi Concilio ex epistola Siricii Papæ*. De Synodo ipsa inferius rationes nostras proferemus, ut & de epistola Siricii subjecta. De quinque citationibus, vel decretis Ferrando suppositis, his modo conjecturis aggredimur demonstrare.

4 Prima 4 habetur titulo 4. *Ut Episcopus a tribus ordinetur, consentientibus aliis per scripta, cum confirmatione Metropolitani, vel Primatis*: refferturque hoc decretum ex Nicæni Concilii tit. 4. & 6. Antiocheni 19. Laodicensis 12. Carthaginensis sub Genethlio 10. Carthaginensis Universalis 49. Quam porro, ut minus dicam, superflue addatur: *Concilio Zellensi ex epistola Papæ Siricii*: manifestum inde habetur, quod primum Sicirianæ epistolæ decretum, ad quod solum referri posset citatio, de Primatum ipsorum ordinatione agit, & de Romanæ Sedis consensu, vel conscientia, secundum nostri Codicis, quam defendimus, lectionem: nihil porro tale legitur in illo decreto Ferrandi. Deinde secundum aliam lectionem requirit Siricius conscientiam Primatis, quæ ordinationem vel antecedat, vel comitetur: Ferrandi decretum de confirmatione est, quæ ordinationem subsequitur. Præterea istud maxime, ac præcipue eo collimat, ut a tribus saltem ordinetur Episcopus; ut comprovincialium omnium consensus scripto datus accedat, & ut ordinatio rite consummetur: de quibus ne verbum quidem apud Siricium, qui de una Sedis Apostolicæ seu Primatis prærogativa sollicitus videtur. Demum tot illustrium Conciliorum decretis quid ponderis addit obscuræ Synodi suffragium ultimo loco prolatum, ac eo nomine adjectionis suspectum?

Secunda citatio discutitur. 5

Secunda 5 citatio est tituli 6. *Ut unus Episcopus Episcopum non ordinet, excepta Ecclesia Romana*: cujus interpolatio ac suppositio indubitata mihi videtur. Tria enim postrema verba, *excepta Ecclesia Romana*, subdititia esse, probant omnes Codices quotquot sunt epistolæ illius Sicirianæ, vel Concilii, ex quibus decerpta dicuntur; nec ullus eruditus diffitetur. Additum porro istud fuit non a Ferrando: quis enim crediderit eruditum virum & canonicæ scientiæ peritissimum hanc labem inurere voluisse sanctis Canonibus: ut contra celebratissimos Nicæni Concilii Canones totius mundi reverentia, Leone teste, consecratos cuiquam liceret Episcopos ab uno Episcopo ordinandos decernere vel ordinare? Longe profecto ab hujusmodi disciplina abhorrebat Ecclesia Romana etiam temporibus Siricio posterioribus, ut passim ex Leone nostro manifestum est: sed & ex ipso Innocentio in epistola

EDITORUM ADNOTATIONES.

4 Hæc prima allegatio vindicabitur in Observ. c. 2. n. 4.

5 Apologiam hujus citationis invenies ibidem n. 5.

CAP. II.

6 stola ad Victricium, 6 quam pseudo-Siricius ille totam fere exscripsit. Absolute enim ac sine exceptione pronuntiat: *Ne unus Episcopus ordinare præsumat, ne furtivum beneficium præstitum videatur: hoc enim a Synodo Nicæna constitutum est atque definitum*. Hanc autem disciplinam a sola Ecclesia Romana potuisse non observari, quis vel somniando dixerit? Quasi ipsi licitum fuisset vel canonicis Nicæni Concilii statutis adversari, vel furtivum præstare Sacerdotii beneficium. Immo vero Romanæ imprimis Ecclesiæ hanc fuisse tunc disciplinam, aperte prædicat Innocentius, qui Victricio *Romanæ Ecclesiæ normam atque auctoritatem magnopere postulanti, voluntati ejus morem admodum gerens, digestas vitæ & morum probabilium disciplinas adnexas litteris suis misit, per quas adverterent illius regionis populi, Qualis*, inquit Pontifex, *servetur in urbis Romæ Ecclesiis disciplina*. Et infra: *Propter eos igitur, qui vel ignorantia, vel desidia non tenent ecclesiasticam disciplinam, & multa non præsumenda præsumunt, Recte postulasti*, inquit, *ut in illis partibus istiusmodi, quam tenet Ecclesia Romana, forma servetur*.

Innocentius Papa Ep. ad Victricium.

7 Deinde mirum prorsus esset, ut 7 Ecclesia Africana, quæ Romanæ erat celsitudinis æmula, nec ejus privilegia amplificare avebat, tam singularem prærogativam, (si tamen prærogativa est sacris Canonibus non subesse) eidem ultro dedisset, nec sibi illam arroganti. Certe non studiosiorem tunc temporis, quam antea, fuisse Romani splendoris augendi, 8 probat Concilium Carthaginense sub Episcopo Bonifacio habitum anno Christi 525. eodem videlicet tempore, quo florebat, ac forte scribebat Ferrandus. Relecti enim ea in Synodo antiqui Canones ac confirmati fuerunt: quorum tres posteriores transmarina judicia proscribunt, vetantque *ne ullus ad transmarina audeat appellare; ne qui appellaverit, ad communionem intra Africam suscipiatur: & ut qui in Africa non communicat, si ausus fuerit in transmarinis, damnetur*. Hæc illa Synodus, ex quibus patet quam alienus esse debuerit Ferrandus ab hujusmodi verbis superaddendis: ut taceam non adeo deploratæ fidei credendum eum esse, ut Concilia decerpendo adulterare & de suo amplificare vellet.

8

Impostoris igitur 9 totum hoc opus est: quem etiam certum puto integrum hoc capitulum sextum addidisse. Valde enim inutile ac superfluum videtur prohibere, cap. 6. *ne unus Episcopus Episcopum ordinet*, postquam cap. 4. statutum legitur, *ut Episcopus a tribus ordinetur, consentientibus aliis per scripta*; & cap. 5. *ut in ordinando Episcopo alii quoque Episcopi super tres addantur, si ab aliquo fuerit contradictum*: præsertim cum priori etiam suffragium Zellensis Concilii accedat. 9

Tres 10 reliquæ citationes titulorum 130. 138. & 174. nihil quidem in se ipsis falsi continent; sed ex priorum duorum adjectione in adjectionis quoque suspicionem veniunt. Quid quod titulus 130. duo decreta Siricii in unum contrahit; & mulierem pro vidua supponit; quod denique duo postremi tituli superflui videntur? Nam titulus 138. *Ut abjectum Clericum alia Ecclesia non admittat*: continetur titulo 27. *ut Episcopus alienum Clericum non suscipiat*: & adhuc clarius habetur in tit. 53. *Ut nullus Episcopus, vel Presbyter, vel Diaconus excommunicatus communicet*. Nam Canones Nicænus 5. Sardicensis 16. Carthaginensis 8. & Antiochenus 2. ex quibus titulus ille 53. refertur, expressissimis verbis definiunt, ne Clericus abjectus ab alio admittatur: ut otiosum fuerit alterum titulum de eadem materia adhuc po-

Tria ultima loca Ferrandi examinantur. 10

EDITORUM ADNOTATIONES.

6 Non pseudo-Siricius ex Innocentii epistola exscripsit, sed Innocentius ex sincera epistola Siricii. Vide Observ. c. 4. n. 2.

7 Cum Africana Ecclesia Apostolicæ Sedis primatum & supremam auctoritatem semper venerata sit, suamque observantiam atque obedientiam hac quoque ætate rebus pluribus demonstrarit, ut patebit ex Observ. c. 3. n. 7., injuriosum valde est eidem Ecclesiæ scribere, eam *Romanæ fuisse celsitudinis æmulam*. Cum porro ipsius Romanæ Ecclesiæ privilegia ampliare idem sit ac commentitia privilegia fingere, id nec ipsa Ecclesia concupivit. Quid autem huic Ecclesiæ tribuerit, aut quid significaverit Ferrandus, cum scripsit *excepta Ecclesia Romana*, latet. Quidquid autem illud est, cum a Ferrando ea verba addita fuisse omnes, qui supersunt, codices Breviationis testentur, aliquid procuIdubio respicient, quod Apostolicæ Sedis prærogativas haudquaquam excesserit; nec quia ignoratur quid sit, infusa dici possunt ea verba, nec de incompetenti prærogativa suspicari licet. Confer Observ. c. 2. n. 5.

8 Quid spectarint canones tres in hoc Concilio repetiti, explicavimus tom. II. in Observ. ad Differt. V. Quesnelli part. 1. c. 6. Ibi enim ostendimus Africanos in ea de appellationibus controversia, quæ Apiarii caussa excitata fuit, Apostolicæ Sedis jus non impetivisse, sed quoad Clericos inferioris ordinis tantum, de quibus tunc agebatur, improbis fraudibus & effugiis voluisse aditum intercludere. Alia quæstio tunc exorta quoad canones Sardicenses, qui Nicænorum nomine allegati fuerant. Verum hæc Bonifacii Episcopi Carthaginensis ætate omnino sublata dici debet, cum jam Sardicenses canones proprio nomine cogniti & recepti fuissent, ut ex Ferrandi Carthaginensis Diaconi Breviatione liquet.

9 Vide Observ. c. 2. n. 6.

10 Responsionem ibidem invenies n. 7.

ponere. Titulus vero 174. *Ut venientes a Novatianis vel Montensibus per manus impositionem suscipiantur*: ex titulo 177. prorsus inutilis redditur, & amplificatoris otiosi manum prodit. Hoc enim ultimo eadem disciplina de Novatianis iisdem statuitur: *Ut Novatiani vel etiam Quartadecimani non recipiantur, nisi prius hæresim suam condemnaverint: ita ut Symbolum fidei doceantur, & chrismate ungantur, ex Concilio Laodicensi tit. 7.* cui suffecisset locum Zellensis illius Concilii subnotari; nisi commentitiæ hujus Synodi decreta obtrudendi libido distinctum titulum fieri postulasset.

Ex his perspicuum est fidem Breviationis Ferrandi, aliqua saltem sui parte vacillare: qua semel in aliquibus titulis interpolatio-
11 ne detecta, 11 ceterorum ejusdem Breviationis capitulorum plurimum detrahitur auctoritati: cum & interpolatam illam esse constet, & incertum maneat in quas ejus partes grassata sit impostoris manus. Ex quo rursus sequitur, Concilio Zellensi seu Telensi, & Siricii epistolæ eidem annexæ nihil addi roboris ex illa collectione: cum ratio subsit de ejus sinceritate ambigendi: & si quidem subdititiæ sint aliquæ Breviationis illius vel partes vel citationes, illæ maxime tales esse credendæ, quæ sunt de Zellensi vel Telensi Concilio: quandoquidem eæ semper vel solæ sint, vel ordine ultimæ: quod adjectionis suspicionem in hujusmodi dubiis, plurimum adaugere norunt rei criticæ periti. Hæc demum suspicio adhuc ex diversitate citationum illius Concilii confirmatur.

CAPUT III.

Hujusmodi fragmentum Telensis Concilii nomine donatum, commentitium esse demonstratur.

Quicquid tandem sit de Breviatione Ferrandi, Concilium illud, cujus nunc habemus fragmentum Siricii epistolæ præfixum, quodque Telense appellant, commentitium esse contendo, & ex his probationibus, ni fallor, persuadeo.

1 Prima repetitur ex jam dictis 1 de nomine
Concilii: constat enim ubique Telense scribi, nec librariorum errore ita scriptum. Liquet porro unicam esse Telensem civitatem, quæ in Proconsulari jacet Provincia: Donatianum autem Teleptensem in Bizacena Episcopum Synodum in Proconsulari habuisse, somnium est impostoris, cui nec disciplinæ ecclesiasticæ, nec Africanarum regionum notitiæ satis affuit, ut scite fraudem texeret. Etsi enim hujus nominis fuerit forte vicus aliquis in Byzacena, nusquam tamen apud scriptores celebratur: cum tamen non ita ignobilis fuisse debuisset, in qua Synodus ampla conveniret, ad quam & Proconsularis Provinciæ legati concurrerent.

2. Probabile non est Synodum 2 habitam 2
fuisse tunc temporis in Bizacena Provincia VI. Kalend. Martias, cum generalis totius Africæ conventus mense Majo sequente congregari deberet, & jam tum indictus esset. Quantum enim ex fragmento apparet, nullum majoris momenti negotium in illa Synodo tractandum erat, quam lectio epistolæ vel epistolarum Siricii: quæ profecto (præsertim cum tunc vel instaret, vel jam inchoata esset sacra Quadragesima) ad generalem usque Synodum differri facile poterat, in qua majori pompa ac splendore ab omnibus fere totius Africæ Episcopis audita esset epistola, quæ ad omnes etiam erat scripta, si inscriptioni fides.

3. Cum generalis non prædicetur hæc Synodus, non est ratio cur ex Provincia Proconsulari 3 legati adfuissent Telensi illi Sy- 3
nodo. Conciliorum enim Africanorum genera duo indicat ac decernit Milevitana Synodus: alia erant generalia totius Africæ, pro caussis communibus habenda; alia particularia, pro caussis, quæ cum communes non essent, a cujusque Provinciæ Episcopis discutiendæ erant. Quid igitur in ea Synodo legati Proconsularis Provinciæ? Animadvertit proculdubio Lector eruditus quicquid id est, fictum esse ab hujus synodalis fragmenti artifice, cujus tale consilium fuisse mihi videtur.

Qua occasione fragmentum confictum esse putatur.

Nescio quis Romanæ amplitudinis auctoritatisque præpostere studiosus, 4 ut vidit male successisse Legatis Romanis operam, quam pro jure appellationum ad Sedem Apostolicam deferendarum in Africanas Provincias invehendo posuerant, sub Romanorum Episcoporum Zosimi, Bonifacii & Cæ- 4
lestini Pontificatu, hujusmodi mali successus memoriam obliterare conatus est; quod & hac arte non frustra tentandum putavit, si celebrem aliquam Synodum Africanam pluresve produceret, quæ præceptis Romani Pontificis se se ultro submisissent, ejus recepissent decreta, eis obtemperassent, non in una tantummodo Provincia, sed etiam in pluribus. Credidit præterea majus adhuc pondus habituram Synodum, si eo ipso tempore, quo Legatis Zosimi res minus feliciter cesserat in Carthaginensi Concilio, Synodus illa celebrata ostenderetur. Fixa est igi-

EDITORUM ADNOTATIONES.

11 Confer Observ. c. 2. n. 8.

1 Solvetur hæc oppositio in Observ. c. 3. num. 2.

2 Immo sub hoc tempus cogendam fuisse provincialem Synodum in Byzacio ostendemus ibidem n. 3.

3 Vide ibidem n. 4.

4 Hanc historiolam, quam nullo documento sibi Quesnellus finxit, inter somnia computandam ostendemus in Observ. c. 3. n. 9.

CAP. III. igitur ſub Zoſimo Synodi epocha. Ut vero etiam ab antiquo receptam Pontificis auctoritatem in Africanis regionibus oſtende-
ret, introduxit Legatos Provinciæ Proconſularis, qui litteras Siricii commemorarent
in alia Synodo Tuſdritana acceptas, lectas,
approbatas. Atque hæc omnia conjecit in
prologum fictitiæ Synodi: quem ut conderet, oculos convertit ad Synodum Carthaginenſem anni ſequentis, ex cujus præfatione formam ſuæ cudendæ accepit, quæ
eodem modo incipit: *Poſt. conſulatum* &c.
Ex eodem & ex Milevitano Concilio præſidem ſuæ Synodi mutuatus eſt impoſtor;
Donatianum ſcilicet Teleptenſem Epiſcopum
Byzacenæ tunc Primatem. Ex eodem etiam
Legatos Provinciæ Proconſularis aſſumſit,
quos coram pſeudo-Synodo ſiſteret, Vincen-
5 tium & Fortunatianum, qui 5 in Milevitana Synodo Legati electi ſunt ex Provincia Carthaginenſi, & in præfatione pariter
6 Carthaginenſis anni 419. nominantur. 6
Reliquos Epiſcopos e variis Synodis vel epiſtolis arceſſiit, aut ipſe finxit. Locum Synodi apud Telenſem civitatem conſtituit,
non magnopere ſollicitus, an in eadem Provincia jaceret, modo ſciret in Africa eſſe
hujus nominis locum. Denique epiſtolam
Siricii Papæ annexuit, cujus gratia tota hæc
fabula adornabatur. Hæc etſi a contentioſis
hominibus eludi poſſint, ſatis erunt tamen apud cordatum ac ſincerum Lectorem, ut fraudis reus impoſtor convincatur: quod & ſequentibus confirmamus.

7 4. Igitur mendacii indicium 7 ex ceteris
verbis elicitur. Inducit enim duos Legatos
ſimul loquentes: *Vincentius & Fortunatianus dixerunt*: tum omnes Epiſcopos Synodi reſpondentes: *Epiſcopi dixerunt*. Poſtulant, ut recitentur epiſtolæ Siricii, una tamen ſolummodo legitur. Denique ut multa barbariem ſpirantia omittam, revoca-
tur in memoriam Synodus Tuſdritana vel
Tyſdritana, cui dicuntur interfuiſſe Epiſcopi Telenſis hujus Concilii: *Etiam cum Thiſ-
dre fuiſſemus, ſicut mecum recolit memorialis auditio veſtra* &c. quaſi Provinciæ unius
Epiſcopi alterius Provinciæ Synodis intereſſe potuiſſent: Tuſdritanam enim Synodum
nemo eſt, qui generalem totius Africæ conventum aſſerat.

8 5. Cum ex toto hujuſmodi Concilio 8
aliud nihil poſteritati traditum inveniatur,
præter recitationem hujus epiſtolæ Siricii
Papæ, profecto iſtud nimis affectatum eſt, CAP. III.
ac merito in ſuſpicionem trahit ſuppoſitionis tale fragmentum. Cur enim omiſſi Canones, qui a Ferrando referuntur, ſi in eadem Synodo conditi? Cur altera epiſtola
Siricii prætermiſſa, cujus mentio in eodem
fragmento, quæque juſſa eſt pariter recitari? Cur alia negotia in ea Synodo tractata ſilentio preſſa ſunt? Dubitandum
enim non eſt, quin in ea Synodo ad quam
ex primaria Africæ provincia Legati convenirent, res magni momenti ventilandæ
eſſent. De his tamen ne verbum quidem.

6. Certum eſt per eam ætatem Africanos
ſuarum Eccleſiarum adminiſtrationem ex
propriarum Synodorum Canonibus geſſiſſe,
9 nec leges eccleſiaſticæ diſciplinæ a tranſ- 9
marinis regionibus ſibi imponi paſſos, tametſi cum de communi cauſſa fidei ageretur,
ut de Pelagiana hæreſi, ad Sedem Romanam relationem dirigere non omitterent.
Ea enim erat Africanæ diſciplinæ puritas &
ſanctimonia, ut eam & pleræque aliæ Eccleſiæ ultro amplexæ ſint, & propriam ſibi
Romana ipſa fecerit. Africana vero vix alienas regulas ſuis immiſceri paſſa eſt. Nec
alios Canones, præter Nicænos, in ea viguiſſe, uſuque & auctoritate donatos putem
ante Concilium Calchedonenſe: poſt quod
ceteri Orientalium Provinciarum Canones
pleriſque invecti ſunt Eccleſiis ex primi Canonis Synodi illius œcumenicæ præſcripto:
inde eſt enim quod a Ferrando in ſua Breviatione commemorantur. Patuit certe in
Synodo illa Carthaginenſi anni CCCCXIX. in
qua appellationum 10 cauſſa ventilata eſt oc- 10
caſione Appiarii, quantopere abhorrerent A-
fricani a tranſmarinis legibus intra Africam
admittendis.

7. Si quæ hic prædicantur de Geſtis in
utraque Synodo, Tuſdritana & Telenſi,
vera omnino eſſent, 11 numquam ea refer- 11
re prætermiſiſſent Legati Papæ Bonifacii in
laudata Synodo Carthaginenſi: ut auctoritatem Sedis Apoſtolicæ, cujus aſſerendæ gratia miſſi fuerant, tali præjudicio confirma-
rent: non parvum enim fuiſſet receptæ hujus auctoritatis argumentum, quod a gemina Synodo, utraque numeroſa, altera in
Proconſulari ſeu primaria Provincia, altera
in Byzacena coram Legatis Epiſcoporum
Proconſularium habita, tanta cum veneratione recepta eſſet Pontificis Tractatoria ſeu
Tractoria, tam avide audita, inſertaque ſynodicis Actis tamquam diſciplinæ norma,
cui

EDITORUM ADNOTATIONES.

5 Hic canon refertur quidem apud Iſidorum ſub titulo Synodi Milevitanæ. At vere
eſt canon ultimus Concilii Carthaginenſis anni 418. Vide Tractatum de Collectionibus
part. 2. c. 3. §. 6. n. 1. & §. 7. n. 6.

6 Vide Obſerv. c. 3. n. 1.

7 Hanc objectionem diluemus ibidem n. 5.

8 Vide eaſdem Obſerv. c. 3. n. 6.

9 Confer ibidem n. 7.

10 Quid in hac cauſſa Africani Patres, intacto Apoſtolicæ Sedis jure, contenderint, expoſuimus fuſius tomo II. in Obſervationibus ad Diſſert. V. Queſnelli part. 1. c. 5. & 6.

11 Vide Obſerv. ſequentes c. 3. n. 8.

CAP. III. cui parere omnibus necessitas esset. Nihil tale egerunt Legati: ut vel propriæ caussæ obliti dicendi sint, quod probabile non est; vel fictitium credendum sit quod hic de utraque Synodo obtruditur.

8. Cum tota hæc Synodus, vel Synodi pannus eo consilio descriptus sit, ut ei Siricii epistola subjungeretur, atque ita alterutri ex altera suffragium conciliaretur;
12 12 non erit quo Concilii istius sinceritas ac veritas utcumque fulciatur, si semel de epistolæ νοθείᾳ constiterit: cum gemina Synodus Africana non ita hebes & vecors putanda sit, ut commentitiam epistolam velut sinceram & genuinam amplecteretur, ac pro decreto apostolico susciperet. Nihil est autem, meo judicio, clarius, quam hujus epistolæ impostura & suppositio, quam variis argumentis palam facere sequenti capite conabimur.

CAPUT IV.

Siricii epistola fragmento subjuncta suppositionis arguitur. Primum νοθείας argumentum ex primo epistolæ decreto; cujus variæ lectiones ac sensus varii expenduntur.

Ante omnia primum hujus epistolæ decretum ad examen revocandum est,
1 1 cum in eo difficultatis non parum versari videatur, tum ex ipsa ejus materia, tum ex diversa lectione, quæ in variis codicibus occurrit. In Oxoniensi enim ita habetur: *Primum, ut extra conscientiam Sedis Apostolicæ Primates nemo audeat ordinare: integrum enim judicium est quod plurimorum sententia consecratur*. In collectione Conciliorum & in Thuaneo Codice sic legitur: *Primum, ut extra conscientiam Sedis Apostolicæ, hoc est Primatis, nemo audeat ordinare: integrum enim judicium est, quod plurimorum sententia consequatur*. Denique apud Innocentium, ex cujus ad Victricium epistola hæc tota fere sumta est, ita refertur: *Primum, ut extra conscientiam Metropolitani Episcopi nullus audeat ordinare Episcopum: integrum enim est judicium, quod plurimorum sententiis confirmatur*.

Sensus verborum Innocentii clarissimus est, nihilque continent, quod Canonum Nicænorum aliorumque antiquiorum disciplinæ non omnino congruat.

Sensus eorumdem, ut jacent in codice Oxoniensi, planus est. Per Sedem enim Apostolicam, Romanam intelligit: per Primates vero, singularum provinciarum Africanarum Metropolitanos designat; vultque auctor epistolæ prohibitum esse, ne quisquam Africanorum Metropolitanorum ordinari posset absque consensu & conscientia Romani Episcopi: atque adeo non dubito quin hæc genuina sit adulterinæ epistolæ lectio. Quod enim in editione vulgari legitur: *Ut extra conscientiam Sedis Apostolicæ, hoc est Primatis, nemo audeat ordinare*: prorsus non video ad quem commodum sensum possit revocari. Franciscus Florens antecessor Aurelianensis eruditione conspicuus in Tractatu 6. ad Tit. 6. Decretalium, de electione & electi potestate, pagina 194. putat verba hæc esse interpolata, legendumque tantummodo: *Extra conscientiam Primatis*, deletis his verbis intermediis: *Sedis Apostolicæ, hoc est*: tamquam subdititiis. Reclamat Chiffletius ex auctoritate vetustissimorum Codicum, qui integram illam lectionem exhibent, inter quos Corbejensem laudat antiquitate venerandum. Ipse vero verba illa *Apostolicæ Sedis* conservans, de Primate ipso interpretatur, cui ad hunc effectum apostolica ipsa summa auctoritas jure competeret: ut nihil necesse esset eo in casu Romanum Pontificem convenire: atque id nominis ab antiquioribus cuicumque sedi episcopali passim attributum legi. Postremum quidem istud fateor: sed inde crescit difficultas, non solvitur. Si enim quælibet sedes erat apostolica, eoque nomine decorabatur, quomodo Primati ita proprium erit, ut eo designatum Primatem Pontifex velit? Deinde etsi posset quælibet episcopalis sedes dici apostolica, vix tamen eo modo id usurpatum invenias, quo in hoc decreto, præsertim vero a Romanæ Sedis Pontificibus, qui titulum istum vix cum solis majoribus Orientalium partium sedibus communicabant: quemadmodum Leo noster ad Marcianum Augustum scribens de Anatolio CP. Episcopo: *Non dedignetur*, inquit, *Regiam civitatem, quam Apostolicam non potest facere sedem*. Ep. 78. cap. 3. Denique non iis verbis usus esset Siricius, quæ interpretatione egerent; sed vel solummodo Primatem, vel, quod Afris familiare erat, primæ sedis Episcopum dixisset. Quamquam & hoc valde supervacaneum erat Africanis regionibus commendare, quæ id & propriis legibus cautum habebant, & religiose observatum.

Aliud igitur fuit Auctoris epistolæ consilium, quod facile ex codicis Oxoniensis lectione intelligitur: nimirum hoc sancitum præsenti decreto voluit, ne Ecclesiarum Africanarum Primates absque conscientia Romanæ Sedis ordinarentur: *Ut extra conscientiam Apostolicæ Sedis Primates nemo audeat ordinare*. Quæ lectio inde etiam confirmatur, quod nisi legatur *Primates*, nullum erit nomen quod a verbo illo *ordinare* regatur: ex quo fiet ut & oratio manca sit, & sensus

EDITORUM ADNOTATIONES.

12 Lege ibidem n. 9.

1 Objectio toto hoc capite proposita refelletur in Observ. c. 4. n. 1.

CAP. IV. ſus ambiguus. Ordinandi quippe, vox non unius eſt poteſtatis apud ſcriptores rei canonicæ, ipſoſque Canones. Sæpe enim, ut alibi adnotavimus, adminiſtrationem ſignificat, aliquando conſecrationem Epiſcopi, frequentiſſime ſecundi, tertii, aliorumque inferiorum ordinum celebrationem deſignat: & ad quem iſtorum ſignificatuum ea vox hoc loco coerceri debeat, dubium remanebit, ſi vulgaris lectio retineatur. Quamobrem, noſtram eſſe præferendam, ut auctoris menti congruentem, exiſtimo.

Verum ut communiori vocum uſui, & grammaticæ legibus non accommodatur, ita regionum iſtarum diſciplinæ ac moribus prorſus adverſatur. Si enim Primatum nomine Carthaginenſem Epiſcopum intelligat, non pluralis, ſed ſingularis numerus apponi debuerat: cum unicus eſſet hujuſmodi Primas in Africa. Sed & quam hoc ab Africanis juribus & conſuetudine alienum, ut ad Epiſcopum Romanum de ordinando Carthaginenſi Epiſcopo conſultatio vel relatio mitteretur! Quod ſi per Primates Metropolitanum uniuſcujuſque Provinciæ Epiſcopum, ſeu primæ ſedis Antiſtitem deſignat; jam vero ineptiſſimum eſt ac ridiculum iſtud decretum, quod Primates extra conſcientiam Sedis Apoſtolicæ ordinari vetat: cum Primates in Africa, excepto Carthaginenſi, numquam ordinarentur, ut ſæpius a viris eruditis obſervatum. Fixæ quippe non erant Primatum ſedes iis in regionibus, ſed deſultoriæ; nec Epiſcopi a ſuarum ſedium antiquitate, vel dignitate primatus honorem conſequebantur; ſed ſedes ipſæ ad hanc prærogativam, Epiſcoporum ſuorum primatu ætatis & conſecrationis antiquitate evehebantur: ita ut quiſquis ordinabatur Epiſcopus, is inter ſuos Comprovinciales Epiſcopos ultimus eſſet: excepto Carthaginenſis civitatis Epiſcopo, qui totius Africæ Primas ordinabatur ex proprio ſuæ ſedis privilegio. Hancque conſuetudinem etiam poſt Gregorii Magni Pontificis Romani tempora viguiſſe in Africanis regionibus, patet ex illius epiſtola ad Epiſcopos Numidiæ, quibus *conſuetudinem ſuam immotam permanere concedit, ſive de Primatibus conſtituendis, ſive de ceteris capitulis*. Quamquam idem ad Gennadium Africæ Exarchum ſcribens optat ab eo Concilium Africanorum Epiſcoporum admoneri, *ut Primas non paſſim, ſicut moris eſt, per villas, ſed in una, juxta eorum electionem, civitate reſideat*.

Primum igitur νοθείας argumentum adverſus hanc Siricii nomine confictam epiſtolam ex hujus primi decreti inſulſitate repetatur, quod quovis modo legeris, nec ad uſum loquendi, nec ad grammaticæ leges, nec ad Africanam diſciplinam & conſuetudinem poſſis accommodare. CAP. IV.

CAPUT V.

Alia ſuppoſitionis argumenta proponuntur adverſus Siricii pſeudo-epiſtolam.

SEcundam probationem noſtram inde conficimus, quod hæc epiſtola tota fere concinit cum epiſtola Innocentii Papæ I. ad Victricium Rotomagenſem Epiſcopum: ut alteram ex altera tranſcriptam eſſe neceſſe ſit. A Siricio deſcriptam epiſtolam Innocentii ſucceſſoris ſui nemo dixerit. 1 Innocentium a Siricio mutuatum eſſe, ne ſuſpicabitur quidem, qui attenderit Innocentium non omiſſurum fuiſſe de Siricio mentionem injicere, ſi ejus verba & decreta uſurpaſſet, cum id in epiſtola ad Exuperium præſtiterit, etſi non tanta eſſet neceſſitas. Deinde vel Victricium ad epiſtolam Siricii remiſiſſet, vel novam proprio marte ac ſtilo condidiſſet. Denique nihil immutaſſet in decretis, nihilque truncaſſet eorum, quæ ad Sedis Apoſtolicæ ſplendorem pertinebant. 1

3. Nihil ſomnio ſimilius eſt, quam 2 quod indicatur in præfatione, propter Afros maxime has litteras datas eſſe a Synodo Romana: *Quia in præſenti præ valetudine corporis aut feſſæ ætatis cauſſa minime adeſſe potuerunt*. Quaſi Romam ad Synodos convenire ſolerent Africani Epiſcopi, & ſola adverſæ valetudinis, aut effœtæ ætatis cauſſa eoſdem a Synodo abſentes feciſſet. Admirationem adhuc auget, quod quaſi de fortuita Synodo loquitur initio epiſtolæ: *Cum in unum plurimi fratres conveniſſemus ad ſancti Apoſtoli Petri reliquias* &c. a cujuſmodi fortuito conventu cur plerique abfuerint, non eſt ex valetudine vel ætate ratio arceſſenda. 2

4. Non minus 3 abhorrent ab illius ævi moribus & agendi modo cum Africanis, verba illa duriora: *Nemo audeat*: quibus erga Africanos uſum eſſe Siricium non facile quis crediderit. 3

5. Quænam eſt hæc ratio decreti primi, ut videlicet ſine conſcientia ſeu Metropolitani, ſeu Primatis, ſeu Sedis Apoſtolicæ nemo ordinare præſumat: 4 *Integrum enim judicium, quod plurimorum ſententia conſecratur?* Quis Primatem plurimos eſſe dixerit? Quis judicium conſecrari alicujus ſententia? At eadem ratio, inquies, affertur ab Innocentio. Puto ego mendoſam eſſe Innocentii lectionem & interpunctionem, hæcque verba *integrum judicium eſt* &c. ad poſteriorem decreti partem pertinere, cujus optima eſt. 4

EDITORUM ADNOTATIONES.

1 Reſponſionem invenies in Obſerv. c. 4. num. 2.
2 Vide ibidem n. 3.
3 Confer ibidem n. 4.
4 Vide ibidem n. 5.

CAP. V. est ratio: *Integrum judicium est quod plurimorum sententiis confirmatur: ne unus Episcopus ordinare præsumat Episcopum* &c. Nec gratis aut sola hac ratione nixus id conjicio: auctoritas enim Codicis Oxoniensis accedit, in quo caussativa particula *enim*
5 desideratur ante vocem *judicium*: tametsi 5
eam in contextu epistolæ posuimus ex aliis codicibus. Idem porro non valet pro Siriciano loco; cum illa verba primum capitulum claudant, nec ad sequentia referri possint, quæ pro alterius decreti initio ponuntur.

6. In secundo illo decreto verba hæc adduntur, quæ apud Innocentium non repe-
6 riuntur: 6 *Propter arrogantiam*. Post hæc
videlicet verba: *Ne unus Episcopus Episcopum ordinare præsumat*. Quasi hoc licuerit, modo citra arrogantiam fieret. Ubi interpolationi, & disciplinæ & linguæ corruptela miscetur.

7. Manifestam faciunt impostoris vel ma-
7 litiam vel inscitiam 7 verba hæc capitis IX.
Suademus ut Sacerdotes & Levitæ cum uxoribus suis non coeant: quia in ministerii quotidianis necessitatibus occupantur: ubi suadet & hortatur auctor epistolæ, sicut & inferius, *hortor*, *moneo rogo* &c. quasi lege continentiæ non tenerentur Sacerdotes & Levitæ: non ita Innocentius, cujus verba corrupit; nam pro *suademus*, habet *Tenere Ecclesia omnino debet*. Non ita Siricius ipse in epistola ad Himerium Tarraconensem; ubi Sacerdotes & Levitas de uxoribus propriis filios procreantibus, quasi gravissimi criminis reos lacessit, additque: *Quarum sanctionum* (sacræ Scripturæ) *Sacerdotes omnes atque Levitæ insolubili lege constringimur, ut a die ordinationis nostræ sobrietati ac pudicitiæ & corda nostra mancipemus & corpora*. Decernitque insuper, ut qui hujus criminis rei convicti fuerint, a ministerio suo pellantur, eisque omnis indulgentiæ aditus præcludatur. Perspicuum igitur est auctorem epistolæ, sacræ disciplinæ, quæ Siricii temporibus in Romana Ecclesia vigebat, & ab ipso Siricio fuerat sancita, vel ignarum fuisse, vel contemtorem: quod de Siricio vel alio Pontifice Romano dici nefas est.

8. Ineptum illud figmentum, in iis quæ ab Innocentio vel aliis mutuatus non est,
8 ita 8 rudis est & infantis loquelæ, ut vix
queat stilo mentem suam auctor exprimere. Talia sunt, *populi voluptatem sequi*, *fessæ ætatis caussa*, *præcepta imperare*, *pari more* pro *similiter*, *a Canonum ratione evagari*.

9. Quid sibi vult nugator ille, cum Sa- CAP. V.
cerdotem 9 omni momento paratum esse 9
debere ait, ne aut sacrificium offerre, aut baptizare cogatur? De baptismo quidem occasio nasci poterat ex instante catechumenorum vel infantium morte: at sacrificiis offerendis stati dies erant constituti, certæque diei horæ, nec timendum erat Sacerdoti ne omni momento offerre cogeretur: cum soli dominici festivique dies Mysteriorum celebrationi deputati essent. Longe correctius loquitur Innocentius, cum Sacerdotibus ait *& orandi & sacrificandi juge officium esse*; juge enim officium est, non jugis omni momento necessitas.

10. Non memini me umquam legere epistolam antiqui alicujus Pontificis Romani,
quam 10 *Romæ* datam, vel *in Concilio Episcoporum*, in fine notaret: quando enim 10
synodalis epistola mittitur, id statim in fronte exprimitur in hunc modum ab ipso Siricio usurpatum! *Siricius & sancta Synodus octoginta Episcoporum quæ Romæ convenit apud S. Petrum*.

11. Tam adversus hanc epistolam, quam contra Concilii ipsius veritatem facit, quod cum sæpius de continentia Clericorum actum
sit in Carthaginensibus Conciliis, 11 num- 11
quam tamen de Telensi Concilio, vel de epistola Siricii in eo relecta facta est mentio: cum tamen præcipua epistolæ materies continentiam sacerdotalem attineret. Exstat etiam in Codice Africano num. 4. suffragium Faustini Potentinæ Ecclesiæ Episcopi, Legatique Romanæ Ecclesiæ, in quo ita loquitur: * *Placet ut Episcopus, Presbyter, & Diaconus, vel qui sacramenta contrectant, pudicitiæ custodes ab uxoribus se abstineant*. Quod suffragium vel ad Carthaginensem anni 418. vel ad sequentis anni Synodum pertinet; quæ utraque Zellensi vel Telensi posterior fuit. Porro legationis suæ ejusque sedis, cujus vices gerebat, oblitus esset Faustinus, nisi hoc loco laudasset Siricii epistolam ad Afros missam. Quod vero nihil de ea commemorent vel Legati Apostolici, vel Aurelius cujus auctoritate Vincentius & Fortunatianus ad Telensem Synodum essent delegati, vel ipsi Vincentius & Fortunatianus, qui utrique huic Carthaginensi Synodo aderant, certissimum apud me est suppositionis illius epistolæ argumentum.

* Hæc verba sunt canonis II. Concilii Carthag. II. sub Genethlio an. 390.

Facessat ergo Illustrissimi Petri Marcæ conjectura: qui primam continentiæ clericalis necessitatem apud Africanas Ecclesias a Siricii constitutione manasse asserit Concordiæ lib. 1. cap. 8. num. 4. Unde enim id affir-

EDITORUM ADNOTATIONES.

5 Particula *enim* in Quesnelli editione, qua usi sumus, desideratur. Eam nos ex omnibus nostris codicibus revocavimus.

6 Confer Observ. c. 4. n. 6.

7 Lege ibidem n. 7.

8 Vide ibidem n. 8.

9 Hæc objectio rejicietur ibidem n. 9.

10 Confer Observ. c. 4. n. 10.

11 Lege ibidem n. 11.

affirmandi fiduciam cepit, inde ego idem negandi argumentum sumo. Quippe cum tam in Concilio Carthaginensi anni 390. quam *in praeterito Concilio*, quod in illo citatur, mentio non sit Siriciani decreti in Africam missi & recepti, melius ex illo rejicitur, quam astruitur, Siricianæ hujus epistolæ auctoritas. Deinde quis Marcam docuit, Concilium illud præteritum canone Carthaginensi notatum, ante annum 388. vel etiam ante Siricii Pontificatum celebratum non fuisse? Denique illa ipsa secunda Synodus Carthagine habita ab Apostolorum doctrina & a totius antiquitatis observantia, non a Siriciano decreto, auctoritatem suam arcessit: *Ut*, inquit, *quod Apostoli docuerunt, & ipsa servavit antiquitas, nos quoque custodiamus*. Carthaginensis I. sub Grato Episcopo, quæ Julii Papæ temporibus celebrata dicitur, legem sancit: *Ut nullis liceat ab affectu abstinentibus carnali apud extraneas pariter commorari*; ubi & legem continentiæ jam olim indictam iisdem supponit, quorum castitati providet, & Clericos eadem lege coercere videtur: cum in fine Canonis aliam laicis pœnam, aliam Clericis videatur imponere: *Si ergo laici sunt*, inquit, *post commonitionem, si contempserint, a communione separentur*. De Clericorum pœna silet, quoniam præcedentium Canonum auctoritate noverant, proculdubio sancitam fuisse. Sed tamen supponit Clericorum aliquos lege continentiæ adstrictos: alioqui supervacanea laicorum exceptio. Ita Canon 25. Carthaginensis III. dicti communis est Clericis & continentibus.

Addo præteritum illud Concilium a Carthaginensi II. citatum, non tam legem tulisse de continentia Clericorum, quam *de continentiæ & castitatis moderamine tractasse*. Ipsa sunt verba Canonis, quæ non satis perpendit Marca, nec tam probant edictum ut Clerici ab uxoribus abstinerent, quam indicatum, qui Clericorum ad hoc non cogi deberent, qui vero essent cogendi: nonnullis videlicet severioris disciplinæ studiosis, minores etiam Clericos abstinendi necessitati subjicere volentibus. Quam interpretationem ex ipsius Canonis lectione emergentem, confirmat alter Canon Concilii Carthaginensis anni seu 398. seu 401. qui in Codice Africano septuagesimus numeratur: *Placuit*, inquit, *Episcopos, & Presbyteros, & Diaconos secundum priora statuta etiam ab uxoribus abstinere: quod nisi fecerint, ab ecclesiastico removeantur officio. Ceteros vero Clericos ad hoc non cogi, sed secundum uniuscujusque Ecclesiæ consuetudinem observari debere*. Ubi Canon priora statuta innovans, hoc in primis constituit, ac illis constitutum demonstrat, quinam Clericorum continentiæ legi subjiciendi essent, tres scilicet priores gradus: quinam suo hac in re arbitrio essent relinquendi. Simulque docet quasdam fuisse in Africanis regionibus Ecclesias, quæ hanc consuetudinem observarent, ut ceteros Clericos compellerent ad subeundam continendi necessitatem; quæque alias etiam ad eamdem observantiam vellent pertrahere. Unde occasio data ut *in illo præterito Concilio de continentiæ & castitatis moderamine tractaretur*: &, soli *gradus isti tres conscriptione quadam castitati per consecrationem annexi sint*.

Ex dictis satis superque probatum, ni fallor, habetur, quicquid sive in illo Synodi fragmento sive in epistola Siriciana et subjuncta continetur, prorsus commentitium esse & impostoris arte confictum. Unum est ex quo fidei non nihil mereri videatur: quod videlicet insertæ sint Synodus & epistola Codici illi Romano, cujus & antiquitatem & sinceritatem ipsi tantopere commendavimus. Verum non tanti est hæc ratio, ut contrariis argumentis superius prolatis præponderare debeat: 12 cum facile 12
potuerit posterioribus sæculis genuino Codici fictitium scriptum superaddi. Hoc eo probabilius est, quod ultimum capitulorum locum occupat, ubi plerumque annecti solent sive appendices, sive supplementa, sive quid aliud vel germanum, vel supposititium. Nec hoc sine exemplo: 13 simili enim fraude 13
auctiorem una epistola esse factam Dionysianam decretorum pontificiorum collectionem, inferius probabimus in notis ad epist. I. (nunc 12. tom. II.) Breviationem Canonum Ferrandi Diaconi nonnullis etiam additamentis esse similiter interpolatam 14 14
diximus superius cap. 2. sexcenta sunt alia hujusmodi exempla.

Sed & idem hic locus manifeste adhuc imposturam prodit. Si enim genuinæ essent Synodus & epistola, non tam diu latuissent Ecclesiæ Romanæ Clerum, nec ad postremum 15 Codicis locum rejectæ essent. Cum 15
enim unaquæque illius pars per id temporis eidem inserta sit, quo vel innotuit, vel in usum & auctoritatem recepta in Ecclesia Romana: mirum certe esset genuinam Siricii epistolam tam sero ad notitiam Ro-

EDITORUM ADNOTATIONES.

12 De hoc satis dicetur in Observ. c. 1. num. 2.

13 Nulla fraus fuit, cum Dionysianæ collectioni inter quædam alia sincera documenta addita fuit Leonis epistola nostræ editionis 12. ad Mauros, quam ab omni suppositionis, aut interpolationis nota vindicavimus.

14 Dixit, sed non apte probavit, ut patebit ex Observ. cap. 2.

15 Insistit hypothesi, quam jam refellimus, collectionem canonum hoc tomo editam, fuisse Codicem Romanæ Ecclesiæ. Cadente autem hypothesi, tota hæc ratiocinatio corruit.

excludunt. Tanta enim harum collectionum antiquitas est, ut sicut de ceteris documentis, nisi quid exploratum obstet, dubitare non licet; ita neque de Zellensis Concilii fragmento, ac de Siricii epistola, quibus nihil certi opponi videbimus. Quesnellus, qui nostræ collectioni primum abs se editæ plurimum jure attribuit, idcirco hoc fragmentum & epistolam rejicienda putat, quia hæc ultimo capitulo collocata, & addititia esse præsumit. At cum hoc capitulum alia non pauca excipiant, omniaque propria esse hujus vetustissimæ collectionis probarimus not. 1. in cap. 67., maximum ex hac ipsa collectione auctoritatis argumentum, ipso Quesnello adstipulante, debet accedere. Adde alias duas optimæ notæ collectiones, unam in MS. Colbertino 3368. alteram in Vaticano 3827. Alia duo exemplaria Regia Baluzius memorat, & duo pariter Collegii Soc. Jesu P. Harduinus: quæ cujus collectionis sint, ignoramus. Plurimum etiam auctoritatis accedit e cod. Veronensis Capituli 59. cui similis est alius antiquus liber Capituli Lucensis. In his enim, qui mille & amplius annos excedunt, antiquissima abbreviatio canonum continetur, quam ex vetustioribus collectionibus Hispanicis & Gallicanis excerptam in Tractatu de Collectionibus animadvertimus. Hi omnes codices quoad hanc Synodum sunt Gallicani, vel e Gallicanis codicibus originem ducunt.

De codice, quo Ferrandus usus est.

III. Alium vero codicem Africanum adhibuit Ferrandus in Breviatione canonum, cum ejusdem Concilii & Siricii epistolæ meminit. In eo autem codice non mutilum, sed integrum reperisse ipsum Concilium ex eo liquet, quod alios ejusdem canones laudat, qui in vulgato fragmento non inveniuntur. Cum porro idem Ferrandus ex Conciliis, quæ plenaria non sunt, solos referat canones Synodorum provinciæ Byzacenæ, uti observavimus in allegato Tractatu part. 4. c. 1., palam fit eum in recensendis hujus Concilii canonibus usum fuisse MS. exemplo Byzacenorum peculiari, quod multo evidentius omnem suppositionis suspicionem prorsus abstergit. Hoc invictum testimonium non diffitetur ipse Quesnellus; ac propterea cap. 2. inquit: *Ex illo quidem Ferrandi Diaconi opusculo de Telensis, vel Zellensis Concilii, epistolæque ei adnexæ auctoritate secure pronuntiari posset, si de ipsius Breviationis integritate constaret*. Verum ut illa suppositia evincat, hoc quoque Ferrandi opusculum interpolationis accusat. Ita omnia illi suspecta sunt, quæ ejus sententiæ non favent. Eja vero videamus, num quæ in tota Dissertatione opponit, tanta ac talia sint, ut adversus tot collectionum & codicum præstantissimorum fidem, nec non adversus vulgatam Ferrandi Breviationem probabile dubium injiciant.

Varium nomen hujus Synodi in MSS. collectionibus.

IV. Primum ejus caput, ubi de Synodo agit, nunc expendamus. Affirmat ibidem, *omnes anteriores editiones, omnes codices MSS. & recentiores & antiquissimos*, Telensem *dicere Synodum, non* Teleptensem. Cum vero Tela sita sit in provincia Proconsulari, non vero in Byzacena; hanc Synodum, cui præsederit Donatianus Teleptensis Byzacenæ provinciæ Primas, ab impostore confictam colligit cap. 3. n. 1. *Constat enim UBIQUE* Telense *scribi, nec librariorum errore ita scriptum. Liquet porro unicam esse Telensem civitatem, quæ in Proconsulari jacet provincia: Donatianum autem Teleptensem in Byzacena Episcopum, Synodum in Proconsulari habuisse somnium est impostoris, cui nec disciplinæ ecclesiasticæ, nec Africanarum regionum notitiæ satis affuit, ut scite fraudem tegeret*. Hic autem jure Quesnellum coarguit Stephanus Baluzius audacter affirmantem, omnes codices *Telensem* dicere Synodum, non *Teleptensem*: cum ille ipse codex Thuaneus, nunc Colbertinus 932. in bibliotheca Regia, quo idem Quesnellus in sua editione usus est, diserte ac distincte habeat: *Incipit Concilium Teleptense super Tractoria S. Cyricii Papæ urbis Romæ per Africam*, & dein *in Ecclesia Apostolorum plebis Teleptensis*, ac in ipsa tabula capitulorum, quam ex eodem codice suæ editioni præfixit, num. 62. *Constituta Theleptensis Concilii*. Si codicem hunc, quem adhibuit dum hæc scriberet, oblitus est; quæ fides ipsi habenda, dum *omnes* codices *Telensem* dicere pronuntiavit? Alius quoque codex Regius quondam S. Petri Pictaviensis apud Baluzium cum Thuaneo concinens, *Teleptense* Concilium & *plebis Teleptensis* similiter præfert. Addimus antiquissimam abbreviationem canonum, quæ exstat in pervetusto MS. Veronensi 59., ubi habetur: *Ex Synodo Teleptensi*; quam lectionem librarii oscitantia *Te* litteris diminutam

tam exhibet etiam codex Lucensis : *Ex Synodo leptensi*. Cetera vero exemplaria, quæ *Teleptensis* voce carent, falsum est convenire in vocabulo *Telense*. Nam aliud exemplar Regium, quod antea fuerat Archiepiscopi Remensis, *Telenense* utrobique exhibet : & paullo dissimiliter *Thellenense* legitur in MS. Vat. 3827. Codex Colb. 3368., qui duas collectiones continet, ut vidimus in Tractatu part. 2., c. 8. n. 2., duplex complectitur hujus Concilii exemplar; & in secundo *Telenense* scribitur. Codex autem Vat. 1340. *Telesoense* habet. Duos alios codices Colbertinos, & unum Regium laudat Baluzius, in quibus canones ejusdem Synodi vocantur *Telinenses*. In catalogo Conciliorum præmisso collectioni Herovvallianæ apud Petit tom. 1. Pœnitentialis Theodori pag. 265. legitur : *Canones Tholonenses Episcoporum XXXIII.* Cum ergo verum non sit, *omnes* codices *Telensem* vocare hanc Synodum ; perperam omnino Quesnellus ex hac, quam male præsumsit, omnium exemplarium concordia intulit verum nomen esse *Telense*, & Synodum Telæ civitatis indicari, quæ non ad Byzacenam, sed ad Proconsularem provinciam pertinet.

V. In tanta codicum & lectionum varietate error proculdubio librariorum alicubi irrepsit. Tres memorati codices, qui *Telenense*, vel *Thellenense* exhibent, certissime errant, cum Donatianum *civitatis Telensis* Episcopum vocant. Ex aliis enim indubiis documentis eum *Teleptensem* Episcopum fuisse manifestum est. Hinc autem lectio quoque *Telenense*, vel *Thellenense* errori tribuenda, cum *Telena*, vel *Thellena* Africæ civitas ignota sit : eademque ratione mendosæ pariter sunt lectiones *Telesoense*, *Telinense*, ac *Tholonense*. Reliquæ igitur sunt duæ lectiones *Teleptense*, & *Telense*, quæ postrema in MSS. frequentius legitur, uti sunt duo codices Vindebonensis, & Oxoniensis nostræ collectionis, Corbejensis, Colbertinus 3368. primo loco, & duo Collegii Soc. Jesu, qui a P. Harduino laudantur. Cum vero constet Donatianum fuisse Episcopum Teleptensem, inscriptio *Concilii Teleptensis* nihil repugnat. Econtra vero lectio *Telense*, si ad *Telam* civitatem Proconsularem referenda sit, cum agatur de Synodo provinciæ Byzacenæ, errori amanuensium est adscribenda, sicuti manifesto eorumdem lapsui adjudicari debet similis vox Donatiano Episcopo affcta in tribus MSS. quæ memoravimus. Quemadmodum vero in his tribus MSS. ubi Donatiani Episcopatus indicatur, pro *Telensis civitatis Episcopus* legendum est cum aliis codicibus *Teleptensis*; ita etiam in Concilii nomine pro *Telense* corrigendum videtur *Teleptense*, ut non pauci codices inscribunt.

VI. Hic vero difficultatem non levem movere potest Breviatio Ferrandi, in qua hoc Concilium decies laudatur num. 3. 4. 6. 16 65. 68. 130. 138. 174. & 218. nullibi autem *Teleptense* vocatur, vel *Telense*, sed *Zellense*, vel *Tiellense*. Duo tantum hujus Breviationis exemplaria hactenus inventa sunt, Trecense & Corbejense. In Trecensi, ut notavit Baluzius, semper appellatur *Zellense*, uno tantum numero tertio excepto, in quo *Cellense* scriptum fuit, ubi errore librarii *C* pro *Z* sumptum apparet. In Corbejensi vero semper *Tiellense*, & uno numero tertio mutile *ellense*. Si alia ejusdem opusculi exemplaria, quæ in Romanis aliisque Italicis bibliothecis frustra quæsivimus, alicubi reperire liceret; utra lectio esset verior, colligere possemus. Cum vero duo tantum laudati codices suppetant ; nihil dubitandum videtur, quin *Zellense* melius scribatur in MS. Trecensi a *Zella*, quam inter civitates Byzacii Strabo recenset lib. 17., facili autem mendo in MS. Corbejensi ex *Zellense* mutata littera *Z* in *Ti* factum fuerit *Tiellense*. Id quidem Afrorum consuetudini tribuit Baluzius, quos *T* pro *Z* commutare consuevisse ex eo probat, quod ubi Crabbus in codicibus Liberati Afri c. 13. legit *Atticus Zellensis*, alii tres vetustissimi libri, quibuscum ipse contulit ejusdem Liberati Breviarium, constanter habeant *Atticus Tallensis*. Cum porro idem Baluzius inscriptionem Concilii *Teleptensis* veram existimet, *Zellensis* autem lectionem auctoritate Ferrandi haud repudiandam pervideat; ita utramque conciliari posse credit, si dicamus Zellam provinciæ Byzacenæ pertinuisse ad diœcesim Episcopi Teleptensis, ibidem habitum fuisse Concilium, quod diversa relatione vocatum fuerit a Ferrando *Zellense*, quia Zellæ, seu in Ecclesia *plebis Zellensis* vere fuit celebratum; in præstantioribus autem codicibus *Teleptense*, quia Zella ad Telepten-

Quid in MSS. Ferrandi?

prensem Episcopatum spectabat: *eo modo*, inquit ille, *quo Loaisa Concilium* Tarraconense *vocavit illud, quod tempore. Sisebuti Regis habitum fuit apud Egarram in provincia Tarraconensi; Sirmondus vero* Magalonense *illud, quod convenit apud Juncarias in territorio Magalonensi*. Nec desunt antiqua exempla. Nam Synodus a S. Hilario habita Justiani in territorio Arausico, a Synodi loco *Justianensis* dicitur in titulis subjectis epistolæ Joannis II. ad Cæsarium; in plerisque vero collectionibus ab episcopali sede, cui Justianum suberat, *Arausica* vel *Arausicana* vocatur.

Concilium duplici nomine vocatum relatione diversa.

VII. Hæc vero Baluzii opinio haudquaquam placet. Etenim ineunte sæculo V. duo distincti Episcopatus erant Teleptensis atque Zellensis. Id perspicuum fit ex Collatione Carthaginensi cum Donatistis habita anno 411. paullo ante nostrum Concilium. Ibi enim duo Donatiani memorantur, unus cap. 121. *Donatianus Episcopus Ecclesiæ Teleptensis*, alter sub finem c. 135. *Donatianus Episcopus plebis Zellensis*. Baluzius ex his duobus unum Donatianum conflat, qui simul fuerit Episcopus Teleptensis atque Zellensis. Sed perperam: duæ enim subscriptiones ejusdem mandati in eadem Collatione distinctæ, duos ejusdem nominis Episcopos adstruunt, unum Zellensem, alterum Teleptensem; sicut duo etiam Donatiani in nostro Concilio nominantur. Adde quod in laudata Collatione duo similiter recensentur contrarii catholicis Episcopi Donatistæ, in civitate Teleptensi *Bellicius* cap. 198., in Zellensi autem *Natalicus* cap. 163. Ne quis vero dubitet, num forte hic Natalicus errore aliquo appelletur Episcopus *Zellensis*, & legendum sit *Telensis*; satis erit animadvertere in eadem Collatione cap. 208. Telensem Donatistam Episcopum *Felicem* appellari. Si ergo duo diversi Episcopatus erant Telepte & Zella; hæc proculdubio ad Teleptensem Episcopatum seu diœcesim non pertinebat: ac propterea Baluzii conciliatio falsæ hypothesi innixa recipi nequit. Quid igitur?

Teleptensis & Zellensis duo Episcopatus distincti.

Duo Donatiani distinguendi in unum confusi.

VIII. Duo codices Thuaneus, & Regius olim S. Petri Pictaviensis, qui Concilium Telepte celebratum præferunt, hæc in procemio habent. *Congregato Concilio in Ecclesia Apostolorum plebis Teleptensis, beatus Pater primæ Sedis Episcopus Donatianus civitatis Teleptensis cum resedisset* &c. Quid isthæc repetitio ejusdem vocis *Teleptensis*, & in uno loco cum vocabulo *plebis*, in altero *civitatis?* Si Telepte habitum fuisset hoc Concilium, scriptum fuisset proculdubio: *Congregato Concilio in Ecclesia Apostolorum civitatis*, vel *plebis Teleptensis*, & dein *ejusdem civitatis*, vel *plebis*. Teleptensis igitur vocabulum, quod a Donatiano ejusdem urbis Episcopo separari nequit, in designatione Ecclesiæ perperam scriptum fuit; Conciliique locus ex ipsa scribendi ratione a Telepte diversus agnoscitur. Cum ergo expungenda sit primo loco vox *Teleptensis*, aliudque loci nomen substituendum; etsi codices alii pro *Teletensi* passim præferant *Telense*: cum tamen Tela ad provinciam Proconsularem pertineat, nomen *Telense* substitui nequit: ac proinde cum Trecensi codice Ferrandi substituendum credimus *Zellense*, ex quo usitata apud Afros mutatione litteræ *Z* in *T*, in plerisque codicibus invaluit *Telense*. Neque incredibilis hic librariorum lapsus credatur. Etenim Natalicus Donatista, quem fuisse *Zellensem* Episcopum ex laudata Collatione Carthaginensi didicimus, idem esse videtur ac Natalicus subscriptus pseudo-Synodo Cabarsusitanæ, cujus codices quinque Baluzius contulit, ubi tamen errore simili appellatur *Episcopus Telensis*. Sicut autem melius in uno codice memoratæ Collationis, quam in his quinque codicibus legitur (Telensis enim Episcopus, ut vidimus, erat Felix;) ita melior est lectio unius codicis Trecensis, quam aliorum præferentium *Telense*, quod nomen, nisi scriptum dicatur pro *Zellense*, Byzacenæ Synodo convenire non potest. Adde aliam observationem, quæ hanc nostram sententiam non modicum confirmabit. Etsi codices hujus Concilii sint diversarum collectionum; omnes tamen, cum non contineant nisi idem fragmentum ejusdem Synodi, ab uno eodemque fonte, ac exemplo proficiscuntur, in quo primum ea Synodus perinde mutila descripta fuit. Nullus collector nisi hic primus integram Synodum præ oculis habuit, ex qua hoc fragmentum cum Siricii epistola excerpsit: ceteri ex hoc profecerunt. Ferrandus vero integram Synodum in Africano Byzacenæ provinciæ codice cum aliis Synodis ejusdem provinciæ invenit; & idcirco aliquot alios canones, qui in memorato fragmento

Verior Concilii appellatio inquiritur.

Duo hujus Synodi fontes.

mento desunt, ex eodem Concilio laudat. Duo igitur sunt hujus Concilii fontes, unus in MSS. collectionibus canonum, in exemplaribus Ferrandi alter. Primus fons, qui in MSS. collectiones transivit, variis lectionibus, quoad loci nomen, ita corruptus est, ut quid in primo originali, unde laudatæ collectiones manarunt, scriptum fuerit, dignosci nequeat. Hinc nihil mirum, si in tanta lectionum varietate nulla inveniatur, quæ omni prorsus difficultate careat. Secundus vero fons exemplarium Ferrandi minus vitiatus, eam lectionem in Trecensi codice satis aptam nobis conservavit, quæ cum optime cohæreat, recipienda videtur. Cum vero in edendo ipso fragmento codices, in quibus descriptum est, sequendi fuerint; noluimus ex Ferrando textum emendare, sed prætulimus cum plerisque MSS. lectionem *Telense*, quæ a veriori lectione minus discedens, pro *Zellense* scripta non improbabiliter creditur. Ita porro satis refelluntur, quæ ex diversa hujus Synodi appellatione, ac ex variantibus & mendosis codicum lectionibus Quesnellus obtrudit: quo minus ipsum Concilium tot codicum & collectionum, ac Ferrandi testimonio comprobatum, sincerum putemus. Si ubi mendosæ, vel etiam repugnantes inveniuntur lectiones, quæ simul recipi nequeunt, protinus imposturæ accusandum esset documentum; de omnibus fere Scriptoribus ac documentis actum esset. Eruditorum autem officium est, ubi varias lectiones in diversis MSS. reperiunt, eas expungere, quæ apertum errorem præferunt, & veriorem lectionem ex ipsis quandoque erroribus elicere.

CAPUT II.

Breviatio canonum Ferrandi, quæ canones Synodi Zellensis allegat ex epistola Siricii Papæ, ab interpolationis nota vindicatur. Excutitur Quesnellianæ Dissertationis caput secundum.

I. QUesnellus, ut Ferrandi Diaconi auctoritatem, quæ ad Synodum Zellensem comprobandam omnium maxime valet, infirmet, &, si fieri possit, eripiat; ejus Breviationem, in qua ea Synodus decies laudatur, interpolatam ostendere nititur. Vide autem quam imbecillibus conjecturis utatur. Primo nonnullos nævos ejus opusculi obtrudit, quos subesse putat numeris 103. 105. 110. 111. 112. 113. 114. 115. 185. 188. 216. & 221. Hi autem numeri cum spectent ad alias Synodos, non vero ad Zellensem; si nævi, qui in ipsis inesse dicuntur, interpolationem probarent, totam Breviationem interpolatam & nihili faciendam probarent: quod nemo umquam pronuntiavit, & nec ipse, ut putamus, Quesnellus auserit affirmare. Si ex nævis, qui in MSS. antiquis frequenter occurrunt, de interpolatione liceret cogitare, quodnam opus aut documentum ab hac censura esset immune?

II. Sed eja jam videamus, num ea quoque loca, quæ uti potiora selegit, tam vitiosa sint, ut imposturam aut interpolationem subindicent. Numero 103. habetur: *Ut Presbyteri alterius regionis præsentibus Presbyteris non sacrificent*: laudatur Concilium Neocæsariense c. 13. Id a sensu canonis longe abesse opponit Quesnellus. Ferrandus in Græcarum Synodorum canonibus versione ab Isidoro postea recepta usus est. Presbyteros autem, qui in hac versione *non conregionales* dicuntur, ille *alterius regionis* vocavit. Quæ in hoc sensus discordia? Omittit vocem *Episcopi*. Atqui eos *Presbyteris præsentibus* sacrificare vetat, multo magis præsente Episcopo vetare intelligitur. In abbreviandis canonibus quasdam particulas non necessarias præterire licet. Quod si post voces *præsentibus Presbyteris* deest *civitatis* nomen, quod in canone legitur; aliquid ejusmodi, quod opponatur vocibus *alterius regionis*, ex contextu subaudiri quisque facile intelliget: vel certe vox *civitatis* amanuensium oscitantia excidit. Numero 105. prohibetur, *ut Diaconi judicio populi non eligantur* ex Laodiceno c. 13. cum de Sacerdotibus, inquit Quesnellus, canon sancitus sit. Verum interpretatio Isidoriana Sacerdotum expresse non meminit, sed *eorum, qui altaris ministerio sunt applicandi*. Ferrandi autem mos est Diaconos nominare, ubi in ea versione *altaris ministerium*, aut *altaris ministri* appellantur. Confer Breviationem num. 109. 111. 112. 113. 114. & 120. ubi

Breviationis loca vindicata.

alios Laodicenos canones similiter laudat. Illa numeri 194. *Hoc & in Concilio Thenitano statutum est*, a citandi more, qui Ferrando familiaris est, aliena dicuntur, & a studioso aliquo videri adjecta. At cum ex solo Ferrando Thenitani Concilii notitia suppetat; quis studiosus posterioris ætatis eam allegationem adjicere potuit? Ceterum similis allegandi formula occurrit etiam num. 52. ubi legitur: *Hoc in alio Concilio Carthaginensi actum est*; & ita legitur, ut hæc verba expungi nequeant, ne canon ibidem propositus præter Ferrandi consuetudinem allegatione careat. Plura Breviationis loca difficultatem facessebant, eo quod vel in notandis canonum numeris alicubi erratum fuisset, vel non satis explorata haberetur canonum & Conciliorum Africanorum cognitio. Qua in re cum exactiorem diligentiam posuerimus in præmisso Tractatu part. 4. c. 1. de Ferrandi Breviatione, si non omnes, saltem plerasque difficultates sustulisse videmur.

Tres Synodi Zellensis, Cellensis, & Tellensis perperam distinctæ. III. Quesnellus Altaserræ assentitur, qui putavit, Concilium Zellense, Cellense, & Telense apud Ferrandum non unum, sed plura, ac distincta esse Concilia. Id ipsi utile erat, ne omnia loca expungeret, in quibus Zellense allegatur, sed illa tantum, quæ Siricii epistolam ex eodem Concilio laudant. Cum hac una epistola inimicitiam gerit, ne Africanos pontificiæ auctoritati tantum detulisse credantur, ut Apostolicæ Sedis litteras in Synodis recitarent, ac pro disciplinæ regula acciperent. Pervidit Altaserræ argumenta non convincere. Satis illi fuit dubia spargere, ac propterea scripsit: *Nec nos etiam decernimus quicquam, sed conjecturis tantum agimus, ut in re obscura; sed iis conjecturis, quibus contrarias paris roboris non facile objicias*. Verum conjecturæ pro diversis Synodis allatæ vulgatorum lectionibus minus accuratis, vel apertis sophismatibus nituntur. Tria proferuntur nomina Zellense, Cellense, ac Telense. Nusquam in MSS. Ferrandi *Telense* legitur. *Tiellense* habet codex Corbejensis, Trecensis vero semel tantum præfert. *Cellense*, novies autem *Zellense*. Cum Tiella civitas non inveniatur, *Zella* autem in Byzacio sita fuerit; Trecensis codicis lectionem veriorem, ac *Tielense* in Corbejensi pro *Zellense* scriptum fuisse agnoscimus. Vide quæ in hanc rem animadvertimus cap. 1. n. 6. Porro ex novem locis codicis Trecensis, in quibus constanter legitur *Zellense*, corrigendus profecto est unicus locus num. 3. ubi *Cellense* scriptum fuit. Ita unum Concilii nomen superest, nimirum *Zellense*: nec unica mendosa allegatione de Cellensi suspicari licet. Neque generatim verum est, *quod ubi de Zellensi sermo est, protinus additur ex epistola Siricii Papæ*: nam num. 16. 65. 68. & 218. *Zellense* allegatur, nec ulla tamen Siricii epistolæ mentio est, sicut accidit num. 3. ubi mendose *Cellense* pro *Zellense* legitur. Cur porro his in locis non laudetur Siricii epistola, quæ in aliis quinque locis memoratur, iique indicentur canones, qui fere ad Siricii epistolam revocari nequeunt: ea ratio est, quia canones ipsius Concilii allegantur, qui si in vulgato fragmento desunt, in integris gestis exstitisse dubitare non licet. Integrum enim Concilium, ut capite præcedenti monuimus, in MSS. collectionibus transcriptum non fuit, sed merum fragmentum, ut ex ipsa lectione constabit. In ea igitur parte, quæ in laudatis collectionibus omissa desideratur, inserti erant canones, qui a Ferrando referuntur. Nimium curiosa quæstio ingeritur, cur Zellense Concilium duos canones condiderit a Ferrando relatos num. 3. & 16. cum similes sententiæ legantur in epistola Siricii; & cur Ferrandus iisdem in numeris non subjunxerit, ut alibi, *ex epistola Siricii*. Num si horum canonum constituendorum ratio afferri nequit, eo quod integra Concilii gesta, quæ desunt, expendi nequeunt; id ad Concilium distinctum adstruendum compellit? Nulla ergo ex his conjecturis plura Concilia, & distincta probat.

Una Zellensis adstruenda.

Allegationes epistolæ Siricii vindicatæ. IV. Neque magis probant conjecturæ, quibus allegationes *ex epistola Siricii* quinque numeris in Breviatione exhibitas Quesnellus suppositionis accusat. Prima allegatio ejusdem epistolæ num. 4. laudatæ, expungenda creditur ob lectionem mutilam atque mendosam, quam Quesnellus in ipsius epistolæ editione recepit. Si autem legatur, ut ex nostris codicibus integram dedimus cap. 62. tota illius ratiocinatio evanescet. Quod si in Siricii litteris non omnia continentur, quæ Ferrandi verba exprimunt; cum is non unam Siricii epistolam

lam num. 4. laudet, sed plurium Conciliorum canones; ex ejus more sufficit, si aliqua saltem particula in memoratis litteris reperiatur, dum omnes particulæ ex omnium allegationum complexu coalescant. Ita sane non omnes ejusdem numeri Ferrandiani particulæ insunt Laodiceno can. 12. Antiocheno c. 19. & aliis, qui eodem numero allegantur, nec tamen idcirco hæ istorum Conciliorum & canonum allegationes additititiæ creduntur. In primo autem canone Siricii ex ea lectione, quam ad MSS. codices exegimus, cum decernitur, *ut extra conscientiam Sedis Apostolicæ, hoc est Primatis, nemo audeat ordinare*: Primatis consensus, seu confirmatio, quam Ferrandi Breviatio exprimit, satis præcipitur: & voces quidem *vel Primatis* apud ipsum insertæ fuerunt ob Siricii epistolam, & Concilium Carthaginense sub Genethlio, cum in aliis Synodis, quas allegat, *Primatis* mentio nullibi occurrat.

V. Interpolationem & suppositionem indubitatam præfert Quesnellus in Breviationis Ferrandianæ num. 6. ubi legitur: *Ut unus Episcopus Episcopum non ordinet, excepta Ecclesia Romana*. Licet autem tria postrema verba *excepta Ecclesia Romana* non legantur in epistola Siricii; non tamen idcirco allegatio ejusdem epistolæ, cui prima pars canonis congruit, suspicionem afferre potest. Quid porro tribus illis verbis innuatur, alii aliter explicant, ut videre licet apud Baluzium in Differt. de Concilio Teleptensi pag. 1352. Quod si nulla explicatio probabilis judicetur; non idcirco ea verba additititia ac in Ferrandi textum intrusa judicari queunt. Quot alia aliorum Scriptorum loca difficilem explicationem recipiunt; nec tamen hac de caussa interpolatione notantur? Adde quod ea verba ejusmodi sunt, ut cuique studioso tribuantur, haud facile intelligi & explicari possint. Cum ergo æqualem difficultatem pariant, sive a Ferrando scripta, sive ab alio inserta quis opinetur; nihil est, cur a Ferrando, cui illa codices adscribunt, abjudicentur.

VI. Totum vero textum numeri sexti etiam in ea parte, qua prohibetur, *ne unus Episcopus Episcopum ordinet*, additititium affirmare, propterea quod inutile & superfluum videatur hoc interdictum, postquam numero quarto præceptum fuit, *ut Episcopus a tribus ordinetur, consentientibus aliis per scripta cum confirmatione Metropolitani, vel Primatis*; & num. 5. *ut in ordinando Episcopo alii quoque Episcopi super tres addantur, si ab aliquo fuerit contradictum*: eum, inquam, textum hac de caussa additititium affirmare valde sophisticum & cavillosum est. Singuli enim hi numeri, seu canones abbreviati in toto complexu aliquid peculiare habent, ex quo recte distingui potuerint. Ferrando nimirum usitatum est, canones, qui in aliqua parte conveniunt, numeris distinguere, si in aliquo differant.

VII. Tres alias allegationes numerorum 130. 138. & 174. nihil falsi continere Quesnellus fatetur. Expungendos nihilominus putat totos illos numeros, seu canones, qui ibidem afferuntur *ex epistola Siricii*, quia numerus 130. duo decreta in unum contrahit, & *mulieris* vocem pro *vidua* supponit; canones vero expressi numeris 138. & 174. superflui videntur, cum alii canones in eadem Breviatione similes describantur. Hanc postremam rationem numero præcedenti satis refellimus. Quæ autem opponuntur ad excludendum numerum 130. adeo exilia sunt; ut rejicere pigeat. Duos ejusdem Siricianæ epistolæ canones in unum contrahere, unoque numero proferre quid absurdi est? Nonne plurium etiam Conciliorum canones eodem pertinentes Ferrandus in unum conjungere solet? Cum Siricius post vocem *mulierem* explicationis gratia adjecerit *idest viduam*, ut ex potioribus MSS. edidimus; palam est Ferrandum non substituisse vocem *mulierem* pro *vidua*, sed explicationem *idest viduam* abbreviationis caussa omittendam putasse. Quid si voces *idest viduam* glossema sint intrusum in textum, ut P. Coustantius credidit? Vide ejus not. 27. Patet igitur, quam levia sint omnia, quæ Quesnellus cap. 2. proposuit, ut Zellensi Synodo, ac Siricii epistolæ Ferrandi auctoritatem subtraheret.

VIII. Ex his tandem intelligitur, quam audax sit illa ipsius illatio, qua sub finem ejusdem capitis ex conjecturis tam imbecillibus non solum allegationes Zellensis Concilii, sed totam Ferrandianam Breviationem in suspicionem interpolationis adduxit, cum *incertum*, inquit, *maneat, in quas ejus partes grassata sit impostoris manus*. Certum quippe est, ut scite notavit Baluzius pag. 1342. *vix ullam esse veterum Scriptorum lucubrationem adeo sanam, adeo inte-* Interpolationis suspicio rejecta.

integram, & in quam minus grassatæ sunt manus, non dicam impostorum, sed imperitorum librariorum, quam est illa Ferrandi Breviatio. Nos quidem cum Africanorum Conciliorum & canonum seriem expendimus, atque explicavimus, ita Ferrandianas allegationes cohærere deprehendimus, ut duobus vel tribus tantum numeris error scribarum irrepserit. Vide quæ de Ferrandi Breviatione disseruimus in Tract. part. 4. c. 1. Hinc autem sicut nullus est ambigendi locus de sinceritate Breviationis in ceterorum canonum & Conciliorum Africanorum allegationibus, quæ cum vulgatis conveniunt; ita nihil est dubitandum de sinceritate Concilii Zellensis, quod Ferrandus cum aliis Synodis Byzacenæ provinciæ in suo Africano codice integrum reperit, nec de allegationibus ejusdem Concilii ac epistolæ Siricii, quas duo antiquissima ac Ferrando fere coæva MSS. exemplaria luculentissime vindicant. Uterque enim codex Trecensis annorum saltem octingentorum, & Corbejensis ante annos circiter MC. scriptus, & Zellensem Synodum, & Siricii epistolam a Ferrando allegatas præferunt, æque ac allegavit cetera Concilia Africana. *Adversus quam auctoritatem*, inquit Baluzius, *ut præscribere possit Quesnellus, necesse est, ut unum saltem vetus Breviationis illius exemplum ostendat, in quo nulla Concilii Zellensis & epistolæ Siricii mentio reperiatur: Alioqui nos explosa novitate retinebimus antiquitatem*, quam solis levissimis cavillationibus impetitam vidimus.

CAPUT III.

Zellensis Concilii fragmentum a suppositionis censura eruitur. Refellitur Quesnellianæ Dissertationis caput tertium.

I. VIndicata Breviatione Ferrandi, in qua Concilium Zellense decies allegatur, ipsius Ferrandi auctoritate satis constituta est ejusdem Concilii αὐθεντία, irritusque perspicitur omnis Quesnelli conatus, quo ejus Concilii fragmentum commentitium esse demonstrare se posse confidit. Ipsum quidem fragmentum quod præter Siricii epistolam solum procemium cum Episcoporum nominibus exhibet, tantam sinceritatem præfert, ut vel solum apud homines nulla præoccupatione impeditos sufficere queat. Eadem enim Episcoporum fere omnium nomina leguntur in Collatione Carthaginensi paullo ante idem Concilium celebrata anno 411. ipsisque Episcopis eæ Sedes in eadem Collatione adscribuntur, quæ ad Byzacenam provinciam pertinent. Episcopi in laudato procemio recensiti præter Legatos provinciæ Proconsularis sunt XXXIV. Unius Donatiani Teleptensis sedes designatur: ceterorum sola nomina. In Collatione vero Carthaginensi cap. 126. Januarius, alias Januarianus *Tubulbacensis* vocatur, Maximianus *Aquensium regiorum*, Victor *Baanensis*, Cresconius *Timonianensis*, Jocundus *Sufetulensis*, Sopater *Tambajensis*, Fortunius, seu Fortunatus *Capsensis*, Felix *Segermitensis*: cap. 127. Secundus *Ruspitensis*, Romanus *Leptiminensis*, Tutus *Melcitanus*, Donatus *Tisilitanus*: cap. 128. Geta *Jubaltianensis*, Julianus *Tasfaltensis*, Terciolus *Cillitanus*: cap. 133. Secundianus *Ermianensis*, Restitutus *Muzucensis*, Eunomius *Maraxanensis*: cap. 135. Donatianus alter a Teleptensi diversus *Zellensis*: & cap. 120. Latonius *Tenitanus* appellatur, omnes Episcopi provinciæ Byzacenæ. Ceteri vel in Collatione defuere, vel post Collationem ad Episcopatum provecti sunt. Adde quod nonnulli ex his Episcopis in Codice Ecclesiæ Africanæ referuntur inter Legatos Byzacenos ad alia plenaria ejusdem temporis Concilia directos. Geta *Jubaltianensis* Legatus adfuit Synodo anni 403., Cresconius *Timonianensis*, & Jocundus *Sufetulensis* Synodo anni 418., idem Jocundus, & Maximianus *Aquensis* Synodo anni 419. In epistola Aurelii Carthaginensis ad Episcopos Byzacenos & Arzugitanos scripta eodem anno 419., post Donatianum Primatem nominantur Januarius, alias Januarianus, & Felix, uti etiam primi in nostro Concilio describuntur. Nonne hic tantus Episcoporum Byzacenorum consensus inter Zellensis Concilii fragmentum & Collationis Carthaginensis, aliarumque Africanarum ejusdem temporis Synodorum gesta ejusdem fragmenti sinceritatem declarat? Nullus impostor, qui ex ingenio mera Episcoporum nomina

De Episcopis Concilii Zellensis,

Sedes eorumdem Episcoporum provinciæ Byzacenæ ex Collatione Carth. detectæ.

nec non ex aliis Synodis.

mina in eo fragmento inseruisset, ad tantam concordiam casu potuisset accedere. Impostorem autem imaginari adeo studiosum, & documentis rarissimis adeo instructum, qui tot Episcoporum Byzacenorum nomina cum aliis confusa, nec in Collatione provinciarum notis designata, a non Byzacenis distinxerit, atque exinde exscripserit, merum est somnium. Habes igitur pro αὐθεντία hujus Concilii Zellensis plures vetustas collectiones canonum, quarum quædam initium sexti sæculi attingunt: habes testimonium Ferrandi Carthaginensis Ecclesiæ Diaconi, qui Africano canonum codice usus est: habes ipsius procemii, seu Episcoporum, qui in procemio indicantur, catalogum, quocum alia ejusdem ætatis documenta concordant. Num Quesnelli conjectationes tanta sinceritatis argumenta vel tantillum elidere queant, nunc videndum est.

De Quesnelli conjecturis contra fragmentum Concilii Zellensis. Prima rejecta.

II. Primam conjecturam ex Concilii nomine ductam explosimus cap. I. ubi inter cetera eam falsæ hypothesi innixam ostendimus. *Zella* porro, quam Strabo in Byzacio collocat, per hoc tempus non erat ita ignobilis, ut Quesnellus existimat. Ad hoc enim tempus pertinet Collatio Carthaginensis anni 411. ex qua discimus duos Zellæ fuisse Episcopos, unum Catholicum, Donatistam alterum, uti monuimus eodem capite num. 7.

Secunda. * Vid. Observ. in Dissert. 13. n. 29.

III. Secundo objicit probabile non esse, Synodum habitam fuisse in Byzacena provincia VI. Kal. Martias, cum universale Concilium celebrandum esset Kalendis Maji. Immo vero cum ad Concilium universale seu plenarium * legati eligendi & mittendi essent a Synodis cujusque provinciæ Africanæ, necessaria erat anterior Byzacena Synodus, quæ suos legatos destinaret. Quod si in fragmento hujus Synodi sola Siricii epistola exhibetur; non tamen de ea sola actum fuit. Non solum enim idem fragmentum in fine mutilum est, sed etiam post procemium aliqua desunt, ut indicat formula *& reliqua*, quam ex MSS. supplevimus.

Tertia.

IV. Cur porro Vincentius & Fortunatianus legati provinciæ Proconsularis in Synodo Byzacena interfuerint (quod tertio loco Quesnellus ingerit;) ex gestorum defectu ignoratur. Etsi provinciales caussæ a cujusque provinciæ Episcopis discuti solebant; nihil tamen impedit quin pro aliqua peculiari caussa advocari, aut mitti possent ad Synodum Byzacenam legati provinciæ finitimæ Proconsularis, sive quia negotium incidisset, quod aliqua ratione utramque provinciam attingeret; sive legati e Proconsulari Synodo missi aliquid in mandatis haberent, quod in Synodo Byzacena promovendum esset. Id quidem a disciplina Africana non fuisse alienum probat decretum Concilii Carthaginensis anni 405. apud Dionysium Exiguum c. 94. *Ad Mizonium* (Byzacii Primatem) *legati & litteræ propter liberam dirigendam legationem* (quæ in Concilio provinciali decernenda erat) *destinari præceptæ sunt*. Iidem sane Proconsularis provinciæ legati Vincentius & Fortunatianus paullo ante interfuisse traduntur etiam in Thusdrensi Byzacena Synodo, quam a suppositione vindicat Ferrandus, dum ejus canones laudat.

Legati Proconsulares ad Byzacenam provincialem Synodum missi.

Quarta.

V. Quesnellus num. 4. mendacii indicium esse vult, quod duo legati simul loquentes inducantur: *Vincentius & Fortunatianus dixerunt*. Quid autem frequentius in aliis Conciliis Africanis hac formula: *Honoratus & Urbanus Episcopi dixerunt; Lucianus & Silvanus Episcopi dixerunt?* Addit legatos petere, ut legantur Siricii epistolæ, & unam tantum legi. Cum vero acta Synodi mutila sint, nihil mirum, si e duabus epistolis altera desideretur. Notat legatorum verba: *Etiam cum Thusdri fuissemus, sicut mecum recolit memorialis auditio vestra*: quibus innuitur, eosdem nostræ Synodi Episcopos etiam in Thusdritana adfuisse, *quasi*, inquit ille, *provinciæ unius Episcopi alterius provinciæ Synodis interesse potuissent*. Ludit in hypothesi, qua nostram Synodum *Telensem* provinciæ Proconsularis præsumit. Si vero hæc Synodus cum Ferrando *Zellensis* statuatur; ejusdem Byzacenæ provinciæ Episcopos primum Thusdri, dein Zellæ convenisse constabit.

Quinta.

VI. Quintum Quesnelli argumentum evertetur, si primus auctor, qui ex integris hujus Synodi gestis hoc fragmentum excerpsit, & suæ collectioni inseruit, eo tantum consilio excerpsisse credatur, ut Siricii epistolam, quam in iisdem gestis tantummodo licuit invenire, suæ collectioni adjiceret. Hinc canones ejusdem Synodi, qui a Ferrando allegantur, & alia, quæ ad suum con-

silium

silium non conferebant, omisit. Altera Siricii epistola, cujus mentio est in eodem fragmento, fortassis a collectore hoc loco prætermissa est, quia ipsi aliunde cognita, ex hac Synodo exscribenda non fuit. Enimvero P. Coustantius in monito ad epistolam VI. Siricii hanc, quæ *Orthodoxis per diversas provincias* inscribitur, & ex Isidoriana ac vetustiori collectione Hispanica prodiit, esse alteram illam epistolam censet, quæ in hoc Concilio recitata fuit.

Sexta. VII. *Certum est*, addit sexto loco Quesnellus, *per eam ætatem Africanos suarum Ecclesiarum administrationem ex propriarum Synodorum canonibus gessisse, nec leges ecclesiasticæ disciplinæ a transmarinis regionibus sibi imponi passos*. Hic memoranda sunt, quæ idem Quesnellus præstituit cap. I. *Quin Africana Ecclesia Sedi Apostolicæ, ejusque STATUTIS DEBITUM SEMPER HONOREM IMPENDERIT, dubium nullum est*. In quo autem, quæsumus, hunc *honorem debitum* eisdem *statutis impendit*, si leges ecclesiasticæ disciplinæ a transmarinis regionibus sibi imponi passa non est? At nonne Tertullianus Africanarum Ecclesiarum observantiam in Romanam Ecclesiam professus scripsit in libro de Præscriptionibus cap. 36. *Habes Romam, unde nobis quoque auctoritas præsto est?* Neque id in solis fidei caussis verum fuit; sed etiam in legibus disciplinæ. Aliquot hujus rei documenta inter plura, quæ perierunt, adhuc supersunt, ex quibus quod ille *certum* posuit, falsum revincitur. Baluzii verba exscribimus: *Si regula illa certa tum erat; cur illa ipsa ætate Africani Episcopi in Synodis habitis P. C. Flavii Stiliconis, & Vincentio & Flavito Consulibus decernunt mittendum esse legatum, & litteras scribendas ad Anastasium Papam & Venerium Episcopum Mediolanensem, oratum ut temperent decretum quoddam Synodi cujuspiam Occidentalis, quod gravabat Ecclesias Africanas? Cur eadem Synodus habita Vincentio & Flavito Coss. cum lectæ fuissent litteræ ejusdem Anastasii, quæ nonnulla constituerant adversus Donatistas Afros, gratias Deo agendas censuit, quod illi optimo ac sancto Antistiti suo tam piam curam pro membris Christi, quamvis in diversitate terrarum; sed in una compage corporis constitutis, inspirare dignatus esset? Cur Afri Episcopi congregati apud Carthaginem Stilicone II. & Anthemio Coss. suis sententiis confirmaverunt decretum Papæ Innocentii, ut Episcopi ad transmarina pergere facile non debeant? Cur denique in Concilio plenario Africæ habito Carthagine in secretario basilicæ Fausti Honorio XII. & Theodosio VIII. Coss. cui CCXVII. Episcopi interfuerunt, post constitutum sacrarum Scripturarum canonem Episcopi decernunt, ut Ecclesiæ transmarinæ consulantur pro confirmando isto canone?* Cum ergo hac ætate tantam observantiam Apostolicæ Sedis auctoritati præstarent Episcopi Afri; eos in Synodis Thusdritana & Zellensi optimis decretis refertas Siricii litteras recitari voluisse quis obstupescat? Addemus unum ex Concilio Carthaginensi anni 525. quod etsi posterioris temporis sit, eumdem tamen anterioris disciplinæ zelum præfert. In eo act. 2. recitata leguntur documenta Arelatensis Ecclesiæ pro libertate monasterii Lirinensis. Si ad parem libertatem concedendam monasterio provinciæ Byzacenæ Patres ejusdem Concilii non dubitarunt proferre, & gestis inserere documenta Gallicana; multo minus ambigendum erit, quin Thusdritanæ ac Zellensis Synodorum Patres Syricii litteras legerint atque susceperint, cum præsertim hæ non nova ediderint decreta, sed vetera restauraverint, ut in ipso procemio idem Pontifex diserte tradit. *Litteras tales dare placuit, non quæ nova præcepta aliqua imperent, sed quibus ea, quæ per ignaviam desidiamque aliquorum neglecta sunt, observari cupiamus.*

Africana Ecclesia quantum detulerit Romanæ auctoritati.

De Syn. Telept. pag. 1349.

tom. 5. Concil. edit. Ven. p. 790.

Septima. VIII. Septimum falsitatis indicium Quesnellus ex eo colligit, quod legati Pontificis Bonifacii hæc Siricii decreta in duplici Africano Concilio recepta non allegarint in Synodo Carthaginensi anni 419. At quis affirmare poterit, eosdem legatos, qui Roma in Africam advenerant, scivisse quid in duabus Byzacenæ provinciæ Synodis præcedenti anno actum fuerat? Quid porro, si id scivissent, ad appellationem Apiarii, & ad Sardicenses canones Nicænorum nomine inscriptos, de quibus erat quæstio, utile fuisset eas Synodos & Siricii litteras proferre, in quibus de iis capitibus nihil occurrit? Cum autem de auctoritate Apostolicæ Sedis, quam Africani recentissimis etiam documentis numero præcedenti indicatis professi fuerant, nulla controversia esset; nihil erat, cur

cur ad ipsam vindicandam earum Synodorum gesta cum Siricii litteris allegarentur: sicut nihil caussæ fuit, cur memoraretur illa novissima ejusdem Sedis delegatio, qua S. Augustinus aliique Episcopi Africani anno 418. Zosimi auctoritati obsequentes, in Mauritaniam proficisci compulsi sunt, ut aliquot Ecclesiæ necessitates ipsius Sedis auctoritate terminarent, quemadmodum Possidius tradit in Augustini Vita cap. 14. Confer etiam ejusdem Augustini epist. 190. num. 1.

IX. Num Siricii epistola fragmento subjecta commentitia sit, ita ut exinde novum falsitatis ejusdem fragmenti argumentum a Quesnello ultimo loco ductum fuerit, patebit ex sequenti capite, ubi conjecturas ejus excutientes, ipsius epistolæ αὐθεντίαν vindicabimus. Ita porro sinceritate ejusdem fragmenti constituta, eam Quesnelli narrationem, qua occasionem & consilium ejus fragmenti confingendi exposuit, inter somnia referendam patebit. Si pro asserendo appellationum jure in Africanas Ecclesias aliquid confingendum fuerat; non hæc Synodus Zellensis, nec Siricii epistola, in quibus pro eo jure nihil est; immo nihil decernitur, quod cum communi disciplina ab ipsis Afris suscepta non conveniat; sed aliud documentum, quod juri appellationum faveret, ab impostore compingendum fuisset. Octava.

CAPUT IV.

Siricii Papæ epistola fragmento subjecta a suppositionis suspicione eximitur. Impugnantur Quesnellianæ dissertationis capita IV. & V.

I. Mirum maxime accidit, Quesnellum ad suppositionem litterarum Siricii comprobandam primo loco attulisse primum canonem, ex quo ipsarum sinceritas plurimum confirmatur. Id autem non alia ratione obtinere se posse pervidit, nisi eam corruptam lectionem sequeretur, quam unicus inferioris notæ codex Oxoniensis præfert, nimirum: *Ut extra conscientiam Sedis Apostolicæ Primates nemo audeat ordinare*. Multa congerit, ut hanc lectionem meliorem esse suadeat. At in cassum. Nam ceteri omnes codices & vetustiores, & præstantiores post voces *Sedis Apostolicæ* inserunt *hoc est*, quæ additio palam facit legendum non *Primates*, sed *Primatis*, ut antiquissimum exemplar Corbejense, Thuaneum, Vat. 1340. aliique codices exhibent: *Ut extra conscientiam Sedis Apostolicæ, hoc est Primatis, nemo audeat ordinare*. Hæc autem lectio, quæ totam Quesnelli ratiocinationem subvertit, non solum optima est, verum etiam αὐθεντίαν ipsius epistolæ satis declarat. Probe enim sensit P. Coustantius, hanc epistolam primo datam ad Episcopos suburbicarios, aut Italos, eorumque caussa scriptum fuisse, *ut extra conscientiam Sedis Apostolicæ nemo audeat ordinare*, subaudita voce *Episcopum*. Cum vero eadem epistola Afris communicata fuit, ipsi idem decretum usui ac disciplinæ suarum Ecclesiarum aptantes, verbis *Apostolicæ Sedis* interpretationem adjecerunt, *hoc est Primatis*. Id quidem a pontificia mente alienum non fuisse, probavit idoneus Siricii interpres Innocentius, qui eumdem canonem repetens in litteris ad Victricium Rothomagensem, sic illum Gallicanæ disciplinæ accommodavit: *Ut extra conscientiam metropolitani Episcopi nullus audeat ordinare*, ubi æque ac apud Siricium subintelligitur *Episcopum*. Africanam vero disciplinam, ne quis ordinet Episcopum inconsulto Primate, satis testantur Concilium Carthaginense sub Genethlio can. 12. tom. 11. Concil. Ven. edit. pag. 1248. & Codex Ecclesiæ Africanæ can. 13. Ferrandus quidem cum num. 4. in ordinatione Episcopi requisivit *confirmationem Metropolitani, vel Primatis*, ob vocem *Primatis* allegavit non solum Concilium Carthaginense tit. 10. sed etiam Concilium *Zellense ex epistola Siricii Papæ*, unde lectionem *Primatis* in suo quoque Africano codice reperit. Si Siricius ad Afros hanc epistolam primo direxisset, nihil dubium est, quin Africanæ disciplinæ se se accommodans, omissis vocibus *Sedis Apostolicæ* scripsisset *Primatis*; sicut Innocentius scribens ad Gallos, vocibus *Sedis Apostolicæ* suppressis, substituit *metropolitani Episcopi*. Intactis vero vocibus *Sedis Apostolicæ* inserere *hoc est* *Prima-* Primum Quesnelli argumentum refellitur.

Primatis, non ipsum Pontificem, sed alium aliquem præfert, qui nihil in pontificio textu voluit expungere, sed explicationem tantummodo Africanæ consuetudini congruentem adjiciendam putavit. Cum autem non *Metropolitani*, sed *Primatis* explicatio addita fuerit, hæc ab ipsis Afris apposita cognoscitur; quippe apud ipsos tantum Metropolitani locum obtinebant antiquiores cujusque provinciæ Episcopi, qui *Primates* vocabantur. Hinc ergo non suppositio, sed sinceritas ipsius epistolæ ab Africanis receptæ maxime confirmatur. Nemini enim, qui Africanus non esset, venisset in mentem explicationem addere *hoc est Primatis*, sed aliam potius ceterarum Ecclesiarum usui aptatam, *hoc est Metropolitani*, adjiciendam putasset.

Secundum. II. Alterum objectum, quod capite 5. Quesnellus elicit ex iisdem Siricii decretis in epistola Innocentii ad Victricium descriptis, ea Baluzii observatione diluitur, qua notavit, eumdem Innocentium in litteris ad Exsuperium cap. 1. propria verba exscripsisse ex recentioris ad Victricium epistolæ cap. 9. Minus ergo mirum videri debet, si ex decessoris sui Siricii antiquioribus litteris quædam excerpsit. Sicut autem in epistola ad Exsuperium nullam suæ ad Victricium epistolæ mentionem fecit, ita nec in epistola ad Victricium Siricii litteras allegandas credidit; cum præsertim ex iisdem non omnia ad verbum sumserit, sed nonnulla aliis verbis efferat, & clarius explicet. Tantum vero abest, ut ex hac Innocentii & Siricii epistolarum in decretis concordia possit colligi, Siricii litteras ex epistola Innocentii ab impostore fuisse transcriptas, quin potius contrarium sequitur, Innocentii epistolam ex Siricio fuisse expressam, uti P. Coustantius optime observavit in monito ad Siricii epistolam 5. num. 4. *Id iis*, inquit, *persuasum iri confido, qui quæ in epistola Siricii explicatione egeant, in Innocentii epistola ut plurimum suppleri animadverterint; adeo ut Siricius verborum suorum auctor, Innocentius Siricii interpres plane appareat. Veri enim simile non est, eum, qui ex Innocentii verbis epistolam componere & Siricio affingere voluisset, quædam illius verba, quæ ad perspicuitatem sententiæ videntur necessaria, fuisse omissurum.* Quæ autem loca ab Innocentio explicationis gratia addita, vel mutata fuerint, in notis diligenter indicavit.

Tertium. III. Addit Quesnellus somnio simile esse, quod indicatur in epistolæ procemio, propter Afros maxime has litteras datas esse a Synodo Romana: *quia in præsenti præ valetudine corporis, aut fessæ ætatis caussa minime adesse potuerunt.* Verum hoc somnium evanescit, si hæc epistola non ad Afros, sed ad Episcopos Romanæ Synodo subjectos primum data fuit, ut de his ea verba dicta intelligantur. Dein mirificum prædicat, scribi initio epistolæ: *Cum in unum plurimi fratres convenissemus*, quasi his verbis *fortuita* Synodus indicetur. Hæc vero interpretatio multo verius mirifica est. Nihil enim *fortuitum* hæc verba significant, sed communis est quamplurium etiam Africanarum Synodorum formula, ob quam nemo aliquid *fortuitum* suspicatus est. Concilium Carthaginense anni 397. post notam chronicam incipit sic: *Carthagine in secretario basilicæ restitutæ cum Aurelius Episcopus una cum Episcopis consedisset.* Id ipsum legitur in præfatione aliarum Synodorum Africæ apud Dionysium Exiguum.

Quartum. IV. Duo in primo Siricii decreto Quesnelli censura perstringit. Primum verba illa, uti appellat, duriora, *Nemo audeat*, cum Africanis a Siricio adhibita incredibile judicat. Legat quicumque velit integrum textum, & nihil non æquissimum in iisdem verbis inveniet. Quid porro, si epistola ad Episcopos suburbicarios initio scripta fuerit, & sola communicatione ad Afros deinde pervenerit?

Quintum. V. Alterum, quod vellicat, est ratio ipsius primi decreti: *Integrum enim judicium est, quod plurimorum sententia consecratur.* In præmisso decreto solius Primatis mentio facta fuerat: *Quis Primatem*, inquit Quesnellus, *plurimos esse dixerit? Quis judicium consecrari alicujus sententia?* Si id non est ineptissime cavillari, quid umquam erit? Cum Siricius exigit, ut *nemo* extra Primatis conscientiam audeat ordinare, non solum Primatem, sed ordinatorem etiam comprehendit, aut potius ordinatores. Mox enim secundo canone Siricius præcipit, ne *unus Episcopus* Episcopum ordinare præsumat. En igitur plu-

plurimorum judicium. Idem sane legitur in epistola Innocentii ad Victricium, in qua si primus & secundus canon apud Siricium in MSS. & excusis libris divisi, melius connectuntur, nihil officit: tum quod particula *enim* utrobique ad antecedentia refertur, tum quod hæc apud Siricium divisio librariis potius, quam ipsi Siricio tribuenda est. Porro verbum *consecratur* retinuimus quidem cum codicibus nostræ collectionis; at in notatione monuimus, rectius aliarum collectionum exemplaria habere *confirmatur*, ut apud Innocentium legitur.

VI. Multo autem magis cavillosum est, quod Quesnellus ex vocibus secundi canonis *propter arrogantiam* infert: *quasi licuerit uni Episcopo Episcopum ordinare, modo citra arrogantiam fieret*. Scite enim notat P. Coustantius, *hoc argumentandi genere nihil magis confici, quam eo quo nonnulli ipsa Siricii ætate ex verbis Matthæi c.* 1. v. 25. Et non cognoscebat eam donec peperit filium suum primogenitum, *Mariam a Josepho post partum Christi cognitam volebant*. Quis autem non videat, laudatis Siricii verbis arrogantiæ vitio notari eum Episcopum, qui solus Episcopum ordinare præsumeret? Omnem quidem exceptionis suspicionem adimit ratio, quam statim Siricius subjicit: *Hoc enim in Synodo Nicæna constitutum est & definitum* ubi respicitur Nicænus canon quartus, qui tres saltem Episcoporum ordinatores requirit. Sextum.

VII. *Manifestam impostoris malitiam*, *vel inscitiam* palam fieri affirmat Quesnellus num. 7. iis vocibus canonis noni: *Suademus*, *ut Sacerdotes & Levitæ cum uxoribus suis non coeant*: nec non illis: *Hortor*, *moneo*, *rogo* &c. *quasi lege continentiæ*, inquit, *non tenerentur Sacerdotes & Levitæ*. Hac interpretandi ratione quantum faveat nostrorum temporum novatoribus, qui clericali continentiæ infensi, hoc Siricii testimonium similiter distorserunt, ut liquet ex verbis Georgii Calixti, quæ idem Quesnellus in fine Dissertationis descripsit, nemo est qui non videat. Id quidem iste non eo consilio fecit, ut heterodoxis suffragaretur; sed ut hoc argumento imposturam probans, Siricii auctoritatem iisdem eriperet. At cum neque hoc, neque aliis argumentis hujus epistolæ sinceritas nutet; ea interpretatio, quæ levissima est, ab eodem refellenda erat, non autem approbanda. Enim vero quis ignorat, ea verba a Siricio usurpari potuisse, ut Sacerdotes & Levitas ad continentiæ legem, qua obligabantur, *suadendo*, *hortando*, *monendo*, & *rogando* excitaret? Num ad consilia tantum, quæ liberæ voluntati permittuntur, rogandi, monendi, hortandi, & suadendi locus est? Nonne hæc verba in continentiæ materia, de qua agit Siricius, non meri consilii vim habere idem Pontifex satis declarat in procemio, cum ea ad quæ hortatur, non *consilia*, sed *præcepta* esse testatur, & præcepta quidem non nova, sed *quæ apostolica Patrum constitutione sunt constituta?* Quid quod in fine addit: *Si quis sane inflatus mente carnis suæ ab hac canonis ratione voluerit evagari*, *sciat se a nostra communione seclusum*, *& gehennæ pœnas habiturum*. Quis hinc grave præceptum non colligat? Nemo enim quemquam ob neglecta consilia ab apostolica communione secludendum, ac gehennæ pœnis multandum censuerit. Hanc quidem loquendi formulam a Siricii more alienam non esse probat Baluzius ex epist. 6. ad Episcopos orthodoxos, ubi cap. 3. abusum, qui *contra apostolica præcepta* invaluerat, verbo *admonendi* interdicit: *Quod ne fiat. ultra*, *admoneo*. Idem Siricius, sive, ut alii malunt, Innocentius in canonibus Romanorum ad Gallos Episcopos simili formula utitur: *Hominibus coinquinatis & infidelibus .... mysterium Dei credere non oportere*, *veneratione religionis ipsa SUADENTE*, *MONEO*. Adde quod Innocentius in epist. ad Exsuperium, Siricii de lege continentiæ verba laudans, *beatæ recordationis viri Siricii Episcopi MONITA* appellat; nec tamen consilia, sed præcepta esse credidit.

Septimum.

Verba monendi, hortandi, suadendi in præceptis adhibita.

VIII. Illa censura, qua nonnulla Siricianæ epistolæ verba Quesnellus *rudis & infantis* loquelæ num. 8. accusat, ac si vix auctor sciverit mentem suam stilo exprimere, atque exinde *figmenti* indicium colligit, quam sit levis & inepta, legentibus ipsam epistolam exploratum fiet. Hæc aliis pluribus ejusdem generis locutionibus, quæ in aliis certis tum ejusdem Siricii, tum aliorum Pontificum epistolis reperiuntur, confutare morosioris hominis esset. Octavum.

IX. Leviuscule pariter sugillat verba, quibus traditur, *Sacerdos omni mo-* Nonum.

mento paratus esse debere munditiæ puritate securus, ne aut sacrificium offerat (sic textum ex MSS. emendavimus) *aut baptizare cogatur*: quasi dicatur Sacerdos *omni momento* cogi posse ad offerendum sacrificium. Obvius enim verborum sensus est, Sacerdotem omni momento paratum esse debere, quia munditia semper requiritur, sive sacrificium offerat, sive ad baptizandum vocetur. Ad veritatem autem propositionis sufficit, si horum alterum omni momento contingere possit.

Decimum. X. Quid dicemus de Quesnelli animadversione in postremam epistolæ partem, qua dicitur *data Romæ in Concilio Episcoporum LXXX.* Stephanus Baluzius alia refert exempla tum epistolæ Hormisdæ ad Imperatorem Anastasium per Theopompum & Severianum missæ, tum epistolæ Joannis II. ad Justinianum Augustum, tum duarum Gregorii Magni, quæ *Romæ* datæ in fine notantur. Verba porro *in Concilio Episcoporum LXXX.* quid repugnat exhiberi in calce, cum alia Damasi epistola ad Episcopos Illyrici non absimilia verba in fronte præferat: *Exemplum Synodi habitæ Romæ Episcoporum XCIII.?*

Undecimum. XI. Postremo certissimum suppositionis argumentum Quesnello videtur, quod cum sæpius de continentia Clericorum actum sit in Carthaginensibus Conciliis, ac præsertim in Synodo anni 419. ubi Faustino Apostolicæ Sedis Legato interloquente canon quartus de eadem materia e Synodo Genethlii an. 391. repetitus fuit; numquam tamen nec Aurelius, nec Vincentius & Fortunatianus, qui in Thusdritana & in Zellensi Conciliis interfuerant, nec ipse Faustinus Romani Pontificis Legatus de Concilio Zellensi, seu de Siricii epistola, quæ præcipue continentiam attingit, mentionem fecerint. Sed fallitur. Ideo enim nulla mentio facta est de epistola Siricii, quia in Concilio anni 419. istud unum consilium fuit, anteriorum Synodorum Carthaginensium vel universalium Africæ canones repetere & confirmare. Hinc omnes fere canones XXXIII. primæ actionis vel ex Grati, vel ex Genethlii Synodo, vel ex alia anni 397. sub Aurelio sumti fuere. Cum vero pro Episcopis illis antiquis, qui in anterioribus Synodis interloquentes, canones pronuntiaverant, substituta fuerint nomina Episcoporum, qui in Synodo anni 419. aderant, ex. gr. Augustini, Alypii &c. canon quartus Faustini Apostolicæ Sedis Legati præsentis nomine prænotatur. In hoc autem Synodi scopo, quo revocandi erant antiqui canones Ecclesiæ Africanæ (ut & alias sæpius usitatum fuit) quis locus erat allegandi Siricii litteras occasione repetendi canonis de continentia ex Synodo Genethlii, cum ipsa repetitio hujus canonis ex anteriori Concilio (quod tamen memoratum non fuit) totum scopum attigisset? Nemo igitur ex omissa mentione earum litterarum in Synodo anni 419. ipsas commentitias, nedum certissime, sed ne probabiliter quidem judicare potest.

XII. Ex his tandem satis superque probatum credimus, quam imbecilla sint omnia, quæcumque Quesnellus in tota præcedenti dissertatione conjecit, ut Zellensis Synodi fragmentum, ac epistolam Siricii eidem subjectam impostoris arte conficta ostenderet. Hæc autem nullo gravi argumento impetita satis in tuto ponunt tum antiquissima diversarum collectionum exemplaria, tum præsertim Ferrandi Breviatio, quam idem Quesnellus in suspicionem adducere ineptissime studuit.

PAS-

PASCHASII QUESNELLI DISSERTATIO XVI.

DE PRIMO USU CODICIS CANONUM DIONYSII EXIGUI IN GALLICANIS REGIONIBUS:

Ubi quod ante Adriani Papæ I. & Caroli Magni Imperatoris tempora receptus non fuerit, ostenditur: & quæ apud Gallias Latina Canonum Orientalium versio ante hæc tempora viguerit, inquiritur.

I. Cur hæc tentata Dissertatio.

DE collectionis Dionysianæ usu in Galliis disserere aggredimur: utrum videlicet statim atque in Romana Ecclesia usurpari illa cœpit, vel non multo post, a Gallicanis quoque Ecclesiis suscepta fuerit, & in caussarum ecclesiasticarum disceptatione usu probata; an vero ad tempora usque Caroli Magni Imperatoris Francorumque Regis illius Codicis receptio in Galliis differenda sit. In quo quidem proprias metas nonnullis proculdubio transilire videbimur, & ab instituto nostro longius recedere. Ab hoc tamen non recedimus: quandoquidem, quo in loco fuerit epistolarum Leonis per Galliam auctoritas, an ante Dionysii ætatem illic receptæ, an Codicis tantum illius ope Gallicanis regionibus innotuerint, ex hac discussione manifestum fiet. Deinde memini me non semel asserere in superioribus Dissertationibus, Codicem Dionysianum nullam in Galliis 1 auctoritatem ante Imperatoris illius tempora esse adeptum: quod ne quis temere a me dictum putet, assertionis meæ rationem Lectori me debere profiteor. Præterea cum illustrissimus Petrus de Marca hanc versans quæstionem validissimum habere se pro sua sententia testimonium crediderit ex epistola sancti Leonis diu ante Adrianum Papam laudata in Gallicana Synodo; nobis hujus difficultatis illustrandæ pro suscepto labore onus incumbit. Denique cum 2 ex Codicis antiqui Ecclesiæ Romanæ, quem in publicum emittimus, cum

Gallicana disciplina collatione perspicuum sit, Gallicanos nostros Antistites non Romano usque ad Dionysium Exiguum Codice usos esse, sed proprio; non supervacaneum erit, nec viris eruditis ingratum nobiscum discutere, utrum post conditum Dionysii Codicem, aliquid in judiciorum ecclesiasticorum forma innovatum fuerit in Galliis: cui disquisitioni maxime proderit nosse, quonam Codice Canonum, an Romano, an proprio uterentur Gallicani Episcopi, usque fuerint usque ad Caroli Magni ætatem.

Petrus de Marca, de Concordia Sacerdotii & Imperii libro 3. capite 4. sibi persuasum asserit, *usum Collectionis Dionysianæ statim atque edita fuit, priore interpretatione spreta, per Gallias invaluisse: tum quia apud Sedem Apostolicam vigebat, tum etiam quod nitore suo commendabatur, præ squallore veteris interpretationis: etsi hanc omnino Galli non deseruerint.* Ad hujus auctoris opinionem accedit scriptor novellus de canonicis Episcoporum Judiciis, cap. 4. ubi contrariam suggillat, variisque conjecturis convellere conatur. Receptum statim in Galliis Dionysii Codicem, affirmat Marca.

Contrariam sententiam tuentur viri tres, maximi apud antiquitatis canonicæ studiosos nominis, Christophorus Justellus in præfatione Codicis universæ Ecclesiæ, Jacobus Sirmondus in præfatione ad antiqua Concilia Galliæ, & Franciscus Florentius Antecessor Aurelianensis in Dissertatione de origine, arte, & auctoritate Juris Canonici, parte 3. quam sententiam ut altera longe probabiliorem hac dissertatiuncula vindicamus. Cui priusquam manum admoveamus, Negant Justellus, Sirmondus, & Florens.

 unum

EDITORUM ADNOTATIONES.

1 Tota Quesnelli sententia ei hypothesi innititur, qua canonum Codicem, qui usu receptus esset, non nisi publicum, & publica auctoritate donatum, seu, ut alibi appellat, *auctoratum* præsumit. Hæc autem hypothesis quam falsa sit, videbimus in Observationibus huic Dissertationi subjiciendis cap. 1. num. 1. & 2.

2 Hunc antiquum non fuisse publicum Codicem Romanæ Ecclesiæ, sed collectionem privatam, in Galliis conditam, probavimus in Observationibus ad Dissert. XII. cap. 1.

unum & alterum monebo. Primum est, duo esse ab invicem discernenda, quæ vel confundunt aliqui, vel ita conjuncta volunt, ut unum ex altero necessario consequi existiment. Nimirum decretales, ut vocant, Pontificum Romanorum epistolas nonnumquam in usum vocatas esse in priscis Galliarum Synodis: alterum, Dionysianam earum decretalium collectionem jam tum, cum lucem videre cœpit, a Gallicanis Episcopis esse receptam auctoratamque ante Caroli Magni tempora. Prius illud negare, cum manifestum sit, summæ fuerit dementiæ; sed posterius inde deducere, & rationi & omnium Synodorum Gallicanarum consuetudini adversum esse constabit ex his, quæ modo dicturi sumus.

3 Alterum, quod in antecessum Lectori suggero, hoc est, 3 ita probationibus argumentisque validis destitui contrariam opinionem, ut quotquot in ejus patrocinium adducuntur ab illius defensoribus, eidem omnino adversa esse luce ipsa clarius simus ostensuri.

II. I. Argumentum quintuplex ex caussa Contumeliosi. Anno 534. Primum nobis argumentum suppeditat Contumeliosi Rejensis in Gallia Episcopi negotium: de quo cum sanctus Cæsarius Arelatensis Episcopus scripsisset ad Joannem Papam II. rescriptum ab eo accepit, quo significat Pontifex rigorem canonum adversus eum, qui lapsus erat, servandum esse: *Quæ vero*, addit ille, *de his Canones præcipiunt, subter adjecimus, ut quæ facienda sunt possitis agnoscere*. Quæ porro

4 subjiciuntur huic epistolæ 4 decreta Apostolica, Antiochena, & Siricii Papæ, ex collectione Dionysii sumta sunt. Quis vero sibi persuadeat Joannem ita de mittendis ex Codice Dionysiano decretis fore sollicitum, nisi apud eum constitisset eumdem in Galliis usu nondum fuisse receptum; alioqui consulentem Cæsarium, quænam esset ea de re Apostolicæ Sedis disciplina, suffecisset ad Codicem prædictum remittere: quod tamen ille non præstitit.

2. Nec opus habuisset Cæsarius de Romanæ Ecclesiæ consuetudine ac legibus sciscitari a Pontifice, si unus & idem 5 Canonum Codex utrique Ecclesiæ communis 5
fuisset in caussis ecclesiasticis disceptandis: nec ita negligentes fuisse Episcopi credendi sunt, ut quicquid canonicorum codicum erat in Galliis non evolvissent, antequam aliena pulsarent scrinia: quod revera factum ab illis fuisse testatur geminum excerptum Canonibus a Joanne missis subjunctum. Quid ergo in hoc negotio agendum esset, jam notum erat ex quatuor Gallicanarum Synodorum Canonibus, qui excerpti leguntur a Galliarum Episcopis: constabat etiam ex Nicæno Canone 9. quem alterum excerptum continet. Verum cum plurimos haberet Contumeliosus patronos, *quibus pro nimia pietate sanctorum Patrum severitas non placebat*, ut habet scriptum Cæsario ipsi a Sirmondo attributum, quique *per falsam potius pietatem, ita totis viribus elaborabant, ut aut nec mitteretur Contumeliosus in Monasterium, aut certe post non longum tempus, importunitate nimia & disciplinæ ecclesiasticæ inimica extorquere, conabantur ut rediret ad honorem*; Cæsarius disciplinæ tenax Sedem Apostolicam, cujus vices gerebat, consulendam censuit, ut & suam Gallicanis Præsulibus auctoritatem jungeret, & quid observaretur in Ecclesia Romana ex Conciliorum & Pontificum Romanorum decretis certiores eos faceret. Cæsario rescripsit duo Joannes PP. *rigorem* scilicet *Canonum servare necesse esse*, & 6 secundum decreta Sedis Apostolicæ Contumeliosum ab Episcopatu suspendi debere: *Atque ideo prædictum*, inquit, *ab Episcopatus ordine nostra suspendit auctoritas*. *Joannis Papæ II. Ep. 6. ad Cæsar. Arel.* 6

3. Ex

EDITORUM ADNOTATIONES.

3 Quicumque leget Observationes cap. 1. num id verum, an falsum sit, statim intelliget.

4 Ordo eorum, quæ Joannes suæ epistolæ subjecit, hic est. Primo fragmentum epistolæ Siricii: dein duo canones apostolici: tum (ut discimus ex nostro codice Vat. Palat. 574.) unus canon Neocæsariensis, qui in vulgatis desideratur: tandem duo canones Antiocheni. Licet autem hæc omnia a Joanne sumta ex collectione Dionysii probent, hanc apud Romanos hoc tempore usu fuisse receptam; non tamen probant eam ad Gallos nondum pervenisse, etsi num eo pervenerit, Joannes Pontifex fortasse ignoraret.

5 Etsi Dionysii Codex, ex quo Joannes II. canones excerpsit, tum Romæ esset in usu; non tamen idcirco credendus est fuisse codex publicus Romanæ Ecclesiæ. Vide Tractatum de Collectionibus part. 3. c. 1. Similiter etiamsi hoc tempore idem codex ad Gallos transisset, non propterea fuisset Codex Gallicanæ Ecclesiæ publicus, sed privatus, qui alios codices canonum item privatos non excludebat. Quesnellus, solum codicem publicum ex suo præjudicio usu receptum præsumit, cum tamen nullus nec Romæ, nec in Galliis publicus esset. Vide Observationes in hanc Dissertationem cap. 1. Plures autem privatæ collectiones in Galliis vigebant. Num inter has apud Gallos exstiterit etiam Dionysiana Cæsarii tempore, idest paullo post editum Dionysii Codicem, nec affirmari, nec negari potest. Ad Quesnelli autem sententiam refellendam sufficit, si ante Carolum Magnum Dionysianum Codicem in Galliis fuisse, usque nonnumquam receptum probemus, de quo in Observationibus plura.

6 Verba *secundum decreta Sedis Apostolicæ* Contumeliosum suspendendum indicant ex anteriorum Pontificum decretis; cum tamen textus mox recitatus *nostra suspendit auctoritas*, exprimat ipsius Joannis auctoritatem, quæ potissimum a Cæsario interpellata fuerat.

3. Ex Gallicanis excerptis manifestum
7 evadit 7 Gallicanum Codicem a Romano, seu Dionysiano plurimum discrepasse. Accurate enim suum versantibus Gallis alius Canon non apparuit præter Nicænum IX. & quatuor Gallicanos. Ex quo necesse est affirmare nec Siricii Papæ decretalem ad Himerium, nec apostolicos canones in eo Codice fuisse repertos, quos proculdubio non omisissent. At, inquies, nec Antiochenos excerpserunt, quamvis Codici Gallicano insertos tunc temporis fuisse probabile sit, vel etiam certum ex pluribus MSS. Gallicanarum collectionum codicibus appareat. Quod Antiochenos non commemoraverint, non ob eam caussam factum est, quod suis non inessent codicibus; sed quod ad caussam, quæ agitabatur, non faciebant. Quæstio enim erat an Episcopus de crimine capitali convictus, esset deponendus; nec ei umquam ad sedem suam redeundi spes ulla superesset. Hoc Antiochenis canonibus a Joanne missis non continetur: hi enim damnatum jam Episcopum supponunt, talemque afferunt non licere aliquid de ministerio sacro contingere, nec in alia Synodo restitutionis spem aut locum habere satisfactionis. Quamobrem ab illis excerpendis abstinuerunt Gallicani, sola Nicæni Concilii sanctione contenti, quæ etsi de criminibus Episcoporum ante ordinationem perpetratis decernat, potiori ratione ad crimina abordinatis commissa extenditur: ut factum est a Gelasio Papa I. epistola 9. ad Episcopos per Lucaniam, Brutios, & Siciliam constitutos.

4. Discrimen versionis Nicæni Canonis noni, quam Gallicanum excerptum exhibet, a Dionysiana versione, diversum ab utraque Ecclesia codicem fuisse usurpatum, perspicue declarat.

5. Tractatus ille excerptis adjectus, qui incipit: *Ecce manifestissime constat* &c. tres constanter distinguit auctoritatum ordines seu classes, quibus Contumeliosi depositionem asserit decernendam. Unus est ex Codice Ecclesiæ universalis, alter ex Codice Gallicano, tertius ex Codice Romanæ Ecclesiæ: seu potius duo primi ex uno Gallicano codice, qui bipertitus erat, prima parte continens Nicænos aliosque Græcos canones receptos, altera Gallicanos: unde diversitas Codicum clara est. Nihil etiam aliud in decretis a Joanne Papa missis præter Apostolicæ Sedis auctoritatem & suffragium intuetur Cæsarius: quam unam laudat; cum de illo excerpto mentionem facit.

Secundum argumentum habemus ex Concilio Aurelianensi III. ex quo Petrus de Marca suæ opinioni auctoritatem ineluctabilem conciliare sibi visus est. *Conjecturis*, inquit, *addenda est probatio desumta e Canone 3. Aurelianensis Concilii habiti anno 538. ubi decreta Leonis Papæ de Metropolitanorum electione proferuntur: quæ petita cum sint ex epistola data ad Anastasium Thessalonicensem Episcopum, apud Gallos decretorum nomine valere non poterant, nisi ex eo quod Collectioni Dionysii sub decretorum appellatione inserta essent, cujus auctoritatem Gallicani Episcopi amplexi fuerant.* III. 2. Argumentum ex Concil. Aurelianensi III. An. 538.

Antequam discutiamus quid ex hoc Canone roboris accedat adversariorum opinioni, quid nostræ; operæ pretium est eumdem hic integrum legentium oculis subjicere.

Concilii Aurelianensis III. Anno Christi DXXXVIII. Canon tertius.

De Metropolitanorum Provincialiumque Episcoporum electione & ordinatione.

De Metropolitanorum vero ordinationibus, id placuit, ut Metropolitani a Metropolitanis, omnibus, si fieri potest, præsentibus comprovincialibus, ordinentur: ita ut ipsi Metropolitano ordinandi privilegium maneat, quem ordinationis consuetudo requirit. Ipse tamen Metropolitanus a comprovincialibus Episcopis, sicut decreta Sedis Apostolicæ continent, cum consensu Cleri vel civium eligatur: quia æquum est, sicut ipsa Sedes Apostolica dixit, ut qui præponendus est omnibus, ab omnibus eligatur. De comprovincialibus vero ordinandis, cum consensu Metropolitani, Cleri & civium, juxta priorum Canonum statuta electio & voluntas requiratur.

His igitur verbis, *sicut decreta Sedis Apostolicæ continent*, Leonis decreta de Metropolitanorum electione proferri ex epistola ad Anastasium Thessalonicensem, existimat auctor ille; quod tamen persuadere mihi vix ac ne vix quidem possum: non enim alium

EDITORUM ADNOTATIONES.

7 Excerpta ad Joannem missa a Cæsario id unum manifestant, eum Codicem, ex quo Cæsarius canones excerpserat, fuisse eam collectionem, in qua Nicæni canones ex Rufini abbreviatione, & quatuor Gallicanæ Synodi inter ceteras continebantur. Hic non erat codex publicus totius Ecclesiæ Gallicanæ: nam in aliis MSS. Gallicanis canones Nicæni integri continebantur. Collectio vero, quæ Rufini abbreviationes pro integris Nicænis canonibus exhibebat, fuit codex peculiaris, qualem reperimus in cod. Vat. Palat. 574., de quo vide Tract. de Collect. part. 3. c. 9. In hac quidem collectione præter abbreviationes Rufinianas exstant etiam quatuor illa Concilia, quorum canones Cæsarius exscripsit. At inserta invenitur etiam epistola Siricii ad Himerium, non autem Antiocheni, sicut nec alii Synodorum Græcarum canones: ex quibus palam fit, quam inanes sint conjecturæ, quas Quesnellus in sequentibus subjicit.

alium epistolæ hujus locum præ oculis habere potuissent Aurelianenses Patres, quam caput *6.* quod numero *36.* notatur apud Dionysium Exiguum. Plura sunt autem ex quibus hoc caput ab illis notatum esse non crediderim.

1. Quia diversum prorsus mihi videtur Leonis consilium a Synodi illius mente. Hoc enim unum intendit sanctus Pontifex, ut dissidium inter Vicarium Illyrici & Metropolitanum Epiri ortum, hujusque Metropolitani jura cum Thessalonicensis Episcopi privilegiis ita componat, ut illibata utriusque maneat auctoritas. Ex ipsius capitis inspectione id unicuique perspicuum erit. Sed & ex titulis eidem præfixis tam a Dionysio, quam ab aliarum editionum procuratoribus. Talis est in vulgatis codicibus excusis: *Ut Metropolitanus Episcopus de electo, quem est ordinaturus, Episcopum, ad Thessalonicensem Pontificem referat, & de Metropolitano electo similiter provinciales Episcopi faciant*. Idem est titulus apud Dionysium, tam qui inter titulos toti decretorum Collectioni præfixos legitur, quam qui ipsi capiti affigitur: nisi quod initio habet: *Ut Metropolitanus Epiri* &c. ex quo amplius adhuc Pontificis consilium aperitur in hoc decreto, quod eo maxime collimat; ut jus relationis Thessalonicensi Episcopo afferat in ordinationibus tam Metropolitanorum, quam provincialium Episcoporum, qui intra Vicariatus Thessalonicensis limites constituti erant. Longe aliud consilium esse Synodi Aurelianensis, legenti obscurum non erit: hoc enim loco, ubi auctoritatem Sedis Apostolicæ adducit, de provincialium Episcoporum jure in Metropolitani & comprovincialium electionibus, deque Cleri & plebis consensu ac suffragio solummodo agitur.

2. Quod maxime Canon præcipit illis verbis, quæ ex Sedis Apostolicæ sententia proferuntur, illud est: ut consensus Cleri & plebis non prætermittatur in electione Metropolitanorum comprovincialiumque Episcoporum; utque id magis persuadeant Concilii Patres, non auctoritatem solummodo Sedis Apostolicæ, sed & rationem ab ea allatam referunt: *Sicut decreta*, inquiunt, *Sedis Apostolicæ continent*. Et postea: *Quia æquum est, sicut ipsa Sedes Apostolica dixit, ut qui præponendus est omnibus, ab omnibus eligatur*. Verisimile autem est ex eodem loco & auctoritatem & rationem esse desumtam. Non certe ex epistola ad Anastasium, in qua ratio illa non legitur; sed potius ex epistola ad Episcopos provinciæ Viennensis, quæ utramque disertis verbis continet. *Per pacem*, inquit, *& quietem Sacerdotes, qui præfuturi sunt, postulentur. Teneatur subscriptio Clericorum, honoratorum testimonium, Ordinis consensus & plebis. Qui præfuturus est omnibus, ab omnibus eligatur*. Quis enimvero credat Synodum illam ex uno codice auctoritatem priorem, ex altero posteriorem accepisse: quod tamen necesse est ut fecerit, si verum est primum locum ex Dionysiano Codice esse excerptum: alter enim locus ipsis Leonis verbis exhibitus ex ea epistola est, quæ numquam fuit, nec modo est in Dionysiano Codice. Porro si ex uno codice uterque desumtus, codex ille Dionysianus non fuit, sed alter 8 ad usum Gallicanum compactus, qui epistolam ad Viennenses Episcopos habuerit, cujusmodi vidimus codices plures MSS. ex Thuanea & Trecopithœana Bibliothecis. Et certe si ad epistolam ad Anastasium respexissent Aurelianenses Præsules, cum decreta Sedis Apostolicæ commemoraverunt: si rationem auctoritati vellent subjungere, illam necesse non fuisset extra eamdem epistolam quærere, si quidem cap. 5. quod præcedit, hanc Leo luculentam affert, quæ & explicatior est & validior: *Ne*, inquit, *civitas Episcopum non optatum aut contemnat, aut oderit; & fiat minus religiosa quam convenit, cui non licuerit habere quem voluit*.

Epist. 10. ad Viennenses c.5.

Constat igitur non ex epistola ad Anastasium, sed ex epistola ad Viennenses decretis suis auctoritatem conciliare voluisse Patres Synodi. Et merito quidem ea epistola utebantur, quæ ad Gallicanarum provinciarum disciplinam reformandam a Sede Apostolica missa fuerat, potius quam epistola ad Thessalonicensem scripta, quæ speciali illarum provinciarum disciplinæ, ad Vicariatus privilegia accommodandæ, adlaborabat.

IV. Etsi usi essent ep. ad Anastasium, nihil inde concluditur.

3. Etsi ultro detur epistolam ad Anastasium Thessalonicensem a Gallicanis Synodis esse laudatam, quo tamen pacto ex hoc probet Marca receptam auctoratamque tum in Gallis Dionysianam Collectionem, plane non capio. Prius enim demonstrandum erat epistolam aliter in Gallias invehi non potuisse, quam per illum Codicem; nec licuisse Gallis Apostolicæ Sedis decreta in promiscuis codicibus descripta habere, vel aliarum Ecclesiarum sanctiones in suarum suffragium & confirmationem laudare, nisi proprios illarum omnium codices, suos fecissent: nec denique potuisse Gallos epistolam Apostolicæ Sedis decreti nomine decorare, nisi Gallicano Codici insertam, vel acceptam a Dionysiano. At quam hæc omnia a ratione usuque Ecclesiarum omnium ac præsertim Gallicanæ aliena sint, quis non videat, si modo Synodos nonnullas aliquando perlustraverit, vel rationem ipsam consulen-

EDITORUM ADNOTATIONES.

8 Hic quoque solum Codicem publicum, & auctoratum indicat; quod præjudicium etiam in sequentibus sæpe ingestum in Observationibus refellemus.

9 fulendam censuerit? 9 Quot enim codices antiquarum collectionum vel ad privatorum hominum, vel ad aliquarum Ecclesiarum usum manu olim exarati plurimas Pontificum Romanorum epistolas ad Orientales aliosque scriptas continent! Inter quos ex Trecopithœana Oratorii Bibliotheca unum penes nos habuimus, alios ex Thuanea, sed egregium imprimis, quemque Gelasio si non æqualem, saltem supparem existimant, ex San-Germaniana Ascetarum Benedictinorum Bibliotheca. Ad hæc: familiare fuit Episcopis Gallicanis aliarum diœceseon canones & decreta commemorare, ac etiam exscribere, vel antequam de sua collectione condenda cogitasset Dionysius, aut ullus Codex Romanus esset in Galliis receptus; quemadmodum & Hispanis sæpe contigit Gallicanarum Synodorum verba suis decretis inserere, vel subjicere, atque ex iis de caussis ecclesiasticis judicare, ut patet ex Ilerdensi, Valentino, Hispalensi I. & Toletano XII. quamvis inde nemo putaverit Gallicanum codicem Hispanis proprium fuisse. Denique Gallorum singulari erga disciplinam ecclesiasticam ac Apostolicam Sedem studio injuriosum videtur, si collectionem Dionysianam expectasse credantur, ut aliquam decretorum Apostolicæ Sedis notitiam, vel exemplaria sibi compararent, qui & particularia Græcorum Concilia & Africana toties usurparunt in suis Conciliis.

Jam vero istud argumentum Petro Marcæ ereptum, nostræ sententiæ militare necesse est. Siquidem clarum est alium a Dionysiano Codicem tunc usurpatum per Gallias, ex quo epistolam ad Episcopos Viennensis provinciæ depromserint. Qui Codex Dionysii, si vel tunc temporis Gallis innotuisset, plura iis obtulisset Sedis Apostolicæ decreta, de quibus siluerunt, quæque facile prætulissent epistolæ ad Viennenses, quæ nec in codice auctorato esset re-
10 perta; nec Gallicanis Episcopis olim 10 nisi ægre accepta fuerat, cum primum transmissa in Gallias: omnibus Viennensis provinciæ Antistitibus antiquum Ecclesiarum suarum jus, moremque contra asserentibus in gratiam Hilarii Arelatensis, quem suis semper dum vixit privilegiis uti voluere.

V. 3. Argument. ex Concilio II. Turonensi. Anno 567.

Turonense Concilium II. non anno Ch. 570. ut Davidi visum est, sed triennio ante habitum, adducit auctor ille pro asserenda sua Epocha. Capite siquidem vigesimo primo, inquit, epistola Innocentii Papæ ad Victricium Rotomagensem & canones Milevitani citantur a Concilii Patribus. Jam superius objectioni hujusmodi abunde satisfactum est, eamque rursus attingemus inferius, cum de laudata a Concilio Agathensi ejusdem Innocentii epistola ad Exsuperium agemus. Sed non modo non officit, sed etiam favet ea Synodus: tum quia epistolam illam non laudat quasi ex codice recepto
decerptam: unde 11 non decretum appel- 11
lat, quod solet fieri, cum ex decretorum codice hujusmodi scripta assumuntur: tum etiam quia clarum est epistolam illam inter canones locum non habuisse, quandoquidem eam significant 12 tunc primum il- 12
lis a se inseri, ac inde staturi vim ac robur deinceps habituram: *Quia*, inquiunt, *in sententia Papæ Innocentii ad Victricium Episcopum Rotomagensem lata legitur scriptum* &c. *Nos ergo hoc sequentes, quod vel Paullus Apostolus, vel Papa Innocentius statuit in Canonibus nostris inserentes statuamus observandum* &c.

VI. 4. Argument. Ex caussa Prætextati. *Apud Gregorium Turonens. lib. 5. c. 19.*

Ex his quæ Gregorius Turonensis de libro Canonum refert, quem Rex Chilpericus ad Episcopos transmisit, cum damnationem Prætextati Rotomagensis Episcopi urgeret, inferre videtur Marca Dionysianum Codicem in Gallia tunc esse receptum (tametsi quid ibi velit, sit obscurum;) quod qua ratione probetur, prorsus me fugit. Hæc sunt Gregorii verba: *Ipse vero*, scilicet Rex, *ad metatum discessit transmittens librum Canonum; in quo erat quaternio novus adnexus, habens Canones quasi apostolicos continentes hæc:* „ Episcopus in homicidio, adulterio, & perjurio deprehensus, a Sacerdotio divellatur. " Ex

EDITORUM ADNOTATIONES.

9 Hic plures vetustissimas collectiones privatas agnoscit.

10 Quæ hic Quesnellus breviter indicat, fusius proposuit in Dissert. V. part. 3. At eadem nos refutavimus in Observ. ad eamdem Dissert. V. tom. II. col. 1057. & seqq.

11 In præcedenti paragrapho eam sententiam rejecerat tamquam *a ratione usuque Ecclesiarum, præsertim Gallicanæ, alienam*, qua quis contenderet, *non potuisse Gallos epistolam Apostolicæ Sedis decreti nomine decorare nisi Gallicano Codici insertam*. Vult autem a Synodo Aurelianensi III. hoc *decreti* nomine allegatam fuisse epistolam Leonis ad Episcopos Viennenses, *quæ nec in Codice auctorato esset recepta*. Falsum est igitur, Turonense Concilium II. idcirco *non decretum appellasse* epistolam Innocentii ad Victricium, quia Gallicani hoc nomine uti solerent solum, *cum ex decretorum Codice ejusmodi scripta assumerent*.

12 Vide mirificum interpretem! Patres hujus Synodi Innocentii decretum cum Paulli Apostoli sanctione ita conjungunt, ut de utroque eadem formula scribant: *Nos ergo hoc sequentes, quod vel Paullus Apostolus, vel Papa Innocentius statuit, in canonibus nostris inserentes* &c. Num & Paulli epistolæ apud Gallos ante hoc Concilium auctoritatem non habebant; & iis verbis significant, unam ex ipsis sanctionem *tunc primum* inter canones a se inseri, *ac inde statuti vim ac robur deinceps habituram*? Obvius verborum sensus nihil aliud exprimit, nisi eos Patres constituisse, quod & Paullus Apostolus, & Innocentius Pontifex antea decreverant.

Ex quibus intelligimus primo librum Canonum a Rege oblatum alium non fuisse quam Codicem antiquum, cui novus quaternio annexus fuerat: ac proinde non fuisse Dionysianum, cui necesse non fuisset apostolicos Canones adnectere, siquidem in prima parte Codicis continebantur.

2. Manifestum est nondum antea viguisse per eam ætatem in Galliis Dionysii Codicem, cum de Apostolicis Canonibus, qui in capite erant, tamquam de novellis nec usu receptis Canonibus loquatur Gregorius.

3. Si in usu fuisset Codex Dionysii, non mittendus fuisset a Rege liber Canonum interpolatus; sed satis fuisset monere Synodum, ut judicaret secundum Canones, quos coram se habuisse non est dubium: præsertim si, ut contendit Marca, jam probatus olim fuisset Codex auctoritate Aurelianensis Concilii, a quo citatam putat Leonis epistolam ex eo Codice acceptam.

VII. Canones apostolici ante Dionysii ætatem in Galliis noti.

At hoc saltem, inquies, ex Gregorii verbis haberi potest tunc temporis apud Gallias fuisse Codicem istum: cum ex iis apostolicos Canones decerpsisset Rex, quos veteri Canonum Codici adnecteret. Quod si fuerit apud Gallos, probabile est admodum *usum ejus priore interpretatione spreta invaluisse: tum quia apud Sedem Apostolicam vigebat, tum etiam quod nitore suo commendabatur præ squallore veteris*.

Ut prius illud sequeretur ex prolato apostolico Canone, supponendum esset Canones apostolicos ante collectionem a Dionysio conditam in Ecclesia seu Gallicana seu universali non comparuisse: quod falsum esse norunt eruditi, qui passim eos ab antiquis Patribus 13 & Pontificibus citatos inveniunt sub Regularum ecclesiasticarum nomine, quo etiam ornantur a Dionysio. Et certe numquam ausus esset Abbas iste eosdem collectioni suæ præfigere, nec ab Ecclesia Romana una cum Codice in usum fuissent vocati; nisi jam eorum auctoritas apud Ecclesias longo usu esset confirmata. Si porro apud Romanos, profecto & apud Gallos pariter noti esse potuerunt: Gallos, inquam, quos disciplinæ ecclesiasticæ studium singulare semper commendavit, & continuum commercium cum Ecclesia Romana eorum omnium participes fecit, quæ per illam Ecclesiam circumferebantur de canonica disciplina.

Sed Canones apostolicos in Gallias 14 ante Dionysii collectionem advectos esse, neque ex illo Codice sumtum esse Canonem illum a Chilperico oblatum, ipsa ejus evincit versio, quæ a Dionysiana plurimum discrepat. Canon enim iste vigesimus quintus est, etiam Petro de Marca confitente, quem in hunc modum protulit Chilpericus: *Episcopus in homicidio, adulterio, & perjurio deprehensus a Sacerdotio divellatur*. Eumdem autem sic apud Dionysium habemus: *Episcopus, aut Presbyter, aut Diaconus, qui in fornicatione, aut perjurio, aut furto captus est, deponatur*. At corruptus est Canon ad premendum Prætextatum, inquiunt. Hoc si ita esset, de eo conquerentem haberemus Gregorium; qui cum invicto animo Prætextatum defenderet, totamque mentis aciem omnibus caussæ circumstantiis intenderet, numquam omisisset de Canonis corruptela Coepiscopos monere, fraudemque inclamare: numquam ex corrupto Canone depositionem Episcopi decerni tacitus tulisset, nec ejus consensisset depositioni. Sententiæ enim subscriptum esse ab eo inde perspicuum est, quod ejus solummodo conditionibus consensum abnuit, quia contrariæ erant Canonibus. Rogabat enim Rex, *ut judicium contra eum* (Prætextatum) *scriberetur, ne in perpetuum communicaret .... Quibus conditionibus ego restiti*, inquit Gregorius, *juxta promissum Regis, ut nihil contra Canones gereretur*. Nimirum

EDITORUM ADNOTATIONES.

13 Vide quæ in hanc rem disseruimus in Tractatu de Collect. part. 1. c. 1.

14 Cum nulla versio canonum Apostolorum neque anterior, neque posterior Dionysio cognita sit; canonem, quem in caussa Prætextati Chilpericus protulit, ex Dionysiana versione sumtum credimus. Quod si a Dionysii interpretatione verba aliquantulum discrepant, adeo differunt etiam a Græco textu, ut nulla alia versione sic reddi potuerint. Hinc additamentum vocis *homicidio*, quæ nec in Dionysio, nec in Græco legitur, ex alia interpretatione derivari nequit, sed vel ex eo insertum, ut ipse canon aptaretur Prætextato, qui se designati homicidii reum spe veniæ professus fuerat, vel ex aliqua collectione, in qua iidem canones ex Dionysiana versione sumti, liberius expositi fuerint, ut in Herovalliana collectione observavimus Tract. de Collect. part. 4. c. 6. Hanc quidem vocem *homicidio* retinent etiam Excerptiones ex Ecberto Eboracensi c. 33. Halitgarius lib. 5. c. 4. Regino lib. 1. c. 86. & Burchardus lib. 2. c. 189. qui sane cum Dionysianam interpretationem ad verbum referant, laudatum canonem ex aliquo vetustiori interpolato Dionysii exemplo derivarunt: cui simile fuisse videtur illud a Chilperico adhibitum, quod similem interpolationem receperat. Adeo verum est, Dionysianam versionem, quæ sola in his canonibus cognita erat, ex hac voce inserta excludi non posse. Ceterum peculiaris ratio Gregorii Turonensis in allegando hoc canone neminem movere debet: cum lib. 9. Hist. cap. 33. decretum Gangrense sub Nicæni nomine ita recitet, ut nec cum Græco, nec cum ulla interpretatione consentiat. Duorum scilicet canonum Gangrensium primi & decimi quarti sententiæ potius, quam verba in unum copulatæ videntur: quod pariter in aliis hujus circiter ævi collectionibus canonum præsertim pœnitentialium nonnumquam invenimus.

mirum apostolici Canonis hæc postrema pars erat, quam dissimulasse videtur Chilpericus: *Non tamen communione privetur: dicit enim Scriptura: Non vindicabit Dominus bis in idipsum*. Non ergo corruptus Canon, sed unius tantum voculæ additione auctus, nimirum vocis *homicidio*, quæ vel subintelligitur ex Canone 28. quo depositionis pœna adversus percussorem Episcopum decernitur, vel etiam tunc legebatur in ea Canonis versione, quæ per Gallias circumferebatur. Porro etsi ea parte corruptum Canonem concederemus ex opprimendi Episcopi consilio, nulla similis necessitas erat alia fere omnia verba mutandi; nec discrimen aliunde potest venire, quam ex diversitate versionum. Quod enim Gregorio ipsi tribuitur, quasi ipsa Canonis verba referre non curaverit, gratis hoc dicitur, refelliturque non una ratione. Primum enim tantam negligentiam in re tanti momenti affingere Gregorio, non est multum a calumnia alienum. 2. Tota sermonis illius series hominem indicat ipsa Canonis verba referentem: *Habens Canones quasi apostolicos continentes hæc:* Episcopus &c. 3. Quia Canon ille a Gregorio relatus consuetam habet aliorum Canonum formam. 4. Ita lectum fuisse coram Episcopis asserit auctor: *His*, inquit, *ita lectis, cum Prætextatus staret* &c. 5. In priori accusatione a Chilperico adversus Prætextatum instituta coram conventu episcopali, ita Canon a Rege citatus est, ut eadem fere retulerit: *Mane Rex affuit, dixitque: Episcopus enim in furtis deprehensus ab episcopali officio ut avellatur*. Ubi hæc vides & a Dionysiana versione discrepare, & cum aliis Canonis verbis a Gregorio relatis convenire: ut plane certum appareat, nihil prorsus ex Dionysii codice sumtum esse a Chilperico.

VII. 5. Argument. ex judicio Chrodeberti Turonensis Episc. Circa an. D. 670.

Potest & nonnulla probatio erui ex Judicio Chrodeberti Episcopi Turonensis de muliere adultera, quod e MS. codice Thuaneo nunc primum editum habes in Notis nostris in epistolam 83. (*nunc* 108.) ad Theodorum Forojuliensem. Consultus enim de ejusmodi adulterio Chrodebertus respondet: nihil se invenisse in Conciliis Nicæno, Constantinopolitano, Ephesino, & Calchedonensi: *Quas quatuor*, inquit, *Synodos tantum terra nostra venerabiliter recipit & concredit. Attamen in Aurelianensi Synodo de hac re invenimus præfinitum judicium, quod tibi destinavimus*. Ex his pronuntiare facile est, Codicem Canonum, quem præ manibus habebat, quemque adire solebat Chrodebertus de caussis ecclesiasticis judicium initurus, alium a Dionysiano fuisse: quandoquidem Ephesinam Synodum iste non habet, nec nisi tres Constantinopolitani Concilii Canones. 2. Si Codex Dionysianus receptus tunc temporis fuisset in Gallicana Ecclesia, receptæ quoque fuissent Africanæ Synodi, Sardicensis, & aliæ Orientales, quas habet Codex ille, & Romana jam tunc Ecclesia amplectebatur. Cum vero de his
sileat Chrodebertus, argumentum est 15 15
plerasque illarum Codici suo insertas eum non reperisse, ac proinde non fuisse Dionysianum. 3. Plures invenisset in eadem collectione Siricii, Innocentii, & Leonis epistolas, quæ sacrarum Deo mulierum adulteria condemnant, & eisdem agendæ pœnitentiæ legem decernunt. Cur autem ex Gallicanis Synodis unicam Aurelianensis Concilii V. sanctionem decimamnonam protulerit Chrodebertus, non est mihi notum. Posteriores enim Synodorum Parisiensis, Matisconensis & Turonensis II. Canones adducere potuisset. Sed sufficere credidit unum Canonem mulieri, non probationum congeriem, sed salubre remedium quærenti: suberatque fortasse hujus canonis, potiusquam alterius allegandi aliqua caussa, vel ex habitatione mulieris, vel aliunde descendens.

IX. 6. Argumentum ex Zacharia PP. An.D.747.

Anno septingentesimo quadragesimo septimo Gallicani Episcopi Clerusque universus Zachariam Papam consuluerunt, annitente Pippino Palatii Majore, de viginti septem disciplinæ ecclesiasticæ capitibus. Totidem articulis consultationi respondit Pontifex, quos omnes canonibus & decretis Pontificum ex Dionysiana collectione ad verbum
transcriptis confirmavit. 16 Quis porro cre- 16
dat Episcopos Galliæ de hujusmodi disciplinæ

EDITORUM ADNOTATIONES.

15 Num uno codice canonum Chrodebertus usus sit, *ut sententiam canonum perquireret*, incertum est. Quatuor Synodorum Nicænæ, Constantinopolitanæ, Ephesinæ, & Calchedonensis mentio indicare videtur collectionem Hispanicam, quæ in Gallias jam pervenerit. Hæc enim sola tunc temporis, quod sciamus, præter Nicænos, Constantinopolitanos, & Calchedonenses canones, Sancti Cyrilli epistolam cum anathematismis contra Nestorium Ephesini Concilii nomine continebat. Ceterum Sardicenses canones non solum in hac collectione, verum etiam in aliquot antiquissimis Gallicanis Codicibus fuisse descriptos, & fere cum Nicænis junctos alibi ostendimus. Africani canones jam allegati fuerant in Concilio Turonensi anni 570. Romanorum quoque Pontificum constitutiones in iisdem Gallicanis collectionibus insertas, & a Gallicanis allegatas vidimus. Cur porro inter plures canones, qui laudari poterant, Chrodebertus unam Synodum Aurelianensem retulerit, ipse Quesnellus ita interpretandum agnovit, ut ne idcirco aliæ Synodi, præsertim Gallicanæ, in suo codice deessent. Nullum ergo hinc argumentum elici potest, ex quo has, vel alias Synodos, quæ in collectionibus Gallicanis frequenter occurrant, in eodem Codice defuisse affirmari queat.

16 Pipinus Episcoporum consilio flagitavit a Romano Pontifice, *ut de omnibus* (propositis) *capitulis responsum daret*. Is vero responsionem ex canonibus & constitutionibus, quæ leguntur in Dionysii codice, fere extraxit. Num autem hic codex esset in Galliis nec ne, nihil intererat. Quoties enim vel hoc tempore quæstiones solvuntur ex vulgatis canonum libris, qui omnium manibus teruntur?

plinæ regulis a Pontifice accipiendis fore sollicitos, si eas penes se in Codice Canonum & decretorum in judiciis ecclesiasticis usurpari solito habuissent? Legandi certe non erant Romam, qui eas inde advehe-rent; sed aperiendi Codices, quibus contineri notum fuisset saltem aliquibus e Clero Gallicano: parcendum etiam labori Zachariæ, qui facile Episcopos Gallicanos ad Codicem Dionysianum remisisset, qui & Romanæ Ecclesiæ & Gallicanæ, ut volunt, usu fuisset auctoratus. Nec de hujusmodi capitulis ita scripsisset, quasi antea ignotis.

Zachariæ PP. Ep. 9. ad Pippinum Majorem Domus & ad Clerum Gallicanum. *Itaque*, inquit ille, *ut flagitavit a nobis cum vestro consultu superius effatus Filius noster Pippinus, ut de omnibus capitulis, de quibus innotuit, responsum demus; in quantum Domino dante valemus, de unoquoque capitulo inferius conscriptum juxta quod a sanctis Patribus traditum habemus*. Et postea: *Hæc itaque ... inter cetera capita deflorantes ... ad vestri præsulatus notitiam & prædicationem, atque populi vobis a Deo crediti ædificationem mandavimus ministranda atque perficienda*. Denique sic Gallis ignotam putabat hanc Canonum collectionem, ut illos & antea excusatione aliqua dignos fuisse, & post accepta hæc capitula omnino inexcusabiles fore pronuntiet. *Ceterum*, inquit, *hæc amantissimi nobis, dedimus vobis in mandatis, ut nec nos coram Deo de taciturnitate judicemur, nec vos de neglectu coram eo cogamini reddere rationem, sicut scriptum est in dominico præcepto:* Si non venissem & locutus eis fuissem, peccatum non haberent. *Itaque nihil excusationis habentes omnium rationabilium animarum salutem procuretis*.

X. 7. Argumentum ex Stephano PP. II. An.D.754. Septimo ab hac consultatione anno Stephanus Papa II. in Carisiaco Galliarum villa ad Saram fluvium tunc temporis agens, responsa novemdecim Britanniaco Monasterio dedit ad varia consulta, de quibus erat interrogatus. Porro cum plurima tum Conciliorum, tum Pontificum Romanorum decreta referat, 17 ea non ex Dionysiano Co- 17
dice accepisse manifestum est ex diversitate numerorum, quibus notantur, ac etiam textus ipsius decretorum. Quod inde contigisse probabile est, quod cum Roma Codicem non asportasset, uti coactus est in Galliis Gallicano, qui a Dionysiano diversus erat. Enimvero citat & refert epistolæ S. Leonis ad Rusticum Narbonensem caput quintum, quod apud Dionysium 19. numeratur: epistolæ Innocentii PP. ad Victricium Rotomagensem caput 15. quod Dionysio 20. Concilii Antiocheni 15. quod Dionysius 93. numerat. Neocæsariensis 9. quod est in collectione 53. Ac præterea non modicum discrimen reperitur inter textum decretorum quorumdam a Stephano relatorum, & Dionysianum, ut videre est in excerptis epistolarum S. Innocentii PP. ad Exsuperium & ad Victricium; Siricii ad Himerium, & Canonum Conciliorum Calchedonensis, Neocesariensis, & Carthaginensis. Ex quibus patet Dionysianam collectionem per id temporis non modo a Gallis usu non fuisse receptam, sed nec iis valde notam: ea enim proculdubio usus fuisset Pontifex, si ad manum eam habuisset: tum ut conciliaret eidem usu ipso auctoritatem, tum ut Romanum morem inveheret Gallicanis regionibus.

XI. 8. Argumentum ex Concilio Vernensi. An.D.755. Concilium Vernense anni 755. Canonem Carthaginensis Concilii refert, quem 18 nonum caput appellat, cum apud Dionysium sit decimus quintus Canon: cujus varia est in utroque lectio, maximumque discrimen; ut aliunde haustum appareat, quam ex Ro- 18
mano Dionysii Codice: qui proinde in usu tunc non erat in Gallicana Ecclesia.

Ita se se res habebant etiam Caroli Magni temporibus, qui Imperium adeptus est non multis post annis. Porro cum ab Adria-

EDITORUM ADNOTATIONES.

17 Immo ex Dionysiano codice accepit. Nam cap. 7. recitat canonem 16. Calchedonensis Concilii ex versione Dionysii, cap. 15. canonem decimum quintum Antiochenum, cap. 17. Neocæsariensem canonem nonum ejusdem versionis. Adde quod cap. 16. laudat Carthaginensem canonem vigesimum, qui in solo Dionysio eodem numero & iisdem verbis effertur: dum apud Isidorum, seu in collectione Hispanica legitur canone octavo sub titulo Carthaginensis III. Quod si numeri canonum Græcorum non conveniunt cum serie numerorum, quæ in Justelli editione profertur, nihil repugnat: ipsa enim versio, quæ soli Dionysio congruit, potiorem probationem affert. Accedit, quod Joannes II. & Zacharias, quos Dionysii codice usos Quesnellus agnoscit, continuam numerorum seriem non semper sequuti sunt. Ille enim duos Antiochenos canones iis numeris designavit, qui proprii sunt ipsius Concilii; iste vero nullum canonem cum ea serie numerorum, sed cum propriis cujusque Concilii numeris omnes Græcos canones allegavit. Quoad epistolas vero Romanorum Pontificum, sicut auctor collectionis Hispanicæ eas ex Dionysio cum ipsis titulis sumpsit, & nihilominus continuam numerorum seriem non tenuit; ita etiam Stephanus II. potuit eamdem numerorum seriem præterire, licet ex Dionysiano codice ipsorum Pontificum decreta allegarit. Hinc porro pro Dionysiano codice ante Carolum Magnum in Gallias allato validum argumentum elici potest. Vel enim Stephanus II. usus est Dionysii codice, quem Roma attulit secum in Gallias, vel si non attulit, eum, quo uteretur, in Galliis utique invenit.

18 Hoc testimonium probat, codicem, ex quo hujus Synodi Patres Carthaginensem canonem nonum retulerunt, non fuisse Dionysii; at codicem Dionysii per hæc tempora nullibi fuisse in Galliis nequaquam probat.

driano Pontifice dono accepit. Romanam Dionysii Abbatis collectionem, cœpit hæc usu recipi in Galliis, non spreto tamen veteri Codice Gallicanis Episcopis familiari: hujus enim interpretationem sæpius usurpavit etiam Carolus Magnus in suis Capitularibus. Ut enim scite observavit Sirmondus ad Capitulare primum anni 789. quotquot ex Synodis Græcis hic Canones proferuntur, discrepant a vulgata versione Dionysii, & cum alia interpretatione consentiunt, cujus exemplaria * Pathini in Bibliothecis servantur, nec alia, opinor, quam antiqua illa quæ in antiquo nostro Codice
19 Romano jacet & ab Isidoro accepta, 19 licet pluribus in locis vel corrupta, vel mutata.

*f. Parisiis.

XII. Petri Marcæ objectio.

Jam vix ullus restare mihi videtur alicujus momenti scrupulus, qui ab hac sententia deterrere, vel in adversam inclinare quemquam debeat. Quod enim Apostolicæ Sedis auctoritatem hoc loco prædicat Marca, ac interpretationis Dionysianæ nitorem, collectionisque ordinem: optime id quidem,
20 sed nullius in præsenti roboris. 20 Nemo enim ignorat, quam semper fuerit omnibus Ecclesiis ac præsertim Gallicanis liberum suis uti legibus ac canonibus in iis, quæ universalis Synodi sanctione non erant definita, quod vel ex solo disciplinæ Gallicanæ a Romana discrimine intelligitur. No-
21 tum etiam est, quam 21 antiqui moris tenaces fuerint Gallicani Antistites, qui laceram ac impolitam antiquitatem novello nitori tandiu prætulerunt, quandiu per Imperatorem suum eis licuit: hoc sancti Augustini effatum animo retinentes, usuque probantes: *Ipsa quippe mutatio consuetudinis, etiam quæ adjuvat utilitate, novitate perturbat.*

XIII. Joannis Davidis dilemma discutitur.

Quæ Marcæ argumentis conjecturæ adduntur a Davide, extremam probationum penuriam produnt. Concilium enim Agathense & Turonense II. commemorat (quorum postremo jam satisfecimus, alterum vero jamjam sum discussurus) tum quasi testium nubem argumentorumque seriem bene longam adduxisset, *Ex his*, inquit, *omnibus concludo, vel Dionysium primum omnium non esse, qui in unum corpus collegerit antiquorum Romæ Episcoporum epistolas, a Siricio initium ducens, easque collectioni Canonum attexuerit, quod tamen & a clarissimo Justello asseritur, & ab ipso Dionysio suggeritur in epistola ad Julianum collectioni præfixa: vel concludo egregie hallucinari quotquot sibi persuadent Collectionem Dionysianam in Galliis ante Caroli Magni ætatem non esse receptam: quandoquidem aliquot ante hunc Imperatorem sæculis videmus epistolas Pontificum, 22 Africanasque Synodos a Gallicanis Conciliis citatas esse, quasi Codici, qui tunc in usu erat, insertas; hæc enim omnia Dionysii Codicem indigitant.* 22
Vereor ego ne David ipse egregie hallucinetur: nihil enim hoc ejus di-

 lem-

EDITORUM ADNOTATIONES.

19 Isidorus in Græcarum Synodorum versione nihil corrupit, mutavit nihil; sed Hispanicam collectionem originis Gallicanæ exscripsit, in qua quædam mendosa loca puræ Hispanicæ ex arbitrio emendata fuere, uti observavimus in præfatione ad Leonis epistolas §. 10. num. 20. tom. I. pag. 523. Eadem porro versio liberius aliquot in locis correcta invenitur in MSS. collectionis hoc tomo editæ, quam in Galliis conditam ostendimus.

20 At simul exploratum est, quantum Gallicani apostolicis constitutionibus detulerint, quas in suis canonum codicibus *auctoritatis* nomine inseruerant, quibusque ut pareretur, præceperunt ipsæ Gallicanæ Synodi. Vide inter cetera Concilium Agathense anni 506. c. 9. Aurelianense III. anni 538. c. 3. & Turonense II. anni 567. c. 20.

21 Notum potius est, quam in hac materia antiqui moris non fuerint tenaces Episcopi Gallicani. Cum ante Rufinum non ignorarent canones Nicæni Concilii, quos allegatos videmus in Synodo Valentina anni 374., integra eorumdem antiqua versione utebantur. Post Rufinum vero quædam saltem Gallicanæ Ecclesiæ ejus abbreviationes eorumdem canonum pro integra versione receperunt, ut liquet ex Tractatu part. 2. cap. 10. Dein ipsa Dionysii eorumdem interpretatio inserta fuit paullo post ipsius editionem in collectione Corbejensi, & in aliis Adriano I. & Carolo Magno anterioribus, de quibus in Observationibus subjiciendis dicetur. Falsum est igitur, quidquid hoc loco Quesnellus pronuntiat, antiqui moris tenaces Galliarum Antistites laceram ac impolitam antiquitatem veteris versionis novello nitori interpretationis Dionysianæ tamdiu prætulisse, quamdiu per Imperatorem suum eis licuit. Quod si illud S. Augustini effatum animo retinebant: *Ipsa quidem mutatio consuetudinis, etiam quæ adjuvat utilitate, novitate perturbat*: multo magis debebant recolere eam ejusdem Augustini & aliorum Episcoporum Africæ erga Apostolicæ Sedis decreta observantiam, qua in caussa Donatistarum ad unitatem Ecclesiæ redeuntium suspenderunt quamdam vetustam consuetudinem jam ab exordio ipsius caussæ vigentem, eo quod contrarium præceptum ab eadem Sede emanaverat, quoad legatione Romam missa, ac necessitate utilitateque Ecclesiarum indicata, interdictum illud tolleretur. Vide Tract. part. 2. c. 3. §. 3. num. 47.

22 Concilium Turonense II. anni 567. c. 26. *antiquum Milevitanum canonem* vigesimum recitat. Apud Dionysium idem canon legitur c. 126. non tamen tribuitur Milevitanæ Synodo, sed verius Carthaginensi anni 418. Milevitanæ autem Synodi nomine præfertur in peculiari collectione Conciliorum Africæ, in Hispanicam ac Isidorianam posterius traducta, quam proinde ante has duas collectiones compactam apud Gallos exstitisse cognoscimus.

lemmate ineptius, quod & ruinosis fundamentis nititur, & totum vitiosum est.

Nota Pontificum Romanorum decreta in Galliis ante Dionysium Exiguum.

Primum enim hoc demus citatas esse tum Pontificum epistolas, tum Africanas Synodos, quasi ex approbato Codice Canonum assumtas: quis præter Davidem inde concludat Dionysianum Codicem a Gallis tunc receptum? quasi Apostolicæ Sedis auctoritatem ita omnes orbis christiani Ecclesiæ totis quingentis annis spreverint (quæ est Joannis Davidis erga Pontificem Romanum reverentia) ut ante Dionysium de colligendis illius decretis non cogitaverint. At meliora nos ac magis religiosa de Gallicanis aliisque Ecclesiis erga caput ac primatem suum existimamus: ad idque impellimur pluribus Gallicanis Canonum & pontificiorum decretorum collectionibus, quas & ante nos eruditi viderunt, & ipse David adire poterit, si forte velit. Est imprimis in Bibliotheca sancti Germani a Pratis insignis collectio ad usum Gallicanæ Ecclesiæ concinnata, quæ Gelasii temporibus coæva credita est a viris doctis, & triginta fere Romanorum Pontificum epistolas habet insertas, quarum plurimæ etiam apud Dionysium desiderantur. Hic enim septem tantum habet a Leone scriptas, codex vero San-Germanianus sexdecim. Ad hunc codicem alii duo exscripti videntur, unus Thuaneus qui num. 193. notatur, alter Trecopithœanus: easdem enim Pontificum epistolas habent eodem ordine descriptas, nisi quod San-Germanianus, qui Corbejensis olim fuit, duabus auctior est. Leguntur etiam Africana aliquot decreta & Concilia, ex quibus liquet earum omnium notitiam in Galliis a Dionysiano Codice non esse acceptam, & infelicem omnino esse Davidis ex illarum citatione argumentationem, ad exstruendam Codicis Romani apud Gallos auctoritatem.

Dionysius non primus collegit Pontificum epistolas.

2. Quod Dionysius non primus collegerit decreta Summorum Pontificum, sequitur ex his, quæ jam diximus, & invicte etiam probat antiquus noster Ecclesiæ Romanæ codex, qui plura continet a Dionysio prætermissa: ut nihil dicam de aliis Ecclesiis, quæ suas hujusmodi pontificiarum epistolarum collectiones ante Dionysii tempora habuerunt. Esto, primus in unum eas corpus redegerit Dionysius, sub una dispositerit numerorum serie, titulis distinxerit, eo quo jam modo Patrum Canones ordinaverat, atque iisdem subnectere curaverit, per me licet, nec amplius aliquid assertum est, vel a clarissimo 23 Justello, vel ab ipso Dionysio, licet aliter scribatur a Davide: at talem ordinem quis necessarium putaverit, ut hujusmodi decreta a Gallicanis Episcopis laudarentur referrenturque?

XIV. De Concilio Agathensi, ex quo argumentatur Joannes David.

3. Ut ipsum scriptoris hujus fundamentum petam disjiciamque, Agathense Concilium anni 506. (de Turonensi jam diximus quid sentiendum sit) Agathense, inquam, anterius est, nisi me fallant conjecturæ, Dionysiana pontificiorum decretorum collectione.

Primum enim certum est Dionysium Romæ egisse Abbatem cum Latinis lucubrationibus operam dedit, inter quas duæ sunt epistolæ paschales, quæ scriptæ sunt annis Christi 525. & 526. circa quæ tempora floruit maxime usque ad ann. Christi 540. ut habet Labbeus in Dissertatione historica de Script. Eccles.

2. Dionysium collectioni epistolarum serius manum admovisse, nec nisi *dudum* post Canonum Codicem elaboratum; testis est ipse in epistola ad Julianum Presbyterum, quæ collectioni præfixa est: *Ita ut omnes*, inquit, *titulos huic præfationi subnecterem, eo modo, quo dudum de Græco sermone Patrum transferens Canones ordinaram*.

3. Cum non nisi *præteritorum Sedis Apostolicæ Præsulum constituta*, ut ipse scribit Dionysius, hoc est eorum, qui jam vivere desierant, collegerit, & tamen Anastasii Papæ epistolam referat, consequens est, ut non ante 16. diem Novembris anni quadringentesimi nonagesimi octavi, quo obiit Anastasius, opus istud sit adorsus, scilicet sub Pontificatu Symmachi, qui annis octo Agathensi Concilio superfuit.

4. Certum est Dionysium nondum venisse Romam anno quadringentesimo nonagesimo sexto, quo Gelasius Papa ultimum diem obiit, cum hunc Pontificem numquam se vidisse testetur in præfatione ad Julianum: *Quantique sit apud Deum meriti Beatus Papa Gelasius, & nos, qui eum præsentia corporali non vidimus, per vos alumnos ejus facilius æstimamus.*

Ex his ita arguo: a morte Gelasii Papæ, quem Dionysius non vidit, usque ad Concilium Agathense, decem tantummodo anni sunt, intra quos necesse est ut Dionysius natione Scytha Romam venerit, ibi saltem aliquot annis vixerit, ut ejus doctrina ac meritum innotescerent, & tantam sui existimationem spargeret, quanta opus erat,

EDITORUM ADNOTATIONES.

23 Gulielmus Voellus, & Henricus Justellus in præfatione ad Bibliothecam juris canonici adeo absolute *primum* epistolarum pontificiarum collectorem dixerunt Dionysium, ut hanc rationem adjecerint: *Antiquiores enim collectores decretales Pontificum epistolas omiserunt, Synodorum contenti regulis*. Idipsum quoque videtur affirmasse Christophorus Justellus in præfatione ad Codicem Ecclesiæ universæ pag. 19. ubi de Dionysii codice ait: *Atque hæc est prima & antiquissima decretalium Pontificum collectio*. Si de collectione decretalium separata a collectione canonum hæc intelligantur, vera fortassis sunt: non vero si decretales primum a Dionysio in collectionibus canonum fuisse insertæ credantur.

erat, ut in ipsa urbe Roma peregrinus & hospes in Abbatem posceretur. Tum canones omnes Græcos in Latinum transferre & in unum Codicem compingere debuit atque vulgare; adjunctis apostolicis, Sardicensibus, & Africanis canonibus. Deinde *dudum* post editum hunc Codicem decretis Summorum Pontificum maxima cura conquirendis, colligendis, ordinandis, distinguendis manum admovere. Quibus omnibus tam arctum decennii spatium haud scio an cuiquam sufficere videbitur. Sed non hæc solummodo. Nam antequam vel Codicem Canonum de novo conderet *assidua & familiari cohortatione Laurentii* cujusdam *compellendus fuit*, Stephanique Episcopi, ut ajunt, Salonitani mandato. Postmodum vero Decreta Pontificum non collegit nisi *piis excitatus studiis* Juliani Presbyteri tituli sanctæ Anastasiæ. Quis credat porro opus Presbyteri unius impulsu a Monacho extero conditum, statim auctoritate pontificia in usum Romanæ Ecclesiæ assumtum esse, spreta antiquiori collectione tot annorum usu consecrata? Aut quis potius non existimet antea non esse receptum, quam plurimorum annorum experientia docuisset, an non ista *mutatio consuetudinis*, quod time-
Epist. 118. bat Augustinus, *etiam quæ juvabat utilitate, novitate perturbaret?* Facile igitur persuadeor, non nisi post annos plures receptum Codicem Dionysii a Romana Ecclesia: & revera Cassiodorus, qui anno 514. Consulatum gerebat, & adhuc erat in vivis anno 562. ita de illo Codice loquitur cap. 23. divinarum Lectionum, quasi novissime tum ab Ecclesia Romana in usum vocatus esset: *Quos*, inquit, Dionysii Canones, HODIE *usu celeberrimo Ecclesia Romana complectitur*. Hi porro Romæ recepti, transalpinas Ecclesias tam cito pervadere non potuerunt: nec affine est Gallicanis moribus, ut statim atque innotuere eos avide arripuerint, probaverint, suosque fecerint. Quod etsi daremus a Gallicanis Ecclesiis factum esse, numquam tamen id ante Agathense Concilium permittere potuerunt temporis angustiæ.

Reliquum est, ut quod de appellationibus objiciunt adversarii dissolvamus: nec XV. Objectio ex appellationibus petita.
operosum est, meo quidem judicio, id agere. Receptum, inquiunt, Codicem constat ex receptis Sardicensibus Canonibus: istos autem per Gallias invaluisse etiam sub prima Regum nostrorum dynastia manifestum est ex appellationibus ad Sedem Apostolicam, quæ passim delatæ sunt e Galliis non contradicentibus Episcopis Gallicanis. Unde porro jus istud Apostolicæ Sedi assertum noverunt, nisi ex Sardicensibus Canonibus, cum nulla omnino Gallicanarum Synodorum id illi vindicasse intelligatur? Sardicenses autem Canones non hauserant nisi ex Codice Dionysiano, cui inserti ab eo fuerant. Quibus adde Pontifices Romanos hoc ipsum jus numquam sibi non vindicasse in Gallicanas Ecclesias, sub prima Regum nostrorum dynastia: unde consequens est ut noverint receptas esse per id temporis Sardicensis Concilii sanctiones in Ecclesia Gallicana.

Mirum profecto jus, quod ex factis contumacium aliquot Episcoporum acquiritur, miraque argumentatio, quæ ex istis illud inferre satagit. Quasi vero non æquum magis fuerit de factis 24 ex ipso jure judicium 24
ferre, quam de jure ex factis aliquibus non probatis decernere.

2. Antequam editus esset in lucem Codex Dionysianus, quæro an jus appellandi ad Romanum Pontificem vigeret in Galliis, an non? & an revera ex hoc jure appellationes aliquæ delatæ sint? Si ita fuit; cur idem jus non viguisse, neque ex eodem jure delatæ credentur appellationes post conditum Dionysii Codicem; cur & ex illis appellationibus quæritur argumentum pro asserendo hujus Codicis usu in Galliis per eadem illa tempora? Si non viguit jus illud ante Dionysii Codicem, cur istud asserit David, pluribusque exemplis probare conatur: & qua tandem ratione nova ista disciplina Gallicanis invecta credetur regionibus, post contrariam quingentorum annorum consuetudinem? Si ex ipsis Sardicensibus Canonibus ante Dionysium jus istud creatum dixerit, aliunde igitur illorum notitiam habuere Gallicanæ Ecclesiæ, quam ex

EDITORUM ADNOTATIONES.

24 Appellationum jus ex primatu pontificio originem ducere paullo post fatetur Quesnellus num. 4. nosque latius statuimus tomo II. in Observ. ad Dissert. V. ejusdem Quesnelli part. 1. c. 7. Ex factis etiam non male colligitur, quemadmodum ibidem ostendimus c. 5. Sardicenses autem canones, qui idem jus ex primatu Romanæ Sedi asserunt, apud Gallos ante Dionysium viguisse, ex antiquissimis Gallicanis collectionibus, quæ a Dionysio non proficiscuntur, ibidem demonstravimus c. 6. n. 17. Idipsum confirmatur in Synodo Arelatensi anni 524., in qua can. 2. legitur: *Et licet de laicis prolixiora tempora antiqui Patres ordinaverint observanda, tamen quia crescente Ecclesiarum numero, necesse est nobis plures Clericos ordinare; hoc inter nos sine præjudicio dumtaxat canonum convenit antiquorum*, ut &c. Verba *antiqui Patres*, & *sine præjudicio canonum antiquorum* respiciunt canonem 13. Sardicensem, qui longiorem probationem in laicis requirit, antequam ad sacros Ordines promoveantur. Hi ergo canones erant in codicibus Gallicanis, uti sane in vetustissima collectione Morbacensi & Vat. Palat 574. ille canon de laicis Nicæni Concilii appellatione describitur. Vide Tract. part. 3. c. 9.

ex Dionysiano Codice, atque ita ruit tota Davidicæ argumentationis moles.

3. In Dissertatione Apologetica pro san-
25 cto Hilario Arelatensi ostendimus, 25 quam ægre tulerint Episcopi Gallicani caussas suas ad Romanum judicium deferri, restiteruntque aliquandiu; licet Romanorum Pontificum voluntati obsecundarent Imperatores, edictumque Valentinianus misisset in Gallias, quo imperabat ut pro lege haberetur quicquid sanxisset Pontifex Romanus: *Ita ut quisquis Episcoporum ad judicium Romani Antistitis evocatus venire neglexerit, per moderatorem provinciæ adesse cogatur*. Cessere quidem aliquando Episcopi, ne repugnando nihil nisi Principis odium sibi quærerent: at quam immerito reclamassent Episcopi nostri contra jus appellationum hujusmodi, si receptus tunc fuisset in Gallicanis Ecclesiis Codex Dionysii, qui eos canones continebat, Sardicenses scilicet, quibus recipiendi appellationes facultas attribuebatur Pontifici Romano, ut docet Gelasius Papa?

4. Jus illud appellationis cum deferre cœ-
26 perunt Gallicani, 26 non ad Sardicenses canones respexerunt, sed ad primatus pontificii dignitatem, & ad Romanæ Sedis antiquitatem, ac potentiorem, ut Irenæus loquitur, principalitatem: cui suæ fidei originem & primordia debebant pleræque Gallicanarum provinciarum Ecclesiæ: ad quas Trophimus, aliique ejus socii ab Apostolica Sede transmissi fuerant.

5. Ut ad exempla notata respondeam,
27 dico 27 subobscuram esse Contumeliosi historiam: Salonium autem & Sagittarium non nisi ex singulari Regis concessione Romam appellasse. Quod illis aliisque, cum factum est, ideo negatum non est, ut improbis hominibus querelarum prætextus omnis auferretur: ac demum ex dictis judicandum est de hujusmodi appellationibus.

Denique quod Romani Pontifices canones Sardicenses allegarunt, ut jus suum tuerentur etiam apud Gallias, ad rem nequaquam facit, cum id etiam longe ante Dionysium natum fecerint. Adde quod cum eosdem canones pro sedis suæ privilegiis
adduxerunt, 28 sub nomine Nicænorum canonum protulerunt: ex quo descendit ut 28
majore fiducia eos per omnes Ecclesias grandiore tuba personarent. At inde receptionem Sardicensium canonum vel Dionysiani Codicis arguere, hominis est aliud agentis, aut deploratæ caussæ taliacumque quærentis patrocinia.

XVI. Quæ Canonum versio usurpata sit in Galliis ante Dionysianam receptam?

Hoc jam extra dubium posito, antiquam collectionem & versionem, quæ ante Dionysium usu recepta erat in Galliis, etiam apud easdem Ecclesias viguisse post conditum Dionysii Codicem usque ad Caroli Magni tempora: quæret Lector, 29 quænam esset antiqua illa versio? An illa, quam Romana usurpabat Ecclesia? An aliqua Gallis
propria? An quæ Isidorianæ collectioni in- 29
serta legitur? An demum prisca illa translatio, quæ ex Christophori Justelli Codice MS. luce non ita pridem donata est in I. Tomo Bibliothecæ Juris Canonici veteris.

Viri duo summa eruditione conspicui Jacobus Sirmondus in præfatione ad editionem antiquorum Galliæ Conciliorum, & Christophorus Justellus jam laudatus in præfatione Codicis veteris Ecclesiæ universæ, in ea sunt sententia, veterem translationem apud Gallos tunc receptam, eam esse, quæ apud Isidorum Mercatorem reperitur: suamque opinionem asserunt ex Canonibus Conciliorum Valentini, Rhegensis, Arelatensis II. Agathensis, & Epaonensis, in quibus Nicænos, Ancyranos, & Laodicenses ex Isidoriana translatione citatos putant.

De integro Galliarum Codice quicquam certi statuere difficile est admodum, nec video quemnam Orientalium Canonum, qui in priscis Galliarum Synodis citatus fuerit, ex una versione, potius quam ex altera assum-

EDITORUM ADNOTATIONES.

25 Istud Quesnelli præjudicium refellimus tomo II. in Observ. ad Dissert. V. ejusdem part. 3. c. 2.

26 Cum Sardicenses canones Gallicanis usui essent, ut monuimus not. 24.; non tam ad primatus pontificii dignitatem, quam ad eosdem canones respicere potuerunt Episcopi Galli, quando appellationes ad Apostolicam Sedem detulerunt.

27 Licet non omnino explorata sit tota Contumeliosi historia; certum tamen est, eum depositum a Cæsario Arelatensi appellasse ad Agapetum Romanum Pontificem, qui novum examen se se delegaturum ad eumdem Cæsarium scripsit epist. 7. Salonius vero & Sagittarius cum Guntramni Regis jussu congregata Synodo, ab Episcopatu fuissent dejecti, cumque *adhuc propitium sibi Regem nossent, ad eum accedunt*, inquit Gregorius Turonensis lib. 5. Hist. c. 21., *deplorantes se injuste remotos, sibique tradi licentiam, ut ad Papam urbis Romanæ accedere debeant. Rex vero annuens petitionibus eorum, datis epistolis, eos abire permisit. Qui accedentes coram Papa Joanne, exponunt se nullius rationis existentibus caussis dimotos. Ille vero epistolas ad Regem dirigit, in quibus locis suis eosdem restituit. Quod Rex sine mora, castigatis prius illis verbis multis, implevit*.

28 Cum Sardicenses canones sub nomine Nicænorum Romani Pontifices allegarunt, usum sequuti sunt olim in Occidente ac præsertim apud Gallicanos frequentem, quippe in vetustissimis istorum codicibus utriusque Synodi canones copulati Nicænorum inscriptionem præferunt, uti ostendimus in Tractatu part. 2. c. 1. §. 3. & cap. 10. §. 2.

29 Hac de controversia vide Observ. sequentes §. 2.

sumtum fidenter pronuntiare possint scriptores laudati. Nicænos excipio, quorum ut memoria frequentior est in antiquis illis Ecclesiarum nostrarum monimentis, ita ex qua versione assumti sint, non ita operosum est decernere. Quamquam a vero proculdubio aberrarunt Sirmondus, Justellus, & si qui alii Isidorianam Nicænorum Canonum translationem in usu fuisse arbitrati sunt apud Galliarum Ecclesias antequam in illas inveheretur Dionysiana.

Versio Rufini Canonum Nicænorum in Galliis usitata.

Mihi enim istud curiosius investiganti certum omnino visum est Canones Nicænos 30 Gallias nostras mutuatas esse a Rufino Aquilejensi, ex libro x. Historiæ Ecclesiasticæ, quem Eusebianis subjunxit: ubi
30 Canones Nicænos recenset abbreviatos, quos & in viginti duos partitus est. Nec in eam opinionem conjecturis modo adducor, sed certis argumentis, quæ in aliorum oculos miror non incurrisse. Ea ex gemino præsertim fonte haurimus, scilicet ex Concilio Arelatensi II. & ex illis Canonum excerptis, quæ in caussa Contumeliosi Rhegiensis a Cæsario Arelatensi collecta putantur. Tale est excerptum ex Nicæna Synodo, quod Gallicanis canonibus ibi præmittitur.

„ Ad locum de Synodo Nicæna, id est „ cccxviii. Episcoporum: *Si qui forte in-„ discrete ad Sacerdotium provecti, postmodum „ vel ipsi aliquid de se criminosum professi „ sunt, vel ab aliis revicti, abjiciantur.* “ Qui canon verbum e verbo transcriptus est ex Rufino, a quo undecimus numeratur, tametsi nonus est in aliis editionibus Concilii.

Arelatensis Synodus II. multiplex etiam hujus assertionis argumentum continet. Canone enim primo vetat Neophytum *ordinari ad Diaconatus ac Sacerdotii officium*: in quo Nicænæ Synodi vestigia premere videtur, sed ut est apud Rufinum. Solius enim Presbyteratus exortem hujusmodi fieri jubet Canon 2. prout est in aliis editionibus: Rufini interpretatio sola Clericum fieri prohibet.

Canone decimo: *De his*, inquit, *qui in persecutione prævaricati sunt, si voluntarie fidem negaverint, hoc de eis Nicæna Synodus statuit, ut quinque annos inter catechumenos exigant, & duos inter communicantes*. Nicænum proculdubio canonem xi. respicit Synodus hæc Gallica: diversa tamen utriusque disciplina. Ille enim duodecim annorum pœnitentiam lapsis hujusmodi injungit, secundum Isidorianam versionem & priscam illam Justelli, quæ Græcis concinunt: secundum vero Dionysianam, undecim. Septenarium igitur illum pœnitentiæ stadium, quod Gallicano canone sancitur, ab alia versione derivari non potuit, quam ab ea quam profert Rufinus, cujus hæc sunt verba canone xii. *Si qui absque tormentis in persecutionibus lapsi sunt, & ex corde agunt pœnitentiam, quinque annos inter catechumenos faciant, & duobus annis post hoc fidelibus tantum in oratione jungantur; & ita postmodum suscipiantur*. Quæ sequuntur in eodem Arelatensi canone: *In potestate tamen vel arbitrio sit Episcopi, ut si eos ex animo errorem deflere & agere pœnitentiam viderit, ad communionem pro ecclesiastica humanitate suscipiat:* sumtum videtur ex his canonis 13. verbis Rufini: *Esse tamen in potestate Episcopi moderandi facultatem* &c.

Canon Arelatensis septimus: *Hos, qui se carnali vitio repugnare nescientes abscidunt, ad Clerum pervenire non posse*: ex Rufiniana etiam Nicæni primi interpretatione assumtum est. Nulla enim alia versio impotentiam vel impatientiam libidinis commemorat in eo Canone, quem sic Rufinus abbreviat: *Statuunt præterea observandum esse in Ecclesiis, ne quis ex his, qui semetipsos impatientia libidinis exciderunt, veniret ad Clerum*.

Canon Arelatensis decimus quintus: *In Secretario Diacono inter Presbyteros sedere non liceat, vel Corpus Christi præsente Presbytero tradere non præsumant. Quod si fecerint, ab officio Diaconatus abscedant*. Ex Canone 13. Nicænæ Synodi depromtum canonem istum perspicuum est: sed non ex alia versione, quam Rufini, cui vigesimus iste est: *Et ne Diaconi*, inquit, *Presbyteris præferantur, neve sedeant in consessu Presbyterorum, aut illis præsentibus Eucharistiam dividant, sed illis agentibus solum ministrent. Si vero minister nullus sit in præsenti, tunc demum etiam ipsis licet dividere. Aliter vero agentes abjici debent*. Duo isti canones in eo conveniunt inter se, & ab aliis versionibus discrepant 1. Quod neuter prohibet Eucharistiam Presbyteris a Diaconibus porrigi. 2. Quod uterque a Diacono dividi Eucharistiam præsente Presbytero vetat. 3. Quod multa prætermittunt de potestate consecrandi Corpus Christi, a qua sanctionis suæ rationem sumunt sancti Patres. 4. Nihil habent de Diaconis ante Episcopos sacra mysteria attingentibus. 5. Nihil uterque de regula & consuetudine, quam contumaces illi Diaconi infringere præsumebant.

EDITORUM ADNOTATIONES.

30 Concilium Arelatense II., & excerpta canonum in caussa Contumeliosi, Rufini abbreviationes in provincia Arelatensi receptas adstruunt. Codices Morbacensis & Vat. Palat. 574., nec non collectio Herovvalliana, in quibus eædem abbreviationes leguntur, earum usum alicubi in Galliis inductum probant. Alicubi vero in iisdem Galliis integra Nicænorum interpretatio adhibita alia Gallicana documenta evincunt; ut ex § 2. Observationum patebit.

bant. Quamobrem dubium non restat, quin Rufini canones in suo Codice tum haberent Arelatenses Patres; cum sanctionem suam condebant.

Canon decimus sextus: *Photinianos sive Paullianistas secundum Patrum statuta baptizari oportere*: juxta hunc Nicænum vicesimum primum versionis Rufinianæ conscriptus est: *Et ut Paullianistæ, qui sunt Photiniani, rebaptizentur*. Photinianos enim, qui a Photino Sirmiensi Episcopo dicti sunt, a Nicænis Patribus in caussam vocari nemo dixerit, cum nondum exorti essent: nec eos revera commemorat vel Græca editio, vel ulla versio Latina, excepta Rufiniana, a qua Canon Arelatensis derivatus est, & Photinianis accommodatus.

XVI. An sola Rufiniana versio usu tunc recepta in Galliis.

Hæc de Nicænis Canonibus a Synodis Galliarum olim citatis vel relatis. Ex quibus indubitatum relinquitur, Rufinianam versionem apud eas fuisse sæpe sæpius usurpatam. An sola fuerit, Rhegensis Concilii an. Christi 439. canon tertius subdubitandi dat locum. Cum enim Armentarium in Ebredunensi Ecclesia male ordinatum, ad Chorepiscopi munus relegaret, sequi se profitetur Nicænum statutum: *Liceat ei*, inquit, *unam Parochiarum suarum Ecclesiam cedere, in qua aut Chorepiscopi nomine, ut idem Canon loquitur, aut peregrina, ut ajunt, communione foveatur*. Sola Isidoriana versio & Parochiæ & Chorepiscopi nomina simul in hoc canone usurpat: neutrum habet Rufinus: ut illam potius quam istius versionem ob oculos tunc habuisse Patres
31 Synodi videantur. 31 Mendum ego putaverim Rufini textui inesse, nec ita legendum: *Ut quærat ei Episcopi locum vacantem, hoc sit in ipsius potestate*; sed potius: *Ut quærat ei Chorepiscopi locum* &c. In Episcopi enim cujuslibet potestate erat vacantem aliquam Parochiarum suarum Ecclesiam alteri commendare sub nomine Chorepiscopi: at Episcopi locum vacantem quærere alteri, non item. Cum id in potestate comprovincialium Episcoporum, Clerique & plebis suffragiis, quæ vel redimere, vel emendicare summum nefas. Ut ut sit, levis videtur hujus Canonis difficultas, nec quæ tot Canonum auctoritatem possit elevare, in quibus perspicuus est & indubitatus Rufinianæ versionis usus quoad Nicænos Canones apud Gallicanas Ecclesias.

Quod vero aliarum Orientis Synodorum usum attinet, Ancyranæ citatum Canonem habemus in Epaonensi Synodo an. 517. Canone enim 31. de pœnitentia homicidarum observari jubet quod Ancyritani, ut ajunt, canones decreverunt: sed ex qua versione, non patet. Canones 65. 66. 67. & 68. Agathensi Concilio subjuncti ex versione Laodiceni Concilii, quæ Isidoriana vocitatur, transcripti sunt; sed quo tempore, cujus auctoritate, an ab aliqua Synodo Gallicana, an potius a famoso illo interpolatore Isidoro, ad hæc usque tempora ignoratum est. Hoc apud eruditos ex antiquissimis plurimisque codicibus MSS. constat, Agathensis Concilii canones istos non esse, sed eis fuisse posteriori ævo annexos. Quamobrem ex eis statuere non licet de versione, quæ a Gallis usurpata est usque ad sextum Christi sæculum jam completum.

Ceterum, ut obscura admodum videtur fuisse notitia Canonum Nicænorum in Galliis ante Rufini tempora, ita postmodum avide hausta, quæ ab eo data est, illorum Canonum versio in suo Eusebianæ Historiæ supplemento. Quod ne quis miretur, revocet in memoriam maximo semper in pretio fuisse Rufinum apud Gallos & omnes Occidentales (si Hieronymum excipias;) atque imprimis acceptam fuisse ejus Historiam, qua primum Latinis innotuerant tot rerum ecclesiasticarum præclarissima monumenta.

Plura de his alieno quadamtenus loco scribere nec convenit, nec vacat. Ad diligentiorem hujus materiæ inquisitionem viros eruditos hac dissertatiuncula invitasse sufficiat.

EDI-

EDITORUM ADNOTATIONES.

31 Confer Observ. §. 2. n. 9.

EDITORUM

OBSERVATIONES

IN DISSERTATIONEM XVI.

PASCHASII QUESNELLI

DE PRIMO COLLECTIONIS DIONYSIANÆ USU IN GALLIIS.

§. I.

Dionysii Collectio in Galliis nota, & usu etiam aliquando recepta ostenditur ante Caroli Magni tempora.

I. DE Codicis Dionysiani usu in Galliis ante Caroli Magni ætatem cum quæritur, ne æquivocatio fiat, duplex quæstio distinguenda est. Prima, num ille fuerit codex publicus, seu publica auctoritate editus, vel approbatus, omnium Ecclesiarum Gallicanarum usu receptus. Secunda, num fuerit codex privatus, qui ante Carolum Magnum in Gallias pervenerit, &, si non omnium, aliquarum tamen Ecclesiarum, vel Scriptorum usu aliquando saltem adhibitus sit. Primum cogitare, vel suspicari inanissimum est. Nam neque Romæ, ubi citius celebris exstitit, publicus, seu publica auctoritate probatus, sed privatus codex canonum diutius fuit; nec publicam auctoritatem obtinuit, nisi cum Hadrianus I. summus Pontifex ipsum Carolo Magno usui Galliarum tradidit. Vide Tract. de Collectionibus part. 3. c. 1. Cum porro ante hoc tempus nullus alius codex canonum publicus esset in Galliis, sed omnes essent collectiones privatæ, quarum usus deficiente codice publico liber erat, uti probavimus part. 2. cap. 10., sola superest secunda quæstio, num Codex Dionysii inter privatas collectiones esset in Galliis ante ætatem Caroli Magni, ita ut eo æque ac aliis privatis collectionibus uti liceret; & num eodem ante illud tempus Gallicani aliquando usi sint.

Duæ quæstiones distinguendæ.

Dionysii collectio non fuit codex publicus.

II. Quesnellus de publico codice, qui olim in Galliis *auctoritatem* haberet, initio præmissæ Dissertationis loquitur; nullibi vero aliquem hujusmodi codicem publica auctoritate editum aut confirmatum ibidem exstitisse probavit. Solum afferri possunt priscæ Galliarum Synodi ac Episcopi Gallicani, qui canones Conciliorum, aut constitutiones Pontificum allegarunt. Licet vero hi canones, vel constitutiones, sumti essent ex aliqua collectione; non tamen continuo sequitur, has collectiones fuisse codices publicos: cum iidem canones & constitutiones satis auctoritatis haberent ex ipsis Conciliis & Pontificibus, a quibus editi fuerant, nec publico codice indigerent. Hinc sane idem Quesnellus in antecedenti Dissertatione §. 4. tria affirmat, quæ Gallicanæ Ecclesiæ praxim publico codice non indiguisse confirmant. Primo fatetur codices privatarum collectionum in Galliis

 plures

plures fuisse. *Quot enim codices*, inquit, *antiquarum collectionum ad PRIVATORUM HOMINUM, vel ad aliquarum Ecclesiarum USUM manu olim exarati plurimas Pontificum Romanorum epistolas ..... continent?* Et aliquot etiam vetustissimos ejusmodi codices exempli gratia recenset. Secundo loquens de Synodo III. Aurelianensi, quæ Leonis epistolam 10. allegavit can. 3. codicem memorat *tunc usurpatum per Gallias, ex quo epistolam ad Episcopos Viennensis provinciæ depromserit*: & licet paullo ante hunc codicem affirmaverit *ad usum Gallicanum compactum*; non tamen publicum agnoscit, hæc scribens: *Quæ* (Leonis epistola) *nec in codice auctorato erat recepta*. Codex *auctoratus* idem est apud Quesnellum ac *publicus*, seu publica auctoritate approbatus. Tertio inter sententias, quas *a ratione usuque Ecclesiarum omnium, ac præsertim Gallicanæ alienas* reprobat, hanc refert, qua quis contenderet, *nec potuisse Gallos epistolam Apostolicæ Sedis decreti nomine decorare, nisi Gallicano Codici* (idest publico) *insertam*. Si autem plures olim erant codices privati, quorum quidam adhuc supersunt; si pontificiæ constitutiones, & similiter canones Conciliorum exinde allegari poterant, atque solebant; quid ergo toties ingerit codicem publicum *auctoratum*, ac *in auctoritate* receptum, qui præter privatas collectiones ante Carolum Magnum in Galliis fuisse nullo testimonio, indicio nullo probatur? Id quidem cohæret cum ea ipsius thesi, qua alibi ad promulgationem exigit codicem publicum. Hanc vero thesim fusius expunximus not. 11. ad Dissert. XII., ac propterea nihil jam disputandum superest de codice publico, qui ante Dionysio-Hadrianeum nullo fundamento suffultus, inter mera commenta est computandus. Cum vero plures privatæ collectiones ipso Quesnello fatente in usu fuerint apud Gallos; satis in rem nostram erit, si inter has ante Carolum Magnum locum habuisse saltem aliquando Codicem Dionysii probare possimus.

Fuit in Galliis ante Carolum Magnum.

III. Etsi Quesnellus affirmantem sententiam impugnans, in Dissertatione optime probasset ea testimonia, quæ pro Dionysii Codice in Galliis recepto producta fuerant, nihil favere huic sententiæ; ad excludendum tamen ab iisdem Galliis hunc codicem nihil evicisset. Cum enim nullus apud Gallos esset codex publicus, solæ collectiones privatæ usui esse poterant: cumque hæ plures essent, hac vel alia collectione uti cujusque arbitrio permittebatur. Testimonia, quæ Quesnellus ad calculos revocavit, eorum sunt, qui non Dionysianam, sed aliam collectionem adhibuere. Esto. Numquid sequitur, nullum Dionysii exemplum ante Caroli Magni ævum exstitisse in Galliis, & neminem Gallicanum eo usum fuisse? Alia quidem testimonia, vel documenta nobis sunt explorata, quibus Dionysianam collectionem ea vetustiori ætate in Gallias transisse certissime credimus. Quesnellus in præmissa Dissertatione §. 12., ut probet Gallicanos ante Caroli Magni ævum recepisse apostolicas constitutiones, vetustiores collectiones Gallicanas, etsi privato studio digestas, recenset, in quibus eædem constitutiones describuntur. Earumdem ergo collectionum argumento nos quoque utemur pro Dionysii Codice. Eædem nimirum collectiones Gallicanæ Carolo Magno anteriores, cum non semper ex antiqua versione, sed quandoque ex Dionysiana Græcarum Synodorum canones receperint; hanc ante Caroli Magni imperium in Gallias invectam testantur. Nos, qui ex antiquioribus Gallicanis collectionibus unum codicem Vat. Palat. 574. inspeximus, insertam in eo vidimus ex Dionysio ipsius epistolam ad Stephanum, nec non canones Apostolorum, & actionem XV. Concilii Calchedonensis. At P. Sirmondus, qui in editionem Conciliorum Galliæ quamplurimas Gallicanas MSS. collectiones expendit, idipsum in aliis atque aliis vetustis exemplaribus se deprehendisse in præfatione ad eamdem editionem his verbis diserte pronuntiat. *Quin & Dionysianam canonum translationem ignotam Gallis non fuisse, priusquam ejus exemplaria a Sede Apostolica sub Carolo Magno acciperent, atque hac interdum usos esse, deprehendimus ex antiquissima collectione canonum e bibliotheca S. Benigni Divionensis, atque ex aliis ejusmodi Caroli ævo longe anterioribus, in qui-*

in quibus canones Græci promiscue nunc ex Dionysiana, nunc ex veteri illa prisca (quam scilicet Isidorus postea recepit) *proferuntur*. Hoc collectionum Gallicanarum testimonium, (quod exploratissimum est, vel solum sufficere debet: miramurque vehementer, Quesnellum excussis ceteris hoc a Sirmondo productum vel non animadvertisse, vel prætermisisse: quin ex hac ipsa præfatione, quæ Dionysiani codicis usum in Galliis ante Caroli Magni imperium tam diserte adstruit, ausum fuisse recensere Sirmondum inter eos, qui contrariam sententiam defendunt.

IV. Divionensem collectionem, quam laudavit Sirmondus, inspicere non licuit. At duas alias collectiones Gallicanas, ævo Hadrianeo anteriores, typis postea editas expendere potuimus, in quibus nonnulla ex Dionysio sumta deprehendimus. Una est Herovvalliana, quam Jacobus Petit post Theodori Pœnitentiale magna ex parte vulgavit, de qua vide quæ in rem præsentem disseruimus in Tractatu part. 4. c. 6. Altera est *Collectio antiqua canonum pœnitentialium* e MS. Floriacensi nongentorum annorum edita a P. Edmundo Martene in Thesauro Anecdot. tom. 4. col. 31. & seqq. Hanc in Galliis lucubratam non solum ipse Gallicanus codex, verum etiam Synodi, quæ in ea allegantur, ostendunt, nec non titulus *Statuta Ecclesiæ antiqua*, quem in solis Galliarum collectionibus invenimus. Anteriorem porro esse Hadriano, ex eo patet, quia digesta fuit vivente Gregorio juniore, ut manifeste ostendunt hæc verba col. 37. *Item ex decreto Papæ Gregorii minoris, qui NUNC Romanam catholicam gerit matrem Ecclesiam*. Canonem recitat Synodi Romanæ sub eodem Pontifice celebratæ anno 721. Licet autem auctor hujus collectionis in quibusdam Græcorum Conciliorum canonibus eam versionem adhibuerit, quæ dein in Isidori Codicem transiit; tamen Dionysii quoque interpretationem explorate exhibet in canone Neocæsariensi secundo, qui his verbis exprimitur col. 35. *Canon Neocæsariensis. Mulier si duobus fratribus nupserit, abjiciatur usque ad mortem. Verumtamen in exitu propter misericordiam, si promiserit, quod facta incolumis hujus conjunctionis vincula dissolvat, fructum pœnitentiæ consequatur. Quod si defecerit vir, aut mulier in talibus nuptiis, difficilis erit pœnitentia in vita permanente*. Ejusdem Dionysianæ versionis est etiam canon. 25. apostolicus, qui profertur col. 40. Præterea col. 32. legitur: *In Concilio Hippone regio. De pœnitentibus. Secundum differentiam peccatorum Episcopi arbitrio* &c. ut apud Dionysium can. 43. Est canon Concilii Carthaginensis anni 397. Hipponiregiensi autem Synodo ita adjudicatur, sicuti in collectione Herovvalliana eidem Synodo adscribitur idem canon cum aliis, qui apud Dionysium leguntur post adnotationem Concilii Hipponensis. Vide Tractatum loco paullo ante allegato. Titulus quoque *de pœnitentibus* Dionysianum titulum ei canoni præfixum exhibet. Hæc tria Dionysianum Codicem ab hujus collectionis auctore usurpatum evincunt.

V. Quid quod celebri Gallicanæ collectioni Corbejensi, quæ sub medium sextum sæculum scripta fuit, Nicænos canones ex Dionysii versione insertos indicat P. Coustantius in admonitione ad epist. 17. Innocentii num. 4.? ubi canonem octavum ejusdem versionis recitat: idipsumque vidisset etiam Quesnellus, si consuluisset eumdem codicem, quem in bibliotheca S. Germani conservatum laudat §. 12. & collectionem vocat *ad usum Gallicanæ Ecclesiæ concinnatam*. Alii, quibus facultas erit legendi alios codices & collectiones alias Gallicanas sexti, vel septimi sæculi, idipsum invenient.

VI. Addere possumus codicem Vat. Palat. 577. qui ipsam Dionysii collectionem canonum, seu primum ejus fetum continet. Hic codex ad Gallias pertinuit; scriptus autem fuit sub medium sæculum VIII. Carlomano & Pipino regnantibus, ut probavimus part. 3. c. 1. §. 3. Habes ergo exemplum Dionysiani codicis in Galliis ante Carolum Magnum, qui sane cum ab Hadrianeis exemplaribus discrepet, antiquiorem originem præfert. Alii fortasse in bibliothecis Gallicanis aliqua æque antiqua Dionysiana exemplaria invenient, quæ ab Hadrianeo Codice non prodeunt. Antiquissimum exemplum puri Dionysii, quod in bibliotheca Regia custoditur, a multis laudatur. Num ad aliquam Galli-

Gallicanam Ecclesiam olim pertinuerit, ignoramus. Postquam missus fuit ad Carolum Magnum Codex Dionysii cum iis lectionibus & additamentis, quæ Hadrianeam collectionem a pure Dionysiana distinguunt, multiplicatis Hadrianeis exemplis, puri Dionysii codices sensim defecere. Hinc istorum raritas orta est, non vero ex eo quod nulla ejusmodi exemplaria olim exstiterint apud Gallos, qui Dionysianam canonum versionem in memoratas collectiones Hadriano anteriores nonnisi ex codicibus pure Dionysianis derivare potuerunt. Certe aliquod purum Dionysii exemplum apud Gallos olim fuisse liquet ex vetustissimo Gallicano codice Attrebatensi, qui Gallicanam collectionem hoc tomo editam continet. Hic enim codex in calce descriptam habet Dionysii epistolam ad Julianum Presbyterum, uti testatur Pamelius in notis ad S. Cypriani librum de unitate Ecclesiæ. Hæc autem epistola exstat in solis MSS. codicibus puri Dionysii, nec in ullo Hadrianeo invenitur. Codicem ergo pure Dionysianum in Galliis reperit & adhibuit librarius, qui eam epistolam in laudato Gallicano exemplo descripsit: idemque codex satis agnoscitur anterior Hadriano, post quem manuscriptos libros pure Dionysianos obsolevisse exploratum est.

Codex Dionysii in Hispania, Africa, Anglia, & Hibernia. VII. Dionysii quidem exemplaria multo ante Hadrianeum tempus in Hispaniam, Africam, Angliam, & Hiberniam propagata fuisse certum est. Hispanica collectio septimo sæculo ineunte lucubrata, constitutiones pontificias, quæ in Dionysio leguntur, cum iisdem titulis & divisione recepit. Circa idem tempus Cresconius in Africa ex Dionysio suam collectionem compegit. Ecbertus in Anglia ante Carolum Magnum usus est Codice Dionysii, ex cujus versione aliquot canones Synodorum Græcarum suæ collectioni inseruit, uti monuimus in Tractatu part. 4. c. 5. Ibidem etiam descripsimus perantiquam collectionem Hibernensem, in qua ex puro Dionysii Codice nonnulla excerpta probavimus. Et in Græcia. Adde quod idem codex in Græciam etiam pervenit. Hinc canones Ecclesiæ Africanæ ex Dionysio græce redditi fuerunt; & hæc Græca versio in Concilio Trullano laudata anno 692. Quis ergo dubitare queat, quin collectio in longinquioribus etiam regionibus ante Caroli Magni regnum pervulgata, viciniores Galliarum provincias penetraverit? Si autem ea quoque vetustiori ætate puri Dionysii exempla fuerunt in Galliis, hæc cujusque arbitrio usui fuisse negari non potest. Quod si in nulla antiquiori Synodo, & præter Gregorium Turonensem, de quo diximus not. 14. in Dissertationem præcedentem, apud nullum Gallicanum scriptorem aliquid ex ipsis allegatum invenitur, inopiæ documentorum tribuendum est. Collectiones autem vetustissimæ Gallicanæ, quæ ex Dionysiano Codice aliquid receperunt, usum ejus liberum probant, & cujuslibet Scriptoris loco testimonium satis idoneum suppeditant.

§. II.

Quibus versionibus usi sint Gallicani ante, vel post editum ac receptum Codicem Dionysii.

Præter abbreviationes Rufini integra Nicænorum versio in Galliis. VIII. IN ea quæstione, quam §. XV. proponit Quesnellus, quænam canonum Græcorum versio usurpata esset in Galliis, antequam Dionysiana reciperetur, certum quidem est, quoad Nicænos canones alicubi obtinuisse abbreviationes Rufini, ut idem Quesnellus eodem loco statuit, & nos confirmavimus in Tractatu part. 2. c. 10. §. 2. Num vero hæ solæ abbreviationes quoad eosdem canones in usu fuerint, licet ille in dubium vocet §. XVI. integram tamen eorumdem canonum versionem in Galliis usitatam fuisse certum nobis est ex Concilio Valentino anni 374. In hoc enim can. 3. habetur. *Circa eorum vero personas, qui se post unum & sanctum lavacrum vel profanis sacrificiis dæmonum, vel infesta lavatione polluerint, eam censuræ formam duximus esse servandam, ut his juxta SYNODUM NICÆNAM satisfactionis quidem*

quidem aditus non negetur &c. ubi indicatur Nicænus canon undecimus. Hunc sane canonem non in Rufini abbreviatione, quæ nondum prodierat; sed in integra aliqua antiquiori versione ejus Synodi Patres invenerunt. Quid? quod in iisdem Nicænis canonibus non solum abbreviationes Rufinianas, verum & aliam integram ipsorum interpretationem præ oculis fuisse auctori ejus collectionis Gallicanæ, quæ Arelatensis II. Concilii nomine inscribitur, monuimus part. 2. c. 10. §. 2. n. 19.

IX. Quænam porro esset hæc integra versio, qua Gallicani usi sunt; cum S. Hilarius in libro de Synodis n. 84. & in Fragmento II. col. 643. editionis Veronensis Nicænum Symbolum recitet ex ea antiquissima versione, quæ statim post Concilium Romam allata, Romanæ Ecclesiæ usui fuit; dubitari potest, num hæc etiam in canonibus apud ipsos veteres Gallos obtinuerit, antequam Rufini abbreviationes ederentur. In Concilio Valentino cum Nicæni canonis sententia, non autem verba promantur; nihil exinde pro hac vel alia interpretatione elici potest. Solum ex Gallicanis documentis Rufino posterioribus certum fit, apud Gallos eam antiquam versionem aliquando fuisse receptam, quæ postea in Hispanicam, ac ex Hispanica in Isidorianam collectionem traducta, & Isidori nomine vulgata, Isidoriana vocari solet. In Concilio enim Regensi anni 439. can. 3. Nicænum octavum decretum, ut Quesnellus fatetur §. XVI. iis verbis indicatur, quæ in ea sola versione leguntur. Mendum vero, quod ille putavit Rufini textui inesse, solo ejus arbitrio ingeritur, ut idem decretum ad Rufinianas abbreviationes per vim revocetur. Id palam fit ex ipsa emendatione, quam ille nullo MS. codice allegato ex ingenio substituit. Cum enim duæ voces *parochiarum* & *Chorepiscopi* in Regensi canone receptæ antiquam illam versionem referentes, Rufini abbreviationibus non congruant; unius tantum vocis *Chorepiscopi* emendatio nequaquam sufficit, ut idem decretum iisdem abbreviationibus aptetur, cum præsertim sola interpretatio Isidoriana præter *parochiæ* nomen etiam *Chorepiscopi* vocem exhibeat. Adde quod ejus antiquæ versionis usum comprobat etiam Concilium Epaonense anni 517. in quo can. 31. de pœnitentia homicidarum illud observari præcipitur, *quod Ancyritani canones decreverunt*. Nomen *Ancyritani* solius antiquæ interpretationis proprium est: nam in versione, quæ dicitur Prisca, iidem canones *Ancyrenses*, apud Dionysium vero *Ancyrani* vocantur. Adde vetustissimam collectionem Corbejensem ab ipso Quesnello laudatam, in qua Græcarum Synodorum canones, Nicænis exceptis, eamdem antiquam interpretationem referunt. Idipsum deprehenditur in collectione hoc tomo edita, quam in Galliis digestam probavimus. Alias perantiquas collectiones Gallicanas Fossatensem, Aniciensem, atque Remensem cum eadem versione Sirmondus memorat. Hinc in posterioribus Synodis, seu Capitularibus eadem versio frequenter occurrit, ut notavit laudatus Sirmondus ad Capitulare I. anni 789. idemque Quesnellus confessus est in præmissa Dissertatione §. X.

Quænam esset hæc integra versio apud Gallos.

De versione Isidoriana.

Vide P. Coustant Præfat. in tom. I. ep. Rom. Pont. n. 62.

X. Cum vero nullus esset apud Gallos certus codex publicus canonum; nulla quoque certa versio eisdem præscripta fuit. Hinc alii abbreviationibus Rufini in Nicænis canonibus utebantur, alii antiqua versione Isidoriana, quam cum frequentius Gallicani codices præferant, frequentiorem quoque fuisse ejus usum negari non potest. Priscam nihilominus versionem a Justello editam, & a nobis hoc tomo recusam in Gallias pervenisse, eamque Gallicanos aliquando, sed rarius adhibuisse, demonstrat Gallicana collectio hoc tomo edita. In hac enim canones Calchedonenses ex prisca interpretatione exhibentur. Dionysianam quoque translationem ante Carolum Magnum allatam in Gallias, ibidemque aliquoties usurpatam antecedenti paragrapho vidimus. Cum vero neque per Hadrianum I. qui Dionysianum Codicem cum aliquot additamentis ad Carolum misit, neque per hunc Imperatorem vetitum fuerit ne quis alio Codice uteretur; antiqua illa versio etiam post hoc tempus aliquoties adhibita invenitur. Solum multiplicatis subinde & propagatis Hadrianeis exemplaribus Imperatoris ejus cura, qui Romanæ Ecclesiæ ac disciplinæ amantissimus, sicut liturgicos ejus libros, ita & canonum Codicem ab eadem Ecclesia quærere, & in Gallicanarum usum diffundere studuit; sensim frequentior esse cœpit cum eodem Codice Dionysiana interpretatio, ut notavit Sirmondus, cujus testimonio

De prisca versione.

De Dionysiana.

Liber cujusque versionis usus.

monio has observationes concludere libet. *Certum est illos* (Gallos) *priscam illam* (Isidorianam) *libentius semper usurpasse, ejusque usum ad eadem usque Caroli Magni tempora frequentasse: idque declarat inter cetera Capitulare Aquisgranense Caroli ejusdem, quod totum Græcis antiquæ versionis auctoritatibus refertum est, præter quam in canonibus apostolicis, qui necessario ex Dionysiana citantur, quia alia tunc illorum versio nulla erat. Post hæc vero sensim ab ea deflexere, codicemque canonum Dionysianæ collectionis per Hadrianum Papam Carolo Regi commendatum amplexi sunt.*

FINIS

TOMI TERTII.

IN-

INDEX
RERUM ET SENTENTIARUM
MEMORABILIUM.

A

D

E

Nullus

H

I

L

M

N

O

P

Q

R

S

FINIS.

CORRIGENDA ET ADDENDA

TOMO SECUNDO.

Col. 10. *not.* 22. *in fine addantur hæc*. In Sacramentario Gelasiano feria VI. majoris hebdomadæ Oratio legitur, quæ in nostro quoque Sacramentario, ut credimus, inveniretur, si pars ad quadragesimam pertinens superesset, quæque & in Romanum traducta, nunc quoque eadem die recitatur his verbis: *Oremus &c. pro omnibus Episcopis, presbyteris, diaconibus, subdiaconibus, acolythis, exorcistis, lectoribus, ostiariis, CONFESSORIBUS, virginibus, viduis, & pro omni populo sancto Dei*. Hic *Confessores* post omnes clericorum gradus, & ante virgines ac viduas castitatem professas, ceterosque omnes laicos recensiti, viri erant, qui etiamsi non essent in clero, vitam tamen continentem & asceticam profitebantur, & æque ac virgines atque viduæ continentiam professæ, medium quemdam locum inter clericos & laicos obtinebant. Vide de his plura apud virum clarissimum Nicolaum Antonellum in Dissertatione de Ascetis inserta novissimæ editioni sermonum S. Jacobi Nisibeni *pag.* 132. *& seqq.* In his Confessoribus erant veri & falsi, quorum in præfatione hujus Sacramentarii fit mentio.

Col. 1489. *n.* 4. *lin.* 27. ad Dardanum *cor.* ad Dardanos.

CORRIGENDA ET ADDENDA

TOMO TERTIO.

Pag. XI. *lin.* 17. Synodum celebrari, quod *cor.* Synodum celebrari, quam.
Pag. XIX. *lin.* 26. accurato *cor.* accurate.
Ibi lin. 37. desint *cor.* desunt.
Pag. XX. *lin.* 5. Vat. Reginæ 1998. *cor.* Vat. Reginæ 1997.
Pag. XXVII. *n.* XII. *lin.* 15. inquirentes, anterius. *cor.* inquirentes, num anterius.
Ibi n. XIII. *lin.* 16. nomine *cor.* nomina.
Pag. XXXVII. *lin.* 13. actione XII. Codex ergo ab productus. *cor.* actione XI. Codex ergo ab Eunomio productus. *Et lin.* 15. *dele* Eunomio.
Pag. XXXIX. *lin.* 40. codice §. 55. *cor.* codice 55.
Pag. XLVII. *n.* LIX. *lin.* 1. Saniæ *cor.* Saviæ.
Pag. XLVIII. *n.* LXXXIII. *lin.* 1. Sterconius *cor.* Stercorius.
Pag. XLIX. *lin.* 2. In Athanasii autem catalogo *cor.* Athanasius autem in catalogo.
Ibi n. XCVI. *lin.* 6. qui solum absentes *dele* solum.
Pag. LII. *in postilla marginali* canones Gangrenses *cor.* canones Ancyranos.
Pag. LXI. *n.* XVIII. *lin.* 4. non latine *cor.* nondum latine.
Pag. LXIX. *n.* XIII. *lin.* 10. in suo Isidoriano codice *cor.* in suo Isidorianæ versionis codice.
Pag. LXXXI. *n.* IX. *lin.* 3. ex Concilio tertio §. 1. *cor.* ex Concilio III. sub Aurelio; cumque non omnes, sed aliquot tantum hujus Concilii canones ibidem proferantur, hic canon recitatur primo loco, quem explicationis gratia *paragraphi primi* nomine designavimus, & similiter reliquos ibidem recitatos paragraphi secundi, tertii, quarti &c. vocibus designaturi sumus.
Ibi n. XIII. *lin.* 2. ex Ferrandi *cor.* in Ferrandi.
Pag. CII. *n.* X. *lin.* 9. tum titulis *cor.* cum titulis.
Ibi lin. 43. significat. *cor.* significatur.
Pag. CXVIII. *in postilla marginali* actionis VI. Calched. *cor.* actionis VI. Ephesin.
Pag. CXL. *n.* XX. *lin.* 4. Bollovacensi *cor.* Bellovacensi.
Pag. CXLVI. *lin.* 23. innituntur. *cor.* innitantur.
Pag. CXLVII. *lin.* 10. edita *cor.* editam.
Pag. CL. *n.* LX. *lin.* 6. vulgatio pusculi *cor.* vulgati opusculi.
Pag. CLV. *in postilla marginali ultima* Damaso asseritur *cor.* Gelasio asseritur.
Ibi n. VI. *lin.* 19. *post* demonstraturum *adde* P. Coustantius.
Pag. CLVI. *n.* IX. *lin.* 27. de libris ex *cor.* de libris nonnullos movebat, ex.
Pag. CLXXXV. *n.* III. *lin.* 8. unum Felicis *cor.* unus Felicis.
Pag. CLXXXVI. *n.* V. *lin.* 30. de l'etud *cor.* de l'etude.
Pag. CXCIV. *n.* 79. *lin.* 2. progreditur *cor.* progrediuntur.
Pag. CXCV. *n.* 2. *lin.* 16. nimirum ita *dele* ita.
Pag. CCIV. *n.* X. *lin.* 3. Vindebonensi XL. *cor.* Vindebonensi XLI.
Pag. CCVI. *lin.* 14. Septembris *cor.* Septembri.

Pag. CCXXI. *lin.* 27. creduntur. *cor.* credantur.
Ibi n. XI. *lin.* 5. fuerint *cor.* contendant.
Pag. CCXXXV. *lin.* 28. Hinc etiam *cor.* Hinc ergo.
Pag. CCLI. *lin.* 25. de I. Synodo *cor.* de Synodo.
Pag. CCLXXXVI. *n.* 3. *lin.* 3. Primatum Patriarcharum. *cor.* Primatum, Patriarcharum.
Pag. CCXCI *n.* 11. *lin.* 14. inscribunt *cor.* inscribit.
Ibi lin. penult. Burchardi, testimonia duodecim. *cor.* Burchardi testimonia, duodecim.
Pag. CCXCIX. *n.* 8. *lin.* 22. Nonaria *cor.* Novaria.
Pag. CCCII. *lin.* 30. Alexander; & quidam *cor.* Alexander, & quidam.
Ibi lin. 40. sanctionis *cor.* sanctionibus.
Pag. CCCIX. *libro sexto lin.* 6. Sarabitarum *cor.* Sarabaitarum.
Pag. CCCXX. *n.* XIV. *lin.* 8. deposcemus *cor.* deponemus.
Ibi lin. 17. vindicandum *cor.* vindicandam.
Col. 29. *not.* 11. *lin.* 19. Philaxenum *cor.* Philoxenum.
Col. 39. *not.* 35. *lin. ult.* Capatiana *cor.* Pacatiana.
Col. 49. *not.* 9. legationem *cor.* lectionem.
Col. 79. *not.* 5. *lin. penult.* interlocutionihus *cor.* interlocutionibus.
Col. 86. *n.* XXXI. *lin.* 1. a gravioribus *dele* a.
Col. 87. *not.* 10. *lin. ult.* Byzatium *cor.* Byzacium.
Col. 89. *not.* 24. *lin.* 5. cod. Thoan. *cor.* cod. Thuan.
Col. 96. *n.* XXIV. *lin.* 1. Clerici continentes *cor.* Clerici vel continentes.
Col. 98. *not.* 98. *lin.* 8. recensitas *cor.* recensitos.
Col. 101. *not. lin.* 2. sed ad XII. sæculum *cor.* sed ad X. saltem sæculum.
Ibi lin. 5. Mediolanensem signatas anno 1131. *cor.* Mediolanensem, & alias a Mabillonio editas tom. 1. Musei Italici, quæ eodem sæculo X. scriptæ fuerunt.
Col. 105. *not. lin.* 21. Vat. 2342. *cor.* Vat. 1342.
Col. 106. *not.* 2. *lin.* 5. leg. in *cor.* legi in.
Col. 114. *not.* 65. *lin.* 3. concinunt enim. *cor.* concinunt etiam.
Col. 115. *not.* 1. *lin.* 13. *deleantur hæc verba.* In Barb. autem codice alia manu in præmissis foliis iidem canones describuntur &c. *Horum autem loco substituatur sic.* Desunt autem in corpore manuscripti Vat. 1342. in cujus præmissis foliis iidem canones leguntur alia manu descripti ex versione Dionysii.
Col. 118. *not.* 31. *lin.* 5. alterius originis *cor.* alterius regionis.
Col. 128. *lin.* 11. Innocentium Papam V. *cor.* Innocentium Papam I.
Col. 130. *lin.* 40. Dei? Persuadere. *Cor.* Dei, persuadere.
Ibi not. 31. quippe *cor.* quippe: melius.
Col. 149. *not.* 39. *lin.* 11. Goustantii *cor.* Coustantii.
Col. 177. *not.* 10. *lin.* 1. Bellonac. *cor.* Bellovac.
Col. 184. *not.* 12. *lin.* 6. mox P. Pontifex. *cor.* mox Pontifex.
Col. 188. *not.* 2. *lin.* 2. multum haberi *cor.* permagni haberi.
Col. 191. *not.* 19. *lin.* 2. pet revelationem *cor.* per revelationem.
Col. 232. *not. lin.* 14. Ferrerium *cor.* Ferrarium.
Col. 236. *not.* 71. *lin.* 7. Coc. Colb. *cor.* Cod. Colb.
Col. 258. *not.* 17. *lin.* 3. honorica *cor.* honorifica.
Ibi lin 7. lib. 7. *cor.* lib. 1.
Col. 260. *not.* 8. *lin.* 11. *deleantur verba* (nescimus quo veteri libro fultus) *&* *substituantur hæc* (uti legimus in MS. Vallicel. A 5. Additionum Dionysii).
Col. 298. *not.* 22. *lin.* 2. Eticius *cor.* Euticius.
Col. 335. *not.* 14. *lin. ult.* Apamerius *cor.* Apamenus.
Col. 337. *not.* 24. *lin.* 3. uti nemo *cor.* uti nonnemo.
Col. 346. *not.* 44. *lin. ult.* delet *cor.* delent.
Col. 347. *not.* 1. *lin.* 12. part. 3. c. 11. §. 4. *cor.* part. 2. c. 11. §. 4.
Col. 397. *lin.* 7. Vitalem a te. *cor.* Vitalem ad te.
Col. 411. *not.* 29. *lin. ult.* deferent. *cor.* deferente.
Col. 435. *lin.* 1. cathecumenis *cor.* catechumenis, *& similiter lin.* 13.
Ibi lin. 10. Tessarescedecatitas *cor.* Tessarescædecatitas.
Col. 452. *not. lin.* 28. Regimonem *cor.* Reginonem.
Col. 453. *not.* 8. *lin.* 20. hic omittendi visi sunt. *cor.* hic omittendos credidit.
Col. 454. *not.* 1. *lin.* 22. eum apud *cor.* ipsum documentum apud.
Ibi lin. 25. Præter MS. *cor.* Præter codicem MS.
Col. 513. *not.* 1. *lin.* 20. in antiquioribus *dele* in.
Col. 565. *lin.* 27. adsignetur præmissis canonum, quæ *cor.* adsignetur præfatiunculæ *Cum convenisset*, & Nicæno symbolo quæ.
Col. 577. *n.* 4. *lin.* 3. in Tractatu part. 2. *cor.* in Tractatu part. 2. c. 9. n. 3.
Col. 579. *n.* 5. *lin.* 4. typis danti *cor.* typis dantibus.
Col. 612. *not.* 1. *lin.* 11. consistenti *cor.* consistentis.
Col. 630. *n.* 2. *lin.* 7. ex hac repetiti *cor.* ex hac in eodem Hipponiregiensi Concilio repetiti.

Col.

Col. 631. *lin.* 1. eosque adnotatione *cor.* eaque adnotatione.
Col. 635. *in titulo lin.* 3. celebrati anno CCCCIX. *cor.* celebrati anno CCCCXIX.
Col. 663. *lin.* 16. adolescentiones *cor.* adolescentiores.
Col. 685. *not.* 1. *lin.* 10. quocumque statutâ. *cor.* quotiescumque statuta,
Col. 687. *not.* 4. *lin.* 6. codex genuinus *cor.* codex geminus.
Col. 688. *not.* 4. *lin.* 1. ætate Leonis *cor.* ætati Leonis.
Col. 711. *not.* 4. *lin.* 9. ab eodem Synodo *cor.* ab eadem Synodo,
Col. 724. *not.* 4. *lin.* 8. efficia *cor.* officia.
Col. 749. *not.* 16. *lin.* 9. nec non part. 5. *cor.* nec non part. 4,
Col. 758. *lin. ult.* Dissertatione XII. *cor.* Dissertatione XI,
Col. 762. *lin.* 19. quin omnes *dele* quin,
Col. 769. *n. V. lin.* 1. quarta *cor.* quinta.
Col. 771. *n. VIII. lin* 21. non judicentur *dele* non.
Ibi in postilla marginali n. VIII. Neque ritus. *cor.* Neque situs,
Col. 773. *lin.* 17. ad Carolum magnum misit *cor.* Carolo magno dedit,
Col. 786. *not.* 16. *lin. ult.* exhibere *cor.* exhiberi.
Col. 826. *not.* 61. *lin.* 4. in MS. Atrebatensi. *cor.* in MS. Gandavensi.
Col. 833. *not.* 69. *lin.* 2. Zosimus *cor.* Zosimum.
Col. 850. *n. IX. lin.* 11. quæ Concilio *cor.* qua idem Pontifex Concilio,
Col. 855. *n. XVI. lin.* 11. una cum *cor.* ut una cum.
Col. 857. *n. XIX. lin.* 15. ob acceptam *cor.* post acceptam.
Col. 883. *lin.* 13. accensæ *cor.* accensa,
Col. 890. *lin.* 7. ieges *cor.* leges.
Col. 891. *n. LI. lin.* 12. levius *cor.* lenius.
Col. 894. *n. LIII. lin.* 6. eas pervenisse *cor.* tum vero eas pervenisse.
Col. 897. *n. LVII. lin.* 47. delatam *cor.* dilatam.
Col. 903. *n. LXIII. lin.* 11. tribuendi sint *cor.* tribuendi essent.
Col. 959. *lin.* 11. catholica de Christi *cor.* in qua catholica de Christi.
Col. 990. *n. VI. lin.* 22. ibidem habitum *cor.* ibidemque habitum.
Col. 1001. *n. IV. lin.* 7. sive legati *cor.* sive quia legati.
Col. 1005. *n. IX. lin.* 4. αὐτεντίαν *cor.* αὐθεντίαν. *Eadem correctio infra n.* 1. *lin.* 13.
Col. 1011. *n. XI. lin.* 3. Iaustino *cor.* Faustino.
Col. 1023. *n. XIV. lin.* 18. pait. 4. c. 6. *cor.* part. 4. c. 7.
Col. 1045. *n. IV. lin.* 6. part. 4. c. 6. *cor.* part. 4. c. 7.
Col. 1048. *lin.* 1. missus fuit ad Carolum Magnum *cor.* traditus fuit Carolo Magno.
Ibi n. VII. lin. 8. part. 4. c. 5. *cor.* part. 4. c. 6.
Col. 1049. *n. X. lin.* 11. ad Carolum misit *cor.* Carolo tradidit.

Lightning Source UK Ltd.
Milton Keynes UK
UKHW050915041218
333390UK00037B/771/P